国家出版基金项目
NATIONAL PUBLICATION FOUNDATION
国家社科基金重大项目结项成果
“十四五”国家重点出版物出版规划项目

二十世纪东亚抗日叙事文献整理与研究丛书

丛书主编——牛林杰

文学编·中短篇小说卷 II

分卷主编——柴 琳

山东大学出版社
SHANDONG UNIVERSITY PRESS
·济南·

图书在版编目(CIP)数据

二十世纪东亚抗日叙事文献整理与研究丛书. 文学编. 中短篇小说卷. Ⅱ / 牛林杰主编 ; 柴琳分卷主编. 济南 : 山东大学出版社，2025. 8. -- ISBN 978-7-5607-9013-8

Ⅰ. K152;I310.4

中国国家版本馆 CIP 数据核字第 2025Q6M245 号

策划编辑 张铭芳

责任编辑 肖世伟 张铭芳

文案编辑 张天鸽

封面设计 卡古鸟设计

二十世纪东亚抗日叙事文献整理与研究丛书·文学编·中短篇小说卷Ⅱ

ERSHI SHIJI DONGYA KANGRI XUSHI WENXIAN ZHENGLI YU YANJIU CONGSHU · WENXUEBIAN · ZHONGDUANPIAN XIAOSHUOJUAN Ⅱ

出版发行 山东大学出版社

社　　址 山东省济南市山大南路 20 号

邮政编码 250100

发行热线 (0531)88363008

经　　销 新华书店

印　　刷 山东新华印务有限公司

规　　格 720 毫米×1000 毫米 1/16

172.75 印张 3054 千字

版　　次 2025 年 8 月第 1 版

印　　次 2025 年 8 月第 1 次印刷

定　　价 1000.00 元(小说卷全 6 卷)

目录

短篇小说·1937—1945年

短篇小说·1945年以后

中篇小说

短篇小说

1937 — 1945年

春天的怅惘

孙陵

一

东风又将苦闷的春天送到人间了！

这忧郁的，伤逝的春啊；一遇到春天，我的心就会苦闷地，痛楚地忆起一段美丽的故事来。但是这值得追悔的眷恋的故事终于消逝了，连一点尾巴也不留地消逝了。

那美丽的，幸福的故事啊，想起来我就会心痛的。

二

这是五年前的一个春天；学校已经成为敌军的兵营了，我只得从宿舍迁出来，住到学校旁边一个俄国老太太底家里。她是一个白系流浪人，没有丈夫，也没有子女。她只有一所房子，——是一所很小的砖房；除去她自己和我占用的以外，另外还租给了一个高丽姑娘一间房子，在咖啡店当下女的。

我不爱跳舞，并且讨厌舞女或者下女一类人；因此，那高丽姑娘和我虽然是只隔一堵墙壁的邻居，我们从来不谈一句话。因为许多高丽人这时正帮同敌人到处摧残中国人，我就越觉烦厌起这个邻居来。

“你告诉她搬家不好吗？”

一次，我和房东老太太这样说。但是，她并未能接受我的话，她问我说：

“为甚么呢？”

“她一个高丽人，当下女的……”

“嗬，先生。”老太太不自然地一笑，又很端详地看看我。“你们现在并不比高丽人强啊……你们全是……”

"你！……"

我说不出别的话来了。我只感到了无限地气愤和羞辱；我能说甚么呢！她的话像蛇一样咬伤了我的心，我找不出遮羞的语言来，只是沉默着。在我面前没有镜子，但是我知道我的脸色很难看。

我过度的气恼，倒使老太太和善起来。她慈祥地微笑着安慰我说：

"你为甚么要动气呀！先生。我们全是一样的人，我也是……我们这样生活着吧……彼此好好的……"

这以后，我们就更少谈话了。新的苦痛压住我；寂寞和空虚，雾一样笼罩了整个的心灵。没有人知道，也没有人了解，我这人间的孤独者。

三

一次，我从学校的门房里找到一封信；一个朋友从关内寄来的，封皮上印着缄寄学校的名称。这朋友并不知道我的通信地址已经更换了，因为我们的学校被敌军占为兵营这还是最近的事情。而且我们的学校也并未取消，只在校舍门旁多挂了一块××步兵第几联队的牌子。

我刚想拿信往回走，事情就发生了；一个××士兵叫住我，我不懂××话，但从他的态度和动作上，我知道是要检查这封来信的。当时，我心跳了；若果这信上有不慎的谈话被他看到了，可当怎么办？——我想。但是我不能反抗，在这时候，我第一次身受敌军直接压迫侮辱，我觉到了不可制止的愤怒和羞耻，我还终于忍耐着将信给他拆看了。还好，并没如我想象的那样字句被他看出来，我想这总可以平安地回去了，但是并不，他不因为看过了我的来信而满足，他还要到我家里去检查。

检查的事情我早就想到的，我家里已经没有一本可读的书籍；就连一册极不重要的《社会科学词典》一类书也已送到别处，可是，仍然被他查出毛病来。

"这个……"这次他说出两个中国字，看样子，像是方才学会的。

从讲义中被他发现了一张小幅国耻地图。这是在学校时随便用铅笔画着玩的，可不想竟在这时候被他看到了。我开始抱怨起个人的粗心，同时我更被过度的羞耻所激动了。我一把从他手中将那地图拿过来，随即扯成了碎片，搓做一个纸团抛到一边去。

他竟咆哮了起来，狠狠地一拳击打在我的书桌上，随着发出一声巨大的回音。我这时站立的距离离他稍微远一些，若果在他身前，我想这一拳定当击到我的身上的。这时候房东老太太不在家，但隔壁的那个高丽姑娘过来了。

“甚么事？先生！”她现出了惊讶的神气问我说。

一看到她，我就更气了。我很烦燥地命令她说：

“去！你不要管！”

但是，她并不去，而且也不恼。她离开我又去和那××兵谈话，她说的是×语，我不懂说的些甚么，但我知道也是和这事情有关系的。她很和善地和那××兵谈了几句以后，那××兵像似不再和从先一样气恼了。他开始到墙角将那纸团拾起来，一块块地舒展开，仍然凑成一幅完整的地图给那高丽姑娘看。她看完后，忽然她笑了。她笑得很美丽地和那××兵说了几句话，又过来对我说：

“你怎么这样不谨慎？在这时候你还能稍微有一点大意吗？”

她如同一个良善的导师在训导一个学生一样安详地向我说道：

“你不要太任性了，我对他说……”她又看着那××兵淡淡地一笑。“你很年青，不懂事；也许他再不会有麻烦。”

她这样热情地帮助我，为我顾虑着一切，使我大大地感动了。原来高丽人并不全是可恨的——我想——我反而为了当初种种对她的轻藐而觉到了无限惭愧和懊恼。

果然，她又和那××兵谈了几句话，好像这事就完全了结了。她给他一支烟，又为他点了火；她还要为他去倒茶，那××兵并未接受就去了。

“谢谢天爷，他还是一个好人。”

那××兵去了以后，她坐下来说道。

“好人？”我问她说：“你说他是好人吗？”

“要不然，你可想到能发生甚么结果吗？”

当时我不曾回答她的话。我只对她说：

“我很感谢你！”

“客气甚么呢，大家全是一样的人！”她扬扬那弯曲的头发道。

同样是这么一句话，但是当她这次说“大家全是一样人”的时候，我不但已不像第一次房东老太太说这话时那样愤怒，反之，我觉到了非常的体贴、恰当，如同一颗安慰底石子般，一下就击打到我那苦痛的心坎上去了。——很准确的。

“你为什么要在咖啡店里当下女呢？”

突然，我兴奋了起来，这样没头没脑地问她。

“我？——”

她盯直地看我一眼，又像和自己商量着似的：

“就是这么一回事，我想要当下女。”

那声音低晦而暗涩。从那声音里我听出了一种深沉的悲痛。

“你没有父母吗？”我又问道。

“没有，全死了……”她底声音更低小了。看样子如同我底话句击痛了她记忆中的创伤，她的脸色蒙上了一层灰白的阴影，用那疲乏的和懒怠的一种低音向我说：“我只还有一个哥哥。”说完就又沉默了。

“那么你哥哥在甚么地方作事呢？”

我这时完全像一个刚刚懂事的孩子那样贪婪地问她这个那个，并且叫她告诉我。

“不要问我这些吧！”

她像不耐烦答我的话了，然而我又看出了并不是这么回事。

“你生气了吗？或者，你不喜欢谈起你的哥哥？”

她惨然地一笑，停一停，然后又说：

“自然，我是爱你[他]们的。”

说完，她就出去了。

四

这以后，渐渐地我们就更熟识了。我知道了她姓林，她告诉我说她的名字叫林瑛。无事时我们便尽情地谈论着一切问题，没有一些隔阂。只是她的哥哥是甚么一种人，或她的父母几时死去的，我们从未谈到这事情。

这时候，每天夜里我还学俄文，因此常常在林瑛从咖啡店回来的时候我还未睡眠。只要她从门外看出了我的屋里仍然有灯光，总是招呼一声“夜安”，才走进她的屋去。夜安这两个字她并不说中国话，永远是用俄语说出来。

就从这时候起，我又觉到新的恐惧了，每逢她向我说着夜安的时候，我总要心跳。我担心，我害怕；我怕陷进不可知底漩涡里。

爱情这时在我看来总是像一个神秘的果子，我不敢咬破它。因为不知道是苦涩的还是甜蜜的。但是她总如同一颗星，在我面前晃耀着。照着我苦痛的心，照着我漂泊的生命。

一天夜里，差不多又是林瑛回来的时候了。我听到她开门的声音，我静等着听熟了的“夜安”这句俄语，但是没有，我只听到几声异常急促而凌乱的脚步声响以后，就回到她的屋子里去了。起初我听到了她轻轻啜泣底声音，我想她是在咖啡店里受了屈。但那哭声竟越来越沉痛，越来越悲哀，最后终于大声哭起来。我不能再忍耐，我匆促地跑到她的屋子里，这时房东老太太也来到这里。

“哭甚么？你这样哭，是为甚么呀？”我和房东老太太全问她。

“你看吧……”

她哭泣着从皮夹里取出一件东西扔给我。这是一封电报，从临江发来的。我查看那投递的时间还是方才才送到。报纸已经被她揉成一团了，我从封皮里边拿出来，舒展开，上面只有两个字：

“雄死。”

这是已经译好的两个字。房东老太太这时不停地问我是甚么事，然而我也不详细。

“雄是谁呢？”我问道。

“我的哥哥……我的哥哥……”她仍然哭得接不上气来，回答道。

“啊……她的哥哥死了！”我转过头去向老太太说。

当时我和老太太劝慰了她一些话，也就不再哭了。老太太出去以后我又问她：

“你哥哥早就有病吗？”

“不，他从来就很健壮的。”说完了，她抬起头来看看我，我看出她的眼圈仍然那么红，眼睑全肿了起来。

“这电报太简单。”我说：“至少也应该说明……”

“这还用说明吗？”她像生气似的向我说：“我的父亲、我的母亲，你以为全是病死的吗？”

奇怪——我想——先前问她的时候不肯说，现在自动的全告诉我了。她说道：

“我的父亲是独立党，被××警察在台湾捕获枪杀了。我的母亲就因为痛念父亲的原因不久也死了……我的哥哥，他是事变后从南方赶回满洲的。他在间岛一带组织独立游击队，和满洲义勇军互相联络着……当然……”

她停一停，低下头，又落下几粒泪珠来。

“他是被××军队打死的……你……以为我当真甘心在咖啡店当下女吗？”

“那么你？……”

我听着她那沉痛的，激动的语言，使我对她起了更大的尊敬和感动。她问我的话，我答不出来了，我完全像似方才作醒了一个梦。我这才明白她。我说：

“是有更重要的工作的，是不？”

“工作……”说到工作，她的嘴角微微披[掀]动了一下，如同要笑，但是没能笑出来。“一点不错，我是有工作的。他们曾由我得到几次很小的胜利，但是现在我决定要去了。……”

“你？”

“是的。”

我看出了她的意志很坚定，于是我又问道：

“到间岛去吗？”

“不一定。”她扬起头来无所视地看看窗外漆黑的天，看看这屋子里的一切，最后，她的目光在我脸上停住了。“你，——也想做点事情么？”她向我说。

“我恐怕作不出甚么来。”我对她说道。“我太年青，但我想要学习作一点……”

“这很好，那么你……”这时她已完全和先前一样了，没有一点悲哀，很兴奋地踱了两个小圈，然后才说：“随我去……你想……”

这句话她说得很吃力。说完了，她又静静地看着我，等我回答。但是，我并没有听从她的话，我告诉了她这时正和几个同学计划着另外一件事。听完了我的谈话后，她说：

“这个也好，你们去作你们所能作到的。但是我想不会有多大成就，并且我劝你要谨慎……”

看样子她还有话未说完似的，但是忽然她将嘴闭上了。默默地注视着我，许久许久也不说一句话。我看着她像似倦了，同时我也要休息。但是她留住我说：

“再过一刻不好吗？”

“明天见。”我说。

当时她的嘴角抽动了一下，脸上起了一层微微痛楚的痉挛，甚么话也没说。转过脸去沉默了一回，然后伸出一只手来。

“再见！”

当时和她握了握手，我就走出来了。

五

第二天早晨，天刚亮我就醒了。看着窗外的天，天阴着，正在下细雨。忽然房东老太太在门外喊：

“先生……先生……”

“怎么的？”我问一声，穿上衣服走出来。

“林小姐走了，林小姐……”

“林——”忽然我记起昨夜的事情。

“走了……走了……”老太太叹息着。

一种痛楚的悲哀刺进我的心，我也叹息着。停一刻老太太又向我说：“你看，这是她留下的一封信。”我看出那是一封用俄文写成的短信。“你看，这还有一封信，是给谁的我也不知道。”老太太又说——这是中文写的信，我看出了信皮上写着我的名字。

“这是给我的。”我说。我伸手去接那信时，我的手颤动了。信口并未封，我抽出信笺来，那上边写着这样的话：

> 我去了！
>
> 我告诉过你我要离开这地方，但是你也许想不到我会离开的这样快。或者我的走也能使你觉得突然吗？
>
> 我就是这样突然地去了。我必须即刻离开这里，为了我要作一点事情，为了我自身的安全。同时我劝你，先生，可能的时候，你也快些离开吧。
>
> 我的父亲，我的母亲，还有我们那无数的同胞，全在亡国的悲惨压迫下牺牲了；现在再加上我的哥哥。但是我并未死，我仍然强使地生存着，我忘不了那悲痛的仇恨，我就不会忘记了造成我们这种仇恨的敌人。我将生命许给了复仇的工作上，我要使我的热血为复仇开出一朵灿烂的花。
>
> 不要忘了，先生：我们全是同路人。在一条道上，我们可以将我们底力量接联起来去应付我们那共同的敌人。你不是说过你们也有一个计划么？我希望你们的计划能够实现，我希望你们能够作出一点事来。我尤其希望你，先生：你可以允许我说一句话么？这话我从早就想向你说，但是你并不曾给我一个机会。现在我必需向你说，因为我已经要去了。我希望你能够为你的理想而努力，我愿意你可以成为一个忠实地有用的人。

因为有一个时期,我曾经在精神上面爱过你。

啊!夜深了,我无力再多写甚么了。想到明天这时我们又不知经过了多远的分离,这使我如何痛心啊。

但愿在奋斗的途程上,将来再见。

林瑛

现在又是春天了。五年悠久的时光里,我没能作出一件满意的事情来。一遇到细雨霏霏的朝晨,我就会记起在这样天气中离我去了的林瑛,她在甚么地方呢?

不错,我们都是走在奋斗的途程上;但谁知道我们几时还能再见?

(原载于《中流》第2卷第2期,1937年)

邻家

林娜(谢冰莹)

为着生活的不安定,我又搬家了。

这回搬的,是一所宽大得有点近于空虚的弄堂。房子是红色的,纽约摩天楼式的建筑,为着看弄的巡捕禁止小贩,叫化子在这儿出入,就到了平常时,也是绝对安静;除了不时偶然传递过来,敲门声和汽车的喇叭声。

我住的是二楼亭子间,在三楼也住着人,是一个服装华丽,行动近于诡秘的少女。在扶梯头偶和我碰见,由于她底装束和温雅的举动,渐渐的就引起我底注意。

"一个人住在这儿?"

"是的,一个人!"

"什么时候搬来的?"

"已经好几个月了!"

"做什么的?"

"不知道!"

房东的娘姨常常进来替我打开水,有一天,我再也按耐不住不向她发问了。但,她没有完全满足了我底要求,除了一些摸不着头绪,毫无边际的答词外,我又能够更具体的知道些什么?好奇心闷窒着我,使我变得焦烦起来了。

为着失业,除了吃饭外,我差不多整天都关在屋里,对付着书本。仔细的注意她,也和我没有两样,甚至于连该吃饭的时间也没见她出过门。不同的是有一种轻松的,有节奏的踱步声,从她底地板上透漏下来,整天的都没有间歇,这使我深深的恼怒着,因为它扰乱了我震颤的神经。

每晚,从饭馆踏着春天的黄昏归来,在后门我抬头仰望着,窗子是寂寞的,从黑色的玻璃映出了室内的沉寂与凄清。

"她出去了!"暗暗的,我告诉自己。黄昏消逝,而夜变得更加静了!春夜是恼人的，微风带来郊外的花香。

书本把我底精神侵蚀着，我需要休息。然而，我不能好好的睡着，直到夜半，直到一二点钟的时候。在半寐状态中，我会听到一阵熟稔的车声，从弄堂口直传递过来，于是在最切近的地方停住，接着是把钥匙伸进锁洞的开门声，一阵既轻脆而又急遽的脚步声，从扶梯底下直响起来，直到三楼顶才突然咽住。

我底心境变得脆弱极了。屏息着呼吸，全身像黏在床板上似的，默然不动，集中着精神倾听，从热水瓶里倾倒开水，脱去身上穿戴的某一部分，在我都是清晰而有深意的。

有一阵短促的、淫猥的歌声，从她底细腻的唇边流出来，慢慢的又跟着灯光熄灭了。

“现在她要睡下了！”我想着，意识着自己也变得朦胧了。

一星期后，我发现了一个穿着蹩脚西装的中年男子，从我底房门口走过，到她房里去。不久，他走了。过后，差不多常有人三五成群地到她这儿来，间也有几个穿得不甚阔绰的女人。当他们都集齐在门外脱下鞋走进去时，我就听见一阵泛滥着的欢笑声，于是又是延续了几个钟头的谈话，话声有时高得到争吵的地步，有时低微得连每个音节都模糊了。

当谈话结束后，他们又像来时一样匆匆的走出去，在路口散开，消失在街道的转角处。

我差不多要肯定她是一个过夜生活的人，但是过后我总有点怀疑自己底推测；因为这些行踪匆促的客人，多少是值得猜疑的，说是穷亲戚吧，总不能这样成群结队的来，说是朋友吧，起码也得有几个成点样。真的，对于她，我真有点摸不清了。

有一天午后，完全出于意料的，我被一阵轻轻的剥啄声惊醒了。回过头去，门缝裂开。在门外站着一个身材瘦削的女人，和往前一样，她底腻细的唇边露着寂寞的微笑，两只乌黑的眼珠盯盯的直凝望着。

“对不住吵扰了你。……”

她底薄唇轻轻的颤动几下，就流出几句含糊的，不十分纯正的普通话。

我从坐位上站立起来，失措地向她张望着。

“你先生也许会认得我的。”她移步进来介绍了自己道：“就住在这三楼亭子间，叫芳子。……”

我像给人家泼着冷水似的，打着几个冷颤，觉得用这样笨拙的姿势，站着是不该的；于是便也堆下脸，露着笑容：

“是的，我认得你，请坐一会吧！”

说着，我拖了一条凳子递给她，她坐下了。静默地运用她底稍微有点突出的眼睛向四周张望着，过了好一会，才从身上拿出一个白信封来，悄悄的说道：

“我想向你借只铅笔去写信，不知道你肯不？因为我自己的一只，刚刚在地下打坏了。……”

“不用客气，要写就拿去，横直我现在也不用它。”

我谦虚地从桌上检起一根铅笔送过去，

“对不住，已经吵了你了！”

说着，她点点头出去了她用手接着，也就站立起来。

“再坐一会？”

门微微的响着，又合上。

这之后，白天，在非常无聊耐的时候，她就常常到我这边来，有时是为了借阅书籍和报纸。有时只是把它做个引子。开始她只是隐匿的，探索地和我谈些不关紧要的生活问题，以及天气明朗的闲话；过后谈话就渐渐的牵联到国际经济政治问题上去。当我们谈到最热切、最兴奋的时候，她就霎动她那长长的棕黑色的睫毛，直着眼睛向我注视，直到最后，才稍稍的颤动她那鲜红的薄唇，用叹息似的声调喃喃着：

“很对，陈先生，你底分析是完全正确的！”

对于她底耐心，她底对于政治问题的惊人兴趣，都使我深深的吃惊着。我从来没见过像她这样年纪，在腐蚀的生活里逗圈子的人，会有那么多的意见，对事对物的了解是深切，明快，没有半点虚饰的感情。但是关于她本身，除了我知道是在一个舞场当舞女外，再也无法从她嘴里多知道一点什么。……

有一天，时候已入黄昏了。我想从屋里出去吃饭，在扶梯头就碰见她，正匆促的从楼底下上来。远远的看见我，就让在一边，焦燥的霎动着睫毛。

“芳子小姐，今晚没有出去？”我问。

“不！今天不去伴舞了！”

她答着，等我跑过她身边，就匆匆的，连头也不回地跑上去。

回转来时，已经是九点左右了。我倾听着。在她底屋里有一阵嘈杂的谈话声，为着想知道她屋里有些什么人，我就跑上三楼浴室里去，在她屋外，一共放着五双皮鞋，有三双是男的，两双女的，严重的谈话声正在继续着。

我感到有点异样，躺在床上倾听着，企求从他们底低弱的，混杂的语声里，找出能够理解的部份来，然而，这企图失败了，于是，我就疲惫地闭住眼。

在朦胧中，我似乎听见了一阵杂乱的脚步声，在扶梯上移动着，主人只在门口低低的和他们说了几句什么的，便又关门进去。我心想：“现在是她底客人走了！”但，接着我又自嘲地问了自己：“走了，这关你什么呢？……”不知不觉的，我觉得好笑起来。

有一阵钟声，不知从什么地方飞进来，我数着：是十下！正想爬起来脱衣服睡觉，频繁的敲门声又把我吸住了，打开来是芳子，她兴奋地站在门外一只手拿着一只威士忌瓶子，一只手握了两只杯子。她底面孔是红的，两眼像燃烧着似的闪闪发光，唇儿颤着，喷出了阵阵的酒香。

“进来吧，”我说着，浮着微笑。“你今天请客？”

她把杯子放在桌上，默默的摇着头，用她发颤的手去注酒。

“你喝得很多吧，我想你已经醉了！”

她吃惊似的停止注酒，抬起头向我盯视着，一会又微微的笑着，呢喃着，仍回头去注酒：

“不，我并没有醉，要是你说我醉，那你就错了。好朋友，你知道吗？我从来很少喝酒，也不曾醉过，但是今晚我太兴奋了，我底心是跳得多么厉害！……”

没有停留地，她又注着酒，直到它溅着沫，满了，从杯沿洋溢着泛滥在桌子上，然后她才胜利地停下手中的瓶，大声笑着，高举桌上的杯：

“来个干杯吧，朋友！这也许是我们最后一次的见面了！”把杯子搁到唇边，倾饮着。“你常关心着我底生活，现在我就要告诉你，我并不是舞女，我是一个朝鲜革命党人。为着祖国，为着几千万民众，使我堕落了。可是在这时已到了我替该福国，替几千万同胞复仇的时候了。你看报吗？那你就知道××大将明天要到这儿来检阅舰队，我们明早就要出发到码头去，用手枪和炸弹去欢迎他。你赞成我们底举动吗？你会同情我们吗？那么，就祝我们成功吧。……”

这太突然了，使我吃惊；然而，我仍替这异国少女未来的成功祝福。

她走后，我整夜的失眠着，而在楼上，她也和我一样，低声的唱她底歌。第二天晚上，她没有回来；房间却受了搜查。不久我便从那儿搬开，直到现在还没有听见她底消息。

［原载于《中国文艺》（上海）第1卷第3期，1937年］

没有祖国的孩子

陈达人

一

金丽生把眉毛和眼睛皱在一起，在火砵旁坐着，两手搓在炉砵的边唇，两脚是莲花式的交坐在这三岛国里特有的草席上。他很不自在地想着许多很不如意的事情，一幕一幕一出一出幻影在他眼前，会动会跳，有如爬虫般沿注他的身心似的。这有人说：他是命运注定了的，但他很清楚，事实证明是并不是的。

他姑念到：他这两个孩子是他唯一的生命寄托者了，他好几年前以来，心却是坚硬得铁一般，每当他的大孩子由学堂回来的时候，他必然再加一番工夫去教养他，把学堂的课本要大孩子重读一遍，现在是少年样了，于金丽生的职责总算减轻了一点，不用过心的挂心了，可是女儿还很小，家庭的操作上还不能帮手，因为今年才是满了五岁！

金丽生时常会想起亡妻，已去世三年了，每当想到很痛心的一段血史时，他流泪，但他认定"大丈夫流血不流泪"的，终又饮泣吞声把眼泪收藏起来，他想找机会，四出向外打听消息。"除非地球给火山爆炸沉没，否则他终有出头的一天的——"他想着自信着。

大儿子弥福，得邻居山田兄的照顾，带去学习印务工作了，这于金丽生是一件大可欢喜的事，赚钱不去挂带，将来学识一种技术，好出来世面上做一份工作，将来的生活得以解决，而且可以希望出出苦力们的气了。至少不会像他自己日连夜的过着背铁箱的生活呵！

金丽生做这门工作，五年前是替人家打工，经过小石川惨案以后，工友得有保障，自己做起来也比以前容易一点，因此金丽生好容易把自己的积蓄，东拉西就买到了一辆电单车，现在是自己撑一面了。家变成店，店也就是家，很大的铺面，长而狭的形式两层屋，楼上出租，地下自己住，地位虽然差一点不很当市信用是这神田区神保町一带，谁都知道金丽生是老实人。各商店有什么批发货、起卸等等一定交给金丽生打理的。

女孩子很会哭，有时使得金丽生非常焦躁，不在新年里请到一个下女[①]以后，看管女孩及厨房打扫等等，均可由她料理了。这于金丽生实在是得到一个大帮手，然而比起三年前妻还在的时候却差得远。女孩儿到现在还“妈！妈！”的喊。夜深人静时，那种情景，很使他伤心。今夜又哭起来了，下女跑来说：

“金先生，小宝怕要东西吃呵，口口声声喊妈呀妈呀呢！”

金丽生正在整理日间的簿事，没有心绪回答下女的话，随口说：

“由她去吧，妈早就死在铁蹄下了！——”金丽生接着一口长长的叹气，叹息里有些愤气。

“喻！喻！敲门的声音。”

“谁呀？请进来。”金丽生面朝着门边看着。

“爸爸！晚安！”

“啊！阿福！你回来做什么？”金丽生急速的起身拉了儿子的手，进了房，很亲切的问到印刷所是如何如何。儿子很有主见的说：

“爸爸，我是老板叫我回来的，他要我对你讲讲今天的事——”

“什么事？咳！你讲。”金丽生见到儿子表露很愉快，细心地听着。

“那个家伙，恐怕是警察着西装的，真是岂有此理，说我是朝鲜人，要老板辞了我。”弥福还是十足的小孩样，说起话来，怪清晰有劲。

“唔！怎么样！”弥福不能和日本人工作，金丽生早就知道的，因为他的经验告诉了他事实太多了。

“好在老板对那个家伙说：我是初学的，不懂什么。后来那个家伙咕噜咕噜的说：有什么事要老板负责，否则他就捉我。”

“呵？捉你？什么事？”

“老板说：不要紧的，印传单是大家有的事。他说，他会和我去说了。”

“哦！山田老板！”金丽生是有涵养了，他听了儿子的话，只是在自己的心中，思考着，而内心却是火一般忿怒了，但形色丝毫不变说：

“弥福，记住吧！妈就是这般家伙敲死的。——记住啊！妈因为你和妹妹而死了！”金丽生很伤心似的想说又说不下去。

“怎么样呢？”弥福好奇的追回着。

---

① 下女是女佣人。——原注

“我不是叫你小心吗？这里不是你所住的，你不是日本人呵！”金丽生简单的解释着。

“爸！怎么警察时常到我这里来不走，寻这寻那做什么？”弥福想起时常警察来，怪讨厌的，老就想对他父亲说的。

“弥福，不要问吧，你将来会知道，因为你爸爸不应该带你到这里来，你爸爸没有了祖国，你做了没有祖国的孩子呵！”停了停。如潮般的心绪涌上心头，手摸摸头，离开火砵的坐位，起身说：

“睡觉吧，以后再说。”

二

天还没亮，市内的电车还没有行走，野鸡车有些少是在走动着，好像这些就是报晓的东西，街头的电灯闪着残余的无力仍光芒，一切是沉寂，没有什么异动。

“喔喔！”金丽生的店门有着声响。

“喂！开门！”门外的声音叫骚了。

金丽生近日来不大有生意，故睡眠也特别的长久些，两个孩子同睡一张大草席床上，金丽生是满关心的两个孩子的，觉得大儿子在印刷所里工作辛苦了，该得休息一下，纵有什么也不希望儿子惊醒起来。忽然听到这声音，他还以为是有什么好生意照顾吧，懒洋洋的爬起身，推开纸窗门抬起倦睡的眼睛望过去。“奇怪，怎么有三个警察走到他店里来？有什么事吗？”他心里想着。这情形虽然他是见惯了的，但这么早却是少有的，警察到了来，照例是不敢抗命不理的，于是只得穿上木屐走去开门了。

“你是金丽生吗？你的儿子金弥福还有睡觉吧？”三个警察其中的一个穿旧西装的迎头问。

“有什么事吗？”金丽生下意识的为儿子辩护说，一面还希图问清楚以后再给他们进来，然而，他们警察是不管，一齐进来了。径直走到床边，看到弥福是还在睡着，接着大声说：

“喂！起来——”

“和我们一齐去——”

“警察先生有什么事吗。”金丽生过意不去，提出质问了。弥福着惊了，爬起来坐着。

“嘿！你的孩子犯了法呀！”一个西装警察回答着。

“犯什么法呢？”金丽生再提出质问。

“叱！你是朝鲜人是不是？当心点，养出来的儿子就这么坏！嘿！浑蛋！”西装警察发怒了。

“爸！”——弥福这起来了，受到如狼似虎的警察大力的拉他，他慌张得着惊，手擘[臂]上是受到刺痛的。

“喂！有什么事得说说明白呀！”金丽生向前抢着儿子不要给他拉去，而警察“劈”一声打过来了，正打在金丽生的脸颊上，一阵酸痛，一条红痕，浮泛在他面上。

弥福给西装警察拉住，两个武装警察跟在后面，金丽生眼见着儿子给他们拉上囚车，金丽生招着手，对着回转头来的弥福说：

“阿福：不要怕，我等一下来看你。”

车动了，走了，看不见后影。

三

锦町的警察所，接近着皇城，一座高高的洋楼巍立着。四周有着树木，抓木棍的数个警察在门前站立着。

载着弥福的囚车停了下来，很快的把弥福带到二楼的审案室去。两张台椅，还有两张矮凳。另一个警官模样的，见到这个年纪不过十五岁的朝鲜孩子，他两眼张大着，显出威严的在呵叱：

“你是金弥福是不是？”

“是！——先生！”弥福给这一吓，战栗了，声音叫不响，还带哭的，不敢抬起头。

“你好大的狗胆，谁叫你去接收这犯法的东西？——”警官顺手提出在皮包里的快印好的一张传单。

“那是老板叫我接收的——”弥福见到那张纸他记得是山田老板接来印的传单，据实便这样回答着。

“嘿！老板说是你拿来的，上面写的什么你知道吗？”警察很神气的问。

“记不得了——”

“唔！不知道——”忽转大声的斥：“快点说，是你朝鲜哥哥拿来的是不是？——忘国狗！”警官拍起台了，发出来的声音，四壁有着响动。

“先生！”弥福吓得跳了一下，又哭起来了。

“哭！你妈死的时候你哭过没有——？年纪这么小，做事倒这么大的狗胆！嘿！看你不出！”警官带笑的作着鄙夷的视线看了弥福一下，又拿起摆在台上的传单看着。

“快点说，是不是印这张传单的人给了你十块钱？——！”坐在警官对面的拉弥福来的那个西装警察接上较细声的，带狞笑的说。

在这室内虽然是一共只有三个人，而弥福却好似几百人围住他的样子，弥福一直就不敢抬头西装警察虽然笑微微的，但弥福眼中和那个有短须的警官同样是鬼一般的可怕。

“先生，拿传单来印的是学生样子的，我不认得他的。”弥福凭记忆作着辩驳。

“不认得他？——传单上印着的朝鲜文你都不认得？”

西装警察再追问着。

“我记不得了呵——先生。”弥福的哭声小了一些。

“喂！你还记得你妈死的时候，你和你爸爸也到过这里吗？那时候不是有几个你朝鲜亡国奴和你很要好吗？就是他们交给你的哪，你还强辩？”西装警察再问。

“不是的，他们回国去了！妈呀——”弥福下意识的解答着。又带哭起来！

“嘿！你那里有国？他们是我们日本的狗呵！记住：你妈给我们打死是天打的，不许你乱说。妈呀妈呀。”

“……”弥福没有回答。

“喂！我已经查出：传单是印了十块钱，你拿去了二块钱是不是？——浑蛋！嘿！像这些亡国种是不能给他存生的。要罚他坐一个月的监牢。”警官对弥福说过，又对西装警察商量似的。西装警察笑笑。

金弥福听着警官说：“罚你到楼下坐一个月的房间。——”转过口气，手按上电铃，门外的武装警察进来了，吩咐着：“喂！带他去第二号的监牢坐一个月。”西装警察说完在台上在写什么似的。

“先生，罚我做什么？我没有犯法，是老板的事呀！”弥福争辩着。“老板是日本人呀，那有朝鲜亡国奴这样坏蛋！”他们不理了，武装警察一拉就拉下楼去了。

弥福的爸爸来了，见到弥福在一间黑暗营房里，非常愤恨又着惊的喊：

“阿福！——”金丽生禁不住眼睛流下泪来。

“爸爸——”弥福大声的哭。

“福儿，爸爸害了你，不应该叫你去到狼心狗肺的日本人手里去做工——但不要紧，我打算下个月和你同妹妹回到朝鲜去了。朝鲜虽然也一样受气，总还有一些兄弟同胞帮些忙。——不要紧，福儿，我已经知道你无辜被罚坐牢一个月。忍耐些吧，福儿！我早晚会送东西给你吃的。”当金丽生疾趋走来看他孩子这么无辜的受到冤枉，不禁在两个眶珠里和内心里感到万分痛楚！

四

樱花，大家忙着去看樱花，各路的电车开行着专车，如疯如狂的，各人手提酒，背着食物奔赴小金井呀，飞鸟山呀，三里冢呀，井之头呀，近如上野公园呀，如海潮般万头攒动，跳舞呀，歌唱呀，应乐尽乐，忘却人间天上还有黑暗地狱。金丽生今年是无论怎么样都找不出心绪去玩赏了。

大孩子还在监狱，小女孩呢，病得很重，说是风热，又说是伤风。曾抱去斋藤医院看过两次，说是要打二十块钱的针，“筹不出呵，由她去吧！”金丽生摇摇头，皱着眉头，又是一声叹息“奈何天”！

金丽生深深感到自己的力量太单薄了，今天三个劳动朋友到来说起，他也觉得非干它一下不可了。

“今晚的十二时吗？”金丽生问那来访他的三个粗壮的同行同志说。

“是的，你一定要到。一齐干吧！”同志答着。大家握手。

“那么我干的是什么呢？”

“你先得到一下总会，主席要我先告诉你：你是担任巡查，你就坐你的电单车去。车后面的车壳，你可以装上空箱子。”

“这是晓得的，好吧！”金丽生恳切的回答着。

“那么，不坐了，我们今晚见。”三位朋友去了。

金丽生这一次非常的兴奋，无所顾惧，亦无所留恋，顾不了许多，决定要“干”！

时间是到了。金丽生抽紧了身，向着船桥地方的劳动总组合[①]走去。

“啊！金样[②]来得正巧，你就立即先到皇城的四周去巡一遍，然后就在东京驿的附近巡视好了，如果有什么异样，你得立即回来报告。”总组合的主席对金丽生这么说了以后，金丽生立即调转车头走了。

总动员成功了，第二天的早上，全东京的电车、汽车、公共汽车、工厂总罢工了，这次的保障要求实在也是非常正当的。

出于意料之外的，大捕捉发生了，金丽生在第三日的下午黄昏的时候，下狱了，同时被难的有四五十人，当金丽生离开他的家踏上囚车的时候，他的女孩儿正病着，病得很严重。下女含泪地说：

---

① 劳动组合是劳动工会。——原注

② “样”是“君”。——原注

“金先生：小宝尽是叫妈？什么东西都不吃呵！怎么样呢？”情形是异常的凄凉。

“有什么办法，好好看护她吧——你就把这些钱留着，小心照料她，看着店面，弥福回来的时候，你就告诉他爸爸有点事到横滨去了。或者说不久就要回来的。一切等我回来再说。”金丽生踏上囚车，奇怪，并不感到这是悲痛。心里虽然想到这次的去恐难回来，更回不得朝鲜，然而，他仍然是认为光明的，一切凡是他的敌人，他要和他们拼到最后一点血。为私仇为国仇，我愿为此而终身。

金丽生别后的小宝呢？整夜的哭，邻居跑来问为什么，下女是说：

“唉！天天在喊妈呀妈呀！有什么办法呢？她的妈是死了呀！”

“是呀！她的妈，也太可怜了，为了房捐的拖欠，给警察打了，受了病，死了。”邻居老太婆喃喃的说。

“是的，朝鲜人不是和日本人一样么？朝鲜人有什么不好，何必要这样冤枉他呢？”另一个老太婆很表同情才带着伤心似的在说。

“该死的朝鲜！死了不是好？”店对面的日本人却有这么的声音叫响着。

五

弥福刑期满了，独自的走出锦町警察所，守卫看得出神。嘴里在说：

“哈哈！没有祖国的孩子——”

弥福很快的跑，走回神田区神保町的父亲手创的家里来，一路想：“爸爸一定是很挂念他的吧？妹妹一定大了很多了吧？”

奇怪，店门锁得紧得，一个人都没有，弥福还不相信里面没有人，再由前头走到店后头，不见了，果然是不见了人影，在店门上贴上一块牌子“招租”。弥福凝视着，忽然的，哭喊：

“爸爸——妈！那里去了？”

［原载于《努力》（广州）第2卷第1期，1937年］

西崽的故事

[日本]池田幸子

我们在上海法租界的，一个好像是白俄居留地的里份里租了一间屋子，躲着住了下来。

幸而鹿地和我的面孔都不像日本人，所以自称是南洋的华侨，这个谎居然成了功。在这一栋房子里头，我们的同胞只有那个所谓西崽的张忠明，和被称呼叫做“三号太太”的土气的宁波姨太太。此外全是白俄。

搬了家几天以后，张忠明悄悄地问我：“你的先生真的是中国人吗？”

我听着吃了一惊，但马上反问他：你看呢？

“不是父亲就是母亲，总有一个是西洋人吧？”

于是他现着同情的脸色安慰我说：在上海，杂种也很多，听说南洋和西洋很近，那是难怪的；用不着偷偷摸摸，连散步都不出去……真的，有什么可怕的，又不是东洋鬼子，……

那以后，张忠明和我在厨房里碰见了的时候，就把鹿地喊做红鬼。他每天从他自己的腰包里掏出六个铜板来买猫鱼，喂他主人所蓄的一只猫。在那个不十分亮的厨房的角落里，我锅里无论什么时候都没有什么好吃的东西。当我在那里炒着马铃薯的时候，常常回转头来看看。那猫在暗淡的光线里面闪着艳丽的班毛，张忠明就蹲在它的面前，提着鱼片逗它玩。这时候，我好像责备他似的做一下鬼脸，于是他就呆头呆脑地笑了出来。

“×你妈！成千成万的难民连稀饭都没有得喝这日子，你这混蛋……”

说着他忽然把猫的颈子抓住，提了起来，把刚刚吞了鱼片的那动物的柔软的背脊逼得几乎要断了。

“你不做鬼脸我也晓得呀，……刚才从吴淞逃出的老百姓到这里来讨饭，裤子破光了，连屁股都露了出来，我给了他一条。……”

他悄悄地站了起来，把腥手放在鼻子上闻一闻，跑来瞧我的锅。

“你今天买了多少肉呀？哦，又没有肉么？”

“哼！那能像你一样，有钱买鱼给猫吃。”

“你看三号太太。一个人，鸡啦，肉啦，每天总要买四五角钱的吃……你不要那样做人家啊，因为不多吃一点，所以你那红鬼瘦成了那样子。……”

“听我说吧，说不定我那红鬼想做你的猫呢。”

“不要开玩笑，哈哈哈……但是，说老实话，你要是不多多的买肉吃，我们东家就以为你是穷人，看不起。……她常常说：中国人总是吃些莫名其妙的东西。比方三号太太，刚搬来的时候，用葱油炒菜，东家娘便看着嚷臭，臭，把窗子都打开了，还拿扇子乱扇，把油烟子统统扇了出去……。”

他认真地说着，一面把那个白俄女子吃饭用过了的一些碗碟，很小心地搬到洗东西的地方去。正在这时候，住在亭子间的那个四十多岁的独身男子来热牛奶了。他也是一个白俄。他一看见我，便马上笔直地竖起它那粗大的拇指，一直伸到我的鼻尖前面。眯着的眼睛好容易睁大了，把那个拇指举到脑顶那么高，不动地竖着，用沉重的俄国话说了起来。我只好慌张地喊张忠明：“小张！他说什么呀？”

“说是今天中国的高射炮又把日本鬼子的飞机打下三架来了，照这样，蒋介石真是世界上第一个将军呢。”

“哦！”于是我也把小得可怜的大拇指举了起来，高高地和他的排在一起。算是对于他的赞赏的答礼：

小张也非常地欢喜。把胸口都挺出了，指着那已经没有了火的暖炉上的班猫对我说：

“好吧，今晚再买六个铜板的鱼给它。”

小张非常生气地走进了我们的屋子。开始，话都说不出来，过一会儿再红着脸小声地向我借一角钱。问他是怎么一回事，他才开始说明了：

他被人家偷走了一个盘子。

那天下午，我们托他去买了一盘饺子。吃了以后，他便把那个空盘子放在厨房里，但不知道在什么时候盘子不见了。在房子里到处都找过，问过，没有。没有办法，只好给菜馆里赔偿损失了。

“其实，在是在的。”他说着便现出了愤怒的样子。

不见了的盘子，不知道怎样混到二层楼特别房间里那个白俄老太婆的装饰的很漂亮的架子上去了。他望着架子问，“老太太，你是不是拿错了？”哪晓得那个老太婆就生气地叫了起来：

“你这家伙。又来故意捣麻烦了,你才是一个惯贼。我要喊法国巡捕把你捉去呢!”说着说着她就举着那个挂西服的钩子从屋里追了出来。

“没有法子。并不是这一次,我花了三角钱买的一个有花的西洋破盘子,也给那个老太婆偷去了。狗婆娘!一样的东西,到处都有卖的,……他却以为上等的东西除她以外别人就买不起。我……”

挺着小张的话的红鬼,宽的额头上,青筋都暴起来了,从椅子上跳起来说:“好吧!我同你去说,把它要回来……”

对于偷东西的贼都只有哭,一点办法也没有的那样懦弱,他咬着嘴唇,把脑袋俯下了。

但是,那个老太婆是怎样一个家伙呢?听小张的话,他好像是一个守财奴。他的儿子是一个职业不明游手好闲的家伙,但却过着相当富裕的生活,又有钱。然而,还要做贼!

在愤怒的把两只手抱在胸前,沉默着不声不响的红鬼的手底下,抗战画报和平型关血战记,展开着摊在那里。小张不经意的看到了。他一面不甘心地咬住嘴唇摇着头,无意识地用手翻弄那里面的一本。注意到了,这红鬼就问他:

“这个,你晓得吗?”

“什么呀,这样高大的一个人?”

他马上忘记了那一肚子的怒气,把脸送到画报的照片上去。

“……哦!绥远,是这么一个好地方么!我还不晓得,以前听说那是一个乱七八糟的乡间,土匪窑子呢。……你瞧,他坐在这么漂亮的马上。哼!这个混账王八蛋,一定是大汉奸。好,你的面孔我总不会忘记就是了。”

好像他被那个老太婆惹起的愤怒找着了发泄的对象似的,狠狠地望着画报。那上面,带着瓜皮帽的,长鼻子的德王在笑着。

“但是,这一回,我们中国的飞机没有来呢。”

眼睛并不从照片上移开,微微的侧着头的他,似乎感慨很深的说了。

“昨天晚上不是还到黄浦江夜游来的了吗?”

“白天可没有来呢。”

“晚上来更容易得手些呀。”

“为什么呢,日本的飞机老是不在乎地在白天飞,中国的飞机。……总不是没有了吧……”

“当然有,今天早上报上说南京空中大战了一次,敌人的飞机被我们打落了五架呢，你还不晓得吗？”

“哦，原来……”

我虽然是很起劲地这样说了，但自己都感到了声音是空虚的。中国的飞机为什么白天不来了？那的确是第一期的飞机渐渐少了的时候，但我却不愿意说穿，使单纯的张忠明失望。

画报里面有一张在包头附近集中的一队抗日军的照片。我把那画里面的一个身体高大的青年和张忠明对比地看着，把话题转变了。

“那么，小张，你不想上军队去干吗？”

他抬起头来，有点困惑的样子，口吃地说了。

“现在去也是可以的，……不过顶好实到中央军里去。”

“那么，山东谁去守护呢？”

“……就是我不去也不要紧，现在的山东，兵像沙一样多，因为三丁抽一。……”

“三丁抽一？是谣言吧！”

“我乡里是这样的，你问那个炭铺的老高好了。……不过，会先给三十来块钱。”

“那么，家里人可以吃用一年了。”

“哼，太太小姐们是什么也不会知道的。农民是，从祖父起就背着债的。就只说租税一样吧，不要说是三十元，就是三百元也不够呢……我是逃出来的。乡里还有母亲和妹妹。”

“老婆呢？”

“哪里会有呢？”

“可是，只怕钱已经积起了不少吧？”

“我们乡里的女人很漂亮，但是她们不愿嫁给穷人……如果我有钱，我宁可多买些救国公债的哈……哈……”

他为了遮掩不好意思，高声地笑了，但马上又快朗地开起玩笑来了：

“但是，你为什么不去参加救亡工作呢？既然认识字，什么事都明白。”

我苦笑了。

“像我这样身体不好的女人，也能够当女兵吗？”

“那么，买了救国公债没有呢？街角上的卖面包的老王也买了五十块钱的。你去看，今天早上起，铺子里挂上了公债的筒子呢。我和对门炭铺的老高，打算在这个月底每人买十块钱的。你起码总可以买一百块哦……”

“到哪里去找那么多的钱呀？”

“不会没有的。”

他又大声的笑了。

到了月底我给他两块钱，像是完全出乎意外似的，他鞠了几次躬说：“在这种时候，真正对不起得很，你们也是逃难的，如果困难就不给也可以，谢谢，谢谢！”

那个白俄老太婆在喊他：“喂！”

他把我的锅拿着慢吞吞地走向厨房去，正在这个时候，那位老太婆喊的声音格外大了，于是他两步并作一步地跳了下去，老太婆站在房门口也给了他两块钱，但是他好像抢一样的抓过来，一句话也没有，塞到口袋里面，老太婆温和的眯起眼睛，在后面向他说着什么，哪晓得他理也不理，于是她在我的面前，使劲的将门砰地一声关上了。

他在底下骂：“老不死的鬼婆子！”

那以后没有过多少时候，到了南市陷落的日子。自早上起，这里份里房子中间的青空里，望得见烟火满天。窗玻璃在炮声里要落下来似地震动着。

人们都屏住了呼吸，话也没有。我们也关上门躲在房子里，窒息似的悲哀和恐怖胀满了胸怀。

“只怕死了不少吧？”

“嗯。”

红鬼抱着两只手腕，脑袋深深地低垂着，不想离开椅子。

到晚上，战事好像告了一段落。炮声也沉寂下来了。松了一口气，我一面听着飞机声渐渐远去，也是下楼到厨房里去弄饭。在阴暗的厨房里，从仅仅打开了的一扇窗户，白的光线和街市吵闹的声音被吸收了进来。无论那个人的脸，都像不高兴的时候似的，板着，好像被炮弹紧张了的神情还没有完全溶解似的。白俄女人正在烧着的一大碗牛排，发出滋滋的声音，挑出了我心里的焦躁，不知怎的，总想早点一头钻到自己的房子里去，弄得不能好好地用小刀子剥马铃薯。

“他妈的！西崽！西崽！”

那个四十左右的独身男子在喊着，捏紧拳头在厨房里来回的走过。不一会用英文向我质问了：

“喂！西崽，是你叫他做什么去了吗？不是你一个人用的呀！”

“我不知道呀！”

“嗤！这……”

"好啦好啦，日本人占领了，吃的东西都可以便宜起来。"

哦哦，随着战局的恶化，连这种野狗都改变态度了。

"便宜也许会便宜点，……但是，便宜不要本钱，白送，总不会有吧？"

老实的人也有，那个年轻的大嘴的白俄女人，不屑的瞟着那个四十多岁的男子，向我这样说了。这是大场的中国军队撤退了以后，这幢房子里住的人头一次同我谈话，或者是他们觉得难为情，再不然就是可怜我们：

男的也没有回答它的话，仍然在骂。

"狗杂种！西崽！西崽！"

我也懒得说什么。静悄悄地把饭弄好了就走了出来。心里，和悲哀相像的愤怒在沸腾着。

到了三层楼上的楼门口的时候，忽然看见了张忠明在那薄暮的暗淡的光线中间蹲着。不想同谁讲话，就走过去。但是，小张不是在那里哭吗？我突然的住了。

"哎呀，小张！你在哭啦？"

他不答应。

"那个混账家伙又偷了你什么东西么？"

他抬起了那涨红了血的眼睛，急急地否认了：

"不是的，你到外面去看看吧，从南市逃出来的人，一帮一帮地……"

他用手拭一拭眼泪，哽咽着：

"我，气死了，气死了，简直不忍看。小孩子们……满身是伤的也多得很。……他们逃到什么地方去呢？以后又怎么办呢？……可怜可怜……中国，我们，怎么得了呀！……"

"小张，不要哭了，大人不好哭的，喂……小张！"

我用了很大的声音，差不多像吼一样地叫了，把他的粗壮的手腕捉住，同时我自己的眼睛也热了起来。

"喂！来吧，来看一看！"

红鬼从屋里伸出头来，：

"怎么一回事？"

"小张哭起来了呢！"说着我自己也哭了。

"南市……南市……"

"蠢呀！"

红鬼走近我和张忠明的身旁，脸上浮着静静的微笑，但两只眼睛却急促闪着泪光，用两只手拍着我们两个的肩头。

“这还不过是刚刚开始呀！小张！我们要的是最后的……”

（原载于《七月》第11期，1938年）

一个为中国战死的朝鲜人

君行

在上海的法租界，有不少的安南人和朝鲜人，前者当着捕房的巡捕，后者做着普通的居民；但他们有着共同的一点，就是都是不幸而亡了国的。

不知道为什么缘故，我总觉得那些安南人的样子是寂寞的。不论是白天拿着警棍站在岗位上，还是深夜背负着手彳亍于街上，他们都彷佛是一些寂寞的影子。你很难得看见他们脸上有笑容，即使是笑，那笑也好像是寂寞的，我不知道他们为什么竟这样的甘于寂寞。问他们呢，他们不是摇头，就是苦笑，至多也不过是皱起眉头说一声："哦！"唉，寂寞的安南人呀！

在我看来，安南人是寂寞的，朝鲜人呢？则又好像永远都是默默的。他们默默的来，默默的去，默默的生，默默的死，就像是生怕打搅了别人的生活的样子。但有时，他们似乎也会在某些人想求安静时，偏偏的突然叫他几声，以使他们得不到安静，因而也就常常发生日帝国主义者向上海的法当局要求引渡朝鲜人，以及朝鲜人在这法租界被绑架，被暗杀的事情。所以我的心目中，朝鲜人一方面是默默的，一方面又是不甘于永远缄默，即使是给压迫者扼住了喉咙，也是要拚着命叫他一叫的。就因了这一点，我很喜欢朝鲜人，虽然朝鲜人我一个也不认识，因为我认识我这里所要说到的金君，还只是"八一三"前两个月的样子的事。

那时，因了我所住的那个地方实在不宜于夏天居住，我便决定了迁居。我跑到法国公园附近一带去看房子。在走过环龙路时，见一家门上贴有写着"房间分租"的红纸，我便跑了去敲门。跑来开门的，是一个二十五六岁的男子，瘦黑的脸孔，穿衬衣短袴，趿着拖鞋。他问明了我的来意，就带我到楼上去看房间。在那里，他歉然的问了我的姓名和职业，随即自己又赶快告诉我他是姓金，朝鲜人，自己现在闲着没有事情，老婆在一家英商洋行当打字员。接着又说，他现在虽是闲着，但也决不同一般朝鲜败类一样的去做那替日本鬼子贩卖红丸白面，以来毒害中国人的事。我向他伸出我的手。当天就搬进了他家中。

那天晚上，金替我介绍了他的夫人。她年纪好像要比她丈夫轻，态度端庄而温柔，端庄中还透露着几分活泼的样子；同时，好像还有一股刚强之气揉杂在她那种温柔的气分中，这由她那双在浓黑的睫毛下闪射着清明坚定的光辉的眼睛看得出。她和金已经有了一个四岁左右的孩子。他们还有一位老太太同居，她据说是金的岳母。这位老太太看来又慈祥又有趣，说话是那么轻声轻气的，眼睛老是笑眯眯。小金更是一个可笑的孩子，他同一只小鸟似的时而依着这个人，时而依着那个人，后来听了他母亲的话，又笑嘻嘻的跑到我这个陌生人的身边来，拿着一本画报赶着我问这问那的，问了一会，忽然又像想起了什么似的，回头向他母亲：

"妈，明天请这位先生教我认字罢。我不要爸教了，他说要打我。"又把头一偏，向他父亲说："你打我，我就不要你教！"

引得大家都笑了。

从此我就住在这些异国人的家中，受着他们亲切的待遇，有三个多月的样子。

金是沉默寡言的，但为人却直爽得很，有话决不藏在肚里不说，没有也决不找话来敷衍。他的性情和我有几分相近，所以我们不久就由房东和房客的关系进而成了朋友，慢慢的我也就知道了他的现在和过去。

他父亲七年前死在日本人手中，母亲也因此忧伤而逝去。他的肩上挑着一副亲仇与亡国恨的重担子，他不知道要几时才能把这副担子从他肩上卸下去，所以他时常显得很阴郁。同时，这两三年他又常常都在失业中，一家人的生活差不多全是靠他夫人来维持，他因了这也很感到痛苦。

幸而他夫人是一个明白勇敢的女子。她真心爱着她的丈夫，也能够了解他的忧烦与痛苦。当她工作回来时，她不但不露出丝毫的怨意，而且还会把她那一天的疲倦掩起，打起精神来安慰金。这使金常常感激到要流泪。要不是他肩上有那么一副沉重的担子，他的生活一定是十分快乐的。

可是金也并不是一个单只消极的使他的生活在忧伤苦痛中度过去的人。他也积极的参加他们朝鲜民族解放的革命斗争，不断的为着民族的解放而努力。因此他对于中国国家民族的命运也非常的关心，因为据他看来，朝鲜民族要想得到解放，固然是要靠自己努力，但也非有中国的帮助不行，要是中国再亡给日本，那他们朝鲜民族就再也莫想翻身。

我永远不能忘记当丰台克复的消息传到上海时的他的那种欢喜欲狂的神气。他变得完全成了一个小孩子，催着我去买了一面国旗，自己又买了一些炮竹，及至看到他夫人远远的来了，他就叫我把旗从我窗前悬出，他自己就燃放炮竹，又把另一挂炮竹点燃放在他夫人手中。这把他夫人也乐得什么似的，自从他们同居以来，她还是第一次看见他这样的高兴。

可是当他第二天早上看了报，知道丰台又失去了时，他的脸孔立刻就又变得阴沉沉的。直到“八一三”战事爆发，知道中国是决心抗战到底了，他才重新又高兴起来。

当八月十四那天，我们的飞机到达黄浦江上空时，我还正坐在房间里，忽然金一跳跳进来，一把把我拖到晒台上面，指着东方快乐的说：

“中国飞机！中国飞机！你可看见？”

可是我只见那高射炮的砰砰声和炸弹的爆发声，飞机却睁大眼睛也看不见，因为我是近视眼。于是他又急急的替我找了眼镜来，给我戴上：

“现在你可看见了！”

回头又看见小金和他外祖母也跑上来了，于是又一把把他抱起来坐在他肩上，用手给他指点着飞机的所处。

“你看，在那边，中国飞机！中飞[国]飞机在炸日本军舰！”

从此他就天天都是高兴的，因为中国军队天天都胜利。

金是不大到我房间里来的，因为他怕打搅了我写东西。可是九月十一那天，他却又突然的跑进了我的房间里，突然的问：

“你可知道日本鬼子叫上海所有的朝鲜人去登记，以便资送回国的这一回事？”

“知道的。你可是也想去登记？”我无意识的问。

“登记！好让他们送回朝鲜，再送到中国来打中国人！”

“那么……”

“你知道，我们朝鲜的几个革命团体是从芦沟桥事变以后就已经组成民族战线联盟，以便集中力量来反对日本帝国主义的，我不能回朝鲜去，可是我想我在这里为中国作战也是一样的，所以便纠合了几个同志决定参加中国军队去。我们已经接洽好了，马上就走。”从袋里取出一封信放在我手中：“这封信请你替我交给黎玉。”

“怎么，你也不告诉她一声？”

“用不着的。”

“不行的，则明！你至少也得等她回来，当面别她一别。”

“没有用的，那不过是增加彼此的痛苦罢了……好了，我们再会罢！”

他伸出手来和我握了一握，就下楼去了。我也跟下去。他抱起小金来在他脸上亲了一亲，接着就把他递在我手里，匆匆的开门走了。

不久，黎玉回来了。她在楼下“则明，则明”的叫着，以为他是在我楼上，我只好下去把那一封信交给她，她见了信封上面的笔迹，手就有一点发抖，拆开来看了一看时，她的眼泪就不由得直流下来了，嘴里喃喃的说着：“哦！他走了，走了……”

我想不出什么话来安慰她，就悄悄的退出来了。

不久以后，我也就离开上海走了，留下了一个通讯处给黎玉。

我一直的盼望着他写信来告诉我金的消息。昨天，她的信终于来了。但在这封信上，她却只简单的告诉我，说是金在台儿庄战死了。说我是他和她的朋友，要我要永远的记念着他，并且不要忘记了她的那个可怜的孩子，这孩子，她说她决心无论怎样困难都要独力把他抚养成人，以慰死者。

对于她，我仍旧是想不出什么话来安慰，但我将永远的记念着金——这个为中国战死的朋友！

（原载于《浙江潮》第 24 期，1938 年）

一九三八年的鬼

[苏联]**A. Abramov**

狄更斯小说的主人公斯克鲁奇老头子大除夕在他那乱杂杂的帐房里直坐到深夜。圣诞节来看他的三个鬼，并未照狄更斯所说那样，使他有了些微的改变。他同先前一样，凶硬得好像用什么钢铁也打不出慷慨的火来的火石。他同先前一样比最冷酷的风还冷酷，比大雪还心狠，比急雨还不留情。总之，大除夕孤寂地坐在不生火的壁炉前面的，还是老样子的斯克鲁奇老头子。

邻近的教堂尖塔上的时钟敲了十二点。斯克鲁奇忽然抬起头来，看见一个幽灵，从头到脚披着长衣，飘飘然走向他跟前来。斯克鲁奇似乎是跟鬼社会着实相熟似的，然而虽是他现在也有些吃惊了。

"莫非我碰着新年鬼先生？"他颤着声气问。

鬼一句话也没有说，单是向门指点了一下。

"你可是邀我同你去走走？"斯克鲁奇放大了胆问。"呒啥意思先生，我什么都见过：败了家的侄子，波勃·克拉吉德的饿死的孩子们，还有坟墓里的悌内·悌谟。你再也不能打动我的心了，新年鬼先生。"

"你叫错了，斯克鲁奇，"幽灵开了口。"我是一九三八年的鬼。"

斯克鲁奇呼哨了一声。

"哦，到一九三八年，我是连尸骨也不剩了。先生，我十分明白我是凶硬，贪心，阴冷，而且卑鄙的人。你还有什么话要告诉我呢？"

"傻子，"鬼说。"我带你去看罪恶，比你传给人家的还可怕。我带你去看苦难，比你所造就的还凄惨。我带你去看凶狠，比你的凶狠还尖刻。我带你去看那些人，他们比起你和你的同行来，能够用更伟大的手法，更严厉的方式下破坏的种子，能够更忍心地杀人，而且用更大的本领使墓场兴旺。"

"哦，先生，"斯克鲁奇答应着说，"你引动了我了。我们去就是。让我照这等时候的老脾气，抓住你的斗篷罢。"

于是他们进了一个都市——或者还不如说仿佛是都市自身涌现到他们的前面，便团团围住了他们。这是斯克鲁奇极熟的伦敦，只是百年来变了样儿。那鬼把斯克鲁奇领到一所房屋，使他的身子升到窗口，便吩咐他向里边看。

那屋子里，在一个不生火的壁炉前面坐着斯克鲁奇的伙计波勃·克拉吉德，还是一八三〇年那副老样子，外表上跟狄更斯的书上所说只有些微不同。憔悴的相貌，抖索索的手和破旧的衣服都跟那书所说一样。空桌边坐着一个女人，两眼泪汪汪的。床上那个孩子跟悌内·悌谟十分相像。

“波勃，”那女人说，“钟敲十二点。是新年了。我们家里精光，连一片面包皮也没有。”

“唔。”斯克鲁奇说。

“英国失业者家里的新年景象就如此。”鬼用演讲家的口吻说。

“我们走罢。”斯克鲁奇皱着眉头说。

于是在他们前面，又复涌现了一个都市。一个跟伦敦差不多的大都市，斯克鲁奇心里想，在这不吉利的大除夕，这都市倒还算热闹。

在每一交叉路口向行人喊得怪响的演讲员们使斯克鲁奇大吃了一惊。

“恭贺新喜，德国同胞们！你们要准备受苦受难。为了将来伟大的征略，要忍耐才好！”

斯克鲁奇在一个瘦子身边停了步，那瘦子呆呆地看着纸型的火腿，陈列在一家冷清清的杂货店的橱窗里。

“我有一面崭新的卍字旗，可以打掉一磅牛油吃。”瘦子轻声说。

吃惊的斯克鲁奇两脚软软地走进开着的店门去。

“好，”鬼说，“你给你伙计买一只肥好的吐绶鸡罢。”

斯克鲁奇近了账柜。

“吐绶鸡？”店员重念了一句。“对不起，我们还没有备好家禽的‘代替品’你可喜欢试试‘栗子膏’(Chestnutine)看。从肉类到‘可可’什么都是拿这个来代替的。”

“先生，”斯克鲁奇转向他的同伴说，“我想这地方一定饥荒了。”

“你见识真高，斯克鲁奇，”鬼带些讽刺的意味说，“他们是饥荒了。你不过害得一两户小人家挨饿。这里是成几千万的人们不得不挨饿。”

“为了什么呢，先生？”斯克鲁奇怯生生地问。

“你不曾听得为了未来的征略请大家忍耐的话么；来，我带你去看几种所谓‘征略’的光景。”

那幽灵飘飘然向前走，在那拖地的外衣的阴影里，斯克鲁奇跟着。不一会，天气转暖了。他们飘过了一个海，在斯克鲁奇的眼前，又复现出一个不相识的都市的轮廓来。这都市的街道看去仿佛经过了地震似的，房屋已经化成了瓦砾堆，其中有破烂的栋梁，乱石，和灰土。远远冒着的火焰把当地照得通红！人们哭丧着脸在瓦砾堆里掏着。大约他们不是在寻找他们残余的零碎东西。就是在寻找那些埋在瓦砾堆里的亲属的遗骨罢。

“我们在什么地方，先生？”斯克鲁奇喃喃地说。

“在玛德里，这地方飞机轰炸过了。”

斯克鲁奇放胆向前踱过去，就在他脚前横着的东西上蹶了一下。这原来是一个血淋淋的死尸。

“好上帝！”斯克鲁奇嚷道，“这里有几多的人！他们都死了么，先生？”

“死了，”鬼用哲学家的口吻对答，“冷清清了，斯克鲁奇。”

“好不难受呵，”斯克鲁奇说，“要阻止这种屠杀行为难道办不到么？”

“斯克鲁奇你的国人们，”鬼嘲笑着说，“主张着竭全力来这么办。你可喜欢看看他们对和平的关心落到怎么情形么？”

那幽灵重复在斯克鲁奇的眼前做一下手势，那儿就涌现了一个场景，使他头发直耸。一阵可怕的叫嚣，使他耳震，似乎跳向天空的巨大的火焰，使他眼花，人们的叫号声，使他落到惶怖的状态。他抖着的两手抓住了鬼的斗篷，轻轻地说。

“我们是在地狱里么，先生？”

“你说得对呀，我的斯克鲁奇，我们确乎是在地狱里，比起这个人手造成的地狱来，你在圣经上读到的地狱算不得希罕了。”

“究竟我们在什么地方？”

“在中国！我们眼见着日本人轰炸金山卫。你看这些路上挤满着多少难民。这会子有一千多妇女儿童和老人已经炸死了。斯克鲁奇，你的日本朋友们杀人的厉害简直你梦想不到。比如在上海四个月战争中间，就死了四万难民，其中有一半以上是小孩子。”

斯克鲁奇像杨柳叶一般发抖了。

“够受了，”他轻声说，“可怜呀，先生！”

“好！”鬼松了口气说，“你意想不到的世景你见着了。人类丑恶，凶暴和野蛮的极致，我带你看到了。你后代的本领大过你呢，斯克鲁奇。”

“你的世界多么可怕，先生！”斯克鲁奇颤抖着说，“难道光明呀，笑呀，快乐呀，竟可以一点也没有的么？”

“有是有的，斯克鲁奇。一个国家，只一个国家里，到处有着空前的快乐和笑，只是我不能带你到那儿去。你这样的人到那儿去是不行。我还是带你伙计去的好。”

如果我们在这里参用些狄更斯的笔法罢，那么可以说，斯克鲁奇忽然经历到极疲倦极昏沉的感觉，过后发觉着自身正在自己的卧室里。便在那里睡到如今，连日本军德国军的炮声开始打破了在伦敦的他那卧室的沉寂，也不张开眼睛来。斯克鲁奇情愿什么也不见，什么也不听。

于是安静是更安静了。

（Moscow News）（宜闲）

（原载于《集纳》第1卷 第8期，1938年）

异国兄弟

洁秋

海宁失陷之后，那里的老百姓大半是已经死的死了，逃的逃了。剩下来的，因不甘做人牛马，便十之七八的做了游击队。神出鬼没的，东窜西击的，予敌人以不知多少次的打击。

在袁花镇驻扎着五十几名敌兵，鬼子兵因为着实领教过了中国游击队的滋味，因此那里的驻兵，一听到了"游击队"三字，便有些提心吊胆。黄昏和黑夜，尤其是成了他们的特别恐怖时期。所以各村庄上的狗，简直是被捉一空，他们把它们关在营房里叫它们替他们熬夜。有时，它们和它们自己相咬吵架了，一阵狂吠，鬼子兵便该挣扎着跳起来，瞎摇一阵机关枪，也不管摇的枪有没有不准，有没有代价。他们觉得只有这样才对，——不然，就无法抵得住这无限的恐怖。

这是个清凉的早晨，天下着了大雾，那白茫茫的一片，像轻飘的云，又像白腾腾的烟，把地面团团蒙住了，什么也不能分辨。

一个留着短须的鬼子少尉，向他们的部下道："派十五个去，守护此去二十五里的一带公路，小心那座新建的桥，不要再让这班可恨可杀的游击队破坏了。"停了一停，他又说："过三天，我们就调到上海去了，那里有很美的女人，够大家乐一场的。小心些，去吧！只有一两天责任了。"说完，他是那末满脸的笑容。

一辆汽车，从公路上直驶过去，冲破了这清晨的静寂。那汽车的影子，只一刻，便消灭了无影无踪。十五个士兵的心里都在这样想："这么大雾，不要碰着游击队吧。"但是这可怕的事，终究给他们料着了。

"碰！"一个手榴弹，正中在窗口上(这是从他们那里夺来的，我们送还了他)，呼！呼！又是三四枪。汽车里也动手了，格……的一阵机关枪扫射，子弹雨一般的落在到两旁田里，钻进了泥土里。这一阵之后，便再想不到游击队正不予还击，但他们却也不敢走下车来。

于是汽车又在这重雾下继续地前进，去不多远，在汽车里忽的丢下了一个笨重的东西，远看去虽然迷糊，但是却断定那一定不是什么大炮，或者机关枪，要猜起来，似乎是替他们守过夜的一只狗。其实是谁也猜不到。

五分钟之后，伏在田弄中，深沟里的老百姓，慢慢的都爬了起来，一声呼哨，统统集齐了，一数，大家一个不少，仍旧是原来十九个。证明了那一阵机关枪确是白来，一转眼各人都不约而同的奔向那个抛东西下来的去处。抢夺他们的胜利品，但是我们的游击队员都失望了。——原来那正是一样人人见了讨厌掩鼻的东西，虽然，他们近来各色各样的这类东西都见惯了过。但是他们却总终究还有些不忍之心。——那是一个曲成馄饨一般的敌兵啊！

那个俘虏并没有死，似乎还想挣扎着起来，但是伤太重，只能惨叫，却不能动弹，他翻着白眼，不住的索索在流泪，然而却说不出一句话来。

“鬼子兵！哭啊，你也会倒霉了！”一个年轻的游击队员一边骂，一边走上前去用力的在那敌人背上一脚，踢得那俘虏痛得惨叫。又一个说：“看！这鬼活像北老，块头着实比我们大啦，有他这样一个身体，咱们中国人比不上鬼子长了。”

可是这时候大家终究还有一个疑问，那便是；“这个鬼子为什么会从车里吊了下来呢？吊下来了，为什么便没有鬼子再拖他上车去呢？”游击队中的一个开口了：“大家抬了他回去，将来好好问他，也用不着再作践他了，横竖他再也跑不了的。”想来，这一定是他们的领袖了。

在一间破屋里——这就是他们的会议厅，坐着了二十余个人，除增加了一个俘虏之外，还多着了二个妇人家。那俘虏的创伤已缠上了青布，躺在一条棉被上，看他虽然比当初镇静了些，可是那惨白的脸，显然地是因为出血过度。他闭上了眼，似乎正在那里忍痛沉思。

“满洲国的畜生！他妈的。”那俘虏正骂出人来了。

“什么？你倒敢骂我们，你有多大本领……”那个年轻的队员冲上去又要去踢他一脚了，但是他的眼角只在那个坐在上面的队长脸上一溜，却又静悄悄的退了下来。

队长开言了：“朋友，我们中国的老百姓，因为要命才同你们拼命，我们也不会叫你吃苦，说呀！你怎么会从车里吊了下来的。”

那俘虏没有回答，哭了一会，又狠狠的咬了一阵牙，好半歇才咬出他的第一句话来：

“那是满洲国，日本贼老替我掷下来的。”

“你不是鬼子兵吗?”

“我是高丽朝鲜人。他们见我受伤了,没有用了,掷下了我来,好叫你们收拾我,省得他们埋葬。”他喘着气,全身痉挛了。大家听了,都不觉一怔。

“既然这样,你们愿意替他们来杀人放火吗? 也不想想你们自己? 也不想想我们? 大家都一样的受人欺侮。”

“不! 不!”他直起喉头大喊了,——那样子煞是可怜。“我们何尝愿意,我们何尝不想……只是他们按户抽丁,不来便是灭九族,中途逃了便父母合诛。”

“听说,在朝鲜地方却优待你们家属的。”

“那里呢! 他们叫我们种稻,种起来的,他们都统统拿了去了。他们鞭挞我们……毒杀我们……不顾我们的饥寒愁苦。……啊! 三十五年的愤怒……三十五年的耻辱!”

他底话,像汹涌的流水,一忽儿,为创痛的岩石阻拦了;一忽儿,为愤怒的沙洲搁浅了,可是,这汹涌的流,仍然挣扎着,倾泻着。

这二十几个人,都瞪着水汪汪的眼,队长扭着了他的脖子。

“原来你们也……你们也……”

“我们吗? ……和你们一样,哦,简直不如。”

曾经踢过了他一脚的那个年轻游击队员。两手托着了下颚,不觉呜呜地在抽咽了起来。

“我们是一样……是兄弟。”

“对啊! 是兄弟!”那高丽人——异国的兄弟,似乎已经回光返照了。只有这一声,以后便不再言语了。

雾儿散了,阳光溜进了破屋。那远处的公路上又发现了枪声,他们知道这一定是白水桥的游击队又去和满洲国的鬼子在接触了。

[原载于《浙江潮》(金华)第 26 期,1938 年]

“代用品”的日本

——节译自世界语《中国报道》半月刊

［日本］绿川英子
企程 译

一 好多的木屐

火车到了东京。

马上叫辆汽车到家里去吧，我奔一般地向车站外面跑。我已经有两年不见爹妈了啊。但是真见鬼，以前那么多挤在车站前面的汽车现在都不见了，有的只是肮脏的人力车。

人力车慢吞吞地穿过街道。走得这样慢，好像那车夫是没有吃饱肚子或者是有病似的……

噢唷，好多的木屐啊！我以为眼花了。甚至穿着摩登洋服的绅士们也穿着木屐在人行道上聒噪。大约在五十年以前，有一个叫“拉夫卡第欧·亨”的日本迷，把木屐的噪音赞为“有日本式的神秘性”。现在，日本政府是不是想把这种国粹展览于世界之前呢？可是，谁都知道，战时的日本已没有皮革来做皮鞋，而就是这位亨先生，假使他忽然复活转来，对于这种时代错误也将皱皱眉，摇摇头表示并不满意吧。

我在新宿停下来换车子。这时无线电收音正叫着：池田成滨先生，战时物资统治的领导者，要买一辆运车夫的马车。

二 新的道德

虽然她的女儿回来了。母亲却并不快活。她哭泣，想念她那在中国战场上的儿子，叽咕着一切东西都涨价了。捐税加重了。并且诉说，医院里给了她没效力的药品，她只能吃些鲸鱼肉以代替猪肉牛肉，她的两颗金牙齿也被取去而用了一种不知用什么怪名字的合成金来代替，而据她说，从那时起，随便什么东西吃起来都没有味了。

尤其是对于“S. F.”(S.F.是 Staple Fibre 的简称,是一种代用棉布),她深为痛恨。——它穿在身上多不舒服,多不经用。而又好贵! 那些爱国妇人会,国防妇人会的太太,当然可以经常穿着清白整洁的围裙(据说这些太太们穿着围裙已示她们也在劳动,而实际上围裙已成了她们的装饰品)。

但是那些劳动妇女怎么办呢! 我每个月至少得给老妈子买两条围裙。围裙是这样,衣裳、裤子以及其他一切穿着东西也都一样。你想想吧,多大的费用噢! 支那人一定也用这种讨厌的 S. F.。或者更坏的东西的吧?

不,我立刻答覆说,他们并不缺乏棉布。

中国是“有”的国家。父亲插嘴说,而日本是“无”的国家。就因此而打起仗来了啊。

我想驳斥这种受了军阀欺骗的论调,然而妈妈又开口了。

“最近我到伊豆去玩了一次,我不知道这个温泉是属于哪一类的,但是我好奇怪啊,只用了一用,那块用 S. F.做的毛巾就在浴池里溶解了,而……”

妈妈好像处女般地涨红了脸,说不下去了。(在日本的温泉浴池中,大多是男女共浴的,只用毛巾遮一遮下部。)

没有关系,我尖刻地说,这是侵略者日本的新道德啊。

呸,父亲发了火,你连灵魂也给中国人同化了。

三　邮箱的悲剧

铁! 铁!! 铁!!!

全日本都沸腾着要铁。

……

有一天我的哥哥从华中前线写信给我们。这信里写着:——最近一向,从日本来的信都湿得连字迹都模糊了。难道现在军事运输办得这样糟糕吗?

我这样答复他:

“亲爱的哥哥,在你的祖国,人们除了眼泪以外,没有什么东西可以送给在外打仗的你们了。现在,其他一切东西都贵得可怕,眼泪却越来越不值钱了。绝望地望着西方,妻子们哭着,孩子们哭着,母亲们哭着,那新出现的女邮差们也为她们的永不回来的丈夫而哭着,甚至邮箱也哭着。对啦,哥哥,你还不知道,在全日本有十万只邮箱,其中有两万只是铁做的。一个月以前人们把这些铁做的拿走。而代之以别种质料的。这批新的不很结实,只要稍微下几滴雨,它们立刻就哭了。我们放在里面的信就更潮湿了。亲爱的哥哥,你要知道:在日本，两万只邮箱哭泣着，而在中国，那旧的两万只却已经成为子弹而使无辜的邻人哭泣了……”

（原载于《胜利》第51期，1939年）

韩国的忧郁

无名氏（卜甯）

每见到这位韩国青年时，我们并没有谈过太多的话，——他是一个沉默的人。他现在坐在碉堡旁边的岩石上面，眺望着远处的蓝色雾带，两只大而黑的眼睛里充满了忧郁的幻想，这是残夏一个黄昏，晚风波浪似地起伏着，田野里发散出富有撩拨性的稻香。天是蓝的。在这位韩国青年的后面，是几椽朴质而不缺少灵魂的茅屋，充分表现出未来派的作风，我之和这位青年相识，是由这几椽茅屋介绍的。茅屋的主人是韩国革命党领袖金□[①]，凑巧有两个富余的屋子，我们有一个时期颇想租下来，虽未如愿，但却认识了这位青年，他是金□的亲戚，不用说，也是革命党的一员。我们的寓所很接近，晚饭后散步皆可照面，自不缺少闲谈的机会。

他总常穿一套草绿色童子军服，身体异常结实，但脸上总流泻出一缕神秘的哀怨，夹杂着几分憨气，这种憨气唯有在文化落后的人民的脸上才能邂逅到。

“在想祖国？”我走近他的身边。我们的会谈往往是不遵循常轨的。

“是的，在思念汉城。在这个时候，汉城街上的绿色树下，该有人坐着喝茶了。但韩国也是这么亡掉的。”他站起来，眼圈有点红，他曾在北平住过十年，是□□大学的肄业生，北平话说得很流利。

我们并肩在山径上散步，我欢喜闭上嘴巴，静听他的独语，像听一个名小提琴家独奏一支忧郁而美丽的曲子；他的词句含有浓厚的忧郁美，他是政治系的学生，但暇时很爱读诗。然而他的话并不太多，他随时可以沉默。

我们谈了一些琐事，他突然问我：“你认为亡国奴的脸上烙印着特殊的符

---

① 这里的“金□”当指大韩民国韩国临时政府领导人金九。此处及以下各处所有的方空格□均照录原报，非本书编者所加。——本书编者注

号吗?”声调是忧郁的。

我稍稍有点迷惑,但随即歪扭本意,提出一个否定的答复。——我不愿增加一个没有国家的人的忧郁。

“谢谢你!但是许多中国人都说我脸上笼罩着一层令人难耐的阴郁,像一片从未经阳光照射过的江南潮退地。我自己也觉心中总浮有一片阴影,在中国侨居十多年了,这阴影仍没有褪去。我的物质生活并不算坏,但精神上总不能快乐。我有时也在人面前笑,然而只有我自己知道这带给我内心的惩罚是多么大!……”他的眼睛转过去凝视远山,我看到两颗泪珠在他的颊上缓缓滚动。

“痛感到国家的失去?我觉得你是太伤感了。我们应该从好的方面去想。”我吐出自己所不要听的话。

“是的,往好的方面去想。所以我想换一个生活,在最短时间。这儿的环境是太安静了,不是我这么一种人所能久住的。”

他的脸上似乎微微显出烦燥:因为多说了几句话,我不再开口,任他的话语自生自灭。

“我想到□□军做政治工作,那儿有朝鲜义勇军。我在乡间颇爱渔猎,□□□□□□□□□□□□□□□□□□□□□□□□□□□□□□。——可是,韩国民族性是太柔弱了。就拿我说吧:你看我身上的忧郁情调是多么浓厚,像一个流亡的革命徒吗?——我很羡慕你们中国人的英勇!”

“中国人也有柔弱的,像我就是。但时间是可以疗治柔弱的。韩国的前途仍是不可限量。”

“是的,我想借炮火的声色来疗治我的柔弱。我在这儿所见的只绿色山国,绿色草,绿色草,绿色水,蓝色天,蓝色雾,……虽然每天我在不间歇的工作,但我的忧郁是日益浓厚了。——今天我的话似乎说得太多,但我们以后恐怕难得有机缘谈话了,除非将来有一新的‘缘’。明天我要过去,准备一切,两三星期以后,我或许要立在黄河岸边了。”

我们在一座石墓面前停住足步,墓周是离离的青草,他的忧郁深深的传染给我,以后没有说什么,在临别时,我们紧紧握了一次手,我祝他前途一帆风顺,在渔猎方面能有美满的收获,他脸上浮起一朵笑,是忧郁的笑。落日光撒满山限如一张暗红色的渔网,忧郁的网。

此后我没有再见到他,他的夫人以及岳丈等仍静静住在那椽茅屋下面。他的岳丈是个非常古怪的老人,叔本华“憎女论”的实践者。我们先前接洽租两间余屋所以未成就,因为我们当中有一位朋友携妻同住,而这位老人不愿与陌生的妇人作邻居。他年青时或许曾在女人面前栽过很大的筋斗吧！我想。但我的同情止不住向他们流注，他们脸上皆有一种共同的特征——忧郁与憨气。上面那位青年的夫人年纪很青，爱穿白地黑方格子的旗袍，当我第一次见到了她时，禁不住有点惊异；似乎在一列金黄色的蜀柑中发见一只美国种的柑子，我只觉得略略与众不同，但又说不出为何不同，待知道总是箕子的后人时，才了解这“不同”应解释为异国情调。她着一袭白地黑方格子的袍子，提一桶水在绿色田径上小跑着时，使我联想起一只镶黑花的白色蝴蝶——忧郁的蝴蝶。我和她以及那古怪的老人没有交谈过，他们似乎在躲避着陌生的人。

一个多月以后，是秋天的黄昏，我在一座座石墓之间徘徊着，听偶然间，我见到那只镶黑花的蝴蝶，憩在一座石墓前的石碣上。她的左臂上有一圈黑纱，眼睛红肿着，脸上的忧郁是更深了。当我经过她时，经过一番踌躇后，终于大着胆询问她的丈夫的消息。她的眼睛闪烁着泪光，轻轻道：

“……他已经阵亡了，在山西一个小县里，我们前天接得电报……”她止不住垂首呜咽了，黑发如水行藻似地散漫开来，一滴滴清泪轻轻落在石板上为露珠，悲哀像喷泉，不断冲洗着她。

我想不出适当的话来安慰她，乃默默走开，在我眼前似乎浮起一个幻景：充满了忧郁的大而黑的眼睛，流泻神秘的哀怨与憨气的面庞。只是，执傲的斗争在原野上。

[原载于《大公报·文艺》(香港)第 707 期，1939 年 9 月 25 日]

花子的哀怨

——一个女俘虏的遭遇

碧野

一天，当我把绿色的窗幔拉开来的时候，我发现一个美丽的姿影在楼下的花丛中逍寂地漫步着。等我把惺忪的睡眼用手拭了拭，才看出那在曦茫中的是一个年青女子，她穿了一身镶了黄边的草绿粗军装，由于这种标记，我知道她是一个俘虏。

她的短发黑而卷曲，可是有点蓬松；她的眼睛是奇异的美，在长睫毛底下，闪射出秋星似的光芒，但是眼梢边却有些红肿。也许她长夜在失眠，或为她的飘零的身世而哭泣过。……

我站在窗边，感觉到我的心有点轻跳，我恐怕被她发觉，我望了望东边天际的淡红的云，细叹了一声，把身子缩进了楼房。

我想着：少女的命运就象是东方的晨天，由白嫩而红艳起来，但当朝曦消失在太阳光中的时候，红艳的云霞也就逝灭了！……

从此，每天清早我都看见她在楼下的花丛中走着，好像她永远是带着沉伤的心事，在她的默默的步调中，是多么的凄怆呵！

一直等到那玫瑰花已经凋落了红瓣，香玲草也逐渐在秋风中萎黄了，我才由一个投诚的日本医官的介绍认识了她。

那是一个月圆的秋夜，风从荒野上送来微寒。我和投诚的日本医官，以及这个成了女俘虏的少女坐在烛影摇曳的窗边矮桌上，我以新知的资格给她斟酒，一杯又一杯，我惊异她为什么酒量这样大，照她的清瘦的体格看起来，她真有点反常。

“花子，你应该注意你的身子！”日本医官轻声劝阻。

“不要紧的，来！我的中国朋友！”她把喝干了的酒杯举到我的面前。我知道她有着沉重的悲哀，酒会燃烧起她的狂野，于是我也照着日本医官的称呼，说：

“花子，酒会烧坏你的心。用言语来表达你的情意吧……”

“你！……”花子颓然地坐了下去，她哭了。她把身子伏在桌沿，卷发因为伤心而抖动着，好像是一朵风中的墨牡丹。她的凄伤的哭声令我的心起了一阵哀颤，突然我的眼泪滴落到酒杯里，我端起了酒杯，把渗泪的剩酒倒进了喉咙，我急急地离开了桌边。

花子是日本军营里的一个随营营妓。

她的少女的心已经灌进了多量的苦液，可悲的遭遇使她认识了人生的深层痛苦。

花子原来是高丽人，她的家在南庆尚①的釜山。花子出世的时候已经没有了父亲，剩下年老的患着不可医治的失盲症的母亲。她的大哥在早年因了争取国族的自由被杀害在汉城，她的二哥是一个茁壮的渔夫，可是被对马岛的海涛卷去了，她的三哥在“九一八”的时候，被征调到中国作战，他的白骨埋在长城边。由于这家中连年的不幸，失盲的母亲因悲哀而病倒了。

就在五年前的春天，花子不过是一个十七岁的少女，她当了釜山湾里的船娘，她用一只租来的画舫招揽游客，用她的青春博取贱价的报酬……

不久后，她的母亲死去了，而同时她被釜山湾南边的绝影岛上的一个恶媒婆所骗，把她卖给了一个日本农夫，而且被硬迫着上船到日本去。

花子和着她的异国丈夫住在浅间山下的一个乡村里。她常常为她的不幸的命运而哭泣，就因为这，她的粗暴的丈夫常常在深夜里鞭打她，甚至在冬季的雪夜，把她驱逐在屋外，一直冻饿到天明！

日本国内经济崩溃的浪花，也一样扫激到这浅间山来。花子的家一天天的穷困，收获不好，租税增加，这一切都使到她的丈夫对她愈加粗暴。终于她又被卖到千叶了。

千叶，是东京湾边的一个都市，这里和东京一样支度着畸形的繁荣。从此，花子在一座有名的“花院”里操着可悲的神女生涯。……

“七七”事变后，她被日本政府征调到中国当日本随营营妓，她随着日本军到过上海，到过南京，也到过徐州、广州。

是今年的初夏，花子在晋南的中条山中被中国游击队俘虏了，只隔了三天，她便被解送过黄河南岸来。

像秋后的苹果一样，我和花子一天熟似一天。

---

① 原文为“尚庆”。——本书编者注

花子的生活是不很充裕的，每月，她和其他的俘虏一样，只能够在战区政治部领到七八元的生活费，鞋袜和汗衫是公家发的，不过除了五六元的伙食费以外，剩下的零花钱最多不过两元。由于她的困苦，我常常给她一点资助。

她在日本千叶的时候，有一个中国青年曾长时间的爱过她，因此她认识了不少中国字，普通文字她是看得懂的。我介绍给她一部分中国抗战鼓词和一些通俗小说。她答应她将把她的一切遭际细细的告诉我，并且希望我给她写一本书。

秋已凉了，广场上的洋槐落叶纷纷。花子住在斜对过的楼下，她只有一条由公家发下来的军毡。因为她身体的娜弱，恐怕她感染寒凉，我送给她一条从北平带出来，跟我已经有两年奔波历史的薄被。

"谢谢哪！"花子低羞地颤声地说。

为了要报答我给她的热情的关切，她赠给我一条日本绣巾。

每逢星期日，花子和她的同伴们是被允许作一次远足旅行的。又是一个星期日。

花子是爱吃蓝柿子的，一早我便到街上给她买了十来个蓝柿子，和一些蛋糕、花生、瓜子，放进我的干粮袋里。

我是被俘虏主管人应允跟随他们出去旅行的。同行的同伴一共有十八个人：十二个俘虏，五个护兵，我。

秋阳刚露出了醉红的圆脸，我们就向着邱[邙]山的野径进发了。

高粱收割了，遗留下深红色的枝茎，辽阔的田野呈显出火般的艳红。远山像少女的清爽的眉宇。

……花子除了仍然穿着那身滚有黄边的绿军装以外，头上还戴了一顶黑色的飘巾帽，她的眼睛永远是浮现着难灭的红晕，从她的打扮，眼睛，以至她的细微的动作上，都深含着一种忧郁的妩媚。

在登邙山的时候，我递给花子一支手杖。大家都精疲力竭了，才在一个谷坳边休息。

我用小刀给花子削了一个蓝柿子，她要求我分着吃。

她把一块石头滚落到谷底的涸溪里去，静静地说：

"让我的过去像石头般的滚掉吧，我需要它呵！……"她用手轻轻地指着太阳。

我告诉她等到中国抗战胜利后，她就可以得到自由，得到无限的光和热。

她说她不愿再回到日本去。我说到那时便可以随意飞翔，就好像蓝空的云雀一样；我并且说愿意伴她到高丽去走一遭，看看鸭绿江是怎样的自由地奔流，汉江是怎样的迸溅着银白的浪花，釜山湾是怎样的柔美发蓝。……

为了求得教养和保护的方便起见，花子和她的同伴们离开了这城市，被送到龙门左近的一个小村庄里去住了。

我每隔三天总要去看花子一次，每次我都带给她一点食物和一些零用品。我每次的去，总是给她多量的安慰。

一天下午，蔚蓝的辽阔的天空，飞来了三十五架太阳徽的重型轰炸机，在震撼山岳的大轰炸声中，我遥望见大野的极南边冲起了漫天的黑烟。

忽然我的心一悸痛，我预感到一种悲哀的不幸事件将呈现在我的眼前。

我借乘了救护车，和救护员们一同驰往花子居住的小村庄。

一跳下车，我便向花子居住的农舍奔去。我的眼睛撩乱了，我只看见一片破栋残砖，一阵黑烟，一大堆烬火……

等到我清醒过来的时候，我才发现我自己被一个须发斑白的老农夫扶着，身子靠在一棵被炸断了枝干的柿子树下。

花子和着她的三个同伴躺在一片荒草地上。尸体已经给芦席盖住了，我用力睁大了眼睛，只看见花子的披散的短发，和一滩污紫的血。……

我嗓子酸梗了，我发不出哭声，两行清泪流落腮边。

呵，你这武士道的刽子手！……

［原载于《大公报·文艺》（香港）第724期，1939年10月27日］

南京慰安所里

任重

一、红灯下的人肉广告

夫子庙恢复了清唱，夏夜里马路两旁，尽是些闲荡的流氓和浪人。

秦淮河畔的画舫，并不比战前少些，所不同的就是上面都布置了五色旗子，船娘艳装华服的躺在藤椅上，顾客也不像以前长衫短褂，今天船上坐的是蛮横的日本军人，他们的长刀，皮靴，黑黑胡子，尖顶军帽，一种不调和的笑声，使污黑的水上，带了些火药气味。

沿着秦淮河，文昌桥上看去，尽是一片红灯，这在平时是少见的，因为大部份妓院都集中在那边，同业间一种营业上的竞争，造成这条马路从未有的繁盛，我记得"广寒宫"的彩楼耸得高入云霄，最新式的广告牌绘上了红粉佳人的妩媚姿态，红灯绿灯从楼上垂到楼下，光耀夺目如同白昼。

在小街小巷的行人，于八时后就逐渐稀少了，可是利涉桥一带是不同的流氓群在滑腻的女人手臂上间穿过，接着就泛起一片漫马声轻浮的笑语，在香烟味与闷热的粉香中浮动，皇军来回地留恋着。

《南京晚报》上很多夫子庙的特写，《南京新报》的一个短评里也论及这件事情，它以东晋的谢安来做例，"醇酒妇人，未必坏事，谢安身任当时的太傅，放情于山水红粉之间，东山丝竹，逸趣非常，然而他并不耽误政事，我们公余娱乐，借以适性怡情，不负春秋佳日，何尝害事"。因之奇望街上来往的伪府公务人员，也就做着谢安第二，他们认为沉醉于醇酒妇人，是一般权贵风流蕴藉。

妓院，慰安所，咖啡馆，酒排间，清唱，画访[舫]的营业，所以发达的原因并不是专由几张报纸的鼓吹和政府的提倡，主要的还是由于它本身广告技术上的成功，过去妓院没有注意到这一点，现在他们都向这一面发展了。"人肉的广告"在各妓院中是最有效力的一种，一切引诱性的广告，只能吸收很少的顾客，以人的肉体赤裸裸的手臂、大腿、敞开的胸襟，流转不停的淫荡的眼睛，以及红唇粉颈来抓住马路上的行人，却是最实惠而最有效的办法。

“桃花宫”“浪花楼”的女人，在它老板指挥之下散在彩楼的红绿灯下，展开了一条漫长的行列，高的，倭的，肥的，瘦的，和服的，旗袍的……她们以各种不同的姿态出现行人之前，她们的任务是吸住行人，并且要使行人跟进她的大门。

在京日军是以各战场调回整理的居多，为了满足他们的需要，军部以极大的化装费和服装费去创办“慰安所”每个礼拜一次的机会给士兵去自由选择，可是饿虎一般的禽兽对这仅有的机会是不能满足的，他们齐向中旺利涉桥的中国妓院跑去，红灯下的“人肉广告”这是更能发挥它的能力，马路上日军和妓女的调情，如到舞台上去排演，都是精彩节目。

二、兄妹奇逢

这是出在慰安所里的故事，已经转战于华北战场而被调入京的日本军人田中横一，来华已一年了，他苦闷地接不到一封家信，终日烦闷的无可消除，他决定跑到军部指定的慰安所去，因为这样才能使他生活活泼一点。

慰安所已来了一批新的姑娘，这是大坂和横滨来的，田中很想拔寻横滨的妓女，因为他关心着横滨关心着他的家，也许他可以遇见熟悉他故乡的女子。

从第五号房间里，走出一个很俊秀的女子，她闪着惊奇的紫眼钉着田中横一。

“长官！是不是第一次来？”

“是的，”田中好像触电一样的呆了，“你是不是横滨人？”

“是横滨人，你——好像很熟识，是不是去年十月里出征的？”

田中紧握住她的手：“芳子，你为什么到这里来？”

芳子发现是他的哥哥，哭泣声从耻羞中冲了出来：“我们以为你战死了，我被征发的原因，也是由于你失去了消息，凡是在华阵亡将士的家眷，大部征发来华了。”

“征发？征发来华出卖你的皮肉吗？……”

芳子只是哭泣，在她哥哥之前，她有说不出的话，她只把几月来生活告诉了他。

“嫂子在家好不好？”

“嫂子她也来了，她在十一号，她比我来得还早……”

田中的脸色由深红而青灰，正当他听得昏迷的时候，他的妻子跑了出来。

“田中，田中，真的是你吗？”菊子，田中横一的妻子，她听着丈夫的谈话已很久了，她不愿再听下去，她以最快的速度跑了上去。

兄妹姑嫂想不到会在南京逢到，除了泣诉离情之外，使人深深地痛恨到军阀的残暴与罪恶，只有军阀财阀的打倒，日本民众才能享受自由和幸福，侵华战事一年又二年，日本劳苦大众的血也榨干了，人生至此有何意味，戎马苦战，妻妹离散，原来战争的意义是如此的……南京东郊的一棵白桦树上，明日就挂了田中横一的尸体。

三、十九号的惨叫声

这故事传遍了南京的妓院和慰安所，以至南京的民众也知道了，红灯下的广告，常把它告诉新来的顾客，我为了好奇心的冲动，在一个郁闷的黄昏，就大胆地跑进人民慰安所去。

人民慰安所是第一等的大妓院，妓女的成份十分之六七来自苏州，色艺双全，如花似玉之姑娘，性情温柔，举止大方，贵客驾临，包君满意，一个满脸笑容的茶房，迎着引我进去。

“先生贵姓？”

“周。”

“周先生还是第一次啊，今天的天气太沉闷呐。”

“我是找王科长的，他在十九号等我已很久了。”我扯着谎大踏步的跑了进去。

第一号的门帘揭起，是一个脱了皮鞋的日军官，第二号的布帘揭起是一个搂着妓女的伪警官，第三号的门开着，三个日兵围着四个妓女抽纸烟，第四第五号……十九号里门紧闭着，房内的声音透出房门，似乎是在哭泣，间或带了些怒骂的声音：

“益阿罗！”日语的咤声，接着是什物的倒塌声，“益阿罗”日本军官的皮带向妓女抽了几下，前前后后的客人都惊扰起来了。

十九号的茶房给它打开，接着日军官斜戴着尖头顶帽闯出来了，它气愤不堪，茶役垂下双手，恭敬地送出大门。

惨叫的声音还是继续着，闲空的妓女全去劝阻她，“要让他一些才好，吃了眼前亏是无冤可伸的。”

“坐着谈也好，横着玩也好，他要怎样就怎样，反正南京是他们的世界，他来玩是给钱的，对他没有交情也不过一天一晚的事情啊！”三五成群的劝导者以最老实的说法，终于完成了说服的工作，惨叫声停止了，十九号里只剩下她这个受苦的女子。

四、苏州女子自述

惨叫的女子原是苏州人，吴侬轻语不用辨别，就可知道的，她走进外堂的饮茶室，离我只隔一丈的距离。

“刚才是甚么一回事情?”我接近她一点。

“东洋赤老还有好事情吗？强凶霸恶，没有一点人心!”她不大高兴叙述冲突的原因，不过她听到我的口音却高兴起来：

“你是不是苏州人?”

“是的，苏州三元坊。”

“唔……”

“你怎样到南京来的?”她被我问住了，一付可怜的表情在她面庞上显露出来，她噜苏地向我问长问短，似乎熟识得不像素不相识的样子。

“告诉你吧！我是苏州××人，原籍××，东洋人进攻苏州的一天，家里是被焚毁，我跟着年老的父母从无锡到镇江，兵火仓皇中父母都死去了，我一个人，一个人流亡到南京难民所，整整的住了两个多月。”

“两个月里南京受敌机袭击，南京的民众为避免无谓的牺牲，都从城市搬到乡村里去，我在这时认识了一个男人，他为我的安全计，叫我跟他跑去。”

“以后他又把我抛弃了，我又流浪到南京来，仅仅十天的时间，南京城里的太阳旗都挂上街道了。”

“你怎么跑上妓院的?”接着问她一句。

“跑进妓院，我也弄不清了，当时的情况现在也无从说起，第一点为了生命，第二点为了生活，妓院老板到各妓院找人，他看重我，保证我安全，保证我的生活不发生问题，他以重价收买我，他还答应我战事平静后送回苏州。”

“慰安所里那一方人最多?”

“这儿大部是苏州人，军部的慰安所也有四五个，那边中国人占到十分之七，东洋的女子有十分之三，中国的女子大部分是难民收容所来的。”

“来玩的人多不多呢?”

“商人和士绅已不多了，这是因为一月前闹过一乱子，一个东洋人包下的房间给中国人占领了，手枪皮鞭乱打起来，我们至今还不敢和鬼子多接近。”

“也许刚才的争吵，就是这一类事情吧?”她默默的走了，我看着一阵一阵的流氓引着日兵闯进来，我实为这一群可怜的妓女们担心。

（原载于《浙江妇女》第 4 期，1939 年）

慰安所里

——湖州城

小蜂

一个严冬的早晨，北风刮得很利害，阳光淡淡地射到山大幸三郎的身边。他站在一个小木屋前的岗位上，手里拿着上了刺刀的枪，眼睛不时的向四周了望，像什么似的又胆小又惦记着呢。——他深深地吐了一口气，整了整身子，徘徊了一二回，缓缓地又踱回岗位上，仰着头呆呆地望着蓝白的天空，嘴里不知说些什么；他的脸儿好像带了愁容，满腹的心事，自言自语地阵阵的寒风使山大幸三郎打起颤抖，把脸儿紧紧地缩在宽大的领子里□□。

山大幸三郎的脑海里，正幻想着——他想起了他的爱妻，美丽多情的吉丫。

他已整整的一年，不曾见过她了；一股贪欲再也不能抑止，隐藏在他的心头，他的幻想好像她的爱妻已投入他的怀里了，他俩亲热地狂吻着……匆［忽］然有笨重的脚步声踏踏地，向着山大幸三郎的岗位上走来，就将他甜蜜的幻想梦打断，他就懊丧似地，托起了长枪，无精打彩地走向“川崎部队”司令部去。

“到慰安所去吧，幸三郎！”田村兴奋地说着。

“不，田村。”

“你为什么老是这样的想着，你有着爱妻吉丫，难道我就没有爱人吗？这又何必这般自闷呢，我们还是到慰安所里去消遣消遣吧。”

“……！”

“你这样的狂想着，她又不会来安慰你呢，或许我们在慰安所里也能够看见和吉丫同样的人吧。”

田村握了三郎的手，往外就拖，他也就默默地走了。

“大××皇军慰安所”里，已有幸三郎俩的影迹，他们都躺在富有弹性的沙发上，茶役们细心的陪着笑脸招待着。

“喂！把新来的姑娘叫出来让我们快乐快乐。”

田村说着又和其他人谈话了，只留下山大幸三郎无趣地看着四周，他们都何等快乐自在啊。而他只是沉闷……他沉思时，脸儿突地变了。两只眼睛狠狠地凝视着距离他二十步的一只沙发上，有着和他爱妻吉丫一模一样的女人，上部的衣服已给他同伴卸了，露出了雪白可爱的乳峰，正被玩着，吻着，然而幸三他还不敢自认。他就离开沙发走近两步，细细地用神察着，他更变了，疯子似地冲向那边去，直把他们俩吓得直嚷。这还不是他的爱妻吉丫么？

"啊……幸……三……郎……"她已晕倒在地上。

"吉……丫吉……"幸三郎颤抖的哽咽了，抱住了他那心爱的吉丫叫着，泪滴在她的脸上，忽然他又想起了什么似放下了吉丫，不顾一切地抱着头向外乱窜。

慰安所里已闹成一片，当田村想不出幸三郎干吗疯了的，要想去拉住他，已来不及啦。

田村想回来问个究竟，他刚一转身，迎面就过来一个美而胖的女子似乎很面善的，田村，就好像在做梦着？——他的爱人秋子姑娘也在这儿。

他停住了脚步，视线集中在她的脸上。忽地那女人惊慌地叫了起来。

"田……村你……你……"她的泪已挂满了脸上，晶珠儿粒粒地下滴。

田村只是默视着，好像着魔似地回转身子拔脚就跑。

田村奔回队伍寻遍了整个的屋子总不见幸三郎的影子，就奔向营部的后门，踏进了草屋，顿时冤气涌上心头，异常难受，抬头见山大幸三郎已先其自缢了。颈儿套在绑腿带里，挂在梁上高高地，田村再也不忍目睹，就解下绑腿带来！就仿效幸三郎的把戏；他也明白了幸三郎遭遇到同样的命运。

第二天，"川畸部队"就不见了二个皇军。

慰安所里，有着一片清淅的惨哭声，隐隐地在她们的心头浮起。但还是有不少的皇军，正向着这慰安所里，找寻他们的爱人妻子……

修于元月元旦黄昏

（原载于《巨轮》第1卷第3期，1939年）

血斑（四个台鲜兵的故事）

胡知（林珏）

登岸的一刹那，像疙疽开了刀一样，混淆在日军的队伍中的他们，从舰口里泻出来。

因了祖国炮火的扑射，和日本军队组织的严密，使他们出发前的计划，在此刻打得粉碎。

那时候只有前进，虽然他们的枪并不曾向前射过去，却也有几个不幸的伙伴，吞饮了祖国的弹头，和敌人的尸身，一并的运到海外去。

两天来，为着准备一次新的总攻，战壕里嚣张的气忽[息]，完全沉寂着。

“准备打祖国的同胞吗？……”每人都有一个同样的念头；但终于同样地遭排长殖[残]暴的眼光切断了。

阵地里一共有十八个人，五个是原先守防这里的日本水兵，其余除了他们四个不相识的朝鲜士兵之外，就是这次新来增防的九个陆军。

一切都在五个日本兵猜忌的监视中；用不着什么司令官，只一个士兵便有临时处决他们生命的权威。

夜色中闪着银白的光，轮盘似的月亮，讽刺似的在头顶上照着；的确，他们没有勇气，敢抬头去看她的晶洁的光芒。

良心啊，良心！
拿着同胞当敌人；
大家不如早下手……

黑大个子俯在射孔上，用小曲的调子嘟昂着。

小魏留心到排长怕人的脸孔的注意，机警的打了一个干咳，把忧挹的歌声阻绝。四个人有意的交换了一次暗示的目光，无形中各认领了该由自己下手的对象。

夜深了。

浓重的雾点，层层的渗透了衣襟；四颗冷冷的心窝里，都像蜷伏着毛毛虫似的忐忑不安。

排长，还有几个过度劳碌的水兵，靠在黏土的沟浜上打磕睡，张开的嘴唇，正好是一粒子弹穿行的孔孔。

黑大个子给了一个暗示。

“一，二！”这口号不知道是谁叫起来的！

小魏猛的掉过头去，几个日本陆军，黄狼似的在眼前闪晃，他没有开枪，握紧了步枪的一端，疯狂的击打。……在目的达到之后匆忙的跳出战壕去，接着两个短瘦的伙伴也跟出来；只是黑大个子不见了。

“爬着走，爬着走！”

他们扑俯着前进，兴奋的感情，使周身的毛管在索索地颤动。

追击的敌人，从另外的战壕里冲出来，急雨似的弹头，在朦胧的月色下，喷出缕缕的白烟。

“你们快点跑！我不行啦。”一个中弹的伙伴，落在后边喊：

“唉！快点吧！”小魏弯着腰嚷。

他俩的步子并合着，沟壑和荒冢，都一些也不能阻碍他们的速率。

枪声越来越密，嗤嗤的弹啸和强暴的呐喊，冲破了静寂的夜。

“只有拼命，跑不出去啦！”

顾自抱定步枪，像抓住自己的灵魂一般的还击。

“唉，怎样啦！”

子弹尽了的时候。

小魏，瞥见同行的伙伴又扑倒了，他愤懑的叫起来！

“中华民国万……！”声音被丛密的弹头断绝了。

黎明收复了残雾，在沉寂肃穆的原野上，涂上了三堆绚烂血斑。

（原载于《宁工学生月刊》第2期，1939年）

血的短曲之八

舒群

这是一个人所讲的故事

她给我留下的一种感觉，是这样的。

温暖的不是异邦如意的床，而是祖国冰冷的地；死在后者的地上，比睡在前者的床上温暖。

我与她的结识，是这样的。

有一次，我们在山地击败日军以后，向附近的房屋、树林，以及一切可以隐藏敌人的地方，开始搜索行进。大约四五里以外，在一处年代久远的院墙内，我们发现了敌人。我们要求他们避免彼此流血，他们缴械以后，与我们同行；而且，我们特意说明，我们并不想用别人的生命而换得自己的光荣。但他们回答我们的，是枪弹，而无一句言语。因此，一刹那间，这小的战争便开始了。一点钟的时间，我们就得到结束；我们冲入院内，立刻恢复了往日和平时代所有的安宁。在这被血染过的院内，还有一切战争不可避免的悲惨景色；他们死的，安静地躺在地上，伤的，呻吟在自己寻找的痛苦中，活着的，送出自己的枪和弹，然后垂下头和手，好像自知已经接受了俘虏的命运。她便是其中的一个——唯一的一个女的。

不过，她没有使用过枪和弹，甚至一件小小的武器；她曾是一个无辜者、受难者。

她的年龄，很幼小，最多不过十六七岁。她的身体，很瘦弱，瘦弱得使人感觉她的生命难有几年的长久；好像初春的嫩苗，被暴风雨摧残过，在世界上难有长久的勾留了。她的脸型，她的脸色，就是她生来的不幸命运的记号。这不仅可以看出她是朝鲜人，而且可以证明她是日军之中的妓女。关于这，在我们问起她的时候，她哭了，表示默认了。

她的哭声，充塞在这阴惨的天空的下层，这秋风吹不尽荒草，落叶的院中，一声一声地传入我们的耳里的时候，使我们更感到了人类爱和憎的距离，同情和仇恨的所在。因此，我们从俘虏中把她引到一间空房里，由我负责。

我看她似乎疲倦极了，我用稻草给她铺成一个小床，要她休息一时，准备不久以后遭受长途的辛苦。她扬起眼睛，轻轻地看了我一下，她说：

“不！”

“你不疲倦吗？”

“不！”

她给我的回答，好像永远只有一“不”字。于是，我故意问她一句：

“你痛苦吗？”

她默然了。她用手抚摸自己的胸脯，来抚摸着自己的痛苦。

“那么，你不快乐吗？”

“我生来就不知道一个人还有快乐；也许有，可不是我的，不是朝鲜人的！”

这时候，她刚刚停止的哭声，又开始了，更大了；仿佛她只有一个简单的感觉，表示感觉的，就是她的哭声；仿佛她的幸福，被人用不幸换去，结果她自己余下的和加多的，都是哭声。

当我们归队的时候，我向她说：

“不要哭了，走吧。”

“走到什么地方去？”

“领你到快乐的地方去。”

“你别骗我！”

“我没有骗你。”

“什么？没有骗我？哼，世界上没有一处快乐的地方是我的，是朝鲜人的！我知道，你别骗我！”

她说着，呜咽着，勉强地随着走了。

走了不久，我们走上一条崎岖而难行的小山路。这小山路，爬过无数的山头、河流和稀有的而且荒废了的矿场、田野，爬向一望望不尽的遥遥的远方，我们身边所望见的，不过是高空低落到山头的一片阴暗的云层，此外，便是被风吹起，吹到云层以外的尘土的黄烟。这云和烟相混的宇宙，不见一间房屋，一颗老树，甚至一个小生命的动物一刹那的寄居，或行旅，好像荒凉而寂寞的太古的时代一样。我们行进其间，的确感到孤独，而且渺小。

我们的队伍和俘虏走在前面，我和她跟随在最后边，背上背着太阳西落的余火，走向这余火所照耀的地方去。

突然，她停下了，仿佛被身边恐怖的景象引起的一种疑虑，而觉得迷茫和踌躇。她一边望着身外，一边问我：

“告诉我，我们走的是什么方向？”

我用手引她转过头来，指了一下残缺以后的太阳。她又问：

“那是西边吗？”

“是的。”

“那我们去的是东边了！”

于是，她不走了。她为了一种欲望，一种梦想的追求，她的脸色，沉入失常的神情中。这神情，是超过痛苦以上的。因此，我对她安慰，劝说继续行进，免得和队伍的距离隔开太远。但是，她说：

“不！”

“为什么？”

“不，不为什么！”

我为了避免她妄想的痛苦——幸福，我用枪迫她随我走了。

然而，她用仇恨的眼睛向我表示，她随我走并不是幸福的，好像我引她走了和幸福相反的路子。她终于又站住了；而且，由于她的一种决心，使我的枪也失去了尊严。

她向我声明：

“我一步也不走了！”

我被她引起的一种茫然，是不可以解释的，于是，我强迫她说明停止的理由；但她只是自语着：

“越走越远了！”

“怎么越走越远了？”

“当然越走越远了！”

我指了一下我们要去的方向，我问她：

“难道那边你不愿意去吗？”

她点头，承认了。我又问她：

“你愿意往哪边去？”

她为我指着与我所指的相反的方向。我气愤了，我无情地责问她：

“你想往敌人那边去吗？”

于是，她好象受了欺辱一样，立刻又哭了，哭着向我说：

“先生，我告诉你，我的家住在那边，就在那太阳下。”

这时候，她仿佛更记起了而且渴望着她的祖国、故乡、家庭，人类圣洁的感情依托的所在；她痛苦得打起自己的头来，不惜打到粉碎。

是的，一切已失的比现有的亲切，不仅是祖国，就是短短的难忘的记忆，也常有恋恋的时候；当被泛滥了的感情所磨难的那一刻，是有着一种不可抑止的想念的——虽然也知道是空虚而痛苦的。即使我安慰她，这安慰也是易于引起反感的；所以我故意地顺从了她。我向她说：

"那么你去你要去的地方吧！"

"你让我去吗？"

"让的。"

于是，她转了相反的方向，望着太阳所在的地方去了。

我站在小山路的当中，注视她的背影由迅速而变慢，渐渐地终于停止了。她去时的勇气，从她垂落了的松软的两手，已经消沉下去；从颤抖着的松软的两脚，拾得一个永远难忘的失望而已。不过，她不肯回来，仍在失望之中寻找着希望。在她停留的时候，她散垂着的长发，被风吹乱了，一时飘起，一时飘落，飘得无所依依，尤其是她仅有的一件类似西装的衫子，像她的体质一样，几乎再经不起一阵暴风的吹打。她在风中，孤独得仿佛人类再无一个她的亲人了。

我走到她的身边，要她转向归路去；她叫起来了：

"我不回去，死也不回去！"

"那你就站在这里吗？"

"也许！"

"永远站下去吗？"

"也许！"

于是，我故意地道：

"那你一个人站在这里吧，我去了。"

然后，我很自然地走开了。走了不久，我便听见她的哭声追随在我身后了。我停下，等她到来的时候，我问她：

"你怎么又回来了？"

"回不去……也只有回来……"

"那我们走吧。"

"不，你告诉我，我什么时候可以回去？"

"快了。"

"快了？只我一个人回去吗？"

"不，所有的朝鲜人——愿意回去的。"

在我们归队以后，我把她移交另一负责人。她与我告别的时候，给我一个淡淡的微笑；笑得那样勉强，好像她生来第一次的尝试。

［原载于《中学生》（战时半月刊）第 3 期，1939 年］

宫本信雄

——一个俘虏的故事

雷加

他在我的纪念册上写着：

被压迫民族的解放，中华民族的抗日战争，是亚细亚民族解放的历史的一页。

宫本信雄　二、九

一个多骨的坚毅的面孔，一个机器工作者的结实的身体。他爱吹口哨，爱用鼻音唱歌。当他准备讲授的课程的时候，总是像蹲在机器旁边那样聚精会神的。他在俘虏中间由于他的前进的意识，已经由一个工人变成了一个启蒙讲师。他也是我们××训练班的热心的日语教授。他常常参加集会，在特殊的集会上，还要到台上搓着手掌唱着沉痛的松花江，或是做一篇激烈的讲演。

他，在一般人的传说中，已经是一个理想的人物了。

据他自己讲：他是在××住过十年以上的汽车工人。现在在××还有一个哥哥住在那里。他同他的亲哥哥，都能说一口流利的中国话，知道许多关于中国的风俗人情。

七七事变后，他就在华北一带随着队伍开汽车。"整天嘟呀嘟的在车轮子上坐着，一遇见有人来追，心房就跟着车轮旋转起来，呀！真苦。有的时候拉子弹，拉白米，有的时候也拉伤兵和烧焦了的骨灰。我相信它们两者的分量相差不多呢！"他似乎带着咒咀自己的口气，诉说那时候的生活。

有一次，我们派了一个游击小组到定县去，他们到了由望都通定县的汽车路上，化着装，藏起短枪，像老百姓似的在车路旁徘徊。

他们等候了一天，等候了两天，第三天上，由望都开来了三辆汽车。组长端详了一会，说：

"注意呀！先把头两辆放过去，看机会打最后的一辆，我看最后那辆车离着前面的车还远一些呢!”

第一辆车过去了,车厢里有两个日本兵,坐得高高的,象是压梶车的人,悲伤着脸。第二辆车装满了白布包裹,黄呢大衣,大木箱子。不到五分钟,第三辆车也开到了,它吃力地喘息着,在它上面的大米袋子太多太沉了。组长发出了射击命令,一排枪照着车□汽缸射去。汽车戛然停住,汽缸上的铜冒眨□眼睛,像找寻敌人。发动机闷了半天又轰隆起来,象是蚱蜢似的,跳着开动了。他摆动着头颈跳过一条路沟,撞在一片断墙上不动了。

由汽车上跳下一个司机,朝着原野跑去。他的背影左右摆动着,时时跌下去。他张皇地回顾着,两条腿拖在后面,象是那双沉重的皮靴害了他,使他不得不在一个土丘后面停住脚,像一只野鸡似的隐去了。我们的队员追到土丘后面,把他围住,他这时正盘腿坐着,两臂抱着胸脯,眼睛动也不动地瞅着前面说:

“拿去吧!你们这群胡子!”

在他面前有一个散开了的皮夹,里面有一卷钞票和一个九成金的戒指。

组长怔了一会,然后对他说:

“同志!你拿回去吧!我们不是胡子,我们是八路,是中国队伍,我们不要钱,你跟着我们走吧!我们优待你。”说着把钱夹塞回他的衣袋里。

他惶恐地环顾着,望着这些纯朴的面孔,他在亲切的手势下站了起来。开始跟着走了。

这时先头开过去的两辆车掉转头来追他们了。他们开始跑着,但是这个俘虏的皮靴仍然苦了他,使他跟不上他们。他们就派出两个队员架着他的胳膊,抱着他,在垄沟的地方扶着他。这样跑了一段路,遇着了一辆大车,组长喊着:

“老乡,忙不忙呀!我们是游击队,先送我们到队部吧!我们抓了一个鬼子,你看……”

老乡率直地让他们上了车,他知道后面有人在追,拚命吆喝着,把马打得飞跑,一直跑到了大队部。

他就是宫本信雄。

他从到了俘虏招待所,像是投进了母亲的坏[怀]抱似的,笑着,笑着,整天笑着。但有时他也想家,尤其想念××。有一天他给他哥哥写了一封信交给敌工部付邮。敌工部的同志把这信看了一下,是一封平安家信。他在这信里暗示着这里的生活很满意。他希望着战争快点结束,他好再回到××去。他又嘱咐他的哥哥到联队去取回他的东西。最后希望他的哥哥能写回信来,通信处是:河北任邱邮局转宫本信雄。

付邮之前,敌工部长在信纸背面写上了“八路军优待俘虏”一行小字。

宫本希望着这信能寄到那个地方,还希望可以得到回信;但是这种希望是非常渺茫的,过了些日子,他就把这件事忘记了。两个月之后,他意外地由敌工部长手里接到了一封信,这正是由××写来的回信,一封真真实实的回信。他的眼皮,嘴唇都抖起来了,眼花了,脸红了。他的两手紧抓着信纸,念着:

“河北任邱邮局转　中国第八路军　宫本信雄先生”

“呵!”一种想不到的快乐侵袭了他,使他透出了一声类似太息的愉快的呼喊。他把信顶在脑门上,两手在面前拱起来,慢慢地闭上了眼睛,他想到了写信来的哥哥,他想到了××,他祝福着他的哥哥的命运。然后他把信往桌上一拍,站起来,像战场上的英雄一般的叫着:

“哈——拉,中国八路军,宫本信雄,宫本信雄就是中国八路军的战士呵!”

他拆开信念着,跳着,像一个小孩子那般笑开了脸。他的快乐涨满了房子,别的俘虏也跳着,笑着,替他高兴。

一直到现在,他依然和来一样高时的兴,或更正些确说,他更理解地自觉地进行着他的工作。他常对人说:

“我现在不想回去了,虽然我还是念着家,念着我那在××的哥哥。但我应该更念着日本数千万被法西军阀残暴压迫下的劳苦大众。我要为他们的解放而奋斗。”

“如果日本法西军阀不打倒,中国人民未得到最后的胜利之前,我是不愿停止我的工作的。”

(原载于《八路军军政杂志》第6号,1939年)

一颗炸弹

——一段游击战的故事

H.M.Muguyev
白澄 译

铃木将军如他的参谋部盘据了村里最宽厂的住宅，要在这里过夜，这是本村族长的家，族长已经跟八路军的士兵逃了。在各间屋子里，居住的气味还没有消逝，有少许豆油，腐烂的蔬菜和破敝的旧衣服。在一个角落里，一架孩子的摇篮翻倒了；篮上罩着一块鲜明颜色的撕裂了的绒毯。在门厅的泥地上有一口米坑，士兵们把它扒开，在里面发现了一袋红薯，这座房宅共有三间屋子和一间门厅。

将军，他的副官和参谋长把自己安顿在堂屋，其余的两间住着步兵与唐克车联队的司令；一个哨兵站在□内，陪同着师部的大旗和一位将军的传令兵。在攻取武抗高岗的劳瘁的久战之后，他们大家全都企望着一个安逸的宵夜。高岗已经到手，中国军队已经开走，而这师团才有希望在这座村庄里得到一个休息的日子。为了向山西作普遍挺进的目的，松井第七师团已在这座乡村出现约莫四天了。

在晚上十点钟，当将军接完各部司令的情报而且完毕他自己发到天津去的报告时候，有岛少佐，侦探科主任，进来谒见他。

"有什么消息，少校？"将军问道，献给他一个座位。

"很有许多报告的，大人。敌军已经向福山退却，这事我倒要晚一忽对你报告。在目前，然而……"少佐的话声中显有焦虑和激动的原素。

"说下去，"将军说，凝视着他。

"刚才，我从这村里的一位农民口里得到一些特殊的消息。这是应该加以审查的。这种情报很紧要而且不能搁延。"

"什么消息呢？"

"我接到告发，说是在你大人占据的房间里，撤退的敌军工兵曾埋了一枚炸弹;大概还是一个定时弹。我的通报人确乎没有指出这一点来。但是,他是一个愚蠢的中国农民,而且对这种事体是一点儿都不懂得的。我们应该立刻离开这所房子;应该把它搜索一遍将炸弹毁了。”

“或许这只是一个虚捏的谣言吧?”

“我不这样想。那就是我们的巡哨队在村外遇见的同一的中国人:他关于敌军兵力,他们的编制和其他事件的报告和我的情报司报告的每个细节统统是符合的。无论如何,在目前是没有理由来怀疑他的话。”

铃木将军命令将这个中国人带到他的面前来。

这位青年的农民不晓得炸弹是在什么地方,但是他执拗的重复说它果曾在本村族长的家里某地方栽了的。

“况且不光是这一个……当我们的大兵们退走的时候,他们在许多房屋里都放下了弹炸。他们都非常的高兴而且笑着这桩事,说是他们给来宾们留下了一件礼物。”

“你为什么告诉我们这些呢? 你希望中国的军队得胜吗?”铃木将军兴味盎然的问道,侮蔑的望一望这个青年人。

“谁胜了对于我们农民全是一样的,”他讷讷地回答,“在我们地主下面,我们一生也是挨过饿的;还有更坏的呢,没有东西吃。除此以外,虽然……”他开始口吃起来,“啊,如果这所房子炸毁了,你们的大兵们将要一点没有怜悯的把住在这里的我们通通杀光了。我要生活,不过,我是刚刚讨过老婆的。”

将军带着轻侮的怜悯微微一笑。

“你叫什么?”他问。

“唐静,唐祖族的。”中国人答道。鞠了躬又作个揖。

“好的。在族长的家里,倘若真有一颗炸弹,我要赏你一点钱。”青年的中国人又鞠了躬。

“这群可怜的畜生全没有责任、光荣和爱国心的观念。而他们敢来进行反抗我们的战争,而且拒绝日本帝国给他们带来的文化的福祉。”步兵联队的司令说道。

“野蛮人!”将军以同样的声调答应。

有岛少佐走进室里来。在他脸上挂着一丝胜利的微笑。

“一枚大的五十公斤重的炸弹在紧挨着你大人的床铺的墙下发现了。一根导火线透过上墙引到庭院里去。”他报告道。

铃木将军浑身发冷了。步兵联队的司令惊跳起来,神经质地用手在他的前额上扫了一下。其余的军官们全都面对面的呆视着。

“那还不是全部哩，大人。”少佐继续说，“工兵们有理由相信在这房子里还有其他炸弹。”

唐静，他是不懂得日本语的，在近旁站着，来回地交换着他的脚步，而且期望着什么似的向周围张望。

“照这个人的报告，在这所住宅里，还有别的炸弹，而且随时都会发作的。我自己已深信我们的参谋部不得不在户外过夜。所有的房屋明天得统统寻查一下。”

将军的颜容暗淡起来了。不得睡眠的夜晚，不得停息的战役和行军已经使他非常的疲惫了。同时，他颇不惬意的忆起他那五十四岁的高龄和他那肝脏的疾痛。

“否则”，少佐补充道，“你和参谋部必须移到一间靠得住的房子去，在那里没有爆炸的危险。”

“那里有如此的一所房宅呢？我情愿为此付与一些代价。”将军微笑着说。

有岛瞅一瞅在旁边冷淡的立着的中国人说道，“甚至在这个蠢货的茅屋里吧。他是才娶过亲而且要生活的！我想你应该住在他的家里。”

“哈哈！这倒是个主意。少佐，那么劳驾你告诉传令兵把我们的东西搬到那边去好吧。诸位，你们愿意跟我来吗？我们应该十分拥挤。但是，我们总能设法处理的。”

“我那小小的屋子是不会使这队高贵的老爷们满意的。我只有一间屋子和一间大厅。”这位中国人不安的说道，当将军的话语给他翻译了的时候。

“不要害怕，唐静。我们日本人是既强盛又和善的民族。日本的将士是不会伤害那些恐惧而且尊敬他们的人们的。相反的，我们将要好好地偿酬你，为了你忠诚的服务。或者你的妻子——告诉她预备房间去罢。嘿。来！传令兵！”少佐对一个士兵叫了一声。“派三个人同你一齐来，跟这个人去预备房子。参谋部随后就到，而且看看，拿我们帝国的国旗保护这个中国人。”唐静，他的妻子和四个日本兵迅速地把屋子收拾洁净而且布置清楚。主人在菩萨的神像前面烧了纸焚了香。士兵们拿了毛毡的地毯和铺席拍去上面的沙尘。

唐静的妻子，一个恬穆的细小的中国女人，拢起火，在上面放好一个贮满清水的铜茶壶。在半小时之内，日本第七师团的参谋部在唐静的小小茅舍里布置起来。从地窖里什么地方，主人取得一头活活的乳猪，献给居留他家里的备受尊崇的贵客们做礼物。

狭长条纹的太阳旗在茅舍的进口处飘扬着。在内的参谋部长官共有第二十一与二十七步兵联队司令，唐克车联队司令，总参谋部的少将古屋，他是于数日之前初从东京来到的。

他畅述从首都带来的最近的新闻而且告诉在后方流行着的各种各样的风气；总而言之，言尽了足使这个师团的长官们大感兴味的一切事情，这批人在中国已经六个月了。

“不是我太乐观了，敢说在四个月之内，我们大家将要在我们那可爱的首都里重又聚会的，而且举杯庆祝战争的结束——不是用这样廉价的中国酒像现在我们所呷的，但是用长颈的酒杯痛饮真正的法国香槟酒。天皇，和我们的军队是举世无敌的。无一敢来反对我们所愿意对于中国的关系。美国吗？英国吗？”这位男爵莞尔的一笑，做个藐视一切的手势。“他们全都畏恐我们。他们不敢出来战争。全世界莫不害怕日本的军队，更用不着提到贫穷的无助的中国了。日本的国旗应该而且必然普遍了这个不幸的国家，到处高悬起来的。我举杯庆祝中国乱民的整个灭亡和日本的精神传遍全球的胜利罢。”古屋说道，挥动着他的酒杯升过他的脑袋。

安宁的讥讽的欢笑截断了他的豪语。在过道里站着中国人——唐静。他的两只手抱着一个用被单掩盖者的物体。

“你要什么”？有岛少佐□怒他[地]地诃道，心想这个中国人将问他要些什么。“晚一会再来，你在打扰我们。”

唐静依然微笑着，摇了头，沉静的诃道：“晚一会是不好的，晚一会是要太晚了。”接着，他的双手突然举过头顶，他用日语向这班目瞪口呆了的军官们喊道：“你们永远不能再聚会了，不在东京，也不在中国！”

用尽他的力量，他将手上的物体恰恰掷到古屋少将的脚边，他正在那里伫立着，手中举着酒杯……

一柱火焰爆发起来，少将厥倒到地上去了。当他仆下去时他看见有岛少佐双手掩□脸孔，随即呻吟一声顿跌了。于是他就失去了知觉。

传令兵和哨兵们从院外汹涌般撞了进来。透过半开着的大门散出了浓浓的毒味的烟。在大厅内，靠近炉灶坐着中国的女人，唐静的妻子。士兵们涌进屋子来考察爆炸的原因，日本人跑到院外去，一个号兵吹起了警号，庭院里充满了喧嚣和混乱。

青年的女人忽然转过来把一个瓦壶投进热腾腾的灶里去。立即轰起了霹雳一样隆隆的声响，一闪火焰从灶里迸射出来。茅舍的□壁倾侧了，崩圮了。一团团淡红而带蓝色的烟云和火舌由屋顶嗞嗞地吐露出来。同时，传出了受伤的和垂死的人们的惨叫。

中国的侦探向八路军的参谋部报告说日本第七师团已经从这座他们刚刚

攻取下来的村庄仓皇地溃退，而且在周围的山岗和河岸上扎营渡夜了。

侦探们另外的报告说十九位日本参谋部高级军官，包括一位将军和三十八个下级兵员已经伤亡了。

次日，八路军的政治部主任在福山的一个会议上宣称："英勇的青年的党员，蔡林□和唐静二同志，为了剥夺日本师团的领袖们自愿的去牺牲。他们的英名是永久不会为千万民众们所遗忘的。他们伟大的功绩和忠烈的牺牲可以供作尽责任、自我牺牲和爱护国家的革命的实践之模范和榜样。"

（原载于《抗战文艺》第3卷第8期，1939年）

朝鲜女人

田鲁

许是因为天气太寒冷的缘故，亦许是因为第一班“急行车”开得太早的缘故，今天二等车厢内，不但没有往日那般拥挤，反而异常的寂寥。一排排地绿绒沙发似的三十多张坐位，在衔接头等车的一头，只有一个商人式的俄国人，身子笔挺的坐在那里看报，一动都不动，活像一座大理石的雕像。在相反方向的这一头靠近车门，便是郁达、林南和文君了。

火车不断的向前奔驰，好像一匹猛兽似的，又不知道饥饿，不知道疲乏，也不知道寒冷；虽是铁轨上，枕石上两旁的碎石小径上，田野上，都已洒遍了雪花。

外面虽是遍地已洒满了雪花，然而车厢内热气管，却很蒸发得温暖，车窗的玻璃上，都已蒙上了一层薄薄的雪雾。从车窗中望出去，可以隐约的看见飞一般的田野，小河枯树回到过去生活的漩涡里。

沉默在他们中间有四五分钟之久，林南似乎是耐不住这凄楚的氛围的压迫，终于先打开闷局：

“郁达，过去的已像梦一样的逝去了。还有什么值得留恋的：舍去你的旧梦来追寻新的幸福吧！”

郁达只扭转头来看看林南一眼，没有作声。

“你不要以为我惯说风凉话。”林南接着说：“现在我虽是比较快乐一点，可是在三四年前我亦会有过骸骨的迷恋的。那时我比你现在还要颓伤，还要堕落，整天沉醉在醇酒里；醉了就哭，就闹，就睡，醒了又去喝酒。我总是和你一样的固执己见，不肯接受朋友们的劝慰，但是不多久，我便觉悟了。”

“觉悟了，又怎样？”郁达蓦然的插进这一句，切断了林南的话：“天下老鸦一般黑，女人总是女人，一个模子里出来的东西，难道会有两样的不成？”

“不然……”

“有什么不然哩!”郁达好像讨厌林南的噜苏似的,又很快的切断了他的话:“你不要以为你现在是很幸福了,看吧,不久的将来,你那位爱人的狐狸尾巴,亦会露出来的;到那时候她领略了你的新奇,明白了你的秘密,就不会再这样热烈的爱你,再顾全你的意志……我知道现在这些话,你决不会入耳的;好吧,败兴的话我不说了,还是听文君的吧。”

“好吧,文君,你说你的恋爱史吧。”林南脸上透出勉强的样子。

文君仍是沉默的靠在椅背上,不作声。过后眼眐[怔]住在玻璃上,用着郁悒的声音:

“即有约言在先,当然我不能违约的。”眼光移过了一个地方,声音仍是幽幽的:“郁达是幸福的,令人嫉妒的聚合,林南是怜楚酸鼻的生离,至于我自己呢,这里等你们两位来下结论的。不过我自己却以为是悲壮的;令人灰心,亦令人起决心的死别!”

文君略移动了下身子,喝了口茶,继续着道:

“我的爱人名叫金枝。金枝的父亲是我父亲的诗友、酒友,同时又是志友。听我母亲说:他两位老人家,自从日本强占了我们高丽以后,便相约辞官隐迹在家,无论如何不再出仕。金枝的家和我的家,相隔只有一道五尺高的竹篱,后来这竹篱亦拆除了,便成为一家了。在家中他们两位老人,老是吟诗,喝酒;但是他们并不是为做雅人高士来做的,他们是胸中块磊太多了,不得不藉诗寄怀,以酒浇愁,所以在诗里酒后,都是一些忧愤的话。有的时候,譬如当月明风清之夕,或是空中飘着雪花的日子,他们酒喝醉了,便高唱国歌,相抱痛哭,在力竭声嘶之后竟以利刃刺胸,假如不是我母亲常常责以大义,他们两老早就自刎了。然而不幸的很,在一九二五年五月里,他们两位老人,虽未自刎而死,却被日本强盗挪去枪毙了。”

“那时候我们一班朝鲜有血气的爱国青年,都起来秘密的作复国运动,在京城中,他们两位老人便是这运动中的主动者,我家便成为他们集会通信的机关。他们的言论行动纵是万分秘密,万分小心,但是像猫狗一般的日本侦探已早嗅到有不稳的气息了;过了不久,两位老人就被借故逮捕,第二天清晨便陈尸在刑场上。”

“我和金枝这时年纪都很小,什么事情都不大明了,母亲连夜带了我们化装逃走,先逃到东三省,后来才由平汉铁路辗转来到这里。”

“因为找到了安身的处所,经济方面又有母亲的哥哥肯帮助,不致发生什么大恐慌。所以我们便安安稳稳在这里住下来了。当我们逃出京城的时候,那时我和金枝都还只是小学毕业,到了北平后,读书便发生困难。日本学校在北平的只有小学，而我母亲又不主张再学日本教育，这中国学校哩，事实上不但我们不认识中文，而且连一句中国话都不会说，当然是不行的。后来没有法子，我母亲就自己教我们国文；一方面又认识了一位中国的大学生教汉文，这样一直到一九三五年。”

“一九三五年，我刚好二十岁，金枝比我小两岁。”

“金枝的母亲和长次两兄，都早已死了，在京城的时候，她只有一个亲人一老父亲。在北平除了我和我的母亲以外，第三个人她都不认识的。于是我母亲便成为她的保护人，唯一的亲人了。她对我母亲很孝顺、很柔和，好像对自己生母似的；我母亲亦把她当自己女儿般，什么地方都尽力的帮助她，指导她；待她同待我从来没有一丝一毫的差别。”

“可是我们的年纪到底不小了，明白我们并不是真的同胞兄妹，更明白另外许多事情。于是我们平日的言语行动，都不能无拘无束的。由此就生出了许多不方便来。后来终于我母亲征得她的同意，我们便订了婚。”

“当然我们亦明白我们是国家已被残破的遗民，当然我们亦懂得恢复国家的责任比自己的婚姻，要重大十万倍，但是事实上飘零在异国除了这样还有什么好的办法？我母亲曾说过她所以如此的道理：‘这实在是万不得已的啊！金儿可说是家破人亡，她没有一个保护人，更没有一个亲人，而且我们现在不但受着政治的压迫，且还受着经济的压迫，我们无力典赁宽大的房屋，同样亦无力使她入学校，老是这样下去如何行呢？你父亲和她父亲又是那样要好，在我尚有一息之前，我不能不替她找一个归宿，了却我一番心愿。’”

“订婚的那一天，我母亲按照故国的风俗，弄了一点较为丰盛的吃食，来祝我和金枝两人前途的光明。”

“记得是这么一天，外面榴花似的阳光，撒遍了大地，风像已死去了似的，树叶子大都无生气的低着头，一动亦不动的。房里郁热得叫人不舒服，身上穿了一件汗衫还是热汗直流。但是为了行那种慎重的仪式起见，我们亦不得不穿着礼服。”

“当我母亲替我们祝福过以后，金枝是伏在桌子上啜泣着，我也忍不住流了一些眼泪。可是母亲在这时候，却严肃地说道：‘金枝，你从今天起是我的儿媳了，我已把文君的终身幸福和作为，都交给你，你从今天起应该代替我尽力的帮助他，爱护他，纠正他；文君，你从今天起已变成大人了，你既然成了大人，你就应该知道怎样去爱护你的妻子，怎样使你的妻子不受疼苦，更应当知道怎样去作你的事业。要晓得我们是有国难归，有家难回的，我们是千辛万苦从自己家里，从自己国里逃到这异国来的，更要常常的记起你们的父亲，两个不到五十岁的中年汉子，是被日本鬼子捉去枪毙的，是尸首都没有人替他们收拾的殉国者，死有什么要紧？枪毙又有什么要紧？人活到一百岁终是要死的，咽气在床上，不同样是个死吗？我那时所以不顾他们的尸骨，而携着你俩偷偷逃走，这完全是为了两家的骨血，谅你们也是知道的。’”

“‘当我常看[带着]你俩不顾一切逃走的时候，在我心里有了这么一个感想，我觉得我所携带的两条小生命，并不是两家的子孙，乃是他们两位殉国者的灵魂，是我们大韩国的生命，我本来是个何等懦弱的妇女，但当想到这些时，我腿亦不抖，心亦不悸，竟能够勇敢的安静的把你俩带出虎口到中国的东三省，又到北平，又到武汉，又到这里，直抚育到现在。’”

“‘现在你俩是一天比一天长大了，一天比一天强壮了，而我却一天比一天老了，一天比一天衰弱了；然而我终于把我们大韩国的生命抚育大了。这，我觉得不但对得起我自己的良心，对得起他们两位殉国者，而且亦对得起全国的同胞，现在我的责任是卸除了，而你俩肩上所负的担子却重了，文君、金枝，记牢你俩的责任，记牢已经殉国的你们的父亲，记牢完全死在水深火热中的同胞们，记牢恢复我们的大韩国啊！这不但我希望你俩，不但你们父亲在天之灵希望你们，就是全国的同胞，亦是这样的希望着你们俩人哩。’”

“‘我的子女是勇敢的誓死为国者，你俩假如承认是我的子女，就要听从我的话。’接着她很快的割断了她左手的食指，裂撕了一块麻布，血书了七个大字：‘大韩国独立万岁。’”

“我和金枝虽然没有什么才能，但不是木石，我俩血管里久已沸腾了热血，久已私下里决定誓死去救国的；在那个时候，我俩感动着浑身都颤动着，流着泪，跪在母亲——伟大的母亲面前，吻她的手，谢她的养育，谢她的教训。”

“从此我俩的热血更沸腾，我俩誓死为国的心更坚定。”

“一年以后，母亲终于弃我俩而死了。”

“我真不明白上帝为什么这样，年幼的时候，夺去我们的父亲和我们的国家，现在又夺去唯一爱护我们的慈母！我们从这以后，就一面诅咒上帝，一面痛哭我们命运乖离。”

“我母亲弥留之际，还嘱咐我们不要忘记责任，别的，我们或者会忘记，至于我母亲的话，那我们永远不会忘记的，想起她留给我们的话来，我便不由地哭了，哭有什么用？我们忍着心痛，在眼泪倒向腹中流去的时候，便把它葬了。”

“大概在武汉过了一个多月光景，我们曾动身回故国一次。”

“到了京都，因了母亲哥哥的介绍，得住在离总督署很近的李君家里。李君亦是个爱国志士,他还负着一个支团的领袖责任。所以他的家庭便成了支团的办公处,同样亦便是支团的议事室,自然这是个很危险的地方,不过危险虽然免不了,却从来没有被获过。因为李君是一个非常机警的人,对于任何事都万分慎重的。”

“一夜,那时是上月天气澄清的天空中,杂乱地悬着几颗小星,在那儿一闪一闪地吐出一点微光来。新月的光辉,泻满了大地,显得路灯格外灰黄暗淡了。街上市声渐渐地冷静下来,许多商店都闭上大门。路上异常冷落,只有几辆车子载着幸福的归去的人们。街头暗陬里躲着一两个警察,靠在墙边上打盹。”

“时候是一点钟,李君家中的地下室里,挤满了从地道爬来的二十多位支团中的高级同志;他们都是日里看到李君在二楼窗口所摆的一盆兰花标语,而来参与临时紧急会议的。会议中所讨论的案子,便是:‘如何去对付次晨五时来替换的新总督。’”

“自然我们懂得革命的方法是应该联合同胞一起起来共同奋斗,才能达到目的。注目于总督个人,似乎不是一种好的策略。但是,你们要明白,我们处在种种压迫之下,是没有别的国家可以援助的。像中国,虽是我们万分希望能帮助我们独立,可是中国本身还在受帝国主义的压迫,受列强的欺凌,自顾尚且不暇,还说什么帮助别人呢?”

“我们处在这样的环境中,要想做一次具体的反抗,要想做一次大规模的示威运动,那是千难万难的,所以我们不得不转移目标,从全体仇人而移到个人身上了,不过我们并不是盲目的随便移动,也不肯使一个无谓的人牺牲。我们挑选一个目的物时,是必须经过会议讨论,看看这个目的物有否使我们同志流血的价值,否则我们不乱干的。”

“这次新来的总督,是一个残暴成性的军人。对于我们是有着更进一步压迫的计划。因之我们会议中,便决定由一位同志拿炸弹去行刺,做一次示威运动,这当然是一种重大工作,虽然二十多位同志中个个都能胜任;但是既然担负了这责任,十分之九是不能生还的,所以主席亦不好指派。”

“后来决定用摸纸团的方法,是拿一张白纸,裁做三十个小方块,在一块上写着:‘为了国家我来担负这个责任。’谁摸到谁就去。”

“大家顺着次序从一顶呢帽里摸出一个纸团,放在面前以后,主席斟了一杯酒在台子中间,说:‘摆开来看吧,谁得到荣幸的纸团,谁就站起来喝这杯代表大韩国人民血汗的酒。’”

“天,天,天,谁料想到立起来喝那杯酒的,竟是我金枝呢!”

“那时我心痛得好像刀割一般，几乎放声大哭起来。但是金枝，她竟庄严地立着，脸上放射出我从来没有看见过的纯洁的光辉，让主席在她胸口悬上国旗，让同志们恭祝她，让同志们向她行敬礼。后来她又极郑重地说：‘同志们，我非常欢喜，为了国家来担负这重大的责任，有这样好的机会使我们尽一点力。不过此去是非常危险的，是没有回来再和诸位聚会的希望，所以此刻我便给诸位一句临别赠言：‘祝诸位继续努力。’”

“这么，我俩好像新婚，只是紧紧地拥抱着，吻着，流着泪。……”

“有什么办法？这是我们的任务啊！”

“最后的时间终于到了，她又紧紧的拥抱着我，给我一个最后的吻，便拿起李君送来的一个沉甸甸的布袋。”

“那时我完全痴了，坐在一张椅子上，两手抱着头，眼睛直视着。”

“我听到她下楼的脚步声，听到门的启闭声。过了三十分钟，我听到远远的马路上传来一种汽车的喇叭声，接着听到惊天动地的一次爆炸声。听到一阵排枪声。然而我还像前一样，一点都没有改变——因为我已完全痴了啊！”

“从这天以后我就没有再看见过我的金枝了！”

“金枝是和我永别，为着恢复国家的使命……”

文君结束了语句！一滴一滴的泪珠，顺着面颊流下来。

文君的演述，好像一个将要咽气的病人的喘息似的，渐渐地迟缓了轻微了终于消失在一阵轰轰地车轮声中。早已噙了满眼睛的泪珠水，这时如同寻着了决口般的流了下来，落在厚呢的黑色大衣上。他幽长的叹了口气，瞥了身旁的郁达和靠在对面座位上的林南一眼，偏转头去，揩了揩眼泪，接着又吐了口长气。

郁达和林南都低垂着头，沉默着。

车轮仍就[旧]轰轰不停的向前奔驰着。

（原载于《防空军人》第 2 卷第 5 期，1940 年）

思春期的悲哀

[日本]村田进

洪干 译

村·田进，一个精悍的“在华日本人民反战同盟准备会”的会员，沉着可爱。去年曾写过一篇“我是怎样被捕的”的文章，极富反战思想，这篇文章是描述他在丰台驻军时目睹的腐败的军中生活实相，和日本女性的苦闷，把它作为一篇敌情研究，或一个富有青春敏感的被压迫青年反战思想的布[暴]露，这是非常值得注意的。

原编者

思春期的欢喜如果说是诗，那末悲哀也是诗吧，寄宿在自然之心里的欢喜，如果可以歌唱，那末，在自然之心里的窃窃私语的悲哀也可以歌唱吧。总之现在我在想把那成为我悲哀之一的回忆写出来。

丰台的十月是微寒的，并排的皂角树的叶子沙沙的叫号，而画着圆弧落下来。弟兄们的脸是忧郁的，有些睡在被窝里看杂志，有些在写家书，有些朝天睡着打烟圈。

“嗳，吃饭啦！快起来！”炊事兵大声地生气似的跑进来。

大家都不愿意的擦着眼睛从被窝里跳起来。不洗脸吃饭的常习犯是很多的。

早饭一完S说：“昨晚的雪辱战。”

“好吧，今天一定是通盘！”K反应的回答着。

于是合拢坐一团，大家都围着圆桌占定自己的位置。这个圆桌除了一天三餐以外，其他的时间便当为赌博所占用。从早麻雀牌的声响直至通宵达旦，那不是稀有的。兵士们一月十多元的薪俸都花在赌博里，甚至连现役的受过两年严格教育的弟兄一到战地里来，跟那些只知喝酒和玩的预备役的老头们接近，马上便沾污而堕落下去。于是大家都学会种种不良的玩，那是成为一般士兵的生活了。所以我想，要是我不来作战，那我现在一定是不同吧，至少，我的智慧比之现在前进的而代以我的心一定不会领悟到这高远而清新的诗情吧。两战一完，我输掉了三块多钱便回到了自己的房里，开始读着从日本寄来的十月号的KING。

我记着那是某天的午前十时。预备上等兵冈田劝诱我说是今晚带我到有趣的地方去不去？

“那里？”我问。

“那里不成？我去的没有不是有趣的地方，安心一同去吧！”冈田微微的笑着说。

他正和我是同年，二十六岁，健康的青年，许是征兵前在京都或个资产家拿到过嫁资，皮肤洁白而轮廓修整的好男子，逢酒必饮，逢饮必舞，懂得特异的鹿儿岛的小原舞，就是不喝酒也喜欢跳舞的一个非常活泼的青年。常常都显露着豪爽，年青而特别伶俐，在中队，尤其是在分队的初时，大家都知道这个著名的人物。

可是，小队长和分队长也都很秘密的。冈田跳着舞走了。

是昏暗多云的夜，我跟在冈田的后面走着。路边北宁铁路的官舍挨次的排列着，机关车横在车库的前面像山堆似的煤炭的地方，许多苦力在把燃烧用铲投进去。装满了又换上别的车来补充。木桥下的岔路工在呆立着。下行的火车拉着汽笛直驶到了叉路口，叉路工慌忙的放下遮断机，行人们反应地停着等待火车的通过，遮断机一回复了原状，行人们都哗啦哗啦的抖着走了去。我被冈田催着走出了大路。穿着一件内衣短裤拉着车柱子神气地踏着大步走的中国车夫在左往右来地跑，其中有许多沉迷于善做生意的日本人和朝鲜人的欲望的商人忙碌似的跑着。

路旁是车站，从天津上行的火车刚一到来，等待车子的旅客都跑进去了，下车的客人一个一个地吐了出来。把篮子套头挂着的中贩或小贩，有梨子，柿子，赤红而圆的鸡肉和饼子等，所见的不很大，来回在叫卖着，从车窗子伸出各种面孔望着小贩的篮子，可是谁也没有买的模样。

车站的中央有写着“朗朗华北”“日支提携”的庸俗宣传的轻气球在高空中随风飘扬着，车站前面中国人的小摊密布的水泄不通，我们在人丛中挤着漠然的走过。街口有一爿蛋店，在鸡蛋里坐着一个秃头的扎着头巾的老头子。在隔壁的洋服店里，无头的人型下垂着，店主人正在把贫血的指头挖着耳朵嗅着对门面店的菜香。横巷里有摆着大大小小古钱的摊子说着听不懂中国话。里边还有售卖编织品的廉价的布店，在山似的编织品的旁边坐着一个瘦羸的妊妇瞬着苍白的螺似的眼睛。隔壁站着一块日本文写的“咖啡世界”的招牌大惹人注目。上了彩的室内的色调是合乎战地情趣而枯燥，里面有刚从第一线回来的粗暴的丘八，喝光一十二三瓶酒，趾高气扬地大有踢倒木杆子似的凶相，女侍们也惊惶而颤栗了。过了咖啡店前一点的便是最近才开设的漂亮的日本小吃店。到了这儿冈田便催促着我说：“进去吧！”进去我们马上便看到了各种珍奇的景色。

出了宿舍以后冈田总不大说话，所以我一点也不晓得为什么冈田要带到这儿来，可是他边催边走便潜入了绳帘里，同时听到有人叫着“冈田先生”，看来大约是二十三四岁，一个肌肤细嫩而略带姿色的女人。

“等了很久吧？”冈田对那女人说着又回过头来添上一句“带了村田君来了”。

“村田先生，请进里面坐吧，同着冈田先生慢吞吞的那是不成的。……不要客气吧，请……”马丹似的潇洒的女人招呼着我进去，跟在冈田的后面说。

客厅是日本风的，八叠崭新的地席，好个一所爽朗的房子。

“村田先生，请坐吧。”说着便端上垫子来，还敬奉我们水果和点心。

“美津姐，不弄些酒喝吗？”冈田拜托着她说。

冈田在这里象是非常熟识了似的，一坐下马上便会有人送上酒菜而美津姐也会在他的对面坐下。冈本平常总是很坦然地一口喝干了女人所倒的酒。

“那个，什么时候可以决定了？”望着女人的脸问。

女人的脸色马上发青而瘫软了，什么事情一望很可以清楚地看得出相当烦恼的模样。

“明后天便决定了。可是，我到了现在又动摇了。”说着便低下着头，偷偷地象是揩眼泪的样子。

同时冈田在骨骨地喝着酒，“可是现在要怎么样不，是没有办法了吗？”

“那虽然是这样，可是想来死了还好。”

“哈哈……村田君，这位大姐说是要死，怎么啦！……约好了的村田君已经带来了，请好好的看一眼吧。”

“我早就想着真是像极了，奇怪！”她含着微笑说，定神的望着我的脸。

“像谁？”我惊奇的问。

“我的哥哥。……把你说是像我的哥哥，那是太失敬了。……可是情[请]你看看这个！”她从腰带里拿出一张照片给我看。

真是像极了，有这样像的人，实在是可惊的——我心里想。

“村田君！因为美津姐给我看过这照片，我说你在我们分队里像的一点也不差，他便请我带你来，今天你来了，她请客，不要客气吃吧。”

“是的，村田君，什么都请你吃，大家不要客气。”她温雅的说着微微的笑了。

“那么领你的情吃一顿吧。”我由衷的望着她的脸儿。

经过了暂时的沉默之后——

“村田君，你今年几岁了？”

“二十六岁。”

“我的哥哥今年也是二十六岁，去年才被征派到中国来的。可是我是这样的境遇，总是在东奔西走着，哥哥在什么地方打仗，是否还活着，那完全不知道。我们从十七岁分别了一直就没有会到过。现在就像你这样的。”一定神的望着我的脸说，突然流下泪来。“部队的名也不知道，我是个到处流浪的游鸟似的奔波着的人……可是我们是没有了父母的兄妹，我们到十七岁的时候还是在一起生活的，而现在连哥哥的死活都不知道……所以，我最近决定要到徐州那里去，或许侥幸的有一天会在什么地方，碰见哥哥。”他望着我便呜咽的哭起来。

我望着她的脸默默地听着这些话，我便感到思春期的一种说不出的悲哀。

“你们有点亲热的讨厌！”冈田说。

“对不起！刚才对村田先生说起哥哥的事情便哭了。”

“哈，哈，哈……就是那样的事了吧。嗳！痛快地喝一杯唱唱歌吧！”冈田已经有相当的醉了。她拿起冈田给她的一个大杯满满地一口喝了。

“再来一杯！”她又很快一口喝掉而喷吐着酒香。

“够了，够了，我跳舞！你们看吧。”

“不，不！冈田先生，我决意要哭一顿，请你们让我哭吧！”

“哈，哈，……那末，哭吧，只有我们听到。”冈田望着我便笑了起来。

她突然伏下来大声的哭了。可是因为不能放声，所以背部便像波浪式的起伏着，实在是很苦的样子。冈田马上显出了认真的脸色，看了这种情形，就把脸转向我这边来望着我说——“村田君，我们回去吧。”

她立刻便抬起头来：“对不起，真是，村田先生，我哭得太无味了。因为村田先生来了，我便好像是会见了哥哥似的。村田先生，请回去好好地努力吧……村田先生，太远了那分队是不成的，早点一同回去吧。”担心地说。

要回来的时候，她还对着我反覆的说：“什么时候都请不要忘记了我的事。”

三年后的今日，我在回味着那天晚上的光景。那是要忘也忘不了的，现在还有那可怜的女人得脸相闪，映在我的眼前。那薄雾似的包着了我的心的一片哀情是与年俱增地浓厚了起来。现在我只要一回想到我那时的心境便觉得有一种难堪而深深失望的悲哀。

那女人现在可怎样了，唯有祝福她的健在和幸运吧！

（原载于《文艺月刊·战时特刊》第4卷第3—4期合刊，1940年）

上海的橘子*

[苏联]哈玛堂
张郁廉 译

在热闹的十字路口上，一个女孩子站住了。她深深松了一口气，把平时农民往城里装水果和蔬菜的大筐子放在行人道上。筐子很笨大，超过这个脆弱，瘦小的女孩子所能负荷的重量。她还是个没有成年的女孩子呢，至多也不过十五岁。

吉玲——就是这个女孩的名字——向四周望了一望。邻旁的街道上，行人来来往往，从一个路口到另一个路口去。马路上汽车和公共汽车飞驰着，人力车彼此追逐着。十字街口声音嘈杂：汽车喇叭呜呜地向[响]，警察一边喊着指挥的口令，一边吹着警笛。行人迅速的但是小心翼翼地走着。他们缄默着不出声。在不久以前，这个城市还是属于中国人的，现在是被日本人盘踞了：到处都可以看到日本的军队，警察和侦探。城市里的政权属于他们，但是市里还居住着有几百万的中国人，无论吉玲往那里看，她所看到的都是日本巡警，戴着发绿色呢帽的日本绅士和神色鬼鬼祟祟的侦探。

当吉玲看见一个那种鬼祟模样的人走近她的时候，她的脸吓得通红了。她很快的弯下腰，拉了拉筐子上盖着的布。戴着绿色帽子的人赶上了吉玲，怀

---

* 本篇及后续两篇小说均载于《中苏文化》第6卷第5期(1940年)，原标题为“苏联作家写作的中国抗战小说”，并附有以下译者序：“这里所发表的三个插话，是从哈玛堂(Al.Khamadan)的小说集《大愤怒》中译出来的。关于哈玛堂的生平和著作，我们所知道的并不多，只晓得苏联的儿童文艺书籍出版局在去年出版了他的一本小说集《大愤怒》。这本书的初版共两万五千册，内容共分为两部，第一部份共包括十个短篇，如《在战壕中》《义勇军》《长征》及《武士道的日记》等，第二部份共包括十个插话，如《小孩子陈财》《在乡村中》《上海的橘子》《我哭泣……》及《三个少女》等，内容俱以我们的英勇抗战为主题，而此外值得提及的，就是这本书附有盖尔山尼克(R.Gershanik)所作的十几幅精美的插图。外国人写关于中国人的作品，常有隔靴抓痒之概，这是在所不免的，但我们从这些插话中，就可以看出人家是怎样同情于我们的抗战了。——译者”——本书编者注

疑地对筐子瞥了一眼从旁边走过去了。

吉玲摊开堆聚在一起的那些上海产的淡橙色的小橘子，随后又用布盖起来。距离她的目的地——好几层楼房的百货商店“永安公司”——只有几步路了。

吉玲顺利地走进了这家大商店，走到电梯旁边。电梯厢已经升上了，她只好把筐子放在地上，等候电梯厢再降下来。那女孩子好奇地观看着这商店的第一层楼房，几个英国人和美国人无聊地浏览着架子上的货物。这儿还有许多日本人；他们很矜持地顺着柜台来回走，轻蔑地以主人的身份呵斥着中国的店员。

电梯厢下来了，门开了，司电梯的小孩子走出来。他看见吉玲，请她走□梯厢，并且很伶俐地把筐子也提进去。

梯厢门关上了，正好把一个穿军装的日本人隔在门外，梯厢缓慢地升上去。

“在楼顶饭厅里有许多日本人。但你不要怕，一直走到石栏干边儿上，再把它扔下去——那孩子向筐子点了一点头——然后赶快到电梯这里来，我等着你。”

“谢谢你，陈。我就这么办。我只怕往栏干上提的时候，太费劲。”

“你说，让我来做这件事，好不好？”

“不，陈，不要这样。这是我自己情愿做的事，应当做的事，我都会做到的。你还有别的事呢！”

“随你的意思好了——陈同情地说——现在正是好时候。所有的人都下工了，梯道上的人很多。日本军官们在饭厅里从早晨一直狂饮到现在。”

电梯停住了。吉玲紧紧地握了握陈的手，拿起筐子走进这大商店的宽敞的，周围有富丽的白石栏干的屋顶平台。这里开设着永安餐厅和永安影戏院。还在不久以前，每当夜晚，上海的人们聚集在这里休息过，娱乐过，欣赏过从这里展开的都市宏壮的全景，远处江色蔚蓝，像一条美丽的带子围绕着上海。现在这里，在这百货商店的屋顶上，只有日本的文武官员们来来往往了。

吉玲勇敢的向前走去。餐厅里正在演奏音乐。紧凑地交响着“为天皇陛下，我们征服世界……”，一支摩登化的进行曲。喝醉酒的日本军官们，随和着乐队，扯着嘶哑了的颡[嗓]子喊唱，嚣扰的狂欢。围绕那些摆满酒瓶子的小桌子坐着许多许多的日本人。

吉玲经过这些小桌子一直往前走。筐子很重，勒痛了她的手。吉玲背后，腾起了日本军官们的醉酒的呼喊：“喂！中国姑娘，到这边来！”

吉玲不回头地继续往前走。总算是走到了栏干旁边！她放下筐子，伸直了她那被重筐子累弯了的细腰。她休息了一两分钟。然后，弯下腰，两手把筐子高举到头上，放在栏干上。远远的从下面传来街市的喧哗。

忽然，不知道是谁在吉玲背上狠狠地打了一下；她跪倒了，眼前一阵昏黑，随后一切都在忽忽悠悠中旋转起来。几妙[秒]钟以后，她清醒了，挣扎着站起来。

吉玲面前站着一个日本侦探，他从街上就跟她。

“你筐子里是炸弹，不是橘子！”狠狠地说着，把筐子上的布拉开。

筐子里盛着橘子。那个日本人把手伸到橘子堆里越摸越深下去。吉玲缩起身子，用全身的气力，把那日本人从栏干旁边推开，将筐子推到街上。

筐子里的橘子在半空散开，几千张传单，随着橘子好像雪片一样飘飘摇摇地降落下去。

吉玲向电梯跑去。那侦探，突然像想起什么事情似的，向那些日本军官们不知道喊了几句什么话，他们像得了号令一样的，一起向吉玲扑过去，挡住了她的去路。

那些被风吹上高空的传单，现在也落在永安公司的屋顶上。吉玲跑着，机械地抓住一张传单，痉挛的握在手里。

那女孩子像一个被捉住的野兽，在那些小桌子中间乱窜，把椅子都撞翻了。她的身后紧跟着一群醉酒的日本军官。

吉玲觉得自己已经得救了；当她跑到一个狭窄的过道里的时候，这过道是仆役们出入的便道，在那里站满了一些中国茶房。“他们不会捉我的”她的脑子里闪过这么一个念头。

在这时候，吉玲被那侦探掷过来的椅子跰倒了。她又爬起身子逃脱了追逐的人，但是现在她只能向后往栏干往那边跑：日本人从四边涌上来，她逃开了。

吉玲气喘着向日本人转过身来。迎着她，跑来一个脸涨得红红的，张着两只手的军官。他已经醉了，眼睛里燃烧着狰狞的神色。

吉玲爬上栏干，镇定的叹了一口气，想：“宁肯死了，也比落在他们手里好，反正他们会把我杀死。”她大声的，急促断续的喊道：

“中国人，打日本鬼子呵！消灭他们！”

当着她跳下去的时候，那些日本人的手已经触着了她的身体。

反日的传单，雪片似地还在空中飘着，飞转着。千百个过路人，检[捡]起传单，匆匆走开。日本的巡警向永安公司跑来。

在百货商店的前面，靠近十字路口的马路上，吉玲像小孩子在噩梦中伸开着四肢躺着，小拳紧握住传单的一角，传单上写着：

……中国人，反抗残暴的日本侵略者！为着保卫祖国，大家团结起来！

上海中国青年救亡协会印

（原载于《中苏文化》第6卷第5期，1940年）

小孩子陈财

[苏联]哈玛堂
张郁廉 译

宁为战死鬼，不做亡国奴。

这一件事情是发生在南京。

沿着西街的两旁，在延长到两条横街那么长的距离之间，紧靠着房屋的墙壁，站满了许多人。好几千人被驱逐到这里来。狭窄的行人道和石子马路被高高的障碍物隔开了——铁棘网拴在深深插在地里面的木桩子上。

太阳下山了，但是周围还很闷热：灸热了的土地发散着热气。沉默的一群人呆呆地站着，挤得紧紧地，气闷得使人发昏。谁也不知道，他们为什么都被驱逐到这里来。

日本兵沿着有铁棘网的障碍物走动着，他们威风懔懔地手持着步枪。

在西街和商业街的十字路口上，一些中国人在日本兵的警戒下修筑一个宽宽的、一人来高的木搭的平台。台旁站着几个日本军官。他们摇动着骨柄的带长丝线穗子的扇子。兵士们给他们送来凉水，他们喝下去，痛快得叫出怪声来。

木匠们做完了自己的工作，平台修成了，那时候在西街的街头上就出现了一辆满是尘土的军用汽车。

这辆汽车在横街前停下了，在那里的铁棘网后面拥挤的站着一群人。汽车门带响声的开开了。一个人从汽车里被推出来，踤倒在石子路上。随后跳出几个日本兵，手里拿着枪，枪上佩着短的但是宽刃的刺刀。其中一个狠狠地用刺刀把那个倒在石子路上的人刺了一下。那个被刺的人痛苦的抽动一下，很快地爬起来——先是双膝跪起，然后立起身子来。他穿着白布裤子，和同样的一件短褂,领子已经被撕掉了。他直起身子,头向后一仰,把遮了眼睛的那长长的乌黑的头发甩开。

这是一个瘦小的男孩子——还没有成年,看样子不过十五六岁。嘴巴已摔出血来,凝结了的污血点子浓浓地染在褂子和裤子上。那些日本兵把他双手拧在背后,紧紧的用绳子绑起来。孩子的脸色痛得惨白,咬着牙,在他的眼睛中涌出泪来了。日本兵沿石子马路牵着这孩子,刺刀抵着他的背脊。

群众在恐怖中看着这一幕的经过。孩子在人众面前被牵着走了两次:沿着街道两旁一边走了一次。他的眼睛因为憎恨而闪耀着光亮,由于痛苦他的腿软了。最后把他拖到平台前粗暴地向上扔去,但是身子顺着板缘儿滑下来,没搭住,又摔在地上。

孩子把牙咬得那么紧,好像他的颧骨在痉挛着。军官们对兵士们吆喝了一阵。他们把孩子从地上抬起来,把那轻轻的身子高举到半空,又重新扔到平台上。上边已经站着三个日本兵和一个日本军官。他们湾[弯]腰把孩子抓起来,并且把他绑在一面宽的垂直在平台上的木板上。

人们屏息了呼吸,留心看着这些准备工作。他们只是稍微向前移了一点,更贴近了铁丝网。站在平台上的那个日本军官就把喇叭筒放在唇边用半通不通的中国话喊道:

"咻!中国人!我们的司令部请我们把你们统统的驱逐到这边的地方,为的是看看我们怎么样的枪毙反对日本人的混蛋小孩子。他早晨到兵营里来散发反对日本人的传单,晚上往我们总司令部的窗户里扔炸弹。咻,中国人!看看啦,看我们怎样的杀他吧,假若你们不害怕的,也要那么样干活计,像这个反对日本人的土匪小孩子一样的,我们一定把你们统统的这个样子的杀死,这个样的,我们的司令部给你们看看。"

人们不安地开始骚动,轻轻地喧噪起来。

日本兵对着人众举起枪来,他们战慄[栗]了,退缩到墙根,不敢再出声了。那孩子用镇定的眼神从台上看台下的人们。他高高地仰起头来,时而向左时而向右地转动着。

在这群人们的深处,差不多紧靠着墙的地方,一个老头子突然惊慌地私语起来:

"呀,那不是财,陈鞋匠的儿子么,就是那住在鸡市上的。他是多么老实的小伙子呀,咳!"

"别说话,别说话,你太放肆了!"各方面向他发出了埋怨声。

老头子不出声了,两只手抱住了自己的头,低微地呻吟着,靠近墙边。

台上的日本军官发了一声口令，日本兵们对着那孩子的头瞄准。在财的惨白的脸子上浮起了微笑，他向前，抵着绳挺起胸膛，用孩童尖锐的声音，粗犷而勇敢地喊出：

“中国人，不要怕——打死日本鬼子……”

台上的日本军官愤怒地挥了挥手。枪声切断了那孩子的叫喊；他的头垂到胸口上，膝盖屈下来，他死挺挺的挂在绳子上；那把他绑在板子上的绳子上……

日本兵和军官们驱逐着群众，愤愤地用枪把子捣着人们的脊背。他们赶净了南京西街上和商业街上的中国人……

（原载于《中苏文化》第6卷第5期，1940年）

三位少女

[苏联]哈玛堂
张郁廉 译

中国的军队保卫浦东已经一个多星期了。部队的人数不多——一共只有一营人,来抵御包围浦东的一旅团日军。日本兵的炮弹和炸弹毁坏了街道和房屋,一群一群的居民在城边已被炮弹燃烧起来的城里惊慌地乱跑着。

中国的兵士们并没有退却,他们将自己的一营称为"敢死队",就是当接到总司令撤退命令的时候,也拒绝放弃阵地。战士们虽然经过激烈的战争已疲惫了,但是他们还是充满了决心反抗掠夺者,激怒地防御着。他们保守着每一寸土地,每一寸土地上洒遍了鲜血。

这一营里,不断的有新力量加进来,是一些青年、少女和老者们。他们从战死的战士们的手里拿起枪,去射击敌人,虽然他们不会运用枪法消灭敌人。就在火药的烟雾中和炮弹的爆炸声中,他们学习了和敌人争斗的技术。

日本军队在第八天的中午冲进城里来了。

守卫城的那一营弟兄,差不多完全牺牲了,只剩下一小部份勇士。但是他们还是继续抵抗,躲在房屋凸出的地方和壕沟里,用机关枪和手溜弹迎击敌人。不久以后,全城却寂静了,再也听不见枪声和爆炸声。浦东陷入了敌手。

三位少女——那英勇营的掷手溜弹者,爬进一所已被炮弹击毁的房子下边的地窖里。八天以前,这三个少女还是浦东丝厂的女工呢。现在他们一动不动地,沉默地躺在地窖里,也没有什么话好说,街道上的枪击声和居民的惨叫声一阵一阵地传到这里来。

那里,街道上一定是"皇军"的队伍在解决中国的老百姓了。他们把所有的男人——老头儿们和年青人——都赶到浦东铸铁厂的高墙下,用机关枪把他们杀死。妇女们,在日本兵的刺刀下被拖到黄浦江边旷场上,在那里日军搭起了营账。

少女们躲在地窖里，紧张地细听着从街道上传进来的喊叫。

“宁肯死，也比落在敌人手里好。”小季说。

“他们把女人拖到营账里，去满足日本兵和军官们的兽欲。”吴梅喊着说。

街道上的喧嚷已停止了，叫喊声也渐渐地安静下来了。

“我们不应当留在这里：他们也会找到我们头上来的。”一直沉默着的胡兰忽然开口了。

“你是不是有意让我们到他们那儿去呢？”小季问。

“是，我们应当去！”胡兰安静地回答了。

小季和吴梅互相看了一眼，然后带疑问地望着胡兰。

“我们没有办法活着从这里逃出去，”胡兰开始说，“假若我们命里注定受日本强盗侮辱而死，那我们要有代价的死。我们还留着手溜弹，整整地八个！这足够使他付出很高的代价出来了。”

“胡兰！……，”小季颤抖的声音，“我们不怕死。你告诉我，我应当作什么，我跟着你去。”

“我也去！”吴梅高声地说，“我宁愿今天做人而死，不愿明天活着做奴隶。”

“我们一共有八个手溜弹。我拿三个，吴梅拿三个，小季，你拿两个，手溜弹很容易藏在衣服里，就这样！”胡兰把手溜弹放在旗袍里，然后用带子扎起腰，“我们一直就到日本兵营去，等他们扑过来的时候……”

胡兰说话的声音低微得刚刚能听到。小季吴梅把头凑近，注意地听着。

少女们从地窖里爬出来，把衣服上的尘土拂掉，然后向着黄浦江边去了。街道上一个人也没有。他们已经走近日本营账的时候，才被卫兵发见。日本兵们互相嬉笑着。但是少女们依然很镇静地走到营门口。这里已经挤满了二百多个日本兵了。两个军官从附近一个营账里走来。少女们在门口站住了。

“自己来的，很好！很好！”一个麻脸的下士恶笑着说。

他已经转身准备迎上前去，忽然看见兵士们向两旁让开，两个军官向着少女们走来了。少女们面色苍白地静立在门前。军官们走来以后，所有的日本兵都拥上来丁[了]。军官彼此商量着微笑着。其中高而瘦的一个，鼻梁上载着金框的夹鼻眼镜，走近小季身旁，伸手托了一下她的下巴。小季向胡兰递过一个探问的眼色，得到对方点头示意以后，小季忽然把日本军官推开。

手溜弹接连着掷到日本兵身上，惊慌失措的一群日本兵号叫着奔向两旁，但手溜弹总追得上来的，四周死尸狼籍，受伤的日本兵希望爬出铁棘网。胡兰把最后的一颗手溜弹扔出，拥抱起他的两个朋友。他们镇静地望着向他们扑过来的日本兵。一直到冰冷的刺刀触到他们身上的时候，三个朋友始终是紧紧地拥抱在一起……

（原载于《中苏文化》第6卷第5期，1940年）

尹奉吉之死

——记韩国一青年

路翎

（一）

一九三二年的春天。

上海闸北的炮火□□还没熄灭，硫磺的弹药气味烟雾似的交织在颓墙败瓦上，那焦灼的、荒芜的流离道上，饥饿的孩子、老人缓慢的移动着，像有什么记忆打扰似的，回头，低低的嘘着气，徘徊在枯骨的田园傍，年青的妇女们对着那一片窳败的荒冢哭泣着！疯狂的用手抓着地面。

四月的春雨灌溉着大地，天空被紫色的血块凝着一样，忧郁的云层挤得密密的，像有流不尽的眼泪，租界上霓虹灯，嘲笑似的眩着鬼眼睛，那十里洋场——夜生活酒样麻痹了人的神经，人们把早几天的炮声，火焰……遗忘在欢药[乐]里。

雨彷佛不会停止，哭泣抽动着……人们会不会感到重压呢？

马路拐角的一幢洋房里，阁楼的窗门在挡摆着，被人遗弃似的，那五十支的黯淡灯光透过两个静寂的人影。散出来，被黑暗分散了。

“哈！哈！……”狂暴的笑声，扬出来，烟丝被吹动的游离着。

倚在窗门的韩国青年尹奉吉安闲弄着衣角，东方人的水晶眼睛，坚定的，望着室内。

“我是说一个革命党员啊！哈……不会考虑死的问题，到[倒]是会想到怎样死得痛快……哈哈……金老先生，比方说日本人企图用虐刑压服大韩老百姓，是可，就在这虐刑底下开出革命的鲜花……”他抽了一口气，“你微笑了，金老先生，你以为个革命同志的血白流吗？哈……那才笑话，革命的花朵全是同志们血灌溉的……哈……”。

金九，那老人摸索的走近来，带有点咳喘的底声说：“尹同志，你真有点兴奋，唔，唔！静一回，静一回，是的，大韩有这样钢铁的青年不会亡，”他转过身体，“不会亡的！”加重了语气，他说是那么沉郁的，坚定的说话。

“得意，看他妈日本人神气……”

“明天……四月二十九，二十九，天长地久！天长节，我尹奉吉要……哈哈……”室内静静的，偶尔，门启开，进来几个人，他们用手提着那破烂的衫衣，一声不响的，低着头、嘴角微笑着。

金九不响，摸着下巴，“鬓发长了点”，他想。

墙壁上，八卦的韩国旗，在灯光底下飘动着。金九，这老人，多富于热情啊！望着这旗子，他像想起了什么，埋头在手里，禁不住的哭泣起来……

尹奉吉把长发用手理了一下，他又恢复了平静的沉默，庄重的走到韩国旗子面前。

金九伸出他的手，紧握着，尹奉吉感到一股温热流到心里，他颤抖的说：“用行动来报答各位同志的鼓励……”

“尹同志，我着留这残余的老命，等待着。”尹奉吉忍着了眼泪，读学誓词。

室内安静极了，当大家眼睛交触的时候，有一种说不出的安慰。

外面，春雨清脆的打着房顶，二丝水流延着屋角流淌来，爬虫似的畅动着。

“瞧日本军阀们骄傲，上海选出了中国军队可是有韩国无数的青年人手接过这支枪，向你们挞伐……哈……哈……”金九想得出神，抹去额角的冷泪，这一夜，连他也不知道怎样渡过。

他推开窗子，外面路灯疲乏的眩着眼睛，雨停止了，天空却不见黎明。“天还没亮吗？”金九摸摸枕下的两个炸弹，“这时间多慢呵！”

可是他想着，自己心里像被抹过一样，明朗起来：“恰恰，……”他又笑了。

尹奉吉那年青的影子在金九眼前闪动着，这是个出色的小伙子，革命的血……花……他想着，不知什么时候走进梦中。

醒来，天晴了，金九还在微笑着。

（二）

四月二十九日。

虹口路上日本妇女们涂得刷过样的白脸在晃动。笨重的木屐声音，敲得比往昔更响些，人群水流样向虹口公园去。

被血污迷惑了的日本孩子，抹煞了自己的天真，也挥着小小的日徽旗，彷佛也在盛赞屠杀的胜利。

在日本海军陆战队的光亮刺刀底下，“庆贺天长节”的字样扯挂起来。黄浦江的一隅，这块孤岛上，有不同的人，怀着不同的心情。

尹奉吉清早起来，他照照镜子，长脸上，同往昔一样，恨着一颗火热的心，嘴唇被烧得有点焦灼，坚定光亮的眼睛，在屋里扫射着："再见！"他默默，手有点颤抖。

数着时间的逝去，黎明同一头鹿一样，用角掀起那块阴黑的天幕，尹奉吉打开三楼的百□上，上海夜市没有消逝，只呈现着一种疲乏的状态埋在雾里。

尹奉吉攒紧了拳头。他很想呼号着："醒来，死去的上海，你这没有灵魂的腐烂的尸体呵！"突然，想到十年前在自己的土地上，受着耻辱的待遇，那里永没有春天，没有太阳。像一群被遗弃的奴隶："韩国：复活吧！"他哭起来："睡在雾里的上海呵！太阳就快从海上升起来，残余的雾，看着你消逝……"

尹奉吉很想镇定自己，可是往事像潮水样在脑里涌着，□□的拉开箱子，把妻子同孩子的像片重翻出来："别离……在韩国的土地上，你们的尸体腐烂吧！后一代会在你们施过肥的土地上成长……"

金九的脚步已经在楼梯上熟悉的响了。

尹奉吉在最后一瞥里，含着眼泪走下去。

"尹同志，为韩国独立，慎重……"金九移动着脚步："这里，炸弹拿去吧！记着，总有人永久的默念你，为着光复祖国你像一块基石奠定下去……"

尹奉吉不哭，他记得昨夜在小楼上写绝命书时候许多同志的脸，他扭着手："金老先生，谨照着我绝命书上的辞句用行动来回答你，上海虽然中国军队退出了，可是有韩国人民的手接过枝枪，向暴虐的日本挞伐；给他们知道，侵略者周围到处是火种……"

金九这老人揉着眼睛："二十年前，在朝鲜的监狱里，我没忘记了日本人待我的苦刑，可是，尹同志，在我国土地上，你去后，我们革命的同志又少了一个……我不悲哀，我不难受，为着大韩的复活我正该庆贺你呢……"

"再见！愿你奋斗到底！"尹奉吉经[接]过金九交给的两颗炸弹，一个装在军用水壶里，一个盛在日本式的饭盒子里。

"再见。我等待着，我听到那一声爆炸响时，我会永远记着，大韩的尹奉吉，九泉底下再见。"尹奉吉的年青的、西装的背影，慢慢的，在金九那模糊泪水的眼睛里消逝在向虹口公园的马路上，金九再也忍不住的用袖子掩着眼睛。

掀动起一二八战事的刽子手，炸烧闸北一带的日本军阀！白川大将摸着肥胖的肚子在礼台上微微的抖着，得意的用左脚打着合音乐的拍子，他的脸永久装着微笑向台下观众扫射，一会他底下头看看胸前的勋章，又把眼睛迷成一条缝，斜睨着第三舰队的野村中将，第九师团的植田，当他们那得意的光线交绒时，电一样的感触，禁不住笑起来。

台下日本女人们，浪子们交织在一起，狂欢着，跳动着，戒备的部队苍蝇样在梭动，天空血腥的飞机在狂啸。

十一点四十分，庆贺天长节的二十一发皇礼炮已经装了弹药，那淫溢的日本曲子从播音机里放送出来。

“万岁——呜拉——……”

“万岁……占领上海……”

“……”

尹奉吉在人群里，紧张的握着便当，他想到怎样亡命潜渡鸭绿江，想到大韩的亡国，想到每一副日本那狞狰阴险的面孔……他举起手，向司令台上正在得意抖动的主脑部，把一颗炸弹飞扬过去。

“大韩独立万岁……”他的声音同炸弹一同轰炸出来。天空，四月的春雨突然又落起来。

在一个墙角里的奔跑着一个老工人，他含着眼泪，狂笑着飞向另一条路上去。“我们的尹奉吉……”倒在一块草坪上，金九这老人打开他的嗓子哭起来。

虹口公园里在尹奉吉的炸弹下搅动了。

（三）

白川大将也只得作日本人自我胜利的沉默凯旋，二十一发皇礼炮的弹药只能移作吊礼……在送葬行列的后面，跟着失去一只眼睛的野村，折足的植田、重光……这行列默默的走着……走着。

二月二十四日的早晨，日本被雪花盖着，金泽市的街道被撒过粉样的在雪底下包得密密的，日本陆军卫戍司令部的刑务所像往昔一样阴沉的使人喘不过气，那冷冰的镣铐击着地面发着叮当的声音，尹奉吉强坚的身体依着墙壁，他还微笑着，低吟着韩国的歌。

七点半钟，在日本应当算是早晨。

太阳从山顶上爬起来，这雪地的天地像失去的温暖又获得了似的。坂田军法官苍白的脸又出现。

尹奉吉高傲的迈开步子。

“早安，尹奉吉先生，我想今天应当是你快乐的日子！”坂田冷酷的笑着：“我想，你太沉默了，有什么话还要说吗？”

尹奉吉掀起了眼睛，用他那洪钟样的声音，坚定的高叫着：“半年来的毒刑能逼我一句口供吗？告诉你，大韩民众要在你们这些没有人性的重压下站起来，我尹奉吉不过是第一个，白川、野村也不过是第一个……”

坂田还想向他冷笑一下，可是不知怎的连他也笑不出来。他一扬：“……去……”

无论如何他也讲不出半个字。

松本书记官挥动着他的笔在本子上记着：“尹奉吉，朝鲜忠清南道里山郡礼山面柿梁里人，二十四岁。父璜，四十二；母金兀鲜，四十四；妻裴用顺，二十六；长子模淳，六；次子淡年三。于四月二十九日在上海炸杀白川……判为死刑，于十二月二十四日上午七时四十分在金泽执刑……”松本手感到麻痹，他看看尹奉吉，心里不知在想些什么。

“出色的朝鲜人呵……”

金泽一块零地上，尹奉吉的血透过了雪层，在他惨白的脸上，嘴角的微笑没有消逝，他彷佛笑在梦中，虽然他身上被戮着无数伤痕。太阳照着他的身体。

封锁大地的冰雪似乎已经开始融化。

一九四〇，六，六

（原载于《慰劳》第17期，1940年）

罪恶与良心

[日本]河上幸雄

在细雨迷蒙中，黄昏秋色，呈现着一种特别凄凉。四周异常沉寂，除了微雨打在窗外梧桐叶上的响声伴和着檐前的滴水，大地好像睡着了。

由窗口望去，距离不远的山丘，模糊的好像没有树木似的。山旁的路灯，吐出软弱的光芒，暗淡的有点像原野的鬼火。三郎呆立在窗口，痴痴地注视着微光隐隐的路灯，内心好像有难言的悲痛，只见把手里的香烟，送到嘴里深深地吸了一吸。

"要不是战争，路灯也不至始[如]此暗淡吧？"三郎站了一会，好像身旁有人和他对话似的，自言自语。但他忘记了：九年以前，他也是几段歌颂征华战争的人物，现在为什么对战争发生怀疑了呢？

他由窗口踱到左边的屋角，没精打睬[采]地坐在破沙发椅上，他紧紧的皱着眉头，心中好像有无限的心事。他在沉思，两眼呆呆的瞪着对面墙壁上的图画：画中茅屋门口站着一位喂鸡的少妇，少妇身旁站着一位活泼美丽的女孩，一群小鸡跟着一只老母鸡围着她俩。三郎注视着这幅道地农村情境的图画，脸孔上表露着心如刀割的情绪。时间已经过去三个多月了，自己还流落在异乡的小旅馆里：家呢？不知怎么毁灭了！太太和女孩呢？始终找不到！

过去得意洋洋的三郎，现在没法突破家破人散的痛苦了。他顺手把桌上的酒瓶取在手里，把旁边的玻璃杯倾的满满，他想把另一只手举杯痛饮，但他的手快伸到杯边的时候，他才发现这只手在半年前就因为伤锯掉了，于是他先把酒瓶放下，然后再举杯消愁。

夜色愈来愈黑暗，三郎的心绪愈变愈烦躁。他把凶烈的酒，一口一口往嘴里灌，但如此凶烈的酒，始终不能消杀他的内心的悲哀！在异国流浪了几年，在异国创造了不少生命史上可歌可泣的史事，但现在回到了本国，家庭可毁灭了，太太和唯一的爱女可不知那儿去了！出征军人的结果，就是如此吗？他痛恨，痛恨过去的盲从，痛恨自己道[这]几年来生活的荒唐。

九年以前，三郎老喜欢阅读军部编印的宣传品。他由这些小册子上，知道中国是连非洲也不如的国家，知道中国是比非洲土人还要野蛮的民族，但那儿有丰富的资源，等待大和民族去开发利用，于是他痛恨了没有组织的中国，没有□息的中华民族。他常常在咆哮，他常常在高唱出征中国的言论，并且为着使自己言行一致起见，他毅然决然的关闭了自己独资经营的小小文具店，趾高气扬的投入队伍中。

一九三零年，他奉命开拔了中国的沈阳，但事实很使他失望，他身处其境的中国，并不是没有组织的国家，他亲身所接触的中国人，也不是连非洲土人也不如的人，他懊恼极了，他发现自己受了军队欺骗！在极端矛盾的心情之下，他想开小差，但在层层监控之下，这不但是一件容易的事，而且自己也害怕回到本国以后，无面目以见江东父老！

在东北的头几个月他到处乱跑，他想发现一般野蛮和没有出息的中国人，借此消减内心的矛盾，但中国人个个都不野蛮，个个都和蔼可亲，没有出息的中国人固然不少，但“皇军”利用种种方法诱惑他们吸食鸦片和海洛英，三郎的理智不能允许他归罪这般中国人，只能归罪于“皇军”。

三郎自发现想象与事实完全不同以后，他便陷入烦恼的深渊中，幸而驻防不到三个月的时光中，九一八事变就发了。九一八事变以后，中国的东北成了无政府状态，到处都是混乱，那儿不需要再有法律，那儿不需要社会秩序，“皇军”便是那儿的法律，那儿的社会秩序！三郎也是制造混乱的一员，但他的天良远没有消减，他的良心好像青蛇般时时刻刻咬着他，他常常诅咒自己，他常常骂自己，在晚深人静时，他有时甚而想毁灭自己。

在内心极端痛苦之下挣扎的三郎，渐渐染上酗酒的习惯了，他有时感受中国的白干还不够寓于刺激，常常买些俄国的窝家酒来痛饮。有一天晚上，他到白俄开的酒吧间里，独自痛饮，一直喝到酩酊大醉，才东倒西斜的跑出了那家酒吧间，往自己的营房里走，他在路上摇摇晃晃的走着，好像大风中的弱草一样站不住。他跑了三十来步，把一辆黄包车撞倒了，他怒气冲冲的拔出刺刀，想杀掉车夫和车上的乘客，但车夫躲掉了，地下爬爬出来的乘客确是一位美丽的日本女人，三郎瞪着圆圆的醉眼注视这位女客，双手不禁软软的把刺刀插入刀鞘，这位美丽的女客却也奇怪，一言不发的只顾注视着三郎微笑，三郎有点糊涂了。呆呆的站着，好像恭候长官命令似的。

这位女郎娇滴滴的安慰了三郎一番，但三郎喝的太醉了，他不明白她说些什么，他只顾痴痴呆呆的注视她。他太醉了，醉的有点简直站不住，好几次几乎倒了下去。女客把黄包车夫叫了前来，把三郎扶上车上，自己跟着慢慢的走，一直把三郎送到自己的寓所里，好像照拂情人似的照拂他，直至天亮，三郎才离开她的寓所。三郎自认识这位美丽年轻的女人之后，精神上好像得了绝大的安慰！他不像以前一样自暴自弃了，他的生活也不像从前一样堕落化了。他有空的时候，老是跑去找她玩，他知道这位女人的名字叫芳子，她到沈阳已经五六年了，带她来沈阳的人就是她的父亲，那时芳子还只有十二三岁哩！

芳子的父亲是东京近郊的一位中农，他从小就富于进取心，但停滞在封建剥削制度之下的日本社会，残酷的压迫着他，使他丝毫也不能发展，只能在饥饿上挣扎。他在四十来岁的时候，感觉在国内总不是路，于是跟着许多亲戚朋友往中国沈阳求发展。他在沈阳住了五年，自己经营了一点小买卖，生活到[倒]也还过得去，但命运之神老是和他作对，这位老实朴素的旅客，不满五十岁便一病而逝了，那时芳子只有十六七岁。

年青的芳子自父亲去世以后，头两年依靠些微的遗产，倒也还过得去，但把这笔遗产吃完了以后，生活便好像千万斤的大石块一样压迫着他，于是他便不能不进行工作了。但年轻的小姑娘，有什么好干呢？日本老板门槛也很精，他们全知道中国女店员比日本女人便宜，他们全不顾工资较高的日本女人做店员，但有一种职业，中国女人是不愿意干的，那就是整天坐在大服装公司玻璃窗内的模特儿。芳子有美丽的姿色，身材也很婀娜，天生成了有充分的资格做模特儿。这种职业她也知道是很下贱的，但年过七十的祖母依靠他供养，自己的肚皮也会饥饿，在绝对没有办法的时候，她只能硬着头皮干。

在过去五年中，她干过多种多样的下贱职业。为着清偿祖母的丧葬费，她做过艺伎、私娼和咖啡馆里的侍女。她现在是在一家白俄开的舞场里当舞女，她在夜深人静舞罢归家的途中碰着年轻英俊的三郎，她认的是这是上帝给她复活的机会，她对这些太下流的职业厌倦极了，她需要找个能够养活她，同时并不使自己讨厌的男人，三郎就是合乎她理想的一位男人。

她用尽种种锻炼有素的手段把三郎的心擒住，她在很短促的时间以内就使三郎丢不掉，他摆不脱她。他俩好像夫妻一般同居了，芳子好像很贤惠的妻子一样侍候三郎了，三郎精神上的痛苦完全给快乐驱逐出境了。但好景不常在，好花不常开，命运之神老是和人们闹别扭的！他们同居不到两年，三郎就奉命调到中国别地作战了，圆满地同居生活现在又被命运之神残酷的拆散了。

上官的命令好像一把烈火，老是在三郎屁股后面燃烧着，他和许多弟兄被这把烈火赶得往中国四处乱跑，但他们没有接过仗。有时，长官的命令说某地有中国游击队，他们奉命出去了，但一个游击队员也没有，只有许许多多驯良的老百姓,他们在行军途中,虽然遭遇过许多次中国游击队的袭击,但自己没有准备,白白的牺牲了不少弟兄的生命。对于这般神出鬼没的游击队,有许多弟兄都痛恶恨极,但大家都没有法子对付他,有时,只能用屠杀大批驯良者老百姓的手段来发泄自己心里的仇恨!

三郎的理智迫着他对于这类事件发生愤恨,魔鬼包围中,一点办法也没有。他常常很懊恼,懊恼到逢人变[便]垂头丧气,有些兄弟们知道他整天在痛苦中,但他们不知道使他痛苦的真实原因是什么。他们以为他整天像自己一样想着回家,想着家里和娇妻爱子,但这些都不是使三郎痛苦的原因,他没有父母了,七八年以来他也不念娇妻和爱女了,他干脆到简直没有寄回片纸只字给她们。

三郎正在没法子突破痛苦的时候,幸而奉命出发参战,在要开拔的时候,长官命令他们集合听训。这位满脸残暴的长官在演讲台上神气十足的训示他们,他用好些美丽动人的句子激发他们的残暴性能,但三郎心里却在想:"我不希望打死任何人,我只希望刚陷上火线,头部就中颗子弹,痛痛快快的死去!"

理想几乎与现实完全吻合了,三郎刚刚踏上火线,一颗子弹变[便]命中了他的左胸侧,另一颗子弹则命中了他的右臂。他由救护兵救护到后方,等了个把礼拜,医官才来治疗。幸而中国兵用的全是钢弹,本身没有什么毒性,三郎胸部命中的子弹,也不至伤害他的性命,但右臂中的弹,恰恰击中了臂骨,而且伤口红肿的厉害,好像内部都已经发炎了。在靠近火线的地方,医官对于伤兵,有时简直比兽医对于牲畜还要模糊。三郎胸部伤口,经过几次消毒换药,行将渐渐痊愈,但三郎的右臂,却被医官压迫着锯掉了!

迁移了几个伤兵医院,时间也几乎消耗了半年。三郎每换一次医院,心里总有一番感想。在各伤兵医院里空气都悲戚到好像刚死了人的家庭。负伤的同胞一个一个躺在病床上,个个面带菜色,有的在床褥间呻吟,有的朝着天花板沉思默想……他们过去在防区里好像疯狗一般的猖狂,他们现在又好像冬蛰的长虫一般地安静,在如此安静地境界中,他们也许正在追究自己为谁而战了?战争究竟对自己有什么好处了?……在夜深人静时,三郎有时对着锯掉半截的右臂,深自庆幸:他以为现在总可以算为残疾军人,被遣回国了。

榴花时节,三郎挤在一大堆断臂残肢的人群中,乘着一部长长的列车回到了东京。沿途的车站都挤满了欢迎他们的妇孺,他们在那儿狂呼,但车上的人获得了刹那间的快乐之后,面上立即表现出内心凄戚的神色。列车停不到一会,就有人下车,站上的人以异国归来的远客为目标,大家都在乱动乱攒,他们如果发现了自己的亲友,当时便喜气洋洋,但不到一会儿,他们又对着残废了的亲友,默无一言的相对悲戚。

列车到了东京站,三郎的眼睛好像耗子眼睛似的乱动,他想发现自己的太太带着小女孩也在人群中迎接自己。但他了望了许久,没有看见他们,他怀疑也许电报没有到达。他猜测或许三四年来自己没有信给她们,她们生气了。他垂头丧气的走着,忽然间身旁怪声大叫:“三郎,你回来啦!”三郎立住脚一看,原来是自己的店邻。三郎正想和他说些什么,但他好像哥伦布发现新大陆一样狂喜和惊讶的大叫:“怎么?你的右臂锯掉了一半呀!”三郎不很愿意和他久聊,对他摆出一副很冷淡的神气,但在寒暄之中,他有好几次向他探询自己的家庭状况,这一位店邻毫无所答,三郎感觉有点晦气。

他急急忙忙的摆脱了那位店邻,他叫了一部汽车回家,他在车上胡思乱想,猜测刚到家的时候,家里的空气必然为之一震。汽车在平坦的公路上疾奔,但三郎还感觉速率不够,他频频催促司机加速速率,他恨不得身生双翼,一会儿就飞到家里。

二十多公里的途程快完毕了,三郎遥望着自己生长的村庄,呆视着自己的断臂,心里不免拍通拍通的乱跳。汽车愈开愈迫近,三郎的心情愈来愈烦乱。他由玻璃窗上看去,只见自己门前许多大树巍然高立,却不见房子的踪影,他心里在想:九年多的时间,算长吗?自己并没有干出丝毫的事业!不算长吗?门前的树,现在已经长成到有点像森林了。

汽车停在□□□□□□□,三郎站在那里好像中了魔似的。不但房子不见了,而且连一点痕迹都没有。他跑到距离半里路的邻家打听,他才知道在两年以前,这个小小的村庄被大火毁灭了,自己的太太和小孩连邻家也不知道搬到那儿去了。他听见这个消息,他心里非常之难过,难过到几乎放声大哭!家庭的变故固然是常有的事,但如此平凡的家庭,似乎不应该变动的这么快,他后悔,后悔自己当初呆头呆脑,歇业投军,同时他也后悔,在沈阳驻防的时候,因为迷恋芳子,荒唐到三年没有写家信。现在大错已经铸成,那还有什么办法呢?

无家可归的三郎,带着一颗碎裂了的心,乘着原车回东京市了。他在一家旅馆住着,他逢人便打听太太和孩子的行踪,但没有一个人能够告诉他。他在报纸上登了很久的寻人广告,但如石沉大海,一点反响也没有。他痛苦极了,痛苦到无法忍受的时候,他拼命饮酒,可是酒这种东西,有时不但不能使人消愁,反而可以使人回忆过去的一切一切。三郎痛恨命运之神这样摆布自己,有时他简直想和命运作对,干脆自杀就是了。他曾经买许多种毒药,他也常购买自杀的武器,但贪生的心理使他无法下最后的决心,在极端无聊的时候,他曾写信恳求芳子回祖国组成家庭，但信发出去了两三个月，原封退了回来，芳子也不知那儿去了。

几个大城市他都跑过，但结果还是都然！他在月前回到东京，依然寄居在旅馆，自己的积蓄快用干了，幸而许多弟兄们托他带回的钱还没有送给他们的家庭。他极力想忘掉现实，□□□□□□，除了酗酒嫖娼以外，几乎没有更好地办法，于是三郎的生活，一天比一天堕落了，堕落到几乎难于使人相信！

黑暗笼罩了大地，四周一点声息也没有，三郎在微弱的灯光下，独自举杯狂饮，饮的正痛快的时候，一位四十多岁的女人，忽地带着一位十八九岁的小姑娘闯了进来，三郎呆呆的睁着双眼，心里有点惊奇，他心里在想：若果她们是自己的太太和小孩，那岂不是很有趣的事吗？他把她们偷瞄了好一会，他不认识她们是谁，他正在盘算怎样请教她们的时候，那位中年妇人先说话了："先生一个人闷得很，要听听曲子吗？我这位年青美丽的姑娘，或许可以替先生解闷的。"

三郎坐在屋角的沙发上，手里端着酒杯，一言不发，只对着那位小姑娘微笑。老经事故的中年妇人看着这种情况，眼睛望了望三郎和小姑娘，很得意的走了。临出房门的时候，她还再三嘱咐小姑娘好好侍候三郎。

这位年轻美丽的小姑娘名字叫梅子，她出来做艺伎，时间还不三个来月，她还没有染上一般艺伎的习气，她不能像其他艺伎一样，一味向客人卖弄风骚，她的性格相当屈强，有时他不能讨客人欢心，但他有一副美丽的面孔，婀娜的身材，不至怎样碰客人的钉子。

梅子坐在三郎对面的沙发上，她注视了三郎好一会儿，她觉得三郎好像旧识似的，但他想不起什么时候见过他，她提起了乐器，她想弹一曲替他解酒，但三郎不让她弹，老是默无一言的注视着她，梅子觉得这位先生有点奇怪，但她不知道他为什么这样奇怪，她想问他，但她想到彼此还是初次见面，而且他又喝了这样多的酒，恐怕惹起岔子，他们在极度沉寂的空气中，一个手里端着酒杯，靠着椅背，老是不喝，只顾仰头注视天花板，有时偷偷地望一望对方，一个好像想什么心事，沉默的坐在椅子上，只顾注视着地下，有时也偷偷地望一望对方，他们好像两个从来没有接触过异性的青年男女，现在碰巧在一间房里，彼此都羞答答的难过。

梅子大约坐了半点钟就告辞出去了，那位鸨妇接着跑了进来，三郎请他坐在身边的椅子上，倒了半杯酒给她。鸨儿笑逐颜开的问长问短，他知道鸨妇喜欢的是钱，于是他装着很阔绰的样子，他知道自己是中年人了，自己的手臂又锯断了一只，梅子是断然不会喜欢，目的，但若用钞票架桥的手段，鸨妇便是现成的桥梁,自己的目的也可以达到。经过了许久的商议,鸡妇进出了好几此[次],最后才领着梅子进来,她向三郎领了五百块钱,就出去了,□□还吩咐梅子好生伺候。

一夜甜蜜的休息,使三郎的脑子重新清醒了起来。他觉得自己已经是剩余人口了,但剩余人口为什么还要那样作恶呢?他在睡眼朦胧中,暗想躺在自己身旁的少女的身世,像她那样聪明的人,为什么还要依靠皮肉生活呢?若不是造物主故意和人类开玩笑,就是社会制度不良呵!他躺在床上想来想去,有时偷偷地看看尚在梦乡中的梅子,他觉得梅子在聒睡中尤其美丽了,但他奇怪梅子有点像谁似的,梅子侧转来了,他要偷看她的姿态更加便利了,他发现梅子带着一副项链,但那副项链是劣质金属做的,他觉得如此下拙的项链,挂在白如雪花的梅子的颈上,的确有点不配,他轻轻地伸手把项链上的腰形像盒打了开来,的确有盒里藏有一张女人相片,那张像片几乎使三郎怪声大叫。那明明是自己的太太的像片,为什么她把它整天整夜带着下来,那一定有道理。他用了九牛二虎之力才使自己脑筋镇定下来,他故意碰一碰梅子,使她在睡梦中惊醒,梅子在睡眼朦胧中,装出一副欢迎三郎搂抱的姿态,但三郎不敢接近她了!

他俩躺在床上低言细语的谈了好一会儿,三郎老是把话引到那张像片上,最后她才告诉他,那是她的母亲的像片。三郎听到像片的来历,心里好像被万刃千刀同是[时]刺了进来,他那种悲痛的神气,他那种惊讶的表情,使得梅子有点奇怪,用了好些话去追问他,但他始终把真情隐藏起来了。他不愿让梅子当时知道昨晚和他喁喁情话的人就是她的父亲,他恐怕青春无暇的梅子精神上受不住这种打击,自己所造的罪恶,只有自身去忍受。

梅子去后,三郎的脸色苍白如纸,他坐在沙发椅上发呆,他坐在那儿忏悔,但如此重大的罪恶,他也知道不是忏悔可以了事的。他由梅子的叙述中,他知道自己的妻因为自己多年渺无消息,同时又遭遇家庭的变故,为看[着]解决生活的压迫,曾经带着十岁的弱女,进工厂做活。六年的女工生活,再加上梅子的拖累,她便一病与世长辞了。梅子为着清偿母亲的丧葬费,走了芳子的覆辙,竟投身为艺伎了。他深悔自己过去的荒唐,他深悔自己昨晚不应该那么酗酒,不然,也可以由梅子的谈话中,解决自己最需要解决的问题。太太是已经死了好多年了,女儿是找到了,但被自己糟蹋以后才发现她,人生到了这样的地步,绝不是胡思乱想可以把问题解决了,他需要一个极大的决心,现在就需要把这个决心确定。

他急急忙忙的把所有的现款和银行存折由箱子里取了出来,他把银行提单填好了盖章，用纸包的好好，并□茶房送到梅子家里去。把一切都布置妥当了，他就把酒痛□，他等候茶房将梅子的收条带回来，等了半点多钟，茶房才回来，他把收条上的笔迹和梅子今天朝上桌上乱糊的字迹对证一下，知道东西确确实实送到了，于是他便好像勇士似的，拔枪自杀，把一切罪恶以一死了之。

一声枪响，惊动了不少旅馆里的人，茶房跑了进来，看见三郎躺在椅上，身上染了不少的血。他把这一消息告诉经理，经理立即打电话通知警察局，约摸半点钟的时光，警探和警察都来了。他们好像狗追野兽似的，用尽脑力在询问茶房，用尽气力在搜索可疑的踪迹。他们没有发现三郎的遗书，他们有点不相信三郎是自杀。

大家在讨论这一件偶发的事件，也讨论了半个多钟还没有具体的结果，门外看热闹的人，有好些已经偷偷的溜走了。忽然间，梅子急急忙忙的闯了进来，她那很不自然的态度，惊动了不少的人，尤其使警探若获至宝，她看见三郎躺在血泊中，不禁放声痛哭，这可使茶房有点莫名其妙。他明知道他们只有一夜的恩情，一夜的恩情就变的这样吗？他把事实告诉了警探，警探有点眉飞色舞，他看她哭得差不多够了，便命旁人出去，当警探询问她和三郎的关系的时候，她不慌不忙的由怀中掏出一封信，那封信有一段这样写着：——

“世界上如果有罪大恶极的人，我就是这种人！我在出征中国的时候，我亲眼看见弟兄强迫中国人父奸其女，兄淫其妹，但我想不到，我昨晚也干了这种事！……老实告诉你，昨晚陪你睡觉的人，就是你爸爸！……我到处找你们母女俩，但你母已经死了，我只有在黄泉之下去找她，你给我找着了，但无意间造成的罪恶，却使我下了最后的决心自杀。罪恶盈满的人，当他的天良一经发现的的时候，除了自杀以外，那还有其他的路走呢？”

梅子被警察带进局里了，她在拘留所过了三天非人的生活就释放了，她出狱后的第二天，新闻报纸上登着一段艺伎梅子服毒自杀的消息，但像她这种的人，有谁去哀悼她呢？

（原载于《文艺》第5期，1940年）

忏悔

[日本]片冈正雄

谷口三郎是四天前才从随县被押解来老河口的，初来时他的衣上还有留着几点血迹，一看就知道是在两方剧战的时候被俘的，他的左腿上稍微受了点伤，但现在已经好了。李队长害怕他因这些血迹，而忆起了战场的残忍与可怕，所以特地命那个小小的勤务兵送了一套和我们穿的一样的草绿色军服给他换，他起初是拒绝，但后来经过我和山来详细的解释，他就勉强地换了。

谷口的意志有相当的顽强，他已经被俘半个多月了，初来时好像并不觉悟的样子，我一连和他说了三天三夜，情绪比较好转，他应承认了过去的一切都是不合理的，非法而残忍的，我很替他庆幸，要不是到这儿来，也许他仍然还是保留着过去的思想。

他是个小学毕业生，家住在东京市小石川区表町一二三番地（号），战前，他是卖鸡肉的商人，有妻，还有四个孩子，母亲是个瘫了右腿的人，只有他这个儿子，眼巴巴地希望他快快把孙子们抚养成人，自己也好享受老年人应享的幸福，谁知道战神又把他召出了呢。

“你在军队里担任什么职务？”

我问谷口三郎。

“陆军辎重特务一等兵。”

说到“一等兵”三个字的时候，他把眼睛睁大了向我注视，我内心里立刻感到一种非常幼稚的可笑，即使是一个陆军上将又有什么值得骄傲的呢？

“怎样被俘的？”

“在浙河向随县进击的时候，当中有一条河，叫做涓河，河面并不宽，水也并不深，只是流的太急，中国兵对于渡河好像有特别高明的技术，无论什么深的水，他们都□不在意，据我的观察，他们中间恐怕是个有九个会浮水的，牺牲在这条河里的我们的日本弟兄可真不少，随县这地方曾经被我们占领三次，后来又都被他们克服了。”

“那天晚上下着很大的雨，我们下了最大牺牲的决心向随县进发，据情报他们的人数很少，我们可以毫不费力地去占领随县，但是结果并不是这么回事，我们攻了两天两夜才把它攻下来，但弟兄们死伤的已有万余，中村联队长也殉职了。”

“喝？还牺牲了一位联队长？”

我故意惊讶地问。

“岂止一位，这算得什么？那次攻嘉阳的时候，在一小时之内死了四个联队长，七个支队长，三百五十七名弟兄，还有那些伤重病死的不在内。”

“你老在这一带作战吗？”

“快三年了！”

“从来没有受伤过吗？”

“有的，三次了，因为受伤后太痛苦，所以对于中国兵特别痛恨，而且连老百姓都痛恨起来。”

说到这里，我不能不暂时把他被俘的经过搁下，而对他下一个大大的忠告。

“使你受伤的，不是中国兵，更不是中国人，而是我们日本天皇和日本的军阀，如果他们不来侵略中国，不驱使我们来当炮灰，我们在日本个人安居乐业，怎会来到中国的战场受罪呢，中国的士兵不也有千千万万的伤亡吗？他们也是日本军阀逼他们走上这条路的，我们应该同情他们，和他们握起手来，打倒我们共同的敌人日本军阀！”

“这道理，现在我已经完全明白了，方才说的是叙述我过去的情形。”

他的态度很严肃，我相信他的话是真的。

“一直到今天，我都好像在做梦。”停了一下，他又继续说着：“当我在战斗中被俘的时候，我以为生命立刻就要结束了。一家六口人的生命此后也不知能否存在，我很痛心。希望中国兵立刻杀死我或者把我投在涓河里，但结果呢，出乎我之意外，他们不但保全了我的生命，而且这么优待我，使我倒感觉惭愧起来。你应该知道，片冈样，我们如果捉到了中国俘虏，常常是用机关枪扫射的。”

后面两句话，他说得很小声，好像生怕中国人听到似的，“其实中国人比我们知道的还多，好在他们的心怀宽大，如果存一丝报复的心，那我们还有今天吗？”

我很严肃地说着，他不住地点头承认了。

“我很难过，过去我做过好几件荒唐的没有人道的事，现在回想起来，实在太不应该，太残忍了！”

“什么事你可以告诉我吗？谁都会做出错事的，只要自己明白而且悔悟，社会会原谅你的。”

我用极诚恳的态度和他说，希望他能得着我的安慰而忠实地把过去的行为多少告诉我一点。

“是的，我也很想和你谈谈，以灭轻我内心的负疚，但是请相信我，我是以一颗悔悟的心来叙追述过去的罪恶。”

他换上了一支烟，深深地吸了一口，然后又吐出浓密的烟雾出来，带着惭愧而凄凉的音调说道：

“那是去年冬天的事了：我们新开来大邦店驻防，已经是晚上十二点了，我们因为冷得太难受，去敲一家中国老百姓的门，敲了很久都没有人答应，同伴中的内田样气愤的了不得，就用刺刀把门砍开了，里面的人已逃走一空，只剩下一个老太婆躺在床上呻吟，内田以为她是装病，所以就对她施起无礼的举动来，他完毕后，我也同样的来了一次，那知那老家伙不甘屈服，它拼命挣扎，用牙咬我的胸膛，我一方面为了自卫，一方面为了恨她不该反抗，恨她的儿子媳妇不该逃走，于是就一刀把她的头砍下，当时我像砍下一个鸡头似的一点也不觉得难过，临走时还把这所房子纵火烧了，反正这是我们干惯了的勾当，并不觉得有什么麻烦或者对不起中国人的事。”

“还有一次是在安陆，一个七八岁左右的小孩子撒了一泡尿在我晒在草坪里的衣服上，我觉得他是有意侮辱我们皇军，我赶快跑过去刮了他几个大耳光，那孩子居然这样大胆，他不但不害怕，而且大声地骂我是日本鬼子，又跑去在衣服上恨恨地踏了几下，同时做着小便的姿势，我再也不能忍耐了，于是就拔出刺刀来那么一下就刺穿了他的胸膛，鲜红的血溅满了我一身，害得我赶快跑去营房向人家借套衣服来更换。晚上我们的中川支队长回来了，他知道我刺杀了孩子的事情，忙把我骂了一顿，说孩子应该留下的，要杀只杀那些不中用的老家伙和八岁以下的小孩，像今天的那个孩子可以留着将来有机会运回我们国内去，但我用谎话骗了他，我说昨夜下雨，我们的旗帜有一面淋湿了，今天出太阳，正好晒一下，不料那个可恶的孩子居然敢在上面小便起来，你说可恶不可恶，要是别的还能忍受，国旗，国旗，我们大日本帝国的国旗，怎么能让他侮辱呢？所以我终于杀掉他了。‘好的。’支队长说着，含着微笑走了。我自己暗地里钦佩自己的聪明，能够临机应变，但是奇怪，从此我的精神不安起来，那个小生命惨死的情景，永远在我的脑筋里萦环着，有时他向我流着泪哭诉，有时他握着小拳头，向我乱挥，又有时睁着两只大大地眼睛向我发怒，我害怕有时简直整夜做梦都梦见他，尤其知道他的母亲跳井死了之后，我更加难过！唉！谁没有父母？谁没有儿女？如果中国兵有一天也打到我们日本去的话，他不是也同样地杀我们的孩子，强奸我们的母亲老婆和姐姐姊姊吗？如果我们的孩子也遭受这种残酷地杀戮，那么我们将伤心到什么地步呢？片冈样，我真是个周身充满了罪恶的人，为什么中国兵俘虏了我不杀掉我来祭祀那些牺牲在我枪刀下的冤魂呢？……”

谷口一气说到这里，脸上表现着很懊丧很后悔的样子，我知道他的心里一定很难过的，于是就安慰他道：

“像你所说的事，我自己虽然没有亲身做过，可还是知看见不。少了凭良心说，我们的‘皇军’也实在太野蛮太残忍了，怎么可以不择男女老幼，不问战斗员与非战斗员就通通加以摧残呢？总之，我们是被利用了，我们多杀些中国人，多死一些弟兄，他们军阀就好借此升了官衔，试问这种侵略战争对于我们日本弟兄和日本的民众有什么好处呢？丝毫也没有！谷口样，不要难受了，只要我们觉悟，站到中国抗战的阵线上来和他们携手，和他们一同做着消灭日本军阀的工作，我相信他们都会原谅我们的。唉！谁的身上，没有中国的士兵或者民众的血腥气呢？只要我们能觉悟，我想这些难闻的有罪恶的气味，一定会慢慢地消灭的。”

我说到这里，谷口抬起头来深深地望了我一眼，又把头低下去了。

“我能留在这里吗？”

他轻轻地问我。

“不能，听说后天就要送你去洛阳了，也许还要到宝鸡去，在那儿有我们的弟兄好几百个，你去了绝对不会感到寂寞的。”

“好几百？真有这多吗？”

谷口似乎不相信我的话，带着怀疑而惊讶地口吻问。

“这还是少数的，在重庆、贵阳一带还更要多呢！”

“他们不会虐待我吗？”

“不会的！像在这里一样。”

“早知如此，为什么我这样对待他们中国人呢？”

在谷口这句天良发现的话里，不知含蓄着多少忏悔的眼泪。他是深深地被我们的优待感动了，我告诉他不久之前有三位日本弟兄在汉口被游击队俘来，在这里住了两天，他们看到我和大竹、伊藤、山井他们整天写□报画漫画，和朝鲜义勇队一切做着反日本军阀的工作，就大骂我们的行为是反动的，但我们把一些什么是正义，什么是真理，什么是人道以及日本侵华的野心与罪恶等等大道理都详详细细地解释给他们听，结果都被我们感化了。

谷口静静地听着，像孩子听着母亲的说话似的，他不再怀疑，也再不提出什么问题来问我了。

那个活泼泼的中国小兄弟给我们提一壶开水进来，还给我们每人倒了一杯，谷口特别客气起来，他对孩子连连说了好几声谢谢，鞠躬的头几乎要砸着膝盖了，小同志什么也没说，只笑了笑跑了。

“这孩子还只十五岁，整天和我们在一块玩。他教我们说中国话，我们教他说日文，像他年纪一样的孩子不知道有多少被我们伤害或□运到日本去了，但他还是这样待我们好，一点也不记仇恨，好天真的孩子！”

我很感慨似的说。

“是的，我很难过，现在无论什么时候，去到什么地方，只要看见孩子我就追念起那个小小的死尸来。方才我把头低下是害怕他用眼睛老是望着我的缘故。”

一个人最宝贵的是良心，谷口能够了解过去的错误，我想可以请求李队长留下他在这里工作的。

三天以后。

李队长特地买了许多肉和鸡蛋来，他知道我们日本弟兄喜欢喝酒抽烟，所以这两种嗜好品也预先准备了。有五位朝鲜同志是刚从×战区敌人的后方回来的，我以为李队长添这许多酒来，只是仅仅为的欢迎他们，等到吃饭时，他却站起来演说了。

“今天我们举行这个欢迎会有两种意义，第一欢迎谷口同志参加我们反日本军阀的战线上来共同奋斗，第二欢迎朝鲜同志从敌人的后方回来，劳苦功高，现在先请大家都干一杯！”

我们都站起来把一杯满满的黄酒喝干了，谷口忘记了在今天十二点以前还是个处在俘虏地位的人，也兴奋得不由自主地站起来回李队长致谢，于是热烈的掌声像打雷一般响着，他放开嗓子说话了。

“李队长、各位同志：我很惭愧，过去我是个有罪的人，做过许多于中国不利的事，但现在我忏悔了，我要重新做一个反战的勇士，我绝对不会欺骗你们和我自己的良心，我已经脱去了皇军的制服，穿上了参加抗战的中国士兵人的军装，我也来敬各位一杯吧，祝我们的团结万岁！”

这种出乎我们大家意外的举动，几乎使得我也痛痛快快地一连喝三杯。

晚上在清朗的月色下，我们陪着谷口到公园去散步，他自从被俘后今天还是第一次得到自由，心里的高兴，自然我们可以想象到得的。当我们走到公共体育场的时候，一群孩子正在做着捉汉奸的游戏，谷口突然停住脚沉默着不说话了。

“谷口样，你有什么感想吗？”我很开心地问他。

“我忽然想起我的四个孩子和那个被我刺死的孩子来了，呵，还有那个卧在血泊里又被烧成灰烬的老太婆！”

说完，他恨恨地咬着牙根，好像在咒骂自己的样子。

“忘记了过去吧，你已经是新生的谷口三郎了。你心理上的缺憾，将来用神圣的抗战工作去补偿吧。”

他微微地笑了，我们走遍了公园后就踏着愉快的步子回家。

这一夜谷口睡得很好，再也听不到他的唉声叹息了。

（原载于《黄河》第2卷第4期，1941年）

几个小故事

萧三

一、缢死

太阳快从城头落下去了。两个日本兵士漫漫地从河间城里走出来。他们低着头，皱着眉，也不说话。

一个穿着粗蓝布衣裤的中国妇女手里抱着一岁多的小孩从路的那头走来。两个日本兵略略的抬了抬头，远远地便停住了脚。等到妇女走的近了，他们招手叫她到他们的面前去。妇女看见两个人的双手都又在背后，面孔也很和善，而且早就站在那里不动，并没有追她，因此也就不大害怕的移步来到了他们的跟前。

两个日本兵争着把小孩抱过去，两个人轮流的抱，和小孩玩。不一会两人就哭了。许久才将小孩好好地交还给妇女，两人你望着我，我望着你。结果两人都放声大哭。妇人站在一边不知如何是好，她怔住了。日本兵哭了一场之后，每人从衣袋里取出一元钱交给妇人。妇人不受，日本兵强迫地将钱票往小孩的小手里塞，两个小手掌握紧了票子，日本人才放手。妇人没法，说声谢谢，走了。日本人站在原地，目送着妇人进村子里去。

第二天，一个消息你传我、我传他的传遍了全城：在这里驻扎的日本兵中间有两个昨天夜里自己吊颈死了。

附录：一、就在河间城的城隍庙里，另一天早上发现六个日本兵吊颈死了。

二、在献县一夜七个日本兵自缢而死……

二、忽听得在后面一声枪响

桑木师团的一个下级军官在蠡县城里走走，他到了人少的一条街上，看见一个中国女人抱着小孩走在他的前面。日本军官放开脚步追将上去。追过了妇人几步，他回过头来，拦住她，不叫再走。妇人吓得面如土色，脚腿都软了。她好像钉住在街上，鼓起眼睛望着日本人。可是日本军官并没有动野蛮，却拿一根小木棍在地土上写字。妇人不识字。店里的店员和街上的行人走来围着看，只见日本人写的是："家中孩儿有，此童酷似……。"还没有写完，他自己哭了。大家伸了腰，望着他不作声，只听见一个老头在轻轻地叹了一口气。日本军官从女人手中把小孩抱过去，和他玩，玩。最后他取出五十元的钞票装在小孩的衣袋里，才把小孩交还给女人。女人好像钉住在街上，鼓起眼睛望着日本人。日本军官用手示意，叫女人回去。女人好像梦醒了，继续她的道路。但是，她只走去几步，忽然听见后面一声枪响。她惊慌地回头一看，那个日本军人已经倒在地上，鲜血从额角直流着。

三、小小的补充

晋冀察行唐回色镇附近的战斗完了，老百姓仍然回到村子里种地、放羊。仿佛甚么事也没有发生过。

张老头弯着腰在菜园子里灌水，除草。看看太阳已经不高了，可是热得很！张老头坐到一个石头上，取出旱烟袋，装上烟，刮了两根火柴，漫漫地抽起来。他眼望着包谷，白菜，黄豆……都长得不坏，心里觉得愉快。

忽然，篱笆外面发现有一个日本兵，矮矮的个子，黑黑的脸庞，黄色军服，钢盔帽子，背着一杆枪，站在那里不动，两眼盯住老头。老头一惊，旱烟袋几乎掉了，起身想走。日本人马上对老头一面摇手，一面跨过篱笆，走到老头面前，伸出拇指和食指，眼睛望着老头。老头会意，知道他是问有没有××军在这里，对他连连的摇头。日本兵着急了，指着自己的胸，嘴里吐出一句话："我的心大大的好！"张老头似懂不懂，领着日本人到村主任家里去。到了那里，日本兵又是那一句话"我的心大大的好"，村主任指着他肩上的枪。日本兵笑了一笑，很快的卸下枪来，交给村主任。张老头拿过枪去摸了一摸，望了一望日本人，四只眼睛正打一个对照，和他一道笑了。

日本兵被引到××部队的敌军工作科。他朴质地、恭敬地回答了几个问题之后，开始在纸上写自己的意见。字写的漫[慢]，拙，但是可以看懂：他不愿意替日本军阀打仗，但是也不愿参加××军，只愿找一个地方住下作个老百姓……。敌军工作科的同志向他解释，只作个老百姓还不是出路，要想作太平民，就得共同努力把日本军阀打倒……

日本兵在这里用热水洗了脸，抽了好的烟卷，喝了茶，吃了晚饭，炒鸡蛋和张老头家里的白菜，又停一会，日本人自动的在纸上写了四个字“××军人”。大家和他一道笑了。

敌人发现自己的一个兵士不见了，当晚派一个伪军兵士到村子里去找。但是这个伪军当天晚上没有回来，第二天、第三天……也没有回来，而且查出来，他一个人背了两支枪出去了

××军在这个晚上有一点小小的补充：两个战斗员和三杆枪。

四、我们是老朋友

三五九旅在晋察××战斗中捉到一个日本兵。在释放他回去的时候旅部敌军工作科弄了一些菜，酒欢送他。旅长王震同志也来陪他一道吃，喝。日本人走的时候，一些老百姓在路旁鸣锣相送。

日本兵回去之后把这些事悄悄地告诉他们的同伴们：“我见到了支那的旅长！而且和他同席吃喝，同照了相握了手……”言下表示出，这是他一生的光荣。

不久，这次大战斗完结了。在临解决的时候，有十三个日本士兵丢下枪投到三五九旅的另一部份这边来了。在谈话的时候，他们中间有一个挺身出来说：

“我上次被你们俘虏过的，我知过你们不杀俘虏。这些人——他指着其余的十二个——都是我叫来的！”

“我和你们的旅长认识哩！”他骄傲地继续说。“我要和你们的敌军工作科的科长谈话。我们是老朋友……”

五、有机会再见

一个日本俘虏在××部住了三天。敌军工作科同志对他说：“我们打算放你回去。你愿意说一说你的感想吗？”

日本兵士漫漫的说了：

“我从前看见你们××军的宣传品，说什么你们不杀俘虏啦，优待携抢到中国军队这边来的人啦，中国人民和日本劳动大众是兄弟啦……我们只是一笑置之。现在我才知道，这些都是真的。我此次回去一定叫大家不再打中国军队了。”

日本兵快走到××城门口了。他坐在路旁，扯下一页笔记本子的纸，写了几行字。看见一个农民走来，日本兵托他把这个信送到××部。

敌工科的同志念着：

“××军同志们！我感谢你们不杀之恩和一切优待，你们而且给了我的路费，这些使我感动极了……我相信，以后有机会和你们再握手相见！”

（原载于《朝鲜义勇队通讯》第39期，1941年）

梅子姑娘

谢冰莹

（一）

天下着毛毛雨，房子里的空气异常沉闷，绢枝子正在对着镜子涂口红，她的两道浓黑的眉毛平时都需要梅子替她描画，这几天因为梅子病了，只好自己动手。她的手很重，使的铅笔也太黑了，所以看起来有点像涂了墨似的。

“梅子样，请你看看我的化妆成不成？”

绢枝子像对着异姓似的那么妩媚地一笑。

“口红涂的太多，简直像一张血嘴，眉毛也太黑了，绢枝样，我劝你还是把它洗掉吧，你的皮肤很白嫩，不施脂粉还更美丽呢。”

梅子勉强地说着，又干咳了几声。

“梅子样，等下如果你能起床，还是劳你驾替我画眉，唉！为了男人，真烦死了！”

绢枝子以为说了后面两句话，会引起梅子的共鸣，却没料到反而引起她们的反感。

“为了男人吗？绢枝样，为什么一个女人非给男人玩弄不可呢？如果擦粉涂胭脂是为了天性的爱美，我并不反对，若是仅仅为了使男人高兴，我觉得这种化妆简直给女人们一个莫大的侮辱，你说对不对？”

“梅子样！还说什么侮辱不侮辱呵，我们的生活难道还是人的生活吗？”

“谁又在发牢骚了，真有点无聊！随‘皇军’做慰劳队，是何等光荣的事，难道精神上还有什么不愉快吗？”

这是隔壁的美田子说的，她是个非常风骚的妓女，一开口便叫人讨厌，为了她常常在川岛支队长那边来往，许多人都不敢得罪她，说这话时她的怀里正躺着一个鼾声如雷的像笨猪一般的小队长，她的话也许故意说给那家伙听的，但绢枝并没有理她，只管修她的指甲。

这是一群刚由汉口开到沙市来的营妓，一共有九十六人，散居在福安旅社。梅子一到沙市就病了，发烧，咳嗽，头晕，她很伤心，做梦也没想到来到中国会有这样的结果，她以为慰劳队只是把千人针、旗帜、罐头、手帕、慰问袋等东西送给他们就算完事，谁还想到来到汉口就把她们编为营妓供给那些野蛮的官兵发泄兽欲呢？

“唉！上当上当，我为什么也入了虎口呢？”

梅子在愤恨到极点时，只能把被窝蒙住了头，自言自语地说着。

梅子是鹿儿岛白黑郡的人，父亲是个制鞋工人，昭和五年带了全家来东京谋生活，没想到城市的小姐们不喜欢穿那种不美观的鞋子的，加以梅子的父亲金次郎本来是个农民出身，为人非常忠厚，他不是做买卖的能手，因此不到三年，生意就赔本了；母亲，是非常温柔，善于体贴的女性，她见丈夫的运气不好，于是就拚命节俭，连饭也不敢多吃，白天趁着丈夫外出的时候就接受了许多衣服来洗，希望以自己的劳力所得来帮助家里的开支，但金次郎的脾气非常耿直，他看七十岁的老母和妻子一天天因为营养不良而消瘦下去，梅子上学的学费也成了问题，于是就依着朋友的劝诱到中国的辽宁做生意去，刚刚一年的功夫，发生了“九一八”事变，金次郎被征调入伍，半个月之后便送掉了生命，当这恶耗传到梅子的母亲耳里时，她曾晕过去三次，祖母也在那年因流泪过多患了眼疾，又因为没有钱就医，终于成了瞎子，梅子那时才十岁，眼看着家里遭着这样的不幸，除了陪着母亲流泪以外，还能做什么呢？

上帝好像故意与穷人为难似的，梅子的母亲在丈夫死去的第二年便得了很厉害的肺病，不久就与世长辞，剩下梅子和老祖母两人相依为命，过了十天最凄苦的日子，才被叔叔接回鹿儿岛来。

从此一个失掉了父母之爱的孤儿，开始了痛苦的流浪生活。

（二）

梅子做过咖啡店的侍女，做过看护，做过舞女，还在产科医院做过几天产妇，但她并不是孩子的母亲。

这是使梅子最痛心的一个回忆，只要见着人家的孩子或者怀胎的孕妇，她便想起她那段凄凉悲痛的身世来。

是一个水晶似的月亮普照着大地的晚上，她躺在三十四号产房里呻吟，看护走进来扭燃了电灯，梅子的眼睛，顿时感受到万支箭射着一般地刺痛。

“林芙样，医生来了没有？快点施手术吧，我痛死了！……”

梅子流着泪向看护哀求。

“医生说，要明天下午才能施手术，孩子太大，不容易出来，忍耐一点吧，熬过今夜，明天就好了。”

林芙样一面轻轻地摸着她的肚子，一面将垂下去了的铁锤——吊在子宫口的——拖了上来。

“唉哟，痛死了呀，我的妈！林芙样，你不要把铁锤拿上来吧，我痛得没有命了！”

梅子的哭声是这么凄惨，但感动不了林芙那颗像冰铁一般的心。

“为什么不早点开刀呢？我再也忍受不住了！我的生命不能延长到明天，林芙样，请你做做好事，催促医生快点来吧，或者给我一把刀，我自己……”

梅子的哭声更来得尖锐而伤心了。

“半夜三更，你这么哭哭嚷嚷的干什么？已经两天了，孩子还在原地方，不用铁锤掉，他更难下来，谁叫你自己造了孽来害自己！”

——自己造了孽来害自己，这是什么话呢？

梅子正想详详细细地告诉林芙，她的父亲是谁逼得他去当兵把命送在中国的，她的母亲是谁逼死她的，祖母的眼睛是谁使她瞎的，自己是如何纯洁的处女，是谁奸污了她使她有今天这个结果的，但林芙早已走了，房子里冷清清地只剩下她和一块笨重的铁锤。

肚子越来越痛得厉害了！

起初是一阵一阵地痛，有时可以停止两三分钟，现在竟像一只猛虎要从子宫口冲出来似的涨痛；她的双脚是被绑着了的，稍为动一动都不可能，梅子想挣扎起来解开铁锤，用它来向自己的头部猛击，好同时解决两条生命，可是只要你的上身稍稍移动一下，孩子在里面就会暴动起来，像有无数的毒蛇在争吃着自己的肉那么剧痛，好几次梅子痛得失掉了知觉，醒来不相信自己还是个活人。

第二天，下午三点钟的时候，梅子被有铁轮的床推到了手术室，这是一间有十二铺帘子的四方形的房子，一进房门，就好像走进了刑场似的感到恐怖，阴森，凄凉。听到刀子叉子的响声，梅子的周身都在颤抖了。

梅子听不懂医生对那三个看护说些什么，只觉得心脏跳得很厉害，眼睛被白帽蒙盖着，一双脚绑在手术床的架上，手也被看护使劲地抓住了。

——天，这难道是在受死刑吗？

梅子这时一点也不怜恤那在她的腹内曾经吮吸过她一个半月的血液底小生命，她知道在五分钟之内就要将他或她割成碎片，从自己的肚子里取出来，像从一个杀死了的猪身子取出猪肝猪肺来那么平常，她真的一点也不怜惜，只觉得自己为这不应当来到她肚子里的小东西受苦太多了，需要重重地处罚他，宰割他。

"林芙样，请你要医生用毒药弄死我算了吧，我实在忍受不住了！这一生我受的苦太多，我真不愿再活下去，请你大发慈悲，要医生早点毒死我吧。……"

梅子带着恐惧而痛苦的声音颤抖地说。

"不要闹，安静一点，已经上麻醉药了，快了快了，一下就会不痛了。"

林芙用力抓住了梅子的双手。

梅子的鼻孔上罩上了一个喷了 Chloroform 的口罩，立刻她就朦胧地入了睡乡。

梅子将要醒时，只觉得一把刀子在子宫里面像用勺子挖西瓜肉似的搜刮着，但肚子里那只咬她肉的、一千斤重的猛虎突然失踪了。

"孩子取出来了，没有弄坏，医生说要留着做标本的。"

林芙样带着笑容说着，但梅子觉得这笑里有刺，心里感到一种莫大的侮辱。

第三天，她回到家里来了，那个从腹内取出来的孩子底父亲来看梅子了，梅子把在医院里的经过情形都告诉了他，同时用一种低声的乞怜的音调向他哀求：

"藤田样，我这次受到这么大的苦痛，完全为了你，你如果有一天遗弃我的话，我非自杀不可的。这次在医院里，我曾两三次起了自杀的念头，但为了我亲爱的藤田终于忍受了。"

梅子紧紧地抱着藤田，她像一个受了人家欺侮的孩子倒在母亲的怀抱里哭了。

"梅子亲爱的，不要伤心，我决不会负心的，你的贞操为我而牺牲了，一个宝贵的也许是人间最伟大的小生命也为我而牺牲了，难道我是这样残忍的动物吗？我只要和家里说清楚，取得了父母的同意，一定和你正式结婚。"

梅子的一颗破碎了的心复活了！她的前途有了一线希望，过去像做了一场恶梦，只要藤田真能履行他的诺言，我不是很快就可过小家庭的幸福生活了吗？

然而红颜薄命，梅子始终逃不出命运的魔手，在她的理想将要实现的时候，瞎了眼睛的祖母突然得了回归热一病不起，藤田也被征调入伍开来上海作战。这次梅子的随慰劳团来到前线，目的完全想做中国的孟姜女第二，来一次万里寻夫，谁又料到一朵刚开的玫瑰，突然受到狂风暴雨的摧残，梅子那个甜蜜的美丽的梦，被一颗无情的炸弹炸个粉碎了！

当他初来到汉口，得到了关于藤田战死的消息后，她实在没有勇气再生存下去。但藤田的朋友冈村三郎告诉她的话，句句是真理，她不应该轻易牺牲，应该为藤田，为自己的父亲复仇。

“梅子样，你不应该消极，你应该更勇敢地活下去！谁杀死你的父亲和祖母的？谁杀死你的爱人的？”

冈村三郎那几句像小钢炮一样的话又浮上了她的心头。

（三）

梅子在汉口整整地住了半年，她记不清曾经被多少喝醉了酒的“皇军”摧残过，由那些醉鬼的嘴里，知道他们在前线是如何残忍地强奸七八十岁的老太婆和十来岁的小姑娘，在这半年中间，梅子的思想上起了一个剧大的变化，她亲眼看到“皇军”是怎样地任意强奸中国的妇女，活埋中国的壮丁，屠杀中国的老人和孩子，焚毁中国人的房屋，抢掠中国人的财产。无论你的思想怎样反动，只要你是人，绝不能饶恕“皇军”这种违背天理，毫无人性的残暴行为。

梅子恨透了，为什么地球上要有一个日本，而日本又产生这么多兽性的军阀，自己又为什么偏偏生在日本，而且赶上他们屠杀中国人的时代。

——做一个日本军阀统治下的日本人是多么耻辱呵！口口声声高唱着“亲善”“提携”的高调，其实骨子里每一个细胞都是毒汁，都是炸弹，都是毁灭文明，毁灭真理正义的火焰。

“你们认为‘皇军’这种杀人放火、奸淫掳掠的行为是正当的吗，松本样？”

一天梅子故意问那位整天喝得醉昏昏的上等兵松本。

“谁说是正当，这叫做没办法呀！长官们要你这样，你难道还敢不服从吗？”

松本长叹了一声，表示出他也感到有点苦闷。

“你想象过你的家如果被中国军队烧毁，你的财产被他们抢去，你的妻子和母亲被他们奸淫，你的儿子被他们捉去给中国伤兵输血，你该是如何地伤心没有？”

梅子的声音越来越气愤，但松本却像疯人似的，只管哈哈地大笑。

“就是知道中国军队不会打到日本去，所以我们才敢这么胡来！”

“中国军队不会打到日本去吗？你根据什么？他在目前虽然被日本军阀压迫，但他们总有翻身的一天，他们的国家受到这样的奇耻大辱，难道还能忍受吗？打到日本去，是绝对有可能的，不过是时间上的问题。”

“哈哈哈，梅子样，你简直在造反哪！这一段话如果被松冈联队长听到了，你这条小命还活得成吗？”

好在松本是很喜欢梅子的，加以又在酒后，所以并不把梅子的话视为重要，只拿她来开开心。

“活不成，有什么要紧，这样的生活有什么意义呢？我早就不想活了，不过我不愿自杀，我倒想看看究竟你们还能威风到几时？”

“哈哈哈！梅子样疯了，疯了，说这些话有什么意思呢？我的小亲亲，来和我多喝几杯吧，‘醉卧沙场君莫笑，古来征战几人回’，梅子样，你了解中国这两句古诗的意味吗？”

这一夜梅子和松本直闹到天亮，一颗秘密的心，终于被梅子侦察出来了，原来松本是个大学生出身，他很有思想，早存了反战之心，但苦无机会发作，所以整天装做酒疯子天天和女人开玩笑，以消磨苦恼的岁月，同时借此好掩护他的思想。他没想到梅子有这么高明的见解，而且还是自己的同志，他把最好的朋友冈村三郎介绍给梅子，梅子格格地笑。

“告诉你，他是我的好朋友呢！”

“是真的吗？那么我还可以介绍你另一个好朋友，可惜他在沙市，也许不久会来这里，他是航空驾驶员，一个很漂亮的小伙子，但是如果你看见他就爱上了的话，我可不答应的。”

“松本样，你别开玩笑吧，我们这时候还有那种闲情逸致来谈恋爱吗？在炮火弥漫的火线上，在日本军阀屠杀善良的中国人民的土地上，我们应该以全副精神来从事反战的工作，松本样，你以为怎样？”

“当然，我们应该如此，但是这种话，只能在我俩之间谈，近来因为反战与自杀的空气太浓厚，所以处处防范我们，监视我们；希望你说话要小心，态度要镇静，不可太热情，你还是装个什么都不懂，只知道享乐的现实主义者比较妥当，对于我们的工作也有更大的帮助。”

梅子听完了松本的话，真高兴得发狂，她找到知己了，此后有了苦闷就可向松本发泄，松本也因梅子的热情，活泼，勇敢，美丽，而发生一种超乎普通男女的爱情，他正在做着一个渺茫的梦，希望有那么一天梅子成为松本夫人。

（四）

“梅子样，有客人来访了，快起来吧！”

绢枝子像小麻雀似的从门外跳了进来说。

“谁?”

“名片在这里,中条知义,哈,梅子样,真漂亮呀! 快起来,快起来!”

绢枝子像疯了一般地连忙把梅子拉了起来,又给她披上一件夹大衣,客人也许因为等的不耐烦,居然开了门进来了。

“对不起得很,梅子样,我因为还有点事要赶着回队部,所以没有等你起床就进来了。”

中条知义很礼貌地脱了帽子深深地一鞠躬,他绝对不像一般士兵那么粗鲁可怕。

“那里的话,我因病没有早起来欢迎,真对不住呢。”

梅子很不好意思地忙下床来还礼,绢枝子早已倒好了一杯茶端端正正地站在一旁侍候着。

“中条样,请你坐下用了这杯茶吧。”

“谢谢!”

绢枝子把杯子递过去,故意对着中条妩媚地一笑,她满以为中条会喜欢她的,谁知对方的注意力正集中在梅子的身上。

梅子的小脸上,披着蓬乱的、游丝般的散发,正像病后的西施,更加惹人怜爱,一对水汪汪的眼睛,藏着无限的柔情,小小的嘴,只要稍稍移动一下,便可发现她那两列洁白整齐的牙齿来,更美的是梅子的一双小手,完全像孩子的手一般,手背微微凸出像一只小包子,手指特别尖细,一看就知道是个绝顶聪明的姑娘。

“梅子样,你认识松本样吧? 他是我的好朋友,今天接到他的信才知道你来到这里,我找了好几处地方,总算找到你了!”

中条的脸上,表现着不可抑止的快乐,这使得坐在一旁的绢枝子感到非常难受。

“是的,松本样对我很好的,但我这次很对不起他,为了奉命在十四号的晚上就离开汉口来沙市,所以不能向松本样辞行,来到沙市就生病,我还没有给他去信呢。”

“那没有关系,我回信时替你问候好了。”

“谢谢!”

梅子突然感觉到脸上有点发烧,她的心开始迅速地跳动了,左眼皮猛烈地跳了几下,不知道是她的眼睛有了毛病,还是中条的眼睛长的特别,她觉得由中条眼里放射出来的光辉似箭一般地直向她的心上射来,她不敢多看中条,但又希望中条多看她几眼,她希望中条立刻离开这间房子,但另一种情绪又希望他永远不要离开她。

“梅子样，你们在这里的生活很好吧？”

中条感觉到没有话可谈了，但又舍不得立刻走。

“没有什么，马马虎虎地过一天算一天。”

中条听了梅子的话，不觉有点失望起来，松本不是明明告诉他梅子是位很有思想的女性吗？为甚么这样自暴自弃呢？

“明天再见吧，我因事就此告辞了。”

她们送中条下了楼，绢枝子转身来带着几分醋意对梅子说：

“梅子样，恭喜你呀！找到了一位这么漂亮的爱人——还是个空军驾驶员呢！一见倾心，哈哈哈！”

“绢枝样，不要吃醋吧，明天他如果再来，我一定离开这房间，把全部时间让给你和他去谈情话。”

“得了，我没有那么好的福气，还是我来成全你的好事吧。”

她们像开辩论会似的你一句我一句地闹了很久，梅子表面上虽然现出生气的样子，其实心里倒很舒服的。不错，一见倾心，对于中条真有这种感觉，梅子遇到过的男人也不算少了，从来没有一个像中条这么吸引她的灵魂的，长到二十岁了，她还没有自动地爱过一个男人，这难道还不算是一件很稀奇的事吗？

她忘记了对松本说的话，初恋的种子在她的心田里播下了。

（五）

时间像闪电一般迅速，两个月的日子悄悄地消逝了，梅子和中条的爱情，真是一天比一天高涨，起初是一天不见面非常难受，后来竟到了一分钟也不能离开的地步。中条住在离沙市十三里地的荆州，每天晚上都坐了小摩托车来看梅子，夏天是恋爱的最好季节，男人们常喜欢穿着短袖的翻领绸质衬衫，短裤子，短统袜子的外面套上一双黑色或白色的皮鞋，走起路来雄赳赳地像一个骑士。女人们呢，也喜欢赤着脚穿上凉鞋，短袖子，露出那一双又白又嫩的藕臂，因为只穿一重衣服的关系，走起路来左右现着曲线美，何况梅子的身段生得特别苗条，每次当她从街上走过，总有不少的人注视她，欣赏她。在日本的军官里面曾经不知有多少人为她倾倒，但她欺骗着他们，说自己患了很厉害的梅毒，忠告他们千万不要接近她。有时为了避免那些醉鬼无聊的纠缠与痛心的侮辱，她故意用些红药水在身上涂满了许多斑点，使对方一见就害怕。但这方法只能驱骗初次来玩她的人，如果是熟人就没法避免了。她对于营妓的生活一天比一天厌倦，她需要一种固定的爱情来医治她那受过无限创伤的心，她爱中条，愿意将整个的灵魂和肉体都献给中条，只属于中条一个人所有，同样，她也需要中条整个的肉体和灵魂。其实这并不是难事，他俩在爱情方面，完全得着最后的胜利了。

已经晚上九点钟了，还不见中条来，梅子着急得几乎要哭了。

——他不会失约的，一定有什么事缠住了他，所以来的这么晚。

梅子一个人坐在中山公园那个池边的树下这么沉思着。她不敢离开这里到公园门口去等候中条，因为昨晚约定的是这个地方，万一在她离开这里的一刹那，中条恰恰来了，岂不错过了机会。

猛然地一双巨掌抱住了梅子的腰，她几乎要大声叫起来了。

“梅子，亲爱的，等候很久了吧？……”

“呵！原来是你，骇了我一大跳，为什么来的这么晚？”

一轮半圆的月亮，冲出了云围，照着池边两个高矮不同的影子并成了一个，中条和梅子都被这甜蜜的长吻而陶醉了。

“梅子，怎么办？前方的战事吃紧了，中国兵开了五万多来围攻沙市，队长要我们后天出发八十架飞机轰炸重庆，我又要去冒一次生命的危险了。”

中条在心情稍为恢复平静之后这样告诉梅子一个重要的新闻。

“呵，又要轰炸重庆？八十架，上帝，这是多么残忍的事呀！中条，你知道轰炸后的惨状吗？有些全家都被埋在瓦砾堆里，有些丈夫和妻子在一块，只要相差一点儿，妻子会找不到丈夫的尸首，我虽然没有亲身经历过轰炸，但我看到不少我们‘皇军’轰炸后的残痕，多少美满的家庭，多少由他们的祖先辛辛苦苦积下来的财产，都付之一炬……中条，我请求你不要去吧，我绝不能亲眼看到我的爱人去当人类的刽子手，中条，你赶快装病不去好吗？而且还要想个很好的办法，立刻脱离这里，中条，你在沉思什么？为什么不说话呢？”

中条抬起头来向梅子凝视着微微地一笑。

“梅子，你究竟是个女孩，不了解男人们的心理，我比你大四岁，我受的苦也许比你少，但我的脑子里所想的事却比你知道的多，我当了将近一年的刽子手了，但我敢说我没有杀过一个人……”

“哼，放屁，你驾着轰炸机，常常去到重庆，成都，昆明，贵阳一带去投弹，不杀人，难道你还把炸弹扔在水里吗？”

梅子不等中条说完，忙抢着质问。

“小心点，人家听到了会有危险的。可不就是这么回事，炸重庆的时候，我每次都把炸弹扔在嘉陵江或者旷野里，我常常独自一人飞得很快，离开队伍单独行动，如果同他们在一起，绝对不能这么做，有些忠于‘皇军’的走狗会报告消息，那时我的生命还能保得住吗？”

“中条，我问你，你说句良心话，对于你这种生活，也常常感到苦恼吗？”

梅子像孩子似的，两手抱住了中条的头问，中条在她的小嘴上轻轻地一吻，然后回答她的问题。

“所以我说你究竟还是个孩子，不能了解我的心理，当初我学习航空，完全为的兴趣，我很希望自己像一只飞鸟日夜在天空里翱翔，爱什么地方，就飞到什么地方去，我羡慕那些周游世界的航空家，自己也希望有那么一天可以飞遍整个的地球，后来毕业了，奉到航空指挥部的命令，要我来中国担任驾驶驱逐机的任务，后来又改为轰炸机的机枪手。但是我的机关枪，从来没有伤过人，只扫射了天上一些云彩。”

“喝，好漂亮的句子，扫射天上的云彩，难道没有伤害一个中国的老百姓吗？”

爱捣乱的梅子，又在向中条挑战了。

“是的，扫射天上的云彩，因为我飞的太高，又是朝着上面开枪，绝对不会伤害人的。”

“要是中国飞机把你打下来，你高兴吗？”

“只要他们不伤害我，当然我高兴的，曾经好几次我想乘降落伞下去给中国人做俘虏，但他们一定会杀掉我的，根据我们捉到中国的俘虏一律枪毙的事实看来，他们一旦捉住我们也同样处置的。”

“绝对不会，中国是个真正爱好和平的国家，他们不像我们日本人的生性残忍，喜欢杀人，他们自从中日战事开始，就俘虏了我们不少的弟兄，从来不伤害一个，而且特别优待他们。”

“是的，我也听到许多的弟兄说过，他们有些反战的都自动地持了枪枝向中国军队投诚，不过，……”

中条说到这里，突然停住了，两只眼睛仰望着清朗的月亮，心头像有什么难言的苦衷似的，一会又低下头来望着映在水里的两人底影子。

“不过……不过什么？亲爱的中条，难道你还觉得投诚不应该吗？”

“不是不应该，而是面子上究竟有点难为情，再说中国兵一定很痛恨我们，如果万一被他们枪毙，岂不太冤枉？”

“中条，不要老是想着死，事实上他们绝对不会枪毙你的，我希望你来一个反战运动，多说服一些空军同志，大家把炸弹向日本军阀的头上扔去，主要的是轰炸那些重要的阵地和军事政治的重要机关。”

“你想的那么容易，其实要想说服空军投诚是很困难的，一方面他们受着政府的优待，生活特别舒服，舍不得冒着生命的危险去反正，再则他们还要顾及家庭……”

“怎么？为什么不往下说呢？”

梅子见中条突然停止了说话，不觉奇怪起来，一个黑影悄悄地从左边的树丛里消逝了。

“太晚了，梅子，我送你回去吧，明天再谈。”

中条向梅子使了个眼色，梅子知道一定有人来了，赶快站起来整理整理那件坐皱了的浅蓝色的绸西装，心里感到一种莫名的惆怅。

“我们的谈话，该没有人听到吧？”

临走出大门，梅子轻轻地问中条。

“我想有人听到了，方才我看见一个黑影子从树丛里经过，而且像个女人。”

“女人？那没有关系，也许是什么人在那儿幽会的，她们不会注意到我们的谈话。”

中条送梅子回到了福安旅社，打开房门一看，不见绢枝子，但她的床上早已放下了帐钩，还以为她上厕所去了，梅子一点也不介意地倒了杯茶给中条喝了然后再送他下楼。

绢枝子带着不耐烦的神气回来了。

“绢枝样，这么晚才回，到什么地方去了啦？”

梅子躺在床上问。

“你还不知道吗？和爱人到中山公园谈情话去了！”

绢枝子故意瞟了梅子一眼，语气中含着无限的嫉妒与艳羡。

“那好极了，恭喜恭喜！”

“有什么可恭喜的呢，我爱着中条，但中条却又另外爱上了一个女人。”

“是谁？”

“谁？我正想问你啦，这只有你才知道。”

梅子格格地笑了，她为了要使绢枝的感情平静一下，所以连忙把绢枝子拖过来坐在她的床边说：

“绢枝样，男人的感情是最靠不住的，只要谁长的年轻漂亮，就会去追逐谁，吃这些干醋干什么呢！”

绢枝子正像哑子吃黄连，她也勉强地嬉笑了一阵，随便倒在梅子的床上睡觉了。

（六）

爱情的力量是伟大的！有时从爱人嘴里说出来一句话，比古时皇帝下一道圣旨还要生效。中条果然假借病的名义而没有去轰炸重庆，但犬养队长已经对他起了怀疑，加之那晚和梅子在公园里的谈话，已被绢枝子偷听到了几句，原来她是为着争风吃醋才跑去公园的，没想到听来了这么珍贵的秘密，她已经报告了犬养队长，犬养立刻要她担任着侦察梅子的任务，梅子还以为绢枝子和自己只是爱情上的一个情敌，那里知道她和中条两人的生死权都操在绢枝子手里呢？

"梅子，不好了，不好了，我俩那晚的谈话，通通都被人偷听去了，他们已秘密派人监视我俩的行动，看情形我们再不能平安地活下去了，总有一天他们会解决我们的，我们不如趁早有个准备，只等中国军队一发动来攻沙市，我们便跑了过去！"

第三天晚上，中条慌慌张张地走上楼来，见房子里只有梅子一人，就这么附在她的耳边把消息悄悄地告诉她。

"那么，我们用什么方法集合在一块呢？"

"不一定要两人在一块，据密报今晚十二点钟中国的游击队有两三千名由长湖里乘船来夜袭沙市，……一听到枪声，你我装做难民赶快逃到前线去，或加入他们的陆战队里……就那样加入中国军队，自动地送给他们作俘虏。"

中间有几句话，中条的声音说得特别小，用左手的五个手指做成一个传音筒放在梅子的耳朵上，梅子听了高兴得几乎要流下泪来。

"到了中国军队里，我们就会过着和平博爱的生活，我们要参加他们的抗战工作……"

梅子正说到这里，绢枝子和一个男人一路笑进来了，那男人就是犬养队长特派他来监视中条行动的横濑。

"中条样，好福气呀，这么漂亮的梅子姑娘，居然被你弄到手了，几时请我们吃喜酒呀？"

横濑笑着说，满脸的横肉也随着笑声而颤动了。

"好的，今晚上就请你们喝酒吧，绢枝样，你可以赏光吗！"

中条故意走近绢枝的身边去献殷勤。

"当然，有酒喝，那里有不奉陪的。"

绢枝子故意显出她的风骚，就那么一点也不害羞地倒在横濑的怀里，梅子也带着开玩笑的态度说：

“绢枝样，你们几时请我们吃喜酒呀。”

“好的，就在今晚吧！”

他们四个人怀着四种不同的心情走进了刚开张不久的新亚饭店，奇怪，这里不像平时一般花天酒地那么闹嚷嚷的，只有十几个士兵坐在那儿静静地喝酒，街上行人也很少，好像有什么不幸的事情要降临一般，中条的脑筋很锐敏地感觉到为什么横濑突然这个时候来缠住自己。

一切他都明白了，用膝头碰了碰梅子，告诉她不要忘记了晚上十二点的事。

在这四个人中间，除了中条和梅子，是一对幸福的情侣外，横濑爱着梅子而绢枝子爱着中条，他们正好利用这种机会把横濑和绢枝子灌的烂醉。

像晴天一声霹雳，突然劈劈拍拍的枪声由沙市的城外自远而近了，街上立刻骚动起来，汽车，摩托车，队伍，乱跑着的人群……把整个的中山路塞满了，中条和梅子就在这混乱的一刹那，冲出城外加入了战斗的一群。

游击队夜袭沙市，捉到了两个俘虏的消息，传遍了所有在武汉，宜昌，沙市一带的“皇军”，他们都奇怪怎么中条和鼎鼎大名的梅子姑娘突然失踪了，中条是个空军，他怎么也加入了陆战队，尤其奇怪的，是有人亲眼看到他那晚居然持了手枪向自己的官长射击，后来他倒下了，当然是受了伤。

“中条和梅子明明是反战份子，他们是有计划地向中国军队投降的。”

横濑有一天不小心地把这秘密泄露出来，于是在二十四小时之内，他的生命，就在犬养队长一颗子弹下结束了，绢枝子也是嫌疑犯，被送进了拘留所。

（七）

中条的伤早经中国的军医治好了，梅子天天看护他，使他精神得到莫大的安慰。

“梅子，真感谢你给我的勇气，一年来我每天都做着投到中国军队来工作的梦，但是总被那怕死的念头征服了，现在我才了解中华民族的确是伟大的、爱好和平的，梅子，我们将来就在中国结婚吧！”

“那好极了，我们家里除了叔叔和婶婶之外，一个亲人也没有了，我们永远不要回日本了吧！”

梅子流着喜悦的眼泪，紧紧地握住了中条的手。

三个月之后。

中条和梅子都被解到老河口来了，为了他们一个是空军，一个是有名的反战女勇士，×司令长官还亲自审问了一次，对于他们那种深明大义，愿意为东亚中日两民族真正之自由和平而奋斗的精神，表示无限的钦佩，×司令长官当即下令朝鲜义勇队的李队长收容中条和梅子姑娘，在他们那边工作，从此我们的抗日队伍里，又增加了两名英勇的战士。

四十年五月十六日于警报声中

（原载于《梅子姑娘》，新中国文化出版社，1941年，转载于《中国新文学大系1937—1949》短篇小说卷一，上海文艺出版社，1990年）

一个韩国的女战士*

谢冰莹

一

是雨后的一个晴天下午，我和两个朋友去公园散步，虽是晴天，风刮的很大，但为了闷了几天没有出门，又加之这是老河口独一无二的公园，在临别时很想再去光顾一下，使留在脑海中的印象再加深一些，何况公园里还设有战时书报阅览室，我们可以进去坐坐，看看书，说不定还可遇着几个你所希望要见的朋友。

孩子们是不怕冷的，他们在操场上活跃着，有的打秋千，有的溜梯子，也有些在跑步或者唱歌的，抗战把孩子们的脑筋都改变了，他们满口爱国，打日本，捉汉奸，争取最后胜利的许多新名词，叫大人们听了特别感到兴奋。

忽然孩子们都向东边树有两块大木板的地方跑去，原来他们看到了那儿有几位武装同志在贴壁报和漫画，我们的脚步也不由自主地跟着走了过去。

“喝，X同志还没有走吗？”

一个韩国战地工作队的朋友叫我，他也是忙着贴壁报的一个。

“我明天一定走了，你们很忙吧？”

正当我抬起头来看那副大画的时候，猛烈地我的手被谁紧紧地握住了，骇的我几乎要跳起来。

“这位同志贵姓，你很像我一位朋友。”我说。

幸而握我手的是一位矮小个子的女性，这才把心平静下来。

“呵，X同志你忘了我吗？我们在东京同过学的，而且还是好朋友呢！”

她说着很流利的中国话，我窘得脸都红了，几个人都望着我发笑。

---

* 本篇载《精神动员》时署“报告文学”，收入《冰莹抗战文选集》时列为“小说”。——本书编者注

“唉，真糟糕，我的记忆力太坏，也梦想不到会在这里遇着你的。”

一直到这时才想起她是谁来。

快乐充满了我整个的心，我只是紧紧地握着她的手，万语千言，也不知从何说起，为了她正在忙着工作，只好改约晚上再谈。

“晚上我们还有个会开，决定九点去看你。”

她说着，手里拿着一大块画报，恋恋不舍地离开了我。

二

去南阳的洋车已经雇好了，匆匆地把行李清理好，烧了一盆大火，叫茶房买了些瓜子花生之类的点心来，准备欢迎这位一别六年的异国朋友。

“今天你这么高兴，这位小姐一定和你有特殊的感情，可不可以把你们的关系说一说。”

爱开玩笑的老白说着，我哈哈地笑了。

“关系？还不是朋友的关系，感情倒真是有些特殊，趁着她还没有来，我就不嫌噜苏地说一说我们认识的经过吧。”

是六年前的一个冬天，我们在东京同学，第一次见到她，穿着一件日本式的浅蓝绸子的西装，脸上敷着一层薄薄的粉，娇小玲珑，的确令人可爱。

“李样是韩国人，一个富有革命思想的新女性。”

在走向教室的过道中，陈女士附在我的耳边这样悄悄地给我介绍。

她和我坐右一排，两人共享一本书她的态度是那么庄重，一双眼除了看着黑板抄笔记外，从不左顾右盼的，对于中国人，她特别感到亲切，因此我们便一见如故，只是她不大喜爱说话，而且除非是万不得已她才说日本话，其它要靠用英语，她很留心听讲，但有时眼睛虽然看着书本，心里似乎在想着一件什么痛心的事，常常不知不觉地叹息起来。

是一个我永远不能忘的日子，第一次看到日本人侮辱女性，那天因为陈女士没有去，全班中就只有我和李君是女生。这天她穿的是一件墨青色的长绸西装，领上结一个淡青的豆花结，头发从正中分开批在两边，额前垂着一轮两寸宽的刘海，完全像个十五六岁的小姑娘那么可爱。

上课铃摇过之后，过道上拥挤着无数穿黑制服的人群，他们像浪潮似的向前滚着，有些轻薄儿如果看到有女人夹在中间，就直意乱撞，或者跌一跤，以引起全体的嘻笑或咒骂的愉快。

“美丽呀！我的乖乖！”

突然从小李的身边，发出这么轻佻的怪声，同时一只粗大的手，在小李的右脸上重重地抓上一把，随即那家伙哈哈大笑着挤上前去了。

我气的周身发抖，好像自己受到那种侮辱似的，我用日语大声地骂了一句“混蛋”，立刻那个扭小李的家伙，连忙回转身来将袖子往上面一拉，□着要打人的姿势，幸而另一位把他拉住了，这时一切人的目光都集中在我身上。

“为什么不抓住那个混蛋打他一顿？”

我一时忘记了她是韩国人，对她说起中国话来，她低下头来默默地走着，没有回答我，只紧紧地握住我的手，似乎暗示我这不是说话的地方。

进了教室，只听到叽里呱啦的谈话声，什么支那女人了不起哪，韩国姑娘好玩哪……一类的无聊话。我心里充满了愤怒。我想他能侮辱小李，难道不敢侮辱我吗？

自然这一点钟半句也没有听进耳去，只是呆呆地望着小李，我发现她的眼里有晶莹的泪珠在游泳，生怕她流了出来表示着女人的弱点。

“不要流泪，放勇敢些！”

我在纸上写了这两句话给她，她点了点头，很从容地写着笔记。

“刚才你为什么不刮那个混蛋的耳光，他这么侮辱你！”

下了课，走进休息室，我劈头一句就这么问她。

“不能！”她摇了摇头。

“为什么？”

“因为我是韩国人。”

呵，韩国人，这是多么使中国人听了警惕的三个字！因为亡了国，所以失掉了一切自由，任日本人如何侮辱也不敢反抗，我们的东北现在不是和韩国一样吗？想起在敌人铁蹄下受苦的同胞，我的心更悲愤了。

上完了课，小李送他[我]去搭车，正是散学的时候，路上的学生特别多，他们仍旧低下头来默默地走着，只在将到车站的一刹那，她告诉我写了一部小说和两本诗，那是记载她受的一切压迫和侮辱的，希望我替她看看。

“你明天可以带到学校去吗？”我问她。

“不能，这些东西绝对不能让日本人看到的，你还是那天去我家里看吧！”

“今天就去好吗？”

“不，对不起，为弟弟上学的事我还要去找两个朋友，改天再约你吧。”

在黄昏里，我们各自含着满腔的愤怒回去了。

一个月以后，青年会的楼上，小陈突然告诉我一个消息：“李梓要回国去了，约我们今天开饭后去她那里谈谈，她此刻就在我那儿候着。”

我便从头上突然泼下一盆冷水似的怔了一下。

“你知道她为什么突然要回国吗？”

“不知道，她像有什么难言之隐似的，一提到回去，她就低下头来不做声了。”

在小陈家吃了晚饭，已经是七点半钟了，我们五个人（有两个男同学）踏着朦胧的月色，向□田桥附近小李的家走去。

十二月的北风是刺骨的，每个人都用外套紧紧地裹着身子，把头缩在大衣领里，只有小李仍然穿着她那件秋天穿的灰色大衣。

“李样你冷吗？”陈女士问她。

“不冷，我常常都是热的。”

我常常都是热的，这是一句多么含有深长意味的句子。

她住的地方是一间六叠席的小房子，桌上摆满了乱七八糟的物件，书架上被不整齐的破旧了的社会科学和文艺方面的书堆满了，无意中我看到一部原稿，顺手拉过来一翻就看到这样的句子：

风，你凄厉的风呀，
尽管你怎样吹，
也吹不了我沸腾的血，
炽热的心！

我正在叫着好呀好呀的时候，她端了四杯咖啡进来了，我们问她为什么突然要回去，她只轻轻地回答我们：

“因为家里有点事，需要我回去看看。”

“几时再来呢？”

“不知道，也许永远不来了！”

大家默默地喝着咖啡，我心里非常难受，房子的中央虽然放着有火钵，可是连一丝暖意也没有，每个冻冷了的身子，都因为这杯滚热的咖啡而增高了周身的热度。

“我的祖国是亡了，诸位都知道的，为什么中国的土地这么大，物产这么丰富，民众这么多，武力这么充足，东北四省却被他轻轻地占去而不和他一拼呢？”

小李突然严肃地提出这个问题来。

“不是不和他拼，而是没有到拼的时候。”我抢着先回答了。

“难道你们都能忍受吗？”

“当然不能，但是和他拼，也得先有个准备才好！”

“韩国虽然亡了，但我们时时刻刻都在谋复兴，时时刻刻都有记着复仇雪耻，我相信中国决不会屈服的，他会誓死奋斗，消灭日本帝国主义者，消灭一切压迫中国的敌人。”

说到最后，小李的声音忽然由慷慨而凄咽起来，她流泪了！我是第一个被她的泪所感动的，小陈也在用手帕擦眼泪，两个男同学都涨红了脸，四只眼里，发出愤怒可怕的眼光，我们都被她的泪和她那激昂慷慨的声音所激动了！谁不热爱着自己的祖国呢？除非他是丧心病狂的汉奸。

“中国决不会屈服，希望韩国的革命志士和我们联合起来消灭共同的敌人，恢复国家的独立，争取永久的自由平等。”

刘君大声地说着，小李含着泪微笑了。

正在这时，一阵下□声自远而近，两个男子轻微地说着话走进隔壁的房子里去了。小李忙用手摇了几下，要我们再不继续方才的话题，她迅速地擦干了眼泪，两条视线直注视着障子门，生怕有什么人会突然冲进来似的。

大家都在替她担心着，一个韩国的独身少女，孤零零地住在这里，已经够惹他们注意的了，何况再加上几位中国人在这里谈话，难道不更使他们怀疑吗？如果刚才进来的是侦探的话，他一定以为我们在这里开什么秘密会议，那么小李明天还有回国的希望吗？

“时间不早了，李样该清理清理东西，我们就这样告别了吧？”

刘君的提议，大家都赞成了，但我为了和小李有着很深的友谊，所以走到大街上买了些点心又回来了。

两个穿着和服的男人从小李的房间里出来，脸上充满了丑恶的狞笑。

——糟糕，小李一定又被污辱了！我心里想着，急急地推开了障子门，只见她两只充满了血光的眼睛紧紧地向前望着，她的手握着拳头，像要和谁拼命似的。

“刚才进你屋里的是什么人？”我很关心地问。

“不要问，你早点回去吧。”她指着隔壁命令式的口吻说。

“明天你走得成吗？”

“一定走的。”

她送我到门口，什么话也没有说，我痴痴地望着她，很久由她那颤动着的嘴唇里，仅仅发出来“奋斗吧，好友！”的声音。

……

足足有一个月没有得到小李的消息，突然有一天我下了课回来，“樱之家”的女管理人交给我一封厚厚的信和一张照片，我连忙说了好几声谢谢，对方却没有笑容。

“谢样也有韩国的朋友吗?”

她斜着眼带着不自然的微笑问我。

“什么?”我故意装作不懂的反问了一声。

“信——是——由韩国——寄来的,”她特地放大了嗓子,一个字一个字的念下去。

我仍然装做不懂的走了回来,一进门先打开照片来看,啊!原来是小李的,她比一个月以前消瘦多了,我很奇怪她为什么要穿着和服照相,从她的脸上再也找不出一丝的笑容,两只眼睛是那么凶恶,睁开得像桂圆那样地圆,身子略向左边斜着,右手拿了一把折好了的长柄扇子,手是那么握得紧,像一个正在向敌扫射的兵士握着他的枪柄一般,我越看越觉得她的脸上充满了一种森严令人可畏的杀气。

我再打开她的信来看,字迹是这样潦草,看第一遍时只能了解二分之一,我一连仔细地看了三遍,才知道他在家过着非常苦痛的日子,信是这样写的:

亲爱的朋友:

我已于三星期前回到了家里,我知道我走了以后你一定感到不安的;因为我没有告诉你我究竟为什么突然回国;而且我的家庭状况也没有和你谈过,唉!在那样不自由的环境里,我们还能说什么呢?

朋友,现在我简单地告诉你吧!说来很痛心,我这次是为了和一个已不愿意嫁的人结婚才回来的,你不知道我的痛苦,我也不愿意告诉你,我的父亲在十年前便患肺病死在狱中了,母亲今年四十三岁,她也害着肺病,今天活着保不了明天。我还有两个弟弟,大的十五岁,小的十二岁,大的随着我进中学,因为缴不起学费,他在前个月就辍学回家了。那个未婚夫是一个绅士的儿子,他的思想简直与我相反的,我的母亲一方面是因为没有钱,一方面也受不了那位绅士的压迫,终于把她惟一的爱女出卖了。结婚之后,他允许供给两个弟弟的学费,但是我的一生便这样断送了!朋友,你不要替我难过吧!我决不会屈服,总有那么一天,你会得着一个奇异的消息,不是我杀人,便是人杀我,如果光只看我的外表,总以为我是个弱者,其实,内心里何尝不是充满了热血和勇气呢?

动身离开了东京的那天早晨,我特地跑到陈样那里,托她转送给你一个韩国姑娘,虽然这是用泥制的美术品,但我相信你一看见她就会想到我的。现在又寄上一张近照,请你留作纪念,此后我们恐怕连通信的机会也没有了，但在精神上永远是团结一致的，也许有那么一天，我们会在求自由的火线上相见。

朋友，珍重吧，请你不要为我难过，我始终要奋斗到低的！

…………

我一口气说到这里，他们都听入了神，炉子里的火早熄灭了也没有人注意加炭。

“信写得多么有力，后来呢!?”

阿丽问我。

“后来再也得不着她的消息了，几个常和她接近的中国朋友，□□挂念她想和她通信，但她的来信并没有写通信处，只好干着急。我有时想念她时，就看看那个摆在桌上的韩国姑娘，谁知后来我搬到目黑大岛公寓去住时，我忽然被捕，这玩意和她的相片信件通通被警察搜出没收了，我们就这样隔绝了六年，没想到今天会在这里遇到。”

刚说到这里，外面有轻轻的敲门声，原来是李君来了，我们不约而同地拍起掌来欢迎她，弄得她莫名其妙。我急欲需要知道她这六年来的生活，也许因了有两位生人在座的缘故，她只简单地告诉了我。

“回国以后，我和那个绅士的儿子结婚了，他是一个出卖祖国的叛徒，和日本人弄的很好，你想我怎么能和他生活在一起呢？不到半年，就和他脱离了。但是一个亡国奴是失掉了一切自由的人，我的结婚离婚都要受日本人的限制，要得到他们的许可才能行事，因此实际上我是和他分居了，但名义上还是他的妻子。我什么事也不能做，除了料理家事而外。母亲在我婚后的第一年就逝世了，两个弟弟很有志向，他们决不依赖那个仅仅只是名义上的姊夫，他们都愿跟我逃到中国来谋出路。”

“卢沟桥事变以后，我们知道中国政府决心和日本抗战了，真是高兴得发狂，我下决心要来到中国参加抗战，我相信韩国的青年只有参加中国的抗战，才能很快地把日本帝国主义者消灭，才能很快地复兴我们的国家。因此前年的冬天，我费尽了气力，冒着危险把两个弟弟都带到中国来了。现在他俩在×战区韩国青年战地服务队工作，我是去年才来到×战区的，已经在前线作了将近一年的工作了，×同志，真痛快呀！我们真的在火线上见面了！”

说到这里她欢喜得真的流泪了，我因为兴奋过度，反而说不出话来，接着她又说：

“那年你在日本坐牢的消息，我在报上看到了，想要写信来问候你，又怕增加你的麻烦。在东京，我们实在太痛苦了，连说话的机会都没有，那两次我受日本人的欺负，你为我那么抱不平，其实那一点点侮辱算得什么，你还没有看到我在韩国受鬼子的侮辱是多少厉害呀！现在好了，一来到中国，就呼吸到新鲜的自由的空气，中国的弟兄和我们站在一条战线上，打击共同的敌人，你想我是多么高兴！在前方，我遇着好几次的危险，有一次腿部受了伤，但一星期之后就医好了，女俘虏里面，常常会遇到韩国的姊妹，她们都是被日本人压迫来当营妓的，过的是惨无人道的生活，真是可恨极了！但一到了我们这里，经过我们的宣传和训练，一个个都成了反日的战士，因此我们近来的工作越来越有成绩，也越做越起劲了！”

我们足足地谈了两个多钟头，为了我明早五点半钟的时候就要动身赴南阳，她也因为还要忙着回去写一篇通信稿，我俩就这样匆匆地告别了。

“在前方我的生活是流动的，恐怕不容易接到你的信，我们都把友情记在心里吧，下一次见面，也许是在庆祝中国抗战胜利的场合中。”

“好的，谢谢你的预言，中国的抗战胜利，也就是韩国的革命成功，将来我还想去你们贵国游历呢。”

“欢迎，欢迎！”她像小燕子似的飞走了，我们三个人送到门口，阿丽望着她的背影很感动地说道：

“好一个勇敢的韩国女战士！”

二十九年一月于西安

［原载于《精神动员》（重庆）第4期，1941年］

哈桑湖畔

[苏联]莫什梁克
礼长林 译

司令部里

一九三八年七月二十四日，是一个休假的日子。我起身很晚，恰好在九点钟的时候，才坐下来吃早饭。我一边喝着茶，一边自己仍然在瞧着床铺：是不是再稍微睡一会儿呢？

忽然间，靴子的声音，在台阶上响了起来。敲了一下门。就跑进来一个传令兵——气喘喘的，呼吸几乎都很难以镇定下来。他说：

“中尉同志，请你到司令部里去哩。”

自然啦，我的茶还没有喝完，就摆在那里。

沿着去司令部里去的道路上，在脑海里我来回的盘算：为着什么差事招呼我呢？今天似乎没有什么特别重要的事情似的。费了很长的时间，我都没有想出来究竟是怎末回事。在司令部里，我看见——团指挥官邵列诺夫同志，和党代表邦达林克，正在地图上面坐着，在那里计划什么。

团指挥官提高了喉咙，说道：

“请坐。你把情形认识一下吧。日本人在哈桑湖一带，集结了很大的兵力。很有可能会侵犯到国界上来的。我打算派遣一团人到那儿去。要你做党部书记的，必须跟战土[士]们一起去。就去集合吧！”

“是！”我回答。

但，为什么集合呢？在这儿，我们大家是常常在集合着的。我把换洗的内衣，刮脸刀，肥皂，被子，都装到皮箱里，穿上了制服外套——准备出发了。

我们出发，是必定在晚上的时候。还有几个钟头的工夫。我跟共产党员们，和共产主义青年团员们谈话，告诉战士们，这该是多末光荣的任务，肩负在我们这个部队的身上呵。

情势是十分紧张了的。无限电广播，每天都给我们带来关于如何浓厚的战云笼照着欧洲的消息。法西斯的德国，在捷克斯拉夫的边境上，集合了他的军队。

日本就决定利用这个一个机会。在他们的计算，却是太简单了……在这种阴谋下，就可以占领一小块苏联的土地。

我们沿海滨省的人们，却说得真是不错："西方呼喊——在远东就响应。"

这真是巧妙的算盘，武士道[武士道——某些时把日本的贵族阶级人们曾这样称呼过的。]们就是这样的详细计算过了。过了几天之后，我们拭目以待，看看事情究竟怎样地演变着。

途中

带着帆布篷的载重汽车，开到兵营跟前。红军士兵们迅速地在布篷的板凳上坐好了，于是汽车就开了出去，给下一部汽车让开地方。我细细审视战士们和指挥员们的面孔——它们都是非常安静的，沉着的，而且十分年青的。"像这样的人们，"我自己暗自思索，"世界上就没有谁可以吓住他们，压倒他们的。"

恰好在团指挥官命令所指定的时间我们的，纵队，向前进的道路中开动了，房屋闪着光辉；街道很快地走完了，于是我们走了出来，到在田野里了。

我真喜爱我们的土地呵！不很高的邱[丘]陵——山岗——密茂地长满了橡树林子，沿着山脚下，沿着低低的洼地，和草地、道路横穿着过去，有许多地方的青草，都是像这儿一样的，高个子的人撵进去都看不见，当着一切都很平静的时候，就能够听到好像很远的地方响着声音，那就是海洋在喧闹着呀。不是吗，这个喧闹在逐渐逐渐地接近着，汽车的摩托声音，已经开始不能掩住它的喧闹的声音了。果然，在快近黄昏的时候，就在道路转湾[弯]处的外面，突然开朗出一个黑暗的海洋的旷野来。波浪猛掷到岩石的海岸上，于是就成了白色的泡沫，又退荡了回去……卡瓦沙克——后面带有发动机的大木船，已经在港渡湾里等候了我们。它们平稳地漂浮着，但是却载浮起三四十个人。这原来是些渔船，在这些船上，可以在大海里捕鱼的。

我们，和所有的一切用具都装到船上了，跟着就出发了。走了不少的海程，以后就拢到岸上，又改用步行。

这是一个十分艰苦的行军。道路非常的坏——有时在山中，有时在山下，有时涉渡着水塘子。蚊子真凶极了——它往鼻子里撵，往嘴着撵，往耳朵里撵。但是，我们走的很快，却没有任何一个人对于道路发一句怨言，连在脑子里想一下都没有。

这是一条向哈桑湖去的，另外的一条道路——是一条非常捷径的，简直的道路。可是，这一条道路，从各方面都是开扩了出来，日本人很能够看见我们的。然而，在军事方面，成功就是靠着出其不意的呢。敌人不应该知道我们在那里，以及我们究竟有多大的力量。

战士们一边走着，一边擦着汗，他们自言自语道：

“没有关系，日本人会一个个还回我们这一个行军的代价的。”

他们好像半耳语似地，轻声说着。因为喧嚣的缘故，都没有留神到：国界就在跟旁了。

指挥官忽然扬起手来，说道：

“站住！”

我们来到了。

在哈桑湖旁

到达哈桑湖的面前，还有几公里的距离。但是，这在从前的时候，是不应该到这儿来的。现在我们所停止下来的地方，——在山角下的旁边，一片很大的开扩空地，——密茂地生长着有一人多高的艾草。

应该伪装起来：这是第一个的任务。可是，又是马匹，又是枪支，又是我们这一些人，——所有这一切，在这个空旷旷的土地上，你该怎样去隐匿着呢?!

但我们总是想出办法了。我们拿了一条很长的绳子。把它缠绕在青草上，就像编篱笆似的把它编起来。在这些篱笆的上面，再拉长一条绳子，离地有三公尺多高的距离，也在它的上面悬吊了一些青草。于是，就成为草帘子的样子了。若在近处看它的话，还可以看得出来，可是若离得百步之外的话——无论如何你都不会想到，这青草不是生长在草地上的，而是站着一堵小墙，而是遮住着一个整个的军事小部队呢。

于是，我们开始了习惯的露营生活了。

每个人自己都在日常的秩序生活中过活：洗刷，清洁，一次一次地检查武器——这是不是为的在战斗中，怕步枪不灵活，是不是怕机关枪不好使用呢。不是的，红军的步枪和机关枪，经常是清洁，经常是擦油的，在任何的一分钟时间里，它们都在准备着战斗的。

张开了低低的行军帐。厨子把自己的厨房安设在小土岗的后面，为的使炊烟不会让人看见。

在一定的时间内，进行了学习作业，研究党的历史，晚上的时候，举行党的与青共[①]的晚会。

从各方面来检阅在露营中的日常部队。而特别是在这一个事情上——在周围的土岗上，经常当值着加强战斗的警戒。

在露营的四周，都布置起来巡察的。白天，是不能沿着开扩地通行的。在青草里，做成了小径，沿着小径战士们湾曲地，小心翼翼地，秘密通过着，以便不要把自己的身体任何什么露出来。

离开我们这里几公里的地方内，布置了国境监视哨兵，是在保卫外湖山的，日本武士道们对于这一个外湖山，已经垂涎很久了。

必须给你解释一下，哈桑湖是占着怎样的地位，而且在哈桑湖上，我们的外湖山对于日本人是如何地需要。

苏维埃土地最后的一公里，是延到泡西也特港口旁边，沿着太平洋岸很狭小的地带，在这儿——交错了三个国界的焦点：苏联，朝鲜，与“满洲”。日本人已经很久就把高丽占领了，在“满洲”的地方，他们也是十足的主人。哈桑湖就是沿着在我们很狭长的地带的领土上的国界，所延长出来的。

假如把脸朝向湖的那一方向，那你就会看见，在相对的方面上，就有上面满是生长着细小的橡树林外湖山的斜坡了，沿着外湖山的分水岭，就是通过一个国界线的。稍往外湖山左边一点，在我们这一方面——还有另一个比较小一点的小山。

去到湖的那一方面，到那些山的跟前——则不是一件容易的事情。假如从右边绕着湖走的话，那末，在湖的和国界的边界中间，必须要经过一块是二百米突宽的土地狭小的地带。这一条道路，对于日本监视者完完全全是开扩了的——一切都是了如指掌般地看得清清楚楚。

你若是从左边走去——仍然是很困难的。在这里，在海岸边和国界的中间，总共才有一百五十米突。所有这一些地方——都是在池塘里，在溪谷里，都是密茂地生长了带刺的灌木树林，和一些粗硬的水草。因此，在这儿，只能沿着隐藏过来的小路前进，这些小路是隐藏在丛草里，隐藏在小山的山脚旁边，从那里长出来到湖后，敌人是注意不到的。

日本将军们说道，我们的军队输送到湖的那方面去，以便从占领者手里保护外湖山，和无名山，这对于我们，是非常困难的。

可是，对于日本人，外湖山——则是一块很好吃的肥肉。从这一个山的山顶上，我们这方面所有的一切情形，都可以看得见的。假如在山顶上若安起来

---

① 青共就是共产主义青年团的简称。——译者著

一些大炮，在炮火的轰击下，那就很能够夺取一大块苏维埃的领土的。为了这个原故，日本人很愿意占领整个的全山。

不是吗，日本人果然就是这样计划的哩。所以，我们才把露营设在这里，距离外湖山有几公里的地方，沿着哈桑湖这一方面，——派遣出不很大的红军队伍前进，以便在必需的时间内，在第一次出袭敌人的时候，然后给予一个很大的打击。

十一个英雄

几天来，都是在紧张的期待中过去了。无论是大声说话，无论是多余的行动，都是不准许的。依次换班睡觉，不能够从露营里走了出来。敌人并没有怀疑出我们在这儿这回事。我们等待着。

在这些时日当中，有许多年青的红军士兵们，都请求加入到青共团里去。战士们深深地感觉到，非常的事情就要来临，他们愿意像青共团员们一样地进行着战斗。

巡察队们报告，沿着国界那方面散布着的朝鲜小村落，都好像死绝了一样寂静。接连几天，没有任何人在田野上出现了。这就是说明，日本人把居民们都移光了，很明显地，他们是在准备着军事行动哩。

一直到七月二十九日以前，一切都还是静静无事的。

在这一天，和每天一样，每个人从很早的时候，就起来做自己的事情。用过午饭了。一直到现在，我还记着，厨子煮了酸红萝葡汤，和非常甘美的稀粥。因为没有工夫，就很简单地吃了中饭。在草地上，顺着把帆布展开。在两个膝盖之间夹着小锅儿——吃吧，祝你健康！我们刚刚吃过了，正在喝着茶。忽然，开到一辆乘客的汽车，国界监视兵跳了出来。

"分队指挥员们，都立刻到指挥部里去。"国境军队指挥部就是靠在这附近的。

我们都不去问国界监视兵任何什么情形，只是马上一下就紧张起来了。都感觉到：要开始了。

指挥员离开不久的诗间——经过了四个钟头，他回来了，立刻就命令准备出击。

但是，我们老早就已经准备好了。经过五分钟后，我们离开原地方了。

在路上，指挥官把一切讲说给我们。

在二十九号的夜间，日本人在自己的领土上，集中了国防军队的整个中队。天气非常的昏黑，更加上浓雾低低地降落下来。在我们的地方，像这样的浓雾，在夜间是常常有的，伸手都看不到。不是吗，日本人就是利用了这种天气——把自己的军队，人不知鬼不晓地运输到了国界。

在早上的时候，日本人带着“嘣札伊”[①]喧嚣，越过国界猛扑到我们底无名山上了。

在当时，在山上巡视的，有十一个苏维埃国界监视者，十一个英雄站立着。但是，日本人是二百五十个人，然而，这却并没有吓倒了我们的战士们。他们用手榴弹开始猛投向敌人，用步枪还击他们。

日本人迫近了，一切都要快接近了。已经再也不可能射击了。于是开始了白刃战。我们的战士们用刺刀和枪靶冲锋。仅只是在我们国境哨兵之中有五个人死去了的时候，而我们其余剩下的六个人是受伤了，日本人才算暂时地徐徐把无名山占领了。

在无名山上，小战斗几乎随处都在展开了，我们的边防部队在一瞬的时间内，马上把增援部队派到那里，而且此外，还招呼了我们出来。

得必须通过几公里的道路的。战士们背枪疾走，——而我呢，骑在马背上，才仅只追过了他们的一点点而已。但是，当我们到达无名山前面的时候，一切都已经结束。边防军还是在很早以前，就是用手榴弹和刺刀把侵略者们完全打跑了。

在山坡上，我看见许多死亡了的日本人中间的一个，很蠢笨的士兵长靴，被抛置在他的肩旁，但是在他的脚上——却穿着轻快的便鞋，为的是要便于逃跑。

便鞋并没有拯救了日本武士道——他并没有逃脱了呵。

像这种情形，对于每一个拿着枪进步到苏联国土上的人，都全见这样的。

国界

现在，我们站在苏联自己底国界上了。

假如一个人第一次来到这里的话，他向四周围看一看，用手划分一下：“国界在那儿呢？”——那是一点都不能看得出来的。

七年以前，我沿着到远东的途程中，很想自己到国界那里去一下。我这样推想：广延着带到的铁丝网，竖起标帜国界的柱子，日本的宪兵沿着国界上站立着，差不多是列队似的严阵以待。

来到了一看——任何什么都没有：不管是柱子，不管是铁丝网，不管是宪

① “嘣扎伊”，为日本话的译音，即是万岁的意思。——译者注

兵。和平常一样的土地，一样的青草，一样的溪流，一样山岗，一样的丛林。可是国界——只有在指挥官那里的野战背包，那一个地图上，才被划分出来清清楚楚的线条儿。但是，可爱的国界哨兵，却能很正确地指示给你，国界它是在那里通过着……不是吗，沿着这一个小丘，沿着那一小堆丛草，然后在那条小河流中间，一直到转湾的地方，再往前面——沿着那巨大的很硬石块的那一面，一直到有两公尺的地方，靠近了一个被春天的暴雨所冲洗干净的峡谷。

于是，走出来，在地图上的这一条线，比石头的墙还要坚固。无论是人，无论是野兽，都不能够随便地越过的。难道鸟儿飞过去都不行吗，但就连那也不是常有的事呢。

从一九三四年，我才晓得哈桑湖这一带地方，我熟习每一块很小的地方。朝着那边我四下里一看：不是吗，就在日本的那一方面，图们——乌拉大江在奔流着；再往前，就又是平原，小森林。

很远的地方，在地平线上隐约着铁路的影子。四下里连一个活的日本人都看不到——他们已经藏到那里去了，真是一片死寂。在从前安静的时候，你常会看见：破衣褴褛的高丽人在玉蜀黍的田野里工作着，用木犁耕地。有时候，是用牛拉着耕犁，而常常又用人们自己去拉着。地主拿着鞭子走来走去；农民们稍微有走喘息的工夫，地主就照着他脊背上打去……

像这样的图画，我们从前的时候常常地看到。可是现在在这儿，连一个人影子也看不见。四下里非常死寂，很寂静。这是长久的吗？

在国界上的寂静——那是很可怀疑的东西呵。我们配置起秘密（我们这里，把伪装了的监视步哨这样的称呼着）并且在山坡上隐藏起来了。我们都不睡觉。来福枪，机关枪，都装上了子弹，我们都是手不离武器。天晚了。星光在天空里闪露出来，漆黑的夜笼罩了小山岗。十分寂静。但是，快到早晨的时候，浓重的乳样的雾气低压下来了。我们躺着。潮湿的寒气侵袭着战士们，都在打盹儿。但是，却没有一个人合上了眼睛。都在期待着哩！——在每一分钟，日本人都很有可能在浓雾的掩护下，再冲锋过来。在秘密的隐藏里，是不能够谈话的。但是，我很知道，我的同志们，在这个失眠的疲惫的深夜里，他们是在想什么的。不论从我自己私自见地的，不论从愁目不展的，彷彿化石一般的躺在我并排的战士们底面孔，不论是从有时候，在他们间的轻轻低语，从他们的咬着牙齿的嘴里冒出来："就会撵，妈的，混蛋，……"

他们心想，应该怎样去出迎和消灭无耻的敌人。他们心想，广延在我们身后的可爱的祖国，我们应该是很光荣地保卫着她。他们心想伟大的领袖——极可敬爱的斯大林——并且他们也深深感觉到，在这些时刻里，他也在想念着我们哩。

雾气开始稀薄起来了，在冰冷的枪口上，也着了露水了。天光发亮了。巨大的，薄蔷薇色的一轮红日，开始出现在密藏小树林上了。

所以，在这一个夜里，日本武士道们并没有撵到我们这里来。很明显地，由于极少数的国防士兵，就把他们弄成疲倦了；他们没有一下子恢复了元气。

我们一步都不能离开小山的。整天地在那里值班了。又是到晚上的时候了。在这一次，雾气是非常浓重的。从湖的那边，以及从河的那面，它几乎盖到这一个山顶了。天色越发黑起来了。过了一小时，两小时，三小时……

突然地——枪声响起来了。

四次冲锋

我是选拔狙击兵，是选拔狙击兵指挥的司令官，我训练了不少的上等的狙击射击手。在选拔狙击兵的事情里，不仅只是眼睛和手是极重要的事情。就是那一个选拔狙击兵要完成了自己的任务，同时自己还要保持着安全无恙，他有钢铁一般的神经。就拿我来说吧，我就能够的，这不是夸口，告诉你说，我是一个十分的沉着的人呢。

但，在这里，我险些儿要离开了原来的地方！——端着枪猛迎过去，看是谁在那里射击。终于，我又免[勉]强镇静下来了。

在第一声枪响以后，跟着就是第二声，第三声，第四声。以后，——哒哒哒地，就好像裁缝机针来回的嗒嗒地响了起来：是机关枪在放排枪了。

我们已经听到了这个，但很安静。一下子就停止住了，这究竟是怎么回事呢：日本人，满心打算我们也用射击来回答他们，并且用小炮的火力射击我们的阵地。

日本人的挑衅，并没有成功。从我们这方面，没有一颗子弹还射了回去。

在当时，他们就决定像炸狱似的突进了。

我们远远地听到了野蛮的怪叫，和顿脚的声音。我们躺着，默不做声。顿脚的声音接近了，能够听出日本人的吼叫：“嘣扎依！”的怪声了。

我们让他们走进很近的距离上。在这儿，我们的指挥官就放出了发光的火箭。火箭向上飞升的很高，就好像很小的小星儿一样，然后迸燃开来，慢慢地从上面降落下来，照耀在广阔的天空里。于是，就发出了命令：

“开火！”不是吗，就是在那个时刻里，苏维埃的步枪，用排枪射击起来了。在选定的目标上，正确地命中了。死了的日本人从山坡上滚了下去，但是活着的，却仍然向前爬进……

他们并没有爬了多久的时间。

日本人不堪忍受我们的火力，退却下去了。

我们还在躺着，在等待着。我们看见——满坑满谷的敌人来了。这一次却不是边防的武士道队伍，这是正规部队了，携带着大量的机关枪和步枪的武装。跟在道路后面的，他们还有炮兵连在移动着。

我们晓道，日本人是回来了。

实际上，经过了廿分钟，野蛮的吼声“嘣扎依！”的怪声又传送出来了。

那里的“嘣扎依”是向那儿去呢？这不但不是向前——而且就是连向后，也不能全部退得下去的。我们的战士们用步枪和机关枪，来打击侵略者们，他们毫无畏惧地，容许敌人逐渐接近，然后给他们一个顽强地打击。

青共团员巴布斯金，带领他所有的轻机关枪吼起来了。一排一排的扫射着，用手指钩动着机关枪：“唔——唔，一个都别放跑了呀！”——于是，又去瞄准。事实上，在巴布斯金手里的机关枪发射出来的，一个都没有放过，日本人横躺竖卧地倒下了。这个毫无畏惧的机关枪手曾有两次受了伤，但是他并没有离开阵地。仅只是在日本的手榴弹爆炸在他的身旁时，被破片所击伤了的巴布斯金才带着他的武器忍痛得离开了。

击退了第二次冲锋。很快地，日本人在第三次冲锋中，又猛扑到我们的小山上。他们的人真多，——比我们，足有五六倍之多。很显然地，日本的将军们，是毫无怜惜地，把自己的士兵拖到炮火里。

经过了很残酷的长时间的撕杀。我们和日本人不仅用步枪和机关枪的火力作战，而且还用刺刀的白刃战。

巴库林少尉率领自己的排进行三次的冲锋，并且把日本人打得向后退下去了：他们不堪忍受白刃战的冲杀——都吓得胆魂俱落。

在第四次冲杀中，巴库林太扑进了敌人的兵队。所以，就是在这儿，他着了敌人的子弹。他胸部受伤了。鲜血急流如涌，把他放在制服口袋里的青共团章，都给浸透了；因为流血过多的缘故，他已经再无力量抬起身来，但是仍然不愿意离开阵地。

政治指导员道勒高夫中尉带领自己的连去冲锋，喊杀声音震动天地：

“斯大林万岁！祖国万岁！”

“斯大林万岁！”在小山上面，像雷鸣似地也吼了起来，那好像新的力量，感奋了大家。我们猛烈地冲杀——敌人又被打退了。

显而易见地，日本的统帅部决定无论如何要占领我们的小山的。第四次冲锋又开始了。数千的日本部队，向外湖山和无名山推进。结果，是每一个红军战士，挡着数十个日本人。我们的统帅部，命令退开近傍的高地，以便给战士们继续休息的时间，而且等待我们主力的到来。

日本人用了重大的代价，算是心满意足地，才在外湖山的高地上，只踏上不多的地方。他们被打死的，却损失了巨量的士兵。

日本人非常喜欢以其“武士道的”大无畏的精神来自傲的。但就在同一日的夜间，我才知道，从那里才把它拿到。在死了的日本人的腰上，悬挂着背壶。我拿起了一个，拧开闻了一下——“武士道魂”却真冲刺我的鼻子呵。

那原来就是烧酒哩。

醉薰薰的日本人走上了战场冲锋。所以，他们才这样地高声喊叫。但是，这是非常明显的，烧酒总还是不能给他们增加勇气的呀。

在机关枪阵地山上

日本人在外湖山上，和无名山上，开始布置起来了。在一座一座的灌木丛后边，都安置了机关枪，在每一块低地里，都是武器。掘成了散兵壕，用带刺的铁丝网把四周围都连锁了起来。而且在近傍的小山上，沿着国界的那一方面，也装设起了机关枪。

瞧吧——这简直是建立起来了难以攻克的堡垒了，无论怎样，你都不能攻克它的呀！

日本的整个的地势，都是占有了向下射击的地形。他们的每一个炮台，都是按着一定的地方射击的，所以不论在那里，都是不可能接近它的。

就在那一个时候，开来了援助我们的新的部队。带来命令：八月二号反攻。

在二号的夜间，团指挥官把我们招呼到他那里去。

“莫什梁克同志，你是熟悉这地形的。你带去一分队，派出去斥候。应该侦察道路，应该知道敌人的火力点①所在地”。

我们走去侦察去了。排指挥官斯威力金克和我走在前面，战士们跟在我们的身后。我们不仅携带了步枪，手榴弹，而且还携带了重机关枪。

夜，是明亮的，是有月亮的。顺着开扩地走，是不能够的——因为怕他们瞧见。我们绕了一湖又一湖，一直渡过湖水，渡过岸边的水塘子。我虽然把靴子脱落了，而别人把靴子陷进去，泥泞还没了膝盖。

我们到在指挥官新指定的地方跟前了。我们隐蔽了起来，向四下里看后，

---

① 火力点，即炮兵连，机关枪的或者选拔狙击兵的机关枪巢。——译者注

派人去报告给指挥官。所有剩下的分队人们，都迅速地跟在我们的后面向前移动。到夜间的时候，开始宿营了。用马运来晚餐。

多半我是愿意在白天睡觉的。最近以来，有三昼夜，眼睛合了一小时的工夫，才只有两三次，而白天就更不多了，白天多半是在战斗中间偶然有一个小休息的时间而已。但是，现在，却连做梦想一下都不能了。我对战士们说道："你们还记得'夏伯阳'的电影吧？在那里，也是派一些人们去做秘密工作，可是他们却睡起来了。该记得吧，它结果是怎么样？"一切的情景真的就在我的眼睛里浮现着。

一直到早上，一切都是非常的平静。

天快黎明的时候，团指挥官发出了命令：准备向机关枪阵地的小山上进攻。

这个名称，是我们在战斗的时候，就已经把这座小山这样的称呼了。这座小山，连续不断地安置了日本的机关枪。当它们所有的机关枪一下子一齐开始射击的时候，那就好像小山在动起来似的。

因为要从左方面去进取外湖山的话，是必须首先得压制住这些机关枪的。

日本人很想顽狡猾，很想在那一个时间促成我们跟他们在七月卅一号夜间，即做成了接近地引诱，并且做成了直接的射击。当我们已经到达离机关枪阵地山四百米达[远]的时候，他们开火了。但是，显见地，这并不是徒然地，我们的战士们和指挥员们都经过在红军队伍的战斗的训练。所有的日本的子弹都从旁边飞过去了。你愿意知道，那是因为什么吗？

我们占据了机关枪阵地山对面不大的高地。在我们和机关枪阵地山之间，是一个深深的凹地。为的是要开始反攻，必须要集中我们的力量到这一个凹地里。

在我们的高地上，我们安设起来机关枪，并且开始攻击日本的机关枪巢。日本人被迫也用火力还给我们的机关枪。可是，我们就在同时，在凹地里集结了我们的队伍，聚拢了以便攻击的力量。我们很安全，所以子弹都很高地在我们的头顶上飞过去了：日本人不得不把注意力集中到占领在高地上我们的机关枪的。

团指挥官颁发了在进攻前的最后的命令。管理伙食的人，雷斯考夫老头儿，忽然走来见团指挥官。

"少校同志，请您允许，让我也去参加战争去吧。"

雷斯考夫要去参加战斗，这并不是他的职责，他的事情乃是给人们做饭的，但是，像这样的请求，又怎能够拒绝呢？指挥官允许了。我们的雷斯考夫拿起了轻机关枪,给自己选了一个助手,这个助手给他拿着原圜,于是跟我们一道走了。

我不记得,是谁第一个喊了起来:

“斯大林万岁! 斯大林宪法万岁”!

所有的战士们都雷声似的响应起这个喊声了。

我们赶忙地沿着山坡爬了上去,一边爬着,一边射击。躺下了,从隐蔽物后面射了出来,于是又重新向前进,武士道们从四面八方的围攻上来。可是最后,我们终扑到日本放置机关枪最坚强的火力点的前面。

当日本人刚一看见的时候,就已经是白刃战开始了,抛掉了武器,奔逃了,从机关枪阵地山上,一溜烟的滚下去了。

应当给武士道们一个公正的判断:赶快地逃跑。当他们疾行奔逃的时候,是很难把他们追住的。但是,我们也并不去跟踪再向前追近他们,我们并不负责追击。我们已经完成我们自己的任务了:机关枪阵地山已经被我们夺回来了。

许多的战士和指挥员们,在夺取机关枪阵地山的战斗中,和我们永别了。

在平静的情形当中,你就不能一下子分别出其一个人的——他究竟是适合于什么事情的人。可是,若在战斗当中,每一个人都能表现出真实的本来面目的。多少深谋远忧的,持事稳重的人们,在这些时刻里,却显露出来了他们的勇敢,刚毅,以及冷静来呵! 假定就拿这个雷斯考夫来说吧。正在战斗的时候,子弹正命中在他的机关枪,机关枪是成为无用的了。他却在刹时间,夺过来一个受伤者手里的一枝步枪,又向前跑去了。

此刻,活现在我记忆中的一切战士们,我连一个也想不起来了,谁曾在敌人面前吓得害怕了,或者谁曾在敌人面前仓皇失措了。

在战斗中的懦怯——这是最危险的事情。胆怯,首先就会死亡的,可能会在极严重的情况中,发生错误的,和危险的——但仍然还是不要害怕的。可是假如不堪自持仓皇失措的话——那一定就会倒下去了。

在团里,大家都非常爱戴的班长扎哈洛夫。他是我们这一部分最优秀的青共团员。他是一个很快乐的很伶俐的青年,是一个壮汉。当我们冲向机关枪阵地山上时,他独自一人从最前面的人扑向前去。在他的腰上和手里,有八个手榴弹,环绕他四周围的日本人,都一直地死向空中去了。

在山顶的旁边,札哈洛夫带着他的一班,冲杀开了一条血路,向前突进。他左右一看,周围全是日本兵,从四面八方迫来。这时,从包围里冲出去,简直是不可能的了。

札哈洛夫不能射击了。在这一瞬间，他命令战士们，彼此用着脊背靠着脊背，隐藏在草地里，用步枪和轻机关枪开起火来。全班用火样的环围，包围了自己。日本人倒下去了，倒下去了——无论怎样，都不能够迫近了他们。札哈洛夫一直支持到我们的援军到了的时候，他才从危险的境地中平安地走了出来。

选拔狙击手

机关枪阵地山，已经被我们占领了。现在，又在开始准备下一次的行动了。

日本人的炮火，从外湖山那方面，照着我们发射了过来。从图们——乌拉江那方面，日本人安设起了重机关枪，严密地伪装了起来。这些机关枪的火力，对于很妥贴地把我们的力量配备在小山上配备，是一个很大的妨害。

“我们此刻对他们保持着沉默”。叶夫多基冒夫这样说道。

他同十个战士拿了四挺机关枪，小心翼翼地把它们放置在灌木林里，在一个很小的高地后面，两挺对向着外湖山上，两挺对着河岸边的机关枪巢。所以，很神秘地就开起火来了，因此不管是日本的大炮，不管是日本的机关枪都跟着平静下来了。当叶夫多基冒夫刚一看见日本的炮兵走进大炮跟前的时候，他就扫射出一排枪。日本人们就跑掉了，都赶快躲藏起来。以后，每次都是这样。因此，大炮就不得不空放着一声不响了——叶夫多基冒夫选拔狙击兵机关枪手，不让任何一个日本士兵接近了大炮。所以我们可以没能特别阻障地，能够从容部署起来了。一直到最后，叶夫多基冒夫的机关枪都显著地帮助了我们的进攻。

在同一天，还有高尔泽也夫和鲁斯基赫两个选拔狙手，也有出奇的表现。他俩都很壮健的孩子，冷静的，有果断的，智慧绝群的两个孩子。

我已经说过，选拔狙击兵应该有怎样的神经。但，这还不够，还得要成为百发百中的射击手。因为选拔狙击兵的任务，不是用群众来影响战斗，不是用小部队来影响战斗，他的作用乃是在于影响一个人，每一个自己的人。比如吧，给选拔狙击兵这样的任务：压制住敌人的火力点。让我们就假设一下，敌人的狙击兵或者机关枪手，或者安置着被隐蔽起的大炮，在某一处冒出来。敌人从这一点透射火力，向外射击着。选拔狙击兵就应该压制住这一个点，使它静默下来。在这种情形下，正在战斗里的时候，就没有时间去询问指挥官，从那儿去开始完成他的任务。这必需要自己去想，而且要很快地想。选拔狙击兵应该学习计算时间，不是几小时，也不是几分钟，而是几秒钟，和几秒钟之几。应该一下子躲藏起来，或者一下子冒出来，这在地面上和在你的精神都没有才行。只能把枪身，从小丛树里，或者从一堆小草的底下，稍微地露了出来。

选拔狙击兵那枝枪——也不是简单的东西。选拔狙击兵看着瞄准表尺——放在枪闩上面的瞄准镜。通过这一个镜子，很远的目标，都可以显示得很近，而且很清楚。

选拔狙击兵的瞄准，应当顾虑风力和风向，还有许多各种各样的情形，这些情形都是影响子弹飞行的，并且应该轻快地打开发射机。

但是，在那几秒钟之内，选拔狙击兵不仅要放一枪，而且要放很多次枪，这几秒钟，对于你在这儿读完射击说明，这是很必需的哩。他打死正在前进中的，奔跑着的，伪装了的敌人，他打死敌人底司令官和哨兵，他专找着敌人坦克车炮塔中的机关枪空缝射击，他专会打死隐藏在地下的有着坚硬工事的敌人选拔狙击兵和机关枪射手。无论怎样的单独行动，都不会把自己的生命牺牲掉的。假如你稍微粗心一点，或者你用力地踏碰着青草，或者你在黄背中从你的枪中闪了一下小火光儿——那末你就会遭受到死亡了。敌人用炮弹向你这儿放来，发射过来如冰雹似的铅丸，那你就会不存在的了。

做选拔狙击兵的人，是一件极危险，但是又十分光荣的事情。但在另外一方面，日本人却已经深深害怕我们的百发百中的高等射击手了哩！

高尔泽也夫和鲁斯基赫——这是我们的“野牛”，这是我们历事老练的，经验丰富的两个战士。他们在我的这个选拔狙击兵队伍里学练过了，已经成为出类拔萃的射击手了。当他们在红军中的服役期满了的时候，他们仍然留在超过兵役的期限上——因为他们不愿意从亲爱的团队里离开。

八月三号的白天，我同他们躺在机关枪阵地小小的山坡上。小的战斗来到了。一个日本的炮火，异常讨厌的扰搅了我们：那尊炮伪装得很好，试探放射过来，真的就发射过来了。

我给自己的选拔狙击兵一个任务：找着炮位，把炮手从炮跟前赶跑。在这儿，就有两位朋友搬起自己的标尺——躺着，都不说话。

一分钟过去了。又在一次以后——放了两枪。经过几秒钟的时间——又放了两枪。再听一听吧——日本的炮声就寂默下来了。

经过了数分钟，我们的选拔狙击兵发见——在距离我们这里到小丛林那里四百米达[远]的地方，像小雁儿似地撵来了六个日本人。很明显地，他们是要绕到我们的后方来的。高尔泽也夫和鲁斯基赫又放了一次枪。我当时就看到，从六个日本人之中倒下来两个——在前头一个，和在后面的一个。剩下的四个日本人，当下都着了慌，不明白危险它是从那儿来的，也不知道从那里跑——是向前呢，或者是向后呢。又放了两枪——第二个和第五个日本人倒下了。可是，经过了一秒钟的工夫，连最后的那两个也都完结了。

每一颗子弹打在每一个敌人的身上——真的选拔狙击兵，是不多余浪费空放一颗子弹的。

选拔狙击兵克留考夫打死了日本人，也并不比这两个“野牛”差些。他在战斗中负了很重的伤，但是他断然拒绝离开阵地到后方去。他给自己绑上了绷带，还去继续射击。从战地走开的，他是最后的一些人们的一个。

日本的选拔狙击兵，可就比我们坏得多了。或者是他们的熟练程度真不够，或者是我们的红色战士们的熟练技术，真是超过了他们——我真是不能说明这种情形。但是，我还记得这样的事情，这是在占领机关枪阵地山之后，过了几天以后所发生的事情。

我们开始要发现日本选拔狙击兵隐匿的某些地方。就给了青共团员年青团长米初高夫这样的任命：找出这一个选拔狙击兵，而且消灭他。

“是，就去搜寻，消灭这个日本选拔兵！”米初高夫这样回答，当时就走上一块高地，从那里比较便于看视。

米初高夫用望远镜聚精会神地看视，来回地审视每一个小土冈。忽然间，就瞧见——在某一块地方轻轻的尘埃在田里的叶子上，稍微地指了一下，很小的波纹就沿着青草像一条很狭的小线条似地急驰了过去。这是从那儿来的呢？日本前线的配备，离开那一个地方，有二百米达[远]远一点吧。四下里，都是田野，草地。不是吗，在那儿就是有着选拔狙击兵的，是被派遣出来到战线前面的。米初高夫没有间断地跟着那个发现了的一点追寻。不是吗，轻微的波纹的小线纹，又动了起来。就是这样——这就是被子弹所掀动的风给吹倒了青草。

米初高夫向腰间绷上了几个手榴弹，匍匐前进了。

我们都很惊疑地目他送的背影。其实，走向一个在秘密中隐藏着的选拔狙击兵，就是甚或是沿着像这样的开扩地走，在低低的矮草里，这都是没有什么危险的。

但是，米初高夫却很机警地，很细心地爬了过去。沿着地面爬，更得会才行。开始一只向前慢慢地移动着，以后再移动另一只手，然后这一条腿，然后再另一条腿，最后，把身子向前移了一下。这样才算走了一步。不必急促，这样然后再开始做第二步。头部不能高抬起来，用鼻子贴着地，用你最大的知觉和判断力，来辨识方向。

米初高夫就是用这种样子，爬行了三百多米达[远]。他决定活捉选拔狙击兵。最后，到在选拔狙击兵的老巢前边，还有几步的距离。再来一次，米初高夫接近了第一个——而且用手捉住日本人的枪身，选拔狙击兵开火了，但是，那真是白费气力——仅仅只伤了米高初夫的手掌而已。

可是，我们的少共团员米初高夫，刚好用手榴弹照着日本人的脑袋打去——于是他就完结了。

米初高夫夺过来日本选拔狙击兵的步枪，自己拿着，由于好胜的心理，又向前挨进——就瞧见选拔狙击兵隐身的巢穴。这一个巢穴，是被精密地建筑起来的呢，外面做成一个狭小的小孔的圆洞。在巢穴的底面，放着粮食，水的存储，和一些烧酒。很明显地，武士道在这里隐藏了不少的时间了。

光荣的青共团员米初高夫归队的时候，还是用爬行行进，十分小心地。我详细看了一下把他带回来的枪枝。这枝步枪，怎么说好呢，是“不光彩”的。我们苏维埃的比他们好多了——可以忠实地，信赖地去射击。

共产主义者

我们有两天小休息。我们的统帅部为了给予有决定作用的打击。把力量集合了起来。

我们就利用了这一个时间休息一下，并且准备新的战斗。

八月五号，在大山的掩蔽下面的隘路里，举行了党的集会。日本人照着射击过来，炮弹常常在天空里，在我们的头顶上低低地飞啸起来。但是，甚至连年青的战士们，也已经不去注意它们了：子弹飞来，也习惯了，也不去“低头”了——就是说在子弹的下面，也不去湾[弯]身了。

在这一个集会上，共产党员们讨论了极其重要的问题。

发出的命令：是在八月七号的夜间，占领外湖山的高地。

这一个命令的意义，部队中的每一个共产党员们都应该明白，每一个青共团员，每一个非党员的战士，都应该明白。这是党的任务，这是政府的任务，这是一万七千万苏维埃人民的任务。

谁在发言了——说的很简单。一般的说来，在红军中太冗长的演说，并不是尊荣的事情，而尤其是在战斗的情况当中的时候。

党代表，以及团指挥，以及师指挥，都很简明地，解说必须做一些什么，以便完成任务。在这一个集会上，共产党员们决定了：我们的部队，必须第一个进入到外湖山上，而且在它的山顶上，高悬起红旗来，社会主义祖国底神圣旗帜。

于是，在这里，就开始了竞争：我们的部队某一连，或者是某一排，都抢着在山上竖立旗帜的权利。

快到晚上的时候，所有这一部队的指挥官们，都准备下了红旗。每个人都愿意做第一个竖旗人。

在同一个会议上，还讨论了关于加入党底问题。

几天以来，在我的野战背囊里，积累了三十个战士们的和指挥官们的申请书。在乱纸堆上，都写了这些申请书，这些申请书，就是在两次冲锋之间着休息的时候，慌慌忙忙地写好了的。这些人们，都是请求允许他们加入到布尔什维克党的。

关于这些同志们，不需要有很多的解说。他们都经过了战斗的检查。在敌人的炮火下，他们是不饶恕生命的，他们表明自己在列宁和斯大林伟大的旗帜之下的忠诚。

青共团员戈洛托夫，是排的指挥员。八月二号，他是从左翼进攻机关枪阵地的小山的。作为一排的首领的他，毫不胆怯地向前冲进，就像真正的布尔什维克者一样的有劲儿，并且用手榴弹抛向日本的武士道们。他是一个极其英勇的，而且异常忠实的人。

我们接受戈洛托夫入党了。

像这样的，像戈洛托夫一样的人很多。在战斗的期间，我们党的组织不但未见减少，而且扩大起来了。同时，在这些时日当中几乎团所有的青年战士们，都加入到青共团里去了。

上尉朱密也夫在开会以前，还没有来的及交出要求入党的申请书。在以后另外的日子，在这一个攻击外湖山之前，他才把申请书交给我。

从外表上看来，朱密也夫是一个很少特色的人。不很高的身段，说话时非常安静，是一个深谋远虑的人。他把申请书迟疑地交给我，半吞半吐地，断断续续地说道：

“我愿意在进行战斗中是一个共产党员。假如他们把我打死的话，请你就认为我是共产党员吧”。

“我们认为你是共产党员的，朱密也夫同志，”我回答他。

我们互相紧紧握了手，于是就各自分散了。

准备

在进在行攻击之前，夜间经过是非常平静的。战士们的部队，站成了战斗的警戒队——在监视的咱[哨]上。但是，就连其余留下的人们，也并未入睡。

在战壕里，和就在草地上，坐着红军战士们和指挥官们，他们都是手不离开武器。黑夜的时间慢慢地，过去了。

早上的时候，大炮就开始了像爆烈地轰击起来了。

天光已经破晓了，悠长的浓重的黑影，从小山那里，落到山谷里去了。在外湖山的山顶上，不很高地飘扬了一块黑云，过了一分钟后，就向下落去了。这就是炮弹爆炸了。我们的炮兵开始了冲锋的准备。

我用望远镜观测，炮弹正好在日本战壕和炮兵连那儿爆炸着。地面上就飞起了一股黑云，而还夹带着大炮的轮子或者是机关枪，都跟它们在一起。

日本人动摇起来了，开始奔跑，都已成为躲避射击了。但是，我们的炮火，整个地浓重地盖住了外湖山的山顶，爆烈的回响，一直把声音传回到我们这边来。

在这一早上，我们的炮兵们，表现出来了射击的高等技术，他们很精确地照着所指示的目标，运用飓风似的炮火，好像不管那一个炮弹都不是空空白发的。

炮兵指挥官莫伊谢也夫上尉，探知了日本的"机关枪巢"，军用品的仓库。于是就把炮弹一直地，很称心的发射到那儿去。日本的炸弹爆炸起来了，直向空中飞去，整个的大炮被爆炸的，抛向多少公尺的上的高空，所以，很显然地，武士道由于他自己的火药库的爆炸，才发生了这样悲惨的情形。

被轰击的日本人，都弃械奔逃了。莫伊谢也夫用着猛烈的榴霰弹的炮火跟踪轰击着他们，一直到把他们完全消灭为止。

焦燥燃烧了我们的战士们，我们的战干[士]们都爆烈了似的要去冲锋。

"快一点吗?"

我，很可能地，镇定他们说道：

"请你们给一个期间，因为必需给我们开出一个道路来。首先，让炮兵破坏日本的阵地，炮兵连，和他们极坚固的据点，然后，再让我们的步兵前进。炮兵的准备多一点的话，那末我们的牺牲就会更少一点。你们还记得吧，伏洛希罗夫同志曾说过：'应当用很少的流血获得胜利，应当爱护每一个红军战土[士]的生命。'"

然而，当着他们看见我们底，在苏维埃的土地上站立着侵略者的时候，却是很难以使人们镇静。战土[士]们都是愁云满面，都是目不转睛的看望着，都没有回答什么。

离开中午已经很远了，所有的发炮还没有停止。太阳燃烧着，天气真是万分炎热。

我们躺着，静静的倾听着，炮声震耳欲聋，飞奔的子弹，发着长音地啸着。突然地，一些新的声响又出现了。远远地，我们不知从北方什么方向，听到声音很细小的，但见十分显明的低低的钝音。

“飞机！呜啦，飞机飞来了呀！”

它们从躺在地平线上的云端里出现了。它们像阅兵式地，以着平稳的队形飞行着。这就是强有力的，飞程最快的，在驱逐机和爆击机保护之中的轰炸机群。经过数分钟之后，它们就已经盘旋在外湖山上了，在极高的高空上。

在某一个时间内，把炸弹丢下去，它是怎样向下飞行的，——那是很难跟它看到的。但是同时，却很清楚他看到，它是落到那里了：土地成为长柱形，和爆裂开的碎片，掀起足有五层房子多高。

在小山的上空，飞过了一群一群的飞机——一队，两队，三队，四队……它们真多呀！在每一队过去之后，天空中就悬挂几块黑云。

日本人用高射炮狂暴的炮火，向飞机群应战。但是，我们的飞行员们以着优异的技术，躲过了射击。他们隐藏到挂在天空上的轻轻的云层里，他们向下俯冲下来。“烛火”般地集合在极高的高空，于是毫无怜惜地把炸弹投落给武士道们。飞行员们知道，沿着日本高射炮闪光的地方，那就是敌人炮兵连安置的所在地，于是就向那儿以主要的轰击。

飞机群飞过去了，又从后面飞了回来。这是第一批飞来的。看见在小山的绿的物体上成了许多黑点——那就是炸弹爆炸开了的地方。

我们的飞行英雄们飞翔在极高极高的天空里，但是他们很愿意伸出手来和我们紧紧地握住。

在我的一生里，我还记忆一个很小的驱逐机，它跟着日本全部的炮兵连作战。

这一个飞行员，明确地探知了隐蔽起来的高射炮，就向下俯冲下来，于是照着它就放了一排枪。日本人向着他也开了火，但是，那儿在那里呢！——扫射的驱逐机早就飞起来了，早就飞走了，于是它又重新低飞下来，再去扫射炮兵连。

这样经过了几次，好像魔法似的把这个机器迷住——日本的炮弹简直不能够获得它。突然间，驱逐机从极高的高空，用“螺旋似的”回转下来，一直地降落下来。

“唔，”——我想，——“这回总是伤着了。我们的同志要灭亡了。”

很显然地，日本人判定了飞机是受伤了，于是就停止了射击。不是吗，离地正经不到二百公尺了，还没有这样多。

猛然地，驱逐机从螺旋形中走了出来，用机关枪的火力雨滴般向炮兵连扫射了起来，于是又向上滑溜了上去。日本人才明白苏联的飞行员是拿他们开玩笑哩,但是已经晚了。

这一个驱逐机,拿日本的炮兵连开了许久的玩笑,总是把日本的炮兵连向空中发射,给压制得闭口无言。

真可惜,一直到现在,还不知道这位飞行员姓什么——我很愿意和他认识一下呢。

在第一批飞机之后,跟着来的,是第二批,第三批,日本人的炮兵又前而战斗,现在已经再不敢尝试躲避射击了。外湖山上炮击,向空中发射足足有两个小时之久。但是,当飞机飞去的时候,我就不认识我所熟悉的那个山了。它被翻过来了,被摧毁不堪了,有些地方,整个的地皮被爆裂开来,于是把山的骨干,都暴露出来了。

日本的坚固防事,都被炸弹横坚地正确地掀起了大洞。在一个漏斗形的洞里,好像就能够隐藏起来一大队军队似的。

我想,现在在外湖山上,约有三年多什么都不能生成起来的罢。

准备突击的准备已经终止了。步兵开始攻击了。

祖国底旗帜

下午,五点钟的时候,突击开始了。到外湖山的山顶,不到三公里的距离。为了穿过这一个距离,我们得要无间断的战斗五个半钟头。

空军的炸弹,和炮兵的炮弹,把日本的坚固工事都摧毁了。许多武士道们,在这一天里,都极其可耻地把自己的生命完结了。但是,还留下了一些未被损伤的日本炮兵连们,而且还有丰富的残存了的一些士兵们。日本人们为的是支持小山,他们还结集了很大的兵力:足有数万人之众。

横在我们前面的,是切断了的,山势起伏的洼地,而带着一些水塘子,泥坑,和一些长着很高青草的低低小土岗。

首先,让强有力的行程最快的坦克车向前冲进。它们把道路开拓出来,并且指示给我道路。

日本人用炮兵的火力来阻迎坦克车。他们发的炮,几乎都是笔直的瞄准。但是,我们的坦克车手们,并没有停止下来。

当着一看见坦克车在战场里奔驰,使大地都受到震慑的时候,很难用话形容出来。

我不是头一年入的军队,怎样的情形我都看见过。但是,当着巨大的战斗机器狂奔向前,沿着被自己蹂躏的小树林小土岗突上突下,像踏雪木屐滑上滑下的时候,我真是又惊奇,又高兴。

坦克车群熨平了满布着工事的，外湖山的山坡，并且照着被赶跑的日本人扫射着日本大炮，就像小虫儿似地被压在底下的，一直都给压到很重的坦克车底下的地里去了。

在这一天里，坦克车手们完成了许多光荣的战功。他们领“头”的走在前头的坦克车队长，爬上这样的陡坡呀，简直好像——眼睛瞧着坦克车就要摔下来了。

在坦克车的后面，跟着步兵前进。从田野里被驱散的各方面射击出来。每走一步，都去作战。最初，是机关枪动了起来，扫射敌人，强迫他们退却。以后，战士们上起优势的刺刀，带着手榴弹向前冲开血路，并且继续向前冲杀着武士道们。经过不到二十米达[远]的光景——机关枪又在狂烈地响着，于是战斗是在不停地继续着。

我同着一营人行进，沿着哈桑湖自己的岸旁向前急进。有些地方，湖水深深地没进岩石的湖岸，成为一些汊港，和湾口。我们渡过去，常常是水浸到腰间，高高地举起了枪，从掩蔽部到掩蔽部。

暑气真是不堪忍受的照耀着，汗像下雨似地流着。日本炮兵照着每一个惹人注意的战士发炮。

红军战士波波夫携带着重机关枪。越过了一个小沼。波波夫忽然感觉到，稀软的乱泥把他的靴子黏起来了，再也不能向前走动了。为了要从泥洼子里拔出靴子来，必须从手里把机关枪放下来不可。但是，波波夫很巧妙地处置着，从靴子里把一只脚伸了出来，然后再伸出另一只脚，于是就光着脚向前跑去了。挨近了一个小土堆前面，把自己的机关枪安置了起来，瞧吧，他就是用猛烈的火力扫射着日本步兵呀！

应当感谢波波夫的聪明才智的，部队得以迅速地向前冲进，而且占据了极其必需的地点。这一方面的进攻，是可以保证地成功了。我乃转向了第三营去。

忽然间，我看见——机关枪的子弹带躺在草地里，有二百五十颗枪弹。也不知谁落下来的。我捡起了子弹带自己带着，又向前跑去。

第三营是顺着开扩地行进的。日本的子弹在头顶上飞奔着。子弹在飞行中间，尖锐地长啸着，哀鸣着，就像很大的蚊子一样。日本的炮弹在四周围爆炸着。但是，营还是照旧前进。

我遇见了机关枪连队长苏斯特罗夫中尉。我们很久就做朋友了，他是非常出色的人物：快活，勇猛，非常忠实可靠。

“哎，”我喊着，“苏斯特罗夫！这是给你的赠品——二百五十颗子弹。”

苏斯特罗夫拿起了子弹带，微微地笑了一笑。

“谢谢，这给武士道们当做点心用吧。”我们刚刚一分手，我就听到——在并排的地方，不知什么很重的东西落到青草里去了。我再瞧一下——苏斯特罗夫不见了。我就嚷着叫起来：

“苏斯特罗夫！”

他默不做声，猛然间，我看见：苏斯特罗夫俯伏地躺在密密的很高的青草里，在手里紧紧握住机关枪子弹带，“他害怕甚么炮火去藏匿起来呢？”我这样想着。

我掉下头去看机关枪队长苏斯特罗夫我的同志，我才瞧见，他是死了。日本的子弹一直地正中在他的心脏。

我受到十分的痛苦。我觉到——我不能说一句话。我从他身上卸下来七连发手枪，拿起来他的党员证，文件，插进自己的背囊里。然后，从他握得紧紧的手里，拔出来机关枪子弹带，就走开了。

我晓得，日本为了偿付我的朋友苏斯特罗夫的流血，为了偿付我们祖国许多赤诚的人们的流血，我们这些人们，就和他一样，在光荣的战斗中牺牲了，他们将更会感到悲痛的。

第三营在继续进攻。

我把在苏斯特罗夫拿下来的子弹带，交给了机关枪手们。

营指挥官从行列里走了出来，他的脚上负了很沉重的伤了。在他之后，我在营里是最年长的了。在战斗里从来没有考虑的，我就喊道：

“听我的指挥！”

所以，从这一刻，营里的责任就落在我的身上了。我们接近到了外湖山的斜坡了。天色已经是晚上的时候了。

我们已经跟第一营的指挥官朱密也夫约定，将来谁只从那一方面进攻。我从左翼指挥自己的战士们，他从右翼指挥自己的战士们。

铁丝网并不能阻止我们的前进，——我们用剪子把它剪断，用手榴弹炸开，于是又向前行进了。靠在外湖山这一边的山麓，我们踩踏在电线上，这些电线都是不很高的伸延在地上的。为什么要这样呢？真是的，我是一点都不知道。也许是这样吧，日本人以为，战士们在黑暗里对于它们也许会误事的，所以就跌落下去了。但是，我干脆地用脚踩在那上，而且我们越过了这一条“障碍”了。

陡坡是非常大的，所以就得沿着青草爬行似地攀登上去。在黑暗之中，很有可能意外地遭遇到敌人，或者是偶然地射击我们。大家都非常小心的行进。

但是，同时，黑暗却帮忙了我们，——日本人丢失了方向，营就在那一个方向里行进，并且集中主力在另外一个方向里。

最后，我们跳出来到山顶上。我们用短兵相接，用手榴弹打退日本的部队向后退，退到山的斜坡上。

“给你们旗帜呀！”我喊叫了起来。

不知从那里找来了一根带有尖端的长棍子。我捉去旗子，并且喊道：

“斯大林同志万岁！呜啦！”

“呜啦！”战士们也喊叫了起来，“伟大的斯大林万岁！”

我挥舞着旗帜，并且把旗柄插进地里去。在外湖山上，在被我们夺取回来的可爱的苏维埃领土上，飘荡着祖国的红色的旗帜。

我喊道：“呜啦！斯大林同志万岁！战斗的人民委员伏罗希洛夫同志万岁！苏维埃的斯大林宪法万岁！”

这样，足足继续了十五分钟之久，但谁都没有开枪——不论是我们，不论是敌人。显而易见地，武士道们是昏头了，由于放弃了外湖山的山顶，而遭受失败了。

但是，他们不要想不经过战斗，就把它让了出去。他们在苏醒之后，就开始逆袭了。

两个日记

战斗继续了一整夜。日本人距离我们有四十米达[远]的样子。他们从下面射击上来，向上投手榴弹。许多红色战士们，在那一夜间都死亡了。戈洛托夫中尉，他是在我最后的集会上取得党员的候补者的资格，把自己的排在最前的火线进行战斗。他一直突进了日本的伏兵，于是濒临死亡地受伤了。在濒于死亡的时候，戈洛托夫喊道：

“排，前进！”

一个少尉接住了指挥。排在继续前进。

戈洛托夫并没有取得党员证。但是，他交战的情形，就像真正的布尔什维克者一样。

死去的青共团员沙失金，是一个青年中间很好的少年，不久以前，才从尉官学校出来来到我们这里的。在冲锋的时候再已经在山顶上了的时候，他负伤了。看护兵抬起了他，并且把他运送到绷带所。但是，他感觉到，他要死了。他和看护兵们说：

“我很满意。我们的连已经出现在外湖山的高地上了……请你们转达我的话，连必须坚强地在保卫外湖山的岗位上……”

随着这些话，他就死去了。

我们要为伤亡的同志们复仇。在这些时间里，当着在榴霰弹的爆炸声，和射击的啸鸣声，听到了号令的时候，当着在黑暗之中，很难以分辨出是自己的还是别人的时候，实际上，是很明显地判断出红军人们是怎样刚毅英勇的能力，每一个指挥官和红军士兵都表现出了他们聪明伶智和沉着镇定。

很小心地通过去了。在日本的匪军中间，有很多是旧俄时代的白卫军。这一些该死的叛变者们，做了最大的卑污的事情。我们的部队冲锋到了日本的战壕跟前。忽然间，不知从那里来的声音，用俄国话嚷着：

“不要开枪，是自己人呀！宪法万岁！”

因为事先我们已经决定过了，从侧翼进攻的另外一个排已经占领了战壕。我们就向前挨近。猛然地，子弹从战壕里嗒嗒地扫射了起来，并且听见了醉薰薰的喧声。

敌人用这样的方法来企图开玩笑，其实这个手段早就存在于每一个苏维埃国民的心中了。但在同时，他们并没有获得任何的饶恕。在一个日本人的战壕里，我们找到了一堆儿五个白俄军官。我们的炮弹把他们在原地方打死。周围里抛置了一些从底下淌出去的烧酒和白兰地酒空了的坛子。

日本的战壕真是很有趣地建筑起来的——类似大写字母的 T 字的形状。这个 T 字形的两个肩膀是朝着前线的。突出的那一条腿，引伸到后方去。军官们不和士兵坐在一起的，而是在背后，又是突了出去的，这样，为的是在某种情状下，以便先行逃跑的。可是，士兵们从战壕里就不能够走出来：在这里，同时军官们可以射杀他们的。

在冲锋的时候，也是在这里的：军官可以不必在进攻着的部队前面，而在背后——督队压迫，而且在某一种的情形之中，谁想要落后的话，就去打死他们。

很显然地，军官们是非常不很相信自己的士兵们的“武士道精神”的。这在红军第一次的打击中，这个精神就已经暴露无遗了。

在红军战斗之后，在我们的领土上，找到了一个日本下士军官的日记。把这一个日记翻译过来，登载在我们的战斗报纸“保卫祖国”上。

在他的日记中，是恐惧“刚毅的武士道”，而且对它是这样的愤愤不平，使人读起来都会反对的。用它自己的话玩味一下吧：

“……连进行着战斗。敌人向我们的阵地攻来。……战斗情形，惨苦到于极点。大部都损失了。我们连里已经死去了十四个人了。负重伤的有四倍以上。真是可怕……

“敌人的重炮在我们的阵地上连续不断地爆炸着……敌人的飞机在我们的上空出现了,丢下来很多炸弹……重量的空中爆击机在我们头顶上飞翔着。他们开了非常可怖的炮击了……”

“敌人的坦克车,开始往高地上冲锋了。”

“在这一天,不是怎的,是非常凄凉的……炸弹和炮弹连续不断地爆炸起来了。我们常常走脱了。连吃饭的工夫,和想一下的时间都不可能有。从八月份上半月以来,在一昼夜一个半的时间里,任什么东西都没有吃过……战斗继续进行着。仅仅勉强吃一点黄瓜,和喝一些脏水而已。今天,是有太阳的天气,但是在白天之中,总是看不到太阳。被镇压住的情绪。自己感到非常厌倦。所以,这样的交战,真是不堪忍受呵。”

我引进别的一段日记,对照一下。这日记是青共团员阿伯拉民克少尉同志写的,他在拿取外湖山的时候阵亡了。子弹穿过阿伯拉民克的青共团员团章,进到心脏里去了。这个高贵的心胸,就是这样完结了!

“今天冲锋。但愿快一点吧。应当澈底地惩治日本的恶徒们。哦,子弹是在怎样的飞啸着呵!敌人的炮弹,全都不很远的爆炸着。沙砾把我埋了起来。但是,我不害怕。为着保卫祖国,为着保护斯大林——他是青年人们的父亲和朋友,就不该怕死的。不是吗,子弹又在我们的战壕上尖叫起来了,它们在沙土和黏土的胸墙上爆烈开来。放吧,烧吧,你们这些鬼东西们!一点儿都吓不倒我们。我就是为了这一点愿意歌唱这个战斗,愿意歌唱哈桑湖。像这样的歌唱,直到现在还没有。可是假如自己把这歌儿作成可怎办呢?常言道,当有这个灵感的时候,诗句就很容易写出来的。我准备尝试一下……”

在医院中

有些朦朦胧胧的轮廓,向山顶攀登上来了。

“站住!”我喊叫了起来。“莫什梁克!”似乎很轻声的,好像嗄住了喉咙似地,回答我道:“到这儿来。!”

我没有一下子认出了说话的声音。在黑暗之中,人的喉咙,一般说来,都好像改变了似地。我刚一走近,就辨别出来了,他就是朱密也夫队长呢。

“从右边压迫吧,”他向我说,“我的从这里能走。”

在我的地段上,我集中了机关枪和手枪的火力。用手榴弹向日本方面抛掷了起来,打退了不少。又走过了二十五米达[远]。为使不受到包围,我决定观察一下,看看左翼的情状怎样。于是就跑到那里去。忽然间,沿着飞行帽很有力地打了我一下。我用手摸摸前额——我觉着:湿淋淋的,发着粘着性的。是受伤了吗？头也并不疼痛,还在腿上保持着正常姿势。就是说,还有用。我回来走向自己队伍来,我们又经过了几十米达[远],我压迫敌人沿着急坡逐渐地逐渐向下退去。

敌人往苏维埃的土地上,像坐在雪车上似地,滚了下去。可是,我记得,我们是追捕似地用铅丸雨滴般的下着。

日本的手榴弹,几乎就在我的这只脚跟前爆炸开来了。我感觉到在我的左肩上仅只有强力的冲动一下。走了几步,我的膝盖骨好像有点异样软下来了似地,我坐在石头上。我摸一摸胸部——湿淋淋地。左手不能动作了。战士们给我捆上了绷带,打算把我运到医药所,但是,我感觉到,力量还可以支持自己。仍然坐了起来,休息了一下,就静静一步一步地走去。快到早晨的时候,我才到达医药所前面。在那里,他们给我换了好的绷带,坐在汽车上,一直地向后方医院里开驶。

所以,在我的头上,在现在还有一个不很大的伤痕。可是在胸上,还很憔悴。手榴弹的破片打穿了肺部,伤害了手的运动神经,而且插进了深深的肋骨。它在那里一直到现在还留着。医生们说,对于行动它没有关系——所以,我还是这样的活着。

在医院里,真是一个意外的会见。团指挥官邵梁诺夫少校,手带着绷带走进来(现在,他已经是上校,而我是上尉)。他是在我受伤之后经过了数小时负伤的。而他的受伤情形,比我还较坏些。他举起了手,喊着我的部队:“前进!”就在这儿,子弹命中在他的肩头里了,也伤害了神经,并且贯通地经过了肩胛骨的下面。

所以我们在一起了,并且一起疗治了。在医院里,经过了一昼夜,以后就把我们放在飞机上,送到伏罗希洛夫城。

经过了一个月,又把我们运到莫斯科,送到附属病院里去。

我们很好地复元着,并且很快地又能手里执着枪了。

只有一件事,真真可惜:我负了伤从战线里走出来了。只能读着报纸,和凭着回来到这儿的同志们的传说,我才知道日本在我们的外湖山和无名山上,又继续地占了几天,但是,终于毫无怜惜地把他们赶跑了。

被子弹射击的像蜂巢似的,被手榴弹的碎片穿透了的红旗,在外湖山顶上,飘荡着,这一杆旗,就是我在那一夜间所插下的那一杆呢。战士们日夜地保卫着它。他们说道:那时正是有着沙鱼的时候,不饲养它就吃不饱。他们在某一个时间里,重新又准备迎击敌人。

因此，我急急要很快一点恢复健康。

最伟大的奖赏

十月廿五号，天还很早的时候，一个医生走进病房来，到我的跟前。

看了一下，不做声，微微地笑一笑。于是，我很奇怪地瞧着。

“祝福你，”他说了一句。

“怎末回事呢?”我前问道。“苏维埃联邦英雄的身份呀，而且还有了列宁勋章，”

我真是莫名其妙，说道：

“我一点都不晓得。”

“可是，我知道呵。”

于是，他递给我一份报纸。在那里，登着苏联最高苏维埃干部会议的指令。廿六个指挥官，政治工作者，医生，和红军战士们，被颁给了最高的奖赏——苏维埃联邦英雄的身份。在他们之中——其中就有我的名字。

那时，我成为什么样子了，我简直不能描写。每个人都是这样了解的吧。

当在夜里剩下我一个人的时候，我很想关于和我所经过的事情分别一下。在我过去那些年里，我把它检查一下。

在廿岁以前，我是在乡村里居住的。父亲给人做工。我也因此在富农人家里做工。以后，参加到青共团里去。一九二九年秋天的时候，就应征入伍了。

把我派到远东的队伍里——就是我所供职的那一部伍[队]。

我在远东足足生活了九年。在那里，我加入了布尔什维克党。军队，对于我既是家庭，又是大学，又是战斗的学校。我在国界上，搜捕贩卖私货的密探们，准备做选拔狙击兵，研究各种各样的一般问题。

我成为选拔狙击兵了。党的组织委我做负责任的工作——被选为团党部的书记。

但我扪心自问：

“伊凡，莫什梁克，把你生命中最好和最光彩的东西，将供献给谁呢？给自己吗？用你自己什么样的特殊的才能呢？或者是幸运吗？——不是的，你要供献给党的。你要供献给斯大林的。你住在离莫斯科几启罗米达[远]的地方，你从来没有看见过斯大林，而他，也许没有听过你的名字。但是，你自己的生命中，总觉到强有力的可爱的斯大林底手，是在引导你向前进的，是在援助你的。你受了党的和斯大林的教育。不是吗，你的幸福就是在这里的。若不是革命的话——你还不是一辈子都去放牛，一辈子都去抽着鞭子去哩……”

在那一夜，我很长久的时间都不能入睡。

十一月四号，迎接我到克里姆宫里去。在那里，我遇见许多哈桑湖的熟人们，也都是被颁赏的。加里宁同志出现到我们的面前。在那里，大家都拍起掌来。我有一只手绑着绷带，不能活动，所以我，——也许这是滑稽的表现，——用好的那一只手，照着膝盖拍打了起来。不管怎样，我都不能落后的。

加里宁同志亲手交给我们勋章和奖状，他祝贺着我们。

我是一切被奖赏的人们被推出来做为致答辞的人。我说的很简短，非常兴奋。我只说明，跟着斯大林的名字在一起，就可以胜利地拿到外湖山，同着他的名字，在将来一切的战斗中，我们都将会取得胜利的。

在十月革命第一个廿周年纪念日里，在阅兵台上我看过了斯大林和伏罗希洛夫。可是在另外的别的一天，我和邵列诺夫又被召进克里姆宫去。党的和政府的领导者们，都来参加阅兵的。

伏罗希洛夫为哈桑湖的英雄们宣读了祝辞。

我走进[近]桌子跟前，在桌子后面坐定斯大林同志，以及他的同伴们。和我并肩站着的是苏维埃人民的领袖，我欢迎着他。于是斯大林回答给我以温情的，慈爱的微笑。

这就是对于我最伟大的奖赏呵。

（原载于《文艺阵地》第6卷第2期，1941年）

废园的小鸟

[日本]鹿地亘
楚客 译

在葱嫩的草地的绿色上面,是什么人的无意思的行为吧,到处都挖翻了红色的泥块,还有新鲜的泥土的香气。一些扭断了的树枝,还带着叶子,露出白色的断口的骨头,乱散在土上。木片呀砖块呀,都是任意地飞散在夏草里面。

温室的玻璃,被打得粉碎落下来了,许多养花□,有灿烂的红花的向日葵呀,艳丽的蔷薇,被玻璃的碎片埋着了,还照样开着。花片散在红泥和草里面。

这样零乱!

在眼睛看见的范围之内,满是瓦砖和废墟的染满灰尘的死灭的市街之中,那是仅仅还遗留有生命的片断的一角。

波纹也不动的南涧水面,还是那样漂着睡莲的叶,依然现在我的眼前。不,遮碍我视线的围墙的影子消失了的现在,一下汪洋地在展开它的全貌。

这样地围墙被吹掉了,被扯掉了来一看,葱茏地闲静宜人的庭园,突然失掉它的结构的支点,完全像洪水冲坏了大隄防□只留下的一部分,成了岛一样。或者又像两岸的堤防都被冲走了在水中留下的铁桥一样,无依无靠地成为暴露在正午的太阳之中的示众的东西了。

一瞬间世界也变了。

一瞬间,优美秀丽的园,搅得没有了。在我眼前的是这样满目荒凉的没有生命的废墟。

连根也挖翻过来。烧焦了的木材和砖块,墙泥的山岗的凸凹,把街路也看不见了。插脚的地方也没有的满眼是灰尘,只是一片灰尘,恰像从垃圾堆里捡出来的破布的边上处处遗留有是你的衣裳当时的花边一样,只有湖畔的 acacia 在装饰着这废墟的边缘。好像要指出这一带是曾经是我们的爱人!——这庭园一样,一群白杨树,沿着这一带勃然地并立着在那里;花木匠住着的红砖的小亭，寒怆地留在那角落里。它前面的葡萄棚，已经垂着丰满的乳头，正在等着不久便成熟的果实，可是在凄惨的暴露赤身裸体了。我一面抑制着涌上来的悲愤，一面不动一动地站着望着在我眼前的刚才受了淫掠的牺牲者。

现在已是我们住着的正屋，有楼的洋房子，很意外地为这毁灭一切的强劫所丢弃着，在草地的北面悄然地像仅有一艘的废船，对着瓦砖的海，在倾斜着。它的屋顶，瓦有一半被吹掉了，一间一间的房子，半要倒下来的板门，就是让歪了的门□在那样支持着。

这房屋的主人好久以前便不在这里了，把房屋托给花木匠，避免战祸，一家全部移住在很远的乡间了。托看房屋的花木匠，也在以后不久，带着他的爱人——那女工，丢弃这地方搬到乡下去了。以后这被遗弃的房屋，不断地为被战火追逐着从长江下流上来的房主的亲戚呀朋友的一家，这亲戚朋友的亲戚呀兄弟的一家，为要逐渐移到西面的那间去，在等着已经非常困难了的搭车搭船的便利时，在这里停脚，到最后还在这里住着的我和我的卫兵及女工，不知已经送走了几班这样的暂时相识的人。

于是现在在这广大的正屋里，我们之外，已经只有被主人丢下的一匹母猫，那母猫所生的三匹小猫，母子一起来做我们饭桌边的客了。

不，还有留下的一个家族，他们是主人的远亲。照例是在避难的旅途中的这不幸的一组，住在花木匠曾经住过的小亭里，在等船。老婆子两个，抱着吸乳的孩子的媳妇一样的年轻女人一个，她的少年的弟弟一个。他们是意外地静寂，不作声的。看来好像是为世间所遗忘了似的非常寂寞。

是遭遇过怎样的命运的人们呢？两个老婆子的关系是怎样呢？两个年轻的姊弟是她们的什么呢？男人们，恐怕是她们所依赖的丈夫，父亲，哥哥，在什么地方做什么事呢？

好像是旧小说里面的旅店一样，住在这花园里的人们，每夜自己拿着椅子来这草地上，在星空之下，一面纳凉，一面相互当作同一命运之下的数奇的伴旅，谈着各人所经历的及要经历的旅途的冒险，相互慰藉。于是又一组一组地相互庆祝“一路平安”而别离了。

只有最后这一组不同，也许是因为只有老人和女人和少年吧，或者又是因为留在的人是只有他们和语言不通的外国人的我吧。他们完全好像是要不打搅先住者的我一样，要不搅乱花园的平安地，始终是恐缩谨慎得很。

我们没有交换过话语，只是早晚见面的时候，交换着隐然的微笑和目礼，然而只有这一家却在不知不觉之间一起了我很大的兴趣。

第一是因为他们的谜一样的静寂的生活，然而确实还有一点是因为吸引我目光的少妇的美，这却是真实的。

而且我的房屋的窗户，抬眼一看，就面对着隔着草地的这一家所住的小亭。我时常在那里在亭子前面葡萄棚下，看到坐在庭石上，一面静静地望着花，一面喂婴儿的奶的女人的姿态。

那是画一样的安静的光景。

丰艳的胸部的隆起，毫不吝惜地袒开，以满足了的镇静，叫婴儿含着乳头而静静地摇着它的姿势。那女人的眼睛，我什么时候都看得见，不，我可以什么时候想起那眼睛。那是除母亲的幸福之外什么事情也没有想到的，纯真的湖水一样地杳然澄清的。那底上是沉没着难以言语形容的动人的东西。

要勉强地来说明那眼睛，那就是无论在什么境遇也不惊惶地，知道不得不忍受的人生，和同样的前途的眼睛。一遇见了她喜欢顺下眼皮的招呼，就是在身边走过的时候，我都是这样感到，怎样镇静的眼色啊！一点也不露出焦急的颜色。战火虽然迫近了身边，而她又是逃难来的，可是一点也看不见恐怖和狼狈的痕迹。他们的船什么时候可以来呢？有是不是有恰好赶上那机会的幸运呢？她自己是像我这样这样挂念这事吗？她没有在为丈夫、父亲、她的命运担忧吗？没有为人生的将来，明日的苦难而烦忧吗？不，不，那颜色一点也看不出来。可以说的只是那眼睛很镇静地在等着，她是在等着搭船的消息。好不烦闷地在等着要落在身上的命运。要推翻命运有什么用呢？何况排挤着他人互相受着，那有什么好结果吗？慨叹，悲伤，那又有什么用呢？丈夫呀，父亲呀，哥哥呀，回来的时候定会回来的……给予我的现在只有这可爱的小孩，……那眼睛好像是这样说着。

那眼色叫她更丰满，那隐然动人的沉着，每一看见婚，□□□□□到这慌乱的时代战斗着的我身上来。

少年看起来是有病似的瘦，他的姿态，无论何时都可以看见在小亭的廊上花木匠丢下的鸟笼内九官鸟的旁边。在温室里也可以看见他。他在花中间趟着走，捡[检]点花朵，嗅着花香。可是比之花，比之花的香，他是特别地嗜好笼里的小鸟的样子。一定没有什么人给小鸟喂饵了。现在好像是少年从饲主接受了一样，每天给它喂饵。小鸟一刚看见少年，高兴地匆忙地拍着翅膀，笼摇得好像要掉下来一样。我时常看见这在其他的场合不作声的少年，柔和地在骂着小鸟的样子。

老婆子们在零碎的料理家事，少妇和少年在爽利地做着各自的事情。这是怎样的一家人呢？父亲呀，丈夫在做什么事呢？无论什么好像是各管各的分内事更没有互相说话的必要一样，他们看来甚至终日也不交换一句话一样。

然而他们无论那一个的起居动作，在这没有风波的生活之中各得其所。

不久，我们也不得不别离了。

市间频频谣传敌军已经迫来到了并没有多远的地点了。从早晨以后空袭不断地威胁着本市。非常讨厌的警报声音，昼夜不绝地在叫着，不一刻传来了轰轰地压迫大地的钝重轰炸音，我走出了家，卫兵来叫我，说是战机要来了。

横经草地，走出葡萄棚，到了湖边，我望着天空，和小亭子里的人们交换着微笑。现在是地面在动摇，树木在动摇，机体轰炸的声音就在头顶上了。

在炎热的空中，机体放着白光，闪闪地照耀着。谁也为着压得出不了气的恐怖和憎恶而不能作声。白杨的树枝在努力地想至少要将这一家的人家遮掩住。凄惨的高射炮的连发，连发！顷刻间天崩地裂了，视野消失了，吹散了！鼓励也停了的心□，随着呼出一口气开始搏动起来了。这时好像为波纹所搅碎了的月光细片又走进来了，一面摇荡着一面又成为月光了一样，我们的眼前视野也恢复了，市街上在蓬蓬地吐着黑烟。

我看着那女人和少年，不觉得从心里发出了微笑。那女人和少年都掩着面，塞着耳朵，将身子伏在地上，轻轻地抬起头和我打个对照，便以命运相同的人的意外的亲切来回答着微笑。

前几日以来警报来得更频繁了。被威胁着的市街突然人减少了看着之间店面的数也少了。只有我们的花园这一块好像是孤岛一样还留存着。以前透过葡萄棚的缝隙，在炎热的空中，常看过敌机着火落下来的空战。那了不起的友方的勇敢的战斗机的姿态渐次减下去，到现在它的影子也从这市空消失了。好像是对失了力量的东西现在要任意地加以所有的憎恶一样地，第一回的市区的遭受胡乱的破坏，这是昨天的事。友人为着我，今天出去找新的安全的住所去了。

我们的别离就在不久了。

在孤岛的花园里留下的这一家的人们是怎么办呢？他们已经从卫兵和女工那里听见了我们马上便要丢下这花园而去。船究竟是什么时候有呢？希望至少是送走了这一家人之后，我最后来向这房子告别。从早上起我怀着伤心的眷恋之情私自注目于这一家的动静。那女人——美丽而年轻的母亲，在那一点也没有变化的位置上，葡萄棚下的庭石上，安静地在抚爱着婴儿。就是到了现在，还是毫无波纹的湖水一样的清静的姿态。少年在抚爱着小鸟，单细的有病的手伸出来，放进饵到拍着翅膀的小鸟的笼里。

静寂地风也没有的早晨，绿的草地的露水在发亮。白杨的影子好像很重的颜料沉下去的一样，非常浓厚地浸透到草叶里面在这种引诱人的背景之中，那是怎样水一样叫我的心漂出来又不得不沉下去的魅力啊！

忽然，可是那种心情搅乱了，在心的一个角落里等待着的不吉的叫声又涌上来了。悚然来侧耳静听，是警报！警报！无论如何要威胁的可厌恶的声音，蓬勃上来了似的高起来，即刻逼着来的恐怖的脉搏那样，凄凄惶惶地叫着。

早晨的可爱一瞬没有了。卫兵前来了，我们走到了湖畔。在那里和她们交换了静静的微笑。

好像预想着的一样动摇树木压迫大地的轰声的来到头上，不过一下的事。哄，哄，哄，哄，这声音占领整个天空，没有空隙地占领了草地和草，女人，少年和老婆子背着脸抱着胸膛伏在地上。最后了，若是今晨还来的话……于是终于来了！这种暗淡的知觉，想来不是我个人特有的。

一种非常锐敏的知觉告诉我说是来了。异样的声音起来了。从树叶的繁茂里落下来的水声！瀑布！卷下树叶来了的瀑布！靠在地面的心腹成了石头的一瞬间。尖锐的痛刺过耳朵，哄的一声，在闪光之中，我和我的意识飞散了！哗喇哗喇，一时好像砂漠流出来了一样的四面崩溃的声音要静下去，比之什么首先是叫我感到奇异，还一方面不知不觉仔细地看遍还有手足的五体。黄色的火药的香气，很浓厚地刺激着鼻孔。

抬起头来不得不感到茫然。那花园，我们的美丽的早晨的花园，怎么一下便把影子也消灭了一样！那女人和少年和老婆子都不作声。只睁着眼，我们甚至忘记了交换微笑。

这样那样地在厨房准备着饮食的女工来告诉我说，水也没有了。

水算什么呢！在我们的绿洲，失掉了的花园之中，我忘记了饥和渴，站在那里。肠也暴露出来了，翻转来了的草地，看来是喷出了血。悲哀是热开水一样在胸里喷到各处，我愤怒得忘记了自己，已经不能拿着我的藤椅去坐了的瞬时变成了的废园，毫不厌倦地在注视着。好久好久也还没有想到我要做什么，不一刻我又坐在墙上已落了的露台的石坛又在看。

于是我的手有点柔软的感觉。失了主人的猫，讨人喜欢地把头来擦着我，我把它抱起来，抱得紧紧地。猫好像要诉说什么似的叫了。三匹小猫爬到我身边来。我想把它们母子都抱起来，也许是为什么发气了，小猫敏捷地从我手里脱出去，拥挤地钻进花瓣半落了的蔷薇的篱笆里去了。我注意到那少年是在定睛望着。

这是从来也没有的，那一瞬间不知是怎样的原因，自然而然的话语，不知不觉最初的话语，从我嘴里说出来了。

“船是什么时候？”

“说是明天有。”

少年也毫无拘束地浮着无论何时都有的微笑，低声回答了。

“那好得很！”

这是最初！最初的交换话语！怎么会有这样的事呢？那是怎样自然地说出来的话啊！可是这种不意的心情一变成□异的意识，同时我的话语也早已消失了。我只是送以轻轻地点头的微笑，摸抚着猫的脊脊。少年去了，我的眼光在后面跟着他到小亭。

那么这一家也是要走的，我放下石头一样的心情这样想着。从早晨以后还是以前一样地谨慎地在准备出发。不久终于到了花园的最后的一天，和我一样。

我心头也轻了。

这时候少年又出现在小亭的门口。看来是老婆子和他说了什么话。好像是告诉他有病的他不要来帮什么忙。他脸上现着什么被拒绝了的害羞。可是到九官鸟看见他披拍披拍翅膀拍着起来时，少年的脸色，忽然又恢复了时常现出的轻微的欢喜的色泽。少年走近鸟笼，抬头注视着鸟。鸟踏着横木，要走近他来，更拍着翅膀，笼也摇动了。少年定睛地看着它，我又注视着少年的一举一动，好像人和人的头相互靠近在交换着无言的话语一样。

许是想到了什么吧，少年伸出了他细瘦的臂膀，站直腰，好容易的努力，解下了那鸟笼。他的眼光完全好像要吞下这鸟一样不一刻把笼搬到庭石上搁着。

是要喂它饵吗？却不是的。他把笼门开了，把手塞进去，抓出鸟来。对方也并不要拍着翅膀。小鸟抱在少年的手里，警异地转动眼睛看着四处。似乎一点也没有注意到我在看着他们，少年静静地把鸟举起来放在葡萄棚上。

低声地这样和它说：

“飞去吧，明天以后自己去找饵食吧！”

看那小鸟吧！它是不懂话语的，飘然飞落在垂着的弯曲的树枝上。少年咻咻地发出声音把它赶着，小鸟轻捷地在那一带跳着，被赶着便跳，不一刻从葡萄棚上飞到小亭的檐上了。

“咻！咻！”

上到屋顶了。这次翩翩地飞了，飞到白杨的高尖上了。

在一心一意地注视着的少年面前，小鸟在广阔的空中，从这边到那边地回看着。马上看到了目标吧。小鸟站定着一动不动。下了决心一样，勃然紫色的翅膀照着日光翩飞着，一直飞过了湖，影子也看不见了。

温暖的泉水涌上我全身了，我欢喜得流出了眼泪，在心头表示满意站了起来。

——飞去吧！……对的！飞去吧！……

那小鸟要成长为一个鸟吧？

我好像得到了对付这险恶的人生的教训一样，感觉到一种叫我胸怀热起来的力量，一面我从露台的石坛上站起来了。

（原载于《学习生活》第3卷第5期，1942年）

伽倻*

无名氏(卜甯)

风喧豗着,咆哮着,拐拉着冰雹子似地蛮犷雪霰,恣意沉酣在酒神 Bacchus 的魔性狂舞里。从斑驳的古老岩洞中,从魇魅重重的海边,从黄澄澄的金铜色荒漠里……风怒嗥着,四面八方的冲出来,似摇幌着千千万万条奔马的粗壮影子;它的凄厉的噶嗷声,呜呜咽咽的如古代哀恻的画角,游龙般地盘旋在悲凉的旷野里。在风雪的钧天雄舞中,天与地之间已泯灭了严格界限,一切阶层形态全被掞杀了。到处急滚着大旋风似地泡沫状与颗粒状,缠杂着鲸鱼型的白色喷雾与大条大条的神秘银河,闪闪烁烁的熠爚着充满棱角的光粒,远远看去,直是一片投影在柯达克胶片上的空间深处的天鹅座大星云。关外雪没有江南鹅毛雪的黏腻与柔润。它是干燥的、粗棱棱的、纯然是粉末状的碎结晶体,经狂风一扫卷,分外显得粗硬、凌厉、强悍与混沌,正如北人的禀性……

原野,山岳,河流,森林,冈峦,村落,……全沉没到垩白色的大波浪里,像一些触礁失事的船。全部嫩江冲积层遭遇了一场空前的白色大洪水,整个被白色卷去了,任何区别地形的最隐微的弧形线纹全堙灭在白色大洗礼里。在风雪的疯狂扫荡下,空中没有翩跹翱翔的鸟翅,地上没有血腥气的野兽影子,人的足迹近于一种不可思议的神秘。零下二十度已把一切生命关闭起来。欢乐,火光,希望与理想,全褪为另一个星球的记忆。整个宇宙缩小成一簇摇摇欲堕的星群,天空变成一只败坏了的闪亮的水果,在无声的溃烂着,一片片铅云仿佛就要被狂风扇落下来。

旧俄罗斯黑色膨胀欲的结晶的哈满线,伸展着蟹螯似地钢铁胳膊,横贯了巴尔噶高原与嫩江平原,提携了茫茫西北利亚与关东沃野。在风雪的骠骑兵的突击之下,这条大输血管的倨傲的雄姿,现在也崩溃了。黄花松的铁道枕木

---

* 韩国人古称伽郁族。——原注

全然被掩埋，成为雪的殉葬品，崛强的青色钢轨瘫痪成两条白花花的长长的死蛇，凄然静躺着，尾巴被遥远的白色雪浪所吞蚀。如果不是铁轨偶然的轻悠悠的颤动，人简直会忘记雪下面是隐藏着一条包括半部远东政治史的交通大动脉。这颤动声起先是倏然的、玄秘的，如海底一条鲑鱼的轻轻的呼吸，渐渐的呼吸愈来愈急促，铁轨的抽搐也越来越歇斯地里亚……一团灰黯的点子虚无的从白茫茫的天际线处蠕动着，越显越分明……终于，雪原上像遭了场凶险的大地震，车轮样滚动起一阵沉闷得可怕的隆然金属吼声："卡隆！卡隆！卡隆！卡隆！……"夹着一阵阵尖锐的汽笛声，犹如巨人的怒号、天神的咆哮。蓝钢车大鳄鱼般地出显了，爬行在白森森的旷野上。这时如乘飞机向下作鸟瞰，会惊讶于这白色大雪原的一部份竟会爬动起来。在大风雪的拥抱中，在白灼灼的光雾里，这大鳄鱼神经质的挣扎于雪的沼泽内，爬过处，尾闾部分卷腾起一大片乳白色的雪雾。除了抑郁的哮喘声与叹息似地黑色烟浪外，它并没有带来风雪以外的任何生命符号。几分钟后，它悄然隐遁了，留剩在旷野里的依然是没遮拦的大雪原与白色不透明体、无边的骚乱与无边的深渊寂寞。

雪的白璎珞浮荡荡的蕤垂着，断断续续的，歪歪斜斜的，疯疯魔魔的。随着大风暴的扫卷，这神秘的璎珞幻化为千万条粼动的白蜈蚣，映衬着铁道边柏树电杆的摇颤颤的躯干，与高架电线的大提琴似地呜咽悲鸣声，原野上仿佛在举行一个最癫狂最悲惨的假面跳舞会，一切的存在全蒙上了面具……当这跳舞会达到最高潮时，远远的沿铁路线边，一个新的假面舞客幽灵似地浮现了。这是一团抖动着的渺小灰色影子，虽然轮廓很模糊，它却在固执的象征着一个意义与存在。丝毫并没有铁轨的颤动声，这影绰绰的符号很难与那铁甲大爬虫联系在一起……渐渐的，这渺小的灰影子梦幻似地膨胀了，扩展了，抖动着，越抖越清晰，终于凝结成一个坚实的完整的姿态：风雪以外的唯一的生命记号——一个人！

这人凫泳在风雪的汹涌波浪中，如希腊神话中被恶运惩罚的唐达利斯[①]。他前进着，像一支[只]失去控制力的破船，颠簸于无涯涘的银海里，被滔滔白浪所拍击，所推送，一波又一波，一程又一程。远远瞭望过去，这人并不像一个在走动的两条腿动物，而是一团流动在大风雪中的固体：一片枯叶或一羽鸭毛。滚着滚着，近了近了，这才楞发觉原来是一个拄着铁手杖沿中东路行脚的旅客。

这旅客年约三十开外，面目黧黑，身材魁梧，宽阔的肩膀上负了一个小行

① 唐达利斯受神的惩罚，永远浮沉于海中而始终不能得一口水喝。——原注

李卷，步态异常沉重而蹒跚，发散出浓厚的疲倦意味，似乎刚从撒哈拉沙漠的长远旅途里跋跡[涉]归来。他一行迈开大步，粗犷的用铁手杖叩击雪地，一行频频回顾，桀骜的觑视着，如一只专用嗅觉捕捉野味的蒙古獒犬。在这慓悍的大风雪中，他的隐藏在茶烟色墨镜后面的眼睛显然狩猎不到什么，这摇颤着一颗寂寞灵魂的雪野，只能给他原始性的荒凉、绝望的空虚、无可救药的阴惨……

毛茸茸的雪光奇迹式的膨胀着，烟雾似地升腾着，夹着强烈的传染性，受濡浸的灰湛湛的天幕于是也煜耀着凄艳的明亮。这是一种不透明的混浊的光，近似那黑夜初退潮后的穿透过多毛厚玻璃的破晓曙光，色调极其阴郁而迷眩。这时地球约莫在回轨线上自转了一半，是一天中白昼光最强烈的时分，也是雪白色传染性最猖獗的时辰。一只无边的白色光网俘虏了地面的一切。一片虚无主义的苍白色无声的蔓衍开去，洋溢着强厚的凉飒飒的白色的芳香。一股略带咸味的寒凛凛的潮湿气味在强烈的上升着。

如重磅炸弹崩裂后飞迸出来的破片，如火山爆发后疯狂冲击激荡的镕[熔]岩火浆，雪沫子横暴恣睢的飞舞着，扑斗着，撞击着，急雨点似地鞭挞着这行脚汉子。他的黑羊羔皮猎帽上，俄国粗棉织品的草黄色“杜苏里克”[①]上，羊毛“围脖”上，灰色行李卷上，全满满驮载着银雪。他浑身喷散出一股强烈的银光，几乎被装饰成一座在走动的银色建筑。风夹卷着雪，狞毒的向他大瓢大瓢的倾泼过来，干硬的雪颗子与多棱角的凛寒钢针似地扎着他的肌肤。他的猎帽是齐眉压住，三面帽檐全被拉下来，遮往后脑勺与耳朵；他的“围脖”没头没脑的缠裹着，连嘴巴与人中也包扎起来；为这二者势力所不及的一小部份裸露面孔，则不断被风雪与严寒的刀子所劈刺，爆发着割裂似地痉挛阵痛。但这阵痛只是肉体上一种本能反应，他的心理感觉其实早已僵成一片风化石，纯然麻痹了。对于身上的冷冷积雪，他也毫无感觉，更未想到抖一抖或拂一拂，径让它们自行堆积起来，随着风的扫卷与足部的摇幌，又自行滑跌下去，不断的堆积着，又不断的滑跌着……

荒凉，凛冽，冱寒，阴湿，抑郁，恐怖，寂寞……一千种一万种的悲剧气氛，像野兽从岩穴里冲来似地，围攻他，猛扑他，吞噬他……他蔑视这些！他的心是一块冷硬的岩石，他有大的孤傲、大的唾弃与大的残忍！他的灵魂现在已凝冻成一片孤独的冰块；有着太多的冷酷与太深的坚硬。在旷野的荒凉的眼睛里，他现在已没有了过去，也没有了将来，只有脚印的现实存在。每一举足，一

---

① “杜苏里克”为俄国平民工人服装，形如外套，用粗布缝制。——原注

块足印立刻镌铸在雪上，但旋即被雪填满，被风扫去，于是再产生新的足印。……足印不断的死亡与再生，形成一长串无声的流逝与忽现忽灭的存在。这存在相同大江的一片波浪流注入大海里，虽然是刹那的、断断续续的、新陈代谢的，却是他在天地间的唯一的真实存在。除了这一尺多长二尺多宽的椭圆形痕迹外，他再不能给予世界什么，世界也再不能向他取得什么。——他的灵魂与肉体业已缩成这样的一个足印。

……一个脚印死了……一个脚印活……随着一个脚印，一个圆圆的白点子也并排勾勒在雪上，旋又在雪风的急扫中随足印泯灭。于是新的脚印，新的白点子，那脚步声与手杖声隐约得等于零。

他走着，孤独的走着，踽踽的走着，踯躅的走着，颠踬的走着，蹒跚的走着，摇撼的走着，固执的走着，局蹐的走着，踱踱的走着，躄躄的走着，冷酷的走着，昏眩的走着……他这样走着，连自己也不知道经过多少天了。

……自从那一个应属于地狱的残酷的黑色日子起，他就这样走着，怀着大愤怒与大绝望。他逃跑着，像一只受伤的箭猪。他逃出用金子铺地的洋场，逃出四时开花的城市，逃出红尘万丈的人海，逃出笑声里杂着哭声的政治黑流，逃出太阳光发散出黄梅天霉湿气味的繁茂乡村……沿中东路向黑龙江西北部逃亡着，流浪着。他听不见外界任何声音，他听不见大风雪，鸡鸣，或犬吠。他的内心的宏大声音压倒了一切：

> 逃啊！逃啊！逃到古巴比伦！逃到小亚细亚！逃到西伯利亚！……逃到阿拉伯沙漠里！逃到印度森林里！逃到蒙古荒原里！逃到非洲蛮荒里！逃到埃及的古岩穴里！……我憎恨蚊子似的群众，我憎恨贩卖人肉的城市！我憎恨充满刀光剑影的机器！我憎恨用黄金铺筑成的文明！我憎恨蔻丹指甲与涂抹着 Kiss-prove 的红唇！我憎恨用死尸来威压的秩序！我憎恨喇叭与铜鼓！我憎恨一切流线型！——让我做一块阿尔卑斯山顶的石头吧！

于是他餐风饮雪，晓行夜宿，幽灵的影子似地飘动在中东路上，游魂似地浮荡在这白色大沙漠里，有时落在列车后面，有时抢在它的前面。

“总有十来天了吧！”默忆着自己的旅程，他的思想不禁沉重起来。这些天来，一股原始的情绪驱策他，催促他，他只顾向荒凉里逃去，此外并未作其他实际打算。经过这些日来的消耗，即使不细数口袋，他也意识到一口无底的陷阱已在前面等待着他了……

“这是甚么地方？”照他估计，离哈尔滨至少有七八百里路了。他早越过昂昂溪，越过朱家坎、伊玛胡卢、碾子山、成吉思汗、朝阳冈、张德川、雅鲁城、扎兰屯……

猛抬头，往远看去，他兀自吃了一惊。就在这大风雪急旋中，一种涌天白浪似地急拥出一座峥嵘巍峨的擎天高峰。这孤峰透明得如北极冰山，峰顶耸立着一株银色盘龙松，峰后而是群山的白色幻影与森林的白海。这孤峰的山嘴子是平荡荡的，由于四面八方狂风的冲扫，它的斜切面的雪全部被扫光，一阵狂风起处，它的荒秃的横断层霞一样的闪射出一片红色——

"啊，红土！"

一声绝望的呼喊浮腾在旷野上，这呼喊声旋即如一支悲哀的残灯光似地被大风雪吹熄了。

呼喊者摘下墨镜，眼珠子要爆炸似地死死端详着：那是怎样富有强烈诱惑性的红光呵……

他停下足步，摔开行李，弯下身子，用手杖的把柄拨开身边的积雪，又用戴着麂皮手套的手把残余的雪渣子扫开，登时他脚下也裸露出一片赭红色。他挖起一团泥土，放在掌心，那土是红斑斑的、湿漉漉的，如一朵雕残的鸡冠花，含着太多的哀怨与太多的故事。……他的络织着血丝的狮子眼瞪得大大的，带着无可形容的绝望与恐怖的表情来凝视这团红土。渐渐的，他痴傻了，石像样兀立着，双睛是两支红烛，直插在手掌上。望着望着，托住泥土的手渐渐抖颤起来，浑身也渐渐抖颤起来。……两颗圆圆的晶莹泪珠从颊上滚下来，无声的寂寞的流动着，还没有滴落在地上就被风吹散了。

风雪越来越猖獗泼辣。雪珠子卷腾得如千丈胡沙。狂风是数不清的无情巨手，要把这世界撕成碎片，要把地面的一切存在物像火柴样一根根扭断。风扫雪，雪卷风，风风雪雪的扭结成一片，在疯狂的角力。原野是愈益悲惨而浑噩了。他伫立着，忘记了风雪，也忘记了自己的存在。渐渐的，他的眼睛模糊起来，花乱起来，摇幌在他面前的似乎并不是黑龙江西北部的雪野，也不是万里平沙的亚洲大陆，而是他的久已失落的如锦如绣的半岛原野。

……在大海的那一边，在遥远的鸭绿江与图门[们]江的彼岸，他的失去的祖国原野上，到处展览着这样的红土，是沃腴得令人醺醉的土地呵！当那美丽得令人哭泣的春天以狐步舞的旖旎姿态飘来时，当那翦水的燕子梦一样的轻捷的掠来时，霞样的红土上蔓开着霞样的杜鹃花，这猩红花香在夜里会把一个少女从梦中惊醒的。春天的云海是透明的、媚惑的，那一万二千峰纯是白石砌成的金刚山，直是一簇簇发光的玻璃建筑，连它的灵魂也是发光的，透明的。朴渊瀑布一条条闪电似地闪亮着，大风琴样的淙淙铮铮的交响着宏丽的音乐。

豆满江的碧流清澄得可见鱼鳍的翕息。蔚山湾的海水是纳蕤思临流自鉴的清泉之明镜。太白山点缀着五彩水禽的潢池是荷兰风景画。郁陵岛的累累蟠桃结得有月亮大，羔羊样身材的猫踯躅在阳光里[①]，伽倻山红流洞边的飞泉缭绕着磐石作旋迴舞，终古弹射出明朗的笑声与歌声。那些结着千年人的芙蓉花似地山![②] 那些游泳着明太鱼与海鼠的海！那些流溢出蜜与奶汁芳香的苍秀林木！那些白色槿花![③] 那些西班牙女尼似地白衣少女，头上顶着希腊古瓮似地水瓶，迈着细碎的小步子在汲水，麋鹿样匍匐到清泉边，静静的缓缓的汲着明亮的水，如一个女孩子在静静的摘花，一朵花一朵花的慢慢摘着，空气里经掠过清脆的泉水流泻声，远远的如梦的伽倻琴声响了。……

手一颤，那团红土从他手上滑落了。

……

十分钟后，当他再揹起行李向前迈步时，一个新的决心火焰似地摇幌在他的思想里。他已失去离开这片红土的勇气了！

（一九四二年七月十九日写完）

[原载于《中央日报·前路》(贵阳)，1942年8月29日—9月8日]

① 韩国郁陵岛的桃子与猫特别大。——原注

② 韩国汉城三角山如三朵芙蓉花。——原注

③ 槿花为韩国国花。——原注

狞

无名氏(卜宁)

一

阴历正月末,金耀东带着贝尔特开始狍子的处女猎。

在这些日子里,冰天雪地的北国原野,照例满满披挂着银色铠甲。雪不断开着空虚的白色花朵,又结着空虚的白色果实。玻璃色的透明体填塞了一切,也填塞了人的思想。一切全带着异教徒的荒凉味。人在雪地里沉浸久了,连灵魂似乎也被冰雪所同化,所濡染,成为白色的一部份了。

这一天,金耀东出门时,天色还空白得如一株剔空的菩提树。待他踏着白皑皑的琼瑶玉浆,迈入哈拉苏附近的狍子麕集处的山里时,天云立刻渲染起阴影,远远地平线处,一片片湿雾比抓人吃的兽爪子还可怕。趱程越久,入山越深,气压也越沉甸甸的。不久,真珠母似地雪点子当真竟撒落下来,风媒花样的往他浇灌着。从遥远的呼伦贝尔的荒漠里,从大海洋式的外兴安岭腹部,凛冽的西北风低低嘈杂着,轻浪似地巅簸过来,波动的震幅越来越大,终于蛇嘶起来。平板板的大气层登时酝酿了急剧变化。人家的水银柱上的蓝线是在愈加缩短了。

他无视了天气,把杜苏里克的领子翻卷起来,径自背着马枪,领着贝尔特,继续向深山里前进。

狗不脱野性,老是不能安份,不时摇头摆尾地泼刺刺的跑到前面,直到他连声咤叱着"那扎契!那扎契!"[1]才不甘心的放慢步子,紧随在主人后面。冬猎与秋猎因气节不同,狗的作用也两异。秋猎时,借重猎狗搜寻走兽飞禽的气味,必须把它远远放纵在前面打先锋才能收效。冬猎时,天气潮湿,气压太沉

① "那扎契"为俄语,意即"退后"。——原注

重，野兽的气味全沉淀了，轻易难袅溢开来，狗的嗅觉纵灵敏，也无济于事。这时猎人的唯一搜索方法，是在雪地上找寻兽的足爪痕迹，如果老远让狗闯在前面，非但毫无裨益，且反而打草惊蛇，先自惊骇了那潜藏的野兽，故猎人必须把狗紧压在后面，待枪响后方准它自由行动。

一次又一次的，人与狗绕着山沟子与土砬子，兜来转去的搜索，历时甚久，始终未能获得兽踪。在那贝壳色的地上，只有雪的空虚的白色眼睛在干瞪他，此外甚么也没有。狩猎人怀疑天气太冷，严寒慑伏了一切，风风雪雪萧萧霏霏的，恶化了大地，狍子全深藏潜伏，无心出来觅食，雪地上自难有它们的的足迹。即使有一半点爪痕足印，不是被风卷刮，就是被雪覆盖，一时也查勘不出一个究竟来。

雪悲愀愀的落着，阴漉漉的风凄伶伶的吹着，地面蒸腾起的潮湿气愈益重而凝涩了。看样子，风雪一时似难收梢，失望的阴影不禁在他心上搓揉起来。他走着，一滴滴的忧郁似从他汗毛孔里渗溢出来，他不知道这个猎程会得到怎样一个结束。

中午时分，他很想回去填肚子，然而一种没有来由的倔强挝住他，他咬咬牙齿，摇摇头：不能空手回去！

人与狗忍耐着饥寒，继续在风雪里追逐，山前山后的巡回着。

时间如一只只神秘鸟，不断掠翅过去，数不清是飞过去多少只了。人与狗不断为失望所煎熬，失去最后的勇气。

狩猎人牵肠挂肚的走着，高一脚低一脚的，忧思越抽越长。这时冷风几乎全然代替空气来喂饲他的呼吸器官。看看天色与阴影在成正比例，他不禁分外焦灼烦燥起来。他开始深味到生命的艰苦，切肤觉得存在的惨痛意味。过去他为一个民族的生存，曾酸辛的咀嚼这艰苦、这惨痛，现在他为渺小的自我保存，也同样读到这一悲剧。人流汗流血，但并不一定能换得面包，社会制度是裸呈出怎么可怕的魔影。……

正沉思着，他忽然发了傻，怔怔的盯视着雪地，接着便为一阵狂喜所扫卷，就在他面前雪地上，竟分明镌镂着一串串清晰的踪迹，有些雕塑出双叶形，有些描绘出蝴蝶形，这正是狍子的足印。狍子慢慢走时，它的双蹄是拢紧的，烙印在雪上便成为双叶形，它跑快了，双蹄尖分岔开，连足脖子上的附蹄也不断印在雪上，便成为蝴蝶形了。……

他审慎的顺着这零乱的兽踪向前搜索，转过第三条大山沟后，远远的，在山坡上一颗针叶松下，他隐隐瞥见一只灰白色的动物蹲踞着，利用松叶的浓厚白色阴影来掩护自己。这盲目的生物似乎毫未料到：在这样恶劣风雪天，也会从半天里掉下一个猎人来为难它，加害它。

一阵震澈四山的炸裂声，……

“砰！砰！砰！砰！砰！……”

猎人把马枪里的五粒子弹一气连续射出去。枪响处，“砰”的一声，贝尔特一只箭似地穿出去。那背上中了两弹的狍子，还想挣扎着逃脱，瘸拐着，走不几步，就给狗撵赶上，回力球似地蹦过去，一口狠狠咬住它的颈项，乱咬着，乱叫着，充分表现了胜利者的跋扈与骄傲。狍子这时是毫无抵抗力，临死前只能像婴儿似地“啊啊啊”的啼哭着，哭声异常凄惨的缭绕在雪野里，……

他跑过去时，狍子的脖颈已被咬断半边，早已死了。他拾起来，颠了颠分量，相当沉，少也有四五十斤。他的面色不禁有点开朗起来。

狍子与鹿是同宗，比鹿稍小，没有鹿的美丽的树枝角与梅花纹，却也自有它的瑰艳。此刻不是夏秋，它的毛色不是枫叶红，而是破晓曙光的银灰色，没有羚羊毛的白，却有它的温柔。现在因为臀部与足上中了两枪，是擦伤，擦得很深，

血水渗溢出来，再加上颈项上被咬断处的鲜血如泉涌，这灰白生物竟染成红的了，浑身是血，倒卧处的积雪，也被浸透了，浸红了。这正是寒季换角时分，它头上的两支尖尖犄角已脱卸掉，是光秃秃的，分外显得可怜。

狩猎人凝望着这片血红的惨景，心中并无怜悯，正如他雉猎时所抱的哲学——一切全是命运安排定的！

在另一边，贝尔特获得这一胜利后，脸上并无欢悦的痕迹，也没有用爪子抚摸它，更没有绕着它团团转或发出欢呼声，它只是默默守在一边，呆楞楞的，似乎被风雪、饥寒与疲倦夹缠得有点昏眩了。

看看狗的神色，再看看天色，狩猎人决定终止行猎，他从身上取出早储备好的皮绳子，套着死狍子的脖颈，再一勒，抽得紧紧的，这样收拾停当，便背上枪，一手牵住皮绳子，呼唤着狗，向归途走去。雪面是滑溜溜的，狍皮也是滑溜溜的，狍子拖曳在雪上，就像溜冰一样的轻快与舒松，不断发出“忽忽忽”的轻悠悠的声音，犹如一面绸旗子在疾风中翻来翻去的打着花呼哨。

走不多久，天云便昏暗起来，一片片阴云似乎要坠落下来，染黑他的身子。风雪变本加厉的猖獗着，在故意为难的折磨他，阻挠他。他冷静的走着，硬下心，准备接受风雪与夜暗的挑战！

二

犹如维苏威火山的爆发，夜所熬炼的黑色毒浆盲目的喷散出来，先是缓慢

的迂徐的泼墨，继而是昏眩的震荡的溅溢与激泻，终于是峻急的大片大片的黑色雾雨，漫山遍野的泛滥着，占倾着。如果不是雪光的强烈的叛逆与抵抗，这大黑暗的扑击早把全部天地污染成末日的地狱了。雪光毛毛棱棱的，咋吐出无数千万条白花花的长舌头，贪婪的舐吮着渗透大气层的墨黑液汁，无厌倦无休止的舐呷与啜吸。……经过雪花与夜暗的奋斗，天与地之间孕育滋生出一片白森森阴惨惨的光辉。一种类似僵尸骷髅的死光；一种大绝望大麻痹的幽光。这魍魅式的苍白光波旋风样滚转上去，连黑魆魆的天空也给震荡迸射出白泡沫白点子似地。

朔漠风狂驰着，嚎叫着，要把疯狂传布给一切。上帝的"愤怒的瓶子"①已被砸碎，一切全昏眩而失去理性了。在风的疯狂摇撼下，旷野也暴燥而疯狂起来，它的隆然的庞大身躯报复性的膨胀着，晃动着，似要把整个宇宙填得满满的、饱饱的。蛮犷的雪点子胡沙样飞旋着，轮舞着，到处似有无穷的苍白色螺旋在疾回，在急滚，滚着滚着，一个个猛然矗立起来，变成一尊尊白灼灼、湿淋淋的海神，狰狞的悍笑着，戟张的白须白发飞舞着如一大圈一大圈的银轮，终于又全部崩溃在白色雪雾里，于是不久又是新的螺旋，新的海神，新的崩溃。……

这狩猎人艰苦的跋踄在风雪里，幽幽颤颤的，如一条孤独鬼魂。地上的雪积砌得足有两尺深，一步一个陷落，从陷落的雪里拔起乌[靰]鞡，不啻拔起一棵树。走着走着，他的脚步逐渐沉重起来，他的身躯似乎并不是往前挺进，而是在向地层里陷落。……

西北风的锐利的飞刀子多如蝗虫，飚迅的穿梭着，毒狠狠的割裂他的裸露面孔。雪颗粒虎爪子似地扑击他，撕抓他，夹着冷酷的零度。他浑身感到奇异的冻结，觉得自己已成为一座冰块砌成的建筑，而整个世界也变成一片冰冻的坚固体，一伸手似乎就可以扪触到它的硬度与寒度。……

从清晨起，直到现在，他还滴水未沾牙。经过一天的奔波与搏斗，连他骨髓里的最后一滴精力似乎也给饥寒与疲倦抽吸得干干净净。只要他愿意，他随时可以倒下来，投到死亡的陷阱里，他随时可以成为猛砸在岩石上的急浪，碎为齑粉……然而，在大昏眩与大疲倦中，由于绝望的粗糙的磨砺，神经细胞经过一阵割裂的阵痛后，竟激射出一股凝炼的反动力，如燧石上迸溅出的火星子样爆炸着，一串接着一串，终于形成一股顽强的生命力。——靠这片从大绝

① 《圣经·新约启示录》第十六章第一节："我听见一个洪大的声音从殿里发出来，向那七位天使说，你们去，把盛着上帝底愤怒的瓶子泼在地上。"——原注

望中产生的反动的生命力，他才能稳定住自己，支持住自己。

夜暗的浓度与风雪的深度在成正比。夜愈益深沉落下去，风雪愈益狞猛起来。在白闪闪的夜光中，雪霰就像无声的白色急雨点子，一阵比一阵猛烈，无情的鞭挞着大地。大森林成为一些摇摇晃晃的鱼肚色巨人影象。山峦凸显出一些魍魉魑魅脸谱式的三角形。河流与村落完全腐烂了，崩陷了，消灭得无形无踪。大片大片的草甸子在狂风中哀嘶出粗嗄的悲郁的呻吟。偶然间，如几声鬼嚎，断断续续的惨厉汽笛声翻滚在风雪里，杂着苍黯的象征大地忧郁的机轮盘滚声——经过哈拉苏的最后一班列车是消失了。远方大约有狗的嗥哗声，是阴森森的抽噎，然而却被风的怒吼声镇压下去了。

这夜行人走着，走着……

走着，走着，走着……

猛可的，眼一亮，迸溅出千万粒金星。是那样迅捷，当他才发觉自己是与一个庞大物体相撞时，一个倒栽葱，全身失去重心，他已扑跌到地上，鼻头冲击了一枝极尖锐的长东西，酸溜溜的，他差点没疼痛得昏晕过去……

定睛瞥了一眼，他面前横躺着一棵粗壮的倒木。他的鼻梁骨正好撞触着一枝锋利的杈桠，登时擦破皮肉，经朔风与寒气一割划，那阵阵裂痛连他的心也要捣碎了。然而这苦难是极刹那的。经过这生命的深沉痛苦的闪电式的一击后，他的灵魂与肉体反而升华起来，上升着，飘举着，轻悠悠的，从一座云层升到另一座云层……

他阖上眼睛，逐渐糊涂起来。他忘记了自己是匍匐在地上。他不感到风雪与凛寒的仇恨攻击。他也毫未想到作一丝丝最微末的动弹，甚至一根手指或足趾的蠕动。一些湿渌渌、黏孜孜的液体从鼻尖上流滑下来，是一条条猩红的鲜血。这淋淋漓漓的殷血涂污了他的脸孔，沾湿了他的“围脖”，染红了他身边的雪，他丝毫不感觉到。他的思想的翅膀飞展得远远的，远远的……。在他身内身外，一阵松一陈紧的，激起神秘的巨大回音，隆隆的，轰轰然的。一幕幕悲惨的画面在他脑里放映着电影。生命的大悲剧沁滴出比硝镪水液还具有强烈剥蚀性的苦汁，渗透了他的全灵魂，损毁了他的每一颗细胞。……跋涉在恒河畔的颜色憔悴形容枯槁的释迦，苏格拉底的毒药，冰天雪地中的华盛顿的悲惨的大溃退，贝多芬的聋聩与命运交响曲，尼采的疯狂……一幕又一幕的生命大悲剧浮雕在他的思想里。这其中给他创伤最深的，却是一个俄罗斯名将亡命的故事。这故事现在又像过去无数次一样，恶狠狠的鞭挞他，咬噬他。

三

这是好几年以前的事了。当豪华的罗曼诺夫王朝溃灭后，一个曾任华沙方面总司令的沙俄名将流浪到异邦。由欧罗巴而新大陆，最后为生计所逼，又从纽约流浪到洛杉矶，叩好莱坞一家大电影公司的门。此后有数年之久，他一直默默的充一名三四流演员，没有人知道他的阴暗身世与阴暗情绪……

一个机会来了(至少在别人看来是一个机会)，他被聘为一个军事影片的主角。片子的内容描绘一个帝俄将军的哀艳、悱恻、缠绵的一生。故事的复杂错综的情节满溢着现代人的浓厚忧郁与伤感，犹如满满的溢起一杯黑色葡萄酒。

这俄罗斯流浪汉有着老橡树似地魁梧身材，粗壮胳膊，纯军人型的面孔，动作与表现异常刚强，冷硬，单纯——这一切正是构成本片主角的主要条件。

片子开始拍摄了，公司投资一百万，恣意追求布景场面的雄阔伟壮与服装道具的富丽堂皇，千万影迷们在预期着这部艺术品的辉煌收获。

随着开末[幕]拉的〔的〕响声，一幅幅璀璨绚烂的画面凸显了，一幕幕光怪陆离的场景呈现了。片中最惊心动魄的一幕是大阅兵式。单为了这一幕，公司就耗费了二十万美金，一切尽可能的求其雄伟而庄严、华炜而炫丽。

拍摄这一景时，影迷们如群蜂绕花旋舞，充溢在工作场四围。

……远景是尼古拉皇宫。罗马式的金碧大穹萨的灿烂建筑从地面辉煌到云天，无比的光华与夺目的绚丽，闪耀得像一个盈沸着珠光翠气的伟大宝石展览会。这里面有尼尼微的翡翠，印度的玛瑙，波邦朝的红宝石，阿姆斯德尔达的绿柱石，赤金黄色的“日长石”，雪白的“月长石”，青赤淆驳的紫水晶，火焰一样的红玉，肉桂石，虹纹的乳色蛋白石……

白鸽子成群的寅缘着古教堂圣钟旋回蹁跹，戈特建筑的塔尖伸展出长长银臂，勾心斗角的飞檐鸟翼似地向天空飞掠着……

……在闪耀着大理石光辉的白石广场上，浩浩荡荡的军队，像是用钢筋与三合土混凝而成的，一排排砌列成无穷的长蛇阵。锦绣的旌旗是大鹏鸟与凤凰的华丽大翅膀，意气洋洋的翱翔着，飞展着，拍击着，直欲遮蔽天日。千千万万条枪枝投映出千千万万条强硬的斜线，辐射出冷凛凛的钢铁光芒。每一个士兵全戴着亮晶晶的钢盔，盔刺傲慢的直刺天空。他们一律穿绿军服，溶化汇注成一片绿澄澄莽苍苍的大海洋。制服上的镀金大钮扣，一粒粒在日光中焕耀着光辉，如金刚钻。他们凝立不动。千千万万人全有着木板式的面孔，笔杆式腰支，冰冷得要冻结的目光，犹如从同一个模型所浇铸，所雕塑。在森严的纪律中，他们全僵化成一座座石像，连空气似也给传染得冰冷而发硬了。

……如一轮红日突从东方沙漠里飞滚出来，军乐声华严璀璨的涌显了。这是一阕雄壮的俄罗斯军乐。铜角声惊天动地的震响着，大喇叭如天鹅群的空中夜鸣，奇异美妙的鸣奏着。铙钹声是火山要崩溃前的沉闷吼声。金鼓如暴雨点般地急急擂打着，一阵比一阵紧急……。乐声峻急的演奏着，逐渐浮荡起蛮野的音色与情调，令人联想起脸色如鸦片烟膏的魁梧印度人，躺在火焰色的地毯上，用黄铜与苇管精制成的长烟管型的粗犷乐器，演奏出印度毒蛇演艺场合常奏的乱暴音乐；牙齿亮晃晃的夏威夷岛黑人音乐家，沉重的敲击着铜制大鼓；吉卜西的流浪艺人，用特制的小型乐器疯狂的吹奏出含有强烈燃烧性的音乐……奏着奏着，乐声忽然幻变成一幅非洲原始洪荒的画面：彩色野兽含有毁灭性的狂冲出来，卷腾起一大片一大片的彩色波浪；虎的金黄色的黑檀色的雄丽线条，豹子的火焰似地灿烂蛮艳的粗壮迴纹，毒蟒的发暗的恐怖的犷美斑点，狮子的孔雀色的鬖鬖鬃毛，河马的发光的巨大黑眼，象的厚厚的雪白皮肤，长颈鹿的白钱点、梅花纹、挂冠角，颈子颀长得如印度的象牙长管……奏着奏着，乐声终于袒裼裸裎出旧俄罗斯的豪壮与富丽：柴可夫斯基“十二月序曲”的波澜壮阔的彩色，彼得大帝的雄勃勃的野心，帝国对于不冻出海口的强烈渴望，鞑旦尼亚族的旋回舞，涌现出六月天大树液汁似地膏油的黑土大地，圣彼得堡的希腊教堂的钟声，“地底下俄罗斯”的冲锋喊杀声，尼瓦河的浩浩荡荡的水流声，哥萨克的虎跃鹰扬的钢铁雄姿，俄罗斯军人的沉雄，俄罗斯军人的不朽军魂，俄罗斯的骄傲与俄罗斯的自负……这些又雄壮又伟丽又幽魅又魔魇的斑烂彩色，溶汇成一片滔滔滚滚汪汪洋洋的犷艳波浪，喧腾着，澎湃着，汹涌着，地球腹部的溶热似地昏眩了观众的感觉，燃烧起整个大地。——然而这千千万万座淡咖啡色的铜像，连眼也睐不一睐，目光是钻石样的冷静。

……旌旗闪动处，统帅出显了。这俄罗斯军魂投映出伟大的身形，巨人样的拍着高大的阿拉伯种骏马，昂然挺进。骏马采取“西班牙步”[①]的徐缓速度，庄严挺进：滴达达，滴达达，滴达达……

突然，一个压倒一切的宏大声音从天空跌下来：

“敬礼！！”

千千万万条电光一闪动，立刻造成一座比戈特式教堂建筑还庄严整齐的枪杆大森林，如一片作狮子吼的群众突然伸展出千千万万条粗壮胳膊。军乐的高潮这时已卷腾到最高峰，每一个音浪全是一片大风暴、大雷雨、大爆炸、大

---

① “西班牙步”是马庄严行进时的步法，通常施用于大阅兵式。——原注

嘶吼，似要把整个地球毁灭！

一声撕裂魂魄的森人的绝望呼喊——

正当千千万万人在期待着主角的庄严神圣之表演时，那俄罗斯巨人却突然岩石样从马上滚跌下来。……沙俄时代当年豪华显赫的一幕如一幕灿烂而刹那的返照回光，闪掠过他的濒于僵硬的脑浆，神知道这是最后的一闪，接着掠来的是一片永久的黑暗、永久的安息。

当这个不幸的主角为几个名医所包围时，他的蓝色脉管久已谧静了。

这一幕离奇的“戏中戏”，立刻成为全好莱坞视线的辐辏点，经过极详细的检查，在死者日记的阴暗储藏中，才发掘出这位流浪者往日的黄金珠宝似地身世与记忆。

这悲剧给这部残阙的未完成品带来稀有的光辉，公司当局立刻冠以“最后的命运”的名字呈献出去，一时风行欧美，赢得无穷的眼泪与同情，一个同情连结着另一个同情如锁链……

四

这俄罗斯亡命者的凄艳画片，是一片暗沉沉的乌云，忧郁的浮荡在这狩猎人的思想里。他不禁痛苦的想起基督被钉在十字架上的血淋淋的一幕：

“ECCO HOMO！（看这个人啊！）”①

俄罗斯亡命者是“这个人！”他自己也是“这个人！”

过去率领韩籍杂色军在滨海省附近追击白军的一幕，又凸显在他的记忆里。他觉得自己就是促成这白俄将军演悲剧的因素之一。如果不是他们的猛烈攻击，谢米诺夫远东共和国的崩溃不会那样快。生命的悲剧何其如是矛盾！又何其如是复杂怪奇！如是残酷而悲惨！他犯了什么罪？造了什么孽？要受生命如此狠毒无情的诅咒与报复？……灵魂颤栗着，鼻头一阵酸，神秘的泪水潮水样从他眼睛里泛溢出来，一滴滴的落到雪地上，像断了线的珍珠……

对于主人的古怪姿态，贝尔特又诧异，又怜悯。它睁大眼睛，寂寞的瞪视着。不知何时起，它忽然发现主人脸上的一大片污血，霍的跳过去，伸探出它冰凉的光滑的长舌头，竭力只吮着这斑斑血痕，抚爱的把鼻子四周的血迹舐得干干净净的，这才退在一边，默默守视着。

狗的爱抚，匐匍在地上的人并无所知，隐隐的，他似觉有一片神秘的潮润的凉凉的天鹅绒不断摸他……然而，这感觉只是一个短促的断片，不久这抚摸

① “ECCO HOMO”（看这个人），是指耶苏被钉十字架上而言。——原注

似又消失了。

这一天，连他自己也不知道是怎样爬起来的。站在明亮如月色的银白雪光里，他分明看出方才匍匐处的靠头部的四周，竟冻结起一圈腥红色的冰层。这是鼻血的结晶。这时他才开始意识到自己全身几乎已僵成一根石柱子，又冷又硬，又沉重，又麻痹，一部分肌肉似已失去感应，两腿摇摇晃晃的，随时要倒下去。看看狗，却是那样忠顺而可怜的守在一边，张着一双悲哀的眼睛望着他，犹如古帝王陵寝前的一尊石狗——他的眼睛止不住再度潮湿了。

风势稍稍压下去，雪仍然跋扈飞扬，越落越繁茂，像是有千千万万朵白色火焰在飞舞。通过寒冷的极度，雪似乎也会反常的灼射出热力。现在，雪正像一团团没有散乱锋芒的白色炼火，无情的燃烧起来了，天地间的寒冷也越可怕。

荷着枪，拖着狍子，他下意识的搬动起两条腿。这时在移动在行走的，似乎并不是他的肢体，而是他的意识。它像一团暗夜磷火，鬼魆魆的抖动着。他的全生命这时便缩成这样一团磷火。他不知道自己是往何处去，他不知道何时才能结束这团磷火的活动。

五

犹如古世纪被压抑的火光从坟墓里升起来，柴薪的血红光焰迸散于窑内，把浓浓的带有酣醉气味的红亮色彩涂抹在窑壁上。黑暗登时全被芟除。到处有强烈的火苗影子在作幽魅的颤荡。窑内的氛围红酽酽的、毛茸茸的，在抖动着一缕缕暖热的雾丝。窗子已用荒草堵塞住。风雪被拦在外面。窑内成为热流所充斥的世界，所有的暗影与硬度全被溶化了。石灶上的铁壶在“滋滋滋”的低吟，长长的嘴子喷吐出乳白色水蒸气，不断的消逝，又不断的升起……

贝尔特回到窑里，先是坐在地上，用舌头舐吮足爪。在雪地上奔波了一天，爪与爪之间的积雪早冻结成冰，足足舐了半个钟头才舐干净。接着，它便饕餮的吃着主人重新煨热的稠稠肉粥，啜完了一大洋铁盆，它随即卧倒在灶火的附近、主人的足旁，齁齁睡去。过度疲倦所酿造成的催眠剂，促使这折磨够了的小生命整个沉浸在遗忘之酒里。它的微扁的鼻子不断翕息着，流泻出轻微而温柔的鼾声，与铁壶里的水蒸气声串搭成一片，摇溢出罂粟花芳香似地陶醉气息。

在火光中，看看黑地白针的夜明表：已是十一点二十三分。他在户外风雪里，足足滞留了十五小时以上。

脊背凭倚着砖壁，坐在干草褥子上，他猛烈的吸着烟卷。他的长须如狮子鬃毛似地抖散在两肩上，像古代的不束冠的道士。他的织满血丝脉络的双眼阴郁的盯视那翻来覆去的火的红色波浪。过度的冻馁与疲倦掀激起他变态的歇斯地里亚症。他现在不想睡，也不想吃。犹如从泥淖中升起的洁净莲花，他从肉体的可耻需要中升华了。他现在所存在的，只是一片血火样的精神状态。

苍蓝色的烟纹蛇样的一条条袅上去，小漩涡型的烟篆曲曲折折的萦纡回绕着，潇潇洒洒的飘散，他的思想的条纹也一丝丝袅起来，又一篆篆的飘散……

两个月以前，如果他会想象到现在这样的生活，他将作何感想呢？

这是一种又孤绝又凄清又傲岸的神秘生活，像封锁在古塔里的弃妇，像古代埃及沙漠里的苦修士，像兀立在岩巅孤松之顶的荒鹫，像蛰伏在太古岩穴里的受伤野兽……是的，他是一只受了重伤的兽，他必须深深埋藏在洞穴里，默默舐吮干净创口的淋漓鲜血，静静休养自己的粗犷灵魂。他现在暂时要把世界一脚踢开去，把世界摔到自己的洞窟以外。

一切全印证着大卫指环上的铭语：存在的必须消逝。消逝吧！那花团锦簇的故乡原野！那灿烂如黄金的童年！那些热情连结着热情的日子！消逝吧！那些可怕的灰色回忆！那些鲜血染红的土地！那些鲜血染红的人民！消逝吧！那一堆用眼泪编织成的往事：在吉林境内的武装革命斗争，西北利亚的鏖战，宁古塔的流浪，哈尔滨的黑色恐怖运动……！一切全消逝吧！消逝吧！爱我者与恨者！

这样的比深渊还寂寞的生活，三十多年来，在他还是第一次。他企图用寂寞凝砌成一座坟墓，彻头彻尾埋葬了他的热情与仇恨。然而今夜，我浑身为什么涌出这样多的仇恨呢？

随着最后三个同志的灵魂溃澜[烂]与腐臭，他在哈尔滨艰苦缔造成的恐怖运动终告失败。牢狱镣铐与死亡在等待他，他的脑袋"官价"涨到十万元……他的灵魂太疲倦，他的情绪太憎厌，他的心境太黑暗，他渴望原始与寂寞，于是他便开始逃亡。他逃出人寰，逃到这片为风雪所封锁的荒漠里，逃到这座砖筑的墓里，用沉默与虚伪来接待邻人，用遗忘与欺骗来麻醉自己……然而今夜，我浑身为什么涌出这样多的仇恨呢？

是的，仇恨！它像兀鹰样固执的旋转着，在现实里猎取不到食品，便啄食他的心肝与灵魂。虽然是躺在这口荒寂的破窑里，他的灵魂却常不能安静。每当午夜，狂风在窑外怒吼，大树在旷野里作绝望的呼喊时，他内心也爆发起狂风，也在作绝望的呼喊。现在，在这深夜里，在这红惨惨的火光里，他似乎就看见东京的钢刀分明在宰割高丽半岛上的人民，血淋淋的尸身分明在堆高起来，一层层的，一层层的……在残酷的鞭挞下，千千万万人在倒下去，千千万万人在哭泣着，颤栗着，如被狼群包围的羊。到处是火与刀的审判，烈怒的报复，火焰的惩罚，死神的翅膀，地狱的阴影，剑光的闪烁，绝望的呼吁与绝望的哀吟……

一支烟蒂头被抛到地上，他阴鸷的笑了。他的两眼是传说中滴血的石狮子眼，他似乎看得见从自己每支血管里爆烈出来的仇恨的火花。

在他的歇斯地里亚的思想里，一个声音洪钟般地敲撞起来，这是深渊的控诉，深渊的呼吁：

"既然我的祖国已被毁灭了，所有其他民族的祖国为甚么要存在？既然我已做亡国奴了，其他千千万万人为甚么还是自由民？既然世界的一个美丽角落已届临末日最后审判，地狱的黑色毒浆在熬炼，在运行，在飞迸，为甚么全世界不受同样的惩罚与诅咒？自由并不是金丝雀，只让少数人供养在雕笼里，而让大多数人听见鸟的啭唱而哭泣！幸福也不是私有财产，只为少数民族所占有，而让其他民族永远沉沦在绝望的黑暗中！……人类都是地球母亲的子女！大自然的平等子民！是怎样一支残酷的魔手，用仇恨硬生生的来划分平等的爱，造出奴隶与主人？……"

"让世界毁灭吧！让全宇宙毁灭吧！——既然我的人民受苦了，我的祖国已被毁灭了。"

他的思想神经质的呼喊着，他的血液急速运行着。……火光一亮，一个观念闪过他的脑际，旋即如浮雕似地凝铸起来，猎户盛伦的话在他耳边洪亮的响起来："……鄂伦春与索伦野人蛮勇无比，只要有英雄好汉肯下本钱，与他们打成一片，好好教练他们，东北行许能出成吉思汗第二！……"

第二支阴鸷的笑浮现在他的嘴边。他的野心狂焰似乎随着火光而熊熊燃烧起来。当他抛掉第八支烟蒂头，把铁壶里的早达沸点的水倒在粗饭碗里时，他心中早打定主意了。他的两眼逼射出红澄澄的仇恨光焰，似乎要毁灭一切。

贝尔特的鼾声，这时变得阴森起来，在他足旁飘颤出沉闷的气息。在风雪咆哮的遥远的旷野里，隐隐的，似有阴暗的生命在啜泣。

（一九四二年八月十六日写完）

［原载于《中央日报·前路》（贵阳），1942 年 11 月 26 日—12 月 30 日，1943 年 1 月 2—28 日］

猎人裴得怎样赶走了日本人

曹靖华

在远东，在满洲的边疆附近，住着一家猎人：老头和三个儿子。两个哥哥打猎，小弟弟裴得留在家里。

有一次哥哥们打猎回来了，裴得说：

"我也想去打猎的。"

"你还年轻呢，长大了再去吧。"哥哥们说。

可是裴得坚持着自己的主张。

第二天，哥哥们起来就走了。裴得收拾了一下，也去打猎去了。

他走着，注意着一切——他不论碰到小树丛或者树盘，或者向那儿弯的树干——他统统都注意着。

他遇到了一只松鼠，他想打它。可是松鼠说：

"你干吗要打我呢？现在是春天，我们刚刚要生子的时候，我们的皮子是不中用的。到了秋天——那时才是打猎的时候呢。"

裴得遇到一了只熊，他又想打起它来。熊说：

"裴得，别打吧，现在我的皮子不中用，正脱毛的。秋天当我卧到穴里的时候，那时才是打猎的时候呢。"

各种各样的兽和鸟，裴得都遇到了。他同每只禽兽都谈了话。要得的——就打死，要不得的——就留下。

裴得的哥哥们回家了，一看裴得带回了好多东西，都坐到椅跟前，开始谈着话。

哥哥们说："裴得，你怎么打得这样多呢？你是有考究的人吗，或者你不过是一个老手呢？"

裴得微笑了一下，就对他们说起来。

"这事需要很多的劳动和手腕呢。"他说。

他们对他说：
“我们，也劳动，也走路，可是我们打的猎没有这么多呢。”
“那么，明天同我一块去吧。”
第二天裴得就对哥哥们指示着，那儿应该记住什么东西。
他们到了一道急流的河跟前，他由河上过去了，他们部[都]吃惊起来。
“裴得，你怎么一切都知道呢？”
可是他给他们指着树盘说：
“你们记着这个树盘，就可以过去了。”
都又走去了，走到山岩跟前。裴得也从山岩上走去了。哥哥们在他后边跟着。走过了山岩，入到一架密林里，他在那里对他们指示起来。
大哥说：
“裴得弟弟，你摸得很远了？大概回去怕晚了。”
“我们过夜吧。在这儿，在边境上，常常有两条腿的兽在跑呢。只是不要生火，不然日本人会看见呢。”
大哥忽然听见了哗喇哗喇响的声音，他把裴得的衣襟扯了一下：
“这是什么东西？是什么兽吧？”
裴得说：
“别忙，我去打听打听那里干什么的。”
裴得在小树林里钻着。他即刻就明白有人在走着，而且不是一个人，不是两个人，而是整整的一队人。
裴得叫了哥哥们。他们还没有走十来步，裴得忽然就低声的发号令叫射击。三个人即刻就射击起来了。日本人也射击起来了，可是无论怎样的射击，总是打不中。当子弹在腿上飞的时候——弟兄们那时向上跑着，当子弹在头上飞的时候——他们平平的躺到地下。
好多日本人。弟兄们为难起来了。
裴得开始请求森林帮忙了。森林就做了日本人的障碍物了。当日本人一把弟兄们包围的时候，一棵粗松树一倒，就把几个日本人压死了。一阵狂风暴雨起来，森林都弯成弓形，用树枝抽着敌人。日本人向另一方面扑去，迂回着。于是森林弯成弓形。裴得抓住树干，树干就把他送到日本人所在的那一方面去，裴得就无情的打着他们。
当时敌人很多，于是裴得就请求野兽挡住日本人，不让到苏联领土上来。
许许多多野兽都从四方八面出来了。这儿熊也大摇大摆的来了。熊抓起木槽就压到日本人身上，狼抓住日本人的腿就随便把他们拉走了，野猪有什么能耐呢——对他连一点也不能希望的——就连它也还在咬着撩[獠]牙。鸟也都向日本人飞来了，那时有鹰，那时有小鸟——一切都一心一德的，喧闹起来了，都用翅膀照日本人的头顶上打着，把他们啄死了。甚至连松鼠也不甘落后，在树上摘着松球，照日本人的额□上打着。

裴得看到有很多的援助，整个的大自然早都帮助着反抗日本：也有兽，也有鸟，也有森林，也有暴风雨。那时他□哥哥们说：

“生法支持着吧，我跑去找边防军去。”

他掷了帽子，掷了上衣就跑走了。那时跑起来很难。他想着脱了靴子，光着脚。脚都挂破了，可是觉不着痛，只想着一件事：无论如何要跑到的。他没有力气了，这时一只沙鹿跳了过来。

“快些吧，裴得，来骑到我身上，紧紧的抓住我的毛！”

沙鹿好像由弓上发出的利箭似的飞去了。

裴得到了边防军那里，发了警报。

边防军都起来了。

“弟兄们，来帮忙吧！日本人进来了！别把苏联的土地给他们！把他们赶出去！”

边防军都跟着裴得跑去了，绕过了日本人，从很好的方面就把日本人都捉住了。

红色的军官对弟兄们夸讲起来，问道：

“这样的一队人，你们三个人怎么样应付了呢？”

裴得回答着：

“官长同志，因为不只我们三个人呢。整个的大自然界都来帮忙来了——兽和鸟，森林和暴风雨都来帮忙来了。”

一九三七年五月，在布利亚特蒙古苏维埃社会主义联邦共和国的东肯镇的沙甘奴尔乡村苏维埃的近霍包克村，根据G·梭洛柯维柯夫的口述逐字记出。

（原载于《苏联民间故事选》，1942年）

山田伍长

[日本]细井健二
邓传璧 译

这是一篇敌兵的供状，著者细井健二君到大后方已经五年多了。据说他也是山田伍长底下的一个丘八。照他的学历，应该有个“知识丘八”的浑名。因为他曾经在专门学校学过机械，很有驾驶汽车的本领。

他现在已经很有感悟了。他想起他的过去，常常怀有无限感慨，一说到他为什么到大陆来，就连连打着自己的面颊，骂自己做“马鹿”。他实在是一个乐天派的人物，据说他现在没有什么胡思乱想，唯一的希望是能够看到日本军阀被日本人民所打倒的一天。

这篇小说是她的处女作，写的是他的实际的经历——从出征到被俘的前夕——。因为材料是出自实际的生活，所以就觉得可贵了。

——译者附志

一

在亚洲的一角，以华北卢沟桥一发的枪声为导火线，中日战争的序幕便揭开了。

这个可怕的亚洲的暴风雨，在整个华北肆着猛威，可恨的终于又袭到了华中。

这是一九三七年八月十三日大山大尉事件作起因，而结果两国的军队便在国际都市上海冲突起来，这是亚洲民族一缕淡弱的希望，局地和平解决的曙光也就霎时消失，急转直下而化为暗云惨淡的亚洲。现在这个暴风雨随着高举的音乡，开始在全亚洲狂吼起来了。

一九三七年八月十三日下午八时！

嗳！此年，此月，次日，此时……

从亚洲人民的脑袋里，不能片时或离的事，不是这可厌的可恨的日子而是什么？

“中日两军在上海的交战，越打越烈了。”

这个报道一传了进来，日本全国的街头巷尾便深锁着一种紧张的空气，直至昨天都还是和平的内地，马上被涂上军国一色了。

所有装置在商店、食堂、工厂……的收音机一声一声的侵入了耳膜，街上在汎滥着战况新闻和军歌，一刻也不停止，日日夜夜在继续着叫嚣。

无论那一个车站，那是欢送出征军人的欢呼，在军歌的会唱里，扔在后面的是一些瘦弱的背着小孩含着泪来送丈夫出征的女人，跟年老的母亲作最后的惜别着……等的悲壮场面，每天每晚在继续着。

铃……铃……铃……站在十字街头卖号外的报贩的铃声，慌乱的在街头震荡着，沉重的刺激着行人们的神经。

炎热的残暑，那是九月五日了。

有只悄悄的离开快到黄昏了的大阪港码头的御用船——大文丸七千吨的巨体，挤满了许多出征兵士，慢慢的动起来了，出港的汽笛声，是那沉寂的大阪港的黄昏的空气，也震动着嘹亮的余韵。

万岁！万岁！……暴风雨似的不断的叫着。

送者和被送者之间交汇着的纸带，渐渐的拉长了，于是仿佛忘记了中午的炎热的一阵凉风，从遥远的港口吹了过来，吹的纸带飒飒的响着，这样经过一个短促的感动而严肃的送别，握着在甲板上被送的兵士们手里的纸带，便一条一条无情的断了。

第二声汽笛压倒了整个海港，船已渐渐的增加了速度，于是他们可爱的祖国的容姿，慢慢在日暮中消失了，甲板上的兵士们一声不响的好像呆想着什么似的。

呵——祖国——再会吧！

二

船已经在一点也看不见的濑户内海的平稳的海面，轰轰地加着速力在运航着。

甲板上的兵士们一个一个的走开，现在全都走进了船舱，甲板上只是飘着一片凄凉的空气，好像浸在水里似的寂静了。

正以为一个人也没有了。可是在寂静而阔大的甲板上的一隅里，意外的有两个黑影，在那里叽叽的谈着话。

他们所谈的全是些燃烧着感激和兴奋的话：

“太郎君，我真太不成了，直至昨天我还把你而至你的家，都以敌意对待，招来了一种互相对立的生活。”

“可是，想想看，……我和太郎君过去是没有这种情形的，我们可不曾是一对要断绝也不能断绝的好朋友吗。”

说着这个话的那个士兵停了一下，又慢慢的在继续着。

“太郎君，那样亲热的我们之间，直至昨天还这样的对立起来，而至互相以敌意看待。我对于我自己的卑劣很觉得惭愧。请原谅我吧！……太郎君——”

说完了以后，他便紧紧的握着太郎的手。

“那里话！进一君，你刚才说的话，正是我要对你说的忏悔话呢。我才真是太不成呵！请原谅我吧。……”

太郎极力想看出对方的面孔，可是漆黑的什么也看不见，只听得推进器轰轰的怒吼。

“呵！进一君，过去像流水似的忘了吧。今后我们恢复像以前那样的好朋友吧。不，好像同胞兄弟一样吧！永远——永远——”

两个人的手，不知什么时候，已经紧紧地握着了。

“谢谢！太郎君，努力吧！”

“如果在敌地登岸了，明天的性命也不知道有没有呀”

“万一我先中了敌弹，战死了……太郎君，我的骨头便交给你。要是不幸，太郎君你牺牲了，我一定，一定收捡你的骨……头的。”

他说到最后的一个音节变颤动了起来，在冷清清的甲板上响亮的飘荡着。

他们清算了过去的对立，彼此发誓要做个确实的战友，两个人便拥抱着哭起来了……

“是的，进一君！和祖国已是最后了，我们唱首军歌来对祖国作最后的别离吧！”

“是吧，唱吧！”

夜色朦胧，眺望着放射出辉煌的灯光的离得很远了的大阪市，他们开始唱着歌：

“记得去年船在开走，别离了祖国的时候，在玄海里握了手，始知道你的籍贯名号。自此以后香烟一口，分做我们两个人抽，寄来的信大家看，你的身世说了三番四遍。拍着肩膀说过顺口：生死已到最后关头，死了便请收捡我的尸首，我们彼此说了一大套。”

合唱的声音，混入了寂静昏暗的空气里，船已经深入了平稳的濑户内海了。

他们有一个叫做山田进一，上等兵，另外一个叫做田中太郎，上等兵。他们是同乡，他们的家又是开铺子的一个相当的商家。

他们在镇上的小学毕了业，进中学也是同在一班的，他们的感情比亲兄弟还要亲热，别的人都很羡慕。他们在中学毕业了以后，都各自继承着父亲的生意。那个时候在山田馆子和田中馆子就发生了很激烈的同业竞争。

在那个同业竞争的漩涡里，他们从前的感情就起了破裂而至互相仇视起来。这样经过了不少对立日子。如是，不觉已经经过了数度星霜了。

这次发生了中日战争，他们同时接到了名誉的召集。

凑巧！他们两个人同在一个部队，而且又同编在一个分队里。

“国难当头！”今夜背着可爱的祖国，一路朝着战态紧急的上海出发了。他们到这个时候便抛弃了过去的私人的恶战而交换了一个作为旧日的好朋友，不，作为一个同生共死的战友的坚贞的誓约。

三

经过了两天的风暴，他们承[乘]的公务船——大文丸在海军驱逐船和飞机的护航之下，已平安到达了战祸的上海。

“上陆开始！”

命令一下，大家便开始了肃然的登陆。

年青的兵士的脸上都出现了紧张的脸色。

登陆完了的那些部队，武装笔挺的在码头的空地上排着队。

各个中队都受了很仔细的检查和训示。训示一完，连队长就任命山田进一上等兵为军步兵伍长，当第三分队长。

田中太郎上等兵马上走到山田伍长的跟前，握着他的手说：“恭喜恭喜！进一君，衷心的庆祝你啊”

田中上等兵的眼睛，因为过分的欢喜，竟至流出了热泪。

“谢谢，田中君……”

山田伍长说着笑了，田中上等兵也跟着微微地一笑。太阳不知什么时候已经落下了对面那座大洋房的后头。部队决定了今晚在市内扎营，于是开始向市街出动，横过了阔大的电车路，转入了一条狭小的巷子。这时，大家初见了战祸的国际都市上海的荒凉的样子，睁大了眼睛望着。从前是充满了霓虹灯的辉煌的国际都市的上海，如今为了战祸也露出了一个贫血似的面相了。

市内的民房给炮弹打的半倒半坏，四周都散落着红色的瓦片。这样的房子，到处都可以看到。

无论那一条街道堆满了纸屑、灰尘和衣服。

雄伟的高楼大厦，静悄悄的并排着，白天也是阴沉沉的。各处街口都围上了铁丝网，堆上了沙包，飘荡着一种恐怖的空气。

在死寂的没有人影的灰暗的箱子里，到处都有低着头踉踉跄跄毫无神气的走着的丧家之狗。

所谓凄凉？所谓悲惨？——就是这样的光景。

山田分队长所指挥的第三分队决定在个小市场里作分队的宿舍。

夜饭开始了，吃饭的时候，不知谁发出了一句话："这个连一个人影也看不到的大都市的光景，说是寂寞吗却倒是凄凉。"——这是一句老□的话。

"唔！是啊，多么闷人哟！"有人在应和着。

停了一会儿，又不知谁说出话来了。

"听说便衣队常常在城市内出没，如果一不留神就会被射击了。"

大家突然都停止了吃饭，向着说话的一方呆望着。

"那是真的吗？打那里听来的？"

大家都问着，可是没有回答。

一个好说笑话的叫做川上一等兵的丘八，从一个角落里说。

"大概今天晚上，……看吧！也许会在对面那条黑暗的巷子里嘭嘭的干起来的。"

他指着正对面的一条狭小的黑暗的小巷子，大声地说了。

大家都没有做声。——于是又沉默着继续着吃饭。

吃完了饭的丘八们，马上在三合土的地上什么也没有垫就乱七八糟的睡下了。

夜色在周围紧紧地逼来了，连一声咳嗽也听不到的沉寂。更深夜静的半夜里，从远处来了一阵轰轰的炮声。在市场的一个角落里，田山伍长和田中上等兵还紧紧地抱着，做他们甜美的梦……。

大陆的残暑，还很厉害难熬。

在那还留有活生生的战祸的军工的路上，装备齐全的大部队蜿蜒的列成长蛇似的队形，在这个残暑里肃然的在继续行军，向着前方又前线的去了。

在那里头，看到有背上很重的行囊、托着抢、昂昂然的在行军的山田伍长和田中上等兵。

友军的轰炸机，三三五五的在他们的头上经过，飞向前线的那边去了。

军工路的路旁挖有许多战壕，那些壕里堆有不少的尸体。

山田伍长和田中上等兵走在分队的最前面，边走边谈，不时发出很大的笑声。

“进一君，热得很啊！流出了一身大汗呢！”

“真是苦啊！……快到休息的时候了，努力吧！”

汗在他们的脸上，好像瀑布似的流出来。后面来了好几十部飞也似地开来的军用卡车，卷起了一阵蒙蒙的泥尘，越过了他们的部队走了。

山田伍长马上侧过了头，从衣袋里拿出了一条手巾。

“太郎君，朝这边来，我替你揩揩汗吧！”

“啊，对不起，谢谢你！”

田中上等兵好像向母亲撒娇的小孩似的把下颚翘起，把脸伸向山田伍长这边来。

“现在我替你揩了，进一君，掉转脸来吧。”

他们互相揩过了汗，脸对脸望着。田中上等兵看着山田伍长的脸，冲然地笑了出来。山田伍长看着田中上等兵的脸也发狂似的笑了。

“太郎君，我的脸上难道有什么东西吗？”山田伍长问。

“因为脸上的汗蒙上了不少的沙尘，一揩，你的脸就变黑了，哈……对不起！”

“你不要笑我吧。你的脸也变成土人一样的黑啊。”

“真的吗？”田中上等兵说着把手向脸上一摸。他们便又脸对脸的望着，冲然大家抱着肚子狂笑了起来，他们的笑声，高高的震荡着。

他们的部队整天在走着，现在到了宿营的时候了，他们便在棉花地里宿起营来。

不久，黄昏来了，到处在开始烧饭，四面冒起了炊烟，周围照的亮亮的。

田中上等兵弯着身子拼命吹着石锅底下的火，在黑夜里构成一幅很动人的画面。

烧好了饭，大家就各自分成两三个人一组，在棉花田里吃了，山田伍长和田中上等兵在棉花田上噗地一声坐了下来，打开一个罐头牛肉放在中间，边说边谈的吃着。

“疲倦极了！怎么样，太郎君，你脚上有没有起泡呵？”

山田伍长含了满口的饭，凝视着田中上等兵的脚间。

“进一君，请安心吧，我们的脚过去在现役的时候就已经锻炼的像铁一样了的”

田中上等兵好像天真的小孩子一样，把脚拍响着给他看。

“我跟你一样是铁脚呵。”

“还好吗？我怎么也不相信。”

田中上等兵从口里喷出了饭粒，笑了。

吃完了饭，他们吃着香烟还在谈话。

“这里已经距离第一线很近了，……我们的‘处女战’也就是明天或后天了吧。”

山田伍长说出的口调很紧张，可是态度不知怎样，却有点踌躇。

“唔，……我们的身体为国家出力的时候快要来临了。”

田中上等兵边说着边无意的拼命吸了一口香烟，然后又吐出来。

他们经过了一段短时间的沉默，山田伍长说：“军人在战场上死，可以说是当然的。……太郎君，大家要保证身体呵。”

田中上等兵点着头。——大家都有无限的感慨似的，突然都向战阵望着。

田中上等兵拿出了一床帐幕，铺在棉花田里，催促山田伍长睡觉。山田伍长拿出自己的帐幕，盖在两人的身上睡下。

他们默默地凝视着天空，在那黑暗的天空投射着无数的银沙似的闪烁的星子。

突然，前线方面传来了猛烈地枪声，像很难停止下来似的。实在是越来越厉害了，正跟炒豆子一样就在面前炒着似的。而且，过了一会，炮声也开始轰轰的怒吼了。

躺着的田中上等兵把山田伍长摇了一下，轻轻的说：“真个厉害，是在激战了啊。”

“唔，真的干起来了，快要近了吧。”

“明天我们这一个不对也快要打仗了。”

说完了以后，他们又闭上眼睛，脑海里又浮起着什么了。

晨曦不知什么时候来了，天边已经慢慢的在露着白肚皮。天空没有一点云，是个晴朗的好天气。

“又是很热的天气啊，”大家都在叹气，这样说了句预测的话。

吃过了早饭，快到出发的时候，部队长特别交代全体队伍作一次最后的训话，他骑着马慢吞吞的说：“……你们送命的时候快到了。……不论如何，你们总要做一个帝国的军人，好好地作战啊！”

这些简单的紧凑的压迫人们心胸的话，不知为了卑怯怕死，或是太感动了的原故，全队伍都流下了眼泪。

山田伍长和田中上等兵的眼睛也洒洒的留着泪珠。

各人已经武装妥当了。

“出发!”

命令一下,士兵们便默默地走了起来。大家的脸上都现着紧张认真的颜色。

热天的苦行军,整整继续了四个钟头。

突然大家停下来了,离前面约一千米左右的地方,有二三十家民房全给炮弹打坏了,看来很是凄惨。

传令兵骑着马赶了过来,慌慌忙忙的传达给中队说:“前方的村子是新木镇,敌人据着那边的炮台继续在坚强抵抗者。我们的队伍赶快去协助攻击,全体准备战斗,报告完毕。”

传令兵一说完了便又慌张的骑着马走开,在后头的中队里消失了。于是,全队伍立刻对敌阵配置了攻击的队形。

山田伍长和田中上等兵所属的第四中队在新木镇的侧面散开,担当者[着]侧面的攻击,等待行动的机会。

山田伍长在战壕里和田中上等兵站在一块儿,忙着指挥分队作战。

战机快成熟了。后方友军炮兵队猛烈地炮声,炮弹漂漂地飞着。着弹的地方看见民房上木柱瓦片和石头,高高的向天空飞舞着,好像就在自己的面前似的。

敌方的精锐部队,也很坚强□继续抵抗,向我们很厉害的用大炮还击着。打来的炮弹,几乎是弹无虚发,啸啸的飞过,在前后左右嘭嘭地炸开。

山田伍长看着分队员,大声的喊着:“大家不要伸出头去,除了命令之外,也不许跑出壕外!晓得了吗?”

大家都沉默的听着。

敌方的炮弹炸的更加猛烈了,情景很是凄惨可怕。

过了一下,山田伍长对田中上等兵说:“太郎君,真是厉害啊!这些炮声一停下来,那就轮到我们了,我们的肉弹就要冲向敌阵了。”

“进一君,这一次我们不晓得什么时候才能见面了。真是不晓得呵,小心吧!”

“太郎君,到这边吧,已经最后了。”

“难道有什么事情吗?进一君。”

边说着,田中上等兵就更挤到山田伍长前面来。

“行动就在眼前了,我替你结好钢盔的带子吧。赶不上冲锋就要失败了啊！”

彼此结好了钢盔的带子，互相拍着对方的肩膀。他们“处女战”的青春的热血倒流着，筋肉深缩着，心脏的跳动正像打着闹钟一样地快。

“危险！太郎君，当心啊！”山田伍长叫着。他看见田中上等兵跳出了战壕，他也跟着跳出来了。对分队员们下了一道出壕的命令。

在他们走着的前面，一个迫击炮弹正落了下来，飞起了一道通红的火柱，嘭的一声，好像拉了肠子似的炸响着。他们慌忙的卧倒在地上，沙土冲上来天空又在四周落下来，击中他们的头和身子。

他们好像失去了魂似的再不想爬起来了。不，在两方的炮弹横飞之下，除了静静地躺着以外，也简直是无他法可想的。

在这种紧张的空气里，山田伍长获得了或一种的冷静。睡倒在地上打仗会想起了死这一回事了。死是战争所要求的东西，那时多么可诅咒的怪物！侵略战争是多么大的罪恶！然而我，不，我最好的战友——田中上等兵，不，就是其他现在正在打着冲锋的千人以上的兵士们，也要为了侵略的罪恶，就在目前，不愿意也得要来送死了。——他这样的在心里想着。于是，他觉得现在自己能有半刻的生存，都是幸福的了。

他望一望旁边的田中上等兵也是睡倒在地上，也好像呆想着什么似的。

突然，突然，机关枪的枪声随着轰轰的炮声想起来了，双方向的攻防线已经白热化了。

一切好像看电影似的过去，激战停止了。那些留在后面的东西——新木镇的村子连影都不见了，给炮弹打成了木破□尘的废墟离不多远就可以望到。田里给弹痕和被疾走的靴底所蹂躏而变成了一片荒凉。

双方的尸体，东倒西歪的染红了大地，呻吟着的伤兵到处在蠕动着。

凄惨，悲痛，残酷，可惜……不，这是什么文学也不能形容得出的光景。

山田伍长田中上等兵和一些余生的战士，全都默然的望着恍惚是一幅活地狱的血腥的战场。

山田伍长独言独语的说：“战争是罪恶！我们为什么要侵略中国？为什么要到大陆来送死？”

“的确，这是莫大的罪恶，我们受了军阀的欺骗，顶顶的大傻瓜啊！”田中上等兵也叹息着说了。

四

这样的战争到处撒下了罪恶，魔手一直深入了江苏、浙江的腹地来了。

三个月的晨光像流水似得过去，已经是十月二十四了。

山田伍长和田中上等兵所属的部队，经过了一切艰苦的战斗和行军，好容易才到了杭州。

他们的部队马上被派去担当飞机场的警备，在一所排着许多佛像般的破旧的古城，决定做第二分队的宿舍。他们的宿舍旁边有一条狭小的街道，街里的人都走光了，笼罩着一种惨淡的空气。那两面的房子呆然的排列着的情景，使到看见的人不觉也起有一种可怜寂寞的感想。

山田分队宿舍的前面，常常站有提着竹篮子的老人和小孩子。他们身上穿着很破烂的衣服，在这样严寒的日子，也没有鞋子穿，光着脚，就在那里打抖，一家人靠着过活的年轻人，现在不是逃了就是被捕杀了。日本兵有种原始的嗜好，有些的确是把杀人当娱乐看的。现在他们留在家里的只是一些没有穿也没有吃的可怜者，但你也休轻视他们，那里面是有不少人就是昨天的富有者啊，可是现在已经在蒸发和掠夺之下变成了叫化子了，对于他们，这些侵占了这一块素以游览地著称的西湖的这些丘八，有时也“赐予”一些冷饭菜汁，可是经常给的却以叱骂、鞭打为最多。联队长的心肝算是最黑的，他可以做人家所不能相信的事情。

在那些人里面，每天都看见有一个五岁大的男孩子，穿着一件又脏又薄的衣服，光着脚，手上提着一个小篮子，今天又在队列中出现了。

山田伍长和田中上等兵吃完了饭，悠悠的吃着烟，注视着那个小孩子。

“进一君，看看他，那个小子。”田中上等兵对着山田伍长说。

“进一君，不会想起你那留在内地的小孩子吗？我一看见这个小孩子，就一幕一幕地想起了我那亲爱的孩子的面容，不知怎样就像是浮在我的眼前似的。”田中上等兵边说边把视线转到低下沈思着。

“唔，是的，会想的呵。”山田伍长很爽直的回答了，他也同样的在想着。

“这个孩子也在恨战争吧。在他们心里也在恨我们日本丘八吧。”像是询问山田伍长似的田中上等兵说。

“被这个小孩子所恨的我们，我们现在也在恨战争呢。”山田伍长好像吐出来似的笑了一下。沉默了一下，他又很规矩的继续说着，“但是，我们不能恨战争，……因为我们是有远行战争职责的军队哟。”

“可恨的是发动这发动侵略战争的家伙。现在的心里对他们燃起了多么猛烈的愤怒呵！”田中上等兵自言自语似的把视线集中到小孩子身上。

可是，山田伍长也好，田中上等兵也好，不，就是全日本的丘八们也好，他们要堂堂然喊着正义理想的，现在还没有可能。因为在他们的上头有着严肃的军纪，有着重大的压力。但大家的心里总已有了这喊得萌芽了。

“到底，引起这侵略战争的家伙是谁呢？地主？财阀？军阀？天皇……？”他们从心里喃喃着念着，山田伍长和田中上等兵慢慢的走到那小孩的跟前。

圆圆的面孔，睁着一双晶亮的眼睛。嗳，可爱极了。山田伍长用手摸着他的头，说了几句日本式的中国话，小孩子没有完全听懂，只有用手势再去问他。

他不满五岁，父母在日本兵进城的时候给杀死了，只剩下他和一个年老的走不动的祖父，他恨战争，也恨我们日本丘八。山田伍长很感叹中华民族意识有这样的坚强和深入，连一个五岁大的小孩子都晓得。

这个时候中队长不知怎样也来到的旁边，听了小孩子的话，不知是真的听得懂中国话，或看到山田伍长和田中上等兵那副同情的面孔不高兴，就把小孩猛地一脚踢得倒在地上大哭了。

田中上等兵慌忙的把小孩子牵开，山田伍长对中队长站着立正。小孩子哭嘶嘶的走了。

“呵！对于小孩子，战争这样真是太罪恶了。”当中队长走远了，田中上等兵冲口而出似的说。

五

六个月的晨光好似水一般的流走了。

他们的部队要移到汉口外围作战，就离开住惯了的笕桥。坐火车到了南京，然后又坐船到了安庆，这些好像一阵草黄色的羊群就在安庆登了陆。

那是八月的中旬，正是烧也似的炎热的夏天。

山田第三分队所属的第四中队，作为连队的前哨中队，常常是走在距离联队本部一里至二里的前头。山田队长和田中上等兵，在分队的前面是并排着走的。

夏天的大太阳，直射着他们的钢盔，走上了一里路，头就像烧似的晕起来了，很多受不住的都一个一个的倒在路上。大家射着无可奈何地眼色。中队长在后头只是催促的走。

走了五里路就有二十分钟的休息。要是休息令一下来，丘八们便都跑到山阴和树阴的下面睡倒，渴的人都把路坑里泥浆似的水一口气的喝了。出发的命令来了，他们又都讨厌似的爬出来，那种光景正像是被带到屠场似的牛群一样。

部队在炎热里、在飞荡着蒙蒙的沙尘的路上走着，大家的身上，汗就像瀑布似的流着。

他们的部队，经过了六安和万家集的激战，损失了不少的战友。到了商城的时候，初秋已经来到了江北的战场。

以商城为中心而开始的壮烈的攻防战，已经是九月底的深秋了。激战是每天每天在继续着，可是部队一点也无法前进。

山田分队所属的第四中队，在第一天大队的中央前面散开，对着商城的正面，钻进那些在田里挖的壕里。

今天一清早就开始了猛烈的激战。

机关枪好似野狗似的到处吠着，在那里面夹着有轰轰的炮声。炮弹无聊的嚎叫着，飞过了他们的头顶。这样的激战一直继续到下午，黄昏的时候就彼此停下了。夜色满布了血腥的战场，于是又回复到好像忘掉了白天的激战似的寂静。

山田分队长在战壕里下了一道命令："第三分队趁空吃晚饭吧。"后来他又继续着说："今晚也不许烧饭，只许吃硬面包，因为兵站的补充还没有到。这一点大家要晓得，只许吃一个啊！开始吃。——明白了吗？"

大家都默然从包里拿出了面包开始吃了。

"呵呵！今晚又吃的面包哟！"不知什么人在角落里用这样失望的口调说了。实在他们已经一天半都是这样吃着硬面包过了的，这也不是过分的话。

可是，饿狼似的他们嚼着硬面包，比之山珍海味也更觉得有味道，于是战壕里便充满了一片叽叽的响的声音。

"明天有饭食了吧！"——一个叫做小林一等兵的，好像是安慰大家似的说。

"我们这种艰苦，应该给内地的狗子看看哟。"——不知谁有这样说了。

田中上等兵也应着声说："不错，我们要叫内地的那些说风凉话的而且利用战争来吮吸羹汤的军阀财阀们，看看这个现实的情景！"

田中上等兵还继续装："想起那些狗东西油腻腻的脸才真气人呵。"

"真是不错！"全体都赞成了他的话。

山田分队长默默在吃着听。他虽然也是一个打抱不平的人，可是他只能这样想，却说不出来，因为他是统帅分队的分队长，负有严肃的责任。

一个叫大川的后备队的上等兵，也在里边说："我们好像是奴隶一样，连馒头都被他们吃了。"他说着抱着头便倒在壕里躺下。

大家都沉默着。吃完了面包，就都注视着天空的星子。

"敌弹很是厉害，不能吃饭也不能吃香烟，这比什么都难过哟。"不知谁在说了。

在一个角落里，有个喜欢说笑话很爽直的宝贝川上一等兵，狠狠地大声喊着：“喂！谁有香烟呵？”

“噫！静些，敌人就在前面呢。”站着的哨兵严重的制止了他，他于是默默地不敢做声了。

……

“哈哈……说什么梦话，川上一等兵呀，我们已经十天不知烟味啦。”不知谁很可怜似的向着小林一等兵说了。

“啊啊……就是吃一口都是好的，多么想吃呵。”吐出这样悲壮的叹息的也有。

山田伍长马上把身体动了一下。

“进一君，怎么啦？”田中上等兵问。

“有了有了，还剩有两根，”山田伍长说着便由口袋里拿出两根“荣誉”牌的香烟来。

“太郎君，刚才大家说的话，听到了吗？我本来想最后留给我们吃的，所以只留了两根，把这个分给大家吃吧。”

“进一君，这才是我们的同胞，真正的战友啊。”田中上等兵高兴地跳了起来。

两根揉得乱七八糟的香烟燃上了火，每人一口地轮流着吸，大家都天真的笑了。

后来他们的部队开到了商城，特别给了一个星期的休息。

因为很久在炎暑里急行军和激战，兵士们的脸都变成了火烧的朱铜色，只有眼睛是亮晶晶的闪着这样的光芒。

兵站的联络到了，给部队带来了许多东西。

“信来了！”有人在发狂似的喊着。

丘八们都高兴的跳起来。

山田第三分队只来了一封信，是小林一等兵的。没有的都失望的发呆了。

照第三分队的惯例，规定无论谁家里来了信，都要在分队全体的面前高声朗诵，他们要这样分尝着喜悦或悲伤的滋味。

小林一等兵站起来开始朗读爱妻的来信了：“亲爱的！你现在过得好吗……”

“哎哟！甜蜜呵，就要晕倒了。”不知谁在后面调侃着说。

于是大家便哇哇地大笑了起来。

小林一等兵的脸通红着继续在念下去：“初送你出征的时候，人们倒还亲切。可是近来战争拖长了，到处被征召的人也就多了，现在人们都变得冷淡了。……”

大家都集中着视线望着小林一等兵静静地听。突然，小林一等兵的脸发青了。

“自从你出征以后，每个月还发给二十元的补助费，想不到现在就减少到十二元了。战争打得物价高了，现在只靠一个女人养活两个小孩子是很困难了。希望你早日平安凯旋吧。”

读完了信后的小林一等兵的脸孔出现了说不出的不安和消沉。说“完了”这个字的语尾便打起抖来了。

听了的兵士们都互相呆呆的望着。

“放心吧，小林一等兵，我们的凯旋就快要到了。”山田分队长拍着发愁的小林一等兵的肩膀安慰说。

“战争就会结束吗?”有谁在说着。

“是的，这次战争一定很难结束，恐怕要长期打下去吧。”一个叫坂本的专门学校出身的补充兵回答。他在队伍里是比较有知识的，大家都起他一个“知识丘八”的浑名。现在大家都以失望的视线向坂本二等兵的那边望去。

“坂本，你为什么这样想呢!”有人对坂本二等兵问。

“请想想看，这次战争结果要是日本失败了，我想日军内还有人要继续打下去的，除非日本的国民晓得了自己的愚蠢……。”

“在中国说，中国人是很有爱国精神的。无论那一个民族国家，不想独立和自由的那里有呢?”他还很得意的继续说了。——

大家都很佩服的听着，里边有人质问了。

“如果占领了汉口，中国总要受影响吧。”

“那里的事！这样的说只是欺骗内地的老百姓。中国的国土有无限的广大，人口有四亿五千万，腹地还有许多丰富的物资，而且顶顶重要的有一个抗战的政府。中国的民众越觉悟，中国的力量就越能发挥。”坂本二等兵强烈的争辩着，还继续在说，“所以就说是占领了汉口，战争还不知继续到那一年呵。”

“那末，战争就永远不会停止了吗?”谁在发问着。

“除了日本停战以外，没有别的办法。”坂本二等兵答。

大家都很佩服的听着，不时有人点点头。

六

在一个秋高气爽的日子，他们的部队离开了商城，拐过街道的左边，向着大别山山脉进发了。

大陆已经临到了初冬了，从街道到山麓的许多树木，红透了的红叶可以点点的看到。

整天的行军，在山头做着思乡的梦，天天在继续着行军。

路旁的民房被烧了，到处只剩下几堵空墙，实在是凄凉。

过了几天，下起雨来了，十天八天不断地下着。

大别山的黏土质的道路上化成了泥泞，已经被践踏成了一片泥沼了。

他们的第四中队，依旧是作为前哨中队走在先头。山田伍长和田中上等兵头上披着帐幕在寒冷的秋雨里践着泥泞走着，这种艰苦是非笔墨所能形容的。

得着地利的敌人，常常从山顶上追击这些现在泥泞里的日本军，一天受两三次攻击的山田分队的第四中队的战友们，一个一个的毙倒了。他们的部队只有徘徊在泥沼的大别山山脉里，再没有办法向前行军了。

晚上选定了在一个小岗坡上露营，兵士们为了急行军的疲劳，大家都酣睡着了。

在草木也无声的睡着了的情景中，微微地可以听到兵士们鼾声，好个寂静的战场，只站着个步哨。

突然，嘭的一声，从对面的山上发出了一发枪声，震动了整个寂静的山谷。通红的火舌，在黑暗中闪耀着。继续打了二发、三发，子弹啡——啡——地叫着飞到岗坡的半腰打的吠——吠——地响。

“攻击!”——步哨很焦急似的大叫了。

“第三分队，全体起来，准备战斗!”山田分队长严肃的下着悲壮的命令。

丘八们一爬起来拿枪到树脚和低地散开的时候，山头的机关枪就一同射过来。子弹集中在山坡上，到处都被打中了。

不知谁在前面倒下去了，唔唔地在呻吟着。

现在另外两座山头又加入了射击了。

中队长用哑暗的声调下着命令说：“第一、第二、第三分队的第一小队在左面！第四、第五、第六分队的第二小队在右面！战斗！……”

山田分队向着左面的山上激烈的应战了，可只是敌方在山顶上给了他们一种猛射。

他们的部队，很快就陷入了苦战了。渐渐战友们都大半倒毙了。

苦战！全灭！——山田中队长和田中上等兵这样在想着。

正继续着激战的时候，山田队长和田中上等兵的脑袋里不期然的想起了故乡父母妻子的面影和在杭州所看到的那个天真可爱的小孩子。

战斗越加白热化了，他们的队伍已渐渐地被投入了全灭的黑洞里。

“赶快派急使到联队本部去！”——唉！连命已是风前之烛了。

夜暗里，机关枪的闪光不断地发着红。

双方的枪声，好像炒豆似的震荡了全座漆暗的山谷。

在这种危险的情况里，应援的部队到了。

战斗停止的时候，四周的峰顶已经发鱼肚白。

清净的早晨来了。那个无名的岗上染了不少的血踪，许多尸体和呻吟着的伤兵在那里辗转着。

他们第四中队在昨晚的战斗里，中队长以下的大部战死了，剩下来的只有三十多名。

山田分队战死的也很多，二十个人就只剩下了八个。一向是山田分队长的盟友的田中上等兵也被一颗致命的子弹打倒在山田伍长的旁边，距离只有一尺来远。山田伍长向左右看了一下，就一直注视着这个单薄人形似的战友的尸体，喃喃地说：“日本如果要打下去，那昨晚我们部队的那种全灭似的可怕的悲运，终于要到祖国来吧。”

“引起这个战争的可恨的日本军阀，最近的将来，在我们手里，这样一个濒于全灭的苦痛，必定更加诸他们身上吧，……”

清早的秋虫在四周的草丛里唱出了悲哀的合奏。

一阵乌云又带来了丝丝的细雨，前面还是一片泥泞，不，那是无穷广阔的泥沼呵。

（原载于《时与潮文艺》第 3 卷第 2 期，1944 年）

不泯的一幕

丁时药

向来狗叫得那怕怎么厉害，我总能安稳地躺在床上，圆我的好梦。那几夜却不对了。狗声，可怕的狗声，不论远的近的，一听见便掀得我心波澎湃，使每根神经紧张得根根欲断了。

壁上钟懒洋洋地打了九下，反照着我的疲态。好在我那才五月的松儿也呼呼的酣睡在它妈的怀抱中，我就闭了那靠街的窗去睡觉。很安慰地这时并没有狗叫。

彭，彭，唉！我醒了，心跳个不停。再听，没有人在敲门，大概是个幻觉。睡神硬硬地压制我躺下，可是头还没有和枕接触，那可怕的声音！狗叫声从远处传来。可恶，那宅近村前的狗都起了共鸣，于是一片吠声充着了我的耳管，耳膜都几乎震裂，这时我竭力镇静，拼命压制恐怖，但是没有效果，不知不觉喊声“咳不得了”，这一声却把我的松儿惊觉了，她的哭声本来很嘹亮，这时又夹着吠声，那声音更大，虽然我想仔细分辨外面有无动静，但是那里可以？只有“汪，汪，汪”的狗声和“哇，哇，哇”的哭声。

正要将隔房的A君叫醒，请他准备。啊！来了。彭、彭、彭！这不是敲门声还是什么？我心跳得厉害，每分钟像要从口中跳出一般，但口中还问着“谁”？回答的不是人却是拳和脚，我连忙颤着手开门，一看原来是几位全副武装的“皇军”！

啪，啪，我的脸上已着了两记耳光。

“啥事体不开？白搿野鲁”

我想分辩，却想不出什么。满心希望我那现在抱着已经入睡底小孩韵秋和A君替我回答几句适当的话；但是回头看时，只见A君那抹着油的长而硬的头发战抖得似风中细草一般。韵秋的态度也如和临刑的囚徒相仿。“你做什么事的？”“教员”。我鼓起已溃的勇气回答，同时略略抬头，偷一眼看去只见那打我的矮小而狞恶的鬼子，他的劈竹似的声音和他的个子不相配。手中的枪指着我，恰对准我的心口，逼得我的头不自主地向下垂，我的视线无意中，在暗淡的灯光中看见了许多蹂躏我们国土的脚！

“你做什么事的？”那鬼子问A君。“教员。”“派司看看”“失去了”“登过报么？”“没有”啪！啪！A君也着了两记耳光。他们讲了一阵鬼话，我一句都听不懂，鬼话毕，他们就开始搜寻了。

A君的卧室中的电报机和密码已在他们的手中。我浑身的骨骼都软化，好似支不住我的血和肉而往下蹲倒了。但是他们不教我蹲下，却用很粗的麻绳把我和A君的手扎个结实。我们的分辨和求赦，只赚得几下枪柄，他们便拉了我们走，我的老婆要拉我时，被一个鬼子一推，可怜连我那最痛爱的松儿也和她的母亲一同倒在地上。我们走了几十步远听见那清晰的哭声传入我的耳中，在黑暗中偷偷地回首看我那房屋，已不见他们娘儿的影子，只有那油盏的光，淡淡地从里面射出，隐示我命运的暗淡。

宪兵队的房屋矗竖在我们面前，闪烁的电灯都含着威胁和恐怖，简直是恶魔眼睛放出的凶焰。我不敢再走，我不能再走！可是脚下一踌躇，枪柄便来了！啊，到了，捉我们的鬼子和门岗说了几句鬼话，那站岗的鬼子轧轧地把门开了。这一来，却惊醒了里面高卧着的军犬，于是都在棚中狂吠怒吼，似乎在怨我们搅扰了它们的清梦。这阵狗声比我在家听到的更可怕，每一“喔！喔”的吠声似在刺戳我浑身肌肉而深深地痛到我的骨髓！犬声平静了，我的神经略略松弛了些，不过里面又传出一种使我悲愤交响的呼声。“救命！”“妈呀！”“冤枉！”“痛死了！”这种惨声竟激动了我麻痹的神经，心底里不禁涌起一股遏不住的同情和怒气。“他妈的，鬼子简直惨无人道，虐待我们的同胞到这个地步”。我想罢，正要用手去拿我曾经带过的转轮枪，那缚我两手麻绳提醒了我已做了他们的囚犯；我们的命运正和他们相仿哩。

我们跟他们到一间房屋的门外，一个鬼子进去和里面的人讲了几句，又出来拉了我们进去。A君在前，低着头，因为来时不及穿上衣，所以我能看见他背上流着汗珠，但是他却似受寒风的袭击般抖着。我那有心绪去细看那室内布置，侵入我眼帘的是一盏五百支以上的电灯，下面放着深褐色的写字桌，桌旁边坐着一个戴眼镜、着制服的敌魁。他身边立着一个人，却是我们的同胞！虽然他也穿着倭式军服，却没有完全把中国面目掩去，至于他们的心肝怎样，这时却无从知道。那敌魁说了几句后，那穿倭服的中国人说：

“队长问你们，你们的领袖叫什么？你们几时开始做这破坏我们皇军的工作？快快说，队长不难为你们，否则，就要不客气了。”

我知道A君的口辩不如我，所以我就接着说：

“队长！我们实在不是做这种工作的，这只报机是一个朋友寄在我家里的。寄的时候，我不知是报机，满以为是他的行李。”

那所谓队长听了翻译的话，操着不流利的中国话道：

“那么，你的朋友到啥地方去了？”

“不晓得。”我吞吐地说。

碰！那队长发怒了。把桌子一拍，便对捉我们〖的〗几个鬼子说了一大堆话。他们便上前来拉了。那位中国人见我们瑟瑟地抖，却笑嘻嘻地说：

“还是招了罢，免得吃苦，我们都是中国人，不会教你上当的。”

我也无心听这些屁话，只和A君跟了他们走。走完那条长廊，便是一片草地，在那黑越越的草地上走时，那方才听见的一阵惨声，又传到我的耳中。近了，越走越近了！啊，我们正向那惨声传来的地方走着！这时我的神智似乎失去作用一般，一切都不知道。

脸上的刺痛，激醒了我的神智。惨声又传进我的耳膜，我八九猜中这里真的是人间地狱，那有勇气抬头细看，但是在我视线圈内的地板上的一切惨迹，一一都侵入我的眼帘：流着血的肉，这是给那犬咬下的；吐出的半消化的饭，这是打伤了胃部反呕出来的；痰沫鼻涕这悲呼惨抖的结果；还有尿屎，这是受了极度恐怖〖的〗象征。那几个鬼子一到里面的第一条命令是：“衣服脱下来。”

我们脱下之后，便来了另外两个敌人，手中各拿了一根染着血斑的皮鞭，站在我们的面前。于是那在我家里打我的耳光的敌人厉声问道：“说么？”“说不出吓！”“好！”他便和其余几个去了。

那二个握皮鞭的敌人到此，便尽量发挥他残暴的本能，哗哗地拼命地打来，开始还觉痛得钻心，后来只觉得热辣辣地麻木了。飘眼一看A，哟，浑身都是血了。不忍看，紧接着，只希望死神早临！真的我死去了，什么痛苦都消失，什么忧急都没有了。但是忽地一阵寒冷，我醒了，周身的鞭创，痛碎我的心肺；强打精神睁眼看时，只见两个鬼子正在用大桶的水灌着A君。“话否？”一个鬼子问。我只“唔”了一声，闭了眼，把头垂下。只听鬼子一阵吼声，接着又听得一阵猜声，我那已受了鞭创的腿肉被揭去了一块肉，这苦痛决不是受了极度刺激的当时能体味，更不忍在现在描写。

醒时，我觉得周身痛得厉害。心中很明白自己的处境；同时咀骂“醒”，因为醒了便有苦吃？可是睁眼看时，觉得自己不在那人间地狱，只是不敢断定现在那间是天堂还是阿鼻地狱。只见一盏小光度的电灯淡淡照着，凄惨得可替我的命运写真。那房中除了四壁之外，只有地下的一堆稻草，和我的衣服。这时我才知道自己还裸着身体哩。于是一面呻吟，一面忍痛坐起，正想拿裤子穿，外面脚声来了，我忙放下等着。低着头看见来人的影子似很高，走得很慢，很轻。他走近时，低声说：

“你快把衣服穿了。”

这时我才抬头望去，那人也穿着敌人的军装，个子很大，年纪大约三十左右，分明也是个恶魔，只是略有笑容罢了。但是他既然教我穿衣服，我也不客气了，就慢慢地把衣服穿上，但痛依然加紧在袭击呢。他等我穿了衣服又说：“朋友，你想出去么？这个钥匙拿好了，别丢了。”他说着把手中的钥匙交给我。我伸手要拿时，又缩了回来，恐怕这人是故意来试探的；但他坚执地说：

“你放心好了，快照我指点你的路走，你要明白我不是日本人，我是韩国人。我希望你能出去，替中国做些事业，博得最后胜利，那时我们韩国或许也有抬头的日子……”

他说到这里！突然停止，眼眶已充满眼泪，不能继续说了。我于此才知他真正救我了。这时觉得很兴奋，创痛也忘了一半，接了他的钥匙说：

“我很感谢你；可是你不是要受处罚么？还有我的朋友A君……”

他不待我说完，便插着说：“这些再想办法，你快走罢，更班的来了就麻烦了。你记着靠左面有片草地，走了一半你会看见一扇小门，你便可从这门出去。至于我的一切，你别问，自有我自己设法，便是牺牲也没有什么了不得，因为多救一个中国人，就可算替韩国多尽一分义务。”

他很慷慨而沉痛地说。我还要说时，他摇摇手，于是我只得硬着心走！

好容易，找到他那指示的小门，并不困难地用钥匙启了那锁。正要跨出，那远处又隐隐传来凄惨呼声，于是我内心突然起了一种感觉，把我的脚牵制住了。原来我这时忽然想到如果我走了，他势必受到重大的责罚，要是给他痛痛快快死，那个也无所谓。可是事实没有这样简单，他们必定把同样的毒刑对付他，这种毒刑比死还要难受万倍，我真不忍他为我受这种痛苦。至于我至多一死，不会再受这种毒刑的了。并且我一走，说不定A君会被我连累再吃那不忍说的苦痛。想到这里，我决计回，我情感完全把理智战胜了。

那位韩国志士见了我，呆了好一会儿。我把钥匙还了他，同时说不愿走的原因，他对我苦笑说。

“你太多情了，我个人很感谢，但是做救亡工作的，不该有这样浓烈的情感。”

我低着头不回答，因为这时我内心波动得厉害。

被难已经多天了。敌人知道毒刑不能发生什么效果，所以第一天的毒刑之外其余几天，总叫人来骗取口供，没有什么痛苦，只是每天只吃两个饭团，那能饱呢？还有创伤溃烂了，没有药敷，晚上痛得不能睡觉。有一天早上，白日直射进来，比他日似更光明，外面的鸟歌传进来，觉得分外可爱。我正惭愧自己的黑暗生涯。这时忽然门开了，只是那位韩国志士领了A君进来说："那天你怕累我和A君，而你不肯走，现在A君陪你同去，你还不肯走么？"他笑了。我忙问：

"为什么？""外面庆祝最后胜利的爆竹声，你不听见么？"

（原载于《中韩文化》第1第1期，1945年）

两个天国

——金刚村夜话之一

[日本]绿川英子
乔 译

亲爱的小读者：

在这本集子里，我们是把这篇文章看的是最宝贵的了。作者是一个日本女人，但是她的孩子、孩子的爸爸却是东北籍人。妈妈的祖国正在蹂躏着爸爸的祖国，在这篇文章里，作家就是用妈妈的话，描画出了这个有着两个敌对祖国的孩子坦率无私的心理和自己对祖国爱憎难分的感情。在这里面说的话虽然平常，但是感情非常真实，而且表露出作者对追求光明和真理的希望和信心，依旧特别殷勤和强固。作者现在虽然孤寂地困处异国首都重庆的一个小村子里。竟日为生活劳碌，但是还勉力答应了按期替孩子们写稿。这一篇是第一次和读者见面，希望小读者以后特别仔细地读她的文章，不要辜负了这个异国朋友寄予我们的一片好意。

——原编者

"太阳先生，今天还不出来吗？懒家伙！快些出来，不出来我要打你了！"

被这不分昼夜继续落着的细雨。闷得忍受不住的你，一只手拿着棍子，面对门口站着，装出好像真的要同太阳吵架似的样子。可是过不了两分钟，你就丢掉了棍子，又把你所喜爱的掉尾巴的马，落轮子的汽车，一只脚的鸭子，空墨水瓶和带着泥土的蛤蜊壳当作对手。一个人转来转去的要着。这些再玩够了，你便爬上正在读着书的我的膝上。两只手抓住我的耳朵央告：

"妈妈，讲个东北故事，讲个东京故事呀。"

这个要求我每天至少要碰到两次。我讲都讲厌了。第一，东北和东京哪里有那么多新奇的东西呢。你却永远像头一遭听似的瞪着亮晶晶的眸子，等待我的嘴张开。

东北和东京——这两个地方，在你幼小的心上，成了无可比拟的美丽而快乐的天国。东北有你的奶奶，姑姑，叔叔，东京有外公，外婆，姨妈和舅舅，正如抗战时代里其他的孩子一样，你也一次不曾见过这些亲近的人们。但，你可知道他们都爱你，都期待又期待的等着你的归来，东北东京之所以为天国，当然只这些是不够的。是的，东北老家的后面，有果木园，村子的近处流着一条可爱的小溪。果木园里——那儿太阳永远是灿烂的照耀着。红的苹果、樱桃、柿子、紫色、白色的葡萄、李子、杏子、桃子结的满枝满树。不仅这些，在这儿你吃的广柑、橘柑，从画报认识的香蕉、柠檬、波罗蜜，发着南国温暖的黄色混在这里面。这些果物怎样吃都吃不完。有时候苹果，樱桃长出来眉目口鼻，带着红帽子，穿红衣服，红鞋子，变成个漂亮的姑娘，轻轻从树上溜下来同星儿一块儿唱歌一块儿跳舞。小河的水底大的螃蟹在横爬着。你一来，他们便把那可怕的大钳安静的和闭起来听你的吩咐。弯着腰的虾举起须子向你招呼。银色的鱼穿梭似的游来游去，容容易易就钻进你横张的网里去。

那么，在东京有什么呢？——动物园和百货店。动物园里除了你只在画报见过的老虎、狮子、象，还有好多你连名字都不曾听见过的珍奇动物，在那儿，老虎、狮子绝不咬人，就如养着的鸟一样，安安静静的坐在栏子里面，他们说："星儿，你是好孩子呵！"讲给你他们遥远的故乡的事情。象用他那长大的鼻子把你卷起来在半空里耍把戏。身体大的可怕，眼睛却长得很小的河马，你就是打他一石头，他不会是知道谁干的事情。女王似的的孔雀赠给你一支五色花似的羽毛。长头的麒麟，肚前面袋子里装着孩子的袋鼠，等等。看到晚上也看不完。百货店又不免把生长在乡下的你乐的不亦乐乎，醒目的颜色纸包着各式各样的糖。样样画都有的画报。带红柄的三轮车，拧了机器便转转走的玩具电车，汽车、装在匣子里的颜色笔——是的，有了它，妈妈给你画画的时候就不必要画画一色黑的了。太阳是红的，月亮是黄的。树叶是绿的，天空是青的。总之，什样颜色都有的。

有奶奶，叔叔，姑姑，果木园和小河的东北和有外公、外婆、姨妈、舅舅、动物园和百货店的东京。这对于父母之外没有一个亲人而生来一直就在这个金刚坡下面的小世界生活着的你，是再没比这更美丽更快乐的天国了。当我正领着你在这天国的时候，就是窗下面有小朋友喊："星儿，出来玩呵！"你也带理不理的回答："等等，现在听故事。"

然而，这天国被蹂躏的日子终于不能不到来了。

给你讲小故事与画小画以外，我还得唱歌。但是我一个中国的儿歌都不知道。不得已只好给不满三岁的你唱救亡歌曲听，是否因为你的爸爸是东北人，或者是关于东北一类的歌曲特别惹动我的心。总之，《长城谣》《流亡三部曲》《打回老家去》之类常是哼在口头上的。这样不知不觉中你也能唱出来了。你虽然能唱“万里长城万里长,长城外面是故乡……骨肉流散父母丧”,自然也不会懂得遥远的越过长城被追逐过来的人们的悲哀。小嘴纵然说得出来,“流浪到那年,逃亡到何方”,那辛苦的滋味,是不会是你理解的。可是从这些歌里你开始知道坏的兵去到你的东北杀人放火的事情。

“好兵打坏兵!”这一句短话,便算你给它的总解决。我有时却来向你攻击一下:

“坏兵要是去杀奶奶怎办呢?”

“好兵打坏兵。”你依然是乐观的。

“好兵没很多,奶奶危险得很。你马上当兵去打坏兵,好不好?”

“不好,我害怕,我还小。”

“那么,叫爸爸去吧。”

“不好。”

“那怎办呢? 奶奶要死了。”

“东北有好兵。”

“我不告诉你了吗? 好兵没很多。”

“很多!”

“好,很多。可是坏兵要来杀死奶奶的时候,他们来不及。”

“来得及!”你用半怒半哭的声音断然的肯定了它。

坏兵就是日本兵,这事情你也知道了。有一天午后,你拿着背着当枪,带着当刀,跨上当马用的那根竹棍子,一股气冲到爸爸的面前,喊着:“打倒日本帝国主义”! 爸爸放下报纸,苦笑的说:“要打倒日本帝国主义,就打妈妈好啦。”

“不,我要打爸爸。”你顽皮的说着就跑了。你虽然知道我是东京人,却不知道我就是日本人。告诉你我是日本人,也不相信,硬说是中国人。

“星儿,东北的坏兵从那儿去的?”

“不晓得呀。”

“他们是从东京去的。”

“不,不,他们是从很远的地方去的。”

你的天国之一被从另一个天国去的兵给蹂躏了。这类事情你以为是不会有的吧。你那幼小柔和的心,自然不会忍受这样的惨酷。“要是舅舅去打奶奶怎办呢”? 已经要说出口来问你,我急忙又吞回去了。

星儿,以前像你一样红胖胖的孩子们玩的那热闹的动物园、百货店,一天一天的萧条清净起来了，你怎能知道呢。他们灰白的脸，无精打彩饿着肚子坐在家里。他们的爸爸打仗去了。有的就已经再不能回来搂抱他们。他们是没有父亲的孩子。母亲和姐姐起早到黑在工厂里工作，回来也得累得要死，连对他们说句安慰话的功夫都没有。最近他们也开始体验到中国孩子们最讨厌的空袭的恐怖了。要说那是好兵驾驶的飞机，恐怕你绝对的否认吧。可是炸弹就在昨天轰轰的落在紧靠你外公家旁边的飞机工厂里面。——可是我不愿说这样话给你幼小的心上加层暗影。你正如自己所说还太小了，为了你，当妈妈的我，还是把东京当做没有一个坏兵的影子，既快乐而美丽的天国去保存它吧。

东北不如你所想象那样永远灿烂的照着太阳，这你已经知道了。当快到腊月的今天，那儿恐怕正在刮着飒飒的北风，雪花飘飘在飞舞着吧。而连你的奶奶，姑姑，叔叔都包括在内的东北人们，这十多年一直就过着黑暗寒冷的冬天。但正如你所断然说的，好兵有很多。迫近长城那支有力的军队的脚步声音渐渐听得到了。萤着银翅膀的超级空中堡垒英勇的飞在他们头上面的高空。他们感到春天快要来到，希望使他们挺起腰来，可是对于你，这样快乐当然也不会知道的。你就明朗的在你的两个天国里来去好了。坏兵的事情交给好兵办吧。可是你最近说出这样的话来：

“妈妈！长大了我要当兵打坏兵去哟，妈妈也去，爸爸也去，我们一起去，把坏兵都打死”。

不只是你的身体，心也都在成长，这不能不使我感到慰快。不过用你自己的手来保卫自己的天国，至少还得十五年的岁月。我不希望那时候再从你的另一个天国去的兵蹂躏另外一个天国的事情。不，这是不可能的。我绝对相信这个大陆和那个岛国不只是你的天国，对于两方面的民族也将同样是天国，这也是不远的事情了。

（一九九四，一一，二四）

（原载于《孩子们》第 4 期，1945 年）

短篇小说

1945 年以后

红魔

无名氏(卜宁)

一

绝望与疯狂!

火飚舞着,奔突着,喷涌着,野兽般蹦跳着,相互揪扭着,紧缠着,肉搏着。一蓬蓬飞火盘空腾踊,鼓怒煽炽,从一个黑暗扑打到另一个黑暗,从一个空间冲到另一个空间。峻急的烟柱汹然勃发,挟怒疾舞,蟒样的冲破火燎,龙卷风般的狂旋着,越旋越急,一泻千里,直冲天霄。烟火团团乱转,愈转愈凶,撕碎了夜黯,燃烧了空间,把无极限的空间海洋改造得红惨惨的、鬼魆魆的、青森森的,千千万万株火树银花在闪耀,千千万万条粉裸的蛆虫在跳动。……

炮声崩雷般轰然爆裂,狂嗄的震波四面八方冲卷着,凶烈哮喘着,似要把天地摇撼得像飓风中千摇万摆的树叶子。崩裂的吼声中,一颗颗烧红的火球从黑暗中猛飞出来,飞着、飞着,突然变成庞然黑暗体,吃力摆动着啤酒瓶般的尾巴,恐怖的怪叫着"嗖,嗖,嗖,嗖,嗖……。"叫着叫着,突然"轰! 花啦啦啦啦! ……"一个大爆炸! 登时间空气变色,走石飞沙如地腹熔浆般崩溅着。烧红的火球不断从黑暗中飞出来,空中到处都是"嗖嗖嗖嗖"怪叫声,一阵阵疯狂大爆炸,一阵阵天崩地陷,火焰不断往天冲,一片片人体碎片不断在空中飞舞,半只胳膊,一条大腿,半个人头,一只手掌,鲜血直冒在火焰中,火光照明了一些裂开的尸体。

火在喷吼,在哮喘,在狂飞,在疾走,像僄怒的飞湍瀑流,像张牙舞爪的古代恐龙。到处都是火把、火炬、火鸦、火云、火的爱、火的恨、火的激情。到处都是泥沙的暴雨,硝斗药的窒息味。到处都是你死我活的声音,令人要呕吐的气息。

大地好像塞满了腐烂的瘰疬与疥癣,一团团烧糊了破鞋底的焦臭气味浸渍透大气层。太阳旗在腐臭中燃灼着。褐黄色的吸血蚂蝗蠕动着，口角上流着蝮蛇的白色涎沫，毒的血，红的笑……

千千万万个短促声音呼啸着“嗖！嗖！嗖！嗖！……”散飞界中错综网织着子弹的流星雨，一颗颗像回力球似地弹射着，忽东忽西，忽南忽北，忽上忽下，忽左忽右，忽前忽后，有时如大海里的千带鱼群，这一个咬着另一个尾巴，有时如万箭穿心，从千百种方向直奔一个焦点。马蹄声急打着地面、驿突而嚣张，如惊飙怒发，一阵又一阵的冲过去，卷过来。“死亡”在呼喊！“绝望”在呼喊！“仇恨”在呼喊！“毁灭”在呼喊！“信仰”在呼喊！

枪炮炸弹饥饿发狂，如痴如醉的抢劫着血与肉，仿佛张开一个万丈深渊般血盆大口，千百万年也填不满。无量数的火箭崩电般疾闪、狂驰、骏奔。火花乱飞，火色蛮艳。火镜照出数不清的暴怒的脸孔，幻像般的脸孔，死尸一样疲惫的脸孔。黑色的躯干，在黄雾泥雨中狂冲着，好像一些长了腿的老槲树。黑的人、红的人、黄的人，这些人肩上摇摆的不是头颅，而是一些古怪的卡通式的肉球。肉球滚动着，具有人形的一堆堆黑肉滚动着，他们幻化成吸了水分的阿刺伯树胶，由固体变为胶液体，可怕的滚动着，夹着刺刀的明晃晃的狞笑。一阵阵的，悲壮的呼喊声大森林似地升起来：“大韩国万岁！”“国防军万岁！打倒日本强盗！”“杀日本鬼啊！”“杀鬼子啊！”“杀啊！杀啊！……”随着这一片愤怒的狂潮，鲜血泉涌着，新的肉体分裂着，新的尸体堆砌着，新的哀吟声抖动着……

火的海，烟的桅樯，炮的火山，子母弹声，开花弹声，马蹄的钢铁音乐，子弹的急奏曲，大厦倒塌了，巨墙摊陷了，梁栋崩溃了，雨后泥泞的飞雨，黄的雾、黑的雾，茶褐药、黄色药，沙土如千军万马……大地是趸蜂的窠巢，千千万万凸凸凹凹的声音与颜色舞蹈着。大毁灭大晕眩的色调渗透了一切。混乱与恐怖绞杀了时空。地球已回到几万万万年以前，金紫色的螺旋星云在迸裂、地壳在燃烧……

二

红铜色的火柱继续上升着，摇颤着巨人的华严姿态，带着谋杀意味的阴毒与残忍。但虎蹲炮与短管炮对“火制地带”所发的吼啸却停止了。因雷汞起爆而不时从炮膛中迸溅出的红焰，也永沦入如煎如熬的黑暗中。空中飞来舞去的可怕的抛物线与平行线，由那些出自弯曲弹道的炮弹所抹划的，也不再复显了。玛克沁式的重机关枪由每分钟六百发的连续扫射减到六十余发，最后也封闭了保险机。轻机关枪、步枪仍在响，夹着手榴弹的铁片碎块的爆炸声。战斗显然已驰缓下来，零星的巷战代替了正面攻守战。联队守军在作着最后的也是最绝望的挣扎。梅斐斯特总算胜利了。罪恶征服了正义在南大门雉堞边，那最后一次扳完扳机的扶桑岛炮兵，现在可以离开齿圈与永转轮相咬的瞄准机，安祥的坐在铜质防楯后面抽一支富士牌烟卷了。

在最窳劣的装备下，大溃败的悲运原是命定的。放弃侍卫联队的营房后，国防军混乱撤退，没有后退配备，没有阻止射击，没有掩护火网，一切已成安那其状态。侵略的利剑仍疯狂的向他们进攻，残剩的联队官兵化整为零，散散落落的伏在街头巷尾，跪在坍陷的瓦砾中，隐在颓墙背后，爬上人家屋顶，噎在尸体层堆里，藏在沟渠中，一面喘息一面继续抵抗，汗水血水粘成一片。破烂的太极旗幌动着，白色李花的帽徽在黑暗中闪耀，血迹斑斑的朱古力色面孔摇摆着。子弹呼啸着，不断向这些跪靶与卧靶射击。钢铁声音仍在响。一些黑衣士兵箭猪般向前冲去，黑色大翅膀似地猛扑着，企图以强袭冲破包围圈，然而还没有与敌人接触，就滚倒在轻机关枪声中。但死亡并不能绞杀人性的尊严与信仰的光芒，一些悲壮的呼喊声仍不断升腾起来，仿佛是撕碎黑暗的东方朝霞，庄严而沉痛："大韩国万岁！""国防军万岁！""朴大队长万岁！""打倒日本强盗！""杀日本鬼啊！""杀鬼子啊！""杀啊！……"这些血泪呼喊装饰了死亡，装饰了被奸污的京城，也装饰了军事上溃败悲剧。

哀吟声继续响在街侧，响在火焰边、尸堆中。哀声描画出那些血肉模糊腥味四溢的重伤者：断了的胳膊，失落的腿，破裂的胸膛，歪扭的铁青面孔，被烧焦的干枯身躯，仿佛毒蛇咬烂的紫肿皮肉……伤兵满地都是。没有人给他们一片绷布，没有人给他们一口水。他们哀吟着，诅咒着钢铁，却又羡慕那些因一颗大炮弹而全身化成虚无的人。火的泉水继续在联队营房附近汹涌着、飞跃着，民房一幢又一幢的被吞没着，焦黑的庞大炭柱轰然倒坍，火焰中腾起呼喊声、号哭声、救命声、惨叫声，……

战果在扩张。俘虏被惨虐的屠杀着。一颗血淋淋的人头成为七八支刺刀的粮食，喝着吃着，突然又皮球似地踢来踢去，终于被高高挑起来，掷铁饼似地掷入火焰中。一些尸身被分裂着。一些大腿几乎被踩成肉酱。头颅与身子继续"离婚"。驻屯军玩弄着这种血的游戏，仿佛是在作田径赛，作柔软操，作球类运动。他们像蝎子似地忙于灾害，脸上充满了爬虫动物的阴森表情，唇边分泌出潮湿地带蟾蜍的白色毒液。

猩猩样的狂笑从火焰四周迸发出来，先前帮助侍卫军联队的人民被一千倍的报复着，各式各样的杀戮拥抱着他们。明亮亮的刺刀在他们身上开着红色的盛筵。血的花园包围着他们，到处跳跃着红色的罂粟花。白衣老人被推入火的怀抱里，白衣孩子被刺刀送入火国里。白衣女人被剥得赤条条的，在千万朵罂花之海中抖颤着红湿湿白花花的肉体，发出僵尸式的森人的怪笑。人肉的焦糊气味强烈的弥溢着。红色的火葬延展着。作为祭词与谋文的诅咒在延展着："给沙马瓦古那倚！""给沙马包革古脑革！""巴格牙罗牙给罗！""高劳西！高劳西！…""朝鲜金高劳西！……""呀！呀！呀！呀！呀！……'""哈哈哈哈哈哈……"[①]

火越烧越红，越烧越狞恶。这是装饰魔鬼主义的"上帝的火！"这是审判正义的地狱炼火。破碎的青黑两色太极旗被投入火中，血红的太阳旗灿烂而骄傲的飘舞着。马刺铿锵鸣，宝剑铿锵响，"死亡"盘旋在烟火中。尸海骈联着尸海，似在滚滚滚滚着血流的波浪，敲打出昏沉凄厉的呜咽声。漂浮在尸海上的是仿法国式的硬顶黑军帽，七星子马枪，明治三〇式步枪，毛瑟，未爆发的手溜弹，棱形的瓦砾堆，颓圮的墙，高丽人参的布招，破碎的铁片，剑，铅质丸片，铜质弹帽……

各式各样的古怪气息交缠着、发酵着，混浊的硝烟气、沉重的尘土气、焦臭的死尸气、血腥气、泥泞的霉湿气、硫磺气……空气是说不出的窒息，可怕的难以忍受。层云低暗而脆弱，摇摇欲坠，仿佛随时会崩陷。整个黑苍苍的天穹没有一丝星芒，虚伪得像一付巨大黑色面具。在这大面具下面，裸呈着一些光怪陆离的奇景：一株街树上高高搭拉着一颗人头，一堵粉墙上黏贴着一条臂膀，在一条水潦声琅琅的阴沟边，一片破碎的胸膛摊在地上，好像一只静止的乌龟，一株开满红花的绒线树倒在街心，残阙的半截血腥胴腔倒在树干上……

败兵的抵抗越来越衰弱，最后只剩下极少数的纯以个人为主体的战斗单位。他们抵抗，与其说是为了打击敌人，倒不如说是为了牺牲自己，为了开销最后几粒子弹。

火光仍在摇曳四射，一片片的，一朵朵的，恶毒而粗犷，好像受了一个阴谋巫师的蛊惑，决心要把这白衣民族所有的敌忾与强硬烧个一干二净。

三

在京城的北隅，一种奇异的和平胶粘住一切。

在熹微而错落的樱暗灯影中，一排排宫殿式的小型建筑岸然凝立仿佛是一尾尾浸浴在孤寂中的烨炜孔雀，庄严而傲睨，华艳而沉默。一扇扇朱红大门与一棵棵朱红楹柱在阴黯中闪着红光，凄艳而幽冷。红门上的金狮子剥啄表

① 此段大多是日本话，"杀呀！杀呀！""杀朝鲜人呀！"以及一些恶咒语。——原注

现出古怪的面像。井然排列的红柱则有着雅典古神庙圆柱的均衡、浑圆，统一与和平，好像是一些充满生命的巨人，随时会飞跃起来。屋檐鸟翼似地扑入空中。在黑暗中，梁栋间的一些朱雀、玄武、凤凰、麒麟的雕绘再分辨不出。只有一些觚棱、抛物线和三角形，还依稀在地上投下一块块的静默阴影。黑暗虽然为这些建筑罩了层土耳其式的面纱，但人们在黑暗中依旧可以呼吸到一种雍容华贵的气息，一种高傲的静默。

黑暗中，有两条影子仓促而蹒跚的摇幌着，越来越近了。他们确是往这些建筑走来。

在远远的焰火的映衬中，在层层袅袅的夜黯的缠裹中，这两条影子好像并不是两个人，而是两个精灵，两个海怪，从死海的千万丈深的海底层升起来，从遥远的天际线处涌出来，鳄鱼般爬动着，越爬越凶，越爬越快，爬着爬着，最后突然凝固成石像样的两个形态：两个黑衣人！

这两个黑衣人毛毛茸茸的走过来，匆急中带着坚定，荒乱中带着冷静。从他们出现的第一秒钟起，就肯定的给这和平的一隅带来了谴责与控告、不安与调和。他们的每一个步态，每一个摆动，都充满了一种异样的感情、异样的涵义。这种感情与涵义对于这和平的一隅是一种极大的讽刺，极大的嘲弄。他们走着，匆匆走着，其中一个高一点的一腿很瘸，他一只手扶着另一个的肩膀，高一脚低一脚的跋涉着，仿佛是走在泥沼里，说不出的吃力。其实，不用察看他们的浑身泥泞与血迹，只要看他们的急慌慌的行色，听听他们的气咻咻的喘气声，就可以发觉他们是极其颠沛而狼狈。他们仿佛刚逃出原始洪荒的最混乱的一幕，逃出洪水猛兽的重围，怀着沉重的压迫、沉重的思想，踏入一个秩序而和平的世纪，一个秩序而和平的岛屿。

他们走着，走着，走着，……

在无边的夜暗中，一个极其低沉嗄哑干枯的声音响起来。

"姜载河！……憩一憩吧！……你搀扶了我这半天，……累了吧？……"

这是从高一点的那个发出来的声音。他一面喘息一面断断续续的说，声调非常温和。

"我还好。我不累。……队长，你的伤口还痛得厉害么？……"姜答的答话很恭敬，声音很干裂而尖锐。

"嗯，有点痛，……不碍事，……累，累极了！……渴得厉害！……"

"队长，你坐下来先歇歇吧！……等一等，我去找人家要一口水喝！……"他们坐在一家邸第外面的白石台阶上。两个人都疲倦极了。谁也不愿开口。有好一会，叫做队长的似乎恢复了点力气，才低低的问：

"这是什么地方？……怎么这样安静？……好像是另外一个世界似地。……"

"这是老龙洞宫，现在改成龙洞街了，再过去就是皇宫。"

"哦！龙洞街！……这是皇族们住的地方！……难怪是这样安静，这样和平！……"突然噤默起来，好像在沉思什么。停了很久，才带着残酷意味，慢慢自言自语："哦，伊藤博文在保护条约上说过的，要好好尊重我们'皇族的尊严'，维护我们'皇族的安全。'这一次倒很守信用。……"

"对了。这是皇族住的地方，鬼子一时不会来骚扰的，我们可以多休息一会。……"

姜载河还要往下说，另一个突然摇了他一下：

"不要响！……听！……"

远远的，在街头上，一阵皮靴声与马刺声响起来。

几分钟后，这些皮靴声与马刺声转入另一条街道，并没有向龙洞街这边走过来。

队长挣扎着站起来，肯定的道：

"不行，这不是休息的地方。……我们得进去避一避！……"

"队长，您不要起来。您坐着休息。让我去敲门。"

四

一阵急促的敲门声在黑暗中响着。

"谁呀？"

"我们是受伤的国防军。劳驾请快点开门。我们有一个中队长受了重伤，他必须得一点休息，喝一点水。敌人就在我们后面，请快点开门，让我们进来避一避。"

"不行。"

敲门声继续响。

"先生，您得帮点忙！我们打了两天两夜，一颗米粒子没有沾牙，一滴水没有进口。请你开开门，让我们进来憩一憩！"

"不行！到别一家去躲去！"

"先生，您不能拒绝一个受伤的人。我们这里受重伤的是一个中队长。我们实在累极了、渴极了，又受了伤……请您无论如何让我们进来憩一憩！我们坐一坐、喝一口水就走，绝不多耽搁。"

"说不行就不行。你这个人好不识相，尽叨叨叨叨的，好麻烦！老实告诉你吧，上面早有话吩咐了：一个闲杂人也不许放进来。你再啰嗦些也没用。完了！请早点到下一家发财去吧！”敲门声完全消失了。

那只放在剥啄的金狮子头上的手颓然坠下来，仿佛受了一个猛烈的锤掌，叩门者软弱无力的低低垂下头，黯然转过身子，极其缓慢的迈着步子。

“我们到下一家试试吧！”他颤巍巍的低声说。

中队长还坐在原来地方。他一动也不动，他似乎在黑暗中思索一个很严重的问题。终于，他凄然道：

“我看你不必再敲门了，我们就这样在外面憩一憩。过一会，还是回到我们来的地方。这里不是我们呆的地方。我们本不该来的！”

“不，队长，您别难过、别光火！您的伤很不轻，必须找一个安全地方，好好休息一下。这外面太不安全了。‘他们’随时会搜索过来。”

“让他们来搜索吧……嗯，我有办法对付他们！……”队长轻轻狞笑着，不自禁的，他的手在腰间摸了摸。

“队长，请您忍一忍。让我再到下一家试试。这一家这样冷酷无情，只能算是一个例外。韩国皇族不会都是这样不近人情的。……万一下一家不成，还有第三家第四家呢……”

不久，敲门声果然又在黑暗中响起来。响了很久。中间曾经间歇了五次，换句话说，前后是被五家拒绝了。那些在门内答应的，无论是奴才身份或主人身份，他们的答复都是大同小异，斩钉截铁的否定和拒绝！在他们眼里，敲门人仿佛就是虎列拉和鼠疫，接受他们就是接受一种可怕的瘟疫。他们的答复语气冷硬得像岩石，一切的请求与解释即使比钢刀还犀利，砍在上面也产生不出效果，除了那些装饰性的痕迹，那些虚伪的回声。世界原是宽广的，这时却显得可怖的窄小，灯火原是明亮的、温暖的，这时却显得可怖的黑暗、寒冷。叩门者被这窄小的世界窒息得直喘气，被一阵阵黑暗与寒冷袭击得直发抖，就在这短短的一小时中，他有生以来第一次体味了什么是热，什么是冷，什么是明，什么是暗，什么是大，什么是小。他发觉这个世界里，至少还藏有一个甚至十个以上的他未发觉的世界，正像魔术师的铁环里还套着许多铁环一样，一切完全出于他意外。他痛苦，但他还在挣扎，好像一个落在海里的人要捉住一个木片。

现在，第六家也同样拒绝了他，仿佛和前五家订定了一种同盟、一种密约。像一个判决死刑的囚徒，他沉默的垂下头，没有叹息，没有摇头，他让深沉的悲哀沐浴着他。

转过身子，他正想离开时，闪电似地，一个思想突然在他脑子里闪过去。

他登时想起了一些被遗忘的话与理由。这些理由，他必须说出来。因此，他又回转身子，继续敲了两下剥啄，用一种极沉痛的语气道：

"先生，我最后再请求您一次。……我们都是檀君(檀君是韩国开国始祖，如中国黄帝)子孙，都是韩国人，您即使不愿意帮助一个受伤的中队长，我请您看在檀君面子上，看在同胞面子上，准许我们进来喝一口水，成吗？"

"喝，你这个当兵的真难缠！不开门就是不开门！什么檀君不檀君，同胞不同胞！去！去！别再废话了！"

"先生，您总得讲点道理呀！"

"道理！道理！我告诉你道理！这是韩国大公爵李范懋李大人的公馆！这是皇族贵人的公馆。所有乱兵逃兵一律不许进门！听清楚了没有？所有乱兵逃兵一律不许进门！"

左近不远的台阶上，一个嗄哑而愤怒到极度的声音突然吼起来，比敲门声还强烈的激荡在夜暗里：

"你妈的，这里没有什么乱兵逃兵，这里只有为祖国自由而受伤的人！你妈的，你忘记你的祖宗是哪一国人了！"

门内没有声音了。

叩门者正要说什么，中队长的粗嗄声音突然响起来：

"姜载河，不许你再响了！……我们不是叫化子！……哼，什么混帐东西！……"

"嗳，队长！……"

队长噤默了。有很久很久，他才抬起头来，凝望着黑暗，用一种深渊似地痛苦声音自言自语，每一个字都像鹅卵石一样的沉重凝炼而有力！

"我真恨，恨自己，恨自己不该让你把我救出来！……，这，这是一个——一个什么世界啊！——"嗓子突然有点哽咽，说不下去了。

"队长，您流泪了！"姜载河苦痛的望着他。

"是的，我流泪了！……我不能不流泪！……在这一点钟里，我看见了三十年来我们屈辱的历史，一个我绝不忍看的悲惨事实！……嗯！我不能不流泪！……"

"你看见了什么？"

"我看见了——我们韩国是亡定了！"

"……"

"……"

他们沉默着，痛苦的对望着，仿佛要从对方脸上发现奇迹。望着、望着，他们突然抱着哭泣起来。

好半晌以后，姜载河拭拭眼泪，坚定的道：

“队长，为了您的伤，请准许我再试一次吧！这是最后一次了。这一次如果再失败，我决定陪您回去，……”

“我准许你试验最后一次。不过，不许你说一句哀求话！……”不久，敲门声又在黑暗响起来。

“谁呀！”

“我们是受伤的国防军，我们有一个中队长受了重伤，谢谢您，请让我们进去憩一憩、喝一口水，谢谢您呀！……”

门内踌躇了一下，一个平静的声音答道：

“请等一等，让我进去请示一下。……”

“队长，这一次一定很有希望，……”

“呕，希望！……在病人未死以前，医生总是说有希望的！……”

五

蟠龙红烛摇颤着明晃晃的金焰，大红烛泪静静流滴在串字形的白银烛台上，如一些凋残的玫瑰花瓣。烛之畔，一阵阵微微抖颤的诵经声轻轻飞出来，好像并不是人的声音，而是一只只“嗡嗡”鸣翅的昆虫。

“佛告：‘大王，汝见变化迁改不停，悟知汝灭，亦于灭时，汝知身中，有不灭耶！’波斯匿王合掌白佛：‘我实不知。’佛言：‘我今示汝，不生灭性。大王，汝年几时，见恒河水？’王言：‘我生三岁，慈母携我，谒耆婆天，经过此流，尔时即知，是恒河水。’佛言：‘大王，如汝所说，二十之时，衰于十岁。乃至六十，日月岁时，念念迁变。则汝三岁，见此河时，至年十三，其水云何？’王言：‘如三岁时，宛然无异，乃至于今，年六十二，亦无有异。’佛言：‘如今自伤，发白面皱，其面必定皱于童年，则汝今时，观此恒河，与昔童时观河之见，有童耄不？’……”

一个飘潇如古代云游道士的人，坐在烛畔紫檀木太师椅上，上面铺着织金线双龙戏珠的蓝缎椅垫。他年约四十开外，身材瘦长，面孔清癯，颊下三柳长须轻悠悠的垂下来，直垂过月白色绸“都鲁迈革”（一种韩国袍子，状如中国道袍）的领缘交叉处。他头载马尾编织的土耳其式的白色“卡姆图”（一种韩国便帽），足蹬白牛皮的“辛”（一种韩国便鞋）。整个面容冲淡而谦静，充满着出世的消极神采。要不是他的一双忧郁无光的眼睛，惯爱怔怔下垂，人很难相信他曾沉思过什么。这双眼睛是和平的、安详的，但任何对象被它久久钉视后，都会感到一种幽禁的恐怖，一种说不出的窒息与沉闷，仿佛被一只巨手扼住喉管似地。

他低低念诵着,虽然缺少梵呗的伴奏,却有一种自然的禅寂的音律。他念诵着,脸上每一条绉纹都透露出一种无比的坚忍与孤独,好像是一个石器时代的人,命定要在野兽毒蛇的重围中挣扎。他念着念着,似乎在努力把自己缩小、缩小,缩小到与那些木板仿宋黑字一样大,好把自己堆藏在书叶中。他不仅是在念诵,也是在逃走,从自己逃走,从这个世界逃走……

现在,他第一次突然停止念诵声,侧耳倾听,远远的,大门口仿佛响起一阵模糊的敲门声。

他的眼睛离开线装的楞严经,离开波斯匿王、恒河、佛,……

他的视线投掷入四壁,又徐徐作着抛物线形的移转。这客厅静得像一座庙宇,且有着庙宇所特有的那种清冷的阴暗。壁上的淡月牙白色的绫裱擅[檀]君像,金刚山山水的没骨画,白头山①南天门天池的水墨图,前退皇光武帝题郑梦周诗的画轴,高丽好大王碑的拓图,华榴供案上的松都瓷器,粉彩的、珐琅彩的……这一切都好像一些没有声音与动作的幽暗生命,用盲哑者的表情向他静静宣示,静静申诉,给予他一种深沉的近于恐怖的"静感"。

从黑暗不透明的空气中,传来疏疏落落的枪声,以及一串串混浊的骚音。这些骚音仿佛并不是响在外面,而是响在他心中。他感到奇异的压迫。他把视线再投到经文上,那些波斯匿王、恒河、佛似乎在跳舞,光影婆娑迷离,他无法捕捉。其实,他刚才念了很久,麻醉他的并不是经文,而是他自己的声音。经文上的思想对于他始终是另一个星球的感想,他不能抓住它们,正如它们不能抓住他一样。

一阵脚步声在客厅外响起来。

他抬起头,一眼看见一个身材结实、仆役打扮、嘴上留着蒙古式下拖胡子的中年人走进来。来者鞠了躬,恭敬的道:

"禀报老爷,外面有两个受伤的国防军要进来。"

他有点怀疑的望着仆人。

"国防军?……"

"是的,里面有一个是中队长,说是受了重伤,要进来想憩一憩。……"

他楞了楞,摸摸三柳长须,慢慢道:

"放他们进来!"

仆人挺直腰肢,答应一声"是",鞠了一躬退下去。才走不到十步,又被叫

---

① 今中方所称长白山——本书编者注

回来。

“不,不,还是不让他们进来。……石龙,你觉得怎样?他们真伤得厉害么?”

“回禀老爷,小的也想,最好不让他进来。我们都没有出去查验,谁知道他们有没有伤?这个时日,兵荒马乱的,是非好歹,难说得很。听说这些国防军平日品行很不规矩,……”

主人正要答话,一个宏亮的声音突然响起来。

“谁说国防军‘品行不规矩’?谁说国防军品行不规矩?……”

一个身材魁梧的青年从隔壁套房里跑出来,继续大声吼着,声音里略带童音!

“‘品行不规矩’的国防军,现在正为了韩国民族的尊严,在与日本强盗拼命!‘品行不规矩’的国防军,现在正为了保护你、保护我,在与日本鬼子拼命!‘品行不规矩’的国防军,现在正流出最后一滴血,在与日本侵略者拼命!……哼,石龙,你说话太随便,太没有分寸!你要知道,侮辱国防军就是侮辱韩国民族的人格,就是侮辱你自己!”

“是,是,是,小的说错了,说错了,请少爷别生气!”石龙连连鞠躬。

“箕儿,说话小声点。你母亲还在睡呢!……你怎么不多睡睡?天还没亮呢?”

“枪炮声乱轰轰的,外面正在杀人,哪里睡得着?我已经有两夜没有闭眼了。这一阵枪声小了,实在疲倦不过,正想睡,听见你们谈话,我就起来了。……瞧,外面天色已经朦朦亮了!……”

这说话的青年年约十八九岁,这是他早熟的形貌外显的年龄,他的实际年龄其实还要小一点。他有一双野兽般强烈的狮子眼,一付傲岸的高高鼻梁,一张正直得仿佛从未说过谎话的嘴。脸色因常经日光曝晒,很是黧黑,头发则是短短的、乱乱的。他的身材异常高大,全身肌肉极是发达,胸脯昂然挺出,一望即知是勤于运动而特别发育的缘故。现在,他怀着强烈的感情,走到他父亲旁边,用哀恳似地声调道:

“爸,国防军受伤了,你为什么不许他们进来?……我们一定要请他们进来,我这就去开门,好不好?”

“进来倒没什么,我只是怕招闲话。昨儿有人来为了国防军募捐,我捐了些粮食什么的,你伯父听见了,直埋怨我,说我不该管这份闲事,叫日本人误会我们皇族。现在……”

“伯父将来是入日本国籍的,韩国的事他自然可以隔岸观火。我们可不能观火。火已经烧到我们身上了，我们只有抬水……爸，这两个国防军，一定要请他们进来……我去开门了……”

青年说了，不待对方回答，果真匆匆向大门口走去。

“咳！咳！这孩子！什么事都要依他，真是牛脖子！……”

六

天色大亮了。镀银的曙光描绘在绮文玲珑的窗棂上。远方骚音业已渐渐退潮，只有极零落的枪声隔几分钟还响一次，在述说着一条生命的灭亡，正如一条殒星的光在述说着一个小星球的灭亡。

客厅里的烛焰仍在摇颤。在缕织着金线孔雀与莲花瑞纹的紫色地毯上，模糊的掠映着四条黑影子。厅内空气像发生谋杀似地沉闷，奇静得仿佛连烛焰的摇动也听得出来。每个人都或深或浅地看到一片暗影，这暗影在他们身外浮动，也在他们身内浮动，这身内身外的暗影就要会合，凝结成铁样的一团，好像对付屠牛似地，向他们脑门子猛击下来。他们嗅到强烈的屠场气味。他们被这气味剥削得很空虚、很苦痛、很绝望也很愤怒。他们知道，曾经用四千年时间建设起来的一座花园，在一秒钟内就要全部变成废墟。血在静夜里流，泪在欢呼的酒杯中无声的涌出来。骷髅在华筵上作着没有颜色线条声音的舞蹈。爱人的被人杀，杀人的被人爱。殿堂里雕金菩萨的两臂也变成两支宝剑……

在听完了队长金左真的简略的叙述后，主人对于当前战局显然绝了望，他颤颤的捻着三柳长须，颤颤而沉痛地问道：

“那么，这个国家真的完全没有救药了吗？战局连一点挽回余地也没有吗？”

“嗯，一点挽回余地也没有。”

“在这个国家的其余地方，所有的国防军也就这样听任别人解散了，一点抵抗也没有？”

“抵抗自然是有的。可是，一切的抵抗只能有一个结局：溃灭！或早或迟的溃灭！”

“连抵抗也不能拯救我们？”

“嗯，连抵抗也不能拯救我们。这种抵抗只是病人临死以前的强心针，一个人是不能专靠强心针维持生命的！”

队长金左真很冷静的答复主人，每一句话都像钢刀般坚决、分明、毫不通融的砍在主人的侥幸与幻想上。

喝足了水，补充了充分食物后，队长金左真现在已恢复了不少精神，但他那苍白而瘦削的脸上，依然充满了疲倦、厌恶、烦躁，似乎一切都看不入眼。他年约三十左右，身材比青年李箕还魁梧，眉毛粗黑，目光炯炯，气度轩昂，一望即知是个精于思想果于决断的人。他头上一顶黑军帽，帽檐已被子弹打穿了好几个洞，李花帽徽早已脱落；一套黑军装好像才从泥沼里挖出来，泥泞狼藉，染着大块大块的污血；裤管已完全撕破，破布分扎在左大腿上，左肩及右肩上，这三处显然是受了很不轻的伤，血腥已把黑布浸透，凝结成一块块紫黑色的污迹。在他邻座上，坐着姜载河，一个矮子，年约三十六七，兔子眼，风干桔皮脸，穿着侍卫联队的黑色制服，全身泥血不分，右肘上绑了块几乎染成红色的白布。

"那么，大韩帝国就这样一个兵也不留，一个空的帝国，听任别人摆布？"青年李箕愤愤问。

"可不是听人摆布！"队长苦痛的说着，脸微微痉挛："从今天起，韩国就是一个赤手空拳的人，被夺去了一切武器！……从今天起，韩国就是一座没有门没有看守人的空花园！……空了，完全空了！……强盗随时可以来抢劫这座花园，来蹂躏它、侮辱它！……在三十分钟内，日本军队随时可以全部占领这座大城！"

"唉，惨极了！这哪里是打仗！这是人跟钢铁拼，血肉跟机器拼！"姜载河悲伤的摇着头："我们联队总共不过二千多人，鬼子却开来五六千，把我们大包围起来，虎蹲炮、短管炮、重机关枪、重磅炸弹，应有尽有，我们除了轻机关枪、步枪和手溜弹以外，什么重武器都没有。要不是老百姓帮忙，我们就支持不了这么久。……我们中队长受了三处伤，不肯退，一颗大炮弹在附近爆炸，我们全给震晕过去了。……敌人攻过来，以为我们死了，从我们身边冲过去。……我先醒来，等敌人过去，用泥水把中队长浇醒了，他身子动弹不得，不肯走。我死说活说，等天黑了，才把他背起来，我的伤还算轻。背了一段，他自己总算能勉强行动了……。唉，惨哪！这一中队六七百人，就只剩我们两个！……"

"这不是战争，这是出卖，出卖！"队长咬牙切齿的喃喃着，"我们不是被打败了的，我们是被出卖了！……打败我们的并不是我们的敌人，而是我们的朋友，是领导我们的将军们，是天天喊着救国救民的贤明官吏们！"

"我们的军队难不成就这样被敌人白白解散了？我们的政府就没有一点抗议？"李箕睁大眼睛问：

"抗议？解散国防军诏文，就是我们皇帝颁发的！解散国防军命令，就是我们军部宣布的！"

另外两个人听了这几句话，不约而同的“啊！”一声，显然怔住了，这对他们似乎是一个绝顶的意外。李箕楞了好久，才愤愤然大骂道：

“喝！他们居然这样混蛋！这样昏庸！这，这，这真是千古奇闻”

“嗯，我们的政府就是这样混蛋！这样昏庸！这几十年来，他们一直就是这样混蛋，这样昏庸，要不然，韩国不会像今天这样的！”

主人沉思了一下，轻轻问：

“这一次解散国防军的经过，金队长可以大略说一说么？”

金左真点点头，正要叙述，石龙忽然急匆匆跑过来，气咻咻的道：

“禀……禀老爷！……外……外面日本宪兵来检查了！……”

“哦，日本宪兵……”

主人站起来，搓搓手，平静的道：

“箕儿，你把两位先领到仓库避一避！快一点！”

一分钟后，目送三条背影消失在甬道里，主人才开始向大门口踱去，步态甚是从容。

七

“对不起，我们得麻烦李先生一点事！请问这里是不是有两个叛兵进来了？”

主人所不认识的一个日本军官，在用熟习的腔调招呼他，是一种以谦逊反射骄傲的语调。这军官着姜黄制服，佩着少佐肩章，后面跟着七八个日本宪兵，一个个浑身污泥与血迹，马靴上满淋着泥浆与污渍。

“‘叛兵’？什么‘叛兵’？”

“叛兵就是你们国防军，就是侍卫联队！”军官不耐烦的绉着眉。

“我们这里没有看见什么国防军。”

“没有看见？他们都是侍卫联队第一大队的，其中有一个是中队长。我们猜想：很可能叫做金左真的那一个。在这一次叛变中，这个人是首凶之一，我们一定要逮捕他！”

“这里没有什么侍卫联队的中队长来过。”主人始终用极和平的语气，作着极简单的答复。

少佐对于主人简单的否定答复，显然不很满意，他再度绉绉眉，用怀疑的声调道：

“没有？……不对吧！……这是你们这里人自己去报告的。”

“‘自己去报告’？我们这里人？……”心中微微有点忐忑，但语调仍很和平自然。

军官讽刺的盯了主人一眼，阴险的微笑道：

“嗯，就是令兄李范懋先生派人去报告的。他说这一带有两个敌兵过来，希望大日本皇军维持这一带的治安保护韩国皇族的安全……”

“哦，这一带也许有这两个人来过吧。”主人轻轻吐了口气，“不过，我们这里可实在没有见到，这两天来，我们大门一直是关住的，一个闲杂人也不许放进来，更不用说乱兵了。我们最讨厌乱兵！”

“真没有见到？”军官紧紧盯住问。

“少佐似乎很不相信我的答复。请带人进来搜查一下吧！怎么样？”

军官对这富丽堂皇的建筑张望了一下，口气突然松下来，狡猾的微笑道：

“那不必了，不必了。……我们相信李先生的话应该很可靠。大日本帝国皇军对于大韩帝国皇族素来是尊敬的。这一次剿灭叛军，就全为了保护韩国皇室的安全，希望你们也帮点忙。……对不起，搅扰了！再见！”“嚓”的一声，脚跟上马刺碰在一起，昂然一个敬礼。

军官领着宪兵走不多远，突然又独自匆匆跑回来，很关切的道：

“如果有叛军到这里来骚扰，请随时通知附近岗兵，我们一定派人来保护。……嗯，我们马上就要在附近布起岗来。……”

“是的。谢谢。”

“再见！”又是“嚓”的一声，脚跟上马刺碰在一起，昂然一个敬礼。

“再见。”主人弯腰答礼。

军官才走，一个愤怒的声音就在旁边爆发出来，使主人吃了一惊。

“伯父真，真太没有心肝了。他怎么能去报告？他怎么能去报告？哼，他简直忘记自己是韩国人了！”

这是李箕的声音。他已经听到他们的谈话。

“箕儿，不许用这样口气说你伯父！这是日本人的话，谁知道靠得住，靠不住！”

“靠得住！百分之二百的靠得住！伯父什么事都做得出。……保护条约，那样凶辣的条约，皇族中最是昏庸无能的，也无不痛苦流涕的反对，唯独他和叔父，站在卖国贼李完用宋秉畯的一边，替伊藤老混蛋说话，唯恐韩国不亡！……在这两天里，我们至少有二千人，被日本枪炮杀死，他家里却挂灯结彩，忙着明天做寿，大宴日本人哪！……”

“嗯，明天是你伯父五十晋九的生日，族中为他预祝六十大寿，你明早点过去帮忙，免得他见怪！”

“帮忙？哼，我连他家大门口都不想去！”

“箕儿！”父亲严峻的盯了儿子一眼，“无论怎么说，伯父总是伯父，不许你胡闹！你一向胡说乱道的，已经叫他很不开心了！”

“哼！‘伯父！’……”李箕愤愤哼了一声，不再开口。

他们一路走一路谈，这时已回到客厅。主人打了个呵欠，长长叹了口气，略感疲倦道：

“我两夜没有能好好睡了，现在需要休息一会。……你去招呼一下。要石龙、朴泳礼他们好好照料那两位客人，要他们就在仓库里搭两张床，口风紧一点，别往外搬弄是非，说不定日本宪兵还要检查。……再有，吩咐朴泳礼给他们换换绷带，敷点药。……听金队长说，他的伤只是皮肉，并没有伤筋骨，看样子大约不碍事的。”

“爸，你去休息吧！这些事我会张罗的。……为慎重起见，我想还是由我自己来服伺他们好，不必再麻烦底下人了，人多嘴杂，反容易误事。换洗绷带，敷药这些事，我比朴泳礼他们还在行……”

主人沉吟了一下，点点头。

“你自己愿意辛苦点那也好，你要是忙不来，就找仆人。……”停了停，“还有一节，不要忘记：他们已经两昼夜没有睡了，你办完事，不要多和他们谈话，让他们多憩憩。”

“我知道！你去睡吧！”

李箕一面说一面很兴奋的向后面走去。

八

夜。

所有枪声与骚音全死了。爱与恨死了。希望与绝望也死了。黑暗中再没有风波与激动。一切是化石样的静，静得有点森[瘆]人。在这样的静夜里，几乎没有人敢相信，昨天这个时候世界的一角曾经发生过火山爆发一类的惨剧。那些被熔岩烧死的人，早已归返“大地”的故乡，最后一次作着“能力不灭”化学定律的例证。现在，血已沉没入黑暗中，生命的一切光彩也沉没入黑暗中。“时间”仿佛业已停止，世界仿佛业已僵化，僵化成一大块又冷又硬的黑暗固体。除了又冷又硬的“力”以外，似乎没什么值得存在的。在这古埃及坟墓穹窿一样的黑暗中，只有窗下油葫芦与金铃子还在鸣响，近似一种无泪的啜泣，介于有声与无声之间的啜泣。这种无害的啜泣，或许是地球上的唯一声音了，其余的大约是被扼杀了

“嗖”的一声，仓库里的灯光突然给吹熄了。在烛蕊的最后红光中，依稀闪映出房内三条生命的存在，两个人躺在白色床上，一个人躺在白色睡椅里。他们似乎发出了很多声音，现在暂时沉默，让自己与黑暗溶成一片。

烛蕊的红光终于也沉入黑暗中，室内一切的光全死了。

生命终于发出声音了。

青年人道：“金队长，你为什么不欢喜灯光，怕刺眼吗？”

“晚上谈天，我喜欢房内暗一点。”

姜载河道：“队长有个习惯，晚上没有事是不大爱点灯的。”

金左真道：“我最喜欢在黑暗中谈话，这时候一个人可以不必再装出种种嘴脸与姿态，会变得天真点、勇敢点、坦白点。”

年青人道：“您不疲倦吧！”

“一点也不，我已经熟睡过十几点钟了！”

“您的伤还痛吗？”

“一点也不痛了。我这一付身体，这样的伤再添七八处，都不碍事的。”

“那么，您就在黑暗中给我们讲这次解散国防军的经过，好不好？”

“小兄弟，我们谈别的好吗？过去的已经过去了。”

“不，您一定得讲。像这样的事情，您有义务使每一个韩国青年知道。”

“唉！这很使我痛苦！……”

“您讲吧！让我们也分分你的痛苦。”

“好，好，我讲，我讲。…”

于是，不久一个粗嗄而愤怒的声音开始在黑暗中响起来，泉水似地在黑暗中淙淙流涌着。

九

一千九百零七年八月一日，是每一个有灵魂的韩国人应该哭泣的日子！在这一日，人类的卑鄙无耻是登了峰、造了极！在这一日，人类的绝望与苦难也登了峰、造了极！我们哭，不是哭一个民族的灭亡，是哭人类的卑鄙无耻，是哭人类竟不以此卑鄙无耻为卑鄙无耻！

一千九百零七年八月一日，是韩国四千年来最黑暗的一日。在这一日，韩国第一次被解除武装，牵入屠场，在黑暗中等待那最后的锤击、最后的粉身碎骨！

一千九百零七年八月一日，是一个地狱的日子。在这一日早晨，天昏地黑，到处都是大风雨，苍天在流泪、大地在哭泣、“死亡”在舞蹈……

上午八时，雨仍落着，军部的传令骑兵出现在各侍卫联队队本部。军部郑重通令，各联队长大队长应即赴日本驻屯军司令部谈话。大家惊愕得说不出话，每一个人都对雨踌躇：去不去？

屠场门口的牛是不许踌躇的。各联队日本教官派骑兵不断来催，几乎每隔十分钟一次。

冒雨聚集在驻屯军司令部，缺席的只有侍卫第一联队第一大队长与第二联队第一大队长。

"不等这两个人了！"

卖国贼宋秉畯庄严的取出皇帝的解散国防军诏，庄严的高声宣读：

"朕当国家多难之时，亟应节省冗费，利用厚生之道。现我军队，以佣兵组织者，值兹刷新军制，培养士官之际，除由朕选定为皇室侍卫者外，其余一律解散。朕念汝等将士之劳瘁，特颁赐恩金，令汝等各返旧业。"

卖国贼当场宣布：十点钟在训练所集合，举行解散仪式。

大家相顾失色，悲愤得喘不过气。但大家也只（只）是"悲愤"而已。他们终于"忍痛"接受了命令，"忍痛"从日本驻屯军枪刺排成的"林荫路"上走出来。

他们"忍痛"回营，"忍痛"欺骗官兵：十点钟开赴训练所举行徒手教练，不必携带武器。教练毕，有一个高级将领来演讲军事专题。

"雨中作徒手教练，应该是一个很新鲜的玩意。"大家望着雨想。

十点钟，雨仍在落，泪珠似地，一串串的，渐渐细小了。

各联队冒雨集合在训练所，缺席的只有第一联队第一大队长与第二联队第一大队长。

训练所四周，到处是重机关枪，矮子枪手睁着火红红的眼睛。

这么多重机关枪是保护"徒手教练"？是保护某高级将领演讲？是保护听众?!

"?"终于被答复了。

一个日本武官当众宣读了皇帝陛下的解散国防军诏，（这回宋秉畯早溜走了）且发表了一场短短演讲，说了些日韩提携一类的安慰话。这应该比某高级将领的军事专题还精彩！

大批全副武装的日本宪兵涌过来，开始动手解脱国防军官兵的肩章与佩剑。这应该比"徒手教练"还出色。

颁发恩金了，下士八十元，服役一年以上者五十元，未满一年者二十五元，下士以上军官另议，按级从宽优待。

这一"军事专题"演讲的最后结论是："自由解散！"

在训练所外面，是几十架明亮坚硬的机关枪，在训练所里面，是几千颗黑暗瘫软的心。那个日本武官说得对："我日、韩两国有数千年的亲密友谊，情逾兄弟。"

一片裂纸声。一片片碎纸币在空中作蝴蝶舞。一片呼天抢地的哭声压了秋风秋雨声。天空露出同情的阴暗愁容，地上却只有冷脸冷笑。

哭吧！哭吧！哭敌人残忍！哭朋友残忍！也哭自己残忍！是这样残忍的懦怯，是这样残忍的自卑，残忍得放弃了所有的自尊！

哭吧！哭吧！眼泪是军人争取光荣的最后武器了。再不施用这一武器，就没有这样黄金机会了。（自然，老虎是没有眼泪的，豹子也没有眼泪的。）

出了门，雨水和泪水在脸上糊成一片。街上，人民的声音响了：

"哼，你们这些懦夫！你们这些贪生怕死鬼！都是饭桶的饭桶！酒囊的酒囊！你们不赶快在地上挖个洞，钻下去，还有脸在街上走？大好的白米饭，喂猪狗也比喂你们值得些！我们是白养了你们了！……"

回到营里，日本驻屯军已架起机关枪，不准通过！

在第一联队第一大队。

上午八点钟，大队长朴胜焕托病不到日本司令部。

十点钟，拒绝把队伍开到训练所。

十一点钟，噩耗来了，朴胜焕满地乱滚，嚎啕痛哭。

十一点二十分，大家听见一声枪响，冲进大队长室，朴胜焕倒卧在血泊中浑身鲜血。

"叫自己死不是办法！叫敌人死才是生路！"这是我对兄弟们临时讲话的最后结论。

凄风苦雨停了。复仇的暴风雨却起来了。

潮样的冲入军械库，夺取所有的军械弹药。

十二点四十分，我们杀了队上所有日本人：教官、顾问、翻译……

一点二十分，第二联队第一大队也来响应，两队会合，分向日本所占领的各联队兵营猛攻。日本未料到这样大规模的突击，短短接触后全部溃败。我们恢复了失去的一切。

两点十分，进攻日本驻屯军司令部。

三点多钟，日方调大军来援，死守司令部。

激战开始。

先前在训练所大声痛哭的人，现在也举枪大声怒吼："杀倭鬼！""杀日本鬼！""杀日本强盗！"被解散的军队一部分加入了我们。

一部分老百姓也舞着大刀铁棍来参加我们。仇恨如泉水样喷涌着。一个民族的尊严究竟绞不死的！

晚上，日兵两次增援，在南大门架大炮，开始向各兵营猛烈轰射。机枪开始与血肉半争！矿物开始与动物斗争！十九世纪文明的全部遗产就是：用矿物杀动物！用矿物代替动物杀动物！用矿物中的精灵——钢铁，来杀动物中的精灵——人！

我们没有重武器、没有绷带、没有援兵、没有休息。我们所有的只是一颗血淋淋红花花的心，不甘做猪狗的心！这血红的心在沸腾、在咆哮。它要我们踏着兄弟与敌人的尸首前进！它要我们用头颅与胸膛填住敌人的机关枪与炮口。它要我们碎尸万段，只为了一个字：自尊！

我们冒着铁雨冲过去！马一样的冲过去！虎一样的冲过去！从北冲到南，从西冲到东！从黑夜冲到黎明，从黎明又冲到黑夜！冲过去！为了四千年前的始祖檀君冲过去！为了四千年后的未来韩国孩子冲过去！为了生我的父母冲过去！为了我们所生的子女冲过去！为了金刚山白头山冲过去！为了豆满江、大同江冲过去！为了美丽的槿花冲过去！为了那些被践踏的田园冲过去！为了丑恶的韩国荆棘冲过去！为了那个在阳光里粗鲁吸旱烟的农人冲过去！为了那个在树下静静喝茶的工人冲过去！为了韩国每一寸泥土、每一个石子，冲过去！冲过去！冲过去！

炮弹在雷吼。机关枪在狂叫。铁片与泥土泉水样喷洒着。街树从地面飞起来，又砸碎在地上。到处是火花，比元宵夜的焰火还灿烂，比杜鹃花还红艳。人像厉鬼般狂驰着，一个个跌倒下去，像一些腐烂了的枯树。树上、墙上贴着一片片血肉酱，粉碎得像用碾子碾过。被炸裂的大地如大海，突然涌卷起怒浪：热腾腾的浪、红闪闪的浪，高高的红红的火浪狮子般蹦起来，仿佛要用牙爪把整个空间撕碎。黑夜在嗥啸，黎明在呼喊。受伤的马惨绝人寰的哀号着，好像是一条条被谋杀的冤魂。整个宇宙的千万种声音，完全横汇倒注过来……

我们冲锋了九次，杀死了七八百倭鬼，受伤的至少在一千以上。我们自己的人牺牲了大半，两千多人死的死、伤的伤，剩下来的不到二三百人。敌人最后一次增援反攻，我们完全崩溃，退出了各兵营，用零星巷战扮演了这一幕大悲剧的尾声。是的，崩溃！崩溃！两昼夜没吃一颗米粒子，为什么不崩溃？两昼夜没有阖眼，为什么不崩溃？我们的将军们大官们忙着给大日本皇军备办给养，为什么不崩溃？韩国政府与敌人合作消灭韩国人民，为什么不崩溃？崩溃！崩溃！如果不崩溃，是没有天理！如果不崩溃！是没有天道！没有天道！……

十

声音停止了。火与剑也停止了。墓窟的氛围再度统治一切。深夜的情味涌溢着。黑暗的感觉又渐渐强烈起来。周遭比月夜废墟还静寂，只有窗下草虫仍在低泣。

突然，一个啜泣声颤响在黑暗中。听故事的人用双手掩着面孔，被潮样的悲哀淹没了。

“不许哭！眼泪是女人家的事，一个争气的韩国男子是不该哭的！……嗯！我们需要的不是眼泪，我们需要的是一颗钢铁的心！”金左真大声说。

啜泣渐渐低下去，终于停止了。

姜载河悲哀的道：“唉！队长，您觉得我们韩国还有希望吗？”

“目前希望很少，将来也许希望很大。”年轻人诧异的问，“这怎么讲呢？”

“我是说：我们这个民族必须真正死一次，将来才能活得像样点。”

“嗯，亡定了！”

沉默十分钟。

“金队长，您非常恨我们皇族吧？”

“恨？……不，我只是可怜他们！”

“可怜？”

“嗯，可怜！可怜他们是这样愚蠢！一只耗子临死都会把偷来的食物让给同类，他们连耗子都不如！”

“那么，你一定也很讨厌我父亲和我！”

“为什么？”

“我们不也是皇族吗？”

“皇族并不是我们讨厌的理由，我只讨厌那包裹在两个华贵字眼里面的腐臭灵魂。令尊李范仪先生高风亮节，我是久仰的，至于你，亲爱的小兄弟，你是这样好！服伺了我们一整天，我能讨厌你？”

“那么，你答应和我永远做朋友？”

“我们早就是朋友了。”

“那么，你一定在这里多休息几天，等伤好了再走？”

“我明天清早要走！”

“怎么？你明天清早要走？……”

“你看不出来，这不是我呆的地方？日本宪兵随时会来搜查。即使不为你们的安全设想，单为我们的安全打算，也非得早离开不可！”

“您的伤呢？”

“我的伤不碍事。”

“唉，……”

“我只请求你三件事：一、明天早上再给我换一次药；二、借给我们一套便服；三、给我们找一辆马车，拉到车站。……这三件事你可以帮忙吗？”

“可以！太不成问题了！”

“谢谢你，小兄弟，你是这样好！”

“不，我们应该谢谢您，金队长，谢谢你们在这两天里拯救了我们全民族的自尊心与自信心！”

一九四三年九月西安

（作者注：这个短篇是一个未完成的长篇小说的第一章草稿。）

（原载于《龙窟》，上海真善美图书出版公司，1947 年）

那一年

［日本］宫本百合子

文学朴 译

一

瘦削的联队长站在临时拖到体育馆前的讲台上，刚刚训完了话。队伍一开始解散，伴同着四周发出的嘈杂声，阿茂登也露出松了一口气的神情，从小学生做体操用的矮凳上站了起来。

源一摘下军帽，边揩汗边走向树丛。那里除了阿茂登，还有身穿斜纹哗叽棉衣、背上兜着个出生不久的婴儿的年轻媳妇，穿着印有家徽的外褂的老人；一大群出征士兵的家属，早早就赶来瞧热闹。

源一来到母亲身旁，微微一笑，略带难为情的样子温和地说："怎么样，看见了吗？"

"嗯，看得很清楚。"阿茂登看到自己的儿子那么魁梧，打心眼儿里高兴。她把声音放低些说："有的年纪已经不小了啊。还有背背包的时候要别人帮一把的呢。"

"……这次征召的也包括后备人员嘛……啥样的都有。"

源一看了一下手表，问道："妈，您怎么办？您先去住处休息一下吧。那里是普通民房的二楼，房主待人亲切。永田家里的人也来了。"

"你还有事吗？"

"我再过 30 分钟左右就去。"

阿茂登问清楚了路怎么走，就拿起黑色旱伞和包袱走出了小学校校门——门上挂的牌子上用斗大的字写着部队名称。临时警卫哨所也设在那里。

越过麦地远远地可以看到市外绵亘的山岭。这一带是刚刚开辟的住宅区，同样结构的房屋鳞次栉比。厨房里，身穿西式服装，足登木屐的妇女身影时隐时现。路上铺着厚厚的砂砾，很难走，好几名士兵打那里穿行。每家门口都张贴着分派留宿人员的姓名，阿茂登好容易找到了要去的那一家，拉开了格子门。房前小沟旁开着深紫色燕子花。

几天来由于人们频繁地进进出出，这座门口挂着“村濑”名牌的房屋，里里外外的门敞开着，一派忙乱的景象。

阿茂登恭恭敬敬地寒暄一番。那个似乎是来帮忙的女人屈下双膝，简短地说：“请上二楼吧，楼梯在那边。”

阿茂登举止谦恭地走上楼去一看，那是个六铺席的房间，两侧的高腰窗都敞着。有个学生装的男子在有过堂风的地方趴着睡呢。一个年轻女人脚伸向门口，身子呈丁字形，也脸朝下睡着了。她背后腰带扎成个大鼓包，显得怪憋闷的。三尺宽的壁龛，堆放着五天前源一离村时人们集体签名的太阳旗和大概是军人随身携带的茶色行囊。

女人拿着坐垫，端着茶出现了。她表情和善地望着那两个人的睡态说：“这两位也都是今天早晨五点钟从很远的地方赶到的。请您别客气，也躺下歇歇吧。”

阿茂登后背倚着西侧的窗子，呷着端给她的茶紧张得连脚都顾不上伸直。楼上的这间屋子既不是小客栈，也不像个普通的住房。今天从早晨起，阿茂登所到的一切地方都弥漫着一种惶惶然的气氛，这使她心绪不宁。

过了片刻，从楼下门厅传来重重的军靴声。源一回来了，他兀自走了上来。虽然这是城里陌生人的家，远离家乡的村庄，但住了几宿之后好像也就不那么拘谨了。他对醒来的两个年轻人打了声招呼，把佩剑摘下来，不耐烦地伸伸脖颈和下巴，解开军服的领扣。母亲那布满细小皱纹的脸上泛着红晕，定睛看着源一的一举一动；源一温和地望着母亲说：“把外褂脱了吧。”

“啊……倒不太热。”阿茂登机械地把手伸到胸前，忽而端详着盘腿坐在身旁的儿子说：“怎么样，完事了吗？”听她的口吻，早已把脱外褂的事抛在脑后了。

“从3点起还得去两个来钟头。”

“看来在开拔以前真的没空儿啦。”

清晨妈妈同儿子见面后，不过聊了20分钟。其余的时间阿茂登都在耐心观看大伙儿背背包或是卸下背包。现在母亲略带孩子气地叹着气，把源一招笑了。

“妈，像今天这样还算好的呢。您如果前一两天来，咱们根本就没时间这么坐在一起。”

这当儿，永田中士也回来了。去年源一退伍后永田一直留在部队里，现在成了源一的上级。

“我自己在第一年当兵的时候，承蒙气井兄帮过不少忙。”

阿茂登毫不掩饰地表达仰赖这段友谊的心情，托他照顾儿子。

“那样讲就不敢当啦。我们初次当兵就在一起，以后还要互相帮助，干得既有勇，又有谋。务必请您不要担心。”

这位当上中士的年轻人说话的措词也与源一不同。他对阿茂登应酬了一番后，回身爽快地对自己的弟弟说：

“喏，这里装的是贵重物品，要替我保存在二楼的搁板上，你负责保管，明白吗?”他边说边着手整理一个箱子。

当然，阿茂登母子尽量离那里远一些，靠这边的窗口紧紧挨在一起，说话的声音也放低了。

“趁现在把东西查看一下。如果缺什么。还得去买一趟。”阿茂登说着把带来的包袱在膝前摊开。

晚上七点多钟母子才又得以面对面坐下来。永田出去了，说队里举行欢送会，他的弟弟、妹妹到车站去迎接随后赶来的双亲。一度挤得满满的房间当即寂静下来。五月里微微散发着花香的夜风，馥郁、柔和地敲打着窗棂。源一那带着酒气的额头，被明亮的灯光照着，军服敞着怀，盘腿而坐，一只胳膊肘支在膝上，用牙签剔着牙。阿茂登看见他不时低眉合眼，搓揉上唇，就把折起来的座垫推过去。

“那就睡一会儿怎么样……告诉我时间，我叫你。”

“哪里，不要紧。”源一说罢，似乎心情已经爽快得多了。

“真舒服啊!”

他舒展两臂，伸了伸懒腰。

虽说他在这里有点呆惯了，不过还是意识到这是别人的家。妈妈来了以后，娘儿俩说话也不像在家里那样随便。

“15号，怎么办好呢。——打发广治来给你送行吧。”

照规定，部队将在15号全体从该市出发，开赴中国。

“嗯……”源一露出认真的眼神，考虑了一会儿，然后说：“那么就打发广治来吧。妈最好别来。这就足够了。”

源一眼角浮出笑纹，显得和蔼可亲，望着母亲说：“人的心情真是怪有趣儿的。根本不知道摇旗欢呼的人群中哪儿有自己家里的人。可是一想到其中也有家里人，劲头就不大一样啦。”

“可不是嘛！打发广治来吧。还是清晨到这儿来就行吧？”

“对。”

阿茂登心里越来越难过，她竭力憋着眼泪，严肃地嘱咐说：“可真得好好儿保重身体呀。”

“嗯”。

“真的。即使缺只胳膊少条腿回来，妈也准给你找个好媳妇。”

……

“好不好？”

“啊。”

阿茂登耸着双肩，她有满肚子的话要说，可是临到节骨眼儿上，除了反复叮嘱要保重身体之外，想不起该说什么。源一大概也是同样心情，娘儿俩一时口讷舌拙，都接不上话碴儿了。

后来不知不觉地打破了沉默，阿茂登说：“刚才在学校，佐藤让阿繁带口信来说，如果给 4000 元的话，他就肯把卡车卖给公司。”

一听她的口气，就知道她是在跟一道做生意的长子说话呢。

随后，她又多少恢复了常态，好像想出了个新主意似的说：“如果是 4000 元，那就不算少。要是广治也入伍了，咱家的车也干脆卖掉吧。还得给司机一份薪金，就很难赚到过去那么多钱了……”

半年后，阿茂登的二儿子广治也即将入伍了。

“就照妈的意思办吧，怎么着都行……不过，往后另买也不容易。要是吊在车库里，满可以保存两三年。”

其实这类话老早就全都谈过了。阿茂登边听边数楼下的钟声，一共打了九下。她以无可奈何的神情说：“已经这么晚了吗？要是乘 10 点半的火车，该动身了吧。就这样，也要过半夜才能回到折田呢。”

源一把视线从母亲的脸上移开，上着手表的弦，站了起来。阿茂登也把包袱拽到身旁。

“你怎么办？”

源一没有立即向答，把嘴一抿，眨巴着眼睛，过一会儿说：“我送您吧。”

他扬起脸，钩上了领扣。

门灯照耀下的那块地方，燕子花显出鲜艳的颜色。女主人把他们送到小桥边，阿茂登一再向她致谢；从那家走出来之前，她就把自己的饭钱撂下了。

周围一片寂静。可是走到街上一看，行人还不少，几批士兵嚓嚓地踏着砂砾来来往往。源一同母亲并肩走着，不久就摸着黑和从后面赶上来的几个人走在一起了。

在勉强看得见脚下的路上走了相当长的一段，到了尽头，就看见了大街的灯光。街角像个小广场，有一家兼营文具和纸烟的商店，橱窗灯光辉煌。就在这当儿，一辆空荡荡的公共汽车驶进广场，开始调转方向。只有女售票员下了车，望着后面给司机打手势，喊着："倒，倒！"阿茂登一看见那光景，心就突然收紧，把旱伞换到拿着包袱的手里，回头瞧着源一——他和几个人一道站在街角的商店旁——高声问："这趟车是去火车站的吗？"

女售票员认为是问她，就毫不掩饰自己因过度疲乏而引起的粗鲁，答道："到那边上车去！停车场在那边。"

她随后登上踏板，说声："好啦！"让司机发动引擎。阿茂登更心慌了，失神的眼睛四下打量。这时仍站在街角的三四个人中，不是源一，而是阿茂登素不相识的一名士兵，用戴着白手套的手在朦胧的夜色中指点着，大声说："大婶儿，在那面。干货铺前面是停车场。"

阿茂登一路上提心吊胆地小跑着，一上车就"哎呀"一声坐在挨近车门的地方。她以为源一定会上来坐在她身边，就把包袱端端正正地放在膝上等着。可是源一并没有来，跟在她后面上来的是一名挂着华贵佩剑的军官，伴随着他的是一位衣着考究、说话带东京口音的中年妇女。源一总也不来，阿茂登不由就透过公共汽车后部的玻璃向外望去，只见那伙人仍站在原地。她借着从纸烟店里斜射过来的灯光模模糊糊看见了朝这边望着的源一的脸。阿茂登把包袱和旱伞放在座位上，站起来朝车后部走去。她想招手示意，叫源一快点上来。她刚一迈步，就听见女售票员说了句："乘客们久等了，现在发车啦。"车子登时猛地一晃，阿茂登差点儿打个趔趄。她还没来得及叫声"请等一下"，汽车已经开动、加速，陌生的夜间街道，从车窗外一掠而过。

阿茂登楞了片刻，紧接着尝到了难以表达的滋味，心里颤抖起来。她原以为源一也能到汽车站去，结果连离别的话都没好好说，就这样分别了。阿茂登虽然没掉泪，却难过得厉害。仿佛觉得如果不抓住什么东西，身子就会瘫倒似的。她用青筋暴起的手牢牢攥住司机座背后的镍制扶手，凝视着前方。车子载着她，颠簸着疾驰而去。

二

大约一年半之内，村里应征上战场的已达 40 余人。有的变成了遗骨，装在白木匣里送了回来。源一没有更早些被征入伍，毋宁说是有点不可思议的。因为应征人数之多，几乎达到了挨家挨户的程度。在这种情况下，一次又一次地没有征到他，反而引起他莫名其妙的不安，连作母亲的都有些心神不宁。源一被征的当天晚上，他听说邻村那个同年入伍的兵收到了征召令，就去探望，这当儿他的征召令也送到家来了。

15日这天，广治在凌晨3点钟离开了家。快到晌午的时候，阿茂登接到了一封电报：

“望保重，下午3点出发。”

阿茂登站在店前打开电报看罢，趿拉上广治撂在那里的木底草屐，把电报拿给住对面的邻居看。然后，她点燃起佛龛的灯，把电报供上。她想起已故的孩子他爹曾参加过日清和日俄两次战争，他连经营粮谷买卖的时候，都喜欢使用“进入战斗”这类字眼儿。

夜深了。广治身穿哥哥丢下的皱巴巴的藏青西服，拿着仔细卷起的纸制太阳旗回到家来。他一边解鞋带，一边稍稍兴奋地对站在背后的母亲说：“哥哥可精神啦！”

“那么精神吗？”

“可不！一点儿也用不着担心。”

广治不愧为一个即将入伍的青年。他的声音听上去精神抖擞，似乎显示出“我也是这样的”。她一向只是觉得二儿子有出息，而今看着他那壮实的肩头，更感到了真挚的母爱。阿茂登脸上泛着忧悒和慰藉参半的神色，在饭桌旁坐下来。母亲早就替广治把饭菜用布巾罩起来了。

“饿了吧？”

“嗯。”

阿茂登马上给广治摆上了一碗饭，可是广治没有动筷。他扬起眉毛，慢慢地喝着白开水，说：“真多啊，妈。那边送行的人真多呀！堺这一带可比不上。”

阿茂登不禁笑逐颜开了：“敢情。”

堺是个小站，坐落在离村子半里光景的铁路支线的分线上，源一是从那儿出发的。

在商店出出进进的人们，常常念叨源一。阿茂登一时过着忙碌的日子，只剩广治一个人了，就新雇了个搬运工。她根据多年的经验，知道人就是凭个感情。她提醒已登上卡车的身穿工作服的广治：在活儿吃力的时候给那个搬运工买个面包什么的。

“现时缺少人手，一星半点的事儿，只好咱们自己吃点苦来干。”

肥料上市的季节快到了。今井的店不同于产业组合。它之所以能够批发肥料之类的货物，是因为它给交通不便的山村用卡车包运肥料。今井店作生意是精打细算的，归程必然装运大米、木炭什么的，绝不白白耗费汽油。这是个费力不讨好的营生。凭着阿茂登的心计和儿子们的勤劳，七八年来今井一家人好不容易把家业从破产的边缘中一点点地恢复过来了。

“妈，别担心。在入伍前的半年里，我要加油干。”

“可不是嘛！不这样干，就不好维持啦。”

由在乡军人会和国防妇人会主持，在本村的护神庙召开了军属慰问会。阿茂登托住在对过的大娘照看店铺，也去出席了，还照了像。

有一天还出了这样的事：一个穿西服、留胡子的男人腋下夹着公文包，连招呼也不打一声就走进店，径直来到正在记帐的阿茂登身旁，贼眉鼠眼地说：“凡是军属都参加这个……”随即摆出一副官员派头，把一份印有莫名其妙的报社名称的募捐单摊在她眼前。这种事情在战争初期是从来没有过的。

源一出发后，过了一个来月，收到了他平安抵达的来信。信是用潦草的铅笔字写的，说在上月 27 号安抵某某驻地，对出发那天承蒙大家送行表示谢意。又写道：“初次见到的中国大陆，旷野连绵不断，令人感到寂寞。白天气温与国内一样，可是夜晚很冷，得穿防寒背心。”信里还说：“第一次出去讨伐，只听见了稀稀落落的枪声，觉得很遗憾。”等等。信是用邮简写的，还问到卡车是否发生了什么故障，表达了他对家事的挂牵。邮简上印着图，用淡淡的色彩画一幅画：以高粱为背景，日本兵坐在石头上把糖果分送给扛着太阳旗的中国男孩和女孩。

阿茂登心想：连这种玩意儿也要在这儿印好了带去吗？她边拿给广治看，边说：“你瞧，搞的啥名堂，可不是那么容易看透的啊。”她揣想着那边的生活状况，又从旁瞥了一眼邮简。广治没吱声，连胶鞋也没脱就迈到店里，双膝着席，蹭到用按钉钉在板壁上的从报纸剪下的地图前。

“找得到吗？反正是地图没标出的山沟沟吧。”

广治耐心地把脸贴近地图，看了好半天。

“有啊，妈。这里，××就在这儿。”

“真有啊！”

阿茂登匆匆忙忙走到店里，从帐房拿出落满灰尘的老花眼镜仰起脸问道：“在哪儿？”

“这儿。看呀，写着××呢。在华北，只能是这个地方。”

“哼……”她的声音明显地含有沮丧的调子。她倒不是不知道地图是什么样的。可是由于一时高兴，把它当成看得见什么色彩的西洋景，结果那只是标出地名的孤零零一个圆圈，阿茂登不免感到凄凉。说是源一就在那里，她似懂非懂。过了片刻，阿茂登边摘眼镜，边生硬地说："给我那封信。"随即向广治伸出手。"可别丢了。"

第二天拂晓，阿茂登到村庙去，用纸包了一小包走廊底下的土带回来了。她给源一写了这么一封回信："同封的是庙里的土，据说把它贴身带着，就一定能够回来，要好好保存。"她把土附在信封里。还写道，船泽家的姑娘打那以后还没出嫁。那是源一暗中相看过的姑娘。自从男青年陆续应征入伍，桩桩亲事都暂时拖延下来了。

源一的第二封信是用钢笔在普通的便笺上写的。收到信时，村子里正赶上5月的梅雨时节。那一年，梅雨期特别长，降雨量也比往年大，没来得及收割的麦地到处浸满了水。阿茂登站在店铺低矮的房檐下，隔着大街望去，但见对面杉树林一带一片汪洋，只有麦穗像芦苇似的在中摇晃。也就是在这个时节，崩塌的山崖砸在一列火车上，乘车参观旅行的小学生死掉了不少。终日阴暗的天色下，雨仍一个劲儿落在总也退不下去的积水上，这副光景使人们心情忧郁。传说这是在中国打炮太多造成的。阿茂登每当开关店铺门时就发愁，凝望着那被水淹了的旱田。几年前孩子他爹还在的时候，在梅雨期大水也曾从旱田地那面涨过来，为了不让大米和肥料泡上水，足足忙乱了一场。当时男劳力都在，可还有几袋石灰被浸，变了质，如今倘若剩下自己一个人，可怎么办呢？

幸亏还没等水淹过来雨就住了，但是麦穗霉烂发黑了，小麦的行情定不下来。刚插完秧的稻田里，肥料被水冲走了。人们趁着闷热的梅雨稍停的当儿，到外面去转悠，他们心痛地感觉到，被水冲走的是黄金啊。

梅雨还没有完全放晴时，征召令又送到深山里的各个村庄。从深山的村子到车站去，必须经过阿茂登的店铺。前面的人举着紫色和白色的彩旗，接着是穿长统雨靴的村长，系着红带子的出征士兵，以及络绎不绝的送行人，向车站行进。他们是冒着雨，从几里外的村庄走来的。如今雨过天晴，已经入夏的灿烂阳光烘晒着雨伞和高齿木屐。店铺里缺乏脂粉气，却散发出一股豆饼味儿。从店外经过的行列中也有身穿和服外褂的年轻妇女，那鲜艳的淡紫色或胭脂色忽而映现在玻璃门上。阿茂登站在堂屋里边，目送这个行列，这里不比城镇，没有乐队伴随，只有人群一路走去，溅在衣服上的泥点子已经晒干了，泛着白色。阿茂登不晓得当初自己也同样行进时，旁观的人做何感想。但她现在站在店里目送这样的行列，不禁浑身发冷，鼻子一阵发酸。

三

“大妈，大妈！”

正在井边用唧筒压水的阿茂登听见下学回来的孩子这么喊，就停下手，走到店里。

“照往常那样打点油。”

孩子递过一只拴着提绳的汽水瓶。

“是什么油？”她一闻瓶子，是香油味儿。

“从上个月起，哪儿也没有香油了。往后要给菜籽油啦。好好儿跟妈妈说一声。”

孩子答应着走了出去，接着又转回身告诉她：“兔子钻出来啦。”

兔子是前面的住户当作副业饲养的。由于兔肉和兔皮都值钱了，在工厂做工的父子二人动手在后院造了个兔窝。可是，那红眼睛的兔子不知怎么跑到路上去了。阿茂登不会捉，木屐踩得挺响，“唏唏”地吆喝着，把兔子往围栏里赶。

阿米用围裙揩着手，从厨房水槽那儿走了出来。

“又跑出来啦。”

阿茂登在一旁看着阿米把兔子赶进窝，又换稻草什么的，忽然想起一件事，就问道：“信造大爷上工的事儿，后来怎么样啦？”

“哦，他不到那边去了。”阿米用完全不同于当铁匠的丈夫的城市腔调回答说。“到那边就成了临时工，眼下好像蛮好，往后怎么样就很难说啦。他说不愿意离开这个干了 12 年的老地方。”

冲击阿茂登家的那股浪潮，正在以种种不同的形式改变家家户户的生活，连憨厚的信造一家也受到了强烈的震动。当车工的 18 岁的大儿子借口感冒请了四天假，乘火车到离这里四五个钟头路程的一座城镇的某厂去寻风。这当儿，他做工的那个工厂的车间主任专程找上门来，一下子给他每天长了二角钱。难以想象的事正在现实生活中发生，闹得人心惶惶。

阿茂登凝神注视周围的生活在改变，恍惚觉得像是梅雨时节站在房檐下，眼看着松林这边的水白光一闪一闪的涨了上来。当她听说理发师的二儿子打算取得汽车驾驶执照开卡车的消息时，脑海里忽而闪过：两个儿子都走了，自己店里的车库大门紧闭，一派空荡荡的景象……她的眼角微微渗出了泪水。

“碌哥儿真打算干吗？”

广治仍半蹲半坐地踌着身子看报，只说了声“是啊”，就不作声了。然而，从他那紧紧抿着嘴的年轻的侧脸可以看出，他听了这样的话心情是不好过的。

过了一会儿阿茂登说："嘿，那也行啊。反正女人开不了卡车。"听口气，她已认命了，对生活多少有点轻蔑的味道。

阿茂登老早就计划好了：待广治入伍后，剩下自己一个人时，店里只经营点杂粮和纸烟，好歹维持住两三年的生活就行。有儿子们在，生意才好做。阿茂登想到自己要一个人过日子，平生头一遭儿深深尝到孤独的滋味。

"你们都走了以后，妈就睡在店里。如果出了啥事，只要大声一喊，对面那家也会来了的。"阿茂登这样说着，朝店里环顾一下。在夜晚的灯光下，只能看到陈旧的椽子，地板底下老鼠咬架，屋里显得又暗又空。

有一天，阿茂登心情好一些，半开玩笑地说："没生一个丫头，真倒霉。"说罢笑了。

在战地的源一履行了诺言，常常来信。他似乎在当地过惯了，说是洪水来势迅猛，退去也快得惊人。信里还详细记述了那边的物价。开头那封信是用铅笔匆匆忙忙一挥而就的，如今行文却老成练达了。从他告诉他们的"近来在腌咸菜"这样一句平凡的话，也可以想象那艰辛困苦的日子是如何一言难尽了，肩上的担子又是多么沉重。阿茂登反反复复地读儿子的来信，然后写回信。一旦写信，就不由得尽量往好里写，说是"我也健康地生活着"。对在远方的儿子不得不这样说，这也是出于作母亲的一片真情。

有关军属的消息，真真假假，众说纷纭。有人一接到征召令，就把未婚妻从镇上接到自己家，那个女子说是不管未婚夫过几年才回来，她也要一直在婆家干活儿，连插秧也包下来。这是公婆命好的一个例子。但也有这样的媳妇：哪家的儿子战死，津贴弄到手，她就撇下半身不遂的婆婆和两三岁的孩子，自己回娘家去了。还有的媳妇，娘家和婆家闹纠纷。阿茂登曾想过，哪怕源一有个媳妇，婆媳俩一起干活等待着，那该多么有奔头啊。她也和旁人谈过这个想法。可是听了这样的事例，又觉得万一源一有个三长两短，这年头有这么个媳妇，也不见得就是婆婆的幸运啊。

四

这一年的夏天举行了规模特别大的防空演习。村里管事的人激动得过了头，跑跑颠颠的，说家家户户洗晾的衣物从飞机上看得见，都给拽下来扔了一地，这事引起人们议论纷纷。接着就入了秋。

早就传说今年征兵入伍说不定比往年要提前。有些地区似乎是10月入伍。这种传说可不像是无稽之谈。关于战局的传闻也是其说不一。

广治看报比从前更热心了。他对照地图，怀着与自己有切身利害的心情读报。阿茂登总是不安地望着儿子那副样子。

“要是提前了，可真够戗。”

“……谁知道会怎么样呢。到时候再说吧。”

广治乘卡车出去干活之前，从来不忘记把澡桶里打满水，把木柴也准备好，再一声不响地走出去。他的性格就是这么温和。阿茂登想象着，当两个儿子都走了以后，自己弯着腰等待，仿佛躲在他们那健壮的肩膀下似的，两年三年地掐着指头计算他们归来的日子。不久，传来了意外的消息。据说要修筑一条22米宽、长达十里的公路，穿过阿茂登的村子。测量的结果，公路将筑得比房屋还高，阿茂登家的后园子也要被占了。

阿茂登不禁瞠目惊呼：“哎呀！”回头望望自己家的后园子。那里有条小沟，满是蛤壳的沟旁种着一株野蔷薇和三四株小菊。狭窄扇形地面，右侧有一座小小的鸡舍。如今静静地沐浴在夕阳下的庄稼地和前面的松山一带，竟然要铺成22米宽的混凝土公路。

“据说计划把东山凿平，公路比房屋高出七尺左右，从这里铺过去。”

“哼！那么，这边的路呢？”阿茂登用下颏朝店前的道路指了指。

“这里原样不动，据说人和小汽车走这条路；后面的公路主要是过卡车。”

阿茂登只好“哼”一声。“是啥时候来测量的呢？咱们不知道啊。”

那个身穿藏青色棉布外褂的男子就着狮头花纹火盆里的火点燃了纸烟吸着，深悉内情地说：“当然是悄悄干的。”说罢磕了磕烟嘴儿。“松浦的工程施工的时候也一样，收购房屋之前连一个人都不知道。据说那边现在有1000名工人在干活。”

这个人是放小额贷款和作地皮经纪的，他露出心里有数的神色，茫然望着后面的松山，喃喃地说：“这一带也逐渐成了跃进地带。”

阿茂登白天受了震惊，当晚她却不无幽默地面带笑容说：“要是公路修好了，我就前前后后都挂上出售香烟的招牌。”

这座房屋虽是阿茂登的，那块地却并不属于她们一家人。

广治眨了眨眼，盘腿而坐晃动着膝盖，望望母亲的脸，凭自己的经验漫不经心地说：“从大原出发的车，到了这一带正跑在兴头上，总是一溜烟就开过去了。”

“不下车买点香烟吗？”

“车要飞快地开到下市去呢。”

下市是个稍大的镇子，只隔两个村子。

阿茂登忽而看看店前的玻璃门（自行车的灯光不时地从门前掠过），忽而端详着拉上旧防雨板的房屋后身，沉吟片刻说："要是那样，这所房屋就没有后园子了。——连个下脚的地方也没有啦。"

她原是要守在这里寂寞地看家的。但在两个儿子回来之前，连这座房屋都说不定会变成什么模样儿了。阿茂登对此有强烈的预感。而且谁又能打包票两个人一定回得来呢！

想到这里，阿茂登揪住一颗颤抖的心，越发深切地怜悯起儿子们来。这两个小伙子每逢思念家乡，就只能联想到母亲。当然，阿茂登倒也隐隐约约觉察到了，儿子的生活中存在着惟有儿子自身才知道的隐情。如她去看源一的那天晚上，源一为什么没有搭乘公共汽车送她呢？广治说哥哥持有公事证。既然有证明，肯定可以在外边多耽搁一会儿的。不然一定有什么缘故。阿茂登对那件事总也不能忘怀，不时在脑际浮现。这与其说是她因源一甩掉了自己而生气，毋宁说是对源一出发前的心情感到可怜——源一平素有多么温和，他是不得不那样做来甩掉她这个妈妈啊。

只因为相信儿子会回来，她一心一意在盼望着，聊以排遣儿子不在跟前的寂寞。阿茂登一想到说不定再也见不到儿子活着的身影，既难受又心疼，就像是以前源一哥儿俩还都幼小，自己掀开衣襟喂他们奶的时候乳房胀痛的感觉。但愿趁儿子还在世的当儿让他们高兴高兴。想到这里，阿茂登就止不住哽咽，几乎透不过气来了。

阿茂登好像在寻找什么似的茫然看着外面，眼神显得很深沉的样子。广治外出干活时，阿茂登在家要么查对汽油申报表，要么仔细地拨拉算盘，接着就沉思起来了。从他脸上的神情可以看出，她不仅仅是在盘算着怎样赚钱。

有一天，她收到了一封信，照例用紫色油墨印着橡皮图章，标明部队名称。源一在信里写着参加了××作战，还列举了阿茂登根本不知道的几个地名。阵亡的人相当多。源一幸而作战中连感冒也没患过一次，精力充沛。"我用口琴吹流行歌曲，慰问士兵们。在困盹的夜行军中特别起作用……"

阿茂登反复读了"困盹的夜行军"那一段。源一当初常常爬到二楼房顶吹口琴，那美妙的音调在人们已困倦的黑夜里飘荡的情景，依然历历在目。她多么怀念源一啊！只觉得他的音容笑貌好像就在自己的眼前。

源一动身时，把口琴和撕去了纸页的日记本一道扔在坏盖子的木箱里。广治看见了，灵机一动，就给装在慰问袋里寄去了。

有一次拆毁了一座大房子，广治负责往外运料，干了个通宵。那是11月初，在这个季节，店铺都在后门挂上一溜干萝卜。广治说汽车轮胎出了毛病，睡了会儿就起来，在车库里动手修理。轮胎一度是约莫35日元一只，如今价钱差不多涨了一倍。

“你一个人干呀？阿作在哪儿？”

“睡着呢！”

广治吹着有点走调的口哨，并不感觉已累得腰酸臂痛，还在扳动千斤顶。阿茂登一趟趟地把柴禾搬到后园子的柿子树底下去晒。

“明天从山田那儿回来的时候可别忘了装运木炭。”

“嘿。”

阿茂登把柴禾摆好后，走到水泥地的车库里，在广治身旁蹲下来。

“喏，替你扶一扶吧。”

“再靠这边一点儿……对。”

阿茂登帮了一会儿忙，随即问道：“小广，你知道前几天阿友寄来的明信片放在哪儿吗？”

“大概在信插里吧。”

“小广啊。”阿茂登依然蹲着，她好像要把身体重心移到另一条腿上似的挪挪身子，凝视着轮胎说：“如果阿友能来的话，尽管你们都走了，妈还想试着把这个买卖一直干下去。你看怎么样？只要有心干，并且不急于赚钱，我觉得是干得了的。”

友三是个汽车司机，大约三年前，源一入伍期间在这里干过活儿，最近由于卡车被征用而闲了下来。他寄来一张明信片，说是希望今井的商店肯雇用他。

对广治来说，母亲的话是突如其来的。

“阿友是个老实人，倒还不错……”

“打你哥哥走了以后，妈也心乱如麻，今天才打定了主意。妈说什么也得把日子过好，让你们也鼓起劲头来。你们想到妈一个人静悄悄地闷在家里，一定也会泄气的。”

阿茂登随即半真半假地笑着问，很体贴她的儿子：“你说呢？”就在这一刹那间，禁不住热泪滚滚。她用系在罩衣外面的斜纹哔叽围裙的一角揩去眼泪，双手越发使劲按住广治摆弄的轮胎，她又热烈地举出一些明确的数字，述说起自己的打算来。

（原载于《宫本百合子选集　第五卷》，安艺书房，1948年，
转载于《世界反法西斯文学书系・日本卷1》，重庆出版社，1992年）

鹤

[日本]长谷川四郎
魏大海 译

一、矢野和我

矢野五短身材，矮胖却很有力量。我也很有力气。其他士兵干不了的，我俩都能干。比如，从井里打上满满两桶水，爬陡坡一口气担回兵营。别的士兵可没有这个本事。我俩很得意。意气相投，成了好朋友。

有一天，我俩一组搬运干草。别人没干完，我俩已完成了任务，便倚着俩人堆起的干草休息。正值初秋，阳光柔和温暖，干草气息宜人。我俩沉默了片刻，突然矢野冒出一句："我觉得，天皇没那么神圣。"碰上这机会，他说了心里话。我们都有种完全解放的感觉。此时极其自然地说出心中的忧虑毫不足怪。我没说什么，但这沉默便表示赞同。矢野亦明白。在这沉默中我们感到更加亲密起来。

矢野体格健美。他一身军装，手榴弹足足能扔出三十米。且像蒙古人一般耳聪目明。在炎炎沙漠一样的呼伦贝尔大草原，他可以一整天滴水不沾像骆驼一样地行军。他的腿像螃蟹一般弯曲，但却宛若优质钢制作的弹簧，富有弹力。跳高跳远，没一个士兵能比过他。然而，他却被列为精神上不过硬的士兵，因为他背不下军人敕谕。问到顶头上司的姓名，也往往随意编造，为此常常挨打。但他是明知故犯。他背转过脸，好歹忍受着，若无其事。可如今被骂作"不要脸的东西"，动辄受到没完没了的训斥。这下他也有点儿无法忍受了。时不时被传到下士官室，没头没脸地就挨训一小时，回来后便说："让我老实一点儿。怎么老实？咱就不是那号人。"他对朋友，却是个老实人。毋宁说是很讲哥们义气的汉子。

精神训话时，他总打盹。为此校官、下士官们用各种野蛮的脏话骂他，他很在意这个，将那些脏话认真地记在小本本上。那些话我大抵忘了。举例说，即“臭兵一钱五厘，马一匹千元”之类。

“记这些干嘛呢?”有时我问。

“不干嘛。只想看看那些家伙查到时会是什么表情。”又附加道：

“我从未想过杀人。可是最近只要看到那厮的头，就想敲破了看看里面装的什么脑酱。”

他微笑着说出这种深恶痛绝的话。

我也不是个好兵。但我记得军人敕谕和长官的姓名。一期检阅完结后，我们被派过种种勤务。我和矢野还一起志愿干过马鞍工兵。但我会打算盘，后被派到伙管事务室勤务。矢野未派勤务，留在中队干卫兵。于是我们见面的机会少了。

说是伙管事务室勤务，其实我的工作只是统计剩饭。也就是说，算一算各中队每顿饭的所余量，再填到图表中。真无聊。我宣布“干不了这个活儿”炊事班长却发话说：

“不就是写写数字、填填表嘛。你个大学生不会干不了?”

为了大学的名誉，我将剩饭统计表作得十分精美，贴在办公室的墙壁上。此外，伙房的所有杂活儿我都干。利用这个便利，我时常饭后偷一杯汤粉，悄悄地端给矢野，以温旧友之情。

不久，我们整个大队人心惶惶。传说将转进南方。当时士兵尚可外出，都说是最后的外出。大家都出去了。我做炊事值班，留在营内。但矢野出去后未能按时回来。同伴们或去酒保或去慰劳站，他却躺到附近河边柔软的草地上，贪婪地睡午觉。一回来，他便被关进兵营仓库。此时传说变为现实，公布了南下者的名单。南下者很多，余下则屈指可数。也许是制作名簿者偶然漏掉，关在仓库里的矢野和炊事班里的一半人都漏选了。我也在这半数之中。就是说，我和矢野都是残留人员。但是，南下部队尚未出发，残留组中十几人又被转派到北方的国境警备队，这一次我也在其中。出发那天非常匆忙，被人从睡梦中喊醒，装上卡车便拉走了。那时，矢野尚在营仓中。我担心再也见不到他。坐在一路疾驰的卡车上，放眼黎明时呼伦贝尔平原的地平线，只见两三头骆驼慢慢地走着。我将自己的命运交给了卡车。

卡车将我从国境警备队又送经更趋前线的国境监视哨所。

二、国境监视哨

国境线切断了道路，看不见行人。辽阔的原野青草茂密。细细看来，只有那儿的两溜草长得较矮。显然以前有马车从这儿通过。说是国境线，其实是横过原野的一台拖拉机压出的轨迹，看似一条新拓宽的道路。自然不会有任何足迹，也不通往任何村庄或人家。它像两条大河交织成的细长缎带，是一片虚空地带。有的地段，由于找不到用作国境的自然物，便以此印迹为地面上绿色原野中的标记。它笔直延伸，宛如一条铅笔划出的黑线。

这儿看不到一户人家。无尽的道路边，国境线上孤零零地立着一根木棒。显然过去用作路标，而今全无用途，黑糊糊颓然伫立。黄昏时，站到这枯木旁边，总觉得隔着国境线的两侧，各有一盏非常遥远的微小灯火。一闪一闪，仿佛在互相播发什么信号，但定睛看来，似乎又隐在了一片草叶的后面，看不见了。

太阳一落山，原野陡然漆黑下来，天空反倒通红通红。那根木棒仿佛突然长高了，黑魆魆地杵向红光之中。忽然，飞出一只先前不知藏在何处的大鹰，扑落在这原野中垂直孤立的栖木上。它在上面静止片刻，尔后展开巨翼，在晚霞中雄壮地描画出健伟、墨黑的身影，宛若原野的徽章。接着，它啪哒啪哒地扇动翅膀。暮色更浓，一会儿便伸手不见五指。黑暗中只听见微弱的振翅声。大鹰飞入完全的静寂之中。须臾之间，拼命伸着耳朵，也听不到一点儿音响了。此时，夜在沉入这黑暗的平原上，无有边际地展开壮丽的星空……

凌晨，阳光又照耀原野。逆光之中，看不出大地如何起伏。这起伏宛如远古时平静通过的巨大波浪在此留下的痕迹。——国境监视哨就隐蔽在其中的一座缓坡岗上。

这坡岗是远近最高的。监视哨位于顶端，但从外部完全看不见。它潜伏在土地之中，毋宁说是一艘沉下地面、固定位置的潜水艇。监视哨所是夜间修筑的。深夜，从远方带来一帮苦力。干完后又在深夜带走。谁也不知他们的去处。或者相信那隐秘的传说：深夜，他们被秘密地就地屠杀，尸体埋葬在坡岗之间。坡岗的草丛中，立着露出一点儿头的小石碑，上面仅仅刻镂着完成这不祥的地下建造物的年月日，却宛如苦力们的墓碑铭。

坡岗脚下，掘有一条深深的壕沟，通往监视哨的入口。进入壕沟的人，转眼便消失于外界。壕沟直达岗上，呈圆周形环绕着监视哨卡，且一定间隔开一小枪眼，外面看不见里面，而透过枪眼却可以监视外界，击毙来犯者。

哨卡内部是一间狭小的居室，通道仅容一人通过。居室里，建造了两层的大铺板，可睡下若干人。如果那个传说是真的，他们便住在死人们建造的居室里，过着与死者毗邻的日子。这儿，只能从唯一的天窗上获得阳光，所以只有二层铺位比较明亮。那儿，盘腿坐着一个军官和一个下士官。而下面永无天日的睡铺上，则挤着多位士兵。他们从睡铺上爬出，走到通道上。天窗光线作用下，面容朦胧不清。他们面无表情，阴郁而少有微笑。况且，天窗外面尚罩着鱼网般的大网。一个士兵入伍前是渔夫，他用细绳编织这个大网，并在网眼上扎了些枯草，以作伪装。夜里，微风摇动着月光中的枯草，从底下看，室内简直象沉在海底。天窗上，垂下一盏小马灯，将微弱的光亮投射到校官与下士官之间的炕桌上。

三、口哨与信号弹

那天是非常明亮的月夜。一辆卡车熄灭前灯，借着月光开进原野。卡车静静地带响风声，越过几处平缓的高原坡地，悄无声息地来到哨卡所在的坡岗。卡车从后方基地运来粮草，同时带来一个新兵。

那新兵从卡车上一下来，就开始搬卸堆积的粮草。他在月光中非常迅速麻利地干活儿。卸下粮草运入坡岗脚下的地下仓库中。此间，带来新兵的指挥官和司机爬到岗上的哨舍，半晌不下来，士兵很快将粮草运进仓库，尔后坐到草地上，双手抱膝，一边远望那月光中横亘的高原，一边轻声地吹起口哨。他全无意识地吹奏着大半忘却的民谣。——哨音非常低微。然而在寂静的寒夜中，哨音的振动却清晰可闻，回荡在坡岗之上。

当时，恰巧我在岗上放哨，口哨声听得清清楚楚。如今当我闭起眼睛，那微弱的音响还会从内心中响起。

过了一会儿，哨音嘎然而止。指挥官和司机下来了。卡车的前灯亮了一下，倏忽照亮沉睡的草地，马上熄灭，月光中顺着来路径直开走了。接着，听见微弱的脚步声走在石块很多的壕沟中。一个人吹着口哨爬上坡来。我还听到他的哨声停了，悠然地踩着自己的月影，有节奏地一步步走近。

不一会儿，他来到岗上，推开哨所的门，外面的月光比室里的烛光更亮。从门口射入的首先是他的身影。他走进来关上门，这时烛光才照在他的脸上，屋里的人才看清他的面容。他颧骨很高，脸部瘦而平，鼻子不高，鼻梁却直。报到形式是千篇一律的。此时，他那被太阳晒得黝黑的脸上，唯有眼睛、牙齿发出白光。这是一个容貌酷似蒙古人的年轻人……。

可我当时离烛火很远，浴着月光在壕中走动，所以没能看到新来士兵的面容。我在这圆周形的壕沟中，顺时针方向慢慢走动，每转一周便数一或二。我在等换岗的士兵。这时，我数到了第六。像往常一样，我看见一个士兵像个黑色的影子，背着月光朝我走来。但这次似乎不是熟悉的换岗兵，总觉得个子不高，是个矮胖子。我站住了，注视着逼近的人影。他的脸背对月光，我看不清；而我的脸正对月光，他却看得清楚。突然，我听见他大喊我的名字。

“吉野!”

没错,这是矢野的声音。我意外地怔住了,脱口问道,

“你怎么来啦?”

那口气,仿佛他是自觉自愿地来追寻我。

“坐卡车呀。”建他淡然答道。

这时,我们发现遥远的夜空中出现一小点光亮。不由地转过头去。那是一只淡淡的紫色小火球,慢慢地升向半空,尔后停住,在深夜的黑暗中静寂地闪动。

“那是什么?”矢野问。

“信号弹呀。……敌人的。”

“什么? 敌人?”他回转头叮问道。

一瞬间,信号弹突然变了颜色,闪着红光,眼见得吸入夜空般消失了。那景色真美,犹如儿时看过的放焰火。我看见,信号弹消失的正上方,月光中有颗星星忽隐忽现地闪烁。

两个步哨换岗就是这样。我的床靠在墙根处。那天夜里,我一觉醒来时,矢野已经下岗,躺在我旁边死睡。他仰面躺着,外套平整地搭在下颚,睡态端庄。我听着他平静的气息,又睡着了。短暂的睡眠时间很快渡过。我起床时,天还没大亮,可矢野的床上已空空如也,枕边用具条条有理,外套四四方方地叠置其上。我来到户外,门前的小空地上,矢野早在那儿,他半裸着身子劈柴,技艺高超。他见我来,并不招呼、宛如在此已服役多年的老兵、只是微笑着点点头。

矢野由营房出来后,在原部队呆的时间不长,就转属到另外一个国境警备队。但是不久,我所在哨卡的上属变更,移交矢野所在的国境警备队统辖。这样一来,我自然而然又和矢野转到了同一部队。恰巧,他又被派遣到我所在的这个哨卡。一根无形的线连接了我俩,坐着不同的卡车,通过不同的途径,终于又走到一起。

他给我带来一个情报:说是派遣往南方的战友们,在乘船抵达菲律宾之前的海上,被炸沉而全部溺死。

早饭时,除了一个哨兵,兵士们都聚集在一起,不安地吃饭闲谈。那天早上的谈话,近乎窃窃私语。因为昨夜带来矢野的指挥官对哨长或下士官说点什么,底下的士兵们都听得见。说是东京遭到了轰炸。士兵们感到漠然的不安。因我们中间并无一人出身东京,因此似乎大家并无身处其境的痛切之感。我们大多九州农民出身。于是大家关心的是宫城的问题。什么宫城绝对不会

被轰炸啦，轰炸也绝对毁坏不了宫城啦，等等。当时，矢野嗫嚅着这样对我说：

“我觉得只有女孩子最可怜。”

四、敌方阵地略图

时间是七月。到夜晚，士兵们一个个来到户外，在壕沟的黑暗中绕圈巡逻。隔一段时间，便换岗回来一个。他在黑暗中开开门，点燃的一点灯火突然耀得他直眨巴眼。灯光在墙壁描出朦胧巨大的身影。他向往下俯视的长官敬了个礼。——夜一片寂静。他向长官报告无有任何异常。然后，他把枪支在枪架上，钻进下面的睡铺，一会儿便进入自己的梦乡，直至下班岗再被摇起来。在这种半眠状态中，夜晚度过。需要警戒的黑暗消去，天些许放亮。他们便一整天足不出户。一个士兵向正在吹灭蜡烛的长官行举手礼，并说了几句什么。一号起立，站岗。上岗者的身影消失在狭窄的通道尽头。那儿有扇小门，里头有细小的梯子，将他带到了上面。

上面是用水泥制成的掩体般的圆形小屋，被称作塔。当然这是潜入地下的塔。对面，横着细长的窗户，颇似机关枪扫射用的枪眼。与其说是窗户，莫如说是留出的一条间隙。从那儿伸向外面的不是机关枪，而是望远镜。可以说，那是这艘潜水艇的潜望镜。清晨，首先上来的士兵坐在小凳上，通过望远镜窥望他们平日巡逻的户外。太阳很快升起，朦朦胧胧地天亮了。迷濛的晨雾宛若一粒一粒地扩大开来，非常切近，从隙缝间飘入眼中。士兵像是在这广漠无形的世界中探寻。望远镜缓缓地呈扇形转动，他在那儿一动不动地张望了好长时间。此时，雾渐渐地散去。不一会儿，远方的景色一点点呈现出来，宛如面对着西洋镜中的画片。

这景色，又仿佛是显微镜中窥见的世界。因为肉眼所难以看到的事象，在这圆形中被太阳反射镜一照，便清晰地显现出来。首先一点点显现出来的，是缓坡上一片葱绿的草原。虽然看不清一棵棵青草，却看见草上的晨露在闪烁。士兵的眼睛稍稍离开望远镜，从扁窗用肉眼瞭望前方。因为他产生了一种错觉，是不是这样也能看得清楚呢？然而，那里当然只有遥远绵延的淡青色群山，横亘在辽阔的原野对面。

那群山地带便被称作敌占地带，因为群山与哨卡所在的坡冈之间清晰地拉出那条国境线。士兵仰脸向室内张望，细长窗子正上方的室壁与窗子平行的一侧，贴着一张细长的纸条。纸条上画有望远镜窥见的对岸群山的轮廓素描。这幅地图是一位略通绘画的士兵画出的，实在是些不可靠的曲线，但哨卡哨长却用粗铅笔在上面写了黑黑的几个大字：敌阵地地形图。此外，画中的群山山麓、低岗以及山谷间的隐蔽处所，都作出记号并标上番号，那数字便意味敌方的数量。于是，士兵在实在的风景中寻找数字所标的地点，确定方向，并开始用望远镜一一窥视。然而看到的，只是早晨的阳光，风中摇曳的芦苇或横亘的岩石，阳光斜描出的一棵树木的细长身影，还有雨水冲溃的土块，微微隆起的地面，以及刚刚还是晨雾笼罩，现在一片明朗、青草繁茂的平缓的绿色斜面。一会儿到了正午，过路的云影将落在上面。

这风景杳然无有人迹。但士兵却知道有几条小路通行，因为山岗与山岗间偶而穿行出一辆马车，转眼又驰入山岗之间。有时，还能看到赶着山羊或马群的牧女、少年。但仅仅一瞬之间，便又很快地消失在舞台后面。不，应当称作舞台后的毋宁说是此方空虚的风景。真正的生活舞台，这边看不见，而在群山和土冈的对面。那里，人们也许在生机勃勃而紧张地生活着。

这天凌晨，士兵的望远镜片刻离开那绿色的斜面。就在这一瞬之间，山岗的隐蔽处出现一个女人。士兵急忙调整焦点，目不转睛地盯看着。当然，女人的脸部看不清，年龄更看不出。但看得见身穿蓝色的布衣，肩上扛着一件什么农具。果然，她大幅度挥动手臂，开始耕作岗上的土地。大概乳房也在随之摇动。女人挥舞着锄头，眼看着又沉潜到坡岗的背面。士兵心想女人会再度出现，仍盯盯地望着女人消失的地方。女人却再未出现。可士兵又发现山岗背后隐约地升起一缕轻烟。显然，那儿有人间烟火，数字不明，但至少有一户人家。此时士兵心想，当自己这样眺望树林、草地、阳光和女人时，望远镜所够不着的圈外，该发生些什么异常事情呢？想像中，风中摇曳的芦苇变成了高射炮，横亘岩石的背后，重炮将炮口伸向这边。此外，碧绿的斜坡上，一群士兵正在演练肉搏战。想到这儿，士兵非常迅速地转动望远镜的镜头，几乎一下子看遍了整个风景。然而，看到的只是稍稍升高的太阳，万籁寂静无事。紧跟前的平原地带，微风吹拂着草叶。士兵安下心来，又将望远镜转向女人出现过的山岗。这时，突然看到一辆汽车状的物体出现在山脚的路上。它包裹在自己扬起的灰土中，宛若施放了烟幕，形影难辨。那情景给人一种莫名的奇怪感觉。令人怀疑是不是小型装甲车拖着大炮什么的。士兵伸出一只手，用力一拉身旁垂悬的细绳。

这细绳直通长官的头顶，末端拴结着若干小铁罐，一拉便发出铃铛般的声响，以将上面的警报传达下去。长官根据空罐的不同响声，便能判断出事情的重大与否。所以，他派下士官上去看看。

下士官爬到上面，站到士兵背后，问道：

“看见什么啦?”

“特别像是大炮。”

下士官看看望远镜，目不转睛地从那儿望了半晌。士兵问：

“是不是重机关枪？”

“笨蛋！”下士官答道。他对士兵习惯上不说“不”，而说“混蛋。那是门山炮。你好好看。千万注意，看看拉到哪儿去。”

他命令道。尔后到下面去了。

当士兵再由望远镜窥望时，那奇怪的车辆已呈现在最近的道路上，但这时已无尘土扬起，可清晰地辨认出大车疾驰的侧影。显然是辆空车，搬运巨长木材的特殊卡车。既不是山炮，也不是重机关枪。如果车上载有木材，一看就会明白。空车行驰，从一旁看车后拖着的小车车体，还真像是大炮筒。不一会儿，卡车又笼罩在车轮扬起的尘埃中，朝着风景中央位置的大峡谷越开越远，直到消失。

没错，沿峡谷直往里，有一个部落或是村镇。因为所有的道路都通向那里，时时出现的卡车，或往里运货，或往外运货。装运的货物，大多是木材。“警惕装载物品！”这是长官反复向士兵强调的要求之一。但是谁能猜得出木材下面装的是什么呢？也许是炸弹，或者是黄油、饼干。没准还是孩子的玩具类。

天气非常好的日子，正午光线最好时，用望远镜凝神观察峡谷尽头最远隔的山腹，朦朦胧胧可看见一柱暗灰色的烟囱耸立。以为是错觉，揉揉眼睛再看，还是像烟囱。不知何时起，士兵们这样传说，说是烟囱地带有个奇妙的地名阿依拉克，其下是未知的村镇，还有巨大的兵营，兵营的高塔之上安装有性能比己方高数十倍的望远镜，无时无刻不在监视着这边。

士兵目送着卡车消失在峡谷间，突然想起前述传说，翘起望远镜，朝遥远的山腹瞭望。可那儿一片薄雾笼罩，什么也看不清楚。于是又移动望远镜，他想再看看那个女人出现过的坡岗。但转动之间，视点遭遇上一辆马车。马车上装满干草，赶车伕徒步走在一旁，堆积的干草上仰面躺着个穿白衣服的男人，挥动手臂，似乎在唱歌打拍子。当然听不见他的歌声。马车转眼间穿过风景，隐入不高的山岗背后。士兵期待着马车由山岗另一端再度驰出。他将望远镜的方向对准那儿，等待马车出来。可马车却始终没有出现。这时，背后的门开开，出现了换岗的士兵。原先的士兵赶忙将望远镜又转向曾显现女人的坡岗。

“暖，”新来的士兵问，“有没有什么可交代的？”

先前的士兵没应声，站起后一只手把稳了望远镜，说道：

"注意那个坡岗，刚才有个女人。"

说完便到下面去了。

士兵来到昏暗的地下，直立不动地向盘腿坐在高铺架上的长官报告。长官头顶天窗投入的微弱光线，俯视着下面的士兵。

"山炮一门，朝向阿依拉克，角度丙；马车一辆，由阿依拉克驰出，堆积物，干草，位置甲……"

"笨蛋。"这时下士官插话道，然后转向军官，"哨长大人，没事。那门山炮是'角度甲'。"

军官点点头，又嘟喃道：

"这干草里面没准藏着什么东西。"

士兵举手行礼毕，钻进底下的睡铺。闻声伸了伸舌头。他想尽量用这一小时的休息时间睡上一觉，实际上是半睡非睡。可正在这时空罐警报器却又鸣响起来。那音响令人心烦，几乎将他惊醒。这次，军官亲自登上了塔顶。

在望远镜边值二班的士兵认定，山脚下的隐蔽处有人在挖洞。虽然看不见人影，但从下面挖出的土却迅速地增高。士兵一时间目不转睛地盯着。片刻，他的脸上露出一丝笑意，那是一种感觉有趣、略含嘲讽而又心术不正的微笑。他发觉那是土拨鼠干的事。土拨鼠只猫一般大小，但它挖土时往外抛土，却令人意外地迅猛有力。士兵用力猛拉身旁的线绳，把当官的叫了上来。他一声不吭地让长官从望远镜中窥望，并在一旁观察表情，宛若在注视实验的效果。

"嗯，很像是单人掩体。"军官看过后说道。

尔后，他紧急地眺望整个外景，却未发现一个人影。当他再度将望远镜转向单人掩体处时，那儿已无任何动静。既看不见往外挖土，也看不见往里填土，映入眼帘的只有丛草繁生。大概土拨鼠躺在洞里睡午觉呢。

"畜生！怎么看不见了？"长官气恼地说罢，站起身将望远镜让给当兵的，又命令道，"盯着看。肯定还要挖。"

军官下去后，士兵立刻移动镜头，开始眺望别处原野。午前的太阳普照大地，那儿开遍各色各样的小花。他又看见，野花地里有两只笨拙的土拨鼠用后肢直立，正在互相冲撞、摔跤、戏耍。士兵轻声吹着几乎听不见的口哨，观望胜负。一会儿腻了，便稍稍移动望远镜。突然，他看见一只狼惶惶走来。士兵的望远镜跟随它转动，目送着狼穿过平原，转瞬间从视野中消失。当他再回来想观赏土拨鼠相扑时，土拨鼠却已无踪迹。这时，换岗的士兵来了。他们互行举手礼，一言不发地交接班。无疑，下岗的士兵必须向上司作出满意的报告。

值三班岗的士兵一直未拉响警铃。但当官的不放心，上来叮问。

“喂，看到什么没有？”他问。那语气仿佛不应不拉响警铃。

“是。没什么情况。只看见一个孩子在追马。”

“什么？让我看。”

当官的观望片刻，的确只有一个个头不高的小男孩骑在马上驱赶马群，眼见得转入到山坡背后。长官又想看看有无其他异常，便将所有地方搜寻一遍。但时当正午，万物憩息，沐浴在沉静的太阳光中。

“没事。不过不能放松警惕。”

那官嘟嘟喃喃地叱责般说完，便下去了。士兵再次用望远镜观察，四下眺望。突然，他脸上紧张起来。

他已经不再眺望远景，而将望远镜的镜头尽量朝下，并将视线集中于黑色国境线边沿的一点。那地点距这边山岗最近，可清晰地看见一棵棵被放大的青草。士兵发现，草地上有一个年轻大汉仰面躺着。

他好像从那儿隐蔽的地道中突然冒现出来的。他的服装很古怪，显然是军装，旁边横着一杆枪。那男人手戴一副红色手套，面色健康红润，他仰面朝天，用一本书遮挡阳光，或举起书来，仿佛在高声朗读，甚至清楚地看见他嘴在活动。望远镜旁的士兵，目不转睛地盯视着那人的脸。突然，那男人站了起来，似乎已发觉这边有人在看他。他仿佛朝这边微微一笑。然而与此同时，他又仿佛全然不知有人从这边着他，站在黑色的国境线上，对着这边撒起尿来，宛若小河流水一般。尿完，汉子慢悠悠地右转身，抓起枪，大步穿过原野，朝远方的山地走去。望远镜随其后运动。走到遥远的原野中央，男人停下脚步。那儿有座小土丘，像座低坟。土丘低矮，无法藏人。男人回过头，漠然地挥挥手，然后接着往前走。翻过那座小山岗便不见踪迹，宛若沉入原野之中。守卫望远镜的士兵久久地注视着那个地点，男人终未再度出现。也许那里有某种地下暗室，或者男人躺下了，隐身在岗后而看不见。士兵以土岗为基准，垂直地上移望远镜镜头，他要在风景中找一个标记，以确认此地的位置。这时，只听得背后有人喊他，“暖，换岗”。士兵立即站起身，将望远镜摆在固定位置。并交代说：“那儿有一辆马车。”他又用肉眼向窗外眺望，却只是广漠的原野和远方依稀可见的群山。士兵到下面去了。

这士兵正是矢野一等兵。而他所发现的情况，却全不报告。他见到长官，只是恭恭敬敬地敬礼，尔后报告说：

“卡车一辆，由阿依拉克驶向阿巴加依德。装载物不明。无其他异常。”

这时，长官头顶上的旧空罐又鸣响起来……

五、夜警

连续过去几个月明之夜。此刻繁星密布。但星光只是在天空闪耀，地上异常黑暗。这片内陆的高原地带距海洋遥远，静寂无声。每当我在这静寂的夜晚放哨，必定要忘却步哨的使命，……并想到海。时而，我从穿凿于岩石中的壕沟探出头去，朝所谓的敌方眺望。只觉得那边的统治者是比这边更为强烈、黑暗的静寂。我又在壕沟中垂着头慢慢地走。不一会儿，便将人所要求的外部警戒任务忘到九霄云外，慢慢地沉潜于自我内部，回想起自己曾经遇见的形形色色的海。我想起——凭窗眺望的海。它横亘在人类足下，无论多么狂暴，也只在某种程度上令人生惧，宛如笼中的猛兽。接着我想起夜间风平浪静的内海，浮现着无数渔船灯火，仿佛丰收的田野。突然，想像中的大海上灯火尽灭，波涛冲天，白色的浪头直立着袭向黑暗洋面上唯一的小船。这时，只听得远方摇动草叶吹过风的呼啸。我转而又想起夏日清晨海的气息，新鲜清爽，能治愈人间的一切疾病。我觉得眼前出现了西海的影像，水平线上红红的巨大的太阳里，衬现出岩石遍布的黑色无人岛。我停下脚步，极度静寂中似乎听得见涨潮时潮汐的声音。我侧耳细听，却听到远处换岗士兵走近的脚步声。士兵穿着橡胶底的军鞋，迈着规则的步伐，渐渐地走近。走到我跟前，脚步声骤然停止，只听得来者放下枪，每一举动都有板有眼。一切如同刻守规矩的卫兵动作，可这时我突然听到矢野那粗哑的声音。

"晚上好!"他开口道。那语调戏谑又亲切，但与一板一眼的动作不适称。

我在黑暗中微微一笑。但他却至此一言不发，像在黑暗中发现了什么盯盯地张望，仿佛已忘记我的存在。他似乎在瞭望第一夜信号弹升起的地方，但自那以后并未看到过信号弹。一切沉浸在深深的寂静与黑暗中。我站直了右转身，将他扔在暗夜的孤独中，迈着规整的步伐回到哨所。此时，只留下我渐渐走远的平静的脚步声。

一天夜晚，我也是这样下岗回来，睡得烂熟。可有人悄悄地摇醒了我。他摇得非常轻，所以我感觉在黑暗之中自然醒来，睡眼惺忪。耳边听得矢野压低嗓门的微弱的说话声，宛如呼气的声音。

"下班岗我先去。"他小声说。

对我来讲，站岗的先后次序无关紧要。可是……

"为什么?"

我问。语气是讯问式的，平静、缓慢且略含不良心术。因为矢野本来话少，到这哨卡后更加沉默寡言，与我也很少说话。我发觉他心中有事，以前他很能睡觉，现在却辗转反侧。他特意叫起我说话，引起我的兴趣。便想乘此机会抓牢他。而他却哀求似地说：

“别管为什么，求你了。”

我只好让步。又说道：

“我没关系。可他们会不满意。”

他们指的是校官和下士官。

“没关系。你就说今天上岗时突然肚子疼，便与我换了。到我下岗时，你肚子疼已好，就又接上我的岗。就这样说，然后装作一无所知。没关系，他们不会发现。——发现了也不会说什么，因为对他们均有好处，而且与其他哥们没有关系……”

我答应了，同时更加感觉他的要求奇妙，欲刨根问底。

“暧，为什么？”

可矢野却一言不发睡了。也许是装睡。

于是我俩调换了上岗的顺序。——其他士兵在玩扑克，漫天要价地乱赌，似乎都没有发觉这细微的变化。

夜里，我沿着黑暗的壕沟摸去与他换岗。他总是贴靠在相同位置的壕沟侧壁，像个忠实的哨兵一样，警戒着敌方的情况。他面前广大暗夜的星空连接着地面，恍惚中看见微弱的一点光亮闪烁，像是星星，又像是灯火，但信号弹未见升起。

“晚上好！”此番我先开口问候。

他站起身，才发觉到了换岗时间。于是故意用一本正经的语调，嘟喃道“报告，无异常情况”，尔后步伐规正地回去了。我一面听着他渐渐远去的脚步声，一面在壕沟中缓缓走动。温和的夜风拂过双颊，突然又唤起我对于海的追忆。就这般度过了无数夜晚。

六、死的阴影

夜晚，黑暗而万籁俱寂。白昼，望远镜中望到的世界在太阳光下熠熠生辉，一片亮色的葱绿。自然正处鲜花盛开、生命丰溢的时期。一会儿望见马车通过，一会儿又有卡车运行，且处处可见驱赶家畜的乡人。还看见，田中锄草的男女身影。总之触目皆是和平的生活与紧张的营生。然而，有的地方却在进行激烈而残酷的战斗。许多人受伤战死。有一天，一辆马车从本部来到哨卡，告知了战争的情况。马车来取走了这儿仅有的一挺机关枪，说是要送往南方，似乎北方用不上它了。可是按照士兵人头，马车又拉来若干四方的小木箱，用粗制的木板钉成。木箱留在哨卡。看那箱子的形状与大小，很像装运日本士兵遗骨的白木箱。用白色的包袱皮包着，吊挂在脖颈上。但里面装的东西却比遗骨重得多，好象是甘油炸药。箱子内部引出两根导火索似的细绳。士兵将箱子抱在胸前，绳索系在腰上。那么，只要士兵伸手将箱子举过头顶，绳索便引爆雷管及甘油炸药。一瞬之间，捧箱的士兵便化为灰土。校官将木箱分配给各人时，士兵们脸色刷地一样苍白。这时长官训示道：

“抱着这个死去，是最大的幸福。”

这就是日本军部的临终发明——自爆炸坦克。此前，它一直秘藏在空空的弹药库中。士兵们各自造出这种炸弹的模型，抱着塞入干草的空箱，练习冲击敌方坦克。每天午饭后，练三十分钟。山岗下，有敌方看不见的小练兵场，破烂不堪地立着几个草人，一旁横卧着木壳造的敌方坦克模型，模型内空而轻。

校官接着说：

“怎么样？真家伙可重得多。”

这种无聊、可怕的练习结束后的一天下午，我爬上瞭望塔与矢野换岗。

“有什么交代的吗？”我问。

他将望远镜固定在原来窥的位置，一言不发地用下巴点了点，便走下阶梯。

我从望远镜中望去，发现了一只仙鹤。

我搞不清这仙鹤此前栖息在风景何处。望远镜已无法转动方向，旋角顶到了头。那位置在敌阵地形图圈外，所以过去谁都没看到过它，且十分遥远，用望远镜也只看到朦胧形状。仙鹤静静地立在那儿，洁白飘然。我目不转睛地长时间注视，那儿是一片沼泽地，仙鹤的背后长着许多芦苇，再往前是薄雾中灰色的草原，草原连着小高岗，高岗对面横亘着广漠的原野，处处水洼波光粼粼，再远则消失在无际的天空中。仙鹤伫立在这样的自然背景中，宛如陶器般一动不动，但不时地垂下脖颈觅食，证明它是有生命的。它非常平静，纯洁，美丽。我突然想到自己的任务，将望远镜转到敌阵地的方向，可那儿无任何动静。于是马上转回到仙鹤方向。这时，我发现仙鹤身后苇丛对面广阔的原野中有个移动的黑影。我赶紧将望远镜对准目标，原来是个骑马的人。他黑黑的身影，与仙鹤鲜明对照。他渐渐逼近苇丛背后，那儿仙鹤绝对无法发现。男人跳下马背，从马鞍中取出件物什，显然是枪。他挟起枪，小心翼翼地弯腰迂回到苇丛边，并悄然地逼近仙鹤。仙鹤平静地伫立，平静地觅食，全然不知自己身后有人窥伺。男人终于靠近了仙鹤，趴在地上，审慎地匍匐前进。他总算清晰地看到仙鹤的身影，于是停止前进，持卧式摆好枪，开始向仙鹤瞄准。霎时间，我仿佛看见鹤被射中，倒地而毙。可转瞬之间，仙鹤全然无意识地、准确无误地、悠悠然拍打着翅膀飞走了。妙极啦，令人不可思议。我用望远镜紧紧追随着它。仙鹤先是直飞高空，尔后静止片刻，才向无尽空间的深处飞去。它渐渐变小，最终成为一个小点。须臾，任凭我调节望远镜的放大装置，也看不见它的身影了。于是我急忙将望远镜转回苇丛边，可黑色的人影和马皆无有踪迹。扣动板机之前失却良机的猎人不见了，——此时我才隐隐地、确切无误地感觉到，自己身后逼近的死神的黑影。我的心中掠过一个念头：逃亡。

七、洗濯日

士兵们一周轮一次，当班洗濯。这天又是洗濯日，轮到我和矢野当班。我从瞭望塔上下来，和矢野一道掮着大家的洗濯物，在一个老兵的带领下，下坡岗走向池塘。天空无一片白云，地上无一块树荫，盛夏炎热的太阳直射在北方高原的荒草地上。这儿踩出了一条羊肠小径。我们三人纵向排列，拉开一定的间隔默默地往前走。走出狭窄的哨所，来到这广阔的世界，我们自然十分高兴。但却免除不了心中的阴影。我们心中总感到沉重的压抑，宛如弹药库中收藏的炸弹，无法彻底地将其排除。然而，当我们越过几座和缓的小坡，远远地出现闪闪发光的小池塘时，不由地加快了脚步。

洗濯成为我们唯一的乐趣。这个小池塘，久旱暴晒也不干涸。因为池底涓涓细流涌出。池水静寂，映照蓝天。池水总是清澄见底，美丽的细小砂粒一目了然。

我们尽快洗濯完毕，尔后将洗好的物什一一晾晒在草地上。物什晾干前，我们便赤条条地洗自己的身子。我洗完后，躺在草上休息。矢野乘此机会在池中游了几圈。他不会自由泳，而是老式的狗扒式。他每划动一次，脊背便完全浮出水面，水渍渍地发光，而且富于青春弹力，真美。这似乎被人遗弃的寂寞的池塘，陡然呈现活力。

我们背着晾干后被阳光晒得暖烘烘的洗濯物，愉快地踏上归途。此时，三人并排走在草上，矢野在中间，我们一时间沉默不语。片刻，老兵迎着午后明亮的太阳，突然对矢野说：

“矢野，你是哪儿出产的？”

这意思是哪儿出生，但那谑语却在下士官中广为流传。矢野老实地、开玩笑答道：

“北海道西海岸出产。”

显然，他不想答话。但老兵接着问道：

“你是渔民吗？”

“不，是机动船的司机。”

“想回家吧？”老兵突然说。

“啊。想回。”

矢野快答道。沉默片刻后，他又低声添上一句，似乎只说给我听。

“不过，我不打算回去。”

这时，近在眼前的哨卡坡岗上出现下士官的身影。他朝我们打着手势，示意快点回来。我们跑步回到哨卡。

当我们走进一间哨兵哨舍，我不由地觉察到周围漂溢着奇异的空气。校官将矢野喊到跟前，说道：

“刚才总部打来电话，你明天回到原部队去。今晚再站最后一班岗，别疏忽大意。”

我思忖，他怎么来了不久就得走呢？这时，下士官说明道：

“因为把你这样年轻的现役兵放在北方，太浪费啦。”

他的话暗示去南方。士兵们各自坐在自己昏暗的床上，沉默不语地盘算着自身的命运。矢野也默然地爬上自己的寝床，开始收拾叠得规整的外套和背囊。我觉得他的手在微微发颤。

须臾，天窗投入的光亮开始渐渐地变暗，告诉人们已近黄昏。

那天晚上，月光皎洁。我像以往一样去上岗。我沿着同矢野换岗的壕沟往前走。可是，来到他平常靠立的壕壁边，他却不在那里。我顺着壕沟转了一圈，还是没有他的踪影。我开始不安起来，又顺壕沟转了两、三圈，期望他突然冒出来，开玩笑似地说：“晚上好。”但在壕沟间转了若干圈后，我恍然大悟，他显然开了小差。此时，我听到哨所的门开了，下士官喊道：

“喂，矢野怎么回事？”

“没事呀。刚换岗回去……”我答道。

门关上了。又是一片静寂。我在壕沟中继续走，似乎不是在绕圈子，而是一直无限地往前走。我不再想海，而是漠然地、没完没了地想着矢野。他的口哨，他的沉默，他的谈话。此时，门又开了。下士官和上等兵分两组带来数名武装士兵。他们把我留在哨位上，分两路往岗下去搜索。月光中，只听得他们忙乱的脚步声。我还是在壕沟中走动。校官则爬上哨所顶部，在月光中眺望周围微明的草原。尔后返回哨所，用电话向总部报告一等兵矢野逃亡。

总部立即紧急集合，组成搜索队。另外通知了警察和宪兵队。搜索队的士兵走过原野、道路、村落和民舍。然而处处皆无矢野踪迹。那夜，我在哨位上站到天明。两组搜索队已回哨所,累得精疲力尽。这时,天尚未亮的敌方上空升起一枚信号弹。我觉得,那是平安逃离的矢野向我发出的暗示。

天一亮,一个士兵便登上瞭望塔,用望远镜搜索黑色的国境线。一放大,个个土块都明晰可辨,但却看不见脚印之类的痕迹。矢野一定是跳越过去的,没有留下任何足迹。

八、国境线的消灭

矢野离去后一周过去。此间又补充了两个士兵。夜晚,校官、下士官和上等兵屡次三番地来察视站岗的士兵。白天操练时,校官向部下训话,除了北方警备的重要性,便是“赤匪”的残忍。

这天,漫长的一天将尽时,我站白天最后一班岗。我用望远镜四下张望。敌方阵地之前的平原上,有一对男女在耕作。男的将揽草机拴在马背上,往前走,机器便将已经割倒的干草拢到一堆一堆。女的便用耙子搂集堆高。他们大清早开始干,东一堆西一堆,堆出许多干草堆。傍晚来临,他们也不歇息。黄昏将尽,远方已不在视程之中。下塔以后,我该顺壕沟回去。此时,无意间我将望远镜转向一片暮色的天空。我看见一个白色的小物体在浮动。映照在残留的晚霞中,物体发出白色的光。它好像渐渐变大、接近,但此时黄昏更深,白光消失了,形状亦呈朦胧。似乎是一架飞机,又像是一只仙鹤。一瞬之后,只留下广漠的黑暗。望远镜调至极端,也不再看见。

“下来!”下士官在底下喊我。

夜间也是我站最后一班岗。我在壕沟中巡回。这天,我看见暗夜渐渐地放明。到离开壕沟上瞭望塔的时间,我隐隐约约听到远方飞机的呜呜声。我停下脚步侧耳细听,却又听不见声音了。黎明时微风轻拂,壕沟边草丛晃动。那青草在我眼前显得好大。天已大亮。我想返回哨卡。此时,持续不断地听到地底下传出爆炸声。我急忙返回哨所。这时炮弹已落在监视哨所在的坡岗周围。炸弹呈圆周形,落点准确,似乎围绕着坡岗落下。尔后又是一片静寂。士兵们一时间茫然,面面相觑。紧接着,迅速抓起了枪支弹药。命令一下,他们呼地冲入战壕,各就各位地将枪伸出枪眼,注视着坡岗的四周。可映入眼帘的只有朦胧而皎明的草原。此时,第二轮炮弹落下来。但这次的圆周稍稍缩小,准确地落在壕沟边上。又是一片寂静。它劝告这边悄然撤离。因为接着炮弹便将落在壕沟里。士兵们只是站在无人的草原里,毫无意义地持枪而立。校官终于命令大家返回哨所。但为时已晚,因为士兵们尚未全部返入哨所,第三轮炮弹便降落下来。死了一个士兵,其他人全部进了哨所。随之而来的更是极度的不安。第四轮炮弹恐怕将集中落在这个哨所。现在只有扔下哨所，退离坡岗。校官终于发出命令，且率先往岗下跑去。一行人才跑至坡岗半腰，就听得一发炮弹炸响，显然炸破了哨所的天窗，宛如一个终止符。我们平安无事地来到坡岗脚下。炮击似乎永久地停止了，四下里一片阒然。这时，校官突然说：

“喂，去个人把望远镜拿来。”

他是突然想起来的。哨卡哨长守则里有这么一条：“万不得已撤退时，必须带上望远镜。眼睛是哨所的生命……云云。”多半是平安撤离之路打通的同时，他眼前浮现出上司与同僚的面孔。然而他的命令已失却效力。他带着恳求的语气，而丧失了平日的傲慢。他漠然地向下士官发出命令，下士官让上等兵去，上等兵又让老兵去，最后命令传到我这儿。此时，命令似乎传遍了每一个人。我迅速掉转头登上坡岗，但促使我这样做的并非是命令，似乎有某种力量在呼唤着我。

天已大亮，哨所中静悄悄的。朝阳从炸破的天窗中照射进来。我爬上瞭望塔。塔中有些暗，周围的水泥墙壁阴冷。从窗口，仍可望见薄雾中遥远的山脉。我从望远镜中往外窥望。突然看见一棵树木、山岗、原野、干草堆，统统横亘在凌晨的安适中。我又转动望远镜，将镜头对准到遥远的芦苇荡，亦即仙鹤曾经出现的沼泽地。那里一派虚空。似乎一切无有异常。我感到安然。这时，我觉得苇原对面广漠的原野中又有个什么黑影在移动。我急忙站起身来。眨眼间，一粒子弹从窗外射入。子弹撞在望远镜轴上，反弹回来碰上我的胸脯，钻入体内。血从伤口涌出，濡湿了望远镜。我踉踉跄跄地从塔上下来，走下坡岗。长官和士兵们已无影无踪。辽阔的原野上阳光辉耀，令人目眩。我用手捂住伤口，沿着足迹走向池沼方向。我一直踉跄而艰难地走。突然，我眼前呈现的不是池沼而是黑色的河流，那便是国境线。旁边立有一根高木桩，我在桩下躺倒了，这时我觉得木桩好像自己的墓标。太阳已不那样灼人，而是令人舒适地温暖。我闭上眼睛，似乎听到行人的脚步声和马车声，整一地走在消失了的道路上。道路甦生而国境线却消失，变成为无边的耕地。仿佛矢野在那里开拖拉机，而不是机动船。

可我的伤口却重新开裂，鲜血大股地涌出。那是我心中的海洋。海在我的周围无限地扩延，我慢慢地沉入到无限的深度。

（原载于《近代文学》，1952 年，转载于《世界反法西斯文学书系·日本卷 1》，重庆出版社，1992 年）

在严峻的日子里

金学铁

一

一九四一年十二月十二日，在中国太行山下的胡家庄，十九名朝鲜革命青年和带着迫击炮的一百三十名敌军——八十名日军、五十名伪军——发生了一场激烈的战斗。

在这个战斗里，韩清道、朴喆东、孙一峰、王现淳四位同志牺牲了，队长金世光同志和赵烈光同志负了伤，还有两个同志失踪。——现在记录这事实的即是这两个行踪不明者之中的一个——我。

我在大腿部中了敌弹之后，便从陡坡上滚下去，一头撞在岩石上昏过去了。醒来时，发现我自己已经躺在敌人的担架上。那条被子弹削去了骨头的腿，沉重得简直像一条铁杵，喉咙干渴得像在被火烧，出血过多的恶心和伤处的疼痛是非常难忍的。

忽然从高地飞过来一连串子弹，发出锐利的声音从我身旁擦过去。那是我的同志们发射的。

好多的“无敌皇军”都慌忙把自己的脑袋钻到岩石下去躲藏起来。恼怒了的下士官们，用枪托和皮靴尖对准那些屁股朝天的部下们打着、踢着，骂个不停：

“只把脑瓜子藏好就行了吗？畜生！快滚出来！”

我自从参加战争以来，在这种飞来的枪弹面前，还从未像这时这么泰然自若过。

“射吧！同志们！请对准我的胸口射吧！”我在心里这么叫着。

在这种境遇下，能被自己同志的枪弹打死，该多幸福！我想着：“如果被这些家伙们带到那里去，除了拷问和虐杀之外，还有什么在等着我呢？”——自己不由得打了一个冷战。“我怎么能独自离开这和同志们在一起生活、战斗过的太行山呢？不！死也要死在这里！”我一翻身，把自己从担架上滚落下来。

“这家伙，嗳，真讨厌！干掉算了吧！”跟在我担架后面的一个日本兵提议道。

枪弹飞得这么密，我却在给他们添麻烦，难怪他冒火了。

“不行，还是得带去……中队长命令一定要押送到队本部去的。”另一个家伙反对道。

“打死我！不然我也会从担架上跳下来一百次的……你们决不能把我带去！——快打死我！”我半卧在地上，加入了提议打死我的那边。

两个押送我的日军，一直以为我是一个中国军人，现在忽然听见我讲日语，惊诧得愣了半天，说不出一句话来。这时，我真是很为我身边没带钱而感到可惜：“如果能给这些家伙们一点钱的话，也许会听我的要求的……”可是，不幸得很，由于我不慎说了一句日语，便打断了那家伙要干掉我的念头。一个能懂日语的八路军……在那家伙简单的头脑里断定我可能是一个非常重要的干部，这可不能随便动手的。于是，取了和刚才完全不同的慎重态度，把反抗着的我重新扶上担架去。那模样小心得就像副官们搀扶一个酒醉的联队长一样。从这时起，他们对于我无论怎样的反抗也不再谩骂了。——“你们这些愚昧的奴隶子孙！服从的机器！”

十几头牛可怜地低声呜咽着，扬着灰尘被不习惯的、听不懂的吆喝声和枪杆赶着，挤成一团地过去了。和平耕作着的它们，正被这些异族强盗赶向屠场去！

到了黑水坳，当我被他们装上军用卡车去之前，押送我的一个日本兵，到民家去拿了一床棉被来盖在冻乌了嘴唇的我的身上。一个老太婆跟在他后面哭哭啼啼地追了出来，从她那满布皱纹的痛苦的脸看去，这床单薄不堪的污垢的被子，却是她不可缺少的必需品之一。

“老大娘，别哭吧！我把这床被日本人抢来的棉被还给你。——我是一个八路军！”我把那家伙盖在我身上的棉被一掀，慢慢叠好，交还给那擦着泪水、露出感激的眼光来的棉被的主人。

对我这个行动，敌兵们没有干涉。不，是他们没敢干涉。——我的威严压倒了他们。

二

我和日军的尸体一起被装上了一辆卡车，躺在我旁边的是一个打穿了肚子的濒死的敌兵。卡车在冬日的凹凸不平的路上奔驰，剧烈地颠簸着。但我已忘记了自己伤处的疼痛，只是带着一种极残忍的快感在玩味着那个家伙垂死挣扎的丑态。他一只手按着扎上绷带的肚子，一只手就拼命在抓地板，指甲抓翻了，流出血来。

到达敌据点南佐镇时，已经是过了晌午了。

七八具用白布盖着的冻得殭硬的尸体摆列在岗楼下，然后等把队伍排成了讲话队形之后，敌军队长便出来以“悲壮”的声音背诵了追悼词：

“天皇陛下！我——您不肖的子息，失去了您的宠儿……”

“狗崽子！”我心里冷笑一声，“害死那些‘宠儿’的，不就正是‘天皇陛下’吗？反而向那家伙请罪？啐！”

晚上，我在那间贴着“打倒共产党”“和平救国”的标语的房里，躺在稻草上过了一夜。夜里伤口便剧烈地发作起来，我不由自主地呻吟着。口渴得难受，请监视我的那个伪军给我一碗米汤喝，被他拒绝了。一晚都没睡好，做了许多奇奇怪怪的恶梦。

翌日中午，几个伪军来带我出去。上担架时，因受震动，腿部的伤口痛得使我失去了知觉。当我睁开眼睛的时候，发现自己已经躺在一辆停住不动的马车上了。这是街道的当中。许多的居民把我包围起来，并且都在唧唧咕咕地议论着。好奇的眼睛、同情的眼睛、侥幸于“不幸”并没有落在自己头上的安心的眼睛、眼睛、眼睛、眼睛……

“请你们哪一位给我一碗米汤喝吧。”我向那些围住我的人们恳请道。

没有一个回答的人，反而一下都沉默了。我把我的话再反复了一遍。人丛中有一个老人，向自己的像是女儿或媳妇的年轻女人低喁了一下。不一会，那年轻女人就从什么地方端来了一碗热腾腾的米汤给我。我一口气把它喝完了，顿时精神便振作起来。我衷心地向他俩道谢着。

“您——不是朝鲜人吗？”有一个人藏不住好奇心地问我道。

“是的！”我非常自豪地笑着回答了，“是为了打倒日本鬼子，和八路军一起合力作战的朝鲜人！”

除了做鸦片买卖的之外，他们从未见过像我这种穿着八路军军服的朝鲜人，虽不知他们对我作何感想，不过，至少使他们清楚地认识到了：正如同在中国有汉奸，也有爱国者是一个样的，朝鲜也有不是“高丽棒子”的人。

突然，人的围墙一下子裂开了，从那里走进来一个二流子似的高高的中年男人。

“哦，就是你们想抓我来搜过我家的吧？！”他向我质问道。而且不等我回答就道出了自己的姓名。

“呵哈，这小子，就是他……四天前我们和中国同志们一起包围了黑水坳要抓没抓着的那个汉奸。”

“在这种场合里碰到你，算我倒了霉。真可惜那天为什么没逮住你！要不然……”我非常惋惜地说。

“你妈的！刀架到脖子上了还嘴硬……”那家伙随手在地上拾起了一只破草鞋，狠狠地往我脸上掼过来。

我因为伤口，下半身不能动弹，要打他手又够不着，憋不住一肚子的火，就朝他脸上狠狠地啐了一口唾沫。

正当我将要遭到一场恶打的时候，恰巧三个日本兵领着两个伪军走了出来。那家伙一看见日本兵，立刻改变了脸色，讨好地笑着，连连鞠躬作揖地退避开去。

“出卖了自己的民族才换来的这点地位，也够可怜的了，连看见一个日军最低级的二等兵也得向他讨好卖乖。”

伪军赶着马，日本兵端着装上刺刀的步枪，跟在马车后面。昨天押送我来的那两个家伙却不在这里面。

人们都成群成群地跟着，为了赶来看枪毙人的热闹。不懂事的孩子们兴奋地到处钻着。——一个押送兵，用枪柄驱散着跟来看热闹的人们，另一个日军就趁火打劫地把街旁一个小摊上的花生结结实实地装了两口袋，那被抢的小贩只是哭笑不得地瞪着那个满载而去的日本兵。

马车轮子在路上每颠簸一下，伤处就更剧烈地抽痛着，痛得窒息了呼吸。

三个日本人，两个中国人和一个朝鲜人，就这么随着这辆发散出肥料味的马车，默默地走出了冷风更大的街外。

三

在被枪毙以前，我想我应当取一个共产党员视死如归的行动。随着先烈们的榜样，我也要宏壮地高呼：“共产党万岁！朝鲜人民万岁！”“可是用哪一国话来叫呢？用中国话吧，那么鬼子们又听不懂。用日本话吧，又不能教育伪军们……嗳，算了，干脆就用朝鲜话叫吧！好，那样倒好得多。”我在心里这么决定了。

可是，刑场怎么还没到呢？也不是要看风水来定墓地……狗崽子们！随便在哪里打死好啦，干吗拖着跑这么远……反正总逃不出一死，就干脆早一点死倒好得多……

已经过去了的二十五年不简单的生活，如同走马灯似的在我脑子里匆匆地奔驰起来。分别了七年的母亲和妹妹的脸，显明地浮现在我的眼前："可怜的人！早知道有今天的话，母亲！我当时真不该让你那么操心……可爱的性子妹妹！为什么那时我打过你呢？……心痛呵！"

"你带有表吗？"一个伪军唐突的问话，一下子截断了我的思索。

我抬起头来，看见跟在马车后面的那三个日本兵，已经远远地走到顶前头去了。押送马车的就只剩下了这两个伪军。

"没有表，自来水笔倒是有一支……"

"好的吗？拿出来看看！"他催促道。

我从里面口袋里取出了那家伙有权力获得的他的"战利品"递给他。我问道：

"还远着吗？"

"现在才走了不到十里地……还得再走二十里哪……"他把钢笔尖在指甲盖上画了几下试试好坏，一面非常没趣地回答我。

"喂，什么刑场这么远呢？"我惊异地睁大了眼睛问道。

"刑场？"那家伙反问了一句。等他领会了我问的意思之后，才笑着解释道："你以为是带你去枪毙吗？哈哈……不是的，是到县里去哪。——在那里有他们的中队部和宪兵队嘛……"

"呵哈，看样子我还不到死的时候呢！"我想。

"那些家伙们上哪儿去啦？"我用手指着前面的远处，隐隐约约能看得见的日本兵们的背影问道。

"哼，狗崽子们！冷嘛，还不是先跑去喝几杯去了？……"那家伙满肚子牢骚地嘟哝道。——用手擤了擤鼻涕。随着冷风，鼻涕水飘到了我的脸上。

"可怜的家伙！听得见的地方称'太君'，听不见的地方就'狗崽子'……"

不久，一座周围围有铁丝网的岗楼出现了。那些被酒醺得面红耳赤的日本兵为了看我，已经一个个站在那里等着（大概是先来的那三个家伙已经宣传过了）。

马车停住了，一个日本兵拿着一张纸和一个头号大酒瓶向我走来。

"看！这是你们写的传单。要写就好好写，干什么尽谎话连篇的……"那家伙把那张传单伸到我眼前来。

这是一张关于日本资本主义经济恐慌的、有确实数目字的告日本士兵书。那的确是我们写的，我们印的，也是我们把它散发的。

"看吧！看见没有？酒！……我们是天天靠喝上等酒过日子的。——这样还是经济恐慌吗?”那家伙并不等我的回答,竟只管自己讲自己的,“你们八路军不闹经济恐慌,所以只能吃包米饭,不是吗?”

“简单的脑瓜子!和这样的狗崽子不管怎么辩论,也不会得到什么效果的。”我心里想着。表面上做出耳不闻、目不见的样子。

那家伙看见自己尽管费了多少唇舌,我仍是若无其事的样子,便冒起火来:

“混蛋!你怎不吭声?”

我仍是像个石头菩萨一样,不动声色。

“这小子听不懂日本话吧?!”他怀疑起来,转向押送我来的一个日本兵问道。

“不,他故意的。来,我来试试看。”

那押送我来的家伙看见自己的宣传大有成为谎话的危险,便挺身而出。他如同要狗熊的人在观客面前捉弄他那不听话的狗熊一般对付起我来。——可是,我仍然像一座雕像一样。

那家伙冒火了,狠命把我那条受伤的腿往上一抬,如像被钳子夹绞似的,极度的疼痛使我昏过去了。这是最新式的虐待法,是应用“军阵医学”的科学拷问法。

那家伙在我脸上撒的尿冻结了,刺激了神经,我被冰醒过来。

这时,马车轮子如像不曾发生过什么事似的,毫不关心地、单调地已在辘辘转动着。

太阳落山时,进了元氏县。在日军中队部门口交涉了足足半个钟头,才又掉转方向往宪兵分队走去。

在那里我得到了一顿意外丰富的晚餐,一个兵士端了满满一碗炖牛肉来,并对我说还有的是,吃完了可以再要。肚子里要求食物的清口水一下子涌上来了,可是我望着那碗热气腾腾的煮得烂熟的肉,踌躇了半天。我并不是怕那里面放了毒药,而是想起了我昨天被俘时那群被赶过我身旁的呜咽的牛;想到了那被抢去了的如同自己生命一般爱惜的耕牛的无辜农民的悲哀。

晚上,端食物来给我的那个兵士,又抱了一个留声机进来。那是分队长(宪兵下士)叫拿来“慰劳”我的。“哼!把俘虏抓来了还放什么音乐?……是在模仿张良吹玉箫的计策吗?……”我摆手拒绝了。

“这是上边的命令,不愿听也得听,没办法……我要尽到自己的责任……”那家伙一面上弦,一面固执着。

我撕开自己身上的军服,扯出一撮棉花,把耳朵结结实实地堵上,即刻就睡了。

早上，敌军中队长和一个宪兵下士走进来，满面笑容地坐在我的床边，非常亲切地询问我的伤势如何等等。又说正当他们为了实现“大东亚共荣圈”而在“艰苦奋斗”的这个时候，我虽然“犯”了一时的“错误”，可是仍然还是“回到”了“祖国”——“大日本帝国”的怀抱里，确是使他们感到无限高兴的事……

“在这种境遇里如果守着缄默，不就等于承认他们的话了吗？不！决不！”我这么想着。坚定地连忙摇了摇头，断然地申辩道：

“我不是归到‘祖国’的怀抱里！我是被你们抓来的俘虏！”

四

在胡家庄包围我们的敌军，是日军旅团长朝鲜人洪思翊的麾下。他们为了要把“思想不纯”的我送到那位对“皇国”“忠诚达天”的洪思翊“阁下”那里去受“训诫”，于是又把我押送到邢台旅团司令部去。

邢台城听说抓来了一个八路军，市街的两旁已经挤满了看热闹的人。无数的好奇的眼睛迎着我。人丛里稀稀疏疏地夹着些着朝鲜服的妇女。“朝鲜服！多久没看见了的朝鲜服呵！”不知怎么，我感到眼眶里热辣辣的。可是，从她们头发梳理的模样和脚趾中夹着的木屐便可以推想到——无疑的，这是些卖淫妇。一种民族自尊心受了伤害的羞辱感，冲热了我周身的血液。在日本统治者的铁蹄蹂躏下，这些妇女们连羞耻心都麻痹了呵！当我想到苦难的祖国的悲惨命运时，因悲痛和愤怒而战栗着，咬紧嘴唇无声地痛哭了。

整个的洪思翊司令部都在热心地忙着准备过年，谁也无暇来顾及我了。我咀嚼着他们想起了才送来的冷饭团——送走了旧岁，迎接着新年。因为腿部的伤口化了脓，所以在禁锢我的这间狭窄的房间里便充满了难闻的怪味。也许是由于得不到水喝，已有一个星期没有大便过。夜里，出冷汗，把军服浸湿得就如同从水里捞起来的一样。

正月初四的晚上，一个当翻译的朝鲜人韩英俊来找我，看样子年龄似乎和我相彷，而他却口口声声称我为“先生”。我们交谈了几句之后，我即刻对他解除了充满敌意的警戒。我断定了虽然他是在当敌人的翻译，但却确是一个心灵纯洁的人。真实，往往使人们毫不费力地心心相通起来。他从自己的皮鞋底里抽出一张朝鲜义勇军发行的通行证来给我看，又对我滔滔不绝地叙述着自己对朝鲜革命集团的憧憬。我依着他的质疑，向他解说着抗日战争的意义和八路军与朝鲜革命集团的关系。我反复地对他说着、劝诱着、鼓励着：要倒向真理一边去的话，是需要最大的勇气和果断的。

“很早以前我就有这种念头了，只是不知道确实该怎么去行动。现在，在您先生这里学了之后，我真得到了不少的勇气。不过，事先我有两个需要解决的问题：第一，当然，为朝鲜的独立，和日本人斗争，我是可以献出自己的生命来的，不过对共产主义我可是不大赞成。”

“被敌人反共的毒素侵害了的可怜的人！”我为了要把共产主义的概念装进他头脑里去，连嘴唇都讲干了，也还是枉然。我便立即改变了方向，展开了统一战线的理论，这倒是中用了。他一针见血地即时得到了应得的效果。——为了打倒共同的敌人，和共产党合作的这点，他表示完全赞同。

“那么，还有——第二个问题呢？……”我深怕说到一半会有谁闯进来，低声催促道。

“不要紧。那些家伙们正醉得颠三倒四的呢……”年轻的翻译看出我耽心的神气。一面接着说道，“第二个要解决的问题是——先生（他说到这里放低了声音），您腿部的伤处怎么样？——我是说和我一起逃走的话。”

“奇特的人！”我感激地握着他的手。

“不幸的是伤了骨头，没有能逃跑的希望。但是，你用不着耽心我。哪怕是今晚都好，你自己快开始行动吧！”接着，我以被激动得微微发颤的声音又补充说：“去了把我的消息传达给同志们。告诉大家，说我如同铁一般坚韧……我没有变。”

第二天晚上，年轻的翻译来向我告别。临走时，他把两包杀菌剂塞进我的军服口袋里，他耽心着我的伤口在化脓。我鼓励他；他安慰我。

送走他之后，我在被俘以来，头一次笑了。“敌人留着我的命留得好！因为还活着，所以我以自己的手争取了一个同志！”我想着，仿佛那窒息的心扉一下子推开来似地舒畅了。

五

不知何故，旅团长“阁下”并没有“赐”给我“拜谒”他的“荣耀”。正月初八的黄昏，没有预先得到通知，突然我被用黑布蒙住眼睛抬上担架，离开了邢台城。虽然不能辨别出方向是往南还是往北，反正，火车是一直在走着。从这天起，整整三个月里，自己竟全然不知道自己是居于地球的哪一个点上。听着车轮在铁轨上滚动的单调音响，这时我心里多么恳切地盼望着八路军来袭击这辆列车而把它炸翻：“和同志们的炸药一起，即便成了粉末也痛快！可是，又假若侥幸我没有被炸死（想到这心就跳起来），那么我将要大声地叫喊：‘同志们！这儿有八路军！到这儿来呵！’”……

然而，可惜的是现实决不会像演剧那么凑巧。时时刻刻都在期待着的爆炸声并没有听见。我平安地——多么不幸的平安！——在一个火车站下了车。耳朵里响着一片喧嚣声。——我在蒙住眼睛的黑布后面猜想：这一定是一个大都市。

身下的担架一下子非常倾斜起来，象是在上着一层层的台阶，不一会恢复平稳了，但即刻又往相反的方向倾斜起来，这是在下台阶。从担架又换乘了汽车，走不多光景，下车后重新被担架抬着，走了好久才算到了一个什么地方。他们在屋子里给我解开了蒙住眼睛的黑布，我打量一下周围：这是一间长不过十尺、宽不过七尺的小房间，我就被关在这里面。

在这小房里，不知怎么糊里糊涂地我把日月也忘掉了。我向那端食物、送水来的兵士询问，他却像是已经奉了上边命令不许说似的，一声不作就走出去了。

不是正月末便是二月初旬的一个晚上，有个自称山本课长的宪兵干部走进我房里来，寒暄了几句不关紧要的话之后，他就言归正传了。我紧张着，满心以为这家伙一定是来叫我供出关于我们部队的情报来的，侥幸而奇异的是我却白白期待了一场。那家伙对这些却半点都未提起。——关于他为什么没向我询问情报的事，在两个半月后我才明白了。

山本向我提出了这样的条件：

第一，写一张暴露共产党罪恶的悔过声明书。

第二，给每个八路军里的朝鲜革命者写一封归到“皇道治下”来的劝诱信。

以上两条如果接受了的话，就可赦免前罪，并被征用为军务工作员，并立即送到医院去治疗伤处。

如不接受，当即枪毙。

“给你充分的思考时间，不必着忙，好好想了之后决定吧……可是有一点我得提醒你一声——你的伤口是在一分一秒地恶化着，不耽心吗？——日本的军法里没有规定把俘虏送到军医院去治疗的条例的……要想治疗，除非你被征用为我们的军务工作员之后……”那家伙就这么收了话尾。他从椅子上站起来，缓缓地戴上手套。

烦恼而沉郁的日子的线卷，一点一点地抽散开来。清静的时候，特别是天气晴和的日子，一清早——我生平从未听见过的一种奇怪的声音，便从玻璃窗缝钻进来，骚动着我的心房。那声音像是一个什么轻巧的东西在空中团团旋转，又像是一种什么神秘的飞禽在吹着口哨，一忽儿响亮，一忽儿又微弱地远去了。当时，我非常想知道那究竟是一种什么声音，而始终却没研究出来。直到过了九年后的今春，偶尔从中国作家曹禺的北京人里读到“天空有断断续续的鸽哨响”这一小节，我才恍然大悟地忆起了那声音原来就是拴在鸽子尾上的哨子的响声。

等待着死的每分每秒，正如同一个机械的齿轮似的，在我心上刻印着一定距离的齿痕，不快不慢地准确地辗转过去。我在心里一个个地呼唤着自己亲近的同志的名字，向他们一一作别。

每当我想着“现在这个时刻里，同志们还在继续和敌人奋战着！”，就不由得握起了拳头，脸上也浮起了笑。“我虽然死了，共产党是活着的！人民是一定要胜利的！我的理想是一定要实现的！”——我高兴了，用鼻音哼起歌曲来。

在约定的日子山本又来了，我和蔼地可是非常严肃地对他表白了我不可动摇的信念：

“正如同帝国主义这个名词是意味着侵略一样，布尔什维克概念的含意是不妥协！”

六

春来了。我的伤口在排泄着青青的脓，看去是一天天愈加恶化了。就如同用刀砍削了树干的一块时，那块被削过的伤处便畸形地粗大起来一样，我的大腿骨被子弹削过的部分，看去也令人感到恐怖地粗大起来。膝头的关节也僵硬了。我用十个手指当梳子梳理着盖过耳朵的长发。用牙齿代替剪刀剪着长长了的指甲。可是，放在我头边过了一个冬天仍在等待着我的手的纸、笔和墨水瓶上，已蒙上了一层厚厚的灰尘。这些时日里，山本却在为着能使朝鲜义勇军“归顺”好在胸前佩上一颗勋章而焦急看。他不止十次地督促着；也不止十次地延着期。劝诱着、胁迫着、笑哄着、怒骂着，在我面前使尽了一切五花八门的手段。

一个暖和天的下午，我心里急切盼望着的事情终于到来了。地狱的使者——两个宪兵来带我出去。我撑着一根枴棍，一跛一跛地用我的脚迈着步子，用我自己的脚踏着地在走着……

带我来的宪兵，推开了山本办公室的门，我跨了进去，一抬头使我大吃一惊，把要喊出来的声音咽了下去。我像一座雕像般地愣住了。

那个头发梳得油光光的，在灰西装里系了一根浅蓝色领带，向我指示着坐椅的男子——“呵，这不是刘斌吗？——不是在胡家庄战斗和我一起失踪了的刘斌吗？”

“没想到吧？！来，坐着谈谈。”他亲切地拍拍我的肩膀，叫着我的名字，并且还清清楚楚地添上了“同志”两个字。

山本在旁边大模大样地对我介绍着刘斌：

“这位是军司令部派遣到八路军去的谍报部员——申容纯君……”

我感到眼前发黑了，一下跌坐在椅子里。“奸细！还把你错看成了自己的同志，一起躺在床上谈过自己的知心话……呵，原来你是一个奸细哪！……我这才明白了山本那家伙为什么在抓我来的时候没有叫我供出情报，而对我们的内幕却知道得一清二楚……你这个狗！”

我对这家伙的愤怒，比对山本的要超过千百倍，这愤怒使我震颤。我憎恶地瞪着他，嘶声低沉地警告道：

“你是一定要被人民审判的！”

七

这个院子是用高高的砖墙围着的，墙头上还围绕着一道铁丝网。当我踏进这院子里时，又遇到了一件惊奇的事：穿着便服的高个子马德山同志和金石溪同志站在那里。“这到底是怎么回事？……”我们惊异得喘不过气来，只是互相对望着愣住了。

“给你们十分钟的时间，你们道别吧。随便喊斯大林万岁也好，毛泽东万岁也好，那是你们各人的自由。”带我来的山本用冷嘲的语调对我们说，一面燃起一根香烟衔在嘴里，往那边——拘留室走去了。

德山同志的眼眶里满噙着泪水，不胜心痛地——叫着我的名字，像平素我俩互相习惯称呼的一样，名字底下不用“同志”两个字。他低沉地激励着我：

“你的腿一定会好起来的！一定会好起来的！”

他看见过去脸是红喷喷的、健壮的身躯上背着枪、朝气勃勃地曾和自己一起奔走在战场上的我，如今脸色苍白而消瘦，蓬头垢面的撑着一根拐棍一跛一跛地走进来的样子，怎么能不使他感到心痛呢？我们相处五六年了，今年还是头一次看见他眼睛里有泪水。

我说不出一句话来，石溪同志也不开口。不，是不能开口。一直到山本转回来为止，我们就这么互相默视着站在那里，谁也没动一动。

马德山同志是我心目中最尊敬的同志中的一个。

金石溪同志是新同志中的一个，也是敌区俘虏过来的同志中最有希望的青年之一。

我被禁锢在第六号牢房里——除我之外，那里面已经有了十一个被禁者：朝鲜人一名，中国人七名，日本人三名。

"这是什么地方?"这是我进牢房来的第一句问话。

"什么地方? 拘留室嘛……"有一个人感到我问得奇怪,答了一句。

"不,我问这是哪里的拘留室?"

"宪兵队拘留室嘛……"

"不,我的意思是说这个城市是什么城市?"

"这个城市?"那人圆睁着眼睛,朝我上下打量了好一会,从鼻子里长长地吁出一口气,才告诉我说,"石家庄。——知道了吧?"

晚饭送来了。给日本人的饭和中国人的饭是不同的(当然,有"半岛人"资格的朝鲜人是包括在"大日本帝国国民"里面的):日本人的食物是一碗上面有菜的白米饭,一日三餐,中国人的食物是一碗洒上盐粒的小米饭(其实,与其说是"饭",还不如说是"粥"来得更恰当些。实际上牢房里都称之为小米粥),一日两餐……早饭和晚饭虽然质的差异很大,但中日两国人也总还可以一同把各自的一份吞咽下去;可是,在午饭时,只有日本人吃,却没有中国人的份,可真是从未见闻过的怪现象。

同房的那位朝鲜"同胞"崔某连忙两手接过来两碗白米饭,先在手掌里掂了掂重量,然后选择了一碗较重的放在自己跟前,较轻的一碗,便像是很有交情的样子把它端到我面前来,亲切地劝道:

"请吃吧。呃,刚进牢房来的人大半都因为作呕,吃了半碗就吃不下去了。哈哈……牢房真是地狱呀。"他想叫我把剩下的饭给他吃的意思,在话里流露出来。

我端起饭碗大声唤着杂役:

"喂! 这碗饭拿错了。——我不是日本人! 把小米粥换给我!"

那位崔某在旁边着慌地连连摇手,很替我可惜地说:

"唉,用这一碗饭可以换两碗小米粥的……唉,真是,唉……"

牢房的第一个晚上是非常难熬的。我闭着眼睛翻来覆去地直到天亮。清晨,一个杂役扫着走廊的时候,他非常轻巧地把一张叠好的纸条从木栅外面扔了进来。同房的一个日本人把它拾起来看了之后,立即转递给我,低微地嘱咐我要小心些。

纸上开头的地方写了我的名字,字迹很熟,是用铅笔写的。末尾的署名是金石溪和马德山。

纸上写着:

没想到在敌巢里见到了你(因为我们已为你开过了追悼会,真无限感慨。可是遗憾的是,当你接到这张纸条的时候,我们已经乘上了到北京去的火车。

我们将在敌人的“军法会议”里被判处死刑。但我们还是高兴，因为你并不会死，你还能活下去。我们刚从山本那里知道了你的“罪名”是“治安维持法违反”①，十有八九会判你无期徒刑。我们则因为被认定是“军事侦探”，被判“外患罪”②，这只有一条——死刑。所有这一切，都是刘斌那家伙搞的。他的本名原来不是刘斌，是申容纯，并且他是敌军的谍报部员。正如你所知的，我的日语程度——能解不能说，在审问时，只好叫申容纯作了翻译。审问时那家伙一味尽说些不利于我的话，我气愤得抓起一个烟灰碟往他脑瓜上砸了过去，事情就从这里恶化了。我们的死全是申容纯那家伙一手搞的。记住！你还活着的时候一定要为我们报仇！托付你了。

最初我们两人到敌区来做组织工作时，先是由石溪同志找到敌宪兵队去，假装成被八路军捉去了逃跑出来的人，等他们相信了他的谎话，他在敌巢里取得了合法的地位后，便和我取得连络，我们就这样开始了工作。

不幸现在已被敌人看出了破绽，敌人已知道石溪同志有计划欺骗了他们，所以尤其恨他。——那么，别了！祝你健康！忘掉我们的坏处，记住好处吧。

共产党万岁！

为争取其自由、幸福而献出我们的生命的朝鲜人民万岁！

八

崔某原来是个鸦片烟贩，年约三十左右，因为触犯了宪兵队的翻译，被抓来受了将近两个月的罪。当我给他详细地解释抗日战争的意义时，他便连连点头，对我的话表示支持。听了我的经历他也不胜感叹着。可是，只有一点，如若要他加入抗日团体，他就要绝对反对了。他会一面搔着头发一面辩明道：

“那是像您先生这种人才能干的事情，我们这种人呀……嘿嘿！……还不是只配作一个‘坐等瓜熟’的废物吗？……”

像这类人委实很可怜。软弱是比狡猾坏得多。

我对崔某断了念，开始对另一个中国人注意起来。他是敌区伪政权下的县“警察所长”，因“通敌”(即通八路军)嫌疑被抓来的。于是，我想对他做一个思想启发的试探。他一方面直率地承认自己是汉奸，一方面却又以这样的借口来替自己辩护：

---

① 是日本帝国主义统治阶级制定的，凡组织图谋变革国家制度的结社或参加其活动者均属此罪，也就是专为对付共产党而制定的反动条规。——原注。

② 日本帝国主义统治阶级制定的，凡帮助其所谓“敌国”者均属此罪。——原注。

"反正,这种事我不做别人也会做的。那还不是一样吗?"

这还不算,更可笑的是,他把我也当作了和他是一路人。我哭笑不得地望着他,他却平淡地说:

"可不是吗?我把我们的国家出卖给日本人和你把它出卖给苏联,不是一样的卖国行为吗?……"

"荒唐的谬论!"我还不甘心,就又把共产党和苏联的关系再解释给他听。

同房的三个日本人中,有一个是因为卖了武器给八路军,被察觉了抓来的商人。他的论调是——生意不分国界!他认为在将来的战争里,我方可以驾着轰炸机飞到敌上空去做生意。驾驶员先用无线电和地上的敌人讲好了这架飞机和将要投掷下去的炸弹的价钱,如若对方不愿多出,就把炸弹扔下去。如果对方应了那个定价,就把飞机降下连同那些原封未动的炸弹一起卖给敌人。

另一个是厌战的新兵,因为不愿打仗,自己用枪打坏了自己的手,被查出了抓来的。他才二十一岁。当我把八路军里的日本人生活情况告诉他时,他便为自己没能跑到八路军去而深深感到遗憾起来。

还有一个是骑兵,是因为在一次酒醉后把自己的刀戮死了自己的马匹而被抓来的。据他说,日军里马匹要比人贵重得多,所以杀了一个人的罪还不及杀了一匹马的罪来得重大。他们的长官随时都这么公开地说:"一匹马需得用一千元以上才能买得到,而人却只需花一分五厘钱[①],要多少有多少。所以,能打死你们十个,都不能打死军马一匹。"他说完,还把自己部队里唱的一首经过了改编的俚谣唱了一段,作为补充:

军马居首军犬次
军用鸽子虽渺小
军属[②]连它还不如

这首歌词画出了日军内部非条文规定的等级表。他们士兵的痛苦,由此也可想而知了。

夏天了。我的伤处因不治而开始溃烂起来,发散着难堪的腐臭气味。尤其使我苦恼的是,只要天一亮,从木棚外钻进来的大头蝇便成群成群紧紧地包围着我,无论怎么撵也撵不开。

---

① 日本货币,在当时是一张明信片的价钱,就是说,日本国内抽壮丁只用一张明信片下一道命令,便可召来一个壮丁。——原注。

② 即军务工作员。——译者注。

一天，山本拿了一张石门日报[①]给我，在他那歪着的嘴角上挂着一丝恶意的、残忍的笑。我展开报纸，顿时脸色变了，那上面“慰劳皇军公演”的字旁，标写着一个所谓“朝鲜艺术家”的显眼的名字。“耻辱！耻辱！耻辱！同样的朝鲜人，有的在战场上和敌人奋战，有的在被敌人折磨，而居然还有这种没有良心的家伙，登在舞台上为敌人献媚取乐！……”我抑制不住心里的愤怒，把报纸一下子撕碎了。这动作便成了那因我的抗拒已经没有希望获取勋章的山本用残酷的刑罚来报复我的开端。

九

石家庄日本宪兵队野蛮的中世纪的拷问，还需要详述吗？有多少捍卫真理的人们在那里骨折、肉绽、吐血而丧了命！在牢房里，哪一天夜里，你从梦中惊醒，会听不见从拷问室传来的惨叫声呢！

只一个半月的光景，已经经过了七次恶刑，我学了无数无名英雄们的榜样，一次次都顽强地承当了。肉体是被残酷地破坏了，而我的名誉却仍完整地保留着。我的手并没有执着山本拿来的笔移到那张屈辱的纸上去，却把那支笔用力向坚固的水门汀地一戳，折断了笔尖。

恰在这时，我认识了中国共产党培养的钢铁战士、中国人民优秀的儿子王宝庆同志。他一进牢房来的第一句问话，就和我刚进来时问的话一样：

“这是什么地方？”

原来他也是被蒙上眼睛用车载来的。他是个细高个儿，样子长得很端正，穿着一套蓝布单褂，长头发，有二十八岁——恰好比我大两岁。他并不否认自己是八路军的情报员，因为敌人已有确实的证据。可是，他却始终不招出自己的同志来，他不愿使那和自己联结着的组织网遭到敌人的破坏。这个顽强的青年，每次在拷问室被打得昏过去后，又被拖到院子里来泼凉水、打针，醒过来了就慢慢地爬进牢房来在我身旁躺下。这时候，他总是握着我的手请求道：

“同志！请你给我唱唱国际歌吧！”

他听着我以低沉的嗓子唱着国际歌，便在满是血痕的脸上露出了悲壮的笑容。可是，他那有限的精力，每从拷问室出来一次便衰弱一次，以致我不得不为他的衰弱耽心起来。于是我自己决定每天只吃一顿，把省下来的一碗小米粥和他自己应得的那碗小米粥一起，向日本人换一碗白米饭给他吃。本来牢房里对饮食的选择就是量重于质的，所以这个交易当然有十分的可能性。

---

① 石家庄发行的日文报纸。——原注。

然而王宝庆却坚决地拒绝了我的好意。被极度的同志爱冲激着的我，终于逼使他不得不屈服了。为了维持他那受摧残的生命，对于他，营养是太必要了。我自己虽受着饥饿无情地折磨，而脸上却不知不觉地浮起了满足的笑。——这只有懂得人类最高的快乐——崇高的革命的同志爱的人，才能表露出来的。

七月初七的下午，王宝庆同志被带出去后就没有回来。晚饭时，杂役也少送来一碗小米粥。

晚上，那个得到牢房里众人好评的所谓“比较有良心”的翻译来找我，无头无尾地用一种虔敬的态度说：

“喊了毛泽东万岁……唉，可惜……”

让光荣属于使敌人也禁不住赞叹的钢铁战士王宝庆同志！

让光荣属于培养优秀革命者的中国共产党及其英明的指导者毛泽东同志！

十

八月初旬，我被转押到石家庄日本总领事馆警察署去。这时，已确定了我的“罪名”是“治安维持法违反”，受了从北京来的司法领事的预审(这个麻烦的手续弄了九个月之久，直到翌年四月才算勉强完毕)。

在警察署虽没有受到宪兵队同样残酷的拷问，可是却受到了以不值三分钱利益为饵食的各式各样的诱惑。高等系主任佐野把一张太行山发刊的新华日报给我看，从报上我才知道了我尊敬的先辈石鼎同志和陈光华同志于六月在麻田庄反“扫荡”的战斗里牺牲了。我肃然整冠默哀着。佐野作出非常悲伤的样子摇摇头(这家伙是一个很有资格的高等系主任，对于掌握“政治犯”也很有他的一套。他很会演剧，以至于那条狡猾的狐狸尾巴从不轻易露出来)，喃喃地叹息道：

“在山里吃草根树皮，结果还不是一个一个死了吗？那么优秀的干部，如果是为了实现大东亚共荣圈而奋斗的话，亚细亚的人民该会多么幸福！看，只要是有点良心的青年，怎么能不去努力设法把他们从苏联的魔手下救出来呢？……”

和这家伙相反的，一个叫半泽的年轻看守却暗地里时常露骨地支持我，鼓励我。他认为我的行为是正当的，他对我说：

“反过来想，不也是很明白的事吗？如果我们日本是你们朝鲜的殖民地的话，我们也决不会乖乖听话的……”

除夕晚上，半泽送给我一瓶葡萄酒(当然我并没有接受它)，他谦逊地向我提出一个疑问，并要求我的回答：

“您比我见识多，请您一点也不要隐瞒，真实地告诉我吧。——我用自己的脖子来向您保证，绝对保守秘密……您说这个战争究竟会怎么样？到底是我们赢呢，还是你们赢呢？……我自己真无论如何也下不了判断。——我们军部一天到晚光宣传要赢要赢的……可是总叫人怀疑得很……从您到这里来之后，我的动摇心就更加强了。当然，像您们这种有教养的人，没有什么确实的凭据，是决不会盲目地交出生命来作战的……不是吗？”

“日本是必定要败的！”我毫不踌躇，带着确信地回答道，“这是如同月亮从十六起便要渐渐消蚀下去是同样正确的。——我们是马克思主义者而不是唯心论者，所以虽不能预言在何日、何时、何地发生何种事情，可是，人类社会发展的必然过程，我们是可以正确地预言的。——日本是必定要失败的！虽然我不能断言是在何日、何时，但是总有一天胜利的八路军的草鞋定会踏在你们现在站着的位置上！”

十一

他们把我再转押到日本的长崎去，在那里受最后的判决。一九四三年四月二十六日早上，由领事馆警察署两名巡查押送，我离开了石家庄。

在乘上北行车去的前十分钟，有一个人在月台上来会我，是佐野的部下、高等系的刑事[①]。他一手递给我一根纸烟，一手准备扳打火机。

“我不能毫无理由地接受敌人的香烟。”我拒绝了。

那家伙像狐狸般狡猾地眯起眼睛瞧着我，说明了自己的来意：

“佐野主任叫我最后一次问问你——有悔过自新的意思吗？”

“悔过自新？”我笑了，“你们不是有法律吗？——虽然这种法律我从来没有承认过。不过，你们反正可以拿它来制裁我。这不就完了？”

车开了。连一个站都没到，时间也还不到九点，我已经吃了第二顿饭，——因为只有在去的途中可以任意吃喝。

车窗的外面，绿油油的春的田野在飞驰。“中国！请别忘了一个异国的无名青年为了打倒共同的敌人——日本帝国主义，曾和你一起持着枪战斗过，流过自己的血！别了！中国！——当你从异族的铁蹄下得到解放的那天，那也就是我恢复自由的时候。那样的日子快些到来吧！快些到来吧！……”

在天津车站我给妹妹打了一个电报，约她在汉城车站见面。这次去了真

---

① 即便衣警察。——译者注。

不知道得什么时候再相见，怎么能不和阔别九年的母亲与妹妹见一次面呢？

翌日晚上过了鸭绿江桥。车窗都遮上了防空幔，什么也没有看见，听着万事太平的旅客们的鼾声，通宵未能阖眼。拂晓，我掀起了窗上的防空幔，看见了祖国被朝雾笼罩着的山峦、田野和村落。——列车进入黄海道境内时，也不知是否由于消除了紧张的缘故，在我看见了第一线旭光时，便沉沉入睡了。离汉城车站只要再走五分钟的光景，有一个家伙叫醒了我：

"到汉城了。——不是要和谁会面的吗？"

来看我的母亲，虽还不到五十岁，然而在这别后的九年里，确实老了不少，已成了一个老太婆了。妹妹也在这些日子里已由一个小学生一跃而为女教师了。我为了不使她们看见中了枪伤的腿，就坐在原来的坐椅上迎接她们。——可是，有什么话可说呢？九年的岁月中，我和她们隔离在两个完全不同的世界里……

"梦龙叔叔还好吗？"忍不住沉默，我先开了口。

梦龙叔叔是朝鲜共产党员，被敌人抓去过了六年监狱生活，是我的老前辈。"我们家里除了他之外，再没有能理解我的人了。其他人对于我这种持着一支枪和数百万日本帝国主义军队作战的行为，除了被他们看成像与风车作战的董·吉诃德般愚昧的冒险之外，还有谁会给予我以好评呢？他们不知道'星星之火，可以燎原，……"十分钟的会面只讲了两句话就过去了。母亲问我的刑期是多久，我什么也没有回答。要照实说出来是无期徒刑的话，对她们是过于残酷了。于是我给监视我的巡查使了使眼色，撒了一个谎：

"大概总有一两年吧。怎么，两年还不是一眨眼的工夫……"

没掉一滴眼泪，我们三个人又分了手。

随着一声沉重的汽笛声，火车开动了。

像梦一般的会面无声地完结了。——我如释重荷似的感到肩膀轻松下来。

列车奔驰了七百里路程，当到达反射着血红色的夕阳的洛东江时，心头忽然升上一股对母亲的怜恤，难受得不知怎样才好。——勉强地镇静下来，我深怕被人听见似的低微地在嘴里叫了一声妹妹的名字。

我用力推开了窗子。"美丽的祖国！在天黑以前让我尽情地瞧瞧你吧！"

十二

日本投降后，我从日本监狱里被释放出来。已经溃烂了的那条腿，在监狱中锯掉了。

胡家庄战斗时，我们的队长金世光同志在战斗里，胳膊、腰和腿三处都受了伤，侥幸的（也是不幸的）是只有一只胳膊锯掉了。现在，他仍旧站在自己的岗位上，为了祖国和人民昼夜不停地奋战着。

赵烈光同志后来伤处完全痊愈后，又继续参加了好几次战斗，现在他已经是朝鲜人民军的一个军官了。

经过那次胡家庄战斗的同志们中，除了文明哲同志翌年在冀晋察边区牺牲了之外，其他全体同志们都还活着，并且他们都已成了朝鲜人民军的骨干，正在和美国侵略者搏斗，一个个都立下了功勋。

奸细刘斌（申容纯）在这次战争开始前，一直在汉城李承晚的特务机关服务，虐杀了无数的爱国者。我还没能实行马德山、金石溪两位同志的遗言，可是人民正义的手是一定不会放掉他的！决不会的！

八路军的同志们，在胡家庄战斗里，援助了处于敌包围网里的万分危急的我们（朝鲜义勇军）。最后，我向他们致以同志的热烈的感谢与敬意！

让光荣属于在和日本帝国主义者斗争中，以自己青春的血洒在中国土地上的我的同志们——朝鲜革命青年们！

（原载于短篇小说集《军功章》，人民文学出版社，1952 年）

中篇小说

朝鲜血

黄世仲

六十二[2月14日，阴历1月5日]

初，清廷以张荫桓、邵友濂为全权大臣，媾和于日本。邵友濂者，正任台湾巡抚，而平昔最嫉日人者也。清廷之意，以为折冲樽俎则赖张荫桓，而以邵友濂则向嫉日人，必不允过损权利。此直呆子气，而未计不损权利，当非日人所允肯也，且国书中又予以有名无实之全权，以为限制焉。时日廷已派出伊藤为全国大臣，伊藤眼光瞭亮，不允接纳张、邵二人所呈之国书，且以二人官卑，未足当兹重任。清廷不得已，于是改派李鸿章，以肩其任。当李鸿章之至日也，日人震惊李鸿章以为外交老手，虑其足以愚弄伊藤，而失此可以并吞清国之机会焉，乃有凶手遽刺李鸿章，盖欲死李鸿章以绝媾和之路也。伊藤大惧，以此举实失文明国优待使臣之礼，诚惧鸿章若死，则昔之糜兵耗饷，以求取偿于清国者，将大有妨害矣。及鸿章就痊，而野蛮之举，以图害外使，伊藤仍怯于心，故初时鸿章则力主先停战事而后议和，伊藤则力主先定和款而后停战，相持不下，而以此一击之故，遂允停战焉，和局即由是而粗定矣。(仍未完)

六十三[2月15日，阴历1月6日]

果也清国割辽东半岛，割台湾，赔款二百兆，拟讼遂成。其后李鸿章唆俄德法以抗争辽东半岛，即酿后来日俄战争之端，可不劳赘述。然当日马关定约之伊藤，正心酣意满时也，故定约后自马关归，曾撰一诗云："满天风雨湿征衣，订约犹闻羽檄飞。瞥眼云烟果何兆？个中消息是天机。"自得之意，流露词间，并语人曰："吾昔至天津，观李鸿章气象，何等威严。今则仪容颓丧，殆不能与吾争东亚人物之一席矣！"实鸿章失意之际与伊藤得意之时，自然迥异。唯得意自盈，贤者不免，何独伊藤？然伊藤之名盛矣，日廷由是论勋名，晋侯爵，非

能战能和之伊藤，孰能与之？（第十一章终）

六十四［2月16日，阴历1月7日］

第十二章：伊藤之和俄

当伊藤在马关订约而归，以为不世之功，从此目的已达。而不料日人当时意气自雄，以为不灭清国而不休，故虽得赔款二百兆，及增地两处，如台湾，如辽东半岛，皆已收入日人版图，而日本国民之心，依然未足。以伊藤浪主和议，似失灭清之机会，百般怨詈，举国沸腾，而集矢于伊藤之一身，伊藤之名，由是大灭，顾终无如国民何也。会清国李鸿章，以己为直隶总督，不欲于己手中，割辽东半岛与日人，盖辽东向归直隶管辖，既不愿受失地之羞，又恐启列国纷争之渐，思谋夺回辽东半岛，又防力有未逮焉，乃祖战国说士之策，欲撩各国以干涉于其间。遂阴与俄人立约，许俄人以特别之利权，令与德法二国，联合而干涉之。以辽东为中国要地，为各国将来经营商业之区，若日人据之，将碍东方之平和，而开各国之争竞，乃以三国同盟通牒于日本，使还辽东半岛于清国，苟日人不允，则俄人声言不忍坐视，当出而干预，以保东亚和平。日人此时其恨俄人也极矣，然自与清国苦战以来，师老财竭，恐不足以敌俄德法生力之联军，又以已得之地，不欲随手覆失，于是踌躇不决，即召集临时议会，以解决此繁难问题。惟疲战以还，诸大臣中皆不敢略言战事，由是举国皆憾伊藤，谋刺刃于伊藤胸中，以泄一时之愤。呜呼！为伊藤者，当此之时，其亦危哉！

六十五［2月17日，阴历1月8日］

当召集临时议会，以解决对付俄人干涉之问题。以辽东半岛得而复失，皆归咎于伊藤，国民之血气用事者，皆环集议院，将以谋刺伊藤也。时议员中以清国李鸿章失信，既允割地，而又欲借他人之力，以间接索回，遂欲破坏和约，与清国再行宣战。伊藤曰："李鸿章以诡猾之手段，唆动俄人，固不利于日本，亦不利于清国也，辽东半岛一地，今日即不为日有，他日亦必为俄有，自此东亚亦复多事，而启此争端者，推原祸本，则李鸿章也。顾吾日本已受李鸿章之所欺。唯关于辽东半岛之一问题，则清人反处于第三国之地位，而出为干预者，俄人耳，则吾日本之所对付者，不在清国，而反在俄人。我以疲战之余，乌足与俄人战？诸君如可以决胜也，固吾所愿闻。如其不然，则唯知己知彼，百战百胜，诚不如蒙垢忍辱，以待将来之为愈也。"此际之伊藤，言非不是，顾以辽东半岛之问题，中李鸿章之所算，大都不满于伊藤。虽议员无能难伊藤者，然愤怒伊藤，则无不悻悻然见于词色矣！（仍未完）

六十六[2 月 18 日，阴历 1 月 9 日]

时则日皇方莅会，亦以伊藤之意为然，思与俄人定辽东半岛之条约，而不复责难于清人，无如日民中之环集议院外，冀伺伊藤而刺之者，实繁有徒，及闻不复索还辽东半岛，而只与俄人订约，益复声势汹汹，拟闯会堂，冀刺杀伊藤，以泄一时之气。伊藤知逃无可逃，又惧死于国民之手，乃奔依日皇，以求保护焉。此际之伊藤，其不死于刀剑之下也几希矣！此一举也，实为伊藤终身之玷，盖其求日皇为之保护者，拟以与清俄订约息争之议，使日皇认为彼所主持，以释国民之愤也，如是直是借君权以自卫。以伊藤固手定宪法者，至是乃巩长君权，立宪之名誉，不免扫地而尽矣。然日皇欲以是慰释国民，为保全伊藤也，固乐为之。乃布告国民，为伊藤辩护，日民以是投鼠忌器，举昔之欲仇杀伊藤者，未几而瓦解冰销。特伊藤虽幸全于一时，而自此已失顾于国民，由是数十年来之赫赫令名，已从此锐减，殆有自来也。时也，日人度德量力，亦不欲强索辽东半岛，只索清廷再补五十兆，以归于平和。清廷方恃俄人之干涉，拒而弗允。日人亦无可如何，不得不勉从俄人之请，遂与俄人订约，凡关于辽东半岛，以后当尊重清国之主权，自日俄两国以至其他各国，不得于奉天方面，借端占侵，此际俄人亦不能不允。然此约既定，后来日俄之战事，实胚胎于其中，未几清国义和团变起，事后俄人借言保护铁路，乃增派驻兵，并定以驻守若干年，即分期撤退。顾俄人之干涉辽东半岛，飞[非]有爱于清国也，盖借是以增辟东方门户，故日谋侵削满洲利权。且清日既日人已阳扶朝鲜独立，俄人至是复唆动韩人，使供俄拒日，而谋逆[遂]其野心。当此时也，以眼光了亮之伊藤，已知日俄战□，已蓄而待发，有不能不速行预备者矣！（仍未完）

六十七[2 月 19 日，阴历 1 月 10 日]

伊藤以辽东半岛故，既失欢于国民，乃欲收拾末路之声名，以回国民之意，乃绸缪未雨，以待时机。先以所得清人之赔二百兆，留一百兆储积于国家银行，以预财政，又合前时之舰队与新得清国归降之舰队，加以扩充，以成伟大之海军。复鉴于拿破仑之败也，知俄国地位寒带，若鏖战于冰天雪地，则日人万不足以敌俄人，于是于北海道最寒之地，训练耐寒军数万人，以为预备。果也，不十年间，俄人派驻满洲之铁道护兵，撤退之期已届矣。俄人以满洲富腴，欲据为己有，乃徘徊不忍去。经清廷之迭番催促，而不允撤兵，且凌逼将军增祺，据奉天，犯陵寝，野蛮之举，不一而足，当此之时，日人自问已足与俄战，又执前约诘责俄人，谓前约所定，固不能借故以据辽东片地也。因是即请俄人退出奉天，并撤还铁路护勇。俄人固以日本小国，不足介怀，财力不充，兵力未厚，乌足言战，遂不恤日人之议，而盘踞如故也。伊藤知战不能免，拟以退怯骄纵俄人，乃阴谋诸日皇，当举国言战，声势汹涌之时，故意力排战议，由是日民之公愤益增，俄人之骄心益大，日人则更不知伊藤之用意，以伊藤为复主和俄，故复有欲杀伊藤，以绝据[拒]俄之路者。伊藤谁为不知？唯求俄人退兵践约，迭开国会，主战之声浪益高。伊藤更密请日皇，解散国会，俄人因是以日人绝无战心，毫无准备。伊藤为欲擒先纵，以激国民之愤心，以缓俄人之军备。至是而日俄胜负之机，已伏于此矣。（仍未完）

六十八[①][2月22日，阴历1月13日]

盖俄人自为清国争回辽东半岛，以得阴许之利权，乃租借旅顺，以经营军港，扼东方门户，以控驭太平洋，故其野心逐逐于满洲方面久矣。自以为天下莫强之势，思欲席卷满洲，以为清国无可如何，即各国即将莫余毒也。是以既踞奉天，知日人之必啧有烦言，乃沿西伯利亚之铁路，陆续调兵运械，以备不虞。即迭经日人之照会，坦然弗恤，以日人地少人稀，且财政非裕，必不足以战俄。任日人之屡催退出奉天，概迟迟回答。又见日人之元老勋臣，多不主行战事，虽日民如何躁动，且临时解散议会，则日人之无意于宣战也可知。俄人至是，既不疑日本怀有战心，而日人照会中，复厚礼卑词，以骄俄人之气，而俄人益不为备矣！凡此皆当日伊藤辈之为之主谋者也。

无何，而日本以最后之通牒通告于俄人，词意严重，而请俄人于四十八点钟内回答，且声言此为最后通牒，再无变更，只视俄人之允与不允，即以最后之方针为解决。斯言也，其殆以宣战之意，流露于行间矣。俄人至是始有惧意，乃电复日人，许日人以独权处置朝鲜，俄人不为过问，而俄人以独权处置满洲，请日人亦不为过问焉。顾俄人虽惧，犹以兵凶战危，所耗动逾数千兆，日人不易措办，犹可以息战争，旋闻日人备战，在国家银行提出储备之款项，其数不赀，已知日人蓄谋已久，而备战之期，亦在指顾间矣。（仍未完）

六十九[2月23日，阴历1月14日]

既而日人不允俄人之覆答，而四十八点钟之期已过矣，日人乃先电驻俄日使，使下旗归国，而通告驻日俄使，为护送出境焉。时俄人运送驻满洲之兵，仍未大盛，以西伯利亚铁道，既须运兵，又次运械，往来既需时日，则接应难周。

---

① 原文此处序号误为六十七，下文序号错误直接改正，不再标注。——本书编者注

而日人与满洲，则只一衣带水，盈盈相隔，不朝发而夕已至，转运既便，即接应不难，于是以兵轮先渡赴高丽之仁川，不转瞬间已大兵云集，而向满洲进发。复以舰队分道扬镳，一击驻仁川之俄舰，一击旅顺，以制俄人之要害。俄人措手不及，尽失其利，而日人以东乡平八郎为水师司令官，所向披靡，东乡氏者，海军之良将也，以海军学生出身，复资历练，以功积升大将。人才之低昂已判，即战事之胜负易分，故帆樯所及，而仁川，而鸭绿，而大连，而旅顺，俄人已大受夷伤矣。时俄国海军提督麦加罗夫，固能创造灭鱼雷船者，海军之良将者也。顾天不佑专制之俄人，麦提督竟以技死，所乘之座驾司令船，竟中水雷而没，麦氏殉焉，自麦氏既死，而俄国东方海军之威力，已逐渐消沉，即后来旅顺之陷落，亦原于此矣。（仍未完）

七十［2月24日，阴历1月15日］

此一役也，为地球上空前之恶战。海军既如此利害，而陆路则尤甚焉。日军自鸭绿江而还，中经九［连］城、凤凰城，以迄大石桥，此数场战事，俄人之死伤者，每一战动逾数万人，虽前者欧洲滑铁炉之役、斯丹之役，为地球上有名之战争，然时期之长，死伤之众，犹不若日俄在满洲之一战为尤烈也。

时战场虽为清国之地，而清国固守严正中立者也。清人未尝不欲乘势拒俄，然日人以清国兵力既微，难倚以为力，若合清国兵则是以联军制俄，胜不足为武，败则联军且不足与俄敌，益增其羞，于是通告清廷，使宣布中立，而［日］人乃独力制俄。及连战皆捷，俄人犹沿铁道陆续运兵，以求尾间之制胜，然只如担沙填海，委国民性命于硝烟弹雨之中，殆无济也。时俄之陆军统帅为力斯夫，屡为日本大将大山岩所挫败，已零乱无可布置，而海军则自麦加罗夫殁后，旅顺亦无所主持，未几而旅顺亦相继沦落，至是俄国东方之武力之菁华，已扫地而尽矣！（仍未完）

七十一［2月25日，阴历1月16日］

胜犹虑敌惟诸葛，败后增兵有魏王，是时俄人以军威既尽，终不甘屈服于日人，乃以波罗的海之舰队，移调东来，以期背城一战。然而旅顺既陷，军港已亡，新调之海军，已无根据之地，故日人尽歼其舰队于对马海峡之中，使片帆不返。俄将弁之殁于是役者，已迄千人，俄人至此已无可言战矣！顾俄人之武力既穷，日本之饷源亦竭，虽内外国债之应募者，踊跃如前，然负担既多，虽胜亦有将危之势。老成持重之伊藤处此，默念俄人虽败，而俄国以地方辽阔，终不可以灭俄；俄［日］人虽胜，而地少人稀，财力且将不继，即每募国债，动逾额数，顾供输既尽，民虽仗义，其力亦有穷期，今幸一战再战，已足增日本之光荣，则忖时度势，利权以订和议，得风便转，此其时也！

时美利坚以日俄苦战经年，胜负既分，损伤亦巨，且妨碍各国之商场，论兵力则俄已将尽，论财力则日亦将穷，乃出任调停，为议和罢战。日俄两国，皆愿赞成。顾日人以连战大胜，将大索赔款于俄人，以偿战时之□耗，唯俄人只认可日人以独权保护朝鲜，并以日本向踞有南满之利权，任日人向清廷索取，复以桦大半岛之权利，割让日人。盖桦太一岛，向为日领，俄人此举，只慷他人之慨，使日人以息争。若俄国尺寸之土地不能割，俄国分毫之款项不能赔。日人初犹不允，以美人之所责，以此议不成，再经战事不知若何年月方可告终，虽胜而财力尽矣。（仍未完）

七十二［2 月 26 日，阴历 1 月 17 日］

闻美人复运动各国，如日人坚持不允，则再不能以金钱输借日本，以限制战争，使保全商务。日人至此，已有不得不从之势矣。然当此之时，日本国民以大胜俄人，未得分毫之赔款，举国哗然，有欲谋刺议和大使者。唯伊藤以鉴于拿破仑之役，虽势如破竹，而莫内俄何，况日与俄京，相隔万里，即战胜十年，终难达灭俄之目的者，而日本稍有差池，大局将不可收拾：况既得保护朝鲜，即朝鲜不啻为我日人所有；而得南满与桦太岛之权利，则虽不得目前赔款，亦可取偿于将来，于是不避怨谤，力主和议以为大局保全。由是日民之诟恨议和大使者，转而诟恨伊藤，毁其铜像，巽其府□，凡布告之小启，道路之流言，以臭名诟骂伊藤者，不可胜数，顾伊藤概不之恤，惟沉机观变，力争和议，而和议卒成，呜呼！日虽胜而为力短，俄虽败而为力长，所谓百足之虫，虽死不僵。当日之日人，倘惟再战，其祸固不可知也。而眼光瞭亮之伊藤，已适机而止矣。（第十二章终。仍未完）

七十三［2 月 28 日，阴历 1 月 19 日］

第十三章：驻韩统监时代之伊藤

季孟专权君守府，纪侯一去国为墟。自俄日既和，许日人得以独权为朝鲜保护，而三韩之土地，箕子之遗民，已逮朝鲜治下矣。朝鲜国小且弱，固不能抗日人，即问为其母国之大清，前既许朝鲜以自主，近复为俄人所承认，则日人对韩之进行政策，殆非清国敢为过问也。而日人此际，以大捷之后，且不能取偿赔款于俄人，故肆求于朝鲜者，益耽耽逐逐，势所必然矣。

灭国新法，近世纪久已盛行，日人即师其道以待朝鲜，是以执行韩政，则文其语曰“指导韩皇”，则美其名曰“保护韩国”。然十年以来，韩国士夫军民，互分党派，号维新者，主守旧者，各为门户，势同水火。若政界中人，则顾惜身命，依恋官阶者，则联日党也；不迁其官，积生怨望，因以倡议排日者，则联俄党也。（仍未完）

七十四[3月1日，阴历1月20日]

自俄人既败，联俄党遂以失势，有改变宗旨，以要结日人者：有附从别党，益倡排日者，大都各为私见，无关于国家之感情。惟维新党中，曾多游历外洋，或游学各国，吸沐文明风气，稍具自立之性质者，悼国权之旁落，而谋恢复者，亦不乏人，惜其人民稀少，屡举不就。而其君若民，或为日人作伥，或为日人所挟，以日势既强，不能不俯首唯日人之命是听。是以国中有志之士，谁拟奋起义师，维持祖国？韩皇且徇日人之意，共同征伐党军，故其党人纵能对待本国之政府，终不能抗衡日本之驻兵，屡起屡蹶，而忠义之气，本无由发展，呜呼悲已！顾其民党之公愤未休，则日人之处置三韩，终亦不无阻碍，亦势使然也。

朝鲜自号称自主以来，已派有驻洋公使，有与各国平等交涉之权。日人至此，知如何处置朝鲜，各国必不为干预，乃先收朝鲜之外交权，令韩皇撤回驻洋公使，而一切对外之交涉事端，由日人为之代办，是显然以属地视朝鲜矣！韩人因是愤甚，而势既不敌，终无如日本何，顾以为世界犹有公理存在也，稍有心肝者，乃分道哭诉于列强，冀为之伸理。以朝鲜未尝开罪于日俄，乃割者受者，不由自言，无故而损失国权，实千古未闻之奇事也，乃诉诸海牙平和会，平和会不纳。诉诸美人，美人固曾言力保朝鲜主权者，至是亦不允韩人之请，而概置弗闻，则朝鲜之亡局定矣！

七十五[3月2日，阴历1月21日]

韩人既不能邀列强之伸张公理，而有大多数不甘宗社之沦亡，于是有所谓光复党者出焉，日为中兴之运动，不惜以螳螂之臂，当隆车之□，若挺[铤]而走险，以抗衡日人，其时日政府以韩势力弱，借保护之说，以灭亡之，韩人当无可置词，既而知三韩遗民，外则哭诉列强，内则结联党羽，以谋光复，将不利于日人，乃既驻大兵〖于〗三韩，后以大员派驻汉城，以监督韩政，以若操朝鲜于掌握之中，惟是三韩人士，心未尽死，故时闻骚动，而百事难行，虽有朝鲜卖国大臣，以富贵功名，为日人左右袒，然事多窒碍，故经年累月，而对韩之良果未收，以为前之驻韩监督者，声望未隆，故难于集事，而此老而益壮，赫赫威名之伊藤，乃始得乘间复出，而演其兼并朝鲜之手段。（仍未完）

七十六［3月4日，阴历1月23日］

伊藤以和清和俄，既为国民所诟病，名誉由是日衰，思欲挽回末路民望，乃锐意求任统监于韩京，冀得施展其并韩之政策，以复日人对己之欢迎心也。然则伊藤甫任统监之日，即可知其后来对韩之手段何如矣！

当时韩国臣民约分两派，大都保功名图富贵者，皆欢迎日人，是之谓亲日党：若日唱国权主义，而惧韩国主权之堕落者，则目亲日党为国贼，是则谓之仇日党。亲日者多属政界中人，仇日者多属游学生，而为草茅之士，伊藤深悉其故，外托日韩平等之名，而并交欢政党；内则怀急进主义，以愚弄韩酋。凡经营韩国事业，因以输出金钱者，则署借款韩国之名。此借款条约之所以成立也，盖伊藤鉴于从前驻韩日员之失，只事监督韩政，每事仍稍留韩酋之地步，故兼并之策，终不能行。伊藤惟阳守保护之名词，而阴勒韩酋受日人之羁绊，且知朝鲜人士，尚多有怀忠义之气，而思复主权者，若鼓吹愈猛，则反动愈多，将不利于日人，是以兼并之策，益不容缓，由是先后结日韩条约者数端，顾条约云者，两国平等交涉，互相遵守之文据也，朝鲜内政外交，既已尽失其权，亦何有于平等？然非如是不足以聋韩人之耳目也。惜其条约内容，使朝鲜尽失其自主之势力，事事惟听命于日人，直不啻为日人藩属焉，故此一约也，为朝鲜已亡之实征，亦即为伊藤被刺之张本。（仍未完）

七十七［3月5日，阴历1月24日］

两国条约之缔立，皆以两方面互商，各得其平，而后签行有效者，惟所称日韩条约，只成于伊藤之手，而使韩酋之遵行，伊藤亦未尝使朝鲜派员互议，实不得谓之条约，只如伊藤代表日皇，制成诰敕，便韩酋之懔守勿违焉耳。先是伊藤订此条约，本守秘密主义，朝鲜臣民犹多未知。当伊藤初请韩酋画诺也，韩酋以条约内容，朝鲜已毫无利益，举一切政治权利，已统折而归诸日人，诚不忍画押，乃婉言曰："此约未经大臣会议，朕诚不敢以独断决行。方今民气嚣张，人心不靖，恐滋国民误会，致生反抗之风潮，国家益难宁靖，反负贵国劬劳韩事之心，朕诚不忍。愿公少假时日，俾君臣会议完善，以释百姓之心，实两国之利焉。"伊藤知韩酋无签押之意，悻悻出宫。韩酋知伊藤盛怒，势方濒危，积疑生惧，积惧成愤，日夜惟涕泣于宫中。时朝鲜大臣，既尽气骨，虽知韩酋悲愤，顾实畏伊藤，于条约一事，多不敢过问，即稍或天良未泯者，亦只潜进宫中，少慰韩酋，终不闻一人，挺身向伊藤抗议。日者韩酋召诸大臣于宫中，拟解决日韩条约一事，诸大臣惟面面相觑，只叹国势微弱，无可如何。韩酋知事不可挽回，惟有洒泪，不得已，乃派大臣进谒伊藤，请于条约稍为酌改，顾伊藤欲以此举博欢于日民，冀达累中窥韩之目的，终不能允改，且增怒焉。韩酋至是，已知国权绝望矣，乃对诸大臣挥泪而叹曰：“时势若此，朕乌敢责诸卿。朕唯不德，乃以全韩之地，受制于人，上无以对祖宗，下即无以对黎庶矣！”言已，大哭回宫而去。（仍未完）

七十八[3月7日，阴历1月26日]

北虏为邻难抗敌，南朝有帝亦称臣。韩酋此时，如坐针毡，日惟惧伊藤之祸及也，惟伊藤以此约未签，未为有效，遂复请诸韩酋，以此约能行与否，须立复日廷，请韩酋以一言答复。韩酋时已愤极，乃为激烈之词以言曰：“朕今日始知为君之苦耳！朕屡蒙日人覆载，先扶之自主，继为之保护，驯至今日，复得公不辞劳瘁，以指导寡人，诚知感矣。顾朕乘先人统绪，不忍及身致堕宗祧，愿公始终其义德，恤朕之愚昧，稍为怜惜。”伊藤愤然曰：“陛下以如是即为亡国耶?!恐苟无日人，安有朝鲜大皇帝之名号，出现于地球也！”韩酋曰：“朕今已不愿居朝鲜国大皇帝之名，只愿如二十年前之朝鲜，尚得稍慰民庶耳！”伊藤曰：“陛下能为是言，宜韩民辜负日恩。益加浮动矣！”遂不顾而去，韩酋益悲，乃拊膺自叹曰：“古今乃有此大皇帝耶？咄咄怪事！”

日者，韩酋方强用膳，忽宫人走报曰：“伊藤公率卫队来矣！”韩酋以向者伊藤进宫，皆先以文牒通报，今突如其来，知必有大变，益旁皇无措。盖伊藤当日回第，以此约未行，终未收并韩之效，而未慰日人之心，且日本保护朝鲜，各国皆已承认，能保护之即能处之矣！于是发壮岁之余威，挂武装，横宝剑，率统监府之卫队二百人，毅然下令，风驰电闪，直抵韩宫，而请韩酋出见于正殿。时韩酋痛哭流涕，不知所云，闻伊藤命，即衣冠而出，不敢复缓，盖惧伊藤怒也。呜呼！有君如此，洵可怜哉！（仍未完）

七十九[3月8日，阴历1月27日]

破壁华歆寒汉帝，登坛曹沫慑齐侯。时伊藤虽白发苍颜，然一怒之威，方不可向迩，时则扬其肩，睁其目，威风胜于殿右，势焰震于宫前，咄咄逼人。韩酋方局促如辕下驹，五署之内，几不能仰视，乃惨淡言曰：“统监到，将何以教朕耶?”伊藤曰：“条约既定，安可再改？然此约为韩非为日也，不如是不足以永保韩国，何陛下犹不悟耶?！此约苟不押，吾无以覆日皇，签否尽在今日矣！”韩酋曰：“统监勤劳韩事，朕知感矣，顾朕亦惧无以对祖宗也，朕虽愚昧，愿公为韩之祖宗稍留余地也。”伊藤怒曰：“陛下岂仍以此约为不利于韩人耶？陛下亦知朝鲜之可以立亡否也?! 且勿多言,陛下究允签押与否,请一言以决之!”言时,双目炯炯,须眉为之倒竖,以手弄剑,虎视韩酋。韩酋大惧,声颤而言曰:“公欲朕签,朕何敢抗。”伊藤乃立令提笔先押,伊藤复为之押名,以次令韩酋召六大臣李完用等,俱各押名于其后,韩酋此时,挥泪不已,伊藤不顾,率队而退,继思韩酋虽畏日威,性仍强悍,终不可以使为韩主,如其不然,则韩民势益反动,将不利于日人矣,至是而废弃韩皇之问题,由是发生。

沙丘宫内灵王死,安乐窝中蜀帝囚,时韩酋已为伊藤所不容,惧其反嫉日人,虽有以示威,而警后来之嗣主。于是伊藤乃言于韩酋曰:“陛下老矣,盍行传子之例,休养深宫,善为太上,不亦美乎?”韩酋固弗敢抗,唯有应诺,乃循例告诸太庙,择日以册命立太子为君,而韩酋由是退位,虽名称太上,然而伊藤以日兵守之,名为侍候,实则监视之,韩酋如日坐针毡也,噫嘻! 以所谓自主国之君主,固如是耶? 废置由人,国权何在? 亦可大怜矣! 第十三章终(仍未完)

八十[3月9日，阴历1月28日]

第十四章:伊藤之艳福

道学马融陈乐女,风流杨素拥歌姬。伊藤负近世政治家大名,勋业炳于东洋竹帛,当壮未成名之际,犹未欲娶妻,然则伊藤其杜绝艳情者乎? 而不知非也。伊藤性固风流,情尤跌荡,自成名以后,倡行全国皆娼之制,至今人犹病之,固伊藤非唯如管仲之增设女闾三百,以持来宾已也,实则楚馆秦楼,伊藤车马之路殆遍矣! 即年逾七旬,犹非人不暖,凡名花队里,香粉丛中,艳帜所张,多有曾承伊藤之恩幸者。幻哉伊藤! 固亦有此风流艳福也。

韵事流芳凭点染,艳情遗诵仗文章。迩来日人有为伊藤述传艳史,而刊诸报章者,题曰《伊藤公之恋》,内容之绮丽,十色五光,名妓伟人,合为一传,噫,异矣! 名妓之恋伊藤耶,抑伊藤之恋名妓耶? 个中柔腻,真个销魂,未免有情,谁能遣此? 况多情为英雄本色也,则伊藤之恋妓,固亦有之矣!

词客好题风月事,英雄难过美人关,若伊藤固又可离可合者也,有名妓松子者,为个中之翘楚,树艳帜于新桥艺屋之间,噪绝一时。伊藤闻而慕之,欲招之别第,以一消爱(受)美人恩宠,而松子力辞,伊藤以其声价自高,益为眷恋,且欲得爱情,不欲以势力挟致之,遂命驾抵松子之寓,松子备极欢迎,应酬如礼,及酒阑人静,投以绮语,则松子辞曰:“公老矣,为国责重,请留精力以用诸国家,毋为情欲消磨而尽也。”伊藤听已,怡然感之,而不复置怀。(仍未完)

八十一［3月10日，阴历1月29日］

伊藤雅好奇谈，兼好筵席，人有座上客常满，樽中酒不空之概焉，然每一宴会，必以歌妓随侍于其间，而歌妓中以伊藤负鼎鼎大名，兼蕴多金，莫不盼其青顾，若松子真为伊藤惜者罕矣，伊藤精力过人，每夜非少艾相随，即不能入梦，唯最能体谅佳人，故承其恩宠，而随侍朝夕者，虽实繁有徒，究无分轩轾。其所招致者，皆东京新桥艺院之上乘者焉。当其最后之筵会，若桃太郎，若吉菊子，若松秀，若小稍，若山子，若九代，若小桃，皆承伊藤特遇之光荣者也。伊藤府中筵会无虚夕，故名妓之至者亦无虚夕，而伊藤稍暇，亦常抵新桥中。当其往也，本无成见实访何妓，而以首得睹面者即止焉，其意以为我国［固］为诸妓所尽恋者，若有心寻某妓，无意觅何人，即自问无以对佳人，反令佳人爱我之心，因以不造庐相访故，为之冷淡，殆甚难为情也，无何诸妓皆知其故，凡访知伊藤某夕不筵客者，即知伊藤之必抵新桥，于是每届夕阳西下，新月将升，即倚栏相待，以盼伊藤之辙迹，常翘首相望，则所爱之诸妓，全在目中，或以手帕相招，或以嫣然示意。伊藤此际，正不知止于何家而可也，却之则不忍，尽访之则不能，尝有因是而回车者，是伊藤至此，其用情之道亦穷矣，然而伊藤固多情，抑亦娱矣，情只其一。安能以一人之情，而尽用于各人？欲使左拥右抱，相见以心，燕瘦环肥，皆大欢喜，能乎不能？故伊藤虽于多数之情妓，欲尽行体贴入微，而因是用情之方针，亦不免一变。（仍未完）

八十二［3月11日，阴历2月1日］

伊藤以情不忍专用于一人，亦不能普及于众人，于是思得一两全之道，节其所恋爱者，分为次第，而并昵之，周而复始，其宴会宾朋，则相将邀至，羽衣霓裳，奇歌妙舞，各献其技，以媚伊藤，由是阀阅峥嵘之地，几成为征歌选色之场，习为故常。闻者见者，不以为怪。或有以伊藤性情浪荡，府中蓄声妓，聚优娼，殊失大臣体度，为言于日皇者，日皇曰："数十年和外国、覆幕府、罢封建、置郡县、行宪法、并流求、招台湾、抚朝鲜，破清俄，使日本雄飞于大地，劳伊藤之力多矣，鞠躬尽瘁，日无暇晷，今国事稍宁，其事声色以娱暮年，固所应尔也，"伊藤闻之，因感日皇之知遇，而性仍不少改，若曰："昔中国郭汾阳再造唐室，功盖天下，顾其晚年颐养，声妓充斥于府中，不以为泰，盖非以炫流俗人之耳目，适以解朝列之嫌疑，而因及时以行乐也，既不妨于国事，何事掩饰？吾则效之。"

伊藤固日本之元勋，亦东洋之巨富，其恋恋诸妓、恒不吝其金钱，诗云："鸣鞭过酒肆，袪服游娼门，百万一时尽，含情无片言。"伊藤其近之矣，以故恒得诸妓欢，伊藤其以垂暮年华，非阿堵物不足以博佳人一笑，而诸妓交事伊藤，亦无有稍萌妒忌者，非徒以伊藤大名鼎鼎，以得伊藤一顾为荣，抑亦季子位尊而多金，恐以妒意失伊藤心，则钱神反不能入命，以是诸妓无有忤伊藤者，而伊藤亦知诸妓意，而怡然安之。（仍未完）

八十三[3月15日，阴历2月5日]

伊藤亦知诸妓之恋己者，虽日献其殷勤，顾无非为金钱主义而来，亦惟有如其意以报之，故每至新桥，则囊中必蕴多金，以备为诸妓之赏赠品焉。其或醉后遗忘，未及以金与妓，妓或探其囊而攫之，及诘朝自觉缠囊多金，已空无所有，虽明知为谁人取去，亦不过问焉。以故伊藤之金钱力，其耗掷于风月场中者，殆不知凡几矣！

伊藤驻东京时，诸妓之过从者既无虚夕，顾其生有奇性，无论何人在座，凡遇菜品，必偷窃先尝，数十年习为故常，未尝少改，故纷以"偷食宰相"呼之，先是此名发于娼妓社会，盖诸妓昵处既稔，故以此言相戏，渐则举国皆呼之，伊藤亦不以为怪也。伊藤既非妓不欢，妓亦非伊藤不乐，当其出发朝鲜也，前夕置酒与诸妓大会，时则宾朋满座。伊藤坦然举杯，向诸妓致词曰："某今与诸卿别矣。回念前情，岂堪判袂！顾以国家大事，义弗容辞，吾行矣，此行不知能否再会，愿诸卿自爱。"诸妓闻之，无不怅然若失，仿佛言曰："以公大才，部署韩事，容易就绪，即不久可以言归，青山不老，绿水常存，相见有日。公何出此言？"伊藤曰："世界风潮，逐渐迁变，吾等已老，将不能容于新世纪少年，将来白骨累累，未知葬于何处。然数十年来受国家之重赐，享社会之大名，吾身虽死，犹有荣焉。"诸妓闻之，无不泣数行下。噫嘻！伊藤而有此言，则他日哈尔滨惨淡之风云，殆亦预知之矣！（仍未完）

八十四[3月16日，阴历2月6日]

及奉日皇之敕令，遄赴朝鲜，长亭祖饯者，固不乏人。诸妓中凡与伊藤有一夕之缘者，皆欣然赴饯，伊藤左顾右盼，益得意自鸣。使别人处此，将以政界元老齐集，日皇亦亲临饯送，回顾诸妓，当亦赧然自羞，而伊藤天真烂漫，固行所无事也。临岐握手，自日皇以下以至诸妓，皆寒暄如仪，于得意之间，复援笔题曰："老去雄心尚未亏，漫天风雨湿征衣，秋宵石狩山头梦，独向黑龙江畔飞。"题罢大笑。各人皆不知其用意，以彼方出发朝鲜，而一旦注意于黑龙江也，事后追维，方知此老之胸中，已隐知日俄之战事，仅休息于一时，而将来终再不能免，且竞争满洲权利之心，固未艾矣，时饯行者以伊藤垂耄年华，壮心未已，观其诗未有不为感动者，诸妓以向日交情，犹为怅触。故伊藤到韩而后，诸妓之音间往来者，犹络绎不绝焉。伊藤亦未尝恝焉置之，如公暇之余，或复函示意，或吟咏道情，其殆多情者欤，非英雄孰能与于斯？

当伊藤之噩耗传来，举国皆为惊愕，唯新桥艺馆中，诸妓之向与伊藤稔者尤发焉。有望风垂涕者，有诗文相挽者，若松子，若山子，若吉菊子等，皆为痛哭，若曰："回首揖别之时，恍如幻梦。今公忽然与世长辞，受此惨怛之剧而终，能不令人肠断！"噫嘻，胡伊藤之能动人若是耶？及其出柩之日，妓女为执绋者，实繁有徒，夫人生艳福，没则已焉；而伊藤艳福，固生死如一也。洵可诧哉！第十四章终（仍未完）

八十五［4 月 19 日，阴历 3 月 10 日］

第十五章：暗杀之组织

（续前月初六日稿）智氏虽亡留豫让，韩家既灭出张良，从来国破家亡，凡忠臣烈士，自顾不能以双手挽既倒之狂澜，即不忍与草木同腐，宁舍身命而报国家，往往有之矣，伊藤曾有言曰："吾他日其死于锋刃之下乎！"盖知能为〖国〗家树声威，即为己身增仇怨，势将以酷辣手段，行其专制，而招怨益多，即位高望重，有誉己者而仇己者即随之，以今日世界之潮流，国民好动之性，既已大生，势难使之驯服，处之过严，则发之愈骤，故晋国羊石氏有言："以石压草，草必旁生；以石击石，石必两碎。"杀机者，即执主权辣酷之手段所养成也！伊藤自知不得其死，顾屡经战事而彼不死，屡被谋杀而彼不死，而独死于亡国遗裔之韩民，实伊藤所不及料也。当其衔使命，赴韩京，方以老当益壮之精神，一往无前之锐气，论定韩约，废置韩皇，受日皇之奖励，膺王爵之褒封，人生建功立名，得意之事，无过于此，故虽经松原驿之有谋刺者，而仍无懔心，是生死问题，固非伊藤所介意者，壮哉伊藤，愚哉亦伊藤！

以勋业言，则伊藤为世界之伟人；以身命言，则伊藤为世界之呆子。其未统监韩京以前，以伊藤之和各国，覆幕府，废诸藩，定宪法，县琉球，取台湾，破俄国，于东洋史上，此名字已十色五光，必欲立没世之勋名，增晚年之声誉，为祖国收朝鲜，使大韩国大皇帝之名，隶诸日本陪臣之列，卒至能制韩帝，而不能制韩民，坐使韩乱日增，所志未终，而已不得其死，今后乃知二十世纪之民气，虽亡国遗裔，而终不可轻视也！（仍未完）

八十六［4 月 20 日，阴历 3 月 11 日］

弹药轰开新世界，风潮造出好男儿，既有一专制韩国之伊藤，而对待专制韩国之安重根（即前纪之严太南），亦乘时而出。既生一伊藤以对待韩国，复生一安重根以对待伊藤，此造物之巧也。安重根为韩之平壤人，家世清白，父名安峻丰，为天主教徒。安于十七岁时，曾以信仰天主教，而受神父洪信学之先[洗]礼，安氏有弟二人，一名定根，一为教根，与重根为同胞，亦同为天主教徒，而志向则互异也，安重根幼读父书，已习闻平等独立自由之说，而近代之风潮澎湃，又足以刺激其脑筋，由是安重根之头角，乃不能不峃然呈露于二十世纪之韩国。

安重根甫扬呱呱之声，即当三韩国运，日渐变迁之际，盖即日人盛唱征韩论之时代也。虽朝鲜向为藩属，然只受明清两代之羁縻，而未尝受强邻之挟迫，及安重根有生未久，而伊藤与李鸿章缔订其保朝鲜之约，即由是发生。洎乎成童，又际东学党人之变，清日宣战后，而韩事益危，盖韩国虽有独立之名，而强邻之窥伺愈逼矣，安重根是时，正遭父丧，时艰家难，集于一时，其伤感有非可以言喻者，乃慨然曰："国家兴亡，匹夫有责，坐此不图，终为亡国奴耳！顾欲成大志，势不能以不学无术致之。且郁郁居此，非吾志也。"乃离家别母，出发于海参参[崴]，得友人之补助，而得习中国经书，及三韩历史，然终无以通外情也，乃复从法兰西人，习法兰西语言文字，至是而安重根之蓄心衡虑也深矣！（仍未完）

八十七[4月21日，阴历3月12日]

习勤励志闻陶侃，忍辱成名说伍员。安重根知三韩之外祸已深，将来之能施其荼毒者，非俄则日，然俄远而日近，则防日重于防俄。乃欲一悉日人之内情，与日人之政理，于是剪发易服，为游学于东洋，冀学成而归，得志则可以救韩，失志亦可以防日也。其就学东洋如是有年，既洞悉其情势，而知日人当日之扶韩独立，殆有深意焉，既而归国，曾著《防祸论》，痛言日祸之非遥。是时联日党权势既重，安氏志不能行。未几而有日俄之战，其始韩廷中固有主联日者，亦有主联俄者，安氏以为皆非计也，无如伤时哀国，著论立言，终无以劈顽固媚外者之脑筋，使之悔悟。安氏知肉食者鄙，未足与谋，而知国家已亡在旦夕矣！

兴汉刘邦居沛上，拒金魏胜起平原。安氏既知不能依赖政府，以携抱朝鲜，乃欲兴起义师，以图独立，乃组织同志会，冀待时而动焉。有禹连俊、曹道先者，固与安氏同抱唯一之宗旨也，由是罗致同人，广收羽翼，以期大举，无如天不祚韩，屡兴屡蹶。寻常人处此，将以末路蹉跎，致成颓堕矣，然安氏之志不少衰也，成败固不足以论人，终期后来之效果，故事虽不就，而日人已疲于奔命焉，既而叹曰："言论者，实事之母也；暗杀者，革命之导线也。"乃派员演说，以开同胞之志气，而以举行暗杀震国民之脑□。即年前谋刺统监于松原驿，与刺毙顾问于美利坚者，何莫非其党人也？盖安氏之谋致命于日人，已迫不及待矣，乃曾不几时，而驻韩统监伊藤乃演其灵辣手腕，而有强结日韩五款条约之事出。（仍未完）

八十八[4月22日，阴历3月13日]

当伊藤之入韩也，安氏党人已注目而视，若曰："此老手段诚酷哉！其来也，将不利于吾韩矣。"乃复立一"大韩青年会"，暗中反对统监政治之进行。伊藤知之，乃捐助二千元以清会党，期以移易宗旨，而此会不少动焉。果也既勒押五款条约，安乃愤然曰："妨吾韩独立者，此人也。此老将谓韩人乎？不杀此獠，不足以警日人，即不足以泄民愤。"由是寻机伺隙，以待伊藤者，已非一朝，时伊藤以为韩事已定，仍锐意经营远东，盖是时日俄对于满洲权利之竞争，与清国为种种之交涉，犹未已也，又凑其缘，而同时大清帝国，又日唱立宪之说，欲聘伊藤为顾问焉。而此晚年矍炼之伊藤，乃离日韩而入于满洲，殆欲以此行解决清俄之外交，与掌执满清之内政者也，然此一举也，环球各国固为之注目，以为此老此行，将使东洋政局，因是而有所变迁，不意此老此行，竟使毕生命运，因是而为之惨丧也。

螳螂得势防鸿鹄，狐貉同邱引虎狼，伊藤既欲以一手揽满洲之利权，执大清之政治，于是出发入满，美其名曰"巡视满洲"。安重根闻之曰："此老其死期至矣！杀之于邻国，本非吾志，然在吾国中，则彼方从护森严，关防慎密，即欲谋刺，奏效固难。即能杀之于吾国中，则日之仇满也益深，反为韩害矣。此老既游满洲，是吾党报仇之绝好机缘，时哉不可失矣！"乃侦知伊藤行踪，即为函致其同党李刚，约行暗杀伊藤之举。李刚者，即当时海参崴《大东共(亚)报》之编辑也，书曰……（仍未完）

八十九[4月23日，阴历3月14日]

"阳历本月一十三日，午后阅《东报》，而知伊藤于阳历二十六日，从宽城子出发，以俄国铁道总局特别列车，行抵哈尔滨。吾等阳称与曹道先家属，共为出迎，在宽城子驿相待，机会之至，当不远矣，成否虽属诸大运，幸同胞为我善祷可也。大韩独立万岁！"

安重根素有文学，先是增设"大韩青年会"，以对待伊藤，其宗旨遂为伊藤所知。安氏乃纠合同志，为秘密会议于俄加里地方，以决定此后之救韩政策，同时推党中首领印原道之金斗星，为义军大将。金斗星着为意趣书，以告同胞，其书则安氏手笔也。安氏欲勉励同群，为书时乃截左手之第四指，以为自誓，俾宁死不悔。金斗星以安氏精神慷慨，意气激昂，乃派为义军之特派独立统领焉。又于会中另行组织暗杀部，即以安氏为首领，安氏既受此任，乃献两策于大将金斗星，以伊藤为三韩之巨害，不可不除，稍有赀财即造军舰以袭杀伊藤于对马近附，否则向伊藤离韩之倾，即谋以刺杀之。及伊藤入满，遂决行第二策，以对付伊藤。

安氏既受暗杀党首领之任，又稔委伊藤之行，乃与禹连俊先期抵哈尔滨，为预览地势计也。有柳夏东者，亦同志中人，为旅行通译，相与同宿于韩人金成博之家。越二日而向蔡家沟出发，露宿者彻旦连宵，次晨即抵哈尔滨驿，以待伊藤之到。未几而汽笛长鸣，花车甫至，鹄立迎候者，相属于途。此中以身殉国之三数男儿，即伺机而动，而此绝世枭雄，负近代政治家之声誉，大名鼎鼎之伊藤之命运，遂殁于此三人之掌中。（第十五章终）

九十［4月26日，阴历3月17日］

第十六章[①]

伊藤死矣，而此绝代伟人遂殁于烟硝弹雨之中，盖为安重根所击也。安重根为韩国民党之暗杀部长，以终年累月之策划以对待伊藤，而收效于哈尔滨之车站，安重根殆伺之久矣。花车既至，伊藤甫下，衣冠跄跻之际，方气象严肃，环立以接此一代伟人。安重根固亦杂于人丛中，而伪为迎候者，初不辨其为刺客也。无奈手枪一鸣，连珠并发，连中伊藤之要害，而伊藤不得不死。此际之安重根，犹神色自若也，可逃不逃，犹揭手而呼曰："大韩万岁！大韩独立万岁！"以安氏平日之主旨及其组织，与其临时之言论，此举殆为韩耳，未尝以一语及私也。于是晏然就捕，犹矫矫自豪。同时被捕者，为禹连俊，为曹道光，为抑［柳］东夏，皆安氏党中人之同志友也。当伊藤被刺之电耗一传，全球为之震动，盖一则以伊藤为东方政治家，一旦殁于韩人之手，不免为之惋惜；一则以伊藤此次游历满洲，于远东政局，不无关系故耳。然以安氏宁牺牲性命，固为韩国，而非为一身者。是以欧洲大国，皆谓观日本之如何处安氏，即足验东方立宪国文明之程度何如。以安氏虽邻于暴动，固亦一国事犯也，故安氏被捕而后，日本曾延法学博士特开谭判，以研究安氏之罪，为公为私，唯当时主见各

---

① 本章原文未署章次和章名，而下一章又错署为第十六章，实本章为第十六章，主要描述安重根受审和就义之情况。——本书编者注

殊，莫着一是。卒也安氏等，以西历一千九百零十年二月七日九点二十分钟，即受讯于旅顺之日本法庭。（仍未完）

九十一［4月27日，阴历3月18日］

安重根特于被捕以还，以死自誓，即厕身民党之初，亦无日不以死自誓也。法庭既开，问官高坐，衙役鹄立，陪审员旁坐于东偏，即提安重根、禹连俊、曹道光、柳东夏四人，鱼贯而出。其中惟柳东夏一人，以去岁被拘，囚禁数月，形容憔悴，局蹐如辕下驹，若有悲愁之态。安重根相见而斥之曰："丈夫为国而死，死有余荣，人生朝露耳，天下无不死之人，即吾人无不死之日。死则死矣，何悲为！"闻者皆为感动，曰："安重根诚男儿哉！"

问官叩安重根平时之宗旨，安氏曰："吾务欲扶大韩独立耳！"问官曰："汝生平所组织之事业可得闻乎？"安氏曰："吾幼读父书，游于海参崴，而读中国书，及韩国历史。年十七受洗礼为天主教徒，壮岁游学于东洋，非心醉于东洋文化也，盖逆知吾韩必亡于日人之手，而欲一悉韩人之举动，归国而后，韩祸益亟，曾为万言书以告当道，而当道若无闻焉。因而组织民党，初时只数十同志，近者吾党人遍国中矣！余年二十有八，世人纷以逆党目余，余惧所志未行，即陨于亲日党中人也，乃借友介绍，受佣于日领署中，盖非借此为啖饭处，而欲以此掩人耳目以自全也。去国以后，迄今四年，无日不在忧患之中。每思纠集义师，为韩民请命，思得当以报我同胞焉，顾屡举不就，而日月蹉跎，老将至矣，诚惧一旦溘先朝露，将湮没不传，乃愤而为暗杀党耳！此犹吾不得已之事，非本来宗旨也。"言时双目炯炯，旁若无人。（仍未完）

九十二［4月28日，阴历3月19日］

安重根复慷慨言曰："日本犹是船坚炮利，犹是将勇兵强，而前任驻韩日员，压服韩人，终不及伊藤收效之前者，非不能也，不忍为也。伊藤以垂耄雄心，慨然愿为驻韩统监，自知非以庄严手段，不足以震慑韩人，使人就范，故自抵韩以后，一是以威力求政治之进行。先后结五款条约及七款条约，要皆独自主裁，以勒令三韩君臣之签押。韩皇稍有抗衡，即责为无道，而君位亡于旦夕；韩民稍有举动，即称为暴徒，而民命等诸草菅。蔑视朝鲜之主权，蹂躏鲜朝［朝鲜］之人道。君非土木，安得无情？余维曩者日本天皇之诏敕，一则曰维护朝鲜之独立，言犹在耳，而伊藤独推翻日皇之诏书，以施展威寒之手段，以是料伊藤之对韩之行状，当非日皇之本心。"

安氏对簿之际，绝无遁烁，畅所欲言。讯已，歌曰："风萋萋兮易水寒，壮士一去兮不复还。”骤变征声，四座感慨，安氏犹顾盼自若也。当其下法庭，复入羁囚之处，有与安重根位者，语安曰：“君诚壮哉！向也吾甚爱君，今则吾甚惜君矣！惜君若一旦不幸，则世间将少一奇男子也。”安重根怡然曰：“吾死亦幸矣哉！吾翼之，为自由而死，则死者躯壳耳，灵魂犹未灭也。吾以完吾之气节，而争吾韩国之光荣，又何惜为？”闻者未有不泣数行下者。已而讯禹连俊、曹道光，虽不及安重根之情词慷慨，然视死如归之概，殆无轩轾焉。语云“大匠之门无拙工”，以荆轲而有秦舞阳，视安重根而有曹道光、禹连俊，不免黯然减色矣！（仍未完）

九十三［4月29日，阴历3月20日］

报韩岂必兼仇楚，蹈海终难认帝秦。伊藤刺后，刺客无有逃者，故华捕者实繁有徒，除以嫌疑省释者，只有安、禹、曹、刘四人焉，以囚车解送于旅顺。惟抑［柳］东夏稍怀幸免之心，若安重根，若禹连俊、曹道光，无不以缳首斫头，为世间无奇之事者，殆所谓生不自由，固不如死乎！然自流俗人观之，已视为非常不幸，故安重根受讯之日，其弟教根、定根，皆由平壤驰至旅顺，以一望安重根之颜色，盖以兄弟感情，此时已为最后之会晤，有不得不急求一见者。在伊弟或以乃兄死事，为可哀可愤之时，诚亦不能免俗。然论者于此，终敬日本不失为文明，盖使定根、教根，若遇专制政府如清、俄，其不致横被株连也几何矣！

当安重根之晤其两弟也，别人处此，将亦涕泪交流，不知如何悲感，而安重根固若行所无事者，晏然向两弟致词曰：“吾弟跋涉至此，将欲何为？”伊两弟曰：“同父只此三人，往日深情，虽离别犹萦诸梦寐。今吾兄将归天界，特来永诀耳，兄将以何言教弟乎？”安重根曰：“国事如此，尚有何嘱？视吾弟能自勉否耳。吾平日之志向，与两弟殊。然吾弟毋以吾平日之所事为愚人，更毋以今日之致死为苦事。盖天下兴亡，匹夫有责，此愚兄十年所持以自勉者也。吾幸不致徒死，则今日死期，已足自乐，即他日死后，亦足自豪！”言时精神活泼，两弟皆为之感动。所言惟国家是念，殊不及私。（仍未完）

九十四［4月30日，阴历3月21日］

安重根之狱既定，问官复诘禹连俊曰：“重根其即汝党之领袖耶？”禹曰：“吾党人人皆可以为领袖，只各有职分，而并无等级。非让安氏人独尊，以专制吾辈也。”问官曰：“吾甚惜汝跟安重根走也。”禹曰：“不然，吾党皆具光复韩国主权之宗旨者。国家兴亡，匹夫有责，吾好自为之，岂犹是甘为牛后者耶？”问官曰：“吾又惜汝全无政治之思想，而独为暴动，扰乱平和之秩序，以妨碍治安，独不思韩久居人藩属，苟无日本，则大韩国大皇帝之名目，安能出现于地球？今若此，既负吾日本保护韩国之盛意，又负伊藤公经理韩国之苦衷，徒自捐舍其身命，将焉用之？吾安得不为汝辈惜？”禹曰：“吾宁愿吾国为昔日之藩属，而不愿吾主拥今日大皇帝之空名也。政由宁氏，祭则寡人，号令不行，政权不属，一言不和，废置随之，何贵有此大皇帝？至若捐舍身命，固吾本志，奚事惜为？”言词之间，侃侃直达，视安重根无少让焉。已而复讯曹道光，其供词大约如安、禹二氏，盖除柳氏一人，犹有怯心者外，而莫不以一死为乐境者也。

此时此境，他人如何苦恼，而安重根面不改容，却向柳氏致词曰：“吾等惟不爱其死，而后为此暗杀之举动，国事如此，即幸而生焉，而受终身监禁，亦桎梏囹圄，再不能宣力于国家，生复何趣？摇尾乞怜，非丈夫事，况摇尾乞怜，而终不免于死，则局蹐畏死，以贻人笑柄，何若慷慨自陈于堂上，而不失英雄本色也。”（仍未完）

九十五[5月2日，阴历3月23日]

曾不几时，即为安重根等受刑之日矣，安重根明明为韩而死也，于伊藤无恩怨，而轻身命以对待之，手枪甫发，而长呼“大韩独立万岁”之声，与枪弹之轰炸声，伊藤之呻吟声，互相杂沓，是其刺伊藤也，为公为私，不劳蓍蔡，而当日法庭问官，以安重根此举，为仇视伊藤，而致伊藤于死地者，虽含有一种国家思想而来，然于政治上之关系，殆无干涉，因以视为一寻常杀人犯也，安重根遂不能免矣。

或谓安氏曰：“问官谓汝曹此举，无政治上干涉，已视为一寻常杀人犯矣，”安氏乃蹙额曰：“吾等为谋复韩国主权，谁谓无政治之思想?！盖有破坏而后有建设，吾等即为破坏之前驱耳。吾不惜其身命，究不能不惜其名誉，虽然，公理尚在，当有知我者也。”言已，而慷慨激昂，复谈笑如故。当是时也，案情既定，行刑有日，日员等馈奉于安氏等者，酒食殊丰。安重根食量素豪，其时虽知授首有日，顾饮食仍不改其常态，犹以独立主义，频演说于狱中。时为安氏洗礼之神父，由韩入旅顺，抵狱视安，安氏与握手道故，顶礼为大韩主权祈祷者，犹至再至三。神父喟然曰：“壮哉吾子，行归天堂矣！”

某日，宣告安氏等之死刑，乃由狱中提出，而赴断头台也。附近无男无女，沿途观者如堵。安氏见披长衣，垂辫发者，乃向人丛骂曰：“汝曹其黄帝之子孙耶?！即五千年文明古国之遗族耶?！今则视吾韩人，殆尤甚矣！其哂吾耶？吾不值为汝哂！其怜我耶？我亦不配为汝怜也！”沿路责骂。如辟易千人，皆俯首自羞，无有仰视者，既而赴行刑地，上断头台，观者更无虑千万，神父犹为安氏祈祷，安氏顾不置意，唯含笑待刑。未几炮已响矣，刀已举矣，见者摇首，多揭手为礼，赞叹声，太息声，歌颂声，一时难辨。安氏曰：“吾死其有光乎?!”横尸翘首迎风笑，洒血惊人匝地飞，而安氏去矣！（第十六章终）

九十六[5月3日，阴历3月24日]

第十六（十七）章：伊藤死后之谈判

荣矣哉！其伊藤乎？其死之日，震动全球，皆惊顾错愕曰：“伊藤死矣！”伊藤者，东方近代之政治家也，光辉日月者垂数十年，一旦风云黯淡，以淹没于哈尔滨之车站。时同行者为后腾[藤]男爵，为上村领事，虽各受微伤，然被刺之际，皆顾重伊藤，舁置汽车之内，伊藤方奄奄一息也。即以是日运回大连，而绝世枭雄之伊藤，遂殁于车中矣。

汾阳各重三朝史，诸葛身歼五丈原。伊藤以身许国，为造世英雄，其死于国事，本无奇处，要其死也，于世界亦有关系焉，盖自此东洋政局，不免有所变迁矣，满韩一带之风云，亦不免顿生变幻，果也噩耗一传，韩酋大惧，先电日政府，首伸哀悼之忱，并定伊藤何时发柩，而使太子为之执绋。以伊藤为韩而亡，且亡之于韩人之手，固惧日政府之迁怒韩廷，抑亦伊藤声望之隆重，有以致之也。故凡日本驻洋各使，所在政府，无不派员致使馆慰问，且有下半旗以志哀者。何伊藤令人倾慕至此，然后知丈夫只患名不立，而死生固不暇计也，若伊藤生为人所敬重，死为人所追怀，非造世英雄，孰能与于斯？

伊藤本无子，惟有嗣子一，方值差于欧洲，既不能亲视含殓，于是请日员等，遂于次日，殓伊藤于大连，然后运回日本迁葬。闻一切丧礼费用，极备丰隆，皆韩酋为之凑备，而加以日皇之敕赐，故益增光荣，盖为伊藤营丧事，固韩酋之深愿者，欲借以稍解日廷之怒也。果也，伊藤□肉未寒，而并韩之论出矣！（仍未完）

九十七[5月4日，阴历3月25日]

已废之韩皇，时方拥太上皇之虚号，独处深宫，韩新皇既闻伊藤之变，皇骇不知所云，即入宫与太上皇诉说其事，父子唯对面而泣，哑口坠泪，相顾无一言，唯有摇首长叹，已而曰：“恐今后欲如太上皇之得幽废而终，亦不可得也。刺客固为韩人，且闻与去年在美国杀害外务顾问员美芝氏之凶手，为同一党派焉，此日人所称为仇日党者。此举益足挑怒于日人，日人将惧此风既开，后益难制，而此后之对付我韩者，当较伊藤在时为尤烈，则宇宙茫茫，吾父子将栖身何处？以太上皇艰苦备尝，阅历又深，将何以教不肖乎？”太上皇曰：“刺客等日树救韩之目的，今韩未能救，而先以祸吾父子矣，以日本之强，威且不测，则亦唯有谢罪于日廷而已。”韩酋乃电告日廷，愿亲赴东京谢罪，兼祭伊藤，而伸诉其抱歉之忱悃，日廷以去岁废韩酋一举，为世界人所议论，今复使韩酋亲致日廷谢罪，固碍世界人之耳目，愈足激韩民之愤心，乃故以婉词电却，韩酋得电，以为日皇且不容其谢罪也，更形恐惧，未几而并韩之论出，遂彷徨无措，侍臣亦相顾默无一言。韩酋乃先遣太子出赴大连，为护伊藤□灵柩而归，盖□以伸哀悼伊藤之忱，并察日人之颜色也。当韩太子之抵大连也，于伊藤灵柩起程之日，勒令寓大连之韩民，尽休业送柩，兼配仪仗一队，奏厥哀乐，以助伊藤之光荣，韩太子极发其悲痛之情状，哭几失声。此固伊藤之感人欤，然弱国孱王之景状，亦大可怜矣！（仍未完）

九十八［5月5日，阴历3月26日］

海上称神苏属国，沙场归骨马文澜。若伊藤其亦生荣死哀乎？当其被刺也，环球各国既皆为电以吊，如丧国君，而居留哈尔滨之清、日、俄、韩官绅人等，复同声哀悼，皆赠花轮，以伸敬意，即以是日，由别车运至大连，乃以梓木为棺，坚厚盈尺，用以收殓遗尸，盖棺而后，复注入甫荷马林，其防腐之功用，殆未曾见。先以宪兵为拥护，暂留旅馆。出发之日，以磐手巡舰，俟后于江滨，盖奉日皇哀悼之敕论，特备此巡舰，以迎运伊藤灵柩者也。当此之时，留寓大连之各国人等，表诚致送者，拥塞于途，连轴蔽日，卤簿连云，先后皆宪兵环绕，自韩太子而外，如富冈旅顺镇守府司令长官与伊地治师团长，及中村满洲铁路总裁，皆为之扶柩，此则自有臣子死事以来，其光荣为罕见者矣！

庄王投箸悲申叔，后主迎棺哭武侯。当伊藤灵柩，于次月四日，由磐手巡舰，运抵横须贺港，日皇及后，即率一般王公将相，及文武百僚，出迓于江干。日皇哭曰：“伊公为朕元勋，凡富国强兵，外和内治，实资其力，何昊天不吊，不遗一老，俾凶徒损吾柱石也！”日后亦哭曰：“当伊藤公承驻韩统监之敕令，出发三韩，予方为和歌一阕，以祝其健康。乃曾几何时，而已至于此也！”时也悲恸者，吊唁者，同声一哭，杂沓殆不能辨，而伊藤夫人将留居人矶，方在抱病，自闻伊藤死耗，一恸几绝，旋为家人灌救，虽已渐醒，而病势益剧，至是亦强乘暖轿，同往迎棺。日皇以爱屋及乌，向公夫人慰问。死而爱重如此，其生也可知，伟哉伊藤！将感不绝于千古也。（仍未完）

九十九［5月6日，阴历3月27日］

能消傀儡惟醇酒，却遣风流仗美人。伊藤向来办事，苟无妓无酒，即奄奄欲睡，往往席满名姝，即风流跌荡，凡研究事件，流[浏]览公文，皆目送手挥，一举而就。及酒阑人散，燕返莺回，即颠倒黑甜，鼾声遂作矣，以故国中名妓，莫不有露水缘。此次噩耗传来，名古屋一区，隐成惨淡荒凉之象，若松子，若小桃，若吉菊子，尤与伊藤稔，方以得一代政治家之青睐，为无上恩荣，一旦死者长已，而交情从此断绝，未免有情，已难遣此，况惨亡异地，以凶锋暴刃，为知心人之送终物耶？以莫不拊膺而叹曰："回首我公发赴韩京之际，前夕犹为缱恋欢，细语柔情，共祝他年重见。及骊歌甫动，星轺出发，相与临岐握手，饯送长亭，无限柔情，柔肠寸断，犹谓青山不老，绿水犹存，相逢有日。乃曾无几时，而今已矣！回想前情，都如幻梦，何天地不仁，假此凶徒，以夺我公寿数也。"溯平昔之交情，作悼亡之哀语。语云："赢得青楼薄幸名。"若伊藤固以彪炳贤良，而为风流名士者也。

泪流碑下怀羊祐[祜]，珠碎楼前报石崇。自来大贤遗爱，最令人思，而名妓之感念多情，亦死生无间也。当伊藤灵柩之出丧也，送殡者逾数万人，若名古屋名姝歌妓，几手花轮，挽生刍，不抹香脂，屏除艳粉，玉步徘徊，发悲痛之忱，以随伊藤灵柩之后者，彷玉手，挨香肩，沿途拥挤，奚止千百？诚千秋之韵事哉！夫死后追怀，盛及妇孺，吾见之矣。若秦楼楚馆，舞榭歌台，皆莺燕一空，以哭亡灵而行祭唁，此则伊藤之外，未之见也。（仍未完）

一百[5月7日，阴历3月28日]

图形高阁荣三杰，拜爵当朝荫七男。日皇追念伊藤之殊勋，予饰终之令典，乃以王爵衔增封王爵，加恩赐谥文忠，既厚发国帑以荣祭丧，复准□礼，为伊藤丧仪，荫其嗣一人，骤升勋位。另赐伊藤夫人，以为养老之需，此□日皇之过为优崇，然非此不足见伊藤之价值也。故庸人俗子，其生也以得子孙蕃衍为殊荣，其死也以得儿孙伴终为厚幸。若伊藤则仅择嗣子一人，且远隔欧洲，及见伊藤之谢世也，而国民之追念遗爱，独如丧考妣，则伊藤虽区区一嗣子，而举国之人，不啻尽已愿为伊藤子矣，日皇笃念勋臣，如失左右手，而下哀谕曰："伊藤死矣！无复有如伊藤之才德，足继其任者，披改革政治，曾受种种击刺，志不少衰，而今日之得受其幸□者，皆伊藤之力也。唯彼凶徒，损朕柱石，朕深恨之！"日皇此谕，言词恳挚，凡饰终典礼之优隆，即原于此，查日本定制，非王族不能行用国礼，惟惧伊藤死事之惨，故特赐以殊荣，是之谓其生也荣，其死也哀。

为伊藤夫人既抱病于大矶，而伊藤嗣子又远使万里，惟有一婿，服官东京，日皇特为召见，加以训示，俾护伊藤之丧礼，乘磐手巡舰以迎运伊藤灵柩者，即其人也。顾或者曰:“伊藤既为伟大人物,而刺之者毋奈其乎?”吾曰:“不然,各事其事耳。”伊藤昔为日本兴亡所关系,安重根今亦为朝鲜兴亡所关系,苟因安重根故,并触日人之怒,实行并韩之策,则安氏为亡韩之罪人:若以安重根故,而日本不敢谓韩无人,为韩稍留余地,则安氏为朝鲜之功狗(臣)。故闻安氏受刑后,有为安氏饰墓留碑者。是伊藤有遗爱,安重根亦有遗爱,惟安重根乃足致伊藤之性命,非伊藤不足以受安重根之药弹。一则才且德,一则勇且烈,伊藤也,安重根也,其亦双绝叹!

(十六[十七]章终)

(全套已完)

(本小说前面所载部分今未得见,可见部分为从第六十二节至结束,共三十九节,约占小说全部内容的百分之四十。)

——本书编者注

(原载于《南越报》,1909—1910 年)

朝鲜亡国演义

佚名

第一回　愤时局前车防覆辙　遇志士亡国诉哀辞

诸君，人生在世，快乐两字是人人极欢迎的，谅没有丢了快乐，反向忧愁一方面攒的。然而这也在乎各人心理上作用。有人会图快乐，就遇着忧愁，他也只当不闻不见。有人好多忧愁，就有天大的快乐，他还是虑长虑短。这两种人性格迥然各别，在会快乐的，只图眼前，不顾脑后，本是普通常情，不消说了。单是好忧愁一种人，看书会吊泪，无病会呻吟，这是什么缘故？莫不是胎里带来的毛病么？即如在下，自从生长到如今，总是在忧愁中过日子，说为家计也不是家计，说为自己也不是自己，呆不呆，痴不痴，只跟着世界潮流，淘来淘去，淘那烦恼，穷心说来，却也可笑。在前清末年的时候，耳闻目见，没一个不是腐败官僚，没一样不是颟顸政策，早知道满运是不久长了，心中一腔忧愁的念头，比那杞人还要加倍。不为别的，只为我们中国垂涎人多，不要在这清祚过渡当儿，把我中国当做一个雪瓤大西瓜。大家你一块，我一块，齐来分了去，那就完了，真是要做亡国奴了。在下忧愁得不可开交，幸而辛亥那年，武昌一声起义，我们四万万同胞同心合力，不上两月工夫，就把满清政府推倒，改造了一个中华民主国。要照这样文明，这样迅快，不要说中国自古以来没有的事，就是现今环球各国，无论君主民主，试问那国历史上能有这样容易立国么？那时外人看见我们民心坚固，勇锐莫当，都暗暗佩服，不敢小觑，虽有抱那野心主义的，也只好作壁上观，不敢趁空打劫，这才完完全全建成了金瓯无缺的五族共和国。在下方把那忧愁放下，打起精神，图享幸福，从此做一个自由新国民，何等逍遥，何等快乐。不想入了民国时代，天天望幸福，天天没有幸福到我，不晓得是在下没有幸福的命呢？还是一般守旧的人把那礼义廉耻缚束住了，不配得那幸福也未可知，但不知诸君可曾得着民国的幸福没有？然而讲到民国如今已有九年了，想不到内政愈弄愈糟，外交愈逼愈险，社会上的风俗人心愈趋愈下，种种败象简直一年不如一年，而且国用一年大一年，外债一年重一年，这些国有财产一件件快要抵押完了。这还不算那班手握政柄的大人物，还要植党营私，争权夺利，但保自家的富贵，不顾国家的存亡。尤可恶的是，一般自命政客卑鄙龌龊，不知廉耻，混在里面，掀风作浪，闹得天昏地黑，日色无光，实在比满清时代更不如了。唉！这也难怪，好好一个民国新政府都被这些前清亡国大夫占据了，怎么能得他好处？在前清也是被他们醉生梦死、昏愦糊涂去干，才把这清朝轻轻俏俏的送掉，岂有到了民国政府能把他们劣根性铲除么？总而言之，清朝不幸已经受了这几位文官武将的赐，得了亡国的恶果，我们民国仍旧用这些败类办事，将来的结果也就可想而知。虽说我国表面上还没有亡国，其实财政、军事重权都在他人手内，而且鬼鬼祟祟暗里立了许多密约，叫什么亲善主义？其实都是些卖国条约被人哄骗去的，他有了把柄在手，不怕你不入他圈套。譬如一个人，既出了卖身纸，要强也强不到那里去，久久总要上他的心路。诸君试想，卖国同卖身可有什么两样么？孟子有言：家必自毁而后人毁之，国必自伐而后人伐之。这两句话真真一些不错。簇新新一个中华民国，只要励精图治，发愤自强，学那华盛顿、大彼得，谁能来毁你伐你？那晓得偏要学那波兰、朝鲜向亡国路上走，这如以肉饲虎，投其所好，那有不欢迎的吗？这不是在下言之过甚，实在我们中国现今犯的症候，简直把波兰、朝鲜合而为一，赶不及的追踵前去，不是把在下忧愁又引起来了么？那波兰、朝鲜亡国惨史，诸君大概是知道的。不过在那未亡之前，必定先有个灭亡理由，然后演成那灭亡实事。一个波兰借债度日，任意浪借浪费，不知节用，弄到后来迫于债权，只得破产，被人瓜分而亡。一个朝鲜政治腐败已达极点，大家还要分个党派，争个权利，从中就有一班卖国贼，开门揖盗，引狼入室，弄得国内七颠八倒，政不由己，被人吞并而亡。如今中国就犯这两种毛病，诸君你道寒心不寒心呢？古人说得好：前车覆，后车鉴。我们四万万同胞，就得拿他两国已经过的事情警戒警戒才好。已经过些甚么事呢？就是那将亡、未亡以及亡后的种种惨事罢了。不过在下一张嘴，说不了两处事，且把波兰撇掉。先拿朝鲜事情说给诸君听，听诸君，朝鲜的人民今年迭起风潮，不是在那里想革命么？欧洲和平会议，不是也有韩人请愿要求独立么？但想他们亡国已有十余年了，归附到今，总算是个顺民，怎么忽然的举国汹汹，一致进行，都想脱离日本，恢复自由，这是什么讲究？在下正在不解，恰好有位朝鲜志士（姓名暂隐）新从汉城到此，住在一个旅馆内。在下因往那里访友，无意遇着，看他装束，虽然西装，那举止行动不改东方人态度，但面目黧黑，形容憔悴，一种愤懑忧愁郁不得志的情形，不时流露，一望而知是一个伤心志士。在下趁此便要访问他些韩事，故彼此寒暄一番，就邀到一家酒楼上，拣了一个座位，叫了几样菜，二人分宾主坐下，浅斟漫酌，细细深谈。在下先开口问道：闻得贵处今年革命风潮狠大，愈演愈剧，日本防范甚严，阁下此来，谅非易易。志士叹道："唉！一言难尽。鄙人此番能得安然到此，不被倭人半路拘留，也算天幸。先生可知我是怎样来的？倭人到处严查，大受困阻。幸而临行时候，早料到不能从汉城安然出走，便与几个同志乔装苦力小工，先至一个荒落小村等候。搭乘三等火车，行抵一处，又复下车步行，走的尽是些山僻小路，崎岖艰险，苦不堪言。饱受八昼夜风霜，入了贵国境界，才莫脱离虎口。"在下道："倭人查察行旅，竟如此严厉，难道一路都这样么？"志士道："怎么不是？前月间，我国益康二太子同了几人欲来上海，已经行至安东，还被倭人查获，捉了回去。现在二太子安危未卜，那同伴几人听说已判受死刑了。"在下听了此言道："这又奇了。贵国不过合并日本，并非真是灭亡。那旧日国王的尊崇犹在，虽云政治权柄，那优待条件想必一定有的。堂堂王子，安富尊荣，何等自在，还要遁逃甚么？"志士摇头道："不然。先生所说的，是因满清皇族推想到我国的王族，那知正成一个反比例了。我国王族能有清室这样优待，还有甚么话讲说起？王族真是可怜。我国前王本生王子，自从被逼退位，禅让与大太子后，自己便退居在德寿宫。大太子即位没有几年，就失了国政，另往在昌德宫内。所有两宫侍从旧人，早被倭人撤退一个干净，换给一班新人服役，好做他的耳目。宫外长年均有兵警把守，不准生人入内。就是宫中有人进出，都要逐细盘问，名为护卫，实在是严加看守，不准越雷池一步。至于王族人等，皆如无罪囚犯，一举一动，必有人监察，全失自由。现在前皇薨逝，据外面传闻，也是为革命风潮的嫌疑，被倭人逼迫，无可奈何，只得自到一死。此话恐怕不虚。所以二太子才想遁逃出外的。"在下听了，便慨叹道："失国王孙，竟至如此，亦云惨矣！然而以力服人，不如以德服人。日本专拿武力，威迫为诏，无怪贵国民心不服。但据报纸所载，贵国人民自运动独立以来，前后被他搜捕拘禁，已不在少数，甚至枪亡弹毙，死伤累累。而独立的念头，至今毫不松懈，日本也该恍然觉悟。可见一味强硬手段，断难阻止韩人的决心，应该略放和平，改变政策才是。"志士急言道："啊哟哟！先生还没有知道。现在的情景，较前尤为野蛮，尤为横暴，真惨酷得人道全无。因此，那各国侨居商民，看了都有些不平。我且把几桩近事，说给先生听听。我们朝鲜虽然小国，本属礼义之邦，就是运动独立，也都出于文明举动。不过上书请愿，代表要求，本是世界各国公认的事，也是世界各国常有的事，并没有一些恃蛮暴动不法行为，并且毫无一些仇视他人民的意思。谁知那倭人官吏兵警，视我韩人反若仇寇一般，借此事由，捕风捉影，到处示威肆虐，如虎如狼，实欲尽置我韩人于死地，才得快心。现我国各处地方，如遭大难，风声鹤唳，草木皆兵，市面惊扰不宁，顿现一种凄凉景况。每日只见那些兵警，往来如织，四出捕人。凡平日有些名望、有些体面的人物，不问你有无关涉，捕去之后，皆栽诬一个作乱罪名，重者判死刑，轻者判监禁，总要你一网打尽。所以直到今日，那宗无辜人民，还在那里含冤被捕，横受酷刑，可伤可痛。但这还是些男子，所谓欲加之罪，何患无辞。他们为了国事，就算受些冤枉，吃些苦处。究竟是个男子，还不至终天抱憾，隐恨难言，倒也不必言了。最可恶的，其中还有许多年轻无辜女子，也被倭人吹毛索瘢，借故捕去，任意糟蹋，施的那奇刑奇辱，匪夷所思。叫这些女子含羞蒙垢，忍受他种种说不出的伤心隐痛，真是天地鬼神所不容。唉！万想不到如今，文明世界竟还有这行同化外的国度，简直算是个禽兽国罢了。倭人呀！倭人，我提起此事，真越思越恨，恨不能食其肉而寝其皮。先生倘不嫌烦琐，待我慢慢说与先生听。”此时在下看他说道这里怒气勃勃，已有几分酒意，晓得他酒落愁肠，牵动心事，不可再多饮了。但他话未说完，在下正要听他一个详细，并且朝鲜亡后种种实情，外边传布的狠少，还有许多问题要借他宣布，宣布又不能就此止了不谈，心想不如同他到家再谈，倒也使得。遂接言道：“彼此难得晤教，正要洗耳恭听，请阁下说一个畅快。不过此间耳目众多，究有不便，如不嫌弃，何妨请到弟处作个长夜之谈，如何？”志士欣然允诺，遂即会了酒帐，出了店门，走到街头，招呼了两挂人力车，跳上车子，一路飞奔回寓。到得门首，邀他进内，引到了一间小小书斋，里面把那电汽炉安着，烹起茶来，然后两人促膝开谈。先要他把被捕女子惨状说来听听，想诸君也必是亟于要听的，欲知详情，下回自有交代。

第二回　大搜捕朝人遭劫运　奇耻辱众女罹非刑

话说上回书内朝鲜志士说起一般女子受的奇刑奇辱，究竟怎么一回事，当时还未深说。现在饮了一盅酽茶，酒意稍解，便开言道：“先生，天下事耳闻不如目见，目见不如身受。我国同胞受那倭人虐待苦处，虽承各国报纸代为宣布，事事确实可信，但却不过十分之一罢了。究竟不是设身处境的人，内里细情还没详尽，即如这宗无辜少女，拘去之后，内幕怎样一个黑暗，外面无从知道。不是由身受的自己说来，那个能知，那个能信。讲到我国运动独立的事，本由男学界首先发起的。倭人怨毒入人已深，大众心理都巴望着脱离苦海，只要有人一声号召，各界自然云合风从的来了。这就叫蓄之久者发之暴，是一定不易的道理。然而只可算得受动力，不能算是主动力，更何况乎女子呢？这回我国举义女学界人物，也不能说是没有，但究竟人数不多，并不算是重要分子。就有若干女学生参预在内，试问可有多大的能力，也不过在附和之列罢了。本无拘捕之必要，谁知倭人不分皂白，也是大捕特捕，殃及青闺。不问你是不是学生，是不是肇事，只要形迹犯疑，即便捉去，可也不算少数。内中就我所深知的，却有两个青年少女，都是大家闺秀，素守家庭教育的人。一个年龄十九，业已受聘，早晚间便要出嫁。那日偶在门外瞧看热闹，正遇学生游行经过，见那独立旗帜顺风飘飏，一时爱国心热，欢呼了几声'韩国万岁'罢了！一个却只有十六岁，还没定人家，因往街上购买物件，匆忙出门，忘记把脚上草鞋换掉。适逢其会，两人先后都被兵警拘去，羁禁囹圄，赤身受辱，可怜之至。幸而他们是教会中人，由美国传教女士竭力营救，才得保出。然而在内吃的冤枉苦头，已有一月，这里面如何作践，如何饮痛，都由他两人亲尝过后，传布到外，外面方能得其详细。现且把两女子所说的一番事实，述把先生听听。"

其一云："予自三月五日这天被拘，拘时日警遍搜予身，拳足交加，叫予同往警局。到后，男女多人尽驱入一间小屋内，人数七十有四，男四十，女三十四，各人遍体鳞伤，备受种种刑法。予无别念，只有默祷上帝祝祐而已。屋有两门，守者禁不许开，每晨十时始给饮食，至夜十时才得再食，吾人均饿不堪言。予第一日受审时，一日人引至楼上，其间坐者、立者有十余人，予被牵引至数处。末后进一小房，有两人挟予左右立，先以重足踢予，后乃问曰：'快说真话，否则杀你。'予问：'说何事？'彼等言：'你何故欢呼独立？谁人指使？'予曰：'韩人至此，谁没独立思想？予非三岁婴孩，要人教导。'其人怒曰：'你是谎言，是不是学校中先生教你，还是他们学生教你？'予曰：'甚么先生、学生，予皆不知，予一人岂不能呼独立耶？予呼独立，正是要人听得。'其人曰：'此言不确。'说毕，即踢予、殴予。又一人问曰：'你希望独立否？'予曰：'予是朝鲜人，岂不望朝鲜独立？予欢呼时，方欲与人共呼，但尚未发声，即便被拘。'其人曰：'你谎话！谎话！'遂又遭殴。如是者五日。每次询问，受苦皆同。末次讯后，遂将多人绑缚，以三人为一起，送往西门狱中。有日妇来搜检衣服，令吾人自卸头发赤体验看。复有男子来，量身体长短，又由彼等裸吾人之身，备受其辱。身之所经，耻不欲笔之于书，(诸君读此，但意会之可耳)。后即禁闭一室中，自早至晚，不许动弹，稍有转侧，便撄其怒。每日饮水，亦量而后与，故常觉奇渴如此。在内十五日。一日，有一日妇语予，不知何辞，予以为叫予就寝，遂布席欲眠。守者见之，即入内呵叱，令予立四句钟以示罚。予不知此日妇何职，但每一发声，便觉天地为震。长日在狱门外诇察不去，饮食每晨只有豆粥，食时常故意讥笑，朝鲜妇人饮食如猫犬，凡令沐浴，水必极少，且须一百二十人共此水浴，秽浊如泥。且浴时亦有人监督，只许片刻，肢体日常不准运动，必得三日，始领往空场，四周行走数次而已。吾等向说实话，必斥为谎话。有时力搦吾人之足，几至伤躯。又时燃火煮水，云欲浇至于死。或用长尺责打，或令高擎一椅，伸手不许一曲。种种苦况，言不胜言。此予被捕后二十五日之惨酷史也云云。”

志士滔滔不绝，详述至此，向在下道：“先生一个人的言语，恐还不确，再听我述那十六岁的女子。”其二云：“予三月六日清晨，出门买物，匆匆前进。忽来一队日，警搜予身上，无所得，即曰：‘你脚穿草鞋，定必往呼独立。’即将靴足踢予。又有数人直冲予身，伸手掴予两颊，知觉为昏，硬行拖入警局，闭入室中。内有警士二十，被他或打或踢或掴，真非人受。末后力推予至墙壁，不知何意。旁晚关入一小室，中有男女七十余人，门闭不许一开。予在内昏惘欲死，是夜即卧地上。后被考问三次，屡受敲朴，且问余：‘何故脚穿草鞋？’予告以国王薨逝，故着草履。问官言：‘此是谎话。’便力握予口，至于流血，且曰：‘你耶稣教人皆说谎的人。’言毕，复力握予臂。又问：‘你想要独立么？究竟何为独立？’予告以独立乃愉快事，怎么不想要？该人即曰：‘尔王新薨，何乐之有？’予曰：‘王薨民忠，事所必至，但心怀独立，又何不乐之有？’该人乃曰：‘吾为尔祈祷。’便持扙乱打，痛极几晕。那时受辱的不止予一人，而刑罚则一，令吾等伸直，两手持一椅子，不许湾[弯]曲，须至一钟之久。又或折吾等之腿，唾吾等之面，并令脱去衣服。问其何故，则曰：欲观尔等有罪无罪，种种无可如何，只得忍受而已。至十三日又被审讯，问予：‘欲求独立否？’予曰：‘愿之。’又问：‘尔愿独立，可是每日想念否？’予曰：‘独立之念不必逐日发宣，但想吾人永永不忘此念，他日终有独立的一日。’审问之人皆坐予旁而笑，至此亦不再问，便着予出。予在警局，受问之言不能尽述，此特大略而已，即于是日午后被送至西门监狱。各人手皆桎梏，并系一处。入狱后，狱官将吾等衣裳剥去，不挂一丝，凌辱万端。然吾等为国受辱，虽恫犹甘，否则不难一死以了此生。在狱第二日受讯后，有男子多人令吾等裸体，予不得不答曰：‘不可。’伊等即曰：‘狱中当受伊命令，不准多言。’予不得已含耻去衣，后事何如碍难启齿。呜呼！吾等亡国女子遭此劫难，岂天意使然耶？天乎！天乎！狱中坐皆跪坐，食亦跪食，每日受饥、受冷、受羞、受窘，苦不尽言。逢洗浴也，一苦事一百零四人共浴一器，以数人为一班，水之龌龊莫可形容。一日，予因浴，竟头脑为昏，得冷水淋头始醒。凡遇运动，则头上均蒙布一方，使彼此不能相识。予自三月六日被拘，至三十日始释。临行时，日官语曰：‘你去无须再留在此，出后幸勿将狱中事乱告别人。’以上皆大概之言，若详述之，不洁殊甚。天乎！天乎！云云。”

诸君在下没有听他述完时候，已觉得脑筋激刺，惨不忍闻，心中一股愤愤不平之气早跃跃欲出。及至到了此刻，忍无可忍，不觉发指眦裂，从座中直跃立起，一时忿无可泄，就拿手中一个茶杯，铛郎一声掼得粉碎，倒把志士吃了一惊，忙问道："先生为什么？"在下便长叹一声道："现今二十世纪，文明世界，环球各国，都以人道主义为重，岂能容此残忍暴虐之国，欺凌弱女子到如此地步？区区日本，灭亡快矣。古人一旅尚能复国，三户便可亡秦，何况贵国人心未死，连那青年女子都晓得热心爱国，如此的坚忍果决，一致进行，所谓皇天不负苦心人，久久终能达到独立目的。但是，总要前仆后继，到底不懈，海可枯，石可烂，而此心终不可移，方能有效。切不可像我们中国人心脆薄，不耐持久，凡事虎头蛇尾，有始无终，明明一桩有胜利的事，起初也还觉得齐心合力，大家起劲，及至到了半路上，有的为利所惑，有的为势所迫，就此云收雨散，松下劲来。外交上十桩事，倒有九桩是这样的。请问还有个不要失败么？所以把外人看煞了，说我们中国人只有五分钟热度，这是最可耻的，贵国第一要以此为戒。"志士道："先生所说极是。但我看我们朝鲜现在的光景，人人都是伤透了心，恨入了骨，与那倭人抱定了一个誓不两立的宗旨，谅不至于如此。再要讲到我们朝鲜自从箕子受封以来，也算是二千多年。一个古国开化最早，不过素来闭关自守，安于古朴，没有进化罢了。其实爱国的心思，人人都有。即如现今独立思想，并无党派，全系出于人民自动主张，造成一自由共和国，决不愿再忍气吞声，受人荼毒。所以上至贵族，下至苦力，大家拼死争持，有进无退。只要有一朝鲜人在世，这决心必不消灭。那倭贼要得安静，除非把我朝鲜人尽行杀绝，方能称心。"在下听了，肃然改容道："贵国人民竟能有这样决心，那就未敢小视了。然而贵国被日本吞并，至今也有十几年了。这十几年内，到底受他怎样一个专制淫威。大家痛恨得如此伤心，倒要细细领教领教。"志士道："要问他专制淫威，却是说不尽的凶恶。上受他恶政府兵警的践踏，下还要受他商民的侵夺，简直以我朝鲜人为鱼肉，不论何人都可吞噬。大概我朝鲜人看待日人，总得要像儿孙孝顺父母，他日本人看待我们，总得要像主人使唤奴仆，一言不合，拳打脚踢。甚至你家内如有贵重物件，他要拿就拿，赛如强盗。因此我朝鲜人惧怕倭人，如同猛虎一般。唉！先生，亡国人民真做不得。做了亡国人民，有言论不能自由，有权利不能享受，有父母妻子姐妹不能保别人不来欺凌，有田园房产不能禁别人不来霸占。真是有苦没处说，有泪没处哭。鄙人便是一个个中人，个中滋味尝够的了，待我慢慢的一桩桩说来。"诸君欲知详情，且听下回分解。

第三回　胜国遗黎十条苛禁　孤忠义旅千古同悲

且说这志士说到亡国以后，他曾经亲尝过那滋味到底怎样一个滋味，他歇了一歇，继续接言道：“先生，这滋味不是过来人，不能真个晓得。我知先生也是个遭时不偶的伤心人，不是那亲日媚日一派，没有什么歹意，我才敢直道其详，好让贵中国晓得这亡国滋味狠是难吃，大家可以警觉，警觉不致于望这条路上走了。（此是在下瞎凑这部演义的宗旨。诸君阅时注意）想我朝鲜自从倭人吞并后，第一桩先取缔出版，不准韩人有印刷品出现，要叫我们受他的种种虐待痛苦，永远沉埋，无从传播。因此世界各国，在先没有一国知道这宗情形的。第二桩取缔语言文字，十分严厉，凡是初等小学，尽要把汉文、韩文弃掉，改学日本话。人家往来酬应，都要用他的文字，说他的言语，不准再用自己本国的。至于教科书材料，也须由他选定，无论什么书出来，不准谈论朝鲜情事，不准有独立自主等话头，不准借别国事来比喻朝鲜，不准用大话鼓动人心，不准说最近国史，不准有排外思想。这种办法，倒也不是倭人创例。十八世纪时，三大强国用着压天势力，废除波兰语言，早已有了现成的榜样。不过倭人对付我朝鲜，比他们手段格外辣狠些。平时我国人一举一动，都有倭人伺察，无论你极微细、极污秽所在，甚至字纸篓、垃圾堆，也派有侦探，暗地密查。倘被他查着，稍有违禁证据，小则永远监禁，大则立时枪毙，民间含冤负屈，日有所闻，这也不必说了。他有十条永禁苛法，甚是利害，是制朝鲜人死命，要我朝鲜从此消极，永永不得翻身出头，那真是极狠极是。那里十条呢？

一、除普通小学外，不许私立学塾，也不许有程度稍高的学堂（这是要绝朝鲜知识的作用）。

二、不许私自与他国人往来交际（这是要绝朝鲜外交援助）。

三、不许有三人以上成群同走秘密偶语（这是怕朝鲜人结党反对的讲究）。

四、不许说旧时国语，并不许说日本以外言语（这是要朝鲜人忘本的主义）。

五、不许家藏铁器（这是防朝鲜谋畔张本）。

六、不许开会结社（这是要解散朝鲜人团体）。

七、不许人民铺设床榻，只许席地坐卧，与日民同（这是要破除朝鲜旧习）。

八、不许人民私自储财（这是管住朝鲜人家财暗地限制）。

九、不许言论自由(这是禁朝鲜人伸冤诉苦道理)。

十、男子不满三十岁不许娶妻(这是要减少朝鲜生齿,暗灭种族法子)。

唉!先生,这亡国人民真做不得。你看这几条苛法,好不利害,不是把我朝鲜人已压倒十八层地狱去么?然而这还不算,只要能甘心忍受,就可以平安无事,做个亡国奴倒也罢了。无奈还有那些无法无天的贼兵布满境内,平常不论那里任意胡行乱闯,闯到人家,不是劫掠资财,就是奸淫妇女,横凶霸道,无恶不作。倘或少些不遂他心愿,触动了怒意,一时性起,就把你房屋放火烧了,人口乱杀死了,也没有人替你伸冤,真真暗无天日,惨不忍言。所以我朝鲜人处在这荆天棘地中,身家性命刻刻可危,没一个不提心吊胆的过日子。即如我的家世,先生一向是知道的,在当日也算是个望族。不料国亡家破,骨肉惨伤,父兄伯叔,母妹妻儿,一家人男女老少,十几年中,或殉国,或殉义,或殉节,或殉难,死死伤伤,同归于尽。至于那田园房产,更不必说了,抄没的抄没,侵夺的侵夺,早经化为乌有,现在害得孑然一身,飘流无定。想到这些上头,我还活在世上做什么人?宁为断头鬼,不为亡国奴。先生呀先生!”在下听他说到这里,见他呜呜咽咽,泪随声下,已说得不成声了。听到那些伤心所在,实在凄惨不过,也不觉跟着陪了好些热泪。诸君请想,这样看来,亡国民的滋味究竟是甜是苦?亡国后的日子究竟是安是危?大家就该明白了,闲话少说。再说那时志士说后,在下便接问道:“日人既然如此可恶,贵国上下人民当时怎么就任他吞并,并未听得有个起义反抗,直到今年才死灰复燃,想要独立呢?”志士答言道:“唉!起义的怎么没有?不过世界上少人知道罢了。我朝鲜人虽然懦弱无能,那忠义气节、爱国思想也还有人懂得的。国亡以后,各处先后举义的倒也不少,内中最著名人物如参政大臣沈相薰、元老院大臣李南珪、定山郡儒生李式、结成郡儒生柳濬根、善山郡农人康相元、洪州农人林润植、李容理、义兵领袖闵宗植、义兵参谋申铉斗、申相斗、义兵秘书文奭燠、申辅均等,都是震震有名,声势颇大。当时忠清道一路人心非常激昂,还有江源道也有几万人马和他接应。维时倭人兵队路径既不熟悉,消息又被隔绝,很受围困多时。讲到那义兵队几个人以及李式等才气谋略,本各有各的长处。闵宗植起义后,首先攻破洪州,和倭人苦战数月,后来实在抵敌不过。在街市短兵相接,又血战了一日夜,杀死贼兵不计其数,才暗暗的取道而走,出其不意,又将赤裳山城攻破,再和贼兵抗战。可怜在那万山丛里,小小一座孤城,要人没有人,要饷没有饷,外面接应的帮手又没有一个,怎么能够抵敌那些人强马壮、饷足械精的军队?

然而他免[勉]强支持，却也支持了一年有余，才被倭人擒住，支解而死。那李式所号召的，多是些儒生，因为抗拒倭人，特编练一枝儒生队，举柳濬根做队长，人数虽不多，却一个个精神百倍，奋勇莫当，到了阵前，无不以一当百。倭人见了，倒觉有些害怕，便调集几倍大兵，前后合围猛攻，方被击散。至如申氏兄弟，用兵的机谋，很有韬略，先设埋伏，然后前进，遇着倭人，便假装败逃，诱他追赶。所以那些贼兵贼警，无意中吃他的暗亏，不知多少。后来被贼兵设法捉获，取了他的首级，悬示市上，挂了十余天，又派人送往八道，一一示众。即此一端，这狠毒残忍的手段，也就可想了。余外还有不少的零星小股，或几百人，或几十人，结团反抗，多半是少年人，却并没经过什么阵，学过什么操，所带兵器尽是朽坏的枪枝，没有什么军律。所备军饷又是各村各户分头担任，也没有什么一定可指的款项。大概都迫于救国心热，不顾性命，虽没成得大事，然一股勃勃忠义之气，已可概见。就这里面而论，无名的英雄，也不知埋没了几千百万，可敬可痛。总而言之，国亡之后，再想救国，实在难事。就拿我国这班起义人来说，当初烈烈轰轰，何尝不拼命死争，想要把已亡之国挽救回来。无奈大势去矣，力量又不敌，粮饷军械又不齐备，所以多者支持年把，少者支持几个月，到头来终归一个不济事。这个道理，也只有我亡国人才能参透得到。如今要奉告先生，凡人救国，总要在未亡之先，大家一心争救，方能有济。等到已亡之后，然后去救，恐怕要救也来不及了。先生，你道可是不是?”(他对在下如此说。在下也要对诸君说，你道可是不是?)在下忙点头应答道:“金石之言，信然不错。但是我要请问了，贵国一向臣服中国，岁修贡礼，是我们中国一个藩属。前清年间甲午一役，也是为了贵国才与日本开仗。后来贵国见我失败，便脱离关系，改为独立自主国，公然建号称皇，誓庙登极。正在一团高兴做那大皇帝的时候，怎么不上几年就会把全国送掉了呢?”志士长叹一声道:“唉！说来话长。这些事件，岂是我朝鲜不度德，不量力，自己情愿做的么？这都是那倭人从旁煽惑愚弄，好让他于中取事。什么脱离中国，什么独立自主，什么改制称帝，样样都是上倭人的鬼当，中了他调虎离山之计，他才好动手算计，你可见他居心险恶的所在。讲那倭贼种类，本来人矮心刁，到处专以欺骗诈术用事。再要遇着我朝鲜主昏臣暗，就容易入彀了。阳用亲善之名，阴施吞噬之计。在我国未亡前头，他佛口蛇心，假仁假义，这事来讨好讨好，那事来帮助帮助。鬼头鬼脑，技俩百出，国里已被他搅得得落花流水。还要当他是个好人，等到后来，权落他手。样样事，你倒反要低头下气的求他了，他倒放下面孔不来睬你了。他要怎样，你只好，怎样不怕。你不惟命是听，末后把我朝鲜吞灭了，还要假好听，送你一个合并名头，立了几条保护人民的条约，就算完结我朝鲜事体了。”在下听了，便又问道：“照你如此说来，我就要怪贵国人民不是了。要晓得天下兴亡，匹夫有责。日人既然算计你们的国度，心思用得很深，也不是一朝一夕的时候能办得到。大家事前，就应有些觉着该上书的上书，该反抗的反抗，何至于被他得步进步，反宾为主。再要说贵国人民，说少也还不少，只要个个能夙兴夜寐，奋发自强，都把国事为前提，未始不可转弱为强，那容他区区三岛一小国侵吞了去。”志士亟言道：“阿呀！先生，这是冤煞人了。我们事前倘能得些风声，那倒好了。只可恨凡样大政，密不通风。不要说朝外人不能知道，就是朝内人不入在狐群狗党内，也不会事前叫你晓得。恐怕你晓得了，或生阻力，这叫做什么互守秘密的主义。谁知这样也秘密，那样也秘密，便在秘密两字上把我国就断送了。（险哉！伤哉！密约榜样，如是！如是！）甚至到那亡国日子，我们外面上一日还一无消息，如在梦中。先生，你看倭贼手段，利害不利害？”在下恍然大悟道：“呵！原来如此。那没当日你们政府内也太胡闹了，怎么一无见识到这等地位，任他左骗右骗，骗得连自己国也不顾了。”志士道：“这就是所谓卖国贼是了。他岂但不晓得顾国，连他上代祖宗，下代儿孙，一起都不顾了。心心意意，情愿做那倭人的奴隶，真个千依百顺，说一是一，不敢强他一强。你想倭人骗工可好么？骗得他饮鸩如醴，至死不悟。问他竟究为什么一定要卖国呢？却都由权利私心上引出来的。权利一看重，心思一用歪，不知不觉，就制造成这卖国性质。政府有了卖国贼，就如插了草标一般，迟早总要被他卖个干净。（吾思之，吾重思之，不寒而栗。）所以要问我朝鲜亡国的历史，起根发脉，全是这班为虎作伥的卖国贼招揽主顾得着的。”在下被他讲得卖国贼如此可怕，不觉毛发悚然，便又追问道：“到底贵国未亡以前，内政怎样一个紊乱？卖国贼怎样一个情形？鼎鼎大名的是那几个？请把这内里细情说给听听。”志士道：“先生，你问那以前事体，话却很多，就说三天三夜也说不了。”言时，便在大衣内取出一本书稿，指着说道：“这是鄙人平日搜辑的笔记，大概自前皇登位起，直至亡国，始末根由，都在其内，先生看后就知道了。”在下便顺手接过，翻开一看，见面上写着亡国纪事本末，心中不禁大喜。那时钟鸣二下，夜色已阑，志士便匆匆告辞走了。诸君欲知他这本笔记详情，且听下回再表。

第四回　大院君失权怀隐恨　闵王妃预政兆乱谋

话说上几回书内讲的那些朝鲜亡后事情，却都是实实在在有证有据，眼面前的近事，并不是那志士说的诳话，也不是在下故意瞎诌，要来哄骗大众的。诸君试想，要像朝鲜亡后这样痛苦，看来这亡国奴还可做得么？卖国贼还可容得么？咳！朝鲜的灭亡，本是已过的事，没有甚么说头，在下何必定要那他伤心痛事编做演义呢？不是别的，只为现在有许多人羡慕朝鲜，极意要想跟着朝鲜去步后尘，所以不能不爽爽快快给他说个榜样罢了。闲话休叙，如今却要从头另起，就志士这册亡国纪事本末，把那未亡以前怎样种的祸根，一桩桩演述出来，与诸君听听。

朝鲜本是个古国，在中国殷朝末年就建立了，后来改称为高丽，又称三韩，地方在中国东面，与辽东接壤，幅员有六千多里，历朝都归附中国。论他国内风俗民情，喁喁向化，良善易驯，并没有什么坏处。不过自古以来，遵守旧制，国内的事情，件件照着五六百年前老样子去做，一些不晓得变通更改，举国上下，闭关自守，没有一个人去问问外边大势。到底现在世界是怎样的进化，怎样的竞争，他总是个我行我素不去理会，所以到他国内一看，种种腐败样子，也算达到极点了。远事且不必说，他单从这禅位的前王说起，已可概见。前王李熙，本是个宗藩支子，论到统系，本不该嗣位为王，只因他亲生父李应昰见老王无子，早存个觊觎念头，便时在老王前殷勤献媚，曲意逢迎，暗地里又着力运动，买通了许多嫔妃，太监替他常说好话，才把李熙召入东宫，立为太子。老王薨后，李熙遂登王位。但接位时候，却只有十三岁，童心未化，还不懂得治体。朝臣无奈，便奏请闵太妃敕封李昰应为大院君，令其暂时摄理朝政。这也是国家常有的事，不算什么。那知从此朝鲜国事，第一个就坏在大院君手内。因为大院君本不是个正派人物，性情骄纵，作事颟顸，心中既无识见，又无把握，却很欢喜，自作聪明，遇有事端，全不管做得做不得，一味卤莽前去，任意播弄是非，不知大体。请问这宗人可能担当大事么？在他初摄政时候，整顿官场，清厘庶绩，把那些不便民的弊政也很革除，几桩遇事都亲自查点，不论官阶大小，总不放他含糊过去。就表面看来，大院君很振刷精神，确比昏乱的君相小有不同。那知他是别有用意，一心要显出自己本领，夸耀自己能干，好叫一般官员大家都畏服他，外面百姓一齐感激他，他才能大权独揽，没人反对。及至到了一两年后，秉政既久，势力扩张，他行为渐渐就不对了，作福作威，肆无忌惮，名分上是李熙做国王，实际上朝内百官，大大小小没一个不是大院君私人，蝇营狗苟，朋比为奸，弄得贿赂公行，朝纲大坏，一举一动，惟利是图。这时候，对待百姓那一副暴敛横征的手段也放出来了，借造那景福宫题目，搜刮百姓脂膏，特地立出种种赋税，叫什么结头钱、愿纳钱，花色繁多。百姓因为这宗工程左敲右剥，逼得妻离子散，家破人亡，很不在少数。百姓金钱被他刮个干净，所以民心大为愤激，易生乱事。这是大院君预先种下一个根子。再说国王这时年纪渐次长成，已开知识，若要是个英明之君，性质灵敏，遇事也该有些主断，当行则行，当止则止，不能泄泄沓沓，任大院君妄作妄为，伤害国脉。无奈李熙为人昏庸懦弱，委靡不振，心地又欠明白，又多疑惑，简直生成的一个亡国之君。大院君因此愈加放肆，事事以老卖老，独断独行，全不把国王放在心上。而且他还有一种顽固皮气，抱定了古时闭关主义，一意要拒绝外人，不晓得那时世界开通，已不由得你单独做主了。这是什么缘故？因为那时已在前清同治时代，欧风东渐，海禁大开，中国已成为万国通商大市场，世界潮流汹涌，一天天澎涨开来，不容你朝鲜永远的关闭，也不容你大院君执拗，不依外国人一个个的跟着来了。首先来的是欧美各国教徒，内中天主教势力最大，朝鲜国内几乎无处不有。接着那些巨商大贾也争来贸易，外人日多一日，各国遂陆续的遣派使臣来要求立约通商。第一开端就是这日本国，大院君老大一个不愿意，不肯答应。怎奈国王恐碍邻国邦交，情面难却，竟然允许。一国如此，各国也只好仿照办理。于是一概订立条约，把个大院君气得头昏脑胀，心中很不舒服，嘴里常常有些诽谤的言语。国王虽是大院君亲生的，到底做了国王，该有个君臣名分。如今见大院君行为太霸，自己一些事儿不能过问，口中虽不言，心里暗想着实有些不自在起来，因此父子之间不无生了芥蒂。再要讲到闵太妃在先着他摄政，原是一时权宜之计，国王大了，政事便无须别人代理。不料国王这样无能，大院君又这样专擅，所作所为的事体，外面怨声载道。太妃也有所闻，心想我年纪已老，不犯着再来听政，想要叫国王自己亲政。看他这样人，又有些不大放心，左思右想，正在为难。恰巧太妃有位侄女，这日正进宫来问安，太妃一见，触动心机，就在这上头想出一个主意。是什么主意呢？只因这位侄女面如月满，肤比脂柔，生来本一貌，堂堂很有些福相。况且眉眼间时露英气，端庄有威，脾气性情又着实落落大方。论到年纪，和国王正不相上下。太妃一想，不如令他进宫来，先行练习些政事，随后再配与国王，也可做个帮手。国王有了帮手，便可自己亲政。自己一亲政，不怕大院君不自行告退了，主意打定，便留侄女在宫作个陪伴，从此不时与他谈谈政事，讲讲治术。在这位侄女，本是个聪明性质，灵活非凡，一经提命，不消几时，便造就得有才有干，通达一切，居然像个大政治家。太妃心下很觉欢喜。再说国王这时已到成年，一向不理国事，成日价只和一班幸臣宠宦征歌选色，快乐逍遥，有时或到太妃宫内朝见一回，闲谈闲谈。所以太妃这位侄女，国王时常见着，看他花容月貌，美丽无比，心里十分爱慕，想要当面求婚，碍难启齿，却又恐怕太妃不允，反觉无谓。隔了一时，真忍耐不住了，只得托人在太妃面前代求赐婚。试想太妃本早有此心，那有不允之理？自然一说就成，含笑答应。国王自得了消息，喜得手舞足蹈，如颠如狂，不晓得要怎样才好。果然不出几日，太妃择了吉日，一面册定他侄女为王妃，一面谕令众朝臣备办大昏典礼，从此闵妃就出现了。这也是朝鲜亡国的重要人物。俗语说得好：单丝不成线，独木不成林。单单一个大院君做那亡国引线天，还恐怕不济事，定要再生一个闵妃来和大院君做了对手。这才你一刀，我一枪，明争暗斗，不知不觉把个完完全全半岛国送给别人。你道可叹不可叹？此是后话，暂且不表。总之，有了个妃上台，大院君就得下台，他两人好像犯冲犯克，势不两立。闵妃正位之后，和国王情意绸缪，如胶似漆，那一种爱情是不必说了，拿他这一副手段，才能来笼络那优柔寡断的国王，还愁驾驭不住么？所以事事言听计从，千依百顺，不敢倔强一强。起初还是宫闱内的事，由他一人摆布，后来见国王太好说话，便渐渐的想要干预朝政了。但不先去了大院君，终不能为所欲为，因此日夜的在国王面前花言巧语，怂恿着叫他自己亲政。国王本像傀儡一般，任人牵扯，兼之受那大院君压制得也彀了，便立从闵妃主意，奏明太妃，请降一道慈谕，言大院君摄政既久，卓著贤劳，夙夜从公，未免辛苦太甚，国王现已及年，可着自行亲政云云。一面上大院君一个尊号，阳为崇奉，阴撤大权。可怜大院君出其不意，一时三刻把权柄摘除干净，恍如半空中忽然来了一个霹雳，措手不及，真真气得要死，心想我从前千方百计运动了许多时，才轮着你小子得了，现成王位，如今安稳日子过畅了，就用不着我老子了，专听枕边说话来算计。我也不细想，想我究竟是你什么人，未免太无情义，因此时常闷闷不乐，这也不在话下。再说国王亲政，原是闵妃的诡计，借这亲政名目，好让他干涉国政上来，首先就举他兄弟闵星河拜为宰相。凡是大院君手里进用的人，不问是私人不是私人，一概免职；凡是闵氏戚族，不问有才没才，一概位置朝内。这许多文武官员，凡有重要职任的，都换个干净，所谓一朝权在手，但把令来行。不过闵妃手段太觉很辣些，去掉大院君也就罢了，何必定要拿他的人全行撤去？如此一动，不是显分了党派么？分了党派，那些失权失势的人，岂不要加油添酱，搬弄是非？因此两方恶感格外积深了。这是由闵妃又种下朝鲜一个乱根，从此迭迭乱生，直至亡国。此是后话，姑且不表。如今要把朝鲜外交的历史讲他一讲。朝鲜本系中国属国，一向派有统兵大员、交涉员在他国内，就是有什么国际交涉，理应由中国官接洽办理才是正当办法。但我们中国素来待人忠厚，大度包涵，凡是藩属，从不肯干预他们的内政，即如西藏、蒙古尚且如此，何况朝鲜？所以他国内遇有寻常外交手续，只要无关紧要，便不去理会他。谁知中国是因为大度自己放弃主权，不去理会别国，倒存了深心，得步进步，脚脚望朝鲜内政上钻进来了。究竟是那一国呢？就是与朝鲜遥遥相对黄海东面的日本国。那日本蓄心不良，看上了朝鲜，想要侵吞过去，也很费了二三十年的心机。只恨中国前清那班糊涂官，没有一个能早些看破，朝鲜人受他诳骗，没一事不入他的圈套，这最是大大的一个失着。欲知如何，且听下文。

第五回　云扬舰无端挑衅隙　济物浦初次订条文

话说朝鲜当时和日本的交涉起根发脉，初次订立条约，还在日本幕府握权时代。那时幕府还不直接和朝鲜交涉，一切都委任对马一个交涉员守宗氏办理，并没什么重要关系。到了明治天皇亲政时，已在前清同治七年，朝鲜国政正是大院君摄理。那时贪权纳贿，祸国殃民，举国上下，七乱八糟，这些腐败的内容被明治皇访察得一个清清楚楚，由此就生了心，以为有机可图，立时改变政策，要想一个笼络朝鲜的法子。于是大家计议决定，先劝朝鲜改行新政为入手办法，赶即备了国书，叫守宗氏前往朝鲜照书行事。试想大院君素来是守旧的魁首，拒外的班头，能够得他听从么？但禁不起守宗氏花言巧语，说那守旧是怎样坏处，行新政是怎样好处，说得天花乱坠，娓娓动听。好像真为了朝鲜邦交亲善，特地前来劝告的，不免心中也有些活动。那知看了国书，朝鲜上下人等大不为然，一致反对。诸君，你道为了什么？原来书中凡写朝鲜王地方，都写做朝鲜皇帝，请教朝鲜是中国的属国，何国不知，何人不晓，日本为什么要恭维他做皇帝呢？这是要试试朝鲜人的心理，那想到弄巧反成拙，原书发还，守宗氏大讨没趣，垂头丧气的去了。次年又另派了一人再到朝鲜来做说客，依旧不济事，扫兴而归。明治皇却毫不介意，仍然一次两次遣派使臣前来，总是善言劝告，要请改行新政，好像很是关切的样子。无奈朝鲜抱定主义，总是用闭门羹对待，拒而不纳。你想日本那些使臣，来一个如此，来两个如此，他们受人闷气，心中愤愤不平，都想用武力解决，但明治皇不允，终不改变政策。所以自前清同治七年起，至十三年，前后七年中，朝鲜政府接受日本国书，竟有二十余次之多。那接待外宾的使馆内住的日本使臣，你来我去，川流不息，几至无日不有。朝鲜人看惯了，也不以为奇，倒反说日本人心地欠明白，重三倒四，不知进退，来管别人闲帐，真是吃饱饭没事干了。就是中国派在那里这些官员，也是在旁边看着干笑，并不曾留心细想，想日本人究竟为何这样不惮烦的进行，其中可含有甚么用意，简直袖手旁观，绝不过问。那时日本政界中人，因见朝鲜拒人太甚，累次去的使臣回来，都怒不可遏，大家便你争我让，议论纷纷。其中分了两派：那激烈一派人，如西乡隆盛、副岛种臣等，便想立刻用兵；那稳健一派人，如大久保利、大隈重信等，便想待时而动。为这两个问题，一时闹得烟雾腾天，亏得明治皇胸有成竹，一丝不乱，把他们镇压住了。又过了一年，到前清光绪元年时，日本就起了坏主意了，便派一只巡洋舰，名叫云扬，从日本海向西，沿着朝鲜海岸各处测量海线，有意挑衅。恰巧江华岛碰在这风头上，因那岛上炮台官忽地里见有兵轮在他海面游弋，好似测量的样子，忙拿望远镜辨认，看见挂的是日本旗帜，这事何能容得，赶即升旗照呼，叫他离去。那兵轮置之不理，炮台官一想，好在他只有一只兵轮，不如开放一炮，撵他出境，免得他小看朝鲜主意，一定不管三七二十一架起过山炮，瞄准眼线轰的一声，开了过去，但见浓烟远起，向上直冒，海水飞扬，浪花四射。台上官员兵弁只道已经击中要害，即不沉没，也要损伤。及至定睛细看，见他行驶如常，如无其事，再拿远镜一望，才知只打着一只舢板上。于是一不做，二不休，重拿炮位，对准整备停当。第二炮又开放出去，打着打不着，还没有知道。忽然海面一道白光直射过来，跟着一声大响，好像焦雷一般，一个炸弹坠落营房上面。登时瓦石纷飞，烟迷雾里，一个个立脚不牢，争向台后藏躲。隔了半晌，未见动静，才敢悄悄出外，向海面张望，已不见日轮影踪。原来日轮因无接应，不敢作战，回答了一炮，便掉转船头，向东直驶。早经去了多时，大家遂又重行聚拢，收拾余烬，心中却还得意，以为台上虽有损失，到底这倭舰被我们撵走，谅他不敢再来，一面赶即修理营房，一面申报政府，不免加油添酱，格外铺张，说是某月某日有倭舰多艘来岛窥探，意图侵夺炮台。幸先事觉察，开炮阻止，彼此坚持数小时之久，始将倭舰驱逐离岛。虽台上营房小有损坏，现已督饬工役赶即修复。此次全台员弁均奋勇抵御，异常出力，谅倭舰经此挫折，当不敢再来尝试。这台官麻天木地，大吹特吹公文到了政府。其时已是国王自己亲政，就由闵相转奏上去。随即下了一道谕旨，道他胆识兼优，非常夸奖。另又颁发银两，赏给有功兵弁。朝内君臣自从得了此信，个个笑逐颜开，不胜欢喜。谁知欢喜不到许久，东洋那边问罪之师，真个要来侵夺江华岛了。再讲日本垂涎朝鲜，本在那里寻门觅缝，无隙可钻，所以遣派兵轮到你海面来，故意的东测量，西测量。正要你开炮轰击，无端启衅，他才好借题发挥，兴师问罪。果然这炮台官轻举妄动，中了他诡计。到得第二年正月，便命黑田清隆、井上馨两大臣率领海军一队，开往江华岛，就在湾口抛锚下碇。内中分什么旗舰、炮舰、战斗舰、鱼雷艇、蚊艇，大大小小，共计二十余艘，相间排列，责问朝鲜轻侮日舰的理由。那炮台上台官和兵弁等目睹情势，吓得屁滚尿流，固不用说了。那朝鲜君臣正在歌舞升平，新年取乐，冷不防来了这样一个警信，个个魂飞天外，胆战心惊，慌得六神都无主了。这时就追恨那台官起来，说他不应该惹是招非，卤莽败事，闯下这样一个大祸。然而事到其间，除了和战两字，也没有别法可想，便召集王亲国戚、元老功勋，以及在朝文武群臣，开会讨论，大院君自然也在其内。他是坚守排外主义，一力主张开战，无如那时闵氏掌权，闵相又胆小无谋，那敢轻言用兵？因而大家附和他，主和的多，主战的少。不过主和的人也没有实在决断，到底还是和，还是战，总不出个一定办法。于是今日议，明日议，议来议去，终无结果。外面日本照会接二连三，叠叠催逼，最后竟下了哀的美敦书，附带各项条款，强迫承认，限二十四小时答复。可怜这些国际交涉手续，在四十年前的时候，不要说朝鲜人一窍不通，不懂得办理，就在中国的人，那时也还没有个揣摩到这宗学术，所以从前和各国订的那些条约，内中吃亏上当的所在，很不在少数。何况他朝鲜又到了这火烧眉毛、危急万分的当口，还能细细去研究日本开来的条件，可有利害关系，没有也不能问了。再看他要求的条款，并不要割据地方，也不要赔偿巨款，不过要开商港，辟租界，设立使馆，派几个日本官再把从前通商的条约修正。修正罢了，很觉寻常得极算不了一回，事不犯着，定要开战，便决意完全允诺，请修和好。那日将黑田清隆、井上馨二人本受了全权责任来的，一声[听]得着朝鲜回文，立时三刻，就催促正式立约签字，不让你慢慢的多挨日子。诸君可晓得他是什么用意？这是恐怕中国干涉条约，所以赶紧立了约，签了字，等你中国要来顾问，木已成舟，也来不及了。可见日人的心思，处处多用到的闲话，休絮再讲。朝鲜和别国自订条约，一向从没有过。此番和日本是第一回事，名叫济物浦条约。上来第一条是朝鲜为独立自主国，今后与日本当用平等之交际；第二条是釜山外，当更开元山、仁川二港，与日本辟一租界，订约通商；第三条是朝鲜京城及各商埠，日本应派公使并领事驻扎。其余各条，就拿旧约修改些，依旧遵守。那时正在前清光绪二年间，朝鲜和日本这样一个大问题，中国怎么一些不问讯呢？原来中国西北一带正大闹饥荒、人吃人的时候，自己内政尚烦，不过来还能多管闲帐么？到得条约已订，想要去责备朝鲜擅自立约的理由，看他条约却又平淡，无奇得很。第一条也不过说些甚么独立自主，甚么平等，日本人竟算了糊涂帐了。自己情愿降格和我属国讲平等，倒可不必说穿，随他去罢。因此装聋作哑，只当不知就歇了。唉！可叹我们中国人，凡事都打个如意算盘，就在这上头、外交方面，处处被人暗算，也不去细想。想日人劳师动众，为了甚么来，却这样轻轻巧巧，随随便便，立了一张空约，借此一天云雨，顿时消灭。内中和我中国可有什么关系么？自主平等四个字可有什么意义么？中国人竟始终没有研究，那知日人就在自主平等四字上下了深工夫以后，文章全从这题目发挥出来，大做特做。此是后话，不提单讲。朝鲜自从这张条约立后，隔不了许久，日本便援照约文，派遣公使、领事来了，一面建筑公使馆、领事衙门，一面开辟商埠、租界，一件件布置起来。那些日本商民络绎不绝，接踵而来，一天多似一天，也不消说得。过了几年，欧美各国因见日人在朝鲜商务颇盛，便想利益均沾，也来请求援例订约，美国最先，随后英、法、德、俄次第相继，但他们究竟文明体制，并不派兵要挟，也不偷瞒做事。这几张约文都正大光明，由中国派员订立，日本使臣在旁瞧着，虽说不曾阻挡朝鲜不要和各国立约，但心中却很不愿意。诸君可晓得这是为甚么呢？只因日本早存着独吞朝鲜的心思，有了别国和在里面，一则怕人向他分肥，二则怕朝鲜人心被人笼络，倾向别国。有这两层疑虑，心中怀了鬼胎，不无又要另费心机，想一个离间之计，要朝鲜人看待各国，分个两样感情才好。欲知如何分法，且听下回交代。

第六回　播谣言离间欧美国　闹乱子罪魁大院君

话说日本为了朝鲜费了若干年心血，受尽千百般困难，才得立了一张如意条约，跨进门槛，还没有施展手段，用那什么催眠术、迷魂药等法子早来了。这许多强国，明明是个劲敌，叫他怎么不要因疑生畏，因畏生忌。再加朝鲜各处信教的人又日见多起来了，他格外怕的利害，恐怕朝鲜这些民心被那教会勾引过去，向了别国，一时就难得收服转来。所以那日公使天天聚集他本国人，秘密会议。第一着先要破除朝鲜人信教的念头，须叫他们望而生畏，不敢入教。第二着要朝鲜人看待各国人，心里另有一种观感，好和日本人有个分。当大家计议多时，便想了两层主意，各人认定方针，一致进行各干各的去了。从此以后，朝鲜国内的乱象就渐就发生起来。这一方听得人说，某处某家有个小孩，忽地里不知去向。那一方又听得人说，某处荒野发现残缺不全的尸骸。不时里远方来的人又传说，某处教堂后园内被人掘出无数人骨。一传两，两传三，到处沸沸扬扬，都是这些无稽之谈，传来传去，一个个疑信参半，也不去理会。这一番风闻歇得没有许久，又起了一种声浪，只听街谈巷议纷纷，人说如今外国人来了，便要教人信教，有时还要用强迫手段勒逼依从。但是他那教派都是些邪教，要捉小孩挖眼睛，吃心肝等等。请教这一番两番的传言参合拢来，却对笋合缝，那有不信以为真的？登时朝鲜人就大起恐慌，吓得各家小孩都不敢出门，人人愤怒，视教如仇，恨不得立时撵他出境才好。隔了一晌，又有什么种族论调出来了，说道：世界人类五种，惟有同种的人最相亲相爱。我们朝鲜本是黄种，和中国、日本同一种类，而且都还是汉族。黄种并不是满、蒙、回、藏的，黄种不但同种，更且同文，所以中日两国和我朝鲜感情最深。其余那英、美、法、德、俄等国，他们都是白种，种族不同，性情各别，所谓非我族类，其心必异。我等和他们相处，却要防备些不可大意。这一番新发明的言论，朝鲜人向来闻所未闻，听人这样一讲，顿然茅塞大开。原来世界人类还有这样一个大分别在内，因此对待日本人便存了个同种心思，不无比别国人少觉亲热些。唉！

那知他越同种，心肠越坏；你越亲热，召祸越快。俗语说得好：引火自烧身。真真不错！诸君试想，这种族问题的话头是从那里发起的？上面所说这些种种无稽谰语，没根没瓣，四处哄传，闹得朝鲜大惊小怪，举国张皇，又是从那里出来的呢？诸君细想，也该明白都是由日使馆内三番五次秘密会议制造成功的，暗地里运动金钱，收罗了朝鲜一般无业游民，买嘱他们，叫他们到处游说，散布谣言。意思之间，总要想朝鲜百姓仇视各国，群起而攻，酿成那大大的交涉，不问你谁胜利，谁失败，他总可做那渔人坐收其利。你看他心肠坏是不坏？讲到这里，在下却想起一件事来了。记得我们中国向来学术纯正，凡是读书人，都是循规蹈矩，没有甚么异言异行。忽然在那光绪中叶，兴起了什么排满主义，什么种族革命的学说，就此宗旨一变，此倡彼和，愈衍愈盛。到后来推倒满清，改建民国，都是由这根枝上开的花，结的果。但究竟这一派学说起初从那里来的呢？追本穷源，还不是由日本人嘴里传布开来的吗？他也是想我们中国鹬蚌相争，自行捣乱，他好仿那渔翁的故事。幸而中国起义那年，没有上他心路，真算一时徼幸，这也不用说了。闲话收起，再说日人方面看见所用的离间计划，居然着着有效，竟能达到目的，便可放手做事，遂又向第二步进行上着想。请教他的着想，还有什么好念头么？无非幸灾乐祸，想你朝鲜发生乱事罢了。恰恰无巧不巧，遇着大院君党徒作乱，又给了他一个绝好机会。先是大院君摘去大权之后，心常恼恨闵妃，郁郁不乐。再加一般党徒从中播弄挑唆，积怨已深。又见闵氏当国以来，国事日非，今日和这国订约，明日和那国通商，竟是来者不拒，弄得国内成了胡越一家，五方杂处，竟与他当日抱定锁港主义的政策大相违反。他有时看不过去，也或发表些意见，国王多半不肯依从，心中又气又恼，无法可治，只好在背后时常发些牢骚话，简直说闵氏瞒着国王，竟要把国家断送与人。这宗论调，他是别有用意，想要借故泄忿的话头。但话虽如此，也还将就过了几年。到得这一年，正是前清光绪八年，朝鲜大祸就发作了。这年国内从交春起直到夏间，雨泽稀少，沟壑皆干，农民不能耕种，收成一无指望。正在上下困窘、大起恐慌的当口，偏偏又和美国订了一张通商条约。那些日本奸细便大造谣言，说这是白人入境，邪教横行，天罚我们受灾的原因。这些无知无识的愚民少见多怪，那有不信以为真，大院君党徒也趁此机会，另外又散布一种流言，说这回天灾确是由阴盛阳衰、政纲紊乱上生的。适逢其会，又有个统兵官因值年荒，军饷无着，合营鼓噪生变，外面饥民从而附和，有的是受大院君党徒挑拨，有的是被日人煽动，几面凑合祸机触发，一发就不可收拾。大家声称拥护大院君扫除朝内群奸，乱徒数千人声势汹汹，杀奔宫禁。国王闻信，想逃避出外，却被乱徒劫转，幽闭一室。闵妃在宫知是大院君戎首，素来结有仇怨，必定要与他为难。早用了金蝉脱壳之计，把一个宫女穿了王妃服式，假装是他，登时用绳勒毙，他自己却易服改装，混了出去。你看他脑筋灵活不灵活，手段很毒不很毒。等到乱徒进宫，他早已桃之夭夭。只见那假装宫女的尸首，大家以为闵妃已死，不分皂白，一阵乱刀，砍得血肉模糊，更难辨认。讲到乱徒本系乌合之众，都是些盗贼性质，还有什么纪律。这时在宫大肆搜刮金珠宝玉，劫掠一空，末了呼啸而出。出宫后，分作数起，四处出发，见官便杀，见财便抢，见屋便烧。可怜这些官员遭劫，死的死，伤的伤，大大小小，约有一二百人，民房也不知烧毁若干。一场胡闹，七乱八糟。大院君罪魁祸首，是不必说得的。但乱子是闯下来了，却要叫他收来，便没有这样本领。要他弹压，也没有这样能力，只是东攒来，西攒去，急得两头乱蹿，毫无法想。却把个日公使喜出望外，得着乱信，马上召集使馆人员，紧急动议，议定主见，立刻照办。一面令他本国商民即日离韩归国，一面招呼向来雇用的这些造谣生事奸细，也去附和乱民，混在一起，趁着大火之中，便也放了一把火，把一座日本公使馆一齐烧掉。日公使却早溜往仁川，坐了渔船，逃回本国去了，姑且不表。单讲这回乱事，究竟怎样一个结局。国王是已被软禁住了，无能为力，大院君又镇服不住乱徒，国内兵士又守了中立，不听调度。饥荒的年头，穷苦人多，乱民又越聚越多，真是内外无主，国不成国。请问那一个能够拨乱反正呢？这时却又亏得闵妃未死，倒还有些作用。他逃出宫后，带了两名心腹内侍跟着一班逃难百姓，男男女女，一起混出京城，到了一个乡宦人家，暂时躲避。那时电报还没有安设，只得赶派心腹内侍，星夜兼程前进，飞报中国，请求派兵救护。中政府接着警信，义不容辞，立刻扎饬海军丁汝昌、陆军吴长庆统率大兵，海陆并进，军容壮盛，如火如荼。一到汉城，那些乱徒早已闻风胆落，如鸟兽散，那里还敢对垒交锋？所以不到三日，把乱事平得干干净净。为首的乱徒一百余人都经杀掉，其余胁从的人既已逃散，也不去严追。大院君到了此时，看见大势已去，却又掉转风头，改换腔调，向着丁、吴两提督，口口声声说是变起仓猝，他也竭力平乱。怎奈兵力单薄，寡不敌众。那晓得吴长庆早经调查得明明白白，也不来说穿。他假意用好言抚慰，请他到营赴宴。大院君昏愦糊涂，还当是真个蒙混过了，便不以为意，竟然大摇大摆，前往领宴。谁知到得吴营，立时押上兵轮，送回中国，听候中政府发落。吴提督一面出示安民，查拿余匪；一面护送闵妃回宫，趁势拨了一营兵士，保卫宫禁；一面请国王临朝，整顿一切，重振旗鼓。一幕大武剧，恶打恶杀，就此才算。演毕了再讲，吴长庆本是淮军宿将，素有名望。他这枝兵向归北洋节制，驻扎在山海关外，镇守边防。虽说由奉天盖平过去，就和朝鲜交界，然而那时的交通，没有今日这样便利。再要他兴师动众，带着大队人马，跋涉长途，却也很不容易。假如他再要装腔做势，故意的请粮、请饷、请军装、请子弹，末后还要请什么开拔费，左耽搁，右延挨，今日这处一停顿，明天那处一逗留，等他行到朝鲜京城，不要半年，也要三月，那岂不误了朝鲜大事吗？到底吴长庆是服从命令的干城大将，和那拥兵自卫的跋扈小人不同，所以闻命即行，用兵神速。并且还有一层好处，他待手下兵士恩威并济，号令严明，到处鸡犬不惊，秋毫无犯。否则在那朝鲜地方，又是属国，又是平乱，这样功劳，真可不在小处。要照现在这些兵士看来，那奸淫掳掠的事情，还能问得吗？吴营兵士却举动文明，并没有这种毛病，因而朝鲜百姓个个簟[箪]食壶浆，欢迎恐后，这也不在话下。这时吴长庆见朝鲜国内诸事就绪，里里外外都已恢复原状，没有事了。正要拔寨起营，凯旋归国，不料仁川口外竟来了五号日本兵船，船上水手兵丁纷纷上岸，一个个张牙舞爪，耀武扬威，毕竟来意如何，且听下回分解。

第七回　济物浦二次再立约　开化党万恶召强邻

话说日本人做事，向来小奸小恶，鬼头鬼脑，不是东煽煽，就是西戳戳，弄得两方势成冰炭。他还要串在中间做个好人，其实真是一个偷鸡剪绺、趁伙打劫的小人行径。西人送他个徽号，称为流氓国，真真确切不易。请教朝鲜这回乱事，虽说是大院君兴戎起衅，实在暗中也有日人构成的。看那上回书中各节事情，就概恍然明白了。难得此番有隙可乘，他岂肯轻轻放过吗？所以遣派兵舰来到仁川，不过原意却并不是来与朝鲜为难，是来替朝鲜平乱的意思。假仁假义，一团美意，水手兵丁约有一二千人，来势倒也不弱，只可惜到迟了一步，乱事已经中国歼除净绝，无乱可平，大为扫兴。这是吴长庆一枝兵来得迅速的好处。但日本和朝鲜一海之隔，相离不远，怎么会隔上一月时候才派兵来呢？要晓得那时日本还是一个穷国，军饷军械究不充足，不敢轻举妄动，必要临时筹备，有了把握才敢出兵。所以朝鲜七月内乱事，他八月间才派海军中将端武左率领兵舰五只、兵士一千余人来的。那知道已被中国官员占着先了，朝鲜事事都已调停妥贴，实在无话可说。端武左一想：这回面子全被中国占去，难道我就白来了一趟不成？要是这样偃旗歇鼓，空着手回国，很觉没趣。于是左思右想，想出个大题目来了，就说这回日本使馆是如何的焚掠，日本人民是如何的冤杀，日本商业是如何的损失，种种蔑视日本，无礼太甚，开出问题，严重诘责。可怜朝鲜国王、朝鲜官吏，一个个都吓得目瞪口呆，不知所措。心想他说那什么人民的冤杀，什么商业的损失，是真是假，姑且不去问他。只有那焚烧使馆一层，众目昭彰，却实实赖不过去，如何是好？虽说中国那时还有兵队，还有交涉员在他朝鲜，但都是树叶，怕打破头，不肯出来仗义执言，和日本人开个谈判，朝鲜归根结果只好谢罪请和。又与日本订了一张新约，名叫济物浦条约。约上第一条是此次乱犯，概由朝鲜按法办罪；第二条是朝鲜须出五十五万金赔偿日本；第三条是朝鲜派遣使臣赴日本国谢罪；第四条是日本公使馆须置守兵，自行保卫。就由端武左正式立了约，签了字，这才带着兵轮欣然而去。唉！看这条约，也不过寥寥四款，似乎寻常得很，却不道种了后来无穷的祸根。从此朝鲜乱事就越出越大，搅得掀天揭地，倒海翻江，都是从这一张纸儿上生出来的。诸君可相信吗？你道毛病在那里？就是这第四条上许日本兵队驻在朝鲜国内，这是大大的铸成一个大错。试想他没有兵力，就是念头再坏些，还不能实遂其欲，即如朝鲜这回乱事，亏得日使馆当时无兵无械，没有得着实力，否则更要闹得尸山血海，杀气冲天了。这话并不是在下要冤屈他，他有了兵力，便如虎生翼，格外可以肆奸肆恶，为所欲为。还有个安安稳稳好日子，让你朝鲜君臣过吗？这是后话不提，单讲日本自从得着这张济物浦条约，在朝的势力范围，就一日扩张一日了。中国因见日本派兵到朝鲜，便也派吴长庆这枝兵常驻朝鲜，明示保护意思，暗底却监督日兵行动。日人一向怀着鬼胎，见了不无有些疑忌，但也不能阻当，只好随后再想法罢。一面大兴土木，把公使馆重行建筑，较前愈加壮丽了几倍。一面那些商民又重行结队而来，一个个调查物品，考察社会，准备作他殖民地的张本。但日本人到朝鲜的，虽则人多如鲫，然而朝鲜人到日本去的，却很稀少。此番条约内，要派使臣前往日本谢罪，真是破题儿第一朝。那些有声价的齿尊爵贵大人物，偏没个愿意前去，只得拣那时髦派少年贵族派了两人，赴日道歉。在国王意思，也不过敷衍这么一回事罢了，并不重视这两人。到了日本，也只知一味闹阔派，寻快乐，却正对了日本胃口了。把他两人当作上宾看待，非常欢迎，恭维得撺臀捧屁，曲意逢迎。在那迎宾馆里，今日一小宴，明日一大宴，官员招待周到，下女服伺殷勤，比那三国时刘皇叔款待蜀中张松还要恭维些，真是有生以来从没享受过这样幸福。外务省又派了外交员来，陪伴着两人到各处游览，参观什么公园、博物院、帝国大学、兵工厂、习艺所，四处遍游一周。看见他们街道清洁，诸事认真，很为羡慕。回国后不免极口称扬，说日人看承我国如何亲热，各界接待如何要好，他国内的政令又如何修明，教育又如何高尚，说得缤缤纷纷，天花乱坠。一般青年后生听得如醉如狂，心花怒放，恨不得立时三刻插翅飞去。于是学界有人要去留学的，政界有人要去观政的，商界有人要去经商的，还有多少人想去游历的，不约而同，争相前往。日本人知道这般少年血气未定，容易勾引，便放出那巴结手段，下了工夫，竭力拉拢。你是政界，就和你谈政治改革的方法，你是学界，就和你讲学术新旧的优劣，总之对症发药，因人而施。试想这些人向守本国旧制惯的，一经见着这种新式人物，听着这种文明话头，今日和这班人讨论讨论，明日向那班人访问访问，都是见所未见，闻所未闻，那有不五体投地、心悦诚服的道理。久而久之，便觉得自己国内事事龌龊腐败，竟如黑暗地狱一般，脑海中就把个日本国奉之如神明了。从此，朝鲜政、学两界就有许多人醉心日本，渐渐的就由羡慕心思变作了个倚靠心思，又由倚靠心思制成了一个亡国奴隶心思，不知不觉的饮鸩如醪，啖砒如蜜，你看日本人的魔力大是不大。再讲朝鲜国素来没有什么党派的，朝野上下都是一条心，只知服从中国，并无别念。就由这一般人见异思迁，攒进了日本的圈套，竟不上年把工夫居然成了一种党派，名叫开化党，又叫日本党。内中领袖党魁是金玉均、朴咏[泳]孝、洪英植等，都是一时极有名望的，想要仿照日本政治，改革朝鲜旧制。无奈朝内这些乔木世臣、椒房贵戚大相反对，在他们心理只是一味守旧，半点不肯活动。抱定这样宗旨的人却也不少，便也成了一党，叫做守旧党，又叫中国党。问那两党的势力，自然是守旧党占着优点。那时宰相闵泳翊，大臣闵泳骏、闵台镐、赵宁夏等都是这党有名人物。并且中国人自从上回平乱以后，在朝鲜的声势也还不弱，统兵的有提督吴长庆，办交涉的有同知袁世凯。那时朝鲜既和各国通商，不无就多添好些外交问题，一切都要赖中国接洽的，所以全国重要政权尽操在中国官员手内。不过你的内政中国却不来问的，你政治整顿不整顿，官吏殃民不殃民，全在你自己执政的。作为那守旧党，闵泳翊一般人不知振作，依然一板三眼，仿照老样做去，你想还入那开化党的眼吗？他们是游学东洋过的，自命受过文明教育，什么独立，什么平等，自由脑筋里灌输满了，那能看得惯？这种腐派，两党各趋一端，绝对不能相容，是不要说得的。再加日本人知道他们心病，又时时说长道短，用言挑拨，好像爱莫能助，很替他们代抱不平的样子。请教这些心浮气粗的小伙子，脑力简单，还有什么见识？就把个日人当做知己，事事和他秘密商量，要求扶助。那朴泳孝、洪英植等一般人，天天在日使馆成群结队，出出进进，好像忙不可言，也不晓得葫芦里卖的是什么药。那时正在前清光绪十年，日本公使是竹添进一郎，他见日本利用的事机渐要成熟，就和朝鲜那些执政大臣格外要好，说道："贵国如要改行新政，经济或有不敷，敝政府情愿把济物浦订的赔款全数退还，聊尽友谊。只要两国邦交从此格外亲善，敝国就算损失些利益，也决不计较的。"诸君这是他明知守旧党决不肯行新政，落得说些大方话，好让开化党的人听听。一则要叫他们晓得日本一片热心，大家必然感激；二则要两党因此争执，这炸弹好爆裂得快些。果然隔不了多日，一出全武行的新剧开幕了。那天正值新洋务局建筑落成，大开宴会，遍请各国官商，朝中一班文武大臣都在座作陪，躬预其盛。到那日中时候，一国国官商陆续均到，单单只有日公使托病辞谢，其余那些官吏、殷商也没有个到的。大家以为他们因见公使有病不来，故也中止，却没什么要紧，遂不在意。于是大众入座观戏，宾主联欢，觥筹交错，一片管弦丝竹之声洋洋盈耳，不知不觉，直饮至金乌匿影，灯烛齐辉。正在酒酣耳热之时，忽见一人张皇走进，向闵相耳边不知说些什么言语，但看闵相顿时面容失色，匆匆出席，向外而去。众客均觉十分诧异，并远远闻得枪声、人声，不知何故。正深疑惑，但听那声音越闹越近，喧哗嘈杂，如怒涛溯湃一般。再望外一看，火光烛天，人如潮涌，离局却已不远。众外宾便非常惊恐，慌慌张张，各自奔窜而去。那时中国官员袁世凯、吴长庆等本也在座，见这变起仓猝，知道其中必有特别缘故，遂即赶回本国公署，互相商议，准备兵队听候调动，姑且慢表。再讲此番乱事的主动力，想诸君已大概明白，也可不说。只就当时暴动情形而言，那开化党朴泳孝、金玉均、洪英植等着人先把宰相闵泳翊诱出，洋务局出其不意，蜂拥上数十人，团团围住，用刀刺死。随后一声号炮，登时各处应响，纷纷聚集二三千人，先拿洋务局放起一把火，烈焰熊熊，全城震动。朴泳孝等趁势飞奔入宫，诳报警信，便说清兵作乱，闵相已被害。乱兵声势汹汹，现已逼近宫禁，恐将入内，非召日使带兵入卫不可。那国王和闵妃已吓得抖做一团，急切说不出话来。朴泳孝不由分说，立逼国王写了“日使速来”四字，专人飞送日使馆。那竹添日公使这日托病辞宴，病是假的，暗地里在那里调兵遣将是真的。不过没因头不好出发，一得了这四字，召符马上带领兵队，星驰电掣，迳行入宫。可怜那时守旧党的大人物如闵台镐、赵宁夏、李渊、尹泰骏等，都已尸骸狼籍，被杀干净，只有开化党和日本人的势力了。日使一进宫，他们就聚议开谈。首先，金玉均道：“为今之计，第一急着，先要把中国兵制住，才能济事。”朴泳孝道：“中国兵倒还在次，如今急其所急，是在国王，我们亟须把国王安顿起来，再说别的。”洪英植道：“此话果然不错。宫内现在虽有日兵防卫，但国王的行止，总须格外留心监守。”日使道：“诸君若能设法送国王到仁川，本使总可担保，送他稳赴东京。”说到这里，朴泳孝便屏退左右，另开秘密会议，议毕，大家一拥入内，来见国王。金玉均挺身向前道：“外面清兵已闹得不成像了，请王速速更衣，随臣等出外，自有保护。”国王见这班人来势汹汹，知道不妙，已吓得面无人色。又经这样威逼，言语无话可答，只有呜呜咽咽，掩面悲啼罢了。欲知后事如何，且听下回交代。

第八回　天津城双方修韩好　景福宫连叠被日兵

话说上回书内，朝鲜王被开化党乱徒逼得掩面悲啼，却也难怪其然，所谓张天师被鬼迷，有法也无法了。请教这时日使出的主意，要叫他们把国王送到仁川，保往东京。这些卖国贼就开秘密会议。试问秘密之中还有个好议吗？咳！他们自己也不想想自己，倘真个国王一往东京，这朝鲜国还不是一起随同去了吗？那里还有权利轮得着你，开化党真在那里做梦了？

闲话休絮，如今且说金玉均一班人，你一言，我一语，只是在旁催促，国王只是一味哭。那时外面隐隐约约枪声不绝，洪英植急了，连连顿足道："事情已是紧急得了不得了，不是一哭就得了的，清兵越来越近，难不成就束手待毙吗？"说时迟，那时快，早由金玉均拿了一套白色衣帽，走近国王身边道："望吾王赶紧穿着起来，暂避一时，臣等自有万全妙策。"国王口内不言，心里明白晓得他们不怀好意，越加悲伤起来，索性两手拉着闵妃、世子，放声大哭。朴泳孝等守候得不耐烦了，再听外面人马声、枪炮声、厮杀叫喊不绝于耳，知道清兵真个到了。大家遂不由分说，一起上前，拉的拉，推的推，急忙忙把国王衣服替他换了，推拥就走，可怜闵妃、世子也只得跟在后面，且哭且走。正要出宫时候，忽见一个太监飞奔进来，说："不好了，中国兵已破入宫门，十分利害。"洪、朴等得此警信，便抛弃国王，急急带领党徒出外迎敌。诸位，这时国王真险极了！中国兵若迟到一步，怕不是做那卖国贼一份大礼物，恭恭敬敬送往日本吗？这却亏得袁世凯脑筋灵活、赴机神速的好处。他由洋务局出来后，早经派人四出侦探，一面请吴长庆下令动员，等到侦探回报闵相被一班留日武备学生刺死，心中就猜着祸因所在。不一刻，又有人来报：朝臣尽遭杀害，现在日使奉召带兵入卫去了。袁世凯一听此言，便向吴长庆道："国王不召我辈，反召日使，事太离奇，内中显有别谋。请军门火速传令，快发全队人马，先把王宫围住，攻入内廷，捉拿乱党要紧。"吴军门一声令下，全营将士抖擞精神，飞奔前进宫外。那些从乱之徒，遇着劲敌，正如摧枯拉朽，死的死，伤的伤，捉的捉，逃的逃，烟销雾灭，一扫而空。把个景福宫围得铁桶一般，点水不漏，然后再向里进。你想在宫内的乱党党魁、党羽并拢来，不过百数十人，日兵也不过三百人，吴营兵士却有四千多人，众寡悬殊，还想抵当得住吗？竹添日使心中也觉有些慌了。洪英植等势到危急，各人手拿一炸弹，拼命向前乒乒乓乓一层乱掷。中国兵出其不意，忽听声震屋宇，霎时烟尘密裹，砖石齐飞，趁此当口内里冲出数百人，势如恶潮骇浪，一拥而来，竟被突出重围，向北窜遁。这时袁、吴目的在先行入宫，探望国王要紧，故就此鸣金收兵，不去穷追乱党。好在宫内的党人，杀的走的差不多，没留一个。朝鲜一场大乱子又算闹过了。那时国王初听清兵围攻宫禁，也甚惊恐，不晓得是祸是福，只得和闵妃、世子暂躲在后苑一个小监房内。隔了半晌，外面杀伐之声虽然停止，却不敢公然出外。那些中国官员进宫，不见国王，到处搜求，一无下落，竟不知到甚么所在，去了倒很着急。后来还是几个太监宫内宫外分头寻找，才有了着落。当时奏明一切，请驾回宫。国王心里这时真感激中国官员到沦肌浃髓，莫可名言，从此依赖中国的心思，自然格外加重。这也不用说得的，姑且搁起不提。单讲竹添日使那时率领残兵簇拥着一班乱党，急急奔回使馆，查点人数，损失不少。那党魁之中，重要人物却少洪英植一个，谅已遇害，金玉均、朴泳孝等一干人自知失败，国内难再存身，连夜改装易服，逃往日本。这里日使馆内大家计议，此番好好的一桩美事，又被中国人打破，暗中吃了如许大亏，心实难甘。彼此商量了一回，又想出一个歪主意来了，只得抄袭陈文，仍照前回办法，还从这使馆上生发问题。难得洋务局一把火四处蔓延，又像火烧新野一般，趁那秩序棼乱时候，暗把自己使馆用些炸药炸毁了几间，然后一溜烟齐向本国去了。那时日本政府得着这个消息，互相讨论，具说中国兵久驻朝鲜，实大不利，我日本欲图朝鲜，非把中国兵先行撤退不可，欲撤退中国兵，非和清政府直接开谈不可。遂想定主意，就借烧毁使馆做题目，派了伊藤博文到天津大开谈，判说这回朝鲜乱事，全是中国兵生事所致，炮击日使馆，并且纵火焚烧，明明仇视我日本的意思。清政府便派李鸿章、吴大澂二人和他辨论，终究外交手腕不及人家强硬，归根结果，少不了依他意旨，双方订了一张条约，叫做天津条约。看他内容，也不过仅仅三条。那三条呢？

（一）两国驻朝鲜戍兵皆行撤去。

（二）朝鲜练兵，两国皆不派教练官。

（三）朝鲜有乱，两国皆不派兵。如遇事故，必须遣兵，两国互相通知。

据外面看起来，这张条约不偏不倚，很为公允。然而要晓得朝鲜是中国的属国，这条约一订分明，断送朝鲜，不认朝鲜为属国了，比那自招供状还要切实些。试想日本人费了许多的心机、许多的奸计，先在朝鲜骗了一张独立自主的条约，这回又在中国骗了一张撤兵弃守的条约，要他们两方面脱离关系，他才好加鞭急进，稳取西川了。诸君想想看，日本人的机械变诈，可怕不可怕呢？闲话休絮再讲。这天津条约，是光绪十一年三月间订的。从此以后，日本外面却装着没事样子，朝鲜一方的事情，面子上真个像不闻不问，一些不管，暗地里却和这班开化党联络一气，非常的优待，非常的亲热。这些人得了日本好处，一个个都感激图报，甘为奴隶，不过一时无隙可乘，所以朝鲜国内也将将就就过了四五年，安稳年头，无巧不巧。这一年，朝鲜国王又想起大院君来了。请问这一晌时，大院君的踪迹怎么会无声无臭，安静了这许多年呢？说起来，诸君想也应该记得的。还是前番闹了乱子，失败之后，被吴长庆诱入营中，送往中国，软禁在天津地方，一晌没放回国。现在国王想到他究属天亲之谊，久羁中国，到底面子上不甚好看，遂恳恳切切写了一道表章，遣派专员随贡呈进。那时西太后本没有什么成见，立即降旨，准如所请，释放回国。论理，大院君回国以后就应该悔过自修，安分守己，那些权利念头一概打消，自己优游岁月，颐养天年才是正道。谁知江山易改，秉性难移，糊涂虫到底还是糊涂虫性质。他一回朝鲜，看见国政依依然老样，丝毫没有改良，大权都在闵妃手内。闵氏的兄弟子侄各据要津，卖官鬻缺，政以贿成。大院君看着，很不舒服，又想起前番失败的事体，越想越不得甘心，总怀着一个乘机报复的心思。那时朝鲜国内从国王起，里里外外最相信的一个中国驻朝鲜办事大员袁世凯，说一是一，惟命是从。大院君在先也想走这条门路，拍马恭维，竭力巴结，时常在他面前说起国王如何的委靡，朝政如何的腐败，外而敌国，内而党徒，祸机四伏，若不速谋改革，恐难图存等语。要想袁氏替他做个出头椽，他好重上舞台，再来摄政。请教袁世凯是何等脚色，真是曹操第二，那肯来掮你的木梢吗？不过敷衍他几句门面话就算数了。然而大院君要想摄政的春梦，总不肯觉悟，见着中国官员不能借助，便改换了方针，另寻门路，姑且慢表。那时朝鲜的开化党，也像前清那革命党一般，东闹西闹，闹得天翻地覆，势力一日，膨胀一日，到处都有他们的党魁。什么金玉均、朴泳孝等一班人，具在日本东京，算是国外的一个总机关，内中却自有主持，人物不言而喻。这里朝鲜一举一动，都有人秘密侦察，随时报告，个中消息灵通。所以大院君如何意思，如何希望，和袁世凯如何计议不成，如今又如何打算，早经元元本本，清清楚楚。金玉均他们得了这种报告，心中欢喜，自然不必说得。有了这好题目就有好文章做了，暗地里派人趁势沟通，双方接洽。一日，总机关内接着一封密信，金玉均看了，急急忙忙就往日本外务省去，去了出来，党中就开紧急会议，议些什么，他们严守秘密，外人不得而知。那时，朝鲜京城中日两国的兵队早经撤退，倘然举国上下万众一心，不立什么党派，不争什么权利，不借什么外助，倒也可太太平平过些日子，不致于受人愚弄，吃人亏苦，无奈自己国内尽出些蠹虫蟊贼，心心意意要把那国本啮伤，枝叶啃尽，方肯歇手。咳！这也是朝鲜气数使然，即如开化党这些人，醉生梦死，拿着胡越当昆弟，同胞当寇仇，倒行逆施，不知轻重，一味的替他日本穿针引线，牵马拉缰，做那引狼入室的先锋，他还有个不欢迎的吗？不讲别的，单讲这回。自从金玉均他们接着密信后，大家鬼鬼祟祟秘密进行。隔不了许久，一日朝鲜京城忽地到了无数日人，大街小巷，四处满布，全是武装打扮军人模样。顿时，朝鲜上下大起恐慌，沸沸扬扬，议论纷起，有人说日使馆又要驻兵了，有人说是国王召他们来的，又有人说是大院君暗地运动来的，一个个背地猜详，疑团莫释。那宗稍有见识的人，料定早晚又有大祸发生，早溜出汉城，避往别处去了。这里又过两日，到第二日夜间，更深人静时候，那景福宫外守卫的兵士，突见大院君耀武扬威，当先引路，随跟着一队日兵，迳向宫中直闯。这些兵士见是大院君率领来的，又见声势凶猛，遂眼睁睁的看他进去，不敢拦阻。可怜国王在睡梦中惊醒，被他们软禁起来，一面矫旨，令大院君仍行摄政，满朝官员黜革的黜革，驱逐的驱逐，所有闵家的人一概淘汰，由日本人做主，换了一班开化党人物，忙忙碌碌，乱了两日。那时驻韩还有各国使臣，他们听了这宗非常变故，都大为诧异，赶着入宫，来见国王。那国王却被禁在一间小房里，行动不得自由，心中还忒忒忧惧，怕遭那日人毒手。这时见着各公使，只是仰面觑着他们，愁容可掬，好像要求他们援救的意思，话却没有一句。各公使见这可怜情形，也都代抱不平，说话之间，隐隐约约就有指摘日人的口气。那日本人听得各公使有些不大满意，恐怕群起责言，反觉无谓，便一面先行撤兵，退出宫禁，一面向众声明说道："敝国这回出兵，实非本意，是迫于大院君请求所致，并没半点贪图土地权利的野心，这些兵队不过稍待修息，不日仍当回国的，请勿误会。"各公使得了这种口头照会，谁还来管你是真是假，替他朝鲜辨驳，便人家一笑，丢开算了。这是大院君回国后第二次又闹了这样一个乱了。事情虽没有十分剧烈，然而无缘无故，为了自己想得好处，引鬼入门，父子也不问了，国家也不顾了，真算是卖国贼当中一个大魁首，可发一叹。自从这蒂[个]新戏演过之后，朝鲜和日本交涉渐渐就多起来了。为了什么海上捕鱼权的争执，什么禁止米粮出口的损失，借端借故，有意吹求。朝鲜人是吃足日本亏的，如何再敢执拗，只得自认悔气，要让与就让与，要赔偿就赔偿，只求图一个安静便了。总之，他两国之间常常的无风起浪，无雨生烟，到底是些什么缘故呢？诸君，这就是那些开化党的坏鬼，在里面挑唆播弄，搅得不清不白，无止无休。朝鲜国内，也晓得是金玉均、朴泳孝等这班人从中作恶，受害无穷。大家提起了，都咬牙切齿，恨入骨髓，这也不消说了。书中有话即长，无话即短。到了甲午这年，其时正在前清光绪二十年春天，朝鲜政府忽然接着中国一个电报，说是叛党金玉均在上海旅馆被洪钟宇刺死云云。朝野上下，得此消息，一时欢声雷动，举国若狂。大家互相称庆，以为天网恢恢疏而不漏。洪钟宇此举，真为国家除一大害，功绩不在小处。但究竟金玉均怎么又到上海去呢？怎么又会在旅馆被人刺死呢？洪钟宇究竟又是什么人呢？欲知详细，且听下文。

第九回　游上海殄除国贼　剿东学牵动外交

话说开化党魁金玉均，先是和洪英植、朴泳孝等一班人同谋作乱，几危社稷。后经中国兵削平大乱，只有洪英植当场伏法，金与朴等挟资逃往日本，仍然同恶相济，不知悔过。日本也就靠着他们做个内应，极其优待。那洪钟宇本是洪英植之子，家住汉城，曾经游历德、法等国，能操各国方言，却也是个新学家，间或也到日本游历，游历和金玉均等不时相遇。在他们一方面看来，以为是洪英植的儿子，有其父必有其子，谅来也能继承先志的，遂一意拉拢，引为同调。那知洪钟宇热心爱国，志向不同，见着金玉均正是杀父仇人，大有不共戴天之势。这是什么缘故呢？原来他父洪英植通晓洋务，当时总理朝鲜邮政事宜，国王很为信用，本没有谋为不轨的念头，都是金玉均鬼串鬼诱，勾上梁山，才被了这恶名，送了这性命。你姓金的反逍遥事外，卖国求荣，天地也不能久容的。不过洪钟宇隐痛在胸，含蓄不露，面子上仍佯为交欢，非常要好。这年二月间，不知日本又出了些什么坏主义，想要和中国人勾搭勾搭。那时中国地方日本人的踪迹还少，若叫他本国人前来，又恐怕中国犯疑，便暗地派遣金玉均来华运动。玉均受了机宜，即日就道，恰好到得长崎，遇着洪钟宇，彼此相约同行。到了上海，寓在虹口日人开的一个东和旅馆内，金玉均是和一个日仆北原氏同住在二层楼一间房内，洪钟宇另居一室，两人安顿停当。旅馆主人吉岛德三便出来周旋一番，并问两人来此何事。玉均诡称是姓岩田，名叫和三，来此闲游。洪钟宇也说想览沪江风景，所以随金同来。主人遂不疑有他，蹒跚而去。次晨，洪钟宇手里拿着五千元一张支票走来，把金玉均看，说是要到小东门外天丰钱庄照付。取了此款，便好做些贸易。说毕，匆匆出外，隔了半晌，回寓说道：事不凑巧，偏偏今日天丰主人他出，须要旁晚方归，只得明日再去。彼此闲谈了一会，午饭后，各自回房休息。歇了一时，洪钟宇听得壁上钟鸣两句，便把身上所穿的西装脱去，改换了朝鲜服式，轻轻俏[悄]俏[悄]走到金玉均房内，见他横卧在窗口一张藤榻上，正入睡乡，遂故意使唤北原出外买物。这也是素来常有的事，北原并不在意，应声而出。洪钟宇见他下楼去远，突由怀中取出手枪，对准玉均猛然轰击，一声响亮，正中左颊，弹由颊旁斜穿而上，直达腮门，右边鲜红喷薄。他已从梦中惊觉，痛极狂嘶，正在起身，第二枪又到了，直贯左胸，横穿过右，却未透出皮膜，那时还能行动，想往外逃。洪钟宇恐他不死，末后再发一枪，又中左肩，这才踩开，大踏下楼走了。这里金玉均连着三枪受创后，还奔出房门，至东首第五间房外，倒地气绝。吉岛诸人方在楼下，蓦闻响声震耳，还疑是门外人施放花爆，并不疑到楼上变故。只有三层楼上诸客听得真切，奔下察看，但见一客血染糢糊，倒毙在地。登时大众惊惶失措，棼乱如麻。楼下吉岛正因见洪神色张皇，匆匆出户，不知何故，便又转想到：在先响声可疑，莫非就是他吗？正在心口相猜的当儿，忽听上面一片声喧，心知有异，急急走上，见已演出惨剧，凶手已逃，赶即禀报领署。日领因朝鲜人自相残杀，不便与闻，便着径报捕房。捕头一面饬役报县请验，一面派探严缉凶手。旋在吴淞一个小客栈内，将洪钟宇捉获，解捕归案讯办。那时上海县知县是黄爱棠，次日上午，带同刑作到那旅馆，先传吉岛，次问北原，据称是日本人，自幼随岩田迄今十载，不知他是金玉均，但知他在日本名周作，来上海改名和三。黄知县遂即相验一周，然后带洪讯问道："你和死者是朋友吗？"答道："谋叛之人，那得为友。"又问："你何故杀他？"答道："大逆不道的人，人人可诛，若任返国，势必又兴波浪。"黄知县道："杀人者死，你可知道吗？"洪道："岂有不知，不过为国除此巨蠹，死也甘心。"又道："你怎么知他便是金玉均呢？"答道："他时称岩田周作，时称岩田和三，然确系金玉均，辨认无误。"黄知县见洪相貌魁梧，衣服儒雅，言词侃侃，略无惧容，知非朝鲜下等人物，遂也不再下讯。回衙后，立即禀请上海道聂仲芳电禀两江总督，一层层转电到朝。后接驻朝总办交涉委员袁世凯回电，略称金玉均系朝鲜叛臣，脱逃已久，洪钟宇系官员，此案理合解归朝鲜定夺。黄知县遂把这案人证及金棺木一并护送回朝，上海一边就算了结，不用再说。单讲朝鲜一方面得着洪钟宇引渡归国的消息，一个个兴高采烈，踊跃欢迎，国王也便下谕戮金尸首，升洪官职。但在日本却大大失了一个国外忠臣，所以先闻金玉均的惨信，即开会追悼，拿他遗发营葬。一时朝贵乡绅及上下议院人员不下数千人，皆甘心为之执绋，及闻戮尸信息，都很愤愤不平。恰巧那时朴泳孝又在东京被人行刺未成，日本遂疑到朝人李逸植身上，道他是洪钟宇一党，当时捉去，治以重罪。由此朝日两国感情大伤。外患已是间不容发，那能还容得内乱吗？谁知福无双至，祸不单行，偏偏这年三月里，朝鲜就出了内乱。叫做什么？东学党党魁崔时亨，乃全罗道古阜县人氏，狃于旧习，素恶维新，和那开化党极端反对，水火莫容。这时因见侈语求新的金玉均戮尸示众，刻意守旧的洪钟宇超授显职，国人个个快慰，个个悦服，知道全国上下的心理，大势所趋，都还是偏在守旧一边的多。趁此人心所向，事机可乘，便在全罗道地方揭竿创乱，自号纬大夫，有众数千人，头裹白布，手执黄旗，首先将县官杀死，占据城池。转运使赵弼泳一声闻警，即便遁逃。因此，乱民直入仓库，劫掠粮饷，搜集军械，扫数一空，且在各处张贴伪示，号召徒党，并立有规条四种：

(一)弗杀人,弗伤物;

(二)替天行道,济世安民;

(三)忠清讨日,保国灭夷;

(四)驱兵入京,尽灭权贵请教。

那时,这许多百姓屡遭虐政,困苦不堪,都弄得室如悬磬,家少盖藏。一时咨嗟怨叹的声浪,遍国皆是,再加愤恨日人,达于极点。正是人心思乱的时候,见了这几条话头,人人都中心坎,一呼百应,争相入伙。不数日,就聚集五六万人,星火燎原,寇氛大炽。一路风驰云卷,如入无人之境,陷全州,陷庆尚道,势如破竹,锐不可当。在先韩廷闻警后,本已派遣招讨使洪启勋前往征剿,并借了中国靖远兵舰,□带苍龙、汉阳两艇,装载兵士,往忠清道进剿。无奈屡次交锋,屡吃败仗,非但不能克复一乡一镇,反节节退让,节节失陷。至此,贼势日盛一日,愈见猖披,竟然得步进步,声势汹汹,直向汉阳城来了。警报接二连三的到来,风声一日紧似一日。都城戒严,国王也着了急,知道这回乱事很不在小处,愈逼愈紧,渐渐要到眼面前来了,已如溃烂疮疖,不可收拾。要望自己国内兵士扫平这乱,恐怕无此能力。遂想到上两回的祸乱,幸亏得中国兵力代为平定,今番不如还向中国请兵援救,倒是正当办法。急急把中国交涉员袁世凯请进宫来和他商议,定当马上拟就一乞兵电文,拍发到华。清政府因为属国求援,万无坐视不救之理,俗语说得好,救兵如救火,刻不容缓,立着北洋大臣李鸿章飞速派兵驰往赴援。那日,李鸿章正在大阅海军,一得朝命,随即选拨精兵四千,分登海宴、海定、图南、拱北四舰,直往朝鲜靖乱。一面遵照天津条约,行文知照日本。那想日本早已下了动员令,比你预备在先,一声出发,齐上兵船,抢先赶到仁川,立刻舍舟登陆,飞也似的扑奔汉城,突然入内。他是以保护自己商民为言,大队的人马军械,今日到些,明日来些,陆陆续续,不计其数,弄得都城里外无处没有日兵。要晓得清兵是请来平乱的,他是安心要来捣乱的。所以一边在那里出力剿匪,收复名城,东学党已退至海滨,渐要扑灭;一边却在城内布置守具,在先不过把各要隘占据住了,后来竟连警察也来了,梭[逡]巡街道,把守城门往来的行人都要一一搜检。四城上并架起大炮,日夜防守,一切也不由你主人自主了。朝鲜上下见此情形,大家惊骇异常,国王更慌得没有主意了。日本从前对付朝鲜所用的法术,哄吓诈骗,却还有些软劲,今回怎么竟改变宗旨,用那一派强硬手段呢?这是筋海中受了激刺,恶感太深所致,所谓蓄之久者发之暴,也不是一桩了。第一桩还是甲申那年起的,为了开化党失败,日本没有得志,反吃暗亏,今想乘机雪怨。第二桩,前回朝鲜王太妃薨逝,清日两国一样遣使吊唁，国王对着清使非常恭敬，对着日使不过尔尔，今想挟势争回面子。第三桩，金玉均久受日庇，竟被你国人刺死，还要戮尸，大削我日本的颜色，今想借兵洗耻。第四桩，日本这时正新立议院，群情未洽，屡议屡散，他想效法泰西，借外侮以化内乱。有这种种原因，所以调集海陆各军，齐向朝鲜进发，准备一声决裂，即便开战。中国这时已得着朝鲜紧急报告，李鸿章心想朝乱还没有戡定，日兵倒又侵入了汉阳，真是一波未平一波又起，不能不派几个大员前去，方能内外兼顾，便宜行事。一面遂奏派古北口提督叶志超、太原镇总兵聂士成各统雄师继进，叫他们或驻牙山，或屯仁川，以俾远平祸乱，并令严戒两军，毋许轻入汉城，致起衅端。一面电饬袁世凯，令其据约与日力争。另又电咨朝王，略称日本忽动大众，事出意外，我朝今必约令日本同时撤兵，日使日来有无陈请，大王总不得过听云云。一边又由总理各国事务衙门和日本外务省直接交涉，请其撤兵。那料他恃强凌弱，非但不肯撤兵，反源源而来，有增无减，竟至无日没有兵队到朝。那时驻朝公使名大鸟圭介倚仗兵威，尤其强横，任你朝鲜行文诘问，中国据理力争，他都不来睬你，也不提兵不兵的话，只反问朝王当日济物浦订的条约认是不认，还是因系中国藩属，取消这约。朝王弄得糊里糊涂，摸不着头脑，只得含糊回复，所订条约自然承认，万无取消之理。日使正要得你承认两个字，请教承认什么，就是承认自己是独立国，自己既承认独立，就用不着他中国干预。大鸟氏随即不问情理，出了种种难题来要挟了，要朝王谢绝称藩，改称自主，又要辞谢中国驻朝交涉委员并助剿乱党的军队，还要勒逼朝王马上改革内政，说是历次乱事都是政治不良所致，敌国愿代出力整顿，并开了五条政纲，硬令一一照行。试想这些横凶霸道、一相[厢]情愿的话头，朝王可能够应允吗？见他来势凶恶，咄咄逼人，却又不敢斩截回绝，左思右想，实在为难。他又催促得利害，今日一趟，明日一趟，来讨回话。朝王逼得走头无路，只得假装亲热涎皮笑脸道："贵使所提各节，真是关切敝国，得了不得，足见两国邦交亲善，才能如此，想得周到，感激非轻。所有敝国内政，这回乱后不消说得，自当振刷精神，大加改革，必能有以报命。至对于中国进行的主张，似乎总在双方撤兵后方可开谈，所以还请贵使以撤兵为前提。"这番说话，在朝王也算回得委婉可听，无如大鸟氏主意坚决，没有一毫相商的余地，当场争论了几句，走了朝王，一筹莫展，痴心妄想，只想中国能把这事和平化解就好了。怎奈国里坏鬼太多，第一个就是那大院君，上一回虽被搬动，日兵硬送上台，然而上得台去，没有立住，脚就跌下来了。这回他困昏了头，看着又是个好机会，便代日使暗里买通内线。这日出其不意，大鸟氏竟带兵入宫，朝王吓得目瞪口呆，已如瓮中之鳖、釜底之鱼，身命全在人掌握中。中国交涉员袁道得此警信，知道事已决裂，不可挽回，一面飞电北京，一面率兵回国。大鸟氏也不来问你，外面用些门面话，先稳住了驻朝各国公使，里面威逼朝王，承认那五条政纲，说不得仍把大院君搀上台来，做个傀儡，一则拿来遮遮旁人耳目，二则也可遂他心愿。日使主意如此，欲知后事如何，且听下文分解。

第十回 逞强权越俎谋新政 告祖庙当众布条文

话说日使大鸟氏带兵入宫之后，不由分说，先把国王干搁起来，再把大院君安上个摄政名目，然后把从前一切政治成规全行推翻，那些守旧党人物抹杀，一个干净简直，独断独行，就像是他的天下了。那时开化党势焰衰落，又有个什么急进党出现，都是一班青年学生，平日醉心欧化，洋气冲天，好谈个新学，专讲个平等自由话头，想要摹仿文明国制度，改行新政也不止一天了。现在见日本来替他整顿国政，改造独立自主，新朝鲜还有不踊跃欢迎，趋承恐后吗？日使也正用得着他们做那烘云托月的架子，就拿重要职任都派了。急进党又用了许多日人作为顾问官，真是另换脚色，重开锣鼓，把国政分组了八部：内务、外务、军务、法务、农务、商务、学务、工务，又设立个议政府，统辖一切。还要开国会，立议院，制宪法，全照他日本现行式样做来，倒也兴会淋漓，十分热闹。就形式上看来，一个个摩拳擦掌，锐意维新，好似朝鲜从此真个大有转机了。就是各国公使眼光注射，见着日本如此尽心出力，帮助朝鲜整理各政，所有紧要重任，又都用朝鲜本国人才，并没有丝毫攘权夺利的野心，实在厚爱邻邦，热心可敬。那晓得内幕却大大的不然，早把朝鲜政权、兵权、财政权、农商税务权，用那神仙一把抓的手段，那一件不被他和盘掇去，全归入几个日本顾问官掌握之中。就这一宗顾问官而论，朝鲜各机关、各衙署、各局所，里里外外，七七八八，并拢来计算，竟有五六十人之多，名为顾问，实握大权。试问这些急进党新人物，既没有真实学识，又没有政治经验，还不是仰他鼻息，听他使唤，虽则这些顾问官比较旧官僚，自然开通多了。不过这样一个腐败国，一时澈底澄清，另起炉灶，立时立刻，要求速效，把那日本维新三十年的成绩，按腔合拍做去，想在一两月内定要做得一样，未免过于急躁些。所以今日下一条教，明日布一号令，甚至朝更夕改，出尔反尔，不要说国人啧有烦言，就是自己也弄得昏头塌脑，茫无头绪了。姑且不表，且说大院君在日兵初来的时候很为高兴，暗地里也和他们伙在一起，鬼混鬼串，居然把摄政位分又混到手了，开心得不亦乐乎？以为这回总能扬眉吐气，恢复大权。那里晓得徒有摄政的名目，没有摄政的实际，一切事情全不能由他作主，比到从前摄政时的威风，真有天渊之别。唉声叹气，大为扫兴。请教大院君是个利令志昏、反覆无常、极坏的坏坯子，想到替日本人帮忙，忙了一场空，不能得他什么实在好处，倒不如仍旧倾向中国，还可以取悦求荣。况且听说中日两国现在大动干戈，两下已开了仗了。以理而论，中国是大国，粮饷充足，人马众多，还怕敌不过区区三岛的日本吗？不如趁早打点门路，通些情悃，为将来自己留个地步，才是正理。于是赶紧动手，写了一封通款的密信，大概说，日本人如何威逼国王，如何暴虐国民，如何饬辞欺瞒各国使臣，现在举国上下如何盼望天兵，如何愿为内应，写得勤勤恳恳，委婉动听。写毕封好，交与一个心腹门客，叫他严密收藏，更换衣服，混出城去，径往平壤清营投递。那料中国不争气，左吃一败仗，右吃一败仗，节节败，节节退，一直退回本国去了。问到清廷派来的兵呢？却也不少。那些统兵大将叶志超、聂士成、丰升阿、左宝贵、卫汝贵、马玉昆等，那个手下没有四五千人，其余还有几枝大队人马。另有大员统率的如宋庆、刘盛休、依克塘阿、吴大澂等，统算起来，陆军兵力不为不厚，而且还有丁汝昌带的全部海军。那时北洋很有几号铁甲战舰，若然能够海陆齐心，互相策应，也还可以抵御日师。无奈统兵将帅尽是些临敌畏葸，各不相顾。平壤这一仗，陆军丧师辱国，大伤元气。只有左宝贵一枝兵，孤军御敌，奋不顾身，鏖战四昼夜，力竭殉师，余均望风奔溃，一败涂地。尤其可笑是，丁汝昌的海军在鸭绿江外大东沟海面，这一仗简直片甲不回，全军覆没，把中国几十年所练的海军，一起送得干干净净。还有什么话讲？这些全是中国的事，也不必说他了。再说大院君自遣心腹送信去后，心中忐忑不宁，好像吊桶打水，七上八下，急于盼望回信。不想一混多日，不但清营没有回复，连去的人也杳无踪迹，时时抓耳搔腮，非常焦躁。再听听外面风声，清兵大吃败仗，朝鲜境内已无中国人影踪。现在日兵势如破竹，直进满洲，渐渐要打到辽阳了。他听着这话，有如一瓢冷水，从头顶一直浇到脚跟。再一转念想，中国兵力就是再不中用些，也不至于败得这般容易。此话恐怕不确。后来又细细查听，这个来说，那个来讲，个个都是一样声浪，千真万确。再看那些日本人举动，一个个色舞眉飞，脸上都现出一种得意形状，才信中国真个大势已去，完全失望，少不得还是敷衍日本罢。不要再三心两意了。但话虽如此，那送信的人怎么没有见着回来呢？不要在路出了什么义[叉]子。这是大大的一个干系，疑心生暗鬼，越想越害怕起来，偏偏这个当口，又听得外面纷传说是日人拿住了好些奸细，有的是中国人，也有的是朝鲜人，一齐解到日使馆来审讯了。大院君这一惊，非同小可，真似青天一个焦电，吓得魂不附体。顿时面色大变，心口突突跳个不止，心想事情做坏，懊悔不及。倘然奸细之中有我门客在内搜出书信，如何是好？却又不便前去打听，左思右想，总归不妙，倒不如我自己早些见机而作罢。果然次日假装抱病，宣告辞职，立刻移居出外，谢绝一切。日使大鸟氏见他心虚自退，便也不来追究其事了。不过清兵一失败，朝鲜国完全脱离了关系，日人在朝的气焰继长增高，一天大似一天。日本人无论有事没事，都向朝鲜投奔，想趁这势内攫夺些外快。到得朝鲜一味恃势欺人，暗无天日，看待朝鲜人直如奴仆一般，不讲情理。朝鲜人民一个个痛心疾首，都敢怒而不敢言，已经是不成事体了。那大鸟氏还要授意顾问官，主张改革风俗，禁止民间不准用长杆烟袋，不准在路吸烟，又禁全国一体不准穿宽袍大袖的衣服，所需衣料必要购自东洋，倘有不遵，立即论罪，弄得举国张皇，怨声载道。请教这宗不顺民情的政令，究竟能够有益国家么？所以闹了几个月新政，还不是徒有其名，毫无实效罢了。那时朝鲜这边的情形，日政府也得着些风声，晓得大鸟氏在朝办理不甚得法，其余日人在那居留地一切暴戾恣睢的情事又日有所闻。照此做去，不但日朝两国的感情日恶一日，恐怕各国还要动公愤前来诘责，不如趁早调他回来，另换一人去罢。便选择了一位大政治家井上馨前往接办公使职务。井上氏莅任后，把在先各事澈底调查，又把眼前现状暗地访察，见得种种行为实属不成事体，一面详详细细报告政府，一面剔除弊窦，大加整顿，那日侨才稍知敛迹，不敢张牙舞爪。井上氏此来，本专为政治问题，遂拿朝鲜现行各新政切实研究一番，都是些浮光掠影，毫没一些振作精神、实事求是的样子。一天，入宫谒见朝王，说道："敝国政府为了贵国不惜牺牲铁血生命，和中国争持独立自主，并且帮助贵国改革内政，无非为尊重邦交起见，并无自私自利的思想。贵国自己也当有独立的真相表示，才不负敝国一片热心。"朝王声声应诺，连称"贵公使所说极是，我断无不遵办的。定要择日举行告庙典礼，正式宣布，以副雅爱"等语。过了两天，果然遵着井上氏意旨，做了一篇誓庙文，并洪范十四条。在那年十二月长至节，率领文武各员亲往祖庙谒奠祭告。当众读文曰："惟开国五百三年十二月十二日，朝鲜嗣王熙敢昭告于皇祖列圣之灵曰：'惟朕小子，粤自冲年，嗣守我祖宗丕丕基，迄今三十有一载。惟敬畏于天，亦惟我祖宗时式时依，屡遭多难，不荒坠厥绪。朕小子其敢曰克享天心，亶由我祖宗眷顾骘佑。惟皇我祖，肇造我王家，佑启我后人，历有五百三年。逮臣之世，时运丕变，人文开畅，友邦谋忠，廷议协同，惟自主独立，乃厥巩固我国家。朕小子曷敢不奉若天时，以保我祖宗遗业？曷敢不奋发淬励，以增光我前人烈？继自今，毋他邦是恃，恢国步于隆昌，造生民之福祉，以巩固自主独立之基。念厥道，毋泥于旧，毋狃于嬉，惠迪我祖宗宏谟，监察宇内形势，厘革内政，矫厥积弊。朕小子兹以洪范十四条，誓告我祖宗在天之灵，仰借祖宗之遗烈，克厎于绩罔。或敢违，惟明灵降鉴。"祝文读毕，又宣布那十四条洪范：

一、割断附依清国虑念，确建自主独立基础。

一、制定王室典范，以昭大位继承暨宗戚分义。

一、大君主御正殿视事，政务亲询各大臣裁决，后嫔、宗戚不容干预。

一、王室事务与国政事务须即分离，毋相混合。

一、议政府及各衙门职务权限，明行制定。

一、人民出税总由法令定率，不可妄加名目，滥行征收。

一、租税课征及经费支出，总由度支衙门管辖。

一、王室费用率先减节，以为各衙门及地方官模范。

一、王室费用及各官吏费用，预定一年额算，确立财政基础。

一、地方官制亟行改定，以限制地方官吏职权。

一、国中聪俊子弟广行派遣，以传习外国学术技艺。

一、教育将官本征兵法确定军制基础。

一、民讼刑法严明制定，不可滥行监禁惩罚，以保全人民生命及财产。

一、用人不拘门第，求士遍及朝野，以广人材登庸。

照这誓文条文看来，倘然能够句句照行，句句做到，朝鲜未始没有些希望，怎奈说得天花乱坠，终究纸上空谈，还不是泄泄沓沓自己，骗骗自己罢了。井上氏也不来管你，他的目的只在洪范第一条这两句话上。其余条文，你能实行也罢，不能实行也罢。他并不是真心想望朝鲜励精图治，发奋自雄，只想日本在朝鲜伸张权力是真的，他趁朝王誓庙之后，便乘机保荐了一个亡人。此人却很有些名望，又是个王亲国戚，住在东京已有十二年了，本不是个无名之辈，朝王见是日使保的，那敢怠慢，立刻电召回国，就把第一席总理大臣的位置给授此人。究竟此人是谁，且待下回交代。

第十一回　朝鲜主痴心梦皇帝　坤宁宫惨变弑君妃

话说井上氏保荐的人不是别个，就是前王的驸马朴容汉。他因为大院君第一次捣乱辰光，影响所及，牵连在内，受了嫌疑，逃往日本，一向伏处东京。虽也是个朝鲜亡命逋臣，然与开化党行径极端相反，他却研究科学，留心政治，是个不忘祖国的人。平常和井上氏谈谈治术，很为投契，所以趁此机会在朝王面前竭力保举，居然得着总理大臣的职务。这真是朴容汉梦想不到的。这也不在话下。再说朝鲜这时完全脱离了中国，君臣上下，一个个欢欣鼓舞，如醉如狂，自以为国运已转，从此可以出头露面，在地球上竖一独立旗帜。又想到东亚方面中、俄、日本等国，尽是位尊九五，帝制自雄，我朝鲜同在一个地位，若然仍行王制，怎能和他们并驾齐驱呢？朝王心里便有些妄自尊大，不耐烦起来了。那时就有一般迎合上意的官僚，趁势抢先发起，做了一篇裔皇典丽的表章，联名具奏，劝王应天顺时，改用帝制。一时哄传开去，大众心理以为朝鲜自从开国以来，一向臣服称藩，没有出过风头，难得今番邻邦赞助，有这千载一时的机会，还有个不赞成的吗？于是举国如狂，一个个争趋献媚，锦上添花，那些什么劝进表、请愿书，左一起，右一起，好像雪片似的来了。朝王看了，笑逐颜开，十分得意，便进宫和闵妃商量。闵妃道："这是国人公意，又是吾王福德所感，真是极盛的盛事，那能不顺从民意呢？不过日使方面，先要试探口气，免得临时作梗。"朝王点头称是。次日，便命大臣到日使馆商取进止。井上馨心想：这宗虚文礼节的假好看，与他日本权利上毫无关碍，落得做个人情不来阻挡，所以照他来意，满口赞成。朝王得着回话，就放心拓胆，改行帝制，称自己为皇帝，称闵妃为皇后，颁发诏书，改元大赦，一面登极受贺，满朝文武百官尽加一级，赏赐有差。这时真有太平天子朝元日的景象，闲文也不用说他了。如今且说王妃闵氏素来才略冠时，心机灵敏，是个极有干办的人。他见这时候国势虽已升做独立国，皇帝虽也做成功了，但是政不由己，一切兵刑、钱谷、赋税出入，实际上的操纵，全被日本顾问官看得紧紧的。各部院那些首领大位，自命崇尚新法，又都是一鼻孔出气，附和日本，朝王权利尽失，无异尸位。闵妃看看国王这样的受困，又想想母族这样的失势，心里气愤交加，恨不得立刻把新党尽行逐去，换他闵氏的一般旧吏才好。这班朝臣内，他第一个眼中钉就是总理大臣朴容汉，因为他是逃亡的党人，又是日人提拔出来，得占重要位置，名虽国戚，终究受过日本好处，必然说一不二，倾向日本，有他在朝，断难发展自己的势力，遂不时在国王面前言三语四，搬弄事非，说他怎样一个不忠，怎样一个靠不住，分明替日本来做奸细，真是个大大的卖国贼。国王似听非听，半信半疑，却碍着日使面子，那里敢动他一动，刚刚事有凑巧。那时正是前清光绪廿一年闰五月当口，日使井上馨忽然告辞回国，闵妃暗暗欢喜，便不由分说。隔了几天，借些事故，发出一道命令：议政府总理大臣朴容汉着即解职，另简金宏集继任。这道命令一下，朝野很为诧异。咳！这也是朝鲜气数为之，好好一个朴容汉虽说是借日人势头得这高官厚禄，然而他却很知爱国，很顾大局，是个稳建派分子，一切用人行政，都还循规蹈矩，按步就班，全没有一些日本臭味，和日本人感情向来极其冷淡，不过面子上虚与委蛇罢了。闵妃偏要栽他是卖国贼，真有冤没处诉了。不料去了朴氏，用了金宏集，那才真是卖国的领袖了。此是后话，姑且慢表。再说日使既行，朴氏又去，闵妃积极进行，势力大振，凡亲日派的官员，具大受影响。在这一两月里面，辞的辞，撤的撤，剩的已经没有几个了。日本政府也得着了消息，深怕朝鲜国事又要弄糟了，赶即派了一员大将三浦梧楼子爵，为驻朝公使，以便坐镇从容。那晓得三浦氏是个卤莽武夫，到得朝鲜，一看情形，非常忿激。再加那些亲日派，你也来诉冤，他也来诉苦，触耳钻心，便有些隐跃欲动的意思。从此三三五五，鬼鬼祟祟，不时的秘密运动，不知运动些什么事情。但只见他们常往大院君所住的地方，也不知为了何事。单讲大院君那时已有七十多岁，退居在孔德里，离城约有七八里路。他和闵妃本视如仇敌，势不两立。自从三浦氏就职后，这几个月来，不知怎样，他又活动起来，这也不去问他。转瞬间到了八月中秋，该应要起风潮，就有那动机来迎合了。先时日本上年因为整理朝政，代练了两营新兵，闵妃很不为然，恐防被日人利用，常想伺隙遣散，以孤新党势力。恰巧十九这一天，新兵忽然和巡警大起冲突，闵妃便施展手腕，不问曲直，归罪新兵，勒令即日缴械归农，一律退伍，统领官也褫革免职。命令一下，哗然大变。新党各官本来和这些兵队声气相通，就此当晚约会日人，马上举事，暗地布置，令新兵一营在城接应，一营潜往孔德里奉迎大院君。那时正值半夜，千门万户，沉寂无声，人不知，鬼不觉。月明如昼中，大院君策马当先，率领一队新兵，人衔枚，马摘铃，悄悄直奔南门。来到城下，却寂无一人，勒马四望，不见有人接应，心中大为疑骇。正在这当儿，遥见西南角上一骑飞来，一见大院君，便低声说道：各兵误会将令，都在西门等候。大院君无暇致诘，掉转马头，指挥手下折向西门进发。但见城门大开，各兵士肩枪实弹，聚集在城垣左右。大院君马鞭一指，一齐簇拥着，波翻浪涌，飞奔王宫而去。沿途还有无数日人加入，混在里面，一到光化门，一声号令，明火开枪。守门军士正在酣眠，忽听枪声人声，都从睡梦中惊起，勉强持枪出御，七慌八乱。那里还有准头，放了三四十响，药弹四射，全未命中。内中只有一个禁军队长，奋不顾身，拼命抵御。然而军士多不济事，专靠队长也没用处，倒被敌人一弹飞来，正中要害，受伤仆地。早有几个日人赶上，举刀乱砍而死。余人见队长已死，一个个四散奔逃，光化门就此攻破，一拥而入，争趋大化宫。那时也不由大院君作主，夺门直犯，节节进攻。大院君只得径自往坤宁宫，和国王晤面父子密谈去了。其时这些暴徒到处横冲直撞，毁门破壁，一直闯到王妃闵氏寝宫。那些宫娥、妃嫔有力阻的，有哭骂的，有披发乱窜的，却被杀死不少，闵妃也遭惨毙。但事后没有见着尸身，也没晓得凶手是谁，那时纷纷扰扰，已到了次日天明六句钟，日使三浦氏带了守备兵进宫，假意说是来护卫王宫，镇压乱事。八钟时，俄、美各国公使闻变，知道日使在宫，也便赶来请见国王。初时内官传述王言，谢而不见。俄使忿然作色道："王许日使进宫，何独不许我等？"这才勉强召入。等到各公使进宫，大事都已停当，什么国王废妃的谕旨，诰诫百官的教令，还有什么国太公的晓示，独立议所的文告，宣布的宣布，张贴的张贴。那各朝臣得着警信，也都齐集朝堂，探听消息。除了亲日派一党的人，其余如在鼓中，还没知道祸因所在。及见国王，那谕旨上写道：

朕临御三十二年，治化未能内洽。正宫闵氏每引亲党，蔽朕之聪明，剥人民，紊朝政，卖官鬻爵，种种贪虐，地方盗贼因之四起，宗社濒危。朕甚恶焉，惟因朕之不明，知之而不罚。虽然，亦顾忌其党与，前曾思所以遏抑之。去年十二月，告于宗庙，后嫔宗戚不许干涉国政，誓告后深冀闵氏之悔悟。讵闵氏旧恶不悛，仍密引群小辈离朕之同姓，阻止国务大臣之进见。今又矫旨解散军队，激起事变，离朕以避其身，复蹈壬午之故辙。是于正宫之爵德不称，其罪恶贯盈，不得已傚朕家故事，将闵氏废为庶人。

另有一道教令写的是：

今后凡百政令，皆先由内阁大臣议定，请朕裁可，然后施行。所有内阁臣僚，当依宫内府所定之官制，各自恪守，不得越违云云。

各官看着，面面相觑，不发一言，一齐无精打采的散了。那时汉阳百姓哄动全城，街头巷口遍贴了国太公及独立议所两种新式告示。一道写道：

近日群小壅蔽聪明，斥贤用奸，维新之大业将中道而废，五百年之宗社一旦而危。余生于宗亲之家，不忍坐视，故今欲入阙辅翼大君主，逐斥群邪，成就维新之大业，扶持五百年之宗社，以安尔等百姓。尔等若不辨，而有沮我者，则有大罪矣，后悔无及。开国五百四年八月二十日，国太公示。

又一道是独立议所出的，略谓：

目下国势岌岌，人心涣散，群小满官，旧染倾俗，朝纲日紊，王章日隳，宗社之危急迫在旦夕，生灵之困难方阽涂炭。故上奉国太公整理军国机务，除群小而祛旧染，保安宗社以慰生灵。此举别无他意，凡尔众民，各安其业，勿惊动骚扰可也。特此揭示知之。

大家见国事闹出如此奇文，不成体统，相与咨嗟大息，有几个爱国的竟至涕下沾襟。但是闵妃废虽废了，宫中遍寻不见，究竟人往那里去了呢？这个大问题不要说本国人民要追根，就连外交界也很注意。那时外面流言纷起，有的说闵妃逃出宫外，有的说已被乱党谋害，众口哗然，不一其说。各国公使追问三浦氏，三浦氏还支吾掩饰，也说王妃不知下落，却不道俗语说得好：若要人不知，除非己莫为。到了次日，经各方面澈底调查，自有人把内幕揭穿，尽情披露。先是三浦氏和大院君以及一般亲日党商定了八月廿二日寅时起事，后因物议渐腾，只得趁解散新兵的当儿提早两日动手。其时攻入王宫，就有好些日兵和日本浪人在内，他们一到里面，直闯妃寝，杀死宫眷三人，单单不见王妃，到处大搜。特搜后由大院君到来辨认，才知三人当中已有闵妃在内。那些浪人就找了一个大麻布袋，把妃尸装入里面，拖往后苑，当地架了些干柴，堆了些棉絮，灌足火油，四处点燃，一时三刻烧得烟销影灭，余灰倾入池中，不留形迹。试想可怜不可怜呢？朝人得着这消息，知道弑妃一事出自日人，个个都气忿不平，恨如切骨，齐说道："国仇不报，誓不为人。"便有人做了讨日檄文，各地散布，一时人心汹涌，怒不可遏。欧美驻朝各使眼见朝事这样大乱，也晓得是日本主谋大家开会密议，都说这回称兵犯阙，纵寇弑妃，虽说是大院君发难，然而大院君全是为日人做傀儡，实由日使授意，我们既做了他国内使臣，那能容得如此？便连名行文朝政府，反对大院君，并且提出要求条件：

(一)戕害王妃凶徒，须严拿究办，处以极刑；

(二)须表明此次改朝政，上帝号，并非出自国王本意；

(三)乱后追废闵妃，究出何人意旨，亦须切实宣告。

俄公使更单独致书，严词切责，略谓大院君屡犯嫌疑，年老糊涂，不应僭理国事，如日内不即归政于王，当续以哀的迈敦书来，调集大队兵舰，以成书中之志，大约九月初旬，必能会合于济物浦云云。那时各国报纸，都纷纷议论此事，归罪日本，就连日本报纸、日本议院也掩饰不来了，只好责备伊藤首相知人不明，任用这无知妄作的三浦氏，大辱国体。日政府讨了没趣，大为扫兴，只得把驻朝的一般官员，大大小小，一概撤回，止把三浦氏革去子爵，降为庶民，其余的惩戒了几个，就算搪塞过去了。另外派了小村寿太郎为驻朝代理公使，又派了个检事正安藤谦介同来，严行查察在朝日侨，并禁止国内不准再有往朝的人色。这样一来，日人的跋扈，自然好得多了。但那些附和日本的逆党，还是盘踞在朝，把持国柄。国王和世子住在宫里，起居饮食都不自由，好像囚犯一般，自己一些不能作主，左右侍从除了一个年迈龙钟的戴将军终日陪伴着他，其余旧人驱除净尽，再把原有的侍卫队一概撤去，就拿这些要解散来解散的新兵充补把守，宫禁十分严密。那时却有个李范晋，本是农商工部大臣，向为闵妃所信任，在变乱时逃入了俄使馆内，时常想要代妃报仇。第一个主意急于先把国王救出宫来，然后扫除逆党，暗地里便邀约了闵氏一党，密谋起义。其时已在十月中旬，这一夜更深人静，率领了旧卫队三百人直扑王宫。那知逆党先有所闻，宫中已有准备，外兵甫入，枪炮怒发，彼众我寡，势大不支，倡义诸人完全失败，先后被擒的不在少数。从此这班逆党自然格外的得志了，防范国王也格外的加严了。可怜国王在宫如坐针毡，朝不保暮，一天一天苦挨过去。挨到那年年底边，忽有人密书上变，说新党议定在除夕夜半图谋篡弑。国王一见大惊失色，心想只有潜幸俄使馆，才可借助声威捕诛逆贼，暗地先和俄使密约好了。遂于廿九日辰初，出其不意，同着世子坐了一辆绣幔花车，装作宫眷模样，由禁内皇然直出那宫门上。阍尹、军警等虽然稽查很严，但见这花车，还当是妃嫔、郡主，常常出入，惯的并不留意，任他扬长而去。到得俄使馆门外，俄使早已粪除密室，迎王入内朝。王到得里面，立下紧急命令，密召素来信亲诸臣。首先第一个到的是朴宗扬，马上命拟各项教令，什么谕劝兵士的，搜捕逆党的，追复闵妃位号，发丧改葬的，还有什么罪己诏书，以及蠲租赦罪一道，一道颁发出去。那时朝内各大臣正齐集国务院会议国政，冷不防得着国王出走的信息，个个吓得魂飞天外，面如白纸接手，搜捕他们的命令也来了，真是迅雷不及掩耳。仓猝之间，正想逃遁，那知军警已四布好像瓮中捉鳖一般，个个就擒。随即一道令下，把总理大臣金宏集、农商工部大臣郑秉夏二人斩首示众，其余各官一概褫革。另命金炳之为总理大臣，朴宗扬、李完用、李允用、赵丙稷、尹用求为各部大臣。自从八月到此，朝事反反复复，闹得昏天黑地，日色无光，国王一口怨气，这时才算出了。欲知此后如何，再听下回分解。

第十二回　结会图君大卖特卖　昌言并国不亡而亡

且说朝王打从进了俄使馆，发号施令，清除党恶，居然气象一新。日使猝不及防，迫于大局，也无可如何。论理，朝王这时闵党、日党的挟制完全消灭，所用各大臣又都是平日亲信的人，手书召了来的，从此一切政令可以自由自主了。不料去了金宏集等一班倚势欺君的逆党，却又来了金炳之、朴宗扬等一班专权攘利的小人，减轻了些日人的压制，却又伸张了俄人的势力。所以不到一两个月，朝王仍然拘拘束束，一事做不得主，任听金炳之等作威作福，独断独行，昏闷闷、黑沉沉的政局还不是和在先一样。总之，国运要到完快了，万万没有好人出的，不是生成那亡国奴的性质，就是专做那卖国贼的勾当，不论在朝在野，离不出这两种人物。这时外面地方上人心便日见浮动，到处集会结社，民气嚣张。什么社会党、自由党彼此大张旗鼓，各树一帜，宗旨却还纯正。因此大众纷纷入党，声势颇盛。最可笑的还有一个贩夫党，起初本是些下等人色发起组成的，他和社会、自由两党极端相反。后来竟有好些腐败官僚、高等游民加入党内，替他们联络官场，广通声气，范围就渐渐扩张了，俨然和两党树敌对峙。两边党派不同，势如冰炭，你妒忌我，我妒忌你，不时要起冲突，竟有时为了权利争执，话不投机，一声决裂，大动干戈，两下寻仇互斗，连军警都弹压不住。国王本形同木偶，既没有解散他们的威力，又判断不出他们谁是谁非，只有派员双方和解和解，然而他们争斗的暗潮总没有一刻平静，真闹得国不成国了。论到这样政局，这样民情，朝鲜是早该亡国了，怎么弑妃囚王以后，日本不趁势顺流而下，还让他苟延残喘了十几年呢？内中却有个大大的原因，就是碍着俄国的干涉。古人云：螗[螳]螂捕蝉，黄雀在后。真是一点不错。日本费了千方百计把朝鲜脱离了中国，诱进了自己势力圈内，好比肉已上砧，鱼已入釜，可以到嘴独享了。那知俄国也在那里馋涎欲滴，想要染指分肥，所以驻朝俄使暗地里早已用尽手段，里外运动，处处笼络人心，收买党员，居然能把日本人牢牢握住的政权硬行夺了。过去俄国又是个著名强国，日本先存着三分惧意，畏首畏尾，倒反敢怒而不敢言了。然而受了这打击，心不得甘的，慢慢的便和俄国开谈，讨论这朝鲜问题，三番两次磋商缔约，协定俄日两国合意援助朝鲜一切政事，于是俄日在朝势力暂归平等。直到那年，俄国租借中国旅顺、大连湾的当儿改变方针，一意注重在满州[洲]方面，遂和日本重订协约，把在朝鲜所占的优势让归日本，日人在朝势力这才又慢慢活动起来。到了光绪三十年日俄大战争时候，没有开战之前，驻朝日使林权助先和朝鲜总理大臣李址镕订了一个日韩国防同盟的协约，内容六条，逼着朝王签字，承认这是制伏朝鲜不好，再和俄国联络的用意，心思手腕真要算灵敏不过了。偏偏俄国又外强中干，开仗以后反被日本占了胜利，后经美国调停两下，在波子玛斯地方订立和约，约内第二条便是露西亚帝国政府承认日本国于朝国有政事上及经济上卓绝之利益，日本帝国于韩国认为必要时得实行其指导、保护及监理之指，置露西亚帝国不阻碍干涉之。这条约一宣布，分明朝鲜是日本的保护国了，以后非但俄国不能干涉，就连世界各国也没人来过问了，朝鲜的命运也就一日快似一日了。日本目的既达，对付朝鲜的新计划便积极进行，就在这年十月里派了伊藤博文为大使，和朝鲜外务大臣重结日韩新约，规定改革朝鲜。一切内政外交都要由日本监督指导，并由日本在京城设立统监一员，再在仁川、釜山、元山镇、南浦、木浦、马山以及其余各要地都要设理事厅，硬叫朝鲜君臣一一应允，事前还要你严守秘密，不准传扬开去，恐怕国人来生阻力。可怜朝鲜君臣明晓得名为改革，其实就是干预，眼睁睁一个三韩新帝国受人要挟钳制，怎样能甘？然而任你磋磨求恳，他却一口咬定，没有商量余地，竟被伊藤氏带哄、带骗、带威吓闹了一两个月，毕竟硬勒盖印，不问你情愿不情愿，算是大家默认，他便带了新约，匆匆回国去了。这里除了国务院几个大臣外，其余在朝在野，虽然知道和日本新订一约，究竟内容如何都不明白。到得次年二月，日本就任命伊藤为朝鲜统监前来赴任。那时国人才恍然，这回条约国王全权尽行断送，不单是抛弃权利，丧失国体，简直是精神上存亡的问题。一般爱国志士，个个痛心疾首，奔走呼号，鼓吹的鼓吹，演说的演说，警告同胞的传单，布满了十三道地方。于是全国群起反对，一时京城内外，平安、咸镜等道排日的声浪，随处都有。那时除掉一个旧有的一进会，新发起的党会很多，有一心会、保安会、兴国协会、独立协会、救国同心会，都是一致主张反抗新约。那伊藤已大权在握，还怕你什么风潮，立刻发电，调了日本军事警察到来，电厉风行，把眼前一切党会概行驱逐解散，内中稍有名望的人物，一齐拘拿囚禁，不准民间再有集众演说等事，单单只留了一个一进会，任他自由，不去干涉。这是什么缘故呢？原来一进会的首领宋秉畯在前也是个亡命党人，在日本住了十几年，上年仗着日人保护回国，便心心意意想做外国忠臣，想来想去，想出一个主张，聚集了许多同志，组织这个一进会，实行扶助日人的政策。凡是日人在朝想做的事，不用你做，他一进早代你做了；想说的话，不用你说，他一进会早代你说了。分明是日人的开路先锋，是朝鲜的亡国机关，这也是朝鲜命该如此，才有这宗自卖其国的奴隶，姑且不说。再说伊藤氏就职统监后，实行监督主义，先把总理大臣掉换了李完用，两下联络一气，声息相通。朝王这边一举一动，都有日人在旁伺察，一切进退官吏，出入政令，全归统监做主，朝王竟同赘瘤一般，苦不尽言。挨到光绪三十三年秋间，欧州[洲]海牙地方正开万国和平会，各国都派员参预其列，朝王暗地里也派人到会申诉苦情，请求公断。那里晓得世界只有强权，没有公理，什么叫做万国公法，都是假的。到了自己没有实力，想要旁人抑强扶弱，仗义执言的事情，外交史上不会有的。所以派去的人，简直撞了一鼻子灰，毫无效果，倒反惹了日人仇恨，严词诘责，势焰汹汹，示威恐吓，逼得朝王无可如何，只得让位把太子坧，才算干休。从此以后，朝鲜已算无形的灭亡了。虽然表面看来，却还另立个新君名号，但不过虚有其名罢了。其实行政权概在伊藤掌握，朝内各事，有个李完用领袖各官，希意承旨；朝外各事，有个一进会扬厉铺张，竭力赞助。伊藤对于朝鲜的作用，办得这样千稳万妥，也可以算大功垂成了。他若能够拱手安居，长享其成，岂不是逍遥自在吗？然而天理难容，他在前清宣统新立的当儿，看得满清两宫宾天，国运不久，又想在满蒙一带扩张势力，便借游历名头想来哈尔宾和俄国会商机密。不料刚到哈尔滨车站，下得车来，还没有立定脚，只听拍拍拍一连几响，当时一命呜呼！这是伊藤万想不到的一个下场。但这暗杀凶手究竟是谁？能在这喧阗热闹场中，军警森严，护卫周密，把这样的重要大人物制于死命，可算得大英雄、大侠客了。这宗人还怕不为高举远引，脱身免祸吗？那就未免小觑他了。要晓得这凶手不是别人，是朝鲜一个吓吓有名的大志士，名叫安重根，他为祖国报仇，为前王泄恨，目的既达，志愿已遂，故而并不逃走，还在旁边拍手欢颜，高呼万岁，当被日本军士一拥上前，捉拿去了。日本国内得着这个恶耗，舆论大哗，有的说伊藤政策操之过急，未免结怨朝人，致有此变；有的说朝鲜幸有我国扶助，不至为俄侵吞，何反不知好歹，恩将仇报。你言我语，议论纷纷。这时日皇一面任命陆军大臣寺内正毅为统监，一面密筹处置朝鲜的长策，积极进行。可怜朝鲜举国上下，如在鼓中，不闻不见。那时只有一个一进会党首宋秉畯，很忙碌得利害，时而东京，时而汉城，来来往往，川流不息，不知道忙些什么事。隔不上几天，忽有朝鲜各界三十万人联名的请愿书，向朝王和统监两处投递，要求日朝合并。想不到这样一个惊天动地大问题，居然就由朝鲜人自己发起，肯把数千年列祖列宗传下来的宝贵国产送给别人，还不用他先来开口，这是从古以来环了地球找不出这样第二个卖国蠹贼来。唉！宋秉畯、李完用这班人究竟有无心肝，真是狗彘不如了。那时全国十三道都有一进会的支会，一时风声传播，四方应响，要求合并的意见书一处处尽跟着来了。寺内统监面子上却做得十分镇静，似乎事关重大不便赞成的样子，和李完用左斟右酌，很研究了好几次。其实李完用早受运动，暗地里已接洽定当，那合并条约日政府早经预备，现成是由寺内带了来的，更不用李完用费心，不过眼前假装场面，算是双方缔结，其余政府中人畏日本人威势，没人敢倡异议，一律认可，那一般靠日人吃饭的官员更不用说了。等到完全定局，才奏知朝王，朝王也拗强不来，只有含悲带泪，忍气吞声罢了。就在前清宣统二年八月内，把这合并条约竟然公布实行，日本册封的使臣也便到了，改封朝鲜帝李坧为昌德宫李王，太上皇李熙为德寿宫李王，废统监，改设总督，废韩国国号，仍叫朝鲜，从此一切土地人民政事尽归日本管理，二千多年一个古国就算完结。虽看那合并条约，似还把朝鲜两字存在，没有像对待琉球国的手段，竟然改做日本郡县，尚算亡而未亡，因那条约上写的是：

第一条　韩国皇帝陛下将关于韩国全部一切之统治权，完全永久让与日本国皇帝陛下。

第二条　日本国皇帝陛下受诺各条所揭之让与且承诺，将韩国全然并合于日本帝国。

第三条　日本国皇帝陛下对于韩国皇帝陛下、太皇帝陛下并其后妃及其后裔，各各应于其地位而享有相当之尊称、威严及名誉，且供给以充分保持之岁费。

第四条　日本皇帝陛下对于前条以外之韩国皇族及其后裔，使各各享有相当之名誉及待遇，且供给以维持之必要之资金。

第五条　日本国皇帝陛下对于有勋功之韩人，认为宜特别表彰者，授以荣爵，且给以恩金。

第六条　日本国政府因前记并合之结果，全然担荷韩国之施政及韩人遵守该地所施行法规者，其身体及财产充分保护之，且图增进其福利。

第七条　日本国政府对于韩人之诚意忠实以尊重新制度而有相当之资格者，在事情所得许之界限内可登庸之，使为在韩国内之帝国官吏。

第八条　本条约经日本皇帝陛下及韩国皇帝陛下之裁，可自公布之日施行之。

照这样条约上看来，朝鲜国王及皇族还有虚荣，还有优待，朝鲜人民也还有充分保护一层，增进福利一层，不是绝无希望的。然而合并两字，不过亡国的代名词，假好听罢了，这张条约也不过骗骗人，宽慰宽慰大家罢了。那里真还有幸福与你亡国人民享受么？那里再能死灰复燃，让你亡国人民翻身么？唉！诸君，诸君，朝鲜亡国已成事实，以上这许多情节却不是在下凭空捏造出来的，都是实实在在从那朝鲜志士这册亡国纪事本末内依样葫芦就事演说。诸君听过，上面第三回的书也该记得，但是他这纪事本末却纪到亡国为止，在下的演说演到这里，自然也应该收束了。总之，朝鲜亡国统那前后事实看来，一句包括，全送在卖国贼手里。这个为了权利捣乱一起，那个倚了外势捣乱一起，社鼠城狐，结党构祸，一班卖国贼过去，一班卖国贼又来了，三番五次，已被他们搅得国不成国了。及至收梢，结果的这几个卖国贼更简直明目张胆，还立下一张卖国凭据，轻轻巧巧把十三道，四十一郡县舆地当作礼物奉送与人，到底自己有什么好处呢？然而卖国贼要有好结果，天理也不能容的。朝鲜以前那些卖国贼，末路姑且不说，只说李完用、宋秉畯一般人，什么缔结保护条约，什么逼王让位，什么运动合并，无一不是他们里应外合，勾串成功。在日本方面，这个功劳可就不在小处，事后应该怎样的酬勋，怎样的重用，一定不会小的。那晓得日本人心思毒，手段辣，等到实行合并之后，不说你卖国有功，也当你亡国奴看待了。李完用总理位置，就此消灭回家，吃碗闲饭。宋秉畯似睬不睬，非但讨不着一个好字，并且雷厉风行，勒令把一进会立时解散，真叫哑子吃黄连说不出的苦。可怜他们在先也不过贪图些小利，受了日人哄骗亲善，亲善的声浪深入脑筋，便千思万想帮他进行一切。左也是亲善，石[右]也是亲善，苦苦替人做牛做马，催得祖国赶快灭亡，到头来自己倒反脱空，还落了“卖国贼”三字臭名，供人唾骂。这是何来呢？唉！诸君，诸君！照朝鲜这样看来，卖国贼的下场也不过如此。有了这榜样，后来人大可作个前车之鉴了。

（原载于《朝鲜亡国演义》，世界书局，1921 年）

为党生活的人

[日本]小林多喜二
卞立强 译

一

我正在盥洗室里洗脸，窗外接连响起了一片脚步声。这里面有穿木底草屐的声音，也有穿鞋子的声音。还夹杂着大声的谈话声。看来是第二车间放工回家的工人们正好打窗子底下经过。

"还没有走?"

这时须山从背后走过来，对我这么说。他是第二车间的。我转过满是肥皂泡沫的脸，冲着他皱了皱眉头。——因为我早就跟须山说好了，要互相避免一块儿从工厂里回家；否则让别人看在眼里，将来万一出了事，牺牲的就不只是一个人。可是须山却经常不守信约，而且还乐呵呵地笑着说:"嗨！别发那么大脾气嘛！"不管怎么说，须山确实是一个性格开朗、惹人喜爱、叫人没法生气的家伙，所以每当这样的时候，我也只好苦笑一笑。可是现在是这样一个时期，我只得给他一个脸色看看；再说今天已经约定好了，马上还要领一个新同志到一家卖年糕小豆汤的铺子里去。……但我忽然发现须山的脸可不是平常那种逗人好笑的样子。当时我一下子就意识到只有从事我们这种工作的人才会有的那种"预感"。——于是我回答他说:"嗯，马上就走。"三下两下就把脸洗完了。

须山见我明白了他的意思，马上改换了腔调，在我的背后说:"怎么样？去喝杯麒麟[①]吧！"这句话倒是有点像须山平常的口气。可是我马上觉得，这话里有点儿做作，包含着一种不寻常的东西。

须山到底还是须山。一出厂子，他就走在我的前面，离开我有三四丈远。

① "麒麟"是啤酒的牌子名称。——译者注

从厂子上电车道，一边是国营电车的路基，另一边是一溜排商店，中间是一条狭窄的小道。在路旁第二根电线杆子下面，站着一个便衣特务，朝我们这边瞅着。他那种似看非看的样子，实在叫人讨厌。我赶快和后面走上来的五六个人走在一起，一边说着话，一边提高警惕，用左眼梢留神着特务。那特务也似乎对他这种每天例行公事感到腻味了，露出一副厌倦的无所谓的神气。最近，他们每天就是这样监视着工人的上下工。须山好像故意要弄特务似的，慢腾腾地迈着八字步，从他身边擦过。我一看就明白了他的意思，心里觉得很好笑。

走到电车道上人多的地方，我追上了须山。他一边揉着鼻子，一边装着若无其事的样子，朝四周看了看，然后跟我说："事情有点儿奇怪……"我看着须山的嘴角，他接着说："上田跟胡子的线断了。……"

"什么时候?"我问。

"昨天。"

"有预备线[①]没有?"我明知胡子是一个没有必要留"预备线"的人，但我还是这样问了。

"据说有。"

据须山说，昨天的联络是为了一件特别重要的工作，要是耽搁一天的话，就会出很大的问题。所以他们俩前天在S河、M街和A桥三个电车站之间的街头走过的时候，决定把这条街的"从这儿到那儿"作为碰头的地点，奇怪的是胡子竟担心"万一出了问题不好办"，因此路上他又主动指定一家比较安全的咖啡馆，说是街上见不着，20分钟后就到那家咖啡馆里去，而且在临分手的时候还互相对了表。这位被我们叫作胡子的同志，是我们最高领导机关的一位重要的负责人。过去他搞过近千次的联络(全部都是街头联络)，其中他只迟到过两次。干我们这样的工作，这本来算不了什么，但像他这样的同志却是很少有的。再说这两次迟到，一次是因为双方理会错了时间，而他还是准时去了；另一次是因为到了约会的那天下午，他还不知道自己的表出了毛病。要是其他的同志，即使一两次不到，问题还不那么严重；现在是胡子没有来，而且连预备地点也没有来，这简直叫我们不敢相信。

"今天怎么办?"我问须山。

"上田说再到昨天的地点去一次。"

---

① 地下工作者在进行接头联系时，往往在约定某个时间和地点外还规定另一个时间和地点作为"预备线"，以防万一在第一个时间和地点联系不上时，就按第二个时间、地点进行联系。——译者注

“几点？”

“7点。另外，去咖啡馆是7点20分。不过，这情况我感到很担心，所以已经和上田约好8点半碰次头。”

我算了算今天晚上自己的时间说：“那么，你9点和我见一次面。”

我们当场决定了会面的地点就分手了。临分手的时候，须山说：“胡子要是被捕了，咱就自首去！”这当然是说着玩的，可是叫人感到他简直是在说真的。我骂了他一声“混蛋”，但他说这种话的心情我是充分理解的。因为胡子在我们同志之间非常受信任，我们把他看作是力量的源泉；说他好像是我们的灯塔，也丝毫不算过分。事实上如果没有了胡子，我们简直就没有了着落，首先连第二天的工作就不知道怎么干。当然，果真到了那种地步，也没有办法，工作还是能够坚持搞下去的。我一边走着，心里一边在想：他要是没有被捕就好了。

半路上我路过一家卖糖果的小铺子，买了一盒森永牛奶糖①，拿着它朝家里走去。房东家的男孩子正和邻近的孩子们站在一架自动出糖果的机器前面。最近开始风行这样的机器。你放进一分铜板，按一下把手，机器里的弹丸就会跳进一个小槽，随着弹丸跳进的小槽不同，下面小孔里出来的糖果也不一样。因为花一分钱说不定能得到一分钱以上的东西，街头上每一架机器的面前都围拢着许多孩子。孩子们都瞪大着眼睛，使劲地歪着嘴，在按着机器的把手。

我哗啦哗啦地掏着口袋，摸出两个一分的铜板给了房东的孩子。这孩子起初还缩了缩手，很快就流露出满脸的高兴。看来这孩子大概一直是站在后面看着别的孩子玩。我把刚才买来的牛奶糖也塞在孩子的口袋里，然后就回家了。

我必须赶在8点以前，把今天工厂里发生的事情写成稿子，供明天撒的传单用。已经约好稿子要在8点交给和我碰头的S。我从壁橱里拿出装着各种文件的皮包，打开了皮包上的锁。

厂子的情况是这样：我们的仓田工厂原来是一个200来人的金属工厂；战争②开始以后，又招收了600名临时工，我、须山和伊藤（女同志）等同志都是那时候顶着别人的名字打进去的。一个200名正式工的厂子，一下子招了600名临时工，可以想象活儿增加得多么急。仓田工厂原来是制造电线的，战争开

---

① “森永”是牛奶糖的牌子名称。——译者注

② 指1931年日本帝国主义侵略我国东北的战争。——译者注

始以后停止了电线生产，开始制造防毒面具、降落伞和飞艇外壳。最近这些活儿已经告一段落，传说 600 名临时工中要裁去 400 来人，所以厂子里最近尽谈论这件事。当大伙儿嚷着“要裁人了！”“要裁人了！”就有人说：“工厂里的临时工压根儿就不存在什么裁人不裁人，现在反倒是比原来讲好的期限延长，多干了半个多月。”事实上确比原来讲好的期限多干了半个多月活，可是这期间尽是火烧眉毛的活儿，实在叫人受不了。拿女工来说，从早上 8 点一直干到晚上 9 点，加上夜班也只挣一块零八分钱；从下午 6 点到 9 点是一小时八分钱，而吃晚饭所花的 20 分钟到 30 分钟的时间，工厂还特意为此作了精打细算，从夜班费里扣去两分到三分钱。吃晚饭的时候，我说：“看来工厂大概认为职工这类人不吃饭也可以干活吧！”跟我一块儿干活的一个临时工说：“噢，是这么一回事！……”这句话说得很俏皮，把大伙儿都逗乐了。工厂每天发放工资，把每个女工的八分钱工资零头，用一个五分的铜板加上三个一分的铜板，一份一份地发给将近 400 名女工。这当然很费事，6 点钟下工，为了排队领工资，甚至要等到 7 点。大伙儿在队伍里急得直嚷嚷：“真叫人可恨！把八分改成一毛，该省多少事呀；要不咱们吃点亏，八分改成五分得啦！”“有钱人爱财如命的牛脾气，真是咱们想象不到的。”

可是工厂却放出了空气，说是解雇临时工时，要给每人发十块钱。本来就是临时工，早就说好了可以一个子儿不付；现在又说要发钱，理由似乎是大伙儿都干得不错。这消息究竟有几分可靠，大家不是没有怀疑；可是不管怎么说，这儿一歇工，又要有一段时间找不到工作，所以也就不知不觉地对它抱起指望来了。但是，连吃晚饭的时间也要从工资里扣除两三分钱；为了把一分的大铜板三个三个地排成堆，可以满不在乎地让几百人等上一个多小时。这样的工厂怎么可能会给 600 来口人每人拿出十块钱（是十块大洋呀！）呢?！放出要发十块钱的空气，显然是包藏着工厂方面的阴谋诡计。这肯定是一种手段，放出这样的空气，目的是在解雇前防止工人波动，在决斗的关键时刻进行欺骗。

今天厂子里都在谈论这件事，我决定把最近发生的情况写进明天要带进工厂的传单上去。大前天，大伙儿都纷纷议论要缩短发放工资时间的事。前天带进厂里的传单，就因为及时反映了这件事（尽管是这么一件小事），在工人里面获得了好评。

我盘腿坐在桌前写起来。过不了一会儿，楼下的房东大婶上楼来了。她对我说：“刚才孩子让您破费了。谢谢您啦。”她带着从来没有过的笑容，向我道了谢，又下楼去了。干我们这样工作的人，在任何无关紧要的小事上，都要注意使自己跟“普通人”一样；最忌讳的是让房东觉得你这个人有点和常人不同，或者怀疑你是干什么的。现在正在监狱里坚持斗争的H同志，他所受到过的严密追捕，我们简直无法跟他相比，饭馆、咖啡馆、理发店、澡堂这一类地方到处都张贴着他的照片。他为了能在这样的追捕中进行活动，有一次竟带了房东到帝国剧院去看戏。我们还必须学会跟“普通人”说一些毫无意思的闲话，学会讨人喜欢的应酬话。不过一到这种场合，我是最差劲的了，简直就没办法。虽然近来多少习惯了一点。……

我对大婶说：“啊呀！那么一点东西，没什么。”说完之后，臊得满脸通红。还是不高明！

好不容易写了两张多稿纸。白天干了一天活，写起来确实不是一件轻松事。勉强把揭露十块钱津贴的真相写完，时间已过了7点了。一写起稿子就出汗，中间我用手巾使劲地擦了好几次脸。我把写好的稿子装进信封，在封皮上写上了一个胡诌的女人的名字，装着是一封情书的样子。7点40分我离开家，我跟房东大婶说：“我散散步去。”平常大婶总是默不作声，今天却朝着我说：“您请吧。”果然发生了灵效！我苦笑着走到暗处。记得有一次，我和往常一样要出门的时候，大婶说：“你这个人爱出门呀！”我吃了一惊。事实上我是每晚都出去，人家要怀疑也是自然的。我心里扑通一跳，勉强笑着说：“因为，那个……”大婶笑着打圆场说：“因为还是年轻人吧！”我才明白大婶说的不是那个意思，这才定了心。

约定8点钟会面的地方是大街电车道里面的一条后街，那里有许多街道作坊，一路上有许多商店里的买卖人和前面留着一绺头发的手艺人。我一向注意尽量使自己的装扮和所要去的地方相适应。尽管不可能做得很周到，但这件事很要紧。我们要想避免被人家怀疑盘问，就一定要把自己打扮得整整齐齐。然而像今天这样的地方，时间又是8点了，要是穿着西装，甚至拿上手杖，那反而会惹人注目，效果更加不好。所以我只穿了一身干净的和服，随便地系了一条腰带，连帽子也没戴就出来了。

喜欢摇晃右肩膀的S，从笔直的马路的那一头走过来。他认出了我，在一家商店的橱窗前停了停，然后装着若无其事的样子拐进小胡同里去了。我跟在他的后面，同样拐了个弯，于是在另一个拐角的地方，我们并肩走到一起了。

S听我说了前天厂子里撒了传单后的情况，又问了问各种问题，然后说：“从厂子里大家经常关心的问题出发提问题固然好，不过缺乏的是进一步从政治上提出问题。”

我吃了一惊，看了看S的脸，感到确实是这样。我只是陶醉于传单博得了好评，而忘记了从更高的高度来看待这些问题。

S接着说："也就是说，现在连我们也在追随大家的自发情绪转了。所以要想使大家从对日常生活的不满来了解帝国主义战争的本质，还需要作特殊的、有计划的、而且是相当深入的努力。——让大家明白这一点，是完全必要……"

他说："为了纠正过去散发的很多反对战争传单中的公式化、概念化的毛病，现在反过来又犯了把问题局限于经济要求的错误。这种右的倾向是作了群众的尾巴，暂时获得了好评。因此对于这种'好评'也需要认真地加以分析。"——我们一边走，一边谈着这些事情。

"说是要小心，如果像这回这样，牛头不对马嘴地乱来一气，那也没有任何好处。反而是倒退！过去我们就像是蒙着眼睛的马，只看到事物的一个一个的片面。"S这么说。

我们走了一会儿，进了一咖啡馆。

"给你一封情书。"我这么说着，把稿子放在桌子下面的搁板上。

S用鼻子"嗡嗡嗡"地哼着歌曲，一边留神着女招待，一边把稿子塞进了口袋。然后他问我说："你那边和胡子(他按了按鼻子下面)没有接上头吧？"

我把在工厂回去的路上从须山那儿听到的情况告诉了S，他故意用鼻子"嗡嗡嗡"地哼着歌曲，但集中注意力听着对方说话。这是他一向的习惯。

"我这边约定是昨天6点，也断了。"

我一听这话，心里慌乱起来。

"是给抓住了吧？……"我嘴里这么说，而心里却希望他能说，"不，不会的。"

"嗯，……"S考虑了一会儿说："他可是一个小心谨慎的人啊！"

我们约定，双方都要尽一切办法和胡子接上头，另外还商量了明天早晨如何把传单带进厂子，然后就分手了。

9点钟，见到须山的时候，我一看他的脸色，一切都明白了。不过也还不能说是完全绝望了。跟须山商量好，要想尽一切办法去查明胡子的下落。接着马上就分手了。因为路上很危险，我们规定了除非是在自己的秘密住所附近联络，否则一过9点就要停止一切活动。

和须山分手以后，我独自一个人往回走，不知道为什么，边走边感到一种莫名其妙的担心。感到胡子的事意外沉重地压在自己的心头上。只觉得膝头发软，连呼吸也感到紧迫。在正常环境中生活的人们，也许会认为我把这时候我的这种现象说得有几分夸张和虚假。可是我现在和外界的一切都被隔绝了，连私人多年的老朋友也完全断绝了往来，就是上一次澡堂也丝毫不能疏忽大意，而且一旦被捕，起码要蹲上六七年监狱。——对我这样的人来说，唯一的依靠只有同志。哪怕是失去一个同志，都会感到联系我们之间的感情是多么深厚。要是平常领导我们的同志，那就更是这样。以前我在一个反动工会里作为反对派进行合法活动的时候，尽管也发生过这种事，但还不至于这么严重。因为不管怎么说，那时候还有种种日常生活上的事情冲淡了这种感觉。

太田早就在我的住处等着我。——我决定不让任何人知道我的秘密住所，只是在上级的许可下告诉了一个人（这个人就是太田）。这是因为在仓田工厂进行活动，怎么也要规定一个专人经常和我碰头。只是在外面联系，一有紧急的事情就来不及，而且也不可能充分地把各种各样的问题说清楚。

太田是为明天带传单的事而来的，于是我把刚才和S商量的结果告诉了他，决定让他明早7点钟到国营电车T站的站台去，S将去那里，亲手把传单交给他。

急事办完之后，我们交谈了一会儿。我笑嘻嘻地说："怎么样？闲扯一会儿吧。"太田笑了起来说："拿手好戏又开场啦！"平常公事一办完，我差不多总是要兴致勃勃地说："闲扯一会儿吧！"现在这就成了我的"拿手好戏"了。不过，原来我并不明白我为什么爱"闲扯"，最近我才发现了原因。——由于工作，我们几乎每天都和同志会面。但是这种会面，即使是在咖啡馆里也只谈公事，而且要尽量压低嗓门，不说废话；公事一完，马上就离开那里，尽快分手。一年365日，天天都是这样状况。当然，由于天天都是这样的生活状况，我已经清算了自己过去的生活方式，现在已经习惯了这种生活方式。但是这就像有些人长期蹲拘留所，有时简直像急病突然发作似的，馋着想吃某种"好吃的东西"。我的情况大概是这种单调生活的反作用，一见到同志，有时就借想"闲扯"的方式表现出来，可是过着正常生活的太田，竟认为我的这种心情只不过是我过去特别散漫的性格的反映；像他这样可以在啤酒店里大喝啤酒的人，当然不可能理解我的这种心情，有时候竟然残酷地（！）一句闲话也不扯就回去了。

说要"闲扯"，太田把厂子里各种各样的女工品评了一番就回去了，我惊诧他什么时候知道了这么多女工的事。

"女工的恋爱方式可不像资产阶级小姐那样扭扭捏捏，尽讲形式，她们是非常直接而具体，真叫人受不了。"他这么说。

"直接而具体"，这话真有意思，我们大笑了起来。……

二

仓田工厂里撒了一次公开由“党”署名的传单之后，早晚的上下工一下子紧张起来。时期是这样的时期，制造的产品又是这样的产品，厂方当然慌乱起来。有一天早晨，平常在我身旁干活的一个女工，“啊呀”地尖叫了一声跑了进来。原来在工厂大门的旁边有一个仓库，库门经常是敞开着，里面黑洞洞的。这个女工跟平常一样从那里经过时，一个头上蒙着黑衣服的“东西”在角落里蠕动。后来才知道那是门卫。由这件事也可以了解他们是怎样地惊慌。

战争开始以来，厂子里年轻的工人一批一批地上了前线；而另一方面，制造军需品的活儿又突然增多起来。为了解决这个矛盾，哪一家厂子都不得不开始雇用大批的工人。过去就是雇用一个工人也要经过严格的审查，没有保人还不行。战争开始以后，他们不能这样做了。我们就是瞅准这个机会进来的。当然罗，在这样的情况下，雇进来也只算是临时工；而且从厂方的角度来看，以国家“非常时期”的名义来雇用大批临时工，比起雇用正式工，结果将有利于降低整个工人的工资。不过这对他们有利也有弊，因此才不得不干出这种愚蠢而又无耻的勾当，竟然让门卫头上蒙着黑衣服来对工人进行监视。

蒙黑衣服的事且不管它，暗中盯着我的是便衣特务。各个警察局都在传阅着我的照片。当然，我现在是化了装，但也不能疏忽大意。有一个同志，就因为警察局里有他一张 13 年前照的照片，结果让一个从来未见过他的特务抓住了。有的同志劝我彻底“转入地下”。这当然是再好不过了。但是根据过去的经验，在工厂外面去进行工人的组织工作，困难要增添百倍，而且得不到百分之一的效果；即使和工厂里的同志保持非常密切的联系，情况也不会好到哪里。我们所谓的“转入地下”，不了解情况的人也许会认为是隐居起来，是单纯躲藏起来，四处逃窜。其实并不是这样。如果“转入地下”是这么一回事，倒不如老老实实地让他们抓住，一声不吭地呆在拘留所里，反而要痛快百倍。所谓“转入地下”，目的是为了掩蔽自己。避免敌人的攻击，这样就可以更加大胆、坚决地去进行斗争。当然，从便于工作或其他方面来说，我们还是希望合法地进行斗争。所以我跟太田他们说，要尽可能长期保住合法性。从这个意义上说，所谓“转入地下”的说法是不正确的，我们决不是自己要转入地下，而是被他们逼着转入地下。……

在目前这样的状况下，我有在敌人的面前暴露自己的危险，早晚上下工对付便衣特务就很够呛。幸好最近站在那儿的特务经常是同一个家伙，有时老远一看是另外一个人，自己就要放慢脚步，重新把帽檐往下拉一拉，走近他之前，要弄清楚是不是自己所认识的特务，第一道关口通过之后，下面就是门卫老爷的检查。带传单进厂子的人一定不能在这里让他们抓住。太田一向是派女同志带传单。据太田说："务必要放在女人的肚脐眼下面，这样最安全。"那些家伙似乎还没有无耻到连那种地方也要搜查的地步。

第二天早晨，一打开装工作服的箱子，传单果然放在里面。波涛似的感情像闪电一样传遍了全身。走进车间一看，旁边的一个女工正在念着传单。她像小学生似的，一个字一个字地念着；碰到不认识的字，就用小指搔搔头。她一见我就问："这会是真的吗？"她是指关于发十块钱津贴的事。

我说："不但是真的，而且是真得很啦！"

那女工就说："真叫人可恨！"

在工厂里，我已经受到大伙儿的注意，认为我"好像是那种人[①]"。不管有没有传单撒进厂里，只要是大伙儿纷纷议论厂子里的事，不管是大事小事，我总是要积极插进嘴去，想办法把大伙儿引向正确的方向。我们应当在平时就取得群众的信任，使大伙儿相信一旦有事，总是站在他们的前头斗争。所以我们必须要站在群众的前头，把大多数工人成批地争取到我们的一边来。以前在厂子里搞的是关门主义，是偷偷地把工人一个一个地吸收进我们的队伍。通过以后的实践，才明白这样的做法永远不可能使运动取得群众的基础。

离开工还有一点点时间，大伙儿围在工作台前互相议论着。我正想走过去，工头跑进来说："谁拿了传单交出来！"大家都下意识地把传单藏了起来。

"藏起来，对你们可没有好处！"工头对我旁边的一个女工说，"你快给拿出来！"

女工顺从地从衣带里把传单拿了出来。

"把这样危险的东西，当作宝贝这么藏起来。——有你这样的傻瓜吗？！"工头苦笑着这么说。

"不过，咱们厂子也太狠毒了，大叔！"

"所以嘛，所以我说传单就是不好嘛！"

"是吗？那么歇工的时候真能发十块钱吗？"

这一下把工头问住了，他说：

"这我哪知道，你问厂里去！"

"大叔，什么时候你不也说过要发吗！嗨，看来传单上说的还是真的呀！"

给女工这么一说，车间里的人全都笑了起来。

---

① 指共产党员。——译者注

“啊哟啊哟！说得好呀！”不知是谁这么说。

工头的脸一下子涨得通红，慌忙擦着鼻子，一句话也说不出来，怒气冲冲地出去了。——我们第三车间的人，这一下子可大声哄笑起来了。这件事虽小，可是这么一来，工头这小子忘了向其他的人收传单就溜掉了。

这天开工之后不到一小时，我听说太田从工厂里给抓走了，看来是带进传单的事给发觉了。

最要紧的是太田知道我的秘密住处。

他以前跟我说过，要是出了事，他只坚持三天。我问他三天是根据什么算出来的，他说大家都是这么说。那时候也说不出是什么原因，“坚持三天”好像已经变成了一个规律。我记得当时我们还继续开了一些玩笑，可是我突然感到太田什么地方有一种弱点。听到太田被捕的时候，首先闪现在我脑子里的就是这件事。

我认识的一个同志，和他同住的人被捕了，而他还满不在乎地住在原来的秘密住所里。我和其他的同志都劝他必须马上转移，而这个同志却露出满脸难以理解的神色。果然不出所料，他第五天上秘密住所就遭到了袭击。当时这个同志从窗户里往外跳。跳是跳出去了，却把脚摔坏了。警察怕他半路上逃跑，把他脱得光光地给逮走了。他进了警察局的拘留所，一眼看到先前被捕的那个人，就大骂他是“混蛋！草包！”可是那家伙反而说，我已经被捕了，你还稀里糊涂地不逃走，你才是“草包”哩。后来这个同志出来了的时候，我们跟他说：“可不是没有对你说过，你明明知道而麻痹大意给抓住了，这可是组织纪律问题罗！”而他反驳说：“那是因为那小子(先被捕的那个家伙)给说出来的。在敌人的面前，哪怕是吐出一个字，那才是组织纪律问题！”事实上这个同志在审讯中确实是什么也没说。对这个同志来说，他从来就没有考虑过自己要说出什么，所以也就没有想过别人会说出什么，因此才“稀里糊涂”地呆在秘密住所里不走。当时我比谁都感到这些话刺到了自己最痛的地方。我要别人从秘密住所里逃走，这就等于承认自己如果被捕，不出三四天也会供出秘密住所；等于自我供认有这种投降主义的情绪。而这种态度是和一个布尔什维克毫不相干的。这是一种起码的常识。从此以后，我们就给自己规定了一项任务，要以这个同志的态度作为尺子来衡量自己。可是现在面前摆着这么一个不可靠的太田，我可不能在秘密住所里装作“稀里糊涂”(尽管这是从好意来理解)，我必须要马上转移住处。

不管怎么说，我总觉得最好还是不要把秘密住所告诉任何人。曾经有过这样的事例——我们有一个很好的同志，他把自己的住处告诉了七个人，让他们在自己的住处出入；而且这七个人当中，还不都是同志，有的甚至仅仅是“同情人”，结果这个好同志的秘密住所遭到了袭击。我们任何时候都要记住，我们是在号称世界最完备的警察网的追捕中进行活动的。

好在太田还不认识须山和伊藤芳。为了工作方便，我曾经打算要告诉太田，说这两个人是我们所信任的同志。但当时考虑到种种的后果，一来是防止在受到镇压时牵连的范围过大；另外也注意到单纯依靠某某某是自己人这种个人关系来进行工作，是一种危险的简单化的做法，因此才作罢了。

从厂里放工回家的时候，我和须山、伊藤芳一起，在一家卖年糕小豆汤的铺子里作了紧急商谈，结果决定我马上（今天晚上）搬家；厂里情况未弄清之前暂不上工；另外和留下的同志保持更密切的联系，以后再采取第二步、第三步措施。过去有许多同志，就因为抱着“今天恐怕还不要0紧”“哪能会出这种事”的想法，结果出了大问题。我们三人协商好，以上三件事是作为工厂支部的决定，我一定要执行。然后须山从他刚领来的一天的工资中给了我八毛钱，伊藤给了我五毛钱。

须山又犯了他平时的老毛病，不知道他想起了什么，问我知不知道神田伯山[①]的故事。我笑着说：“你又来啦！”据他说，神田伯山不论什么时候（一直到死为止）腰包里都要装上一百块钱现金，不管发生什么事情也不花这笔钱。据说这是因为他认为：一个人说不定在什么时候、什么地方会突然碰上灾难，那时候，作为一个男子汉，如果仅仅因为身上没带钱而蒙受意想不到的耻辱，那简直受不了。

“同样的道理，如果因为没有钱动不了身子而被他们抓住，那等于是对阶级的背叛！”须山这么说了之后，又补充了一句：“我们也应该学习他们从经验中得出的教训。”

须山的脑袋里装了这么多的玩意儿，简直就像一本剪报簿子。我和伊藤都大笑起来。

我粗心大意地拐进胡同口，朝我的住处走去。不过说实在的，这恐怕也很难说是我的粗心大意。首先，我压根儿也没有想到太田会这么快说出我的住处。我猛吃了一惊，呆呆地站在那儿。——二楼上我房间里的电灯亮着！而且我凭直觉感到房间里决不只一个人，毫无疑问是有人在守候着我。可是，屋子里有许多东西我得要拿出来，有些东西不拿出来，明天的生活就会发生困

① 神田伯山（？—1873），日本江户末期著名的说书艺人。后来，他的弟子也袭用他的名字。——译者注

难。但我知道这个“可是”要不得，马上改变了主意。

我一下子想不起有什么可去的地方。过去到处流转的生活，几乎把我认识的所有人家都利用遍了，这些地方早已不能再去住了。现在首先必须要离开这个地区。我奔上电车道，朝四周打量了一番，立即叫了一辆出租小汽车。但我并无目的地，只随便地说：“到S街，两毛钱！”

这时候，我忽然意识到我是直接从工厂里出来的，这一身服装跟出租小汽车很不相称。——我坐在车子里想了又想，仍然想不出主意，心中焦急万分。只有一个女人，过去帮我找过一两次躲藏的地方。如果去求这个女人，她一定会帮助我。她租了一家商店的三楼居住，在一家小商业公司里做事。她虽然对左翼运动抱有好感，但自己并不积极参加活动。女人的住处，我是知道的；但到一个独身女人那儿去，显然很不合适。过去有事的时候，我总是向公司里挂个电话，在电话里就把问题解决了。可是现在只剩下这个女人的地方可去了，我再也不能考虑很多了。于是我决心在S街下车，改乘了市营电车。

我尽可能找一个角落坐下，把两手放在膝盖上，然后装着若无其事地朝电车里扫视了一眼。幸好没有“可疑的家伙”在我的旁边，有一个穿西服的好像是银行职员模样的人，正在看《东京朝日新闻》。我瞅了一眼，发现报纸第二版的中间有一条“搜捕仓田工厂赤色分子”的标题。我又瞅了好几眼，可是看不清本文。——我心情焦急不安，生平第一次感到电车跑得太慢了。

为了小心起见，我提前两站下了电车，然后走进一条小胡同，拐了两三个弯，朝女人的住处走去。因为是第一次来，走的又是小胡同，简直有点迷路了。店堂里有个老爷子，露出贴着膏药的肩膀，用手在上面拍打。我问楼上的笠原在不在家，他瞅了瞅我的脸，一句话也不言语。我稍微放大了声音又问了第二遍，他这才朝着镶着纸拉门那边的饭堂说了一句什么话。里面有个人，透过门中腰上的玻璃，朝我这边瞅了瞅，带着怀疑的语调说：“啊呀，她出去啦！”

这一下子我可为难透了。我问什么时候回来，回答说不知道。我知道他们是怀疑我的模样(服装)。我一筹莫展，在那儿站了一会儿，可是没有办法，说了一声“9点钟再来看看”就走出了店门。来到外面，抬头望了望三楼，楼上没有灯光，我忽然感到浑身没有一丝儿气力。

到有夜市的街上去翻了翻书，在棋摊子旁边相了相，又到咖啡馆里坐了坐，好容易混过了两个钟头，然后又转了回来。一拐进胡同口，就看到三楼的窗子是亮的。

我跟笠原简单地说明了情况，接着就问她有什么地方可住。可是，她所知道的地方，过去差不多都让我住过了；公司里虽然有两三个女朋友，但她们对我们的运动毫无理解，“而且都是单身”。笠原歪着脑袋拼命地想了又想，仍然想不出个地方。一看表，已经快10点了。过了10点还要在外面乱跑，那是最危险不过了；再说我还穿着这么一身工作服，那就更加危险了。笠原笑着说：要是女朋友，还有许多地方可以想办法，“可是你是个男人，实在没办法可想”。我也没有办法可想。然而要使自己不至于被捕，只剩下一条路可走，但要把它说出口，那是很需要勇气的。

“你这里怎么样？……”

我下决心说了出来。但连自己也感到脸红，再也说不下去了。——这在别人看来，也许认为太大胆了，可是实在没有办法了。

“……！”

笠原的眼睛突然睁得大大的，盯视着我的脸，咽了一口气，接着满脸涨得通红，不知为什么，她好像有点慌乱的样子，把一直随便横坐着的两腿缩回来，改为用膝头跪坐着。

过了一会儿，她下了决心，跑到楼下去了。她跟房东说，住在S街的哥哥来了，要在这儿住一宿，因此来打个招呼。可是，说是哥哥，怎么想也叫人感到可疑。她虽然很朴素，但平常总是穿一身整洁的西服，留着流行的半长发。这样的人怎么会有一个穿着工人服的哥哥呢?！据说她这么一说，楼下的老太婆一句话没言语，从上到下一个劲地打量着带孩子气的笠原。笠原的脸上不禁紧张起来。对一个普通的女人来说，要留男人过夜，这确实是一件非同小可的事情。

事情这么一决定，两人不知怎么一下子拘谨起来，话也说不下去了。我向她借了铅笔和纸，伏在铺席上，制订起明天的计划：要立即递补上太田的缺；要把太田的被捕写进传单，让仓田工厂的全体职工都知道。我舔着铅笔，打着草稿，忽然想到女人是不会主动说出要睡觉的。于是我问她说：

“你每天什么时候睡觉？”

“一般大概是这个时候……”她这么回答说。

“那么睡吧。我的工作也告一段落了。”

我站起身，打了个呵欠。

只有一床褥子，她要把被子让给我，我硬是拒绝了，盖了一件棉袍就躺下了。熄灯之后，听到她走到屋角上，她像是在那儿换睡衣。

我过去(自从离开自己的家以后)到处奔波流转，已经习惯于这样的睡法，而且马上就能进入梦乡。可是和女的睡在一个房间里，这还是头一次，实在很难睡得着。我稍微一迷糊，就作起梦来，但马上又惊醒了。就这么梦梦醒醒，醒醒梦梦，反反复复了好多次。尽是梦见被人们追赶着。做梦一般都是这样——想跑也跑不动，只是心里干着急，一旦意识到自己“啊呀啊呀”地叫起来的时候，一下子就惊醒了。稍微镇定下来，就觉得半边脑袋滴溜溜地发疼发沉。我感到好像一点没有睡过一样，不知道翻了多少身；而笠原一整夜好像没有翻过一次身，连动一动身子的声音也没有听到。我心里十分清楚，她是早就准备一夜不睡了。

不过，我总算是睡了一忽儿。一睁开眼睛，只见笠原的铺盖已经整整齐齐地叠在那儿，不见她的人，大概是到楼下做饭去了。不一会儿，笠原踏响着楼梯板上来了。她问我说：“睡着了吗？”我感到有点不好意思，只是“啊”地回答了一声。

笠原上班的时候，我和她一块儿离开了屋子。楼下的老太婆正在厨房里干活，见我们出来，她停下手里的活儿，一直看着我们走了好远。

“啊！——”一走到外面，笠原大声地出了一口长气，就好像把昨天一夜的别扭一下子吐了出来，接着又轻轻地骂了一声：“臭老婆子！”

三

这天晚上和S碰头的时候，跟他谈起昨天晚上的事，他说这样下去不行，于是给我筹措了租房子的钱。我已经找好了房子，决定等须山和伊藤给我弄来家具，马上就搬过去。起初我拿不定主意，不知道住在仓田工厂所在的地区内好不好。住在同一个地区，有相当大的危险性；可是，要是住到其他的地区去，交通费又发生困难。相比之下，当然还是其他的地区好，但是也说不定警察以为我已经逃到其他的地区去了。所以我想趁其不备，来个将计就计，就住在原来的地区也未尝不可。曾经有过这样的事，据说有个同志经常在江东①一带活动，可他却故意放出风声，说自己在城西一带出没。另一位现在已经去苏联的同志，听到这个同志采取这样的战术，认为并不高明，他说要是他的话，自己在江东活动，就放出自己在江东的风声。由于我在这个地区还没有被特务认出，再说又从工厂里歇了工，经济上没有了来源，因此还是决定在原来的地区找个住处。

租房子最好还是租小商人家的楼上，如果房东是一对老夫妇，那就更好。这些人跟我们的工作没有什么关系，而且对楼上房客的行动，理解很有限。要是住在一个半吊子知识分子的家里，他们一看你进进出出的情况和房间里的

① 指东京隅田川东岸一带。——译者注

摆设，马上就会锐敏地嗅出我们和“常人”不一样的味道。只是警察这些家伙要常常到小商人之类的家里来查户口，而且查起来又很不客气；相比之下，对待门第高的人家就不一样，该去两次的只去一次，去了也只问一问：“有事没有?”我这次找的住处是一户介于两者之间的人家。房东大婶子据说先前当过妓女，现在好像是什么人的外室。

须山和伊藤给我张罗来了一副[付]行李，好容易才安定下来，我这才松了一口气。唯一不足的地方，是楼下还住着一个房客，所以我第一件事就要了解他是个什么人。我下楼到便所去，正好那个人不在，他的房间的纸拉门敞开着，我首先朝他的书架子上瞅了一眼。——每当我搬到一个新住处，如果有同住的房客，我首先就采取这个办法。因为一瞅书架子，马上就可以估量出这个人究竟是个什么人。——书架子上摆的都是一些很普通的书，大多是地理、历史之类，看来大概是哪个学校的教员。不过桌子上放了一本《日本文学全集》；我迅速地瞅了一眼，书是打开着的，正好翻到卷头，上面刊有片冈铁兵和叶山嘉树[①]等人的照片。但是这种书只有这一本，别的好象没有。

在我们的同志当中，常常发生这样的事情，好容易搬了一次家，可是却发现这家房东是在警察局里做事的。马上能发现房东的职业，那还算好的；而有时甚至过了一两个月还不清楚。因为我们是干这样工作的人，就连“您家先生是做什么的”这样简单的问题，也不能随便地问的。

我向大婶打听了澡堂在什么地方，就出去作第二步调查。我手里拿着毛巾和肥皂，慢慢悠悠地走着，首先注意地看了看每天要经过的路旁两边人家的门牌。走过了五六家，在拐角上有一家名牌上写着“警视厅巡警×××”。但这是一家大宅院的后门，还不用十分担心。从澡堂出来，我调查了一下这附近一带的胡同和岔道，就回来了。一般来说，这个地区(其他地区说不定也是这样)的特点，是工厂区和有钱人的住宅区交错地紧联在一起。这一带尽管和仓田工厂同属一个地区，但是一出拥挤的大街，就是幽闲清静的住宅区；而且好在走完一条清静的长长的大路，马上紧接着就是热闹的大街，所以办完事回来，可以发现后面有没有人跟踪；出了家门马上可以走上热闹的大街，混进拥挤的人群。条件确实很好。

我那二楼房间的窗子紧挨着晒台，而且我发现一步就可以跨上邻居家的晒台，从那儿可以很容易地越过别人家的墙头。于是我准备买一双草鞋来放

① 片冈铁兵(1894—1944)和叶山嘉树(1894—1945)均为日本无产阶级作家。——译者注

在晒台上，以便一打开窗子马上就可以穿上[①]。麻烦的只是这一带人家简直就像《巴黎屋檐下》[②]那样拥挤在一起，你稍一打开窗子，就有被周围五六户人家和租居在二楼上的房客们看到自己的危险。在没有弄清楚这些人家的职业之前，我只好呆在房间里，把四面窗子关得严严的。为了和房东拉拉闲话，我下楼去了。我想从闲谈里了解一下附近的情况。

一打听，住在附近的，有在法律事务所工作的事务员，三味弦[③]的教师，他楼上住的是股票经纪人，还有"临时女佣会"[④]的女工，其他七八家都是公司的职员，有一家是这一带的财主，家里备有钢琴。搬来的当天晚上，就了解了邻近的这么多情况，确实是很大的收获。除了那些多嘴多舌的"临时女佣会"的女工，恐怕应该说周围的环境还算是不错的。

不过，按过去的经验，还必须要准备一个另外的住处，以便秘密住所一旦遭到袭击，或者发现有可疑的迹象，马上能够有地方住。一个住所不管看起来是多么安全，但丝毫不意味着它永远安全。事实上很久以前我住过的一处地方，刚搬过去的第二天，我从澡堂回来，就发现住所的门前站着一个穿西装的家伙。那里只有一条道，我发现了他的时候，已经走到了跟前，没法再后退了。无奈中我只好摇摆着身子，把湿毛巾挂到脑门上几乎要碰着眼睛的地方，嘴里吹着模糊记着的"我追求着幻影，在遥远遥远的地方……"的口哨，没有进住所就打门前过去了。穿西装的好似看了看我，但那种看法又令人感到有点不像是暗中监视人样子。我走了一段，回头看了一看，那家伙还站在那儿，朝我这边望着。那天晚上我睡到一个同志的家里。这个同志很有经验。据他判断，第一，监视人不会是这种样子；第二，刚搬去两三天，不可能预先没有经过任何调查就跑来监视。第二天派人一调查，果然没有什么事。不过，不管怎么说，为了能够及时对付突然降临的灾难，做好第二步的准备总是必要的。在下一次出去联络的时候，我把这件事拜托了笠原。

工作很快就重新开展起来。伊藤芳最近表现特别积极，决定让她填补了太田的空缺。当强烈的镇压风暴刮起的时候，表现出积极性的人是不多的。她虽然是高中毕业生，由于长期不断地过着工厂生活（虽然一直到处流动），身

---

① 日本人在室内不穿鞋子，这里说准备在晒台上放一双草鞋，是准备必要时穿上逃跑。——译者注

② 法国的一部影片的名字。——译者注

③ 三味弦是日本的一种乐器。——译者注

④ 是一种临时女佣的职业组织，某家临时有事需要帮忙，可通过该组织介绍女佣去工作，领取一定的报酬。——译者注

上早已没有以前的那种学生气了。自从被迫转入地下以后，她一直是打入工厂活动，曾经被捕过好多次，而这恰好锻炼了她。一般人一转入地下，就进入街头活动，就会脱离现实的工人生活的气氛，而这个伊藤却正好走着相反的道路。伊藤每次被捕，警察总是把她母亲叫去，让母亲把她领回家。而母亲每次总是求她："这次你可别出去了。"可是在家里呆不到半天，她又跑出去，潜入地下开始活动。即使是这样，她母亲一接到警察局的通知，说她女儿被捕了，要她上警察局去，她总是很高兴，在警察局里再三地道谢，把女儿领回来。大概是第三次或第四次回家的时候，伊藤心里想，承担的工作越来越重要，今后恐怕不可能像过去那么容易地从警察局放出来了，因此很难得地和母亲一起去了一趟澡堂。这里面暗含着要和母亲告别的意思。据说母亲在澡堂里一眼看到自己女儿的光身子，一下子就瘫软地坐在地上。原来伊藤的身子因为多次受刑拷打，遍体都是青紫的伤斑。据伊藤说，从此以后，母亲突然对自己的女儿同情起来，而且慢慢地开始理解自己的女儿了。母亲气愤地说："警察把我女儿折磨成这个样子，我再不向他们低头了！"以前伊藤交通费或生活费发生了困难，没有办法只好托人上母亲那儿去要钱，母亲总是说："要不回家就不给钱。"可是打那次以后，要两块给四块，要五块给七八块，还叮嘱说："不要惦记家！"母亲见人还这么说："只不过为穷人干点事，就把一个无罪的姑娘打成这个样子。这肯定是警察方面不好！"假如连自己的母亲都不能争取到自己的一边来，那怎么能在工厂里把许许多多各种各样的伙伴组织起来呢？——如果说这话里包含着许多道理，那么像伊藤就是一个证明。她的那些争取群众的"办法"，确实叫我五体投地。她稍微有一点空闲，就跑到浅草[①]去看歌舞剧，看国产的电影，或者读无产阶级小说。而她在争取群众的时候，能马上把这些看过的东西拿来作为话题，巧妙地加以利用。（这是题外的话，她长着一副漂亮的面孔，很引人注目。男工们放工回家的时候，即使她不开口，也会有人拉着她到白木屋的分公司或松坂屋[②]去，给她买各色各样的东西。她对这样的机会，也能非常沉着地巧妙地加以利用。）

她是一个直率的姑娘，很能听取别人的意见，但是她对于通过自己过去几十次的经验所总结出来的工作方法，却像一块顽石似地坚持。现在正需要这样的女同志，尤其是仓田工厂 800 名工人中 70％是女工，其意义就更大了。

除了仓田工厂的工作外，我还担任"地方委员会"的工作。胡子被捕的事，

---

① 浅草是东京台东区内的一个闹市区。——译者注

② 白木屋和松坂屋均为东京的大百货公司的名称。——译者注

差不多是确实无疑了，我还必须承担他的一部分工作。工作一下子紧张起来。不过，秘密住所已经建立起来了，而且不必过工厂的生活了，所以我可以充裕地制定自己的日常生活计划，比以往更加精力充沛地去从事工作。

以前在工厂的时候，可以了解厂子里每天的“动态“，并且马上能反映到第二天的传单里去。现在这些工作都让须山和伊藤去负责了。起初我还担心脱离工厂会带来不良的后果。可是现在由于和须山他们在组织上保持密切的联系，不但没有浮在表面，有意义的是，离得远一点，反倒了解到须山和伊藤（也包括以前的我）只被眼面前的事吸引了全部的注意力，而不能进一步从发展的眼光来看待事物。那时看起来好象观察得非常仔细，其实应该说是在一个固定的框框里坐井观天。当然，这还由于我担当了便于展望全局的“地方委员会”之类的工作。所以现在我体会到没有必要担心自己会漂浮在上面了。

我首先注意到一种倾向：在这样一个800人的工厂里，仅有由四五个人组成的支部在拼命（确实是拼命！）地工作。当然，尽管说是四五个人，如果没有这四五个人的支部在拼命地工作，那就不可能把整个厂子推动起来。但是，这四五个人要想努力工作来推动全厂，就必须要具体地来研究如何和厂子里的群众组织相结合（或者建立这样的组织，在里面活动）。如果不考虑这样做的具体计划，那就仍然只是这四五个人在唱独脚[角]戏，就不会有任何发展的可能。而实际上临时工中的女工们，认为她们好不容易互相认识了，马上又要四分五散，各奔东西，觉得“同舟过渡也是前生的缘分”，因此正准备建立一个临时工的“友谊会”之类的团体。临时工和正式工因工资和待遇的问题，关系不好，那是厂方故意制造的，而其中有些人也因“同病相怜，互相关照”而结成了朋友。尽管这只是少数一两个例子，但是，如果支部懂得怎样努力把这些自发的东西加以扩大和组织起来，并在里面（不是只在自己的四五个人当中）做工作，那么在最近即将有600人就要被解雇的时候，把全厂发动起来，也决不是不可能的。

尤其是仓田工厂是个制造防毒面具、降落伞和飞艇外壳的军需工厂。在战争时期，在这样的厂子进行组织工作的重要性，那是自不待说的了。从战争开始以来，我们就把组织工作的重点放在军需工厂（主要是金属和化学工厂）和交通运输企业（这是运输军队和军火的）来开展工作。这也是我和须山、太田、伊藤等人打进仓田工厂的原因。问题是我们都是临时工，不到半个月就要被解雇。我们必须在这期间让组织多少扎下一点根。因此就必须争取正式工。能争取到他们，即使我们被解雇了，也可以从外面和遗留下来的组织保持紧密的联系，顺利地继续开展工作。所以我们决定的方针是：不管在怎样小的问题上，都要让正式工和临时工经常接触，促进他们结合起来。而同时也要重视临时工的组织工作，因为他们这些人在被解雇之后，又要去寻找另外的工厂，进入不同的单位，是所谓的“种子”。所以从始到终决不能脱离每一个临时工。——在解雇之前的极短的时间内，我们必须要做好这些工作。

两三天之后，我和须山进行街头联络的时候，只见须山怪模怪样地摆着胳膊从对面走过来。他这个人一有什么事情，总是要做出这副样子，就好象等不及见面之后慢慢地谈，而首先在动作上表现出来。我心里想：又出了什么事啦！我刚拐进路旁的一条小胡同，按规定本来是要再拐一条胡同，然后我们才走在一起，而须山却小跑着赶上来，从背后叫了我一声说：“太田来信啦！”

我心里想：果然不出所料。

据说信是在拘留所里托一个流氓捎出来的。从仓田工厂一走上电车道，那一带都是“花街柳巷”；夹着电车道两旁的小胡同里，是一排排带有圆形小窗的妓院。一到晚上，这儿就成了夜市，热闹非常。在这一带横行霸道的是一些叫做“某某”帮的某某把头（流氓）。而有个诨名叫作“疯子”的流氓，曾经因威胁罪而被N警察局抓了起来，偶然和太田关在一个牢房。当这个“疯子”流氓放出来的时候，太田就托他把这封信交给了我们所认识的T。

据信里说，警察正在加紧追捕我，甚至还知道我戴的是宽边眼镜；还说像我这种角色，只要稍微花点钱，马上就能把我抓到，因此希望我要特别注意。

听到这些话，我说：“恰恰相反，因为是太田把什么都说了，我才受到警察的追捕。”

须山也笑着说：“是呀，特务竟然知道你戴没戴宽边眼镜。他们没有见过你，那怎么会知道呀？！”

我们认为太田写这封信完全是为了给自己的行为辩解。要紧的是我们想知道太田在警察局里究竟供认了些什么，供认到什么程度。我们必须根据这些立即制定对付的办法。我认为太田这么一来，肯定很快就会放出来，对于这种家伙一定要十分注意。

不过，太田是在干活的时候给抓走的。就凭这一点也给厂子里带来了不小的波动。大家了解到以前为他们带传单进来的原来就是太田，对他产生了一种亲切的感情。而且还明白了以前动辄就被工头说成是“豺狼虎豹”、说成是“卖国贼”的“可怕”的共产党，原来竟是太田；原来以为共产党是在自己看不见的遥远的地方，现在明白了原来就是每天跟自己一起拿熨斗熨降落伞的太田。——这些事太出乎意外了，大伙儿都感到吃惊。伊藤芳立即抓住这个“太田事件”，在工人中这么宣传说：“太田经常关心咱们女工的事，现在他给抓走了，咱们应该用工厂部分工人的名义，到警察局给他送点什么东西吧！”于是募集了一些现款和物品。大约有七个人出了钱，其中还有个据说是喜欢太田的女工。伊藤芳从太田的事谈到传单，谈到工厂的活儿，终于争取了七八个女工。她根据自己长期工厂生活的经验，懂得提出什么样的问题，群众就会跟上来；再说降落伞车间几乎全是女工，而太田在那儿是颇得“好评”的。她也巧妙地抓住了这一点。她从这八个人当中挑了几个比较积极的女工，打出“仓田工厂部分女工”的名义，上警察局去给太田送东西。送的东西有裤衩、衬衣、夹袄、带子、手巾和手纸，另外还有一块钱现款。警察局让这个拿东西的女工稍等了一会儿，然后有个警察跑出来说，太田感谢大家的盛情，但他有顾虑，不能接受这些东西，因此要她们带回去。这个女工没有经历过这种事，和其他同去的四五个女工把这些东西又带回来了。而伊藤自己过去关押在警察局里的时候，曾经被警察耍弄过这种骗人的鬼把戏，因此她又跑到警察局去了一次，硬把这些东西留在那儿。可是，后来她从须山那儿听到太田的情况，简直把她气坏了。

像太田这种家伙，说不定会以为自己的变节和卑躬屈膝只是他个人的事，却不知道会给许多工人的心灵上带来了多大的阴影。他是个自私自利的人，是个投降主义分子，是叛徒。他要是说出了警察还不知道的我的部署和今后的行动计划，我和仓田工厂的同志们今后要进行的工作，将会困难十倍。——我们就是这样，不仅从敌人那儿，而且还要遭到自己内部的“蜕化分子”的交叉火力的攻击。那天我的交通费不够，只好走着回去。一路上我的神经显得异常敏感，碰到的每个人，都觉得好像是特务。我不断地回头注意着身后。特务们想要抓住我，一定会根据太田的口供在这个地区严密戒备的。据胡子说（他以前对我说过），他们抓住咱们一个人，就可以领到 50 块钱。他们在这种诱饵的引诱下，一定在千方百计地搜捕我。——不过，我又想到，我这么心神不定，是很危险的。我可不能被他们抓住！于是我走进一家卖小豆年糕汤的铺子，让心情慢慢地平静下来，然后才回了家。

我们是没有所谓退路的。我们的整个生命都献给了党的工作。这跟做公开工作的人是不一样的。在这种状况下碰上了这样的背叛行为，我们的整个身心都感到愤怒和憎恨。现在，我们没有可以称之为“私人生活”的东西，所以我们是用整个生命的感情（如果可以使用这样的语言的话）来愤怒，来憎恨。

也许我是气糊涂了。平常出入寓所，我总是要正正经经地给房东大婶打个招呼。而这次我连这个也忘了，就直接跑上楼去了。一坐到桌子面前，就脱口骂了一声“混蛋！”

在这以后，连我自己也感到奇怪，我跟笠原突然亲近起来了。凡是托她的事，不论是什么事，她都一一地满足了我的要求。由于太田叛变了，我决定最近搬到别的地区去。但我自己不能到处去找房子，因此拜托了笠原。这时我就想到和笠原同居为了踏踏实实地长期把地下工作坚持下去，这样做也有好处。

一个单身汉住在别人的家里，不到哪儿去工作，而且每天一到晚上就外出，单凭这一点就足够人家怀疑了。以前在工厂里做工的时候，问题还不大，而现在一个晚上平均有三四次联络，尤其是有的时候中间还有一个来小时的空隙，又不能在外面逛荡，只好先回家，然后再出来。这时候，房东大婶马上就露出一副怀疑的脸色来。大婶的那副疑心的脸色，就好似说：这家伙靠什么吃饭呀？警察来查户口的时候，她要是说出是这么一种情况，马上就有被发觉的危险。

笠原在公司里工作，早晨定时上班，要是能跟她同居，即使人家看着我好象整天游游逛逛，也会说我是靠老婆的薪水过日子。社会上总是只信任有固定职业的人。因此我就问笠原能不能跟我住到一起。她一听这话，突然睁大着眼睛直瞪瞪地看着我，但是什么话也没说。过了一会儿，我催她回答我，她还是不言语。那天她终于什么也没说就回去了。

第二次跟笠原见面的时候，她从来没有过那样毕恭毕敬地跪坐在我的面前。她紧缩肩头，两手放在膝头上，身子僵直着，那样子实在是拘谨极了。回想在她那儿过夜的第二天早晨，刚一步跨出门外，她就用一种爽朗的男人腔调大声地说：“啊！——臭老婆子！”而现在那种味儿一点也看不到了。我奇异地看着她。

我们谈了各种事情。但是话头一断，她就显得局促不安起来。我们俩都回避上次的谈话，尽量把它往后拖。事情谈完之后，我终于提起那件事，她说她是下定了决心才来的。

在这以后，我和笠原很快就一起搬到新的住处去了。那儿离仓田工厂虽然稍微远一点，但须山和伊藤还有着可以公开坐电车、走路的“身分”，因此就让他们上我这儿来。这样既能够节省交通费，也减少了路上的危险。

四

须山有事到我这儿来，经常顺便上我母亲那里去一趟。他跟我母亲说我身体很好，又把母亲的情况告诉我。

我离开自己的家的时候，是非常突然的，连自己唯一的母亲都来不及把情况说清楚，就被迫转入了地下。那天晚上6点钟左右，我跟往常一样出去联络。当时我虽然也是从事“非法”的活动，但是以一个黄色工会的会员的身分，利用一切合法的场合，作为工会内部的反对派来积极进行活动。那天6点钟跟我碰头的那位同志对我说，和我一块儿工作的F突然被捕了，被捕的原因虽然还不清楚，但我是直接和他发生联系的，必须马上转入地下。我一下子愣住了。如果因F的关系而知道了我的情况，那就不仅仅是黄色工会的革命反对派的问题，还会牵涉到“老头子”[①]的关系。我说我想回家去一趟，收拾收拾，准备一下再转入地下。我以为这么一点余裕的时间总还会有的。而那位同志(他就是胡子)却说：“开玩笑也得看时候呀！”

他说话的语气好像是开玩笑，但是他要我一定不能回家，整理东西可以托别人去做，即使只穿着身上那套衣服也要走。他还笑着说：“这可不是学生旅行啊！”胡子是个很难得的同志，他能够把最坚决果断的意见用亲切的语气说出来。他还举了一些例子，说有个转入地下的同志，因为实在无处可去，就以为“今天晚上大概不要紧吧”，于是又回到自己的家里去住，结果第二天一早就被抓住了；还有个同志虽然充分地考虑到搜捕的危险，但因为要处理一些重要的事情，结果一出门就给抓走了。他不怎么说为什么不能这么做，碰到这样的情况，只是举一些适当的事例。看来他是经历过各种各样生活，这方面的经验是相当丰富的。

我向胡子借了他身上仅有的五块钱，匆匆忙忙跑到一个朋友的夫妇家里。后来听说警视厅和S警察局的四个特务果然在第二天早晨就跑到我家里来抓我了。我母亲什么也不知道，大吃了一惊，告诉他们说我昨天晚上出去之后就一直没回来；其中一个好像是“头头”的家伙，说我大概是闻风逃跑了。

从此以后我就一直没有回过家。须山带着我的消息去看望我母亲的时候，母亲就好像自己的儿子回来了似的，把须山让进屋里坐下，端上茶，然后就目不转睛地瞅着他的脸。须山给瞅得不好意思，一个劲地搔着脑袋。须山谈起我离家以后的情况，中间稍一停顿，母亲就催着说：“以后呢？以后呢？”母亲长期夜里睡不好觉，弄得眼泡浮肿，眼囊下垂，两个腮帮子瘦削了下去，颈脖子又细又干，脑袋在脖子上战战兢兢地来回晃荡，乍看起来，简直叫人感到就要掉下来似的。

据说最后母亲问须山说：“还要多少日子安治[②]才能回来呀？”这一下子可

① 对党的上级领导称呼的隐语。——译者注

② 作品中主人公“我”的名字。——译者注

把须山问住了。多少日子?! 眼瞅着母亲那摇摇晃晃的小脑袋,须山怎么也无法把真话说出来,他说:“嗯,不会太长吧。”

以前我多次被抓进警察局,在拘留所里度过好多个“29 天”。母亲对这些当然是习惯了。尤其是前年蹲了八个月的监狱,母亲在这期间还给我往监狱里送过东西。由于这些情况,母亲反而对我所从事的活动慢慢地理解了。她只是不明白我这次为什么不跟往常一样,老老实实地让警察抓去;担心我到处逃跑,将来的后果会更加不好。

在以往的日子里,我也许太使母亲伤心了。而我最后还是用自己的破釜沉舟的行动来对待了母亲。我意识到 60 岁的老母亲正在向我的心情靠近,可以看出她内心经历的痛苦的斗争,比我们投身于革命运动还要困难百倍。我的母亲原来是一个贫苦的农民,连小学也没有上过。可是,在我还没离开家的时候,她却学习起字母来了。曾经有过这样的事,她戴着花镜,弓着背,把脚伸进熏笼里,膝上放着一块小薄板,把我用过的废稿纸收集在一起,在稿纸的背面用铅笔练习着写字。我笑着说:“妈,你打算干啥呀?”她说前年我关在监狱里的时候,就因为自己一个大字不会写,没有给我去过一封信,“唯有这件事感到过意不去”。加上我出狱以后,母亲也看出我越发深入地投身于运动了。她觉得这么一来,今后肯定还要被抓走;再说,即使不抓我的话,那次我是被保释出狱的,刑期一判决下来,总归我还是要进监狱的;为了准备我蹲监狱时给我写信,母亲就开始学习认字了。在我转入地下之前不久,母亲写的字虽然又大又不整齐,但是还能够辨认得出来,这使我大为惊异。——而这次据说母亲问须山说:“能不能见一面呢?”须山回答说还是不见为好,母亲就说:“那么,连信也不能写罗。”我从须山那儿听到这些话的时候,想到母亲说这些话的心情,心里感到很难受。

须山从我家临走的时候,母亲把我的夹袄、衬衣、裤衩和袜子交给了他,然后还要他等一会儿。自己跑到厨房里去了。在厨房里忙活了好一阵,须山正奇怪老太太在忙什么,母亲拿着五个煮鸡蛋走出来了,嘱咐须山跟我说,鸡蛋一毛钱可买三四个,一定要挑新鲜的多吃点;我和须山、伊藤他们把这些煮鸡蛋分吃了。须山笑着说:“喂,伊藤,咱们吃一个就得啦,要不老太太以后该恨咱们罗。”伊藤装着不懂他的意思,偷偷地擦着眼睛。

以后须山顺便又上我家去的时候,我决心要他明确地告诉我母亲,说我是四年五年也回不了家的;还要他跟我母亲说,我回不了家并不是因为我从事革命运动,而是有钱人的走狗——警察不让我回家,所以不应该恨我,而要痛恨这个是非颠倒的社会。我觉得与其含含糊糊,还不如让母亲明确地知道,反倒会产生一种抵抗的力量。另外，还有这样的事，我认识的一些同志，他们被警察抓去之后，人家说他们跟共产党有关系，家里的妻子和母亲就说，我的丈夫、我的儿子不会干这种“见不得人的事”；或者说这是捏造的，是因为“要加个罪名”，才说他是共产党。如果真是这样，那就等于是这些同志的家属亲口说出了共产党专干“见不得人的事”，对共产党就可以随意加个罪名。我母亲虽然60岁了，但我认为她是不会这样想的，也不会这么说的。我的母亲过去50多年的生活是在贫困的深渊里度过来的，如果把道理给她讲清楚，我想她是能够理解的。

据须山说，我母亲默默地听着这些话。但她提出了另外一个问题，说她今年六十了，一旦有病，说不定今天明天就会死，在临死的时候，我能不能回来一次。须山没想到她会提出这样的问题，不知道该怎么回答才好。我听了之后，要须山给她说，就是那时候也不能回去。

“这样的话，我说不出口！”须山露出为难的神色说。

我并不是没有想到这对母亲是残酷的，但是我想这又有什么办法呢，应当让母亲通过这一切的事实，对统治阶级终生感到仇恨（事实上母亲的一生确实是这样）。因此我一再嘱咐须山，要他反复地给母亲讲清楚，我不能给她养老送终，那也完全是统治阶级造成的。　　可是，后来我再次和须山见面的时候，心情仍然无法平静。

“怎么样？”我问须山说。

“按你说的那么说了呀。”

须山说我母亲最近似乎瘦了一点，脸色也有点发青；她问须山只见一面行不行。

我突然想起了渡政。据说渡政转入地下以后，他的母亲（这位老母亲现在已经不只是渡政个人的母亲，而且也是整个无产阶级的母亲）问同志们说：“跟阿政再也见不上了吗？“同志们说：“见不上了。”我把这些事告诉了须山。

“这个我明白。不把你的地址告诉她，找个什么地方跟她会一面吧！”

实际上须山见到我母亲的那种样子，内心里早已被感化了。

“可是，那帮特务正在到处找我，不这么做已经够危险的了，万一要是出了事，……”

不过，我到底还是被须山说服了。决定多加小心，约定在一个我们平常不去的地方，由须山用汽车把我母亲接去。我按时来到了这家小饭馆子，母亲在桌子的对面，远离着桌边，拘拘束束地坐在那儿，脸色显得相当忧郁。我一见母亲穿着出门的最好衣服，心里产生了一种说不出的感情。

我们并没有谈多少话。母亲从桌子下面取出一个包袱，从包袱里拿出香蕉、枇杷，另外还有“煮鸡蛋”。须山很快就回去了。临走时，母亲把鸡蛋、香蕉硬塞到他的手里。

过了一会儿，母亲慢慢地谈开了。她说：“你比在家的时候好像胖了一点。我这就放心了。”母亲还说她最近几乎每天都要做梦，梦见我非常瘦弱，被警察抓住了，在警察局里受“折磨”（母亲总是把拷打说成折磨）；每天都是从这样的恶梦里惊醒过来。

母亲还谈到茨城县的我的姐夫，说他今后要来照顾她，要我放心去工作。母亲既然提起这些事，我就把以前托须山向母亲说的话又亲口说了一遍。母亲笑了笑说：“我明白！”

在谈话的中间，我注意到母亲有点心神不定，好像沉不下心似的，说话也吞吞吐吐，不能尽情地把话说完。——后来，母亲终于说出了原因。她说没有见到我之前，想得她坐卧不安；一旦见到了我，又担心在见面的时候，我被人家抓走，心里七上八下的，心想还是赶快回来吧。怪不得母亲不时地注意着别的桌子上来的客人，一有客人进来，她就直朝那边瞅着说：“那个客人好象不要紧吧！”进来另外一个客人，她又说：“那个人相貌很凶。”而我往往反而不知不觉地用在家时那样的大声说话。这时，母亲就提醒我把声音放低些。她说，与其见到我这么提心吊胆，还不如不见我，知道我平安地在工作就行了。

母亲临回去的时候说，她今年已经60岁了，虽然还想活上20年，活到80岁；但是，现在毕竟是60岁的人了，说不定明天就会死；我要是得到她死的消息，说不定还会跑回家一趟；那样做是很危险的，因此决心不让我知道她死的消息。对于一个普通的常人来说，恐怕再没有比临死的时候见不到自己的亲人更大的事了，更何况是一个60岁的老母亲呢！母亲向我表示了这么大的决心，使我万分地感动。我默默地说不出一句话。我除了沉默又能说什么呢！

走出饭馆的时候，母亲在我的身后说：“我可以一个人回去了，你小心点，回去吧。”接着，突然担心地说：“你那个肩膀就是有毛病。……认识你的人，从背后也能一下子认出你。你得把摇着肩膀走路的毛病改掉才好……”

“噢，大家都这么说哩。”

“就是嘛，一下子就能认出来！”

一直到分别的时候，母亲还自言自语似地说了好几遍“一下子就能认出来”。

从此以后，我把过去留下来的个人生活的最后的退路——和亲生母亲的关系彻底切断了。在今后多少年内，只要新的世界不到来（我们正在为着这个新世界的到来而战斗)，我跟母亲将不能生活在一起了!

正在这时候，胡子来信了。

胡子最初在 T 警察局只呆了五天，以后转到 K 警察局，在那里给关了 29 天。有一个朝鲜工人，曾经和胡子同住过一个牢房，由他把这封信捎到须山和伊藤他们常去的 T 那里，这样才了解到胡子的消息。信上写着他是在秘密住所里被捕的，但原因至今不明;还说要重建自己的队伍，决不能“急躁、冒进，不能简单从事”。在“急躁、冒进”和“简单从事”这几个字的下面，还特别打了个圆圈。

看了这封信，我和须山、伊藤都觉得自己没做什么工作，还谈不上“急躁”“冒进”，感到很惭愧。

胡子的家里有父母和兄弟。他还通过他的家给我来了信(用的是仅在我们中间称呼的名字)。胡子在这封信里说，他准备给敌人创造一个“交白卷的审讯记录”，对一切的讯问，只用“不知道”三个字顶过去。看了这封信，我们都说:“太田这小子给咱们带来的一肚子气，这一下子都出了。”

我们坚定地相信，不管出现什么样的叛徒和机会主义者，一条又红又粗的正确路线始终还是鲜明地贯穿在我们当中。

胡子平时经常给我们说，什么也不说，这是咱们的铁的纪律，让咱们说点什么，这是敌人的规则。面对敌人的审讯，哪怕说了一句，这就违背了咱们的纪律，屈服于敌人的规则。对于一个共产主义者、一个共产党员来说，当然不能屈服于敌人的规则，而必须遵守咱们的铁的纪律。现在，他用自己的实际行动做到了这一点。

“阿芳，有一个叫肖瓦洛夫的人，你知道吗?”须山问伊藤说。

“马克思主义者呗!”

“又要翻开你的剪报簿了吧!”我笑着说。

“据说肖瓦洛夫被捕的时候，坚持了七个月，一句话没有回答。他还这么说呢——对一个平凡的人来说，最好的办法是学咱那个坚持七个月的战术，不做任何供述。”

伊藤一听这话就说:“咱们有个女同志，敌人明明知道她的姓名和籍贯，可是她就连这一点也不说，一直坚持到底，最后还是放出来了。这件事前些时候还编成无产阶级戏剧来演呢。——她可是比肖瓦洛夫还肖瓦洛夫!”

她就好象在说自己的事情，弄得须山有点尴尬，一个劲地搔脑袋。

于是，我们决定把“作一个平凡的人”，对敌人的审讯一言不答，作为我们这次支部会议的决议付诸实行;另外还决定这个决议不仅要在我们的支部执行，还要呈报给上级机关，使它能够成为全党的决议。

从以后送到T那儿的信里知道，胡子又由K警察局转押到O警察局；在那里，一连三天从早到晚，七八条汉子不停地对他进行拷打追问；他的两手被绑在背后，吊在审讯室的天花板上，下面由拷问的人用竹剑殴打他；晕过去就灌凉水，翻来覆去折腾了他好几十次。但是，他仍然一句话也没有说。

看了这封信，伊藤说："真叫人可恨呀！"她自己就有两三次在警察局连短裤衩都被剥去了，弄得赤身裸体，警察就用竹剑的尖子朝她的身上到处乱戳。

这些同志的英勇斗争，使我们振奋起来。每当有些工作非当天完成不可，但自己又困得不行，直想睡，这时候想到狱中的同志，就忍耐着坚持下去。一想起狱中的同志，困一点又算得了什么！——现在狱中的同志怎么样了呢？正在遭到拷打吧？一想到这些，就决心把工作坚持干完。我们的日常生活，就是这样地和狱中同志们的生活直接联系在一起了。狱中和狱外虽然不同，但是在向统治阶级进行斗争这一点上，是没有任何差别的。

五

伊藤在临时工里争取了八九个人。——仓田工厂要解雇600名临时工的消息越来越确实了；自从共产党撒了传单之后，谁的眼里都看得很清楚，那十块钱津贴厂方也是不会给的。这种不安的情绪，正好适应了我们的方针，像友谊会之类的小团体，比预想要容易得多地组织了起来。

女工们从厂子里放工回来，肚子都饿得瘪瘪的，伊藤、辻和佐佐木她们（辻和佐佐木是我们争取到的一伙人当中品质最好的）就拉着大伙儿一块上小点心铺子或小面铺子。大家站着干了一天活，累得精疲力竭，都尽挑好吃的吃；加上这一天第一次听不到机器的轰鸣声，大家都高声地谈笑起来，简直想把这一天的话儿一下子统统倒出来。

伊藤她们一向是这么做工作的：伊藤在大伙儿当中已经被人们叫做"那种人"了，所以她在小点心铺子里说一些"那一类的话"[①]，也并不显得怎么不自然。辻和佐佐木担任"敲边鼓"的角儿，一到跟大伙儿在一起，就故意给伊藤提出种种的话题，有时甚至说些反动话，好让伊藤就这些话题发挥一通。起初互相配合得不够好，往往在同一个问题上翻来覆去地兜圈子；有时险些露了马脚，暴露出她们是串通一气，弄得她们捏了一把冷汗。在这样的时候，谈完话，走出小点心铺子，三个人都发现自己出了一身大汗。不过，这么做过一两次，

① 指革命的道理。——译者注

很快就配合得很巧妙了。“敲边鼓”的人要是敲得好，甚至能把那些没有任何想法，只是想交个朋友而跟着来的女工，顺利地争取过来。所以担当“敲边鼓”角儿的人，必须要清楚地了解那些觉悟不高的普通女工内心里存在着什么样的想法或偏见。

女工们一凑到一起，所谈的不外乎是谁和谁的关系暧昧，谁和谁有没有勾搭上这一类的话题。伊藤来和我联络的时候，跟我谈过这样一件事：防毒面具车间的一个正式工吉村，给降落伞车间的女工小绢写了一封情书，情书上写着：“想找个清静的地方，跟您细细地谈谈。”女工们一出工厂，就嘁嘁喳喳地谈论这件事，坐在小面铺子里也尽谈这件事。说是小绢接到这封情书之后，脸上搽的香粉陡然增多了起来，还把小圆镜子系上一个纽子，挂在衣带上，一边干活，一边不停地照镜子。有一个机灵的女工叫阿繁，她说小绢跟她谈心时诉苦说：“说是想找个清静的地方，细细地谈谈，可是工厂里整天这么丁丁当当的，上完夜班往家走，已经是九十点钟了，人累得像一摊泥；再说那人 7 点来钟就下工，又不能走到一起。”听了这些话，不知谁说了一声：“真可怜呀！”于是“敲边鼓”的佐佐木赶紧接着说：“咱们真是连和爱人说句贴心话儿都办不到呀！”接着大伙儿七嘴八舌地说：“是呀！”“真是这样！”

“想说句贴心的话儿吧，首先劳动时间这么长，就办不到；再说，有时还想两个人去看看电影哩！……”

大伙儿都笑起来，说：“这是大实话！”

“而且每天挣这么点钱，那也不行哟！”

“是呀！劳动时间不减少，工钱不增加，恋爱也谈不成！”

“工厂实在是太刻薄了！”

“咱们那儿的工头，今天还跟咱们这么嚷嚷呢：你们知道不知道，现在是什么时期呀？是战争时期！你们应该把自己看成是军队的一部分，要豁出性命好好地干活！战争稍微一扩大，就要你们跟当兵的一样，发一点点饷金，也要照样地干活。这就是为国效劳。——这个秃头的兔崽子就是这么说的。”

这些话使伊藤也感到吃了一惊。伊藤还没有意识到，话题就已经从恋爱而转到工厂待遇的问题上了。这时候，连“敲边鼓”的也傻了眼。以后的谈话，丝毫没有牵强地、自然而然地转到攻击工厂的做法了。

我从伊藤那里听到这些话，感到确实是这样。自从战争开始以来，到处都在残酷地增加劳动强度。女工们虽然和男工干的是同样的劳动(甚至比男工还要重)，但她们所受的剥削在迅速地加重。在现在的情况下，如果不解决经济问题，确实是连“谈恋爱”都办不到。即使没听到大家所说的这些话，我也是感觉到了这一点。

伊藤最近想带这些女工去看点有意义的戏，但大伙儿一直想看浅草的歌舞剧或片冈千惠藏[①]的戏，所以伊藤、辻和佐佐木决定用“敲边鼓”的办法做点宣传鼓动工作，让她们去看左翼剧场的戏。

听了伊藤汇报之后，我发表了自己的看法，我认为要吸收男工参加这个集团，这只要跟须山联系一下，不会有什么困难，哪怕有一个男工参加，大家的劲头就会不一样；另一点，这个集团不能尽是临时工，要让正式工参加进来；我觉得这一点最为重要。伊藤也同意了我的看法。

另外，我们过去带进工厂的传单总有点工厂小报的味道。为了对付对600名临时工的解雇，我们决定停止这样的做法，把传单和工厂小报分开，各自独立起来。

我让须山考虑考虑工厂小报的名字，他抽动着鼻子说：“就叫《降落伞之恋》，怎么样？”

工厂小报最后决定用“防毒面具”的名称来出。因为我现在不在厂子里做活，决定由我从S那儿接过小报的编辑工作。我把伊藤和须山送到我手头的报告收拢在一起，根据这些报告写成稿子，送到油印的地方；伊藤一清早就到负责油印的联络员那儿去取。我和须山、伊藤每天保持联系，了解工厂小报的影响，从中吸取经验教训，并把它立即反映到下一期的《防毒面具》的编辑工作中去。

听了伊藤和须山的汇报，知道厂方也在时时刻刻策划对付我们的办法。现在他们对发十块钱津贴和解雇的事只字不提，令人很感不安。这显然是在为下阶段策划什么阴谋。不用说，可以想象这种阴谋的目的，是既不发十块钱津贴，又能巧妙地把临时工强行解雇掉。但是，如果不清楚地了解这究竟是个什么样的阴谋，并在群众的面前揭露它，那还是不行的。假如仍然按过去的老办法行事，群众就会离开我们。我们的战术必须准确地适应敌人的那种资产阶级的狡诈的战术。回顾我们过去失败的教训，一开始总是我们压倒了敌人，但是，敌人一旦摸透了我们的做法，就会出其不意地来袭击我们；而我们却不留意敌人究竟要怎么干，死抱住老办法干下去，这样敌人的阴谋就会得逞，就会在最后的关键时刻把我们打倒。

伊藤也意识到了这个问题，她说：“最近的情况有点儿怪！”但是她不知道怪在什么地方。

---

① 片冈千惠藏(1904—)，又名植木正义。当时的著名电影演员。——译者注

第二天须山拿来了一张纸片。纸片上写着：

布告

由于大家的勤奋努力，本厂的事业进展十分顺利。对此，我和大家一起感到高兴。大家都知道，战争决不是仅靠士兵所能进行的，如果大家不努力进行制造防毒面具、降落伞和飞艇外壳的工作，我国就决不可能取得胜利。因此，工作中如有某些困难，希望我们能以士兵在战斗中冒着枪林弹雨、英勇奋战的精神和决心，加以克服。

为促进大家的决心，特进此忠告。

厂长

“咱们的工作进入了第二阶段啦！”须山说。

工厂按原来的规定，等工作到一定阶段，就把600名临时工解雇。而现在据说要改变方针，准备挑选200来名工作成绩优秀的临时工升为正式工，因此希望大家努力干活，并且已经在工厂里到处放出了这样的风声。

我和须山这一下子才明白了。他们放出这样的“风声”，显然是一种阴谋，一方面是为了在实行解雇之前，破坏工人进行有组织的反抗；另一方面利用这个“布告”，散布“也许能提升为正式工”的幻想，诱骗临时工为他们卖命干活，进一步加强剥削。

须山为了揭露事情的真相，他把布告给抄来了。经过研究，我们明白了工厂的第二阶段的策略。

我和须山、伊藤每天都保持联系。但光靠这样的联系，还不能商定出精密细致的措施，因此约定每星期有一次三个人在一起“坐坐”(坐下来讨论)。地点由伊藤去找。须山和伊藤的身份是“合法的”，没有什么问题；而我要是在一个固定的地方呆上两三个小时，那就相当的危险，因此要特别小心注意。我们规定了这样的办法，我跟伊藤在街头联络时，问清楚地点，察看一下周围的情况，感到确实安全时，才让她和须山先去，然后我抄另外一条道到那儿去。我到那儿去也不是直接走进去，而是要先看一看某一个约定的地方，如果没有什么异常的情况，伊藤就会预先在那儿做好一个安全“记号”。

一天晚上，由于白天晒热的柏油路的蒸发，风中带着暖烘烘的热气。我带着要交给须山和伊藤的《旗》(机关报)和宣传小册子走出门去。我们约定这天晚上在一起“坐坐”。走到半路上，看到街角上站着两个警察；走到另一个街角上，那儿又站着三个警察。我感到情况不妙，心里琢磨着，我身上还带着东西呢，今天的会怎么办。我一边这么想，一边迟迟疑疑地往前走。走到派出所的前面，那儿又站着两三个警察，令人吃惊的是他们都把帽带紧扣在下巴颏底下。我要是中途往回走，显然不妥当。没有办法，只好继续往前走，但脚步有点犹豫起来。这时，派出所前面的一个警察好似已经注意到我，做出一副就要朝我这边走来的样子。——我马上装着有点迷路的样子，把帽子拿在手里，迎上前去问道："请问这儿是S街吗？还是……"

警察用讨厌的眼光在我的身上扫了一眼，说："是S街。"

"啊，谢谢您啦！"

我朝S街走去。走了不一会儿，我装着若无其事的样子，回头瞅了一下，刚才注意过我的那个警察已经背转过身子，跟另外两个警察在谈话。我敲了敲掖在衣服里面的《旗》和宣传小册子，心里暗暗地骂道："兔崽子！该感到可惜吧，白白地把50块赏钱放过去了！"

我担心万一会出事情，就直接回家了。第二天早晨一看报，才知道原来是出了一件杀人案子，我们往往因为一些别的事件而遭到连累；敌人也常常利用这类事件来搞什么"抓共党"。现在每逢发生这样的事情，他们就吹嘘一番，说是"得到了意外的副产品"。这句话就足以证明他们所搞的阴谋。据S说，外国的杂志上说，日本没有夜晚外出走路的自由，没有在咖啡馆里畅谈而不受警宪无理盘查的自由。事实确实是如此。而他们这样做，目的是在于向我们进攻。

我平常很留心报纸，早晚出去，事先都要调查一下我要去的那些地方有没有发生什么事情。特别是有关捕获过去在逃的杀人犯或强盗之类的报道，我总是要从头到尾阅读一遍。当时，我不仅自己订了报纸，还让笠原给我买来各种各样的报纸，我都要仔细阅读。有一次，有一段关于一个隐藏了七年之久的犯人的报道，我感到从中学到了很多有用的东西。每天早晨来的报纸，我首先就是从这一类的报道读起。

我现在跟和我一起从事地下工作的S、N等人，订了一个"五年不被捕计划"，开展社会主义竞赛。五年计划要争取实行六年、七年；年头愈长，成绩就愈大。所以我们提出的口号是"五年计划六年完成！"。因此，我们的日常行动就不能依赖于偶然性，应该立足于科学的考虑来开展我们的活动。笠原经常从旧书店里买来《新青年》[①]叫我看，我不知不觉地有时也认真地读起侦探小说来了。

第二天，我去进行定期联络时，须山一见我就说："放心了！放心了！"我从

---

① 当时专载侦探小说的杂志。——译者注

来没有失过约，他以为我一定是被捕了；他说没有见到我之前，想的尽是一些不吉利的事，弄得心神恍惚。我谈了昨天险些遭到牵累的事，接着笑着说：“我不是说过吗？五年计划要六年完成嘛！”

“话是那么说，可是……”

昨天因为我受杀人案的连累，没有能够去“坐坐”，今天须山又为此作好了准备。地点是伊藤的住处。这一两天她就要搬离那儿，因此决定使用她的住处。那儿同住的有七八个房客，条件不太好。说好我要小便的话，就使用伊藤生病时买来的尿盆，而不要到楼下的厕所去。上厕所碰上同住的房客，如果正好又是个熟人，那就麻烦了。

“转过脸去！”我跟他们俩这么说，走到屋角里，用那个玻璃尿盆解了手。伊藤耸动着肩头，哧哧地笑。

“好臊！”须山装模作样地捂着鼻子这么说。

“麒麟牌的生啤酒！”我一边把尿盆推到墙角里，一边这么说着，把他们俩逗得哈哈大笑。

看来仓田工厂就要发动最后的攻势了。这从伊藤的汇报中也可以看得出来。据说跟伊藤在一块儿做活的一个缝降落伞的女工，正在看我们早晨带进厂子里去的第三期《防毒面具》，一个四五天前新调到车间里来的男工，猛地把小报夺过去，还把这个女工揍了一顿。过去带进《防毒面具》或传单，大伙儿只是提防着工头，对同伴们并不注意，因而放松了警惕。伊藤看到这种情况，感到事情有点怪，就去调查这个男工。后来她从一个清洁女工那里了解到，这个男工是本地区青年团的团员，又是在乡军人，是战争开始以后特别雇进来的，以后注意观察了这个家伙，在第一车间和第二车间好像都有他的同党；有时在工作时间也离开工作台，跑到别的车间去；再一注意，工头看到这种情况也从来不说什么；另外，最近还发现他跟仓田工厂里的大众党系统的“僚友会”（这个组织以前就存在，但没有开展过任何活动）的清川、热田那些家伙好象也有往来。

令人奇怪的是，过去一直默默无闻的“僚友会”最近也慢慢地活跃起来；其次，不知道从哪儿放出了风声，说现在国家处在非常时期，本厂工人负有重大责任，应当比其他产业的工人更加自爱自重，更加紧张地干活，因此仓田工厂里服过兵役的人应当成立一个在乡军人分会，据说厂长等人都表示赞成。看来这些话大概是那些特别雇来的家伙放出来的，一两个僚友会的家伙明确表示要给予协助。事情很清楚，厂方要是出面来干这种事，效果不会大，因此玩弄阴谋，好象这是从职工中自发搞起来的。

我问须山说："你那边的情况怎么样?"他说他那里还没有明显的表现;但他想了一想，说最近在午休的时候，有些家伙跑来跑去，到处大谈特谈战争的问题。他说听了伊藤刚才的汇报得到了启发，以前他以为午休的时候大伙儿谈谈战争，谈谈经济行情，只不过是把从什么地方听来的消息或自己的朴素的想法，作一番渲染，以显示显示自己，或者说一些泄气的话。而现在仔细一想，事情并不这么简单，看来是有人在那里有计划地到处进行煽动。——由此可以看出，敌人已经全面出击，这已经是毫无疑问的了。

我们要战胜敌人，就必须对敌情有一个正确的、科学的认识。现在，敌人懂得了单凭自己从上面来压制职工已经不行了，光靠便衣警察来监视工人的上下工也不够了，因此又想出了第三套办法，认为必须从职工的内部来阻止我们组织的深入发展。看来正因为是要达到这个目的，所以"僚友会"才活跃起来，才企图在工厂里扩大青年团和在乡军人分会这一类的组织。因为这里是工厂，而且是军需品工厂，它具备着易于建立这些组织的危险的条件。我们必须认识到，现在我们在三条战线上同敌人的势力遭遇了。

据须山说，敌人现在在工厂里大肆宣扬战争的办法，已经不像过去那样，只是说什么要"忠君爱国"呀，什么中国佬可恨，非把他们打倒不可呀，而是说这次战争跟以前的战争不一样，最终的目的不是为了三井、三菱这些大资本家在占领的地区建立大工厂，而是为了无产阶级找出路;说什么打下了满洲[①]，把资本家排除出去，由我们自己建立一个王国，内地的失业者就可以大批大批地进入满洲，这样就可以逐渐地使日本没有一个失业的人;俄国就没有一个失业的，我们也应该跟它一样。因此说，这次的战争是无产阶级的战争，我们的力量虽然微薄，但应当根据战争所规定的每一个部署努力地干活。

僚友会的清川和热田说，这次的战争归根结底是为了大资本家在殖民地进行新的剥削;在午休的时间，同在乡军人及青年团的职工展开了辩论。不过，清川又说，从另一个角度来看，这次的战争也给无产阶级带来了好处。比如金属和化学之类的军需品工厂，增添多少工人也显得不够用，出现了空前的盛况;还说从所谓"战争股票"的猛涨来看也可以得到证明，帝国火药公司的股票原来是四元，现在是九元，提高了一倍多;石川岛造船厂的股票由五元增加到 25 元;造子弹用的锑的市场价格，由以前的 20 元左右涨到现在的 100 元左右;另外像德国，人们都以为它在第一次世界大战中一败涂地，其实像克虏伯钢铁厂却比平时获得了十倍的纯利(这些大概都是从什么地方听来的)，所以

① 指中国领土东北。——译者注

我们的生活也可以沾战争的光而得到好处，一概地反对战争不划算，应当尽量地来利用战争。——这就是他们的观点。尽管最初他们跟青年团、在乡军人争论不休，但一谈到这儿，彼此的意见就不知不觉地一致了。

从午休时间工人们谈论的情况来看，他们听了青年团所说的“满洲王国”之类的话，感到简直像做梦一样，不知道是相信好，还是不相信好，最多也只是觉得，如果真能实现，那倒也不错。不过对清川这些人的话，临时工们倒是赞同的。他们认为：要是去打仗的话，不是白白地送死，就是变成个残废，即使最后能成立个“满洲王国”吧，也弄不清楚它会不会真地给自己带来好处；可是，话又说回来，到底还是因为有了战争，自己总算是从长期的失业中找到了职业；所以，尽管干的是临时工，拿不到津贴，还要被强迫加班加点，和正式工干的是同样的活，只因为是临时工，工资却要少的多，心里感到不满意，但是，到底还是得到了一点战争的好处。

像清川这些家伙，本来是标榜所谓“为了工人的利益”的政党——大众党的一员，而现在他们连这一点起码的招牌都忘掉了，简直就像个资本家，居然关心起股票的价格，一心想从中获得好处。可是他的这些论调，却巧妙地抓住了有些职工（尤其是临时工）只顾眼前利益的心理。

伊藤说，她自己和她的那些伙伴，想要在群众的面前揭穿这些论调的老底，让女工们正确地了解事情的真相，可是一到实际做的时候，就很不得手，不能对他们进行有力的反驳，“恨得牙痒痒的，就是没有办法。”我感到伊藤说的是实话。我们清楚地了解这次战争的本质是什么，但是不能以此为满足，因为我们对于密切结合群众的日常生活来解释战争的本质，使群众都能心悦诚服，这一点做得很不够。列宁说过，就连一些革命的工会，也往往会在战争的问题上犯错误。更何况现在清川和热田这些家伙正在极力把水搅浑，把问题弄得更加模糊，所以就越发困难了。

工厂最近几乎每天都要把下班的时间由5点延长到6点甚至7点，而且多干活也不增发工资。临时工们虽然嘀嘀咕咕地有意见，但又担心不干的话，以后说不定转不成正式工，只好留下来干。可是要干到6点的话，不带饭来吃是不行的，饭钱又没有出处。这么一来，干活延长到6点，一天的工钱反而减少了；这种做法，尽管没说要降低工钱，实际上是降低了。大伙儿都说这是“欺侮人”，感到很愤慨；伊藤所在的降落伞车间，要工人们留下来加班到6点，她们就说：“不给我们出饭钱就不干！”

不仅这样，最近在劳动时间方面，虽说同样是干十小时，可是劳动强度跟以前大不一样了；因为抱着也许能升为正式工的指望，大家的活儿眼看着大大地加紧了；以前还可以边干活边跟旁边的人说说话，还可以像小绢那样，在衣带上挂个小镜子，不时地拿起来照照。而现在连用袖子擦擦汗的工夫也没有了。像降落伞车间是使用电熨斗，大家浑身都被汗水湿透了，大颗大颗地汗珠，扑嗒扑嗒地滴在铺开的降落伞上。从生产量上可以推算出来，工厂赚的钱要比以前多40%，可是发给工人的工钱仍然照旧。这对于实际在干活的职工来说，那是非常清楚的，可是大家一谈到自己的生活，仍然是战争归战争、干活归干活，把它们割裂开来考虑。他们不了解，劳动中日益加重的残酷性，都是来源于战争。所以，只要让他们懂得把这两方面问题结合起来考虑，大伙儿凭直觉也能识破清川和青年团的谬论。

通过以上的讨论，我们明确了支部应该把新的斗争的重点放在什么地方。要想杜绝清川、热田这些家伙在临时工中散布的影响，就得要大家在僚友会里提出"反对加强劳动强度""提高工资"和"改善待遇"等问题。这么一来，他们就会提出种种的谬论，到最后，他们决不会站到这一斗争的前列，反而要拉群众的后腿。那么，我们就立即抓住这一点，在群众的面前揭露他们不是站在工人的一边。我们还决定要在《防毒面具》上，重新提出工厂里的法西斯分子和社会法西斯分子的问题，不断地对他们进行揭露，把这作为支部会议的决议。

"这么看来，一场你死我活的决战，就要到来了！"须山一边用火柴一张接一张地烧着乱划着字的纸片，一边这么说。

"对！要战胜他们，就得要有科学的正确的方针，要有在任何情况下，都要把这种方针贯彻到底的决心。法西斯分子要是蠢动，咱们就跟他们拼命！"

我这么一说，须山就笑着说："对我们来说，工厂不是城堡，而是战场！"

"这又是谁的典故？"

"我自己的！"

后来，我参加党的地方委员会的组织部会议，听到一个汇报说，在国营N军火工厂，用荷枪佩剑的宪兵来监视还嫌不够，还让宪兵穿上工人服混进了各个重要的车间。那里的支部最近被破坏了，原因就是由于不明底细，而向"穿着工人服的宪兵"做起了工作。这样的"工人"表面上都故意装着很有觉悟的样子，所以特别危险。仓田工厂本来不是军火工厂，目前还没有派宪兵来。但是应该考虑到，事态再发展下去，宪兵也不是不会来的。

六

一看表，还只有9点，于是决定闲聊一会儿，我们都把身子横躺了下来。我一看伊藤的梳妆台，那比笠原的梳妆台要漂亮得多了，连黄的、红的、绿的胭脂香粉都样样齐全,我就说了一句:“啊哟哟,可不得了!”

伊藤明白了我的意思,站起来说:“讨厌鬼!”

“伊藤搽上红的、绿的、黄的胭脂香粉,摇身一变,天天晚上玩弄各种迷人的手腕呢。”须山笑着说,“你看,那儿有那么多三越[1]、松坂屋的包装纸,全都是进贡来的,真是幸福的人儿呀!”

在工厂里,只要是稍微能看上眼的漂亮的女工,工头、各部门的主管人和一块儿干活的男工,一般都会给她们买礼品,带她们上松坂屋,或者一块儿上小点心铺请她们客。伊藤对那些看来有培养前途的普通职工,只要他们一邀请,伊藤就跟他们出去,当然她自己也愿意主动地邀请他们。所以她总是把脸蛋儿打扮得漂漂亮亮地才去上工。而男工的情况也是一样,只要是穿着还干净整齐、相貌长得还不错,就会像太田所说的那样,“直接而具体地”被女工们缠上了。

“你最近怎么样?”我问须山。

须山摸着下巴,笑嘻嘻地说:“一向运气不佳!”

“小芳还没有?……”我两手托着腮,没有转过脸,只用眼睛看着伊藤,这么问道。

“什么?”伊藤反问了一句。但她很快就明白了我的意思,眼睛在一刹那间流露出一种表情,马上又恢复了平静,回答我说:“早着呢!”

“说是要等革命成功以后再谈呢!据说是因为咱们这些男同志一旦结了婚,尽管是马克思主义者,3000多年的旧意识仍然会发作,也会把咱们的阿芳当作奴隶来看待啊!”须山笑着说。

“须山在作自我坦白呢!”伊藤几乎是带着冷冰冰的表情在说话。

“是没有碰到好的同志吧。”我看着伊藤这么说。

“你看我怎么样?”须山骨碌一下抬起上半个身子说。

“太不相配了!”我说。

“谁不相配?我吗?”须山嬉皮笑脸地说。

“这小子真不要脸!还以为自己挺美呢!”

我们三个人都放声大笑起来。——我把我们周围的同志都想了一遍,感到能配得上伊藤、和她一起生活的也确实不多。如果真是她看得上的对象,那一定是一个很优秀的同志;这么两个人生活在一起,互相帮助,为党工作,那该是多么理想啊!——我跟伊藤一直是这样在一起工作过来的,但我从来没有

---

① 东京的大百货公司的名称。——译者注

把伊藤当作这个问题的对象考虑过。当然，这也说明了伊藤一向是非常严肃的，所以也就自然地在我的思想上反映出来。

“我负责给你找一个好样的!”我用开玩笑的语气对她这么说，但也包含着我的真心。这时，伊藤用一种苦涩的神情看了我一眼。

回去的时候，我到大街上雇了一辆出租汽车。车子好像是要抄近道，转了许多条黑暗的街道，突然开进一条热闹的明亮的大街。我赶忙装做有点醉了的样子，把帽子盖在额头上。

“到哪儿了?”

一问，说是银座①。我想这一下可糟了。这种繁华的场所是很不好对付的。可是我又不能说，只好装作没事的样子，把帽子又往下拉了一点。但是我又想，我不是好几个月没有见过银座了吗?! 掰着指头一算，有四个月没见了。我不时地抬眼看看大街的两旁，这一带跟我从前从这儿走过的时候大大地不一样了。我不知不觉地贪婪地看得入了神。以前我也曾经产生过和这类似的感情。那是前年蹲监狱的时候，因为要出庭受预审，我被戴上了手铐，装上监狱的囚车，在开往法院的途中，我从镶着铁格子的车窗中，看到了半年未见的新宿②的熙熙攘攘的人群。那时候，我真想把每一座建筑物、每一块招牌、每一辆汽车乃至拥挤的人群中的每个人都看个仔细；我非常留意，希望能从人群中看到一个熟悉的同志。记得后来回到监狱的单身牢房时，眼睛酸溜溜地痛了一两天。

车子开到第四条街的十字路口，电铃滴铃铃地响起来，对面电杆上的红灯亮了。我坐的车子只好在停车线前停了下来。各种各样的行人立即川流不息地从车窗外拥过去。有的人还朝车子里瞅了瞅。我的心里七上八下的。为了万一出事好逃跑，我用手握着另一边车门的把手，把脑袋耷拉到胸前。过了一会儿，电铃又滴铃铃地响了。我这才松了一口气，放松了握着车门的手。

看到无数个漫步的行人川流不息地走过去，我就想到自己的生活中根本没有漫步这回事。对我来说，既不允许随便到外面去溜达，就连在屋子里也不能轻易地打开窗子，让外人看到我的脸。在这一点上，我跟关在拘留所或单身牢房里的同志们没有什么两样。而在某种意义上比这些同志更加难受，因为我可以随便外出走走，但必须要竭力加以抑制。

我是有了自觉，感到非这么做不可，所以还算好一些。而跟我一块儿生活

① 东京的一条繁华大街。——译者注

② 东京的一个繁华区。——译者注

的笠原，看来是很难适应这样的生活。她有时还是想跟我一块儿到外面走走，可是这根本办不到，她就显得有点烦躁不安了。再说她白天上完班回家来，我总是老早就出去了，跟我碰不到一起。因为我是白天呆在家里，只是利用晚上出去。所以连一块儿坐在屋子里的机会都很少。这样的状况继续了一两个月，眼看着笠原一天比一天不高兴起来。她似乎意识到这样下去不行，极力克制着自己，可是日子一长就受不了了，朝我的身上发泄起来。一个完全不能过私人生活的人，跟一个有大部分私人生活的人生活在一起，确实是一件苦恼的事。

“自从跟你在一起，没见你一个晚上呆在家里，没有一次带我出去散过步！”

笠原终于说出了这样明显的糊涂话。

为了缩短我们之间的距离，我曾经想过也让笠原参加我们的工作，而且也试着这么做了好几次。可是，自从跟她一块儿生活之后，我发觉她不是适合做这样工作的人。她是一个感情脆弱、缺乏毅力的女人。我跟笠原说过：“你是个气象台！”为了一点点琐碎的小事情，她就犯急躁，或者相反，动辄就跟你怄闷气。这样性格的人，根本不可能干我们这样的工作。

当然罗，她一天的大半时间，是在打字员这样一种脱离工人生活的工作中消磨掉的；回到家里还要做饭，逢到星期天什么的又要赶着洗两个人衣服，很少有空闲，生活的负担重，确实是够可怜的。可是，她自己没有从这儿摆脱出来的勇气，甚至连这种愿望也没有。我想帮着她这么做，她就是不跟着来。

我半路上下了汽车，走了两站地，然后踅进小胡同，回到了家里。笠原脸色苍白，没精打采，横着腿坐在屋子里。她一见到我就说：“我被人家裁了！”

这太突然了，我一句话也说不出，只是呆呆地站在那儿看着她。

——其实笠原并没有干过什么事，而公司里却在议论她是赤色分子，于是主任就跑去找她原来的房东（也是她的保证人），发现她早就不住在那儿了。我的住处是绝对不能告诉任何人的，所以她把自己的住处仍说是以前的地方。这么一来，公司方面就更加感到可疑了，赶快把她解雇了。

最近以来，我一直是靠笠原的薪水来付房租和零零碎碎的日用杂费，这样才勉勉强强把生活维持了下来，没有使工作受到妨碍。所以她的被解雇，确实是一个相当大的打击。本来公司决定要解雇一个人，起码得要向它要一笔相当可观的退职金。可是，因为我是从事非法的活动，就没法去硬要；实际上，公司的主任早就暗中安下了钉子，说没有把笠原送到警察的手里，就已经算是便宜了她，还是希望她老老实实地自动退职吧。

我们立即面临极大的困难。糟糕的是楼下房东大婶很快就会知道。如果得不到房东的很好信任，单凭这一点，就会被人们怀疑。这么一来，就不仅是糟糕不糟糕的问题，而且是非常危险了。所以无论如何首先得付房租。而付了房租，剩下只有两三块钱了。两三块钱很快就会花光。笠原每天跑出去找工作。我一天平均要出去四次，以前坐车去的地方，现在我决定改为步行了。所以每进行一次街头联络，前后要多费三四十分钟，有的地方来回一趟要花两个小时，工作效率眼看着大大降低了。我向同志们发起了“募捐”，见到一个同志就苦笑着说：“当不成须山的‘神田伯山’了！”要他们给我五分、一毛。须山和伊藤很为我担心，他们说自己是过着合法的生活，没有钱关系不大，而且还可以向别人借，因此从每天的工资里拿出五毛、一块的给我花。我感到不能随便地花这些钱，只用于联系工作的交通费，吃饭方面就尽量节约。茄子很便宜，五分钱可以买二三十个，把它塞进楼下房东大婶的糠酱里，早晨、中午和晚上的三顿饭，就靠这种酱茄子凑合过去。接连吃了三天，身体马上就受到了影响，一上楼梯就气喘、出汗，感到吃不消。

尽管肚子饿，身子发软，可是每天吃的是老一套，弄得一点食欲也没有了。后来就用开水泡上饭，使劲地闭上眼睛，稀里糊涂硬往嘴里扒。有饭吃还算不错呢，有时候只在早上吃一顿饭，晚上要进行三次街头联络，而且没有钱坐车，必须要步行着来回，自己感到确实够惨的。有一次，心里想，见到那个同志，总会吃上一顿面包吧，于是抱着指望去了，结果却大大地失望了。那个同志感到很过意不去，说他现在就去见 M，也许他会拿出面包钱，要我一块儿去试试。我饿得实在受不了，加上 M 又是熟人，就决定跟着一块儿去了。在 M 那儿，我吃上了奶油和面包。M 笑着说：“为了吃一块面包，你这样一个大人物，居然大大咧咧地跑到我这儿来了，要是给抓住了，那可不得了啊！”我说：“抓住了，我第一句话就说：给我面包！”说完我也笑了。——不过，我也感到这样继续下去确实很不妙。为了踏踏实实、专心致志地把工作长期坚持下去，不遭逮捕，这么冒冒失失地蛮干是不行的。

我下了决心，要采取最后的手段。这天，我回到家里，鼓起勇气跟笠原商量，她能不能上咖啡馆去当女招待。她最近由于每天到处去找工作，弄得疲惫不堪，情绪很不好。她一听我的话，突然扭转过身子，露出一副厌烦的、阴沉沉的脸色。我简直不敢看她了，而她就这么一动不动，顽强地一声不吭。我没有办法，也只好不说话了。

“你又说是为了革命工作吧?!……”笠原并不看我，反而冷静地低声地这么说。接着，也不等我回答，却突然尖声地喊着：“当妓女也行呀!”

正因为笠原平时总是不愿跟我走，所以她把自己所做的一切都看作是为我的牺牲。如果要说牺牲，那我几乎是把自己的全部生活都牺牲了。每当跟须山、伊藤他们碰头之后往回走的时候，想到他们是回到普通的世界、普通的自由的生活里去，而自己仍然要回到一点不能疏忽、丝毫不能随便的生活里去，心中不免要产生一些感慨。而且要是一旦被捕的话，就会有四五年的监狱生活在等待着。不过，这些牺牲，要跟千百万工人、贫农在每天的生活中所作的牺牲比较起来，那简直是微不足道。我从自己的父母当了 20 多年的贫苦农民尝尽痛苦的生活中，可以切身地体会到这一点。所以我认为自己的牺牲，是为了解放千百万工农，避免他们付出必不可少的巨大牺牲。

可是，笠原还不能真正领会这个道理，更糟糕的是她把什么事都看成是“为我牺牲”。她说：“你是个了不起的人，像我这样一个糊涂虫，就应该为你牺牲！”——可是，我是一个根本没有个人生活的“我”，所以事情很清楚，为这样的一个“我”而牺牲，那是意味着什么。我是组织的一员，保卫组织就是我们的工作，就是解放整个无产阶级的工作，我有义务要把这一工作进行到底。所以我必须要十分保重我自己。这并不是因为我有什么伟大，也不是因为我是什么英雄。——笠原只知道个人生活，所以她只能用个人的尺度来衡量别人。

我跟笠原仔细地说了这个道理，她默默地听着。这天晚上，她以后一句话也没说，很快就睡了。

七

晚上，给《防毒面具》写稿子，整理准备提交地方委员会的报告，又读了积压下来的、由负责发行的同志转来的宣传小册子和资料，弄得很晚，一直睡到第二天早晨 10 点来钟。我好象猛地一惊，睁开了眼睛，——我对楼下有人来这类事，是十分敏感的；这一点，连我自己也感到惊奇。——抬起身子注意一听，果然是来了警察，是来查户口的。我早就把自己的籍贯、姓名等等都写好了交给了大婶，免得在这时候把自己叫出去。警察正在仔仔细细、追根盘底地询问大婶的家庭，简直就像审问犯人一样。我感到情况有点不对头。一边把装着文件的皮包上了锁，不声不响地开始换衣服，一边竖起耳朵听着。——“有房客吗？”警察问。“有。”……大婶又回到了饭堂，好像是把我写的纸条交给了警察。

“这上面没有写以前住的地方呀。”……“是夫妇吗？”“是什么时候登的记[1]，还是没有登记，这一点没写清楚。”大婶说了些什么。“丈夫不工作吗？”……“现在在家吗？”——我想：果然来啦！只听大婶回答说：“现在出去了。”我这才松了一口气，马上就想到还是把仅有的钱都掏出来付了房租做对了。“那么，回头再给我仔细问一问。记住！”警察这么说了之后，好像就要走了。我心里想：“好啦！好啦！”又重新坐到被子上，又听警察一边开门一边说：“最近赤色分子常常租人家的房子住，你可要当心！……”我心里扑通了一下。“啊？”大婶反问了一声。警察好象又说了两句什么话。大概大婶还不懂得什么叫“赤色分子”吧。

通过这样的盘查，我感到这不是一件寻常的事。这一天，出外联络回来，在附近的一条街上，看到一个警察捧着户口册子走进一家小铺子；而在同一条街上隔不多远，又有两个警察拿着户口册子从一条胡同里走出来。和S会面的时候，我提起早晨查户口的事，他说现在全市好象在挨户调查出租房子的人家，要我千万小心注意。我从这种大张旗鼓的调查中也意识到了这一点。

敌人过去不知有多少次说我们党已经垮了，已经被连根拔掉了；在他们的大报纸上大登特登这一类的消息，极力想让不明真相的工人相信他们的那一套，企图切断党对群众的影响。可是，就在他们这么大肆宣传之后不久，党还在到处活动。不管他们怎样进行欺骗，也是没有什么效果的。现在，在这个战争时期，尤其是面临像“国际劳动节”或8月1日的“国际反战日”之类的重大节日，他们总是要千方百计地想把党的力量连根铲除。为了达到这个目的，他们正使出全部气力，把他们所掌握的全部国家权力来一个总动员。他们造谣诽谤，嘴上蔑视党，把党不看在眼里，可是事实正好相反，这表明了党是他们最强大的敌人。据说某个外国报纸把日本的党称作“小而有战斗性的党”。S（他跟须山不一样，须山很熟悉“神田伯山”之类的典故，他很了解这方面的情况）跟我谈起这个问题时说：“这个小而有战斗性的党可是一个巨大的力量，它站在对等的地位，不，超过了对等的地位，在同一个国家政权对抗！”他说：比我们要庞大几百倍的敌人，正在拼命地想把我们这个“小而有战斗性的党”连根拔掉，所以我们中间的每一个人，都应当带着这种“自豪感”来进行工作；他还说：“这是一种了不起的自豪感。”这时，我们都非常兴奋。为了把这种自豪感坚持到底，我们就决不能让他们逮住。

在这样的情况下，住在出租的房子里是极其危险的。我和须山、伊藤还指望仓田工厂在五一节那天有所行动。结合600名临时工解雇的问题，只要我

---

① 这里指正式的结婚登记。——译者注

们努一把力，这还是很有可能的。现在如果就被敌人抓去，那简直就等于是对阶级的背叛。据说S最近在枕头边放了一根粗大的手杖和一双草鞋睡觉。我早已注意到了这个问题，打算在晒台上放一双草鞋，但是还没有实行，这次在路上买了一双带回了家。

跟须山一见面，我才知道搜捕“赤色分子”的活动并不只是在工厂外面进行。事情是这样——我去进行街头联络，只见须山满脸包着绷带，一瘸一拐地从对面走过来，我吃了一惊。他说是“挨打了！”不时地按着包着绷带的脸。他说他伤口发痛，一直考虑是出来还是不出来，但想到现在是这样的时期，联络一断就会引起麻烦，因此还是勉强地来了。我们决定不在外面走动了，进了一家小点心铺子。

据说工厂方面单靠厂外的警察效果不大，于是请清川、热田的“僚友会”和在乡军人的青年团打进工人里面，企图从内部来搜捕“赤色分子”。可是，《防毒面具》和传单上连这件事也把它揭露出来了，这一下他们好象是着了慌。从两三天前，工厂就搞了一次所谓的“慰问金”的募捐。本来这类事早已过时了，仓田工厂搞它的目的，是想用它来在工厂里造成一种气氛，不让所谓的赤色分子有渗透进来的余地。由此可见，不论是所谓的“忠君爱国”也好，什么也好，如果对他们没利，他们是不会关心的。给工厂出这个坏点子的，据说就是那些在降落伞车间殴打拿了《防毒面具》的女工、穿着工人服的在乡军人青年团员。

须山想抓住这个问题，使群众摆脱“僚友会”的清川和热田这些家伙的影响。伊藤对此也表示赞成。他们的那个工农大众党现在还标榜是为工人服务的政党，还打着反对帝国主义战争的旗号。而实际上它根本不是“为工人服务的政党”，只是口头上反对帝国主义战争而已。很有必要在群众的面前揭露这个问题。须山和伊藤已经加入了“僚友会”，是普通会员。无产阶级要揭露资产阶级的一切欺骗政策的本质，要反对战争。而要进行这样艰巨的工作，首先就必须要同表面上装着是自己人、像“僚友会”的那些右倾机会主义者作斗争。须山就慰问金的问题跑到清川那儿，向他建议是不是开一次“僚友会”的全体大会，同时又通过自己和伊藤结识的人，把募捐“慰问金”的问题在群众中散布出去。

到大会场上一看，想不到青年团的职工也来了。我们之所以重视“僚友会”，是因为那里面正式工多，临时工只是极少数。在伊藤和须山争取过来的工人当中，只有一两个正式工。尽管我们过去反复地强调争取正式工的重要性，但是做起来很困难，所以成绩不大。而“僚友会”里的人，除了两三个人之外，其余都是稀里糊涂地参加进去的。所以在他们的面前弄清楚是清川正确还是须山正确，就很有可能把这些人争取到我们这边来。

战争开始以来已经快半年了，而“僚友会”只开过一两次会。会员中间对这件事都有点不满。须山在群众的面前一开头就说：现在有这么多的工人、农民被送上战场，在日常生活中，我们又是这么被追赶着往前跑，而“僚友会”却从来没有认真地开过一次会，这简直是对阶级的背叛。他这么一说，就有五六个人一齐说：“完全同意……”这几个人这么说了之后，底下就嘀嘀咕咕地议论起来。我和须山都有在反动工会里当“革命的反对派”的经验，对于这种喊过“完全同意”之后底下就嘀咕起来的情况是很了解的。所以我笑了，须山也笑了。可是他一笑就震动了伤口，赶忙用手捂着缠着绷带的脸，连声地叫着：“哎哟！哎哟！”在谈话中，须山还善于抓住别人的特征把它模仿出来。

谈到“慰问金”问题的时候，清川这么说：现在开到满洲去的士兵都是工人、农民，是我们的伙伴。所以从加强无产阶级的团结来看，给他们捐送慰问金，并没有什么不妥。大家都搓着自己的手指甲，默默地听着。清川接下去说：我们的同志在工厂里受资本家的剥削，现在又开到前线上，在敌人的枪弹下牺牲；而保护我们这些同志的只有我们自己，所以我们可以响应募捐慰问金的号召。——对清川这次的讲话，大伙儿似乎感到还有些道理，纷纷点着头。

伊藤一见这种情况，感到有些不妙，皱了皱眉头。

“事情真的是这样吗？”她发言说。

“僚友会”里有十四五个女工，平常参加会的只有一两个人。这次由于伊藤邀集大家来，才算来了六个。而这对于“僚友会”却是罕见的事。至于女工在“僚友会”上发言，那更是从来没有过的事，所以大伙儿的眼光一下子都集中到伊藤的脸上了。

“听了清川的发言，似乎很有道理，不过总觉得好像是在听陆军大臣的训话……”

大家哄的一下笑了起来。

“清川也好，谁也好，都很明白这次战争不是为咱们的，归根结底还是为了资本家。如果是为了咱们职工、失业的人或是贫苦农民在打仗，没有问题，咱们就是穿不上吃不上也应该把所有的钱拿出来当作慰问金捐献出去。可是，情况并不是这样呀。”

伊藤这么一说，青年团的工人就突然插嘴进来捣乱，于是须山也插了进去。他利用清川的话这么说：“我们工人在工厂里受剥削，资本家用不着我们的时候，就随意地把我们赶出去；一到战争，首先把我们拉去打仗，不论是什么情况，都是当资本家的牺牲品。所以要出慰问金，应该由他们去出！”

须山这么一说，大伙儿的脸上露出一副“这话也有道理”的神情。

“让我们出慰问金，这是阴谋诡计，目的是要我们相信：战争不是为了他们自己，而是为了全体国民。”

这时，伊藤又接过须山的话，说了“红色慰问袋”的事，谈了战争开始以来大伙儿的生活没有任何改善等等。这么一来，清川这帮人已经没有还手的余地了。清川作为“僚友会头目”的那种威严已经在群众的面前给打下去了。至于青年团的家伙们，更是无能为力了。但是，如果认为这样就会万事大吉，那将是大错特错。因为这些社会法西斯分子的本质，不是在群众的面前而是在群众的背后来演他们真正的好戏。

在开完会回去的路上，两三个青年团的家伙对须山说：“你小子是共产党！你过来！”一进小胡同，就猛地扑过来，把须山狠揍了一通。

“他们是三个人，没有法子，挨了一顿穷打！”须山说着笑了起来。

须山决定通过伊藤，立即把他们这种卑鄙懦弱的行为告诉给昨天参加大会的“僚友会”的成员，因为这将最好不过地说明谁是谁非。

跟须山见面之后一个小时，我又见了伊藤，她说工人们都很关心地打听为什么会因慰问金的事而打了起来，所以趁着谈打架的事，恰恰可以给大家说明慰问金究竟是怎么一回事。因此她非常高兴。——以前我们总觉得未能够让群众充分了解慰问金的问题，感到放心不下，而现在正当大家被活儿累得够呛的时候又要他们出钱，所以不必讲许多大道理，群众就说：“这简直是要我们的命！”结果，完全出乎意料，募捐以失败而告终了。伊藤告诉我说：从厂子里的情况来看，须山自从挨打之后，威信一下子增高了；工人们知道了原来是这么一回事，立即对他产生了一种感激的心情；但是另一方面，工头开始注意起须山来了，说不定会出危险。

“这次募捐慰问金，说不定是工厂故意干的，好从职工中发现赤色分子。……你说呢？”伊藤这么问我。

我说确实是这样。

于是，她说：“我们有点上当了……”

我感到伊藤和平时有点不一样。

“这不对！”我说，“尽管是这样，但咱们在几十个工人的面前，表明了谁是谁非，同时在‘僚友会’的内部造成了我们的影响。只要我们继续扩大这种影响，并从组织上加以保证，就会取得很好的成果。不付出一点代价，是不可能成就事业的。在最后的关键时刻，这一切肯定会起作用的。”

伊藤的脸一下子红了起来，一边说：“我明白了！对！我明白了！”一边带着她那特有的深思的眼色，接连地点着头。

我开玩笑地说："最后笑的才是真正的笑，现在暂时让须山哭丧着脸吧！"

伊藤也笑了。

她接着给我谈了她带着自己小组的人去筑地小剧场[1]看戏的事。任何一个女工，一说戏就只知道歌舞伎[2]（虽然她们自己并未看过）或者水谷八重子[3]，而这次工人呀女工呀居然也出现在舞台上，"闹闹嚷嚷"，看来真叫她们吃惊不小。据说看完戏之后，大家都说："这不是戏呀！"伊藤就问："那是什么呀？"她们说："是真事情呀！"再问她们："有意思吗？"大伙儿说："啊！怎么说呢……"——不过，看来她们是受了很大的震动，据说以后还经常谈起筑地小剧场。有一个矮个子、平常跟伊藤要好的女工，人们叫她小君。她说："人家一说我是女工，我就感到寒伧。可是，那个戏里面，一说是女工，还骄傲得了不得呢。我觉得有点不真实。"但是，她想了一想，又说："要是真的罢工，我也能挺起胸膛大干一下。可是，听到左邻右舍说我是女工，还是感到寒伧！"

据说问她们想不想什么时候再去看一次，大多数人说还想去一次，原因是那个戏里面有一个跟她们家（所谓家，是指她们自己的车间）的工头很相似的家伙，被大伙儿狠狠地整了一通。

伊藤装作漫不经心的样子说："横竖要被人家裁掉，乖乖地干活也指望不到津贴，咱们干脆像那个戏里那样，大家一块儿来它一次罢工，治一治工头怎么样？"伊藤这么一说，大家嘻嘻地笑了起来。

"嗯！……"大家你看看我，我看看你，说："来它一下，也挺有意思呀！"于是嘁嘁喳喳地商谈起怎样治工头的办法，最后说出的办法，不知不觉地竟和筑地小剧场的戏里的一样。

由于伊藤的影响，"僚友会"的三个女工加入了她们的那个小组。这三个人多少呼吸过一些正式工会的空气，伊藤她们平时故意避讳说的一些新词儿，她们却满不在乎地说个不停。这样一来，和其他人的关系就造成了一些隔阂。这三个女工还有点"摆老资格"，常常摆出一副很熟悉"革命运动"的架势。伊藤现在正抓住一切机会来搞好她们彼此之间的关系。所以伊藤笑着说："事情可不像小说里写的那样顺利啊。"

我和伊藤商定了"坐坐"的日期，由伊藤去找地点。越来越有必要决定最

---

① 是当时日本专演进步话剧的剧院。——译者注

② 日本的古典戏剧。——译者注

③ 水谷八重子（1905—），日本著名的话剧演员，日本艺术院会员。——译者注

后的对策了。

“你还是在吃茄子吗?”伊藤一边站起来,一边这么问我。

“唉!”我笑着说,“托它的福,两个膝盖骨都发软了!”

伊藤把手伸进衣带里,掏出一个折成四方的小小的纸包。我以为是汇报,看了看她的脸,就把它装进了衣袋。

回到住处,掏出来一看,原来是用薄薄的手纸包着一张五元的钞票。

八

笠原终于进了一家小咖啡馆。决定上这种地方去,确实是够惨的。从事革命运动的人,为了生活而去进咖啡馆,不能不说是一件可怕的事。这样的同志尽管自己怎么想振作起来,但很快还是垮下去。“环境气氛”对我们的重要性,如同水对鱼一样。一个女同志不论她是为了个人的生活,还是由于男女一块儿从事活动,为了避免双方都垮掉,到咖啡馆里去当女招待,其结果同样都是很危险的。更何况是笠原,她从来没有受过革命工作的锻炼,自己就会很快地朝下坡路滑下去。这是明摆着的事。——可是,她自己既没有把全部身心投入革命运动的决心,而我这一方面又处在必须坚决保卫我们组织的关键时刻,所以不能有任何伤感的情绪。

最初,笠原是从家里到咖啡馆去上班。由于工作很累,又不习惯,晚上很晚带着一副疲劳、不快的神色回到家里,把手提包一扔,横着腿往那儿一坐,软瘫瘫地耷拉着两个肩膀,连话也懒得说。过了一会儿,她什么话也不说,把两条腿往我的面前一伸。

我感到莫名其妙,瞅了瞅笠原的脸。一摸她的腿,腿肿得上下一般粗,已经分不清膝头和脚踝了。她试着在铺席上把腿弯了弯,膝头上的肉发出咯咯的响声,听起来真叫人难受。

“一整天都得站着。真受不了呀!”她说。

我给她说了某个纺织厂的事情。——这是我从伊藤那儿听来的。那儿的女工们整天站着干活,两条腿都站肿了,直打哆嗦,怎么也跟不上机器的转动,工头就在背后用皮靴踢着她们干活。我跟笠原说:不要把这种工作的痛苦,仅仅看成是自己个人的痛苦,是个人所能摆脱的痛苦;而应该联想到这是强加在整个无产阶级身上的痛苦。笠原听了我的话说:“你说的对!”

我把笠原娇小的身子抱在自己的怀里。我好久没有拥抱过她了。她闭上眼睛,在我的怀里一动不动。

以后,笠原又住进了咖啡馆。这家咖啡馆的老板是个女的,好像是什么人的姘头。据说是一个女人照顾不过来，希望笠原搬进店里去住，在店里吃饭，还照样发工钱。于是笠原跟房东说，要暂时回娘家去一下，就搬去住了。这个女主人可能念过高等师范或女子大学，英语说得很漂亮；她的情人不只一个，好象有三个，其中有大学教授，有著名的小说家，还有电影明星；她轮流地在外面过夜，早晨才回来。这女的一回来，连那些不堪入耳的事情也要详尽地叙述一通，而且还要作一番比较，窘得笠原不知怎么办。女的谈完之后就睡大觉，一直睡到下午两三点。有时我早晨起来没有早饭，就跑到咖啡馆去。那里早晨很少有客人，笠原装作像是做自己吃的饭，其实却填饱了我的肚子。起初笠原还有点不愿意这么做，后来却说："吃她一点饭也是应该的！"咖啡馆的厨房又小又乱，湿漉漉地直冒水气。我蹲在那儿，急急忙忙往嘴里大口地扒着饭。

"你这样子真好看呀！"笠原一边留神着楼上，一边看着我的样子，低声笑着说。

不过，笠原的环境确实是糟糕透了。女主人的生活是那个样子，到有女人的咖啡馆里来的客人，是不会只喝点咖啡就走的；很多家伙是专门来跟女人说混帐话的，你还是要一一地跟他们应付。我知道这些东西会慢慢地渗透到笠原的心里去，但我现在对笠原还没有完全绝望，一有机会，还给她送去各种书籍，尽量多给她谈谈各种事情，可是她对各种事物比以前更加不起劲了，遇事都不愿多动脑筋了。

而我跟笠原这种联系也不能维持下去了。繁重的工作拖住了我，随着仓田工厂的形势愈来愈紧张，我到笠原那儿去，只是要点交通费，或者吃顿饭，几乎没有时间和她谈什么了。我感到笠原经常流露出寂寞的神情。不过，不管怎么说，我现在的日常活动正是靠了笠原才能顺利地进行。从这一点来说，尽管她是那样的一种状况，但她毕竟还是承担了我工作中的一项重要任务。我跟笠原谈了我的这种看法，希望她明确地具有这样的觉悟，努力不使自己垮下去。

我渐渐地连去要交通费、吃饭的时间也没有了。先是三天去一次，后来是一星期一次，再后来是十天一次，去咖啡馆的次数越来越少了。地方委员会、地区委员会以及工厂支部的工作都堆积在一起，有时一天要进行十二三次联络，早晨 9 点钟左右出去，一直要跑到晚上 10 点钟左右。回到住处，脖颈子硬得像一根棒子，脑袋像针刺似地发痛；好容易爬上了楼，就地趴在铺席上躺下了。最近这些日子来，我简直就不能仰面躺下舒舒服服地睡觉了；由于过度的疲劳，大概是身体的哪个部位出了毛病，就像身体孱弱的孩子一样，只能趴在那儿睡觉。我想起我父亲在秋田种地时的情景，他从地里回来，常常连沾满泥巴的草鞋也来不及脱，跨进门槛就趴在铺席上睡起午觉。父亲不顾身子，拼命地干活；由于地租太重，那些满是石头碴子的“癞地”，村里人谁也不愿插手耕种，而父亲租种的比谁都多，想从这里多少捞一点收获来填补一下生活。父亲就是这样把心脏搞坏了。一现在当我不能不趴着身子睡觉的时候，不由得不想到自己慢慢地跟父亲有点差不多了。但父亲不是去向地主抗议，要他们减轻地租，而是搞垮自己的身子，想靠拼命地干活来摆脱地主的剥削。这是 20 多年前的事了。我的情况和父亲不一样了。虽然我跟自己唯一的母亲断绝了往来，弟弟妹妹也不知道我的去向，如今连跟笠原同居的生活也牺牲掉了，而且连自己的身子也快被工作拖垮了。但是，这一切并不是像我父亲那样由于被逼着要更好地为地主资本家服务，而恰恰是为了反对地主资本家。

在我的身上，一丝一毫的个人生活都没有了。现在就连各个季节也成了我为党而生活的一部分。四季的花草、风景、蓝天和阴雨，在我看来都不是孤立的。天一下雨，我就高兴。因为出去联络可以打伞，人家就不容易看到我的脸。我希望夏天快快地过去，倒并不是我讨厌夏天，而是因为夏天一来，衣服穿的少了，我那有特征的身段(让这种特征喂狗去吧！)会一下子让人家识别出来。冬天一到，我就想：“好啊！又多活了一年了！又可以干工作啦！”只是东京的冬天过于明朗，对工作不方便。——自从转入这样的生活以来，我对季节不是不关心，反而非常敏感起来，敏感到几乎过去根本没有想象过。但这和前年在监狱里的时候，对季节的变化感到的那种特别的敏感，又有明显的不同。

这一切都是在无意识中形成的，是自己被迫所过的生活不知不觉地造成的。本来在我还没有遭到警察追捕的时候，尽管那时已献身于无产阶级的解放事业，但还是有许多“自己的”生活。有时还和厂子里属于同一个工会的伙伴们(这个工会是社民党系统的反动工会，我是作为那里面的反对派在进行工作)，在新宿、浅草之类的地方一边散步，一边聊闲话；虽然受到工厂支部严格的政治生活的限制，但是像合法生活中应有的“交际”，看看电影(最近我连是否有电影的存在都完全忘记了)以及饮食吃喝之类的事情，仍然占据了我相当的一部分生活。有时还由于这些个人生活而把支部的工作拖后了一两天；而且个人的荣誉心还不知不觉地在作怪，当可以提高自己荣誉的工作和支部的工作发生矛盾时，往往先着手干自己的工作。当然，这些毛病在以后的工作中还是得到了改正。但是作为一个党员，还不能说我是过着“24 小时的政治生活”。不过，这不只是我个人的过错。一个人如果没有一定的生活环境，主观上的努力总是有限的。当我的一切私人的来往都遭到隔绝，置身于党的工作以外的一切个人欲望都受到抑制的生活之中，我才体会到过去怎么努力清算也很难做到的事情,却出乎意料地非常自然、非常容易地做到了;过去需要花一两年的努力才能做到的事,现在缩短到两三个月就可以实现了。最初开始过这种新的生活的时候,就好像小时候跟人比赛谁能钻到水里呆的时间最长那样,也曾经感到过一种难以忍受的、说不出滋味的憋气。——当然罗,就是现在也不能说我已经经受了真正的困难的考验。喜欢引经据典的S(但他使用的典故和须山不一样),听我说要过"24小时的政治生活",他就说:必须把自己锻炼成"一天工作28小时也不知道疲倦的人"。

最初我不太理解一天工作28小时这句话,可是当我一天不得不进行十二三次的联络时,我才懂得了这句话的含意。——个人的生活,同时也是阶级的生活。起码从我的本心来说,我是愿意接近于这样的生活。

在仓田工厂,从放出可能把一些临时工改为正式工的风声来看,他们准备要加快和我们摊牌了。为了准备对付这一招,我们决定改组支部。从须山小组里挑出一人(是个年轻的正式工),从伊藤小组里挑出两人(其中一个是正式工,一个是临时工),决定把这三个人推荐为新的支部成员,写了他们三人的"履历",由我带到地方委员会,取得了上级的批准。接着又决定了计划部署,把支部的各个成员作了明确分工,让他们分别承担车间里的任务,在须山或伊藤万一出事时,后继的人立即按预定的新的部署投入战斗,不使工作有一天中断。须山或伊藤要是出了什么事,在工厂里马上就会知道,因此规定支部新的成员要立即到须山和我联络的地方去向我报告。我们之间的会晤就是斗争的司令部,所以不管有什么原因,如果联络断了,不争分夺秒地为恢复联络而拿出方针和措施,那就是对阶级的背叛。过去一有人被捕,联络就断了,使得工作不能顺利进行。——对此不采取任何措施,恰恰是出于一种机会主义的观点,好象根本不存在或完全没有预想到对我们的镇压。总有人可能被捕,这是很明显的事,所以我们进行斗争,从一开始就必须要做好第二步、第三步的准备。

事实上自"僚友会"的殴斗之后,须山的处境已经非常危险。须山每天去上工,已做好了随时都会被捕的思想准备。因为是工厂,正当你在干活的时候,特务说一声"你来一下"就算被捕了。事情就是这么简单。不过,现在发展组织的可能性是增大了,所以他还是坚持去上工。尽管很危险,但是另一方面,他获得了在车间里公开说话的一定的自由,群众也对他产生了信任。

快到月底了,看来工厂在30号或31号就要实行解雇。他们口头上说是要把临时工改为正式工,但是至今仍然未见任何具体的行动,大家终于产生了怀疑。我们在《防毒面具》上揭露这是一种欺骗,其目的是利用这种欺骗手段,一方面提高劳动效率，另一方面是遏制大家的反抗。大家很快就明白了这个意思。可是，大多是临时工，一旦宣布了解雇，团结就会涣散。所以最近两三天内必须下决心采取行动。

我们一向在传单和小报上号召必须要反对战争。如果工人们一旦因解雇而起来斗争，那就会如列宁所教导的那样，工人们会以“童话般的速度”懂得为什么必须要反对战争。尤其是在制造军需品的工厂，可以引起目的性很明确的斗争。——现在首先必须要发起斗争。

我下了最后的决心。

办法是让伊藤和须山影响下的同志和新的支部成员分别负责各个车间，同时举行“反对解雇”的车间集会。而为了使这次集会成功，得要须山在工厂里公开散发传单。——伊藤的那个“小点心铺子小组”里有个女工，她的哥哥是仓田工厂的职员。从这个女工的嘴里了解到工厂不是在31号（他们故意让人以为是31号），而是在29号就要“先发制人”，全部解雇临时工。据说那时不仅有警察，可能还有军队出动。所以我们无论如何必须在28号发起罢工，反过来给他们一个先下手为强。

须山最近可能有被捕的危险。据伊藤报告，她有两次看到便衣警察从工厂办公室里走出来，并且常在须山的第二车间门口跟工头站着说话。这都是最近一两天的事。自从太田被捕以后，厂子里又撒了两次党的传单和两次《防毒面具》。敌人正在盯着须山，这已经是毫无疑问的了。再说，一提起“共产党”，人们就认为（统治阶级也是这么向他们灌输）好像是藏在“天上”、钻进“地下”、出没无常的神仙或鬼怪。其实共产党就是像须山这样受群众信任、在他们的身边并肩劳动的人。我们应当向大家明白地说明这个问题，使大家感到亲切和信任。——我之所以决心要让须山公开散发党的传单，也正是出于这种考虑。为了进行最后的战斗，即使没有须山，这个任务也必须由其他哪个同志来承担。光是采取隐蔽的办法，是动员不起来群众的。我们应当像蜘蛛结网那样发展秘密组织，然后发起公开的宣传鼓动。

为了商定最后的对策，我们决定在一起“坐坐”。在那里要提出我的这个方案并作出决定。——可是一想到须山，我心里就难受得要命。撒一次党的传单被抓住，虽然根据各人的斗争经历判刑不一样，但起码要准备坐两三年到四五年的牢房。平时我迈出门一步就跟在屋子里完全两样，把一切空想和思考的问题统统都抛在一边，只是留心着四周走路（我对这已经相当习惯了）。而今天我动辄就想到须山。可是，我这么老是想着须山是很不好的。从须山来说，他如果能清楚地看到我们所面临的形势，他也会理解到这样做是一项必不可少的措施。如果说为了无产阶级的解放无论如何必须要走这条路，除了这条路没有第二条路可走，那么，我们就不应该抛开工作而从这里产生任何其他的想法——比如说，认为这样做是不是“太残酷”了啦、“太可怜”了啦，等等。

话虽这么说，我在到达会面地点的路上，脑子里还不时地闪现须山那经常用一些突如其来的典故逗我们发笑的面孔，心里感到很不好受。

地点是在须山过去的一个酒友的家里。这里以前我们已经用过三次。我在黑洞洞的外屋脱下木屐，把它夹在怀里，向楼上走去，只见一道斜射进来的光线映出了须山的面孔。

伊藤靠在墙壁上，伸出两条腿横坐着，正在揉自己的脚。我一进来，她用手拢了拢垂下的头发，抬眼瞅了我一下。我跟她说：“上次谢谢您啦！”她并没有答话。伊藤在做工厂的群众工作时，总是要涂脂抹粉地打扮一番的，而参加支部的会议，因为没有必要，从来没有涂脂抹粉过。可是，今天一看，伊藤的脸蛋儿却打扮得从未有过的美丽。

“伊藤同志今天‘组织’了一个男的正式工，刚刚回来……”须山指着伊藤的脸，又开起玩笑来了。

平时这种时候，伊藤总是默不作声。今天不知为什么，她抬头望了一下我的脸。

会议开始以后，我特别注意须山照例所作的汇报。他根据上次支部会议的决定，已经在各个车间作了布置，准备举行集会。他说：从工厂的情况来看，最近两三天可能是关键的时刻，因此必须立即采取紧急措施。

伊藤接着补充说：上次向我汇报的裁人的事，表面好象要在这个月的31号进行，实际上可能在29号就要动手。从接受的降落伞和防毒面具的定货量来估计，也正好和这个日期吻合。因此最迟必须要在迫在眼前的28号发起决定性的斗争。

大家的意见早已一致了，问题是用什么样的方式来发起这一场坚决性的斗争。须山考虑了一会儿说：“已经准备到这种地步了，群众的情绪也很高，剩下的问题是鼓动群众，一气把它干下去。”他停了一停，又接着说：“能不能一气干下去，是决定胜败的关键……”

“对！现在需要的是一个点火的人。——为了800名工人！”伊藤的脸上流露出从未有过的兴奋。

“我，最近——尤其是最近这两三天，心里真有点焦急。以前，我们虽然采取各种措施清算了福本主义时代的关门主义，但是它的流毒还是存在的。现在，在这个需要一鼓作气的关键时刻，不能和这个工厂进行坚决的斗争，恐怕就是这种流毒在作怪吧?!……”须山看了看我的脸,又说:“我认为,要是没有人在群众的面前公开地干它一下,这一场斗争是发动不起来的。这是从量变到质变嘛!——我想,这不能算是极左吧!您看呢?”须山好像有谁说他是“极左”似的,说这句话时,特别使上力气。

我认为要进行斗争,应当依靠“说服”而不应该采取“主观武断”的办法。所以我没有说话,只是注意着问题是否向正确的方向发展。而讨论确实是朝着正确的方向发展了。尤其是伊藤和须山,他们提出解决问题的办法,不是从大道理而是从如何解决工厂里每时每刻的动向出发,所以一致地得出了正确的看法。这正是由于不脱离工人生活的缘故,我们在这里取得了理论与实践的巧妙的统一。

我跟须山说:把这说成是极左,那是卑鄙懦弱的右倾机会主义者对我们的污蔑,是为了掩盖他们在实践上的失败主义。

须山说:“对!”

这时,我提出了我的方案。一刹那间,屋子里充满了一种被压抑般的紧张气氛。但这只是极短的一刹那间。

“我认为也是这样……”须山第一个打破了沉默,声音确实有点儿不自然。我看了须山一眼,他接着说:“这当然应该由我来干了。”

我点了点头。

伊藤的身子好像突然僵硬起来,只是用眼睛来回地望着我和须山。当我把眼光转向她的时候,她嘴里低声地说:“没有——意见……”

再一看须山,他盘腿坐在那儿,无意识地把面前一个蝙蝠牌香烟的空盒子撕成一片一片的。

事情作出了决定,突然出现了一阵短暂的寂静。于是刚才一直没有注意到的大街上来往行人杂乱的脚步声和不断喧叫着的夜市上摊贩的叫卖声,一下子传进了耳朵。

接着又讨论了具体的问题。——最近,他们发现由于疏忽了搜查女工身体,让传单和工厂小报《防毒面具》经女工的手带进了工厂,所以对女工的身体搜查突然严格起来。我们决定采取这样的办法:那天由伊藤全面负责,她穿上两腿用橡皮筋勒紧的短裤衩,传单就装进裤衩里带进厂;她早晨从S那儿拿到传单,立即到街上的公共厕所里把传单塞进裤衩;进厂以后,按规定的时间,仍然利用厕所,把传单拿出来交给须山。我们还决定传单在午间休息时从屋顶上撒。

会议一结束,刚才一直压抑着的感情,突然一下子涌上了心头。

“咱们恐怕要有一段长时间的分别了!”我跟须山这么说。

“我的朋友中有这么两个人。”须山说,“他们俩是很要好的朋友。一个因‘三·一五’给关了三年,另一个因第二年的‘四·一六’被判了四年。‘三·一五’的那个出来之后,去年12月又被捕了,又判了三年。他本来是高高兴兴地等着‘四·一六’的那个出狱的,所以他在临入狱的时候说:咱跟他恐怕就是这么轮流着坐牢,再也见不着了。不过,他说这样也不错!……”

接着,他自己说:“这大概是我最后的一个典故了吧!”

我和伊藤不觉笑起来,但是我的脸紧绷着,简直像哭一样。

“不管出了什么事,只要咱们的组织牢靠地保存下来,斗争就能扎扎实实地继续下去,所以您可不能被他们抓住!——您要是被抓住了,那连我做的事情也白干了,变成无谓的牺牲了!”须山这么说。

我们决定按今天的决议进行准备,在26号的晚上再碰一次头。于是我说了一声“行啦!……”大家都站起身来。这时,我和须山都不由自主地站到屋子的中央,两人使劲地握起手来。须山忽然像孩子似的腼腆地跟我说:“啊呀,佐佐木[1]的手这么瘦小呀。”

须山一边往外走,一边跟我谈到他担心今后恐怕再没有机会到我家去了,因此又到我家里去了一趟。他说:“你的老妈妈不知怎么的,好像越来越瘦弱了。”

我本想说些什么话,但须山说的“越来越瘦弱了”这句话,猛地打动了我的心。从他这句话里,我感到母亲因担惊受怕而日益消瘦的矮小的身影就好像出现在我的眼前。——但是,我觉得不应该在这种时候说这样的话。我装着若无其事的样子,只说了一句“是吗!……”底下的话就没说下去了。

跟须山分手以后,伊藤说她离下面的联络还有半个来小时,于是跟我散了一会儿步。我们商量了26号那天要给须山开个小会,让伊藤买点水果、点心带去。

伊藤平时走路的特点是迈着大步,摇摆着肩膀,就像一个男人一样。而今天不知怎么的,走在我的身旁却迈着小步,道道地地像个女人。临分别的时候,她让我“等一会儿”,自己走进一家小铺子。不一会儿,买了一包东西走出来。

“这个送给你……”她这么说着,就把东西递给我。我说:“这怎么行呀?!”她却硬把东西塞进我的手里。还说:“最近你的衬衫这么脏,那些家伙好象很注意这些地方啊!”

回到家里,打开那个小包,我忽然意识到自己把伊藤和笠原对比起来。她

---

① 佐佐木是作品主人公“我”的姓。——译者注

们同样都是女人,可是我从来没有想过要把她们比较一下。现在跟伊藤一比,我才感到笠原离我是多么远啊!

——我已经十来天没有上笠原那儿去了……

九

仓田工厂的屋顶上,正准备建造第三车间。一到午间休息的时候,大家都跑到屋顶上,有的把整个身子躺在阳光下睡觉,有的聊天逗趣,有的玩着排球。这一天,初夏的阳光耀眼地照射在洋灰的地面上。须山把自己人布置在自己的周围,准备一旦来抓他时好进行阻拦。

12点3刻,须山猛地使出全身的力量,把传单一束接一束地抛向天空,大声地喊道:"坚决反对大批解雇!""举行罢工!反对解雇!"……后面的话立刻被群众的声音遮盖了。红的黄的传单在阳光中闪耀着。传单刚一撒,大家一下子给愣住了,但立刻就喊叫着朝传单落下的地方拥去。其中还有几十个人,把拼命抢到的传单,又高高地向上抛去。这样一来,最初在一个地方撒的传单,一眨眼的工夫就分散到60名职工的头上。——工厂好象已经预料到会发生这样的事,预先让守卫在屋顶上各个地方布了岗。守卫们一边声嘶力竭地叫喊:"喂!喂!不准拾传单!"一边硬往人群里挤。可是,早已看不出传单是谁撒的了。乍一看,好像所有的人都在撒传单。

守卫没有办法,只好把屋顶的狭窄的出口把了起来,想让人们一个一个地从这儿通过,好检查传单到底是谁撒的。可是这么做起来,一个小时也上不了班。当粗大的混凝土的烟囱上响起上班的汽笛声,大伙儿就手挽着手,嘴里"嗬嗨嗬嗨"地喊着,朝着狭窄的出口冲过去。这一来,守卫就再也招架不住了。——后来听伊藤说,她看着须山挤在人群里,不慌不忙、悠然自在地走下去了。

后来工头挨个儿问:"传单是谁撒的?"虽然有的人明明知道是须山撒的,可是谁也没有说。青年团的那些混蛋们恨得要命,气得不得了。当天,须山所在的第二车间和伊藤的降落伞车间,群众的情绪很高,选出了代表和其他车间联系,准备向工厂提出抗议。

下工的时候,须山和伊藤走在一起。须山说:"在这样的时候,咱们真应该哭一场呀!"他一会儿把头上的帽子扯来扯去,一会儿一个劲地擦着自己的脸。

一路上,须山翻来覆去说了好多遍:"真没想到!""真没想到!群众的支持真了不起啊!"

为了听取那天撒传单的情况,那天很晚我和伊藤还约定进行联系。但我根本没有想到须山也会跟着一块儿来了。当他跟在伊藤的后面进来时,我把他从头到脚看了两三遍。当我认清了他确实是须山时，我不觉站了起来。

我听他们说了详细经过。我也非常兴奋，我学着须山跟伊藤说话的腔调说："在这样的时候，咱们也该喝它一瓶啤酒吧！"于是我们三个人喝了一瓶麒麟啤酒。

须山忍不住又开起玩笑来。他跟伊藤说："以前的那种啤酒可有点儿气味啊！"我抓住须山的肩膀，笑着骂道："你这小子！"

决定性的斗争还在于明天的奋战，我们对明天的准备工作又作了周密的研究。

第二天早晨工人们去上工的时候，工厂给600名临时工中的400人每人发两天的工资，拦在门口把他们解雇了。那些领了工资的女工们，茫然不知所措，在门前来回徘徊。派来的十五六个警察追着她们大声地嚷着："回家去！回家去！"把她们撵了回去。

发工资的窗口边出了一张很大的告示，上面写着："原定29日结束工作，现改为本日。但本厂为照顾诸位工友，决定增发两天的工资，希能体会本厂的心意。另，今后如有新的工作，本厂承认诸位有优先录用权利。特此通知。"他们留下了200名临时工，这里面有他们的阴谋，目的是要打乱我们的步骤。

被解雇的人当中，也有须山和伊藤。——在斗争的紧急关头，他们来了个先下手为强，把我们打倒在地。——须山和伊藤简直是垂头丧气。我也是一样。不过，敌人终归是敌人，不是木头人儿。对于这种逆转的形势，我们不能听之任之；应该立即振作起来，吸取这次失败的教训，以利于今后的斗争。

虽说被他们撵散了，但正式工中还留下两个支部成员；被裁的工人，虽说要各自去谋求工作，各奔东西，但其中伊藤和须山的小组就将近十人，所以今后只要和他们保持联系，我们斗争的范围反而会迅速地扩大。

他们来了个先发制人，就满以为已经搞垮了我们的工作，其实这些先生们却没有料到，正是用他们自己的手传播了我们组织的种子！

现在，我和须山、伊藤更加抖擞精神，正在从事新的工作……（前篇完）

作者附记

这篇作品献给藏原惟人。

（1932年8月25日）

（原载于《中央公论》1933年4、5月号，转载于《为党生活的人》，人民文学出版社，1979年）

时时刻刻

[日本]宫本百合子
文静 译

一

早饭后,一个杂役用抹布擦着牢房前的走廊。驹込警察署的建筑物是木结构。干杂活的这个流氓撩起和服后襟,掖在腰间,把手巾撕成细条条当作裤腰带。他尽量放慢动作,用湿淋淋的抹布揩着铁格子的每一个格档什么的。

天亮前,神明町附近的博士家里进了强盗,被捉住了。看守和杂役断断续续地谈着这件事,整个拘留所里的人都在倾听着。两间牢房里有二十几个人,挤得满满的。他们主要是扒手、小偷、吃白食的、骗子和敲诈者。

看守随着杂役干活儿的方向走来走去,以感慨的语气说:

“这一两年来,被拘留的主儿也每况愈下了。以前,轻易没有人进拘留所,另一方面,凡是进来的,都在外面大干了一番。如今怎样呢!吃白食的偷小钱的,拘留所就这样满员了。找得到一个有种的家伙吗?”

从保护室里传出了用阴沉的对抗口吻喃喃自语的声音:

“还不是近来净胡抓人吗!简直不敢在街上随随便便走路了。”

自从在满洲发动侵略战争,通过广播和戏剧煽动战争狂热以来,有讽刺意味的是,盛行起一种新型的硬逼着人买东西的办法:一些人身穿土黄色残废军人服装,借口“为了国家”,威胁那些只有女性的住户。保护室里眼下就抓进了四五个这号人。

我听着这些话,想起了一件事:为了抓左翼运动者,警察收买饮食店的女招待,规定她们每协助抓一个就给若干报酬。岗亭的警察随便抓来一个人,只要在拘留所里关一夜就能得到五角钱。如果那是跟共产党有关系的,就能得到五元。倘若是所谓“大人物”,就更多了——抓了藏原惟人,拿到了多少钱呢?这么一想,我全身都发热了。

过了一会儿，我隔着铁丝网说：

"——不过，只要社会的基础一成不变，不管抓来多少人也是白搭，29 天到了。喂，出去！……但是这些人还是没办法糊口呀。"

"可不……"

牢房前的走廊上，用湿抹布擦过的痕迹在春寒料峭中闪着光。这是早晨，拘留所里的人们精神并未懈怠，都在倾听森和我之间那虽低然而清楚的交谈。

肩上镶饰着金辫带的高个子司法主任哗啦一声拉开门，走进来了，他边用一只手在桌上那格子纸巡逻表上盖图章，边对看守小声说着什么话。长脸儿、鞋子的尺寸也长的看守低着头答应着：

"是，一名。……遵命。是。"

"金辫带"一出去，看守就懒洋洋地把手伸进桌子里头取出一串钥匙，打开我所在的第一牢房的铁门。

于是，他用钥匙尖端像是招呼我出来似的比划了一下，说："喂，出来！"

我站起来，想要穿上那双朝着门摆在那儿的粗草屐。看守又说：

"那张纸什么的也拿上……搬家喽。"

"搬家？到那儿？"

要被转送到别处去吗？我一瞬间这么想。看守却没有回答，只命令说："把那边的席子带上。"

拐到厕所的地方立着两领卷起来的席子，我取了其中的一领。

"铺在那儿，"看守朝着走廊的一角，三尺见方的小窗下面努努下巴颏。

"喏，就坐在那儿。"

看来是为了关押那个天亮前抓到的强盗而把第一牢房腾出来了。

我沿着走廊来来去去的时候，受到了在牢房里没有其他东西可看的汉子们的注视。一个姓岨的依然坐着，只伸长了脖子大声说：

"搬到这么糟糕的地方去了，冷得很呢。"

我走过保护室的当儿，单膝跪着的今野把眼睛瞪得眼白格外明显，气愤地说：

"欺负人呀！"

"哼！"

我强烈地意识到，果然当局凡事都这样摆弄人。不作任何说明，零零碎碎地下命令，让人摸不透前景，从而失去行动的自主性。这是最适宜于使懦弱的人变得卑躬屈节的手段了。

强盗被带进来了。他身穿摘掉硬领的衬衫，外面只罩了件竖条纹西服上衣。拘留室里一片冷淡的气氛。他什么也没拿就被抓住了。这就影响到了在押的流氓们对他作为强盗的评价。

惟独看守把脸凑近牢房的铁丝网,张望着里面说:

“干得多差劲。人家对你当然是面熟的喽。以后如果再干,可要干得漂亮些!啊?”

那个据说是开蔬菜店的二十三四岁的汉子,顽固地耷拉着脑袋,交抱着双臂,一动也不动。

从走廊板壁的缝隙刮进刺骨的贼风,吹到后颈,脊背冷嗖嗖的。我坐在那里,把和服外褂的领子像大衣领那样竖起来挡风。到了中午,勤杂工把饭盒轻轻放在靠近草席的地板上,还放了一碗白开水。与饭盒相隔不到两尺就是站在那里的看守那带泥巴的皮鞋。

保护室的门开了。但见今野大力穿着西服,像是摇晃着身子般地走了出来。他的气色很坏,朝着这边微微一笑。叉开腿站在洗槽前起口来。由于感冒,他的咽喉肿了,发着高烧。

我看准时机,从席子上站起来,慢慢地从他身旁走过,边朝着厕所拐弯边小声探听:“有新闻吗?”

“藏原,好像还是单独关着。”

“……”

拘留所的厕所没有门。从洗槽拐弯处有一块三尺长、六尺宽的混凝土地面,尽头的墙上挂着一面发乌的方镜。这是便于看守监视解手的人而设置的。我蹲在没有窗的黑暗的厕所里,头脑细致地左思右想。我贪婪地试图凭着刚才听到的简短的话来推断外面的一切情况,并加以理解。从厕所出来,我一面洗手,一面又打听着:

“决定押多少天了吗?”

“中川那家伙说是20天。资产阶级的报纸好像在大肆造‘克普’的谣呢。”

“其他的人,安全吗?”

“不知道。……不过,”今川略顿了一下,接着快嘴快舌地说,“……好像平安无事。”

我明白他指的是谁,一时感到无以言表,默默地深深点头。

特高到拘留所来了。

他叫人放我出来。刚走到那堆放着用蓝棉布包袱皮包着的空饭盒、乱糟糟而臭气弥漫的走廊,他抽冷子说:

“你的女仆好像想辞工了。”

他是用带抑扬的音调说这话的，似乎想要引起我的关注。我闷声不响地走着。

我一走进二楼那落满灰尘的房间，特高警察就把安儿写的一封信拿给我看。他说安儿来过一趟，要求见我，但由于不准我见她，所以叫我只写封回信。安儿的信看来是用警方备的笔写的：

中条先生：

家乡的父亲打电报叫我立即回去。说是如果不回去，从此不准我进家门。实在对不起，请允许我回去吧。

安

看了这封信，身穿蓝地碎白点花纹和服、系红腰带的安儿姑娘的形影，突然变得空空荡荡的家，以及在那里纠缠的密探的样子便浮现到我的脑际。新闻报道加了耸人听闻的大标题，恐怕还刊登了我的照片，外面的人们看了，心绪大概烦乱不安，这些情景也历历在目。

安儿出身于×县的富农家。这个姑娘虽然有诚挚的一面，但是在目前情况下不管怎么说也不能真正坚持下去了。在这种时刻，阶级性就这样具体地表现出来。关于安儿，我以前就有这样的看法，同时我觉得仅仅住过两个来月的动坂的家，就是空无一人也无所谓。特高警察一个劲儿地注视我的侧脸。我知道，以这次的事为契机，今后我们的整个生活将建立在完全不同于以前的基础上。

我仍站着，把桌上的砚盒拉过来，磨了磨墨，边把毛笔尖揉松，边说：

"瞧，你们造的谣已经显出了效果。"

接着，我写了短短的回信。我正复看的时候，有个男子倏地凑到我的背后，从我手里一把夺去了这封信，板起黝黑的面孔，读了一遍。

他没有把信交还给我，却伸手直接递给了特高警察。特高警察鞠了个大躬，关上玻璃门走了。

说起来，直到此刻我才注意那个人和室内的样子。

那个男子留着梳痕整齐的分头，身穿粗竖条纹西服，虽然是便宜货，裤线却笔挺。他那黝黑的方脸冲着我，怒目而视，朝椅子努了努下巴颏。

"坐下。"

我坐下来。这个穿粗竖条纹西服的在我对面坐下来。"我是从警视厅来的，要调查你！"

"是吗。"

他不再说下去了，从上衣兜里掏出纸烟叼在嘴边上，擦根火柴，点燃了，吸了一口，噗的一声吐出长长的烟。他的手抖得厉害。还没有积烟灰，他却一面翻着白眼瞪着这边，一面用指尖吧嗒吧嗒掉着烟头。这只手也颤着。

我移开视线，看见桌子腿上勒着好几条拧细了的用于拷打的毛巾。——突然，他以趁我不备扑过来的势头吼道：

“看你这叫什么姿势！”

我不过是按一般人那样舒适地靠在椅背上坐着罢了。

“你把这儿当成什么地方啦！放肆！到了警察署，就得像在警察署的样子！”

他把刚吸的纸烟丢在地板上，用皮鞋前端踩灭，从桌上抄起一根直裂开来的一尺长的尺子，戳了一下我那倚在桌上的胳膊肘。

“你这家伙就是放肆。我们以绅士的态度审问你，据说你始终不交代，所以今天给你吃点苦头！你不是造谣说什么白色恐怖白色恐怖吗，现在就让你尝尝白色恐怖的厉害！”

他说着，用竹刀咯噔一声顿了顿地板。这把长竹刀是从方才起就斜搭在他身旁的墙板的。

“交代你和共产党的关系！”

“——你这么突然对我喊叫，弄得我莫名其妙。”我说，“到底是怎么回事呀？”

“嗯，那么，一桩桩地问你。”

这个人的特征是狭窄的额头上横着一道深皱纹，面容猥琐。他取出印有“警视厅”字样的格子纸，并排写下“《赤旗》”、“共青”“资金关系”等项目。

“喏，你是什么时候起读《赤旗》报的？”

我刚回答说“不知道这样的玩意儿”，他就大吼了一声：“撒——谎！”

斗室里，连背后的窗玻璃几乎震得咯咯响。他边吼边扭歪着那张野蛮的面孔，简直令人不愿意再看上第二眼。

“你不是从宫本那里要来读的吗！”

咯噔！

这是多么愚蠢的谎言啊。

“不知道那样的玩意儿。”

“不知道？”

“不知道。”

“你想糊弄人……到什么地步？”

“不知道，所以没办法。”

“不说吗？”

“……”

“畜生！别神气！”

竹刀朝我的头横抡过来。

“怎么样！说！”

“……”

“尽管你顽抗，我们统统查明了！”

他边喊边操着竹刀像捉弄我似的，不时地左一下右一下抽打我的小腿。

“宫本已经全部坦白了。他说，你又是个女的，只要你承认了是他让你读的，就希望早些放你回去。”

我因为受侮辱和气愤，觉得嘴唇都发白了。我以锋利的语气凛然问道：

“……宫本关在哪儿啦？”

对方到底踌躇了，喃喃地说，“总是肆意顶牛可不行。”

透过玻璃窗可以看见四月晴朗的天空和小巷里连檐房的晒衣竿。内裙，红色的童衣，这些衣物反映着春天的阳光，晾在高处。

留着油亮的分头、身穿竖条纹西服的家伙用竹刀顿一下地板，就歪鼻子斜眼地吼叫一声。这副模样和只隔一层玻璃的外面平凡的景色两相对照，太不协调了，使我牢记心头。

这个家伙针对格子纸上写的每一项，分别编了一套瞎话，然后就把竹刀顿得山响，吼着：“你是存心不说吗！”

接着就要拿手里拎着的尺子抽打我的脸。

约莫三个钟头过去了，格子纸还是一片空白，我被赶回拘留所。

当天黄昏时分，今野一手按着疼痛的左耳，脸色苍白，从高等警察室回到牢房。

“说什么了？”看守这么问

对此，今野气冲冲地回答说：

“那样的医生懂得什么呀。医疗器械也没带来。他只说要把患处冷敷一下。”

他拖着脚步似地走进保护室。他因感冒发烧，导致扁桃腺发炎，患处挨了打，耳朵也并发炎症，所以两天来总是诉说疼得厉害。他的烧高到患处捂的湿毛巾很快就热了，已经有几天吃不下饭了。保护室内有两个自称当过护士兵的扒手，他们对看守说：“这一定是中耳炎，老爷，要是撂着不管，可就危险啦。”

今野本人也要求找医生给瞧瞧病。

看守说："虽然干坏事你们样样在行，医生的事可不懂吧。少多嘴。"

可是，今野今天痛得直呻吟，连我也提出要求，这才好容易把医生叫来了。这位医生却说要冷敷一下。也就是说，瞧不瞧病没多大区别。

半夜，一名醉汉被拖进来了。正睡在走廊角落里的我，蒙上一层尘土，连鼻孔都发痒了，就醒了过来。

醉汉被关进保护室后还抽抽搭搭地哭道：

"我呀...惜[实]在、惜[实]在冤枉。关进这种地方……我不过是个大学生！"

"这家伙吵些什么。还不睡吗？"

一个大眼睛的流氓粗声粗气地喝道。

"睡！这就睡。我……冤枉呀。我……呜，呜，呜……"

第二牢房的人也被吵醒了。暗淡的灯光映照下，在狭窄的牢笼里满满当当挤着的半裸的汉子们骚动起来。

"干什么哭哭啼啼的！干掉他，干掉他！"

看守对这场骚动浑然不觉，将一件黑色大衣连头蒙起，趴在桌上。

接连发出了默默地挥拳猛揍的声响。沉寂了一会儿，接着从保护室里传来了尖叫声，"啊！糟啦！"

"真没辙。喂，喂，脸朝那边。朝那边。"

"老爷，老爷，请开门！"

"老爷，劳驾给开门。这家伙不够格儿，还偏偏要喝泡盛酒……"

"嘿！好臭！"

他呕吐在什么人的身上了。

我一边做早上十分钟的体操，一边为今野的身体担忧，一半心思在牵挂着他。我越来越这样念叨：可别生病。

十点左右，料峭的寒气和瞌睡袭来，我正迷迷糊糊的时候，一个穿蓝布服、脸晒得黑黑的管工人运动的家伙领来一个白白胖胖的姑娘。

"暂时呆在这儿吧。"

"在外面？"

"对。"

"喂，姑娘，坐在那儿吧，有个伴儿，也省得寂寞。"

姑娘穿着花哨的平纹丝绸和服，将双袖拢在身前，站在那里，随即和我并肩坐在廊子的草席上，将一只小口袋放在身旁。她耷拉着脑袋，丰腴秀丽的双手放在膝上，中指戴着一枚红玉戒指。她那薄洋纱长衬衣的袖口潇潇洒洒地镶着红白两色的花边。

过了一会儿，我低声问这个姑娘："你在工作吗？"

"是的。"

"公司？"

"在地下铁路。"

"……地铁的商店吗？"

"不是。是售票员。"

"……"

这个答复引起了我不同寻常的注意，于是我沉默了片刻。不久前，从3月20日起，地下铁路职工约100人——其中有十个女售票员——举行了罢工，他们利用地铁的支线占据了四节车厢，引起了全国的注意。原因是公司方面对被征入伍的员工一律按缺勤处理，不发工资。报纸上刊登的照片显示出，为了防止警察侵入，罢工者在铁丝网上通了200伏电流，网上挂了用大字写着"小心触电死亡！"的纸板。他们募集了斗争基金1000元，把一个月的粮食运进了车厢。他们成立了包括妇女员工在内的自卫团，虽然全都是16岁到25岁的青年，组织纪律却很严密。这一方面说明了他们科学地利用工作岗位的特殊性，使之有利于罢工团，同时也表明所采取的是革命指导下的崭新的罢工方式。这样的方式不仅在交通产业史上没有先例，拿以往在日本举行过的罢工来比，它也是富于蓬勃的战斗力、计划性以及科学的斗争方式的，产生了广泛的影响。

在信州，地下铁路的罢工和连妇女都勇敢地参加斗争的做法，一时成为众人谈论的话题。

这次罢工使公司和警察感到很棘手，但是经过强制调停而结束了。被征入伍的职工作为缺勤，仍发给工资，但扣除军队饷给数额；在各个车站安装臭氧发生器；付给夜班津贴，修建厕所，还给予其他福利。女职工每逢月经可享受照领工资的假日这一要求被拒绝了，但是她们争取到了与男职工一样的待遇，诸如假日和工作服（夏天两件、冬天一件）等等。头上扎着白毛巾、斗志昂扬的妇女罢工人员的照片依然浮现在我眼前。

这次罢工发生之前，地下铁路员工被公司派到品川车站，为开赴前线的入伍员工送行。但是听说他们集体拒绝摇公司方面发给的太阳旗，还在站台上发表了反对战争的演说，并合唱了"五·一"劳动节的歌。还听说，开始罢工的第一天，以前在地铁工作过的现役士兵来到守在各自的岗位上的罢工团员当中，提出愿意和大家一起"对资本家进行斗争"。罢工委员会回答他们说，希望把这腔热情用在兵营内的斗争上。士兵和员工们互致革命的敬礼后分手了。

我听到“地下铁路”“售票员“等词汇时,心里便感到一阵沉重的压力,脑际像闪电般回忆起他们的斗争。在那样一场引人注目的罢工后,敌人大概会采取某种手段破坏员工的阵营。这个显得挺腼腆的胖乎乎的姑娘和敌人的袭击究竟有着什么样的关连呢?……”

我这么一声不响地左思右想的时候,这回姑娘先开口了。“……警视厅方面一般是大约几点钟来人?”

我回答说,完全取决于他们高兴不高兴。眼下就拿我来说吧,已经在拘留所被关押了将近一个月,但是这期间警视厅方面至多来了三四回。下唇突出的姑娘将下巴颏向上一抬,仰望着挂钟。

“真气人!”她说,“他们原说八点左右来,来了就马上放我回去嘛。”

据说,她今天早晨六点左右像往日一样装好饭盒漫不经心地要去上班时,有个自称是驹込警察署的人找上门,把她拉到这里来。她的父亲担心来人也许是冒充的,还陪她到了警察署。

“真欺负人啊!”

姑娘气愤地说,又把袖子拢到胸前,低下了头。

到了中午,警视厅还是没有人前来。勤杂工在地板上为姑娘也放了一份装有红烧羊栖菜的盒饭就走了。姑娘见状突然哭起来。

我劝她说:

“别哭啦。你就吃自己带来的盒饭吧。”

姑娘勉勉强强打开了铝制饭盒,菜是红烧藕配腌姜,但是只东戳一下,西戳一下,连白开水都没喝。

下午,第一牢房的强盗被转押到保护室;我重新被关进离开了几天的牢房。由于没有被命令解下腰带,姑娘的心情逐渐平静下来。

“这帮警察净骗人!”她悄悄地说到这里,加重了语气,“诺,该怎么办呢,可恨啊。今天早晨大家都在家里被抓了。刚才打电话说有20几个人……一网打尽。罢工期间公司明明接受了一个人也不让牺牲的要求,实际上最近一个劲儿地雇用新人。他们是串通一气的哩。只要参加过罢工就给开除,真卑鄙!”

看来实际情况是这样的:在工作场所抓参加过罢工的工人会引人注目,公司又害怕这会促使其他职工团结起来,所以发动各居住地的警察署,今天早晨一齐行动,分别抓人。

这个姑娘虽然一看见拘留所的盒饭就哭了,却看穿了公司的手法。她仔细思量着说：

"……有人说，罢工后一个来月，大家的劲头松懈下来的时候就危险了……真是这样啊。"

接着，她像是要换换坐的姿势似的，移动了一下裹着丝绸和服的膝部，喃喃地说："不过，说我什么我都不怕，我实在什么都不知道……"

她随即冲着我，像是叮问般地说："……没参加工会就不要紧吧？"

"就是参加了工会，也没什么不好呀。"

但是，姑娘那腔调使我放心不下。我就接着说：

"……即使没参加工会，罢工的时候你的要求也和大家是一致的，所以你才进行斗争的嘛。事到如今，不应该说多余的话，指出谁是工会会员什么的。对吧？"

"是啊。"

姑娘点了点头。据说她毕业于某女子高中，罢工时被大家选为谈判委员之一。

当我寻思今天可能已经没有希望的时候，下午四点来钟，那个管工人运动的家伙才来把姑娘接出去了。过了一会儿，我也被高等警察喊了去。我走过正面挂着黑板、好像是警察教室的房间时，看见里面排列着许多折凳，姑娘低着头，擦边坐在其中的一把上。旁边就是她那位小商人模样的父亲。他身穿有褶痕的大岛和服，局促不安地扭过脸去，吸着敷岛牌纸烟——他可能是由于外出才抽这种烟的。

我回到拘留所后，父亲和女儿各想各的心事那副样子清晰地浮现在眼前。我对警察和家族制度感到深恶痛绝。

拘留所里，人们正准备睡觉时，特高警察又把我传去了。原来是中川来了，他跷起二郎腿坐在只剩下值班警察的空荡荡的高等警察室尽里面的门口，吸着烟。他一看见我脚上穿着趾袢儿松了的粗草屐，就龇着虎牙，面露冷笑望着我：

"……怎么啦？"

接着又说：

"终于得蹲上两三年喽。"

"什么？"

我还没来得及坐下来。我边坐在铺着薄洋纱面坐垫的椅子上——主任那把椅子上的坐垫用的是通常做外褂里子的那种纯白纺绸，其他人的坐垫则一律用薄洋纱，边问道：

“你指的是什么?”

“你不是在写吗?”

“写什么?”

“……给非法刊物写呗。”

“不知道!”

“可是,”中川似乎把握十足地努努下巴笑了,“有人确实从你手里拿到过原稿,看你还有什么办法!”

“……如今的世道,有领各种各样的薪水的人,说不定有人会讲那种话。”

中川那苍白的脸变了颜色:

“这话是什么意思?”

“总而言之,你们的同志在任何情况下决不会说出无关的人的姓名。——这样讲的可是同志哩……”

“不知道嘛,就只好说不知道啦。”

回到牢房后,像其他任何人一样,我仔细回顾对方说的话和眼神什么的,观察敌人的阵容,并坚定自己。

今野的病情越来越恶化了,已经确诊为中耳炎。我在阳光永远照不到的、靠里面的草席总是肮脏而潮湿的牢房里来回踱步,屈指算日子。像他这样的状态,能够维持到 27 日吗?

一到了晚上,就在保护室的格子门前放个装满水的洗脸盆。夜间,有人用盆里的凉水为病人重新拧一把湿毛巾。

4 月 24 日傍晚,我被传到高等警察室的时候,对说话带岩手地方口音的主任死乞白赖地要求把今野送出去治疗。

“你们平时絮絮叨叨地说什么家庭和睦啦,父母与儿女之间的感情啦。明明知道是患了中耳炎,你们总不能撂着不管,听任一家之主死在拘留所里吧。”

“嗯,”主任用一只手从后往上摸了摸推光的头,咬咬嘴唇说,“……看样子很痛苦哩。”

“我认为他快要患脑膜炎了。……你们对他没有可审讯的事了,像那样撂着,实在残酷。”

“哪儿的话,医生就要来了,刚才打过电话了嘛。”稍后,主任又自言自语似地说:

“说不定已经来了。”

他说罢,嚓嚓嚓地趿拉着拖鞋走出房间。

惟独高等主任在桌下放双拖鞋,在室内时就换上。

我被送回拘留所，门刚一开，第一牢房前面的人群就映入眼帘。我不禁攥紧拳头，心想：难道已经不行了吗！第一牢房的铁门敞着，门外主任、特高警察、部长和看守等正伸长脖子往里面窥视。一位在街道上行医的中年大夫正弯着腰从牢房里走了出来。他的神情和姿势都在表示："竟来到了这么个不该来的地方。"看守对站在后面的我悄悄地说：

"病情大概很严重，所以……给搬过来了。"

我点点头，并叫住出来的医生：

"请等一下。"

我问他：

"有脑膜炎的症状吗？"

"这个嘛。"

医生在整个拘留所的众目睽睽之下被迫停下脚步，有点难为情，却又狡猾地含糊其词。"后颈发痛，就是症候吧？"

"……反正必须做手术。"

大家围着显然摆出推卸责任的态度的医生，蜂拥而出。每一个人都感到今晚是危险期。在牢房正当中铺了被褥，今野尽情地伸直腿脚单独卧着。在拘留所里受到这样的待遇，岂不是临近死期的证据吗！枕旁杂乱地放着吸脓用的棉花扦。以前当过看护兵的两个小伙子一本正经地坐在那里。

今野在呻吟。他边呻吟边转转那挂了血丝、混浊的眼珠，痛苦地翻着眼皮，似乎在寻找什么。我几乎把鼻子贴在他枕边的铁丝网上，从走廊里注视着他。不久，今野不再呻吟了，用力翻起他那充血的眼睛，呼哧呼哧地喘着气对我说：

"中条大姐……好难受啊！"

我忍不住了，就推开摘掉了锁的铁门走进室内。由于病人发高烧，拘留所肮脏的被子发出难以形容的恶臭。我紧握今野那由于污垢和患病而变得乌黑的滚烫的手，抚摸着憔悴的脸蛋儿。

"觉得……糊涂了。"

"头，痛得厉害吗？"

"脖子……这儿（他把一只手慢慢放到颈后）痛……浑身不知怎的……"

我心里骂了一声"简直是畜类！"觉得连自己都受到了剜肉剥皮之苦。

"今野！"

我几乎不顾一切了，把脸紧紧挨着这个忠实、顽强而谦虚的同志那张冒着黏汗的脸，以全身的力气低声喊他：

"今野。"

今野听了，微睁双目，望着这边。

“还不能死，明白吗？多窝心呀，可不能死！明白吗？”

“啊。”

“要挺住……”

“啊……”今野舔了舔干干的嘴唇，以微弱的声音回答说，“明白。”

两个端坐着的小伙子用双手使劲按住膝头，说：“他跟我们这号二流子不一样，实在可怜。”

为了尽量减少对今野脑部的刺激，我托付他们务必把敷在今野的脑门上的降温用湿毛巾移到眼皮上。

平日此时早就鼾声大作了。今晚每一间牢房里的人却都醒着，但是听不到说话的声音。我头朝窗边，在走廊里躺下来。

第二天早晨，这帮家伙和平时一样，八点钟来上班，十点左右才开始商量把今野送进医院的事。主任双手揣在兜里走过来，说：

“情况怎么样？”

我回答说，都等得不耐烦了，并催促说，如果送医院的手续麻烦，我可以介绍某医院。

“哼。”

主任颇不甘心似的，又低头望了望病人，走了出去。接着，部长来到，也是同样的做法。随后来到的是值班的特高警察，他龇出金牙说，不好办啊。他来回踱步后也出去了。他们好像是在守候病情一味地恶化，等待最后时刻。

下午一点左右，主任来了，看来终于下了决心。“那么，很快就安排住院。”

决定把今野送往济生会医院。特高警察把虚弱得双目紧闭的今野夹在腋下，从拘留所拖了出去。

后来才了解到，在济生会医院里，由见习军医给他治疗。做的是性命攸关的手术，主刀的医生却是个生手，还得让人来指点“切这里，切那里”。术后，纱布填得马马虎虎，脓液未能从切开的伤口流尽，于是病毒不断向内部侵入，出院后病情恶化。今野同志头痛起来，觉得不对劲儿，向医生诉说痛苦，但是济生会的军医反而说他病情好多了，竟把原来隔日门诊一次改为每隔四五天门诊一次。今野感到莫名其妙，第三天患了极度恶性的乳头突起炎症，并发了脑膜炎。这次进了庆应医院，作了大手术。他处于危险状态达一个月，好歹活下来了。

——附记

二

“喏，看得见吧。”

“看不见呀。”

人们在谈樱花。警察署后面，朝北的拘留所里，连花开时节都是阴暗的，传来了练武场的竹刀碰击声和旁边堆煤场尽头狗窝里那野狗喧嚣的汪汪声。

臭虫闹得人们睡不好觉。

“一到夏天可不得了。去年，往这儿……”看守敲打着装有烂被子的壁橱旁的柱子裂缝说，“撒了臭虫药，一下子居然爬出了八十多个臭虫。”

樱花盛开季节淡云蔽空的和煦天气一过，不知不觉之间阳光强烈了，白昼长了。从第一牢房那罩着铁丝网的天窗看得见一小块三角形的蔚蓝天空。不知哪家住房那涂有黄糊糊的油漆的马口铁皮墙板，反射起不稳定的阳光。在这漫长的下午，拘留所里寂然无声，到处弥漫着人世间所不经见的无所事事和污秽。从大街上传来了电车那发哑的铃声，扩散开，又像波浪般穿过去。

看守多半在打盹儿，牢房里男人们把衬衫和内衣摊开在盘着的腿上，捉虱子，还不时地搔搔侧腹。

我的皮肤也明显地肮脏了。失去光泽，一蹭胳膊什么的，白色的皮屑就纷纷落下来。身上生了虱子。我体验了生虱子那种独特的奇痒。有时觉得不舒服，一看内衣，连小小的红蜘蛛般的幼虱也算上，一共捉到 15 只。就是这么个状态。

一天下午两点左右，飞来了一架飞机，看样子是在作低空飞行，螺旋桨的隆隆声像烘烤人似的，使周围的空气强烈扰动，就这样在左近悠然盘旋着。

我不禁抬起头来，倾听那象征着文明的飞机的轰鸣声，仿佛在说明天气是晴朗的，拘留所门口的玻璃门上清晰地映出油漆店招牌的一部分，可以瞥见反过来的“相川”两个大字。看不见飞机的形影而只听见隆隆声，这给人以特别的感受。拘留所内照例是冷嗖嗖的，毫无声息。在铁槛里面，半裸的人们坐在地板上，被拷打得伤痕累累的皮肤上满是污垢，在飞机轰鸣下捉虱子。

帝国主义文明的野蛮、虚伪和压迫，从未给我留下过如此深刻的印象。我不由自主地在心里喊：“印度！就是印度！在印度，飞机也在裸体光脚的人民的头上盘旋。在没有权利的人民的头上，唯有飞机还这样飞行，对革命的工人、农民、朝鲜人和台湾人，飞机究竟干了什么？”（台湾雾社的本地人被那从飞机上投下的陆军最新制造的炸弹和毒气弹杀戮了。）

飞机仍忽高忽低地隆隆飞行，它不是我们的。

我想起莫斯科的"五·一"劳动节,浪涛般起伏的歌声使我全身振奋。

起来,饥寒交迫的奴隶,
起来,全世界的人……

这是历史的振翼声。我直直地站在臭气弥漫的牢房中,倾听飞机的隆隆声,直到它远去。

在不足三铺席的牢房里坐着六个女人:卖淫的,堕胎的,还有三个上了岁数的鸨母和我。三个鸨母用翡翠簪子搔着头,不断地饶舌。一个疯子被押进来了,说什么也不肯洗那双到处乱走过的泥脚。她在和服上披着一件背婴儿用的棉袍,短发和衣服下摆都拖挂着尘垢,全身散发出令人恶心的臭气。她站在门口(盒饭就从那儿传递),无论如何也不肯坐下来,喉咙咕咕地响着。

各个牢房里,人们都躺下了,但是还没睡着。那是临近初夏的傍晚,不断地传来行人的木屐声,以及在户外玩耍的孩子们的尖喊声。还断断续续传来收音机的广播声。

我把叠好的外褂和手纸放在头下充当枕头,在脚后跟上使着劲,伸懒腰似地仰卧着,听着从街上传来的一片嘈杂声,呆呆地望着灯炮。

没有装灯罩的灯泡是悬挂在面向走廊的铁丝网的铁框上的,不知由于什么缘故,上面写有"驹込警察署"这么几个不透明的字。

从各个牢房传来翻身、打哈欠等入睡前的动弹声。由于几十天来一直坐在阳光照不到的地板上,所以仅仅是躺下来都令人感到四肢得到舒展。

突然间,鼓声传入了被臭虫咬得发痒的耳朵。"咚、咚、咚、咚……"鼓声越来越近了。一听,原来是基督教的传道。鼓打得越来越快,接着传来歌声:

凡是有信仰的
都得到拯救……

歌声骤然中断了。

"诸位!"

有人声嘶力竭地以粗俗的腔调发表了很短的演说。这时,大鼓又咚咚敲了起来。同样的歌声冲破傍晚的嘈杂声,越来越近了:

凡是有信仰的

看来他们是附近教会的人。一群孩子跟着起哄,虽不懂得歌词含意,却宛若被枯躁乏味的鼓声追赶着似的边走边放声唱:

都得到拯救……

他们在拘留所旁边的胡同里好像故意似的打了一阵子鼓，渐行渐远，这次又在勉强听得见的地方喊起来了：

“诸位！”

“干什么呀，真讨厌！”

女招待猛地翻了个身，不耐烦地咋咋舌。原来听到这声音而感到焦躁厌烦的不是我一个人。

出去后，一定要把拘留所里的体验写下来。我越来越这样想。

在拘留所里呆上50天乃至100天，又算什么呢。实际上，革命的工人和农民就是凭着这股意气，在非人道的条件下不屈不挠地斗争下去的。小林同志在《单身监房》这篇小说里所说的“无产阶级在任何地方都不会失去自信和乐观”这句话，一点也不假。

但是，日本的现状是：不仅是前卫的斗士，连普普通通的工人、农民、职员和学生等也被关入拘留所。他们在那里遭到威胁、殴打甚至被虐杀的可能性越来越大。提出增加工资、改善待遇等极合理的要求，也会立即被拉进警察署。学生和车间的工人们为了满足求知欲而参加不违法的同人会和读书会，也得受29天或加倍的拘留。

我在拘留所里呆得越久，就越切身感到当权者是怎样巧妙地滥用手中之权，人民又是怎样毫无权利。

问题并不在于我是第一次被关进拘留所，而平素是和普通人一样吃饭的。

我望着看守人员的脸，想起苏联的革命博物馆。在革命博物馆里，除了各种革命文献外，还陈列着帝俄时代关押政治犯的城堡监狱的牢房模型，展出当时使用的拷打刑具和手铐、脚镣等物件。栩栩如生的偶人穿着褐色粗布狱衣，再现了边对野兽般的压迫者进行斗争边读书的革命家的形象。

从工厂和集体农庄提着桦树皮皮包前来的男女工人农民的参观团，热烈地讨论着，笑着，一手拿笔记本，在博物馆的地板上漫步。然而来到这里后，就像事先约好似的都默不作声了，面部的肌肉也绷紧了。他们自发地聚集在一起，把热切的视线投向烛光映照的监狱景况，久久不肯离去。

他们那结实的肩膀相互挨着，形成密集的队伍，令人感到强大的压力和执拗的抗议。可以清楚地看出再也不把经过斗争得到的权力还给沙皇的这一决心。他们依然寡言，从携带物寄存处领取各自的东西后回到自己的工作场所。

倘若有朝一日把日本这座拘留所里的情景如实地在革命博物馆里展示出

来,脖子上系红领巾的少先队员会多么吃惊地蜂拥着观望那又不卫生又野蛮的情景啊!

我想:为了那一天,我也一定把自己的体验记载下来。

临近五一节的一天,我被传到高等室。一看,在没有火的生了锈的铁火盆里,高高堆着被撕碎后丢进去的书籍。

主任边拽裤子的膝部边说:

"怎么样?"

他以目相示那些撕坏的书籍,点燃一枝朝日牌纸烟。

我蹲下来翻了翻书页,原来是不知什么人的《唯物史观》。

"是你撕的吗?"

"不是。刚才回去的年轻人,离开前在这里发誓说,今后不再读这类书了,就把书撕了。"

"哼。"

沉默片刻。主任像是想要鼓起干了的舌簧似地抿抿嘴说:

"和你们想的不一样吧。"

我不以为然地一笑,没有吱声。这位主任每每对我进行在他看来是所谓的心理性的交谈,试图向我灌输警察的暗示,这是他惯用的手段。

我从正面窗口眺望消防署的了望塔,涂白色油漆的轻型结构的高塔耸立在绿叶婆娑的树梢和房顶群的上空,蔚为壮观。从同一窗口能够俯视银杏树成行的人行道的一部分。也不知是怎么回事,四五个人朝着同一方向走去后,行人就间断了,连电车也不驶过了。突然间,一个穿蓝色西服、歪戴着软呢帽的魁梧的男子出现在人行道上。一辆汽车轻快地驶过来,在他身旁停住。这个男子稍微一低头,跨着大步上了汽车。汽车立即驶去。这是一瞬间的情景,毫无声息。就在那一刹那,我的心里憋闷得屏住了气。——那个男子乘上汽车的动作使我觉得宫本仿佛就在眼前似的。

喉结突出的部长走进来了,他拉开桌子抽屉拿出胃散服下去,然后谈论起战争来。

"反正没办法救济那些失业者,还不如把他们赶到战场上去送死倒省事。"他以极冷静而残酷的语气说,"在这个社会里,只要有中流的人就行。"

"中流的人,指的是什么样的人呢?"我问他。

"就是我们这个阶级呗!"

在我旁边的桌子上放着个合订本,厚纸封面上写着:"有关五·一国际劳动节对策的局长会议"。他发现我的目光落在这个合订本上,就眯着眼睛避开纸烟的烟雾，从文件当中里找出一张传单，边递过来边说：

“看见过没有？”

那是用“共青指挥部”名义发出的传单，上面写着：“在红色的五·一国际劳动节，要断然行动起来！”

“像这样的玩艺儿，反而先到我们手里，妙不妙。”他嘻嘻地狞笑着，缩了缩粗粗的脖子。“我倒想看看这个口号能够实现到什么程度。”

下楼返回拘留所的时候，我穿过教习室。只见正面的黑板上写着这样的大字：“同宪兵队保持联系，取缔不法的朝鲜人。”

五·一节终于到了。整个警察署弥漫着极其紧张的气氛。连不值班的警察也被紧急召集上班。下巴颏扣着帽带、缠着裹腿的家伙们把里院和练武场挤得水泄不通，佩剑锵锵作响。

高等室里只留下主任和值班的。两辆大卡车停在警察署大门口，两名普通的司机在驾驶台上懒散地打盹儿。

电话频繁地打来。

“是，是，今天早晨有三十来个明治大学学生和朝鲜劳动者闯进了共同印刷厂……没有其他情况，是，是。”

要么就是：“这里没有异常情况。啊？没有，没有得到任何报告。”

警视厅正在从全市警察收集情报。

正当示威游行队伍在上野解散的时候，从早晨起一直晴朗的天空突然变了，有下骤雨的势头。

“看样子要下雨。”

“要下就快下吧。”

警察们认真地轮流来到窗口观望天空。乌云越来越扩展，不久，疾风吹翻嫩叶，黑压压地沉重地刮来，傍晚骤雨前那昏暗的天空衬托下，轮廓鲜明地耸立着白色的了望塔。塔顶的玻璃反射出暗淡的光，一眨眼的工夫大雨点就劈里啪啦落下来了。我心里不禁为之一震。

骤雨变成倾盆大雨，哗哗地冲刷道路，在房顶上飞溅。“嘿，得救了！”

“这好啊。太顺利啦！”

“下这么大就不能示威啦。”

这些警察竟然如此地战战兢兢，生怕在上野的山岗上解散了的示威游行队伍会分成小队，在各处势如燎原烈火，分散游行。

起初，我不明白自己为什么被传到高等室来呆着，原先他们大概打算向我示威，让我看看日本发达的警察网的活动状态吧。然而，实际上我成为他们的焦急不安和狼狈相的见证人。

为了在五·一劳动节实行警戒，看守人员被安排连续值班48小时。当局对今年的五·一节格外神经过敏，据说曾打算安排全体警察分成两批乘在卡车上，每隔一小时换班，待机而动。但是，有人反对，认为这样做太过火，所以只准备了卡车；看守人员疲惫得面色苍白，眨着浮肿的眼皮，说：

"……在卡车上待机固然好，可是换班时全体人员总得下来吧。要是这时出了事，可怎么办呢？"

一听这番话，牢房里的人们都笑起来，实在是哄堂大笑。

留平头的警视厅检阅处负责人姓清水，作风像老牌陆军大尉。他脱去上衣，在衬衫外套件背心，坐在桌子右边。我坐在门旁。主任交抱着两臂，坐在稍微离开一点、可以来回打量我们双方的位置。

"你不是也参加了编辑会议吗，参加的另外还有哪些人呀？"

日本无产阶级文化联盟在二月选举时发行过一期《大众之友》号外，做宣传工作，揭露资产阶级选举的内幕，号召人们支持自己这个阶级的候选人，告诉人们应该怎样进行选举斗争。眼下，这张号外就摊开在桌上。我在号外上的署名文章中介绍了苏联妇女和选举活动。清水反复打听日本无产阶级美术家同盟（亚普）有哪些人参加了，我却记不得了。

清水说："按说柳濑参加了。"

"我压根儿不认识美术家同盟的人，所以不知道。"

清水用粗大的手指敲敲摊开来的号外说：

"……哦，反正我们都知道了。"

接着，他若无其事地问我：

"你见到了是枝操吗？"

"……是文化团体的人吗？"

"不是，她是是枝恭二的老婆。"

"不认识。"

"嗯，"他又改了口气询问，"你在这篇文章中说什么'地球上首次制定了尊重人权的宪法'啦，'选出勤劳大众的代表和建设社会主义社会的战士！'啦，这究竟是什么意思？"

"喏，让我看一看。"我说，并仔细读了那一部分。"……意思不是非常清楚吗！——我说的是事实：在苏联就是这个样子的……"

"那么，你的意思是日本工人该怎么办呢？"

"这篇文章没有涉及这一点。"

我想，作为启蒙的报道，那正是缺点。

“总之，你怎么能为这种玩意儿写文章！”

“……”

“呃？我倒想读你的小说。别看我这样，我一直在读夏目漱石和你的小说。……你能够写优秀的小说，不必在这种玩意儿上写文章。呃？是不是呢？”

这个论调不是清水创造的。中川也这么说，驹込警察署的主任也这么说。某位资产阶级评论家也说同样的话。在唇枪舌战的交锋之间，一边的腮帮子好像抽搐着的、方脸的清水说着“呀，对不起，……呀，不敢当”一类的话，接受主任斟给他的茶。

有关号外的事将近一小时就告结束。接着，他从桌上拿起一本和格子纸等摞在一起的《劳动妇女》，用一只手轮流把衬衫袖子往上拽拽。

“这是你负责编辑的吧？”

“是的。”

“我们也不打算对你说不讲理的话，所以你也应该对这件事负责。可以吧？”

“要是我想通了，就承担应负的责任。”我回答说，“不过，我得预先告诉你，现在我不能说，关于这一点，你们的意见和我的想法肯定是一致的。”

“好，明白了。”

他讯问了编辑部的人员与书记局的关系等情况。

“嗯，……我们原来以为管这种刊物是易如反掌的，所以摆着没管。可是最近它的水平不是迅速提高了吗？呃？到了这样高的水平，那就不能听之任之了。呃？是吧？”

在四月号的时评和读者来信栏等版面，到处都画了红杠杠。四月号的时评以《战争和我们的生计》一文为中心，报道了去年秋天对满洲的掠夺战争开始以来的“死伤人数”和“军费”，还介绍了中国红色区域和苏联的第二个五年计划等。

“从上月号起，简直跟供男子读的杂志没有什么差别了……”他说着，哗啦哗啦地翻动纸页。这时，主任说：“给我瞧瞧……”伸手拿过《劳动妇女》四月号，单挑画了红杠杠的段落，贪婪地读着。他好像吃了酸东西似的咂咂嘴。

“……”

穿着拖鞋的他促紧膝头，把杂志还给了清水。

清水刚才说摆着没管，其实《劳动妇女》自一月间出版创刊号以来，当局每月都禁止发行。而且，日本无产阶级文化联盟参加“三·一五”纪念活动，作为泛太平洋无产阶级文化亲善周的节目之一，3月8日在筑地小剧场举行“劳动妇女晚会”的时候，只开了一分钟就被勒令中止解散。当轮到我发言，我刚开口说“今天在这里集会的大都是年轻人。老太太……”，就被勒令中止。演出节目和讲演是分开来获得许可的，这些节目曾公演过好几次，当局却以“扰乱社会秩序”为由予以禁止。

在地方上，连订阅一份《劳动妇女》当局都会执拗地阻碍。

过一会儿，清水边点燃纸烟边讯问：“……是谁在领导？”

“没有人领导，一切都是在编辑会议上决定的。”

“但是，没有领导不可能达到这么高的水平呀。喏……例如，看这个。”

清水用手敲敲题作《劳动妇女对这次战争怎样看待？》的文章，它刊载在特别来信栏，署名铃木桂子。

“呃？一看就知道这不是外行写的文章，这是谁？”

“不是写着铃木桂子吗？”

“铃木是什么人？”

“不知道，是读者来信嘛……”我接着又说，“稍微想想吧。你们说达到高度水平啦，不像是女人写的啦。实际上，现在的社会里妇女被迫从事着比男人更繁重的劳动。可是，得到的报酬只有男人的一半。妇女遭到残酷的剥削。要是像这样还不坚强起来，那才奇怪呢。你们也一样，自己健康的时候，就能够让妻子留在家里，所谓‘像个女人的样子’，但是一旦得了病长期不愈，钱花光了，警视厅也不会白白养活你们五年十年吧。这样一来，你们的妻子也不得不到外面好歹挣点钱。那时，你们的妻子说工作时间太长啦，工钱太低啦等等，你们也决不会对妻子怒喝说：‘简直不像个女人！’”

“……哼。……不过，这是怎么一回事？”

我顺着他的手指望去。那也是读者来信栏署名“爱子”的一封来信里有“一切都是为了×××”字样，他指的是最后三个字。

“知道吗，不只是一处。这里也有。……就是这样……这、这、这讲的是什么呀。”

此文署名敏子，文中明确地表示反对战争。后一句是“尽管自己的子民被杀，×××云云”。我把两个句子都重新读了一遍，并回答说，文章本身是无可非议的。

“……可是，”清水向前探探身子说，“文章本身可能是这样，但是和前后文联系起来就有问题了。……总之，就不应该处理有关战争的报道。”

"这就奇怪啦，"我说，"你看看《大王》吧。看看《妇人俱乐部》吧。连儿童演员也派上场了，净是关于战争的报道。"

"玩、玩笑可开不得，"清水不自然地咯咯笑了，"我指的是怎样处理的问题。……也就是说，像你这样处理就不行。"

"虽然发动了战争，经济萧条不但没有好转，反而恶化了。这是彼此都了解得很透彻的事实。所以，大家会逐渐明白战争不是为了自己而进行的。这也是现实的自然趋势。要禁止大家不那样想，是办不到的。先决条件是现实如何的问题，而不是行不行的问题。"

清水用手帕揩一揩他那张一边的腮帮子好像抽搐着的方脸，一面将手帕揣进裤兜，一面放低声音说：

"即使现实是这样，世上总有不能把实际情况暴露在人前的事。对吧？呃？例如，夫妇关系是众所周知的现实，可是没有人公开干。呃？对吧？有些事照实讲是不适宜的。……对吧？我指的就是这一点。"

"对谁不适宜呢？"

"……"

清水忽然像是转换心情似地说：

"你知道这首诗吗？"

他把剃光的头往后一仰，闭上眼睛，声调抑扬地吟了一首汉诗。诗的意思是，古来孝子连直呼自己父母的名字都感到惶恐，因为这是不恭敬的。

"懂吗？呃？仔细听着。"他又朗吟了一遍。"就是这个心情。——呃？"

侵略满洲的战争也罢，随之而进行的残酷的掠夺也罢，战争的下令者×××也罢，人民都只得对之抱三不——不看，不听，不说——的态度，并被当作奴隶来压榨，直到送死。有理性的人是不可能接受的。我感到，愤怒和憎恨在我的身躯内嘎吱嘎吱响着，就像是踏冻雪似的。

对我的审讯是上午近11点时开始的，现在是傍晚六点了。憎恨使我更有毅力了，我毫不气馁地跟他们周旋。他们讯问我对共产党的看法。

我说日本共产党始终是一个政党。合法与不合法，是根据本国的状况而定，决不是共产党本身的本质的属性。其他什么人的讯问书上写着"日本共产党是非法的秘密结社云云"，清水企图叫我同意照那样口授一遍。他硬要逼我承认"《劳动妇女》是共产党的宣传工具"这一流言蜚语。清水让我看订在一起的审讯记录，他说：

"可是，你看看这个。《大众之友》确实是这样声明的。"

"要是有人说过这样的话，我更不能学舌了。从你们那方面看，《劳动妇女》刊登的读者来信和其他文章要是同共产党的主张一致，那么这正说明共产党支持大众真正所想的，并接受他们的要求。根源不在于共产党，而在于大众的实际生活和从生活中产生的要求。”

晚上九点都过了讯问才结束。据说我作为该刊的责任编辑，触犯了“冒渎尊严”这项法律条文。时间这么晚，我已饥肠辘辘。当我食欲旺盛地吃着自己那份盒饭时，坐在对面的清水却什么也不吃，光是抽烟。他像煞有介事地说，自己要求妻子绝对服从，但是只要她说身体不适，就立即让她找医生看病。他的表情逐渐变了，方脸的半边腮帮子不再那样抽搐了，也没那么红了，露出一副苍白、没有表情的冷漠面孔，连肩膀都垂下来了。没有灯罩的电灯泡的黄糊糊的光从正面照着他的脸。我呷了一口凉茶，继续吃我那份盒饭。

三

五·一节后，警方对我的攻击重点突然改变了，“克普”的事不再追究了，这次逼迫我承认对党提供过钱。我没有这样的事实。

中川说：

“可是，从你手里接受过钱的人已经完全交代了。你一个人坚决不承认又有什么用呢。”

他说什么你在这里已呆了好久，身体也虚弱了，该交代的赶紧交代，早点到市谷去，比关在这样不卫生的拘留所里对健康也有益得多。我虽然睡得好，并当心身体，但是膝盖近来发颤，上下二楼时很是吃力，这倒也是事实。

12日，看守对我说：

“你们的伙伴又被抓来了。”

出了什么事？我感到不安。在特高室，他们给我看了11日召开的作家同盟第五次大会被解散的新闻报道。

“这下子不是等于整个同盟都搬进拘留所了吗？哈哈哈。”

主任感到痛快似地放声大笑。我拿起那张有许多折痕的报纸，反复读了川口浩、德永、桥本、贵司等同志被捕的报道，觉得他们就在我身旁进行着斗争似的。

大会终于召开了，这对我是极大的鼓舞。这么看来，那份本来应该由我撰写而没写完的妇女委员会的报告，已由旁人写好了。我这样想着，心里振奋起来，充满了喜悦。在外面，大家正团结一致工作，而我的岗位如今转移到为我们的正义主张进行斗争的地方。惟有贯彻这个主张，方能完成任务。我对此确信不疑。

5月15日的傍晚，许多人先后三四次一齐冲上房屋后身楼梯的脚步声，一直传到拘留所里。此后什么事也没发生。

第二天早上，因白吃饭赖账而被判处20年拘留的、头发长得很长的杂役边从铁门上的小门给我递进盒饭，边说了这么一句话就走了：

“犬养被干掉了！”

犬养被暗杀了。……犬养是首相。在哪里被杀的？什么时候？我当即感到这是反动团体干的勾当。当那个杂役给我盛酱汤的时候，我就向他打听：

“在哪里？”

“官邸。……听说是军人干的。”

“嗯。”

犬养遭暗杀的消息使我感到局势严重，暗淡、紧张。在监狱和警察署拘留所里斗争的同志们，以及无数不知名的革命的工人农民的身影，闪电般地掠过我的脑际。

十六日，拘留所的看守未换班。他们整天伏在小桌上打盹儿，看来是为了防备我们和他们搭话。

过了几天，我被传到特高警察室，主任说：“怎么样！”

他龇着被纸烟熏黄了的牙齿，冷笑着问：

“听说了吗？”

“……犬养先生被杀了吗？”

“敢情，据说是在‘开枪’的一声号令下干的嘛……”主任以威胁的语气意味深长地说，“世道进展得真快，你在这里像这样呆着的时候，也会不知不觉就被撇下的。嘻、嘻、嘻。”

我要求他给我看看报纸。他故意单把刊载军人恐怖主义团体闯进首相官邸并开枪狙击首相的报道的那张报纸递给我。他喋喋不休地说：

“我这是苦口婆心奉劝你，现在到你为自己的前途好好想一想的时候了。看这个形势，决不能乐观……要是干的话，就得下豁出性命的决心。”

他这样说的时候，特意压低嗓门，拉长语尾。

我看到了说是当天军人恐怖主义团体散发的传单。那是用空虚、激昂的文体写的，简直像是出自乡村中学生的手笔。上面列出“打倒资本家财阀！”“实行生产的国家管理！”“建设没有阶级的新日本！”等口号，煽动人民进行武装起义。

这里只罗列了一些口号，但是就拿“生产的国家管理”来说吧，究竟是什么样的国家、怎样来管理生产呢？又标榜什么“没有阶级的新日本”，但是凭着杀害犬养首相，以及军部的滥施淫威，又怎么消灭得了阶级呢？这传单暴露了法西斯主义那令人难以置信的非科学性。

“……这似乎没能构成法西斯主义的理论……看来和赤松之流关系相当深，赤松好像自告奋勇，要扮演出乎大家意料的角色哩。”

最近分裂出去、组织了国家社会党的赤松的活动引起了我的关注。

我反问道：

“这次的事件也有他参与吗？”

“嗯，关于这方面我就不知道了。不过，听说不管怎样，总同盟系统的人数有5万呢。”他大口大口地喷烟吐雾，“要是5万人一齐哇的一声行动起来，总不能撂着不管吧！”

他只说到这里，然后用手夹纸烟，交抱着胳膊，斜眼凝视我的脸。

“……”

我望着对方的眼睛，逐渐地明白了对方所暗示的话的重要性及其具体的含意。过了半晌，我像是用大拇指从牙缝挤出般一字一顿地说：

“不过——归根结底那是敷衍一时的花招罢了。历史必然按规律向前发展。在帝俄时代的俄国，萨巴托夫干过同样的勾当。但是，俄国的工人战胜了，建立了苏维埃国家……”

“嗯……”

刚才主任隐隐约约透露的那几句话，大致可阐释如下：赤松按照军部的命令，利用一个为革命而募集款项的日子煽动群众暴动。也就是说，煽动总同盟系统的反革命工人，袭击一定的公共机构。于是，立即散布流言说，这是共产党发动的起义，遂以镇压的名义出动军队，进行巷战，屠杀革命工人和前卫战士，并以此为契机发布戒严令。为了制造预先包含在这一计划中的事端，赤松打算以最高的代价出卖总同盟系统的工人。

我回到拘留所，思绪万千，在牢笼里不断地踱步，忘记了时光的流逝。

我想，《劳动妇女》等刊物应该更加鲜明具体地揭露统治阶级这类阴谋，为了拆扮演可憎的角色的赤松一伙人的台而做更多的宣传鼓动工作。

临近梅雨期，经常下雨。中川每隔十天左右来传我一次。他有时脚登长统雨靴，讯问的还是那个捐钱问题。

“你呀，毕竟是女人，应该稍微放明智一些，对事好自为之才是。照这样下去，当局对你的印象就越来越坏了，对你可不利呀。”尽管他叫我放明智一些，然而这种子虚乌有的事，我怎么能承认呢。

“对不起，请田无接电话。”

他要我坐在椅子上，当着我的面让特高警察叫通了电话。

“啊，喂喂，我是中川。麻烦你明天大清早把细田民树抓来。嗯，是的。细田有两个，我指的是民树。顺便搜查一下他的家。……那么，拜托啦。”

他特地下这样的命令给我听，并且说：

“这就叫顺藤摸瓜。”

他又像嘲弄人般地补上一句：

“你呀，就这样坚持下去好喽。”

他从兜里掏出装在小红盒里的仁丹，边嚼边说：

“资产阶级法律是可以根据我们的断定把你们移交给法院的，也就是说，你承认不承认，无关紧要。”

“既然这么说，那就没有办法喽，”我回答说，“我说没有这种事，却不顶用，那就只好坚持下去，直到你们肯让我跟那个胡说八道的人当面对质为止。”

警察方面不仅是像这样进行威胁，还有诸如此类的例子：决定拘留一个人时，按规定是应该通知家属的。可是，据我在拘留所的观察，看守人员大都是突然问被抓来的人：

“有没有该通知的人？”

要么就说：

“在这里填上‘没有该通知的人’。”

不熟悉情况的人不懂得运用自己的权利，惟有听任他们摆布而已。眼下即便他们说“可以根据我们的断定把你移交给法院”，我除了根据常识反驳说“岂有此理”，别无他法。

“大体上，文化团体的人看起来明白事理，其实不然。佐野学什么的毕竟高明。他说应该有更多的人被投入监狱。不然日本共产党不会壮大。”

他们这是根据自己的立场歪曲“大众化”，进行反宣传。

那阵子牢里关了个前科五次的女贼，我向她打听枥木监狱和市谷监狱内的种种情况。这个女人在入枥木监狱前曾在市谷监狱里打过杂，认识丹野同志以及其他女先锋队员们。

据说，市谷监狱里的那些已判决的女囚们过去入浴时不得不用碱水洗身子。后来又改用洗衣皂。自从丹野同志和其他女先锋队员们坐牢以来，她们提出人哪里能用洗衣皂来洗身子呢，并要求把自己用过的肥皂留在浴室里供大家使用。现在已改用花王牌肥皂了。

“那些人确实坚强，”她以作为目击者的自豪口吻说，“要是多关进一些像她们那样的人，我们所有的人不知道会多么受益呢。如果女看守平日无故欺负我们，她们绝不会因为事不关己就不吭声。她们敢提意见，多么大的官儿都不放在眼里，一个劲儿地提，弄得看守提心吊胆的。”

听说有一次，女看守无端殴打了一个女囚。于是，关在单身牢房里的那些女先锋队员们一致提出抗议，事情就闹大了，及至男看守从男监房赶了来才弹压下去。

“哈哈哈哈，当时有一个女看守惊慌得昏倒了。”

这个女子由于一再过狱中生活，就28岁而言，身子太干瘪了。她那瘦骨嶙嶙的肩上披着一点也不相称的白色绉绸和服，搓着手背，语重心长地说：

“说实在的，被关进那样的地方，非赤化不可。手段太残酷，不把我们当人看待嘛……”

女看守们把晒自己的衣服的竿子和女囚的晒衣竿严格区分开来，一不留神把衣服晾到她们的竿子上，她们就叫嚷：

“喂！谁干的？多脏啊！是谁搞错的！”

她们叫晾衣服的人马上拿下来，并命令用肥皂擦洗衣竿，直到满意为止。

“然而，另一方面又干些见不得人的勾当，满不在乎地克扣大家的酱菜和菜！实在卑鄙无耻。”

由于监狱的伙食糖分不够，大家都喜欢吃红烧斑豆。每逢吃红烧斑豆的日子，女看守就在发给各监房之前，从每个盘子里拿出一点，归为已有，休息时间就着茶吃。酱菜本来是每份四片，每人却只给三片，扣下来的也当作喝茶时的小吃。

“看到她们这副德行，自然就……所以，尽管女看守在休息时经常叫我们监视女共产党员们究竟在哪几个监房里聊天，可是没有一个认真听从她们的话。如果有人向看守献殷勤，反而受大伙儿的制裁。”

我们正小声谈着，红脸膛的看守不知什么时候踅过来，胸部贴在铁丝网上，向这边窥探，抽冷子喝道：

“宣讲什么哪！”

这个家伙是水兵出身，曾经对岨施加过暴力。“……”

“不许这样！”

“……”

就是这个看守，任何时候都不准我唱歌。哪怕哼唱一下，蛮以为他决不会听见的，他也必然满怀恶意地听见了，并压低嗓门“喂”一声，还努努下巴。

他刚走到那边去，就从第二牢房传来了以抑制急躁心情的腔调说话的声音:“……喂,不要这么惹人着急。……品质恶劣!”

这个看守站在迫切想吸纸烟的被拘留者跟前,故意把一支蝙蝠牌香烟放在连手指也穿不过的细铁丝网外面,或者就像马上就要让他们吸似的,敲敲烟盒,犹如逗猴子般逗那些被拘留者。为此,他总把没吸过的两支陈旧得软搭拉的蝙蝠牌香烟放在镍制烟盒里,随身带着。

“咄! 可恶的家伙!”

一个50岁的老太婆咂咂嘴说。她是因为跟小偷勾结把赃物送到当铺而被关进来的。

“世上再也没有比在这些地方当差的家伙更讨厌的了。”一个年轻的女招待侧身坐着,一边把内腰带系紧,一边叹息说,“那些便衣警察在这里摆出一副傲慢的样子,可是一到我们店里,我们就吃苦头啦。他们总是黏糊糊的,纠缠不休。对他们冷淡嘛,他们就怀恨报复;一不小心,服务得周到一些呢,就说我们卖弄色情,敲诈一通。——还经常赖我们店的债。”

被抓来的大都是女招待。一打听,其他的有八成是拉皮条的、卖淫和堕胎的,无不反映着资本主义社会的妇女那特殊的不幸。

我又被传唤了。满以为和平时一样,要到二楼去,想不到竟走过了楼梯口。主任边领路边说:

“你母亲来看你了……”

他停下脚步,伸手抚摸一下那留平头的脑袋:

“你见她吗?”

我心里充满厌恶与期待交加的感情。

“见吧。”

我们穿过混凝土地面的游廊,进了警察署的正面建筑物。穿制服的警察并排坐在那里,正在为市民办公。侧面是署长室。

推开门一看,母亲坐在署长的大办公桌这边的椅子上。一开门,她那枯瘦白净的脸就转向进去的我,视线也一直尾随着我,直到我走过去坐在椅子上。不过,她始终没有改变坐着的姿势。

“……怎么样,百合儿……真是的……”

主任几乎是踮着脚尖走到屋角的,他坐下来,瞧着我们这边。署长坐在大办公桌那边,双手插在裤兜里,挺着肚子坐在转椅上。

“怎么样啊。”

“嗯。……妈,身体怎么样?”

我率直地同母亲谈起来。母女在这样的场面相会,对我来说确实是沉重的负担。我们母女十几年来各过各的日子,所以在警察署里见面,也无法消除两种生活那对立的感觉。

“过一天算一天呗,”母亲目不转睛地审视着我说,“真是的,照这样看来,简直不知道谁更辛苦喽。每次见到你,你都满不在乎地笑着,可是……”

“因为我也没有理由哭呀。”

我深沉地放声笑着,把话题转到自己并不感兴趣的狗啦,小妹妹的功课上。我生怕母亲会由于为我多余地操心而想出什么馊主意,所以关于拘留所内部的情况,一向对她只字不提。

我边说话边不时地把视线投向妹妹的脸。妹妹把母亲的手提包放在膝上端坐着。我同母亲的谈话很快就间断了。

于是妹妹定睛看着我说:“你瘦啦。”

她那生着可爱的汗毛的嘴角泛出不自然的微笑。

“是吗?”我用手指按按脸蛋,像是把自己的情感融入对方的心里一般慢慢地说,“怎么样?大家都过得跟以前一样吗?……最近他们逼我讲我压根儿不知道的事,真够呛!”

“是吗?”

妹妹吃了一惊般地睁大了眼睛。我像要盖过妹妹的话声似的问道:“怎么样?有什么新奇的事儿吗?”

妹妹尽管露出意味深长的表情,然而由于素未见惯这样的场面,所以连一句话也说不出来。母亲呢,也像是要寻找发泄情绪的地方似的,神经质地频频晃动那穿着雪白的布袜子的脚尖。——她们着实在为我担心,但是她们缺少毅然站在我这方面积极利用难得的机会的思想准备和坚强的意志,所以束手无策。

以母亲的个性,毕竟觉得不能再继续谈什么小狗的事了,她逐渐地焦躁起来,终于跟我摊牌了。

“我呀,如果能弄明白你的主张是正确的,就会心甘情愿地充当你的踏脚石。哎,这条命嘛,我也没什么舍不得的,反正也活不到100岁。然而,有一点我怎样也弄不清楚——对于国体,你到底是怎么想的?”

署长在转椅上晃了晃身子,主任在屋角翕动着他那长着花白胡子茬儿的嘴角。

“……还是老一套!”我对这整个场面勃然感到满腔憎恶,浑身几乎都发颤了。我竭力抑制住自己,只是苦笑着说:“在这样的地方开始这种议论,彼此都没有一点好处,算了吧。”

母亲好像不服气，她不能充分理解我的意思，可是依稀觉察出这样做会招致什么不利的后果，于是只得闭上嘴。然而，紧接着，另一个话碴儿又使她旧事重提。

父母过的日常生活并非劳动阶级的生活，母亲从年轻时代就对文学怀有欲望，天性又热情奔放，后来积了些钱，威信也就相应地提高了，于是以自己独特的方式我行我素。她生活在远离社会现实的环境里。那个叫作弘道会的组织如今已完全变为反动的了，但因为那是她父亲所亲手创设的，她便始终与之来来往往。对马克思主义，她打心里怀着成见，那不折不扣是博士、伯爵之流在这个组织召开的会上用文雅的词句散布出来的。

母亲变得保守了，由于她性格刚强，不喜拜佛像，于是被利用来成天把国体挂在嘴上。

我说可别累坏了，就把母亲打发回去了。当我趿拉着趾袢儿已松了的粗草屐沿着混凝土地面的游廊折回去时，主任对我说：

“呃？如今这个世道简直令人啼笑皆非。”

……

“你母亲为你担心，对你说这说那，结果你们反而更明显地对立起来了，嘻嘻嘻！”

……

回到牢房后，我陷入了沉思。目前的情势是：通过如此这般的场合，许许多多中等阶层的家庭以不同的形式被搞垮了。敌人精明地从中紧紧抓住可供自己利用的因素。

“哎呀，真吓人！”

和我面对面坐着的女招待突然用袖子捂住脸，弯扭着身子。我吃了一惊，清醒过来。

“怎么啦？”

“敢情……你从刚才起，眼睛一直瞪得怪可怕的，一直盯着我的脸……”

“是吗？”

我不禁由衷地笑起来。我不过是不知不觉凝视着一点，并不是在看哪个人的脸或墙壁。

三个女子正睡着的时候，牢房的门咯嚓一声巨响，打开了。

“喂，进去，进去。”

看守用厌烦的腔调说。我迷迷糊糊地感到，仿佛有人站在门口把什么往里一推。隔着紧闭的眼皮，我觉察出电灯的黄光，又一次听到开隔壁牢房门的声响。我寻思有人被送进来了。我把身子稍微挪一挪，让出点地方，继续睡下去。

（一旦在拘留所里过久了，除非是特殊场合，对自己入睡后被关进来的人就漠不关心了，甚至有些嫌麻烦。）

迎来了早晨。昨天夜里被关进来的年轻女人已经起来了，她那浓密的头发剪得短短的，好像蜷缩着身子似地坐在尽里面，用湿毛巾捂着腮帮子。

“那个人受了很重的伤呢。”

女招待在叠被子时以厌恶的口吻悄悄说着，匆匆忙忙把发臭的被子抢出去。那个细长脸儿、面色苍白的女子站了起来。她的整个身段令人一眼就能看出是参加左翼运动的人。

“受伤了吗？”

……

她点点头。我凑过去一看，伤得可厉害啦。我不由得脱口而出地说：“被打的？”

她又点了点头，神色苦闷的眼睛里浮现出一丝微笑。她那白糊糊的单衣的胸脯和前襟，弄得血迹斑斑的。

看守走过来问道：

“……怎么样？”

“给我请医生吧，”她吃力地动着舌头要求说，“会化脓的。……牙槽和口腔的肉全都剥离了。”

“……都怪你胡乱吞东西。”

“……替我请医生，好吗？”

“去问问看吧。”

那个女子赤着扁平的脚走过来，挨着我坐下，有点放心不下似地问我：“他们会不会给我灌泻药？”

我也小声问道：

“你吞下了什么？”

“用银纸包的东西。……我一口咬定没吞东西。”

听说昨晚她和被关进第二牢房的男同志一起一直干到12点左右才做完工作，正准备就寝的时候，四五个男子连沾泥的鞋也没脱就呼啦一下闯进屋里。他们看见这个女同志惊愕地把什么东西吞进嘴里，就扑过来。一个压一个地摞在她身上，拳打脚踢。其中一人，为了逼她吐出那个东西，竟把手杖捅进她嘴里，野蛮地乱搅一通。

“市电车公司刚刚要起来对抗，真遗憾。”每逢拘留所的门一开，她就站起来望一望。“在车场也一定开始抓人了。”

在市电车公司，1月间广尾车场的罢工被东京市交通工会的筱田、山下等人出卖后，全线员工都憋着一股子气，对抗“非常时期”政策，处于动荡状态。

果然，到了晌午时分，头发分得整整齐齐、身穿售票员制服的两个年轻小伙子被关进来了。其中一人正向看守报自己的住址姓名时，另一个向我们这边瞟了一眼，递过什么信号。那位女同志依然用湿毛巾捂着腮帮子，紧贴着铁丝网站着。新来的两个人被分别关进两个牢房。

“真可气！那两个都是×××车场的，是坚强可靠的人呢。”

这一天，拘留所里的人数比较少，看守的心情也较为平静。跟她一道被抓的男同志熟头熟脑地同看守谈着国营铁路工人的工作情况什么的。看来他是借聊天巧妙地跟那位女同志进行必要的联络。那位女同志聚精会神地倾听着，有时露出信赖的表情笑着说：“嘿，讲这样的事哪！”

傍晚，我被传唤到二楼。姓西片的特高警察说：“昨天晚上的那个女人怎么样？”

“伤得很厉害，从早上起，什么都不能吃。”

“你转告她，可以给她买些软的食品。她也是个人嘛，有点儿对不住她哩。”

把手杖捅进她嘴里，使她受那么重的伤的，就是这个家伙！我一回到拘留所，马上对那位女同志说：

“叫他们给你买面包和牛奶吧。面包泡在牛奶里就可以咽下去了。”

“就这么办吧——那么，请你给买来吧。”

看守仍倚着桌子，用手托着腮说：

“不请示一下可不行！”

“刚才楼上叫我转告她的，所以不要紧的。”

“有钱吗？”

“有，在楼上。”

看守慵懒地站起来，喊勤杂工道：“大爷！”

约莫过了三天，工会的那个男同志被转押到月岛警察署了。看守对剩下的女同志说：“原来以为你是个鸽子（交通员），听说其实是个相当了不起的角色呢。”

“……哪儿的话，就是鸽子嘛。”

她用湿手巾冰着脸，安详地呵呵笑着。我们开始天南地北地聊起来。

“……我进来一看，你还呆在里面，简直吃了一惊。原以为你早就出去了……”

“没办法，只好安之若素呗。”

中川开始向我追问资金问题后不久，主任说了这么一句话：

“啊，说起来，在你家里抓到的那个帝国大学学生，关在这里的时候态度出奇地坚决，可是听说终于屈服了。”

我冷漠地一声：“哼。”

“那么个大人物，竟能像那样清算过去的一切，据说近来没见到过，大家都感到吃惊。”

已经有60多天没洗过澡了，我伸出脚，让脱落的浮皮儿掉在手纸上。当我说“安之若素”的时候，主任那番话便兜上心来，真是怒火中烧。我曾被吓唬说，如果不交代资金问题，哪怕关上半年也不放我回去；就这样关在里面。我觉得，这个大学生和我这金钱问题奇妙地联系在一起，然而我却完全不摸头脑。闹了归齐，不论某处的某人如何清算过去的一切，我不知道的事情还是不知道。所以只能泰然处之，别无他法。

女同志说：

“警视厅的家伙一看见我就吃惊地说：‘哦，原来你已经来了！’”

据说上次她拘留期一满，就从警察署直接被带到车站，搭火车，送回家乡了。她是铁路医院的模范护士，曾在日本大学的夜校读过书……

“我在大学上过矛盾百出的社会学课，于是一个劲儿地感到奇怪，从此就开始光顾这儿了。”她觉得滑稽似的笑着说下去，“只要是亲自干活儿，连傻瓜也会懂得这些道理，对吧？”

我们也谈起小组的问题。我对她说，一方面是由于文化团体按照新方针开展小组活动以来时期尚短，所以还未能很好地与工会的宣传活动什么的结合起来，充分予以利用。

“这个问题被认真地列入你们的活动日程没有？”

“嗯……”女同志想了想说，“并不是每一个人都清楚地想到了这一点。”

她又直率地补上一句：

“倒是依然有人用轻蔑的口吻说：‘啊，原来是文化团体呀！’”

我告诉她，在交通运输方面已经有几个部门设立了小组，并笑着问她：“怎么样，你原先知道吗？”

“不知道。”

“我觉得，咱们过去彼此吃了各种亏。如果咱们相互之间存成见抱反感，有些家伙就幸灾乐祸呢。”

“……这么一想，就太可气了。”

“对吧？”

正这么谈着时，我抬头隔着牢房的铁丝网朝左边的楣窗望去。只见衬着梅雨天那泛着暗光的天空，榉树沉甸甸地低垂着长满绿色嫩叶的枝梢。

我一直走进高等室，看了看那个人的侧脸，不禁瞠目——先前那个在地下铁路工作的姑娘的父亲来了。

“情况就是这样——我担心她或许已经死了，请费心调查一下吧。”我在旁边的桌子那儿打开了报纸。

“不过……可是——这不好办啊。”主任照例以发酸似的口吻说。他边把深灰色西服上衣的前襟拢了拢边问：“怎么样……她有过什么异常的表现吗？”

“那天晚上也和平日一样，一点也没放松地监视着她。她洗完澡后上二楼了。我们一时大意，进了里屋……真是的——看来仅仅这么两三分钟的工夫她就出去了。”

我清楚地理解被父母如此纠缠不休的姑娘的情绪。连她噘起丰腴可爱的下嘴唇、沮丧地生着气的那副样子都浮现在我眼前了。

我在旁边听着这番话，觉得她不至于马上去寻死。不过，也难以想像她会打定主意不再回家，而跑到曾经一道参加罢工的可靠的朋友那里去开始新的生活。这个姑娘的性格的确是这样的。

听说她的父亲还到公司去提出过责难。

“我对他们说，同样是开除，既然是个年轻人，采取给她留条活路的办法也好嘛。公司方面倒是道了歉……不过……”

这个小商人模样的小个子父亲敞着斜纹哔叽和服的前襟，露出贴身的长衬衫，坐在椅子边上，耸起肩膀说着话。连我也感觉到，此人尽管低三下四的，今天却想通过那郑重其事的口吻竭力表现他的抗议。

主任东问西问。可是从他的神色就明白，他其实无意采取任何措施。我在一旁听着，觉得这个父亲的态度不干脆，令人生气。他何以不直截了当地劈面顶撞说：“为什么杀了我闺女！”何以不豁出命去抗议呢！

“那么……情况就是这样，姑且报告一下。”

最后还是不得要领，那个做父亲的只谨小慎微地吐露了“姑且报告一下”这么一句蕴含着道不尽的怨恨的话就离去了。对方却不痛不痒。他刚一走，主任就挪了挪椅子，面对着我说：

“怎么样啊？听了那些话有什么感想？”

“我更加憎恨你们了。”

“哼。……我呢，恨你们恨到家啦。煽动那么文静的年轻姑娘，拉她参加罢工，这是

谁干的勾当？”

“进行罢工的时候，那个爸爸并没有向警方提出制止罢工的要求。是公司提出这个要求的。警方为公司效了犬马之劳。——是这样吧？那个爸爸内心里是在喊：‘你们怎样替我了结这件事呀！’”

我把话打住，默默地读起报纸来。然而我的心灵深处却仿佛凝结起来，暂时停止了跳动似的。

那是前天的事情。从早晨起，阴沉沉地下着小雨，拘留所里潮气很大，肮脏的草席像被吸起似的粘乎乎巴在脚心上。每逢雨天，拘留所令人感到不啻是淋湿了的鸡舍。所内一片沉寂。下午三点左右，我被传唤了。我穿上也那么粘渍渍的粗草屐来到二楼，我被带进高等室对面那铺着草席的房间。一看，母亲倚着挨进窗户的墙壁，挺不舒服似地坐着。她的膝前叠放着橄榄色的雨衣。传唤我的密探说了声“回见”，难得地让我们母女二人相对而坐，径自走到室外去了。虽说是室外，其实他就站在大敞着的门旁边。我边坐下来边说：

“怎么了，天气不好您还来……”母亲沉吟了片刻才说：

“……这样的天气，我在家里呆不住呀。”

我已经好几年不曾领略到母爱，并早就忘记她还有这么慈祥的一面了，这时一股温暖像热气一样笼罩了我。

“谢谢您，太对不住您啦。”

“天下的父母都痴心呗。”

“别说了，别说了。这年头，各式各样的事都会发生。”

我托起母亲的手，一看戒指戴歪了，便替她弄正。从二楼窗口，能够看见被雨淋湿了的沿街栽的银杏树和撑着形形色色的伞穿梭般的行人，对面电器商店的橱窗里所装点的橙黄色圆型灯罩等。这些景象生气勃勃地呈现出一种罕有的美，映入从污秽的阴暗角落走出来的我的眼帘。

过一会儿，母亲像窥视室外似的，小声问道：

“刚才那个人在哪儿？”

“就在那儿。”

在和服外面罩了件单外褂的母亲，把一只手伸到腰带前，悄悄地只活动着手指尖，向我示意坐到她跟前。我移动膝头靠近她，起初身子发热了，随后感到连脸都逐渐地红了。母亲莫非是终于为我捎来了我盼待已久的外面人的口

信，而特地挑选这样的日子来看望我的吗？——我紧挨着母亲，装作为母亲整一整外褂领子的样子，压低嗓门问道：

“什么事呀？”

“你呀。”母亲仰望着我的脸。“为什么……”她加重语气，以致身子也向前倾过来，“不说出来呢？”

我惊愕地坐下来，从正面端详母亲那白皙的脸。“说什么呀？”

“你还问‘说什么’吗！”她好像挺焦急似地蹙起眉头，“听说已经有两个人交代了。警视厅的人说，你既然给了，只要承认给过，向他们道声歉，就立即放你回去！”

我的脸还在发烧，然而浑身从丹田深处战栗起来。

“您是为了说这样的话而来的吗？”

“怎么摆出这么一副可怕的面孔……喏，你就想一想吧……”她愈益放低声音，加重语气说：

“他们不是说，这样做对你有利吗！你却……”

本能的憎恨一直涌到我的双手手掌。我简直不能把视线从我母亲的脸上移开了：她既好像不知所措，又似乎把卑怯误会为确信。

我仿佛用自己的每一句话勒住把母亲当作木偶耍的权力机构的咽喉似的，一字一顿地说：

“我没有出过什么钱！明白了吗？我没有出过！”我凑到母亲跟前，跟她咬耳朵说：

“妈，您知道您自己现在摊上了什么角色吗？是坐探！对方就这样利用那些不明事理、只想乖巧地钻营的父母。要挺住，求求您啦……”

从门外传来咳嗽声。我离开母亲身旁，仍盯着她的脸，说：“明白了吗？”

母亲面有愠色，掉过头去，频频眨巴着眼睛。……

少顷，她摸索袖子，边掏出手帕边哭开了。但她是决非由于翻然悔悟而淌眼泪的，对这一点，我是再清楚不过了。

母亲回去后，主任招呼我道：“到这边来休息一会儿。”

接着又问：

“怎么样了？”

“哼。”

“……‘哼’？这叫我怎么懂！”

……

无意中一看，检阅桌上撂着一本6月号的《无产阶级文学》，我用热切的手把它拿起来翻阅，里面刊载着第五届大会的照片。照片虽然印得有点模糊，却还能看出照例稍微歪着身子站在台上的江口同志，他的白色硬领格外醒目。会场里挤满了听众。卷头论的题目是《暴力镇压的意义，以及我们应该怎样组织反攻？》我如饥似渴地读下去。文章谈到以藏原同志为首的许多同志不屈不挠进行斗争的情况。我的名字也在内。读着读着，我不禁热泪盈眶。他们是不配看这眼泪的。……于是我在椅子上慢慢掉转身子，终于把后背整个对着主任了。

这确实是难以相信的事。有个男子投降了，把我出于个人的交情借钱给作家同盟某同志的事说出来了。他们一再喊“钱”，原来指的就是此事。

用了两天时间，关于我的文件初步拟好了。

“现在，你应该为将来下决心了……”中川狠狠地盯着我的脸，放下自来水钢笔，点燃纸烟，“你能不能回去，取决于此，好好考虑一下再回答！”

这是在又脏又寂静的高等室里，时间是晚上七点钟左右，惟有一个值班警察对着那边的桌子在写什么。

中川问我，能不能发誓说，今后任何非法活动都不参加。

“……我不能发这样的誓！”我顽强地顶了回去，“合法不合法的界线还不是你们随意更改的吗，与我何干？”

接着，我口述说，作为一个马克思主义作家，我将始终把为合理的文化建设服务当作己任。

“嗯……”

中川边吸纸烟，边望了一会儿自己记录下来的文字。他弹了弹烟灰，用纸烟的一端指着纸说：

“……这里，不能改一下吗？”

他指的是“作为马克思主义作家”这一句。

“不能改。”

“……行吗？”

“有什么不行的理由吗？”中川撇了撇薄嘴唇说：

“马克思主义作家，归根结底是‘党员作家’的意思。”

“……我说的是‘马克思主义作家’——就像这里所写的那样。”

中川沉默片刻。他用门牙叼着纸烟，像逃避烟雾似的眯缝着眼睛，边伸出双手把格子纸理齐，边说：

“不知道照这样你能不能回去。不过，你自己说这样就行，就算行了吧。……对我来说，反正都是一码事，对吧？哈哈哈。”

他笑得连发黑的舌头好像都露出来了。

中川从此没有再出现。我不知道自己是否果真能回去。我望着拘留所里的挂钟。指针像爬行似的，在漫长的下午徐徐移动。突然间，近乎焦躁的感觉充满我的内心。这完全是一种新的体会。我开始理解。由于敌人有计划地要手腕，才使我感到这样焦躁。

6 月 20 日，我拿起一张报纸一看，不禁欢呼起来。

"啊！"

我飞红了脸。报纸在头四栏以大字标题刊登了有关 19 日召开的日本无产阶级文化联盟中央协议会扩大会议的消息。这次会议虽然在宣布开会时就被勒令"解散"，然而事后与会者断然举行了文化团体空前的示威游行。报纸还刊载了筑地小剧场的会场陷入混乱那一瞬间的照片，以及这样的报道：警视厅特高警察山口打伤了一名明治大学学生。山口抡起粗手杖站在椅子上疯狂地大打出手，把一个明治大学学生打昏在地。这位大学生完全是无辜的，只不过当时呆在他身旁而已。令人感到报纸上大号铅字的字里行间勃发着大众的压力，还浮现出了对方的狼狈相。

"……你终于发出最后的哀鸣了。"

主任直勾勾地偷看着我那兴奋得容光焕发的脸说。

"……"

我不吭声，只是乐此不倦地读那篇报道。

6 月 28 日，我经过 82 天的拘留恢复了自由。

（1933 年 6 月执笔）

（原载于《中央公论》，1951 年 3 月号，
转载于《世界反法西斯文学书系·日本卷 1》，重庆出版社，1992 年）

国家出版基金项目
NATIONAL PUBLICATION FOUNDATION
国家社科基金重大项目结项成果
“十四五”国家重点出版物出版规划项目

二十世纪东亚抗日叙事文献整理与研究丛书

丛书主编——牛林杰

文学编·中短篇小说卷 I

分卷主编——柴琳

山东大学出版社
SHANDONG UNIVERSITY PRESS
·济南·

图书在版编目(CIP)数据

二十世纪东亚抗日叙事文献整理与研究丛书. 文学编. 中短篇小说卷. Ⅰ / 牛林杰主编 ; 柴琳分卷主编. 济南 : 山东大学出版社, 2025. 8. -- ISBN 978-7-5607-9013-8

Ⅰ. K152;I310.4

中国国家版本馆 CIP 数据核字第 2025C2Z269 号

策划编辑　张铭芳
责任编辑　肖世伟　张铭芳
文案编辑　张天鸽
封面设计　卡古鸟设计

二十世纪东亚抗日叙事文献整理与研究丛书·文学编·中短篇小说卷Ⅰ
ERSHI SHIJI DONGYA KANGRI XUSHI WENXIAN ZHENGLI
YU YANJIU CONGSHU·WENXUEBIAN·ZHONGDUANPIAN XIAOSHUOJUAN Ⅰ

出版发行　山东大学出版社
社　　址　山东省济南市山大南路 20 号
邮政编码　250100
发行热线　(0531)88363008
经　　销　新华书店
印　　刷　山东新华印务有限公司
规　　格　720 毫米×1000 毫米　1/16
　　　　　172.75 印张　3054 千字
版　　次　2025 年 8 月第 1 版
印　　次　2025 年 8 月第 1 次印刷
定　　价　1000.00 元(小说卷全 6 卷)

二十世纪东亚抗日叙事文献整理与研究丛书

编 委 会

国家社科基金重大项目『二十世纪东亚抗日叙事文献整理与研究』结项成果

二十世纪东亚抗日叙事文献整理与研究丛书

编辑说明

“二十世纪东亚抗日叙事文献整理与研究丛书”由文学编、史料编、研究编及总目组成，其中文学编及史料编为文献整理部分。该部分内容卷帙浩繁、体裁众多，整理难度较大。现将整理编辑原则说明如下。

一、收录原则

“二十世纪东亚抗日叙事文献整理与研究丛书”文献整理卷册系统整理并收录了国内外有关东亚抗日叙事的重要文学作品及相关史料。收录作品的国别范围包括中国、朝鲜、韩国、日本、苏联等国家。苏联在传统意义上是一个横跨亚欧大陆的欧洲国家，但其远东地区位于东北亚，并且在第二次世界大战期间曾与日本直接发生战争。因此，我们将苏联列入了东亚抗日叙事文献收录的国别范围。同时，丛书也收录了抗战时期来华的一些欧美人士创作的有关东亚国家抗日叙事的作品。丛书所录中国抗日叙事作品原则上仅限于涉及东亚国家抗日或反战主题的作品。对于东亚各国战争期间创作的作品和战后创作的作品采取了区别对待的原则。战争期间创作的作品十分珍贵，能收尽收。战后创作的作品，由于各国社会制度和意识形态不同等原因，抗日记忆和叙事内容出现了一些较为复杂的变化，对此，我们坚持历史唯物主义原则，甄选并收录了各国较具代表性或影响力较大的作品。其中，篇幅较长的部分文本，视内容的不同情况，或全文收录，或节选部分重要章节。

二、所据版本

为再现东亚抗日的历史现场、确保文献的真实性，丛书收录的文献以20世纪前半期（1900—1950年）创作和发表的文献为主，部分回忆录、传记、翻译等文本则兼顾20世纪后半期发表或出版的文献。所录文献原则上以初刊本或初版本为准，以保留初始版本叙事的语境、意义和风格。对于一些初刊本难以查阅到的文献，则收录较早的转载本。在每篇文献之后均标注了文献的详细出处。

三、关于文献作者和国籍

文献作者及其国籍原则上以原始文献为准进行标注。作者不详或没有注明作者的文献均以“佚名”标注。民国时期，关于朝鲜半岛国家的名称有“朝鲜”“韩国”“高丽”等多种标记方式。因此，朝鲜民主主义人民共和国和大韩民国正式成立（1948年）以前的文献保留原始文献的国籍标记方式，1948年以后的文献则根据作者的实际国籍分别标注为“朝鲜”“韩国”。

四、编排顺序

丛书文献部分按小说、诗歌、戏剧、散文、传记、史传、书信、日记、纪实、评论等分卷编辑，各类下篇目主要以公开发表时间为序进行排列，个别未公开发表的文献按作品中标注的创作时间列入。为了方便读者阅读，部分卷册在目录中对文献进行了时段区分。

五、文字和格式处理

为尊重原文献的历史语境，不尽符合现行语法规范的字句，在不影响文意的情况下一般不予改动。原文疑似错字后加［ ］标出拟改文字，无法辨识的文字用□表示，衍字用〔 〕表示，漏字加〖 〗表示。小说、散文和诗歌已有分段、空格的按原刊格式，个别明显不当的略有调整。戏剧的人物称谓和格式按原刊。旧体诗词、散文和小说原文无标点或只标句读，大部分无分段，为便于阅读，本书编者增加了标点和分段，其中或有不当，望识者指正。

六、其他

其他未尽事项及特殊情况参见正文相关注释或按语。

总序

“二十世纪东亚抗日叙事文献整理与研究丛书”是国家社科基金重大项目“二十世纪东亚抗日叙事文献整理与研究”(15ZDB090)的最终结项成果。在纪念中国人民抗日战争暨世界反法西斯战争胜利80周年之际,本丛书付梓出版,为我们提供了一个重新认识东亚抗日叙事文化内涵、深入思考和平与发展的契机,具有重要的学术价值和现实意义。

当今世界正面临百年未有之大变局,坚持和平与发展,携手构建人类命运共同体已成为国际社会的广泛共识。但在东亚地区,由于20世纪上半期日本军国主义发动侵略战争而遗留的一些问题,如对侵略战争的认识问题、殖民统治问题、“慰安妇”制度问题、战时强征劳工问题等仍没有得到妥善解决,人们对于战争的记忆难以磨灭,这种情况甚至还在影响东亚国家关系的正常发展。

从文化史、文学史的层面上,深入挖掘和整理东亚国家抗日叙事的文本资料,可辨析东亚抗日叙事中丰富的历史文化信息,还原历史真实。通过阐释东亚抗日叙事的历史价值和美学价值,可为阐明20世纪东亚精神的本质和意义、建构和谐东亚提供理论依据。同时,通过跨文化、跨学科的全面系统研究,阐述东亚抗日叙事的独特性和内在关联,进而阐明东亚文学与文化交流的历史发展规律和特征,并深入探讨文学与时代精神、文学与身份认同、文学与意识形态等文学的理论和实践问题。因此,20世纪东亚抗日叙事文献整理与研究无论在理论方面还是现实方面都具有重要的意义。第一,从东亚抗日的视角出发，深入发掘和整理20世纪中国、朝鲜、韩国、日本、苏联等国以及部分来华欧美作家的东亚抗日叙事文献资料，可从东亚文学史的角度为阐明“中国的抗日战争是世界反法西斯战争的重要组成部分”“中国抗日战场是世界反法西斯战争的东方主战场”提供文献资料支撑。第二，东亚各国的抗日叙事并非各自孤立的存在，而是在抗日语境下作家们相互交流、传播思想、译介作品中展开的。深入探讨抗日语境下东亚各国作家之间的人文交流、作品译介和传播及其对东亚抗日叙事的影响，对于阐明20世纪上半期东亚文学的形成和发展、特点和规律具有重要意义。第三，通过对东亚各国抗日叙事的比较文学研究，阐明东亚诸国作家的民族认同、国家认同、东亚认同，进而可以从跨文化的视角探讨东亚抗日叙事在世界反法西斯文学乃至世界文化史中的价值及地位。第四，以新时代习近平中国特色社会主义思想为指导，基于“东亚抗日叙事”的性质和特点，在研究过程中尝试提出并应用“抗日叙事与反战叙事”“跨国体验与跨界叙事”“东亚认同与身份认同”“意识形态与抗日记忆”等一系列创新性学术话语，为构建中国特色学术话语体系做出贡献。第五，东亚抗日叙事研究蕴含了“让历史说话，用史实发言”“还原历史，以史为鉴”的精神，有利于推动爱国主义教育、民族认同、国家认同，有利于正确认识东亚抗日的历史和本质。

“二十世纪东亚抗日叙事文献整理与研究丛书”共34卷，由文学编（13卷）、史料编（11卷）、研究编（9卷）及总目（1卷）组成。其中，文学编和史料编属于文献整理部分，文学编按照小说、诗歌、戏剧、散文等分卷编辑，史料编按照传记、史传、书信、日记、纪实、评论等分卷编辑。丛书系统整理了中国近现代文学史料中的东亚抗日叙事文本，重点发掘整理了中国、朝鲜、韩国、日本、苏联等国的抗日叙事文献资料，并对一些重要的外语文本进行了中文翻译。

中短篇小说卷（共2卷）选录了90余篇短篇小说和4部中篇小说，其中不乏新发掘的文本，短篇小说如歌颂朝鲜义士英雄壮举的《韩儿舍身记》（泪人，1915）、批判日本殖民台湾惨状的《一位台湾女子的谈话》（白薇，1931）、以鬼的口吻讽刺德军罪行的《一九三八年的鬼》（A. ABRAMOV，1938）、赞颂苏联红军在哈桑湖区域击退日军的《哈桑湖畔》（莫什梁克，1942）等作品；中篇小说则包括以安重根义举为主线的《朝鲜血》（黄世仲，1909—1910）、以朝鲜亡国为蓝本的《朝鲜亡国演义》（1921）等。

长篇小说卷（共4卷）选录了17部长篇小说作品，其中包括以朝鲜亡国为蓝本的《亡国影》（倪轶池、庄病骸，1915）、《朝鲜遗恨》（沈桑红著、蓝剑青评，1932），无名氏以韩国爱国志士李范奭为原型创作的《荒漠里的人》（1942—

1943)、《北极风情画》(1943—1944),以朝鲜抗日事迹为主题的《历史》(韩雪野,1957)等。小说卷收录的作品反映了抗日语境下东亚文人的集体记忆,展现了国家民族危亡状态下人民的困苦生活与精神渴求,对于研究东亚各民族联合抗战与东亚认同具有重要的文献价值。

诗歌卷(共 2 卷)收录了近 700 首东亚抗日诗歌作品,涉及的国家包括中国、朝鲜、日本、韩国、苏联等。所录诗歌的体裁与形式多种多样,既有古体诗、词、曲、赋,也有自由体、新格律体、散文诗等形式的新诗作品。其中,很多国内诗歌作品都是第一次被发掘出来,很多外国诗歌则是第一次被翻译成中文。这些诗歌作品,或叙事、或抒情、或言志,承载并生动反映了 20 世纪上半期东亚各国人民反抗日本侵略的坚定立场和大无畏精神,是东亚现代诗歌文学研究的重要资料。

戏剧卷(共 2 卷)收录了近 60 篇东亚抗日戏剧作品。收录作品的国别主要有中国、朝鲜、韩国、日本、苏联等。戏剧卷所录戏剧既有抗战时期就多次公演并引起较大反响的作品,也有编者新发掘和直接从外文翻译成中文的一些鲜为人知的珍稀作品。如侯曜创作的《山河泪》、文靖珍创作的《阿里朗》、鹿地亘创作的《三兄弟》等作品,在中国抗战期间公演时获得了文化界知名人士艾青、林林、王莹、力扬、杨朔等人的高度评价。而戏剧卷所录反映朝鲜半岛抗日斗争的中国戏剧《海牙剖腹记》《炸皇宫》,反映日本反战意识的日本戏剧《正义血战》《骷髅的跳舞》,反映朝鲜半岛人民抵抗殖民压迫的戏剧《朝鲜的女儿》等则都是新发掘的文学史料。长谷川海太郎创作的《安重根——十四场面》、金春光创作的《安重根史记》、乌鸦创作的《血海之唱》《战斗的密林》等作品,则都是第一次被翻译成中文介绍到国内。

散文卷(共 3 卷)收录了近 300 篇东亚抗日散文作品。收录作品的国别包括中国、朝鲜、韩国、日本、苏联等国家。同时,也收录了史沫特莱、约士登等抗战时期来华的一些欧美作家创作的有关东亚国家抗日叙事的散文作品。东亚抗日叙事中的散文丰富多彩,其中既有中国成名大家之作,如郭沫若的《鸡》、卞之琳的《一个敌军小队长》等。也有日本、韩国、苏联等国的散文作品,如鹿地亘的《过香港》、金在天的《亡国痛史》等。鹿地亘的《回忆录:在抗日战争中》、金台俊的《延安行》等文献都是第一次被翻译成中文。

传记卷(共 1 卷)收录的抗日人物传记作品涉及中国、朝鲜、韩国等国家。其中记录东北抗联李红光烈士事迹的《李红光传》(澹,1936)、《东北抗日联军第一军第一师师长李红光烈士传》(1937),以及《安义士重根》(李斗山,1941)、《韩国同志李斗文传》(贺彪,1945)等传记作品,反映了东亚人民不屈不挠的抗日斗争精神，以及对民族独立、祖国光复的强烈诉求。

史传卷（共 2 卷）收录了 17 部作品，多为朝鲜亡国史相关著述。除梁启超的《朝鲜亡国史略》《日本并吞朝鲜记》等经典作品外，《朝鲜亡国史略》（尚中，1910）、《日本合并朝鲜始末记》（长舆，1910）、《朝鲜亡国鉴》（刘彦，1915）等均为新发掘的近代中国人撰写的朝鲜亡国史传作品。这些作品反映了当时日本吞并朝鲜半岛的暴行，表现出中国对朝鲜亡国的深刻同情，具有十分重要的文本价值。

书信卷（共 1 卷）选录了 1919 年至 1945 年间东亚各国人士与抗日有关的私人信件、公函、公开信等。东亚不同国籍人士之间的官方或民间书函往来，真实反映了抗日语境下东亚人士频繁的跨国交流情况。其中，中方书信中有巴金、吴石等著名人士与国际友人的书信，也有桂林儿童团体、贵阳书店工人、中华全国文艺界抗敌协会等致国际友人的慰问信；国际人士信件则包括日本反战人士鹿地亘、池田幸子、绿川英子，韩国抗日独立运动家金九、申圭植、安昌浩、赵素昂、金若山，以及各在华抗日团体与中国友人之间的信函。书信卷所录在华从事抗日或反战活动的国际人士之间的交往信件是不可多得的贵重资料，如日本反战人士绿川英子致朝鲜义勇队的信函、日本俘虏觉醒后与鹿地亘的书信交流等。此外，书信卷还收录了一部分战时中方缴获的日本士兵的家书，这些书信对研究战时日本国情、士兵心理以及对战争的态度等均具有重要文献价值。

日记卷（共 1 卷）搜集并选编了抗战时期中国报刊、书籍中登载的部分日记及日记评论，涉及中国、日本、苏联、韩国等国的 60 余位作者。这些日记资料都与“东亚抗日”这一主题相关，其中既有中国普通民众的日记，也有韩国独立运动家、日本反战人士及苏联战士的日记，而更多的日记资料则来自战时中方缴获并翻译刊行的日本士兵日记。中国人日记方面，《春生日记》记录了一名普通中国学生与韩国流亡抗日志士遗孤的交往片段，《编辑室日记》反映了战时《黄河》杂志与韩国青年战地工作队、日本俘虏的交流，这些都是值得关注的资料。朝鲜义勇队队员的《阵地工作队日记》《中条山反扫荡日记》、日本反战人士池田幸子的《武汉行》、苏联西尔倩考的《冲上张鼓峰去》、格罗金的《一个空军战士的手记》等国际反法西斯人士的战斗日记，为我们拓宽了东亚抗日叙事研究的国际视野。此外，本卷选录的日本士兵日记中译本与日记评论，对了解战时中国文艺抗战和军中敌工工作、战时日本军队情况等都是可资参考的重要资料。

纪实卷（共 3 卷）收录了 1909 年至 1948 年间有关东亚抗日的报告文学、

长篇通讯、人物采访、历史纪实等文献资料。这些资料涉及中国、日本、朝鲜、韩国、苏联等国家。其中有对安重根、尹奉吉、李奉昌、朝鲜义勇队等朝鲜抗日志士或团体的真实记录和描写，有对日本铁蹄践踏下的朝鲜社会现状之控诉，也有对各国抗日情形之真实再现，还有绿川英子、鹿地亘等在华日本反战人士的深情回忆。上述文献资料散见于20世纪上半期的报纸、期刊和图书，内容多为真人真事，是研究东亚抗日不可多得的宝贵资料。

评论卷（共3卷）收录了400余篇东亚抗日相关评论文献。所录文献既包括文学评论，如鹿地亘的《创作方法之现实的基础》、金光洲的《朝鲜文坛的最近状况》等；也包括一部分政论和史论，如申睨观的《吾人今后之责任》、杜洛斯基的《苏俄政府何以不对日宣战》、金奎光的《朝鲜民族反日革命总力量问题》等。这些评论资料紧紧围绕抗日的时代主题，或从世界大势的宏观视角，或从东亚各国内部的微观视角，深入分析了当时东亚抗日战场的现状、动态和趋势。

丛书的文献整理部分几乎每一卷都包含了一些尚未引起国内外学界关注的珍贵文献资料，这些文献不仅是研究20世纪东亚国别文学的重要资料，也是从宏观上研究抗日语境下东亚文学交流与互动的重要史料。

“二十世纪东亚抗日叙事文献整理与研究丛书”研究编由9部专题著作组成。《抗日语境下的东亚跨界叙事研究》围绕20世纪上半期抗日语境下东亚文学中的跨界叙事进行研究，重点分析了中国现代文学和日本反战作家文学中的抗日叙事。《抗日语境下的东亚文学交流研究》聚焦抗日语境下东亚各国的作家交流、文本译介及其对抗日叙事的影响。《东亚抗日叙事比较研究》则通过比较东亚各国抗日叙事的发展脉络，阐明其特殊性和普遍性。《中朝韩当代抗日叙事研究》以第二次世界大战后中朝韩当代抗日叙事为中心，对东亚文学中的当代抗日记忆进行了比较研究。《朝鲜半岛来华留学文人的跨国体验与文学书写研究》《申圭植的中国体验与文学创作研究》《朴殷植的文坛活动与文学创作研究》《赵素昂的跨界体验与文学创作研究》《金学铁抗日文学研究》等5部著作则分别从作家研究的角度深入阐述了抗日语境下朝鲜半岛作家在中国的跨国体验与文学创作。

在开展20世纪东亚抗日叙事文献整理和研究的过程中，编者团队就东亚抗日叙事文献的资料价值、东亚抗日叙事的主要特点等相关问题形成了一系列的学术观点，现将其中几个重要观点简要介绍如下。

第一，20世纪东亚抗日叙事是东亚现代文学研究值得深入挖掘的一个丰富的资源宝库。从目前整理的20世纪东亚抗日叙事相关文献资料来看，其数量之多、范围之广、体裁之全面、内容之丰富、价值之重要，都远远超出了我们的预想。东亚抗日叙事相关资料反映了侵略与反侵略、正义与邪恶、进步与反动的人类斗争，充分体现了20世纪的东亚精神和文人的文化自觉。这些珍贵的文献资料无疑是20世纪东亚文学的重要组成部分。但令人遗憾的是，其中很多文学史料尚未被纳入东亚现代文学的研究视野。

第二，中国抗日战场是东亚抗日叙事生成的重要历史场域和空间场域。在抗日的大背景下，东亚被殖民国家和地区的抗日志士纷纷流亡中国，在中国开展抗日斗争。中国政府也适时提出了支持东方弱小民族抗日独立运动的口号。日本人民反战同盟、朝鲜义勇队等抗日、反战组织先后在中国抗日大后方成立。来自东亚各国的抗日志士除少数人直接参加武装斗争，大多数人主要从事写作、宣传活动。他们在和中国文人、作家积极进行交流互动的同时，以抗日或反战为主题，创作了丰富多彩的抗日叙事作品。这些抗日叙事作品的内容往往超越国家、超越民族，反映的是东亚人民共同的心声。这些作品在中国创作、在中国发表，甚至在中国舞台演出。

第三，跨界叙事是20世纪东亚抗日叙事的一个重要特征。20世纪上半期，面对残暴的日本帝国主义侵略，中国作家与日韩流亡文人就反抗日本帝国主义这一时代主题进行了共同书写，并在叙事内容上表现出鲜明的“跨界”特征。跨界叙事包括跨界体验叙事、跨界题材叙事、跨界共同叙事。跨界叙事是文本价值实现超越与重构的重要途径之一。叙事时间和空间的变化可以直接带来思想观念、叙事结构的变化。抗日语境下，东亚抗日文学的跨界叙事极大地强化了东亚国家之间的东亚身份认同，密切了东亚国家人民之间的传统文化关系。

第四，跨界体验是20世纪东亚抗日叙事的一个主要特点。跨界体验也称跨国体验。首先，跨界体验的意义在于通过跨界的政治体验、文化体验、教育体验等获得反思、反观的机遇，从这个意义上讲，跨界体验可以有效地促进作家对本国的深度体验。其次，跨界体验包括人际交流、文本交流以及政治、外交等领域的交流。跨界体验是文学生产的主要创新机制。通过对话与交流呈现相互叙事，通过相互叙事不断地发现和建构自我与他者。抗战时期，朝鲜半岛的大批知识分子和日本的反战人士长期在中国学习、战斗和生活，他们在跨界体验的过程中重新认识中国，重新认识本国，重新认识东亚。这些新的认识在他们的抗日叙事中得到了真实的反映。

第五，抗战背景下，中国一度成为东亚抗日戏剧交流的中心舞台。国家危难之际，戏剧是唤醒民众、动员国民、鼓舞士气最有效的艺术形式之一。抗战时期，东亚各国的剧作家在中国进行了密切的交流与互动，创作了一大批东亚抗日戏剧并在中国舞台上成功公演。其中既有反映朝鲜半岛抗日斗争的戏剧，如《亡国泪》《爱国魂》《图们江边》《朝鲜的女儿》等，也有反映日本反战意识的戏剧，如《三兄弟》《正义血战》《胜利在前头》《侵略战争之罪恶》等。这些在中国舞台上公演的东亚抗日戏剧，在当时的中国社会引起了强烈反响，鼓舞了东亚各国抗日民众的士气，是东亚抗日文学的宝贵财富。

第六，20 世纪东亚抗日叙事是东亚各国现代文学史的重要补充。抗战期间，日本反战人士在华创办了很多报刊，创作并发表了大量反战叙事文学作品。但由于战乱，这些资料没有得到很好的搜集和整理。同样，朝鲜半岛来华从事独立运动的仁人志士在华创办了百余种中文或朝鲜文报刊，积极宣传抗日主张，并通过文学创作发出他们的抗日呼声。朝鲜半岛文人大多精通汉语，他们创作的中文作品带有十分鲜明的抗日文学性质，是东亚抗日文学的宝贵财富。刊载这些作品的报刊由于都在中国发行，至今尚未引起韩国学术界的关注。可以说，上述文献资料是日本反战文学史、韩国抗日文学史的重要补充。

本丛书依托的国家社科基金重大项目“二十世纪东亚抗日叙事文献整理与研究”2015 年立项，参与研究的国内外学者历时 1 年，在国内外发表了 70 余篇学术论文，最终整理出 1000 余万字的结项成果。本丛书的创新性主要表现在以下两个方面。

第一，在数据资料方面的创新性。从整体上来看，本丛书是国内外迄今为止收录范围最广、数量最多、体裁最全、内容最丰富的 20 世纪东亚抗日叙事文献资料。从局部来看，几乎每一卷都包含一些珍稀的文学史料。在收录范围方面，不仅包括中国、朝鲜、韩国、日本、苏联等国家的作品，还包括抗战时期来华的一些欧美作家创作的有关东亚国家抗日叙事的作品。在史料价值方面，丛书所录苏联作家关于 1938 年发生的苏日远东张鼓峰战斗的小说、散文、日记、报告文学等作品，可以说是世界反法西斯文学的重要组成部分，极大地鼓舞了抗战初期中国军民的抗日斗志。丛书所录日军日记以及中国作家创作的日军“慰安妇”题材诗歌和纪实作品，不仅从文学史料的角度印证了日本军国主义在华实施“慰安妇”制度的事实，而且将“慰安妇”现象的出现时间追溯到 1938 年初。此外，抗战时期在中国舞台上演的反战、抗日戏剧等文学史料都是第一次得到全面系统整理。

第二，在解决实际问题方面的创新性。编委会认为，为了深刻阐明“中国的抗日战争是世界反法西斯战争的重要组成部分”“中国抗日战场是世界反法西斯战争的东方主战场”等历史事实，我国的抗日文学创作应积极拓展国际题材。丛书文献整理部分收录的有关朝鲜半岛人民在华与中国人民并肩抗战的历史故事、日本反战同盟在华从事反战运动的史实、抗战时期在华欧美人士支持和同情中国人民抗日斗争的故事等都是很好的历史素材。特别是抗战时期中国政府支持朝鲜半岛人民在华开展抗日独立运动以及联合抗日的史实，在一定程度上可以增进彼此间的友好认知。

“二十世纪东亚抗日叙事文献整理与研究丛书”是编委会集体智慧的结晶，编委会成员由来自山东大学、中国海洋大学、延边大学、南开大学、山东师范大学、哈尔滨理工大学、江西师范大学等国内高校以及来自日本、韩国的共计 30 余位学者组成，在东亚地区形成了一支以中国学者为主体的跨国学术团队。

在丛书编写期间，延边大学金柄珉教授应邀担任学术顾问，给予了宝贵的学术指导。吉林大学张福贵教授、清华大学王中忱教授、北京大学王丹教授、南京大学尹海燕教授、北京外国语大学韩梅教授、中央民族大学金明淑教授、延边大学朴银姬教授等对丛书编写提出了很多中肯的建设性意见。山东大学出版社的领导和编辑认真负责、精益求精，为丛书的出版付出了辛勤的劳动。在此，我谨代表全体编委会成员，向所有为丛书出版做出贡献的专家、学者、编辑表示衷心的感谢。

在丛书编纂过程中，编委会高度重视著作权人的合法权益。通过中国作家协会等官方渠道及多方努力，我们已与大部分文献的版权所有人(或其继承人、代理人)取得联系，并依法获得了作品收录授权。出于各种原因，截至出版时，我们未能与本套丛书的全部著作权人取得联系，敬请作品的著作权人或与著作权有关的权利人与山东大学中日韩合作研究中心联系，以便奉上稿酬和样书。

20 世纪东亚抗日叙事文献的整理是一项十分艰难的工作，由于战争期间资料保存不易，很多文献遗失或不完整，再加上外文文献的搜集和翻译有一定的局限，本丛书中的文献资料在选篇、翻译、录入、编辑等方面难免存在遗漏或错误之处，恳请广大读者批评指正。

牛林杰
2025 年春写于济南

目录

短篇小说·1900—1919年

短篇小说·1920—1931年

短篇小说・1932—1936 年

短篇小说

1900 — 1919 年

亡国泪

箫史（胡显伯）

第一节　愤国

呜呼！亡国之人种，憋忍言哉！帝子则面缚舆榇，青衣行酒；臣工则禁门拷打，东海蹈波；一般士女人民，又不免奴隶军囚，流娼行乞。满目黍禾，随在荆棘，欲生不得，欲死无由，便铁石心肠人，也不忍闻见。而况多情种子，原始同胞，得不异样心伤，放声痛哭？即阅是编者，恐亦掩卷唏嘘，不忍卒读也。韩国自被日本干涉后，一种独立国，变为被保护国。始则外交为所干涉，继则内政亦为干涉。于是一切政治，悉由日本伊藤总监裁夺承诺，始准施行，韩皇几于备位而已。斯时大小臣工，莫不痛心疾首，力图恢复，实迫于力弱援寡，而无可如何。有法部次官白玉清者，三韩望族，少孤，游学日本法政，毕业归，授法部，正日韩交涉时也。愤国势之阽危，叹孤掌之寡效，乃组织热心国事者，奏请振治，卒归失败，终不能越彼监察范围。频开同寅密会于私第，谓国事若此，挽回无策，仅事解组，将恝置君国于谁？但日本以同种自戕，野蛮加我，已属公理难言，第与彼纵无公理可言，而于世界各国，讵亦无公理可辨？故以予计之，惟有值现在荷兰海牙万国和平会，往为伸诉，乞万国公判，庶几奇辱大耻，或可湔雪，脱彼苛虐。诸君若有赞成从我游者乎？众起座赞成。有陆军少将李永和，愿与偕往，约期出发。群僚送别江干，重托国事，挥泪而别。两君乘英国印度皇后船，由仁川启发，回首故国山河，益不胜荆棘铜驼之感。

第二节　泣诉

两君舟中计较赴会伸诉之方法，并具正式报告书，沥陈日本无理干涉，及种种虐待韩国之状，乘风波浪，达荷兰国海牙，投宿于万国大旅馆。倌人视为高丽人也，群以亡国人种目之，居以下等客室。二君争居上等客室，倌人不与，曰：此文明国人所居者，君为无国之民，脱以文明国法律对待，此地恐非君所栖。今仆特见怜，故息此，勿获咎。并询此来目的，备警察检查。二君具已告，倌人目笑存之。二君问何谓，倌人曰：君固志士，恐难如愿，仆不欺，敢以事实上、理想上决其寡效，顾仆亦甚愿君之不负此行也。二君为之不欢，拟密电告达祖国，电局不发，不得已抽笔裁柬，泣陈状况，并谓如不获命，誓不生还。翌日，二君偕赴和平会，具呈报告书。会员有非之者，有是之者，书记悯其忠挚，允为列入议案。但开会后，二君以死力争，日本代表种种反对，极言日本如不实行干涉保护，《中日满洲条约》必致损失利益，日本之所以如此者，凡以保持东亚和平也。各国代表，均然其说，群以保持东亚和平、均平日俄满洲权利为至要，并斥韩国政治法律不完善，国度国力不高强，其主权自不能许其完全享有，而为独立国家。众皆议决，二君慷慨激昂，声泪俱下，座客为之动容，愤云：此间亦无公理乎？众曰：有。但君意虽善，其如众之不赞成何？适中国代表出挽二君，密告无效，徒费唇舌，并语以中国降为三等国家情形，劝令归国，力图自强。国苟能强，何待伸诉？即不诉，而众亦可以理出争者，所谓有强权无公理是已。二君不得已，乃退。

第三节　谋变

二君归馆后，倌人询曰：何如？二君愤忿，告以故。倌人曰：何如？仆言不爽，君亦信所谓公理者乎？叹而去。玉清谓永和曰：此行无效，奈何回天乏术，呼吁无门，更何面目见江东父老也。君且归，作申包胥哭秦庭三日，谋背城之借，恢复小朝廷。仆愿效鲁仲连，不偷生浊世，宁蹈东海而死耳。永和曰：否。生则俱生，死则俱死，顾死亦奚裨。仆拟归而有所报，仆不敏，愿募死党，结义勇队，揭竿勤王，安知不侥幸成功也。玉清曰：果尔，仆愿毁家资饷，并为借箸之需。乃决计归国，遂各函致各国留学志士，使为声援。二君归国后，密召同僚，罄告颠末，众为气沮，并告以后策，众亦赞成，群愿效力。乃筹饷购械，募练勇队，得敢死党三千人。时各国留学革命党，亦纷纷归国，约期举事于汉城。众士忧国念热，急欲成功，事前有所泄。总监伊藤侯侦知，急召警察戒严，密电日本师团赴防。乃谒韩皇告警，责以肇乱未防，并谓贵国内乱，韩兵最易勾应，难资镇摄，已电调我国师团来韩，代平内乱矣。韩皇无如之何，唯唯从事。越日，日本师团至，伊藤侯调遣防剿，下令严搜汉城，借词卫禁，欲清君侧。乃督搜韩宫，韩皇觳觫不自安。已乃搜及臣工家及庶民家，群获军械无限，并捕乱党多人，讯鞫于总监府，各挺身怒骂，自认不讳。众甘为断头将军，乃分别斩禁。伊藤侯侦知为法部次官白玉清、陆军少将李永和所为，派遣搜捕，已查无踪迹矣。乃命师团分防各处，再练警察，保卫总监府第，而藤氏干涉韩政策，益严且迫矣。

第四节　出亡

当事机之泄漏也，李永和急往白玉清家告变，相持大哭，知难挽救，且虑难免。玉清拟仰药死，永和拟出决斗。玉清之妻赵梦莲急出筹商，谓永和曰：子力薄援寡，勿明斗，宁暗杀，庶有成乎！愿坚持勿渝，则国之幸也。复谓玉清曰：天不牖君，致败露，大仇未复，忍以匹夫匹妇之谅，谬为杀身成仁，人其谓君何！妾不幸作女子身，犹愿为罗兰与万朵花，而况于君乎！正踌躇间，仆人警告，搜捕令下。梦莲促永和行，玉清挽永和臂曰：天祸韩国，见逼强邻，国之耻，亦我辈之咎也。此后各行其志，各尽其义，专诸、渐离，当为君壮之。仆已矣，耿耿之私，不知能遂否，后会当有期也。永和应诺，挥泪去。玉清拟与梦莲出亡，梦莲曰：不可。君以国仇为重，安有妻室偕行者，且重累君，愿君勿虑。妾亦将有所图，愿步罗兰后尘，君亦曷作专诸、渐离，共图恢复，否，亦可作包胥，再图复楚。玉清感泣且拜曰：壮哉！卿真愧我也，孰谓巾帼无英雄哉！此去相别易，相见难，破镜重圆，不知何日。但卿弱质，经艰苦，仆有所不忍耳。言已，呜咽，泣数行下，莫能仰视。梦莲亦泣，乃强慰玉清，并裹挟金珠，资旅费。梦莲以系臂双连玉玦，解一与玉清，为系臂，约曰：行行重行行，山高耶，水远耶，愿郎善保千金躯，只手挽回天上日。他时凯歌唱后，玉玦双归，画像麒麟，胭脂生色，韩世忠、梁红玉，恐难专美也。否则君殉义，妾殉烈，异地双忠，亦足使三韩亡国史，犹留特色也。幸勿以妾为念。言际，忽仆人飞至，仓皇失措，急告捕兵将至。玉清乃急与梦莲易服，泣而出门，分袂匆匆去。

第五节　闻歌

玉清着部民服，厕稠人中逃窜，乘轮赴日本，剃髭易装，遍寻同学党人，秘密运动。闻韩乱甫靖，乃蒙面具，四处组织，奈附和者寥寥，国人甚少。东西京各地警察，侦缉又严，颇难着手。羁迟旅邸，寝食难安，回顾祖国，有陆沉之叹。转念良友永和、弱妻梦莲，更不知流落何处，报国无门。寻思至此，不禁心酸眼晕，泪簌簌下如串珠，而又不敢形于词色，致倌人疑，乃挑灯读《离恨天》小说以自遣，不胜浩叹。私谓恍似为我写照者，废书太息，闷而卧。甫合眼，则忧从中来，不可断绝。起视月光盈盈，射纱窗入，启扉步院宇，月明星稀，有弦歌声自邻家来，尾其音，知为隔院之俱乐部也。傍墙阴侧耳偷听，有人白云：手执金刀九十九，杀尽国仇方罢手。玉清悚然曰：是何语也？又闻白云：与君直抵黄龙城，痛饮自由一杯酒。玉清闻而奋发，苦忆似曾相识之白者。辗转间，白已毕，唱正酣，余均不介意。独听至“双肩上公仇私仇，满腔儿家忧国忧，禾黍油油，忍斜阳回首，拼着个头颅似斗，小朝廷生活堪羞”数句，恍然曰：此《新罗马传奇》也。虽然，予闻之有愧矣。彼意大利一女子，乃能组织烧炭党，推翻梅特涅之虐政。予以昂藏七尺躯，且世受国恩，不能奋然独立，使三韩安如磐石，打破日本之势力范围，掀倒伊藤氏之仇敌，所谓铁血关头，问须眉愧否？真令我须眉愧煞也。言已，掉头入，复仰天叹曰：天何不助予甚也！天苟不欲亡韩，抑鉴及孤臣心事耶？天乎！天乎！倘予以烧炭党返韩复仇，不知有效否？乃入室就寝，决意返复仇，爰睡去。

第六节　题壁

玉清愤闷无聊，乃出散步，寻一小酒肆，买醉，浅斟低酌，独饮寡俦。见有持售新闻纸者，购阅之。检视韩国新闻，皆夸耀伊藤氏监韩之功，及施对韩种种方策，而韩之内政权，亦渐握于伊藤之手。韩皇乃苦禁囚，若赘疣。玉清气愤填膺，睚眦欲裂，拍案怒骂，肆儿诧为醉汉。玉清乃佯醉，复仰天痛哭而去。漫步至海滨，怒涛乱吼，作趋走向人状。使人却步，乃攀登高野峰。西望三韩，烟云蔽影，举目四顾，有对此茫茫百感交集之慨。俄见白雁横海东来，玉清招谓曰：请为予先行，寄居祖国，暂忍朝夕。会当白虹贯日，苍鹰击殿，正孤臣归国复仇时也。乃寻至石壁，摩挲长吟，扪铅笔题曰：海风泱泱海涛白，海天茫茫海山绿，海峰顶上孤臣哭。孤臣回首悲祖国，祖国已教沉大陆，人刀俎兮我鱼肉。搔首问天天默默，祸我福我凭谁卜。我欲衔石填海曲，我欲挥戈将日逐。拼将身首试歼戮，此仇不复谁仇复。题至此，怒发冲冠，眼睁眉竖，大呼伊藤贼者再。人西向泣涕，奋笔长叹曰：望长安兮空极目，怀帝子兮罪谁赎。忆良朋兮魂断续，盼美人兮情转轴。吁嗟乎！孤臣忍死羁仇国，欲归不归徒局促。壮我肝胆酒百斛，助我腕臂剑在握。博浪之椎渐离筑，成败悉惟祖国福。孤臣抵死义不辱，血可流兮尸可伏。私心愿向风前祝，此行安得满所欲，尔时臣死臣亦服。书罢，掷笔于地，热血上涌，倾吐满衣襟。急以手巾拭之，红湿鲛绡，若桃花满幅，心怔忡，跳不止，席地坐。略闭目，稍定。起视，夕阳西下，霞霭蔚起，仰瞻俯瞩，独立苍茫。半晌，徐步下，寻投旅邸，昏昏睡。越日，促装归。

第七节　复仇

玉清归国后，见城廓依然，人民略异。盖韩自肇乱后，伊藤乃借词保护。实行干涉主义，所调来日兵，概不撤回，分住各处，以为防卫。而警察又遍设市衢，即日本商民，亦纷至沓来，杂居营业，故举目多系日人。所有韩之人民，或死于乱，或流徙于中国，或归化于日本，不数月间，而云物沧桑，变迁若此，益使人有亡国之感。玉清蒙面具出游探访，故知寡遇，景象都非，到处遍逢日本人及警察与防兵。稽察颇严，玉清惊骇不置，归拟改服。作奴仆混入伊藤总监府，遇便刺杀，或俟伊藤出行时，投炸弹以毙之。次晨，正拟实行，即闻旅邸惊谈伊藤总监府获杀刺客弃市事，议论沸腾。玉清闻而异之，询诘馆人，知系总监府伊藤之侍者所为，闻于昨夕谋刺，被伊藤喝令禁卫擒获，搜出炸弹匕首，严讯无供，即于清晨命弃诸市，以儆韩民。玉清乃往寻问，面目依稀酷似韩人，谛视之，仍顿足惊诧。永和永和，乃至此耶！旁观之韩人急止之曰：慎言勿哭，干彼警察查诘。玉清乃强止泪，伪告人云：此系友人，素患疯疾，今若此，仆愿仗诸君力，乞骸骨掩埋。众赞成，乃为之请于日本警察，由众收埋，允之。玉清乃赀助殓葬，卜冢于野，私为之墓碣曰：韩故义士李君永和之墓。玉清麦饭斗酒，哭祭于墓前，松楸怒号，朔风野天，挥泪招魂曰：呜呼李君！昊天不吊，降此鞠凶。维厉之阶，邦国殄瘁。鉴兹蟊贼，入我室处。呜呼李君！誓志报国，灭此渠魁。天不佑汝，为贼俘馘。俯首就义，杀身成仁。呜呼李君！生未夺命，死褫其魄。魂如有知，曷归来。呜呼李君！尚飨！奠酒于地，绕墓呼：永和何在？叹曰：已矣！君行且待，旦夕弟来。庶免要离岑寂耳。玉清乃宿于墓。

第八节　蹈海

晨光熹微，晓寒瑟瑟，砭人肌骨。玉清惊而寤，起视，残月西斜，朝暾未上，枯草霜花，若结冰霰，扪衣襟露华冷湿也。搓手拭目，叹曰：悠悠生死别经宵，魂魄不曾来入梦。凝思伫盼，乃拜于墓而别，曰：臣子恨，君未雪，臣子义，君先尽。虽然，君已矣，仆何堪。顾仆亦愿效君。愿偿君之愿，幸则君之灵，不幸亦天之运也。呜呼！君死仆葬，仆死谁埋？死傍要离死亦休，不卜此愿能遂否，还以盼诸世之有心人。怆然四顾，只是寒鸦相应答而已。即以屏山志墓向，并以冬青树为标记，踏步去，犹屡屡回头顾盼也。途中计度复仇方法，伊藤必鉴于永和，而多所防卫，乃伪作卖菜佣，丐庖丁绍介为奴役。庖丁不敢，谢曰：自获杀刺客后，凡近卫兵士及服役侍者，须侯爵搜验，必日本人，且有保证者。即饮食进，必近侍先尝，若俄皇尼古拉斯然。一总监府耳，有若禁掖，有若营垒。其出处也，必警卫数百，尤以武士道多名，斯须跬步之不离。君韩人，尤所深嫉，勿以身命偿试。玉清闻言，呆若木鸡，手水气并，半晌不能声。既而曰：良感！良感！虽然，亦可知谋事之难也。唏嘘弗置，掉头去，寻思无计，忿呼永和曰：仆并为君而不得。奈何？此天亡我也！虽然，已矣，将与君会有期矣。跄跄踽踽，任所之灵魂丧失，不自知其所主也。乃至海滨，举目瞠视，一白无涯，仰天大笑曰：子得死所矣！回顾阒无人，北向泣拜曰：生我者父母，荣我者君主。深恩未报，大仇未复，天纵不祸我，独不慊于心乎？今我以不杀贼死，不勤王死，死且狠晚，宁再偷生旦夕。目睹君社沦亡，恐无以谢我良朋也。呜呼！可怜忧国贾长沙，主恩未报身先死。今已矣，夫复何言！复南向洒泪曰：莲卿！莲卿！亦知阿郎今作波臣否？他时玉玦归舟，会看银涛怒立，雪浪欢迎，即阿郎魂归海上也。郎今别汝矣，汝好自为之，郎当助汝作罗兰也。言讫，掩面痛哭。却步以袖蒙面，拚命奋然前趋，大踏入海。

第九节　遇救

砰然一声，雪涛飞溅，海水作穴涡状，旋落即合，盖玉清抢首倾舟以投焉。夫茫茫大海中，虽善泅者于此，尚不敢率尔问津，矧其文弱不武之玉清哉？孰得而免于死，逃于死，救其一死？以为韩国孤臣作一个之遗留哉？即记者亦甚不忍以好男儿即葬身鱼腹，此一凡我同胞者，所必表同情者也。当玉清之奔投入海也，幸而呜咽含悲，声吞气摒，故入水后，饮吸有限，乃海涛山涌，将玉清掀翻不定。玉清昏晕，随波逐流，趋赴下游，淌至一物，为所绕拦，忽缓缓上浮，渐出水面。斯时玉清已僵绝如蚕，无丝毫生气，并不知何由得生也。即读者掩卷细思，恐亦难索解。盖玉清纵身处系汉江下游，多为捕鱼人族聚焉。距玉清投处约数里有海湾，海流多入焉。有渔舟置网于下，玉清流至此，触网重而坠，舟人以鱼已入彀矣，乃提网，重有力，利其为大鱼也，甚喜。甫出水，群渔大哗，以为巨头也，群争帮抬。至船首，解视之，乃大惊，众几跌落水。群相诟怨，复拟投诸水，有翁急止之曰：勿尔，既救，勿再害，俟予手救之。翁为解网，谛视知为国人，以手扪其胸，余温未息，抚其腹，腹半鼓，喜曰：此甫入水者尚可救。命伙伴臂助取釜，以玉清复[腹]伏于釜脐上。须臾水涌涌自玉清口内流出，将尽，剥衣以衾裹其体，半晌略苏，以姜汤灌饮之历时许，玉清被波撼小舟惊而寤，启目视，怪诧不可解，遍审之，乃拥衾卧于小舟之首，环立渔人数辈。一白发渔翁，坐于侧，注视不置，自揣曰：予不已死乎？今至何所也？见翁垂首问曰：饥乎？应曰：然。翁命以粥喂，玉清问曰：翁何人？斯何地？水晶宫耶？老龙王耶？翁笑曰：且餐，再告知。群辈掩口葫芦，玉清益疑，乃强喂双弓。

第十节　图强

玉清啜讫。起坐，坚问老翁。翁曰：曷先告我？玉清不得已，乃先以实告。老翁肃然起敬曰：耳名久矣，乃吾韩忠义之士也。天相先生，致遇仆，亦国之幸也。玉清究问之，翁曰：仆亦隐于渔者，现为汉江渔隐，即昔之玉坡柳生也。玉清恍然始悟遇救，欣然起拜曰：不图此间获逢名士，且赖更生，恩德难报。老翁再三谦让，抵掌倾谈，若忘其为忧患余生也。翁询玉清此后宗旨，玉清茫无所主，仍以报国复仇为志。翁慰留之曰：暂居，俟机徐图。不嫌岑寂，与仆浮家泛宅作湖海游，胜君疲于奔命也。玉清无奈，曰：天壤虽大，无我容足地，亦可知我之过也，顾我亦乐此。夷齐之居首阳，首阳犹属周有，问心仍不能安。今我以为国破山河在，惟此水云乡，尚觉干净耳。此后海天啸傲，放迹烟波，与名士朝夕谈心，借资学问，亦大幸事。翁亦引为知己，欢若平生。久之，玉清曰：仆来有日矣。作世外闲身，日与鸥为伍，绝耳不闻家国事，其如臣子之义何？先生当有以教我。翁曰：仆愤国而逃，究何尝一日敢忘国家，以独善其身哉？顾仆谓国仇非可骤复，须假外援以用之，其惟俄罗斯乎？但欲求俄，必有以利用之。利用之道何？惟有即上海生涯较有根据耳。玉清叩其故，翁曰：可于黄海至库页海一带，组织渔团，测量海况，练习海上战斗，以为海军基地，而以渔业为生活。实行组织渔业团体，获得水产所有权，即阴以占领远东海权。基础既定，即联俄投资，购造战舰，与彼远东舰队合力以攻日，而日不足平也。惟有以坚持而善为之耳。玉清拍掌赞成，钦佩无地，拜曰：名下无虚士。自此二人乃韬光匿迹，养晦波间，实地经营海上事业，为自强复国计。

第十一节　避难

梦莲自别玉清后，仓皇出走，回顾不置，若恐追骑随诸后也。满目仳离，有率妻子偕亡者，有举家他徙者，牵衣曳屐，抱女携男，呜咽成群，惊慌失色，不胜扰累愁苦之叹。梦莲和众偕行，亦不知其所之。至汉城外，匆匆搭轮西下，作避难计。轮机乍驶，惊魂甫定，略苏喘息，汗浸浸沾衣袭，蓬首乱服，面初如土，继若朝霞上晕。小坐，心稍安，辄闻愁叹声、哭泣声。人言嘈杂，不可辨别，遍视之，则皆偕行之韩民也。梦莲对此，不禁悲泣，众亦对梦莲感喟唏嘘。熟商避难之地，或谓托迹中国，实行归化；或谓现今世界交通，无地避乱。中国尚不足自卫，吾侪亦安所恃哉？梦莲踌躇莫决。适有著日本装之中国学生。漫步梭巡，屡顾梦莲注意，目灼灼似贼子。梦莲大疑，略置不理，讵从旁插口曰：若非韩国难民乎？流离至此，实可哀悯。今行且众，将安之？中韩本极亲密，若一家然。今韩以独立而见变，不能以义师出援，亦中国之耻也。今韩遭琐尾，中国亦具唇齿之虑。然中国虽弱，尚堪庇尔韩民也，曷归中国？否亦无地可容耳。众叩以途径，曰：此去大沽，抵天津。天津为我商埠，华洋杂处，可寄迹，宜速归化。众然其说。又询梦莲，曰：观卿态度，非庸俗侪。今值乱离，而端静娴雅，有大家风范，与稠众异，若孤鹤之立鸡群，所谓莲植泥污，而清洁自在也。为询门族梗概，并此后踪迹，梦莲低首不答。适船之买办查逐韩人，不允多载难民，有碍客位，驱于底舱。众无如之何，饮狠[恨]从之。某学生力为梦莲向买办缓颊，约往官舱，买办从其请。梦莲俯视底舱，秽湿难近，乃勉而至官舱。

第十二节　遇骗

梦莲向某学生曰：先生不知何许人，亦不悉其姓字与历史，敢请。答曰：仆李姓，字卓然，浙人也。游学于日本，早稻田学校毕业，值日韩交涉之际，正仆留学倡议救韩卫清之时，曾竭力运动。集会筹议，陈请我国政府，实行干涉。讵政府以力弱能鲜，坐失遗误，致卿辈遭今日难，伊谁之咎也？仆今思之，犹狠狠[恨恨]不自已。梦莲曰：若然，先生亦文明人而有爱国心者，钦佩钦佩。卓然坚询梦莲，答曰：妾赵氏，适夫白氏，为韩国上卿，迫国难，仓猝出亡。途为仇敌冲散。今至此，以茕茕一弱女子，不能挥白刃以杀贼，挽将亡之君国，徒事千里寻夫，亦负疚多矣。盖卓然素号滑头，其在日留学也，惟以浪游猎色、欺友骗财为事，群不以人类目之。现充中国留学生、革命党之侦探，专以挟嫌敲诈、诬良陷害为技能。今艳梦莲之美，及闻所述，又利其宦妇逃难，腰缠必充满，遂生心设计。诱其入我彀中，可以为所欲为。呜呼！梦莲何不幸而遇斯人哉！夫梦莲以伶俜弱质，居恒不出于阁。凡世界之状况，社会之变态，人心之险毒，举无所谓阅历。即有，亦全属耳食，毫未亲见。遭乱离，适异国，报国心坚，寻夫念切，恨不执途人而引为知己。至于亡国人民，不见容于野蛮人，亦不见容于文明人。此中甘苦，不惟不之尝试，且并不识不知。无怪乎漫天罗网，遍地荆棘，即幸免于卓然之奸滑，亦难免于他人所摈斥。故梦莲之非遇，虽命之所系，亦势有必然。而梦莲危矣，梦莲苦矣。斯时梦莲固犹在梦中也。

第十三节　计诱

卓然乃将机就计，曰：卿真巾帼义士也！仆亦极表同情，但卿以柔弱，孑然一身，为势几等孤掌。仆有党人若干，吾妹吾妻亦与为。自甲午役后，丧师辱国，失地赔款，使倭奴欲朝食，久怀收复之志。今卿亦奏同调，何妨结合团体，共图进行，同胞以为如何？梦莲为所歆动，要以卓然为信义士，而又留学生之佼佼者，故信其所言。问曰：若然，此去将何之？卓然曰：吾辈行踪无定，至天津将有所会，但天津警察侦探孔多，卿韩人，仆清人，虑滋局外疑，莫如齐易学生装，作为兄妹。梦莲不得已，允之。抵天津后，二人偕往长安栈寄榻，梦莲总以男女不便为嫌，追问党人安在。卓然伪出就询，复入。诒之曰：顷有电至，在上海有事勾留，约候此间数日。梦莲苦之。卓然渐以言诱挑，丑态毕至，梦莲置不理。卓然力言男女平等自由，清韩两国皆规规于义礼之防，殊觉作伪失真，几何其不丧失其自由权乎？语次渐相劝逼。梦莲心颇厌，恨曰：先生之妻与妹，亦尚平权自由耶？脱此亦为人所劝逼，先生将许之耶？抑拒之耶？先生顾哓哓在此，独不为若辈计乎？卓然语塞，知不可强。梦莲自是多戒心，静然自处，夕间趺坐达旦。卓然终不敢犯，无如之何，劝以酒则拒，约以游则谢。梦莲惟日询党人踪迹，卓然谋诱不遂，怒恨变计，将加以堕陷，而又冀博孔方也。乃谓梦莲曰：今来数日矣，若等犹未至，令人闷损。仆拟出为探听，何如？梦莲急促之。曰：否，亦请从此逝矣。卓然去。越日归报梦莲曰：顷仆探得若辈至矣，讵已接之某友家，曷往晤之？梦莲信之。卓然又劝易中国女子便服，出栈驾车，匆匆去。俄至一处，车停，卓然曰：至矣。下车偕梦莲入，仆从满门，室居蜂聚。导入室，铺陈华丽，众女则艳妆浓抹，不类常人。略坐，群来窥探。梦莲赧之，卓然曰：且坐便来。

第十四节　逼娼

梦莲久候卓然不至。正焦急间，有一三十许妇人搴帷入，妖娆艳冶，意态动人，所谓徐娘虽老，风韵犹存者。笑向梦莲曰：累卿久坐，罪甚。挽至里间小憩，梦莲莫解，问曰：卓然安在？曰：在内。梦莲乃从之入。曲廊洞房，房尽，有丽姝在焉，筝琶满壁，歌舞盈轩。梦莲心异之，曰：得非俱乐部耶？至一室，妇人延入。坐下，进以雪茄烟与香茗，并晌[饷]以饼果。梦莲坚问卓然，妇人曰：妮子休曰卓然，妮子今来我家，作我家人，遑问他人。妮子若为侬作摇钱树，朝欢暮乐，惟妮子图之。金玉锦鳞，侬并不昔也。梦莲闻言，大惊失色，顿足狂呼曰：斯何地？尔何人？知侬为谁？妇人冷笑曰：妮子尚不知耶，此为勾栏院，侬为院主。卓然将妮子鬻入院中，已他去。妮子不过一三韩流民，国破家亡，无地可依。今侬怜尔青年美丽，愿留养尔。梦莲惶急痛哭。怒骂卓然非人类。妇人曰：且息。姑在此，试观同院列屋而居者。姊妹数十人，孰不称心得意，享尽人家福乐。语时，群妓纷纷至，梦莲指斥妇人痛骂之。妇人怒曰：妮子尚不知娘手段也。命群鸨来，将梦莲缚至功夫房，蜂拥而去。妇人偕群妓随之，至则命将梦莲双手背缚，以头上发编之花辫，悬于梁上所垂绦组。妇人手取鞭，喝众退让，行将拷问。群妓为缓颊，梦莲怒骂不休，曰：笼鸡案肉，全凭尔辈，有死而已。妇人以手挥鞭，一扑一旋。梦莲骂愈剧，妇人鞭愈剧，愈鞭愈骂，愈骂愈鞭，直至衣裂皮破，昏晕气绝。群妓呼止鞭，妇人始停手，犹怒勃勃，粉汗交浸。群鸨有进以茶者，有进以手巾者，妇人乃命放下，以凉水浸面，始稍稍苏。

第十五节 入籍

梦莲醒后，喘息略定，肤痛难胜，睁目俯视，心为之酸，泪滚滚下如涓泉，放声大哭曰：天乎！既生我，曷仇我？曷死我？留得干净身。魂归地下，则虽死之日，犹生之年也。乃向妇人曰：请再加鞭，速赐我死。妇人冷笑曰：妮子孽罪未满，姑息数日，再赐汝死不迟。掷鞭去。群妓来相劝慰，有讽刺者，有恐喝者，亦有慨叹者。其慨叹者曰：尔貌聪明，尔心糊涂，生死贵得所。脱死于此，有谁怜？有谁知者？故毋憖偷生忍死，留待出脱藩笼。梦莲颇然其说，乃挽叹者臂，强扶之行至伊房榻上斜卧。叹者命捣以汤药进，痛略定，劝加餐。餐毕，谓梦莲曰：侬亦良家女，被奸徒诱陷，堕溷风云，乍入亦不允。如今日尔。遭毒打，且打且息，且息且打。肤始完，鞭又至，直至承认卖笑，实行接客。顷且奉若神明，尊如帝天，否恐不磨不止，不痛不休，何自苦为？梦莲曰：诚然。但偷生必忍辱。侬非泛泛，憖早死，毋忍辱。侬志报国，侬行寻夫，不幸中途遇骗，陷害至此。谁料堂堂清国中，偏有此黑心人，偏有此地狱，无怪为文明国家所鄙薄，即吾韩亦不若是黑暗也。叹者曰：侬为卿计，莫如依样葫芦。偷生旦夕。借此为寻夫地。语曰：明哲保身。此种自由权，谁敢干涉，亦不妨转行也，何如？梦莲心甚感之，曰：能容匿迹韬光，如天之福。否则以文字待客，不愿与俗人言，不愿出门应酬，不得以非礼相加。一闻夫信，即脱然随去。若其不然，仍以死自誓。叹者曰：竭诚为尔图之。乃向妇人陈请，宜特别看待，许居别室，以文字接待清流。妇人甚悦，命分碧云仙馆居之。梦莲自署曰：忆玉词史，盖以忆夫玉清为字也。自是梦莲堕入青楼，有翼难飞。平时既不与同院姊妹伍，又不与俗客接洽，只供一二名公钜卿、文人学士相晤谈，剪烛挥毫，当轩缀句。一时清流，趋之若鹜，车马盈门，而梦莲名高北里矣。

第十六节 侠救

碧云仙馆之花月春秋，极无聊赖，虽遇人尚淑，犹得以诗文遣兴，书画消愁。然尽日登楼，遥天极目，长途柳色，远树含烟，何处望夫山，便魂梦亦难寻去也。故镜里灯前，惟有以清泪洗面而已。遨游此间者，多略知其梗概，莫不惋惜深之。梦莲亦对客便谈，借求音问，时往来津沽间之人士，莫不以争睹为快，而群愿纳贽于其门也，即京华亦复声振焉。有某学博，特为垂盼，具知己之感，劝令出籍，梦莲难之。学博者，别字雪隐，遁迹于名缰利勒，豪于为文而侠于行义者也。梦莲极崇拜之，而无狎意，而独饶感情，慷慨谓梦莲曰：仆不忍以同胞沾泥堕溷，屈身风尘肮脏中，敢以不人耳之言，来相劝勉，顾多难色，得毋以仆为不足信耶？何以卓然视我也？梦莲曰：否。异国知音，如君有几？君之意念侠肠，妾憖不知？顾妾犹迟回审虑者，非他，盖恐鸨母之不我纵也。雪隐曰：不难，彼所啖者利，卿亦为渠谋不少。纵欲无厌，仆愿以棉力资助，俾早脱劫。梦莲曰：大感大感，何以报为？雪隐正色曰：仆之为，非望报也，勿疑。复叮嘱曰：倘渠不自量，仆愿为古押衙。约定，梦莲向院主某妇说辞，某妇惄然心忧，坚留曰：频来侬将得罪于妮子乎？曷怒弃我脱摇钱树移栽别院，侬家不其绥而？乞亮之。梦莲以雪隐意告，某妇莫奈，惧雪隐不敢忤，并赎花金亦不敢纳，强允之。越日，雪隐至，梦莲具告。雪隐乃出金，令鸨母纳。与梦莲计曰：卿出此，仆愿毕矣。此后任卿遨游江海，访索藁砧，勿以仆为念。梦莲出，涕泣曰：大德安报，令妾耿耿，第天涯莽莽，教高句丽人作何处穷途末路之悲耶？雪隐踌躇久之，曰：此去沪滨，可以托足，以卿笔墨生涯，好自为之，后会当有期也。言次，相对唏嘘，莫能仰视。

第十七节　惊梦

雪隐送梦莲至大沽口，临别赠言，垂泪分袂，买舟南下。梦莲北望祖国曰：会见汝沉入黄海中也。悲感不胜。及抵申，焕新耳目，有风景不殊举目山河之叹。初居于虹口大餐馆，继卜寓于英界之某旅馆，孤装小住，顾影生愁，乃作书画鬻于寓。旅客争购求之，益以登报广告，以书画为生，署名韩东忆玉人。书法俊逸圆劲，有魏隋间意。画工花鸟，极北苑南田妙致，犹善墨兰及宋元山水。一时洛阳纸贵，声名噪沪上。梦莲手不停挥，几如山阴道上，有应接不暇之势。居无何，浏览报章，见韩事日急，陆军司法大权尽为日本撤除，愤恨填胸臆。继念玉清杳无踪迹，无端怅触，不尽凄楚。闷酒残灯令人魂醉。和衣昏昏睡去。恍惚间，风涛满耳，梦莲急启目视，见汪洋大海。时日正亭午也，金波耀日，江涛滚滚涌涌不断流。俄有如叶之渔舟数十，游泳弄潮，若鱼龙之曼行。谛视久，见一渔郎，貌甚熟，手持玉环向日投去，日丸稍稍动，作作有声。正惊异间，有飞星自空下，击渔舟四分，暴浪山立，向上匝激，中有一物作蛟龙状，攫飞星落，火星四迸，光炫夺目，声巨似山崩地陷。梦莲惊叫，见灯烛犹明，此身尚卧榻上，香汗浸浸未干。辗转寻忆，历历在目，大骇。既乃大悟曰：得非玉清排日乎？渔郎之即为玉清，是耶？否耶？然则玉清尚在此海天深处也，亦幸甚矣。思念至此，愁怀为之暂释，心略安定，乃解衣裹衾而寐，酣然入黑甜乡。

第十八节　阅报

日下铜铺，砌花堕影。门外车水马龙，风驰电驶，扰人清梦。梦莲一觉而寤，起盥栉毕，回忆昨宵梦境，将信将疑，检阅新闻纸，搜寻日韩事，苦无要领。推报起，微步庭除，见墙阴海棠数茎，垂泪欲泣，令人生怜。忽自墙东有蝴蝶翩翩下，回翔花畔，恋恋若不忍离。梦莲叹曰：可怜人惜可怜虫，安得侬身化蝴蝶，飞向天涯寻玉人。痴立移时，怅然入，强索笺幅书画以自解。笔未停，忽有感触，随意取扇面，泼墨作海天深处稿，汪洋万顷，尺幅中具有波涛无限之势。墨笔甫辍，余兴未已，固再踟蹰庭前，翻阅新闻纸，觅祖国有何现状，卒无所得。遂怅怅归书轩，又复与翰墨为伴侣。

第十九节　题箑

昔人曰诗酒者扫愁帚也。梦莲不能酒，际寄身异国，谁复为容之时，遂日夕以委婉之衷曲。托管城子为之布达，于此而欲作破岑寂计，更不得不借中书君之能力，以宣泄其抑郁。于是取顷绘之扇头，背面为书，凝思久，敲韵以补空白。反复展玩，模扇微吟。乃蘸墨以题曰：国破家何在。剧难忘山河非旧，风云多态。往事不堪回首忆，最是仓皇门外。便分手南天北海。侬亦尘寰谭小谪，且偷生偿尽前生债。犯花命，有谁奈。挥颖至此，心忽酸楚。泪盈盈下，滴溅扇面，呜咽不成声。强以罗巾拭泪，取扇于窗下日影晾燥泪点。叹息者再，沉吟半晌，复奋笔书曰：伯劳飞燕俱无赖。问玉人别来无恙，侬心如挂惆怅昨宵惊梦处，犹使芳魂疑骇。正异国凄凉难解。秋水望穿双泪冷，更何时玉玦团圆再。几多恨倚愁待。书毕，细玩再三，良久叹曰：斯何语，讵容为外人道耶。乃续书，调寄金缕曲于末。罢笔，欲收藏以志念。甫启箧，忽见旅馆中仆役手持纸一方，和颜而笑曰：小姐欲见某报馆之传单否，顷于途中得之。梦莲奄闻传单二字，意为之动。索阅之，见大书特书曰：哈尔滨来电，韩国统监伊藤公被韩民击毙于哈尔滨。阅毕惊惧交集。寻思此惊天动地事，是耶非耶？具报韩之志，为狙击之举。韩其尚有人耶？顾韩人为谁？意中人玉郎耶？意外之他人耶？真令人数日思而不得解者矣。

第二十节　原党

夫韩之不国，岂一朝一夕哉！政界诸人，既不能图存于既往，徒以夜郎自大，终日昏睡，不知猛省，是亡也。夫何尤待伊藤氏统监韩政后，日忌伊氏，谓其政策之猛辣，因之憾伊氏切骨。一般自号谓爱国之士者，或避地隐逸，或投身乱党，去之唯恐不速，避之唯恐不深。且组织死党，益卧薪尝胆，时出其慷慨激昂之气概，伺间觑罅，集目的于伊氏之一身。故自伊藤统监后，舍于其府第，获杀刺客后，曾于游行釜山时，又几为刺客所中。及伊氏归国后，虽易以曾祢氏统监政策，稍见和平。特伊氏纵身在本国而愈不忘韩，韩之臣民亦愈不忘伊氏。韩之党派，约分二类：一保守类，多旧时代之排日党。约分两派：一保守派，多旧时代之官吏，及儒生之顽固者；一进步派，为新时代之曾受教育、曾具新知者。如基督教之青年会及西北学会，与保守派之宗旨稍异，而志念独激烈。其最有势力、最具热诚者，惟爱国党。此党徒众不下千人，类多英豪气节之士。党首李允范，亦韩之名流，常往来于汉城、乌港、海参崴、哈尔滨之间，组织有各种机关报社及政社，著述甚富。群以鼓吹民志、图强复仇为主义，到处演说，罗织党人，号呼奔走，举国多为之感动。玉清亦因汉江渔隐之绍介，恒与斯会相往来。一日忽奉有爱国党之传单，略称于某月日开秘密紧急大会于海参崴，提议紧要事宜，届期务乞惠临是幸。玉清与渔隐商度偕往，乃刺舟向海参崴进发。

第二十一节　会议

雁声嘹唳，木叶黄落。霜痕风影，其色惨淡，其音肃杀。爱国党首领，召集会议于秘密窟，会员云集。列席者有韩国基督教青年会、西北学会、本埠之同议会、上海之顽迷团、旧金山之共立会，及海参崴哈尔滨之清俄韩民协会，并汉江一带渔业会，与各国留学生会均各遣代表位会。会长李允范宣告：本会自成立以来，愧于国家，寡所报称，所差堪共布者，一为翦灭吾国卖国奴如金玉均、李容翊、李根泽、鱼允中、禹范善、权重显、朴镛和、李容九等人；一为组织进步党机关报政社及演说运动。吾韩人民具有爱国心，今祖国沦亡若此，吾民将永久蜷伏于他族脚底而不敢动，漫且至于印度埃及波兰。凡我同会诸君，其果何以拯救也？顷闻伊藤氏奉日太子将有辽哈之游，此老以耄年冒寒犯雪，不惮远行，必有一场举动。俄皇又派度支大臣廊克褚夫来查满洲财政，不约而同，并闻约会于哈尔滨。此等行动，各国均甚注意。大约意在沛公，实行干涉财政，及土地所有权，要皆司马昭之心也。玉清出席曰：仆拟海上生涯，组织渔团，将来联俄拒日。但非目前事，此后沿海主权，仆当为责占据。复有顽迷团代表出席曰：今韩已亡，势难再复，此愿恐难遽遂。共立会代表群不谓然曰：国亡民未亡，既民未亡，正可大振民气，恢复已亡之国家。伊氏此行，不可不注意，以为之备，言未已，有爱国党若干人，愤忿出席曰：覆吾韩者日本，而使日所以覆吾，所以陵夷芟屠吾伯叔兄弟诸姑姊妹者，又惟伊氏，令伊氏顷至不有以报，何以谢前者釜山之后？言际，怒发冲冠，目眦尽裂，座客为之动容。

第二十二节　誓杀

李允范起谓曰：君言甚壮，愿闻其详。答曰：伊氏之存亡，纵不关日之轻重，然为吾国仇，此次务有以报，至于成败利钝，本非所计，或者日人不致再以暴虐相加，否则宁为玉碎，毋作瓦全。盖小朝廷之生活堪羞也。斯时鼓掌如雷，而声情愈烈，复曰：仆行后，本会宜急图进取，勿再因循，殆如舟行重洋，其飓风巨浪中，万无停桡以待波平者，亦惟有抬头拼命以前，或可能达彼岸，否则未有不立沈焉者。此本会之急不容缓者也。仆等则愿牺牲一身，与此老判存亡，终以击杀为目的。此次伊氏游辽，无论由何道遄征，必抵哈埠。当于哈尔滨之车站，乘间狙击之。若俄警戒备綦严，势难得手，则于其归途经过松花江铁桥时，施放炸弹，俾坠江心而死。倘再改道遵海，可于其自备轮船回国时施放鱼雷以击之。总之无论如何，盖誓不报复不止，此责当为仆等负之。允范曰：诚然，则韩国万岁，先生万岁。鄙人当铸金绣丝以事之，敢以馨香九顿首为祝为祷，但伊氏防备必严，此举恐不易成，脱不幸击中副车，转遭网获，奈何？先生当有以筹之，答曰：仆等沈思熟虑非一日，以狙击言，专诸之剑，曹沫之匕首。磨淬杀致穿匣。且伊氏之小像，已深印我脑海，安有误击之理？至仆等生命，久已视若鸿毛。若与伊氏较，其值亦多矣。请勿疑，言际，以右手插腰际，觅东洋短刀，抽向众席曰：谓予不信，有如此指。语未竟，挥刀向左手落，截断小指约分余。俄顷，血盈盈溅地，众争向扶持之，李允范急命取药。亲为敷之，断衣以裹其指。命扶入室养摄。

第二十三节　出发

允范复急登台演说，谓：本会当坚志勿渝，毋负志士热忱，并筹后策，以为预备，命各调查，随时报告，实行协赞本会，共图进行。其同志则向众曰：俟指稍完肤，即从此逝，各行其志。此后本会必有后盾之设施，勿效芸[昙]花之一现，致令虾夷人齿冷也。随各星散，夫顷所断指者为谁乎？请得而言之矣。有庆尚南道镇海郡守安泰勋者，本宗天主教会，以平壤举兵排日事逋于狱，嗣为大院君所杀害。其子安重根，幼名安多默，为加特力耶稣教徒，信教亦笃，最富于排日思想者，生于平安道安州，后移于镇南浦，又徙居于汉城。因父故遂挈妻匿平壤田舍间，假名安应七，嗣移于间岛，更移于浦盐。曾入陆军少将李永和部属，永和海牙和平会之失败，久愤懑不能平，跃跃欲试，具有干莫在椟之势，时往来于海参崴、哈尔滨之间。生平有刎颈交之二人，一为赤多卧先，一为程翥吉，共抱同志，誓以生死。安重根断指后，二人泣涕涟如。待安重根入室卧下。慰之曰：稍安勿躁，若行吾必随，君死吾不独生。惟君珍摄之。越数日，指愈。重根谓二人曰：可以行矣。试探伊藤行踪，知由奉天经长春换乘俄国火车，遄哈尔滨，相与商量曰：伊之行踪虽若是，特虑中道变更，是宜先事预防。莫如分道扬镳，要于路而击之，遂与赤多卧先、程翥吉由蔡家沟进，挚其同党数人，各持武器，问道以行。安重根着鼠色鸟衣，作游猎状，短发洋装，英气勃勃，望而知为异人也。

第二十四节　寻仇

重根将行，即电哈埠崔裁亨以应之。崔裁亨者，韩民而入俄籍者也，为革命军之雄魁，散财纳士，远近多归之。有敢死党数千人，为韩国遗民逋逃薮，声势甚炽。与李允范分执哈尔滨之牛耳，为特角之助，魄力较雄于李党，为爱国党之最饶实力、最主急进者。重根极依赖于崔，亦感崔为莫逆。裁亨接电后，急召会员集议，派遣死士若干，分道援助，并命侦探四出，随时密告，乃复电重根以壮之。安重根接崔电益喜，与二人观之，遂同乘二等客车至蔡家沟。三人跃下。赤多卧先操俄语询于铁路哨长曰：三岔河站距此远近乎？哨长详告知，乃以韩语译告安、程二人。相约至站左茶食铺会，食稍憩后至站，观来往火车。凡车之经过或停止，上下旅客也，三人必详细察看，毫无遗漏。站兵火长等，颇疑之，缘只身无装裹，行踪既秘，行色亦张皇，乃根诘三人。三人以迎接亲戚族人对，更请验护照，各皆呈出验阅，不稍讹。站人虽疑而无如之何，乃告密俄官，俄官遂蹑而侦之。安重根密电哈埠于韩医克木氏，文曰：哈尔滨韩医克木鉴，是否已到，请电知蔡家沟云云。乃觅一酒家小酌，狂餐豪饮，杯盘狼藉，倏得哈埠复电云：蔡家沟安鉴，明日到哈。三人神遂大异，精神抖擞，命进酒加餐，高歌长啸，声情激越，泣数行下，旁观异之，匆匆出。安氏欲别，即晚登车，以趋赴之，命二人为继。临歧握手，黯然魂销，泪潸潸向西风随黄叶飞落。安氏慨然曰：饮荆卿之酒，犹不愿生还，陈聂政之尸，何劳痛哭安吊，呜呜作儿女子态哉！拭涕，登晚车去。

第二十五节　来游

二人目送安氏，怅然而返。会于适饮酒家，俄官尾于后，命酒家锢之，而两君不知也。鸡声怒唱，残灯豆明，深寒警人，晓月未落。二人披衣起，出启扉。重门深锁，阒寂无声。唤仆倌，仆倌不应；呼东家，东家置不理。迟迟朝日下，车行经过矣。未几，倌人启阖。二人问曰：何故致此？答曰：俄官所命不敢违。今晨日本伊藤公已经此，故令启放。盖严戒于暴客也。二人闻言大惊愕，曰：

果然。答曰：唯。二人悬盼踌躇，惊疑不定，盖亦无如之何。俄而，哈尔滨伊藤被刺杀之电至矣。

第二十六节　仇击

无何，火车抵站。最后有紫色花车，一车中镜帘尽敞，洞开无障碍。自外窥内，见一老白发婆娑，长及胸次，上连发髫，如银丝然，风度清雅，神采奕奕，有据鞍顾盼之概。车停止，正九时十五分也。斯时，中俄官员及各国外交人员，次俄兵队，次中国官员，次商会，又次为各国外交团，又次为江局兵队。众略定，车既止。有驻哈日本领事川上俊彦，入车中先作绍介，俄国度支部尚书廊克褚夫登车拜谒。与伊氏相见，握手言欢，略道寒暄及彼此企慕之念。约谈三十分钟，尽兴辞出，伊藤公亲送至车外。交涉局之施刘两总办即趋车门迎谒，伊藤公一一会晤。日之各官亦相继登车进谒，伊藤公各相询慰毕，川上总领事导引伊藤公下车，中村满铁总裁、南满铁路公司养路处总办加藤，田中理事，吉谷秘书，森槐南、宝田伊文等，相从降。伊藤公内着秋香色呢面装，外加黑呢外氅，精神矍铄，意态动人，健步下车。各国外交官及日侨向前进谒致敬，鼓掌欢迎。伊藤公方欲与各国外交人员握手为礼，突然俄兵队之右端日侨欢迎队中，有一冠猎人冠，衣鼠色乌衣，作日本装者，从左旁抽出七响手枪，乘其不意，自俄兵后挤出立于日人前，于五尺之内向伊藤公猛击凡三次，复又向从人乱射计共六次，击伤伊藤公及森槐南、川上领事等。其声猛烈如燃爆竹，众均惊愕曰：此声也，何为乎来哉？击者为谁？则韩民安重根是也。

第二十七节　殉难

伊藤公之甫下车也，安重根与其党人约会以目，党人遂拥卫在侧。安手即抽手枪，拼立向伊公迎击，不遗余弹，盖唯恐其或不中也。及见伊公被击，并伤及旁人，乃欣喜过望，大呼连声曰：韩国万岁！斯时，在场兵官人众，猝闻炸烈声响，初疑日人燃放爆竹。迨伊公暨余人倾倒，始知有变，实为在场诸人意料所不及。当时俄之队官赤尔诺葛拉非夫与尼可费罗夫，见刺客宛在，乃努力向前，将安重根拘获，并将侧之同党八人，一并拘获。其枪之出发也，第一弹中公爵之胸部，公爵初若不知觉，犹展一步向前进行；第二弹中公爵胸腹部之间；第三弹中公爵之手部。众见公爵状危，乃群趋前卫护。中村总裁为之扶掖，以防倒扑。公爵问曰：中了之处，弹入几许深乎？宝田义文氏从旁拥护，俄国军队亦争向前围抱公爵及中村等拥入火车之内。其欢迎队中有日之医生小山氏，急施救治之术。讵创处流血不止，湿透重衫，施治无效。当疗治之际，闻人云森槐南亦已被弹。公爵又问曰：森君亦被弹乎？语毕，遂默默不复声，渐昏沉去。约逾三十分钟后，已气绝不再苏矣。呜呼！堂堂一老，再造日本之山河，开东亚立宪之幕，一跃而为雄邦。愿以耄年远征，冲寒冒险，为国家作远大之谋，不幸飞弹椹胸，尸裹马革，令人观明治政党史，不禁太息深之也。

第二十八节　志伤

伊公既被拥入车内，镜帘悉下，秘不予外人窥见。及伊公既殁，满置花圈于尸身。公之伤部位二要害，其一从右上膊第五肋骨间贯至左乳腺第六肋骨间而止，其一贯季肋达心部下而上，余则伤及其右手。其从人之负伤也，田中满铁理事则伤及左足之甲，川上总领事则贯通右腕，森槐南则从右腕掠左胸部而过，伤及右肺，中村总裁则从外套弹入，穿过裤褶，宝田义文氏之裤褶下角亦有弹痕。此外又有俄国将校一人负伤，其一弹效力最多者，则波及二人以上。田中理事被伤后，因痛不可忍，倒入轨道之内，良久始为人见。斯时，俄国欢迎人等，命将负伤各人，分别舁送日本医院及中央病院，施急救之手术。当安重根被获也，手枪击落地，铿然有声，右手先为俄队官握定，次被扼其颈，斯时之枪弹尚未停发也，直至击仆倒地，枪弹始止。俄队官当将安氏之手枪，拾而呈于俄领事检视之，盖为一卜郎年之手枪，中装弹药，极为猛力。然已一发无余矣。其击伤伊公后，由小山医士辗转取出，谛视之，弹丸之直径，约为五分，弹丸之尖端，乃镌成十字形。推厥原理，盖恐击射圆滑，易于不中，又欲扩张其伤痕，其用心亦深且鸷矣。其弹又与公体之距度不越二寸，故知其击法必十分谙熟，非率尔操觚者比也。由斯以观，则安氏卧薪尝胆，预备决非一日，处心积虑，蓄谋唯恐不深。有志者事竟成，孰谓博浪副车，归诸天运哉！

（原载于《图画日报》第 89—140 号，1909—1910 年）

爱国鸳鸯记*

海沤

古今来运精金良玉精神，成揭地掀天事业，史乘载之，口碑颂之，其功可与日星并耀，其名不与草木同腐。千百载后，莫不尊重之，崇拜之，感慨留连，争相称道曰：此某时某事之某人英雄也。此英雄者，虽死未死，且终不死。吾爱之敬之，而初无怜悯悼惜之心者，何也？特有名之英雄耳。其事功之伟，其享名之永，足以酬之。独是有许多无名之英雄，其心气足以遏云霓，其志趣可以贯金石，其品节之纯粹精白，其爱情之悱恻秾挚，均若受天地一种特异之禀质，山川一种殊毓之灵英。而凡有名英雄之事业，往往多取其助力而始成，乃竟身死而名不彰。茫茫宇宙，正不知埋没几许殊奇伟特之姿，反使一般竖子徼幸成名，岂不大可哀哉！搜稽而表扬之，以显潜德，阐幽光，乃我辈后死者之责也。

安重根刺杀伊藤博文于哈尔滨。予当其时，适过哈埠，将赴黑龙江省，于哈埠停车场，候北上车。此次伊藤与俄外相暨我国专使同乘专车来，较寻常快班车约早一小时许。斯时站内戒严，普通华人不准阑入，独俄人与日人无论谁何均准入站，各欢迎其国之大人物。我国专使则不许我国人入站欢迎之，然我国人亦本未有欢迎我专使之意。盖我国国民向来对于国事均不注意，若秦人之视越人者，本不足怪，即有之，亦不过交涉局数员及政界几人而已。他皆为门外汉隔栏遥望，予亦在栏外万头攒动中延颈跂踵，见浓烟一缕，从远树丛中蜿蜒而出，须臾声隆隆，势汹汹，极壮丽，极雄伟，火车一串，夭矫抵站。吾国人之旁观者，此际心中究有若何感想不可知，而予则颇知此老之来，实乃攫取我满洲之不操矛弧之大盗也。忽闻汽笛一鸣，不禁心颤气促，几欲失声，站内欢呼之声，已如春雷续发，震人耳鼓欲聋，惟见日人之趾高气扬状态，有非不文如

* 一名《箕子镜》。——本书编者注

予之笔所能描写者。突于众声喧闹之顷,枪声三发,一时惊恐声、呼叱声、互诘声、捕捉声,又杂糅纷挐,不可名状,倏焉寂静,视线攒集于伊藤伏尸所有清脆抗爽之音,发于混茫浊乱空气中,曰:今日我安重根大快,得为韩、中、俄三国复仇杀贼,死目瞑矣。旋继之以大笑,笑声懔厉,令人闻之,毛骨为之悚,闻我国专使亦受微伤。呜呼!当时我专使今不知居何要职,今日人以待韩人者待我矣。伊藤当日游满之谋,今将于是乎定。我专使当日伤痕,未知今日已忘痛否?予当其时,不知是喜是悲,是忿是愧,第觉酸辛戟鼻,热泪不禁夺眶迸出,似对于安君,若有无穷感激者。无何,纷纷出站台,见日兵缚一西服少年,气宇轩昂,精神恬适,却有无上愉乐,布上眉梢。而日人及他项日人,均如巨蛭被触,怒气方张,腹膨膨而睛突突,若欲力擘是人而生吞之,是人乃旁若无人。盖安留学日本,久精日语,日人不辨为异国人,故能随日人之欢迎者入站,得近伊藤而刺之。生龙活虎之英雄,顷刻间牵羊缚豕,局促为阶下囚大好男儿,从容对簿去矣。未几车来,予亦遂去。又迟月余,予以事至营口,遇吾友纪君于逆旅,谈及此事,予友谓予曰:子知安事,亦知先安而死者,尚有人乎?其死事之奇而烈,惨而艳,有情眷属,竟为同命鸳鸯,美人豪杰,固足以震铄寰宇,照耀汗青,顾乃不能与安君之名,并为世界所崇拜而惊动之,是不独为已死者之各个人惜也。予不善纪载,子曷笔之于书,或者可为后人观感乎?予曰:是予之责也。当时随即据言概括之,实予笔记中,第笔记略而不能详,兹因特有所感而装点成之。见东亚一亡国,一濒于亡之一弱国,尚有两无名之英雄英雌,实足为历史光,为两民族巾帼须眉生色也。

韩国当时朝野上下,尸居余气,日本即不并之亦亡,况有忘廉丧耻、甘心卖国之李完用辈作之伥乎?虽然,伥亦何能力哉?闻之老人言:虎不能食人,人苟遗豕屎者,虎始得而食之。盖虎见为非人,特豕耳,故敢食。此言虽俚而近于无稽,然亦确有至理,可以喻大。孟子云:夫人必自侮,然后人侮之;国必自伐,然后人伐之。即此意也。韩国苟不自亡,日本乌得而亡之?梁任公《秋风断藤曲》云:遗民哀哀箕子孙。令人东望三韩,伤心奚似?殷鉴岂在远哉!李完用主张日、韩合并,特随日人组织一进会,连合国中重要人物,以期达到其主张之目的。又时往来于总监府,以示人能受总监之宠信为荣。幸伊藤亦利用之,俾能左右韩国中之人士。一日,韩王召集臣宰议日人要求条件,完用一心媚日,件件皆欲承认,恐稍事讨论,即失日人欢。余人多半党完用,期借媚完用者以媚日,几于盈庭诺诺。韩王有宗室名托者,雅不以完用主张为然,颇反对之,与完用大龃龉,力批完用颊,痛数其卖国罪,议案以是无结果。日人亦因之稍退让,盖莫谓秦无人也。李托于辍议后归私第,怏怏痴坐如木偶,少时泪簌簌错落为散珠。时其女公子名琼枝者在侧，盖其掌上珠也。李爱之殊甚，问曰：老父今日罢朝归，有何拂心事而伤心若此？李曰：与儿平日所痛恨之卖国贼大争执，是以闷耳。儿乎，吾韩国亡矣。国亡后，你我父子究不知须受若何苦楚，覆巢之下无完卵也，焉得不悲？女曰：然则日人条件已均画诺乎？李曰：因予与贼忤，故暂缓议。女曰：若是甚佳，趁未定议，尚可挽回。或者有一线生机，但是贼等诡随，狡诈百出，有老父在此交涉中，必为彼等所厌恶。此后交涉之真像必愈秘密，将必他人尚未得知，而生米已成熟饭，是不可不防。老父当速设法为上。李曰：何法之可？于是拈髭仰首，视承尘者良久，谓琼枝曰：无已，仍须乞助于中国。女正欲有言，忽侍者入禀：郭公子来矣。李命请入。公子何人，字敬一，郭姓，积学多财，世居汉城。其先中国山东蓬莱籍，乃明末遗老，悼明室之亡，逃亡海外者也。后遂营陶朱业，逐什一于东瀛三岛间，累世其业不替。至公子之父名奇者，尤善居积，故为汉城之巨商，与琼枝父为总角交，甚相契。以故琼枝与公子儿时，即同塾授中国学，两小无猜，情同兄妹。琼枝最聪慧，于中国学说极有研究，并精词章学，摛艳生香，粲花织锦，乃左芬、苏蕙之流，而又喜侠好兵，每以红拂、木兰自况。嗣二人年事稍长，虽避男女嫌，而通家之好，过从每频。二人故仍得时时相晤于花前月下，说剑论诗，且相与讨论世界大势，而情丝意绪，荡漾缠绵，盖两两芳心已在爱河情海中沐浴温暖之波矣。自敬一留学日本东京，三年不见，一水盈盈，两情脉脉，虽常通青岛[鸟]之书，不乖黄犬之信，然相思之苦，与日正长。今日寒假归来，行装甫卸，面父母后，即往视琼枝。盖渡弱水三千时，在海天云水中，早若见亭亭倩影于釜山仁水间，招素巾以待，恨不能有费长房缩地法一蹴几也。

侍者导入见，琼枝适与其父语，一见之顷，喜不自胜。而忽见父女具有泪痕，一时不得要领，呆视半晌，并阔别寒暄语，亦且忘却。未入门时，思潮起伏，正不知见面时若何问答，若何叙述，若何笑语。乌知相见后，反不如向无情素者，尚有一定通套语，互相周旋。女亦目灼灼，视敬一，若有万千言语，当老父前，不得只字出诸口。其实即不在老父前，亦一时无从说起。盖人当久别，积思成痗，一朝相见，多日所蕴蓄于中者，如乱丝，如丛莽，仓卒不知何以理处。此情此景，固个中人所不能自察者也。移时，神经始各恢复，女父即语起今日集议事，商之公子，欲假公子父之力，密计于公使馆。公子曰：兹事大难，欲借助于中国，是犹乞怜于病夫弱子，欲其代争生命于贲育之前，断无徼幸。事机不密，转以速祸。况中国政乱于上，民烦于下，祸乱正不知几时起，何暇顾人家国事。侄本中人，西望祖国，用是殷忧，翁其别善图之。女曰：敬哥言是。李曰：然则坐视乎？女曰：以儿之见，根本解决，非诛却二人，不足寝奸谋。能除两猛虎，或足以醒众睡狮，外无凶狠之盗，内无勾合之奸，藏壑之舟，未必遽为有力者所负。然后激昂志士，同执干戈，万众一心，全国一致，心决者气盛，志坚者力强。不然，伈伈俔俔，以依赖为性质，以就合为政策，自己无独立能力，无独立精神，只期借他人扶助，以苟求生活。譬如人之生气已尽，能借他人之生气为之延寿命乎？况乎求助者亦一垂死之人乎？谚云：一人拚命，万夫难当。以一国敌一国，岂遂无力争之余地哉？公子曰：妹言诚当。此际着手，即在首除元凶大憝，抉去病源，然后元气乃可复。然去二憾，非仗隐娘红线之能，专诸要离之勇不可。女曰：此类事非出于万不得已，绝不可行，今舍此似无善策。李曰：孺子休饶舌，属垣有耳，泄则无死所矣。复又曰：国事不振，人心已死。予老矣，风烛残年，能有几时？墓木不拱，与世界周旋，无几时？即能为吾国大好河山，作主人翁，亦无几时？将来沦为亡国奴隶，其受苦恼，亦无几时？老朽尚有何顾虑？二千万同胞，虽明知其受苦将无穷期，然予无能为计。独是琼儿，乃予心头一块肉，儿已无母，吾又无子，苟无所托，九泉下予目不瞑矣。时已如斯，浮云苍狗，变态靡常，祸患之来，恒无朕兆，知吾何日死者？故予近日来，心常惴惴，似大患即在目前。嗟乎！思及予眼见为儿觅珍偶，不至为曙后孤星，则予即可死，死亦可安。今日公子来，予甚喜。予老悖不知进退，以得婿无如公子者。且予与公子尊父交最深，情最洽，兔丝、茑萝，当非妄攀附，愿以弱息累公子，不知公子有意否？敬一突闻此语，如忽触电，惊喜莫知所措。良久，始嗫嚅白老人曰：此小子所寤寐辗转求之，惟恐不得者。丈今许下玉镜台，拟中雀屏选，小子感何可言？遂起，与李鞠躬。李笑握敬一手，顾女曰：儿前来，勿作儿女子态。你二人儿时即相处亲密，如同生枣梨榛栗之间，斗草评花之际，在在无少忤。今长矣，情意益相洽。予虽昏聩，已微窥之。今予以儿托公子，儿当无违意。时女立电灯光下，双颊晕红，如濯雨蔷薇，愈觉娇艳欲滴。俯首垂视，羞涩若无地自容。然可可芳心，其无限美满之情，已流露于不自觉。李曰：勿尔，此男女终身事，既正当而美满，吾想儿当甚乐。儿乐，父心慰矣。苟国亡，则吾等之生无所护庇，是为浮荡之生；吾等之身无所附丽，是为寄托之身。割烹任人，生死任人。老夫钟鸣漏尽，原无足惜，儿韶年稚齿，光阴正自不少，将来风雨甚恶，何堪家室飘摇之惨？公子，大国民也。儿随公子去，为公子妇，亦即一大国民，度不至同尔父浮荡寄托于亡国中，割烹生死，惟人是听，毫无自主能力。言时，频以巾拭双目，老泪盖纵横也。女亦哽咽不能语。公子此时亦不觉喜极而悲，英雄泪、儿女泪一时岔涌而出，室中阒寂无声息者。约数分钟，移时，李曰：公子约指钻石乎？复顾女曰：儿其将予上年与儿之一小匣来。须臾，女捧匣至，授李。启匣，出一物，大如掌，圆如月，质坚而重，敬一视之，乃范精金而成，晶光灿灿，又为电灯光所闪灼，满室为之增辉。其光反射公子钻戒，两光相映，发出最强之光线，条条斜刺，夺人目欲昏。四周精镂盘龙二，鳞甲爪鬣，跃跃欲动。二龙之四目，乃镶以巨珠，光睒睒如欲飞去。李曰：此名箕子镜，吾家传世物也。闻先人言，此为至宝，箕子时物，秦宫镜照胆，此镜能照心。言时，复授女，令转呈公子。又命公子脱钻石约指授女曰：以此为尔二人证婚，祝尔等光明如镜，坚定如石。女娇羞柔颤，类临风花枝，袅娜旖腻，不克自主。公子亦痴立如醉。女奉镜匣授之，久忘接受。女见之，急背其面，嫣然一笑。公子始觉，遂将约指与女。女受约指时，手犹微微战动。公子受镜，置之胸前衣袋中。李见二人斯时情景，亦不禁为之破涕。

公子假期满，将东装东渡，往女处作别。适女父他出，二人以风日晴和，小园梅花盛开，携手入万香深处，共坐石磴上。公子曰：吾于明日行矣，妹有何言，其语我来。女曰：吾二人婚姻之愿已遂，尚有何说。来日情话正长，床笫私情，闺闱乐事，人生幸福之所在，宁不至可宝贵而极宜珍惜。第当国家生死存亡关头，正我辈各尽能力，致死命以相争之日。大义所关，良心所激，有不能牺牲以殉情爱者。生非其时，命也何如，断不忍自放弃其责任，视国家存亡不关痛痒。勖哉敬哥！敝国已在恹恹一息之秋，陆沉恐不远，即急起直追，一时人心难以奋励。如盗已入室，扼我吭，塞我口，缚縶我手足，我已失其对抗自卫能力。至于此种地位，始言爱国，晚矣。嗟乎敬哥！贵国事尚可为，勿使沦丧如敝国。敬哥乎，努力前途，此次到东，联合同志，急早进行，以救祖国，自是不可缓之，要图能为敝国尽力，更为佳妙。唇亡齿寒，强暴野心，肆其鲸吞蚕食之志，曷常须臾忘西方一片干净土哉！敝国亡后，贵国亦将受切肤之灾矣。敬哥眼光宁及此？言时，横波中早成流泪泉矣。旋复以首偎公子胸前，忽有物触额际微痛，女问何物，公子曰：我二人定情物耳。出镜示之，女梨涡双晕，笑谓公子曰：敬哥将刻不离此耶？公子曰：与之终焉。女闻公子是语，心忽动，惨淡颜色忽布于春风面上。良久，复转言：此镜既为我二人定情物，敬哥宝之固也。其亦知敝国亦一镜乎？固贵国之殷鉴也。敬哥勿徒宝是镜。公子闻琼枝一番议论，觉句句是泪，字字是血，爱敬之心，两两兼至，亦不觉忍俊不禁，以手环琼枝之颈而吻之，琼枝亦吻敬一者再。斯时二人浓情如酒，软爱如胶，艳丽昙花，只此一现。暖日在树，微风拂衣，一缕幽香，时缭绕于侠情离话中，若有无限缠绵不可解之意绪，恐将来此情此景，永永无可再得。枝头小鸟啾啁，亦大似警告此一对，并命频伽此番情话后，即无有再喁喁细语，剖肝胆、抒肺肠之一日。嗟乎！琼枝与敬一第一次亲吻，即最末次之亲吻，生离乎？死别乎？于是敬一东矣。

敬一去后，琼枝益复无聊，日惟以吟诗击剑为消遣事。其父亦因与完用争论，后见国事不可挽救，杜门不出，作公子虔之生涯，众醉独醒，拚憔悴灵均，江潭摇落而已。幸有花妍玉脆，娇女承欢，晨夕娱此暮景，差有生趣。国亡后，隐遁山深林密，老死为韩国遗民，于愿亦足。孰知亡国民乃日在惊涛骇浪中，不知何时坠重渊也。一日，韩王宫内召宗室大臣内眷宴，琼枝亦在召列。自李熙逊位，伊藤总监解散韩国陆军后，韩宫守卫均用日兵，宫中人出入，必经日兵严加搜检，然后放行。此日入宫，诸贵妇女公子辈齐止卫兵防所，待查禁卫军司令官名松岛桂次郎者，首见琼枝神魂为之夺，遂亲与之周旋，若戏中小丑形状，其丑态百出，虽丹青妙手，不能曲描。其他诸妇女亦听日兵肆意搜查，任情调笑。琼枝此际忿火中烧，几如火山，大张其焰，将欲崩裂，遂突出掌，掴松岛面。松岛眼为之昏，扑于阶石，破其额，血沈沈出。松岛未起，女已命返车去。松岛既受女辱，衔恨刺骨，访知为托。女于是诬托勾结义兵谋叛，禀之总监伊藤，大怒，收托入狱。嗟乎！以垂老懿亲，陷身犴狴，饥寒中之，悲苦伤之，桁杨鞭朴酷之，不数日竟瘐毙。当李被逮时，女在园中散步，忽婢入报，女奔出，见父已就缚，日兵数十围护。女知不可以力争，转而跪地哀求。旋闻其父谓之曰：儿善自为计，我不能复顾儿矣。女闻父言，心房如突受利刃深钛，痛不可忍。念老父以己故被陷，犯不测威，儿罪重矣。既求释父不获，即自请就捕，以免老父。日兵以未奉有捕女命令，不之允。李曰：我早知有此，何足计较。儿纵为我死，彼岂遂能释我乎？徒多累儿耳。况儿死，谁为我复仇者？谁为国复仇者？且亦伤郭公子心。我既以儿婚公子，我今听儿为我死，何以对公子？我死晚矣，儿勿因是耿耿。复乘间以高丽语语女曰：儿有大志，宜速行，迟恐不脱耳。语未毕，日兵促之去，女拨队近其父，辗转牵父衣，呼天抢地，悲风四起，力摔数人倒。卒以人众强之行，女晕绝于地，婢仆救之苏，哭失声，转思老父，兢兢以为父复仇、为国复仇为训。果父不测，复仇诚要事，徒死何益者？斯时先以营救老父出狱为上，于是奔走号呼，都莫之应。不数日，凶耗至，女反不戚，稍料理其家事，踉跄出门去，人举莫知其所之。

敬一返校，识安重根于东京市上，因抱负颇同，遂深相投契。一日星期上午，又遇安于公园，清游已倦，共约酒楼小酌。楼窗临市廛，二人凭栏俯看，市人熙攘以为乐。忽闻铃声成串，越窗而过，知报馆有紧要号外，故安随促酒家佣趣售。阅见标题，大书特书"伊藤公爵归国"，下云："伊公此次回国，与政府殆有密议，驻驾两三星期，即返朝鲜，且有支那南满之游"云云。安看毕，即递与敬一曰：弟请阅此。敬一阅后，间将报纸折叠为玩，谓安曰：兄以为此老此次回国所密议者为何？安曰：以予度之，不独为敝国事，将与贵国亦有绝大关系。

敬一曰：兄言诚有见，以弟愚见，贵国事已急矣，“不去仲孙鲁难未已”。安点首者再。俄酒肴至，遂辍谈，食后各归。迟将匝月，伊藤将返朝鲜，朝贵咸祖道，供帐甚盛。筵前大隈伯执伊手谓之曰：公爵今日为朝鲜总监，平生志愿为不虚矣。我公讲阳明学者知行合一之旨，庶几近之。韩事定后，我公已瘁矣，亦可稍息仔肩。总监支那之责，公当勿予宽也。敬一有心者，故于伊藤到东京后，时时设法侦其行动，伊谋之诡谲奥窔，知之颇悉。是日大隈之言，敬一历历闻之，心为之寒，血为之凝，深念琼枝唇亡齿寒之语，是真远鉴。因思及琼妹久未有书至，一朵华云，想不日将从百花深处向海外飞来。于是一缕情丝，如疾电流光，倏闪入碧海西头彩霞明处。

日月不居，光阴容易，不情之地球，自转又数十周矣。此数十周中，无限风云，几经变态，伤哉敬一！讵知心爱之人，已先其心爱之国，并其心爱之夫，早离此污浊不平世界，冥冥不知几千万里哉！乃犹日望音书，作天涯之痴想，以为吾最亲爱之琼妹。上次予来东，鱼雁频频，虽千里如一室，此次何以红到石榴，更无消息？或者自定婚后，儿女子常态，对于未婚夫，每多出于羞涩，其中不无隔阂耶？然以琼妹性格之豪爽，当不如是胶殢；吾二人爱情之绵密，更不应如是疏阔。反覆百思，不得其故，或者其有他变端乎？念及此，冷汗涔涔，由额背出，旋自宽解，以为倘有他故，吾家书来，不能不一告，当必无之。虽然，何以数致书，不一覆？岂知其家人正恐公子知，特秘之。夜阑人静，孤室灯明，远街柝起，不禁万感丛生，重愁迭集。无已，出宝镜拂拭之，支架案头，颦眉对照，壁上钟摆，轧轧作响，窗外风声虎虎，时从隙缝中阵阵透入，袭人毛戴，敬一不觉神气昏颓，心境颇不了了。恍惚之际，忽从镜中见身后一人影，黛锁春山，愁含秋水，俨然琼枝，陡一惊诧，神经顿复，脑气一清，迹象胥空，感想沓至。思当时明明镜中有影，并非梦呓，心头突突跳动，似闻其声，睡不成寐。坐思达旦，以月余来，并安君亦未一晤，遂匆匆往访。至其寓，知已返国，心颇怪之。思安君不告而去，必有所图，我何不随其后相助为理？复念及昨夜镜中人，或因我思想之切，脑筋中忽逞此幻象欤？或实有变故而有是恶耗欤？思至此，决作归计，于是渡海而西。第此行颇游移，若前途愈行愈黑暗者。

当伊藤归国之际，韩之义兵纷纷起事，伊是以急返。韩之南部民于此时致书伊藤，措辞抗直，将有韩民不尽不休之势。伊见韩之民气日张，心滋惧，乃愈用其倒行逆施之举，杀戮摧残，殆不可以数计。甚至凡服白衣者，无论有罪与否，无幸免。义兵虽前仆后继，毫无畏怯，无如乌合之众，不能当日人训练之师；揭竿之卒，不能抵日人枪炮之利，率多败衄。然犹窜伏山谷间，联结不散，屡伺日兵势单，突出歼之，往往为所诛夷殆尽。由是日人仇视韩人愈甚，而韩之义兵始终团合纷聚，如夏夜星。

古道斜阳，荒山丛莽，银鞍玉勒，骏马犹龙。苍崖丹嶂间，忽一朱颜玉貌翩翩年少将军从天上下，于是无数义兵均归号召。登高一呼，坑谷响应，向之无归宿、无纪律者，一经指挥，竟成劲旅。时与日兵战，辙[辄]获胜利。将军又善调遣，左倚右伏，西击东声，日兵应接不暇，颇形忙乱。八公草木，风鹤频惊，伊藤甚忧虑，遂命守卫韩宫司令官松岛统兵进剿。将军出奇兵以要之，设疑兵以惑之，趣孱兵以诱之，埋伏兵以陷之。战方酣，日欲暮，峰岭错杂，溪径回环。将军诈败，引松岛深入。松岛本不以义兵在，意穷追之。忽前军纷落深濠中，一时震雷殷发，万山欲崩，火焰冲天，浓烟塞谷。松岛急回马谷口，两山间枪炮乱鸣，归路已被乱柴阻断。松岛奋马冲突，忽一弹洞马腹，马立扑松岛坠，义兵齐擒之，日兵余众全歼焉。缚松岛至将军前，将军熟视毕，笑谓松岛曰：尔狗尚恣噬乎？遂抽佩刀剚其胸，刃透背，出力拔之，血缕缕溅将军衣袖。将军长啸一声，四山答响，东岭月正高也。笑声未止，将军泪随声下矣。乃就战地焚香遥奠，将军哭之，痛继以血，天地为愁，陵谷欲顷。众义兵激于义愤，皆伏地大哭。于是哭声凄万壑，咸谓随将军招国魂也，又岂知将军更有伤心处哉！斯时万象悲惨，殆非人境。是役也，盖所谓两军相敌哀者胜，义兵由是势顿壮。

松岛战没，伊藤愈忧，召完用问计。完用遂命国人之熟于山中地理者为乡导，率日本大队，用狮子搏象力搜剔攻剿。义兵遂不支，胥溃散，将军仅以身免。嗟乎！商人卖物均有保用单，完用助剿义兵，亦卖国之保用单性质耳。义兵既失败，将军不得已，只好行个人主义以诛国贼。噫！堂堂正正轰雷掣电之爱国军，一旦幻为浮花泡影，将军顿足椎胸，嚼血四喷，腥红飞溅，将军之肠断矣，将军之心苦矣，将军之志益坚矣。

日黑星沉，鱼更三跃，总监府楼窗忽有黑影一条，轻捷胜猱，翩翻若燕。第府中兵卫森严，弹雨枪林，密排森布，无懈可击。每门窗处，均有短小精悍兵往来守护，即室中每窗每门亦必各置一人。窗门各严扃加锁，内外电灯通明如画，无纤毫隐暗，虽令妙手空空儿到此，当亦咋舌却步。越一更次，忽枪炮声栗碌腷膊，全城惊恐，总监府束装站队，如临大敌。又半句钟，监国府遣人来报，谓顷有刺客伏监国卧室外暗陬，监国出，猱进狙击，伤监国左胁，虽重无恐。幸卫兵防守綦严，瞬息大集，刺客逸，攒击之。其人蹻捷如飞鸟，一跃升檐际，匕首落阶下，铿然有声，拾视之，甚锋利。且刺客逃甚急，似受重伤，当不至再来也。并以此情布告全城，人心始定，纷纷向监国府问监国安好者。及晓，尚络绎不绝于途。

完用被刺之明日，敬一由东京首途至汉城，始知李丈死，琼枝逃，悲不自胜，终日怅惘，魄夺魂痴，形容日见枯悴，不言不笑亦不食，百医罔效。公子父母忧之，以公子撄心疾，非散其积闷，不克清其神而复其智，乃命有干略之老仆，伺候公子出游，借抒其心气。公子出门后，茫无去向，信步随行，老仆谨尾之，不之逆，惟食饮冷暖，特经意照料之不少。忽一日，至仁川，宿逆旅中，公子忽于屋壁见字迹数行，谛视之，乃七律二章，哀感顽艳，不能卒读，洒墨淋漓，积尘分许，鸿爪留未多时也。而笔致幽秀，似曾相识，反覆凝思，愈思愈迷离。忽而拍案大叫曰：非我琼妹之笔墨而何乎？紧呼老仆，快请店主人问之。而老仆与店主适闻屋中公子拍案声甚厉，继之以大叫，不知何故，咸相惊奔而入，疑公子病剧。及入室，公子突前握店主腕，问之曰：请速告我，请速告我。店主益惶惑，以为公子痫发矣。问公子曰：公子何言者？恣言之，我当尽我所知者，为公子告。久之，公子始指壁上诗，大声吟咏曰：

> 生离死别太怱怱，燕未西时劳已东。残梦梨云成惨白，好春花雨劫飞红。斜阳故国山河影，景物芳时涕泪中。拚得今生不相见，青天碧海此心同。
>
> 憔悴无端却为谁，柔肠寸断即穷期。东风划地怜同病，忍泪看天系所思。鹃已罢啼空剩血，蚕犹未死尚余丝。春心无赖花心恼，落尽红残鸟不知。

此非我琼妹之诗乎？店东翁速告我。店主人愈不解，瞠目结舌，不知所对，顾谓老仆曰：公子声声言琼妹琼妹，究何人者？壁上诗乃前日一美如冠玉少年郎题者，非女流。公子认是琼妹，则大误。公子闻系一美少年，并非琼妹，则大失所望，顿失知觉，倒于榻上，色惨淡如金纸，呼吸都不匀。老仆大惊，店主亦乱，百方救治。半时许，公子始稍醒，长啸一声曰：已矣，拚得今生不相见，妹何太忍！店主言乃一少年郎所题，我绝不信，或者吾琼妹之化装乎？复向主人问曰：此少年何去者？去几日者？趋语我。主人曰：少年于一月前由此入山。公子闻此言甚喜，颇得主脑。盖闻山中义兵将领亦一少年，蛛丝马迹，颇可寻踪，遂拟定入山寻去。恐老仆多所谏阻不便，乃曰：吾琼妹果尚在天壤间者，我必觅得之而后已。即不在天壤间者，碧落黄泉，亦必遍访，吾不复累尔矣，尔请回。顾老仆，奚能舍公子去哉？既奉老主人命，随公子意者，故回公子曰：公子寻李姑娘，任公子去何许？老奴愿随，不辞辛苦也。公子喜曰：然则就此行耳。

明日束装就道，遵主人所指处行去。老仆以为有心疾，人有何规则，听之而已。讵知公子貌似改其常度，而其心中却有一定线索，故所到之处，皆有用意之所在。盖以为必有可获琼妹消息者，故心坚定而行，不辞况瘁也。

足茧荒山，无穷愁疾，溪光岚影，飞鸟啼猿，皆似故为愁人重添材料者。多情公子，其何以堪！一日，小憩一村店，碧柳垂塘，绿槐罩屋，树阴席地，坐者几人？琐琐闲话中，一人似行客暂息尘肩者，争向之问长问短，闻皆系义兵间事。其人曰：中有事大奇。义兵统将者，本一美少年也，前数日死矣，无人不痛哭之。盖以将军虽英姿飒爽之豪杰，乃一温和柔爱之慈善家，然又一恨花妒月之绝代佳人也。众闻之，皆愕然。其人曰：诸君试猜之，究是何等人，真闻所未闻。将军临死时，自言为宗室某公之女公子，激于爱国热忱，化装来此，为义兵长，以除国贼。众犹不之信，疑其人故诳言取笑，然皆乐于当小说听，故任其姑妄言之。某人曰：谓予不信，女公子临终，有遗书一封，致汉城郭公子，女公子未婚夫也，因数日来为女公子丧葬事，今始奉书前往耳。遂出书以示众。公子从旁视之，真琼枝书，急起向其人手中攫之。其人大怒，急收其书，且将奉公子以老拳。老仆向其人道其实，其人随伏地叩谒甚恭，呈书公子。公子接书拆之，手战动不稳，许久未能剖。老仆代拆之，抽书呈公子。公子读其书曰：

伤哉敬郎！今不呼哥而呼郎矣，此后无再呼吾郎之一日矣。伤哉敬郎！梅林话别，谁料即旷隔人天。妾行时所以不以只字与吾郎者，正恐一情字为吾二人牵惹，不克竟妾志，转伤吾郎心。以为倘能如愿，然后长跪郎前，向郎谢罪。今已矣！茫茫恨海，冤禽终古难填；杳杳情天，娲石何年能补。心之伤矣，言之痛也！妾遭家不造，老父含冤，抢地呼天，百身莫赎。一死不足塞责，偷生只为复仇。红拂之愿难偿，木兰之装已改。仓皇出走，义旗期妖孽之清；零落无依，匕首出政轲之计。希为撼树蜉蚍，竟作分枝鸾凤。情既不能两全，势必出于一舍。穿腹折臂，一弹无情；泣血椎胸，两仇尚在。天乎！未能枭他恶魔之首，终使折我爱神之情，妾目终不能瞑矣。所差强人意者，直接为吾家仇之松岛，妾于统义兵时，覆其军，擒其人，而手刃之，庶乎稍快。然不过一幺魔小丑耳，无关大计。妾负伤后，犹忍痛强遁二十余里，至山谷中某处，乃举义兵时所驻之村民家，未及门即扑，少时复苏，以他事皆尽，惟未能与郎作最后之话别，不能即死，因忍死上书。书竟，妾目光已昏，而心中了然无渣滓，主人看护倍至，情甚殷渥，并允以棺葬我，至可感也。郎能一临妾于万恨之中，或稍释一二。郎之订婚约指，妾已嚼碎，和血吞之，盖永永贮吾郎于心头耳。伤哉敬郎！妾有感怀诗句云：拚得今生不相见，青天碧海此心同。呜呼！竟成谶语，所望者同心而已。吾郎自爱，为国珍重。

公子读毕，放声大哭，呕血数升，心转清明。转思吾琼卿以爱国故，甘心牺牲。吾二人最秾丽肫挚之爱情，为国殇而不悔。我若不能竟其志，只殉情一往，遂同穴之愿，不能分同志之责，犹非吾琼卿所许。遂命其人导至其处，见孤坟三尺，新碣一方。一抔黄土无情，深深埋玉；万古青天有恨，默默葬花。公子此时志已定，心转舒，折山花一握，插于墓上，挥泪奠之，敬谢主人而归。至家，病若失，举家欣慰。公子谓其父曰：古人言，父母在，子不能身许人以死。然乎？父曰：是固然矣。公子曰：然则许人以死，私恩也；许国以死，大义也。父母在，大义亦能辞乎？父曰：是又不可以概论。公子曰：然则儿奉父命矣。父愕然。公子遂将在东时所见闻日本谋我种种阴诈诡谲计划，为老人言之缕缕。老人突起于座，戟指东詈，须发翕张。公子遂乘间自明其志。老人曰：父母爱子之心，无所不至，固愿其为英雄豪杰，然安忍令冒险拔虎口牙哉！况谋国自有大计，荆轲、聂政之流不足为正当设施。吾儿能养成大器，为中流之柱，大厦之撸，斯为爱国之极轨。若轻身一掷，流血不过五步，骈夷不过一人。且敌国果强，人才非只一二，既毙之，复继之，不过于其所谋之进行一小措已耳。诛其一，不足警其余。况物必先腐而后生蛀，卖国者犹是比比，误国者犹是比比，又安能化亿万身，一一准其罪而虔刘歼戮之哉？儿宜见及远者大者，勿区区逞血气勇而为小丈夫之为也。公子敬聆老父一席话，所谓如听仙乐耳暂明。第公子多情人也，守信人也，山石可移，然诺不改，已默以死志许琼枝，乌可自食其言？况激于爱国之真忱，眼底大仇，戴天不共。且琼枝死后，公子已觉生人乐趣，毫末胥无，浮生只赘疣耳。惟父母之恩，昊天罔极，不忍执行己志，遽然决然，以伤老人心。然一念及国耻，举亲恩两两比较之，其轻重盖燕雀铢两。于是决定一意孤行，不少顾虑。念吾琼卿以花娇玉媚之女子，尚欲以纤纤素手，扶山河于已倾已覆之顷，我国亦已在弱昧乱亡之点，兼之攻之取之侮之者，亦已攘臂伸手。我本须眉如戟，好身手之健儿，涎涎类弱虫，不且令琼卿笑我于于地下乎？适伊藤南满之行期已定，公子以为机不可失，不必令家人知，致生阻力。遂于伊藤启行后，步步伺瑕侦隙，不肯放松，遂追踪至鸭绿江岸之某车站。

伊初行，轻韩无人，故戒备尚不甚严。车停时已夜午，站固小，灯火不明，以故公子伺于站台边孔道，毫无人觉。须臾，伊藤下车乘马，车过孔道，公子奋力击之，马行速，弹丸穿车窗而过，射伊帽落，车急驰去。公子见未能命中，急遁。适遇坐藤制显轿者来过公子身旁（韩国贵官例用此式显轿），公子知系完用，就近击之。完用自轿颠卧于地，公子复击之，中其臀，从人只顾救护完用。公子固又善超距之术，遂乘间逸去，杳无踪迹。

事既未能得手，公子颇懊恼，知此地不可留，遂渡江至中国境之大连湾。正徘徊马路，彳亍闲行，怅然如有所失，忽一人自后拍其肩，回视之，盖安重根也。相见大喜，各略述别后行踪。安遂携公子手，引至一处，密谓公子曰：弟来意若何？公子曰：吾仍以锄奸铲暴为力行必达之目的，安兄料理如何？重根曰：弟之所谋，兄实钦佩。第伊藤既经吾弟一击，虽不中，伊亦不能无惧，断不能以妙手空空儿看我辈，信不再来，遂弛备解严。吾料彼必步步设防，节节保卫，虽洒水恐难入也，奈何？公子曰：我辈当以计行之，弟只一人，兄来此多日，同志尝有几辈，伊藤此去抵哈尔滨为止境，弟探已悉此行与俄外相会议，即解决南北满问题，若听其到哈不能得手，则会议终结，所谓万牛回首邱山重，鼠穴搜蛇大难为力，吾国所蹙何止数千哉！故弟定于伊藤未到哈以前伺便歼之，以绝目前之患。弟所以欲同志多者，盖恐一人力不能周，弟拟请兄约同志多人沿站布置，令其防不胜防，逃于此必不得逃于彼，以伊藤一生命置于重重帝网中，恐亦难以幸免。安曰：弟言当，弟欲从何处着手？公子曰：闻渠三日后到大连，弟向样而动，不定何时何地，惟绝不让渠到哈埠耳。安曰：然则分头办理，弟竭其力之所能而已。兄往支配各事，暗中与吾弟接应，惟吾弟欲不令其到哈，恐难有一定把握，是哈埠间之计划更宜周密，然则哈埠乃重任也。倘弟与他同志均未能如志，则哈埠为要点，哈埠乃最后五分钟之争执耳。兄愿当之，期必得志，兄已料之熟矣，或不至无以报弟命。吾弟为国能预筹于未亡之先，若予者当国家将亡之际，方思努力，愧弟多矣。就此作别道声，珍重而去。

盲风怪雨，泼地弥天，夜深，黑魆魆类鬼域。公子只身行浓云积雾中，衣帽尽湿，全身似沐，淋漓尽致。双足踯躅泥淖，趾穿踵见，瓦砾沙石，均与为难。时刺跖掌裂，痛彻肺腑。以娇生惯养之文秀美少年，锦绣裹之，膏粱腴之，香闺雅室居之，好日和风煦之，父母顾复之，仆婢趋奉之，何曾伶仃孤露，受此道路艰难之苦？而迫于义，感于情，不获自已，奋不顾身，萧然长往，行之怡然，处之泰然。可见人生之大勇，无非浩然之气充塞磅礴而成。故孟子云：至大至刚。诚哉是言也。公子抵一站，站名大房身，天光益黑，伸手不见其掌，风雨益凄厉，站内人迹甚稀。公子近站房，灯光下，出表视之，已一时有半。再越三十分钟者，车到矣，遂镇定其心气，凝炼其精神。无何，闻远远汽笛鸣，公子行近站台立候。移时，车到小停，公子一跃登车，有侍者两三人立车门侧。一人见公子虽有车站执事员徽章，而思见好于人，故向前阻诘。一人以目示意，公子操日语问：公爵何在？一人指一室，公子坦然进见。其人所指之室门虚掩，公子推门入，皤然一老，假寐汽榻上，似睡正浓者。公子大喜，暗想：此贼今殆难逃公理时乎？默呼：支那万岁！吾琼卿万岁！今吾为祖国除害矣！为吾心爱之韩国人复仇矣！指勒机发，轰然一声，烟硝满室，电灯被烟笼置，昏翳不明。刚公子转身，已有人执其持枪之手，一手思抵御，而空无一物。随取出胸前所佩刻不离身之箕子镜，预备抵敌，胜徒手也。旋闻室门外大笑，格格如怪枭呼笑，止发严厉之声，问曰：鼠子，尔看尚有伊藤博文在乎？我早知尔辈阴谋，暗中侦探，尔等尽悉。尔辈欲以卵敌石乎？日月之明，岂爝火荧光所能夺？尔等乳臭小儿，亦思与老夫斗智力，吾故设假人于此以诱尔，姑与尔等一戏耳。然尔等亦颇狡狯，不以计诱尔，亦不易获。旋指榻上人曰：尔视之，乃一革制成者，须眉毕肖，俨然一伊藤耳。狡哉阴谋家，盖无在不用其阴谋也。秦皇博浪有副车，伊藤车室有赝鼎，奸人行事，千载一辙，无独有偶焉。公子此时，恨比乱山还多且重，方寸之地，似有百万铦锋，纷攒猛刺，苦楚不可名状。忽着手中箕子镜，奇光四射，陡思以此镜掷彼贼之颅，或可死之。继思未必即能命中，即中恐未必诛，则此镜落他人手，何以对？琼卿见盘龙四角歧出，杈丫尖锐锋利，心念以吾堂堂丈夫，身不能杀贼亦已矣，还受野蛮人之惨酷污弄，其何以堪？不如自裁之干净，暗呼我挚爱之。琼卿相见不远，急以镜上龙角之尖，直刺心窝。既透心，急掣镜猛掷，碎金四迸，镜破，公子倒地僵。

（原载于《民权素》第6—7集，1915年）

韩儿舍身记

泪人

辽鹤归来何日，蜀鹃啼断残更。声澌血竭为谁鸣？端底睡不醒。阿大有怀投笔，儿家无路请缨。拼将一命报同盟，不是私交刎颈。

右调《西江月》，韩儿绝命词也。韩儿姓孙，名祖箕，高丽遗民，源义之次子。年九岁，以安重根之难，随夫眷来华，居四川之打箭炉，入宅中小学校。去年转迁高等班，同堂六十人，列优级者，公教徒。翁某子章生、匠人子柏绶郎与韩儿，三两辈而已。校师教旨，以爱国为前提，故所选教材，偏越重于国耻，纪念之点，如太西之波澜、犹太诸痛史、中国之会稽、楚邱各政策。演讲后，必以激昂慷慨之气，出哀号呼救之情，而缀之以简单判词曰：爱国男儿不可不读，救国男儿尤不可不熟读。章生者，血质儿童也；绶郎者，气液参半之儿童也。每授课时，章生必面目紫涨，怒愤填胸；绶郎虽情不由衷，亦必显出惨切之态度。独韩儿冷静如常，朋辈几疑其为粘液浓厚之质。然潜心好学，理解颇高，笃爱同人之诚，无莠良皆与之亲密，究莫知其为真气质儿童也。

骄阳亢世之天，万有动机，失其和度。校师注意卫生，将移校于某山别墅之竹馆，作避暑计。每期课程减半，间日纵诸生以自由行动。诸生或坐啸竹中，或持竿溪上，或行吟泽畔，或披巾风头，或三五起，开谈判会，或七八人，习游戏操。章生、绶郎、韩儿循环监督，各令适趣而已。

章生者，爱国之健儿，又爱群之巨子也。一日清晨，到韩儿自习室，及门，见韩儿吮毫舒纸，笔走龙蛇，若草何简章，而条分乙乙者。抢步观之，则青年团发起草也。章生叹曰：孙弟先得我心矣。虽然，英雄所见，大略相同，亦不知丑郎，有此意否？盖绶郎，头尖眼突，鼻仰颧高，一发蓬蓬，上交两鬓，面色黧黑，齿露腮蒲，望之如地狱中之魔鬼。幸有一种狡变手段，能迎合同人意旨，故但以丑郎呼之，而不相訿也。然其学问，则超越寻常，故又得翁孙两少年之欢喜。方章生抢步阅草之时，绶郎早窃听门外，听到有意二字，自忖道：彼何所草，而张皇如此，同意如此，且背地诮人又如此。怃然思，猛然悟，曰：汝能开会，我独不能耶？与其一室瞎摸，曷若先占一着，在大众中，演说意见，将团体结成，列阵以待，岂不叫若辈愧死？至会长应选及我与否，且不必较，然而我之价值，我之地步，总总占在高度。绶郎想到如此，快活达于充分，一径跑到竹馆园前，见同学皆在芭蕉树下，争嚼香露，乃召集操场，立中心地点，向众提议曰：诸君漫游竟日，发展精神。活泼达于极点。丑郎崇拜，不俟崇朝。虽然，丑郎与诸君历年求学之储能，将为国家之负担人乎？亦为社会之闲散汉乎？敢断言曰：为国家负担人也。第思负担两字，一二人能攫取之好名词语，要为各个人结合之一德一心之巩固公司，不待丑郎而决也。今丑郎欲以共同担负国家之理想，在此清凉地，结一青年同志团，作闲时之准备，以为后日之实行，诸君以为奚若？

丑郎之说将终，而四匝之鼓掌声、赞成声、丑郎爱我声、我主降福声，如劲风疾雨，挟怒涛巨浪，奔赴而来。一生忽从众中攘背，向绶郎言曰：我等表示同意，丑郎亲得之，耳闻无俟。再为质问，丑郎亦必非仓猝一举，为五分钟之热潮，请即出简章，使我等按定方针，各书团中任务，则君为前驱，我为后盾，壮事亦快事也。绶郎此举，原非出自成心，不过听章生所言，愤愤而有此先人夺志之宣告。一闻此生质问，不觉恼羞变怒，漆黑面孔突然泛出一朵红云，注目视之，章生也。继思大好兴头，若与伊角力相较，势必分崩，是我先自立于盘沙之地位，非具绝大吸力之主体，所应有之特能也。不若仍出狡猾之手段，作权益之对付，缓缓扑灭其焰炎。于是历住怒心，放下笑脸，向章生笑曰：青莲在座，何须有待江郎？且孙弟素称稳健，诸事留心，量此小小简章，必隔宿草定。盖我三人不谋而合之事，数见不一见也久矣。

章生者，快人也，亦诚实士也。听绶郎所言，磊磊落落，固已倾倒多时。及质问后，又听丑郎一种谦虚之说，以为是人，固貌丑而心善者也。

信及豚鱼，诚能动物。孔子曰：君子不逆诈，不义不信。苟余情其信芳，虽丑类亦同化。赵鼎当国，秦桧失奸，我诚有鲍叔、知仲之明，分金多与，不以为欺，累其德而友其才，不必如管宁之割席也。章生以为丑郎有如彼之才，而济以如此之度，是诚为吾良友，何必多上，贻良友羞？况韩儿草定之简章，与丑郎适间之演说，宗旨不甚剌谬，胡弗当众揭出，使吾两好友双美并收？遂出袖中纸，揖绶郎言曰：适怀此种思想，去商韩儿，不期韩儿脱出之稿，即吾意中之言，满拟瞒过丑郎，而丑郎乃先有夺人之志，芝兰同嗅，我三人之谓也。言罢，展开纸幅，朗诵一过，众皆俯首帖耳，惟命是从。

绶郎曰：事虽由我发表，实则孙弟早示庙谟，而翁兄又先定主意。青年团会长，我三人在被选列，诸君以为然欤？众皆曰：然……然……然……然则谁为之长？众曰：最大多数之最大幸福。然则必投票而定乎？众曰：唯。于是绥郎在众中选一诚朴生司理其事。揭晓日，绥郎得票十八，章生得票十九，韩儿得票二十。盖韩儿澄毅武健之才，温良恭俭之德，文理密查精明强干之略，足以左右同堂，而灌醉人于不觉者，由来久矣。次则章生之英畏，次则绥郎之权谋耳。

韩儿者，气质儿童中之健全志士也。一旦膺此荣名，则向称长厚之刘次郎，为身先士卒之汉光武矣。当此组织伊始之时，痛祖国之沦亡，怅萍飘于海面，感同盟之爱戴，思补救以何由。每初登演坛，而唏嘘东望，哀哀呼答之声，和血泪行行堕地，闻着莫不伏地流涕，不能仰视。故虽以素怀叵测之丑郎，亦不知不觉发出至诚之感念。诗曰：萧萧易水寒，壮士渡秦关。长虹贯白日，天地亦低颜。不意舞勺儿童，爱国之心，哀国之泪，如焚如烬，如雨如丝，有如此之极也。哀与爱如此其极，此我唯拜一主之章生，所为披肝沥胆，推诚布心，而甘拜在下风也。盖爱国以舍身，乃上等爱人之举，亦耶稣舍生十字架之遗意耳。

驹光如迅箭头，一度一春秋。荏苒韶华，别如一瞬。章生年十七，绥郎年十六，而我忧心如焚之爱国小英雄——韩儿，年十有五矣，一日自校归家，父源义见其年方志学，一表非凡，幼年澄静之资，顿易为英爽出群之概。知学与年进，博浪沙狙击之智，函谷关泥封之雄，沼吴复越、昭雪国耻之雄图。灌输已熟，而可与之问故墟之禾黍，品建章之柏松，泄老夫暮年之遗恨矣。因诘韩儿曰：父与君孰亲？曰：父亲。家与国孰重？曰：国重。国亡与国衰孰哀？曰：国亡可哀。国衰则亡之基也，可哀尤甚。然则国亡当奈何？曰：舍身以报之。身舍而哀者不起，亡者不复，则何益矣？曰：我主怜我，必能如我望。父叹曰：美哉！儿爱国之切，信主之深也。主必赦汝，吾韩其庶几乎？试思韩儿非公教中人，而父子问答，其见地如此者，平日陶淑于章生之教学深矣。亦可见两家情好之密，间不容发。英雄视死如归日，国耻招来第一期。新授列侯存几辈，故宫荒草黍离离。夫人必自侮，而后人侮之家必自毁，而后人毁之。濯足濯缨，总由自取。推及于国，何莫不然？韩儿方午读书，正读到文文山，孔曰成仁，孟曰取义，临刑片纸之决词，不禁拍案号叫曰：大丈夫当如此也。忽门外剥啄声频频而至，启而视之，族兄孙寄生自韩来之邮筒也。劈函捧读，上写云：

亡国奴寄生拭泪，上言于我可怜人。韩儿畏弟几前曰：慨自安将军饮铁而后，孙家一族，东西流离。兄以武健高躯，投身军界，忍变乡族，负债国家，将起弱为强，化家为国。讵料昊天不吊，动地生哀，大好河山，为出售品，宁不能甘铁甘血，爱命爱身。诚见吾皇，孑然渡东，痛深狩北，相从患难，大节攸关。今则帝服青衣，臣皆缧绁，丹心可照，谋面弗能，去腊逃归，过故里巷。小官大吏，不用韩人，文字语言，皆为日俗。白头老妇，勒配青年，寸铁收藏，遂罹尺法。五十家菜刀大共，四千里书声不闻。报馆取缔多方，既失自由之言论；政局面全操彼手，又无固有之主权。二十五家，五十守兵，防范何其密也；三人产，一人顾问，督责何其严欤。

哀莫大于心死，痛哀大于国亡。韩儿读寄生来函，至防范、督责两言，怒填胸臆，暴跳如雷，对案一掌，不觉击倒唾壶，将食指割裂，血流如注。随即倾注茶杯，解出汗衫，蘸其血，书八字云：一灵不昧，誓问公仇。仍复着上。再读道：

入街只许偶行，结伴则起而干涉。到夜莫能闭户，无妻不被其奸淫。校有红颜，偏受登徒之辱；家藏白镪，借生公益之捐。嗟乎！嗟乎！涤园除道，自是卫生；小贸走佣，成何家务？彼乃托名整理，插入税科；甚且借口稽查，诬赃收没。总之，半言半步，不得私谋；一粟一丝，都归公有。势将灭种，而后甘心，行且西推，及于东土。人非木石，谁忍偷生？今函知畏弟之年，正孽子杀身之日。他日一抔黄土，叹收骨于何人？今朝几字血书，当陈情之一表。畏弟英年有待，雄健多材。倘将伯其可呼，幸子胥之有托。肝肠寸断，不尽欲言。愿借禹阴，时悬殷鉴。手此奉上，敬候壮安。某月某日泣泐。

韩儿读罢，一言一哭，一字一哀，几页花笺，染成泪纸。已而掷函于地，顿足捶胸，放声大哭曰：哀哉！痛哉！谁无君民，摧残若此？谁无夫妇，颠倒如斯？谁无心肝，贻我耻辱？谁无生命，制我流离？天乎！天乎！岂真为地不满东北，而弱者为肉，而强者食乎？人之欲善，谁不如我？我祖我宗，在天有灵乎？庶儿寄兄死而不死矣。然而阿兄今死矣，我又胡以生为？继而辗转寻思，声泪顿止。

绥郎适自外至，见韩儿伏首案角，冷笑曰：英雄乃是渴睡汉耶？是恶可与谈吾国之大痛乎？继又叹曰：翁儿乃不晓事，认伧为吾青年长，诚不意其报效吾青年团者，乃在如此！言已，恨恨而去，口中犹啰唣啰唣不止。

孝乌未净哀哀泪，叶底飞来又一弹。韩儿方伏几熟思，安排死所，忽被丑郎揶揄一番，继又听出报效二字。引决之念，忽又作一转圜，乃疾书一词，纳之怀中。奔到演讲坛，见章生手执报章，哭泣而至，急展开。阅五月九号下六时日人最后通牒之大披露文。韩儿不看则已，一看。而其报效同盟之苦心，与舍身救国之决志，两定其主意，顿觉形色上、精神上，愿出不可名状之大快。于是破涕为笑，向章生嗔目大喝曰：国耻临头，不早作准备，效儿女子哭耶？我虽亡国小奴，决不忍第二之朝鲜再入吾目。

频挥亡国泪，洒与最相知。此地一摆手，英雄报效时。章生涕泗交流，被韩儿一喝，如大棒当头，救国精神，突长三千余丈。方拟词质问，准备若何，韩儿乃招呼同人，紧握章生手，下演坛，出竹馆，见前面有山一座，青峰插天，相将而上，东首俯临巫峡，峭如削壁，高可千寻，飞鸟下坠，堕地无声。韩儿随语章生曰：兄为中人，我为逋客，一亡一辱，痛痒相关。奈鸡肋微躯，不获相从患难，负我良友，内愧滋深。唯兄以磊落英才，前途努力，自有重见天日之一时，小弟要当含笑地下。章生方惊愕未答，绶郎赶到，但听得好自为之四字，而我刚毅果断之小英雄，忽将章生手摆脱，跃身一跳，大好身手，一霎时填入无底峡中，一点灵魂，被天神引归天国矣。

呜乎！神州老大，难藏十五髫龄；抗爽青年，葬入千寻峡底。方冀丑郎奔救，幸留一线余生。争如主命召回，不许闲身小住。魂灵孤弱，应悲辽路之遥；望帝哀鸣，共洒蜀中之血。卢梭死而天赋人权生，麦荆刺而世界之人道立。莫谓身轻一叶，海空精卫之填；要知死重泰山，国赖汪童以立。呜乎！痛哉！韩儿一五尺孩童耳，落落千金之体，悠悠百仞之渊。好自为之四字之猛乎，惊回大梦，早作准备，[illegible]言之恫吓，顿放光明。呜乎，痛哉！彼所谓舍身以报国者，而今验矣。愁然思之，为已亡之朝鲜报乎？彼卖国买封，头衔两字者，宜愧死矣。为蒙耻之中国报乎？七尺好男子，四万万同胞，当不可问之前途，留不可忘之纪念。卧薪尝胆，怒可感蛙；破釜沈舟，鲁其有豸。必有忍其乃有济，来日大难，勿自暴以速自殃，前车可鉴。莫道庭悬四诫，责务专属之官僚；要当城守一心，大众共肩夫危局。痛定思痛，期拜赐以十年；哀勿忘哀，恒怀耻于九日。庶乎江山完好，韩儿再生。

（原载于《崇德公报》第 1、3、4 期，1915 年）

亡国惨史

[朝鲜]定夷

第一则　美人魂

嗟乎！铜驼荆棘，索靖含悲；戎马关山，曲江驰祭。千古奇痛，有甚于江山破碎、社稷邱墟者乎？无古今，无中外，每当国家乱离之时，必有慷慨悲歌之士，演成一二可泣可歌之事，足令后人凭吊无穷。精诚所结，或着灵异，既非如青蛇堕殿、旧燕渡江之附会，又非如泥人脱帽、败帚扫花之荒诞。生而为英，死而为灵，世间果有此理耶？壬子之秋，余客居沪上，操笔政于某报社，识韩人某。某为韩之英彦，自丁国难，尽散家财，以此不容于国，来作春申寓公。当我国民军起义时，遣其子弟与军役，某则奔走宁沪之间，颇多献替，社中为设榻焉。公余相值，辄作长谈。某熟于韩国掌故，天宝宫人能话前事，每及国变，死节者辄为欷嘘泣下。而于某妃及某宫娥事，言之尤能详尽。燕子归来，还识王侯故宅；秋坟吟唱，犹疑霓裳羽衣。此一段亡国伤心史，岂荒唐神怪之言可比耶？

妃氏某，某为韩之大族。妃侍韩王李熙，秀外慧中，明决果敢。目睹国势衰弱，颇有振作之志。参预政事，王甚任之。时日本侵韩日亟，以三浦大将任驻韩公使。三浦为军事家，声威宿著。既莅汉城，多方要求，无不为妃拒绝，缘是与日人恶感颇深。妃素信任母党，李氏之族怒视于旁者，大有人在。日人乃谋诸李族，推翻妃党。兵及宫门，斩关深入，遂演成残酷无上之悲剧，使此世界第一美人，身葬火窟，魂化紫烟。古今帝后之末路，未有惨于某妃者也。顾惨死之不足，抑且矫诏废黜，诬为淫妓。在天之灵，能毋抑塞不平乎？妃之近侍，有宫娥二人，一姓申，一姓闵。申则灵敏机智，闵则忠诚笃厚，俱有文才，辅翊某妃，不啻左右两臂。内外臣工所上章奏，双娥恒代妃披览，可之否之，辄如妃意。韩王则庸懦无能，仅尸位画诺而已。

当外兵之寇宫也，韩王仓皇闻变，惊惧不知所为。妃急发军令，饬王宫卫队拒战。统队官为俄人萨伯典及美人某，萨已先为敌人所困，某则束手无策，坐观成败。虽兵士尽力抵御，而统率无人，卒难持久，尸积宫门，沟壑为赤。王与妃伏处大内，遥闻弹雨之声，相对作楚囚泣。欲呼吁于俄使，则俄国军队鞭长莫及；欲乞援于中国，则中国自甲午而后已失战斗力。宫内大臣且时以败耗闻，宣召臣工，无一至者。宫娥侍从，环跽王妃左右，叩首乞命。王默无一言，惟齿牙格格相击耳。妃尽挥之退，众皆奔窜，惟申、闵二娥甘与王妃同生死，独留不去。妃旋奏于王曰：国事危矣，陛下绍祖宗遗业，际此万急之秋，当谋所以保全祖宗颜面者，毋作此妇人态。王不得已，出御便殿。妃又顾二娥曰：余以妇人之身，主持国政，牝鸡司晨，本违祖训，剌以国事紊乱，从权出此，讵知因此之故，撄人之怒。今寇集宫门，无非欲得余而甘心耳。余一妇人，死不足惜，万一如天之福，宗社危而后安，余虽死，有汝二人，尚其善事陛下。言未终，呼唤之声大震。有老宫监疾趋而入，报王已被获。敌兵长驱直入，宫内大臣御之，不敌而死。妃闻其言，立促二娥他奔，己则急易宫娥服装，匿于某宫娥卧室之门后。喘息未平，敌兵已至。盖韩国宫宇袭用古制，门窗悉以油纸，制成，虽扃以管钥，而碎牖破门，亦如摧枯拉朽耳。

外兵入内，凡遇宫人，辄鞭挞之。询以王妃所在，宫娥受妃恩，率伪答之。大而正宫，小而偏室，无不遍寻，而卒不得妃之形影。或曰：必乘纷扰之际，出宫门矣。或曰：是必杂于众宫娥之中。敌将小香原者，为人颇机警，独谓韩王既被获于便殿，王妃必尚在宫内，王与妃伉俪素笃，妃当不至遗王独走，卒获妃于宫娥卧室之门。后初不知其为妃也，问以是否王妃，妃以宫娥对。小香原惊其美，颇疑所言，故先纵之，以探真情。妃行不数武，疾呼太子之名，小香原始信确为王妃，追而获之。积憾既深，怒心益甚，无情之弹丸，遂送妃入血海中矣。继置之于鹿囿林内，效佛家火化之法，不使留遗蜕于人间。申、闵二宫娥目睹妃之惨死，痛愤莫可言状。闵宫娥尤为悲悼，见仇人骂不绝口，触树而死，死处即妃焚身之所。时韩国某贵人借外势之拥戴，仍为摄政王穷捕妃党，斩草除根，声势汹汹。申宫娥知不可免，逃入民间为尼。某贵人疑其已死，遂不深究。且当宫庭纷乱，大局未平之时，亦不暇穷治一宫娥也。

炮烙为刑，暴君之政事。在文明未启时代，犹受万世诟病，而况近今三十年间，各国竞尚人道主义，戮之不已，又复焚之，其残酷甚于炮烙多矣。当时各国舆论，一致攻击，佥谓此举实为无人道之尤者。夫已氏自知将为文明国所不齿，于是逮捕四罪犯，饰人耳日[目]某贵人之气焰大杀韩王，且下诏复妃位号，予谥建祠。于是申宫娥复入宫，一则目睹陆沉击刺，欲陈诸韩王，以冀君之一悟，俗之一改；一则欲慰韩王悼亡之念，与夫惊恐之情。据申所言，有三事足令人发指者，是可为亡国之殷鉴也。韩之官吏齐某、闵某等，俱妃党也。夫巳氏自谓为韩铲除妃党，有莫大之功，一切军糈服用，韩人皆有毁家捐纳之义务。王妃既死，即捕齐某、闵某等，凡四五人，各索十万金，否则本属妃党，当杀无赦。诸人有从有不从。其从者，仇人见彼慷慨无吝色，疑其家产必数倍或数十倍于此，则又借他端胥索多金。其不从者，骈缚成列，以数兵发枪击之，既死，复以剑刺其腹，肝肠流出，惨不忍睹，而兵士乃大乐，格格作鹭鹚笑。此其一也。韩之国俗，最重贞节，良家妇女，终年伏处深闺，不轻见客，如为人窃见，则以为大辱。夫被见且以为辱，被奸更不待言。有某民妇家室女三人，俱有殊色。当大局纷乱之时，兵无纪律，闯入民家，逼而奸之。姊妹三人，长者骂贼不屈，既奸而被戮。次者、少者，虽未尝枪剑之锋，亦已奄奄垂尽。尤可悲者，女母因遭家难，痛哭失声，兵士疑其呼救，以枪柄击破其脑而死。次女姊妹见母姊俱死，且身遭大辱，又受重创，俱自刎而死。一家四人，顷刻俱尽。痛乎不痛！惨乎不惨！此其二也。此外尚有去髻一事，其强迫骚扰情形，无殊满清入关，强我剃发之时。韩之风俗，素重视顶髻。以束发于顶之日，为人生成丁之年。有髻者为君子，无髻者为小人。骤奉严令，引为奇辱。于是父诏兄勉，誓与髻俱生死。夫髻固不适于生存，然习俗相沿，已千百年。欲剪除之，亦当体察舆情，循循善诱。乃阳假文明之名，而阴行野蛮之实。夫巳氏之处心，不问而知。汉城、釜山、仁川等处，既颁去髻之令，志在速成。强剪路人之不已，复按户而查察之。不从，则以军律从事。杀人如麻，在所不顾。某统兵官尝语人曰：韩之民族，世界最龌龊之民族也。恨不歼尽其类，留得一片净土，为我帝国殖民地。夫巳氏之设心如是，韩人其能幸免乎？凡此三者，皆申宫娥所欲陈诉于韩王者也。

申宫娥既返宫，知韩王为夫巳氏所禁锢，已失身体上之自由。某贵人虽不公然与己为难，犹是朝中主者，当仰其鼻息，腼颜事仇，其何以对王妃于地下？因浼某大臣言于某贵人，请为王妃守祠。贵人素畏其才，恐返宫之后，谋夺政柄，因许其舍身妃祠。申既奉命，不俟终日，即赴妃祠。初意王妃之祠，必有庄严灿烂之象，乃知至则仅见矮屋数楹，铁将军为之守门，始恍然于妃之荣辱，皆非王之所赐，王特为人傀儡耳。祠悬妃像，本宫中物，历年既久，已失其真。申宫娥抚今追昔，旧恩难忘，新痛尤悲，不禁伏地大恸一声：陛下行云为迟，祠本阴黑，兼之久无居人，尤觉森森有鬼气。第申以与王妃习处有年，不为之惧。阶前古树一株，微风过处，蔌蔌作响，间有寒鸦三五，飞鸣而过，疑是魂兮有灵，化鹤归来也。申哭而晕，晕而苏者再。从此长伴青灯，与鬼为邻，不愿再堕尘网，问人间事矣。

一夕，夜色深沉，阴霾满布，凉风萧瑟，远寺钟声，相与唱和。申娥抚衾太息，寝不成梦。起视窗外，树影婆娑，直逼屋宇而进，毛发悚然，不寒而栗。三更既届，倦极就枕，忽见女侍入室，报王妃宣召，商议国是。至则披览奏章，一如平日。申娥若明若昧，惝恍不能自主。王妃忽失所在，已亦倏至巨林间，返身四顾，彷佛在鹿囿中也。林外有吟声，呜呜咽咽，婉转凄凉，若远若近，如泣如诉，彷佛犹可辨认。若曰：

凄风淡月新秋夜，独立荒陵对帝星。千里江山犹是昨，何堪回忆旧宫庭。

其声低宛，绝类女子。申方惊疑之间，又闻有声曰：文臣爱钱，武臣惜死。黄钟毁弃，瓦釜雷鸣。韩祚之斩，不出十稔矣。其音较前清晰，颇类王妃。申益疑惑，似知王妃已死。趋往发声之处，则又阒焉无人。深林寂寂，似又有余音绕树也。正遐想间，忽又闻吟声曰：

君王父子同幽禁，又复惊沉婺女星。纵使阿侬能化鹤，归来仅剩旧门庭。

吟声清澈，似又一人和之者三。复回诵，语音渐涩。忽闻前一人言曰：汝惓惓于君国，虽死不忘，殊堪嘉尚。后一人答曰：明妃月冷，犹归环珮之魂；紫玉烟沉，尚想衣裳之色。妾独何心，遽能忘乎？言次，声各寂然。申欲再追究之，忽为断钟之声所惊，蘧然而觉，则一幻梦也。窗上略透白光，似有憧憧黑影往来其间。申为之作寒噤者再，回忆梦境，历历在目。阴念曰：王妃在天之灵，其归来耶？抑以余思念王妃结想所致耶？余固不能诗乌来唱和之作，信然王妃烈魂归来矣。然而王妃不归祠宇，犹依此伤心之丛林，何耶？意者此祠之成，夫已氏实为主动，妃虽有灵，亦不愿来享耶？是耶？否耶？冥想有顷，天色白矣。披衣而起，至神龛之前，伏而祷曰：愿王妃陛下呵护宗社，毋使颠覆。臣妾当奏闻吾王，重为陛下营造新祠，以享千秋血食。祷既，仰展遗像，似觉盈盈欲下，若有灵机者然。韩王旋偕太子奔俄使馆，俄人护之入宫，复掌政柄。申娥入宫谒王，详陈前后避难情形，复及梦见王妃事。韩王虽昏庸，然伉俪之情綦笃，闻之悼甚。申娥又请于韩王，为妃修葺祠宇，以妥英灵。王从之，顾恐逢□者之怒，不敢大兴土木，仅允略事粉刷而已。王欲留申娥居宫中，申跽谢曰：臣妾已身许王妃，终身当为妃守祠矣。韩王曰：王妃中途弃予，闵娥又以身殉，予几举目无亲，王妃当必不忍于予。汝体王妃之心以为心，留宫侍予可也。申娥稽首曰：天恩高厚，敢不敬从。惟乞陛下念王妃殉国之惨，继今而往，兴利除弊，发愤为雄，王妃虽不能生见韩国之强，亦当含笑于地下。至于妇人女子，尤宜摈绝，陛下当为国珍重龙体。臣妾渎冒天威，死罪死罪。言罢，崩角有声，血流如注，不自知其痛也。韩王知不可强，纵之返祠。去韩宫数里之遥，有朱门黄壁，屹立夕阳影里，日光返射其上，惨淡作殷红色，彷彿为韩人流血纪念者。此非新葺之王妃祠耶？守祠者为一宫，娥不问而知为申某也。自后申娥不复梦王妃，离群独处，无异冷宫，时闻杜宇哀鸣，游鸿悲唳，以吊其孤寂而已。

第二则　阶下囚

冻雨横飞，狂风怒吼，寒冰惨结，牧马悲鸣。噫！此非塞外苦寒景象乎？阴沉黯淡之气，幕罩榆枌之野，鸟飞不下，兽铤忘群，当此荒凉，几疑罗刹地狱即在人间也。俄属阿穆尔省督署之西，有破屋一所，韦鞴毳幕，日受风雨侵损，隙处可以窥天。居其中者，罪犯百数十人，虽并肩蛰伏，相与御寒，犹觳觫如经秋夏蝉。微闻一人太息言曰：饥寒交逼，生不如死。又一人应声曰：今虽冻馁，犹愈于酷刑。余受炮烙，晕而苏者屡矣。言次相与泣。然遥闻远处乐声洋洋，马蹄得得，则阿穆尔总督阅兵归来矣。总督身被重裘，其坐骑亦裹以狐貉，彼狱中罪犯，曾马之不若也。

亡何，有狱卒持鞭而至，双目炯炯，狞猛可畏，传总督命，审讯罪犯。众犯奉命惟谨，鱼贯出狱门，狱卒尾之，如驱犬羊，行或稍迟，拳足交加。入总督署，两廊卫兵荷枪直立，众犯膝行而前，不敢略一仰视，及阶，皆慑伏不动。阶旁置刑具凡十余种，无一为人道所许可者。总督高坐堂皇，旁侍审判官二人，气象森严，望而生畏。旋闻庭丁传呼费士德诺，声震瓦屋，费士德诺应声而起。审判官问曰：汝何故图刺大将军费得兰公爵？汝知罪乎？充配来此，尚系法外之恩。费士德诺曰：刺大将军者，为哥修亚，业已被僇，于小民不涉也。审判官勃然大怒，拍案有声曰：汝尚狡赖乎？汝非哥修亚余党乎？汝波兰人皆贱种，不用严法，非所以待亡国奴也。言次，请示于总督，总督曰：可治以第六种刑具。审判官目视庭丁，庭丁遂下阶，执费士德诺，不容再申辩词。驱至刑具之旁，亦如审判官言曰：汝波兰人皆贱种，死一人犹不如死一鸡一狗之重语。

时反系费士德诺之手足，悬之空中，置之刑具之中。刑具以熟铁制成上下铁板，厚且及寸，大可方尺，以犯者胸部就之。犯者身既悬空，迭加重量于其上，身愈重，上下两板之距离愈近，充乎其极，可令胸骨成为齑粉。费士德诺者，本波兰之志士，当一千七百九十五年曾随哥斯基乌锁起兵拒俄。失败之后，哥氏逃于意大利，费氏变易姓名，俄波兰总督欲捕之而无左证，故借哥修亚谋刺案以陷之。在费氏既以身许国，本不计生死利害，受兹酷刑，惟瞑目待死耳。

时堂上又传柴鲁士。柴鲁士者，为倡义之嫌疑犯，解至阿穆尔省充兵役，因用波兰土语与同役者言，为逻者所执，遂下于狱。堂上传呼之顷，柴鲁士战栗而起。审判官曰：此案有成例可援，当斩决。言顷，即有荷枪鹤立之兵士至，驱柴鲁士上断头台。其刑具以机器制成，如农家所用硎草器，机纽一动，身首立分。柴鲁既被此酷刑，兵士乃大笑乐，弃其尸于沟而火其首，相与鼓掌不置，堂上长官漫不过问。又传他犯讯鞫，或以误犯军律受祸，或以不任苛役获罪。更有未成年之孩童，从波兰强拘之来，以思念父母而入狱者。审判官略一讯问，即高唱曰：某付某刑，某付某刑。嘱咐既毕，宣告闭庭，总督退座，审判官从之。而此一般无告之亡国奴，遂悉任庭丁处治矣。其刑有名火炙红虾者，缚犯人于紫铜板上，下燃以火，火焰渐盛，铜板渐热，犯人皮肤始则灼伤，既而糜烂，犹古之炮烙也。有名水火交济者，先以铁线燃红，刺入犯人之臀，犯人痛极而呼，则易以打水器，以水灌其肠部，而火而水而水而火，几番要迭，犯人无有不晕绝者。有名金龙超度者，则缚犯人于毒蛇笼中，使其手足受蛇之啮，蛇曾经人训练，只啮手足，使犯人活受痛苦耳。凡兹酷刑，不仅人道所不许，亦人意所不及料也。

众犯既各被酷刑，有呼号失声者，有晕而复苏者，有一瞑长逝者。其死者弃之荒冢间。其幸而不死者，肤伤骨折，疲不能行，狱卒犹鞭而趋之。疾行或至半途颠踣，屡起屡仆，狱卒鞭之益急，似以为非。如是者不足示其威福，而严刑峻法，又似亡国奴应受之罪也。犯中所谓费士德诺者，被刑未死，一息尚存，惟胸骨已折，不能直立，乃匍匐而前，倾仆者屡矣。气愤之余，厉声语狱卒曰：汝俄罗斯人，毋如此暴戾骄横。吾波兰不乏好男儿，盛衰循环，无往不复，终必以汝之道报汝之身也。狱卒闻言，怒不可遏，磨拳擦掌，猛击费士德诺之胸部。费氏复仆，口中鲜血迸流，势如泉涌。而狱卒余勇可贾，鞭犹不止，地上白石染成红色。此可怜之波兰志士，遂于此时从殉国诸先烈而去。

狱卒指费氏之尸，语他犯曰：此好榜样，尔亡国奴，只合如此待遇。其怯弱者，畏彼虎威，噤不敢声。就中有二三人，性气较烈，且知既入囹圄，迟早不免一死，愤然而前曰：文明强国之所为，固如是乎？吾波兰尚有君王在，尚有四万二千方土在，独不能背城借一乎？狱卒仰天笑曰：王位乎？吾帝国将以兵临之，汝之君王，行将为吾亚力山大帝之御仆。土地乎？无一草一木，不在吾帝国统治权之下，行将尽为我殖民地矣。汝等身为亡国奴，尚不自知为奴，无惑乎国之亡也。言次，格格作鹭鸶笑，鸷猛殆难言状，众犯为之战栗不置。既入狱，彼此仍相依御寒如初。其受刑伤者，或抚足而哭，或捧心而呼，顾皆不敢放声，恐为狱卒所闻，又将施以鞭笞也。众犯之中，有名桑约伯者，即顷者面斥狱卒之人，私语于众曰：国之不竞，受人荼毒，理所当然。惟彼俄人待我辈实太无人道，我辈既生入此黑暗牢笼，断难复望生出。与其受尽痛苦而死，不如一刀两断，较为直捷痛快。与其枉送此身，不如先杀彼一人，以泄胸头之恨。众犯颇韪其说。桑约伯又曰：斯达尔夫（阿穆尔总督名），深居简出，护从又众，我辈决不能一逞。无已，其扑杀此獠乎？此獠狐假虎威，与我辈相处最习，我辈受其酷刑亦最重，俟其来室，当与众共击之。言时虽不指明此獠为何人，而众犯辨其语气，知属意于顷者监行之狱卒也。无何，狱卒果至，桑约伯奋臂一呼，猛跃而前，狱卒出于不意，竟为所仆。于是众犯蜂拥而起，或以足踏之，或举椅掷之。狱卒虽具武力，众寡究不相敌，惟狂声呼救。门外巡逻之兵闻声趋入，睹众犯凶殴狱卒状，即开枪轰击，格杀勿论。众犯手无寸铁，无从抗拒，饮弹而死者六人，桑约伯亦预焉。狱卒为巡兵所误击，亦弹珠贯脑而死。

反狱之耗既闻于斯达尔夫，勃然大怒，语审判官曰：吾帝国罪犯，反狱律且着为死刑，矧彼亡国余孽，乃敢凶殴狱卒，此风断不可长，宜严惩之。审判官曰：狱中皆死囚，其悉枭首示众乎？斯达尔夫唯唯，且曰：此案不俟审讯，即可明正典刑也。此消息既播于众，各署狱卒齐集督署，谓总督所判尚觉太轻，其死者应戮其尸，其生者非凌迟无以儆其余。斯达尔夫俯顺狱卒意，择其情罪较重者凌迟处死，余悉如原议。从此破屋之中，阴沉惨淡更甚于前，惟不复闻罪犯叹息声矣。

定夷曰：是篇所记，十九世纪中事也。当时波王尚拥虚位，及拿破仑起于法，尝许波人以自立。拿氏既败，俄始尽吞波兰，废总督之制，改为圣彼得堡直隶。顾波兰小朝廷存在时，俄人遇之犹且如此，今日情形概可想见。世界虽大，断无亡国遗民容足地，吾国人其鉴之哉！

（原载于《小说新报》第4、7期，1915年）

亡国英雄之遗书

鉴湖双影

嗟乎！鸟之将死，其鸣也哀。夫吾初非博学能文之士，思以著作名于后世，而吾之所作，亦无有藏之名山、传之后人之价值。且吾心烦虑乱，头昏脑瞀，长日如处犴狴之中，而妖鬼凶魔，千百环绕于吾左右，吾心剌剌然如受万刃之攒，其痛苦曾无一息稍离。故吾虽勉强书此，恐其中不无庞杂颠倒、狂妄无序之语。吾敢请读吾书者，在展卷之时，先存一怜恤之心，勿琐琐加以督过。以吾本无著作之才，即吾著作之权利，亦丧失已久。兹虽于深夜斗室中，和墨与泪，背人而为此哀痛之语，不知吾死以后，此书能否入于世人之目？抑或墨迹未干，已为彼如狼如虎之警吏所摧残焚弃？而吾且因之身为重囚，不复能达吾所抱之的，故吾屏息掩涕而为此书，其哀乃较诸将死之鸟为尤甚。呜乎！读者恕吾，吾盖惸惸无告之亡国民也。夫吾著书之权利，既与吾国之生权同时丧失，吾慑服于异族之下，分当销声匿迹，自侪于奴隶牛马之伦，何面目复与世人相见？更何敢复以将死之哀，鸣乱世人之耳目？顾吾虽不幸为亡国之民，而此心耿耿，未尝一息忘我祖国，亦未尝一息忘我国仇，泣血锥心，誓欲牺牲此身，为吾国一雪此恨。或者恃此一副血心，得荷世人之垂悯，且亡国之痛，或为世人所未尝前知；亡国之痛之加甚于今日，更为世人所未尝梦见。吾之不惜披肝沥血，历述身受之惨史者，欲使世人知之。未亡者加意自保，勿授他国可乘之机；将亡者竭力图存，勿为吾国后来之续。当世君子，其亦曲谅吾心乎！

抑吾虽有此志，然不妨徐徐为之，俟吾阅历益多，或所述当更详尽，然而吾不能待也。吾虽磊落壮年，昂藏七尺，久已誓诸天地，告之祖宗，决不苟且偷生，视息于异族帡幪之下。吾之所以不早自引决者，徒以国仇家恨，刻骨铭心，苟效匹夫匹妇之自经，则九原之下，无面目以见吾死父，必欲得当以报，为博浪一击之谋，使吾胸中之恨，稍稍发泄，然后瞑目长往，与世永辞。故吾急急偷闲，书此与世人留一种纪念。顾或谓残杀之举，虽足稍快私心，要有背于和平与人道。呜乎！呜乎！吾愿当世诸君，勿复为此和平之假面目所欺。今日之世界，强权以外，不知更有他物。所谓人道若和平者，皆强权者用以为借口之资；若贫且弱者，有俯首就死而已，安有所谓和平与人道者？不然，吾国僻处东北，与世无争，何以听彼新兴岛夷，奴其民而据其地，而列强环视，无有为之出一言以伸公道者？呜呼和平！呜呼人道！世界几许罪恶，假汝之名，以行吾之国籍姓字，初不欲宣示于此篇，以吾谋果成者，则此书出现之日，吾名正喧传于人口，大书于报章，马迹蛛丝，读者当能推想而得。如天不相吾，所谋失败，则吾身至贱，何必以姓氏告人，读者但知吾为亡国之民可耳。吾国自周之初纪，割土分封，俾三仁中之一人世守，以奉其祖宗之祀。自是而后，二千余年来，皆臣服于我祖国，世修贡飨，不以盛衰易其向背。以吾国上下人心忠顺，不知为翻云覆雨之谋，且壤地褊小，不能与世界各国争强弱，则唯恭守臣仆之礼，为祖国之藩属而已。及十九世纪之末年，吾祖国之贫弱，暴著于世界，于是欧洲列国，群思染指于吾祖国之鼎。而吾邻有岛夷者，方以效西施之颦，暴得富强，顾其地褊势狭，局促如井底之蛙。彼国中功名之士，乃建议略地于他国，以资其发展，徒以国境邻近之故，吾国遂首当其厄。精兵突出，占我名城，国势危殆，朝野震恐。顾其时吾祖国虽积弱，犹不忍其所属之见凌于岛夷，则大兴师船，为我援助。将领匪人，雄师坐北，全军皆墨，精锐尽丧，朝野岌岌，其势不能自保，彼岛夷遂晏然据吾国而有之。而我主昏臣庸，争权未已，卒之认贼作父，开门揖盗。于是此二千数百年叶叶相传之古国，一旦见灭于岛夷，而彼老奸某某氏者，遂俨然来柄我国政矣。

吾今敬告读者：国者，虚名也。所以成国之要质者，实唯人民。故灭国者，灭其人民之谓。人民不可骤灭，则倡为种种苛法，以渐夷而阴狙之。当吾国势危殆之际，其幸灾乐祸、通敌卖国者姑不论，一般蚩蚩之民，或以为国虽亡，无与于我，我但自保其生命与财产而已。不知天下至痛极惨之事，无过于亡国之民，不但生命、财产之不可复保，而求死不得，其楚有十倍于死者。国人至此，始恍然大悟，知坐视国亡之非计，然而已无及矣。自岛人来据我国，掠我君后及太子而去，为质于彼之京师。而彼老奸某某氏者，凶顽惨毒，所以虐我国人者，无所不至。烦捐苛税，敲吾民之骨而吸其髓，而防口之严，过于防盗。警吏遍地，侦卒星罗，偶谈故国，便撄重典。其尤可恨者，彼虑吾民之反侧，则遣重兵为戍，其兵卒之骄横，将士之纵弛，为从来所未有。商人陈货于市，戍卒择其尤者，挟之以去，向之索价，则偿以枪趺，此犹仁慈者也，否则竟开枪击毙之，莫之敢阻。而其统将亦不之问，遇妇女于途，辄恣其调谑，或数卒挟一少妇，迭就污之，至死乃已，怨毒之气，弥满城市，然无如之何也。警吏、侦卒得随意入人家，其家须殷勤款接之，偶犯其怒，辄捏状白之官，中以奇祸。吾邻家为旧绅某氏，一侦吏入其宅，搂其处子，处子不堪其辱而死，其家涕泣殓之，不敢出一言鸣其冤。凡此类者，书之不胜书，盖至是而吾国真暗无天日矣。

以上种种者，吾述之不及万一，然已发指眦裂，手震颤不能成书，而身受者不敢作一不平鸣。吾初以为此辈殆荏弱，乃不敢诉之于法律，天下自有公理，岂容鼠辈横行。顾未几而家难作矣，吾椿萱具在，年皆逾花甲矣。吾父读书识大势，借祖父之荫，拥资甚富，壮年慷慨喜任侠，急人事如己事，所交游多悲歌叱咤之士，吾父挥金结纳，相知遍海内，而家以此落，然尚温饱也。自国事败后，吾父侘傺无聊，郁郁不自得，然以年迈不欲为非常之事，尝抚案叹曰：使吾迟二十年，生者决不容奴辈猖獗若是。及某某氏来执政柄，吾父见其种种苛暴之政，及戍卒之骄恣无人理，则跃然起曰：同胞受人欺凌若此，吾不能复惜此一付老骨头，当以此身付国家矣。遂走伻约旧时诸相识，集吾家议中兴大策。吾其时年才十余龄，常侍吾父而立，虽不能尽解其所议何事，然见诸义士议论，咄咄夺臂扼腕，辄肃然敬听，知诸义士年虽衰，其血热于少年也。及客既散，父则招吾至膝前，历历告我以国事败坏之由，及国人受虐之惨。言至沈痛处，则以拳击案，砰然有声，且曰：吾老矣，所事或败，则孺子当善继吾志。海可枯，石可烂，国仇不可不报。孺子及身不成，则传之孺子之子，子以诏孙，孙又诏子，世世为国家谋，终有告厥成功之一日。有渝此志，天地祖宗共殛之。吾恭聆严训，铭诸肺腑，顾匡复之业殊非易言，以某某氏防吾民至密，五人之会即有厉禁，而筹备军械尤属难事。吾父乃出私资设一小铁厂，借以阴购军备，乃不数月间即为警吏所干涉，勒令停闭，犹幸仅属嫌疑，别无违法之据，得以停止营业了事，然而谋事之不易从可知矣。

吾邻人某者，其名氏不足污吾笔墨，且自残同类，禽兽不为。吾滋不欲暴同胞之丑，以贻笑于天下人，故仅称之曰某。某亦世家子，读书工属文，尤善辩论。常与吾父言国事，辄扼腕太息，谓虏欺我太甚。吾父以为同志也，潜与谋大事。某鼓掌赞其议，誓当牺牲此身，以谋大举。吾父及诸义士皆深佩之。既而同志日众，旧时之兵亦有乐为响应者，且得某国人以枪千枝相售。吾父大喜，立以贱值鬻其田宅，以资付某国人。事既稍稍就绪，乃议于月之十日，集各处诸首领会议于吾家，而邻人某独不至。吾父以为别有事也，殊不之疑。客既集，计是日来者凡二十七人，皆同志中精拔之士，力以光复为己任者。坐甫定，忽吾家老仆仓皇入室，未及言其故，已有警卒数百人，露刃擎枪，一拥而入。此二十七人者，以众寡不敌，遂与吾父同时就缚。吾父忽举首见邻人某杂警卒中，方指挥警士，搜取证据，啃曰：败吾事者汝耶？人之无良，一至于此，吾国之亡宜矣。于是银铛铁索，累然上道。吾是日以年稚未与会，幸免于祸，然见吾父被捕，心肺具碎，意欲挺身而出，从吾父入狱去。吾父似知吾意，睁目怒视，若责吾之鲁莽者。吾陡忆前日之训，觉此身负责至重，不容轻蹈不测，以一死自解，遂坐视吾父受拘而去。吾母见父得祸，痛极而晕，吾妹荷珠则牵母裾悲啼。吾其时痛父悲母，复怜弱妹，千钧之重负，转瞬加诸吾肩矣。

嗟乎！狱吏尊严，囚居龌龊，凡人至此，讵复能堪？况乎虏官之视我国人，曾犬豕之不若，槛车如栉，鞭笞横施，吾父与此二十七人者，竟手桎梏入黑狱矣。吾父以垂暮之年，抱亡国之痛，而又所谋不遂，身为重囚，同志英雄，一网打尽。念此锦绣河山，林总赤子，从此将长为异族所据，而俯首以仰其鼻息。国亡家破，万劫无伸眉之时，恨与愁并，目裂心碎，呼天不应，与鬼为邻。入狱未几，便撄重疾，而虏吏诛求无已，计欲网罗群从，隔绝交通，禁止闻问。故吾父抱病禁中，吾竟不克稍尽侍奉之职，徒有对禁卒而哀鸣，望狱墙以垂泪。嗟乎！人生至此，天道宁论，惨绝尘寰，呼穷阊阖，盖不周旬而吾父死于狱矣。吾闻此终天恶耗，擗踊恸哭，泪与血流。明日之晨，吾乃诣狱门迎父尸，数禁卒以白板扉舁之而出。吾见其双目怒视，须发猬立，知吾父虽长辞斯世，家国之恨，历万古而不磨。吾知吾父之遗恨无穷，则跪而祷曰：父瞑，儿苟不能舍身犯难，以竟吾父之志者，有如天日。尸既至家，吾母抚之号呼，一恸而绝。吾才撄父仇，又抱母丧，天乎！天乎！吾身何辜，犯此奇祸？吾抱此钜痛，数欲随吾父母而去，顾念轻身忘仇，将何以为人子？于是草草殡殓，附葬祖茔。而彼二十七人与吾父同时就捕者，则含冤茹恨，骈首以就戮于荒郊。碧血连天，鬼雄夜哭，惟有青磷点点，代表其家国之痛而已。

呜乎！呜乎！吾至是不但为无国之民，且为无父无母之儿矣。吾仇亡吾国之不已，乃更辱吾慈爱之父母以去，天长地久，此恨绵绵。然而抱此钜痛者，不仅吾一人。试一旅行，吾国以内，无处不沉沉昏暗，笼罩于愁云惨雾之中，而里巷之间，常隐隐闻人饮泣声，盖皆受某某氏之毒，而无可告诉者也。然吾自哀不暇，何暇为他人哀。吾料理丧葬既毕，则日日思所以复仇之计。初欲踵吾父之成策，联络国内英杰，为三户亡秦之谋。久之久之，知此策迂远而鲜成效，以吾国豪俊之士，已为某某氏诛锄殆尽，阘茸暗懦之辈，语以大计，则掩耳疾走，其中且不乏如邻人某者，谋卖同胞以图富贵。吾熟思深虑，知匡复之功，终非碌碌如吾者所能奏效。且道旁筑室，多议论而少成功，吾欲报家国之仇，当不得已而思其次计。彼老奸某某氏者，实祸吾国之巨擘，而亲致吾父母于死地者，吾当处心积虑，效张子房之图始皇。此则尽一人之力，即可稍泄破家亡国之忿，而光复大计，则俟之贤者。吾谋既定，则趋吾父墓前，跪陈其策，且求吾父英灵，阴为吾相也。

顾吾虽不图大举降格，以从荆轲、聂政之徒，而漆身吞炭，其事犹有未可即行者。以吾父有言：匡复之业，即吾身不成，当传之吾子。使吾轻身犯难，不先为嗣续之谋，则身后之志，孰为之继？且吾弱妹荷珠，为吾母之所钟爱，今犹双鬟了髻，未有室家。吾苟轻弃以去，安能无失所之虑？故吾之所急急者，娶妇为要，嫁妹次之。所幸良缘天定，无俟远求。以吾父同志之二十七人中，有孤女年二十矣，读书明礼，瑰然为女中丈夫，且亦志复父仇，而其家奇寒，至无以谋饔飧。吾以通家之谊，时时周济之。

既而其邻人为吾作合，使女归吾。吾以志同道合，欣然纳之闺房之中，时以杀贼复仇相激厉。吾以鉴于吾父之败，犹未敢轻以所谋告之。明年，举一雄，长耳大目，啼声朗朗然，汤饼之会，见者啧啧称英物。吾则私喜，谓继志有人矣。又明年，嫁吾妹于同邑某氏，亦吾世交也。吾既妹嫁子生，谓所谋不容复缓，则私购一小铳，日至无人处。试之久之，所发无不中。乃天不相吾，某某氏之天禄未尽，一旦奉调而去，归其故国。吾知之，大悔自咎，因循计欲达吾之志，当追踪至彼国。道远备严，其艰加甚。然吾不敢以难自阻，日思挟枪往迹之。徒以吾父死后，不事生产，家境益困，去国之费，乃无所出。徘徊复徘徊，吾子已能绕膝而行，牙牙学语。吾袖中匕首，跃跃欲试，终以道远费绌，不能寻仇而往。唯日与吾爱妻稚子，椎心泣血，极言父母之仇，家国之痛，用以自厉而已。

流光如驶，去日苦多。吾父母之死，瞬已七年，吾子亦五龄矣，峥嵘头角，壮硕乃逾常儿。吾既无力使之就傅，则与吾妻躬自课之。吾儿绝慧，善读而解人意，屡闻吾与吾妻述家国灭亡及父母惨死之故，辄从旁握其小拳曰：父勿悲儿，他年誓杀贼以雪国耻。吾见其作此壮语，亦强笑抚之，谓儿当常怀此志，勿因日久而淡忘。因顾谓吾妻曰：吾命不知亡在何时，此子教养之责，唯卿任之。及其稍长，当告以祖父之志，令其力图光复，无若吾之舍难就易也。因以吾所谋告之。吾妻涕泣应诺，殊不作一短气之语以灰吾心。一日，吾妻方读新闻纸，忽跃起呼曰：咄！老贼，死期至矣，乃敢轻去其巢！吾急询以所见云何，则指一栏示我，谓某某氏者，定于某日自其国出发，旅行吾国左近。吾读之，心跃气壮，大笑曰：吾谋济矣！立出小铳整理之，纳弹满中，质衣饰得数金，匆匆束装，往追吾仇之迹。顾吾妻曰：别矣！苟有他生，会再相见。吾妻呜咽不能语，仅呼吾子曰：雄儿，好送若父！儿见母泣，亦失声而啼。吾乃抱吾儿吻之，遂以一衣一剑拜别吾父母之墓而行。

呜呼！吾今在某城之小逆旅中也。某城虽为东方繁盛之商埠，而此逆旅乃卑污有如豕圈，所居多佣工苦力之属。吾食贫久，殊不以居之污陋为苦，犹幸得独据一室，孤灯如豆，月影透窗纸而入，乃与吾灯争其光明。吾俟众人皆睡之后，出此册疾书之，四壁虫鸣，与寓客鼾声相应和，其境乃至凄寂。吾自离家以来，历长途凡十余日，吾既无舟车之费，则旅行唯恃双足。幸吾双足至健，力行乃不觉疲，殆鬼神阴相吾耶？吾途中所遇狂风暴雨，烈日飞砂，吾皆不之少阻。长途仆仆至此，幸不后期。以报纸所载，彼老奸某某氏定于明日之晨道经此处，由此乘汽车北行。吾苟不于此间行吾志者，则鸿飞冥冥，又需踪迹之劳。吾今书此之时，闻门外警士往来，刀环相击，锵然作响，而橐橐靴声乃相续无已，知警备严也。吾凭吾父母及诸义士之灵，殊不以彼淫威为惧，以世上果有天道者，吾短枪一鸣，必能揕老奸之胸而夺其魄。吾大功既成，然后仰天一笑，回枪自击，与吾父吾母相见于地下。吾知吾父英灵，当掀髯大乐也。嗟乎！天下事不问难易成败，唯恃此心。吾此时恩怨分明，胸中乃无丝毫挂碍，遥知吾爱妻稚子，此时方拥絮而眠，喁喁小语，私祝吾大功告成也。（原书止此）

双影曰：己酉之冬，友人有旅行露西亚者，自冷摊中购得故衣一袭，方襟大袖，俨然汉官威仪。自其衣囊中得一小册子，古文蝌蚪，不知所载云何，持以示余。余译之，乃得此篇，洋洋数千言，述亡国之惨，复仇之切，读之令人雪涕。而国籍姓字，两不分明，其犹太之遗黎耶？抑波兰之志士耶？其所谓岛夷者，或斐洲之野蛮耶？是皆不可考。顾记者既自名为亡国之民，则姑名之曰亡国英雄，而己录而布之，使人知亡国之痛苦有若是者，用以为未亡者鉴。而怨毒之甚，铤而走险，则匹夫致命，其力足以死人豪。彼狡贼险狠，日以图亡人国为事者，亦可以稍稍戢矣。至原书篇末所署之年月，则为东方某暗杀案发现之前一日云。

（原载于《礼拜六》第 90 期，1916 年）

箕子镜

洪叔道

大风扬尘闭户，无聊寻败麓中，得友人寄赠手编新剧《箕子镜》，一引激昂慷慨读之兴作。辑其事迹，遂以成章，仍以友人一引冠篇前，自知简陋，不过聊以游戏云耳。

引曰：战血玄黄，摧兰折蕙，怒潮苍碧，震亚惊欧。惨矣哉，虫沙浩劫。伟矣哉，儿女英雄也。三韩乃箕子故封，中华旧服，权奸窃柄，王政不纲，订合并之阴谋。恨虎伥甘心卖国，据堂奥而肆虐，痛鸱夷攫我危巢，庙社为墟，感兴禾黍，宗臣仗义誓复河山，欲施博浪之椎，不惜一大发难，愤击自由之鼓，无如万马皆喑，继志有英雌李膺，以嫌疑被逮，忠骸填犴狴广漠，则钩距偏多以致亡命绿林，红颜草檄，埋香黄土，锦字留缄。惨兹游子归来，求凤中野，使彼敌人所在射我辽东，义愤填胸，审判台时关祖国，心致到鼻，箕子镜光烛重霄。吁！铁树无花，琼枝已萎，丹忱亮节，冰玉交辉，绿惨红愁，鸯鸳恶劫，人间何世，天地无言。此时闲话兴已，望汉城于日暮，他日唤醒幻梦，愿殷鉴之常悬。

琼花李姓，朝鲜王族女也，才貌如仙，好读诗书，尝慕木兰之为人，虽巾帼犹丈夫也。文托国之大臣，时有中国人郭姓者，山东蓬莱人也，其先为明遗民，明末亡至韩，居汉城数世矣。郭为巨商而托则世胄，相交结久而益密。

郭有子名敬一，幼尝与女同塾读，两小无猜，久乃亲爱。郭子虽慧不女若，然好舞刀弄兵，尤投女所好，引为知己。积数年渐长，女隐以终身托生，生亦心许会。郭父命子留学日本，居年余来，归谒托并视女，托为生置酒食相欢，言间颇露缔婚意，生拜允，其后遣冰纳采，遂成秦晋。

一日，托出其先世遗宝箕子镜以授生，曰：君虽中土人，然寓居已久，身家在是，我朝自权奸弄柄，盗卖重器，大好金瓯，行见破碎，小女既附女萝，惟君是赖。老夫耄矣，恨不食贼之肉而寝其皮，旦晚且死，吾死后，尔夫妇速入中土，别寻安乐窝可耳。此间俟某一了，朝士无人，便见荆棘没铜驼矣！

郭恶其语之不吉，亦泪下，勉慰之。怀镜趋出，途中遇女，屏从人哽咽而言曰：郭郎，郭郎，可悲之事莫今若矣！自完用当国，老父与共朝政，愤郁不平，恒与龃龉。日前犹廷批其颊，妾谏之者数矣，终不移，恐家族不保，夫国之不存，家何足计然，妾自知难望久奉侍君子，况君亦奇男子，岂尽为儿女私情害人大义。此时望君速东渡，号召同志与举义师，共勤王室。若是，则奸佞可诛，而三韩可复，而会合又长也。不然，恐无相见之日矣。言讫，泪如绠。俄顷，郭仆奔白太翁逝世，郭匆匆便别，未遑细话。

丧仪既毕，郭在制中不敢往托家。盖三韩诚礼乐之邦，人皆知进退之道也。制中无聊又复东游，未暇与托为别也。托自许女郭氏，日饮醇醪，遇事寻隙，力与宵小争，人人畏之。时李完用方唱亲外策，阴害其掣己，谗之大国之监，遂下托狱。女奔走号呼，讫无应者，盖举朝尽豺狼，谁复能顾忠直之士也。托瘐死于狱，女大悲，恨思乘间刺完用。适完用吊其丧，女伏绖苫怀刃。事泄，女逃亡之山中屡举义师不抗，众大溃。女负重伤潜行至苏村，自知创剧不可疗，乃以刀断襟袖作笺，齧指作书，遗村人，遂殁。村人共葬之。

初，郭自抵日寓东京，久不得女耗，问心知有变，弃业西归，始知岳丈已惨死，而女逃逝无踪，大悲，出游四方，将以阴联有志，借觅女踪迹。一夕，道过苏村，宿逆旅，睹女诗留壁上，墨迹淋漓，情词悲感，急询之村人，村人指示女墓，则已玉碎香沉矣。郭自是若狂，其后卒以谋恢复被执，不屈，出箕子镜自挝死。

外史氏曰：悲哉！女也有托翁之父，郭君之夫，女居两者间，以孝事其亲，以死许其国，而以义酬其夫，虽儿女情长而终，令英雄短气也！嗟夫！吾闻之，商之将亡也，箕子佯狂而为奴，托也者，诚不愧为箕子之后矣！

［原载于《大公报》(天津)1917 年 2 月 23 日］

记高丽女子

瘦鹃

韩之亡，于今多年矣，汉水滔滔浪，淘尽多少英雄？虽有一二志士，乘时崛起，而锦绣山河，卒陷于万劫不复之境，亦可伤矣！畴昔之夕，宴饮万家春，酒酣耳热，谈兴飙举。友人某君为吾道高丽女子事，滥笔记之，亦足见高丽之非无人也。

高丽女子者，本大家女，工诗书，有艳名，少小知大义，常以国亡家破为恨，流转至日本。挟瑟作大道倡，娴日语，以日人自讳。灯红酒绿，一曲清歌，眉黛间往往有楚色，盖其一寸芳心，初未尝一日忘国也。

时日相伊藤博文方当国。退食之余，辄作平康游，走马看花，兴复不浅，一时艳史流传，因得“牡丹侯”之称。一夕宴客征歌选色，以花符招女，女挟瑟而至。式歌且舞，宛转尊前，歌声沥沥如莺簧。伊藤大悦，宠锡有加。居未久，即纳为姬。于是女时以巧笑美盼蛊惑于侧，红闺月夜，然脂写韵，伊藤所为诗，皆女为之。由是宠之益深，日夕非女不欢。而女报国之志，未尝或忘。

时韩志士方秘密结社，有所规划。女亦歃血入社，指天日为誓。社员凡十五人，皆少年英俊，安重根即十五人中之一也。

女日侍伊藤，谋刺之苦不得当。会伊藤膺日皇命，为韩总监，女即以行期私报社中，俾预为备。社中举安重根为实行委员，伺于哈尔滨。女复贻以伊藤小影，期在必杀。行有日矣，女日夕祷天不已。

伊藤既行，至哈尔滨。安重根已预伏车站中，出手枪殪之，数发皆中。卒亦被获。右手握枪，左手中则赫然一伊藤小影也。女见大事已成，乐乃不翅。恐祸及己，遂易服遁，流寓中国，蛰伏可数载。每与人道祖国事，泪涔涔下。偶弹瑟为歌，恒作激楚之音。尝以臂示人，瘢痕隆起，即当年与诸义士歃血之迹云。

（原载于《新闻报》1917年8月27日）

安重根外传

资弼

安重根，朝鲜人，乳名英[应]七，以胸前有七黑子也。其父泰勋，读书有奇节，即太皇中起兵击东学乱徒者也。先本顺兴人，徙居黄海道海州，世为州吏。

重根少时，从父读，性豪爽，英拔任气，不惯久居窗下，逃去，游猎山中。工射击，飞鸟应手落。年十四，随英侨入耶教。

光武九年，日俄战起，日卒获逞，得保护朝鲜权，遣大臣伊藤博文为驻韩统监。重根衔之切骨，愤然有恢复之志。以关西民俗劲悍，乃移居平壤，散万金之产，纳交豪杰，延聘名士，广兴学校。越二年，伊藤胁太皇内禅。重根大惊曰："日人何无顾忌，若是也？"乃微服入京，集会演说，痛陈国家危急状，声泪俱下，满座为之动容。因在江原道纠义兵，杀日侨，焚板屋，为日警所执，囚七昼夜不得饮。卒用计逸归，仰天大号曰："噫，井深而绠短，奈何？"继思："己身幸脱虎口，是天不欲亡韩，而寄以重任，其速尽而心，努而力，百折勿回，灭此朝食。西北间岛，国人苦苛政而逃侨者，不下数十万；以统监事出而避居者，亦往往而有。若辈伉爽男子，义气丈夫，教之皆兵也，吾可往乎！"临行，忽悟日人方索己，恐被执，遂易西装，请英教师与俱，为若宣教者。

历间岛，至海参崴，前后纳交豪杰数十人，立中兴会，相誓救国为作盟词曰："汝必出力复大韩独立，即雷火落汝之头上，焚烧汝之身体，并累及汝之五族，勿违此约。"重根拔刀击案，作声铿然。随断左手第四指，血书盟词如人数，各执一。侨众咸为激起，作义兵队，己为参谋，更推众中长者为大将，从众望也。操练既久，遂率数千人渡鸭绿江，人咸镜道，与日兵遇。于是重根身先士卒，大呼驰下，日兵皆披靡。千里转斗，多所杀伤。里吉州，日本援军骤增，义军始败。

朝鲜本中华属国，间岛为中韩交界地。日本既得韩国政权，以兵胁我，责还间岛。时清廷外交尚得人，克不辱命。日本见势难胜，愿让间岛，请借清满铁路权,清廷许之。各国闻而怒曰:“利益均沾,我辈亦当各得土地少许。”清廷大震。

是时伊藤欲与英俄使臣,秘会于我地哈尔滨,谋所以操纵我国之事。未几,从数人往。时重根居海参崴,闻言大喜曰:“行吾素志,此其时矣。吾盍先除伊藤?”告同盟人禹德淳,德淳愿从去。德淳者,原业银匠,性慷慨义烈,感物易哀,嫉不义如仇,喜为人鸣不平。愤统监事,寓海参威。重根与德淳各携手枪,向哈尔滨进发,至布克拉厄齐亚车站。是地俄侨最多,欲窥伊藤动静,非通俄语不可。重根乃于本站求得韩人通俄语刘东夏者,秘其事而语之曰:“伊藤,人杰也,吾欲瞻风采者久矣。闻今将至哈尔滨,君能偕吾一往乎?”东夏如其请。既而东夏以事辞,不果行。倩洗濯商曹道先代之。道先,江原人也,素耳重根名,一见如旧相识。重根乃悲歌慷慨,自为词曰:“丈夫处世兮蓄志当奇,时造英雄兮英雄造时。东风吹寒兮摇动汉水,愤慨一往兮吾必反尔。惟我同胞兮速恢大业,万岁万岁兮大韩之独立。”歌数阕,德淳以俚歌和之。道先明重根意,击其手掌曰:“吾敬闻君之志矣。时已迫,请偕行,赴汤蹈火,与君同命。”重根即与德淳、道先同往蔡家沟,以探伊藤来信。既至,税居逆旅。日久,资金告尽,嘱东夏代假资于韩人侨住哈尔滨者,不得。重根乃谓德淳等曰:“二公可留此待我,我往办资,行即复来。”遂独还于哈尔滨。

则有报云:“伊藤以明日至矣。”街谈巷议,惟“伊藤”二字,足令人注意。重根闻之,不啻以针刺心,痛莫堪言。夜间,绕室行不休,晨兴即诣俄车站,立俄欢迎军后以待之。重根已易西装,故俄人认为日人,而莫之疑也。及伊藤至,下火车观军容,距重根数十武,重根本不识伊藤,以曾于报纸所载小像见之,遂从容取枪遥射,三发,中右腹及背,伊藤乃死。重根掷帽狂舞,高呼大韩万岁。私念苟为所获者,必受惨刑,方欲以枪自击,已为日人围执,夺枪去,缚之。问何为杀伊藤,重根笑对曰:“伊藤,吾大韩万世之仇,安得不杀?”又问谁与共事者,重根哂曰:“杀伊藤,犹杀鸡犬耳,此易事,尚欲与人共乎?欲杀我,杀而已矣。”问此何为,遂闭目不再言。

日人囚之月余,移于旅顺。道中,日人待重根礼稍衰,重根瞋目视之,头发上指,眦尽裂,曰:“我虽为汝俘,乃大韩义兵将员也,尔等何敢无礼?”至旅顺,大步从容入狱。数日,日本法院长真锅宣期开公判。美国律师屋克皮登、英国律师德雷施、俄国律师米罕伊若夫,以及西班牙律师等,闻判期,曰:“安重根,爱国志士也,不可杀。吾可往为辩论。”各自绝大洋,越万里而来。日本律师纪志亦躬谒真锅,自请为辩论士。曰:“此判不公,是使我国轻于一羽也。”真锅决欲杀重根,斥纪志不用,以其爪牙二人为辩护,且斥他国律师曰:“不通日本语者，不得与判。”由是西洋各律师皆裹足不得前，真锅引重根出于庭。

重根受判时，意气安闲，两手横交于胸，数数以巾拭面。真锅循律师例，首间姓名籍贯，次及杀伊藤事。重根侃侃对曰：“溯日俄之战也，贵国天皇致宣战书于俄国，复与清廷约，谓将助大韩独立，我国上下，胥为心感。及战事告终，伊藤竟食前言，违天皇意，逞一己雄心，希图禄位，以兵胁我，而败我独立，夺我自由，奈何者？”真锅曰：“闻尔党有义兵队，参谋中将究谁也？”重根扼腕曰：“所谓参谋中将者，我是也。向使伊藤不来此，吾侪将使义兵围击于途，杀之不得，亦当聚我大韩好身手，以戎舰问津于对马之岛。”如是讯者数次，卒无词可罪重根。真锅遂再引重根出。重根曰：“伊藤之败我独立，固我大韩臣民万世之仇，而又擅废我太上皇。夫伊藤之于我太上皇，外臣也。外臣亦臣，以臣废君，宁能免诛乎？”语至此，声益状，侠气飞扬，精烈迸越。真锅面青口瞪，痴坐四顾，不知所措。重根则嗔目以视，怒发上指，斥伊藤为乱臣，而叱之曰：“伊藤之罪，上通于天。迫我大韩皇帝之废立如此，堕我大韩国家独立如此，败东亚之和平如此，破世界之公理又如此。更考之昔日，则我明成皇后闵氏之弑谋，伊藤实为主动；贵国之先皇帝……”真锅闻言，惊骇继绝，左右咸瞪目吐舌，舌久不能收。急挥手止之，令勿声，且令旁听者退，故其词终无闻者。其云贵国先皇帝者，谓伊藤行弑也。

重根自入狱，廷讯者凡六，始终坚一词，无少屈色。狱中尝以女色媚之，冀得以私仇害伊藤语，而重根不为色动；又伪作重根挚友，强劝饮酒，使醉时书“私仇”二字，重根知是意，佯醉，奋笔疾书曰：“大丈夫身可杀，志难夺。”真锅计穷，乃曰：“安重根所言之主义，悉系误解，名为复仇，其实否也。况我关东法院，有裁判保护国之权，则安重根当以死论。”论定，真锅复使人谓重根曰：“子之死不远矣。若子言误解主义者，尚可求生。”重根闻言大怒，挥之令出，曰：“尔侪所言之主义谓何？误解二字，更作何解？伊藤所谓[为]，背人道，违天理；我之所为，践正道，行大义。三尺童子亦能知此，而乃谓我为误解乎？汝侪欲杀我，其早杀耳。不然，我生一刻，则汝国有一刻之忧，而真是非之表白于天下，必有日矣。”闻者咸为叹息，日人亦有为之感动。

英律师德雷施，尤器重根为人，揽衣劝令再诉。重根笑执其手曰：“感君侠义，来世愿酬大德。志士男儿，贵得死所。彼山之陋，水之涯，黄土秋坟，埋没英雄几许，皆抱志莫伸，九泉含恨。今伊藤已去，吾事已完，死瞑目矣。”德雷施曰：“君亦有遗嘱否？”重根曰：“人情谁不爱其父母妻子？请代函达吾家。”谢之者三，昂首从容入狱。

明日，法院宣其罪。重根母率重根二弟定根、恭根来诀，不肯面重根，但令定根等代告之曰:“向汝父谕汝忠心报国,拯救万民。今汝幸能如父志,行将见汝父于地下,庶几有报辞,吾诀止此矣。”日人以二月十五日缓死之。正命时,年三十有二。有二子一女。

初重根闻判期,贻书定根曰:“天助大韩,国仇已复。幺魔小丑,尚要吾命。吾死不足惜,所不能忘者,慈母多病,子女无依。再则国事日艰,后起无人,茫茫前途,何堪设想?望吾弟卧薪尝胆,亟起谋之。吾死之后,勿埋吾骨于仇人治下之土,可葬之哈尔滨,以成吾之志。吾在黄泉,感且不朽。”是时定根将践兄遗言,日人不许,即葬于旅顺狱内。后检搜重根箱笼,得在狱中所着《东洋平和论》数万言,伟言正议,各国人争以万金购之。德淳、东夏、道先,次第为日人所获。公判之时,德淳切齿而对,亦颇慷慨,日人处之监狱三年。东夏、道先皆言未与此事,罪次于德淳。

异史氏曰:重根一布衣也,其所为能惊天骇地,如于深夜好梦中,骤鸣雷霆,使闻声者能不色变?较之闵泳焕、赵秉世、洪万植、宋秉畯诸人,或受国恩,或承使命,先后立节者,亦足多矣。我国今日,江河日下,外侮频乘,安得有重根其人者出,一为吾国民雪此大耻乎?

[原载于《小说新报》(上海)第5卷第1期,1919年]

奴隶痛

绮缘(吴惜)

嗟乎！国事蜩螗,每况愈下,今日何日,非所谓存亡绝续之交乎？吾国民苟能万众一心,力自振作,或犹可以自保。然事固犹不易为也。苟于此千钧一发、岌岌可危之际,犹复醉生梦死,若秦人视越人之肥瘠,或则不知奋勉于常日,而徒叫嚣于一时,事既变迁,心亦沉寂,不复忆及危亡之在即,则窃恐彼幺麽小丑,且视为黔驴之技穷,而窃笑于后,方秣马厉兵,以期遂其蚕食鲸吞之志,我数千里锦绣河山,四百兆神明遗胄,能勿贴然就范,入其掌握？当此之时,人为刀俎,我为鱼肉,纵力竭声嘶,而世方尊崇强权,宁有公理？又谁复来相援者乎？他固勿论,彼三韩者,拒[讵]非吾同文同种而为属国者乎？不幸为强邻所迫,竟召灭亡。综视其亡国之原因,皆与吾现状相肖。然当韩之亡也,有仗义执言者乎？殷鉴不远,实为寒心。作者谫陋不文,何敢冒言无忌,顾亦同为国人,同具爱国之心,狂草露布,犹未及时;告诫国人,责不在我,则惟有托诸说部,以警世耳。因是而忆及韩亡之痛史,此得之于余友韩人金某之口,录之以飨国人,当洒一掬同情之泪,而引以为鉴也。

金为韩之全罗道求礼郡人,自言亡国以还,已忘其名,惟以国魂为字。非谓国魂寄于其身,特其一身已与国魂相凭借。苟国魂而终不得返者,则亦惟有蹈海以死耳。金为人伉爽,能诗擅饮。国亡后,来客吾乡,与余颇相得。惟泪痕竟日界面,无时或干,盖蕴亡国之痛深矣。某夜,酒酣耳热,盈腔幽愤,益不能自抑,则倾囊倒箧,宣之于余前,于是而数千之恨史,有所来矣。

其言曰:我韩国之必出于亡也,凡有识者,无不知之。夫以地狭民懦如我国,处以弱肉强食,灭绝公理之时代,且介于强邻之间,犹不励精图治,固自有取死之道,而不必归咎于他人也。然以佛家因果报施之说证之,则和善如吾民,绝不人侮。数千年来臣服中华,以藩自居,比诸他族,已觉可怜,岂犹终必晋以亡国奴之头衔而后已耶？天道无常,固吾人所不可得而知已。试论亡国之因，则首为尚文轻武。国人舍劳力者外，多好钻研文字，工诗赋书画者，多不悉数。苟举世而尽弃武事，致力于此，则犹可引以自炫，不失为佼佼者。无如我方咿唔窗下，人已磨刀霍霍而入，秀士与剧盗相抗，宁有幸者？而彼吞灭吾国之邻邦，土地人民皆与吾相若。其所用文字，且至简陋，恒为吾人所哂。然徒以尚武故，虽蕞尔三岛，已骚骚乎称雄全球，非特吾国与琉球诸邦不足供其一蹴，相继而入版图，即素号地大民众之中华，数十年来，为所攫得之利益，亦不可胜计，且有朝不保夕之势矣。

吾国固有必亡之道，然推原祸始，为之导线者，则固官吏也。吾国人素多纯良，对于官长，无不俯首下心，顺其意旨，惟命是从，无敢稍抗。而官吏所以治民者，亦当兢兢业业，无忝政声。乃十九利欲熏心，不顾民瘼，图一己之利，忘万姓之害。顾一国之脂膏有限，终不足偿此辈之欲壑。则又相偕以国赠诸邻邦，而获其重酬，营菟裘以终老，且召敌人之欢心，博得虚衔，因以炫于国人，国终已亡，身殊不苦，以是据高位者，几无不以卖国鬻民为事。一夫首倡，百僚风从，虽有少数廉洁者流，惓怀邦国，力起与争，亦终于事无济，于是国家即为此辈断送矣。世人不察，徒知李完用为卖国贼，孰知以一人之力，胡能举国而尽卖之？彼黑幕中与李志同道合而力助之者，尚不知有几许在，李特为之魁耳。语云："国家将亡，必有妖孽。"若此辈者，殆即所谓妖孽也。

吾大韩之亡，不仅是也。党争之烈，亦其一端。以内乱频仍，外侮乃随之而起。阋墙之争不已，即无强邻侵入，亦未必能复保其宗社。而当局者耽于利禄，不惜以国家为孤注，从而攘夺之。敌兵压境，乱犹未休，转为之所利用，因而长驱直入，无一与抗。苟能万众一心，尽屏私见，激于义愤，努力杀敌，则天下事成败犹未可知。犹忆国濒亡时，朝中党徒，纷争方烈，党自为谋。甲党甫建一策，而乙党以为无利于己，必尽力破坏之。他日乙党或有所计划，则甲党必亦从而效之。扰攘无已，谁起拒敌？殆天地间之戾气，钟于此辈耶？若李完用、朴齐纯权重显辈，同具圆颅方趾，独非人类，而乃枭獍之不若，是诚不可得而解矣。吾仅一儒士，曾未授职，虽亦惓怀邦国，而手无尺寸之权，纵有空言，何裨于事？吾少时，亦懵懵昧于天下大势。及后从同里黄云卿先生游，深获其训诲，而热血盈腔，遂时时勃发，恒诵"天下兴亡，匹夫有责"两语以自勖，固未尝一日忘也。先生文章气节，冠冕词林，曾有《梅泉集》行世。及后合并事起，知大事之终不可为，不忍更托庇他人宇下，乃仰乐以死，且赋四绝以见志。句曰：

乱离又到白头年，几度捐生却未然。今日真成无可奈，辉辉风烛照皇天。

楚氛掩翳帝星移，九阙沉沉昼漏迟。诏敕从今无复有，琳琅一纸泪千丝。

鸟兽哀鸣海岳濒，槿花世界已沉沦。秋灯掩卷怀千古，莫作人间识字人。

曾无支厦半椽功，只是成仁不是忠。心境仅能追英谷，当年愧未蹑陈东。

余尝坚志勿忘，至今犹时诵之。俾时得奋励，他日可以见先生于泉下而无愧也。

当祖国邱墟之日，余方远游吉林，未获一睹此惨目惊心之状况，而心终悬悬莫释。星夜遄归，而国事已定，仅见木屐儿无数，回旋道上，意气张甚，而我国人则无不囚首垢面，涕泣甚哀。间亦有作欢颜者，则惟一般卖国贼耳。斯时君王虽未下殿，而已无统治国民之权。彼强邻则诏派总监，以其若干人隶之，声势远过帝王。吾王虽仍拥有尊号，而自实际言之，则且不敢忤强邻一狗。朝中旧臣，胁肩谄笑，逞其故智，一似不知国亡者。草野间之俊杰，则争攘臂而起，义声四布，视倭人为不共戴之仇。虽属以卵击石，而其心良苦，其志堪嘉，足以愧据高位食厚禄，而甘为异姓之奴者矣。余虽不谙武事，未娴弓马，当仁不让，宁甘委曲求全，则亦惟有溷迹此中，舍身杀贼。其初逞血气之勇，冒死直前，义不返顾。惜乎敌势嚣张，举国已无干净土，挥腕无地，终难奏功。其后仇人防备甚严，民间寸铁，搜括无存。即至厨刀用具，且以索维诸井畔，合五姓而共有之，有私藏者，必杀无赦。国人举木揭竿，胡能驰骋于枪炮丛中，与之相抗？坐是虽响应者多，而旋起旋灭，转授敌以诬陷屠戮之机。暴兵每过，城郭为墟，杀人过多，流血成溪，百里外水犹作殷红色。且每于数户委一敌人为监察，设有妄动，一乡连坐。职是之故，响应綦难。吾侪虽沉舟破釜，尽于一击，而军器之来源已竭，徒手疾呼，不能有为，然犹无一屈服者。余本不忍即弃同侣以走，徒以虽死无益，且恐继起无人，故亟易胡装潜遁，盖犹冀他日结合国人，肃清夷狄，还我河山，而固未尽抱悲观也。敌以我非主谋，且无姓氏可得，则亦置之，遂得安然为亡国之奴，而无限惨象，亦于此际亲见之矣。

吾国赋税，素不甚重。乃自国亡以还，横征暴敛，绝无餍足，竟有收入值百之六十与七十者，可谓骇闻。然例须照章献纳，或稍迟缓，立縶其人去，科以重罪，或为苦工以赎之。设竟抗违，则不测之祸立至。此固为亡国人民应尽义务，言之又复何为？国人遇敌国人士，类须低首下心，或致敬礼，然犹时无故为所责斥。与抗者必论死，即受责而报以怒容，其罪亦必相等。虽一衣一食之微，亦不得私脱如其意，则立索之去。予取予求，何敢稍忤。盖以无法律保障之故也。嗟乎国亡之惨，惨何如乎？宜乎李完用辈虚为国人所窥伺，而强邻之惟一功臣伊藤博文，终死于安重根之弹丸也。吾国妇女素以贞节为美德，乃自敌兵入境以来，时为所污辱，虽髫龄少女，白发老妪，亦罕有得免。宛转悲鸣，觅死不得。此辈何辜，乃来诞生吾国，受兹奇辱，以快国仇之兽欲。且时露其轻蔑之态，自以能侮辱妇女为殊荣。彼国人下贱性成，淫风素炽，好为兽行，固不足奇。而吾国妇女，素断断于廉耻者，胡能堪此，故死者常比比也。最可痛者，则攫我土地，奴我人民，犹以为未足，且欲绝我语言文字，灭我种族人类以为快。遍设学校，强令吾人就学，而所授者多属敌国之文。人非木石，孰能琅琅上口？然大势所趋，固不得不然。婚嫁亦须课以重税，日益加增，终必至无以相偶乃已，其计诚不可谓非狡恶。然世之灭人国者，亦无不以同类之手腕相加，正不待言而可知也。种种苦痛，罄竹难书。约而言之，则待遇亡国奴，决无人道而已。余初亦有良好之家庭在，徒以国既灭亡，家亦随以俱逝。父母年高，不忍见祸之及于己身，竟同时仰药死。一兄一弟，奔走呼号，尽力国事，一则奋身杀敌，中弹以殁；一则为敌所生缚，碎切为糜，且火焚而扬其尸。时盖适在行合并政策之后，诸志士前仆后继，厉兵策马时也。妯娌二人，皆因被敌人所辱，先后自戕。其后存者，仅吾一人。固可即死，然以一息尚存，未忍瞑目，仍乘隙出走，冀乞师来援，复吾宗社。顾亦外患交迫，自顾不暇，更何有出一矢一兵之望。于是吾始知求人之终不足恃。吾以是知他日之继吾覆亡者，必为此数千余年之古国，来日大难，殊为之抱隐忧也。

上所记载，悉述金君之言，拉杂记之，百感交集。偶念我国风雨飘摇，去亡已近，卖国巨奸，更多如鲫，恐未必仅李完用辈三数人在。吾国虽广，亦将不胜其卖也。然而韩之将亡，尚有若干志士奔走号呼，虽至屠肠裂服，投缳蹈海，或为重囚，或受惨戮，犹不知返。虽昊天不谅，所志未遂，然已气壮河岳，义贯日星矣。窃恐吾国人心，犹未必若是也。幸而晚近以来，激刺既得，抗御斯烈，自章氏被击，全国士子，义不顾身，誓为邦国后盾，稍可为偌大民国解嘲。然犹恐贻蛇虎之诮，而为邻邦所笑，一如前岁之故态，为录此作以勖之。其中所储，莫非韩民之血泪也。

[原载于《小说新报》(上海)第5卷第4期，1919年]

亡国恨

辛文锜

夕阳西下，乌雀归林，一少年徘徊于山南岩下，手执《朝鲜亡国史》，若有深忧者。既而叹曰："外患日迫，内政不修，外债供中饱之资、赎武之具，呜呼，朝鲜已矣！前车之覆，后车之鉴，我不知……"言未毕，忽闻有声自西南来，低而凄恻，若不胜忧者。

少年寻声而往，既至其地，见一女子，形容焦瘁，衣冠黯淡，手执旧纸一卷，坐石上而泣。少年奇发于心，而不能止，遽问曰："女郎恕我冒昧，观女郎之色惨怛，必有深忧巨痛，停蓄于心者，愿语我，或能为力。"女郎欲言而止者数。既而毅然曰："汝中国人也，我之忧，非中国人所能代解。"少年闻其音，知为朝鲜人，触景生悲，不觉长叹。女郎乃曰："察君之貌，亦有心者。盍坐，吾将取胸中之块垒，一一为君倾吐之。"

少年乃坐石上，肃襟敬听。女郎曰："侬乃朝鲜亡国人，周英华之女也，名翠亭。祖越然，曾为大吏，谏韩王维新事被黜。及朝鲜并于日人，祖父殉难。我父乃继祖志，率家游中美等地，期乘机而起也。适欧战发生，日人方力攻青岛，我父语诸同志曰：'此吾韩复活之机也。'乃回国运动独立。临别之时，语吾辈曰：'我此行也，生死不定。若天佑朝鲜，则吾辈可复吸自由之空气，否则有死而已。我死之后，汝辈努力前进，继余未竟之志，则余死且瞑目。余今行矣，汝曹勉之。'既行至朝鲜，事泄被执，乃自杀。噩耗传来，母以忧死，兄伯豪再接再厉，欲竟父志。遂与二兄仲由，游学美国。近日朝鲜以李太君丧，复谋独立，兄遂与二兄由美返韩。昨阅报端，悉独立失败，两兄均被害。我嫂闻之，忧郁成疾，今尚在床褥。呜呼！我何不幸而至此乎！此后我以一身事寡嫂，抚弱弟，来日方长，能不悲哉！"言毕泪如雨下，少年不觉已泪满沾襟矣。既而曰："女郎手中旧纸果何物乎？"女郎曰："此吾兄手书也。君如不弃，可取一阅也。"生敬谢女郎。时女四弟季实跑至曰："姊，大嫂死矣。"女郎遽曰："信乎，呜呼命矣！我此后又失一良伴也。”乃回首语少年曰：“君可否至敝寓一行乎？”少年曰：“敬如命。”三人遂速行。

既至，则后事已备。女哭嫂甚哀，时乳母抱其侄至，哭声不已，若知其母之死者。呜呼，此景此情，读之者亦为泪下，当之者又将何如耶！已而钟鸣七下，女留少年晚餐。餐毕，女郎乃叩生姓名，生一一答之。至十时始归。自此以后，少年常至女家，女弟季实与生尤善。此后有二少年携手同行，一女子面现忧色，随其后，即少年与彼姊弟二人也。

［原载《癸亥级刊》（北平），1919 年 6 月］

血泪（节选）

[韩国]其月
郭建设 译

自从三月一日后，在日本人眼里韩国人都成了戴罪之人、放浪之徒、猪狗之辈。女子用沙哑的声音发出的求救声愈发清晰。允燮不动声色地脱掉外套，飞一般跑过来，从背后向巡查耳边猛地一击，并扼住他的喉咙把他摁倒在地上，同时对那女子说“快跑！”。女子看了一眼允燮，迅速地逃走了。

巡查一下子被打蒙了，愣怔着定睛一看，一个青年正胸前握紧双拳怒视着自己，气势汹汹，仿佛立马要把自己碎尸万段。青年说：“你也是人，你也是靠着大韩雨露滋润长大的，你这个混账东西！”说着抬脚狠狠地踢了他的胸口，并重重地朝巡查两肋打去，也随即迅速逃走了。

允燮历经千辛万苦回到松岘的家中。此时，哥哥光燮受伤去了济众院，妹妹允善则被抓走不知去向。家中一片狼藉，母亲不知所措地坐着向允燮讲述了三十分钟前宪兵突然闯入家中搜查并殴打了自己和允燮嫂子的经过。允燮到哥哥房中一看，嫂子躺在地上双眼通红。母亲说道：“你也快逃吧。你知道他们什么时候会再来？他们说你是个凶恶之徒，非要杀了你不可。”允燮答道：“我现在又能往哪逃呢。”和母亲争辩了好一会儿，和父亲商量好后，决定在厢房里就寝。

虽然房中充斥着大小便的臭味，但对于极度疲惫的允燮来说却是乐园一般。允燮照镜子查看自己染血的头，很高兴自己没有将此事告诉母亲。回想着白天的事情，计划着明天的行程，允燮睡着了。

允燮安睡之时，京城却在恐怖与痛苦中不得入睡。

巡查和宪兵像蚊子一样到处转悠，踹开百姓家门掀开被子进行搜查，并进行殴打、捆绑并辱骂。各个警察署里，数千名男女老少在酷刑和谩骂中流血痛哭。

韩国的少女们在日本人面前赤裸着身体遭受戏弄、唾骂和殴打后，有的死有的伤。未被逮捕的独立党青年们在各个角落里碰头，商议明天的程序。而此时的允燮正在睡梦中重现白天的痛苦，四天以来第一次进入梦乡。

“贞姬，你怎么没被抓走？”贞姬母亲循着院子里的足迹用力推开拉窗，“那些混账东西把所有人都抓走了，怎么单把你给留下了？”说着，抓紧了贞姬伸出的无力的双手，“好冰啊！”“姐姐去哪了？”“你不知道？刚听贞旭说，十多个女学生披散着头发，双手被捆得结结实实被汽车拉倒钟路警察署去了。日本巡查系紧帽带，拔出刀拿在手里。不过据说看见了贞顺的裙子。真不知道这些混账东西抓小姑娘们去干什么。”

“就是脱光了打呗。”

“为什么？为什么要把别人家宝贝女儿脱光了打！”

“我真想问问那些混账东西。”

母亲怔怔地看着贞姬，“那件衣服的带子都系好了，早上熨完穿上的裙子，就成了那副样子。”说完，母亲像个半疯一样，精神恍惚摸着女儿的身子。

“这是出什么事了，快说说。”

贞姬没有答话，“哥哥去哪了？”“我怎么知道？又被抓走了吧。”“贞焕去哪了？”

“不知道。家里只剩下我和奶奶。世界末日来了，所有人都被抓走了……你晚饭在哪吃的？”

“我不想吃。”

贞姬这才想起早上七点半吃过早饭后，一整天滴水未进。今天整日似乎都饿着肚子与自己的同伴、男同学以及全体同胞一起被日本兵用矛头刺，被消防队和着便装的日本人用棍子打、用脚踹，还有在砖洞巷子里被日本帝国天皇的巡查侮辱，以及同胞们现在正在狱中经受折磨。一想到这些情景，纯洁少女的心像炸开一样，热泪盈满眼眶。贞姬趴在母亲的膝上哭泣。母亲的丈夫和一男一女两个孩子都囚于狱中，天翻地覆中贞姬的归来成了抚慰，但贞姬的泪水让这抚慰也消失殆尽，仿佛只身带着年幼的孩子黑夜中身处虎狼咆哮的深山中，禁不住颤栗。

墙壁里像毒舌一样三角形的眼睛，没有间隙地仿佛看穿母女二人的胸膛一般，用沾着韩人的血浸泡生锈的长矛和沾着韩人血肉的缚绳将母女二人一下捆住，押往有日本宪兵的警务总监部。

但贞姬的脑海里充满了歹毒的想法，想随手抓起维戈铁铸的匕首，一解深入骨髓的愤恨。贞姬在夜里泪水浸湿了枕头，向法国救国少女贞德的灵魂祷告。

允燮梦见打了巡查后救出一女子,忽被亚凡叫醒。房间里依旧昏暗,亚凡蹲坐在允燮枕边,小心翼翼地轻声说:“有个人来找学校校长,不知道是不是刑警。”

“没问问是谁吗?”

“问了,不说名字,直说是父女关系。”

允燮以为工业专门学校的朴岩君来了,一听亚凡误把AB听成父女着实感到好笑。笑过之后,突然站起身来。

“让他进来,别怕他是刑警。”

允燮用手摸了摸头部的伤口,多少感到疼痛后,才觉伤得不轻。他一边思考着今日的计划,把怀表靠近窗子一看,才知道时间不过下午四点。少顷,门轻轻地打开了,用黑色外套和运动帽将自己裹得严严实实的朴岩君,伸出头来找允燮。允燮站起身来,意外地抓住朴岩的手,仿佛十分感激地说:“你没有被抓走啊。有没有受伤?”

朴岩仿佛这才放下心来愉快地握住允燮的手,“幸好头上吃了一记闷棍,失去意识栽倒在地才免于被抓走。大概他们以为我死了,才把我扔在家中。你居然还活着,有没有挨打?”

允燮每次听到朴岩庄重、严肃的外表却用女性的音调讲话都感到滑稽。

“你也脑壳被炸掉过一块。看你还很清醒,大概脑子还没问题。”

说到这里,“来,坐吧。到底剩了几个人?”朴岩坐下掏出烟卷点燃。忽明忽暗的火光中,细看两人彼此的脸庞。两人因疲劳脸色苍白,但都流露出紧张和小心翼翼的神色。本该去踢球或忧心考试的年纪,孩子们却在为国事东奔西走。然而,现在这些人的精神却被爱国热情填满。爱国现在对于他们来说,成了一种宗教热情,是信仰。仿佛只为了自己的国家而生。朴先生深吸了一口许久未抽过的烟,“十几个已经是过去的事了,熬了一夜也就只找到四个,算上你五个人。不知是都死了还是被抓走了。你现在去医院看看,或许能见到四五个人,都是受伤头部开裂,就算活下来也不是健全人了。”

允燮回想起昨日在典洞巷口看到一个学生在演说过程中,被一个着便装的日本人用棍子殴打,头部开了口子,大量出血昏倒在地。现在想来,那学生是个不过十五六岁的少年。允燮突然问道:“今日之事都准备好了吗?”朴先生仿佛从允燮的提问里得到了勇气,说道:“会成功的,肯定会非常成功的。过了今晚,明早太阳升起,京城的天地就会出现前无古人后无来者的大变化。一想到这,我就感到不可抑制的愉快。托进明女校学生会做的两千面国旗,昨日夜里运到本部。因此，向各处分发的计划有变，需要人手将其中一千面旗挂于北岳山、仁王山、南山的树梢。正当我一筹莫展之时，来了一个因高喊万岁而被追逃的小学徒。与他讲了之后，两个小时间一千面旗就挂满了汉城。”说到这里他发出愉快的笑声，又像后悔自己的高声转而低声说道：“且今日不可能多数人今日到场集会，我们把剩下的六个人分配到六个地方组织示威活动，大家伺机而动，留在东大门和大汉门前，这事只我二人承担。且挨打勿还手，被杀勿杀人，以此为核心撰写了第二轮警告文，并委托女高学生会代为印刷，现在大抵已经印好。六千份独立宣言已经委托姐姐们，亦无需担忧……”

“那就是六处同时行动吗？”

“不，计划上午十点开始，之后平均每隔一小时开始一处，并采用声东击西的战术。”

这时，门外仿佛泛起乳白色的光，窗子上微微映着曙光，室内二人的轮廓渐显。二人胸中升腾起一股悲壮的喜悦。允燮突然抬起低着的头，“那把大汉门前交给我。你去东大门。这样就有人带独立宣言书过去。”

“呃……还不知会是谁。总之上午十点从贞洞巷子里会走出两三个带着包袱的女学生，她们左手拿着军号。此时，至少一百人已扮成路人集合，那时你脱掉帽子高高拿在手中，进行演讲。这就是你的全部任务。”

允燮感叹朴先生的无限智慧和机敏活动。自从三月一日以来，男女学生团的活动计划和实施大多是由朴先生来组织的。昨夜也是他彻夜冒着危险四处奔走，细致周全地计划今日的示威活动，从他的指挥中生出敬畏感，暗中凝视着朴先生的面庞。少顷，朴岩猛地站起身来，说道“我们就此作别”，抓住允燮的手。允燮不觉中流下眼泪。

“有幸今晚能见一面，即使无法相见也是幸运。”说到这，朴岩声音发颤。两个青年站着对视了好一会，才预祝对方成功，像出战的勇士一般悲壮地告别。

正如朴岩所说，汉城一方面大为震惊，一方面深感畏惧。太阳一升起，北岳、南山和仁王山上无数太极旗在晨风中飘扬。仿佛千年里被日本人没收烧掉的数百万太极旗的悲魂一夜间从阴曹地府挣脱出来，包围了充满悲恨的首尔。头上挂着太极旗的古松，是早早就称颂大韩国光荣的人。无情的国民中有胆敢开口高呼日皇万岁的李完用、宋秉畯、闵元植等大小走狗们存在，在韩国土地上、雨露中生长的古松藏起了沉默的恸哭。韩国土地上可爱的孩子们夜半之时用小手从怀中掏出太极旗挂在自己头上时，即使没有风古松也发出了悲壮的呐喊。

这神奇的景象让三万城市民移不开视线。不仅三万日本人在颤栗和嘲笑中应对此事，韩民族真正有血有肉之人也因这意外迸出悲喜交织激动的热泪。啊！多么日思夜想的太极旗，多么渴望挂起的太极旗啊！从仇人手中光复韩国之日，我们要将太极旗挂满三千里土地上曾经恸哭的江山的一草一木。在每座山、每块岩石、每间房上，可画之处都画上、可刻之处抖[都]刻上太极旗。十年前，太极旗与我同在时，我不知它的宝贵。失去它的十年、被强迫挂上仇人国家的十年间，我才意识到我不能失去。太极旗啊！真的是你来了吗？如若到来请让我抱紧。紧紧抱在怀中，不再放开。就算打我，就算断了四肢，就算活着在我身体里嵌入网，我也不会放开。

这难道是这天晨间首尔的悲思，亦或我的错觉。

不一会儿，北村附近的民宅里也纷纷飘扬起了国旗。听到处处都是“万岁!”的高喊声，仿佛预感到即将发生可怕的大事一样，在大街上无精打采的白衣人低头垂目，缄默不言。日本兵在南大门、泥岘、大汉门前高声叫喊着，带刺刀的枪闪闪发光。日本兵朝着飘扬着太极旗的山头开始冲击。

看到日本兵向山上冲击的群众的视线都集中到了南山、北岳和仁王山的太极旗上。当日本兵的黄色军装闪现的时候，就会看到挂在松树枝上的太极旗被纷纷打掉。韩民族的孩子们熬夜辛辛苦苦地悬挂的太极旗遭到了日本兵的践踏和吐口水等污辱后，随着掉落的松叶一起被火烧掉了。但是太极旗的魂却在痛哭，还传递给了仍在母亲腹中的胎儿。在传递给胎儿前，也先进入了汉城京城的三十万忠义的韩民族人的心中，让血在沸腾，眼泪在沸腾。无法看到的是，那些藏在每条胡同里和房间里的韩民族少男少女心中的激情、眼里的血泪、紧握着拳头，都因为他们的悲愤，让沸腾的血冷却下来了。那天血管几乎都要爆裂，因为太极旗被那些家伙野蛮地搞下来。让血化作云吧，化作雨吧，冲刷掉掉他们的岛国，让血沸腾化作一片红色的火焰，化作火焰烧掉那些侮辱太极旗的家伙的岛国！全部烧掉，不留下一草一木，从九州的末端到千岛的末端全部化作冷冷的灰烬！把那些侮辱、殴打、杀害韩民族的子女的坏蛋与过去那些禽兽一般阴毒的恶人一起都化作盐柱子，把那些沾满韩民族鲜血的魔爪朝向天空，化作禽兽和草木以及天空的星辰，永远地记住那些恶毒的家伙们的罪恶。

日本兵站在北岳山的山顶上，企图降下在仲春的晨风中高高飘扬的大大的太极旗并为此发起突击时，从大汉门前传来了雷鸣般的万岁呼声，太极旗从数千群众怀中一涌而出，伴随着高呼万岁的声音，就像波浪一般飘扬起来。京城再次沸腾起来。

高呼万岁十多次，群众中的一位青年高高举起太极旗，高呼："大韩同胞们，度过十年奴隶生活成为自由民的大韩同胞们，日本人把我们挂起来的太极旗一个一个都摘下来了，但是在我们心中有无数面的太极旗，日本人抓走、杀害呼叫万岁、呐喊自由的人。但是，我们大韩民族有两千万张嘴，把日本人降下的我们怀中的无数面太极旗全都挂起来！让日本人杀害的两千万张嘴全部张开高呼万岁！大韩同胞们，生命是如此珍贵，即使当奴隶也必须活下去，同胞们，要不活着当奴隶，要不干脆死去当自由的鬼神，同胞们，如果已经下定决心为大韩的独立、为了大韩的自由而死，那么现在就一起高呼大韩独立万岁吧！"他挥舞着太极旗，声泪俱下，群众一起高呼万岁，一次、两次……一次比一次声音更加洪亮，合声刚好形成了共鸣，不知从哪里来的一队日本兵和巡查宪兵冲过来。

看到一队日本兵冲过来，群众中的一个人一边高举双臂，一边大声高呼："大家都安静！如果我们抵抗，日本兵就会赶我们，我们也不应躲避。"在连续高呼"万岁，万岁！"期间，日本兵握着枪，巡查和宪兵拔出剑，就像潜伏在草丛中的毒蛇想杀人一样，胡乱地突袭屠杀群众。有的人或是腿，或是肩膀受伤流血，有的人被到处身着便服的日本人的棒子击中头部倒下，有的人被枪托击中倒下，有的人被胡乱挥舞的的刀砍掉了手指，白色尘土被扬起，枪和剑在日光下闪光，身着黄色服装的小个子日本兵所到之处，男女老少都流血倒下，万岁的呼喊声此起彼伏。正在此时，群众之中一声高昂的万岁呼声响起，看起来有十七八岁的女学生的左胳膊上流出的血从空中滴到太极旗上，她高呼："大韩独立万岁！"白净的女学生上衣和裙子上都流上了血，看起来非常可怕，她的头发辫子被日本兵狠抓又放下，胸前、耳后到处流的都是血，她高高抬起两只胳膊，挥舞着太极旗，张口高呼："大韩同胞们，虽然枪和刀能杀死我们的肉体，但却杀不死我们的精神，我们即使死了化作鬼神也高呼大韩独立万岁吧。"就在她说话之际，只见长剑寒光一闪，女学生握着太极旗的右手一下子掉在了地上，鲜血四溅，甚至打湿了周围兄弟们的衣服，不过一两秒钟的时间，群众的神经像触电了一般冲动起来，热血顿时沸腾起来。当那位姑娘一边用她仅剩的一直胳膊摇动着另一只被刀砍带血的胳膊一边高呼："同胞们，忍住愤怒，高呼大韩独立万岁吧！"时，又一次刀光一闪，姑娘的左胳膊与鲜血浸湿的上衣袖子一起被砍掉下来的瞬间，姑娘一下子把胳膊上的血甩到了日本宪兵的脸上。突然，在群众中一名青年脱去长袍，飞一般跑过来一拳打在沾着鲜血的日本宪兵的两眉之间，并一脚飞踹在他的胸口。日本宪兵发出哀嚎："救命啊！"青年夺过宪兵的军刀，瞄准他的脖子，高呼道："你这只禽兽，留下你这条狗命，就违背了《公约三章》的精神。”一边说一边屈膝折断了沾着那位姑娘鲜血的军刀。此时，军刀从四面围拢过来，那位青年先是被砍了肩膀，之后是左耳朵、左腿、再之后是肋下，最后被戴栓绳子帽子的日本巡查一刀从左肩一下砍到肺部，在血泊中倒下。“万岁，自由万岁！”他的嘴里吐出了血沫。那个日本巡查踩在青年的胸口上挥刀乱刺。在此期间，群众被刀枪驱散，日本兵三三两两地追赶着群众。情景之凄惨，像我这样笨拙的人的笔又怎能够记述下来？即使能记述的人，心都气炸了，泪眼模糊，又怎能写下来？

日本天皇陛下的巡查站在青年胸口，挥舞军刀乱刺青年的身体，直到意识到已经完全毁灭了青年的生命，才从青年身体上下来朝着周围站立的一群人挥舞沾着青年热血的军刀，他的皮鞋和裤子上都流着青年的血，他的眼睛就像毒蛇一般，这条毒蛇挥舞着的毒舌一般发着红光的沾着鲜血的军刀，尾随驱赶女学生一群人至黄坛前将他们赶尽杀绝，在人类历史上不可能看到第二次。

从德寿宫东边的望台拐角处跑过来一群男女学生围在两人的尸体旁边，人们都已经散去，漆黑的大汉门广场中央，被砍掉胳膊的女学生和被乱刀刺死的青年相隔四五步远躺在地上，周围散落着无数的太极旗和血滴肉块。学生们弯下腰仔细看了看第一具尸体的脸，女学生之中的一个人认出了被砍掉胳膊的女子是昨天被巡查侮辱向允燮求救的贞姬，但是没有人知道那个青年是谁。六名学生中的一人敏捷地展开尸体的胸部，把耳朵贴在心脏的位置听听，发现两人还都有生命，因此，这群人撕开手巾和女学生的裙子，对他们的伤口进行了包扎之后，用六件大衣做成担架，把两个人包起来，男女学生们变成了红十字兵走向南大门。看到这一情景的贞洞派出所巡查跑过来挡住了去路。

“这是什么，放下来！”

“死人。”

“必须接受检查，让你放下就放下！”

说着巡查就要把手伸向包着女学生的担架，抬着担架的女学生伸出手扇了巡查补一个耳光，呜咽着骂道：“你这个坏蛋，你这个畜生，你这条狗！”接着又扇了他一耳光。巡查补看起来好像很尴尬，退了几步望着派出所内的日本巡查，日本巡查跑过来几步直直地站在那里对着巡查补吼叫。两人的担架已经被向前抬了几十步。在路上日本巡查和巡查补两次碰到了日本宪兵，遭到同样的斥责，当到了南大门派出所前的时候，学生们刚好放下了担架，在此，日本巡查和学生之间有了如下问答。

“这是什么？”

“被你们军刀砍死的人。”

“要接受检查，跟我来。”

“失血很多，没时间了，想送医院检查。”

“废什么话？”

日本巡查一边说一边解开两人的衣服衣袋，在身上摸索了大约5分钟后说：“不要去济众院，去内地人医院！”，对此，女学生哭，男学生抗议，最终得以去了济众院。

当天，朴岩的计划几乎取得成功，济众院已经满员，别说病房，甚至连放张床的空地都没有，全都被浑身是血的患者挤满了，从地下室到门诊室全都是，打开门进入主楼，血腥味和刺鼻的药味扑鼻而来。有的被打碎了头骨，有的眼睛被枪刺捅了，有的肋间被割破露出了肠子，有的失去了一只手，有的失去了一只耳朵，有的掉了手指，有的一面脸颊上被戳个洞的，有老人，有孩子，有女学生，有工人，患者接近有二百名，都是因为高呼万岁而惨遭日本人毒手的。有的像一家人一样陪在无精打采的患者旁边哭泣的，有的患者狂热地高呼独立万岁，简直就像一座野战医院。医生和护士穿着沾血的雪白色手术服来回忙着。西洋人拿着照相机来回走着，而西洋妇女则一只手提着裙角，不出声地在受伤者之间走动，摸摸患者的头，轻轻拍拍患者的脸，自言自语地小声说着话。好像他们要仔细地记录下在文明的世界再也看不到的这些情景。

不一会，门外传来嘁嘁喳喳的吵闹声，进来了几副担架，是从大汉门来的。手上提着药瓶的矮墩墩的护士看到身前躺在担架上的青年的尸体，惊得“啊”的一声，瓶子一下子掉地上，人也摔倒了，尽管很多人都以为肯定有什么原因，但是好像又好像是人之常情，只是皱了皱眉，担架进来后被放在了药房前的地板上。拿着照相机的西洋人也看了看躺在担架上的两个人，好像也没有想在照相机放入底片，而是黯然地用手巾擦拭着泪水并低下了头。护士们看到惨不忍睹的受伤者，神经也变得迟钝，不知如何是好，直流眼泪。刚才跌倒的护士不听同事的劝阻，挤进来，解开青年的衣带，把耳朵贴在他的胸口，把她的脸贴到青年满是血污的胸口放声痛哭。一位年轻的西洋医生走进来，好不容易把他放平，听诊他的心脏，有点歪着脑袋，胳膊被砍掉的女子如梦初醒，睁开了眼睛说到：“各位，怎么这么安静？为什么不扯破嗓子高呼大韩独立万岁？”说着自己先高呼万岁，好像想要抬起两只胳膊，但是剩下的两只胳膊连四五寸也没有了，晃了一下之后又闭上了眼。站在旁边的人按照姑娘的请求，小声地呼喊万岁，姑娘好像要说什么，嘴唇微微一动嫣然一笑。

正在哭泣的护士打起精神从怀中掏出太极旗，默默地放在了青年的胸前。就像安排好的一样，太极旗一点一点被青年的血浸湿了，所有的人和护士都一起哭了起来。

好不容易围拢起来的人们由于惊愕和悲愤，散乱的心镇静下来，聆听抬担架进来的学生们讲述大汉门事件的前因后果，西洋人掏出小本，记录了两个人的姓名，并拍了几张照片，这是为了向正在享受和平的世界人民传达韩国土地上的女子的痛苦。

孔德里公共墓地曾经有过一场这样的葬礼。

灵车上没有任何装饰，整齐地排放在欲吐新芽的草地山上，仲春夕阳下寒风吹拂着仰井，等待着完成扩穴。青年们详细描述了对故去的人的回顾和前天的惨状，呆呆地地望着扩穴挖出来堆积起来的黄土，而有的人则可能是为了排遣一下下棺之前的无聊时间，独自来回走动，张望着新坟上的木牌；女学生们则可能感到很冷而蜷缩着身子，坐在故去的朋友的棺材旁边，捂着口鼻小声地说着什么。而发髻上扎着头巾的挖墓穴的劳力则好像丝毫没被感动似的，不时用握着锄头的胳膊擦拭额头的汗水，并用微弱的声音哼唱着小曲。只有之前在众济院气绝而亡的护士和在大汉门被砍掉胳膊的贞姬的的至亲和他们两人各自所爱的女儿、弟弟等坐在棺材旁眼睛都哭肿了，还在流泪。

那个青年来到众济院一个小时之后死了，那个姑娘也因为失血过多，在最后一次呼喊万岁、留下最后一丝微笑后躺在她所热爱的同志的怀中，离开了这再也见不到的世界。因此，这两位年轻的勇士即使不能得到国葬的礼遇，他们活着的同志们也决定精心地为他们举行独立青年团的团葬。团员死的死、伤的伤、被抓的被抓、逃亡的逃亡，剩下的男女合起来不过20多名。女人们制作殓衣，男人们抬着灵车开始了今天的葬礼。

过了一会，挖墓人说：“哎哟，我的腰啊，好了。”他边说边往烟台锅里装烟丝，他的话给一直处于镇静之中的所有人带来了新的冲击。“墓挖好了”这句话令所有人毛骨悚然，泪眼都移向了两辆灵车。夕阳下风越刮越大，仿佛要撕碎洋木仰井，仿佛要让两位勇士的遗骸乘着顺风的白帆升上天空。青年们把上衣衣角扎进裤腰里，依次把仰井和毳帐解开，两口棺材清晰地暴露出来，他们的母亲和姐姐放声大哭。女学生们也用裙角捂着脸，跟在被白棉布条抬起来的青年的棺材后边。先是青年的棺材先下棺，之后是姑娘的棺材下棺。两个墓穴相距不过五六步远，盖上盖板之后，拳头大的黑土块落在棺材上发出咚咚咚的响声，哭声也随之更大，人群中有人含着泪水高声为逝者祈祷。

“主啊，收下两位年轻的弟弟妹妹的灵魂吧，安慰他们留在凄惨的世上的父母兄弟的痛苦吧，主啊，您忍心把珍贵的弟弟妹妹置于敌人的剑下？等到在下一次春风中，把可怜的两个人的坟墓用花装扮起来，告知他们他们为之献身的独立已经来到，阿门！”

这天晚上，公共墓地响起了万岁的呼声。

2023年7月译

［原载于《独立新闻》(上海)，1919年8月26日—9月27日］

短篇小说

1920 — 1931 年

可怜的亡国少年

夏芬佩

有天晚上，月色惨淡，呼的一声风过，吹得那树上刷喇喇的作响，枝稍上吱喽喽的发声，连那些寒鸦宿鸟，都惊飞起来。这时候有个少年，靠着一家的门口，一面哭，一面喃喃的蹬足说道："我定要报这大仇！……我定然要报这大仇！……我虽死总要恢复我们的祖国！恢复我们的自由！恢复我们的真正自由！"

正说着，忽然后面门里跑出一个人来，身长不过四尺，两个眼睛圆而且大，恰似铜铃一般，便人声的对这少年说道："你在此地做什么？你说的是什么？你竟敢对着我家门口，说这叛逆无道的话么？你罪当死！快跟着我走。"唉！可怜的少年，就此被他一拳一脚的拖去了。

诸君：你们知道吗？这人是谁啊？唉！我想这人着[除]了那"暗无天日"的亡国奴，还有谁呢。他原来是一个朝鲜人，他的祖父，是一个极有钱的"富翁"。当时朝鲜没有亡国的时候，他的祖父是做洋货生意的，家产却有几十万，所以他们一家的人，都是"鲜衣美食""婢仆成群"，非常的享福。后来日本兵到了朝鲜，立刻要把朝鲜亡了。那朝鲜的许多爱国青年，便急得无法可想，只得到处劝捐，来充做兵饷；到处演说，来惊醒国民。有几个人，知道少年家里很有钱，便去劝捐。那知这少年的祖父，非但不肯，并且大骂道："你们这般人真是胡闹，国家灭亡，和我们有什么关系呢？我们只要有了钱，便可尽我吃用，亡国不亡国，不关我们的事！有什么怕呢？我所有的钱，我可买衣裳穿，买东西吃，捐结[给]你们做什么？你们不晓得自己去做做生意，管什么闲事呢？"这般青年，听了千言万语去劝他，但是他终不动心，这般人"无法可施"，便长叹一声去了！

到了不多几时，日本人便把朝鲜尽行灭掉，且把朝鲜的人家，一家家搜索起来，所有的家产和钱银搜得一些儿没有，连日用的东西，也一起收去。那少年家里的财产，也被搜得干干净净。他的祖父，到了这个时候，便悔恨以前的错误，然而已经来不及了。后来只得自寻短见。唉！可怜的“守财奴”，还有钱看见么？从此以后，他们的家里，种种情形也不忍写了。

那自主国的乞丐，还可以自由说说唱唱。他们呢，都有人看守着压制着！今年春上这般朝鲜人，实在苦得不耐，觉得亡国真是痛苦，要想打算光复祖国，但是“手无寸铁”，那里能够抵抗倭奴呢？到了此刻，送了无量数的生命，但是终不能够达到目的。这少年的父母兄姊，因为这番的独立运动，也被日本人定了叛逆的罪名杀掉了。咳！可怜的少年呀！我不知道到明天晚上，你的灵魂，可还和你的身体在一块儿吗？

［原载于《通俗丛刊》（上海）第3期，1920年］

朝鲜烈女

懒公

李君太希，朝鲜人也，业参。民国二年，与予同寓于上海三马路同安里仁和公，茶余饭后，时相聚谈。一日，予询问朝鲜近状，渠太息者三，继之以泣，并为予述郑芝英烈女事。

女士，朝鲜仁川人也。父早世，其曾祖尝为朝鲜相，固朝鲜赫赫有名之世家也。女士年廿二，游学东瀛，对于各种科学，罔不研求精熟。时日韩合并说起，女士力显其非，谓“合并”二字，即“亡”之代名词，尝著一文，名曰《合并即亡论》，登载于朝鲜人所发行之《东瀛录》。无何，日倡日盛，几成事实，女士奔走呼号，不遑宁处，凡在日本之朝鲜人，女士因国事无不谋面者。无效，遂辍学归国。

归国后，寄寓某旅馆，行装甫卸，即往谒其舅。其舅现尚作亡国大夫，当时固执政柄中之一人也。见面后，力陈合并非计，谓力苟不及，宁为俘虏，不可自行断送。舅曰：“国家事，政府自有主宰，何劳汝尽越俎代谋？我亦朝鲜人，谊有不爱朝鲜者？”女士曰：“非谓舅不爱朝鲜，盖恐见解之误也。国家譬如人，人死不能复生，国家亡不能复存。药石误投，嗟悔莫及，印度往事，可为前车，不能不请舅及当国诸公慎重之也。”舅曰；“政府大计，审慎再三，庸有误？我辈经历数十年，一年一事，较汝多见数十事。速回校用功，不必喋喋。”女士曰：“学为国用，国苟亡，学何用？仍请舅原宥。”舅怒，不答，女士乃含泪而出。

女士出后，念政府如此麻木，舅尚如此，他人可知，或从社会方面鼓吹能见效，亦未可知。道以亡国之祸，亲至各界演讲。讵知各界之中，党派纷歧，意见杂出。赞助合并者，反谓女士为多事，非此不足以救亡。反对者则受赞助者种种牵掣，甚至为军警所干涉。其余均仗马寒蝉，不敢作一言。女士虽舌敝唇焦，竟不能醒人迷梦。

女士愤甚，遂至同学某女士家。某女士，乃女士之总角交也，其父某君，则为朝鲜著名之巨富。女士访某女士后，并请见其父，痛陈亡国在即，希其赞助。某君云："国家自国家，我自我；我无食，国家不能食我；我无衣，国家不能衣我。且即使救国，有执政者在，于我何与？"女士闻之，不待言毕而即辞去。

女士返寓后，忧心如焚，百思不得其计。适其友某君来访，女士具以告。某君曰："政府之不足有为，余知之久矣。余返国后，对政府即不作希望，乃从反对政府之某方面进行，以为或可侥幸有为。庸讵知彼辈之恶与政府相比，犹三七之与二十一。彼辈之目的，希望朝鲜速亡，以为朝鲜亡，政府即随之亡，彼辈即大可发展。吾不知彼辈果何居心也。"女士闻其言，呆若木鸡，不能作一言。有顷，放声大哭，谓："朝鲜之亡，非日本人亡之，乃朝鲜人自亡之。不知前生犯何罪戾，上天竟使伊生在朝鲜也！"遂援笔作绝命词一首，投河自尽。其友某君亦随之而去。乃卖国者反指女士与某君为情而死，冤矣。

其绝命词，予友太希君不能全记，予又不能记太希君之所记，仅记其中有"宁葬江鱼之腹，不作矮鬼之奴。江鱼腹里尚得安眠，矮鬼奴中必无幸处"及"卖国偏言爱国，佞臣指为忠臣"等语。嗟乎，朝鲜半岛之国，尚有如此之烈士烈女，未识吾国民对之作何感想耶！

（原载于《礼拜六》第 15 卷第 151 期，1922 年）

记朝鲜贵族李女士沦落历史（节选）

侠魂

去予家里许有荔枝湾，湾之北岸有一女校，洋楼数间，巍然在望，此乃余之母校也。母校创于千九百零二年，女生自远方负笈而来者若麕聚然，故生徒常有七八百人之多。余因得与余之挚友朝鲜李女士相聚于其间，而余此篇之记事所由起也。

女士名丽英，字梅仙，朝鲜贵族李咏沂公爵之女公子也。公爵于日俄战争时以亲俄嫌疑为日人所注目，朝鲜今为日人之笼中物，对于公爵家何所施而不可，故公爵之濒于危者屡矣。女士为公爵第二女，其姊毓英女士幼时因乱离相失，不知所在，后始知系朝鲜有志者潜带出洋留学，现在美国市俄高大学肄业，誓为社会尽力，不愿归国受日人之羁轭。女士年稍长，欲步其后尘，而因禁令綦严，弗获如愿。自伤遭时不造，家变频仍，外对社会，内对家庭，寔抱有无穷之隐痛，长嗟短叹，郁郁不欲生。适因中华反正风潮激刺心脑，遂谋欲逃之中华求学，冀他日成立，有为祖国报效之一日。夙夜筹思，机谋已熟。一日向父公自陈欲去国之事，公爵洒泪告之曰：余之爱女乎，汝之志诚可嘉矣，亦可怜矣。惜汝生不幸而为朝鲜之女，不幸而为今日之朝鲜之女，又不幸而为今日朝鲜之贵族之女。噫，悲哉！以汝之英慧，使得生于文明国，受相当之教育，则其成立宁可限量。又若得生于数十年前之朝鲜，可以自由出洋游学，则其得沐外国文化又自易易。又若得生于寒素之家，不至为当局所注目，则其出境外而求学，又自易易。而今则反是，难乎其难矣。余之爱女乎，汝不见河山暗淡，荆棘满途，以汝父闭门避尘，绝口不言世事，而杯弓蛇影，犹且受累不细，今日汝若一去，则彼日人将加汝父以莫大之嫌疑，出入将为人所侦伺，鸡犬将为之不宁，如何而可也。吾女乎，汝且再思之。女士闻教，珠泪盈襟，呜咽不成声，再请于父公曰：吾父乎，女谨闻命矣。女于谋欲去国之初，固已具料有此苦境，但天下事穷则变，变则通，女今之请于大人者，固已念有一奇计也。计自余家西行，渡鸭绿江以至满洲，约十数日间可到，女欲设法假装出境，女去后两星期，大人可以失踪事告之警察当局，请其搜寻，又悬赏数千元，以蔽时人耳目，则嫌疑或可免，而女或可以得行其志也。公爵收泪答曰：余初以汝年幼无知，轻举妄动，徒自取祸，而无所济于事，故不愿汝之去，今始知汝素有计策，有识力，可望有成立之一日，此行固佳，尽可自行预备一切，万一有何等风潮发生，余且徐为之计，须知国破家残，百无聊赖，与其瓦全，宁为玉碎，余但望汝素志得酬，他日为祖国谋幸福，则余虽粉骨碎身，亦何所惜。吾女乎，任汝自行其志，勿以老父为念也。女士收泪领教，窃自心喜，因预备种种旅装，潜谋去国。公爵夫人及其弟妹等闻之，莫不慨叹，但以事关重大，不敢以肉骨私情阻女士之远志。一九一一年十一月初六日，为女士去国之纪念日也。公爵握手叮咛训示，并祝前途珍重，夫人及弟妹等皆忍泪以送之。女士去后，公爵家情何若，无从而知。女士途间装作商女，作乞儿，又装作农家女，凡十余日，始渡鸭绿江，达奉天，遂承京奉火车而入燕京，更转往上海。女士抵申之日，即为沪革命军攻破江南制造局之日也。时各国租界讥察颇厉，女士投宿于旅馆。旅馆以女士操北音，又丰度庄严，似系非常人，恐有别生枝节，遂以客满为辞，不许投宿。女士徘徊路侧，莫知所之。夜已将半，忽案出一策曰：不如变作男子装，八妓馆求宿，自无不如意。小住数日，然后徐为之谋。因径向黄浦公园暗处变装，遂到四马路妓寮投宿。妓女一见，颇诧异之，盖见彼一美少年，一言一语，动形羞愧，一似平生未曾涉足花丛者，今夜深到此，岂非奇事。果而连宵相处，情态淡然，殊无一点嫖客薄幸态，屡欲向之一问，又恐唐突不果。越数日，女士徘徊街上，见各报发行，临时号外呼卖者，喧然于道。因购一枚阅之，系沪上革军，已举陈英士君为沪军都督，不觉惊喜。盖陈君为中国义侠革命家，常与朝鲜有志者厚相交结。女士久已闻其名，因径赴军营投刺进谒。陈君一见，深表同情，因令家人陪女士往民声报馆（民声报系陈君所创立），与朝鲜志士金某、李某等会面，并于报馆内装设一室，为女士下榻处，并令同志诸女士为招待员。女士以宿处已定，即回妓寮，与其妓女作别。又赠之以诗云："只身万里赋南游，三尺横腰射斗牛。易髻投簪聊避迹，人间何处可淹留？"妓女本一没字碑，不知诗中所述何意，以之质之一熟客事，遂为报馆所闻。时事栏遂登记此奇事。适陈君见之，以之问诸女士，女士具以颠末对。陈君始知女士之流离琐尾，为之怅然良久，愿为女士尽东道主人之责，欲在沪上觅一相当学校，令女士得及时肄业，以成夙志。顾时当丧乱，各女校皆纷散殆尽，女士闲居数月，有郁郁不可久居之概。适有朝鲜志士李某由粤东来，始悉粤颇平静，各校皆照常授课。陈君因缮介绍书，并令某同志偕女士来粤求学。此为女士与余同校，而余得与女士（深交之原因也)。

女士初到校时,与本校校长相见,其言语举止,一望而知其为大家闺秀,但概操北话,余等亦不甚了了。后数日来校肄业,余等始知其为朝鲜人。时余在师范第二年级,女士以程度相当,遂与余同在一课室受业。同级姊妹等,见有远方学友来,颇致殷勤。女士未晓粤话,事事须以笔谈达意,故女士在校,不但学文,而又急于学话,其种种狼狈之状,有心人见之,未尝不生感慨之念也。唯女士颇高尚自持,不屑漫与人交,故同级中亦有不相欢者,因之交际上受种种不便,彼不情者,又时与女士为难。噫!可怜哉!去国万里,在天一涯,亲无葭莩,旧无半面,加之以言语不通,习尚不同,如女士者,吾侪设以身处其地,当知其苦境,矜怜之,保护之,而表同情之不暇,何心复作种种恶剧,使女士向隅暗泪,动天涯沦落之感耶?余平生性颇不羁,又富于感情,一见伤心事,泪自潸然。况见彼一女志士,异域流离,他乡风雨,其处境之凄惨,能不恻然?故凡力所及,无不为女士尽力。女士亦以肝腑相向,事事必与余言之,相待如姊妹然。女士在校数月,闻朝鲜同志有潜谋归国者,因裁函密托,远候父母起居。其书曰:"余挚爱之父母乎?自女一去,匆匆半年,每念桑梓,怅然欲绝。嗟乎!父母老矣,弟女尚幼,晨昏侍奉,谁寔主之?唯冀上帝默佑,大人动履清康,则万里外沦落之不孝女儿,亦可少慰矣。女去国之次,夜以商女装不便,又装作乞儿,作农家妇,以避人耳目。凡十余日,即到满洲,遂乘车到申,又转来粤。现在粤东某高等女子师范肄业,颇有进益,殊堪告慰。我国志士住粤凡五十余人,中朝又多义侠之士,故女在旅中颇不甚苦。伏唯安神,善自珍摄,万幸。"

(原载于《南风》第60期,1922年)

朝鲜英雄传

胡寄尘

张仲泉，奉天人，或谓其先本山东蓬莱人。闻满洲农林矿产之利，易谋生计，遂携家出关，居于奉天，而为奉天人。经营数岁，甚有所积蓄，称小康。而仲泉任侠好客，东鲁好事男儿，及亡命之徒，与夫落拓无归者，咸往依焉。仲泉一一厚遇之，门下食客，以数百计。视客之能而指使之，或垦或猎，且至开矿采珠，使各有所事事。及获利，听客自携取而不过问。然客之至者，多武夫莽男儿，无解文义者，仲泉辄引以为恨事，尝仰天叹曰："嗟夫，吾幼而失学，未得遍读古人书。然塾师尝授我《史记游侠刺客传》，吾读之而慕其人。又尝读孟尝君信陵君传，而知天下英杰、奇特之士，多自隐于卖浆屠狗之间。吾是以倾家以结天下士，然客皆碌碌，而如冯煖、毛遂之流，尤未一见也。武夫不知诗书，终无足取。吾幼失学，今安得遇一老师宿儒，日为吾讲古今治乱得失之故，兴亡成败之由，以及特立独行之士之高风亮节，奇行异事，慷慨淋漓，以快吾意？嗟夫！是今日之无士耶，抑士之不我就欤？"

一日者，仲泉方燕居，忽有长髯客投刺来谒。视其名，曰申岳，貌温雅若儒者，髯长及腹，双目炯炯有光，衣褐冠笠，如古画图中人。见仲泉，长揖，意气扬扬，曰："闻足下好士，故来归也。"仲泉曰："先生年几何矣？"曰："六十二。"仲泉闻言自惊，窥其颜，若四十许人。因复问曰："先生知诗书乎？"曰："少尝习之，弃之久矣。"仲泉曰："何处人？"曰："中国人也。"仲泉笑曰："吾固知汝为中国人也。中国何地人？"客怒曰："四海之内，皆兄弟也。即非中国人，亦不必问，而况中国人？足下视申岳为何人可也，而于地何与哉！吾闻足下好士，不远千里而来，而今始知足下所好者非真士也，犹叶公所好，非真龙也！"仲泉闻其言而异之，改容谢曰："吾开罪于先生，幸先生其弗弃。吾方欲求一老师宿儒，为讲经史，先生其能之乎？"客掀髯曰："何不能。"于是仲泉大喜，执弟子礼甚恭，而客亦以师自居，无少让焉。

仲泉待岳厚，其他客见而嫉之，争谗岳于仲泉。有刘裕昆者，仲泉之疏远戚也。素无赖，以赌为业。一日者，赌负，与人争，继之以斗，死一人焉。因亡命匿仲泉所，改姓名曰陆金山。仲泉虽知其不肖，而姑容之。是时金山尤嫉申岳，屡言于仲泉曰："彼迂腐书生，何用也。"仲泉笑置之，而待申岳愈恭。

群客相与谋曰："申岳不去，吾等无啖饭地。谁能去之者?"言未已，金山跃起曰："吾能！"于是遂密定杀申岳之计。而是时仲泉问于岳曰："吾门下客多矣，然未见有魁梧奇杰之士。先生以为何如也?"岳徐对曰："粪用之于衣则秽，用之于田则肥。碌碌无能之人，与夫阴险奸诈之小人，惟在用之者何如耳。鸡鸣狗盗之为用，其功岂逊于冯煖、毛遂、蔺相如辈哉。"仲泉曰："然则吾门下岂无冯煖、毛遂、蔺相如之流乎?"岳哑然笑曰："有胜于冯煖、毛遂、蔺相如万万者，而足下不知也。"仲泉惊曰："何人?"既而悟曰："先生是也，先生是也。"言已，相与拊掌大笑。申因顾仲泉屏左右，语之曰："吾所受于子者多矣，无以报子，今为子计，宜急招党徒，托名垦植，而阴教以兵法，不出五年，天下将大乱，足下乘时而起，关东三省地，足下囊中物也。"盖时为清之季世，朝政不纲，革命军时起时仆，而民心涣散，无复归向满洲。故申岳早知五年内天下必大乱，而力劝仲泉阴结党徒，以据关东三省之地为己有也。而是时仲泉闻言，踌躇不遽决。申岳曰："足下无此志，吾又何必多言！长铗归来乎，吾去矣！"仲泉又改容谢曰："吾虽不才，然幸蒙先生辱教矣，何遽言别？曷少留，以叙宾主师生之谊而后行，可乎？至先生所言，其事体大，待熟计之，又安知其不可?"申曰："善！吾姑留旬日可也。"而是夜金山乃直入申岳室以刺申岳。

时已夜午，遥望见岳室灯光未息，金山逡巡不敢即进，恐有备也。伏窗下，自门隙窃窥之，见岳坐灯下读书，书简累累然置案上，岳方披览，神不他属。金山意其无能，以利刃破扉而入，门固薄板，应手而倒，岳呼曰："盗！盗！"而神色不稍变，随手取案上铜镇纸尺，击案，声如雷霆，而案已洞穿。金山一足方跨入户，闻声惊悸失措，欲返身退伏暗陬，以避其锋而观其异。然户内一足已着地不能举，初亦不知痛，但麻木而已，是盖为断铜尺所飞中也。金山知事急，伏地乞赦。岳笑曰："谁教汝来，老夫非易与也。今且去，后其慎之。"于是为抚其足，良久，血脉流动，足乃能伸缩自如。金山伏地叩头而去，岳掩扉读书如故，而他人未有知其事者，惟岳室中一童子知之，岳戒勿言，童子亦不敢泄。明日，岳见仲泉，绝不言昨夜事，见金山，与握手谈笑如初。金山且感且愧，然此事终不能对人言。他客初见金山慷慨自言能去申岳，久之无动静，或笑金山怯，徒作大言而已。或曰："金山方与申岳日愈亲昵，其人险诈，不可信也。"于是群客日疑金山，而恐金山泄其去岳之秘于岳之前也，愈不自安。于是乃先谋杀金山，金山死，而岳亦以他故辞仲泉去。岳去，童子始敢为人言金山刺岳事，他客惧且悔，然已无及。初群客之疑金山也，饮之酒，推而堕之井。事发，相与归罪于申岳，曰："申先生怨金山深矣！"仲泉曰："何也？"客曰："金山不尝短仲泉[申岳]于君前乎？"仲泉曰："若然。"既而曰："申先生未尝言金山短，而申先生欲去久矣，吾苦留之。申先生何如人，岂与金山争宠者耶？若勿多言，多言者，即杀金山者也。"客乃不敢复言，而仲泉遇申岳愈恭。

申岳见仲泉徒负游侠之名，而碌碌不足与成大事，颇郁郁不自得。旬日之期既届，乃谓仲泉曰："前日之言，何如耶？"仲泉默然。岳曰："吾去矣。"仲泉起，牵其裾曰："去何之？"岳勃然曰："举世无知己，将入山林与鹿豕游耳。"仲泉曰："先生之力，不胜耕猎，此戏言也。"顾左右取金帛珠玉赠之，岳皆辞不受，只取一石砚去。曰："他日分别，以此为纪念，可也。"而亦以折断之铜尺赠仲泉。仲泉知必有故，而不敢问，岳亦不言。问行期，曰："未定。"问临别将何言，曰："无有也。"固请之，曰："我在而不听我言，我去而肯听我言乎？"仲泉不能再问，因置酒相饯。与门下酣饮，岳大醉，数人扶掖之入寝，人皆以为申先生今日不能行矣。

明日童子起，不见申先生，索之不得，以为他出散步，日中不归，走告仲泉曰："申先生得毋行乎？"仲泉："申先生昨夜饮酒醉，何能行也。"复视其衣履书籍，则皆挟以去，于是知申先生真行矣。不知其以何时行，不知其去何之也，于是不得其消息者五六月。

申先生去，仲泉愈无侣，而群客日以狗马声色之乐以进仲泉。数年，清鼎既革，改专制而为共和。仲泉一日忽得书，盖自申岳投来。书曰："足下不听吾言，坐失事机，不然，足下亦今日之革命伟人也。嗟夫！足下知我为何如人耶？我朝鲜遗民也。国家之沦亡，而不甘为某某之奴隶，托言中国人，思欲阴结草泽英雄，以恢复我祖国，亦以振积弱之中华。奔走辽沈津京吴越间数年，而所如不合。闻足下名，远道来访，而又复如是，尚何言哉！此去决不返国，盖侦者多，必为所得也。中华虽大局粗定，然隐患四伏，他日暴发，其为害当过于专制之世，小民流离痛苦，无端而遭涂炭之灾，言之痛心。吾此去决不归国，吾将行猎于鸡林之森林中，与虎狼同处。足下以我为不武耶？非也，吾不妄用耳。足下宁知我哉，足下宁知我哉！已矣，勿多言。强弱盛衰，若循环然，五六年后，世局将一大变，强者弱，富者贫，合者分，亡者兴。即今恃其势以凌我者，十年而后，亦必自败。已矣，勿多言。足下拭目俟之，努力自爱，幸勿念我亡国遗黎也。"仲泉得书，始知申岳之身世，为之慨叹不已，而四出觅之，终不知其踪迹。越五六年，而有欧洲之大战，所谓强者弱、富者贫、合者分、亡者兴，申岳之言果验。于是仲泉愈思申先生，而苦不得见之。

又越一年，仲泉行猎至长白山下，大风雨，不得宿处，走长林丰草间，见一石洞，就以避雨。于洞中得破砚一方，怆然忽忆临别赠石砚事，拾而视之，果当日赠申岳者也。因大索洞中，亦不得申之踪迹，甚郁郁。雨止而返，抵家。越数日，又得一信曰："足下至我洞中，我知之，故避之也。他日毋再来，来亦不相见，徒冒豺虎之险耳。"署名曰"岳"。仲泉得书狂喜，与猎者数辈，裹粮再去，竟迷途，不得至其处。

（原载于《侦探世界》第 14 期，1923 年）

泠泠

养庵

朝鲜咸镜道某村，僻处乡陬。山水映带，秀色夺目。宅村而居者未百户，耕耘以外，咸不辍读，以是名娟骚士，纷然代作。韩京考试，当判殿最，时村人士辄盘踞上游，芬馨久播，靡不啧啧称之。

葛吕两姓者，村之望族也，望衡对宇，相隔一带水，而轻舫小舫，昕夕不停其楫。葛有女小字泠泠，芙蓉初发，的可假以为咏，父母以无兄弟故，特恩遇倍常，遂苛于相攸。韶华冉冉，年逾罗敷。韩人文教与吾同，而缓带轻裘之故态，墨守有过吾人。女质极超轶，通文事，磊落英秀，不着迹象。每睹韩女隐步瑟缩，故故弗行之状，大有慨此积俗，谁能矫之之概。吕生绍箕者，毕业于韩京日人所组某校，葛与吕为中表，生于女则表兄行，生固丽于表而颖于资，宗之潇洒不能专美于前。校居时，每聆盛替之迹，鉴于世界潮流之所趋，辄奋然思起。尝谓重文轻实，为东西洋两大文明之殊点，而吾韩流俗，蕴酿尤深，因草《拯亡论》十帧寄于家，冀以广布。父怖其有暴行，欲火之，适葛翁在侧，谓是儿才具开展，幸语气未及于谬，留置庋阁可也，父始宁。翁因袖两帧，希归而指摘文字，以示儿辈。初无牖启爱国正旨也，女于焉得辙睹，乃于其家国身世之感，益深其孤鸾对镜之心。韩人雅重男女防，女之望生，其情愫无由以款曲，生固懵然未审也。

先是葛翁设商肆于吾奉省会，会主计者绐之，因而中辍，翁以盘错初逢，必躬，履其境，虞有他也。遂束装作内渡计，女亟欲偕侍，翁颇踌躇，而小蛮腰卒然偎于翁之胸腹间，两颊绯红，娇憨见于眉宇。慈父爱女，谁复能坚拂，乃偕女兼程，至奉则吕生先在焉。

生以葛之戚属，亦侨寓翁律中，礼叙以次，知女为泠泠，特讶其艳绝，自忖几度星口，遽尔如此。女见生之修伟挺秀，溯及生小红牙小妹夜樗蒲之况，心怦怦然不禁赧于面，而涩于言。旧时之犀利溜亮，斯则不克吐一字，其英雄儿女之良知邪。少倾，翁谓生曰："此为汝泠妹，儿辈当非健忘者，其仍相识否也？”复以目注生，转谓女曰：“阿兄嗣应，捷而不紊，亟欲汝曹效之。”生悚然作谦状。乃曰：“晚别父母，远托异邦，原为求学计，人事关节，初无功力也。闻此间女□虽在萌芽，然于古训颇不背驰，长者轩豁，久著乡曲，阿妹妙龄，苟从而锻炼者，巾帼中蔑以加矣。”翁颔之，而顾左右以言他，生即兴辞出。女聆此伟论，脑海中热潮沸腾，一缕香魂，仿佛吸入生之胡卢壳中，神形如失。翁审知就理曰：“学校意旨良美，异日功成，泛驾家庭中，难以驰驱。吕生囿于一孔，岂识阿父爱汝之挚也？”女默然。

时三韩政策泯棼，内讧外衅，相因迭作。生拟至芝罘习海军，诚以韩为半岛，湾港错综，因利乘便，此为中坚。会关节綦严，不果行，乃愤惋欲死，因以致疾。生所栖，隔女仅数椽，韶颜咫尺，蓬山几重。女闻生疾，颇审知其蕴，盖所佣媪为女自遴，质而敏，女借以习华言者也。穷诘之，知某日生有友来，为华人，曾述海军招考事，生亟欲应试，继友复至，谓所谋不臧，客去，生疾作矣。乃浼媪侍汤药，谓生苟询及，则承老主人委也。媪会趋生所，生方凭榻前，凝目作思，视媪至，度必视疾来，曰：“主人归未？”媪曰：“归矣，承遣来耳，少君淹疾，旅况寂然比瘵，媪不即去。”生曰：“泠姑需人否邪？”媪沉顿须臾曰：“不需。”

薄暮，葛翁来视生。翁颇能压息，为立方，越日愈矣。生往答意，并谢遣媪，借可面泠泠，而泠泠乃竟不见。清兴人减，怅惘而归。亭午翁出，媪持书来，发之则簪花妙格，泠泠笔也。书意慰生暂休养，勿过事操劳。绿鬓红颜，心心相印。生回书付媪，略曰：“世界大同，欧亚一家，默察今日之势，似当减少宋儒之束缚，而不违其旨，溶冶周代之文化，不可轶其纯，虽高加索人，当俯首师吾也。吾人失之于钳制，欧美失之于开放，二者未始不相须也。近世纪东西人士，皆思起而矫之，不外厥旨。我人墨守程朱之道，而蒸淫不绝西方，不绳色相，夫妇无终身之爱者，滔然不戢。彼所以日趋于发达者，实科学的进步，非文化的纯粹也。苟能融会贯参，虽世界可几于平，岂限于爱情一部分哉！”女得书不怪者累日，良以翁性胶执，局于成见，于生虽喜其敏，而短其行，以为浮夸躁进，终非礼法。女觇其由，恹恹者此耳。

某日奉省阅兵，生往睹，益壮其敌忤之心。时三韩国社方屋，生与其同志安重根等，日伺岛国要人。事泄为逻者捕，安逃而生逮，先安死国。女闻耗，死而复苏，欲以身殉。既思父母垂老，晚无儿息，又拟为蜀法之髽，长斋合十，苦无名分，且伤亲心，遂勉强苟活。后数年，父纳篷室，竟征梦兰。会安重根刺伊藤事出，女乃于江干设祭，投身汨罗。

［原载于《大公报》（天津）1924 年 12 月 23 日］

嫣儿

克士

嫣儿者，韩国奇女子也，原名金孝卿。父朴正，曾统禁军，为三韩重将。闵太妃之死也，朴正率军卫妃巷战，一军歼矣，弹贯胸，犹僵立握刃不退。日军恨甚，至卒断其脰。女幼时，长眉秀目，短发覆额，肤莹洁如白脂，襟间好簪穠花，见者咸醉为天神。年十四，即肄业于日本之某中学，未数年，声誉出其侪辈。樱花节有诗云：念家山破谱新词，汉水深深系故思。何事樱花红若火，夕阳影里醉嫣儿。国变既作，女亦辍学归里，闻父耗，不哭，亦不苦痛，惟日与诸少年密谋所以复仇。会伊藤又以日、韩合并，说使三韩为墟，女益决计立死志，但未有机缘，亦无从泄愤也。翌年，安重根祸作，日人嫉韩党如仇，遇集会，则刀剑搠刺，虽妇女警探所至，亦探胸索乳，无所不至，亡国孑遗，眦裂而已。先是，女肄业日本时，与同学日人松本友善。松本者，伟少年，长嫣儿两岁，秀目朱吻，亢爽有节，而爱女特甚，第以国界束缚，不能如其理想。盖日人贱韩族如癞狗，设取女者，人皆以为偶牝狗而戟指之矣。女见松本仪观既佳，对己有礼，亦不能自持。一日，松本偕女游公园，松本曰：吾两族久相水火，已无可消，第以国界之隔，乃牵友爱。吾自问视君不啻若女弟，而伧夫乃视为不淑，君其亦许我爱君否？女俯首久之，曰：许。松本曰：然则君亦爱我否？女无言，双颊微赪，绿阴之下，愈增其媚。松本乃大惑。未几，闵妃难作，女渡海归。荏苒几载，而松本亦毕业陆军，擢军职。安重根刺伊藤之四年，女为大运动，集韩人七千余于广场演说。日总督闻之，急调令松本率军掩捕。盖松本于此时战功累累，已授少将矣。既奉命，立偕一大尉率军驰至高台望处，遥见女急装薄袴，向众指画，急命易实弹而替以水枪，顾众仍不退。大尉挥军亢进，复鸣枪一排，歼数十人，众乃兽散大半。余众退伏一小学校中，闭门死抗。韩人无枪刃，惟以石块向外抛掷。日军猱升屋顶，毁瓦而入，恣意乱杀，一校尽赪，力乏稍歇。而余人者则粗绳扎缚，累累贯囚，如刲羊豕去。女被扎后，一夕细雨微霁，黄月破云而出，状至幽厉。方叹息间，而少将松本者已迟于窗外，颤声问曰：苦未？女不应。松本曰：吾来时，大尉不听吾令，吾几疑无情之弹已穿汝肤。今能视君已如隔世，方窃自幸，而君不应，何也？女曰：谢君厚意。君族骄盛，乃不为亡国遗民稍留地步，吾一俯仰间，即若见有无数枉鬼向君切齿。君行矣，吾不能以一亡国薄命女子为天潢勋将爱也。言已，急回其首，然已汍澜不止。松本请握手，女伸手与之，少将之泪滴女手上，映月光如巨钻。再欲进言，而女手缩矣。翌日，日总督录韩囚，一一鞫讯，少将亦戎装听审。审至女，女惟大呼："韩国万岁！"日警乃倒悬之，以木杵抵其首，女詈益烈。众乃舁之下，以刃断其右手指一，问仍喊：汝"韩国万岁"否？女呼仍如前。日警怒极，乃次第断之，未及再四，气已仅属微丝。而总督者方捻须据堂上，以女强烈，欲以之慑诸囚，乃下令以利刃剸其胸，女遂绝，众咸鼓掌。少将此时面色陡变，渐白如纸，众视之，股际血流朱殷，衣裤碎作片片。群以为旧创再作，乃舁之医院。而是日观审者，则有谓见少将袖一小刀立阶侧，见每一刃下，辄自划其肤，未数刃，已重衿渍透也。

克士曰：天下不能两全之事，至不得已时而卒能两全，宁非大快？英、法、德、名小说，述此等事至伙，方以为小说家润色诳人之辞，乃不意东方竟同样有此奇男女。爱国者读此，当亦心向往矣。虽然，彼两人者之收场，情海茫茫，令人为之怃然。

（原载于《社会之花》第2卷第8期，1924年）

鸭绿江上

蒋光赤(蒋光慈)

那一年下学期,我们的寄宿舍被学校派到一个尼姑庵里。莫斯科的教堂很多,其数目我虽然没有调查过,但我听人家说,有一千余个。革命前,这些上帝的住所——教堂——是神圣不可侵犯的,也就同中国共和未成立以前的庙宇一样,可是到了革命后,因为无神论者当权,这些教堂也就大减其尊严了。本来异教徒是禁止进教堂的,而我们现在这些无神论者把尼姑庵一部分的房子占住了做寄宿舍,并且时常见着了庵内的尼姑或圣像时,还要你我说笑几句,一点儿也不表示恭敬的态度,这真教所谓"上帝"者难以忍受了。

我们的尼姑庵临着特威尔斯加牙大街,房屋很多,院内也很宽绰,并有许多树木,简直可以当作一个小花园。每天清早起来,或无事的时候,我总要在院内来回绕几个圈子,散散步。尼姑约有四十余人,一律穿一身黑的衣服,头上围披着黑巾,只露一个脸出来,其中大半都是面孔黄瘦,形容憔悴的;见着她们时,我常起一种悲哀的感觉。可是也有几个年纪轻些,好看一点的,因之我们同学中欲吊她们膀子的,大约也不乏其人。有一次晚上,我从外边走进院内,恰遇一个同学与一个二十几岁的尼姑,立在一株大树底下,对立着说笑着,他们一见着我,即时就避开了。我当时很懊悔自己不应扰乱他人的兴趣,又想道,"你们也太小气了,这又何必……"从此我格外谨慎,纵不能成全他人的好事,但也不应妨害他人的好事!况且尼姑她们是何等的不自由,枯寂,悲哀……

恰好这一天晚上八点钟的时候,下了大雪;天气非常之冷,与我同寝室的是三个人——一个波斯人,一个高丽人,还有一位中国人C君。我们寝室内没有当差的,如扫地和烧炉子等等的事情,都是我们自己做,实是实行劳动主义呢。这一天晚上既然很冷,我们就大家一齐动手,把炉子烧起;燃料是俄国特有的一种白杨树,白杨树块非常容易燃烧,火力也非常之大。炉子烧着了之后,我们大家就围坐起来,闲谈起来。我们也就如其他少年人一样,只要几个人坐在一块，没有不谈起女人的："比得，你看安娜好不好？""我今天在街上遇着了一位姑娘真是美貌！啊！她那一双明珠似的眼睛。""你娶过亲没有？""我知道你爱上那一位了。""唉！娶老婆也好也不好！""……"我们东一句，西一句，大半谈的都是关于女人的事情。那一位波斯同学说得最起劲，口里说着，手脚动着，就同得着了什么宝物似的。可是这一位高丽同学总是默默地不肯多说话，并且他每逢听到人家谈到恋爱的事情，脸上常现出一种悲戚的表情，有时眼珠竟会湿了起来。我常常问他："你有什么伤心的事么？"他或强笑着不答，或说一句"没有什么伤心的事情"。他虽然不愿意真确地对我说，但我总感觉他有伤心的事情，他的心灵有很大的伤痕。

这位高丽同学名字叫李孟汉，是一个将过二十岁的美少年。他实在带有几分女性，同人说话时，脸是常常要红起来的；我时常同他说笑，在同学面前，我时常说他是我的老婆。当我说他是我的老婆时，他总是笑一笑，脸发一发红，但不生气，也不咒骂。我或者有点侮慢他，但我总喜欢他，爱与他亲近——就仿佛他的几分女性能给我一些愉快似的。同时，我又十分地敬重他，因为他很用功，很大量，很沈默，有许多为我所不及的地方。他不讨厌我，有时他对我的态度，竟能使我隐隐发生安慰的感觉。

我们围炉谈话，波斯同学——他的名字叫苏丹撒得——首先提议，以为我们大家今晚应将自己的恋爱史叙述出来，每人都应当赤裸裸地，不应有丝毫的瞒藏。这时C君出去找朋友去了。大家要求我先说，这实在把我为难住了。我说我没有恋爱过，无从说起。可是苏丹撒得说："不行！不行！维嘉，你莫要撒谎！你这样漂亮的少年，难道说你在中国没有爱过女人，或被女人爱过？况且你又是诗人，诗人最爱的是女人，而女人也爱好诗人。李孟汉，你说是不是呢？"他向着李孟汉说，李孟汉但笑而不答，于是又转脸向着我说，"你说！你说！撒谎是不行的！"我弄得没有办法，不说罢，他们是不依我的；说罢，我本没有有趣味的恋爱史，又怎么说起呢？不得已，我只得撒谎了，只得随嘴乱诌了。我说，我当做学生会会长的时候，有许多女学生写信给我，说我如何如何地有作为，文章做的是如何如何地好；其中有一个女学生长得非常之美丽，曾屡次要求我爱她，但我当时是一个白痴，竟辜负了她对于我的爱情。我说，我有一次在轮船上遇着一个安琪儿一般的姑娘，她的美貌简直是难以用言语形容出来；我想尽方法，结果与她亲近了，谈话了；她是一个极美丽而有知识的姑娘；在谈话中，我感觉得她对我表示很温柔的同情。我说至此，苏丹撒得兴奋起来了，便笑着说：

"这位美丽的姑娘是爱上你的了。你真是幸福的人啊！但是后来呢？"

“后来？后来，唉！结果不……不大好……”

“为什么呢？”苏丹撒得很惊异地说，“难道她不爱你……”

“不，不是！我是一个蠢人。”

“维嘉！你说你是一个蠢人，这使我不能相信。”

“苏丹撒得！你听我说了之后，你就晓得我蠢不蠢了。我俩在轮船上倚着栏杆，谈得真是合意。我敢说一句，她对于我实在发生了爱苗，而我呢，自不待信。谁知后来船到岸的时候，她被她的哥哥匆匆忙忙地催着上岸，我竟忘记了问她的住址和通信处——我俩就这样地分别了。你们看，我到底蠢不蠢呢？我害了一些时相思病，但是，没有办法。……”

“啊！可惜！可惜！真正地可惜！”苏丹撒得说着，同时也唏嘘着，似觉向我表示很沉痛的同情的样子。但李孟汉这时似觉别有所思，沉默着，不注意我俩的谈话。

“你现在一言不发的，又想到什么事情了？”我面对着李孟汉说，“我现在将我的恋爱史已经说完了，该临到你头上了罢。我总感觉你的心灵深处有什么大悲哀的样子，但你从未说出过；现在请你说给我们听听罢。我的爱，我的李孟汉（我时常这样地称呼他）！否则，我不饶恕你。”他两眼只是望着我，一声也不响，我又重复一遍说：“我已经说完了，现在该你说了，我的爱，你晓得么？”

李孟汉叹了一口气，把头低了，发出很低的，而且令人觉得是一种极悲哀的声音：“你们真要我说，我就说。我想，我在恋爱的国度里，算是一个最悲哀的人了！”

“那末，就请你今晚将自己的悲哀说与我们听听！”苏丹撒得插着说。

“今年三月间，我得着确信，是一个自汉城逃跑来俄的高丽人告诉我的：我的爱，我的可怜的她，在悲哀的高丽的都城中，被日本人囚死在监狱里了。”李孟汉说着，几几乎要哭出来的样子。

“哎哟！这是何等的悲哀啊！”苏丹撒得很惊叹地说。但我这时一声不响，找不出话来说。“但是因为什么罪过呢，李孟汉？”

“什么罪过？苏丹撒得，你怕不知我们高丽的情形罢。我们高丽自从被日本侵吞之后，高丽的人民，唉！可怜啊！终日在水深火热之中，终日在日本人几千斤重的压迫之下过生活。什么罪过不罪过，只要你不甘屈服，只要你不恭顺日本人，就是大罪过，就是要被杀头收监的。日本人视一条高丽人的性命好像是一只鸡的性命，要杀便杀，有罪过或无罪过是不问的。可怜我的她，我的云姑，不料也被万恶的日本人虐待死了！……”

李孟汉说着，悲不可仰；此时我心中顿觉有无限的难过。大家沉默了几分

钟,李孟汉又开始说:

“我现在是一个亡命客,祖国我是不能回去的——倘若我回去被日本人捉住了,我的命是保不稳的。哎哟!我的好朋友!高丽若不独立,若不从日本帝国主义者的压迫下解放出来,我是永远无回高丽的希望的。我真想回去看一看我爱人的墓草,伏着她的墓哭一哭我心中的悲哀,并探望探望我祖国的可怜的,受苦的同胞;瞻览瞻览我那美丽的家园;但是我吓,我可不能够,我不能够……”

李孟汉落了泪;苏丹撒得本来是爱说话的人,但现在也变成沉默的白痴了。我看看李孟汉他那种悲哀的神情,又想想那地狱中的高丽的人民,我就同要战栗的样子。李孟汉用手帕拭一拭眼,又望着我说:

“维嘉!你真猜着了。你时常说我有什么悲哀的心事,是的,祖国的沦亡,同胞的受苦,爱人的屈死,这岂不是世界上最悲哀的事情么?维嘉!我若不是还抱着解放祖国的希望,还想无论何时能够见见我云姑的墓草,我怕久已要自杀了。我相信我自己的意志可以算得是很坚强的。我虽然有无涯际的悲哀,但我还抱着热烈的希望。我知道我的云姑是为着高丽而死的,我要解放高丽,也就是安慰我云姑的灵魂,也就是为她报仇。维嘉!你明白我的话么?”

“我明白你的话,李孟汉,不过我想,希望是应当的,但悲哀似乎宜于减少些,好,现在就请你述一述你与云姑恋爱的经过罢。明日上半天没有课,拉季也夫教授病了,我们睡迟些不要紧。苏丹撒得,你在想什么了?为什么不做声了?”

“我听他的话,听得呆了。好,李孟汉,现在就请你说恋爱的历史罢。”李孟汉开始叙述他与云姑的历史:

“唉!朋友!我真不愿意说出我同云姑中间的恋爱的历史——不,我不是不愿意说,而是不忍说,说起来要使我伤心,要使我流泪。我想,世界上再没有比我的云姑那样更美丽的,更可爱的,更忠实的,更令人敬佩的女子!也许实际上是有的,但对于我李孟汉,只有云姑,啊,只有云姑!你们时常说这个女子好,那个女子漂亮……我总没有听的兴趣,因为除了云姑而外,再也没有女子可以占领着我的爱情,引诱我的想象。我的爱情久已变为青草,在我的云姑的墓土上丛生着;变为啼血的杜鹃,在我的云姑的墓旁白杨枝上哀鸣着;变为金石,埋在我的云姑的白骨的旁边,当做永远不消灭的葬礼,任你一千年也不会腐化;变为缥缈的青烟,旋绕着,缠绵着,与我的云姑的香魂化在一起。朋友,我哪有心肠再谈女子的事情,再做恋爱的美梦呢?……”

“高丽是滨着海的岛国,你们只要是读过地理,大约都是晓得的。说起来,我们的高丽实在是一个气候温和、风景美丽的地方。高丽三面滨着海，而同时又位于温带，既不枯燥，又不寒冷，无论山川也罢，树木也罢，蒙受着海风的恩润，都是极美丽而清秀的。高丽国民处在这种地理环境之中，性情当然生来就是和平而温顺的，所谓文雅的国民。可惜高丽自从被日本帝国主义者侵吞之后，文雅的高丽的国民沉陷于无涯际的痛苦里，不能再享受这美丽的河山，呼吸温暖的海风所荡漾着的空气。日本人将高丽闹得充满着悲哀，痛苦，残忍，黑暗，虐待，哭泣……日月无光，山川也因之失色。数千年的主人翁，一旦沦于浩劫，山川有灵，能不为之愤恨么？哎哟！我的悲哀的高丽！”

“维嘉！你大约知道鸭绿江是高丽与中国的天然的国界罢。鸭绿江口——江水与海水衔接的地方，有一虽小然而极美丽的C城。C城为鸭绿江出口的地方，因交通便利的关系，也很繁华；又一面靠江，一面凭海，树木青葱，山丘起伏，的确是风景的佳处。唉！算起来，我已经六年离开美丽的C城的怀抱了！我爱高丽，我尤爱高丽的C城，因为它是我的生长地；因为它是我与云姑的家园，是我与云姑一块儿从小时长大的乡土。朋友，我真想回到C城，看看我与云姑当年儿时玩耍的地方，现在是什么样子了；但是，现在对于我李孟汉，这真是幻想啊！”

“C城外，有一柳树和松树杂生的树林，离城不过一里多地。这树林恰好位于海岸之上，倘若我们坐船经过C城时，我们可以很清楚地看出这一个黑乌乌的树林，并可以看见它反射在海水中的影子。树林中尽是平坦的草地，间或散漫地偃卧着有几块大石头——它们从什么地方搬来的呢？我可说不清楚。这块树林到冬天时，柳树虽然凋残了，然因有松树繁茂着自己的青青的枝叶，并不十分呈零落的现象。可是到了春夏的时候，柳丝漫舞起来的绿波，同时百鸟歌着不同样的天然的妙曲，鸣蝉大放起自己的喉咙，从海面吹来令人感觉着温柔的和风，一阵阵地沁得人神清气爽——这树林真是一个欣赏自然妙趣的所在啊！”

“这已经是十几年前的事了。只要是天不下雨，有一对小孩——一个男的和一个女的——差不多整日地在这树林中玩耍。两个孩子年纪相仿佛，都是六七岁的样子；照着他俩的神情，简直是一对人间的小天使！那个男孩子我们暂且不讲，且讲一讲那个天使似的女孩子：她那如玫瑰一般的小脸，秋水一般的有神的眼睛，朱砂一般的嫩唇，玉笋一般的小手，黑云一般的蓬松松的发辫，更加上她那令人感觉着温柔美善的两个小笑涡。唉！我简直形容不出来，简直是一个从天上坠落下来的小天使啊！朋友，你们或者说我形容过火了，其实我哪能形容她于万一呢？我只能想象着她，然而我绝对形容不好她。”

“这一对小孩子总是天天在树林中玩耍：有时他俩在树林中顺着草地赛跑；有时他俩检树棍子盖房子，笑说着这间厢房我住，那间厢房你住，还有一间给妈妈住；有时他俩捡小石头跑到海边抛到水里，比赛谁抛得远些，而且落得响些；有时他俩并排仰卧在草地上，脸向着天空，看一朵一朵的白云飞跑；有时他俩拿些果品烧锅办酒席请客；有时他俩并排坐着，靠着大石头，叙诉些妈妈爸爸的事情，听人家说来的故事，或明天怎样玩法；有时他俩手携着手并立在海岸上，看船舶的往来，或海水的波荡……他俩虽然有争吵的时候，但总是很少，并且争吵后几秒钟又好将起来，从未记过仇。他俩是分不开的伴侣，差不多没有不在一块儿的时候。一对小孩子无忧无虑，整日培育在自然界里，是何等的幸福啊！”

“朋友，这一对小孩子就是十几年前的我与云姑。唉！这已经是十几年前的事了！过去的已经过去，怎样才能恢复转来呢？怎样想方法可以使我与云姑重行过当日一般的幸福生活呢？想起来，我好生幸福，但又好生心痛！”

“我与云姑都是贵族的后裔：我姓李，云姑姓金，金李二族在高丽是有名的贵族。维嘉，你或者是晓得的。自从日本将高丽吞并后，我的父亲和云姑的父亲都把官辞去了，退隐于林下。她的父亲和我的父亲是非常好的朋友，而且照着亲戚讲，又是极亲近的表兄弟。我俩家都住在树林的旁边，相距不过十几步路。他俩老人家深愤亡国的羞辱，同胞的受祸；但一木难支大厦，无能为力，因此退隐林泉，消闲山水。他俩有时围炉煮酒，谈到悲哀的深处，相与高歌痛哭。那时我与云姑年幼无知，虽时常见两位老人家这般模样，但不解其中的原由，不过稚弱的心灵起一番刺激的波动罢了。后来我与云姑年纪渐渐大了。因之他俩老人家所谈的话，也渐渐听得有几分明白，并且他俩老人家有时谈话，倘若我俩在旁时，常常半中腰把话停止了，向我俩簌簌地流泪——这真教我两个稚弱的心灵上刻了不可消灭的印象。”

“现在且不说他俩老人家的事情。我与云姑真是生来的天然伴侣，从小时就相亲相爱，影不离形地在一块儿生活。我俩家是不分彼此的，有时她在我家吃饭，有时我在她家吃饭，吃饭总要在一张桌子上，否则，我两个都吃不下饭去。她的母亲和我的母亲，也就如她的父亲和我的父亲一样，也是和睦得非常，对于我俩的态度，也从未分过畛域的。我与云姑处在这种家庭环境之下，真是幸福极了！后来我俩年纪大了些，便开始读书，云姑的父亲当教师。我俩所念的书是一样的，先生给我俩上书讲得一样多，可是云姑的慧质总比我聪明些，有时她竟帮助我许多呢，每日读书不过三四小时，一放学时，我俩就手牵着手儿走到林中或海边上来玩。”

“啊！我还记得有一次，说起来倒是很有趣的：离我俩家不远有一位亲戚家，算起来是我的表兄，他结婚的时候，我与云姑被两位母亲带着去看了一回；第二天我俩到林中玩耍时，就照样地仿效起来——她当做新娘子，我当做新郎。这时正是风和草碧、花鸟宜人的春天。我俩玩得没趣，忽然想起装新娘和新郎的事情来，于是我采了许多花插在她的发辫上，她也就低着头装做新娘的样子，我牵着她的手一步一步地走。我俩本是少小无猜，虽然装做新娘和新郎的模样，实还不知新娘和新郎有什么关系，一对小新人正走着走着；忽然从林右边出现了两个人，原来是她的父亲和我的父亲。他俩走到我俩的面前来，疑惑地问道：‘你俩为什么这种模样儿？’我俩虽然是这般地游戏：但见他俩老人家走来时，也不觉表示出一种羞答答的神情。‘我俩装新娘和新郎，她是新娘，我是新郎——我俩这般玩。’我含羞地答应了一句，两位老人家听着笑起来了。我的父亲向她的父亲问道：‘老哥！你看这一对小新人有不有趣呢？’云姑的父亲用手抚弄着自己细而长的胡须，向着我俩很慎重地看了几眼，似觉起了什么思索也似的，后来自己微笑着点一点头，又向我的父亲说道：‘的确有趣！不料这两个小东西玩出这个花样儿。也好，老弟，我俩祝他俩前途幸福罢。……’当时我不明白云姑的父亲说话的深意——他已把云姑暗暗地许给我了。”

“光阴如箭也似地飞跑，真是过得快极了。我与云姑的生活这样慢慢地过去，不觉已经到十一二岁时期。我俩的年纪虽然一天一天地大了，但我俩的感情并不因之生疏，我俩的父母也不限制我们。每天还是在一块儿读书，一块儿在林中玩；云姑的父亲是一个很和善的人，他并不以冬烘先生的态度对待我俩，有时他还教授一些歌儿与我俩唱。在春天的时候，林中的鸟声是极好的音乐，我与云姑玩到高兴时，也就唱起歌儿，与鸟声相应和。啊！说起鸟来，我又想起来一桩事情了：有一天晚上，我的一位堂兄由家里到我家来，他带来一只绿翠鸟给我玩，这绿翠鸟是关在竹笼子里头的。我当时高兴得了不得，因为这只缘翠鸟是极美丽，极好看的：红嘴，绿羽，黄爪，真是好玩极了！我不知道在你们的国度里，有没有这样美丽的鸟儿，但在我们高丽，这绿翠鸟算是很美丽的了。因为天太晚了，云姑怕已睡着了，我没有来得及喊她来看我新得的宝贝。我这一夜简直没有入梦，一会儿担心鸟笼挂在屋檐下，莫要被猫儿扑着了；一会儿想到明天云姑见到绿翠鸟时，是何等地高兴；一会儿想到可惜堂兄只带了一只绿翠鸟给我，若带来两只时，我分一只给云姑，岂不更好么？……因为一只绿翠鸟，我消耗了一夜的思维。”

“第二天刚一黎明的时候，我就从床上起来，母亲问我为什么起得这样早，我含糊答应了几句，连脸也不洗，就慌里慌张地跑到云姑家里来了。这时云姑还正在酣睡，我跑到她的床沿，用手将她摇醒，‘快起来！快起来！云姑！我得到了一只极好看的绿翠鸟，唉！真好看呀！你快快起来看……’云姑弄得莫名其妙，用小手揉一揉两只小眼，看看我，也只得连忙将衣穿起，下了床，随着我，来到我的家里。我把鸟笼从屋檐取将下来，放在一张矮凳上，教云姑仔仔细细地看。云姑果然高兴的不得了，并连说，‘我们要将它保护好，莫要将它弄死了，或让它飞了’。谁知云姑抚摩着鸟笼，不忍释手，不注意地把鸟笼的口子弄开了——精灵的绿翠鸟乘此机会便嘟的一声飞去了，飞到天空去，霎时间无影无踪。我见着我的宝贝飞去了，又气又恼，便哭将起来，向着云姑责骂：‘我叫你来看它，你为什么将它放了？……你一定要赔我的绿翠鸟，否则我绝不依你……我去找你的妈妈说理去……哼……哼……’云姑见鸟飞去了，急得脸发红，又见我哭了，并要求她赔偿，她于是也放声哭了。她说，她不是有意地把绿翠鸟放飞了；她说，她得不到绿翠鸟来赔我……但我当时越哭越伤心，硬要云姑赔偿我的绿翠鸟。我两个哭成一团，惊动了我的母亲和父亲，他俩由屋内跑出来问，为什么大清早起这样地哭吵起来，有什么大不了的事情。我哭着说：‘云姑把我的绿翠鸟放飞了，她一定要赔我的。……’云姑急着说：‘不，不是！我不是有意地把绿翠鸟放飞了。汉哥要我赔他的，我从什么地方弄来赔他呢？……’‘原来是这末一回事情！一只鸟儿飞了，也值得这样地闹得天翻地覆？云姑！好孩子，你莫要哭了，绝不要你赔，你回去罢！’云姑哭着回去了。我的母亲抚着我的头，安慰了我一番，我才止了哭。”

“这一天我没有上学，整天闷闷地坐在家里，总觉着有什么失去了的样子，心灵上时起一种似悲哀又非悲哀的波浪，没有平素那般的愉快平静了。这并不是因为失去了绿翠鸟，而是因为云姑不在面前，我初尝受孤寂的苦味。由感觉孤寂而想起云姑，由想起云站而深悔不应得罪了云姑，使云姑难过。‘唉！总是我的不是！一只绿翠鸟要什么紧呢？况且云姑又不是有意地这样做……她也爱绿翠鸟呀！……我为什么要强迫了她？……总都是我的不是，我应当向她赔罪。但是，云姑见我这样地对她不好，怕一定要不理我了罢？倘若我去赔罪，她不理我，究竟怎么好？……’我想来想去，不知如何办才好，最后，我又哭了，哭得更为悲哀；不过这种哭不是为着绿翠鸟，而是为着云姑，为着我自己不应以一只绿翠鸟得罪了云姑……”

“朋友，这是我有生第一次感受着人间的悲哀！我已决定向云姑赔罪，但怕云姑真正生了气，不愿再理我了。恰好到刚吃晚餐的时候，云姑家用的一个老妈送一封信给我，照着信封面的字迹，我知道这是云姑写给我的，我惭愧地向老妈问一声"'云姑今天好么?''云姑?云姑今天几乎哭了一天,大约是同你吵嘴了罢。唉!好好地玩才对,为什么你又与她斗气呢?你看,这一封信是云姑教我送给你的。'老妈不高兴地将话说完就走了。我听了云姑几几乎哭了一天,我的一颗小心落到痛苦的深窟里,深深地诅咒自己为什么要做出这样大的罪过来。我将信拿在手里,但我不敢拆开,因为我不知道里面写的是与我讲和的话,还是与我绝交的话。我终于战兢兢地把信扯开了……"

苏丹撒得不等李孟汉说完,赶紧地插着问:"信里到底写什么呢?是好消息还是坏消息?李孟汉,我替你担心呢。"李孟汉微微地笑了一笑,用手把炉内的白杨树块架一架,便又接着说自己的故事:

"自然是好消息啊!我的云姑对于我,没有不可谅解的。这一封信里说:'亲爱的汉哥!我承认我自己做错了事,损失了你所心爱的东西,但是,汉哥啊!请你原谅我,我不是有意地在你面前做错事啊!你肯原谅我吗?我想你一定可以原谅我!我今天没有和你在一起,我心里是如何难过啊!汉哥!我的两眼都哭红了,你可怜我一些儿罢!倘若你可怜我,请你明早在我们平素所靠的大石前等我,我来向你谢罪。……'我读了这一封信,朋友,你们想想我是如何高兴呢。但同时我又惭愧的不得了;我本应当向她谢罪,而她反说向我谢罪,反要我可怜她,唉!这是如何使我惭愧的事啊!"

"第二天日出的时候,我起来践云姑的约,向着海边一块大石走去,谁知云姑先我而至。她已站在那儿倚着大石等我呢,我喊一声'云姑!'她喊一声'汉哥!'——我俩互相看着,说不出别的话来;她两眼一红,扑到我的怀里,我俩又拥抱着痛哭一场。为什么哭呢?喜欢过度么?还是悲哀呢?……当时哭的时候,没有感觉着这些,现在我也答应不出来。这时青草上闪着鲜明的露珠,林中的鸟儿清婉地奏着晨歌,平静的海时起温柔的波纹……一轮新鲜而红润的朝阳慢慢地升起,将自己的柔光射在一对拥抱着痛哭的小孩身上。"

李孟汉说到此处停住了。他这时的脸上很显然地慢慢增加起来悲哀的表情,一点儿愉快的笑痕渐渐从他脸上消失下去了。他将两手合拢着,两眼不转睛地向着炉中的火焰望。我虽然没有研究过心理学,但我感觉到他这时的心弦又起悲哀的颤动了。沉默了几分钟,苏丹撒得是一个急性人,无论什么事都要追根问到底,不愿再继续着忍受这种沉默了,便向李孟汉说道:"你的故事还未说完啦,为什么你不继续说了?我听得正高兴,你忽然不说了,那可是不行啊!李孟汉,请你将你的故事说完罢,不然的话,我今夜一定是不能入梦的。维嘉已经说过,明天上半天没有课,我们睡迟些不要紧,你怕什么呢?快说,快说,李孟汉。"我当然是与苏丹撒得表同情的,便也怂恿着李孟汉将故事说完。

我平素是睡得很早的，这天晚上却是一个例外，睡神不来催促我，我也不感觉到一点儿疲倦。

李孟汉还是沉默着。我也急起来了；苏丹撒得如生了气的样子，将李孟汉的左手握住在自己的两手里，硬逼迫他将故事说完。李孟汉很可怜的样子，向我俩看了几眼，似觉是要求我俩怜悯他，他不得已又重行开口了：

“唉！我以为说到此地倒是适可而止，没有再说的必要了；再说下去，不但我自己要难过不了，就是你们听者怕也不会高兴的。也罢，苏丹撒得，你把我的手放开，我说就是了。唉！说，说……我哪有心肠说下去呢？……你们真是恶作剧啊！……”

“自从我与云姑闹了这一次之后，我俩间的情爱更加浓厚起来了。不过我俩的情爱随着我俩的年纪——我与云姑同年生的，不过我比她大几个月——渐渐地变化起来了。从前的情爱完全是属于天真的，是小孩子的，是不自觉的，可是到了后来，这种情爱渐脱离了小孩子的范围，而转到觉悟的时期：隐隐地我俩相互地觉着，我俩不得不相爱，因为我是她的，她是我的，在将来的生活是永远不可分离的伴侣。朋友，我真描写不出来这时期的心境，而且我的俄国话说得不十分好，更没有文学的天才，我真是形容不好啊！”

“光阴快得很，不已地把人们的年纪催促大了——我与云姑不觉已到了十四岁。唉！在十四岁这一年中，朋友，我的悲哀的不幸的生活算开始了。俗话说‘天有不测的风云，人有暂时的祸福’”，在我们高丽，朋友，暂时的福是没有的，可是暂时的祸，说不定你即刻就可以领受着。你或者坐在家里没有做一点儿事情，但是你的性命并不因此就可以保险的。日本人的警察，帝国主义者的鹰犬，可以随时将某一个高丽人逮捕，或随便加上一个谋叛的罪名，即刻就杀头或枪毙。唉！日本人在高丽的行凶做恶，你们能够梦见么？任你们的想象力是如何富足，怕也不会想像高丽人受日本帝国主义者的虐待到什么程度啊！”

“我的父亲是一个热心恢复高丽独立的人，这是为我所知道的。在这一年有一位高丽人暗杀了某日本警官，日本当局竟说我父亲是主使的嫌疑犯——这个底细我实在不晓得了。结果，我的父亲被捉去枪……毙……了……”

苏丹撒得骇得站将起来，连喊道：“这真是岂有此理！这真是岂有此理！唉！我不料日本人在你们高丽这般地做恶！……”我听了李孟汉的话吃了一大惊，苏丹撒得这种态度又把我骇了一跳。李孟汉又落了泪。接着他又含着哭声断断续续地说道：“我的父亲被日本人枪毙了之后……我的母亲……她……她……唉！可怜她……她也投海死了……”苏丹撒得瞪着两眼不作声，简直变成了木偶一般；我似觉我的两眼也潮湿起来，泪珠几几乎从眼眶内迸涌出来了。大家重行沉默下来。窗外的风此时更呜呜地狂叫得厉害，俄而如万马奔腾，俄而如波涛怒吼，俄而如千军哭喊，俄而如地覆天翻。……这是悲悼高丽的命运呢，还是为李孟汉的不平而鸣呢？

李孟汉止了哭，用手帕拭一拭眼泪，又悲哀地继续着说道：

“倘若没有云姑，倘若没有云姑的婉劝，朋友，我久已追随我的父母而去了，现在这个地方哪里有我李孟汉，你们又哪里能在这莫斯科见着我的面，今晚又哪里能听我说话呢？……啊！云姑是我的恩人！啊！云姑是我的生命的鼓励者！”

“我的父母双双惨死之后，剩下了一个孤苦伶仃的我；云姑的父亲（他也差一点被警察捉去了，但经过许多人证明，幸得保安全）将我收留在他家里，待我如自己的儿子一样。可是我总整日不住地哭泣，总是想方法自杀，因为我觉着，父母既然惨死，一个孤另另的我没有再活的兴趣了。云姑为着我，当然也是悲哀极了，她几乎连饭都吃不下去。她是一个很聪明的女子，她感觉我的态度异常，生怕我要做出一些自寻短见的事情，于是她特别留意我的行动。我曾向她表示过要自杀的心思，她听着就哭起来了。她百般地哀劝我，她指示我将来一些应走的道路。唉！我的云姑，她真是一个可敬佩的姑娘！她的见识比我的高超几倍：她说我应当留此身为将来用，将来总有报仇的一天。她说，死了没有用处，大丈夫不应当自寻短见；她又说，倘若我死了，她一定要哭死，试问我的心能忍么？……我觉着云姑的话合乎情理，她的颖慧的心眼实为我所不及。于是我将自杀的念头就抛却了。并且我当时虽然想自杀，但心头上总还有一件挂念而不能丢的东西——这东西是什么呢？这就是云姑，寄托我的生命的云姑！朋友，你们想想，倘若没有云姑鼓励着我，现在你们有与我李孟汉相处的机会么？”

“从这时起，云姑简直变成了我的温柔慈善的母亲了。她安慰我，保护我，体贴我，可以说是无微不至。我虽然有同她生气的时候，但她都能容忍下去，毫不见怪于我。唉！我的云姑，我的可爱的云姑，可惜我不能再受她的柔情的润泽了！……”

“这样平坦地又过了两年，云姑越长越好看，越长越比从前标致了！她的美丽，唉！我简直形容不出来——是啊，我也不应当拿一些俗字眼来形容她那仙人般的美丽！也许世界上还有比我云姑更为美丽的女子，但在我的眼中，朋友，你们所说的美丽的女子，简直不能引起我一丝一毫的注意啊。你们平素或笑我是老学究，不爱谈论女子的事情，唉！你们哪里知道我的爱情如一块墓穴一样，已经被云姑整个地睡去了，不能再容别人的占领呢？我并不是为云姑守节，乃是以为世界上没有比云姑更可爱的女子了；我领受了云姑的爱，这已经是我此生的大幸，不愿再希望别的了。朋友，你们明白我么？你们或者很不容易明白我！……”

“我已经是到了十六岁了。日本人，唉！凶恶的日本人能任我这样平安地生活下去么？杀了我的父亲，逼死了我的母亲，这还不能令他们满意，他们还要，唉！还要我这一条命！我不知高丽人有什么对不起日本人的地方，致使他们一定要灭高丽人的种，一定要把高丽人杀得一个不留。……我年纪渐渐大了，日本的警察对于我的注意和监视，也就渐渐紧张起来了。布满了警察要逮捕我的风声。云姑的父亲见着这种情形，深恐日本人又下毒手，说不定什么时候把我捉去杀了。他老人家日夜战兢兢地，饮食不安；我呢，我自己倒反不以为意的样子。一日，他老人家把我喊到面前，四顾无人，他对我簌簌地流下了泪，我这时真是莫知所以。他含着哭声向我说道：‘汉儿，自从你父母死后，我视你如自己的亲生的儿子一般，你大约也感觉得到；我本想将你放在自己的面前扶养成人，一则使你的父母在九泉下也能瞑目，二则也尽尽我对死友的义务，况且我已把云姑许给你了呢？但是现在，我的汉儿，这高丽你不能再居住下去了……日本的警察对于你，唉！谁知道他们怀着什么恶意呢！倘若你一有不幸，再遭了他们的毒手，那我怎么能对得起你，又怎么能对得起你的亡故的父母呢？唉！我的汉儿！事到如今，你不得不早为脱逃之计，我已经替你预备好了，就是今晚，你……你……你一定要离开这悲哀的高丽……他年……啊！他年或有见面的机会！……’云姑的父亲情不自已地放声哭了。我这时简直如晴天遇着霹雳一般，无所措手足，不知说什么话才好。朋友，你们试想想我这时的心境是什么样子！唉！一个稚弱的我忽然遇着这个大难题，朋友，你们想想怎么样子解决呢？我这时没有话讲，我只是哭，我只好唯他老人家的命是从。……”

“但是我的云姑呢？她曾否已经晓得了她父亲这时对我所说出来的意思？啊！贤慧的云姑！明大义的云姑！她已经晓得了，并且我怎么样逃难的方法……都是她与她的父亲商量好的。她岂是愿意如此做吗？她岂是愿意我离开她，忍心让我一个人去向异邦飘泊吗？不愿，绝对地不愿啊！但是为着我的安全，为着我的将来，她不得不忍心将我送出悲哀的高丽！唉！她是如何地难过啊！她的父亲向我说话的时候，即是她一个人在自己的房内哭得死去活来的时候，即是她肝肠寸断的时候。……”

“这一天晚上十点钟的时候，有一个老人驾一只渔船，静悄悄地泊于鸭绿江上一处无人烟的地方，伏在芦苇深处的岸边。在黑暗的阴影中，一对小人儿脚步踉跄地，轻轻地走到这泊渔船的岸边来。这是要即刻生离的一对鸳鸯，任你是谁，唉！任你是谁也形容不出他俩心境是如何地悲哀啊！他俩到了岸边之后，忽然将手里拿的小包袱掷在地下，搂在一起，只是细微地呜呜地哭泣，不敢将哭声稍微放高些。‘我的汉哥！你这一去……我希望你好好地珍重……我永远是……你的……只要世界上正义存在……我们终……终有团聚的一日！……’‘我的云姑！唉！我的心……碎……了……我将努力完成你的希望……除了你……世界上没有第二人……唉！你是我心灵的光……光……’他们哭着说着，唉！这是如何悲哀的一幕！渔船上的老人下了船走到岸上来，将他俩用手使劲地一分，壮重地说道：‘还哭什么！是好汉，总有恢复高丽自由的一日，总有夫妻团聚的一日！现在光哭是没用的！云姑！你回去，回去，切莫在这儿多站了，谨防被人看见。’老人将话说完，便一把将这一个少年拉到渔船上，毫不回顾地摇桨而去。大约云姑还立在岸上望，一直望到渔船望不见了的时候为止。”

“唉！朋友，我的亲爱的朋友啊！又谁知这鸭绿江畔一别，便成为永别了……高丽或有自由的时期，但我的云姑，我的云姑啊，我永远再见不着她的面了！说什么总有团聚的一日，……鸭绿江畔是我永远的纪念地！年年江水呜咽，是悲鸣着高丽的命运，是替我那可怜的云姑吐恨！……”

“我曾在这一天夜里逃到中国地界过了两年，又由中国跑到这解放后的俄国来，当了两年红军中的兵士，不知不觉地到现在，离开高丽已经有六七年了；但是我的这一颗心没有一分钟不恋在高丽和我云姑的身上！我出奔后从未接过云姑的一封信，实际上我俩也没有通信的可能。我实指望有与她团聚的一日，又谁知她在今年正月初又被日本人害死了！唉！江河有尽头，此恨绵绵无尽期！”

“到底你的云姑是因为什么罪名死的呢？”我插着问，李孟汉把眉一皱，发出很底微的声音：“因为什么罪名死的？听说她是高丽社会主义青年同盟妇女部的书记，她有一次参加工人集会，被日本警察捉住了，定她一个煽动罢工的罪名，于是将她收了监，于是她屈死在监狱里。听说在审判的法堂上，她大骂日本人的蛮暴，并说倘若高丽的劳动群众没有死完的时候，则自由的高丽终有实现的一日。啊，这是何等的壮烈啊！这种壮烈的女子，我以为比什么都神圣。朋友们，除了这个神圣的她而外，你们能替我再找一个更可爱的女子么？……”李孟汉将话说到此地，忽然出去找朋友的C君回来了。C君淋了一身的雪，好像一个白鹭鸶一样，我们忽然将注意点挪到他的身上了——我们的谈话也就中止了。

时候已经是十二点过了，我们将炉火扑灭，各自就寝。但我听见李孟汉上床后，还好久没有睡着，尽在那里翻身叹气。

一九二六，一，十四完稿

（原载于《创造月刊》第1卷第2期，1926年）

同志

［朝鲜］赵明熙
周必忠 译

我奔跑着。别人撞着我，我也撞着别人，一直不停地奔跑。被抓住了，就搏斗，把对方摔倒在地，继续跑，跑，拼死命地跑！说来奇怪，竟象在噩梦中一样，不管怎么跑，总也跨不出原地。在无情的追捕中，我终于钻进了渊池洞胡同，又从那里穿出去，躲进乐山的松林里，才坐下来喘了口气。我想，那家伙一定是认识我，所以才紧追不舍，一心要把我抓到。

经过这次骚乱，我在杨州乡间的亲戚家里躲了三天，后来决定远走高飞。全朝鲜都布满了警戒网，到处都是搜索的眼睛，万一被他们抓住，至少得关四五年监狱。在那样的地方虚掷光阴，实在太不值得了！

第四天的早晨，我走了三十里路，赶到义政府。因为想搭夜车，先躲在火车站附近的松林里，一直等到太阳西沉，天黑下来以后，才摸到火车站旁边的灌木丛，火车一到站，立刻就买票上了车。我有意走进一节人多的车厢。我真不明白，车厢里怎么也和车站一样，那么多密探似的人物！其实，当密探的不过就那么几个人，可是在我眼睛里好象每个人都成了密探，这可能是一种心理作用吧！我真怕遇到熟人，顺口喊出我的名字，过来跟我打招呼。于是，我装出一副悠然自得的样子，面朝向窗口，假装观望外面的夜色，尽量不让人看见我的脸。这时，远处座位上的一个乘客，偶然和我打了个照面，分明是一张熟人的面孔，我赶紧低下头，脑子里顿时产生种种疑虑：真糟糕，偏偏碰到了熟人……分明是金××。他是我很早以前的相识，已经久不往来了，也许不会过来招呼……他现在干什么呢？不会是密探吧？不会的。

在东京留学时，我和金原是很亲密的朋友，相交颇深，后来友情破裂了，变成了情敌。我失恋以后，和他绝了交，路上相遇也互不招呼。也许出于误会，我一直认为他在和我有过一段关系的女人面前诋毁过我，时至今日还后悔结交了这样一个为恋爱而诋毁朋友的人。

我怎么也安不下心来，生怕他会过来认我。对，转移车厢！我悄悄地站起来，走向车门。在另一节车厢的门外，我站住了，朝里面张望，看那里会不会还有熟人。忽然，身后传来了脚步声，接着一只手抓住了我的肩膀。我的心一下子沉了下去，身子微微颤抖。我下意识地半转过脸来，脑子里顿时闪过一个念头：跳车！

这时候，他开口说话了：

“喂，朴君，不要怕。”

我霍地转过身子，用怀疑的眼光盯着他，正是刚才看见的金某。只听他谨慎而又慢条斯理地说，

“怎么，不认识我了？我叫金政，不，说金××你就知道了。不过在这个场合，只有说金政这个名字，你才会相信我。这次当选为中央委员会宣传部长的就是我。你是党员吧？”

啊，一切都明白了，他是我的同志！我立刻上前握住他的手，颤抖地，有力地……

“啊，金君！”我喊了一声，心里又默默地加了一句：“我的同志！”

我们一次又一次地握手，我感到心脏的血象滔滔的洪流涌向全身。在车厢里透出来的灯光下，我发现金君的眼圈渐渐红了。我有生以来第一次尝到了患难中同志相遇的喜悦。

（原载于《朝鲜之光》，1927年3月号，转载于《赵明熙诗文集》，人民文学出版社，1983年）

洛东江

[朝鲜]赵明熙
周必忠 译

漫漫七百里的洛东江，流到这里，汇成了数不清的条条支流，蜿蜒流向大海。江两岸，宛如棋盘一般的原野伸向大海的方向，在苍茫而辽阔的原野里，坐落着星星点点的村庄。

江河、原野和生活在这里的人们，血肉相连；江水千年万载地奔流着，人们也世世代代地生活在这里。而今，难道人们一定要和这条江水分别不成么？

年年春天，年年春天，
洛东江水涨波涌，流到九浦平原，
滔滔奔腾。
滔滔奔腾，哎嗨呀！

滔滔奔腾的江水，
流向平原，流向田野，
化作万千生命的香甜的乳浆。
化作香甜的乳浆，哎嗨呀！

自从田野出现，江水开始奔淌，
人们便吸吮着它的乳汁，一天天成长。
一天天成长，哎嗨呀！

千载流呀万载淌，
洛东江呀洛东江，

纵然走到天涯海角，怎能把你遗忘？

怎能把你遗忘？哎嗨呀！

据说在一年的初春，一群背井离乡、流亡到遥远的西北间岛去的人，在最后渡过这条江的时候，其中的一个青年，击打着船舷，悲怆地唱起了这支歌曲，唱得悲愤满腔的难民们都流下了眼泪。是的，在漫漫的岁月里，他们象一群小狗，吸吮着母亲——大地的乳汁，世世代代生活过来。然而，现在这乳头已经不是他们的了！一群来路不明的豺狼般的暴徒，把它据为己有，如今人们连一口乳汁也难以到口，不得不飘泊到异国他乡去了。

想想吧，从他们的祖先第一次临江垂钓、收获庄稼的时候起，已经在这里度过了难以数清的漫长的岁月！那时他们一边唱歌，一边劳动，自由极了。南边的田野是自己的，北边的田野是自己的，东边的田野是自己的，西边的田野也是自己的。

然而，历史的车轮转动了，不劳而获的阶级产生了，劳而不获的阶级也产生了；统治阶级出现了，被统治阶级也出现了；没有主人的田地有了主人，不知饥饿的百姓开始忍饥受饿，天空的阳光不再光采照人，洛东江的流水也不再清澈可爱了。一千年过去了，五千年过去了，人们在不平的和平中，无声无息地度过了漫长的岁月。他们强使自己不把不平看成是不平，如同硬把阴天看成晴天一样。历史的车轮继续向前滚动，骤雨前的狂飙，漫卷着旗帜，在“甲午”、“三·一”运动之后，一个怪物在这块土地上，不，在整个半岛上游荡，如同一只振翅飞翔的雄鹰。这个怪物就是社会主义。它如同产卵的蝴蝶，所到之处都留下数不清的卵子，繁衍不息。青年运动、农民运动，衡平运动、工人运动、妇女运动开始兴起……阴沉了五千年的天空，暴风雨就要来临了！暴风雨之后将会出现什么样的天气，是不言自明的。

初冬，一个漆黑的夜晚，在通向远海的洛东江渡口，渔火闪着忧戚的光。浪大水冷，拍击着江岸，涛声越来越高。一行刚刚从车上下来的人，聚集在江边，等候着渡船。他们大都是青年会员、衡平社员、妇女同盟盟员、佃农组合成员和社会运动团体里的人，其中有短衣破帽、手挎包袱的乡下人，有短发在夹克领子上飘来摆去的女郎，也有拢着发髻的新式妇女；有穿长袍的，有穿旧西服和无领上衣的。一个坐在人力车上的病人，格外引人注目，他的名字叫朴成云。人们刚从火车上把他接下来，准备用人力车送他到村子里去。他是××监狱的囚犯，因为病重才被保释出狱。

“真是太狠毒了！一个壮实的汉子，被折磨成什么样了！一定是受了严刑拷打，这伙魔鬼！”说这话的人，好象刚刚才认出了病人是谁。

“人如果死了，他们准会说是病死的。”不知谁接了一句。

“应该送医院，怎么到这里来了？”

“我也不知道，病人自己一定要来。”

“船怎么这样慢？”

“看，掉过头来了，很快会划过来的。”一个人望着对岸大声地说，然后问车上的病人：“你冷吗？”

“不，不冷。”

“再给你件大衣吧！”

“不，不要，一点也不冷。”病人有气无力地回答说。

“喂，快点把船划过来！”有人向着对岸刚刚掉转了船头的船夫喊道。“来啦！”传来船夫的回答，可是不知为什么他划了一会又停下了。

“他在干什么？”

“看，他抽起烟来了，这家伙真不成话！”众人哄然大笑。

船靠了岸，大家让坐人力车的人先上。

“喂，拉车的，不让病人下车，你把他拉上船行吗？”一个人问人力车夫。“那怎么能行呢？”

“不，我下来吧。”

病人从车上下来，人们搀扶着他上了船。大家坐定以后，船在咿咿哑哑的摇橹声和哗哗的水声中向对岸驶去。病人坐在船舷上，面孔在灯光的映照下显得瘦削而又严峻。

“喂，船老大，唱支船歌吧！”成云要求说。

“你呀，怎么忽然想起叫人唱歌呢？”坐在他身旁的朋友说。

“我想听……说不定我是最后一次活着渡这条江了……”

“别尽说不祥的话……”

“不，我实在是想听啊！喂，船老大，你真的一句也不会唱吗？”“我哪里会唱歌呢？”

“没有人唱么？啊，罗莎，你唱吧，唱我编的那支歌子。”成云恳求身旁的一个短发女郎说。

“我唱？”

“嗯，唱《春天来了》那支歌。”

年年春天，年年春天，

洛东江水涨波涌，流到九浦平原，
滔滔奔腾。
滔滔奔腾，哎嗨呀！
……

这支歌子以富有地方特色的庆尚道民谣《尼尔里里》为基调，吸收一些“唱歌”的旋律，听来是那样刚健、激越，由女声来唱，略嫌弱了一些。罗莎清亮的歌声，盖过了起伏的涛声，凄凉地回荡在夜空中，连天上的星星也若有所感地眏着眼睛。尽管船上的人并不都是去西北间岛求生的难民，但所有的人都被这歌声感动了。

唱完了第三节，朴成云非常激动，脖子上暴起青筋，狂热地同她合唱起来：

千载流呀万载涓，
洛东江呀洛东江，
纵然走到天涯海角，怎能把你遗忘？
怎能把你遗忘，哎嗨呀！

歌声停了。成云发疯似地卷起袖管，把手浸进水里，一会儿撩水到胳膊上，一会儿用手拍打水面。旁边的人见了，都为他担心，劝他说：

“你有病，还把手浸在冷水里，要出事的。”

“你们不要担心，我这样死了，也是高兴的！”

“你疯了？竟……”

别人越劝，成云就越固执，回头对女郎说：

“罗莎，你也卷起袖子，咱们一起把手浸到水里去。”说着，抓起女郎的手伸进水里，并不停地划动着。

“我在海外飘泊了五年，一想到江河，就忘不了洛东江……想到洛东江，就忘不了我是洛东江渔人的孙子、农夫的儿子……更忘不了朝鲜。”

两人的手无力地伸出船舷，浸在水中。成云又望着水面，自言自语地说：

“不知是哪一年的秋天，在渡过松花江的时候，我想起了洛东江，哭了……如果心情愉快，即使远在万里他乡，也不会那样伤心……”

他说完这段话，船舱里一片寂静，人们仿佛都停止了呼吸。罗莎垂下头来，用左手捂住了脸。成云的眼睛里滚下了一颗粗大的泪珠。

很久很久，只有水声一阵高过一阵。罗莎抬起垂在船舷上的右手，紧握住成云冰冷的手说：“你不要再说了，嗯？”

她语尾的重音是那样甜润，即使在庆尚道女子特有的娇柔的音调里也是少见的。她用手绢揩去成云手上的水，替他放下了袖管。

船到对岸，人们走下船来，先把病人搀扶到人力车上，在黑暗中朝对面的村子走去。

正如朴成云说的，他确实是洛东江渔人的孙子、农夫的儿子。他的祖父捕了一辈子鱼，父亲种了一辈子庄稼。不知是因为痛感自己目不识丁的苦处而要让儿子有所造就呢，还是随大流，别人怎么做也跟着怎么做，总之，父亲宁愿租地来种，受苦受穷，也决心供儿子念书，所以成云念了私塾，又上了普通小学，直到进了道立简易农业学校……

他从农业学校毕业，在郡厅当了一两年农业助手。家里人以为他做了什么大官，逢人夸耀；同村的人也非常羡慕，盼着自己的儿子也快快把书念好。

正在这时候，独立运动爆发了。朴成云象扔掉一双破鞋一样，毅然抛弃了那个职业，投身到运动中去了。在工作中他是一个热情的战士。那个年头，谁要反抗，就免不了坐牢，他也过了一年半的铁窗生活。

刑期满后他回到家里，母亲已经去世，年迈的父亲投靠到女儿家（成云的姐姐）里去了。这一年人们怎么也活不下去，逃荒到西北间岛去的人一下子增多起来，他们父子也随着逃荒的人流，远离了故土。刚才唱的歌曲，便是成云那时自编自唱的。

到了西北间岛，也没过上太平日子，那里官宪的压迫和残暴，同样让老百姓活不下去。父子二人同别的难民一样，四处飘泊，终于连年老的父亲也永远埋葬在异域他乡。其后，他辗转于南北满、老岭、北京、上海等地，一直从事独立运动。五年过去了，一切运动都走向低潮，渐渐沉寂了，他又回到了祖国。进入朝鲜以后，他的思想发生了重大的变化，从一个民族主义者转变成为社会主义者。

他刚到汉城，很想做点事情，可是一点也不顺心。这里的所谓社会运动团体，并不把精力放在事业上，而是一味搞宗派活动，在同志之间斗来斗去，其实在主义和主张上并没有原则的分歧。他和一些志同道合的人一起想使双方妥协，可是毫无结果，那些热中于搞宗派的人充耳不闻，压根儿不予理会。他忿然退出了他们的团体，预言似地说："搞宗派活动的人，终有一天非自取灭亡不可！"他回到故乡庆尚道，奔走在南朝鲜一带，组织社会运动团体，亲自负责洛东江下游沿岸的活动。他研究了当地的实际情况，大声疾呼地提出"到民众中去"的口号。

他一踏进自己生活过的村庄，心里就非常难过。五年前离开的时候，这里还是一百多户人家的大村庄，现在只剩下寥寥几户农家，代之而起的却是从未见过的白铁屋顶的大房子；这些又高又大的建筑一长排一长排地矗立在那里，威压着那些东倒西歪的破茅舍。不问可知，这是东拓株式会社的仓库。从前的中农沦为贫民，贫民沦为佃农，如今佃农又失去了家园，星流云散，飘泊到他乡去了。儿时的好友一个也没有看见，他们有的流落到城市，有的去了西北间岛，有的远走日本。自己祖祖辈辈居住的那个家，已经变成了仓库的前院，再也看不出往日的痕迹，连一块房基石也找不到了，唯有当年篱笆门前的那棵老榉树孤零零地挺立在一片空地上。他跑上去，孩子似地一会儿抱着树干绕圈子，一会儿把脸贴上去，又高兴又难过。他抱着树干，闭上眼睛，儿时的记忆象线头一样扯了开来。小时候，他就常常象现在这样抱着树干绕圈子。有一年夏天，他爬到树梢去捉蝉，挨了秃顶老爷爷一顿责骂；看见村里的年轻人在树上荡秋千，他也要争着去玩。还有一天，他和前院的小姑娘顺伊在树荫下玩耍，自己扮新郎，让顺伊扮新娘，玩结婚游戏，后来两人长大懂事了，就真的相爱起来。不久，顺伊要被卖到不知是汉城还是平壤去了，两个人黑夜里偷偷跑出来，躲到树后抱头痛哭了一场。想起往事，他长叹了一口气，睁开眼睛，自言自语地说：

“见鬼！现在是想这些事的时候吗？”他仿佛决心要把昔日的记忆统统甩掉似的，猛地掉转脚步向前走去。他一向是个很重感情的人，近来极力想用意志的力量来加以克制。

“革命家应该有钢铁一样坚强的意志！”这是他生活的座右铭，可是有很多时候感情往往会挣脱意志的束缚。

他首先制定了工作计划，分成宣传、组织、斗争三个阶段。要做的第一件事是先办起农村夜校，把力量用在农民教育事业上。他放下架子，深入到他们中间去，想他们所想，和他们一起劳动；在田头、炕头和夜校，利用一切机会启发和教育农民。这样，他们终于组织起佃农组合，发起了反抗地主和东拓株式会社压迫和剥削的群众运动。第一年的佃农斗争虽说有些损失，最终还是胜利了；第二年却遭到了失败，佃农组合被解散，夜校也被迫停办。东拓株式会社和官府的镇压，实在难以用言语形容，无论你有多大的热情，多大的韧性，也很难继续活动下去，一切都陷于停顿状态。去年秋天，他的一个朋友气愤地说：

“我要到别处去了，在这里能干出什么来呢？动一动就镇压，除了恐怖，还是恐怖！”

“不，不管怎么说都应该留在这里。当然，为了我们阶级的事业，可以到中国去，到印度去，也可以到世界上任何一个国家去，在什么地方都是一样，但是就我们的情况而论，最需要的是留在这里。就是死，我们也应该和这里的人们死在一起！”

任他百般劝说，也没有挽留住他的这位朋友。

这块沉睡的土地，不，沉沦的土地，染遍了人民的鲜血。村前的洛东江畔，原来有一片几万坪的芦苇地，自从洛东江从这里流过，出现了这个村庄，人们一直就用苇子织席子，编斗笠，靠它解决衣食问题。

洛东江上雁阵高，金风瑟瑟芦花飘。

现在人们再也没有心思唱这支歌了，因为那片芦苇已经变成了他人的财产。十年前，官府把苇子地定为“国有地”，接着又以“国有未垦地”的名义转给了日本人加藤。从这年秋天起，村民们再也不能随便刈苇子，几次去道当局上告都没有结果。人们准备断指宣誓，组织血肉同盟进行反抗，但是最后也失败了。芦苇是村民的命根子，他们忍无可忍，不顾一切地把苇子刈了，并和看守人发生了冲突，打伤了他们的人。成云被当成幕后操纵者抓走了，在警察局受到严刑拷打，又转到检查局关了两三个月，因为病重才准许保释出狱。

还曾发生过这样一件事情：这年夏天一个赶集的日子，衡平社员在集市上同赶集的人包括买卖人发生了激烈冲突。起因是一个赶集的人路过衡平社支部门前时说了一句侮辱性的话，彼此言来语去，以至动起手来，最后打起了群架。成云听到了那些凶狠的赶集人手持棍棒去袭击衡平社员的紧急消息，立刻动员青年会员，佃农组合员和妇女同盟盟员全体出动，赶来支援衡平社员。殴斗渐渐平息下来，对方仍在嘲笑和谩骂，说衡平社员是一群“新屠夫”。成云不顾一切地站出来，向众人大声说：“屠夫和我们都是一样的人，只是职业不同罢了。不管什么人，不能因为职业不同，就有贵贱之分。人分等级，是封建时代的观念……特别是我们无产阶级，必须同衡平社员携起手来，一道工作……我们应该把衡平社员看成是自己的兄弟和同志！”

自从发生了这件事，当地妇女同盟又增加了一个新盟员。她就是衡平社员的女儿罗莎。罗莎参加了妇女同盟，和成云的接触多了，渐渐亲密起来，内心深处产生了不同于一般交往的特殊感情。

罗莎的父母是衡平社员，可能也和成云父母的想法一样，为女儿的前途着想，送她到汉城念完了女子高等普通学校和师范专科，被派到遥远的咸镜道的一所普通学校里当了女训导。这次她是回家来度暑假的。父母把女儿当了训导看成是祖祖辈辈以来的头等光荣。父亲说：“女儿当了训导，我还能再当屠夫吗？”他打算放弃这个职业，跟着女儿去过一过“新贵族”的生活。这次女儿回来，全家已经商定跟她走了。可是，他们没有想到自从殴斗事件发生以后，女儿整天往女青年会跑，跟那些叫喊什么“主义”的男人混在一起，还说再也不回学校，不要那份差使了。女儿的行动引起了全家的不安，又是开导，又是劝说，话都说尽了，她一句也听不进去，气得父亲暴跳如雷：

“死丫头！一个屠夫的女儿能当上这样的官，是天大的幸运，到哪里去找这种好事？”

“爸爸，咱们世世代代受人家的压迫，罪还没有受够吗？怎么您倒把他们的腐朽思想原封不动地学来了！我不想给他们做事，我要做一个真正的人！”

听了女儿反驳的话，父亲更气了：“你说什么？不知天高地厚！”

母亲也在一旁帮着父亲说话：

“咱们做这点生意，供你念书，作了多少难啊！你替父母想想，能忍心？在你们几个姊妹中，单单送你上学，还不是指望享你点福！”

“这样说来，爸爸妈妈让我念书，不是为了我将来好好做人，是为了捞好处，象把猪喂肥了好赚钱一样！”

“你这是什么话？我真不明白……怎么能说出这种话来？”

“我不要再听了，你们就让我随自己的便吧！”

“不孝的丫头，你离开我，别在我面前，我懒得看见你！”父亲气得站起身子走出去了。

罗莎伏在炕上，呜呜咽咽地哭起来。她并不是因为挨了父亲的骂伤心，也不是恨父母逼迫自己，而是心里生气，觉得他们太无知，太可怜了。

在这种时候，罗莎总是跑去找成云诉苦，成云便鼓励她说：

“你应该象一颗在最底层爆炸的炸弹，对家庭、社会、女人、男人，对所有的一切，都要反抗！”

罗莎感动得把脸埋在成云的膝盖上，流下了眼泪。成云还对她说：

“你还应当反抗你自己……把眼泪收起来。女人的眼泪是最多的，那是软弱的表示……我们都应该做一个坚强的人。”

爱情的力量鼓舞着罗莎，促使她一天天发生着变化。她的名字本不叫罗莎，有一次偶然讲起罗莎·卢森堡的故事，成云开玩笑地说：“你姓罗，以后就叫罗莎吧！”还说；“愿你成为真正的罗莎！”笑谈变成了事实，她从此就改名罗莎了。

那天人们护送患病的成云渡过洛东江，摸黑进了对面的村子。可是，几天以后的一个白天，比来时长了几倍的行列，从村口一直伸延向江边，队伍中飘扬着许多的旗帜；人们排成两行，手里扯着麻布长条。走在最前面的镶着黑边的幡上写着“故朴成云同志灵柩”，后面是写有“××同盟”“××会”“××组合”“××社”等名称的各色各样的旗帜，再后面是数不清的挽幛。一望而知，这是各团体的联合送葬队伍。

“勇士离开了我们，他的热血继续在我们的胸中奔腾！”

“永别了，成云！你在黎明前离开了我们！当我们迎来日出的时候，将不能和你手挽手地载歌载舞了。”

“……”

“……”

挽幛上究竟写了多少这类的字句，谁也无法数清。其中有一副写得最长：

“你生前对我说：你应该象一颗在最底层爆炸的炸弹。是的，我一定遵照你的话去做，成为一颗炸弹！你临终又对我说：你要成为一颗真正的炸弹。是的，我一定遵照你的话去做，成为一颗真正的炸弹！”

这是罗莎的挽幛。

一天早晨，下起了入冬后的第一场大雪，一列火车在纷飞的雪花中开出九浦车站，向北驶去。当列车快要穿过原野的时候，一个女人正凭窗凝神地向外眺望。她是罗莎。她是在去重踏她已故爱人走过的道路吧！但是，不久的将来，她一定会有重返难忘的故土的一天！

（原载于《朝鲜之光》，1927 年 7 月号，转载于《赵明熙诗文集》，人民文学出版社，1983 年）

朝鲜人的劝告

吕伯攸

国庆日那天，小玫儿觉得十分快乐。午饭时分，他从学校里开了庆祝会回来，一路走去，猛记起早晨母亲给他的两个小银元。他想："在这国庆良晨，应该买些什么东西回去做纪念呢？"

小玫儿正在打量着，偶然抬起头来，瞧见一家洋货铺里，挂着几盏五颜六色的纸灯笼。

他很坚决地自言自语道："就把这个买回去吧！——停一会，和哥他们还预备在家里开一个小小的国庆纪念会呢，要是将它挂在会场上，不是一件很好的装饰品吗？"

小玫儿主意打定，便一直向店中走进去，掏出两个小银元，向掌柜的购买两盏纸灯笼。

不料，这时候店门外突然走过一个人来，瞪着眼睛，向小玫儿望了一望，然后冷冷地道："小孩子，你有国不知爱护，难道愿意亡国以后，和我们一样受苦吗？"

小玫儿不觉怔了一怔，忙向他问道："先生，你说的话，是什么意思啊？"

那人说："这店里的货物，全是日本的劣货，你为什么拿了有用的金钱，去白送给他们呢？——老实告诉你：我是一个朝鲜人，我国人就因为当初不知道爱国，所以终于做人家的奴隶，受人家的压迫，到如今真是有苦难言！现在，你们中国，还有一线希望，因此，我奉劝你们，总要大家一心爱国，第一要不买仇货才是啊！"

小玫儿听他说是朝鲜人，便立刻感觉着无限的同情，向他问道："先生，我正要问你，到底那帝国主义者，怎样的压迫你们？"

那人道："压迫我们的方法，很多很多，单就我们所最感痛苦的，便要算限制教育和垄断经济两件事。"

小玫儿听得一些也不懂，便又问道：“怎样叫做限制教育呢？”

那人道：“他们恐怕我们有了智识，便不愿受他们的压迫，要起来反抗，所以永远禁止我们研究高深的学问；并且，不准我们读朝鲜文，更不准我们到欧、美或中国去留学。就是我们朝鲜的历史，也被他们完全烧毁了，不让我们知道。”

小玫儿听了，非常愤怒，接着又问道：“那么，怎样叫做垄断经济呢？”

那人道：“他们又怕我们有了钱，就容易运动革命，所以对于我们的经济，很严厉地取缔。他们定的约法是：凡是朝鲜人有了几千元的家产，政府就可以强迫他雇用一个日本人做账房。无论用多少钱，都要经过这日本账房的允许。要是有了五百元的款子，就要勒令存到日本银行里去；以后取用，也要把用途开明，由银行里核准了，才可以支取。此外，还有对于贫苦的人，也有种种苛例，譬如：一个卖青菜的小贩，一定要先缴了税银，领到一块牌照，才可以挑到街上去发卖。你想，这种亡国后的痛苦，多么难堪啊！所以，我劝你不要再买仇货！”

小玫儿点点头道：“我很感激你的劝告，现在，我已决定：从民国十七年的十月十日起，决计不再买仇货了。”

［原载于《小朋友》（上海）第 326 期，1928 年］

儿子的心

[朝鲜]赵明熙
周必忠 译

四月末的天空，碧蓝、高邈，阳光和煦，清风徐徐。远处，丛林苍翠；近处，梧桐成林。阔大的梧桐树叶子承受着温暖的阳光，微风吹过，轻轻摇曳，仿佛在笑。

“多好天气！”我贪婪地吸了一口从窗口流进来的新鲜空气：“啊，舒服极了！”

我自言自语着，深深感受到人自然的恩典。我颇有点心旷神怡，胸中似乎也充满了阳光。我闭闭眼睛，又睁开了，把脸转向一边。

在和我只有一步距离的病床上躺着的病人，是昨天用担架抬进来的，是个日本人，据说在某煤气株式会社工作，煤气爆炸起火，受了烧伤，又中了毒，刚抬来的时候样子象个死人，今天早晨好不容易才睁了一下眼睛。他可怜的母亲守候在身旁，一直哭到天亮；此刻还睁着昏花的眼睛望着儿子的脸发呆。紧挨着他的是个老病号，某酱油厂的工人，干活时掉进滚热的酱油锅里，险些被活活煮死。再过去，是一个月前入院的病人，长年在一家铅笔厂工作，患了干性肋膜炎症，病得面黄肌瘦。他和我一样，可以说是这个病房的元老。他入院前是劳动组合里的一个勇敢的战士，在日本的朝鲜劳动组合召开成立大会时，他以来宾的身份出席，还在会上发表了热情的演说。我入院以后，他是日本人中和我最要好的一个。他能入院治疗，全靠了穷朋友的资助。再往下数，是一个来日本半工半读的朝鲜留学生。他在日比谷公园附近新施工的二层楼上干活，在向楼顶背砖的时候从脚手架上摔了下来，生命处于危险中，幸而有一个朋友出钱相助，才进了医院。他已经治疗了几个星期，近来因为交不出住院费，院方天天逼他，威胁说再拿不出钱来就要赶他出院。全病房的十几个人，差不多都是因工伤住院的穷工人。

这是东京一所收费最低、最杂乱的医院，人们都管它叫贫民医院或工人医院，只有穷人才到这里来。不过因为是自费，比起那些不知是治病还是添病的所谓免费诊疗所来，多少要好一些。我被卷进那该死的机器，差点粉身碎骨，不知是幸运呢还是不幸，只有左臂和一条肋骨受伤，靠了株式会社的所谓“格外恩典”，在某医院治疗了一个星期。可是，不等伤口愈合，会社方面便宣布责任已经尽到，拒绝再付住院费，不得已住到一个朋友家里养伤。后来伤口恶化，实在无计可施，组合的朋友又去和会社交涉，才争到一点医疗费，住进了这家医院。几个星期的治疗，毫无效果，最后还是把左臂锯掉了。

三天前动的截肢手术，当时我的精神全部集中在疼处，没有心思去想别的，今天疼痛减轻了，精神松弛下来，苦恼立刻向我袭来，只感到一阵阵心烦意乱。锯掉了一只胳膊，一辈子成了残废……我摆摆没有了胳膊的一边，只有肩膀动了一下，空荡荡的，好象失去了半边身子。啊，胳膊没有了！是做梦吧？可怕的梦！可是，这是现实。现实就是现实，痛苦就是痛苦，现在只能现实地考虑问题了。

失去一只胳膊，今后怎么活下去？怎么干活呢？不，应该更勇敢地去奋斗，拼命地多做社会工作！现在已经没有了别的指望，只有去做社会工作……一少了一条胳膊，不是反而会促使自己成为一名社会主义革命战士吗？这样想想，觉得心里倒更加充实了。可是，要去斗争，也得有饭吃啊！一个残废了的人能挣钱养活自己吗？又不是一朝一夕的事，不能总去打扰朋友……更令人一想到就难过的是我的妈妈。唉，怎么办呢？

我的心象一台机器突然停止了转动，又象亮着的电灯一下子熄灭了，沉没在黑暗中。

“妈妈，有一天我会顾不了您的！”从前每一想到会有这一天，就觉得妈妈十分可怜，而今想顾她也顾不上了。过去偶尔还寄点钱回去，从这个月起，再也无钱可寄。前次写信的时候，我没提受伤致残的事，撒谎说身体很好，只是失了业，经济上有些紧张。我不寄钱，她会想到是因为儿子失业的缘故，可是在她实在过不下去的时候，能不想到自己的儿子，对他有所期待么！

“真难死人啊！”我自言自语地说，同时想起了妈妈目前的处境。她寄居在一贫如洗的堂叔家的一间房子里，年老力衰，不用说出去当佣工，连轻微的活也干不动了。前些时候来信说，堂叔也因在家乡生活不下去，准备全家迁居间岛；原打算春天走，因为还有些事情缠身，推迟到了秋天。她本想也跟他们一起走，不是年纪大了，走不动路，留下来又没有一间安身的房子，不知该怎么办才好。信里的意思是想让我无论如何回去一趟看看。

怎么活下去呢？特别是今后……我觉得眼前漆黑，脑海里浮现出妈妈的身影：她饥饿、忧愁，满脸皱纹，双手抱着膝盖，用她昏花的忧心忡忡的目光痴呆地望着前面……我仿佛就站在她的身边，再也不忍看她那可怜的样子，下意识地叫了一声："妈妈！"在我明白过来这不过是幻影的时候，心里更加难过，闭上了含满泪水的眼睛。我真愿意永远这样闭着眼睛，在痛苦中沉沦下去！

室外是四月末的碧蓝的天空，病房里却笼罩着浓厚的抑郁气氛，坟墓般的沉寂紧紧包围着僵尸般的人们。啊，难道没有什么东西能把这沉寂打破么？

躺在我对面的留学生正看一张从朝鲜来的报纸，忽然大声叫起来：

"朝鲜也有女飞行员了！她在中国南方参加了北伐军，屡建战功……"

这消息引起了我的好奇心，站起来，走到那位患肋膜炎的日本朋友面前。他正伸开腿坐在床上，苍白的脸上浮现出深情的微笑，用日语对我说：

"李先生，外边的天气真好啊！"

"是呀，真好。除了大自然和我们的朋友，对我们来说一切都是无情的。"我说着，向他伸出了右手。他也马上伸出瘦骨棱棱的手来，握住我的手用力地摇动着。

我多么想走到病房的每一个人面前，和他们一一握手！我多么希望他们都是健壮的人，大家一起走上街头，肩并肩，手挽手，足踏着大地前进，高呼"全世界工人团结万岁！"

我又向前走了一步，拍着留学生的肩膀叫了声"同志"，把手伸给了他。他握住我的手，对着我的脸久久地凝视着。

"你在异域受苦了！"

"彼此都一样……"

我默默地望着他，用力地握了一下他的手。他无语地流出了眼泪。

我接过报纸，匆匆回到自己的病床，翻开社会新闻版，一张面熟的女子的照片首先映入我的眼睛：啊，她不是我永远难忘的锦顺吗？是她！分明是七年前离开故乡的李锦顺！望着她出落得越发俊美的容貌，看了她的籍贯和姓名我怀着急不可待的心情仔细地阅读起有关她的报导文章。文章写得很长，说她随父亲先飘泊到了满洲，在中国念完中学，又毕业于某航空学校，参加了北伐军，她以一个纤弱的少女，驾着飞机，象雄鹰一样在北伐的征途上大显神威，使敌军胆战心寒……我看完报纸，不禁双手抚胸，激动不已。

啊，锦顺……你为了中国革命，不，为了世界无产阶级的解放……我这样想着，浑身增添了新的力量，立刻握起拳头，用日本话大声地说：

"我也要拿起武器去战斗！为了民族的解放，为了阶级的解放，你在中国，我在朝鲜……"

我的同乡、同学和初恋的姑娘，在中国北伐军中成了一名最勇敢的飞行员，多么了不起啊！我为她感到骄傲。

"是啊，真了不起！"病友们都这样称赞着。

"明天我们也去参加游行……闷在医院真受不了！"我的日本朋友忍不住地说。

"对，我们也去参加游行吧！"我微笑着，开玩笑似地表示赞同。

这时，我的腰突然疼起来，只好又躺下了。游行队伍的高昂的歌声从外面传来。我闭起眼睛，想象着锦顺身穿飞行服、驾机腾空的英姿，回忆着和她一起在家乡念书时的情景和两人坐在槐树荫下谈心的往事；回想起自从她走了以后，我天天都爬上山岗眺望她离去的大路和那一边的山峦和天空，不知道流了多少伤心的眼泪！我又想起了妈妈，她可怜的身影浮现在我的眼前，我声音哽咽地自言自语："妈妈，儿子再也顾不了您了……不能回去赡养您。"我流着眼泪，攥紧着拳头。这天夜里，我梦见自己参加了游行的行列……

我伤口愈合出院的那天，正看到工人示威游行的队伍浩浩荡荡穿过日比谷公园前的大街，我毫不迟疑地参加了进去。

锦顺驾着飞机高翔在南中国的天空，雄鹰一般向敌人冲击的时候，我和我的朋友们的坚定、有力的脚步，也在踏着革命的大道前进！

（原载于《朝鲜之光》，1928 年 9 月号，转载于《赵明熙诗文集》，
人民文学出版社，1983 年）

亡国泪

刘埜叟

在近数百年来，中国京城，都是建在北平。那以前皇家的建筑物，如宫殿园林，以及载在祀典的，坛坫庙宇，都觉得规模宏大，气象巍峨。但城里的地势平坦，没有天然风景。前几年市政公所，将北海开放，改作公园。漪澜堂五龙亭等处，都租与商人，开设茶楼酒肆，要算这城里第一个消忧的所在了。

北海原是从前禁苑，不知道费了多少民脂民膏，全用人力开成这样大湖，并且堆起一座土山，种栽树木。山顶建筑白塔，环着山脚，造了曲榭回廊，宛似蓬莱小岛。那规模风景，比什刹海大多了。又制造许多小艇，招载游人。有两三人共坐一船，分工合作的；也有一人独摇双桨，自由进退，领略那荷花香气，于游戏之中，寓有运动体力的意思。这是欧美士女最流行的生活。北平土著人们，轻易见不着船只，得了这个机会，人人都想试试那乘船的风味。就是南方人，对于坐船一层，原是司空见惯；但久寓北平，终日在马足车尘里，呼吸那秽浊空气，忽见这样波平如镜，莲叶接天，瓜皮小艇，来往如梭，不觉见猎心喜，想起家乡钓游之乐，也要租一只船儿，荡入水云深处，就当回了故乡一次。所以北海里游船营业，夏季非常发达。北平游客的目光，也渐渐转换，不像从前那种陈腐的脑筋，除了听戏听落子以外，就没有消遣的法子了。

有一天午后，风日晴和，游人如织，看那荷花荷叶，铺满水面，那花底游鱼，来来往往的川流不息，引得那些嘴长尾短的水鸟，上下飞鸣，馋涎欲滴，大有饥不择食的光景。惟有那岸上宫槐古柳，最高的枝儿上，抱着几个残蝉，随风摇曳，一声一声的，你唱我和，高不可攀，好像笑那来往游人，悠悠忽忽，与那些觅食的水鸟，一样可怜。

有一只小船上，坐着一个西服青年，听那断续蝉声，不住的点头叹息。忽见狂风四起，那极浓厚的黑云，一阵阵卷上来，把那将落未落的斜阳，遮得一丝不透。各船游客，看见大雨将来，都纷纷争先靠岸。只有西南角上，荷花深处，一个少年女士，独自摇着小船，向前猛进，打算要环绕北海一周，才尽她的游兴。听见各船喧嚷，仰望天空景象，知道顷刻就要大雨倾盆，急忙调转船头，想从斜刺里，飞奔北岸。没想到忙中有错，右手那枝桨，被水草缠住，稍微一失神，桨已脱手飞去，船身左侧，这女士翻身落水，大声呼救。别的船都离得很远，只有那听蝉叹息的青年，他坐的那只船，离女士失事地方，不过七八丈远的光景。他听见有女子呼救，连忙脱去外衣，跳下水去，用田鸡式分水法，游泳到花丛里，把落水的少女救起，再泅到自己船边，送她上岸。自己披上外衣，才扶着出了北门，问明居址，雇一辆马车，亲自送她回去。

原来那女士住在一家公寓的小跨院里，先将这位青年让进客座，自入卧室，换去湿衣，复出周旋道谢。这青年才知女士名季秀禾，延吉人，现在女燕大肄业。因回送了一张名片，女士看上面写着“林蔚字晚郇福建人”。问他的职业，知是清华大学学生。坐谈片刻，晚郇辞别。他两人自此订交，常到北海同游。感情就一天比一天的厚，渐渐发生恋爱。晚郇几次想脱口求婚，但不晓得季女士有无婚约，只好旁敲侧引，探听口风。那秀禾总持着不即不离的态度，没有切实答复。可是秀禾女士住的小院里，常有晚郇足迹。那秀禾的女仆，见晚郇常来常往，知道是主人的好友，来时也不大通报。

有一天傍晚，月光初上，又有微微的凉风，晚郇想去约秀禾到公园踏月。走到小院门首，静悄悄的，没有一点人声，再看院门是虚掩的，以为她主仆都出去了。立了一会，没情没绪的，正要转身，忽见那客座里，射出一线灯光，有个人影儿，忽起忽落，仿佛长叹一声，接着断断续续的，好像读书一样，却一字听不出来，心里好生奇怪。因轻轻推开院门，顺着墙阴里，蹑足走近去。定睛细看，果是秀禾女士，却穿一件圆领宽袖的长衣，墙上交叉式挂了两面小旗，都画着八卦，点了两枝素烛，手执一张纸，朝着那小旗，喃喃祷告。总听不是中文，又不是英，美，德，法，俄，日诸国语言。心想这样的文明女子，难道迷信异教，崇拜什么神道吗？忍不住将玻璃窗敲了几下。秀禾大惊，忙想吹灭双烛。

晚郇道：“密司季！是我呀！请开门罢！”秀禾知是晚郇，只得开门让进，面色颇觉不安。晚郇道：“你怎么穿这种服色！？方才所念的是否佛经或为咒偈，我却要请教呢。”就伸手要她那张纸，秀禾无法，交与晚郇，一看是高丽文，虽每行里夹杂许多汉字，却看不出语气来。因问道：“你为什么研究韩国文字呢？”

秀禾哽咽道：“这是我们国语，怎能抛弃呢！我父亲与李王是远族兄弟，我们亡了国，不几年，我父母就逃到吉林，入了中国籍，经营商业。暗中却联络本国的志士，运动革命，总没有机会起事。到我十岁的那一年，我父亲又私自回国，实行那革命的工作。不幸被万恶的总监伊藤知道了，派侦探破获几处机关,将我父亲和那些同志,一网打尽,拘禁在日本兵营内,严刑拷问。每二十人用长绳联贯做一串,当做射击的靶子。同时被害的,有二百余人。还与中国官吏交涉,要引渡居留延吉的党人家属。我母亲得了警信,悲伤惊恐,停止营业,将现金存放美国银行,带我隐藏在教会里,我就受了洗礼。从此以后,那总监虐待韩国人民,格外惨无人理,各家铁器,一概没收。用那秦始皇的老法子,每十家公用一柄菜刀,锁在木柱上,钥匙存在警署。无论城乡的住户,每礼拜由警察行清洁检察,翻箱倒箧,实在防人民私藏武器。所有财产,全由总监登记。现金存入银行,支款到五百元者,就得查明用途,呈报总监,才能支付。大小学校,纯用日文,不准私授韩文,要消灭韩国古来文化,永远做日本的奴隶。稍犯警章,轻则禁锢,重则死刑。遍地都是侦探。有一次一个韩国青年,与我家有点亲戚关系,他在北平某学校毕业,满口北平话,说得非常浏亮。改穿中国衣服,冒作华人,私行回国。才入韩国境,走到一座大桥上,一个侦探看着他有点疑心,冷不防抓他衣领,那青年仓皇失措,叫声'阿噶'(这两字好像中国话'哎呀'口气),侦探认定是韩国人,化装归国,有不利政府的行为,捕送警署,定了十年禁锢。自此事宣传后,我母亲就打断归国的念头了。又过两年,我母亲也忧郁死了。她临危的时候,托付老牧师,做我的保护人,并代我经理财政。我到二十岁,在女中学毕了业,老牧师把财权交还我,介绍我到北平女燕大,学习神科。我不愿和亡国的李王同姓,所以加上一撇,改为姓'季',这'秀禾'二字,是引用我们老祖宗微[箕]子,作的《麦秀之歌》,'禾黍离离'的意思。我自入燕大,就抱独身主义,不愿意代那帝国主义的日本人,生育再传的奴隶。所以你每次谈话,涉及爱情,我就用话支开了,不肯搭上本题。怕是拒绝了,伤了彼此感情,又万不能抛弃向来主义,违心应允。我这万种伤心,有谁知道呢?这八卦旗,你应该知道是韩国的国徽。自从亡国以后,那万国旗图样里,就把它除掉,只有我韩国人民,脑海中还印着国旗小影。今天是韩日合并,国耻纪念日,我将女仆支开去,做了几句惨痛的文字,大概说:'我那国旗呀!我们列祖列宗,这几千年来,都在这八卦国旗的影子里,呼吸自由空气。怎到今天,高丽国的锦绣河山,都被那些穿木屐的矮子,到处践踏!!把韩国人看做牛马一般,随意宰杀!京畿道的旗杆上,也看不见八卦旗。王族子孙,都做了人家奴隶!!我虽然流落异国,可是我身上,还有韩国王族亲宗的血脉。可怜这八卦国旗,除了我这三间小屋,天空中没有你的影子了。可怜!!可怜!!'私挂国旗,吊我那亡去的国魂,不想被林先生看见,你应该代我们亡国遗民伤感哪。"

晚郇听她这一席话,先对她那国旗行了三鞠躬敬礼,也是双泪交流。歇了一会,用极诚恳的声音安慰道:"密司季,你这样志气,真真可钦可敬,我与你同病相怜，不由得动了兔死狐悲的念头了！”秀禾诧异道：“你福建并未亡国，怎说与我同病呢？”晚郇道：“我这福建籍，也与你吉林籍是一样来源，不瞒你说，我本姓麻，是台湾人。从割归日本后，那人民所受痛苦，比韩国更甚。凡是知识界的人，一言一动，都有人监视。我好容易逃到厦门，把‘麻’字帽儿除去，改为姓‘林’，因福建姓林的极多，免人注意。先到上海补习两年英文，再到北平考入清华大学。希望将来留美。自与密司订交，渐渐动了求婚的痴念，料不到彼此同仇。但你独身主义的理想，实在错误，那欧战发生，威尔逊不是主张‘民族自决’吗？世界上弱小民族，深表同情，我们复仇的日子，当然不远。既然讲到‘民族主义’，第一要我们民族生殖发达，才能抵抗那些帝国主义的国家，倘若青年男女，都抱独身主义，不肯结婚，那已失的祖国，不能恢复，并且要灭种了。你不听见那法国人，因为人口不甚发达，现在奖励生育。我们亡了国的人，还能节制生育吗？我两人应将消极变为积极，约会本国的同志，宣传‘民族主义’如果弱小民族，都联合起来，打倒那些帝国主义的国家，你那八卦旗，就要复活，不必躲在小屋悬挂了。”

秀禾听罢，眉飞色舞，不像先时懊丧，就握着晚郇的手，坐在一张沙发上，亲切长谈。等一会，她女仆回来，晚郇才辞别出去。又过几个礼拜，他们已正式结婚。过了蜜月，就出京到各处工作。北海公园，游船队里，就没见这一双比翼鸳鸯了！

［原载于《三民半月刊》（北平）第 1 卷第 2 期，1928 年］

我的邻居

台静农

一

浓霜在朝阳未出以前占据了大地，天气越发寒冷了；时钟虽然到了八点，我仍旧在温暖的被窝中留恋着有如一条蠕虫。反复的思量，下就了决心，以为时间是再不许迟留了，于是带着不平像被人欺负似的离了床褥。

严冬的侵袭使人变成怯懦，竟不愿走出房门一步，所以课也不去上，固然在课堂上所得的只有无聊和疲倦；窗幔揭起，单扇的门洞开着，这时阳光慢慢的经过了门限和窗上的玻璃，直射到床褥上，又反映着红漆书桌上所陈列的墨水，钢笔，小钟，镜子，分外的辉煌。

我斜倚在藤椅上，负着阳光使全身温和与舒畅，正如一个老年人在阳光之下消逝他的末日；我手里拿了一支烟轻微地吸着，烟气弥漫了这矮而狭小的房间，与阳光互相辉映，顿使我回到过去的梦境与寥廓的远天，心是像狂风中的波上的小舟一样，荡漾得不能自安，正如老年人在他末年的回想的国土里得到的不安和悲怆。

“今天借几个钱用。”送报的慌张地闯进来，一面从他的布袋里抽着报，一面带着恳求的口吻说。

“要是有钱，就早给你了！”我好似从梦中刚醒过来。

“不是，已经三个月了。”送报的嗫嚅的申辩着，耸一耸他的肩膊依然慌张的于是打开报纸，很迅速地看见他们一群人是如何演着战争的把戏，在迫击炮机关枪地雷飞艇之下的无数的死者，我对于他们没有丝毫的悯惜，或如一个慈悲的女人；中国人尽多呢，打杀也是有趣的。

我翻到第二版的时候，看见了一条关于日本的新闻，说有暴徒某，朝鲜人，谋炸皇宫，被警察擒住，已于某某日正法；该犯年二十余岁，身材短小，面微麻……我的心因而又回复到方才不安的状态中了。

我扔开报纸，两目凝视着虚空，青烟同阳光环绕着我的左右，我不愿深思下去，只是他偏引了过去的许多景象一齐奔驰到我的脑里。

二

这正在去年六月的时候。

有一天，我在午饭后拿了几本讲义去上课，走出公寓的门口，看见一辆人力车在门旁停下，从车上走下一个少年，提着一只柳条箱子，人很短小，穿着短的衣服，显得十分的精悍，此时以为同学中的学生军，我便不留意地走开了。

我们彼此不注意或轻视，在大学的同学中这并不算奇迹；因为同学的虽彼此住在一个公寓里，倘没有一点关系是决不会往来的，不管你是时间再长些或彼此以至于毕业。

待到下课回寓，天已黄昏。

扁豆初着花，白蓼刚长过短墙，牵牛无可攀依地盘伏在地上，青嫩油肥的玉簪叶发满了一盆，紫霞灿烂在西天，反射着全院中的花草都变换了颜色；我默默地倚着门旁，静听隔院的梅花三弄，终日的疲劳都消失在美丽的黄昏里。

“伙计!”一种粗糙尖利的声音，从我隔壁的房间里发出。

这时我才知道我得了一个邻居，同时我便诧异起来。邻室的面前有一座高墙，将阳光完全遮住了，即使在正午，屋子里也显着阴森的气象；大学的同学为什么竟有愿住这种房屋的，如同从太阳照临的世界搬到坟墓去；说是房钱便宜罢，但是我知道公寓的主人是从来不会有便宜给别人的。我要不是为了债务关系，早已搬开了；因为我对于我的隔壁房间，时时存着恐怖，以为是魔鬼的窟宅；夜半醒来，就是听了耗子声，便认为隔壁的魔鬼作祟，于是将被条蒙着头，吓得一身的冷汗。

当晚我便放大胆子，看书或胡想直坐到十二点钟，因为我已经有邻居，并不胆怯了，我相信邻室的魔鬼已被生人逼走了。倘在往日的晚间，那我无论如何是要比隔院的同学睡得早，在床上犹能听到他们的胡琴，奏梅花三弄。

三

这位邻人好像是终日都蛰伏在这阴森的房里。

他的房门总是关着，也不见他有朋友来访问；偶然可以听到他叫“伙计”的声音，但是“伙计”一进屋，却又听不见他有什么吩咐，想是除了用手势要开水以外，别的也没有什么大事情。

细察他叫唤“伙计”的口音，沉重而且尖利，好像一个军人在战场上发令似的；虽然并不像长江一带的人或北京人，却像广东人初到北京学着北方的声口；因此我便私自拟定这位邻居是广东人。

他独自过这样孤独的生活，我便疑惑他是中国哲学系的同学，受了宋人理学的影响，决然离开朋友，逃到这卑陋的房中来习静和打坐，度他的理想的非人的生活。

但是这位邻居要是我那天在门外所看见的矮小而精悍的人呢，那我又立刻可以推翻我所假定的这位广东老是一个理学家。

他究竟是否我们大学的同学？对于不相关系的人加以种种的推测，自己也知道是很无聊的，况且又不是一个侦探；但也无法将这无意识的纷乱的思想推开。

因此我急于要见这位我所假定的广东老的相貌，好驱除我心中的疑惑。事实正如我心中所想的那样容易的实现了。

第二天下午完毕了我的功课时，太阳将要飞过墙壁，正辉煌的照着房顶；天气虽是初夏，但北京是大陆气候，只要阳光一离地，人便觉到轻松与凉爽了，虽然有时还有余热存在。

这时我缓步走到公寓前面，便听得我们的小院里皮鞋格格的响，我以为我的朋友A君来邀我到S女学校去看跳舞会了，因为我们约定这天要早些去，事后好多得些评论的资料；于是我很快的走到我的小院，不意竟不是我的朋友A君，却是我所假定的要见的广东老；幸而我没有预先招呼：“老A你来了！”不然，倒有些卤莽。

这位广东老也许没有看见我这种张皇的情形，他的双手放在他裤旁的两个口袋里，从他的门口走过我的门口，又从我的门口走到他的门口，皮鞋格格的响。

他是不是我们大学的同学呢？当下我所能决定的只是他并非一个习静打坐的理学家，万一有谁再要坚持，那我无论如何也不能相信了。

四

他的神情使人一见面便有些奇怪，脸上微微有些麻，双眉如两把短刀，往下蹙着；身体并不雄壮，然而非常的精悍；他的头发已经脱顶，却不像一个秃顶的老学者，还是少年的英姿。他宛然是一只饥饿在腹中燃烧的鹰。张开眼睛四望之后，双眉便立刻攒聚起来了。

他穿的是一身破烂的学生服，统是灰色的，就是面前的扣子，也不能完全存在；他浅灰色的衣服，越显出斑斑的肮脏，使人远远地便可以知道这并不是原先就有的斑点。即如他那格格的响的皮鞋罢，前面是裂了很长的缝，后跟也歪了下去。

不知怎的，我的脑中灵敏地感觉着，这位广东老决不是老实人，说不定是一个危险的人物。也许是江湖上的大盗，犯了案子，装着学生躲在我们学生公寓里；要不然，他为什么单选了这间阴森的僻静的房屋呢？在这深巷中，向不为巡警所注意，是很容易地逃开这般人的眼线的。

因此我联想到他插在口袋里的双手，是毁灭过若干人的生命，而且曾被鲜血染污了有如朱红的颜色；这精悍的身躯，想也曾压迫过许多妇人和闺秀，伊们看见的时候，该是如何的恐怖啊！

我的思潮重新的纷乱了。

从前，隔壁的房中是魔鬼的窟宅，现在他却是魔鬼的真身，悍然占据了这终日不见阳光的房屋了，而不幸我又作了他的邻人。

当他在院中格格地徘徊的时候，曾经冷然地向我一瞥；从这一瞥之后，他的恶毒确已穿进我的血管中，在周身轮环地跳动着；当晚我晚餐后便想立刻就寝，再不肯等到夜深了。

我抱着不安的心在床上辗转，不幸不能安然走到梦乡；本想依赖前院的胡琴和梅花三弄，好放胆睡去，但是星期六的晚间同学都走了，以致公寓的寂寥，早如夜半的时候。

朦胧地入了睡，等到醒来，晨曦已经满布在窗棋上；而他的格格的步声，早在那阴森的房中开始了。他许是将整个的夜，都这样地消磨了罢。

五

从此以后，我俨然成了一个侦探；期考将近，也可以整日不去上课，将预备考试的时间，都用在他身上。

他终日除了格格的徘徊而外，常有一种擦火柴的声音，以是知道他是努力于吸烟；然而他这吸烟的能力，却特别令人惊异；有时我故意地坐在扁豆花下，便看见这阴森的房中的青烟，丝丝地不绝地喷出。

一次，他来了一个朋友，最初是彼此都很惊喜似的；谈话也很迅速，渐渐声音便低微了；然而他们所说的我完全不能了解，我更相信他是“南蛮鴂舌”的广东人。在他们的静默里，我所能听到的，依旧是擦火柴的音声。

他们的行为是这样的诡异，这个朋友，自然是他的同党了；但究竟他们的危险程度怎样呢，仍旧令人无从揣测，我愈加疑惑起来了。

为要除去我的恐怖起见，不得不施行我最后的侦探手段。

这回是在晚饭以前，太阳刚刚下落，他在院中同平时一样格格地徘徊，我故意推开房门，走了出去，装着不堪长夏的疲倦模样，若有意若无意地说着：

“天气真热啊！”

“唔。”他并不介意我的唐突，还是格格地徘徊着。

“要是在南方，好得多罢？”

“唔，是的！”他不知我所谓的南方是我给他假定的故乡，便这样含糊地答应了。

他的脸依旧冷然，和平时没有分别，简单的答话也如叫“伙计”时候一样的沉重和尖利。他这没有表情的状态，使我已经不愿意和他再攀谈了；然而因为我还没有探出底细，终于又坦然地追求下去。

“府上是广东罢？”

“不，我是朝鲜人，先生！”

“原来是朝鲜！”我带了十二分的惊异与恍然的神情。

我不自觉的将“是朝鲜”这三个字说得过于沉重了，致使他昂然地冷峭地向我一瞥；我也立刻灵敏的觉到先前是误会了！从这一瞥，我似乎顿然觉得自己是渺小而且惭愧。

他原是异国的飘泊者，不幸误会竟生在我们的中间。

“先生来中国多少时了？”

“去年日本地震后来的。”

“据说那次东京地震，你们韩人死了不少？”

“唔，是的。”

他用照旧一样的口吻答我，可是声音微微的颤动，他似乎已经知道我的意思，我不禁有些赧然了。他隐护他的伤痕，当同人们相遇的时候。

“在大学里听课罢？”

“唔，不是的。”

“那你为什么住在阴湿的房屋呢？”

“我觉得它比较安静些。”

他冷然孤独的微笑了，很严肃的对我一看，便格格的回到房中；他仿佛是故意躲开我这侦探的追寻，此时擦火柴的声音，又在他阴森的房中发出。

我怅惘地在院中徘徊着，粉豆花的温香断续地吹来，我无端地感到我这不幸的邻人身世的悲哀，他怎样地遭遇恶人的毒手，他怎样地逃开恶人的罗网，他含泪地别了祖国，别了慈母，别了他的爱人！

因此我时时忏悔，我想湔除我先前对于这异国的邻居一种不好的猜疑，虽然这饱经忧患的人可以宽恕我。

他如一只大鸟，暂时虽然脱了猎人的逼迫，使它在这无尽的天空中飞着飞着，也就足以使他愤恨和凄怆了；所以他闪闪的眼光，有如闪电一般四射，大概是要图来日的复仇罢，我想。

我们渐渐的熟悉了。每日除了他擦火柴的声音和格格的皮鞋声或在他阴森的房中或在小小的院里而外，别的却不见有其他的动作。他也偶然收到来信，数分钟后，便听到擦火柴，似乎就将那信焚毁了，我的房里同时窜入焦纸的臭味。

六

在中秋后的一个晚间。

白蓼已经老了，扁豆正忙着结实，玉簪不知为什么今秋竟没有着花，红粉豆却被一次大风雨断了生命，我悄然坐在这明朗的月色映着的疏疏的荫影之下，怀念着远人，感伤着华年的消逝！

他——我这位异国的邻居，正在房中格格地徘徊夹着微微地咳嗽，他的房里面是没有灯光，没有月色的。

忽然，公寓主人引来了几个穿长衫的客人，我几乎误认作访我的朋友。“是那间房子？”来人问。

“是这一间。”公寓主人指着隔壁的房屋说。

来人便一拥进去，公寓主人擦了火柴将桌上半枝洋烛燃着。“你们干吗的？”他沉重地带着惊异的问。

“你是朝鲜人罢？有个金某你该认识？”

“认识的！”

“好罢，你同我们到厅里去，姓金的也在那儿！”

“莫要慌，查查有什么书信没有？”

开箱子和开抽屉的声音，便混在一起。“走罢！”

“走，一阵去，叫你们不要住韩国人，你们偏不听！”一个穿制服的巡官严厉地对着公寓主人申饬说。

“你们朝鲜人……”远远的听见这一群野兽欺侮我这异国的邻居的声音。我此时为了愤怒，异常的焦灼，终于没有法，只得双睁着眼，目送我这异国的邻居从月明的疏影下走去了。

心中的火焰狂烧着，使我无所适从，直到中天落月的时候，我还不能安睡；全寓凄清得如同寺院一般，我竟忘却我隔壁的阴森的房中以前是魔鬼的窟宅了。

七

过了几天以后，公寓主人被释回家了！他很懊恨不该住韩国人，使他坐牢，受罚。

伙计在邻室中打扫，我乘机一看，一种阴湿与烟味混合的空气迎面扑来。床上铺着一条毛褥，褥上与桌上都散放些日本报纸；桌上还有一管旧的生锈的钢笔和一个墨水瓶。

最令人注意的便是地上的燃过的火柴和床下的纸烟盒。我骤然想到他的格格的履声，在这不平的地上活动，不由得我要痛恨这一群野兽们将我的不幸的异国朋友掠去了！

我们这样地别了一年了！

今天在无意中，我在报纸上发见了这一段新闻。这是不是你呢？为了你沉郁的复仇，作了这伟大的牺牲，我的不幸的朋友！

（原载于《地之子》，北平未名社，1928 年）

过渡期

［朝鲜］韩雪野
北京大学东方语言系朝鲜语专业同学 译

1

昌善离开家乡四年，如今又回来了，与其说是回来，不如说是被赶回来更恰当。

鬼子们的压迫和剥削，使这户人家无法再在间岛生活下去。就在这时，他们想起故乡，一线光明又出现在眼前，于是匆匆踏上了归程。

漆漆黑夜，他们悄悄爬过冰封的图们江，踏上祖国的土地。然而，故乡和他们所想像的完全不一样了。

“积攒点钱，买点土地，欢欢喜喜地回家，那多么……”

在间岛的时候，昌善一刻也没有忘记过故乡，他日日夜夜盼望着能积攒点钱回来。在间岛，官吏、警察、军队，你去我来，苛捐杂税、劳役苦差，吸尽了人们的血汗，压得老百姓直不起腰来。他们怕人们趁黑夜逃走，于是就越来越凶暴残酷。但人们对故乡的想念却越加深切了。

他们清楚地知道，在故乡，也有压迫、剥削穷人的贪官污吏在横行霸道，他们也不止一次地身受过重重迫害。但对故乡仍是朝思暮想。他们痛恨那些贪官污吏，但是他们更加想念左邻右舍的老乡亲。那时候，乡亲们常常聚在一起发泄对日本鬼子的怨恨。

“既然这样，还是回家和乡亲们相处吧。”

一家人就这样回来了。

可是回来一看，到处变得陌生、凄凉。从前那种“对祖国山川念念不忘，死也要回去”的对故乡的深切怀念，也就渐渐淡漠下去。当他们登上自己村子的后山坡时，甚至心中惴惴不安起来，添加了无限的忧虑。

“有什么面目去见家人和亲友呢？连置一小块土地的钱都没赚下……”

“唉……！”昌善想着，叹了一口气，心中不禁忧虑重重。他失神落魄地站在山岗上，放下包袱。

他想歇一歇，缓口气，再到日夜想念的村庄里去。

“把孩子放下，歇一歇吧！”

“睡着了……这孩子又撒尿了。哎呀，都湿了哩！”

天气冷，为了不冻着孩子，用旧布把他包得圆滚滚的。妻子把孩子放下来，在她被孩子尿湿的背上，冒着蒸气。

“你看，这里简直变成了另外一个地方！”昌善瞥了妻子一眼，睁大了眼睛说。

家乡已经变得认不出来了。岂止是变了，过去的老样子根本就消失得无影无踪了。眼前是一幢幢长长的瓦房、紧围铁丝网的房子、尖顶圆形的工厂、一条条伸展开去的铁道和高耸的烟囱。

“那都是些什么工厂？”

“是啊，那黑颜色的是什么地方？……那边是不是昌里？”昌里是他们住过的地方。

但妻子仍不能相信自已的家会变成这种样子，会这样永远被埋葬。她总觉得自己的家就在这附近，仿佛还影影绰绰地看见了它。

“一直到海边都是工厂，哪里还会有村子？噢，那边是兄弟岩(两块并列的石头)，那边是激流……”

“是啊……这都是什么呀？”

妻子左右眺望，但是连村庄的影子也没看见。

“我们的村子就像长了翅膀飞走了似的。”

“姜面长、崔巡检，他们都哪里去了？”

“那些人，拿国家的钱，吃国家的饭，到哪里不能生活？”

“话是这么说，他们哪能像我们这样轻易地搬家？姜肥猪(面长)一家，是三百年前，还是五百年前记不清了，不知从哪一个皇帝起，就住在这里……崔巡检因为抓独立军有功，连日本人也不敢惹他，还有谁能不让他自由！”

冬天的太阳已经转到西山顶上，从灰黑色的海面上吹来带着咸味的海风，呼啸着，寒冷刺骨。昌善他们已经精疲力尽了。

在间岛时日夜思念着故乡，把无限的希望寄托在哥哥的身上，现在却找不到他们了。怎么办呢？他们开始感到茫然无措了。

“不管怎样，走吧！到那边去打听一下就知道了。”

妻子好像相信一定能找到哥哥的家，去看一看仿佛什么问题都会解决。

“去问土地爷？去问海龙王？”昌善又吃力地把行李背起来。“中午的剩饭还有点吗？”

“还剩什么？没有菜，吃白饭咽不下去，也饱不了肚子。”他们又漫无目标地向前走去。

一排排的瓦房（会社住宅）像士兵的列队一样，整齐地排列在山腰上。高大的工厂，遍布平原，无数的烟囱耸入高空。

这边，像小螃蟹壳一样的茅草屋，仿佛被那些高大的瓦房压倒了似的，畏缩地蹲在那里。馒头铺的小草屋里冒出缕缕炊烟，昌善看见炊烟，就好像看见了老朋友，急步向那里走去。

穿着黑绿色工作服、缠着土色绑腿的人们，不知是中国人、朝鲜人，还是日本人，在不停地奔忙着。

中国人把腰系得紧紧的，搭拉着长长的袖子，吵吵嚷嚷地走过去。

被认为是朝鲜人的那些人，都缠着不整齐的绑腿，剪掉了发髻，说着一口南道土话。从前那些盘着发髻、拿着长烟袋的人一个也看不见了。

昌善一碰到他们就踌躇一下，似乎想向他们打听一下自己要知道的事情。可是，不知为什么，他总没有开口，把几批人都白白放过去了。每次他都是话到嘴边又咽了回去。他希望能碰到熟人，便不住地四外张望。

昌善走了没几步，看见一个穿白衣服的人从远处走来，老远就看得出，那不是熟人，不是旧日身上发散着土香味和鱼腥味的老乡亲。不过，这次是他一个人，昌善心里还安定一些，想向他打听一下。

“怎么回事呢？人都这么可怕……难道连人都变了？……这次算扑空了，怎么活下去啊？”妻子异常焦急不安，来的时候，还怀着一线希望，而现在连这点希望也化为泡影了。

“问问走过来的那个人吧，就什么都会知道了。活人还能让一泡尿给憋死？卖苦力也得活下去……”

昌善好像走进了一条死胡同，感到束手无策。但是他想：赤手空拳也得在这里打出一条活路来。

“请问……”昌善叫住了那个走过来的穿白衣服的人，但又不敢大胆开口，踌躇不安起来。“请问，您知道吗？海边的昌里的人搬到哪里去了？”

“昌里？”那人把昌善夫妇从上到下打量了一番，不耐烦地回答说，“昌里的人搬到山那边的九龙里去了。记不清是在什么时候搬的……”

“九龙里？”

昌善稍微安心了一些，九龙里是他熟悉的地方，虽然没有在那里住过家，但也和故乡差不多，他还记得那里有几栋房子，道路是什么样子的。

"您说的是九龙里吗？……这么说，昌里的人都搬到九龙里去了？您大概认识昌龙(他的哥哥)这个人吧？"

"这我怎么知道！"

穿白衣服的工人急急忙忙地走开了。

昌善向他走去的方向瞥了一眼，默默地对妻子苦笑了一下。

"啊！都搬到九龙里去了，这是什么世道？谁知道这世道是怎么变的！"

"这群猪，怎么就看上昌里了呢？……"

"这可是一个好地方啊！那些吃人鬼，哪里好，就从哪里下手！"夫妻两人直向九龙里的后山走去。

两人的心里好像轻快了一些；昌善背着的行李似乎也不那么重了，妻子也觉得包袱轻了许多。

2

九龙里后山有一个豁口，中间有一条铁路笔直地伸向海边；站在铁路旁边的小路上，可以看到铁轨向南北两端伸去，没有尽头。它从哪里伸来，又伸到哪里为止，都使人不可捉摸，只感到一片茫茫。

这一切变化都出人意料之外，使人吃惊。但是，这一切又是那么生疏，那么令人厌恶。旧时的牛车、渔船，多么叫人感到亲切；而这火车的呜呜的叫声，真是叫人厌烦。

昌善像是作梦，过去的事又浮现在眼前：山坡上有座葱郁的松林，白天他常在树下舒舒服服地睡觉。现在想起来，还像昨天的事一样。他又回想起春天的情景，燕子从江南飞来，落在电线上歇息，人们在耕种土地；粘米饭就烤比目鱼，吃得饱饱的，再从从容容地除草。那些土地是多么叫人喜爱啊！小黑子、小白子、阿房、弟房这些孩子们，一清早就骑在牛背上，唱着《阿里郎》《山念佛》去放牛。这些事，不就是发生在附近一带吗？

"小狗子，去放牛吗？"

"屎蛋儿吗？去呀！双豆和小满囤不去吗？"

孩子们互相招呼着，赶着牛走了。

"喂，你的牛真肥呀！"

"是啊，我们这条牛是公牛哩！"

"公牛一叫春，就要瘦了！"

说话的工夫，又来了十几个孩子，他们就不约而同地唱起歌来。

日本鬼子的糖比蜜还甜，缠头盘发最好玩，
阿里郎，阿里，阿拉里哟！让我飞过阿里郎山吧！

他们唱歌、聊天，一开起头来就没完没了。有时，把牛拴在马桩上就玩起来，猜谜语、作官游戏、捉老瞎、骑竹马；冬天，就到海边去捕鱼，鱼像冰柱似的一串串地挂在鱼网上。

全村差不多一半人务农，一半人捕鱼，所以孩子们也是有的种地，有的捕鱼。鱼捕的多的时候，孩子们一天可以赚三毛多钱。在劳动的时候，姑娘们和小伙子们常常见面，也常常在一起说笑。

昌善就是这时候和他的妻子相识的。

“喂，谁吃？”昌善放着牛，故意走近顺南（他的妻子）的身旁，把买来的糖球猛地举起来。

“谁吃？”他又叫了一声。

“我！”

“我吃！”

孩子们你叫我喊，顿时争吵起来。

“顺南，先给你！”

昌善心里早就有了打算，不管谁先举手，先给了顺南两三块，剩下的全部塞到自已的嘴里去了。

“喂！顺南，先别嚼碎，慢慢含着，咱们比赛，看谁含的时间长。”别的孩子眼巴巴地望着他们，馋得直咽口水。

“这鬼东西，真不讲理！是我先说的，为什么先给了顺南？”

“对，是他先说的，我第二……你……顺南是你的媳妇吗？”

“我去告诉顺南妈去！”

孩子们稚气地吵着，你一言我一语地发泄着不平。顺南不知道他们说的是什么意思，生气地嚷道：

“你这小崽子，媳妇是什么？喂，你这个丫头，你要告诉我妈什么？你为什么偷双豆的酸果？”

“什么时候偷啦”

像这样的争吵，不时在孩子们中间发生，这些，已经成了永远不会忘记的回忆，留在他们纯洁的心灵里。

随着年龄的增长，昌善和顺南开始不好意思起来，不知为什么，总是互相回避着。

但是，这种不好意思和回避，正说明在他们的内心里正萌芽、滋长着一种新的感情。

有一次去割草，昌善看见顺南来挖鼓子花根和野蒜，就趁人不注意的时候，走到顺南身边，问道：

"挖什么？是鼓子花根吗？"

"挖鼓子花根，可也得有啊……要深挖，沙子底下才有……"

顺南向他瞥了一眼，半转过头去。她说话比以前稳重了，举止态度也像个大姑娘的样子了。

"我来替你挖吧。今天晚上我到你家去吃鼓子花糕，行吗？"

"谁说不让你来？……今天晚上我亲手做糕。"

"真的吗？那我一定去，去了挨骂怎么办？"

"你什么时候挨过骂？连去都没去过……"

这样，两颗纯浩的心连结在一起，再也不能拆开了。

虽然年年都捕鱼，可是一到冬天，就像讲什么奇闻一样，关于捕鱼的故事便传播开来。说什么如果抓到银口鱼，或是明太鱼靠近码头，就是丰收的年景，这一年就有好日子过了。男女老少都这样纷纷议论。

妇女们顶着木盆，男的赶着牛车到海边来趸鱼。顺南也是年年都来，她常常到昌善的船上来买。

只要船一靠近码头，昌善就赶快出来开始卖鱼，他对这件事特别感兴趣。因为每天顺南都来买鱼，这使他暗暗地怀着一种难言的希望。

昌善天一亮就来到船上，劲头十足，愉快地给顾客们称鱼。"二十条多少钱？"买鱼的人问。

"你就是只给几分钱，保险能把你的脖子压断。"昌善回答说。昌善拿起铁钩子，钓住鱼头，扔进妇女们的大木盆里。

"一条，两条……十条，好，二十条……再添三条！一条，两条……"

昌善年纪轻，卖鱼还是个生手，常常只顾给妇女们过秤，称一次就是一头大汗。他把痠疼的腰直一直，把头抬一抬，每当这时，就会发现顺南也夹杂在围在他身边的妇女中间。

买鱼的人很多，顺南不敢把木盆放到昌善面前。只是悄悄地放在他旁边，看看脚尖，然后就默默地望着无边无际的海洋。在这种时候，顺南的脸上总是浮现出两朵红云。

这时候，昌善脸上也着微笑，选一些又肥又大的明太鱼，用铁钩子穿住，放进顺南的木盆里，然后，照例外加上六七条。

顺南家的生活也很艰难，单靠务农是不能维持生活的。

有牛车的人家，一次就买六百条一千条鱼，再到较远的村子里去卖。像顺南这样穷苦的人家，没有牛车，只能用头顶着到附近村子去卖，用赚来的一点钱勉强糊口。

钱虽然赚不多，然而海洋对于他们却是恩人和救星。

岁月渐渐给这里的人们带来了苦难，汽船成了海洋的新主人。阔人家和日本人的一条大船就能把渔夫们的几十条小木船挤走，独霸海洋。

昌善家不能再捕鱼了，只得放弃祖祖辈辈相传下来的这条谋生之道。欺压敲榨、饥寒交迫夺去了他父亲的生命。从此，昌善不得不跟着哥哥在海边靠种山田过日子。昌善和顺南已经结为夫妻，但迫于生活的熬煎，又不得不含悲忍痛地离开亲爱的故乡，流落到间岛去。

现在他们又回来了，然而故乡的土地和以前不同了，山川草木也变成了另外的样子。

小时候作游戏的后山，现在铺上了黑蛇似的铁轨，码头上那些熟悉的木船，现在连影子也看不见了。

从前，在村子里到处可以闻到泥土的香味，海风从碧绿的东海面上吹来，使人轻爽、振奋，现在再也找不到村庄的痕迹了，工厂散发出刺鼻的铁臭味，高大的瓦房一座座地耸立着，傲慢而轻蔑地俯视着人们。

牛车没有了，赶车人的凄凉的《阿里郎》歌声听不到了，代替这些的是骚乱的火车的吼叫声，这声音听起来是那样陌生、刺耳。那些低矮的小房子移到了僻静的山沟里，工头们在街上大摇大摆地走来走去。地上满布着黑色的煤灰，从前，《出帆歌》荡漾在码头的上空，而现在只有波涛唰唰地冲击着海岸，显得凄凉而悲惨。在昌善看来，故乡的土地、海洋，全都死得一干二净。

工厂、大瓦房、铁丝网、烟囱群，看起来是那么威武壮观，但它们和昌善夫妻没有关系，他们简直不知道这都是些什么东西。

夫妻两人过了铁道，来到山坡上，看见了九龙里的房子，它们都建筑在海边上……可是，那边也不是从前的九龙里了。铁道从村子中央穿过，把村庄截成两半。

从火车烟囱里喷出的火把近处的两三间草屋烧掉了，现在还可以看到被烧的痕迹。

这些和昌里一样低矮的茅屋，都是被迫迁到海边上来的。它们的邻居是咆哮的海洋，似乎立刻就会被无情的海水吞没。然而对生长在海边的人来说，大海比赶陌生的火车更能使人感到亲切。

“住在那里，他们不怕涨潮吗?”

“住在海边上逮鱼可方便呢!”。

妻子又回想起从前捕鱼的种种往事。

“在间岛没吃到鱼，肚子里的油水都干了。”

“有了钱还吃不到吗？别说间岛，就是到了西洋也照样能吃到。”

夫妻两人一面说话一面赶路，想找个过路人打听打听哥哥的家，他们东瞧西望，连一个人影也没有发现。

如果鱼业兴旺，一定会在路上遇到许多买鱼的妇女和车子，然而他们一个人也没遇见。

3

昌善在路上问过一个孩子，找到了哥哥的家，这时，天色已经黑了下来

母亲躺在热炕上，盖着一条破破烂烂的被子；侄儿和侄女在微弱的灯光下做土豆糕。

“妈!”

“妈！我是昌善!”

夫妻俩推开房门，一步迈到炕上，向母亲施礼。“什么？昌善?”母亲十分惊喜地问。

“妈，您这几年身体还好啊？家里的人都好吧?”

“唉，别提这些啦……大冷的天，总算又活着见面了!”母亲眨动着布满眼屎的眼睛，凝视着昌善，好像还疑惑是在梦中。

老人热泪盈眶，这是真正的母爱。

“没死，总算又见到了！听说生了个儿子，让我看看！……名字叫什么?”

“在间岛生的，就叫间男。路上太冷，得了感冒，瘦的不像样了!”妻子把正在吃奶的孩子抱给了母亲。

“好大呀！这么重！是去年九月生的？咳！让老的快快死了吧，该你们过好日子了！可是……”母亲终于流下了眼泪。“是呀，那边的日子过得怎样啊？听说比从前强……”

“别提啦！没死就是万幸。日本鬼子、巡警和地主，搜刮剥削，百姓到处流浪，不得安生。我们住的那个村子，本来有五十多户人家，现在倒有十几家不知搬到哪里去了。抢地抓人，不是这个税，就是那个捐，逼得人没有活路好走！我们南面的岭南村有一户人家，全家人都活活冻死了。”

“真的……全家人？真吓死人啊！”

“这家的男人，为了赚钱，把年老的母亲、妻子和孩子扔在家里就走了。可是事不如愿，过了二十多天他又回来了，进屋一看，母亲已冻死在炕上，妻子也不知哪里去了。”

“那……是谁拐跑了？啊呀！真是活地狱啊！”

“其实不是叫人拐跑了。起初，那男人也是这么想，拿着把刀到处去找……”

“要杀人？真吓死人呐！”

“那男人像个疯子，到处找呀，找呀，最后看见雪堆里躺着一个人，走近一看，正是他的老婆。”

“啊！还活着？”

“活着？怎么能活呀！早在雪堆里冻死了。头上顶着一升玉米，背上背着一个孩子，怀中还抱着一个孩子，都冻在一起了。”

“唉，老天爷没长眼睛，他们有什么罪？”

“后来男人疯了，死了……”

“那里真不是人住的地方！快别说了，叫人听了就骇怕。你哥哥还说，真要是没办法，就去找你，可日本鬼子倒先去了！以后的日子可怎么过啊！这些该死的造下了天大的罪孽！”

“是呀！那里也成了鬼子的天下，冒冒失失地往那里跑要上当的。冻死、饿死，无家可归的人真不知有多少。天寒地冻的，只要有点办法我们也不会在这种时候回来。”

“还是回来好。这里也一样，活着不如死了。可是也不能坐着等死啊！不管怎样也要活下去。你哥哥和大伙都跑到郡城去请愿了……”

“嫂子也去了吗？”

“除了年老的人，都去了。想活也活不下去，全村的人都去郡城了，说找什么监司去……”

“监司……干嘛找监司？”

“你没亲眼看见，还不知道。大家都喊着快要饿死了！”

“唉，去也白去，找那些当官的有什么用，他会管咱们？”

“人急了上房，狗急了跳墙！这些家伙叫咱们活不下去，管他是谁，也饶不了他。他们强占了咱们的村子，把咱们赶到这里来。咱们是靠捕鱼活命的，现在可靠什么过日子呢？”

“只要有船，还能捕不着鱼吗？”

“一来是年景不好，二来码头也弄得不成个码头了。船进不去，就是进去，也得被撞碎。连海浪也和这些该死的鬼子一样，成心和人做对！十月里，石头他爹的渔船撞碎了！两个人都喂了鱼。他的大儿子一气之下，跑到会社，又打又嚷，结果给巡警带走了。巡警把他灌醉了，他敲打着碎船片，大声嚎哭，就这样活活被冻死了。苦命的人啊！”

“妈，会社是什么呀？”

“你从昌里来的时候没看见？那就是会社！咳，活活把人气死！”

“怎么？……”

“就是这些坏蛋把咱们赶到这里来的！要是住在昌里，就不会弄到这种地步，人要是倒了霉，喝凉水都塞牙缝！唉，本来就不该把昌里让给他们。”

母亲这些话，并不能帮助昌善了解家乡的全部变迁。然而，全村毕竟是被赶到这里来了，可以看出来这不是一件〖平〗常的事情。可是昌善忧郁烦闷的心情，听了母亲的叙述反而变得轻松了许多，好像又望到了一线光明，获得了生活的信心。他这才感到肚子很饿了，妻子也是一样，于是听了母亲的劝说，吃了留给哥哥和嫂子的土豆饭。

“这是怎么回事啊！临走的时候说很快就回来，天到这般时候还不见人影！”

母亲和儿子久别重逢的喜悦在渐渐地消失，片刻忘却的不安又涌上心头。昌善夫妻也焦虑起来。

“天冷是小事……不是出了什么乱子吧？听说上一次刚走出村子，不知哪来的那么多巡警，强迫不让他们走。今天是个赶集的日子，一清早，他们三三两两，嘴里说着‘赶集去啊’，就走了。准是出了什么事！准是！天呀……”

“他们会回来的，您躺下吧！”

昌善想安慰母亲两句，可是他还不知道事情的原委，不知说什么好。母亲翻来复去，老放不下心。

侄子和侄女把弟弟（昌善的儿子）围在中间，拆下一片苇席，用火点着，使劲地摇动，还拿了一块土豆糕给他吃；过了一会，又拍手玩耍起来。孩子们大概是玩得疲倦了，不知在什么时候，全都倒下入睡了。妻子也抱着孩子睡着了。

4

昌善的哥哥昌龙回到家里的时候，已经夜深人静了。

兄弟俩多年未见，几年来的深切怀念和别后所历过的一切，顿时涌上心头，滔滔不绝地谈起来。昌善又一次感到自己置身在一种不寻常的生活中了。

“怎么会弄到这种地步？家家都变得翻了一个个儿。人还怎么能活下去呢？不管干什么，总得有条路……可是……”

“别说了，真是倒霉透了，这不是一两个人的事，全村的人都搬到这里来了，都快饿死了……你没听说吗？连什么报纸的记者都到这里来过。间岛没有报纸？”

“有是有，我们哪里能看得到？刚才从妈那里听到一点……这可不是闹着玩的事呀！所以……”

“死也好，活也好，只有这一条路……”

接着，昌龙把最初在昌里建立化学工厂时的情况告诉给昌善。他还讲到日本鬼子怎样收买土地，把老百姓赶走。当时日本鬼子的走狗—郡城里有钱有势的人又怎样拍日本人的马屁。

“日本鬼子说的可好听了，只要我们肯搬走，就在那里给我们修个码头，像仁川一样，开市场，办学校，盖邮局，修大路……还拿来大地图，指着九龙里说：‘看，这就是第二个仁川’，……该千刀万剐的家伙……”

“后来呢？”

“两千多人，一下子怎么走得了？于是大家提出来，什么时候把九龙里修建得像昌里一样，我们什么时候就搬。而且大家互相约定：在这之前，谁要是搬去，就把他打死。这一来，日本鬼子急了，他们钻进官厅，虚情假意地说：只要搬去，就建一个比昌里还好的码头。人心刚定一点，这些家伙就在背后一个一个地拉拢人……”

“拉拢？”

“当然，就有些笨蛋上了鬼子的当。住在井台旁边的那家，不是有一个叫桂寿景的吗？这家伙是个地道的饭桶。鬼子摸到了他的脾气，就派坏蛋去引诱他。这个坏蛋拿着一个大信封，交给他说：这封信可以使得到它的人发财，谁搬到九龙里就给谁！你仔细想想，打开信封你就会明白了……”

“信封里装的什么？真有这种事？”

“他把信封打开了，里面是一十元的票子……桂寿景一高兴，不顾村里的约定，先搬了过来。就是村里人把他打死，他也不管了。可是大家能拿他怎么办呢？这消息一传开，一家、两家，渐渐都搬过来了。”

“大家都拿到了房钱吧？”

“拿到这点钱有什么用呢？反正是不能捕鱼了！今年偏偏鱼也少得可怜！”“一点也捕捞不到？”

“你没看见那个码头？什么修码头啦，这个那个啦，说的好，你看看弄成什么样子了！马马虎虎地修了个一庹高的堤，怎么能拴船？还不到一年，四十五只船，就撞坏了九只。木生家和沙滩上那家就是……”

“这我听说了，听说还死了人……”

“可不是！你想，要到离这里十里远的西湖去买明太鱼，一篮子就要多花四块！这还不说，通西湖的路又很不好走，妇女顶多了走不动，路窄，车也通不过……加上刺骨的海风，不知有多少买鱼的人冻死在路上。大伙三番五次地向会社提出过，可又有什么法子呢？”

“那……就一直没人管？”

“会社说，像修码头这种事，都由官厅负责设计，他们不知道，也管不着，只能照官厅说的办。会社就是这样装疯卖傻地胡弄人！所以，今天我们去找道长官，可是他开头连一个照面也没有打；不知哪里来的一个家伙，留着山羊胡子，二话没说，就叫我们回来。”

“后来没见到吗？”

“等到太阳快落了的时候才看到他，直到他答应了给我们想办法才回来……”“连女人们也去了……真是一件了不起的大事……”

“自己的事嘛，要去，谁拦得住？也只有这样，官厅才会清醒一点。说起来，繁荣会已到会社、道厅交涉过四五次了，可是一点用处也没有。大家说都去，全村就都去了。”

“这大概差不多了吧？”

“嘴里说要给我们修一两段堤坝，可是又说什么水太深，一间就要花几万块钱。”“会社理应出这笔钱，不然就叫他们把村子还给咱们！”

“对啦，什么修码头？吹牛！趁早滚，咱们回去，这是再好不过的了。然而不要说我们，就是巡警、官厅也奈何它不得。这是日本最大的会社，钱，要多少有多少，衙门和巡警还怕它……你看那会社的住宅，简直是赛过大宫殿，汽车来往不断……”

兄弟俩都躺下来，但他们还是说个不停。昌善太疲乏了，不知什么时候睡着了，响起了鼾声。但是昌龙却左思右想，一直到天亮也没有睡着。

弟弟一家的重担，又落在昌龙的身上。

5

昌善只觉得前途茫茫。他怀念自己的故乡，来找自己的亲人，可是，一切都出乎他意料之外地变了。他原来认为，回到朝鲜，不论干点什么都能活下去。然而现在回来了，不但找不到事做，连可以开垦火田的一点土地也没有。

要工作，没工作，想出卖苦力都没有地方要；既不能捕鱼生，也不能务农过活，世代相传下来的熟悉、喜爱的营生是再也无法继续下去了。过这样的日子真不如死了好！

过去自已所喜爱的东西都没有了，而现在盘踞在那里的面目陌生的工厂，就像一个可怕的暴君。

乌黑的烟囱里发出奇异的声响，陌生的工厂在招收新工人，然而昌善却感到这一切和自己的距离是那么大。直到现在，往日的一切还紧紧抓住他的心，使他感到无限的向往。但是那样的营业没有了，许许多多连作梦也没梦到过的生疏的工作，在这里驱使着工人。

但是，昌善还不愿在那里落脚。尽管这是仅有的一条出路，他可不愿意去走，还须要观望观望。一种茫然的、使人踌躇的过渡期的恐怖和悲哀，激烈地刺痛着他的心。

九龙里的新居民，生活越来越悲惨了。冬去春来，米缸里的米，已经寥寥可数，再节俭也只能吃到春耕之前。但是，修堤的计划仍旧石沉大海，杳然无期，码头上再也听不到悦耳的《出帆歌》了。

现在，只能在晚霞消失、夜幕降临时候，听到工人们的歌声：

> 长津江水奔流发电，内湖工厂氮肥生产。
> 阿里郎，阿里郎，阿拉里哟！让我飞过阿里郎山吧！
> 肥沃的田地变成工厂，俊秀的姑娘走进酒巴间。

可是，这支歌子比起乏味低沉的旧时的《阿里郎》来，增加了几分雄壮和新鲜的气氛，在人们中间很快流传开来，而且不知从谁那里还不断地编出新的歌词来。

村里的人们，先后剪掉发髻，走进了工厂。但是工厂并不是随便什么人都可以进去的，他们只收那些身强力壮、虎背熊腰的青壮年。而那些年老体衰的人，只能靠租少量的土地，或者靠捕残虾烂鱼为生。有的人则背上行李，永离故乡，到长津去了。他们打算在那里开垦火田。

昌善终于决定进工厂做工，他打上绑腿，去参加职工考试。职工考试就是单纯比赛力气。首先要经过严格的体格检查，再去举大沙袋。最后把手伸来，让他们用一个像毛刷子一样的东西，蘸上墨水，在手心上打一个蓝字。

昌善看了一下，是个"牛"字。但是，为什么要在人的手上打一个"牛"字呢？昌善正发楞，一个监工模样的彪形大汉走来，奸笑着说：

“好，真棒！从明天起就进厂吧！”说着，努了努嘴。

从第二天起，昌善剪掉发髻，打上绑腿，拿着火铲，开始了搅拌混凝土的工作，他变成另外一个人了。

（原载于《朝鲜之光》，1929年4月号，转载于《朝鲜现代短篇小说集》，人民文学出版社，1960年）

两个亡国奴

勺水

一

“什么都弄妥了。大家出去坐汽车吧！”阿发一面说着，一面掀开重沉沉的蓝布棉风帘，钻进房间里来。

房里的三个人，听见坐汽车三个字，都好像受了一种催眠作用一样，无意识的同时从床沿上站了起来，去拿各人身边放着的毛毯，老羊皮统子做的大衣，广法热水瓶，等等东西。

“汽车是怎样分配的？我们这间房的人同坐一个车？”P委员一面穿大衣，一面问。

“不，不是一个车。你的车是第四号，和W委员S委员一起。我和T，A，还有另外一位姓何的，同坐第七号车……”

“怎么！不在一个车？那岂不糟糕？”T显出不快的样子，打断了阿发的话头。“为什么？”P委员皱了一皱眉头，这样反问。他不等T回答，就接着说：

“出门上路的事，随便对付得了。不同坐一车，也没有什么糟糕。”

“不要误会我的意思！我还怕吃苦吗？我说的是五天的食粮问题啊！我们四个人的食粮，都装在一个大竹篮子里，如果你另坐一车，你岂不要挨饿！”

“真的，大鼻子干事也太糊涂了。既然叫每间房内的人各自预备粮食，怎么又把每间房的人分开！现在要把粮食分成两包，也没有时间去买篮子了。”阿发皱起眉，望着P说。

“不管他。今天一天不要紧的。横竖W和S带着吃食的。今晚宿了店，再A买篮子不迟。我们上车去吧！”P这样答应着，推开风帘，领头走出去。T一面跟，吵着走，一面说：

“出了口就是一片沙漠，晚上只在蒙古墩里打地铺，那里来的客店？还想买竹篮子!”

＊＊＊＊

阳历四月初边的张家口的气候,和北京的正二月气候差不多。张家口大饭店门口的独株槐树,还是枯枝杈枒的毫无一点生气。西北风从屋后吹过来,把槐树的枯枝吹得呼呼的响。冷风经过门口的厂坪,打到路南的人家的墙上,倒卷过来,把路上车辙的沙尘,直往厂坪里边送。时候是约莫早晨九点钟了。灰白的太阳光,从东边的人家的屋角上射出来,毫无气力的射到厂坪上的灰白色的沙土上,仿佛他的一切光和热都被沙土吸收了似的。

厂坪的西边停着几台破胶皮车。凡个拉车的披着破棉袍,嘴里叽哩咕噜的说着什么话,眼睛却都望着饭店的大门。路南和厂坪的西边,还站着几个大人和小孩,都眼睁睁的望着厂坪的东边摆着的十儿辆汽车。汽车的大小和形式,很不一律;也有轿式的,也有搭着皮篷的,也有敞着的;还有两架运行李的货物汽车,已经把行李堆得四五尺高,特别打眼。挨大门口的两辆车都是皮篷车,摩托箱上面各,插着一面小小的三角白旗,写着红的罗马字,一个上面写着2,一个上面写着4。

“那就是你的车!”阿发年轻眼快,看见第四号车,连忙喊着对P委员说。他送P到车边去了。

T和A挤过了好几个汽车缝子,才找着第七号车。第七号是一个很破旧的Ford车。车的周围,从踏脚板起到油箱旁边止,都绑着大小包袱,食篮手提包,被卧包,等等东西。阿何已经坐在车上了。T先爬上车去,一看车上坐位,不觉说了一声:“可了不得!”

“怎么了?”A问T。

“你看,这样窄的地位,坐三个人,都要勉强挤才挤得下,怎么坐四个人呢?”“除非四个人当中有一个人常常站着!”

这时阿发也找来了。他接着说:

“站在汽车上挡蒙古风,岂不白白送了革命志士的性命!大鼻子干事真浑蛋!委员们的车又宽大,又有篷,又是三人一车,我们的车又小又破,还得四人坐!如果勉强坐得下,倒也罢了,怎么坐得下呢?叫谁人站着过沙漠!等我去找干事交涉交涉吧。”

“到了现在,还交涉什么?你看!前面的车已经开走两辆了。站就站罢,轮流站站,也不要紧”T这样劝阿发。

阿发是P委员的一个英语翻译,从北京以来就常常和大鼻子干事接头,表面感情还好,所以,他存着一种希望,不听T的劝,连忙跑去找干事。

＊ ＊ ＊ ＊

四个外国兵，腰里佩着长刀，背上背着马枪，骑着高大的洋马，用快步从东边路上跑到饭店对门街上，停住了马，仿佛要下马似的。但是，他们向厂坪看了看，即刻又纵马往西边跑走了。

"张家口那里来的外国骑兵？"T一面望着骑兵跑走，一面问A和阿何。忽然听得地下有人答应：

"那是护送我们的白俄兵。"原来阿发回来了。

"白俄兵？国民军所在的地方有白俄兵？昨天不是说B顾问已经请国民军章总司令满腔热情并送我们过沙漠吗？"

"昨天有请派国民军的话，后来又中止了。"

"为什么中止？"

"因为口外的马贼专门和国民军作对。所以，如果派国民军，就得多派才行。但是又因为北京方面国民军对奉鲁军作战，这儿天格外吃紧，国民军都得往南口调，不能派大队往西去，所以只好中止，改派四名白俄骑兵。这些骑兵本是张宗昌的部下，上次在天津附近作战投降于国民军的。国民军叫他们去防口外马贼，马贼很害怕他们呢。"

"但是，只有四名骑兵中什么用？"

"还有一个缘故，现今在口外的马贼，名为马贼，实则是黑龙江派来的游击队，他们和白俄骑兵是可以通声气的。大概只要有白俄骑兵在场，他们决不会乱来攻击的。据大鼻子说，现在可虑的不是张家口附近的大队假马贼，倒是真正的小股蒙古人马贼。如果碰着真正的蒙古马贼，就非得开火不可。"

"四个骑兵和他们开火？"

"怎么只有四个骑兵！还有B顾问由广东带来的十名中国卫队，两个外国卫队，外加六个高丽人，一共有二十几条枪呢。"

"谁知道那里来的？你们看，那不是吗？"阿发一面说，一面用手指着顶东边的一辆汽车。

那汽车边有好几个人，装束特别不同，他们从腰以上，虽也是头上戴着毛皮风帽，风帽前面搭着一双风眼镜，身上披着老羊皮大衣。但是，从腰以下，却很特别：第一，他们的大衣很短，只有普通的西装上衣那样长，和普通人穿的长到脚跟的大衣不同。其次，他们手里提着一条步枪，一排一排的子弹做成的腰带，缠在短大衣上面。他们下面穿的是普通西式裤子，并未打绑腿。他们的外观，真正是似兵非兵，似匪非匪。

＊ ＊ ＊ ＊

列在前面的汽车,不不不的响了几声号筒,又开走两辆。第七号汽车面前,只剩得一辆了。阿发叹了一口气说:

"汽车夫也不见来,好倒霉的车!""交涉结果怎么样?"

"有什么结果!鬼东西!倒说我年轻人不能受苦!……"

阿发的话还没有说完,车后面忽然有人喊叫。车上的人同时回头去看。只见一个很高大的高丽人,手里提着一条枪,睁着两只圆眼睛,耸起高颧骨,站在车背后,口里只是喊着:"Tavarishch。"

"Comrade.What do you want?你要什么?"阿发这样问。"Nie panimayou. Davaitie pashowsta!"

"他说的什么?"阿发眼睛望着地下的人,嘴里问着车上的人。T是懂得几句俄国语的,听着阿发和朝鲜人的问答,连忙说:"他说他不懂得你的话。他请我们让他坐车呢。"

"见鬼!我们正愁没有坐的地方,还容得下他?请你当翻译对他说,我们不愿意他来挤。""大家赞成阿发的说话吗?"T问着。

阿何和A都说赞成。

高丽人听了T的翻译之后,似乎生了气,用很快的口调,大声说:

"同志的话错了。你们还说没有地方坐。你们看,我们那个车比你们的车还小,人数却是六个,又有六条步枪,莫说坐,连站的地位都没有呢?大家都是做革命工作的人,难道还图舒服?不过,总要过得去,才免得生病,作无谓的牺牲。你们看是不是?我们那边都是高丽人,都是为中国国民革命来拼命的呢。大家通融通融罢。呃?"

T把高丽人的话,翻译出来给车上的人听。四个人你望着我,我望着你的,暂时没得话说。仿佛大家都想拒绝高丽人,好贪舒服,但是又碍于革命志士的体面,不敢把利己的意思,首先说出口。高丽人在这时似乎误认为车上人已经默认他可以上车了,连忙把手里步枪顺在车沿上,双手按着车箱,便要跳上车。阿发突然伸手按住高丽人的手,嘴里说着"No,No,No"。

高丽人觉得被侮辱了。

"为什么拒绝一个革命的同志呢?你们是普通旅行游玩吗?还是到革命的前线去呢?Chort(见鬼)!看不起高丽人吗?"

T听见高丽人这样讲,连忙止住他说:

"同志,请不要误会,听我解释罢。"T跟着就把高丽人的话,翻译给车上的人听。阿发不耐烦起来了,高声说:

"请你对他说罢,我们不是看不起高丽人,只是不愿意和卫队们挤在一起!”

“你这话也不对,只要是革命同志,本就该平等的共甘苦,哪有什么卫队不卫队! 你们如果真不愿意他上车,让我去想法对付他罢。”

T回过头来,对高丽人说:

“同志,中国的革命党人,断不会藐视被压迫的民族的,这一层请放心罢。同志的话说得对,做革命工作的人,应该不作无谓的牺牲。你看我们四人都做文笔工作的人,身体不大结实,如果在这小汽车上挤五六天,恐怕真正要被牺牲了。所以最好请你到前面那辆车挤去,那里只坐着三个人呢。”

“那个车? 不成,那是皮篷车。干事说过,皮篷车都是委员们坐的。”高丽人说。“怎么? 委员们坐的车,你就不敢去挤吗? 委员还不同样是革命同志?”

“干事特别说过,皮篷车是委员们坐的,我得听他的命令。”

“干事也特别对我说过,这辆车是指定我们四人坐的,我们也得听他的指挥呢?”“革命党员还分许多等级! Chort!”高丽人鼓起大眼睛愤愤的说。

“革命党员本不应该分等级,不过,武装惯了的同志,身体要比较结实些,所以在这种时候,就应该多受一点苦。”

“你这同志,一味诡辩。哼! 无非是看不起高丽人罢了!”

在刚才说话的时候,已经另有一位中等身材的高丽人,也提着步枪,走到原先那个高丽人的旁边,这时听见双方的谈判决裂,连忙把顺在车沿上的步枪提起来,送到原先那个高丽人的手里,对他说:

“算了罢,回去拼命挤罢! 要知道革命就是牺牲呢!”

“哼! 高丽人是应该牺牲的啊!”原先的高丽人一面这样喊着一面转着身子。

“高丽的同志! 别太疑心了! 你看! 中国人的卫队们,不但坐的地位,他们连站的地位也没有,只有爬在行李运送车的顶上呢!”

在T说这话的时候,那两辆在上面堆得有四五尺高的行李车,不,不,不的响着汽笛,向前出发了。每辆车上面,爬着几个头戴军帽,身穿草色中山装军服,打着绑腿,披着老羊皮外套的中国革命军人。

二

T和A跟着蒙古国民党招待员班朴出了民乐舞台的时候,已经是午后四点多钟了。听演说的人差不多走完了。小巷子里面还有蒙古装束的人们三三五五的走着。他们好像已经把刚才演说场里的热烈表情完全失掉了,仍然回到原始的游牧生活状况里面去了似的。

家家门上还贴着过年时候的门神红纸，纸色已经变为浅红色，映着黄土墙和黄沙地，显出一种病的红黄色，一种像溃疡一样的红黄色。

三个人转了几个湾子之后，班朴忽然停住脚步说："到了，就是这里。"

这间房子门口，和别处不同，悬着一块小小的红漆金字招牌，上面写着"吟春楼"三个字。走进门去，两边却没有柜台。里边左手通着厨房，右手搁着一架楼梯，通到楼上去，楼梯尽处，右边是一间大房间，左边是一间小房间。

两间房里摆了三桌中国酒席，房间里已经挤满十七八个人。有蒙古人，有高丽人，有中国人，有俄国人。今天有蒙古国民党正式招待由张家口来的一批人。

大家坐着吃瓜子。T 的旁边，恰巧坐的是中等身材的高丽人。这高丽人穿着一套黑哔叽的西装，带着蓝色领子，配一根酱色领带；头发梳得很光，颧骨不高，一个尖下巴；额骨平整，一双大眼睛；这人的神气，一点也不像高丽人，倒像一个湖南的青年。高丽人记起了几天以前在张家口争车时候的情形了。他用外国话和 T 谈起话来。

"库伦的印象怎么样？"高丽人问。"好像中国北边的一个小县城。"

"蒙古青年很有精神呢。据刚才演说会情形来看，并不见得他们政治的觉悟怎样落后。"

"同志去听了演说吗？"

"同李邦柱去来。"

"同谁？"

"对不住，我还没有绍介自己。我叫金如松，李邦柱就是他。"金一面说，一面招手叫李到面前来。并从日记簿扯下一张纸，把姓名写上，递给 T。

李邦柱就是争车的那个。他穿起同样的西装，面上有红有白。三个人从新握起手来。李说：

"同志的姓名，我们刚才在演说场里已经问明白了。你那篇演说好极了。"

"你懂中国话？"

"正打算学习中国话，现在还一点不懂。刚才有一位蒙古招待员用俄国话翻译给我们听呢。"

"你们二位的俄国话说得真好。在俄国很久罢？"

"约莫住了五六年。"金说。

"都在莫斯科？"

"在莫斯科也登了两三年。"

"在 Kootve?"

“在红军教练所呢。”李说着，顿了一顿，才接着说：

“那天在张家口真对不住。请同志不要见怪。”

“那算什么事？别提了”T答复道。

“我当初总以为中国革命党有点歧视弱小民族，现在我们天天和那几位黄埔士官学生接洽，才知道中国人是Cosmo Politan的（人类平等一律的）。同志今天在演说场对蒙古人说的话，更足以证明这件事。”

“你说黄埔士官学生？……”T问他。

“我就是说他们。”李用手指了一指中国军人。金抢着说：

“他们真能够吃苦，爬在行李车上过了五天，却一点也不抱怨。这才是真正的牺牲精神。怪不得黄埔学生常常打胜仗呢。我看中国国民革命一定会成功的。人只怕不肯牺牲，如果肯牺牲，没有不成功的事业。一个人的流血，决不会白流的。血虽流在地下革命种子却种在无数的人心上，结局迟早必定会开花的。”

T正想纠正他们把卫兵认为黄埔学生的错误，李邦柱却把话头接下去了：

“金同志照例的牺牲主义又来了！如果肯牺牲就会成功，从古以来怎么会有亡国灭种的事情呢！那一次亡国灭种的时候没有许多牺牲呢？牺牲是要紧的，不过不是绝对的。值得牺牲的时候，才应该去为革命牺牲自己；不值得牺牲的时候，还得为革命保全自己。要知道，一个革命的人才，要费许多时间和经验，才能够养成呢。”

“什么为革命保全自己！结局还不是投机主义罢了！妥协罢了！”

“如果个个革命家都争着去牺牲，恐怕剩下来的才尽是投机分子，才会和无论什么人都妥协呢！”

“老李！你这种思想真正危险极了！革命还要顾到一个人的利益，那还成什么道理？那岂不会把革命团体弄成利益团体吗？呃？”

“但是，你要知道，牺牲和忍受差不多是没有区别的东西呢？那些忍受种种人压制和痛苦的人，何尝不是自认为为国牺牲？如果大家都去牺牲，不肯出来保全自己，主张自己的权利，真正投机的人就越发会得意了。T同志，你说是不是？”

T不能不开口了：

“据我想，这个问题不是可以从一般的原理上去解决的，因为世上决没有抽象的真理。要决定这个问题，先要定出几个具体的条件出来。如果……”

T刚说到这里，忽然房间里扒扒扒的拍起掌来了。跟着，蒙古招待员班朴就用极纯熟的中国话说：

"劳诸位同志等了许久,对不住得很。刚才去请客的人回来了。据说诸位委员和B顾问都在马总司令那里吃晚饭,不能赏光了。所以现在就请诸位坐下,痛痛快快喝一杯水酒罢。请请请……"

班朴说到这里,大家都站了起来,随意找坐位入席。金如松和李邦柱都跑到他们同国人那一席上去了。T却被班朴邀到里间那一席上去。

三

广州的六月尾,太阳好像针一样,透过路上人的里外衣服,刺着皮肤。街树的绿叶虽然绿得好像要滴下水珠似的,却也解不了路人满身的炽热。到正午的时候,一点儿也没有,街上的石子筑成的马路,越发显得有焦灼之感。

T从东山G部长的家里出来,坐着自用胶皮车,往西到高第街去。T这几天疲劳极了。除了照例的教书做文章以外,还要为前敌宣传委员会写十几种小册子。接连几天睡眠都不充分,只觉得两眼干枯得很。他的车到了东较场一带的时候,马路石子上的阳光,反射到他眼里,几乎使他发晕。

——这种生活就算是革命吗!牺牲了时间,牺牲了精力,牺牲了一切个人的享受;牺牲的确得得是牺牲了。但是,到底是为革命牺牲不是呢?刚才在前敌宣传委员会席上,D主任问我能不能和他上前敌去,他的意思倒很诚恳。同一牺牲,何不到战线去牺牲呢?G部长也许不让我走。他为革命保全我?瞎猜!一个革命家无论是牺牲也好,是保全也好,总得要由自己主张。为革命牺牲自己?为革命保全自己?……——T想到这里,忽然想起,这本是那两个高丽人争论而未决定的问题,现在轮到自己身上来了。他由高丽人,联想到两个月前横断蒙古沙漠的事,由张家口联想到北京,联想到三一八惨案,联想到在北京的妻子……

Chort! Mdagge! ……

这样一种粤俄和壁[合璧]的声音,忽然起出一切噪音,浸进T的耳里。T抬头一看,车已到广州酒店门口了。酒店马路上,一个穿着草绿色军服,挂着皮带,穿着皮绑腿,头上拴着一根白红蓝三色出发带的军官,正在举起拳头,做出压迫人力车夫的样子,嘴里还是断续叫着Chort!(见鬼!)T自己对自己说道:这不是金如松吗?T连忙叫自己车夫停住,下车走到金的旁边去。金认得是T,一面伸手握T的手,一面叽哩咕噜的说了一大串话。T也没有听懂他说什么,只问车夫怎么样了。车夫说,要一块洋钱。T看见看热闹的人越挤越多,只想速了金和车夫的纠纷,也不多问,随手就摸了六块双毫,给了车夫,拉着金往高第街方面走。

“恭喜恭喜！几时当起军官的？”

“一个多月了。你有时间和我谈谈吗？”

“我在三点钟以前没有事。”

“我请你吃午饭，什么地方好？要顶漂亮的地方。”

“附近顶漂亮的饭馆就是南园。但是，先要说明，还是我请你。”

“什么话！我这里洋钱多着呢。”金说着，用手拍了一拍胸口。

* * * *

T和金点好了菜之后，才背着风扇，慢慢谈起心来。

“你到底在那一军？戴着三色带，要出发了吗？”

“在第〇军，我已经出发了呢。”

“怎么？出发到广州来？来参加昨天的誓师典礼？”

“不是的。队伍驻在石龙，昨天已经向湖南出发了。我们是带了两连徒手机关枪队来领外国机关枪的。”

“领着了吗？几时动身？”

“还没有定准。”

“你看我国的国民革命军如何？”

“好的，很勇敢，虽然技术和组织不见得怎样优长。”

“你是什么位分？机关枪营长？”

“全军机关枪教官。”

“那还算不得是军官呢。”

“薪水却比营长还大，每月三百块大洋，一个不欠。”

“大大的优待呀！如何？我原说中国人决不会歧视别的民族呢。”

“哼！这还是只知其一，不知其二的话。我告诉你，上面的军长和师长，下面的兵士，对我都好，只有中间的中级官对我不好。他们不理我呢！”

“为什么？”

“我如果知道为什么，那就不愁没有办法了。”

“总应该看出一点原因罢？不是因为你特别受军长师长们的优待的缘故？”

“是那缘故，也未可知，所以我极力模仿他们的行为，都望和他们融合一气。”

“所以才学着要打人力车夫，要吃最好的料理吗？”

“别讲笑！这是特别的例外呀！”

“不管例外不例外，恐怕和你的牺牲主义有点冲突罢。”

"什么话,主义那会轻容易丢掉?不过,临时的变通办法,却也是应该有的。"

"你知道,李邦柱现在那里?"

"他随着第F军去,恐怕早到湖南了。"

一餐饭,吃了十五六块钱,结局还是金如松争着会了账。T从金问得了许多关于军队的特殊的意外情形,才觉得军队也不是自己应该去牺牲的地方,所以断然谢绝了D主任的招邀。

四

过了一年零四个月之后,中国革命进展的形势,变得出乎意料之外。第〇军全部两万多人都驻在皖南S城一带。

小小的S城,驻满了军队;都一连一连的分驻在民家里面。大北街和大南街上,驻得顶多,差不多每隔十几步,就有站在人家门口的守卫兵士。

T这时也在第〇军当了一个高级幕僚,穿上两个多月的军服了。T住在司令部内。司令部在大北街上。

有一天,天快断黑的时候,T和梁参谋长走出司令部,到梁的私宅吃晚饭。每走十来步,就听见叫立正声音一次,每听见一次,就得还举手礼。两人都没说话的功夫,只是默默的走着。梁在前,T在后,后面跟着勤务兵。

刚要到梁参谋长私宅的时候,T忽然听得左边有一个很大的声音喊着"敬礼。"T不自觉的举手还礼,定睛一看,是一个穿灰布军服的军官,衣服很脏,腰里挂着手枪,脚下打着灰布绑腿,直挺挺的一个大身体,立在那里行敬礼。后面还有一个勤务兵,牵着一匹小黑马。

"几时到的?"

"报告参谋长,刚到的。"

"驻扎什么地方?"

"驻扎水东门。"

"全营都到了吗?行军状况还好罢?"

"全营都到了。行军状况不太好。明天有详细报告呈到司令部。"

梁点点头,向前走了。在刚才说话的时候,T已认出这个军官是李邦柱。李和梁说话完了之后,T走近李一步,用外国话问他的好,李却用中国话答应说:"都好。"T感觉得"都好"有点滑稽,几乎失笑。T知道了李不愿意说外国了,所以就用中国话,对他说:

"我住在司令部的楼上机要处;有功夫的时候,请来谈谈!"

李仍然挺着身子，只答应了一个“是”字。T看见情形不对，只好举手行了敬礼，注视了李一眼，快步的追梁参谋长去。

* * * *

“你怎么认得李营长?”梁倒在鸦片烟盘子边，一面打烟泡，一面问T。

“我只认得高丽人李邦柱，并不认得什么李营长。我是一年半以前在蒙古认识他的。”

“他就是本军炮兵第一营营长。”

“他干得下吗?”

“他很有才干，学术也好，并且中国话又说得好，又极力模仿中国人习惯，他和部下和同事感情都很好。他是一个顶瓜瓜的营长呢。”

“唔。怪不得他刚才不和我说外国话。他打仗想来很行罢。”

“这人勇敢极了，又有义气。前几个月第〇军在鄂西作战，全亏炮兵营掩护呢。”

“他几时到第〇军的。不错，第〇军应该还有一位金如松，也是高丽人，是不是？我去年广州听金如松说，李邦柱到第F军去了，怎么又会在第〇军呢?”

“金如松你也认识？他死去一年多了！”

“怎么！金如松已经被牺牲一年多了！我一点也不知道。从没看见战报上载过。他在那里战死的呢?”

“听我说。”梁一口气抽完一口烟，又坐起来喝了一口茶，才依旧倒在床上，一面打烟泡一面慢慢的说：

“你说没有见战报！亡国奴的战死，都会载上战报吗？他是在南浔路的牛行战死的。死得有点冤枉。”

“既是战死，有什么冤枉?”

“你这话完全是外行话。在作战的时候，冤枉被牺牲的人，多得很呢。凡是可以不死而死了的，都是冤枉死的。第〇军在牛行作战的时候，正当南昌新败之后，差不多有六成兵都是只练了三星期的新兵，没有作战的经验，举动不大活泼。敌人又是卢香亭的老兵，相形之下，有点见绌。好在那次沿线作战计划的主要目的，本是要在各处牵制敌兵，使不能沿线移动，或是使他离线移动，所以第〇军各部队原是定着。敌人不动，我们就攻，敌人反攻，我们就退。那晓得新兵的退却。退得太快，金如松的机关枪队正在行掩护射击的时候，背后一两里路以内，已经退得没有一个步兵了。金如松没有奉着前线指挥的退却命令——据后来调查前线指挥是下过命令的，但是没有传达得到；金的死因和同事的感情大有关系呢——二则敌兵转眼间就布成一个包围的形势，要退也来不及了。据机关枪上等兵后来的口供，当时子弹还很多，虽然敌兵渐渐越包越近，金教官却一点也不惊慌，仍然亲自用外国机关枪，向敌人扫射，仍然神气自若的抵抗着。那时敌人也不肯作无益的突击，暂时只向两翼包围。金如松稍微得了一点闲空就在衣口袋里拿出纸烟和洋火，准备抽烟，正是这时候，他偶然一伸腰，啾的一声，就来了一群步枪子弹，金就手拿纸烟洋火，倒下地死了。过了三点钟，敌人退却，我们追到机关枪阵地查看的时候，金如松已经死得僵冷了，头上中了两枪。”

“后来有什么善后办法？”

“善后办法？作战的时候，死了还不是算了。”

“我是说，有没有处置迟误命令的人。

虽然调查审问了一遍，那里会有结果？有调查，就算是很有体面呢。金如松的机关枪真打得好，从不夹子。他的机关枪放射时，声音真象是放连珠炮竹一样，叭喇叭喇的响，和别人的打着机关枪不同。步兵们听得出他的机关枪声。听着有了他的掩护的时候，他们冲锋特别勇敢呢。修水一战，打伤谢鸿勋，第〇军的机关枪的功劳很大。所以军长很优待金如松。他的死自然是第军的一个大损失，所以军长震怒，才叫开特别调查会。”

“可惜一位好战士！李邦柱是他拉来的吗？”T这样问。

“不是，是我拉来的呢。”

“你拉李邦柱来的？呃？你怎么认识他的！”

“他未到第〇军以前，我并不认识他。”

“那怎么拉他来？”

“听我说罢。”梁说了这四个字，又呼呼的抽烟。

那年四月，李在第C军的炮兵补充营当营长。第C军是第F军扩充出来的。这炮兵驻在马当炮台里面。那时第〇军奉着某方命令，却收东第C军的队伍。梁在九江当卫戍司令，特特为这件事，开附近各军的代表联席会议，表面上却说是讨论九江的防守分担问题。李邦柱老老实实的坐小火轮到九江来赴会，到梁的司令部问时，却被值日副拒绝和梁见面，说是改期了。李回到马当的时候，守卫已经换了第〇军的人了。李和新的炮台司令见面之后，知道受了骗，大怒起来，掏出手枪就向新炮台司令放了一枪，痛骂新炮台司令不止。他跑回九江找梁，要看中央政府的命令。他又痛陈新炮台司令官侮辱了他，要求准他两人去决斗。他的这些要求，完全不合当时的局面，所以也没有人理他。不过他的忠实程度，却已十分表现出来，所以梁就推荐他给第〇军，仍然叫他带他原有的兵，就当营长。——梁对T说的话的内容，大致就是以上那样。

第〇军在S城又驻了一个多月，才开走。在这期间，T常常看见李邦柱递到军部的呈文，李却始终没去看T。T自然也不愿意去找李。

五

第〇军全部重到H市的时候，已经是十一月末了。接连一星期多的阴雨，把H市越发弄成污泥世界。墙上贴着的欢迎战胜军的标语，和街上横题的白面上标语，都被雨水淋得变成灰白色，无精打彩的，好像流眼泪似的，流着雨渍。许多商店都是关着门的。只有饭馆和旅馆面还是和几个月以前一样，停着许多汽车、马车、胶皮车。汽车上面，大半都插着某某司令部的小旗子。

T还在第〇军当高级幕僚。还是成天到晚，和一副机器一样，做一些同样的机械工作。第〇军的高级将校渐渐轮流请客了。

一天T和参谋处长L应同事的邀请，在群宴楼吃饭之后，同到亚东大旅馆48号去。这里是第〇军高级的俱乐部。

这天晚上，到的人不多，只有一场牌一付烟盘子。梁参谋长和两位师长正在烟盘子边谈话。T和L也各拉一张凳子到边去旁听。

“彭有肺病，即使他出来干，也不见得干得好，我看还是请老总另委人出来整顿整顿的好。现在又加了四门上好的管退炮，炮数越多，越要供一教练。是不是？”梁说。

“话是不错的。但是，除彭以外，还有谁有当炮兵团长的资格呢？”一个师长说。

“张副师长是日本士官炮兵科毕业的。不过，他是新从北边过来的，恐怕在革命的资格，还差一点。”另一个师长说。

“据我想，还要紧的是革命的资格，什么学历不学历，实在可以不管。只要第一，够革命的资格，第二有战功，第三有实在本领和人望，就行了。照这种标准去找，不是有人吗？”梁说。

“这次有战功的炮兵营长，只有李邦柱。你说的是他？”

“半壁山之战，得炮营的助力真正不少。并且，他前回在鄂西也有战功。”一位师长说。“不过，恐怕醴陵系从中作难。要知道，他们近来认李邦柱是非醴陵系呢。”另一位师长说。“从表面上看来，好像李和同事都很亲热。不是吗？”

“第〇军太讲私人感情了。此后范围越发扩张起来的时候，还得要公公平平的论功行赏才行。管他的，等我明天去对老总说说，不成功也不要紧。我为人是惯打抱不平的。个个人都害怕醴陵系，恐怕人才不久要从第〇军跑完呢。”梁愤愤的这样说。

“过了两天，T在照例的本部文件呈阅簿上，看见了炮兵第一营全体班长连长控告李营长的一个呈文，所控的是抽大烟，嫖妓，空额不补，虐待士兵，吞没公费五款。T看见这个呈文，忽然联想到团长问题了。T不觉得点点头轻轻的哼了两声。呈文呈上去之后，老总的批语是着军法处查复。”

事件的进行，快得和疾风骤雨一样。T看见李邦柱被控的呈文的第二天，第〇军的老总已把梁参谋长调任S省盐运使。第三天早上，十点钟T脱离了第〇军关系，把行李搬到黄陂街朋友家里去了。

T在朋友的客厅里整顿行李，预备晚上搭轮离开H市。勤务兵拿进一封信来，口里说：“副官长叫送来的。”

T一看信封，上面写着军法处缄。T心里暗想：军法处谁来信？T拆开信封当中约莫有五六张信纸。先把最后一张一看，就看见“李邦柱谨上”五个字。T即刻明白这封信由军法处发来的道理了。T不等看信就对勤务兵说：“告诉传令兵，没有回信。”

T大兄同志，我写这封信，不是以营长的资格写给上级官的。我只是以朋友的资格，写给一个我所敬爱的老朋友，老同志。我的中国信写得尚不很好，况且是在慌忙之中，恐怕有许多不合格的地方。还要请你海涵！

上回在S城的时候，承你的好意思，叫我去会你，我竟没有去，真正失礼！想来你不会怪我罢？

T大兄！你知道，我是抱着一个为革命保全自己的主义的。我为实行我这主义，不知费了多少苦心。我所以不去会你，也是为着这个主义。因为如果我去会你，就免不了犯着结交上级官的嫌疑，就要受同事的嫉视！T大兄！你该记得金如松罢？你知道他死了吗？你知道他是死于和同事不睦吗？你在第〇军好几个月了，一定听人说过他的战死情形的，我现在也一定可以不赘及了。

我听见金如松的死之后，我的保全主义越发坚固起来了。我本不愿意到第〇军来，一来恐蹈金的覆辙，二来我很爱广东兵士的直爽。但是，时势逼我，我还是当了第〇军的人。

我为保全自己，费了无限的心血。我跟同事们一起玩，我照他们的办法干，我替他们捧场，我和他们搭伙。我牺牲了我的人格，去实行我的保全主义。

T大兄，你当然看见他们告我的呈子了。你有什么感想？你以为是诬告的吗？T大兄，我老实说罢，所举的五类，都是实在的呢。所告的五类都是我那保全主义的结晶呢。

但是，我要对大兄说一句，这些事也许是我的错误，然而总不能说是我的罪状，为什么呢？因为这些事都是第〇军同事们干着的事，我不过学他们的样罢了。如果这是我的罪状，当然也就会是他们的罪状，恐怕没有一个中级官没有罪状呢。这句话，我不但是对你说，无论对谁，我也是可以坦然自白的。

我费了无数的心血，去实行我的“为革命保全自己的主义”，结局，到今日，还是只落得一个犯罪的恶名。我知道我的主义失败了。我又不能不回想金如松了。我现在觉得，到底还是他的牺牲主义对。他虽然冤枉死了，总还落了一个为中国革命战死的美名；纵然多数人不知道这个无名的牺牲者，总还有一部分热血分子记得中国的革命花里面，染着一点高丽人的血。我呢？只不过落得一个贪贼不法的臭名罢了！还是牺牲主义对！还是牺牲主义好！

不过，到现在，失悔也来不及了。我现在别无希望，只求保全生命——也许这还是我的保全主义的发现罢——我知道你很得上峰的信用，又和梁参谋长很好，和军法处长C，又是天天见面的。只要你肯说话，一定是可以达到我的最低的要求的。我现在别无可以请求援手的朋友，所以只好写这封信，诚恳的哀求你！

T大兄！T同志！我还记得你在库伦时的演说呢。世界被压迫民族携手起来！东亚被压迫民族携起手来！共同向帝国主义作战！共同为自由流血！一切民族的血凝结在一起的时候，被压迫民族就被解放了！T大兄！T同志！高丽人的血已经凝结在中国人的血荡里面了。难道你还不肯费一举手一投足之劳，去救一个快要被牺牲的高丽人吗？

我抱着唯一的希望，祝你的奋斗努力！

李邦柱谨上

T看了信之后，茫然自失了半天，心理想：他还睡在鼓里呢。怎么办！

T和他的朋友吃完晚饭，闲谈了一阵，看一看表，已经八点十分了。至迟八点三十分就得坐车到一码头上船。T总想于未离H市以前，知道关于李邦柱的军法裁判的结果。这案今日下午开庭审判。T知道，所谓裁判，只是一个形式，所以午后特特去找参谋处长向老总说话，免李一死。L约定八点钟以前来回话。T等得焦燥极了。

一阵脚步响，L穿着军服，走上楼梯来了。T等不到L进门就问他："怎么样了？"

"再设法罢。"

T听见L的这答复，好像一团热火上泼了一舀冷水一样，只觉得心脏扑的跳了一下，半晌都说不出话来。L坐下，点上一根白金龙纸烟抽着，才慢慢的说：

"我等了许久，等到四点半钟，才看见老总那里没有来客。我走进去，说了几句照例的公事之后，就提起李邦柱的事来。我把李邦柱怎样到第〇军，怎样立了战功，说了一遍，并把韩国革命同志会在各处替李说项的事情说给他听。

老总默默听着，未置可否。那时军法处长c，忽然走进来了。他也不管我的话还没说完，就对老总说：

'李邦柱的案子，五点钟就要开庭。特来请示，总指挥的意思到底还是从宽，还是从严。'

李总半晌不说话，只管抽纸烟。随后他问我的意思如何。我当时又把李的功劳述了一遍，说他不比中国军官似可以将功折罪，从轻发落。老总又问C的意见如何。C说：

'现在军纪坏极了，似乎要整顿整顿才好。要整顿军纪，总得严办一两个人才行。有战功是不成问题的。目前的第〇军里面的做事的，那一个没有战功呢？现在要熟虑的，倒在他不是中国人这一层。不知道在外交上有不有影响！'

'个把亡国奴，要什么紧！'

C连忙答应了几个字，走出去了。"

T听见"个把亡国奴"几个字，不觉得心脏沉重起来，眼睛里面热烘烘的雾起来了。L却一点也不关心，还补上一句：

"我七点钟出部的时候，碰见徐参谋，他说，李邦柱已经判了死刑。"

（原载于《乐群》第1卷第4期，1929年）

流浪人

戴平万

这个流浪人已经不在人世了。他是一个青年，一个为他的祖国争自由的压在日本帝国主义的铁蹄下的高丽人。到现在他留在我的脑海里的仍是一个青年啊！

我初次看见他，是在K地的弱小民族联合会开会的时候。那已是两年前的事了。那时，他和我握了手之后，他用国语问我的姓名。我回答了他，同时惊问他的中国话怎么说得这样正确。他笑道：

“我是一个流浪人呀！我在贵国已经住了三年了。起初在T省，后来到S埠，那里有许多被矮奴放逐出境的同志。我们在S埠组织了一个会。我渴慕着K地的革命环境，所以我先到这儿来了！他们也打算到这边来呢。……我们对于中国的革命，是怎样急切而且热烈地盼望着成功啊！……”

接着他又和我述说他过去的斗争史。但是，在这里，我也无须再来絮烦了，横竖半殖民地和殖民地被帝国主义的压迫的痛苦，和被压迫者的反抗等等的惨状，我们是用不着想象而已经知道的了。上海、广州、万县、济南的惨杀案，都日夜地在我们的脑里心里闪现着，而且仍然是一步一步地增加起来呀！

他的长长的脸庞，扁扁的双颊，和那一双热烈而充满着反抗的光的眼睛，到现在我闭上了眼便好像活现在我的面前呢。而且，他的战颤着的声音，他的激烈而悲痛的演说词，都十二分地打动，打动着我的心坎。现在我的耳际还时常好像听见他的用着热血和热泪呼出来的“被压迫民族联合起来”的口号。

当我们聚餐的时候，我们碰着酒杯互相鼓励着，庆祝着革命的成功。那时在座的不止是他，不止是高丽人，还有印度人和安南人呢。我们的种族虽然各异，国土虽然不同，但是我们是一样地感到被压迫的痛苦，一样地感到热烈和真挚，因为我们的心是一样地涨满着鲜红的热血啊！我们碰着酒杯，我们互相紧握着手，我们高唱着愤怒的歌儿。那一种悲愤而且畅快的景象，我相信永远地永远地要留在各个人的心坎里。……但是谁知道中国的局面会变得这样利害，而他会长辞人世呢？唉！……

我的和他相识而且友善的理由，连我自己也想不懂，大概是因为语言上的利便的缘故罢？

自认识的那一天起，他便常常来找我攀谈或讨论。他对于革命的认识很确定而且清楚。他的性情也颇爽快。……这样，我就多了这一个异国的挚友了。有一次，当我从一个群众大会里回来的时候，他却接着我的脚踵来找我了。这一次，他可有点异样了。他的脸全被一层灰白色的愁光所遮盖住了。他的眼睛也不像平常一样地发着光彩，好像有一些拭不尽的泪痕。他跟着我走进了室里，便把身子躺在桌旁的一张藤椅上，没有响声。那不能不使我惊异！我走到他的面前，握着他的手问道：

"我的亲爱的流浪人！（他姓李，但他喜欢我称他做流浪人，他说，他在世界上只配做一个流浪人，一个流浪的革命者。他不愿意有什么姓氏、名字。）什么事？"

他望了我一眼，又低下头去，好像很痛苦的样子。

"熊君！"过了一忽，他开始说，"那矮奴又惨杀了我们的示威的群众了！我真不忍想象那些可怜的同胞的惨状！而且，而且，他们又在调查我们国内的革命党，已经破获了两个机关！唉！又有许多逃难的同志了！……"

"什么！又屠杀起来！"我惊异地问。同时，我除了紧握着他的手，表示着我的心的悲痛和愤怒之外，我真不知道怎样地去安慰那个流浪的志士的布满着伤痕的心呀！

"是的！屠杀！"他硬咽地说。"啊！正不知道我们的民族到什么时候才得到自由啊！"他的声音战颤着，但是没有力量。那是一种急切的凄楚的声音，无论谁听了都要酸鼻痛心起来。我们痛苦地，凄楚地相对着，没有言语。过了一忽，我镇定了自己，说道：

"李君！这可是我们革命者的态度吗？"

他战抖了一下，立起身来。他又在凸挺着的胸膛上用手轻轻地打了几下。他想平平他的填满在胸膛里的悲愤。他笑了，握着我的手。

"熊君！不！自然不！我们已经决定明天在街上示威游行，作我们力量薄弱的流浪人的声援了。我们应该用着我们的武器！我们的理论！甚至用着我们的生命！我们一定要达到我们最后的胜利！"

激昂慷慨的热光，又从他的眼里放射出来了。……啊！我的可怜的异国的挚友啊！

第二天，我在路上看见他高举着一面大旗，和一个执着他们的像画着八卦似的国旗的人，坐在第一辆汽车里。他们都发狂似的呼喊着口号。我的心跟着他们呼喊声激动起来了。他们的四五辆汽车飞过去了，我还立在路边望着那在空中飞舞着的旗帜呢。

有一次，我走到M大学里去找他。他们都寄宿在M大学里的。他正和一个同他一样高的高丽女子在Campus闲踱着。他见了我，便高举着他的手表示欢迎。

“哈啦！熊君！你来了！”

他又介绍那个女子给我道：“这是芳子。”那个女子，向我打着躬，她的两手合拢着垂在前面，正像日本女人和人家行礼的姿势。他笑起来了。他说：“她对中国人行日本礼呢！你看！”说着，他又用高丽话和那女子说了几句。我不懂得，但是我知道他是把我介绍给她的。

于是我们在草地上走了一忽。那女子先走开去了。我便打趣他道：“她是你的Lover么？”

“不！请你不要这样说罢！她是我的朋友的未婚妻呢！”他说话时的态度很庄重。我倒觉不好意思起来。

“我是永远没有Lover的！”过了一忽他这样说。他的声音很低，好像只在向着自己说着话似的。

“为什么？”我不禁追问他。

他只用着一个长长的叹气来替代他的回答。

我知道关于爱情，他一定有一件痛心的往事。但是我不敢再追问了。

那时，我记得，我碰到一个大学生，便被他拉到宿舍坐谈去。过了一点多钟之后，我从宿舍的门口走了出来，啊，我看见他仍在那一个地方呆立着，低着头在注视地上的青草！我走上前去，说道：“亲爱的流浪人，再会了！”

他好像在梦里被我的声音惊觉了似的，他猛然抬起头来，向我惨笑着。“在伤心么？”我问。

“不！”他立刻恢复了常态了。“不！我不会伤心的！我有什么可伤心呢！”他说后，便和我点一点头，走到宿舍里去。我虽没有追上去看他的脸，但是我知道他是忍不住眼泪了。

从此之后，我也不敢和他谈及爱情一类的事情了。

后来，他考中M大学的二年级的插班生，便在大学里念书。我也因事情离开K地了。我在百忙中，有时会想念着他，但是我没有和他通信，因为他懂中国文的程度比较他的中国话差得太多了。所以我和他一别有半年之久，知道他的消息很少，可以说绝对地没有。他仍在K地呢？或者潜回国去呢？我完全地不知道。……

在去年春间国内闹了大乱子。我因环境和穷困的压迫，不得不做了一个热带的流浪人。我历过许多困难才能够在湄南河畔的一间亲戚店里住下。我安稳地住着，虽然南洋的环境亦同中国一样的坏。我痛苦而且抑郁地蛰居在一间空阔而且老旧的小楼里，终日孤坐着，呆望着窗外的飞驶着白云的高高的碧空，好像一个囚徒似的，益使我觉得自由的可贵。自由！自由！我们的真正的自由要由我们的力和血换来的啊！这时，我要是和大学时代一样地有了伤感的情怀，正不知要咽着多少的异国萧条的眼泪呢！但是我没有，而且不可能，我只有时舒一舒着浩然的叹气。我真不知道那里是家，那里是国，到那个时候才有一个卷土重来的机会。同时，我也不知道怎样去忧愁，怎样去流泪了。我只感到环境的迫压和生活的恐慌，那些都令我愤怒而且痛恨，教我耐苦地漂流，沦落，等待着，等待着最后的……这时节，我想到"最亲爱的流浪人"这几个可怜的字来。同时，我想念着他，那个高丽人了。有时在悲悼着被残杀了的，死去了的斗士之余，我还替他担忧呢。因为连在帝国主义的压迫下逃出来的两个渴望着中国的革命的曙光的爪哇人，也在K地被枪决了啊！

我终想不到在这样椰林苍郁的异国里会碰到他！那时，我真不能在那楼里孤坐下去，成天只和寂寞与闷热苦斗着的了。有一次，在一个温凉的夜晚，我趁着月，步到一条两旁都是高高的大树的马路去。软凉的热带的夜风吹拂着。微温的白色的月光在叶隙闪射着。路上一个人影都没有，有时只见一只汽车从这儿的黑暗里飞过那边的黑暗里，——去了，消逝了。我仰着头独步着。我不知道什么缘故，那"Arise！……"的歌声在我的舌头颤动起来了。我用着低而带颤的声音唱着，同时，我才觉得我还在人世，没有被逐到社会以外的地方去。啊！我仍健在啊！我的生命力仍健在啊！我真被恐怖和困苦吓慌了！……

这时节，从黑暗里闪出一个人影来。在黑暗里我看不清楚是谁，只知道他在后面好像在尾随着我。我加速地走着，心里惧怕地跳动着。他趋到我的身旁来。那不能不使我吓了一跳！但是我仍继续地加紧着足步。树枝上时有隐隐的沙沙作响的风声。他跟在我的后面，我却静默地走向前去。直至在一盏路灯的光影下，我才敢转回头去望着。我看见不是一个警察，我的心安静了许多了。

忽然，我听见后面的人的声音道："熊君！是你么？熊君！"

我立定了脚再望去，定睛一看，天呀！那是他，那个高丽的流浪人，流浪的革命者！“呀！熊君呀！”他高兴地叫着。

“暧呀！我想不到会是你！你怎么不早些叫我呢，只是追随着我！”

“我们能够自由地在路上叫喊着吗？我初头也看不的确，直至你唱歌的时候。……”我们是何等的高兴啊！我们几乎高兴得拥抱起来呢！

“你！你！你几时逃到这里来呢？”我急切地问。

“还不是那套把戏！破获！调查！逃亡吗？暧！”他愤愤地答着。

在灯光下，我仍可以看见他的充满着反抗和愁苦的眼光。但是，他已经瘦了许多了。

我们便在这一种受惊的，狂喜的，穷困而流浪的情景里再碰到了。但是我们不敢和在革命期的K地时那样亲密地互相过从啊！唉！我们的四围都是布满着敌人！我记得，那时有一家走狗式的中国报馆，正在揭发着我们许多同志的行踪，挑拨居留地的政府来捉捕我们。他正和罗君同住着。罗君是一个“十一点”，在那儿最惹他们的注意。

他和罗君住在一条比较僻静的街上，我忘记它的名字了。有一次我和罗君一同到他们的住所去。他引我走到一条缀着几棵热带特有的高而且大的不知名的大树的路上。路的一边建筑着一行低低的瓦屋，屋里不断地透来唧唧的机杼声。罗君说，那都是织浴布的人家。他们大多数是中国流落到南洋来，自食其力的劳工妇女。其他一边呢，一带都是泥湿的低地，上面立着许多高脚的小木屋。

“打这里走罢！”他指着路旁的一条铺着木板的小路说。他抢上前一步，走在我的前面。

木板随着我们的足步一起一落地摇动着，压得下面的泥浆飞溅出来，同时发着什什的肮脏的声音。

“到了！上去罢！”他转过头来说着，便爬上那差不多要腐烂了的梯级，爬到小木屋里去。我也跟着他上去了。

那是一间四壁用木片筑成的屋子，上面盖着五角形的屋瓦。是黄昏的时候，室里灰黯而且阴湿，还有蚊子的哄叫声。靠里面挂着一张白色的蚊帐。屋角还有两张凳子和许多炉钵饭碗等东西。

“流浪人！怎么不点灯呢！”罗君说了，摸索出火柴，把一枝油灯点亮了。

这时，我才看见那高丽人只围着一条浴巾，沉沉地睡着。他的赤色的有力的臂上，有一处为革命而战斗的旧伤痕。无情的蚊子正在拼命地吸吮着他的充满全身的鲜红的热血。

“李君！我来了！”我坐在地板上，大声地唤醒他。

他微张开他的眼睛，又合拢上去，呻吟了一声。那不能不叫我惊异。“可怜的流浪人呀！中了睡魔吗？”我拍着他的肩子说。

他把脸庞向着我，又第二次地睁开了他的眼睛。他注视了我一忽，骤然坐将起来，惊喜地道：“呀！我的熊君！你来了！”

他的脸映着灯光，红得像火一般。

“可怜的流浪人再没有命流浪下去了！”他说着，扑在我的肩上哭了！他的前额的热气，炙着我的颈脖。

“啊！你怎么这样地热！”

“我的头很痛。”他说。

我握着他的手，手心也热得烫人。我忧愁地说：“唉！流浪人，你病了！”我扶他到帐子里睡下。

这时，罗君正在户外忙着煮饭。闷人的火烟荡满全室。“罗君！他病了！”我走到门口，忧愁地同罗君说。

“什么？他病！什么病呢？”他丢了饭，走进室里去。一面在说道：“我们是不准病的！我们是不准病的！那真倒霉！”

“热病呢！不大紧要罢！”我说。

罗君向病人考察了一会之后，便问他这几天有没有常常“冲凉”，大便可通么。他只是摇一下头，又合上眼睛了。

“不紧要！不紧要！买泻盐去！”

我们给他服了泻盐之后完全没有效力。

第二天，他病更加沉重了。他有时哭，有时笑，有时用高丽话好像正和人们演讲似的狂喊着。忽然，他醒了，慌张地说道：“血！血！都是血！我们的人被矮奴屠杀净尽了！”于是他狂哭起来。

有时他痛骂着中国这一次的变乱。有时他忽然坐起来，和我们握着手。他睁着一双火眼注视着我，说道：“我们真的失败了么？真的失败了么？唉！没有希望了！”但是，有时他喊道：“好罢！让我死去罢！死后还要奋斗！”到后来他清醒了些，我问他为什么叫着那些话，他说在昏迷中，常常好像在和日本人打架。

有一次，那是他病后的第三天的夜里，外面下着微雨。对门的一个皮肤微黑，只穿着一条“纱笼”的女子，坐在廊前低唱着情歌。那个病的高丽人睡在里面听得垂泪了。他低声的呻吟着。他口里不住地念着：“Miss 金！Miss 金！”他的唇在战抖着了。

“亲爱的流浪人呀！什么呢？”我问。他凝视着我，惨笑了。

“谁是 Miss 金?”我好奇怪地问着他。

“啊! 是她! 可怜的她! 被惨杀了的她呀!”他失了魂似的说。

“她是谁? 你的 Lover 么?”他已经发昏了。接着,他又狂叫起来。

当他好像发狂的时候,我们总要买了一点冰来放他的前额上,他才能够平静一下。但是我们都是很穷的。我寄食他人,而罗君也东拉西扯地支持着过活。我们都感到痛苦,比病了的他还痛苦。我们也想请了一个医生,我们也想设法多筹一点钱。但是我们都失败。我记得,有一次我向我的寄食的亲戚借五块钱,他沉黑着脸,从他的袋里摸出一块钱来给我,一声也不响。第二天,他便说没有了! 试想想在这样的情景下,我们怎样能够弄出钱来呢? 我们的生命也是保不住啊! 但是,我们真不能够睁着眼睛看着我们的流浪人害着热病而死去啊!

毕竟还是罗君本事,不知道他从那里拉到一个短肥的医生来,而且是不要钱的!

当医生笑着脸儿,连声说不要紧的时候,罗君屋里已经断炊三天了。我,自然是回到那店里完成我的寄食的职任;而罗君呢,我可不知道他到什么地方揩油去。可是医药费呢? 医生走后,我对着那药方在发呆着。

“医药! 医药! 医药可仍是要钱的!”我呢喃着。

罗君坐在地板上注视着病人的起落很急的胸膛。阴惨的小木屋里只充满着病人的沉重的呼吸。

忽地里,罗君跳将起来,说道:“有办法! 有办法!”他从桌上拿了药方,塞在他的唯一的白色的外衣里,去了。

那个可怜的流浪人又乱讲起话来。这一次我可听不懂他说什么。大概他是在说着高丽话或者日本语罢! 他越讲越乱,含糊而且大声,好像狗吠的声音一样。那真使我打颤起来。冰是没有钱买了。我只用面巾湿着冷水,遮盖在他的额上。但是没有效! 一点都没有! ……啊! 我在盼望着罗君的药是怎样的着急啊! 真是一个不能忍耐的时间! ……

我好容易等得药来了! 我急忙地拿给他服下。他才慢慢地静下去。罗君那时好像很得意似的,他摸出一张五块钱的纸币出来给我看。

“看! 今天筹到五块了! 真要命!”他摇着头说,但是掩不住他的高兴。从此以后,那个可怜的病人渐渐地痊愈了。我们才把心安了下来。

在他的保养的期间,有一次,我看见那个对门的少女又在那廊下坐着。我打趣他说:“流浪人! 你的 Miss 金在外面呢!”

他兴奋地问:“在那里? 在那里? ……呸! 你又来做弄我了!”他已经听见

了那异国的少女的歌声了。他闭上了眼睛，凝神谛听着，好像他的灵魂趁着歌声飞到他的往日的甜蜜的梦境里去。直至那歌声停止了，他才睁开眼睛来。

“多么像啊!”他自己呢喃着。

到现在，我还可以想见他的病后的惨白的脸上，萦着一痕寂寞的然而慰安的微笑啊!

因此我们都把对门的那个女子叫做 Miss 金，称她做我们的流浪人的情人。

但是，我们的开玩笑也不能有畅快的时候啊！有一夜，黑暗和闷熟的一夜，那 Miss 金的少女已经停了歌声了，我们还在闹着玩笑的时候，忽然我们不觉都静默了。一阵夜风从屋顶滚将过去。桌上的油灯闪动了一下。屋外有一阵杂沓的足步声。我们都像受惊了的野兽似的，竖着耳朵谛听着。

罗君走到门外窥探着。我和那高丽人呆对着。

“他妈的！我以为波立(警察)捉我们来了呢!”罗君愤愤地说。

“真的，我们也太浪漫了！……”我摇着头说。

“但是，我们现在都是可怜的流浪人了呢！还要捉我们干吗？暧!”高丽人说。他紧扎着拳头，好像有气没处发的样子。

我也悄悄地回到寄食的那间店里去。

后来，环境日加恶劣起来。那报纸上连罗君的住所也登了出来了。我正不知道那班走狗是何种的居心啊！我知道罗君一定不能不离开了这样的地方了。但是我不知道他逃到那里去。自然，那个流浪的高丽朋友也不知那里去的了。……啊！我又那里知道我和他从此永远地不能相见了呢！可怜的被压迫者的流浪的灵魂啊!

不久，我也被那个亲戚辞走了。他把十块钱塞在我的手里，假扮得很愁苦似的和我说声对不住，便撵我出来了。我真不明白我犯了什么迷天大罪，到处都要忍着人们的驱逐，仇视!

三个月过去了，我还是在做着马来半岛的流浪人。有一天，我从报纸上看到一个高丽人在一个小“山马[巴]”(村落)被居留地的政府捉到，把他驱逐出境的消息。报上没有载姓名。但是我猜度着，那一定是他，那个高丽人，那个流浪的革命者。……

今年的暑天，我无意间在轮船上碰着了罗君，他也是要到同我一样的目的地去的。我们什么话也不便说。我们只谈着一些无聊的话语。但是三天的海程是多么孤寂的啊！在第二天的晚上，繁星在无边的天海上闪烁着的时候，我们凭着船栏，不禁说及我们在湄南河畔的往事了。

“呀！那个高丽人呢？你知道他现在流落到什么地方去？”我低声地问。

“啊！他！他已经死去了！”罗君忧郁地说。“他在F岛的牢狱里死去了！……我在F岛时，我还碰见他一次呢。”

“你也到F岛去过吗？”

“是的。他自被逐出境之后，在澳门住了些时。后来，他碰见他的同志，便潜到F岛去了。他们打算再潜回自己的国土里工作呢！……我遇见他的时候，他仍是和从前一样……”

“和从前一样吗？他的眼睛可仍充满着反抗的光波吗？”我问着，我觉得他好像还没有死的样子。

“是的，充满着，我想他直至临死时还是充满着反抗的光啊！而且，我想，他的眼睛还要冒着火！……他在问你的消息啊！但是我不知道你的行踪。……他临别时还祝我们努力，说我们的曙光在前面呢！他真是一个不会疲倦的战士啊！……但是他后来和好几个高丽人都被捉去了，在狱里被日本的统治者秘密处死！”

“秘密处死吗？……啊！他死了！他死了！”我真不知道我要怎样地追悼着他呀！……我呆呆地望那无垠的凄黑的大海。那海正满着浩瀚的涛声，怀着无力的愤恨。小的波浪正在黑暗里腾沸着，向着黑暗和虚伪的夜色激战着，在等待着伟大的争自由的波浪的创造者！……

啊！死了！我现在可记起他的热病时的喊声：“好罢！让我死去罢！我死后还要奋斗！……”但是，他已经死了！可怜的被压迫的民族的灵魂啊！……

（原载于《都市之夜》，上海亚东图书馆，1929年）

安金姑娘

管理

夜是这般的清冷，她占领了这个世界。悄寂的平壤××街头，徐徐地摆动着几个依稀的人影在惨白的灯光下踉踉跄跄地踱着，在这几个摆动着的人影中，有一个是廿二三岁模样的女性，还有其余的是几个强健的男性，他们面部都堆满了笑容，但是却很沉默，也不听见笑声和诙谐的语调，是的，他们都在计划而预期看不久就会得到的胜利。

人影摆过了打盹的警察，在街角上转弯了，他们开始用极细小的声音说诂。

"这回大概我们可以得到胜利了吧！让他们知道我们朝鲜民族还有这样一天！"

"是的，胜利，胜利这回可是我们的了，你不相信，那班恶魔恐怕还在做着好梦哩！这回我们可告诉他，朝鲜民族并不是天生成的奴隶骨头，也不是天生成的劣等的被压迫的民族，朝鲜民族和他们，别的民族一样的需要自由，需要平等……今天晚上的举动，就是为的争回我们的平等，我们的自由。"

"安金姑娘，这回我们真的假使成功的话，差不多是你一个人的力量哩！你奔波而劳碌，几天来差不多我没有看见过你好好的睡了一刻……"

"那里，这也是我应尽的责任，可怜平壤的人民，恐怕还不知道十年前孤另另的我，在今天晚上还能够参予他们的举动哩！"

安金姑娘很谦虚地说，同时她想起几天之前在日帝国主义者监视之下逃回到平壤的情形，和她十年来努力民族运动的过去，她不禁有些愤慨了。并且她父亲母亲惨死的情境，这时又在她脑筋里重温了一遍。不过安金姑娘十年来的事迹，她从不和人提起，谁也不知道。

人影又转入另一条街了，那里远远地可以看见日兵驻扎的地方，三两个守卫的兵士伏在枪头上打盹。这几个摆动的人影散开了，夜仍旧还是保持着他的尊严。

西北风加紧地括，平壤这个都市沉沉地睡在黑夜中了。

然而，这时候，平壤每家人家里的人，都醒着，醒着，他们预备好了武器，只静待着火光一起，他们就冲出来，杀死那些恶魔，恢复他们的自由。他们时常把头伸出窗外，朝日兵驻扎的地方看去。啊，他们只期望着火起。

突然，电灯灭了，全城的街市通灭了，他们的时候到了，你们瞧，你们瞧，那东边的天红起来了，起火了，起火了！天空似乎有什么东西向上冲，一朵朵的红花，红花，一朵朵的黑烟……你们看，天更红了，火星，花炮般地飞迸，黑烟，乌云般的笼罩。都市从沉梦中醒过来了，都市从沉梦中醒过来了。带着不成其为武器的武器底平壤人民，冲出来了，冲出来了，街上的人声，像海涛一般的怒吼，像狂风一般的叫号，哦哦！那样嘈杂！那样扰嚷！

兵士们刚从迷梦中惊醒，已经被火包围住了，他们摸到身边的枪都向外跑，于是双方在接触着了，枪声起来了，是这般厉害，是这般厉害！平壤城差不多爆发了！

火光中大家看到最前面有一个女性在领导着。“努力啊，胜利是我们的！”她不住叫喊，不住地抵抗，大家感情更被鼓舞了。

接着口号的声音又起来了，是这么凶！是这么凶！

那个壮健的女性在领导着，领导着，双方接触得更厉害，死了一排，再补上一排……这时平壤人民愈聚愈多了，并且他们夺到了许多枪械。啊啊，这时候，胜利的火花在每个平壤人民面前照耀着……

天明了，这反抗一直到了天明，胜利之神快要来临了，日兵渐渐退后了，他们丢了枪，丢了一切，他们逃了，他们逃了，平壤人民一步一步的进逼，终于日兵完全退出平壤了，平壤民众才重复得到自由，平壤才重复回到平壤人民的手里。他们欢唱，他们狂笑……

他们欢唱的是他们重复回到光明的世界。他们狂笑的是他们终于得到他们的胜利。——起来，被压迫的民族！

起来，被压迫的奴隶！打倒帝国主义！

夺回我们的自由，胜利！

悠扬的歌声从人丛中发出了，大家注视到那个小土堆上立着的女性，她就是昨夜很勇敢领导民众的，现在她立在上面对大家说语：“可怜的同胞们，现在胜利是属于我们的了，我们夺回我们的自由了，平壤已经独立了，但是整个的朝鲜，还仍旧在恶魔手里，我们应该更努力，更努力夺回我们的朝鲜，然后再让我们更欢乐地欢唱，更狂烈地狂笑……”

"安金姑娘万岁!"

"朝鲜民族独立运动万岁!"群众狂热地喊着。

平壤是充满了欢乐,充满了胜利的微笑,然而这欢乐,这胜利的微笑,只是与昙花的一现,第二天的夜里,平壤又被日兵所包围了,平壤人民之得到自由,仅仅只有廿几个钟头,仅仅只有廿几个钟头!

不免的,日兵攻进了平壤,又遭遇到一阵大屠杀,朝鲜血染满了平壤的街市,死尸铺遍了平壤的道路……

世界仍然继续不断接续下去。

安金姑娘的面貌,从此深深地刻在平壤人民的脑膜里,他们时常会想到这个革命的,勇敢的,为朝鲜民族谋解放的安金姑娘,每当他们聚合着谈论的时候,往往会把话题转到安金姑娘身上。

不久安金姑娘已是失了自由的来到平壤了。

平壤的人是很惋惜的得到"安金姑娘被捕了"这个消息。安金姑娘的被杀,就在第二次到平壤后的十多天。

那是正午的时候,就在灵村前面二三里路,平壤城下一片矿地上,民众在涌动着,在涌动着,他们不是来赶热闹,也不是来看什么新奇的玩意儿。他们心里都觉得很痛苦,因为他们觉到他们的前途快要失了一盏指示的明灯,快要失去一个领导者了;前途黑暗的恐布,深深地刺激各人的心弦,各人的面孔上,都显示着十二分的悲惨,尤其是各人的眼孔里,仿佛储满了眼泪,只要轻轻地一动,就会倾江倒海地流下。

虽然他们很想把不久就要被杀戳的安金姑娘,从那班恶魔——日帝国主义者手中夺回来。但是戒备是这般的森严,武装的恶魔,到处布满着,那班人的枪孔里,藏好了弹子,也只要轻轻地一拨,弹子就会联珠般地滑出。

谁敢响一响呢?谁又敢响一响呢?所以那些民众只有是在期待着,期待着安金姑娘最后给予他们的吩咐,和指示他们的前进途径。

——起来,被压迫的民族!起来,被压迫的奴隶!

打倒帝国主义!

夺回我们的自由,胜利!

安金姑娘破碎了的歌声,渐渐由远而近了。从人丛中看去,尝了十多天监狱生活的安金姑娘,面色再没有从前那样饱满了,两块颧骨高高地突起,苍黄而且堆满了,许多灰尘,她穿着一件布衣,破碎得像乞丐一样。

"安金姑娘为朝民族憔悴到这样!"民众的心里都是这般在想。

她的手被反缚着,在她的两旁有两个武装兵士挟住她;她的后面,也有一个武装兵士用枪口对准她；再后面就是一队武装军队。然而她并没有一点恐惧的颜色，她还是用她破碎的声浪，唱她所常唱的歌曲。

军号在“呜呜”地吹着，是在表示那班恶魔的胜利呢，还是在哀吊我们为朝鲜民族谋解放而牺牲的安金姑娘呢？

民众的感情，是受了很大的刺激而被鼓舞起来，有几个人再也忍耐不住，不由自主的跟着安金姑娘唱起来歌来：“起来，被压迫的民族……”“拍”的一声，枪杆已经落在这班唱的人底身上了，虽则他们是更愤怒，然而他们不再响了。他们知道赤手空拳来抵抗那班恶魔，结果只是无谓的牺牲而已！

安金姑娘渐渐地走近这一群民众，她并不悲伤，她还用她最后的力量，提高她的嗓子说话：“可怜的被压迫的同胞们……”刚说出这一点，就被兵士禁止住了，但是她还接接续续地说：“我们要联合起来，打倒日本帝国主义……胜利，最后胜利是我们的……团结起来，可怜的压迫的同胞们……夺回我们的自由，夺一回我们的胜利……起来，被压迫的民族……”

然而，只一瞬间，她被那班恶魔很迅速的拖走了，远远地，远远地，还仿佛传来“起来，被压迫的民族，团结起来，朝鲜的民族……”

这时候，后方忽然起了一个极大的波动，据说捉住了几个叛徒，于是民众真的波动起来了，“打倒日本帝国主义”的口号，很响亮的在空中波动着，可是守卫的兵士，也开始开枪了，

“劈……劈……劈……”……一阵更大的纷扰，旷地上已经铺满了一片鲜红的血迹。

我们的安金姑娘就在这阵纷扰中和可怜的朝鲜众民长辞了。

（原载于《前锋周报》第19期，1930年）

朝鲜男女

苏灵

哈尔滨是中国东北的一处商埠，因为曾经是俄国的租界，而由中东路可以连接到南满路，所以居民中有俄罗斯人和日本人，而朝鲜也不少。我曾经怀了我的提琴旅居在这商埠有一短短的时期。

这是一个星期六的夜晚，我无意义地走进一所朝鲜人的小教堂，那时正是有着许多朝鲜的男女教友在开始做祷告的仪式。主讲的牧师，庄严地立在讲坛上，领班唱圣诗的那位着中国长衫的朝鲜人，走来递给我一本圣诗，实在我对那上面所印的朝鲜文一个字也不认识，为要维持教堂秩序起见，我不能不假装认识地接来看。在讲台的右边屋角上，放着一架旧风琴，一个青年，看来不像一个普通的朝鲜人，而尤其不像一个基督教徒，但他是沉默而庄严地坐在琴前面，不过他对于我，也许已经看出我是一个假充的朝鲜人了吧，他注视着我。主讲者那个留着一撮小胡须的像一个穷绅士一样的着着一件黑色大而旧的西装的中年朝鲜人，他庄严得十分像，而且带着一付忧郁的神色，在讲说了有半点钟以后，接着垂下头，祷告。微声地，如像说梦话般地；全堂的男女也跟着沉默地垂下头；其实，有许多人垂下头在那里切切私语不知捣些什么鬼；如我一样地，虽然垂着头却并没有默祷，在心里也乱七八糟不知想些什么。这样，压了半时之久，一些人都和我一样地要叹口长气，觉得实在太郁闷了。然而这样并没有完毕，主讲者走下台来，唱诗领班的那位着中国服的朝鲜人走上台去了。这时风琴前面的那个青年，把琴盖打开，把乐谱靠起。等唱诗领班指点了该唱那一节那一首后，这青年琴师的手指在琴键上按起来了，接着唱诗的声音震荡了这小小的礼拜堂，粗阔的胸音夹着女人们尖锐的喉音，和风琴的连续的声音。

一段诗唱完了，青年琴师立刻将琴盖放下；领班的走下台来，但这还没有完结，主讲者又走上台去，好像又重复地再来一遍样的，等他讲完了就祷告，祷告完了又唱诗。一直达到十一点钟了，这场晚祷课才算结束。我如囚犯的被释一样，跟着众人走出那教堂的小门，呼吸了一下清静的夜气，这才真感觉到灵魂得到了超脱呢。这时，忽然一个人和我说话，原来他就是刚才按风琴的那青年。

“你大概不是我们朝鲜人吧，先生？我看出你像是中国人。”

“哦，是是，我确是中国人，如你所说的；但你，你能说这们流行的中国话？朝鲜的琴师先生。”

“这，我是贵国金陵大学的学生呢。”他说着，从衣服里面翻出一枚小徽章来给我看，证明他所说的是确实。“大概我的记忆不会错误，先生是住在斜纹街的一所小楼上吧？——”

“对了，为什么你会认识我？”我对了这个邂逅的朝鲜人很奇异。“是，也许我看见过你，但我不能记忆了，我的住所附近你们朝鲜人很多，不过，我住到这里来是最近的事，而且，我来到这地方也不久呢。”

“一样，我也不久才到这地方来的，但我知道你。在你还没有住到那小楼上的时候，我已经住在你那楼后的一间小楼房里了。所以我每夜能够听到您奏提琴；这是实在的，我是先认识您的提琴的声音的。记得有一天夜晚，照样我从外面回来，而你也开始拉起你的提琴来，这次你所拉的忽然变了往常惯拉的曲子，而拉起一支表现被压迫民族的悲哀，忧郁，苦痛而挣扎，反抗，唤喊的一个无名作曲者作的曲子，大概那支曲子的中国译名是《为什么我们是奴隶？》吧。朋友，我竟因它而流泪，竟因它而三天没有出门。”

“呵！”我惊奇地，伸手给这位朝鲜青年。“我对于那支曲子的确也激起过相当的同感。虽然那是一个无名的东西。听说这曲子的作者是一个黑人呢。您大概也是专门研究音乐的吧？不过金陵大学没有音乐科呢。”

“不，我是读政治经济，但我很爱好音乐，虽然自己没有研究过。我在这教堂里按琴，是暂时的躲避，大概您知道吧，我们朝鲜革命的失败？我是被缉拿而逃到此地来的。”他说的声音渐低下来，并张顾着周围，怕被人听到。“此地的朝鲜人没有一个好的，完全是没有脑袋，没有意识的人类。”

“你，这样不也很危险吗？”

“还不十分要紧。认识我的人很少，而且，我可说我是中国人。”

于是我将这位偶然相识的朝鲜朋友领到我的屋子里来。他要求我奏一次《为什么我们是奴隶？》，我不愿拂逆这新认识的朋友底兴意，为他奏起这悲壮的乐曲，这，被压迫民族的灵魂的泣诉与叫喊啊。谁知我这朋友在我未奏完之先，却在那里流起泪来了，我知道从我这提琴的每根弦上所发出的音浪，都深深地沁入这亡国的落魄的青年的心底，而这音浪，正与他的心的波动是在共鸣着了。

是的，这必然地在这位青年的心底是怎样郁积着无限的悲痛与激怒呢?!

一个曾经领导过民众做着前锋底民族的战士，如今失败地逃亡在异国。偶然地又听得这种表现奴隶民族的生活的音乐，这在他的心底是会怎样地在激动着啊！诚然在他的一粒粒的泪珠里是幻化着曾经的悲痛与壮烈的各页。被压迫的民族在受帝国主义民族的蹂躏践踏之下呻吟，泣喊，而挣扎，反抗……这，在他是曾亲自领受着而实行着的；如今在这种反抗的惨败之后，又重仿佛在由提琴的弦上的音波中闪现着，这必然地，在他，这位革命的青年的中心，是在由一度的灰颓中而激起了壮烈的憧憬；他紧握着拳，全身颤震着，在电灯的光下映照出他闪亮的泪眼。这好似预示着一线光明，一把烈火，在这个革命失败的青年的前途，在一个被压迫民族之未来。

在我奏完了这曲子之后，他突然地，握着我的手，沉默着。这很奇怪的，在他的眼中有禁不住的热泪涌出。

于是我说了：

“朋友，我知道你现在的心境是怎样的有难诉的积郁，痛伤与激愤呢！而且，这必然地又怎样阻止住你不得不流出的眼泪呢？但是我的朋友，这样的感情的消极的激动，那是有害于你的意志的啊！……朋友！你不该毁灭你的未来！继续着的未来！……”

“不，朋友，我是热忱地感谢而且接受你的说话。虽然我没有法子阻止我的流泪……”他吞吐地说。我给他一杯水。他的颤动的手仍握我，我能体会得他的心该是在怎样的震抖着呢。

忽然他在抖动了几下我的手后把手撒脱了。

“再见!”

“再见。明天晚上你来，我将为你奏别的一个曲子——《马塞曲》！朋友，我不愿你流眼泪，我愿你重新站在你们民族的前面，竖植起新朝鲜的旗帜来!”

他不响地去了。沉重而急促的足音在楼梯上击着。

第二天晚上他并没有到我屋里来，也许他忘记了吧？于是我将提琴取出，奏起《马塞曲》；我想，他听到我的琴声许立刻跑来。但是奏了两遍，也不看见他来。

这样第三天晚上了，我照例温理我的提琴。一当我拉起的时候，我立刻想起他，那朝鲜青年，于是不自觉地会拉起《为什么我们是奴隶?》和《马塞曲》来。但奇怪，如此四天五天他总也没有消息了。这又到星期六的晚上了。我故意踱到那小礼拜堂的窗前，正是唱诗的声音传到我的耳里。然而，我眼睛所看见的，那青年并不在这风琴前面按琴了，琴的前面是空着。这使我奇怪了。许是他被日警捕去了吧？虽说这是中国领土，但日警可以随便捕捉朝鲜侨民的呢。我想向这教堂里的人打听，但我不会说朝鲜话，并且不愿意等待他们的祷仪完毕。我怏怏地回去，我只有自己拉起《为什么我们是奴隶?》来，似乎我听到一种哭声喊声从我弦上发出；接着我拉《马塞曲》，我在幻想到那朝鲜青年带领了一群朝鲜民众猛热而悲壮地呼喊："自由！自由！……"

忽然我的门开了。

"奚先生！"

"你来了？呵，我想着你几天了，为什么我到礼拜堂去寻你，而你却不在那里按琴了呢？"

"本来，我在那教堂里按琴是为着躲避日警的耳目，现在日警已经知道我了，所以不能再去按琴。在前次夜里的第二天，此地的日本侦探到我屋里检查了两次，把我的书籍都拿去了，适正我不在家，后来一个朋友告诉我，所以我一直还没有回去过。"

"那你要赶快离开此地才好呢。"

"一切生命的危险我都不畏惧，只是这次独立运动的失败使我心痛，而且，尤其使创伤的是写这一来信的女人。……"他举示给我他手的一束信扎，颤颤地，他是无限痛伤。于是我知道他禁不住的泪水的来源了。"她，写这些信的人是死了，为我们的革命而死了！死在帝国主义的枪丸下，同死的二十多个男女。唉，她留给我的只这几封信，这，这是她的为朝鲜民族的存亡的叫喊！……"

他几乎没有气力再说下去，将一来信掷向给我。

"朋友，你看吧，那是用日本文写的。她是京城女学的教员，她带领学生起事，被日本警察捕去枪决了，在枪决了她以后，立刻就来逮捕我，幸亏我先逃避到此地来了。"

"然而，这次的运动竟遭失败！……虽然，我们是并没中止我们的奋斗，挣扎，我们朝鲜党人是时时刻刻预备着被杀死的。……"

他继续地说着。

我沉默地展开一页一页的信扎看下去，在他停止了说话以后，他如深思着什么重大的事件，静止地坐在屋角。室内沉寂着。

很久以后，他突然起立。

"朋友，再见。"

"再见！但你什么日子再来，你要小心点，自然你自己知道你的工作还没有完，不应白送你的性命。"

“谢谢你，什么时候再来，我不能预定，总之，我要来取这一束信扎。”他去了。我继续把那些信看下去。

这里，就是那一束信件了。我忠实地翻译在下面：

第一封

昇，我的爱：

当你第二次离开我远去以后，一直到现在有半年的长久了，才得你确实的消息。在朋友们传说你在中国被日本领事馆逮捕，甚至说你已被解送到日本处决了的时候，我是每夜和着眼泪入眠，而更由梦中哭醒呵。我并不是悲伤我个人失了一个情人，我是为朝鲜而悲痛，为你在没有完成你的使命以前而就被死神攫去而悼伤。诚然我是爱你，但，我是爱朝鲜而爱你；我全个身心是属于你的，那如属你朝鲜是一样。

我的爱，虽然我们相聚的机会太少，而且也不可能。在这样长久的隔离中，我是无时不在想念着你，想念着我朝鲜民族的健儿！然而，我并非如一个美人的眷怀着一个英雄的传奇一样；我是为朝鲜而想念你，想念你有如企望朝鲜民族的独立！

这是我最痛恨的事，我曾屡次都对你说到过，我竟不能用朝鲜的文字写我所要说的话，尤其是给你写信。朝鲜民族自有我们的历史和文化，为什么日本人强迫我们读日本文？为什么，为什么我这一个自己献身给朝鲜民族的人，竟也连自己的文字都不会运用！我的爱，你想这叫我多么痛心?!

昇，你和我这半年多的隔离中，你浪流过多少地方？你做过些什么工作？而现在你在平壤工作的情况如何？愿你能抽出一小时的时间详细地写给我。但千万你要记住的，你不要专心地想念我，你没有想念我的余暇，你不应有想念我的余暇。这我屡次都给你说过，当你第一次离别我远去的时候，我就对你说过：“你是去创造你自己，你将漂泊到辽远的异国，你虽孤寂，但一切重大的使命将会担在你的身上。你只有创造自己，时间决不容许你想念我。”虽则我心中也何尝不恋念着你呢？在你第二次离别我远去了，这回你是没有目的地的流浪，你是为着实践重大而迫切的使命，你是去到全朝鲜的人民的心中，散播革命的种子，你是去呼喊醒全朝鲜因被压迫而迷堕的民心，你，你是更没有时间与可能来想念我；而我也更不应来牵惹你的心绪。因为我爱你，为着你负有重大而迫切的使命，为着你须要完成这使命，你不应想念我，我不愿你想念你。常常，一个人为了爱情而灰颓了他的心愿，然而我愿你为了爱情的缘故，更努力于你的工作！你的工作更重大而迫切地胜于爱情！在我们的头顶没有飘荡着新朝鲜的旗帜的时候，决不能安心地去享受爱的温柔。

第二封

我是一个朝鲜女子！我不是一个日本女子，只知道服从男子，只知道涂脂抹粉，只知道卖淫，到处去卖淫。虽然现在一部分朝鲜女子也堕落到这样了，于是我觉得我的使命的迫切，在每堂课上，我对学生们讲话的时候多而授课的时候少，在学生们也都很愿意，因为我的话能使她们奋兴，刺激，狂热……——恨不得立刻起来，立刻竖起新朝鲜的旗帜，立刻将那些日本文的课本撕得粉碎。于是我再告诉她们说：

"……革命固然迫切，但还需要相当的步骤与时间。我们须先唤醒全朝鲜的民众，尤其是那些被压迫而堕迷的民众。这样才能坚固革命的力量。所以……我们朝鲜并不仅仅是要求独立，而且先需要自己有独立的能力。……"

"……我朝鲜未来的女主人们！你们看，在京城里的朝鲜人，如果有一点钱的，他便要装成绅士的模样，并且，连自己的言语是不肯说的，他不愿承认自己是朝鲜产；当然，朝鲜人有什么光荣呢？那是日本人的奴隶，亡了国的民族！……"

"……在前天我们的会议席上，有一位中国新回来的韩君报告中国南北满的朝鲜侨民的状况。他说大部份桥居在那里的朝鲜人都是吸食雅片烟并贩卖雅片烟的，女人做娼妓的也很多。……"

"……你们看，这样我们朝鲜那里有独立的可能呢？唉，像这般下去，朝鲜非仅国亡了，而民族也将会被灭绝了呢。本来，日本人就是用雅片吗啡来使朝鲜人灭亡，日本人有售卖雅片的可能，但如吸食雅片，政府要将他处死刑的。然对朝鲜人的吸食雅片则有许可。在朝鲜人看来，好像是得了优待，实不知日本人是要灭朝鲜民族了，使朝鲜民族没有再反抗的能力，而至于消亡。日本人的这种阴谋并不仅是对朝鲜，据韩君说：在中国南满铁路沿站都设立了日本药肆，所谖药肆者，里面便是出售雅片和打吗啡的场所。……"

"……朝鲜要谋独立，须要朝鲜民族的自拔，朝鲜民众的自拔，否则一切都无用，即使日本人把朝鲜人解放了，恐怕也没有独立的可能。……朝鲜的独立运动，就是朝鲜民族的自决，所以我们须先尽力把革命的种粒散播到每个朝鲜人心去，这样，我们的运动才能坚固。朝鲜独立了，朝鲜的旗帜是全朝鲜人民所拥植起来的！……”

最后我高声地说：“为什么我们是人家的奴隶呢？”

昇，我这些说话，是屡次在授课时候所要提及的。学生们对这些都很了解。呵，我是领着一支坚实的部队了，昇，这也是朝鲜民族的未来的一线曙光。

第三封

昇，你说你要到京城来一趟吗？我不知你是为了公事，还是为了要和我聚晤？虽然我是很想念你呢，但你决不要只因为我而把时间浪费在行路上。昇，我不是屡次对你说过吗？千万不要想念我。千万不要想念呀！你在×县做着迫切而重要的工作，同样我在京城里也没有闲着。况且，昇，即使你来了，我俩聚晤着也决没有闲暇来谈爱情，不容许我们，不容许我们谈爱情。等着吧，昇，有一日我们头顶上飘扬了朝鲜的旗帜的时候，那是我们谈爱情的时候了。不，也许是，我俩都死在血泊里了，那末，昇，我俩的爱情将更光荣呢！

这里，全城男学校在大前天举行游行宣讲，被日警驱散了，捕去十二个人。但继续地，我们明天又要扩大游行，我当然要参加，昇，也许不幸我要被捕呢，所以今夜给你写信。

我的学生们都很激动，我把你信中引出的中国孙中山先生的《三民主义》里的民族主义的几段落编来给她们讲授了；昇，你为什么不把《三民主义》全译出来呢？那对于我们朝鲜的独立运动的建设上不是很有用处吗？虽然现在的朝鲜，最迫切着的还是民族的革命。

你的工作不是很顺利吗？你不是说平壤的民众都有了秘密的组织吗？自然，只要一个人不是有精神病的，他总有一点民族知识，难道谁又甘受谁的压迫呢!？为什么朝鲜人要做日本人的奴隶!？为什么朝鲜人要受日本人的管辖!？为什么朝鲜人要服从日本人的法律？……昇，这些疑问渐渐地在每个朝鲜人的脑海里跃动了。

努力吧！昇！朝鲜民众渐渐地在觉醒了！

第四封

啊，为什么呢，你少接到我两封信？许是被检查去了吗？还是遗落了呢？不过你的通讯处太不确定了，昇，你觅一所较妥当的地方做通讯处吧，以后我的信挂号寄给你。

近来的空气很紧张了。是的，朝鲜民族就是这时候要怒吼了！

第一次捕去的十二个完全枪毙了；第二次捕去三十余人，听说也要全数执行，啊，好悲壮的死！好光荣的血呵！

你不久将会离开平壤吗？昇，喊吧！你碰命地喊吧！朝鲜民族就要醒觉了！贤们在中国被捕，已经解送日本了，这些消息你大概已经得到。

昇，我实在不应该有时间给你写信，但我又不能不给你写，因为我想有些时候对你工作上也许有用处。

第五封

昇，我的爱，长久没有给你写信了。原因是你行踪的移动；而我也遭了一次变故。

我被捕去一次，然一个星期后又放出了我。是的，他们以为朝鲜女子也同日本女子一样，一样只会服从男人，只会卖淫。

在监禁中，我夜夜做着相仿的梦，梦见所有的朝鲜男女一齐往火里奔跑，自然我和你也在其中，并且嗅到血腥的气味，从火里吼出大声，把我从惊惧中惊醒。升，这是什么意思呢？胜利的死亡吗？虽然我明知这种梦是脑筋受了极度的刺激。在我没有被释出先，我想，也许是死的预兆，然而死又何惧呢？只是我的工作还没有做完，死总太早些。毕竟我被释了，这原非我所预料得到的，岂不是大幸吗？在监禁中我想念到你，因为我怕你得到这消息而忧虑；设若我被枪决了，则你更会悲伤到怎样！？那你许会因忧虑或悲痛而疏懈了你的工作。昇啊，如今虽然我是并没有枪决而且被释放了呢；但被捕和枪杀的机会是随时可以获到的呀，如果你是生着，而我是遭遇着呢，你千万不要忧虑或悲痛。千万，如我屡次对你提示着的，你不要因想念我而忘了你的重大的使命所需要的急切的工作一样。个人的生死决不会影响到全体的。也许这是可能的呢，你先我而死亡了，我将更努力地去干，因为我心中又加添了复仇的意念。

第六封

昇，我的爱啊，我实在没有心绪和时间给你写信了，你想，空气是如此地紧迫，那还应该给爱者写信！虽然我给你的信找不出一句甜蜜的柔语。但我心头的狂热、悲痛、愤怒，在充溢得不能不暴发的时候，我只有写下寄给你，然而屡次等一握起笔来，一切感情的冲动又全都饮咽下去了。为的是不想来使你看了也冲动起感情，一个做着革命工作的人是应受坚实的理智的裁制的。毕竟女子总有个弱点，容易受感情的冲动，以致常常对她所从事的工作难有坚强的支持力。固然呢，革命当然也须由于感情的激发，但在从事运动的人，如果没有理智的把捉底坚实的意识时，那很容易在某一时候变为灰颓。昇，我是极度地相信你，你是对革命有过训练的人。但你也可以放心我，虽然我在过度幻想时常被感情的激动而起刹那的奋兴或颓伤，然我终能用理知来制服感情，把捉住坚强的意识。譬如先前我听到传说你被捕甚至被杀时，我会流泪，我会悲戚；但此次，我自身被监禁了，而且那时的料想是决难生存，当然不会希求到释放，这我该会怎样地因恐怖而痛伤呢!?没有，决没有；这一点不奇怪，因为我的死，我的被戕杀，是必然的；为着全民族争取自由而死亡，是应该的。

昇，你来信叫我镇定些，珍摄些。固然，我已经说过，以后我将极力免去感情的激发而把捉坚实的意识去工作。但珍摄，啊，整个民族已陷在危机里面，个人还有何珍摄之可能!?昇，为什么呢，你近来反有心绪和时间来说这类爱情的慰语?唉，我不知你在那里是否真实地工作呢?我屡屡想停止给你写信了，老实说，昇，我现在不爱你了，因为朝鲜是在铁蹄的践踏下，朝鲜的男女自没有爱恋的可能。然而我仍就给你写信的缘故，是要你更坚实而努力地去从事一切急迫的运动。决没有时间与可能给你说情话，讲温语。昇，你记住，在我们头顶上扬起朝鲜的旗帜的日子，才容许我们谈爱情。

是的，我能够确信你决不是需要有人来给你警语的青年。

京城里陆续被捕去达五十多个市民。学生，商人，教师……都有。在如此的局面下，我们将再怎样忍耐呢!?奋斗啊!除了用头颅与热血去换取民族的自由还有什么方法呢!?

奋斗啊!朝鲜民族的生存与灭亡，就在这紧迫的时期决断了。咄，我不写得如此长了，快要到赴秘密会议的时候了。

第七封

上一封信因怕被检去，所以没有寄发给你，而你又来了一纸简短的报告，来京城和我们合作吗?然而，恐怕你赶不上我们的扩大游行运动了。所以我拟将这两信由昱带给你，因为他今夜到你那地方去，关于他去的工作，自然他去了你们就会知道，我不能在此多写什么。

昇，全京城的市民都骚动了；不，全朝鲜的人民都骚动了。听吧，听我们民族的最后的一吼！准备用身躯去换取自由吧，血染的朝鲜旗帜才是光荣的！

一星期来，我没有安眠过；是的，不久在胜利的呼喊中，我们可以换取自由的长眠。

而且，昇啊，全世界如朝鲜一样的被压迫的弱小民族，都在同声地咆哮了，印度，安南……呵，这些微弱的叫喊，挣扎……这些微弱的光明……一样地将会使帝国主义击退。我们不要求帝国主义施恩式地解放，我们争取自由来自己独立，创造民族的光耀。

昇，我不写了。你不久将来京城，如果我大幸能在扩大运动中不使遭日警的戕杀呢，我还有和你在一起继续谈论和努力的机会。

第四天晚的夜，我照例地要拉提琴，为着那朝鲜青年的印象，我首先拉的曲子是《为什么我们是奴隶？》。

就在这个时候，楼梯上响着熟识的足音，接着，他——那朝鲜青年——启门进入我的房内。

“朋友，今夜我就得离开此地，而且，将不知有无再回来的可能。”他第一句话就急趋地这样说：“朋友，也许我们永别了。其实我们正式见面只三次，在这第三次，那便是最末一次。但，我的朋友，你许将可以在看见朝鲜的旗帜，我的灵魂就在那旗帜的下面。”

我激动得几乎说不出话来，加手在他的肩上，感着他全身在颤震。

“那么，我的朋友，请你把那一束信还给我，我得怀着它和她的灵魂吻抱在血染的朝鲜旗下。”我检出那一束信给他藏好在内衣的袋里。

持续着一段沉默。

“是的，我的朋友，最后，请你为我一奏你没有为我奏的《马塞曲》！《马塞曲》！”他突然地紧握着我的手，而且抖动着。

好，祝福你，并祝福你们全民族，我在今夜奏这《马塞曲》。

这又到星期六的夜晚了。我经过那所朝鲜小教堂，里面正传出一阵阵歌声与琴声从窗外望进去，那一排一排的朝鲜男女沉着面孔，捧着圣诗，那仍着着那件中国服的领班唱诗的兀立在台上。风琴面前坐着一个少女。

我沉默地走过那教堂。

（原载于《前锋月刊》第1卷第3期，1930年）

异邦漂泊者

子彬

那是好几年以前的事了，但是却时常浮泛在我的记亿里，每次，每次，都给我以一种新的凄颤，和新的怅惘。

那年春天，我在浙江南部的W城一个中学里念书。在一天暮色苍茫的晚上，我去访问一位新到W城的朝鲜青年。我对于这次访问本来是没有什么目的和意见，不过心灵仿佛被一种童稚似的惊奇和讶异所趋使。显然的，我那时对于这位新来的过客已感觉到说不出异样的兴趣了。

这位青年过路W城的目的我是茫然，不过据人家说，他在这里约莫有一星期的耽搁。我和他见面才两次：第一次在一个公开讲演会里，第二次在一位朋友的家里。他很年轻，大约二十五六岁的模样。当一位朋友介绍他给我，说这是李先生，一位为故国而奋斗的异邦同志时——为故国而奋斗的同志，我听了，射出两只惊异的目光，看看他，终于呆住了，站在那里说不出一句话来。后来还是他，他伸出一只粗重灰黯色的手来，紧紧地握着我的手，"唔……很好！很好！"停了片刻，他仿佛似想到〔想到〕似的。

"密司脱陈，我住在××旅馆里，有空的话，很高兴你能来看看我啊！"

他虽然年轻，可是那副结实而带神经质的面孔，却蕴含着无限风霜和灰尘，但是却没有一些颓丧的样子。卷黑的头发，微凸出些的鼻子，额部很适中，一双凝视的饱满的眼睛，衬着浓厚的眉毛。每逢笑的时候，那双炯炯的目光就向回处射散，表现出一副严肃和勇敢的态度。因为他在中国住得久了，所以能操纯熟的中国话，每个字都是很正确响亮的流露出来。不过他那喉音，有些不和中国人相像。他平时总不大说话，但有时也提起祖国，于是他面上会慢慢地现出激烈的神色或提高了嗓子，那双睛的深处仿佛燃起难以消灭的微火。他一些也不忙促，述说那日本人，日本人的暴虐，非人道，自己国人的贫穷痛苦，和自己同胞的希望。马上许多人都屏息的听着，一点也没有别的气息。我相信那时大家已被他心中的唯一愿望的思虑所摄服了。

走出校门，黄昏的颜色基调得更加明显。因为是春天，沿街排列着的灯光之下，被一种浓雾般的空气所笼罩，那灯光更显出黯淡的色调。叫了一部人力车，无所为的坐上去，没有别的感想，心中怀着快乐般的希冀。不一刻，车就在××旅馆的前门停下。踏进旅馆的门口，刚刚在找寻那旅客的名牌，他靠在楼上的栏干旁已看到我了。

“密司脱陈！在这里，四十号。”他叫着：

我越过旅馆中堂，连忙踏上楼梯。他就来迎接，握着我的手：“很好啊！你来看我，你好吗？”然后引到他自己的房里。

“请坐！”他说着，自己也坐在床沿上，现出极其温和从容的神色，指着床上桌子堆积着的纸片书籍：

“你看，我这里很杂乱的，没有一些工夫去整理，而且实在也不愿意。”

我坐着问：“我很无理呢！事前没有通知你，我相信这次拜访合打扰你的精神和耗费你的时间。”

他也笑起来：“那里，你来得正好，我欢迎你。这样的晚上，一个人孤另另地躺在旅馆里，那才寂寞啊！”

一边说着，他一边立起来拿了一支纸烟给我，我回答他没有这种习惯，结果他自己点起火来抽。重新坐下来，沉静了片刻，很很的抽了几抽。明亮的电灯光照耀着的狭小房间里，迷漫着纸烟的气息。我也陷于沉思之中，沉思着这位新近相识的青年脸孔，忽然变成更加严肃，在烟的气息刺激之下，仿佛现出一种痛苦和挣扎的神色。伸了伸腰，说着：

“飘泊总算够了，真是什么也无所萦心，我不明自今天晚上会有这样的无聊啊！”他竟有点凄然了。

于是他打开那东边的小窗子，看见那中旬的月亮已渐渐地升起。一片乳白色的阳光，射到窗沿上。微风阵阵的吹将进来，使人意识到春寒犹盛。他回头招呼我，指着月亮。

“这是一副多么幽美的图画啊！这样的月亮，照澈着春天的黄昏。”我也和着说：“多幽美的月夜啊！”

“这样的月夜，我们应该到外面去走走，有什么好的地方吗？”他问我。我思索了一回，想到翠华山。连忙说：

“有，我们到翠华山去、那是再好没有了。坐人力车，大约二十几分钟就可以到。那山是一面靠着城头、一面临着海湾，而且很幽静。”

他欢喜得几乎跳起来，大声地唤着茶房去叫车，拿了一件夹大衣，冲下楼来，跳上车子。他这种态度，真使有我点吃惊。

车子跑过几条热闹大街，渐渐驰行于幽暗的小巷之中。仰起头来，月亮已被高大的楼房遮断，只看见几点灿闪的疏星。于是慢慢地拖到一段荒凉区域，转过一条石椅，车夫停下了车子，说是到了。

月亮此刻已完全现出在我们的视线之中。一轮无缺的圆月，稍偏的挂在天空。抬头望望翠华山的顶巅，那丛林，那山岩，那小小的草亭，都浸沉在无限的月色之中，仿佛都在颤动。没有风，可以看见那直干的树静穆地撒下他修长的影子。山巅的僧舍和草亭中，衬着几盏疏落的灯光，更显得静穆。这是一个春天的月夜，撒播着甜蜜和凄凉的情调，很容易唤起我们年青人特殊的感觉和忧郁——这忧郁啊！分不出是期待的亢扬或是悔恨的寂灭。

他的心灵差不多完全被自然的美景所摄住了，默默地跟在我的后面，一步一步踏上微峻的石阶。他小心地转动着他的目光向回处注视。时间虽然还早，可是在这条寂寞的路途上，再也找不出另外一位同行。后面还隐隐地传来喧扰的市声，前面却打开一片沉静的境界。

“到上面还有多远？”他开始问着。

“快呢，转了一角湾，就可走到那个草亭里，我们就得休息了。”我回答着。他又开始抽起纸烟，我们同排走着，步伐更加迟缓而齐匀。他叹息似的说：

“月色多好啊！这样的世界，是多么使人沉醉。此刻新鲜的空气已使我的精神感到无限的舒畅。”

“我们走到山巅，还可以看到更好的景色呢！一边是广漠的田野，一边却又是茫茫的海湾和重叠的远山。”

他接着说：“自然才是最伟大的艺术。只有它，才能感动人类灵魂的深处。它能使人颓唐，它又使人奋起。他能感动波兰的老人梦想祖国的田园，它能感动逃亡的志士生起怀乡病来。有人说良美景是为那种优游享乐的人们而设，可是我以为只有它，可以激励飘泊者的力和勇气来。”

“对啦，对啦！这伟大的自然力量。”其实那时，我对于他的话没有留意去听。我正在想到我对于这位异那的青年却怀着异样局促不安，我真想不出一种适当的话语去探询问这位在异国飘泊的青年。我懦怯地不敢出口。

他仿佛了解我内心的秘密，转了他的话头，问道：

“密司脱陈！你知道我过去的历史吗？你愿意吗？……我知道你对我已怀着同情的惊异，这点我当感谢你。可是……你怕早已知道我的历史了，是吗？”

我有点战栗了：“知道，但仅是片段的，那天王先生告诉我过。我知道你在六年前那次贵国独立运动失败后出亡的。这六年间，你没有片刻的离开中国。我更知道你在这六年中，为了你自己的祖国从鸭绿江流域飘泊到中国的中部，又从长江流域飘泊南海之滨。没有得到一刻的休息。但是，除此以外，我也一样的茫然。你的父亲和母亲还健在吗，还有你的兄弟和姊妹呢?”

“我的父亲去世已经很早，那时我很年轻。他死去了，遗留下我的母亲，我和我的妹妹三个人死去了。”他回答着。

“那么你的母亲和你的妹妹会时常记念着你呢?”我又问：

“可怜的母亲亦在四年以前去世了，那时离开出亡的时间已经一年多。她死后好几个月我才接到信，可怜的母亲，她敌不过记念我的悲痛和忧郁竟失去她自己的生命。这完全是我的罪过，临死还不能看见她儿子的一面。我应该朝着我的故乡的方向，祝她的魂灵在地下平安吧!”

他的声音有些颤动，几乎流下泪来。但是，他忽然振起精神，提高了嗓子叫道：

“那不是我的罪过。母亲啊！你在地下的灵魂总会明白吧！恶魔赶我离开了祖国，恶魔夺去了你的生命呢!”

这时我们不觉已转过微峻的湾，到了草亭的中间。于是在翠华山的东边，展开了两个不同的境界，浮在月影里。这不同的境界就是海湾和田野。时时有几阵微峭的东南风掠过我们的面上，带来清香菜花气息。这两个不同的境界却形成两块不同的轮廓：一边是清朗的，一边是模糊的。从海湾的内部望过去，船灯高高的点着，几乎疑是星光，灯影低低的映着，荡漾得又像一条金蛇，寂静的山色，死一般排列着在月影里。

但是在田野一边都显得模糊了，广漠的一片，分不出是树林，茅屋和河流。

他似乎觉得有些颤抖，于是加上夹大衣，坐在草亭中的石鼓上，现出深思的沉默。使人微微地感到恐怖，一阵幽灵般的思想敲进我的脑门。

他叹了一口气，喁喁地、断续地吐出他自己的身世。他的语音是这样的感到无力，但是他言词的全部又是这样感动人。在光和影所交织成夜幕之中，仿佛播着一种凄怆的声调。我靠在草亭中的木柱上静静的听着。

“跑离汉城大约三十里光景，有一个小小的村落，位置在汉江的北面，这村落就是我的故乡。汉江从江原道的三陟郡和道淮阳郡二处发源，悠悠的流到我们故乡南边，早已汇然一条很阔的河流。这村落的人口不多，因为靠在汉江口的边沿，大半都是农业。我们是世代住在这小小的村落里，在那里的丛林，田野，流水，山峰，都充满了一种恬适幽静的空气，是最适合于隐居者的生涯。到现在，还时常憧憬在我的梦境中。那多么优美的故乡，和可爱的童年时代啊!”

“我的父亲在年青时就失了双亲,但是凭着他伟大的毅力和刻苦,却树立了一个良好的家庭。他年青时曾在日本读过书,返国后,就开始度着教书和政治的生涯。他的性情是直爽,豪放,但处处待人总是温和。尤其在我的故乡,从不会有人说过他的坏话。记得有一次,一个佃户和我的母亲谈起父亲待他的好处,竟至流下泪来。”

“一九〇五年,日俄战争的结果,韩国的内政外交权已被日本人拿去了。那一年,父亲就愤而脱离了他的政治生涯,归返故乡。他知道韩国已经陷在无可救药的危机之中,同胞还在漫漫长夜中作自己的好梦。他想担负起自己的责任,可是他的求救呼声得不到人家救助,他的身体也不容许他这样下去。他的精神一天一天的颓唐,一九〇八年他竟病倒在床上了。刚刚那年韩国各地秩序很纷乱,这种消息又给以过分的刺激和兴奋,他无力再挣扎下去。就在那一天年冬,他离了开我的母亲,我和我的妹妹去世了。那时,我只有九岁,妹妹还只有四岁。”

“他临终的态度是那么从容,丝毫没有表示出一些痛苦的神色。他说死不过是人生全部事业结束的时候,是值不得什么悲惜的。可是他最后都叹息着国家和民族的末运,叹息着自己遗留下来的田园和家乡。他无力地擎起软弱的手,抚摸着我的两颊说:‘末日已经到了,黑暗已经临在目前,很近呢,很近呢,别的民族会来侵占我们的田园,趋逐我们的同胞。安儿,你现在年纪正幼,也许不会明了。到长大起来,应该起得我的话,作一个韩国的国民。……但是我相信,我相信同胞总有一天会觉醒过来,民族总有一天会怒吼而起,起来,起来把恶魔推倒……’后来母亲每一回提起父亲,就唏嘘地提起他临终的吩咐。这吩咐啊!”

“一直到现在,仿佛还一样的振荡在我的耳鼓里。”

我的逃亡的一幕是开始于六年以前,那是一九一九年,以京城为中心而弥漫各地的韩国独立运动正在这时候开始高涨。那时我刚在京城师范学校念书。这次独立运动的发难者主脑全为青年学生。想起那年三月一日京城塔院公园的集会,那无数的学生和群众,那满街的白衣如潮,那响震遐迩的‘独立万岁’的呼声,那雪片似的《独立宣言书》的飞扬。大家的热血无限制的骤沸着,无数的群众为之号泣。那是多么可感动的一幕啊!然正而这义的呼号那能打动强者的心呢,结果大多数的领袖都被捕送狱。

“这一年独立的呼声永是继续的震响着,可怜的许多的志士牺牲了。南大门驿的炸案发生后,对方的手段更加凶辣,我的师范学校也经过几度的搜检。

我早已知道我的行动已被警局所注意，但我总觉得我不能这样就离开学校，放弃了进行的计划，表示出坦然镇定的态度。风声是一天一天的加紧，许多亲友严历的劝我赶快离开京城，于是在一天晚上，我静悄悄地，一个人返奔到自己的家乡。就在第二天，学校又经第三次的搜查，捕去同学三人。我一边计划着此后安身的处所，一边打听着京城方面的消息，我打听到警局已经下了逮捕我的命令。家乡已没有方法可以容留我这个反叛之徒，就是整个的朝鲜也不会容留我呢！天啊！当我还在考虑筹划的当儿，凶恶的警察已寻踪到我的家乡，我没有一点的准备，连忙逃到邻村一位父执的家里。马上，我发现了那父执的家里的危险性并不比较自己家里为少。没法，只得在当天晚上就开始向茫茫的天涯奔逃，那父执打发一个用人跟我。没有和母亲见面，更不能听到她老人家临别的吩咐。又谁晓得这一次逃亡竟使她和我成了永诀呢？如果早晓得会有这样的一天，那时我倒无论如何会冒着万险，一定要跑到她的跟前，接受她老人家的慈爱的眼泪和最后的诀别。”

“逃亡的第三天，我就打发那父执的用人回去。冒了许多的艰难和困苦，费了许多的时日，我才转到平安北道的龟城。在一位同学的家里暂时躲避一下，又从龟城到义州。于是就离开了我的祖国，离开了我的故乡，离开了一样受践踏的同胞，离开了慈爱的母亲和年轻的妹妹，想尽方法渡过了鸭绿江，整整的在中国度过了六年飘泊的生活。”

“但是，在这六年中，我没有片刻忘记过我的祖国，我的故乡，我的同胞。母亲已经死去了，只剩了妹妹一个人，可怜她不知道到现在弄到怎样的地步呢……”

他的态度自始至终总是保持着一种平衡的力量，低微地吐出他的言词，毫没有一些反常的神色，最后，也许他觉感到身世的不幸，记念他的祖国，他已死的双亲，他无依无靠的妹妹，他的眼圈微微地有些润湿。

我很注意的谛听着，没有插进一句反问的话，几乎连呼吸都要屏息下来。

停一会，他又站起来，踱下草亭，看看月亮。问我关于当地的气候和海湾的水源、吃水的深浅一类的东西，我一一答复他。但是我知道这是我应该说话的机会。他已心伤，应该设法安慰他才是，说什么话呢？一位为祖国而奋斗的青年，心境是充满了一种伟大的愿望。不能，不能拿浅薄慰藉的话去对待他。我终于无言了。

这静默的空气从我们两人之间扩大到周围。时间是那么的悄悄的偷过去，月亮已经寂寂地流到中天，疏星也许感到疲倦，懒得眨她那灿闪的眼睛，仿佛连微风都要停止了，那月色中的海湾流水，几乎是静得像一片雪夜的原野。

他总是呆呆地站着，我也怕抬头招呼他，沉寂得连彼此间的呼吸都要听见。

骤然间，远远地忽然传来一下镗然的钟声，打破沉寂。这钟声于我仿佛得了一种解脱似的，我抬起头来，看见他还在注视中天的月亮。回过头来同我说：

“月色更加明显了。我喜欢看月色，我更爱中夜后的月色。这时候天更高朗，月色愈明。记得几年以前滞留在鸭绿江流域一带的时候，我时常中夜后起来散步，兴[欣]赏那鸭绿江畔的四时不同的月色。”“鸭绿江畔的月色，那一定很富于诗意呢！”我叹息似的说。

“是的，那一丛丛黑色的森林，排列在月下的江畔，江水是悠悠的逝去。当我中夜起来徘徊、坐在幽暗的丛林之下，从月色中远远地望着鸭绿江的对面。仿佛就在目前，涌起一片我可爱的故乡的田园，涌起那童年时代的我，正在那里欢呼跳跃。但马上我又意识到在江的那边不过是尚处黑暗中的祖国，故乡怕已改变许多，童年早已消失了，于是我就会滴下几点眼泪。有时候孤零零地坐在那里，一直等到残月西斜，启明星在东方烁闪。这时我的内心更加欢喜，因为我知道，残夜不久就会过去，鱼肚白的天空不久就会现出东方，太阳会在天边托起，黎明就在目前。”

他咳嗽了一会，接着又说：

“到后来，有一个时期我同样的在月下的江畔徘徊时，我想到自杀，并不是月夜激起我死的追求。因为那时，我的生活我的精神都感到无限的苦痛。于是死的诱惑就来向我袭击，我计划着自杀，在月夜之中是最适宜于计划这一类事情的。可是我望着迢迢的鸭绿江对面，隐隐的又是一片黑暗的祖国。我的内心又迟疑起来，自问着难道这样是对的吗？矛盾的思想在内心交战着。死的诱惑逼得我愈久，内心的谴责更加利害。这样总经过了十几天之久，我的灵魂得救了。到现在，想起那一次的事情，还觉得懊悔。”

于是他在大衣的袋里拿出一本陈旧的日记薄，在里面翻出几张信纸。他小心翼翼地把它展开，恐怕把褶痕的地方弄断。月影中看到白色的信纸上充满了许多污黑的指印和斑点。

“就在这里，”他说，“就是这封信，它援救我的生命，激感我的灵魂，使我从车低[彻底]的自杀念头里解救出来。这信啊！我小心地把它保存至四年之久，放在我的身边；我带他飘泊，从不敢给别人看过一眼。但是今天，同你仿佛觉得是一种意外的遭逢，你可以拿去看一看呢。”

我接过那几页信纸，两人不期然而同的走到草亭的中间，在灯光底下，怀着满腔的热情来感受这封信中的伟大的力量，但我立刻觉得失望，因为信里的字迹显示在我的目光中却是韩国的文字。我回头轻轻地对他说：

“请你念给我听吧！我看不懂贵国的文字呢？”

他微微发笑，“好的！”他说。我还他几页信纸，他拿到手的时候，全身仿佛起了战栗，眼眠中似乎充满了眼泪。滞缓而沉重的句子，从他的语音中流露出来：

安哥：自从前年秋天你在我家里出走那天起，到现在已经整整的两年了。在这两年中，没有得到一些关于你的消息。安哥！我没有片刻忘记过你，尤其在每次祈祷的时候，我祈祷上帝祝福给你！父亲也时常叹息着，耽心你在异国的生活。昨天孙先生来的时候，带来你在异国的消息，带来你给我的信。我读了，使我彻夜的不能安眠，我流了许多的眼泪，我也不知道这眼泪的成份是欢乐抑或是悲哀。我跪在圣母的像前，足足为你祈祷了二十分钟。抽噎和语音在午夜的空气中振荡着，我的感觉仿佛麻木了。两年没有读过你的一个字，现在不期然读到你在异国寄来的消息，我是应该么样的快乐和感谢啊！但是一切都已经变了，旧时的梦境早已消逝，故乡的乐园已不见你的影子；想到你，你飘零在异国，想到命运之神给我们的袭击是这样的残酷，么样不叫我流泪呢？但是安哥！不要灰心！狂风暴雨统治着我们，大家一样的在黑暗中挣扎，总有一天，我们所期待的黎明会降临呢！

你这次托孙先生带来，还有一封信给你的母亲，可是伯母已不能读到你的信了。可怜她老人家、已经在今年春天去世了。我明知道这消息会予你以极度的伤心，可是，我有什么能力来遮掩这个消息呢？两年前你走了，我就没有看见她老人家有快乐的日子，她时常流泪，时常记念着你。她的精神上已受了过分的刺激。梦想着你会平安的回来，梦想着你能够写信给她，每次看见我的时候，总是这样反复的问着：“安儿为什么不回来呢？为什么都没有信呢？天啊！我只有一个儿子和一个女儿……他一定死了。”于是她就哭起来。我安慰她说：“伯母！回来这是不可能的，但是他在异国一定很平安呢！会有一天，他会回来，他会回来啊！”她每天的日子都消摩在流泪中，可怜老人家的身体那里还支持得住这样的刺激呢？她的精神异样了，她病了，今年春天，她病得更加利害，忽而神志昏迷，忽而痛哭起来叫你的名字。四月八日那天晚上，天下了很大的雨，我也在那边，她忽然晕去，医生也说没有希望了。但是她，立刻清醒转来，对你的妹妹说：“你的哥哥是不回来了，我会死呢，保佑他在异国平安吧！如果有天回来的话，告诉他，妈是么样的记念他啊！就是死了，在地下，也一样的记念他！”他说过了，就很自然的闭上眼睛，永远永远的看不到你了。安哥！那时景象是怎样的凄惨？外面的雨声淅淅沥沥的响，你的妹妹哭得几乎昏厥过去，在我么样安慰是无效。安哥！你的责任又加了一重了呢，你不能忘记了你的母亲啊！为了同胞，为了自己，为了你自己的母亲，你一定要复仇啊！……

眼泪从他的眼眶里滴下来，他的声音停止了，紧紧地握着儿页信纸，靠在草亭中木柱上抽噎起来。我呼吸了一回，安慰他：

“不必难过呢！”

他战微地，又把信纸拿好，继继续续的读道。[①]

［原载于《初阳旬刊》（杭州）第3—5期，1930年］

① 第5期所载的本小说末尾标明“未完”，因该刊只出版了5期即停刊，未能载完。——本书编者注

异国的青年

李翼之

在我们一排营房中，韩芳的房间是宙字一三五号，正和我是紧隔壁，所以，两边的谈话，咳嗽，或是老鼠打架，都清晰地可以听到。

韩芳的房里也和我们一样，搭了三张铺，三位青年住着。可是，他们三个人中，安重很瘦，金铁很矮，都不及韩芳魁伟，也不及韩芳干练。

平常，韩芳不爱多说话，见了我们只点点头，可是在他方方的脸上，却是和蔼，沉静，使人乐于接近的诚恳。

他是我们的分队长，对于职务异常的忠勇。上操，点名，查号，请假，一切事情，使他不得一刻闲暇。在晚间，大家都睡了，还见他执着电筒到处留心地检视。

是六月天，出发到蛇山去打野外，韩芳格外忙。他同我住在一个营帐里，所以得了一次接近的机会。

日间，大家都太辛苦了，晚上月色照着满山一片白，凉风拂来，草地上，坐满了人三三五五的围着闲谈。

韩芳今晚有些异样，望着月色兀自发楞。他同房的两位青年，坐在他身旁，也好像在想什么。

我走过去，他招呼我在身旁坐下，遥望江水好像一条白练似的跃动，倒坍的黄鹤楼的灯光和萤火般的闪烁，这，一片山河是画图般的美丽。

"李同志，你对于这境界有什么感想吗?"韩芳突然对我说。

这一问似乎来得太急了，使我一时找不出适当的话来回答。终于，他自己接了下去说：

"黄鹤楼的大钟你看见罢，在那白云深处不是的吗?"他指着我看。他身旁的两位青年也抬起头，随着他的指头望去。

"这不是和汉城的钟一样地雄伟吗，你们看，而今都寂寞地一声不响了。"

他的眼光在我们脸上转了转，显然有些黯然。

“汉城的钟吗?”安重又复低了下去，好似在回味什么似的。

“芳，记得我们离开汉城的一夜，月色不是和这一样的白吗，照得那钟是何等清楚。”金铁提起了有兴味似的说。

“的确的，在我们逃出汉城的那夜，月光真有这样白。日军在后面追，我们爬过了一个田岸又一个田岸，翻过了一个山头又一个山头，真想不到会和今日打野外的境界一样。”韩芳似乎突然地兴奋起来，而回忆到过去。

“同志，我们到贵国是十多年了，真可以说是我们第二祖国。然而，我们心理总放不下我们的高丽，我们的祖国高丽。”金铁说。

“几时才能回到我们的高丽去呢，几时才能再见我祖国的山河呢！我们的高丽呵，你飘流异国的青年在此地为你祈祷了。”

大家都静默了一会，我知道他们是勾起了乡愁，想起他们的祖国，所以不说什么。

终于，韩同志似乎难于制住他的满腔愤懑，一反平日静默的态没，大声地说：“李同志，我们是受尽了苦难的，我们的生命从来便没有得到片刻的保障，火和铁永远和我们相击触，生和死只隔一张纸的距离。然而，我们并不灰心，我想，我们祖国给我们的这身躯，总有回归祖国之一日罢！我们祖国给我们的热血，总有洗涤耻辱的时候罢！我这个梦已是做了十年了，李同志，何时是我们的梦境能走到现实的境地呵?”

“你们这样的努力，高丽总有一天起来，从敌人的手里夺回自由的。”我勉强的安慰着他。

“是的，我们相信总有这一日。因此，我们的同志，参加贵国的革命已是牺牲不少了，然而，我们相信不是平空的，我们要救已经亡了的高丽，我们先要救将要亡的中国！假使，中国再被帝国主义者并吞，那末，我们高丽便永远不会有出头的日子。”韩芳的眼睛绯红，而且，显然有些湿润。

突然，呜呜的汽笛一声，一只巨大的外国军船，很迅速地鼓着浪花在我们眼前驶过去了，洁白如练的江水，顿时银光四溅起来。

“我们献身贵国的沙场，并不是没有意义的，我们要自救，力量不够；而且，明知只有弱小的民族联合起来，才有自决的一日，所以，我们毫不怀疑的走了这条路。”金铁似乎补足韩芳的语意。

遥望黄鹤头上的灯火逐渐稀少了，对面的龟山静悄悄地俨然和一只大乌龟似的蹲伏着，繁星闪烁，月悬中天，时候已是深夜。大家于是回营帐里睡去，韩芳握着电筒又四周照了照山前山后的哨兵。

因了这次打野外，我同几个异国的青年便格外接近起来了。从他们口中，常常得到许多高丽被日人蹂躏的惨状，好似给我们一贴兴奋剂。

前线胜利的消息是雪片般的飞来，在取回汉口的英租界之后，不久，郑州也克服了。攻克郑州牺牲的同志最多，据韩芳告诉我，内中便有许多高丽的青年。

前线上愈紧张，后方也就愈忙碌。开民众大会，分组演讲，游行，喊口号，似乎成了日常的功课，日间乏了，晚上一倒床便睡，第二天，早晨起来，又跟着要手忙脚乱个不停，那时，大家好像随着机器的齿轮转：是闪电般快，是骤雨般急，是电一般的猛烈，是雷一般的震醒了一切。

然而，韩芳依然是沉静，努力，埋着头的干去。

一天，我走他房门口过，突然，一种呻吟的声音很刺耳，我站住了脚。

"打！纪律是不能宽恕你。"原来是韩芳和金跌按住了安重在用力地打。

"你打，我愿你打！"安重的声音。

"你记得你的任务吗？"韩芳问。

"记得！"

"你记得你的祖国吗？"

"记得，一刻也不会忘记。"

"你为什么对于你的工作松懈？"

"因为一时间精神支持不住了。"

"你是否该打？"

"该。"

"对你的处罚适当吗？"

"适当！"

"再要不要打？"

"要打！我愿你打。"

"你对得住祖国呵？"

"……"安重越发呻吟得厉害，但！依然咬着牙齿忍受。意外地，他们松了手，三个人竟同声哭了起来。

"祖国呵！飘流异国的青年是没有一刻忘记你呵！"是韩芳的呼号。"祖国呵，我们的高丽呵！"

"我们的祖国高丽呵！"……

（原载于《前锋周报》第 8 期，1930 年）

韩国少女的日记

汤增扬

一月一日

今天“元旦试笔”，我开始记载我生命史上值得记述的事了。

一个少女，她生命上的火花有如美丽的“春”，不过，我觉得我的春已随了可恨流的光慢慢地消逝了，已越过绯色的夏而进展到暗云满布的秋天了。这时候，四周所呈显的都是萧条的景象，不但能够使诗人伤感，就是普通一般不多愁善感的人看了也要引起无限的凄凉；在我瘦弱的生命虽已走向“秋”的阶段，但是秋时所有景象反而加壮了我底为韩国奋斗的毅力，因为，我底一颗脆弱的心是永远向上着的。

人老，本来也不过就是那么一回事，一点也不值得过分的悲哀，况且我的爱久已得到了美满的归宿，不像中国那般桃花发的少女正在向男性追逐，男性希望他所得的对象年轻，所以她们自己也就擦粉涂脂，打扮得有如正含苞的春花一样，其实，我说一句尖刻的话，有些中国的少女们特具的一种妖治的姿态宛如一个地狱里的女妖怪，难道这就是美丽吗？能够博得轻浮男性的欢心吗？这真使我难懂。

我的老，完全是因为历年来为自己祖国革命的奔走，同时，在学术上也加上一番深湛的研究，所以与其说老，无宁说积劳过度比较来的适当些。只要看我一颗向上的心，仍是和春日的花儿草儿一样。在年龄上，从今天起始总算又添了一岁，是二十三岁了。

光阴的流动我以为是太快一些。祖国的革命到现在还不能达到我们的志愿，这是多么惭愧的事；从今后，我想加鞭努力，在读书之余，至少要赶一点伟大的事业，不应该永久酖醉于爱的漩涡中。

今天就是我生命史上的新的开始。

二日

我在这晨光大学已有三个学期，这般只知求爱的女同学们对我仍是非常的注意，我们韩国人，或许有一种引起她们注意的特征吧？从前，我在中国首都的金陵大学读书的时候，也是这样，我为了她们或他们对我特别的注视，所以才蓦然转学到上海的这个晨光大学来，据说，上海是全国文化和交通事业的中心点，一般智识份子的眼光当然要高超许多，那知她们或他们依旧和内地的人一样，这实在出乎我理想之外。不打紧，无论她们或他们对我如何的注意，竖横我这一学期要戴着方帽子到中国的各部去流浪了。同时，希望在这流浪期中能完成我决心为朝鲜祖国革命的伟大事业，以逡，当然是更加地努力向前冲去的了。

但是这般女同学的对于我的感情都还不差，我在中国多年，一口正确的普通话实在比她们说得还要流利，这却值得自傲的。所以她们时常称赞我为未来的报界女记者，或者未来的女外交家的时候，我口头上虽然很婉和地向她们谦逊，但在我心里，却是非常的欢喜。我本来是准备专心研究汉学的，为了觉得自己是长口方，擅交际的原故，所以特地转到本校素负声誉的报学系来。记得上学期有一次，男同学乃面有一个专打听我们女同学秘密消息的鹦哥包探，他做了一本《冷殿主们》，预备在独一书店里出版，这是记载我们女殿主的香艳秘史的专集，倘若这等事情被外人晓得，实在不大雅观，所以在鹦哥这书计划出版被我们女同学发觉的时候，当然大家都起了一种反感，决定提出向鹦哥交涉，那时推选的“冷殿”代表，就是我和黄一为两人。在我，真是荣耀极了。

这次的交涉结果，是和平解决，鹦哥把那本已付印的《冷殿主们》自动收回纸版，不再印行，我和黄一为女士代表全体冷殿主们向鹦哥君道歉。有些女同学们真是大题小做，为了这事曾请委律师和鹦哥君谈判了一次，这在我觉得未免把不重要看的得太重了。不过经过了这事之后，我底交际手腕高超的声誉是更形卓著了。

旧事重提，倒别有一番滋味在我的心头。

三日

睡在床上，老是懒得起来，因为今朝十时有课，所以时计在九时半的光景只得鼓起固有的革命精神跳下了床，梳洗毕，刚敲上课钟，我就随了红的绿的那般年轻的女同学们去上课。这课的教授是范先生，他讲的政治学，真是娓娓动听，每一句言辞，都是同情于弱小民族的革命的，有许多独到的正确的见解，很可以给我们韩国革命的借镜，所以我就把它很详细的记在笔记薄上了。

午后无事，翻译了一篇美国名家的小说，自己觉得很满意，预备在一个杂志上发表。我的日文虽然比英文程度来的高，但是这压迫弱小民族的日帝国主义者的作品我无论如何是不愿意翻译，不管他们是同情韩国的抑是鼓励他们民族压迫韩国的。

我觉得，韩国的兴盛，只希望我们一般女革命者在中国能够努力发展，和中国等所谓弱小民族联合起来，因为韩国已是亡了国的国家，如果靠自己的力量从日帝国主义者重压之下复兴起来，脱听了他们的桎梏，这实在不是一件容易的。所以我们联合弱小民族站在同一战线上奋斗，或许听得到一线的希望，伟大的韩国旗帜在我们头上高标的时候。

我预祝着。

四日

现在我研究报学，就是想卒业后在中国的报界服务几年，趁有机会时，参加中国的革命，在政治舞台上做点实际的工作，因为我在中国多年，自己觉得完全没有韩国的气质，中国人有些地方是很可爱，教我入中国籍我是很高兴的，实际我对他们说我是中国人他们未尝不能相信，所以我是来中国政界上努力是有相当的希望。万一离开我的理想太远，那只有到南到北和水上的浮萍一样不定地流浪去好了，人生，努力奋斗才是唯一的真义，青春有什么宝贵，更有什么过分的留恋，所以我那本创作和翻译说的合集，题名为《少女的秋》，这名虽是报学系的教授王昊鹤先生替我起的，在我也觉得寓意再含蓄没有了。

这位王教授，是中国报界的“前辈先生”，著述极为丰富，据说中国关于报学的专著，差不多出于他一人的手笔，在海上的什么明花书局关于和先前预备出版那本《冷殿主们》的独一书店，他都是很熟悉的，我这本《少女的秋》就承他介绍在独一书店里出版了。王教授是个独身主义者，这是很使我同情的呢！我的创作，实在不大行，翻译比较满意一些，把这样不成熟的作品拿来问世，真一点惭愧，既承王教授热忱介绍，如果拒却他底盛意，自己未免太骄傲了。老实说，对于男同学们是非骄傲不可，不然的话，就失去了我们女性的庄严，自己的学问高深却不去管它。

这也可以说是我处世的哲学。

因为我自己养成了骄傲的习性，所以接交的女同学也是性情孤骄和怪癖的，如黄一为女士就是一个最好的例。她底学问，实在比我还不如，脑里真个空虚得很，说两句英语也只是一点皮毛，即如上海人所谓洋泾浜语，连一般资格老些的黄包车夫也讲得流畅自如的，揭穿来说，这有什么希奇呢？这里的同学对于英语有些是太不行了，所以我在他们或她们的面前有自傲的可能，有一次报学系里开全体大会，我和黄女士两人提出将本系的课本一律改授原本吓得他们大汗直流，怪有趣的。竖横我是快要卒业了，改授本让这般同学们去吃苦好了，我在金陵大学读书时就不敢大胆地提出这个意见，那里的英文程度比较高，而且我的英文考试有时还不及格，这是骄傲的黄女士知道的。在这里，已在我的预料中，这提议是通不过的，不过是希望同学们借此知道我的英语也是所长。

我和黄一为女士情放意合，也是为了个性上有许多地方是相同的。

今晚接到他从南京寄来的快信，心里有如春花的怒放，快乐极了。而且他底信又富于热情，具有诗意的美呢！

五日

早晨起来，娘姨拿来一份我定的《申报》，打开来一看，最触目的是明花书局的学术月刊的广告，因为其中有一篇《如愿的二吻》是我翻译的，它是《少女之秋》中的一篇，也是王教授替我抽出来拿到这月刊上登的，王教授这番对于我们女性的盛意，委实值得分外的感谢和同情，可惜我是不能有所报答他了！

这学术月刊的销路本来就很有起色的，据说这学术会里有三千多的会员，各人赠送一本那数目就已可观了。我想，这一期的销路一定更要广些，你看《如愿的二吻》题目下还有“爱二女士”四字是多么的可以引起读者的注意，中国的读者心理是最崇拜女作家的作品的，况且我这命题和自己的署名又是这样含有“爱”和“性”的意味？中国的读者，一定会为了我这篇译文而去不惜牺牲的买一本学术月刊，这等事，并没有一点奇罕，在中国社会里类似此事的正多着呢！

《申报》的销路很广，在南京的他一定能够看见，一个爱人是女作家，尤其是韩国女子能在中国的杂志上发表文章这是多么荣耀的呢？我自己相信，这本《少女的秋》出版一定能够得到中国文坛的注意，轰动一时的，况且我的书名和其中每篇的题名都是异常的动人，大有吸收读者的迷力，在文字上，也有许多地方是大胆的描写，别人一定很难相信这是出平[乎]女性的手笔。不过我是爱的漩涡中和革命波浪里旋转过来的人，把这些值得叙述的事都赤裸裸地写了下来，当然是逼真动人，能博得读者的欢迎的。

我嗜好文学，尤其是中国文学，已是数年以前的事，那时还在金陵大学读书，他，我的爱，是主编学生会的一种刊物，我有是尝有诗投稿于此，蒙他底垂青,替我刊载了出来,并且写许多富有诗意的美的信来鼓励我,他和我的爱就是这样萌芽了。

本来,一个革命的逃亡异国的女子,是绝对不该谈什么恋爱,只有为祖国的前途奋斗而牺牲,为弱小民族争得国际的地位而努力,同时,酖醉于爱的漩□中是妨得伟大的工作的,关于这一点,我的一颗向上的心也非常明了,但是儿女情长的气质是任何民族都不能克服,在我,却沉迷于爱波之中而未曾忘怀祖国的民众是在日帝国主义者之下被铁蹄蹂躏着的。所以《少女之秋》里有些故事也写有弱小民族革命的。

午后写给他一封回信,很长,当然不单只对他表示敬爱,并且鼓励他不要放弃自己的工作,忘怀了我们弱小民族在国际上的地位,无处不是出帝国主义剥夺之下,民众的疾苦,是沉陷于水深火热之中了。不要只迷恋于我的爱,倘若为了我的爱加倍地去干革命工作那才是对我发生真爱,这等话,我在每一封信中都有写着。他也很愿意接受我的对他的诚意,这我值得安慰自己将来爱的前途的。

昨晚再三他的那对沉长的快信,在梦中就不期然而然地遇着了他,我最亲爱的程耘田呀!

十二日

为了忙,这几天来日记都无暇执笔。

报学系今午二时开全体大会,我凭了外交家的口才,和同学们争论了一番,结果虽然有地方是胜利的,但是那般男同学们真可恶,凡我讲话他们都不沉默着,不鼓掌,真使我发火,老实说,这般男同学我是看不起的,唤[换]一句话说,中国除了我爱的程耘田一人是没有第二个男子值得我的敬慕和景爱的。我的名字虽都"爱二",但这或许是未来的事,现在时未曾被我发现第一男子能引起我底敬爱的。

为了这次会,我心里冷着无限的爱郁。

十五日

今晨起来,看见黄一为是打扮得分外的娇冶,他或许是想追求一个男性去吧? 我想。

她真的太可怜了,只是骄傲也没有用,到现在连一个对象都没有,单恋是很伤精神的。这大的原因,还是她一副脸生得太不漂亮了,听说男同学替她起个绰号教"女妖怪",我暗中想,这头衔给她的确是很适当,真她那不整齐的脸儿，很古怪的眼睛，令人生厌的嘴，行起路来故意做作的那种不自然的娇柔……都有使我们引起作三日呕的可能，就是他着了时髦的大氅，漂亮的高跟鞋，脸颊涂着和白墙二样厚的香粉，嘴上擦和猩猩臀部一样的口红；但是，无论如何不能使她装饰得成为怎样美丽的一个所谓摩登女子，我说一句尖刻的话，像她这样是永世不会找到爱人的呀！我所以和她亲热非常，有似异国知音，完全投契她底那天生的孤傲的性情。今天她打扮得特别娇冶，在穿衣镜前照来照去，果然不出我底预料之外，她娇喘的音喉打着不正确的国语向我问：

“蜜斯霍，你看我今天打扮得怪漂亮吧？”

“唔——真个漂亮极了！大有坐镇‘冷殿’的资格呢！”我暗中冷笑着。“你怪喜开玩笑”，我再问你，“不知道男同学看见我以为怎样？”

“男人们的心理我怎能知道呢？不过……鹦哥恐怕会爱你吧！”她单恋鹦哥君之久，所以我这样打趣的答。

“喳”她迅速地发出了一阵有似爱的胜利的笑声。

她依旧站立在穿衣镜前。

十七日

（以下残缺，无法整理，故不录。——原注）

［原载于《草野》（上海）周刊第4卷第10—11期合刊号，1931年］

奸细

周裕之(郑伯奇)

万宝山事件、韩境华侨惨案、中村失踪事件……连贯下来到辽吉侵占、黑龙江攻击、满蒙独立国设立……这日本帝国主义一贯侵略政策,已引起全世界的革命的和反革命的两大势力的注意。第二次世界大战的前哨战已经爆发了。在喷火山的中国民众还在挣扎着准备自己的力量。有一枝秃笔的人,谁都应该持笔挺起做唤醒民众的工作。记者能力薄弱,只把这些大事件中的一段小小的插话写出来给大家看看。

说是写,我连这点心理的余裕都没有。好在我有 位朋友由东省给我寄了许多材料,他原是叫我拿给上海的文学家做创作的材料的,现在不文的我把他公开出来。

真的,创作!大战的狂风暴雨眼看着袭近我们的身上,谁还有闲情逸致去创作!

一、金利生的谢罪声明

七月十五日哈尔宾国际公报专载:朝鲜日报长春支局记者韩人金利生之谢罪声明书。

敬启者,在万宝山事件发生之时,鄙人因为不会中国话,不能往彷[访]中国人探知事情,而迫于急速报道之必要,采用长春日本各机关的宣传材料,转送登报于朝鲜京城朝鲜日报纸上矣。奈这些材料究竟都与事实有所差违,而在今想及这些讹报,大有影响于在朝鲜各地演出之排华暴动,深甚痛恨。所以鄙人痛感这些过失有所重大,兹将本事件之经过上重要若干点,列举发表如左,并为声明,深致谢罪如是。

(一)以长春亲日派机关朝鲜人居留民会为背景之李阳昶(民会评议员)为名等九人,与中国人郝永德者,于今年三月关于万宝山荒地垦耕的租子契约一事，取二重契约之形式，向与多数地主订立租买契约，又且订立水道掘开使用土地租买契约矣。而现在所争之土地中如未经收订买约者尚多，又且前记两种契约，原是附记以该契约呈请县政府立案完事方生效力云云之附带条件矣。

（二）问题之发端，从前记未尽收买约之水沟，用土地之开掘上起来。该地方的地主全部及中国官吏主张，以为前记两种契约，因未往县政府立案，故不生效力，因而要求中止工事。而亲日派朝鲜人民会及日本领事馆警察对于契约效力之有无，姑付不问。借口农期方张，主张使鲜农先着手耕作，再谈善后交涉解决之意。又且主张前记契约必须追收当然实施立案，履行条约之意，仍于日警庇护下积极进行工作矣。

（三）中国官吏，原非排斥韩农取得土地耕作，本只不过排斥其将未生效力之契约强迫行使之日警横暴，一则亦不过拥护自家之法律，防止自国人民之损害而已。又有一理排斥日本人之利用亲日朝鲜人作器具，深展侵略之毒手也。

（四）在表面为此事件中心之鲜农，毫无关系，于前记契约，只不过被前记该农团九人之报来为小作人，就役垦土开沟工事而已。中国人及中国官司亦能知悉此情，由始至终，未对此等鲜农为敌，只不过阻止鲜农在日警指挥下之开沟工作，此亦仅只掣肘，绝无加暴行于彼等之事。至于世间宣传之鲜农死伤云云等情，本无是事，亦日人及亲日鲜人之诱发凶案之虚伪宣传也。前记韩农，固不愿被利用为不合理之斗争器具，既有自退现场者，多数残余鲜农，被日警之制止，不得自由退出，现正陷于进退不得的苦境。日警以为鲜农退去不留现场，即无对中国交涉之材料，故非但携带武器，威镇现场，且用经济力积极援助。此次鲜农团及鲜农，已将种稻七十余石（日石）经南满铁道会社配付，向金融会领到现金数百元，又向劝业公司（日本机关）借到日金二千元（日本领事馆之转旋）。事实真相如右，敝人受日领之使嗾，讹报敝国，遂至两民族冲突惨境，因悔前过，敢先声明敝人之罪过，以谢中韩两民族。

朝鲜日报长春支局　金利生启

中华民国二十年七月十四日

二、远东号楼上之血案

七月十六日哈尔滨国际公报的记载：吉林商埠地之血案，金利生死状甚惨，凶手当场被获。

吉林电讯，昨日（十五日）正午吉林城外商埠地日本领事馆附近之远东号楼上突然发生一骇人听闻之惨案。被害者为驻在长春之韩人新闻记者金利生，身中数枪，死状至惨，金氏自万宝山事件以来，其言动颇为当地中日韩三国人士所注目。此次之惨死盖亦含有深刻之政治意义。凶手虽开枪拒捕，终被我国警察当场捕获。现该凶等已移解至副部营行军法处审讯，案情真相行将水落石出。惟当局以其关系重大关防至为严密。记者煞费苦心从各方面刺探所得之结果，颇可供读者之参攷。兹特为详细披露于左。

(一)金氏之履历。死者金利生为韩京汉城朝鲜日报长春支局之特派通讯员，驻长春盖有年矣。平日交际极广，日本领事朝鲜人居留民会会长等均甚熟识，即中国人方面亦颇多来往。氏既擅长交际又为新闻记者，故对于东省韩侨情形至为熟悉。惟韩国民党中人似颇不满于彼，至有诋之为奸细者。氏则泰然若无所闻，即民党中人亦一例交际。盖其为人非常圆满，行径亦似甚磊落。不意今竟遭此意外之不幸，识者颇为惋惜云。

(二)万宝山事件。金氏之记者才能颇见重于韩国报界。其职务虽只为朝鲜日报之通讯员，然以消息灵通材料丰富，故其所发之消息，韩国各报竞为转载。最近似更兼任仁川平壤各地报纸之通讯，而氏之电报遂成为韩国民众视听之中心矣。

万宝山事件，金氏大肆活动，凡与事件有关之消息，无论大小巨细，均电告韩国各报。其报告有时荒诞无稽，迹近故意造谣，如谓中国官厅将驱逐韩民出境也，如谓中国农民屠杀韩侨也，如此之类不一而足。此等肆意挑拨之结果，至酿成韩国本土人民惨杀各地华侨之暴举，此则金氏莫能辞其咎者也。

(三)韩人之非难。然居留东省之韩人，对于金氏此种挑拨离间之举，颇感不满，而以民党中人为尤甚。及汉城仁川各地惨杀华侨之事发生，中国全国震动，东省负当事之责任对此尤为愤慨。居留韩人深悉韩国各地暴动，出于民众被骗。日本平素对于韩人不许其集会示威，此次特别允许则其出于日本政府之操纵指使，毫无疑义。韩侨中有识之士以为金氏故意僞造电报激动民众，实与此次暴动有直接之关系，因之非难金氏之声甚嚣尘上矣。

(四)谢罪声明书。金氏受韩侨责难，颇感不安，而高丽各地暴动发生以后，长春日警对金氏监视甚严，金氏益深进退失据之感。于七月十三日，金氏乘间赴吉林，拟稍避锋头，不料该地韩国民党中人复严词诘金促其自白。金氏迫不得已，始于十四日草就一文分寄中韩各报，即昨日本报端所登金利生署名之谢罪声明书是也。本报昨已刊登该文，兹不赘述。今此文发表不及半日，金氏即惨遭杀身之祸，其中蛛丝马迹显然可寻。

(五)被害之情形。金氏到吉后，原住牛马行韩国友人处。昨晨始至城外商埠地日本领事馆附近之远东号楼上。被刺以前尚有韩人数名来访。正午突来长短装之韩人六七名拥至楼上与金问谈声音甚厉。未几即闻枪声连发，叫声骂声身体倒地之声嘈然大作。时盖金已身中数弹仆卧血泊中矣。时正值午中往来正盛，行人陡闻枪声，纷然逃避秩序大乱。行人张鸿宾竟中流弹有性命之虞云。

（六）凶手之被捕。楼上枪声大作时，无人敢冒险上楼。幸值我警察方面公安局侦缉队队长侯其昌等，正在率队巡逻，一闻枪声，驰往围拿。讵凶手见势不佳，竟然开枪还击。我警官奋勇不屈，卒将该凶捕获，计当场捕获四名，旋又捕获两名，共六名。

（七）审讯之经过。当该犯等被捕押登马车送公安局时，道旁窜出多数无赖韩人，意欲行劫，幸押送警官力抗未果。解至公安总局审讯时，该凶坚不承认刺金之举。正凶为韩人朴昌，公然自承系吉林日本总领事馆巡查，并谓彼等往远东号乃受命令保护金者，不意至时金已被人枪杀云云，言时态度佶傲不逊，毫无悔祸之色。然问其手枪子弹何以用罄，既系奉命保护何以枪击中国警察，该凶又茫然语塞无以答辩。公安局讯后立即转解驻吉东北边防副军司令官公署军法处审讯，卒以朴犯等证据确凿，即晚九时派队送监狱收押矣。

（八）本案之推测。查金利生自万宝山事件发生，滥发电报，激动韩民，至惹起韩境发生仇华惨案。事后证明金氏种种骇人之报告全属子虚，一般有智识之韩人，一面纷发通电表示对我道歉之意，一面诘责金利生甚烈。金氏迫不得已始有谢罪声明书之发表，自承从前之虚伪宣传系长春日领授意嗾使，于是真相大白。日方以金氏揭穿黑幕恼羞成怒并惧其贻祸后日于交涉不利，遂生杀以灭口之决心。朴昌及少数之无赖韩人懵然为人利用，不知自己将来亦有蹈金利生覆辙之危险也。然此案关系外交甚大，日方未始不出而捣乱，望我军政当局持以强毅精神，万勿为彼所屈可也。

三、死者的日记

A 兄：

前几天寄上哈尔滨国际公报两份，一份登载韩人记者金利生的谢罪声明书，一份登载金利生惨死的新闻，收到了没有，念念？这事件的经过，又离奇，又紧张，实在含有戏曲的兴味；听说上海的朋友想做些反日的戏曲，像这金利生之死，不能作一个题目么？近来我因事来吉林又发现了一些关于这事件的材料，现在这信中所得的“金利生的日记”便是这些材料的一部，其他我耳目所得的，以后再写给你罢。这日记是公安局的一位朋友给我看的。原文是日文和韩文来杂写起来的。因为我懂日文和韩文，这位朋友叫我讲给他听。我顺便借来把他翻译出来，而把有趣的几段抄出来寄给你看。

上海近来如何？文化运动文学运动斗得热闹么？这里被战争的谣言搅得人心不安。不过当局还很镇静好像没有什么的样子。总之这里沈闷得很，我也许回到上海来。

江南秋色想来已竟很可观了。松花江的灿景也不坏，只是天气已经渐渐冷起来了。再会！上海的消息望常常告诉我。

×上九月十日

五月一日

今早照例到领事馆和居留民会去采访消息。田城领事笑着说，今天是五一节，东京的工人学生恐怕又在闹什么示威游行，开什么群众大会，警察要忙得不亦乐乎。中川警部说，只要为天皇为国家，察警忙一点也不要紧。说着，他的脸上浮出追从的微笑。领事又说，说起忙来，莫斯科恐怕还要忙呢，只有这满洲夹在日俄之间，却是天下太平。警部说都是帝国政策运用得当的结果，不然那里会有这样太平。领事看着警部低声说，帝国政府从来是好的，币原外交固然有点软弱，然而不过是一时的权宜，军部的人却骂得一塌糊涂，叫我们做外交官的听得刺耳。不过我告诉你，政府的态度也慢慢地强硬起来了，我们遣外的官员也得有点准备。警部带点怀疑的神气回答道，是的，准备是什么都准备好的。领事临了又说，这都是后话，彼此明白着罢了。不过近来满洲的情形也得注意。满铁的下级职员居然有人赤化，组织什么共产党。再还有“不逞鲜人”……领事讲到这里，忽然瞅了我一眼，我不禁打了一个寒噤。

居留民会的干事告诉我，李阳昶前此派人去韩，调大批农民来开辟万宝山水田，不日可到。据说由马家哨口开一条大模的沟渠来灌溉。经费已由领事斡旋，向劝业公司借用。干事又说长农公司的郝永德是个地痞只要钱，中国方面的运动费已完全交他办理去了。

六月三日

领事馆得万宝山韩人警报，谓长春县公安局鲁绮派人来说，县长因马家哨口乡民控告韩人擅挖沟渠伤害良田，着他前来驱遂韩人出境去，他因与民会会长相熟，故暂示观望，韩人可速请日警保护云云。领事馆即派警察若干人前往。中川警部告我，这回事件，帝国决不放过，你可速向朝鲜各报发电，称东省官民压迫韩侨，事实无妨虚构。我当下答应，但心中不免踟蹰。这次万宝山开垦，条约并未成立，日领催促韩人急急动工，显有阴谋。我将事实真相报告到韩，日领决不肯饶我。况且我受人津贴，怎样好去讲话？中国的公安局局长都那样亲日，我又何必傻呢？好罢，明天起我就要着手加紧宣传了。

七月一日

今早七时，万宝山一带数十村农民，七百余人，各持锹锸，到马家哨口，自动平沟毁坝，日警以人少不能阻止。领事闻报大怒，马上派中川警部率领武装警察五十名，携带步枪手枪及大宗子弹，决定对中国农民扫射。并编豫备队，以便陆续接济。

中川警部去后，田中警部拍我的肩说，本领署已下了最后决心，你的宣传也应该加油了。我答道，是的是的。我自己的责任，我决不敢放弃。不过应该怎样做，总还希望领事馆诸位先生指导的。田中警部做了个手势，我便跟他到一间小屋子去。田中掩了门，从洋服里边的布袋，取出一束电报稿纸，塞在我的手里。我很机械的把这一束纸紧紧地放在西装裤的靠臀部的布袋里面。因为什么，我这样谨慎？这不是很明白的吗，也许这一卷电稿纸里面来的有老头票哩。固然领事馆很少给我们油水吃，可是我们是干什么的？我们岂能不想这一点意外的洋财吗？哎呀，我怎么讲了这么多闲话？真的是这五百圆钞票叫我这样快乐么？这当然也不错，晚上我不是到扶桑馆大醉了一场么？想了好久不能到手的牡丹姑娘不是很驯顺地睡在我的怀里吗？这都不是金票的力量是什么？

确实，我昨晚酒吃得太多了。不，也许是昨夜我太快活了。不然昨天的事为什么我总记不大清楚呢？啊！是的，我记起了，田中警部给我那些电报稿子我统统拍发了。我一出了领事馆的门，我便飞跑到电信局去拍发了。是的，“万宝山惨案”“支那农民大施屠杀”“韩人被惨死者数百名”“支那当局决驱逐全体韩人出境”，这些震骇人心的消息，我借电线之力，一一送到汉城去了。昨天下午朝鲜全国的大报馆都已经纷纷散发号外了。韩人看了这些电报怎么样呢？派代表去请宇垣总督出兵么？打电报请东京政府实行保护韩侨么？领事为什么要这样激动朝鲜民众？我真莫明其妙。

七月二日

今天去领事馆不遇见田中警部。他看见我，光作个有意义的微笑，我倒有点不好意思起来。“怎么样？昨晚快活么？今早你来得很迟呀。”

田中不客气地说了，我由不得用手去搔头。田中不说：“这样的事你好好去干，你以后还有好处呢。”

“谢谢。关系于日鲜民族的事，我总是尽力的。”“孩子，你错了，这里只有大日本帝国!”

田中严厉地说,我吓得噤止了口。

今天我又得了一卷电报稿子,照例拍发了。回家后,把昨天今天的电报稿子敷衍起来,又写了一封长的通讯。

疲倦极了,又去扶桑馆一泊。

七月三日

老实说,这两天,我真怕有些被酒色(?)迷惑得糊涂了,万宝山方面真正的消息简直一点也不知道!但是朝鲜全国的报纸用特号字登载我所拍发的至急电报,他们也许以为我是一个国士在枪林弹雨之中冒险拼命探听着宝贵消息呢!算了罢,酒底的国士,美人旁边草草写成的宣传文,韩鲜的人民却流泪地在流泪,扼腕地在扼腕,热心地捧读着呢!唉,大众,又蠢又老实又可怜又可笑的大众!

但是事实却有点不妙。领事署今天非常紧张。听说前天昨天两天,双方的冲突是很激烈的。昨天尤其利害,有几百中国农民看见警察开枪,居然回家取来枪炮应战。若不是中国的公安分局极力排解,恐怕真要发生流血的惨剧呢。

领署和民会的人都很奇怪,中国人从来只是一团散沙,怎么现在会有这样有组织的行动呢?并且那些老百姓完全不听他们官长的话,也不害怕日章旗。怪不得有人说东三省近来有点赤化。我还记得有一次张作相司令出了布告说:“长此以往,必成第三国际。”真的,那些农民的举动怕有些第三国际的味儿罢。××的第三国际要来的话,我金某人这一碗饭可吃不稳了。

午后又去领署,看见他们都有点高兴似的。田中警部一看见我先满面堆笑说道:“功臣来了,功臣来了。”新到的井上书记补说道:“金君,你利害呀!值得赏一个金鵄勋章!”我简直摸不住头脑。后来田中先生才拿出几张电报给我看,他拍着我的肩说道:“孩子!你成功了!我们成功了!”

我一看见电报,暗暗吃了一惊:原来仁川汉城各地韩人大大示威,开始暴动,屠杀华人,击毁华人商店,形势非常严重的。电报简单,并没有讲起什么原因,令人莫明其妙。我晓得韩人对华人的感情,素来并不十分坏的,何以现在突然发生了这样的事情呢?我一面看电报,心中不住在这样想,忽听见田中警部拍我背上,呵呵大笑,说道:“怎么样?你奇怪么,都是你的药灵应呀!”井上书记补接着说:“灵应是灵应的,怕有点太过火了。”田中警部说“什么?太过吗?你才来这里还不晓得情形。像这样还嫌不够呢?非得朝鲜全国起来大大屠杀支那人不可。”话说完，他又转向我说：“金君！帝国的满鲜政策你是晓得的，你还得再加上些马力！”

我真奇怪起来了。难道这回朝鲜暴动是我的力量么？开会示威，本来政府是不允许韩人做的，这一次为什么能够各地一齐举行。难道这也是我金某人的力量吗？管他的！他们说是我做的，就算我做的罢，横竖靠官吃饭，不怕惹祸的。将来运气好，说不定有金鵄勋章……我真痴了，朝鲜人能得金鵄勋章么？好罢，一不做二不休，今天我又给内地发了几封至急电报。

七月五日

今天早晨田中警部告诉我，晚上八点钟到大和旅馆来，所以晚上同居留民会的李阳成申东光一同去。等了一会儿，田中警部，中川警部，三上书记，井上书记补还有几个人都来了。大家坐定，三上书记报告这次宴会是慰劳中川警部和庆祝朝鲜民众的。田中警部补着说，金君这次的功绩也是值得酬劳的。不晓得为什么，他老人家对我颇有好感。我当时觉得脸上都有光荣了，但是极力谦逊着说，这都是田中警部的指导，我不过是个机械罢了。田中听了我的话，并不高兴，反瞅了我一眼，我不觉楞了半天。

酒摆上来，长春一流的艺妓都打扮得花枝招展地来了。有万龙，有桃代，有梅香，有团子，还有许多，大约十多个人。桃代是我最喜欢的，可是今天又偏偏坐在井上的傍边，动也不动。我傍边侍酒的是千代叶，真是名符质实，一个长了千年的枯叶。酒过了几巡，我有点醉意，我大胆调戏桃代，那晓得她只说了一句“讨厌的！”把身子更靠紧井上了。当然，井上又年青，又漂亮，又是书记官，而我又是个朝鲜人，凭什么和他拚。但是这个朝鲜人不是这一次事件的功臣么？今天不是祝贺我的宴会么？我怕什么？我硬着头皮，持酒杯走到井上面前和他拚酒。

“书记官，怎么样！来一杯罢！”

“景气很好啦，呀，来罢。”井上便举起了酒杯：

“为金鵄勋章干杯罢！”

他在嘲笑我，我瞟了桃代一眼，叫道：“为美人干杯罢！”

桃代回转头去，看着梅香，做了一个轻侮的冷笑。酒涌上来了，我给她酌了一杯酒：“喂，桃代姐，美人儿，你也吃一杯罢！”

她身子向旁边一躲，我扑了一个空，酒洒在她淡青色的衣服上。“讨厌的鲜人！”她叫起来了。

“喂！不要动粗！”井上也抓着我的肩膊喊了。

“什么！区区我也是主宾之一呢。你不用多嘴。”

我的话还没有讲完。一个巴掌飞到我脸上，清脆地发响。“不知高低的东西，你再讲一遍看看！”这是井上的声音。

“喂！金利生，不许撒野！这是什么地方你晓得么？帐混东西！”

田中警部还正在骂着，中川警部的拳头已经到我的身上来了。还有几个警官要送我到领事馆去，三上书记再三制止才幸免。民会的人替我说了许多好话，终于由我陪罪，这件事才算了结。

什么宴会，什么奖励有功，讨了一场无趣！

七月十三日

长春真住得无趣了。领事馆方面和以前大不相同，大家都是白眼相待。警察有时好像跟着我监视我的样子。没有法子，我只得民会去玩玩，可是民会的一伙老头子把我当赤党一样看待。讲到赤党更讨厌，他们说我是日本警察的走狗，声言要打倒我。如今我觉得天地窄了，只少长春是住不下去了，没法子，我只得且躲躲。今天早晨便到吉林来了。

这里比长春清静一点，可是日本人和朝鲜人还是一样地很多。并且一个个都像认得我都像晓得我为什么到这里来似的。认得我便怎样，晓得我又能怎样。不过最讨厌的那一批左倾分子，他们晓得我来，必定会有麻烦。

我还是回韩国去罢。他妈的，日本警察不承认我了，至少韩国的老百姓总承认我是他们的功臣罢。

七月十四日

今天早晨，有几个赤党找到我这里来了。他们逼迫我发出一种声明，揭破万宝山事件和韩国屠杀华人惨案的黑幕。我拒绝了，他们拿出一张纸，纸上应该声明的几点，叫我照办。

“金先生，请你要想想，你是犯了破坏革命之罪。”一个好像领袖的人在讲。“你若不肯写，你应该晓得你的罪是有相当罪罚的。”一个年青的说。

他妈的，到处不讨好。这些赤党最难惹，恐怕都是些杀人不眨眼的东西罢。英雄不吃眼前亏，我就给他们写了罢。

晚上那个青年拿稿子回去的时候，我忽然心生一计，约他们明天上午到远东号来。若是他们来的时候，老子自有道理。

运气好的说话，我回长春去的礼物又有了。

四、结尾

后来哈尔滨的朋友来信说，打死金利生的不是日本警察。据说日本警察是金利生叫去捉什么人去的，不料警察正要进门，就听见枪声，及至跑到楼上，金利生已经卧在血泊中了。恰好中国公安局的警察也赶到，日本的私服警察便放枪拒捕，所以被拿获了。

我在上海也问过几个由东北来的朋友，关于这件事，也是各不一致。到底这金利生是怎样死的？

现在我想没有研究的必要了。一个走狗，主人打死也好，敌人打死也好，管我们的什么事呢？

关东旷野的炮声，把我这小有产者的侦探趣味，已经轰击得无形无影了。

（原载于《北斗》第1卷第3期，1931年）

罗平

愚川

是晨光初曙的时候，银灰色的朝雾，笼罩着大地上的一切，路旁的白杨，被风吹着，簌簌作响，奏出一种郁凉的天籁，街上除了断断续续的苦力拉车声和小贩叫卖声外，一切都还沉寂着。

罗平今天因为要跟慧姊去拜访一个新自中国到仁川的亲戚，所以起身得特别的早；他匆匆的漱了口，洗了面后，推开窗来看时，外面还是白茫茫的一片，知道离开出发的时间尚多，慧姊她们当然还没有起身，因此就从复躺了下来。

他是中国的S埠人，在小学毕业那一年，就跟了他父亲到朝鲜来经商，算来已经快要十年了，他从小在学校里，史地班上听到先生讲朝鲜台湾琉球等等怎样的被日本用种种阴谋残忍的手段从中国手中夺去时，小小的头脑中，时常也浮起了说不出的忿怒，有时竟会捏紧着小拳头要去打隔壁一家日本人的门。

自从来到朝鲜，在这长长的正十年中，耳闻，目睹，身经，亲历的一切一切，更使他一想起凶狠的日本人时，满腔的热血，立刻就会腾沸起来。他的父亲，是一个很良善的商人，因为有一次在交易货品时，偶尔触犯了一个日本人，就被日帝国主义者勒令将店关闭，气愤之余，意[以]致一病不起，这时他还只有十八岁。第二年他的五十多岁的母亲，也因为悲痛过度，撇下他孤零零的一人而长逝了。这几年来，他就孤苦伶仃地寄居也是在仁川经商的姑母家里，慧姊就是他姑母的唯一的爱女。

身世飘零，内心的创伤，他曾经几次三番的决心自杀，可是姑丈姑母的疼爱，尤其是慧姊的温柔，无形中把他所有死的勇气溶化了，他终于还含泪忍痛地偷生着。

天是渐渐的明亮了，忽然一阵的喧闹，把他从昏昏的沉思中惊醒了转来，在剧烈的棍棒声枪弹声，玻璃破碎声，中间还夹杂着许多男女呼喊求救的声浪。“什么事？难道盗匪来洗城么?”他推窗向外张望时，胸口不禁突突的跳个不住。

一群群朝鲜的流民拿着手枪，抢了棍棒，驱着一脑大批华人，肆意地袭击，死的伤的，堆积了满街，鲜红的血，汩汩的在街上流着。在这一群暴动的群众中，他还看见间杂着几个乔装的日人在指挥，他认识其中有一个是B路警察署的巡长。

几天前朝鲜的各大报上，用惊心动目的标题，记载着万宝山韩侨被华人屠杀的消息，朝鲜的智识阶级都知道这是日人恶意造谣，革命党人把金利三——韩人，日政府走狗，在韩颇占势力——刺死，就是因为他造谣最力，深恐有伤中韩邦交。但是，想不到这么许多头脑简单的韩人，竟甘心受日人的愚弄，做出这样残忍的事来。他痛惜韩人的头脑竟是这等简单，他又痛恨日人的手段竟这等的酷辣！

窗外的吵扰更其利害了，枪声哭声混成了一片。“警察呢？维持治安的警察呢？平时你们不是作威作福的么？不是借着维持治安之名，滥捕革命党人的吗？现在真需要你们来维持治安了，但是你们却都杳如黄鹤的有意避去了，你们这班幸灾乐祸的矮贼，你们这班衣冠禽兽啊！”一鼓热血直冲上胸口，他再也按捺不住了，立刻就穿上衣服，大踏步的走出来，睡在隔壁的慧姊，听见他气喘喘的要下楼，三脚两步的跑出来拦住他，身上只穿了一身睡衣，他一言不发低着头只是硬要出去，她这时竟不顾一切的狠命拖住着他手，斗大的眼泪直滴了下来。

但是他终于跑了出来，是否他的慧姊是被他摔倒了的，他也不知道。“要死大家死在一块，跑出去多危险！”慧姊和泪带哭的话，好像还在他耳膜上震着。在枪林弹雨之中，终于给他跑到了，警察署的门前。

管门的警察拦住他，不准他进去，他也不管，只大声说要看署长，枪柄打他他不走，拳头敲他他不避，署长没有办法了只得派一个巡长出来。

“什么事?”巡长盛气的问。

“为请你们维持治安事，为拯救我们的同胞事，所以我不惧险害的跑到这儿来，我要求你们立刻派警出去弹压，路上已经闹得不堪了，你们是负有保护侨民之责的，难道还忍心的坐在这儿，装聋做哑么?”他喘着气等待巡长的答复，旁边的日警都在怒目对他，他也毫不觉得。

“这事我们早就知道了，不用你多管，快些出去，你这捣乱者！”巡长的八字须！向上一挠，二只饿鹰似的眼睛直向他射来，显然是在大发雷霆了。

“你既知道，还可以放弃职守，坐视不理么？你们负有统治韩国之责，现在韩民在大暴动了，你们理应出去排解，你们从不为许多可怜的华侨着想，你们也应为人道着想呀！”热血的冲动想是难以遏止的，他听了巡长无理的答复，看了那种傲慢的态度，再也忍耐不住了；倘若那时他身边是带有手枪的话，他一定要对这狗屁巡长实施炸击了。

“推他出去！”

在一阵杂乱的拳脚中，他被推出了署门。“哈，哈，哈……”他隐约还听见几个日警在狂笑。

他满肚气愤的回到××街时，血腥气和火药的气息，使他连打了几个空咽，几乎要呕了出来。街上是满堆着血尸，所有商店都被打毁了，店员等都横躺在里面的血泊中。几个日本警察慌忙着把尸体装到垃圾车里去。他几次被地下的尸体拌了脚倒仆下去，终于连扒带走的回到姑母家来。他凭着记忆踏进一家前面没有血尸的店门，门当然是大开着的，内部的一切是完全被毁了，只有丢在地上的洋磁招牌，可以证明确是他姑母的家，“慧姊，慧姊！”他本能地叫了两声，楼上是死一般的沉寂，他着了魔也似的直奔上楼去，一阵的血腥气中，横躺着一个一丝不挂的女尸。“慧姊呀……我的……”他急忙把双手掩住了眼睛，一阵心酸，把瘦长的身躯呼的倒在房门口了。

黄昏的时候了，平常，在这时，街上的灯光，早就照耀得如同白昼；散布的或办公归来放学归来的，也早已肩摩踵接的络绎于途了，但是，今天却格外的显得荒凉；街上的血迹虽已洗过，但依稀还可以认得。店门毁的是毁了，未毁的也都紧紧的闭着，晚风吹着路旁的扬树，沙沙的作响，苍茫的夜色，倍增了无限的凄凉，几颗幽暗的路灯像鬼火般的亮着。

到了深夜十点钟过后的时候，他才慢慢地醒了过来，冷冷的月光从窗孔中直射到他苍白的脸上，惺怯的两眼里塞满了凝结着的泪痕。慧姊的尸身，是斜躺在床旁，寒利的夜风吹着他的头发，凌乱地飞舞，张大着的两个眼睛，显然是表示着死有余恨的怒容。室内的一切也都是呈现着劫后的紊乱，慧姊生前最爱的一个红花瓶，也已经破碎得片片了。姑母姑父呢，他好像突然觉醒了的喊了几声，又猛然的惊恐了。他拖起沉重的脚步，跑到他卧室里，刹那间所预想到的一幕，终于又映入他的眼帘。姑母是直挺的倒在桌子旁边，呼吸是早已停止了，衣服的纽扣和慧姊一样的解开着，显然也是被人奸辱了的。姑父是横躺在一堆血泊中间，满面都是创伤，他呆呆的立着，只觉胸口一阵的难过哇的吐出来出了一口鲜红的血，终于斗大的泪珠一颗颗的滴了下来。窗外的一轮明月引起了他深深的回忆，还不过是三天前吧，也是这个时候，他和姑母慧姊息了灯，趁着月光在窗边乘凉。这时候慧姊穿了一件自由布的旗袍，依在姑母身旁痴笑着逼他讲故事，他就讲了安重根刺伊藤博文的故事讲给她听。当他讲到伊藤博文被刺而死的时候，慧姊的情绪突然紧张，急忙问他：以后怎样，以后怎样？现在慧姊们是死了，虽然慧姊所坐过的椅子，所穿过得一件自由布旗袍，还依旧存在着，但是此情此景，是永远不能重逢了，这剩残的幸福竟也被日帝国主义唆使了他们的亡国奴摧残了。从此后找谁去谈话，又有谁来解愁，他愈想愈觉得孤伶伶活着的难堪，愈想愈觉得这个世界的无可留恋。“我要追随慧姊姑母们于地下！”他像下了最后的决心，向四处找寻可以自杀的东西，忽然另外一个念头又冲进了他脑海。他看见慧姊姑母们，都立在他面前，面若秋霜的怒视着他，大声的在骂他：“你这个人真懦弱，你的热血到那儿去了？一个青年，应当这样的么？自杀！自杀有什么用？你自杀了国家会强起来，日帝国主义就会打倒了么？你这个毫无丈夫气的人！你这个知难而退的胆怯者！”他开始感到惭愧：“一个青年真的可以自杀么？不能，绝对不能。”他于是决定了离开这日帝国主义者的虎口地回到祖国去努力。

东方渐渐现鱼肚色了，他推开窗一望，微风吹来，隐约还带些血腥气。“这都是我们同胞的血呀！呀，同胞的血，民族之羞！”他悲痛的想着，最后，他决定到中国驻韩领事馆去一趟询问他们对于此案的感想，和今后交涉的方针。“领事不是代表祖国而来的么？当然，他对于自己国里的侨民应当刻刻关心的，现在事情闹得这样了，不晓得他们还抱怎样态度！”

他想着，穿好了衣服漱了口洗了面，把他慧姊和姑母们卧室下了锁，匆匆忙忙，奔下楼去了。

领事馆离开他所住的地方不远，他冒着危险，在这萧条凄凉的路上走着，眼看四面商店毁的毁，关门的关门，他心口隐隐作痛；当他走过B路警察署的时候，跑出了一个穿着白制服的日警，拦住他，高声的问他：“到什么地方去？”他胡乱的回答了一声到朋友家去，日警搜查他的衣服，他发觉衣服袋所仅存的一张钞票和几个角子，也被这无耻的日警视为反动物件而拿去了。“大概这就是所谓大和民国的武士道了。”

他跑进领事署，因为时间早了一点的缘故吧，里面还是鸟雀无声。他要进去，管门的警察拉住他，问他看那一个，他大声的说要看领事。“领事没有起身！”这样一个冷酷的答复，直把他吓了一跳：“领事在做什么事？处此侨民被辱，外交紧张的时候，还可以高枕无忧么？岂有此理！”他心头的闷火，真是燃烧得难以遏止了，但他终于还是柔声的问：“那末：别的办事人员呢？”门警向他白了二眼，象是很不耐烦的样子：“还早着。”“还早么？日上三竿了！”他听了警察这种话，深深地知道，领事署办事之腐败，他冷笑一声，气愤愤的走出来了。

“这就是所谓领事署么？怪道人们要说弱国无外交了！”

他惘然的走出领事署的大门，悲哀，痛恨，包围他的四周。回到家里，慧姊和姑父姑母的尸身，还直挺挺的躺着，阳光照向她们身上，愈显得苍白凄凉，平常很整洁的几间卧室，都显得异常的凌乱，壁上挂着的一副清道人所写的对联，这是他姑父在日所最喜欢的，也倾倒在地板上，一切的一切，在他目光里看起来，都成为伤心的资料，愈使他感到此地不能久留。

但是他一想到姑父们的尸身将如何安放，悲痛的心绪忽又变为凌乱了，让它们暴露在此地么？心有不忍，拿出去找地安葬么？事实上办不到。

壁上的时钟响了九下，时候显然是不早了，要去快去，还踌躇什么？他终于撇开了他们而预备走了，“我亲爱的姑父姑母慧姊呀！我现在就要走了，还到祖国去了，你们安心的住在这儿罢，你们在这异乡作鬼，的确是很可怜的，但是在这弱肉强食的世界上，又有什么办法呢？慧姊！最可怜的是你，一个年轻而聪慧的姑娘，也竟遭狂风暴雨的蹂躏了，但是现在我可不能和你们久住了，我要出去奋斗，替你们报仇，你们请好好的等着我吧！终要一日你们忧郁的灵魂是会解放的！”他在走出大门时，心里一酸，热泪是夺眶而出了。

他急急忙忙的乔装出去，到了轮船码头，他很谨慎的买了票，经过了凶狠暴虐的日警三次的搜查，终算走进了这猪一样的轮船里的三等舱去！

汗臭和油臭，湿成一片，哭声，叹声，不住的在他耳边缠绕，他不忍再想起他的姑父们，恐因之而引起他久长的悲愤。

海水是黄得不堪，汽船在水上行驶着，正像日帝国主义压迫中国人一样，所至的地方，浪花四溅，正像侨民的热血在横飞，只是颜色有些不同罢了。

他住在这三等舱中，只是终天的吟着陆放翁的悲壮慷慨的诗：“关河可使成南北，豪杰谁堪共死生？”他每读到这二句，万斛思虑，就要冲上他心头：“你千古不朽的大诗人陆放翁呀！你真是一个爱国者！你这几句话真是至理名言，豪杰谁堪共死生？现在要找一个能共死生得豪杰，是踏破铁鞋无觅处了，不看见么？国难到头了！侨胞在异乡纷纷被杀，但是一大般的王孙公子，闺阁小姐，还在花天酒地，纸迷金醉；一大般的野心家如石友三之流，还在拼命捣乱，认贼作父，以与国民党反抗，冀分散本党的革命势力，倘若祖国真有几个豪杰的话，日帝国主义者也不敢侵略我们了。你看！这一群可怜虫，都是受过日本侏儒强力的压迫的，但是现在他们逃到这船里，只会哭，只会叹气，只是怨着自己的时运不佳，命途多蹇，他们何尝有灭此朝食之意？他们何尝有同仇敌忾之心？他们能够苟延残喘已经是大幸了，还想得到救国救民的大计么？”他在船上看见许多侨胞的颓唐不振，作楚囚泣，萎顿不堪，毫无奋斗的气象直使他哭笑不能。

一阵吵扰声刺进他的耳鼓，他立刻跑出去看，只见一个穿着海军服的日兵，张大着眼，满面横肉的正在欺侮一个同胞，拳打着，脚踢着，这个可怜的同胞，汗流满面，只是在打躬作揖的请求饶宥，没有一点儿抗争的态度。

他周身的血管，象是要爆裂了一样："这还成什么话？弱国的人民简直刍狗之不如了，在朝鲜要受压迫，在船上又要被侮辱，这还成什么话？"一种礼义心和同情心，鼓励得他跑上前去！

旁观的同胞并不算少，但都只是袖着手窃窃私议；他们的面上固然是潜伏着怒容，但是却没有一个人敢上去和这凶横的日兵理论；他们看见了一个同胞在被强敌殴打，好像都只有怜悯，没有上去解救的意思。"这是我国同胞的通病！这的确是我国通病的通病！因为这种外强中干的喊口号的同胞太多了，所以国势是这样的萎缩不振！我要革命！要替侨民复仇！就非得打破这种劣根性不可！"他跑了上去。

［原载于《血钟》(上海)周刊第1—3期，1931年］

女人的血

宋锦章

这五个女子，是宣告失踪了的，她们的踪迹，也忽东忽西的捉摸不住。

普通的女子，都是有一种可爱的柔性，都能绵羊般的顺从丈夫或爱人，更喜欢接受丈夫或爱人的温情；但她们的确不同凡俗，偷偷地离开亲爱的丈夫或爱人，而浪迹天涯，过那流浪的生活。

是一个夏季的深晚，正是一般妇女甜蜜蜜地拥抱着丈夫的当儿，这五个女子在东京的一条街上徘徊着。那时，天空中已满布了层层累叠的乌云，蔚蓝的天空。闪耀的星光眉弯的月儿，都被那乌云盖住，仅仅透出些微光来，街道因之乌黑黑的，再因这条街冷落的缘故，电灯装置得少些，那已装的电灯，也只是射出惨淡的微光，那微光映照在她们的身上，使她们感着阴森森的，再加上一阵难得刮的北风，把穿着单衫的她们，吹打得几乎发颤。走了一里多路，天公又不做美，乌云里忽然的筛下了豆大的雨点，把她们已感着单薄的衣服，打得透湿，紧贴肉上，那肌肉的曲线美，这时，在黑魅魅的空间里，隐隐的完全显露着，头发也因加了多量的水分，和棉纱下了浆水一般，化成一束束的，不似蓬松时那样一缕一缕不相黏附。

走近首相的私邸，她们不约而同的，脚步逐渐徐缓下来，眼睛不住的向四面瞻望，行动不似适才那么坦然而多少带些惊慌的成分。她们看见四面没有人迹，那卫护相邸的警卫，也没有注意她们，便进一步，按照预定的计划，五人分成四路，三个把风，分三路进向相邸的后门侧门附近把守，还有两个比较勇武些的，合并成一路，先越过围墙，进了相邸，那相邸是很宽宏的，有花草树木的院落和精细壮丽的房子，有好几间房子在这样的深夜，还亮着电灯，那房子在电灯的照耀下，更显出壮丽来。

她俩无心去辨别这房子是怎样的壮丽，也无意去观赏花木是怎样的美观，她们只是如履薄冰的前进着，穿过几个院落，越过几座房子，攀过几棵大树，在攀树的时间，那树上积存的雨点纷纷的下滴，滴出很大的声响，所侥幸的，没有给那相邸中人听见。最后，在相邸的中央，发觉了一座最壮丽的房子，四围派有警卫看守，这样一座特别警卫的房子，当然是首相的住处了。这一个发现，真如哥伦布发见了新大陆一般，有难以形容欢欣；不过，警卫森严，难以下手，这又不能不踌躇，后经她俩的密商，再分成两路，各在灯光照不到的地方躲藏着，守候机会。

这时，雨已住了，风也刮得微弱些，但她们的衣服还是透湿的。

轰！轰！两处的炸弹，先后爆发，这房子的大部分炸毁了，附近的守卫，也死了几个。

官员士兵，在相邸里的，大半被这炸声从梦中惊醒过来，慌张地起床，胆怯些的，从后门和侧门图逃，都被把风的女子，连同困倦了的守卫，一并杀毙，还是那些胆壮的，在首相命令之下，布置着一切，没有丧掉性命。

他们一面指派相邸内的全数士兵，分布相邸内外缉捕巡逻，一面电话通知当地军警机关派遣大批军警分头缉捕，这一来，真是闹得满城风雨。

那几个把风的女子，看见巡逻的来了，便各各吹了一声警笛，警告着里面行刺的同伴，便一溜烟的逃去。那谋刺的两个呢，抛掷炸弹以后，也就逃奔着，等到听见外面的警笛后，逃避的更加慌急。一个女子，在慌急中，穿过院落，越过房子，却迷了途径，东逃西窜，找不到相邸外面的围墙而这时各处的电灯，又都燃着了，灯光放射，适才黑暗的处所，这时已照的和白昼一般，她的行动，便也在电灯光下逃不过的显现着。

——凶手！凶手！那边是凶手！一个警兵发见了她的踪迹，用手指着她所在的地方，高声嚷着。但似乎没有人听见。

砰！砰！警兵放了两枪。

在这枪声下，其余的警兵，都蜂拥上来。她已是一个手无寸铁的无抵抗者，便被这些纠纠的武夫捆绑起来。

另一女子呢，逃了一阵，便找着相邸的外墙，急急爬地上，再使命的一踵，跳了下去，定睛看时，四围已密布着巡逻，那些巡逻，见了她，便围了上来，她又使命的突破重围，飞也似的奔逃。巡逻没有把她生擒着，又恐怕她逃去而捕捉不到，便在后面向她放了几枪，在这几响枪声中，一颗子弹，从她背上穿了进去，她便倒在地上，血从子弹进去的地方如火山喷发一般地向外潮涌。

她起先痛苦地翻了儿个身，以后僵卧不动了。

这时，北方还是微弱的吹着，但她没有因风而冷的感觉了。

次晨，东方刚泛着鱼肚色，一般人都还在酣梦中的时候，那被捕女子的审讯开始了。这次的审讯，和往常显然不同，那法院的四门口，都守着荷枪实弹的士兵，一切观审的人，都被无理由的挨绝，连那新闻记者，也被挨绝了，昨晚逃亡的三个女子，不容说，也在摈绝之列。

审讯的时候，被审的女子，操着日语，自认为韩国人，为着韩国的独立，谋刺首相。

——我们韩国虽是弱小的民族，但有丰腴的土地，聪颖的人民，我们韩国人应该有独立的精神，由[有]自决的权利，决不能长作日本的藩属，受日本的凌虐。我们为自决独立而奋斗，已有多年，但帝国主义的日本当局，只是维护不正当手段攫取的利权，而不愿我们韩国人的痛苦和意旨，长此以往，我们韩国人民，将无噍类，顾念及此，不能不作此惊醒日本昏迷当局的举动。

——我们头颅，预备脱离这不自由的身躯，我们的热血，情愿为国家独立奋斗而流尽。个人生命的牺牲，但不足惜，只要这牺牲，是为着韩国，为着韩国人民，便有价值，便是光荣。

——现在我是为着韩国的独立而被捕，是光荣的死期到了，砍头也罢！枪毙也罢！总之，希望你们及早处死！

她的激昂慷慨的供词，把在场的审判官和陪审官都怔呆了。

你的同党呢？法官继续问。

——同党吗？没有。这次只有我们两个，来做这行刺的工作，另一个就是你们用枪击毙的……不过韩的人民，都痛恨着日本，将来行刺的事情，恐怕还多着呢！

——胡说！不要尽说那些唠叨话！……相邸有好几个职员图逃的时候，被你们把风的炸死了，士兵也炸死了好多，还说没有同党！赶快把你同党的姓名住址，忠实地告诉出来，或许可以免除你的罪。

——我的罪吗？用不到你们免除，我是准备着死的；至于同党实在没有。她的喉咙变粗了。

——你还狡赖！法官把桌子一拍，圆睁了两个怒目，倒竖了一双浓眉。

——狡赖又将怎样！马鹿！她胸部挺了一挺，毫无惧色地说着。

法官真料不到这个女囚犯竟在法庭上公然地侮辱他，真使他气的满脸发紫。

——哦！他又拍了一拍桌子。

——用刑！用那预备好的刑！

一个公役，在法官命令之下，从那旁边火盆里，取出一根已煨得通红的装有木柄的铁丝，那木柄已蒸得炙手了。

他取出那铁丝以后，先把她潮湿的衣裤脱去，再用煨红的铁丝去穿她的绵乳，很易便的穿了过去，血却从乳孔里流了出来，流到腹部，再向下流，她的眼泪，也因痛而天然的夺眶外流。但这样的刑罚，法官仍达不到所期望的目的。

——烫阴部！法官第二个命令。

那公役便换了一根煨红的铁丝，慢慢的伸进她的阴户，刚伸进一些，血已从阴户里流出，她的双眉，因痛而凑紧了，她的身躯也因痛而发颤了。

——万恶的帝国主义呀！万恶的日本帝国主义呀！当那铁丝伸进一寸多的时候，她的痛苦，到了极点，便不住的嚷着。那铁丝还是慢慢的伸进，她的呼声，渐渐的微弱，最后她晕了过去，半点钟后，又苏醒了，便又上同样的刑罚，她的阴部，便染满了鲜红的血迹。

为求一网打尽凶手，同时为一劳永逸计，这样的刑罚一次又一次的行过了几次，最后她舌头僵硬不能说话了，但那同党的姓名住址，还是不肯供出。法官没法，便判她一个死刑。因为她已不能动弹，由两个公役把她抬赴刑场。

乓的一响，结果了她的性命。

这正是烈日当空的时候。她的血，被那烈日的映照，看上去，似乎特别的鲜红。

谋刺案在次日的报上，揭载了，连那审讯时韩国女子的供词和受刑的状况，还有那首相和姨太太睡在东房里没有被害情形，不知怎的，都被推听到，而详细的披露。报纸的流传广及全世界，那谋刺案也轰动了全世界。

这时，日本正唆使韩侨在中国万宝山地方，酿成万宝山案件，并采用新闻政策，宣传中国欺压韩侨情形，激起韩人的愤慨，韩人中了计，在汉城平壤等处热烈排斥华侨，杀戳华侨，韩国和中国的感情，正伤尽的当儿，发生了韩国女子谋刺日本首相的烈绩。那女子悲壮的供词和日本法庭的酷刑，激起了韩人的义愤，那独立的意愿，又在他韩人的脑筋里活跃起来，独立运动，又急切的进行着，游行示威和一切对日行动一天天的紧张，而对于华侨的屠杀，却突然的中止。

日本国内，也受着绝大的影响，那四处的街道，都是如临大敌的警卫森严，对于侨日韩人，逮捕的逮捕，搜查的搜查，弄得家宅翻乱，鸡犬不宁，在这样严密的搜查中，逃生的三个女子，虽没有被捕，但进行谋刺的事情，更加困难了。

逃生的三个女子中，最年长的，是二十八岁，最幼的是十七岁，还有一个年中的，是二十二岁。那二十二岁的，长的比较漂亮而聪明，有满月般丰满的脸庞，有苹果色的脸色，有动人的明眸，有乌云般的秀发，姿态又生的窈窕而可爱，所以在学校里读书的时候，一般不相识的男子，都冒昧的修书求爱；还有两个，虽没有她那么漂亮，但从姿色上讲，也都在水平线以上。

她们是无定踪的飘泊着。在她们的漂泊中，绝不谈起谋刺的事情，但都片刻忘不了自己所负的使命。

一个初秋的深夜，在警卫森严的紧张局面中，她们在东京的一个公园里，又集议着以后进行的方策。

——事情的确危险而难以下手。年长的开始说。

——但不能不设法下手，因为再不下手，我们的粮食要没有接济了，坐以待毙，不如铤而走险。她继续着。一面向草地上坐了下来。

其余两个，也跟着坐下。

是的，但怎样下手呢？到相邸吧，相邸的周围已加着几倍的守卫，下手是千难万难的。年幼的提出自己的意见。

三个人，都跌入了沉思的状态，汗从身体内挤了出来。

这时，东南方面吹上一阵风来，把正蒸着汗的她们，吹的凉爽了许多，身旁的几颗枫树，也吹的沙沙作响。

——那相府东南的N街A街和C街，不是首相汽车出入的要道吗？那儿行人往来，虽是不少，但警察是很的少的，我们可以躲在各该街的适当地点，对准枪击，或者可以毕其一命。那一阵东南风吹起了年中的那相邸东南街道的印像，更由这印像，引出自己的办法。

半圆的月儿，这时从黑云里泻出，照着这公园的全部，公园里稀稀疏疏的游人，都可以明白看到，那游人中，大半是对对的情侣，爱情的甜蜜，从她们哝哝情语和时时拥抱上，可以看得出来。她们呢，爱国的热诚，已克制了男女间的爱情，所以对于这些情侣，没有发生所谓羡慕和企求的意识。

一忽儿，天空的东南角上，推来了一片浓厚的黑云，那半圆的月儿，又被那云生吞活剥的吞了下去，大地又黑暗了。

——这办法，可以试行。年长的附和着年中的办法。突然间，发觉了一个男人站在她们的旁边，她们不由的着慌，停住了正在议着的事。

——你窃听些什么？年中的女子装作怒态。

那男子向她们微微的一笑不客气地走近她们。

——可爱的姑娘们！你们何必用这种态度对付着男子，要知道我来亲近你们，不过是表示爱你们吧了。哈哈哈。

——滚开！谁要你亲近！滚开！滚开！她们齐声高嚷。那男子自讨没趣的走了。

倒霉！膀子吊不着，倒霉！她们隐隐听见那男子在自言自语着。

她们也顾不得那男子以后是自言自语些什么，便重复议着适才所议的事，结果，通过了适才所提的计划，并定次日上午，是实现这个计划的时期。

第二天早晨，太阳刚升上地平线，她们已从床上起来，整理手枪，安装子弹，一切布置定

妥后，便毅然的出发。

年长的担任Y街，年中的担任A街，那C街呢？当然是年幼的担任了。

街上，汽车呜呜地一辆辆疾驶而过，只因不是目的物，都让了过去。八点零七分的时候，首相的汽车，外皮酱色而车头上挂有1771号号牌的，从G街驶进Y街，年长的认看清楚，便在汽车经她过旁边的一刹那，放了一枪，豁浪浪，那玻璃给子弹击破了，再看看那首相是否中弹时，汽车已驶过几尺，她便又在后面射击，接连三响，都没有击中，到第三响的时候，汽车远离了，那子弹已达不到标的物，她想，再射也不中用了，便回身奔逃。谁知一个警察冲了上来，拦住去路，她便又放了两枪，仓猝间，没有击中，子弹却已告罄了；岗警因为她放枪射击，便也还击一枪，追赶上去，女子的奔跑及不了男子，她也是不能例外，所以顷刻间，被那岗警捆住了，不能挣扎。

邻近的A街上，这时也起了枪声，这当然是年中的女子所射击。第一枪击中司机的脑部，那司机便倒在车箱里，鲜红的血，满流着头部，汽车因为没人驾驶，也就横冲的撞在路牙上，停住了。汽车停住，首相更形着急，便急急的从汽车上跳下，预备逃避，但她那里肯放松，也迅速地赶上，乓的一声，首相应声而倒。

她见目的已达，便抛了手枪，竭力奔避。

首相倒下的地方，顷刻间，围上数百的观众，而且愈聚愈多，有许多的人民，正向首相处奔着。她奔了几步，前面来了几个警察，她想，逃不脱了，万分的着急。忽然，急中智生，她竟冒充了亲众，跟着许多奔着的人，奔向自己肇祸的地点。

——凶手呢？那了去了？警察问观众。

另一个警察，从地上拾起她抛弃的手枪。

——往那边去了！观众指着她适才逃避的方向。她却在观众里默不作声。

警察们，在观众指示之下，又回头追去。

那时，C街年幼的女子，正在探头探脑守着首相汽车的当儿，那追赶着的警察中一个，乘她不备，把她两手捉住！再在她身上搜查，当场搜出一枝手枪。

——啊！刺首相的原来是你，哈哈！她便在这笑声中，被他带去。

她们也经过法官一番的审讯，结果，和上次一样，又是直认为谋韩国独立而谋刺，不过这次在法庭上，没有用刑。

用刑的地方，却在肇事的地点

用刑时，她们被公役把衣裤脱光，一丝不挂的绑着，任人观看和辱骂，绑了半天，因阳光的逼炙，她们全身都淌着汗，十分的难熬。正在难熬的时间，又来了两个肩着大刀的汉子，勇纠纠的，先喝开了围观的群众，然后每人担任一个，执行刑罚。

他俩把她俩的乳部抚摸一回，便拉长了动刀，割时，血即如注的流着，那割下的乳部，抛在路旁，也放多量的血来。

这时，旁观的人，对于这种惊心的惨刑，都流下泪来，尤其是女子。

——为国家牺牲，虽死犹荣呀！但她俩还这样的嚷着。以后耳部，鼻部，两手，都依次的割去。当割两手的时光，她俩已不省人事了，再轮割两脚时，已完全死去，血流满了街道，红盈盈的，成了一条血的道路。

观众没有回去的，这时才带了哭肿了的眼皮回去。

首相这次虽只被击中了肩膀，没有死去，但已具了戒心，对于韩国的独立运动，不敢如以前那么的抑止。

在首相放纵下的韩国独立运动，更加扩大起来，那韩民组织的韩一党，这时也公然的发表了宣言。宣言的内容，是这样：

1.以民族自决主义，促成韩国的独立，

2.切实联络中国革命同志，

3.联合世界被压迫民族，

4.打倒日本帝国主义。

跟着这宣言而起的，自然是紧张的独立运动。

韩国的独立运动，虽然一天天的紧张，但首相的谋刺，究竟还没有成功，这不能不使那年中的女子，认为羞辱而无可告慰于已死四个同志的。因之她不时的哭泣。

以后她经过几次的迁居。最后，据说，因受生计压迫，哀求在东京一家规模最大的公司里充当伙计。

她在公司里，薪水虽小，但她的工作，是万分的努力，应付顾客，也是万分的周到，再加她具有一副动人的姿容，顾客光顾，更加踊跃，她所管的部分，便利市十倍。所以不久的时间，她的美誉播满了公司，公司里的股东，也都知道她是一个特色的人物。

一天，这公司里的最大股东，因为知道她是一个努力的忠心于职务的人物，便派了一个职员很诚意的请她做他的侍从，她一口承应，而且面部堆满了笑容。

侍从和大股东，接近的机会最多。那天傍晚，她借着接近的机会，偷偷地在大股东的咖啡茶里放下一些白色细末，大股东饮了，只是一刻钟的时间，倒毙在地上。她也自行枪杀，血流满地。

这时太阳已下了地平线，不再发它的威严了。

事后，在她的口袋里，被人检出这样的一封信：

我是一个生长日本的华侨，为了日本帝国主义者唆使韩民酿成万宝山惨案，那韩民又凭着日本报纸的挑拨，盲目的在汉城平壤等处惨杀华侨，这种认贼作父认父为贼的举动，真是幼稚得可怜。

要知道韩国和中国都是弱小的民族，都是受日本帝国主义者欺压的民族，应该站在一条线上，和日本帝国主义死拼，一个要达到独立自决，一个要做到复仇雪耻，我们弱小民族间真不该互相火并。我们明白了这一点，对于这次韩人的盲动便该给予以原宥，同时对于日本的毒计，便该特别的痛恨。

我们要洗雪中国的仇恨，我们要促进中韩的联合，我们要激醒中国的人民，我们要助成韩国的独立。

在这些共同的目的上，我和侨日同胞李子清、姜光华、陈韵英、包莲苑四女士，冒充韩侨，谋刺首相，虽经过两次的失败，李、姜、陈、包四女士和蔡公时一般的遭着惨杀，但已促进了中韩的联合，韩国独立运动也掀起了怒潮；最后，又探听到首相是东京最大公司的大股东，我便在公司里求得了一个位置，努力职守，以期博得大股东的信任而接近，以后果真如愿的接近，他的生命，也在和我接近的一天中断送了。国仇也终算雪洗了些，这似乎聊可告慰于国人的。

末了，希望于国人的，便是不怕流血不怕牺牲，一致起来和我们一般为国效劳，那么，我们死也瞑目了。

龚志绝笔

（原载于《橄榄月刊》第 17 期，1931 年）

蓬莱夜话

沈起予

一

十月三日的微晨。

从梦中惊醒过来，季特惺忪地只见纸门打开了五寸宽。门罅中夹着一个扁长的老媪的皱脸，叫了他一声，可是忽的又像妖精似的消逝了。

“怪了！这歇斯特里的老家伙在干些什么呢？”

然而这种疑怪的念头，也还不曾明显地掠上他的心时，一刹那，四扇纸门便豁地一齐滑开，十几只恶狠狠的眼睛，灼灼地一齐射到他脸上来。季特的胸窝加紧跳了几下，望着便是七八个穿起码货的西装的人，已经默默地踏到他的被祸的周围来了。

“起来！是裁判所来的，要搜察一下。”

这样逼着季特起来收检草席上的被盖的人，是一个鼻孔下面生一丛狗须的“检事”，同时另一个警察总部的“特高课长”，已经指挥着部下在巡回他的屋子的四周了。

“狗东西，终久来了！”

明了了一切的季特，很沉默地起来把被窝两下卷在一个角落上，慷慨地说了一声“请”，然而心中也不免很忐忑地开始计算着房中有些什么东西。

窗外的乳色天空，这时正才分晓，邻舍还是寂然无声；只有季特的房中正翻箱倒柜地弄得满地零乱。检事很详细地检阅他的一封一封的信，特高课长突出眼球来狩猎他的每一页书；其余的刑事（侦探队）则像猎犬似的搜索墙上的像架，审视木做的天花根，嗅闻那稍宽一点的壁罅。

季特站在一傍，目光正随着这一群狼犬的动作而转动，忽的见着昨夜十二时才拿回来的一卷传单，好好地在书架上横睡着。他有些作急，可是已来不及了！一位刑事像饿狼见食似的走来把它抓着，随即伴着狞笑地递与特高课长去了。

这样，时间在沉默的紧张中，爬过了几十分左右了；箱子大张着口地肚腹朝天，衣服散乱地被抓在一傍，书架倒了，墨水壶滚在席上，一切都倾斜地离开了位置，全房是天翻地覆了。季特屏气地望着这一群豺狼捣毁着他的家，掠夺着他的东西，侵犯着他自由，这虽是二十世纪的普遍的行为，然而他的心中也不免由沉默而渐感觉着愤怒。

“去，同我们一块去一去。”

等到一切角落上的灰尘都飞腾了后，课长才狞笑着来，几乎要牵季特的臂膀。

“到那里去？”

“K警察署。”

“有事不能在这里谈么？”

“不能。”

季特知道没有再谈其余的必要了。他下意识地给了沉默的一瞥与课长，便换好了衣服跟着下楼来。楼下的老媪，在那扁长的皱脸上向他发出一种同情的苦笑，并且劝他穿厚衣服，多带纸去；同时检事也赶上来说把面巾牙刷等带去的好。这，都是为季特说明了他今天是不能转来，同时也告诉他事情是一时不会解决的。不一时他被押在一群刑事中走出了小巷，路傍便有一辆汽在朝气中等着他们……

制造高级绅士的最高学府，现在却制出了无数叛逆的不忠于皇国的暴民。这些叛逆的学生不研究海外殖民，也不讲向满蒙发展；他们把一切的关心都注到国内：他们要推翻三井，三菱，也要打倒岩崎、大仓。因之这学校附近的K警察署几成了这类学生的咖啡店，因之季特今天也必然地走上了他必经过的路道。他抱着为求解放而受难的心情，跟着刑事在那挂着满壁刀剑的廊下走去，转了几次弯后，便在一道坚闭着的门前停住了。这是灰色的拘留监！

刑事的扣门声，唤起内面的铁钥匙和拖鞋的交响，继续又是一阵铁与铁的摩擦，闩棒与锁扣的衔接便分开了。铁门开后，季特见着一鼠洞状的建筑摆在前面，进道处是暗黑，而洞腹处则有昏昏的微光照着。刚踏进这隔绝了自由的境地，便有一个异样的影像，先映入季特的脑内，使他顿时增加了抑郁；这个形像，虽久已在他的想象中刻明过，然而这许多蓬乱着的毛发，瘦病的面孔，肮脏的身体，又带着一对锐利的焦燥不安的眼睛的人，在那铁槛中坐立不定，左往右还的现实状态，毕竟是资本主义社会的如何的耻辱，如何的污丑啊。可是一瞬他自身也走进这监槛前的看守室来了；老看守在簿子上写好他的姓名，在壁上挂好他的名牌后，便有另一位警察来叫他到侧面的空室去脱衣服。第一次进拘留监的季特，想这或者是拷问的时候了，他举起一幅疑问的眼睛注视到警察的面孔，自然不曾慌张，然而内心也感着一种忧寂不安的状态。

“喂，是为什么进来的？”

正被一种神经过敏的豫感所吞蚀着的季特，忽然听得一股晴朗的声音冲到耳鼓来，使他感得似有亲友在招呼他一样。同时大学的日本同学所发的“反对与警察相勾结的学校当局”的传单，今朝也被搜查去了的事，这时也忽的掠上心来，更加重他相信那些肮脏的面孔中，有他的同学在叫他。他本能地回头过去，那铁栅上送饭的小方孔中，果然有一张晴朗的脸在向他说话；不过那粗大的躯干，头发被药水熏脱了的光头，以及那上下衣连结着的青服，都为他说明这是一个工厂的工人，而不是一个大学生。但这种晴朗坦然的声音与面孔，毕竟把他的忧寂而几近脆弱的心情辟开了。他开始回答他：

“现在随便都可以抓人，连我自己也不……”

“不准交谈！”这是老看守的怒声。

然而刚才的晴朗的声音，并不因这怒声这寂然，话头一转，它又开始继续下去了：“老看守先生！”

“什么呀？”

“要撒小便。”

这种“不准交谈”后的交谈，竟使几个监房的许多愁容都启了齿，而且更使老看守感觉有些失了尊严。于是他只好再虚张声势地说：

“不行！一天那来这多小便。”

“对不住呀；要撒也没办法啦。”

“是畜牲才一天随便撒，是人决不会有这多尿。”

“既把我们当着人，就不该这样地当着畜牲一样来关起来呀！”

这回监房中的愁容，更由启齿而变成哄笑了。失了尊严的老看守，更不曾防着有这样滑稽的对答，因而也一面跟着发了一个苦笑，一面即提了一大把钥匙走去开监门。一直看着这幕喜剧的警察，这时也才开始催促季特到别室去。不过这毕竟还不是拷问，而乃是检查身体。

铅笔，钱包，烟盒，手巾……都被没收后，季特即被送进了四号监房。这次那可纪念的钥锁相轧的铿铿声，和他踏进监房的第一步……都不曾使他发生懊恼，他的心完全被刚才的诙谑而感觉了温慰，他下意识地来征服了他的知识分子的脆弱。

四号监房的隔壁是厕所，监内已经住了三个囚人。移时其中一位生着满脸刷把胡的中年，见着季特从腰间取出他刚才与警察争执得来的鼻秽纸时，即伸手过来要了两张去了。

“你们进来几个呀？”

这样发问的是另一位小店员式的青年。“只有我一个。”

“那末，你不是为学校发传单的事么？”

“究为什么事，现在还猜量不确定，只是今朝突然有裁判所和警察总部的人到家来搜查了去。”

“裁判所？”青年偏了偏头，“那末你是受了正式的家宅搜索了，搜了些什么证据呢？”

“只是拿了些不关紧要的信，和L剧场的一些传单。”

“L剧场是不要紧的；这一次宣传高尔基的《母亲》的上演，也是公开的斗争。”

这样的谈话，使季特对于被搜去的那一卷传单放了心，同时也很感佩这位店员式的青年的知识，竟达了这样的宽广。后来在他的反问中，才知道了这与刚才的那位工人，都是英勇的斗士，他们因去捣毁那新叛逆革命的大山郁夫一派的讲演会场，才被抓了进来，但因无证据才各判拘禁五天。

他们的问谈告一段落时，季特见那刷把胡的中年，已经把他的纸拿去捻成细条。编好了指头大的一只草鞋了。只有那角落上把头和脚蹲为一团的第三者，却自始至终不曾举起头来望过一眼。

二

任何人都知道监狱的时间悠长，但尤其是在这第一日中，则特别爬的更慢。季特坐一时又起来踱着小步，步后又兀然地坐下，到了午后来，他竟觉得时间是停止了。然而黄昏终于来了。从监中提出去作杂役的人，先从小孔中送进一把木筷，使大家都欣然地起来等待那棺材形的饭盒，始终蹲踞在一隅的人，这时亦本能地抬起头来了。监房的天花板上虽然是五只烛的昏昏的电灯泡，然而此灯光却比较白昼间斜射进来的微弱光线，更较为无私地照出了这人的全身。已是十月的初冬，他的身上依然是一套单薄的灰白色的污汗衣裤，头伸直时，可见着全身不时地发抖。稀稀的头发乱蓬，扁平的两颊傍虽无腮胡，但嘴上则生着稀柔的深灰色的“三须”。

棺材形的木盒中除了粗劣的饭而外，一角上只附了一箸上下的咸菜；其余便还有开水一碗。季特哽哽地刚吃了一小半，可是那角落上的人的一份，早已空空然了。

“你不吃了么，给他吃罢。这是朝鲜人，真可怜，进来两个月了，也不曾审问过，也无人来看问他。”

生刷把须的中年把季特的剩饭递到角落上去，那人又开始拚命地吃了。

“那末，为什么进来的呢？”

“谁晓得！我们也不曾问过他。”

中年说了便把头扭过去望朝鲜人，意思是要求他自身出来说明。季特方想这朝鲜人是不会说日本话的，然而他忽然放下了那空饭盒，竟无头无尾地说起来了：

“为的是不应该在下水道的铁管中睡，是在南千住；半夜刚爬进地上的铁管中去，刑事忽来把我手膀扭住，真疼呢！”

“为什么要到铁管中去睡呢？”中年问。

“自然是没有家吧。”这时青年也参加进来了。

“有。妻氏儿女都有。从前有，现在没有了。”

这语刚说完，引起三人都发笑起来，然而一瞬大家即收了笑容，都要他说明为何失去了家室，为何去歇铁管……等，才听得他说明了如下的一段哀话来：

“我真运不好，”朝鲜人辟头开始这样说。“起初我和老婆住在乡下，种田也不够吃。老婆那东西天天闹着要搬到城里去，说是做工要好过活些。后来我们就搬到平壤去了。谁知到平壤来才一天更坏一天；日本人太多了，日本警察也多；隔两天就要到家里来搜查一回，有时骂：‘喂，你家里为何多一把刀呢？狗东西，竟敢想捣乱了！’有时又是：‘喂，某日本人家里东西是你偷的吗，快拿出来！’邻近的日本妇人，也故意大声地说来使我们听：‘当心把“玄关”锁紧些，那屋的朝鲜人是些偷儿呀！’”

“不独大人受气，他妈的，连小孩子也不敢伸腰干。有一天朝上，邻近的几个日本孩子，很快乐地抱起洋‘人形’在唱，我那不懂事的女儿，偏又要到侧边去听；谁料这一群小鬼子看见我那穿得像告化儿一样的女儿站在傍边，便呀的一声一齐涌过来：吼的吼，打的打。妈的后来不知怎的一个大鬼子把小鬼子绊倒了，便自家哭闹起来，弄得那哭着的小东西的母亲反到我家来向我老婆理论，硬说是我家女儿打哭的。后来日本警察又来了，咳！他妈的更来得凶，不问个清白先就是两巴掌把妻打倒地下，然后才骂道：‘狗东西，真是无法无天！一个朝鲜婆娘竟敢同一个大日本帝国的臣民嘴了！纵然大日本帝国的妇人肯饶恕你，我这为天皇保护臣民的警察也不肯饶恕。’这警察骂了过后，硬要妻双膝跪地赔礼，末了还限七天之内搬家。”

“在朝鲜的日本人，有这样的坏蛋么？”

从来只见报纸上歌颂日本人在朝鲜的功德的中年，回头过来这样的发疑，同时也把屁股向后移动了一下。

“自然有。你想哪个好人肯到殖民地去住，到朝鲜满洲去的都是些流氓坏蛋。其实我很晓得，说起偷来，这些日本人到是手脚不干净的多。”

中年得了青年的这样的回答后，于是又向朝鲜人说：“那末，你的妻子就是这样逃走的么？”

“不，这时他还是好人”朝鲜人又把他的故事继续下去。“我回屋来时，她只是向我哭，她只不愿再住在那里。妈的不搬也要你搬，只好四处去想法，恰巧这时有个熟人叫金东生从日本回来了。他说日本的工钱比朝鲜高得多，而且在日本内地的日本人也不及在朝鲜的坏。这样我们便搬到日本来与金东生住在一堆。”

“初来我们就住在京都的鸭川侧边。房子太矮小了，我们只好同金东生住在一间屋子里，周围都是‘水平社’（日本的最下层阶级）的部落，他们跟我们穿一样褛褴，也常常与别的人打架。咳！妈的，四周的人倒果然待我们好些，但谁知又蹈了自己人的圈套！”

朝鲜人说到这里，便叹着气摆了摆头，但见着三个人都紧张地听着，于是他用两手把蹲坐着的脚干更抱紧一点，又慢慢继续说下去了：

“这时，金东生把我介绍到他作工的地方去，天天在街上挖壕沟，埋铁管。作活很苦还尤可说，但我渐渐晓是金东生那东西才是个坏良心。除工头以外，在那污泥沟中作工的都是朝鲜人，但是个个都恨金东生——恨他专门在工头前面卖乖巧来欺蹂弟兄，个个挨打被骂都是上他的当。回来我有时劝劝他，咳，妈的老婆那淫妇反在傍边恶狠狠地来骂我是蠢货，说像我这样的人，一辈子也出不了头。起初我还以为这杂种是奈不过穷在冒火。狗东西，谁晓得那坏良心的东西，已经在钩引她了。有一天我气不过才拚命跟金东生打了一架，可是不两天就受了他的捣蛋，工头把我开除了。”

“这时，我本想把妻带起离开金东生，但那淫妇死人不肯，口口声声要我先出门去找到了工做才搬。这样，我便走大阪，到金泽，名古屋也去过；但到处剩的是工人，却没有采用工人的，结果还是闷着脑壳回来。回来倒好，可是一进屋来，不唯见不着金东生，连妻和女儿都不知到那里去了，只剩得几堵壁头望着我；他妈的，就是这样更倒了楣。”

朝鲜人仍把头低下去了，听的三人的脑中，也一齐映出一幕悲剧的幻影，监房中弥涨着更沉重的寂寥。

“那末你为什么不去报告警察呢?”中年再问。

“警察? 那些混蛋东西那会管我们这些事。我何尝不曾去报告过,但只不过自讨没趣罢了。我记得那混蛋说:‘警察不是替你守老婆的,你为何不把老婆捆在背上去找工做呢。’”

“那你以后就去歇铁管了。”

“谁不晓得复仇;警察不管,我便决心亲自去找,冤家总会落到手上来,那时金东生的胸口总会白刀进,红刀出,那淫妇总也活不成。”

“手上无钱也不要紧;从前我不做贼别人也说我是偷儿,现在就老实偷起来:走一处,偷一处。夜来的睡处,我倒早就想好了,从前天天埋铁管的时候,我就想着那里面真好过夜。他妈的,可是走到南千住来就倒霉了;现在我还不想招口供,我还要早些出去找金东生。”

朝鲜人说到这里,忽然一阵钥匙声响来,看守走去把一号监门打开,继续第二号也开了;囚人们都放抢似的走到看守室的后房去搂被盖,但看守仍不断地叫着“快! 快!”的骂声来。这样电闪火速地轮到了第四号监房;季特正也要跟着去放抢,但看守却要他慢着;同时那生刷把胡的中年因为有起夜的癖气,屈节卑躬地恳求看守要准他提 尿桶进监房去。待各监的被窝都铺好,看守才把季特调到第一号监房去了。

“你也来了么? 这算是看守特别优待你是大学生。第四号监房最坏:隔壁是便所,而且还有人在监房内撒尿。”

一位日本人走来要季特与他合衾。睡下后又轻轻地问谈了两句,季特才知道这人是常往来于中国内地,而且还在河南买了四个中国小孩在他经营的电泡厂中作学徒。

从十月的天气说来,这一垫一盖的被窝虽硬,但却也不致使人叫冷;一时四个监房都寂然了。可是季特刚一入寐,忽的一下又昏昏地惊醒过来;他听着看守室的挂钟的摆动,不知怎的响不出金属的声音,只发出一种木块击棹似的涩响。在这长夜漫漫中,他很清晰地回忆着自己被捕的经过,回忆着那朝鲜人的命运,回忆着现在社会的轮轴下的一切的罪过……

三

一阵叫骂似的声音惊醒了季特,他见着已经有几个囚人起来在慌张地折叠被盖□一瞬大家也像昨晚抱来时一样地将被盖抱回原处,而且随着有的开始妇除,有的便打水来拂拭监房了。囚人在看守的不断的叫骂之下,不到五分钟就完毕了这朝上的劳动，然而窗外不过还在发白罢了……

狱中的朝晨，已经感觉有些薄寒。由铁栏槛中望出去，看守室窗上残存的牵牛花，在射来的阳光中微微地发抖。季特正在贪赏这一瞬的新鲜朝气，他忽的在自己监房壁上见出一行指头大的字来：

“我们所去的地方，不是战场便是坟墓。”

坟墓，照这拘留监看来，倒还不过只有几分相像，然而也已可想见森黑的独房监之酷似坟墓了。季特再看下去，又是“打倒与天皇结合了的资本家地主的政府！”的一个巧妙的口号，于是遂使他沿着壁堵的四周逐次细察下去，那大小不一的，已经有许多半灭了的各种口号，都为他指出日本党人的两次被检举的斗争心血，这时他看监房倒不像什么坟墓，而真是二十世纪的一个大战场了。

可是朝上的囚饭一过，那慢慢徐行的时间，复成了囚人们所共同咒诅的材料，在这种默然兀坐的继续下，季特也重新地感觉不可忍耐的苦患。他想照样来作点壁书？然而身上的一切早就被清算净了，计划逃监？在这囚人杂居中，显然是笑话，而且也用不着。于是他感觉这监狱也太平凡了：其余的囚人都是判决了的拘留囚，老实是无什么变化；既然说不上“有趣”，然而也说不上深刻。他又开始打量他这些同僚，可是也找不出一个有意义的脸像，连最初一瞥时的怜悯心都逃跑了。末了他才细细地审视那在监房中踱方步的自称常来往于中国北方的日本人，只见他一幅浓眉蛮耸，更衬上一对阴暗的鹰眼，一件白花条纹的“寝卷”（睡衣）上面，又穿一件西装上衣，从背面看来，很像一个着裙的丑型西妇。

“喂，田中君，还是你讲个支那故事来听罢，太无聊哪。”

被称为田中君的，正是季特所打量着的日本人，因为他见着那丑型西妇的背影一掉，便坐下来脸上发出狞笑说：

“好，我讲个支那妇人的故事与你们听罢。”

季特一想糟了。这虽是听惯了的，但那双尖尖小脚，那肮脏的身体，那用手拭鼻秽……等的嘲笑□毕竟还是刺耳的。可是一瞬他便知道事情彷彿还不止于此，田中君随即吞吐地补充下去：

“可是，有些碍难说，这是在外交上成问题的事……你到过库伦么？”

季特被这末尾一句话问来，他忽然满心愿意听这支那妇人的故事了。欺诈？强奸？惨杀？一切 Grotesque 的殖民地之惨无人道的等等现象，都在他的脑内打闪。

“南方人怎能到库伦？尽管讲，我将来也不作外交官。”

可是田中仍迟疑而狡狯地笑，他隔一晌才又回头过去向着那要他讲的故事的矮小的日本人说：

“嘿，多得很；如果只要□□每天都可讲一个。”

显然田中还在顾忌季特，然而那吞吐的话中，则又颇有言不自己似的。末了终因几个日本人都围了上来，他才装出一个流氓英雄的口吻，说了如下的话：

“这话说来很长；当欧洲大战开始，许多日本人都认定是向支那及俄罗斯发展的机会来了，于是我们有几个人，也便立意要到这一带去经商。但要向海外拓殖，第一步非有大宗的资本不行，我们为筹资本计，无论如何，只好先采办吗啡。咳！吗啡在满洲及北支那一带的销路真好，支那人无一天离得它，劳动者宁肯不吃饭都要来打吗啡针；我亲眼见过来，那些青皮刮瘦的中了吗啡毒的支那人，一发作便全身痉挛发抖，牙齿咬得帮紧，真是骇人；如果这时再不打针，便一下就倒在街上昏了过去，但只要打了两针便又平静无事了。”

这时围着的几个日本人，都把颈子特别伸长，曲眉皱眼地，像在听神话，田中急把话头一转，又打入了本题：

“吗啡采办好了，第二个问题，便是怎样去通过税关。但这，我们也晓得，只要日本领事馆通过了，不经过支那税关也可的。好的，我们便去疏通日本领事馆，起初领事嫌‘这个少’了，不准，”田中说时，用两指比成一个圆圈，说明“这个”是金钱贿赂的意思，“后来我想横竖是马上可以捞回来的，便又多增加了一千圆打进去，才得允许通过了。——这样，一举便为国家赚了几万。”

倾听着这故事的几个日本人，起初显然也感不到这卖吗啡、行贿赂的事是正大，然而聪明的田中，补出这末一句时，那“国家”两字便像咒应符似的，把他们的欲望满足了。可是其中有一个较蠢一点的日本人，还不懂领事馆为何能够作这样的事，于是又费了田中为他说明：在支那的外国领事馆，都是可以自由运军火、贩鸦片和输入漏税货的；末了田中又说明日本领事馆常常劝日本人不要偷偷摸摸地去漏小税，要干尽可以大规模干……等后，才又转到他所讲的故事上来：

“资本筹好了，我们便到莫斯科去开了一个电气材料的大庄口；起初到还赚钱不少，可是不几年革命一起，可惜，便统统都损失了。没办法，又使我们再回到支那来再筹资本，恰巧回来不久，我便姘着一个支那女人，——这个女人便是我现在想要讲的了。”

田中说到这里，忽然脸上一笑，便把话中断，而且随即把身体向后一仰，两手反撑到席上，使围坐着的一个圆圈缺一只口出来了。几个听着的日本人，彷佛亦被上一段闻所未闻的话所迷住，暂时无言地静待着这故事之更奇特的发展。可是田中始终不肯再说了，他推诿以后的事虽是为“国”努力，但于外交上太有妨碍了。末了，他始终避开了正话，而转到一般的支那女人的邪谈上，以满足听者的好奇心，他先赞美支那妇人的皮肤比日本女子的来得嫩，次说到中国娼妓，是先爬上游客身上来诱惑，而且下阴的毛全都是拔尽了的。其次他又讲到日本人在中国的自由，他们在国内动则要坐监，但在中国时，日本政府却是保障他们任行任为，而且有时还奖励他们出来捣乱的；末了，他竟结论到他死也不愿离开支那……

田中正在这样五花八门地讲着，不知怎的，看守忽然走来要提他到第二号监房去；观田中很不愿意去的样子，显然第二号监房是比较地坏。可是更为惋惜的却是季特，他惋惜从此不能够听帝国主义者蹂躏殖民地的亲口供状，他惋惜这支那妇人所遭遇的运命竟入了迷宫；然而当他目送着那“丑型的西洋妇人的背影”踏出监门时，他的心也暗暗地叫着：

“恶魔！你们在被压迫的中国，能够自由地无恶不作，也能够自由地无恶不掩过；谢谢你，恶魔哟！你不特亲自供认你们的恶事的一部，而且你那粗枝大叶的谈话中，已经更可推测你们所作的更毒狠的事件了。然而恶魔！被压迫大众的全盘的审判已经在开始了！……”

四

时间一寸一寸地消磨，头脑只是昏沉的继续。到了有一天的下午，季特突然被叫出监狱来了。从看守与刑事所交换的话听来，他知道是要被提到另一个警察署去。于是他在刑事的严重监视下走出了大门，街傍便有一武装警察和一部自动脚踏车在等着他。

外面仍是天高气爽的秋晴，使久不见阳光的季特竟觉有些目眩。一瞬他和刑事都坐上了小的车盒，武装警察便拨动车机开走了。在汽车发出爆声的疾驰中，季特下意识地尽量地打量四街的一切，他知道这眼目的自由也仅只一瞬。在街心中电车仍是那样的冲驰，到来往繁盛处，人们都把眼睛射过来，特别又射到他的大学制服上。这小自动脚踏车像怪物似的不断地放出爆音，不断地向南驰走，季特能享受可爱的阳光，享受眼的自由的时间，也不断地由缩小而变为零。不到二十分钟左右，车便到了S警察署了。

拘留监的囚人，一日有两次放出来撒尿的时刻，季特这一次在看守室等待搜查身体时，正碰着了这个晨光。此处比K警察署远为深刻：囚人特别地拥挤，股股刺鼻的秽气，充满了室中。逼近便所的监房，全部都是朝鲜人，而且像罐头似的装满了十几个。季特正望着这些囚人仍在看守的叱骂声中渐次奔回了监房时,忽然有一阵似被什么抑压着的嘤嘤的哭声传来,季特见着便所的一隅,有一朝鲜人用两手护着头颅,缩成一团,一个高大的看守正举起拳头,像铁锤似的照着脑顶乱打;继而屁股和脚腿又是一阵皮鞋的乱踢,直踢得这嘤嘤的哭声也听不出时才停住了。

移时,季特看这一幅惨影爬进了第一号监房,他马上感觉了这一次不特是进了坟墓,而且真似落到地狱中了。监门不是铁栅,而乃是分为上下两节,上节用钢网与玻璃两层作成,钢网层靠监房内,钢网外则是一层五分厚的模光玻璃,下节则纯系铁板,只在接近墙脚处用铁绳编了一排小孔以通风。自然进出时只开下一节,所以谁也真非爬不可。

模光玻璃的昏昏弱光,只能照着接近门阈的一部,进深则几乎黑暗得不能辨人。在这灰光下,季特见着一位秃头的伛偻,像木乃伊似的寂然不动,侧边一个落腮胡的中年,正脱下汗衣很热心地捉虱子。角落上则有一个裸体,像蜗牛一样地蜷伏在一件单薄的"和服"内。其余还有一个脸上红肿得眼睛合缝的人,匍在地上呼呼地打气。

以后又是晕沉的闷坐的继续。也许是因为与火车站接近的缘故罢,此处与K警察署比较起来,显是回然不同,扒手,强盗,拐犯,赌徒……不断地都有这样的犯人被捉来拷问,每天也有人被释放。所以K警察署是单调而无变幻,此处则是紧张而残酷,罪人们都一进来便各自抱着头斜倒在地上,直到另一次的门锁响时,才又忽的抬头起来呆望着是谁被送了进来,或是谁被叫了出去。

时间渐渐在万无聊赖中消磨过了,关于自己的审问仍然还不曾进行。在计算自身究为的那一件事被捕,豫备如何来应付审问中,季特忽然忆起每夜打手印时所见着的自己的姓名旁边的两行小字,——他想这说不定就是罪状。可是待他于次晚留心去看时,他知道这有些滑稽了:每个囚人的姓名旁边,都一律是"……徘徊街头,形迹可凝,是以加以逮捕……"的罪状。末末了,他终不推想了。他知道在这乱用刑罚的现社会中,每个被压迫的人都不免要坐两次监,而且行每件事都有被捕的可能……

时间终又轮到了一个阴暗的天日,监外是吵吵淋沥的风雨。午饭刚过,监房内已黑暗得如薄暮了。季特正拟匍到地上,从墙脚的通风孔望望外面的光线,他忽见自己的脑顶前走来了石守的皮鞋,监门一开便叫了他的名字。

随着看守刚走到拘留监的大门,陡然一股冷风吹来,使季特打了几个寒噤,门前也正有一个刑事在等着他。他努力地抵抗着寒气,默默地走过了走廊,可是到刚上了几步楼梯时,他便感觉眼睛发晕,腿部一酸,几乎跌了一交。

"怎样？很难过吗？今天要审问了，全部都说出来罢，马上会放你出去的。"

刑事的类似诳许的话，得了季特的一个冷笑，然而他亦委实感觉自身的脆弱，不满一月的监禁，竟引起了身体上如许的变化。

楼梯尽处，一倒拐便是一间刑事们过夜的寝室，内面铺了几寸厚的草蓆。蓆上一张矮桌的四周，歪倒地坐了七八个刑事，但正中的一位，季特却认得就是那生有狗须的检事。

在环众的狐疑的阴险的眼睛下面，季特紧紧地屏着气息坐下。他心中暗暗地自语道："现在是更困难的一段生活开始了。在你前面的，是被压迫的大众的敌人，而现在只有你一人被押在他们的中间。你有如一个打败仗的俘虏，敌人们正要尽量地使你吐出一切的军情。阿、诳、胁、诈，他们都要用尽的，极端地留意罢，不要现出弱点，不要多开口呀！"

可是检事的一簇狗须终于开始颤动了：

"不用说，你是晓得你为什么被捕的罢？"

"不晓得。"

"不晓得？你要识相点，先说出来免我们动手罢。"

检事的左侧下面坐着的一个壮汉，忽然抢着似的这样吼来，但季特只徐徐地先回了轻蔑的一瞥与这蛮声，然后回头过来向检事说：

"真的不知道，我老早就想问问这监禁的理由。"

季特的逆袭，显然已经打破了检事的忍耐，这回不特他那几根狗须在颤动，而且他脸上亦发出冷酷的狞笑来说：

"那末我先告诉你罢。你是犯了日本的'治安维持法案'；你在日本的国境内公然联合一部分的日本人来反对日本帝国，参加革命团体指导下的组织，参加银座街头的大示威……晓得了么，以后还是让你自己说罢。"

这几句话，的确像青天霹雳一样，而且出乎了季特的想象之外；他不曾忆着那已归沉寂了的两月前的事件，到现在才暴发了。

"虽是这样说，但我实没有过这些事。"

"没有？不说也不行，老早就有人替你说了。"

检事一面说，一面从棹下的皮包中取出一个钉好了的册子来翻开，遮遮掩掩地仅留下一段字来给季特看。

"你瞧，你们同志的口供中老早就有你的名字，你还推诿什么！"

季特果然在一列口供中发现了自己的履历和姓名，他的心顿时极端地被缫乱了。可是检事又将小册子翻了一页与季特看，一面似得了胜利地说：

“老实告诉你,你们都是受了高等教育的;将来回到支那,自然都是要人。日本政府为将来得与你们亲善计,已决计不把你们引渡到中国官厅。你要晓得,如果支那政府知道你们在作反日运动时,你们的运命是不用我说的。瞧你们同志的‘叹愿书’罢:‘……希望不要把我引渡到中国,我甘愿服从日本法律的制裁……’”

季特想一切都完了;这次显然是逮捕了日本各地的中国留学生,而这些同志又这样干脆地把一切都倾吐出来了。可是在这样的窘迫中,他忽的又像得了救星一样,他想说不定这是那些狡狯的走狗们伪造出来的口供。这样一想,他的内心虽觉得有些颤栗,但他终于大胆地说:

“我虽不知道这是谁的口供,但我相信这是撒的诳,我真的不曾参加过什么。”

“咳?这是撒的诳?”检事现出满脸的狞怒,“我们一直到现在都很客气地对待你,你不要尽不识相;中村君,弄他吐出来罢!”

正在这时,房门忽然打开,进来了一位提皮包的绅士;房内东歪西倒的刑事们,都像老鼠见猫似的慌张,一举起来穿好衣服,整顿面容,来者显然是一位高等走狗。检事即趋向前迎着,一瞬复转来把季特的审问交与所称的中村后即与来人一同出去了,继续许多刑事亦纷纷出外去作猎犬的工作,房中只剩得一壮汉、中村和季特三人了。

房中一时显得轻松了许多,但新的胁威,马上又紧紧地来压着季特。中村系此警察署的“警部”,壮汉则是“警部补”。他们两人都像两只恶犬围着一匹困兽,正在细细地计划怎样来咬啮,怎样来撕扯。一时警部取出纸笔来把季特的籍贯,履历,宗教,崇拜人物等都记载完后,即重新地强迫他要他把犯罪供诉出来。季特预感野蛮的胁威将来,但他内心的命令愈严厉地对他说:“当一个受难的信徒硬过去罢,说了一句是要说第二句的……”于是他奋起全身的勇气严然地拒绝道:

“我早就说完了,一切我都不曾参加。”

“叱!真刁!他现在大概是不会说的,让他想一想罢。”

警部放下笔与壮汉使了一眼色,这壮汉即命季特起来站着。可是意外地这壮汉也不即刻打他,也不曾用刑具,仅满脸狞猛地像一严格的体育教员,强迫季特起来作剧烈的体操。举踵,两膀上伸下垂,腰肢前弯后仰,下肢左右高举,举凡季特从小至今所学习过的体操,都被强迫地练习过,举动稍一迟缓,马上就是猛烈地一巴掌打来。这样不到三十分钟左右,季特便淌了满身大汗,警部才使他回到监房去了。

五

回到监房后，季特即感觉满身瘫软，四肢不能站立。二十几天的牢居生活，早已使身体变成了僵硬，而现在突然加以剧烈的运动，竟使全身的骨节都松开了。

可是到了晚上，季特才愈明白这体操的残酷；四肢尽管瘫软疲倦，脑经尽管昏沉沉地不能入寐。他早就听着肩傍的囚人们打着鼾声，但他自身的神经却始终是乱离离的。今天审问的经过，无回数地在他脑内回转，末了他又想起了两月前的银座街头的事件。这是在东京的朝鲜，中国，日本三地的被压迫民众，联合起来向日本帝国主义的一个大示威运动。他们要占领这条东京的“南京路”——银座，他们要反抗二十世纪的寄生虫之向着革命阵地的进攻，他们知道只有被压迫大众才是被压迫大众的朋友，他们知道只有日本，朝鲜，中国的被压迫者们紧密地联合起来，才能打倒日本帝国主义。可是不幸这计划竟被日本的高等警察网嗅着了，当季特按着时刻到指定他点时，他一跳下电车，便见着街傍站着一对对的便衣刑事和无数的武装警察。“事败了！”他抱着悲愤的心情继续往前走，一家商店门前，有几个土色脸的朝鲜人正与一群刑事挣扎，其中一位正想从横巷逸去，但忽的两个武装警察追去一阵拳头，这朝鲜人终于在颈项上流着一股黑血，被押到汽车上去了，季特突出一对鹞鹰般的眼球，正怒视着这一幅残暴的光景，他突然觉得背后有人捉住了他的手膀，一回头过去，一个帽绊紧系着下颚的警察正打算要逮捕他。“做什么！我是过路的。”于是警察打量他的学校制帽，细察他的面容过后，才放他过去了。“危险，要是一个狡狯的和服刑事，恐已遭毒手了。”季特一面这样想，一面正打算暂进一家商店去，忽然前面一潮吼声突起，刑事警察和群众的奔滚着的地方，有无数的纸片乱飞，同时那“打倒日本帝国主义！”“日本，中国，朝鲜的被压迫民众联合起来！”“反对进攻革命阵地”的声浪，亦高震在空际上，继续又是广大的群众被捕。

事败后的第一月中，许多日本和朝鲜的同志都逐渐地被释放出来，只有中国的几位留学生从此便告失踪了。过了许久，这些学生虽仍渺无消息，但大家对这件事的注意，也就渐随着时间的经过而消沉下去了。殊知帝国主义的走狗们的狡狯毒计，竟是在大家的不注意中来一网打尽。

在这样的追忆中，季特的意识终亦渐朦胧了下去，但不知怎的他忽又一下翻身过去抱着侧边的囚人，竟用一句中国话来问：“喂，是几点钟了？”这囚人突被惊醒过来正莫名其妙，季特才又昏沉地把意识回复过来，知道自家是发神经错乱了。以后仍是昏昏的继续。他只有突出眼球望着那巍压的墙壁，望着那高悬着的发红的电灯。他有时听得街心特别清晰的汽车声叫，有时远远的又是拖长了的一声火车的汽笛悲鸣。这是一个如何迟缓的长夜啊！

不知已是什么时间了。两耳盈着的无声的声响，突被一阵铁锁声打破，季特心里一悸，他听得第一道监门打开了。俄而是由远而近的一步一步的皮鞋声响来，季特又在凛冽的寒夜中被叫出监房去了。走到监门处，他见着看守室的钟正要指着四点，而白天的壮汉亦带着毫无同情的铁面在等着他。但这回不是到刑事们的睡室，而是到另一间无草席的小房来了。

小房中的阴惨空气中坐着警部，季持一进来便受着他的冷酷的视线，房中马上增加了紧张。“怎样，大概已经细想过了罢，招不招呢？”

“白天已经说过，没有什么可招。”

“谁同你久撒赖——”

季特刚听到这样半句话，便见着壮汉凶猛的一掌打来，使耳门边热刺刺地发出嗡然的声响，这嗡声直渗透了脑顶，复在那里盘旋了一阵，才渐次消逝了。可是这肉体上的胁威，不曾使季特屈服，反激动了他的愤恨；他把全身的力量集中到喉头，然后又使劲地一声骂出：

“野蛮　　”

“你还要骂，野蛮就野蛮。”

壮汉接连便是一阵不断的拳头和脚踢，打得季特在地板上乱滚，直到他的身体缩成一团，动也不能动时，壮汉才暂松手。

“还要刁么，供出来罢。”

坐着的警部见着季特慢慢地回复过来，便又加紧地追问。

“要打就请你打死——”季特气喘地说。

“倒不打死，你不说出来总要弄你个半生不死的。”

这样说着，壮汉便用足镣手铐来把季特绑好，然后把一根粗大的橡皮管接到角落上的自来水龙头上，一刹那间，季特便觉得一股水猛烈地向鼻腔冲来，顿时不能换气：他本能地摆着颈项来挣扎，可是头部早已被壮汉捏住，连动也不能一动。一秒，二秒，五秒……望着季特快要窒息时，水管才又暂时地避开了。可是警部的问话，得不到满足的回答时，这无人道的拷问便又重新开始了，这回季特先觉得一股一股的水冲破了鼻管又从喉头上流去，继续觉得胸前不能转换的气向上一涌，便直冲到脑盖，忽然眼前一鼓，他便不知道什么了……

（原载于《北斗》第1卷第3期，1931年）

亡国者的故事

杨昌溪

在野战医院中的张侠魂已经习惯于病院的生活了，虽然他还恋想着在故乡的爱人，但是，在枪伤不曾完好前，事实上他是不能离开医院的。

监控医院居住有一人快要八十岁的老人——皮嘉善，他晚年的生活也并不见怎样的痛苦；虽然他有一个儿子是在朝鲜的民族革命运动中牺牲了，但他却并不因此而悲伤，他认为那是在日本帝国主义者的压迫下应当做的工作。他每日的生活是快乐的，而且，自从野战医院移到他附近约抹三四百步远的一所简陋的农家屋子里来后，他的生活中似乎特别添了资料，使他更感着快乐了。

因为有了老人皮喜善，呻吟的伤兵们也似乎在精神上得了一种慰藉，他们喜欢快乐的老头子，老头子也把他们当成儿子一般的抚慰。

虽然张侠魂是喜乐着老头子，但他莫明其妙的，却更深切的热恋着医院中唯一的女看护苏丽卿。很明白的，人们可以从她的身上感觉到在性的饥渴中希求着的慰安，但是她对于张侠魂却特别的表示出一种柔情，在苏丽卿自己呢，她有粗野的而年纪比他还大的丈夫，对于受伤的张侠魂，在心中起了一种羡慕；因此，莫名的便伴着对于普通伤兵的慰安而流露出了爱人的柔情，刹那间，她也曾想过怎样去作一种征服张侠魂底全心的奢望。但是，一面是慑于丈夫，一面是不曾操得了张侠魂底心事，不久便压抑下去了。而尤其是她没有婀娜的姿态，她深恐张侠魂不爱她底身材上所呈现的一切。其实，张侠魂早想在养病的枯寂中从看护妇获得慰藉。不过，他为着男子的尊严，他也与苏丽卿般的忍耐着。但是，他为爱人的思念苦恼到极点了，所以当看护妇坐在张侠魂底床边时，他觉得自己不能再睡了。——他决不承认是为了那有着美妙头发的爱人。

“无耻的娼娇——苏丽卿！”老人有一天向张侠魂说着。“她底男人李宜廷是常常在兵营，也是同我的儿子一样的勾当，她常常同别个男人厮闹，娼妇！”

张侠魂注视老人底眼色所指示的方向。看护妇在户外洗衣，医生的助手骆华轩恋缠在她的旁边。他时时倾向着伊，喃喃着滑稽的做事，伊觉得他深深的妨害了她的工作，用一种奇怪严厉的态度瞥视着他。

无耻两字很尖锐的刺入张侠魂心里。

“为什么她——无耻呢？”他问着老人，而极力的隐藏他的不安定。

“鬼才知道有什么使她这样的自由。……她不能拒绝任何人，那便是……”张侠魂回忆那看护妇第一次给他的印象，一种难解的愤怒底感情在他的心中溃烂着。

从那时起，他更亲密的留心伊。其实，伊给予病人的挚热超过他们的需要——甚至于那些，他们很小需要伊的帮助。然而，在医院中只有她一个妇人呢。

一天早晨，已经把他的伤包好，伊比往常较为留得长久些，把张侠魂的床铺整理起来。“来，坐在我的旁边。”张侠魂说着，红红着脸。

伊长久而探求的注望着他——正是那日在户外洗衣时注视着骆华轩同样的态度。“呵，你要我坐下吗？”伊几乎无心的说，惊愕着。

同时，已经整理好了床铺，伊在他的旁边坐下了。“你喜欢骆华轩么？”张侠魂问着看护妇。

她似乎没有听着他的问语，只用她自己的思想回答着，用她那硕大而多翳的眼睛蛊惑着张侠魂。

“这样一个小孩子！……”于是，回转问自己：

“骆华轩？呵，莫要说到他……你们男人都是一样的，一样的坏蛋。……或许你认为我底话太过火罢？……不，一点也不！……我是从经验中得到的……我是有点智识的女人，我不是一般平常的女人……”

“你是一个夫人，是不是？……你高贵，你比一切女人都高贵呀！……”张侠魂截断了伊的话而这样的说着，莫明其妙的夸耀着她，然而又带有一种讽刺的气味。

“唉，张先生，我并不是那样说，我并不对人来夸耀我美丽，说我温柔，说我多才多能。——尤其是男子们！

男子们怎样？……男子们该不是完全是坏蛋？……”

“现在，张先生，我们不必谈这些高远的问题。总之，我也不与你争辩，男子们是坏蛋罢了！……”

总之，苏女士，我也不与你争辩，女子是坏东西罢了。你承认么？

"实在说,张先生,我的经验比你多罢! ……早前有一个子男爱过我,他以后莫明其妙的抛弃我了。……为了他在思想上给予我的影响,我曾经努力的工作,但是,个个人把我认成了一个放荡的女人。……自从脱离他后,我吞了绝育药,我恨恶一切有智慧的男人们,我卑鄙一切讲主义的革命贩子。……因此,我不想恋爱,我想,假如再恋爱的话,我应由我主动的去选择一个智识比我平常而又能实际工作的男子,那样,我们的未来还可以有一点光明。……"

"你现在的爱人是那个呢? ……"张侠魂早经老人皮嘉善那儿知道了伊有丈夫,但他却故意的问着。

"不要问罢,早迟你会晓得的。……是的,我不愿再恋爱了,假如我有心情再爱人,最好是……唉,最好能脚踏实地做事的人。……不管是平常的人也好,只要他能切实地为人类做事便是我所敬佩的人。……一个人自吹自打地说他自己是伟大,那是无味的。……最好,从实际生活上去证实,去体验才行。……即是说革命罢,有些人把革命当作商品,因此便有革命贩子。有些人把革命当作装饰,因此便有革命化的花花公子。有些人把革命当作升官发财的工具,因此便有了革命的投机分子。……总之,这一切,张先生,我完全的看透了。而且从实际上说,革命不只是用头脑去理解,而且要用实际生活去体验。……所以我要再恋爱的话,我是要找一个对于朝鲜民族革命能实际工作的平凡人。……"

"唉,何必长长的说呢! 你底思想我晓得了。我问你,现在你底爱人是谁? ……"张侠魂急不能忍耐了,他急于问着,这种明知故问的感情,他在面庞上极力的镇静着。

这样的询问似乎带着一种穷追的气味,倒反使自由的苏女士因着羞涩而缄默了。伊只呆呆地

转动着多翳的双睛。

"唉,胆大的说好了,何必怕呢? ……人终是会有爱人的!"张侠魂觉得自己的问语促成了羞涩,竭力想解除包庇着苏女士的烦恼,然而伊却更在心中感着紧凑了。

"你何必苦口的问呢? ……张先生,我想你早就知道了。……是不是?"苏女士掩饰着。

"确实的我不知道。……"

"唉,你决定知道的了,你哄我,你们男子都是鬼鬼倒倒的! ……那骆华轩狗东西定然向你说了什么毁坏我底名誉底话。……那可恶的老头子,他是早已不满意我底行为,他常常向人骂我是娼妇,唉,他定向你说了。……"

“不，你愿意让我知道么？……”张侠魂不好再问了，然而为了要掩饰自己故意的询问，却又不得如此客气的说了。

“你决定知道的，张先生！……不然，早迟你可以知道的。……男子们总是爱管这些闲事，这对于你有什么关系呢？……女子一同某个男子要好点，别人就疑心在恋爱。……不说是皮嘉善那老东西骂我，就是许多朝鲜同志还这样的狂吠。……他们认为我在医院中一定是渐渐的变坏，极力怂恿我丈夫带我找一路。……其实，我是决心把我底能力呈献给那些为朝鲜民族革命而受伤的战士，只要我能，我要极力地安慰他们底生命和灵魂。……张先生，你底爱人呢？……有像片罢！……给我看看！”

这话触动了张侠魂的心弦。立刻发生了热刺刺的反应。他不由自主地在枕下摸着，拉出了一小束一张旧报纸包着的东西。从那褪了色的像片上姑娘底谙熟的面庞反顾着他。但是，在像片中看来，似乎没有往昔曾经感觉到的美丽了。然而，那是一个美丽而具有革命思想的姑娘，俩俩的相爱便是为了这点。在他底心中燃起了一股夸张的热焰，莫明的把像片向看护妇呈献了，不曾知道为什么要那样做，也不知道那是否聪明。

看护妇耐心地考察那像片，起先是亲蜜，继着便显着疏淡，哗的一声把像片向地下摔去了。因为在刹那间，看护妇底神经为像片上姑娘底美丽所震动了，刀子不能驾驭自己的行动，莫名的把姑娘的像片往地下抛掉了。同时，有一种刺耳的咆哮声使看护妇从张侠魂底病床上愕着了。

“好娼妇！”一种侮谩粗重的喉音从一株枫树的后面送出，所有的口吻完全是老人皮嘉善一样的。一蓦时，她臆觉着那可恶的老东西又在咆哮了，假如真的是他，自己又将感着无上的心痛。虽然她的一切不需要老人所代表的社会来估量，但始终是使人难堪的。

张侠魂贼头贼脑的环视着那侮谩的声音传来的方向，看见了一个奇怪的、似熟非熟的面孔，一束不规则的黑发零乱的从一顶油腻的遮阳帽下纷散着，带着杀气的侮谩的眼睛向着他的病床四周闪耀着。

在张侠魂和看护惊愕还未平静中，那发着侮谩而粗重的声音的人走近了，两只昏黄的眼睛不息的打量着他们两人。

“喔，你为什么惊愕呢？”发着侮谩而粗重声音的男子极力平静的向着张侠魂说了。“你不要怕，没有什么关系。我对于你没有一点儿好意，只是你那张像片太惹人爱了。……我平生遇见过有！几个好妇人，但是我没有得到一个妇人的像片！……我想有一天你会给我一张罢！……你愿意吗？……”他断续的说完后，不息的把双眼在等待张侠魂的回答。

在这时，看护妇才从惊愕中平静了，猝然的向着丈夫笑着。

“怪东西！你把我吓死了！”她虽然如此的怒骂着，但是在音高上已经改为柔爱了。“你从那里跑来，披毛鬼？……”

看护妇的丈夫没有回答，只是不住的把一双圆大的眼睛左右上下的打量着张侠魂和自己底妻子。对于妻子的问语，好似没有听见一个字样，弄得张侠魂和看护妇莫明其妙了。

看护妇看见丈夫没有其他的恶意，惊愕如潮汐般的从脸上退消了。而且在平静后大大方方的转向张侠魂说：“这是我的丈夫——李宣廷。”

丈夫端详着张侠魂，似乎在那儿认识过的。一霎时，他意识到了他从战场救回来的少年，他越怀疑，他越觉得不错。而且，这少年对自己的妻子很显着亲昵，面孔比自己漂亮得多，不觉因着错综的感情在脸上呈着红晕了。

张侠魂一知道突来的披毛鬼般的男子是苏丽卿的丈夫，自己不觉感到羞惭了。虽然这对他并没有如何重大的关系，但是，好像丽卿在他底心中所占的地位已减少了，看护妇给予他底超于病人以上的温慰也失望了一样。莫明其妙的，只是注视着丽卿和她底丈夫而莫有一种回答。继续着透进心来的羞惭和忿怒强烈地咬着，昏迷而眩晕地躺着。

丽卿已经忘去了关于像片的事，当她同丈夫谈话时，不经心地践踏着地下的像片。张侠魂虽然看见他自己所心爱的姑娘底照片在别个女子底脚下被践踏，但是，因为摄于一切，终于不敢要求看护妇把像片捡起，只是在心中感着一阵阵的刺痛。

而且他亲眼看见妇人同她的丈夫手牵手的走入林子中去了；因为小腿的疼痛，他紧闭着牙齿。忽然间，有一种苦恼咬着他底的，他把像片从地上掉起来撕裂了。以后便昏昏然的躺着，小腿的伤痛平息了，只有在他底心中咬着切的恋爱使他不能忍受。他恨不得马上离开医院去前线，为着了要忘掉看护妇给予他底一切刺激，他愿意毁灭一。但是现实苦痛了他，在梦中他还看见他往昔热爱的姑娘，虽然脚的残废会使姑娘厌绝，但看护妇同丈夫所给予他底刺激，使他几乎从梦中哭出来了。从恶梦中醒来后，从热爱后而生的憎恶咬着他底心，不自主的，像老人皮嘉善一样的骂着她是娼妇。他应不应骂她是娼妇；一个民族革命的战士应不应这样的颓丧和荒唐；忠实于恋爱的男子，应不应这样的游戏女人；因为他的腿疼，他丧失了打量的能力。辽阔的天野在他眼瞳内毁灭了，苍郁的树林淹没了，在他一开一合的眼脸中，只游移地浮着一个小小的圆圈，虽然圈是太小了，但是，张侠魂底整个生命都摄入了那个圈内。有时也有极力地超越过狭小的境界，但是，境界更使他深沉到睡梦中去了。甚至，在睡梦中他也不能逃脱它的羁绊，虽然是睡梦，思想是比开眼时还复杂呢。

三个钟头后，张侠魂从迷梦中醒来了。辽阔的天野在他四周开展着。他又蓦然地想起了女看护苏丽卿。——尤其是那个骇人的，使他把姑娘的像片撕裂的披毛鬼李宣廷使他一想着后，便在眼内燃着忿怒之火。但是，在实际上他还是不能向他们做什么。

正当第二日早晨他在苏丽卿和李宣廷的身上悬想时，他们俩人牵着手，笑嘻嘻的从树林内回来了，他们俩人的面庞上呈现着疲倦和困乏，眼睛内射出的光线一点力量也没有，十分的证明了他俩人昨夜是为着了久别的情爱而把睡眠耽误了。

他们俩人把眼睛注视着在树林下躺着的张侠魂，很和蔼的问他的早安。披毛鬼李宣廷对于昨日的事，他好像一点醋意(?)也没有表现，虽然他不能怎样甜蜜蜜的慰问张侠魂，但他直率的坦白的志情，使张侠魂深深的羞惭了。他觉得自己的神经过敏，几乎错怪这个好人。而在这时的李宣廷也似乎因为妻子的关系，对张侠魂的表示没有早前对待伤兵那一样的鲁莽了。

本来李宣廷和张侠魂一碰面后，俩俩的心中都各自打量着，因为要和久别的妻子绻缱，思潮在李宣廷心中马上便退消了。李宣廷和张侠魂的生死有一段历史的功绩，苏丽卿并不知道。但是，在第二早晨的重新的归来中，李宣廷又在心里尽先的回溯到了往事。那时，他在第一瞬间便对于那个被拯救的少年伤兵没有热烈的友爱，到现在的回忆中所生的愧意，不觉在脸上泛起了红晕。

“我记得我们是在那儿碰过面呢?”李宣廷终于忍耐不住，强烈的问着张侠魂。张侠魂正在打量着他俩重续旧情后归来的表情，忽的被这个问语把思路中断了。

张侠魂的秋水般的眼儿上下的翻动着，也正在回忆着过往。不过，因为印象太稀薄了的关系，他想了许多才马马虎虎的回答说：

“不错，我也似乎记得点影儿。……不过，是在那儿会过，我是记不清楚了。”

“并不是正式的会过面，是在战场上呢。你还记得起么?”李宣廷更深一层的提示着，想把张侠魂的回忆挽起。

“啊，战场上……那样，我更想不起了。……我带伤后，好像一个人将我带走。……只是在被人抱起的一会儿看见过一个陌生人。……唉，那个人你或许知道罢……”

张侠魂半说半问的话，李宣廷并没有插口来回答，而且也没有勇气去回答。因为他一听到这件事便感着羞恶，说到拯救他——受伤的张侠魂——的前后的心理，使他觉得难过极了。

“那个救我的人真好，我要十二分的感激他。……我能够重新活起来。我不被日本人的马蹄踏死，我不被烂成肉酱，都是救我的那个人的恩赐。……唉，朋友，假如没有他，我怎能还活着呢？……假如我知道了，我和他要做一个好朋友，因为我现在的生命不是我原来的生命，定全是那人赐于我的！假如我可以把朝鲜兴起，都是他给于我的活力呢！”

张侠魂越说越兴奋了，激于真情的谢忱，在他一生中，要算这时最为强烈了。不过，李宣廷却对于他激热的话语一声也不响，心内的难堪和羞惭，直把苍白的面庞涂上了深浓的红晕。苏丽卿因为有丈夫在，她沉默着一语不发，只是在手中玩弄着衣钮和衣角，间常的把多翳的眼儿左右的打量丈夫和病人。

最后李宣廷终于忍耐不住了，他红红着脸，嗫嚅的向张侠魂承认了。但是，这时的张侠魂，反倒不能把他全部的情怀表达了。他只是低声的说：“朋友，我感谢你，我们共同为朝鲜民族的自由和独立奋斗好了。”

鲜红色的朝阳疏疏的从树叶上照下，因为三个人都从一种苦难中解脱了，朝阳更在他们的脸上照耀着一种新的活力。这种新的活力在他们三人间奠定了一种新起的，超于普通的而参和革命的友谊。李宣廷的粗野在张侠魂的心里消逝了，对于苏丽聊与丈夫形成的热爱而发生的醋意的嫉妒融解了，对于游戏看护妇的心理改为尊敬了。张侠魂也不知是怎样的，蓦然间便化分成了几个人。

三个人热烈的谈了一阵后，新生的情谊几乎使他们不能分开了。尤其是张侠魂，他很挚爱李宣廷的爽直和粗野；——从前正是讨厌过的——乃至一举一动都使他发生了兴趣。

但是，李宣廷是黎蕴声队伍中最重要的传令兵，在朝鲜民族革命的战士正在与日本人挣扎的时候，他请长假已经是很久了呢。李宣廷在革命的理论上虽然没有张侠魂那样充实，但是，他的努力还胜过许多学校出身的热血青年呢。在两三小时的细谈内，张侠魂知道了他是日本人矿山中跑出来的叛徒，更使张侠魂生了钦佩心。李宣廷又说他替日本打过许多战；又说他因为想从日本人的恩典下升官发财，曾经因为拼命冲锋而带带过次伤；又说他自已感觉读书太少，肚子内空虚得很；又说他很羡慕张侠魂的温文，一定是很饱学的人。这一切的话都使张侠魂感着惭愧，因为他所要获得的知识，正是他过剩了的。

在上午十二时后，李宣廷骑着马通过树林去了。苏丽卿的两个多翳的双眼痴痴的伫望着在灰尘和树林中隐没的丈夫的身影，好像要掉下泪来一样。张侠魂也勉强的从床上支起半边身子望着，向他挥着床前散旧的绷带作为分别的标记，但是，李宣廷，却头也不回的驰着也飞奔去了。直到人和马影淹没后，看护妇温柔的向张侠魂说："他真忍心呀，我们眼巴巴的望着他，他连头也不回一回。……我看他的样儿太狂放了，这次同日本人的战事，恐怕要把断送的。"张魂侠和女看护妇都有些怆然了。

（原载于《橄榄月刊》第 19 期，1931 年）

一位台湾女子的谈话

白薇

1.雾中行

一个恶寒的晚上，沉重的大霜，示威地迫来充塞着尘埃飞舞的城市，巨大的天空，弥漫着强烈的电灯瓦斯也射不透的冷雾，飞奔急降的霜层雾障，袭压来把整个的大地造成了灰暗恐怖的魔域。这灰暗恐怖，愈压愈重地彷佛要把光明温暖的明天都吞了去……

我逐着森严刺骨的寒风大雾，踏过城市边地寂寞的马路，动机是想访一个人，而刮人肌肤的腾腾的冷气，刺入多病的鼻子陡作尖痛。我因鼻子痛得非常，两额的神经弹痛如割，脑里也一阵阵起了难堪的痠痛，鼻涕和病的眼泪突地急流，便停止了迈走的脚步，访人的决心有些迟疑了。

徬徨了分把钟，萧萧的落叶在我头上漫舞，与霜雾辉映的电灯，发出格外寒栗似幽灵鬼火的冷光对我逼射，行人绝少，有也是唏唏缩缩的，满空灰暗满地难堪的压迫，只有腾卷的雾花，得意似妖灵地袭来越厉，像要灭杀地上所有的生机，让地球给灰暗恐怖去统一。

我对着这灰暗恐怖的景象，实际的鼻病也尖痛着在激动愈重的酝酿，那时，真如壮士抱着堂堂的勇气，一时陷了包围受了伤，创伤的身体不知要怎样去向？

“劲！”一想起这个风波苦浪里斗过人生长途的人，那怕我明天就伤风突患气管炎症，也遏不住我波波的血液，便不再思索地紧张着精神迈步走去……让鼻宫尖痛着病的眼泪急流，让鼻子紧塞着呼吸直接取道喉头。我冒着大雾走去……

我走到了热闹的大道，平日人的洪流挤不了的街道，今晚行人特稀，十字街上欺人的繁灯代了太阳的光明，店铺巍峨的像要把人压倒，市声嚣杂的反麻木了我尖痛的神经，我呆呆地走着冲冲撞撞，只让巨大的绿眼驶来的电车汽车，行路人我不让，侧路的小湾几转，找到了我的目的地了。我冲上门口去问，一班顽童排列在门前。

贪食的顽童，赤脚垢面的手拿着一块烤红薯，大吞大啖着笑笑迎来，他睁起巨眼食物还在喉中的声音：

——张……吗？

——是，张劲在家么？

顽童用力地把喉上的食物吞下了喉管，好奇地把我从头到脚看了一番，以冷刺刺不客气的声音回我：

——你是她的甚么人呀？

——我是认识她的，来看她。

顽童用左右腕撞动两旁的小朋友们怪笑，又作出种种的怪相讽刺我，再牵着小朋友们的手把守门前，鼓动小朋友合作来取笑我，我有点愤，不顾地直冲进里面去。然而屋里空空灶火冷的，主妇还没有回来，板凳、水桶、锅盖、脚盆和孩子们玩的竹刀长棍，散乱过路兼厨房的

小屋中，使插足无余地的糟乱，顽童看我踏过了那些玩具走到狭小暗黑的扶梯口了，他敌气的对我粗暴的叫出：

——不要上楼！

——我要找张。

——张不住在这里了。

我惊了一下，停了一停，然又想顽童是骗我的，于是急登上楼梯去，不料顽童爬上扯着我的衣裙，把我拖出门外，真使我活气得脸都发烧，想骂他又怕惹出更大的事来，因为他们的团体都跳跳的向我笑得痛快，我只得下气责他：

——你为什么是这样无理？

——你不能上去，我妈妈嘱咐了我的。——我要上去！

——你要拿张的东西吗？

这话听来谁不愤慨小家伙太侮辱人呢？可是和小家伙吵又太没意思，而门已被他们紧紧关上而且严固地把守着了。我只得绕着屋子的外边，寻着楼窗仰向尽喊。

真奇异！楼房强亮的电灯已套上了美丽的灯罩，原来破乱的窗上，今也挂上了桃红的窗帘……“张劲怎么会有这些呢？难道我找错了房间？”果然珠润的娇喉，响在和香水同传出的窗前，那是扎着两只短发披在肩上，画着细长的眉毛的洋装日本女郎，看她的年龄，相当高等女校的学生，但她的神气、妆束，

不是舞女就是私营香巢的私娼，她用半通的上海话答我，随后我用日本话问她，她才告我她已搬进来了一礼拜，她不知道这屋里从前住的是谁，只是来时房子里有些东西，现在一切的东西都收在房东的房里……这时，男人的影子在房中走看。

我再到门口问那顽童：

——你姆妈还没有回家么？

——姆妈在东洋人家里，今晚要回得迟。

——张到那里去了？

——你去问警察！

他的话像斧头斫的，锋利的眼光望着我。我失兴的归来，心里像失掉了一件甚么，寒气愈来得严烈，我四肢已冻得僵硬，齿牙也有些发怔，我坐在床缘喝了点开水，预备躲在被窝中去避寒气。而波动的心潮，总想着劲前后奋斗的历史。

“劲！她到底那里去了呢？关在牢狱里了吗？……她，看来虽和普通女子没有多大的不同，但她是经历了多少奋斗？……她的心就像一座热血铸就的警钟！……”

砰拍砰拍的敲门声，打断了我这段忆想，我去开门，走进的就是她。

——劲！你怎么了？

我高兴得两手紧握她在跳，但她苍白的脸色只报我以淡笑。——我去找你，刚刚回来。

——哦。

她轻轻地坐了，好像很有心事。

——你这几天住在那里？我以为你被捕了。

她站起把我的前窗后窗一看，忧郁的叹道：

——唉，捕去了倒安心，省得我心里总想着一件还没有做的事。

——不是有警察到你那里要捉你吗？

——是，十天前有日本的侦探警察来捉过我，好得我房东娘子救了我。我很不愿意给日本警察捉到，给他们捉到我只有死没有生的。

忧郁袭得她脸上发青，她无感觉地坐在窗下。我给了点开水她喝，替她披上了件旧曼陀，又把窗户紧关起了，拿一条毯子盖在她膝上；拖一张藤椅和她对坐着，安排和她作长时间的谈话。但她索性把头贴在书桌边，双腕将头抱起来，不知在私泣呢还是在闷想。我轻轻推她。

——喂！你为什么这样忧郁？这像个革命家的形态么？

——唉,你不知道我的心事!

她刺激的神经像要对我放出火来。

——革命家受挫折是常有的事,好得生命还在,未完的工作,这一辈子还可以努力去干,又何必悲伤呢?

固然,我也是带着内愧的调子向她说出了那几句话。她用抗争的声音回我!

——不!我不是为生蕃失败的事情悲,我是想去看我妹妹哟!……可是我没有钱,最讨厌的是警察总追着我,白天我简直不能出门。而我又非去看她不可的。

她说时呈显着一种梦迷的眼色,显然是表示痴情,她微笑了,那微笑又是肺腑深奥的辛酸的表征。

她妹妹对她的历史,从前我颇知道些微,她当逮捕危险的时候,她到底为什么要去看妹子,这是我所不能解的。而我根本不愿意她谈到什么私人问题,专心想听她谈谈生蕃的革命。我照我的意思发问了:

——这次生蕃暴动的事,你是不是直接加进里面工作?

——没有,这次我们台湾人没有直接参加去暴动的。不过那些生蕃因为平常受不了日本种种残酷的迫害,他们感受了我们的革命的宣传是有的。

2.生蕃的革命

——生蕃这次暴动的始末,你可说给我听么?

这一问好像很引起了她的兴趣,她锋锐的眼光好像陡添了无限的活力,被冻紫了的嘴唇也红了起来,她喝了杯茶,扬眉准备滔滔说下。

——这我可以告诉你一点,这次台湾生蕃革命的事我很清楚!说他们的远因,我也不知道要从那里说起,而首先你就要知道生蕃是一种甚么情形——生蕃的种族好像是马来种,他们早住在台湾,就是台湾的土人,他们的身体很高大,性凶猛又活泼,有刺墨纹身之风,自汉人到台湾,把他们挤到山中去了,日本夺到台湾以后,生蕃的住居,更完全和普通的台湾人,熟蕃以及日本人隔绝,生蕃全住山中,日本人用铁丝电网隔断他们,使他们不能自由到台湾的平原来。为着这样生蕃很愤慨,常有斫断大树捣坏电网攒出的事……也常因此闹出斗争。

生蕃是以打猎为生,种田地的极少,只在山峡的平地上,种些山芋、红薯、高粱之类,他们是共耕的,把粮食收在公共仓里的,他们最大的产物是兽皮和藤器,从来他们是拿这些出产品和普通的台湾人交换货物。但自从日本管辖台湾以后，便不许他们这样交换了，日本在台湾生蕃住地，特设有交易所，雾社警官住在地，也设有交易所，要生蕃把兽皮藤器及一切产品，都拿到他们的交易所来交换，叫做代为交换。这美名的“代为交换”是交换点甚么呢？那怕是顶好值得几十块钱一张的兽皮，只把几包香烟或是几个铜板的坏酒给生蕃交易，就是值得百把块钱的货物，也不过是给他们一点盐、一点酒罢了。这强制的交易所，简直是掠夺场，蕃人目为是他们的坟墓。可怜生蕃不能制盐造酒，而他们又偏生嗜酒爱吸烟，少不得要吃盐，竟让日人苛刻剥夺完了，但他们也没有办法，这是生蕃埋恨日本人的第一桩。

日本政府又用种种欺骗的手段，说是以政府的荣光，替蕃人保管森林。就在“森林保管”的美名之下，采伐深山的树木，实行夺去了生蕃在山林中生活的路，从此使劳苦的蕃人，血汗淋淋地竭力替日人在山林中伐树运树，或是以竹轿把日人抬上山去，经营山林，自己却不好在山林中自由伐藤打猎了。政府想没收山林，使蕃人除了卖劳力外再没有别的生路。

蕃人给日人雇去，都是做极苦的工作，而工钱非常贱，一天不过是几个铜板，日人出给蕃人的工钱，大概是台湾人的四分之一、日本人的十分之一，顶苦的工作，如在深山伐大树斫大藤，那种带有生命危险性的苦工，也不过是角多两角钱一天。蕃人被剥削得简直是牛马不如地在挣扎他们最后的残喘。

精悍不屈的生蕃，日人又想尽方法使他们归顺，不许生蕃姓自己本来的姓，强迫他们姓日本姓。又看着蕃人中有美丽的女子，就强迫通奸，甚至只要蕃人中有漂亮的女子，那怕她已经嫁了人，日本人一见了，也要抢了去做老婆，多半是做蕃地日警的老婆，然而又非要她做真正的妻子，那些警察若是要回到他们的本地时，又把蕃女弃了。这是惹起生蕃最大的愤怒的一桩，也是蕃人引为最耻辱的一桩。

她兴奋着一口气说了这末多，但我还是不懂生蕃这次暴动到底为了甚么。假若我不催促她一下，恐怕她把生蕃的历史今晚说到天亮还说不完。我又拍着她的手，热心地催她：

——喂……请你简单说，生蕃这次的暴动，到底是为什么呢？

她灼灼的眼光对我有些奇异，好像怀疑我不容人一直说尽胸中的愤懑，她紧张的面孔有点不对调了，沉默一会。我很能体谅她是因革命的高热受了挫折，满怀有莫名其状的悲伤，怕知心的人还不耐烦听她说话，所以有点寒心。我慌忙地报她诚意的微笑。

——“生民涂炭，人不聊生”一方面，资本家的利益，达到饱满，澎涨，过剩了，同时压迫也过于厉害了，那就是饥民起来革命的原因。

她泛泛的说了望我美妙的一笑，那笑容播进我血液中多少的力！她拿了枝铅笔，在纸上写了“日月潭”三个字，快速地又画了个圈，表示那是池，热情的调子又在她唇边响了。

——“日月潭”是从山奥里导来的水，成为山巅上的一个池，池水非常清秀；拔海二百十八米；“浊水溪”是台湾第一条大河流，发源于高山的奥底，蜿蜒缝着蕃界高地，从日月潭南方西向而灌注台湾的平野。日本人好几年的计划，想把“浊水溪”的水引到日月潭来做两个规模浩大的水力发电所。这是全世界还没有这末大规模的发电所。若是这计划能够成功，所制的电气，能供给南洋和南中国的需要，因此将来日本在东方的实业、商权，也非发达到掌握东方完全的霸权不可。但是日本没有这些钱来建设这工程，正在向美国借款，美国却很嫉妒日本建设这工程……

又假若这工程能够完成，蛮歌唱和快乐和平的蕃人部落，要变为陷落水底的运命，这是蕃人革命最近的原因。

野心勃勃的日本实业界，又怎能够放弃这伟大的黄金之源的工程呢？他们在经济恐慌的局面下，更蓄心长足争霸东方的实业权，所以他们正努力开始这个工程，忍弃蕃人于存亡死活的关头。

日本既要在山巅的“日月潭”建设水力发电所，他们先就准备在山中修铁路，造房子，设市场……在高山之上下，在蕃人居住的溪谷两旁的地方，正着着进行那种工程。因此激起了蕃人极大的愤怒，酝酿这次的革命。

以苍郁的树木作密林，出海一万尺，那险峻的群山溪谷之旁，风景崇峻仅仅一点点的肥美平地，是蕃人构居的地方，他们的居地，共分十二社，这次的革命，是从雾社起，革命主要的原因，也就是我先说的是因为雾社及雾社附近的土地，被日本人强霸的占领起。

雾社是怎样的地方呢？雾社就在浊水溪的上流，出海一万尺的能高山及莳莱山山腹的高山地域，由十一个部落而形成，从平地起约三十里的山奥。形势险峻，风景雄伟佳绝。连峰蜿蜒如长蛇，深山的雾气时迫；白云从浊水溪的谷底涌出，霞光照遍数百里的断崖如火如荼。鸟和虫奇美的声音叫绝，女郎花、百日红点缀蕃女歌唱的穗草丛中。

日本人占领雾社的土地那种手段，有使你想象不到的残暴：起始，他们派人去收割蕃人在火烧背皮的热天里耕种出来的农产物，并杀掉他们的牲畜，使不得再耕种，男人有反抗的杀无赦，女子有反抗的见丑是毒打，见美便奸淫；其次是没收蕃人肥美的土地田园，还要把蕃人当牛马奴隶使，使他们在自己的土地上，血汗淋淋的替日本帝国主义建设铁路桥梁，谁敢反抗便屠杀：还有就是日人占领了蕃人的房子，反威迫蕃人细心拆掉，蕃人被压迫没有办法时，也只得屈服于暴威之下，忍痛着以自己的手去拆掉自己的安身之家室。但有的人硬不肯屈从，无论怎么也不甘心为敌人去拆自己的家室，把祖宗血汗的劳力所经营出来的家屋财产，捧了拱手以赠敌人。

你知道日本人是用什么方法对付这些强硬者呢？第一，他们派人去替那些强硬者拆房子，二天一天的工钱要房主出的；第二，若不拿出这工钱的时候，就捉起那些强硬的房主来，在他们的肩膀上、耳朵中，通以电流以示惩罚，或是把他们打得血淋骨碎，牵到大众面前示众以示警戒。

这是一二年来常有的情形，女子有反抗的，同样的杀。在这种残酷的迫害下，蕃人不知道惨死了几多？肉搏的斗争，人血的氾滥，把森严壮美的地方，弄得像一片宰牲场，而那些食人的残暴的日本野兽，又从来不肯暴露他们比生蕃野兽更野蛮的丑态。

蕃人的愤懑痛恨达到了极点，尤其是雾社和玛里鲍社的蕃人，痛苦更甚，于是他们乘十月廿六日午前九时在台湾市南门小学开日本人的运动会，并举行祭祝，在这昼夜很热闹的时光，集在雾社的革命者，动员革命群众从四面山中突然把运动场包围起来，约定时刻向运动场开炮，这是蕃人起事的导火线。

日本领事府初听到炮声，还高兴地对人说："是运动会开始了！"日方不料会有惨祸袭来，他们一点也没有准备。一时任蕃人的枪弹，对运动场打死了二百多人——却没有打死一个台湾人——这是蕃人有生以来最痛快的事。

当时运动场的秩序骚然大乱，日本急调各路警察来维持，但没有法子能够镇压得锐气逼攻的枪弹炮火下。随后日本动员台南台北所有的警察队来防御，但警察不能打仗，也只得让气势正浓的蕃人鏖战了许多时候。直到把台东花莲港一带的日本军队调来，双方激战多时，才把蕃军打退，退到山中。

在蕃人，事前就早有准备，他们所以能有这样的攻略：一面是他们能够接受世界革命的潮流，有许多内台的革命份子在他们里面活动宣传；一面是革命首领蕃人的中心人物花冈一郎及二郎兄弟，平日很得多数蕃人的崇拜，蕃人看他们兄弟如解放之神，起事的前几天，花冈兄弟召集革命的蕃人，开盛大的宴会，并对土人详细说明，教授新式枪炮的操纵法，同时鼓励同志的勇气，誓以坚毅奋斗的精神，紧紧团结为革命死为自由生。当时有一个在宴会场中歌舞的少女，歌完舞罢后，抽出花冈所佩的刀割破自己的膀子，将血冲在热酒碗里以饮革命壮士，鼓励他们的勇气。所以凡出战的壮士，能有那样猛烈的反攻和顽强的抵抗。

我听到这里，精神紧张得血都陡跳起来，惊奇的意态又不觉私私地羡慕那种壮烈的情绪。我又捉着了她的手，极度的快乐又开心，问她不知要说什么的神气，急于要究问的冲动便顺口问她：

——生蕃的宴会，用碗来喝酒么？

她笑了，解释给我听——

——蕃人的宴会和华人完全是两样的，他们主要的食品，多半是打猎来的鸟兽，用来烤焙成堆的拿了吃，用土制的很粗大的东西盛酒喝，大碗大碗的酒顺次地一个个喝……他们的酒碗是公饮的，不像华人每人一个杯。

我明白了以血冲在热酒碗中这个意义了。继续好奇的心再问：

——蕃人也知道音乐跳舞？

她诧异地叹道：

——呀……他们才会跳舞哩！不过不像西洋人那末有美术的指导罢了，但她们的女子会跳舞的，异常热情而且激烈，四肢的振动就像一条蛇在动。音乐也是很好听的，他们用大小的竹干雕琢各式各样的乐器来吹打，在大竹乐器的每节中间调配些水，和着泉水旁美音的石头敲起节奏来，抑扬幽艳的声音，昂奋雄浑的曲调，那比弹 Piano 还要好听。不过他们这种音乐，多半是在山林中天然的石上奏的，宴会时也常有。

这段，算是我好奇地问出来的一段插话。

窗外寒气威迫地侵入，有些刺得骨冷，我再给她杯滚开水，她并不喝，反提高嗓子愈说得昂愤。

——英勇的蕃人战士，这次和日军交战非常的勇敢，从最初炮击的挑战以至最后猛烈的反攻，他们是如何地勇敢死战，你大概从报上可以知道一点，他们全体的战士，仅仅一千八百人，却能和许多大队的日军，交战几天之久，打死了日军的兵士颇多，还打死日本一中尉，一个伍长，日军的损失颇大。

蕃人准备有几个月的粮食，他们凭天然的险要筑战壕，战士或躲在深山中，或藏身岩洞里，或掩伏草丛下……森林茂密草深雾又大，所以日军很不容易打到他们，后来日本用飞机投炸弹，幸而雾气很大，飞机上不容易看到他们躲在那里，又没法子能够打得他们下，他们却时时出来反攻。无论日帝国主义最后用怎样残酷的战法，用怎样野蛮的屠杀，他们还是顽强的抵抗到最后，还是从山荫、岩洞、溪谷里，冒死出来决战。

他们的妇女，看到两方激战最厉害的时候，有许多拿刀自杀了，以鼓励她们的男人勇敢打仗。结果一千八百个革命战士，死剩四十个了，而他们的勇气还不稍衰……

这，就是证明蕃人革命的精神，已经达到了极高度！而蕃人受着世界革命的影响，这次起来与帝国主义决战，他们英勇的战争，已惊动全世界了！

蕃人浓烈的革命情绪和伟大的抵抗精神已经明白了；日本帝国主义的屠杀手段，到底是怎么样呢？

日本帝国主义用了大炮飞机的屠杀还嫌不够，还要用毒气瓦斯，对深山中、穴洞中、溪谷中，作最残酷的扫射！英勇的蕃人战士，几乎全部被毒气淹死了……用了毒气的残杀还嫌不够，又采用焚烧政策，放火焚烧蕃人的部落，玛里鲍社全被焚烧，烧死人民无数，粮食全被烧光；……采用了焚烧政策还嫌不够，更实行最野蛮的屠杀——杀了蕃人许多妇女，想把妇女妊孕的革命份子全除掉！杀了蕃人许多小孩，想绝灭蕃人最后的一个细胞!!

这种野蛮残酷的大屠杀，日本帝国主义敢把自己的野蛮宣播给世界的人知道吗？这是生蕃革命的一般。

她说这一段，声音颤动，强大而激烈，同时沉痛的调子，有使人不忍卒听之势，她兴奋的眼光又是那样放射，好像胸口要吐出火来。她的愤激传染我了，我听她后背的每一句，都像刺刀刻入心板中，我波动的血液在燃烧，一边奇惊的敬佩蕃人的英勇，一边毒恨帝国主义的野蛮！并感到非把全身献给革命，领导革命不可了，我愤火难安的也带着点颤动的调子答她：

——我们唯有终身献身革命，唤起被压迫的民众起来革命，再联络国际的与殖民地的被压迫的民众，彻底推翻帝国主义的统治。

——对，出路只有这一条！

可是，请你不要空谈理想！……实际的革命工作，和理想差得远哟！……你是没有走上实际的路，更不知道台湾的黑暗到什么程度。

她一高一低的声调，很传出了她深潜的沉痛和满怀的热烈。

3.黑色恐怖的台湾

——殖民地如高丽、印度、安南，恐怕没有一处像台湾那么苦，没有一处像日本帝国主义对台湾那种黑色恐怖。原因或许是高丽，印度，安南，还各有他们固有的文化，帝国主义对他们难得欺骗，迫害一点。台湾呢，帝国主义更利用你愚蠢没有文化，容易欺骗而又容易压迫，所以加倍的蹂躏宰割，把你当牛马待了，更实行那最野蛮的铁血政策。

台湾人民的苦，真苦到了极点！——怎么苦法呢？

我问。她毅烈的目光一闪，彷佛笑我太不懂事。

——第一，日帝国主义要替台湾人换脑筋，它不许台湾人说台湾话，读台湾书，台湾从前的私塾，它不准你开办，可是日本的学校，布满了台湾有钱子女，要读书就要进日本的学校，一进了他们的学校，你就不能说台湾话了，倘若你一旦说了台湾话，就要罚你，罚了二三次还不改，他就写块很侮辱你的牌子挂在你身上，拉你出去示众。若是总不说台湾话的学生，他就拿东西来奖你，并诱你忠心于日本帝国主义，使你爱戴日本天皇，到爱日本的一切，甚至于轻蔑侮辱自己的台湾人，以至一辈子做日本的忠实走狗。……又倘若某个学生稍稍有点反抗性或是思想好一点，他就不让你留在学校，那怕你成绩再好，他也要寻衅记过，开除。尤其是思想好点的学生在中学卒业后，再想考学校，日本的学校是绝不会收你的，不知因此断送了多少有志的青年学生的学业。

不但对于学生是这样，对于以外各样的台湾人，都用这种或比这种更卑鄙厉害的方法来改变脑筋，务使你变成了一只归化的驯羊，或是一只忠实的走狗为止。你若亲身尝受这种毒恶的压迫，你一定想杀退那些日本鬼才甘心。

第二，日本帝国主义对台湾，除开占领了台湾的市场，夺取了台湾的经济，政治，实业以外，日本对于台湾的宰割，欺骗的手段，又无所不至。

这里我可以举两个例来证明，例如——

甘蔗产业：台湾是甘蔗著名的产地，夏秋之交，青绿的甘蔗，遍地遍野，大半的人民，终年的衣食生活费，就全靠这些甘蔗卖给制糖厂得来的价钱。

但自从日本占领了台湾后，制糖厂就不许台湾人自己开了，所有的制糖厂，全归日本政府办理了。而且农人的甘蔗，也指定某处和某某处的该归某某制糖公司采割，等到甘蔗成熟时，由制糖公司派人来采割，自然，派来收割的工人，是要由农人出工钱的。于是农人种了甘蔗，自己吃不到一条甘蔗了，若是割了一根甘蔗来吃，就把你当盗贼办，拿去官厅打骂、审问、坐牢，小孩农人因为自己私割了甘蔗吃，受这种惨酷的处罚的随时随地都有……

公司割去甘蔗，磅过重量就运去了，当时又不发表价钱，等它卖了糖之后，看所赚的钱多少，才把原来甘蔗的价钱打个对折，或是把折去三分之二的价钱报告出去，还要在那折扣殆尽的甘蔗价里扣出采割的工钱来。……这样剥夺了还不够，到后来更进一步的剥削，就是把甘蔗的头和尾都截掉才磅轻重，而价钱还是同样折扣一半或是三分之二了才发表。

亏了农人一年辛苦得来的价钱只有几个，他们生活唯一的靠望，几乎被别人剥夺光了！台湾百姓，便陡然增加几倍的困穷，穷到没有饭吃，没有衣穿，饥寒交迫，流离失所，甚至卖了儿女，饿死野外的还是大堆大堆……

这是日本帝国主义剥夺了制糖厂和甘蔗的结果。

又例如——

模范竹林：要知道模范竹林的故事，我须得先把台湾的竹林告诉你听——

竹林在台湾,是第二种大产物了。台湾山很多,山岭崇峻,峰谷秀美,那就是因为台湾人最会种竹,满山是密森森的竹林。那些竹林因为种植法特别讲究,发育也异常优美,夏天浓绿的景色,望去就像一片绿天碧海,竹叶萧萧,掩蔽着山庄小屋,竹林之广,绵亘千峰万谷……这不但是台湾独有的优美伟大的风景,也是台湾山居人民唯一的财产,唯一的生活之泉。

这些山居的百姓,一到春天,掘采嫩笋,制好销行各处去,又长年编制竹器,竹细工为台湾出品的大宗。所以有竹林的台湾人,靠着这些利益,很可以过他们衣食饱暖安定的幸福的生活了。

日本帝国主义是怎样垂涎这利益?!

于是他们想出了高妙的手段——更进一步的手段以剥夺台湾民众了。

由他们在台湾的官厅,派人把那些竹林主统统叫到官厅去,厅长对竹林主说几句褒奖的话,说:——"……你们的竹林编种是如何地美好啊!经营是如何得法啊!那末优秀的竹林真是可称模范的竹林!!我们应该要由政府嘉奖你们种植的得法,奖励你们勤苦的经营,……现在遵照台湾总督府阁下的御命令,要发给你们每位的奖金;……并且把你们竹林,编为模范竹林。……"

"模范竹林!!"无知的老百姓听了这个褒奖的美名,一包一包的奖金又发到每人的手上了,币重言甘,马上老百姓欢喜的小眼挤成一条线,你望着我我望着你地欢笑不了,从心感谢总督府阁下的恩惠。——虽然也有些疑心难解的,然而怎样叫他们能摸得到毒计的头绪?

况且森严的官厅,警察四布,和悦的厅长,又向竹林主们详细地说明:"——……你们的模范竹林,以后由官厅保护。你们的竹林在官厅保护之下,不但是名誉格外好,而且有无上的利益。因为从此既不会有人偷取,不致使良好竹林荒废,并且你们采伐自由,还是同从前一样。"这话,自然使竹林主安心了。

领了奖金的人,一个一个签字了。

在他们以为那不过是一张平常的收条,想不到他们再入山采竹时,保卫竹林的日警,已经把全竹林都把守起来了,他们连一根毛竹都不能采了!谁再进去采了竹,就当盗贼办,而且是侵犯政府的利益的大盗贼。从此山头山尾,竖起禁止采竹的大牌来。

竹林主们不服气,群起拥到官厅去理论。这时候官厅的骗子,怎样应付呢?他说:"……你们不是已经把竹林卖给了我们政府吗?你们还都写了卖据哪。……"凶恶的警察队,把这群人赶鸭似地赶走了。

"该死的骗子!里多两里路的竹林,两三块钱奖金就拿去了!"……"我有十多二十里路的竹林，二十块钱奖金就骗去了呀！”……“不行，不行，我们的祖宗以来，开辟的山地，我们用血汗培植出来的竹林，那是我们衣食生活所靠的全财产，我们不能让日本鬼这样抢了去！”……“尽六斗，竹山，嘉义三郡的竹林，总共一万二千甲步，仅仅那几块钱欺骗的奖励金就把我们这三郡的竹林，通通骗去了！我们的财产全被他们骗光了，以后我们只有家家户户饿死去！不行，我们要反对！我们要大家出来反对！！……”

被赶出去那些喧喧嚷嚷像狂了般嚷着的人们，警察拘捕了十几二十个去，把他们又打又踢关在牢里。顶惨酷是看了他们的女人出来反抗，把他们的女人也乱打乱杀，有些孕妇反抗最厉害的，日本警察对她三刀五刀，孕妇连胎儿都斫死在路上，我的姑母就是这样被斫死的一个，群众看了这种威吓，也只有战栗得同患了热症一般，哑喑喑不敢说话，唯有满怀的愤恨，抛弃了竹林，去过流离乞食的生涯了……有力的强汉，或者做做苦工，牛马不如地靠卖劳力吃饭。

现在的所谓模范竹林，归三菱公司采去制纸，已经采伐零乱得不成样子了。从前生活丰裕的竹林主，有许多佣工在三菱公司里面，被严容恶声的责骂着，血汗淋淋地做最苦的劳工。……风露的树林下，腐臭的甘蔗叶子堆里，是这些人普遍的宿泊所了。

我听到这里，全身的血都涌上来，像做梦似地看到近东的台湾，脑干血枯地将演完那伟大的血剧。我叹了口气望着她。

——这样说：现在你们台湾人不都是很穷了么？

——台湾西方肥沃的平地，不待说早给日本占去了。水田、甘蔗畑也都先后入了日本人手里，最后的郡大山、新高山这些竹林，日本人也像欺骗生蕃——把一斤盐换生蕃几十百块钱的兽皮，把几箱火柴换生蕃十几块钱土产物一样的方法，把那些竹林欺骗去了。香蕉呢，龙眼呢，不待说老百姓都是一样地能种而不能吃，……台湾人的穷法，简直是说不尽，说来也难使人相信的。只有那些和日本人同化了的奸商、买办、投机份子，也不少新兴的资产阶级。然而这些新兴的资产阶级的暴戾，和日本人没有两样。也正因为这些人不断地出现，越觉台湾没有救了。

日本把台湾人的脑筋，渐渐地要换完了，本来愚蠢的人民，现在换为忠实的走狗，无情的豺狼了！这些走狗豺狼，正在磨利他们的爪牙，准备和日本人一齐来咬死台湾人。所以台湾人要谈到革命，第一件没有法子的就是——台湾人的脑筋都失掉了，这是多末伤心的一回事！台湾有一半人的头脑，是日本人手里做成的傀儡了。第二，政治、经济、实业、土地，没有一样不在日本人的掌中，而军警、刑罚、残酷的剥夺之道，又如毒网一般，布满在全台湾的民众前。台湾人要革命，真比蛛蜘网里的苍蝇，想跑出网外还难百倍；若靠贫苦的工农觉悟起来反抗，撒播暴发的火种，烧毁帝国主义统治阶级一切的阵营，那又同拑着肢膀没有羽毛的麻雀想飞还难了。

为什么呢？台湾人失掉了一切主权，失掉了一切生活路，失掉了一切财产，……台湾只有敢怒而不敢言的奴隶，只有能恨而不能动的亡国老，台湾根本就没有了自主自由的工农，都是手脚上着铁链的奴隶！

被压迫比世界各殖民地的人民都苦痛的台湾人，膏血被搾取光了；栖息的村庄，同于贫民窖了，枯瘦疲惫，衣不蔽体，和乞丐相似了；鬻儿卖女，一家死亡，牛儿哀号田野，犬仔狂哭廊下，和灾民灾地同一景况了。……那面面的黑暗，多形的惨淡，使你一想就兴起绝望的恐怖，那恐怖的力量，会掠了你的心放在黑色的海里发抖，……那恐怖的力量，会赶你到黑色……的……海……里……战……栗。……那时……你一想。……就会……更……觉得……台湾……是……怎样……黑漆漆了。黑色恐怖的台湾！！

她的话很没有气力而有些断续了，是她激昂过度后的疲乏么？然她灼灼的眼光，又含一种悲调，也难说那就是她绝望的表情？

——等到沦亡到台湾那样子才觉悟要革命，迟了，……难了……！

她忽然沉默了，我以为她的话收了场。

沉默。

（原载于《青年界》第1卷第1期，1931年）

短篇小说

1932 — 1936年

氮肥工厂

[朝鲜]李北鸣
北京大学东方语言系朝鲜语言专业 译

硫铵车间里整天响着震耳的声音，弥漫着阿姆尼亚瓦斯的臭味。

机器隆隆地转动着，工人们生活在骚乱的巨响中，时时刻刻感到有一种沉重的压力，使他们喘不过气来，似乎随时都可能发生意外的事故。就是那台只有一百匹马力的送风机的嗡嗡声，也显得那样可怕，震动着人们的耳膜，使人头昏脑胀。一个徒工就是在试开机器的时候，整条左臂被绞断了。每当工人们从这台机器旁边走过，总是尽量离得远远的。

硫铵车间是一座庞大的建筑物，地基一直打到很深的地下，完全是用钢筋和混凝土建成的，但是强大的机器的力量，仍然可以把它撼动，就像发生了地震一样。

一排排的高大的建筑挡住了阳光，潮湿的车间里，就像一个漆黑的地洞，聚满了无数的怪物，在那里随心所欲地狂跳乱叫。

朝鲜工人来到氮肥工厂，好像来到了一个另外的世界，对这里的生活感到异常陌生。

他们大都是贫农出身，过去在一望无际的田野里劳动，沐浴着温暖的阳光，尽情地呼吸着新鲜空气；口渴了就畅饮那清凉的泉水。现在要使他们对工厂生活产生感情，真不是一件容易的事。

现在虽然不是冬天，但在阿姆尼亚瓦斯的槽上却凝结着寒霜般的、银白色的固体，阿姆尼亚瓦斯像针尖一样刺着人的眼睛、鼻子和喉咙。工人们成年累月地呼吸着这特别的臭味。对于他们来说，臭味当然也算不了什么，然而这里的气味是一种奇臭，比一般的臭味要强烈几十倍。

车间里充满了从饱和器上散发出来的团团的硫铵蒸气和铁氧化的气味；再加上机器油和阿姆尼亚瓦斯化合的独特的恶臭，工人们渐渐地感到胸口堵塞，食欲也大大减退了。

更严重的是咳嗽，这样很容易引起喉头发炎。他们并没有患感冒，鼻涕、眼泪却流个不停，连眼前的东西也看不清楚。新来的工人就更是这样了。

“眼泪至少要流满两瓢！”

这是一句跟新工人开玩笑的话，其实也是他们从自己切身体验中得出来的结论。

工人们为了避免臭味，都带着又大又厚的口罩。但是，恶臭仍旧透过一层层的口罩直渗到肺部里去。戴上它不但没用，反而使呼吸感到困难，后来就干脆不戴了。其实这种恶臭并不是不能防止，问题是要看会社方面是不是关心这件事了。

如果日本氮肥株式会社对工人的生命和健康稍加注意，早就可以排除掉车间的恶臭；只要在机器上装上安全设备，那位工人也不致失掉整个胳膊了。这种情况不只发生在硫铵车间，在燃烧硫化铁矿的硫酸车间也是这样。在硫酸车间里，因为焙烧炉不断地散发着亚硫酸，所以每隔半点钟就得换一次班。但是，仍然经常发生工人中毒的事故，不时有人倒在机器旁边。

“硫酸！硫酸——硫酸哪！”

身材矮小的饱和器操作工，对着硫酸槽那边大声喊道。他和硫酸槽之间的距离不过两三米，但他的声音却传不到那里，完全被机器的巨响吞没了。他伸长脖子又喊了几声，接着一阵咳嗽，终于一屁股坐在地上了。这时，一个同伴前来接替了他。

“啊呀！瞧我这个糊涂劲！”

这个同伴穿着补了又补的工作服，绑腿打到膝盖上；他本来还想喊，但话到喉头又咽下去了。他很快把手伸到口袋里，拿出一个哨子，放在嘴里嘟嘟地吹起来。

这个哨子是他瞒着监工做的。因为发生了情况，哪怕你有几个嗓子也是不够用的。工友们一听哨子响，都哄堂大笑起来。

“对，送走。”

一个工人穿着蜂窝般破破烂烂的工作服，上衣塞在裤腰里，一根绳子代替了裤带，系得牢牢的。他听到哨子声，笑着转过身来，接着又回头握住开关转盘的操纵杆。

浓硫酸通过粗大的铅管哗哗地流到螺旋式的巨大的饱和器里去。从送风机里吹出的风夹着阿姆尼亚瓦斯，从饱和器的底孔里喷出，接着浓硫酸就猛烈地回旋起来。桶里的黄色液体渐渐变成乳白色沉淀下去；用真空管把沉淀物抽上来，再用离心分离机把硫酸和水分全部抽光，剩下的只是白色的粉末。这就是硫铵，也就是硫铵肥料。

"还差二十分钟！……他妈的……"

文吉把空输送车推到离心分离机下面，把疲倦不堪的身子靠在车子上，抬头望着挂在墙上的电钟。他一面打呵欠，一面嘟哝着。已经十一点四十分了，对他来说现在迫切需要休息，甚至比吃饭还重要。硫铵肥料从离心分离机里噗噗地倾泻到输送车里。

"还有二十分钟，还得跑三次！"

文吉精疲力尽，从腰后抽出手巾，擦着脸上和脖子上的汗水，张着嘴打了一个呵欠。他觉得胸口堵塞，好像吃下去的东西老不消化似的，精神昏昏沉沉。他虽然说不清楚毛病在哪里，只觉得全身发冷，很不舒服。他警觉地向四面看了一下，真是万幸，监工不在。

他认为这是一个好机会，马上把藏在饱和器下面的一个煤油桶拿出来，急急忙忙地向食堂跑去。那里有自来水。他装了半桶水，气喘吁吁地拿到铁工车间去了。要吃饭，就得先把那满是油泥和硫酸的黑得像乌鸦爪子一样的手洗干净，而且需要热水和肥皂，不然就别想洗净。今天是文吉值班烧开水，他很快干完了这件差事，又回到车间。监工是严格禁止在工作时间烧开水的，如果被他发现，就要扣薪。但是，如果按监工规定等汽笛响了再干，就要多费三十分钟的时间。三十分钟的休息，对他们来说是多么可贵啊！

"钱，要是能从什么地方拾到一万块钱……哼！不要说一万，就是……"

文吉凝视着积满硫酸和水的洋灰地，陷入沉思中。他眼前浮现出印着头戴高冠、满嘴胡子的日本老头像的钞票。文吉非常需要钱。一刹那间他觉得自己患了可怕的病症，好像有无数肉眼看不见的虫子在咬啮他的心。一定要医治！这强烈的欲望把他引入梦幻般的境界中去。

硫铵全部卸完以后，一个工人因为要冲洗离心分离机，从水龙带里压出水来。这水像水枪一样，喷在文吉身上，使他立刻清醒过来。他一面骂那个工人有眼无珠，一面又本能地伸出两臂推着输送车。但是，装满了硫铵的输送车似乎被冻结在地上了，一动不动。他把全身的力气都用在胳膊上，使劲推了一阵，但车子仍然不动；而且越是用劲，他穿的那双磨平了底的日本木鞋就越滑。文吉急得没有了办法，最后只得用背去顶，脚和腰同时用力。车子虽然勉强动了一下，但他却是一阵咳嗽，许久都无法止住。把离心分离机卸下来的硫铵运到吊车那边，是输送股的差事。在这里，没有任何轻而易举的劳动，而输送股的工作要算是最苦了。

吊车一面把装满肥料的车吊上去，一面又把空车放下来。它刚把空车降到原地，肥料紧接着就从上面倾泻而下。有时，他们多么想抽口烟啊！但是，连这点时间也没有。工人们都在最下面操作，硫酸和水经常淋在他们的身上。一滴硫酸掉在工作服上，就会烧一个铜钱般大的洞；这样强烈的浓硫酸如果滴在肉上，而不及时洗掉，肉立刻就要焦烂。文吉的手背和脖子上到处都是被硫酸烧伤的疤痕。

输送股的工人一到上午十一点钟左右，肚子就饿了，每当这时，他们就咬着舌头不断地看电钟，一心等着休息。他们都是精明能干的年轻人，在“职工录取考试”（除思想调查外，要在有许多小孔的木板上插钉子，要背着沙袋跑步，要拉、推沙袋）中，至少要击败八九名竞争者，才能被雇用。这个叫韩文吉的小伙子，在进厂之前，村里的摔跤比赛中，是个名列一等的能手，得过奖。

> 是我们的血使工厂的机器转动，
> 水利公司的贮水坝里沸腾着的是我们的眼泪！
> 阿里郎，阿里郎，阿拉里哟！
> …………

就在文吉的头上，那个开机器的工人在这台像铁口袋似的离心分离机上，一面卸硫铵，一面放开嗓子唱起《阿里郎》来。文吉一听到这支歌，脑子里马上想起刚才被水浇的事。

“哼！这家伙怎么这样高兴！还有心唱歌，真讨厌！”

文吉本想爬上去骂他一顿，但是却像泄了气的皮球，失去了弹性，完全沉浸在忧郁中，对一切都感到厌倦。他内心痛苦，咳嗽得更凶了。特别是近来他食欲不振，出冷汗，发烧，这些都不是什么好征兆。他也到医院去看过，日本医生只说没有什么，以后就不高兴再去了。他并不害怕生病。他好像有这样一个预感：这一次去，医生就会宣布他因病丧失了劳动能力。这只能引起他对生活的恐惧。

该死的世界！随你的便吧！最多也不过是一死！文吉为了抛开烦恼，哪怕是一刹那的工夫也好，于是开始自暴自弃地借酒浇愁。

还有十三分钟。

“该死的电钟怎么还不快走！”文吉对着无辜的电钟发脾气。

“喂！你那样死盯着电钟，电钟怕要被你盯坏了哩！再忍十分钟就成了！只要十分钟。”

调皮鬼勇洙把输送车推到原地，轻轻地拍着文吉的肩膀说：“怎么回事？

干明太为什么一直没有露面……”

“干明太”是监工的外号。监工长得又瘦又高,没个人样。起初大家管他叫“六尺”,被他猜到了,后来又改叫他“明太”。只要这家伙一露面,大家就喊“浮上来了,浮上来了”,作为暗号相互通知。

今天是猴子充霸王,股长不在,他跑去坐办公室的交椅了。

“真的?早知这样……”

文吉正在后悔刚才没有好好休息,相浩推着空车走到文吉身旁,停下来,用粗嗓门唱道:

民众的旗,红色的旗,紧裹着战士的尸体。

…………

这是《赤旗歌》。

“别唱,别唱……”

文吉吓得目瞪口呆,赶快用手堵住相浩的嘴,露出非常惊慌的神色。

“你怎么唱这歌?”文吉指着相浩的头说,“你有几个?怎么还在我的身边唱?”

文吉拿出手巾,擦着额头上的汗。在他看来,这是一支可怕的歌。

“真是!你老婆不是又大肚子了吗?你老说有病,可是一个接一个地……活像一窝猪崽子……”

文吉没有回答相浩的话,只是苦笑。“是呀,活像一窝猪崽子。”

这话在文吉听来,一点也不觉得刺耳。

“我看还是不要唱这种歌吧!饭碗丢了,你养活我吗?还有我的孩子们!你不要忘了亲睦会的事件。”大家听了文吉的话,彼此好像回忆起什么,沉默了好一阵没有说话。“干明太”昨晚喝得酩酊大醉,现在还睡在办公室里,所以工人们都开始怠工、唱歌、吸烟。这是常有的事。

“难道组织亲睦会是坏事吗?亲睦会是为咱们工人的组织,它使我们互相帮助,团结起来。这怎么是坏事呢?你想单人匹马地过下去吗?你不要因为有病就胡思乱想。你死了,公司会给你芝麻大的一点好处吗?那根本就别想只有寡妇才知道寡妇的辛酸。公司吓慌了手脚,把亲睦会的筹备委员解雇了,这简直不成话!这都是因为我们大家还不够齐心的结果。知道吗?”

相浩从勇洙手里拿过香烟,深深地吸了几口。无辜的朋友被捕了,工人们越想越气愤。车间的机器声渐渐地停下来。

“对!亲睦会的事,有坏蛋告密;就是哲植那件事,也一定有这种坏蛋搞鬼！我们要把这小子扭出来整治整治。”勇洙带着严肃的表情说。文吉听了这话，心里不禁吃了一惊。

“什么？又出了什么事吗？”

文吉转动着眼睛，向四面看了一下，心又跳动起来。

“你绝对不能告诉别人。哲植已被怀疑，说他要重新组织亲睦会……嘘！浮上来了，浮上来了。”

勇洙立刻把话停住，一溜烟地躲到饱和器的后边去了。文吉和相浩仍然回到自己的车子旁边。

“你们这些家伙，快！快！快干！”“下明太”先吆喝了一阵，然后张开嘴打个呵欠。

文吉喘着气，又推着输送车走了。他刚推到半路上，下班的汽笛响了。“唉！时间真长呀！”

文吉把车子一放，向铁工车间跑去了。其实输送车离吊车也不过五步远近。食堂的黑板上，张贴着一张字迹并不工整的通知：

> 诸位：午饭后硫铵股和硫酸股在产品仓库进行排球比赛，选手们务必参加，希望硫铵股的各位不要留在死气沉沉的食堂里，团结一致地去助兴。

这是哲植的字。不要留在“死气沉沉的食堂里”这句话有道理。事情是这样的：日本有一个叫“希望”的宗教团体，办了《泉之花》和《希望》两个杂志。这两个杂志的读者，常常留在食堂里，厚颜无耻地认为自己是真正忠实于工厂的职工。哲植这句话正是影射、讽刺他们的。为了“开导”工人的思想，会社里也成立了分社，并强迫工人购买这种杂志。

“团结一致地去助兴，是个好句子……”

“当然要去，也应该去。”

有些人这样议论着，但是大部分人都忙着吃饭，顾不得讲话了。工人们好像在进行吃饭比赛，筷子不住地往嘴里送。

文吉喝着水，无力地摆弄着筷子。掺着土豆的小米饭很硬，咽不下去。吃得快的人像癞蛤蟆吃苍蝇一样，吃完就到产品仓库去了。文吉比不上他们，最后一个放下筷子。他并不想吃饭，因为想到身体，勉强地吃了一点，结果他的饭菜还是剩下了三分之一。

“文吉！别呆在死气沉沉的食堂里，这样你心里会更不痛快的，快去看排球比赛吧！”相浩来找文吉，把他手里的《希望》杂志抢过来塞到口袋里。

“把书还给我。为什么不给我？我身体不舒服，想在这里休息一会。”上次的亲睦会事件，把他吓坏了，因为当时在会员名单上也有他的名字。从那时起，他就开始读《希望》杂志了。

“休息也不能在这里休息啊！这对身体没有好处。这本书能把你的病治好吗？能给你饭吃吗？根本不可能，还是快走吧。”

文吉拗不过相浩的催促，终于站起身来。他不安地向四周环顾了一下，才跟相浩走了。当然，如果不是相浩的话在他脑子里引起同感的话，无论怎么强拉他也不会这样容易地站起来的。相浩根本不去理会留在食堂里的六七个杂志的“热心读者”怎样在怒视着他的背影。

硫铵产品仓库并不是我们平常所想的那种普通仓库。它是个可以贮藏上万吨硫铵肥料的钢筋水泥的高大建筑，有玻璃窗，光线充足。这里虽然是座仓库，其实比硫铵车间还好，单凭这一点，就可以看出会社把产品看得比工人更加重要。如果不是一些间隔着一定距离竖着的铁柱子，完全可以当作室内运动场。

仓库的墙壁、铁柱、地板都铺着沥青，西边堆了几个高高尖尖的像山一样的肥料堆。正午的阳光透过洋灰瓦屋顶的破洞，直射到肥料堆上，使白色的硫铵显得格外发亮。在北面的进口处，一些临时工正在汗流浃背地把肥料袋装到卡车上去。一袋子足足有十贯那么重。

排球场设在东南角上，那是一块相当空旷的地方。两个车间的工人吃了午饭，都聚集到这里来，大约有二百人的光景。这些人没有不会抽烟的，白色的烟雾，冉冉升向屋顶。一排长长的吊车从硫铵车间一直通到仓库里，上面吊着好几辆肥料输送车，其中的两辆，正好停在排球场的上空。

硫铵车间的大胖子，胸前挂着哨子，左摇右摆地出现在球场上。他是一个体育爱好者，在工人当中，要算是最懂得排球规则的人了。每次比赛，总是请他出来作裁判员。

胖子长长地吹了一声哨子，选手们马上停止了练习，各就各位。这时在三百多名观众中突然响起了掌声。

“硫铵队，加油！赢了赏十升烧酒！”

在这种时候，勇洙的话总是像货郎鼓点子似的，愈说愈多。只要他一开口，全场就哄然大笑。

“哼，又吹牛了！这个穷光蛋、二流子专说大话。”硫酸车间的一个工人这样一说，又把大家引笑了。观众中也渐渐开始热闹起来。硫酸队和硫铵队的实力不相上下，得分一会儿这队领先，一会儿那队领先，这更引起了观众的兴趣，积极地为他们助威。

“硫铵队加油！”

“硫酸队加油！”

“白来了，有什么意思……”文吉虽然感到无聊，但又懒得离开，后来自己也不知不觉地卷进这种活跃的气氛中去了。硫铵队得了分，他也兴致勃勃地拍手叫好。球赛实在进行得很激烈，就是那些不住奔忙的临时工，也都站下来呆呆地观看比赛，甚至忘了还有两条沉重的肥料袋子压在肩上。

这短短的三十分钟，对他们来说是多么宝贵的休息时间啊！工人们聚集在产品仓库里，情绪高昂，像坩锅里滚沸的铁水，坩锅向左倾，就倒向左边，向右倾，就倒向右边，团结得像一个人。哲植置身在观众中，为这种场面所感动，在心里暗暗地高喊着：工人是有力量的！一定是这样！

自从发生了亲睦会事件以后，哲植是多么孤独呀！有些工人把亲睦会看得很可怕，有的甚至倒向《希望》和《泉之花》那边去，有的在左右动摇。在这种时候，他的确一时不知如何是好。为了正义的事业，应当去联合什么人呢？应当把我们的力量怎样集中起来呢？

集中在哪里呢？一些志同道合的朋友被敌人抓去了，哲植目前要做的事实在是太多了，这对哲植来说，不能不是一个相当沉重的担子。从什么地方着手呢？这几天来他一直都在想这个问题。最后他终于想出了开展体育活动这个办法。体育活动不仅可以联络感情，而且也是和其他车间工人们加强联系的一个重要手段。同时，他还有另外一个目的，就是通过体育活动，找到“志同道合的朋友”。他早就格外注意到相浩和勇洙。根据他的观察，勇洙似乎比较随便，而且喜欢多嘴；相浩就不同，不论是他那沉着的举动和思考问题的方法，或是他那张轻易不大开口的嘴，都使人感到他是一个可以信赖的人。哲植望着站在文吉身旁的相浩的侧面，心里不觉一阵高兴。在目前的情况下，哪怕一个朋友也好，这是多么需要啊！硫铵队赶上了领先二分的硫酸队，反超出一分，场内拉拉队的助威声达到了高潮。

宽敞的仓库在沸腾着，合成、电解和磷酸等车间的工人也来观战了。胜负是由上班汽笛拉响时的得分多少来决定的。在二十七比二十四、硫铵队领先三分的时候，在硫铵股打杂的日本小孩跑来找哲植，一连叫了几声：

“哲植，警卫股长叫你马上去一趟，马上……”小孩说完，掉转身子，一溜烟地跑掉了。

比赛虽然正处在高潮，但人们都把视线移到哲植的身上，一种不吉利的预兆，紧紧抓住了他们的心。

“预料之中的事情终于发生了。”

哲植早有所料,泰然自若地环视了一下群众,走出去了。“哲植!”

一个耳熟的声音使他停下了脚步。这是相浩。

“相浩,以后你多组织一些这样的体育活动。”哲植用力握了一下相浩的手就走了。

仓库里像风暴过后的密林一样寂静,工人们像遭了霜打的蜻蜓,没有一点生气。从他们的沉痛的表情看来,似乎在这样叹息:我们是多么孤独呀!他们觉得自己就像那个孤零零地滚到房角里去的排球,心情十分难过。

大概在一个月以前的一天晚上,虽然已经是三月初旬了,但夜间仍然是寒气袭人。月光一点也不使人觉得柔和、妩媚,只是给人一种凄凉的感觉。可是夜晚对工人来说,毕竟是最自由的时间。

这天晚上,按照原来的计划,以东润、英九、昌浩、哲植四人为核心,在云中里的村头、东润寄宿的地方,第一次组织了硫铵车间的亲睦会筹备委员会。他们在没有参加过任何组织的工人中挑选出一些人来,拟定了一个会员名单。

硫铵车间亲睦会筹备委员会成立了,他们开始团结起来。过去他们无依无靠,各干各的,因而连应该得到的东西也得不到,沉痛的教训使他们觉悟到应该团结起来。在许多情况下,他们仍然是利己主义者,但这种利己主义除了给他们带来不利和不安以外,什么也不可能得到。经过无数次的惨痛教训,遭受了不少次的牺牲之后,他们才开始觉悟了。在筹备委员会的不断努力下,几天后又在东润他们的寄宿处成立了硫铵车间的亲睦会。到会的有三十名工人,其中也有文吉。他们这个组织虽然还处在幼弱的萌芽状态,但在工人们的心中,却感到非常高兴。根据委员会的一致决定,筹备委员会的委员原封不动地担任了亲睦会的领导工作:东润是会长兼文艺部的工作,英九任副会长兼外交工作,哲植负责体育,昌浩负责生活。

最重要的是文艺和外交工作。工人们与世隔绝,生活在他们的小圈子里,受人压迫,不大知道外界情况。但是他们相信可以创造新的生活,以及为了探求这种新的生活,迫切须要和外界取得联系,从中得到指导。

文艺部的任务就是做启蒙教育工作。他们准备购买说明工人劳动和工人前途的书籍,组织工人阅读,并通过讲演会、研究会来提高他们的觉悟。但是,这项工作要在亲睦会有了一定的基础之后才能做,当前的口号只是互相帮助,互相亲睦。工人们最关心的还是生活部的事。其他车间也向硫铵车间学习,组织亲睦会的热情异常高涨。

正在这时候,会社方面知道了这件事情。亲睦会并不是非法的组织,但会社把它当成秘密结社，坏蛋们费尽心机制造借口加以破坏。

为了解散各个车间正在成立的亲睦会，会社和警察狼狈为奸，向工人进攻。他们从各车间里一共抓走了九名工人，其中有东润、英九和昌浩，那时哲植正患重感冒，躺在床上，没有被他们关进监牢。

东润进工厂只不过一年。他是一个活泼的青年，在 H 中学二年级读书时，因组织读书会被学校当局开除了。在不识字的工人中间，东润的见解是比较受到重视的。在文化方面他虽然比工人知道的多一些，但是在许多方面比起工人来却显得很无知。他生在一个开水产行的中产的小市民家庭里，对生活他还不太了解，而且也不想去了解。

两年前，英九和 K 郡农民组合事件有过关系；三年前，昌浩和 T 平野夜校事件也有些牵连，但他们一直都保守秘密，对任何人也没有讲起过。

“警卫”们(他们是由退伍军人和退职警官组成的会社直属警察)把领头的人抓起来，那些便衣警察就像疯狗似地在工厂里窜来跑去。文吉也被叫进了警卫室。这些家伙们挥动着木棍恫吓他。直到现在文吉一想到“警卫”两个字，立刻就会感到心惊胆战。

从此以后，会社增加了“警卫”，并把他们的狗腿子安插到各个车间里去；同时，为了把“危险思想”连根拔掉，更加广泛地发行宗教杂志《希望》和《泉之花》，要在每个车间里扩大它的影响。

哲植穿过地下道，推开警卫股长的房门时，发现屋里除了股长以外，还坐着两个便衣警察。他们一见哲植进来，立刻中断了谈话，杀气腾腾地上下打量着哲植。哲植已经是第二次被叫到这里来了。

“坐下。”长着一张马脸的退伍警卫股长，摆出傲慢的样子说。他原来是一个陆军中校。“你叫李哲植吗？”

“是的。”

两个便衣警察仍然死盯着哲植。

“叫你到这里来……上次就告诉过你，我不说你也该明白吧？”

哲植紧闭着嘴，没有开口。他只是看着“马脸”背后墙角里的十把木剑。“为什么不说话？哼！快把亲睦会的事讲出来！”

“马脸”一下子翻了脸，太阳穴上青筋暴起，看样子他就要抡起鞭子打人了。

“噢，亲睦会嘛……只不过是为了互相亲睦，彼此扶助。此外还有什么秘密呢？”哲植早已预料到这点，非常沉着地回答说。

“什么？没有什么秘密？混蛋！你们违反了会社的规定，违反了神圣的工厂法，你懂吗?”

“像一心会之类的组织就不违反工厂法吗？我们……”

“住嘴！小子!”一个左颊上带着一道长长的刀痕的便衣警察，像挨了一刀的猪似的叫了一声。所谓“一心会”，是日本人出钱组织的。哲植为了使亲睦会变成完全合法的组织，他总是把“一心会”提出来对比。

“你大概也明白，你是犯了罪的！为了善良的职工，这里不能再要你了！知道吗?”

哲植听了这话，并不感到意外难过，只有对他们更加蔑视。为了赶走一个无辜的工人，他们像一条夹着尾巴无孔不入的狗一样，东奔西跑，布下了像蜘蛛网似的严密圈套。真使人可笑！

“我们多么孤独呀！什么时候才能结束这种生活?”

他想着想着，长长地叹了一口气，然而这不是绝望的叹息，而是更加坚定的决心。

这时，哲植眼前浮现出早已去世的父亲的面容。父亲从小在铁工厂长大，和所有的铁匠一样，他脾气很大，喜欢喝酒。哲植跟父亲学过手艺，可是这职业怎么也引不起他的兴趣，于是他才在这个工厂里找到了一个位置，父亲到日本“野口”财阀办的东长津水利发电站工地去干活。这些都是三年前的事了。

但是，不要说三年，就是再过三十年，哲植也决心要报仇。

哲植来到这个工厂三个月后的一天晚上，父亲被一群鬼子砍死了。父亲没上过学，没有知识，但他讲义气，为人刚直，他只要碰见日本鬼子侮辱朝鲜人，就不会袖手旁观。就在他临死前的那天白天，他还像宰狗一样砍死了一个戏弄村里年轻媳妇的日本鬼子。就这样种下了鬼子对他的仇恨。

父亲死后，哲植曾一度消沉，终日饮酒，经过很多朋友的不断劝告，他才振作起精神来。从那时起，他把日本鬼子看成眼中钉，对他们产生了无比的憎恨。

哲植知道一切都无法挽回了，就从椅子上站起来。但是，他认为不能就这样轻易走掉，最后还得刺一下“马脸”：

“股长先生！这些日子让您劳神了，实在对不起。今后说不定还会有麻烦您的地方。现在我可以走了吗?”哲植说着转过身去。

“你说什么？站住!”那个便衣警察猛地大喊一声，随即站了起来。

“好小子！你的坏水还没吐净，不行，你要跟我去!”哲植再没有说话，被两个警察夹在中间，到警察署去了。

在会社的专用码头上，货轮的汽笛发出了长鸣，几台起重机争先恐后地把一堆堆的肥料吊上了货轮。从远处看去，那些在码头上奔忙的工人，像是一群小小的蚂蚁在蠕动着。在天水相连的茫茫的海面上，可以看到许多黑点，那是已经起航的满载肥料的货轮。辽阔无际的东海，好像一幅美丽的图画，使人看了立刻觉得胸襟开朗，激动得人们简直要高声呼号着奔向远方。然而，并不是任何人都会产生这样的冲动的。

一吨肥料的价值是九十元，一船可以装五千吨，该是多么大的数字啊！这个料想不到的巨大数字，使文吉大吃一惊。

文吉吃过午饭，来到车间外面的南墙根，靠着墙坐下来。正午的阳光照在身上，使人感到温暖，码头和海上的景色也立即映入了他的眼帘。他的旁边有四五个工人正在轻声地交谈，但他并不想参加进去。

自从哲植被抓走以后，硫铵车间的工人更加消沉了。相浩虽然按照哲植的意思组织了两次体育比赛，但却和预料相反，没有引起大家的注意。文吉呆呆地凝视着蓝色的海水，他下定决心再也不参加什么集会了。他知道自己的病很重，对什么东西都不感到兴趣。对他来说，朋友和集会都不在心里，对《希望》杂志也感到讨厌。他只想跟孤独做朋友。

文吉的故乡在H平原的北面。那是一个宽阔的平原、一片肥沃的土地。然而，却没有一分土地是属于他的。他从小失去了父亲，靠租种地主的土地过穷日子。他虽然拚死命地干活，而穷困仍然像毒蛇一样死死地缠住他不放。他唯一感兴趣的就是上夜校，看书，听故事。这些都曾经给他带来一点乐趣。然而，没过多久，夜校仅有的一位教师被抓走了，而他这个唯一的乐趣也就消失了；而且祸不单行，地主收回了他的土地。他气愤极了，偷偷地在地主的稻堆上放了一把火，离开了故乡。

文吉现在一天的工资是九角，跟四年前为了找寻生路来厂时相比，仅仅增加了三角。他辛辛苦苦地劳动一个月只能挣到二十七元钱。然而每月休息两天，还要扣钱，到头来只剩下二十二三元钱了。拿这些钱养活年过七十的老母、老婆和四个孩子，不管怎样省吃俭用都无法维持下去。

不久前，文吉找朋友借了点钱，到H市的一位有名的中医那里去看病，诊断的结果是肺病。他吃了十剂中药，终未见效。他感到失望了，脸色变得越来越忧郁。朋友们劝他休息，可是他的处境这样困难，无法接受这些好意的劝告。休息，对他来说是非常可怕的，因为休息一天，家中老小就得挨一天饿呀！

文吉常常背诵着《希望》中的“名句”：“劳动是神圣的。上帝会给勤劳的人们带来福音。”他背诵着，幻想着，希望着，而给他带来的却是沉重的叹息。他倒不担心自己的病，可是一想到妻子的产期临近，连海带也没有准备，他的心便不禁更加沉重和暗淡了。

“这样下去，要被解雇……”想到这里，文吉不禁浑身战栗，眼前一片漆黑。“哼！随便吧！”文吉觉得身上像有什么东西在爬动，脱下衣服翻找着。

“原来你在这里！害得我好找！”相浩微笑着向他走来。文吉只瞥了他一眼，没有回答。

“老兄，你在干什么？噢，是捉虱子！”相浩把手搭在文吉的肩上说，“有句话想跟你谈谈。”“有句话？我不听。”

文吉斩钉截铁地说。但相浩却并不理会：

“你怎么这样害怕？喝一杯酒都不愿去？”

“喝酒？到哪儿？”文吉竖起耳朵，抬起头来，但他的警戒心并没有解除。“今天早晨昌浩和哲植都被释放出来了。”相浩低声地说。

“真的吗？你骗我，我是不会受骗的。”文吉很高兴，可是又不敢轻信，“我什么时候骗过你？说实在的，慰劳慰劳他们，顺便咱们自己也喝一杯，怎么样？”

“他们真的被释放出来了？”文吉还不敢相信他们会这样容易地被放出来。“当然是真的，我跟你开过玩笑吗？”

“谁请酒？”文吉有点活动了。从前他一听说喝酒连命都不顾，现在虽然有病，对酒仍然没有失去爱好。

“那个你不要担心，你只管喝酒就是了。”“对！不过……”

“不过什么呀？你是老酒坛子，没有你参加怎么能成？”

“唉！不谈什么老酒坛子吧！那是以往的事了。算了吧，我不去了。”

“你不要顾虑太多。要是因为有病不能去，那也没办法……我们在一个车间，天天见面，他们两人要离开了。这是一次送别会哩！”

相浩死死地抓住文吉不放，一直劝他，他多么希望多一个朋友呀！

“你既然这么说，去就去吧……”文吉因为想到了亲睦会的事件，就老是拿不定主意，可是他的心早就飞到送别会上去了。

相浩是留在工厂里的唯一的一个后继者。他常常感到孤单，肩负着这样重大的任务，一种责任感使他有时通宵不眠。

相浩只觉得束手无策，处在一个孤立无援的环境里。他不知道该依靠谁，也不知道应当受谁的指示。他要继东润、哲植、英九和昌浩等人之后，发展志同道合的朋友，和他们共同把基层组织重新搞起来。这项工作当然是非常困难和危险的。

随着所谓“产业合理化”和劳动强度的加重，剩余劳动力多起来，眼看着许多工人就要被解雇了。这不只是关系到东润和哲植他们几个人，而且威胁着全厂几千名工人的生活和命运。

在日本氮肥株式会社N工厂的办公室前面的广场上，每天都挤满了无数失业工人，大雨、大雪、辱骂和饥饿都无法把他们驱散。他们不论在什么艰苦的环境中，为了生存，都需要工作；为了维持最低的生活水平，他们是一切都可以不顾的。在这样的处境中，每一个工人都怀着一颗战战兢兢的心从事着繁重的劳动。

下午八点半钟。

按照约定的时间，工人们都来到了哲植的寄宿舍里。硫铵车间来了相浩、文吉和勇洙等五个人，硫酸车间、电解车间、合成车间以及其他车间也各来了一名代表。一共是十一个人。昌浩和哲植跟工人们一一握手，心里十分兴奋。哲植见文吉也来了，更是格外高兴。他一直认为文吉是一个正直的人。

一张圆桌放在屋子的中间，十三个人紧紧地围坐在桌子的四周。酒已经放好了。他们都是酒坛子，一见到酒，就别想再赶走他们了；人们这时闻到酒香，立刻热闹起来，开始用盖碗喝酒。

“你们受到了挫折，就更应该把工作搞起来！可是，平常我们没有抓紧工作……”

相浩等大家开过玩笑，就把话题转了过来。相浩喝酒时比较能节制，他一点也没有醉。这时，有些人已经喝醉了。“是呀，那几天，真有些泄气，打不起精神来。”勇洙眨着眼睛说了一句，没有一个人再笑了。

“说真的，我心里老像有十五只吊桶似的七上八下。也许是我锻炼不够吧！”

大家听了这话，不住地点头，表示这个朋友说出了真心实话。哲植听着他们谈话，把烟丝卷在一条纸片里，用火柴燃着，深深地吸了两口，嘴里喷出烟圈。接着他用低沉有力的声音说：

“这种心情是可以理解的。但是，不把工作赶紧着手搞起来，只是心里着急，能解决什么问题呢？”

哲植摸着他的常常发痒的扁平鼻子，继续说下去：“要想把事情办好，咱们就得齐心合力，这样才会有力量，这是再多的钱也买不到的最珍贵的法宝。譬如说吧，”哲植把抽得只剩下半截的烟头给了昌浩，“我们要盖房子，柱子刚竖起来，木工就受伤躺倒了。这时，如果扔下没盖成的房子不管，那会成什么样子？风吹雨打，柱子就要腐烂，被风一吹，不就会倒塌下来吗？所以别的木工就不应该等待那个受了伤的木工，而应当代替他把房子盖起来。我们都应该起到木工的作用。好，我们碰杯，酒还多着呢！”

哲植举起酒杯，一饮而尽，把空杯递给相浩。酒是相浩用当掉大衣的钱买来的。

“你说得对！”相浩接过杯子点了点头。他知道自己的才干不足，但是他愿意做一名哲植所说的木工。在座的人只有相浩对哲植的话作了回答，大家都像吃了蜂蜜的哑巴，默默地坐在那里，好像在思索什么。十支光的灯泡，吊在结满蜘蛛网的天花板上，放射着微弱的光。片刻后，昌浩打破了屋里的沉默，说：“你们没听说吗？不久就要大批解雇工人了！其实这不是传说，而是事实。”

大家听了昌浩的话，都吃了一惊，不约而同地抬起了头，凝视着他的面孔。这个消息他们还是第一次听到，真是晴天霹雳，屋里的空气登时紧张起来。昌浩接着说：

“东润他们为了我们亲睦会的事遭到了迫害，但我们并不后悔。我们做了应该做的事情。不过，当我想到我们没有干到底就遭到了破坏，就忍不住气愤……”

这时，坐在门旁的一个人悄悄地打开半扇门，把上半身探到外面，咳了两声，吐口痰，又重新把门关上。他就是文吉。他并不是真的吐痰，而是唯恐屋里的谈话被外人听见。

“对人应该小心一些。”昌浩望着文吉点了点头，接着说：“我们两人被赶出来了，但一刻也没有忘记工厂，忘记朋友们。刚才哲植也说了，我们应该把力量联合起来！团结就是力量！这就是我们的本钱。我们现在没受到人的待遇，一天还要劳动十二个小时，只得到那么一点点工资。这一切都因为我们还没能同心合力地团结起来。想一想吧，这是多么痛心的事情！”

昌浩干了一杯酒，开始激动起来，说：

“刚才讲过了木工的故事，我们都应该当一个重新组织亲睦会的木工。听说自从亲睦会事件发生以后，有不少工人泄了气，失去了信心。这只能对会社有利。对于我们说来，第一是团结，第二还是团结！如果我们都是你走你的阳关道，我走我的独木桥，我们就不会有出路，生活就要越过越悲惨。如果没有亲睦会，等到真正有急难的时候，那会变成什么样子！”

昌浩很激动，声音颤抖了。屋子里面充满烟雾，空气很紧张，好像一碰就会立刻爆炸似的。有的人望着挂满蜘蛛网和苍蝇屎的天花板，有的人盯着糊着报纸的炕面。这使人们联想起办丧事的场面。

文吉听了昌浩的话，骤然吃了一惊。他的胸脯不停地起伏着，不觉感到恐惧起来。

“大批解雇工人，这不是要我们工人的命吗？是真的？”文吉小心翼翼地问道。他认为昌浩的话不能轻信。不！他根本就不愿意相信这话会是真的。

“当然是真的。不信，你就等着瞧吧！”

哲植很有把握地替昌浩作了回答。文吉没有再问。可是，他像挨了当头一棒，觉得神志不清，眼前变得漆黑一片。哲植接着说：“什么产业合理化？其实就是裁减工人，就是要掐住我们的脖子把我们饿死！只要看一看实际情况就不难明白了，就拿硫铵车间来说吧，现在一台吊车要几个人？”

“八个。”

“对。一台是八个人，两台就是十六个人。可是，再过几个月以后，吊车改成了传送带，那时每台只要两个人，两台只要四个人，其余的十二个人就要被当作破鞋一脚踢开。像这样的遭遇，不管哪一个车间都是免不了的。说老实话吧，如果我们不反对解雇，不进行斗争，到那时我们就得流落街头，去当乞丐！来，干一杯。”

哲植喝了一口酒，搔着发痒的鼻子，又接着说：

“说不定他们会用什么狡猾的手段来解雇我们呢！今天从合成车间赶走一个，明天再从磷酸和电解车间赶出两个。此外，还会有各种各样的借口，把我们一个个地赶出工厂！喂，景德，劳你驾，到外面去望望风！”哲植对景德吩咐说。景德是操纵送风机的学徒工。

“瞧着吧，过不了几天就要进行春季职工身体检查了。那时不知要有多少牺牲者哩！”

“真的吗？”

文吉打断哲植的话问道。他正害着肺病，听到检查身体的话比听到宣告他死刑还觉得可怕。每当想到自己暗淡的前途，就恨不得放声痛哭一场。文吉认为参加今天的集会是对了。他从哲植和昌浩的话里知道了会社的鬼计。事实很清楚，《希望》和《泉之花》杂志上所说的全是鬼话，哲植的话才是真理。他开始明白过来。

“哲植！”

合成车间一个姓黄的工人喊了一声，大家的视线全集中到他脸上。

“可以在这里谈吗？”

“可以。”

哲植在没被抓去之前，就曾经给几个车间的朋友以及别的车间的骨干分子作过指示。

“大前天晚上，我们合成车间决定由三个人组成亲睦会筹备委员会。”

“太好了！”

哲植紧握住春满的手摇了几下。屋里没有一点声音。这时，工厂的汽笛在夜空中响起来，它告诉人们已经是夜间十一点了。

“我们车间准备在后天晚上成立筹委会，打算由四名委员组成。”从电解车间来的一个姓朴的工人用微微颤抖的声音说。他的脸也涨红了。

“应当这么干！”

哲植和昌浩握住了他的手。他们看到了新的力量，从内心里感到满意。他们没有想到还没取得联系的电解车间也开始很快地活动起来。此外硫酸车间和磷酸车间也正在进行准备工作。相浩觉得没脸见哲植，硫铵车间连筹备委员会还没重新建立起来，他不能不感到内疚，在心里责骂自己无能。这时，景德进来报告外面没有什么动静。

“大家看，今后就这样做怎么样？”

哲植首先把大家的视线集中到自己的身上，接着就提出了他的意见：

“今天到会的人就算是各车间组织亲睦会的筹委会的委员，你们同意吗？已经组成的还按原计划办。”

“好，就这样！”相浩和其他几个人都一致表示赞成。

哲植接着又问：

“还有没有别的意见？”

“没有了。”

大家异口同声地回答道。事实也是这样，无论怎样挑选，也挑不出比他们更适当的人来。

哲植详细地讲到了亲睦会的组织程序和方法。接着昌浩又强调指出：“对于会社的走狗一定要特别提高警惕，绝对保守秘密。”

“这都是好书，大蒙好好阅读。”

在分别的时候哲植送给每人一本题名《槽里的水》的小册子。

第二天早晨，相浩和勇洙以及另外四五名工人被叫到硫铵车间的股长办公室去了。不知怎么走漏了消息，股长知道了他们昨晚的集会，令人奇怪的是被叫去的人中没有文吉，却有两个毫不相干的工人跟他们一起被叫了去。

“昨天晚上你们又秘密讨论了什么？老老实实的讲出来！”留着山羊胡子的股长仔细地打量着每个人的表情，好像是审问犯人。

“绝对没有那种事，只不过喝了两杯烧酒。”

别的工人也一致照着相浩的话说，只承认几个人凑在一起喝了一次酒，那两个没有参加集会也被叫来的工人嘀嘀咕咕地直叫冤枉。山羊胡子什么也没有问出来，觉得这样让他们回去有失尊严，于是很严厉地把他们训斥了一顿，要他们发誓不再和哲植、昌浩一起渴酒，才放他们回去。

“如果在十三个人里……”相浩带着非常不安的表情走出了股长室，“也许文吉……不，他不是那样的人。”

相浩使劲地摇了摇头，极力想打消对朋友的疑心。他断定不是他们十三个人里走露的风声，因为那家伙并不知道集会的具体内容，不然绝不会就这样轻易把人放回来，早就被送到监狱里去了。

“可是，现在还很难断定……”相浩认为一定是外面的家伙，嗅到了气味去告密的。

文吉靠在输送车上，他正在庆幸自己没有被传去。但是，在另外一方面他也感到非常不安。“早知这样，真该不去。可是，到底是哪个家伙……”

这时，操纵吊车的仁哲扛着一个大铁棒，吹着口哨，从他的面前走过。文吉一看到他那张满是雀斑的黑魆魆的脸，不由想起了昨晚的事。昨天，文吉干完了白天的活，过了地下道，出了工厂，独自来到九龙里山岗上的时候，忽然有人在招呼他：

“文吉兄！”

文吉停住步，回头一看，不禁说了一声：

“仁哲？！”

这家伙原来在高级社员俱乐部做杂务工作，几个月前来到了硫铵车间。他很老练，这跟他的年龄极不相称。他的一举一动都学日本人的样子，加上他为人奸猾，所以工人们不喜欢他，只有老实人文吉是他交谈的对象。

“到哪里去？”仁哲一面让烟，一面问道。“你问我到哪里去吗？”“去找哲植吧。”

“嗯，去看看……你为什么突然问这个？”

“不，不过……嘿嘿，认识他的人都去吗？一共多少？”

“不知道。是叫我去喝酒的。”

“文吉兄，你的身体不大好，你可要当心啊！”这是在路口分手的时候仁哲假惺惺地对他说的话。

“一定是他！”

文吉把这情况立即报告给相浩。

“千万不能和他多来往，你看，这鬼东西不是找到你了？趁早别理他。”相浩责备文吉说。吃中饭的时候，食堂的黑板上贴出了一张布告：

布告

硫铵车间职工诸君：

不久之前，危险分子进行煽动，部分善良职工误入歧途，所幸会社事前发觉，及时予以惩处。近悉又有危险分子继续秘密活动，会社和警察当局行将进行彻底调查，并采取坚决措施。愿诸君能体谅会社的苦衷，从爱护我N肥料工厂的名誉出发，共同努力。

硫铵车间股长

三月××日

几乎是在同一时间，别的车间也贴出了同样的布告。一部分工人看到布告，开始忐忑不安，害怕再卷进一阵逮捕的旋风中去。从上一次经验看来，不难想到他们将会走上两条不同的道路。

由于会社的攻势而造成的危机，像洪水一样时刻在威胁着人们。一些莫名其妙的风言风语在每个车间里流传着。同时，到处不断发现标语，在车间的厕所里、墙上、食堂里，甚至在街头上……

在硫铵车间的厕所里有人用粉笔写了这样一句话：

"会社开始发慌了！显示我们团结力量的时候到了！"合成车间前面的墙上出现了用粉笔写的标语：

"工人群众的力量比资本家的力量大，起来斗争吧！"

此外，还有一些标语要求提高工资，立即释放被警察署拘禁的工人……

布告

如发现再有写反对会社的标语者，立即开除，严惩不贷。

警卫股长

三月××日

会社当局被工人的活动吓破了胆，急忙命令"马脸"把这张布告贴在正门前的布告栏里，同时，警卫像疯狗一样，到各个车间里横冲乱闯。相浩面临这种局面，心中非常着急，不知该怎样引导工人的活动。他深深感到自己的能力不足。

在硫铵车间，仅仅由七个人组成了亲睦会。这还是一个只有脑袋而没有躯体的残缺组织。他们考虑的结果，决定首先从争取会员做起。每隔两天，相浩就在晚上避开别人的耳目去找哲植和昌浩，一面报告工厂里的情况，一面从他们那里得到指示。

这时候,英九和东润也被放出来了。第二天深夜,哲植、昌浩、相浩在九龙里的海边上和他们见了面。在这次秘密会议上讨论了有关组织N氮肥工厂亲睦会代表会议的问题,以及关于反对大批解雇工人的斗争方针问题。

各车间亲睦会的会员(这时大部分车间都组织了亲睦会)在五月的第二个星期天,分四处以不同方式进行活动。九龙地区的人是划船,云中地区的人是郊游,流亭地区和天基地区的人是爬山。他们准备利用种种集体游玩形式召开"N氮肥工厂亲睦会代表会议",如果一百九十名工人都集中在一处开会,不仅危险,而且是不可能的。

从拘留所出来的几个人,都不便于出门,可是他们却像电话局的交换台一样,直接掌握着联系各车间的"线"。因此,尽管会社十分猖狂,他们还是坚决地进行斗争。

"朴××。"

护士把人们一个个地叫进了内科室。工人们在工厂附属医院的走廊里熙熙攘攘地走动着,等着叫自己的名字。

三月下旬某一天的早晨,首先从硫铵车间开始进行春季身体检查。现在连那些体格健壮的工人也感到惶惶不安了。很早以前就听说,这次身体检查,实际上是要大批裁减工人。姓朴的工人检查后的第五个人就是韩文吉。他一到医生面前,心就跳得格外厉害。为了向医生表明自己是一个很健康的人,他极力收缩起小腹,挺起胸脯。但是,这样反而使他咳嗽得更加厉害了。

"噢——"

医生用听诊器在文吉的前胸、后背反复听了好几次。他一边把口罩戴在夹鼻眼镜底下,一面呻吟似地"噢"了一声。文吉已经预感到情况不妙,心里一下子凉了半截。医生又用手指敲了敲他的胸膛,叫他伸出舌头,问道:

"胃口怎么样?"

"还不错。"

"还不错?每天下午发烧吗?出冷汗吗?"

"有的时候是这样。"

"有的时候?"医生好像看透他胸内的秘密,这样发问。

文吉撒了谎,感到非常痛苦,耽心地问:

"医生,没有什么吗?"

可是,医生连理也不理,只管用消毒水洗手。这个医生就是最初给文吉看病,并说没有什么问题的那个人。

文吉走出医院，心情比任何时候更忧郁。他似乎已经看见自己那种拿着解雇书徘徊在街头的凄惨模样。文吉使劲地摇着头，想把这个幻影摇掉。但是，这种可怕的想法就像蚂蝗似地死死地叮在他的脑袋上。他不觉深深地叹了口气，回想起四年以前的自己，那时他还像头公牛一样健壮。

“身体已是这种样子，那就听天由命吧！”那天晚上，他赊账喝了半斤烧酒，醉醺醺地回到了家里，把无辜的妻子一直折磨到深夜。

三月三十日是发薪的日子。工人们都管这一天叫“焦心日”，管装薪金的纸袋叫“焦心袋”。文吉的景况在他们当中要算是最坏的了。他极力缩减生活费用，减少零用开支，而债务却有增无减。文吉的家里，连买柴买米的钱都没有，药费和准备妻子分娩时的费用也没有着落，当然更不用说有钱还债了。这天傍晚，文吉把装满硫铵的输送车推到吊车跟前又把一辆空车推到离心分离机下面的时候，他被叫到办室去了。“山羊胡子”破例地用笑脸接待了他，请他坐下来。“山羊胡子”点上一支烟，终于慢吞吞地开口说：

“韩君！这次叫你来没有别的……喂！看茶。要两杯……”

文吉从他那非同寻常的态度中，已经预感到不妙，心里惴惴不安，几乎坐也坐不稳了。“山羊胡子”喝了一口勤杂工端来的茶水，接着说：

“三年来，你为本厂着实出了力。唉，本来不应该对你说这些话，可是，这是事实，有什么办法？身体检查的结果，你的健康状况相当不佳。根据医生诊断，你不能在本厂……”

“不，股长先生！请你不要这样说。我还能工作！”文吉大吃一惊，打断了“山羊胡子”的话。他没有勇气再听下去了。

“你的心情是可以理解的，不过这是会社的决定，实难更改。请你离开工厂。为了你的健康……”

文吉突然感到面前一片漆黑，连坐在他对面的股长的脸也都觉得模糊不清了。股长给他宣判了死刑。文吉失魂落魄地坐在那里，用略带颤抖的喉音说：

“你太客气了。我的老母、妻子和四个孩子，全靠我的双手来养活他们，如果把我赶出工厂，我的家会成什么样子啊！你也替我想一想！”

文吉渐渐地摆脱了不安和恐惧，产生了像火一样的决心，有了明确的打算。这表现在对“山羊胡子”的态度上，他对他讲这番话的时候没有使用尊敬语。

“我可以想像你的困难处境，但这是会议上决定的，实在无力相助。”

“我不管这些，我要照常工作。我的身体原来很健康，怎么会变成这种样子，你是很清楚的。现在还装糊涂吗？要把我赶出工厂？”

“住口！你再说下去……”“山羊胡子”没有把话说完。这是一种暗示，他拿出惯用的手段，企图用威胁来压服对方。

“如果把我赶出工厂，会社就得养活我的家口，不然……”

这是文吉最切身的要求。他踌躇了半天，最后下了狠心，拚着一死，把这话讲出口来。这对文吉来说，却是很了不起的斗争哩！虽然仅仅是有这样一点表现，但这种斗争的勇气是从什么地方得来的呢？韩文吉比谁都清楚，这是从亲睦会那里得到的。

“这个我也不知道，是会社的事。你不要只往坏处想，要安心休养。”

“等着瞧吧！看你们能把我怎样……”

他把解雇通知书撕得粉碎，走出了办公室。等了他很久的相浩第一个迎上来问道：“怎么样？有什么事，谈了这么长时间？”

文吉一下子觉得全身没劲了，一语不发地望着相浩的脸。从他那失去光彩的眼睛里，可以看出是在请求援助。他就是不说，相浩也能猜得出发生了什么事情。他感到心像被撕裂开来似的疼痛，把沉重的手放在文吉的肩上，说：

“擦掉眼泪！这不是哭能解决的问题。应该斗争！斗争！”相浩看着文吉满含泪水的眼睛，激动地鼓励他说，接着又把嘴紧紧地闭上。

野口财阀在云田面沙阿里建起这样规模巨大的近代化工厂，但他们对朝鲜工人的生命和生活却丝毫也不关心。对他们说来，氮肥比工人的生命还重要。多生产一袋肥料，运到东海对岸的日本去，是头等重要的事情。这群财阀贪图的只是最高的利润，认为没有必要把钱投资到朝鲜工人身上，为他们安装保险设备和改善生活。按他们的话说，H 城的交通便利，廉价的劳动力是无穷无尽的。

无须打开窗子，只要坐在屋子里随便瞥上一眼，就可以看到无数的产业后备军流浪在街头。会社赶走了被繁重的劳动折磨成半死不活的工人，再把那些像黄牛一样的壮汉招进来。

如果从隔海的日本招来一名普通工人，这笔费用就相当可观。工资要增加一倍，而且得先付到手。不仅如此，还要付出一笔巨额的家属搬家费，为他们准备住宅。会社算过，用在一名普通日本工人身上的钱，足足可以招募十个朝鲜工人。因此，他们除了招一部分必要数量的日本工人外，全部都是招的朝鲜工人。他们就是利用这样一个有利条件，一分钱的退职金也不付，把朝鲜工人一批一批地赶出工厂的大门。这次轮到了文吉头上。

消息很快地传开了，数十名工人扔下工作，把文吉层层围住。

“把四年如一日辛苦干活的人，就这样像破鞋似地一脚踢开？哪里有这种道理？”

“他们这样对付我们工人，我们怎么能安心工作？”

“会社太狠毒了，非得想办法对付他们不成！欺侮我们朝鲜人也该有个分寸！”

工人们你一言我一语地痛骂会社无理。相浩听到工人们的呼声，去找哲植商量，但没有找到。

“大家说得很对！这不只是文吉一个人的事。刚才有人说要想办法对付会社，我认为这个办法就是我们工人齐心合力……”

相浩认为这是一个难得的好机会，工人们都很愤怒，这样一来，可以找到真正的朋友，把工人团结起来。

“要这样，就得……”

“你们这群家伙要干什么！”相浩的话还没有说完，“干明太”突然气势汹汹地出现了，工人们又开始惊慌不安起来。

“都别动，站着！”勇洙这么一喊，大部分散开的人又站住了脚，把身子转过来，“干明太”也楞住了，他感到了工人们的气势的压力。

“立刻回去干活！”

“干明太”像猪叫似地威胁着工人。但是，工人们的眼睛都瞪着他，一动不动。这时，文吉一下拨开了人群，站了出来。他眼里已经没有了眼泪，冒出了愤怒的火花，脸上露出一种威严不可侵犯的神气。

“你对谁大嚷大叫？他们在跟我告别。我们连这点自由也没有吗？你这个浑蛋！我告诉你吧，你们虐待朝鲜人，压迫朝鲜人，是不会有好结果的！知道吗？”

文吉一面大胆地说着，一面怒视着“干明太”的嘴脸。那家伙惊慌了，用眼睛四下扫了一遍，见没有支持他的人，狼狈地逃回办公室去了。工人们的脸上浮现出快乐的笑容。

是谁给了文吉这么大的勇气呢？如果说刚才在股长室里是亲睦会给了他勇气，那么这一次使他得到力量的正是跟他在一起的工人兄弟。

“‘干明太’为什么叫我们轰跑了？就是因为他害怕我们的力量。如果我们真的团结起来，文吉就不会有这种遭遇！我们应该珍惜我们的力量，我们的本钱，就是团结得像钢铁般的力量。好，解散吧！”

相浩还有好多话要说，但是他认为现在还不便全讲出来，打算跟哲植商量之后，另外找机会。工人们抓住文吉的手和肩膀，安慰他，鼓励他，然后就三三两两地散开了。相浩像完成了一件大事似的，内心非常高兴。

工人们都动起来了，此外还发现了不少可以吸收为亲睦会会员的工人。

白天，韩文吉就回家了。在路上，他走进了一家小酒馆，一连喝了几碗烧酒。回到家里，已经烂醉如泥了

“工厂的事怎么样？怎么大白天就喝成李太白了？这到底是怎么回事？”

怀孕的妻子气喘吁吁地强撑着身子把丈夫扶到炕上。她打开丈夫带来的报纸包，里面只有一个空饭盒和一身破工作服。这身工作服已破烂得不成样子，扔在路上也不会有人捡的。工作服上油光光地沾满了鞋油一样的硫铵，发散着刺鼻的恶臭。

“嗐！把这套宝贝衣服拿来干什么？”她皱着眉把它扔到门外，接着又说：“衣服都成了这样子，就是铁打的人也受不了……”

妻子回想起从丈夫那里听来的车间里那种森严可怕的情景，感到一阵痛心。

“哼，俗话说得对，卖酒十年，最多剩下一个破酒壶。我呢，四年如一日，剩下了什么？哼，你也是个没有好命的女人啊！”

丈夫长叹一声，接着又是一阵咳嗽。妻子用破手巾给他擦去额头上的汗。丈夫的话勾起了她的心事，她呆呆地望着那身工作服。这时，丈夫要妻子拿水来喝。

“到底出了什么事？来，喝完再说吧！”妻子端来一大碗凉水给他，越来越感到有什么不祥的事情发生了。

“呃——，水的味道倒是始终不会变的！妈到哪里去了？”

“还能到哪儿去？上村子里去了！”

妻子不露声色地说了谎，其实，腰弯背驼的母亲是到九龙里海边捡吃的东西去了。海边常有一种海藻和零星的海带被海潮卷上岸来。今天已经是她到那里去的第三天。开始儿媳妇拦着不让她去，可是老人家固执着非去不可。海藻留着做菜，海带晾干留到儿媳妇生孩子的时候吃。“饿了吧？想吃点什么……面……”妻子本想说“面条”，想到没钱，不觉暗暗叹了一口气。“不要，不要……我想喝酒，给你，钱包在这里，打半斤酒来。哼！”

“身子不好，不要喝吧。出了什么事吗？”

妻子把钱接过来，数也没数就无力地放到怀里，一种不吉祥的念头又浮现在她的脑子里。

文吉又喝了一口凉水，眼睛里充满了血丝，一眨一眨地望着厨房。他想起了他的孩子们。两岁的凤七、五岁的凤三和七岁的凤男睡得正甜，他们连件遮

身的衣服都没有。十岁的凤德趴在他们中间正在看一本小人书，他是私立小学的一年级学生。文吉想起相浩曾开玩笑似地说他的孩子是一窝小猪，于是就把脸转向妻子，觉得妻子就像一头老母猪，不觉生气起来：

“喂，你少生几个吧！”

“什么？你不说说你自己，一个男子汉大丈夫，说出这种话来，也不害臊，啧啧！”妻子不了解丈夫的心情，也生气地顶撞了一句。

“这次一定是双胎。你看，你的肚子鼓得像蛤蟆肚子一样啦！”妻子的肚子确实比一般孕妇要大得多。

“别说了，这也不是我一个人的事呀！这种话你怎么说得出口？”

妻子听了丈夫的话很不高兴，瞟了他一眼。她很奇怪，丈夫虽说是喝醉了，今天怎么会说出这些奇怪的话来？她不由得感到有些委屈。

“就生这最后一个吧，别再生了。告诉你，今天我被工厂赶出来了……”

文吉无力地倒在炕上，一股热乎乎的东西冒出喉头，他极力地把它咽了下去。“啊，是真的？”

妻子大吃一惊。这个晴天霹雳，把她的全身震得颤抖起来，她的心完全碎了，像一个被雷吓掉魂的人一样，一把抓住了丈夫的手。

“我真是废物！我被那些浑蛋整整欺骗了四年……”

文吉也紧紧地抓住妻子的手，好像除去妻子以外，再没有亲人了。这是怎么回事啊？世上的事为什么变得这样快？

“你把家里的难处都对他们讲了吗？向他们求情了吗？”

“讲难处、求情管什么用？他们是一群什么东西？都是杀人的强盗！”

“那些该死的家伙，凭什么把一个好好的人赶出来？”

“我生了病，他们用不着我了。你以为只有我一个人吗？几十个人都被他们赶出来了。这帮天下最恶毒的家伙！”

“世上会有这种事？大水怎么不把他们的工厂冲走！老母、孩子怎么活下去？天呀！这该怎么好啊？”

妻子忍了又忍，终于放声大哭起来，眼泪簌簌地流个不停。凤德站在门前，眼泪汪汪地望着爸爸妈妈，两岁的凤七醒过来也哭了。

凤三、凤男被哭声惊醒，看见妈妈和哥哥流泪，也跟着哭起来，一时全家就像办丧事一样，显得一片凄惨。

“哭什么呀！没他们的工厂我们就活不了吗？别发愁了……，给我拿碗凉水来喝。”

文吉一口气把妻子端来的凉水喝了半碗，唱起《阿里郎》来。机灵的凤德没等父亲唱完就把孩子们带出去了。

妻子提着菜篮，到市场买鲜鱼去了，另外还想先还清一部分欠债。

事情已经到了这个地步，还有什么法子呢？但是，她一想到以后的日子，就决心把丈夫的病治好。长期过着艰难困苦的日子，再加上人口又多，丈夫从来也没有吃过一顿饱饭，没有安心地休息过一天，才把他折磨成这种样子。妻子一想到这些，就为丈夫痛心。丈夫从来也没有对妻子大声说过一句话，对她来说，丈夫就是她的生命，她的一切。

屋子里只剩下了文吉一个人。他嘴里哼了一会歌，突然又把嘴闭上，用可怕的眼光望着对面的墙壁。他目不转睛地盯着一个地方，那里贴着一张写着“劳动神圣”的字条，在文吉的眼睛里，其中的每一个字似乎都渐渐变成了一个个人的面孔——“山羊胡子”“便衣警察”“干明太”“马脸”，这些可恨的家伙。

“什么？劳动神圣？好个劳动神圣！”文吉蓦地跳起来，一把把字条扯下来撕得粉碎。什么“劳动神圣”？现在他看见就讨厌，听见就觉得刺耳。过去，文吉曾经把这句话当作自己的座右铭，如今却只能激起他对会社和日本人的满脸怒火。

文吉枕着胳膊躺在炕头上，望着用报纸糊起来的天花板，苦苦地沉思着。他渐渐清醒过来，感到无可名状的孤独。

“啊，我真想朋友们啊！”

文吉无法解脱被偌大世界遗弃后的那种孤独心情，不禁打了一个寒噤。他第一次感到从来没有像今天这样急待着热心肠的朋友们伸出援助的手。同时，他渐渐认识到只靠一个人的力量是无济于事的。

“我简直是个疯子！”

他痛切地认识到自己过去是多么糊涂，起初他不愿意跟那些热心的朋友在一起，只相信《希望》《泉之花》上的鬼话，这时候哲植要是能来的话，该多么……

文吉多么盼望在这世界上能有无数的知己朋友啊！他认为如果有很多像哲植、东润、相浩那样的朋友，把大家的力量团结起来，自己也不会被赶出来了；一定会像东润说过的那样，工人的待遇就可以改善，大家也可以公开地集会了。为了这一天早日到来，他打心里希望能有成千上万的这种朋友在一起共同奋斗。

“韩兄在家吗？”

文吉正在这样想着，忽然有人推开房门，探进半个身子来。他以为是自己所想望的哲植来了，立刻坐了起来，可是，来人却是仁哲。

“你来有什么事?”

文吉怒容满面地问道。仁哲看见来势不妙,很狡猾地闪了闪眼睛。在工厂里,仁哲被紧张的空气压得透不过气来,大家都用严峻的眼光瞪着他,使他的背上直冒冷汗。休息时间,工人们都聚集在食堂,一面骂会社,一面愤怒地打算干掉“活老鼠”(告密者)。仁哲被这种气势吓得两腿发软,不敢再进食堂。俗话说得好,狗改不了吃屎,他又偷偷到文吉家里来看风色。

“老兄,你的事实在处理得不妥,究竟是为了什么原因?怎么把像老兄这样的好人……”

“这你比我更清楚!”

文吉看见仁哲那张脸,怒气就往上涌,他用卑称的“你”称呼他,同时心里提醒自己要提高警惕,不让他钻了空子。

“这是什么话呀?怎么能这样说?老兄,也别太难过,祸尽福来也说不定哩!老兄的心太好了,所以才落到这种地步,近来没有朋友来找你吗?”

仁哲死盯着厨房,好像要搜寻什么似的。文吉看见他那副可恶的样子,立刻怒火万丈地喊道:

“滚出去!你这个活老鼠!”

文吉抓起木枕,说声招打,接着就掷了过去。

“你,你,你这人饭碗砸了,人也疯了。来吧,你要碰伤我一根汗毛,就叫你当场去见阎王!”

木枕带着一股风从仁哲的耳旁擦过去,仁哲吓得冒出一身冷汗,赶紧掉转身子溜走了。他这次来本想要拉拢处在困难中的文吉,没想到却碰了一鼻子灰。

“该死的东西,我上当也不过一次,你还想来骗我啊!”

文吉望着掉在污水沟里的木枕,气得呼呼直喘粗气。这时,突然从大街上传来了人声。文吉扶着门框,踮起脚朝外望去。十几名工人正向自己家里走来,并且可以听到耳熟的相浩和勇洙的说话声。

春季身体检查的结果:合成车间两人,硫酸车间三人,电解车间一人……全厂共有五十几名工人因得了不治之病而被赶出了工厂。因为原来车间的工人数目较多,少了五十多人也并不显眼。就这样,一阵解雇之风,还没等工人有所准备,就已经结束了。

由于相浩和勇洙的努力,硫铵车间的亲睦会——到他们预定的日子为止——从工人中已经发展了五分之二的会员(原来的指标是三分之一)。就全厂来说,除了四五个车间还没有很好地活动起来以外,会员数目也都达到了指标。在厂外的东润、哲植、昌浩和英九听到了汇报以后，指示随时随地严格监视“活老鼠。”

可是，就在这时候，在反对和春季身体检查有关的无理解雇的斗争方针问题上，哲植、昌浩和东润、英九之间发生了理论上的分歧。

哲植和昌浩认为，在“N氮肥工厂亲睦会代表会议”组成以后，应该集中全厂的力量，从散发传单开始，进行斗争；而东润和英九则认为，大部分车间的亲睦会已经吸收了五分之一以上的工人，而且各车间的工人对会社的不满也日益加剧，因此，目前只要好好进行宣传鼓动，就可以展开群众性的示威斗争。

他们从黄昏一直讨论到鸡叫头遍，最后采纳了哲植和昌浩的意见。东润比哲植念的书多，但是他缺乏工厂的实际生活经验，单凭年轻人那种火一般的热情办事；而且他还有这样一种倾向：过分自信，往往从主观愿望出发来解释自己提出的问题。

哲植和东润不同，虽然他没有学过什么，工厂的生活经验却很丰富，他不论遇到什么事情总是跟工人商量。在很多工人的意见中，确实有不少宝贵的意见，哲植很善于听取和接受这些意见。这次哲植提出来的斗争方针就是参考了工人们的宝贵意见而制订出来的。

亲睦会秘密成立起来只有几天，如果马上就大干起来，无论如何都是万分危险的事情。尽管东润举出各车间出现的秘密标语来证明斗争高潮已经到来，可是哲植仍然不能同意。如果根据这种判断，就轻易地把工人发动起来，不管三七二十一地大干一场，新成立的组织就很可能被一阵狂风暴雨摧垮.到那时候，再想重新建立起来，势必付出血的代价。为了对付强敌，为了最后的胜利，首先要有一个能够集中工人的力量和意志的核心组织。当这个核心组织——“N氮肥工厂亲睦会代表会议”组成后，需要用一定的时间教育工人。这个斗争方针是符合目前工厂的实际情况的。

“就算是这样吧，那么将来组成的代表会议让谁来领导呢？我认为一定要让用理论武装起来的同志领导才行！”这是那天晚上东润最后提出来的意见。他在说“用理论武装起来的同志”这句话时，特别加重了语气。

“可是在没有机会读书的工人中，到哪里去找你说的那种知识分子呢？不能这样。有些人虽然在理论方面还不太行，但是他们忠诚，战斗意志坚决，我们要的就是这种人。至于理论，你也可以教给他们嘛。我们可以分工，每人掌握一个部门。我认为善于斗争的人，也必须善于学习。”

哲植的意见得到了昌浩和英九的支持，东润觉得朋友们都不了解他，心里不大痛快，可是再也没有开口。其实，他所说的“用理论武装起来的同志”，就是指的他自己。这一点哲植心里是明白的。

四月十号晚上十点钟，按照原订计划，“N氮肥工厂亲睦会代表会议”分别在四个地方同时召开。

文吉参加了九龙里地区由哲植领导的大会，原来准备是以划船为名在船上召开的，后来又改在山腰上一个工人的家里。这里是只有独门独户的一个人家。他们所以要改变开会地点，一方面是因为海上风浪很大，另一方面也是因为会社保护货物的汽船上的灯光经常照来照去，很容易为人发现。

“对！我最需要朋友。要坚定不移地相信朋友。”我应当走大家同心协力所走的道路，这是文吉经过几天的深思熟虑所得出的结论。文吉曾经找过哲植两次，每次都从他那里听到新的事情。文吉从哲植真诚的谈话中，重新获得了勇气。晚上开会的时候，他主动出去放哨。

他靠着一棵粗大的白杨树站着，在黑暗中进行严密监视，哪怕是一只蝙蝠也不轻易放过。从这棵白杨树到会场，只有七十米的距离，一条细铁丝直通到会场，会场的一端，拴着一个罐头盒。只要一拉铁丝，罐头盒就会发出响声。信号也很简单：拉一下是表示出现了可疑的人影，连续拉三下以上，就是危险信号，会议应当立刻解散。

近来，文吉的情绪很好，不像以前那样终日闷闷不乐了。现在有了这样多的朋友，他不但不感到孤独，而且充满了信心。他一想到自己在发生亲睦会事件当时的那种犹疑不决的态度，就觉得可笑；和那时相比，真是连自己都不能相信那时为什么那么软弱。现在他的心里又亮堂、又沉着。文吉虽然是在紧张地放哨，可他还毫不介意地欣赏着炼铁厂高大的洋灰烟囱，数着远处新市街的灯火。这对一个担任警戒的人来说，当然是不允许的，可是他心里却充满了自信。

“此刻，哲植大概摸着塌鼻子在发言吧！大家一定是全神贯注地望着他的嘴，听他讲话。有我在这里守着，他们可以安心地……啊！”

文吉正想得出神，似乎发现了什么，差点喊出声来，吓得背上冒出冷汗。他迅速地把身子隐避到树的后面去，伸手去拉树枝，当他第二次要拉的时候，“啊”地一声松开了手。他分明看见一个黑影在动，可是并不见有人从小路上来。他为了把剧烈跳动的心镇定下来，极力屏住呼吸。这么一来，反倒引起一阵倒霉的咳嗽，他按捺着胸口，嘴唇也快咬出血来了，豆大的汗珠不住地从额头上流下来。这时从海面上射出一道探照灯光，把四周照得通明。刹那间，文吉发现了那个黑影，那人戴着眼镜，眼镜片被灯光反射得闪闪发光，手里还拿着一根文明棍。从这个打扮看来，不是N警察署高级警察那个姓吉的家伙，就是当过警察的会社警卫金某人。

那家伙挨近白杨树，停住脚步不动了。无疑他是有目的而来的。文吉在黑暗中监视着那家伙的一举一动。果然，那家伙朝着地头的小路走来。这条路是一直通到正在开会的那间房子后面去的。这时，文吉焦急万分，再也不能迟疑了。他连续拉了五次树枝。在文吉的一生中，像这样紧张的场面还是第一次遇到。

开会的人得到警报，立刻把灯熄灭，同时把罐头盒取下来，剪断了铁丝。“快从后门出去上山，不要乱，不要出声。”

哲植先把工人送走，才和相浩隐没在黑暗中。大家进来的时候，就没有脱鞋，所以二十七个人不到一分钟的时间就隐蔽起来了。哲植负责的九龙里分区，已经一致通过了组成“N氮肥工厂亲睦代表会议”分会的决议，并选出了适当数目的委员。后来躲到山上去的哲植和相浩费了很大的劲又把分散的工人们召集在一棵老松下面，可是其中有几个人却不知去向了。在这里，又组成了“反对解雇斗争委员会”，选出三名委员。相浩是其中的一个。最后，哲植用低沉而有力的声音说：

“会议到此结束，今天我们成立了两个组织。另外三个地方的会大概也已经结束了。目前的任务就是把我们的力量完全团结在组织的周围。难道还有别的更好的办法和道路吗？那是没有的，没有第二条路可走。”

哲植摸着扁平鼻子，向漆黑的四周张望一下，接着说：

“想一想吧！世界上还有人比我们工人受的苦和受的虐待更多的人吗？机器是用我们的血汗转动起来的，可是钱却填满了会社那群家伙的腰包。我们挨饿，富人才能吃饱饭，这合理吗？我们应该争回我们的幸福和权利，应该起来反对解雇，没有什么可怕的。我们要以苏维埃劳动人民作为榜样，他们推翻了皇帝、资本家和地主的统治，成了国家的主人。只要我们团结起来，就会有钢铁一般的力量，就会取得胜利。现在，我们的力量已经渐渐成长起来，我们不能任人摆布，要掌握自己的命运，我们不能眼看着别人任意掠夺我们，要把被掠夺的东西重新夺回来。世界上没有任何一件东西不是通过斗争而得到的。好吧，让我们齐心协力继续斗争吧！”

哲植和坐在他周围的工人一一握手。

刚才罐头盒的响声曾经使他们紧张一阵，现在，跳动的心已经安定下来，感到一种春日的温暖，新的希望在他们的心里展开了翅膀。哲植的话给他们带来了力量和对未来的美好而坚定的信念。

这时候，文吉坐在离白杨树不远的一个土坑里。不知哪个缺德鬼在里面拉了屎，臭气熏人，但他也只好耐着性子坐在那里。

“放哨这一着是做对了，用铁丝作信号就更妙。要不是按照哲植的办法做，说不定要出大漏子。大家都平安地脱险了吗？一定不会出问题的。”

文吉心里想着，嘴角上露出了微笑。但是这笑意立刻又消失了。他埋怨自己笑得太早。不过有什么办法呢？那股高兴劲就像泉水似地直往上涌，文吉抬头望着布满繁星的夜空，在他的眼里，分明是看到了光辉灿烂的阳光。那茫茫一片的东海，似乎在满怀希望地翩翩起舞；那涛声，好像在向自己发出召唤。文吉为自己做了一件有意义的工作而禁不住满腔的喜悦。

文吉想到朋友们的安全，觉得不能再在这里呆下去了，于是他慢慢地从土坑里爬出来，悄悄地来到约会见面的松树底下。他强撑着到达预定地点的时候，只剩下哲植和相浩了。

“辛苦了，”哲植扶着文吉的肩膀说，“都没事吧？”

“没事，要不是你……”

“真的要少活十年！是吧？”

文吉向他们俩简单地说了说情况。

“虽然全都吓了一大跳，但也是一个很好的经验。走吧！”相浩一下子站起来。“懂得吧，要大胆迅速。”

哲植和文吉紧握了一下相浩的手。相浩消失在黑暗中。二人默默注视着他的身影，并在心里祝贺他成功。

哲植大致给文吉谈了会议情况，然后转移了话题，问道：“怎么样？最近……”

“有什么好讲的呢！要帐的把门坎都踩平了，就因为是债鬼……五个家伙一下进到我的屋里来，以后的事你就可想而知了。”

“家里又没米了吧……”

“实在没有办法，只好编瞎话，到铺子里去赊。谁知以后会怎么样？”

“你做得对，先活命要紧。不要忘记，这都是因为日本鬼子。”

“我记住你的话，要懂得憎恨，要团结起来，要用团结的铁拳寻找生路。”

探照灯从海上射过来，他们两人急忙趴下，，等灯光收敛以后才伸起了腰。从新市街传来日本鬼子喝醉酒以后乱喊乱叫的声音。他们刚从新市街中心的妓院和酒巴间出来。

“刚才害怕了吧？”

哲植沉默了一会，又转换了话题。他这样做是为了避免引起文吉痛心。

“是把我吓了一跳。但是真的遇上了事，比以前大胆多了，我好像看见了闪烁在天空中的阳光。我问你，你什么时候读了那么多书？真羡慕你呀！”

“一有空就读点，跟东润也学过。如果肚子里没东西，就跟小孩子一样无知。好吧，我们明天晚上九点再见，到时给你带本书来。再见！”

他们两人一个向东、一个向西地走了。工厂的汽笛声又响了起来。这告诉人们，现在已经是十点钟了。

警卫三五成群、虎视眈眈监示着地下道，而相浩却很泰然地闯了进去。他和往常一样，十分沉着地坐在离心分离机的前面，把硫铵倒在输送机上，开动了机器。当离心分离机又重新发动起来的时候，他打开沉积槽的门，液体从槽里涌了出来；离心分离机把槽里流出来的液体除去硫酸和水分，只要八分或者十分钟的时间就把硫铵肥料制成了。

相浩眼睛望着转动的离心分离机，可是心里想的却是另外的事。

顺序是从产品仓库到包装部，然后到食堂。但是根据情况变化，这个顺序也是可以改变的。时间是从两点到四点。要大胆迅速。相浩背诵着哲植的话，悄悄地把手按在胸口上，触到一捆厚纸。这时。“干明太”打着呵叮欠走了过来。他心里一惊，急忙抓住制动器，离心分离机的转动速度逐渐慢了下来。“干明太”在相浩身旁站了一会，大概是没有找到刁难的借口，又走开了。相浩这才松了一口气。

相浩看了看挂在铁柜上的挂钟，已经是两点二十分了。若是平时，正是眼皮搭拉下来发困的时候，可是现在他一点也不困，反而精神抖擞。他一连看了十几次挂钟，到了三点，他就要开始干他的工作了。

三点正，离心分离机还在开动着，相浩假装上厕所，溜了出去。一切准备全在十分钟内做好了。

相浩想起哲植的话：根据情况是可以改变顺序的。于是他把食堂门打开一个小缝，朝里看看，没有发现人，只有一只微弱的十支光的电灯。他一进食堂，就从怀里掏出了传单。这时，他又想起了哲植的话：要大胆、迅速！

一张、两张、三张、四张、五张——相浩把一张张传单塞进食堂里去了。他左手把门一开，右手的传单就飞了进去。如果是门上了锁，他就从门缝里塞进去。好在这些门都是湿木头做的，干了以后就裂开一道道的缝隙，甚至连小手指头都可以伸进去。相浩本来卖过报，从门缝里塞东西他是有本领的。

“三十三、三十四、三十五……”相浩心里一边数着，一边往里塞，眼睛和耳朵警戒着两个出入口。由于过分紧张，不知不觉出了满头大汗。

相浩开始有点着急，也不知道到了什么时候，手里的传单还剩下三十多张。“要大胆、迅速！”哲植的话又好像在他的耳边响着。相浩正在迅速地塞着传单，突然听有响动，吓了一跳，顿时冒出一身冷汗。他急忙把标语藏在怀里，隐避到两个柜子中间去。他非常警觉地观察着，想弄清楚是怎么回事。后来他终于发现是一只大老鼠在啃桌子。他不禁"哼"了一声，从柜子当中走出来，用工作服的袖子擦了一下脑门上的汗水，又继续塞标语。老鼠还在那里吱吱咯咯地咬桌子。"瞧吧！天一亮，整个工厂就会骚动起来的。"他这样想着，走到食堂北面的门前，止住脚步，朝四处张望。只有嘈杂的机器声在隆隆地响，连一个人影也看不见。他又沿着铁轨快步走去，夜里的冷空气使人感到爽快。

相浩顺便兜了个圈，从产品仓库到了包装车间。两个车间都下了班，空空落落的，一个人也没有。他像一阵风似地一会儿出现，一会儿又消失，把很多传单撒在两个车间里。

过了一会，他装着从厕所回来，提着裤带，一边系一边回到了他的劳动岗位。机器还在转动着。这时是三点十二分。他抓住制动器坐下来，松了一口气。十二分钟的时间就把事情做完了，真像做梦一样。他眼前又出现了好几只老鼠，因为他的心情和刚才不同，所以一点也没感到紧张。他仔细看看正在劳动的朋友们，他们丝毫也没有疑心自己的行动。因为这时候，正是大家最困的时刻，不是张着大嘴打阿欠，就是扶着制动机打盹，根本不会有心思再去注意别人。但这种时候也是工人们最危险的时刻。

"天快亮了吧！"相浩一边让硫铵肥料流到麻袋里去，一边笑着。他一想象到工人们看到传单时的情景，就忍不住心头高兴；而当他想象到日本鬼子恐慌吃惊的样子，心里更感到痛快。

致N氮肥工厂职工们：

各位职工！现在我们为了一点点微不足道的工钱而卖命，一天要干十小时到十六小时的繁重劳动。令人窒息的恶臭，把我们像大公牛一样的身体变成了残废，世界上还有比这更可怕的事情吗？

大家还记得上次春季身体检查的结果吧？五十多名工人没有拿到一分钱的退职金就被赶出了工厂，世界上还有比这更不公平的事情吗？我们不能无动于衷，我们不能再忍受会社对我们的虐待！忍受就等于死亡！

各位！我们告诉你们一件令人高兴的事。你们盼望的"N氮肥工厂亲陸会代表会议"已经成立了！这个组织是大家的组织，要用你们的坚强团结的力量使它发展、壮大。如果你们要索还被夺去的权利和生活，那么就来加入亲睦会吧！

让我们一致向会社提出如下要求：

第一，反对无故解雇工人，实行八小时工作制；第二，提高工资，改善劳动条件；

第三，发退职金给春季身体检查时被解雇的工人；第四，废除惩戒、体罚和减薪制度；

第五，承认我们的亲睦会。

N氮肥工厂亲睦会代表会议各车间分会

“传单？真的？在哪儿？快给我看看！”

“不行，你怎么不去找你那一份……”

“在什么地方？”

“打开那个看看。”

早晨换班的时候，在硫铵车间食堂里，充满了工人们兴奋的谈话声。大家都三三两两地聚在一起，读传单，发表自己的感想。

“你看着吧，又要出事了。”

“出就出吧，有什么可怕的！死亡哪一天不在威胁着我们……”

“你说这是谁干的？”

“少说废话，你要知道这个干什么？有工夫还不如把‘活老鼠’干掉哩！”

现在已经和当初发生亲睦会事件的时候不同；工人们再也不害怕了，他们都挺起了胸膛。“这些要求太合我们的意了。”

“都是正当的要求，会社应当同意了。”

“是呀！我们不能再犹疑不决了。昨天轮到了文吉，明天就可能轮到我们头上。”

食堂里的每一个工人，一致支持传单上提出来的要求。传单上讲的道理，早就埋藏在他们的心里。传单道出了他们心里的话，使他们产生了勇气。相浩一开始就枕着胳膊躺在饭桌上听他们谈论。如果勇洙要在这里该多好啊！可是勇洙是上半夜值班，昨天夜里十二点就出了工厂，现在可能还没有回家，正在英九的领导下在某个地方积极执行着自己的任务。

工人们谈论了一阵，又静了下来。相浩坐起来摇晃着放在饭桌上的两腿，说：

“火已经烧到了眉尖，光凭我们的双手是扑不灭的。要想不落到文吉那样的地步，只有走一条路：按照传单的精神去干！我完全赞成传单上的话。当然，危险总是有的，可是世界上任何事情不都是经过斗争才成功的吗？只要我们几千名工人同心同德，我们的要求，厂方不听也得听！想想看，硫铵肥料等六十多种产品是谁造出来的？不就是我们吗？可是我们的处境怎么样啊？我们不是在半死不活地混日子吗？狗急了还要跳墙，活人怎能坐着等死！让我们下定决心，干……”

不少工人带着沉痛的表情默默地听着，也有人点头表示同意。虽然换班的时间已经过了，可他们毫不在意，仍旧坐着不动。

这时，五六个工人似乎想避开这个紧张的场面，走出食堂北面的门，站在那里交头接耳地不知嘀咕什么。他们感到惴惴不安，好像挨了一顿打似地透不过气来。

“警卫股在干什么？”

“恐怕又要捕人了吧？”

“可不是吗！谁能斗过这么大的会社呢？不过是拿鸡蛋跟石头碰罢了。”

“我们哪一边也不要参加。”

“说得对！我们还是坐收渔翁之利吧！”

他们谈论来谈论去，得出这样的结论。这些人不是别人，正是《希望》和《泉之花》的读者，黑脸孔的仁哲也在里面。

每个车间都发现了传单，看来这是以工厂的全体朝鲜职工为对象的。在暴风就要到来的工厂里，都在纷纷地议论着这件事。

八点钟，“警卫”得到“便衣警察”的协助，进行了总动员。他们首先堵住了地下道的出口，把下班的夜班工人又赶回到车间里去，不准回家。

鬼子们杀气腾腾（其中有带枪的），他们四五个人结成一伙，分别把各个车间监视起来。贵族出身的厂长带着N警察署的高等股主任巡查各个车间，听取情况。他对朝鲜工人的生活从来也不关心，可是当他读了译成日文的“传单”以后，不禁惊慌失色。他一向认为朝鲜工人自古以来就懒惰无知，他们命里注定要受一辈子的压迫，永远可以像过去那样对待他们。可是现在他的这种信念开始动摇了。

“把那些可恶的传单通通拿出来！否则，决不轻饶你们！”

几天前在工人前面还抬不起头来的“干明太”这时带着三个“警卫”和一个“便衣警察”来到食堂进行恫吓。他们得到厂长和高等股主任的指示，气焰更加嚣张了。

鬼子们发狂地威胁着工人。但工人们毫不动摇。一种令人窒息的沉默在继续着，不知是谁向鬼子们抛去一个纸团，接着，无数的纸团如同雨点般地向敌人投了过去。这纸团就是用“传单”揉成的，反正都记在脑子里了，把纸条拿出来有什么关系。哼！用纸把你们火葬了吧！

那些家伙吓得魂不附体，弯着腰捡纸团，把捡起的装在衣袋里，口袋渐渐鼓了起来，叫人看了十分可笑。

工人们在心里冷笑着。从这五个家伙的身上，可以看出这种人只配给鬼子当狗，别的他们什么都不会干。纸团扔出去很多，但那只不过是全部传单的三分之二。

过了上午十一点，解除了对夜班工人的禁令，地下道一带可以通行了，但却布置下蜘蛛网般的警戒网，二十几名“警卫”和“便衣警察”正在对工人们进行搜身。

他们把工人的每一个口袋都摸遍了，可是还不放心，连打补钉的地方都翻开来检查。全身上下都搜遍了以后，还要检查帽子、鞋子和饭盒。但是不管鬼子们如何奸险狡猾，他们也吓不倒工人。现在和第一次亲睦会事件不同，大家的胆子都壮了。相浩认为工人们已经经受了一定程度的锻炼。

“老金，跟我去一下。”

相浩刚走到马路上，有一个人紧紧地靠到他的身边说。一眼看去，就知道他是在食堂里捡纸团的那个“便衣警察”。相浩被蜘蛛网缠住了，

“到哪儿去？我现在没有时间。”相浩停下了脚步，带理不理地说。

“少废话！去了你就会明白了。快走！”金相浩的名字已被列入“被监视”的黑名单上。便衣原来打算在食堂里就把他逮走，因为怕行动不慎，引起众怒，所以一直在伺机下手。

这一天，从各个车间里抓走了二十多个工人。硫铵车间除了相浩、京德以外，还有另外两名工人被抓了去；硫酸车间被抓走的有胖子和另外两个人。几乎所有的车间都有被抓走的人。工厂以外也在到处抓人，勇洙的情况不明，东润、英九、昌浩也被捕了；傍晚的时候，文吉也遭到了逮捕。文吉是按约去和哲植见面，被隐蔽在那家狗窝里的“便衣警察”捉了去的。

这件事情的发生，主要是哲植计划得不够周密，作为组织者的一员，应该估计到传单发出后的情势，不能轻率地把和文吉约会的时间定在这样紧张的时候。哲植对这件事非常后悔，但旋风来得太快，而且来势凶猛，来不及进行联络，只得设法先躲避起来。

文吉的妻子端着一碗米糊走进来，坐在丈夫的头边，说：“快喝点吧，别冷了。”“什么？肚子还饱着呢！”

文吉两眼无神，脸瘦得都认不出来了。他是和其他四个工人一起被抓去的，关了十二天才放出来。他在敌人面前什么也不说，也不承认，所以遭到严刑拷打、灌冷水，一直到吐了血。

工人们用手推车把他送到家里，接着就病倒了。

“快喝点吧，沙阿利巫婆说：只要做‘山川祈祷’，很快就会好的。这巫婆的话很灵验哩。”

文吉听了母亲的话，暗自好笑。虽然文吉的妻子在丈夫面前没有说过巫婆的事，但她心里却和她婆婆的想法一样。她认为哪怕是讨饭也得做好祈祷。这时，像死人似地躺着的文吉突然剧激地咳了起来。他已经精疲力尽，连支撑身子的力气也没有了。他抓着妻子的手，想坐起来，但却“哇”地一声吐出血来，又倒了下去。他足足吐了一大碗血，枕边满是黑红色的血。

“嗳哟！这是怎么啦？妈啊！”妻子吓得惊叫起来，文吉的母亲也急忙从套间里走出来。

“世上还有这种事？文吉呀！这是怎么回事啊？嗳哟！老天爷怎么不长眼？我真是老不死……”文吉的母亲枯瘦的手紧握着儿子的手腕，不住地颤抖；妻子擦着丈夫嘴边的血，眼泪簌簌地流出来。她感到绝望、凄凉和孤独。婆婆从儿媳妇那里拿了十个铜钱，拄着拐杖，找巫婆去了。

“妈，我要吃饭！”凤三弄得全身是泥，跑了进来，看见爸爸头前有一碗米糊，吵着要吃。其实他已经吃了半碗白菜粥，是早饭和午饭合为一顿吃的，现在又饿了。

“别吵，跟孩子们玩去！”

“不，不要，我要喝米糊！”

“快去，快去！”文吉的妻子在他的肩膀上拍了两巴掌。现在天都快要塌下来了，哪里还顾得上孩子。凤三跺着脚大哭起来。

“给孩子吃吧，我不想吃。”

“你就别管了。快喝，喝了快好吧。”

“我叫你给他吃嘛！”

“唉！给你！快给我填下去。”

妻子把米糊倒给孩子三分之一，然后瞪了他一眼。凤三接过来，嘴对着碗全神贯注地喝起来。文吉不声不响地看着孩子吃饭的样子，心里一阵难受，悄悄地用被子蒙上了脸，眼里流出泪来。“我应该活下去！”——他心里涌出一股从未有过的强烈的求生欲望。他紧闭着嘴唇，顽强地和死神搏斗。

文吉如果死了，他的老母亲、快要临盆的妻子和孩子们全都无法活下去。真是祸不单行、雪上加霜，过去能赊账的一些铺子现在也不能赊了。他们走进了死胡同，饥饿比疾病更可怕地威胁着这户人家。在这种情况下，文吉又怎能合得上眼呢？眼前的处境虽然凄惨，但他对自己的被捕并不后悔，而是感到骄傲，因为他和日本鬼子直接进行了斗争。

比文吉晚三天释放出来的勇洙来看他，他把哲植送来的十块钱交给文吉，另外他自己又加上五块。文吉激动得流出了眼泪。一度被大风吹断的线今天又接上了头。靠这条线，他知道了哲植的消息：哲植偷偷逃到了H市，与革命前辈联系上了，今后将从他们那里得到更好的指导。

工人们都轮流到文吉家里来探病。除了硫铵车间的工友们以外，还有一些素不相识的其他车间的朋友来看他。他们虽然还是初交，但他们的心早已连在一起了。工人们你一分我两分地凑起一笔救济金，用各车间亲睦会的名义送到文吉的家里来。这是亲睦会代表会议号召的。文吉长期呻吟在日本帝国主义的黑暗的统治下，过着绝望、悲惨的生活，工友们这样对自己热情援助，使他很受感动。这才是真正的朋友，世界上最宝贵的就是这种朋友。文吉又一次深深地感到朋友的可贵。因为有了这种朋友，文吉心里才感到踏实，如果没有他们，他们一家人早就陷到更悲惨的境地中去了。

但是，和朋友的期望相反，文吉的病一天天恶化起来。虽然经过汉、西医的治疗，吃了各种各样的药，但一点也不见效。文吉的母亲请来了沙阿利巫婆，做了“山川祈祷”，还照朱姆圾巫婆的话做过“大监祭”，但病还是一天重似一天。在警察署的拷问室里他受了致命伤，吐血的次数多了，而且越吐越多。他的神志虽然还清楚，但脸白得像纸一样，人完全瘫软在床上。

应该活下去——文吉紧握着两个拳头。但是他已经没有力气了，日本强盗摧残了他。四月廿八日的早晨，文吉向围在他身边的朋友留下了最后的遗言：“死在这些鬼子们的手里，我实在不甘心！我的家属，还请大家费心……”说完，静静地闭上了眼睛。

当天晚上十二点左右，亲睦会代表们在文吉的尸体旁边召开了协议会，几个车间的亲睦会员有十几个人参加。勇洙骑着自行车到H市（离这儿有三十里左右）去了一趟，和哲植商量了一些事情又赶了回来。

人们决定葬礼以亲睦会的名义举行，并把葬礼和“五一”节的示威结合起来。人们在悲痛中想像着“五一”节那天的场面，脸上流露着悲壮而坚决的表情。工人们为准备文吉的葬礼以及和各车间进行联系，已经两夜没有合眼了。因为考虑到上次发了传单，使不少亲睦会的指导部遭到了破坏，同时也是为了避免引起没有参加亲睦会的工人恐慌，所以决定这次不再散发传单。

四月三十日的早晨，工人们抬着棺材慢慢走过九龙里山岗，从海上吹来的南风吹拂着无数的挽联。这一切都吸引着人们的视线。人们看到穿着孝服跟在棺材后面的寡妇和她的大儿子凤德，没有一个人不难过。几十名送葬的工人默默地跟在后面，他们满面悲痛，但心里正决心进行新的战斗。

棺材抬过工厂的大门前面，行人都止住脚步观看，日本鬼子也向窗外注视着。就在这时候，硫酸车间的两扇朝北的大铁门打开了，工人们一拥而出，喊声像怒涛一样爆发出来。接着，废品车间和包装车间的大铁门也打开了，数百名工人怒吼着向外冲。电解、合成以及硫酸车间的工人终于像几股洪水一样汇合在一起。

"不许出来！不许出来！"惊慌失措的"警卫"企图锁住大门，但无数有力的拳头，早把他们打倒在地上，激怒的工人像潮水一般踏着这些家伙的身体拥到大路上去了。文吉的死激起了工人们对会社的无限愤怒。他们看到原来像牛一样强壮的文吉，现在却躺在棺材里，心里感到非常难过。如果会社不答应要求，这样的惨剧还会继续不断地发生。每人都在为自己担心，不知道将来会落到什么地步。为了这样的惨剧不再发生，他们决心团结起来，进行斗争。

"解散！解散！解散！"接到警报赶来镇压群众的骑马警察队挥动着闪闪发光的大刀企图冲散群众。队伍被冲散了，但马上又聚集起来。

棺材慢慢地移动着，数百名工人跟在后面；被拦在地下道里的工人，在铁丝网里摆开了阵势。不知是谁在棺材后面低声地唱起了歌，歌声立刻传到群众中去，变成了大家的合唱。

听吧，全世界的工人阶级，
震天动地的"五一"的歌声……

摆成长蛇阵般的工人们也在铁丝网里接下去唱起来：

广场上响起雄壮的脚步声，
高唱"五一"劳动节的歌曲。
……

每年五月，在庆祝自己节日的时候，工人们自然而然地就会想起这支难忘的歌——"五一国际劳动节之歌"，可是他们从来也没能唱过，直到今天才放开嗓子唱了起来。

紧急动员起来的"警卫"和警察气喘吁吁地赶了来。他们像猪叫似地一面威胁，一面发狂地扑上来，企图打散工人群众，但他们的气焰在强大的工人的铁流前面，实在是太微不足道了。

文吉的妻子紧站在灵柩的后面，注视着这一切，在日本鬼子的面前，她一点也不感到畏惧，心中充满了仇恨。这帮鬼子杀害了她亲爱的丈夫，现在又穷凶极恶地不肯放丈夫的灵柩通过，她气得眼里冒火，就是把敌人剁成肉酱，也报不完这杀夫之仇。

她认为丈夫是个好样的，全厂都为他行动起来，因而她就更加悲痛。如果早有这么多的人起来，丈夫不是还可以得救吗？想到这里，她的心就像刀刺的一样难受。

鬼子们慌了手脚，一辆卡车装满了来增援的警察，警笛长鸣地飞驶而来。不一会，他们捕去了十多名工人。空车又开了回来，这时只剩下一半的送殡人，肩靠肩地、有秩序地前进着。集结在铁丝网里的工人们继续唱着歌，向死者告别。

文吉的灵柩在日本警察森严的戒备下向着公墓缓缓走去，把一切都抛在了后面。远处，从工厂里传来了《五一国际劳动节之歌》的悲壮的歌声。

（原载于《朝鲜日报》，1932 年 5 月 29—31 日，转载于《朝鲜现代短篇小说集》，人民文学出版社，1960 年）

亡国奴自叙

金同生

这繁华的S城中的一个著名的中学里。除星期六下午及星期日外，是不许出校的，学生都遵守，就是校外的人也知道。

今天是他们的快乐日子——是星期——全校的学生有上街去，有的到公园里散步，还有不愿意出去的仍然在校中，在和平村十五号的卧房里，还剩下四个同学，他们并不觉得寂寞，备了些茶点，彼此吃着谈着，在这四人当中，要以行之的发言，行动一切，都是最滑稽，他有一副艺术的面孔，因此全校同学皆称为艺术人王；但是田姆确与行之相反，从来不说多话，终日精神不振；还有那两人是适中分子，不好多说话，也不沉静；他们起初谈的是校誉问题，息了一会，又谈到爱的问题，三人与都奋起来了，很高兴的谈着。

惟有田姆仍然表现很庄严的面孔，不加一语；所以她们很注意田姆，为什么这样有态度？“你是失了恋么？还是发生什么事？使你这样忧闷。”他们很怀疑的问他。

沉静的田姆，仍然不睬，也不回答他们，于是他们觉得很奇怪，“忧愁又是一个问题，你不回答我们的话究竟是什么缘故？……难道我们都和你有恶么？……”他们很气愤愤对他说。

奇怪的田姆带着悲哀的面孔，向他们说道：“我并不是不回答你们，我实在没有精神和你们谈话；若要我说缘故，那真如拿残忍的刀向我心中刺一样。”

他们看见田姆的眼泪几乎落下来，才知道他实在有痛心的事，于是要求他把这悲伤的事说给他们听。

田姆愈不愿意说，他们偏要他说，真有点讨厌，他心中是这样想着；但是又怕他们生气，没有办法，息了一会，才深深的叹了一口气，于是开始向他们说：“我实在不愿意说，真看你们是诚恳的要求，是知己的同学，没有办法。”

他勉强说了这几句，增加了他的哀痛，他的悲泪已离开了他的泪囊。

他又继续说着:“我不是你们C国的人,我是K国的人民,我好像从深山的虎穴中跳出一样;我家所有的人,死的死了,散的散了,各自东西。前几年我国还是独立,自由的国家,现在呢,是……亡国了;所以我……也是亡国奴。我们的人民,都在J国铁蹄下生活着……”。

他们听田姆说到这里,好像傻了一样,看见田姆的眼泪,如同喷水泉一样,流个不停;他们的眼泪也在眼中徘徊了。又问他:“你家的人,究竟怎样!?”

田姆愈说愈痛心,眼泪也愈流愈急烈;于是又报告家里的情形:“我家一共五个人:父、母、弟、姊和我。当那天初被J国打破的时候,他们在马路上大街上横冲直撞,一面跑着,一面喊。这时除了八岁的小妹妹,和十岁的弟弟,是不知后来的痛苦,只随着我们一起哭;你看多么可怕,多么痛心!那亡国的哀声冲天,红色的火光,照满了天空;杀死人无数;所以我……我家眼睁睁看他们杀……一个人,当这恶狼,猛虎,进我家时候,我们只有向他们哭;但是这恶虎凶凶对我们说:‘从此你们要挂太阳的旗子,还要安心做事。’”

“‘你们这样,怎样能安心哩?’我父亲不客气的壮了胆子,这样对他们说。”

“他们听我父亲还敢说这样的话,‘这人一定不是安静分子,他还想恢复K国呢?’他们一面说着,一面把那雪亮的刀,向前一砍;不和他们冲突的人,不知死了多少,何况和他们冲突了,那有不死;可怜……我的……”

这急性的行之,看他倒在床上,连忙把他扶起,叫他继续说下。

田姆于是坐起来,垂头丧气的向下说:“第二天强迫商人要挂太阳旗,同时要照常营业,谁敢反抗!这天我母亲很痛心的对我说:‘我带着你的弟,妹二人,在老虎嘴里讨碗饭吃。’我母亲说到这里,吓了一惊,赶快叫我弟弟到门边看着,要有外国人来了,快对她说;各位你晓得亡国的人,言论是没有自由的,听话的弟弟,就去了。于是我母亲又对我说:‘我的主张,是预备今晚请隔壁张老伯送你到对江去,就可以乘车到C城去找Y君,一方面避免性命危险,一方面可以读书’。我听了非常伤心的说:‘国家已到了这步田地,那能顾到读书,死还不死在一处么?’母亲哭着又说:‘不能顾到目前母子分离的痛苦,你们要解除全国被压迫的民众的痛苦,所以要赶快在外面设法,恢复国家要紧。’”

听了这样的话,我才允许了,晚上勉强吃点饭,母亲就拿了点钱和几件衣服,又到张老伯那里去,叫他送我到对江去,又对我嘱咐很多的话,我提了一个衣包,一同到了江边,不敢多站,又怕恶虎看见。

“这时小船渐渐的离开了故乡,离开了虎穴;小船向前划着,悲泪向下流着。”

“到了江岸就乘夜车到C城,去找和我父亲同在ME洋行办事的Y君,找了好久才找到他家。”

“进去的时候，会见许多人，我就把已往的经过和来的原因，完全说给他们听；他们听到我父亲被恶虎杀掉，眼泪也不由己的掉了下来。”

“我休息了几天，Y君就介绍我到S城这校来；今天我还能在这里读书，K国的人民，仍然在帝国主义的铁蹄下受痛苦呢！可怜我……我已死……和小妹妹弟弟及那……仁慈的老母……”

当！当当！吃饭钟响了！全校的学生，如上前线一样，向饭冲去！

但是，田姆忘记了一切，只是不断的哭：“我已死……父亲，和仁慈的老母……妹妹弟弟……”。

（原载于《安徽学生》第1卷第2期，1932年）

鸭绿江畔

周仁庆

冬天的太阳温和地照射着黄村那块辽远广阔的田野，把严重的寒气赶走，带来了一种新的活力。在广野的后面，恬静地展开一线高低的山岭，许多危峰底极巅残留着未融的积雪，白皑皑地宛如银发老人巍然耸立；但是如果你知道这是充满神秘梦幻色彩的东方时，或许你会疑想到恰像一群挽着闪烁的盾牌，荷着光亮的钢矛，骑着追风白马的古代武士在山坳中驰骋了。那丛密的森林，经过风雪的侵削，只剩下枯枝支持着躯干，但里面还栖留了好些北国的苍鹰，它们常在晴和的天空，高高地画着大圈，发出惊天的咆哮，渐渐旋转上去；它底大翅昭示着弱小民族应具有坚忍耐苦的精神。

在山岭下接连有好几个村落，住的都是一些忠实诚朴的韩农，因为位置当鸭绿江畔不甚重要的地方，日本统治者很少注意，所以常为一般朝鲜独立军出没的所在。这次日本侵占东三省发生事件，韩人大半预料着中国必不甘屈服，将出之一战，而日本必尽调韩境的日军去应付。这时机，独立军首领认为不可失掉，于是命令全军动员，从中俄日三国边界的乱山中开回本国，散布鸭绿江沿岸，待时袭击。而黄村便是第三游击队的驻扎点。

现在第三游击队长安宣仇视察步哨归来，正彳亍地在田野中前进。他是一个典型的韩人，但多少带点日本式的气质：一张长长的面孔，被太阳晒得焦黄；额头刻有许多皱纹，表现出他曾在劳苦生活中奋斗；浓黑的粗眉，圆圆的眼睛；颇厚的嘴唇上，蓄有一撮日本样的短须；面貌并不令人可厌。身上是穿着一套旧军服，颜色非常难看；脚下的长统皮靴，大约许久没有整理，盖满了很厚的淤泥。当他向前走的时候，手中的指挥刀和土地接触，发出噼啪的响声。这响声，谁都意识到是一种不调和的急促情调。

最后，他踱到鸭绿江边立正站住了，起先望望天，天空青青的找不出什么特殊的色彩；低下头来，便看见江水不断地流动，后面的浪头打到前面的浪头上；变成许多碎微水沫，左右散布。他眼睛跟着望到看不见的远方，无端地惹起一种凄凉的情绪涌上心头。

——这江水一直流往中国黄海，呵！中国！我所憧憬的有四千年文化的古邦。在那国度里，有聪明文秀的学者和骁勇绝伦的武士，汉唐以来，扫荡了匡内的蛮夷，臣服了化外的小国，使亚洲各地蒙受着她底声威。最近百余年因为子孙不争气的缘故，一转而受制于人，为各帝国主义者欺凌宰割；这次日本强横地占据她底东三省，她是否能够振作精神，恢复昔日的光荣；还是麻木地自愿放弃满洲？

一想到满洲，心房微微震动着，取出望远镜隔江遥望，隐约看见一带浓密的森林。这森林的主人，不久以前，还是独立的自由的中国国民，然而现在，他们和自己民族一样，被人榨取，被人压制，被人掠夺了。一串串亡国的痛苦在脑海里反映，他仿佛自己置身险森的幽谷，周遭尽是一些野兽围绕，咬牙怒目，等着咬人，不禁潸然垂泪。

他本是朝鲜中产阶级的子弟，数年前，在东京某军校求学，和一个中国留学生同恋着一个日本女人千代子，她是房主的女儿，完全具有东方的风韵：乌黑的丝发，托着泛红的圆脸；睫毛媚秀疏淡，嘴唇樱桃一般殷红，一双圆大而深黑的眼睛，闪着娇美的光辉。看到她，很容易感到里面潜伏有一种奇特的魔力，这种力把人们克服，不能加以抵抗。

他们和她一见之后，很自然地爱上了。两人各自构成美丽的幻网，在她身上做着极强烈的梦；而千代子也乐得用一副同样缠绵的言辞，来取得两颗温热的心灵。

不幸，这美梦终于粉碎了，千代子为虚荣的诱惑。爱上日本军阀门第东京帝大学生久间正雄，把他俩爱情抛之脑后，从前一张盈盈欲笑的面孔，变为冷气袭人，堆满骄傲鄙视的态度了，甚至向他俩骂道：

“你们也敢向我求爱吗？哼！真不知量，你们这些马鹿，亡国奴！”

听了这种言辞多么伤心呵！他们痛恨自己祖国的不争气，才受到这严重的侮辱。便同跑到一家“御料理”痛饮浇愁，店中坐满木屐儿，大学生占着多数；他俩向侧斜睨一眼后坐下了。

忽然肩头被人拍了一下，接着耳膜透过一种粗鲁的声音：“啰！你们在御千代那里受了气吗？”

“你这东西是谁！?”站起一看，面前那个带四角制帽的，不是久间正雄是谁呢？“什么？不认识我吗？马鹿！”

“哼！……”安宣仇眼球滚着火星，嘴唇向里紧闭着，隐隐可以听见牙床摩擦的声音，这情形竟使久间正雄呆住了，但继而想到面前是一个亡国奴时，即刻又恢复统治者的威严。

“啪！”安宣仇脸上被打了一下，他不禁勃然大怒了，暴狮般冲到久间正雄胸前，一把抓住衣服敏捷地摔在地上，背膀碰着地板，发出轰的大声；他底手脚向空中挣扎舞弄，脸上布满了窘急羞辱和愤怒。旁观的人始而惊奇，但一觉得亡国奴逞雄，是江户儿莫大的羞耻，一齐蜂拥出帮忙了；于是安宣仇和中国青年身上飞来了拳和脚，抓拿和拉扯，他俩退身招架着，好几个笨家伙摔倒当做他俩的盾牌。就在这急遽和忙乱中，逃出店外。经过街心，人们向他俩投射奇异的眼光，他俩顿时感觉到自己是刚下舞台的主角，心里有点喜悦，或者是骄矜；好像在对日人说：“弱小民族真正弱小吗？”

当晚，两人即离开了东京，共同立誓，永与日本倭奴为敌。中国青年回国参加国内革命，他也献身于朝鲜独立军，同志们因为他在军事学上有深切的研究，公举他为第三游击队长。

这种游击队完全照军队的组织，同志们由革命热潮集合而来，行动上一受着军纪制裁，那些个人主义的气味，浪漫的性格便完全克服了。而且安宣仇是一个立志复国的军人，他底部队更加严厉；因此第三游击队要算是独立军中最有钢的纪律的队伍，上次汉城日人惨杀朝鲜工人，独立军为援助罢工发动，他底部队曾在楚山县和日军激战三日三夜，虽然损失了好些同志，但日本军队已认识这一个骁勇的劲敌了。

太阳忽然隐入云中，安宣仇懒懒地握着指挥刀离开鸭绿江边回向营幕，在村中，一家小屋的门槛上有一个苍老的农民在眺望自然景色。

老人完全像一株直立的树，他底头发卷在额上，宛如晒干的枯草一般；胡须杂乱地下垂，没好一点规则；粗陋的面孔，露出嘴的裂痕和鼻头的瘤；那双手长大而带着泥土色，一条条青筋凸出，里面陷入干涩的皮肤。

他殷勤地招待安宣仇坐下，亲爱中带点严肃的样子。几秒钟后，轻轻拂着他底须问道：

“安队长！独立军还未和日本正式开战吧？”

“没有。不过第二跑游击队在前线稍有接触。”

“呵！第二游击队吗？我底儿子又能奋勇杀敌了。”

“你老底少君在第二游击队？”

“是，是的。我有两个儿子呀！”

在一种和静的声音中，老人讲述他家庭的故事。“我本想让他们多受一点教育，无奈在小学毕业后，受日本人种种限制不能如愿，但他们已有足够的民族意识和健全的体魄，堪为朝鲜民族效力了。呵！安队长！亡国的痛苦你同样经受的，多么悲惨呀！我年青的时候，祖国固然没有给我多少恩惠，党派纷争，民生凋敝，但总是一个自由的国民呀！现在我成为奴隶，每年在田中牛马般工作，把收获送给日本地主，自己虽天天是饥饿，日本地主绝不会怜惜我的。我是将要死了，然而我不忍我底后代和我一样永远做奴隶，永远做亡国奴。所以我叫他们去为朝鲜独立运动工作，大儿子在黄陵县阵亡了，二儿子在第二游击队，去年回来看我一次，他说：'爹！我真快活，我一刀刺死两个日本人，他们没有动弹就死去，将来我这队还要和日本血战，一定会多杀几个日本人。'当时，我对他说：'好儿子！你真勇敢，我替你祝福，我替全朝鲜独立军祝福。'"老人用力摩擦着手掌，眼眶张得很大，似乎显露着：人虽老了反抗的精神还和朝鲜的少年一样。

"你好！老伯！我们底前辈中有这样的老者，谁说朝鲜失去了民族精神？日本人压制我们，统治我们，用武力镇压我们的反抗；现在他又以同样手段对付中国；他真想错了，以为东方各民族都是卑怯的柔懦的，只有大和民族就是刚毅勇敢。那么，我们必须联合中国给他一个利害！"安宣仇抽出指挥刀向空中挥动激昂地叙述着。

这时，走来一个兵士向安宣仇报告说，一个姓唐的中国青年等着要会他，于是立起和老人作别，赶回营中，是一个怎样的青年在面前相会呢？在这里，可以看到典型的中国人了，宽阔的额头，略略现出几条皱纹；生着粗黑眉毛的地方，有力的凸出，遮盖一对灵活的眼睛，眸子很大，微带棕黑色；注视它就会为它英锐的光芒所震慑：身材很高，肩膀也宽，大约是黄河流域的人氏吧。他俩互相握着手，不但认识了表面的像貌，而且认识了各个的灵魂。

"唐同志！路上辛苦了。"安宣仇微笑地说：

"不是吗？同志！我经过多少次日人的检查和贵国民众的询问，才到这里，幸亏我说得一口流利的日语。"

"贵国军队怎么还不动员呢？我们这次全军返国，就是为你们声援的，但是听到说你们政府要人依然主见不一，和东三省官吏多数媚日；我们是如何灰心呵！"

"就是这个原因，我才到这里来，我们知道同志们已经全军动员，必定和日本人决战；但在我们未宣战以前，牺牲许多朝鲜志士，没有什么代价，所以我特来和同志们商量，最好暂时退兵，到时机成熟，再行出发，那时我还要设法接济你们一点军械。至如那些媚日的东西，他们太少数了，不能代表整个的中国；

能代表的，只有大多数国民和热血的青年，青年的奋起，使中华民族来到一个严重的转机。这转机正如漫天漫地的黑暗中露出一线曙光，我们早就向它憧憬着：经过许多崎岖的山谷，泥泞的道路，仍然不屈不挠前进，现在快接近了，达到时，我们底欢呼便是睡狮醒转的怒吼，远东病夫挣断铁链的巨声。同志，共同努力吧！"

"呵！中华民族醒了，这是值得欣慰的事。我们要在联合战线上打倒日本帝国主义。"

"对的，收回领土，直捣东京，是我们两民族的责任。"

"这责任除了我们还有谁担负呢？唐同志！我派人送你到总司令营中去。"两人又握手分别了，安宣仇直望到唐的背影消失不见，才缓缓走回。

一星期后，朝鲜独立军除少数别动队外，全军退回中俄日三国边境的乱山里，在期望着中华民国对日宣战的通牒发布，他们好再出发扰乱倭人后防而取得朝鲜独立自由。

于长沙

［原载于《时事月报》（南京）第7卷第2期，1932年］

尹奉吉

潘子农

一

雨是越下越大了。

四月梢的长江流域，雨往往是这样毫无理由地下着。天空的气压有时低得要命。几乎连一口气都不大容易转换过来。方才将雨扇窗关上，是为了怕雨点会飘进来打湿桌上的几本书，以及一些未完成的文稿，可是窗上的玻璃，已經肮脏到不能使日光透得过的那样程度，其中尚有一部份，是在打碎之后而用旧报纸来代替着的，为此，眼前这屋内的景象是黯澹得非常可怕。在往常天晴的时候，这间向北的小楼房，除掉打开唯一的西窗之外，照例就不会再有分润大都市底一线阳光的权利，更何况此刻是下着雨，且又关了窗。

尹奉吉起初是躺在里边那张凌乱无序的床铺上，异常兴奋地追念自己在将近两月以前所做下底英雄的事迹：——当一月二十八日晚间，驻屯在这里的日本海军陆战队全国以武力占领闸北，而与中国军队开始了伟大的斗争之后，这个热情的韩国革命青年，也和其他许多的韩国无名英雄一样，曾经不声不响地参加了中国义勇军的队伍，预备拼着命将“正义”与“公理”从他们的仇敌手中夺回过来。他疯狂似的奔向前线去冲锋，他也跟中国兵一样的用大刀去砍杀，在八字桥一役的剧战中，一块手溜弹的屑片竟把他的手臂炸伤了。常时他仿佛也感觉到创口的裂痛，但一种胜利的雄心随即将他这点肉体上的苦痛抵销了。他满心希望在这次被压迫民族的反帝斗争中，将他们底祖国从铁蹄下解放出来。其后，中国的军队虽然终因后援受了袭击而撤退，他却依旧毫不灰心地采取了另一种步骤去贯澈自己的愿望。

因为昨天晚上“韩人爱国团”的干部会议散得太迟了一点，尹奉吉想乘此下着大雨的下午，稍稍休憩一回，然而刚才兴奋的追念又将他底情绪收缩得十分紧张，他渐渐有些感觉到室内空气的窒息，于是从床上坐了起来，走过去把那扇窗打开了。随即，一道微弱得近乎灰黄的光线，照耀到东首的墙壁上边，把那方画着太极图形状的韩国旗显露在尹奉吉的视线范围之内。这国旗是多么的使他欢欣啊，他简直像看待自己的生命一般地爱护着，这几年飘流的生活中，这年青人真不知受尽了多少的饥饿与耻辱，但他从来不肯让这面国旗沾过一点之微的污秽，他相信总有一天，这已经有到二十多年不见阳光的国旗是必定会重复招展于世界之地平线上的。

人是年轻得仅仅不过有了二十五岁的生命，不幸却生长在一个被人灭亡的民族里边，而且自己具有了那样的清醒的头脑与一种伟大的志愿；含忍着血和泪，百折不回地将复兴祖国的重任担放在自己的肩上，不用说，尹奉吉的青春是为了要牺牲给这种光荣的任务而花也不开一朵的消逝了。然而对于这样惨酷的磨难，他并不曾稍稍感到一点苦痛；他是正因为遭遇着这种磨难而获得无上的安慰，同时也换得了有永久生命的不平凡的生活——一九二四年的秋季，他集合礼山地方那些穷苦农民的子女，创办了一所夜校，他竭力想把这种为谋韩国独立的反帝斗争，造基到一般劳动的青年大众身上去，随时随地，他尽量把亡国的惨痛史迹演述给一班比较年长些的乡农听，另外再绘置许多浅显的画图，启发那些小孩子们为祖国复仇的意识。这样经过了五年光景，礼山这个农村中已到处充满了一种反抗的情绪；只要你去找住任何一个小孩子来问："捏紧了你的拳头是用来做什么啊？"那他一定会很勇敢地举起他底小拳头，非常郑重的回答你："打死日本人。"虽说这种现象至多也不过是一种浅薄的醒觉，然而，在当时，已经引起了日本警视厅当局的注意。不久，果真就来了一种很可怕的暴力，使这年青的革命者不能不离开那被铁蹄蹂躏着的祖国，飘流到异域去。

开始，他踏进了虽是中国底领土而同样也被日本帝国主义底经济势力所支配着的青岛。生活逼着他到一家日本侨民开设的洗衣铺里去工作，这其间，尹奉吉真是深刻地体验着亡了国的人之耻辱，铺主中原兼次郎是一个惨酷到不能再惨酷那样的商人，他仅仅以低微得可怜的代价，要尹奉吉一天到晚的替他操作，饭食几乎每餐都不够充实肚子的饥饿，像擦开了手掌而弄得腐烂的事情，也是司空见惯的，为了某次偶然把洗衣服的脏水拨在铺主的孩子身上，一根皮鞭曾经打得他的衬衣上全染满了血迹，然而这年青人始终是很沉毅的忍受着；他知道这种侮辱虽然苦痛了自己的肉体，但另一面却巧是给予他一颗更坚强，更勇敢的革命底心。这种耻辱的生活一直延长到去年八月间，尹奉吉以其历年积蓄下来的一点钱，充作离开青岛的川资，来到这个被称作东方大都市的上海。

都市的一切，加倍使这革命青年了解了帝国主义者那种杀人不流血的经济侵略政策。他觉得中国的现状是危险极了，农村经济早被外来的力量所侵入，甚至于破产，城市的工商业也败落到不可修拾的地步而喘息于几个洋奴式的资本家手掌中，只要各个帝国主义者调和了他们相互间的冲突一齐来动手的时候，这庞大的民族是立刻可以像自己的祖国一般地被毁灭了的。这情形是说明了世界被压迫的弱小民族底联合反抗是已经刻不容缓了。然而这样伟大的斗争，绝对不会从那些腆出肚子的抽雪茄烟的资本家们手里可以完成的。只有广大的劳动群众才有力量来担任这种重大的事业。同时他为了要体验一点实际生活，便投身到杨树浦的一家工厂中去。这之中，尹奉吉从一群中国劳动弟兄们的热情中获得了很多值得流泪的安慰，他本身的革命意识，似乎也因此渐渐地从个人行动而转变到集团化了。其后，这年青人想知道一点上海方面日本侨民的动静，又复离开了出卖了劳力的场所，到虹口一家日本料理店去服务。他认识“韩人爱国团”的领袖金九氏而开始参加这组合，也是这一期中的事情。

二

除掉这一方国旗而外，同样为尹奉吉所珍惜的，是悬挂在靠近床铺那一面墙壁上的安重根氏底像片。当一九〇九年这位殉国的先烈刺杀日本首相伊藤博文于哈尔滨的时候，尹奉吉还不过是一个出世将近两年小孩子，一切事实当然不会知道，后来人是慢慢地长大了，他从父兄辈的谈话中明白了这桩光荣故事，因之，他对于这伟大的民族英雄，就起了热烈的景仰。十几年来，这年青的革命者坚决地把安重根看作榜样，勉励着自己也要如此轰轰烈烈地替死灭了的祖国从黑暗中放一点红光出来。这张像片是他在青岛时从一个中国朋友处得来的，一向就那样宝贵地珍藏着。每日之中，这年青人照例总有一些时间是像基督教徒祷告上帝似的对着像片凝神瞻仰，有时甚至会很孩子气的无缘无故地淌眼泪。

从窗口望见了外边下着这样狂暴的雨，历来的经验立刻使尹奉吉耽心那挂像片的地方会再漏下水来，不过是他急急转身回到床前去察看。

“没有！”

墙壁幸而并不漏水他似同放下了一副重担般轻轻叫喊着。不知道是得从何处探头出来的启示：这年青人于一瞬间看到那张在英武沉毅中带着几分慈祥的安重根底脸相，突然地联想起“韩人爱国团”的领袖金九氏来了——想到这个年老的革命者之精神，真足以使世界上任何一个青年都感到惭愧的。计算他自二十一岁那年开始，直到已经有了五十七岁那么大的年龄的眼前；其间三十余年，金九是将自己全部的生命，整个供献于光复祖国和反帝的伟大事业上边。他一生的历史，几乎完全可以用“拘捕”“监禁”“逃亡”这些名词循环连缀起来的。当尹奉吉第一次会见他的时候，这老年人以非常沉痛、非常诚恳的谈话，立刻换得了这个青年革命者的一颗信心；是像铁一般坚固，火一般热烈的。从此以后，尹奉吉的一切行动全遵守着金九的指示，绝不会有过丝毫怀疑或反抗的念头，这两个年龄悬殊的志士，在同一伟大的目标下，他们彼此逐渐相互的了解着了。

像爆发了的火山那样热烈的革命青年，当他情绪紧张到不能再紧张之时，在思想领域的某一部份中染上些急图建功的空想底英雄色彩是免不了的。尹奉吉是一个热情的年青人，对此，当然也不会例外。他任加入“韩人爱国团”之初始，是希望能够从这集团中得到一个为祖国轰轰烈烈地去干一下的机会；天可以保证，他之所以希望得到这种机会的动机，自然决不是为了要博取一些虚名，乃是急于要牺牲一点什么去贯澈他数年来伟大的志愿。但是日仔风一般的吹过了半年多，这年老的领袖金九纵然是很深刻的了解他，信任他，却又偏偏连这样一个机会都不会让他得到。如果认为他缺少勇气吧，那简直是太藐视了这青年人，作算你在某一点观察上不能完全信任他的见解，但无论如何总得承认他是有血性的，有血性的人难道还不够给他一个替祖国出点力的机会吗？这理由决不会讲得通。两月以前的中日事变，总算容许这热情的革命青年得到一些“干一下”的方便，那时他真是说不出的兴奋，不幸这种方便仅仅维持了一刹那的时间，便又很可惜的逝去。从极度的兴奋中骤然被掷回于空虚之境，近期的尹奉吉是被重份的烦闷所困苦着了。

烦闷！烦闷！烦闷！……这种连解释都没有的烦闷，实在是无理由可以使尹奉吉继续困苦下去了。为此，在昨晚干部会议的席上，他终于非常严重地对金九提出了质问。

“别那样意气用事啊！我一定会使你满足的，假使真是想干些什么工作的话，明天下午三点钟模样到我家里来吧。”他记得很清楚，在散会之后，这个年老人是这样很慈祥地答覆了自己的。“三点钟模样到我家里来”，来，究经[竟]“来”干什么呢？这问题使他从昨天深夜一直到此刻还在不惮麻烦的思索着——起先，尹奉吉以为金九要他去，无非又是演请一番“革命家必须能忍耐”的大道理。这一类的话是早就听惯的了，去也不见得有多大意义。然而在后想想，则又觉得事情恐怕不致那样简短，也许这回当真会把那年老人激动得非要叫他去干点事情不可哩。

去呢，还是不去？他在房里踱来踱去的踌躇起来，终究，这年青人是被一种虔诚的信仰所克服；肯定了“还是去一下”的决心。不过是立刻披上那件破雨衣，风快的走出门去。时钟指着两点三刻。雨将这个热情的革命青年浑身都打湿了，在路中。

三

“来迟了，累先生等得很久吧？”

忽促地走进了这间熟悉的小屋子，尹奉吉一边脱着身上的雨衣，向那个坐在书桌前的金九很抱歉似的发问。

对手方面的态度总是这样镇静，这样幽默；他停止了刚才开始的写作，取下那副架在鼻尖上的近视眼镜，慢慢地回过头来：“噢！来了吗？好极，好极，雨下得很大，我以为你是不会来的哩。”

“因为昨天晚上那样唐突了先生，回去时很感到不安，所以今天无论如何总得来这里请罪的。”

“没有的事。你昨天所说的话全很对。不过在我呢，也有我的理由存在着，约你于此刻来，正就是为了要说明这点。”真是和蔼可亲的，这老年人以慈爱的口吻，轻轻地替尹奉吉解脱了内心底疚歉：“你的忠实，勇敢，我夙来就很知道的，我自然也很赞成你那种决意要为祖国去牺牲的伟大精神。但是你应该知道：一个革命者在开始为某项工作准备去牺牲的时候，首先要注意到这种牺牲所换得的效力是怎样。诚然，我们很知道干革命工作的人是不应该将牺牲来估价的，不过无论如何也不能忽视了对方的敌人是否值得我们那样去牺牲这个问题，这一点，也许你可以承认的吧？……”

“是的，先生的话一点也不错。”

“在我们爱国团底一群同志里边，你的思想、学识全比别人丰富些，所以我历来要你替这个组合尽力的，也都是关于一切工作底设计和文字宣传之类的事务。本来，一个人要给自己底国家出力是原不必限定于某种方式的，譬如这半年来你所给予我的帮助，功效并不在另一班用了生命去准备牺牲的同志们之下，也许在一部分的工作上边，你所负的责任会更比他们重大些，虽然在你自己却始终以为我不肯给你一点劳力的机会。”

年老的金九是越讲越兴奋了，他离开了原来的坐位，走向尹奉吉坐着的那一只藤椅边去。脸部显得异常严肃，他是竭力要想去说服这个热情的年青人。然而对方似乎完全没有让步的样子，依旧用铁一般的口气驳复过来：“为国家出力是不拘于何种方式的，这一层我也完全同意先生的见解。不过我始终肯定一个青年人的事业里边，多少应该有些血与力的成份，所以我绝对不能像先生那样满意我自己过去那些平凡的工作。先生不是也常常想起了自己在黄海安岳省刺杀我们底死仇土田少将这回事而感到痛快的吗？这就是一个很好的证明。我呢，自问也不缺少像先生那样的血性，那末究竟是为了些什么理由，总不能让我得到这样痛痛快快地干一下的机会呢？”

“要痛快地干一下？”火到一般的情绪将这老年人感动了。显然，眼前的金九是早就筹划好一种步骤来应付这个热情的青年的；他明了尹奉吉，他更信任尹奉吉，但同时他又不能不深思远虑地注意到这年青人底意志是否坚决这一点。先前说了许多话，无非要试探对手方面底决心，如今听到这样坚决的口吻，自然是不容他再有所怀疑了。于是，他用两只手安放到尹奉吉的肩上，使劲摇了几下：“也好，让你痛快地干一下吧，而且眼前正有着这样一个机会。”

“有机会吗？”一个逼切的追问。

“并且是一个很大的机会哩。今天是二十六，再过两天就是日本臣民庆贺他们昭和天皇诞辰的天长节了。听说上海方面的日本侨民，因为他们祖国侵占了东三省，以及这次在上海大屠杀事件的成功，预备那天在虹口公园举行一个盛大的典礼，大约白川、藤田、野村这几个惨暴的刽子手全要去参加阅兵的。如果我们能够乘这机会去干一下，至少总可以替中国这许多死难的弟兄们出一口气。这样冒险的工作，不知道你的意见以为怎样？”

听到了这个良好的机会，尹奉吉简直高兴得几乎要叫喊起来了。他甚至兴奋到有些怀疑这个机会也许会是对方故意捏造出来开玩笑似的：“当真！当真有这个的机会吗？”

“至少，我敢断定他们要庆祝天长节总是事实。”

“那样的机会真是太好了。先生！就请你把这个机会给我吧。”

一支粗壮的，强有力的手，出其不意地把金九的右手抓住了，是那么使劲地握着。这年青人底情绪已全然陷入于神精质的狂乱状态中，心在跳，仿佛要立刻从嘴里跳出来似的。周身的血液是潮一般地奔腾，而形之于外的却是四肢的颤栗。至于金九呢，是在被感动得很悲愤的脸色上映出几条笑纹，他在欣喜这年青人已完全如预料的被引上了自己所计划好的路径。

“多好的机会啊！我们决不能放过这机会的。先生，让我把这个年轻的生命献给世界被压逼的大众吧，我们要援助中国的弟兄们去反抗，同时也为我们底祖国去争自由、独立……”

“孩子，别那样过份的兴奋！在澎湃的热情中，你不应该忘记了一个革命者应有的理智，这次的计划你既然决心要去干，我是非常乐意成全你那种伟大的志愿的。就是关于进行的方法，我也早经替你打算过了，停一回我可以仔细地告诉你。不过，为了要表示我们对爱国团这组合的忠诚，我很希望你现在能够先在此间完备一点手续。”

“先生的意思，不是指宣誓之类的事情吗?”

“是的。”

“那是必须有的手续，就是先生没有提到这点，我也预备要这样做的。因为在一方面，这诚然是要表示我们对于集团的忠诚，另一面也同样要证明我底决心，和确定我对这项工作应负的责任。”

得到了这个慷慨的答覆之后，年老的金九便说出他自己早就把宣誓应有的事务全都准备好了。他紧握着尹奉吉底手，以沉重的脚步走进东壁那扇小门里去。

展开在这间狭仄的厢房中的，是一种被庄严和凄惨交互错综着的景况，屋内的陈设非常简短；除掉正中墙壁上钉着一方半新旧的韩国旗而外，只有那几颗排列在小桌上的德国式轻磅手溜弹是比较地使人触眼一点。尹奉吉一踏进门，视线便降落在这些东西上边。这不是那些帝国主义者制造出来侵略弱小民族的工具吗？这不是毁灭了全人类的公理与人道的危险品吗？然而总有一天，这东西也许会回头过来给被压逼的大众用作歼灭那批狗强盗的利器吧！——一种直觉冲开了这热情青年动乱的心，他笑。

“请到这里来。”

金九指定挂着国旗那一面的墙边，要尹奉吉过去站着。他从衣袋中摸出几张预先写好了誓文的纸条，很郑重地交给年青人：“请念熟了这个吧。”跟着他又把另一张绘写得很清楚的誓文悬挂在尹奉吉底胸前。

空间闯来几分钟的静寂，这严重的场合剖开了两种不同的心理。在后，年老的金九到隔壁房里取来一枝手枪，再从桌上拿了一颗手溜弹，分别安置在尹奉吉的两手中。

“使劲拿着吧，只有这两样东西是可以使我们底仇敌胆寒的。”

“不，还有我们底血与力!”

“好孩子，替祖国努力吧!”

“是的，我先应该感谢先生给我这个机会。”

“那末现在就请宣誓。”

“我誓以韩人爱国团之一员，仇杀敌之侵略中国将校，疾呼我国之独立自由。大韩民国十四年四月二十六日，宣……”

沉痛的，颤栗的声调中，带着泪。

四

仿佛没有丝毫异样，四月二十九日底早晨是和每个早晨一式一样的平静地到来。日光透出平地线，已经有了相当久的时间，都市底姿态则仍然继续着昨夜的死寂。

不过是六点多钟光景，年青人尹奉吉带着从来未有的兴奋，出现于金九氏的小屋之中。“确实是那样坚定了你的意志吗？”洗着脸的金九，开始便这样郑重的问。

“当然是坚定的了，而且我昨天不是已经宣过誓吗？”

“那末，据你这样说法，看来对此事是不致有什么后悔了？”

“我以为先生这样的问话是太蔑视了我的人格，我是一个年青人，无论如何总不致缺少年青人应有的血气。先生！也许可以信任我之所以要从饥饿与耻辱中残留着这二十五岁的生命，也无非是要供献一点力是给我们祖国的独立运动。如果我的意志不坚定，我要后悔，请问今天我又何必一早就到这里来呢？”

听到“后悔”这再从个字眼，尹奉吉随即被激动得有点生气起来了，他认为这老年人显然是故意地在侮辱他；想到自己为了要得着一个替祖国尽一点力的机会，真不知挨过了几多烦闷的时日，这些情形，金九是全然明了的。就说这回的事情吧，自己也是竭力表示过真诚的决心，并且还宣了誓，不料直到今日发动的眼前，这年老人竟然还用了“会不会后悔”之类的话来盘问，这，在热情湃澎中的尹奉吉那一边是确实不能不有所误会的。然而金九这一面呢，恰巧有着一种全然与此相反的意义，他是一个年老的革命者，对于一切事件的安排设计是往往会顾虑到那些一线之微的问题的，这自然是由于他历来的经验所造成的习性。不用说，他之能够信任尹奉吉是毫无疑议的，但经过昨夜一番审慎的思索之后，似乎还有点担心这年青人或许只是一时情感的冲动而承担了这项工作。然而时期已经是那样的逼切了，苦要再有较长时间底考察是显然不可能的，于是他终于采取了这种“请将不如激将”的方法，想把这年青革命者底情绪撩拨得加倍强，加倍热烈。这样的手腕，自然也绝对不会被对手所了解的。

“不，你是完全误解了我底意思哩！”老年的金九还是继续去激动对方，“我始终认为你们年青人作事，往往只凭一时情感的冲动；很少对事件的本身加予理智底考虑，因此，做过之后而发生后悔那样的情形是常有的。唯其你是年青人，所以我也不能不注意到这点！”

“直到现在，先生还把我当作是情感的冲动而不信任我有一点理智吗？”

“是很难信认的哩。”

“那末今天先生是不预备让我去的了？”

“是这样想的；我以为与其在后要后悔而勉强去做，那还是不去做的比较妥当些。”

“不，我不能承认的。我非去不可！我是这样坚决地决定了……”

尹奉吉最后是被逗弄得痛哭起来了。似同发疯一般，这年青人突然跪到在金九的膝旁，他竭力诉说着，恳求着，他说：——如果不答应他去干这回的工作，他只有自杀了。这样，金九也觉得这套“激将”的手腕已经很够证明这青年革命者的决心了。他把尹奉吉从地板上扶了起来，开始来安慰他：

“孩子，请镇静些吧，我可以信任你的；可以绝对的信任你。现在时候已不很早，我们得准备起来了。”

“先生真的可以信任我了？”破涕的笑颜，尹奉吉拉住了金九的手，认真的问。

“请放心，我是早就完全信任你底决心的，方才所以要那样问你，也不过是想激动你的情绪，要你有更兴奋的精神……”这年老人坦白地剖明了他自己的苦心，接着，便转身从桌子屉斗里取出两颗手溜弹来：“孩子，请接受了这两个东西吧，其中的一个是要你去歼灭我们祖国的仇敌日本军阀，也就是替这次中国被难的弟兄们复仇。另一颗是要你在掷弹之后，立即用来自杀的，因为我们愿意痛快地为民族的斗争而死，绝不愿苟活着被我们的仇敌侮辱的。”

血液全然被燃烧着了，尹奉吉兴奋地伸手过去接过这两颗手溜弹：“一切都遵先生的命令就是了。”

“努力吧，祖国在期待着你光荣的牺牲！”

“感谢先生给我这个机会。”

两只颤抖的手紧紧地握在一起，他们渐渐静默了。眼泪代表了这两个人燃烧着的热情，潮一般的奔放着，悲壮的声调中，他们同样叫喊着：

“大韩民国万岁！”

最后，一辆汽车载走了这伟大的革命青年。

五

一九三二年，四月三十日。上海《时事新报》刊出了这样惊人的消息：——……昨为日皇昭和生日，俗称天长节，本埠日侨暨海陆军约一万四千余人，于上午九时在虹口公园举行庆祝大会，日本外交军事当局及重要官员白川、野村、植田、重光等莅会庆祝，突遭炸声，均受重伤，肇祸情形已见本报昨日晚版，兹再将详情录后。

▲昨日阅兵情形。昨晨九时许备受检阅之第九师团，海军陆战队，共计约一万二千余人，内有机关枪队，骑兵队，步兵队，进驻战炮队，辎重队等六千人，海军铁甲车一队计八辆，机器脚踏车救护队等计三千余人，并宪兵队千余人，相继鱼贯而入，海军军乐队即奏乐致欢迎，同时，白川及野村，重光等亦先后于军乐洋洋声中，陆续到场，旋即由阅兵总指挥，植田，冈村，永见等三人施令检阅，各队奉命后，即开始演操，经一小时许，始告完毕，当海军陆战队演操时，公园外由日本陆战队担任警备，并架设机关枪等，以资保卫云。

▲开官民结合会。白川、重光、植田等在司令台，检阅已毕，即举行官民结合会，此时来宾均已星散，仅属多数日侨，参加庆祝典礼，虽天忽下雨，莫不兴高采烈，而民团委员长河端与日要人相继演说毕，即欢唱国歌，而此时细雨蒙蒙，庆祝已将完毕，遂即纷纷星散。

▲巨声忽然爆发。大会将已完毕之时，忽来巨声，当时参加人员，骤然受惊，情形极为紊乱，同时司令台上之国旗，及司令台，均已坍倒，而台上重要军官暨外交人员，亦被巨声爆炸倒地，受伤甚重，此时在场卫士人等，一面极力施救，一面即下集严密戒备，实行搜查，而在会场四周之军队，亦以大军包围会场，同时海军医院即派医士到场，分别护送赴院救治云。

▲各人伤势详志。炸弹爆发时，所有站立司令台上之各人员，无不应声而倒，日总司令白川伤手及左颈，当由台上跌下，当场出血，村井伤右足及腹部均重，重光葵二腿受伤甚重，腰部亦被炸，及野村已失去左眼，眼珠流出，植田伤右足，据医生云，重光腿部，有铁片三块，不能言语，河端伤最重，腹破肠流，野村与白川伤势，须四五星期方能痊愈，而热度昨晚甚高，有无变化，殊不敢必也。

▲日军搜查结果。巨声爆发时，即实行严密搜查，当在台之左角，搜出手溜弹一枚，此弹在便当饭盒内发现，当时并在场拿获朝鲜人八名，并有凶手一人，供尹奉吉，当即一并送宪兵司令部羁押，即由该部军法处，严加询问，据供尚有同谋者韩人三人，日方尚在侦查中……

六

受过了十多天非人的残暴，尹奉吉被秘密地解到东京去了。日脚是平静地过去，此后就没有关于他底消息。

这伟大的韩国青年有一个伟大的印象留在世界上每个人之内心。他用热血来燃烧了全世界被压逼的弱小民族底斗争情绪，他放了一把火！

［原载于《矛盾月刊》（南京）第1卷第3—4期合刊，1932年］

尹奉吉

霞飞

一

去年九月十八日，是日帝国主义以暴力占我东省屠杀我同胞的第一天，到了今日，整整一周年了。回忆在这周年的长期过程里面，偌大的中国，如许的民众，除了发几声空喊和乞怜式的徒然的悲鸣而外，其余总是死气沉沉，给我人更感烦恼，悲观，失望与忿怒，再也找不到一点有价值的对日本的回响来，这是多么痛心的一回事啊！唐人云："十四万人齐解甲，更无一个是男儿。"中国啊！中国！岂真没有一个男儿吗？这不能不使我回想起朝鲜的民旅英雄伟大的勇敢的尹奉吉来了。

尹奉吉以亡国遗民，漂流异域，犹不忘亡国之恨，愤然一击，虽不曾毁减[灭]狂暴的日本，也足以惊倭奴之胆，萎缩其侵略之心。尹奉吉！我膜拜的英雄啊！我愿学着你的精神和毅力，我愿踏着你的足迹前进，我愿做你异国籍的朋友与同盟，我愿写出你杀倭将的悲愤的热情；把全世界的弱小民族惊醒！

当尹奉吉被日本宪兵包围着前走，他心中很愉快，因为他是空前的有这数十个雄纠纠的宪兵护驾，他想他比真的大人物还要一万二千分的威风，虹口公园的艳花和美人，都难勾住日本军民的光顾，却都惊奇的一意要来看这一个染衣匠——穷倒的亡国奴，这样他怎么不会愉快呢！

他被包着前进，但心中并不感到如何的恐惧，仍如常态的浏览着周遭及一堆一堆潮涌般的现象，他菲薄马路两旁的高楼大厦，讥笑看他的西装先生和摩登女郎……待他忽然斜眼看着受伤的重光和百川植田从他旁边过去时，他竟破嗓哈哈大笑了。

在他笑的声音扬起时，人群中顿然发出一阵狂呼，宪兵们却忿怒了，擎起他们的快枪，向群众中示威，群众们虽俯头缩尾的寂静下去，但奉尹吉仍疯癫似的在哈哈狂笑。

在这汹涌鼓荡的情形下面，他的眼前现出一个“日本宪兵司令部”的招牌，他的神色未变，他的态度坦然，等他走到招牌附近时，他顿时怒火爆发，曲身在面前拾起一块大石，向招牌掷去，一时也不知吓得宪兵魂飞多远。

尹奉吉终如陷阱中的猛虎，被宪兵拘在一个黑暗的囚室了。这囚室是他们平时的厕所，方才改为尹奉吉的临时监狱，他觉着很难受，臭气逼得他嗅觉麻疲，又因他精神十分的疲惫，便昏聩的倒下睡去了。

二

已往的事情，一件一件的在尹奉吉的昏睡中的脑海里这样的回旋起来。

一天的晚间，上海的一个僻巷里，聚着四五十个血气方刚的青年，他们都是勇敢的战士，不顾生命的暗杀团的团员，很寂静的在听一个青年低声讲话……兄弟们！我们的生命，有什么重要，我……我们的国家，处在如何的地位！到底成了如何的危状！我们的姊妹，被倭奴拉去干了些什么？我们父亲母亲受到如何的欺凌！这些都是诸位亲目所见，令人难忍的事实，唉！诸位！这时节我们逃亡到中国，不是要我们来过安适的生活，不是要我们来仅在作工吃饭的，还有比这更重大的使命，在我们的肩上重压着，诸位应该时时刻刻的在纪念着计划着去作我们要作的事体呀！要照我们的步骤和实施的办法，各自细细的酌量做去，怎样可以保自已的生命安全，那是我们各个人的事情，我们这里没有别的，只有爆力的炸弹和精制的手枪，你们拿这些东西去依自己的智慧去作自已要作的工作，在这里我庆贺着诸位的成功，和诸位兄弟的生命安全啊！这位青年低声讲毕隐去了。谁也不看出这位青年的面孔，在这阴森的黑夜，这时候一些声息也没有，各个人静处似等待某种事体摸[模]样，在静坐着。

接着就是一个强壮的少年，抱着满怀炸弹，去到每个团员的跟前，热烈的握握他们有力的热手，每人赠给两颗爆力十足的炸弹！说：

好弟兄！这是我们恢复祖国权利的炸弹！第一弹要炸中敌人的喉咽！必要时第二弹再炸自己的灵魂归天……！会是闭幕了，人们散开了，但谁也不知道个个人藏着炸弹在黑暗中走向何处？

三

一九三一年四月二十九(?)号的上午八时，在沪胜利的日军，在虹口公园举行昭和天皇的天长节，日本在沪所有的陆军、海军、侨民，都笑迷迷的摆动着倭躯，来参加这个盛典。

日军的将领，在军民热烈的敬礼中，来到这一大会场的一个角落，仅对着他们的军民微笑着，意思说：

大和魂真的飘飘荡荡来到中国腹部了，哈！哈！在这种情形下，会便开始了。

同胞们及中华的朋友们啊！我们的会开始了，我们静默吧！今天是我们天皇昭和的天长节！这时我们自由的飞翔于远东大陆，得在庆贺我们天皇的天长节！假若天皇在天有灵，将如何的舍[含]笑呢！？同胞们！想想我们该如何的欢喜？想想我们将来的大和魂帝国的国旗，该怎样在世界飘摇啊！

台下人海潮般的在蠕动，闭着眼的一颗一颗的人头，在主席报告静默停止后，跟着就是六十响的鸣炮；这鸣炮是表现着他们帝国的尊严、帝国的威武，及帝国的伟大；在寂静的群众中，鼓起一阵雄勇的豪气，继着就是他们激昂汹涌的国歌，在这国歌进行到一个限度时，在主席团的中间“嘭唰”的一颗炸弹暴发了，顿时会场呈了一阵惊忙失措混乱的状态。

警卫森严的卫队及状如疯狗一般的人民，都抱着头颅，“妈呀！爸呀！”的乱叫乱窜，这时他们的庄严也失去了，他们的外交代表重光也在辗转哀鸣了，他们的将领，也僵卧在台上，奄奄一息的呻吟了。

喘息定了，他们的卫队饿虎寻食似的在人群搜查肇事的凶手，尹奉吉却不能忍耐了，他狂叫！他大吼！卫士把他捉住，交给宪兵，带去押在厕所新改的黑而臭的囚室了。

四

尹奉吉一觉醒来之后，他仅能从门缝中望着室外沈寂的黑境及一个蔚蓝的天空天空中闪闪灼灼的小星，此外什么他都看不见了，其余隐约的听见远方传来的人声。

——我多么爱他呀！我的心！

——是呀！我……

真的，从那天宴席上见着你，我整个灵魂都腾空了，不，随着你去了，真的，我在我们本国，你知道有的是负盛名的柔情女郎，但我不爱他们，或许也玩惯啦！怎么到你们国里见你啊！

——我，我……心……

——你……不……

——怎么？

——我……女的笑了！

尹奉吉在囚室里到这一片断断续续的情话，一阵无名之火，顿时在他内心煽动，他想：

我也想我的她！纵然我是一个穷困的逃亡者，这是真的！谁也没有我俩爱情的真实和永久啊！这时节我的她若听到我的噩耗，心内该如何难受！不，该如何的欢喜呢？

这是多么令人怀念啊！那天开会后，我藏着我的炸弹，回到家里，她啊！在静候着我，待我去到屋里时，她抱着我的腰，要我向下缩了一些，深吻我的额，在他的口上，足足有十几分钟，我们的脸胸和下腿紧贴着颤栗……唉！现在呢？……哈哈！倭鬼！他大声的喊起来了，一方又以大拳向门上打去，这时节看守人狂叫着！

狗奴！还暴行吗？

看守人心内很气、但又忍耐着去睡觉了。

五

第二次尹奉吉在囚室里看见室外的明光时，他知到天明了，但在囚室中，还是逐不开黑暗之魔，他想：

这群吃人的野狗，还没有睡醒吗？他们还在抱着小淫妇在洹甜蜜的情绪吗？你们这样好可恶的狗东西！

他正在思索的时候，门外一阵扰乱的声音，他静静的在听，一刻他听着有人在开囚门！

——狗奴！出来吃硬哩吧！

——混蛋的东西！

尹奉吉盛气凌人的跟着那宪兵向法庭去，不，向司令官那里去。

——真的大丈夫啊！一个消瘦的老人看见奉吉，竖起大指这样说：

——是啊，真可佩服的勇敢的志士！

一个日本军官低声说：

——那里？不过是被人家利用的蠢物而已！又是一个肥胖的洋买办。

这一类的谈话，在看到奉吉的态度的，没有不好或歹的称赞和骂詈，但是谈话传到尹奉吉耳鼓的，简直少而又少了，因为他们都是老鼠见猫一样的，心惊而胆怯啊！

当尹奉吉看见在将审问自已的司令时，他简直像看见一个渺小的披毛狗。

——你是那国人？

——韩国的……上海韩国临时政府外交部的科员、暗杀团的团员，同时还是一个染衣匠！干吗？

——好狗才，你们狗机关在那里

——在天皇皇后的帷帐里！

拉下去，……真的几个雄纠纠的日兵，把尹奉吉绑在旁边准备好的木柱上，他并不挣扎，只喊着：

——朋友！努力！在我死后，……去炸死那首相！炸死那天皇！炸死那……韩国独立起来，韩国同胞全体暴动起来！杀尽那野心勃勃的倭奴吧！在他正喊的起劲时，在背上忽然置上烧红的钢板，但奉吉并未发出一声求饶的呼声。

宪兵用冷水在他身上一阵乱拨，他才从晕迷中渐渐苏醒，他的背已成了肉血摸糊的形状，虽然他痛得不断呻吟，但仍勇敢的骂着。

尹奉吉被解绑了，腰是再直不起来。不让他吃一点东西；重押回原处！

宪兵听到这个命令后，恶狠狠的去到尹奉吉前面，扶起他的身体，驾着去了，但他并不悲伤！仍然很愉快的走向那囚室里！

尹奉吉为洗衣匠，被矮奴压迫，不能在本国立足，而跑来中国的上海，还能以一颗炸弹，给日本亡韩的一个回答，偌大的中国，除东北义勇军孤苦抵抗外，关内竟找不出一个尹奉吉来！相形之下，能不愧死！

（原载于《江苏》第7—8期，1932年）

韩国的女儿

敏子

尹吉敦，朝鲜亡国前的朝臣，他是在亡国的那一天朝臣中执刀自刎的唯一的正人君子。他这样地尽忠死了之后，因为国亡了，受不着朝廷的封赠，好像死了一条狗一样的无声无臭，现在，就是他的第三代女儿圆君也流落到中国的青岛操皮肉生涯了。

圆君虽然不很明白自己的家世，因为她的祖父自死时她刚刚从母亲的肚子里爬出，三岁死了父亲，五岁的时候，母亲也死了，剩下来的是她同家里一个雇妈，圆君好像记得她在八岁或者九岁的时候，被雇妈卖到神户一个妓院里，十五岁，她便跟着妓院的老板和两个妹妹淘气，由神户搬到中国的青岛来。

到青岛的第二年，圆君刚巧十六岁，老板用暴力威逼她同一个日本男子发生肉体的关系，此后，老板便命她仿效姊妹们的规矩，每到华灯初上的时候，打扮得花花绿绿地站在门口招揽生意。当时圆君竭力反抗，但是结果圆君是屈服了的，屈服到现在，整整八个年头了。

一个晚上，青岛市上来了许多大日本帝国的海军陆战队的士兵，这些士兵有大半是去逛妓院的，圆君就在这一天毫不费力的接到一个士兵。

圆君伏侍这个士兵喝着酒，士兵一边喝着酒，圆君一边唱着歌，后来士兵渐渐地有些醉了。他说：

“喂！你是不是朝鲜人？”

“是的，先生！”圆君说。

“哈！哈……哈……真够做咱们的奴隶！”士兵仰着头狂笑起来，他一手把圆君拉到自己的腿子上。他接着说：

“喂！你喜欢我吗？……你们的主人！”

亡国，本来不关圆君什么事，当妓女的亡了国也是当妓女，不亡国的也是当妓女，圆君院里的姊姊她便是日本人，但是她也是当妓女，一样地接客，一样地跟人睡觉，可是此刻，圆君有些难堪了。自己的祖国是亡在日本的手里，自己此刻却在这个祖国的仇人面前奉承色笑，倒被仇人大大的侮辱一顿，这不是可耻到了万分吗？

圆君突然用力地推开了那个士兵，从他身上立了起来，望向床里一摔，便呜呜地哭起来了。

“哭，哭，哭什么啦！”士兵咽下一口酒，骄傲地说：“来！来陪我喝酒。”

圆君越哭得凶了，哭声里夹着悲愤说道：“恶魔……强盗……仇人……”

“什么？！”那个士兵的眼睛睁得圆圆地。接着又“哈……哈……哈……”的狂笑了。

“恶魔……强盗……仇人……我们要报复！”

“报复？！看我来报复吧！”那个士兵立了起来，拿着皮鞭子狠狠地望圆君的腿子上抽了一下。

老板在隔房进来了，她劝着那个士兵坐下来喝酒，一只大手把倒在床上的圆君拖了起来，用力地牵着她底头发仍旧把她送到那个士兵的怀里。

“你如不好好地陪这位先生玩，明天抽死你！”老板凶恶的对圆君说过，又向那个士兵奉承了一番才退出去。

“好！嘴巴上来，咱们亲一个吻。”那个士兵的两只手捧着圆君的头颅饥饿似的接了一个吻。接着他又“哈……哈……哈”的狂笑了。他心里想你这亡国的女儿不容你不在我的面前屈服了呢。

那个士兵喝得很多了，酒气醺醺地对圆君说道：“好！来陪我睡，咱们痛痛快快的玩一下，明天我得要拼命去！”于是他告她他们的陆战队奉到命令要开到秦皇岛去对中国作战，他又说，不久又要开回来，那时候他把胜利品拿来买一切修饰衣服送给她，不过今晚她须得好好的跟他玩一夜。

第二天清早，老板叫使女打水送圆君的房里给他们洗脸，使女刚进去便慌张的跑出来叫道：

“阿妈，他们死了！”

（原载于《空军》第25期，1933年）

鸭绿江畔

杨昌溪

> 韩国的民众没有死，尤其是韩国青年的热血，正在沸腾着。没有达到真正的自由和独立，我们的革命工作是永远继续着的，我们决不怕日本帝国主义者残酷的压迫，我们终有一天会用血的洗礼来回复历史的光荣。——你们中国的革命青年们——也快与我们遭遇同样的命运了！我们希望在打倒共同的敌人里的斗争上，握着手紧密地走上联合的战线。……
>
> ——摘录韩国青年党首领金哲给作者旧信

当金蕴声走进庭园的时候，他那损伤了的日本式的指挥刀在阶石上噼啪地响着。在这里噼啪的声音中发出一种不调和的急促情调，即使不在眼前，在远远的场所也可以想象着这指挥刀在阶石上发出的声音是异常了。这时，田野飘来了荞麦的芸香气。在头上，七月的太阳在一种温和地红白的霞露中颤荡着。

传令兵李宣廷在一片小地上晒那作为全队粮食的麦子，他似乎烦躁于看守或照料的工作，带怒的挥舞着他手中的马鞭去驱逐集在周围啄食麦子的麻雀。但是，麻雀们正忙于啄食那多量的麦粒，宛如饥饿久了的虎豹攫住了一只小兽样的狂喜；虽然，李宣廷是把全力贯注在鞭子上去驱散他们，然而麻雀的群队因了有七八十个个体的势力，并没有显着慌乱的样子，仍然不绝的啄食；一种的的嘴啄声，在广场上弥漫着。

"来，拿这个到苏桥干部去！"金蕴声向着李宣廷说着，递出一卷公文来。"拿这个公文到……"他更复叠的说了一句未完的话。

李宣廷佯装着未听见的样子，脸上呈现出不如何乐意的表情；似乎故意的移转了他底头，更急促而迅快的向着啄食的麻雀舞着他底马鞭；没有特别的热忱鼓动着他去办这个公事。他是厌倦于这些官样的奔驰；公文是对任何人都没有用底观念，为着奔驰的劳瘁而在他底心内根深蒂固了。虽然他并不曾作过反叛部队的工作，然而他底心中罗曼谛克的气氛还未完全克服。金蕴声底眼睛好像是一个生客眼睛般的，大而特别的深，宛如湖样的深沉它们似乎从头至脚的凝视着李宣廷要在传令兵底身上发现许多东西，或者要发现那自己也不知道的东西。

“流氓！”传令兵想着了，愤怒着，眯眯他底眼皮，立时因着习惯而决断说：“一切日本人都是流氓！”因为金蕴声是曾改入日本籍的朝鲜人，在军事学上他是完全接受了日本式的教训，对待一切人都很严格的。但是自从他感觉到改入日本籍后仍然免不掉日本人和朝鲜人底歧视后，他便毅然地弃置了他在军事学的研究上所企图的希望而加入了朝鲜人民族革命的队伍里。虽然他曾经是想获得一个道地日本人所享受的一切权利而改入了日本籍，然而朝鲜人并不怀疑他，更因着他在军事学上有了深澈的研究，同志们坦率的把他举作了黄陵县游击队底司令官。

这种游击队是仿效着军队组织，虽然同志们都是为朝鲜独立和自由而集合起来的，但是在行动上不得不受着军队式的制裁。而且金蕴声又是受过严格的军事教育的人，在他底部队中没有点苟且的事。从表里的精神来观察，他底部队算是全个游击队和别动队中最有组织而有铁的纪律的队伍了。而别的由一种革命热潮而集合起来的同志们，有些只是一种盲目的冲动，有些个人主义的气味很浓厚，有些罗曼谛克的臭味尚未全部克服，不免对于金蕴声的严厉在暗里感着不满了。然而，在革命中，只有集团的行动，没有个人的意识，他们也只有潜默了。

今天李宣廷又在私自的骂金蕴声为流氓了，又骂他为日本流氓了。这样的骂本是由一个传令兵吴忠信发明的。因此，在大家从金蕴声感觉到不满后，他们都借用了这个新发明的名辞，在他们一面是觉得顺口，一面是很可以泄泄他们的愤气。甚至他们有时正玩得狂乱时，他们也时常以“流氓”两字来表示金蕴声已行来到的暗号。

金蕴声是一个典型的军人，他以朝鲜民族底痛苦为痛苦。他在统辖这一批因革命而集合起来的同志时，也时常把这种意见指示他们。但是，他们中间能了解而且实行的却很少。这因为有些同志们并没有一种独特的知识去了解，他们只是在一个领袖的指挥下努力地死干罢了。

李宣廷便是不能了解金蕴声的教训的一个。但这仅是他底智慧使他不能深一层的了解罢了，而他在同志中也算是勇敢的对于极苦的传令兵似的工作他从未忽略过，但是今天却是有些异样。

“你仍然站着做什么?”金蕴声看见李宣廷没有回答，而且痴痴地站着，仍然狂舞着他底马鞭时，因着公文的投送而感觉烦燥了。

“哦，是，司令官同志，你叫一叫别人也可以，时常都是李宣廷。好像这队中只有我一个传令兵样……”

李宣廷虽然心中觉得烦燥，但他却很谨慎而熟虑地说着:“司令官同志。”本来他们同志间平时原没有什么官气的，名义只是在职务上的分配。李宣廷叫他底名字已成了惯例，但是，今日他叫出了“司令官同志”时，是纯粹的表示了十足的官气。

“唉，或者我应该亲自送去?”金蕴声因着李宣廷的迟疑，截然的说了。

“为什么你要亲自去呢? ……在这里不是有许多人吗? ……只要你叫他们，没有谁个敢说不去的。……”李宣廷说到最后两句时，也觉得惭愧，因为自己还是没有反对的理由。

金蕴声底面庞上呈现了一种恶狠狠的样子，把一卷纸塞在自己底荷包内。在心中起了闪电一般的思潮，他觉得:“一切和平的劝导都失望了，然而要驾驭他们又无适当的方法。彼此都是一样的，大家都是为着要从日本人的压迫下解放出来，大家都是要谋朝鲜民族的自由和独立。究竟谁有管理谁的权力呢?虽说在工作的职务上照军队分成了阶级，然而这官阶是没有如何驾驭人的效力。”在忿极之余，他不得不激烈的说了:

“好，把你底枪枝和志愿书拿到本部去缴。”金蕴声无生气而静寂的说。“你能够离开此地最好。对于你这样个人主义的人，我已经为一种深深的烦苦而感到没有救济了……或许你得多休息一下……或许你仍然回到你的日本主人那儿去作工，……或许你再设法多读点书……或许你再多去看看朝鲜人一般人的生活，……或许，你最好，……是的，你最好是等十年再讲革命好了! ……革命并不是玩意儿，朋友，你最好回去多想一想再来。……左右日本对我们底压迫之一天天的增加，而且我们朝鲜人也还是杀不完的。……等一个适当的时间你再来好了! ……”

他说时，有一种光辉在他底眼中闪耀着。他坚决的说着，并没有表示后悔的样子。他觉得并不是循私，只是为了工作上顺利起见非这样的做不可了。

一阵微风轻轻地掠过李宣廷零乱地东方式的头发，他似乎因着金蕴声的话而痴呆了。虽然仍背向着他，但面庞上已经起了羞涩的红晕。手中的马鞭也无力的挥舞了。恁让麻雀们争啄着金黄的麦粒。在临近住营的干枯的草丛中，蝗蚱们有力的鼓翼飞过如烈火燃烧般的天空。这时正是七月的时分，李宣廷在广场上站着,伴着一种在心中激荡的情绪,他底面庞红灼得如一个成熟的苹果。

他底心为一种狂乱包蔽了,他不知怎样的回答司令官底话才好。他明明知道自己并不是有意的要离开革命的群队,然而在事实上却莫明其妙的形成了。这种错误并不是在金蕴声完全是他自己酿成的。但是自己怎样的向他解释呢?他却迷茫了。

"等着!……"李宣廷在沉思回答后,觉得在背后已经没有了司令官的声息,他忙回头看时,金蕴声已离开他有百多步路远了。他禁不住如此的惊叫了,在语句中流露了凄咽的气氛。"把那信给我,……"在慌忙中竟把公文说成信了。

李宣廷慌忙地跑上前去。不提防中,把那公文从司令官底轻便大衣底袋内偷取了。他向他叙述着,并不是为了金蕴声将有什么不幸,而纯全是为了他自己:

"我能离开这个队伍么?……同志,那绝对不行的。……离开这个队伍便是离开了革命!……我能放下我底枪弹么?……不!不!……我能缴销我底志愿书么?……不能!千万个不!……"他把他底满布着尘埃的帽子向着脑壳后面移动着,忽然欢乐了,他底声音很柔和而且往下的说:"金同志,我来干这种事业并不是为了你美丽的眼睛。在你和我底中间,……都有同样的苦痛。……同志,明白的对你说,因为我们被日本人压迫的青年矿工们要,……"

"那是对的,你的目的不错。"司令官说着,发出了一种微笑。"为什么你如此的顽强刚愎呢?……唉,呆子!"

李宣廷默默地没有回答。他曳着司令官的外衣,拉他走近自己,秘密的窃语:

"你看,同志,我已经准备好去看我底妻子。苏丽卿你是知道的,她是献身来作受伤者的看护。我已经有好久没有看见她了。听说那边医院的受伤者很多,恐怕把她忙死了。……你看,我是怎样的心急?……忽然你派我送一卷公文,难怪我负气,你才是一个呆子!"

他伶俐地开合着他耀着喜乐的眼睛,吃吃地笑着,表示他是战败了金蕴声。在他底笑声中,甚至当他说到妻子的时候,也藏着些淫猥的表情,那许多年爱情底陶融伴着性底饥渴,已经如霉菌般的在他底身中滋长而弥漫着。

"张崇云!"金蕴声向着阶梯上睡着的青年叫着,"看着麦子,李宣廷走了!"他脸上底愁云也烟逝了。

李宣廷在心中怀着一种热烈的希望,他没有闲心去顾到一切,骑着马快步地从园庭内出去了。

崎岖的路上长满着深的草，路是向着河倾斜着。在河的那面开展着麦与荞麦的田，在太阳光下颤荡着那金黄色的已行成熟了的麦粒。在温和而蒙蒙的远处隐约着达马山底苍苍的山峰。河流在河床中缓缓地流着，宛如在烈日下疲倦了一样。

李宣廷底鼻孔中壅涨着那令人发呕的麦粒底气息。他被人屏绝到革命底群队之外的幻想和恐怖消逝了。双目如在一张神像前的油灯般的耀着，胸部深沉而均匀的起落，全身在烈日下铜片般的发着热。他在漆黑的山洞底成长中培成了敦厚而热烈的力，他深深地记着祖先曾堕入了鬼灵的领域，早被石炭底尘屑吞食了。

他是一个炭矿夫，而且是一个矿工的儿子。他的祖父，他底昏庸愚蠢而被神和人所侮辱而麻醉的祖父，虽然受着了日本人底压迫，却把一切苦痛归之于天命，仍然在田里不绝地耕种着。直到了他底父亲，才用着从煤矿而换得的钱来购得了一片小小的黑土。

他生在临近第二号炭厂的一间黑暗的小茅舍内，正当粗重的汽笛叫着人们早晨换班的时候。

“一个儿子么?”当炭厂的日本医生从茅舍中出来来告诉他生了一个儿子时，他不禁带着惊异的问着。“是的，一个儿子，没有什么稀奇。”

“那是第四个儿子。”父亲因着日本医生底叱斥，驯服的说了，似乎带着解释的意思。“人生是快乐的呢！我又有了一个儿子!”父亲禁不住夸耀了。

他底父亲是驯服于工作的奴隶，他只要知道是儿子便算了，他漫不经心地在茅舍内巡视了一下，笨拙的穿上满着可怕的炭渣的油布防水短褂到炭厂内作工去了。

李宣廷十二岁的时候已经知道在敲着上工钟的当儿起来，拉着重货短车，模糊地说着不要紧而卑污的话，也是，在放工时饮着麦酒。因为在黑家湾矿山临近的小酒店的数目至少是不下于零落而卑陋的茅屋。

在炭厂的两百码外山谷便终断了，喷火山的小山开始绵延着。从那里，覆蔽着苔藓的古老的枞树，深暗的俯视着零落的村庄。白雾的晨朝，那北方西比利亚森林的鹿子竭力地想扑灭那喧嚣的汽笛。越过了微青色小山底险阻小路，沿着长的辙迹石炭的重货车一天天的向着卢陵县车站输运。在山脊，那燃着的油灯的黑的起重机，在不绝的努力中震撼着，绞动它满着油脂的缆练。在险阻的小路的脚下，在香芬的枞树林中立着木板的建筑物，侵占了半空的景色；人们工作着，并不知道它们；小铁路的机器隆隆着；电的升降机咿呀的响着。

真实的，人生是快乐的。

在这种生活中，李宣廷不能寻着新出路，只是不变的循着多年所走的平安的道路罢了。当作工的时间到来，他带着一件布的汗衫和皮的长靴去了；在休假中，便向着平原上的村庄走去。在那儿，伴着别的匍匐在日本人统治下的青年们，拉着手风琴，同朋友们打着架玩，唱着淫猥的歌，引诱着乡村的姑娘们。

在路的背后，矿工们从水甜瓜田里偷得了小小的胡瓜，而且在山的急流中洗着澡。他们尖脆的，充满着快乐的声音叫醒了死寂的林子；灰白的月儿从山的后面带着妒意的看守着他们；从河中飘浮着温湿的夜气。

他这样的生活着，虽然不算是个典型的工人，然而可算是个消极的好人。但是，莫明其妙的，他被日本厂主放入了一个发散着污秽的袜子和臭虫气的龌龊的拘留所中。这事原是在某年四月，为了反抗日本在汉城枪杀朝鲜民族革命青年战士而罢工援助的激烈点时发生的。那时李宣廷还没有一种正确的意识使他鼓动着什么，他只不过坚守着罢工的信条罢了。他被囚禁起来不完全是因为他作了任何轨外的事，仅为了他是一个全厂著名的多舌者；他们希望威吓他，好从他得着为援助民族革命者而煽动罢工的首领们底名字。

多泥的水，宛如瞎眼的炭厂的马底眼泪似的，日夜不绝地向着炭厂底木柱奔流着，因着了罢工，没有人把那炭坑内流出的水用机器抽吸着。日夜沉重的激打着木柱，使沉寂的矿山的周遭在寅夜里更显得可怕。

在满着恶劣气氛的拘留所中坐着一些为了偷漏石炭而囚禁的人们，李宣廷安慰他们，在狂热中他告诉他们淫猥故事中出奇的淫荡的一些故事，但是他虽然经过日本厂主几番的盘问和拷打，却决不泄漏煽动罢工的首领们底真实姓名。而且从此，他才认识了日本人对于朝鲜人的一切底真面目。

继后，因为被炭厂开除，他曾被日本征兵去到骑兵队。在骑兵队中他忽的发生了一种志愿，他要努力地学习着军事学。而且他认为骑兵是作战时冲锋陷阵的唯一利器，也与其他同伴般的蔑视着步兵。他在几次同我国人和中国争战的突击中受伤，在一九二三年七月，他得着了解职的许可。

解职归家后，他仍然照常的痛饮，宛如一个乐天安命的人一样。在这种退休的时期他娶了一个有品貌的放荡女人，虽然她不能生育，但却在第一号炭厂的抽水机上工作。他在这时一切都没有如何确切的计划，人生似乎对于他很单纯，少有使他烦恼过，如像从罗家湾矿山的一个菜园中偷取美好的胡瓜等类的事，都使他感着快乐。

但是，在平凡的生活中过久了，使他也觉得有点厌倦。虽然他不曾在炭矿内工作，但是他看见日本人对于朝鲜工人底压迫却一点也没有减少。从某方面观察，还似乎比以前更严重的选择着雇佣的工人了。因为早年那援助日本惨杀汉城民族革命战士底罢工使他们得了一种教训，以后他们不得不在开除一些激烈份子之后慎重的选择了。因此，在这等情势之下的工人，是一切都不照闲了。正在他厌倦平凡生活的时分，炭厂的日本人注意他的行动了，而且时时严密的禁止工人们与他来往。他知道了一个人在强力下没有反抗的能力，他决定的抛弃父母和兄弟，带着他的妻子秘密去参加到临近西比利亚的鸭绿江流域一带的朝鲜革命的队伍中去。

无论如何，那矿山的工作和生活从那时起已不再向他开展了。一面是那儿的朝鲜同志早已在日本人高压之下绝迹，一面像他那样的人是没有在那儿生存的可能。虽然他不知道他底未来竟是怎样，但是他觉得从事"朝鲜的民族革命"是他最后的工作了。

自从他秘密地来到朝鲜的北部后，他和妻子的生活开展了特别的一页。在登记和填写志愿书后，他被派到金蕴声底部队中担任传令兵的工作，但是，他那种在骑兵队中藐视步兵的心理还未完全消融，常常的轻视同队的同志。

为着他曾经在日本骑兵队中受过长期的训练，更为了他善于骑马，对于他担任的传送文书的工作是再好也没有的。然而在一种夸饰的感情消逝后，他又觉得"能者多劳"了。

但是，他仍然忍耐着。除了今天一时的负气外，对于指派的工作，他从不曾发过怨言。然其在骑马走向妻子的路途时，他觉得为了妻子几乎被弃置在革命部队之外，不觉有些惭愧。

他骑的马带着愤怒蹬它底铁蹄。橘树的牛蝇疯狂地嗡嗡地绕着马底两耳，它们钻入了它底鬃毛里，咬着他底两耳流血。

他骑马进入了昌都县的战斗线。在满着榛树的鲜绿的小山后隐流着鸭绿江河，国民义勇队是在那里扎营。

"呼畔……呼呼呼……"残酷的牛蝇唱着。

一种奇异的声响，宛如有什么东西炮炸，从由后发出开裂和隆隆的声音。接着二次，三次——好似一个野兽撕脱了它的锁练，正在碎裂多刺的丛林一样。

"停住！"李宣廷叱着急跑的马。

花白马驯服而无意识的站着，显出僵直了肌肉的样子。

"你听见吗？他们正在开火！"传令兵兴奋中喃喃自语，自己仰望着。"他们正在开火！是的！……"

嗒——嗒——嗒——机关枪在山后叫着，宛如用炮火之线把震耳的炮声和枪声缝在一块样，日本人的来福枪的清澈的炸裂声可以听到。

“前进！”李宣廷用一种无意识的声音叫着。

他的脚趾清晰的寻找马踏蹬，用着战栗的手把连响旋手枪的皮套展开，同时，鞭着花白马经过有声响的丛林向着山岭飞驰。

在离山巅不远的距离内李宣廷猝然在马背上勒住了速行的马。

“等等！”他说，向着地上跳，把他的臀部抛过马鞍。花白马是忠实的奴隶，让它站着不需要把它拴起。

李宣廷爬到了山岭。左右边，在鸭绿江的别一边，直跑着完整的队伍，似乎在操演，由一些小小的人物在那里指挥，他们一个个都具有奇异的相似的形象，在他们的帽上有着绿而黄的布带。在左边，没有秩序的负伤者的群队在纷乱中跳过金黄色的麦林，在他们败退时，炮火是猛烈的响着。狂怒地罗伯生底义勇军底首领罗伯生——李宣廷从他底光灿的黑马认出了那首领的罗伯生，他还带着一顶日本式的草帽——无条理的狂舞着马鞭，没有能力去制止队伍的败退。当他们跑的时候，可以看见许多人秘密地撕他们军服上黄色带的标记。

“猪仔！他们在干什么？——他们那般恶魔在干什么？”李宣廷喃喃着，更为着炮火而兴奋。

在负伤和残败者的最后一群中有一个漂亮的青年，他的头上缠着手巾，穿一件奇怪的乡镇化的背心，蹒跚的走着，拙笨的带着他的来福枪。其余的人，似乎极力与他并行着，不愿意落在他后面，但是残败的群队分散了，有着白绷带的少年仆倒了。无论如何他是没有死，几次他竭力的起来爬行，伸出他的手臂叫着些不能分辨的话句。残败的人们很快的跑着，把他抛在后面，没有回头来看一看。

“猪仔！……他们干些什么？”李宣廷重说着，有力地握着他那湿的连响旋手枪。

“花白马来！”他忽的在一种声音中叫着，那声音显着忙乱无次，已不是他自己底声音了。他看着那些受了伤而流着血的小马儿大大的鼓着鼻孔，沉痛的悲啼他底命运般的嘶叫着，跳入泥水潭里去了。李宣廷乘着马，加着鞭，宛如一只鸟儿在飞行样，乘在马背上跑过了麦田。在他底头上飞着无数的牛蝇，猛烈的叫着。坐在马的背上，使他似乎飞越过了一层地狱，麦子在马底铁蹄下沙沙地叫着，宛如要向人间发出抗诉似的。

“睡下！”李宣猗叫着，抛他的臀部在一边，用一只脚疯狂的踢着小马。

花白马在炮弹之下，也不需睡下，只是绕着头上缠里血污的绷带的仰卧的呻吟者突跃的绕行着，敌队已经走得很远了。

"睡下！"李宣廷狺叫着，他变成了疯狂者，用着马嚼铁撕着马的唇皮要使用强力来使马睡下。

结果，马因着主人底强力而屈膝的沉到了地上，服贴地疑望着那满着血腥的受伤者。

"好痛呀！天呀……怎样了，天！……是痛得要命呀！"当传令兵李宣廷抛他自己横过马鞍的时候，受伤者如此沉痛的呻吟着，受伤者底脸虽然涂满着血腥，但无胡须而温文的面庞却仍然呈现着灰白色。

"闭口！……哭什么。"李宣廷如此严厉的斥责着他底呻吟，并不曾想到会使受伤者痛苦。他一面把他从地上扶上马时，一面嚷着。

在几分钟内，他扶助受伤者坐在马的前面，他骑在后面扶着他，他把臀部松弛了，用他的两臂支持着全身的重量，他是急驰着马绕着山折回到金蕴声队伍扎营的村庄。

实在说，从第一瞬间，李宣廷对于那个被拯救的受伤者给予他以好印象的事已失败了。他对于无辜、温雅的弱者没有热爱。在他底经验中，他们是不可信托的无用东西，那些弱者们是很少值得相信的。

"雏儿！"当那无知觉的青年被安放在长寿村舍的床上时，他轻蔑地喃喃语从齿间流露出了，他小心地用一张湿布抹他军衣上的血迹。"他被擦伤了，或许他会十分平和的死去。"

李宣廷还要想说些很讽刺的语句来形容这无勇气的受伤者，除了在讽刺他底呻吟时，曾经竭力地说了一两句简单的话而外，他不能再找出适当的字句了。

"自然咯——没志气的人！……受伤算得什么一回事！……我是尝试过几回了！……呻吟，还不如率性死去的好。……"他因为找不出适当的字来讥讽受伤者，最后他变成激怒的声音如此的说了。

"闭口，不要再胡说！"金蕴声听得太厌恶了，他尖锐的带着命令语气截断了李宣廷的谈话。"赵焕章！……今夜你把这个孩子送到野战医院里去！……好意的侍候他，受了伤是无法的事。你不要又像李宣廷那样的噜苏！……"

在少年傍边站着的一些人都始终没有话说，因为他们知道，假如在李宣廷的噜苏中参进什么意见，一定会同遭司令官深斥的。虽然在李宣廷底脸上显示了灰白色，然而其余的人反无形中快乐着。司令官走后，李宣廷还絮絮的夸他底功，假如不是他，那少年一定死在野地里。但是，那失了知觉的少年却长长的闭着眼，头上和脸上满着血迹，胸前起伏着一种微弱的呼息。

少年的伤被包裹好了。在背心旁边的荷包内他们找到了一些钱，名单（名字叫张侠魂），一束信，一张年轻姑娘的像片。

一群完全粗暴的，未剃胡须的，为太阳晒黑了的人轮流的在考验姑娘温柔的面孔，纷披着的美丽的卷发。没有经过商量，他们把像片放回原来的地方。受伤的青年无意识的睡着，他的唇皮紧闭而无血色，他的无生气的手伸在毯子的外面。

他不觉得人们是如何的在酷热的红白色的黄昏用一张抬床把他带出了那个村庄；他能意识到的，仅仅是在一张床上。第一感觉到的是一个流荡而浮动瞬间与意识，同样的迷茫而悠远，另外还有一个满着繁星的天空在他的头上浮动。在各方面，他是被浓厚而使人盲目的黑暗包蔽，宛如蒸露在酒精中样，松针和败叶的气息透过黑暗而送进鼻子。

他属于那如此温文如此细心的救他而带他到医院里来的人们充盈着盛情的感谢。他要与他们谈谈，他移动他的唇皮，没有说什么，又坠入了无意识的状态中。

当他第二次恢复意识的时候，已经是白天了。强烈而懒懒的太阳在柏树底带着烟的枝的中间闪烁着。张侠魂是睡在树荫下。在他的右边站着一个高大的男人，严厉而冷酷，穿着医院斑白的外裤；在他的右边有一个温柔的、美丽的女性俯向着他，伊的红色的襞褶坠在了青年受伤者的肩上。

不知为什么首先触着了张侠魂——不知为什么从这个温柔的人，从伊大而多翳的眼，从伊柔软的襞褶，从伊温暖而炙黑的手——的是一种慈爱的意识，一种温柔，这种温柔是伊不提防的向着各样事开展，几乎是没有什么拘束。

"我是在那里?"张侠魂柔和地问。

高大而冷酷的男子从上面伸出一只露骨的手来考察他的脉。

"好的。"来了一种温和的声音："苏丽卿，把包扎各种东西预备好，而且喊喊骆华轩。"

张侠魂满着痛苦的睁开眼睛看着说话者。后者有一幅长而黄的面孔，有深而美丽的眼睛。他们不同的凝视着负伤的人，一只眼无望而疲倦的在一霎间闭着。

当粗糙的纱布塞入干燥的伤口时使他感着剧痛，但是张侠魂始终觉得妇人底慈爱的细心触弄，他并不哭叫着。

"现在完全弄好了，"高大的男子说。正在完结伤口的包扎，"三个伤口，但在头部没有——只有一个擦伤。在一月后会完全痊愈,不然。我不叫钱凤梧。”医生兴奋着,他的手指很快地移动;只有他的眼睛保留着同样抑郁的闪光,右眼继续地眯视着。

他们洗着张侠魂。他用肘支起自己的身子来四周的观望。

临近木的小屋的人们这儿那儿的忙着;蓝烟从烟囱中冒着螺旋;尾顶上的柏油在木头间闪耀着。一只小黑嘴的啄木鸟在树林的边际不绝的叮叮着。倚在一只手杖上,穿着一身医院宽服似的具有美丽胡须的老人,带着自然的乐趣在眺视一切的景色。

横过小小的老人,横过木造的小屋,横过负伤的张侠魂,浸濡在柏油的气息中,浮荡着那临近的西比利亚林子底盛大的静穆。

热情的张侠魂在这种静穆生活中似乎感着了厌恶,或许为了太平凡了罢,他总觉得即使在战场上死了还觉得光荣些。在这为那西比利亚硕大的林子底静穆包蔽的环境下,他不禁的回味着他过往的一切。虽然个个人都把他当成少年,乃至孩子,然而在短短的二十三岁的历程中,他已经参加朝鲜民族革命运动五六年。在这五六年中,没有一天他底血不为他底工作而沸腾,所以,临到了短兵相接的战斗中,他总是常常站在前锋。但是,这次的受伤他不能断定将来是怎样,对于医生宣言的轻伤的安慰他有些怀疑。他并不惧怕死,但是他唯一希望的是不要成为残废。只要不是残废,他还有再从事革命工作的可能;他是决定抛弃家庭,把生命和灵魂呈献给为朝鲜民族的要求自由和独立的革命工作。

乡村医院是在两条河的交结处。在村子的边际,啄木鸟叮叮着,染着紫红色的满洲枫树微弱的窃语着;下面,在泥水潭的脚下,两条河流银样般的,不停的潺湲着。

医院中没有许多的病人和负伤者,仅仅有三十几个苦痛的人——特别是洛陵游击队里,腹部受伤的胡成铭,是比张侠魂和一切的人还痛苦。

每个晨早,当他们从蒸热而不通气的茅舍里带出来时,那长着小小的美丽胡须的老人皮嘉善便来会张侠魂了。他存留着一种或者古代的忘怀了的图书;在不可破灭的死寂中,临近一个古旧而满着苔藓的门处,一个安静的,栩栩的,戴着小帽的老人坐在翠绿的湖岸钓鱼。头上的天幕静穆着,松树在夏日的热力下静穆着;湖正满着芦苇的岸下静穆着。安静,朦胧,静寂……

这种安静,是张侠魂所梦想的么?

在一种讴咏的声音中,宛如一个乡村教堂执事唱赞美诗般的,皮嘉善讲述他底儿子——一个革命义勇队员——底故事。

"是——是的。他来，他来看我。我，自然，是坐在蜂房的傍边。喔，我们彼此有许久不看见了，我们彼此的接吻喔，自然，是没有说什么。我看他已为愁郁所包蔽了。爹，他说我要开到嘉陵县去。——有什么事发生了？我说——喔，爹，他说，日本人已经在那儿大屠杀朝鲜的革命青年了。——但是我说，那些可惧的天诛地灭的日本人将对你怎样呢？你就住在那儿罢，你或许要在那儿得着好运。那是真实的；我的蜂房——正是听天安命。赤杨树，你知道的——白柠檬树在开花了——可爱的小蜂子——哈，哈……"

说到这种地方，他取下了柔软的黑帽，而且在快乐的兴奋中舞动着。

"对于这件事你要如何的说呢？他去了。是，他去了。——他没有停留。……现在，日本人已经把我的蜂房毁灭了，……现在我没有得着一个儿子，也没有一个蜂房……喔，如此的人生！……"

这样的说时，老人用力地舞着他底黑帽，似乎对于日本人的残忍作一种反抗。然而，在表情上，对于死亡的儿子是显示有惋惜。

老人虽说是孤独的，但他对于自己的晚年也能善于消磨，自经张侠魂来了，他底生活似乎显着了活力。

"你好，老先生，你的儿子为朝鲜民族牺牲了！……要一个儿子在家里享福是容易的事，但是，你要他把自己底头颅牺牲了。去谋别人的幸福，那是难得多了。……一个人只要有气样的好儿子。虽死也是光荣的。……我看你还很宽心。这正好，老先生老年人不应该为这些事伤心！"像这种类似安慰的话，当老人带着伤悲的讲述后，张侠魂已曾好几次的安慰他。这样老人也常怡然地说：

"是，张先生，你的话不错，我早已宽心了。……不过，我爱我的儿子，更是现在我一个也没有。……我更爱他了。……但是，我爱他还只是尽心力而已，他是早已死了。……人死入土，一切都埋葬了。……朝鲜人和日本人底战争我也知道一些，自然是我们朝鲜人有理由。……"

"日本人还说他们有理由呢！……老先生，你相信不相信？……究竟谁有理由？……"张侠魂忽的截断了老人的语气。

"这点便难得说了，……我曾经问过许多朝鲜革命工作的人，连东京帝国大学社会科毕业的一个朝鲜青年，——他在指挥朝鲜的民族革命运动——也没有一个十分确实的答复。……自然，张先生，我，我更难了。……但是，我想，你看对不对，张先生，我只觉得我们朝鲜人有理由。……是不是？……张先生！"

老人断断续续地讲着，在面庞上呈现着一种老年人独有的谦和。张侠魂只是两只眼睛死死的钉着老人。

“是的，老先生，这问题很难解答。……我的知识也很浅薄，要解答这个巨大的问题是很难的事。……不过，理由是应站在朝鲜人方面的。……你想，老先生，自从朝鲜人由中国的统治改到日本人的手下时，是怎样的痛苦呢？……老先生，你……”张侠魂也试来解答这个问题，但是他的话头却忽的被老人插断了。

“唉，你，张先生，……我想，中国人比日本人好。……你说怎样？”老人似乎急待着张侠魂的回复。

“老先生，日本人加给我们的痛苦，在这几千年来真是非言语和文字能够形容的。……在几百年前，我们只是在中国人底统治下当一个进贡的小邦，那时我们那晓得在亡国后有如此痛苦呢？……但是，老先生，还是感激日本人，他们使朝鲜人有受教育的机会，谁个管他底奴隶教育，事实上却是与他们底初心相反，在日本人学校出身知识青年都成了反叛的人们，一走出了他们底学校便咆哮着朝鲜的自由和独立。……唉，老先生，你的大少爷也是这样有为的青年。”

“唉，你别再说，张先生，我儿子是永不回来了。……”

“他们为什么要起来反叛呢！……老先生，他们是疯狂了吗？……他们何不安安逸逸的过活呢！……他们何苦不在日本人的势力下去讨官做，去讨饭吃呢？……他们何苦要牺牲生命去与日本人争斗呢？唉，老先生，从这点上，我们便可以解答日本人和朝鲜人谁个是有理由了。……日本人是用强力来征服我们，压迫我们，我们反抗是正当的事呵！……”

张侠魂激昂地叙述着，他并不曾因着老人底悲哀而中止他并不会打量要从老人获得什么，他只是说他自己要说的话罢了。

老人皮嘉善似乎感觉疲倦了，他连连伸着懒腰。但是，他却不忍离去张侠魂，假如离绝了，好像在心中失掉什么似的。而张侠魂也想从老人寻找什么似的，把他那充盈着青春的活跃的眼睛一上一下的打量着老人底一切仪态。他乐于聆听老人底谈话。他喜爱老人底美妙的歌声；他爱他缓徐的感谢安慰者底姿态。

三星期后，从镇上走来，在鞋子中带着一张官长通过证，在口袋内有一只手枪，张侠魂用心地口啸着一只快乐的城市气十足的调子，他底血激奋地在每个血管里奔跑；为着了一次与日本人的战争而成了残废者。这残废使他底脚不能像以前的活动了。但是，他仍然须得加以疗养，要使他底热心不致因残废而陷于虚空。

喷火山一带的同志们，有许多是从他底眼中亲眼看见他们起来争取自由和独立，在炮火药的烟和英雄事业中过活，有些因着长期战斗而死亡了，有些与他自己一样成了残废。但是张侠魂并不因为自己的残废而沦于绝望，他总是常常的期望着将有一个复原的时光，他也许会重新为自己开展出另一条道路。

一面他想着那个如今在北陵一带工作的姑娘，现在，无疑的，她不能再像以前一样，在清晨里拿着饼干和咖啡吃来炫耀于钦慕她的男女们，过后用皮带把蓝面的书捆好，走向日本人学校去了。她的一切美梦是为着日本人而消灭了！她底全部财产是因着她在学校中的活动而在嫌疑中被剥削了！她底父母们只得在日本人的高压下匍匐着！她是永远的不能再作那美梦了！现在她是在实际生活中工作的人了！

张侠魂因为受伤在医院中住了三星期，对她的消息不曾知道，就是自己底队伍，也不知现在是怎样。即使间常的从医院中得到一点，但是终久使他疑虑着，他们是在欺哄他。在他底跛行中，他要渡过鸭绿江临近的支流去找寻他底队伍，看他的同志们是怎样的，而且他也可以知道姑娘的近况是怎样的。

当他一个人蹒跚地走近鸭绿江河畔时，从丛林中跳出了几个人来，把破旧的来福枪向着他。

“谁个在那儿通过?”一个戴着日本遮阳帽瘦面的孩子叱叫着他。孩子的叱叫把他底幻梦惊破了，他正在迷茫的想着一切。

“是我!”张侠魂讷讷地答了。

“你是谁?”一个二十余岁的青年叱叫着，步枪在他底手中，在他底面庞上浮现着庄严。

“哦，……我是从镇上……的医院回来了。”张侠魂显着忙乱了，他不知道这些人是不是他底同志。

“通过证呢?”另一个青年又问着。

张侠魂脱下了快要破烂的鞋子，搜出了他底通过证。这一批好像农民的人们慎意的都来考察着通过证。

“黄丰县……罗伯生……革命……义勇队……班长……”那二十余岁的青年如此的读出，时时向着张侠魂投射着术蓟般的视线。其余的人们宛如考察似的，间常的侧眼打量他。

“呵，你是罗伯生队伍中的人吗?”那青年问了。

“是的，我在他底队伍中是担任的班长职务。”张侠魂嗫嚅地答着。

张侠魂始终不知道他们这一群人究竟是干什么，他没有勇气再问，他恐怕坠入了日本人佯装侦探的故计中。但是,青年们知道他是罗伯生队的同志时便率直地经过了几次盘问后给了他一个惊人的消息。他们告诉他罗伯生已经在那次被日本人打败后阵亡了,他的队伍已经毁灭了。他们告诉他目前的情势是一天一天的险恶,日本人想要把在鸭绿江临近潜伏的势力全部消灭,虽然临近的同志们不少,但是,现在能作抵抗的不过只有二三千人了。他们又告诉他有几个游击队完全在对日本人的争战中牺牲了。他们又告诉他朝鲜京城汉城又有三千男女学生为朝鲜革命而与日本警察血战,结果死亡了五六百人,逮捕了三四百人。他们又告诉他,在临近几县的同志的集议,决定缩小范围,集中势力来抵抗日本人的进攻;在必要时退到西比利亚、满洲、朝鲜三交界的地方去,以便藉着国际的卵翼可以保存现有的势力。他们又告诉他,他们在这儿的步哨是属于早日黄陵县游击队的,他们的司令官是一个曾受长期日本军事教育的金蕴声,他们底同志们现在还有七八百人,在现存的队伍中要算是顶优良的了。他们在这儿的防御和检查是预备扼守鸭绿江的第一步。

张侠魂一听到罗伯生队伍覆灭的消息,他底心好似有千颗尖锐的针在钉刺样。在一刹那间,他想起了那为朝鲜民族的独立运动而牺牲了的罗伯生,对于同志间他是怎般的和蔼、刚毅、勇敢、深邃呵。他想起了在部队中间同他一道出来的卢邦莱、赵伯常、骆无涯他们是与他一道从汉城的日本人统治下的革命团体中逃生到北方来的同志。他还记得赵伯常和他自己曾有一夜为日本警察所袭击的往事。而今一切的一切都在他底心内涌着。

“你现在打算到那儿去呢?”一个在脸上带着刀疤的青年问着他。

“我我……不知道要到那儿去才好! ……”张侠魂的沉思在刹那间被那青年打破了,他不能镇定去答复,因为他底去向是没有一定的所在。

青年们都把一双炯炯的眼睛凝视着张侠魂,在眼中闪耀着对他的同情,面庞上呈现着对于同志底纯挚的友爱。

“本来我想回到罗伯生部队去,我想再疗养一下,我底脚还不方便,作事也很困难。……但是,现在,他们都完全覆灭了。……唉,我便难于确定去向了。……”他凄惨的说了,然而他只是在语气上那样在脸上仍然浮映着素有的刚毅和果敢。

“好,同志,假如你不嫌弃,你便在我们底部队中罢。……我们的同志都是很要好的,而且司令官金蕴声也是很有知识的人。……你愿意时,便先同我玩一阵,等换班时我们回去好了。……”那个带有孩子气的青年说了,在他底脸上浮现着一种欢乐。

“很好,同志,感谢你们的好意。”张侠魂答应了。

鸭绿江上的微风吹荡着四个青年人的头发，张侠魂虽然在心中想念着姑娘的生死，但在一群活泼的青年中，他只得同他们谈论着当前革命的一切。江流在他们的前面展开，静静的流着。江流对过便可以看见西比别[利]亚和满洲一带的隐约的林子，像一幅用淡墨描成的中国古书的山水图样。在芳香的草丛中，在抽芽的野金花菜中，间常的透进小虫的唧叫声，对岸田畦中飘来了沙沙的镰刀声，那是朝鲜的农夫们努力的为自己的生活而奋斗。青年们在河岸上巡哨着，间常的絮谈着。不上一里远的三四个同队的同志们也间常的举着步枪来表示招呼。

全河岸都是静穆着。无数的从西比利亚林子飞出来的山鹰在鸭绿江上回翔的咆叫着，它们一声一声的咆叫着，宛如在为那些民族革命的战士们奏着前进曲一样。

在五日后金蕴声的队伍被日本人袭击了。差幸他在事前早已预料到日本人是必定采用迅雷不及掩耳的手段来扑灭这朝鲜民族革命中唯一的具有强大势力的部队，而且更兼着他自己在军事上有着深切的研究，所以，还不致于像罗伯生和他底队伍那样的覆灭。虽然在战线上是牺牲了好几十个同志，但是那残留的势力便算是他们再起的基本。因此金蕴声联合了其他的几个别动队和义勇队再向着日本人作最后的猛攻，目的并不是要夺回已失的革命区域，仅仅是为了好从容地退到鸭绿江对岸去扼守。

又过两三日后，金蕴声和他底队伍退到对岸去扼守了。日本人没有再冲过西比利亚区域来的可能，而且，俄国也因为白俄的潜伏，也没有拒绝朝鲜革命者的退入。因此，在“国际”两字的卵翼下他们在那儿培养着革命的复兴。

在西比利亚林子的风拂荡的一些茅屋内栖息着五六百为朝鲜自由和独立而流戍在异域的战士。张侠魂与李宣廷已成了好友。苏丽卿和张侠魂的姑娘仍然担任着看护妇的工作，在异域中雍穆地企图着将来。北国常有的山鹰们在蔚蓝而深邃的天空中高高地，耐心地，强烈地画着大圈，发着惊天的咆哮。他地大翅昭示着人们无限的伟力。他们怀抱着伟大的思想，渐渐地愈旋愈高了，好像要飞到那辽远的日球那儿样。在山鹰的咆哮中，全朝鲜的流戍在西比利亚的战士们都在心中兴奋着，宛如山鹰们在为他们奏着攻渡鸭绿江的前进曲。

（原载于《汗血月刊》第1卷第5号，1933年）

朝鲜金刚山之奇人

——现代之伯夷、叔齐

董云裳

日本吞并朝鲜，屈指计之已二十四年于兹矣。在此二十四年中，不乏爱国之士，力谋反抗，其中殊多可歌可泣可敬可悲之英雄事迹。一昨得北平友人书，知彼顷自朝鲜漫游归来，在朝鲜金刚山，得悉有奇人金某者，自韩亡以后，即率妻挈女，隐居山中，效伯夷、叔齐耻食周粟故事，在山自耕自食。二十余年来，无人注意及之。最近始被日人中西伊之助，在无意中发觉，一时哄动全韩，咸以奇人目之。余友亦于上月二十九、三十及本月二日造访二次，因得悉切。兹摘录其事如下。

日人发现遐迩轰动

朝鲜金刚山，为著名胜地。山势险峻，景物幽蒨，向为世界人士所交誉。上月中，日人中西伊之助慕该山名胜，偕朝鲜青年金氏、柳氏，来兴往游，在无意中发现此逝世之奇人。盖奇人亦金姓，为金氏之远房族叔。自朝鲜亡于日本后，此奇人与其家族，即告失踪。当时金氏以为其叔痛国亡而阖家蹈海。亡国无告之民，亦无法招寻踪迹，只得听之。不意于廿余年后，此久别之叔侄，竟相见于金刚山中也。当时，中西伊之助亦誉为奇人而致敬焉。事后并为遍刊朝鲜各报。余友恐其再远飏也，于发现之翌日（十一月廿九日）天未黎明，即登山造访。倾谈之下，得知其家世略历。

夫妇偕隐皈依佛门

奇人姓金，叩其名，则坚不肯吐。再询之，则喟然曰："亡国之人，何劳再叩名字?"盖金本为朝鲜贵族，自日本吞并朝鲜后，即率其妻孥，退隐金刚山中。当时识金者，咸以为金蹈海殉国矣。后金在山中自筑一庵，位于灵源洞上之望军台。庵后更辟地半亩，为金借以耕作之地。其妻及女，则削发为尼，皈依佛门。金则除耕作外，辄在山谷狂游。翌日余友再往访时，金已先时外出，金妻赵氏及其女，正在室作针线。见余友又至，咸相顾愕然，后以素餐及蜜汁飧客。询金踪迹所在，则笑云："彼终日狂游山间，踪迹靡定，有时更一二日不返。今晨吾女赴山深处采药时，见金斜倚山壁上，狂吟诗句。余女欲叩其今日返家否，则匪特不答，且忽忽向山巅跑去，莫知所之。汝苟疑余言，可讯此小妮子也。"

女更奇逸下笔成诗

余友因回顾其女，见其风姿绰约，皓齿明眸，年龄约十七八许。望之如天人，而眉宇间更多英爽气概。笑谓余友曰："先生欲知家父之踪迹乎？吾告先生以唐人诗句'只在此山中，云深不知处'。"余友见其吐属隽雅，因知其夙具慧根者，乃叩其何以举家迁此。其母聆言，则黯然曰："先生真欲穷究竟耶？秀儿(谅即其女名)不妨隐约答之。"女聆言，急走笔成七言一绝，举以授余友，字迹秀逸。诗曰："当时叩马谏言非，余父忠怀日月晖。草木亦添周雨露，自惭独食首阳薇。"后女更疾书："凿井而饮，耕田而食，帝力于我何有哉！"

余友以久待奇人不返，而金乌西坠，暮色苍茫，急辞归下山。翌日再访，则已举家他迁矣。

［原载于《新闻报》(上海)，1934 年 12 月 19 日］

朝鲜志士

黄玄

从东流来的浑河，经过此地划成截然不同的两岸，河北是历史的遗迹，一座荒凉的古城，河南是现代化的工业地带，又富有浓厚的异国情调。这是弱与强的天然划分啊！

两岸的连络是有一架铁桥横卧在河上。靠河北岸的柳林一带，是强者力所不及，弱者也不暇去管的，适足以供流亡的朝鲜人安居了。所以在林木的间空，有几十座小毛棚。一方丈宽，高度尚不及普通人的身长，三面是墙，一面有开口，门和窗是不分的，钻进去便是炕了。

这十多家都是靠着卖吗啡为生活。紧西边已出了林子外的一家，主人李万熙，身子躺在炕上，两肘支在窗台上，手托住下巴。他向南望着。

夏天的雨轻轻地撒在浑河上，只见一片天，雨，水混成的烟雾，模糊中造出洋房，烟突……作点缀。

他并没有雅趣，像诗人画家的写意！他是望着他的妻金花，在想着：

“这时候已经该回来了，怎的啦?”他的心像被一只小孩的手抓住似的。“莫不是被黑帽子翻去了?”

作这个买卖真不容易，每日所得将就够吃饭了！男人常出去是被黑帽子注意的，只好留在家里看门。而用女人或小孩子，可以巧妙地蔽去盘查。他们的主顾完全是中国人，多半是指偷而供给他们的吗啡瘾。来源是仗着河南几家大药房。

“真那样将怎么办？寻常是早已回来啦。”

他瞅一瞅天，那浓淡像一张墨笔画，是有下午三点钟了。“这黑帽子真可恨，非打死他们不行!”

他的革命的情绪又跳上心来，眼前浮起了英勇而又缠绵地过去。

时期到了冬天，长白山脉都披着一层白雪，被采伐剩下的弯曲的零星的松林，依然有一捧青翠。天气是特别的冷，无论蹈在地面，开开房门……都有咔嗤的声。

他是整天地躲在老尚头的房子里。尚家只有女孩子一人。她的名子叫金花。是一个天真的十七岁孩子。一天晚间迷离的天色染过窗纸内，李正在屋中和金花谈话。老尚头子带着慌张走回来，说的是朝鲜话："这个工作的分配，有你一个的！"他一听见工作便乐的跃起，立刻去干，"痛快地，那才好呢。"用同样的话："什么事？"

"有十三个日本兵，住在离这十五里的一个村里。"

"还有谁？"

"我一个，还有。一共七个人。"

于是老尚头子由墙角一个巧妙洞中，取出二支手枪。李接过去一支，他们的眼睛，互相望一望，都出去了。

"你们成功，爸爸和李。"金花的声音随出门外。

他们是步在月光的地上，在村西遇见了同去工作的另五人，一同向目的地出发了。郊外的风吹得人脸似剪子扎，地下散着清晰的人影，也发出没有音节的咔嗤的连续声。纵眼去望蔚蓝的天，一盘月和几点星，远处的烟雾接着近处的郊野，发白光的山，画着曲线的山道。

他们走过这个山，老尚头子在一个漫岗上站下，别人也随他站下：

"便离这有三里的一个村子，还可以隐约看见灯光那地方。"他的手指指着，别人也随着看去。

"他们一定是有哨兵。"他的手指收回来，大家又看到他身上，沉默着。风吹松树响。呜！呜！

"我在头前去，开第一枪。"李说。

"年青人，你不能去的，还是我！"老尚头子说。"我一定！"

"你是没有经验，你们好分开来走，听我枪声便急速向目的地聚齐。我们是为谋大朝鲜的独立，我们是为图民族国家的复兴，是不怕死地干！"

他说完先走了，第二便是李跟他迈上同一个道。接着各个人都向那一处集中。风是从对面刮来，李摸一摸自己的脸，眼睛又标着前面老尚头子。自己心里乐着。

"这一定要杀他们几个！"

村子的轮廓由模糊渐渐清晰，一只狗跳过墙来，狺、狺、狺地狂吠。老尚头还往前走，进村了！李望不到他的影，着慌。又向前走几步。突然听到——"嘭"的一声。他一楞，又赶紧向前走。

——拍——拍——拍！

他跑上去，看见地下倒的是老尚头，一个日本兵正描[瞄]枪，于是他的枪子过去。拍！

一阵混乱，他看到敌人已倒了，动转一下，自己还好，他背起老尚头便向回跑去。枪声又追上来，他们同来的人也集聚上来。

他背他向回走。跨过大山经过漫野，走了十五里路而到家去。他把他放到炕上，金花急得要喊！他止住她。吩咐她快去预备点热水。自己拿过灯察看他的伤状。老尚头是一句话也未说。找出了他的伤是左腿上部，血，已染红了裤子，还见向外流着。他急速给他裹住。休息了一会，喝了一口水，他的眼睛睁开了。瞅到地下站的自己女儿和李。

"年青的人，我的工作完了！"他的眼睛又闭下。

"爸爸！"金花唤着。

他的睛睁开，又连着闭下。

"你也要照我的目的去干，李便是你的好伙伴！"

"爸爸！"

他再不睁开了，便这样永远地不睁开了！地下的两个人都哭了，哭，他也再不睁眼睛了。在下半夜他们同志便渐渐都归来了，都来看慰老尚头了，看见他这样，都哭出来——我们失了领袖！

所幸这是一个孤家，死了便死了。换上一套新衣服，灭去了血迹，无论屋里、院中。

他们除了失掉老尚头，别人都回来了。天亮了，有的去为办丧事，有的回到家去。知道日本人是被打死四个，有老尚头打死一个，李打死一个，都在门前，那两个死在街上。受伤和好的，在天未亮便向县城逃去。

在连日把老尚头子埋葬了，他们知道大批的日本人会来，于是分头地逃了。金花是个没依靠的孩子了，虽然，她有一腔的热血，整个的爱国的心。她怎么逃？只好和李一同去了。他们便逃来此地。

独立，独立……他们现在是卖吗啡了。

瞅到东边林中，来了一个蹶子，向前走可是把屁股一次一次地向后坐。渐渐地来得近了，他的破鞋踏到铺着浅水的道上，溅出水星还落于水上。弯着腰，左手按住肚子。

"老田，你的，怎的啦？"李操着日本人的中国话说。

"哎呦，肚子大大地疼有！"老田也回他一句同样的话。

"进来好有？"

李让过地方，老田钻进屋去。一身水藏在头发里，藏在破衣裳内，躺到炕上，炕上也落起雨点来，他一个拳头顶在炕上，不住地嚷：

“哎呦，肚子！肚子！”他还是向南望去。

“药的拿来！”

“媳妇的，回来靡有，药靡有！”李回过脑袋。

“哟，呀！呀！”

他还是望不到他的妻回来，这一定是被翻去，黑帽子非打死不可。“哎呦！妈的，什么时候回来？”

“快快的！”

“哟，呀，呀！我要走了！”

他一惊，这全仗他是一个大主顾。哀怜地说：“你的，躺一会好！”

“你浑蛋！”

他激起了一点火，但是自己会劝自己的，还是：

“田，朋友的骂人靡有好！”

“哟，哎呦！他把右手换出来，左手顶住肚子。”房子里是暂时的沉默。各人在盘算各人的心事：“怎么还不回来？”

“总算偷着了，当一元八，票还能卖一元多！”

东边又来一个人，是个孩子，夹着一块木头。李知道这小冯也是他的主顾。眼睛是注意到南边，桥头上，在望着走下的人，数数呢，他想数到他的妻。是可惊喜的，一支黑布伞下发现了一个白蛾！她走到前面来了。小冯叫他两声大叔，他也没听着。

那美的脸，白静静地，陷着两支笑窝。水零零的眼睛，乌黑的发。细衫是紧紧裹住胸，随风摆动的宽裙，吹露卷起的裤腿，赤着白小腿。带勾楼的胶鞋。这样使李那能不爱她，不赞美她。

她收起伞，预备进去。

“回来晚啦！劳你多等。”一句轻嘤的朝鲜话。

他是一肚皮的气想发泄，在她这一句话，又不知说什么好了！躲开让她进来。随手关上窗，自己也转过身。

“啊，回来啦！”老田坐起。

“老田！”她像小孩子玩，投过去一个艳笑。

“哎呦！药的拿来？”

“怎的啦？”她坐下了得把吗啡递给她的夫。

“多少？”李问。

"半瓦，这是七角钱。"

金花在旁边疲倦地坐着。望着她的夫收钱，取药，找吗啡针、水碗。老田把吗啡倒在盅里，渗上水待融化了，把它抽到玻璃管中，注射在胳脖上。

李摸出他的小烟袋，装上一袋"大叶秦"。

窗被推开了，进来一支头，是永不洗脸而今天下了雨，一道一道黑水向下流，花花脸。李拍的把窗推上，头回去的快，险些打着了。

——"大叔，给你吧！"屋子里是弥漫了辣的烟味，金花打一阿嚏。

"大叔，我还没吃早饭！"挟着哭声，继续付进来。

"大叔！"尖锐的声，似狼号。

——半角钱药，半角铜子便给你。屋子里的人，谁也不动感情象是没听着。窗户又开了，拍的又推上。

"大叔！"

像背书，一句一句地重说。

窗又开了。头又伸进来。拍！这不是窗关上，木框的互撞着，是肉和肉的撞声，李的手贴在小冯脸上。

"哎呀！妈呀！"小冯眼睛冒金星，鼻子酸，耳朵叫唤，脸发烧。这一下打的真够受！

"不要打他，值多钱呢？"金花不过意了。

"还不就值半角钱！"

"给他吧！"于是李包一包值半角钱的吗啡递出。

"滚吧！把木头好好放在近些！"

老田已经扎完了，闭着两支眼睛，胳脖上冒出一个包，用手指头揉。李装上了第二袋。老田也由靠肚皮摸出一个烟卷头。

"哼，高丽棒子，你敢打他，敢打一打我看看！"

李是真激起火了，自己想着，日本人我也一样地敢往死打，何况一个你！但是，他又想到老田是他一个最大的主顾啊！李瞅一瞅疲倦的妻，又瞅一瞅闭眼的老田。

[原载于《东北青年》(北平)第6卷第12期，1934年]

狼的死

张湛如

一

欣英：

你该万分的奇怪，在严禁中的我，居然可以和你通信；而且信又从这里——大连船中——寄发。

我这一次的遭遇，和不久的将来的结果，是预料中的和准备着的事，这也就是最初我不肯轻易和你接近的缘故。

在日语函授学校第一次见你时我的情绪，和以后几次晤面时你的表情，使我常常告诫自己："别走进这难以摆脱的情网，别分割了集中着的心！同时，她那不和一般女性一样以我为亡国的人而蔑视我的可感，应当报之以勿使她的爱情，用在一个无国家保证的人身上。"

那时，我觉得你虽然也只隶属于一个要看人民如何努力以决定今后生命的国家，可是至少在现在，还有从事于恋爱的从容(?)。在我，这亡国的流浪者，是没有谈恋爱的福分的。

然而，你是这样可爱，你有了闵妃的外貌，却又有贞德的内美！你使我不忍说出我应当说的话，尤其那一次我谋刺××失败而狂饮时，你打碎杯瓶而谆谆戒我以善保有用之身，为复国努力的箴言，以及在××公园奋身救我的大惠，使我心灵里撤尽了容纳你的障碍。

现在，我深深地懊悔了，懊悔不应该使你心里徒然留下一个不可磨灭的创痕。

那天硬生生地被折开了挽着你的手，给贼奴们捉去时，路上挨了一顿拳足。当天便被装在大木箱里运上船去，第二天傍晚便到了长崎，连声的汽笛，使我猜对了时间知[和]地点。

严密的鞫[鞫]讯，所得到的是彻底的缄默，却仅仅挨了几下掴掌，这和立刻押解到开大连的轮船，一样使我莫名其妙。

在船中，完全是恶势力的笼罩下，他们是异常地有把握而宽弛了对我的监视，给我领略那海阔天空。

然而我这时是宁愿仍旧关在黑暗的木箱里。看！寥廓而空旷的海天中，那一缕缕浓黑的煤烟，冉冉地飞向北去，飞去笼罩了我的祖国！北来的汹涌的怒涛，只向铁船唇一扑，便顺服地反流而去！如果我能够吐出那口郁积着的壮气，一定吹散这些烟氛，澄清这万里无云的长空！如果我能如意地挥洒胸头的热血，一定染红了海浪，吞灭了这轮舟，但是我却和剪了翮毛的鸟一样，已失去一飞冲天的能力；悲鸣吧，又不能传到国人和你的耳鼓。

海中的月夜，当我在依北风而怅望时，甲板上的倭贼们，正沉浸在疯狂的歌饮中，忽地有人轻轻走近我来，耳边听得低细的英语说：

"你该不料到，或竟不认识我吧，我不能为你尽别的力，只能为你效带信之劳。你赶快写，写好放在这边过去第三个窗缝里。"

语音停时，人影亦跟着逝去。但我已借着微弱的月光，辨清了他是在××公园戏呼着"沙姆大叔"而为你介绍的勃立顿先生。他的可感的惠拂，这不是第一次呀！

我以后的命运，你一定可以料到。请你把悲痛我的情绪，用在你平日所努力的对象上！我在这里为你唱着阿尔佛来特·杜维宜(Alfred De Vigny)的《狼的死》的不朽名句：

呻吟，哭泣，祈祷，同样是懦弱。

在命运指示你的路程里，努力尽你的职责。

然后，和我一样，缄默忍痛而绝。

金诚　十一，八

在大连船中

二

欣英：

我现在才知道中国强了三千多年不来灭我朝鲜的缘故；我现在越发坚信在你之外还有许多同情我族的中国人之推论。看似谄媚倭贼的狱卒——中国人，却给我敷了药末，还答应设法为我寄信。

昨天到的沈阳，在白天也乌黑的监狱里，绝望的将来的憧憬，给过去的回忆占据了大脑中的位置，眼睑不曾阖着，旧梦却一幕幕地复现了。正在这时，被倭警们连拖带推地拥到一间公事房里。

他们实在太蠢了，竟会想用礼貌来引诱我说出一切——同党，计划——尤其是和朱先生部下义军的联络，据说这是把我解到这里来的原因。我的缄默，终于使他们恼怒了，终于揭去了他们的面幕。先是用针刺我的面颊；痛的感觉和民族意识挣扎的结果，是不仁的麻木，这也可以说是后者的胜利。接着撕褫了我的上衣，用倭刀一条条地割着我的臂肉。惭愧！我臂上的肉，没有为祖国而消瘦，竟让他们割了又割，割到我失了知觉。

今天醒来。伤痕上的痛，也许不下于你心灵上的痛。我在想，这几天，尤其在读这封信时，你所流的热泪，或且比我被割着臂肉时所流的血，要多几倍呢！

写不下去了，臂痛又快使我晕去。可敬的狱卒，又在为我调药了。假使我可以延长一半天的生命，我一定把我未洒尽的热血，输些到这可敬而又可怜的狱卒的脉管！中华民族自不待我这垂死的异族人来尽些须的心，然而这样，我是以为对他——为我付[敷]药寄信的狱卒，和对你——同情我这亡国的流浪者不惜付以真情的你，应有的报答！

金星闪射的眼花，幌摇不定的残灯，幻出一大堆尸骨忽然这堆尸骨又发出冲天的火焰。我……

金诚　十一，十。

三

欣英：

我真不信。事情会这样出乎意料之外的。我不敢说，不敢武断地说，你之外的中国人，会同情于我和一切亡国韩人。相处不过三日而在为倭贼服务的狱卒，我不能不怀疑了。

昨晚，我的事情是完结了。我不必说是怎样的一个完结，反正，将和为复国而被捕的先烈，走上同一的路！

始终的缄默，割臂肉，打折腿骨，烙背烧臀，还是咬断牙龈，胀破胸腔的缄默，使他们知道除了剥夺我的生命外，再不能得到什么。于是把一束纸类掷给我看，算是定谳的物证。

本来，整个韩国都任他们宰割，渺兹微躬，杀剐自可随意，我还要看这些做甚？可是其中一个蓝色的信封，陡然抓住我的注意。

你近来一定仍旧常见那位吴先生。我曾经托这位吴先生——其实是他自己讨差——送过一封附有《劝大韩同胞协助中华义军书》的稿及吉边军用地图的信给朱先生。以后没有接到朱先生的回信，却看见报上吉边义军为日韩军歼灭的消息。当时，我是多么痛恨那些不受劝告的同胞，现在该让你痛恨你的一位同胞了。

我就只这一回用过蓝色的信封，这封信便夹在所谓证物的一束纸中。

是这位吴先生，他自己扬着左手，报告过五卅时咬下一截无名指血书“救国”的历史，博得我俩的敬仰与信托！

是这位吴先生，常对我表示无限的同情，对你献过多次的殷勤！是这位吴先生，通知我领事馆注意我的住处，而为我找到新寓所；我被捕前的半小时，从窗中看见他过门而不入。害我的布置，曾博得我由衷的感激。

是这位慷慨激昂，吐骂汉奸的吴先生，葬送了几百个吉边苦斗的义军，和漂流异域，力谋复国的我！

他真能干！而我们又何其傻！然而和你一样的中国人，和我一样的朝鲜人，真都是傻的吗？

我并不恨他，我只可怜他。我知道他如果到我的时代，一定会懊悔当年没有把才能用在相反的方向！

我的猜想如果不错，他现在会不时到你这里来，叹息着我的遭遇，说不定会迸出几点眼泪来。他怎么也不料到今天我还能和你通讯，告诉你这些。他贩卖了我的生命，不会就满足；他还要获得你的心！你的心，我曾经占有过，我不能再占有了。可是我希望你千万别让遗亡了民族的人占有一分钟！

全身伤折的我，能否等倭奴来执行再停止最后的喘息，是一个问题。我不悲痛，我不可惜；我在唱着《狼的死》。

忍着痛，强自挣扎着，一字一停，二字一停地写到这里，不能写，亦不必写了。……

金诚　十一，十五

四

写着上面的三封信的一叠信笺，是从上海××饭店××号房间一个被人暗杀者的身畔检得的。尸身伤痕有六处之多，一把快刀还插在最后的伤口中。被杀者的姓名，在旅客簿上登记的是王义。因为名片都搜不到，无从证明其真假。尸身除左手无名指特别短，短约半寸以外，没有其他特点。据饭店侍者的陈述，被杀者是昨晚深夜和一个美艳的女子同来，还吃了一会酒。第二天发觉被杀时，那女子已不知去向。

[原载于《民族文艺》(上海)第1卷第2期，1934年]

小高丽

菊人

小高丽是一个新来不久的女工，她的年纪很轻，个子很小，走起路来一跳一跳地好像一只玲珑的小鸟。

蓬得像堆乱草般的长发从不曾见她梳理过，瘦瘦的脸，黄色的额下排列着两颗聪明的大黑眼珠，她是个爽直的人，爱说话，那伶俐的小嘴里凭空都能够说得出几篇十足的理由来，而且那理由，是能够使每个人都首肯和佩服的。

在先并没有人知道她是什么地方人，自她自己谈起她脸上那条一寸长两分阔的疤痕的故事时，大家才知道她原来不是中国人而是亡了国的高丽人，如是众口同声都叫她做小高丽，以后小高丽也就渐渐完全代替了她的真名字。

“三年前闸北打仗的事，我想你们大家都还能记得很清楚的，那时候我正在炮火连天的战场上做着扛抬伤兵和死尸的勾当，偶然一颗流弹从我的左边脸上擦过，当时流过了许多血，以后就成了这永远不灭的疤痕。”

“谁教你做这样危险的事的?”好奇的人疑惑地问着她。

“我没了爸也没了妈，有谁敢教我去做? 那是我自愿去的呀! 我是高丽人，高丽人恨日本帝国主义比中国人恨日本帝国主义还要恨得利害! ……。”她滔滔不绝地说着，大眼睛睁得圆圆地，双手紧紧地握着两个小拳头。

渐渐地，小高丽的影子在每个女工的脑子里变成了一个不可缺少的人。的确，深深值得大众钦佩的并不只她那果敢坚决的个性，而且她对于每一件极细微的小事都能够处置得非常精密和正当。从她那伶俐的小嘴里，大家也慢慢学会了许多“压迫”“团结”“反抗”“斗争”……等等之类的新名词，更了解了那些字义和怎样去践实而争取女工大众的出路。

那是一天傍晚放工的时候，小高丽和着大群的女工，拖着榨干了一天的汗和血的疲惫的身子，走出那人间地狱的工厂铁栏门，劈头被一辆黑色的囚车冲到她的前面。

囚车的引擎还不曾完全煞住，车箱里早已跳出了两个持着手枪的兵，和一个穿黑长衫的大块头，如临大敌般极紧张而迅速地跑到她的前面。

“不要动。”兵士的枪口描准了她的前胸，尖锐地向她威吓着。

她迟疑了一下，缓缓地将双手抬起，左手还持着那长方形的饭盒。

“小高丽是你吗？”穿墨长衫的大块头前进了两步，狡猾地向她问着。

“有什么多说的？至多不过毁灭我一条生命！……”她慷慨地说着，瘦削的脸被激愤的火烧得血红。

“那末，去吧！”两个兵士和大块头紧紧拥着她向囚车上走。

这事情显然发生得太过于离奇了！谁也不相信小高丽是个怎样的坏人，无论如何像她这样爽直，聪敏，和善，天真的年轻小姑娘，决不会做出那强盗或其他犯罪的行为来的。如是几个性急的女工被正义激动着前进两步准备去拦阻。

“不要为了我个人而毁灭你们大众远大的前途呵！等着吧！巨大的炸弹终有一天炸碎这不平的世界！……”小高丽向大家说后从容走进了囚车，两个兵士用铁镣锁住了她的双手。

“呜！”囚车开动了！小高丽从车窗里高高举起了被锁的双手，大声地向女工们喊着：

“劳苦的姊妹们！再会！祝你们最后的胜利！”

无数只睁大着红色的眼睛，远远望着那黑色的囚车渐渐消灭在弥天的尘雾里。“小高丽”，这伟大的影子永远深刻在每个女工的脑子里。

[原载于《女声》(上海，1932)第2卷第20—21期，1934年]

一羽

谢挺宇

魅惑性的太阳，软软地酥瘫着。三月的气息，茉莉花底香味似的。

两礼拜前在巴黎新兴的时装，闪烁在玻璃橱内；蜡人底腮帮上有一对小酒窝呢。白色的胸脯，紫色的眼皮，一双双狡黠的眼珠子。

含着微笑的水手衔着吉士香烟。美丽的露西亚姑娘站在卖花铺的门前，睁着忧郁的眼睛呵！

苹果绿的，深蓝的，黄色的……别克，雪佛兰，福特……一辆辆的汽车飞驰着。大裤脚，阔边的呢帽，晃着，溜着——用大炮和金元筑成的都市，巴黎的缩影，热闹的街上发泄着青春的热力呢。

可是我自家是寂寞的，在马路上慢慢地溜踏。想着一件心事哪——在门口，在楼头，常常碰着的一对灵活的黑眼珠子，静静地射过来的眼光，像要渗入骨髓里似的。椭圆的脸儿。梳着一对小辫子，和一双壮健的脚肚比着跳动的节奏呢。可是多么沈默的姑娘呵！

每天看着那对跳动的小辫子，总想着：姑娘啊，为什么这样沈默呢？年青青的，该多说几句爱说的话呢。

想着，走着，慢慢地回到寓所，轻轻地踏上三层楼。可是，有 Mandolin 的声音呢，暗暗地跟着细微的歌声，正是年青的姑娘唱的哪。

想不到这年青的姑娘会弹出这样悲哀的调子！凄楚的歌声依依地绕着琴音。迟迟地引到高音，悄悄地又拉到低音去了，一种幽咽的情绪散布着四周。

忍不住这凄凉的压迫，写上一张条子，叫女房东送过去：

为什么不弹点别的曲子呢？这样凄楚的歌声，想不到会从沉默的嘴里溜出来的呵！这愉快的季节，这美丽的青春，为什么这样哀怨呢？

弹点别的吧，这腻人的寂寞。

绍康

房东带着另外一张条子过来了，并且说："胡小姐请您过去呢。"我读着那劲秀的字：

你懂得这琴声的哀怨么？不是容易的事哪。世界上有多少事值得悲哀？多少事值得欢乐呢？

过来吧，也许你听得懂我弹的情调呵！

澄子

真的，我就过去啦，一个孩子气的脸上，有一对懂事的眼珠子，请我坐下后，她底清朗的声音：

"你要听什么曲子呢？《桃花江》么？"

"你心里想到什么呢？弹出你心里的话吧。"

徐徐地弹起来了，那么忧郁地。慢慢地奏到颤音，谁想得到哪，一种异域的音调，凄凄切切地从那张沉默的嘴里滑出来。哀哀地依着低音，嘹亮地陡的唱到高音。琴音歌声，像伴着一杓酸辛的苦酒，一滴一滴地向心头灌溉；我像在荒凉的古刹中，孤独地嚼着小小的梅子似的苦涩。

我底头渐渐地，渐渐地低下去。

戛的，琴歌都静止了。一双灵活的眼珠子，浸在清澈的露水中。

我懂得什么呵？这样年青的姑娘，那来得这许多悲伤?!

轻轻的叹息。她说：

"寂寞的时候呢，不该弹这个呵？"

我不能问：——姑娘，你为什么呢？

可是我说：

"刚才唱的是什么呢？这样凄切地？"

"小时在汉城学的哪，叫做《故国行》，亡国后的音调呢。"

忧郁的声调，爽朗的言词，清清楚楚地在耳边漾着。

"什么？你在朝鲜——"这不是意外么？这姑娘！

"轻声点儿！"

我懂得了，懂得了，这迷离的凄咽的歌声呵！于是，我轻轻地说："我懂得你底歌声的。"

默默地瞧着我，镇静地。

胡同外有卖桂花白糖糕的叫喊声，那凄彻欲绝的余音，偷偷地袭上这幽静的房子来，在每本日文书辉煌的封面上悄悄地回旋着。

景致是沈闷的。环境是寂寞的。

我懂得这姑娘底心里，我就说："上外面散步去吧。"

那么自然地，我们就挨着肩，慢慢地踏上爱棠路，拐个弯，沿着台斯德朗路，在绿沈沈的法国梧桐树下走着。走着，走着，就走到租界外的，长长的煤屑路上。

"哈啰！"(对面飞来一个招呼。)

"哈啰！"(投过来一个熟悉的微笑，扬一扬手，那朋友又很快地走到后面去了。)

"是你的同学么？"轻轻地她开始打破了沉默。

"是的，他是电机系，新近死了朋友呢，天天上中外公墓去的，可是——"心里想：虽然你是个亡国的孑遗，为什么也像那位同学般的沉郁呢？不会勇敢点么？

我接着说：

"你为什么也带点墓场中的凄凉滋味呢？我说，你应该快活点的。"

"是么？我想：我这点浅薄的伤感，是环境给我造成的；但是这样的遭遇中，也许会走上比快活更进一步的路上去的，你信不信呢？"迟迟地，有音节地，一字一字地吐来。我瞅着她，自家脑袋里有个疑问：

——信不信呢？

像反刍动物似的，再反覆着：

——信不信呢？

自家也决定不下来，我就沉默着。

嫩的菜叶在田里卷着，舒着。我和她在田塍上横踏过去，轻快地爬上一座高大的坟头，铺下手绢儿坐着；在淡淡的黄昏中，两颗年青的心在这儿跳跃。让暮霭从原野，从柳梢，不声不响罩来；让初夏的风习习地吹来，飘起了她底青色的袍角，也吹乱了我底头发。

我看着辽远的斜阳，一种无名的欢忻和惆怅，像一杯混合酒似的在我中枢神经里荡漾着。——昨天还是独个儿寂寞地走着哩，这么想着的候侯，自家也忍不住浮上一个微笑。一边听着她底天津味的口音，丽丽拉拉地告诉我她底身世，不是一个初认识的朋友所当说的话哪；一边又想着：姑娘啊，别像黄昏里的太阳呵！

说着。听着。伴着残阳，听着那哀哀的身世。谁想得到呢？一个未满十九岁生日的姑娘，倒饱尝了人世间凄惨的命运；年青人的生活，不见得全属于爱情的。就说她吧：十一岁的时候，就离开家庭，离开了汉城，到了繁华的东京。五年内，在长崎，在横滨各大都市中，负着恢复祖国的使命，到处跑着；终于坐了几个月的牢狱，放逐似的到了哈尔滨。此后，避了侦探的追随，像浪人一样的飘流到天津，又像一张秋叶似的，被残暴的风吹到葱郁的椰树下——新加坡。这儿那儿飘游，这儿那儿奋斗，多么坚忍的姑娘呵！再告诉我：到了上海——这建筑在地狱上的天堂，还不满半年哪。

静静地听看她底带点孩子气的说话，自家底心可渐渐地沈重起来，刚才她问我“信不信”的话，为什么要迟疑呢？她啊，有一层伤感的质素，有一付勇敢的精神，是的，还有一颗天青色的心。

淡黄的斜阳睡到地平线去了，我们再在长长的煤屑路上走着。拿下她挂在我胳膊上那只壮健的手，紧紧地握着，我诚恳地说：

“我相信你已走上比‘快活’更进一步的路上去了，我钦佩你！要是能帮助你的时候，我会尽我底能力的。”

“谢谢你！”绯红的腮帮上，辗着一个初见的笑容。那么关切的声音：“咱们都是一样的可怜人呢！”

没有再说下去，灵活的眼光脉脉地注视着我。我底心更沈重起来，弹了烟蒂儿，猛烈地抽着烟卷，一个细微的声音，喃喃地在耳朵边漾着，只有自家心里听得见的：

“可怜人可怜人可怜人可怜人可怜人……”

之后，因为是同寓的缘故，我们差不多天天见面，但是她像很忙碌似的，要每个黄昏一块儿去踏一个轻快的散步，那是不可能的，暗暗地我注意她底一切。

她是有很多朋友的，年青年老的都有，有时来上四五个，在她房里轻声地谈着话；一团疑虑的暗影就袭上我底心头啦。

有时，她再弹着忧郁的调子，凄凉的情调转变了四周的心境时，我就会同她谈着轻松的季节话，让她暂时忘了故国的悲哀。可是，我也会把疑虑换作问句的：“你有许多朋友吧，是不是？”

“是的，大半都是同我一样的流浪在这儿，昨天那位有胡子的你见了么？就是国际上有名的李朴一先生哪，赶明儿替你介绍吧，他愿意见你的。”

接着，她谜似的笑着：“近来你很注意我底行动呢，你不怕危险么？”“危险？”我庄严起来：“只要值得，什么也不怕的！”（澄子，我怕什么呵？与其说是疑虑，不如说是对你的眷念。为什么这样关心呢？我自家也回答不出来；在课室里抄笔记，在实验室里做试验，我底手会莫明其妙地停止工作，我底思想会围绕在你底伤感的质素里，你底勇敢的精神上。有些合宜于这季候说的话，现在不能说，我要等另一个时期，这时期会来的？）

可是，过了几天她正要带我去见李朴一的时候，在无线电播音里，听到韩国某少年在东京掷炸弹行刺××不中而被捕的消息。她紧紧地咬着下唇，胸脯一起一伏地好像听见她底肺叶张翕声，脸色苍白，眼中闪烁着愤怒的郁结的光芒，跺着脚，恨恨的说：

"你们这批混蛋等着，有的是人哪！"

我从未见过她这样变态的，我扶着她叫她坐下休息一忽儿，可是她头也不回的就忽忽地独个儿出去了。

虽然外边是美丽的五月的天气，但我像预感着不祥之兆似的在我房子里沉闷着，徘徊着。为了这被我倾慕的姑娘，我深深地担心。

等，等，自个儿嚼着寂寞的酸味过了一下午，迟延地再过了一个烂灿的都市的晚上，到十一点钟的时候她回来了。态度是镇静的，带着一瓶红玉样的葡萄酒，和几样清素的小菜，美婉地上我底房子来。

我欢迎着：

"好，回来了，我等了老半天！"

"是么？咱们来喝酒。"

活泼的姿态，敏捷的步趾，摆好了菜，倒了两盏酒，我们碰着杯。一个不可思议的笑容漾在她底脸上，笑迷迷的，她说：

"祝你快乐，健康！"

芳郁的气氛中，我底衷心的祝词："祝你永远的年青，永远的愉快！"（暗暗的高兴：澄子啊，你现在是有钉点快乐了呢。但，这突然而来的为的是什么呢？……）

红扑扑的脸上，还是展着蒙着雾似的微笑。她说了："嗳，这是送别的筵哪，你应当祝我勇敢的！"

没有半点悲戚的语调，可是这意外的分别使我迷惑了，睁着双大眼睛，期艾地吐着："什么？——"我几乎忘了嘴里的咀嚼物。

"我明天要上青岛，非去不可的。——干么这样害怕，我还回来的哪。"（回来的？回来的！倘是不回来呢？——真是胡思乱想！）

"什么时回来呢？能告诉我你底任务么？"我底声调是幽涩的。

"大约要两个礼拜。任务呢，也不过是一个重要的连络工作罢了。何必这样害怕呢？这几天常常有矮子跟着我呵！"

心里说不出一种什么滋味。惭愧，我小觑了这位姑娘了！她又兴奋地：

"喝，痛快点！"

不自觉地伸出手捏住她底胳臂：

"明天走，我来送你，别的事你自家要当心啊！"

她点点头。接着又摇动着两根妩媚的小辫子，感激似的：

“不必送，麻烦呢。”

我强制地留下半瓶酒，说是等她回来时再喝，她才道着“晚安”过去了。

我正坐在床沿发呆，她又悄然地推着门进来了，凄戚地那淡红的眼圈，泪痕在眼角边粘着，刚才奋发的情态全没有了，装着勉强的笑容，她说：

“几乎忘了，我已对房东说过，要是我两个礼拜后还不回来，我底东西会有人来搬走的；那时候，最好你也搬走，只要有机会，我会上学校里找你的。”

“呵——”很快地，崩的一声她把门带上出去了，我还看见那一双毅然的决定的眼光。惘然地我坐着，痴痴地发着不常有的忧愁病。

第二天一清早她就走了，不知道她什么时候离开上海的。

时光像一千克重的蚂蚁，迟钝地，缓慢地在寂聊的心上爬过去。我苦恼着：这五月节的太阳为什么不肯轻易下山？抽着一支淡味的烟卷，寂寂地独儿坐在坟上，看着起伏的金黄麦浪，听着清脆的野外鸟声；心里呢，惦念着一个静穆的姑娘，这勇敢的年青人呵！

一小时，两小时……一白天，一黑夜……

两礼拜了，她还没有回来，我焦急着，忧虑着。我向来不信仰上帝，可是这时候真有上帝的话，我会诡[跪]下去祈祷：求他老人家保佑这亡国的后裔！上帝有灵，他会答应的吧。

可是，礼拜五我从野外采标本回来的时候，房东在她底房里打扫，房子是空空的了！

“怎么？谁把她底东西搬走了？”自家太阳穴的神经跳动得很厉害，气喘得呼呼地。但是，房东底淡漠的声音：

“胡小姐临走时关照过的，今天是李先生派人来取走的呢。”

我走进房子里：那灰黯的天花板，那空的书架子，那黑色的小铁床，那空的……没有水草，没有鲜花，一块荒凉的沙漠哪！

——难道有意外么？这么想着的时候，房东的孩子把晚报送上来了，在本埠新闻栏里，猛的一行二号字的标题映进眼帘来：

“朝鲜少女胡澄子被捕。”

我怕自家会顷跌下去，心头火烧似的，跄跄踉踉地跑回房子里，倒在沙发上读下去——

(中央社)上月东京发生炸弹案后，据审查结果，系韩国革命党在上海所主使，故首脑部即派特种警探来沪探案，半月来，已侦得端倪。今日下午二时半，日警探五人闯入法租界戈登里八号，韩人徐兴杨宅，捕去朝鲜少女胡澄子一名；闻胡女士新从外埠返沪，徐宅为其友寓，寄迹该处尚不满五小时云。并闻二韩人俱已入中国籍，且逮捕前并未通知我方官厅与法工部局，按国际私法，实有损主权，外交当局，不容坐视也。

我把这段新闻读得烂熟。一滴滴的汗珠从额角滴到手背时，我才觉得一套刚换上的衬衫裤全湿透了！血液在一分钟一百基罗米达的速度滚流着，心头燃烧着愤怒，悲哀，仇恨所结成的火焰！怎么办呢？这勇敢的姑娘终究被虎狼攫去了！我能坐视么？可是在炮口下的标的物，我怎样去营救呢?!

脑袋像要裂开似的涨痛，迷乱的心思跟着纷乱的脚步，终于连夜去找一位在“外交部驻沪办事处”的朋友，请他设法去。

一礼拜的光阴像刀割似的挨过去了。报上有的载着她已解到佐世堡军法部去审判，有的却说是解到东京去了，心里被这些模棱的消息给烦恼极了，可是有什么办法呢？外交当局的抗议，只得到一个强辩的滑稽的答复：

“朝鲜人民未得本国政府许可，不得入其他国籍，故能自由逮捕。”

我渐渐地明白了：同老虎商量，要把他底捕获物送还，那除非比他再狠一点吧！

我还记得早先答应她：“我会尽我底能力的。”同时，我也记得她说的：“咱们都是可怜人呢!”是的，可怜人不是可怜相就能讨人家底慈悲的。可是，现在我底能力一点也不能帮助她！这突然的激刺，给我渐渐地明白过来：从前对于那一群被压迫的人们，我是太不了解了！在我决心离开上海之前，接着外交部的友人来信，叫我忍耐点，他们说再打听去。

凄惨地碰着那只澄子喝过的酒杯，我把半瓶血似的葡萄酒全喝下去了，用一个坚决的意志，镇静地写着告别的信——

这时代还能忍耐么？忍耐只有死，忍耐是世界上最可耻的名词，现在与我绝了缘？

澄子，她现在也许已不能自由呼吸空气，也许秀骨已开始腐烂；但，这刺激给我还是小的，我深深地觉得：这不是一个人的仇恨和悲哀，也不是一个人的被压迫，而是一大群的人们哟！

最近，我要离开这儿，到那儿去呢？到“他们”所深痛恨的地方去！天南地北，他日再见吧。……

（原载于《文艺月刊》第5卷第5期，1934年）

发的故事

巴金

五年前在玛伦河畔一个小城市的理发店里，我看见了我的第一根白发，这是那个老年的理发师给我拔下来的。他那时很惊讶地对我说："怎么就有了白头发，你还是这么年轻呢？"

我没有话好回答，只是微微一笑。我仿佛记得那时候心里有一种异样的感觉，但现在却形容不出来了。五年是一个长的时期，我已经忘了许多事情。

昨天我翻开一本旧书，在那里面发见几根白头发，不觉想起了金的事情。一年多不看见他了。前些时候他忽然来看我。这一次看见他，最先映入我眼帘来的就是他那一头白发。单说是白发，也许不恰当，那颜色是灰白的；在灰白色中间偶尔显露了几根青丝，这要经过仔细的注视才看得清楚。这使我想到一年前留在那个头上的表现着青春与活力的颜色。的确在一年前我和他分别的时候，他还有着那么丰富的浓黑的头发，脸上也充满着血色。想不到在这短的期间他会有了这奇异的改变。倘使我们是在街上遇见，我一定不会认识他了。

他坐在我的对面，望着我苦涩地淡淡笑了笑，抑制着感情般地低声说："一年了。"

"一年了！"我单调地应着，我考察般地看他的头发，看他的脸，看他的眼睛，这一切都不是我一年前看见的那样子。我很奇怪，这一年来他究竟干了些什么事情，使他在这样的年纪就有了白头发。

"你还没有什么改变"，他又淡漠地说了一句。他在躲避我的眼光，大概是我的眼光使他感到困窘了。

"是"，我也淡淡地应一句，声音的单调我自己也觉得。我们这会见似乎是不愉快的，我们好像是在彼此敷衍，其实，并不是。别了这许久，我知道他跑了好些地方，我很想再见着他，我有许多话要和他说，可是如今看见他意外地成了这相貌,我不由得起了一些古怪的,或者是不愉快的思想,这把我预备好要对他说的那些话都赶到远处去了,我一时没法找回它们来。

“你似乎不愿意见我”,他依旧冷静地说,丝毫不动感情。

“不,不是,这一年来我常常打听你的消息,我是很关心你的”,我连忙分辩说,我现出为难的神情,我怕他误会了我的意思,但看见他没有动气,我又渐渐地静下心来。

“那么你为什么不说话,为什么不笑?”他好像故意在追逼我似地,他说这话,不笑,也不动气,脸色不变红,也不变青,面容却是很严肃的。

这种情形我从没有遇见过。他以前完全不是这样古怪的人。这时候我有些惊慌了,我不知道说什么话才能够使他高兴,他楞着眼看我,他那异样的眼光使我觉得浑身都在发痒,很不舒服,我不禁糊里糊涂地指着他的头发说了半句:

“你那头发——”

他的眼光马上变温和了,变得这样快,好像是受到了魔术手指的一触,立刻产生出了奇迹一般。他的淡漠和冷静有些动摇了,我清清楚楚地听见他叹了一口气。他的叹息声泄露了复杂的感情,这声音毫无隐瞒地告诉了他这一年中的生活,但可惜,我不能够完全了解。

我们两个对望着。我等他说话,他等我说话。过了一刻沉寂的时候,他开口了:

“铭死了。”

他只说了这三个字。铭是他的妻子,我见过好几次,是一个颇健康的年青女人。她病死的消息我早就听见人说过。虽然我想不到她会死得这么早,但在这个年头死掉一个人,也并不是什么稀罕的事情,所以我也就忘记了。现在经他提说,我才记忆起来。

“哦”,我应道,我觉得我完全明白了他的这改变一定是铭的死给他带来的。我对他起了更深的同情。我想找几句话安慰他。

“是我杀了她的,你不知道,是我害了她的。”他的嘴动了几下,像要说什么,又怕说出来。脸上的肌肉在抽动,他忽然忘了自己似地说出这样的话。

“不要提那事情了。人死犹如灯灭,一切都过去了。你还想她做什么?”我看见他渐渐地激动起来,怕那过去的事情使他过于感伤,怕引起他的更痛苦的回忆,便说了上面的话,想一下子就关住他的回忆之门,使他不要再谈那些不愉快的事情。

他微微笑了。这样的笑我从来没有见过。从这笑容里透露出来的似乎是一些无穷的怨愤、无穷的苦恼。他脸上的皱纹非常明显地映入我的眼睛。他那黄瘦的三角脸上起了一阵痛楚的痉挛。他的这表情使我感到了一种威胁，他好像要把他这时所感受到的一切都传染给我。

我也渐渐地激动起来，我觉得不安，我觉得一些不愉快的思想威压地袭来了。我极力想挣扎，想抵抗，我要保持我自己的平静的心境。然而一切努力都没有用，我开始失掉控制自己的力量了。

“她住在一个朋友家里，在一个小村庄，她身体很坏，时常生病，我不能够去看她。我只能够偶尔和她通一点信息。她快生小孩子了。我去看她。在半路上碰着了那些矮鬼，我躲到一个白杨林里，和他们打了半天，到晚上才逃了出来。以后我不敢再去。过几天朋友们就给我带来消息说，她和那初生的婴儿一起死了。死了，就这样渺小地死了。”他说到这里就仰起头对着天花板发出一声长叹。他似乎要看天，但天被屋顶遮住了。他的叹声不能够冲破屋顶，又折了回来，怨愤地在房里四处飘荡。他的眼睛是干燥的，眼角有些血丝，而且眼腔陷落了进去。他咬着他那厚的嘴唇皮。

他的这番话是我不曾料到的，但现在听来却又不使我惊讶。我知道他们那种人的生活和我们的不同，他们的思想，感情和我们的也有些差别，在他们什么事都是可能的。说几种语言，带几种武器，跑几国的土地，这在他们更是很平常的事情。他以前虽说好像是一个和平的人，但他究竟是那种人中间的一个，他当然会走他们的路，我虽然知道这个，但是他的话却渐渐地把我的心海里的波涛激起来了，我呆呆地望着他，想从他的脸上看见他那时候所经历的一切。

“你还记得罢，六年前在北京××公寓里面我们几个人闲谈，我那时正和铭恋爱，你劝我结婚，朴却表示反对。他说我和铭是两种人，我们在一起生活不会有好处。你当时还责备他不该有国家的观念。我后来不顾他的劝告和铭结了婚。但现在我才知道朴是对的。”他又发出一声叹息，就站起来，走到窗前，站在那里，眺望下面的街景。

我的心被回忆苦恼着。我记起了六年前的事情，那是在夏天，我到北平还不久住在一个公寓里，这地方很静，只住了三五个客人，院子里有一株大槐树。白天很热，我除了热以外还感到寂寞。夜里金和朴常常来谈，我是由朴的介绍才认得金的，我们很快地就成了熟识的朋友。在八月的夜晚，明月高挂在天空，微风吹动着槐树的枝子，我们坐在天井里静听着朴激动地滔滔不绝地叙述那些白杨林里和积雪的山顶上的故事。朴是个亲身经历过这一切的人，所以他的故事里有血有肉，而变成了活的东西。朴是我所敬爱的友人中的一个。

我去法国的前一日，他深夜跑到我家里来看我，我们差不多谈了一个整夜。但我从法国回来时，朴已经离开了这个世界。听说他是在积雪的山上遇害的。他和三个同伴被五十个人赶着，围困在山顶上，过了一晚。第二天一大早他带着两支手枪冲下山去，他打死了六七个人，但后来也死在乱枪下面。我料不到身材瘦小的朴会做出这样的事情来。这故事是金亲口对我说的，金那时候很感动，但他并没有亲眼看见那事情，金虽然也是朴的同乡，可是他并不会参加过朴的活动。然而现在我们分别了一年以后金却在我面前说起“朴是对的”这种话了。我的眼睛里晃动着朴的很平凡的面貌，我苦痛地想起我们的过去的友情。但是立刻金的堆满着皱纹的脸就给我遮住了一切。我忽然惊恐地发觉他的颧骨是特别地高，脸色是特别地黑了。

金站在我的面前，伸手把他的灰白色的浓发抚摩了一下，然后把两手插在裤袋里，直立着，一面用低沉的声音继续说：“铭和我同居了几年，她没有一天不替我担心。她没有一天忘记我们是两个不同的国度的人，她的强健的身体就是被这种担心毁坏了的。虽然我也很愿意做一个和铭，和你们一样的人，我也不去做朴他们做的事，我也会讲你们的言语，然而这些都没有用。我和铭，和你们的感情是不会相同的。我们的思想，我们的感觉好像和别人的完全两样。我们从小就被夹在钳子里，夹得那么紧，好像把我们身体的构造都给改变过了。甚至和你们在一起生活的时候，我还觉得这身子被细缚着一般。”他说到这里，就伸出一只手来，把他的乱发搔了几下，在房里踱了两步，然后走到他先前坐过的那椅子前面坐下去，把他的锋利的眼光在我的脸盘旋一会，又说：“我忍受了一切，我胆战心惊地忍受了一切，我只想和铭过些幸福的日子。但是人家还不放过我，时常来麻烦我。而且在你们这里我也受着轻蔑和歧视的。我有时只想做个和你们一样的人，也不能够。连你们的人也看不起我，讨厌我，好像我们这种人就不是人一般……铭从没有对我表示过她后悔嫁给我的意思。我知道她决没有那样的心思。但是她心里的忧郁我却看得出来。我想尤其使她难堪的就是甚至在这样的环境里我们两个人依旧是各有各的心思，对于任何一件事情，我们两人的看法都是两样，她始终爱我，然而她不能了解为什么我不会有着和你们的同样的感情，为什么我不能像你们那样安静地过日子。……她的身体一天天地变瘦变弱，而且时常生病，这变化我看得很清楚，我也知道这全是因了我的缘故。……我渐渐地明白我和她结婚是做错了事情。然而我还极力想法来补救，我极力忍耐，我还绝望地努力使她和我都过得幸福。于是在故乡里忽然起了骚动。这使得我们在外面的人虽是很安分的，也过不着宁静的日子。骚动自然很快地被压止了。但是人家要把我押送回故乡去，只因为我从前和朴有过来往，这样我才不得不离开你们，逃到那边去。我本来想把铭留在这里的。但是她一定要跟我走，她说她的身体虽然坏，她却愿意跟我去吃苦。”

他停了停，把眼睛掉开，茫然地看了一下天花板，又埋下头来沉默地望着那积满了黑色尘垢的地板。我注意地看他，他的脸颊的肌肉搐动得很厉害好像他在和一些惨痛的景象挣扎。过了一会，他依旧低着头一面接着说：

“她已经有了孕，到了那边不到两个月她就病了。她不能够跟我过漂流的生活，所以我把她留在一个做农夫的朋友家里。后来因为那地方不安全，我又把她搬了一个地方。她就死在那里。”他的声音改变了，似乎带了一点抽泣。他突然抬起头来看我。他的眼睛完全是干燥的，干燥得好像马上就要冒出火来，连他的脸也似乎被那内部的火烧焦了。那脸上仿佛就从没有黏过一滴眼泪。他这人果如他自己所说，他的感情和我们的也不是一样。这个思想突然来照亮了我的心，使我明白一些新的事情，但我的心却因此而得了更多的苦恼。我不能够接口说一句话，我不知道他还有什么话要告诉我，我想他也许还有更可怕的叙述，然而我只得怀着一颗颤栗的心跳下去。

他又一次搔他的头发，忽然用力拔了几根下来，他默默地玩弄它们，过后又憎厌地把它们掷在地上。他自语似地说：“这事情是我料到的，我知道迟早总有这一天。有时候我甚至想她死了也好，对于我的行动也许更方便一点。她的死并不曾使我感到大的悲痛。我的头发并不是那时候变颜色的。这只是两个月以前的事情。有一天晚上我们在一个农家开会，那地方被围着了。我们不知道来的人有多少，我们的人却只有五个。我们和他们打了一个晚上。天亮的时候就剩了我一个人，子弹也没有了。我翻过墙逃出去。有三四个人跟着追我。我跑了里多路，后来就躲在高粱林里面。外面时时有枪响和人声。他们在到处搜索我。我听得见他们的呐喊声。我不敢动一下。我不吃一点东西，连一口水也不喝。我也不觉得饥渴了。我整整躺了两天两夜。后来知道他们去远了，我才带爬带走地出来，慢慢的走到一个相熟的农家里住了一天。那家的主人已经认不出我来了。我的头发就是在那两天里面变白了的，我的脸，我的眼睛都是在那两天改变的。许多人都不再认识我了。这意外的改变却救了我的性命。倘使没有它，我现在也不会活着到这里来了。”

他站起来，微微一笑，这笑里依旧没有欢悦，但却使他的干枯似的脸庞显得有生气了。他的眼光突然明亮地在我的脸上掠过，就像电光一闪，然而过后依旧是那一对深沉的黑眼珠，但却不像先前那样地干燥了。我忽然有了一种奇异的感觉，我想他现在是变得很年青了。

“我走了”，他简短地说了这句话，就伸出手来和我握手，他紧紧地握着，他的粗糙的手是那么有力，把我的手捏得发痛了。

“你还会再来罢”，我惋惜地而且有点惶惑地说，我本来有许多话要对他说，现在都说不出来了。

“不，我明天就要走了”，他摇着头用决断的声音来回答。

“你为什么不多住些时候，你既然来了这里？”

“我还有事情。在这里多留一天也没有什么好处，我对你说不明白。我们的感情和你们那许多人的不会是一样的。你们可以安静地生活下去。我们不能够。我们和你们好像不是活在一个世界里面的人。……也许我没有机会再来了。你们的人轻视我，憎厌我，你却和我做朋友，所以我来看你一次，让你知道我一年来过着什么样的生活，让你知道我这时候心里所想的一切，我想你是能够了解的。我不再搅扰你了。”他说罢又微微一笑，就大步走出了房门，等我走下楼到街上去追他时，已经失了他的踪迹。一部电车刚刚开走，他也许就在那里面。

我在人行道上痴呆地站了片刻，然后沮丧地慢步走回家去。我充满了无可奈何的情绪，低着头在房里踱了一会，忽然看见了他先前拔下来掷在地板上的那几根头发，就俯下身子去拾了起来，把它们看了半晌，然后珍重地夹在一本书里面。

金以后果然不会再来，他一定是回到那边去了。我最近还没有得到他的消息。

今天我在外面理发回来，无意间在自己的头上发见了好几根白发。这一次是我自己把它们拔了下来。我也把他们捏在手里玩弄了一会。我又把昨天翻阅过的旧书打开，把金的头发取出来，和我的放在一起比较。头发完全是一样的，连我自己也看不出这两股头发的差别。然而我知道人却是全然不同的两种人。这认识倒使我变得很难堪了。我气愤地把两股头发混在一起并成了一股。心里想这样总分不出好歹了罢。但过后我的心宁静了一点，我又有些后悔，我又想把我的头发，和金的分开，可是任我怎样费力也做不到了。

（原载于《作家》第1卷第2号，1936年）

附：

关于《发的故事》

巴金

已经三点钟了。我刚刚写完给春的信，我想应该睡觉了。我便站起来。但是一句话突然映入我的眼帘："我们的生命恐怕还不如一只蚂蚁。"好像一把铁椎打在我的头顶上，我又坐了下来。

这时候我想了你给我的信和你所说的事情①，我不能够沉默，我便又一次握起笔来给你写几句话。

"我们的生命恐怕还不如一只蚂蚁。"我并不曾写过这样的语句。这是一个朝鲜青年给那个被我们称为耶稣的朋友的信函里的话。三个月前，我接到从那成了边疆的辽远的省份寄来的小刊物，在上面读到那样一封信的时候，我回忆之门突然打开了。我看见了我的过去。我看见了许多人和许多事情。那些都是被我早已埋葬了的。我不要想他们，我不配再想他们。但是他们自己来了。回忆折磨着我，逼着我写点东西，我便写了一篇小说：《发的故事》。我也许不配写这文章，但我终于斗胆地写了。

我写这小说是在纪念一个死友，同时还对几个活着的友人表示一点感激的敬意。这事情你是能够了解的。我的文章里并没有歪曲事实的处所。不过我的笔端却没有够多的力量。三年前当我的《新生》刚在《东方杂志》刊完的时候，我在一个古城里见着了我们的耶稣，他就当面责备我说那部小说写得太软弱。在他那样的人面前，我是无可辩解的。他太明白我这个人了。他知道我写小说只不过是在浪费我的青年的生命，他怜悯我，他也常常责备我。而且我

① 还有，你问起《中国文艺工作者宣言》的签名的问题，我不愿意在这里详说。那些脑筋里充满了"盟主""小卒""喽啰"等字眼的人在外面散布流言，说我们删除了某某人的名字。其实我根本就没有兴致去管这种事情。文季月刊社所收到的"来件"上本来没有那些名字，我们当然没有责任去挨门挨户求人签名来补足。"来件"本的原稿还存在文季月刊社，那是对于一切诬陷的最雄辩的答复。——原注

也答应过他，有一天我是要抛弃写作生活，去做一点有用的事情的。我写了《发的故事》，我知道他会责备我写得没有力量，我同时又知道倘使由他来写，那文章一定是有声色。但是他的批评并没有来。而意外地这小说把那般想以“骂”和“捧”做武器闯进文坛来的人伤害了。甚至还麻烦他们特别办了一个刊物来攻击这篇不满六千字的小说。朋友，你会觉得奇吧。其实这是很自然的事情。那般人是有福的，因为他们有资格在时髦的大学里读书，他们有时间奔走于各种各样的作家之门，有金钱来印行“捧”和“骂”的刊物。他们懂得“常识”，他们念过“生理学”，他们干着“集体的行动”，他们甚至会劝人“钻到敌人的胯下做狗”。你看他们所知道的确实不少了。就只差了一件东西：“生活。”生活这东西在他们是永远无法了解的。因为他们的生活太“不平凡”了，他们便不能够了解平凡的东西。

不管那般不平凡的人会运用种种不平凡的术语和常识，《发的故事》却依旧是一件真的事实。一切血和泪的斗争，纵使斗争的方式会犯错误，也决不是那些只知道“骂”和“捧”的人所能够抹煞的，文人的笔和殉道者的血比起来算得什么？

朋友，我告诉你一件事情：十年前在北京曾经出过一份叫做《高丽青年》的刊物，那边的朋友要我写一点东西，我写了一封《公开信》寄去。这信后来还在上海一家日报的附刊上面发表过。那信里面有这样的话：

“……在八月的夜晚，明月高挂在天空，微风吹动着大门边槐树的枝子。我静静地望着柳的发光的眼睛，让他慢慢地把你们的斗争的全景展开在我的眼睛。我渐渐地忘了自己，我跟着他到辽远的地方去了。他告诉我你们中的一个人怎样在半山里碰见了敌人，躲到白杨林里和他们打了半天，后来又逃了出来；他告诉我你们中有五个人被五六十个敌人围困在山顶上过了一晚，第二天早晨每个人拿着两支手枪冲下山来，打死了不少的敌人，自己也死在敌枪下面；他告诉我……”

柳并没有对我说假话。我虽然没有参加他们的斗争，但我也曾认识他们中间的一部分人，至少对他们的生活，他们的思想，他们的为人，我是略为了解的。我自己并不就赞同他们的斗争的方式，但这却不能阻止我不尊崇他们。文人的笔算得什么？难道这铁一般的真的事实，这壮烈的血的斗争，是那般出杂志办刊物“服务文坛”的人所能够抹煞的吗？那么《发的故事》将因了殉道者的血而活下去吧。

朋友，你现在该明白了吧。我不知道你的朋友中间有没有那种殉道者型的人。倘使没有的话，我就应该把下面一段沉痛的话介绍给你，这也是从那青年朋友的信函中抄录来的：

“你说我们这民族的人，生来就刚强，有自动的奋斗精神吗？或许这是有的，但是不然，这不是生来如此，而是环境使然的。……我们的生命恐怕还不如一只蚂蚁。当我幼小的时候，我曾亲眼见过许多事情。把乡村里的无辜的农民任意捉去，挖地坑，倒煤油去烧，在宽大的马路上站着看吧！一辆六匹马拉着的四轮车中装满了乡村中捕来的青年。这些每日都可以看见的。从这虎口逃生的青年，中国便是唯一的逃难所，或者连着逃难所也会失掉吧。”

这样的话不知道那些以“文化斗争的前卫”自居而以“骂”和“捧”为武器的人看了，有什么感想。至于我，朋友，你相信我，我的血还不会冷到这样的地步吧。

（原载于《中流》半月刊第1卷第1期，1936年）

高丽医生

奚如

在我家紧隔壁住的，是一所新开不久的普济医院。院长是龚秉聪先生，医生是一个高丽人崔先生。

院长是个四十开外的人，有着一副很均匀很强壮的身个儿。他那红润的柿饼脸上，老是浮满着一种慈善的笑意。缺德的，是他底胡须，老是不肯兴旺起来，只从上唇底左右两端，可怜地钻出三两根颇长的老鼠似的黄毛。当他习惯地闭着眼睛笑的时候，那三两根长黄毛，非常不相称地弹动，没出一丝丝狡诈的暗示。

我那时还只十三四岁，被我们家里底阴郁的气压所苦，常从爸爸经常的怒容，跟妈妈忧郁病的叹息里，阴地逃出来，像一只没有胆量的猫，一钻就钻进普济医院，去找院长底儿子比德玩，请求他给我讲点汉口底故事，以及《鲁滨生漂流记》。

比德虽说是小我两三岁，可是他从小就在汉口长大的，有了不起的本领跟口才，会讲许多富于彩色，给人以幻想的故事，尤其是我爱他那副洋派头，——夏季穿一件雪白的翻领西装，衬托着他那一只拱起而端正的鼻子，跟一对大而且美的眼睛。这些，都使我对他生出一种幼稚的推想，——推想是全然根据从画片上看来的印象——以及觉察他家那个外国医生底特异的姿态和动作，断定他多少有点洋人底味道。何况他底名字——比德，简直是洋味透顶了。

我对他很快就发生了信仰，只要他随便说一句什么，我都佩服他。譬如有一次，我同他从三间桥底下摸螃蟹了回来，在路上，他拼命纠正我底语言，讥笑道：

“哈哈，刘长庚！‘你这二百五！’你说的话，该是多末丑得要命啊！哈哈！什么‘您那’，什么‘没得’，呃，我跟你讲：你是应该跟我学几句汉腔，说‘您那’是‘你家’，说‘没得’是‘没有’哪！哼！——”他把脸一歪。“要不然，我以后一定不跟你这土头土脑的货做朋友了。再说，你要是学会了几句汉腔，别人也会抬举你，以为你也是喝江水的人哩！……”

他高傲地说着，不把我放在眼睛角里，尖起嘴来响亮地吹起歌曲来。我一听，就懂得他吹的是那个他常爱在礼拜堂里唱的《赞美诗》——

“我……现……赞美…上……帝，……”

“心……神……觉……大……感……动，……”

我毫无反感地跟着他走，自己承认自己是个乡巴佬。

到了桥上，我们均坐在青石板镌凿成的桥栏上，耳朵内充满了桥下湍流的水响，和桥头老皂角树上歇着的，丝麻雀底“吱……吱……”的啼叫。

这时，太阳懒懒散散地快要从西边耸峙的石岗岭上滑落了，将半边天映得通红，让几家屋顶上钻出来的炊烟，划成了几道曲折的白雾。我们这两个幼小者底灵魂，忽然也像失去了羁绊，随着雾色的炊烟，从身上溜走，在黄金的天空飘荡。

我跟我的伴侣梦也似的沉默着，对这大自然底美观。同时连气都不敢透大了，只把眼睛专心而迷离地投到不可知的远方。终于，使这几只螃蟹，悄悄地从我们底手里跌落，飞快地朝桥下逃生去了。

偶然，我底眼光折转来朝比德瞟了一下，看见他底白净而且光泽的脸颊上，正有一缕潜在的兴奋和遥想的痉挛，在痒痒地爬过。

“唔哟！”他叹了一口快慰的气。轻轻自言自语着。这时，要是我变成了鲁滨生，独自坐在荒岛上，身上披着一件老虎皮，手里捏着一杆毛瑟枪，面对汪洋大海，该是多末有趣哟！

“呃，比德！你在汉口什么都见识过了，未必没着过海吗？”在我想，以为在汉口，应该有一个海的。

“哪里！”他陡然被我底声音惊醒了，把他特大的眼睛不以为然地朝我一翻。“汉口只有江哪！有什几里宽的江，轰隆轰隆地流滚着。……但是没有海！你要晓得……”他颇自负地用高鼻子哼了一响，两只手张开来做了个难以形容的姿态，说了下去：

“你这山巴佬！要晓得海是多末大哟！汉口怎末样装得下它呢？……听说坐大洋船走三年六个月也走不尽的！……不过，在我们医院里的崔先生底国里有海，他……他就是在海边上长大的人！”他转谦逊的和羡慕的口吻。“所以，……你看，……他就有那末天大的本领哪……他有一次替一个团总老爷挖掉了一只瞎眼珠，巧妙地安上了一只玻璃做的，看去活像天生成的一个样。……现在，那个团总老爷上衙门去拜县官的时候，就不必带上那副墨镜了。

……”

“啊！……”

不等我说出我底惊叹的语句，他又赶紧用他刺耳的汉腔，抢过去了：“但是，……他家乡虽说有海，但是，……他是个亡国奴！……他不能回去，他怕××人杀他！……他是从××监牢里逃出来的！”

“……呃！……”他用手把我底肩膀一推。“你晓得吗？他底国叫高丽呀！……”

我淡漠地想着——

“啊，崔先生是个高丽国底人。啊，难怪别人啊称呼他是洋先生的！”

“呃，比德！”我说。“崔先生帮你们做事，是多少钱的工钱呢？”

“不！他是跟我爸爸合股开设的这个医院，他出手艺，我爸爸出钱。说定生意赚了钱，二一添作五平半分。”

“那么，你底爸爸不会替人医病吗？”

“不会！……虽说他老人家是个教会里的执事，会做祷告，会唱一口好《赞美诗》，但他不能替别人医身上的病，只能医心上的病哪！嘘……嘘……”他又尖起嘴巴吹口哨子挺直着身干，把手插在雪白的裤子底口袋里，这神气，真像死了一个小洋鬼子！

自从比德对我谈到了海，谈到了崔先生底来历，出于好奇，我逐渐对崔先生出了一点儿亲密的感情。

一个晚上，是崔先生用了迅速而且巧妙的手术，替一个打豫匪受了伤的排长，从肋骨里拈出了一颗弹子之后。我看见他那清瘦的，平常总带有忧色的脸，这时焕发着得意的红光，他那纤长的身个儿，也异乎寻常底疲劳，开始兴奋地，迅速地在柜房内来回走动，他那与脸极不相称的大下颚，被许多阵爽适的满足所颤动。忽然，他把灰竹布大褂底袖口头一卷，眼睛发亮地，旁若无人地仰视了一下，对我说道：

“要晓得，……那位侉子排长，假设不是碰到我，我敢断定再过卅分钟，他就必定只有死掉的！可是……谢谢上帝！……他现在是没有任何的危险了！……”

待他这一阵紧张的情感一过去，似乎有一种陡然袭来的软弱，将他推倒在药柜边一张藤椅上，很很[狠狠]地吸过烟卷来。头上一盏荷叶灯发出来的昏黄色的光亮，又一次地照出了他那固有的哀愁的情调，在他底凸立的颧骨上。

我在旁边忍耐地瞅着他，费了很大的努力，才对他要求道：

“崔先生！请‘您那’把昨天讲的故事续完吧？……”

他冷冷地点了一下头，像不大愿意回忆过去似的，朝屋顶盱了好一会儿，才开口轻悄悄地讲道：

“你要晓得，支那底孩子！在我们底祖国，是有着多末雄壮而且广阔的海啊！海水是绿油油地波动着，飞溅着。嗐！……人们简直可以躺在那暖和柔软的沙滩上，闭着眼睛听它音乐一般的潮音，忘掉了一切了！……”他眯着眼睛，浸入遥想和怀念。接着用手亲昵地投寄了一个拥抱的姿态，说道：

“嗐！……嗐！……孩子！我昨天告诉过你了，自从我底爸爸，——那个用新的医术活了千万个国人的老人，不肯会着××人，俯伏到地下去高呼：‘××万岁！’他就被××人捉去绞死了！嗐！……嗐！……那时，我当即结束了我底医科专门学校底生活，把生命和幸福，自由和权利，都交给了为祖国，为爸爸复仇的运动。……”他从软弱的休息的状态里，哗啦一下挺立起来，捏紧了拳头，朝账桌上一捶，发狂似的吼叫道：

“我要复仇啊！……我要复仇啊！……”

于是，他又兴奋地把手交叉在胸前，来回走动起来。

我发现了有两颗闪烁欲滴的泪水，含在他底张裂的眼眶里了。他那白得可怕的脸颊，在剧烈地抽搐着。

“支那底孩子！”他转为激昂的语势。“当我第三次失败了，逃亡到S此以后，天啊！……我是遭受了多末悲惨的运命呀！在我和三个同志到达了S埠刚一个礼拜，我们就被××侦探用黑汽车架到领馆去了！于是，我们这四个亡了国的奴隶，只好躺在黑屋子里，等候死神底降临！但是……”他停止了脚步，笔直地立在我底面前。“我们这四个战败者，有一天忽然想起了试对运命作一次最后艰苦的反抗。一个同志流着泪说了：‘我们为了多给高丽留下一点火种，我们必须设尽方法逃狱！’之后，我们就开始了秘密而迅速的工作。我们先在‘放风’时，察看了院子里的道路，以及卫兵室底位置。同时，我们设法弄到手了一根五寸长的钉子，趁卫兵不注意的时候，忽行忽止地把钉子沿牢门上铁锁底周围钻进去，使铁锁附着着那处木板，在将来用力的撞去之下，可以从钻穿了眼儿的一圈上裂开来。我们进行了许久，才碰到一个大风大雨的夜，我们这四个囚徒，互相做了最后的诀别，流着热滚滚的眼泪。……因为我们不知道谁可以逃脱，谁要去牺牲。……于是，我们像野兽，疯狂地撞开了牢门，飞快地朝各人事先预定的路线逃跑！可是，……天啊！……”

马上，他为过去惶恐和挣扎的感觉所压迫，眼内飞跃着炯炯的火点。他将身干弓曲着，做出预备跳跃的姿态，喘息地继续讲道：

“嗐，嗐！……当我冲到一棵树下，仓猝间爬上了树枝，又从树枝跳上了围墙，准备向外面的马路跳下的时候，我忽然听见的枪响！……随即，又听见那个首见提议跳狱的同志，在呻吟地喊叫着：

‘同志们！即使只能够逃出去一个人，也是值得的呀！……同志们！’”

讲到这儿，一阵害疟子似的战栗，通过他底全身。他无力地倒在藤椅上，手捧着头，悲痛地哭了起来——

“呜呜！……孩子！……但愿你们底支那……不要步上我们……高丽底……后尘啊！……呜呜！……”

他哭泣了许久，使我惶恐地立在他的面前，不知该怎样去安慰他。

这时，门外更夫正敲着三更天气的梆子响——“嘣，……嘣，……嘣嘣！……”我在黑漆的夜摸回家去。

这夜，我被崔先生底话，崔先生底眼泪的搅扰，心头第一次印下了人类悲哀和战斗的阴影。

大概是我那根童年的心弦太过于纤细，经受不起震撼的扣弹吧？从那以后，我一方面对崔先生很亲爱，可是也觉得很疏远。我常常回避着他，虽说我很想再听他底故事。

这种若即若离的友情，一直维持到年底腊月卅底晚上。

照例，除夕对于我们孩子是高兴的。我吃了“年饭”，手里捧着许多浏阳炮竹，跑到隔壁普济医院，去找比德一道儿放炮竹玩。但当我走到他家客厅里的时候，就被一场不调和的空气怔住了。我看见崔先生板着似乎受了侮辱和损害的面孔，故意地挺立在龚秉聪院长底面前，瞪着怒火炯炯的眼睛。龚秉聪院长还是老样子笑歪着脸，半闭着眼睛，不慌不忙地捻着嘴角上几根黄胡须，非常温和地说：

“你，……密史脱崔！凭了主耶稣基督底真理和公道，我必须友谊地希望你将那些不合理性的念头打破，您，……”院长格外客气地称呼崔先生为您。“您，……您一定是把兄弟当时的话听错了。我当时是说：除了每年似酬您老兄六十个大拉司的薪金之外，若有利润，再提出百分之五，作为对您老兄底分红！……。”

崔先生底脸色无可奈何地苍白了，长黑的头发也竖立起来，大而扁的下巴扭动着。愤怒的火焰，烧得他混乱而且茫然，他迟钝地回答道：

“你……你……支那人，……我……我……高丽人，……你……你……当然……可以欺负我！但是，……以前在汉口不是……亲口说定了，……你出资本，……我出技能，……算是两个人……打伙儿开医院的吗？……”

“呃，呃！”院长把很厚的手一挥，更加用着在礼拜堂做祷告的声音说。

“您，……您老兄不可以说蛮话，须知除了人情有天理，除了天理有国法哪！您……您说这话的把凭在那里呢？呃！……就是说到官厅里去，我兄弟也有充份的理由的！这……”他连连瞥着眼皮。“并不是敢于欺负您老兄是个不敢露名的高丽人啊！不信，上帝照临我们！”

崔先生无助地默想了一下，异样地用他愤怒的眼睛，狠狠地把院长瞪了一会儿，好像想瞪透院长底灵魂。之后，他决绝地一跳，猫头鹰似的叫啸了一声“你……混蛋……”就翻身朝他底卧房里跑去。地板在他底脚下，发生“轰通！”“轰通！”的响声。

很快，我看见他随便的一顶鸭舌帽朝头上一送，肘腋间夹着一条毛毡，头也不回地走出大门去了。

门外，正是下过大雪后的，泥滑的道路。他格外耸高着尖削的肩峰，顽强地用他一只磨擦掉了后跟的黑皮鞋在那儿移动，前趋。

“他走到何处去了呢？……他以后的遭遇怎样呢？……”

十五年后，每当我想起他，就霭然地涌出了一缕对于良友或是导师的怀念！

一九三六，四，廿，夜。

（原载于《夜莺》第1卷第4期，1936年）

呼兰河边

罗烽

一连三天呼兰河桥的××铁道守备队的防守所加紧着防御的工作：战沟上新近覆盖了枕木和土；在防守所的房顶上也新搭成了一个小小的瞭望台。士兵们轮值着班，昼夜在那里守望。而且有四架重机关枪各据盖沟的一角，探出凶残的脑袋，向着无边的郊野窥视着。

他们把防守所四周的小榆林通通砍去，还有比较高茂的蒿草也被连着根儿拔出来了。这样，从防守所向四郊瞭望，只有天空和原野的分线，只有一个孤零零的小村落，在北方露着模糊的头。

日头从东起来再落到地平线上的时候，一种恐怖就赶来了，从远处飘过来的洋炮声，随着黄昏的加深，密度增厚起来，这时候瞭望台上的守望兵，盖沟外的夜哨兵就全绷紧了面皮，窥探那无影的轰动，从他们贼眉鼠眼的态度上，很可以证明他们英勇的武士道的灵魂，已经被炮声所征服了。

由于他们真实的自扰，在防守所范围内的"联运处"突然森冷得像座墓地。一天里，我们除开办理三四车船客货联络不得不离开"联运处"而外，我们为了避免麻烦起见，就老是呆在那儿。

有一个好喝酒的名叫中根的二等兵，一从瞭望台下班就跑到我的办公室来：

"剥走狗①大大的，……阿木奈②得哪！"

随后，他习惯地用他不自然的苦笑，来掩饰他过分露骨的恐惧。而且照例拿去几张纸，说声谢谢就走了。

中根这种表示，就是一个无言的告急。我们不问可知，他们又从谣传里得

---

① 日语马贼，亦即土匪，义勇军的通称。——原注

② 日语危险的意思。——原注

来不少所谓“剥走狗”企图袭击他们的消息，其实“剥走狗”不会那末愚的：他们决不能以可贵的实力来袭击这南面临河，北衔铁道(距防守所北三公里是呼兰车站，那里驻守着一大队日本铁道守备队)，一点油水没有的仅仅二十个洋跳子[①]的防守所。

然而，一天早晨，刚起床不久，我在办公室里看见对面防守所瞭望台上的守望兵向外瞄放两枪，接着他就拼命地喊叫起来。盖沟四角的机关枪也同时像爆豆似的乱响了一阵。留在防守所里的中尉和十个守备队员立刻全副武装，弯着腰跑向守望兵所指的那面去。隔一些时候，他们架回一个大约十二三岁的孩子，中根牵着一条棕黄色的牛犊跟在后面，他仿佛决斗获胜的武士那么兴奋着。

从此而后，戒备就更加森严了：在防守所的门外加了一个岗位，瞭望台上守望兵手里的望远镜，老是堵在他的眼睛上面。

从此而后，一种尖锐的叫声，经常地塞住我的耳朵。当夜里要睡觉的时候，刚一闭眼睛，就有一个孩子的阴影，他呈露着满身都是模模糊糊的血迹，强迫让我看，我非常害怕，非常愤怒，绝，但是不行，尖锐的叫声反而越发尖锐地往我耳朵里锥刺着：

“中国人哪，中国人哪，受难的中国人哪！”

这一夜，完全被噩梦纠缠着，有时，那尖锐的叫声，把我从朦胧中惊醒，我仔细审查，这声音是真的，并不是我的错觉。

第二天，我特地从窗子里往外看那条受难的牛犊，它被拴在防守所山墙下一根木桩子上，周围附近的短草已经被它吃光了，它的眼睛过分地凸出着，伸长着脖子向四下张望，它是在望它的母亲呢，盼望母亲来解救它这受难的、饥饿的孩子。

它总是爱喊叫，虽然不怎样尖锐，但它给我的刺激，有着同样的害怕、愤怒，以及悲哀的感觉。当它用前蹄搔着地，仰面长叫的时候，防守所门前的岗兵就对它不耐烦地唾骂着，可是，它并不因为这唾骂而停止了它的要自由、要不饥饿、要找慈爱母亲的要求，它几乎发了狂，它用尽了所有的力量，企图拉断绳子，或那根木桩。它顾不得岗兵的唾骂，它好像了解它是处在绝大的危难中，畏缩、失望、乞怜，哪一样都没有用，只有拼着自己的全力，才能冲出这一个难关。

然而，它终于疲倦了。这时候岗兵走到木桩跟前，紧了紧绳结，回头在它

① 绿林暗语系指××兵。——原注

还没有生犄角的头上拍了两下,意思好像是表示“亲善”。

到下午,从防守所里发出的叫声,不像起初那样尖锐了,偶尔一声像是为痛苦辗碎了的嘶哑,偶尔一声像是渺茫不可及的垂死的呻吟,偶尔又沉寂了,屏息着倾听,那是守备队的翻译朝鲜人李得浩压制着嗓门的叫骂:

“实说吧,操你奶奶的!……这丁点儿年纪,你挺不住……说,说都在什么地方?”

“我死了好,给我一个痛快吧……我什么都不知道。”

这是我第一次听见孩子的声音。我想:这孩子是犯了什么罪了呢?我一点儿都不能猜想啊,不过,孩子的命运已经在意会中决定了!

牛犊又开始嚎叫起来。处在这不宁的周遭里,我的精神简直失去了安静的权力,它让我看,它让我听,而且它让我不停地想……从现在想到未来,从生想到死。

“你想什么?”同事张问我。

“我什么也不想……”

“你的眼睛发直。”

“直吗?我在看那条小牛。”

“是的,小牛饿了。”

“你可以救救这小生[命]吗?”

“不能够,你的恻隐之心太广了。”

“那么,就请你救救小生命的主人吧。”

“更不可能了,更不可能了。”

张好像受了良心的谴责,抽身走了。待一会儿他又转身回来:

“你看,现在我可以救救那条小生命了。”

好久,他没有得到我的回答。以后他非常怅惘地走到门外去。

大约不过五分钟的模样,不知道他从什么地方弄来一大捆青草。他向那岗兵比手划脚地打着哑语,仿佛是向岗兵请求:这草可以送给小牛吃吗?

岗兵没有表示可否。于是,张竟鼓着勇气和决心走到防守所的山墙下,把那捆青草丢在小牛的眼前。小牛一边贪吃着草,一边目送着张走进联运处里。张一进屋就像个孩子似的跳到我的身边:

“你看啊,”他指画着窗外说,“我的心,心在跳。”

“你骇怕?”

“不,不,你想,我愉快极啦。”

“你将永远这样愉快吗?”

张似乎是不能立刻了解我的话。他只顾愉快地看着那条小牛，小牛在嚼着最后那一口草了，唇边粘着反刍出来的草屑。它张大了眼睛，朝联运处这边伫望，它好像没有满足似的，希望寻找着方才给它送草的人，再丢过一捆去。

我还在熟睡中，二等兵中根就把我喊醒了。随后，他把一个透了油的纸包丢在我的床上：

"好，顶好，……你切(吃)吧。"

他又喝醉了，这一个酒鬼一清早就灌了那么多的酒。剧烈的酒臭，脑子被刺激得发晕。越讨厌，他越凑到我的跟前，呼吸像肥猪一样：

"切，切吧。"

"谢谢，我慢慢吃。"

我想把他搪塞走了以后，继续睡我的觉，但是，他竟又把纸包打开了，两手哆哆嗦嗦地推到我的枕旁：

"切，切，切吧！"

这算尽完了他每天从我这里拿纸的报酬。于是他走了，两条腿更加弯曲得不成样子。

纸包里的东西，比酒气刺激我还厉害啊，这样，我再也不能安睡了，我披上衣服，跑到窗前。当我还没有向外看的时候，我希望这是一个梦，然而，它偏不是一个梦，我好像不能相信自己的眼睛，我把同事张拖来。

"张，你要吃这肉吗？"

"吃，"他拣了一大块，"牛肉哩。"

"是牛肉？"

"很嫩的牛肉哪。"

他禁不住咬了一口。我没有制止他，也没有向他说什么，就又拖他到窗前去。

"哦，牛！"他嘴里的肉还没有咽下去。

"牛，我想牛是变成肉啦！"

"是吗？这肉从哪里来的？"

方才中根送肉的情形我告诉了他。他把嘴里的肉喷吐出来，手里的一大块摔到地上，哭了。

这一天的中午，突然来了一个年老的村妇，她狼狈地跪在地上，哭着，叫着，一定要我救她的儿子。我拉起来问道：

"谁是你的儿子呢？"

"放牛的孩子，现在防守所里。"

“不行啊，你知道，我没有那末大的力量。”

于是，老村妇又要下跪，我赶忙拦住她，她哭着说：

“你能，你能，……救救我吧，我没有第二个儿子了！”

我怎会能呢？我可以用欺骗来搪塞这个可怜的老妇人吗？然而，她完全不了解我的地位，我怎能够救他们母子呢？我手里没有炸弹，没有手枪。

那么，让我去给他们叩头哀求吗？可以的，如果真能救出那个受难的孩子，这也没有什么。

我领着老妇人到防守所去见中尉。我们说，朝鲜人李得浩给翻译：

“这是放牛孩子的母亲。”

“到这里来做什么？”

“请中尉释放她的儿子，她只有一个儿子。”

“谁告诉她的，她的儿子在这里？”

“我不知道。”

“她的儿子是斥堠[①]，你知道吗？”

“我也不知道。”中尉冷笑了笑。

“你是好人，你爱你们中国人。”

“不，只要是人类，我都爱。”

中尉又冷笑了笑。

“你是好人，但他是斥堠，不过，若有全村子人的保，可以特别姑息他，因为他是个孩子。”

“谢谢中尉，我想那是办得到的。”

老妇人跟着我茫然地走出防守所。我问：

“你儿子，是给义勇军当探子吗？”

“不，我儿子是放牛的，还有一条小牛在什么地方呢？”

我随便摇一下头。

“那末，他不是我的儿子吧？！”

我说，是她的儿子，并且让她赶紧回去，设法办全村的连保，越快越好，最迟明天早晨拿来。老妇人流着感激的愉快的眼泪走了。

第二天早晨老妇人果然来了。我愉快地迎她进来，但老妇人说：

“不行喽，”她失望地说，“都不敢给做，怎么办呢？”

“怎么办呢？”我想了又想，可是想不出办法来。

---

① 即间谍、探子。——原注

“我没有炸弹，我没有手枪！”

把这心里的话，说出口之后，觉得自己的言语有点儿癫狂了。

“什么都没有用了。”一个夫役向我说。

“不不，他们可以放出来的。”我为的安慰老妇人，这样说。

“已经放出来了，不信，我领你们去看……”

于是夫役领路，老妇人和我跟在后面。越过一个土岗，夫役就站下了。

在草丛里，有牛的骨头，有一个孩子的尸身。

我的腿突然酸软下去，我随即用手扶住夫役的臂膀。在眼前什么也看不见了，我只能听见那可怜的老妇人不可形容的哭声。

（原载于《光明》第1卷第2期，1936年）

邻家

舒群

这是一间很老旧的房间了：木质的门扇和窗子的每个边角，腐落着木屑、木刺；房间的四处，小蜘蛛结下了丝网，裹满着一层层的灰尘，随时都可以被风吹落下来，或是被触动下来；门槛被鞋底踏去了一半，已经快与地面连成一条平线；墙壁内底边，满着一色的绿菌[茵]……我注意地检视着每一处；每一处都使我在摇着头。

这房东，是高丽人，是一个五十多岁的老太婆。她穿着一件高丽式的短小上衣，拖到地面的长裙，全是白色的，积满着日久的灰垢。她的脸色，很苍白，由眼角、嘴角散开着一条条的皱纹。她看我只是摇头，便指给我看房内所有的用具：一张很漂亮的铁床，地桌，衣柜，四把深红色的椅子，她说：

"先生，你看都是新的！"

我仍是摇着头。

于是她扯着我的衣袖，扯开了两个窗子的窗幔，让我看看后窗是流过着松花江的水流，前窗是都市里少有的一条幽静街道，窗外有短小木条围起的花棚，有一株老年的柳树，丛密的枝叶组成了一片天棚，遮蔽着夏季里烧人的太阳。她手指指住树下的一条长凳说：

"你租了房子，先生，你还可以在那歇凉呢。"

我点了头，转过脸来，我又摇头了。

"先生，你租下吧！"

她仿佛是在请求着我；我只好这样拒绝她：

"还是租给高丽人好些！"

"不，高丽人有几个有钱的？哼，租给他们，他们常常欠房钱，我还愿意租给中国人。"

"我们住在一起很不方便。"

“先生，你放心吧，我们可以做很好的邻家啊！”

我直接拒绝了她：

“你的房子太脏！”

可是她为我雇了两个工人，费去了一整天的工夫，重新刷了淡红色的墙壁，顶端还涂了一条黑色的花边——象是爬行着的龙身；窗框上，又涂了一层红油——这样处处都像新筑楼房内的一间房间；而且在色调上是很鲜美的，象征着是少女的卧室。

我把房内的所有用具，全更换了原有的位置：床边靠着后窗的墙壁；地桌恰在地的中间，桌面的四边配起了四把椅子；衣柜依着一处的墙角。我用手摸摸墙壁，又用手摸摸衣柜的四边，全是浸着湿气。我寻视了几处的位置，我想要衣柜停放在干爽些的地方。

老太婆摇着手：“先生，不怕的。”

“湿了我的衣服呢？”

“不会的，先生，我知道！”

“什么？”

“先生，我知道；我住过一年多呢！”

我没有移动衣柜，走开去整理零的东西。老太婆匆忙地为我刷洗着地板；我看她脸上的每道皱纹都在紧束着，堆积着一种忧郁的神色。

两面窗子全开张着，风相互地冲击着，窗幔不住地在飘起飘落，不住地打断我透过窗外的视线；我的两手却忙乱着，没止住一下动作。

突来的一阵风，把门吹开，响了一声，门扇触了墙壁，停下了；同时有一条桌布被吹落地上。我自语了一句：

“真凉快！”

“先生，这房子真好啊！”老太婆说。

“那你怎么不住了？”

“穷了！”

“楼房不是你的吗？”

“不，也是租的。”

“既是没有钱，怎么租一所楼房呢？”

“我家的人多。”

“多少人呢？”

“三个儿子，三个媳妇，一个姑娘。”

“儿子不做事吗？”

“做的，他们一个月有好几百块钱。”

“那你怎么说穷呢？”

“现在一个钱都没有了！”

“儿子呢？”

她的眼里，突然落下几滴泪水，落进水盆去，激起了几个小水泡，破了，散开了一圈圈的水纹，触在盆边没了。她仿佛吝惜着她的泪水，她扯过衣袖来，让泪水一滴一滴地落在她的衣袖上。

我注视着她，丢给她一块洁白的桌布：

“我使你伤心了吗？”

“不是的，先生！”

她装做着的神气，很勉强她自己的动作——摇着头。

我想想我的话既触动了她的心情，流出泪来，我便愿意我们的谈话能达到终点；于是我又问：

“儿子呢？”

“没了。”

“死了？”

“不是！”

我感到她的谈话太奇怪，太模糊；我不耐烦了，随手把一件东西摔在床上。她立刻扬起头来对我说：

“先生，你不要生气；真的，他们一个都没有死。”

“那你怎么说——没了？”

“他们都被‘人家’押送朝鲜去了。”

“犯罪了吗？”

她的眼睛，从窗边望到另一窗边，停留在门旁；她向我伸长着脖颈，放低了声音：

“他们是独立党人！”

我把拳头丢在床边，击起一下响声：

“独立党——”

她为了立刻用手掌堵住我的嘴，她的脚触了水盆，泼出半盆水来。她手移开去，还在摇摆着：

“不要再说！”

我为了听从她好意的劝告，我所要说的话，又吞入了喉咙。我只是又问了一声：

“判了吗?”

“无期!”

她说完了,吐了一口深长的叹息。我向她的身边移近了两步:

“媳妇呢?”

“为照顾他们都回了朝鲜。”

“那你怎么还住这楼房呢?”

“以前订了两年的合同,现在是不能退租的。统共有七八个房间;我只留下一间,那些都租出去了。”

“女儿还在?”

“在的。”

“怎么生活呢?”

“……”

她的话没有说出来;一层羞红已湿透了她那老年的脸颊。

在晚间,天气凉爽了。街道上多了一些歇凉的人,游逛着。我为了我与我的友人均平的约会,没有离开我的房间;然而太阳去了,风也息了,我的房内比白日里还热;我的额边挂了汗水。我看看表,快到了我与均平约会的时间;预想走出房去,在房外等候着他。

但是柳树下的长凳上已经坐了两个人:一是老太婆,另一是年轻的姑娘;她的脸色告诉我,她还没满二十岁。她也是黄种人;然而是西欧的装束:一件花样的衣服,腰间束着黑色的皮带,赤着脚穿了高跟的鞋子。我向她投了一下陌生的眼色,从长凳的近旁走开去;虽然长凳上还有两人可坐的地位。我向四边望了一下,没有什么地方可坐;只是长凳的后面,有一块大石;石面很平滑;于是我坐下了。

“起来,起来!”

老太婆从那边摇着手,叫起来。我仿佛受了什么惊吓,从大石处一步就跳到她的面前来:

“怎么?”

“不要坐那块石头。”

“怎么?”

“那是狗撒尿的地方。”她拍了拍长凳,又指着她身旁的姑娘说:“你坐下吧;不要紧,她是我的姑娘。”

于是我点了一下头;姑娘还了我一次笑脸,慢慢地裂开了两唇,让两颊现出一对小涡。

我们三人相望着，似乎是都没有什么话好说，在我却受不了这种默然的寂寞；可是，又不好立刻走开。我随便想起了一句话对老太婆说出了：

“你的房间租给我了，你住在什么地方呢？”

“我同我的姑娘住在一起。”

均平来了，比我们的约会迟了一小时还多。我没有质问他是什么原因；我知道他又吃醉了酒：脸色是火红的，动作是错乱的。我让他安静地坐在我的身旁。他注视了老太婆和姑娘；然后他向我问：

“她们是高丽人吗？”

我恐怕他任着醉性，随便说起什么难听的话来，所以我用很低的声音警告他：

“是的，高丽人；她们也懂中国话！”

“你怎么同穷高丽住在一起？”

我把他的衣襟向下扯动了一下，可是老太婆和姑娘都红了脸在怒视着他。我在这种情景中，也感到了极大的难色。我想阻止他，不许他再说什么，却担心他醉性的发作；同时，我也没有权力使她们走开，并且也会惹起她们的不满。

最后，我只好对他说了：

“来，到房里去，看看我新租的房间！”

他不起来，只是沿着楼房的四边，望了一周；他说：

“房子还好，就是有穷高丽不大好！”

老太婆立刻离开了长凳的座位：

“穷高丽不好，你走开吧！”

“你滚开，你配坐这凳子吗？”

“我滚到哪里？我坐在哪里？”

“随你去！”他向身外望了一下，指着不远的那块大石头又说：“你坐到那里去！”

“为什么坐在那里？”

“那才是亡国奴坐的地方！”

我听着他们吵嘴，我好象是在受着苦刑。这时候恰来一个陌生的男人，打了一下手势；她们立刻做出了笑脸，迎着他。于是他改做了猫捕老鼠的步子，悄悄地走近姑娘的身边，他淫荡地抱住了她；他们两人的脸颊间只留下一条缝隙，让风从中间吹过着，渐渐地又隔断了风的去路。

老太婆绕着他们的身边，故意给那个男人献着殷勤：打扫儿下尘土……然后我只看见她帮助她的姑娘，把他推送到房里去，再没看见他出来。

均平走了，我很快意的：他惹起的吵嘴，算是结束了。不过我总要向老太婆说几句道歉的话，至少也要说：

"请原谅，我醉酒的友人！"

我仍是坐在长凳上等着她，终是没有再见到她。

天色黑了，老太婆的窗子已经透出了灯火；我的窗子，却仍埋在黑暗里。我常常注视着房里通到门边的一条过道，飘过着的人影，其中没有老太婆的。她哪去了呢？她的窗子里只有两个人头，一个是她姑娘的，一个是那个陌生男人的，有时徘徊着，有时聚拢在一处——唇边与唇边连在一起——印在窗子的纱幔上。我不用细听他们的笑，从他们的影子上，我可以完全辨出我所要知道的；同时，我也确定了老太婆没有在房里。

不久，老太婆领着一个提盒的饭馆役者走进去，房里起了碗筷的声响，她又抱着一条褥子走出来，悄悄地铺在门边的过道上了。我正想唤她，她已经躺下了，枕了自己的手腕。

姑娘走出，给她送来些什么菜，低声地说了几句话，我完全没有听懂。姑娘走进去的时候，她坐起来了，吃着。

这时候给了一下谈话的机会，我问：

"你要睡觉吗？"

"是的，先生！"

"你不是同你的姑娘住在一起吗？"

她的喉咙好象被一口菜堵塞了，许久没有说出话来。然后，她把视线避开去。

"不一定，有时候，我要睡在外面。"

"为什么呢？"

"为了生活啊！"

从此，我知道了老太婆是依着自己姑娘卖淫生活的。可是她待我很好：每天为我扫洗一次地板，拭着我房里每一件用具，无形中，好象是做了我的老仆人。有时我拒绝她，有时我谢绝她；她为了我每月加多了两元的房钱，她不肯允许我。每次，我看见她的脸色忧伤着，我知道她的姑娘昨夜是没有留宿着客人，她的姑娘却欢快着。如果她的姑娘忧伤了，她更欢快了，做了一些较好的菜食，有时给我送来一碗：

"先生，你尝尝这是高丽菜。"

"谢谢你的好意。"

于是我接受了，放在地桌上，我望着，只是吃了一口两口，在胃里整天也不消化。并且，我的呼吸，也不像平常一样舒畅。

不过我们的友情却一天比一天好起来；有时，我病了，她照顾着我，像我的母亲。

同时，我照顾着她，也是尽了我所有的好心。有一次我又看见她自己睡在房外的过道上，转动着，眼睛是流着泪水，拖着些轻微的呜咽声。我不知道为什么要停留在她的身边问：

“怎的了？”

她只让哭声放高些回答着我。我的头向她的脸上垂去，用手扯动了一下她的衣袖：

“怎的了？”

她终于不肯说话，我便去睡了。

早晨，松花江上的渔船，刚刚扯起了布帆；江岸的坝边还没有插下一只鱼竿；老太婆的房间里已经有了吵叫的声音惊醒了我。

我披起睡衣，扯开了两窗的窗幔，让几缕阳光深深地印在地上。我的耳孔贴近门边；后来，我又推开了门。我看见老太婆的门半开着，有一陌生的男人蹦跳着，用结实的拳头击打着桌子，椅子，倒了一个花瓶；花碎了，花瓣散落地下去。姑娘用手掌埋住眼睛，哭泣着。老太婆徘徊着；每次走过门旁时，给我留下一面侧影：垂下头，手撑着下颚。

不知又从什么地方走来两个人，堵塞了老太婆的门口，隔断了我视线的去处。这时候，我只有耸起耳朵来，听着她们三人的话声；我想从音调上分辨她们是缓和些，或是厉害些。又有几句激辩后，陌生的男人挟住自己的衣服冲出门外，老太婆追住他，握住了他的手腕。他狠狠地踢了她几脚，他走开了。她倒在地下，颧骨触了地面，破了，流了血。

我走出门来：“起来！”

我又走近她一步，扯起了一只手腕：

“起来！”

我撑着她，站起来，姑娘也走来了。于是，我把她的手交给了姑娘，可是她不允许我：

“先生，你先别离开我！”

“怎么？”

“我请你到我屋谈谈。”

她的房间，我还是第一次走进来，向每处注视几眼；器具很简单，也很平常，只有一张铁床，是最漂亮的，垂着桃色的床幔，精巧地绣了几条花边，中间夹着闪光的小珠子，四角插遍着鲜花，还没有憔悴，所有各样的颜色，配合得很新鲜，好像一辆花轿，停放在房内的一角。地上堆着丢下的果皮，茶杯破了的碎块。

老太婆在桌边，没止住她的哭声。我说：

“不哭吧！”

她不肯听，我问她：

“怎么，我常常看你哭呢？”

“先生，我的先生，你看看我的生活，我能不哭吗？”

我没话说了。她却说起：

“你看看才走了的那个男人，在这住了一夜，吃了夜饭，没有给留下一点钱，唉，还打了我。”

“他是在这过夜的客人吗？”

姑娘听了我的问话，立刻又哭出声来。老太婆一面劝慰着她，一面回答了我：

“是的，是的。”

“那么你怎不先留他的过夜钱呢？”

“先生，你不知道，他是口文翻译。”

“那他就不给钱了吗？”

“他说给我们送来。”

以后，我总没有看见他再来，所来的又是另外的一些陌生男人了。

老太婆仍是在过道上，在长凳上，等候着房内的唤声。她的眼睛疲倦着，渐渐地拢闭起来，头向下沉坠一下，又突然张开，然后发出一声叹息，揉着自己的眼睛。

我为了她的疲倦，我说：“来，我们谈谈吧！”

我们两人坐在长凳上，身上披着柳枝的影子，一条一条地摇摆着，仿佛给我们的背上划了无数的黑纹。我们的面孔相对着辨别不出我们两人的脸色；虽然月亮已经冲破了白色的云层。

“喂喂！”

有人来了，是均平；他又醉了，用零碎的步凑近我们的身边来。老太婆看是他，她站起来，想走开。我对她说：

“没关系，你坐着吧。”

均平却说：

“穷高丽叫她滚开就得啦！”

她听了，立刻又坐下来，报复了他，并且牢牢望着他，问他：

“我滚到哪里？”

他又指着不远的那块大石说：

“坐到那里去！”

她向他伸出了食指低声说：

“现在也该你去坐了。”

那天，恰好是“九·一八”事变的第二天。

（原载于《文学大众》第1卷第1期，1936年）

没有祖国的孩子

舒群

“果里。”

旅居此地的苏联人，都向他这样叫。不知这异国的名字是谁赠给他的，久了他已默认了。虽然，他完全是个亚洲孩子的面孔——黑的头发，低小的鼻子，但是，他对于异国的人，并不觉得怎样陌生。只是说异国的话，不清楚，不完整；不过听惯了，谁都明白。

蚂蜒河在朝阳里流来，像一片映光的镜面，闪灿地从长白山的一角下流转去。果里吹着号筒，已经透过稀松的绿林。沿着一群木板夹成的院落响来。于是，一家一家的小木板门开了，露出拖着胖乳的奶牛。

“早安，苏多瓦！”

果里向牛的主人说着每天所要说的一句习惯语。

“果里，一月满了，给你工钱，另外有一件衣服送你穿吧”

“斯巴细(俄语，谢谢的意思)苏多瓦！”

也许有年轻的姑娘，被果里的号筒从被子里唤醒，手向果里打招呼：

“可爱的果里，回来时，不要忘记了啊！”

“啊。是的，红的小花！”

果里比她记得都结实些。然后，她把夜里没有吃尽的东西装满了果里的小铁锅。

“啊，列巴(面包)，熟白汤(菜汤)，斯巴细。”

于是，果里再走起路来，他的衣袋里多了一元钱的重量，他的嘴，忙动起来，面包与号筒交替地让他的两腮撑起一对大泡子。走过我们宿舍的时候，牛在他的身后，已经成了群，黄色的，黑色的，杂色的最多，白色的只有一个，背上还涂着两团黑。小牛，有很小的嫩角刚突破毛皮，伸长它的颈，吻着母亲的股部，母亲摆起尾巴，极力地打着它。等到果里的小鞭子在地上打了个清脆的响声后，他摆起指挥官下令的姿态，让脸上所有能叠起皱褶的地方全叠起皱褶来；牛望着他，牛群里立刻有了严肃的纪律。

“果里！”

我们刚洗过脸，拥在展开的楼窗前，叫着他，丢纸团打着牛，打着他；他便扬起头对我们大声喊：

“不要！牛害怕。”

我们不听。终于把果里那牛群的纪律破坏了；并且，弄起一阵恐慌，牛与牛撞着角。这使他的小鞭子不得不在地上多响了几下。

“我告诉苏多瓦去。”

他故意向回去的方向转过，抛出两个较大的步子。

天天他要在我们面前说几次苏多瓦。他也知道，我们对于苏多瓦并不怕，虽然苏多瓦是我们的女先生。天天又不快些离开我们——为什么呢？因为我们所要谈的话，还没有开始呢。

“我来念书好吗？也住大楼，也看电影。”

果里又同我说了。

果里沙总是用手指比划着自己的脸、果里的脸。意思是让果里看看自己的脸和他的脸，在血统上是多么不同啊。

果里沙点着自己的鼻尖，高傲地对果里说(这还是第一次呢)：

“我们 CCCP(俄文：苏联简称)。”

“啊，果瓦列夫，CCCP？”

果里把我的名字呼出来。果里沙窘了。果里便摆头向我们所有的同学问：

“果里列夫是中国人，怎么行呢？我是高丽人，怎么就不行呢？”

果里沙打了两声口哨后，装做着苏多瓦给我们讲书的神气说：

“高丽？在世界上，已经没有了高丽这国家。”

这话打痛了果里的脸。比击两掌都红，没说一句话，便不自然地走开了。牛群散乱着，他的小鞭子在地上也没了声响。

以后，果里和牛群不从我们宿舍的门前经过了。

每天的早晨和晚间，失去那个放牛的朋友，觉得太无味，也太冷落。

我和果里沙倚在窗前，望着蚂蜒河边的一条草径；那里是泥泞的，摆满大的小的死水池，有的镶着一圈，有的蒙着一层全是一色的绿菌[茵]。看不清楚蚊虫怎样地飞过着，只听见蛙不平地不停地叫。晚风常常送来一片难嗅的气味，有时宿舍的指导员让我们闭起窗扇，所以在这条草径上很少寻出一个人的影子。有游船、渔船经过的时候，是靠近那边迅速地划过。这块地方好像久已被人憎恶着，遗弃了。

然而果里是在那里走熟的。草茎蔓过他的腰，搔着牛的肚皮，也看不见牛的胖大乳头了。果里每次看我们在楼窗上望着他；他的头便转正了方向，用眼角溜视着我们。

“不许你再对果里说世界上已经没有了高丽的国家，好让果里再从我们的门前走。”

我好像在教训果里沙，很严厉的。

“你看高丽人多么懦弱，你看高丽人多么懦弱。他们早已忘记了他们的国家，那不是耻辱吗？”

“那么，安重根呢？”

我立刻记起来，那个人给我讲过许多关于安重根怎样勇敢的故事。可是，果里沙不知道，一点都不知道，他仍是不信任我的话。

一阵牛的哀叫声传来，我们看见果里跌倒在死水池里。

“果里！果里！”

我们用两只手在唇边裹起一个号筒样，向果里喊，他会听得很清楚；可是，他不留意我们，他不睬我们。

不过，我总想找着机会，再和果里好起来。

那天落了整夜的雨，草径被浸没在水中，混成一片河流。我想这次果里一定会从我们宿舍门前走向草场的吧？恰好又是星期日，自然可以和果里玩在一起了。但是，果里呢，他仍是在那里走，沿着留在水面的草径，做路的标识。牛的半个身子泡在水中，头一摆一摆地，似乎很难地把蹄子从泥泞中拔出。

我们吃过饭，我和果里沙便赶向草场去。黄色的蒲公英从草丛里伸出来，一堆一堆的，山与河流做了草场三面的边界，另一面是无边际的远天连着地。散开的牛群，看上去像天上的星星一样细小，躺着的，吃草的，追着母亲的……果里坐在土岗上吃着面包皮，眼睛在搜索着牛的动作、牛的去向。我们的视线触着了他，惹起他极大的不安。如果不是有牛群累着他，也许他会跑开，逃避我们。

“果里，我们给你气愤了吗？”

我把他那深沉的头托起来，问他。他竭力把头再低沉下去，说：

“不是，绝不是的。”

不知他从哪里学来这样美的不俗的好句子，而且，说得十分完整，没有脱落一个字音。不过，他的姿态太拘束，太不自然，似乎对陌生人一样的没感情。

果里沙还是原有的脾气，指着宿舍顶上飘起的旗一半属于中国，一半属于苏联的。这给果里很大的耻辱；果里是容忍不下去，离开我们去给牛蹄擦泥水。

我们全在寂寞中过了许久许久，我才找到了一句适当的话来问果里：

“牛蹄太脏了，你不怕脏吗？你擦它做什么？”

“就是因为太脏才要擦的。牛的主人是不允许牛蹄脏的啊！”

“那么，你为什么带着牛从河边走呢？我们宿舍门前不是很清爽的吗？”

我的话刚说出来，就又懊悔，说的不妥当。这不是对于果里加了责难吗？在果里的内心不是更要加重他的痛苦吗？

“我是不配从你们宿舍门前走的。”

他说的很快，他很气愤。

我说了许多话，是劝他仍从我们的门前走。实际我们不愿意失去这个放牛的朋友。他天天会给我们送来许多新鲜的趣味；并且，我们房里一瓶一瓶的，红色与黄色的野花，全是他给我拾来的。这几天来，那些花都憔悴了，落了，我们看着瓶里仅有的花茎，谁都会想起果里来——果里沙也是同样的。果里却抛开我，再不在我们门前走过一次。

最后，果里允许在我们门前走的时候，我几乎痛快得要叫出来。不过，我还不肯信任，直等到他吹起归去的号筒。

暮色里的牛蹄，是疲倦的、笨重的。长久的日子，已经使它们熟识了从自己的家门走进。余下我们走回宿舍。宿舍的每个角落全死静着。我记起所有的同学已去俱乐部，去看电影。我看时钟还留给我二十分钟的余闲，便叫果里也去，他高兴地说：

“好，看电影去，我还没有看过一次呢。”

但是，在影场的门前，发生了极大的难题，这个守门的大身量的中国人，便坚持不许果里进去。我和他说了许多中国话，仿佛是让他给我些情面。他总是不放开这么一句话：

“他不是东铁学校的学生。”

“你让他进去吧，我们的先生和同学全认识他。”

“谁不认识他，穷高丽棒子！”

果里沙不懂中国话，他很沉静地站着。

我的喉咙却突然热涨，对那个守门的中国人大声地叫着：

“他是我们的朋友！”

他装起像我父亲的尊严说：

“你和他做朋友，有什么出息？”

在灯光下，我和果里仿佛是停在冰窖里的一对尸体。果里突然冒出一句中国话：

“好小子，慢慢地见！”

现在，我晓得果里正是因懂中国话才那样气愤的吧！我问他懂中国话吗，他说只会那一句；一句我也高兴，好像为我复仇了。

不过，我一夜没有安静地睡，似乎有很大的耻辱贴在我的脸上。早晨我躺在床上，就听见果里一声声的号音从窗前响过了，远了；我没有看见果里。

在教室里，果里沙对我说：

“从认识果里起，今天他是第一次笑了。”

“为什么呢？”

“因为他也快做我们一样的学生。”

我想，果里为了昨夜受的屈辱，故意给自己开心吧？果里沙却说是真的。

我问：

“他和谁说妥的呢？”

“苏多瓦。”

这样我相信了。因为苏多瓦是我们班上的女教员。

“那么，他什么时候上学？”

“他今天去告诉他的哥哥，明天就来。”

我想，果里来了，坐在哪里呢？我们教室里只有一个空坐位，而且在小姑娘刘波的身旁。她平常好和每个同学发脾气，小眼睛瞪得圆大的。如果果里坐在她身旁，一定不中她的意。明天教室里，除去我十七八岁，就算果里大了吧？最大的果里沙也不过十三四岁。并且，所有的书桌，仅是我和果里沙坐的比别人的高起些；只有叫果里沙走开，让果里坐在我的身旁。

放学之后，我在宿舍里正为果里安排床位，他来了，却是忧伤地。我问他，快做学生不是很可喜的消息吗？可喜的消息，怎么换来了他的忧伤呢？我清楚地看了一下，他脸上还有泪滴。

同学的快来缠着他。

我问：

“你哭过了吗？”

他点点头，好像又要哭出来。

“你明天不是上学吗？怎么还哭了？”

“我才跑到田里去，对哥哥说，哥哥不许。”他的鼻尖急忙地抽动两下，又说:“你和哥哥商量商量吧。”

于是,我和果里到家去了。同学们等着这个有趣的消息,要我快些告诉他们。其实,果里的家并不远,转过我们宿舍的一个墙角,十几步便可以走进他的房子。来去只要五分钟,事情全可明白。不过,果里的哥哥在田里,没有回来,却是意外的。

时间空空地流过着。我并不躁急,因为果里的家里处处都是奇迹。房子小得像我们宿舍的垃圾箱。不过,垃圾箱里的垃圾也许比果里房里装的东西洁净些,贵重些,墙角下堆着污旧的棉衣;穿衣时,随着身子的动作将自然叠成的褶皱展开后,还露出衣布原有的白颜色,很新鲜。那边……

果里为我找出他一向保存着的好东西,我一样一样地看着;他两手合拢着又举在我的眼前说:

“你猜这是什么东西?”

然后,他用聪明的话暗示我,我也不明白;因为他讲的俄语太乱,所以终是没有被我猜中。最后他说:

“这里有爸爸,也有妈妈。”

是两个从相片上剪下的人头:男人是他的爸爸,女人是他的妈妈。然后我立刻发现极大的疑点问他:

“妈妈这么老,爸爸怎么那样年轻呢?”

“妈妈现在还活着,爸爸是年轻就死的。”

“死的太早了!”

我望着果里爸爸的像,我说话有些怜惜的意思,不曾想到竟使果里的牙齿咬紧,很久才放出一口轻松的气息:

“爸爸死的太凶呢!”

我从果里脸上的神态也可以看出他爸爸确不是寻常的死。

“爸爸是读书的人,看,这不是还留着很好看的头发吗?(他指着头像给我看。)爸爸的胆子大,那年他领着成千成万的工人,到总督府闹起来,打死了三十多人,当时,爸爸被抓去了。三个多月,妈妈天天去看,一次也没有看见。妈妈不吃饭了,也不睡觉了。在樱花节的那天,别人都去看樱花,妈妈带着哥哥去看爸爸。这次看见了,在监狱的门口,妈妈差不多不认识爸爸了:爸爸只穿了一条短裤子,肩上搭着一块手巾,肋骨一条一条的,很清楚,那上面有血,有烙印。妈妈哭着,爸爸什么话都不说。到爸爸上车的时候,总是喊着……看樱花的人追着车看,妈妈也追着车看……在草场上,拿枪的兵不许妈妈靠近爸爸。爸爸的身子绑得很紧,向妈妈蹦来几步,对妈妈说——你好好地看养孩子，不要忘记了他们的爸爸今天是怎样被——枪响了一声，爸爸立刻倒下去。……那时候，妈妈还没有生下我，这是妈妈以后常常讲给我听，我记住了的。”

他说的话太快，也太多；有些地方，我听不懂；也有他说不懂的地方，所以我没有完全明白。

“那么，妈妈呢？”我问。

“妈妈？妈妈还在高丽。”

“你们怎么来了？”

“妈妈说——我们不要再过猪的生活，你们找些自由的地方去吧！我老了死了也不怕——五年前妈妈到姨母家去住，我们来中国的时候，我才十岁。”

天黑了，他的哥哥才回来。他说得很好的中国话，所以我们讲话很方便。他直是不许果里做我们学校的学生，并且理由也是很多很多——

“我种地太苦，唉，还不赚钱，也许有时候要赔钱，你没有看中国年年有灾祸吗？你也知道吧？”

“我们吃饭全靠果里放牛的钱，到冬天又要歇工，好几个月得不到工钱。”

“我知道读书对他好。我是他的哥哥，我不愿意我的弟弟好吗？”

“如果只是我们两个人，他可以去，我不用他管。家里还有母亲呢。每月要给她寄几块钱吃饭。”

“唉！不像你们中国人还有国，我们连家都没有了。”

我把他的话传给我们的同学，同学的[们]失望了，但是很快地也就忘却了。

果里的号筒仍是唤着牛群到草场去。

“不像你们中国人还有国……”

我记住了这句话。兵营的军号响着，望着祖国的旗慢慢地升到旗杆的顶点。无意中，自己觉得好像什么光荣似的。

但是，不过几天，祖国的旗从旗杆的顶点匆忙地落下来；再起来的，是另样的旗子了，那是属于另一个国家的——正是九月十八日后的第九天。

于是，散乱的战争骚扰着，威胁着每个地方。不久，那异国的旗子，那异国的兵，便做了每个地方的主人。恰好我们住的地方做了战争上的大本营。戴着钢盔的兵一队一队地开来，原有的兵营不敷用，已挤住在所有的民房里。就是果里那个垃圾箱般的房子，也有兵住下。

我们照常上课。但是，果里的号筒不响了，牛群整天关在每个主人的院内，叫着，似乎在唤着果里。

“果里呢？”

我们谁也没有忘记果里。忙向草场望去，只有一阵一阵的秋风扫着，把草打倒在地上。果里平常坐惯的那个土岗，被风扬起的土粒滚成一团一团的浓烟。我们想果里卷到浓烟里去了吗？等到浓烟散尽的时候，那里没有果里的一只手，一只脚，给我们看见。我们想他在家里；可是，他在家里做什么呢？死静得好像连一个人都没有。有的，我们同学的便会指说：

“看！少儿达特（俄语：兵）。”

接着就是：

“少儿达特杀了果里吗？”

“杀了，也像杀了老鼠一样！”

果里沙仍是对自己高傲，对果里轻蔑。我相信果里绝不像老鼠那样懦弱，果里沙却说：

“高丽人都像老鼠一样。如果不是，在世界上，怎么没有了高丽的国家？”这仿佛已经成了他的习惯语，他的小拳头在胸前击了两下又说：“像果里那样人，我不喜欢，不愿意同他做朋友。”

日子过久，谁也不再谈关于果里的什么话。又加天天到俱乐部去听演说。在时间上，已经没有多少空闲。这次苏多瓦怕我们太疲倦了，要带我们上山玩一次。

我们怕山上的蛇虫；有一次蛇虫毒伤了我们好几个同学。所以，这次我们每个人都带一支体操用的木棒，三十多人排成一列棒子队。

秋天的山，全是一片土与沙粒。已经不是夏天来时那样好看、可爱，什么都没有；只是土与沙粒打着我们的眼睛睁不开；上去后，只感到两腿很酸痛，秋风不住地搜索着我们血流中的温暖。苏多瓦为了我们的趣味，领我们向另一山角蠕动的人群走去。

那里，有许多的人：年老得胡子全白了的，年轻的，半残缺的，年岁太小的。锄头，铁锹，斧子……在我[他]们每个人的手里。在山脊间已经成了一条沟壕；在沟壕里，我立刻看见果里的哥哥。

“果里呢？”

我正想问他，果里的面孔就已经在我们每个人眼前出现了。看来，他不是我们以前所认识的那个放牛的果里；现在的果里是个小工人，我们几乎不认识他了。他光着脚，身上穿着一件我们给他的破制服；他的颧骨高起许多，使眼球深深地陷进去，被埋藏在泥垢与尘土里。他靠着壕边，同壕一样高，很吃力地握着铁锹向外抛沙土。

“果里！果里！”我们喊他。

其实，他早已看见我们，只是故意地躲开。我们与果里的距离只有八九步远，喊他自然会听见，他不仅不看我们，而且，把头移动向另一方向，更加紧他的工作。我走近两步，我看出果里是要和我说话的。他所要说的话，全埋藏在他的嘴角与眼角间啊。于是，我更大声地叫起：

“果里，我们来了。”

“果里，你在做什么？”

“果里，很久不见你了。”

果里没说话，只是在动作上给我们一个暗示，让我们向右边的大石头上望去，那里有两个兵安闲地吸着纸烟。然而，我们却不去顾他：

“来！果里。”

“来！来……”

惹起一个兵来了，站在壕的边际上；果里像失了灵魂一样死板。那兵用脚踢他的头；他的头仿佛有弹力地摆动两下，鼻孔有血流出。突然，他的铁锹举高，又轻松地落下，照样向壕外抛着沙土。

不知为什么，我们所有的木棒都向那个兵做了冲击式。兵便比量着给我们看他肩上斜背着的枪。

苏多瓦领我们回去的时候，果里的眼睛溜着我们，终没有说一句话。我们只有默祝果里最好不再遭到什么不幸。

第二天早晨

“呀……呀……”传来了这尖锐的叫声，刺痛我们的心。

拍拍的声音连续地响着。果里在一只手两只脚下规规矩矩地躺在自己的家门前，脸贴着地，尘土从他的嘴角不住地飞开。象是新劈下的小树干，那兵的全力都运到这小树干的顶端，落在果里的股部、腰间。

“呀……呀……”

这声音给我的感觉，比小树干落在自己的身上还痛。

果里沙却切齿地说：

“该打，打死好了。”

我用眼睛盯住他，表示我对他的话极愤恨。他又说：

“果瓦列夫，你看果里，那不是一匹老鼠一样吗？”

以后，果里真像一匹老鼠跟着佩刀的兵，常从我们宿舍前来去；他独个人的时候不多。这使果里沙更看不起他，骂他，向他身上抛小石头，伸出小拇指比量他……果里沙想尽了所有的方法欺辱他，他却不在意。

有一天，我们快就寝的时候，果里跑来。果里沙的手脚堵塞着门，不许果里进来。

“你还有脸来吗？你不要来了。”果里沙说。“我找果瓦列夫！”

“果瓦列夫都会替你羞耻。”

我看出果里是有什么迫切的事情，不然，他的全身怎么发抖呢？我给他拿来几片面包，他不吃。我问他这些日子怎样过去的，他也不说。仿佛所有的时光没有一刻余闲属于他，很迫忙地说道：

“借我一把刀。”

“做什么？”

“你不要问。我有用处。”

我在衣袋里把平常修铅笔的小刀拿出来。他说：

“太小了！”

“你要多大的？”

他用两手在床上隔成他所需要的刀的长度，我便把我割面包的大尖刀给他。他还用手指试验着刀锋快不快。然后他高兴地说：

“好！太好了！”

他临走时，告诉我：

“那些‘魔鬼’明天早晨去苇沙河。”

果然是去苇沙河，果里房脊上的旗子没有了。一队一队的兵，骑马的，步行的，沿着山路走去。只有几只小船是逆着蚂蜒河划下；船上的兵仅是几个人。果里就坐在小船上，为佩刀的兵背着水壶、食粮袋。我们守门的那个老头子，在太阳还没有升起时，就起来去看，这些话就是他讲给我们听的。

过后守门的老头子从外面回来的时候，他在一口气里又冒出一串话来，说是果里投河了。

先是一个打猎的外国人看见的　　有个孩子顺着蚂蜒河漂来。于是他投到水里把孩子拖上河边，用人工呼吸方法换来孩子的气息；喊了几个人来，守门的老头子也在里面，他认识出了那孩子是果里。

我们去的时候，苏多瓦也在那里，另外是别班里的同学。果里躺着不动，衣服贴紧在身上，一滴一滴的水湿了他身旁很大的一块地方；他已经没有了知觉，虽然，他嘴里还嚼着不清楚的话。大家正在互相询问果里投河后的情形，我们学校的铃声叫我们立刻回去上课。只有苏多瓦还留在果里的身旁。

今天，苏多瓦告诉我们，在我们这班里有一个新来的学生。每次有新来的学生，苏多瓦都是要先告诉我们的。每次也就打听出这新来的学生是升班的，是降班的，是从外埠新来的。不过，这次却是例外，我们谁也不知道这新来学生的底细。

距上课的时间还有二十分钟，我们便随便地猜扯起来。男生说，新来的学生是好看的姑娘，最好和自己坐一个书桌。女生说，新来的学生是猴样的，这样弄得每个书桌都叫响着。

门突然地开了，教室里立刻静下来。我们悄悄地跑到自己的书桌前坐下，装做整理着书本，修铅笔。我们想，是因为我们闹得太厉害，苏多瓦来了。然而，不是苏多瓦。站在我们面前的是果里。他穿的同我们一样——黑皮鞋，黑的裤子，黑的卢巴斯缶(俄语衣名)，胸前也有两个小衣袋，装得饱饱的，书夹里放着一包新书。他张大着嘴，象是有许多要说的话，想在一句话里吐给我们，可是一个字都没吐出来。

在午间，很快吃过饭，我们聚拢在一起。我问他：

"现在，你高兴了吧?"

"我不是骗你，我真不高兴。"仿佛仍有极大的恐怖、痛苦，留在他的眼里。"苏多瓦待我太好了。给我养好病，又送我到学校来。你们看!"他指尽了他身上所有的一切给我们看。

当我问他为什么投河的时候，似乎他的脑里又复活了一幕死的记忆。于是，像给我们背诵出几页熟读的书：

"忘了是哪一天，'魔鬼'告诉我，他们要走了；要我的哥哥去，还要我去。我知道去了就没好，我想爸爸在'魔鬼'的手里死了；妈妈怕我们再像爸爸一样，才把我们送出几千里以外的地方来。谁想到这'魔鬼'又在几千里以外的地方攫住我们，夜夜都没睡觉，哥哥望着我，我望着哥哥，不敢说话……"

"和老鼠一样!"

果里沙冲断了果里的话。

这时候，果里不像个孩子，孩子没有他那样沉静的姿态。他继续说下去：

"那天，哥哥跟着走了。我还跟着那个带刀的'魔鬼'(他的眼睛，好像在询问着我们看没看见过他所说那个带刀的'魔鬼'，我们向他点着头)。船上除去我们两个人，还有一个船夫，'魔鬼'正用铅笔记着什么，我心跳，跳得太厉害了——你们猜我想做什么?"

"想投河呢!"我们许多人同样地说。

然而果里沙突然地跳上书桌，把我们所有人的精神弄散乱了。他轻快地说：

"你们说果里想投河，我看太不对。你们知道吗?河里有老鼠洞。"

"在河里，一共是三只船。两只在前边。我们在后边。前边的船，走得才快呢！没走到三四里的时候，离开我们有半里多远。等他们拐过老山头，我们还留在老山头这面。我只觉得一阵的麻木，我的刀已经插进‘魔鬼’的胸口。然后，我被一脚踢下来，再什么也不知道了。”他把头转向我问：“你知道那把刀？是你借我的啊！是你借我的啊！”

“好样的，好样的，”果里沙抱住果里又说，“这才是我的好朋友！”

果里搬到宿舍来，除去苏多瓦赠给他的毛毯之外，再什么都没有。果里沙把自己所有的东西分给他一半，并且，在贩卖部内给他买了牙刷，牙膏，袜子，手巾，小手帕……费用全写在自己的消费簿上。

此后，果里，果里沙，我们三个人成了不可离散的群，有时缺少一个人，其余的便感到不健全。每天我们都是在一起，到河边去，到俱乐部去，到车站的票房去，到许多人家去看果里以前所放的牛。他还认识哪个叫什么名字，哪个牛有什么习惯，平常他最欢喜的是哪个，最讨厌的是哪个——由牛群给我们讲出许多的笑话。

在冬天，果里学会滑冰，便成了他的嗜好；可是，我们不许他常去冰场。因为那时街头又满了果里所说的“魔鬼”和“魔鬼”的旗子。不过我们学校的旗子，仍是同从前一样——一半中国的，一半苏联的。

只有那半面中国旗，我爱啊；可是，果里为什么也爱呢？我们每天望着，仿佛在旗上开了花。然而，花，毕竟要有谢落的一天——校役给我们看了一面新做的旗，一半是苏联的，黄色的小斧头，镰刀，五角的小星星，在旗面上没有错放一点的位置；但是，另半面却不是属于中国的了。那全新样的，在地图与万国旗中，我们从来也没有见过。校役悄悄地把旧的旗子扯落，升上新的旗子。

我们天天仍是希望把旧的旗子升起，哪怕这是一年，一月，一天，……一刻也好。可是，我们总失望。只有扑到储藏室的玻璃上，看看丢在墙角下的旧旗子。

不久，更有惊人的消息传来。我们学校的旗子快完全换新样的了。

我请两点钟假，到叔叔家去，回来晚了。苏多瓦正给我们同学的讲什么，她停下，问我为什么回来这么迟，我说：

“这地方不安宁，叔叔把祖母送走，祖母留我吃了饺子。”

我说完，苏多瓦完全没有谴责我，真是意外的。她又继续她的问话——问每个苏联学生将要到什么地方去。于是学生好像喊了一个口号：

“回祖国去！”

“果瓦列夫，你？”苏多瓦又问。

“回祖国去！”我说。

“怎么回去?”

“叔叔回来接我。”

苏多瓦从讲桌来,走近果里的身旁问:

“果里!”

“什么?”

“你呢?”

果里咕噜两声,说不出什么。他只是呆着,在呆望墙上悬着一张世界地图。在那地图上,靠近海洋的一角,有他的祖国,仍涂着另一种颜色区分他祖国的边疆;但是他说:

“跟果里沙去吧!”

苏多瓦做出孩子一样的讽刺,手指点着果里的头,果里的头渐渐地沉重下来。她立刻又严肃地说:

“果里,你不能跟果里沙去的。将来在高丽的国土上插起你祖国的旗,那是高丽人的责任,那是你的责任!”

为了明天的别离,苏联的同学分赠我与果里许多小物品,做纪念。“果里呢?”同学们问。

我在院里寻到果里。只是他一个人,在树影下踱着小步子。月光浮在他的脸上,我看见有泪珠。他不住地问着自己:

“到哪里去呢?”最后,我告诉他:“我们两个一同走吧!”

于是,我们送别苏联同学登了驶向祖国的专车后,便筹备起我们的行程。虽然,已经知道南线车轨被破坏(这是叔叔必经的路),但是,我们仍倚在门前,望着邮差来。那许多信,没有一封是叔叔的,都是从苏联来的。同学们告诉我们,当他们到莫斯科的时候,有许多人欢迎他们,以后,又送他们进了学校……

十几天了,叔叔的消息完全没有。而且守门人天天催着我们走,大门立刻要锁起来的。守门人为了我们没有路费,在旅程上给我们个秘密的方法。

于是,坐过一天一夜的火车之后,我们又飘流在海洋上了。

虽然我们是藏在货舱里,被塞在麻袋的缝隙间,不住地有老鼠从我们头顶跑过,但是,不停止的轮机似乎在告诉我们:

“向祖国去的孩子们!不要害怕,不要叫饿,这一刻你们应当忍受的!”我是十分安心,果里却问:

“在岸上被检查了,下船也要检查吧?”

“检查怕什么!”

“你是不怕的。我呢?”

我们同是说着俄语，仿佛忘记了我们是异国的人。为了果里的安全，不应当再说俄语，要说中国话了。所以我改用中国话说：

“从现在起，我们说中国话吧。”

“如果有人问是哪国人呢？”果里仍是说的俄语。“说中国话，自然你要说是中国人啦。”

“说不好！”我开始试验他了：

“你是那国人？”

“中国人。”

是不像中国人。他说话的重音，放在“人”字上。其实，我和他说中国话，他明白，不过，他说的太不中听。

“你装中国人，装我的弟弟。我说话，你一点不要说！”然而，下船的时候，警察偏偏地问果里：“你怎么不说话，你哑巴吗？”

终于果里被看出是高丽人。果里所说的“魔鬼”，这里也有的，于是果里又被“魔鬼”抓住了去。他看我也被一只大手抓住衣领。他说：

“我是高丽人，他不是的。”

（原载于《文学》第6卷第5号，1936年）

国家出版基金项目
NATIONAL PUBLICATION FOUNDATION
国家社科基金重大项目结项成果
“十四五”国家重点出版物出版规划项目

二十世纪东亚抗日叙事文献整理与研究丛书

丛书主编——牛林杰

文学编·长篇小说卷 Ⅳ

分卷主编——柴　琳

山东大学出版社
SHANDONG UNIVERSITY PRESS
·济南·

图书在版编目(CIP)数据

二十世纪东亚抗日叙事文献整理与研究丛书. 文学编. 长篇小说卷. Ⅳ / 牛林杰主编 ; 柴琳分卷主编. 济南 : 山东大学出版社, 2025. 8. -- ISBN 978-7-5607-9013-8

Ⅰ. K152;I310.4

中国国家版本馆 CIP 数据核字第 2025Q84X75 号

策划编辑 张铭芳
责任编辑 肖世伟 张铭芳
封面设计 卡古鸟设计

二十世纪东亚抗日叙事文献整理与研究丛书 · 文学编 · 长篇小说卷Ⅳ
ERSHI SHIJI DONGYA KANGRI XUSHI WENXIAN ZHENGLI
YU YANJIU CONGSHU · WENXUEBIAN · CHANGPIAN XIAOSHUOJUAN Ⅳ

出版发行 山东大学出版社
社　　址 山东省济南市山大南路 20 号
邮政编码 250100
发行热线 (0531)88363008
经　　销 新华书店
印　　刷 山东新华印务有限公司
规　　格 720 毫米×1000 毫米 1/16
　　　　 172.75 印张 3054 千字
版　　次 2025 年 8 月第 1 版
印　　次 2025 年 8 月第 1 次印刷
定　　价 1000.00 元(小说卷全 6 卷)

二十世纪东亚抗日叙事文献整理与研究丛书

目录

1945年以后

1945年以后

血海（节选）*

[朝鲜]佚名

张琳　周四川　金毅泉 译

第一章

一

天气太反常了。往年春天一到，花都开了，鸟儿欢唱，可是今年的春天，却一直风风雨雨，总不消停。这会儿，但见乌云滚滚，天昏地暗，丘陵上的野草，佛陀山上的丛林，都在大风中发抖。从马鞍山脚下的一座磨房里，传出"咔嚓嚓"的什么东西的断裂声，磨房旁边的三棵白杨树，眼看就倒下来似的剧烈地摆动着，把枝头的一个喜鹊窝给掀落在地。多么像不久前的那个风雪大作的夜晚！四面八方响着"轰隆隆"的吓人的声响，仿佛无数车轮滚过桥头。

甲顺忽然害怕起来，把在背上啼哭的弟弟乙男转到身侧，想哄住他不哭。乙男是个吃奶的不懂事的孩子，哪里知道姐姐心里着急，哭声依然不止。唉，若是天上的神灵听见了，给抓去了可怎么办呢？

"乙男，别哭，别哭呀！"甲顺目光惊恐地抬头望望越来越可怕的天空，回转脸哄着弟弟说。

乙男听也不听，踢蹬着两条小腿哭得更凶了。他的嗓子已经哭哑，好像要断气似的喉头发出"咯咯"的声音。甲顺被弟弟折腾得心急火燎，两只大眼睛眍了下去，嘴唇干裂；而且她自己也很饿了，肚子里空空的，裤带松得直往下滑落，今天起风前乙男就开始哭着要奶吃，甲顺几次拿母亲从野地里挖来的旋花

---

* 本卷提到的"白头山"均指长白山，为尊重原文献语境，暂不作统一修改，下文页下注均为底本原注，特此说明。——本书编者注

根给他，这虽然能暂时使他安静一会，但一尝味儿不对，哭得反而更厉害。

不觉间甲顺的眼皮也耷拉下来，腰上也没有了劲。风刮得更猛，乌云被风驱赶着不断地涌来，四周更加昏暗，长在田间的一棵白杨树，受了惊吓似的，东倒西歪地摇晃着。不知原来隐藏在哪里的那么多的乌云，从佛陀山、从更远处的蒸笼峰上，一团团、一簇簇地冒出来，互相撕扯着，抓咬着搅在一起，向着姐弟二人，向着他们在田间干活的母亲狂奔而来。

天空中阴云四合，山峰、树林、田野依然在狂风中颤栗。乙男继续在哭，额头上渗出了冷汗。他的哭，看来不光是因为饿，也是被这恶劣的天气给吓坏了。甲顺急得直流眼泪。怎么办呢？妈妈说过，今天要把地里的草锄完了才能回来……还听她说这几天累得早已没有了奶水。

一阵饱含水汽的风掠过田野，脚下的干草叶子沙沙地滚动，干枯的艾草杆被风刮断，又被卷向半空。一朵黄色的蒲公英伸出头来，在甲顺的眼前晃来晃去。看到在枯草丛中冒出这么一朵素素淡淡的小花，甲顺觉得新奇得不得了，忘了眼前的恐惧，伸手摘了下来。她把蒲公英递给背后的弟弟，乙男用沾满口水、鼻涕的小手抓过来就送进嘴里。一定是味道很苦，他皱起眉头，像为受骗而气恼似的一下把花扔掉，又像被火燎了一样更大声地哭起来。甲顺眼泪汪汪，求助般地把目光转向在田间埋头锄草的母亲。

顺女心里也乱糟糟的。乙男撕心裂肺的哭声，越来越坏的天气，使她顾不得抹一把脸上的汗水，不停手地加紧锄草。

今年春天确实有些怪异，从一开春顺女心里就怀有一种说不出缘由来的不安。

两个月前，本来已经透出春天的气息，在背阴处还存有积雪的时候，也曾有过几天晴和的日子。谷底解冻了，融化开来的雪水发出多情的絮语流向溪涧；家家户户都打开了存放种子的草筐，拿出来透风；并且忙着打点农具，该磨的磨，该安木把的安木把。各家的地窖也都揭开了，削整留作种子用的发了芽的土豆。

人们蜷缩在阴暗的屋子里整整一个冬天了，挨饿受冻，现在漫长的北国的严冬即将过去，企盼已久的新春似乎带着好运很快要来叩每家的房门。人们都觉得有了盼头，从家里走出来，在村子里走动，互相串门。

谁知春天竟步履蹒跚，欲来又止，到了荒原那一头的蒸笼峰的山坡上便踟蹰不前了。随之，风雪骤起，谷底里化开的泥水又结了冰，游丝飘浮的田野重新严严实实地覆盖上一层雪毯。这是不祥的朕兆，萌发在人们心中的希望渐渐破灭了。

恶劣的天气一连持续了好久才慢慢缓解。尽管积雪又开始融化，河水又淙淙流淌，但农事却错过了时令，人们再萌生不出对春天的希望，今年又难逃挨饿的命运！即使播下种子也无济于事，谁也想不出好主意能熬到秋天。

男人们没有心事再管田里的事，天天往城里跑，像是有什么可怕的事即将发生。顺女看在眼里，预感到一种注定的厄运正在到来，天天提心吊胆。

正午刚过，从蒸笼峰和佛陀山那边压过来的乌云，夜叉般地张开双臂，一步紧一步地逼过来。顺女心里一阵不安，手握锄把刚一抬头望天，像早已等候在那里似的，一道刀刃般锋利的闪电，划开云层，朝她的头顶直劈下来。“啊，老天……”她怕极了，伸起弯着的腰，向枯蒿起伏、沙沙作响的地头那边望去。丘陵上的一棵杨树，也像是预感到大难临头，条条树枝都抖个不停。

甲顺背着乙男正站在那棵树下，瞪大惊恐的眼睛仰脸望着即将降下大祸的天空，一边在哄着要奶吃的弟弟。

听见儿子嘶哑的哭声，顺女本能地朝孩子们那边扬了扬手，但还没等她的手放下来，一个炸雷在头顶响起。这是今年听到的第一声雷，而且不知怎的这第一声雷就让人觉得有些杀气腾腾。顺女本来就心慌不定，此时就更感到害怕。她真想丢下手里的活立刻跑到孩子们身边去，可是她的目光一触到田垄，这念头就动摇了，不由得叹了口气，今天无论怎样得把草锄完，不能让杂草在地里多生长一天，不然种晚了的土豆就更没救了。她连连抬头望天，然后以极快的动作向前锄草，好像生怕听到儿子的哭声。

黑暗紧迫不舍地向她包围上来，越来越浓，地头远处的草原那边，已分辨不出轮廓。她惶然抬起头，看见墨黑的云团仍不断地从蒸笼峰、佛陀山上腾起，滚滚涌来。庄稼已错过农时，必须拼命地干，补救过来，所以她今天把孩子也带了出来，丢在四下不见人影的野地里。

狂风、响雷，还有狂奔的乌云，都联起手来折磨她这个善良的女人。早晨的时候，天还是晴朗的，顺女计算着能把活做完，不想老天喜怒无常，故意跟人为难，竟又闪电又打雷地发起威来。

春天是阴暗的，世道也不平和。

细想起来，自从丈夫去蒸笼峰伐木场干活以后，她就有了一种预感，一种担心，只是那时她还什么也不懂，说不清究竟担心什么。她认为大概是她从小无依无靠的身世养成的性情，因为丈夫一个冬天不在家，所以心绪一直不宁。最近以来，人们的日子越来越艰难，村里的男人们商量着要干件什么事情，去了三道沟。这时候，她才隐隐约约地意识到盘踞心中不去的焦虑和不安的原因。她是个厚道人，逆来顺受惯了，在她看来乡亲们这样成群结队涌到镇子上去，简直是难以想像的事，害怕会闯出祸来，心头总是沉甸甸的。

丈夫和众人去镇子上还没有回来，天上又打雷又闪电，在地里干活的顺女越发惶惶安不下心来。内心的焦虑和阵阵的狂风驱赶着她，心爱儿子的哭声牵动着她，使她拼命地加快锄草的速度。这是一块开荒出来的土地，紫芒丛生，刚种下去的土豆很快就被这些紫芒缠绕住了。顺女因为着急，手在发颤。但她知道再急也不能马虎，这关系到他们一年的收成，何况这些土豆是丈夫饿着肚子种下去的，一棵也不能让它毁掉。

老天无情，一点也不可怜顺女的苦处，在一阵阵雷声过后，又哗哗地下起雨来，豆大的雨点打在地上，溅起尘土，散发着呛人的土腥味。顺女抬头看看，密集的雨柱已经把蒸笼峰和佛陀山遮得看不见了，只有丘陵上的白杨树带着满身的雨水从上到下不住地摆动。

顺女只好停住手，又望一眼无情的天空。汗水混合着雨水从她宽阔的前额上流下来，深邃、明亮的眼睛里含着哀怨的泪水。老天一点也不理会这个女人美丽的面容、善良的心地和她的一点点并不奢求的心愿，用粗大的雨点毫不留情地击打着她的鼻子、嘴巴和露在头巾外面的鬓发。

"你看，又要打闪、响雷了，别哭啦！"

女儿焦急的声音传到茫然望着天空的顺女的耳朵里，她才发现她已经锄到长着白杨树的田埂前面。乙男用更大的哭声来回答姐姐吓唬他的话。刹那间，什么风声、雨声以至隆隆的雷声，顺女全都听不见了，耳朵里灌满了乙男饥饿的啼哭声和甲顺发急的声音。

"唉！你怎么老哭！"性情温和的甲顺也不耐烦了，几乎也要哭起来。"妈妈也没奶喂你了。就你肚子饿吗？全家人都饿着哩！爸爸、妈妈，还有我……"

她最后的一句话哽咽住了，风声和雨声吞没了她断断续续的话语。

顺女站在雨里，一只手按着憋闷得透不过气的胸口，眼睛还在望着没有锄完的地垄。她想，等丈夫深夜回家，坐下来抽烟的时候，如果能告诉他锄完了一遍草，把原以为荒了的土豆地又救过来，他该有多么高兴！丈夫从没有舒心过，他心里装的只有愁苦和怨恨。在这个世界上，顺女没有近亲，没有兄弟姐妹，丈夫是她最亲的亲人，是她依靠的擎天柱，丈夫的欢乐就是她的欢乐，丈夫的痛苦就是她的痛苦。她多么希望丈夫能笑口常开！可是，她除了不惜力气地干活，没有别的让丈夫高兴的本事。

丈夫理解妻子的深情，他与其说感到欣慰，不如说更多的是对妻子的怜惜。他常常故意说些违心的话责备妻子。妻子也懂得丈夫的意思，知道他心里深藏着对自己的爱和信任，所以听了他责备的话反而觉得是一种安慰。

近些日子，丈夫常常夜里不睡觉，拼命地抽烟。他的脸色很不好，不言不语地总在想心事。她希望能同心情烦闷的丈夫亲亲热热地说说话，谈谈他们种下去的土豆，谈谈秋天的收成，可是她张不开口，丈夫显然没有心思谈论这些事。

突然，一道闪电划过，隆隆的雷声，像大山的怒吼，震撼着烟雨茫茫的大地，滚向遥远的荒原的尽头。

顺女猛地站起身来，摘去头巾，擦着脸上的雨水，向两个孩子所在的地方跑去；雨柱箭头般地紧追在她的身后。

"妈！"甲顺一见跑来的母亲，高兴地伸开两手迎了上去。

"甲顺，咱们回家吧，别淋病了。"顺女说着，把锄头交给女儿，接过乙男搂在怀里。

乙男一到母亲手上立时就不哭了，抽咽着用两只小手乱扒。

"看把孩子饿的！这可怎么好？咱们快回家吧！"顺女抱紧儿子，忧心忡忡地看了看风卷来的雨柱，快步跑起来。

甲顺抱着背带和锄头，紧随在母亲身后跑着。她们刚翻过一个小山岗，一条条雨柱变成了瓢泼大雨，雨水遮住了视线，眼前咫尺难辨。她们走近守山神似的挺立在小岗转弯处的老榉树。这棵树有五抱来粗，一到夏季枝叶繁茂，招来成群的鸟儿，刮风下雨的日子为过往的行人遮风挡雨，把一条大黄牛赶到树下也不会被雨淋着。小岗并不高，可是从十里以外便能看见这棵老榉树，凡是初来梨树沟、立石村、大柳树沟和小柳树沟的人，都把它当作路标。

顺女在不知哪位过路人搬来的一块石头上坐下来，给孩子喂奶。乙男真是饿急了，小脑袋在母亲的怀里乱钻乱撞，直到找着奶头含在嘴里，才放心地喘了口气。

顺女背靠着树干，回头望望女儿憔悴的面容。甲顺还在用怯生的目光望着天空，发现母亲看她，嘴唇动了动，笑了。

因为还不到季节，榉树枝叶稀疏，粗大的雨点不住地从树枝间掉下来。甲顺踮起脚，扳下一根树枝给母亲挡雨。一根树枝是挡不住雨的，但一个十岁孩子的这份孝心，却使母亲十分感动。顺女心里热乎乎的，拉住女儿的手，说了一句"我的好孩子"，嘴边露出欣慰的笑意。甲顺见母亲喜欢，也甜甜地笑着。她们的笑，充满着母女间的深情，互相给对方心里注入了无限的喜悦。这种相对无言的微笑，像凄然开放在狂风呼啸的荒原上的野花，又像希望之泉，带给她们的是信心和勇气，世道再坏，日子再苦再难，都能使她们不会失去希望，坚强地活下去。

大雨哗哗地下着，雨柱像从天上垂下的一道竹帘，水雾蒙蒙，弥漫在树枝间。夹带着烂草的黄浊的水沫，被冲到树的底部，打着旋儿，又随着水流向低洼处流去。顺女的头发被雨水冲洗得光光亮亮，脸上的尘土也被冲净了，显出这位年轻母亲的美和温柔。她不言不语地把女儿拉到身边。母爱滋润着甲顺幼小的心，她把头深深埋在母亲的怀里。

春天迟迟不来，恶劣的天气，使身穿单薄麻布衣裙的母女俩身子都有些发抖。她们紧偎在一起，互相以体温温暖着对方，她们的心也沉浸在暖流中。

甲顺忽然把手举起，指着树上说："妈，你看麻雀也冷哩！"在高高的树枝上，几只麻雀在那里躲雨，羽毛也被雨水打湿了。

"一只是妈妈，一只是爸爸，靠着爸爸妈妈的是乙男和我……最边上是哥哥。"甲顺一一指着树上的麻雀说。

刚巧是五只麻雀。顺女看不出它们之间有什么不一样的地方，分不清公的、母的、老的、小的，但不知怎么觉得它们也是一个五口之家，有父有母，有儿有女。

"是呀，雀儿也冷哩！"顺女抚摸着女儿湿漉漉的头发，温和地笑着说。

"看，雀哥哥老独个儿坐在一边，觉得自己怪神气的……这会儿，哥哥该到家了吧……"

平时，甲顺最愿意跟着哥哥到外面去玩，可哥哥嫌她是女孩子，偏不喜欢带着她，所以她对哥哥很有些不满。可是，哥哥不在家的时候，还是她最惦记着哥哥。今天哥哥跟京哲去了三道沟，到药店给京哲的老父亲崔富老买药。老人生病，已经卧炕六年了。

"他是男孩子，独个儿常出去闯闯好，哪能像女人一样总守在家里呀！"

"女的也该同男的一样。"

"这丫头，尽说不懂事的话！"

顺女虽说认为女儿说的是孩子话，苦笑了一下，但她心里的一角似乎透出一点亮光。她抬起头，望望树上的麻雀。

这些在天空任意飞翔的鸟儿，如今像吓掉了魂，缩着水淋淋的身子在树枝上一动不动地望着远处。也许是在想它们的被风雨阻隔着回不去的温暖的窝吧！

顺女的视线，慢慢地转向勉强能看见的显现在蒙蒙烟雨中的灰色斑点似的村庄。一条羊肠小道，沿着从佛陀山深谷中哗哗流出的小溪，弯弯曲曲地伸延着，穿过因天色阴暗而显得十分荒凉的草原便看不见了；在小道消失处，有三棵高大的白杨树，树下是一座磨房。

磨房离她们坐的地方并不远，因为大雨遮着，看上去像是一个灰栏。在夏季，天晴气朗的日子，白杨树枝繁叶茂，清澈的泉水从山谷里淙淙流出，这里确是一个十分迷人的地方。从磨房的旁边转过去，走不多远，有一道马鞍形的山岭。一条牛车道直通到岭上。翻过岭去朝南走，分出两条岔道，一条经立石村和泉村去三道沟，一条通向图们江边。

十多年前，顺女背着还在吃奶的大儿子元男，头上顶着一口装着破烂衣物和水瓢的铁锅，跟在身背一口大箱子的丈夫的后面，过岭来到现在住的这个地方，从此再没有到过岭外。近五年来，她连马鞍岭也没有走近过。不知从什么时候起，岭下出现了一座专门存放丧具的房子，梨树沟、立石村和柳树沟等六个村子死了人用的丧具就放在那里。所以，太阳一落山，顺女连看也不敢朝那里看一眼。

可是，元男却偏偏约一帮子小伙伴，深更半夜里跑去看鬼，回来就编些没影儿的话来吓人，说看见鬼在房子里点上了灯等等。顺女听了都觉得瘆得慌，不让儿子再去那个地方，也不准他给小孩子们乱说。甲顺听见哥哥说鬼更怕，吓得闭上眼睛趴在母亲腿上气也不敢出。

现在，她们的村庄被笼罩在雨雾中，靠近佛陀山的下村，也只能看出它模模糊糊的轮廓，分辨不出哪是房舍、哪是树丛。

"妈，快看！爸爸他们……"甲顺一下站起来，拉住妈妈的手叫道。

顺女一惊，转脸望去，看到一群扛着叉子、镐头和铁锹的男人冒雨从马鞍岭上下来，向磨房那边跑去。他们是本村的乡亲，今天早晨去了镇子上，说是要去抢地主家的粮食。

顺女一眼就认出了走在他们中间的丈夫允涉。这并不是因为他的个子高大，也不是因为她熟悉他大步走路的姿态，其实福实她爹的个子比丈夫大，就是俊弼和俊范兄弟也比丈夫的个子高，顺女自己也说不出是什么原因，即使在伸手不见五指的黑夜，她也能从人群里很快认出丈夫，坐在家里也能感觉得出丈夫翻越马鞍岭的脚步声和喘息的声音。

雨势渐渐转弱，变成了毛毛细雨，磨房那边的一切也变得清晰了。

在磨房那里，人们一面拧着头巾和裤管的雨水，一面吵吵嚷嚷地说着什么。看来，他们从三道沟回来以后先在丧具房避了一会雨，雨小了以后又在转移地方。如果是这样，他们应该回村子里去，可是为什么又来这里吵嚷不休呢？去三道沟的事一定是不大顺利。

顺女心里有些紧张。

"妈，咱们也到爸爸他们那里去吧。"甲顺看了看天，对母亲说。顺女无语地拉住女儿的手，要她坐下，神色不安地望着磨房。

"可恶的雨，怎么老下个不停！"

这是头缠土布头巾的福实爹达三的声音。

"他们说三天后给回话，可我觉得明天咱们还是得去！"

这粗嗓门是丈夫的声音。

"去，当然要去！"

大家你一句我一句地说着，人声嘈杂。

顺女看出他们到磨房来不是避雨，还是商量那桩让人担惊受怕的事。她的心头又沉重起来。

"下村怎么一点动静也没有？"

这是拧着湿衣服的达三在问允涉。顺女还没听清丈夫的回答，忽然发现人们一齐向岭上望去。

一个人从立石村那边举起手喊着什么，撇开路踏着草地慌慌张张地跑来。看他跑的样子，就知道是十月女的新郎官明灿。

远远地就看见明灿卷起裤管的腿上沾满泥水，跑得几乎喘不过气来。从他惊慌的样子看，不像是村里人常说的他又犯了毛躁脾气，准是发生了不寻常的事情。

明灿一到，磨房里就乱起来。

顺女侧起耳朵，全神贯注地倾听着。

明灿一路急急跑来的时候嘴里一直嚷嚷着什么，及至到了大家的面前，却只顾喘气，一句话也说不出来。这样一来，人们更着急了。

"我说明灿，你别光喘气，快说呀！"

达三急不可耐地催促他，他这才使劲咽了口唾沫，语无伦次地说起来："大事不好啦……听说打过来了……真狠毒……昨天去城里的人……遭了殃！"

允涉把手放在明灿的肩上，语气和缓地说："别急，你说清楚点。"

明灿越发紧张："那……我说……唉，出大乱子啦！"

"你先别慌嘛！"达三哭笑不得地瞪他一眼，忽然郑重其事地问："明灿，你老家是哪里的？"

顺女正紧张地听他们谈话，听达三这样问明灿，也不由得笑了。这是达三故意引逗他，好让他镇静下来。

明灿却一本正经地回答说："是丰山呀！"

"不远嘛！"

"怎么不远？离这里好几百里路哩！"

"我是说离北青不远。"

明灿仍没有听出来是达三在逗他，直着眼睛发呆。

站在一旁的京哲急得没法，说：“过了犁岭就是北青，当然不远啦！”

听京哲这么一说，明灿才知道是逗他，搔搔后脑勺，瞪了达三一眼。

这时，顺女听见丈夫正色地说：“明灿，你不要着急，慢慢说。这消息你是从哪里听来的？”

“在立石村听说的。”

“听谁说的？”

“全立石村都传遍了。我碰见的人全这么说。他们说鬼子要在夜里把青壮年都抓走。”

接下来是一片嗡嗡的说话声，声音也低下来，听不清说的什么。顺女心跳得厉害，不知道究竟出了什么事。这时又传来丈夫的声音。“明灿，你先去通知下村的人，然后到我家来。”

明灿又转身朝下村的方向跑去；磨房里的人也准备各自回去了。

“雨快停了，大家先各自回家，有事再喊你们到磨房来商量。”允涉让众人走后，边和达三并排走着边说：“达三，咱们再回去商量一下。”

两人一走，顺女也抱着孩子站起来。她现在不只是担心，而是感到可怕了。

雨由大变小，渐渐地住了，好像一个性子古怪的老婆婆，在大叫大嚷了一阵之后耗尽了气力。

蒸笼峰上空透出了亮光，灰蒙蒙的水雾缭绕在佛陀山的山谷间，犹如农家的烟囱里冒起的炊烟。从远处草地那边吹来的南风，掠过水渍渍的草地，把破絮般的云块吹向东北方的山峦。

这时候，一些举着铁锹、铁耙和各种农具的男人，哇哇地喊着跑向村子的方向。明灿则拼命朝丘陵下奔跑。顺女知道他是去下村，想叫住他问问发生了什么事，便一步一滑地踏着泥泞走下丘陵。

明灿没想到榉树下有人望着他，边跑边说着什么。

“明灿，出什么事啦？”顺女怀里抱着乙男，用略带惊恐的口气问。

明灿吓了一跳，停住了脚步。发现是顺女，他瞪大的眼睛里透出一丝腼腆的笑意，但随即又紧张地向人们跑进去的村子看了看。

“这……这个……”明灿显得很为难，说话迟迟疑疑，“允涉大哥叫我什么也别说，怕乡亲们心慌。”

“是吗？”

顺女紧张的心情略微松弛了些，不过她知道一准是出了什么事。

明灿为难地搔了搔后脑勺，站了片刻，像个逃避严厉长辈责问的孩子，一溜烟地向下村跑去了。

“妈！”甲顺喊了母亲一声，像是想从母亲的表情上发现点什么。

“咱们走吧！”顺女说，避开女儿询问的目光，转身回到树下。

略带湿气的风徐徐吹来，给人一种轻柔、情意绵绵的感觉，可是顺女仍处于惶恐不安中。她的不安，已经不是一天两天了。

她深情地注视着从渐渐消散的雨雾中显露出来的村庄，回想着不祥的预感怎样像一个不受欢迎的客人不声不响地潜入她心中的那些日子。那是半个月以前的事了。山野的积雪未化，在蒸笼峰伐木场干活的男人们都一反往常地早早地回来了。丈夫允涉也在其中。

丈夫接连两个冬天都去伐木场干活。

这地方一向民风淳朴，现如今也变得人情淡薄起来，大家的日子过得一天比一天艰难。每年农活一完，直到飘起雪花的时候，大多数人都赶上牛爬犁去预备过冬的木柴，然后离家到伐木场去干活。一个壮汉子在伐木场干一个冬天，除脚上穿的裂开口子的胶鞋外，只能带回从小杂货店买来的一点碱和染料；混好了，也不过多带回几升小米和一小块布头。但人们还是愿意去那里卖苦力，因为家里能少一张吃饭的嘴，对穷人来说就减轻了不小的负担。

允涉两口子又能干又不怕吃苦，家里没有吃闲饭的人，加上顺女善于持家，日子还过得去，并不显得窘迫。自从去年生下了乙男，顺女的身子一直不大好，一个夏天都不能做什么活，家里少了一个重要的支柱。

不知什么原因，允涉也渐渐安不下心来了。前年他随乡亲们去蒸笼峰干活，苦了一个冬天什么也没有挣下。去年他又去了，说是出去见见世面心里还痛快些。

整个冬天，村子里没男人，冷冷清清，开春男人们一回来，就像过节一样热闹。可是，今年却不同于往常。村子里年高望重的崔富老正病得奄奄一息，男人们的脸上全罩上了一层阴影，没有人能快活起来。只是妇女们却不甘心，照样忙活着，得让苦了一冬的男人得到点宽慰。

男人们回来的第二天，便像往常一样不约而同地来到顺女家聚会，很久没见了，自然想聚在一起乐一乐。人们已经忍受了一个冬天的冷清。

天一黑，大家陆陆续续来到顺女家里，有老人、小伙子、中年人、牵着妈妈的裙边跟来的孩子，还有进了屋依然不好意思取下头巾的过门不久的新媳妇；梳着长辫子的姑娘扎堆挤在屋角里，不时发出哧哧的笑声。上屋和灶屋的炕上都挤满了人。

可是，今天晚上的聚会气氛却有些异样，不像往日那样热闹。

"我说呀，咱们唱歌吧！"

尽管梨树家的大娘这样大声提议，也没有人响应。坐在上屋的人都闷着头抽烟，集中在灶屋里的妇女也渐渐没了兴致。

"真有了鬼啦，你们男人是让女人给镇住啦？掉了魂啦？"梨树家大娘急得没法，大声嚷道。

顺女在灶屋里也很着急，坐立不宁。允涉觉得大家是来自己家里作客，作为主人，不能让场面这样冷下去，便说："哈哈，梨树家大娘劲头多大呀，像个打虎的英雄！明灿，你媳妇一唱，把咱们男人比输了，你必得给争回面子！"

允涉向开着隔扇门的灶屋看看，用话来激明灿。明灿的妻子十月女刚刚唱了一支《密山阿里郎》，把上下屋里人们的心都唱动了。这时，十月女低头坐在灯下，发髻上扎了条紫色的发带，羞得双颊透红。从做姑娘的时候起，她俊俏的模样、动听的歌喉，就远近出名。去年春天她嫁给了明灿，做了新娘，有段日子没有出来串门。世道越来越不宁，村子里人心不定，丈夫近来的行动也让她心神不安，所以从去年初冬起便常常出现在人们聚集的场合。可是，她从来没有想过要唱歌。今天，达三妻、凤淑和梨树家大娘一再要她唱，推脱不了，瞥了两眼坐在上屋的丈夫，才勉强唱了一支。她黄莺般婉转的歌声，多少驱散了一点弥漫在上下屋的沉闷的气氛。只是，歌声给人的轻松感转瞬即逝。若在往常，达三第一个就会大声叫好，起来跳舞，明灿也会不等先唱的坐下就扯开嗓门唱起来。今天，没人有这个兴致。

明灿用眼睛打量了一遍屋子里的人，站起来，解下缠头的毛巾，摸摸脖颈，使劲咳嗽了一声。

"哟，明灿唱歌啦！"坐在隔扇门坎上的梨树家大娘说，眼睛看着明灿那张粗糙的脸。

他被北国的寒风吹黑的脸膛、格外显眼的朝天鼻、厚嘴唇，还有一头锅刷子似的竖起的头发，让人很难想像会从他嘴里唱出优美动听的歌声，更难想像他会娶到像十月女这样俊俏的媳妇。这里的人是走投无路了，才来到这个土地贫瘠、人烟稀少的山沟里开荒的，家家都穷，而明灿家又是最穷的，第一个去蒸笼峰伐木场干活的就是他，可他却偏偏娶了最漂亮的十月女，福分真是不浅。人们这么想着，等着从他嘴里飞出能给他们带来欢乐的歌声。明灿却一个劲地眨巴眼睛，看他的样子是还没有想好唱什么歌。

每年到了冬天，在这个远离尘世的穷山沟里，人们的生活如同死水一潭，枯燥乏味；所有通往外界的路都被大雪封堵住了。在漫长的冬夜，黑熊舔脚掌舔得不耐烦了，还能爬到洞外的雪地上来走走，人们却不行，离开村子就没地方可去，而且也不敢出去，怕出去。他们这些人都是在深夜里收拾起锅碗瓢勺、拉家带口逃出家乡的，翻过胡岭来到此地，所以时时有一种恐惧感压在心头。他们听人家说，大地方是不能去的，遍地是强盗、骗子，专抢老实农民的东西；还有穿黑制服的警察、扛长枪的大兵，满街满巷乱窜，无恶不作；有钱人更坏，坑害穷人，心狠手辣……还不到冬至人们就不出门了，缩在炕头上熬过漫长的夜和阴沉、寒冷的白天，一直到第二年的清明节。唯一开心的事，是大家偶尔凑在一起唱唱歌，玩一玩。

这里也曾有过一段快乐的日子。在这个生长着一棵格外引人注目的梨树的山沟里，最早打起篱笆安家落户的，是达三一家人。他们原是犁岭那边的人，土地被日本人霸占去了，便避开人群聚居的地方，流落到了远离城市百多里路的梨树沟。一家人住在临时搭的窝棚里，野兽似的与世隔绝地过了一个冬天。第二年春天，他打算烧荒种地，打起火石，正在烧那些枯草树根的时候，来了一对背着孩子和行李的年轻夫妻。这就是十年前的允涉和顺女。到了秋天，又来了会宁的一家人；来春，明灿妈带着儿子四处寻找不到去向不明的丈夫，也在这里落下了脚。

这是一片无主的原始的土地，一片沃土，只要开垦出来，用不着施肥也会有好收成。渐渐地，又有些人家陆续迁来，左邻右舍多了，形成了一个村庄。逢到过年过节，大家你来我往，互送打糕、冷面、豆粥，亲亲热热，和睦得像一家人。达三老父亲的面前，生平第一次摆上了庆寿的宴桌，老人激动地说："我这样的人也有生日吗?"语调里饱含着辛酸，前来祝贺的人都含着眼泪笑了。

秋天人们贮备好粮食，冬天闲下来，便踏着雪开始串门。他们来自各方，也带来了各自家乡的风俗。人们烧热了炕，男人在上屋，女人在灶屋，互相拉歌，你唱罢了我唱。玩到深夜，肚子饿了，便评定优劣，输的一方要做冷面给大家吃，其实还是众人一齐动手；女人拿着瓢挨家去收土豆粉、泡菜，男人们压面；不论男人还是女人，没有谁觉得这有什么不公平。大家都是离乡背井的人，能这样相处也算是最大的乐事和幸运了。

明灿娶亲前就很会唱歌，他唱歌自然流畅、有韵有味，传神传情，而且态度大方，绝不扭捏，连女人婉转、清脆的歌喉也常常被他比下去。不知从什么时候形成了一种惯例：这样的聚会总是由梨树家大娘起头张罗，明灿的民谣——打令压轴。

允涉和顺女没有唱歌的本事，也不会说笑，在这样的场合总是旁观者，可大家都愿意到他们家来，他们家自然也就成了固定的聚会场所。他们夫妇心肠好，为人厚道，总乐意为别人做些什么或给别人些什么。

去年乙男出疹子，大家照样来他们家里聚会；即使在农忙季节，村里有什么事也都来他们家里商量。

春天去了，
菊花开了，
枫叶红了，
吉哇喳，好啊！

明灿唱起了西道民歌，调门很高，声音有点发颤，震动着屋子里沉闷的空气。

“嘘——各位静一静……”

“唱的是船夫谣呀！”

“不露出一手能行吗？要不他媳妇一唱，男人又该输了……”人们你一言我一语议论着，会宁老人狠狠地扫视了他们一眼才安静下来。悲凉的歌声在鸦雀无声的屋子里回荡：

世人都有营生路，
人人的营生不一般啊！
我们何苦做船夫，
坐的是停尸板呀，
吃的是祭灵饭！

明灿继续往下唱着，人人渐渐低下头去，发出声声叹息。歌谣里唱的分明就是他们自己的身世；明灿也似乎不是在唱歌，而像是一个抱着停尸板被滚滚的浪涛卷向茫茫大海的船夫，颤抖着身子向人们发出悲愤的呼号：

四十名伙伴沉下水，
独我一人活下来，
抱着一块破船板，
飘向无涯的海洋。
浪滔滔，雾茫茫，
不知前面是何处，
千里、万里长！
转眼之间狂风起，
涛声隆隆震天响，

辨不出东西南北，
平壤的大同江呀，在何方？
哎嗨呀，哎嗨呀！

一时静下来的屋子里，又一阵骚动。

“大家都是人，怎么能把人往海推呀！这还能算是人吗？”

坐在角落里的姑娘们听见唱到船商把人推下海时，小声议论着。

会宁老人又不高兴了，抱怨地说：

“灶屋里的人，闭上你们的嘴吧！好不容易有人出来唱歌，你又来捣乱！”

明灿以前没唱过这支歌，不知道今天晚上为什么忽然想起来唱它。他媳妇先唱的《密山阿里郎》，就是一支悲哀的歌子，按说他本该唱支欢快的歌谣才好。在这样一个人心悸动不安的夜晚，人们听着述说贫苦船夫受难故事的民谣，都禁不住伤心难过。

明灿扯开嗓门唱着，非常卖劲，仿佛要一直唱到天亮才肯罢休似的。可是，在他唱到那船夫九死一生地活下来，爬上练光亭的时候，忽然蹲下身子，不再往下唱了。寂静的屋子里又响起嗡嗡的说话声。

“怎么，唱完啦？”低头吸烟的会宁老人不满地问。

“是呀，干吗不唱了？接着往下唱呀！”达三的妻子也望了明灿一眼说，似乎十分遗憾。

“啧啧，这也叫唱歌么！”

上屋和灶屋的人都不满意明灿，纷纷抱怨着。明灿摆着他铁耙子似的大手，说什么也不肯再唱了。

屋子里一下沉默下来。唱歌到此也结束了。往常到了这时候，妇女忙着准备碗筷，顺女坐到灶前去生火，今天谁也没有动一下身子。如今各家都没有了吃的，虽说今天是男人们从外面回来的日子，也想不出法子能让他们像往日那样吃上一碗冷面。

十月女大概受不了这种一味坐在那里低声叹气的场面，默默地站起身子。

“当心别受了风，天还冷着哩！”顺女说，替她围上头巾。

十月女脸一红，笑了笑，拉开门走出去了。她已经怀了孕，肚子虽然不显大，却快要临产了。

早已坐得不耐烦的妇女们，这时也一个个站起来。今天的聚会竟这样冷冷清清地收了场，她们惋惜着走了。

顺女只觉得心里难受，恨这种穷日子。乡亲们来到自己家里，想痛痛快快地玩一个晚上，可就这样让他们扫兴地走了，总感到是自己的罪过，大家一定会非常伤心。她歉疚地望望上屋，那里沉寂无声。哪怕让他们喝碗泡菜汤也好啊！她这样想着，舀了一瓢热水，进了地窖。她揭开泡菜缸上的草盖，砸开浮面上的一层冰，盛了一碗泡菜汤送进上屋。大家互相望望，哈哈大笑起来。

“看一眼泡菜汤，心里都觉得痛快！大伯，请您老先喝。”性格爽快的达三把碗送到会宁老人面前说。

明灿大敞开怀，像要跟谁拼命似地大声叫道：“这算什么呀？玩了半天，连碗面也吃不上！全是该死的日本鬼子……”

“你是怎么啦？”达三怔怔地望着明灿说。

“哼，如今咱们活得还像个人么！这究竟……可还得忍气吞声……这究竟……为什么连说说都不行……妈的！”沉重的气氛使明灿受不了，嚷嚷起来。

“你呀，差点把汤碗打翻，别再闹了。”达三把汤碗又拿回自己面前，用手臂挡着，表情严肃地说。

明灿不好意思地红了脸，用手摸着后脖颈，愣愣地望着达三，引得众人一阵大笑。这事本没有什么好笑的，不过这样笑过一阵之后心情似乎轻松了些。

这时，有人嚼泡芥菜，有人喝泡菜汤，有人吸着自卷的香烟交谈。开头的话题，是各自听来的各种各样的消息，说的多是这个世道越来越坏，老百姓活不下去的事，气氛比唱歌的时候还活跃，大家抢着说话。

“蒸笼峰下的人家，没有人天天躲在家里，从去年秋天起人家就去镇上闹起来了，气势真大呀！”达三说。这话他已说过不止一次了。

“他们这样闹，是想干什么呢？不是把地给荒了吗？”会宁老人迷惑不解地问。

俊范听了老人的话，眨巴了一下眼睛，粗声大气地说：

“您问人家想干什么吗？告诉您说吧，是干政治！”

“你毛孩子家懂什么，胡言乱语的！政治是任什么人都能干的吗？不懂事的小子！”会宁老人训斥地说，又转脸问达三：“去年蒸笼峰那边庄稼的收成怎么样啊？”

“收成怎么能好呢？也和我们这里一样苦。”

一直闷头抽烟没有说话的允涉，听了达三的话，也开了口，说：“不论哪里，咱们老百姓要活下去都难啊！他们那里这几年只准种大豆，豆价跌了，税却一个劲地往上加。去年地主又催命似地要租，连地里的草也要拿去一半！去年秋天他们就闹起来了。我这次去伐木场，听说他们不光是闹粮，还闹国家独立哩！”

"怎么样，我说对了吧？会宁大伯自己不知道，还训人……如今只有咱们村无声无息，没一点动静。"俊范不高兴地说，刚才挨了会宁老人的训斥，现在有了出这口闷气的机会。

"闹国家独立……"会宁老人压根不去理会俊范的话，自言自语地说了一句。在村子里，除了崔富老，数他最年长，他得处处尽到长者的责任；眼下崔富老重病缠身，世道又乱，他怎能不操心呢？他的眼睛被热辣辣的旱烟熏得眯缝着，口气严重地问："庄稼汉也要闹独立？"

俊范的哥哥俊弼插进来说："是呀，村村都闹起来了。我们一路回来，亲眼看见二道沟、大柳树沟、小柳树沟、松坟和上岩村的人都动起来。我停下来看了一会，一群像元男大小的孩子手拿木棍跑来，使劲地盘问，把我们当成日本人的密探了。"

听了俊弼的详细叙述，允涉向后挪了挪身子，背靠到墙上，出神地望着天棚。达三感叹地说："咱们这样缩在山沟里，不知什么时候就会大祸临头！"

"照你这么说咱们也能闹成独立？"会宁老人仍然疑疑惑惑，看看达三，又看看允涉。

"闹成闹不成，人家先干起来的人心里总有谱吧。"允涉显然心里也很焦虑，但他接下去说："反正咱们不能就这么蹲着不动。你们没看见庚申年的事吗？今年春天闹不成独立，也要闯出一条路来，不然梨树沟的三十来户人家都得饿死。这两天不少人家打开了土豆窖，把烂掉的土豆拣出来，能作种子的已经不多了。明天我去一趟立石村，看看他们那里的情形。我在山上时同他们议论过，合计着去三道沟闹他一下，所以还得去见他们再谈谈。"

允涉的这番话，使屋子里的空气顿时紧张起来。

"真不巧，富老偏偏这时候病重……"会宁老人咂着舌头说。他最着急的就是崔富老的病，认为遇到今天这样的事正须他来为大家拿主意。

崔富老当过义兵[①]又干过七年独立军[②]，刚强，遇事胆大，是个敢闯刀山火海的老人。自从日本人"庚申讨伐"以后，眼见大势已去，便把火枪埋在马鞍岭下，安心种起地来。六年前梨树沟来了一个地主，硬说他们开的荒地是他家的，还要他们交出多年的"欠租"。老人一直压在心头的仇恨终于爆发出来，把那个地主打了一顿。这样，他被日本领事馆的警察抓了去，受了酷刑，从此一病不起。

---

① 朝鲜人民群众为反抗日本侵略自发组织起来的武装部队。

② 朝鲜民族独立运动者组织的武装部队，活动在我国东北地区。

“现在独立军也不行啦。”达三不想再听会宁老人唠叨，烦躁地说，“该我们庄稼人起来干了。豁出去跟他们拼一场，拼不过也不怕，已经苦到了顶，再苦还能怎么样！”

达三说完，卷了一支很粗的烟吸着。

灯台上燃着的照明的麻杆，冒出一缕轻烟，灶屋里的热气从隔扇门缝里透过来，升到结了冰花的天棚上又飘散开来。

漫长的夜。每到冬天的这个时候，在这间被生活的苦难压抑着的屋子里，只有叹气声，憋闷得使人喘不过气来，今天夜里的沉重气氛，更甚于往日，人们的心紧缩得几乎要窒息了。

“我说，你们谁看见过日本兵吗？”会宁老人心怀恐惧地问道。

顺女猛然一惊，抬起头来，等着有人回答老人的话。没有人开口，看样子没有人见过日本鬼子。真的没人见过他们？鬼子过江的消息早就传开了，要是人们为这才到处起来闹斗争，总有一天会跟日本鬼子打起来。顺女强压住急促跳动的心，注意地观察男人们的动静。不知他们在想什么，谁也不说话，一个劲地吸烟。时间在令人喘不过气来的沉默中逝去。

农民也搞政治，闹独立，这是什么意思呢？还说要到镇子上去闹……他们说的是真的吗？

现在想想，从那天起她就总觉得身后像有人追赶着似的提心吊胆，天天夜里都做可怕的梦。

二

一阵骤雨过后，天放晴了。脸色阴沉的天空，在暴怒了一阵之后，似乎消了气，阳光更艳，天更蓝了。

水珠在草叶上闪光，清风散发着春天的芬芳。

顺女又去地里看了看，因为积水太多，不能锄草，便去修被水冲毁的田埂。回到家的时候，已经是过午了。

村子里静得像空无一人的大院落。她走进不见人影的巷口，东张西望，如同到了一个陌生的去处。看来看去，也没有发现有什么异样。高高立在村中心的打水的吊杆，吊杆旁边的酸梨树，村口自家门前的豆架和院边的白杨树，都一如往常，只是经过雨淋，又被太阳一晒，都笼罩上一层淡淡的雾气。雨后的豆架显得又黑又亮，白杨树叶子更加翠绿，可是它们投在雨水冲刷过的明净村路上的长长的影子，不知为什么让人看了总觉得有些揪心。

顺女心神不定地走进自己家的院子。

"妈!"

元男的声音从头顶上传来。她吃惊地站住脚,抬头朝上望去,元男高高地骑在白杨树杈上正朝着她笑。

"元男,你在树上干什么呀?"顺女胆怕地问,"快下来!"

"爸爸要我在这里放哨。"元男说着,把食指贴在嘴上,示意母亲别大声说话,然后神情严肃地四下看了看。

"放哨? 什么放哨?"顺女不解地问,也随着向四周望望。

"听说日本鬼快要来了。"

"日本鬼子? 你真的去三道沟了?"

"当然去啦! 我一口气跑了个来回……"

儿子平安回来,她心里一块石头落了地,可是丈夫要儿子在树上放哨,屋子里又静得一点声音也没有,这又使她放心不下。她脚不出声地进了灶屋,一眼就发现炕下放的三双沾满泥水的草鞋。不用说有三个人在里面。她在灶屋坐下来,把跟在身后进来的甲顺拉过来坐在自己身边,又把背上的乙男转到胸前,搂在怀里。只有浓烈的旱烟味不断从门缝里透过来,却听不见他们的说话声。她侧耳细听,只听见深沉的叹息声,显见得他们正非常着急。

顺女想收拾一下灶屋,做点吃的,可是上屋过于紧张的气氛也使她紧张得不敢大声喘气。

她听见有移动烟灰缸和揉灭烟头的声音,知道这是丈夫的动作。这时的丈夫一定是屈起一条腿,从沉思中抬起头,把视线从炕面上移到坐在他对面的人的脸上。这是丈夫的习惯动作,每当经过深思之后要说话的时候,即使手里的烟没有吸完也会把它掐灭,对人凝视片刻,然后才开口说话。果然随着一声耳熟的咳嗽,传来他说话的声音:"达三,事情有些难办,你说该怎么样才好呢? 下村捎来的话和明灿带回的消息是一样的……"

坐在丈夫对面的人自然是达三。可是,另一双草鞋又是谁的呢? 三双草鞋都沾满了泥,看不出来都是谁的鞋。

顺女想像着被拉门隔开的烟雾弥漫的上屋的情景,急着想听听达三回答丈夫的话。达三大概也在吸烟,听不见他的动静。过了一会,随着一声沉重的叹息,听达三说了一句:"唉,我能有什么办法呢?"声音有气无力,同平时性情豪爽、胆大敢为的达三判若两人。

突然,炕头上传出一声喊叫:"这和他日本人有什么相干? 究竟……"

说这话的是明灿。他分明去了下村,什么时候又回来了? 这时,又听他气呼呼地说:

"我们找地主算账、要粮，日本人干吗要来管！我真不懂，这究竟……"

顺女尽管满腹心事，也不由得笑了。不管你有再愁人的事，只要见了明灿着起急来的样子就不能不笑。他和顺女都姓崔，是同姓，成婚前和顺女家最近。如今成了家，说话、行事一点没变。近来还常带元男一帮孩子上山打猎；有时找会宁老人和福实的爷爷下象棋；他很会讨村里妇女们的喜欢，"大姐""大嫂"地叫得格外亲热。不论在什么地方，即使在孩子堆里，他也总是毛毛躁躁、咋咋呼呼的。说起话来，他满口"这究竟""这究竟"，已成了他的口头语。从流鼻涕的娃娃到白发老人，都对他像朋友似的很随便，有时看他说话、做事过了头，也用不着顾及面子，可以狠狠地说他几句。

"我说明灿，你少说几句'这究竟'好不好？"达三不耐烦地说。

按明灿平时的习惯，不管别人怎么说他，他想说的话就非得全说出来不可，可是今天的情形非同寻常，他也就闭口不语了。

又沉默了好长一会儿。只有他们吐出的烟从门缝里透到灶屋里来。

顺女用手抚摸着睁大惊悸的眼睛望着自己的甲顺的头顶，轻轻耸了一下肩膀。不知为什么她感到肩头酸软，不知不觉间叹了口气。他们都饿了吧？丈夫没有吃午饭，愁得一个劲地吸烟。她知道他心里的苦。

"我们不该从镇子上退出来。"丈夫浑厚的声音打破了似乎要永远保持下去的沉默，"他们说三天给答覆[复]，这是要的花招，我们受骗了。本该一干到底，可是却退下来了。不管怎么说，是我们走错了一步……"

丈夫的声音渐渐低下去，只能勉强听见。她心里更加紧张。她知道，丈夫说话的声音越低，越平静，就越是说明发生了不寻常的事。

"我看咱们没有错，这究竟……"明灿没等别人的话说完就嚷嚷起来，"咱们的传单上说打倒日本帝国主义，是不是给抓住了把柄？"

"地主原就仗着日本人给他们撑腰！"达三生气地大声说，"不跟日本人斗，能有粮食吃吗？能三七减租吗？"

好长一会没有人说话。

"是呀……可是……"明灿的口气已经不那么冲了，"日本鬼子有什么道理打我们？这究竟……"

"道理？他们会讲道理？"这是丈夫的声音，他在开导明灿："日本人灭亡了我们朝鲜，又来吞下满洲，他们哪有什么道理？"

"妈的！这究竟……"明灿嘟囔着骂了一句。

上屋里又静下来。四周也很静，只有蟋蟀在灶下不住声地叫着。顺女抚摸着女儿，她的手在微微颤抖。这不像一双年轻女人的手，关节粗大，满是老茧，指甲缝里沾着泥土，像镶了一圈红边。然而，这双有力的手不仅无力打破令人窒息的沉闷的空气，就是从门缝里传来的叹息声也能使它发抖。

“咱们得想想法子！”随着推开烟缸的响动，丈夫说话了，“我到下村去一趟，看看情形，再和他们商量一下。为了防备万一，要派人在后山和路口上放哨。”

“好吧。”这是达三的声音。

“还是我再去下村一趟吧！”明灿在靠隔扇门的地方说。

“不，我去。要是情形不妙，我还想去镇上看看。”

“那太危险了，还我去吧！该杀的日本鬼子！这究竟……”

“谁去都一样危险。”

顺女知道他们就要出来，轻轻站起来走开了。

先走出来的是丈夫和达三。明灿跟在他们的身后，边蹭草鞋上的泥巴边来到院子里。

元男一见大人走出来，“噌”地一下从树上跳下来，问：“叔叔，完事了吗？”

“嗯，完事了。”达三笑眯眯地摸着元男的头，端详着他的脸说，“这小家伙眼睛没神，准是饿的。大嫂，我家借来了两升燕麦，你去拿些来，给孩子们熬点粥喝吧。”

“不，怎么能总给你们家添麻烦呢？”

“看你说的，咱们两家要是都算得这么清，我们家天天都要挨饿了！”

达三似乎把该说的已经说完，大步走去，很快消失在巷子里。

允涉因为要走远路，坐在廊台上系紧鞋带，回头看看神色不安地望着自己的妻子，无语地笑笑。顺女心想，丈夫一定猜到自己听了他们的谈话，他异乎寻常的目光分明含着对自己的怜惜。丈夫用这样的眼神望着她，原是想消除她的疑虑，其实反而使她感到某种可怕的事正在临近。

“爸爸，您去哪里呀？”元男和甲顺一齐跑过来，拉住父亲的手问。

“爸爸到下村看看。”允涉像平时那样抚摸着孩子们的头，慈爱地说。

丈夫上山干活，一个冬天不在家，孩子们想了他一个冬天；他回来了，一双儿女像没娘的孩子渴望着得到更多的父爱，围在他的身边一会也不想离开。想到这些，顺女恨这个使丈夫一刻也不能在家安生度日的坏世道。

“你多加小心啊！”顺女朝着向外走去的丈夫的背影，祈祷般地说。

黑暗也是潮湿的，似在发着荒诞的絮语，渐渐扩散开来。夜，像弥漫在坟地的腐臭味，使人产生一种说不出来的不安，搅得人不能入睡。

第二天早晨，几乎一夜未眠的顺女，看到裤管湿透的丈夫沉沉睡在孩子们的身边，才松了口气。

可是，丈夫醒来后，一吃完早饭又匆匆动身，带领着村里的男人去了镇子上。

顺女又下地干活了，锄完昨天没有锄完的土豆地里的草，快到晌午的时候才回到寂静无声的村子里。

昨天达三要她去他家里拿燕麦，她知道他们家的境况，怎么也没有勇气去。她刮了刮缸底，熬了点稀汤寡水的麸子粥，勉强凑合了一顿晚饭。自己埃[挨]饿她不在乎，可因为没有奶水而让乙男饿着比什么都使她心疼。

她从野地里挖回来一些旋花根，想煮一点哄哄孩子，便到井边去打水。她伸出酸软无力的手拉住吊杆，响动声惊醒了背上的乙男，又哭着要吃的。听着儿子嘶哑的哭声，像有一块烧红的铁在烙她的心。她一只手伸向背上的孩子，嘴里说着："乙男不哭，乙男是乖孩子。待会儿爸爸拿回大米，妈给你做白米饭吃。"

孩子似乎知道是在骗他，扭动着身子，哭声不止。顺女也不相信自己说的话，可她不能不一遍又一遍地这么说。突然，她拉着吊杆手臂一软，眼睛发黑，觉得连远处的蒸笼峰也摇晃起来。她的身子半靠在井架上，眼睛望着井下。井底映现出一小块蓝天，还有一个大眼睛、神情疲惫的女人也在朝她望着。她立刻明白过来：那真的是自己吗？如今她连自己是什么模样也不知道了。做姑娘的时候她去泉边汲水，在水里照见过自己的面容，却不是现在的样子。那时别人都夸她模样好看，她听了自然喜欢，却又疑心那不是真话，所以总怕到泉边去在水里照见自己。自从和允涉摆了一碗清水结拜成亲之后，两人到富人家里做了下人，也就没有心思想这类的事了。有一次，主人派她打扫客厅，在擦玻璃的时候从玻璃窗上又照见过自己的面容，这是在家乡最后一次看见自己了。后来，他们翻过胡岭，来到现在居住的地方，连能照一照面影的一眼泉水、一条清溪也没有，吃的水也是用草灰滤过的从佛陀山的山沟里流出来的黄泥汤。后来崔富老迁来了，他说喝多了这种水人会失去灵性，所以大家才一齐动手挖了现在的这口水井。去年冬末，上山干活的人回来，明灿给他的新媳妇买了一面巴掌大的镜子，全村人都稀罕得了不得，女人们都跑了来，你也照一下，我也照一下，都想看看自己是个什么样子。顺女也照了照，那时她的脸没有现在这样瘦、这样没有血色。今年春天格外让人难熬，从一开春天气就异乎寻常。刚一解冻的时候，突然下了场大雪，坏天气接连延续了十多天。当时会宁老人来串门，看了一会他那本年年都看的《裴裨将传》[1]，望着门外，神色不安地说了这样一句话："今年春天，一开头就不安宁哩！"

失神地站在那里的顺女，一下清醒过来，轻轻地摇摇头，把水桶向井里放下去。看到自己干瘦、疲惫的面庞，她心里很不好受；乙男的哭声，使她顾不得再追想往事。

井绳唰唰有声垂下去，"扑通"一声水桶落到水面上，映在水中的蓝天和她的面容立刻破碎了，消失了。

变黑了的裂开缝的弯曲的吊杆，又咯吱咯吱地响着把水桶吊上来。

"妈！"

顺女刚伸手抓住吊上来的水桶，听见传来甲顺的有气无力的喊声。她回过头去，发现脸色蜡黄的甲顺挎着一只小篮子正站在她的身后。

"你干什么去啦？"

"我去挖野菜了。这是给乙男的。"甲顺说着，从篮子里拿出一棵玉竹。篮子里装满了旋花根。

"甲顺，你饿了吧？"

"不饿。"甲顺摇了摇头说。

顺女心疼地看一眼女儿干裂的嘴唇，目光又转向旋花根边上的一小堆干黄的叶子，问："那是什么？"

"是给爸爸捡来当烟吸的山椒叶子，佛陀山上可多啦！"

顿时，顺女的眼眶里涌满泪水，女儿黄瘦的小脸在她的眼前变得模糊起来。

近来丈夫发愁的事多，烟也吸得多了，可是却没有那么多的烟让他吸。有一次他上山砍柴，采了些山椒叶回来，卷起来当烟吸，苦笑着说比真正的烟叶的味道还香。甲顺年纪小，理解不了父亲苦笑里包含的辛酸，还当爸爸的苦笑是心里喜欢，所以特地采来山椒叶子，好让爸爸高兴。想到丈夫终年劳苦连支烟也吸不起，想想女儿的孝心，顺女又难过又感动，几乎要哭出来。她忙背过脸去，把水倒进水罐，强作笑容地说："孩子，咱们快回家做饭吧。"

"有米了吗？"

"有米。"

"哪里来的米呀？"

"原想留下来给你爸爸过生的，不再留了。"

---

[1] 朝鲜19世纪一部小说，作者不详。内容暴露封建官吏的腐化堕落。

“那……”甲顺迟疑地望着母亲，“妈，哪天是爸爸的生日呀？”

“再过半个月就是了。”

“妈妈的生日呢？”

“还有一个月，早着哪！”

甲顺没再说话，用手摸摸篮子里的野菜。顺女把水罐顶在头上，往回走去。

甲顺扯着母亲的裙子跟在后面，边走边小声地说：“妈妈，咱们别吃米饭了。”

“怎么？”

“留着给爸爸过生日吧。”

“哪能等到那时候呢？你爸爸去三道沟了，说不定还能拿回点米来。”

“那也别吃。好吗，妈？”

顺女见孩子这样恳求，心里一酸，停下来说：“好，咱们不吃米饭了，就煮旋花根吃吧。”

“妈，您可别对哥哥说家里有米，他知道了一定缠着您要吃的。”

“嗯，对谁也不说，就咱们俩知道。”

顺女望一眼衣裙破烂的女儿，摸了摸她的头。孩子高兴的样子，天真的笑，反而使她感到心里难受。女儿蜡黄的小脸上泛起一层红晕。孩子懂事了，她为孩子的和年龄不相称的早熟有些担心。

“你哥哥呢？”

“他和崔家哥哥一道走了，说是爸爸派他们去办事。”

“没说是去城里吧？”

“说是去药水洞。听说崔爷爷病得快不行了。”

“嘘！你听谁说的？”

“崔奶奶说的。”

“崔奶奶一定是吓糊涂了，你可别去乱说。”

甲顺闪动着两只大眼睛抬头瞅瞅母亲，咽了口唾沫，转过脸去。

母女俩刚迈进自己家的篱笆院子，就见达三的妻子凤淑喊着“元男妈”，匆匆忙忙地跑了来。

“啊，出了什么事？”顺女站在灶屋前，头上的水罐没放下来就转身问道。

“真急死人，明灿媳妇要生啦！”

“怎么，不是说下个月才足月吗？”顺女睁大眼睛问，随即把水罐放在廊台上。

“可不是吗！唉，偏偏在这样乱的时候早产……”凤淑说着坐了下来，已不像刚来时那么慌乱。

“我看不像是早产。她这是头胎，兴许是算错了日子了。”

“是呀，不足九个月就生下来孩子……啧啧，人肚子里的事，谁能摸得准呀！”

“你刚才不是说挺急的吗？”

“瞧我的记性！崔大娘急着跑来找我，说儿媳妇生孩子了。元男妈，你快去看看吧！我去给产妇找海带……唉，女的不知道自己的产期，男的跑出去三个月，回来时不买产妇要吃的海带，倒买来一个没用的镜子……啧啧！”

凤淑心直口快，抱怨了一通，又风风火火地走了。

这一整天，都乱得让人心烦。

顺女往锅里添上水，把旋花根和玉竹放下去，嘱咐甲顺烧火，便背着乙男匆匆去了明灿家里。

三

十月女天一亮就喊肚子疼，到了后半晌才把孩子生下来，家里只有一个年过七旬的婆婆照应着。明灿是个大大冽冽[咧咧]的人，事前一点准备也没有。

凤淑跑遍全村也没有找到海带，又跑到立石村才找来一点存了很久的陈货。顺女把她珍藏的准备为丈夫过生日的大米拿了来，给产妇做了一碗汤饭。忙完这些的时候，太阳快要落山了。

这季节，白天变长了，孩子们都没有吃午饭，他们该饿坏了。

甲顺煮好给乙男吃的玉竹，到明灿家里来找母亲。这时，顺女正从罐子里往外倒留作丈夫过生日时吃的大米，不由得望一眼女儿。甲顺眼泪汪汪的，什么话也没说。她不知道用什么话来安慰女儿。

她们回到家，一拉开灶屋的门，就像有一股冷风迎面扑来。顺女心里一阵酸楚，直想倒下来大哭一场。

丈夫怎么还没有回来呢？她既凝心他们这样去闹会有什么结果，又盼着他们能弄回点粮食来度过难关。可是，一想到男人们摩拳擦掌地去找人拼命的样子，心就发寒，生怕他们闯下大祸。跟着京哲去了药水洞的元男，也没有回来。和京哲在一起虽说不一定出什么事，可听说近来出门走路很不太平，也是放心不下。

待会儿丈夫和儿子回来，一定都饿着肚子，可是家里一点吃的也没有了，她有一种负罪感。她手扶灶屋的门框站了一会，又急又想不出主意，于是又走到院子里。这时，凤淑又匆匆跑了来，连珠炮似地说：你看我这人的脑子……白天还想着给甲顺送来，事儿一多就全忘了，做晚饭的时候才想起来。收下吧，凑合着做顿饭吃。昨天福实爹再三嘱咐我……”

凤淑说着，把用裙子遮着一只大瓢递过来，瓢里盛着约两三合燕麦和十来个土豆。

“不，这怎么能……你家也难，也没有吃的呀！”

顺女一时不知该怎么才好，竟忘了伸出手去接。昨天达三虽然说过这事，可她怎么好意思要呢？

“大家都难，才该分着吃呀！这点燕麦是福实她爹从下村弄来的，又到立石村的熟人那里要来点土豆，你别担心我们，用这点东西做顿饭吃吧。唉，能多有点土豆、燕麦吃也好啊！”

凤淑说完，“啧啧”地咂着嘴，又匆匆忙忙地走了。

只有穷人肯帮助穷人。全村人的境况都一样，到了春天家家都没吃的。一直哭闹的乙男因为在明灿家吃了点东西，已经睡着了。

顺女把燕麦和土豆分成两份，一份是今天的晚饭，一份留作明天的早饭。她把从地里挖来的野菜和土豆掺在一起，加上一把燕麦面，准备熬一锅粥；又用燕麦面捏了些面团放进粥里。这种面团对穷人家的孩来说，简直就是年糕一样的美食，大人们熬粥的时候，小孩子总是缠着要面团吃。

粥刚一开锅，元男就喘着粗气进了院子。他把身子朝灶屋门旁一靠，第一句话就喊：“妈！我饿啦！”

“啊，元男回来啦！从药水洞来的吗？”

去药水洞来回六十多里路，顺女暗暗抱怨丈夫不该叫孩子去那么远的地方，现在见元男回来了，才高兴起来。

“妈，一路上我可开眼啦！图们江真美啊！从四面八方来了好多好多人，去找地主算账去了。我还看见了日本鬼子。妈，锅里是什么呀？我快饿死了！”

元男本想把一路看见的新鲜事一口气说给母亲听，一闻到锅里飘出来的香味，顿时觉得饥饿难忍，话也说不顺当了。

“粥快熟了，你抱乙男进屋去吧。怎么，你说你看见了日本鬼子？在哪里看见的？”顺女解开背带，放下乙男，担心地问。

“先是在金店沟看见的，在三道沟也看见了。他们穿着黄军装，扛着大枪。在三道沟看见的是骑马的鬼子。他们的人很多。”

“你知道他们是去哪里吗？”

“不知道。在渡船上听一位老爷爷说要出大乱子了。”

“出什么大乱子?”

“我也不知道。甲顺怎么不在家?”

“她到你明灿叔叔家去了。你明灿婶子生了胖娃娃……”

“真的?明灿叔见了人该害臊了!”

“你这孩子!遇见咱们村的人了吗?”

“没有。我想进三道沟看看,京哲老催着赶路,就一直回来了。爸爸还没有回来吗?”

“没有。我去叫甲顺回来,你先进屋吧。”

顺女把灶膛里的柴抽出来,正要朝外走,甲顺回来了。

“妈,有吃的吗?”

“我正要去找你,进屋里去吧。”

“爸爸和哥哥回来了吗?”

“你哥哥回来了。我给你们拿饭去。”

甲顺闻了闻灶屋里透出来的饭香,蹦蹦跳跳地进了上屋。

乙男醒了,哥哥和姐姐逗着他玩,发出“咯咯”的笑声。孩子们的笑声,使顺女暂时忘记了烦恼。她把本来很光亮的锅盖又拭抹了一遍,然后揭开,用勺子捺捺面团。已经煮熟了。

元男饿得再也等不及了,拉开隔扇门,催母亲快拿饭来。

顺女拿过一个托盘,用抹布擦了擦,眼睛望着锅里,心里盘算着。不管怎么看,这点饭也不够一家五口人吃一顿的。她不再多想,拿起勺子先给丈夫盛出一碗留下来,剩下的还不满两碗。她在一只小碟子里盛一个面团,是给乙男的,剩下的都盛在了元男和甲顺碗里。锅见了底,一点也没有剩下。她又把一碗酸过头的泡菜放在托盘上。看一眼这种泡菜她就觉得难过。孩子们正是长身体的时候,光吃这样的东西怎么能行呢?她恨这种穷日子。到什么时候才能让元男吃上一顿饱饭呢?想到这里,她一下清醒过来,忙招呼孩子们吃饭。

元男和甲顺一听说吃饭,一齐过来,没等母亲摆好饭桌就紧靠着坐下来。元男急不可待地伸出手去,高兴地叫着:“啊,是粥!”

“真好,是哥哥最爱吃的了!”

甲顺这样说,是想讨哥哥喜欢,让哥哥知道妹妹跟他最亲。可是,元男却像压根儿没听见似的,只顾吃饭。

甲顺胆怯似的望着哥哥吃饭的样子,也拿起饭勺,回头对母亲说:“妈,您也吃吧。”

元男停住正向嘴里送面团的手，把碗朝母亲面前推了推，说：“妈，您吃。”

孩子们的孝心，他们可爱的样子，让做母亲的又喜欢又难过。

“我在灶屋里吃过了，你们快吃吧。”

她避开两个孩子一齐投过来的目光，低下头，用小勺舀起一个面团放在乙男手里。

“妈，您不吃，我也不吃。”甲顺扯母亲的裙子说，像母亲一样的又大又黑的眼睛里满含着哀怨。

“你们快吃，我真吃饱了。”顺女说，她实在再没气力和孩子们推让下去，抱起乙男进了灶屋。

甲顺注视着母亲的背影，眼睛湿润了，机械地把面团送进嘴里。哥哥碗里快空了。她忙把吃剩的一半面团放在桌上，把碗里的用一块小手巾包起来。母亲什么也没有吃，她得给她留下，哥哥再饿，今天也顾不上他了。

顺女不忍心看孩子吃不饱饭的样子，背着睡着了的乙男走到院子里。

一弯新月正从磨房旁边的三棵白杨树间升起来。天刚黑下来时就起风了。黑暗吞没了田野，山峰只显出模糊的轮廓。顺女不时地用恐惧的目光回头看看影子似的山峰。丧具房就在那座山下，里面放的都是丧具……她忽然觉得有些怕。想起这一两大里崔老人就要不行了，忙把脸转向灶屋。

甲顺又回到了上屋。元男把最后一块面团塞进嘴里，伸头看看甲顺的碗，沮丧地叹了口气，嘟哝了一句“全吃光了！”端起泡菜碗，一口气把泡菜汤喝了下去。

顺女听见元男无可奈何地放下饭勺的声音，像是有一个冰块掉在她的心里。她难过，眼睛里闪着泪光。也许是晚风有些凉，她的嘴唇在发颤。

她站在那里没动，久久地朝灶屋望着。忽然，传来一阵嘈杂的人声，她的精神才振作起来…

大概是男人们回来了。

顺女忙去收拾了一下灶屋，又来到廊台上。杂乱的脚步声从黑暗中响过来，她侧起耳朵，注意地听他们谈话。

“当初我是怎么说的？不让你们去惹日本人，可你们偏不听，惹出事来了吧？”

这是会宁老人抱怨的声音。接下来有很多人回答他的话，可是听不出来都是谁。

就在不远的地方，传来俊弼激动的声音：

“大爷，您老别尽说没志气的话。柳树沟的人进了城，打开了地主的粮仓，您以为他们就不骂日本人吗?”

这时,又听见遇事爱咋呼的明灿气呼呼地说:

“哼! 咱们去找地主讲理、要粮,碍着鬼子什么事了? 这究竟……”

顺女心想:这个明灿! 媳妇生了孩子都不知道,还跟着到处乱跑……顺女听来听去,也没有听见丈夫说话。在这些人从家门口走过时,她躲到了门后的暗处。

戴着草帽、扛着一把铁锹的俊范,在走到岔路口时放慢了脚步,不知问什么人说:“明天怎么办呢?”

“明天会有消息来的。立石村死了人,还有人被抓走了,能这样罢休吗?那位死了丈夫的大嫂和她的孩子,把人的心都哭碎了。”

一个蹲在会宁老人家的墙下的人,边打火石边这样说,听不出他是谁。

又听俊范很难过地说:“是呀,我觉得就像自己家里死了人一样……”

“妈的! 什么世道! 咱们连夜去找他们算账!”

明灿又喊叫起来,还能影影绰绰地看见他在撸着胳膊。

顺女一听说死了人,心就直往下沉,怔怔地望着暗处。

达三的女儿福实从小路上跑来,对明灿小声说了几句话,明灿先是一怔,随即拔腿就跑。他这是怎么啦? 顺女有些纳闷。可是,明灿没跑几步,好像又想起什么,停了一下,转身又朝回跑。

俊弼觉得奇怪,问他:“你要去哪里?”

“海带,海带……我真糊涂! 把海带丢在三道沟……”

明灿后悔不迭地说着,下面的话听不清了。

顺女喊住正要走的明灿,问道:“你急急忙忙的,是去哪里呀?”

“嫂子,这究竟是怎么回事?”

“你媳妇给你生了一个儿子!”

“可我能使上什么劲呢?”明灿抹了一把头上的汗,求助似地问。

“这还用问,快回家里去看看! 福实妈找来了海带,给你媳妇煮汤喝了。今天晚上你就呆在家里,别再出去跑了。”

“是吗?”明灿不好意思地搔搔后脑勺,抬腿要走。

“明灿,元男他爸没回来吗?”顺女小声地问。

“嫂子,乱子闹大了! 不光是咱们村,图们江一带的人,都拿起家伙闹起来了。真气死人,那些木屐鬼也来打我们,两边在城里打成了一团! 立石村的人也在三道沟跟警察干起来,有人被抓了去,有人挨了打,还有人被他们打死了……这究竟……他们还让人活吗?”

明灿越说越有气，连回家的事也忘了，从腰里掏出烟荷包，卷起烟来。

顺女心跳得厉害，用惊恐的目光盯着明灿问："元男他爸……"

"他也快回来了。他和达三哥去立石村了，说商量一下明天的事就回来……嫂子，你说，日本鬼子干吗追到这里来欺负我们？我真不明白他们是什么心肠！"明灿说，像要立等回答似的眼睛盯着顺女。

顺女一直感到心头沉重，总像有个巨大的阴影将她围着，围得越来越紧，使她喘不过气，现在听说丈夫去了邻村，才放了心，对着明灿轻轻一笑，说："明灿，快回家吧，十月女等你一天了。"

"哎呀，看我……"明灿这才想起媳妇生孩子的事，掉头就朝家里跑。

路上没有人影，村子里一片死寂。

顺女安排甲顺他们睡下，想再做点针线活，可是她的心总安定不下来，又走出门外来。

夜露无声地下着，月亮已经高升在磨房的上空。村子里的点点灯光渐次熄灭了，只有生孩子的十月女家、老人病危的京哲家和丈夫外出未归的顺女家的窗口还亮着灯。

顺女在门外站了很久，露水打湿了孩子的包被，她怕乙男着凉才进了屋。

她揭开锅盖，摸摸粥碗，还是热的。近来丈夫几乎天天深夜才回家，没和孩子们一起吃过晚饭。她不知道究竟发生了什么事。这两天听来的消息，都不是好兆头，不祥的预感使她心乱如麻。丈夫的面孔明显地瘦了，而且变得很少说话，只闷头想心事。看起来这都和今天发生的事有关系。可是，他为什么要干这种可怕的事呢？虽说日子苦一些，只要多受些累，把地种好了，兴许还能过得去……自然，做种地的庄稼人也越来越不易了，时常听说有人给抓了去，有人被打死，让人时时刻刻都提心吊胆，不得安生。

顺女向灶屋外看看，才进了上屋。元男和甲顺静静地躺着，她以为他们都睡着了，及至她换了根灯捻，去拿针线活的时候，才发现他们都睁着眼睛。

"你们还没睡？"顺女问，把背上的乙男放到炕上。

"妈，爸爸还没回来吗？"甲顺问。

"快回来了，你们睡吧。"

顺女把乙男的小薄被掖紧，找出一块碎布给元男补破了膝盖的裤子。

过了一会，元男问："妈，是因为日本鬼子占了咱们的国家，咱们才过图们江来的吧？"

"你听谁说的？"

"爸爸和叔叔们说话的时候我听来的。妈，您知道共产党是干什么的吗？"

“共产党？妈不知道。从前听你爸爸说共产党来了咱们穷人能过好日子，我也没见过他们是什么样。兴许是像神仙一样的人吧！”

“妈还没我知道的多哩！共产党都是革命家，大柳沟和城里人敢反对日本鬼子，就是共产党领着干的。咱们这里没有共产党，就没有人家干得好。”

“孩子，这些事是从哪里听来的？”顺女抬起头问，不知为什么她有些怕。

“这谁不知道呀？我们年轻人个个都知道。甲顺，你不是也会唱共产党的歌吗？”

“这是真的？”顺女更吃惊了，瞪大了眼睛注视着甲顺。

“我会唱呀，唱一个给你们听听好吗？”

“别唱了，小心让人听见。以后不要再说这样的话了。”

“为什么呀？不能让人听见吗？”

“听说日本人恨共产党。现在三道沟也来了日本鬼子，让他们知道了会把你们抓去的。”

“妈，日本鬼子干吗到咱们这里来，是谁带他们来的？”元男问，他总忘不了今天碰见日本兵的事。

“谁会带他们来？是他们想来就来了呗！”顺女顺口回答说，她自己也闹不明白，正想找个人问问。

“他们怎么会一直来到咱们这样远的山沟里？井边家的爷爷总说日本人快亡了，可到底啥时候才能亡呢？”元男不满意母亲的回答，继续问。

“这我怎么知道？你爸爸回来，去问他吧。”

他们没有再说下去，似乎都在沉思。

这是一个令人焦灼不安的夜。风吹动一下屋门，也会吓顺女一跳，赶紧转过脸去观察动静。

可能十月女家有人出来打水，井边的吊杆吱吱扭扭地响过一阵之后，外面又静寂无声了。

过了不久，路上有人说话，同时传来两个人并排走路的脚步声。天这样晚了，谁还到磨房那里去呢？听说从昨天夜里起要派人在村子里放哨，他们是不是出来放哨的？渐渐地，脚步声消失了。

突然，杜鹃在佛陀山上叫起来了，如同在伤心地哭诉。

“杜鹃叫了……杜鹃为什么总在夜里叫呢？”元男自言自语地说，眼睛直视着上方，仿佛在想什么。

“我知道杜鹃为什么叫！”甲顺把脸转向哥哥，很自信地说：

“你懂什么！”

“怎么不懂？我听人说过了。”

“那你说吧！”

哥哥说话的口气让人生气，甲顺一下子坐起来，心急地抢着似的说：“我是听井边家的奶奶说的。在很古的时候，有一位妈妈带着她的九个孩子过活，没有吃的，妈妈饿死了。妈妈死了以后，惦记着她的孩子，一到夜里就出来叫：吃过饭了吗？喝过粥了吗？边叫边哭。妈，我说的对吧？”

听着甲顺讲故事，顺女的心像刀扎的一样疼。这不是一个新鲜的故事，可是听着它，外出未归的丈夫，那位饿死的母亲和她撇下的九个孩子，以及躺在眼前的自己的三个儿女，他们的影像，重叠、交错地显现在这个令人感到压抑的夜晚。她的眼睛模糊了，眼前变成了白茫茫的一片。忽然，她仿佛看见了立石村那位死了丈夫的妻子和她的孩子呼天抢地、伤心痛哭的情景，一直到甲顺拉了拉她的手才清醒过来。她凄苦地笑笑，点了点头说：“甲顺讲的真好！孩子们……”顺女变得严肃起来，犹豫一下，故意装作漫不经心的样子问：“要是爸爸不回来了，咱们怎么办呀？”

“爸爸为什么不回来？爸爸到哪里去了？”元男转过脸来问道。

甲顺也用惊异的目光直瞅着母亲。

“爸爸没到哪里去，我随便问问。”

“妈，爸爸回来，咱们不让他再出去了。没了爸爸，咱们可怎么活啊！一定不叫爸爸再出去！”甲顺摇晃着母亲的手，哭似的说。

“嗯，咱们不让爸爸再出去了。妈刚才是瞎说的，爸爸一会儿就回来了，你们睡吧。”

两个孩子不再说话了，可是他们并没有睡。

顺女继续想这想那，心绪不宁，手里拿着针线活也做不下去。她走出屋外，想看看丈夫是不是回来了，可一点动静也没有。新月已经偏到佛陀山顶上，由黄变红。她又回到屋里，和衣躺在孩子们的身边。蟋蟀在外屋的墙角里一直不停地叫，声音更显得凄凉。

顺女躺在炕上，仰面凝视着黑魆魆的天棚，脑子里乱糟糟的。悄没声息地躺在一旁的甲顺，轻轻地把手伸向母亲。顺女觉得有什么东西碰了一下嘴唇，一惊，拉住女儿的手，看她拿的什么。

“妈饿了，您吃了吧。”甲顺小声说。

听声音，这孩子没有一点睡意，可见她一直在等着她。她手里拿的是一个面团，是瞒着哥哥给母亲留下来的。顺女眼圈一热，流下泪来。她怕女儿看见，忙把她搂在怀里。

甲顺眼尖,早看见母亲的泪光,也抽泣着说:“妈,您怎么哭啦?”

“没……妈没有哭。”

母亲笨拙的辩解,反而使女儿难过,忍不住问:“妈,爸爸还会回来吗?”

“怎么不回来……你睡吧。”

甲顺渐渐平静下来,母亲温馨的怀抱,如同海绵一样吸尽了女儿心中的悲伤。

甲顺睡去了。顺女失神地望着暗处,仍然在想穷日子给他们一家带来的新的灾难。甲顺搂在母亲胸前的手臂渐渐松了劲,滑落下来。顺女为女儿拭去挂在腮边的泪珠,长长地吁了一口气。

四

“不管怎么样,明天一定得见出个分晓! 拖久了我们受不了!”达三又说了一遍他在立石村说过多次的话。

允涉没有吭声,蹚着草丛向前走去。

月亮已经落下去了,星光满天,仿佛能听得见露珠在草丛中滴落的声音。脚步一近,虫鸣就停了,脚步声远去,虫鸣又起。

“今天夜里有可能出事。立石村的人着急不是没有道理的。”允涉望着星光被云遮住的南方的天空,自言自语似地说。

“唉,怪我们糊涂啊! 当初要是和立石村抱成一团,一齐干……我真羡慕人家柳树沟和泉村的人,说干就干起来了,干净利落。大家抱紧了团,日本鬼子来了也不敢轻易动他们。”达三慨叹地说。

“咱们能做到现在这一步,也不容易了。虽然说不能和三道沟、柳树沟、泉村相比,可全村的人也都站出来,敢跟地主斗了。世代种地的庄稼人,也干起了大事……咱们村要是有个能人出来领头,一定干得更好。只这一样让人觉得可惜。”允涉静静地说,伸手拔了根青草咬在嘴里。

“立石村不是也这样说吗? 唉,只怪咱们这个地方太荒僻、太穷了。听说别处来了共产党哩! 要说能人,咱们两个村子的人加在一起,也就算你的本事大了,嘿嘿嘿……”达三苦笑着说。

图们江一带到处都闹起了暴动,不管走到哪里,都能看见示威的人群,听见人们反抗的呼喊。他们已经不再提什么向地主借粮,而是去打开他们的仓库,分他们的粮食。有的地方,还打死了地主和地主的狗腿子,喊打倒日本帝国主义的口号,气势比前一年秋天闹暴动的时候还大。有一个地区,从去年秋天到现在,暴动从来没有停止过。他们知道日本人会来镇压,把老人、妇女和孩子都转移到山里躲起来，只留下青壮年，他们还有了武器。

蒸笼峰一带地方，暴动也在这两天达到高潮。立石村和梨树沟这些动作慢的村庄也动起来了，他们要迎头赶上，气势很盛，仿佛要吞掉一切似的都涌到了三道沟镇子上。不论是允涉还是达三，他们两人都没有领头干这种事的经验，也找不到有本领带他们进行斗争的能人。可是，农民们已经处在了生死关头：要么等着饿死，要么起来拼命，打出一条活路。所以，他们斗争起来个个都非常勇敢，包围了三道沟一带最大地主张家的总管的住宅，砸开了大门。就在这时候突然从镇子的一头传来了枪声，日军的马队冲过来了。这些日军是罗南师团的会宁联队，几天前过了江，一路血洗了好多村庄，现在又开到了这里。

在镇口上，立石村的人正碰上这帮日军马队，一人被打死，两人受了伤；被人民斗争的气势吓破了胆，逃跑了的警察，好像又找到了魂，狐假虎威，抓走了立石村的四个人。

允涉、达三和立石村的人离开镇子，一路回来，气愤地谈论着日本人的暴行，正遇到从城里回来的大柳树沟、小柳树沟和泉村的群众，他们高高兴兴，精神抖擞，牛车上满载从地主那里抢来的粮食。他们也遇到了日本军队，因人多心齐，鬼子没有敢对他们动手。

“咱们村也该有人来组织共产党才行啊！”允涉嘴里嚼着草叶，心急地说。

“这次虽说咱们村没有伤人，可立石村死伤了好几个，他们恨死了日本人，让人着急的是谁也不知道下一步该怎么办。原来在伐木场干活的勇范，我看倒像有点来历，当初把他找来就好了。”达三说着，叹了口气。

“这时候谁肯来咱们这个小山沟呢？咱们也不能只想着依靠别人，还得自己找出一个领头的人来。”允涉加重语气地说，像是下定了什么决心。

今天，他和达三去立石村，一方面是因为这个邻近的村子死了人，代表梨树沟的乡亲表示慰问，另一方面是要同他们商量两个村子联合起来一块干的办法。今天，他看到、听到、感受到的一切，使他有了靠自己找斗争领头人的想法。

两人穿过丧具房旁边的草地，来到马鞍岭下。一条小道沿着一道深谷伸延开去，然后又向上一直通到挺立着一棵孤零零的杜松的马鞍岭上。

他们登上马鞍岭，两个正在杜松下谈话的人影突然站了出来，大声地问：“什么人？”

“是我们。是俊范呀！”

允涉说着，大跨步地走了过去。和俊范在一起的是明灿。

“允涉大哥，事办得怎么样啦？”

“能怎么样呢？这里没事吧？”

“没事。听京哲说前面村子的人也大闹起来了。”

“都会起来干的。京哲父亲的病怎么样了？”

允涉说着，在杜松下坐下来，点了一支烟含在嘴里。他又向四周望望，俯视着夜色中的村庄。

达三摸摸挂在杜松上的钟，表情忧郁地看了两个守夜的年轻人一眼。这口钟是庚申年日本人讨伐时崔富老派人挂上去的。

“老人的病还是这样，不见好……立石村的人明天还去吗？”

“当然要去！”达三说。

“明灿，你今天怎么斯文起来啦？”允涉吸着烟，见明灿腼腼腆腆地站在一边，打量他一下，深感奇怪地问道。

在平时，明灿什么话都抢着说，让别人插不了嘴。

“嘿嘿……我本来就斯文呀……”明灿挠着后脑勺，很不自然地说。

“明灿当了爸爸，喜欢得呆了，只知道笑！哈哈哈……”明灿听俊范这么一说，真的害臊起来，走过去就拧俊范的胳膊。

“原来是这样！是胖小子，还是俊闺女？”允涉也为明灿高兴，望着明灿问。

明灿只是“嘿嘿”地笑，说不出话来。

“哈哈！看来你是真的高兴傻了。你不在家照应着，还出来干什么？快回家去吧！”达三半真半开玩笑地说。

明灿笑了，讪讪地说：“满屋子里都是大娘婶子们，我可在那里呆不住！”

大家笑了一会，仿佛一股凉爽的风吹进沉重的心头，觉得轻快了许多。

“这样吧，你们好好在这里放哨。我们和立石村约好了，佛陀山上也有他们派的人，一有情况他们就点起火堆，你们看见火光马上敲钟。听明白了吧？”允涉嘱咐说。

“明白了。”俊范和明灿齐声回答。

允涉和达三在磨房前分手时，允涉说：

“我去村里转一圈，告诉大家有情况时隐蔽的办法，再说说明天的事。你去关照其他放哨的人，完了事就回家去睡吧。”

达三听了允涉的话，欲言又止，只短短回答了一句“知道了”。

允涉知道达三担心的是什么，这也是他自己担心的事。于是，他说：“我看不会有什么事的。庚申年他们不是就没能到了这里吗？咱们村是落在后头的，闹的不厉害，他们顾不到这地方。除非是他们想把朝鲜人都杀光。我们是以防万一……人们不是常说有备无患吗?”

达三似乎并不怎么相信允涉说的话,站在黑影里望了他一会,说:

“知道了。没有事你也回去睡一会吧。”

达三说完,低着头走了。允涉却站着没有动。达三远去的脚步声似乎是永远不会停息似的响了很久,后来像一根突然断了的琴弦,一下就听不见了。

允涉轻轻叹了口气,也移动起脚步。

五

脚步声近了。啪哒、啪哒……一会慢,一会快。

丈夫走路总是前脚掌用力,他的草鞋也总是先从鞋尖破起。夜很深了,丈夫回家的脚步还是那么慢腾腾的,他一快一慢走路的特点今天更明显,一定是有很重的心事。和他走在一起的还有一个人,那会是谁呢?原听说达三和丈夫一道去了立石村,这个和丈夫走在一起的人一定是达三了。

顺女这样想着,悄悄坐起身来,用手拢了拢头发。孩子们睡得很熟。她站起来,正想进灶屋,听见来到家门前两个人的脚步声分开了,各朝一个方向渐渐远去。天这么晚了,他们又干什么去呢?顺女迟疑了一下,又回到铺上躺下来。她的眼睛睁得更大、更有神、更睡不着了,一种说不出的不安笼罩在心头。

会宁家的鸡叫头遍的时候,水井前的小路上又响起丈夫的脚步声。顺女从炕上起来,小心地拉开灶屋的门。丈夫的身影终于出现在朦胧的月光下,她的心像出嫁那天一样不住地跳。她低下头,闪身在一旁。

“怎么,你还没睡?”允涉进了灶屋,看见妻子,有点吃惊地问。

“回来这么晚,一定很饿了……”顺女没有正面回答丈夫的话,自言自语着走向锅台。

“不饿。我们在立石村吃过了,在办丧事的人家吃的。”允涉说。

“吃过了?”顺女停住正要揭锅盖的手,望着丈夫。

丈夫湿漉漉的头发,皱巴巴地紧贴在身上的衣服,被露水打湿的裤管,不用问就知道他走了很长的夜路。她心里一阵难受。

最近以来,丈夫天天都穿着露水打湿的裤子回家,而且总是说吃过饭了。可是,现在大家都是因为没有吃的才闹暴动的,谁家会有多余的粮食天天管外来的人吃饭呢?立石村办丧事的人家,不是平常的丧事,是参加暴动被日本人杀死的,不会有什么准备,怎么能管吊丧的人吃饭?她这样想着,还是把菜粥给丈夫摆在桌上。

“告诉你我吃过饭了嘛!”允涉说着,坐到孩子身边,手里卷着烟问,“你们都吃了吗?”

“都吃了,福实家给送来了燕麦和土豆……”

“唉,不能老拖累人家。别忙了,快上炕来吧。”

“夜这么深了,你吃一点东西吧。”顺女望了一眼丈夫,低下头说。

“不吃了。这样的穷日子,还能吃夜饭?留下来吧,明天给孩子们吃。”

顺女无可奈何地在裙子上擦了擦手,上了炕。

允涉在灯上点着烟,心情沉重地吐着烟雾。三个孩子并排躺着,他们的小脸一会被烟遮住,一会露出来。

顺女拉过针线笸,把线穿进针眼,想做点活。

“听说明灿媳妇生孩子了?”允涉眼睛看着沉睡中的孩子们的脸,问道。

“生了个儿子。头胎孩子,胖着哪!”

“眼看要挨饿了,多从娘胎里带来点肉好……”

“啊?”顺女吃惊地抬起头。

“嘿嘿,我瞎说的。”允涉苦笑了一下说。

看着丈夫强作出来的笑容,顺女更觉得不好受,长长叹了口气,低下头,犹豫了好一会才问:“今天的事怎么样了?”

“不大好。”

“不会出什么事吧?”

“唉……”

允涉叹息了一声,没有说下去。不知道他是不愿意明说还是他自己也说不清楚。

顺女久久地注视着丈夫,可他只是吸烟。她低下头,自言自语地说:“唉,世道一天天坏下去,大家可怎么活啊!”

“咱们的国家亡了,被日本人赶到这地方来,还能指望过好日子吗?”允涉失神注视飘散开来的烟雾,口气沉重地说。

“日本鬼子干吗要到朝鲜来?”顺女迷惑不解地问。

这像是小孩子提的问题,允涉不知该怎么回答,望了妻子好一会,才说:“是来吞掉咱们的国家。”

“他们有他们的国家,干吗还要吞掉咱们的国家呢?”

顺女看出来丈夫觉得她提的问题可笑,可是既然问了,就想把一直憋在肚子里的疑问都提出来,好弄个明白。

允涉从妻子直视着自己的目光中,看出她非常迫切的求知的愿望。在一些人看来,日本人来了,是明摆着的事,用不着再去多想它。妻子却不是这样,她要刨根问底。她是这样一个女人:很容易相信别人的话,可是对于自己不懂的事,也不会稀里糊涂地不问明白就算了。她常常会提出一些非常天真的问题,让人不知该怎么回答。

“日本人有他们自己的国家,干吗还要来吞掉咱们的国家呢?”允涉重复了一遍妻子提出的问题,坐正身子,郑重其事地回答说:“我们朝鲜不光山川很美,而且土地肥沃,五谷丰登,地下的宝多,海里的鱼多,自古人称锦绣江山。咱们还有两千万同胞。日本鬼子就是要来霸占咱们的土地、粮食和宝物,把两千万同胞变成他们的奴隶,像地主把没有土地的农民当成奴隶那样。国家亡了,咱们的人都得给日本人当牛作马。”

允涉越说越激动,他紧闭起嘴,仰面向上望了一会,用力吸了一口烟,又平静地说:

“咱们为着挣脱世世代代做奴隶的命运,在那年的天寒地冻的冬天逃出黄地主家的高墙大院,翻过天岩岭来到这里,好像还是昨天的事。现在孩子都长这么大了,日本鬼又追了来,还是得给日本人做奴隶,给地主当牛马!”

允涉的充满愤恨的颤抖的声音,刺痛着顺女的心。在丈夫走过来的荆棘丛生的路上,也浸透着她的血和泪啊!

“那咱们怎么办呢?”

“跟日本鬼子斗!”允涉斩钉截铁地说。

顺女听了都有点怕,惴惴不安地问:“能斗过他们吗?听说日本鬼子兵多,枪多,还有大炮……”

允涉很痛苦似的紧闭着嘴沉默了好大一会,忽然大声地说:“日本鬼子来灭亡咱们,靠的就是长枪、大炮!可是,只要咱们两千万同胞抱定决心,不怕死,齐心跟他们斗,长枪、大炮也不可怕,咱们一定能胜利!朝鲜是不会轻易让人灭亡的!”

允涉说出了他心中的积愤。可是不知为什么,他此刻的心情,顺女的心情,却更沉重起来。

屋子里沉闷得使人喘不过气。允涉似乎已无话可说,顺女也似乎无话可问。其实他们心里还有很多疑团,仍然像雾一样弥漫不散。他们不知道有什么法子能拨开云雾看到青天。

屋子里的空气好像一下子变得稀薄了,夫妇俩呼吸急促,互相能听见对方喘息的声音。他们久久地沉默着,都不说话。甲顺在梦里抽泣,翻了个身,转过脸去。

允涉吸着烟,把女儿的头扶正,才又开口说:“甲顺怎么啦?一脸的泪痕……”

“天刚黑时，等你不回来，我心里着急，问了孩子们一句没有了爸爸怎么办，她就哭了。”

顺女想趁这个机会把萦绕在心上的顾虑说给丈夫听，便照直说出了女儿哭的原因。

“看你，干吗对孩子说这些话!”

允涉吐出一口烟，凄然地笑了笑。他从侧面望着妻子的面孔，把烟熄灭，郑重其事地问道:“是呀，如果真的没有了我，你们怎么办呢?”

顺女吃惊地抬起头。这几天丈夫在外面活动，她担惊受怕，偶然冒出来这个想法，现在丈夫反过来问她，倒吓了一跳，身子也颤栗起来。

“我是说万一没有了我你有什么打算。”

“你也来说这样吓死人的话!”顺女抱怨地瞅了丈夫一眼，低下头嘟呶着说。

“这可不是吓唬人。这世道，什么事都会发生。万一……你懂吗?”允涉说，又卷了一支烟，望望泛白的窗口。

“求你别再说这种话了!”顺女激动地说，“没有你我们怎么能活呢? 在这个万恶的世上没法活呀! 我……我们没有你活不下去!”

顺女失神地大声说着，最后变成伤心的哭泣。

平时温顺、和善的妻子，一下变得这样激动，允涉也愣住了，怔怔地望了她一会，无可奈何地笑了笑说:“嘿嘿嘿……看你快成个孩子了。你说你这样问过孩子，我才问你的嘛! 别当真呀!”

顺女没有抬头，似乎默认了丈夫的话。

不一会，丈夫也睡着了。顺女手里拿着还有动针的准备缝补的衣服，脑子里思绪翻滚:一会儿回到逝去了的遥远的少女时代，一会儿又想到没有了丈夫怎么活下去——这个似乎近在眼前的想避也避不开的让人不寒而栗的问题。

晚霞映红了地主黄喜道家豪华大厅的玻璃窗，顺女在水泥的又光又平的廊台上擦着吊灯罩。

她已经记不清是什么时候，总之刚一懂事就成了黄喜道家的丫头。她没有父母，没有兄弟姐妹。别人都有家，有亲人，她不知道为什么她却没有，她不想打听这些，也没有地方去打听。这样在黄喜道家干了几年，忽然有一个说是她堂哥的人找了来，年纪很大了，倒像是个长辈。他说他要远走他乡，说她更是一个孤女了，不住地唉声叹气。临了送给她一条破裙子，翻过天岩岭走了。那年她只有十五岁，对这位堂哥的走并不觉得怎么伤心，因为她生来就孤苦零丁,从没有觉出过孤独。她不觉得做有钱人家的下人是什么低贱和痛苦的事,连想也不敢想自己和在汉城上学堂的主人家的小姐、在东京留学一年回来一次的少爷是同样的人。穿戴装扮就很不一样。小姐剪着隐隐露出的嫩脖颈的短发,穿着百褶裙,脚上的鞋也不是普通胶鞋,是一般人家兴许一辈子都没穿过的长统靴,有白的,有黑的,季节不同穿不同颜色的鞋。她放假回来,在一大铜盆水里洗脸的时候,擦那么多的香皂,满盆都是香皂沫子。在这个山沟里,看见过香皂的人也没有几个。小姐天天都涂脂抹粉,化妆品装满了一大匣子。在东京留学的戴眼镜的少爷的阔气就更不必说了,光是制服上的五个黄钮扣,听说就值买一座房子的钱。

顺女从来也没有想过拿自己同主人家的人去比,她只知道老老实实地干活,开头几年倒也没有怎么挨过主人的打骂。可是,在一个使她永远难忘的心潮激荡的黄昏,竟飞来了一场意外之灾。

黄喜道家的后院,本来有一口机井,可是到了夏天主人嫌机井里的水不凉,要派她到赤杨树林那里去汲泉水。

夏日天长,做好晚饭,去泉边汲水的时候,太阳还高悬在天岩岭上。

她低头望着从石缝间流出来的一汪清泉,看到一张俊俏、白皙的姑娘的脸。她不相信这会是自己的脸,但是从穿着的小姐扔掉的那件小得朝上缩着、系不拢前襟的小褂和破麻布裙来看,不是别人,分明就是自己。这件小褂是去年夏天得到的。当时,专做针线的大娘为小姐熨这件衣服,不小心在背上烧了个洞,大娘心里一慌,把熨斗放在衣服上,又烤黄了一大片。太太把大娘大骂了一顿,就把这件衣服扔给了她。她当宝贝似的,穿在身上十分爱惜。可她天天干的是粗活,穿了没几个月就不成样子了,加上这一年来她又长高了不少,人也胖了些,本来破旧的衣服被她的身子撑得绽开了缝。她早就听见村里人夸她是个俊姑娘,说她的面孔、身材都比主人家的小姐好看,现在一经证实,她倒害怕起来,急忙拿起瓢来舀水。她动作很快,一瓢接一瓢,不让水面上映出自己的脸孔。

这时候,从赤杨树林那头的沙土地上传过来小伙子们的笑闹声、牛叫声,这是干完一天活的长工和村子里的年轻人在水里洗澡;还有几位老人和中年汉子扛着农具正从山坡上走下来。小伙子们大概是在水里摔跤,一边拍手一边喊叫:“加油!”“绊腿!”她只想快些舀满了水离开,不然碰上这群捣蛋鬼就要倒霉了。不知怎么的,小伙子们的心眼都变坏了,不论是在巷子里、井边上,还是在别的地方,只要碰上了他们,尽说些让人听了害臊的话:“嘻嘻,你越来越漂亮啦!”

"顺女呀,听说你快当新娘子了?"

他们不光厚着脸皮信口胡说,有更坏的小子竟动手来扯她的辫子,再不就夺过她的捶衣棒一溜烟跑掉。她认为世上最可怕的就是在没有长辈的场合碰上这些小伙子。说不清为什么,她最怕见到的竟是允涉。允涉是村上的一个鳏夫的儿子。他的老父亲从年轻的时候起便在黄家当长工,后来他不想再给地主做牛马,上山去开火田,田没有开成反倒被山林看守抓到了咸兴,被关押了三个月,才拖着半死不活的身子回了家。为了买药治病,他们借了黄家的债。病没有治好,人在去年死了。

嗨呀,嗨呀,
远山云雾绕,
邻村鸡啼鸣。
嗨呀,嗨呀,
岚气起旸谷,
飘飘向月峰。

在扛夫们抬着棺材唱着这支歌走过去的时候,她看见哭肿了眼睛的允涉穿着孝服随在后面。允涉也和自己一样没有了父母,她可怜他,为他难过,泪在眼眶里打转。允涉死了父亲不到一个月,也成了黄家的长工。父亲吃药欠的债,加上利钱,允涉给黄家白干三年活也还不清。

允涉为人老成,孝顺父亲,村里的大人没有不夸他的;他也不像别的小伙子那样爱拿姑娘们开心。他安葬了父亲,更稳重了,在同辈的小伙子中,他像个大人。在黄家只要他看见她干重活总是抢着帮她去干。可是,不知为什么她总有些怕他,他对她的不同于别人的态度和举动,使她感到有种说不出来的羞怯。后来,两个人单独遇到一起,对方似乎也有些害臊起来。

允涉是出了名的摔跤手,去年端午节他参加了城里的比赛,得了奖,拿回一匹白布,轰动了全村。这次他本来是能得头名牵头大黄牛回来的,因为是他头一回参加大场面的比赛,再加上裁判得了人家的好处,在把绳上做了手脚,头一名被会宁的一个摔跤手夺去了。村里的人议论纷纷,都说今年端午节的摔跤比赛,大黄牛一定是允涉的。可是,谁也没有想到就在这时候允涉的父亲被抓了去,放回来不久就去世了,参加今年端午节摔跤的事也就没有再提。不过从那以后,小伙子们都喜欢起摔跤来了,年轻人一到江边立刻就会摆开战场。在这样的场合,总少不了允涉。

顺女像个既怕鬼又想看鬼的小孩子,一面加快舀水,故意装作不向那边看的样子，一面又忍不住频频回头，心想那些让她害怕的小伙子，特别是允涉，一定都在那里。但是她什么也看不见，映入眼睑的只有稀稀疏疏的赤杨树林和不住摇曳的大树叶子。一只鹂落在井边的老榆树上，静静地朝她望着。

她细听着河边传来的声音，慢慢把顶水的垫圈放到头顶。榆树上的那只鹂还在盯着她看，像是窥破了她心里的隐密。她瞪了那鸟儿一眼，顶起水罐走了。

刚来到斜坡路上，树林子里传出了杂乱的脚步声。

她的心剧烈地跳动起来，强自镇定着加快了步子。不想小伙子们一走出树林就发现了她，紧追上来，大声嚷着："好漂亮的大辫子！"

"走路也像跳舞似的！"

"允涉也在这里哪！"

她拼命地跑起来。汗水湿透了她的衣衫，贴在前胸和后背上。她一直没敢回头，直到跑进黄家的后院，才转回脸向巷子里望了一眼。那些坏小子一个个像干完了一件惊天动地的大事，唱着歌进了村口。

"阿里阿里郎，斯里斯里郎，
阿拉里哟，阿里郎，阿拉里哟，
快看那姑娘的眼睛，多情又漂亮！"

"缺德鬼！山神把你们都捉了去才好哩！"

她嘴里嘟囔着，依然止不住心跳，直到忙着往客堂里摆饭桌的时候她的脸还在发烧。

后来，太太发话，说城里有客人要来，吩咐她把客堂的灯罩擦亮，把油添足，她又在廊台上坐下来开始干活。

她的心仍然在跳，便双臂抱在前胸上用力揉了几下，又把发烫的脸贴在擦亮的灯罩上，好让自己镇静下来，现在她终于明白了她为什么怕见允涉。原来是因为害羞，怕心事被看破不好意思出去见人。

她正想着心事，似乎感到有两道恶狠狠的目光正射向她，猛地抬起了头。从内室走到客屋来的太太，一手扇着扇子，一手提着长裙，正用两只眼睛死死地对她盯着。她吓了一跳，忙低下头，心想：我做错什么了吗？她吩咐做的事都做完了……是不是饭煮夹生了？

"臭丫头！干吗低下头，把头抬起来，你这个贼！"

"啊？"

"别假装正经，你以为我不知道？难怪小姐的化妆品常少哩，原来是你这个贱货偷了！”

东家太太尖声喊叫着，这个五十多岁的女人，胖得没有了脖颈，活像一头刮了毛的老母猪。她骂起人来，尽管极力虚张声势，也显不出什么气派。可是，只要她发起雌威来，全家没有一个人敢出声。头一个在背后骂他老母猪的就是她的丈夫。这老家伙快六十岁了，在八十里外的城里还弄了妓女做小老婆，可是在这个胖女人面前，他也不敢放肆，更不用说其他的人。太太最讨厌的是那些年轻、时髦的新式女人，看见模样好看点，哪怕是素不相识的路人，她也恨不得去揪住人家的头发痛打一顿。她讨厌别的女人涂脂抹粉、搽口红，可她自己拼命地往她那张肌肉松弛、失去了弹性的脸上涂粉，还偷着用她女儿从江城带回来的高级化妆品。她亲眼看见过好几次了。

无端受责，她被弄糊涂了，怔怔望着东家太太。老母猪见她这样看着自己，更是暴跳如雷。

她，一个青春少女，红扑扑的面庞，和火红晚霞相映，模样儿更加秀丽。这是仁慈的大自然的赐予，是只有心地纯净、善良的女孩子才具有的美。东家太太做梦都想着也能漂亮起来，可悲的是她以为借助高级化妆品就能把她变成一个美人。

她怎么也不明白什么地方惹了东家太太，让她发这么大的脾气。是不是自己想心事想走了神，被这女人看出来了？心里不免有些发慌。可是听见她说什么化妆品，又迷惑起来，如入五里雾中。她睁大着泪汪的满含哀怨的眼睛，又抬头看了太太一眼，不想这在暴怒的东家太太面前更是犯了不能宽恕的大罪。因为她这时候的模样实在太美了，如同故意穿着破旧衣裙从天而降的仙女，气得这女人毛发脱落的露出头皮的脑门上都要冒出火来。她抓起一把扇柄，在她的脖子上又戳又打，在她的背上乱抽。直到此时，这个女人才发现她不光没有用过化妆品，连干活时流的汗渍依然留在脸上。这女人更是妒火中烧，心里骂道：一个下人，竟比主人还美，比在汉城读书的小姐还美，这就该死！

这女人打人打累了，胸脯一起一伏，呼哧呼哧地喘着粗气。然后，又使劲地拧住她的脸，恶狠狠地说：“看我不把你撕烂了！一个烧火的丫头，也配涂脂抹粉！”

她到底也不知道自己犯了什么罪，只有默默地任打任骂。那女人的手真狠，半边脸都被她拧紫了，高高地肿起来。

当天晚上，她一个人跑到墙角里的一棵白杨树下，伤心地哭了一场，只有南山树林里的杜鹃陪着她一道哭泣。

“顺女，别哭了。”

一个粗嗓门从背后传了来。她猛地一惊，转过身来。允涉低着头站在她的背后。当她知道允涉为什么不睡觉，冒着露水在墙边徘徊不去的时候，她心里一阵阵热浪翻滚。两人没有在一起呆多久，也没有说什么话，但她知道允涉是在为自己平白无故地挨打心里难受。想到现在有人心疼自己，她身上的疼痛、胸中的悲伤顿时消失了大半。

自那以后，挨打挨骂的事天天不断，可是每逢这时候她总能感受到为她分担痛苦的允涉的暖人的目光。

第二年春天，允涉和她不顾黄喜道和他老婆的阻挠，在村里的老人们面前，摆了一碗凉水，结拜成了夫妻。黄喜道不舍得放走允涉这样一个能干活的小伙子，不得不给了他们一间破房住下来。原先说定的允涉三年的工期，这样一来也就变得渺茫无期了。她一个弱女子在这个万恶的世道上是很难生存下去的，如今有了依靠，哪怕日子再苦，再怎么受人虐待，她心里也是甜的。

又过了一年，在一个冬天，她生下了第一个孩子，这就是元男。允涉终于忍受不了黄喜道的欺压，更不能眼看着她受地主家的折磨，思来想去，不等天暖解冻，便对她说：“咱们收拾一下，还是走吧！”她心里也早有准备，只要丈夫说走，她会毫不犹豫地随他走到天涯海角。这样，他们连夜翻过天岩岭，来到了图们江边，因为怕有人追赶，天一亮就上了渡船，告别了家乡，落脚在了梨树沟。

她不能没有丈夫，只要想一下没有丈夫的日子浑身都发抖。

没有了丈夫怎么办？这太可怕了。她翻来覆去地睡不着，直到快天亮的时候才打了个盹。

六

明灿忽然间做了父亲，还有点不大习惯。“做爸爸了，心里一定很美的吧？”一听见人家这样说，他就认为这是故意拿他开心。

刚才达三来过了，也许是因为心里闷得慌，也同他说笑了一会才走。总之，明灿这个爸爸当得似乎还不那么坦然。

他抬头望去，达三已经走远了，扛着一根粗大的柞木棍，正穿过马鞍岭和佛陀山之间的一片蒿草地，慢慢向磨房走去。刚才两人谈了好一会孩子的事，觉得最伤脑筋的是给孩子起个好名字。这孩子是他们家三代单传，起名字的事是不能马虎的。如果不愁吃的，世道又不乱，那该有多好！大米饭、海带汤，都让妻子吃个够，再挨家挨户给乡亲们送些去；孩子过七天的时候，做打糕，打来酒，把全村的人都请来热闹热闹；他不光给大家唱船夫谣，还要把他会的所有小曲小调都唱一遍。可是，如今这只能是梦想。该杀的，天亮了再瞧吧！去同他们拼了，把日本人、地主统统杀掉！

傍晚时他听说妻子给他生了个儿子，急急忙跑回家里，手忙脚乱了一阵，也帮不上忙，又走了出来。妻子的脸肿得厉害，看着都叫他心疼。

明灿大口地吸着烟，茫然地望着走进蒿草地的达三宽大的背影。

晨风吹来，草丛沙沙作响。虽说已是春天，因为夜里露水大，明灿感到身上一阵阵发冷。他扭头看看佛陀山，飘浮在山头的云朵被早霞染成了粉红色。

突然“啊”地一声大叫从丧具房那里传来。明灿一惊，抬头望去，发现达三站住不动了。怎么，他碰到野兽了？明灿这样想着，正要直起腰来，响起了拉枪栓的声音、木棍和枪托相击的声音，随即又听见达三声震晨空地大喊了一声：“明灿！”

明灿一下明白过来发生了什么事，抽腰里的斧头，同时发现蒿草丛中露出一个个戴钢盔的鬼子脑袋。“这究竟……”他话没说完就向前奔去。他跑出十几步，拨开挡在面前的蒿草，看见达三被鬼子围住，正风车般地抡着手里的木棍在和鬼子对打。

“妈的，你们这些木屐鬼！”明灿举起斧头正想冲上去，还没等他举步，闪光刺刀已经逼近他的胸前。他不管是枪口还是刺刀，一把抓住，猛力一拉，高举的斧头同时砸了下去，一个又高又壮的家伙瘫倒在了地上。“没用的废物，一斧头就成了这个熊样，我叫你再吃我一斧头！”明灿朝手心里吐了口唾沫，正要再举起斧子的刹那间，耳边又听见哇哇喊叫的声音。他回头一看，一个戴眼镜的鬼子军官，用戴着白手套的手举着白晃晃的军刀在指挥他的部下，似乎是命令他们抓活的。“真新鲜！打仗还戴手套！”明灿心里骂道，想扑过去跟他拼命，忽然听见达三着急地喊他：“明灿！敲钟！快去敲钟！”

这时鬼子已经抓住了达三，把他的两臂拧到背后。他不能再去对付鬼子军官，必须先救达三，又向达三那里跑去。

达三更急了，朝他大喊：“敲钟！我要你去敲钟！”

“啊，敲钟！”明灿终于醒悟过来，他四下看看，晨雾已经散去，现出了草地，四面尽是鬼子兵。“糟啦，鬼子的讨伐队来了！”他不由得先望一眼村庄，心想心爱的妻子一定搂着刚出世的儿子在甜睡哩！他急转身，拼命奔跑起来。从他这里到吊着大钟的松树，大约有几十丈的距离，在他跑去时，鬼子的枪口正对着他的后背，却并没有开枪。明灿知道，鬼子是怕惊动了百姓，好在他们都熟睡的时候不费手脚地把他们杀光。

明灿边跑边悔恨：怎么没想到先去敲钟呢？乡亲们信任自己，都在安心地睡觉……允涉哥一定会生气的。他清晰地听到了鬼子追上来的脚步，而且人数不少。但是，他不能转回身去同他们拼命，必须先敲钟给乡亲们报警。豁出命也得保住全村的老少乡亲。

“明灿！明灿！”

达三仍在丧具房那里朝他呼喊。他很想喊一声请他放心，可是嗓子里像着了火，喊不出声来。只要再跑三步……突然，他感到像火燎一下似的腰间一热，接着又像有个巨大的物体从背上压下来。原来是鬼子的刺刀刺在他的腰上，他栽倒在一个山坡的拐角处。同时，又有两个鬼子跑上来，各在他的背上和腿上刺了一刀。

明灿昏迷过去了。他伏在地上，呼吸到土地的气息，又清醒过来。他吃力地抬起头，天已经大亮，鬼子正扑向山下的村庄。跑在最前头的鬼子已经接近磨房。明灿闻到了自己身上的血腥味，十分费劲地站了起来。他流了很多血，草地湿了一片。他觉得身子重得像块铁，刚一站起来就感到天旋地转，杜松在眼前摇来摆去。他拄着斧头，闭着眼睛站了一会，两条腿摇晃得再也支撑不住了。他又一次吃力地睁开眼睛，吊在树上的大钟离他只有三四步，可他却觉得像有十里之遥。他用一只手撑着身子向前爬了几步，眼睛一黑，又倒下了，但没有再昏迷过去。是的，不能再昏迷了，听不见钟声，全村的人都将遭殃，他刚刚出世的儿子也活不成。十月女呀，十月女，我这就去敲响大钟，你听见钟声，快抱起孩子朝佛陀山跑，要照护好母亲，等鬼子走了再回来。他在心里这样说着，一点点地向前爬，鲜血染红了草地。他的手终于触到了杜松，睁眼看看，耸立在晨空的树梢轻轻地摇曳着。然而，他却无力站起来去敲钟，几次努力都失败了。在一次刚刚站起又要倒下去时，他就势把肩膀靠在树干上，支撑住了两条腿。“十月女啊！”他心里呼喊着，集中全身的力量，转身抱住了树干。他终于站住了，喘了口气，抬起头来，生了绿锈的铜钟在眼前晃动。“你跑不了啦！”他抡起斧头朝大钟砸了过去。因为手臂无力，身子摇晃，斧头抡空了，没有砸在钟上。于是，他咬紧牙齿，使出浑身的劲再一次抡起斧头对准大钟砸下去。“当！”钟声响了，响彻旭日将升的晨空。

明灿倒在了杜松树下。钟声的余韵久久地在朝霞映红的天边回荡。

明灿的嘴边浮现出一丝笑容：十月女呀，好好活下去！我年轻轻地死了，真不甘心啊！俊弼，俊范，我走了，愿你们都平安无事。

七

顺女听见不寻常的钟声睁开了眼睛，她还不知道是发生了什么事。钟声的余音未散，如泣如诉。

昨天夜里，她一直坐到很晚才睡，头昏沉沉的，强撑着坐了起来。

早起来的丈夫一下拉开门，大声说："快走！带上孩子上佛陀山！日本人来了！"

"啊！"顺女腾地一下站起来，才知道钟声是报警的。"元男，甲顺，快起来，日本鬼子来啦！"

顺女先把乙男背起来，唤醒沉睡的孩子们。她打开一条夹被，包起随时要用的东西和乙男的衣服。孩子们被喊起来，摇摇晃晃地坐在那里，还没有睡醒。

"孩子们……"

顺女刚喊了这一句，磨房那里便响起枪声。两个孩子才完全醒过来，睁大着眼睛。

顺女正想拉门出去，忽然想到头天达三家的送来的燕麦和土豆，又回身把这点东西拿来，用一块麻布把它和瓢以及唯一的小锅包在一起，交给元男拿着。

"妈，快走吧，骑马的鬼子兵来啦！"

孩子们这时比妈妈还急。

他们跑出巷口时，全村已是一片大火，到处是人们的哭叫声。鬼子骑兵从大柳树沟方向翻山过来，比偷偷摸向磨房这边来的步兵早一步进了村，挨家挨户地放火，见人就开枪。鬼子步兵见骑兵抢了先，恼羞成怒，胡乱放枪，像一群蚂蚁似的散开来，冲进村子的各个角落。

立石村也起火了，大柳树沟、小柳树沟以及更远的泉村也都火焰冲天。

人们已无路可逃。前前后后都响着枪，向左右跑也不行，两边都有日本兵举着火把、放着枪包抄过来。

顺女拉着甲顺的手向佛陀山的方向跑了一阵子忽然看见一大群人从磨房那里向她这边跑，他们身后响着鬼子的马蹄声。顺女吓坏了，又转过身朝相反的方向跑，谁知迎面又有马蹄声响过来，仿佛立时就要踏到她的头顶。随着听到的群马的嘶鸣，她闻见了刺鼻的血腥味。

"孩子们，快到这里来！"

顺女不知道该朝哪里跑才好，伸手把甲顺推进一座空仓房的廊沿下，又拉过随后跑来的元男。

“你们这些魔鬼!”

从许许多多人的哭声、呼儿唤女声和惨叫声中,顺女听到有人这样厉声叫骂。她抬头看看,这里正是崔富老家的门前。刚过去的鬼子在京哲家的屋子上放了火,火舌窜出屋檐,烧上屋顶。

“老天爷看着你们哪! 会用雷劈死你们这伙恶人的!”

已经在炕上躺了六年、生命垂危的崔富老,竟神奇般地挺立在燃烧的屋檐下的廊台上,高声咒骂着。

一群披头散发的妇女和小孩子,如同被驱赶着的鹿群,从房前跌跌撞撞地跑过去,一队骑兵追在他们的身后;同时又有一队骑兵出现在前面,在井旁停住,疯狂地向妇女和孩子射击。

崔富老猛地从灶屋的柱子上抽出一把镰刀,踉踉跄跄地走出来,衣襟敞开着,瘦骨嶙峋的前胸因愤怒而剧烈地起伏着。他仰天高呼:

“用雷劈他们吧! 无情的老天,怎么不用雷劈他们呀!”

老人举着镰刀站了一会,一见进了院子的日本兵,便咬牙切齿地怒吼着扑了上去。鬼子们开始怔了一下,接着举枪向他瞄准。一声刺耳的枪声响起,崔老人握着镰刀摇摇晃晃地向前走了几步,像一株老树似的栽倒下来,在这时候,崔大娘拉开房门跑了出来。她手里攥着一个纸包来到廊台上,一见倒在院子里的老伴,惨叫一声,丢下纸包,扑上去。纸包散开了,药撒了一地。

“老头子呀——”

滚滚的浓烟吞没了崔大娘凄惨的呼叫。

又一阵马蹄声响来。在已是一片火海的达三家的门前,那棵梨树被火烧焦了。枪声连续响着,鬼子骑兵从火焰里冲出,张开野兽般的血盆大口,挥着洋刀,朝崔大娘家奔来。

太惨了。顺女几乎吓昏过去,全身直打哆嗦。她突然想到崔大娘可能会被鬼子的马队踏死,喊了一声“大娘”,便不顾一切地跑去。她刚到院子前面,又听见一阵像要踏平一切似的急骤的马蹄声从前面的巷子传来。她硬拉开抱着老伴的尸体痛哭的崔大娘,把她拖进仓房,问道:“京哲哪里去了?”

“都死了,全家都死光了! 老天爷,你怎么不惩治这些魔鬼啊?”崔大娘拍打着双膝,只顾咒骂日本鬼子。

顺女把怒气冲冲的崔大娘扶到仓房的一个角落里,突觉全身无力,闭起眼睛蹲了下来。

“我的儿子京哲……我的儿子京哲怎么不见了?”

崔大娘像失落了什么东西,两手颤抖着在满是老鼠屎的地上摸来摸去。

这时,顺女忽然发觉元男和甲顺不见了,她脑子里"轰"地一声:孩子没了!

"元男!甲顺!"她呼喊着跑向燃烧的巷子,也来不及想孩子是怎么不见的。她看到有很多人朝去大柳树沟的巷口涌去时,她也拼命地朝那里跑。在俊弼家的前面,有一个人喊着跑来。本来都是很熟的邻居,可是现在顺女竟认不出是谁,甚至是男是女也分不清了。

"看见我们家的元男了吗?"

她心急地问,可是那人却像丢了魂,翻翻眼睛,一句话不答,摇着手跑去了。

"没看见我们家的甲顺吗?"顺女又问一句,那个她没有看清是男是女的人早已消失不见了。

"妈妈!"

从刚才那人跑进去的巷子里传出孩子的喊声,顺女心里一喜:是甲顺!

"妈妈……"

孩子又一声撕心裂肺的叫喊,声音来自大火燃烧的院子里。顺女发疯似的冲进浓烟中。她怔住了:达三的女儿福实张开两臂,喊着"妈妈"从烈焰中跑出来。这时她才看见凤淑两手抠着地在路上躺着。福实哭喊着扑在了母亲的身上。

这个心地善良,平时爱说爱笑的女人,不知什么时候中了枪弹,一句话不说,身子随着女儿的摇晃机械地摆动着。顺女正想不顾一切地跑过去,一个黑影却先一步窜了出来。这是一个端着刺刀的鬼子。这鬼子一看见扑在妈妈身上哭叫的福实,便慢慢地向她走去。福实一点也不知道杀人的魔鬼走近她的身后,依然摇晃着妈妈的尸体大声痛哭。

顺女的心一下缩紧了,梦魇般地想喊喊不出来,可一想到连福实也将遭毒手,不知哪里来的力量使她猛跑向前。就在这时候,凶残的鬼子把刺刀插进福实的后背。

"天……"顺女眼睛一闭,忙用手捂住了嘴。事情并没有完结,会宁老人又突然攥着一把斧头从对面巷子里跑出来,奔向杀害福实的鬼子。那鬼子也正转过身来,顺女终于看清这个兽兵的可憎的嘴脸。

会宁老人高举斧头大喊着跑到离鬼子五六步的地方,鬼子向他开了枪。他的身旋转了一下,又向前迈出两步,栽倒在鬼子的脚前。鬼子眼睛眨都不眨地瞪着老人,一只脚踏在他的背上,又恶狠狠地捅了他一刺刀。

顺女吓昏了,甚至忘了跑来这里的目的。她再也看不下去眼前这令人颤栗的惨酷场面，转身跑向相反方向的一条巷子。可是她跑出不到十步，好像被鬼从背后抓住了脖子，突然站住不动了。她的目光一下子直了，看见的是更加可怕的景象：鬼子把一个光身子的小孩举到半空，孩子挣扎，哭喊着妈妈，旁边是一堆熊熊的烈火。顺女"啊"地惊叫了一声，闭上眼睛。当她再睁开眼睛的时候，看见那鬼子张着露出黄牙的狼一样的大口，发狂地笑着，像扔皮球似的把两腿乱蹬的孩子扔进了火堆。在鬼子的脚边，倒着一具老大娘的尸体，尸体旁边，一个婴儿在包得紧紧的包被里不停地蠕动。死去的老人是十月女的婆婆，婴儿是十月女昨天生下来的儿子。顺女才认出她来到的地方是十月家对面的巷子。正在这时，衣服上着了火的十月女也从巷子里跑出来。不知是因为火光的映照，还因为刚做了母亲的兴奋，此刻这个年轻媳妇显得格外的美。

几乎是在十月女跑进院子的同时，一个大胡子的日本兵把包着包被的婴儿扔进了火堆。

十月女一声惊叫，昏迷了过去。顺女也吓得张大嘴巴，两手抱住不知是谁家的房柱蹲了下去。

过了一会，十月女被枪声惊醒，睁开布满血丝的眼睛四下看看，井旁只有婆婆的尸体，却不见她的孩子。她猛地跳进了火堆。这时大火已经熄灭，只有塌落下来的大梁和椽子还冒着火苗。这原是一座木头房子，房子里本来就空空的没有什么物件，木料烧完，也就没剩下什么了。

十月女一眼看见廊台上有一包东西还在燃烧，眼睛一亮，喊了声"我的孩子"，跳上热气扑面的廊台，一把抱起那个烧着的东西。这是一只滚落在廊台上的枕头，烧破的洞里漏着谷糠。但是，十月女却认定这就是她的儿子。

"不准碰我的孩子！救救我的孩子啊！"

十月女从空无一人的冒着浓烟的巷子里走出来，一边求助似地呼喊着。马鞍岭上枪声不断，佛陀山那边也响着杂乱的枪声。十月女只朝着没有枪声和认为没有人的地方跑。枕头上的火烧到她的身上，她的裙子也冒着烟，还闪着一点火星。她却一点也没有感觉。直到她跑进一片旷地，嘴里还喊："不要碰我的孩子！"

十月女摇摇晃晃地穿过那片旷地，顺山脚走了一会，进了一条山沟。枕头里的谷糠已经漏光，枕套瘪下去了，她衣服上的火也已灭掉。在她走出山沟，来到遍地败叶、小溪流淌的草地时，终于昏倒了。她绕来绕去，似乎已经走出很远，其实又绕回到磨房旁的溪边，回到梨树沟的近处。

鬼子骑兵先完成了他们的讨伐，往回开拔，在过马鞍岭时发现了倒在地上的十月女。十月女也已经醒来，一见走近她的鬼子，刚刚经历的可怕灾难一下又清晰地浮现在她的眼前。没错，正是这帮日本鬼子把她的孩子扔进了火堆！她站了起来，手里攥着一块不知什么时候摸到的石头，眼睛里冒着仇恨的火，一步步走向鬼子。一个像野猪似的凶恶的家伙在怔了一下之后开了枪，十月女直挺挺地倒在了草地上。

一团团浓烟从蒿草地上滚过，飘向山谷。天空也许憎恶这惨绝人寰的屠杀，也许是忍受不了四处弥漫着的血腥味，一直都阴沉沉的。

允涉和京哲并排趴在草地上，注视着四周的情况。村子那里，呼喊声渐渐沉寂下去。鬼子把他们抓住的青壮年用一条绳子拴成一串，押解着向丧具房走来。很难估计村子里死了多少人，有多少人活下来。他们抓来的都是男人，也许还能剩下几个女人。

原先吊在树上那口大钟，滚到了山坡下；明灿的斧头断了柄，丢在草地上。看来早晨响起的钟声，是明灿留给这个世界的最后的声音了。

此刻，允涉没有别的念头，心里只有一种按捺不住的冲动：不能让这些朝暮相处的乡亲惨遭杀害，不能眼睁睁地看着朝鲜人民这样无辜地死去！

这时听见一个戴眼镜的鬼子军官喊了一声口令，十二个鬼子兵并排迈着正步，向被他们抓来的乡亲走去，在他们的对面站住后，一齐端枪瞄准，待命射击。鬼子要搞集体屠杀了。跟他们拼了！不能这样老老实实地看着他们杀人！允涉一攥拳头就要站起来，京哲扯了他一下，附在他的耳朵上小声说："允涉哥，你看那边！"

允涉转过脸，看见从马鞍岭那边又押来了一些人。当这些人拐到草地上的那条小路时，才看清走在最前头的竟是达三，后面还有俊范和俊弼兄弟。允涉只觉得眼前一阵发黑。他原以为昨晚负责警戒的人会躲避起来，不想他也被抓住了。如果是这样，全村都没救了。能把乡亲们的冤死告诉世人并为他报仇的，只有达三，可如今看来，梨树沟人的仇只有和燃烧过的灰烬一起沉到血海海底了。允涉咬紧了牙。不能这样坐着等死，朝鲜民族是不会任人杀戮的！这仇，一定要报！

达三他们的脚步声越来越近了。

原先举枪准备开枪杀人的鬼子又把枪放下来，可能是等着新押来的人一块枪杀。

"能拼掉几个鬼子就拼掉几个鬼子，把达三和乡亲们救出来！"在允涉听到押着乡亲们走来的鬼子的军靴声时，便下了这样的决心。可是他无法和躺在身边的京哲商量，只是捅了捅他的腰，向被押来的乡亲那边扬扬下巴，京哲从他像冒出火来的眼睛里一下就理会了他的意思，用劲握紧了手里的铁锹。

鬼子押着达三等十人直向杜松走来，允涉和京哲只要从趴着的地方一跳出来就能打到鬼子的脑袋。可是，在允涉握住锹把正要跳起来的一刹那，一个鬼子忽然站住了，回了一下头；其余的鬼子也好像听到什么动静，向四面张望。这里离杜松树只有一百来公尺，此时不动手，恐怕连一个人也救不出来，一个鬼子也杀不了。不能再多想了。允涉举起铁锹纵身而起，一锹劈下去，一个鬼子"啊"地惨叫声倒在地上。

允涉大喊："达三，快跑！大家都快跑啊！"

草地上，展开了一场搏斗。山坡的敌人开不了枪，也冲下来。新被押来的人终于明白过来发生了什么事，踢倒身边的鬼子，四散逃去。

允涉见新押来的人已经逃散不少，又扑向山坡上的鬼子，发现那里的乡亲有些也逃掉了，才掉转方向，向侧面跑去。但他很快又站住了。这不是他应该走的路，为什么要逃跑呢？难道不同鬼子拼一下就这样跑了么？他低头看看，手里的铁锹不知道什么时候没有了。如果有枪……如果手里有枪……正这样想着，一颗穿过蒿草飞来的子弹击中了他的背部。他一手抓住断了半截的蒿杆，身子晃动了几下，脚像离开了地，连忙用另一只手抓住一把蒿杆才站住了。

"鬼子们，我跟你们拼了！"他怒视着走在蜂拥而来的鬼子兵后面哇哇喊叫的戴眼镜的军官，迎着他们一步步地走去。

鬼子们突然站住了。允涉一步一个血印地走来的可怕的样子，他复仇的呼喊，把他们给震慑住了。特别是指挥这场屠杀的鬼子军官，一见怒视着他一步步走近、像是要一口把他吞掉似的允涉，吓得直往一边躲闪，举起戴着白手套的手，声音发抖地叫着："抓住他！你们愣着干什么？还不快抓住他！"

鬼子兵听见他们长官的恐惧的叫声，才回过神来，一齐扑向允涉。允涉的气力已经耗尽，自己倒了下来。

鬼子军官在他的部下把倒在地上的允涉捆绑起来之后，似乎才意识刚暴露出来的胆怯大失体面，于是做出一副凛然无畏的样子，气势汹汹地叫喊：

"把他绑在树上烧死！让朝鲜人看看，反对大日本帝国的下场！不自量力，胆敢造反……"

鬼子兵又一个个神气活现起来。他们要烧死这个人，要干得比他们去讨伐中干的任何一桩暴行都更残酷。正是这个人的突然出现，被抓到的朝鲜人跑掉了，他们自己还死伤了好几个人。

对允涉来说，不论鬼子怎么对付他都是一样，他已模模糊糊地意识到他血管的血所剩无几了。他被高高地吊在那棵挂过大钟的杜松树上，早把生死置之度外，脑子里只存有一个令他痛心的疑问：手里怎么没有一支枪呢？如果有枪，就不会这样任人屠杀！

一群恶狗般的鬼子去树下忙乱一阵，架起木材，点着了火。

干柴见火，立即燃烧起来。火舌沿树干向上窜起，烧着了树叶子，哧哧啦啦地响着，火星飞迸。

浓烟、高热扑向允涉全身，红红的火舌烧到他膝盖，越烧越旺，发着呼呼的响声。允涉意识到他快死了，比火烧还让他痛苦的，是只能束手待毙，不能还击敌人。

"我真恨！难道朝鲜人都要这样死光吗？难道我们只能在血海里望天痛哭吗？不，我要拿起枪来战斗！打日本鬼子！"

他在心里呼喊着，抬起头，强烈地感到他还不能死。

大火吞没了他的全身，烧到了树顶。他透过火光望去，被捆绑着站在敌人枪口前的乡亲们的身影时隐时现，分不清他们的面孔。但是，敌人的嘴脸却非常清晰。他满腔的仇恨猛烈地迸发出来，利箭般从烈火中射出："强盗们！我虽然死了，朝鲜民族还活着！总有一天，你们都会死在朝鲜人的枪口下！你们会灭亡的，一定会灭亡的！"

火在杜松枝头燃烧，而且已经蔓延到山坡的草丛，浓烟滚滚灰烬飞舞。大火中，允涉还活着，高昂着头，仍在大声呼叫："鬼子们，你们这些恶魔！朝鲜人忘不了深仇大恨，这笔账是一定要算的！元男、甲顺、乙男，我的孩子们，你们要活下去啊！要报仇！"

允涉呼喊着，诅咒敌人，嘱托亲人，他的声音刺疼着远远躲在草丛里的目睹着这一切的乡亲们的心，同时也使鬼子感到一种死亡的恐怖。那个一心想从允涉的痛苦中寻求快感的鬼子军官，也胆怯了，一脸死相，腿在打哆嗦。他亲手制造的这场惨剧，使他产生一种幻觉，一种预感，好像从中看到了他自己的下场。

八

顺女拍打着呼叫不应的大地，伤心地痛哭着，在她平日连看一眼都害怕的丧具房旁边埋葬了丈夫。

啊，天为什么不塌下来？依然那么蓝，依然是默默不语！背上的乙男在哭，站在身后的元男和甲顺在抽泣，只有孤儿寡母去为死去的亲人伤心。

"你怎么把我和孩子丢在这个无情的世界上一个人走了呢？"顺女这样想着，泪水不住地流下来。她已经记不起是怎样在充满哭号声的火海、血海中找到孩子的，只记得卷进那些被鬼子兵追逐着东奔西逃的人群，趺趺撞撞，不停地呼唤孩子们的名字。后来，孩子找到了，正高兴的时候，却听到了鬼子在马鞍岭杀人的消息。她一定要去那里看看。虽然有一个青年人(没顾上看清是京哲还是俊弼)和一个上年纪的人扯住她不让她去，她却不顾一切地甩开他们直奔向马鞍岭。在长满蒿草的山坡上，她发现了死去的丈夫。

春天的风像秋天的风一样冷嗖嗖的。从昨天起，天就阴下来了，一点没有放晴的意思。烧成一片瓦砾的村庄，灰烬飞扬，散发出呛人的焦臭味。

死了那么多的人，也不知道都是什么人为他们收的尸，埋在了什么地方。顺女找到了丈夫的尸体以后，在那个山坡上用沾有丈夫血迹的铁锹就地挖了坑，把心爱的丈夫掩埋了。没有殡葬仪式，没有吊丧的人，没有祭品，也没有几个哭丧的人。这是一个最伤心惨目的葬礼。

夜里，起风了。不知什么地方传来哭泣声。杜鹃也叫了起来。顺女依然坐在丈夫的坟前，低声抽泣着。风更大了，东方露出了霞光；不一会，太阳也升起来了。忽然，听见有人出来打水的声音。在这充满死亡的血海里，是什么人还在汲水呢？顺女连头也没有抬一下。

她对什么都失去了兴趣，汲水做什么呢？建房盖屋又做什么呢？按她的心愿，真想立刻死了，和丈夫埋在一起。从昨天鬼子进村杀人放火的时候起，乙男就不住声地哭，现在大概是哭得没有了气力，动也不动地伏在她的背上，无声无息。是的，不能老是这么呆着，得去给孩子去弄点什么吃的。刚才她就这么想过了，身子却没有动。想到今后要靠她一个人养活孩子，带着他们去寻求生路，不禁又悲从中来。干吗要问丈夫没有他怎么活下的话，问这样不吉利的话呢？怎么会冒出这样的念头？她又一次捶地大哭，觉得一切都错在自己，好像成心想招祸似的，鬼使神差地问出那种话来。她想，在听到钟声时为什么不拼死地拦住丈夫呢？即使拦不住他，不是还可以跟他一道去吗？听说他是为救乡亲才被鬼子抓住杀害的。他心眼好，碰上这种事，他不是那类惜命不前的人。可是如果有孩子们在他的身边，也许不至于……

她扒着、拍打着翻开的赭红色的新土，是她亲手把丈夫埋在了地下，现在连想再看一眼也不能够了。平常人家死了人，有的停丧五天，有的停丧三天，可是自己为什么这样急急忙忙地把丈夫埋葬了呢？听说有个地方出过这样的事：家人把认为已经死了的人入了殓，死者在棺材里又活了过来……丈夫是不是真的死了？孩子们真的没有了疼爱他们的爸爸？

顺女转过她沉甸甸的头，向后看了看。元男和甲顺并排站在蒿草丛中，仍然哭泣着，元男还提着从昨天起就一直不离手的小包袱。母亲一看他们，兄妹俩肩膀耸动着哭得更伤心了。

顺女低下头，深情地抚摸着丈夫的坟墓。

什么都完结了，过去为之痛苦、悲愤、焦虑的一切，好像都是发生在梦中。为了丈夫，一听到刮米缸底的声音心里就难过；为了丈夫，一听说世道不宁就担惊受怕。挨了地主打骂后的哭泣，为生活的艰难对老天不公的抱怨，如今都变得没有什么意思了。既然没有了丈夫，人世还有什么可留恋的呢？女人的一生也就到头了。她的心已同丈夫一起埋在了地下，剩下的只是一个成了空壳的身子，茫然地面对着冷漠的世界。

随着时间一点点过去，她的悲哀变得更深沉了。

她的肩头微颤，悲哀似在渐渐平息。其实，这悲哀如同沉到万丈深渊、沉到没有阳光的黑暗、阴冷、凄寂的海底一样，沉到了她心的最深处，渗透进她的骨髓。

她沉思着，并不是为了抑制悲哀。脚下起伏的草丛，头顶上翻滚的乌云，掠过耳边的风声，眼前这个世界的一切，都使她对失去的更加苦恋，哀伤欲绝。沉思中的悲哀，表现出来的不是放声痛哭，而是痛彻骨髓的饮泣。

她哀泣着攀登的绝望的山峰，正是这个国家的女人走着的磨难重重、荆棘丛生的道路。她们怀着一颗因极度悲伤而淤血的突突跳动的心，磨破了手脚，磨掉了指甲，登上绝望的顶峰时，展现在她们脚下的是迷雾一般的可怕的茫茫无际的空虚。

她抬起泪眼，望着丈夫躺在里面的隆起的坟头，像抚摸着生时的丈夫一样抚摸着坟上的新土。“孩子他爹！”她已经哭了一天一夜，最后攀上了绝望之巅，隔着茫茫的空虚，向丈夫诉说着心曲：“你活着的时候，没有吃过一顿热饭、饱饭，没穿过一件新衣服……如今你去了，说过没有你一天也活不下去的我还活着……可没有了你我还活着干什么呀？再去给财主当奴隶，还能有好日子过吗？要不是有这三个孩子，真想……为孩子着想，我该去死，你活下来。听说你临死的时候，还喊着要孩子长大了为你报仇……”这时候，她才切切实实地意识到失去丈夫意味着什么，感到有一种尽管还朦胧不清但却近乎可怕的责任沉重地压在她的身上。

“我一个女人家带着孩子……”她边抽泣边在心里继续诉说着，“你留下来的，只有这三个孩子，是你传代的根，我一定好好抚养他们。没有你，我能挑得起来这副担子吗？唉，这都是胡思乱想。你已经离开人世了……再难，我也得把孩子们养好，得对得起你。我会咬着牙活下去，把孩子们抚养成人！那时候我就能回到你的身边去了。”

忽然，她仿佛又回到了姑娘时代。在天岩岭下的泉边，在浸着月光的白杨树下，她和丈夫紧靠着站在一起的情景，又浮现在了眼前。她身背元男翻越胡岭的时候，丈夫很过意不去地问她的脚疼不疼，那深情的眼神，温暖着她的心。丈夫的声音，丈夫的眼神和对她的深情，也都埋在了冷森森的地下，再也听不见看不到了。

一串串的泪水又从她的眼眶里无声地流了下来。

顺女狠了狠心，站起身来。把丈夫对她的深情埋藏在心底，她要走了。不管世道再坏，她必须活下去。

“孩子他爹，你在这里好好安歇吧，我们要离开梨树沟了。我们一走，还有谁来照护你呢？甲顺，咱们走吧。”

她的声音很低，低得无法让人听清，可是元男和甲顺却完全明白母亲在说什么，他们谁也没有动。

怎么能把父亲一个人丢在这里呢？埋葬父亲时跳着脚大哭的甲顺，还不大懂得什么是死。

顺女揉着她因丧夫之痛而变得麻木的脸，慢慢移动起脚步。背上的乙男醒了，又啼哭起来。

“妈……爸爸他……”甲顺喊了一声，抽泣着说不下去了。

“甲顺……”元男拉住跳着脚不肯离开的妹妹的手，用另一只手抹着泪说，“日本鬼子烧死了爸爸，以后咱们就只有妈妈了。来，咱们把那棵花栽到爸爸的坟上去。”

元男放下背上的包袱，用铁锹刨出早就留意的一棵野花。甲顺把花接过来，用她沾满泪水的小手栽在父亲的坟前。

母亲的身影已经消失在蒿草丛里，只能听见她的抽泣声。

元男和甲顺又最后看看父亲的坟墓。可是，抹不尽的泪水模糊了他们的眼睛，只影影绰绰地看见刚刚移栽在父亲坟前的洁白的小花在轻轻地摇曳。

一家人要走了，又要经过已成为废墟的村庄。

母亲兀立在冒着烟的断墙残壁间。昨天这里还是他们温暖的家。年年爬满扁豆蔓的豆架塌了下来，冒着烟，火也没有全熄。在呛人的焦臭味中散发着淡淡的泡芥菜的味道。这一定是什么东西倒下来把泡菜缸砸碎了。

母亲站在遍地瓦砾、杂乱的废墟上，搜寻着昔日的美好的记忆，好牢牢地记在充满仇恨的流血的心里。

“元男妈呀！你打算怎么办呢？”一个嘶哑的声音从背后传来，听着是那么陌生，也分辨不出是男是女，好像命运在急切地向她发问。

这声音，和眼前凄惨的景象非常协调，所以母亲并不感到惊讶，慢慢转过脸去。大出意外的是，站在她身后的竟是吊着一只胳膊的崔大娘和她的儿子京哲。啊，这位老人还活着！昨天是京哲来告诉了她丈夫被日本人烧死的凶信，崔大娘还陪着她哭了一场……母亲失神地这样想着，忘了回答崔大娘的问话，好像看到的是一个陌生人，怔怔地望着浑身落满灰烬的崔大娘母子俩。

崔大娘见她神情恍惚，不等她回答，又说道："我要带孩子回故乡去了，你们也一起走吧。"

母亲仍然没有开口，目光凄然地盯视着各背着一个包裹的崔大娘和京哲。她仿佛身在梦境，曚曚胧胧地觉得有人问她什么，她应该回答人家的问话，可一点也不觉得这是现实中发生的事。

"嫂子，听说日本鬼还要来的。"京哲有些着急地说，"别忘了允涉哥的嘱咐，嫂子要想开一些，不管怎么样也要把孩子们养大成人呀！咱们快走吧！"

丈夫嘱咐什么来着？是呀，他浑身都着了火，眼睛仍在找孩子，一遍遍喊着要报仇……母亲的嘴唇抽动着，悲哀像冲开堤坝漫过平野的洪水，冲向她的全身，溢满喉头，溢满眼睛。

崔大娘能理解她此时的心情，低下头，颤声地说："还是快走吧，呆在这地方会更伤心。"

母亲咬紧嘴唇，忍住了哭泣。她的肩头耸动着，始终说不出话来。

"元男啊！"京哲喊了一声。他们两人的年龄一大一小，但平时却像一对亲密的伙伴形影不离。大小伙子京哲和早熟的少年紧紧抱在了一起，脸贴着脸。

"京哲叔！"元男伏在京哲的肩头，抽咽着喊了一声。

"元男，我们一定要报这个仇！等你长大了，去打日本鬼子！"

"崔大娘，你们快走吧！"母亲用背带拭着眼泪，轻声地说，"我想带孩子们进山里去，有家亲戚住在星岗村，去那里把孩子们养大。"

"这样也好。"崔大娘难过地转过脸去。她自己也身如浮萍，眼见着孤儿寡母而无力相助，便低下头说："是呀，回到了故乡也不会有谁来管的，到哪里都一样。没家没庙的，谁也救不了谁……"

"大娘，你们快动身吧。我永远忘不了您对我们的好处，元男和甲顺长大了也不会忘记您老人家的。千里迢迢，你们一路保重啊！"

"是呀，是呀，谁也别把谁忘了。咱们都要活下去，要再见面。"崔大娘忍着泪，把元男和甲顺搂在怀里说，"见不着这些孩子，我这心里……"

"嫂子！"京哲辞行似地喊了一声，哽咽住了，低了一下头，又猛然抬起来说，"达三哥逃进山里去了，他会找你们去的。我以后也一定去找你们。元男，再见，一路平安！”

京哲说完，激动地一把抱住元男。

“京哲叔！”

“我们以后一定去找日本鬼子算账！”

元男眼里含着泪，望着京哲可亲的面孔。

京哲和他的母亲走了。

马鞍岭上刮起了风，乌鸦在丧具房那里啼叫。道路在马鞍岭下分了岔。上了年纪的崔大娘和京哲站在马鞍岭上使劲地挥手，然后翻过岭去，身影消失了。顺女流血的心上又留下了一个伤口。

现在，真的什么也没有了。应该走了，该从马鞍岭上走了。

母亲迟缓地移动起脚步。两个孩子像被一根看不见的绳子牵着似的，拉开一定的距离跟在母亲的身后走着。

他们上了马鞍岭，看见那棵被火烧黑的杜松，像一个披头散发的女人在蓝天下孤零零地立在那里。

“孩子他爹，我们走啦！”母亲在心里向丈夫告别，然后加快了脚步。她又哭了，悲哀紧迫不舍地尾随着她加快的步子。

九

这是一个稀有的暖和的天气。天空晴朗，薰风拂拂，仿佛一点也不知道这片土地上发生的人间惨剧。那些从不被人注意的野草，不知什么时候都冒了出来，给大地披上了绿装。但是，这并掩饰不住满目荒凉的景象。

这片被抛弃的无主的荒原，杂草茂盛，而玉米地和高粱地里，寸苗不生，长满灰菜和长命菜之类的野草，缠绕在去年的庄稼茬子上。在远处的原野上，紫芒和蒿草都长高了，在风中摆动，似乎又到了深秋季节。

古铜色的山峰沉默着。山坡上覆盖着一层青草，却看不见一棵树。山脚处倒有几棵榛子树和橡子树，都好像从来不曾发过芽似的，枯枝上残留下来的叶子，经风一吹，发出沙沙的响声。

荒凉的草原和比草原更荒凉的农田，直伸向远处。在地平线的尽头，孤零零地立着两三棵柳树，树下有一座破败的祠堂，然而却不见有什么人家。忽然有几只小猪和鸡鸭叫着从路上穿过，四下望望，看到远处有一两间小土屋，但也不像是有人居住的样子。

自然界比人间世界宽广得多，对于出来逃难的人来说，这些被丢弃的土地实在是太多了。可是，人却在为土地而流血。尽管有那样多的土地被遗弃，有的人竟为霸占别人开垦的一小块田地去杀人，什么丧天害理的事都干得出来。

母亲默默无语地走在小道上。这到底是怎么回事呢？真让人捉摸不透！世界那么宽，丢弃的土地那么多，可是她却连一小块活命的田地也没有！

两个孩子也不说话。他们不知道要去哪里，母亲走，他们也跟着走。

母亲不时无缘无故地停下来，动作缓慢地向四面看一看。一路走过来，自然景象一点也没有变化，像是总停留在一个地方。山势舒缓，蜿蜒伸延的轮廓，隐隐现现，不管是早晨还是中午，总是在同样的地方俯视着他们逃难的一家人。草原伸向远方，昨天，今天，也永远都是一副样子：茂盛的杂草、无人耕耘的农田，还有在风中起伏的蒿草。

自从十年前过了马鞍岭，母亲没有再走过这条路。那时候是想找一个落脚的地方，也是很着急的。这已经过去十年了，可也不至于变得这么眼生呀……母亲望着怎么看都觉得陌生的山野，不由得叹了口气。

山依然是从前的山，原野依然是从前的原野，那时候也是显得这么冷漠，这么空寂！可是，当时有丈夫迈着大步走在前面，背上背着甜睡的头生儿子，心里总还有着盼头。可如今，前途茫茫，不知何处才是归宿，跟在身后的只有两个心怀恐惧的孩子。也许是这个缘故，蜿蜒起伏的峰峦、绿色的原野，在她的眼里都变得更加荒凉。

原以为是无边的原野终于到了头，眼前出现了一座遍布荆条的山岗，荆条的浅绿色的新枝缀满着紫色的花蕾。母亲和孩子们走上山岗时，随风摇曳的嫩绿的新叶，轻拂着他们的腰和脖颈。在这个令人透不出气来的世界上，嫩绿的新叶散发着清新的气息。母亲不无惊奇望了一眼，这才发现在尚未舒展开来的叶子上也落有灰烬。原来山岗下的一座村庄也遭到了日本人的烧杀。村庄已变成废墟，飞扬着灰烬，不见人影，只有一条长毛狗在瓦砾堆里用嘴拱来拱去。

翻过山岗，又出现一片草原，草原上东一块西一块地散布着没有来得及翻耕的荒田。草原西面的山势更缓，山坡上长满了蒿草。一条很宽的河顺山坡流过来，横穿过草原。

母亲和孩子们来到渡口，看到这里白白的一片全是逃难的人。有的妇女在被烟熏黑的石头垒的灶里生火，有个中年男人哄不住哭闹不休的孩子，发疯一样把孩子举到空中。这些人什么时候在什么地方遇上了日本鬼子的讨伐呢？他们的眼睛哭肿了，布满了血丝。他们一定是经历了一场可怕的劫难，人人表情木然，好像对这个世界不再有任何期望。

看着那些烧坏了的衣物、人们被火燎黄的头发、从火堆里抢出来的已不能再用的捶衣棒、裂开缝的木盆、铁锅和大大小小的包裹，不难想见他们的和平生活遭到怎样的破坏！

母亲默默地、神情茫然地望着展现在河边的这幅真实的民族受难图，她似乎还没有意识到自己也是他们中间的一员，一个疑问充溢在她的脑海：这究竟是因为什么呢？她感到一阵钻心的痛苦。

浑浊的河水翻着白色的浪花奔流着，岸边的芦苇半浸在水里，在风中摆来摆去。渡船满载被不幸和灾难击碎的流血的心驶向对岸，涨满得快溢出岸来的河水冷漠地向前流去，好像一切都同它毫不相干。

“这是为什么？为什么？”母亲颤动着起满水泡的嘴唇，喃喃地说。

过了河，难民更多了。

母亲带着孩子走着，走着，周围突然静了下来，来到了不见人影的旷野。在一条紫芒丛生的小道上，她低着头，仍在自言自语：“这是去哪里呢？为什么要走呢？”

忽然，她抬起了头，看见一位穿白大袍的白胡子老人来到她的面前。

“我打听个路。”老人说。

母亲吃了一惊，迟疑地站住了。她本想说“请问吧”，一时竟说不出话来，但她略带惊疑神色的大眼睛已经完全表达了她的这个意思。

“这是去三道沟的路吗？唉，走了一天，连一个人影也没有看见……”老人又像问路又像感叹似的说。

“是。”母亲用勉强能听得见的声回答，随即向元男和甲顺使了个眼色，示意继续赶路。不过，她看到老人似乎并不想马上让他们走的样子，便没有动，等着他再问什么。

老人果然又问道：“你知道从三道沟到梨树沟有多远吗？”

“你是问梨树沟？”母亲不禁提高了声音。

“我听人说是十五里，只不知道实不实……说是出三道沟不远，有棵很高的榉树。我是头一次来，谁知道找到找不到哩！”

“您老人家是去梨树沟吗？”母亲看着面带愁容的老人问。

“是呀！那里住着我的一个老友，传说他得了重病，我去看看他。这兵荒马乱的年月，还不知道能不能见上他最后一面。”老人难过地说。

“那么，您是……”母亲回头看了元男一眼，迟迟疑疑地说，“找住在井边那家的老大爷么？”

“是不是住在井边我不知道。我那位老友名字叫崔富老，从前在甲山炮手队干过，现在老了。他搬到梨树沟总有六七年的光景了。”老人说着，看见走近来的元男，忽然高兴起来：“对，这个孩子不就是前些日子和京哲一起来我家送信的孩子吗！”

老人说完，看看顺女，又看看两个孩子，问道：“你们是梨树沟的？”

顺女愣愣地站在那里，忘了回答老人的话，不用问，他是住在药水洞的那位老人，她知道他为什么去梨树沟。

老人看看顺女和孩子们的行装、打扮，又惴惴不安地问道：“怎么，出什么事啦？”

“您别再去梨树沟了。”过了很长一会，母亲才自言自语似地回答说。他[她]的声音很低，可在这样沉重的气氛中她吐出的每一个字都非常清晰。

“你说不要再去梨树沟？”老人听了意外的回答，提高嗓门说。

母亲沉默着，没有立刻回答他。

老人重新打量着眼前这个头顶大包袱的女人。他看得出这是一个温顺、贤淑的女人，年纪不过三十多岁，最多不会超过三十五岁。她有一张和善的面孔、一双明亮的大眼睛。

低头望着地面的顺女，可能感觉出老人在打量她，便又抬起了头。她的眼睛显得更大，只是目光有些呆滞，满含哀怨。她的袖口和裙子上有火烧的破洞。她穿了一件沾满奶水和孩子口水的上衣，随意挽起的发髻上落了一些灰烬。最小的孩子伏在她的背上睡着了。

她显然刚刚经历了一场大难。老人从她的神情中预感到了不祥的征兆。他转脸去望两个大点的孩子。

元男也垂着头不声不响。这孩子一头黑发，脑后有一绺头发被火燎得卷了起来。他微微翘起的嘴唇微微颤动着。几天前他和京哲去药水洞的时候，还活蹦乱跳，天真可爱，几天的工夫就变得像遭霜打的菜叶子，一点精神劲也没有了，一脸哀伤的表情。甲顺低着头和哥哥站在一起。

“这……究竟出了什么事？”老人又问。

“您不要再去梨树沟了。”顺女还是重复这一句话。

“为什么呢？”

“崔大爷过世了。”

这并不是让人太感到意外的消息，可老人听了还是很吃惊地后退了一步，问：“什么时候过世的？”

“前天一早日本鬼子就进了村，放火烧房子，见了人就杀，没有几个人能活着出来。”顺女控诉般地提高声音说。

老人睁圆了眼睛，望着这位温顺的妇女脸上悲愤的表情。他伸出手来，抚摸着走近他身边的元男的头，过了好一会，才自言自语似地说："这么说来，崔富老不是病死的，是死在日本鬼子手里啦？"

他说着，似乎并不需要回答，因为这是明摆着的事。顺女也没有再说话。

"孩子们的父亲兴许……"老人一手摸着元男的头，一手拉着甲顺，试探着开了口，但却没有把话说完。

顺女的头越垂越低。她颤动的双肩已经说明了一切。老人不忍再看她伤心的样子，把视线移向别处。

他们在路上站了一会，老人声音低沉地说："看光景你们是准备走远路的。路上不太平，千万当心啊！孩子们，记住，要当心些。我来晚了一步，没能见上富老一面，我总得到他坟上去烧炷香。"

"您老人家别去，梨树沟没了，人也没了，您去找谁呢？"虽说是萍水相逢，顺女深为老人不忘故人的情义所感动，亲切地劝阻说。

"他老伴呢？还有京哲？"

"崔大娘的胳膊受了点轻伤，京哲也逃出来了。昨天他们埋葬了老人就走了，说是要回故乡去。"

"回故乡？原就是从那里被日本人逼出来的，到了又回去了……"老人仰首望着晴空，嘟囔着，然后又郑重其事地问顺女："别怪我老头子多嘴，我想问问你打算去哪里呢？"

"去深山老林，没有人烟的地方。"

"去没有人烟的深山老林……如今的世上哪有这种地方？"

"孩子的一个舅舅住在靠近船夫岭的地方，有一次他来我们家，说那里是个深山沟，很少见到人。所以，我想到那里去把孩子们养活到大。"

"你的意思我明白了。"老人点点头，怜惜地看看元男和甲顺，接下去说，"我家的房子还宽敞，人口也少，这些年我教孩子们读书。很想劝你们去我家里住，看来你大概不会愿意，我也就不再说这个话了。只是以后遇到什么难处，就来药水洞书房找我吧。"

母亲的眼睛湿润了，感激地望着老人，强忍着的泪水流了出来。她心乱如麻，说不出一句话。

蓝天绿野，春光和煦，一条没有人迹的小道躺在那里。阵风吹来，似乎还散发着焦糊味和血腥味。连春天的风也让人感到阴惨惨的。

老人转身要走的时候，母亲弯下身去，深深施了一礼："您多多保重。"

两个孩子也随着母亲向老人鞠躬。

"路远，又难走，还带着孩子，千万要处处小心啊！盼你能遂了心愿。孩子们，好好走，长大一定为你们的父亲报仇！”

老人说完，沿着空寂无人的小路走去，风吹动着他的长袍。

母亲默默地望着老人渐渐远去的身影。元男和甲顺也一动不动地站在那里望着。

这个血腥的世界，这个人人闭口的世界，善良的人们没有立锥之地，只能逃到没有人烟的荒山野岭……这不正是丈夫生前说的连丧家的狗都不如的亡国奴的命运吗？

母亲蠕动着干裂的嘴唇，久久地站立不动。不知什么地方飘来一阵十分耳熟的悲哀的歌声，像大地在哭泣，像冤魂在颤栗，刺疼着母亲的心。

妈妈，妈妈为什么哭？
妈妈哭了我们也想哭，
在妈妈怀里伤心地哭。

我们没钱没枪的民族，
多少人死在刀下枪口，
你们的爸爸也遭杀戮。

十

母亲领着孩子们走了四天，才到了船夫岭一带地方。越走山势越险，路越难走。说是想找没有人的深山，但真的到了不见人影的地方，又觉得可怕了。有时走一天也看不见一户人家，只是偶尔能看到狩猎的窝棚和行人临时搭的草棚子。今天，他们在路上又没有遇见一个人，好像这带地方从来就没有人到过。

年前，堂哥崔承学不知怎么打听到她的消息，来梨树沟看过一趟，当时就听他说这条路远，不好走，可怎么也没想到世间真的会有比梨树沟还荒僻的地方。

第一天两个孩子的脚上就起了水泡，第二天都喊着走不动了。上路时虽然从火堆扒了一些粮食带出来，可是一天只能走三十里，剩下的路还长，吃的已经让人发愁；甲顺脚上的伤处溃烂了，还发起烧来。昨天幸好碰上好心肠的山棚主人，一定留他们休息一夜，孩子们才缓过气来。山棚主人懂点医术，给甲顺的脚针灸了一下，把杨树皮捣碎包在脚上。过了一夜，甲顺的脚伤好多了，走了不少路。女主人对待他们像亲人，怕顺女带着孩子在路上作难，硬把两升燕麦倒进他们的口袋，特意做了些燕麦饼子塞到元男的背包里；并详详细细地给她指点去船夫岭的路，告诉她路上需要注意的事。

现在身临其境了，走进了空寂的深山，即使大白天也让人发怵，元男和甲顺时时瞪大惊恐的眼睛东张西望。

从日本鬼子打进梨树沟的时候起，母亲已经记不得自己是否吃过东西。眼泪哭干了，仇恨郁在心里，吃不下，睡不着。走一天下来，腿肿了，浑身都像裂开了似的疼痛，只有两只眼睛里还闪着光泽。他们遇不上人家，露宿深山，因为怕野兽出来伤人，想睡也不敢睡，母亲常常睁着眼睛一直到天亮。

母亲暗暗担心，怕这样下去自己会半路病倒，或者一进堂哥的家门就一头栽下去再也爬不起来。

"孩子们，咱们歇歇再走吧。"母亲说，把包袱放在山坡上的一棵矮松下。

元男和甲顺站住了。甲顺见母亲解开背带给乙男喂奶，才瘸着腿走到母亲身旁坐下来。

"甲顺，脚又疼了吧？"

"不……"

甲顺轻轻地摇头。过度的悲痛，长途的艰难跋涉，女儿秀丽的面孔一下子瘦了下来，显得十分憔悴。

母亲又转过视线，看看拿着一根木棍敲打岩石的儿子。这孩子自以为是男子汉，总背着最大的包袱，一路走在前头。其实，他也是满脸汗水，疲惫不堪，可他却总装出笑嘻嘻的样子。这反而更使母亲心疼。

母亲从元男的包袱里拿山棚女主人给的燕麦饼，分给元男和甲顺每人一个。她望着前面的路，到这里才走了一半，还远着哩！

日已西沉。夕阳下，南边的山峰更显得高峻、多姿多彩。山的那一边，便是朝鲜的土地。在南方的那片天空下，有一座天岩岭，她姑娘时代照过面容的清澈的泉水一定还在吧。

细想起来，那里已经没有了亲人，没有了相熟的乡亲，可是，在今天这样心怀悲痛，六神无主的时候，如同女儿想娘一样，她首先想的便是那片土地。

她和丈夫一起曾在那里度过美好的时光，她怀念着那个地方。可是，如今想去也去不成了，即使去了也没有人会接纳她。

听说过了这条小河，路就平坦了，而且过河走不出十里有一个烧炭人的窝棚。只是山里人约摸估计出来的里数多半是不准确的，何况甲顺脚疼得连一里路也难走得动了。于是，她决定去河边搭个草棚，歇息一宿。即使有野兽出没，也顾不得了。她在河边选了块地方，发现有人也在这里宿过夜，还丢下一些搭草棚的木棍，用石块垒的灶也在。

在太阳还有一丈来高时，母亲把铁锅刷洗干净，煮了一锅玉米饭。

在山里，太阳一偏西，就寒气袭人。甲顺一坐下来，便瘫倒在那里。元男捡来了一夜也烧不完的柴禾，点起了一堆火。这时才发现他们搭的草棚后面的岩石旁边，还堆了不少有人准备下的松枝。这可能是先走过这里的路人为后来的人留下的，是长期沿袭下来的规矩。现在自己也成了离开家园的路人，还有元男、甲顺和吃奶的儿子乙男，他们小小年纪，不也成了可怜的路人了吗？他们没有了国，没有了故乡，没有了家，也没有了爸爸！想到这里，母亲又难过起来。

杜鹃叫了。这里也有杜鹃哩！甲顺蒙着单被睡着了。元男在倾听杜鹃的叫声。

“元男，你也睡吧，明天还要赶路。”

母亲停住手里的活，深情地注视着儿子。她为了让元男背东西更方便些，拆开乙男的一条用不着的包被，准备给元男缝制一个背囊。

“妈，我这就完事了。”

元男坐在母亲身边，修好妹妹的破草鞋，想再给她打双新的。他轻轻掀开单被，量了量甲顺的脚。

元男的一举一动都像个大人，母亲的怜惜之情油然而生。没有这个孩子做帮手，她走不了这么远的道。

“妈，这里也有杜鹃叫哩！”原以为已经睡着了的甲顺掀起单被说。

元男笑了笑，嫌妹妹大惊小怪，说：“你还没睡着？深山里的杜鹃更多！”

甲顺干脆一掀单被，抬起上半个身子，细听杜鹃的叫声。不一会，她又转向母亲问：“妈，爸爸真的不来了吗？”

母亲想不出回答的话，目光凝视着女儿含泪的眼睛，把头低下去。空气似乎一下变得凝固，让人只想大哭一场。

“睡吧，睡吧，太累了，困得真受不了！妈，您也别做活了。”元男突然站起来说。他收拾起散落在腿上和衣服上的碎椴树皮，把干草收拢起来，都扔到火堆上，只冒烟的火堆一下窜起了一股火苗。

哥哥的口气，哥哥的举动，使甲顺觉出来哥哥对她不高兴了。她有些委屈，用单被蒙住了脸。

这是一个痛苦的令人喘不出气来的不眠之夜。不知为什么，一条单被竟变得那么硬、那么重，元男蒙在身上，一个人偷偷地哭了一夜。

母亲没有一点动静。甲顺睡熟了。只有杜鹃的叫声一直不停，刺着元男的耳膜。

刚才甲顺提到父亲，元男怕引起母亲伤心，急忙催着快睡。其实，母亲没哭，他自己倒差点放声哭出来。

现在，他用单被蒙住了脸，谁也看不见他，便让压抑了一天的悲哀尽情地倾泻。一串串泪水流到耳根，又流到脖颈。他强装了一天笑脸，必须找一个属于他自己的发泄悲伤的时间，避开人哭泣，暗暗呼唤父亲。

父亲是元男的骄傲。在他的眼里，父亲是全村最有本事的人，知道的事最多：摔跤、下棋，没有谁是他的对手。父亲最不喜欢他的孩子哭鼻子抹泪，可他从来也没打过孩子。村子里的小伙伴为一件事争吵不下的时候，只要元男要一说"我爸爸是这样说的"，就没有人再争了。

他引为自豪的爸爸不在人世了，永远也不能再喊一声爸爸了，他、甲顺、乙男成了没有爸爸的孤儿。

泪水一直不住地往外流，甚至一直流到了背上，可他并不想拭去它。躺在单被里流泪，可以无所顾忌，任它去流。元男心想，面对凶恶的日本鬼子，爸爸至死都不屈服；鬼子用火烧他，可他们自己倒吓得发抖。这样想着，他忽然觉得作为爸爸的儿子，自己太不争气了。他不该哭，如果爸爸地下有知，他会生气的。要想为爸爸报仇，就不能一天到晚地哭！他用嘴用力咬着单被，暗暗下定决心：即使只有自己一个人的时候，也决不再哭了。如果心里不好受，就像现在这样，用嘴咬住一个什么东西，强忍着不让泪水往外流。而且，还要想法子劝母亲和甲顺也不要哭，让她们高兴起来。

第二天一早，母亲熬了点燕麦粥，四下一看，两个孩子都不见了。刚不久，甲顺还背着弟弟站在河边上。她用目光搜寻了一会，依然不见他们的影子。

"甲顺！快找你哥哥来吃饭！"

母亲叫了一声，没有人回答。她灭掉灶里的火，站起来。

河面上升起的雾，缭绕在山腰间，又渐渐消散在空中。

今天，又是一个暖和的晴天。母亲几乎一夜没睡，早晨清新的空气使她沉重的心轻松了许多。

一条小路伸进柳树林中。元男说过，他要找一根棍子让妹妹拄着走路。他一定是进树林里找棍子了。于是，她便沿着小路慢慢走去，从不远处传来两个孩子说话的声音。

"把这一头用火烤烤，拄着它走路脚就不疼了。"

这是元男的声音，俨然像个大人。母亲的脸上露出一丝笑意。

"不要，我不拄这东西了。"

“别说傻话。你知道还得走多远的路吗?”

“咱们真的去很远很远的地方吗?”

“是呀,比咱们走过来的路还长哩!”

“哥哥,干吗去那里呀?咱们走远了,爸爸他……”

“甲顺!”

元男口气一下变得严厉起来。母亲无意中听见了他们的谈话,听到这里不觉心中一沉。她怕被孩子们发现,忙躲进树荫里,从树行间也能看到他们。

元男犹豫了好一会,才又开口说:“在妈妈面前,你以后不要再说爸爸了。”

甲顺对哥哥的话也许感到意外,没有答话。过了一会,才怯生生地问:“为啥不能说爸爸啊?”

“你想惹妈妈哭吗?”

“我不想让妈妈哭。”

“这就对了。一说爸爸,妈妈就哭,以后别再说了。”

两个人都不再吭声了。

在树林里,母亲像被钉在地上似的动也不动。她抱怨自己总不能从悲伤中挣脱出来,世间的伤心人也不只是自己一个。孩子们心里苦,才背着她说这样的话。她咬紧嘴唇,强吞下流出的眼泪。这时,又传来孩子们的声音。

“咱们俩都要帮妈妈干活,长大了还要为爸爸报仇。知道了吗?”

“我一定听哥哥的话。哥哥,爸爸真的不再回来了吗?”

“不让你提爸爸,怎么又说了!”

“对哥哥也不能说吗?”

“对哥哥也不能说了。”

“那为啥?”

“你一提爸爸,哥哥也会哭的。以后,在谁面前也别再说!”

元男的口气有些生硬、苦涩。甲顺小小的心里似有着无处可诉的悲哀,眼泪汪汪地望着哥哥的脸。

母亲透过柳枝的缝隙,望着女儿的身影,恨不得把她因饥饿和长途跋涉而变得憔悴的被阳光晒黑的小脸揽在怀里,痛痛快快地大哭一场。可怜的女儿,你没有了爸爸,想爸爸了还不能说出来……

甲顺的眼睛里滚动着泪珠,看着同样咬住嘴唇、强忍着眼泪的哥哥。她的嘴唇咬得发白,仍不住地点头,终于控制不住的大颗大颗的泪珠,扑刷刷地掉落在她沾满泥土的脚背和地上,在沙土地上溅出一个个麻点。

元男慌了手脚,忙用手捂住甲顺泪水斑斑的脚背,哀求似地说:“甲顺听话，别哭，别哭……”

元男觉得自己惹哭了妹妹，像是要把她流下的泪都收起来似的，两手捧住她的脚背，哽咽着，泪水也流湿了他的面颊。

甲顺见哥哥这样，便不住地点头，仿佛是说：她再也不哭，再也不提爸爸的事了。但她的肩头仍在颤动，脸上的肌肉抽搐着。她用颤抖的手从腰里摸出一个精心包起的小包，转过身去打开，一些黄颜色的叶子纷纷撒落在她的脚背和沙土地上。元男惊讶地问：“甲顺，这是什么？”

“给爸爸采来的烟……爸爸再也不会吸烟了。是我在佛陀山那边的山坡上……”

甲顺哽咽住说不下去了，两手捂着眼睛，双肩剧烈地耸动着。

母亲感到像有一把锐利的匕首刺在了她的心上，一手捂住胸口，身子摇晃着用另一只手抓住树枝。在梨树沟时的一幕又浮现在她的脑子里：一天的傍晚，甲顺仰着黄瓜花般蜡黄的小脸跑到井边来找她，手里拿的便是她采来给爸爸当烟吸的玉竹和花椒叶子。丈夫没有能接受女儿献给他的这份孝心，永远地去了。可是，甲顺始终也不相信爸爸会死，会不再回来，所以这一路上尽管又苦又累又悲伤，她为了让爸爸高兴，也一直把这些叶子珍藏在身上。现在，她完全绝望了，把她看作宝贝的叶子撒在这条不知名的河边。

“世道怎么这样无情啊！”母亲自言自语着，抬头望望晴朗的天空。天无情，地也无情。想到女儿、儿子天真、善良的童心遭到摧残，母亲愤怒了，恨不得立刻找什么人把心中的怒气、闷气都发泄出来。

她用力地摇了摇头：不哭了，为了心爱的孩子，要挺起腰板活下去，把全部感情都献给孩子们，抚平他们失去父亲的悲伤。她吞下最后一滴眼泪，蹒跚地向河边走去。

元男和甲顺听见有人踏着枯枝走路的声音，急忙跑上小路。母亲已经走远了，看不出她是不是在哭。

十一

在知道伸向远方的绵绵山岭就是船夫岭的时候，他们的心情开朗了。这是他们的希望所在啊！再翻过眼前的一座山，便是堂兄崔承学住的星岗村了。

翻过连着鸭绿江的高山来到这里，走了五天。一路上只苦了母亲和元男。但是，最让人可怜的还是甲顺。乙男有母亲背着，甲顺已过了让人背的年龄，却又走不动路，而且常常找不到歇脚的地方。有时她实在走不动了，元男蹲下身子，把背转向她说：“你脚疼，我背着你走吧！”

甲顺咬紧干裂的嘴唇，轻轻摇着头说："我不让哥哥背。"元男实在心疼妹妹，拉住她的手，故意放大嗓门说："我的劲可大啦！快，快让我背上！"

甲顺固执地摇着头，把手从哥哥手里抽出来，说："我自己能走。"

母亲听着两个孩子的谈话，心像刀扎的一样疼。

过了前面的那座山岗，就到舅舅家了，孩子们快活起来，争着往山上跑。

他们终于登上了山梁。山梁上长满了紫芒。元男拿一根棍子，拨开一人来高的紫芒走在前面，甲顺喘着气跟在哥哥的身后。刚才她还一脸苦相，一瘸一拐地走路，现在好像完全变了一个人似的。母亲背上的乙男，呼吸到山上的新鲜的空气，也快活起来，乱晃着小手"啊啊"地乱叫。孩子被背带捆了一天，晚上放下来时，身上勒出一道道印痕。想到今天能在堂哥家的热炕上让孩子睡上舒坦觉，母亲脚下生风，步子也变得轻快了。

从下朝上看，山势又高又陡，到了上面，却很平坦。没有树，只有一大片草地。走过草地，又一个山岗，这里山花烂熳［漫］，遍地是绿茵。

"孩子们，歇一会吧。"

母亲大声说。两个孩子好像没有听见，一直向上走。见孩子们这样快活，母亲心里也敞亮了许多。

"啊哈，我们到了！"

元男挥动着木棍，放开嗓门大叫，声音在山谷中回荡。

母亲这时也跟上来了。

到了山顶的元男和甲顺，突然神情一变，疑疑惑惑地向四面张望。目光看到的地方，没有看见村庄。

"妈！"元男疑惑地偏起头，转身喊了一声母亲。

甲顺一脸哭相，腿一软，瘫了似的蹲在了地上。

母亲也觉得情形不对，慌忙朝四面看去。她的心不由得缩紧了，呼吸顿觉不畅起来，什么也没有，什么也看不见！她设想的热热闹闹迎他们到来的场面，已成泡影；在她的想像中变得如同旧居一样熟悉的村庄，压根儿就见不到一点影子。

山里的村庄一般都是很小的，可是不管再小，也是一个有名字的村庄，难道还能藏起来不让人看见吗？会不会是指路的人说的不对？再不就是自己走错了道？站在山上，十里以内的地方都能看得见，只有向西伸去的那个山沟看起来像个能住人家的地方。母亲仔细地朝那里看了一会，影影绰绰地看出来有人住过的痕迹。一片黑糊糊的地方，是烧毁的房基，房基的前面，像长了癣似的东一片西一片的光秃秃的地块，一看就知道是人们烧荒开垦出来的农田。

各种各样的想法一时都涌到母亲的脑子里，可是她一个也捕捉不住。她仿佛看见只有一条伸向险山峻岭的小道，有一双穿着破草鞋的小脚沿着这条小道拖踏拖踏地向前移动着，脚下扬起一片尘土。那是元男？甲顺？还是长大了的乙男？她不知道。这幻影使她痛苦，使她颤栗。

她的双膝不觉间无力地弯曲下去，没来得及把背上的孩子转到身前便跌坐在了地上。她好不容易把头上的包袱放下来，愣愣地望着那似曾住过人家的山沟。

元男和甲顺都不吭声。母亲连抬头看他们一眼的力气也没有了。

时间在她几乎是丧失意识的虚脱状态中一点点过去。只有乙男扭动着身子哇啦哇啦地叫嚷着。母亲本能地把背上的孩子转到身前来，把奶头塞进他的嘴里。她把孩子放到地上，马上又抱起来，哄着他睡觉。她做着这些，可是并没有意识到她在做什么。

天空中，深灰色的云团迅速地聚拢着，阳光渐渐微弱下去；不一会工夫，乌云密布，刮起了大风。

母亲有些惊慌，元男和甲顺望着压顶的乌云和狂风，也吓得变了脸色。母亲已经意识到她和她的孩子都陷入了绝境。

不能老呆在这个地方，得找地方避一避……母亲这样想着，但真的要动身的时候，更大的绝望又像一座大山挡住了她：去到什么地方呢？连一个可以问问路的人也没有……有了能问路的人又怎么样？你问人家什么路？问去哪里的路？

天地这么宽广，人真的会有无路可走的命运吗？云越聚越多，风越刮越大，似乎是要证明人间确有这种厄运。母亲从不曾有过过分的奢望，千里迢迢来到此地，只不过是为能养活她的三个孩子，难道就应该遭到这样对待吗？山川也缄默不语，一副冷漠、无情、不理人的样子。她已经没有再去寻找安身之地的气力了。

很久很久，母亲和孩子们颓丧地坐在山梁上，目光呆滞地注视着山下。

不知什么时候，阴云散尽，耀目的阳光又洒遍山川，被风吹伏的野草也抬起头来。群鸟啁啾，野蜂在遍坡的野花丛中飞来飞去。深山里的空气格外清新，散发着淡淡的清香。

但是，没有人能给母亲指出一条路，没有人再能振作起她的精神。

四面沉寂无声，连乙男也安安静静地伏在母亲的背上动也不动一下。眼前只有一条穿越山头的小路。要不要顺着这条小路走下去呢？能走到哪里呢？那里又有什么呢？要不，就朝另外的方向走？全是没用的念头！她瘫软无力地坐着，屏声静气，做梦一样仿佛又回到了梨树沟的枯蒿蓬乱的山岗上。

“累死人了，坐下来喘口气吧！”

从稀疏的小松林里传来声音沙哑的说话声。母亲从沉思中惊醒过来，循声望去，看到小松林里有条羊肠小道，绕向山沟周围的山坡，小道上走来一位头戴皮帽的老人，背着大背囊，拄住拐杖，身后跟着一位头顶包袱的妇女和一个同甲顺年纪相仿的小姑娘。

老人没有发现坐在这里的母亲一家人，东张西望地寻找歇脚的地方。

母亲的心又急剧地跳动起来。她抱起放在地上的包袱，快步走向老人，和善的大眼睛放出异样的光彩。不论发生怎样可怕的事，她也得问个明白。

“老大爷，我想打听个事。”

在这个整日不见人的深山里，突然出现一个女人和两个孩子，老人有些惊讶，看看他们，说：“你要问什么呢？请说吧。”

“这附近没有村子吗？我们是来找星岗村的。”

老人再一次打量一下母亲充满哀怨的大眼睛、怀里抱的包袱，以及两个孩子疲劳不堪的样子，像是要尽快摆脱力不胜任的苦役似的，干脆地回答说：

“星岗村没有啦！”

“没有了？”母亲又走近一步，反问了一句。一个村子怎么会没有了呢？没有了星岗村，孩子们怎么办？她哀怨的目光变成了恳求的目光，强烈地渴望着有什么人能回答她。她善良的眼睛里闪动的奇特的眼神，让人看了都会感到难过，为她着急。

老人又仔细地打量着母亲一家人的样子，似乎什么都明白了，长叹一声，把行李放下来，问道：“请问，你去找什么人呢？”

“崔承学……”

母亲简直怕看老人的一双仿佛已看透她一切的闪亮的眼睛和表明他饱经风霜的白胡子，话没说完就停住了，低下了头。

那位和她年龄相仿的不知是老人儿媳还是女儿的妇女及她的孩子，远远地站在那里朝这边望着。

“崔承学，你们是他什么人呀？”老人停住解背带的手，抬起头问，露出惊异的神色。

老人的表情，更增加了母亲的不安。她强自镇定着跳动的心，回答说：“他是孩子的舅舅。”

老人呻吟般地“唔”了一声，似乎早有所料似地点着头，又发出一声长叹。

母亲的心又一次因绝望而缩紧了。堂哥到哪里去了呢？难道也像这位老人一样拉家带口地找活路去了吗？他去梨树沟的那次，说过这样的话，后来再也没有了消息，也许是早走了。只是整个村庄怎么也没有了呢？

“他已经不在人世了。老夫妇俩是叫日本鬼子给杀死的。他们闭不上眼啊！”

母亲的眼睛都直了，说不出话，透不过气来。在刚登上这座山时，影影绰绰地看见山下有遭过洗劫的痕迹，也想到会有不幸的事发生，但她却极力驱散这种想法，在老人说出不幸的消息之前，她还尽量不让自己朝坏的方面去想。世道的险恶，日本鬼的残忍，超出了她的想像。命再苦，还能苦到什么份上呢？她正是抱着这样的想法到这里来投亲的，谁知历尽千难万苦，找到了地方，面临的竟是更坏的命运！

“孩子们，坐下来歇一会吧。走远路的人，最难的是过头一座山……”老人回头对怔怔地站在一旁的家人说，掏出烟荷包，边打火石边问母亲：“他们是你的孩子吧？”

母亲的嘴唇动了动，口里发干，没有说出话来。

“你们过来坐吧。”老人点着烟，用怜爱的目光看看元男兄妹和自己的孙女，呼地吐出了一口烟。

高耸的山峰，其中似乎潜伏着难以预测的可怕的灾祸，阴森可怖，恶狠狠地俯视着两户逃难的人家。

老人喷着烟，细眯起眼睛，审视着那些山峰，眼角里挤满了表明他饱经忧患的皱纹。

“我们这个山沟里的村子，转眼的工夫就给日本人毁掉了。”

老人说话声音微颤，但没有惊恐，看得出来他并没有被一场可怕的灾难压倒。只是他经历了太多的磨难，显得有些疲惫，然而却非常镇静，透着坚韧的生命力，有着一种镇定人心的力量。

“我的六个儿孙都被日本人杀死了，我和儿媳、孙女侥幸保住了命，逃出来了。没有一准要去的地方，走到哪里算哪里吧！”

这时，母亲才细细去打量老人的儿媳和孙女。这位年轻妇女，有点像梨树沟的凤淑，又有点像性情开朗、有时又有点腼腆的十月女。

“歇会吧！来，你们也过来坐。”

老人说了几遍，他的儿媳才向母亲行了个目礼，在老人的身后坐下来。瓜子脸、细身材的小姑娘，睁着惊恐未消的圆眼睛，望着眼前这位陌生的大娘、元男和甲顺。

两个女人和孩子们围坐在一起，如同被狂风吹得聚拢在一起的落叶。老人一口口地吸着烟，眼睛看着他们。

“我们没有了国家，成了丧家之犬。朝鲜人的命，连苍蝇都不如。”

老人的话并不是专对谁讲的，声音依然是平静的，但是，句句话里都饱含着血泪。一直望着他一家的元男和甲顺，也低下了头。

“你们是怎么来到这里的？我看不像是出门看亲戚……”老人若有所悟似的，抬起头，重新问道。

“和你们这里一样，我们住的村子也被日本鬼子烧光了，孩子的爸爸被他们烧死了……想逃到深山老林里来，抚养大孩子……”

老人全懂了，点着头，难过地把目光移向别处。

群山环抱，山头上滚动着厚厚的云团，让人只感到堵得慌。东西南北，不论朝哪里看，都看不到一块平坦的地方。老人看了一眼被大山吓住了似的、肩头微微颤抖的母亲，自言自语般地说：

“咱们整个国家都在血海里，哪里还会有太平地方。”

老人像个通晓天下大事的人，说出来的话是那么肯定，不容人置疑。他身上穿得破破烂烂，但他那双闪光的小眼睛，雪白的胡子，却给人一种超俗的感觉。母亲心想，这位老者一定比自己有过更多的苦难。他历尽人间风霜的刚强的神态，使她感到老人像自己家的长辈一样可以信赖和依靠。同时，她也不无恐惧地意识到她显然还没有尝遍人世间的所有不幸和痛苦。那么，以后还会有什么样的灾难？眼下又该投奔到哪里去？她不知道。她下意识地看了看蹲在那里的元男和甲顺，长叹了一口气。

“以后怎么办呢？怎么活下去呢？”

听着她喃喃自语，大家低着头跟她一起叹息。

老人在石头上磕了磕烟袋，朗声地说：

“咬紧牙，一定要活下去！难道朝鲜人走到哪里都只有死路一条？我听人家说，如今出了一支军队，是专救咱们老百姓的。”

母亲抬起了头。这真是从来没有听说过的事，这个世界上真的会有解救老百姓的军队？

老人又静静地说：“几年前就传开了，说在祖先的山——白头山上，升起一颗将军星，光芒四射，今年果然就出了救国救民的朝鲜的军队。听说这支军队叫抗日游击队，会缩地术，能日行千里，杀起日本鬼子来，如同割草一般。”

母亲睁大着眼睛，看着这位见多识广的老人。这真像是在做梦。她茫然无主的郁结的心里仿佛启开了一扇门，吹进了一股清风。她想起梨树沟的男人们在她家的上屋里的谈话，似乎也说过这样的话。

她举目四顾，阳光灿烂，从崇山峻岭上照射下来。

如今有好的军队了。这军队能救她可怜的孩子，救她的三个爸爸被日本鬼子杀了的孤儿，这使她万分感激，真想朝着什么地方行个大礼。

老人把胳膊伸进背带，像是已和母亲商量好似的，说："去别处，兴许也能找到落脚的地方，可我看咱们还是找个能看见白头山的村住下来，互相帮着过日子吧！"

这对母亲说来，无疑是一个很大、很突然的变化，但她却并不感到意外。天地虽宽，道路虽广，可她已没有可投奔的人家。来到深山，她的路断了，除了怀着对能救孩子的军队的期望到白头山去，哪还有别处可去呢？在进退两难、走投无路的时候遇上这位善良的老人，也许正是白头山上升起的将军星特意安排的吧！

"嫂子，咱们走吧。"老人的儿媳妇顶起包袱，亲切地说。

相同的处境，相同的遭遇，使她们之间变得亲如家人。

"好，走吧！"母亲用含泪的眼睛看看老人的儿媳，来表达她的感激，然后顶起包袱，站起身来。

老人带着孩子们已经向前走了。老人和元男身上的背囊在荆条和紫芒丛中晃动，渐渐远去。随在他们身后的两个小姑娘，已经混熟，非常亲密，手拉着手蹦蹦跳跳地向前跑着。

"你叫什么名字？"

"我叫英实。你呢？"

"我叫甲顺。"

两人有时低声细语，有时说到有趣的事又发出清脆的笑声。

母亲和英实妈并排走着，见孩子们这么快活，眼睛里闪动着喜悦的泪光。

第二章

一

"啊，如果有枪……如果我手里有枪……"

这是允涉在被日本人杀害前心里呼喊的话。那天晚上，达三从大火燃烧的村子里跑出来的时候，心里喊的也是这句话。所以，当昏倒在蒸笼峰的深谷里的达三隐隐约约听到有人说"枪"字的时候，一下就睁开眼睛站了起来。

他是第一个在村子里碰上鬼子的，允涉救出他时，他身上已有好几处伤；后来跑向马鞍岭时腿上又中了一弹。

蒸笼峰的山谷格外的深。

“活下去！无论如何也要活下去！一定要报仇！如果有枪……枪、枪、枪……”他心里只想着枪，摔倒了，再爬起来，滚滚爬爬，在一个人迹罕到的谷底终于因流血过多昏倒了。

在听见有人说“枪”而醒来时，他才知道是秘密武装队员四天前从山谷里把他背回来的。他在这里头一次听说这年春天在安图县成立了朝鲜人民的第一支抗日武装游击队，懂得了革命道理，知道了拿起枪来投入抗日武装斗争是朝鲜每一个热血青年的责任，也是朝鲜人唯一的一条活路。人们告诉他，他们这支秘密武装队很活跃，干得很漂亮，要在短期建起一个游击中队。

“各位，请给我一支枪吧！我们的村子有三十多户人家，只活了我一个人。给我一支枪，我要去报仇！”达三挥着带血的手臂，急不可待地喊道。

但是，他必须先在秘密武装队的原木房里养伤。一个月后，他的伤好了，奉组织的指示和三个同志一同去了三道沟，亲手杀死了一个日本警察，夺到一支步枪。他拿着这支枪正式参加了游击队。

图们江沿岸，一个接一个地建立起游击根据地。

梨树沟、大柳树沟和小柳树沟一带，已经变成无人地区，成了战场，游击队和日军讨伐队常常在这里进行激烈的战斗。

一个秋天，刮着大风，达三在去敌占区工作回来的路上，从梨树沟经过，他摸着那棵被火烧黑半截的杜松树，久久地望着曾经生活过的村庄。妻子和女儿死了，也没有了允涉和明灿，但面对着这个他一往情深的地方，怎么也迈不开脚步离去。

达三变了，不知道哭，也不知道笑，同时也变成了一名视死如归的游击队员。在建立根据地革命政权和创造新生活的艰苦战斗的日子里，他在政治上也成熟了，可是他脸上的浓浓的阴影却并没有因此而消失。红旗高高飘扬在人民革命政府屋顶上的那一天，他多么想和允涉一道分享喜悦啊！他下意识地向四周看看，没有允涉的影子。看到那些伏在平生第一次分到的土地上久久不肯起来的农民，看到儿童团的孩子们拍着手唱歌跳舞的情景，他的心一面高兴得跳动，一面为因没有允涉和梨树沟的乡亲而难过。

他两次参加了远征北满的行军和战斗，在那些日子里，他时时留心，总希望着能去什么地方遇到梨树沟的乡亲；有时见到知道一点情况的人，就刨根问底地打听梨树沟人的消息。可是，他的希望落了空，反而更增添了新的烦恼。

在游击队里，有他这样心情的人，不是一个两个。哪一个朝鲜人不怀有一腔的亡国的悲愤！所以，高举光复祖国和阶级解放旗帜的抗日武装斗争一开始，便像燎原之火到处燃烧起来。他们要报仇，要赶走侵略者！

祖国光复会的十大纲领和成立宣言，集中反映了朝鲜革命应当而且能够由朝鲜人来完成的思想，所有看到这一纲领和宣言的朝鲜人，都振奋起来，他们不分男女老幼，一齐投身到了贯彻这一路线的斗争中去。

不论是在建立白头山根据地的斗争中，还是在密营地的建设中，达三都全身心地去战斗，去工作，他光复祖国的愿望、报仇的决心，终于有了实现的机会。他当了游击队中队长，经常率领着他的中队出没在鸭绿江两岸，痛击日军。

有一次，他们袭击了日本警察驻在所，回来的时候，在柳树坪浮桥渡口意外地和京哲相遇。因为当时要摆脱敌人的追击，情况紧急，没有能细谈。短暂的相逢，使他们高兴，同时又为很快地分手而难过。两人悲喜交集地拥抱在一起。

京哲已经参加了地方革命组织。达三从他这里才知道元男一家都逃出来了。听京哲说，他们是在梨树沟分的手，后来就再也没有听到过他的消息。这样看来，要找到他们，怕是遥遥无期了。

后来，达三和他的中队为了在白头山一带的农村开展游击战，进入了上洞地区。

按说既然有上洞村，那就还应该有个下洞村，可是这一带地方并没有叫下洞村的村庄。由此看来，最早出现在这里的大概是剑水沟、九龙沼和木盆沟这些村子；后来又陆续有人进山，在山半腰上安了家，于是才有了上洞村。听村里的老年人说，剑水沟和九龙沼有人居住。是很早以前的事了。庚午年“合邦”的时候，很多爱国士兵和读书人不甘心当亡国奴，怀着满腔悲愤渡过江来，到了这个深山沟里。最初只有一些零零星星的原木房，真正有了点村庄的模样，是在亡国后的一段日子里，特别是己未年“三・一”运动①以后。在移居来的人中，庚申年日本人大讨伐时逃难出来的人占了一大半，所以很难说清九龙沼、木盆沟和更远些的德谷具体是什么时候形成的。这里的居民，有的是为光复祖国流过血的义兵和独立军的老兵，他们把刀枪埋在深山，只好向青山诉说着亡国奴的悲哀度过残生；有的是家乡的土地被霸占去的农民，求生无路，在

① 爆发于1919年3月1日的全国性的反日民族独立运动，参加人数达200余万，罢工、罢课、罢市，高呼“朝鲜独立万岁”。从此，马克思列宁主义开始在朝鲜传播，工人阶级登上历史舞台，朝鲜民族解放运动进入新阶段。

这里落下了脚；还有的人是由于某种特殊的原因，有意避开世人来到这里的。虽然他们的来历各不相同，但有一点是共同的，那就是都憎恨日本人。在形成最晚、最偏僻而今已成为各村中心的上洞村，人们仇恨日本人的情绪最强烈。

最初，这里只有几座简陋的窝棚，剑水沟和九龙沼的人谁也没有把它看成是一个村庄。大约在六七年前，一下子涌来一大批蓬头垢面的难民，他们在日本军队的讨伐中失去了亲人和家园，从血海里逃命出来。这些人一到，很快形成了一座大村庄。对日本鬼子怀有深仇大恨的人汇合到一起，建起共同的家园，大家亲得像一家人。而且，多数人的家是残缺不全的，有的只有单身男人带着几个孩子；有的一家全是女人；有的只剩下老人和小孩，最困难的是只有女人和孩子的人家，如果不互帮互助，人们的日子是过不下去的。

上洞人的家当，是来时头上顶的、身上背的一点东西。有位老人带来几个玉米棒子，邻村的老住户送来一点土豆，他们就用这些作种子，开荒种了下去。

他们都是死里逃生的人，经历过常人没有经历过的苦难和悲伤，顽强地活了下来，眼前的困苦是轻易压不垮他们的。他们没有过舒心的日子，没有免除过饥饿，岁月就这样一天天过去了。当年扯着妈妈的裙子、拖着满是血泡的脚踏进这个山沟的孩子，已经长成大姑娘、小伙子了。村里开始有了点生气，有了欢声笑语；在阴暗、沉闷的生活的表层下激荡着清新的气流。对这种变化，嗅觉最灵敏的是日本人。早先这一带甚至没有一个小小的集镇，只是在十五里路以外有个财主们住过的小土围子。现在，这个小土围子突然大大膨胀起来，变成了一座小城。一个日本守备中队开了进来，原先设在车站附近的乡公所也迁到城里；接着进来的有警察署、营林所等等。谁都知道，这座小城的出现，是专门对付上洞村等朝鲜人村庄的。

最近，他们拆除了旧城，重新筑起新城，还盖起了炮楼。

剑水川对岸，从前有座金矿井，后来废弃了，现在来了一个名叫金奉奎的人，带着一帮子人干了一阵子，搞成了一个大矿场。从此，上洞村一带就变得不大平静了。在从上洞村去矿场的桥头，日本人又设了个检查站，驻扎着守备队的一个分队。听说守备队长来桥头检查站的时间比他住在城里的时间还多。

去年，一个生着一张狐狸脸的中年男人，带着家小来到上洞村，在村子的正中间盖起了一座大瓦房住下来。这个人原先在河对面的木材场当监工，是被工人打跑出来的。他在上洞村住下来不久，城里下来一个穿协和服的乡长，他告诉大家，生着狐狸脸的人叫卞长国，从旧韩[1]末就效忠大日本帝国，当过宪补和警察；还说他有大家业，是本地方的富户。最后，这个乡长宣布任命卞长国为忠信乡三区区长。

人们是为逃避日本人才来到这个与世隔绝的深山沟的，现在倒好，什么区长、警察、军队、宪兵、税务署全进来了，大家的脸上又布满了阴云。

两个月前，还是初春的天气，一个高鼻梁、厚嘴唇的三十来岁的男子，头上戴着矿工们常戴的落满石粉的帽子，穿一身深灰色粗布制服，过河来到了上洞村后山的兄弟岩洞，住了十多天才走。那时候，全村公认的最精明、最正派的斗赫，差不多天天都去兄弟岩洞见那个人。这是上山砍柴的小伙子们看见传出来的，可是没有人知道他们见面都干些什么。

从那以后，那人常来兄弟岩洞，去见他的人也多起来了。有一天，斗赫最要好的朋友、在城市学校里读过书的尚浩去见卞长国，提出在村子里办夜校的事。卞长国开始有些不大放心，怕其中别有用意，后来查来查去，觉得他们倒没有什么不轨行动，于是才向乡长和守备队长细川请示。他们说夜校可以办，但必须采用大日本帝国的课本。细川还大发议论，说天皇陛下非常关心教育，日本人所到之处都建立学校；朝鲜人是新进入大日本帝国治下的皇国臣民，应该为他们兴办学校，这也是他们理应得到的天皇陛下的恩泽。

夜校开办起来了，村里的气氛渐渐有些活跃起来，可是上了年纪的人的脸上，阴影却更重了。

人们的日子好也罢，坏也罢，山山野野已是一片大好春光。草叶变大、变厚了，树木舒展开嫩绿的枝条，上年枯萎了的野花竞相开放出五颜六色的花朵。

春天是多姿多彩的，但对穷苦的百姓来说，在他们生活的众多的难关中，春天却是他们最难渡过的一道关口。从这时候起，直到收土豆的季节，他们必须去剥树皮、挖野菜；连挖野菜也要赶时间，不能错过节气，不然野菜就老得不能吃了。

挖野菜是姑娘们的事，她们天天都要挎着篮子上山。毕竟是春天了，年轻人的青春的热情和喜悦，涌泉般冲破生活的重压，洋溢在春光里。

“甲顺，英实，你们快过来！这边的野菜好多啊！”第一个绕过兄弟岩洞的岩壁走出来的京淑，坐在枝叶雨伞般张开来的大榆树下，声音清脆地招呼着同伴。

---

① 中日甲午之战后，朝鲜于1897年改国号为大韩，国王即皇帝位，建元光武，旧韩，即指此时的韩国。

正在岩壁下采蕨菜的甲顺听见喊声，转过身去，一条垂在身前的大辫子从她的肩头摆向身后。她的模样很像母亲，忽闪忽闪的眼睛仍然像小时候一样又大又有神；劳苦和饥饿挡不住姑娘的发育和成长，她显示着青春的美。甲顺已经是十八岁的大姑娘了。

“京淑，你又是编瞎话骗人吧？”

说这话的是英实。这时候，她一只手里提着篮子，一只手里拿一把挖野菜的小刀，正从岩壁的拐角处转过来。小时候身子单薄的英实，如今也已出落成一个身材窈窕的俊俏的姑娘：瘦长的脸儿，长长的眉毛，顾盼有神的眼睛，再破再旧的衣裙穿在她的身上也那么利落，处处显出她的清秀气，因而也显得更加成熟。

“喂！我可没有你们会说谎！不信过来看嘛，这不是野菜是什么？”京淑大声地说。

平时姑娘们在村里的人面前，哪怕当着小孩子，也总是做出规规矩矩的样子，可是一进了没有人的深山，她们便自由了，说说笑笑，无拘无束。

“真的，这里的蕨菜真多，像专等着我们来挖似的！把这一片挖出来，准能装满一篮子！”随后到来的甲顺欢快地说着，弯下腰挖起来。

“这是飞来的大金矿啊！懂吗？”

听了京淑的这句话，甲顺和英实都笑弯了腰。这话本没有什么可笑的，她们听出她是模仿夜校老师和青年会会长斗赫说笑话的口气，所以忍不住笑起来。

“好嘛，去了矿山一趟，把这句话学来了！”英实看了京淑一眼说，一面不停手地挖蕨菜。她做什么事总安安静静的，不慌不忙，可比谁都动作快。

“哼，别装老实，你们的鬼心眼，我全知道！我来看看你们的篮子！”京淑先走过去看了看甲顺的篮子，叫着说：“哎呀呀，怎么只有蕨菜呀？甲顺，你怎单挖这一种菜？”

“我妈最爱吃蕨菜……”甲顺笑笑说，把篮子拉回身边。

“是吗？你哥哥呢？他喜欢吃什么菜？”京淑狡猾地问甲顺，眼睛却膘[瞟]着英实的篮子。

“我哥哥？他什么菜都爱吃。”

“你还当我不知道……”京淑眼珠一转，郑重其事地说，“他喜欢三叶芹！你说对不对？”

“对，一点不错！前天我给他凉拌三叶芹吃，他可高兴啦！我说京淑，你怎么知道？”

"我怎么不知道？你看英实的篮子嘛，挖的都是三叶芹！"

京淑拉过来英实的篮子让甲顺看，嘻嘻地笑个不住。

"哎哟，你这个坏丫头！"英实红着脸瞪了京淑一眼，急忙抢回自己的篮子。

甲顺脸上也红红的，只笑不说话。

这是只有这三个姑娘之间才说的悄悄话，是不能让外人听去的。要是在别的时候，哪怕是在密封的屋子里，她们也不敢拿这样的事随便说笑，可是一进了深山，到了寂静无人的地方，姑娘们的心就活了。"白天说话有鸟听，夜里说话有鼠听"，这老辈人的教训，怎么能当耳旁风呢？深山里鸟多，鼠类也多，更何况姑娘们最要当心的小伙子有事没事总喜欢往山里跑。

就在三个姑娘无所顾忌地说笑的时候，正好有三个背着柴架的小伙子来到了姑娘们刚刚走过的山坡拐角处，听见笑声，站住了脚。走在最前头的应八先回头看一眼，放下背架，一边解背绳一边向另外两个小伙子招手。

跟上来的尚浩和元男也会意地把背架放下来。三个人偷偷爬到高处，探头探脑地朝榆树下张望。这正是京淑指着英实的篮子证明元男喜欢吃三叶芹的时候。应八听了，他那双能逗人发笑的眼睛滴溜溜地一转，装出十分沮丧的样子，拍拍元男的肩膀说："元男，你的福气大啊！我也爱吃三叶芹，可就是没有人给我……"

应八样子认真，一本正经，说完还长长叹了口气。

元男的脸红了，用手去搔后脑勺。姑娘们说话要避人，小伙子偷听姑娘们说话也得避人，所以元男不敢辩白；再说英实对他好他也隐隐有知。他不好意思地坐在那里，一声也不吭，一副哑巴吃蜜甜在心里的模样。这时，连夜校老师尚浩也拿嘲弄的眼神瞟他。元男的脸更红了，深深地垂着头。大家伙都忙着组织里的工作，听了牵扯到自己的儿女私情的话，在同伴面前总觉得很惭愧，心里非常不安。

姑娘们的谈话仍在继续，而且更为惊人。

"京淑，你挖的是什么菜呀？"这是英实的声音。

高高大大、性子直爽的京淑一下把她的篮子里的菜全倒了出来，好像要全村的人都听见似的大声说："看吧，全给你们看！三叶芹、蕨菜、狗舌菜、防风，我见了什么就挖什么！"

"明白啦，原来夜校老师什么野菜都爱吃呀！"英实把嘴附在甲顺的耳朵上带着顽皮的样子说。

"哎哟哟，气死我了！"

京淑的脸一下全红了，攥起拳头在英实的肩膀上捶着。英实和甲顺笑得捧着肚子打转。

尚浩的眼睛睁大了。应八的眼睛睁得更大。应八坐在两人中间，万般无奈似的一拍大腿，看看尚浩和元男，嘟啾着说："唉，我只有当伴郎的份了！"

应八一脸沮丧的样子。尚浩和元男几乎忍不住笑出声来。

姑娘们的谈话又传了来，三个人紧张地摒[屏]住声息。

京淑也许是怕同伴再取笑她，一个人远远地坐到一边去了。

英实仍不肯罢休，说："昨天晚上，老师让大家讨论。'我们的生活为什么苦'，发言好的多了，干吗单夸奖你一个人呀？"

听了这话，尚浩更觉尴尬，嘴唇动了动，像是想辩白，应八赶紧在他腰上通[捅]了一下。

尚浩求助似的望着应八，似乎是说：京淑的发言就是好嘛，难道不是事实？应八和元男却不理会他，让他有口难辩。这些姑娘们，好像上山不是来挖野菜的，倒像是为了心里的小伙子。

京淑已经没有还击之力，笨拙地辩解说："别瞎说了！我为准备发言，两宿都没有睡觉。"

"你以为就你一个人熬夜了吗？熬夜的人多了，谁都在想'我们的生活为什么苦'。"甲顺说，忽然好像想起了什么，看看天色，忙提起篮子："我先走了！"

"干吗这样急？再挖一会一块走嘛！"英实拦住甲顺说。

坐在一旁的京淑也说："太阳还高着哩！"

"明天是我妈妈的生日，我得快回去准备一下呀！"甲顺说。和同伴上山是最有趣的，她也不想一个人先回去。

"到底是全村有名的孝女啊！我连哪一天是妈妈的生日也不知道。"京淑把倒在地上的野菜捡起来，全放到甲顺的篮子里说："我这里什么菜都有，你都拿去吧！"

"还有我的，你也都拿去。时间还早，我再挖一篮子也回去。"英实也把她的篮子递过去。

京淑一把拿过英实的篮子，把她挖的三叶芹一下都塞到甲顺的篮子里，嘻嘻笑着说："甲顺，这是专给你哥哥一个人吃的！"

甲顺走了不久，英实和京淑也从山坡上消失了。

三个神情紧张的小伙子，这才松了口气，互相望望，笑了。

"真的，你们兄妹真好。元男，这是你让我给搞的一点小米。"尚浩说，从柴捆里掏出一个装有两三升小米的口袋，放在元男的膝盖上。

元男望着尚浩的面孔，感动地咽了一口唾沫。他们是好伙伴，常在一起说笑、打闹；他们能这样理解自己兄妹对母亲的孝心，还尽心尽力相助，使元男打心眼里感激。

“你如果还需要酒，我立刻就能给弄一瓶来……”应八说。闹不清他说的是真是假。

这时，尚浩的表情又严肃起来，看看两个伙伴，说：“斗赫到赵东春同志那里了，赵东春同志大概是在城里有急事，一时来不了。我们要好好把工作安排一下。”

应八和元男也严肃起来，元男说：“对了，这几天咱们这一带的情形有点不大对头，对面村子里好像出了什么事，今天早晨我看见很多鬼子从桥头到那里去了。”

听元男这样一说，应八一拍膝盖，朝前靠了靠说：“对！今天早晨我还看见区长那小子穿戴整齐地进了城。这里一定有鬼。他们是不是闻出什么味来了？”

“先不要瞎猜。咱们把工作做周全了，提高警觉就是了，千万不能闹得人心惶惶的。”

元男很同意尚浩的话，点着头，说：“没说的，咱们一切按工作员赵东春同志说的去做，遵守地下工作的纪律。”

“对，我也是这样想。按照原定的计划，元男今天夜里到德谷去一趟。”

“好吧。”

“应八，你到七星他们村里去看看。那里的情况确实不大好，咱们不能不想法子应付。你们说是不是？”

“当然。就这么办！”

元男立刻起身回家，肩上压着一座小山似的柴捆，大步走在很陡的山路上。他身体结实得像檀木，嘴巴紧闭着，看他那严肃、稳重的样子，不像是个只有二十岁的小青年。他一头浓发，前额上隐隐约约有条一字形的抬头纹；高高的鼻梁酷似他的父亲。在他的身上有苦难岁月留下的痕迹，更明显的是他眉宇间透着一种在任何风浪中宁折不弯的刚强劲。

元男知道，母亲曾经对英实爷爷说过这样的话：儿子长大了，做事稳重、可靠，可又总觉得他懂事太早，对什么事都那样认真，还有那双眼睛，不知怎的老让人放心不下。母亲说的是心里话。苦难的岁月，万恶的世道，使母亲失去了家园、父母和最大的依靠——丈夫，拖着三个幼小的儿女来到深山里，苦熬苦撑，开荒种地，才活命至今。对她来说，已没有别的希求和欢乐，只有从长大成人的孩子身上得到生活下去的力量，把全部希望都寄托在孩子们身上。

母亲是为了避开那群魔鬼般的恶人才躲到深山里来的，想不到这些恶人又找上门来，令人切齿痛恨的日本军队也随着开进来了。母亲的生活又笼罩上了阴影。纯朴、憨厚、长大了的儿子，眉头常常皱起，眼睛里闪动着严峻的光。村里的老人和妇女都夸他是个好后生；在年轻人中，他言谈行事，俨然像个大哥哥。越是这样，母亲心里就越怕。

元男知道母亲的心事，可这是没有办法的，难道还能像在梨树沟时那样等着日本鬼子来烧、来杀吗？再痛苦，再悲伤，也要睁大眼睛，认清道路，挺直了身子活下去。他要尽力照顾好母亲，让她快活，让她安心，让她不去为这样那样的事担惊受怕……这是元男近来的心情，也是他的妹妹甲顺的心情。

他们刚来到上洞村时，母亲只想到这个世界的可怕，选了偏僻山村中一处最偏僻的地方安下了家。在他们家右边的山岗，只有一条能容一人上下的羊肠小道；左边是一个悬崖，绕过它有一条通到村子里去的路。他们的原木房孤零零地镶嵌在两座悬崖之间，只有一面是开阔一点的院子。院子里的一棵粗大的榉树，春、夏、秋三季，枝叶茂盛，一片浓荫；到了冬季，树上又覆盖一层厚厚的白雪，一年四季都能把屋子遮蔽起来。

悬崖底下，是一片沼泽地。在这片由一条去德谷的路将其和田野隔开的沼泽地里，长满了紫芒，远远望去很平整，其实紫芒下面全是烂泥塘。大约从很古的时候起这片土地就被遗弃了。几年前，有一个醉汉迷了路，走进沼泽就没有再出来。自从出了这件事，人们都管这沼泽叫醉汉沼，再也没有人敢朝里迈进一步。

从沼泽的尽头处到元男家的院子前面，耸立着一道峭壁。如果不是泉边老榉树的枝叶挡着，从这里可以看得见德谷那边的原野。

老榉树的主根被虫蛀空了，又被锋利的石棱磨断，许许多多支根爬在岩石上。在磨断了主根的岩缝间，是一个刚好能放进一只瓢的泉眼，汪满着清澈的泉水。

元男用手紧紧扳住背架的支腿，从山上走下来；早回来的甲顺正坐在泉边捡野菜。

元男想起刚才在山上偷听到的话，有点不大自然，故意放大嗓门说："挖来这么多野菜啊！"

边把野菜放在木盆里一棵棵洗着，边沉思的甲顺，忽然听见哥哥的声音，高兴地站起来说："哥哥，给妈妈过生日的东西，你拿来了吗？"

元男接触到甲顺的目光，不禁心里一酸，心想，甲顺对母亲的孝心不在沈清[1]以下啊！他把挂在柴捆上的米袋取下来，往甲顺面前一送，说："拿着，这是小米！"

甲顺高兴得不知怎样才好，抱着米袋跳着打转，说："我真着急，怕哥哥拿不回粮食来。"

"甲顺要哥哥干的事，还能干不成吗？再难也得办到！告诉你吧，这是组织的帮助。"元男说，"我本想再弄条鱼来，可是没有弄到。"

甲顺又看了看哥哥。哥哥只比她大两岁，两人小时候一起打闹、玩耍的情景好像还是昨天的事情，可是哥哥如今却像个大人的样子了。兄妹俩虽说非常亲密，可有时候甲顺总还得对哥哥陪点小心。她想，这大概因为他是哥哥的缘故吧。在村里的青年小伙子中，没有一个像哥哥一样细心地爱护和照顾弟弟妹妹。别的小伙子对姑娘说话起来老是粗声粗气，还爱捉弄人，姑娘们一提起他们都撇嘴。可是听人家说，这样的男孩子反倒容易对付。最近村子里的姑娘就有议论，说甲顺的哥哥太认真了，叫人有点怕他；有几个爱淘气的姑娘拿悄悄爱着哥哥的英实取笑，说："你以后做他的媳妇，准管得严！"

哥哥做什么事都一本正经，从不马虎，处处想得周到，好多大人也比不上他，他从不大叫大嚷的，也不责骂人，总是称赞和鼓励别人。她最爱哥哥，也最怕惹哥哥不高兴，在他面前一向都小心翼翼的。

兄妹俩隔着一个米口袋，各自沉思着。

忽然，有奔跑的脚步声从山上下来，接着从背后传来乙男喊哥哥的声音。

元男回头看去。乙男因为跑得太急，满脸通红，大口地喘着气，胸脯一起一伏。他把两只手往身后一背，狡猾地眨着眼睛不说话。

"乙男，你干什么去了？"

"你们猜……"乙男故意卖关子，后退一步说。

"一定是又到山上去淘气了！裤子也撕破了！"甲顺上下打量着乙男，盘问似地说。

乙男摆出不屑一辩的神气，"哼"了一声说："姐姐不知道就别瞎说！你知道我的裤子是什么时候破的吗？昨天晚上派我放哨，爬枣树挂破的！"

"为什么不早让我给你缝缝？"

"我哪有工夫？给你说吧，我从早上忙到现在了！"

"忙到现在了？乙男真了不起啊！你说说，都忙些什么呀？"

---

[1] 朝鲜18世纪小说《沈清传》的主人公，是朝鲜文学中孝女的典型。

甲顺对乙男比对哥哥还显得亲密些，说话也随便。乙男呢，不管姐姐再怎么说他也不生气。

“猜不出来，着急了吧？”

“我着什么急呀！”

“嘻嘻，我看见姐姐在山上挖野菜了！”

“看见又怎么啦”

乙男眼珠一转，看看哥哥，又望望姐姐，不满地说：“你们什么事也不叫我干，可我弄来的东西比你们的还好哩！”

“你弄来了什么啦？”正在卸柴的元男奇怪地问。

乙男这才把他背在身后的手一下伸出来，手里提着一只花尾巴的山鸡：“你们看！”

“啊，山鸡！”

“这，这是从哪里弄来的？”元男睁大眼睛问。

甲顺走过去，把山鸡接过来。

乙男不肯轻易说出底细，想让哥哥和姐姐多着急一会，慢慢提了提裤子，才狡黠地说：“十天前我就放了夹子。一共放了十个地方，只有放在杏花山的夹子夹住了一只。”

听他的口气似乎还不怎么满足，可是肩膀却早已端起来了，露出得意的神气。

弟弟的天真、可爱，使元男不由自主地把他一下举到头顶，哈哈大笑。

“乙男真行，顶了不起了！”甲顺举着手里的山鸡，笑着对乙男说。

乙男见自己能让哥哥和姐姐这样喜欢，也乐得合不拢嘴。

“把山鸡藏起来，先别让妈妈看见。”

元男把柴放好，对甲顺嘱咐了这句话，便到德谷办他的事去了。这里离德谷有十多里路，他必须在日落前赶到，才能办完事连夜返回来。一离开家，他就加快了步子赶路。

二

母亲听见从石埂那边传来耪地的声音，抬头一看，见是英实爷爷又来帮她干活了。每逢这时候，她心里总感到过意不去，便直起腰来说：“尽让你受累……”

“受什么累呢？俗话说远亲不如近邻，该当做的嘛！”

英实爷爷停住手，习惯性地捶了捶腰，又接着耪地。

自从到了上洞村，母亲不知说过多少遍这样感谢的话了，英实爷爷也总是用同样的话回答。两家离得最近，地边挨着地边，有什么事总免不了麻烦这位见多识广的老人，得到他的帮助。老人在星岗村失去六个儿孙，他把对自己儿孙的爱转移到元男三兄妹身上。他爱他们，处处关心他们。老人的性格原就喜欢沉默，少言寡语，又经历了晚年的丧亲之痛，更把感情深深埋在心底，让其无声地燃烧，一点也不外露。他帮助别人，却不愿让人张扬，感谢的话说多了，他反而会不高兴。不论过去还是现在，母亲自然地把老人当成自家的长辈，大事小事都找他去商量，请他帮忙，过后随便说句道劳的话也就过去了。老人也已习惯，对这样的话听听而已，也不留意。

"老天要是肯帮忙，土豆该有鸟蛋一样大了，如今天旱，还没有旋花根大哩！"两人在田垄上走对头时老人喃喃地说。

太阳已经偏西，热力依然不减，如同一团燃烧的火，蒸腾起淡青色的烟雾。

"是呀，昨天我到玉米地里看了看，夏至快到了，玉米苗还没有谷米粗。听说德谷的人要重新下种哩！"母亲发愁地说，摘下头巾，擦着脖子上的汗水。

"大旱过后必有大涝……以后的日子还不知怎么样呢？我一天都没见着元男的面，是去什么地方了吗？"老人不紧不慢地锄着地，问道。

"叫人担心啊！"母亲回答说，"元男一早就背着背架上山了，这会儿也该回来了。"

"是呀，该回来了。别看这孩子人小，心胸不小……"

老人后悔说话不小心，惹得这位母亲担心，便没再往下说。他朝前锄了几步，又自言自语地说："年月坏啊，一点也不顾人……"

母亲回头看看，老人深深地弯着腰正在锄地。第一次见到他，他已是上了年纪的人，现在也并不显得更老些，可是从他的背、骨节和后颈上可以清晰地看到岁月留下的痕迹。

母亲知道老人刚才的话并不是暗指什么，可是大旱的天气、掩起耳朵也能钻进来的坏消息，总使她心神不宁。老人一天到晚的叹息声，也使她觉得不大寻常。

她不由自主地把脸转向后山。茂密的松林里，只有布谷鸟在叫，看不出是不是有人在山上砍柴。她把目光又转到山坡下，一条从河对岸伸过来的牛车路，沿着杏花山山坡蜿蜒着，能一直通到城里。

春夏之交，天气干旱，牛车路上尘土飞扬，好像有一种可怕的东西在那里游荡，可是却什么也看不见。母亲叹了口气，把头低下来，仿佛想避开这个阴森可怖的世界似的。也许是因为她心里老宁静不下来，才觉得世界是这么阴沉、荒凉的吧？

春天杏花盛开的时候，这里很美，并不总是一个荒凉的地方。有一年，城里有钱的人成群结队地来这里游山观景。在附近一带，上洞村不仅景致好，而且土地肥沃、人心厚道。

母亲在这里生活了多年，还从来没有留意过上洞村的景致，没有留意过花开季节的杏花山是怎样的一幅美景。

母亲小时候住过的天岩岭，山川景色比这里还美，后来住过的梨树沟也是个很美的地方，可是它们给母亲带来的却只有眼泪和仇恨。

流水般逝去的岁月，在母亲血淋淋的伤口上涂上一层层油脂，覆盖上厚厚的青苔，日久天长，变得像坚硬的树瘤，再也长不出新的枝叶。在她的脸上，往日的哀伤、茫然、呆滞的神情已经消失了，代之以中年妇女的沉稳和庄重，她颤栗着珍藏在脆弱的心中的美好的梦，也不会重现了。深重的苦难和饥饿的熬煎，摧毁了她的青春、她的美。她的光滑的前额上刻上了皱纹，黑发里闪着银丝，眼角处更挤满了鱼尾纹，连唯一能显示出一点她昔日容颜的大眼睛，也似乎罩在无情岁月的网里。

对母亲来说，杏花山美丽的景色，比在梦里看见的还要虚幻。

在和英实爷爷他们一道来到这里的那年春天，山坡上杏花开得一片火红。他们谁也无心观赏景致，只是发愁怎样才能刨掉深扎在地下的树根，开出能种粮食的地来。现在的这片土地，当年灌木丛生，长满了杂草，因为没有大树就很快开垦出来，种上了第一茬土豆。正是在这个地头上，甲顺长成了大姑娘；乙男断了奶，在一种名叫小咬的虫子和蚊子的侵袭下出了麻疹和天花。

这地方，小咬和蚊子格外多，母亲年年都要伤透脑筋地对付它们。第一年没有准备，就燃起一堆艾草，让乙男躺在旁边；她自己用艾草搓一条绳子，干活的时候缠在头上。从早到晚，她都披着一身草灰在烈日下干活，看上去就像是一段火烧过的木头。第二年春天，英实爷爷用破麻布给做了一顶头巾似的软帽戴在头上。可是，这些小咬无孔不入，防不胜防，不是从缝里钻进来，就是隔着一层布毫不留情地把它的毒针刺进来。

乙男整天都挨着烟熏。呛人的烟却挡不住小咬的袭击，天天都来吸乙男的血。在这样环境里长大的乙男，声音有些嘶哑的，腿上和脖子上留着疤痕。

这都是已往的事了。那些豆粒般大的小咬自然还来侵袭，不过不再怕它们了。长大了的元男搭在山坡上的简陋的原木房，已经修整得不亚于山下人家的坚固的房屋。山坡上的土豆地，经过精心耕作，也变成了用不着费大劲就能有好收成的农田。元男把残留在地里的树根也全都刨掉了，清理净碎石，只留下一棵大杏树，为的是休息的时候好在树下乘凉。

说不清是从去年冬天还是从今年春天起，一直安心在家做活的元男，却常常离开母亲身边，喜欢往外跑了。母亲有时虽然不大放心，但还并不觉得眼前会有让她害怕的事情发生。

元男已经是村里一个强壮的小伙子，一个能出力干活的好手。人说“没爹的孩子是野孩子”，可是，元男三兄妹不论走到哪里，都是人见人夸，说他们个个模样俊、懂礼貌。母亲自己也里里外外都能干，如今还有什么可烦心的事呢？

可是，她也说不清为什么，总感到有一种使人不安的事离她越来越近。她不知道这会是什么事，但并非没有一点预感。所以，她只能装作什么也不知道，自己骗自己。

干燥的风不停地刮，不知道干旱的天气还能持续多久。她看一眼西面的山坡，发狠似的握紧锄把，为分杈的土豆苗培土。拼命地干活是医治心病的良药。在过去的日子里，她总是用不停手地做事来排遣心中的忧伤，用手里的锄头削去心头的枝蔓般万千痛苦的思绪。条条地垄间都浸透着她洒下的泪水。

她在一条很长的地垄上锄草锄到一半的时候，看见英实妈在相邻的地里这里看看那里望地走动着，显然是在查看锄漏的地方。她用眼睛打量了一下，连同英实爷爷正在锄的那一垄，自己家的地还剩下三垄半没有锄完。从英实妈在补漏来看，她们家的地已经锄完了。她觉得不能再让老人一直陪着自己干到天黑。

她惴惴不安地又去锄新的地垄。这时英实爷爷也从这垄地的另一头锄过来。两人走对头的时候，母亲过意不去地说：“您别锄了。快回去歇着吧，别累坏了身子了。”

“人只有干活心里才能舒坦。”老人不在意地说，不紧不慢地动着锄头。

“英实妈说明天要架线了，不知道有了稻糠没有？”

“在那个区长家的碾房里弄来了一点。打了好几捆麻线，没有稻糠也犯愁啊！”

英实妈和英实去年一个冬天都熬夜搓麻线，膝盖磨破了皮。搓好麻线又为没有织机发愁，急得没法，开春时才到木盆沟借来了一架。该架线了，又找不到稻糠。烧荒开的地里种不了稻子，自然没有稻糠。母亲心想，现在稻糠也找到了，明天一定会架线，该去帮英实一把。

这时，站在石埂旁边的英实妈忽然大声叫起来：“看，那里出了什么事？”

母亲本能地直起腰，向山坡下望去。白衣人群从对面的村子里跑出来，平时不见人影的牛车路上突然骚乱起来。母亲的心剧烈地跳动着，只觉得眼前一片模糊，什么也分辨不清。

“这帮叫游击队打得哭爹叫娘的日本鬼子，又来这里逞凶了！该杀的东西！”英实爷爷气愤地说，握着锄把的手在发抖。

母亲终于看清了路上发生的事。日本兵从对面村子里押出来三个青年人，都用绳子绑着。她忽然记起来这几天听说的鬼子常到对面村子里去的事。

“七星啊，你不能走！七星啊——”

这呼喊声在山谷中回荡着。母亲仔细看去，见一位瘦弱的老人披头散发、赤着脚从石头地上追出来。像是她儿子的一个被捆绑着的青年回过头来说着什么，似乎是安慰他的母亲。

那老人继续在烈日晒得发烫的路上踉踉跄跄地奔跑，终于用手扯住了儿子，哭喊着说：“儿啊，可叫我怎么活呀！七星……”

日本兵端着上了刺刀的枪耀武扬威地走着，见老人追上来，猛转过身，一脚踢去，咧着嘴，呲着牙，哇啦哇啦乱叫。听不懂叫的什么。

倒在路上的老大娘的哭声，让人听了心酸。

“啊，她不是七星的娘吗！”

“您知道她？”

母亲神情恍惚地问了一句。她还没有从幻觉中清醒过来：好像这灾难是发生在她的身上。坐在路上呼唤儿子的是她。

“七星妈的丈夫早去世了，儿子是她的命根子……老天不长眼……”

母亲不等老人的话说完，摘下头巾，顾不得去穿脱在地头上的草鞋，从山坡小路上急急地跑去。元男今天一早就背起背架上了山，这事怎么想也觉得有些怪。甲顺也没有在地头露面，乙男也不见了。他们一定出了事，不然怎么会一天都见不着他们的影子呢？她磕磕绊绊地从山坡上跑下来，在自己的家门口又一下站住了，看到甲顺在泉边不慌不忙地收拾野菜。她心想这孩子真不懂事，也不管哥哥出没出事……她朝屋里、院里看了一遍，一点也看不出元男会在什么地方。

“我说甲顺啊！”

甲顺正一边望着自己映在水面的影子，一边甜蜜地想着怎么好好地给母亲过生日，忽然看见母亲出现在面前，高兴地奔了过去：“妈妈，您回来啦！”

“你哥哥呢？”母亲急不可待地问。

“他出去了。”

“去哪里了，什么时候出去的？”

甲顺见母亲神色惊慌，说话急促，也有些心慌，忙问；“妈，怎么啦？”

母亲顾不上回答女儿的话，又问："他什么时候回来？"

"哥哥去德谷了，一会儿就回来。出什么事啦？"

"去德谷？"

母亲这才松了口气，拿起瓢来舀水喝。她避开甲顺紧随着她转动的目光，说了句"没有事"，用头巾掸了掸身上的尘土，进了灶屋。

三

带晕的月亮升起来了。白天的干燥的空气为月光化解，弥漫着乳白色的雾。虽然老人们说月晕、夜雾是持续干旱的征兆，但月夜毕竟是美好的。

月光浸着雾把它的光影无一遗漏地投射到山坡丛林的树梢上，投射到虎岩洞的嶙峋的悬崖上，投射到幽深的峡谷里。

在月光下，那些被苦难压得扭曲了的屋檐，那些冒出阴郁的黑烟的窗口，也都变得那么美。杏花山也浸在月光中，被烈日晒得起了二层白碱的田场看不见了，寂静和夜气笼罩了一切。

孩子们一放下饭碗就急急忙忙地去了夜校，家里立刻显得空了起来。母亲点起松明，想做点针线活，可她怎么也安不下心。甲顺说元男去了德谷；又问乙男，也是这样说。这大概是真的。只是入春以来元男已经有好多次不在家里吃晚饭了，这事总有点不大寻常。再细想想，这类早该留意的事，已经有过不只一两回了。初春的时候，就传出了那个不寻常的人来兄弟岩洞的事，最初只是在几户知心的人家之间传说，还隐隐约约地透露出那人是什么什么地方派来的，是来惩罚日本守备队长和伪区长卞长国的；英实妈妈不知从哪里听说那个人"是个革命者"。母亲立刻记起这是她早就暗暗想到过的。

岁月确实和以前不同了，母亲清楚地意识到了这一点。不管逃到再偏僻的山沟，日本人也是不会放过的。母亲不明了世界大势，对时局也一无所知，但在她的思想里却有着非常明确、顽强的防御意识：不管世道朝哪里变，也不能让自己的孩子受到伤害。

母亲看得出来，在村里的年轻人里，元男是个领头的。她感到欣慰，但更多的是感到焦虑和不安。那些没有念过书的孩子们，带着书呀、本地出入夜校，她还不能只想着这是一件好事。

当年丈夫也是这样，常常把书带在身上，领头议论村里的事，而且常在夜里出去，到头来身遭大祸。

父子的血缘关系是掩盖不住的，母亲从日渐长大的孩子的相貌、举止上看到了丈夫的影子，发现孩子们连日常习惯也都和他们的父亲一样。这些都经常触动她痛苦的记忆，同时又觉得这是孩子们对她苦了半生的一种报偿，感到欣慰和满足。元男弯下腰干活时的背影，更酷似他的父亲。有一次元男削斧头把，特别是有一次元男坐在那里扳正双页门的时候的模样，甚至使她产生了错觉，以为是丈夫复活了。元男碰上开心的事，说不出话来，搓着手微笑的样子，走进灶屋，像被光线闪了眼似的眯起眼睛四下环顾的神情，拿起背架、斧头或铁锹走出去时的姿态，无一不像他的父亲，就连乙男说话前先眨巴眼睛的习惯，也和他的父亲一般无二。在母亲的眼里看来，这些简直就是在她走过来的布满艰险、荆棘的土地上开放出来的最可珍爱的花朵，但这同时也刺疼着她受伤的心。

孩子们一举一动像父亲，而且也像他们的父亲一样得到乡亲们的信任。这当然值得高兴，也是故去的丈夫所希望的。可是，他们的父亲不正是因为这样才死得那么惨吗？

母亲想到这里，打了个寒颤，推开面前的针线活。其实，她停住手没有做活已经有好一会了。松明即将燃完，她索性把它吹熄，走出灶屋。

月色很好，整个宇宙都溢满了月亮的光辉。这是一个和平、宁静的夜晚。从杏花山的幽谷中传来杜鹃的叫声；另一边的虎岩洞口外的丛林中，也有鸟儿回应般地鸣叫着。村里的孩子们好像是在捉迷藏，不时听见“一、二、三、四”的数数的声音。可是，却听不见元男走回家来的动静。

母亲周身浴着月光，慢慢地走到榉树下。

去德谷的路，正是从杏花山下岔开的通到乡所在地方向去的路。在岔路的附近，一道平缓的山梁清晰地显现在月光下，这使母亲联想起闪现着丧具房阴影的梨树沟的马鞍岭。在丈夫穿着露水打湿的裤子走回家来的那些夜晚，她就是这样独自一人站在马鞍岭看着丈夫归来的。母亲叹了一口气，转过头去。她心跳得很厉害。对面村子里被日本人抓走的三个青年，该不会和元男有牵连吧？元男在德谷有不少好朋友，他们都懂事了，也许是自己多余地为他们操心。

她尽管这样自己安慰自己，心里的不安还是难以消除。当年她对丈夫也这样想过，认为他做的事还能是不应该的吗？他日夜在外奔波，干的都是必须干的大事，她一个无知无识的妇道人家是不该多嘴的，她得守本分。她听过他们的谈话，丈夫嘴里说的却不是庄稼人常挂在嘴边的日子难过、种地不易那样的话，尽是什么国家呀，民族呀，独立呀一些不寻常的词儿，都是她从来不敢想也不敢说的。可是，她只有装作不懂，认为这是尊[遵]从丈夫意思的最好的办法。这样想的结果，招来了一场惨祸。

母亲无力地把背靠在树上，茫然地注视着穿行在云间的月亮。杜鹃又叫起来了。记不得是哪一年，也是这样一个杜鹃啼鸣的夜晚，她等待着深夜未归的丈夫，把满腹的焦虑、愁苦对着无语的明月倾诉。

母亲被苦难岁月的积尘埋葬起来的心，像停止了跳动似的，即使在这轻柔如水的月光下也没有一点松动。可是，在她冰冷的胸中，那颗和丈夫在世时一样的不安的种子，却冲破积尘，又悄悄发芽了，在这个美好的月夜里探出了头。

在忠信乡三区上洞村区长卞长国的眼睛里，守备队长细川中尉简直是一个少有的见多识广、志趣高雅的人。卞长国一度在延社警察驻在所混过事。延社虽说是个偏僻的山沟，可他好歹是一方的警察头目；再往前数，他刚满二十岁便当上了宪兵辅助员。单看他这点不平常的经历，就不能把他看成是一个头脑不灵的蠢货。尤其是他那双眼睛，在打量人的时候更透着他为人的狡诈。来上洞村之前，他在采伐株式会社当工头，很瞧不起会社的分支所长蒲原，说他是个连中国白干和日本"正宗"酒也分辨不出的癞蛤蟆酒鬼；他还毫无顾忌地嘲笑推荐他当上区长的姓陈的乡长是无知的笨蛋。

细川既然在卞长国眼里成了正人君子，大概会有他高出常人的地方。据卞长国说细川的"见多识广""志趣高雅"，往往隐而不露，不经过长时间的细心观察是看不出来的。

在卞长国看来，细川的"见多识广"，从他批判本地的民风民俗和农耕方法的言谈中就足能显示出来；至于说他的"志趣高雅"，只看一点也可明白：他只喝日本酒，绝不沾一口中国白干。

细川是个圆球一样的胖子，给人的感觉是他似乎欠缺一点人的精明。短额头、浓眉毛、紫茄子色的厚嘴唇、发起怒来训斥人时下巴底下叠起的一道道肉折，这些同他的光秃秃的脑袋配搭在一起，就别提有多么协调了；而且还显得有些随和。其实，这个人脾气暴躁，十分傲慢，连从各方面看能力都超过卞长国的姓陈的乡长，也不敢开罪这个熊一样的日本人，在他的面前处处都得陪小心。

细川最喜欢磕磕巴巴地说朝鲜话，倒是卞长国除做翻译的时候外从来都不说朝鲜话，以至细川差不多已经把他看成日本人了。卞长国认为这是一种不容忽视的启示，"幸运"这东西是变化无常的，必须耳聪目明，随时恭候光临，不然的话，即使它已跨进门坎也会转身走掉。

卞长国打定主意请细川到上洞村视察，而且早早就忙着准备起来。他预备了五斤日本酒，搞来了两尾山区里不易见到的鲂鱼，派人进城买了牛肉和白糖。几天前，他把斗赫和尚浩找来，着实交代了一番，要他们告诫村里的年轻人不可有违犯国策的举动；村里村外都必须打扫干净，让会讲日本话的年轻人在村子里走动；夜校老师上课必须讲日语，年轻人在一起说笑也要讲日语，要给人这样的印象：上洞村是最能模范地体现“王族共和”“皇道乐土”精神的村庄。此外，他还采取种种措施，除上洞村在山上开荒的人家外，九龙沼、德谷和木盆沟这些村子，要把肥料窖改成日本式的，井边上围上木板，吊桶也必须换成日本式的吊桶。

尽管如此，卞长国还是不放心，怕上洞村真的会有思想不稳的人，费尽心机把细川请了来，万一有意料不到的不合时宜的小毛病被他的眼睛发现了，岂不是前功尽弃了吗！

现在，他已经没有时间想得面面俱到，不能让那个一心讨好细川的陈乡长半路插进来，把好事给搅了。

天一亮，卞长国早早穿上他当宪兵辅助员时穿的藏青色马裤、缀有琥珀纽扣的日本绸衬衫，外罩一件西服上衣，还特意把表链露在外面，提上正时兴的无把手文明棍，吩咐家里人准时备好饭菜，便去了乡公所。他先去找陈乡长，问了问化肥的分配和市场的粮价，在知道这家伙对自己的计划尚未察觉之后，才雇了辆人力车到守备队恭恭敬敬地求见细川中尉。将近中午的时候，两人同坐一辆人力车进了上洞村。

在请细川的时候，他只在守备队长室里呆了一个小时的光景，大部分时间得在守备队大门口和过道里等候着。在他心急火燎地等待传见的两个小时里，眼里所见，使他大为感慨，更触动了他的野心。那些日本兵在汗流浃背地进行训练，有的士兵被当官的打得哇哇叫，门口还有些惶惶悚悚地前来探监的老百姓，如此种种，都使他对权力产生一种敬畏感，同时也激发着他去获取权力的强烈欲望。在值日兵把他带进队长室的时候，恰巧一个大个子下士官进来报告，说抓到了七星等三个青年。这时，他分明看见细川冷冷地瞪了他一眼。他们抓来人的那个村子，并不归他管辖，细川不会不知道。尽管如此，在他作为区长前来拜见守备队长的场合，发生这样的事总归是有点煞风景的，于他的面子上不大好看。这也更加使他这个自认为比别人早认清时势的先觉者紧迫地感到，他必须更加为大日本帝国去卖命。

卞长国早摸透了细川的脾气，知道他不喜欢在公开场合谈吃吃喝喝的事，这样的事情只能暗示不能明说。今天，卞长国却有点急不可待，开门见山地说明了来意。中尉先生大肚包容，竟爽爽快快地接受了邀请。他告诉细川，说他费了很大的劲弄来了鲂鱼和金鹤酒，专等着他前去品尝。细川先叫了一声

“好”，然后眯起眼睛说，“吃鲂鱼？喝金鹤酒？卞区长，你真会享福啊！哈哈哈……你是从哪里搞来的鲂鱼呀？”

“这只有到火车站才能搞到。山沟里是见不到新鲜海鱼的，只能买到松花江里的鱼。”

鲂鱼是他在火车站货运股做事的内侄搞来的，但这不能对细川直说，不然好不容易吊起细川胃口的鲂鱼就掉价了。他故作谦逊，把他买鲂鱼的困难大大夸张了一通。

“嗯……松花江的鱼？我吃过的，味道很不好。松花江的鱼是吃死人的肉长起来的。鲜鱼一定要有鲜味，可是松花江的鱼一点鲜味也没有。不是这样吗，卞区长？嘿嘿嘿……好，不说这个啦，还是谈正事吧。我正想去上洞村视察，恰好你又来邀，那就走一趟吧。听说卞区长家是忠信乡最文明的家庭，我很感兴趣。”

“过奖，过奖了。队长如此看重，敝人不胜感激！”卞长国弯腰打躬地说。

“按照纪律规定，我们军人是不过问民事的，不过近来守备队的职责有了点变动，以治安肃靖为主，军部的方针自然也要有所变通。我想，今后同地方上的有识人士接触的机会会多起来的。卞区长今天来访，我很高兴。”

听了细川的这番话，卞长国乐不可支，浑身都浸透了幸福感。

今天的中饭，看来要推迟一会了。他把细川扶上人力车，自己也坐了上去。在走向上洞村的路上，他简直有点飘飘然了。想到亲自陪着守备队长进村、出现在村民面前的气派，他全身都麻酥酥的，有说不出的畅快。

两人在餐桌前坐下来，开始吃喝。在吃喝过程中卞长国更看出细川不是一般人物，他的酒量、饭量之大也是少见的。他不住嘴地喝酒吃菜，仿佛他的肚皮永远都不会填满，把卞长国的一点点醉意也给吓跑了。

细川一边吃一边不时地说一两句话。他的每句话里都含有深意，让卞长国不敢等闲视之。

“卞区长，你知道上洞村有谁是共产党吗？”

刚刚大嚼了一通牛肉、正剔牙的细川突然冒出这句话来，吓了卞长国一跳，忙抬起头来：

“谁是共产党？您是说上洞村有共产党？”

卞长国没喝多少酒，只有细川喝的一半，可是眼睛已经斜了，仰起他那张狐狸脸，直眨巴一对小眼睛。

“嘿嘿，原来你还不知道！好，好吧，让我来告诉你。你好好记住，到处都有共产党！天下了雨，地上就会长出草来，有人的地方，就会有共产党。上洞村是个好地方，清静得很。我是不喜欢城市的。”

“是，是，您的话句句是至理名言。自古以来，那些终日忙于国事的英雄豪杰，也莫不爱清静的田园，喜欢到这样的地方来修身养性哩！”

卞长国刚弄明白了对方话里的意思，想出对答的话来，细川却又转换了话题：

“你知道谁在夜校里散布不满思想吗？”

“啊？”卞长国吓得几乎跳起来。

细川一脸苦相地盯着卞长国看了一会，像狗咬跳蚤似的动着下巴，把刚斟满的一杯酒一饮而尽。

从中午直到深夜，细川把个卞长国捉弄得心里七上八下，而他自己却已两瓶酒下肚，把生鱼片、砂锅牛肉也吃了个精光。卞长国心里犯疑，闹不清他费尽心机设下的这桌酒宴究竟能有多大的效用。

夜已经很深了，细川才说要去村里巡视。

细川坐在酒桌前时，似乎并没有怎么醉，他的厚嘴唇、圆圆的秃脑袋、肥下巴，甚至没有一处溅有酒迹。可是，一走出门来，嘴里便嚷着要去茅厕，脚步却摇摇晃晃地朝梨树底下走去。看来他已经大醉了。神经紧张的卞长国，这时才松了口气。他搀扶着细川在高低不平的狭窄的巷子里转来转去，不时把肩膀贴紧细川笨重的身子，小声叽咕说：

“上洞村是没有共产党的。我卞长国不是睁着眼睛的瞎子，嘿嘿嘿。”

“很好，很好。上洞村没有共产党，是你卞区长的福气。夜校在什么地方？”

“是的，我们正在去夜校的路上。我们这里的夜校从一开始就用文部省规定的课本……”

“你们上洞村的青年人太多了……”

卞长国原以为细川会夸奖他几句，不想却不接他的话茬，又提出别的问题。他踌躇着，睁圆眼睛盯着细川圆鼓似的大脸。

一个姑娘从一条巷子里跑出来，一看见两个东歪西扭的家伙，转身消失在旁边的巷子里。

这姑娘正是甲顺。因为要联系一件紧急的事，她正从斗赫的联络地点回来。斗赫不在，有工作出去了，哥哥元男和其他共青团干部去了解出事的邻村的情况，也都不在家。在这种时候，细川的突然出现，是坏事，也是好事。不管怎么样，组织里早已摸透卞长国的肚肠，没有什么可怕的，只是还不知道细川这家伙在打什么鬼主意。所以，组织里经过商量，认为一定要保守秘密，以防万一，不能陷于被动。卞长国和细川还在村子里慢慢转悠的时候，宣传小组的人都在村头的土豆窖里油印传单；所有的青年骨干都分散到了各自然村，以自然村为单位按原订的计划开会。夜校里，以“谁是我们的敌人”为题，正进行热烈地讨论。

甲顺是从斗赫的联络地点去土豆窖的路上差一点迎头碰上细川和卞长国的。她的心剧烈地跳动着，走到夜校前面时，朝巷子里张望了一下。这时，头戴破草帽的应八从卞长国家的草垛后面突然探出头来。

甲顺心想，有应八放哨就放心了。她走近应八，悄声地说：“卞长国带着守备队长到夜校来了。两个家伙都喝醉了。”

“喝醉了？好，知道啦！”

应八把草帽拉得很低，从草垛的暗处走出来。

夜校里，大家正在七嘴八舌地讨论是先打倒日本帝国主义还是先打倒地主、资本家的问题，听到甲顺说的情况，立刻安静下来，忙着收拾东西。

尚浩不慌不忙地擦去黑板上的讨论题，又摘下挂在旁边的朝鲜地图，然后对大家说：

“同志们，现在大家都知道我们的敌人是谁了。可是，我们还要想一想，我们的敌人日本帝国主义是些什么家伙，他们为什么这样残暴？我们怎样才能打倒他们？”

尚浩向屋内环视了一下，大家又恢复了平静。

夜校按照程度高低和年龄大小分成三个班，只有在讨论问题的时候才合在一起。组织这样的讨论会是不容易的。上洞材和附近村子有几十个青少年，其中大部分都集中到这间屋子里来了，可是并没有一个人表现出慌乱，都非常守秩序。

尚浩放了心，接下去说：“日本鬼子到处宣扬侵略思想，散布他们的所谓国粹主义，愚弄他们的人民，说大和民族是世界上最优等的民族，把富士山当作他们国粹主义的象征。”

尚浩说着，在黑板上画了一座富士山。

这时候，一点也不知道夜校情形的卞长国带着细川跳过污水沟，转过墙角，一路走一路巡视。卞长国仍去极力向细川说明上洞村一切正常，太平无事。

“中尉先生，我怎么能不明白您的意思呢？请您不必为我们村子操心，我一定能把上洞村建成一个模范村……”

“卞区长，我是说人们的思想，思想……”不知他对卞长国的话是怎么想的，很不高兴地大声叫着，用手敲敲歪戴着军帽的脑袋。“游击队的工作员已经钻进了每一个村子，鬼才知道他们有几百、几千！妈的！”

细川打着带鱼腥味的饱嗝，莫名其妙地拍了拍卞长国的肩膀。

卞长国知道这是对他的亲热表示，大为感动。他缩着身子，几乎钻到了细川的腋下，说：

“游击队工作员钻进我们村里来了？这是不会的。我这个区长，深受村民爱戴，有什么异动，不会不传到我的耳朵里来。唔，您想去夜校，咱们去吧。”

这时，从巷子的上方，传来一个年轻小伙子的拉长嗓门、卷着舌头唱歌的声音：

天上的圆月亮晶晶，
我的心里黑咕隆咚。

歌声从眼前一棵树下唱过来，越来越近。突然，歌声停住，接着是胡乱骂人的声音：“什么？我喝我花钱买的酒，跟你小子有什么相干？你这个黄鼠狼一样的家伙！”

唱歌的人东倒西歪地倒退着走过来。卞长国认出是应八。

卞长国既讨厌应八，又信任应八。他嘴没遮拦，爱说爱道，能从他口里探听到村民在想什么，有什么动向；可是，他又没规少矩，说话没上下、没分寸，常常叫人当众下不了台，所以他也最怕在人前碰上这个角色。

特别是今天这个场合，他正费尽心思地讨好细川，让他对上洞村有个模范村的印象，不想半路跑出这个酒鬼，实在有点扫兴。不过从另一方面来说，现今天下不宁，他这样一个血气正盛的青年人不搞什么思想运动，而是吃喝玩乐，悠闲自在，凭这一点也可以证明他这个区长能贯彻大日本帝国的国策，所以在他的治下才会有这种太平景象。世上的事都是很难说准的，吊在鼻子上是鼻环，吊在耳朵上是耳环，可谁知道细川是吊在鼻子上还是吊在耳朵上呢？卞长国这样想着，观察了一下细川的神色。忽然，应八在杏树下把双臂一张，急转过身，直奔卞长国，差点没把他撞倒。

“你这小子，乱跑乱撞，成何体统！哼！”卞长国大声训斥说。

“你说什么……”应八虚晃了晃胳膊，也对卞长国大叫。接着他醉眼朦胧地打量了一会卞长国，装作似乎认出来的样子，眨着眼睛，抖动了几下手腕，故作高兴地说，“这不是区长大人吗？您也……”

应八摘下草帽，正正经经地向卞长国行了个礼。

“准你上夜校你不去，又去喝酒？什么时候才能像个人样！”卞长国威风十足地大声说，即使在醉汉面前他也得保持区长的体面。

“是，是，我一定要成个人样儿！区长的训导，我应八在梦里都没忘记过。不瞒您说，我刚才是去了办祭祀的人家一趟，上了酒的当呀！是酒有罪，我应八有什么罪……”

应八用卷舌音跟卞长国胡扯着，从衣袋里掏出半瓶酒来晃了晃。卞长国仿佛也感染上了应八的醉意，厌烦地皱起眉头盯着应八，打了个饱嗝。

应八装出亲亲热热的样子把脸凑近卞长国的鼻子，轻声说：“区长大人，您也喝了点嘛！酒是好东西呀，嘿嘿！”

“你小子，不要捣乱，回家睡觉去吧！”

“是，是，区长的吩咐，在上洞村谁敢不遵？二位大人，路上平安。”应八说着，连连哈腰打躬。

卞长国把应八一推，快步去追走远的细川。“他是什么人？”细川像要掸掉爬到身上的毛毛虫似的，掸着他一尘不染的军服，不耐烦地问。

好像是回答他的话，身后又传来应八的歌声：

天上的圆月亮晶晶，
我的心里黑咕隆隆。

半路碰上应八，卞长国觉得晦气，学着细川的样子掸掸衣襟，嘟嘟哝哝地说：“他是村里的一个酒鬼，有名的调皮捣蛋的家伙……恶习难改……”

歌声继续传来。但是紧贴着草垛的应八的一双眼睛，闪动着锐利的光，一旦有紧急情况，能随时应付一切。

细川和卞长国好酒好菜吃喝了一顿，带着醉意，自觉像土耳其皇帝一样高贵无比，傲视一切地走在村子里。路上碰到应八，虽说没有发生特别叫人难堪的事，但情绪却被他破坏了不少，别的不说，醉意就消去了大半，不得不又回到并不总是让人愉快的现实中来。

在现实生活里，有多少能让人快意的事呢？别说当不上土耳其皇帝，就连眼前这个月光下的美丽、平静的村庄，对他们来说也决不是一块吉祥之地。

细川和卞长国都摆出一副威严的架势，甚至是脸带怒容地推开了夜校的门。数十道目光一齐射向两个不速之客。一触到年轻人的锐利的目光，两个人都起了一种无名的反感。

“你们学的什么？”细川为了掩饰他的窘态，用手摸摸下巴，口气严厉地问坐在前面的姑娘。他似乎怕正面去看那些楞头楞脑的小伙子。

“我们学习地理。”尚浩放下手里的粉笔，拍拍手上的粉笔沫子，沉着地回答说。

"地理？学的什么地理？"细川问，习惯性地转动着眼珠子东看西望，想找出点什么毛病来。

卞长国立刻把嘴凑到细川耳边，压低声音说：

"中尉先生，您朝黑板上看。"

细川慢慢转脸，看见黑板上写着"富士山"三个字，还画了图，写有简要的说明。

"好，富士山好！"细川又仔细看看黑板，大为满意，自言自语地说。

细川遇到应八后的不愉快情绪，被黑板上的几个字和粉笔画一扫而光，十分开心。他是日本梨山县人，富士山正是在梨山县境内。不过，在他家居住的地方是看不到富士山的。他第一次看见富士山，是他入伍以后的事情，春秋两季都在富士山下进行军事演习。富士山已成了宣扬日本国粹的商标，他很自豪，因为这商标就在他的家乡。其实他从没有登上过富士山，可是一吹嘘起来，总说那是他小时候天天玩耍的地方。今天在异国他乡看到了它，他觉得有一种生理上的快感。他脱下军帽，用手来回摸着他的光脑袋，这是他高兴时候的习惯动作。

"很好，夜校学的东西好得很，好得很！"细川说着，转脸看了看卞长国。

卞长国认为时机已到，转动着眼珠子，极力在脑子里搜寻能加深细川好感的词句，说：

"我们村子的夜校，从开学的那天起，就教文部省规定的课本。夜校的老师是个很聪明的人。"

"好，很好！教科书是学文化的书，是不允许有不好的东西的。富士山是我的故乡，我就出生在富士山下。富士山非常美，有很多树，有很多动物，你们知道吗？"

细川撇着训话的腔调，正要长篇大论地讲下去，发现屋子里有点不那么安静，停下来，四下扫视着。没有看到有什么特别的对抗表示，但也看不出有人听了他的演说流露出敬慕之色。他多少觉得有些扫兴。卞长国赶快出来捧场，对大家说：

"你们都要好好记住，富士山是细川中尉的故乡，那里有很多树，很多动物，嘿嘿！中尉先生，是这样吧？"

"是的，是这样的！富士山的树林很茂盛，茂盛！夜校很好，你们学到了很重要的知识。好，很好……"

"中尉先生，咱们走吧。"卞长国谄笑着说，一手搀着细川一手拉开了门。

“富士山”使细川长了精神，哈哈大笑着走出门去。

月亮漫游在广阔的夜空。

细川突然觉得抑制不住的醉意冲上头顶，一把抓住下长国的手，高声地说：“下区长，富士山还有很多鸟，很好看的鸟，知道吗？”

“哎哟，请中尉先生先放开手……”下长国的手被握疼了，一边想抽出手来，一边仍不忘讨好：“当然，当然，富士山好看的鸟一定很多！”

细川一歪一斜地走着，像被人卡住脖子似的扯起嗓子连喘连喊地唱起日本歌谣：

> 白皑皑的富士山麓，
> 飘着花花绿绿的裙子……
> 哟哟呐，沙道……

美好的月夜，潜伏不可预测的命运的令人不安的夜，月光、杜鹃的啼鸣、醉汉的叫喊都似乎有着某种内涵的初夏的夜，即将逝去了，夜露浸润着村中的小路。

四

母亲手里拿着针线活坐在那里打瞌睡，突然一惊，睁开了眼睛，人虽然醒了，但梦中见到的可怕的景象并没有立刻消失。

多年了，母亲从没有铺上被褥睡过一个舒坦觉。有时虽然被孩子们逼着扯过被角盖在身上躺下来一会，但当孩子们睡熟发出鼾声的时候，便又睁开闪亮的眼睛，东想西想的，不停地想心思，最后终于还是坐了起来。为了驱赶掉脑子里乱糟糟的思绪，她想找点针线活做，可是连一块供她缝补的能熬过无聊长夜的布头也找不到。如果无所事事地坐在那里望着摇曳不定的松明灯出神，那些杂乱无章的思绪又会乘虚而入。

就这样，她一会儿打盹，一会儿醒了，一会又打盹，反反复复，直到鸡鸣报晓。

元男常常不在家，近来连甲顺也总在夜里出去，所以母亲熬夜的次数也就更多了。她尽管很少睡觉，可一点也不觉得困。她好像只是为了做梦才打瞌睡似的；而且每次做的都是同样的梦：走过三棵白杨树下的磨房前面，有间丧具房的马鞍岭便出现在眼前。可是不知什么时候马鞍岭又变成了天岩岭，看见了天岩岭下的城隍庙峪，自己也好像回到了常常被同村的小伙子取笑的姑娘时代：“听说你快嫁给允涉啦？”即使在梦里听见这话，也会脸红心跳；同时充溢在胸中的幸福感使她的呼吸也变得急促起来。突然一股浓烟袭来，把她甜美的幸福感一扫而空，留下的是无法忍受的痛苦：接着，身后有人“哇哇”地喊叫着紧追上来。她回头一看，那些可爱的小伙子不见了，数不清的日本骑兵口中喷血，仿佛顷刻间要把她踏碎似的铺天盖地地冲来。她没命地往前跑，蓦地，一座大山似的庞然大物挡在面前。她猛一抬头，原来是身躯膨胀得又高又大的鬼子守备队长细川一手提着十月女的婴儿，一手拽住京哲爹的头发，狂笑着兜着圈子，然后一下把他们扔进噼噼啪啪燃烧的火堆。她惊叫一声，强撑着身子才没倒下来。就在此时，卞区长挥舞着文明棍，奸笑着走过来说：“大嫂子，元男爹在找你哩，快去看看吧！”她精神一振，抬起头来，挡在面前的又变成了并立着三棵白杨的马鞍岭。看来丈夫还不知道村里发生了什么事，正失神地凝视着一朵白色的野花。“孩子爹，抬头看看我呀！”可是，不管她怎么喊，丈夫都充耳不闻，只是轻轻抚摸着花朵，嘴里说着：“这是元男和甲顺种的花呀！我要同这些花在一起。”她不知丈夫在跟谁说话，再次抬头望去，发现细川和卞长国就站在丈夫的背后。胖头大耳的细川手里拉住元男和甲顺，卞区长手里提着拼命挣扎的乙男。

“孩子爹，他们是坏蛋！……”她使尽气力喊了一声，就再也喊不出来了。丈夫依然坐着不动，心事重重地说：“这里会结出美丽的果实来的。”突然，她看见细川高高举起两个孩子，卞长国也收起一脸的奸笑，凶神恶煞般地举起乙男。她“啊”地惨叫了一声。接着，随着什么东西翻倒似的“叭哒”一声响，她从梦境中惊醒过来。灯架上的松明子已经燃尽，灰烬掉落在地上，房间里一片漆黑。

顺女出了一身冷汗，身子哆嗦着，不停地摇头。每天夜里都做这样的梦，只是今夜的梦更加可怕。她失神地坐在炕上，也不想点灯。房间里渐渐亮起来，原来是一轮明月高悬夜空。她环视了一下房间，甲顺睡在炕的上方，乙男睡在炕下方，把一只脚蹬到姐姐的枕边，蜷曲着身子睡得正酣。

元男还没回来。

夜到了什么时候了？她为了驱散噩梦带来的杂乱思绪，起身下炕走进灶房。她揭起锅盖摸摸，感到尚有微温。她又拉开灶房门走进院子，潮湿的晨风迎面拂来。看光景，天大亮后又是个烈日炎炎的大晴天。月亮正向对面的杏花山后沉下去，该是鸡鸣三遍的时辰了。母亲望了一眼酣睡未醒的静寂的村庄，又回到灶房。她扒了扒了灶膛，引着火又点亮了松明，随手拿起针线活儿坐在灯前，可是，揪人心肠的愁绪重又袭上心头。听人说梦里经历的事都是反的。可她在梦里看见的鬼子守备队长和卞区长怎么和她平时看见的嘴脸分毫不差呢？一想起受了这些家伙的半辈子的害，她浑身都打哆嗦。虽然是做梦受了满脸奸笑的下长国的骗，想想也令人气愤难忍。这些恶魔，连睡觉也不让人安生，还要到梦里来害人！她恨死了他们。这位善良、淳朴的母亲，被逼上了绝路，心中终于燃起了怒火。

“你们这些该天杀的，连我的孩子也不放过么？”她抬起头，瞪大眼睛望着闪动的灯光，自言自语地说。她的脸上皱纹密布，充满哀伤的眼睛里，闪烁着深邃莫测的异样的光。她紧握双拳，心里呼喊着：“不！不许你们碰我的孩子！”

她听到山坡上有石头子儿滚动的声音，又抬起头，注视着外面的动静，脚步声越来越近，在院子里停了下来，接着又听见从洞口泉里舀水喝的声音。

是元男回来了。愁肠百结的母亲的心里立刻充满了喜悦。

“是元男回来了吧？”母亲轻轻地问了一声，急忙下炕走进灶屋。

灶屋门轻轻地开了，元男出现在灯影里。

“你去哪里了，这会儿才回来？”母亲问，语气里含着终于把儿子等回来的喜悦和责备。

”妈，您还没睡……”元男见母亲天天苦等自己到深夜，心里很不安，支吾着说。

“快上里屋吧，一定饿坏了……”母亲忙放好小饭桌，揭开锅盖，说道。

“妈，我在德谷吃了点儿。”

“吃了也得再吃点，天都什么时候了！”

“不，我真的吃过了。”元男故意用轻松的语调说，蹭了几下脚后跟，上了炕。

母亲突然停住擦抹东西的手，凝视着儿子：怎么那样像呢？说话的口气，动作、被露水打湿的裤腿，还有一进屋总要先去看看酣睡中的两个小的，而后在他们的头前盘腿坐下来，这一切，特别是那神态，跟他在世时的父亲都像极了。

母亲感到像有一种注定的可怕的命运在等待着她。她无力地放下抹布，来到灶间的炕上，静静地坐在儿子身边，从侧面怅然若失地凝视着他。

元男并没有觉察到母亲的心事，给乙男摆正了枕头。

“孩子，该睡会儿了……”母亲叹息般地喃喃自语道。

“没事儿，天都亮了。”

母亲没再说话，依然坐在那里。

鸡叫三遍，天快亮了。母亲收拾起散乱的针线活。

甲顺翻过身来，睁开眼睛，发现哥哥正坐在枕边，随手理了理头发，坐起来微笑着问："哥，啥时候回来的？"

"嗯，刚回来。"

元男像仍沉浸在兴奋中，喜形于色地回答道。他似乎通宵都没有睡觉，是干了一件什么事情回来的，然而却毫无困倦之态，像凝满露珠的嫩绿的新叶，透着勃勃的生机。儿子精神抖擞的样子，并未能给母亲带来欣慰，反而使她感到极度不安，胸口隐隐作疼。

过了一会，心神不定的母亲再也忍不住了，神情严肃地坐到儿子对面，说："孩子，妈有话对你们说。"

兄妹俩正你问我答地细声谈着德谷的事，听到妈妈有话要说，目光立刻转向母亲。他们从母亲说话的语气中一下就意识到她心里有一个急欲解开的疙瘩。

母亲慈祥地注视着兄妹俩略显紧张的目光，声音微颤地说："元男，妈妈不知道你在做什么事，可是总也放心不下。今天，日本鬼子在对面的村子里又抓走了三个跟你年岁相仿的小伙子，那个叫七星的孩子也给抓走了，他娘赤着脚跟在儿子身后哭得死去活来。真惨啊，让人心酸，不忍心看下去。前天晚上，卞长国带着鬼子守备队长也到咱村里来过了。你们知道，妈妈是有了你们才活了下来，万一你们有个好歹，妈妈还有什么指望呢？"

听着母亲深情的话语，元男慢慢地低下头来，一向感情很重的甲顺，早已热泪盈眶，着急地望着母亲，咽了一口唾沫。

母亲长叹了一声，没有再说话。房子里长时间地沉默着，令人喘不过气来。

孩子们当然不会不知道母亲的心事，她在想什么，天天都在什么心情下过日子。可是，子女们想事情终究没有父母想的那么现实，那么深远。善良、慈爱的母亲，一心都扑在子女身上；世道不宁，腥风血雨，就怕儿女有个什么闪失，一天到晚提心吊胆，战战兢兢地过日子。这，他们也都是知道的，所以他们认为更应事事想着母亲，为母亲分忧解愁。不过，子女孝顺母亲只是他们生活的一部分，他们的一言一行不可能都是为了尽孝。母亲在子女生活中所占的位置，不管是轻是重，终究仅仅是一部分而已。相反，在母亲的心中，子女却是她的一切；她想的、做的，她的全部生活，都是为了子女。母亲这一代人，尽管生活闭塞，不懂世界大事，但对子女却倾注了全部心血；在子女身上，她们心灵的眼睛是亮的，她们的预感总是不会错，她们发出的心声，是绝对真诚、热切的。儿子懂得很多很多的事，却还没有完全理解母亲。

“妈，我们怎么会不知道您的心呢？我们都懂。”

元男坚定地抬起头，开口说。他为不能同母亲分享他在斗争道路上感受到的兴奋和喜悦而焦急。母亲一点也不知道世道正在变，革命的暗流在奔涌，终年都在愁苦中度日。如果母亲不光是为子女操心，能看到革命的前景，心怀希望地生活下去，该多好啊！现在，首先要让母亲明白我们不能忍气吞声地任人欺负，任人践踏……

元男十分后悔没有早一点开导母亲，于是深情地对母亲说：“妈，我们要想活得像个人，就不能老是逆来顺受地活着。蚯蚓被人踩了，还要动弹一下身子哩！何况我们是人！你想想，日本鬼子害苦了我们，以后还会更凶狠地残害我们……我们能坐着等死吗？活一天，就要活得像个人，死要死得有骨气。所以，我们必须挣脱他们的奴役！您说对吗？”

元男很动感情，痛心地说着。母亲只是静静地瞅着儿子，没有说话。母亲并非第一次听见这样的话。她虽然一下说不出这话曾经听谁说过，但是这些话好像夜夜都回响在她的耳边；而且似乎也是她自己常常在心里默念着的话语。其实母亲心里早就知道了儿子的想法和他从事的活动，只是今天早晨他才直说出来罢了。

甲顺见母亲默默不语，便紧靠到母亲身旁，轻声地说：“妈，哥说的对。现在，日本鬼子把我们整个国家都淹没在血海里，我们再都坐着不动，他们会把朝鲜人杀光的。人人都应当去争取国家独立呀！”

母亲木然地望着激动得要哭出来的甲顺，转过头去，自言自语似地说道：“国家独立了好，这我也知道。可你们还是些孩子，乱闯乱撞的，成不了大事。常言道，恶人必有恶报。日本鬼子干尽了坏事，一定罪孽难逃。”

母亲的语气显得很平静。可是，她在数不清的苦难的折磨和残酷的流血的体验中产生的生活信念，是相当牢固的，连她自己也没有力量在一夕之间丢掉。

兄妹俩凝视着母亲极为平静的表情。母亲依然冷静地接下去说：“想想你们的爸爸，不是他想的做的不对才落到那个下场。他做的都对，所以他不顾危险地去干，到头来，不是连命也丢了吗？如果你们做的是错事，妈倒用不着这么犯愁了。你们说的话句句都对，可你们想想，万一你们有个好歹，妈可怎么活呀！不论做什么事，都要处处小心，要懂妈妈的心。”

母亲说到这里，停住了。她深为自己性子软弱，没管好子女而焦急，语气里充满哀怨。丈夫在世时，她也是这样想的，可从没好好劝过他一次，最后遭了敌人的毒手。但那时她在丈夫跟前又能劝说什么呢……想想往事，她感到悔恨,抱怨自己,但细想想她也没有办法能拦住丈夫。她不能把全村人都信服的丈夫锁在后仓房里,不能把领头为村里办事的人拉回家里,更不能把去救乡亲的人拖住。这样,不可挽回的不幸终于发生了。当时,假若自己狠一狠心死死拦住丈夫,那会怎样呢?

现在想这些都没有用了。不管你是走在前头还是躲在后面,残暴的日本鬼子总是要杀朝鲜人的。十月女的婴儿,濒死的崔富老老人,他们有什么罪,不也被扔进大火里……

孩子们说的话一点不错,都是对的。正因为如此,母亲又感到十分不安,心也剧烈地跳动起来。

不觉间天渐渐亮了起来。母亲强打起精神下了炕。路下边响起汲水的声音;英实家的院子里,有人在说话。

母亲吹熄了光亮变暗的灯火,立起身来说:“天大亮啦,今天英实家要上机织布,我去帮她一把,甲顺早点把饭做好。”母亲穿上草鞋跨出灶屋门,又回头对跟着起来的元男说,“你再睡会儿吧。”

“嗯,您放心吧。”

母亲神色焦虑地瞅了一眼儿子,关上门走了。

元男和甲顺深情地目送走出门外的母亲,直到她的背影消失。过去的一幕又清晰地浮现在兄妹俩的眼前:枯蒿起伏、沙沙作响的山岗,在他们植下一棵开着白花的无名野花的山岗上,母亲耸动着双肩,捶胸痛哭的情景……

元男无力地垂下了头。乙男被关门声惊醒,翻身爬了起来,双手抱住哥哥的腰问:“哥哥,昨晚你为啥没有回家呢?”

乙男睡意未尽,悦耳的童音,使元男心情顿觉轻松起来,不禁微笑着说:“我到家时你睡得甜甜的,没看见。哥哥干吗不回家呀?”

“真的? 姐!”

“真的。”甲顺也想驱散笼罩在屋里的沉闷气氛,动作轻捷地叠好被子放进被柜,轻声地说。

元男爱抚地摸着乙男的头发,沉思了一会,声音严肃地把弟弟和妹妹叫在一起:“都过来,坐在这儿。”

甲顺低垂着头摆弄衣带。乙男不知要干什么,转动着眼珠,看看哥哥,又看看姐姐。

元男语气深沉地开导妹妹和弟弟说:“你们以后要更听妈妈的话,一定不能让妈妈心烦。可也不是说我们都坐在家里什么事也不干。我们坐着不动,日本鬼子不会自己完蛋的,也不会有人把国家独立送到我们的手上。是谁杀害了爸爸？是谁逼得我们有家回不去？我们不能忘了日本鬼子是我们的敌人！”

甲顺和乙男听着哥哥感情激动的谈话，坐在那里，样子都显得有点紧张。

元男注视着弟弟和妹妹的表情，放缓了口气，接着说：“这些事，我慢慢跟妈妈去说，你们什么也别说。明白吗？”

甲顺抬起泪汪汪的眼睛，表示她懂了哥哥的意思。乙男似乎还没弄清是怎么回事，一边点头，一边看看姐姐又看看哥哥。

弟弟的长相很像父亲。浓浓的眉毛，深邃的忽闪忽闪的眼睛，模样格外惹人疼爱。元男把弟弟拉到跟前，抚摸着他的头，突然高兴地大声说：“我说，今天是妈妈的生日，我们三个给妈妈准备一桌生日宴吧！”

“好啊！”乙男一下跳起身子，拍着手叫起来。

不一会，三兄妹嘴里哼着歌子，一个去井边，一个进灶屋，一个到藏野鸡的后院去了。

乙男抱来一捆柴，在灶膛里生起了火。甲顺拿出藏在柴堆的小米，用瓢淘米。元男在煺野鸡毛。

初夏的清新的晨风，带着杏花的香味徐徐吹来，一群群的鸟儿好像也得到什么喜讯，早早飞到泉边的榉树枝头，发出悦耳的啼鸣。井边上、前院、后院、杏花山上、榉树枝头，好像都溢满了歌声和欢笑声。自从在这个荆棘丛生的山坡上打桩盖屋，经受住了一年春天前第一次山洪以来，在这孤独的原木房子里还是第一次荡起这样明朗、悦耳的欢笑声。三兄妹这种千方百计让受苦受难的母亲开心高兴的至诚的爱，似乎连老天也被感动了，露出笑脸，展现出一片晴空，扫尽阴霾。

一大早，英实家就弥漫着烧糠皮的烟味儿。这一带地方棉布珍贵，人们虽然能穿上麻布衣服，可是却不能自织麻布。在上洞村，第一个种麻的是英实爷爷。前年，他将一小把麻籽撒在杏花山山坡上，收了些麻杆，去年泡在水里沤出来，英实母女俩又忙碌了一冬才抽成线；今年，英实爷爷又到木盆沟借来一架织布机。村里人说英实长成大姑娘了，这是准备给她做嫁衣。其实，英实爷爷压根不是这样想的。这位避居到山沟里来的老人，不想有求于这个万恶的世道，只想靠自己的双手搞点粗麻布来挡一挡北国的寒风。就这样，狠下一条心，开始种起麻来。

英实在灶屋里做饭的工夫，英实娘把线板和秫秸秆放在大木盆里，又把装满线轴的筐子搬到院子里。英实爷爷腰间挎着篓子，把从灶膛里掏出的火灰，按土布的宽度长长地铺上一层，上面再撒上一层稻糠。

元男妈把经线挂在磨盘压住的线架上，然后又把线一根根地从织布架穿过去；她一会儿吆喝拿跑秫秸秆的邻居家淘气的孩子，一会儿又回转头来叮嘱别济老人，线没绷紧的时候火别烧得太旺。

挂完了经线，母亲朝着灶屋里喊："英实，浆糊熬好了，快端出来。"

"好了，这就来。"英实在灶屋里大声答应着，端了一大盆浆糊走出来。

"哎哟，烟真大，呛得我话都说不出来了！"英实妈兴奋地说，拿着一把浆糊刷子来到院子里。

"要织麻布，就得叫烟呛哑喉咙，叫浆糊给手上绷出几个口子。"母亲也很兴奋，开心地说。

两位妇女把眼睛也揉红了，直淌眼泪，可是想到以后英实坐在织布机前织布的情景，她们心里便充满了喜悦。真的，织出来的布说不定会给英实做嫁衣哩！两家人一直像一家人似的亲密，将来做了儿女亲家，那就更亲，更不一般了。

"织麻布，先要扎扎实实地做好准备，织起来动作要快，不能磨磨蹭蹭，要不线就松了。"英实爷爷声音沙哑地催促儿媳妇说，用一根长把掏灰耙轻轻地扒拉着燃着的稻糠。

母亲手里拿着浆糊刷子，走到线板前坐下来。

"嫂子，你起来，我来干吧。"英实妈手里提着一小捆秫秸秆走过来说。

母亲故意装作没听见，继续刷浆糊，并对英实爷爷说："大爷，您再压一块磨石，绷紧些……还有，把火再弄小点……"

从早晨起，英实家里就忙着又掏火灰又熬浆，连早饭也做晚了。乡亲们吃完早饭下地干活，路过她们家的时候，总要进来说几句话，有的还站下来看一会。这时候，乙男气喘吁吁地跑来，喊道："妈，快回家吧！"

"闪开点，当心身上沾了浆糊。"母亲叠起线板，轻轻推了一把乙男说。

英实妈急忙说："乙男，你也进屋去，你妈今天要在我家吃早饭了。"

"这可不行，妈妈一定得回家。"乙男撅起嘴说。

"唉，这孩子，在哪里吃不都一样。你妈今天一天都不回去了。"

"我说不行嘛！哥哥和姐姐说了，要我一定把妈妈叫回去。"

"没事儿，你也进屋去吧。我去给你盛饭……"

在乙男和英实妈说话的时候，英实手里拿着饭勺从灶屋里跑出来，轻轻扯了扯妈妈的裙子，把嘴贴近妈妈的耳朵说了几句什么。

"啊，什么？"英实妈一怔，睁大了眼睛。

乙男抱着母亲的腰，使劲地向外拉着："妈，快走吧，哥哥叫您快回去。"

“这孩子今天是怎么啦，什么事这样急？到时候，妈还能不回去……”看着儿子逗人喜爱的模样，无可奈何地笑了笑，伸直腰说：“英实妈，我去吃点东西就回来，别让火灭了，上头的我刚刷好了浆。”

母亲说着，解下头巾，掸了掸肩上的灰。英实妈面带喜色，轻声地说：“嫂子，你就快回去吧。你这些孩子真懂事……”

英实妈和英实站在那里，微笑地目送着被乙男拉着手走去的母亲。

母亲一走近家，一眼就看见元男和甲顺站在院子里等她，心里有点纳闷，却不露出来，先到泉边洗了脸，走回来问：“你们都吃过饭啦？太阳都升这么高了。干吗等我，先吃了饭好早点下地干活呀！”

母亲扭头看了看样子很不自然地站在那里的三兄妹，拉开了灶屋门。她突然一怔，后退了一步。

灶屋里散发出扑鼻的香味。这间灶屋里从未有过的肉香和各种作料的香味，简直把人的肠胃都翻转过来了。

“这是怎么回事？”母亲感到有些吃惊，抓着门把手，转过脸来问。

孩子们谁也不说话。当母亲又一次伸头去看蒸气弥漫的灶屋时，元男才走近母亲，轻声地说：“妈快进屋吧。”

“这到底是怎么回事呀？”

母亲心中疑疑惑惑，迟疑地上了灶屋。

在炕的中间，摆上了平时闲置不用的小饭桌，桌上摆着盛满菜的盘子，其中有凉拌蕨菜和炒野菜，还有四大碗黄澄澄的小米饭；汤碗里冒着热气。不管是汤里和菜里，还是煎的、炒的，里面都放了肉，闻味道像是野鸡肉。

“我说孩子，这是干什么？”母亲着实很吃惊，不禁大声地问。

过去在天岩岭下的黄喜道家里做下人的时候，她不是没见过好菜好饭，可是在自己家里的饭桌上专为她摆上这样好的饭菜，却是从来没有的事，甚至连想也没敢想过。这固然是因为家里穷，更主要的是，给女人摆饭桌，单是想一想就会浑身不自在。所以，在他们家里哪怕只有粥喝，能上饭桌的只有元男哥儿俩。

“孩子们，这究竟是干什么啊？”母亲心里憋得难受，再一次问道。

“妈！”元男走近母亲，用手扶着她的双肩，请她在正位上坐下来说：“妈妈，今天是您的生日啊！”

“什么？”

母亲睁大眼睛深情凝视着儿子。已经是壮壮实实的庄稼汉子的元男，也眨巴着眼睛望着母亲。

母亲又把视线转向站在她身后的小儿子和女儿，含着喜悦的眼睛里闪烁着晶莹的泪珠。

“我的生日？”母亲话没说完，泪水就簌簌地流了下来，“孩子，给妈过生日，妈当不起啊！你们的爸爸活着的时候，从未过过生日。给我过生日，怎么能当得起……”

母亲把三兄妹搂在怀里，边说边流眼泪。

（朝鲜作家根据同名话剧改编，初次发表于1973年；节选自《世界反法西斯文学书系·朝鲜卷》，重庆出版社，1992年）

历史的黎明路（节选）

[朝鲜]朝鲜作家同盟中央委员会　四·一五文学创作团

第三章　茂盛的季节

一

“咕咕——咕咕咕咕！”

烽火山树林里，杜鹃在啼叫。一轮圆月高高地挂在麦田渡口的上空，把柔和的光洒在江面、田野、山峦和村庄上。

先生穿着一身轻快的夏布衣裳，没戴帽子，在月光如水的麦田平川的大麦地头小路上漫步。大麦长得很好，有齐腰高了。几天前下了一场雨，不光地里的庄稼长得好，连树木青草也显得格外葱茏。

先生停下脚步，把沉思的目光转向远处的田野、内洞村和烽火山。只见烽火山腰那片茂盛的栗树林已灰蒙蒙的开满了栗花。微风不时地轻摇着寂静的夜晚的空气，送来阵阵的栗花香。这种花香，带来了茂盛的夏天的情趣。

“已是夏天了！”

先生心里不禁这样说了一句。离别万景台的前一天，让儿子坐在膝上，俯瞰大同江的时候，万景台向阳坡上至多有一两簇金达莱枝上刚生出一些花蕾。

春光过去得好快呀！

金亨稷先生深有感触地望着静卧在柔和月光下的绿色田野和山峦。

国内外各地同志的工作，也象这个季节一样，蓬勃向上。先生一连几天接到各地同志们寄来的有关这阶段工作情况的报告。

庆尚道的金锡河，最先派来通信员。跟他的性格一样，他把工作开展得轰轰烈烈。学堂谷会议后，他坐火车穿过金鳌山隧道，一进入庆尚道境内，就开始了活动。他差不多走遍了庆尚北道的尚州、金泉、大邱、安东、庆州和浦项一带,并争取了十几名同志。他派来通信员的那一阵,正准备启程到庆尚南道去。他还到全罗道去见了康晋锡先生谈到的那位同志,向他传达了学堂谷会议精神,在那里开展了积极的活动。

接着,汉城的孟景载也寄消息来告诉先生说,宋世浩从海外回到汉城,在独立运动者中间散布了外势依赖论,因而工作受到一些障碍,但还是逐渐地取得了进展。他特别提到从康晋锡先生结束在黄海道的工作来到汉城帮他推进工作以来,工作就开展得更活跃了。

远在西间岛的元东有队长,也寄来了密码信。信中说,部队不仅扩大了,而且逐渐地用新式武器改善了装备,还在队员和临近国境一带的独立运动者中间热烈开展了传播金亨稷先生远大独立思想的工作。只是有一件事令人头痛,那就是,附近的车巨轮部队和其他一些大部队很顽固,难以接近。

先生现在是刚刚送走了黄海道朴允焕派来的通信员后回来。朴允焕因病没有参加学堂谷会议,他听了康晋锡先生传达的会议精神以后,立刻就离开了病床,召集以往曾在一起活动的几个同志,开会讨论和研究了先生的独立运动新方针,制定出在黄海道具体贯彻这个方针的详细行动计划,并开始了活动。他们已在全道各重要地区争取了不少同志,并且已经转入了由这些同志分别在自己的附近地区争取更多同志的阶段。

朴允焕在自己工作的殷栗私立学校里,争取了以校长为首的全体教员,并开始了以金亨稷先生的“志远”思想武装学生,培养他们成为独立运动后备军的工作。金亨稷先生认为,黄海道的工作开展得最稳健、最可靠。这是妻兄的精力充沛、富有胆略的工作同朴允焕沉着行事相结合的结果。

平壤的方仁秀和曹弼禹的工作,进展得也很好。先生曾多次到平壤亲自指导了他们的工作,特别是从先生说服和争取了吴先生以后,在市内教员、知识分子阶层和学生中的工作,得到了更好的开展。

这会儿,只要接到成川洪俊杰和万景台方仁秀的工作报告就行了。先生给方仁秀捎了信,要他回来的时候,经过他负责的工作地区——安州、顺川和介川等地,然后,再到成川去了解一下那里的情况。估计在一两天内他就会到来的。

总之,在这短暂的一个季节里,同志们确实是积极开展了工作。因此,目前在全国各地又有许多新吸收进来的同志,正在为实现新的设想进行着忘我的斗争。想到这些,先生感慨无限,为自己的工作而感到自豪。

“应该尽快去看看他们。”

金亨稷先生慢慢地走着，心里再一次考虑着早已计划好的行程。这次，先生在看各地同志们的工作报告时，切实感到有必要深入下去，就地帮助他们工作。在同志们寄来的报告中，虽然没有提到他们遇到什么困难，但从报告的字里行间，先生足以了解到他们是在如何吃力地冲破着重重的艰难险阻。不难估计，在这种困难重重的情况下，又是第一次按照新方针工作，难免会产生一些不是出于本意的偏差。先生认为，现在正是需要及时深入到他们那儿去，就地进行指导，帮助他们纠正工作中的偏差的时候。

这一天中午，金亨稷先生宣布了放十五天农忙假。学校契早已讨论决定，农忙季节就临时放假，让学生们在家帮助父母做些农活儿。

内洞的许基善、徐春甫和崔锡万等学校契成员，照金亨稷先生的劝告，在江东破天荒第一次种了玉米。从播种时起，先生就亲自到地里一一教他们种玉米的方法。现在，玉米长得有齐腰高了。先生还常常抽空到地里去，详细地教他们怎样给玉米追肥，怎样蹚地，特别是怎样培土。只要一两天内接到方仁秀的报告，先生就准备立刻起程。

先生沿着烽火山麓快步走着。当他走到村口的时候，对面一个人影向这边匆匆而来。那人突然站住，高兴地叫了一声：

“金先生！”

“你来啦！”

先生高兴地迎上去，握住方仁秀的双手。

“我到宿舍去找您，您不在。……”

“我出来散散步。家里都很好吗？”

“很好。先生在外地，可有不少困难吧？”

“哪里，村里照顾得非常周到，过得象在家里一样。苍谷的洪君也好吗？”

“挺好！他的劲头可大了，简直是生龙活虎一般！昨天，我在他那里住了一宿。我说要回来向先生汇报，他说也要和我一起来。第二天早晨，我请他动身一起走，不知怎么回事，他又泄气了，说他不来了，叫我自己来。”

“那为什么？”

先生感到奇怪，望着方仁秀聪颖清秀的脸问。

“他又说，论想见先生的心情，真恨不得一口气跑来，可是又一想，没有完成先生交给的任务，实在没法来见先生。”

“什么任务？”

先生这样一问，方仁秀犹豫了一会儿，回答说：

“他再三嘱咐我不要向先生说……看样子，前次会后，先生交给洪君的学习任务，他虽下过一些工夫，可是学得不够令人满意。他说，就那个样子来见先生，一定会弄得满头大汗。……”

“哎，他真是……”

先生大笑起来，方仁秀用手挠着脖颈子，也跟着笑了。先生说：

“洪君依然还是洪君哪！他不是说过，叫他读书，还不如叫他去挨板子吗？”

“是啊！”

先生又大笑起来。

“慢慢他会对学习感兴趣的。方兄，请到家里去吧！”

先生说着就在前面往回走。

方仁秀坐在先生对面，汇报了这个阶段的工作情况。他详细地谈到前后两次去安州、介川和顺川等地向那里的同志传达学堂谷会议内容，交代工作任务的情况，还详细地谈了通过那些同志的活动，吸收了一些青年的经过。

方仁秀在胆略上稍差一点儿，但他有学问，懂道理，工作沉着。

先生听了方仁秀的汇报，赞扬他能艰苦工作。然后，一一地问起那些新吸收的同志住在什么地方，做什么工作，还问到他们的经历，过去和现在的活动，以及家庭情况等等。先生问得很详细，把方仁秀问得满头大汗。方仁秀做工作，也够细致的了，可是了解人，还没有达到这种深度。他只能说出个大概的情况。

先生听了，没有提出更多的问题，想了一下之后，又问到成川洪俊杰的情况。

“洪兄开展工作，真是东奔西忙、轰轰烈烈。在这段时间里，他不仅跑遍了成川一带，而且跑遍了宁远、阳德、孟山一带，争取了十几个同志。他现在干劲冲天，还说夏锄以后，要把同志们召集到苍谷后山进行一番军事训练呢。”

方仁秀谈洪俊杰的工作胜过谈自己的工作，谈得非常起劲。

“是吗？真了不起！请你谈得再详细一点。”

先生微笑着说，好象在心里描绘着魄力和热情十足的洪俊杰的形象。方仁秀不得不犹豫了一会儿，因为他想谈得再具体一点，也没有可谈的了。他听到的，除了那些新吸收进来的青年的名字和住所之外，就没有多少别的。为了向先生报告，他虽然问过洪俊杰，但洪俊杰对那些人的情况，也知道得不够深。不过，就是大概的情况，也还是得谈谈哪。

“看样子，洪君也对他们了解得不够深。就照我听到的情况谈谈吧。他走访了散在四个郡的旧日的义兵同僚，向他们宣传了新独立运动的宗旨，并希望同他们携手合作。见到的有二十三名，争取到了十四名。具体地说，成川郡三名，阳德犁沟两名，孟山德正里一名，宁远冷井里两名……”

方仁秀从坎肩兜里掏出小本子，念着用符号记下来的材料，把洪俊杰争取到的那些同志的地址、姓名、职业和年龄等，说了一遍。

先生留心听了方仁秀的报告后，说道：

“二十三名中争取到十四名，对其余的人，就算失败了？”

“是的。洪君感到很气愤，说‘真没想到这些人会烂到这种地步！’”

“烂了？他没有谈到失败的经过吗？”

“全部情况我虽然没听到，可是他向我具体地谈了去见隐居在屏风谷的秋风队长的经过。”

“什么？秋风队长隐居在成川？”

金亨稷先生现出惊讶的神色。

“是的。”

“你快点说说。”

方仁秀把洪俊杰愤慨地谈到的话回忆了一下，然后详细地谈了洪俊杰在学堂谷会议后回到苍谷，怎样怀着莫大的希望去找秋风队长，可是他的希望又怎样遭到了冷酷的拒绝。

“哦，原来是这样！”

先生听了方仁秀的话，自言自语地说了一句。他默默地坐了一会儿，又问：

“他把我们的宗旨详细地给秋风队长讲了吗？”

“据他说，谈倒是谈了一些，不过，秋风不愿意听。洪兄认为这个人已堕落到不可救药的地步，不可能领会先生的雄心壮志了，于是就跟他一刀两断，甩袖子走了。”

“其他人没有争取到，情况也大致是这样吧？”

“是的。”

先生又默默地望着灯火沉思起来。

“不管怎么样，大家都很辛苦了。夜深了，今天就谈到这儿，明天跟我一起走吧，咱们到各地去看看，把事情好好处理一下，然后再讨论讨论今后的工作。”

先生说到这儿就站起来，铺好了被褥。

先生虽然和方仁秀并排着躺下了，可是很久不能入睡。同志们执行新方针，个个勇气百倍，积极开展活动，取得了很大的成绩，这是事实。可是，听了方仁秀的报告后，更清楚地了解到他们的工作中也出现了不少缺点和偏差。当然，这是难免的，也是可以克服的。先生又一次感到他计划抽空亲自到各地去帮助同志们进行工作的想法是对的。先生脑子里想着路经平壤、安州和成川，再到汉城等地的事。想着，想着，鸡叫头遍了。

二

好久没有摸过锄把子了。洪俊杰耪了一天石头地，回来吃过晚饭，感到浑身累得慌，就到上屋，一头倒在木枕上。方仁秀走了五天了，满以为先生会有什么回话的，可是到今还没有信儿。

洪俊杰恨不得马上跑到宁远小白，去见他的老同事，只是为了等信儿，才压下了这股劲儿。可是要蹲在家里，简直象针扎似的难受。于是他就耪哥哥的高粱地去了。哥哥嫂子哪里知道洪俊杰的这种心事，还以为他的心真安下来了，都暗暗高兴呢。最喜欢他的，还是几个侄儿。他们说，这回叔叔可跟他们在一起了，乐得形影不离地跟着他。

今天也许会有信儿了吧？白天他这样想着，一边耪高粱地，一边伸腰望苍谷的路口。

“明天准会有信儿。……”

现在，洪俊杰望着摇摇欲灭的灯火又这样想。他把金亨稷先生在学堂谷会议后送给他的两本书打在包袱里了。路过江东的时候，他想到哥哥家里点的是松明灯，就特地买了一盏瓷灯和一瓶煤油。

洪俊杰望着灯火，忽然想起什么，眉头一皱，霍地坐起来，从包袱里拿出巴掌厚的两本书。书皮是用油纸包的，虽没有书名，可是时断时续地看了几天，翻了几页，也知道它是一本历史书了。

洪俊杰坐在炕上看书。看着看着，不禁愁眉苦脸地长叹了一口气。他想起一个故事；有一个人小时候念不下书去，就去种地。一天他去耕地，耕牛不听话，他就骂牛说：“该死的牛！快点拉！不然我就给你穿上布袜子，叫你念《大学》！”想到这儿，不禁苦笑起来。要是这次去见了先生，不就可以在先生面前报告这一阵子的工作，听听先生的指教，还能接受新的工作任务吗？可是因为自己没学习好，没有去成。想到这里，他就恨起自己来了。

原打算在得到消息以前，就是不能把先生送的两本书全部啃透，也得溜它一遍。可是，这个脑袋瓜不知怎么搞的，一端起书本，就感到浑身难受，眼皮打架，简直挺不下去了。

真不知道，是因为自己学得晚没有书底子呢，还是因为自己生来就不是读书的材料？他觉得要想把这两本书读通了，恐怕得豁上一辈子的工夫！一连三天，每天晚上他都三番五次地下决心，开始看第一本，可是看了几天也没有看上十几张，看过的也都似懂非懂，弄不清到底说的是什么意思。

洪俊杰沉重地叹了一口气，好象把炕都要叹塌了似的。可是一想到金亨稷先生的耐心教导，一想到他的一再叮咛，又不忍心放下书本不读。去年秋天，在先生家里养伤的时候，先生说，要想将来搞好独立运动，就得学习。先生还在百忙中抽出空儿来，手把手地教字，增加了自己的见识。想到这些难忘的日子，他就深切地感到，哪怕用一辈子的工夫，也得把这两本书读通！可是一端起书本，就不由自主地散了心，只有唉声叹气了。

洪俊杰想，现在叫他抱着炸弹冲向敌人，他不仅不怕，而且能干得很漂亮。可是他还没有弄明白在打日本鬼子方面学习比炸弹还重要得多的道理。

他翻开昨天晚上打了折页的书，往下读：

“我们虽与别国相邻，却不能与之直接建立外交关系，而由他国人代办，就是因为没有自己的国家。……”

他琢磨着读过的句子。这是一个义兵队长谴责乙巳卖国条约的檄文。他虽然不能说清楚外交关系在维护国家独立方面有什么样的重要意义，但他也感到能不能保住外交权是关系国家存亡的重大问题。洪俊杰站起来，从挂在木头钉上的坎肩兜里掏出一个指头长的铅笔头。这支铅笔是在江东杂货铺里买的，刚学习三天，就削得这么短了。每一页书上，每一个行间，都画了很多道道。他读着，觉得句句都是重点。

洪俊杰逐字逐句地重新琢磨着刚刚读过的一段话，用铅笔画着道道。喀的一声，铅笔尖又断了。

“一龙！”

洪俊杰把头转向隔扇门，喊了一声大侄儿。可是，侄子又象昨天晚上那样，两只胳膊肘支在门坎上，坐在那里，眼睛滴溜溜地瞅着叔叔，很鬼地撇嘴一笑，问道，

“叔叔，您要刀子吗？”

洪俊杰望着头发蓬松的侄儿，不好意思地笑着说：

“嗯！拿刀子来，小机伶鬼……”

话未说完，侄子就跑到厨房去了。打头一天起，他就盯上了这支铅笔。他十岁早过了，还不识一个大字。洪俊杰想以后有机会，跟金亨稷先生说说，把他送到明新学校去读书。可是又一想，自己还没有很好地帮助先生呢，反而去给他添麻烦，有点不忍心，因此也就没有下定决心。

侄儿从厨房拿来一把大菜刀。

洪俊杰削好铅笔，继续读着：

“我们有自己的国土、自己的人民……却不能自己行使主权，而由外国人代行，实即没有国家主权……没有国家主权……如没有国家和主权，则三千里江山的全体人民均将沦为奴隶。做奴隶，生不如死……”

洪俊杰逐字逐句地读着，用铅笔画着道道，咀嚼着每句话的意思。

“叔叔，您有很多书哇！”

侄儿倚在隔扇门门坎上，扬着小脸说。洪俊杰从思索中醒过来，呆望着侄子，咧嘴笑着回答道：

“嗯，当然啦……”

“枪呢？”

侄子没头没脑地又冒出这么一句。

“什么枪？”

“用枪换了书啦？”

侄子那象葡萄粒般黑亮的眼睛里，流露出好奇的光。

“什么？你说的是什么呀？”

洪俊杰被他问得有点莫名其妙。

“奶奶常说，叔叔扛枪打日本鬼子呢！”

“奶奶？……”

洪俊杰话没有说完，就端详起侄子，他感到侄子的眼睛不知哪点很象奶奶。洪俊杰无意识地点点头说：

“是啊，你说得对！你也去睡吧。……”

侄子带着始终没有消除疑惑的神情，踌躇了一会儿，退到弟弟们睡的炕头上，夹在他们中间睡了。

这天晚上，洪俊杰拿出最大的耐性和毅力读下去，一下子读了有过去三天所读的分量。这时候，鸡窝里传来了鸡叫声。他感到头昏脑胀[涨]，浑身乏困，简直支持不住了。他合上书本，侧身躺下，心想一躺下就会睡着的，可是躺下以后，觉反而请不来了。怎么没有消息呢？不知道先生对这段工作是怎么说的？他感到很纳闷。如果先生没有什么特别的意见和任务要交代，他恨不得明天就立刻动身到宁远郡小白等几个地方转转，把同志的人数凑足二十名。然后，在农闲的时候把他们召集在一起，进行一番军事训练。想到这儿，他就禁不住心情兴奋，疲倦、睡意都消失了。

他卷上一支烟，叼在嘴里，走了出去。天已经差不多亮了。险峻的群峰，围着黎明前的苍谷上空高高屹立，好象一幅水墨画。仍在睡梦中的村庄，静悄悄的，一片沉寂，只听到血痕江传来凄凉的流水声。他朝着通向江边的大道噌噌走去。走到江岸，停住了脚步。只见下游的堤岸上出现一个人影。心想，是哪一个勤快的老乡这么早就下地了？……对面来的那个人也站住了。

"是谁呀？"

洪俊杰先问了一声。

"你不是洪兄吗？"

回话的声音非常亲切，非常耳熟。

再看他那小而秀美的身材，肯定是方仁秀了。

"哦，这是怎么回事啊？"

洪俊杰快步迎上去。

"金亨稷先生来了！"

"先生来了？"

洪俊杰眼睛睁得圆圆的，察看着方仁秀的身后。

"现在他在后山草棚里。"

方仁秀回头向着血痕江望去，在灰蒙蒙的清晨里，层层高峻的山峰顶天屹立着。

"快走吧！"

洪俊杰急忙在前面走。那边山鼻子上有一个往日义兵们把守关口的岗棚。

"山道这么险，先生怎么还夜间赶路啊？"

洪俊杰登上江岸问。

"我劝先生在半路上住一宿，可是先生说，夜里走路更好，非一气儿赶到不可，我也只好……"

方仁秀回答说。他俩默默地走了一会儿。洪俊杰暗自埋怨方仁秀对先生照顾得不好。

"先生是从介川郡凤上里径直奔这儿来的。"

方仁秀先开口说。

"介川郡凤上里？哎呀，这么老远！"

洪俊杰不禁又一次咂嘴惊叹。这段路足足有二百五十里！先生有什么事上那儿去了呢？真不知道是怎么回事。先生到底是什么时候在内洞遇见方仁秀的呢？是什么时候绕过介川的那头，今天又来到了成川郡的这头呢？

洪俊杰站在那里发愣。方仁秀望着他，五官端正、聪颖清秀的白净脸庞上，流露出一种无限感慨难以言尽的神色。

“咱们快走吧！”

他这样说着，就在前面走起来了。

他俩登上苍谷口的前山坡。这座山顶就是龙马山的主峰。

金亨稷先生在草棚前生了一堆篝火，坐在那儿等着。

“先生还亲自走了这么远的路……您只要捎个信儿来，我不就立刻去见您了吗！”

洪俊杰道歉似的说。

“呵呵呵！……哪儿的话，我也想逛逛山水嘛。平安道一带的山川，到处是名胜，你说呢？”

先生呵呵笑着征求方仁秀的同意。也许是他自己那样想的吧，洪俊杰总觉得先生有点瘦了，但先生的脸上，依旧是那样热情洋溢。

“对不起，我来得晚了一点，你等信等着急了吧？我转了几个地方，走得又不怎么快，结果就弄得这么晚了。”

“我真没想到先生会来。”

洪俊杰说。

“你大哥家里都好吗？侄儿们都很好吧？记得听你说过，大哥家好象有三个侄儿。”

“对，他们都很好。”

先生的记性真好！有一次确实问到过家庭情况，现在连家里有几个侄儿还记得这么清楚。

“先生，请到家里去吧，房子虽然破……”

洪俊杰劝先生说。

“谢谢你，我看这儿更好，就把住处定在这儿吧。你看，多好哇！山好，树木也好，下面还有一条小河沟，又有一个合适的棚子。呵呵呵……请坐吧！”

“住在这儿？”

洪俊杰愣住了，看着方仁秀，也是那么一副表情。

“先生，别这样，请到家里去吧。别看房子破，有先生住的地方。……”

洪俊杰又一次恳切地劝说。

“洪兄，不要勉强先生了。先生来到本村，没有招待好，咱们心里当然不好受，可是，我看还是依先生的话吧。我们要尽快做好各自负责的地区的工作，这样，先生不论什么时候来，我们就都能放心地招待了。现在的情况还不允许我们那样做。”

方仁秀在一旁说。洪俊杰听了，觉得他的话也对，就不再说什么了。

“我个人的安全，算得了什么呢？想到将来我们要经历的艰难困苦，我觉得现在这样的生活可以说已经是过分的享受了。在这么好的季节，游山逛水，这在过去不是只有那些风流人物才能做得到的事吗？哈哈哈……洪兄，请坐！水也开了，咱们一起吃点吧。方兄，拿出来吧，昨天出发的时候，顺川的同志们不是精心地给我们准备了行匣吗？”

看来，先生的心情很愉快。方仁秀打开行匣，里面满装着沾着小豆碴儿的招人喜爱的高梁[粱]面窝窝。先生同洪俊杰、方仁秀一起吃了早点。

过了一会儿，方仁秀向先生告别起身。先生站在龙马山顶。方仁秀依依不舍地望了先生半天，然后转身对洪俊杰说：

“洪兄，先生交给我一项紧急任务，我不得不先走了。洪兄，请你好好照顾金先生，我虽然相信你会照顾好，可是总有点放心不下。你知道，先生的安全，比我们的生命还宝贵呀！”

“方兄，你放心吧！”

方仁秀的话当然是完全对的。洪俊杰听了他极其恳切的嘱咐，更感到自己的责任重大。

“就是我不说，你也会知道。可是我还是要这样再三地嘱咐你。……洪兄，你陪先生几天，也就会体会到我的心情的。……”

方仁秀前后不连贯地说。

“出了什么事吗？”

洪俊杰诧异地问。方仁秀依旧拉着他的手，用深沉的目光望着他，点了点头，说：

“我回头再跟你细说。可是有一件事，我必须跟你谈……”

“快说吧。”

洪俊杰越发纳闷了。

“我陪先生离开内洞走了五天，我一生忘不了这些日子。我们在学堂谷会议上，听到先生提出的新的独立运动方针，大家都乐得叫起来，心里好象一切都明白了似的，就挺身而起，干起来了。可是，我们所做的，离先生思想的要求还差得远呢！”

“你这是怎么说的，方兄要是还这么说，那我这样的大老粗……”

洪俊杰说的是真心话。方仁秀虽然没有和先生上过一个学校，但也是从中学的时候起就长期受先生的教导。

“问题不在有没有知识……洪兄，有过这么一件事：先生在五天前离开内洞，到安州、介川一带去看同志们。要详细说起来，话可就长了。先生见过了介川的同志们以后，问我原来这个邑的私立学校有一个姓全的，是有名的爱国启蒙活动家，不知他如今还在不在。”

洪俊杰搞不清他要说的是什么，只是望着他。

“我听了，就心不在焉地回答说：‘我也准备去看他的，可是后来听说，私立学校被封闭，他蹲了几个月监狱以后，就回故乡冷泉面去了，如今已丢掉了原来的志气，在日寇办的公立普通学校里当教员。这样，我就不去看他了。’先生听了，就问：‘你准知道他内心也变质了吗？’接着还详细地问了我一番。说实在的，我一听他是那样的人，就感到厌恶，也就不想去详细了解什么了。可是，先生却要去看看他。”

“还要看那号人？”

“是啊！他那儿离邑有一百五十多里，又是难走的山道。洪兄你知道，清川江一带，夏天不总是淫雨连绵吗？所以我就说，等以后我去看他吧。可是先生说不行。我劝先生等第二天雨停了再走，他也不听。他还准备在十五天之内去一趟汉城再回来呢！真是，一分一秒对先生都是宝贵的。”

“怎么还非去看那号人不可呢？”

“先生冒着冷雨赶路，直到深夜才找到他。刚见面的时候他那惶恐不安的神色，先生整整用了一天一夜的工夫跟他敞开胸怀促膝谈心的情景，第二天清早他跪在先生面前流泪的样子……这些，怎么能用语言形容啊！”

“是真的吗？”

洪俊杰听着，眼睛睁得圆圆的。方仁秀笑了笑，接着说：

“从他那儿直奔这里来了。先生对我说：‘干革命，一个同志比千金还要宝贵呀。’”

“那是！……”

洪俊杰不知为什么心里仿佛受到了重重的一击，自言自语地说。

“洪兄，我要走了。”

方仁秀用深情的目光向先生将要住几天的龙马山望了一会儿，转身走了。

洪俊杰目送着消失在树林里的方仁秀的背影，心不知被什么压得依旧是那么沉重。他缓缓地摇着头走了回来。

金亨稷先生站立在龙马山顶，面向朝霞升腾的将军峰，俯视着涧谷。听到动静，才转过脸来，说道：

“真是壮丽的山河啊，实在配得上有传说。那个立在地当中的大石头，就是将军的宝剑吗？”

"先生,您什么时候到过我们这个地方?"

"呵呵呵……我在一本书上读到过。那末,将军峰是哪一个呢?"

先生抬头望了望周围的险峻山峦。

"就是日头出来的那个山头。"

洪俊杰指着正面的山峰说。先生望了一会儿,说:

"啊!果然是一刀斩断黑龙头的将军气魄!那么说,对面那个伸到江边,顶头象墙一样朝江立着的山岭,就是黑龙山了——真象那么回事。再加上朝霞染红的江水,真象从黑龙的脖子里滚滚流出鲜血的样子。"

先生沉浸在深深的感想之中,久久地凝望着天空、山峰和涧谷。洪俊杰听着金亨稷先生的话,眺望着故乡的山河,也感到格外有感情。半晌,先生叫了一声:

"洪君!"向洪俊杰走来。

洪俊杰望着先生爽朗的面容。

"我准备在这山水秀丽的苍谷,住上三四天。"

"三四天?"

先生亲切地把手放在洪俊杰的肩上说:

"是啊,我想和洪君一起,在这个龙马山的草棚里学习它三天。"

"学习?"

洪俊杰感到这话太出意外了,眼睛睁得溜圆。

"哈哈哈!……你怎么吓得这个样子?念念书,揣摩揣摩意思,提出问题来互相讨论讨论,这就是学习嘛!"

洪俊杰木然地只是眨巴着两只眼睛。他搞不清先生说的到底是什么意思。从整个工作的情况来考虑,他也觉得不好理解。先生肩上负着刚迈出第一步的独立运动的命运,就为我洪俊杰一个人留在这里,和我一起学习——这到底是为了什么呢?先生这样婉婉转转地问我,是不是要考考我,看看我把上次他交给的两本书读了多少?

总而言之,洪俊杰有点糊涂了,找不到合适的话来回答。

"来,咱们坐在这儿谈谈吧。"

先生先坐在绿草地上,洪俊杰也跟着坐下。

"你怎么这么一副为难的样子啊?你觉得学习很吃力吗?"

先生温和地、满面笑容地望着洪俊杰问。

"不,我不是为这个……"

洪俊杰慌了,吞吞吐吐地说。

“那末你觉得现在我们的工作太忙，没有工夫学习吗？”

“哦……不，也不是……”

洪俊杰觉得这也不是，那也不是，他简直不知道怎么办才好。

“呵呵呵……那末你谈谈吧，听听洪君的意见。”

洪俊杰从先生这句热诚爽快的话里得到了勇气，说：

“先生！去年秋天，经过您的帮助，我的眼睛亮堂点了。回来以后，我就抓空儿看书，可是……”

说到这儿，他又接不下去了。

“后来怎么啦？”

“我总觉得我天生就是个不配读书的！”

洪俊杰突然冒出这么一句。

“啊，你这是什么意思啊？”

先生显出惊讶的样子。

“去年秋天您给我的书，我念了一点就搁下了。……这次您给我的书，我念了三个通宵，才念了三十张多一点。我这个脑袋生来就笨，再加上念书又晚……先生，您让我这么办吧——”

洪俊杰恳切地望着先生说。

“怎么办呢？”

“我现在开始学，就是学到死，怕也念不完先生给我的那两本书。要是这样念下去，书念不好，该做的事情也耽误了，两头都顾不上。您叫我……叫我说句没出息的话吧，只要您给我别的事情干，不管是什么，就是叫我背上柴禾往火坑里跳，我也不怕。”

洪俊杰把闷在肚子里的话全倒出来了。话一说出，心里倒感到轻松了。先生注意地望着洪俊杰的恳求的面孔，亲切地问他：

“你觉得学习是很难受的吗？”

“是的……”

洪俊杰坦白地说，低下了头。

先生听了，默默地望着将军峰，想了一会儿什么，又回过头来说道：

“洪君！你要想做好自己的工作，就得懂得道理；要想懂得道理，就得学习。你要知道，我们搞独立运动，不懂得道理，就寸步难行啊！”

洪俊杰只是茫然地望着先生。

“为什么呢？……”

先生用低而温和的语调继续说道：

“我们要搞的独立运动，简单地说，就是要开导有志气的爱国志士和两千万人的朝鲜民族，把他们拧成一股绳，带领他们紧跟我们的远大理想，走上正确的战斗道路，用朝鲜民族自己的力量争取独立。你说是不是？”

先生用询问的目光望着洪俊杰。

“是啊……”

洪俊杰模模糊糊地回答，

“要想做到这点，对我们来说，最紧要的工作，就是把我们的远大理想、我们的想法和我们前面要走的道路告诉他们，把种子撒到他们的心里去，变成他们自己的思想。那末，我们这些给他们当先生的人，自己要是不先弄清楚这个思想，怎么能去做工作呢？”

“先生的话是对的，可是象我这样的人怎么做得了那样的事情呢？我就懂得要枪杆子，我把年轻人弄到一块儿，把他们训练好，只要先生一声令下，我们就豁出命去，狠狠地跟鬼子打就行了！”

“洪君，你的想法可错了！”

先生恳切地说。

“啊？”

“就算照你说的，让你去组织一些人，搞武装队，就算经过你一阵猛干，也争取到了一些年轻人，可是你光把那些年轻人编成武装队，光教他们枪法，也是不行啊。”

洪俊杰感到奇怪地望着先生。

“为什么呢？因为我们的独立运动并不是拿起枪杆子，一两天就能得到成功的。我们要走的道路是很远的，我们要一步一步地前进。这是一条也许要用尽我们的一生，也许还要由我们的后代接续着，冲过种种曲折、风浪和血海来走的艰难的道路。要是不让洪君召集起来的年轻人做好这种思想准备，光是给他们扛上枪杆子，那末，过不了多久，他们就会丢掉信念和希望，就会象过去的义兵部队那样垮了台。这也正是过去义兵部队的致命伤！你说不是吗？”

“是……”

金亨稷先生说的太对了。

“但是，更重要的是，你不是一个光管带几个年轻人搞个武装队就行了的人哪！”

“您这话是什么意思啊？”

“你想想看，如今在我们这广阔的三千里江山里，在到处都是日寇刀枪的全国各地，跟我们志同道合的同志能有多少呢？”

先生突然中断了自己的谈话，把目光移向远方的山峦。淡紫色的烟雾在遥远的天际悠悠流动。洪俊杰也随着金亨稷先生的视线望去。先生这句话，格外地打动了他的心。

“现在还是不多啊。……”

先生自己回答了一句，又回过头来说：

“是的，现在只有我们不多的同志走上了斗争道路。我们是相信我们提出的正义目的和真理的力量，才走上艰苦斗争的道路的；是相信两千万同胞在不久的将来一定和我们齐心团结，一起战斗，才开始带头干的！”

先生的语调有些激动了。洪俊杰来不及回答，先生又说道：

“洪君也是这里边的一个人哪！你是我们这些一个人需要教育十个人、百个人、千个人、万个人的为数不多的宝贵同志里头的一个同志！你要明白，在我们这些独立运动的主人当中，你是一个应该做更多更大的事情的人！”

“我？”

洪俊杰听了，不禁眼睛睁得溜圆。先生意味深长地笑了笑，继续说道，

“本来，谁是国家的主人？谁最热爱国家和江山呢？是在夏天火热的日头下流着汗水插秧、锄草的农民，是在无边的大海里顶着风浪打鱼的渔夫，是在千丈地下挖矿的矿工，是供给整个国家吃穿的劳动民众！看看历史吧，在敌人面前下跪卖国的，历来都是两班阔老爷。为了自己的荣华富贵，情愿去当外贼走狗的，也是两班阔老爷和财主们。这是因为什么呢？这是因为，就是国家亡了，他们还是有保全自己的富贵和势力的门路。可是，劳动民众就不是这样，国家一亡，他们得到的只能是奴隶的锁链。正是因为这个道理，在半万年的长久岁月里，一直不惜献出鲜血和生命来保卫祖国江山和历史的，也正是劳动民众。洪君！我们正因为相信劳动民众的这种刚强的力量、气节和意志，才说独立事业一定能胜利！这也是我们要搞的运动和以往的独立运动根本不同的地方。”

洪俊杰不知不觉地渐渐被金亨稷先生的逻辑和热情吸引住了，好象看到划在半万年悠久历史脚印上的两条路线了。

“如果像上面所说的，劳动民众是我们独立运动的主人，那末，引导劳动民众的革命家也应该从民众里面来，这不是最明白的道理吗？只有从那些没有祖国和独立就没有活路的象洪君那样的农民、渔夫、矿工和城市工人等劳动民众中涌现出新的革命家，不怕千辛万苦去推动独立运动的时候，我们的艰难远大的斗争目标才能实现。”

洪俊杰深深地思索起来。他现在才感到摸到先生的伟大思想的边儿了。

他发现自己以前原来是似懂非懂模模糊糊地闯到这一庄严壮烈的斗争里来了，一直在稀里糊涂地跑来跑去，现在浑身都感觉到压在肩膀上的担子的分量了。

“怎么，你怕担不动这副担子吗？”

先生好象看透了洪俊杰的心，就问他。

“是的……”

洪俊杰含含胡胡地回答。

“再吃力，你也没有权利在这场斗争中后退一步。如果当主人的打退堂鼓，那末，让谁来做这个工作呢？再说，我也成心不放你走，非带着你一起走不可。呵呵呵……”

先生平静地笑着。然后，换个语气说道：

“洪君，我相信，当你还没有认识到自己的地位的时候，是会说出那种话来的，可是你一旦看清了自己的地位，就是叫你上刀山，你也不会说出一个‘不’字的。好，让我们鼓起勇气，拉起手来，互相帮助，跟敌人干吧！学习这件事，有什么难的呢？字也是人造出来的嘛！……有了坚强的决心，就能做到一边学习一边搞独立运动，一边搞独立运动一边学习。只要你迈过第一道坎子，那末，迈下一个坎子就象喝凉粥一样容易了。拿出勇气来吧！”

先生用双手有力地抓住洪俊杰的肩头。洪俊杰立刻感到一股非常非常巨大的力量推动着自己，心里热烘烘的，浑身是劲儿了。

“先生！……”

洪俊杰象孩子似地叫了一声，激动得不知道说什么才好。先生望着他，亲切地笑了。

白天，他们坐在龙马山向阳的绿草地上，晚上就冒着寒露坐在草棚前的篝火旁，有时候读书，有时候谈话，还提出国内外形势和独立运动的实际问题进行讨论。……洪俊杰不分昼夜地学习。

到了最后一天，第四天，金亨稷先生叫洪俊杰用学到的东西来总结一下自己过去这段工作的优缺点和经验。

这一天傍晚，太阳落山了，草棚前又升起了篝火。篝火上，跟头一天早晨一样放着一个洋铁锅，洋铁锅盖的边缝里呼呼地冒着热气。洪俊杰向先生谈了自己打算做的工作。

谈完后，洪俊杰一个劲儿地察看着先生的脸色。在这四天里，他感到自己的眼睛亮堂多了。特别是今天整天在先生的帮助下总结了过去一段的工作，真让人惭愧，过去做的那些工作都是值不得一提的。不过，现在对今后怎么样进行工作可有个眉目了。

他脑子里一个接一个地浮起许多没有头绪的念头：以后一有空儿就学习；要一个一个地去看那些新争取的青年，就象先生对自己做的那样，让他们细细吃透了金亨稷先生的远大思想，把他们栽培成能够独当一面的革命家；再去访问秋风等等一些人，耐心地说服他们；还要建设好活动根据地——苍谷村……，可是一想到先生今天晚上就要走了，他就担心自己离开先生又会犯原先的老毛病，心里很不安。

先生望着火苗飞舞的篝火，不知在想什么，显出很满意的神情。他听完了洪俊杰的话，抬起头来说：

“洪君，太好了！我现在没什么可说的了！”

先生愉快地笑了。洪俊杰把心放下，长出了一口气，也跟着笑了。

“就那么办吧！可是你不要贪多，要一个一个地找出吃重的地方下力量。我本来想，若是有时间，就亲自去看看他们，可是现在我相信你一个人也会把事情做好的，再说我还要赶紧到别处去，不能再留在这儿了。”

“真的，如果先生去看看他们，那有多好哇！靠我一个人，事情怕做不好。”

洪俊杰听了先生的话，就后悔自己想得不周到：要是昨天晚上把秋风领来，让他见见先生，该多好哇！

“洪君，要有信心！我们的思想是对的，我们的事业是光明正大的，有什么可怕的？要抱着信心真诚地、耐心地、积极地去做他们的工作。特别是要做好争取秋风队长的工作。你说秋风打退堂鼓弃甲归田了，我看不一定。洪君说他胆怯的时候，他不是大发脾气吗？单就这一点就可以看出，他胸膛里那颗爱国的心还活着，只不过因为一时找不到方向，感到失望罢了。我们要搭救他。洪君说，没有那么一个秋风，也丝毫碍不着我们的运动。这话可不对呀！你说的这个‘我们’，归根到底，不正是由一个一个的同志齐心合力地团结起来的吗？再说，从道义上看，把陷在泥坑里的人拉出来，不是也正合乎做人的情理吗？洪君，你要是好好帮助秋风，把他叫醒，让他挺起腰杆和我们一起干，你就一定会得到丰富的经验，产生很大的信心的。”

“先生，我记住您的话，一定努力去办！”

先生站起来，走到篝火旁边。

“您放着吧，我来……”

洪俊杰慌忙站起，端下洋铁锅，提着葫芦瓶下山打水去了。一连四天，他只顾学习，没有照顾好先生，使得先生没吃好、没睡好。想到这儿，他感到很难受。洪俊杰打水回来，向先生说：

“哦……先生，今天晚上请您还是到我家里住一宿吧。黑夜里，这一百多里路您怎么走呢？……先生好不容易到我们这儿来了，一连四天都让您住在荒郊野外，真叫人……”

“洪君，多谢你了。按道理是应该晚上抽空到村里去看望一下大哥大嫂，可是，汉城的同志在等我，本应该今天白天就到那里。……”

先生反倒说起道歉的话了，这么一来，洪俊杰也就无法再挽留了。

先生吃完晚饭就动身上路了。先生虽然一再劝阻洪俊杰，可是他还是硬跟着先生走了。走到半夜，他们到了江东和成川交界的大山岭上。先生和洪俊杰要分手了，俩人都有点舍不得离开。洪俊杰忽然摸了摸腰，掏出一个发光的铁家伙，说：

“先生，请您把这个带上吧，虽然不怎么好……”

那是一支手枪，在树林里淡淡的月光下发出微弱的光。先生看了看手枪，笑了笑，什么也没说就接在手里，又细细打量了一番，说道：

“一支好枪，谢谢你！好，咱俩换换吧！”

先生说着也从腰里掏出一个发亮的铁家伙，递给洪俊杰。

“这，先生……”

洪俊杰不知如何是好了。

”收下吧，咱俩换着使，也做个纪念！”

先生笑着把手枪一把塞到洪俊杰的手里。洪俊杰看着看着，眼睛就睁大了。先生的手枪是最新式的，自己的根本不能和它相比！

“先生，这枪比我的……”

洪俊杰慌忙把手枪又送到金亨稷先生的面前。

“收下吧，我就走了，你要注意身体，需要的话，随时来找我好了。”

先生迈开大步，顺着山坡路迅速地走下去。洪俊杰愣得连一句送别的话都没顾上说。先生的身影被树林遮住看不见了，只听到他渐渐远去的脚步声。洪俊杰面向着先生走去的方向，先生的脚步声在他心中引起了火热的共鸣。

洪俊杰忽然想起先生来到苍谷的那天早晨方仁秀临走时向他说的一番话：

“我们首先要把先生的伟大思想变成自己的血肉。……先生说，每一个同志都比金子还宝贵。……先生的安全比我们的生命还要宝贵呀！……”

方仁秀那平静的话声，不是响在耳边，而是铿锵地响遍了他的心胸。

“先生！”

洪俊杰在心里叫了一声。

这时候，已经听不到先生的脚步声，只听到远山杜鹃的啼鸣。

三

过了夜晚十点，从新义州到汉城的列车才鸣着刺耳的汽笛驶入汉城车站。每个车箱门口都涌下一股人流。站内墙上的扩音喇叭，轮流用朝鲜话和鬼子话，怪声怪气地向旅客们介绍地下出站口。

先生最后一个从车箱下到月台上，看到先下车的旅客们并没有走向地道，还都挤在列车旁边哄哄着。先生一面系着夏布长袍的衣带，一面细心观察站内的情景。原来是有几十个宪兵，一直排到地道口，嚎叫着，不许一般旅客走动。先生抬头向列车前面望去，这才知道是发生了什么事。

从最前头的头等车箱里涌出一群日寇官吏和高级军官。一个头戴活象机车烟筒的西式礼帽、身穿燕尾服、系着蝴蝶领结的干巴瘦的日寇大官，手拄文明棍，慢腾腾地走在前头。后面跟着一个头戴红箍军帽、肩扛黄澄澄的金地肩章、脚蹬发亮的长统马靴的将官。这家伙腆着大肚子，踱着四方步，每迈一步，他那个黄皮鞘的军刀就在长筒皮靴上撞一下，噼里啪啦地直响。后头还跟着十几个穿着相类似的军装或洋服的随员和一些头发油光发亮，挽成又高又大的团团，穿着和服，扭动着手臂，踢里趿拉地拖着木屐的日本娘儿们。

这伙鬼子男女神气十足地走在撵光了一般旅客的宽敞的月台上。当这些家伙们走近的时候，那些向群众吹胡子瞪眼大喊"开路"的宪兵们，好象触到电流，一个个僵硬地站直，慌忙把带着白手套的手举到脑门儿上行礼。

群众用充满诅咒的目光盯着这群鬼子男女。先生极力抑制着冲上心头的憎恨和愤怒，瞪着他们。显然，这帮家伙一定是搞什么"地方视察"回来的。这帮坏蛋横行到哪里，哪里就有许许多多的人遭到死亡、遭到关押、遭到掠夺、遭到迫害。一想到这儿，先生的眼里就冒出火来，心里不止十次、百次地热辣辣地体验到在哈尔滨车站上打响了枪声的安重根志士的心情。先生轻轻地闭了一下眼睛。

瞧着吧，看你们在这块土地上能横行到几时！

先生在心里痛切地呼喊。

人们开始喧闹起来。人群向月台尽头的黑忽忽的地道出口沉重地流动着。

出口处简直乱得不成个样子。有头戴皮帽的旅馆接客，有脚穿胶底鞋，身穿灯笼裤的洋车夫，有扎着头巾的脚夫，再加上乞丐，一群人蜂拥而上，拉着旅客的衣袖，喊叫着。金亨稷先生走出出口，怀着悲凉的心情望着这种情景。他看到离出口不远的地方孤单地站着一个少年。这个少年吃力地背着一个比他的个子还要大些的空背架，无精打采地观望着出口前头的这场争夺旅客的争斗。看来，他是根本不敢加入这场争斗的。

“哦，这么小的孩子……”

先生的心情沉重起来。看来，他不过十二三岁。从破烂的袖子和裤腿里，露出瘦得象鸟腿一样的细胳膊细腿；干瘦的脸上，闪着一对饥饿的绝望的眼睛。

先生不由自主地走近少年。

“孩子，你也是出来背货的吗？”

先生瞅着这孩子，声音颤抖着问。

“是，您有东西吗？我给您背！”

“不，不是，你家里的大人呢？”

先生把手放在少年的肩头上问。少年仔细地瞧着先生的面容。他也许是从先生的表情上看出了真诚的同情，低下头回答说：

“妈妈死了，爸爸病了，只有弟弟……”

他在喉咙里说。

“这是你爸爸的背架吧？”

少年没有答话，只是点了点头。

金亨稷先生感到心里烦闷，默默地站了好一会儿。少年望着先生，他那沾满灰尘的肮脏的脸上，出现了泪痕。他用拳头抹了抹眼窝。先生的手不由自主地掀开袍襟，摸到坎肩口袋，把袋里的钱全掏出来了。这时候，先生又犹豫了：用这几文钱也无法把少年一家从困境中救出来呀！但是怎么能和他就这样分手呢？先生什么话也没说，把手里的钱一把塞到少年的口袋里。少年不知道这是怎么回事，睁大了眼睛望着先生。

“拿去吧，给爸爸买药买饭吧！”

少年这才吃了一惊，急忙从口袋里把钱掏出来说：

“不，您别……，我不要！您有东西，我给您背！”

“孩子，不要这样，快拿去吧！你把住址告诉我，我一定去看看你的爸爸。你家住在哪儿？”

先生左说右说地安慰着少年，问明了他家的住址。少年三番五次地向先生行礼道谢，一边走一边还不时地回头望着。先生感到心痛欲绝。那少年的身影，那些腆着肚子嘻笑着走在月台上的日寇大官们的油光发亮的嘴脸，那些拉着旅客的衣袖喊叫的洋车夫、脚夫和旅馆接客们的形象都浮现在先生的眼前。过了一会儿，眼前又重现出那少年的泪痕斑斑的瘦脸。这些穷人的面容和身影，在先生的心里变成了带着亡国奴的枷锁，为寻求活路而挣扎着的全体同胞的形象。

先生望了望吞没了少年身影的灯火明灭的夜晚街道。在黑蓝的夜空中，崇礼门高高的门楼好象一幅水墨画，忧郁地站立着。

“孩子！背货不是你的事，背货的应该是我们，应该是我们这些大人哪！哦，我们已经背上满身重负了。我们准备把你的份儿，把全体同胞的份儿，全都背起来！孩子，可怜的朝鲜孩子啊，你们等着吧，我们要给你们背来一个光明的世道！……”

先生在心里发誓说。

半晌，先生才慢慢地挪动了脚步。刚走出几步，孟景载迎面跑来，说：

“先生！真对不起，我来晚了。先生早上打的电报，刚刚才接到。这样的邮电局，还能指望它办什么事吗?”

孟景载掩盖不住十分抱歉的神情。

“你不来，我也会找到门的，何必这样特别来接呢?”

先生极力不露出他刚才那种忧郁的心情，用明朗的神色高兴地握着孟景载的手。孟景载从先生的手里接过包袱，在前面领路。他俩在车站广场前登上了开往东大门的电车。

孟景载开办的明星印刷所在茶馆谷。孟景载认识先生，是在三年前的平壤国文讲演会上。孟景载早先在周时经门下攻读国文，培养了爱国思想。导师去世后，他和几个同事一起，通过国文启蒙运动，极力提倡爱国反日思想。

三年前，孟景载曾到平壤举办过国文讲演会，那时候认识了金亨稷先生。他在和先生畅谈理想的过程中，被金亨稷先生的为人、崇高的理想和非凡的才智深深地吸引住了。他一连三天停留在平壤，和先生谈理想，并得到了先生的指教。从那以后，孟景载就一直在先生的指导下工作着。孟景载在茶馆谷办印刷所，也是先生建议的。先生说，办印刷所，可以合法地出版好书，普及推广，有助于独立运动；更重要的是，可以秘密印刷檄文。孟景载从去年的国耻日起，印过三四次檄文，送到汉城和地方的同志们那里去散发。

先生和孟景载在钟路停车站下车，顺着通往清溪川的黑暗寂静的胡同走去。

“家里都好吗？哦，你母亲的病好点没有?”

先生问。

“谢谢先生的关怀，全家都好。母亲照您开的方子用了两剂药以后，现在可以起身走动了。母亲常说，怎样才能报答平壤金亨稷先生的恩情呢？她说您样样都很精通！”

“哪儿的话，不管怎么样，总算很值得庆幸的了，我倒顾虑过老病难治，没想到见效了！还有你那锦善，就是唱一口好歌的大女儿，也长得挺大了吧？”

“是的，前年先生来帮我们搞抵制共进会的斗争的时候，她还不肯跟您离开呢，真让人没办法。可是从去年春天开始她都上学了！”

“呵呵呵，时光过得好快呀！”

先生打听了孟景载家里的情况，还打听了汉城的每一个同志的情况。孟景载一边走一边向先生大致谈了这一时期汉城的情况，

“……把情况归纳起来看，目前汉城也有不少人支持我们的自主的独立路线。但是，也有一部分人被不久前宋世浩的那一套甜蜜的幻想迷醉了，还没有清醒过来；还有一批企图调和自主路线和外势依赖论的糊涂的中间派，他们想兼采两方面的办法。……”

“他们想搞嫁接吗？”

先生为他们的荒唐发笑了。

“是的。宋世浩从平壤直奔到汉城，呆了一个多月，把那些运动者、有志者、名士和青年学生，召集到礼拜堂和学校礼堂，长篇大论地散布了外势依赖论的毒素。我们正在发愁，不知道怎样打破这个混乱的局面，恰好几天前康晋锡先生来到了汉城。现在问题正在一个个得到解决。康晋锡先生已经开始工作。在他那单刀直入，一语道破的论据面前，有不少人低头认了错。今天晚上又有人约他，他去了。”

“是吗？这些日子，很辛苦了！让我们慢慢讨论打破这个局面的对策吧。不过，庆尚道的金锡河君有消息没有？”

“是啊，我们也正在为他担心。我接到金先生的指示，就打了电报，要他在前天赶到汉城，可是今天还没有消息。”

“有回电没有？”

“发电报的第二天收到一份只有‘收悉’两个字的电报。”

先生默默地走了一会儿。同汉城、成川以及其他地方比起来，最使他担心的就是金锡河工作的庆尚道。论热情和勇敢，金锡河在同志们中间是数得上的，可是他容易动感情，不够沉着，缺乏谋略。根据几天前的期中汇报来看，这几个月，他走遍了庆尚道一带，大搞争取同志的工作。在他的工作速度和成就后面，有某种令人感到危险不安的地方。因此，金亨稷先生发出通知，要他提

前赶到汉城，以便一到这里就能见到他，了解他那里的情况。

“我看明天也好，把那里的情况了解一下吧。”

先生回头向孟景载说。

“好吧。”

金亨稷先生默默地走着，心里在想着什么。

当他们来到明星印刷所小屋门前的时候，房门一开，走出一位身材高高的绅士。金亨稷先生一眼认出了他：

“大哥！”

“哦，妹夫，你来啦！说你发来了电报，在家里等不住了，正想到电车站去接你！……”

他的话声依旧是那样爽朗洒脱。他俩拉着手朝里面走去。孟景载十分感动地看着他俩，也跟着走进去。

穿过一个有两台印刷机、煤油味刺鼻的房间，孟景载把两位请到正房的上屋。这是孟景载用作书斋兼卧室的房间，四壁堆满了各种书籍。

金亨稷先生同他俩坐在一起，再一次详细地询问了这一阶段黄海道和汉城的情况。黄海道的情况，就象在内洞时听到的那样，先生感到满意。可是汉城他觉得有必要大胆地改变一下形势。先生把刚才在路上思考的问题谈出来了：

“汉城的形势有点复杂，这是事实。可是只要我们订出具体的行动方针，积极开展工作，是可以打破这个困难局面的。我认为，能够使汉城形势转变得对我们有利的关键，是首先要把那些动摇在中间的折衷论者拉到我们这一边来。”

金亨稷先生用征求意见的目光望着康晋锡先生和孟景载。

“先生，我看这样做好，只要他们和我们携起手来，汉城独立运动者的趋向就会有根本的转变！”

孟景载表示赞成说。

“真能做到这点，说服其余的人就不怎么难了。”

康晋锡先生高兴地说。

“可是，问题在于用什么办法使他们转变过来。”

金亨稷先生继续说道：

“要想采取切实可行的办法，首先就得弄清他们的具体情况。听二位的话，我觉得他们现在所以拿不住正确的主张而摇摆不定，可以说有两个方面的原因：一个方面，是他们头脑中存在着根深蒂固的卑鄙的事大主义、外势依赖思想等认为朝鲜人不靠大国就无法生存的‘小国民思想’。宋世浩这次游说，对这种思想起了很大的助长作用。另一个方面，是我们还没有使他们正确地认识到我们的自主独立思想和远大的光复理想。这一点，从他们要调和我们的自主独立设想和宋世浩的外势依赖论的可笑意图中就可以看出来。”

“先生的话，恰好击中了我们工作中的缺点。”

孟景载倾着他那小而结实的身躯听了以后，扬起秃得发亮的额头说。他深深叹服金亨稷先生的深透的洞察力，不论对什么事，先生总是揭露出重重掩盖下的事物的本质。

“因为是刚开始的新工作，这种缺点是难免的，问题在于我们如何去克服它。首先要粉碎动摇分子头脑中的事大主义和依赖外势思想，特别要粉碎宋世浩散布的依赖欧美列强的妄想，只要做好这件工作，人们就会自然而然地同这种依赖外势思想决裂。我们要采取一切手段和方法，发动一场顽强而耐心的宣传攻势。要想做到这点，首先要使那些和我们携手的同志深入而彻底地认清我们的自主独立设想，使他们行动起来，用集体的和个别动员的方法，尽一切力量展开活动。我想谈谈更具体的方案。”

先生把话中断了一会儿，好象在归纳着思路。

先生对于为新吸收的同志举办政治讲习会，然后分给他们每人一两名争取对象，要求他们耐心地进行工作，以及同时在市内各阶层中组织秘密讲演会和研究讨论会等等，提出了具体的方案。

他们就金亨稷先生提出的工作方案讨论了一整夜，并决定从明天起，在鹭梁津的一位同志家里开办讲习会，金亨稷先生负责讲课；同时，趁先生在汉城的时候，召集市内包括动摇不定的独立运动者在内的爱国的文化启蒙活动家和青年学生，举行两次秘密讲演会，也由先生亲自到会讲演。

当他们讨论结束的时候，那好象被噩梦折磨了一夜，皱着阴霾面孔的雨季的汉城上空，灰蒙蒙地开始发亮了。

先生没有合一会儿眼，就坐在孟景载的小炕桌前头，开始准备午后讲习会上用的讲稿。康晋锡先生和孟景载到别的房间具体商量组织讲习和讲演的工作。他们特别慎重地考虑了在讲习会和讲演会上保卫金亨稷先生的安全的问题，决定采取警戒措施，不让特务和密探钻进队伍中来。

四

在寂静的郊外山下，有一所私立学校。学校的小礼堂里，正在进行着讲演会。这个礼堂比教室大不了多少，坐上五六十名听众就满满的了。听众们个个都热情地望着讲台，而他们的衣著却是各式各样的：有身穿朝鲜服、具有学者风度的中年人，有独立运动者和爱国启蒙活动家，有穿新式洋服、留着分头的二十几岁的青年。最前排坐着十几名二十上下的青年学生，他们穿着朝鲜服，膝上放着黑色学生帽，目光炯炯地望着讲演者。

金亨稷先生侃侃而谈，既没有当时一般演说家常用的那种特异的动作、手势和表情，也没有变换表情和腔调，只是眼里不间断地流露出深沉的热情和敏锐的智慧。听众们都听入了迷，一动不动地紧张地望着先生。

先生正在大量引用我国历史和古今内外的历史资料，分析、论证依赖外势的道路就是亡国的道路。在先生的锐利而痛快的逻辑之下，不论历史怎样错综复杂，隐藏在它深处的真理和沉痛的教训都被彻底揭示出来了。

“……如上所述，不论是过去还是今天，不论是我国还是外国，人类的历史上还找不到依赖外势而争得或保住了民族的自由和独立的先例。那末，我们上哪儿去得到依靠欧美列强的同情和支援就可以争得民族光复的甜蜜保证呢？”

先生把问题提出后，环视着场内。场内鸦雀无声。最前排的学生，慢慢地攥紧放在膝盖上的拳头。

先生按照逻辑的必然归结指出收复国权的道路只有一条：依靠朝鲜民族自主的力量，没有第二条道路可走。然后，他雄辩地展开了远大的自主独立设想。听众们好象看到了在扎根千丈地下万古不动的基石之上竖起了巨大的石柱，横过坚固的栋梁，架起展翅欲飞的屋顶一样，他们的眼前生动地浮现出先生的宏伟设想。

“……只有这条道路才是朝鲜民族的唯一出路，没有第二条道路可走。这条道路，不管怎样艰难险阻，荆棘丛生，也是我们必须冲过的唯一的独立的道路。……”

金亨稷先生快要结束自己的讲演了。

这时，坐在最末一排的那个身穿白夏布衣裳、蓄着庄重的八字胡、秃顶的具有学者风度的中年人，似乎抑制不住激动的心情了，同旁边一个身穿洋服、三十上下的绅士小声议论说：

“诚然是有远见，有抱负，又明快的论断啊！在我们当代，恐怕没有超过这位先生的思想家了。我素以研究历史自许，看来不过是舔了舔历史的表皮而已。听了先生的话，我觉得摆在我们面前的当务之急，就是要扫除为学问而学问的弊病！”

他是在这个私立学校任教的一位著名的历史学家。

“是的，先生，如果我们把对解决独立运动今天提出的问题没有帮助的东西教给人们，那末，他们就是知道了昨天，又有什么用处呢？真是惭愧啊！过去就是围绕着依靠外势谋求独立和再生那种根本不可想象的事情，作了虚幻的空谈。”

青年绅士红着脸说。他是这位历史学家的老学生，曾留学海外，半途中断了留学，如今奔走在国内外，探索独立运动。

“姜君，看来讲演快要结束了，和先生就这样分手，实在太可惜了。要不要另外再去找他请教请教？”

“好啊。”

聚在靠左边坐位的中年一辈独立运动者们，表现出合乎身份的郑重态度，默默地倾听着讲演。

一个显得稳重的中年人，胳膊交叉在胸前，半闭着眼睛，极力想镇定因金亨稷先生的讲话而涌起的激动心情。他把深吸到胸中的气呼出去，睁大眼睛望着金亨稷先生。这时坐在他旁边的一个挺壮实的人对他说：

“我们早就应该向金先生请教。”

稳重的四十上下的中年人慢慢地点着头说：

“是啊！我们一直是乘坐着没有罗盘的船，不明航向地徘徊在茫茫大海上！”

“这会儿，我们可有罗盘了！”

“现在还不晚，让我们遵循金亨稷先生的自主独立方针扬帆前进吧！”

坐在前一排的血气方刚的青年学生们，瞪着乌黑发亮的眼睛，眨也不眨地望着金亨稷先生。

他们那对新思潮敏感、热烈探求真理的眼睛，好象启明星一样闪闪发光。

场内突然爆发出暴风雨般的掌声。

金亨稷先生结束了讲演，向听众们答礼后，慢步走向休息室。掌声在先生的身后响得更加热烈。

金亨稷先生走进礼堂后面的休息室，拿起桌上的水壶倒了一杯水，润了润嗓子。随后，这个学校的校长、校监和几个运动者的头面人物也都进来了。其中还有刚才在礼堂上低声议论的那位历史学家。

穿着同金亨稷先生一样的白夏布长袍，胡须灰白的校长，走到先生的面前，郑重地说道：

“金先生，多蒙您指教，眼睛亮堂一些了！”

旁边的人也都尊敬地望着先生，表示同感。

“谢谢大家。不过，我觉得这是关系到国家命运的应该慎重对待的问题，因此，今后还要进一步深入研究，开诚布公地和大家交换意见，互相商讨，以求确立正确的方针。”

金亨稷先生用诚恳的语调谦虚地说。

“先生在外地够辛苦的了，可是，让人难为情的是，我们还想在今天晚上继续向先生请教，不知先生……”

有个人走到先生面前抱歉地说。他就是刚才和历史学家小声交谈的那个青年绅士。

“这有什么？我也想多听听各位的高见，大家请坐！”

先生爽快地说，并指了指圆桌旁的藤椅、办公椅和学生椅等各种椅子。大家各自就坐。

外面雨下个不停，这是今年的头一场雨。房檐下来的水淅淅沥沥地单调地响着。

一开始大家都有点犹豫，你看我，我看你。那位中年的历史学家先开口了。

他请先生更具体地谈一下将在东洋发生的欧美势力和日本之间的冲突究竟会是怎样的。经他这么一说，就象决了河口，大家纷纷提出了一两个自己很想弄明白的问题。

金亨稷先生仍象在讲台上的时候那样，用平易而从容的语调，以理服人地逐一回答了他们的问题。

不觉已过了子夜时分。当大家提完了问题，谈话也快结束的时候，突然，休息室的房门一开，孟景载走进来。从他那寻找金亨稷先生的眼神，一看就叫人感到是发生了什么非常的事情。

“对不起，先生，有事……”

孟景载极力抑制着自己说。先生跟他到走廊上。外面的雨声更加喧闹了。

“先生，金锡河君刚到！”

“锡河君？”

“是的，他负了伤。他在北汉山藏了三天，今天晚上趁着下雨才进城来。看样子，庆尚道的情况有点不妙。”

“哦，他的伤势怎么样？”

“胳肢窝挨了一枪，没能上药治疗，加上一口气跑到汉城，受了不少苦，现在伤口简直不成样子了。”

先生的脸色变得十分沉郁。

“走吧，不，得先想办法治疗。哦，世富兰士医院不是有我们的同志吗？现在你就去把他请来吧！”

“好吧，我就去。”

孟景载先走了。

金亨稷先生心里虽然十分担忧，但还是回到休息室把话谈完了，并和他们约定几天之内再见面，进一步讨论培养独立运动的自主力量和建立一个指导独立运动的组织问题，然后才起身离去。金亨稷先生和康晋锡先生同撑着一把油伞，在茫茫夜雨中的汉城的黑胡同里匆匆走着。街道上空低垂着漆黑的乌云，北汉山和仁王山也都淹没在云雾中。在漆黑的半夜降临的雨，不是雨水，倒象是墨水。

他俩到达孟景载家的时候，世富兰士医院的医生已经在那里，处置好了伤口，正在往金锡河的肩膀和腰上缠雪白的绷带。

金锡河看到金亨稷先生进来，就喊着“金先生”，挣扎着要坐起来。

“金君！”

金亨稷先生用激动的声音喊了一声，急忙扶锡河躺下。

“好好躺着，快把绷带扎完。你身负重伤，受苦了！……”

金亨稷先生心里难过得话都接不下去了。

“先生！我……”

金锡河说不出话来，皱了皱脸，闭上了眼睛。从他紧闭着的眼角里流出两行泪水。

“哎，不要这样，把心放宽一点，现在没问题了，只要好好养伤就行了！”

金亨稷先生紧握着金锡河的手安慰了一句，又回头问医生：“他的伤口不要紧吧？”

“伤口拖得太久了，看来外部严重，好在没有伤到肺脏。”

“那还万幸。金君，放心吧！继续治疗，很快就会好起来的。”

金亨稷先生比较放心了，把着金锡河的手腕号脉。

“先生……”

金锡河又轻轻地叫了一声，只是流眼泪。

医生走了，屋子里只有金亨稷先生、康晋锡先生以及金锡河和孟景载四个人。

金锡河经过医生的处置，伤痛减轻了，精神也镇定些了，这时候他才谈起事情的经过：

“前次已经报告过了，庆尚北道工作开展得很好。于是，我就有点粗心大意，轻率地行动了，结果出了事。”

金锡河自咎地，悔恨地，哭着说：

“我到庆尚南道最先活动的地区是巨昌。那里有我小学时代的一个同学，他曾参加过爱国启蒙运动。所以，我光相信当年的友情，却没想到去了解他后来的动向，就直接去见他了。谁知道他竟弄得我好苦啊？我刚把话一提，他就显出一种惶恐不安的神气，我也对他起了疑心，可是谈来谈去，我看他又变得有点赞成的样子了，就打消了怀疑，相信了他。事后我想想，他都是为了骗我故意那样装的，我当时还蒙在鼓里头呢！这家伙还一本正经地说，只要是朝鲜人，谁能反对老兄的话？他又说，好久没见面了，一起吃顿晚饭，晚上再慢慢谈吧。嘿！谁知他怀着黑心眼，当面装模做样，背后却去向警察告了密呢？”

“天哪！”

孟景载咂嘴说。

“天黑了才摆上饭桌。这时候，外面突然响起了皮鞋声和喀嚓喀嚓的铁家伙撞击声。我感到奇怪，赶忙站起往外一看，警察进来了！我急忙用六轮子撂倒叛徒和一个扑上来的警察，从后门冲出来，在翻院墙的时候，胳肢窝挨了一枪。我跑到山上，不分白天黑夜，顺着山路往北走，大前天才走到北汉山。”

金锡河的话音越说越弱，难过地长叹了一口气。

“嗯，原来是这样，多亏事情还没有闹大！”

康晋锡先生说。

“金先生！”

金锡河忽然抬头叫了一声。两只充血的眼睛里闪出郁忿和痛苦的光。他那一切都显得粗大的脸庞，受伤后更加难看了。

“我违背了先生的崇高思想，活着有什么用啊！我这种人还不该死吗？我本想开枪自尽。可是转念又想，不把这个情况报告，就死去，罪过就更大，也就厚着脸皮找到门上来了！先生，我没脸见您啊！我的罪实在该死啊！”

金锡河痛苦地诉说了一阵，深深地垂下头，他那粗壮的身躯抖动着。

金亨稷先生听了金锡河的话以后，想得很多。锡河的这次失败，是目前活动在国内外各地的同志们的工作中局部存在的严重缺点的集中表现，是一项最值得吸取教训的事件。可是，在这个场合没有谈论它的必要，谈了，只能增加金锡河身心上的痛苦。现在，对他来说，需要的是温暖的、更有力的安慰，帮助他尽快地恢复信心。

“金君！你怎么说这种软弱的话？出了这么点事，怎么就想到死呢？你以为革命会一帆风顺的吗？我们打日本鬼子，一直到取得最后胜利，将会经受比这个更大的失败和困难！这一点，我们不是已经作了思想准备吗？你把六轮子对准自己的脑袋，想怎么办呢？你要振作起来！你能这样脱出险境回到我们这儿来，这对我们来说是最高兴最愉快的事，而且也是千幸万幸的事。哪怕失败千万次，只要我们的人活着，只要我们的同志活着，就可以重振我们的事业！”

金亨稷先生温和而又恳切地劝说着，紧紧地握住金锡河的手。

金锡河抬起头来。

“先生！”

他抽抽咽咽地叫了一声。先生的深厚而火热的爱渗入了他的心田，他简直抑制不住激动的心情，嘴里嘟囔着什么，垂下了头，粗壮的肩头不停地起伏着。

“好了，不要太激动了，激动对身体是没有好处的，躺下好好休息吧！”

金亨稷先生扶着金锡河，硬叫他躺下了。

他们三人看锡河镇定了一些，就走到放有印刷机的外间。棚顶上吊着一盏朦胧的电灯。

“庆尚道的形势十分紧急。金君的行动如果被敌人抓住了线索，庆尚道的同志们就要遭殃。需要立即下去设法处理一下。我看这样吧，我明天晚车就走，请大哥和孟兄负责汉城的工作，并给内洞捎个信，托他们把假期延长十天。”

金亨稷先生说出了自己的决心。

“先生去？”

孟景载吃惊地说。康晋锡先生依旧低头不语，沉思着什么。

“是的，拖延不得！”

“不行啊！先生您可不能去！这件工作交给我吧。”

孟景载不由自主地拉着先生的衣袖说。

这时候，康晋锡先生慢慢地抬起头来。

“孟兄的意见对，妹夫你不能去。可是，孟兄也不能放下汉城的工作。孟兄，我看我来做这件工作是最合适的。”

康晋锡先生沉着地毅然说。

“大哥，你负责汉城的工作，还是我去好！”

金亨稷先生又一次坚持说。

“妹夫！”

康晋锡先生低声叫了一声，走近金亨稷先生的身边，紧握着先生的手说：

“妹夫，这件事我可不能依你了，你不用说别的了，把这件工作交给我吧！这不是谁为谁的问题，我们每个人都应该谨守自己的岗位嘛。”

康晋锡先生说得极其恳切而深刻，金亨稷先生没来得及找出适当的话，只是望着妻兄。

先生暗自压住冲上心头的火热的感情。不管是论道理，还是论形势，妻兄的话都是对的。但是，妻兄要求派他到那样阴森恐怖、敌人逞凶的危险地区去，确实是无法欣然应允的。不过，先生知道，想改变妻兄的刚强意志，也是办不到的。

“大哥！”

金亨稷先生只是用颤抖的声音这样叫了一声。

康晋锡先生这才笑了笑说道：

“妹夫，放心好了！庆尚道这个地方我去过多次，还有几个已经接上关系的同志，到那里处理工作是不成问题的。”

第二天晚上，下着倾盆大雨，金亨稷先生、康晋锡先生和孟景载站在高高的汉江岸上。

“既然大哥亲自去，我本来就没什么可嘱咐的了，但是有一点，还想罗唆几句……”

金亨稷先生和撑着油伞的孟景载并排站着，向身穿雨衣站在面前的康晋锡先生说。

“请说吧！”

“虽然属于局部性的问题，但目前我们同志们的工作中确实存在一些缺点，那就是缺乏远大而周密的计划，操之过急，急于求成。这在成川洪君和平壤方仁秀君的活动中，以及金锡河君的这次事件中，突出地表现出来了。”

“确实是这样！”

“我认为，其根本原因就是我们的同志们还没有彻底认识清楚我们的新的远大独立设想。这样，他们就照以往搞独立运动的老办法，拉伕式地把同志胡噜胡噜地吸收进来，好象要发动决定性攻势似的忙起来。照这种以往独立运动的即兴式的、无计划的活动方式去做，即使我们的设想再正确，也是很难实现的。”

“你说的对！”

“正因为这样，我认为，现在马上要做的工作，首先是集中精力教育我们这些同志，使他们深入理解我们的新的独立运动的宗旨和设想。哪怕是争取一个人也好，也要把我们的精神灌到他的心里去，把他培养成为和我们具有同一信念的、和我们共生死的真正的同志。我回去后，也要努力朝着这个方向去推动全国的工作。”

“对，我一定照办！雨下大了，请你们回去吧，孟兄，多多辛苦吧！”

金亨稷先生和康晋锡先生紧紧握手，没有再说什么。

康晋锡先生望着茫茫雨雾中映着朦胧灯光的汉城市街，走下江岸。金亨稷先生站在岸上，一动不动地目送着渐渐远去的康晋锡先生的背影。

远方凄凉地传来不知开往何处去的火车的汽笛声。

过了好一会儿，金亨稷先生才回头向打着雨伞的孟景载说：

“走吧！”

说完，就顺着暴雨倾盆的江边坡路大步走去。孟景载慌忙地跟在先生后面。那些约请金亨稷先生的汉城外势论者的头领们，今天晚上正在鹭梁津上次讲习时用的那间屋子里等着先生。

雨越来越大了。然而先生的步子依旧是那么从容。

先生在汉城比预定的日期多呆了两天。那天晚上同外势论头领们的谈话很激烈，一直持续到第二天晚上。由于先生的条理分明和诚恳的说服，大部分外势论者已经服输，剩余的也都锐气大减了。

这么一来，先生就没有时间去访问那天在汉城车站见到的那个可怜的少年脚夫的家了。

先生托付孟景载，要他一定领医生到少年的家里去看看。然后，先生搭上北去的列车，走上了归途。

五

这天，许基善同往常一样，大清早就起来，往玉米地里背新积的粪肥。阿达山上空蒙蒙发亮了。许基善背着空背架走近院子的时候，听见顺姬正在朗读自己写的作文，就停在排子门外侧着耳朵细听：

“……邻居莫生女家里有五个姐妹。莫生女是最小的。她妈妈生下她以后，躺在炕上背着脸哭，海菜汤也不吃。她爸爸气得两天没回家，在麦田渡口酒铺赊账喝酒。第三天才回家，给女儿起个名字叫莫生女。意思是说，以后再不要生女孩子了。过去，大人是不把女人当人看的。可是，我们老师不这样。他说，那是鬼子和过去的两班坏蛋们，把女子当玩物，编出来的坏法律。他还说，男女都一样是人。今天祖国被鬼子占了，不管男女老少，都要齐心合力，赶走日本鬼子，光复祖国。”

“老师说，朝鲜的少年，男的女的，都是朝鲜将来的堂堂的生力军。大家要象烽火山上的松树那样，强壮地长大，长成赶走鬼子、建设新朝鲜的坚强栋梁。”

“我虽然是个女子，也要听老师的话。努力锻炼自己，不落在男的后面。也要当朝鲜将来的生力军。……”

许基善蹲在背架下面，惊讶地望着女儿念自己的作文，不由自主地咯咯笑着站起来，走进院子里。

“哎呀！爸爸您都听见啦？……”

顺姬把本子往胸口一按，瞟了父亲一眼，羞得脸通红。

“哈哈哈，你说莫生女的爸爸怎么啦?!”

许基善又大笑起来。

“爸——我不知道!”

顺姬把身子一扭说。

“孩子，你的爸爸你为什么不写写呀？你就写，我爸爸叫我女扮男装!”

许基善的话，虽然是笑着说的，可是听了女儿的作文，他心里也有几分内疚。

“爸爸，真是，您现在……不是那样想的嘛！……”

顺姬在嘴里嘟囔着。

“莫生女的爸爸，这会儿也不会那样想了。哦，我问你，这篇作文是你自己作的?”

许基善心里高兴极了，情不自禁地向女儿这样问了一句。她上学才不过几个月，在体格心思各方面都变得不象自己的女儿了。她的一举一动也都变得文雅了。照这样长大起来，说不定女孩子真也能做一番事的。可是他还是有点怀疑，女孩子家，再有本事，还能有多大出息。不过，这是将来的事。不管怎么样，能眼看着女儿身心健康成长，对于许基善，不能不说是唯一的希望和快乐了。

“是我作的，这是老师给我们留的功课。可是我作得不好，真烦人!”

“功课？那你可得好好作。……可是，老师怎么还没回来呢，你没有听说什么吗？今天是开学的日子吧？……”

许基善忽然想起来问。

“前天，曹弼禹先生从平壤来，背来一大背本子和铅笔，还有粉笔和挂钟。

他说是金亨稷老师给我们买的，还说老师很快就回来。……昨天晚上，我和同学们一块儿到校长家去看，老师还没回来。”

顺姬担心似的回答说。

“嗯，老师可得平安回来。……不管怎么样，你把功课作好，今天老师会回来的。”

许基善担心地望了一会儿远方黎明的天空，转身进了后院。

他在后院灰栏子前支上背架，往筐里装灰。

又听到女儿的读书声。许基善装了一背筐灰，直起腰望着对面的村庄，他的脸上好象流露出某种忧愁的情绪。许基善看到耸立在东庄中间的朴炳泰的大瓦房，长叹了一口气。

入春以来，许基善从女儿的读书声和歌声中，有生以来第一次领略到生的意义和希望。可是最近几天，许基善却暗自度着愁闷的日子。他听到女儿的读书声，想起那件让人发愁的事，就感到忧伤和烦闷。今年春天，先生给他弄来了玉米种，他种上了，长得很好，乐得他锄地也不觉得累。可是一想起那件事，他就唉声叹气，不知道怎么办才好。

大概是金亨稷先生走的第二天，上平壤的朴炳泰回到内洞家里来了。第二天，朴炳泰的崔管事到许基善家来，限他在五天内还清旧债，还吓唬他说，如果不还，就要遭殃，等等。

这笔债，是两年前的冬天，顺姬得了肺炎，眼看生命危险，逼得他没办法才去借的。平时，许基善一想起被朴炳泰赶出大门的往事，甚至一看到他，就恨得咬牙切齿。可是当时的处境逼得他不得不硬着头皮在借条上画押，借了五十两——五块钱。之后，他几次决心要还债，可是年年只是勉强糊口，直到现在还没能还上。今年托金亨稷先生的福，种上了玉米，看样子能有好收成。收下粮食，先还债！他这样想着，就拼命地干。然而，现在突如其来地叫他马上还债，可就难死他了。眼下，穷苦的农民，不论谁，都正在青黄不接的时候，就是一两也不容易借到啊，五十两这么一大笔钱到哪儿去弄呢？五天期限，今天是最后一天了，许基善急得心里象汤煮的一样，不知怎么办才好。

许基善呆呆地站在那里，又长叹一声，把地都要叹塌了。他决定早饭后到朴炳泰家去一趟，请求他把债延到秋天，实在不行，就延到麦秋也好。干脆，把债还清了，夏天就挖它一阵子草根吃，也不至于活不成！他这样想着。

许基善又开始装灰，把架在背架上的荆条筐装得满满的。

先生说，玉米地要上好追肥。不管怎么样，也要把玉米种好，才能还债。

许基善背着背架站起来，刚迈出排子门，就从烽火山那边传来了嘹亮的号声：

“嗒——嗒嗒嗒嗒——嗒——”

许基善停下来，望着烽火山山腰。

金亨稷先生进城后，每天都是由甲石代替先生吹号。嘿，这个睡虎子倒起得怪早的，喇叭也吹得不错了！……今天，先生可能回来吧？……

许基善这样想着，把背架往上颠了颠。这时候，忽然从背后传来了急促的脚步声，接着就是顺姬的喊声：

“爸爸，好象老师回来了！”

“什么，老师？……”

许基善高兴地站住，看看奔跑的女儿，又望望山腰的那棵老松树。

“是老师吹的号！”

顺姬回头喊了一声，就朝着烽火山跑去，背后飞舞着粗黑的大辫子。西庄、东庄、运动谷和泉庄的学生也都跑出来，奔向烽火山。

“老师回来啦！……”

“老师！”

学生们大声喊着。许基善抬头仔细望望，松树下面隐隐约约的白色人影，真象金亨稷先生。

“哎！先生真是，八成是晚上贪黑回来的。……”

许基善抑制不住感激的心情，念道着说。各家各户的大人也都走出院子，望着烽火山。这几天先生不在，整个村庄显得空荡荡的，使人感到寂寞，先生一回来，村庄就突然恢复了生气。

先生回来了，大家就觉得有了依靠，心里感到踏实。许基善又颠了一下背架，有力地迈开了大步。

许基善把肥料卸到地里，刚转身回到泉井边，朴炳泰的崔管事就从对面匆匆地走来，一个劲儿地朝他招手，说朴主事叫他，不管三七二十一，硬要他马上去一趟，许基善一听，心里咯噔一下，好象压上了一块大石头。他本想早饭后去的，怎么催上门来了？他叫崔管事先回去，随后他就去，可是崔管事怎么也不依，非得叫他马上去不可。小个子崔管事绷着脸在前头走，许基善跟在后面，心里十分不安。前回崔管事到他家吓唬说不还债就要遭殃的话，在许基善的耳朵边吱儿吱儿直响。

朴炳泰是地主兼高利贷者。他的家在东庄中心，围着一人多高的院墙。一进大门，院里是二十多间鲸鱼脊背似的大瓦房。相形之下，院墙外面的低矮草房，都好象被压得喘不过气来。

许基善跨过大门走进院里。朴炳泰正在庭院里溜达。他穿灰色洋服裤，白衬衫外面套着同洋服裤一样颜色的坎肩，坎肩小兜里搭拉出的金表链弯弯地挂在扣眼上。他这次进城回来，心里非常得意。想办的事，差不多事事如意，最后竟然还得到道知事的接见。这个道知事，老气横秋，叫人摸不透，可是待朴炳泰倒还算不坏。虽然他是拉着脸漫不经心地说的，可是他那"日本帝国对象你这样的忠良朝鲜人寄于相当希望，而后你当尽忠效劳"等等的话，却是大有深意的。过去，搞土地调查时，朴炳泰为日本人卖过力，立过功，这次，他又花一笔巨款买了高丽瓷器珍品——砚滴送了礼。不论从哪一头看，知事说的话也绝不是虚客套。说不定面长头衔，不，说不定郡守头衔，会落到自己的头上呢。这次进城，还就在高邑面所在地办一所公立普通学校的事，和有关方面初步谈妥了。听说，关于这个问题，道学务当局已经指令郡厅，推举朴炳泰为建校筹委会会长。朴炳泰用钱买权势，又使权势长翅膀，享天下荣华富贵这个宿愿，是否就开始实现了呢？还有，他在城里添的二房太太桂月，最近生了个宝贝儿子，也真可以说是锦上添花了。

他答应桂月，在一两天内送一个看孩子的丫头去。可是已经五天了，还没有送去。桂月的那个招人喜欢的小嘴巴又该鼓起来了，下次进城，说不定还要挨她一顿骂呢！

朴炳泰一边这样胡思乱想，一边等许基善。这时候，许基善走进院里来了。

"你来啦！"

朴炳泰从胡思乱想中醒过来，猴脸做出威严的样子，先打招呼。

"来了……"

许基善双手往前一拢，向他哈腰。朴炳泰咳了一声，正想开口说话，突然烽火山上响起学生的喊声。朴炳泰眉头一皱，朝烽火山看去，只见山腰茂密的酸枣树丛里好象开了白花。从树丛里传来了响亮的口令声。朴炳泰的眉头皱得更紧了。自从回到内洞的第二天清早起，就被这个号声和学生的喊声闹得早晨睡不好觉。他问家里人，家里人回答说那是新来的老师吹的号。现在，全村都在"金先生，金先生"地捧他。到新建的学校一看，盖得果然叫人吃惊。朴炳泰觉得这一切变化都不合自己的脾胃。他虽然掌握了本村和邻近村庄的大部分土地，可就是没有得到人心。而那个郑镇求，虽然没有财产，但是却很得民望。这样，他就一直被郑镇求压在下面。这会儿，又横空来了个金先生，把全村闹得热火朝天。学校是由金先生同郑镇求携手合作开办的。他感到这是不吉利的兆头，有不好惹的人在拦挡他的去路。

但是，朴炳泰摇了摇头。瞧着吧，过不多久，我朴炳泰就要以在面所在地建立公立学校的倡议者和后援会长的身份出头露面了，进一步还会爬得更高，整个高邑面都得听我的！

他觉得自己刚才那种小气的想法太可笑了。于是大咳一声，回头用威严的声调向许基善吼叫着说：

“五天前崔管事已经到你家里跟你说过了吧？”

“说过了。……”

许基善吓得把腰一弯，低声回答。

“哼！你这个不知好歹的，有什么脸皮把债拖了两年多还不来还？你仗的是谁？还得我叫管事去催你你才露面，嗯？”

朴炳泰的话是从牙缝里挤出来的，把许基善吓得汗毛直竖。

“我能仗着谁呢？年年收成不好，实在没法还债呀！崔管事说了以后，我曾想办法去借，也借不着，也就没脸来见您了。空着两手来有什么用呢？”

许基善是真诚地谈他家里的难处。

“去你的！脸皮也是长在人身上的，我看你的所作所为，压根儿就可恶得很！少说废话，就这么吧，限你今天交出二十块钱，不然就……”

“什么？二十块？您说的是二百两吗？”

许基善吓呆了，圆瞪着两眼。

“那末，你以为是多少呢？”

“那时候，主事不是借给我五十两吗？我还当着主事的面，在那个……那个崔管事写的条子上按了手指头印呢。……”

许基善气火攻心，东一句西一句地不知道说什么好了。

“这家伙，脸皮比牛皮还厚！……”

朴炳泰做出不耐烦的样子，骂了许基善一句，回过头去向崔管事使了一个眼色。站在身后的崔管事马上会意，从坎肩小兜里掏出一张小条子，走到许基善面前说：

“你瞧，条子上不是有你的手指头印吗？明明写的是驴打滚利！前年秋天滚成一百两，去年秋天滚成二百两，也就是二十块，到今年秋天就要滚成四百两啦！”

“……”

真是荒唐！许基善听了，两眼发直，只是咧着大嘴呆呆地站着，好象晴天挨了一个霹雳。

“哼！你急着用钱的时候，来这儿求爷爷、告奶奶。这会儿又不认账了？

看你这种不通人情的作为，恨不得扣了你的家产，送你去坐牢。可是好赖你也算是我的佃户，就饶你一回。不过今天你得送还二十块钱，要不就明天早晨把顺姬送来！”

“什么，顺姬？……”

许基善听了，吓得直发抖。

“把你的姑娘送来，在我家里住三年！”

许基善觉得脑袋瓜子嗡嗡直响，怎么也听不懂他说的是什么意思。

“基善，你要明白，这是主事大爷对你的一番好意呀。姑娘到主事大爷平壤的二太太家住上三年吃得好穿得好，光管看看孩子就行了！”

崔管事在一旁帮腔。许基善这才明白朴炳泰的用意，顿时面如土色。

“主事老爷，这可不行啊！顺姬，就是这个顺姬可万万不能啊！请等到秋天，不……等到麦秋……再不，我就给您当长工……”

许基善不知道自己在说什么，东一句西一句地哀求。

“那末，你是说，不愿意把顺姬送来，是不是？”

朴炳泰叫了一声，许基善听着就象快刀子剜他的肉一样。

“主事老爷，那孩子是……是我的命根子啊！”

“哼，命根子！你是拿人家的钱把快咽气的孩子救活了的，你怎么就不想想这一点呢？且不说报答，现在只叫你的姑娘到我家里来看三四年孩子，我还给她好吃好穿，你都不肯。没良心的东西！”

朴炳泰大怒起来，脑门都气红了。

“主事老爷，我不是那个意思。……我，我是说我给您当长工……”

“你少罗唆！给你好处你不要，不识抬举的东西！……要是今天不把债还清，明天一早就给你家贴上封条，叫你去蹲监狱！”

朴炳泰吐了这么一句，一股风似地回自己房里去了。

“主事老爷！”

许基善跟在后面叫他，可是朴炳泰连头都不回。许基善象失了魂的人一样，呆呆地站在那儿。他感到眼前一阵阵发黑，有点支撑不住自己了。崔管事又走过来帮腔，说什么把顺姬领来求求情，还不算晚，这是一条活路。许基善一听，不禁一团烈火燃上心头，把拳头一攥，一个箭步蹿到他面前，瞪着他说：

“你说什么？”

“啊，好家伙！……发疯啦？”

崔管事吓得往后直退。

许基善拖着沉重的步子，无精打采地走出朴炳泰的院子。

许基善回到家里，象失了魂一样，呆呆地站在廊台上。谷草苫的房檐，好象一个劲儿地左右摇晃。他支持不住了，一屁股坐了下来。

“这可怎么办呢？……”

他痴痴地自言自语着，两眼无神地望着远方的天空。

“孩子他爸，你怎么啦？出了什么事啦？”

许基善吃惊地回头一看，不知道老伴儿什么时候来到身旁，愁容满面地望着他。

“哦，没什么……什么事也没有……”

许基善慌里慌张地搪塞说。

“怎么会什么事也没有呢？你刚才还往地里送粪，这会儿把背架放到哪儿去了，回来就变成这个死样子？是不是身子不舒服了？……”

“不是……”

许基善望着两眼睁圆的老伴，一时不知怎么回答才好。他迟疑了好一会儿，心里嘀咕着：要不要把这件伤心事告诉老伴，跟她商量商量呢？要不就瞒着她，自己再另想法子。……可是，左思右想，也没有别的什么法子了。

“是不是他们又来逼债了？今天不是到期限了吗？”

老伴说完，还没等丈夫回答，就又接着说：

“那你是怎么说的？宁可饿死，打下麦子也统统拿去把债还清算了！”

许基善凝神看着老伴。一到节骨眼，老伴总比自己刚强有主意！可是在这种情况下，她也不可能有什么办法了。

“孩子他妈，不是这么回事，他们要咱们的顺姬！”

许基善满腔怒火，本来想忍着不说的，可是实在忍不住了，就这样说了一句没头没脑的话。

“要顺姬？你说的什么呀？……”

老伴吓得两眼朝天。许基善大声地叹了一口气，把事情从头到尾说了一遍。老伴只觉得眼前一团黑，半晌说不出话来。

老伴满脸仇恨，望着对面村庄狠狠地说：

“天哪！他爹狠毒得象野兽一样，儿子也……”

老伴愤怒地低声骂着，眼泪簌簌地往下淌，她急忙用裙子捂住脸，不禁呜呜地哭起来。许基善也感到眼眶发酸，劝她说：

“孩子他妈，别哭了，孩子快回来了，别叫她看出来，今天我再想想法子……”

许基善虽然安慰了老伴，但他说的也不过是一句空话。

老伴又抬起头来，满脸泪痕，哭得眼睛通红。

“不用了，一会儿我到主事家去一趟。就说我去给他看孩子。你在家里有点不方便，好在有顺姬给你做饭……”

老伴冒出了这么一句。她说的倒象是个办法，可是，也同样行不通。

“你怎么能去？……且别着急，我再想想法子。……”

“还有什么法子可想？全村都是靠稀粥保命，死不了将就活着。事到眼前，不是你去蹲监狱，就是顺姬被人家抢走，在这个节骨眼上……还有什么可说的？不要紧，一会儿我去看看！”

老伴态度坚决地回答。用裙子抹了一把脸，就进了灶房。不管这样那样，许基善都感到眼前发黑。一个身强力壮的汉子，卖女卖妻，还怎么能抬脸见人？这样活着，还不如去死或者蹲监狱！

许基善无力地瘫在地上，站都站不起来，只是呆呆地出神。这时候，顺姬从外面走进院里。许基善一见女儿，更感到心里酸痛。不知怎么回事，顺姬的脸色也不好看，忧郁地察看父亲的眼色。怪得很，这孩子怎么会知道早上的事呢？顺姬走进了灶房。很快里面传出刷碗筷的声音，还听到几句母女谈话的声音。许基善不由得心里一跳，急忙侧着耳朵细听。可是灶房又静下来，只有刷碗筷的声音了。

一家三口，都是没有吃完自己的一碗稀粥就撂下了羹匙。学校敲了预备钟，顺姬凄然地望着学校。天哪！她是不是看出来了？

“你怎么还傻在这儿？快上学吧，别迟到了！”

妈妈在一旁说。顺姬瞅了爸爸一眼，又瞅了妈妈一眼，“唉”地叹了一口气，走出去了。两口子望着拿了书包上学的女儿的背影，都把头偏过去。老伴急忙用手捂住了眼睛。真是一场空梦！穷庄稼汉要供孩子念书，尤其是供一个丫头念书……一辈子就象路边的石头子儿一样，被人踢，被人踩，天生这样的八字，还想供女儿念书！……越想越觉得可悲，荒唐！可是，人嘛，总不能光想一条道啊！

六

下课了。双页门一开，孩子们轰一下涌到外面。金亨稷先生走到屋角柜厨前，打开柜门，拿出一个足球，跟在学生后面走到廊台上。学生们在院子里又蹦又跳，吵吵闹闹，玩得很欢。先生笑着，一声不响地把球嗖地扔到学生群里去了。

“呀，球！”

“老师给我们买足球来了！”

“让我看看！”

学生们一下子闹轰开了！不知是谁，一脚把球踢到半天空。先生不胜感慨地站在那里。这些学生，过去只踢过用草绳和布条缠的球啊！先生正在心里甜滋滋地望着同学们追赶着球玩耍，不知是谁走近身旁叫了一声：

“老师……”

先生回头一看，原来是顺姬缩着身子站着。

“噢，是顺姬呀！……”

先生说着转过身来向着顺姬。顺姬的脸色非常忧郁。难怪，先生在上第一堂课的时候，就感到顺姬的举动有点不对劲儿。平时，顺姬那星星般闪光的眼睛，从不离开她的老师；念起书来，声音婉转动听；回答老师的提问先举手；课间和姑娘们一起，又跳绳又唱歌。就是这样的顺姬，今天不知怎么回事，从第一堂课起，就满脸愁容，眼光灰暗，坐在那儿一动不动。早操的时候，她不是还那样明朗活泼的吗？现在怎么了？是突然不舒服了？要不家里有谁病了？上课的时候，先生这样想着，准备下课时问她。顺姬叫了一声老师，低着头，什么也不说。更使先生感到奇怪的是，顺姬一只手还抱着书包。

“你怎么了？不舒服了？”

“不……”

她的话好象在喉咙里说的。

“要不家里有谁病了？”

顺姬依旧没有回答。先生感到莫名其妙了。

“老师……再见了。……”

顺姬这样令人不知缘由地说了一句，行了个礼，就抽抽搭搭地哭起来。事情来得太突然，先生不禁愣住了。

“顺姬，你这是怎么啦？啊？”

先生扶着在抽泣的顺姬的肩头，恳切地问。

“老师，我得走啦……要不妈妈就得去当长工……要不爸爸就得去坐牢，老师……”

顺姬哭着，话没说完，就不由自主地把头扎在先生的怀里。先生感到是顺姬家发生什么事了，但不知道究竟是怎么回事。他搂着顺姬，心里异常不安。

“孩子，别着急，沉住气，回屋里去吧。不要哭了，把详细情况告诉老师。”

先生扶着顺姬的肩头，把她领进当作办公室用的曲尺形的里间屋。半晌，顺姬才稍微镇定了一些，断断续续地说道，

“做完早操……刚要进家里排子门的时候……爸爸和妈妈在院里……”

原来,父母说的话,顺姬在排子门外全都听见了。她把大致的情况告诉了先生。

“这么说,他是在人要死的时候借给五块钱,这会就要收回二十块,要不就拿你去顶债,是吗?”

先生听了,这样问。

“是的。……”

“哼! ……”

先生站起来。

先生的面容变得非常严肃,两眼一闪,就象要喷出火来。顺姬望着先生,她那挂着泪珠的眼睛,不安地眨着。她一向觉得先生的面容就象春天的天空一样,总是温和亲切的,这会儿却变得这么严厉,真是叫人想不到的事。她感到仿佛只要先生一动,就会天崩地塌似的。

“真该千刀万剐的东西! ……”

先生愤怒极了,喘着大气,肩头一起一落。顺姬暗自后悔,不该让老师和父母操心,早上在排子门外听到后,立刻就到地主家去就好了。现在还不晚,去吧! 顺姬又一次拿定了主意。

“老师,您不要为我操心,我去当几年丫头,就没事了。老师,再……再见了。”

顺姬咬牙忍住哭泣,低头行礼,然后转身就走。

“顺姬!”

顺姬刚走到门口,背后就传来先生的呼唤声。顺姬站住,听见先生向她走来。先生坚强有力的双手扶住顺姬的肩头,叫她转过身来。

“你这是干什么? 不行,绝对不行! 世道再坏,哪有五块钱就把人卖了的道理? 谁也不能把你抢走。一切都包在我身上,你就安心学习好了。”

顺姬抬头望着先生,先生的一对燃烧的眼睛里,挂着泪珠。

“老师!”

顺姬叫着,又一次把脸埋在先生的宽广怀抱里。

“好了,顺姬! 放心好了。上完这一堂课,我和你一起到你家里去。对了,好孩子是不哭的。”

金亨稷先生哄顺姬回原座后,走到了外面。不知道顺姬这件事情的学生们,依旧在吵吵嚷嚷,拥来拥去地追赶着足球。先生站在廊台上,盯着屋檐高翘,耸立在东庄中心的朴炳泰的大瓦房。真是虎狼一样险恶的世道,孳生鬼魅一样的狠毒人心！先生抑制着冲上心头的怒火，心里狠狠地说道：

“走着瞧吧，朴炳泰！这个世道还没有烂到任你横行霸道、为所欲为的地步！”

先生急步走向吊着铜钟的房檐下。

当当当……

钟声响得格外洪亮。

先生讲地理，语调比平时更激动。

先生上完课，放学生回家，就领着顺姬到她家去了。到她家里一看，好象刚刚办了丧事的人家一样，满目悲凉。顺姬妈坐在屋里，用裙角捂着脸哭；顺姬爸蹲在廊台上，巴达巴达地抽烟袋，呆呆地死盯着一个地方出神。顺姬妈刚才到朴炳泰家去求情，还没说上几句话，就被赶出来了。许基善夫妻俩一见先生领着女儿进到院里，都慌忙站起来。当知道先生已从顺姬那儿大致听到家里的事情的时候，他们就更是不知如何是好了。他们埋怨女儿，说不该告诉先生，叫先生伤心。

“哪儿的话！不要伤心，先跟我详细地说说吧！”

许基善一向是孤独的，在这歪斜的茅草房里发生的事，不论是好事还是坏事，从来是无人过问的。而先生的话却说得那么恳切，许基善的心里不禁充满委屈和悲伤，恨不得当着先生的面把一肚子苦水全吐出来。于是，他就从两年前的事说起，一直讲到刚才老伴被他们撵出大门。在先生面前吐了苦水，就觉得心里舒畅点了。

先生听了，端坐在那里，远望着麦田平川黄熟的麦地。许基善长叹了一口气，好象对自己说话似的说：

“先生！象我这个不值钱的人，在这个世道上还能怨谁？只怪我天生八字不好。都怪我不掂掂自己的分量，就硬想做出个人样来，拼死拼活地奔。我就是个受人作践的倒霉虫，活到哪儿算到哪儿。……不过，我宁可死，宁可坐牢，也不能把顺姬送到虎口里去！我只是担心，要是没有了我，她娘俩日子怎么过。……”

许基善的心胸简直要炸裂，说不出话来了。

“顺姬爸……”

先生突然把脸转向许基善。先生的声音是平静而温和的，然而也叫人感到是严肃的。

“你怎么想得这么软弱啊？”

许基善不敢正视先生的目光。

“我问你，顺姬爸和顺姬妈怎么就不配做人呢？难道那个人面兽心的朴炳泰就配做人吗？你们还怨什么生辰八字不好，其实都是这个包庇财主压迫穷人的世道不好。顺姬爸！你挺起腰杆，尽管放心，我一定把这事情拧过来。”

先生说得更恳切、更坚定。

“唉，为我们的事，还让先生……”

许基善睁大了眼睛说。

“这怎么能说是你一个人的事呢？这是我这个顺姬老师的事，是我们学校的事，也是我们全内洞村的事。”

“可是先生，这朴炳泰，又倚仗日本鬼子的势力，又是一个象狼一样狠毒的家伙。先生跟他作对，万一把祸患转到先生身上……”

“呵呵呵，这可不必担心。为了怕那么一个小小的朴炳泰就趴在地上爬着走，活在世上还有什么用处？顺姬爸，晚上到学校去吧，咱们再商量商量。”

先生说完，就迅速地走出院子。许基善萎缩着身子望着先生的背影，用颤抖的声音叫了一声：

“先生……”

噢，先生是不是要借钱给我们？……

许基善想到这儿，脸一热，疑惑不安地站在院心发愣。

不一会儿，学校响起了钟声。是先生敲的、刚回到家里的学生们，闹不清是怎么回事，乱烘烘地又聚集到学校里来。金亨稷先生叫学生们回去告诉父母，今天晚上召开学校契会议，有要紧事商量，希望都来参加。然后，先生独自留在空荡荡的教室里，踱来踱去，深深地思索着。

天一黑，人们就开始向学校集合。到邑里办事回来的郑镇求校长，听说学校有会，连长袍都顾不得脱，就赶到学校来了。教室里灯火通明。学校契员们都到齐了。许基善蜷缩在角落里，低头不语。大家都很纳闷地望着先生。金亨稷先生平静地说：

“今天晚上，突然召集大家开会，不是别的，是因为发生了一件紧急的事情。……”

这么一说，人们就更纳闷，都望着先生。先生详细地谈了许基善家里发生的事情。大家听了，有的就交头接耳地议论起来，有的连连砸[咂]嘴。

“……事情大致就是这样。这个问题，不仅是关系到我们学校能不能保得住一个学生的问题，而且是关系到我们学校契契员许基善一家性命的大问题。在成立学校契的时候，我们是一同立过誓要齐心合力，办好学校，有福同享，有罪同受，互相帮助的。因此，我提议大家讨论一下怎么样帮助许基善一家克服这个困难。请大家谈谈吧。”

先生说完了，大家哄哄起来，有的气得直吼，有的唉声叹气，都把这事看作是自己家里遇到的事情一样。

“该死的狗东西！这几天他去了趟平壤，回来就搞了这么一个鬼把戏！哼！天下……”

郑镇求突然大吼一声，啪地拍了一下桌子站起来。他抑制不住愤怒，长髯抖动，两眼冒火。他向金亨稷先生说：

“金先生，我看用不着讨论，我现在就去，扔给他两张十元钞票，啐他的脸！”

郑镇求说完，就一边理着夏布长袍前襟，一边走向门口。

“校长先生！”

先生用沉着的语调叫住郑镇求，说，

“校长先生，您的愤怒心情是可以理解的。不过，还是希望您暂时消一消气。既然大家都在这儿，不妨和大家讨论讨论，然后再想办法。您看怎么样？”

郑镇求环视了一下先生和教室里的人们，无可奈何地回到原座。

“有什么办法？人家是一手拿刀，一手拿钱！咱们村里人又是靠他的地过日子的。……我看，他虽然可恶，还是给他送二十块钱去算了！”

有人在角落里嘀咕说。

“那也不能让校长先生一个人掏腰包啊。契里有大家凑的钱，先从那里边垫出去，以后契员们大伙儿平摊。看这样行不行？”

坐在前排的春甫说。

“这个办法好！”

契员们都表示赞成。

“狗娘养的，天下还有这么坑人的？放五块，要收二十块！还要拿人家的独生女儿顶债！哎，这简直是天地倒了个儿的坏世道！”

坐在春甫旁边的崔锡万气炸了。

“不用说咱们村，就连山那边上庄、中庄和麦田平川邻近的村庄，有谁不欠他的债？我的债，到秋天还不知道要滚成几百两呢？每年秋天打下粮食统统交了利钱，可这个债还是一个劲儿地下崽子！……”

这儿那儿人们都在叹息着。

先生观察着屋里的情景，好久没讲话，这时候才说道：

“我谈谈我的意见。”

屋里静下来了。

“校长先生和大家提的意见，也是一个解决问题的办法。但是我们不能那样做。那样做，就等于我们学校契和全村乡亲们在朴炳泰这种伤天害理的野兽行为面前低头！这回我们要是向他低头，他就会得寸进尺，往后更加旁若无人，不知道要干出什么样的坏事来。那时候，我们还得低头受气。刚才也有人说过，村里有几家不欠他的债？我看我们要借着这件事情，把这个倚仗日本鬼子，干尽坏事的朴炳泰的脖子掐住。”

“掐住他的脖子？”

不知是谁，这样问了一句。契员们一声不响地望着先生。

“金先生的话对是对，只要有办法把他掐住……”

崔锡万点着头，自言自语地说。

“可是有什么法子这样做呢？”

春甫回头问崔锡万。

先生接着说：

“如果是许基善一个人，就没有办法了。可是，我们这些契员齐心团结起来，就会有办法，就会有力量。让我们先把这件事摆一摆，看看朴炳泰的所作所为，哪一件是但凡披着人皮的人能做得出的！……”

契员们都注意地听着。

“不用说良心，只要他还有点脸皮，对一个病得要死的人，就是不能白送五块钱，也不能乘机放高利贷呀。本来，高利贷这东西，是根本违反作人的道德的，所以，现在就是对人民压榨最凶恶的国家，也不敢明写在法律条条上，公开承认它。可是这个朴炳泰，却把它当作家常便饭，为所欲为地喝人血、剥人皮。他对许基善的这一手，就更坏了。他趁人家的孩子生命危险的时候，利用他不识字的痛心弱点，偷偷地搞出这么个阴险的骗局，从被捆绑在高利贷上的许基善身上榨取了整整三年血汗。许基善每年去他家，用自己的稻草替他苫院墙、苫牛棚、苫仓房，替他加大仓房。这还不够，他还动不动就把许基善叫去，象使唤长工一样使唤他。计算起来，光是工钱，还他的本利，不仅有余，而且还得再找回那么多钱才行啊！”

“可不是，先生说的对呀！……”

“他真是天下头号大坏蛋！”

许基善仍然低头坐在角落里，人们回头望着他，你一言我一语地说起来。先生继续说道：

“这还不够，这会他还要出了要拿顺姬顶债的诡计。朴炳泰到底是个什么东西？韩国末年，他是江东郡厅的一个小官儿。他把国家败亡当作好机会，倚仗日本鬼子，压榨百姓，养肥了自己。然后，他又把大家祖辈相传的内洞和高邑面的大片土地，从‘总督府’用接买的名义弄到手，变成自己的。这一点，大家比我清楚。听说，他还逼许基善夫妻俩给他们当了多年的长工。数九寒天，还逼着顺姬妈拖着怀孕的身子到河里给他洗衣裳，累得她在冰窟窿旁边生了孩子，病倒在炕上，生命都很危险。可就在这时候，朴炳泰和他的老子一起，硬把许基善一家赶到下着大雪的荒郊野外。……”

先生停了一会儿，极力镇定愤怒的心情。屋里鸦雀无声。人们的脸都绷得紧紧的，沉重而紧张，许基善轻轻地抽泣着。

“乡亲们！如果我们瞪着两眼，看着朴炳泰的这种胡作非为不管，或者顺从他的强盗要求，还他钱，向他低头哈腰，那末，咱们这内洞村的人还说得上有骨气吗？”

金亨稷先生刚说到这儿，坐在前排的春甫猛地抬起通红发热的大脸，叫道：

“先生！您的话，一千个对一万个对！我们这些窝囊废，受气包，就会……”

春甫因为过于激动，下面说不下去了，光是喘着粗气。

“先生！您说怎么办好？咱们马上就去，把他一棒子揍死算了！”

崔锡万吼着。会场哄哄地闹开了锅。

“我想这样做——”

金亨稷先生想继续说下去，可是愤怒的人们嚷嚷个没完。

“静一静！听先生接着说吧！”

郑镇求喊了一声，屋里才静下来。

“我的意见是，我们契选出代表，去跟朴炳泰谈判。先跟他说理，指责他这件事干的不正当，光还他许基善借的五块本钱，把借条要回来。要是他不低头，就彻底揭露他的胡作非为，把全村乡亲们都发动起来，掐住他的脖子。”

到会的人们一致表示赞成。先生详细地讲了同朴炳泰说理的方法。会上选出郑镇求、徐春甫和崔锡万为代表。先生又详细地告诉他们三个人怎样击中朴炳泰的要害，好让他以后不敢再使坏。散会后，三个人就直奔朴炳泰家去了。

金亨稷先生目送着他们，一直到他们的身影消失在黑夜里。许基善抱歉不安地向先生说：

“先生，为我的事，连累了您可怎么办哪！……”

“有什么可怕的？你放心好了，回家休息吧。”

金亨稷先生泰然地笑着说。

七

“呵！我正瞧着呢，你们真来闹啦？这是谁的家，竟敢三更半夜地闯进来！别人的事情与你们有什么相干，要你们来说是说非的？快给我滚！”

一开场，郑镇求先说，春甫和锡万坐在一旁不做声，慢慢地，他们也插上一两句。起初，郑镇求当着乡亲们，面对面地揭露朴炳泰为非作歹，吓得他哑口无言、坐立不安。后来春甫和锡万也插了几句，他就恼羞成怒了。

“这是何苦来！主事老爷，这怎么是别人的事呢？许基善大哥是我们学校契的契员嘛，这次我们要是不管，往后你要拿我家的英春、春甫的甲石、炳七的莫生女顶债，叫他们给你当长工，不苦了我们了？现在的世道，还兴用钱买卖人口？你不要这样了，还是收回五块本钱，把借条还给人家吧。”

能说会道的崔锡万，面不改色地说了一通。

“你说什么？……”

朴炳泰大怒，只气得两眼朝天，张口结舌。半晌，他才回过头来朝郑镇求说：

“我说，老头子，你是个有身分知礼的人，今天怎么老糊涂了，也跟村里的叫花子们一起挤到这儿来，管起不相干的闲事来了？”

“什么？……”

郑镇求老人早就有点按捺不住了，听他这么一说，更气得脸色通红，大声喝道：

“你不要信口开河，胡言乱语。你骂村里的良民是叫花子、好人是老糊涂？你的所作所为，才是贴着人的脸皮怎么也干不出来的野兽的行为！”

郑镇求长髯抖动，再也抑制不住愤怒了。

“什么，你说什么脸皮？你……”

朴炳泰气得脸色铁青，嗷嗷直叫。

“这是何苦来，再吵吵，全村都要来看热闹了！主事老爷骂我们百姓是叫花子，也不是一回两回了。我看还是心平气和地商量商量好。刚才，校长先生把事情都说明白了，你当着全村人，当着麦田平川，再怎么喊叫，天下凡是有嘴的人，会有一个说你好吗？我看你还是压压气儿，慢慢说吧。谁也没有硬逼你拿钱。许基善给你干了那么多活儿，工钱抵了利息，也还有剩头。现在还要另外还你五块本钱，你也没有吃啥亏。我看，要是吵吵得满村都知道了，还不如不声不响地把钱收下来对你有好处。”

崔锡万用他能说会道的嘴，把朴炳泰奚落了一顿，这让旁边的春甫可羡慕极了。

崔锡万这样一说，在朴炳泰看来，真是“拉架的小姑子比打人的婆婆还可恨”，更使他火冒三丈。不过，朴炳泰听了郑镇求和崔锡万的话，也不能不感到有点心虚。越心虚，就越气得要死，肠子都拧成了疙瘩。

“哼，好小子，明天我就把你告到衙门里，叫你坐牢！”

朴炳泰的话完全是从牙缝里挤出来的，两眼射出可怕的凶光。

“嘿！这是何苦来？我犯了什么罪了？抢了你的粮库啦？我是登门说好话还钱来的。王法再严，也不能无缘无故把好好的人抓去坐牢吧？”

“哼，哼，你给我住嘴！可恶的东西！……”

朴炳泰大叫着，脖子上的青筋都蹦起来了。

崔锡万和春甫瞪着朴炳泰，和他目光相撞，火花四溅。两个人肩头一起一伏地喘着粗气。若没有金亨稷先生的嘱咐，恨不得一拳头揍扁了他！可是想到先生说的不要被他抓住借口的话，把涌上心头的冲动硬压下去了。这时候，郑镇求老人严厉地喝了一声，

“朴炳泰！”

朴炳泰吓了一跳，回头一看，郑镇求灰白的长眉毛下，一对锋利的目光在逼视着他。

“看你这副样子，真叫人可笑，恶心！不管你怎么鬼迷心窍，贪图钱财势力，人皮总还没有脱掉吧？你也得设法保住脸面，才能做出个人的样子来呀。”

“啊，你这个老头子……”

朴炳泰气得直转磨。

“呸！真恶心！不跟你磨嘴皮了。怎么样？听不听我们的，把事情办得合乎人情常理一点？行不行就说一句话吧！快！”

朴炳泰被三个人利剑一样的目光慑服了，双方一动不动地对视了半天。朴炳泰的那股火气儿，不觉变得冰凉，从眯着的眼皮缝里流出一丝冷酷的光。

“我要是不听，你们能怎么样？”

“怎么样？明天早晨给你送二十块钱来，你把借条还给我们。我们就要……”

“就要怎么样？”

“就要在明天一早，把内洞、上庄和中庄的乡亲们召集起来，给他们看看你那个新鲜样儿的捣鬼字据！”

郑镇求说。

“你……你这是什么意思？……”

朴炳泰惶恐得不知如何是好了。

"我们学校契商量过了，大伙说主事老爷的借条，比古时候的魔棒还要希奇。慢说二百两，就是二千两，也要把它买过来，给世人开开眼。"

崔锡万又插了一句。接着，郑镇求说：

"我们准备狠狠地捞回这二十块钱的损失，要在众人面前揭露你对许基善一家的罪行，还要揭开你的盖子，叫大家看看你是怎样象恶魔一样吸人家的血汗肥起来的。那时候，乱棒打断了你的脊梁骨，可不要后悔。"

"再把主事老爷在江东的时候拿人家的有夫之妇抵债，又把她卖出去的事情，也给说说。"

坐在一旁一直不言语的徐春甫，终于放了一炮。

这简直是在朴炳泰的脸上泼了一盆火。

"你胡说什么？"

朴炳泰暴跳起来，尖声喊叫着，但是他肚子里的气儿可差不多都快泄光了。

"算了，回去吧！"

郑镇求先站起来。

"走吧！"

另外两人也跟着站起来了。

朴炳泰愣眼望着他们三人走出去，直到门"砰"地一响，他才慌张地站起来。

"往哪儿走？啊？混账东西！跑到人家的酒席上来，什么柿子多了，梨子少了的，多管闲事！等着吧，这帮强盗我能不治治他们？找警察告他们去！喂，得富。"

他喊叫着，一脚踢开板炕上的双页门。

"得富！"

他又叫了一声。在一声回答和一阵脚步声之后，迎着屋里透出的灯光，得富出现在门前。

"你马上到麦田渡口……"

说到这儿，朴炳泰的话接不下去了。去告什么呢？就说强盗来了？不行啊。他一气又把双页门"砰"地关上了。

这股火窝得可不小，朴炳泰一宿也没有请出觉来。这个村，他一向是象搅锅里的稀粥一样，愿意怎么搅就怎么搅。可这会儿，半天空跑出个学校契来，象一堵墙一样挡在他的前头。近来，看他们那股劲头，这个学校契说不定要把全村抬上烽火山尖儿呢。

怎么样才能掐住他们的脖子实现自己的愿望呢？这会儿，在许基善的债务问题上让步，这是自尊心所不能允许的。非把顺姬这个丫头搞到手不可。他躺在炕上，翻过来掉过去，绞尽了脑汁，也没有想出什么高招儿。人家还钱，当然没啥可说的，人家要把乡亲们召集在一起，拿借条示众，揭他的底儿，同样是无可奈何的事。这里头又加进了以有志之士闻名的郑镇求，就使他更感到头痛了。

鸡叫了，叫得那样急，一声连着一声。窗子开始发亮了。朴炳泰的焦急心情，一阵比一阵紧。

突然，从烽火山头传来了嘹亮的号声。朴炳泰腾地坐起来。一宿没睡觉，脑袋瓜子嗡嗡直响，这会儿又叫喇叭这么一吹，脑瓜子简直要崩裂了。

传来一阵学生的喊声，号声更起劲儿了。

“嗯——”

朴炳泰哼哼起来。

他忽然感到这个号声给他吹来了不幸。那样平静的内洞村，自从响起这个号声以后，好象忽然睡醒，活跃起来，又建校，又结契，如今竟勒到我朴炳泰的脖子上来了。他们怎么会想出这种招儿来跟我作对呢？真是百思不得其解。事情就要临到头上来了，想起来真叫人眼前发黑。

怎么办呢？二十块钱一拿来，就不得不把借条还给他们。借条到了他们手里，他们就要拿着它在众人面前揭我的盖子。要是那些无知的家伙冲上门来……天哪，真是可怕！要是这个风声传到邑里，飞到平壤，那末，花那么多钱办成的一些事儿，岂不是都要成了泡影！……为区区的五块钱借条，葬送自己的前途？绝对不行！真是又生气，又窝火，可是也想不出好办法。得，这回就把眼睛一闭，糊弄过去算了。想到这儿，朴炳泰就把崔管事叫到跟前，象吐一口苦药水似地叫他把借条还给许基善。崔管事不明白是怎么回事，只是眨巴着眼睛。

“愣什么？还不快去！”

真所谓“踢狗肚子给婆婆看”，朴炳泰拿不相干的崔管事出气。

“要不要把顺姬带来？”

“你这个糊涂虫！把条子摔给他，要回本钱就回来。混蛋，一点眼力见儿都没有！”

崔管事更糊涂了，朴炳泰又叫了一声，他才醒过来，跑出去了。

“一——二！一——二！……”

从烽火山上传来有力的口令声。朴炳泰皱着眉头琢磨起来，总觉得近来的一切事情好象都是伴随着这个口令生出来的。这大概不是错觉。就拿这次事件说，背后会不会有金亨稷先生？既然他是建校结契的主持者，对这次事件绝不会袖手旁观。朴炳泰的这种想法，越来越深了。再拿郑镇求来说，他平素和自己是疏交，彼此很少来往。不论自己做什么事，他一向是不闻不问的。他在江东，虽以人品气节有点名声，但是没有能耐谋划这次事件。至于那些愚昧无知的百姓，就更不可能想出这么厉害的招儿来。就算他们想出来了，他们也不敢在太岁头上动土。这样看在他们后面出谋划策的显然就是在那儿喊口令的金亨稷先生……朴炳泰的揣测渐渐地变成确信了。

那他到底是什么人呢？这时候在他的眼前生动地浮现出金亨稷先生到村的那天晚上在郑镇求家里和自己会面的情景。朴炳泰极力想从自己所知道的先生的形迹中找出某种线索来，可是琢磨了半天，也想不出可疑之点。这样，他就琢磨如何才能弄清楚先生的底细，琢磨对付先生的方法。最后打定主意，一面假装帮助先生办学校接近先生，一面和警察当局一起在背后监视，查明先生的真情。

朴炳泰吃完早饭就到郑镇求家去见金亨稷先生。他向先生道歉，表示昨天晚上自己有点偏激，并且罗罗唆唆地为自己辩解，说什么要把顺姬领到他家，纯粹是为许基善着想，就是想把顺姬带到城里住上两三年，洗洗乡下气，替她找个好婆家。可是契代表都不了解他的好意，反而说他的坏话，所以他才气得那个样子，等等。

朴炳泰接着就顺道直奔江东邑。他坐在警察署高等科主任面前。来的时候他好象有很多委屈话要向高等科主任诉说，可是一见面反倒没啥可说的了。要是跟他谈昨天晚上的事情，只能挨他一顿奚落。于是，他就光详细地报告新来的金亨稷先生建校结契，笼络人心，举动异常，大有在学生中灌输不良思想的嫌疑，等等。起初，高等科主任以为他有什么重要情报，还留心听着，这会儿就颇为失望地说道：

“嘿嘿嘿，朴君，你要我怎么对付那个金先生呢？”

“不是叫您怎么……我……我觉得他并非等闲之辈，希望当局多加监视，以免出事悔之莫及。”

“嗯，你的意思我明白。村里新来了先生，又新办了学校，不管怎么样，我们也得去检查检查。我希望你也多加监视，提供切实有用的情报。你在搂钱财的时候，热心帮助了我们，这会儿骑在钱堆上，就连理都不理我们了，这可不对头啊。如果独立运动闹大了，那时候，你的脖子、我的脖子都是一样不妙，知道的有?”

“是！有罪！有罪！……”

八

“……这一回,我们学校契跟朴炳泰的较量是胜利了。虽然只是一次小小的胜利,但对我们可是十分宝贵的经验。……”

当天晚上,金亨稷先生把学校契员召集到学校教室里,总结学校契营救许基善一家的活动。正象先生说的那样,乍看起来,这次胜利只是一次不值一提的小小的胜利;可是,先生认为这一胜利给人们的教育却是非常可贵的。通过这个小小的胜利,内洞和附近村庄的民众都实际体会到团结和组织的力量有多么大。先生继续说:

“让我们回想一下。起初,我们这些受压迫、无钱无地的贫苦农民,对办学校让孩子念书的事连想都不敢想。可是,我们把力量联合起来,成立了契,齐心合力地一干,并没费多大劲儿,就把学校办起来了。这一次也是一样,如果不是全村人团结在学校契的周围,理直气壮地合力对付朴炳泰,就不能救出顺姬和许基善一家,也不能掐住朴炳泰的脖子。你们看,团结和组织的力量有多么大！我们是既没有国家又没有权利的亡国奴,是没钱没地的穷人,是世上无人关心的百姓。我们能依靠能指望的只有自己团结的力量。在这个世界上,最大、最让人害怕的力量,就是民众团结的力量。这次得到的胜利说明了,只要我们大家一条心,更坚强地团结起来,就没有办不到的事情。”

人们都带着严肃的神色倾听先生的讲话。郑镇求若有所思地望着先生点头。他早就感到金亨稷先生绝不是搞一般启蒙运动的人,今天晚上听着他句句充满豪情壮志的话,更加确信了这一点。

“先生说的对呀,和朴地主面对面地坐下,开头真有点心里打鼓,舌头硬邦邦的不听使唤。可是,管他的,要是弄崩了,全村都会起来跟他算账,我怕什么！这么一想,硬邦邦的舌头慢慢儿也软和了,想说的话淅沥哗啦地全都倒出来了。”

崔锡万很神气地插了一句。

“可不是,这伙计真能说,他给朴地主吃了几刀子,把那家伙气得嘴里直冒沫子,哇哇地叫,屁股蛋在炕上一个劲儿地捣蒜。哈哈哈！”

春甫的话逗得大家哄堂大笑,先生也愉快地笑了。场内哄哄起来。

“乡亲们！咱们再商量一两件事就散会吧！”

先生这么一说,大家又静下来。

“这次，朴炳泰在我们学校契面前服软了，可是这家伙不仅倚仗日本鬼子，而且有钱财、有土地、有权势，说不定将来会使出什么阴谋诡计来报复，我们得想想办法对付他。”

“对！”

“先生！您就给出个主意吧！”

人们又迫切地等待金亨稷先生说话。

“我的意见是，要把学校契搞得更好，同时还要组织一个比学校契圈子更大的乡土契。这个乡土契，凡是村里的人谁都可以参加，它能够更多地更有劲地团结乡亲们，就象这次一样，大家互相帮助，解决村里大大小小的问题。”

先生向大家谈了组织乡土契的必要性和具体方案。在这次同朴炳泰的斗争中尝到甜头的人们，一致表示赞成。

先生继续说：

“最后，我还想谈一点，正象这次许基善的事表明的，不识字，就等于睁眼瞎。如果我们睁着眼睛，什么也看不见，那末以后还会上鬼子和朴炳泰的当。另外，我们大家也只有都学文化，有了知识，有了思想，才能更好地团结起来，眼光才能看得远，才能做出更大的事情来。”

坐在后面的许基善低下羞红的脸。其他的人也都深有所感地点头。

“先生，象更好地办学校契呀，成立乡土契呀，这些事我们愿意干。可是，我们这些人，现在还学什么文化呀？”

春甫为难地嘟哝着。

“咱们办个夜校吧。”

先生说。

“夜校？……”

“哎呀，现在学文化，能行吗？”

“只要把脑袋扎紧点，也许还能学会看个条子什么的吧。……”

屋子里又哄哄起来。

“可是先生，您白天教学生，晚上还为大家辛苦，怎么得了啊？”

在一旁感动地望着先生的郑镇求，十分担心地说。

“这一点，不必担心。本来，当先生，就是要教不识字的人识字，这能算什么辛苦啊。咱们再详细商量商量吧。……”

先生脸上洋溢着热情和工作的欲望，说。

大家讨论了组织乡土契和开办夜校的具体办法，并且分配了每个契员要去做的具体工作。人们满怀着希望，高高兴兴，闹闹嚷嚷地消失在黑夜里。

金亨稷先生独自在空教室里默立了好久。先生的目光触到第三排顺姬的坐位,脸上渐渐现出深思的神色。先生感到自己的远大设想正一步步地朝着全面实现的道路前进,越是向前进,落在自己肩上的担子就越艰巨,越繁重。越是这样,先生也就越加感到浑身充满信念、幸福和热情了。

先生蓦地抬起头来,映入眼帘的是对面墙上亲手书写的"志远"两个大字。先生的两眼里焕发出更加昂扬的英气。

先生去汉城处理了一些困难问题,刚刚回来就体验到斗争的意义。虽然是个小小的胜利,却是个宝贵的经验。这次到各地指导工作,基本上纠正了同志们工作中出现的偏差。争取同志的工作已走上了正轨。这个工作进入一定阶段以后,就应该毫不迟疑地把斗争转入下一个阶段。那时候应该提出什么新任务呢?先生从汉城回来就思索了这个问题。

搭夜车到达平壤的时候,还想过立即推进建立全国性组织的工作。现在想得更深了。看来要紧的是更深入地开展争取同志的斗争。这次在内洞,为了赢得一场小小的斗争的胜利,都需要发动民众,何况是要把全民族都动员起来的独立运动团体的活动,那就更不用说了。

应该在民众中培养新的独立运动者。目前,象洪俊杰那样来自劳动民众中的同志为数极少。要紧的不是急于建立组织,而是要深入进行争取同志的斗争。为此,下一阶段的任务应该是:要同志们深入到民众中去,用反日爱国思想启发民众,在他们之中培养一批新的坚强的同志。以往的独立运动,不正是因为没有做到这点,才遭到了象泡沫一样在民众的大海上一浮起就消失了的命运吗?

先生熄了灯,走到外面。

夜深了。夏夜黑蓝色的天空上银河流泻。先生饱吸了一口清爽的空气,慢慢走着。心里想:以后要以夜校为中心,向村里的人们宣传反日爱国思想,灌输自己的远大设想,并在他们之中物色优秀分子,培养成坚强的独立运动者。目前已经选中了许基善、徐春甫、崔锡万和郑镇求等四人为培养对象。

先生离开学校的院子,转入通向泉井的小道,背后忽然传来象是抽泣着的少女的细细的声音:

"老师!"

先生站住,回头看看,有好几个不知是谁的身影向他走来。

"老师!"

又是一声抽泣着的呼唤。是顺姬。顺姬一下子扑在先生的怀里。

"哦,深更半夜,你怎么到这儿来了?噢,顺姬爸妈也来啦?"

先生紧抱着扑在怀里的顺姬，望着默默地站在眼前的许基善夫妻俩说。

“先生！”

顺姬妈声音颤抖着叫了一声。

“先生的大恩……”

顺姬妈哭得说不出话来，站了一会儿，忽然腰一弯，双手扶地，磕起头来。先生慌了。

“大嫂，你这是怎么啦？快起来吧！”

先生把顺姬妈扶起来。

“先生，我们两口子早寻思好了，顺姬要是让人抢走，我们就干脆去跳阏波江。……先生这样……这样救了我们……不知怎样报这个大恩才好。”

站在旁边的许基善把腰一躬，声音哆哆嗦嗦地说。先生默默地望着许基善夫妻俩，微弱的星光下依稀看到他们两个人挂着泪珠的眼睛。先生也不觉心里一热，两眼发酸，可是仍然微笑着说：

“我没有做什么呀！那是学校契契员们大伙儿齐心努力斗出来的。好了，时间很晚了，请快回去吧。我送你们回家，顺姬，快走吧！”

先生说着，就拉着顺姬的手在前头走。走到顺姬家门口了，可是许基善夫妻俩并不想进屋，不知怎么回事，先生也感到很难转身往回走。先生想陪着他们度过这个夜晚，就拉着顺姬走进许基善的院里。他们围坐在铺着草席的廊台上。泥火盆里升起蚊烟，新蒿子燃烧的气味，叫人感到格外清香。

许基善把他能想起来的在江东给朴炳泰当长工的事，一件一件地讲给先生听，还谈到朴炳泰在郡厅当小官的时候怎样蛮横，欺负人。

金亨稷先生给他们谈了许多世界上的事情。谈到今天象许基善一家那样勤劳的朝鲜民众为什么遭受这么多的苦难。这首先就是因为日本鬼子霸占了我们的祖国。同时也是因为有地主和亲日走狗的压迫和剥削。要想打倒日本鬼子和地主，建立一个人人过幸福生活的新国家，顺姬爸、顺姬妈和跟顺姬爸妈一样在日本鬼子的侵略和财主的剥削下受苦受难的贫穷民众，就得起来跟他们干。

“您说的是我们这样的人吗？”

许基善简直有点不敢相信了。

“是啊，就是象你这样的穷苦人，应该站起来赶走日本鬼子，建立新的国家。那些两班财主们，国家亡了，也吃不了什么大苦，所以他们不但不想光复祖国，而且几乎都象朴炳泰那样，一个个当了日本鬼子的走狗。你们说，应该由谁来救我们国家呢？”

“先生说的对呀！……可是，象我这样的，还能救国？……”

“呵呵呵，刚才你不是说过，要是顺姬叫人抢走，你们两口子就跳阅波江吗？人要是不怕死，又何必自尽呢？豁出命去跟日本鬼子拼，就能夺回我们的祖国。”

“那是独立运动者干的事，象我们这样的乡下老百姓，怎么能……”

“哪有天生的独立运动者？不论是谁，顺姬爸，顺姬妈，就是象顺姬那样的小姑娘，只要有决心，都能成为独立运动者。”

“哎呀，我们怎么能……”

顺姬妈睁圆了眼睛说。

“大嫂也完全可以。这样吧，从明天晚上起，你们两口子都上夜校吧，要有文化才行啊！学文化，不是为了看借条。我们要立下大志向，就是要赶走日本鬼子，建立一个穷人当家作主、过好日子的国家。让我们大家一起学习，一起工作吧。顺姬，从明天晚上起，你就领着爸妈上夜校来，知道了吗？”

先生把手放在紧靠在身边的顺姬的肩上说。

“知道了。老师，我一定领爸妈去。”

顺姬一对明亮的眼睛望着先生回答。

“先生，我们一定上夜校。我现在学了，虽然做不了什么大事，可是，只要是先生叫我干的，就是上天边，我也去！”

“学习，肯下工夫就行。俗话不是说，‘精神只要专，石头能打穿’吗？哦，顺姬，上次我给你们讲的甲午农民战争的故事，你还记得吗？”

先生回头向顺姬问。

“记得。”

“好，那你就给妈妈爸爸讲讲那个故事吧。”

“我？”

顺姬脸红了，但她的眼里却闪耀着喜悦的光芒。

“嗯，是你！……”

顺姬转着亮晶晶的眼睛想了一会儿，就用清脆的声音讲起故事来了。黑蓝色的夜空上繁星越发闪烁不已，火盆上的蒿草燃烧着，一股蓝烟袅袅上升。

第二天晚上，夜校的钟声响了。

村里的青年、壮年、姑娘和妇女们，都挟着书包上学校来了。“가(ga)、갸(gia)、거(ge)、겨(gie)”的朗读声，一直响到深夜。这不是单纯的朗读声，而是这个国家的沉睡的民众觉醒过来，奔上金亨稷先生打开的光复祖国的大路的

呼喊声。

夜校开学后几天，金锡河从汉城来了。先生看到他伤势大有好转，感到特别高兴。金锡河因为自己不但没有完成任务，反而闯出事来，觉得没脸见人。他还替孟景载给先生捎来口信，说先生去过汉城以后，汉城的情形正在顺利好转。一连几天，先生和金锡河一起吃一起住，耐心地启发他吸取过去工作中的教训，使他看清将来的斗争前景。先生还交给金锡河一项新的任务，派他经过北部国境地带的中江、临江等地，到北京和上海去工作。派金锡河去，是为了把学堂谷会议以后那里同志们的工作做一次小结，并对进一步深化了的运动方针进行讨论，把工作更深入地开展下去。

金锡河勇气百倍地重新踏上了征途。

九

釜山一条繁华大街后面的背胡同里，有一家小饭馆。这家饭馆二层楼把角的一间小屋里，面对面地坐着两个客人。一个是身穿深蓝色秋季洋服，上唇留着很有风度的胡须，戴着玳瑁眼镜，文质彬彬的三十来岁的绅士；另一个穿着青哔叽长袍，看起来，比那个绅士显着年轻。桌上放着几碟子菜，但他们都不怎么吃，只顾平静地谈着话。

"……你可不要忘记前次金锡河君失败的教训哪，每做一件事，都要拿我们的基本方针衡量衡量，要慎重地判断，慎重地处理。"

穿深蓝色洋服的绅士说。

"知道了。"

穿长袍的年轻人沉着平静地回答。

"但是，也不能因此而采取消极立场，只顾维持现状。工作一旦定出了计划，就要精力充沛坚决果敢地干下去。"

"请您放心好了。我们最初得到金先生的方针的时候，一团黑的眼前突然亮起来了，大家一高兴，作事就难免急于求成。这回又得到金先生的具体指导，并且认识清楚了方针的深刻意义，对工作就更有信心了。不过，康晋锡先生……"

说到这儿，年轻人显出踌躇的样子，望着化装成绅士的康晋锡先生。

"说吧。"

"您若见到金亨稷先生，请向他转达我们岭南同志们的愿望，我们希望早日建立先生所设想的全国性政治组织。"

"好的，我也是那么想。可是，就象昨天晚上在会上讨论的那样，这里的同志要更切实地推动对金先生远大设想的研究和争取同志的工作，特别要把力量放在还没有争取到同志的地区上。”

“是，我一定记住。”

“那好，时间快到了，我就走了！”

康晋锡先生站起来说。

“先生，这是船票，您收下吧。”

年轻人也跟着站起来，从怀里掏出船票交给先生。

“谢谢你，不要送了，千万要注意安全。”

康晋锡先生紧紧握住年轻人的双手说。

“是，先生更要保重啊！”

年轻人声音颤抖着低低地说，脸上掩盖不住惜别之情。

康晋锡先生走下饭馆的木板楼梯。年轻人走到面向大街的玻璃窗前，望着外面。康晋锡先生缓步走在熙熙攘攘的大街上。那条通向海岸的大街两旁，一排排行道树的叶子上，不觉已染上了黄黄的秋色。年轻人感慨满怀地目送着先生的背影。

这个青年名叫允三。他负责总管庆尚道境内同志们的工作。他正在回忆着三个月前康晋锡先生来到庆尚道时的情景。

允三和金锡河是从小一起长大的同乡。长大后，两人又成了同抱着亡国之恨，一起摸索独立运动道路的朋友。几年前，金锡河离开故乡，很久没有音信。有一天，金锡河突然来找允三，样子高兴得不得了。他摇晃着允三的手说，如今有了杰出的领导者金亨稷先生，朝鲜独立运动就有大好前景了。允三从他那里听到了金亨稷先生的远大的自主独立设想，非常感动，当场立誓要共同进行斗争。金锡河为了忙着向庆尚道一带的同志们传达新方针，第二天就匆忙地走了。

一个月过去了，两个月过去了，夏天来了。可是，金锡河却杳无信息。在一个淫雨困人的夜晚，突然有人敲他的房门。一开门，只见两个壮年人冒雨立在门前，告诉他说，警察就要来抓他，叫他马上跟他们走。允三只穿了一件单衣就跟他们向后山逃去，还没有登上山顶，村里就传来一阵狗叫声、警笛声和鬼子发狂的叫喊声。

后来，允三在一个山洞里生起火烤衣裳的时候，才知道了事情的经过。金锡河在庆尚南道失败后，九死一生地逃出险境，康晋锡先生为了处理善后工作来到了庆尚南道。先生带领着以前认识的一位同志，一一寻访同金锡河有联系的人。今天晚上刚到这个邑，就得到郡警察署已探知金锡河曾在这个地方活动过，要逮捕允三的情报。他们就立即来找允三，把这个紧急消息告诉他。

允三就这样脱了险。此后，他在长达三个月的时间里，同康晋锡先生一道，走遍了庆尚南北两道的城市和乡村，进行地下活动。

他们在山野里风餐露宿，避开敌人的监视。有时遭到敌人的追击，有时一连几天吃不上饭。由于怀着一心为革命的决心，进行了忘我的斗争，终于扭转了局面，并争取到一批新的同志。敌人特别在金锡河活动过的郡布下了严密的警戒网。但是，由于同志们事前联系得好，每次遇险都能安全脱身。昨天晚上在釜山码头街的某人家里，十几个同志终于得到聚会的机会。这的确是，值得庆幸的事。

然而现在，康晋锡先生不在这里了。允三很怕自己担负不了这个重担。可是当他想到只要有金亨稷先生的英明教导和领导，自己奋不顾身地进行工作，就能完成交给自己的任务的时候，也就有了信心了。

康晋锡先生已走进林荫道，看不见身影了。康先生要在码头上搭船，到全罗道的木浦去指导那里同志们的工作。先生精力充沛，斗志昂扬。允三深深地被先生这种品质所感动了。

"先生，这里的工作您就放心吧，祝您一路平安。"

允三在心里念叨着，从窗前转回身来。

康晋锡先生一面看街道风景，一面走着。狭窄的街道两旁，密密地排列着二三层的日本式和西洋式的各色建筑物，挤得叫人喘不过气来。什么商会啦，洋行啦，银行啦，公司啦，饭馆啦，等等，门前挂着大大小小的招牌。釜山虽是自己国土上的城市，却染着浓厚的异国情调，给人一种凄凉之感。这也难怪，早在五十年前，这个港就被日本鬼子霸占了。街上，人力车、马车、牛车，吆喝着来来往往。

康先生望着大街上这种景象，脸上的表情越发阴沉了。大街尽头是一碧万顷的秋空和宽广的海洋，水天一色，天水相连。

康晋锡先生走到码头边停住了。他感到无法走进去，茫然地站在那里。码头比大街更乱，在宽阔的场地上挤着无数山一样的货堆。装卸工们黑压压地围在货堆旁边，挤挤攘攘地搬运货物。有的扛米袋，有的扛苹果箱，一个个排成行，艰难地迈着步子。在货堆和栈桥之间，形成无数条装卸工的人流。

水上停泊着几十艘黑色大轮船，好象要把山吞掉似地鼓着肚子贴在码头边。船头上，日本鬼子旗在秋风里摆来摆去。装卸工们踏着高得令人眼晕的跳板上船，登上船以后，又好象跌进陷阱一样，消失在船舱之中。码头广场上堆积如山的米袋、苹果箱子，很快散开来，被装卸工扛走了。装卸工长长的行列，无尽无休地被吸到船里去。这些轮船使人联想到那个一口吞尽海水的馋鬼的故事。

“呜——”

背后响起响亮的汽笛声。康先生回头一看，一个火车头急促地喘着气，朝着码头上的铁道驶来。后面拖着长长的几十节车皮。列车停在刚才还堆着货物的空场地上。车门一开，装卸工们就把车上的货物扛下来，直接搬上轮船。

看着这种情景，康晋锡先生的脸绷得铁一样紧，两只炯炯有神的大眼睛里冒出怒火，紧皱着的双眉抖动不已。

“叫你们都给抢走了！……”

康晋锡先生好象呻吟似的说，他感到国家的膏血全被吸尽了。康晋锡先生浑身打了一个寒战，好象有人在吸他的膏血，提皮包的手颤抖着，只感到眼前发黑、天旋地转。他急忙闭目定神。半天，才重新睁开眼睛，朝着码头一步步地走去。装卸工们排成行，弯着腰艰难地走着，累得一步一打颤。这种情景，实在令人悲痛。东西被抢走，还得用自己的肩头扛到强盗的嘴边。在这些装卸工里，也许有人正是种植和栽培这些大米和苹果的农民。他们是否知道这些东西就是他们自己的呢？他们不会不知道。然而，他们不得不含着血泪这样做。不然，眼下一家老小就没有饭吃。康晋锡先生感到自己的心情、身躯、步子全都沉重了。

突然，不知从哪儿传来一阵哄闹声和牛叫声。康晋锡先生停下来回头一望，又是一列长长的货车驶进了码头铁道。车门一开，一群牛哞哞叫着，噗通噗通地跳下来，望着眼生的港口，冲冲撞撞，茫然不知所往。身穿打到屁股蛋的日本黑褂子的监工们，手拿鞭子叭叭地抽打着牛背。几百头牛很快聚拢到一起，发出凄凉的叫声。日本鬼子把牛群赶向码头边。牛群从康晋锡先生的面前走过。一头头肥牛蹴搭着前胸、脊背和大腿上的胖肉，迈着不愿挪动的步子，瞪着大眼，恐怖地呆望着停泊在码头旁边的轮船。

康晋锡先生不由自主地跟着牛群走去。突然，头顶上嘎啦嘎啦地响起刺耳的铁器磨擦声。抬头一看，眼前耸立着山头一般的船体。铁器的磨擦声，好象野兽在磨牙，使人毛骨悚然。船上的起重机，伸出长长的铁臂，缓缓抬向天空。长臂上用铁索吊着的铁笼慢慢地放下来，落在码头上。

那些乌鸦似的日本监工把牛往铁笼里赶，赶进五六头，起重机就又发出嘎啦嘎啦的响声，把铁笼高高地吊上天空。笼里的牛吓得跌跌撞撞，不知如何是好。不知哪一头牛，突然发出一声凄凉的叫声：“哞——”其余的牛也都跟着“哞——哞——”地哭叫起来。

真是叫人心痛欲绝。本来应该在柳丝垂拂，绿草如茵的溪岸上一面吃草，一面用令人陶醉的叫声增添乡村情趣的牛群，为什么被赶到鬼子的船上，发出如此凄凉的哀鸣？青天哪，你不是太无情了吗？

铁笼接连地把牛吊到船上去了。直立在船顶上的三个烟囱突突地冒着黑烟。轮船不知载了多少货，鼓鼓的船帮上的吃水线差不多都没在水里了。被船上流出的油秽污染了的黑蓝色波涛，汹涌地拍击着船头，然而，这只排水量超过五六千吨的巨大的恶魔，却一动也不动。船头上，日本鬼子旗依旧在风中飘摆着。码头上的牛群已经不见了。

这时候，后面又传来一阵吵嚷声。康晋锡先生回头一望，不由地睁大了眼睛。这是一个妇女的行列。一起有几十人，不，有上百人。行列越来越近了，里面的人个个低着头，好象送殡一样，无力地挪动着步子。她们全是姑娘，背后垂着长长的发辫，穿着土布衣裙，裙子上沾着斑斑泥痕。警察腰上挂着洋刀，走在行列的前面和后面。行列在舷梯前停下来了，姑娘们抬头望着高高的船头。她们那没有血色的黄瘦的脸，充满恐惧的圆睁着的眼睛……

康晋锡先生向她们靠近几步。站在前头的日本鬼子吆喝着什么，扯住一个姑娘的膀子往舷梯上一推，那姑娘摇晃了几下，下意识地把一只脚登在舷梯上，接着又猛吃一惊，急忙把脚缩回，转过身来。日本鬼子骂着拦在姑娘的前面。姑娘惘然若失地仰望着天空，充满仇恨和绝望的一对大眼睛里挂着泪珠。这时候，姑娘的身子象坍下来似地往地上一跪，双手扶地，把头磕在双手上。也许，她是在向故乡的父母告辞吧？她那披着破衣裳的瘦削的肩头轻轻地起伏着。其他的姑娘们望着这种情景，也都眼泪涟涟，偏过头，用衣带擦眼窝。坍坐在地上的姑娘，被那个吆喝斥骂的日本鬼子赶着，又一步一步摇摇晃晃地登上舷梯。

康晋锡先生向站在身旁的人问：

“这些姑娘要被拉到什么地方去呀？”

一个悲痛地望着这种情景的看上去象是装卸工的人回答说：

“她们是被卖到日本去的。”

“被卖去？……”

康晋锡先生感到一阵窒息。

“要拉到日本去了。”

“拉到日本去？”

“是啊，这几天这样卖到日本去的姑娘，可真不少呢！”

“这是为什么？”

“为什么？我们庆尚道这一带，有不少农民叫日本鬼子弄得倾家荡产，快要饿死了。日本鬼子就趁火打劫，花点什么‘介绍费’，贱价收买朝鲜妇女去给他们当牛马。嗐，真是痛心哪……”

康晋锡先生听了，心口一阵剧痛。

“现在，你们又把我们的人也抢走了，甚至连那些少女……”

又气又火，简直喘不过气来了。

不能去！孩子们，不要去，去不得呀！

康晋锡先生心里喊着，下意识地跟了上去。可是，警察和海关小吏瞪着眼珠子站在舷梯下面。不知不觉中，姑娘们都登上轮船了。船上又响起刚才那种铁的磨擦声，舷梯慢慢地被吊上耸立的船舷。这种刺耳的响声，好象在啃咬康晋锡先生的心。

姑娘们站在船舷旁，手扶栏杆，用绝望的泪眼惘然地望着最后别离的故国山川。轮船顶上的烟囱里，滚滚喷出黑黑的浓烟。

“呜——”

传来一响令人感到空虚的汽笛声。山头般的轮船猛一动，就缓缓地离开码头。“呜——”又是一响空虚而凄凉的汽笛声。

这时，轮船上有一个姑娘喊了一声：

“妈妈——”

姑娘的喊声是那样肝肠寸断！随着又有几十个姑娘同时放声哭唤：“妈妈——”然而她们哀痛的哭声却没有一点回音！轮船已驶出那么远，又发出一声“呜——”的汽笛声，慢慢地掉转船头。姑娘们呼唤着妈妈，无力地撒开栏杆，一个个倒在甲板上，用拳头捶着甲板，放声大哭起来：“妈妈——妈妈……”

轮船载着哭声和呼唤，驶向远方，烟囱吐出滚滚黑烟，把姑娘们的痛哭声和牛的叫声一起吞没了。在蓝湛湛的秋空中，一群群海鸥展着白色的翅膀，盘旋在船顶上，凄凉地悲叫着。不大的工夫，轮船就消失在遥远的地平线上了。大海平静地起伏着，油迹斑斑的浪涛哗啦哗啦地拍打着水泥堤岸。港口、大海、天空和远方的岛屿，静静地沐浴在南方温暖的秋日阳光下。好象这儿什么悲剧都没有发生过。

康晋锡先生站在波涛拍岸的码头边，惘然地望着远去的轮船。凄凉的汽笛声和姑娘们的痛哭声，仿佛依旧响在先生的耳边。

女儿！女儿！饶恕如此无情而又无能为力地送走你们的祖国吧。饶恕我们吧。可是，你们不论到了哪儿，也不要忘记故国，不要抛弃希望，要坚强地活下去！我们一定要把你们重新接回祖国！康晋锡先生在心里这样说，两只拳头握得直抖。

过了一会儿，先生慢慢地向停泊小船的码头一头走去。

第四章　血痕江

一

吃完晚饭，收拾了饭桌，老伴儿就领着儿子出去大概是串门去了。秋风一个人留在屋里，用他的小烟袋装上一袋烟，点着了，一边吧嗒吧嗒地抽着，一边茫然地望着暮色渐浓的门外。院里的篝火堆上，冒着袅袅的蓝烟，一股焦臭味熏到屋里。院子的一头高高地堆着高粱秸，廊台上的粮食草袋堆得挨到了屋檐。

秋风望着这些，不由得长吁了一口气。

晚秋的一股凉风吹来，篝火就烧得红红的，烧到一旁的高粱禾秕堆的边上，升起团团浓烟。

现在秋风的心情越发凄凉起来。一年又过去了。用牛扒犁送粪，犁开石头地，撒下种子，耕了几遍，如今打下粮食了。他就这样地种了三年庄稼。现在，他的庄稼活儿上也入了门，打下的粮食，不比老农少了。

院里散堆着燕麦、玉米、高粱捆、黍子、大豆、小豆和绿豆。

秋风反躬自问：在老伴儿感到满足的这些事上，自己真的也感到满足吗？

这既不是军粮，也不是救济粮，而是为了凑合维持个人糊口和妻小生命的粮食。这些粮食是他和老伴儿一起，一整年汗流浃背地种地得来的。有了它，就可以活到明年的这个时候了。

“可是，这种生命维持下去又有什么用？”

好象有人在毫不掩饰地质问他。

真的，活着有什么用呢？自从六年前埋掉胸怀救国决心、发起义兵的那柄长剑的那一天起，秋风不是就等于死亡的生命了吗？那天，为什么不在那个山沟里干干净净地自刎？为什么把拔出鞘的利剑又插回去？是因为舍不得这条命吗？是因为不忍离弃这被悲运的乌云遮住的青天吗？还是因为期待时运重来而有所希冀？不论是因为什么，在今天想来，也只有悔恨而已。

“嗯——”秋风嘴里不觉地呻吟了一声，陡地站起来走出去，踏上通往血痕江的小路。

血痕江的激流哗哗喧啸，江面吹来一股清风。秋风想，在这个时候，就是洪俊杰来找找他也是好的。他说过秋后要来一次，说不定这几天内就会来呢。

秋风忽然羡慕起洪俊杰来了。上次他来的时候说，打完场准备在苍谷后山集合一批青年进行军事训练，并请秋风去帮忙。洪俊杰有信念，有朝气，活象一个天真烂漫的孩子。看样子，他去年来的时候，就在积极地进行着活动。

洪俊杰没有忘记我，春天、夏天、秋天，都来看望过我。他最初来的时候侮辱过我，我也没有把他看在眼里，冷待了他。如果他计较这些，很可能早就跟我一刀两断不相往来了。可是他常到我家来，跟我谈天下大势和独立的方针，还诚恳地劝我一同进行斗争。夏天，正在耪地大忙的时候他来了，看我缺人手，地耪不过来，就在我家住了一个星期，帮着我耪。那时候，他给我讲了很多道理。

在那以前，秋风也曾经为洪俊杰的一些不寻常的话暗暗吃惊，可是并没有太往心里去。直到那一星期，认真细心地倾听了洪俊杰的每一句话，才发现他谈国内外形势，确实有根有据，条理井然；他讲的方针，深远而无可置疑。

洪俊杰究竟为什么会有这么大的变化呢？他虽然是一个枪法好、热情勇敢的青年，但他毕竟不过是个没有什么知识的平民出身的兵士啊！几年前，他到过我这里，当时，他和我一样没有大志，也失去了信念，只是怀里揣着一把六轮子，毫无目的地奔走四方。如今，他却变得完全是另外一个人了。现在，他身边总是带着书本，一有空就看书。秋风在这个世上，可谓几经沧桑了，可是象洪俊杰这样变化的人，还是第一次见到。

秋风惊叹洪俊杰的变化，并渐渐地对他的独立运动主张产生了共鸣，尤其感激他那种诚恳待人的态度。有时，秋风也有过这种冲动：不管成败利钝，再次同洪俊杰携手斗争。然而，他始终没能慷慨地伸出手去。这是因为，秋风有秋风的沉痛的怨恨和教训。

他痛切地感到，既然还没有出现能一身肩负民族的命运和力挽天下大势的独立运动的领导者，光复祖国的伟大事业就不可能实现。秋风在屏风谷过着隐居生活的这几年，按着自己的方式，极力想从以往斗争的失败中找出教训。他认为，教训有很多，但最根本、最关键的教训，就是没有领导者。

长期沉睡在东方一角的朝鲜，在倭寇用军舰载着大炮攻进来的时候，才勉强地苏醒过来。倭寇把侵略魔爪开始伸进来以后，在甲午农民战争前后的几十年的岁月里，全民族虽然进行了浴血抗战，但是却落了个未能拯救祖国的惨痛结局。秋风认为，这一切都是因为没有领导者的正确领导的缘故。如果早出现能够治理国家和领导斗争的领导者，那末，这个具有爱国传统的国家怎么会落到这样下场呢？就拿秋风本人挺身参加义兵的时候说，当时朝鲜十三个道几乎没有一个地方不起义兵的。回忆起来，那时候全国疆土真象是活火山喷发起来一样。尽管这样，因为没有正确地组织和统率十三道义兵斗争的领导者，各自为政，分散苦战，结果还是遭到了惨痛的失败。秋风在半夜醒来的时候，想到这些，也感到异常悲愤和痛苦，眼里充满泪水。正因为在秋风的心中深藏着这种辛酸彻骨的教训，所以他就不能欣然答应洪俊杰的要求了。

秋风队长站在喧啸激荡的血痕江畔。在深沉的暮色中，只能依稀望见泡沫漂浮的白茫茫的江水。

就这样地埋没在穷乡僻壤，为了养活妻小，翻翻土块儿，了此一生，有多么可怜哪？这一点，秋风近来一天比一天想得更深刻了。这是洪俊杰在今年春天第一次来的时候就问过他的，也是现在秋风本人经常痛心地自问的。他有时想，与其这样生活下去，倒不如和洪俊杰携起手来，不管成功还是失败，痛痛快快地干它一场，就是死了，也落个心安理得。这种冲动从上次洪俊杰来的时候要求他去帮助搞军事训练以后，更加强烈起来了。不知他们有几十个人，带他们去打成川警察署，就是死了，也比这样无谓地活着有意义得多。

“只能这样做了，此外还有什么办法可以减轻心中的痛苦呢？”

他自言自语地说，抬头望着暮色深沉的天空。忽然，他急切地想见洪俊杰，把视线移向远远的苍谷方面黑忽忽的天空。

他转过身来往回走。

望见山下自己家的窗户上透出了一点暗红的灯光。看样子，到邻家串门儿的老伴儿回来了。秋风下定了决心。回家整理一下衣帽，就到苍谷去找洪俊杰。拿定了这个主意，他感到心情舒畅了许多，于是加快了脚步。

秋风打开排子门刚要进去，忽然听到院子里有人唱歌，不禁停了下来。往里一看，在暗红的篝火旁，有一个大人和他的儿子同坐在草席上。

铁骨石拳……

大人孩子一起唱，唱的是现代的调子，听着觉得很耳熟。

秋风三步并两步地走进院里。

“洪君来啦！”

秋风跟以前大不相同地高兴喊道。洪俊杰急忙站起来说：

“您好！我是想帮您收秋来的，没想到您早就收完了！”

“看你说的，巴掌大的地，总那么麻烦你还行吗？”

“有什么麻烦的。嗳，这孩子的记性真好，上次我来教他的歌儿，他一句都没忘，唱得可好了。”

“记性好有什么用？在这样的山沟里……哦，你来得正好，我正想到苍谷去找你呢。”

“到苍谷？……”

洪俊杰看到，今晚秋风慌里慌张的，都有点不象秋风了，特别是听秋风说要去找他，更感到莫名其妙。

“回头再跟你说，请坐！这儿比屋里凉快，就坐在这儿吧。孩子他妈，弄点晚饭来，洪君还没有吃呢！”

秋风一边让洪俊杰坐在草席上，一边朝屋里喊。

“不，来的时候我在酒店吃过啦！”

“咳，你这个人，到我家来还兴这样？那就喝点酒吧。”

两个人面对面地坐在草席上。

秋风这才发觉自己的举止慌张得不合自己的性格，于是镇定了一下兴奋，平静地问道，

“苍谷的哥哥家，也过得都好吗？”

“都好。”

洪俊杰依然感到纳闷儿。

“咳，说起来我这个人太不懂人情事理了！你没有忘记咱们的老交情，几次到我家来，可是我跟你邻村相望，却一次也没去看过你，真是太不通情理啦。人要是失去理想，大概都要变得这么小气，潦倒得不懂交情吧，哈哈哈……”

秋风自己嘲笑着自己，但他说的都象是真心话。今天晚上秋风的话，听起来味道都跟往常不同。

洪俊杰不知道这是怎么回事，也不知道该怎么做才好，只是回答说，

“您这话说到哪儿去了？……”

秋风让洪俊杰一袋烟，郑重其事地问道：

“你上次说的事办得怎么样啦？就是召集青年进行军事训练的事。”

“噢，说实在的，我这次来，也想顺便跟您商量商量这事。”

“马上要办吗？”

“再过半个月左右，就想开始。”

“有多少人？”

秋风详细地问道。

“弄好了，能凑上二十几个人。”

“二十几名？呵……”

洪俊杰不知道秋风是惊叹还是失望。秋风半天没言语，瞟了洪俊杰几眼，忽然象下了某种决心似地向前挪了挪。就在这一瞬间，洪俊杰从秋风的脸上，

又看到了先前义兵时代他向部下下达战斗命令时洋溢着的那种气魄。

“洪君，我一直没有听你的劝告，这倒不是我不领会或不相信你的好意，而是因为我心里想的多。现在，没有必要多谈这些细情。一句话，我想接受你的劝告。”

“是吗?! ……”

洪俊杰感到意外和诧异，没料到秋风会这样地答应下来。

“你说有二十几名，有这批人，可以干它一番了。”

“干一番?”

“当初我们解散义兵的时候，在阳德埋的枪，大概有二十几支，把它挖出来训练青年，练上一个来月，就可以打仗了。咱就带领他们，进到阳德或孟山的山区，跟鬼子决一死战！哪怕打死一个鬼子也好，战死沙场总比庸庸碌碌地苟活着强百倍！你说不是吗?”

秋风的脸上显示出悲壮的决心。

洪俊杰这才明白秋风的回答意味着什么了。

秋风的话尽管是答非所问，然而对洪俊杰却是十分宝贵的。不久以前，他不也是处在秋风的这种状态吗？就是得到金亨稷先生的指教以后，不也是又经过先生的屡次开导，才勉强懂得了先生提出的新的伟大的独立运动设想吗?

洪俊杰这样想着，平静地说，

“队长要帮助我，真是叫我感激不尽。不过，队长，我们搞军事训练，不是要用这二十几个人去决一死战哪！”

“那你是想要干什么?”

秋风不解地问洪俊杰。

“就象上次我向您谈到的，我们正在根据远大的计划准备力量。”

洪俊杰这样地把问题提出之后，把金亨稷先生的方针又谈了一遍，并有条有理地说明了准备军事力量对于实现这个方针的重要意义。可是秋风却没有明显的反应，只是不住地抽着烟，洪俊杰说完了，他才抬起头来。

“你的话，说得有道理，不愧是远大而正确的谋略。这话我已听过多次，现在明白了。我相信你说的那个绝好时机，有可能到来；我们准备好力量，等时机一到，奋起战斗，也有可能争得独立。可是，这个力量由谁来准备呢？我说的是，能够打败凶恶的日本鬼子的那个巨大的力量，由谁用什么办法来准备呢?”

“您问由谁来准备，现在我们不是正在进行准备吗?”

“就是你我这样的人？或者是你所组织的那二十几个年轻人？哈哈哈，洪君，请不要见怪，老实说，我没能痛快地接受你的劝告的复杂的心情，正是从这里产生的。我不是小看你，象你我这样的人，纵然有远大崇高的理想，也不是担负这种大事的材料。你想想，过去我们搞义兵斗争的时候，十三道义兵遍地蜂起，可是到头还不是没有救出国家吗？”

秋风异常痛苦地说，语气十分悲壮。

“那时我们没有杰出的领导者呀。”

洪俊杰沉着地答道。

“杰出的领导者？”

秋风格外响亮地反问了一句，两只眼睛炯炯放光，又接着说道：

“你说得很对，我要说的也正是这句话。那末，现在就有这样的领导者了吗？”

“有的。”

洪俊杰有力地回答说。

“有？……你说，哪儿有这样的领导者？”

秋风显出不敢相信的样子。

洪俊杰没有立刻回答，望着秋风想道，整个夏天我来说服秋风，他对我的话每每表示赞成，但是又不肯慷慨地伸出手来，真把我难苦了。今天我才找到结在秋风心里的这个思想疙瘩了。金亨稷先生说，打开人的心窗，比打开敌人的城门还要难。洪俊杰深切地领会了先生的这句话。他后悔自己没能及早地了解到秋风的内心，没有及早地向他谈金亨稷先生。也许，那时候向秋风谈金亨稷先生是过于轻率的，可是现在向他说，不至于出什么问题吧？洪俊杰不能不深深地考虑这个问题。他决心向秋风谈金亨稷先生。即使他不和我们携手，他也不至于是那种随意泄露秘密的人。

“老实说，队长您也知道，象我这样地道的大老粗，有什么门路能想出那么大的道道儿呢？又怎么敢在队长面前说呢？”

“你说的也是……我的脑子里无意中也曾闪过这样一个模糊的想法，在你身后是不是有什么大人物。”

“是的，我能够象今天这样做人，都是因为去年秋天在一件意外的事情里遇见独立运动的领导者金亨稷先生，并得到了他的领导。”

“金亨稷先生？他是谁？……快跟我说说！”

洪俊杰想了一下，从去年秋天被金亨稷先生搭救和在先生家里养伤并得到教导的事谈起，谈到今年春天在平壤召集国内外各地同志的会议，谈到先生在会上提出历史性的新的独立运动设想，谈到先生的伟大方针在全国各地以至海外得到广泛的响应和支持，一直谈到全国性的独立运动组织的骨架正在形成。秋风听着，好象一个突然重见辉煌世界的盲人一样，不断发出哦哦的赞叹声。

洪俊杰坦率地谈到他在学堂谷会议以后见了秋风，就断定他是个不可救药的人，结果受到金亨稷先生的深刻教育的事。

"……说起来我也惭愧。那时候我向先生说，秋风队长算个什么？少他那么一个人，我们独立运动还怕搞不起来！有那个时间十次二十次地去找他，白费工夫，还不如去争取那些好样的青年。听我这些话，先生非常不高兴地说，一个不知道爱惜同志的人，就不能真正地和同志们携手，也不能同敌人进行坚决的斗争。你说那么一个人算不了什么，可是你要知道，千万个同志，最初也是从一两个同志开始的呀。不会爱惜一个人，以后也就不会爱惜一万个人。秋风队长是曾经豁出生命为国家独立战斗得很好的同志，现在他迷失了方向，正在彷徨，如果我们不向他伸出温暖的手，怎么能算是尽到了人的情理呢？那就等于抛弃了志同道合的独立运动者之间的义气，等于抛弃了同志。先生就这样恳切地教育了我。"

洪俊杰想着当时的事，红着脸把话说完了。

他的话结束了。秋风象个失了魂的人一样，两眼直勾勾地望着洪俊杰，心里想道：世上真的会有这样的人！……秋风感到，凭他四十多年饱经沧桑的生活经验也难以想象的，一位具有那样伟大思想和深厚人情的杰出人物，正巍然地向他走来。

"金亨稷先生真的说过哪怕是十次二十次也要来挽救我这样的人吗？……"

"队长！有点不敢相信吧？有时候我也觉得象作梦一样，我怎么就这么幸运能得到金亨稷先生的领导呢？但这确确凿凿地是叫人感到幸福的事实。上次，先生对我说，只要你去请秋风帮你搞军事训练，我想他一定会答应的。"

秋风又沉思起来。

"这简直象作梦一样。在这个世界上，还有这样没忘记我、器重我的人？……"

秋风嘴里喃喃地，仰望着苍茫的夜空。黑蓝的天上，繁星闪烁。秋风的脸上映着明亮的火光，两眼眨动着。洪俊杰也怀着火热的心情望着天上的星光。

"洪君，我这样的人也能见见金亨稷先生吗？"

秋风有点羞怯地问道。

"当然可以啦，您去见先生，先生一定会很高兴的。"

"不过，洪君，我现在有什么脸去见先生啊？"

秋风多少有些激动地说着，一把握住了洪俊杰的手。

“你交给我工作吧，训练青年的工作也好，争取同志的工作也好，什么都行！等我先做点工作，然后你就让我去拜见先生。”

秋风说的非常诚挚。

“队长！”

洪俊杰的淳朴的脸上，简直掩饰不住兴奋了，他也紧紧地握住了秋风的手。

在秋风眨动着的眼睛里，挂着一层泪水。

二

扛枪背包，
翻山越岭……

洪俊杰的肩上背着一个老大的布包，口里唱着歌儿，走进了苍谷的沟口。太阳倾斜在黑龙山的山顶。夕阳照射着红叶如火的山坡，更使这秋天的景色显得玲珑烂漫。家家户户的烟囱，都升起了做晚饭的炊烟。

军队哟——军队哟——

洪俊杰的歌声，好象有点沙哑但很洪亮，使人听了也不禁要跟着哼起来。好久以来他第一次尝到这种内心的轻松和欢畅。他辞别秋风，在回家的路上心潮澎湃。虽然不能用一句话说出来，但他觉得眼前清楚地展现着金亨稷先生指教的新的独立运动道路是一条什么样的道路，并骄傲地意识到自己也在这条大路上迈出了第一步。一个人争取十个人，十个人争取一百个人，一百个人争取上千上万的人，从而把全民族团结成一个整体。今天，对洪俊杰来说，这个设想已不是象过去那样使他感到茫然的理想，而是一步步迫近的明显的现实了。

不论什么事，只要照先生的话去做就行。他有一个强烈的冲动：不管什么事，要更多地做，加紧做，要大踏步地前进！快点回去，做好军事训练的准备，要马上重新办起夜校。他这样想着，脚下也加快了步子。但一想到夜校问题，就不由自主地停下来了。办夜校，有一件事使他感到确实头痛。遵照先生的教导，为了办好苍谷的事，他在不久前吸收村里的年轻人组织了亲睦会。亲睦会虽然组织起来了，但是工作做得并不怎么理想。年轻人把它看作是在中秋佳节凑在一起，踢踢足球、逛逛山水，或在遇到红白事的时候互相帮助接济之类的组织。他想办一所夜校，教大家学文化，用反日爱国思想，特别是用先生的远大思想教育他们。他动员村里的年轻人建了一所准备供夜校用的房子，可是夜校并没有很好地办起来。首先是没有夜校老师。他自己站在黑板前头教过几天，但感到自己的水平太差，实在无力教别人。他想，没办法，只好到先生那儿去要一名夜校老师来。可是又一想，先生忙着指导艰苦的斗争，自己不能给先生输送一个人去，怎么好意思还向先生要有能力的人呢？正在这样拿不定主意的时候，有一天，住在立石庄的一个青年来告诉他说，岭后的向阳村有一个能当老师的。她曾在成川邑简易学校教过书，不知因为什么事，半个月前来到向阳村住在姨母家。但使人忌讳的是，她是个女的，而且是个二十三岁的老姑娘（当时女的到这个年龄不嫁，就被看作老姑娘）。她的名字叫边玉林，听说在平壤上过小学，父母都不在世了。有人说他的父亲是在义兵斗争中牺牲的。这样，边玉林就来到在向阳村种地为生的姨母家，听本人说，她准备在农村和姨母一道种地了。洪俊杰心里直嘀咕，她是个女人，而且是个姑娘，这可真有点难办。可是他又想，只要本人答应，在我们这个穷山沟确实也是难得的师资。金亨稷先生谆谆教导过：论男论女，歧视妇女是陈旧的封建观念；要不分男女老少，把一切可以争取的人全都争取过来，引导他们参加我们的革命斗争。洪俊杰想到先生的话，就觉得轻视妇女和忌讳妇女是不应该的了。

洪俊杰和村里的亲睦会会员讨论过去聘请边玉林当老师的问题。大家听了，都说男子汉大丈夫，挺大的脑袋，在女人面前求教，未免有点难为情。可是，大家还是一致赞成要洪俊杰去跟边玉林联系一下。洪俊杰说不能去，但也没有别的办法，只好答应下来。可是真的要去找她了，又觉得脚板子贴在地皮上，怎么也挪不动。

去找一个素不相识的姑娘……一想到这儿，他就感到脸上发热心里直跳。见了姑娘就得说话，说什么呢？又怎么说呢？这个差事，真把他为难得直冒汗。

在去找秋风队长的那天早晨，洪俊杰终于下了最大的决心，越过大岭，上向阳村去了。可是一到村头，他那坚定的决心顿时倒塌，重又犹豫起来，就连看一眼姑娘住的家，都感到满脸发烧。有一件事，他预先没有考虑到，这会儿把他难为住了。她是在平壤念过书的新女性，肯不肯替这些种地的青年人当夜校老师还是个问题；见了姑娘，还没说上几句话，就遭到谢绝或者用一句话给顶回来，那不是太丢脸了吗？他这么一想，临来时候的那种勇气就都没了。洪俊杰想了半天，转过脚步朝着另一个方向走去，去找向阳村的一个亲睦会会员，那是一个十七岁的小伙子。

“刚才我去找边老师……可是她不在家。我有要紧事，不能在这儿等了。你回头去找找她，就说我来过。你要向她点一点夜校的事，过后把结果告诉我。”

洪俊杰拿定了主意，先叫这个青年去探探底儿，看看姑娘有什么反应，然后自己再出面。洪俊杰平素是那样地胆大豪爽，可这会儿又脸红又结巴。小伙子看到这种情景，感到很诧异，就说道：

“我才不呢，大哥，你先在我家等一会儿，还是你去找她吧。”

“什么不？……说真的，我有急事……”

洪俊杰借口忙，好说歹说，才哄他答应下来，自己就照直奔屏风谷去了。

洪俊杰木然站在路边，回忆着这些情景，当他想到自己那副怯样儿的时候，不禁咧嘴笑了。

“明天我一定去见见那个叫边玉林的姑娘！你这个没出息的，怎么臊得连嘴都张不开了？女人，也是人嘛……不论做什么事，不要畏畏缩缩，大胆地干就行！”

洪俊杰这样下了决心，颠了颠背在肩头上的大布包，又迈开了脚步。布包里满满地包着路过江东邑买的纸张、铅笔、粉笔等。他的心情轻松愉快了。

攻进饶华塘，军队哟……

洪俊杰又哼起刚才唱的那个不知是歌还是小调的曲子，走进了村口。

洪俊杰突然不唱了，放慢脚步望着前面。不知是什么人，在大路上迎面走来。是一男一女，男人矮个儿，穿着村里常见的麻布衣裳，可是走在他前头一点的女人却穿着村里罕见的新式女装。

是哪儿来的女人呢？……

洪俊杰一面用诧异的目光瞅着走近的人，一面慢慢腾腾地迎面走去。

“啊——大哥来啦！”

走在女人后头的那个男人高兴地叫了一声，向他奔来。洪俊杰停下脚步说：

“是乙锡呀！”

他就是洪俊杰前一天去向阳村时托他去找边玉林的那个青年，乙锡呼哧呼哧地站在前面问道：

“您上邑里去啦？”

一面问着一面从洪俊杰的肩上接过包袱。

“是啊……”

洪俊杰急忙应了一声，望了一眼对面的那个女人。女人老远地站在路边上。乙锡把洪俊杰的包袱背在自己的肩上，并随着洪俊杰的视线望去，小声问道：

“大哥，您不认识她吗？”

“她是谁？”

洪俊杰诧异地望着乙锡，乙锡却淘气地笑着说：

“您猜！”

“我怎么猜得着？”

“嘻！大哥昨天不是去找过她吗？”

“那末，她就是……”

洪俊杰的心立刻又扑腾起来了。

“照您的话，我都跟她说了。”

“她说什么？”

“我那么一说，她说，昨天她没有离开家，怎么会没碰上呢？她还说太对不起您了。”

乙锡说完，又淘气地笑了笑。洪俊杰更加慌了神，忙问道：

“别瞎扯！再没说旁的吗？”

“夜校的事，我也提了。昨天她说要考虑考虑，可是今天就到我家里找我，要我跟她一块儿去见见亲睦会长，还要顺便看看夜校……就这样，我们就到苍谷来了。”

“哦，是真的？”

洪俊杰眼睛溜圆了。

“那还是假的？可是大哥不在，想要往回走。她说，既然来了，就去看看夜校吧。我们又去看了新盖的夜校，现在正往回走呢。”

“啊——是这样！”

洪俊杰说了一声，木然地站着。

“大哥，您得跟她招呼招呼哇！”

乙锡说了这么一句，飞快地跑到姑娘身边，向她嘀咕了些什么。

姑娘就微低着头向洪俊杰这边走来，两个人相隔五六步站下。

她穿着黑哔叽裙和白洋布上衣，身材苗条，整齐的短发贴在后脖颈上，显得朴素端正。脚上穿一双运动鞋，在她的脚尖前面，有一簇野菊花在风中轻轻摇动。

头次见面，应该说句见面的话，可是洪俊杰感到脸上热刺嗯喇的，张不开嘴了。

“先生，真对不起，您昨天到家里来……”

边玉林先抬起头来，用柔和而清晰的声音表示道歉。泛着红晕的鸭蛋脸，端正的鼻梁，明亮的眼里闪闪发光。夕阳在她那娟秀的脸上染了一层美丽的霞光。慌慌张张的洪俊杰吭吭了好一会儿才说道：

“哪里哪里……不是那么回事……我冒冒失失……”

洪俊杰不知自己在说什么，也不知自己在怎么说话。站在旁边的乙锡，用失望的目光望着洪俊杰。过了半天，洪俊杰意识到自己太不象样子了，这才鼓起勇气说道：

“我本打算明天早晨去看你……没想到老师先来找我，这真是对不起了。”

“哪儿的话，只要我这点不值一提的知识对村里的各位有点用处，我不论在什么时候都愿意……”

边玉林有点不好意思的样子，没有把话说完，就把她那吸引人的清亮的目光低垂到脚边，望着轻轻摇动的野菊花。

“那么说，边老师你答应来教我们的夜校了？”

洪俊杰看到边玉林这样慷慨地答应下来，反倒不禁一愣。

“说不上什么教……不过洪先生交给我什么工作，我就帮着做点……”

边玉林的脸微微一红说道。

“谢谢！太谢谢你啦！”

洪俊杰找不出别的话，只是这样重复着说。

“那末，天也快黑了……我就明天早晨再来找您。”

边玉林说完，轻轻地低头行礼告别。

“请你一路小心！”

洪俊杰慌忙地说。

边玉林和乙锡走上通往向阳村的小路。小路两旁开满了野菊花。玉林快步走着，风轻轻地吹起她的短发和裙角。洪俊杰木然地目送着他们，玉林的鸭蛋脸和明亮动人的眼睛依然活现在眼前。原来是这么大方的姑娘！我反倒嘀咕这嘀咕那的。想起来也觉得自己可笑了。他又想，在大地方学过新文化的新女性，到底与众不同！自己还撒谎说去找过她，这件事虽然有点丢脸，但不管怎么样，总算了了一件心事。想到这儿，就不知不觉放心地长出了一口大气。

洪俊杰重新背起从乙锡的肩上接过来的布包，走在秋风吹拂的山路上。

洪俊杰回到家里，狼吞虎咽地吃完了一大碗饭，就到夜校去了。他想着新聘请的女老师，再看看学校，觉得太不象话了。名义上盖了学校，实际上屋里只胡乱铺着几张树皮席，空荡荡的，其他什么也没有。边玉林还来看过，这真是丢了脸了。就是现在也好，该办的办，该收拾的就收拾。别的且不提，先放一张老师用的讲桌，排几张学生用的长条炕桌，然后再把学校周围打扫打扫。洪俊杰拿定了主意，就把村里的亲睦会会员召集在一起，向他们谈了聘妥女老师的事，又把明天早晨打桌子和收拾房子的事做了分工。

第二天早晨，大家都到学校来了，正在忙着干活，忽然边玉林跟在背着一大包东西的乙锡后头走进了夜校的庭院。她穿着干活儿穿的旧衣裳，头上顶着一个盆。乙锡背的是准备糊墙用的旧报纸和旧杂志，玉林头上顶的是浆糊。

洪俊杰一见边玉林，觉得十分过意不去，但看到她来了，又觉得异常高兴和感激。

青年们同边玉林行了见面礼，然后又都分头去干活儿。大家忙了一整天，在日落前把各自分担的工作全都做完了。夕阳美丽地映照在糊得雪白的窗户上。新裱了墙壁的屋里，放上了几张象冷面铺里的那种长条炕桌。

青年们都散去了，空教室里只剩下洪俊杰和边玉林。白天，他俩一边商量一边干活儿，这会儿熟识了，不象先前那样陌生了。现在，他俩正在一起讨论怎样办夜校的问题。可是，洪俊杰提不出什么象样的意见，他本人连学校的门坎儿也没有登过，只是到金亨稷先生办的明新学校去过几次，单靠那么一点知识是想不出什么办夜校的道道儿的。边玉林可不一样，不知她是什么时候考虑的，提出了一套办夜校的具体方案，例如，要教什么科目，教多少时间，除了已登记的夜校生以外还要更多地吸收村里的青少年和妇女上夜校等等。

洪俊杰心里暗暗佩服，间或偷偷地看一眼玉林的绯红的脸。她真是一个温柔热情而又刚强的姑娘。洪俊杰心里想道，有这样的姑娘办夜校，就是不加过问，也一定能办得很好。因此，他对玉林提出的每一条意见，都是满口赞成。

“……那末从明天晚上就开课了。我想动员妇女上夜校这件事，洪先生做总是有点不方便，我准备明天去试试看，不知道行不行。洪先生还有没有别的意见？……”

边玉林用她明亮的眼睛望着洪俊杰说。

“好，就那么办吧，我能有什么别的意见呢。……”

“那我就走了。”

玉林说着站起来，洪俊杰也跟着站起来。玉林打开房门一迈到廊台上就突然站住了。

“哎呀，天黑了！”

她说着脸上流露出为难的神色。太阳真的落到了山那边，薄暮笼罩了山谷。越过这个大岭到向阳村，有五里多地，不等走到山梁上，天就得大黑。

洪俊杰脱口说出“我……”，可是实在不好意思说出“送你”两个字。

“不要紧，我能走，明天再见！”

玉林说着就下了廊台，匆匆地走了。

“哎呀！你一个人走不行啊！……”

洪俊杰这才下了决心似的快步跟上了玉林。

他俩在黑暗的山坡路上走着。洪俊杰走在前头，玉林跟在后面。不管洪俊杰怎么放慢脚步，可是走几步回头一看，还是把玉林远远地落在后头。这样，他只好走走停停，而玉林则三步并两步，紧追紧赶，累得上气不接下气。

登上山梁，路就好走了，他俩依旧默默地走着。又走了一程，洪俊杰站下了，向跟上来的玉林说：

“边老师，我有个要求……”

“对我？”

边玉林也站下来望着他。

“老师，从现在起请你不要管我叫先生了。”

“为什么？那怎么称呼好呢？”

“从明天起，我也想到夜校去学习，老师怎么能管学生叫先生呢？”

“洪先生也要上夜校？”

边玉林吃惊地问道。

“是啊，借这个机会我也想到夜校去念书，再说，象我这样的庄稼佬，根本也配不上‘先生’这样的称呼。”

“天哪！那可怎样称呼您呢？”

边玉林为难地说。

“那有什么难的，洪俊杰也好，洪俊杰同学也好，怎么叫都行。”

“真不好意思，那怎么行啊？”

他俩又继续往前走，又是一阵沉默。透过密密的柞树林，可以望见向阳村闪烁的灯光了。

“我……我有一件事想问问您……”

玉林凑近洪俊杰的身边，踌躇了一会儿说。洪俊杰停下来回头望着她。玉林也犹豫了一下，问道：

“洪先生，您也参加过义兵活动吧？”

玉林的问话，来得太意外了，洪俊杰惊得眼睛溜圆，竟不知怎么回答好了。他参加义兵的事，在村里除了家人以外别人是不知道的，老乡们都以为他是到外边挣钱去了，即或有人知道了，也都装作不知道。可是，边玉林问的口气是那样地肯定，这不能不使他感到吃惊。

“先生，您认识边士执吗？……”

边玉林根本不管洪俊杰那吃惊的样子，又紧问了一句。这使洪俊杰更为惊奇了。

“边士执？……”

“是我的父亲。”

“是你的父亲？”

洪俊杰听了，不禁倒退了一步。多么熟悉的名字！又是多么熟悉的人哪！那是个刚直如竹、气概轩昂的老人。边进士是过去洪俊杰所在的义兵部队的指挥成员之一。当时，部队的指挥成员中，有的在同敌人的决战中牺牲了，也有的抛弃理想远走他乡了，可是边进士一直坚持到最后。

到了部队大势已去，只剩下洪俊杰等十几名队员的时候，边进士作为这个义兵部队的唯一的指挥官，带领着部队在阳德的险山峻岭之中继续同敌人周旋。有一天，部队在一个山谷里同敌人进行了殊死的战斗，边进士中弹倒下了。他按着流着殷红鲜血的胸口，环视着队员们。他那严峻的目光，至今还是那样清楚地如在眼前。

“弟兄们！流泪干什么？还不快去同鬼子决一死战！”

边进士最后说了这么一句，就停止呼吸了。战士们把他埋葬在阳德一个向阳坡上的一棵老松树底下。

难道边玉林就是他的女儿吗？过去曾听说过，边进士生在平壤，参加过爱国启蒙运动，丁未七条约后参加了义兵部队。不过，现在和边玉林的相会，实在叫人感到太意外了。

没等洪俊杰说什么，边玉林又说道：

“爸爸在牺牲的那年年初，回家住了几天。当时，我要爸爸讲义兵的故事，他就给我讲了洪勇士单身炸警察署的故事。爸爸说，洪勇士是成川苍谷人，十七岁参加义兵，是一位热血爱国青年。这次我到向阳村姨母家来，想起爸爸讲的故事，就四处打听，听说您姓洪，家又在苍谷，就想去见见您……可是又怕弄错了，我正在打不定主意，一见到先生，不知怎的，总觉得您……您就是洪勇士。……”

洪俊杰觉得在黑暗中也似乎看到了边玉林正焦急地望着他，他不由得向前靠近一步说：

“是的，我跟随着你父亲一起战斗过，你父亲勇敢地战斗到最后！”

“是吗？那末，您一定知道我父亲是在什么地方怎样牺牲的了。……”

说到这儿，边玉林哽住了。洪俊杰也感到心里一阵发酸。酣战的山谷，埋葬边士执尸体的山坡，秋雨霏霏的天气……这一切，又重新涌现在他的眼前。如果边士执还活着，在金亨稷先生的领导下进行斗争，该多么好啊！他越想越感到心痛。

“你父亲坚守气节，勇敢地同日本鬼子战斗到最后。那是一个晚秋的冷雨下个不停的日子……”

洪俊杰叹了一口气，平静地开始说道。他慢慢地走着，谈起了边士执殉国的经过。……

边玉林默默地听着父亲战死的经过，没有一点哭泣的声音。洪俊杰间或回头望望边玉林，在黑暗里看不清她的表情，只见她昂首望着向阳村的灯火走着。洪俊杰的眼前又浮现出她那柔情美丽而又富于深思的脸庞。

洪俊杰觉得边玉林不是一般的女人，但他却没有看到边玉林把嘴唇咬得紧紧的都快咬出血来了。

三

内洞的山野已是一片晚秋的风光了。裸露出暗红土壤的普便平川，象一块广阔的空地，这儿那儿簇立着点点的谷垛。觅食的小鸟儿，成群地飞来飞去。天很高，大同江和水晶川好象染了颜色，碧蓝碧蓝的。在秋季，烽火山到处是一片红叶，绚丽夺目；可是如今已被冷气和寒风吹打得索索颤抖，开始凋落了。山坡上山枣树丛里熟红了的山枣，格外显眼。

唯有烽火山上苍郁的松林没有变化，而且在这一年里更加繁荣茂盛了。松林在秋风中轻轻摇动，发出飒飒的声音。山顶上的那棵老松，巍然屹立，好象巨人一样高高地挺出于众木之上。不知它生长了几百年了，久经风吹霜打，枝杈东扭西歪，却还是那样繁茂，像一个坚强的头顶迎风微动。

在那棵老松下面，有一块大石坪。石头后面坐着一些人。其中有一位背靠着那棵两抱多粗的老松，他就是金亨稷先生。在先生的两旁坐着化装成农民、行商、学生、绅士和工人等各种模样的同志。他们是：洪俊杰、孟景载、曹弼禹、方仁秀、元东有部队的全永泰、殷栗的朴允焕和庆尚道的允三以及秋风队长等。康晋锡先生没能参加这次会议，因为全罗道也发生了类似庆尚道的事件，他去做善后工作了。他委托庆尚道的允三来报告庆尚道和全罗道一带的活动情况并把指示带回去。

在参加这次会议的人中间，和别人不同的是秋风队长。秋风经洪俊杰开导，接受了金亨稷先生的思想，如今在苍谷后山负责进行青年的军训工作。金亨稷先生得到这个报告以后，马上约他见了面。秋风昨天就来到这里，先生跟他谈话，一直谈到开会之前，而且还叫他参加了会议。在会上，当他听到在金亨稷先生的领导下，不论是国内还是海外，都在进行着轰轰烈烈的活动时，他那内心的喜悦简直没法形容。他仰着兴奋的脸，一个劲儿地望着金亨稷先生。

金锡河在遥远的北京，也寄来了报告，说已经站住脚开始活动了。

金亨稷先生刚刚听完了同志们关于这阶段各地活动情况的详细汇报。今年夏天，由于先生亲自深入各地，纠正了同志们工作中出现的偏向，还作了具体指导，争取同志的工作有了进展，近几个月中得到了良好的收获。在同志们负责的地区中几乎所有必要的地方都有了自己的同志，并切实进行了使他们深入认识独立运动新方针的工作。因此，所有来汇报工作的同志，都一致希望先生把去春提出的关于建立全国性组织的计划付诸实施。同时这也是国内外各地同志对本次会议的恳切愿望。同志们都在等着先生讲话。

"……大家的意见是这样，各地来的同志也提出这个意见，我在走一些地方的时候，那里的同志也向我谈到这个意见。那么说，大家的意思是要建立全国性的组织来推动运动，是吧?"

金亨稷先生一边这么说着，一边环视同志们，表示充分理解同志们的意思。

"是的，先生。"

全永泰温和地回答说。其他的人也都以同样的神情望着先生。先生望着同志们，沉默了一会儿，继续说：

"大家知道，房子要想盖得好，首先就得打好地基；树要想长得好，就得把根扎得深深的。"

先生突然提出这个问题，抬头望着松树。这时候，大家的目光也都随着先生的视线望去，但他们并没有全部理解先生说这句话的意图。

"请看，这棵老松恐怕已生长了几百年了。我想，当初在烽火山上一定有很多和这棵老松同岁的树，可现在只剩下这么一棵了，在这个烽火山上，这棵老松是长在最坏的岩缝里的。为什么生长在好地上的树先枯死，而生长在岩缝里的这棵松树反倒单独活了几百年呢?"

大家听了先生的话，都现出了不解的神情，又一次望着轻轻摇动的松树。

高高刺向蓝天的粗壮的树干，好象披上了铠甲，显得坚强牢固。

"请看那些向四面伸出的树根。"

先生指着树干底部说。大家的视线都集中到树根上。

"这棵树生长在岩石之间，它一生下来就渴望着大地，它深切地懂得只有土地才是生命的根基，才是生命的源泉。能不能把根扎到土地上，对这棵树来说，将是决定生死存亡的问题。因此，有的根子经过殊死奋战穿过坚硬的石缝，已经伸进地里去了；那些没有找到石缝的根子，竭力向四外伸张，找到了土地，也终于深深地扎下去了。请看那数十条树根，蜿蜒起伏向四面伸展的气势，有多么顽强！我看，这棵老松能苍翠地活上一千年！我想把我们的组织培养成象这棵松树一样，不怕狂风暴雨，巍然屹立，欣欣向荣，把根子深深地扎在这块土地上。

先生说完，望着松树深深地思索着。在座的同志也都陷入沉思。在沉默中，他们都各自用自己的水平努力体会金亨稷先生说的要把组织培养成为不老青松一样的深远思想。

“先生！”

朴允焕打破沉默，叫了一声。

金亨稷先生回过头来望着他，朴允焕稍踌躇了一会儿，说：

“先生，您的意思是不是说要教育民众，团结民众，并在民众中培养更多的独立运动者？”

“就是，完全对！”

先生把信赖的目光投向朴允焕。朴允焕，身体粗胖，圆脸，看去很象一个沉着多谋的人。上次学堂谷会议，他因病没有参加，这一阶段的工作是在康晋锡先生的领导下进行的，但是比别的地方搞得还踏实。这也不奇怪，他从中学时代起就比别人更多地接触了先生，更深刻地认识到先生的思想。毕业后，他遵照先生的教导，到了黄海道的殷栗，以私立学校教员的身分从事活动。

先生继续说：

“就象大家刚才所谈的，这一期间，我们成功地进行了争取同志的工作。这当然是在座各位同志和活动在各地的同志们辛勤努力所得来的巨大成果。看来现在到了提出建立全国性组织的时候了。可是我认为，建立这样的组织还为时尚早。如果我们的目的仅仅是为了建立组织，我们也许早就建立起来了。但是，我们是胸怀世世代代永远革命的远大理想走向斗争道路的人，所以我们的组织也就应该成为能够在漫长的道路上冲破艰难困苦的坚强牢固的组织。要作到这一点，就必须把这个组织深深地扎根到全体民众中去。因此，如果把我们的独立运动比做这棵松树，那末就可以把民众比做松树植根的大地。可是，我们的情况是怎样呢？我们能很有把握地说我们的根子已经深深地扎到民众中去了吗？我们能说我们已经顶天立地，不怕任何狂风暴雨了吗？”

金亨稷先生仿佛询问似的，一一地环视同志们。大家都低头坐着。

“从我们黄海道的情况来看，我们的工作只能说刚刚开始。”

朴允焕依旧用沉着的语气回答。大家听了，也都现出跟朴允焕同感的表情望着先生。

“整个情况都是这样。”金亨稷先生接着说，“从目前错综复杂的形势来看，建立组织是刻不容缓的了。可是，我们没有别的捷径可走。我们要尽最大努力深入到民众中去，在民众中培养出更多的独立运动者。只有做到这一点，我们才能提早建立组织。在这条道路上，碰到巉岩，就要凿开它；碰到石块，就要搬掉它。无论如何，我们也要把组织深深地扎根在这块肥沃的土地上！”

“您说的很对了。”

全永泰用无限尊敬和感叹的神情望着金亨稷先生说。

“让我们全体同志克服急躁情绪，再接再厉，奋发图强，精力充沛地投入新的工作吧！现在时间也不早了，让我们再具体讨论一下大家回去之后要做的工作。”

太阳斜挂在烽火山西边的天空，树林里吹来了冷飕飕的秋风。

金亨稷先生根据他所摸索和积累的经验，具体地谈了深入到群众中去进行工作的方法。

先生特别谈到在内洞村组织学校契、乡土契、碑石契，开办明新学校和夜校，通过它们团结群众的情况，给了大家很大的启示。

先生还具体地谈到各地应该象内洞那样，把这种契和亲睦会、互济会等各种传统的群众性组织，以及各地的私立学校和夜校都置于我们的影响之下利用起来。没有的地方，可以根据本地的实际情况采取新建等各种方法，深入到群众中去。

最后，先生再三强调了培养大批劳动群众出身的新的独立运动者的问题。他说，要使我们的组织成为群众自己的组织，就要有大量的来自群众的独立运动者来指导民众。过去义兵斗争的经验证明，劳动群众出身的独立运动者都坚贞不屈地斗争到最后。希望大家不要忘记这个事实。

与会者深深地体会到：先生的“志远”的远大思想，在这次会上又一次得到更伟大、更深刻的阐述。尤其是秋风队长，激动得简直无法用语言来形容。他不由得想起那些生前没有见到金亨稷先生，在战斗中饮恨牺牲的老同事。他闪动着热泪盈眶的眼睛，听先生讲话。

先生谈完了整个活动方向和任务以后，具体地向每个同志交代了工作。

责成殷栗的朴允焕组织同志们深入到日寇东拓会社盘踞的信川、载宁、那茂里、峨勒里等平原的农民中进行活动；责成平壤的曹弼禹通过学友会，更加广泛地把青年学生团结在我们的周围；责成方仁秀把同志们派到平壤市内的织袜厂和橡胶厂的工人中去，派到顺川、安州和介川一带的农民中去。先生还说，准备在几天后亲自到平壤去帮助他开展工作。

责成允三在全罗道和庆尚道的农民中，在釜山和木浦等大城市的工人中，特别是在码头工人中，培养我们的同志。

然后，金亨稷先生向全永泰谈到国境地带的同志们的任务，特别着重地谈到元东有独立军部队内部要做的工作。

"……我们对鸭绿江和豆满江国境一带的独立运动，尤其对那里的武装活动赋予重大的意义和期望。正因为这样，我很感谢国境地带的许多同志，更感谢元东有队长支持我们的方针并积极展开活动。特别是，他向邻近的独立军部队宣传我们的目的，努力同他们联合，这是非常好的事情。"

全永泰听着金亨稷先生的话，年轻而精力旺盛的眼睛里充满了喜悦。先生继续说：

"可是我认为，元东有部队首先要解决的问题是要很好地建设部队。"

"要很好地建设部队？……"

全永泰诧异地问。学堂谷会议以后，元东有部队一连开了几天干部会，经过反复讨论，订出了贯彻执行先生方针的措施。一直处于消沉状态的部队，自从接到新的方针和金亨稷先生派遣的公奇明参谋来到以后，开始活跃起来了，而且还往来于鸭绿江两岸之间，虽是小规模的，也打过几次奇袭战。此外，元东有还派人到邻近的独立军部队去，或邀请他们前来，向他们宣传新的方针，开始进行联合工作，可是工作做得并不顺利。因为别说向他们做宣传工作，他们连门都不肯打开，根本没法进到他们的部队里去。有不少独立军专搞争权夺势，在四周筑起不信任的高墙，困坐在里面。全永泰把这个情况向金亨稷先生作了汇报，希望先生指出解决这个难题的办法，可是先生却说先决问题是把部队建设好。

"是的，首先必须从加强部队的建设工作做起。"

"哦……"

全永泰含糊地应了一声。

"当然，据我去年上间岛的时候看到的，可以说，元东有部队以队长为首，上下是团结的，不论部队的装备，还是队员的精神状态和军事纪律，都很严整，搞得很好。可是，要想在国境一带四分五裂的独立军当中起带头作用，我看还得好好整顿整顿。"

"是的，我也是那么想。"

“要把元东有部队建设好，使它成为国境一带独立运动的先锋榜样。现在，我们不能光靠嘴去说服引导国境地带的独立军，我们只有把元东有部队很好地建设起来，使它在实际的政治、军事活动中成为主导力量，其他独立军部队才会拥护我们的方针，到那时候我们才能谈联合。”

先生对大大小小一切问题的判断和策略，总是那样富有远见。

“先生，我们还没有想到这点。”

全永泰这才领会了先生的意图，不由得低下了头。

“请你向元东有队长转达，我们在国内尽力设法帮助。问题是怎样建设部队。……”

先生继续谈到了在部队的指战员中深入开展独立运动新方针和策略的宣传教育，使他们树立坚定不移的信念的问题；谈到了按照现代体制改变现行的武器装备、战术和军事纪律，并在将来建立军官学校，系统培养有训练的军事干部的问题；谈到了搞好邻近地区居民的工作，取得他们的积极支持和支援的问题；并指出了解决这些问题的具体途径。

秋风在一旁听到这些谈话，不禁又吃了一惊，没想到金亨稷先生在军事方面也是那样内行

先生平静地接着说：

“当然，这是一件十分艰巨的工作。在无依无靠的异国，重新建设部队。……但是，我相信，只要元东有队长下定决心，全体同志上下一致，行动起来，就可以做到。刚才我已经说过了，我们也要尽力帮助。购买新武器，开办军官学校，扩大和加强队伍，做这些事，是需要经费和人员的。这要由国内的运动者们尽力来办。再过十天左右，我想先送十几名优秀的青年和一部分经费去。”

金亨稷先生从容地结束了自己的谈话。

“先生！……”

全永泰声音微颤地叫了一声，就没有再说下去。

“谢谢您！……”

过了一会儿，全永泰勉强接了这么一句，脸上洋溢着喜悦和信念。

这时候，在暗地里感到心情激动的是洪俊杰，因为他觉得先生说的要派十几名青年上元东有部队的话是指他和他的伙伴们说的。特别是，先生在说这句话的时候，还看了洪俊杰和秋风队长一眼。一想到拿起枪杆子，走上消灭日寇的战场，心里就好象波涛翻滚。“派我去吧！”这句话都跑到嗓子眼了，费了好大劲儿才把它咽下去。说不定一会儿就向他和秋风交代任务呢。洪俊杰这么想着，用他急切的目光望着先生。金亨稷先生说：

“那末……”

话刚开头，正转脸看洪俊杰的时候，山下传来了沙沙的脚步声。一个白色的身影在密密的松林里一晃一晃地走上来。大家都紧张地把目光集中到那个方向。登上石坪的人是在山腰体育场上放哨的许基善。

先生沉着地望着上气不接下气的许基善。

“先生！日本鬼子的警察进到村里来了！”

“警察？”

“是的，来了三个，有一个家伙肩上还带着大金杠儿，他们好象都到朴炳泰家去了。”

大家都望着金亨稷先生。洪俊杰不由自主地把手插到腰里去了。可是先生依旧泰然地坐在那里，注意地察看了村里的动静，然后向同志们说：

“这么办吧，工作也讨论完了，就散会吧。请曹弼禹君陪着上远道的朴允焕君和全永泰君，越过烽火山到马滩刘君家住一宿，明天就上路。请洪君陪秋风队长到上庄老鲁家躲一躲。快散会吧。”

“我们不要紧，我们往山里一钻就没事了，倒是先生得想个办法躲一躲呀。”

朴允焕担心地向先生说道。

“先生，我陪您……”

洪俊杰依旧把手插在腰里，挺着身子说道。

先生泰然地笑着说：

“请不要为我操心，你们快点行动吧！我没有必要躲藏，村里的老师就应该留在村里。洪君，请你陪秋风队长快点出发，晚上到我这里来一趟。顺姬爸，你也先回去吧。”

先生同大家一一地紧紧握手，催促他们快点走，然后，又站在磐石上目送同志们。直到他们的身影消失在树林里以后，先生才用锐利的目光朝着朴炳泰家的方向察看了一会儿，开始走下山来。

太阳落山了，暮色降临到村庄。

先生回到村里，先到安信道老大娘家去了。夏天，先生把寄宿处移到安信道老大娘的外屋，因为郑镇求老人的家里有很多客人来往，家口又多，多少有点不便。先生进到屋里，再次查看了有没有可被人作为线索的文件和书籍，然后径直奔向学校去了。当先生刚走出排子门的时候，就和急步赶来的得富撞了个满怀。

得富睁大着眼睛，告诉先生说朴炳泰家里来了三个警察，其中的一个是高等科主任。据得富说，高等科主任同朴炳泰唧咕了半天，就把得富找去，扬着油亮的大磨盘脸，问夜校里都教些什么，有没有说过日本坏，朝鲜要独立的话。详细地盘问了半天，还叫得富把学习本子拿给他们看。这个高等科主任从得富身上没有问出什么线索，感到很失望，茫然了一会儿，就哄得富说："以后你要勤上夜校，多到老师家去玩儿，好好看看他都干什么，教什么，和谁来往，说些什么话，看些什么书。把看到的全都告诉你的东家。听我们的话，明年春天你的东家就把你送到高邑面新开的学校去念书，毕业以后，还给你地，给你娶个媳妇。你明白吗？"

"哼！狗崽子，你们想把先生怎么着？"

得富握紧拳头发恨地说。在这段时间里，得富变得完全象另一个人，已经很懂事了。

先生听了得富的话，思索了一会儿，说：

"得富，谢谢你，我知道了。你不要担心，回家去吧，晚上到夜校来。"

"今天还上夜校吗？"

得富疑惑地问先生。

"今天怎么就不上呢？你快回去吧，别叫人家看出来。"

得富始终没有消除不安的神情，望了一会儿先生，就回去了。先生望着得富的背影，心里想：敌人已经三次进村，是不是嗅到了什么气味？不会的。那末，是为了加强监视吗？这一次来了三个家伙，而且还有高等科主任出马，确实有点不寻常。以后要更加提高警惕。先生一边这样想着，一边走向学校。

四

同往常一样，当村里各家都收起晚饭桌的时候，学校里就响起了上夜校的钟声。东庄、运动谷、西庄……左近村里的夜校生都到学校来了。上庄和中庄的也来了。教室里坐满了人。夜校生大多是青年，但也有许基善、徐春甫、崔叽叽这样的中年人，旮旯儿里还挤着几个梳着大辫子的姑娘。若是往日，一走上上夜校的路，大家伙儿早就你一言我一语的闹哄起来了。可是今天晚上大家都怀着不安的心情坐在那里，等待着金亨稷先生到来。因为村里的人谁都知道，傍晚的时候有三个警察到朴炳泰家里来了。

过了一会儿，门一开，金亨稷先生穿着长袍走进教室里来。夜校生们的目光一下子集中在先生的身上，可是先生依旧象往常那样笑容满面，态度自然。金亨稷先生站在讲台上，望了一会儿夜校生，立刻察觉到他们的神情很紧张，脸上笼罩着不安的阴影。

“现在开始上课。今天我们学习朝鲜语的字母。过去这些日子里，因为大家努力学习，比较容易的字大体上都会念会写了。这堂课，我们要学习我们的文字有多少个字母，字是怎么拼成的。我把字母写在黑板上，请大家抄在本子上。”

金亨稷先生挑了一支粉笔，转向黑板。这时候，夜校生们才忙着打开本子，掏出铅笔。

“ㄱ(g)，ㄴ(n)……”

先生一个一个地念着字母往黑板上写，夜校生们拿铅笔尖在嘴里蘸蘸唾沫，跟着抄。

先生写完了字母，回头望着夜校生。许基善、得富、春甫和锡万等人，一边抄写，一边偷偷地看金亨稷先生的脸色。先生知道，因为警察来到村里，夜校生们都有点心神不安。先生觉得要上好这一堂课，必须先让学生们安下心来。先生一边想办法，一边看着学生们抄写。等学生们抄完了，先生就开始讲课：

“就象大家在这里看到的，我们的文字是由十九个子音字母和二十个母音字母拼成的。我们已经学了一千多个单词，朝鲜语的单词有几十万个，只要学会这三十九个子音和母音字母，就没有写不出来的单词了。现在，让我们看一下这些子音和母音是怎样拼成字的。‘ㄱ’的旁边写上‘ㅏ’就成了‘가’(ga)字，‘ㄱ’的下面写上‘ㅗ’，就成了‘고’(go)字，‘ㄱ’的下面写上‘ㅜ’，就成了‘구’(gu)字。我国的文字就是这样由子音和母音合成一个完整的字的。因为我们的字母数目不多，容易发音、拼字，不论是谁，一学就会。我们的文字不光简单明了，而且不论什么样的音和意思都能标出来。世界上有一百多个国家都有自己的文字，象朝鲜文字这样优秀的文字可以说是少见的。可是过去的两班官僚却放着自己的能写出本国话的头等文字不用，偏偏借用别国的文字。我给你们讲个笑话吧，这个故事发生在平安道的北仓邑。”

金亨稷先生把话题一转，讲起故事来了。夜校生们也渐渐地来了兴趣。先生讲了北仓邑地方长官和两班官僚因为把别国的文字奉为“真书”加以崇拜，把自己国家的文字贬为“谚文”加以歧视，结果出了丑的故事。

“……有一年夏天，正当三伏，北仓邑长官和一些自以为了不起的两班文士，围坐在村里的一棵大树底下乘凉聊天。他们闲得难受，就下象棋和围棋，消磨时光，还摆上筵席，喝酒取乐。酒劲儿上来的时候，又一个个显白起自己的文才来了。”

夜校生听着，都好奇地望着先生。

“正在这时候，有一个背着包袱的行商路过，看到两班官僚文士们在快活，就走到大树底下，向长官说：‘小人打搅了两班老爷的酒兴，有罪有罪。现小人碰到一件冤枉之事，特来禀告，望大老爷替小人做主。’长官听了，没好气地瞪着行商问道：‘什么事？’行商回答说：‘小人是本庄的辣椒贩子，今天路过东轩的时候遇到检查，他们怪小人贩辣椒的执照是用国文填写的，就把小人抓去，狠狠地打了一顿屁股。回来的路上小人越想越委屈，听说大老爷驾到，特来伸冤，望大老爷替小人做主。’

“他向长官诉说了冤情。长官说：

“‘你为什么不用国家明令使用的两班的真书，偏偏使用禁止使用的贱民的文字？’

“长官反把行商骂了一顿。

“‘是，是，小人无知，不认得真书，希望大老爷指教这“高粗嘎鲁”（朝语辣椒面）用真书是怎么写法，以后一定照办。’行商这么一问，长官就象哑巴一样说不出话来了，怎么想也想不出‘高粗嘎鲁’的汉字写法。他用眼睛一瞟一瞟地不住地看旁边的两班文士们，希望能侥幸地从他们那儿得到一点帮助，可是他们也同样光是在嘴里咕噜着‘高粗嘎鲁’，没有一个能替他写出来的。”

先生讲到这儿，望了一会儿学生，刚上课时的那种紧张情绪完全消失了，大家都津津有味地听先生讲故事。先生继续讲道：

“这些两班都自以为精通《大学》《中庸》《孟子》《论语》和《诗经》《书经》《易经》等四书三经，很觉得了不起，走路的时候都是腆着肚子的，没想到叫这小小的行商闹得下不了台。他们越想越气，肺都要气炸了，可就是不知道怎么才好，只是你看看我，我看看你，都不吭声。正在这时候，回家吃完晌午饭到地里去耪地的农民老金路过这里，看到这种光景，实在忍不住了，就哈哈大笑起来。

“‘谁这么放肆，竟敢在老爷们面前高声狂笑！’

“长官正一肚子火没处发泄，看到这个庄稼汉，就大声骂起来。

“‘哎呀，两班老爷们让这么几个字难得说不出话来怎么不叫人发笑呢？别看我这个整天拿锄头翻土勒颗的庄稼汉，“高粗嘎鲁”这几个字还能画拉出来。’

“农民这样满有把握地一说，长官越发火儿了，叫道：

“‘你这个东西这样不懂规矩！这么多数得上的有学问的人都写不出“高粗嘎鲁”，一个个憋得象得了牛黄病的母牛一样直哼哼呢，你一个贱民懂得什么，还随便胡说八道！’

“长官怒火上升，把笔一摔，叫道：

“‘老东西！现在马上就给我写，写不出来，我把你剐了！’

“农民不慌不忙地走到长官面前，说：

“‘我用不着笔，请大老爷仔细看着就是了。’

“说着，他就从腰里拔出锄头，用锄把子在地上划了一个很大的十字，泰然地说：

“‘竖一笔就是“高粗”（朝语“竖”和“辣椒”音相同），横一笔不就是“嘎鲁”吗？（朝语“横”和“面”音相同）禀告大老爷，“高粗嘎鲁”就是这么“十”写的。’”

“哈哈哈！……哈哈哈！……哈哈哈！……”

夜校生们听了先生讲的故事，个个拍着手掌大笑起来。

学生的笑声停了，室内又静下来。先生继续讲道：

“一直跪在那里等待发落的辣椒贩，把大腿一拍，站起来赞叹说：‘这才是真正的“高粗嘎鲁”哇！’坐在树下的长官和两班们，卖弄真书，结果是大大地丢了脸。”

先生的故事讲完了。

这时候，教室的门突然一开，春甫的儿子甲石跑进来。不知因为什么，他显得很紧张。夜校生都看着他。

“老师！警察朝学校这边来了！”

甲石和锡万的儿子英春，原来在外面放哨。

“警察？”

“干什么来呢？”

夜校生们紧张得哄哄起来。可是，先生却坦然地向甲石走进来的门外瞅了一会儿，说：

“没关系，大家放心吧，咱们继续上课。甲石，谢谢你，你再出去看着。咱们继续学习字母，请大家跟着念。ㄱ(g)……”

先生挨个儿指着黑板上的字母往下念，学生们跟着念，声音开始很低，后来就渐渐地高起来了。夜校生们从先生的坦然的神态中得到了勇气。

“ㄹ(l)，ㅁ(m)……”

读书声响亮地震荡着屋顶。

庭院里乱七八糟地响起一阵皮鞋声，接着教室的三个门同时哗啦啦地被打开了。读书的声音立刻停住。随着噼哩啪啦的刀鞘响，几只凶狠的大皮鞋踏进屋里。一共是三个鬼子。满脸油光的高等科主任，扬着他那大磨盘脸，走到讲桌旁边，骨碌着大眼珠子，把教师、黑板和夜校生们都扫了一眼。高等科主任没有开口，只用下巴向两个警察一指，两个警察会意地点了点头，就穿着大皮鞋，踩着炕席，直向夜校生扑过去。高等科主任也走近先生身边。一直泰然自若地注视着鬼子的先生，眼里好象突然射出一股炽烈的火光一样，严厉地大喝一声说：

“你们怎么这么无礼？”

先生的声音威严逼人。三个警察登时站住了。高等科主任瞅着先生，被先生轩昂磊落的气概慑服，愣了一会儿，才咕噜道：

“奉当局之命，进行检查。”

“要检查，就该按手续办。现在正是上课时间，你们竟敢如此无礼！”

“无礼？什么叫无礼？”

“就是无礼！这是神圣的学校，而且是你们的法律认可的学校！学校是神圣不可侵犯的。你们带着枪，穿着皮鞋，未经许可就闯进正在上课的教室，这是连你们的法律都不允许的。请退出去！要检查，等我们上完课，按手续检查。”

先生依旧用严厉的语气呵斥道。

“呵！好厉害呀！”

高等科主任嘟囔了一句，可是也没话可说了。他低估了对方，结果碰了一鼻子灰。鬼子避开先生的严厉目光，转过身去向着夜校生。夜校生看到先生正气凛然，从容不迫地进行反抗，也有了勇气，都用愤怒的目光瞪着鬼子主任。鬼子主任的胖嘴巴象抽风似地直颤抖，但他想不出别的办法，只好压下一肚子火，说：

“好吧，你们继续上课，我们在这里参观参观，等你们下课。”

鬼子主任觉得反正他们已经闯到教室里来了，就是等到下课，他们的搜查也不会受什么影响，顺便听听讲课也不错。

“参观就参观吧，不过你们得脱鞋进屋。你们自称是文明人，穿着满是泥土的皮鞋往人家脱鞋进屋的炕席上乱踩，有这种道理吗？”

“什么？你敢叫执法的警官脱鞋子？”

鬼子主任又红着脸说。

“我要求你们脱鞋和你们执法完全是两回事。”

先生的话义正辞严，说得鬼子无言以对。鬼子主任气得脸红一阵紫一阵，可就是没有办法。

鬼子们只好走到廊台上，脱了鞋子再进屋。先生这才继续讲课。

“ㄱ(g)——，ㄴ(n)——，ㄷ(d)——，ㄹ(l)——，ㅁ(m)——”

念了一遍又一遍，先生不断地领读，把每一个字母都反复地念了十遍二十遍。夜校生们知道先生是想给鬼子苦头吃的，也就故意地拉长嗓门儿慢慢地跟着读：

“ㄱ(g)——，ㄴ(n)——”

起初，警察站在门口，滴溜着眼珠子，恨不得马上要找出什么线索似的，后来被这个不断的“ㄱ——ㄴ——”声弄得渐渐疲倦了，有两个警察竟蹲在那里打起盹来。只有高等科主任直挺挺地站在那里，哭丧着脸瞅着学生。

到了深夜才下课，警察开始检查，从先生的教案到学生的笔记本，以至文具箱、教具箱等全都查遍了，可是没有抓到一点线索。高等科主任失望地站了一会儿，走了。警察一走，大家就哄堂大笑起来。他们第一次理直气壮地对付了日本鬼子。

警察回到朴炳泰家里，一直吃喝到天亮。第二天中午，他们把继续监视先生的任务交给朴炳泰后才走了。

洪俊杰和秋风朝上庄走了一会儿又折回来了。他们怕金亨稷先生的安全万一发生什么情况不忍心离开先生，就折回来藏在学校的后山上。

他们打开手枪的保险机，心里打定主意，若有什么情况，一定要舍身救出金亨稷先生。但是鬼子白跑了一趟。他俩也在山上过了一个夜晚和一个白天，第二天天黑的时候才到安信道老大娘家来见先生。

“幸亏没出什么事。”

秋风一见高兴地迎接他们的先生，就不禁从心里欢喜地说。

“能出什么事？警察就是走狗，他们的营生就是不分白天黑夜地到处闻闻嗅嗅。哈哈哈！”

他俩听了先生的洒脱的谈话，都不禁笑了。大家一起坐了下来。

先生说：

“前天晚上，我已经都说过了，对秋风队长没什么再要说的了。以后就请你和洪君一起，在成川、阳德、宁原一带的参加义兵的人和青年中间，培养出更多的同志。你们两位做的工作是非常重要的。秋风队长，就按着现在的做法，继续负责青年的军训工作，培养出大量的武装队员来。”

“知道了，我一定尽力而为。”

秋风的回答虽然很简单，但他已暗暗地下定决心，一定要遵循先生的意志，贡献出自己的后半生。

金亨稷先生接着把目光转向洪俊杰。

“我再谈谈洪君的工作。你在苍谷办了夜校，又请了一位名叫边玉林的女老师，这些事做得很好。你把这些教科书带给边老师，供她做参考。”

先生拿出一套明新学校使用的教科书来继续说：

“你要做好对边老师的工作，要一点一点地用我们的思想教育她，可以把她培养成为出色的女独立运动者。”

“女独立运动者？”

洪俊杰还没有想到这一点。

“要想教育和发动妇女，就需要培养大量的女独立运动者。”

“明白了。”

“我再跟你商量一个很重要的问题……”

先生严肃地说。

“不是别的，就是昨天晚上我向全永泰君谈到的，我们准备在国内挑选十几名好青年派到元东有部队去的事，你的意见怎么样？”

话音刚落，洪俊杰不由得朝先生的面前紧靠了一下，心潮澎湃地说：

“先生，这还有什么意见不意见的，我正想向您说……就让我领我们的那些同志去吧。”

“你要去？”

先生微笑着问。

“是！”

洪俊杰回答说，他的脸涨得通红。

“不是这个意思，我说的是能不能从洪君和秋风队长训练的青年里头，挑选出五六个人来。”

“哪末，我呢？……”

洪俊杰感到失望了。

“你不要着急，今后，不论是洪君，还是我和别的同志们，都会有机会拿枪杆子的。不过，现在洪君在成川的工作更为重要。你培养几十几百名武装队员，对我们的独立运动来说，比你一个人去拿枪杆子，会有更大的好处。”

“我懂了……”

洪俊杰虽然有点遗憾，但是不得不听先生的话了。

谈完了工作，洪俊杰和秋风向先生告别。先生把他俩送到村外。野外一片漆黑。洪俊杰这次来，心里有件事总放心不下。现在，在漆黑的野外同先生分别的时候，心中的愁绪越发不安地翻腾起来。洪俊杰重又回到金亨稷先生的身旁，说：

“先生！我有句话要跟您说说。”

“什么话？”

先生诧异地望着突然转回来向他郑重其事地说话的洪俊杰。

“我总是担心先生的安全。我觉得需要从我们的同志里抽出一个人来保卫先生。我看还是我来保卫先生吧。如今成川有秋风队长，我来了也不会……”

先生好久没有回答，因为天黑，也看不见先生的表情。

“谢谢你，洪君，请你不要担心。村里的人们都在保护着我，还有什么可担心的呢？请你们放心地走吧。”

洪俊杰没法再说什么了。站在后面的秋风，用无限尊敬的目光望着先生。昨天晚上，他和洪俊杰藏在后山，察看着村里的动静，讨论过保卫先生的问题。可是现在，在先生的如此从容无畏的气度面前，也没有什么可说的了。他想起昨天在石坪上开会的时候，村里的人们站岗放哨，向先生报告警察的动静的情景。

他想，先生由于自己的伟大的思想和崇高的品德，受到了人们的崇敬，先生是在群众的集体保护中进行着工作的。

秋风在这一年接受了金亨稷先生的意志，并且亲自见到了先生。这一年和这个秋天，对他来说有特别的意义，他这个僵死了的人又复活过来，得到了新生。这种想法火热地涌上了他的心头。

“不要替我操心，请你们路上小心。”

“先生！请您千万保重！”

秋风和洪俊杰同时向先生深深地鞠躬道别。

［节选自《历史的黎明路》，外国文出版社（朝鲜·平壤），1976 年］

不灭的历史（节选）

[朝鲜]朝鲜作家同盟中央委员会　四·一五文学创作团

一

一阵枪声。

一男睁圆了眼睛，伸长脖子朝大路望了一下。这时又是一阵枪声。枪声震动了整个山谷。

“看，那不是日本鬼了吗？”

三个十岁左右的孩子，丢下打嘎儿的游戏，飞快地爬上了小酒铺前院的白杨树，一男爬得最高。

“铁男，那条大道上又来了一队。”

一男慌忙跳到地上，拾起掉下的胶鞋，朝着一条小巷撒腿就跑。别的孩子也都跟着跑了。

随着噼噼啪啪的枪声，洋铁屋顶上打出了好多窟窿，土墙上噗噗地飞起了尘土。

有三百多户人家的大沟庄，一转眼的功夫就被搅翻了，到处响起了呼救的喊声。

“救命啊！救命啊！”

前额微微突出，眼睛溜圆的一男，紧握着一双小拳头，慌慌张张地跑到了堤坝上。他忽然想起了爸爸还在地里，就站住不动了。

他踌躇了一会儿，就拐过铁匠铺，朝着地头上的小道跑。这时候，迎面跑来一个人，用沙哑的大嗓门喊：

“快跑，鬼子来‘讨伐’了！”这个人是刚才一起玩打嘎儿的铁男的大哥李铁军。

“一男，快跑，往山上跑！”

李铁军用手指着大山，一阵风似地朝村里跑去。

“那儿也有鬼子！”

不知李铁军听见没有，他甩着胳膊跑进村里看不见了。

一男刚要跨过大路，忽然发现黑忽忽的一长串大卡车迎面急驰而来。车上全是鬼子兵，机枪不停地喷着火舌。汽车不知有多少，沥沥拉拉一直连到远远的山后头。

一男立刻退回来，想沿着土墙绕到后巷去，正好碰上了铁男的哥哥，他抱着一个胸口淌血的老大娘，一边跑一边喊那些在胡同里慌做一团的人们快逃到山上去。

惊慌失措的人们听了他的话，才忽啦啦拥向江边，开始往山里跑。

不一会儿，山那一头也响起了枪声。

一男看着没有路可走了，就拐进有一家贴着仁丹广告的商店的胡同，想跑到村后头去。卡车一辆接一辆地开进了大街，端着枪的鬼子兵一窝蜂似地跳下来，三五一伙地分头冲进了每条小巷。

一男一步跨过大街，爬到桥下躲在桥墩后头，睁着大眼睛察看四周，盘算着该往哪儿跑。

村里早已火光冲天，刚才跟铁男和昌淳一块打嘎儿的小胡同，也升起了浓浓的黑烟。被春风吹得干干的草屋顶，烧得呼呼直响。

在烟火弥漫的院子和胡同里，穿黄军装的鬼子兵，提着煤油桶，挥舞着火把，象饿狼似地狂嗥着到处放火。

大火迅速蔓延全村。

对刚过十岁的一男来说，这幅惨景实在是太吓人了，他还无法理解这是怎么回事。今天他还是第一次看见日本鬼子。他虽然常常听姐姐和铁男的哥哥以及儿童团的闵老师说，日本鬼子是天下最坏的魔鬼，但他还理解不了为什么这些魔鬼就这样突然闯进来随便杀人放火。

他两手捂着脸，圆睁着吓呆了的眼睛，失神地望着燃烧的村庄。他的视线移到中庄，立时想起姐姐还在家里。他想跑回中庄去找姐姐，于是从桥底下爬出来。可是一阵响声又把他吓回去了。

只见一帮骑马的鬼子军官朝桥口涌来。一男又退到泥泞的桥下，蜷做一团等鬼子们过去。洋马从桥上得得地走过，泥土沙沙地落下来，灌到他的脖领子里。鬼子们噼哩啪啦地响着军刀从桥上走过去了，一男这才悄悄地逆着河水往前蹚，爬上了大路。

快到私立学校操场的时候，他又趴在一个沟里，只见鬼子兵正在从村子里往外拉人，已经有好几十个人被拉出来了。

“啊，铁男！”

吓得脸色煞白的铁男，拽着妈妈的胳膊，呜呜地哭着。

“妈，别去呀，妈！”

一个矮个子鬼子兵，龇着大獠牙，抬起皮靴狠狠地踢倒了铁男。

“啊！”

一男张开嘴，两手捂着胸口，浑身发抖。铁男又爬起来，扯住妈的裙子跟着。

“喂，铁男！”

一男几乎喊出声来，叫铁男拿石头打鬼子，可是嗓子发咽，喊不出来。

人们被拉到学校操场，一个鹰钩鼻子的日本鬼子把人们排成一行，端起枪来叫喊：

“共产党，走出来！”

人们一个个昂首挺胸，岿然不动。

“快出来！”

四五个鬼子兵跑上去拉出了十几个青年，当中还有四五个女的。

一男怕姐姐也在里头，心里万分焦急，可是仔细看了看，里头没有姐姐。

鬼子们开枪了，被拉出来的人一个个倒下去。

“这些该杀的！”

“你们这些恶鬼！”

“这些鬼子，快打死他们哪！”

铁男的妈挥着拳头痛骂日本鬼子。

就在这时候，突然从人群里走出一个青年人，大声地说：

“乡亲们！把头抬起来！鬼子们行凶，是因为他们害怕了。上个月，在安图成立了抗日游击队，是打倒日本帝国主义，解放咱们老百姓的武装部队。鬼子们吓破了胆，才这样来行凶。大家不要低头，鬼子们灭亡的日子不远了！”

“金星将军一定会解放咱们的祖国，一定会替咱们报仇！”

他是这里的儿童团负责人闵老师。他挥着双拳，大声地说着。突然两声枪响，他那举在头上的双手放下来捂住了胸口，缓缓地倾倒了，再也没有站起来。

人群立刻喧闹起来，齐声痛骂：

“打死日本帝国主义强盗！”

“跟鬼子拼了!”

一个鬼子骑马跑来,腰上挎着一把洋刀。他跳下马,咔咔地响着枣红色的大皮靴,走到人群的前面,叉开两腿,拄起洋刀,竖起眉毛往左右扫了一眼。

他看着这些宁死不屈、坚决反抗的朝鲜人,和相形之下显得丑陋不堪的自己手下的喽罗们,气得脸煞白,青紫色的薄嘴唇象树叶被风吹动似地颤抖了半天,才吐出一声尖厉刺耳的嗥叫:

“统统杀光!”

他被自己的这声尖叫刺痛了神经,肩膀一哆嗦,左右望了一下。这一声嗥叫,把鬼子兵吓得活象一群挨了鞭子的小猪崽子,哗地向四下散开。

一男一眼不眨地直盯着鬼子军官。

“统统烧光!”

整个村庄都淹没在火海里,私立学校也升起了冲天的火柱。

一男趴在沟里,肚子紧贴着地。他揉了揉烟熏的眼睛,望着燃烧的学校。

这所学校,是铁男的哥哥和闵老师以及全村人整整忙了一个春天盖起来的。一男和铁男也一块上山去运过椽子木和柳条子。

一男好象自己在挨烧,全身收缩,两手发颤。

这时候,又响起一阵急骤的枪声。侥幸逃出火海跑到江边的人们,一个个被打倒在沙滩上。

“这些吃人的恶鬼,快打死他们!该杀的恶鬼!”

在被持枪的鬼子兵围在学校操场上的人群里,铁男妈还在怒骂鬼子。

拄着洋刀的鬼子军官把手一挥,立刻有两个鬼子跑上去要把铁男妈拉出来。

铁男妈挥着拳头抵抗。人们把她围起来护着,不让鬼子们挨着她。

“你们这些该死的东西,狗杂种,敢跟我动手,狗娘养的!”

她朝一个张牙舞爪的鬼子兵当胸给了一拳。

四五个鬼子一起扑上去。人们又把她围在当中抵抗。鬼子们又开了枪,立刻有两个人倒下。

“把我放开,让我出去。为我一个人,还能让年轻人遭杀害吗!”

铁男妈拨开人群,大步走出来。铁男不在她身边,不知在哪儿藏着。

“你的儿子呢?”

一个穿西服坎肩、戴眼镜的家伙,翘起下巴走上前去问她。一看就知道他是个日寇的狗腿子。

“我不知道。”

“你儿子是不是共产党?”

大娘咬着渗出血丝的嘴唇,用充满仇恨的目光怒视着他。

“你生了个共产党,你也该杀!”

这话更激怒了大娘。

“我宁愿生下个共产党被打死,也决不生你这样的狗崽子。”

拄着洋刀的鬼子军官朝后面尖厉地喊了一声,两个鬼子兵跑上来抓住大娘的手臂,就要往燃烧的房子里推。

“狗东西,放开!我犯了什么罪?你们这些恶鬼!”

好几个年轻人冲上去从鬼子手里把大娘夺回来了。

就在这时候,铁男挤开人群,象出膛的子弹似地扑向大娘。

“妈妈!”

“铁男!”

蜷伏在地上的一男,急得差点没有大声喊出来。

铁男刚要伸手搂住妈妈,突然一声枪响,被打倒在地上,捂住胸口打滚。

一男惊叫一声,用手捂住脸,紧紧地闭上了眼睛。

静了一会儿,人群里爆发出愤怒的呐喊,对面跟着响起了爆豆似的枪声。一男睁眼一看,人们正挥着拳头冲上去跟鬼子拼,鬼子们又对他们乱开起枪。

围在人群中的铁男妈,把倒在地上的铁男抱在怀里,一步跨到群众的前头,说:

“乡亲们,别管我,你们要活下来报仇,替我们铁男报仇!”

大娘抱着铁男,被鬼子们推进了大火。

“铁男!铁男!”

一男情不自禁地叫着,霍地站起来。忽然,哗啦一声巨响,学校的房子塌了,腾起了冲天的火柱。

一男呆呆地站了一会,蓦地想起不该这样站着,应该告诉什么人,应该找个什么人来。他看了看四周,就沿着小水沟,朝后村跑去。

锦淑家的院子里也站着被鬼子抓来的群众。一男一眼就看见姐姐贞玉也夹在里头,吓得瞪着大眼睛愣住了。

他几乎要喊着姐姐跑过去,可是跳到墙角又贴墙站住了。

突然,有谁从后面抓住他的脖领子把他悬空提起来,又狠狠地摔在地上。

“小东西,你跑?”

一个露着一颗大龅牙的鬼子,提起沉重的大皮靴照着他的脑袋、胸口和腿脚乱踢乱踹。

一男吓得脸色发紫，抱着肚子在地上翻滚。

等他恢复了知觉定神一看，鬼子们把机枪架在院子里的牛车上，正疯狂地扫射着。从村里被拉出来排在田埂上的人们，随着枪声一批批地倒下去。

田埂后的大坑已经填满了尸体。

姐姐拉着隔壁锦淑的手出现在田埂上。她好象瞥见了一男却装作没有看见。

“姐姐！”

一男大声叫着，急得直跺脚。

不知道姐姐到底看见一男没有，只是默默地望着远山，坚强地屹立着。

一个矮胖子日本兵，把乌黑的脸皮紧贴着机枪托，扣了扳机。枪一响，姐姐拉着锦淑仰脸倒下了。乌黑的枪口不断地喷着火，站在田埂上的人群霎时都向后面倒下了。

“姐姐！姐姐！”

一男喊声没落，也往前扑倒了。他觉得好象有谁从背后猛推了他一下，但听枪声，似乎自己也被打死了。

不知过了多大时候，躺在地上的一男听见了鬼子们哇啦哇啦说话的声音。

一男闭着眼睛，一动不动地躺着。过一会儿，偷偷地睁开眼睛朝前望了一下。

他看见离他不远的地方立着一双大皮靴，一把洋刀垂下来几乎要碰到靴后跟。显然是那会儿在学校操场上看见的那个鬼子。

一男闭着眼睛躺在那儿，象死了似地屏住呼吸。

挎着大洋刀的鬼子叽哩咕噜说了一些什么，脚步声就渐渐远去了。

剩下五六个鬼子用刺刀一个一个地翻着倒在地上的尸体，检查有没有还活着的。一旦发现还没有咽气的，就朝他的胸口再打一枪，或者再刺一刀。

一男的腰上放着一只不知是谁的胳膊，头前伸着昌淳爹的大脚。锦淑的娘也倒在旁边。

现在一想，那会儿不是昌淳的爹把他踢倒了，就是锦淑的娘抱着他倒下的。

过了一会儿，一男又偷偷地睁开了眼睛。

再翻五六个尸首，就要轮到昌淳的爹，接着就要轮到自己了。

两个鬼子轮着个儿刺啊拖啊地忙了一阵，一个家伙忽然开口说：

“我说，要这么干，干一夜也干不完哪，拿脚踢踢，大概齐看看，不也就知道了吗？”

“我看也是，都死了这么老半天了。……”

“怎么样？马马虎虎看看算了！”

“要叫荒木看见……”

“哼，这荒木中佐，他那么发狠，是真见过抗日游击队怎么的？算了，先抽支烟再说，妈的！”

两个鬼子坐在碓臼上，点上烟，叽咕着。一个是矮胖子，另一个戴着眼镜。

“也许是得到什么情报了吧。听他们的口气，好象是大日本帝国的命运很不保险呢。”

“你说的是共产主义者的武装部队吧？”

“那还用说？听说这次居然向大日本帝国宣战的抗日游击队，是个特殊的力量，跟从前的不一样呢！”

“中佐现在满嘴都是‘特殊’，什么你们这次出动是‘特殊’作战，是去消灭‘特殊’的朝鲜人，打完仗回来给‘特殊’待遇！就是这么个口气。”

“说真的，要是朝鲜抗日游击队跟咱们干起来，咱进攻大陆就要受影响啊。”

“如果光是个什么影响的问题，咱大日本皇军还不会这样象打摆子似地发高烧吧？”

“‘抗日游击队’，这个名字听着就不是滋味儿。”

“前些日子，白川大将在上海挨了一颗炸弹，你听说了吧？听说扔炸弹的也是朝鲜人，真是个不好惹的民族，一个个都是那样叫你提心吊胆！”

“别说了，跟游击队比起来，那才算不得怎么可怕呢。”

“中佐大人现在大概已经干了一大杯吧？”

“那真是个好习惯。”

“怎么样，再干一会儿吧？”

两个鬼子用脚踩灭了烟头，各吐了一口唾沫。

昌淳爹的尸首先被那个戴眼镜的家伙拖走了。

接着，一男听到皮靴咔咔地又走过来，脑门子上掠过了一阵风。他屏住气，死死地躺着纹丝不动。

“这么个小不点儿，真地也是共产党？”

“现在说这个有什么用！”

一男的屁股重重地挨了两脚大皮靴，接着，脚脖子被一只粗大的手攥住，整个身子被悬空提起来撇到了那一头，扑通一下子摔在地上，把鼻子磕得疼极了，但他强忍住了。随后，锦淑的娘被拖过来了，她的腿噹的一声被撇在一男的腰上。

太阳快要落了，院子里死一般地寂静。

小酒铺前汽车隆隆地响着，各个胡同里传来了拉马车的杂乱噪音。

鬼子们嗷嗷地喊着叫着集合了。

一男不知道自己是死了还是活着。他想，挨了一枪的大概都是这样，再过一会儿就会不喘气了，死了。当四周都已寂静无声的时候，他慢慢地动了动压在肚子下边的手指头，还好；又动了动脚指头，也没事。于是他微微抬起了头，又过了一会儿，索性欠起身来往四面看看。

鬼子都不见了。

一男腾地跳起来，爬过田埂，到尸体堆里去找姐姐，可是没有找到。

他又跨过小沟，象疯了一样朝山上跑，要去找那些躲到山里去的人。这时候从左边山梁上劈空传来了一声呼唤："一男！"一男边跑边回头一看，是姐姐。姐姐扳着一棵棵的树，象骨碌一样朝一男飞快地跑下来。

"姐姐！"

姐弟俩在山口的地方紧紧抱住了。

"一男，你活着哪！"

姐姐象个失了魂的人，抚摸着一男的脊背，喃喃地重复着说。一男把头埋在姐姐的怀里，再也忍不住地放声大哭起来。他抽咽着说：

"姐姐，铁男给打死啦，铁男的妈也死啦，鬼子们烧死的。"

"……我也看见了。"

没想到姐姐只是小声地喃喃着，抚摸一男脊背的手却停在一个地方不动了。

一男哭了半天，姐姐的沉默使他感到意外。他惊异地仰脸一看，姐姐的眼睛闪着仇恨的光，怒视着敌人消逝的方向。

一男看到姐姐的眼神，不知不觉地脸也绷紧了。

"姐姐，"一男摇晃着姐姐，稚气地说，"我还当你挨了一枪呢。"

"胳膊受了点伤，都包好了，不要紧了。我倒是以为你死了，大哭了一场……"

姐姐跟往常一样，亲昵地说着，给一男擦掉了脸上的泥和手背上的血。然后拉着一男的手，朝乡亲们聚集的地方走去。对面山上，太阳已经落了。火烧的村庄上空，弥漫着青灰色的烟雾，处处散发着焦臭味。

通往城里的路上，鬼子们拉着很长的队伍走着。

隆隆响的汽车，拉大车的洋马，背着大包的鬼子兵，沥沥拉拉地散在大路上，很象是撒了满地的碎抹布条子。这儿那儿传来了象狼嗥一样的嗷嗷怪叫声。

鬼子兵们圆瞪着血红的眼睛，互相争夺从朝鲜人的箱柜里抢来的衣服、布匹和值钱的东西，连他们长官尖厉刺耳的叫骂也不听，闪着鬼子们特多的近视眼镜和大龅牙，粗野地狂喊狂笑。

登上山顶，眼前豁然开朗。群山连成一组美丽的曲线，犹如汹涌的波涛，蜿蜒伸向遥远的天际。山野春色烂漫。落叶松林披上了淡绿的春装，峡谷里发出潺潺的流水声。

身着灰色工人服的金星同志，擦着额上的汗说：

“怎么样，太阳下山以前能越过柞木岭吗?”

他的洪亮的话音刚落，跟在后面的田广植立刻走上前来回答说：

“还要走三十里，才能到柞木岭的山脚下。”

“还有三十里，那就得走快一点喽。”

金星同志抬头望着太阳，估摸了一下时辰，换了话题说：

“通知没通知权万成同志，要他这次带着李革同志一起来?”

“已经通知了。”

“那末，权同志恐怕要晚一些才能到吧?”

“他动身的时候说过要提前赶到的。”

“是啊，权同志从来没有误过时间。”

金星同志微笑着俯望将要走的山下边的路。

田广植怕对他有妨碍，往后退了一步。

金星同志开始往山下走。

前面相隔一段距离，走着一个传令兵。

负责警卫的田广植本应该在后面拉开一段距离走，但是因为金星同志常常向他打听地方的情况，不得不紧跟着。

田广植，中等身材，浑身上下结结实实，干净利落；宽前额，叫半新不旧的便帽遮住，不怎么惹人注意，唯有高鼻梁很显眼；农民型的脸，被阳光晒得黝黑闪亮。二十多天来，他一直警卫着司令官同志在豆满江中游地区视察。

上个月的二十五日，也就是大约二十天以前，在安图成立了抗日游击队。

金星同志建立了游击队以后，立即向各地派出了政工人员，并亲自到豆满江中游延和地区，沿着河流视察了和龙和延吉，然后又到汪清地区视察了一些地方，现在正动身前往安图两江。

革命形势在急剧地变化。日本帝国主义的史无前例的野蛮“讨伐”席卷了豆满江一带。

金星同志日夜奔走，有时走在火云飘绕的草原上，有时走在丛山峻岭中，晚上又思考问题，从来没有好好地睡过一夜。三天前，他忽然指示说，要派通信员通知各地政工人员和巡视员都到两江会齐。

在吉林的时候就已经开始跟随金星同志的田广植，听了这个指示，凭他独有的直感，立刻意识到金星同志已经考虑成熟了克服困难局面的办法。于是他放心地松了一口气，赶紧把通信员召集来，派到各地去了。

踏上了归途的金星同志，和往常一样，今天也是大清早就动身，现在已经走了七十多里了。一路上，他不断地打听着各地的情况，还亲自到两个地方进行了了解。

“大沟庄的李铁军同志该接到通知了吧？”

默默地走在下山路上的金星同志，忽然转过身来问。

“我想他该接到了。如果顺利的话，昨天就能……”

“这些地方中，就数他那个地方最让人不放心。敌人的所谓‘间岛地区派遣队’的主力，很可能向汪清、延吉方面集中。”

田广植听出他语气如此沉重，一时不知该怎么回答，迟疑了一会儿，才说：

“他一定会打出一个局面来的。”

金星同志没有再说什么，径直走下了山。

一走出峡谷，就出现了一片开阔地。绕过一个山嘴，前面横着一条挺宽的江。

“那是些什么人？”

金星同志停下来，把手举到前额上遮住阳光。

江边上是一片白花花的人群。

田广植在绕过山嘴的时候也看到了他们，只当是等着摆渡的，没有放在心上。

金星同志脸色突然变了。赶路赶得红红的脸上罩上了阴影，眼神忧郁。

田广植和传令兵先跑向了江边。

随后来到的金星同志，已经猜到了八分，就大步走上杨柳丛生的河堤。

走到有一棵垂柳的坡上的时候，田广植跑过来报告说，江边上的人都是前几天遭“讨伐”的。

“遭‘讨伐’的？”

“是的。”

“遭‘讨伐’的，嗯，那末都是从火海里逃出来的人了。”

其实，这是他早就想到过的，不料今天已经变成了现实，心里很不平静。

江边上的难民足有好几十个。多半是老年人、妇女和孩子。

这时候，太阳当顶，阳光温暖，正是赶路人最宜歇脚的时候。

在向阳的地方，受伤的人解开绷带看伤口，妇女们带着孩子舀来江水煮东西。

这里那里用石头架起的锅灶，冒着蓝烟，要说是准备午饭，未免晚了一些，要说是准备晚饭，又显得太早。

当田广植赶过来问这问那的时候，人们都用怀疑的眼光暗暗察看他的神色，等到看出没什么异样以后，就不再理会他了。

金星同志快步来到了江边。

他最先看到的是三个只有三四岁的孩子在地上摘野花。一个胖脸男孩子正伸手要摘苦菜花，衣袖上露出了被火烧穿的两个大窟窿。他的背后，一个坐在地上挪着走的短发女孩子，左胳膊缠着一块布，脚上只有一只小胶鞋；旁边的一个男孩子，头发都被燎焦了。

金星同志默默地望着他们，面色沉重。

孩子们看到来了生人，拿起腿上的苦菜花，伸了下舌头，稚气地笑着。离孩子们有五六步远的岸边，架着一只被烟火熏黑的搪瓷盆，一个中年妇女俯着身子在吹火，头上落满了白灰。她一抬头，布满血丝的眼睛里流下了两行泪水。

还有三三两两的几伙人蹲在低洼的地方避风。

一个十五六岁的姑娘，正给一个妹妹模样的小女孩缝着开了线的袖子。她一只胳膊缠着绷带，又是缝穿在身上的衣服，手不听使唤，加上身边还有一个陌生人望着她，更觉得不好意思，脸涨得绯红。

离她不远，有一个细高个儿大眼睛的男孩子，坐在那儿用小刀子削着什么，鼻子尖上渗出了点点汗珠。

“你在削什么呀？”

金星同志弯腰抚摸着孩子的头，轻声地问。

“削弹弓。”

男孩子抬起前额微微突起的头，响亮地回答。

“做弹弓？真是好玩意儿，你要拿它干什么呀？”他在男孩子身旁坐下来问。

“打日本鬼子。”

“打日本鬼子？给我看看好吗？”

他小时候也做过弹弓。顺和江畔柳树成林，可做弹弓的树杈子多的很。他曾用来做弹弓打过来搜查的日本警察。

“你要用这个打日本鬼子吗？”

“嗯，那些鬼子把我们的爹和妈……”

男孩子说不下去了，微微嘟起的嘴唇轻轻颤抖着。

“你说的对。好好做弹弓，去打日本鬼子。这孩子是谁呀？”

“她叫锦淑。她的爹和妈也都给鬼子杀死了。”

“这个孩子呢？”旁边又来了一个六七岁的男孩子。

“他的爹妈也死了。”

“你叫什么名字？”

“我叫一男。姐姐，你不是说我还有一个名字吗？”

姑娘抬起头，停下针线，对着一男想要说什么，但又低下头去不说了。

姐姐缝好了开线的袖子，用牙咬断了线。锦淑一下子跳起来向一男他们这儿跑过来。

光是这四五个孩子在一起，没有一个大人，这引起了金星同志的注意。

“就是一男的姐姐一个人照顾这些孩子吗？”

金星同志急忙问。

“是的。”

“是儿童团员吗？”

“我姐姐还是儿童团的小队长呢。”

一男忽闪着长睫毛大眼睛，骄傲地说着，还朝姐姐瞥了一眼。

“是这样。那末你们是哪个村，什么时候遭了‘讨伐’？”

金星同志问名叫贞玉的一男的姐姐。贞玉微低着头，咬着红红的嘴唇，犹豫了一会儿，才声音发颤地回答说：

“是汪清大沟庄……”

“大沟庄！”

金星同志吃惊地站起来。

“是的，是前天遭了‘讨伐’……”

贞玉满眼泪水，说不出话来，低下了头。

“嗯，原来是这样……”

金星同志沉重地自语着，抬头遥望远远的天边。沉默了一会儿，金星同志转向贞玉，问清了详细的经过。

贞玉今年十五岁，圆圆的脸，长睫毛，是个还没有完全脱掉少女气的姑娘。

她诉说着亲眼看到的情形，悲忿不时地涌上心头，几乎哭出声来，但她咬着嘴唇忍住了。她肩膀一耸一耸地抽咽着，把年轻人在操场被杀害，小孩子被烧死的惨状大略地讲了一遍。

金星同志听了贞玉的话，心如刀割，万分悲痛。他抚摸着锦淑的头，手不住地颤抖。

贞玉用手背擦着眼泪，正诉说着悲惨的情景，坐在几步外草地上的一个抽着烟袋的中年男子，轻轻地走过来坐下了。

他是大沟庄的庄稼人，名叫徐国宝。是个直筒子，大嗓门，正愁着无处发泄满腔的悲忿，看到贞玉诉说悲惨状况终于伤心得双手捂着脸泣不成声，就把贞玉的话接过来，抓着自己的前胸，用手比划着，让人听了好象身临其境似地叙述了遭受鬼子"讨伐"的情形。

他说着说着，忍不住满腔的悲忿，就用他那粗大的拳头捶自己的胸脯；还不时地嚓嚓刨着地，咬牙切齿地痛骂日本鬼子。他说他也失去了妻子和两个孩子。

"俗话说的好，'尽管眼泪往下淌，羹匙还是往上抬'，我现在才懂得了它的意思。嗐，这条命啊，怎么这样结实啊！"

金星同志望了一会儿用大拳头捶着地的徐国宝，慢慢地说：

"请您冷静一下吧。越是这种时候，我们越应该打起精神活下去。这不是贪生。活着的人为了替死了的人报仇雪恨，应当活下去，再说……"金星同志忽然停住，把视线转回岸边，望了一会儿衣衫褴褛，露着胳膊，赤着脚的孩子们，接着说，"为了那些无依无靠的孩子们的将来，不管有多大的困难，我们也一定要活下去，一定要打下去！"

"您说得对。我们庄的李铁军也是这么说的。

"他说，金星将军已经组织了游击队，就要给咱们报仇了。他还叫我带着庄里的人先躲一躲，我才上了路，可是……"

"铁军同志也在这儿吗？"

金星同志这样一问，徐国宝诧异地望了他半天。身旁的贞玉，已经平静下来一些了，一直留神地望着金星同志。这时候她回答说：

"铁军同志领着乡亲们顺着马盘山脊进山了。他嘱咐国宝大叔和我，带着小孩儿和不能走远路的老人，到和连去找组织，请他们保护，路怎么走也告诉了我们。他说等他们到那儿安置好了就派人来接我们。"

"那末，铁军同志的家里都怎么样啦？他家里还有老母亲和小弟弟呀……"

金星同志急切地问他们，但是贞玉也好，徐国宝也好，都答不上话来。金星同志觉得这里面有问题，抬眼环顾了一下四周，不知什么时候，已经围上了许多人。方才坐在山坡下给女儿模样的孩子梳辫子的中年男子，也过来坐在徐国宝的身边，他一声不吭，只是吧嗒吧嗒地抽着旱烟。那个穿浅黄色小袄、留一条辫子的小女孩，等到辫子梳好了，就端起还粘着饭粒的小铁盆，到江边洗去了。

这时候，刚才削弹弓的一男霍地站起来，用清脆的声音回答说：

“铁男叫鬼子开枪打死了，铁男的妈叫鬼子用火烧死了！”

他提着裤腰，铮铮地说着，眼里却哗哗地流着泪。

“是真的吗？”

金星同志把手搭在一男的肩上，眼望着徐国宝和贞玉。他们都低下头去。一男用手擦着眼泪，点了点头。

“是真的，都是事实啊。是凭人的理性无法相信的事实啊！”

方才给女孩子梳辫子的那个中年男子突然激动地插了一句。

金星同志解开上衣的几颗钮扣，转脸看着那个中年男子。

“我叫安东学。头次见面，恕我冒昧。请问天下还有这种事吗？他们大白天惨杀了那么多无辜的老百姓，这是古今内外未曾有过的残忍行为。唉，真是痛心啊，都要把人气炸了！我不是大沟庄的人，是到敦化去从那儿路过。这孩子是我的女儿，我带着她在大沟庄的一个小店里落脚。听见枪声，跑出去一看，村庄霎时变成了血海，大街小巷尸体横躺竖卧，婴孩们被扔进大火。啊，朝鲜就要这样咽气吗？啊？”

安东学紧攥拳头，全身嗦嗦颤抖。他也是无处诉说目睹的惨状，无处倾吐满腔的悲忿，强忍着挨到现在的。

他不管听他说话的是什么人，只要是朝鲜人，只要是能够引起应有的同情的人，他就要这样大声疾呼，痛哭流涕，就是熬上三天三夜也愿意。这个悲痛，这个愤怒，独自一个人实在太难以忍受了！

两个月前离开汉城的安东学，路过大沟庄，在那儿落脚住了几天，不料遇到这次惨事。也许就是因为这个缘故吧，他觉得很难同大沟庄的人们分开了。于是几天来一直跟他们在一起。

安东学是个有学识的人，他凭知识分子的直感和锐敏的观察，一眼看出了面前的青年人并不是普通的过路人。

从他的全身可以感觉到和蔼仁慈的品德；他目光敏锐，炯炯有神，对人的内心和情绪深入观察，一丝一毫也不轻易放过，他说话热情洋溢，声音洪亮，铿锵有力。这一切一下子紧紧抓住了安东学的心。安东学恨不得马上向他倾吐满肚子的心事，把所有的事情，不分轻重、大小都向他请教一番。

安东学不由自主地兴奋地大声说：

“老弱妇孺被推进大火，哀切呼号。您知道他们喊的是什么吗？他们是要我们报仇啊！他们那撕裂心肺的呼号，到现在还在耳边铮铮地响。人对人，能够这样残忍吗？就说是帝国主义强盗，就该这样残忍吗？这是对人类的污辱，是人类的耻辱！算了，不说这些了。再说咱们吧，难道我们应该期望敌人宽大仁慈，好好做人吗？我恨，恨我们没能回答惨遭屠杀的同胞兄弟们的凄惨呼号，没能回答他们悲切的最后一声呼唤！”

安东学义愤填膺，抓着胸口，嗓子嗬嗬地喘着。

金星同志看出安东学分明是一位有学识的人，很注意地听着他的激昂的控诉，觉得他是个有自己的主见，有自己的坚定信念的有志者。

如果是在另一种时候另一种场合，金星同志一定会找出适当的时间，用适当的方法跟这位有学问的人详细谈谈，可是现在挤不出空儿来了。

恰好这时候，那个穿淡黄色小袄的十岁左右的女孩子，端着小铁盆和饭碗来到了安东学的身边。

“小淑，都洗完了？”

“嗯！”女孩子举起还滴着水的饭碗给爹看了看，就塞到包袱里去了。

“爸爸，快走吧！”

“嗯，走吧。”

安东学又装了一袋烟叼在嘴里，收拾了一下包袱的背带，望着日头估摸了时辰。

金星同志在江边转了一圈，来到栽满柳树的河堤上。

潮湿松软的地，一踩就是一个小坑。水绿的柳树枝条轻拂着人的脚腕子。

金星同志心情沉重郁闷，他那倒背着的手里攥着一把湿漉漉的汗水。他越想越感到悲痛，觉得江边的这块土地仿佛就是被敌人践踏着的血迹斑斑的祖国的缩影。

被火烧破了衣袖，还伸出胖胖的小手玩着苦菜花的孩子，只穿着一只胶鞋的女孩子，头发被燎焦了的男孩子，他们仍然在可爱地笑着。他们这无比天真的笑，不正是号召我们打倒帝国主义的人类的呼唤吗？不正是他们充满血泪的呼号吗？那位抱着铁男被推入大火的母亲的呼号，不就是号召所有活在这一国土上的人奋然站起来同帝国主义决一死战的血的呼唤吗？到了现代，被帝国主义侵占的国家不止一两个，然而被如此凶恶的敌人如此残酷蹂躏的国家，恐怕再也找不到了。

由于日本帝国主义的杀人暴行，金星同志失去了父亲，两位叔叔被关进了敌人的监狱，自己也在敌人的野蛮镇压下经受了难以形容的考验和痛苦。不管多么艰苦的考验，不管多么惨痛的牺牲，他都勇敢地经受过来了。但是，眼前的景象，是全体人民的痛苦，是朝鲜的孩子们被火烧着，燎着。是他们，朝鲜的孩子们，仰着被火烧焦了头发的头，摇着被敌人的枪弹打上窟窿的衣袖，在可爱地微笑，在向我们呼唤：

"救救我们吧，我们是可怜的朝鲜孩子。"

金星同志轻轻地咬着牙，在河堤上沉重地踱着步。他感到他的心里好象有成千上万的孩子在捶打着他的胸膛，悲切地向他呼救。他无法忍受心情的郁闷，抬起头来，看见蓝蓝的天边轻轻地飘浮着一朵松软的白云。但是，白云很快就变了样，现出一个妇女的幻影，她头上落满了白灰，俯着身子吹了一会火，抬起头来泪汪汪地望着他。一会儿，白云又变成了一个男人在给一个失去了母亲的孩子洗脸。接着又变成了一个男孩子，削着弹弓，说要去打日本鬼子。

金星同志并不想把视线移开。灾难到处皆是。这些灾难并不是背过脸去就能躲得过的。

在一棵孤立的白杨树下，有一个水洼。这水洼好象生满了水锈，显得那么红。为什么连水洼都这样红？再往四下一看，觉得柳树河堤也沉陷在死一般的寂静之中，强忍着无限的悲痛。方才还悦耳地潺潺响着的河水，此刻似乎也象那个水洼一样呈现出血一般的红色。

万物都被鲜血染红了。祖国淹没在血海里挣扎。天上地下，充满着同胞的仇恨。云彩，水洼，也都染上了鲜血。

这一切，是人民要求打倒敌人，拯救祖国的撼人肺腑的悲切的号召，也是号召人们在地球上永远消灭帝国主义的严正的历史控告。

金星同志象抱着一团火一样，又一次痛切地感到了时代的这一严肃的要求。

他继续走着。踏着积了水的泥泞路走着。脚湿了，他也不管，仍然继续走着。

他的眼睛直直地望着前方，象火花一样炯炯发光。

田广植接到传令兵的通知，快步跑过来。

金星同志拉着田广植的手，一起坐在土堆上。

"田同志，我们的人民正在流血，正在呻吟。祖国变成了一片血海。"

他的言语倾吐着他激昂的感情。田广植感到心里火辣辣地难受,不知道说什么好,沉重地垂下了头。

“我们的人民正在流着血倒下去。但是,你瞧着吧,田同志,在这块土地上将要发生什么,历史将会看到什么呢?我们的人民一定会站起来,打倒帝国主义侵略者,赢得自由和解放。”

他更有力地握着田广植的手,继续说:

“任何人也不能征服我们。当被压迫的人民一旦在被鲜血染红的祖国土地上站起来的时候,那是任何力量也阻挡不了的!”

金星同志抬头望着蔚蓝的天空。田广植一直静静地听着他激动的讲话,此时也攥紧拳头望着天空。

金星同志心情激动,要想倾吐这心中的激情,几天几夜也说不完。但是现在这样的沉默,反而形成了更雄伟更深远的洪流。

田广植跟着他虽已好久,但是象今天这样毅然决然地、坚定有力地说话还是第一次看到。

稍后,金星同志简短地问了田广植了解到的一些情况,然后说:

“田同志,我看,宁可两江晚去几天,也要把我们的路线改变一下了。”

“是……”

田广植不知道金星同志有什么考虑,含糊地应了一声。

“先把他们带到附近的虾鱼沟去吧。如果去铁军同志告诉他们的地方,还要走两天才能到,那些孩子能走两天的路吗?要尽快地让孩子们睡在热炕上,要给他们穿上衣服和鞋子,不然,我是不忍心走开的……”

“是,明白了,司令官同志!”

田广植回答着,心里深深地感受着司令官同志没有明说的充满热爱的急切的心情。

金星同志迈开大步走到在草地上玩耍的孩子们的身边,把其中一个四五岁的孩子抱起来,向他们说:

“孩子们,跟叔叔走吧,快去吃饭,换好衣服穿,嗯。”

孩子们高兴得欢蹦乱跳,一窝蜂围着金星同志走了。

田广植感到眼眶发热,呆呆地望着他们站了一会儿,才急忙地跟上去。

安东学辞别了大沟庄的人们,背着行李走上了前往敦化的朝西北伸展的盘山路。

他拉着女儿的手,无力地一步一步走着,打算到敦化去先找到堂兄谋个糊口之计。

一九二五年，他曾经参加建立了朝鲜共产党。以后虽然经过了一些波折，但是直到一九二八年“党”不复存在时为止，他一直自豪地认为自己是怀着毫不动摇的信念走过了一条革命的道路的。一九二八年十二月底，一个下着鹅毛大雪的夜里，他意外地听到了关于共产国际十二月提纲的消息。从此，他的生涯发生了急剧的变化，信念的栋梁开始动摇，简直无法把稳。但是，他作梦也没有想到朝鲜的共产主义运动会这样一败涂地，因此他拿出了最大的耐性，几年来始终没有离开汉城。然而，时间越久，现实也越无情，终于把他这个有着莫大的错误和烦闷的人远远地抛出了轨道。

尽管这样，他这个本来就很倔强的人，还是以自己都觉得惊讶的勇气，毅然踏上了前往间岛的路。他听说间岛一带正在活跃地开展“重建党的运动”，以为到了间岛一定会找到一条出路，就勉强凑了点盘费，在冬末二月踏上了旅途。

他不仅政治生活受到这样的挫折，而且家庭生活也接连发生了不幸。意外的灾难一个又一个接踵而至。长期闹胃病的妻子，又得了肝炎，只过了六个月就辞别了人间。住在乡下的父亲，直到五年前还时常寄一笔虽不可观但还不算太微薄的钱来贴补他，但后来因为欠了债还不上，被告到法院吃了官司，官司打完，就一贫如洗了。

安东学虽然只有三十六岁，头发却已经半白。为了躲避警察，他索性披上一件破旧的大夹袄，穿上一双胶鞋，把自己扮成一个五十开外的老头子。他抽烟总是用金达莱烟斗。他有时也问自己，何苦要装得这样寒酸？但他没有心思辩白，也找不出充分的理由反对这样做。

到了间岛，他的失望更增大了几倍。

所谓“重建党的运动”，和他听到的传闻不同，都是令人作呕的无稽之谈，无法形容的丑恶把戏。

从清津到南阳，再到海兰江畔这一路上所目睹的事实使他明白地意识到，他不该怨天尤人，而应该怨自己，怨自己犯了多么大的时代错误！

他感到一切都虚无渺茫。

他在住大沟庄小旅店的几天中，一直枕着胳膊仰脸躺在冰凉的炕上，呆呆地凝视着零乱地挂满了蜘蛛网的顶棚，详细地回顾了虚度的年华，而他是有过自己的抱负和自己的幻想的。

他甚至怀恋起第一次接触到共产主义思想的大学时代，怀恋起后来迁到汉城昼夜奔走，吵吵嚷嚷，为建党工作忙碌的日子。

他终于无可奈何地从坏处做了打算,决定到敦化去找他的堂兄。

一切的一切都化成了泡影,象梦幻一样无影无踪地消失了。他感到自己的目的就象飘在遥远的地平线上的浮云一样不可捉摸,现实残酷无情地把他打翻在地上。

“孩子,快走吧,日头都快要落了。”

他用怜悯的眼光望着坐在草地上的女儿催促说。

“我腿疼,走不动!”

“忍着点吧,总比死了强呢,快起来,过了山好找个住处去。”

他让女儿在前面走,自己把背上的行李往上颠了颠,凄凉地望着已罩上了晚霞的北山腰,挪动了脚步。

从两江再爬十五里山路,有一个叫做小方台的地方。

灌木丛生的坡下面,有一栋小小的圆木房。说不清它是什么时候谁搭起来的。估计很可能是早先人们为了开荒种土豆或者打猎搭起来的,现在已经破旧不堪了。然而就是这个破旧的圆木房,今天却要接待许多贵客。

身材魁梧,行动迟缓的朴兴德,不仅是这里的主人,而且是秘密联络站的负责人。他浑身上下是朴素的农民装束,手里端着一支枪,正藏在岩石丛里放哨。

房后是交织如云的软枣藤,房前是形状象马背的小土岗,上面横躺着刚刚吐出嫩芽的土豆地。左边,石峰高耸,格外显眼。登上峰顶,群山就一目网入眼帘。

昨天和今天,这里已经来了十几个同志。虽然没有人告诉朴兴德,但他已经猜到这些同志无疑地都是各地区的政治工作员。

韩兴洙是主管会议事务的负责人,他从“打倒帝国主义同盟”时期起就已经是金星同志的亲密战友,精明果断,敏捷爽利。他几天前就已来到这里,同朴兴德一道用泥浆把墙刷了一遍,也把和即将来到的同志们要对的暗号告诉了朴兴德,还详细地教给他怎样放哨。

整个冬天,朴兴德单独一个人执行了这个秘密联络站的工作。他参加革命已有三年。他在金星同志亲自派到敦化工作的一个共青盟员的影响下,开始参加地下工作,最初只作一些通信联络的事,不久就能够独立工作了。

自从金星同志在去年十一月明月沟会议上提出了建立抗日游击队的方针之后,朴兴德开始担负起更重要的革命工作。“为了打倒日本帝国主义,大家都要拿起枪来!”扼要地说,这就是当时的方针。这一方针无限地鼓舞着朴兴德，使他在每项工作中都发挥出了百倍的热情。但他过去没有念过多少书，知道的太少，干工作总是感到力不从心，这是他唯一最苦恼的事。

他性情爽朗，爱说爱笑，这几天恨不得把憋了一冬的话都倒出来。

他跟韩兴洙谈了一天一夜，觉得心情舒畅，高兴得不知如何是好。

听韩兴洙说，司令官同志是预定昨天就要到的，但不知道出了什么事，到现在还没有来，这使他心里很不安。

春天的阳光暖和和地照射着岩石。朴兴德背靠岩石注视着山下的小路，焦急地等待着。

圆木房里现在挤满了赫赫有名的同志。他们多半虽然年龄不过二十出头，但名字却已经当当响了。他们几乎都是从"打倒帝国主义同盟"时期，或者从吉林、卡伦、五家子时期起就跟着金星同志进行斗争的青年共产主义者。朴兴德早在敦化的时候就听说过有一个叫陈一万的同志，能够成本大套地背诵马克思和列宁的论点，是个了不起的理论家。那时候朴兴德想象着他一定是个跟马克思一样的大胡子老头儿，但这次一看，也不过是个至多二十岁刚出头的青年。此外还有从前到联络站来过一两次的宋德亨和权万成，也都是有名的理论家。这些人里也有崔基甲、李铁军等经验丰富、老练能干的地下工作者。

如果再把韩兴洙和即将陪同司令官同志前来的田广植也算上，这些人可以说是一个力大无比的集体了。说起来，也确实是这样。司令官同志在建立抗日游击队的时候就是以他们为骨干的。将来在实现司令官同志的伟大理想的斗争中，他们每个人都将担负起一项重任，独当一面。他们，一个个都是从寒风呼啸的桦甸一带到喊声震天的吉林市街，再从吉林到充满艰难险阻，风雪狂号的南北满旷野，始终赤胆忠心，紧跟着金星同志奋斗过来直到今天的。

这些人当中与众不同的是李革和朴基南。他俩都年近三十，都长期蹲过监牢，而且都是在"间岛共产党事件"的时候就已经为报刊新闻所大书特书过的著名人物。

朴基南在西大门监狱蹲了三年，去年冬天才期满出狱。他有理论，又有口才。在监狱里的时候，他好象一度挫了锐气，但还是很热情。

出狱以后，他很巧妙地甩掉了钉[盯]梢的警察，然后整整三个月以来，一面治病，一面秘密地找组织。分布在间岛的组织，经过几次"事件"，都已支离破碎无影无踪，不少人也跟着变了，有些人完全销声匿迹不再露面，有些人放弃了斗争，还有些人变节投降了敌人。

他躺在空荡荡的屋子里，为了消肿，一天要喝好几碗水煎的水芹菜汤，还不住地痛骂那些堕落分子和变节分子。他无比愤恨地骂他们是“似是而非的共产主义者”“赶时髦的马克思主义者”，是“冒牌货”，是“犹大”。

就在这种时候，突然有一线曙光照亮了他的心。

他经过老朋友的介绍，见到了金星同志亲自派遣的汪清地区工作员李铁军。

李铁军待他很亲切，给了他很大的鼓舞。

从这以后，他所见到的人都是明朗清新，充满斗志的同志。都是从什么“汉城派”呀、“上海派”呀、“伊尔库茨克派”呀等等名堂的宗派污秽中摆脱出来的崭新的新一代。

朴基南被新事物所吸引，病还没痊愈，就重新投入了斗争的行列。

朴兴德怀里抱着枪，转过脸望了一下看得很清楚的圆木房。

那里聚集了那么多的同志，他们久别重逢，该有多少话要说，讲的又该多么令人振奋哪。朴兴德明知他在这儿怎么也听不到他们说话，但还是不时地转过头去，渴望着能听到一字半句。

的确，圆木房里的空气比朴兴德想象的还要紧张好几倍。

墙根下，廊台上，敞着房门的炕上，到处都在争论。只有垂着头闷坐在院角木砧上的李铁军一个人是局外人。他身上还披着那件遭“讨伐”时被烟火熏黑的蓝布工人服，整个人都被火燎得黑乎乎的，给人的印象就象一棵烧剩下的木桩。他偶一抬头，眼里闪出怕人的光，令人望而生畏，不敢靠近。但是，蹲在墙根下的崔基甲和韩兴洙，连连捶打着廊台的陈一万、权万成和宋德亨等理论家，以及围在炕上争吵不休的人，大家争论的焦点其实都是大沟庄遭“讨伐”的问题，因此他们谈的话多半都是和李铁军直接有关的。

这一次的争论，也跟往常一样，是每个人把分头工作时碰到的难题和认识不清楚的问题提出来讨论时引起的，其中尤以因为做地方政治工作而离开司令部时间较长的陈一万和宋德亨两同志要求解答的问题最多。

在讨论革命力量应当怎样对付日本帝国主义的“讨伐”的时候，亲身经历过大沟庄“讨伐”的李铁军一来到，争论就变得更加激烈了。

日本帝国主义对大沟庄等地豆满江流域的“讨伐”，残忍凶狠无法形容，规模之巨大也史无前例。从敌人的动向看来，毫无疑问，敌人的“讨伐”将规模更大，更加凶残。他们就是面对着如此急剧变化的形势开始了认真的讨论。

他们知道司令官同志一到就能得到清楚明白的解答，但他们也愿意趁他还没有到先来个集思广益，试着自行找出答案。

司令官同志在宣布成立抗日游击队的四月二十五日讲话中，对于贯彻明月沟会议方针的第一阶段工作作了总结，提出了新的具体的任务。至于壮大和加强游击队，建立并巩固根据地，建立反日民族统一战线等这些已经提出来的问题，根据由于日本帝国主义的疯狂挑衅而急剧变化的形势，都需要重新制定解决的办法。

从目前敌人的动向看来，情况是很清楚的。敌人只要一发现游击队的位置，就会马上调动游击队所无法与之相比的庞大武力来一举消灭游击队；只要一查到哪几个村庄是游击队活动的据点，就会把它们全部烧光，连一根椽子都不留。

有的同志主张，正因为预见了这些情况，才建立了游击队，所以应当马上把已经准备的武装力量全部集结起来，同敌人进行全面对抗。

但是另一些同志反驳了这种主张，说那是极为冒险的作法。

那末，当前应该做些什么，又应该怎么做呢？在目前情况下，到底有什么办法，既能够粉碎敌人的“讨伐”，保护人民群众，又能够壮大和加强抗日游击队，打开一条争取革命最后胜利的道路呢？

“人类的最初的革命斗争，是当人们认识到忍受压迫是多么无意义的时候才发生的。”

长脸，戴着近视眼镜的陈一万挥着拳头说。

“同志们，请想一想吧。朝鲜的一位母亲抱着小儿子的尸体被推入了大火，她大声疾呼，要我们给她报仇。如果说这是可以忍受的，还有什么不可忍受的呢？如果要老这样忍受，这样慎重，我们拿起枪杆子又是为什么呢？不！恩格斯指出费边派的特点时用了‘慎重’一词，并不是偶然的。我认为，分析形势应该慎重固然很重要，但更重要的是革命地对待形势。李铁军同志，你为什么不说话？你也该说一说嘛！”

李铁军忧郁地望着陈一万在脸红脖子粗地大声喊叫。仿佛有一种忿怒马上就要从他的嘴里迸发出来，但是又象爆发前的火山一样，寂然无声，神情沉重。他的厚嘴唇始终没张开。

“等等，让我说几句吧。”

朴基南一直坐在炕上紧挨着朴兴德捡来的电瓷壶烟缸抽烟，这时候忽然把上半身伸向廊台上，慢声慢气地说：

“先请大家原谅，我本来理论水平就低，又加上蹲了几年监狱，脑子都空了。如果说得不对，或者出了轨，请大家多谅解。方才听了陈一万同志的意见，我有这样一个印象：好象权万成同志是主张慎重的。可是我并没有听到权万成同志提出过这样的主张。因此我想，我们是很容易求得统一的看法的。列宁曾经指出，革命是永远不会作为完整的现成的东西从天上掉下来的。可见，我们要想等到把这对抗的前景完全看清楚了再开始行动，那不过是一种理论而已，实际上是不可能的，不是吗？再说，对抗的前景到底意味着什么呢？把上面几位同志的观点归纳起来看，就是意味着把武装力量进行对比。如果是这样，我就不知道用跟师团或军团做数学对比的方法去进行推理到底是对还是不对。我看，关键在于我们的正义性和正义立场，并不在于和侵略军队在数量上的比例如何。”

“我仍然反对把我们刚刚诞生的游击队全部动员起来同敌人进行正面对抗。”

权万成抬起圆脸这样顶了一句。刚刚替他辩护的朴基南反而目瞪口呆了。

这时候，身材高大，穿一身工人服的宋德亨不慌不忙地站起来了。

他高额骨，低前额，一双大眼睛炯炯有神。

“权万成同志反对的并不是正面对抗，他反对的是我和陈一万同志主张的要对敌人的‘讨伐’进行积极的反攻。换句话说，他反对我们把今天的历史阶段看成是我们民族解放斗争的完全新的，和从前完全不同的新时期。那末，我们的理论根据是什么，权万成同志的理论根据又是什么呢？金星同志早在卡伦会议上提出了完全独创的新的朝鲜革命路线，并根据这一路线建立了抗日游击队。另一方面，朝鲜革命的主要敌人日本帝国主义，变得更加残暴，扔掉了所谓‘文化统治’这块骗人的招牌，疯狂地进行着法西斯镇压。对大沟庄等地豆满江流域的‘讨伐’，就是典型的例子。这是敌人的政策的产物。因此敌人的镇压今后势必更加扩大，更加野蛮。正因为这样，对这个丧尽天良的野兽，我们必须用武装的革命进行反抗。这就是今天的主要特点，也是我们今天制定方针的有力根据。然而权万成同志的根据是什么呢？那就是：日本帝国主义的扼杀朝鲜人民的所谓‘讨伐’，尽管程度上有差别，本质上并不是今天才开始的；我们的力量还没有充分准备好，还没有达到足以消灭日本帝国主义的程度；如果遇到敌人的反攻……”

“我的根据我自己说。”

权万成抬起头来，打断了宋德亨的话，但又不肯轻易开口。因为权万成不吱声，李铁军也朝他望了一眼，两个人的视线相遇，彼此都从对方的眼神中清楚地看出了难过的心情。看到李铁军慢慢地把头转过去，权万成终于用他固有的沉着的语调开了口：

“游击队是为了跟日本帝国主义进行武装斗争而诞生的。我们一定会用我们的枪杆子打倒日本帝国主义。但是，司令官同志规定游击战是这一武装斗争的形式，并建立了游击队，而不是建立了正规军。这是为什么呢？我所以主张看问题要慎重，就是以此为根据的。今天大沟庄遭‘讨伐’的消息使我们大家都非常激动。但革命的前程是不能凭一时的激动去决定的。”

“那末到底应该根据什么去决定革命的前程呢？”

陈一万又是满脸通红地高声说。

“权万成同志，我们大家都因为热爱祖国和人民，憎恨阶级敌人，才参加了革命。如果人民的不幸和悲惨遭遇都不能使我们激动，那末我们的革命热情到底从何而来？乔治桑说：‘是战斗，还是死亡？是浴血斗争，还是灭亡？问题就是这样无情地摆出来了。’”

“不管你怎么说，你的看法我是不能同意的。”

权万成这样吐了一句就坐下了。接着是一场没有料到的沉默。激烈的争论就象绷紧的弓弦嘎叭一声断了一样，突然沉寂下来，只有蚱蝉在后院草丛里唧唧地叫。

屋里冒出了人们喷出的一缕缕的青烟。

韩兴洙站起来在院子里慢慢地来回走着。在这个来得不合时宜的寂静中，他的沉重的脚步声似乎敲打着每一个人的心，再一次强调着事态的严重。他从“打倒帝国主义同盟”时期起就跟着司令官同志工作，成了大家公认的最有组织锻炼和最有理论素养的干部。如果是一般问题，他早就发表意见了，而且会有条有理地理出问题的本质，作出正确的结论来。但是现在，他一言不发，默默地在院子里踱来踱去，发出沉重的脚步声。

这时候，一直和韩兴洙对面坐着的崔基甲腾地站起来。他虽然没和韩兴洙交谈，但是方才听别人发表意见的时候他看到韩兴洙脸上的表情，就八分猜到了他在想什么，心里早就有些不满。加上在这连一声咳嗽都听不到的沉寂中他那咚咚震响的脚步声，急性子崔基甲的心里产生了不知所以然的焦躁。

“我不会象陈同志那样引经据典提出什么理论，但我有一样东西可以拿出来。看……”

他涨红了脸，激动地喊着。大家的视线都转向了他。崔基甲摸着腰，咔啦一声打开了枪匣，抽出了黑亮黑亮的匣子枪。

“这是什么？同志们！”他气喘吁吁地说。

“说呀，这是什么？”

擦得锃亮的乌黑的枪筒子，给阳光照得闪光耀眼。

崔基甲托着手枪，伸到人们的面前；

“嗯，回答呀，这不是枪吗？这枪是干吗用的，姆？你们说呀！日本鬼子枪杀我们的同胞，砍死、烧死我们的亲人，我就不兴开枪？你就不兴开枪？这算是哪一家的理论？”

李铁军霍地站起来，一双攥得紧紧的拳头哆哆嗦嗦地直打颤。他那温厚的大眼睛，布满了细细的血丝，含着眼泪，射出愤怒的光芒。

“崔同志！”

李铁军好象被人扭歪了脖子，痛苦地喊了一声。

“你想想这个革命……这个革命我们是怎样培育起来的……”

“什么？你这个没骨气的……”崔基甲紧握着手枪，猛地转过身来。

“崔基甲同志！”

韩兴洙严厉地喊了一声。突兀地立在院子当中的韩兴洙，双眼闪着光，他这个一向沉着慎重，宽宽的前额闪着理智的光辉的人，表现如此激动，还是非常少有的。

“让我说说吧。这个问题，跟我们人民展开浴血斗争建立起来的游击队的将来命运有直接关系。方才陈一万同志对主张要慎重的意见，引经据典地进行了讽刺和反驳，我看这一套坏习气应当丢掉，不要把经典用到这种目的上去。同时，不管经典上是怎么说的，我们还是应当慎重，因为这和我们革命的命运有关。不管在什么时候，在什么场合，我们绝不可离开司令官同志教导我们的思想立场。不要忘记，朝鲜革命是我们这些朝鲜的共产主义者负责的，因此我们绝对不可因为一时的激动，因为谁说了些什么，就离开自己的立场，陷到虚幻的感情里去。”

停了一会儿，他沉重地说：

“因为铁军同志跟我有约在先，所以我一直没说，现在我不能不说了。大沟庄遭‘讨伐’的时候，抱着小儿子的尸体被推入大火的，不是别人，正是李铁军同志的母亲！”

韩兴洙的话简直就是一颗炸弹，空气登时变了。

李铁军不满地向韩兴洙瞥了一眼，重新坐到木砧上，垂下了头。他的神态，就是一个呼唤人们去打复仇战的激昂的号召。然而他本身却抱着淤血的胸口，顽强地保持着沉默。

陈一万踉跄地走近李铁军，不声不响地拉过他的两手用力地握着，又抬起泪汪汪的眼睛望着转过身去面墙而立的韩兴洙。

“连长同志，我发言轻率，一定改正。但我仍然认为，除了总反击以外，是无路可走的。”

持续了一整天的争论就这样毫无结果地中断了。

一个个点上烟，到土豆地边上散步去了。

这是一九三二年。

刚刚起锚驶离港口就被卷进狂风暴雨、惊涛骇浪中的年轻的抗日游击队，究竟往哪里走才是它前进的道路？

韩兴洙眼望着默默地在那里散步的同志们，心情非常沉重。

二

李革背靠树桩坐在一边，望着圆木房院子里的情景。

厨房门口，李铁军在光着膀子劈劈柴。斧头一闪一落，大块的劈柴就咔嚓一声劈成两半。

好客的圆木房“主人”朴兴德，在厨房进进出出紧张地忙着什么。

穿着军装的崔基甲，正挑着一担水顺着通往对面山沟的林中小路走上来。水桶在他那魁梧的身上显得那么小，象一对玩具一样吊在两边晃荡。

李革个子高，脖子长，手上的骨节很粗。无论从哪点看，他都象一个农民。乍一看，似乎有点土气，但他那闪着智慧的眼睛，微微突起的嘴唇，稍短了一点的下巴，都显出他的淳朴而顽强的性格。

李革去年秋天才从西大门监狱里被放出来。

他生长在离铁原有三十多里路的一个山村，早年出外工读，辗转在汉城和平壤两地，后来来到间岛，刚刚投身参加共产主义运动，就被捕了。

他出狱后，身体非常虚弱，但是没回故乡，径直到间岛来了。他好不容易甩掉了尾随他好几个月的密探，改名换姓，走遍了吉林、哈尔滨和沈阳。本来，他要是想再跟从前有过关系的组织接上线，是无须这样到处走的，但他决心同过去的一切一刀两断，一定要去找几年前发动了反对敷设吉会铁路斗争的人。关于一九二八年发生的反对敷设吉会铁路斗争和抵制日货斗争的情况，他是在监狱里听到的。

到了第四个月，他才在蛟河找到了一个共青盟员，通过他跟权万成接上了关系，终于迎来了今天这个日子。

在李革看来，一切都新鲜而亲切。甚至院子里的情景，在别人看来不过是些无足轻重的平凡的生活片断，也都使他感怀万千。

好，什么都好。所有的同志都那么新颖，那么活泼，那么可靠，那么可亲。对当前的形势，他并不是完全没有自己的看法，但他不想加入争论的哪一方。

吸引着他整个心神的不是争论的内容，而是这一集体的健康的、热情的、革命的气氛和美丽的精神世界。

在今天把这个圆木房的空气闹得发涨的争论中，谁也没有以“我”字当头，而是个个怀着一颗火一样的忠诚的红心，要按照金星同志的革命路线去拯救祖国和民族的命运。

李革还没有见到金星同志，但在这一天的体验中他好象整个身心都已经深深地感受到了金星同志的培养出这一集体和这些真正的青年共产主义者的崇高的品质。他越有这样的感受，渴望见到金星同志的心情也越加急切得难以抑制。

“您在这儿哪。”

不知是谁的声音，打破了李革的冥想。李革一看，是韩兴洙微笑着站在面前。他立即站起来。

“您刚走了远路，今天又坐了一整天，一定很累了，请到屋里好好休息休息吧。”

“不累。在这儿的时间越长，劲头越大了。”

两个人并肩坐在树桩上。

“您身体怎么样？看起来脸色还不太好……”

韩兴洙关切地望着李革问。

“哪里，这些天跟同志们在一起，已经‘返老还童’，变成了少年，精神饱满，体力旺盛，哈哈……”

韩兴洙也跟着笑了，接着说：

“金星同志很惦记李革同志的健康。他让通信员带话来恳切地嘱咐我们说，如果您身体还不好，就暂时不要给您任务，这次会议也可以不参加。他还说，一定设法尽快地跟您见面。”

“我也听到了。象我这样的人，他还这样深切关怀，真让我不知道说什么才好……”

两个人正在谈着，圆木房“主人”朴兴德大步走过来。他那象庄稼人一样黝黑发亮的脸和大嘴，什么时候都让人感到亲切。

两个人停止了谈话，都抬眼望着他。

“你们正谈着哪，原谅我打搅你们啦。连长同志，我有件事儿想问你一下……”

朴兴德朝李革瞥了一眼，有点犹豫。

“说吧。”

“哦,不是别的,听说司令官同志喜欢吃冷面,是真的吗?”

这意想不到的一问,把韩兴洙弄糊涂了。

“你问这个干什么呀?”

“哦,不干什么,我是听一个路过这儿的同志这么说的,我想今天晚上他来了就请他吃一顿冷面……”

“冷面? ……那么说,你这儿有淀粉喽!”

“没有淀粉,有一点儿荞麦面……”

“荞麦面? 好极了,是哪儿弄来的?”

“哦……就是那么弄了一点儿。”朴兴德含糊其辞地支吾着。

“好极了。他非常喜欢吃冷面。我正愁着没什么东西招待他呢,这下可好了。”

韩兴洙这个严肃持重的人,竟也高兴得象个小孩子一样。

“是吗? 好,那我得赶紧去做了。”朴兴德急匆匆地奔回圆木房。

他一直相信司令官同志总有一天要到这个圆木房来,就在去年种了一点荞麦,打了几斗,象金子一样珍贵地保存起来。

“是个好同志。”

“真的,都是好同志。”

两个人瞧着朴兴德抱了一抱劈柴走进厨房,感动地说。

“那是谁呀,不是传令兵吗?”

在峡谷的小道上,有一个背着大枪的队员朝这边跑来。韩兴洙急忙站起来快步走下坡去。

“连长同志,司令官同志到了。”

年纪很轻的传令兵,跑到韩兴洙的面前,口齿清楚地报告说。霎时,院里的人一下子都围上来了。

金星同志在小路上出现了。韩兴洙还认出了跟在金星同志身后的田广植。大家一窝蜂似地都拥了过去。只有李革和朴基南跟在后面稍迟了几步。

“大家都来啦。”

金星同志满面笑容,伸着两臂快步走过来,象要把大家一下子都抱在怀里。

陈一万,权万成,宋德亨,崔基甲,韩兴洙……金星同志跟他们一一握手,简短地问候他们有多么辛苦,其他同志是否都好,家里的老人是否都健康。

他那瞧着每一个人的眼神,在简短的问候中,也洋溢着关怀每一个人,关心他们每一件事情的温暖亲切的感情。

他握住李铁军的手的时候，一时说不出话来。宽阔的前额，舒展的眉宇，隐隐地闪过了一道阴影。当金星同志的手落在李铁军肩上的时候，李铁军心里感到热乎乎的，眼圈发热了。

李铁军万分激动，差一点没把脸埋在金星同志的宽阔的怀里哭出来，但他极力克制住了。在动身离开家的时候，他就已经下定决心，绝不能把自己个人的悲痛说出来让金星同志难过。

金星同志沉吟了一会儿，说：

“要坚强啊……”

李铁军眼里终于涌出了泪水，把头扭过去了。他感到非常不安，是不是金星同志已经知道了全部情况呢，不，这不可能。他以为金星同志是泛指大沟庄遭“讨伐”的事情说的，所以就没有再说什么。

接着，韩兴洙向金星同志介绍了站在几步外的李革和朴基南。

“两位同志都来了，好极了。”

金星同志快步走到他们面前，握了他们的手，亲切详细地问他们身体怎么样，在牢里受了多少苦，出狱以后在哪里治疗的，治得怎么样。两个人激动得哽咽着，只是喃喃地说着“是，是”，其他什么也说不出来。

大家都陪着金星同志走向圆木房。

“联络站地址选得好，布置得也挺好。这里的负责人是那位叫朴兴德的同志吧？”他看着收拾得干干净净的圆木房，并不专对某一人地问。

韩兴洙回答说：

“是的，是他。”

恰好在这时候，厨房的门吱嘎一声打开了，腾腾地冒出一片白蒙蒙的蒸气，跟着从里面走出一个大汉，腰系着围裙，手里端着一个大盆。他一抬头，就瞪着眼睛愣住了。

“就是那位同志。”韩兴洙说。

“是吗？朴同志，辛苦了。”

金星同志爽朗地先打着招呼，走近了朴兴德。

朴兴德可慌了。他这时候才知道是谁来了，赶忙放下盆，把挽上去的袖子拉下来，用围裙擦手上的水，可是金星同志已经把他的手握住了。

“早就想来一趟，总是没空，今天可总算来了。到过这儿的同志都说受到你很多照顾，不住口地称赞你啊，哈哈……”

“是，我……哦……其实……”

朴兴德这个有名的能说会道的人，这会儿却磕磕吧吧地不会说话了。

金星同志又问他在敦化的家属情况怎么样，这时候，朴兴德才多少有点平静下来，也想起了应该请司令官同志到屋里去。

“快请到屋里坐吧，就是有点不干净啊。”

“屋子很亮，很雅致。”

金星同志说着跨上了廊台。

院子的一头，燃着一堆篝火。

围着金星同志坐着十几个人。夜已经很深了。

“今天夜里本应该好好休息一下。但是敌人非常猖狂，情况不允许我们休息。说起来，我们确实遇到了不可轻视的敌人，也许一辈子都要过这样紧张的生活呢。你说是不是，李革同志？”

金星同志环顾着大家说，最后向李革问了一句。李革被他的平易近人、朴素温雅的品德所吸引，也毫不拘束地回答说：“是，是这样。”

“那末，先听听各地区的情况吧。”

金星同志这样说着，望了一下坐在右手的李铁军和陈一万。李革看着大家的表情都紧张起来，感觉到金星同志这句平常的话意味着一个重大的会议就要开始了。

在这个会议上，就要听到金星同志对革命的迫切而重大的问题作结论了。

从权万成开始，陈一万、宋德亨、李铁军等依次作了汇报。

金星同志有时候凝视着篝火，有时候轻轻地闭着眼睛，也有时候注视着汇报的人。如果汇报的人有疏忽或者遗漏的地方，他就提醒一句，要他谈得再详细一些。

李革听着汇报的人将各地错综复杂的情况概括得那么清清楚楚，那么惊人地简单明了，心里不禁深深感到敬佩。

越听他们的汇报，朝鲜革命的全貌就越清晰地展现在眼前。广阔的豆满江沿岸，到处都有红色据点，游击队小组、共青同盟、反帝同盟、农民协会、妇女会、儿童团等无数的群众组织和革命化的村庄，就象嵌在天上的群星，遍地都是。然而大火象狂风一样呼啸着要把这些星星吞掉……无数的小星星正在被火海狂卷着。这些星星，今天夜里都把焦急渴望的视线集中在这个安图丛林中的篝火上。

“都讲完了？听说大家对目前的形势进行了不少讨论……”

听到金星同志的洪亮的话音，李革才把眼前模糊的幻觉抹掉，注视着金星同志。

大家都沉默着。只有篝火在毕毕剥剥地燃烧，响声格外清脆。

“好吧。那末我来谈一谈吧。这一期间，大家都很辛苦了。在敌人的镇压空前残酷的情况下，大家都忘我地，而且机智勇敢地进行了斗争，在贯彻明月沟会议决定的方针方面，迈出了一大步。”

李革精神抖擞地听着。他预感到昨天和今天长时间的争论所没有解决的问题就要迎刃而解了。

金星同志沉着地继续说：

“今天的会议上，本来只想讨论几个实际措施的。但是方才听了同志们的汇报，听了今天大家争论的经过，并考虑到我直接看到的豆满江中游地区的情况，我想有必要向大家谈一谈对当前的形势和我们的战略策略的分析和估价。”

他又环视了一下大家，好象是要看看有什么反应。他的双眼焕发着洞察一切的非凡的智慧，闪耀着深谋远虑的神色。

“正如同志们说的那样，形势是非常严重而紧张的。日本帝国主义屠杀朝鲜人的暴行，是极端残忍，史无前例的。我们的祖国名副其实地被淹没在血海里。那末，这种局面对我们只有不利的一面吗？我们就只能张皇失措吗？不，绝对不能这样。事实上，日本帝国主义如此疯狂，并不说明它强大，恰好证明它已陷入困境，正在拼命挣扎。大家都很清楚，目前，地球上出现了两个将给人类造成极大不幸的黑点，一个是西方的德意志，另一个是直接与我们为敌的日本军国主义。他们越来越疯狂地急遽加速军国主义化，把侵略魔爪伸向广大的地区。这两个黑点，卷入资本主义总危机的漩涡，变成了可以随时把火星迸溅到任何一个地方去的发火点。日本去年强占满洲，向全世界暴露了自己的本性。日本每日每时都在更深地向中国领土进行渗透。

“在这方面，今天日本帝国主义者对已经变成了他们的殖民地的我们朝鲜，赋予什么样的地位呢？

“那就是，他们希望朝鲜变成他们巩固的后方，变成他们侵略大陆的坚固的桥头堡。

“为此，日本帝国主义把朝鲜推入了血海。他们不择手段地残酷镇压着一切反日力量。

“大家议论过的对大沟庄的‘讨伐’，也就是这种镇压的一个片断。

“在这种情况下，为了拯救祖国和人民，进而对保卫亚洲和世界人民的安全作出贡献，我们拿起武器站起来，是完全应当的。

“然而最近，日本帝国主义觉察到自己的跳板并不安全，所以，他们企图宁可暂时中断对大陆的进攻，也要首先把抗日武装力量消灭掉。

“日本帝国主义继续借所谓‘上海事件’制造事端，在朝鲜境内加紧进行兵力调动。罗南第十九步兵师团的一部已经渡过了豆满江，另一部在几百里长的江岸布防，搞得水泄不通。与此同时，强占满洲的关东军只在几个地方留下最小限度的兵力，不慌不忙地‘讨伐’张学良部队，而把相当多的兵力向豆满江一带移动。打个比方说，就好象日本帝国主义正在挥舞长刀狼奔豕突的时候，后面忽然猛一下拉紧了套在它脖子上的绞索，于是它就停下来企图把绞索挣脱。”

金星同志就象一位著名的神医用手术刀毫不犹豫地嚓嚓几下就剜掉毒疮一样，深入痛快地把复杂的国内外形势一刀剖开，让人一眼就看清了事情的真相。大家都轻松地长出了一口气，目光炯炯地望着金星同志的严肃的面容。

“我没有听到大家的讨论，不知道详细情况，但我想，同志们争论的焦点就是如何对付形势的急剧变化，也就是如何抵御敌人的‘讨伐’，同时又加强革命力量。对吗，宋同志？”

金星同志问了宋德亨一句，眼里闪耀着强烈的光辉。

宋德亨马上站起来爽朗地回答说：“是，司令官同志！”

金星同志微笑着点了点头，继续说：

“那末，现在咱们就谈谈这个问题吧。”

他一提出这个问题，大家的神情立刻换了一副样子。陈一万、崔基甲等主张要对日本帝国主义的‘讨伐’进行正面军事对抗的人，脸上不约而同地现出了得意的微笑。

“为了解答这个问题，有必要提醒同志们重温一下大家都清楚的卡伦会议的路线和把它具体化了的明月沟会议的方针。为什么呢？因为我们当前需要解决的这个问题本身就是一个贯彻这条路线和方针的过程。正如同志们所概括的那样，卡伦会议已经提出了四大战略方针。其一，会议规定了我们当前的革命的性质是反帝反封建的民主革命；其二，为了进行这一革命，必须依靠有组织的常备武力进行抗日武装斗争。会议还取得了一致的意见：要实现在工农联盟的基础上建立反日民族统一战线的路线，要在将来做好了组织上和思想上的准备的基础上创建新型的马克思列宁主义的政党。卡伦会议以后，根据形势的变化，我们又在明月沟会议上把这些方针加以具体化，决定立即建立抗日游击队。于是在不久前即四月二十五日终于把抗日游击队建立起来了。在许多问题当中，今天在这里我想跟同志们特别强调的是将来应当如何加强和发展抗日武装斗争。关于这个问题，明月沟会议已经提出了基本方针。是进行‘正面的军事对抗’，还是选择另一种道路，归根到底，也要取决于对这个问题的解答。我们刚刚迈出了第一步的抗日武装斗争，有它自己的史无前例的特点。一般地说，在别的国家，是首先建党，并根据党提出的革命战略，来决定是进行暴力斗争即全民暴动还是通过革命战争去夺取政权这样方针问题。而我们就不同，国家变成了被日本帝国主义侵略军完全霸占的殖民地，并且还没有自己的马克思列宁主义的政党。由于这种情况，武装斗争就不是一个方法问题，而是一个要怀抱整个革命战略推动革命前进的全面性的根本问题。说得浅显一些，就是我们只有通过武装斗争才能把党建立起来，也才能实现爱国反日统一战线，进而一个一个地实现我们提出的革命战略。这是我们所处的状况和我们的人民提出的要求，同时也是非如此走不可的必然的道路。由此可见，大家提出来讨论的问题是关系整个革命的问题，是对抗日武装斗争的整个行程发生影响的问题。我已经说过，抗日游击队的建立，是给我国革命带来根本变化的重大事件。这一重大事件的意义，将日益明显，为更多的人所理解，它意味着朝鲜人民民族解放运动的历史发生了根本的变化。正因为这样，日本帝国主义才象方才说的那样，穷凶极恶地疯狂活动，企图永远扼杀刚刚迈出第一步的抗日游击队。在这种形势下，是粉碎日帝的反革命战略，沿着自己的革命路线为争取最后胜利而前进呢，还是坐下来不干了？我们必须回答这个严峻的问题。那末，我们当前应该做什么呢？没有别的，就是要进一步彻底贯彻明月沟会议提出的方针。我们的口号始终不变，第一是武装，第二是武装，第三还是武装。根据这一精神，必须不断扩大和加强游击队。一切要集中在这一个焦点上。与此同时，还要建立革命根据地，这对扩大和加强游击斗争来说，将是一个革命武装力量的堡垒和支撑点，将是一个革命的策源地；另外，还要同被日帝侵略的友邻国家的人民建立反帝联合战线，以便最大限度地把敌人孤立起来。不管发生什么情况，也一定要把这一方针始终不渝地坚持下去。那末，我们再看看同志们当中有人提出的正面军事对抗到底怎么样呢？这是对敌人的暴行极度愤慨，凭一时的冲动提出来的意见，这种情绪是可以理解的。但是考虑到实际行动，这种意见就毫无价值，而且是鲁莽的了。”

“主张正面对抗的同志，据说是拿卡伦会议的路线和明月沟会议的方针作根据的，但这并不能使错误的看法合理化。卡伦会议提出了武装斗争的路线，明月沟会议则决定要为此建立游击队，用游击战的形式进行革命战争。既然这样，现在就应当过渡到下一个步骤，把已经建立起来的游击队进一步加强起来。这是一个必然的过程，是我们自己提出来并由我们自己去贯彻的坚定的自主的立场。这不是什么随着一时的形势变化或日帝的活动情况而变化的事情。”

“如果我们放弃这一过程和这一路线，去干‘正面对抗’，事实上就等于放弃了卡伦路线和明月沟方针，归根到底，意味着跌到葬送革命的错误道路上去。今天谁在希望‘正面对抗’呢？是日本帝国主义。”

“我们不能上日本鬼子的当。今天，日本帝国主义进行野蛮‘讨伐’的目的，第一是要挫败朝鲜人民的反日气势，第二是要把刚迈出第一步的抗日游击队拉到他们的面前，在萌芽阶段就把它踩死。我们绝对不能中这种可笑的奸计。是不是这样呢，同志们？那末，光是慎重考虑，忍受流血吗？也不能这样。这首先同我们拿起枪来的目的不相符合，而且是自己跌到对我国人民的命运不负责任的反人民的道路上去的行为。”

“我和田广植同志一起到这里来的路上遇到了遭‘讨伐’的汪清地区的人民。听他们说……他们……”

他那滔滔江水般的谈话忽然停住了。神情更加严肃，嘴唇紧闭，仿佛就要发出一种强烈的音响。

他正在眼前描绘着一个孩子的被火烧破了的衣袖，一个头上落满了白灰的妇女凄惨地望着他的泪汪汪的眼睛，“救命”的呼号震动山谷的燃烧着的村庄。

沉默了一会儿，他用闪电一样发光的眼睛扫了一下太空，慢慢地说：

“那末我们怎么办呢？回答是很明白的。就是要不断地壮大和加强抗日游击队。不管谁说什么，不管形势有什么变化，我们必须坚持这一立场。那末，我们应当如何去壮大我们的力量呢？要在同日本帝国主义不断斗争中壮大。壮大，斗争，再斗争，再壮大，就是要这样。怎样对付敌人的‘讨伐’？这个问题要用建立根据地，保卫根据地的方法去解决。在这方面，最重要的是我们今年如何进行活动。必须早日在各地建立连队和营队。要到处组织游击队，叫敌人以为这里也有游击队，那里也有游击队。同时，要按照已经开始的准备工作的情况，在豆满江沿岸的广大地区建立根据地。要尽可能大面积地占据根据地。根据准备的程度，既可以建立解放区形式的根据地，有的地方也可以建立半解放区形式的根据地。这是同志们一直在准备的工作，因此继续推进就可以了。但是，只靠这些措施，还不能全部解决当前的所有问题。怎么办？我们准备派一支大部队在南北几千里长的地区进行远征活动。会后，远征部队就要开往鸭绿江地区。远征的目的是什么呢？”

“首先，是要使敌人摸不着我们的意图、活动地区和活动方向，给敌人造成混乱，特别是要引诱目前集中在豆满江沿岸的敌人兵力，分散他们，从而拯救这个地区的人民和革命组织，使他们免受日本帝国主义的屠杀和破坏，为他们创造有利的局面。”

“其次,是要在远征的地区事先播下革命的种子,因为这些地区同即将成为我们的革命基地的豆满江流域接壤,将来要成为我们的广阔的活动舞台。”

“再次,是要给分散在这一地区的独立军残余部队和反日部队以影响,加速同他们建立反日统一战线。”

“这次远征,是要用今年的整个下半年,还是要用更多的时间,现在还说不定。但这是根据革命的要求必须拼着性命闯过去的胜利的道路。这支远征部队,要由我带着安图的主力部队来直接指挥。”

“同志们,上面谈的,就是一个克服当前的困难,推动抗日武装斗争再往前迈一大步的方针的大概轮廓。”

“怎么样,同志们?我们就是要这样干下去,使一九三二年这一年成为虽然最艰苦,但又最光荣的一年;成为在我们艰苦而漫长的历程中最有意义的一年,成为使我们在十年二十年以后,或在更遥远的将来,回顾以往的历史的时候,能够骄傲地说,这一年是为了光荣的未来进行了极其艰苦的斗争的充满自豪的一年。撒到地里的一粒种子,刚刚破开皮钻出地面吐出了嫩芽。现在应该生出枝干,长出叶子,为自己画一道这严峻的一年的年轮了。这个年轮将在一棵大树的正中心占有自己的位置。这个第一道年轮,将不是一个圆圈,而只是一个小点。然而,就这么一个小小的点,对于将要长成粗壮高大的苍劲乔木的这棵树将有多么宝贵的价值,不说,大家也是可以明白的……”

金星同志把话停下来望着大家。

大家都屏住呼吸仰望着他。

“怎么样?大家说说吧。”

他容光焕发地重新环视了一下大家,就从坐位上站起来。

李革的视线在随着金星同志的一举一动旋转,他沉浸在最崇高的感情里。旁边的宋德亨掏出手绢擦着眼睛,长长地呼了一口气。

“心里亮堂了。大树的第一道年轮……真是对呀。”

不知是谁这样叫了一声。

金星同志倒背着手,在篝火旁缓缓地走着,对加强游击队的问题,建立根据地的问题,作了具体的说明。

人们仰视着他,撒满了珍珠的夜空衬托着他的身影,是那么崇高伟大。

陈一万摘下眼镜,眼睛一刻不离地随着金星同志,终于涌出了一汪泪水,手不由自主地抬到眼窝上。

他好象冲出了铁牢,陶醉在庄严而痛快的感情之中,感到一种无比的骄傲和喜悦流遍了全身。他仿佛看见自己在豁然开朗的革命大路上昂首挺胸地前进着。

李革一声不响地静静坐着。十年来在迷宫中辗转，在黑暗中摸索的往事，顿时变成了痛苦的回忆，沉重地坠压着他的心。但也就在这一瞬间，他为找到了一位伟大的领袖而高兴，他沐浴在强烈耀眼的光辉里，一下子拂掉了过去的一切，挺身站起来了。

他那一向紧皱着的眉头开始颤动，接着舒展开了。他猛地抬起头望着天空。天空繁星闪烁，洒着银辉。

“祖国哟，你终于投入了英明伟大的领袖的怀抱!”

李革情不自禁地在心里欢呼。

会议一直开到深夜才结束。

金星同志说，一些业务性的措施留待明天早晨再讨论。散会后人们闹闹嚷嚷地朝着指定为住处的圆木房拥去。会议虽已结束，他们的讨论却象才要开始，看样子今晚要讨论个通宵了。他们听了金星同志的方针，思想豁然开朗，好象堵塞了的河口一下子被打开，各种办法和措施纷纷涌上脑际。人们都变得热情洋溢，精力旺盛了。

金星同志站在篝火旁，望着大家走下斜坡。月亮洒下柔和的光亮。

“司令官同志，夜深了，请到住处去吧。山洼的猎人棚子里准备了睡铺。”韩兴洙在身边低声说。

“谢谢。可是，他们大家睡觉的地方都准备好了吗?”

“是的，朴兴德同志都安排好了。”

“有盖的吗?”

“弄了几条毯子。”

“很好。不过还是请你去看一下。已经很晚了，也许炕都凉了。”

“是，我就去。”

韩兴洙刚要转身走，金星同志又把他叫住：

“韩同志，你听说铁军同志家里的事了吗?”

韩兴洙不知道怎样回答才好。李铁军曾经一再叮咛不要把他家里遭到的惨祸告诉司令官同志。但是，司令官同志显然是已经都知道了。

“是，大体上……”他含糊地说。

金星同志没有多问，叫他去让李铁军和李革来一下。

“陪他过一个晚上吧，尽管算不了什么安慰……”

他很沉重地说。

韩兴洙退了几步，就快步走下坡去。

月光皎皎，和风吹拂。青杨树圆圆的新叶和软枣藤大而厚的叶子，在柔美的月光下闪闪发亮。

当李铁军和李革跟着韩兴洙走上坡来的时候，金星同志正在灌木丛生的小路上独自走着，有时摘一片树叶看看，有时凝视着透过树枝照射下来的月光。

李铁军来到金星同志的身边，他凭感觉立刻就意识到金星同志的默默走着的神情在述说着什么。

金星同志一直没有说话，只是信步走着。走到山转角的地方，放慢了脚步，把手搭在李铁军的肩上："铁军同志，那块地上今年都种了些什么呀？"

"哪一块地？"

李铁军估计金星同志问的可能是他家的那块山坡地，但他猜不准，不得不反过来问一句。

"就是我去的时候搭着瓜棚的那块地。"

"哦，今年也种了玉米。"

"是吗？"

金星同志点了点头，仿佛要说什么，却没有说。

如果他想起那一块玉米地，那末他一定在回忆着前年夏天的事。

那也是在一个夜晚。盛夏的微风轻轻地吹拂着已经扬花的玉米地，送来了阵阵浓郁的草香。那时候，金星同志走访了延吉、和龙等地以后特意来到了大沟庄。当时，李铁军在紧挨玉米地的那块不大的瓜地里搭了个瓜棚，为的是便于跟来往的政工人员接头。金星同志来的时候，因为没有别的更僻静的地方，也把他请到这儿来了。

金星同志整夜不眠地跟李铁军谈着，了解组织的情况，作了筹备武器的指示。

到了后半夜，忽然听见有人在剥玉米，李铁军就顺着响声走下去，金星同志也跟着来到了地头。替他们放哨的母亲拾来一些枯树枝，正在烧着一堆火。

"大娘，您这是要做什么呀？"

金星同志一面往草地上坐，一面这样先打着招呼。

"没啥东西，都这么晚了……"

"这不是玉米吗？"

他象看见了什么珍贵的东西，高兴地问。

"粒儿长得还不太饱……"

母亲布满了皱纹的脸上,浮起了微笑。

烧得通红的火堆上,放着两个快要烧熟了的玉米。玉米粒时而毕毕剥剥地爆裂着,轻轻地扬起一朵朵的烟灰。烧得焦黄的玉米粒儿喷着香味。

母亲用一根小棍儿把烧熟的玉米扒拉出来。

"饿了吧,吃一个尝尝。"

"烧得真好啊,大娘。"

"火太大,烧糊了点儿。"

"地头上烧青玉米吃,真是太好了。"

母亲本来怕他不喜欢这种东西,正不放心呢,现在听他这么一说,脸上顿时现出了高兴的样子。

金星同志接过玉米,深情地望着母亲,母亲的头巾都被露水打湿了,上身穿的是一件粗麻布短袄。

三个人围坐在火堆旁边,吃着玉米,母子俩听着金星同志说话。

"真香啊,大娘。吃着青玉米,就想起了我的家乡。"

他这样起了个头,就谈起他的祖父和祖母,感怀万千地想象着远在几千里之外的家乡。

当北斗七星的长把向马盘山山脊的那一面倾斜的时候,金星同志拉着母亲的手说:

"现在母亲们来到这几千里外的异国他乡受苦,但是将来我们一定把被夺去的祖国夺回来,请母亲们回到家乡去过好日子,把现在当作往事来回忆。请您多保重,要长寿啊。"

母亲听着,眼睛在月光下闪着泪花。这一切,现在想起来还是那么清晰……

"就象那天那样,将来我们再烧一次青玉米吃吧。"

李铁军沉浸在回忆里,默默不语地跟着,忽然听了金星同志这句话,就抬起了头。

"不过,还能不能象那天那么香呢?……"

金星同志的低低的话声,强烈地打动了李铁军的心。李铁军终于停下步来,肩膀剧烈地耸动着。

司令官同志站在李铁军的面前。

"铁军同志!"

他声音沙哑地叫了一声。李铁军刚要抬起头来,司令官同志把住了他的两肩，说：

“要忍得住，挺得起呀。”

李铁军立刻全身象一棵锯断的树干一样扑倒在他的怀里。

“司令官同志！”

李铁军抽咽着，他的叫声划破了丛林里的寂静。

“是啊，就是解放了，我们也不能把你的母亲请回家乡去了。但有什么办法呢。要坚强，拿出勇气来……”

他紧紧地抱着李铁军剧烈耸动的肩膀，凝望着星光闪烁的夜空，一动不动地站着。

过了一会儿，他拉着李铁军并排坐在石头上。

夜，一个无法入眠的夜。

不知道过了多长时间，司令官同志抬起被露水打湿了的胳膊，拉着李铁军的手站起来。

韩兴洙和李革，望着他的渐渐走远的身影，静静地跟在后面。

第二天早饭后，圆木房里会议又开始了。

金星同志打开一张地图，提出了在各地区组织游击队，建立解放区的具体措施。

离圆木房不远有个山口子，朴兴德抱着一支“三八大盖儿”，坐在岩石间放哨。这会儿，他正竖起双眉紧盯着山下。

一个身穿朝鲜式大袄和大裤子，头上缠着毛巾的青年，正在朝他这儿往上爬。身上还背着背囊，手里拄着一根棍子。

那青年穿过密密的水曲柳和枫树林，绕过大石崖，横穿过这边一条小路直走上来。

朴兴德想把他大声喝住，但一转念，又没有喊，只是盯着他。那青年好象已经发现了这边的人，朝前走几步，停下来望一会儿，望一会儿又走几步。他的脸上不知为什么还带着微笑。

朴兴德再也忍不住了，一步跨出岩石丛，用不大的声音问了一声：“谁？”

“哎，是我。”

“我是谁？”

“过路的呀。”

“这哪儿有路啊？”

朴兴德突地伸出枪，厉声告诉他这儿不是过路人来的地方，让他马上回去。

“不，我是有事儿要跟您说说。”

“快回去，要不我就开枪了！”

“别，您听我说呀。您是游击队吧？”

“什么？游击队？”

朴兴德嘴里吃惊地叫了一声，脸上却笑开了花。他刚才坐在岩石丛里还在想怎样才能扔下这个地下工作去参加游击队。他不是不愿做地下工作，他是想，要干就不如干游击队，扛起枪去打仗。所以，他正等着找机会亲自向司令官同志请示一下呢。

“你看我是游击队吗？”

“那还用说，我在山下一眼就看出来了。”

“就说我是游击队，你又怎么着？”

“有个事儿想托托您呀。”

看来他不象是密探，是个憨厚淳朴的农村青年，看得出是个走远道的。

两个人你一句我一句说着的时候，那个青年一直脚没停步地走上来，到了朴兴德的面前。他把背囊往大石头上一放，仿佛了了一桩心事似的，脸上现出了高兴的微笑。

“你想托我什么事儿？”

朴兴德跟他面对面地站着，攥紧了枪带。

“不是别的，我想当游击队。您给我指点指点，到哪儿去才能当上游击队。”

“什么？嗬，真是个愣伙计！”

朴兴德笑着捶了一下青年的肩膀。

“看你这个人，竟然到这种地方来要求当游击队，真是个厚脸皮。听着，连我都还不是游击队呢。”

“您别唬我了，您当我还不知道怎么的？”

“嗬，瞧你这个人，还想跟我抬扛。”

朴兴德无可奈何地让那青年在石头上坐下了。

“在这儿坐着，不准你乱动。”

朴兴德按了一下青年的肩头，然后把枪甩到背后，登上山岗。他加倍警惕地按预定的路线巡视了一圈，才转回原地来。

朴兴德没有办法，只好跟那个青年对面坐下来说话。

那青年二十刚出头的样子，浓眉大眼，颧骨隆起，一看就知道是个憨厚淳朴、正直善良的小伙子。

他叫崔七星，家住一百多里外的木贼沟。十天前，他离家出来找游击队，已经走了好些地方，今天准备到两江去，路过这屋正好看到这位带枪的人，就走上来了。

朴兴德自己不是游击队员，觉得有点没面子，难堪，可是这个崔七星偏偏硬说他是游击队，于是他也含含糊糊地就当是那么回事儿了。

崔七星满以为可以放心了，解下头上的毛巾抹了抹脑门上的汗，用很羡慕的眼光望着全身灰色工人服，脚穿胶底劳动鞋的朴兴德。

朴兴德虽然看着这个小伙子没有什么可疑的地方，但他知道现在可不是闲聊的时候，就说：

"伙计，歇够了吧，快起来走你的路吧，我也该干我的事了。"

朴兴德站起来，警惕地朝山下了望着。

"求求您，您知道我为找游击队吃了多少苦啊？您要是知道，就不会这样赶我走了。不管怎么样，我非要当上游击队不可。我们村里早有三个人比我先走了。那天我到会宁买盐去了，不知道，没赶上。咳，真倒霉，要是那天我在家里，保准跟他们一块去了，您瞧这背囊，还是一个月前就打好了的呢。"

"哎，你这个人真够呛！你以为游击队那么好当，谁都可以当吗？"

朴兴德一本正经地说。崔七星立刻现出了不安的神情。

朴兴德想这样唬他一下，好叫他自己走开。

"您看我在游击队里打不了仗啊？别看我这个样子，要是翻地，一天翻上两天的还不费劲呢！"

崔七星这样咕哝着，用粗糙得象铁耙一样的手轻轻地摸着被阳光晒得黝黑发亮的嘴巴子，象是恳求，又象是强辩。对他来说，这已经是拿出了了不起的勇气了。从生下地来一直到长这么大，别人说话他是只准相信不准怀疑，只准听从不准违抗的，这已经成了一种习惯了。

"伙计，你以为游击队是什么翻地种地的呀？游击队是拿枪打日本鬼子，解放我们祖国的武装部队，是个干革命的集体，懂吗？"

"我也要干革命啊！"

"干革命？哈哈，这回可给你抓住理了。可是，革命这玩意儿，你不当游击队不也一样干吗？在共青同盟里可以干，在反帝同盟里也可以干。"

说到这儿，朴兴德感到自己的脸热刺忽拉的，因为他想到，如果他要求参加游击队，韩兴洙或司令官同志也会这样反问他的。

崔七星象吃了黄连似地皱着脸，把背囊带子往手上缠了又松，松了又缠。

过了好一会儿，他终于鼓起勇气说：

“游击队大叔，您一定比我清楚，金星将军不是在明月沟讲过吗？”

“讲过什么？”

“他说，朝鲜青年都要拿起枪来打日本鬼子。”

“那又怎么样？”

“我也是朝鲜青年，怎么能呆着不动啊！”

崔七星在木贼沟他们村里听到明月沟会议的消息已经好久了。虽说不知道详细内容，但他知道会议号召朝鲜青年参加游击队，知道同日本帝国主义的决战就要打响了。

不过他没法把自己知道的事情淅沥哗啦地一下子都倒出来说服对方，心里急得要死。

“伙计，你说的对，不过你别以为游击队什么人都要啊。”

崔七星认为已经得到了初步的允诺，但心里还在嘀咕，怕这个不好惹的对手还会提出什么来把他难住。

“那我现在来考考你，看你有没有资格当游击队员。”

朴兴德鼻子里嗯了两声，想了想该考他什么，但是想来想去想不出什么东西来，反倒弄得自己非常尴尬。他觉得这不是他在考崔七星，而是自己在受韩兴洙那样的细心人的考查。

“同志，你念过点儿书吗？”

“没念过啥。”

“嗯，还挺谦虚呢。用不着客气。同志，你讲讲《共产党宣言》吧，知道多少就讲多少。”

“什么？”

“你愣什么？你是说这你早就滚瓜烂熟了，是不是？告诉你，你把它看得那么简单可不行。”

崔七星听了，满脸通红。

朴兴德看了，也觉得浑身灼热。去年冬天，他跟通信员们借了这个小册子看了两遍，并没有完全读懂，让他自己说还说不上来呢。可是话既然已经说出口，就索性用它好好把崔七星打发走。

“快说说看哪！”

“……”

“哈哈，看你这个人，这些事情，是应该知道的啊。那样才能说我要干革命，要参加游击队，是不是？”

“说实在的，我没念过书啊。”

“没念过书？夜校都没上过？木贼沟那一带也该有反帝同盟这样的组织啊。”

“有是有，可是我没去。”

“怎么没去？”

“东家老爷不让我去，他说上夜校就要被共产党灌迷魂药，连夜校的院子都不让我进去。”

“哪个东家老爷？”

“就是我扛活的那家地主。”

“噢，那末说你是个扛活的？”

“嗯。”

“跟我还是一条藤上的苦瓜哩。扛活的人是农村的普罗列塔利亚，因此，你应该比谁都懂得《共产党宣言》。《共产党宣言》是给普罗列塔利亚把路照得通亮的火把。好，这个就说到这儿。我再问问你，帝国主义是什么？你知道多少就说多少。”

“帝国主义？”

这是崔七星非常耳熟的词儿。但是要讲，却不知道该从哪儿讲起，怎么讲才好了。可是也不能老说这也不知道，那也不懂得啊。能不能当游击队，就要看这一下子了，于是他使出全身的力气开了口：

“帝国主义是闯进咱们国家来的日本鬼子。”

“所以就怎么样呢？”

“所以呀，所以它压迫我们工人和农民，打我们，逼我们给他们干活。他们简直就是强盗，拿刀动枪，任着性儿地把咱们国家的好东西都抢走了。他们为了这个，还打战争呢。我们哪，不管怎么的，只有把帝国主义打倒了，才能活下去。所以呀，我也要当游击队。”

崔七星费了好大的劲才说到这儿，偷偷地瞥了一下正眨巴着眼睛望着山下的朴兴德。一看他的神情不是那么满意，心里就凉了半截儿，不由地搭拉下脑袋，用穿着草鞋的脚尖蹭着石头背。

朴兴德可就更为难了。当初没跟他搭话倒还好说，可是已经东拉西扯地问了不少，现在撵他也不是，收他也不是，真是进退两难，没法脱身了。于是就告诉他说，他回答得还算不错，可是要当游击队员，还差得很远。朴兴德说到这儿，看见崔七星灰心丧气的可怜相，又不禁心疼起来。可是也没有什么办法。他也想过把这个小伙子带去跟韩兴洙说说，又觉得这也不妥当。

崔七星把大石头上的背囊拉过来，放到膝盖上解开带子。背囊里滚出来一把儿卷着的烟叶。他用烧焦了的木桩一样的粗大的手撕下一点报纸，递给朴兴德，让他卷支烟抽。

朴兴德接过来卷了一支。

崔七星不言不语，只是一口一口地抽着烟。挺大的鼻孔，象烟筒一样喷着烟。

朴兴德很想把他一把抱住，说一声“咱俩一块走”，可是又不能这样做。他的眼里不禁涌出了一汪泪水。

是啊，是长工们站起来的时候了，是摆脱长工命运的时候了……

抽完了烟，朴兴德把这事报告了韩兴洙。韩兴洙指示他要那个青年到两江去听信儿。

“伙计，成啦，成啦。这就算是答应你一半啦。”

朴兴德象对待自己的事儿一样高兴，拍搡着崔七星的肩膀，详细地告诉了他去两江的路。

恰好这时候，两江来了通信员。

圆木房里，会议也快结束了。

司令官同志根据既定的方针，对迅速建立根据地的问题、组织远征队的问题、补充各地政工人员的问题做了结论，然后宣布派李革到北部地区去，派朴基南去帮助李铁军工作。会议就结束了。

金星同志打开看了两江送来的信件。

信里说，从钟城方面北上的日军马车运输队正在通过这个地方，两天里已经通过三次了。

刚开完会的金星同志，在院子里慢步走着，陷入了深思。

对敌人的这次规模不大的活动，应该怎么看？是暂时性的活动呢，还是一种开辟新通路的活动？

最近以来，关东军为了恐吓人民群众，常常玩弄把部队拉出来到处转大圈的把戏。这种把戏通常是从傍晚到天亮的时候在城镇周围进行的。有时候骑兵和步兵同时出动，有时候一股不大的兵力连同马车队和汽车队同时出动。他们穿过大街走出城外，绕大山一周，再从城里的大街上通过。顶多用一个营的兵力，就能造成大部队整夜通过的假象。敌人假装着不让群众看，实际上是故意让人们看。敌人就是这样耍小花招，在几个地方玩这种把戏，企图用少数兵力占领和控制广大的地区。

金星同志首先作了这样的估计，北上的运输队也许就是这种把戏的一个片断。但是他也想到了另一方面：敌人诡计多端，居心叵测，也许正躲在这出真相已经很清楚的骗人把戏的幕后，不露声色地大打其如意算盘。

日本帝国主义挑起"九一八事变"以后，仅仅几个月就霸占了中国广大的东三省。它需要用只有几万人的兵力把那么大的地盘死死地控制住，因此不得不乞灵于史无前例的残忍而狡猾阴险的手段，把种种伎俩全都使用出来。

日本帝国主义对中国东北和蒙古以及亚洲大陆的侵略，是很早以前就开始策划，到四五年前由总理田中起草的臭名昭著的"奏折"最后确定的。日本帝国主义野心勃勃，贪得无厌，但兵力不足，力不从心，事前没有完全作好准备，就突然侵占了他们所谓的"亚洲的丰满乳房"中国东北。

敌人认为，军队的战斗力虽然也有赖于其他一些因素，但主要还是依靠补给能力，因此，他们大体上已经准备了三条通路。

一条通道是经过西海到旅顺，从旅顺到沈阳，它有象赛跑运动员的起跑线一样的意义，因此可以说它已经基本上起到了自己的作用。另一条是经玄海滩连接釜山和新义州的中心线，但是这条线过于缓慢，不能保证速度，其价值并不比第一条线大多少。第三条线是经过清津、会宁通往吉林或牡丹江。这条线虽然发现较晚，但其价值几乎有前两条合起来那样大。

正因为这样，日本帝国主义才那样加紧推进了吉会线铁路的敷设工程，一九二八年反对敷设这条铁路的斗争才给了敌人致命的打击。

那末，既然有铁路，为什么还要从公路上运输呢？连重要城市都还没有完全控制的敌人，是不可能派军队驻到山沟里来的。这么说，日寇军队开到山沟里来，无疑是要来"讨伐"游击队了。

金星同志背着手在院子里缓步走了好一阵，终于下了坚定的决心：要打第一仗。

要告诉人民群众抗日游击队已经开始活动了。尽管是小规模的武装活动，但它会给人民群众带来很大的信心，对敌人也将是一个有力的打击。

金星同志把参加会议的人都召集到院子里，向大家提出了袭击敌军运输队的战斗计划。

他神情严肃，目光炯炯，显示出坚定的决心。

他一面来回走着，一面望着大家的脸。

"要打第一仗！"

他把举起的手有力地往下一劈，说。

"要坚决向敌人宣布抗日游击队已经开始活动。同时要替大沟庄的人民报仇。要叫敌人知道，从今年一九三二年开始，日本帝国主义在这块土地上每动一步都将遭到无情的报复。我们要毫不犹豫地迈出这第一步。

“来，大家都坐下。韩兴洙同志，请把地图拿来。”

韩兴洙把地图铺在地上，四角各压了一块小石头。

大家听了金星同志的部署，都分头执行任务去了。

权万成和宋德亨前往钟城方向进行侦察，韩兴洙和李铁军动身去敌人要通过的云雾沟。崔基甲和另外几个人前往两江，准备把集结在那里的队员带过来。

李革和朴基南也都要求参加战斗，金星同志说他们还没有恢复健康，这次就不要去了。

一片陈年的艾蒿，茎上挂着几片干枯卷曲的叶子。透过艾蒿看去，前面一根电线杆子好象比艾蒿还要矮得多。这一头是一条不大的小河沟，傍着小河沟躺着一条弯弯曲曲的公路。小河沟对面是一马平川，再远处横着陡峭的大山。

韩兴洙肚子贴地一动不动地趴着。

地潮湿冰凉，他的手心却满是汗。他不时地把手往衣服上擦擦，但不一会儿，握着的手枪柄又变得湿漉漉的了。

待会儿敌人一来，我们就要开枪。我们一开枪，敌人也就会还击。

韩兴洙在想象着一场大激战。

天上飞着轰炸机编队，地上爬着坦克。远射程大炮在轰鸣，硝烟滚滚，大地轰隆隆震颤。象烧红的铁条一样的东西在空中凌乱地交叉着，火光在空中忽明忽灭。是一场大混战。双方挥着刀枪冲杀，有人倒下了，被践踏着。四处都在爆炸。“万岁”声震耳欲聋，胜利的旗帜当空飘扬。

真是一场壮丽庄严的幻景。

李铁军卧在岩石缝里，脑门上滚落着大颗大颗的汗珠，两眼喷射着仇恨的怒火，扣在扳机上的手指紧张得快要麻木了。他的眼前一闪一闪地浮现出母亲和弟弟的身影。每当这种时候，他就咬咬嘴唇，更警惕地监视着敌人将要出现的路口。

李铁军又扭过头去朝司令官同志所在的坡上望了一下。司令官同志仍然坐在石头上向下了望着。

李铁军脚下几步以外有一个坑，朴兴德抱着大枪猫腰蹲在里头。他的眼睛好象在呼呼地喷射着绿火苗子。

金星同志问传令兵边仁哲冷不冷。传令兵起初回答说不冷，但是当司令官同志说他的脸上显出了冷的样子的时候，只好老实回答说冷是冷一点，但还挺得住。

司令官同志告诉他一会儿就得流一身大汗，还替他扣好了钮扣。

顶多再等五分钟或十分钟，敌人就要出现了。根据敌人的运动速度和时间、距离，选择了这个天将黑的时候。虽然事前都布置过，嘱咐过，但由于兴奋激动，也可能把行动的先后次序弄颠倒了，造成混乱。因此，金星同志又派传令兵边仁哲去核实了每个人的战斗任务。

一阵春风吹过，山脚下的草木沙沙地响，春天和煦的气息暖融融地轻拂着人们的脸。

李铁军前胸都湿了，就侧过身子卧着。他因为极度紧张，槽牙都咬酸了。上次“讨伐”的情景又浮现在眼前，仿佛看见了火光，听见了妇女凄厉的惨叫。他咬着嘴唇，脸绷得紧紧的。

“等着瞧吧，狗崽子们！”

他伸手撅倒了几根艾蒿，眼前开阔多了。不知怎么回事，他竟预感到敌人马上就要来了。胸膛里好象有根木棒在急促地敲打，嗵嗵嗵地响个不停，额角上的青筋也在剧烈地跳动。为了镇定一下兴奋，他做了几次深呼吸，也没有一点儿效果。他咽了一口唾沫，连喉头都震响了，然后换个姿势，脚蹬着石头，做好了一蹬脚就可以冲出去的准备。

这样一来，他顿时感到平静镇定了。周围的一切都好象跟自己一样显得安定平稳，连一棵草都纹丝不动。

在一百五十米左右远处的路口上，出现了一个萤火那么大的亮光，在一下又一下地画着圆圈。这是发现敌情的信号。过了两三分钟，传来了马蹄声，依稀可见的山脚下，出现了一个又一个的小黑点。

没过几分钟，二十一辆马车都进入了埋伏圈，山嘴子上立刻响起了清脆的枪声。

这是司令官同志发出的信号。

一排大石头，一古脑儿朝着马车队的头部、尾部和当腰直滚下去。

崔基甲带来的两江的反帝同盟盟员，象轰雷一样大声怒吼着往下滚石头。

箱子砸碎了，碎木片到处乱飞。

每辆车上只有一个车夫和一两个押车兵。这些押车兵一直抱着枪，坐在车上搭拉着两条腿，晃晃悠悠地打盹。现在突然遭到这一打击，弄得晕头转向，嚎叫着四下逃命。有的吓昏了，竟然往山上爬，挨了一石头，才滚下去，有的跳到河里乱踢蹬。

过了一些时候，敌人才收拾起队伍，开始抵抗。有一个人嘎地叫了一声，鬼子们立刻排成一字队形，趴在路旁的沟沿上，放起枪来。峭壁上火花飞溅，爆豆似的枪声把峡谷震得山响。

李铁军的伏击小组正处在敌人的背后，离敌人只有十米左右。再一声信号就该冲上去，但是总不见信号发出来。

李铁军产生了错觉，以为自己没有听见信号，就直腰站起来。左右一个人都看不见。他又一次产生错觉，以为自己落后了，就腾地往前冲下去。

就在这时候，信号枪响了。

突然从背后来的密集的枪声，使敌人顿时又陷入混乱。

李铁军打枪是很有把握的。

他瞄准最近的一个鬼子，一枪就打倒了，接着又冲上去，对准另一个鬼子的后脑勺开了一枪。他一纵身往一个大坑里跳下去，不料两脚被托起来，身子后仰，就在这一刹那，他一把抱住一个正好从面前晃过的鬼子，按倒在地上。

朴兴德在信号枪响过几秒钟以后才跳出去。他本来动作迟缓，加上蹲了好长时间，猛一下子跳起来，手脚发麻，不灵活，就落后了。

他打了两枪才撂倒一个鬼子。再后也来不及打枪，挥起枪托就投入了混战。

“来吧，狗崽子们，我把你们都送回老家去！”

在如此紧急的关头，他还是这样敞开嘴痛骂。他倒握着大枪，前冲后突，左劈右砍，发了疯似地打转儿。游击队员胳膊上都系了白毛巾，朴兴德是很容易分得清的。

“打！打！”

他象一只豹子一样怒吼着。

李铁军踹倒一个扑上来的鬼子，骑在他身上，抡起铁锤一样的大拳头照着他的脸狠狠捶了几下。头几下还有点反应，后来就不动弹了。李铁军站起来拽着鬼子的脚拖到河沿，扔到水里去了。

他刚要转过身去，看见前面有什么东西在翻滚。定神一看是两个人正在扭打。

李铁军上去揪住鬼子的脖领子，一下子把他掀翻在地，朝他的后背狠劲踹了一脚，接着迅速从身旁搬起一块碾砣一样的大石头，举到头顶上，哼的一声砸下去。然后骂一声“狗崽子”，啐了一口唾沫，走开了。

他四下一望，不知怎么回事，那么寂静。要是这样结束了，他还不够解恨呢。

李铁军又往四周扫了一眼，突然跳进河里。一个装死的鬼子扑拉一声跳起来往河心里跑去。

“想跑?”

李铁军眼里冒着怒火，蹚着水追赶那个鬼子。他跟鬼子在河里扭打了半天，最后掐着鬼子的脖子提溜到岸上来。这个鬼子个头小，脖子短，全身湿漉漉的象个落汤鸡。但魂似乎还没有完全丢掉，溜湫着眼睛，张着大嘴，不住地点头哀求饶命。

“狗崽子，你跑，往哪儿跑，啊? 我要叫你知道，不管你们来一百万还是一千万，来多少杀多少，一个也休想回去。”

他呼哧呼哧地喘着气，把鬼子猛一下子打翻在地，死劲抓住鬼子的两只脚脖子，哼一声倒提起来抡了一圈，就势象打连枷那样往石壁上一搕。

“狗崽子们，我叫你们一个也别想活着回去!”

李铁军两只大眼闪着怒火，搜索着还有没有活着的敌人，等知道确实没有了，这才用手背甩掉了脑门上的汗水，伸了伸腰。今天痛痛快快地报了仇，心里轻松多了。他慢慢走过敌人尸体狼藉的斜坡，呸呸地吐着刮到嘴里的沙土。

韩兴洙跟李铁军一起用草绳把三个投降的鬼子绑起来。然后点起火把开始打扫战场。

金星同志把手枪装进匣子里，手叉腰站着。

月光朦胧的河岸，变成了乱七八糟的战场。

掉了轮子的马车，砸翻了的箱子，横躺竖卧的敌军尸体，一片杂乱。

金星同志绕过还踢蹬着大腿奄奄待毙的军马，沉着地迈动着脚步。

他走到一处，发现地上撒满了子弹，草丛里躺着被打掉了盖子的子弹箱。他晃了晃那个箱子，里面发出哗啦哗啦的响声，显然是子弹已经撒了很多。

旁边还歪斜地躺着一个长木箱，一面的木板已经离了缝。他揭开一看，里面尽是乌黑发亮的步枪。

韩兴洙跑过来了。

“这儿有枪。”

“啊?!”

韩兴洙从箱子里拿出一支枪举在头顶上，可着嗓子地高喊：

“有枪哎!”

游击队员呼啦一下都拥过来了，每人拿起一支枪高兴地雀跃着。

“枪!”

"嗨,枪!"

李铁军拉了几下枪栓,恨不得放它一枪。

金星同志叫他放一枪看看。

李铁军咧嘴笑着,枪口朝天,扣一下扳机。

枪声好象比别的枪大好几倍,划破寂静的夜空,在天空回荡着。

"再放一枪!"

"啪!"

"再一枪!"

"啪!"

"再一枪!"

"啪!"

"哈哈哈,是好礼物!"

金星同志纵声大笑。

打扫了战场。从两个箱子里起出二十四支枪。其中三支枪,有的枪托被打断了,有的枪筒被打弯了。从敌人身上只搜出十四支枪。装在马车上的是些被服和罐头之类的东西。

留下朴兴德和崔基甲最后清理一下战场,韩兴洙和李铁军护卫着金星同志踏上了归途。

韩兴洙押着三个俘虏在前面走。

当他们走进一条小路的时候,司令官同志回过头来说:

"休息一下吧,铁军同志也该把衣服烤烤了……"

郁郁葱葱的核桃树林里,点着了一堆篝火。金星同志居中,两边坐着韩兴洙和李铁军。边仁哲看押俘虏。

篝火烧旺了,李铁军的衣服烤得直冒热气。

"铁军同志,有什么感想啊?"

他好象随便说说,但这句话里有很深的涵义。

李铁军虽然说不清楚司令官同志问的是什么,但他的心里顿时翻腾起来,引起了强烈的冲动。爱和憎,这两种不相容的感情,不可调和的两极,象一块铁一样熔铸在一起,在心里无情地翻腾着四处冲撞。天生善良淳朴、憨厚无比的李铁军,在这几天的时间里竟发生了很大的变化,连自己都很惊讶。他为了郑重地回答司令官同志的问话,把脸转向司令官同志。但他总是张不开口。他忽然感到喉咙哽塞,鼻子发酸,于是紧咬着嘴唇,不断地忽闪着眼睛。

浓黑的眉毛和厚厚的嘴唇在微微发颤。他这个从火堆里抱出母亲和弟弟的尸首的时候都没有哭的铁汉子，现在却哭了，不停地用手擦着顺着两颊一串串淌下来的眼泪。

他可以说现在已经洗雪了使他失去母亲和弟弟，失去亲爱的乡亲的深仇大恨。自从遭了“讨伐”以后，他没有一夜不辗转反侧睁眼盼望着的事情今天总算实现了。每一个朝鲜人都应该这样报仇雪恨。失去了父母的儿女，失去了丈夫的妻子，失去了可爱的儿女的母亲，每一个人都应该报自己的冤仇。

应该千倍百倍地报仇雪恨。要叫敌人知道，侵略者胆敢迈进一步，就没有一个能够活着回去，要叫他们在朝鲜人面前嗦嗦发抖。

这就是打击不共戴天之敌的道路，这就是打退侵略求解放的道路。

司令官同志今天用生动的事实证明了这一点。我们往后就要象今天这样干下去，按着司令官同志的号令奋不顾身地冲向敌阵！

“司令官同志！”

李铁军端正姿势喊了一声，但又接不下去了，光是抽搭着，过了半天才哽咽着说：

“我要永远象今天这样战斗到底！”

头一仗打胜了，心里沸腾着要这样战斗到底，直至赢得最后胜利的坚定的信念和斗志。但他就是苦于不能把这种心情恰当地表达出来。然而金星同志早已看出了他的心，用低沉温和的声音说：

“说得对。我们今天虽然只是个开始，但这第一步就等于为打倒侵略者打开了决定性的突破口。我们消灭的鬼子兵并不多，我们破坏的敌军战斗器材也不多，然而这是朝鲜共产主义者对日本帝国主义的第一次武装打击。从今以后，我们将更沉重、更频繁、更彻底地打击敌人，将不停顿地打击他们，直到帝国主义堡垒天塌地陷地垮台为止。”

李铁军目不转睛地注视着司令官同志充满信心的面容，聚精会神地听着他铿锵有力的讲话。

在另一头，韩兴洙操着一口流利的日语，在审问三个俘虏。第一个家伙一直搭拉着脑袋，几乎要碰到地了。他光着头，上衣的一只袖子也不知跑哪儿去了，样子狼狈不堪。这个家伙高个子，深陷的大眼睛象两个空空的大窟窿。他紧靠火堆坐着，几乎都要烤出焦味来了，还象青杨叶子那样不停地发抖。

“接着说，命令你们开到什么地方去？”

“目的地是吉林。”

“到那儿去干什么？”

“是！老实说，我不知道去干什么。”

“你也一样？”

韩兴洙又厉声地问第二个鬼子。这是一个矮胖的家伙。

“哈依！”

这个家伙老是“哈依”“哈依”，不知道是肯定还是否定，把韩兴洙气火了。

“你干吗脱了上衣光穿衬衫？嗯？马车上还有卧铺怎么的？”

“哈依！我想把我的态度……就是说……我想向阁下们……表白我没有抵抗的意思……”

韩兴洙看出这家伙在耍滑头，想隐瞒自己的身分，就用憎恶蔑视的眼光直盯着他紧紧地追问：

“你的军衔是什么？”

这家伙一声不吭，葫芦瓢一样光秃秃的脑袋几乎要塞到裤裆里去了，连连点着头。

“快说！”韩兴洙大喝一声。

旁边的戴眼镜的家伙，贼头贼脑地望了一下四周，说他愿意老实交代。

“他是中尉。”戴眼镜的指着穿白衬衫的说。

“是负责运输队的长官，叫冈本。那头那个人是见习士官，是个心好的人，生在鹿儿岛。他爱喝酒，因为喝酒，两次被降级。哈依！这是老实的坦白，半句谎话都没有。”

“你是干什么的？”

韩兴洙用下巴颏指着这个贼溜溜的眼睛里闪着卑鄙本性的家伙问。

“哈依，我不是军人。请看，这是最近东京流行的夹克。我是新闻记者，是个道道地地的非战斗人员。我从没有拿过枪。哈依！方才战斗一开始，我立刻就举起了双手。”

“是真的吗？”

韩兴洙这句话，使他马上恢复了生气。

“是真的。这儿有证明书。”

戴眼镜的从上衣口袋里掏出一个小本子，打开封皮，亮出了夹在里面的证件。

“我的名字叫原。一看就知道，这儿贴的照片就是我，没错，是的。”

韩兴洙冷笑了一声，把证件推到一边，连看都没看。原这个家伙，是个彻头彻尾地继承了岛国猢狲的传统气质的知识分子。他贼眉鼠眼，动作机伶敏捷，一眼就能看出是个非常奸滑的狡诈鬼。这号人善于随机应变，单靠威吓是不容易奏效的。听了他的话，还无法断定他究竟有几分老实，但从他那故作镇静的神气上，也可以看出他的内心藏着奸诈的诡计。

韩兴洙看不惯这种人，不愿意再详细审讯，想大略地问问就算了。

“你到这儿来要干什么？”

“哈依，我从实坦白。”

原更加镇定了，好象在琢磨着对这三个朝鲜人应该向谁讨好才对。

“我是去找前来调查满洲事变真相的国际联盟李顿调查团的。我本来以为今年二月在沈阳可以见到他们，但是扑空了。总社把我召回去，指派我一定要写一篇对他们的访问记，因此重新坐船来到清津，现在正要到吉林去。”

“不许说谎！”

韩兴洙猛地把脚一跺，大喝一声。

原吓了一大跳，两手捂着胸口，半晌说不出话来。过了好半天，才使劲拿出了勇气。他这时凭直感意识到自己的命运已经被放在天平上颤巍巍地摆动了。

“我没说谎，是真的。”

“那你为什么不坐火车来？看你的样子还没有穷到只能坐马车呀，嗯？你是个间谍，没错吧？”

“我是记者，是真的。我打算写一篇访问记和有关这一带自然景物、民间风俗的纪行。想在今年，至迟在明年内出书，弄点钱买所房子。”

“你是研究民间风俗？想赚点钱？说得真好听啊。你是想描写那些在帝国主义者的践踏下受苦受难流血牺牲的人们的表情和心理来赚钱吗？”

“我彻底主张新闻的客观性。因为新闻报道是社会舆论的引路人，引导民心是新闻和通讯报道的使命。政府的所作所为不过是我们的写作对象，不能说和我们的立场是一致的。”

“你这一套假仁假义还是很有锻炼的哩。那你说说，你看到的这里的民间风俗怎么样？”

韩兴洙感到恶心，歪扭着脸。他仿佛面对着一个令人作呕的怪物，感到了极大的厌恶。

金星同志默默地望着李铁军，对韩兴洙那儿的对话几乎没有去注意。

李铁军把视线投在火苗乱舞的篝火上，象一个不可撼动的大岩石一样稳稳坐在那里。

金星同志看出李铁军此刻正在用惊人的毅力抑制着自己。就在几个小时以前，凡是日本鬼子，他见一个恨一个，立刻就要发泄怒气，现在已恢复了理智，看到日本军官和新闻记者这类渣滓苦苦哀求饶命的可怜相，根本不加理睬。

韩兴洙看见这个名叫原的记者不作明确的答复，光在嘴里瞎咕噜，就再攻他一下。

“怎么不说呀？你们的主子‘日本帝国’的统治者给这里的人们造成了什么样的民间风俗，你不是看得清清楚楚吗？朝鲜人民有叫那些胆敢侵犯祖国的外来侵略者有来无回的好风俗，有把他们干净彻底地埋葬在地下的习惯。”

“请恕我冒昧，这些我全都不知道。我要研究民间风俗，只不过是一个愿望，实际上还什么也没有看到，什么资料也没有采访到。”

“那我马上给你看看我们的风俗。”

韩兴洙挤了挤一只眼睛，把挎在背后的匣子枪拉到身前。

原吓得魂飞魄散。等到他神志恢复，抬起头来看的时候，韩兴洙已站在金星同志的面前了。

他两只脚跟并在一起立正站着，向金星同志报告了审问结果，并提出了自己的意见。

“把他们都处决了行不行？”

“都处决？说谎的家伙嘛，因为他不是真心投降，处决是可以的，但是非战斗人员也该处决吗？”

“他非常卑鄙狡猾。”

“把他的身分再核实一下，如果确实是记者，就把他放回去吧。”

“要是放了，他一定会拿我们进行反动宣传。”

韩兴洙想着原的充满诡诈的眼神，提出了坚决的意见。

“当然，他也许跟你说的一样，还要继续干坏事。看他那面目可憎的样子，随便怎么处理都是可以的。但是他不是说自己是一个记者吗？不是说他很快就投降了吗？如果他说的是事实，他确是一个记者的话，他就会对我们有用，会替我们做生动的宣传，比我们撒传单还要生动几倍。要放了他，但最好给他添上一个条件。要向他许下一个诺言，我们将根据他的职业给他创造一个能够写出一篇特写通讯的条件。题目可以定为《朝鲜共产主义者用自己的双手打倒了日本帝国主义，解放了自己的祖国》。同时，我们要继续强调‘投降就饶命’这一点。就这样，哈哈哈……”

金星同志瞧了一眼在绝望中战抖的原，然后把视线移向繁星闪烁的夜空痛快地笑着。

空气这样突然一变，原开始注意起这两位他开头没有注意的人。

原抬头望了一下坐在篝火旁的金星同志。看到他挂在嘴角上的微笑，一下子被慑服，马上低下了头。在原看来，那种神情是只有对自己的信念坚信不移的人才能具有的。

原意识到自己不会被处死了，感到了安慰，同时也感到自己的理性正在四分五裂，支离破碎，经历着一个凄惶痛苦的时刻。

他扑通一声跪在地上，卷毛蓬松的脑袋低低地垂下来，几乎要碰到了地。他全身发软，白嫩的手指头在膝盖上哆哆嗦嗦地颤抖。

他流着眼泪，呆呆地俯视着发黑的泥土。他差一点被埋葬在这块泥土里，最后变成与之毫无两样的一撮。火苗舔着黑暗，象幻影似地忽明忽暗，往地上投射着光亮和暗影，不住地戏弄着他的灵魂。

“韩兴洙同志，我们先走了，你随后跟上吧。铁军同志，咱们走吧。”

大家都走入丛林消逝了，只留下一个韩兴洙。

已经过了好长时间，原还不想站起来。一阵紧张之后的松弛，使他更加瘫软无力。尽管这样，他还是强打精神，考虑着从今以后该如何立身处世。他终于抬起头来说：

“你们饶了我的命，我深表感谢。可是我很想知道，是谁使我处在现在这样的地位，使我受到这样宽大的处理？”

“是吗？也难怪你要问这个。告诉你，是朝鲜共产主义者的武装部队，打倒日本帝国主义的抗日游击队逮捕了你，现在又释放你。”

原猛吓一跳，刚抬起来的脑袋又无力地慢慢搭拉下去。

“原来是这样，我明白了，我一定铭记心中，永不忘记。”

他就象即将咽气的人一样毫无力气地动着嘴唇。仿佛是那沉甸甸地挂在鼻梁上的眼镜使他失去了全身的平衡，他把上身向前弯曲着跪在那里，脸上现出严肃的神情。

他在总社曾经读过驻沈阳特派员发来的有关抗日游击队的电稿，也曾渴望着要在这次写一篇有关抗日游击队的特写通讯，可是万万没有想到会有今天这样的巧遇。也正因为这样，他受到的冲击是格外沉重、难以想象的。他又一阵剧烈地战栗着，然而，他的职业意识居然也在剧烈的战栗中抬起了头。

“您是说抗日游击队就是要打倒日本帝国的武装部队？”

“怎么，你觉得不可思议吗？然而这是事实！”

“我可以相信日本帝国将被赶出朝鲜吗？”

“信不信，是各人的自由。可是你等着瞧吧，这将成为不容置疑的事实。”

对原来说，这已经是超越想象的概念。他第一次听到有关游击队的消息时，也没有这样从根本上考虑过这个问题。

原低着头沉思了半天，无论如何也不能相信今天夜里发生的这一切事情。关东军的运输队遭到朝鲜人武装部队的奇袭这件事已经是难以相信了，何况是日本将被朝鲜共产主义者打倒，将被赶出朝鲜这一令人吃惊的预言，怎么能相信呢？

“请恕我冒昧，我想再问一个问题。首先请您谅解，我提出问题的目的完全是凭我的良心，从我的职业出发的。我很想知道抗日游击队怎么能打倒日本帝国？或者在什么地方已经准备了我们所不知道的大部队？如果是已经准备了，那末可以公开的兵力估计有几个师团？假定可以估计有十几个师团，那末它的武器和给养是靠什么办法得到的？”

“扼要地说，我很想知道你们对胜利有多大的把握。请恕我失礼。”

“嗯，这还象个记者提的问题。我看，你对什么都很难相信。要想理解这个问题，首先就要摆脱偏见和主观，要有能够实事求是地正视现实的观点。这一点你能做到吗？”

原感到这个人的锐利的目光，好象透过皮肉把他的内心都看得清清楚楚。他躲过韩兴洙的目光，又低下了头。

“我看你还不是一个纯粹的大傻瓜，只要你能站到公正的立场上来，哪怕是那么几分钟也好，你就可以很容易地理解我们的估计了。”

“我可以发誓。记者本身就是公正的。我想，就因为这个，才说记者是社会舆论的代言人。”

“你瞧，又在说谎了。那末，你能回答一个问题吗？你说，你为了报道‘满洲事变’要去采访国际联盟的李顿调查团，可是，你身边放着挑起‘满洲事变’的罪魁祸首，为什么偏要到处找局外人呢？我看，在沈阳中心炮制了‘满洲事变’的罪魁们还都藏在关东军司令部里呢，不是吗？再说，现在日本帝国主义者正在惨无人道地肆意屠杀着朝鲜人民。就在前几天，在离这儿不远的地方，日军就出动一个团的兵力屠杀了我们的好几千人。我看这种事件比拔刀跳进人家围墙抢劫钱财的强盗事件还要大得多，你看是不是？尽管这样，你们却不敢在报纸上报道这些事实，连一句都不敢写，难道不是这样吗？事实如此，你还唱什么‘舆论的代言人’这套滥调？”

“……”

“……”

“且不说这些，再说说你想知道的事吧。我们没有什么秘密，也没有什么奇特的办法。我们何以能估计到将会打倒日本帝国主义而取得胜利呢？我们的估计是很简单的，而且是确有把握的。一句话，日本帝国主义是携带武器的强盗，我们是被侵犯的主人。我们是为了祖国和人民的生存，为了我们民族的尊严而站起来的。”

韩兴洙的话停顿了一下，这时候原又抬起了头。

“可是据我的认识，军事对抗是凭实力决定胜负的。人道主义者们说正义永远在非洲一边，他们对于亚洲也是这么说。然而，非洲大陆已经被欧洲的列强瓜分，在美洲，印第安人在替白种人烤面包。”

“不管怎么样，一方有许多师团的兵力。再说，这一方还拥有力大无比的庞大发动机，补给能力也大得惊人。而另一方……”

被篝火照得脸通红的韩兴洙，露出了淡然的冷笑。原一看，以为他马上要改变主意，要把表现唐突冒昧的自己毙掉。他吓得脸煞白，两眼发直。韩兴洙看出了他的这种变化，说：

“接着说下去。不要害怕，别以为你说了这些话，我们就要改变主意惩办你。对我们来说，不管在什么情况下，照事实说话是不算罪过的。你是想说，‘你们共产主义者既没有师又没有军，总共算起来也没有多少人，用这点力量能够打败师团和坦克吗’，对不对？当然，这是事实。乍看，双方的差距是非常大，大得简直无法相比较。”

“但是，反过来，我们有侵略者所没有的威力巨大的重炮，这就是叫做精神上的优越性的这一武器。换句话说，我们有誓死打倒侵略者，争取自身解放的几千万颗火热的心。懂吗？这比侵略者用金钱和欺骗拼凑起来的武器强大不知多少倍，而且其数量也是取之不尽用之不竭的。”

“你刚才说了什么发动机。其实飞机、坦克和军舰这一类东西，并不是只许侵略者专有的神圣不可侵犯的东西。我们把它缴获过来，发动机还是一样转动，枪炮还是一样可以发射，难道不是这样吗？”

“然而，我们的精神武器却是任何人都不能夺走的。就是这样，从实力上也好，从理性和道德上也好，我们都将打败帝国主义者。可以说，这是一个全面的对抗。因此，我们没有什么不可公开的，也不怕任何论战。关于这个先说到这儿。我再问你一个问题。从‘明治维新’算起，到现在已经有半个世纪多了，在这期间，日本帝国主义建设了多少工业，它的生产能力估计有多大？能够武装一百万兵力吗？”

“可以武装三百万左右吧。”

“五百万可以不可以？”

“再加把劲，也许是可以的。说起来，三百万也就了不起了。”

“一千万怎么样？”

“那么多呀……我是个外行，但我想还用不着那么多吧。”

“不，我看一定需要那么多。先多算一点，暂时就算一千万吧。再说下一个问题，你说补给能力大得惊人，到底有多大呢？”

“这个，详细的我不清楚，但是大概地估算一下来看，我们的发动机拥有的能力比日本总人口的劳动能力还要大好几倍。”

原的脸上渐渐消失了方才那种怕得要命的狼狈相，显然是放下了心，甚至还夸起口来了。

“那么说，也没什么了不起啊。”

韩兴洙故意作出失望的样子，好象原的话辜负了他的期望。

“我们大体上准备武装一千万人。事先要声明一句：武装一千万人，我们并不想用今天晚上用的那种火绳枪和猎枪。随着良好补给线的开辟，我们的情况将变得更好。”

原歪了歪脑袋。

“怎么，不相信吗？日本帝国主义正在把大量的武器运给我们呢。叫他们快些运来好了。叫他们运到釜山、清津和兴南，我们将把它全部缴获过来。怎么样，你相信吗？”

“……”

“……”

“我们是不喜欢自我吹嘘的。不过，有一件事可以先告诉你。”韩兴洙回忆着司令官同志的话，满怀信心地说：

“就是说，我们将使你用自己的手写出一篇题目叫《朝鲜共产主义者用自己的双手打倒了日本帝国主义，解放了自己的祖国》的特写通讯。怎么样？懂了吗？你现在可能还不懂。但我们是坚信不移的。”

“您用什么作保证呢？”

“告诉你，我国人民有伟大的领袖，这就是保证。他已经许下了诺言！”

“啊，是吗？他是谁？”

“你想知道吗？”

韩兴洙拿起放在石头上的军用挎包挎在肩上，想了一下，用严肃的语气说：

“就是方才坐在这儿的那位，是我们的司令官金星同志。”

“啊？！”

“用不着那么吃惊。”

“啊，是他……”

过了几分钟，山谷里响了两下枪声，处决了两个鬼子军官。韩兴洙和原朝相反的方向各自走了。

一片灌木丛，韩兴洙在一条窄窄的曲折的小路上走着。树枝缠绕着胳膊和腿脚，人一过去，唰一声又弹回原处。

他扬着发热的脸，迈着矫健有力的步子，心里回想着夜里发生的事情。

大石头滚下山去的隆隆声，接着起来的几声枪响，总共不到三十分钟的搏斗，这就是今晚这场战斗的全部经过。既没有轰炸机的编队，也没有坦克的进攻，也没有成直线或散兵线的步兵进攻。既没有飘扬在高地上的军旗，也没有听到宣告胜利的响亮的鼓声和军号声。那末这是什么呢？是战斗吗？是，是战斗！这不仅是战斗，而且是革命战争！

这就是阶级和阶级的对立，是日本帝国主义和朝鲜人民的决战在一小块地方上的反映。严峻而无情的历史已经开始了。

自从远古的一个清朗的早晨，全身毛茸茸的我们的祖先不再用两手支地，开始用两脚站立起来，投掷木棒猎取野物的时候起，人类已经走过了悠久的历史行程。

当寒冷还作为威胁人类生存的最大的恐怖而存在的时候，雷电引起的神秘的火焰把人类推向了迅猛的进步。火帮助人类走向了从温带直到寒带的广大地区，同时也推动会用脚站立的人类奔向了会用头脑思考的理性的时代。

用藤条弯成轮子，用手转动来纺线的那种手摇纺车已被陈列在民俗博物馆的一隅，蒸气被人抓来当了替人转动轮子的能干的“长工”。从此，人类更加高速度地飞向了现代。

人类发现了大陆，速度缩小了空间，第二个自然界为人类造福。

人类不断地朝着完善自己的方向前进，但是同时又迫使自己重新爬行，给文明世界的中心挖掘了耻辱的深渊。远古时代，人们因为天色阴暗，石头打不中野物，而饿死在野地里。然而今天，人们却因为收获得太多而在成批地饿死。结果，产生了一个“幽灵”，它终于形成一个高度提炼的理念结晶，变成了被压迫被剥削大众所掌握的争取生存条件的武器。

从那以后，过了半个世纪稍多的某一年初冬一个阴冷的日子，成千上万的群众，攻打坚固的城墙，占领了覆盖着厚厚一层苔藓的沙皇冬宫。

工人和农民手持长枪，冲进了金银珠宝、大理石柱闪光耀目，富丽堂皇，豪华壮美的皇宫大厅，宣布了他们就是历史的主人，就是国家和皇宫的主人。

所有这一切，在那错综复杂的生活的大河上，形成了供人们渡到今天这个对岸来的几个明显的垫脚石。

和这一样，今天夜里在白头山山麓响起的一声信号枪，成了一个庄严的信号，它召唤朝鲜人民投入了英勇的抗战，进而给在帝国主义的压迫和剥削下的，黑暗、落后、被奴役的各大洲照射了曙光。

历史终于被载在两个巨大车轮上隆隆滚动，奋勇前进了。一个车轮由全世界工人阶级推动，另一个车轮则由亚洲、非洲、拉丁美洲的奴隶、长工和亡国奴们刚刚开始推动着。

在并不遥远的将来，孩子们将铺开新绘制的世界地图进行学习。那时候，孩子们在地图上看到的将不是涂着同一种颜色的殖民地朝鲜和宗主国日本，而是分别涂上本民族最喜爱的最鲜明美丽的颜色的、摆脱了奴役的自己的国家。

司令官同志今天就是对这一点作了保证。

韩兴洙想着这些，脚不停地走着，他甚至完全忘记了夜的漆黑。

眼前一条小溪，他陡地提起精神，踩着垫脚石跨过去了。

这时候，前面好象有人觉察到这一头的动静，立刻传来了口令。

韩兴洙感到了心脏的跳动，浑身充满力量。他手按着匣子枪跑过去。

当他走近圆木房院子的时候，听到了权万成的清脆的声音：

"陈一万同志，怎么样，痛快不痛快？"

接着是声音洪亮的回答：

"嗯，痛快极了。我们就是要这样干下去！我们那一场激烈的论争就这样痛快地得到了结论。在这几天里，可以说我又念完了一个政治大学了。哈哈……"

宋德亨用他特有的粗哑嗓音接上了话：

"培养实力打敌人，打击敌人救人民。就是这样。陈同志，你以为那么笑一下就算过去了？应该好好反省一下哩。"

"那当然……哈哈哈……"

"哈哈哈……"

痛快的笑声一直传到圆木房对面的山沟里，把山谷震得铮铮响。

从来不大爱笑的韩兴洙，停在土豆地头上，也仰天大笑起来。

暴雨倾泻着，是这一年的头一场春雨。大颗大颗的雨点捶打着树林，把顽固地盘据在山沟里的雪堆一下子都冲跑了。

峡谷与丛林，被雨水冲洗得异常清新凉爽，充满新生的活力。

在山转角处的一条小路上，金星同志和李革淋着雨走来。

路面上是一片灰蒙蒙的雨雾，坑洼的地方迸溅着细小的水珠。

大家都已启程上路，最后剩下一个被派到北部地区去的李革，现在也动身了。他是为贯彻明月沟会议的方针第一个前往北部广大地区的人。

李革默默地走着。

他虽然肩负着最光荣的重大任务，但一想到就要和刚刚见面的司令官同志分别，心里感到说不出的难过。

什么时候能再见面啊！

也许是一年两年以后，或者，也可能是更遥远的将来，在完成了我们应该完成的革命任务以后，在解放了的祖国的某一个城市里，要不就仍然在现在这样的丛林中，偶然碰在一起。但也说不定会由于某种偶然或不幸，被关在监狱里，或者被押到绞刑架上，回忆起今天的情景。不管怎么样，未来是严峻的，也是光辉灿烂的。只要走在司令官同志指引的道路上，就是生下一百次献出一百次生命，也是无所畏惧而心甘情愿的。

多么愿意一辈子跟他在一起啊！但是非分别不可了。

李革压抑不住心脏的剧烈跳动，沉重地挪动着脚步。

突然，他振作起精神，站在路上拦着说：

“司令官同志！请回去吧，您已经送了我十多里路了。”

“走了这么远了吗？我还以为刚绕过一个山嘴呢。没关系，快走吧。我最喜欢这样走路。”

“您的衣服都打湿了。”

“湿了再晾干还不一样？”

他们又越过了一个小山坡。

李革又站住了。

“请您回去吧。不然我就站在这儿不走了。”

“怎么啦？我现在很高兴啊。明媚的春光固然可爱，但春雨蒙蒙的丛林也是非常令人喜欢啊！这么好的地方，你要一个人走吗？”

他推了一下李革的背，李革仍然一动不动地站着。时间不停地走着。

“那就没办法了，请动身吧，希望你常常来信。我准备很快就到鸭绿江地区去。”

“敬祝您健康。这是我唯一的愿望。”

“请上路吧。”

司令官同志把手放在李革的肩上，凝视着他那掩盖不住惜别心情的脸。

李革的呆痴的眼珠，象水中月影一样颤动着。司令官同志一把拉过他紧紧地抱在怀里。

“李革同志！”

“司令官同志！”

轰隆隆一声巨雷，电光一闪，把黑森森的天空、雾蒙蒙的丛林、蜿蜒伸向远方的山峦照得通亮，也给李革的眼睛照出了灿烂的光辉。

三

一个恬静的村庄，正位于两条江水汇合的地方，所以叫做两江村。村旁一片小平川，就算是这个山区中够大的平川了。

村庄的一头稀疏地立着几棵桑树，小河沟上横着一座独木桥，河岸坡上高耸着一棵榉树。

榉树上长出了浅绿色的新叶，喜鹊叼着干树枝，在树梢头一上一下地翘着尾巴。

沿河是一道弯弯曲曲的柳树堤，微风吹过，柳絮飞扬，仿佛一片雾霭。

一群孩子在田塍上跑着捉蝴蝶，小狗追逐着山雀跑向山脚。

人们都走出屋来，有的上山，有的下地。这里种的地，一半是洼地，一半是山地，每块地上干活的人都不多。

春天的阳光暖融融地照射着，平坦的场地上和路面上，一群象棉花团似的小鸡叽叽叫着拥来拥去。

是一个向来象湖水一样恬静的村庄。

这样的村庄，在这象波浪一样高低起伏绵延伸展的白头山一带，处处可以见到。这些村庄是什么时候怎样形成的，谁也说不上，但多半都是熬不过世间的折磨而流落到这里来的人们建立起来的。

这里的人，有从三南来的，也有从西道和北关来的。己未年以后流落到这里来的人最多。再往上追溯起来，也有“韩日合邦”以后就迁来的。就是现在，也差不多每季都有一两家流落到这里来，有的解开行装落了户，也有的继续朝什么地方走去。但这一切都没能把这个座落在深山幽谷里的山村的宁静打破。这个村庄，一年四季都是这样单调，这样安静。

然而这一天，却象过节一样忽然热闹起来了。

是昨天傍晚的事情。河沟里捕鱼的孩子们突然抱着鱼网跑回来，地里干活的小伙子们扔下木犁横跨过田垄匆匆跑回村庄。在家里的老年人和妇女们也打开房门奔到院里。

“咱们的军队在哪儿?”

“在碾房大院里呢。”

“他们有枪没有?”

“那还用说!”

“嗬!”

的确,碾房的大院子里,坐满了健壮的战士。

这是抗日游击队。一色草绿军装,打着绑腿,脚穿胶底劳动鞋,个个年轻力壮。其中尤其引人注意的是四五个女队员。人们都睁大眼睛望着她们的军帽和黑亮黑亮的步枪。游击队的武器约有一半是日军用的那种步枪,其余的就是老“洋炮”和“套筒”之类,还有几个人带的是火绳枪。

起初,人们都站得远远地怯生生地望着,可是没过多久,大家都拥进院子里跟游击队员们交谈起来了。

抗日游击队成立的消息,两江村的人们早在一个多月前就已经听到了。正当好些地方流传着日本鬼子“讨伐”了什么地方,又烧光了哪个村庄等等骇人听闻的风声的时候,村里的一个去过安图的青年带来了这个喜讯,从此人们都知道我国有了自己的军队。就在那时候,村里的十几个青年人又参加了在王八脖子消灭日军运输队的战斗。这样一来,村里就热闹起来了,农民都非常兴奋,特地赶到十五里外的王八脖子,把打坏了的大车轮子拉到村里来给大家看,一连几天都在谈论着这件事。

不大工夫,游击队员们被分派到十五六家人家去住下了。老乡们都争着要把游击队员请到自己家里去,你拉我拽,几乎要吵起来。一些老一辈的人出面才把大家喝住,收拾了混乱。这一下,人们又都一窝蜂似地拥进那些住了游击队员的人家唠开了。

去人最多的是住了几个女队员的茂山家。多半都是背着孩子的媳妇和梳着辫子的姑娘,老年人也不少。

人们把三间屋挤得满满的,几乎把墙壁都要挤塌了似的。廊台上,灶房里,都是人。灶房锅台周围和门口,或站或坐,挤着一群姑娘。

“哎呀,真了不起,天下还有这样的新鲜事儿。”

一个没了牙的老太太,挨个摸着女队员的肩膀和打褶的裙子,不住地咂着嘴赞叹。她的眼睛湿了,含着闪光的泪水。她抚摸着十八岁的女队员明玉的短发,问她:

“你这姑娘也留过辫子吧?”

"一扛枪就剪掉了,老奶奶。"

在安图入伍的女队员英淑在旁边替明玉回答。

"敢情是这样,真了不起,我们这些老太婆当姑娘的时候还不兴串门呢。"

游击队员和姑娘们都笑了。

上屋里的慧英,被人们围在当中,叫人们问得脸上直冒汗。

四面八方都朝着她问:

"你打过枪吗?"

"你的爹娘很快就同意啦?"

"咱们女的真的也要去打仗吗?"

真是问什么的都有。

妇女们都惊奇地看着,好象女队员都是从天上掉下来的,有的用手摸她们,有的拿话引她们说话。谈了一个多钟头,她们又不禁吃惊起来,原来这些令人惊奇的女兵也都是跟她们自己毫无两样的普通人,是哪里都可以看到的那种老实腼腆的平凡的女孩子。

在另一头,一所向阳的草屋顶的私立学校里,穿着朝鲜长袍的校长先生,把学生都集合在操场上,走上讲台,兴奋激动地宣布说,前不久诞生了将要赶走日本鬼子,争得我们朝鲜独立的抗日游击队,其中一支队伍,由金星将军率领,今天来到了两江村。

一共有五十多名的学生们,夹着书包跑到中庄凑了一会热闹,就都跑回家去宣扬开了。这么一来,方圆二十里开外的这一带,立刻传遍了这个消息。

这天晚上,金星同志在学校操场上,向挤得满满的群众发表了讲话。

金星同志详细地说明了抗日游击队的性质和使命,热切地号召全体人民群众要全心全意地支援由工人、农民的儿女组成的抗日游击队。他还说,青年人应当志愿报名参军,拿起武器同日本鬼子作战。大家有知识的出知识,有钱的出钱,什么都没有就出人力,人人都要为光复祖国作出贡献。

讲话一直到鸡叫头遍的时候才结束。群众象久旱的土地急切地吸饮甘霖一样,把金星同志的讲话深深地铭刻在心里。他们兴奋热烈地鼓掌,一遍又一遍地高呼万岁。

太阳徐徐坠向西山,军需主任朴兴德心满意足地走在小路上。他被批准加入了游击队,同时又接受了负责管理部队军需的任务。起初,他很担心,供这么多的人吃穿,自己能搞好吗?急得一夜没有合眼。可是这几天,他产生了信心,觉得还可以搞。

就拿今天的事情来说吧。昨天，司令官同志突然交给他一项要筹办一百张白报纸的任务，那时候他真有点慌了，可是和队员们一商量，办法就出来了，今天晌午前就完成了任务。当他把白报纸运来的时候，司令官同志还表扬了他，说这个军需主任挑选得不错。

朴兴德想了解一下各排准备晚饭的情况，不慌不忙地走过有棵榉树的那个土坡来到了后庄。

他中等个子，长得粗壮，穿上很合身的新军装，显得高了许多。挺厚的粗布军装，用柞树皮染了色，很好看。

帽子略小一点，微秃的大脑门，跟他的大脸非常和谐，给人很可亲的印象。通关鼻子，始终含着笑意的小眼睛，紧闭着的嘴，仔细端详起来，是一张连生气的时候也使人感到亲切的脸。

他走到村口，看见三排的同志们在帮助房东耪玉米地，每人跨着一条垄闹嚷嚷地在讲着什么。其实，说他们在帮助别人耪地，还不如说他们本能地出来干活更恰当，因为他们这些年轻人不久前还都是庄稼人，看见有活干手就发痒。

"呗，煤黑子！"

他朝院子里那个劈柴的高个子黑脸膛的人打招呼说。

"昨儿晚上那个大嫂的话你到底信不信哪？"

一声不响专心劈柴的车奇勇，一个月前还是一个在煤矿挖煤的工人。他把木砧放稳了，直起腰说：

"那还说得上什么信不信的，简直就是秋天的布谷鸟——瞎叫唤。"

"可是那样的事她总不能瞎编吧？"

朴兴德顺口说着，拿出一张巴掌大的碎报纸头，放上一把烟末，卷起来叼在嘴上。

围着围裙的房东大娘走出来拿劈柴。

"怪累的，快别干啦。"

车奇勇回头看了一眼朴兴德，似乎无意回答他的话，又挥起斧头哼地一下劈下去。粗粗的一轱辘木头咔嚓一声劈成了两半，露出了白净的树心。

老大娘抱一大抱劈柴站起来。

"老大娘，还有木头您都拿出来叫他劈吧，他本来就是一个架窑柱的，哈哈哈！"

朴兴德笑着说。满脸皱纹的大娘，赞许地点着头。

"呦，瞧他劈得多麻俐。"

“我说老大娘，昨儿晚上不是有个大嫂在学校操场上嚷嚷得挺欢吗？那个大嫂该不是爱瞎胡吹的吧？”

朴兴德心里发痒，忍不住又提起了那件事。

“就是虎头沟的那个媳妇吗？”

“对，就是老说自己亲眼看见将军给人扛过活的那个大嫂。”

“我说也让人纳闷。其实她是一个挺聪明的人呢。可是……”

老大娘把劈柴放到厨房里，又走回来。

“人说女的再聪明也顶不上半拉男的，这话兴许就是指她说的吧。那个媳妇昨儿晚上说不定丢了半个魂儿，要不，她能说出那种话来？将军他哪儿能是扛活的呢！”

老大娘仿佛也对此深感不满，啧啧地咂着嘴又抱起一抱劈柴跨进了门坎。

“就是嘛。”

朴兴德含糊其辞地说着，兴致勃勃地大口大口喷着烟。如果再争取到那么一两个人的同意，他就可以压服今天早上那场争论中的对手，叫他们无话可说。

“那你这个煤黑子到底信还是不信？”

“……”

车奇勇把劈柴抱到院子的一边，聚精会神地照井字形码起来，好象根本没有听见朴兴德的话。

“呵，真能胡诌，咱们的司令官同志哪儿能是扛活的呢……那个大嫂丢了半个魂儿是不假。”

朴兴德噗噗地喷着烟，自言自语地咕哝着。车奇勇这才伸直了腰，紧盯着朴兴德：

“扛活的人是无产阶级，你为什么看着不体面？特别是你老朴同志，不也是扛了十多年活的吗？”

“谁说不体面？我是说那个大嫂丢了半个魂儿。”

“人家不是说那个大嫂不会撒谎吗？”

车奇勇平静地，但很自信地说。

“那么说你是当真相信了？”

“信不信倒不是什么问题，问题是不应该拿这个事儿到处瞎说。”

车奇勇象生了气似地，露出折了的门牙说了一句，就紧闭着嘴继续码劈柴。

朴兴德涨红了脸，但他可不是轻易就认输的。

“看你这个老实巴脚的，到底是个煤黑子。可是你说的话，我怎么也弄不明白。这也不对，那也不对，到底哪个对啊？我看你这就是上次学的那个‘矛盾’。”

“哪儿来的什么矛盾，兴许那个大嫂看错了人吧。”

车奇勇不耐烦地顶了一句，回过身去象主人似地瞧了瞧码好的一堆劈柴，然后又找个地方开始码另一堆。

昨天晚上，将军讲话一直讲到后半夜才结束。散会以后，金星同志还亲自送一些老年人到村口，和他们一一道别。

就是在这时候，虎头沟那位大嫂在近处看见了将军。她起初大吃一惊，简直不敢相信自己的眼睛。然而她看得清清楚楚，将军分明是在富尔河娘家见过的人。

“哎呀，他就是……这怎么好啊。”

她情不自禁地惊叫起来，引起了人们的注意。

这位文静而又开朗大方的大嫂，把自己所见到的事一五一十地告诉了大家。她说她那时候为了坐月子回到了富尔河的娘家，当时上井打水的那条路上冻了一层冰，很不好走，金星同志看见就把路上的冰都给刨掉了。

朴兴德这个从小给人扛活的庄稼汉，听了这些话，感到惊奇，同时也感到更加亲切，觉得司令官同志跟自己这样的人有着血肉相连的关系。

所以，他一方面不相信真有其事，另一方面却又老想着这件事。

他看了看各排准备晚饭的情况就转回来。到了榉树下，看到十几个年轻小伙子在那儿吵吵嚷嚷。走近一看，是游击队员大个子崔七星被围在当中，样子显得很尴尬。

崔七星脸涨得通红，不知所措地四下张望。

“你说一定要懂得那东西，那你得告诉我们那东西在哪儿啊？”

“什么在哪儿不在哪儿的，他这个同志就有那个东西嘛。”

“喂，除了《共产党宣言》，还应该懂得什么呀？”

“军装怎么办哪？是自个儿做呢，还是游击队发呀？”

“看你这个人，人家卖糕的还根本没想给你吃呢，你就先喝起泡菜汤来啦？只要人家要你，你还愁没有军装穿？”

“我说呀，游击队嘛，是个军队；军队嘛，就得有军装穿，有枪扛。连这个都不懂，你还想当游击队？”

“说起来，枪是个问题。枪到底怎么去弄啊？”

崔七星越发陷入了无法摆脱的窘境。

他在小方台遇见朴兴德以后，来到两江上庄等了一些时候，三天前才入了队。他高兴极了，扛起火绳枪，跑到街上到处闲逛，不料被这些青年给团团围住了。

尽管崔七星说自己什么都不懂，但是青年小伙子们却说哪儿有连这个都不懂的游击队员，对他问得更紧。这个老实人一再说自己真的什么都不知道，这反而引起了青年们更大的兴趣。一连串的问话把他弄得无法招架，忽然想起了那天朴兴德坐在石头上考他的话。于是就开口说了几句，不知道怎么一来，竟说出了《共产党宣言》，结果被这些要求参军又什么都想问个明白的小伙子们当成了顾问，团团地围在中间。他袒露着纯真的胸怀，急得满头大汗，突起的颧骨扑扑直跳。

他半张着嘴，好象要说什么，却总不说。青年小伙子们都屏声静气地只等他再给他们讲讲。

崔七星把脖子一伸，咕嘟一声咽了一大口唾沫，震得喉头骨都跳了一下，然后才开口说：

“要当游击队，就得好好念书，好好干革命。”

他苦苦思索才说出了这么一句，小伙子们又哗一下嚷嚷起来了。

“念书？我是上夜校的嘛，你说我还要念什么书啊？”

“上夜校就能当游击队，那不就天下没有一个不能当游击队的了？真是乱弹琴！”

“游击队是大学怎么着？我看，没念书没关系，只要有决心打日本鬼子，就能当。”

“你这家伙，你比游击队懂得还多呀？哈哈哈！”

哄一声爆发了大笑。他们都是二十岁左右的小伙子，胳膊大腿象铁铸的一样粗壮结实，脸色黑红发亮。

一直只顾骨碌着眼珠子不知所措的崔七星，这时竟产生了错觉，忘了自己是质问的对象，以为自己和他们一样也是来跟什么人打听事儿的。

这时候，朴兴德从人们的肩头上伸过头来，用粗重的声音问：

“你们在这儿吵吵什么呀？”

大家的视线一下子都转向了他。崔七星一看是朴兴德，高兴得不知如何是好。他咧开厚嘴唇笑了，用手掌擦着前额。

“小崔，怎么啦，洗了蒸气浴啦？”

“咳，我不行，请你来接班吧，我可要走了。”

崔七星把枪甩到背后，正了正帽子，一溜烟似地向桥那头跑了。朴兴德在身后逗他，他都装没听见。

“朋友们，你们多求求他就好啦，干吗要缠我呀。喂，崔七星同志，你怎么溜啦?”

崔七星依然装着没听见，解开上衣钮扣，用巴掌扇着风，往河岸上走去。

想起来，他刚才说的一句话确实连自己都吓了一跳。

“你看过《共产党宣言》吗?”短短的一句话，曾经把他唬得多么够受啊！也许就是因为这一点，这回才那样脱口而出的吧。他感到难过，也感到害臊，好像偷东西被人家逮住了似的。

他正要走过田埂，迎面来了一个上穿紫红短袄，下着黑色长裙的年轻妇女。崔七星突然愣住不动了。

那个还带着姑娘气的年轻妇女，挎着菜篮，微低着头，擦身而过。

崔七星满脸通红，心想怎么这样象啊。

他想起了结婚只有一年，如今孤身一人留在家里的妻子。想到这些，他觉得很扫兴，踢着路上毫不相干的石子儿，返回了宿舍。

朴兴德逗着青年们笑了半天，才答应领他们到连长那儿去请示，叫他们排成一路纵队，喊一声“齐步走”，就把他们带到连部的院子里，交给了韩兴洙。

韩兴洙正要去找他，见他领来了一群小伙子，就把他们交给政治指导员田广植去处理，自己领着朴兴德进了屋。

韩兴洙告诉他司令官同志已经提出了远征白头山和鸭绿江地区的路线，给他提出了供军需主任在后勤工作中参考的几点意见。韩兴洙本来就是个很仔细的人，所以跟朴兴德说得很详细，样样事情都交代清楚了，然而朴兴德在自己的脑子里只不过画上了一个穿过白头山到鸭绿江上游，再经过通化绕过北部一带回到原地的大圈圈。

朴兴德感到肩上的任务加重了，径直回到屋里，把小圆桌放到炕上，掏出一个小本子，拿出一截短短的铅笔头，往舌尖上蘸了一下，然后在本子上画一个圆圈，一笔一画地写上了几个字。他九岁的那年冬天，曾经上过私塾，学了《千字文》，念了一些无题诗，就退学了。他本来就不是一个写字的好手，加上多年没有拿过笔，现在忽然写起来，一张纸上没写几个大字就已经挤得满满的了。

他在一张纸的当中画了一个大三角，算是白头山。再往两头画了两条线，一条是鸭绿江，一条是豆满江。然后又画了一些小圆圈，就是些重要地点了。这样一看，这次要穿过白头山的深山幽谷直奔中江，然后再沿着鸭绿江走，足有两千多里的路程。

朴兴德很兴奋，手指头在桌子上嗒嗒地打着拍子，鼻子哼着一支曲子，心里盘算着部队的几个月的给养。

“啧，真了不起啊！”他情不自禁地拿起纸上画满了线和小圆圈的本子，感叹地说。

朴兴德走出屋来，看见天上映着晚霞，山鹰在空中翱翔，觉得自己也同山鹰一样飞翔起来了。回想起来，一年来在联络站的生活，多么单调寂寞啊！然而如今，就要奔向广阔的大地，纵横驰骋几千里，还要登上白头山了。这是多么值得男子汉豁出命来干一番的事业啊！

他曾三番五次地缠着韩兴洙要求参加游击队，现在想起来那可真是做对了。

正如司令官同志说的那样，现在就要开始把革命的种子撒到广阔的大地上。高山和平原，丛林和险路，陌生的村庄和素不相识的人们，这一切将给我们留下多么深刻的印象，使我们看到多么丰富的生活啊！

朴兴德心满意足地背着手在院子里溜达了一会儿，突然想起要做一面红旗，就把小本子揣进口袋里，绕过玉米地和灰栏子，走进了英淑她们住的房子。

金星同志和韩兴洙一起走在村外通往小沙河的路上。他今天才决定要去一趟小沙河，回家探望一下母亲。

韩兴洙已经多次向工作很忙的金星同志建议，请他回一趟家去看看。

金星同志在小方台把政工人员派往各地以后，为了给他们殿后，通宵达旦地布置了许多工作。首先，把在安图训练出来的游击队员派到各个地区去了。他认为，派一些在部队受过一定锻炼的人到各地去，以他们为骨干，逐步扩大各地区的游击队，比起由当地毫无准备的人开辟这项工作要好得多。

同时，他还从各地把准备派往白头山和鸭绿江地区的人叫来，要亲自带领这些没有在游击队受过锻炼的人进行几个月活动，进一步锻炼他们。此外还采取措施，以区为单位组织了反帝同盟、妇女会、农民协会以及青少年团体等各种反日群众团体的领导机构。金星同志的工作就是这样的紧张繁忙，一点儿能抽身的时间都没有。然而韩兴洙担心金星同志的母亲已经卧病两个多月，病情日趋严重，因此差不多每天都要提醒金星同志到小沙河去探望一下。

两个月来，韩兴洙经常打听母亲的病情，想方设法弄一些好药托人送去。然而这一切怎能抵得上金星同志亲自去探望一下呢！尤其是这次离开这个地方，虽说计划还要回来，但也很难预料究竟什么时候才能回来。

因此，在讨论远征部队集合地点的时候，韩兴洙坚决主张在靠近小沙河的两江集合，为的就是便于到小沙河去一下。

韩兴洙想到金星同志总是用“考虑考虑”来把探望母亲的事情支吾过去，今天早晨就抱着事不成功不罢休的决心向金星同志提出了意见。

“司令官同志，如果您没有时间去，那末只好我来替您去一下了。”

“什么？你去？”

“我来替您……”

这一难以谢绝的建议，不仅是韩兴洙希望司令官同志一定要去一次的诚挚恳切的劝告，而且也是他的真诚心意的流露。

金星同志沉默了半天，才向神色严肃的韩兴洙说：

“如果这样，我只好去一下了。韩同志，我让你们这样操心，确实不安哪。”

金星同志简单地作了一些准备，就上了路。

韩兴洙一直送他到了村外很远的路上。

“请您代我向母亲问好，请转告母亲，我不能去探望，非常难过。如果母亲听到我在什么地方病倒了，一定会千里迢迢一口气赶来，摸着我的头，喂我吃药的。可是我，却这样无情无义。”

韩兴洙泪汪汪地说着。金星同志碰到他泪水模糊的视线，很快地转过脸去。

韩兴洙同金星同志握过了手，两脚并在一起站在山岗上目送着他，一直到他的身影消失在山后。

那是去年早春的事情。

韩兴洙在地方上工作的时候患了重感冒，快要支撑不住了，于是到小沙河去找康盘石母亲。他发着高烧，神志昏迷，来不及向母亲请安，就昏倒在炕上，一连三天没有醒过来。

当他恢复知觉，睁开眼睛的时候，正是夜深人静的时候，只见母亲坐在他的头前。

“妈妈！”他摸索着握住了母亲的手，拉过来紧紧地按在自己的胸口上。霎时他感到象火一样热的母爱流遍了全身。他领略着跟亲生母亲在一起的那种无限的幸福，轻轻地闭上眼睛，静听着心脏的剧烈跳动。

当时，他以为自己躺在南阳自己家里的热炕头上，完全没想到是躺在康盘石母亲的膝下。

过了好大一会儿，他又睁开眼睛，才看清楚是康盘石母亲。他立时羞得脸通红，不知怎样才好。

母亲把手伸进被窝里，紧紧地握着他的手，轻声地问：

"好一点儿吗?"

"妈妈!"

韩兴洙眼圈通红,不知所措。

"醒过来了就好了。我照顾你总不如你母亲吧,可是你要把这儿当你自己的家看哪……"

母亲放心地长出了一口气,把满眼泪水的脸转向了门那边。韩兴洙伸出另一只手抚摸着母亲的粗糙的手背,声音颤抖地说:

"妈妈,劳累您了。"

"你喊我妈妈,还说这种话?"

母亲温和地俯视着韩兴洙瘦削的脸,心中忧虑不安,深怨自己没有照顾好。

韩兴洙全身感受着母亲的慈爱的眼光,很想说些什么话来表示感谢,却又说不出来,只是两眼簌簌地落着大颗大颗的泪珠,滴在枕头上。

十天以后,恢复了健康的韩兴洙就要启程前往富尔河,想尽快地向司令官同志报告豆满江下游地区的情况。

母亲整夜忙着替他洗烫衣服,又把破了的地方一针一针地补好。

韩兴洙辞别了母亲,赶了一天的路,到一个山岗上歇脚的时候,把母亲叮嘱他在路上打开的小包打开一看,是四个小米面饼子。

他两手颤巍巍地捧着饼子,脸朝着小沙河方向,呜咽着呼喊"妈妈,妈妈",不知呼喊了多少遍。

韩兴洙从这些回忆中醒过来,望着司令官同志转过去的山角,内心激起了一阵冲动,很想一口气跟上去一块走,可是他还是克制住了自己。

陶器店沟最靠近山脚的地方,有三栋木屋,紧挨山脚的一栋就是金昌德的家。院里有一棵高高的白杨树,树梢上挂着一个喜鹊窝,要掉不掉地摇晃着。树下有两个穿草鞋的孩子在踢毽子玩,另一个孩子爬到树的当腰,一面不时地往四外了望,一面用刀子往下割一条想用来打嘎儿玩的棍子。

后山上,有一个缠着白头巾,束紧了腰的妇女,挎着一个菜篮,朝木屋快步走来。

攀在树当腰的孩子,朝上望着喜鹊窝,嘴里"喳喳,喳喳"叫了几声。那个妇女站了一会儿,把头巾解下来掖在腰里,迅速地进了木屋外的篱笆。紧接着,厨房门一开,走出金昌德的妻子把她接进去了。

在通下屋的门口,康盘石母亲抓过她的手,把她拉到屋里。

“你辛苦了。”

母亲给她让了坐，仍握着她的手，亲切地慰问着这个走了远路的妇女。这个妇女，是为帮助母亲的革命工作，担任通信联络工作的同志。在这十几天工夫，她走遍了延和地区，今天才回来。

母亲先问了她身体怎样，遇到什么情况没有，然后才满意地把鬓发捋到耳朵后面，嘴角上露出了微笑。

“真够你辛苦啦。事儿办得好，脸色也很好，其实你该吃了多少苦啊。”

母亲象征求同意似地环视着把屋子挤得满满的二十多个妇女，满意地微笑着。一直静静地坐着的妇女们这才换换姿势，有的伸手去握联络员的手，有的向她点头打招呼。

“锦玉，辛苦啦。”

“到了这儿你还走山路干吗呀，看把你的衣裳都弄成这样，手都划破了。”

“她呀，烤熟了的螃蟹都要绑起来吃，办事可小心了。”

“哎哟，你饿了吧，看我这个人光顾着说话了。”

锦玉抬起被春天的阳光晒得微黑的脸望了望大家，又把头低下去。大家的亲切慰问，反而叫她不好意思。

“快到上屋去歇歇吧。我们的事儿也该快点结束了。”

康盘石母亲用眼睛示意，叫这家大嫂把锦玉领到上屋去了。

屋里又恢复了肃静。

“我再接着说吧。”

母亲望了一下左右，拿起了放在膝盖前的记事本。

“刚才我讲了现在我们妇女运动的情况，我想大家都已经大体上清楚了。那末现在再讲讲我们今后应该做什么，应该怎么做。”

大家都紧张起来，目光闪闪的视线一齐投向了母亲，拿着小本子的手在抖动。这些妇女当中，有的来自遥远的白山地区，有的是来自汪清、辉春、延吉、和龙等豆满江地区各地的妇女会负责人。她们都是二十四五岁到三十岁左右的年轻妇女，多半是农村的，也有几个是在矿山、伐木场或建筑工地上做工的，最右手还坐着一个剪了短发的女学生。

“从现在起，不管做什么事情，我们首先要想想怎样才能更好地支援游击队。当然，夜校还要继续办，也要继续破除迷信，反对早婚和买卖婚姻，继续做摆脱种种封建束缚的工作。但是，这一切工作，要象扇骨子集中到扇轴一样，集中到支援游击队的工作上去。那末应该先做些什么好呢？我想跟大家说的第一点，就是我们青年妇女要大量参加游击队，拿起枪去战斗。本来，妇女解放运动，是妇女们作为人，作为母亲，作为工人或农民，为争取自己应有的权利而进行的斗争。现在，我们被日本鬼子霸占了国家，在地主、资本家的压迫和剥削下受折磨，我们的父母和孩子被日本鬼子残酷屠杀。因此，朝鲜的妇女首先应该参加打倒日本帝国主义，解放祖国的圣战，象男同志一样进行战斗。”

“我们不能象有些国家的妇女那样，举着要求男女平等权的旗帜，拥来拥去，喊着要选举权，要国会的议席，要肃清轻视妇女的恶习等等。拿枪的敌人，如果不拿枪去打，我们就会灭亡。刚才允淑也说过，在大沟庄，我们的母亲、我们的孩子、我们的年轻人流下的鲜血，染红了土地。看到这种惨痛的景象，我们妇女怎么能袖手旁观呢！”

“昨天有一个同志说过，现在有些人说，女的怎么能拿枪当兵。我们要去帮助这些人，叫他们一个个睁开眼睛，觉醒起来。这个中庄原来有一个叫英淑的姑娘，是给闵地主看孩子的。我搬到这里来才认识了她。去年冬天我们见了面。她说，她的父亲在铁路工地上被鬼子打死，母亲生了孩子以后也饿死了。我就问她愿意不愿意参加游击队去打鬼子，给爹娘报仇。她立刻就要求去。于是我们妇女会支部就迫使那个闵地主乖乖地把英淑放走了。昨天我听到信儿说，英淑这孩子在游击队里正忙着练兵，要当一个好游击队员呢。我们要耐心地工作，别想一小勺饭就吃饱肚子。今天是一两个妇女，明天是一二十个妇女，再往后是千百个妇女，就是要这样叫每一个妇女都参加革命，把她们都培养成为革命战士。

“我们妇女要做的另一件工作，就是支援游击队。吃的和穿的都要由我们担负起来。这也是一项不比拿枪打仗差的重要工作。不久，游击根据地就要建立起来……”

“喳喳，喳喳！”是白杨树上发出的信号。

“又有人来了，福实你出去看看。”

康盘石母亲把话停下来，用手绢擦了擦额上的汗，从窗户上的小玻璃向外望了一下。然后理了理分缝端正、梳了纂的头发，又继续讲下去。

显然，母亲打算快点把会开完。昨天和今天，她一直在听取汇报或者说话，一刻也没有休息过。要是从前，她会分地区召开会议，亲自长途跋涉到各地区去参加。可是这一次，由于同志们的百般劝说，就在她住的地方召开了这个会议。母亲在讲话中指出，今天要求妇女运动要比抗日游击队诞生以前有更大的发展，她还根据卡伦会议的路线和把它具体化了的明月沟会议的方针，特别是根据游击队建立以后发生了变化的形势，提出了改进妇女会工作的方针。

母亲对这次会议赋予很大的意义。自从母亲建立了朝鲜妇女的第一个革命组织白山地区妇女会以来，曾在抚松开过一次各地代表的会议，这次是从那以后几年来第一次举行的各地区代表全都出席的会议。母亲从一开始就提出了这样的方向：妇女运动不应该是一般的妇女运动，而应该是阶级界限分明的、作为朝鲜革命的一个组成部分的运动，应该汇合到消灭一切剥削和压迫的斗争中去。为此，妇女运动不应该只在城市里打转转，而应该深入到有工农妇女群众的工厂和农村中去。为了发展妇女运动，特别要把妇女运动的先进骨干用共产主义思想武装起来。这次会议上，母亲着重地强调了这些问题。

母亲还考虑到未来的发展，具体地说明了在根据地——解放区和敌占区，在咸兴和清津这样的城市以及阿吾地等煤矿地区，在龙井那样的街道以及学校等各个不同的地方，根据当地情况开展妇女运动的办法。

这时候有人叩了几下房门，随后福实领一个男青年进来。

这个身穿土布制服的大眼睛的青年，递过一张字条，操着很粗的嗓音说：

"是金哲柱同志叫我来的，他说到这儿就会知道。"

母亲站起来亲热地迎接青年，在炕头上给他让了坐，然后打开字条。字条上说，金仓有三十名金矿工人前去参加游击队。哲柱写的日子，已经过去了一个星期。

"路上受苦了吧？"

"没什么。"

"哪能没什么。早春的时候，从延吉来的七十名青年还被俞司令部队抓去受过罪呢。怎么样，吃过早饭没有？"

"在前一个村里吃过了。"

"你们人多，弄一顿饭吃也不容易啊。"

母亲满意地望着这个将成为响当当的游击队战士的青年，问他们有没有闹病的，有没有脚起泡的，鞋子结实不结实，有没有女同志。一件一件问过以后，才吩咐福实领他到后庄去见这里的联络站负责人。青年就跟着福实走了。

母亲接着又对大家讲了三十分钟的话。这时候，凤爱大嫂捧着用毛巾垫着底的大铜碗向院子走来。

"英柱啊，看你要掉下来了，爬到树上去干什么呀？"

不知缘由的凤爱大嫂，停下来抬头望着刚开始长出嫩绿色新叶的白杨树喊。

"喜鹊下蛋啦。"

英柱的长着小酒窝的红红的脸蛋，从绿叶缝里往下瞧着。

“现在是啥时候，喜鹊这么早会下蛋？你妈还在这儿吗？”

凤爱大嫂不等回答，径直走进了院子，手里依然小心地捧着铜碗，生怕洒了碗里的汤药。

“总这样不顾身子，白天黑夜地忙，连药都不按时候吃，怎么能治好了病，硬朗起来啊……”

昌德的媳妇儿走出灶房，用手指着嘴，告诉她母亲正在说话。

“说话也得有力气才行啊，快把药送进去吧。我不看着她把药喝下去，就不走了。”

凤爱大嫂在灶房等着，母亲讲话的声音从门缝里飘了出来。

“要不拿起枪来打仗，就不能救出国家，咱们妇女也得不到解放。我们都是被夺去了父亲和哥哥、弟弟和孩子的，我们应当拿起枪参加战斗”

凤爱大嫂越听越入迷，全神贯注地两手按住胸口，咬紧了嘴唇。一躺到炕上就呻吟不止的母亲，在人们的面前却这样丝毫不露自己的痛苦，一连几个小时，甚至一连几天，讲着火一样炽热的话。

左等右等，总不见药碗退回来。可也不能打开门催她。凤爱大嫂无可奈何地蹲在锅台前边，一动不动地等着。

晌午早过了，日头已经偏西。一个妇女急急忙忙地朝这边走来。背上背着孩子，鞋上沾着红泥土，显然是从远方来的。

“母亲在这儿吧？”

她不管三七二十一就开门奔进屋里。

人们的视线唰一下向她集中过来，她噗嗵一声坐在炕上，声音沙哑地喊着说：

“妈妈！玉心死啦，鬼子们抓住她……”

玉心是去汪清地区联络的通信员。刚来的这个孩子妈回娘家在城里看到了被吊在电线杆上的玉心。

听了这个不幸的消息，康盘石母亲久久没说一句话，只是凝视着窗外。

孩子妈背过脸去哭着，大家都在流着眼泪。

静了半天，母亲转过脸来，向大家说：

“大家不要哭了，这件事太惨痛了，不是眼泪能洗刷的啊！”

母亲陷入极大的悲痛中，推开药碗，用微微发颤的声音重新开始了讲话。

当金星同志走到了通往小沙河的岔路口的时候，陶器店沟的家里，有一个装束朴素的年轻妇女轻轻地推开房门走出来。

“多加小心。”康盘石母亲小声叮咛着。

“嗳。”

年轻妇女低头行了礼，迈着快步迅速消失在山角后头。她是为传达今天会议的精神，要沿着豆满江走几百里路，到南阳去的。

母亲一直目送她越过山岗看不见了，才回到屋里。她缓了一口气，拉过针线篓开始做针线活。把草绿色军装上衣放在膝盖上，锁了第三个扣眼，她想今天把扣子都钉上，可总是腾不出空来，心里非常着急。说起来，这一套衣服，做做停停差不多花了半个月的时间了。

她缝了几针，望了一下窗外。傍晚的霞光象一匹匹素绢一样直射在苇席上。四周寂静无声，仿佛整个宇宙在打瞌睡。

“但愿一路平安无事……”母亲轻轻地自语说。

敌人的警戒越来越严，传递一张小字条，也要冒极大的危险。

象这样的事情，早春的时候还是她亲自去做的，但是现在已经身不由己，走不动了。这次开会又熬了几夜，全身更加酸疼难忍。她觉得有点眩晕，就把头巾往紧里扎扎，躺在炕头上。

她从几年前起一直闹病，时间一年一年地过去，病也一天天加重，吃下东西总是不能消化。一辈子的贫穷，一辈子的操心和劳累，终于给她带来了疾病。

她替人做针线，浆洗衣服，从没有叫过苦，甚至对家里人也从没有流露过一点为穷日子犯愁的神色。她总是把一切痛苦都深藏在自己一个人的心里，笑吟吟地过日子。

母亲并没有听任痛苦来折磨她，而是面对着痛苦，顽强地搏斗着。

为了朝鲜妇女的遭遇，她常常披星戴月，不知翻越了多少风雪呼啸的高山，也不知走过多少落叶飘零、秋雨蒙蒙的平原小路。为了开导一个妇女会会员，有时甚至还一连几天不厌其烦地跑远路去找她谈话。

母亲的轻轻的脚步声和和悦的笑声，回荡在白山地区的每个地方，也传遍了安图一带。

她曾无数次地遭到狂风巨浪的冲击，但她每次都忍住极大的痛苦，昂首挺胸地站起来了。

在峰火山麓，在绿油油的酸枣叶子覆盖着山岗的季节，当金亨稷先生突然出现在院子里，朝她说一声“我很快就回来”，举起被戴上手铐的两手晃了晃，从容地走出去的时候，她悲忿万分，心脏几乎要停止跳动。

当她看到金亨稷先生在葡坪全身受了冻伤，再次躺倒在炕上的时候，她痛苦，她难过，流下了眼泪，不，流下了血泪。此后没过几年，她的丈夫金亨稷先生含恨辞别了人世。不久，她的哥哥康晋锡先生，小叔金亨权先生也相继被捕入狱。

母亲经受着这一切难以用血泪消解的沉重的悲痛，丝毫没有灰心过，也从来没有退却过一步。

她那气概，俨如海边的巨大石崖，任凭山峰一样高的大浪猛烈拍击，任凭阶级社会的狂风暴雨无情捶打，仍然一动不动，巍然屹立。

母亲歇息了一会儿，又拿起了针线。

金星同志一面走，一面考虑着这一年将如何开展斗争。方向已经定得很明确，但是显而易见，困难必定是重重的。什么时候会遇到什么样的困难呢？这次开赴鸭绿江地区，就是不容易的。这一条到处都有日本关东军把守，土匪武装出没无常的漫长而艰险的道路，目前还缺乏锻炼的游击队员能不能胜利征服，是令人担心的事情。群众头一次见到游击队，会怎样对待我们？跟独立军建立统一战线就已经够困难了，还必须同中国人的反日救国军携起手来。今年四月去俞司令部队，就经历了一场极大的危险，今后还需要冒多少这样的危险，也很难预料。

要在各地同时建立游击队，也不能不预料必然要付出一些惨痛的牺牲。

加上家里又有说不出来的困难。他早就知道，母亲的病正在日益加重。每当他偶尔回家探望，母亲总是瞒着自己的病，不让看出她有什么不舒服，这样反而使他更加难过。

哲柱因为做共青同盟的工作，总是不在家，英柱也常常出外跑联络。但也不能因此就责怪他们。

他为了抖掉这些纷杂的念头，环视四周，寻找着可以引起回忆的景物。

不远就是兴隆村，过了眼前那个山岗就是发财屯。

在兴隆村那栋屋檐低矮的小草房的上屋里，他编写过教育青少年的资料、富有鼓动性的讲话稿和形势报告等等很多文件。也是以这里为中心，进行了建立游击队的准备工作。

他把马鞍子当做铺垫儿坐在上面一连熬了好几夜的也正是这个地方。那时候，曾有多少同志来这里找过他，又有多少同志从这里分头走向了各个地方啊！

这以后，他去过桦甸，去过吉林，也去过卡伦，现在来到了这个松江地区，那些地方都成了他一步步走过来的阶石。

一件件往事象一朵朵白云浮现在脑海里，使金星同志甚至忘记了自己正在走路。

他越过了又一个山岗。

他横穿过通往富尔河的公路，沿着水流潺潺的小河边上的一条小路走去。夕阳斜照着山峦，葱绿的柞树林，一块块的绿草地，红艳艳的山百合花，织成了一幅斑驳陆离，美丽如画的锦缎。

河岸上，柳树成行，一眼望不到尽头。偶尔可以看见几棵水曲柳扬起树梢在那里轻轻摇晃。

能够望得见陶器店沟的一片草甸子，芦苇丛生，在微风中沙沙作响。

小河里的细水似断非断，一直流向深山沟。河水清澈见底，水下的沙砾好象在轻轻晃动。

金星同志走过村口的独木桥，看见了熟悉的三栋木屋。他的视线直直地投向了最右手的那一栋。

院子里空无一人。墙上挂着一个草编的网袋，灶房门旁放着山区常见的木桶，稍微有点儿歪斜的木烟筒冒着一缕线卷似的炊烟。

母亲现在怎么样？要是弟弟出来看一下该多好，怎么这样寂静，连一点声音也没有？

夕阳照在窗户上，红霞慢慢变成了淡紫色。母亲刚刚把剩下的扣眼锁好，钉上了扣子，一套衣服总算做成了。她翻看着衣服，择掉了一个个线头。

登登一阵脚步声，接着是灶房门吱哑一声打开，水桶碰在门框上当地响了一声，随后，脚步声又走远了。

分明是英柱回来了。这孩子不管是在外头玩，还是有事出去，一到做饭的时候，总是回来，先在灶膛里点上火，然后担着水桶去打水。

他代替在外干革命的两个哥哥，在家里做这做那，料理着家务。没人叫他做，他也主动找活干。母亲一面查看着针脚，一面想着英柱，觉得他是那么可爱，又那么令人心疼。

院子外头又响起了脚步声，也许是有人到后庄去吧。

不一会儿，东边又传来了隐隐约约的脚步声。

母亲起初没有注意，等到声音清楚了，她突地直起身来推开了房门。

真的，是儿子，正从菖蒲水塘边的小路上朝这儿走来。

“我说没错嘛。”

母亲匆匆把军装叠好，扶着门框站起来。这时候，金星同志已经快步穿过院子朝母亲这边奔过来了。

不知道母亲怎么猜得那么准，他每次回家来，就是深更半夜，母亲也总是这样先打开房门出来迎接他。要是从前，母亲早就跑到院子里了，可是今天，却站在廊台上受了儿子的礼。

金星同志行过礼，扶着母亲坐在炕头上。

他脱下上衣挂在墙上，把屋里打量了一下。

用泥刷过的四壁和顶棚光滑洁净，炕席干净整齐，让人一眼就看出是一双勤快的手收拾的。靠墙的搁板儿上放着一个糊了一层纸的木柜，柜上放着叠得四角方方的土布被褥。这一切都跟从前一模一样，却不知为什么给人一种冷清清的感觉。哲柱镶了一小块玻璃的窗户上的白纸已经变成了土黄色，柜上的那条父亲盖过的深绿色的被子也已经褪了色，变成了淡绿的碗豆色。

搁板儿的另一头上放着一个松树牌煤油的包装箱，箱子盖上安了以前没见过的小锁。这一定是哲柱搞的吧。

房门旁边放着一张没有抽屉的桌子，桌面上铺着白纸，堆着几本书。

就是这几样简陋的东西，也叫母亲安放得这样恰到好处，整齐朴素。

金星同志坐在母亲的面前，说：

“妈妈，近来身体怎么样？”

“没什么。这些日子好多了。”

母亲微笑着，赶紧把刚才解下来的头巾掖在枕头底下。

金星同志听了母亲的话，看出母亲有意不提自己的病，这更增加了他的忧虑。

他仔细端详全身穿着白衣服的母亲，心里不禁吃了一惊。

他发现母亲老了。

母亲的眼睛，跟从前一样总是含着微笑，闪着温和慈祥的光辉，然而眼圈已呈现出依稀可见的青灰色，鼻梁显得比过去高了，轻轻闭着的嘴唇，周围刻上了细细的皱纹，头发稀疏了，鬓角上闪着丝丝的白发。

金星同志觉得这一切好象在述说着岁月的流逝和母亲病情的严重。他情不自禁地背过脸去。

母亲看出了儿子的心思，从容地理了理鬓发，笑着说，

“你看我好象瘦了一点吗？可能是昨天晚上有事儿没有睡好的关系，不碍事。我看你脸色红红的，身体倒是挺壮。”

“妈妈，我的身体很好，可是妈妈您的病好象更重了些吧？”

他靠近母亲，望着母亲的脸说。

“你一见面总说这个，我这个病还不是老这样？说是病也算是病，说不是病也就不算什么病了。人嘛，活着还能没病，闹点小病也是常事儿。昨儿晚上

走了点路，有点累，才躺了一会儿。”

金星同志怕母亲为难，就转了话题，问起哲柱的情况。

母亲说，哲柱离开家快一个月了还不见回来。他一直忙共青同盟的工作，很少回家。

母亲唯恐大儿子为家操心，很快又提起了英柱。她称赞说，英柱一面做儿童团的工作，一面还做家里的活儿，帮了不少忙。

“这孩子可乖了。他去送信，不管天多黑，也一定要赶回家来。他说把妈一个人留在家里，到哪儿去都放不下心，睡不着觉。瞧，他这会儿又挑着水桶打水去了。”

“英柱也已经赶上大人了。”

“要是真够个大孩子的岁数，他那么苦干，我还不会不忍心呢……你先坐一会儿吧。”

母亲恐怕老这么坐着会叫大儿子看出自己在养病，于是用手支着膝盖站起来，骨头节儿发出了咯咯的响声。她刚刚吃力地挪动了一步，听见哐的一声，灶房的门打开了。

“英柱吗？你大哥回来了。”

“我在井边上早看见了，就是没打招呼。”

是英柱的声音，跟他的长相很般配，清晰悦耳。接着，是水桶碰门框的声音和水溅在地上的声音。

“大哥，您来啦？”

母亲一开门，光着头的英柱还没放下水桶就站在灶房里点了一下头。袖口捋到胳膊肘上，小褂儿叫水打湿了。

金星同志一步跨到灶房里替他接过水桶。

“怎么样，过得好吗？你挑得太多了，要悠着自己的力气挑啊。”

“水倒不多，就是背带松了一点儿。”

“背带是松点。这是你二哥用的，你也不紧一紧就用？”

金星同志把水倒进缸里，刚转过身来，英柱就蹦上去抱着他的腰打起坠儿来。

他把弟弟紧紧地搂在怀里，抚摸着弟弟的头顶。

英柱平时好象很懂事很稳重，可是一见到大哥就这样撒起娇来。他使劲抱着大哥的腰，把脸埋在大哥的怀里乱撞。过了半天，才抬起头来，睁大了眼睛望着大哥，又叫了一声：

“大哥！”

母亲看着他们哥俩如此亲热，不觉泪水湿了眼睛，赶紧转过脸去。

金星同志拉着弟弟的手走到外面。院子的一头，有一条板凳，是在地上打了两个矮木桩，上面横钉一块木板做成的。他把手搭在弟弟的肩上，二人并排坐在板凳上。

面前是一个小花圃，盛开着连翘花。在那块有许多窟窿的怪石旁边，开满了金达莱花。

那前头还有凤仙花啊，鸡冠花啊，半支莲啊，好儿种花草，都还没到开花的时节。

"英柱，你觉得妈妈的病近来怎么样？"

金星同志跟弟弟问这问那打听了好些事，然后这样问。

英柱掉过脸来望了一会儿哥哥，说：

"妈说她现在可硬实了。"

"硬实？"

"嗯。"

弟弟不愿叫哥哥担心，虽然他知道哥哥对母亲的病是很清楚的。

"近来还常常为妇女会的事儿走远路吗？"

"不，都是人家来找她，今天还来过两个人呢。"

"是吗？"

薄薄的黑色纱幕悄悄地罩上了大地，轻风吹拂，凉爽宜人。玉米已经长出两三片嫩叶，在微风中轻轻摇摆，菖蒲丛里青蛙在啯儿呱地欢叫。

金星同志没用几句话就使英柱说出了实际情况。

英柱泪汪汪地把母亲曾经严厉嘱咐他不要说的话也都说了。

接着都沉默了。

这是金星同志意料到的，不过听了弟弟的话，心情更加沉重起来，默默地凝望着黑影笼罩着的山峦。

"大哥，听说去汪清的路上有个叫苍庄的村子，那儿有一个私立学校，您认识那学校的老师吗？"

英柱觉得这样沉默很不好受，就突然转了个话题。

"去汪清路上的苍庄，离这儿有二百多里路呢，你问的是谁呀？"

"那个老师名字大概叫白光明，您认得吗？"

"见了面也许认识，可是你问他干什么？"

"人家说他跟哲柱哥很好。咱们这儿有他的亲戚，他每次来都跟我们说要见见大哥。今天还碰见他呢，说是昨天来的。"

“是吗？有什么事儿?”

“他说有事儿要跟您商量。”

“英柱!”母亲招呼说,“给大哥端洗脸水去吧。”

“嗳。”

英柱很快就端来了洗脸水,拿来了毛巾,问:

“大哥,您不马上走吧?”

“怎么?”

他刚把手放到热水里,转过脸来望着弟弟。

“我现在要跑一趟后庄,送信去。”英柱知道大哥常常是来去没有一定的时候,唯恐他夜里走了见不到了。

“你快去快回吧。”

“我回来晚一点儿,您也得等着我。”

“瞧这孩子,跟大哥还这样没规矩。”

英柱闪着黑亮的眼睛正要跟大哥要个准话,母亲在旁轻声嗔怪了他一句。

英柱咧嘴笑了笑,就朝后庄跑了。

金星同志回到屋里,面对着矮桌坐下。灶房里传来撅干树枝的声音,一会儿,听到咕嘟咕嘟水开的声音。

不大工夫,用开水炒青菜的香味儿从门缝里飘进来。

金星同志翻了一下桌子上的书,都是一些《养鸡法》《春香传》《劳动者读本》之类的。《养鸡法》他是第一次看到,打开书皮一看,却是高尔基的《母亲》。无疑这也是哲柱搞的。书已经磨得都起毛了。

英柱很晚才回来,母子三人这才一块吃了晚饭。

“那本《养鸡法》都象乱棉花套子了,妈妈。”

金星同志吃完了晚饭,跟母亲聊天说。

英柱因为跑联络跑累了,吃饭的时候就一个劲儿地眨巴睡意朦胧的眼睛,刚撂下饭碗,就趴在大哥的膝盖上打起瞌睡来。

“那是你在吉林的时候寄来的,差不多有五年了,不知道有多少人读过它了。很多妇女也看过。传来传去,传到了前庄。后来英柱找到了,才要回来。他说他也要读一读呢。那个书皮,记得是哲柱头些日子新包上的。”

母亲忘了疲倦,一面缝着儿子的内衣,一面说着。

“我老觉着那本小说末尾有点叫人感到惋惜,可是还好,是一本好书。读了它,就觉着有劲,好象交了一个知心的邻居……我还常常跟那个挨醉鬼丈夫欺负的老母亲谈心呢。那个老母亲虽说常常流眼泪，可这不是因为她软弱。”

母亲把线头捻了捻，想纫上针，忽然又想起了什么似的抬起了头。仿佛她又在跟小说的主人公谈心，仿佛那种沉重的感情又在揪她的心。

金星同志望着母亲沉思的眼睛，平静地说：

“小说结尾有点叫人感到惋惜，这话您在抚松的时候也说过。您总是想着叫那位母亲继续斗争下去才好，所以那种惋惜的感觉就更强烈了。”

“那时候的事我早就忘了。我的想法也不过是，不应该叫那位母亲被敌人抓走就完事，应该让我们多看到她继续斗争才好。”

“妈说的对。看来，那时候可能有种种原因，作者只能写成那个样子。那时候，母亲们的情况是那样，作者自己的想法也是那样，已经是差不多三十年前的事情了嘛，也就只能那个样子了。说实在的，要是能象妈妈说的，再多写一点继续斗争的场面，该多好？可是要写，就得再写出一部书来才行啊。”

“那现在怎么能指望呢。可是听说那个作家不是还活着吗？”

“妈妈您真是什么都知道。这您是怎么知道的呀？”

“不是说耳朵是一宝吗？我是去年开春的时候，听那个南阳的年轻人说的。”

她说的是韩兴洙。韩兴洙的老家在南阳，所以人们都管他叫南阳人。母亲一针一针地缝着开了线的内衣袖子，说起了韩兴洙闹病的事。

母亲一直不住口地称赞韩兴洙。说他很有礼貌，品行端正，年轻轻的却那么富于感情，会体贴人。她说，韩兴洙闹病的时候昏迷不醒，口说梦话，象小孩儿似地喊着“哎呀妈呀，妈呀”。母亲还学了他的样子给儿子看。

母亲笑了，金星同志也跟着笑了。

“我一想起他，心里就象针扎的似的。他病的那么厉害，还没好利索，就走了。我总觉着做了一桩不应该的错事，心里老是放不下。孩子，英柱啊，看这孩子睡着了。快铺上被睡吧，别累着大哥。”

趴在大哥的膝盖上听他们说话的英柱，不知不觉地睡着了。

“别叫醒他了，等睡熟了再放到被窝里去吧。”

他抚摸着弟弟的头发，接着说：

“老韩总惦记着妈妈的病。这次他也是要来的，可是有事又把他拖住了。他送了我很长一段路，再三嘱咐我向妈妈问好。”

“他真能体贴别人，上个月十五，他又托人给我送药来了。”

“送药？”

这是他第一次听说。他想到韩兴洙这样悄悄地替他照顾着母亲，想到他那深厚的情谊，感激得几乎要流下泪来。

“是啊，提起药，我又想起来了。这一程子有三个地方寄来了小包，都是药。我看了他们的名字，也分不清谁是谁，到现在还没回一封信呢。”

“他们用的都是假名，妈看了也认不出来。”

他那抚摸着英柱头发的手，慢慢地停在一个地方不动了。眼前浮现出一个个熟悉的战友的面庞，回忆起同他们紧紧地握手道别的那个寒风凛冽的黑夜。他是多么想念那些现在都一个个分散在广阔的原野上，却又象在一条血脉上一样，思想感情始终息息相通的老战友啊。

“那个解释卡伦会议四大路线的小册子，不能再给我们几本吗？要能再有几本就好了。”

母亲看夜深了，往油灯里添了点油，说。

“我们正打算在游击队里设一个出版部呢。”

“那是以后的事了，我们现在就缺那个书，正感到不好办呢。准备新收的妇女会员，都得看一遍才行，可是就那么几本，要轮着看，不知哪年哪月才能轮过来。要是没办法，只好大家凑一块抄几份了。”

母亲咬断了线，又拿起了钮扣。

“有了游击队了，妇女们要做的事也多起来了。你们的军装也要做，还要有人跟着队伍给你们做饭，又要替参加游击队的男人做家里的事。该做的多着哪，可就是做的都不怎么满意，真让人焦心哪。哦，我前些时候把英淑派到你们那儿去了，你见到没有？那孩子可真是个踏实的好孩子，要说缺点儿什么，就是没念过书，懂得太少。”

“见到过，她已经是堂堂的游击队员了。懂的少，以后慢慢学就行了。”

他回忆着朴兴德的汇报，想着英淑在两江村妇女中大受赞扬的事，微笑着说。

“多好的事啊。现在妇女也扛起枪来了，算是我们迈出了一大步。从前，我们做的顶多就是扫除文盲啊，反对早婚和买卖婚姻啊，破除迷信啊这些个；可是现在呢，我们妇女也总算挺起了胸脯，担起了一份革命的担子啦。”

母亲十分满意地抬眼凝视着前方。她，不管有多大的困难，总是这样眼望着未来，胸怀伟大的志向和希望，顽强地生活着。

金星同志看到母亲精神焕发，红光满面，好象回到了青年时代，不禁肃然起敬。

“唉，你走了远路，多累啊，快把英柱放到那儿，早点躺下吧。”

母亲回手抓过一个枕头来。

“不要紧，我一点儿不累。我看妈妈倒是坐太久了，该躺下休息了。”

“不，我白天还睡来着。我因为老躺着，这样坐一会儿就等于是休息了。那你先把英柱放下来也好一点啊。”

母亲把枕头推过来。金星同志怕母亲操心，就伸手要去接。可是一看见母亲的手，他的手立刻停住不动了。这不过是一眨眼之间的事情。

母亲早把手收回去拿起了针线，一针一针地缝着袖口。

金星同志的眼睛望着母亲的手，久久没有离开。

粗大的骨节，皮肤也变粗了，又那么瘦削——跟他小时候看到的，是多么不同啊！

小时候，母亲到大同江边洗衣服，他就跟着去玩。临回家的时候，母亲总是给他洗脸。那时候，母亲的手是多么白净柔软啊，捧上一捧水也不漏一滴呢。

后来到了中江，又搬到抚松，母亲手指间的缝还没有这么大。当他动身上桦甸，母亲给他提行李的时候，她的手也没有象现在这样弯曲而粗糙。

母亲的手怎么变得这样粗糙瘦削啊，他明知这是必然的，但心里还是不免感到凄楚。她，母亲，在这暗无天日的社会，就是用这双手披荆斩棘，开辟了生活的道路，开辟了斗争的道路，手怎么不变粗糙呢！她就是用这双手，刨了一辈子地，一块一块地捡出了地里的石头，一根一根地薅净了地里的杂草。就是在这双手里，有多少根捣衣棒被捶细捶折了，有多少根针尖儿被磨钝了啊！她吃不上饭的时候，也是用这双手勒紧了腰带。金星同志想到这些往事，心里不禁感到一阵难忍的疼痛。

他望着母亲面对油灯缝衣服，望着母亲的手，呆了半晌才轻声说：

“妈妈！别再缝了，该歇一歇了。您太辛苦了，等我们解放了祖国，一定请母亲们到海边的好地方去好好休息……”

他很想说，那时候母亲的手也会重新胖起来。但他不忍心说，怕说出来反而使母亲难过。这一不忍心说出来的话好象凝住了他的胸口，他的眼角立时潮湿了。

母亲停下针线活，抬眼看着儿子。她也有所感触。几天来，胃口不好，一直吃不下东西，今天儿子来了，在好久才回家一趟的儿子面前不好一点东西也不吃，才勉强吃了几口，到现在还觉得不舒服。他怕儿子看出来，就加倍小心，尽量想装得愉快高兴，赶忙收起了针线活儿。

“别再说什么病不病的啦，说点儿给人鼓劲的话吧。你说游击队这次开走了，得什么时候回来呀？”

“看起来得一年。”

“路上要是碰上朱先生，可要替我向他问好。”

母亲说的朱先生就是独立军的头领朱虎林。

“照现在的计划，我们是要会一会独立军的。朱先生，我一定要见他一面。”

“要是能去找他，那就去一下才好。因为以前你父亲也常常提起他，我才这么说。”

“我们已经定了一个方针，准备也同独立军携起手来。”

“说起来独立军里也有好人。前些时候，我有事去了一趟五十里外的地方，正赶上有个长头发的人在讲话，我也去听了一会儿。是个什么‘共产党再建派’还是什么派的人，他摇晃着那颗人们说的什么‘主义者脑袋’，没完没了地讲了一大堆，这个那个他都骂遍了。他还晃着拳头说，独立军都是破犁铧一样的东西，该砸碎了扔到炉里去。这么一来，听他讲话的人一个跟一个都走散了。怎么不走呢？那些人有不少是当过独立军的，也有不少是独立军的子弟。”

“这正是日本帝国主义求之不得的，他们就是希望咱们朝鲜人闹不团结。”

“这些喊共产主义的人还不懂团结，真是太不象话了。”

“咱们朝鲜的共产主义运动，就是叫这些宗派分子闹垮了的。所以，现在咱们完全重新开始搞，也就有加倍的困难。”

“就是。”

谈话好象瓜秧分了杈儿长了蔓儿，越谈越多，母子俩简直忘了夜已多深。

母亲收拾起手里的活儿，又把大儿子挂在墙上的衣服摘下来看看有没有该缝的地方，发现一颗钮扣要掉下来了。

“扣子要掉了。”

“前些日子打了一仗，可能就是那时候松了线的。”

“打了一仗？”

金星同志向母亲讲了伏击马车运输队的战斗。

母亲停住手里的活儿，静静地听完了战斗故事，立刻容光焕发，满意地笑了。

谈话无尽无休地继续着。

壮大和加强游击队，女革命者的当前任务，日本帝国主义对中国的侵略将有什么结果等等问题都谈到了。从钮扣引起的谈话，转到了正在欧洲形成的一个战争温床，又转到尚在沉睡的非洲大陆正被帝国主义列强任意宰割，贪婪吞噬，但它不久也会从沉睡中醒过来，象愤怒的雄狮一样咆哮着吞掉侵略者。一会儿，又说到家乡万景台，想念着家乡的亲人在怎样过日子。

谈话没有止境，一会儿追溯到久远的过去，一会儿飞奔到遥远的未来。独立后的社会主义祖国，她的未来是多么令人神往啊！一想到未来，就觉得胸襟开阔，心旷神怡，一切愁苦都烟消云散。

到那时候，再没有压迫和剥削，人人都可以学习，都可以工作，都可以休息，而且这一切都将成为每个人的义务。有病可以免费得到医疗，老年人受到最大的尊敬，孩子们得到最好的享受。

这一切，母亲早在万景台的时候就听金亨稷先生讲过。

母子俩的谈话，仿佛是清清的湖水微波荡漾，交替着喜怒哀乐，不停歇地泠泠作响。

但是，他们尽管谈到了无数的喜悦和悲哀，有一件事却都有意地隐藏在心里，小心回避着。那就是他们都在想念着仍在汉城监狱里受折磨的叔父金亨权先生和舅父康晋锡先生。

母子俩多么想叙一叙对亲人的怀念和惦记啊，然而他们又都怕谈到这些，怕触动彼此心中的痛楚。

金星同志为了打听他们的情况，曾经做了很大的努力。为了了解对他们的判决，经常看报纸，也托人多方探听过。

舅父康晋锡先生被判了十五年徒刑，现在关在西大门监狱，九年来一直在狱里坚持斗争。可是听说，最近以来身体过于衰弱，一直病倒着。

金亨权先生跟其他革命军战友一起被判了十五年徒刑。

母亲也曾多方托人探听，知道了大体的情况。

鸡叫了。

母亲抬起头来，象突然想起来似地问：

“能不能让我看看游击队啊？”

“看游击队？”

母子两人的视线相遇在一起。母亲提出这个要求，是经过了反复考虑的。她一想到游击队就要去打仗，自己又闹着病，就迟疑起来，一直没有开口。母亲的这种心情，金星同志早就猜到了。但是他一时想不出应该怎样回答母亲。母亲看到儿子没有马上答复，用恳切的声音又补一句说：

“我想亲眼看看咱们的游击队。”

“应该看看。”

金星同志想着母亲的病，沉重地回答说。

“明天去好吗？”

听了儿子的答复，母亲顿觉轻松，又紧问了一句。

“明天或者后天，请您见见他们吧。”

“明天就是明天，还说后天干什么？”

母亲的大而有神的眼睛放出强烈的光芒，流露着比说一百句话还要多的含意。金星同志看到母亲的这种目光，又一次感到一股热流霎时传遍了全身。

“您得给一点时间让我派人去送个信儿啊。”

他心里打算着从即将集结到两江来的部队里调一个排到凤山庄来一趟。

“我自个儿去看一下就行了，干什么还派人去呀？”

“是有事要派个人去的。可是，哲柱什么时候能回来？”

“他的事可没有人知道。英柱这孩子悄悄地告诉我说，哲柱打算组织一支很大的游击队去找哥哥呢。”

“哲柱是说到就能做到的。他的脾气就是打定主意干什么就非干出来不可。”

“前些时候从金仓来的工人，你都见了没有？”

“都见到了。都编到安图那一连去了。”

母亲好象回忆着往事，看着儿子的脸，平静地说：

“说起来，哲柱的热情也是冲天高呢。”

夜已深了，星星也在眨巴着眼睛打瞌睡。花圃里，不知名的草虫唧唧地叫着。

第二天早晨，金星同志给就要到凤山庄来的游击队捎了个信，然后领着弟弟上了山。弟弟虽然年纪小没有多大力气，但是打柴已经很熟练，懂得门路，俨然是一个能干的樵夫了。他身上背着自己做的小背架，跟他的个子正合适，架上拴着捆柴禾的草绳。他提着镰刀，走在哥哥的前面。那个样子，简直不象个才有九岁的孩子。

他扬起红扑扑的脸蛋，欢蹦乱跳地爬上了山岗，还不时地回头望望哥哥。

去年冬天，家里没柴烧，他吃了不少苦。虽说哲柱哥在家的时候也没有堆起过大柴垛，把炕烧得暖烘烘的，但自从哲柱哥也不常回家以来，去年一冬可真吃够了苦。每当英柱背着一小捆柴禾走下山坡的时候，母亲总是早就等在路口上，接过柴捆，用嘴哈气暖他的小手：

“山上柴禾有的是，可咱们家就缺柴烧，叫你这样受苦。”

遇到这种时候，英柱总是象大人似地说：

“我说不冻手嘛，妈还总是跑这么远来接我。妈，可别着凉啊”

一听孩子这么说，母亲更是难过，眼泪就夺眶而出，马上掉过脸去不叫孩子看见。

他们那空荡荡的木屋，藏不住热气，小小的英柱背两趟柴禾来，一天就烧没了。尽管这样，英柱还是天天参加儿童团活动，天天去打柴。

村里的青年不忍看这小小的孩子这样吃苦，一连几天给运来了好多柴禾。母亲拉着他们的手，百般劝阻他们，叫他们快去忙组织里的工作，才把他们赶走了。

金星同志赞许地望着走在前面的弟弟，陷入了深思。

这次离别了，不知何年何月才能再见面，也许长期不能回来。那末，一切沉重的担子不是都落在小弟弟的身上了吗？

再说，这次到鸭绿江地区去的路上，以及家里的事情和整个革命斗争中，都有不容易越过的巨大深渊。

就算今天打一天柴禾，或者明天再打一天，也烧不了几个月啊！不仅烧柴有困难，口粮更是个大问题。天气已经暖和了，柴少还可以勉强对付，但是没有一粒米，拿什么去下锅，熬过那漫长的夏天啊！

一路想着这些事，不觉之间已经走到了后山的山腰。

英柱放下背架，看了一下柴草地，就挥起了镰刀。

金星同志脱下上衣挂在赤杨树枝上，又把衬衣袖子卷到胳膊肘，然后拿起镰刀四下看了看。哪儿也没有可以下镰刀的好地方。尽是一些斧折桦、榛棵子、胡枝子、赤杨树，刚吐出新叶，只能做引柴。

英柱在前头砍开了胡枝子。他这个吃尽了没柴之苦的孩子，趁着有大哥帮忙，想尽可能多打一些，碰到什么就砍什么，真是劲头十足，恨不得一下子把整个山砍光了似的。

“英柱，砍那么小的能当柴烧吗？”

“妈说不要砍粗的，说这种胡枝子更好烧。”

“那是怕你太吃力嘛。要砍，今天就砍个痛快。你看哪儿有大点儿的干巴树？”

于是哥俩就决定砍那些七度灶树。

金星同志一把搂住那些树的枝子，举起镰刀朝树根用力砍下去。这镰刀，长长的黄柏木把，一拃半长的镰片，使起来很得劲。把镰刀举到头上狠劲斜砍下去，同时把树干往旁边一拽，树根就齐齐地被砍断了。纵横交错无处插足的灌木丛，一片一片地被征服。砍过的刀痕上渗出了露珠一样的粘液。

密密的灌木丛，被砍倒了一大片。一直被盖在树丛下的不知名的各种嫩草在阳光下忸怩地露出脸来。它们拨开潮湿发黑的陈年落叶，把头伸出地面，艰难地支撑着还没有长出几片的嫩叶子。象婴儿小拳头一样的蕨菜，柔嫩细软的紫花地丁，叫人很想摘下吃一口。细高挑儿的苍术草，含苞欲放的羌活，象无家可归的孩子一样到处生长的蓟草和女萝，种种杂草，都露出了脸。

湿地上，草丛里，都散发着初夏的野外特有的清新浓郁的芳香。

混杂在灌木丛中，攀着野蔷薇或七度灶树枝生长的旋花，喷着浓浓的蜜香。各种各样的蜜蜂，有毛茸茸的，有细腰的，全身沾满花粉，飞来飞去，忙着采蜜。有的也许是采蜜过多了，也许是被蜜香熏醉了吧，掉在地上嗡嗡响着打转儿。

金星同志一口气砍了周围有十来丈那么一大片，额上出了汗。他直起腰来用毛巾擦着脸回头一看，英柱正在把砍倒的树往一块儿归拢，干得很欢，脸红得象个熟透了的西红柿。他热得脱掉了上衣。一迈步，别在腰带上的镰刀就跟着一晃悠。脚上穿着马掌大的自己打的草鞋。金星同志想到这个才不过九岁的小弟弟这么早就踏上了凶险的人生航路，心里很难过，眼睛都发潮了。

“英柱，这儿没有泉水吗？”

“那头有一个，我去给您舀一碗来。”

“泉水要到泉眼上喝才有味儿呢。”

过了一个山坡没走多远，就有一块突出的大石头，下面一个窄缝里积着一小汪泉水，只有一个水瓢那么大。水底石缝里有个小窟窿，看起来只要用一个手指头一堵就冒不出水来。从这石缝里冒出来的水，荡着一圈一圈的波纹，顺着另一头的石缝淙淙流下。

“人家说，这个泉水是白头山上流下来的，永远不干，冬天多冷也不冻。”

“是吗？”

金星同志俯身往一个接一个冒着水泡的水底望了望。

他恍恍惚惚地觉得水里闪过了一个人影。分明是父亲。他知道这是一个幻觉。然而尽管是一刹那间，还是清清楚楚地看到了父亲。父亲的容貌一闪即逝，泉水复归清澈碧绿，他心里非常惋惜。几天以前他就开始想，父亲逝世的六周年，六月五日快到了。

“万景台也有这样的泉水。”他喝过水，用手巾擦着嘴角，说。

“真的？”

英柱惊喜地叫着，眼睛闪闪发光。

“可不，从万景峰朝大同江边走下去，当腰就有一个和这一般大的小泉眼。

爸爸天天早晨带我到那儿去，我就用那个泉水洗脸，爸爸做冷水磨擦。那个泉水你还没喝过一口呢。”

他没想到这冲口而出的话，会那么深深地刺痛了小弟弟，在小弟弟的心里引起那么大的波浪。

英柱忽闪忽闪地眨巴着大眼睛，凄凉地喃喃说：

“唉！我要能去一趟万景台该多好！”

简单朴素的一句话，道出了他的愿望，流露着他对家乡的火一样热切的怀念。他，生在外国长在异邦，还从没有去过家乡。金星同志揣摩着小弟弟的心，亲切地说：

“嗯，回祖国去吧。把日本鬼子都赶跑了，咱们都回祖国去。把妈妈请到家乡，咱们一块过日子。那时候，妈妈的病也会好起来的。”

听了哥哥的话，英柱心口不禁热起来，一头趴下去大口大口地喝起了泉水，好象要把泉水一口喝干了似的。

“啊，凉快！”

他把淌着大滴水珠的下巴用手背一抹，咧嘴笑着叫了一声。

金星同志朝前一望，一派秀丽的景色映入眼帘。层层山峦，轮廓分明，条条峡谷，深邃幽静；群山万枢，象滔滔海浪，滚滚奔向远方。山下一条小溪，象绿色的彩绸，弯弯曲曲地绕着村庄和山脚流淌。头上是蛋青色的天空，飘着点点白云，云下一只山鹰，在悠然翱翔。

初夏的暖热的太阳，把万道金光洒在大地上，刚披上淡绿色新装的树枝和新生的草叶泛着湿润的光泽。四外没有一点声响，万籁俱寂，静得耳朵都要发麻了。偶尔一声虫鸣，不仅不能打破寂静，反而更增添了静谧的气氛。

金星同志坐在这空气清新凉爽沁人心脾的山坡上，心旷神怡，暂时忘记了忧愁。

山下是村庄。一片象小木匣一样的矮房子，傍着河水，错综地排列着。

有一家院子里晾着几件衣服，一个妇女在轻轻走动，象是等什么人。

母亲也许也在这样等着我们吧。

金星同志重新拿起了镰刀。

到了中午，地上蒸发着熏人的热气。筋肉突起的胳膊，渗出露珠一样的汗水，汇聚成线，滴溜溜地落在地上。

到了后半晌，金星同志放下镰刀，把柴禾一捆捆地捆起。英柱不停歇地把柴禾抱过来。金星同志用膝盖使劲顶住柴捆，用藤条勒得紧紧的，连一根手指头都插不进去，有时候甚至捆柴用的大拇指粗的藤条都被勒断了。

柴禾总共打了十五大捆。背架上放上四捆，就高过了头顶。金星同志背上满满一背架柴禾，走下山坡。到了一个小岗上，看见一棵榆树孤孤单单地立在一块足够盖一幢房子的平坦草地上，他心中突然升起一种异样的感觉。停下来抬头望了望高高的树梢，觉得它是那么孤独悲凉。他不忍再看，很快地迈开大步一口气走到了村口。

果然不出所料，母亲早来到路口上，接住英柱的背架。

也是这时候，一个妇女头顶着洗衣盆从河沿上朝村口走来。她是早在松江的时候就认识的金凤爱大嫂。她一有空就来帮母亲洗衣服，收拾灶房，熬汤煎药。

金凤爱大嫂放下洗衣盆，向金星同志谦恭地低头行了礼。

三个人围着一张桌子吃晚饭。桌上放着掺了大半小米的干饭，有黄酱汤和酱炒菜，还有几条火烤的嘉鱼，这鱼就算是特别的佳肴了。

金星同志吃了几口，问这鱼是哪儿来的。

母亲过了半晌才说：

“不算什么好吃的，就着泡饭都吃了吧。”

母亲说着，背过脸去停了一会儿，接着说：

“这俩孩子可想着哥哥了，真不知道怎么说才好呢。他们抓这些鱼，大概花了一个多月吧。”

“一个多月？”

“是啊。他们哥俩说大哥在外头很辛苦，回家来也没什么东西招待。刚开冻，他们就去钓鱼，说是等大哥回来吃。他们每回也就是钓那么一两条，穿在柳条上带回来，也有空着手回来的时候。要是一条鱼都没钓着，他们可伤心了，连我看了都很难过。他们也忙，有时候三五天才去一趟。这样，他们钓的鱼，连手指头那么大的都算上，总共才有十五六条。看着两个弟弟的心意，你就都吃了吧。”

母亲装作若无其事地说着，但声音是发颤的。

金星同志刚举起羹匙又停下来，望着英柱。英柱却毫无异样，香甜地大口大口吃着饭。

两个弟弟的深情厚谊，他早有感受，日子越久，这种情谊越加经常地、剧烈地扣打着他的心。

“来，是你们辛辛苦苦钓来的，咱们一块吃。”

他把盛着鱼的碟子推到英柱面前，英柱却很快地推回来。

“我们每回钓来都先尝过了。”

“嗯，你说的对。”

母亲接过话来说。她眼眶里溢出了泪水，赶忙站起来，拿过水碗，到灶房去了。

金星同志很想撂下碗筷，但还是把一碗饭和一碟烤鱼都强咽下去了。

吃过饭不久，后头的金昌德来了。他是这个地区的老组织员，老积极分子。他家在山脚下，又离着村子远一点，因此，组织游击队的时候，曾在他的家里开过很多次会，也有一个时期把他的家当过联络站。

金星同志跟他很熟，见面不必讲什么客套，只打了一个招呼。金昌德年近三十，沉着热情，是个有抱负，有度量的同志。他说，他那么热切盼望的抗日游击队就在离着不远的发财屯成立，可是那天他正赶上闹病，没能去参加，现在还觉得很遗憾。他说今天看到金星同志背柴禾回来，深恨自己没有把金星同志的家照顾好，象犯了大罪似地感到不安。其实，他何尝不想尽力照顾，只因为工作任务繁重，总是抽不出空来。

他们转过话题又谈到了支援游击队的工作。话没说上几句，就听见屋子外面有谁咳嗽了一声。

英柱出去看了一下回来说，是昨天提到的那位白老师来了。

他们的谈话只好改日再说了。金昌德站起来告辞走了。接着一个戴着眼镜的人跨上了廊台。

“可以见一面吗？”

金星同志迎到门口，拉着他的手说：

“请到屋里坐吧。”

“我们过去不认识，贸然地前来打搅，很抱歉。”

白光明摘下眼镜，郑重地深深鞠了一躬。

他一坐下，先做了自我介绍，也说明了来意。

他毫不掩饰，说自己是个富农的儿子，家里有地，有果园，父亲在龙井还开了一个不大的酿酒厂。家境富裕，曾到汉城去专修文科，后来慢慢接触到新思潮，开始向往社会主义，现在已下定决心要走这一条路。他已经离开家自己立灶，开一所私立学校，教村里的三四十个孩子，一面抽空阅读马克思主义的著作，力求树立自己的世界观。

他简略地介绍了自己，然后说他在苍庄认识了哲柱同志，以后来到这里又见过几次面。

白光明在哲柱同志的积极开导之下，一步步地倾向了革命的一边。后来，他偶然听人说哲柱同志的亲哥哥就是组织了抗日游击队的金星同志，这使他产生了一定要见金星同志一面的欲望。于是一个月就到二百里外的这里来一两次。

"我可以抽烟吗？"

到了要谈自己心里话的重要时刻，他觉得不好一下子开口，迟疑了一会儿，从衣袋里掏出烟盒。

金星同志大方地微笑着，把烟灰缸放到他的面前。

白光明戴一副金丝眼镜，穿一身白色毛料西服，脖子细长，脸庞瘦削。外貌略带神经质，举止却文雅持重。厚厚的近视镜后面，一双会思索的眼睛轻轻转动，是一副典型的知识分子相貌。

他点上香烟，愁闷地抽了几口，慢声慢语地说：

"我这样突然来拜访哲柱的长兄，只有一个愿望，就是希望您引导我这个彷徨在岔路口上的人走上正路。请原谅我过急地说出了来意，说话语无伦次，然而我认为这对我是极其重要而有决定性意义的大事。"

"何必这样客气？初步听来，白先生不是已经走在正路上了吗？"

金星同志一开始就多少看出了白光明的激动，觉得需要让他那急不可待的心先镇静下来，于是爽朗地笑着，温和地说了这么一句。白光明用手指头正了正往下滑的眼镜，说：

"不。请您坦率地指教我。这是有关一个人命运的问题。即使我得到的将是致命的回答，我也希望那是确切而决定性的答复。让我说得再详细一点吧。方才也说过，我是榨取别人血汗来作威作福的富农的儿子，而且还念了大学。我希望我能够为被霸占的祖国作一点有益的事情，于是集合起村里的孩子，给他们上课，教给他们我们国家的文字，也教给他们算术。然而遗憾的是，我不配给他们培养人的灵魂，直截了当地说，我是一个根本不可能给他们培养朝鲜的灵魂的人。您可能反问我为什么，然而事实就是这样。请您原谅，我现在是激动了一些。"

白光明停了停，干咳了几下，用手绢按了按嘴角，说：

"就是在现在这个时刻要问我这个人，也就是白光明这个人，是个什么人，我自己也说不出到底是指哪一个我。您也许以为我在故弄玄虚，不是的，事实就是这样。举个就近的例子来说，有过这样一件事情。

"不久前，日本鬼子'讨伐'大沟庄，杀害了我们好几百个无辜的同胞。那里有一个叫一男的孩子，才十岁，失去了父母，逃出火海，来到了我们村里的他姥姥家。他想读书，就到我的学校来了。先不说这个，先说前几天的事吧。我用树条子打了这孩子，狠狠地罚了他。因为他用拳头殴打了一个比他小一岁的名叫尚勋的学生，打得尚勋鼻子都流了血。尚勋用手擦着血跑到对面的碑石街。到了那儿，一男又打他。他们互相撕打，谁也拉不开。后来，碑石街的那个区长说是派出所朴警尉说的，要我好好教训他们。我听了非常生气，于是先把一男喊来问他为什么打人。他说尚勋太调皮，揍了他一下，就打起来了。于是我拿树条子抽他的小腿肚子，连续抽断了五根树条子。为的是叫他再不敢打架。可是这个学生一直眼睛都不眨一下，硬是不承认自己有错。看到他这样不服软，我更加生气，也就打的更多更狠。我边打边骂：你知道不知道你的爹娘是为什么在鬼子‘讨伐’的时候被烧死的？这样殴打自己的同学，你到底要做一个什么人？太野蛮了……最后，这个学生被打得过重，倒在地上了。他倒下去的时候，朝着我说：‘老师你是资产阶级，我的爹妈就是因为资产阶级才死的。’接着，他叫了一声‘妈妈’，就大声哭起来了。‘老师你是资产阶级！’他说的多么清楚啊！这一句话，比我打他不知要厉害多少倍，对我是一个多大的打击啊！我不过是用树条子打了他的腿肚子，而他却是用大棒捶打了我的脑门子。您知道那以后又出了什么事吗？有一个名叫明基的学生，是个儿童团员。据他的透露，我才知道事情原来是这样：反帝同盟有紧急事情需要往碑石街送信，就把这个任务交给了一男和尚勋这两个孩子。这两个孩子为了混过警察的眼睛，才那样装着打架跑到碑石街去的。可是我，却打了他们；而他们，却瞒了我……”

白光明摘下眼镜，拿出手绢擦了擦额上的汗。额角上的青筋，神经质地跳动着。他激动得甚至时间和地点都不加考虑了。然而他自己很清楚，现在正是决定他自己的命运的重要时刻，所以他凭着自己的主观把内心的激动都发泄出来了。而且他也知道自己在金星同志面前是无须顾忌什么的。

“我认为，凡是教员都应当给学生培养一种灵魂。特别是对被夺去了祖国的我们来说，这更是一个迫切的要求。

“不能给学生培养灵魂的教员，那简直就是一个没有灯捻的灯盏，一粒没有雷管的子弹。不，他就是一个伪善者，这样说才是更确切一些。尽管这样，我还是一直为亡国而慨叹，鼓吹爱国主义，大声要求朝鲜独立。然而失去了真正灵魂的什么爱国主义呀，独立呀，祖国呀，只不过把我变成了一个犯了时代错误的疯子。‘你是资产阶级。’一男说的对，我是一个资产阶级。‘你是亡国奴。’这话也对。我是个资产阶级，又是个亡国奴。这两个白光明，每天都在血肉横飞地进行决斗。就是现在这时刻，在我的胸膛里就有两个势不两立的自我正在挥剑厮杀。一个冰块，一个火球，在我的内心深处各占着一个位置。火球想把冰块融化，冰块想把火球熄灭。我就是这一种人，请问这种人应当怎样活下去才好？静静一想，抱着这样可怕的矛盾来生活，这本身就是苛酷无情，空虚渺茫，甚至令人害怕，战栗不已的。”

他完全丧失了自制能力，一会儿不知是对谁破口大骂，厉声谴责，一会儿陷在悲哀和怨恨中，长吁短叹。

金星同志看出这不是白光明一个人的问题，而是许许多多朝鲜知识分子的问题。他很郑重地，而且亲切地说：

“白先生！”

他的宏亮的声音轻轻地震动着房间，白光明立刻熄掉香烟，端正了自己的姿势。

“白先生说的话，我能够充分理解。你那多少有点复杂的心境也是可以理解的。白先生说你自己正彷徨在岔路口上，我想，你对自己这样看是对的。我认为，正是你自己，而不是别人，作出这样的评价，就有很大的意义。根据什么这样说呢？因为你已经找出了矛盾，而且你本身已经觉悟到这一矛盾是非解决不可的。要解决这样的矛盾，必然要经过一场难忍的阵痛，这是无法否认的。就象你自己说的一样，也许要经过一场血肉横飞的搏斗。但是，不管多么痛苦，矛盾是一定要解决的。这不仅对你自己是需要的，而且对革命也是需要的。为什么呢？因为这是许多朝鲜知识分子中间普遍存在的严肃的问题，而不仅仅是白先生你一个人的问题。所以，让我们来坦率地，认真地讨论讨论吧。请你镇静一下，不要激动。白先生要走的路，是一条充满艰难险阻的走向真理的路。这一条路，凭某种兴奋或一时的冲动是走不成的，一步也走不成。需要冷静，需要勇敢。要勇敢地把自己投到激烈的阶级斗争的漩涡里去；自己有发臭的烂疮，就要用自己的手无情地把它连根剜掉。必须这样勇敢，这样冷静而彻底。来，咱们不要顾虑，各自说说自己的想法吧。请往前坐坐，一边抽烟一边谈……”

金星同志从白光明的白净而善良的脸上，看到了许多跟这一位一样带着类似的问题来找过他的人。他握住白光明的微微发颤的手往前拉了拉，又把烟灰缸推到白光明的跟前。白光明机械地又抽出一支烟点上了火，却忘记了抽，只是呆呆地凝视着金星同志的慈祥的面容。

金星同志象抚摸着白光明受伤的胸口一样，和蔼亲切而平静地说：

“抚松有一个姓张的同志，是我小时候的同学。他跟白先生一样，也是富农的儿子，他的精神状态也有许多跟白先生相似的地方。他也经历过种种波折，但是他终于摆脱了自己的处境，现在在革命的队伍里斗争得很好。这样看来，问题在于本人的自觉，在于本人的觉悟，并不在于外界的某种评价。就我们朝鲜知识分子的处境来说，他们家境富裕，因而学到了工人、农民所无法学到的科学和知识。但是，他们不应该用这些为侵略者或剥削者效劳，而应该把它们贡献给人民群众为解放祖国而进行的革命事业。这是革命的要求，而且只有这样做，才能真正拯救他们自己。我们的知识分子，是殖民地的知识分子，是直接受民族歧视和压迫的被压迫群众的一分子。这种情况就是一个根据，它催促白先生一样的人要站到革命一边来，而且也告诉你是可以站到革命一边来的。换句话说，革命在召唤做了亡国奴的白光明先生往它那一边靠拢。白先生一家的富裕生活，是建立在劳动人民的血汗之上的。因此，那个叫一男的孩子抱着那么大的敌意谴责你，从哪一方面来说都是对的，而你，也正是为这个在苦恼着。为摆脱自己的阶级地位而挣扎，这对白先生来说，可以说是一件很好的事情。让我再重复一遍，白先生你必须勇敢地摆脱你应当痛恨的那个阶级环境。因为，我们干革命，为的是赶走日本帝国主义，建设一个树立起社会主义制度的祖国，绝不容许任何一个别的压迫者来取代日本帝国主义。在这一点上，我是信赖我们朝鲜知识分子的爱国心和正义感的。我见过的许多知识分子，都毅然决然地脱离了自己的阶级地位，投到了革命的一边。他们大部分也都经过了跟白先生相同的苦闷。可是现在，他们当中的不少人站在革命的最前线，积极工作，坚决斗争。一想到这些事实，我相信白先生也能够勇敢地克服自身的矛盾，投到我们的革命一边来。你不要怕在这过程中会遇到考验。在我们的革命事业中，白先生是能够发挥很大作用的。在这要么做日本帝国主义的奴隶，要么站起来跟日本帝国主义决一死战的今天，特别是在革命已经拿起枪杆同敌人白刃相见的这个疆场上，我们的革命也同其他所有革命一样，必然要问每一个人：‘你是哪一边的？’对这个质问，必须毫不迟疑地做出决定性的答复。”

金星同志的话到此停住了，白光明抬起涨红了的脸，开口说：

“我怕这个质问。然而我每天都要碰到几次这样的质问。它就象无数的针尖不断地乱刺着我的灵魂，我的心脏简直要完全被撕裂了。请原谅我的冒昧，每当遇到这一质问的时候，我是多么愿意问心无愧地大声回答：‘我是革命一边的！’坦率地说，我不过只有一个富农的身分，其实我的生活在这一带跟所有的人一样贫穷。我是有意识地这样生活。然而我的头脑里，依然实实在在地存在着我的阶级地位所造成的观念。特别是一想到别人一定会说我的头脑里依然有那种可恨的观念在作祟的时候，我的敢于说‘我是革命一边的’这种勇气就不由自主地缩回去了。”

白光明象呼救似地往前伸出了双臂，已经自行熄灭的香烟头夹在他的手指之间剧烈地战抖着。

“这个问题很重要。你的头脑里有那种东西作祟，就很难成为一个彻底的革命者。不过我看，你还不是那种财迷心窍，贪得无厌的人。你在努力摆脱自己的阶级地位也是事实，然而你还多少保存着那个阶级地位给你造成的思想观念，也是无法否认的，因而人民群众提防你的那种观念，也是对的。这是思想方面的严峻的阶级斗争。在这一斗争中，爱国家、爱民族，心里充满为真理不惜献出一切的正义感的白光明先生，必须彻底打败富农的儿子白光明，取得最后的胜利。这个胜利，只有经过长期的艰苦的斗争才能取得。人民群众的批判，将对你的斗争有很大的帮助。我们的组织也会极力帮助你。这一点，我可以保证。所以，只要白先生你自己英勇果敢地进行自我改造，胜利是毫无疑问的。就拿白先生方才谈到的鬼子‘讨伐’大沟庄的事来说吧。日本鬼子干出了令人毛骨悚然的野蛮暴行，连野兽看了都要感到羞耻的。他们不分老弱妇孺，一律刀砍，枪杀，烧死。在这种情况下，要拯救人民，消灭侵略者，光复祖国，白先生，你还有什么可顾虑，还有什么迟疑不决的呢？在这种时候，为民族的遭遇而担忧的白先生，如果只看别人的眼色行事，处处谨小慎微，你就会对祖国和人民犯下不可饶恕的罪过。打倒日本帝国主义，解放朝鲜人民的这一革命斗争，是全民族的斗争。白先生，要勇敢地对待自己。然后，还要勇敢地冲向敌人。关键是有没有民族良心和由此而产生的责任感。要有一种深信只有革命才能拯救祖国的明确的信念、清醒的头脑和坚强的意志。一句话，白先生你要有革命的自觉性。让我再说一遍，我们相信你，相信白先生是可以和我们携起手来共同前进，直到革命取得最后胜利的那一天的。这是我们的希望，也是革命的要求。我们将不惜一切地帮助包括白光明先生在内的朝鲜的殖民地知识分子永远站在革命的队伍里前进。白先生！让我们一起前进吧。尽管是艰苦的，但只有这条路才是我们的活路，才是真正的革命道路。”

金星同志一把拉住白光明的还夹着熄灭的烟头的手摇晃着：

“白先生！要勇敢一些！”

“……”

白光明感觉到金星同志的火一样的热情立刻温暖了他的全身。他象失了魂的人一样呆望着对面墙上摇晃的身影。

金星同志详细地说明了在殖民地民族解放斗争中如何对待知识分子的问题。

谈话一直继续到深夜。

白光明好象一尊塑象[像]，长时间低头不动，静听着金星同志的讲话。他感到自己冰冷的心里开始燃起了炽热的火焰，好象有一种冰冻僵硬的东西在哗啦哗啦地被融化掉。

过了不久，他站起来，低头行过礼，辞别了金星同志。

他沿着小河信步走着。到一块草坪上找个土墩子坐下。天上，群星密布，月亮刚刚升起。他仰脸躺下，举起两臂伸向深蓝幽暗的天空。

“啊，我今天才获得了新生！”

对生的意义和生的骄傲有了深刻认识的白光明，要叫全世界都听见似地大声喊着。之后，他一眨一眨地忽闪着眼睛，肯定地对自己说，这不是梦，是真事，今天这一夜晚是使一个人获得了新生的壮丽的夜晚。

他在草坪上象小孩儿一样翻滚。他仿佛回到了光着脚追逐蝴蝶的童年时代，心境是那么天真烂漫，洁白透明，善良淳朴，欣喜若狂。

“白先生，让我们一起前进吧。尽管是艰苦的，但只有这条路才是我们的活路，才是真正的革命道路。”

亲切的话语，还在耳边鸣响。

他霍地坐起来。

“是的。我一定走这一条路。要走革命的路。要是半路上倒下，我一定会站起来继续走，再倒下，再站起来走，要走到底，决不辜负您对我的信任和恳切的教导。”

他喉咙哽咽，眼里淌下了泪水。心里有一团烈火，把冻结成一条冰河似的半壁胸腔全部融化开了。

从此，心情恢复了平静，似乎完全忘记了自我。

淙淙长流的河水，通夜不息的虫鸣，轻轻吻着面颊的微风，使他陶醉了，呆痴了。

过了好久，他才站起来走路。走着，走着，他忽然象发现了什么似地向左右看看，并没有看见什么。但是他清清楚楚地感觉到，在他的前后左右，有着许许多多跟他一样的朝鲜知识分子，排成一个长长的横队，在浩浩荡荡地前进。

不知是哪里，公鸡叫了。

天，不久就要亮了。

母亲从柜子里拿出一套熨得平平的草绿色军装，放在炕上，说：

“不知合身不，穿穿试试。”

她觉得扣眼锁得不好，把叠好的衣服打开看了看，择掉了沾在前襟上的线头。

金星同志在这完全意外的事情面前，惊呆了似地一句话也说不出来。

“我老早就有这个心，可是你也知道，哪儿有空做呀？这会儿才抽空急急忙忙赶了这么一身。按说，你组织了光复祖国的军队，做妈的只要有心，怎么能连一身军装都做不来呢。都怨我心意不够啊。快穿穿看合适不合适。”

母亲拿起军装靠近了他的跟前。

金星同志感到眼圈发热，急忙低下了头。

过不多时，他穿上了新的军装。完全合适，找不出一点毛病。这是母亲整宿整宿地不睡觉，一针一针缝出来的，他想到这里，心情万分激动，不知说什么才好。

母亲却跟往常一样，安详地打量了一下肩膀、前襟和长短肥瘦，才满意地笑着说；

“正合身。好了。要是再有一双鞋，全身的披挂就齐了，你这一穿上，更显着少一双鞋，缺了个牙儿似的，太可惜了。”

母亲往后退了几步，端详着穿一身军装更显英武的儿子。

母亲们给自己的孩子做衣服穿，是寻常的事，因此，很难说母亲们在这种时候感到的喜悦是一种特殊的感受。但是，康盘石母亲给踏上了光复祖国的征途的儿子做的第一套衣服，是一套军服。她在这一天感到的喜悦，是她一生中再不会有第二次的喜悦。然而她的表情却依然那么和平，依然带着那种湖水的涟漪一样的微微的笑容。

母亲撩一撩垂在鬓角的几根头发，点了点头，然后从墙上摘下了自己的衣服。

“那咱们就走吧。”

“妈妈！”

金星同志往前靠了一步，却再也接不上话了。心在剧烈地跳动，脸发烫。

“妈妈，您的话我一定牢牢地记住。我一定去实现您做军装的时候抱的希望。”

他声音嘶哑，抖战。

母亲的视线重新落在儿子的军装上。

他们没有说话，但是他们彼此心领神会，无须再说了。

“你就把它当我做娘的心，穿着吧。”

母亲平静地说着，很快走出了房门。

他们已经说好，今天要去跟游击队见面。

金星同志头戴军帽，身穿草绿军装，显得潇洒威武。他跟在母亲身后走着，只离着一步左右。

母亲走在路上，就象没病的人，心情舒畅，容光焕发。去看游击队，固然是一件大喜事，但更使她高兴的，是这样跟儿子走在一起，一路说着，一路瞧着神采奕奕的儿子。母亲虽然生养了他，跟他在一起的时间却是那么短。儿子刚懂事的时候，就从八道沟送回了万景台；在抚松的时候，又送他去上了华成义塾；以后他到吉林读书，又分别了六七年。这么一来，母子分开的时间就比在一起的时间长得多。对母亲来说，这是一个在享受母子之情方面的大空白。正因为这样，每逢遇到能够同儿子一起度过几个小时或几天的机会，母亲就尽可能地加以利用，来填补这个空白。

这一次，母亲对儿子的情意比以往任何时候都更深厚更殷切。不知为什么，她总觉得有一种预感：这次送走了儿子，就要很久很久不能见面。她知道，儿子一直是在敌人警戒森严的艰险环境中进行活动，曾经无数次冲破了敌人下“通缉令”不断追捕的罗网，然而这次去的路，更是过去所不能比的。

母亲暗暗压抑着心中的焦虑，不时地回头深情地望着儿子。要把母亲此时此刻的心境表达出来，语言是显得太无能为力了。她那经常思索着的眼睛，令人感到可亲的微笑，不时地拿到胸前去的粗骨节的手，反而表达着比语言更多更深的感情。

碧绿的原野，一条绸带似的羊肠小道，母亲身穿白色衣裳，迈着轻捷的步子，清爽的微风吹拂着短袄上的飘带，路边的艾草轻轻地抚摸着长裙的边缘，脚下的车前子、苦菜花和小嫩草散发着沁人心脾的芳香。一对黄色的蝴蝶环绕着母亲的头顶翩翩飞舞，又追逐着衣服飘带欲落不落地转了一会儿，飞向了艾草地。蔚蓝的天空一望无际，几只云雀在高空唧唧啾啾歌唱。绿油油的麦田，一垄一垄齐齐整整，宛如一条条油亮粗大的发辫。

碧绿的田野，蔚蓝的天空，没有尽头地伸向远方。举目四望，处处洋溢着明媚的春光。

这个春天，这个风和日丽的一天，好象专为他们母子安排的，好象专程来陪伴他们这最亲爱的母子二人赶路。

微风吹下几根头发，在母亲的前额上轻轻挠痒。母亲一边用手撩头发，一边回头等着儿子。儿子立刻会意，赶上来跟母亲并排着走。

母亲又望着儿子的魁梧的身躯。她原先怕有些肥的军装，穿在他的身上是那么合适。他的脸又多象他的爸爸呀，是那么开朗可亲；他的矫健的步伐，他的每个举动，都是那么稳重可靠。

蓝蓝的天空衬托着母亲，使她显得那么高大威严。金星同志的眼睛一直没有离开母亲。

不觉之间，来到了一个村庄。

“那不是军队吗？”

真的，柳树堤上，游击队员们正在操练。三五个人一队，有的练卧倒，有的练跑步，有的练正步走，也有的队员们练着各种射击姿势。个个穿着黄绿色军装，显得清新，有弹力，朝气蓬勃。

“真棒！”

母亲手遮阳光，眯着眼睛望着草地上。

“好啊！你爹要是看到他们，该多高兴啊。你爹为了组织这样的革命军队，一辈子费了多少心血！好了，这一下该跟那些鬼子兵狠狠干一场了。”

高兴，激动，悲伤，象海啸一样，一齐涌上心头。未来和过去，一下子混合在一起浮现在眼前。

一件件往事，象走马灯一样从眼前闪过。母亲拂掉这些杂乱的念头，定了定神。

眼前是一片绿草地，稀疏的苦菜花犹如嵌在绿毯上的花纹。

母亲松松肩膀，长长地呼了一口气。

然而对往日的回忆依然执拗地纠缠着她。

“妈妈，累了吧，到村里歇歇吧。”

母亲的心情，金星同志是完全理解的。他看了母亲的脸色，小心地扶着她坐在草地上。

“不要紧。是我看到咱们的军队，想起了过去的事情。你父亲在世的时候，梦里也在想着这样的军队，要是他还活着，能够看到今天，该多好！不知道怎么回事，我总觉得现在我不是一个人来看他们。”

母亲恢复了平静，深情地回忆起了往事。这些事情，既不是她今天第一次讲，也不是儿子不知道。她第一次看到将担负起朝鲜革命重任的第一支朝鲜人民武装力量，不由自主地又一次深切地怀念着曾经为建立这样的革命军队而奋斗终身，留下未竟的事业与世长辞的金亨稷先生，回忆起已成为过去的种种难忘的往事。

她的话说得虽然和平时一样柔和平静，里面却包含着象烈火一样炽热，象大海一样翻腾的激情。

母亲讲的往事，从万景台生根滋长，再一步步地移向烽火里，中江，临江，最后移到了八道沟和抚松，是那么生动，以至使金星同志感到过去的事情又重现在眼前。

忽然，金星同志仿佛看见了抚松小南门街上的小房子。

那天，也和今天一样，大地逢春，披上了绿装，是个晴朗的天。

他听见父亲叫他，轻轻地走到铺着苇席的炕上，跪坐在父亲的面前。

父亲的枕边放着几个药瓶，有几本打开的书。

卧病的父亲，把罩着雪白枕巾的枕头推到身后，靠墙半坐起来，朝儿子望了一会儿，说：

"你现在多大了?"

"十五岁了，爸爸。"[①]

"对，十五岁了。"

父亲问儿子多大，并不是因为他不知道。

"男子十五岁，是该懂得人间事理的时候了。"

父亲的语气，严肃庄重。

他喘了几口气，把身上的棉被推向一边，又说：

"我们的国家被日寇吞并已经十七年了。你还没有出生，我们的国家就已经被日本鬼子霸占。古人说，'时过十年，江山也变'，而我们沦为亡国奴已有二十年了。

"在这漫长的岁月里，我们的民族受了多少苦，流了多少血啊!"

他的脸上现出了红晕，接着咳嗽了几声，无可奈何地拿过枕头垫上，又躺下去。

他的眼里闪着电一样的光，放在被上的手嗦嗦战抖。

"你听着。朝鲜的历史在问我们：是挺身战斗，还是坐以待毙? 我问你，你将怎样回答?"

金星同志抬起了头，却说不出话来。面对着这一严肃的问题，他异常激动，感到用语言来回答是远不能满足的。

父亲一会儿扬起浓黑的眉毛，一会儿现出柔和的笑容，继续着他那热切而严肃的讲话。

他预感到在这民族的命运危在旦夕，祖国的河山嚎啕痛哭的时刻，自己不久就要与世永别，忍不住一阵极大的悲痛涌上心头。

为拯救祖国的命运，他献出了自己的一生。为光复祖国，他赴汤蹈火，粉

---

① 译注：十五岁系虚岁，周岁为十四岁

身碎骨也在所不惜。然而笼罩在祖国上空的亡国的乌云仍然没有驱散。想到这些，他心痛欲绝，真想拍地痛哭。

但是他没有失望，他正在对儿子讲他应当向全国同胞讲的话：

“我没有在我这一代实现祖国的光复。但是你一定要在你的一代光复祖国实现独立。如果你遇到什么不幸而不能完成，就一定要叫你的儿子一代来完成。古语说，‘亡国奴不如丧家之犬。’我愿意相信你把这句话切记在心，用你自己的双手去光复祖国。”

父亲神情严肃，流露出令人心碎的急切而诚挚的心情。这时候，他的心中交织着没有光复祖国的痛苦和对儿子的期望。

“我没有达到目的就要走了。可是我相信你们。你们千万不要忘记你们是属于祖国和民族的。就是粉身碎骨，也一定要光复祖国。我多么想重返祖国啊！祖国获得独立的那一天，把我埋葬到大同江畔去吧！”

父亲的粗重的声音在屋子里回荡。父亲把儿子放在膝盖上的手拉进被子里。

金星同志通过父亲的紧握着的滚烫的手，全身都感受到父亲传给他的炽热的激情。

他低着头咬紧了嘴唇。落日的余辉透过窗户射进来，草绿色的被面呈现出格外耀眼的亮光。

“爸爸，我一定照您的嘱咐光复祖国。”

金星同志向着父亲坚决地说。

父亲默默地点了点头，眼角上现出了满意的微笑。

沉默。

金星同志用手捂住脸，转过身去。仿佛天塌地陷，眼前漆黑，坠入了万丈深渊。

从那以后，又过了五个年头……

也是一个春天。

他跪坐在母亲的面前。母亲拿出一包用油纸包着的东西。打开油纸，里面包着一层报纸，再一打开，现出了一个红布包。

母亲从里面拿出了两支手枪。

“收下！是你父亲留给你的。”

金星同志依旧跪着直起上身，伸出了双手。

“你父亲说，你会知道应该拿它做什么。”

母亲声音颤抖着说。

金星同志接过手枪紧紧地抱在胸前。心在怦怦跳动。

他这时候也清楚地感觉到父亲在被子里握过他的手的那只手依旧跟他连在一起。

“爸爸！我一定用这支枪去解放祖国!”

他闭上了眼睛。

幻想飞向天空展翅翱翔。看见成千上万的青年排着整齐的队伍,一个个肩上都扛着枪。这支武装队伍在浩浩荡荡地行进,矫健的步伐震动着大地。震天的欢呼,无尽的队伍,象潮涌一样滚滚而来……

“他们干吗那么急急地跑上山去啊?”

母亲拉着他的手问。

“啊？哦,那是……”

他吃了一惊,望了一下四周。

“这是游击战训练,所以首先要练好爬山哪。”

“对呀,应该。”

母亲点着头,表示明白了。金星同志知道母亲这样问,并不是因为不知道,而是为了把自己从冥想中唤醒过来。

到了中午,游击队员们停止了训练,排着队走向村庄。步伐矫健整齐,歌声雄壮嘹亮。

吃过午饭,金星同志陪着母亲来到了队员们休息的地方。

队员们忽地都站起来,排长行过举手礼,上前几步,向金星同志报告。

金星同志命令队员们休息。

母亲正在领略着无比的满意。

队员们一见到母亲,都举手行礼。

“真好,真了不起啊!”

母亲把队员们的手从帽檐上拿下来,点头称赞。

“今天,我真象看到了解放了的祖国。”

刹那间,一串泪珠顺着母亲的脸扑簌簌地流下来。母亲缓缓地拿起了飘带。大滴的泪珠顺着已刻上皱纹的脸不住地往下流。母亲把拿着飘带的手抬到下颏,却不想把泪水擦干。

金星同志的眼睛也噙满了泪水,他拉着母亲的手来到了聚集着许多队员的院子当中。母亲理了一下鬓发,往前迈出一步,说：

“你们年轻人,知道我为什么哭吗？你们也都有我这样的母亲吧。母亲们现在都流着泪过日子。她们活一辈子,哭一辈子。看见孩子穿着破衣裳也哭,给孩子端了一碗稀饭，也蹲在灶坑前哭。这样的哭啊，哭上一会儿心里也还舒坦一些。可是现在，母亲们都在拍地大哭。鬼子们吞了咱们的国家，把我们的孩子用刀砍，用火烧。母亲们怎么能不哭啊！这样的哭，哭多少也哭不完，哭多少也解不了心头的恨。跟这些母亲比，我是一个多么有福气的母亲啊！我哭，是高兴得哭。看到你们年轻人拿起枪要去光复祖国，我的眼泪就流下来了。”

“年轻人，你们千万不要把手里的枪当一般的枪看待。要把枪使劲儿拿着，要给我们国家的人解心头之恨！要让母亲们不再哭泣！让这些一辈子受欺受压，冤枉痛苦，哭着过日子的母亲，因为高兴哭一场吧，就哭那么一次也好啊！你们要打出一个没有日本鬼子，母亲们能够舒心高兴地欢笑着过日子的天下。那时候，母亲们就会忘记一辈子的苦，象我这样高兴得哭出眼泪来的。”母亲停止了讲话，衣襟在轻轻摆动。

队员们都低头坐着。连呼吸声都听不见。傍晚的红霞投洒在枪支和军帽上，洒在新做的军装的肩头上。

“不要哭，年轻人们！母亲们兴哭，年轻人可不兴哭啊。”

母亲撩着鬓发，笑了。晚霞映红了母亲的脸。她那微笑的双腮上，依然挂着两行泪水，被晚霞映照得晶莹闪光。

母亲的形象是那样崇高，那样美。

金星同志为了不让人看见溢出眼眶的泪水，转向了谷垛。

相传这一国度的母亲有流不尽的眼泪，有永不枯竭、丰富无比的母爱，然而这一国度的可怜的母亲们却因为没有尽头的贫穷，连这充满胸间的母爱也不能全部献给儿女。母爱化成了泪水，哭啊哭不尽，流啊流不完。

但是，金星同志从来还没有见过母亲流一次泪，尽管她有说不尽道不完的无数令人恸哭的悲伤。

在平壤监狱会过消瘦得几乎认不出来的父亲回来的时候，母亲也没有流泪；当相依为命的父亲正当壮年时节与世长辞，把她孤零零地留在异国荒原上的时候，母亲也没流一滴眼泪。

她现在看到拿起武器准备战斗的朝鲜青年，竟这样不住地流着眼泪，而那时候为什么没流一滴眼泪呢？把眼泪藏到哪里去了？

一到清明节和中秋节，母亲宁愿只身一人去扫墓祭祀，从不带孩子们一块儿去。她为了不给孩子们看见自己的悲伤，曾多么坚强地忍住了眼泪。莫非就是这些眼泪层层凝积在她的手上使手变粗糙了？莫非就是她那说不尽的悲痛在她的眼角聚集成了那么多皱纹？

金星同志仰脸望着天空，想抑制心中的难忍的剧烈疼痛。殷红的霞光映照着山顶上的大团彩云，彩云象一团烈火熊熊燃烧。

母亲的眼泪，只流下一滴也能使孩子们悲痛欲绝、心碎肠断的母亲的眼泪，正因为母亲比谁都富有这样的眼泪，才那样情深，正因为母亲比谁都热爱祖国和人民，热爱丈夫和孩子，才把那么多的眼泪咽下去深藏在心中，挨到今天为祖国为革命才这样痛快地无尽无休地流着。

这一天，金星同志留在村里没走。

黄昏的时候他陪着母亲去请一位汉医看病。这位老汉医，鼻梁上架着一副老花镜，长长的胡须象一把扫帚，直垂到膝盖。他诊了诊脉说，母亲心力交瘁，日久成疾，腹内生了痞积，给开了一剂药。

回家的时候，怕母亲劳累，金星同志借了一部牛车请母亲坐上，还装了一斗他买的小米。

初夏的黑夜里，牛车在坎坷不平的路上吱嘎吱嘎地滚动。

母亲一声不响地随着牛车摇晃。

“妈妈，您不冷吗?”

“不冷，天气挺暖和哪。”

到了河边，一群受惊的野鸭拍打着翅膀飞起来，芦苇被扇得沙沙作响。它们一会儿又从对面山头折回来，一个个落在水面上。

“英柱一个人怪孤单的。”

野鸭都落下了，芦苇丛恢复了寂静，母亲自言自语地说。

第二天，金星同志该动身了。

金昌德过来谈了一阵，他很为金星同志的一家操心。他一再道歉，说自己没有照顾好，最后临走时说：

“我一定负责照顾，请您放心。我照顾您的母亲和弟弟，总比不上您自己，可是我一定尽我的心意，请您放心走吧。”

英柱也向大哥行了礼，就到村里去了。他这样送别大哥已经习惯了，而且他还不知道这一次别离将意味着什么。

金星同志因为没有见到哲柱，心里很惋惜，却也无可奈何。他拿起帽子走出了房门。

他好不容易地劝住母亲没有站起来送。

他站在门口，并着脚跟，望着母亲。母亲把着门框瞧着儿子。

“妈妈!”他又一次望着母亲叫一声。

母亲也紧紧地盯着儿子，好象要把他的形象深深地印在心里。

“我走了，请您多保重。”他弯下腰行了礼。

“别为我操心，快去把革命工作干好，你的工作干好了，我的病也能好起来。你千万不要惦记家里的事。”

“祝您平安，妈妈！”

他迈下廊台，但又怕母亲跟出来，于是又迈上去。他抓住门扇想把门掩上，却又不忍心，迟疑着。

“快掩上门走吧，反正是要走嘛……”

母亲若无其事地点头微笑着。

金星同志终于掩上房门，转过身去。屋里一点动静都没有。

母亲何尝不想把走上征途的儿子送上十里二十里甚至更远呢！然而她没有送，也没有推开房门望他一眼。她不愿意给万里长征的儿子投下一星半点的阴影。她知道儿子走的是光荣的道路，母子虽然天各一方，但心却是永远连在一起的，她并不以为这是离别。只要是为了儿子，她情愿到沙漠里去求水，到大海里去捞针，在狂风暴雨中为孩子催眠。她的这种伟大的母爱仍在她的心中汹涌着，然而她还是跟往常一样泰然自若地送别儿子。

金星同志在廊台上迟疑了一会儿，才走下来迈开了脚步。但是他没有朝田野走去。而是围着房子转。他慢慢地绕着房子沉思。怎么办？就这样走吗？要不再留几天守着母亲？

这次上路，不同以往，既不同于从桦甸回来又上吉林的时候，也不同于从卡伦回来又上明月沟的时候。那一切，可以说都是为今天做准备的。而这次，是带枪离家，也许好几年，甚至几十年回不了家也未可知。从迈出第一步的这一地点，要到达最终赶走日本帝国主义、完全解放祖国的彼岸，将是一条多么艰险而遥远的路程啊！

然而这是应走的，而且决心要走的路，是非走不可的路。他刚刚迈出了在这条道路上的第一步。这是一条前人没有走过的、令人难以置信的艰苦的道路。路上将印满斑斑血痕。在这条不知将有几万里几十万里甚至几万万里的路途上，将留下数不尽的足迹；在将印在这一国土的每个角落上的每一个足迹上，都将汪一潭青年战士们的鲜血！

尤其是这一年，迈出了第一步的这一年，也许要付出比今后整个战斗年代所要付出的牺牲还要大得多的牺牲。刚冒出的嫩芽，也许会被暴风摧残，被洪水淹没，被严寒冻僵啊！

但是，我们这棵嫩芽，必须顶开巨石冒出来，即使枝断叶落，也要把头抬得高高的。不论我们的时代多凶险，不论我们将流下多少鲜血，要是同沦为亡国奴的同胞仅仅在一天里受到的痛苦和流下的血泪比起来，那又算得了什么呢？我们不惜洒热血抛头颅，定将保卫我们民族不受帝国主义者强加于我们的莫大牺牲，定将告诉全世界的人们，帝国主义虽然凶狠残忍，但是是可以战胜的。

我们将这样早日换来昨天母亲所希望于我们的使这一国家的所有母亲都欢欢喜喜过幸福生活的那一天，也要让那些子女受欺凌，自己终日伴着眼泪过活的，沉睡着的大陆上的所有母亲看到欢乐和幸福。

然而，病魔缠身的母亲将会怎样？怎么办才好？母亲现在连针线活儿都不能给人做了，仅有的一斗小米能吃几天哪！

看到小小的英柱打柴来烧炕，病在炕上的母亲将多么难过啊！

千万条思绪一齐涌上心头，金星同志早忘了自己是在绕着房子转，也不知已经绕了多少遍。他仍然低着头一步一步沉重地迈着步子，脚下的干柴和沙砾时时发出沙沙、嚓嚓的响声。

当他又绕到房门前来的时候，房门吱地一声打开了。

“你在干什么呀？”是母亲颤动的声音。

“我知道你为什么这样迟疑。立志要拯救国家的人为这点儿小事犹犹豫豫，还能做什么事！你要干革命就全心全意干革命，要在家里过日子，就干脆蹲下来管家过日子，两个里边挑一个，要把主意拿定了……”

金星同志站下来默不作声地听着。他不想多说明什么，而且也没有必要。

“咱们家的情况，你不是都知道吗？”

母亲比先前更严厉地说。

“不论过去还是现在，咱们家的日子不就是这样的吗？这样为家里的事担心，是干不了革命的。人活着，还能让蜘蛛把嘴给网上？一个要去光复祖国的人还要为家事操心，怎么能做得了大事？你要组织一支更大的部队去打仗，可是还这样挂念着家，能行吗？我看，你这样做是很不对的。”

母亲不再说下去了。

前天砍柴回来的时候，她也曾说过这样的话。

“知道了，妈妈，祝您平安。”

金星同志再次深深地鞠了一躬，转过身去。

他再也没有回过头来，径直朝着田野大步走去，越走越快。快要绕过山角的时候，他才站住回过头来望了一下。

母亲不知什么时候走出了屋子，站在地头小路上向他挥着手。

金星同志也扬起手来挥动着。

早跑到前头去等着大哥的英柱，爬到山岗上挥手喊着什么，金星同志没有听清楚。

英柱呼唤哥哥的声音飞荡在广阔的原野上，激起了四面八方的回响。火红的夕阳应着他的声音挥洒着万道金光，也染红了整个宇宙。

四

丛林中的白天，象黑夜一样昏暗。

落叶松和冷杉，象麻田一样稠密，偶尔还能看到几棵色树和青杨。

泥沼地散发着潮湿的霉臭，脚一踩就陷到膝盖，要想再迈一步，得把上半身一直弯到鼻子贴地，使出全身的力气，才能拔出另一只脚来。到处积着臭水，咕噜咕噜直冒泡。

不见一点阳光，走很长一段路才偶尔看到一丝光线透过巴掌大的空隙照进来。

天空湛蓝静谧。

浅绿色的林梢，在风中摇摆，象波浪一样起伏。

没有一条路。广漠的大森林，从它形成以来，一直没有人走过。

队伍在行进。金星同志率领的一支从两江出发的抗日游击队，正在横跨白头山岭，穿过密林，径直前进。

他们这次远征，第一步要神不知鬼不觉地从豆满江地区退出，然后突然插入鸭绿江地区。

行军一开始就很艰苦。要翻越高山，穿过丛林，有时候要围着一座山绕好几周，有时候要一口气跑一百多里路，也有时候只走三四十里路就停下来宿营。

天下有数不尽的平坦笔直的大道和小路，然而这支队伍却专去征服从无人迹的丛林、山峦、原野和怪石嶙峋的悬崖峭壁。

他们跋涉的路是这样不寻常，他们的穿戴和装备也很特殊。他们一律穿着草绿色的军装和胶底劳动鞋。半数左右的人扛着三八式步枪，其余扛着火绳枪或老套筒。每人背着一个背囊，但不是精制的登山用背囊，而是把较大的家用口袋用绳子抽紧袋口改制成的。

队员都是二十开外的青年。

乍一看，长相也都很相似。晒得黝黑的脸膛，敏捷灵活充满活力的身躯，使人觉得略高一点的嗓音，几乎个个都一样。他们不久以前还是拿镰刀或拿锤子的人。他们都吃过数不尽的苦，没有念过多少书或者根本没念过书。他们不会说什么足以供人们借鉴的警句，但是有实际的行动在丰富着他们的生活。

只要同他们一起度过那么一个钟头的时间，谁都能看出他们各有跟别人迥然不同的个性。

走在末尾大声说着话的朴兴德，因为是管部队生活的军需主任，在两江的时候人们已经摸到了他的性格，给他起了一个外号，叫“牛皮网兜”。他的枪带子很松，挎在肩上的枪“一”字形横吊着，使得他跟前后的人拉开了很长的距离，可他还是不慌不忙地走着。他很幽默，常常逗人发笑。他是一个即使天塌下来也不动一根眉毛的人。然而一到做军需主任的工作，执行革命任务的时候，又是那样地一丝不苟，认真负责。他做工作精打细算，坚决果断，严肃认真，有时候还非常迅速敏捷，机智灵活。

现在他正跟要好的“煤黑子”车奇勇走在一起，讲他爹在他离家的时候缠着他不放的故事，把人家逗得捧着肚子大笑。

车奇勇跟朴兴德不同，身材高大，肩膀宽阔，脖子较长，背有点驼。他的脸略显忧郁，眉毛浓黑，目光炯炯，格外明亮。他的性情象一个推上膛的子弹，随时都可以飞出去炸裂。他小时候光着脚离开家乡全罗道，直到二十三岁，象踩曲一样踏遍了朝鲜十三道，有时候在煤矿挖煤，有时候在矿山采矿。后来在千谷煤矿遇到了一位地下工作者，就在那位同志的教育下戒了他那么爱狂饮的酒，走上了革命的道路。他虽然还带有很多人间的苦难给他养成的粗暴性格的痕迹，但是善良稳重，对人对事从不发脾气。不管做什么事情，他已经习惯使出全部精神和力气。他劈烧篝火的木柴总是劈得过多，用不完；他搭草棚总是搭得比别的排大两倍才心满意足。他的特点是有强烈的反抗精神和忍受痛苦的惊人的耐力。他长这么大从没流过一次眼泪，也没叫过一次苦。两个手指头被坑木轧断了，他也只是皱着脸张了张嘴，没说一声疼。他就是这样一个饱经残酷无情的人间风霜的人。

可是他这样一个人怎么和个性迥然不同的朴兴德成了形影不离的好朋友呢？这个可没有人知道。反正哪里有他，哪里就能听到朴兴德滑稽诙谐的说笑。

车奇勇前面隔着五六个人，背有点驼的崔七星一声不吭地走着。他神情严肃，总象在沉思，其实并不总是想什么心事，而是一种习惯。他向别人问点什么，也象个大姑娘似的两颊飞红。他一个字不识。从十二岁起，到参军前两个月，一直给地主扛大活。要说他有什么与众不同之处，那就是他已经结了婚，家里有个结婚才一年的美貌妻子。他的嘴就象上了几把沉甸甸的大锁，很难看到他开口自夸或叫苦。他说话也轻轻地说，走路也轻轻地走。最痛快的时候，也不过把眼睛眯成一条细缝，晃晃脑袋，这就算是他最夸张的表情了。

他心灵手巧，做什么都非常细心。他那一支火绳枪，擦了又擦，修了又修，弄得闪光锃亮。

关于他，队伍里流传着一个谜。不知道是谁先说的，说他的背囊里有一把锄头。然而谁也不知道是不是真有，如果是真的，也不知道是准备做什么用的。

他微低着头，毫不费力地走着。

队伍的前头第五排上，走着田广植。他在吉林的时候就已经是共青盟员，是一个很精明干练，有理论水平，思想坚定的人。他跟韩兴洙有不少相同的地方，但他象个庄稼汉，魁梧粗壮。平时，他很少说话，一遇到高兴的事，就非常快活，谈笑风生。深沉严肃，明朗活泼，他都具备了。

他身为连队的政治指导员，从来没有用过教训人的态度讲话或者行动。他很爱看书，宿营的时候也看，休息的时候也看。战士来请教，他什么都知道，都能做详细明白的解答，但他从不表现自己，话里常常加上“书上说”或者“听说”一类的字眼。

他现在正和传令兵边仁哲讲什么很有趣的事，两个都不住地笑着。

这支队伍中最引人注目的是三个女队员。她们三个总是紧摽在一起，不是悄不声儿地说话，就是咯咯地大笑。她们的相貌、笑声、步法，是那么相似，简直分不出谁是谁。

她们的名字彼此也都很象。所以，人们都常常管她们一股脑儿地叫“女同志”。然而天长日久，她们也渐渐显出了各自的特点。其中最突出的是英淑。

她瓜子儿脸，身材苗条，文静寡言。长睫毛，双眼皮，眼睛象晨星一样闪闪发亮。她过去是地主家的做饭丫头。

她单独一个人的时候，显得有点儿忧郁，一到她的伙伴里头，就非常殷勤多情，爱掩着嘴笑。炊事工作，她几乎都一手包下来了，简直可以说没有她就不行。

她在陶器店沟受到康盘石母亲的教育，参加了游击队。

躺在床上的时候，她常跟自己的伙伴们讲康盘石母亲的故事。一提到康盘石母亲，不知道为什么，她总是泪汪汪的。

女队员都背着比男同志的还要沉，还要鼓鼓囊囊的背囊，汗流浃背地走着。

“喂，老车！”朴兴德叫了一声。

“你说，咱们开始走的这条路，什么时候能走到头啊？”

车奇勇遇到这个意外的问题，愣眼巴睁地站住望着朴兴德。阳光穿过落叶松林直射下来，把车奇勇脑门上的一块紫青的疤痕照得发亮。他这个矿工出身的人跟所有的矿工身上都有伤疤一样，也有一个铜钱大的疤痕。

他抬起长腿跨过横在面前的烂木头，慢腾腾地说：

"这个嘛，还是你这位军需主任比咱这个地老鼠一样光会挖煤的人更清楚吧。"

朴兴德的大鼻子头神奇地呼扇了一下。

"哈哈，你要耍花腔啊？"

"不管怎么着，你现在就算计这个干吗呀？"

"现在算计好了，我这个军需主任才能算出咱们部队从今天起到革命胜利，总共得吃多少顿饭不是吗？"

"反正咱们这个军需主任算挑对了。要照你说的，现在就得算好等我们解放了祖国，摆胜利大宴的时候，得上多少碗冷面，是不是？"

"那也得算算哩，要是痛痛快快地打他个三年，不就差不多了？"

朴兴德说的三年，还不是凭空想出来的，是他根据自己对最近革命形势的分析得出来的。他说，特别是考虑到朝鲜革命具有长期性这一点，应该把时间尽量定得长一些，就是说，用一年做准备，第二年来个决战，第三年嘛，凡事都得留点余地，所以就算它是收尾结束的一年，连这一年都算上，三个年头就足够了。

"我看哪……"车奇勇很认真地盯着朴兴德，说出了自己的想法，"至少要估计打十年才对。"

"什么，十年？你不知道'时过十年，江山也变'吗？你呀，我看你有那股挖地洞的慢性子，才想得那么离奇，作那么长的打算。我呀，我可不那么想，我看用不了那么长的时间。"

"要能十年成功，我看还是挺快的呢。开一个煤矿都得好几年，何况这是打倒帝国主义，把一个倒了个儿的世界翻过个来摆正的革命啊，哪能一两年就成功呢。你别那么太急。要知道，一开头就那么狂热，也是小资产阶级的劣根性。"

"你先别给我扣帽子，你倒先说说那个十年是怎么来的，拿出根据来。"

"这个十年嘛，是这么来的。"

其实他也说不出什么根据，不过是刚刚想起金星同志在两江讲话时说的朝鲜革命将是艰苦的和长期的那一段，就冲口说出了这个十年。可是既然说出来了，他就决心哪怕胡诌一气，也要强辩下去。

“十年,不就是三个三年再加一年吗?”

“那当然。”朴兴德直起耳朵答应一声。

“头三年,一边扩大咱们的力量,一边象寻摸哪儿有煤似地来个大勘探,就是说,要琢磨琢磨,看打它哪个地方才能把日本鬼子一拳头打趴下。下个三年呢,就象打眼放炮,炸下矿石,扒出大家伙一样,要把日本鬼子炸个稀巴烂。可是这不能蛮干。要先把中心面崩下来,然后再去崩那个中心面的上下两边和左右两边。这个中心面,就是日本帝国主义的军队和警察,那上下左右呢,就是跟日本鬼子一鼻孔出气的地主啦,资本家啦,亲日派啦,民族叛徒啦,这些玩意儿。就是这么回事。最后一个三年呢?慢着,是还有个三年吧?”

“是啊,你才说了两个三年嘛。“

“那个三年,就得建设社会主义喽。”

“还剩一年呢?”

“那一年嘛,不管干什么事,都得有个收摊儿的工夫啊。就象在矿井里头收拾收拾,整理一下工具,抖抖灰,洗洗手什么的,哈哈。”

车奇勇露着一排白牙齿,大笑起来。

朴兴德这才知道自己上了当,苦涩地伸出舌尖舔着嘴唇。恰好这时候从前头传来了口令:

“行军的时候不准说话!”

车奇勇哎呀一声用手拍了一下自己的后脑勺。

傍晚,游击队员们忙着准备宿营。

他们砍下适中的落叶松,搭起了棚子。在门的位置上竖起两根齐肩高的柱子,上头各放一根长木头,象脊檩一样平行地斜伸到后坡上搭起来,然后用树枝和干草把上头和两边遮盖上,就成了一个棚子。对面再搭一个同样的棚子,当中烧起一堆篝火,两个棚里就同时热烘烘了。每个排都搭了这样的棚子。与此同时,炊事员们有的把截掉了树干的树墩子当案板切菜,有的在一旁劈木柴,有的淘米,有的烧火,忙得很热闹。

这是朴兴德最忙,连眨巴眼睛的工夫都难得到的时候。

他满脸喜色,挺着胸脯,很自豪地到各排炊事场转了一圈,对晚饭和明天早饭的事做了安排。他分别告诉分在四个地方的各排炊事员说,晚饭要做玉米碴子饭,采些正长得最旺的山菜多熬点汤。明天早饭,考虑到饭后要有一百里行军,就来了个大方,叫他们做黄米饭,让大家吃个大饱。

当他转了一圈来到司令部的时候,看见金星同志坐在枯树上用白报纸钉本子。不知道要做什么用，金星同志从昨天起一有空就钉本子，每本都一样厚，用麻线钉得结结实实。

朴兴德向金星同志报告了宿营和晚饭的准备正在顺利进行，然后上前说：

“让我来吧，我能钉得好。”

“是吗？”

金星同志停住了手里的活儿，问他什么时候读过书，学过钉本子。

“九岁的时候，我上过五个来月私塾，那时候就看见过钉本子。”

“那你该学过《千字文》了？”

金星同志一边用自制的锥子钻眼穿绳，一边问。

“瞎子念经，念过就忘了。”

“你看，能用吗？”

朴兴德双手接过本子，慌得不知怎么办。

“怎么样，还可以吗？手不巧，钉得不怎么好，不过，写字还可以吧。你有小刀吗？”

本子一共有十五六本，都用线钉好了。金星同志把本子摞起来，往木墩上戳了几下，把边都弄整齐了，又用眼睛量了量，就竖起小刀齐齐地切起边来。他用尺子使劲按着本子，用小刀顺着尺子笔直地切，非常熟练。小刀划一下，边上就卷起一条条窄纸条子落在地上。切了一本又切一本。朴兴德插不上手，痴呆呆地站了一会儿就走了。

在盖着一层厚厚的苔藓的坑里，英淑正在挖一个水潭，额上渗出一粒粒晶莹的汗珠。一会儿，她抬起卷着袖子的胳膊，擦着额上的汗，直起了腰。

有几棵黑豆树的草地上，长着一株石南花，一个润泽饱满，含苞欲放的花蕾，羞涩忸怩地半低着头。这是白头山的名产。英淑没想到在这种地方还能见到这样名贵的花，于是把那朵花蕾掐下来闻了闻，插在头发上。然后从水潭里舀满了一盆水，来到了营火旁。慧英刚好把米下到锅里，看了看火势，抬起头来。她一见英淑就愣住了。秀丽的瓜子儿脸，让一个花骨朵儿衬托得格外漂亮。慧英一步蹦过去用湿漉漉的双手捧住英淑绯红的脸蛋。

“哎哟，真漂亮！”

慧英闪着被迷住了的大眼睛叫起来。

“要是在家里，正是挖山菜的时候呢。”

慧英忽闪着长长的睫毛，望着远山说。英淑脸上的小酒窝里，汪起了迷人的微笑。

身上虽然背着大枪，姑娘毕竟还是姑娘啊。

她们的笑容，流露出她们对家乡，对爬后山挖山菜的无限怀恋。两个姑娘手拉着手，深情地久久眺望着遥远的天边。

“汤都冒锅了！”突然一声急促的喊叫从林中飞过来，是朴兴德的声音。

两个姑娘猛吓一跳，飞也似地跑到锅边去。

“炊事员是干吗的？是来野游怎么着？”

“是有那么点儿事儿耽误了，对不起。”

“这个春天哪，就是这样老叫人飘飘忽忽的。”

“您可别怪春天啦。”

慧英歪着头，大眼睛滴溜溜地看着朴兴德，笑得那么天真可爱。

“哼，真好看呢，扛枪的姑娘，头上还戴花……”

朴兴德故作严肃地说，心里却笑了。

“所以才说对不起嘛。”

“嗬，还有个帮腔的。”

“对不起。咯咯……”两个姑娘又高声地笑了。

“笑什么！”朴兴德使劲跺了一下脚，装作生气的样子。

然后，他马上扭过身去，翘起上唇，咧嘴笑了。

另一头，一棵大树底下，车奇勇在光着膀子劈木柴。紫铜色的肩头闪着亮。在粗大的木砧上放一轱辘儿落叶松，举起斧头哼一声劈下去。斧头一落，就飞起巴掌大的碎木片，嗖地掠过肩头，一庹来长的木头就咔嚓一声劈成两半，散出浓浓的松香味儿。

那一头，背着火绳枪的崔七星用上衣包着一大包山菜，歪着头，一踮一踮地朝这儿走来。

他一想到要上炊事员姑娘们那儿去，脸早就通红了。他怕她们管他叫“新郎”。但也没办法，只好慢慢走去。

“哎哟，崔七星同志挖山菜来啦。”

英淑拍着手连蹦带跳地跑过去，慧英正舀上一勺汤尝咸淡，来不及把勺放下，也跑过去。

“你可辛苦了，老崔同志。不论怎么说，要找最能管家的，还得挑咱们老崔呀。”

慧英把他捧了一通，一低头，发现了他手里的锄头，就细细地瞧着说：

“这个锄头是哪儿来的呀？”

崔七星这时候才意识到自己还拿着锄头，咧开大嘴说：

“挖了点桔梗菜。”

“桔梗？我们正想去挖，倒叫你先挖了。”

姑娘们象被人抢了玩具的孩子一样，惋惜地你看我，我看你。

“咱们明天去！”

“对，明天去。要再磨蹭，春天都叫人给抢走了。”

要开饭了，各排都各自围坐在一块儿。

大洋铁盆，盛着满满的玉米碴子掺了点米的干饭，热气腾腾，喷着饭香。

车奇勇盛了一碗饭，舀满满一勺汤倒在饭里，再放一点盐调好了咸淡。山菜汤的香味直冲鼻子。他用筷子夹起一团饭，大饭团把筷子都压弯了。他呼呼吹几口，就塞到嘴里去。

小鬼边仁哲，鼻尖上也冒出了点点汗珠。善于走路的大高个子尚善，眨巴着眼睛，大口大口地吞着滚烫滚烫的饭。

唯独那几个女队员不在这里，也许她们另搭一伙在炊事场吃饭说笑呢。

尽管田广植几次说过她们太封建，但是她们说在锅台上吃能吃到更多更好的东西，一到吃饭的时候，还是凑到一块儿去。

全队一开饭，朴兴德照例要巡视一周。他微微叉着两腿不慌不忙地走到树底下。

“没啥招待的，尽管多吃，啊？”

“主任你吃啦？”

一遇到这种时候，车奇勇就显得很有礼貌地搭上一句，但是从第二句开始就是另一个样子了。朴兴德用手把嘴一抹，说已经先吃饱了。

其实，谁都没见过朴兴德什么时候吃饭。这一头问，就回答说在那一头吃了；那一头问，就回答在这一头吃了。他总是走走看看，看出饭不够了，自己就饿着。人家问他吃了没有，他就这样混过去。他时刻惦记着全队的伙食，想方设法让队员们吃得饱，哪怕就是多给他们吃一碗菜粥也好。他要是实在饿得慌，就跑到炊事员那儿去，跟他们开个玩笑，说自己嘴馋了，想吃一点什么，要点儿锅巴掰几口吃就挺过去了。

“我得看看咱们的军需主任吃饱了没有。”

车奇勇放下碗筷腾一下跳上去，搂住朴兴德的腰把他抱起来。

“哈，这么轻啊，这可不行！喂，英淑同志，要给主任吃双份儿的饭。”

“刚刚在第三排吃了来的嘛。”

“你得等等，今天我可要把你这个主任好好地治一下。”

车奇勇这个人，乍看好象不注意小事，只往大处着眼，其实，他观察锐敏，做事仔细，毫无漏洞。他早就看出朴兴德常常饿着肚子还充胖子。他一口气跑到第三排去问了一声又跑回来。别人还以为他俩又开始打闹了。

车奇勇跑到朴兴德跟前，一把扭过他的肩膀，按他坐在地上。朴兴德虽然也是个结实有力气的人，但斗不过这个膀阔腰圆臂力过人的车奇勇。

“你不把双份的饭吃下去，我就不放你走。”

“嗬，还兴这样强迫人？我说我刚吃过了嘛。”

“英淑同志，快拿饭来！要不留点神，就要把咱们的主任饿死了。来，同志们听我说，我今天才抓住了他的尾巴，你们听听他是怎么回事吧。”

车奇勇向大家道破了军需主任常常瞒着大家饿肚子的事。

这真是谁都没想到的，大家听了都说不出话来。崔七星满眼泪水，背过身去捏鼻子。尚善哽咽着端着一碗水发愣，忘了喝。

“怎么能这样啊？主任这样，我们能安心吃饭吗？”车奇勇一本正经地发问。

“从今天起，叫军需主任在咱们排吃饭吧。”

“给他一个处分，叫他一连十天顿顿吃双份。”

七嘴八舌，都提出了批评。

朴兴德接过大饭碗，搔着头，不好意思地笑了。

“别听他胡扯。你们不知道车奇勇这家伙就爱瞎咋呼？千万别信他的话。我怎么会饿着呢？我顿顿吃得饱饱的。看我这条胳膊！我饿着没饿着，一看这条胳膊就知道。”

朴兴德把袖子捋到胳膊肘子上，伸出胳膊叫大家看。

可是谁都不相信他的话。

“说实在的，我不吃也不觉着饿。看大家吃得饱饱的，我心里就乐。我们哪辈子吃过饱饭啊，从前咱们不都是饿着的时候比有吃儿的时候多吗？我给人扛活扛了十年，没吃过一顿饱饭，总是饿着。可是我并不是为了填饱我一个人的肚子，才参加了游击队的。要想填饱我一个人的肚子，跑到深山沟里放一把火烧它几亩地，种上一些土豆不就行啦？你们想想，咱们这儿姓什么的人没有？姓崔的，姓李的，姓朴的，还有姓闵的，姓车的，姓各种姓的人都有。这些人现在都吃一锅饭，成了一家人。我每每看着你们吃饭，心里就叨咕。我想，这个世界再坏，总还是找得到可以容一个人躺下的小块地和搭一个小火炕的石头块儿，找得到可以架一口小锅炒一碟子黄酱吃的地方吧，可是咱们都把它扔了，咱们就是要过现在这样的生活。咱们要的是朝鲜的独立，要的是在咱们的祖国建设起社会主义、共产主义的乐园。就是这个决心，让我们选择了现在这一条路。我有时候还想：有那么一天，咱们的国家解放了，老车、老李、老申都会跑到新的岗位上去,有当军人的,有当技术人员的,有当科学家的,还有当工人或农民的,当什么的都有。那时候,我有什么能耐把你们这些人请到一块堆儿吃那么一顿大锅饭哪!恐怕很难吧。那时候,大家都有鱼肉吃,都有可口的泡菜和白米饭吃,可是能比游击队的这个玉米碴子饭和山菜汤好吃吗?能比咱们英淑同志做的饭好吃吗?同志们,可别忘了啊,可别把咱们游击队的饭忘了啊!说实在的,咱们这个饭是不大好吃,这哪儿能好吃呢。可是咱们吃了它,一天能走二百里,水洼上也能睡觉,是不是?咱们一块儿吃这个,死地也能一块儿去,不是吗?嗯,等到解放了,我一叫你们,你们可一定要来呀,啊?等咱们都过上好日子了,都吃上米饭喝上肉汤了,我就请你们,每年这时候请你们吃一顿玉米碴子掺了山菜的窝窝。你们来不来?真的来吧!那时候,咱们回忆着现在,再吃一顿这样的饭,啊?”

谁也没吱声。朴兴德向大家望了一眼,咧开厚嘴唇笑着说:

“怎么,都这样站着干吗呀?来,我可要吃啦。罚我吃双份,我只得服从了。英淑同志,你有多少拿多少好了,十大碗我也能吃。”

朴兴德盛了一大碗汤,呼呼吹着,大口大口地喝下去。一眨眼的工夫,一大碗饭也吃光了。他喝过水,问崔七星在哪儿。

崔七星蹲在黑豆树丛里不知在做什么。

“崔七星同志,我跟你说句话。你挖那么多山菜请了我们一顿,我应该谢谢你呀。”

崔七星站起来朝这儿走了几步。

“老崔,你蹲在那儿干什么哪?”

“没干啥。”

“刚才拿草擦的是什么呀?”

“那,那是锄头。”

“给我看看。”

崔七星愣愣地站了半天,听到朴兴德的催促,才回身去取来了锄头。

朴兴德接过锄头惊异地翻过来掉过去地看。锄刃磨得雪亮,安着水曲柳做的把儿。

“这是哪儿来的?”

“从家里往小方台去的时候,在路上捡的。”

“路上捡的?在小方台大石头上你从背囊里掏出烟的时候,就有这个东西了?”

“嗯。”

“真是的，磨得多亮多干净，用它吃饭也没问题呀。哈哈哈！”

锄头从一个人的手里传到另一个人的手里，一直在传递下去，简直成了一个稀奇的宝贝。

“这把锄头，可别看得那么简单。它说明一个问题，不管有什么事儿，自己的阶级是不能撇开的。”陈凤男一本正经地插了一句，仿佛是在说明这不是可以一笑置之的事。

“今天把大家的背囊都倒出来看看，我看一定有各种各样希奇古怪的玩意儿。”

崔七星知道游击队是根本不需要什么锄头的，但是舍不得扔掉。他的身上带着锄头，就象一只手有五个手指头一样那么自然。他带着锄头，从来没有感到它沉重。

刚才有谁说还会有人在背囊里藏着什么东西，其实这种揣测是多余的。实际上，谁的背囊里有什么玩意儿，没过十天就都公开了，而且都成了大家公用的东西。

可是，各人的背囊里都各有千秋，要讲起来几天几夜也说不完。这些背囊，好象成了一个把过去和未来都盛在一块儿的流不尽的小喷泉。

大家正在七嘴八舌地说着背囊，忽然有人在山顶上大声喊叫：

“同志们，看那边！”

是车奇勇在喊：

“白头山！看见白头山啦！”

信步走到山顶上去的车奇勇，象出了什么大事似地大声喊。大家一窝蜂一口气跑上山顶。崔七星藏好锄头，也跑上去了。

大家都登到斜立着一棵青杨的石崖上。

“啊，白头山！”

个个踮起脚跟遥望着。

茫茫的森林象汪洋大海，一眼望不到边。郁郁葱葱的绿色浪涛，汹涌澎湃地滚向遥远的地平线。蔚蓝的天空也伸向那里同地平线衔接在一起。

就是在这条地平线上，白头山巍然耸立着，峰顶上闪耀着银白色的光辉。

田广植站在石崖最前头最高的地方，把手举到眼眉上头，眯起眼睛眺望。

他的身旁站着跟他一般高的韩兴洙。他半张着嘴，出神地远望着。

崔七星和边仁哲，因为来迟了没找到好地方，老是钻来钻去想占个好位置。

平时遇到这种场合，朴兴德和车奇勇照例是闲不住嘴的，不是高声欢呼，就是吵吵嚷嚷叫别人也都兴奋起来。然而这次却不然，他俩也都沉浸在庄严的气氛之中，一声不响。

人人都静默着。

太阳落到地平线上。灰蒙蒙的雾霭徐徐散开，白头山壮丽的景象更加鲜明。天空由深蓝变成了浅绿，再由浅绿变成了粉红。林中的树梢绿得越发深了。千里树海由耀眼的浅绿慢慢变成灿烂的葱绿，接着变为雅致的翡翠色。

然而白头山却毫不改色，依然高昂着她那白皑皑的峰顶。

“老田，怎么样？”韩兴洙首先打破了寂静。

“无法形容啊。看，多么庄严伟大，真是令人肃然起敬。”

“我觉得好象看到了我们朝鲜的始祖。”

“是啊，是始祖啊，同时也是历史的神圣的见证人哪。”

战士们也在低声耳语。他们亲眼看见的白头山，跟过去听人讲的又是多么不同啊，是多么伟大庄严肃穆啊！

朝鲜人一生下来就能听到关于白头山的传说，因此，所有的朝鲜人，即使是没见过白头山的人，心里都深深地刻着自己想象中的白头山的形象。

在那宇宙万物刚从混沌中苏醒，地球还只有两三个大陆，处处喷吐着火焰，证明它原是一团火球的远古时代，这个东方的一隅，就已经形成了白头山的基座。从此不知流逝了几万万年的岁月，直到距今四百年前，这里还是火焰冲天。就是这火焰和冷空气的不断的角斗，使这里形成了这一伟大庄严的创造物。

熔岩倾泻，填海成洲，构成了这一半岛；高山峻岭，江河湖泊，也都由此发源。正因为这样，传说太白山巅和遥远的汉拏山顶白鹿潭上也能看到源原于天池的绿水。

在这块土地上生长的人们崇拜这座象征祖宗的山——白头山，为它塑造了多少偶象[像]，编出了多少神奇的传说，其中也包括拜它为始祖的建国传说。甚至传说，万年的吉凶，一年的年景，明天的天气，人们一望白头山，都能未卜先知。

头顶多少万年的风霜而巍然屹立的太古的白头山，挥起右臂劈出了两千里长江，抡起左臂开出了豆满江滚滚大河。它把这两条巨流的源头牵在手中，把春夏秋冬依次降给这块大地。春夏两季来到它的脚下就掩门歇息，秋冬两季从这里掀开门帘飞向大地。

春天从那嫣红的海棠花开遍沙滩的南海岸徐徐北上，路经金刚山，融化了上八潭的冰雪倾泻到九龙渊，催醒君影草吐出蓓蕾；接着取道狼林山脉让杜鹃花染红山野，然后直临青峰，让桦树脱掉污黑的苔藓，露出银白色的皮肤，再披上淡绿的新装。就是在这样的时节，天池仍然冰冻雪封，呼啸着的狂风，把斗大的浮石一直刮到枕峰和茂山之下；地动山摇的雪崩，把大岩石掀翻，滚落到开始出现了洞孔的天池的边沿。

然而，即使这样，春天也依然降临在山下。

冰下水声潺潺，仿佛窃窃私语；金达莱在雪地中羞答答地吐出蓓蕾。白头山的春天一闪即逝，但是大自然降给白头山以浓艳的色彩，迅疾的成熟和精心修饰的外貌，弥补了春天的短暂。

当金达莱在白皑皑的雪地上开放出鲜红花朵的时候，石南花摇晃着厚厚的水灵灵的叶子，也争相吐出黄粲粲的花蕾。野生的丽春花伸出了柔美的绿叶，黑豆树也来凑热闹。一到这个季节，白头山的桦树就给山野增添春色，在漫长的冬季饱经风雪吹打的落叶松、冷杉和罗汉松也全都披上葱绿的衣衫，挺起象扫帚一样朝一面长出枝叶的不怎么高大的树身摇摆。

春意尽管是这样浓，无头峰的黑熊却瞪着眼看看山顶还有白雪，依然舔着它那肥厚的脚掌不肯爬出山洞。唯有成群的梅花鹿忍不住口渴拥向峡谷，路上看见它们去冬脱落在雪地上的一庹多长的鹿角，发出悲凄的长鸣，随之从远方传来觅食饿虎的咆哮。

夏天的天池，又别有一种绝景。

风雪吼啸的天池面上，很快出现一些豆大的小孔，慢慢扩大，不几天就化开冰盖，现出方圆足有四十里的茫茫碧海。这时候，人们才能知道三池渊的水色为什么那么清澈美丽。它就象一个把各种美丽的颜料盛在一起的大盅子，又象一面能够造化出雾霭、云朵和清风的神镜。

祖宗山，哺育着这里的人们，哺育着大自然，也同这里的民族一道，在悠久漫长的岁月里，共尝喜怒哀乐，有时一起挣扎，有时一起嚎啕恸哭，始终同甘苦，共命运。这样的历史变迁，使这巍峨的高峰发生了变化，有了今天如此轩昂的气概。

倭寇侵入，践踏了整个疆土。

白头高峰风雪呼啸，终年不息。高大的枯树凌乱地倒下，山崖不声不响地碎裂坍塌。当那野蛮无比的倭寇挥起利斧砍伐着你白头密林，撕裂着你丰满躯体的时候，你曾恸哭挣扎了多么长久！

但是，祖宗山——白头山，张开宽阔的怀抱，热切地盼望着在这一国土上出现英雄。

自从国家沦陷，哭声震天之日直到今天，二十多年来，白头高峰袒胸舒臂，高声召唤着人们:“来呀,投到我的怀里来!”

今天,白头高峰终于盼来了英雄!

历史的见证人——白头山,它第一次盼来了这一国度最卓绝的英雄,它张开巨大的双臂,欢欣鼓舞地迎接着英雄……

“啊,看那边!”韩兴洙用手指着叫唤。

遥远的地平线上收敛起晚霞,夜色立刻笼罩了大地。霎时,雪白的山峰镀上了一层灿烂的红光,犹如一把熊熊燃烧的大火炬!

“确是一把火炬!”车奇勇赞叹地欢呼。

“成立游击队的那天夜里,咱们正是跟着司令官同志举起的那把火炬,在发财屯密林里行进的!”

田广植紧握着拳头说。

“是的,同志们!请看这边,这一片大森林就是我们的人民,就是我们。那些分布在森林中的点点峰峦,可以说就是咱们游击队吧。所有这一切,都向着一个中心。那座高举火炬的山峰,就是咱们的司令官同志了!”

大家都齐声欢呼,挥手跳跃。

四月二十五日响起的欢呼声,在这里又震荡起来了。

白头高峰的光焰越加灿烂夺目,颜色仿佛永远不变。

不久,游击队员们回到了宿营地。

车奇勇一瘸一拐地走着。

这三天来,他一直这样走。粗黑的眉毛斜向两边额角,眉心刻出了深深的大垄沟,鼻孔呼呼地喷着热气。每挪一步湿漉漉的大脚,全身就感到一阵撕肉刮骨一般难忍的疼痛。

但是他依然在队伍的最前头顽强地走着。

脚土的胶底劳动鞋,用椴树皮缠了好几层,显得比原来的要大两倍。鞋尖破了,露出了脚指头。破烂不堪的、沉重的鞋子一落在地上,黑豆树枝就咔喳咔喳被踩断,一片浮石地上出现了一个个的小坑。

他两个肩膀挎着两条大枪,背囊上又放了一个背囊,背囊顶上还横着一条大枪。他的裤腿撕破了两个地方,上衣敞开了两个钮扣,前襟湿漉漉的,露出了汗水淋漓的胸脯,帽檐儿也皱了,搭拉着。

他拨开荆棘,穿过密密的灌木,一直朝前走着。

他的后面,朴兴德、凤男、仁哲和大个子尚善等排成一行前进。女战士们走在队伍的当腰,叫别人搀扶着。英淑累得流出了眼泪,可是她没有把枪和背囊交给别人，顽强地背着走。慧英和明玉，枪和背囊都叫别人背去了，空着两手，可还是累得抬不起腿来，吃力地挪动着脚步。

沉默寡言的连队政治指导员田广植，不声不响地走在队伍的最后头。他的身上也多了一个背囊。他两腿无力，老是往下弯，迈一步不知要使出多大的劲儿。有什么东西绊了一下脚，就翻一个滚。他怕叫战士们看见，慌忙站起来，若无其事地继续走。

最能走路的是朴兴德。不知是真是假，他说他的脚很象驴蹄子，走几千里都不起泡。

没有人说话。一个个都低头望着地默默地走路。

司令官同志毫无倦意，依然有力地迈着步子，偶尔跟韩兴洙短短地说上几句话。他有时走到队伍的前面去，有时又到最后面去，跟田广植一起走。

车奇勇焦急地等待着休息口令。可是没有休息口令，他还是咬着牙前进。他看见五百多米前边有一块平坡，估计到那儿一定会有休息口令传下来，于是把那块平坡当做目标，一咬牙，直冲上去。

可是没过多久，他的双眉又皱在一起了。到了适于休息的平坡，韩兴洙仍然没有下令休息。要是在平时，走这么远，早休息两次了。

过了黑豆树林，又出现了一大片浮石地，脚一踩就陷下去，真是寸步难行。

队伍艰难地走着，一步一步地征服无法形容的困难，不停地向前移动。

车奇勇几乎全身都麻木了，两条腿只是本能地挪动着。大颗大颗的汗珠，从他的下巴颏上滚下来。遇到横躺竖卧的枯树，他无力跨过，只好绕着过去。过了树林，一走进开阔地，灼热的太阳把人晒得气都喘不上来，嗓子简直要冒烟。

下午四点钟，队伍才休息了。

大家都顾不得解下背囊，忽拉拉地倒在地上，腿酸脚疼，一步也挪不动了。

不一会儿，传令兵边仁哲过来告诉大家，这次不是小休息，要大家准备就地宿营。

车奇勇仰面朝天躺在落叶松下边，高举起双臂大声欢呼起来：

“是真的吗？哈哈哈。”

脑门上的伤疤闪着亮，嘴里露出了一颗断了半截的门牙。这是前年在煤矿掌子面用牙咬断铁丝的时候弄折的。

“凤男！怎么连动都不能动啦？养路工嘛，不是最能在日头底下干活的吗？”朴兴德躺在草地上，掉过脸去逗躺在身边的凤男。

这个凤男，长方脸，两个肩膀一高一低，今年二十一岁，入伍前是茂山铁路上的养路工人。

“跟咱们庄稼人不同啊，听那个车奇勇说，煤矿里的煤黑子一到窑外头就使不上劲呢。一听见吃晌午饭的汽笛响，就再不愿动一根指头。汽笛儿不响，干得挺欢，汽笛儿一响，马上就饿，一点儿劲儿都使不出来了。”

车奇勇似听不听，用毛巾擦着脸，望着天空。

“老朴你还有力气说话，真不赖呀。说实在的，那个车奇勇可真是了不起。刚才跑过那片涝洼地的时候，他活象个坦克，低着头，梗着脖子，一蹿一蹿往前冲，真够好看的。”

“身上背着好几个背囊，还觉着挺轻松呢。喂，军需主任同志，有什么辙没有哇？”

车奇勇把头转过来问朴兴德，意思是问他有没有口粮。

“是不是要吃那些留着急用的炒面哪？”

凤男也不安地问了一句。朴兴德却依然是那么泰然自若。

“到了这个地步嘛，可以说该用预备粮了吧？”朴兴德咕哝着，好象在说着与自己无关的事情。

“那是军需主任更清楚了。可是今天为什么来了这么个强行军哪？”

凤男揉着大腿，突然提出了这样一个问题。

“这个，一鼓作气总比慢慢腾腾强嘛。”

“我看你这个人，一辈子也干不了论天的活儿，你天生是个打包工的料子。”朴兴德一面说着，一面拿出一张卷烟纸，放上一捏子烟末，卷起来，用舌头舔舔纸边粘好，叼在嘴上。

战士们都抽了一支烟，又恢复了劲头，显得很欢势。他们熟练地安排好了宿营地，开始准备晚饭。车奇勇又拿起斧子，劈起粗大的木头。

“看今天的情况，日行千里没问题吧？你看怎么样，韩同志？”

金星同志在泉水边洗了脸，用毛巾擦着手问身旁的韩兴洙。

“刚才走了一百二十里，中间只休息了一次。”

“要考虑到走的是泥沼地和浮石地，等于在平地上走了二百里。”

田广植点上一支烟，插了一句。

金星同志坐在泉水边的树墩子上，让清凉的微风吹拂着。顺利地结束了今天的艰苦行军，又用冷水洗了脸，他觉得很爽快。

“把挎包递给我，里边有一张地图。”

他打开挎包，抽出一个本子，取出了夹在当中的一张不大的当地地图。

“今天的行军，车奇勇同志带得很好。”

韩兴洙弯腰瞧着树墩子上的地图，嘶哑地说。

“大家都说，他那一股顽强劲儿，简直象坦克一样。”田广植解开钮扣，一手扇着风，一手拿烟盒伸向韩兴洙。

“要说象坦克，还不如说象一个火车头啊。”韩兴洙轻轻推回烟盒，在地图上寻找今天走过来的路线。

“不愧是工人阶级的一分子。他穿过树林子的时候，我还特意瞧了他半天。要是有他那样的气魄，在大路上赶过一辆飞跑的汽车也不成问题。要是那个日本记者还在，让他看一看才好呢。”

金星同志满意地笑着，把垂在额前的几根头发用手撩了一下。

“都是好同志。车奇勇同志啦，听了明月沟会议的消息赶来的崔七星同志啦，都是纯洁可靠的新一代。他们一点没有沾染二十年代的宗派主义、事大主义和教条主义等等污垢，而且都有良好的基础和气质，在我们要建立的新型政党中能够成为可靠的栋梁。我们要在武装斗争中好好培养他们，耐心地培养他们。来，咱们讨论一下今后的行军路线吧。”

金星同志把两手搭在韩兴洙和田广植的肩上，一同往树墩子上坐下。

田广植坐在树墩子上，仍在想着司令官同志刚才提到的问题。金星同志每当提到武装斗争的时候，一定要谈到建党准备问题。而且，一有机会就特别强调对先进的工人、农民出身的新一代好好进行教育和培养的问题。

金星同志指着地图说，白头山地区的第一段行军路程，基本上已经克服，从今以后，要进入下一个阶段，准备在这一地区开展政治工作和军事活动。

“在安图，我们宣告成立了游击队，接着公开举行了‘五一’游行示威。然后，在两江打了第一仗。不久，我们秘密进入了白头山地区，比较顺利地克服了这第一阶段的路程。敌人可能正在红着眼睛疯狂地寻找我们游击队的主力。集结在安图的游击队，现已分别派到各地分散活动，我们也已经进入了白头山地区。在这一带，我们可以放心地活动一个时期。从两江动身的时候，我已大致地讲过，现在再说一遍我们在这一带活动的目的。首先，从居民的组成情况和自然地理情况来看，这一带可以说是便于我们游击队进行活动的有前途的地方。大致来说，这一带的居民大部分都是忍受不了日本帝国主义的压迫和剥削，离开祖国，逃难到这个山地来的。自从俄国十月社会主义革命胜利以后，马克思列宁主义传播到我们朝鲜来，民族运动就随之起了变化，朝着共产主义运动发展。这个地方，曾一度成了这一政治运动的中心。这里还有茂密的大森林和险峻的高山峡谷，是一个天然的要塞。目前，我们虽然在豆满江地区建立根据地，但是将来，我们应当为抗日武装斗争好好地利用这一带地方。因此，在这一片良田上，播下我们武装斗争的种子，对将来是大有好处的。”

不知什么时候天已经黑了。边仁哲在跟前晃了几下，早把一堆篝火燃着了。

金星同志站起来把放在篝火旁的一双湿透了的鞋子向后挪了挪，又把挂在树上的上衣摘下来披在身上，然后回到原位，说：

“从这里再直走七公里，有一个叫天上崴子的村庄。从前在抚松的时候，也曾听说这一带有这么一个叫做‘天穹之下第一村’的白头山村庄，就是没去过。那时候听说，这个高山地区因为山高水险，与世隔绝，日本鬼子的魔爪还伸不到。我们首先要把这个地方作为中心，在高山地区居民中把政治工作开展起来。至于抚松、东岗、西岗等地方，大部分都去过，情况比较清楚。”

“那一带不是‘新日’组织已经打进去了吗？”

田广植望着韩兴洙说了一句。对司令官同志以新日少年同盟为中心开展革命活动的时期，田广植常常是用这种说法来表现的。从桦甸“打倒帝国主义同盟”时期就一直受金星同志领导的韩兴洙，看到田广植忽然提起往事来，未免觉得有些突然，但又一想，这个问题并不是可以马虎过去的，于是他尽自己知道的情况作了一个简单的说明。

金星同志接过他的话说：

“那已经是五六年前的事了，现在还能有什么呢？也许还有一些幼苗？不管怎么样，我们还是到天上崴子去吧。那是个典型的山区，到那里去就能把那一带完全掌握在手里。到那儿要选择一个跟密林天然要塞最挨近的地方。应该特别考虑这样一个情报，关东军部队最近经过这一带向豆满江地区移动。因此，我们必须向密林靠拢。然后越过老岭开到岩石山一带，再讨论同分散在鸭绿江地区的独立军部队建立统一战线的问题。今天先把目标定在这一个点上吧。”

韩兴洙和田广植合上本子要站起来，金星同志又叫他们坐下，说：

“慢着，韩同志，口粮够不够，了解过没有？”

“了解过。连预备粮都用上，勉强能吃到明天或后天。”

“和我的估计差不多。口粮问题也到天上崴子再说吧。军需主任朴兴德同志一定很着急。听说他常常饿着，应该好好照顾他。”

“是。”

韩兴洙和田广植同声回答，又同时红了脸。

说话从来简单利索的田广植，不加任何说明，直截了当地请示下一个问题说，今天晚上想让战士们早点休息，好在政治学习也并没有耽误。

“好的，叫他们好好休息休息。饭后，叫昨天我谈到的那几个同志到我这儿来一下。其余我要做的事情，就不和你们讨论也可以了。就这样吧。”

金星同志送走了两个指挥员，一个人在丛林中慢步走着，身上依然披着那件上衣。

“天穹之下第一村，我们就要去翻耕和播种这个从来没有人耕耘过的生荒地……”

走到黑豆树丛里，他自言自语地说。

进入深山幽谷，面对着毫无政治觉悟的群众开展政治工作，确实是很有意义而且令人兴奋的事情。在五家子，在孤榆树，以及最近在富尔河，都亲身体验到，不论哪里，都有当地的特殊情况，都处在不同的发展阶段，因此每到一个地方都必须大胆而又谨慎。

对群众的政治工作，象一个巨大的艺术创作，需要有千锤百炼、完美精湛的工作能力。

那里的群众第一次看到抗日游击队，会有什么看法？他们是与政治生活完全隔绝的，要唤醒他们投入光复祖国的斗争，并把这一带变成广大的秘密营地，现在该做哪些准备？我们能给群众的是什么，群众能给我们的又是什么？

他顺手捋下一串肥厚的黑豆树叶，一片一片地撒在地上，有时摘片赤杨树叶，闻闻它略带苦涩的清香，不知不觉走到了丛林深处。

方才田广植提到的“新日”时期也是很令人怀念的，跟白光明谈话时提到的那个老张现在做什么也很令人挂念。然而这一次，是肯定要深入到大山里去啊。

“司令官同志！”

金星同志回头一看，是田广植站在身后的幽暗中。

“那几个同志已经通知了。”

“好的。还有，有一件事忘了告诉你。”

他靠近田广植，说。

“明天早晨是不是应该派个先遣队到天上崴子去？”

“我已经跟韩兴洙同志商量过。”田广植并住脚跟有力地回答。

“派谁去好？”

“我去可以吗？”

“你？好啊，我也是这么想的。带三五个战士就可以吧？”

“带两个战士就可以了。”

“人数由你决定好了。”

等田广植走了，他才朝草棚走去。

崔七星看见司令官同志慢步走在丛林里，以为自己把通知听错了。他是听了开会的通知急忙跑来的，可是来了一看，什么人都没有。他走也不是，不走也不是，正在迟疑不决。金星同志一眼看见他，就招手把他叫过去。

崔七星立刻走上前行了个举手礼，动作显然还不很熟练。

“来这里坐吧。”

金星同志走近崔七星，手指着用圆木现打的凳子说。等崔七星坐下了，他又回草棚取来了每次休息时亲手钉好的一摞笔记本。

“崔七星同志，你念过书吗？”金星同志把本子放到崔七星的身边，笑着问他。

“是！我……没念过。”

“那你一个字也不认得吗？”

“是！不认得。”他搔着后脑勺，脸早红得象熟透的西红柿了。

“你自己的名字还是会写吧。”司令官同志抽出一个本子放在崔七星的手边，又递给他一支铅笔。

“在这儿把你的名字写上看看。”

“我不会写。”

他双手接过铅笔，象接住了一个抬不动的重东西，拿在手里一上一下地不知道怎么办才好。脸臊得越发红，热刺忽啦的，仿佛就要冒烟了。

“为什么没念过书呢？”

司令官同志为了提高他的觉悟，故意这样问了他一句。接着站起来绕到他的背后。

“东家老爷吵着不让我上夜校，要上夜校他就要撵我走，就没念成。”

“东家是谁？”

“是个地主。”

“那你现在怎么想啊？”

“是该学识字，可是……”

“该学，还有什么困难吗？没有学校，没有夜校，是不是？”

金星同志亲切和蔼地问着，说着，使他慢慢认识到是什么让他变成了睁眼瞎。

金星同志替他打开本子，叫他拿住了铅笔。

崔七星过去也拿过几次铅笔，但是现在有司令官同志在盯着他，心里发慌，不知道怎么拿才好了。

司令官同志看他这样不知所措，就从他的身后把手伸到他的前面，帮他拿好了铅笔，亲自把着他的手，教他写起字来。

“铅笔要这样拿，轻轻地往下按着写。这儿再点一个点儿，再一挑，再一竖，就成一个‘최’字了，这就是你的姓——‘崔’。”

崔七星倚在金星同志的怀里，手也由着金星同志的手移动。

“칠”(七)字和“성”(星)字也都照这样写好了。

金星同志说话时呼出的热气触到脸上，崔七星感到好象小时候偎倚在母亲的怀抱里那样温暖。

金星同志把着他这只长工的粗笨的大手，一横一竖地教着，使他这个一直被关在文明的大门之外彷徨着的人，迈出了走向文明的第一步。

本子皮上写完了“崔七星”三个大字，翻开第一页又写上了朝文字母。“ㄱ”“ㄴ”“ㄷ”……依次写好。再翻过一页写上了“1”“2”“3”……阿拉伯数字。

崔七星喉咙哽咽，眼圈发热，好不容易才忍住了哭泣。但是，慢慢地，眼前模糊了，挂在眼角上的泪水顺着脸往下流，叭嗒叭嗒地落在打开的本子上。

他抽咽着，肩膀在一上一下地抖动。

司令官同志好象没有看见，依然把着他的手继续写着。

过了半天，崔七星听见司令官同志在身后的温和的声音：

“怎么样，可以照着写了吧？”

“是！我一定学会写。”

“对，一定要学好。你不要把它只当识字来学，要当一种对敌人的战斗来学。你知道不知道，地主为什么那样死气[乞]白赖地反对你念书？他是想叫你永远给他当奴才，才不让你睁开眼睛。”

“懂了，司令官同志！”

“崔七星同志！这是一个革命。等你学了字，能看书了，你就会知道这句话的意思了。”

崔七星低着头，不断地擦着流到下巴颏上的泪水。

这时候，十几个人早已到齐了。他们也都是文盲。

他们都围着篝火坐下。司令官同志的身边是崔七星，其次是明玉，再往下是铁路的养路工陈凤男等等。

金星同志就象方才对崔七星做的一样，让他们每个人自己说出了没有念上书的原因，启发他们自己找出了是谁不让他们念书。

崔七星抬起泪汪汪的眼睛望着大家的脸。

金星同志早就考虑过新战士们的学习问题，决定首先从教文盲识字做起。

他还问了几个人，在目前情况下，怎样才能挤出时间来学习文化。然后说：

“大家都不识字，连自己的名字都不会写，成了文盲，这不是你们自己的过错。这都是日本帝国主义者为了把朝鲜人变成他们的奴隶，实行愚民政策造成的。特别是大家，比如崔七星同志、明玉同志都是给地主扛活的，或者象凤男同志那样，从小当工人，哪儿有工夫学文化呀。但是，现在光骂日本鬼子怎么坏，是解决不了什么问题的。我们都是干革命的人，如果什么都不懂，就干不了革命。所以，就是有天大的困难，我们也要学好文化，学好政治。不学习，就不能正确地理解革命，也必然不会有自己的信念。没有信念，或者信念不坚定，干几天革命就不想干了，更不可能把革命干到底。”

“要学好文化，再去学习马克思列宁主义，不断地学。如果不这样学习，就会落后，就不知道革命是什么时候才能胜利。怎么样，我的话大家都懂吗？”

他轻轻拍了一下崔七星的肩头，想尽可能说得浅显易懂。

“我们现在干什么样的革命呢？我们干的革命，是要把日本帝国主义赶出我们的祖国，在我们朝鲜建设社会主义。我们碰上了历史上少见的野蛮残暴的敌人。这个日本帝国主义是够强大的，强大到它可以梦想把亚洲的大部分都吃掉了。因此，可以说我们要走的路是艰苦的，遥远的。刚才有谁说，在几年内把革命干成功，再安心舒适地上学校去念书，这可能不可能呢？这是绝对不可能的。这种想法是倒了个儿的想法。学习，是为了革命的需要，不是光为了让谁变成一个有大学问的人。为了革命的胜利，我们不单要拿枪武装起来，还要把我们的头脑武装起来。我们要去唤醒人民群众，要和他们一起干革命，和他们一起去进行拼死的战斗。因此，我们就应该比群众看得远，要站在群众的前面当带路人，告诉他们这儿有石头应该绕过去，那儿有水应该跳过去。可是大家连个名字都不会写，连一本书都不会看，拿什么去教群众，带群众啊？自己眼睛瞎了什么都看不见，能告诉群众往哪儿走吗？这样一看，我们学文化，学政治，就也是一个革命了。怎么样，陈凤男同志，你是从小烧锅炉长大的，以后又在铁路工地当过苦力，这些道理应该懂吧？”

陈凤男只是低着头不吱声。

“来，你们看。”

金星同志从噼噼啪啪燃得正旺的篝火堆中夹出了一颗小火星。

“这一颗小火星，放到干草垛上，就会马上引起大火，熊熊燃烧起来。我们的每一个同志，都应该成为这样的火种。”

他若有所思地望了一会儿燃烧的树枝。

战士们都很激动，篝火映红了他们每个人的脸，也映红了司令官同志的脸。

田广植默不作声地坐在后边，眼前浮现出几年前的一幅庄严的景象。

在吉林即将成立共青同盟的时候，金星同志对反帝青年同盟盟员发表了讲话。

“举起火炬来吧，举起光复祖国的火炬，抗战的火炬！即使把手烧成灰，也要把火炬高高地举起来！”

江南公园的后山，燃着一堆篝火。金星同志拿起一支呼呼燃烧的火把，高高地举在头顶上，大声疾呼，多么慷慨激昂！

那时候，他的脸也是象今天这样红红的。

金星同志的声音震动着寂静的夜幕，在树林中荡漾：

“那么大家都拿一本吧。从现在起，就打一场消灭无知的歼灭战，宣告又一场革命的开始吧。本子不算好，来，从这头起，一人拿一本，崔七星同志。”

崔七星站起来，接过了一个笔记本和一支铅笔。手在不住地战抖。

下一个是陈凤男，行了个举手礼，接过了本子和铅笔。十几个人依次都领了一份，回去了。

崔七星没有一块儿回去，他一个人走进了树林。他怀里揣着笔记本，脚下踩着嫩草，擦过一棵又一棵落叶松，缓缓地走着。丛林的夜，一片漆黑，粗大的树干勉强辨得出来。

他低着头，默默地挪动着脚步。他忽然看见自己的童年时代一幕又一幕地从脚下闪过。

一个小孩子，穿着土布裤褂，破褂子短得露着肚子，破裤子刚刚盖住膝盖。他背着跟他同岁的地主小少爷黄宝金，一步一歪地走在泥泞的路上。离学校不远，要蹚过一条小河。孩子怕趴在背上的小少爷穿的球鞋给水打湿，踮着脚吃力地往前蹚，薄薄的冰磕儿划破他的肚皮，但是他哪里顾得疼啊，依然小心翼翼地涉水走着。

又是这个孩子，站在学校院子里的白杨树下，全身叫雨水打得精湿，手里却拿着一把雨伞没有打开。他在等着黄宝金放学回家。冰冷的秋雨，打在他的脸上，打在他的脖子上，湿漉漉地顺着脊梁骨往下流，又顺着小腿淌到地上。黄宝金走出来了，拿过雨伞撑开，自己一个人打着前头走了。

还是这个孩子，拉着雪扒犁奔跑，扒犁上坐着黄宝金。草鞋跑掉了，光着的脚丫子踩在冰上，皮都要粘住了，但是不能站下来把草鞋重新穿上，一直不停地跑到学校去……

一幕幕的回忆，使崔七星鼻子发酸，脸发烫。他一下搂住身边一棵落叶松，把灼热的脸贴在粗硬的树皮上。

“司令官同志，我一定好好学习，一定把革命干到底，把这个倒了个儿的社会翻过来。”

他哭了，哭出声来了。

痛苦的劳动挣来的是一身褴褛，忍受和驯顺得到的是非人的虐待，无言的服从换来的是残酷的打骂。这累累的伤痕，深深的仇恨，淤积在心里，凝固在身上，无法融化。

司令官同志的简短的话语，把着手教他写字的那只温暖的手，和这一本薄薄的笔记本，是那么猛烈地拨动了他那长期沉默无声的心弦。

时间过了很久，他回到了草棚。远远地看见司令官同志还在篝火旁慢慢地来回走着。

哭红了眼睛的崔七星刚回到草棚里不久，车奇勇就起来换岗去了。

车奇勇握着枪带，一瘸一拐，走到了落叶松林。

半轮残月挂在色树梢上洒着青光。

车奇勇一挪脚，一只眼睛就跟嘴挤在一起，脸难看地歪扭着。他在行军之后脱下鞋子一看，两个脚掌全起了泡。他换了包脚布，但是一触到地上，就直疼到头顶，象针扎的一样难受。

他接了岗，先巡视了一下四周。因为这里是人迹罕到的深山，不会有什么特殊情况。但为防备万一，他还是警惕地监视着。

最热闹的朴兴德他们那个草棚也早已沉入梦乡，四外寂静无声，偶尔听见猫头鹰在远方悲啼。

他倚在一棵枯树上，摸了摸子弹带，子弹只有三颗。两颗是没有生锈的，擦得锃亮。另一颗是生了锈的，他擦了又擦，不知道能不能打出枪膛去。他挑出一颗好子弹，压到枪膛里。子弹带上还有他用木头削的五十多颗假子弹。这是他一看这空空的子弹带就恼火，同时感到把空子弹带背在身上也很不舒服，才想出这个办法的。

“老车呀，你想用木头枪子儿打敌人啊？”

同志们这样逗他，他也毫不在乎。他现在最迫切的需要就是把子弹带装得满满的、沉甸甸的。

"快打一仗就好了,我保险弄它三百发子弹。"他自言自语着,又朝四周望了一下。面前是一棵枯树,左侧是合抱粗的落叶松,右侧是缠着藤蔓的冷杉,再远就是一丛一丛的黑豆树。这就是他面前的地形地物。

他熟悉了这些情况,没过多久,上眼皮就搭拉下来,眼前模模糊糊的,不由自主地打了个盹。

为了赶走睡魔,他抬头晃了晃,干咳了几下,换了个位置。

又过了一阵,他巡视了一周指定要查看的地方,就抱枪倚着一棵树站在那儿,扫视着黑夜。

金星同志吹熄了油灯,走出棚子,试探着小心地移动了脚步。他的脚上也起了不少泡,刚才把火柴头放在泡上点火烫了几下,又把棉絮点着把烫过的地方熨了一遍。

快两点了。

他轻轻地迈着步子,来到了二排的草棚。微弱的月光淡淡地洒在斜坡上,照出了一列草棚。都是用树枝和柴草草草地盖起来的,勉强能够挡一点风。金星同志走到一个棚子的门口往里头看了看。

战上们有的鼾声如雷,有的呻吟不止。

"哎哟哟,腿疼啊。"不知是谁抬起一只脚乱滚。

在他瞧这么一会儿的工夫,就听到这里那里好几个人在呻吟着。

他轻轻地走进棚里,划着了一根火柴。

当中睡着陈凤男。怀里还揣着笔记本,嘴角上挂着一丝依稀可见的微笑。旁边躺着边仁哲,敞着前胸,不时地抬起腿来踢蹬,睡得很不老实。

金星同志替他们一个个地掖好了衣襟,把几个被挤出来的人挪回去,让他们睡得舒服一些。

下一个草棚子里的情况也一样。

金星同志到每一个草棚看了看,在最后一个草棚前停了一会儿,才到篝火旁坐下了。

他看到战士们这样疲乏,非常心疼。他甚至后悔今天赶路赶得太急了。虽然是因为不迅速越过泥沼地就会遇到更大的困难,才赶得急了一些,但现在连这都觉得过分了。没有什么药治他们的脚,也没有什么房子让他们暖和暖和。可是战士们没有一句怨言,没有一个人愁眉苦脸。他们都那么欢跃,都那么愉快,热热闹闹地度过了傍晚。

金星同志站起来缓缓地走进了丛林。他多么想减轻一点战士们的痛苦啊,他因为眼下毫无办法而难过。说起来,这样的行军将要延续几万里还是几十万里，谁也无法预料。有时候也许要睡在露水打湿的地上，也许要在寒风刺骨的冰天雪地里熬夜。然而这一切，跟我们的人民群众所受的苦难比起来，又算得上什么呢！

他思绪纷纭，心情沉重，久久地在丛林中慢步走着。他走到一处突然停下来，紧盯着前面。

他看见有一个人倚着树干蹲在那儿不动。是车奇勇。

他走到跟前弯腰一看，车奇勇抱着枪睡熟了。是一副只要碰着他一点儿就要蹦起来的架势。金星同志盯着他想了一会儿，屏声静气毫无声响地向后退了几步。

天一亮，车奇勇就要跟田广植上天上崴子去。金星同志离他稍远一些，巡视着车奇勇的监视范围。

东方开始露出了鱼肚白。

他看到天快要亮了，觉得很惋惜。他多么希望夜再长一点，好让战士们多休息一会儿。

过了一些时候，他听见后面有动静，转身一看，是韩兴洙来查岗。韩兴洙起初以为他是哨兵，近前认出是金星同志，一下子愣住不动了。

“不是司令官同志吗？”

“嘘——”他把手指贴到嘴唇上，叫韩兴洙不要作声。

韩兴洙来到他的面前，告诉他现在是车奇勇的岗。

“我知道。我叫他睡了。”

“那么现在换个人来吧。”

金星同志背着手往前走着说：

“轻点儿走。”

韩兴洙想问他一句什么，可是没问，就掉过身走了。他查完岗，想了想该叫谁换车奇勇。想了一会儿，大步走到金星同志看不见他的地方，自己也替车奇勇站上岗。

过了好长一段时间，一阵轻风吹过，树林沙沙作响，车奇勇才猛地惊醒，腾地跳了起来。

他揉揉眼睛，往四下瞧了瞧，象失了神的人一样来回走动起来。

他想到自己严重地违犯了纪律，心情顿时沉重起来，深悔不该那样麻痹。

“糟了，站岗还睡觉！”他举起拳头捶着自己的脑袋。

他朝前一望，看见那头有个人在替他站岗。腰里别着手枪，不是韩兴洙就是田广植。他提起步枪慌慌张张地跑到那个人的面前站住了：

“连长同志，我站岗麻痹……”

“这么早就醒啦?”

“啊?! 是，是司令官同志!”

这太意外了，他愣愣地钉在那儿话也说不出来了。他眼前发黑，好象自己站的地方都快塌陷了。

“你太累了。”

司令官同志慢慢走到他的面前，把手轻轻地搭在抽咽着的车奇勇的肩上。

“司令官同志，我站岗睡觉，没有……”

“好了，认识了错误就好了。”

他摇着低头站着的车奇勇的肩膀，温和地说：

“车同志你就不会请同志们帮助一下呀。要是困得受不了，可以请别的同志来换换嘛。这可以向韩兴洙同志提，也可以直接向我提。不管怎么说，站岗睡觉，是非常错误的。整个部队都靠你一个哨兵安心睡觉。在任何情况下，我们都不能打瞌睡，因为敌人是希望我们打瞌睡的。来，你坐下。”

司令官同志在一棵横躺着的枯树上坐下了。可是车奇勇象钉在那儿似的，低垂着头，一动不动地站着。忽然，他端正姿势，抬起头，说：

“司令官同志! 请给我处分吧，我真该……”

他又低下头去，流下了眼泪。这不是因为司令官同志的忠告刺疼了他的心，也不是因为对严重错误的悔悟鞭打着自己，而是因为司令官同志不仅没有把他叫醒，反而替他站了岗，这一说不出来的温暖关怀和骨肉情谊深深地打动了他的心。他倔强，从没有掉过一滴泪，轧断了两根手指头，他也没有流过泪。他就是这样一直顽强地反抗着对他那么残酷无情的社会。然而在这一刻，从他心灵深处涌出了感激的热泪，泪水不住地流着，成串地滴落在握着枪的大手上。

金星同志任他哭了一会儿，才拉过他的手，按他坐在身旁。

“累吧?”

车奇勇感到司令官同志的温暖的气息触在自己的脸上。他抬起头，睁着黑黑的眼睛，端正了姿势，说：

“是累，司令官同志。可是我能挺得住。”

“硬挺住，该有多苦啊。吃的也不好，又老是跋山涉水，睡觉也没个好地方。可是你不是从小在煤矿做工，背煤筐，挨过鬼子的打骂吗?”

“司令官同志，我什么都想过，我有决心，能挺住。”

“有决心?”

司令官同志和一个战士的谈话就这样开始了。从过去的生活谈起，直到现在，直到遥远的将来，谈得那么亲切。

在另一边，一棵横躺着的枯树的尽头，韩兴洙已经派了两个人站岗，因为天已经发亮，巡视的范围也扩大了。韩兴洙想着自己的心思。他深悔自己没有早些起来多查几次岗，以致惊动司令官同志为这样的琐事担心操劳，也深悔自己让这个整天走在最前头带好了强行军，疲惫不堪的车奇勇出来放哨。

“车同志，昨天行军的时候，你心里都想了些什么，什么东西使你带头走得那么有劲啊?”

“没有什么特别想的。我只是想，不管是谁，反正总得有个人在前头开路。”

“对，你说的对。我们是为打倒日本帝国主义，才拿起枪的。这一条路，是荆棘丛生、困难重重的路，是世界上谁都没走过的第一次走的路。但这就是我们应该走的路，因此我们才自己选择了这一条路，自愿地走上了这一条路。你的表现，不愧是一个朝鲜的游击队员，不愧是工人阶级的一分子。对，不管做什么事，总要有个打头的人。应该谁来打头呢？一句话，就是跟你一样的工人阶级。工人阶级要象火车头一样，引导各阶层的群众奔向胜利的彼岸。要这样，就必须有一个思想准备，要准备付出最大的牺牲。拿你来说，你不能不用自己的胸膛拨开藤蔓，踏着坑坑洼洼的泥地，在前面带路。所以，你身上划的口子一定比谁都多，你脚上起的泡也一定比谁都多，是不是？不用问，你的脚一定疼得很厉害。”

“司令官同志!”

幸亏他那双用葛藤缠了又缠的脚，藏在草棵里没让看出来，好不容易地躲过了难堪的一关。

“司令官同志，我愿意老实地说，我的脚起了泡，流血了。疼得很。但是还能走路。司令官同志，请您别太操心。第一次走的路再险再难，也不会把我们吓倒。我们只要还有一口气，爬也一定会爬到司令官同志指给我们的彼岸。腿断了，用手爬，手坏了，滚也要滚到彼岸上去。我担心的是，因为有我这样的人，犯了纪律，让司令官同志都不能睡个安稳觉。司令官同志，我宣誓，我一定改正错误。如果我不能改正，就请您把我象一块没用的矸子那样扔掉吧。司令官同志，请处分我吧。”

车奇勇向司令官同志说着，眼里又充满了泪水。

车奇勇的爽直诚恳，坚决果断，毫不含糊的言语，剧烈地震动了金星同志的心。他又一次感到信心和自豪感在增加，在使他兴奋，就象那次在反对铺设吉会铁路的斗争中看到群众挥拳高呼反日口号时那样，也象不久前宣布成立抗日游击队的那一天，看到排着整齐的队伍、眼中放射着炽热光芒的队员时那样，被深深地感动了。一个矿工出身的朴素憨厚、寡言少语的普通战士，这样强烈地打动了司令官同志的心。

"车奇勇同志，这个处分，等你再犯的时候加倍给你吧。不过我要跟你强调一下，我们共产主义者不管在什么地方做什么事情，对敌人都丝毫不能放松警惕，一刻也不能放松。在我们这一辈子要这样，直到在地球上永远消灭资本主义的时候为止，都必须这样。"

"明白了，司令官同志，我一定会记住的。"

两个人都没有再说下去。草棚那边开始有了动静，显然是炊事员们在准备早饭。

车奇勇沉默了一会儿，若有所思地抬起发亮的眼睛开口说：

"司令官同志，我常常想着一个问题。说起来也不算什么问题。不过就是老想我们的革命怎么样才能胜利。"

"嗯，很有意思，你说说看。"

"我们是一定会胜利的。司令官同志刚说过，前头有荆棘丛，我们会拨开它冲过去，有悬崖峭壁，我们爬也要爬过去。要没有抄近的路，我们豁出来绕它一千里一万里，也要走到头，顶多就是多花点儿力气，多吃点儿苦吧。反正我们是铁了心要走到底的，这个您完全可以放心。可是我想，赶走日本鬼子并不是什么太难的事。"

"为什么？"金星同志用他放在车奇勇肩上的手有力地拉着他催问。

"我们工人有一个习惯，每次发工钱的时候，总是要计算一下自己干了多少活儿，该领到多少工钱。有一天，我们就这样算了一下。"

"这很有意思。"

"日本鬼子乍看起来挺多，实际上可没有多少。我看，一个面里只有几个鬼子住在驻在所和派出所里。"

"工厂里，只有上头有几个鬼子。到街里看，好象鬼子很多，其实细算起来，也没有多少。他们的军队，扛着大枪，好象挺威风，可是跟工厂的工人比起来，数量也是很少的。这么一看，我朝鲜人，只要个个顶用，就有办法。在工厂，工人起来把那几个鬼子干掉；每个面的群众起来干掉面里的鬼子；每个郡起来干掉郡里的鬼子。这样干，就等于我们十个人，一百个人去干掉一个鬼子。照这样，大家一齐动手打日本鬼子，我看就可以很简单地解决问题了。"

"对，哈哈哈，就是这样！"

金星同志豪放的笑声，打破了黎明时林中的寂静。

“对，你说的对。我们不需要什么复杂的数学计算。问题是怎样才能把全体人民都那样发动起来，对这个你没有想过吗？”

“没想过。可是现在一想，每个郡，每个面，每个工厂，都有一个咱们的游击队员，就能解决问题。由我们去把群众发动起来就行。”

“这也对。就是要这样干。我们这样吃大苦，走泥沼地，穿大森林，为的就是这个。我已经说过，我们现在就是要到人民群众中去。只要人民群众觉醒起来，不仅日本帝国主义不能统治他们，其他任什么力量也制服不了他们。我们能使出多大的力量，这就要看我们的人民群众觉悟有多高了。这两个方面是一码事。”

“那么我问你，你能负责一个工厂，把工人发动起来吗？”

金星同志拍了一下严肃起来的车奇勇的大腿。

车奇勇更加紧张，脸上闪闪发光。

“司令官同志，我能做到。只要告诉工人什么是社会主义就行。只要告诉他们一句，没有压迫、没有剥削的社会就是社会主义，工人和农民当家做主的制度就是社会主义，只要告诉他们这一句话，我看准行。只要向他们保证这一点，他们就会跟着走的。”

“可以保证。我向你保证，你向矿工们保证，好不好？”

“好！”

“来！”

金星同志侧过身子向车奇勇伸出了一只手。车奇勇也伸出了手，但又忽然缩回去看看有没有沾着什么污垢，才握住了司令官同志的手。

金星同志的豪放的笑声又一次震动了树林。

车奇勇象一个怕羞的大姑娘，脸涨得通红。

天亮了。从树林的间隙中看见了灰蒙蒙的天空。

朝霞慢慢染红了东方。

“走，咱们该换岗了。”金星同志先站起来，车奇勇也随后站起来。

草叶子上的露珠闪着亮。初升的太阳向黑魆魆的森林洒下了金光。金光投在金星同志的胸前和肩上，格外耀眼。

司令官同志和战士，并排地走在丛林中。

车奇勇的帽檐和枪筒也罩上了一层金光。

走了一段，金星同志侧过脸又望了一下车奇勇。车奇勇挺着宽肩膀，并住脚跟，向金星同志行了举手礼。

“我可以回去吗?”

“回去吧。”

金星同志好久一动不动地望着车奇勇的背影,看着他迈着大步,溅起草上的露珠,向前走去。

当车奇勇的背影完全消失了,金星同志才叉着腰,踏着露水晶莹的草丛,从容地走下了斜坡。

[节选自《不灭的历史》,外国文出版社(朝鲜·平壤),1977 年]

忠诚之路（第一部）（节选）

［朝鲜］朝鲜作家同盟中央委员会　四·一五文学创作团

第三章

一

矿山街隔着一条架有水泥桥的河，分成两半。河那面自卫团盘踞的街道，伸展在挖了无数个老鼠洞般的矿坑的头峰前面，那是矿工们居住的地方。鬼子把这条小草房挨挨挤挤地聚在一块儿的街道称为地鼠洞区。大桥这面的街道，外表很象月坪镇，坐落着一些什么官署啦、矿山办公室啦等等玻璃窗闪亮的建筑物。围着厚厚的砖墙、墙顶上插着刀刃般的玻璃碴儿的警察署，也在这里。

这条矿山街之所以称为泰峰镇，是因为人们在头峰、二峰和泰峰这三个山峰上打洞开采金子，其中最大的泰峰就紧靠在这条大街的后面。

街上常常出现从三十里外的月坪镇来的马车和自行车，有时还有日本帝国主义侵略军的骑兵扬起漫天的尘土飞奔而来。他们骑着马冲到最后一个矿坑所在的二峰脚下，又猛地拨转马头，直把那衔着嚼子的马勒得嘴巴翘到天上，一蹦多高地朝着来路疾驰而去。然后，又跑过水泥桥，扬着尘土朝头峰脚下的街道飞奔。也许是因为这里还没有配备守备队的兵力，所以鬼子放不下心，就搞点这种花样来示威吧。

今天又有五个鬼子骑着马跑来。他们发疯似地策马狂奔，差点儿没把街道旁边蟹壳般的小草房的屋顶踢翻。

"鬼子发疯了，治疯病的良药是木棒……"

人们都这样骂着。

然而闵太雪却感到心满意足。他在月坪镇的时候，也许是经常能够看到吧，象跑马之类的事，并不感到这么大的兴趣。可是到了这个地方以后，隔三差五奔来的骑兵，却使他感到浑身都是劲儿。他是怀着一举变成百万富翁的美梦，到这里来铺开摊子挖金子的。为他撑腰的日本武装力量，以如此凶猛的气势，挥着军刀在他的门前来回奔跑，这是多么好的事啊！在闵太雪看来，这里的劳动群众确实有点可怕，听说里头就有共产党，前几天自卫团还遭到袭击。所以，他有时怀疑自己是不是财迷心窍，徒然钻到这个死地来，可是一见到飞奔的兵马，这样的忧虑顿时就烟消云散了。

总之，今天闵财主的情绪很好。他知道昨天傍晚有成群的警察到九岩去了。事实是这样的：前天洪达洙来，向他说村里好象来了一个大共产党。他昨天有事去见警察署长，顺便提到这件事，警察就象被弹簧弹了起来似地立刻行动起来。原来闵太雪听说是个大共产党，以为准是基焕回到了自己家的附近。

“嗯，就是这小子把我按在厅堂的地板上殴打，扇动那些乡巴佬抢我的仓库！”

闵太雪心里发着狠，不停地朝警察署前头的马路上张望。尽管他也想看看基焕是不是被押来，但此刻他伸长了脖子却是在盼望着警察署长在这条马路上出现。大道两旁排立着柳树，柳树那边就看不清了。闵财主不时跷起脚后跟，一心望着柳树挡着的转弯的地方。

现在，闵家里里外外一片喧腾，正在忙着准备金矿开业的酒宴。客屋里摆了警察署长等客人的席位，里间灶房里煎菜炒菜的油香味，整天刺激着人们的鼻子。

“啊？马夫这小子跑哪儿去了？快到老爷驾到的时间了，怎么扔下活儿跑啦？大杰！”

闵财主的姨太太从客屋走出来，叫着大杰的名字大声吵嚷着。她也急得两条大腿起了风了。

“刚才象是盖马圈去了。”

厨房里有人回答。

“遭瘟死的！就是盖马圈也该把活儿干完了再去哇，是想在马圈里头供自己的老太爷吗？——来呀！你出来先拾掇拾掇这个！”

姨太太对着厨房，喊着。

从厨房里走出一个系着围裙的烧饭丫头。她是一个十二三岁的小姑娘，也许因为是在欺压虐待中生活的，脸色蜡黄，辫子细短。姨太太把她朝院子里赶。

“我正在烤肉，手弄脏了怎么办呐？”

烧饭丫头顺玉，摊开两只油手，瞅了姨太太一眼。

“哟，臭丫头！脏了不会洗？愁什么？”

姨太太打了她一下。顺玉没办法，只好走到院子里，想先搬劈柴，可是捆儿大，搬不起来。

“啊，连劈柴也搬不动？一天吃三顿饭，还搬不动它？”

“嗐，我这就能搬动了。”

“能搬动，还那个熊样？一碰到这种事，我就想起福女来啦。我嫌她不听话，打发走了，可她却象牛一样会使劲儿哩！”

“那你再把她从锅伙里喊回来嘛！……”

“看你这张小嘴，逛了几个地方，嘴皮子可逛硬啦！……”

顺玉虽然岁数小，身材小，可她的心挺硬。她脸蛋红红的，把劈柴和斧头拎起来挪了个地方，还扫了扫院子。她一边干着这些活儿，一边嘴里嘀咕着说：不在你们家，我就没有地方干活儿混饭吃啦？顺玉是被人踩在脚下受尽种种蔑视和虐待的姑娘，所以她那小小的心灵里，凝结着对这个薄情的世道的深仇大恨。

闵家的姨太太站在那里盯着顺玉扫院子，看了半天才回到厅堂，跑到老头子身边，扭着身子撒起娇来。

“丫头！把稻草放到厨房旮旯里去！干吗撒得满地都是呀？”

闵财主装着没听见姨太太撒娇的话，俯视着庭院大声喊叫。姨太太把嘴一撇，回转身来，扭搭扭搭地走进里屋。这个落脚妓女，近来的日子好起来了，就象头一次谈情说爱的时候那样，一碰就发脾气，一碰就撒娇。在这以前，她虽身为闵财主的姨太太，但并没有得到男人多少好处，只是在街上开了一爿小酒店过活。可是近来闵财主从月坪镇搬到这里来，她的景况立刻就大变了。她先撺掇老头子买下一所某个破落矿主迁走时出卖的大房子，就是眼下这所漂亮的住宅。这是一所三十多间的大房子，厅堂雕着花纹，铺着地板，跟九岩闵家的不同。客屋也比九岩闵家的大而宽敞。闵姨太对于金矿究竟怎么样，全然不放在心上，但老头子刚到泰峰，就给她买下这样一所宫殿般的住宅，却使她快活得直想拍老头子的马屁。最近她来了劲儿，恶狠狠地斥骂顺玉和大杰，催他们快去收拾房屋。

不管怎么盼望，警察署长还是没有来。原本邀请他下班时来的，今天是星期六，半天工作，下班时间也不会这样晚啊！闵财主感到事情要吹，心里害怕起来。要说闵财主的本事，那是不论干什么事情，总是把倚仗日本鬼子当做第一条。他在泰峰开办金矿，自然不会有警察下窖给他挖金子，但他相信借助日本的权势，就象加固自家院子的围墙和房墙一样重要。他已把两个矿坑弄到手了。今天一来是请开业酒，二来是邀请警察署长光顾他的新居。他邀请的不光是警察署长，还有两个“官矿”的日本人头目和几个私家矿主。可是连这些人也还没有露面。

正当闵财主急得坐卧不安的时候，忽然有人来了。来的不是他所盼望的警察署长，而是一位不速之客。一辆车篷破旧的马车嘧嘧搭搭地驰进院里，身穿生绢长袍、头戴巴拿马帽的德山洞的朴大同从马车上走了下来。他的头戴学生帽、眼戴近视镜的儿子也在车上，但没有下来。

“呃，这是闵太雪的府上吗？没错吧？”

身材高大的朴大同，拄着文明棍站在廊沿下，朝客堂张望着。

“这不是朴大同吗？好久没见啦！”

闵太雪走到廊沿前面，应酬了一句。心里却在懊恼今天的事情越来越糟了。朴大同怎么会突然找上门来呢！他可是天下最狠毒最凶恶的家伙！他俩拥有的资产虽然旗鼓相当，可从来没有在一起喝过一杯酒，也从来没有谈过一句亲热的话。

“我有事想见你一面，今天路过这里，顺便进来了。可以到屋里去吗？”

“呃，快请进吧！”

事情越来越尴尬了。现在就要有客人来，本应断然地赶他出去，可又不能这样。

朴大同身体肥胖，上台阶的时候，一半要靠手杖的力量，拄一下手杖，哼一声，才能迈上一个台阶。他脱下巴拿马帽，呼啦呼啦地扇着，在闵太雪的前头跨进了房间。闵太雪本想在廊沿上简单地询问一下来意，就把他打发走的。可是朴大同先走进了屋里，他也就不得不跟了进去。

“嗯，你买的房子很不错啊！原来是朴同肃住的吧？”

“对，是朴矿主的房子。”

闵太雪随口回答。他看到朴太同盘腿而坐，四处张望，问起别的话来，不象是马上要走的样子，急得耳朵下面暴起了青筋，真恨不得打他一记耳光，把他一下子推到外面去。朴大同看闵太雪连烟也不敬他一支，就从自己的腰包里掏出烟来，慢慢地点上火抽起来。

“噢，朴先生，你来有什么事？”

闵太雪等得不耐烦了，用气呼呼的声音问道。朴大同也许觉得他出言不逊，抽了口烟，瞟了他一眼。过了好久，才说：

“嘿嘿，不是为了别的。今天我到月坪去，碰见九岩的田治根。说起他来，现在是我的亲家了。”

“噢，你们结亲的事，我也听说了。”

闵太雪连忙接着回答，似乎是催他快说，一边答话，一边连连朝外张望。心里直发愁：要是警察署长马上来了，那可怎么处理这个象磨盘一样瘫坐在炕上的家伙呢？他的姨太太也从厅屋那头把脸伸进来，对着他晃拳头，示意赶快把朴大同撵出去。

“我听说你典进了田治根的全部土地，是真的吗？”

“是真的。”

“田治根托我替他讲讲情。他说，今年的景况实在艰难，明年一定归还，请你谅解，妥善处理。今天我来，为的就是这个事情，请你就这样办吧。当然，你现在因为要买金矿，不用说钱是够紧的。不过，只要你有慈悲之心，能够体谅一下债务人的难处，这点事情还有什么办不到的呢？我也是听了他那些可怜话，才欣然同意转告你的。”

其实，今天朴大同在月坪镇遇见田治根，听他说了一些为难的话，看出了田治根的心思是想叫亲家照顾照顾他。也就是说，朴大同觉察到田治根想要自己出钱替他还债，不禁大吃一惊，所以到闵家来，想压压闵太雪，让他无论如何先缓收这笔债款。

闵太雪听了朴大同的话，脸色顿时一变，说：

“那块地，我早就处理了！”

“哦，处理了？你是说卖给别人了吗？”

朴大同睁大两眼瞅着闵太雪。

“是的，那块地早就转到别人手里去了。我也是为了避免发生这类事情，才几次三番地奔走催促，百般努力，想把事情往好里办，可是钱不就手，也就没有办法了。”

“那你是把那块地永远卖给别人了吗？”

“哪有攥着那么一块孬地不卖，典下来给人家钱花的败家子啊？也只有我这样的傻瓜才会去同情老田的难处，典了他那块卖不起半价的地，给他钱花。”

“什么？卖不起半价？这是什么话？再说，要想卖给别人，也该跟原主商量商量才是啊！”

“原主？请问谁是原主？地照在谁手里谁就是原主！难道田治根才是原主吗？”

“那么，卖地的钱抵了你的债，就一文不剩了？”

“啊，老头子，这事还用得着你来这么细抠细问啊？请你赶快回去告诉田治根，叫他别来这一套！地早就转到第三者手里去了……什么亲家不亲家的，替别人跑腿打这种官司，少不了要挨打！”

闵太雪胀[涨]红着脸站起来，提高了嗓门。他觉得现在是赶走朴大同的时候了。再说，处理田治根地产的事，他是做了手脚的，不仅收回了债款，还吞没了多出一倍的钱。他怕这样面对面地论起是非来会露了底，于是先提高嗓门大喊起来。

“啊，他欠你多少钱，你竟把他四天功夫才能翻完的地全给卖了？”

“全卖不全卖，这不是你德山洞朴大同管得着的！快起来，请走！”

“妈的！蟊贼！强盗！我放债也不象你那样狠毒！混蛋！强盗！月坪镇警察署长本田搞土地开发，你也不惜踩着人家的脚背挤进去！强盗！你一个人想刮净天下的钱财吗？”

“哼！你这扯的又是什么淡呀？真是丧事话里的婚事话！混蛋！闵某参加土地开发，怎么是踩了你姓朴的脚背？”

“你说什么？今天见了本田，他晃着脑袋说你入了很多股，没有我的份了！能说是没踩我的脚背？混蛋！强盗！混，混蛋！”

所谓参加土地开发，是指以月坪镇警察署长为中心的几个人，凑钱开垦月坪镇前面的平川，招收移民开办农场的事。朴大同认为这里大有油水，也想加入，跑了好几趟月坪镇。起初本田似乎有答应的意思，可今天却断然拒绝了，并谈到了从来没有提起过的闵财主的事，说现在连闵太雪也被吸收进来，资金筹备够了，还说闵财主交来很多资金。朴大同听了，顿时触发了对闵太雪的怨恨。今天他本不想谈这个问题，认为只要有钱，到哪儿都能做买卖，何必为这个事争吵。可是现在谈田治根的土地问题谈崩了，也就把土地开发的事给扯了出来。

朴大同拍着炕，“蟊贼！”“强盗！”地破口大骂。闵财主也气得直蹦。他们俩的青筋越来越暴突起来。闵财主朝着里面喊人，叫快把朴大同赶走。姨太太应声跑进屋来，拧着朴大同的胳膊，狠命地往外拉。这时候，朴大同那个坐在车篷里看书的儿子，才跳下车来。

“算了吧，跟那种不三不四的人打架，没有什么好处！”

马车夫倒坐在赶车台上，吸着烟提醒朴大同的儿子。朴大同的儿子，用他钉了钉的皮鞋咔咔地踩着石头台阶，跑了上去。

“爹，回去吧。干吗到这里来呢？——松手！乱拧人家的衣裳行吗？”

他推了闵姨太的胸脯一把，厉声地说。

朴大同恨不得照闵财主的后脑勺踹上一脚再走，心里才痛快。可是做不到这点，因此他不肯轻易地把脚迈出廊台。

“混……蛋！你反而欺负我？我就是掐断你的脖子也不解恨！”

朴大同抵着门框大叫。就象闵财主所想的那样，朴大同确实是个狠毒而又可怕的家伙。如果把他俩剥光了放在一起，朴大同很可能在一个早上就把闵财主给融解掉。

朴大同的儿子跟闵姨太一起，好不容易把朴大同拉到廊台上。朴大同拄着手杖，在儿子的搀扶之下艰难地走下台阶。也不知道被闵姨太怎么拧的，他的生绢长袍上有好几处印子，就象用牙齿咬着扯了一番似的。儿子把他爹推上了马车。朴大同刚才还“混蛋！”“混蛋！”地大声叫骂，现在火气越来越大，连喊都喊不出声来了，只是脸色紫胀，索索地发抖。

“哎哟，讨饭坯！真没见过这样的疯老头子，差点儿没出人命！幸亏署长大人还没有来……”

闵姨太朝着向外走的马车吐唾沫，一边嘀嘀咕咕地说。她把原来铺在客屋的凉席拿出来拍打着咋唬起来。闵太雪的呼吸这才平静下来，缓了一口气，哼哼地咳了几声。可是情绪还是不好，不知怎的，他觉得就象被蟒蛇缠住了似的。处理田治根的地产吞掉的那笔款项，怕是难以消化的了。要是现在再把它吐出来，那脸可就丢大了。

“爹，何必为人家的事奔跑，受这种侮辱呢？”

朴大同的儿子在马车驰过水泥桥的时候向父亲说。现在他有一股冲动，想趁这个机会好好谈谈，让父亲能够多了解一些自己的想法。

“现在是同情别人的时代吗？九岩的田治根和我们有什么关系？亲是父亲定的，谁也没有娶他家的姑娘呀！”

“混小子！胡说什么？我揍死你这个兔崽子……”

朴大同老虎似地吼叫着，抓起身边的手杖。这一下把他的儿子唬得话到嘴边又咽住了。看他那盛怒的样子，就象是当场要把马车和人砸个稀烂似的。俗话说，上汉城挨了耳光，回乡下大发怨气。说不定真要搞到这个地步哩。于是儿子反倒因为父亲是这样的老顽固而可怜起自己来了。现在他虽然上的是中学，但也常常谈什么人生啦，哲学啦，在他看来，父亲无非是一幅引人发笑的画像。只要一坐下，就说孔子如何如何，老子如何如何，甚至说李白如何如何，这都是可笑的事情。而且一张口，就是“钱！钱！”有时还为几分钱大声喊叫，吵得屋脊都要塌下来，这也是无比可笑的。这样的父亲竟然说要给他挑媳妇，挑来挑去挑的是九岩田治根的女儿！难道叫我娶这样一个满身粪臭的乡下女人！还说什么九岩田治根的上几代祖父是李王朝朝廷的官！真叫人啼笑皆非，这样的家世和我有什么相干！

朴大同的儿子坐在颠簸的马车上，望着飘游在高空的索道箱，这样想着。

警察署长和“官矿”头目等日本鬼子，到日落时分才到闵太雪家来。警察署长安达，个子颀长，就日本人来说，长相还算蛮不错的。闵太雪走下庭院护着安达走上廊沿板炕，朝里头大喊打盆水来。他想到安达说不定要脱掉靴子，坐在廊沿上洗脚。闵姨太端着一铜盆水，扭着屁股跑出来了。可是，安达装作没有看见的样子，挎着洋刀哐当哐当地走进屋里。那些先到一步的“官矿”头目，都站立起来恭迎署长。

“怎么样？金子出的多不多？”

安达摘下洋刀靠在墙旮旯里，又把帽子挂在刀柄上，然后坐下，问道。

“不够景气！”

一个满脸胡须，个子刚齐安达胸口的小个子回答说。

“不够景气还行？在帝国开发的矿井里，应该蹦出牛犊大的金块来。嗯？”

“嘻嘻嘻……”

“官矿”头目们一笑，安达也哈哈地笑了。坐在安达身边的闵财主，也做出道貌岸然的样子，嘿嘿嘿地陪着笑。他认为在和安达初次打交道的场合，礼节是要讲究的，但不必一开始就采取低声下气的姿态。

过不一会儿，酒菜就送到客屋里来了。闵姨太端着摆得满满的托盘，拉着裙子，在廊上来回奔跑。

闵财主买的两个矿坑的二矿主也来了。他们是从矿坑里直接来的，腿上还打着绑腿，脚上穿着劳动鞋，手里拄着羊角锤杖。他俩都不能进入客屋，穿过大门，被领进厅屋里去。

“你好哇？”

走在前头的斜楞眼二矿主向在廊上飞跑的闵姨太打招呼。

“嗯，你们来啦，进里屋去吧。顺玉！里屋也摆张桌子！”

斜楞眼回头朝他的伙伴挤了挤眼，笑了。意思是说，天下的怪事和丑事，就是指这种事说的。直到不久前，他们上闵姨太的酒馆里买酒喝的时候，还攥着她的手腕，叫着“走哇！”“玩呀！”这下忽然用不客气的口气称起“你们”来了。真没想到她会如此露骨地宣布矿主和二矿主之间不仅有差别，而且是等级森严。两个二矿主虽然感到看不顺眼和心里作呕，可也没办法，因为总得巴结新来的主子呀。

“小姑娘，这桌菜要摆得比客屋的好才行，真矿主不是他们，是我们！明白没有？”

走进里屋的斜楞眼，朝灶屋的顺玉挤着眼睛，说。顺玉没理他的话，抱着空碗一溜烟走进厨房。

在闵家的里里外外这么喧腾热闹的时候，大杰正在离闵家大院很远的偏僻地方，汗水淋漓地忙着盖马圈。尽管闵财主出门总是坐着马车摆阔气，可他却嫌马尿有气味，不许把马圈盖在房子附近。所以只好盖到山脚下。这么一来，想到河边打和泥的水，也要多走一倍的路，而且又是坡道，就凭大杰的本事，也累得象黄牛一样直喘粗气。

早晨，他劈完柴，就到这儿来抹墙。使了一天抹泥板，累得臂膀都要掉了，脊背象针扎似地疼痛。也不知流了多少汗，浑身尽是一股酸溜溜的气味。

“去他的，慢慢干吧！盖完了马圈，姓闵的还能叫我闲着？”

大杰独自咕哝着。日头还蛮高的时候，他就扔下抹泥板，大致拾掇了一下家什，上河边去洗手洗脚。到河边去，要经过一条大街。

这时，有一群腰里挎着瓦斯灯的矿工，从泰峰矿井那面朝阳光暗淡的大街涌来。看样子是日班的矿工下工了，他们满身都是石粉和尘土，只有两个眼睛闪着光。也不知他们吵嚷些什么，还听见有人叫着喝一杯再走。街道两旁全是饭馆和酒店。卷着裤腿的大杰，迈着两只大泥脚，慢腾腾地顺着街道走，突然看到了一种异常惊人的景象，蓦地停下了脚步。原来有五六个警察绑着十几个青年，经过水泥桥，朝着街道走来。不光是青年，其中还有一个女的。大杰认出那个女人就是吉女的时候，差点儿没有瘫坐在地上。他站在门帘掀动的冷面铺门前，望着被绑的人走过去。矿工们也都停下来望着他们。

吉女脸色苍白。裙子拖下来直绊脚尖。她只是微微低着头走着，脚上穿的草鞋完全破了，鞋帮条一根根倒竖起来。有一只鞋好象连鞋底也没有了。跟在后面的警察喊叫什么，吉女并不抬眼去看他一下。

大杰只顾注视吉女，没有仔细地看那些满身血污的青年。

“把他们当做共产党抓来的吧。”

“好象是的。该杀的……那女人真可怜，叫人不忍心看呐！”

被绑的人走过的时候，矿工们低声议论，说。

大杰在冷面铺门前，象钉在那里似地站了好久，才匆匆跑到河边，慌慌忙忙洗了手脚，朝着闵家大院走去。这事无论如何要马上报告组织。不，与其说是组织，不如说是把这个消息传给吉女的丈夫基焕。

大杰有两条在月坪和这个街道之间进行通信联络的线路。一条是和在二峰私家矿坑当爆破工的韩尚道联络的线路，另一条是通过原是闵姨太烧饭丫头的福女直接跟基焕联络的线路。这次的事情，不论从哪一方面看，都需要赶快把福女派到河那边去。

大杰回到闵家大院。这时里里外外一片喧腾。客屋也好，里屋也好，都有人醉醺醺地在说话，高声地狂笑。客屋里还传来了闵姨太娇滴滴的笑声。里屋里二矿主的人数增多了。各矿坑的二矿主们都来参加闵家的开业宴会，想美美地吃一顿。横七竖八地扔在厅屋板炕上的羊角锤杖，不知有多少个。

厨房里只剩下顺玉一个人，正在忙着烤肉，脸烘得红红的。她和姨太太烤了一整天的肉，不知啥时候全给吃光了，里屋外屋一迭连声地喊快上肉。

大杰急忙走进厨房，拿出两个水桶，挂在水桶背架左右两头的环上，飞快地走出大门，想乘着上泉井的机会去找福女。大杰在后街上走了一阵，走到锅伙厨房门前，往里面一看，福女不在。直冒白气的厨房里，只有和福女一起干活的老妈妈不知在煮什么，满面淌汗地正用勺子在大锅里搅着。听她说，福女上泉井打水去了。

“正好！”

大杰心里咕哝着转身走了。这条街缺水，人们都到离街很远的山脚下去打泉水。因此，他到这个地方来以后，也做了一个水桶背架，天天打水，常常在泉井上遇到福女。

大杰急急忙忙地走着，快到泉井的时候，福女已经背着水桶背架，吱吱呀呀地走下泉井前面的坡道。

“你停一停！”

“哎哟！”

“赶快把水桶放下。”

“干什么？”

“有急事跟你说……”

福女放下水桶，摘了挂钩。看样子，她还没有背惯水桶背架，下半身全被水打湿了。不知怎么搞的，甩到身前的大粗辫子也直掉水珠。

“福女同志，你马上去送个信儿！”

“送什么信儿？”

“刚才我在街上看见吉女大嫂被警察抓来了。还有十几个青年……得赶快把这个消息告诉基焕同志。你把这担水背回去，找个什么借口上河对面去一趟……”

“哦，吉女大嫂是谁呀？”

“基焕同志的媳妇，你还不知道？”

“妈呀！……”

福女大吃一惊，两只湿渌渌的手索索直抖。基焕同志的媳妇，那太熟悉了。她替九岩村给基焕送过一次条子，又给基焕送过衣服。那时候，福女给她带过路，告诉她是哪家人家。谁知这可怜的大嫂竟被捕了！在福女的眼里，吉女也是一个十分温顺、十分善良的女人。

“我这就去。该死的东西！把这样的大嫂抓来，想怎么的呢？可是，基焕同志好象不在那儿，我到那家去，一次也没看见过叫基焕的人！”

“这你就不用想了……你把这个信儿传给那家大娘就行！”

其实，大杰也不知道基焕在不在那儿，他只听九岩共青负责人说过，不管什么信儿，只要送到曾经指导过这个地方的组织的姜浩家，就能传到基焕的手里。

“你快去吧！”

“哎！”

福女尽管答应了，还是不想站起来走。她不知在想什么，一面望着从头峰滑过来的索道箱，一面撅着一根草沉思。大杰急忙到泉井打水去了。

大杰背着水桶背架回来的时候，福女才站了起来。不一会儿，他俩背着水桶背架，吱吱呀呀地走下坡道。

二

锅伙开晚饭的时候，就象是出了什么大事的人家一样闹哄哄的。晌午，象螃蟹眨眼似地在一刹那之间吃完了火柴盒那么大的一盒子饭，整天在矿坑里做苦工的五十多名矿工涌了进来，催着开饭。矿工们住的是中间稀稀拉拉地立着几根没有去皮的落叶松柱子的大通间，里面一溜儿放着几张桌子，人们挨排坐在桌子两边。饭碗和汤碗从通厨房的小窗口里递出来。年轻的矿工们接连不断地把碗送到人们的面前。他们都想跟福女说几句笑话，所以每到开饭时就抢着干这个差事。当他们开玩笑的时候，福女有时鼻子里哼了一声，有时就操起饭勺子杵他们的胸脯。可是今天晚上福女只顾端汤端饭，说什么也不理。

“干吗苦起个脸，象吃了个酸杏子似的？”

福女还是不理。

“你看我一眼嘛！……”

“老开什么玩笑？你们的品行不好！我得给你们治一治这种习气。”

这个锅伙的老大，留着平头的爆破工，严厉地斥责了一句，那些青年们才不敢跟厨房里的人扯淡，不声不响地端饭端汤了。在这个锅伙里，平头老大的话是说了算数的。一来因为他是结义兄弟中排行最大，二来因为他原本就为人庄重、刚直，而且手头很重。所以就连住在厨房拐角屋的留着同样平头的锅伙老板，这个能给麻雀套上辔头的人，也不敢在他面前有半点不规矩。可是今天晚上，这位老大的表情也跟厨房里的福女差不多，象是有什么心事似的。刚才他在回来的路上到附近锅伙会计住的镶有玻璃窗的屋里低声谈了一阵出来以后，更是这么一副神情了。

"听说就要起事啦，要开始罢工啦!"

"不是罢工，说是要打矿主哩! ……"

在矿坑里，在来往锅伙的路上，低声交谈过这些话的矿工们，现在都注意地观察老大的脸色。他们认为，老大的神情和这事是大有关系的。

"你们要吃得饱饱的，吃饱了才使得出劲儿嘛! ……工票价跌到屁也不值，咱矿工怎么活得下去?"

老大吃完饭，含了一口水，咕噜咕噜地漱了口，意味深长地说了一句。他认为马上就要罢工了，有必要先启发启发矿工们，哪怕是说句把话也好。

"大哥，那么说，这个工票价还能提上去吗?"

"当然能提啦，我们愿意怎么的就怎么的。只要我们力量大，干什么事都行! 所以，你们也要好好地……"

"嘘! 大哥……"

在那边桌子顶头吃饭的工人向老大递了个眼色。老大立刻把话缩了回去。拐角房的小平头，不知要跟工人们算什么账，端着账本和算盘经过厨房走到工人房里来了。不管小平头进不进来，矿工们的心还是怦怦跳。老大能把话说到这个地步，起事的日子一定不远了。不管是打矿主，还是闹罢工……反正在矿山，日本帝国主义和工人之间形成了一触即发的紧张局势。曾挨过一次偷袭和被缴过械的自卫团和警察，用刀枪威胁工人，在每个矿坑里都安插了密探，疯狂地搜捕共产党。工人群众卷入了极度的愤怒之中。更加激起这种愤怒的是，那些倚仗鬼子的矿主，差不多都实行起"出矿工资"，不发工资，还驱赶工人下坑。所谓"出矿工资"，就是要等露出矿脉才发工资。这么一来，工人手里的工票，就变成枯树叶一般的东西了。要是不见金矿脉，那就一连两三个月也不算工钱。所以，不论是在饭馆里还是在锅伙里，就是把工票打七折，打六折，甚至打对折也没人要。矿工们凑到一起，就嚷嚷着要揍死矿主。

捧着算盘和账本到矿工房里来的平头锅伙老板也是想再来压低一下工票价的。于是，屋里就谈起工票价来了。锅伙老板说，收这种象枯树叶一般的工票做锅伙买卖，就好比是踩着刀刃蹦跳一样，吵着要进一步压低工票价。

厨房里的福女一面涮着碗筷，一面暗暗地生气，她找不到从厨房脱身的空子，心里很着急。

大杰叫她放下水桶，无论如何也得找个借口立刻出发，可是拐角屋小平头的老婆，恶狠狠地骂她上泉井打水为什么回来得那么晚。这顿臭骂弄得福女进退不得，正在为难的时候，矿工们下工回来，她就忙着开晚饭了。

“你涮碗的声音就不能小一点!”

小平头的老婆朝着厨房发狠。福女装着没听见。她把涮完的勺子朝厨柜里放的时候，把响声弄得更大。

“臭丫头！你这样，是嫌我说你吗?”

“什么嫌不嫌，摆铜勺子哪有不出声的?”

“啊，臭丫头！你还顶嘴，嘴巴怎么这么硬呀？月仙说你不听话，才把你撵出来，起先我还不相信，今天算是知道了!”

跟福女一起干活的两个烧饭老妈妈，都装做没有听见的样子，只顾做自己的事。这时脸上有几颗小麻子的烧饭老妈妈，端着一盆泔脚水一边往外走，一边用胳膊肘子捅了福女一下，意思是叫她不要回嘴。福女忍住了。她常常是在这种劝阻之下才忍住的。俗话说：躲过了鹅卵石，又遇上了水磨石。这个平头老板的老婆比闵姨太更唠叨更凶暴。她总是把嘴唇抹得红红的，叼上一支烟卷，朝门坎上一坐，对着厨房骂街，絮聒得人浑身不舒服。福女常常恨不得用烙铁去烫她那通红的嘴唇。

夜很深了，福女才勉强脱出身来。她象逃跑似地跑出巷子，不禁长吁了一口气。本来应该早就到对岸去过回来了，谁知弄到现在才出发，她感到这不仅愧对大杰同志，而且更是加倍地愧对被捕的吉女大嫂。

河水暗沉沉地流着。不知夜多深了，水泥桥上不见行人来往。只听见得得的皮鞋声响，抬头一望，迎面走来一个挎洋刀的警察。福女浑身一机伶，心想：他要是打我的嘴巴，问我上哪儿去，可怎么回答呢？是原以为是警察的那个黑影竟不是警察，而是一个身穿便服的大汉。当他擦着自己身边走过的时候，看他脚上穿的不是皮鞋，而是穿着草鞋踢踢踏踏地走着。福女暗暗地又吁了一口气。

福女过了桥，沿着大路走了一阵，又转到胡同里，在挨挨挤挤的草房当中穿行了半天，走到那家围有板墙的房子前面一看，小板门早就上了闩。福女费了好大劲才找到这儿，生怕捎不成信儿空手回去，心里急得怦怦直跳，想了一会儿，敲了敲板门。没有掌灯的房里随即响起了开灶房门的声音，走出一个人来。她就是大娘。

“谁呀？”

“大娘，是我。”

“你是谁呀？”

“我……我是福女。”

“哦，深更半夜的，你怎么来啦？”

大娘匆匆走出来，摘了门闩。福女急忙闪进院里，重新把门关上。

“有什么事吗？”

大娘在黑暗里低声问。

“不是，我……”

福女一时说不出话来。

“你先缓口气再说吧。”

“基焕同志的媳妇，就是上次送衣服来的那个大嫂，被警察抓走啦。今天把她拉到泰峰警察署去啦。”

“深更半夜的，你就是为这件事跑来的吗？”

“是的……”

“早就接到消息啦。”

大娘坦然地回答说。

“可是大杰同志怕您还不知道……”

“怎么能不知道哇？”

福女想，消息怎么传的这么快。有一次仿佛听平头老大说过，泰峰镇里布满了革命的联络线，看样子真是这样。

“锅伙里的活儿，还是那么累吗？”

“累是累，不过也没关系。”

“你无论如何要做好联络工作，还要严守秘密。做这种工作，秘密就象人的心脏一样重要。”

大娘站在黑暗中抚摸着福女的脊背，低声说。

福女听了大娘的话，感动得快要流出眼泪来了。每次来时，大娘都要摸摸她的手，摸摸她的头。尽管今晚接到伤心的消息，无心顾及别的，可大娘仍旧亲切地跟她说话。

“夜深了，快回去吧。”

“哎！……”

福女小心地打开板门走到外面。她又顺着胡同快步走去。此刻，她的心情还是不好。她觉得在这位安静的大娘心里似乎还有一位流泪哭泣的大娘。这是一位把作为一个大革命者的儿子送往别的地方而独自生活的大娘,是坚定地为革命工作的大娘!可是,不知怎的,福女总觉得大娘好象有点可怜。她该多么想念儿子呀,难道就一点也不挂念吗!福女走上大路,才放慢了脚步,缓缓走去。

大娘送走福女以后,望着月亮被遮没了的灰暗的天空,抹了半天眼泪。过了一阵,才回到灶屋。上屋还在讨论罢工问题。这是基焕召集各区的负责人,在进行通宵的讨论。

"我认为你说的有一定的道理,不过,如果我们老是那么考虑后果,那就什么斗争也搞不成了,到头来矿工们只能叫'出矿工资'搞得吃大亏。再说,现在我们工人的气势象火一样,如果我们只是旁观,那算什么革命组织?这次我们一定要把导火线给点上火!"

只要一开会,总是侃侃而谈的坑木棚会计韩基天,不知是反驳谁的意见,激动地说。他说话的声音从虚掩着的隔扇门的门缝里传了出来。

"正因为这样,我说的才不是要袖手旁观的意思。我是说,即使发动罢工,也要准备好能够做后盾的力量。只有这样,才能使罢工变成切实有效的斗争。现在,我们正在组织武装部队,我的意见是动员这支力量来支持我们的斗争。"

好象是受到韩基天的反驳的那个人,激动得差不多叫喊起来。

"那要怎么样呢?"

基焕催问道。

"所谓罢工斗争,从国内斗争的许多经验来看,虽然各地都在举行,但是在大多数情况下都是免不了要失败的。这是普遍现象。其重要的原因在于日本帝国主义的武装镇压。正因为这样,我的意见是把武装部队调到咱们的眼前,在举行罢工的时候,一面吓唬警察,一面起事干它一下。"

基焕听了他的话,笑着接过来说:

"哈哈哈,同志,你好象是想现在就干脆进行一场决定性的战斗!这是不行的。我们的武装部队还没有壮大到那种程度,而且也不能那样做。我们必须依靠我们自己的力量,发起这个斗争,并把斗争引向胜利。你提到国内罢工斗争的失败问题。当然,日本帝国主义的武装镇压是一个原因,但是我们也必须看到另一个方面,那就是由于没有领导力量,结果,分散的罢工斗争遭到了各个击破。"

"但是,今天我们组织的罢工斗争,是作为将军领导的革命斗争的一个环节来进行的。也就是说,罢工是目前最适合我们的武器。因此,这次组织的罢工,不是要一下子打垮这里的警察或哪一支日本帝国主义军队,而是想打击一下敌人,锻炼一下我们的工人群众,使他们觉悟起来,进而用这支觉醒了的、锻炼有素的力量去支援根据地的斗争,并使工人阶级本身的斗争得到锻炼和发展。我们不要以为只要迫使矿主废除'出矿工资'就行了,反对'出矿工资'的斗争,是为将来更大规模的战斗准备力量的初步的斗争。我们是准备把愤怒的工人放进火里去锻造一番的。在严重的情况下,可能要流血,但是我们的工人阶级将在这个过程中成长起来。所以,我支持工人要求罢工的建议。"

大娘从微开的隔扇门缝里望着上屋。围坐在灯旁的四个人,全都是满身大汗。基焕老是用脏手巾揩淌汗的脸。大娘后悔自己不该在傍晚把火烧得那么旺。她怕基焕住的上屋炕凉,今天傍晚多烧了两筐稻糠,结果把炕烧得太热了。她还怕屋里透出灯光,特地用厚被把窗子堵得不透一丝风,这么一来,屋子就热得简直象个发汗窖了。

大娘一边听着基焕在上屋说的话,一边想道:尽管他此刻外表那么坦然,可心里不知有多么难过呢!刚才吃晚饭的时候,第二革命区组织的负责人来了,把吉女被捕的消息告诉了他。基焕的脸色立刻变得难看起来,但马上又换了一副泰然自若的神色,离开饭桌站了起来。他什么话也不说,别人很难猜到他对于这个意外的事情究竟是怎样想的。不过,他心里总不会没有一点波动。照大娘的想法,如果他的妻子是个性格暴躁的人,或者是扬起脸来,能把心里的话又是弓呀、又是箭地放射出来的女人,那么基焕内心的难过也许会好一些的。大娘没法忘记那个拎着衣服包来找过丈夫的善良纯朴的女人。那天,大娘把基焕的衣服包接过来,以疼爱自己儿女的心情接待了她,可她还是那样地拘谨,象是负疚似的。劝她到屋里坐,她还是小心地缩在门口,问一句答一句。她给丈夫送衣服来,也没有好好地打听一句丈夫过得怎么样,只是泪汪汪地回答着问话,不时地转过脸去,拿起衣带揩拭眼泪。她那可怜的模样,就是现在想起来,也还是叫人心痛。

大娘想:我都这么心痛,失去妻子的当事人基焕,该多难过呀!正因为心里充满了对妻子的怜悯之情,那天基焕接过妻子送来的衣服,才坐在包袱前头半天没有说话。再三催他换衣服,他也只是抬起阴郁的脸,说了一句"慢慢换吧!"那天晚上,他好象好久没有入睡。

基焕是这样的丈夫,吉女又是那样纯朴的妻子!所以,今晚大娘一直留心基焕的脸色和举动。

在上屋,人们就罢工问题继续谈论了很久。有时基焕谈得非常激烈,震得火炕嗡嗡响。到了鸡叫头遍的时候大家才散。基焕把人送走后,不知要上哪儿去，也戴上帽子站了起来。

“半夜三更的，你又上哪儿去？”大娘问。

“到废坑去一趟。”

“黑灯瞎火的，你可要小心哪！”

大娘挂心地叮嘱说。她很想轻轻地摩挲他的象是淤着乌黑的血块的心胸。她觉得基焕开门向外走的背影，是多么象她离家在外的儿子姜浩啊！不，不光是背影，就连说话和动作，也都象姜浩那样稳重柔和。也许正因为这样，他才负起原来姜浩做的重要工作，连觉也不睡，到处奔忙的吧。

原来，大娘的儿子姜浩，是在金日成将军的影响下成长起来的革命者。他用将军的思想武装了自己，在这条悲惨的生活勒着矿工咽喉的长满苔藓的街道上，集合了一些同志，建立了组织。基焕同他携手，也是在这个时候。于是矿山街开始刮起了革命的旋风。马克思列宁主义在备受践踏和压迫但不敢开腔的工人群众中传播开来了，在这个矿坑和那个矿坑里，认识到斗争真理的矿工们的眼睛里都闪出了光亮。姜浩用顽强的力量推进了这种变化。斗争接连不断地发生，街上每天都有鼓吹革命的传单。泰峰镇就这样变成了这一带革命的中心区。后来，姜浩奉将军的召唤，把工作交代给基焕，离开了这个地方。

基焕急忙走到外面。他走出板门，按照往常的习惯，把手从板门上面伸进去插上门闩。这样做哪能保证大娘的安全呢，但他出去的时候总要这样插上门闩才放心。

当他走到头峰废坑的时候，已有几十名青年聚集在废坑后面的树林里嗡嗡地说话。前不久，基焕已把十几个青年派到根据地去了，现在又挑选出几十名响当当的青年，准备派到根据地去。他们还搞了不少炸药和雷管，准备今天晚上让这些青年带走。基焕一走进树林，八角坑的爆破工曹德河就走了出来，向他报告说已经做好了出发的准备。

“炸药都搬出来捆好了吗？”

每次搞来炸药，都随即掩藏在废坑里。所有这些准备工作，都是由革命组织的骨干分子曹德河负责进行的。

“全搬出来捆好了。二区的学善同志说还能多搞一点，现在还没有运到。二矿主们都到闵家吃开业酒去了。这样，不光是炸药，还能多搞出一些雷管来……”

“搞到手的炸药能跑哪儿去呢？下次再送吧。你们必须马上出发，在天亮前穿过中村前面的平川进山。”

基焕走近青年们的身边。

“你们辛苦啦!”

他在黑暗中同青年们一一握手。今天被挑选出来派到根据地去的青年,大多是在私人经营的象老鼠洞一般的矿坑里来回爬着背运废石的工人。此刻,他们是怀着要对这可诅咒的生活报仇的决心,踏上了充满憧憬和希望的征途的。基焕挨个儿地摸了摸他们的包袱,还掂了掂包着炸药和雷管的包裹,担心他们背的东西太重,是否能快步走那么远的路。

基焕向青年们讲了要走的路程和路上应注意的事项,还交给他们一个条子,要他们一到上村就交给革命委员会会长车应道。

曹德河帮青年们背上背包。当他帮一个身材最小的青年背背包时,从那人的包里掏出一件东西,扔在草地上,还连连地咂着舌头。

“那是什么?”

“呵呵呵,他是我最小的弟弟。是在森本的金矿掌钎子的,包里装了一根钎子。到上村后,要是枪不够使,想用它打把刀子挎上……”

曹德河说着,哈哈大笑起来。

“还愁没枪吗,把它扔了,轻装前进!”

基焕拍着这个青年的肩头,说。

过了一会儿,青年们的队伍拨开树林前进了。曹德河也跟在后面,说是要把他们送到坑木棚那头儿。基焕站在那里,朝着走进树林里的青年看了半天,才转回身来向废坑前头走去。树林很密,树梢上有一颗巨大的星,忽闪忽闪地射出光芒,俯视着大地,宛如含着泪水的大眼珠一样。基焕的心突然一阵刺痛。他虽然紧张地过了一夜,但是一刻也没有忘记那件使他感到痛苦的事,那一触即发的悲哀,一直压在他的心里。

什么也不懂的妻子,善良纯朴的妻子,而且又是那样支持丈夫所做的重要工作并为自己帮不上忙而暗自难过的妻子,在丈夫离家以后,听说在努力学习和积极参加通信联络工作。这样的妻子,现在落到了日本鬼子凶恶的魔掌里了!鬼子逮捕她,分明是为了要逮捕我。有没有办法搭救我那可怜的妻子呢?从今天晚上起,在苦难中走过来的妻子就将蜷缩着身子蹲在冰凉的牢房地上,映着眼睛整夜哭泣了吧。就将在那个离这儿咫尺之远的地方,在朦胧的灯光照亮了天空的那个地方,整夜流泪了吧。

基焕在黑暗里走着,两颊湿润了。但他并没有去擦一擦,只是蹬着石头走着。他本想到印传单的废坑里去,可是走错了路,走了好一阵才转回身来。

三

吉女被捕后，贞顺一家的生活简直不象个样子了。母亲接着病倒在炕上。看来，这次打击对她是太重了。

母亲的脸烧得通红，呻吟着说是头痛。贞顺在旁边给她敷凉手巾，她那烧得发慌的眼珠才安静下来，嘘出了一口长气。

对贞顺来说，母亲的病固然是一桩心事，但是，怎样照料吃奶的孩子却更使她眼前发黑。她按照嫂子被捕时关照过的话，到甲山家里借来一升米，熬成米汤试着喂孩子。孩子吃了几口，就挥动着小拳头哭了起来。看样子，是说这不是妈妈的奶。她背着孩子上夜校去，孩子就瞅瞅这个的脸，又瞅瞅那个的脸，一个劲地寻找妈妈。有奶娃子的妈妈也常把他抱过去喂奶，他裹了几口，连忙抬起头来，把人家推开哭了起来，好象说她不是妈妈。只有困倦的时候，才在迷迷糊糊中吃些奶。不过能够讨到的奶也并不那么多。大家的日子都很艰难，有奶娃子的女人也都因缺奶而吃苦受罪。

嫂子不在家，感到为难的还不只是孩子的事。一天早晨，洪达洙怪她没有到碾房去，来找她了。那家伙也许是因为干了坏事，心里有鬼，不敢吹胡瞪眼，只是说，闵家急着要往泰峰镇送米，你家虽然少了个人手，也该快点到碾房去碾米。

不管怎样，贞顺的负担是加重了。现在，所有的事，都压在她纤弱的肩膀上。病倒的母亲，吃奶的孩子，农活，碾房活……

有时她也在背地里叹息。肩着这些卸不掉的重担，不知该怎么办，朝什么地方走。不幸的生活再怎么缠人，也不能把人缠得这样厉害呀！

在这种苦难的追扑之中，贞顺也还是可怜被抓走的嫂子。她忙着做了一盒掺了点野菜的高粱米饭，用头顶着朝月坪镇警察署跑去。心想嫂子可能受到严刑拷问，饿着肚子怎么挺得住。鬼子对人从来就是“死就死，活就活”，哪里会好好地给饭吃！她感到很心焦，听人们说可以给牢房里的人送吃的，就做了点饭带去。当她快跑到警察署门前的时候，碰到一位鹿子沟的老乡，才晓得嫂子已经不是关在月坪警察署，而是被押到泰峰镇去了。贞顺顿时泄了气，蹲在杂货铺的屋檐下叹息。她又顶起饭盒，在火辣辣的骄阳下往回走了三十里。一路上，泪水和汗水混在一起，直往下淌。当天晚上，两腿酸痛，折腾了一宿，但她还是想到泰峰镇去一趟。

一天晚上，浑身烫得象火炭似的母亲，把她叫到自己的身边，说：

“孩子，怕你嫂子坏了大事啊。”

"妈,是什么事呀?"

"你知道不知道哥哥在哪儿?"

"我怎么知道?"

"嗯……"

母亲用燃烧着的眼睛望着天棚,深思着。

"妈,您干吗这样?"

"有件事我很担心。"

"担心什么?"

"你嫂子知道她丈夫在哪儿。"

"她怎么知道的?"

"知道。还送了两件夏天的衣服去……"

贞顺这才一切都明白了。有一次,夜校的喜燮老师就曾问过她有没有听见嫂子说起哥哥在哪儿。现在想起来,这分明是试探嫂子是否向旁人谈过自己的秘密。看来,鬼子把嫂子抓去,不是想打几下就放出来的,毫无疑问,是想从她的嘴里了解哥哥的去处。

"她把衣服送到哪儿去了?"

"我猜是送到泰峰镇去了。"

"那么说,哥哥是在泰峰镇?"

"是啊,这谁知道呢?我倒不是不相信你嫂子,就怕鬼子往死里折磨她,把她弄昏了说胡话。"

贞顺听了,心里发抖,但她还是安慰母亲,说:

"妈,嫂子怎么也不会说胡话。再说,嫂子被捕的消息可能早就传到哥哥那儿去了,哥哥还会老呆在一个地方吗?"

"哎哟,要是都象你一样,眼光只有一拃长,那该多省心呐!你哥哥的事,哪里是在什么地方住一阵拔脚就走,连个影儿也不留就算完了呢?不是有好多秘密吗?就是你哥哥走了,还不知有多少事情要遭殃哩!我怕的就是这个。"

还是母亲想得深。她说这些话,一来是怕嫂子知道哥哥更多的秘密,二来是担心嫂子说出一句胡话,敌人就会查出十条秘密。

晚上,贞顺睡不着觉了。她生怕关在牢房里的嫂子梦中说胡话。真的,秘密这玩艺儿,不是一个环节暴露了,其他的环节也会跟着暴露吗?就算嫂子不太知道哥哥的秘密,我们九岩的秘密,她是知道不少的。贞顺的额上冒汗了。母亲本来就发烧,加上又发愁,整夜喷着火一样的热气,呻吟着。

贞顺想了又想。第二天早晨借来一升小米，放在石臼里捣成粉，做了几个饽饽，把二张写着叫嫂子保持清醒的条子卷成卷儿塞进饽饽里。

“这会不会把事情搞得更危险哪？鬼子要是掰开来看，岂不是等于捅了睡觉的老虎的鼻子吗？”

母亲头上扎着手巾坐了起来，看见她把火柴棒大的纸条子朝饽饽里塞，担心地说。

“我背着警察偷偷地交给嫂子就是了。嫂子出来接饽饽包儿的时候，我就给她使个眼色。要不然就不管它什么条子不条子，干脆直说，叫她无论如何也要保守秘密，打起精神别昏迷！”

“可要小心呐！”

母亲似乎放心了。今天早晨，她的热稍微退了一些，就背着仁男，轻轻地拍着在屋里来回踱步。贞顺也感到来了精神，她想：只要把饽饽送进去，嫂子就不会有任何差错了。此刻，贞顺还不太了解警察署和牢狱是个什么样的地方，以为只要把饽饽带去，不是嫂子出来接，就是由警察收下转交给嫂子。

贞顺飞也似地走出村口。泰峰比月坪远多了，她因忙着做饽饽，动身晚了一些，生怕在太阳偏西前到不了，便象跑步一样飞快地走着。今天阳光格外灼热，还没到晌午，草叶就给晒蔫了。

快到晌午的时候，她走到泰峰镇口上有个坑木棚的下谷大路上，布衫叫汗水浸得湿渌渌的。她到树荫底下歇了一阵，让热得发红的脸冷下来，才感到凉爽了些。她把饽饽包打开重新扎紧。天头火一般地热，饽饽好象都快馊了。她想，千万要在没有馊以前送到嫂子手里，让她好好尝尝，哪怕是有滋有味地吃上一个也好。

走了一阵，贞顺越过一道岗子，急急忙忙走进头峰脚下房屋密集的街道。还要再走一阵才到桥口。这时，不知出了什么事，几十个工人吵吵嚷嚷地涌向街道。贞顺的身后，也有一批工人涌上来。走在前头的大声叫喊着，要后面的人快快跟上。

“那个姓崔的小子，抓住了没有？”

“现在还说不清，二峰那头有很多人涌过来啦！”

“他妈的！今天一定要弄出个结果来！叫那些矿主们瞧瞧咱们的厉害，让他们也清醒清醒……”

前后都在吵嚷着。胡同里也有矿工跑出来。贞顺的心怦怦直跳。姓崔的家伙是谁呢？他们要拿那个姓崔的怎么办，能叫那么多的矿主清醒过来吗？后来的工人老是抢到前面去，没一个人是空手的。有的拿着棍棒，有的拿着斧头、钎杆，还有的拿着镰刀，飞也似地跑来。工人们走过水泥桥，朝着上街跑。泰峰前面也涌出几十个矿工，他们同桥这边过去的矿工们汇合，朝冷面铺那头跑去，口里高喊着什么。还有很多跑出来看热闹的人。从离这儿有一段路的拐向二峰的路口起，全是白花花的人群，看来好象都是在矿坑里做工的矿工。那里传来了骇人的喊声，突然叭的一声枪响，贞顺猛地一惊，心想这是开枪打人了。

她站在灼热的阳光下望了一会儿，然后掉转身来向警察署所在的下街走去。上街发生了什么事，尽管她心里很纳闷，但觉得还是应当赶快到警察署去把饽饽送给嫂子。不知怎的，她总以为饽饽已经馊了。揣在怀里的饽饽包儿，叫炎热的太阳晒得象火盆一样滚烫。

她走到警察署附近。警察署也是一样，有许多警察全副武装围在院墙外头。大门前一溜排着十几个警察，监视着街道上的动向。他们一个个都调准了枪口，说不定在哪一瞬间就会砰地发出枪声。正因为这样，警察署门前的路上一个人影也没有。

贞顺沿着街道走着，还没走到警察署门前，就听到一声怪叫。

“喂！滚开！”

原来是站在大门口的一个警察，掉转枪杆子对着贞顺嚎叫。

“不要往前走啦，快到这里来吧！”

在洋铁棚的屋檐下面，有一位老人望着她说。贞顺走到老人站的屋檐底下。心跳得非常厉害。

“大爷，出什么事了？”

“二峰矿坑塌顶啦，听说死了不少人。矿工们一闹起来，鬼子怕他们要攻打警察署，就这样摆开了阵势。”

贞顺“嘘——”地呼了一口气，用衣袖抹了抹汗。然后用颤抖的手把饽饽包儿放在廊台上，连连揩拭着朝脖子里淌的汗水。

“你是打哪儿来的，走得这样满身是汗？”

“从九岩村来的。大爷，现在能把这个饽饽包儿送给关在牢狱里的人吗？”

“哦，谁关在牢狱里？”

“是我嫂子。”

“你嫂子怎么啦？”

“不知道。什么罪也没有，就把她抓来啦。”

“该死的！……”

老人骂着告诉她说，趁早不要想往牢狱里送东西。

“不是说能给牢狱里的人送吃的吗?”

“送吃的?别提这个啦,你还是快快回家去吧!跑到大门口跟前去晃一晃,就会挨枪子儿!刚才有个人打这条街走,他们就开枪了,差点儿没给打死!”

老人扇着扇子,用怒冲冲的眼睛盯着警察署大门。贞顺也想不出什么好办法。不论怎么想,也只好往回走了。

在上街,人们沸沸扬扬地吵嚷着。矿工们象洪水般地不断涌来,人山人海,不知要干什么。真的要攻打警察署吗?砸警察署该多好呀!要是那样,就不必费心给嫂子送饽饽了,只要跟他们一起打开牢狱门,不就能把嫂子救出来了吗!想到这儿,贞顺心里怦怦直跳。

她站了半天,又飞快地向上街跑去。她打算在上街的群众去冲警察署的时候也参加进去。冷丁一想,哥哥说不定就在这些群众里头。要是他在这儿的话,即使是为了救嫂子,不也要象打闵家的时候那样,站在群众的前面,带头攻打警察署吗?

贞顺怀里抱着饽饽包儿急忙朝上街跑。越往前走人群越密。不知哪儿又响起枪声。贞顺一停步,后头的工人立刻就涌上来,差点儿没被撞倒。她被人们推挤着朝前走,面前尽是大汗淋漓象一堵堵墙壁般的脊背。贞顺卷进人的涡流里,一会儿被推到这儿,一会儿被推到那儿。

“姓崔的,你出来!”

“砸死了好几十个人,跑哪儿去啦?”

喊声四起。站在贞顺前头的两个大汉子伸长汗水淋漓的红脖子,大声喊叫“崔矿主出来!”

贞顺好象夹在磨盘缝里一样,憋得非常难受。她费了好大劲儿,才从人堆里脱出身来,连走带跑地奔到人少一点的那头空地上,到那儿一看,原来自己已被人的洪流卷到街道的顶上头二峰附近来了。这里不光是大街,就连胡同小巷也都站满了人。胡同后面的那所砌着高高的砖墙的房子,已被人们围得里三层外三层的。不知道人们在喊什么,只听到哇啦哇啦的声音。看样子,那就是崔矿主的家了。从那儿又发出了一声枪声,还看见警察站在院墙前头挥动着大刀。

这时,空中突然落下一些亮闪闪的东西。那是传单,是从头峰那边滑过来的索道箱子上撒下来的。人们忙着捡传单,有人还踮起脚跟去抓空中飘下来的传单。

贞顺也抓到一张,是油印的,字很大,就象是用毛笔写的。

矿工们！

起来反对“出矿工资”！

不要在没架坑木的矿坑里做工！

立即讨还拖欠的工资！

打死拒绝上述条件的矿主！

这是振奋人心的字句！贞顺感到呼吸急促，心想世界上怎么会出现这种事呢。在矿坑里背运废石的人们，团结成一体，又是撒传单，又是哇哇地喊口号，这是多么惊人的事啊！早春围攻闵太雪的时候，斗争对象是没有一杆枪的闵家，但现在人们却是大白天里在有几十条枪，——不，说不定有几百条枪的警察的鼻子跟前进行斗争。所以革命这个词儿才那么响亮的吧。送条子，搞联络，不就是为的有朝一日这样起来斗争吗！现在，我的哥哥在哪儿呢？要是哥哥在泰峰，他一定在群众里面。

突然，在人们密集的那边街上，有一个人跳上牛车讲话了。贞顺以为兴许是哥哥，跑到跟前一看，不是的。是一个高鼻梁的人。他挥着拳头，大喊矿主们不架坑木，害死了工人。

“大家都去过坑木棚吧，那里的坑木堆积成山。可是矿主们怕花钱，不肯买！他妈的，一根坑木能值多少钱，只要把他们卖了金子揣进腰包里的钱拿出几千分之一来，就能架上坑木！可他们不架，结果塌了顶，砸死了好几十个人！”

一面当坑木木材商会计，一面搞革命工作的韩基天，就象在火药堆上点火一般地讲起话来。

“伙计！别多讲啦，下来吧！讲多了会犯嫌疑的，会说你是给共产党做宣传！”

头戴凉帽、身穿白色西服的木材商，在人群里摇着文明棍，说道。

“什么共产党？为了卖坑木做演讲就是共产党啦？我们得趁这个机会打击一下矿主，大大提高一下木材的价格！”

“这，这个我也不反对。可是你不要再讲啦，还是下来吧……”

木材商摘下凉帽，呼拉呼拉地扇着走了。当工人们起来反对崔矿主的时候，他以为有了抬高坑木价格的门路，就跑到街上来。可是到街上一看，气氛太紧张，又吓溜了。木材商走了以后，韩基天的演说就更激烈起来。刚才他讲的还象是卖木材的商人在发牢骚，现在干脆变成激昂慷慨地高喊无产阶级解放了。

“嗯，这回才说的真话。”

人们闹哄哄地望着韩基天。福女他们那个锅伙的平头老大，站在人群后面，叫大家不要吵。

贞顺听了一阵演说，被拥挤的人群推到有棵大泥杨树的空地上。在空地的下头，也有一个青年挥着拳头在演说。贞顺又朝那儿跑去，可是，那也不是哥哥。

现在，她哥哥在印传单的头峰脚下的废坑里。瓦斯灯前，有五六个人在紧张地交谈着。他们是斗争指挥部的成员，正围绕着如何引导已经达到高潮的工人们的斗争问题进行讨论。

其实，基焕在组织这次罢工的时候，并没有预料到今天这样的情况。他们决定搞罢工，正在着手进行准备工作的时候，崔家矿坑的岩盘崩塌了，砸死了几十个矿工。这么一来，崔家矿坑前头就发生了痛打二矿主的事件，矿工们还涌到镇里嚷着要干掉崔矿主，于是出现了这样的事态。

“现在我们不得不准备跟警察正面冲突了。事实上，不砸烂警察署，就抓不到崔德信！”

基焕身边的人，一致主张攻打警察署。他们的眼里冒出了火。有的人还说，只有砸烂警察署，才能救出吉女大嫂。连身材高大、很有心计的曹德河也认为必须以搭救吉女大嫂为前提，同警察进行面对面的搏斗。

基焕在废石上站起来又坐下，坐下又站起来，思考着。大家都瞅着他的脸。只要基焕说一句就这么试试看吧，他们马上就会全部冲出矿坑去的。可是，现在基焕苦苦思考的不是攻打警察署的问题。他知道：在目前的情况下，这种做法不仅是愚蠢的，而且会给组织带来巨大的损失。

在目前建立革命组织和启发群众觉悟的阶段，如果不加考虑地盲目发起斗争，不仅会造成无谓的牺牲，而且组织上所急需解决的任务也将无法完成。正因为这样，基焕考虑的不是那个问题，而是考虑能不能按照组织上原来的计划，乘势转入全矿罢工，要不就在今天迫使崔德信在群众面前下跪认罪，狠狠地打击他一下，让其他矿主也跟着发抖，从而大大地解决矿工们当前的生活困难问题。

“警察出面干预，是明摆着的事！事情既然闹成这样，咱们就跟他们干！”

“不行！我们现在还没到那样干的时候！”

基焕坚决反对。

“咱们要是不趁这个机会救出牢狱里的大嫂，那还有什么别的办法去救她呀？”

“大嫂？现在提到革命面前的是大嫂的问题吗？”

基焕严厉地环视着大家。谁也没有回答。沉默了片刻。瓦斯灯光在他们红红的脸上和凸凹不平的岩壁上摇晃着。基焕的脸上闪着汗光。

正在这样争论的时候，一个青年流着汗跑进坑里。

“有什么通知吗？”基焕问他。

“刚才我们逮住崔德信了。这家伙藏到自家库房的缸里，叫我们扯着脖子拉了出来！”

“干得好！干得很好！我们正是要卡住他的咽喉！”

基焕的胸脯起伏着。他接着又说：

“那些出面帮凶的警察呢？”

“有五六个警察出来，开枪阻挡了一阵，后来都叫我们吓跑了！”

“那你马上回去，把姓崔的拉到群众面前，狠狠地卡住他的咽喉，叫他对安葬费问题，抚恤金问题，废除‘出矿工资’问题，支付拖欠工资问题作出保证。然后把他拉到哭声震天的矿坑，给他背上背筐，叫他用自己的手把尸体扒出来！”

“是！”

青年走到那头儿，往地上一趴，咕嘟咕嘟地喝起从石缝里淌出来的冰凉的水。

过了不久，人们都爬出矿坑走了，坑里只剩下基焕一个人，坐立不安地在那里徘徊。他眼前忽然浮现出倒在牢狱里的妻子的面影。那是一张似乎停止了呼吸的面孔！睫毛下垂的可怜的面孔！令人痛心的面孔！……他竭力地驱赶那个面影，瞪大了两只眼睛，在瓦斯灯前来回转悠，然后走到有水的地方，把手巾浸湿拧干，擦了擦火一般发烫的脖子和脸。

矿工们象大海般地围住了崔矿主，紧紧地卡住他的咽喉。身板大得象黄牛一样的崔矿主，后脑勺和嘴巴都被打出了口子，淌着血。白衬衫和洋服裤也都成了血团子。矿工们拉他来的时候，把他摔在地上，乱踢了一阵，他那擦了发油的头，弄得象是塞进糠草包里的狗头。在要求作出保证的群众面前，他吓得索索发抖，还弯着肥胖的脊背，搓着两只手掌求饶。群众高喊听不清姓崔的说什么话。虽然把他架到岗顶上来进行质问，但还是被人们围得严严实实的，看不清楚。

“把他拉到前面来！让我们看看他的大肥脑袋……”

“给他几个耳光！叫他大声说话！”

人群中发出各种各样的喊声。大家都举起手里的家什摇晃着。要是放手不管，恐怕一眨眼的工夫，人们就会把他踩死或打死的。

贞顺也兴奋得浑身发颤地望着岗顶上的情景，仿佛自己是站在发生地震的地面上似的，也想高喊什么。她虽然不知道姓崔的究竟是什么样的家伙，但也恨得咬牙切齿。心想：这家伙怕花钱，不架坑木，硬把人赶进坑里作工，结果砸死了几十个人！这种人跟九岩的闵太雪又有什么区别！噢，不是说闵太雪也在泰峰办起金矿了吗？怎么不把他也拉出来斗一斗呢？贞顺这样想了半天，忽然又想起揣在胸前的饽饽包儿。真不知这些饽饽已经变成什么样子了。饽饽包儿在人堆里已经被挤成扁扁的了。不论贞顺怎么四下张望，也没看见人群里有哥哥。一想到只好带着包儿转回九岩去，她即刻感到眼前发黑，内心充满了悲伤和气愤。现在，她看不见眼前的群众，也看不见别的什么了。甚至在岗顶上围着姓崔的大声喊叫着的、沸腾着的群众，在她含泪的眼里也变得朦朦胧胧的了。

贞顺挤出人群，疲惫无力地往回走。

“呃，你不是贞顺吗？”

不知是谁，走到她的面前问道。贞顺急忙用手背拭去凝在眼角的泪珠一看，是个姑娘。她是谁呢？一点也想不起来。

“哎，你怎么这样瞅我呀？我是福女，有一次去过闵家的福女！”

这时，贞顺才想起来了。那次福女说自己是泰峰镇闵家姨太的烧饭丫头，还到碾房里飞快地推了一阵碾磙。那天，她被闵姨太支使到大太太家里来不知做什么事，用她的大力气推了半天碾子，还谈到自己不满十岁就失去了爹娘。她是一个力气大、辫子粗的姑娘。关于这个姑娘，当时得到的印象就是这些了。

“真的，咱们分别多久了？”

福女亲昵地紧紧抱住贞顺。也许是想到她们同是在闵家受折磨的身世吧，她那明朗的大眼里汪满了泪水。

“现在你还是推碾子吗？”

“嗯，还推碾子。”

“那你怎么上这儿来啦？在出了这样大乱子的时候……”

“就是来看看。”

她俩走到人少的地方。

“你怀里揣的是啥？”

贞顺没有马上回答。不知怎么搞的，她不好意思说这是饽饽包儿。

“你是来卖什么的吧？”

“我能卖什么？我嫂子现在关在警察署牢狱里，这样……”

“你嫂子是谁？”

“我说出来，你也不认识她。”

“是不是吉女大嫂？”

“你怎么认识我嫂子？”

“妈呀……我怎么不认识她？那么，你就是……”

福女又一次扑上来抱住贞顺。她本想说“那么，你就是基焕同志的妹妹了！”但是又立刻把话咽了回去。现在她也知道，什么话都不能乱说。

“那你给嫂子带什么来啦？”

“做了点饽饽。可是警察守在墙外和大门口，啪啪地开枪，没法送到里边去，只好抱着它转游。”

福女啧啧地咂着舌头，说：

“你等一会儿，老远地做了饽饽带来，怎能又带着回家去呢？我先到那边办点事，回头就来，你可在这儿等等我啊……”

说完，就挤开人群跑了。正在这个时候，在岗顶上围着崔矿主喊叫的群众呼啦一下拥下来了。人们重重地围着崔矿主，穿过大街，走上通向二峰山坡的树木遮掩着的道路。他们是按照基焕的指示，拉他上哭声震天的矿坑去的。密密地聚集在街道上的矿工们也都跟了上去，哇啦哇啦地喊叫着，卷起一阵人的浪涛。

不知福女打什么地方回来了，满身大汗地跑到贞顺面前，说：

“贞顺，咱去看看。不论怎么，还能不让人送吃的？不是说可以给狱里的人送吃的吗？”

福女抢过饽饽包儿走在前头。她想到吉女的可怜模样，就想自己早该做点吃的送到牢狱里去，现在贞顺带着饽饽来了，怎能让她又带回去呢？这样，她就把大杰递给她的那个写着闵家动向的纸条送给锅伙里的平头老大，又急匆匆地跑了回来。

她俩急急忙忙地朝着警察署门前走去。出乎她们的意料，警察并没有象刚才那样守在墙外。只有大门前头站着五六个警察，直勾勾地窥伺着前方。大概他们也估计到群众不会涌向警察署了。福女不管三七二十一，直奔警察署门前。贞顺也紧跟着走上去。

“你的什么？你的什么？”

警察急忙大声地叫喊。

“给狱里的人送饽饽来啦。”

福女晃动着粗大的辫子，泰然地走去。看样子，她还以为只要说自己是给狱里的人送饽饽，警察就会点头答应似的。

“什么的干活，啊？”

“给狱里的人送饽饽来啦。”

“什么？饱饱？”

“哎哟，舌头转得那么怪！我说的是饽饽，你怎么说是饱饱呀？”

有一个家伙走上前来，打开饽饽包儿看。也许他们以为包里还有别的什么东西吧，用黑不溜秋的瘆人的毛乎乎的手指头把饽饽乱拨一气，然后打了福女一个耳光，喊了一声“滚蛋！”

“啊！狗东西！……”

福女的两眼即刻变得象灯火似的，直盯盯地瞅着鬼子。这么一来，鬼子又用拳头去打福女的头，大喊一声“滚开！”

“福女，算了吧，咱们回去！”

贞顺气得脸色发紫，急忙包起包儿，挽着福女就走。她俩慌不择路地离开警察署门前。福女狠狠地咬着嘴唇，大颗大颗的泪珠滚了下来，她哭了。

“快回家去吧！”

贞顺走到大街上，两眼泪汪汪地说。

“嗯，我就回去，你要回九岩去吗？”

“是……”

“那你当心点，走吧。”

贞顺和福女揩着眼泪分别了。贞顺沿着凄凉的街道走了一阵。风扬起尘土，撕碎的传单飞了起来。暴风席卷过的萧条的街道，也使她体验到淡淡的悲哀。哥哥究竟上哪儿去了，怎么在这喊声震天的街上也看不见他呢？他知道不知道嫂子被捕的事啊！

贞顺过桥的时候，把饽饽呼啦扔进河里。她不愿把这些被警察的瘆人的毛手拨弄过的饽饽原封不动地带回家去。如果里头没有那个纸条的话，她会当场扔在地上走掉的。

她走过大桥，坐在夕阳映照的山坡上哭了半天。她用手里揉着的包袱皮儿，一次又一次地拭着眼泪，哭得很响。

第四章

一

贞顺从泰峰镇回来就病了，身上烧得象火炭一样。她眼前依旧浮现着攻打崔矿主家的群众的愤怒的眼睛，耳边响着呐喊声和玻璃窗破碎的声音。她和福女被警察推搡着呼喊嫂子的情景，半夜里穿行过的田野和令人发怵的山坡也浮现出来。就连庄稼地望去也很可怕，道路象白蛇似地弯弯曲曲蜿蜒向前延伸，使人心悸。她的眼前不断地掠过一幕又一幕的幻影，浑身直冒汗。

过了两天，体温才稍微下降了一点，脑袋和耳朵也清静些了。在她闹病的时候，还是母亲勉强挣扎起来，带病服侍女儿。

贞顺在病后的第四天早晨才感到身子舒服了些，从炕上爬起来了。她腰里夹着水罐上泉井去打水，看见粉妮坐在井边，冲洗着刚刚挖来的桔梗。粉妮说，天旱得厉害，她家门前的井水都干涸了。

"你怎么样？听说你病了，也没能去看望你！"

"没啥，生了场小病。"

贞顺回答说。这些天，她俩都被各自的沉重的心事压住了，一见面就眼窝儿发酸。

"大娘怎么样？"

"我妈也渐渐好起来了。——噢，你出嫁的准备，快做好了吗？"

"准备，有什么准备？还不是妈东跑西跑地一个人张罗。"

粉妮的一对双眼皮的眼里汪出了泪水。她那白净的皮肤也变得粗糙了。

"什么时候成亲，现在就忙成这个样子？"

"还没选日子哩，据说他们那边，打算今年秋天办，我妈和我爹就这样忙乎起来了。我真不知道这世道，怎么这样越来越叫人感到冤屈，越来越黑暗！"

贞顺没说什么，光顾打水。

"没人知道你嫂子什么时候出狱吗？"粉妮问。

"没人知道！"

"你上泰峰镇，见到谁没有？"

"谁也没见到，一整天光顾看矿工们围攻矿主家！"

"什么？矿工把矿主家围住了？"

"是啊……斗得可凶啦！"

"斗什么呀？"

“斗财主嘛……”

粉妮轻轻地叹了一口气。世界好象这儿在闹腾，那儿也在闹腾。但她觉得这一切似乎都跟她没有一点关系。她倒希望要是打仗的话，千万打一场能把她的婚事给砸了的那样的仗就好了。现在，村里都在嚷嚷，说她是被卖给人家了。有天晚上，妇女会长来找她的父亲，劝他退掉这门亲事。父亲听了，就提高嗓门大喊：地被抢去了，都快饿死了，想把女儿嫁给有碗饭吃的人家，这有什么不对？妇女会长再没说啥话就回去了。此后，喜燮老师也来过一次，也没能使父亲动心。这么一来，她的婚姻问题越发成了村里人的谈话资料。父亲更是大发脾气，说村里人是多管闲事，瞎插嘴，故意要惹得他心里发火。经过这一番周折，粉妮更加觉得自己不能嫁到朴大同家去，但是苦于没有办法。她还茫然地想过：如果真的发生个什么大事变，把这个世道搞个天翻地覆，也许就会有趁机脱逃的道路了。

粉妮对贞顺讲了好大一阵闵财主如何卖光了他们家的地，害得他们过不了日子的事。她的话里，似乎也含着这样一层意思：眼下她家就要毁了，她也只有出嫁这条路了。

“贞顺，你把这拿去，给病着的大娘做点桔梗菜吃吧。”粉妮抓出两把桔梗放在井台边的石头上，然后拎着筐站了起来。

“别这样！”

“快拿去给大娘做菜吃吧。”

粉妮顶着湿篮子走了。贞顺觉得不论是粉妮，还是自己，现在都不得不各自心里怀着无可奈何的悲哀，走各自的路了。说不定这就是自己和从扮家家玩的小时候起就那么亲近的粉妮之间的永别了。想到这儿，不禁心痛起来。

她整天感到心情沉重和难过。现在虽然身子还是不舒服，但也得干活儿了。这样，便上山去采了一篮野菜，又想给患病的妈妈煮几个土豆吃，就又背起仁男上土豆地去。地里的土豆秧子还是青青的，她先用锄头刨开几个坡子，只见结着几个鸡蛋般大的土豆。贞顺舍不得挖正在长的土豆，便从每个垵子里摘个最大的，又仔细地重新把垵子培好。

正在这时候，洪达洙跑到地头来，扯起嗓子朝她喊叫：

“你跑到这儿来干什么？土豆还没结，就来挖啦？”

贞顺放下锄头赶忙站起身来，洪管家彳亍跨进垄沟。

“今年，你们想吃土豆，也得等到交完租子！你以为自己种的，就可以不管什么时候随便来挖吗？我再问你，你怎么不到碾房去呀？快走，今天你得去见太太！”

洪管家走到贞顺跟前大喊大叫。孩子哭了。贞顺朝洪管家盯了一阵，把啼哭的孩子转到前面来，抚摸着他的头。孩子也许是惧怕姓洪的，紧扒在她的怀里不停地哭。

“快走！今天你得到太太面前回话，说说你为啥不到碾房去！……你没听说过‘欠债的就是罪人’吗？欠人家多少债，就该给人家干多少活儿！你以为硬挺着不干就行吗？我倒要看看你的心思有多大！”

看他这个样儿，就象是今天要闹出什么事来。他说的“我倒要看看你的心思有多大！”这句话，分明是发泄对贞顺不把舀给她的米带回家去的不满。其实，洪管家也向泰峰警察署打过小报告，建议他们把贞顺也给抓走。可是，警察却掂量了洪管家下作的人品，没有照他的话去做。

贞顺狠狠地盯了洪管家一阵，转身走出土豆地，她仍然把啼哭的孩子夹在肋下，走在洪管家的前面。她的脸绷得紧紧的，显得相当可怕。就在不远的泰峰镇，矿工们起来斗了坏蛋，可是这个地方的坏蛋，竟毫无惊恐的神色，还把欺压人当作家常便饭！贞顺气得心里暗暗发抖。

“我再三跟你讲，今年你们不能随便挖土豆吃。你要知道，这块土豆地里也有闵主事的地租。闵主事要你用土豆交租，你就得交土豆，要你交谷子、高粱顶土豆，你就得交谷子、高粱！现在，闵主事还没有说定要你们交土豆，还是交谷子、高粱，你就到土豆地里动锄头了？这事儿要是告到衙门里，会把你当小偷抓起来！”

洪管家罗唆了一阵，还咯咯地咳了几声。贞顺没有回答，根本也不必回答。直到现在，闵家从没有把土豆当地租收过。很明显，他的这套把戏，不是要什么贼心眼儿，就是想要欺压人。

孩子不停地大声哭叫，把眼泪模糊的脸贴在贞顺的前襟上蹭着，两只小手狠命地抓她的胸脯。看样子，不是吓哭的，而是要吃奶了。贞顺忽然闪电般地想起了嫂子，心就象碎了一样。嫂子现在怎样了？死了呢，还是活着？她要是活着，该多么想念自己的孩子啊！

贞顺来到闵家大院，看见两眼眍瞜的粉妮爹，坐在廊沿上抽烟；脑门上勒着布带子的闵太太，坐在紧靠门坎的炕上，盯着田治根的后脑勺撒赖。

“我们是贼？我们卖掉了典来的地，就是贼吗？到期不还钱，典来的地，债权人可以这样处理，也可以那样处理，所以才典下来的，可不是看你地照不好保管，替你保管的。”

粉妮爹一句话也没有说。太阳穴鼓得跟刀背似的，深陷的眼窝里只有象火光一样的眼珠子在闪亮。最近，当他打听到闵家处理了他的土地以后，就拼命喝酒，牙齿咬得咯嘣咯嘣响。田治根是不会乖乖地让人把地抢走的。他虽不清楚连脊背上都长了嘴的闵财主是怎样卖掉了他的地，但可以肯定一点，就是闵财主拿到的钱绝不会仅仅相当于他们所空的债，至少也要比债款多上一倍。如果把这个事实抖落出来，告到衙门，任凭是怎么颠倒黑白的法律，也没法给闵财主遮掩，那时姓闵的就将被当作贼抓起来，不会有什么别的办法。

这些天，田治根一直在这样琢磨着，暗暗地想好了动手的办法。另一方面，住在泰峰镇的闵太雪，也怕发生这样的事态，开始担心起后果来了。他给大老婆捎了信，要她下狠劲镇住田治根，不让他有所行动。所以，今天早晨闵太太才这样把田治根叫来，从各方面对他施加压力。

“啊，你怎么象吃了蜂蜜的哑巴一样不吱声？你说呀，我说的对呢还是不对？我们本想把地还给你，定了个期限，到某天为止，捎信去叫你还债，希望你上点心，可是期限满了，也没见你到咱闵家来说过一句‘如此这般’的话呀！花了人家的钱，还那么硬气？我们也是逼得没办法，才把你的地卖掉的，我们要买金矿，急着等钱用……这样我们就是贼吗？喝了酒跑到这儿来扯哪份的皮！你说这种话安的是什么心？”

闵太太隔着门坎，啪啪地敲了几下板炕。这一敲，倒把贞顺背上的孩子吓得突然不哭了。仁男滴溜溜地转动眼珠，望着坐在屋里的闵太太。在孩子的眼睛里看来嘟嘟着重下巴颏儿、两腮圆鼓鼓的闵太太，敲板炕发疯，好象也是很奇怪的。正在撒赖的闵太太，忽然一眼瞥见了仁男，两个眼眶立刻就象惊了风似地颤动起来。

“给我滚开！干吗跑到廊下来跟我面对面地站着？”

闵太太恶声歹气的话刚落音，洪达洙就急忙把贞顺拉到灶屋门前。

“你说吧，怎么不吱声呀？你到处骂我们是贼啦什么的，究竟想要干什么？你心里怎么想的，说出来让我听听嘛！”

粉妮爹仍然不开腔。他在板炕沿上当当地磕了几下烟斗，忽地站起来，说：

“看你这样挖空心思地想摸我的底，足见你这强盗做贼心虚了……不过，我要告诉你，姓闵的卖掉了我的地，恐怕是不好消化的！”

粉妮爹说了这么一句，霍地走下廊台。

“你，你说什么？喂！你这个蠢贼！”

闵太太猛地站了起来，一脚踩在板炕上，就象螃蟹横行似地跑了出来，滚到廊台下面，要去追赶朝大门走的田治根。这时，洪管家跑来把她拦住了，说：

“算了，算了，别管他啦！”

“不管他？——好啊！你这个混蛋，我们是贼！你说我们卖了你的地，怕不好消化。喂！混蛋，站住！”

“我看他背后准有共产党撑腰。不过，他是不会得逞的！他说卖了他的地，怕不好消化。他知道什么叫王法，就敢来这一套？”

“说的是呀！可这口气我怎么受得了哇？混蛋！我真恨不得把你，把你……”

闵太太光着脚丫子乱蹦乱跳。裙子拖到地面上直绊脚，她两眼发直，好象要打拦住她的洪管家的耳光。

洪管家费了好大劲才把闵太太的大身板架到廊台上面。闵太太“嗵”地一声瘫坐在板炕上。她这股气儿来得真冲，也不知她是怎么搞的，喘得上气不接下气，嗓子眼里憋得咯儿咯儿直响。她的脑袋瓜子一阵阵发痛，急得她把缠在脑门上的布带解下来，呼啦一下扔掉了。

“他说什么卖了他的地，怕不好消化？我们是卖地抵账，有什么不对？混蛋！把我们看成什么啦，敢说这样的话？”

“忍一忍吧，跟他生气，只会伤了您的贵体，没有什么别的好处。”

洪管家一边把掉在廊下的闵太太的白胶鞋捡起来放在廊上，一边解劝着。可是闵太太的气还没有消。不知怎的，她也觉得可能要有后患。当家的卖了田治根的地以后，就捎信来要她下狠劲镇住田治根。当时，她就猜到卖地的钱准定比债款多几倍，怕这事不得罢休。一想到这儿，就更无法忍耐了。要是自己有股子力气的话，真恨不得追上去，干脆摘了田治根喘气的家什，铲除一切后患。可是这又做不到，所以心里很焦躁。

“那你说，是共产党在背后撑他的腰吗？”

闵太太晃着下巴问洪达洙。

“是啊，肯定是共产党指使的！”

“啊，共产党靠什么力量敢跟王法作对，敢给他们撑腰，难道他们有飞机大炮吗？”

“穷光蛋还不是靠一双空拳头干，你没看见他们去年秋天抢仓库吗？还有，你没听说这些日子泰峰镇上砸了崔矿主的家吗？当然，到临了他们终归是要被套上法律的绞索的。不过，眼下他们要是凭那股蛮劲儿一闹，可就……”

“那么说，这个事都是共产党干的？”

“嘿嘿嘿，那还能是神仙党干的？”

洪管家觉得这个豆腐盆儿要不是昏了头，怎么会突然间问起这种话来，所以他瞥了一眼看着中大门的闵太太的脸。但没有发现闵太太的眼珠子转得不正常，眼白也没有朝上翻。

闵太太呼地吐了一口气，五脏六腑好象都在肚子里燃烧。尽管洪管家怀疑她是不是昏了头，但她自有她的疑问和痛苦，所以才提出如此奇怪的问题。以她的见识，怎么也想不出共产党究竟是啥东西。现在凡是弄得他们不得安生的，不论是这个还是那个，一概都被骂成共产党，似乎他们不属于人的范围之内。世上有“受天罚”的说法。她甚至想过自家这些人是不是正在遭受天罚？她感到有某种黑漆漆的、象山一样的东西塞满了人间，喊着：“打断他的腿！”“砍掉他的脑袋！”“刺穿他的胸脯！”把他们这伙人圈得越来越紧了。晚上，一想到这些情景，就吓出一身冷汗。就是现在，这些幻影也时时在她的眼前晃动。

“我把她叫来了！”

“你说什么？”

闵太太听到洪管家的话，赶忙把满布血丝的眼睛转过来，问道。她的视线这才接触到站在灶屋门前的贞顺，眼里立刻迸射出一股凶光。

“叫你到碾房干活，怎么不来？”

贞顺没有回答，只是摸着夹在腰里的孩子的头。

“你听着没有？”

“听着呐……”

“为什么不上碾房来干活？”

“嫂子给抓走了，家里人手不够……”

“你嫂子是共产党，才被抓走的，你干吗说人手不够？缺人手为什么要干共产党？今天马上把债还清！你要是不到碾房来，今天就得把债还清！”

贞顺迅速地瞥了闵太太一眼，只见她那颤抖的脸皮，越来越象生菜叶子似地发青了。

“你盯着我，打算怎么样？今天你是想还债还是怎么的？”

“等到秋后还！”

“什么？等到秋后？哼，到了秋后，你能有什么高招儿？你以为我会把那块地交给你们这个缺人手的人家种吗，今年我们打算雇工侍弄了，你们种的旱田庄稼也是我们的了！”

“那块地，是我们撒的种，锄的草，怎么说要雇工侍弄？难道你们要抢走那块地吗？”

“不是抢，是收回来！你要把话听明白。”

洪管家在一旁帮腔。

“不管怎么，那块地里的庄稼，也有我们一份！”

“嚄！你这么会算账，你倒说说你哥哥为什么抢人家的仓库？”

这会儿洪管家又插上来说了一句，贞顺装着没听见。

“快说呀！你这么会算账，我倒要问问你哥哥为什么抢人家的仓库，嗯？”

洪管家这样追问的时候，闵太太只是恶狠狠地盯着贞顺看了一阵。也许她意识到光是这样骂也捞不到什么便宜，便阻止开始上火的洪管家：

“别管她啦，你以为跟她说这种话，她就会眨眼睛吗！管怎么的，贞顺，你要是到碾房来，我们就不碰那块谷子地，到秋后光收租子。你要想吃那块地里的粮食，打今天起就得来碾房干活儿！懂了吗？”

贞顺仍然没有回答。想来想去，她总觉得嫂子不在，自己不能光给闵家干碾房活。有的地还没有耪完。在这种情况下，得准备野菜，还得服侍小孩。如果母亲身体好，或许还可以，可是母亲一直在生病。这样，究竟该怎么才好，她真感到茫茫然了。

“怎么不说话呀？”

洪管家又在一旁催促。

“你就不能快点说吗？”

闵太太的架势好象又要逞凶施威了。

“我来！”

闵太太逼出了这句话以后，才从板炕上站了起来，接着又敲打一句：

“你乖乖地来干活！不然，那块地里的粮食你一颗也吃不到！咱们闵家为人厚道才这么办的，换个主儿，谁会给你家土地，让你们种田吃饭！”

“太太说的是！谁会给他们地种啊，要是别人，早在今年春上就把地给抽了！”

洪管家又来帮腔。

不一会儿，贞顺走出中门。她虽然嘴里答应上碾房干活，但不知怎的，却不象过去那样害怕闵太太和洪管家的威胁了。她觉得总有一天，这个世上要发生什么变化，把这类披着人皮的畜生一扫而光！贞顺的眼前又浮现出在泰峰镇围着崔矿主家呐喊的可怕的人流。

当她走出闵家大门的时候，阳光明亮得眩人眼目。草叶上的露水还没有干。溪边的草地，就象铺了一层珍珠似的玲珑夺目。孩子们在草地上摔跤玩耍。基成不知上哪儿去了，孩子堆里没有他。

贞顺又回到土豆地里，捡起装着三颗土豆的小篮和锄头，走到地头上，眼泪这才唰唰地淌下来。他们用自己的力量耕地、播种、锄草种的粮食，为什么就不能随意挖来吃呢？世界上打什么时候起有了这种不讲理的王法呢？贞顺站在地头哭了一阵，她想再多挖几个埯子，可是转念一想，就不挖了。宁可母亲吃不到，也不情愿象偷东西似地去挖自家种的土豆啊！

第二天早晨，贞顺不得不上碾房干活儿。她吃完早饭，就把仁男交给基成背着，打发他们到外面去。

“妈，今天我上碾房去，饭和酱都放在锅里，待会儿您吃吧。”

贞顺对用布带扎着头坐在上屋捶衣服的母亲说。这些天，母亲尽管身体不舒服，还是把嫂子的衣服全都洗了，今天早晨，又上了浆捶好。

“你去吧，跟他们硬顶，说不定会遭到什么灾祸。忍着点吧！总有一天，背阴的地方会变成向阳的地方的……”

母亲的话没有说完，贞顺急忙看了母亲一眼，只见她两只眼睛里汪满了泪水。大概她又想起了被抓走的儿媳妇，心里感到难过吧。

“我喂了仁男几口米汤，让基成背走了，我还让基成晌午到茂山家去一趟！”

“茂山家媳妇也不会有那么多奶呀！”

母亲的眼泪终于沿着满是皱纹的两腮唰唰地淌了下来。母亲打贞顺上泰峰镇回来以后，也许是有了某种不祥的预感，不时流泪啜泣。贞顺也用衣带擦着泪水，打开门走了出去。

贞顺走到碾房，碾房地上已经同往常一样，堆着一袋袋谷子。看来，他们是准备把贞顺牢牢地拴在碾房里。

贞顺把谷子舀到碾盘上，然后牵来毛驴，套上轭子，拽着缰绳拉它，可是毛驴一动不动地站着。

“驾！快走！怎么不拉呀？”

贞顺象哄孩子似地哄它，又用缰绳抽它，发着脾气用巴掌打它。可是，毛驴只是眨巴着粘着眼屎的大眼睛，象石柱子似地站着不动。也难怪，这是一头皮包骨头的牲口，哪有力气拉碾子？现在是没法借助牲口的力气了。哪怕是累死，也只好靠自己的力气来推碾子了。

贞顺解了轭子，把毛驴牵回牲口圈里去，然后抱着连在碾子上的杆子用力推起来。笨重的碾砣，吱吱地响着开始动了。贞顺生怕碾子停下，就用脚尖使劲蹬着往前推。碾砣不知道为什么变得这么重。这些天她闹了病，昨天一整天吃得很少，今天早晨也只吃了一团青菜。原因大概就在这里吧。

可是，贞顺知道：不推碾子是不行的。她拿出吃奶的力气推着碾杆。碾砣勉强地转动了。她立刻冒了汗，眼前直发花。她觉得这样下去，也许要昏倒，但她还是拼命推着碾杆转。腿发硬了，脊背上的汗一串串地往下淌，小袄象挨了一场暴雨似的。她不时擦着流进眼窝里的汗水，眼角被汗水腌得火辣辣的，痛得受不了。

贞顺忽然发现身边有人。她猛然想到是不是闵太太来了。回头一看，原来不是闵太太，而是背着孩子的基成。

“啊，你干吗上这儿来？”

贞顺朝着弟弟问。苍白的脸上汗珠儿闪着光。基成没有回答，两眼盯着姐姐那副又象是笑又象是哭的凄惨的脸庞。瞅着瞅着，嘴角忽然歪扭起来。

“你怎么上这儿来啦，孩子不哭，你就去找小朋友玩吧！”

贞顺现在不愿意让弟弟看到她的这种凄惨的模样。就是受苦受煎熬，也想在家里的人看不见的地方独自一个人承受。但是，基成仍旧象画中人一样，一动也不动地站着。

“基成！叫你快走，你还……”

“哼！……”

听来不象是单单哼鼻子的声音，似乎掺杂着哽咽的哭腔。基成随即把仁男放在空麻袋上，然后不由分说地走到姐姐跟前，用肩膀把姐姐顶到一边。贞顺不由地松开了碾杆，趔趔趄趄地向后退了几步。

“嗳，你这是怎么啦？”

“你别推了！我来推！”

基成把碾杆抱在胸口向前推，可碾砣连动也不动。他狠狠地咬着嘴唇，两腿使劲撑着，碾杆咯吱咯吱地发出一种磨牙似的声音，开始移动了。他一步一顿地向前迈着步子。因为使劲，脸歪扭得十分怕人。一个小孩子家，难得有这样的情意，竟抢着替姐姐干活！贞顺急忙走到弟弟身边。这回是她把弟弟往旁边推了一推：

“算了！”

“不，我要推！”

“那就一起推吧！”

贞顺也钻进套杆里头。两个人使劲，确实轻松多了。基成连忙撩起衣袖擦眼泪。

“基成！”

姐姐用亲切的声音叫了弟弟一声。可是基成没有回答。也许在想着什么，他紧闭着嘴，只是咯吱咯吱地推着碾杆。

“基成！”

“干什么？”

他的气儿还没有消。对姐姐，有什么可以生气的呢！看来，他是痛恨如此残酷地役使姐姐的闵家，痛恨比闵家更可恨的世道！

“我求求你别推啦！”

“……”

“给孩子讨到点奶吃了没有？”

“现在他肚子还饱着，没哭。”

“过一会儿，你就到茂山家去一趟吧。”

“那家大嫂下地了。”

“你到他家去过了吗？”

“刚才我看见她下地去了。”

“那你到顺伊妈妈那里去看看吧！”

“……”

“顺伊妈今天也许在家，我听她说今天要架织布线。”

“嗯，我去！”

基成仍然用生气的腔调回答。可是现在，他的气儿比刚才消多了。两个人推，碾子不停地转着。孩子坐在空麻袋上，屁股也一蹿一蹿地动起来。

“基成！咱俩唱个歌吧！”

贞顺想让年幼的弟弟心情开朗些，让他忘掉这个昏黑的碾房，忘掉姐姐的令人伤心的模样。

“唱什么歌呀？”

“不是有个你喜欢唱的《阶级战歌》吗？”

“嘿嘿！……”

基成歪扭着脖子，做出若无其事的样子。

“咱俩小声唱，不让闵太太听见！”

阶级战争开始了，投入战斗吧！
年幼的孩子们，也来战斗吧！

基成也跟着唱了。姐弟俩低声地合唱。他俩就象是在深深的地底下培育着一种力量似的，悄悄地低声唱着：

老人们手挽着手，拄起拐杖，
投入决战的战场！

贞顺的眼里流下了眼泪。哪里有这样可爱的弟弟啊！给你什么，才能使我心里高兴呢？在这个世界上，到哪里去才能给你穿上锦缎，吃上饱饭呢？人们说，革命胜利了，就会迎来这样的世道。那美好的日子，什么时候来呢？啊，快来吧！好让我把我的弟弟，我的基成，早一天带到那样明朗的世界里去，推着他的脊背，让他展开翅膀，尽情地、尽情地飞翔！……碾杆被泪水沾湿了。深厚的情意，沉重的悲伤，快要胀破她的胸膛了。

砸开工厂的大门，团结在一起，
打碎资本家的黄金塔！

基成冒着大汗，贞顺也汗珠直淌，霎时间，一天的活计，也随着减少了。轻轻的歌声，在汗水和眼泪中继续响着。

二

自从泰峰镇发生了围攻崔矿主家的事件以后，各农村地区每天早晨都撒满了雪白的传单。不光是传单，墙壁上、大门上、大树干上，还贴了号召书。

农民们！团结起来进行斗争吧！

当被压迫群众团结起来进行斗争的时候，它的力量是举世无敌的，不可抗御的！迫使泰峰镇警察和矿主屈服的，也正是被压迫群众的团结的力量！

崔矿主家被包围了，警察和矿主们被迫低头接受了工人群众的条件。

号召书和传单上，写着介绍泰峰镇的斗争的消息，启发农民觉悟的凛若冰霜的字句。在九岩村，也出现了传单和号召书。一到早晨，庭院、井边和路上，都撒满了雪白的传单。有一天早晨，闵家的大门上也贴了檄文。不论是闵太太还是洪达洙，都吓得瑟瑟发抖。闵太太越发感到好象真的有某种黑糊糊的东西，一直逼到大门口，喊着“打断他的腿！”“砍掉他的脑袋！”了，吓得她大白天也不敢走出门外。

为了抗阻这股力量，警察们穿梭似地来往于中村、九岩地区，眼睛里打着灯笼转悠。鬼子们还掀起了搜查房屋和殴打青年的骚动。可是散发传单的斗争并没有停止，散发的地区却渐渐扩大了。

就在这样的时候，有一天，贞顺接到通知，说喜燮在后村的丰山家里等她。她到丰山家去一看，喜燮和成载都在，还有喜燮的爱人金实。不知发生了什么事情，金实鼓起嘴巴，象是在赌气的样子。

“贞顺同志，你要是不糊涂，干吗现在还老上闵家的碾房干活？”

贞顺刚走进房里，成载就瞪着眼睛说。贞顺一下子怔住了，回答不出话来。

“你没看到传单吗？你光吃野菜，还有力气给他们干活？就是没法打死闵财主，放火烧他的房子，也不能上碾房去给他们干活呀！你不知道抓走你嫂子的凶手就是他们吗？你到底知不知道革命在怎样地发展？”

成载原来就不够沉着耐心，这些日子母亲又被警察砍得半死不活的，他对敌人的憎恨就更加强烈，脾气也变得更冲了。贞顺挨了这顿狠剋，红着脸低下了头。

“算了，算了。她要是没有难处，还能上碾房去？贞顺同志，我今天叫你来，不是别的，想叫你去做一件重要的工作。”

喜燮坐着，正色地发了话。贞顺听了，心里怦怦直跳。

“你吃了午饭没有？”

“吃过了。”

“那么你马上出发，把它送到下村去！”

喜燮把放在炕角上的麻袋拉过来，从里头掏出两条米袋似的口袋。

“这口袋里装的是高粱糠，糠里藏着传单和号召书。今晚务必送到下村！——唔，你打算怎么行动？你到底去不去苇子沟？”

喜燮回头朝着自己的爱人问。

“我去！”

金实下意识地摸着衣带，低声回答。

“大嫂，你就去一趟吧！组织上考虑到派妇女去比派男的好一些，才提起这个话来的。我看，你还是去一趟吧！”

成载插话说。

“我问你，是给田治根的女儿做嫁妆重要，还是革命重要？田治根把女儿嫁给财主家，拿背对着革命，你还替那样的人家做针线。干脆别做了！针线手艺也得贡献给革命！”

“看你说的，我给粉妮做嫁妆，可不是看在她爹娘的面上，我是可怜成了钱财和封建制度牺牲品的她本人……”

“可是，你那种同情是不必要的！……不是做衣裙，而是要干革命！只有这样，才能铲除那种社会的罪恶！”

金实紧闭着嘴，没有回答。事实上，喜燮现在对喝过一点墨水的爱人不参加革命担负一部分工作，是非常不满的，他常埋怨爱人说，应该把革命放在心上，并想方设法要把她也拉到斗争中来受锻炼。

“你们俩快点走吧。我看最好先沿着山道走，过了金窑村，再抄野路走。”

成载拿着两个传单口袋，说。

“你们千万要小心！如果遇到警察，要想个好办法骗过他们。到了目的地，天就黑了，今晚你们就住在那里，明天早晨回来。”

喜燮提醒她们说。他的话，好象是对贞顺讲的，实际上也是讲给自己爱人听的。他认为，爱人的性格象小扁锅似的，热得快，凉得也快。现在鼓着的嘴巴，很快就会平复下去。但她行动轻率，喜燮惟恐有什么失闪，心里很不安。

喜燮向她们作了具体的指示，告诉她们到苇子沟和下村去要找哪些人。

“怎么样？贞顺同志，干得下来吗？”

喜燮作完指示后，问道。

“干得了。”

“那你怎么样？有信心吗？”

金实低下红得象草莓一样的脸，没吱声。

“没有信心，那就算了！”

“你放心吧！”

金实这才扬起脸来回答。

过了一会儿，她们接过带给收传单的人的字条，藏在身上。贞顺径直回到家里，告诉妈妈说，她要给喜燮老师跑趟腿，如果天晚了，就住在那儿。

“跑什么腿呀？”

“有点急事。”

“让你跑腿，你就去吧。要是闵家来找你，我就说打发你到别处去了。现在，还有什么可怕的？你也要下点狠心，把大人要你办的事办好。”

母亲越来越不同了。在村里闹腾的气氛中，似乎也痛切地感到现在不是光呆着不动的年月。她把孩子背在背上，紧紧地系上背带。不知她在想什么，那病后的黄脸上，明显地起了一阵痉挛。

日头偏西的时候，贞顺和金实穿过丰山家后面的树林，登上了山道。攀登了好一阵子，眼前出现了怪石参差的陡坡。这是只要一脚踩空了就会从崖上滚落下去的危险的地方。她们一只手把着顶在头顶上的传单口袋，另一只手攀着崖边的树木，好不容易才脱离了险峻的山坡。登上山顶一看，白土裸露的山脊上，生长着一簇簇的盘松，正是孩子们摔跤嬉戏的好地方。山顶上还有这样的场地，真是奇怪的事情。

“贞顺，咱歇会儿走吧！”

金实的情绪早已好起来了。她先搁下自己的口袋，然后去接贞顺的袋子。

她们的脸上,汗如雨注。金实的脸红红的,贞顺的脸色显得很苍白。也许是闹病以后,该吃的吃不上,还得在碾房做苦工的缘故吧。现在,她的耳边还响着吃力地推碾子的轧轧的声响。

贞顺离开了那个地狱般的地方,心情顿时轻松起来。

她现在还没有觉察她们攀登的山是这样高。无边无垠的空间展现在眼下,白蒙蒙的,整个都是灰也似的颜色;大大小小的山包从她们的脚下蜿蜒而去;那条通往月坪镇的大路,绕着山角伸向远方。金窑村、苇子沟和下村好象都很近,只要甩两下膀子,跺一跺脚,就能跳到那儿去似的。

"啊,真爽快! 咱生活在这里,怎么不知道这样的好地方就紧靠在村子后面呀!"

金实也高兴起来了,一边擦着汗,一边自言自语地说。

"姐,你也是头一次上这座山吗?"

"是啊,我们那位先生大呼小叫的,我哪里能出一步门呢? 他整天价革命革命……好象就他一个人干革命……"

贞顺勉强地笑了笑。看来,金实挨了丈夫批评的那股子气还没消。

"姐,虽说如此,可谁能赶得上老师那么厚道呢!"

"那倒实在,别看他剋我,剋完了,也就没事了。闹得我想跟他吵一场都吵不起来。"

"吵,有什么要吵的? 真的,不知有多少人羡慕你们家呢。"

"那真是没人家可羡慕了!"

可是,金实那开朗起来的美丽的脸,却在笑着。她讲了一阵将要嫁到财主家去的粉妮如何可怜。还说,冲着田治根,就是一丁点活儿也不想帮忙,可是为了可怜的粉妮,她一定要给她缝好罩衣和罩裙。贞顺听着,不知怎的,十分感激她的这种好心肠。如果用各种办法都不能拯救粉妮的话,那么,给行将离去的粉妮缝件衣服,也未始不是一件值得感谢的事啊!

贞顺和金实,继续顶着传单口袋赶路。金实一路上还谈了不少话。

太阳慢慢西沉的时候,她们才走下金窑村后山的山梁,跨上田野里的小路。

她们幸运地顺利穿过金窑村。从金窑又走了五里多路,在上苇子沟和下村的岔路口上,碰见几个象是便衣警察的家伙,可是他们也没找什么麻烦就过去了。过去以后一看,似乎又不是警察。

贞顺在这个岔路口上跟金实分了手,离开大道,一个人走进山谷。她在赤杨树、色树苍郁的山坡小路上走着,才放心地吁了一口气。这会儿,只要翻过这座山梁，就能看到下村了。

不一会，贞顺登上一座低矮的山岗。

一眼就看到了下村。前面有一条河，河那面是一片较大的田野。在田野那边的树林茂密的小山脚下，有一个大村庄。密密麻麻的蟹壳般的小草房紧贴着地面，有几座瓦房疏疏落落地耸立其间，还有一所象学校似的洋铁屋顶的大长房子。从贞顺站着的山包右边的山谷里绕出来一条大路，穿过横跨在河上的桥梁，越过田野，经过村庄中心，向前伸展而去。这是通往月坪镇的路。贞顺朝桥上注视了好久。她上月坪镇赶集的时候，在这个桥上曾经多次被警察搜身。她怕有警察守桥，仔细地察看着。桥上走过几辆牛车，还有几个农民朝这边走来。好象没有警察守桥。

过了一阵，贞顺走下山梁。当她走到桥头的时候，薄暗已经袭来了。她飞也似地跑过大桥。明知道桥上没有警察把守，但不知怎的，过桥的时候，心里还是很害怕。过了桥，才放心地吁了一口气，心里也舒坦了。走进村庄，胡同里已经很黑。她走了好大一阵，才找到名叫李尚俊的那个人的家。

一个卷发青年正在吃晚饭，跑到廊台上问她是打哪儿来的。

“我……”

贞顺怕屋里有别人，没有马上说出自己是从九岩来的。

“你是不是苇子沟的同志?”

“不是，我是从九岩……”

“唔，你是从京植同志那儿来的吧?”

“是的……”

贞顺没有径直说是喜燮派来的。

“快进屋吧！你拿的是什么?”

“这……”

“明白明白，交给我吧！”

李尚俊赶忙接过口袋走进灶屋，贞顺也跟着进去。她进了灶屋，不禁大吃一惊。坐在上下两个小炕上的大人小孩，好象有几十口。大圆桌边，面对面地坐着两个女人，象是婆婆和儿媳妇，旁边围着一群孩子。炕梢有一个同李尚俊一起吃饭的人，黑黑的脸膛，看去象是李尚俊的哥哥。上屋炕上，不知还有谁，响着匙子磕碰碗碟的声响，还传来喃喃的说话声。

这家的人，都忙着请贞顺上炕。那些光着腚子的孩子，都跑进灶屋，要看尚俊拿进来的口袋。尚俊挥了挥手，又把他们轰上了炕。

“快上炕吧，我们每顿都是稀粥，你别嫌乎，上来吃一点吧！”

尚俊的母亲给贞顺腾了个坐儿，再三请贞顺上炕。她向坐在里面的儿媳妇使个眼色，儿媳妇便把那碗不知留给谁的多半碗粥，端来摆在桌上。贞顺被拉上炕，不得不拿起匙子——她家吃饭的时候，家口不多，没有这样喧闹——孩子们逞强斗胜地先吃光了自己碗里的粥，然后扑向大人的粥碗。说起大人的粥碗，也就是那种能盛两碗粥的小小的瓦盆儿。这会儿，里面打起了舀粥的匙子仗。

贞顺用怜悯的目光望着孩子们。他们中间最小的一个，尽管弓着腰站了起来，可是胳膊短，够不着瓦盆儿，舀起来很不顺手。贞顺连忙捧起自己的碗，把粥拨到放在孩子面前的那个吃得净光的碗里。

“姐，别给他啦。他吃饱了还这样，你快吃吧！”

有谁在旁边拉着她的胳膊，说。回头一看，是个十来岁的大孩子，睐着一对纯朴的大眼睛。看样子，他是最先放下匙子，离开饭桌的。他显得很稳重，很懂事。大概是贫穷的生活，使他这么早就懂事了吧。

“没关系，我来的时候，晌午饭吃得很饱，这会儿还不觉饿……”

贞顺笑笑，又舀出一匙。这回是这家大娘干脆把孩子的那个粥碗抢过去，说：

“这孩子吃饱了还这个样子！客人来了，他闹得更凶了……”

贞顺没法再给他拨粥了。

“闺女，你家也是这样过日子吗？”

大娘问。

“是啊，我们家人口也不少。”

“家口多要什么紧？只要有吃的……”

“我家吃的也是这样！”

这家的人，谁也不问贞顺是哪儿来的和干什么来的。尚俊跟那位同他坐在一起吃饭的、象是他哥哥的人低声说了些什么。那个脸膛黑黑的人听了之后，只是点了点头。

吃完晚饭，贞顺才把喜燮写的条子交给尚俊。尚俊神情紧张地读着条子，读完立刻拿到灯上烧了。家里的人，都装着没有看见。那些小家伙，也不知怎么给调治的，唯独对读条子和烧条子的事，都装做没看见。刚才的那个大孩子，犹犹豫豫地走到贞顺身边坐下，亲切地揉搓着她的手。

“你叫什么名字？”

“我叫尚植。”

“你怎么这么象个大人呐？”

“他是我们的叔叔！”

小家伙们象飞上架的小鸡一样，坐成一排，异口同声地说。贞顺被逗笑了，李尚俊也跟着笑了。

“贞顺同志，咱走吧！这儿不好住，跟我走吧！”

大概喜燮在条子里写明了带传单去的人是谁，尚俊就叫着贞顺的名字，要领她到别的地方去。

贞顺跟着李尚俊走了。他俩走了半天，才翻过村庄后山的山梁。尚俊腰里夹着传单口袋，跑也似地快步走着。贞顺喘吁吁地紧紧跟随。

在树林苍郁的山脚下，有一座井字形的大草房，走进正房一看，屋里聚集着五六名青年。

尚俊向他们介绍说，这是从九岩来搞联络的贞顺同志。大家都站起来跟她握手，他们握得真紧，就象叫磨盘夹了一下。这些青年，一个个留着长头发，说话的时候，头一昂，长头发就刷地甩到脑后。也许是这地方离月坪镇很近，都象是经过了城镇风习的浸染。他们看到传单口袋，都问那是什么。

“事情赶得很巧，‘白雪’来啦！”

“‘白雪’？啊，太好了！太好了！”

大家都神采飞扬地闹腾起来。在他们这儿，传单好象有另一种叫法。

“我们正好能粉碎敌人的动员令了！”

“没问题！明天早晨的洞民大会一定开不成！现在，区长家里来了军部的两个人，明天至少要在他们的脊背上贴上五张‘白雪’！”

青年们轰然大笑。事情是这样的：开进月坪镇的日本军队，大概要运输什么军需物资，最近向月坪镇四郊农村下了一道征用人伕和车马的动员令，闹腾起来。为了此事，明天早晨下村也要在学校的院子里开洞民大会。

李尚俊从口袋里掏出传单和号召书。大家都拿起一张读着。在中村青岩洞指挥斗争的上级组织，早已获得了动员令之风席卷这个地区的情报，已经把矛头转向挫败敌人的企图方面来。不论是传单还是号召书，其内容都是号召大家起来反对动员令的。

拒绝日本军部的动员令！

鬼子把我们的同胞赶进血海和火海之中，服从动员令，就等于帮助敌人进行屠杀！为什么要放下自家的农活，去搬运敌人的军需品呢？绝对不要理它！一致团结起来，反对动员令！

青年们的心，都在怦怦跳动。贞顺的心，也跳动起来，想到自己是顶着这样的传单到这儿来的，感到非常自豪。

"不管发生什么情况，今天晚上一定要把这些传单撒到每一家人家，撒到村庄的各个重要地点和学校的院子里。明天早晨，我们共青盟员要站在前头，发动有组织的群众来粉碎这个洞民大会！怎么样？同志们谈谈看法吧！……"

贞顺望着李尚俊严峻的面孔，简直不相信他就是原来看起来挺和气的青年。这时，贞顺也感到产生了某种强烈的冲动和愿望，浑身充满了力量。

"好！就这样干！"

"是啊，连这么个动员令都粉碎不了，还能说下村有共青盟员吗？"

青年们个个握紧拳头响应。

"仁锡同志，你去请大娘熬点浆糊，贴号召书要用……今天我上龙神洞去，听见他们那里闹闹哄哄地说，昨晚金窑村又下了一场'白雪'！这回也得让咱们下村闹腾一次了！"

"伏天下白雪，还有不闹腾的？不知是谁起的，'白雪'这个名儿，很不错！……"

那个名叫仁锡的青年一面这样说，一面赶忙站起身来朝灶屋走去。

又有几个青年，从尚俊那儿得到任务，走了出去。

屋里只剩下一个青年，在做按内容分传单和号召书的工作。

尚俊点上一支烟，望着忽明忽暗的灯光，想了一会儿，突然回过头来问贞顺：

"同志，你认为怎么样？这样干，能粉碎敌人的动员令吗？"

不知他是问自己，还是问贞顺。可是，贞顺的脸却腾地红了。她觉得他把自己这个什么也不懂的人当成了革命者，禁不住感到难为情起来。

"你怎么不回答呀？我看最好在那张准备扔到区长家院子里的传单上再写上几条！……"

"写什么？"

"写上：如果你带头跳，就把你处决！"

"好！"

贞顺不自然地回答说。她脸上的红晕和羞涩的神情仍然没有消失。

有一个外出的青年回来了，他谈到桂谷。贞顺不知桂谷是什么地方。他说，他去了解桂谷方面的动向，有不少人对参加不参加洞民大会拿不定主意，还在动摇。

"那些狗东西威胁老乡，扬言说：有谁不参加洞民大会，就把名字记上，全都报告军部！你说，老乡还有不怕的？……嗯，不管怎的，我们得把那条狗早点处决掉！”

李尚俊一直在考虑要处决区长的事。

“找个机会吧！”

那个青年赞同地说。他踮起脚跟把立在墙旮旯里的、用黑布包着的一个长家伙放进糊着纸的发黄的天棚顶上。天棚顶上发出一阵叽里咕噜的响声。看样子，还有不少这类物件。肯定是武器，不是步枪，就象是扎枪和棍棒之类。贞顺感到这里也展开了不亚于九岩的严峻的斗争。

“噢，贞顺同志，疲倦了吧，你就在这家大娘身边睡吧！……”

过了一阵，李尚俊说。

“让我也去撒传单吧！”

“传单嘛，有我们撒就行啦。”

“你们去撒传单，我怎能睡觉呢？”

不知李尚俊是什么意思，呵呵笑了。贞顺总觉得自己没有能放开手脚，同他们一道参加斗争，不禁涨红了脸。这时，她还想起从哥哥的小册子上读到的句子：

……光认识到问题的正确性是不够的，还要为正确的问题进行斗争！……

那本似乎是写什么工人运动的斗争经验的小册子，里面有这样的字句。不知为什么，贞顺感到现在这些字句在鞭策她。如果把“问题”二字改成“革命”，那么这句话就成了只认识到革命的正确性是不够的，还要为革命进行斗争！此刻，这话对她是多么恰当呀！要会斗争！这在革命中是那么重要，但她至今还没有认识到这一点。怎样才能象这些青年那样进行斗争呢？为什么总是羞羞答答呢？为什么就不能鼓起勇气来发表自己的意见呢？怪不得人家说，你顶来了传单袋子就成了，先回灶屋炕上睡觉去吧。贞顺在严峻的战场上，一直反省着自己，默默地垂下了肩头。

夜很深了。青年们把传单和号召书分开就出发了。贞顺也端起浆糊盆跟在尚俊的后头。他俩朝着刚才翻过的山岗往回走。

“你能快跑吗？”

李尚俊似乎有些担心地回过头来，问道。

“能！”

“不会跑掉鞋子吗？”

“不会！掉了捡起来再跑嘛！”

“哪儿有捡鞋的工夫！你还是先把鞋子弄得掉不下来吧！”

贞顺动了动脚，觉得不会掉下来。

“掉不下来了。”

“好！那就走吧！”

贞顺的胸膛通通直跳。李尚俊在密密麻麻的草房中间的小路上穿过去。

“把浆糊刷在这面墙上！”

李尚俊低声说。贞顺急忙拿起浆糊盆里的刷子，在当街的墙上抹了一下。李尚俊唰啦一声，拿出一张号召书贴了上去，然后，抢在头里走了。边走边把传单扔进各家的篱笆里。

两家，三家，他象射出的箭一般，一边飞快地走着，一边撒传单和贴号召书。贞顺也敏捷地刷着浆糊。她想，这地方对她虽然生疏，但是刷浆糊的人总是应该走在前头的。于是，她就跑到李尚俊前面。她看见那边有一棵大树，就朝那儿奔去。现在，她的心情也渐渐地起了变化，涌上一股至今尚未领略过的斗争意志，激荡着一种快感。

“等一等，那就是区长家，屋里还点着灯呢。没什么，咱去看看！”

李尚俊在树上贴了一张号召书后，这样说着，飞快地领先走了。围着砖墙的瓦房阴沉沉地矗立着。李尚俊说，先要找到大门，于是就绕着墙根转过去。贞顺抬眼一望，果然看到那边高高地立着两扇有闵家院门大的门板。幸好大门还关着。他俩轻轻地踏着阶石登上去。

“给他多贴几张！两扇门都刷上浆糊！”

李尚俊又低声说。贞顺开始用抖嗦的手刷浆糊。李尚俊一连贴了四张檄文。就在这些檄文里，赫然有着刚写进去的要处死区长的字句！

他俩一阵风似地消失在台阶下。李尚俊顺着墙根走，朝院子里投了好几张传单。院子里连一点动静也没有。从前村传来几声汪汪的狗叫。是不是别的小组同志暴露了目标呢？狗吠声很快地停了下来。贞顺感到自己的心稍微平静了一些。他们回到村庄后面，那里有一条小河在流淌，水里映着一片灿烂的星光，扑扑棱棱地象是在耸着肩头跳舞。草地上虫声唧唧。贞顺觉得这一切都是神秘的和新奇的。没想到，斗争竟能给人这么大的快感和喜悦！当她想到明天早晨，从军部来的鬼子和区长将吓得发疯的样子；老乡们将读着传单和号召书闹哄的情景，心都要乐开花了。李尚俊沿着河边往上游走，把剩下的传单抛进几家分散的草房院子里。贞顺用河水洗净了浆糊盆和刷子，跟着李尚俊走。她感到眼前豁然开阔起来，心情也象是攀越了一座高山一样轻松。她的步伐非常轻快。

三

贞顺回到九岩，就去找喜燮，共青组织的负责人京植也在那里。贞顺详细地汇报了这次外出的经过。京植和喜燮听说第二天早晨洞民大会破了产，全村象捅了马蜂窝一样闹腾起来，大为痛快，呵呵地笑了。

“昨晚你在谁家住的？”

京植看着贞顺，问。

“我……住在尚俊同志带我去的岭那面的人家，还在那里吃了早饭才走。”

“尚俊同志家里人口很多吧？”

“很多。大人多，孩子也多，都分不清谁是谁啦！”

京植又呵呵地笑了。

“你干得很漂亮！你这样干就是搞革命斗争！革命斗争不是别的，就是保证完成组织交给的任务。经常搞这种斗争，就能得到锻炼，脑筋也会开窍，并且会逐渐成为革命者。你就是想到哥哥，也应该迅速成长为优秀的女革命者。从现在起，你绝对不要上闵家的碾房里去了。不去，也能挺得住……还有，以后你要负责儿童团的工作。教育儿童的问题，可不是那么容易的事情。不过，我相信你一定能够担当得了，才把这项工作交给你。可要好好干啊！”

京植具体地向她谈了半天应当怎样辅导儿童团，然后还问她有没有信心干好。

“试试吧，有不懂的，我就问……”

“是呀！是得边干边学嘛！谁又是在娘肚子里学会了革命才出生的呢，边工作边学习，这很重要。你快回家去看看吧，大娘虽然知道你上哪儿去了，可她还会等你的。你家那点没耪的地，今天由茂山家出工耪完了。”

京植显出满意的神情，擦着汗水淋淋的脖子，说。贞顺听了，非常感激，简直要掉眼泪了。真的，这不是被人们称为“组织”的那个团结成一个整体的巨大力量，在支持和关怀着她吗？贞顺好象此刻才领会到“组织”意味着什么，领会到它的真正的含义。

她走到外面的时候，已经是夕阳西下了。

贞顺急忙登上丰山家前面的山岗。她现在心情异常高兴，真正感到无比的自豪。她觉得自己现在才真的是在革命的道路上一步一步地前进了。

贞顺翻过山岗，来到深谷的地里。原来没耪过的就剩深谷里种谷子的坡地了。因为贞顺他们忙着耪大谷口和底口的地，还没有锄这块地的最后一遍草。

嫂子被抓走以后，她为耪这块地的事做了好几场梦。梦里常常看见嫂子穿着后襟破了的麻布上衣，蹲在深谷的地里锄草。地头的草地上，铺了一块褥子，仁男躺在上面，踢蹬着两腿不停地哭，阳光直射下来，孩子的脸晒得通红，汗珠一串串地往下淌。可是嫂子并不回头看看孩子，只顾挥锄耪地。嫂子的脸上和脖颈上，汗水也直往下淌。

梦醒之后，贞顺也是满身汗涔涔的。好象耕地的不是嫂子，而是她自己。她想，嫂子在狱中也一定会做相同的梦。不管是睁着眼还是闭着眼，杂草茂盛的深谷里的地总是浮现在眼前，也许是嫂子的心一直就钉在那块地里吧。

她到深谷地里一看，果然耪得干干净净。铲掉的草都干了，地头清爽得象镜子一样。谷苗埋在草里的时候，还不大看得见，这会儿底下弄干净了，看上去个头儿似乎也有大谷口的谷子那么高。

贞顺跑进晚风轻轻吹拂的谷地。有的地方，谷苗碰到了膝盖，象竹林似地迎风起伏，大而长的叶子直往上蹿。

贞顺非常感激，眼里汪满了泪水。大谷口的地是乡亲们给耪的，这块地又不得不接受他们的帮助。能不能把这个动人的消息告诉嫂子呢？嫂子要是晓得了，不知道会感激得流多少眼泪呢！

贞顺回到家里，看见母亲背着孩子在院子里吭哧吭哧地挥着杵子打桩子，忙着准备架织布线。

“妈，您现在身子还没有好利索，怎么总这样干活呀？”

“回来啦，你说早早回来，怎么晚啦？”

“是的，晚了些。妈，谁让您准备架织布线的！”

贞顺瞅着廊台上装麻线的木盆和拿来刨土的镐和锄头，说。她跑上去从母亲手里把杵子夺了过来。

“那也不能放着不架呀！织这一小匹麻布，要拖到啥时候？早在春天就该架起来织啦……”

“那也得等到身子好利索了嘛！”

贞顺替母亲打桩子。

“你跑这趟腿干得不错吧？”

“是。”

“要好好地干。昨天我也说过，现今，不论男的女的，都不是坐着不动的时候。昨晚京植来了，他给我讲了一宿这个世道将会怎么变。听了他的话，今天觉着更有劲儿了。日本鬼子再怎么打进来也不是我们的对手，朝鲜的百姓，会那么软弱？”

贞顺听了，感到心里更加充实了。她感谢母亲经常对她讲这种鼓舞人心的话。

她俩正在谈话的时候，基成气喘吁吁地跑进来。

“妈！姐！”

他接连喊了两个人，哼哧哼哧地直喘气。

“你怎么啦？”

“还问我怎么啦，大鹅脖子死了！”

大鹅脖子是孩子们给洪达洙起的浑名。

“呃？你说什么？”

母亲和贞顺都睁圆了眼睛看着他。

“刚才用抬板抬进村口。大鹅脖子的老婆哇呀哇呀直哭……”

“你看清楚了吗？”

“哼，我还能说谎？听说昨晚上他去矿山街，在盆地岩那儿叫共产党给打死的！闵家的‘豆腐盆儿’揭开单被看的时候，我看见他这儿开了这么大的口子。”

基成在自己的脸上划了一下。母亲和贞顺都没有说话。

“姐，谁打死的？”

“甭问啦，打听它干什么？”

贞顺严厉地瞪起眼睛呵斥说。基成没吱声，磨磨蹭蹭地退了出去。他那幼小的心里，现在也知道这不是可以随便乱说的。

贞顺切身体验到一切都在急剧地变化。她觉得有某种惊人的巨大的力量，在看不见的底层，急剧地翻涌着。

“看来，现在真的要打一场决定生死的仗啦。就是那家伙叫警察把我儿媳妇抓走的！……”

母亲走到女儿打的桩子跟前，一边堆土，一边说。贞顺什么话也没回答，她只是意识到严酷的斗争已经迫近，心里怦怦直跳。后来母亲也没有再说话。不论是母亲还是女儿，她们的表情都很严肃、深沉。

贞顺去下村回来以后，在中村青岩洞印出来的传单和号召书散布的地区越发扩大了。传单和号召书的内容，也有了变化。

大家都遵循伟大的革命领袖金日成将军的斗争方针，奋起斗争吧！拿起枪来，打倒日本帝国主义！毫不留情地处死日帝的走狗！为了朝鲜独立，男女老少一致动员起来！

一到晚上，每个村庄都白花花地撒满了这种传单，贴满了号召书。不论哪个村庄，都在沸腾。眼下，“白雪”已越出苇子沟、下村地区，开始撒到与月坪镇相连的各个村庄里去了。各村各庄，人们聚到一起，就闹哄哄地谈金日成将军的事。他们说，将军星升起来了！朝鲜的精英之气涌出来了！将军手下的大军不知有多少万，杀起鬼子来就象快刀割乱麻一样！种种关于无限敬仰金日成将军的传说般的消息在人们中间流传着。

九岩村也为这些消息所鼓舞，沸腾起来了。人们都来了劲儿，到处奔走相告。连耳朵聋得象堵石壁似的崔正洙的父亲，也拄着拐杖急急忙忙地在村里转来转去，还不时停下脚步，仰望着苍天，激动地喃喃自语：

“朝鲜啊！三千里槿花之乡！多亏你的精神尚在，笼罩着亡国的悲哀的疆土上的人们，还能抬头仰望映照天空的瑞气！高兴啊！高兴啊！我们白衣民族，怎样才能报答金日成将军象阳光普照四海一样的恩德啊！”

老人流下了一串串滚热的眼泪。贞顺也怀念着将军，心情振奋起来。当她想到所有的斗争，即声势浩大地推动整个世界前进的一切革命斗争，不论哪一个，都是遵照将军提出的方针进行的时候，就感到胸怀越来越开阔，思想境界也越来越高了。

贞顺想，如果说将军率领的军队真的不知有多少万，那么，说不定他们现在已经有人来到我们九岩或中村、上村了。如果他们已经来到这里，真的已经来到我们九岩的话，那么，他们也许对自己现在所做的送信和撒传单的工作都了解得很具体了吧！真的，如果能够见到他们一面，该有多好啊！贞顺满怀着美好的憧憬，心里怦怦跳动。

她按照京植的指示，把儿童团的工作担当起来了。头一天，京植把孩子们召集到一起，郑重其事地介绍说：从现在起，由贞顺姐姐来辅导你们，你们要好好地听她的话。于是她就开始了工作。正象京植说的，这的确不是一件简单的工作。在京植把她介绍给孩子们的第二天，孩子们为了捉鱼，把偷来的两三个畚箕全都弄坏了。这样，她就得把孩子们召到一块儿，劝告他们，还要去找畚箕的主人，向他们道歉。第二天晚上，小家伙们又把吉州家院子里的牛车弄出来玩，拉的拉，推的推，一下子滚进院子前面种了土豆的坡地里，引起了一场骚动。要是指定地点，叫他们去放哨，他们去是去，可是心思却不放在放哨上面，而是集中到踢球和滚“铁圈”的游戏上面去了，即使有陌生人走过，也全然无所察觉。到了开会总结时，他们又叽叽喳喳吵起来，说谁站岗没站好，谁怎么怎么不好。他们原来就很顽皮淘气，的确不好管教。

“哼，基成的姐姐，想把我们管得直手直脚的。喜燮老师就不这样，他开个会，就放我们随便玩儿去了……”

“当姐姐的都一样！我姐姐也是一天到晚唠叨，说我不听话！”

淘气包们在贞顺的辅导下开过会以后，就这样议论起来。

总之，贞顺体会到这次组织上交给她的新任务，比起送条子和撒传单至少要困难一倍！但她自觉地认识到这也是将军交给的工作，所以很积极地去辅导孩子们。

一天傍晚，贞顺在家做好晚饭以后，上吉州家后面的柞树林里去。最近，他们把这个地方作为儿童团的集会地点，一到傍晚，她就要到这儿来听取孩子们一天生活的汇报。

贞顺正迈着碎步儿朝前走，不知孩子们是打哪儿跑来的，一个个气喘吁吁地围住她说：

“姐！”

“什么？”

“听说日本鬼子放火烧了金窑村和苇子沟啦！还开枪打死了人！……老乡们都到这儿来避难了！”

“现在，他们经过河对岸的村子和后村，一个劲儿朝中村那头走呢！……”

“刚才我看到他们有的也往前村去呢！”

孩子们七嘴八舌地吵嚷着。贞顺的心立刻颤抖起来。她想：刚说是渴美峰那边遭了大难，这回这里也要灾祸临头了！

“你们看到警察没有？”

“警察一个也没有，全是白衣同胞！”

有个孩子学着李尚女的样子说，把别的孩子都逗笑了。不知他们搞了些什么恶作剧，下半身都是湿渌渌的。孩子们以为他们报告了一条非常了不起的消息，一个个神气地翘起小凸鼻子望着贞顺。

“你们还看到和听到什么没有？”

贞顺沉着地站在孩子中间，又问了一句。

“没有！”

孩子们齐声回答。

“不管有什么事，你们可不要怕呀！”

“是！”

“你们要照我的话好好放哨，不要搞恶作剧……懂了没有？”

“懂了！”

“明天早饭前，咱在雾气岗的柴草地上修儿童团操场，大家都带锄头来。力气大的仁洙、基成、三孙带镐头来，记住没有？”

"记住啦!"

孩子们回答后,兴致勃勃地跺着脚。他们不久前听贞顺讲过,要修个操场学做操,象少先队那样受训。

过了一会儿,贞顺领着孩子们回村去。不知怎的,她心里老是发毛。她觉得自己关照孩子们的话,实际上好象是为了要让自己那颗不平静的心安定下来似的!

她穿过吉州家的门前,又走了一阵,路上真的遇到十几个象是从鹿子沟那边翻山越岭而来的人,向她打听去中村的路。他们的衣服和脸全都熏黑了,顶着或背着大包袱。贞顺给他们指了路,问他们是从哪儿来的。

"从苇子沟来的。日本鬼子打来了,我们都是逃难的!听说去中村才能活命,大家就奔中村了。"

有一个女人接过话头说:

"我看这个九岩就很不错,中村那么远,上那儿去干什么呀?"

"不管怎的,去中村才能见到将军的军队!"

后面又来了几十名老乡,有老人,也有小孩,还有哭着走路的女人,好象不全是苇子沟的。他们边走边谈,说是金窑村前面有个叫做龙潭的沼泽,有一匹日本马栽到里面去了。从这些话看来,分明是金窑村的人。

"你们快回家去吧!明天早上太阳出山之前都来呀!……"

贞顺回头望着孩子们说。这回,孩子们不象刚才那样齐声回答了,只是忽闪着明亮的眼睛望着贞顺。

"姐,你看,还有一个瘸腿的小孩呢,他怎能走到中村呀?"

基成说着,贞顺没有回答。她总觉得这一切不完全是别人的事情。

这天晚上,九岩村闹哄哄的。逃难的并没有都到中村去,有不少就留在九岩村。这些逃难者,有的住进了人家,有的在外面露宿。他们想,去中村和留在九岩有什么差别呢?反正总得把种下的庄稼收上来才有饭吃,留在离家近一些的九岩更好……因为有这种想法,很多人在九岩卸下了行装。黑漆漆的夜晚,洪管家的老婆尖利的嚎哭声响个不停。洪管家死了好几天了,可他的老婆一到夜晚,就要这样尖着嗓子哭叫。难民们讨厌这种哭声,纷纷骂开了。有些人,不知想些什么,半夜动身去中村了,也有一些人重新回到自己那个已经被焚毁了的村庄。

夜校里聚集了很多青年,房子都要挤破了。他们整夜讨论有关在这样紧急的情况下应该如何行动的新的对策。一种意见是,鬼子的"讨伐",决不会到此为止,因此,不用说逃到这儿来的难民,就连九岩的老乡也都应该转移到上村或中村去。另一种意见，要想尽一切办法在九岩一带阻挡敌人的疯狂进攻。还有一种意见是，即使要让群众转移，谁又肯丢下种好的庄稼，到上村或中村去呢？夜校里的人，在外面派了一道道岗哨，大声地吵嚷起来。那些来自遭难的村庄的青年，也参加了争论。几个村庄的人聚到一起，有人带来了枪，于是墙角上便支起了五六条步枪。下村的李尚俊也把自己背来的那条锃亮的步枪靠在墙上，挥着拳头叫喊。这个勇敢的青年，在村庄遭到"讨伐"，差不多全家人都被杀害的惨祸中，用扎枪刺死一个鬼子，夺来了一条枪。现在，他主张要在九岩一带跟敌人来一场决战。还是深谋远虑的京植，半夜里派人到中村的青岩洞去联系，同时压下了尚俊的主张：

"还是看一看上级的决心吧！假如我们要在这一带同敌人较量，就得把上村和中村的武装力量调来，光靠现有的五、六条枪同敌人打仗是不行的！而上村和中村的武装，目前还处于刚刚建立的阶段，我们怎能把这样的武装力量调来打这种冒险的仗呢？"

"啊，什么叫打冒险的仗？你是说，日本鬼子人多，我们人少，所以是冒险的仗吗？我们怎能这样看问题呢？我认为，用少数打败多数，这是金日成将军的战术！你说，我这个主张有什么不对？京植同志，难道你没听到南满远征的消息吗？将军正是使用这种战术打击敌人，转战南满的！"

李尚俊非常激动，固执地坚持自己的意见，京植也就没有再说什么。京植觉得现在无论怎样向他解释，他也不会听。再说，他现在几乎是失去了所有的亲人，扛着一条夺来的步枪，独自跑到这里来的。他那饱受创伤的胸膛里燃烧着怎样的怒火，是可想而知的。想到这儿，就觉得无法同他争辩了。

在天空蓝莹莹地发亮，新的一天到来的时候，李尚俊不知想到什么，忽地拿起枪来要走。

"你这是要上哪儿去呀？"京植问。

"我要回下村去。我还没有安葬死去的母亲，只是托付哥哥料理。此刻想起来，心里很不好受！"

他的眼里闪着泪花。站在他身边的几个青年劝他回下村去不要带枪。

"你们说什么？这是我夺来的枪，让我把它放在哪儿呀？"

在李尚俊汪满泪水的眼里，含着一股怒气。

"我们觉得大白天扛着枪走不合适！"

"那么说，枪只能晚上带着走吗？"

青年们都不言语了。李尚俊背着枪走出门外。喜燮跟着出来，想给他指点从山里穿出去的路。天亮了。闹了一夜的人们，也许没有力气了，现在刚刚入睡，村庄里静悄悄的。

喜燮领着李尚俊，在覆盖着阔叶树的山间小路上走着。

“咱还不知道中村会有什么消息，你应该等到有信来再走就好啦。只要方针确定下来，就要马上行动……”

“我今天就回来。”

李尚俊一边回答一边走。这时，突然在什么地方响起一阵急骤的枪声——是机枪的声音。

“这是什么枪声？”李尚俊嚷道。

肯定是鬼子来了，不会是别的机枪声。他俩身子都抖嗦起来。没想到鬼子会这样疯狂地攻进每一个村庄。他们还作过这样的估计：鬼子连续屠戮和焚毁了三个村庄，往后可能要改变战术了。这真是无比的愚蠢啊！不论是喜燮还是尚俊，都痛切地后悔整整一夜光顾讨论，却没有采取任何措施。

他们又掉过头来，在繁茂的树林里急慌慌地朝下跑。草也罢，树也罢，什么都看不见了，好象脚下踩的不是土地。机枪声不断地在响，就象要把村子一下子打烂似的。他们不知道是怎么跑的，一头扎进枪声和哭声响成一片的村庄中心，喜燮跑到大火堆前，急忙抬眼一看，原来是永浩的家在燃烧。大概是泼了油再点火的，呼呼的火苗直冲天空。带着枪的李尚俊不知发现了什么，连忙弯着腰冲进黑烟之中。

喜燮这时才发现自己赤手空拳跑进了这个危险的地带。他望了望周围，看看有什么东西可以拿到手，哪怕是一根硬木头桩子也行。可是连这样的东西也找不到。

喜燮想找一件可以拿得上手的武器，正急得直打转转的时候，有人从滚滚的白烟里一瘸一拐地跑了出来。那是下半身血肉模糊的京植。

“你哪儿负伤啦？”

喜燮急忙跑过去大声问道。可是没有回答。京植的洋服裤腰全被血浸湿了，他刚要迈步就一头栽倒在地上。喜燮连忙把他扶起来。

“哪儿负伤啦？”

“不要紧，我刚才骑在两个家伙身上，把他们掐死了！可是……你别管我啦，快让乡亲们转移，叫他们穿过庄稼地，往山里跑，快去！”

京植说着，忽地站了起来，他在喜燮的扶持下，急遽地向前移动淌着鲜血的脚。

“狗崽子！……”

喜燮骂了一句，紧紧地把京植夹在身边。就在很近的地方，响起了悲鸣声。孩子们的号啼和女人们的惨叫，一齐爆发了出来。

这天早晨，贞顺跟孩子们一起在雾气岗刨柴草地，忽然听到鬼子的机枪声。他们站在那儿，看到许多骑马的鬼子兵，从闵家门前的大路上黑鸦鸦地奔跑过来，扬起了一阵黄色的尘土。刨柴草地的孩子们都朝山崖边沿跑。当他们跑到山崖边沿的时候，大路这边已经卷进黑色的烟雾之中。不知什么在燃烧着，一团团的黑烟滚滚地向山脚下扑来。烟雾中人群骚动，传出一片号哭声和惨叫声。在山坡上间或可以看见从树林对面的烟气中闪现出来的村中的小路。人们就在那小路上东奔西跑。

孩子们嚷着要回村去，一个个顺着山坡跑下去了。贞顺急得脸色发青，跟在他们后面喊不能去！

“怎么不让去呀？我们家都起火了！”

“正因为起火了才不能去，不能去！”

贞顺急忙追下去，把孩子们抓住。

“枪子儿象雨点似的，你们往哪儿跑？仁洙，你把他们都领到刚才刨的那柴草地里去！基成，你来背着仁男，我回村里看看就来。”

“我也要去！”

“你不能去！快把孩子接过去！”

贞顺一边解开背带，一边用严厉的目光盯着基成。基成掉着眼泪，把背转向姐姐。仁男好象也觉得枪声奇怪，滴溜溜地转动着眼珠，被放到基成的背上。孩子们都迈着不忍回转的沉重的脚步，跟着仁洙重又朝山坡上走，基成也拭着眼泪跟过去。

过了一会儿，贞顺才顺着山坡朝下跑。村子变成什么样子了？眼前展现的是异常可怕和令人切齿的情景。黑烟不断地飘进柞树林。往下跑了一阵，看见有一条牛，不知是谁家的，站在山坡上嗥叫。缰绳烧新了，牛毛烧焦了，大概是刚从牛圈里挣断了缰绳跑出来的。老牛抬起它的宽嘴巴，朝着天空“哞——哞——”地哀叫着。看来，它把牛犊失落在火里了。

贞顺跑到村后，看见那住着白发苍苍的老奶奶和小孙子的两间小草房卷进了大火里。不知从哪儿传来了呼救的声音。贞顺焦急地四处张望，想弄清那是什么地方。可是眼前被烟火遮得看不清。在旋卷着朝前涌的一团团烟火之中，有一群上了嚼子的马跑了出来，横穿过被火烧黄了的菜地。那些在烟幕笼罩下踢蹬着地的马腿，看去就好象是在要什么巧艺似的。贞顺径直朝着那个方向跑去。她觉得只有朝那儿跑，才能跑到家。一切都乱了套，连经常走的路，也不象是原来的路了。她首先想到母亲不知怎么样了，心里直敲小鼓。母亲生病刚能起床，现在她在做什么呢？她甚至产生了一个可怕的想法：是不是出了什么事情！

贞顺攥着拳头朝谷地的地头跑去，从桑树墙前边传来了高喊声。她急忙抬眼一望，只见那边黑烟象狮子头一样突然升起，喜燮正站在望得见开阔的蓝天的桑树墙上，高声喊叫着。听来，是在指挥人们转移。

"往庄稼地里跑啊！快藏进去！朝这边跑！朝这边跑！"

在喜燮站立的桑树墙的另一头，有几个头上扎毛巾的青年，藏在那里打枪。大概是在掩护群众转移，打几枪，便很快地换个位置。有的紧紧地趴在地上射击。贞顺不了解情况，还以为是从准备组织武装队的上村派来了武装队员。这么一想，就觉得村里的枪声肯定不全是日本鬼子打的了。她突然浑身来了劲儿，继续朝着谷地的地头跑去。果然，人们从烟火中涌了出来。有哭泣的妇女，有高声喊叫着的老人……还有一个壮年汉子背着昏迷不醒、浑身松弛的成载妈在跑。崔正洙的父亲，也由妇女们搀扶着走来。老人好象使出了当年干独立军的那股子力气，跺着脚，大声咒骂着日本鬼子。

人们都跑到庄稼地里去了。四处发出喊声，有叫人伏下身子跑的，也有叫人快爬出庄稼地往山里跑的。

有一个妇女招呼贞顺快藏进庄稼地里，贞顺也就跑了进去。这是一块谷子地。现在她倒不想爬出谷子地往山上跑，而是想回家去看看。所以，她就横插谷地跑去。齐脖子高的庄稼，缠裹着她的身子，象刀子一样的谷叶，划破了满是汗水的脸。突然飞来了枪弹，四面八方都响起了嗖嗖的声音。催人快跑的喊声更加急迫了。就在很近的地方，有人发出一声短促的悲叫，想必是被枪弹击中了要害。

贞顺穿出谷地，又钻进高粱地里跑了一阵。枪弹也跟着飞了进来。她刚要跑上田头，眼前又出现了一个可怕的场面，吓得她直向后退。在火柱冲天的柴禾堆前面，有一个青年倒握着枪杆，跟几个穿黄军装的鬼子决斗。鬼子们挥着军刀，青年舞着枪柄。就在贞顺注视的一瞬间，那青年已一连砸碎了两个鬼子的脑袋。青年身上似乎也被砍伤了几处。这时，恰好有几个村里的壮年汉子赶来了，展开了一场用耙子和斧头砍杀的战斗。

这是一场惨烈的战斗。鬼子们倒下去了，壮年汉子们倒下去了。突然在火堆那边响起了枪声，又奔来十几个鬼子，胡乱开枪射击。壮年汉子们差不多都倒了下去。鬼子们扑向挥舞着枪柄的青年，跟他扭成一团摔打了半天。

过了一会儿，脸上汗涔涔的青年，被鬼子绑着朝这面走过来。这时，贞顺才看清原来是下村的李尚俊。她索索地抖着，藏在高粱地里朝外望。尚俊的上衣撕得稀烂，露出了胸膛。土布裤子的裤腿也撕烂了，象铁柱一般黑黑的腿，从撕破的裤管里伸到外面踏着地。他的卷发灰蓬蓬的，左边太阳穴肿得象鸡蛋那么高。李尚俊怎么会到九岩的火堆里来了呢？他是在下村遭了敌人的“讨伐”，跟难民一道路过这里的吧？贞顺用高粱叶掩住自己的脸，咬着牙齿哭了。

过了一会儿，她又朝自己的家跑去。快跑到家的时候，听到豆子地里有个女人喊她。

“贞顺！快回家去看看！大娘刚才叫枪打伤了！鬼子把她推进屋里，放火烧房子啦！”

贞顺听了，感到眼前一片漆黑。

“我的腿也受伤了，站不起来啦！贞顺，鬼子又来了，快躲开！”

那个说话的女人，急忙低下头发散乱的脑袋，趴在大豆地的垄沟里。真有两个鬼子骑兵，打着枪朝贞顺站立的地方冲了过来。有一个家伙还挥舞着马刀。贞顺连忙跳进路边的坑里，两匹马从她的头顶上飞了过去。噔的响了一枪，枪弹钻进土里，激起了一股灰尘。过了一会儿，贞顺又重新跑上大道，不知为什么，只觉得两腿打晃，踉踉跄跄的。回家一看，房子真的烧着了。贞顺冲进黑烟滚滚的灶屋门，喊着妈妈。可是母亲没有回答。靠边的天棚已经坍了下来，长长的椽木被火裹着劈劈啪啪地燃烧。贞顺刚跨上灶间炕，前墙的土就哗啦啦地塌了下来。她身不由己地向后门跑去，可是后门口的火焰更猛，热气炙人。后门外面的房檐底下，火苗一伸一缩地跳动着，象毒蛇芯子一样的火舌，弯弯曲曲地伸向后门的门楣。火头已经蹿到门框顶上的搁板上，搁板上的篮子和破衣服着了火，噗落噗落地往下掉。

“妈！”

贞顺又喊了一声母亲。可是，只听到房子燃烧的呼呼的声响，还是听不见母亲的回答。不知哪儿啪的一声传来了什么东西炸裂的声响。贞顺突然听到后门前面有点动静，分明是有人在挣扎。

贞顺从燃烧着的后门跑了出去。母亲果然在后院里，披散着头发，扶着酱缸，正使出全身的力气朝起站。她的衣服烧着了，直冒烟。

“妈！”

贞顺跑过去，先扑灭了她衣服上的火。这时才看见母亲浑身血肉模糊。那股红的鲜血，不知从哪儿喷了出来，不停地顺着踏在地上的脚背朝下淌。

“你松手！我现在还活得了吗？那些生蕃都跑哪儿去了？我要把他们……”

母亲气喘吁吁地用两只布满血丝的眼睛向四周张望着。她那骨节粗大的皱巴巴的手，握着酱缸的把手，索索发抖。

“妈，您哪儿受伤了？淌这么多血？快到篱笆外面去吧！”

贞顺急忙把母亲抱在怀里。可是母亲没有放开酱缸。贞顺拼命地往上一抱，连那只空缸也拎了起来。

“妈，把缸放下！”

“别管我！我要把这些鬼子……”

“鬼子都走啦，您放手！”

“鬼子往哪儿跑？把我的房子烧成这样子……”

“妈，火烧过来啦！”

可是，母亲还是没有放下酱缸，她以失神的目光，望着火中的房屋。母亲的眼里，也燃起了熊熊的火焰。贞顺抱起母亲，使劲摇晃着，她这才把酱缸放下，缸便从台架上掉下来，骨碌碌地滚到屋檐下的火堆里去了。

贞顺抱着母亲，踹开高粱秸篱笆往外面冲。可是编高粱秸的葛条没有踹断，缠在脖子上，让她挣了好半天。

篱笆外面是一块大豆地。贞顺慌忙跑进地里。母亲的身子渐渐往下坠，倚在贞顺胳膊上的头也向后垂了下去。

“妈！”

“你松开我！”

贞顺用脚踹倒几棵豆秧，让母亲躺在上面。母亲已经同扶着酱缸站着寻找敌人的时候不一样了。在她仰望着天空的眼睛里，开始罩上一层灰蒙蒙的雾。

“贞顺呐！仁男妈采水芹菜去还没有回来吧？”

母亲说胡话了。

“没，没回来。”

“没回来，她还活着……”

“可不，她活着呐！”

贞顺咬着牙，忍住哭。她迅速地在母亲身上找到了流血的伤口。伤口有好几处，就是想堵也无法堵了。这会儿看来，她的头部也被枪弹擦伤了。从头上流下来的血，直浸到脖子和脊背上。

“基成在哪儿？”

母亲似乎清醒了，要找基成。

“他在山上。”

"鬼子不会……上山去吧?"

"不会……"

"那么,那么,那孩子大概平安无事啰?"

"没事儿。"

贞顺哧的一声把裙子下摆撕了下来,先把母亲腰里流血的伤口包住。

"孩子,贞顺!"

母亲摸着女儿包伤口的手。母亲的手,已经开始变凉了。

"妈,您松开手!让我包扎伤口……"

"孩子,算了,我没指望啦!"

"怎么说没指望呢?"

"我这一辈子就这样完结啦!本想在死之前看看你们的世道怎么样……仁男爹和牢狱里的仁男妈也都见不到了,就这样完啦!"

"妈,您怎么总说这种话呀?"

贞顺瞅着母亲逐渐苍白起来的脸,又寻找别的伤口。

"我真想见你爹一面哪!己未年,他那个厉害劲儿……日本警察吓的一动也不敢动……"

母亲的话,突然中断了。贞顺不知怎么回事,急忙朝母亲脸上瞅。只见她眼睛发直,脸皮上起了轻微的痉挛。

"妈,您醒醒!"

母亲还是没有回答。贞顺拼命摇她,过了一会儿,母亲才好象又振作起精神,转动着眼珠,瞅着贞顺,说:

"贞顺!我再也活不下去啦!你别折磨我啦!我总想,消灭了鬼子以后,会有那么一天,领着你们回到自己的国家,自己的土地上生活!真是昼夜不忘,从没有丢掉过这个念头啊……"

母亲气喘得厉害,勉强接下去说:

"可是这个愿望没能实现,我就要闭上眼睛了。气人呐!实在太气人了!"

母亲的眼角上泪珠直转。她歇了一会儿,又接着说:

"我对你们,没什么可说的。有什么话要说呢?可是,可是……从你爹到你们这一代,全家人切齿痛心,口含鲜血,为了打倒日本鬼子拼命苦干的事情,我怎么忘记得了呢?即便是压在你们肩上的担子,有千斤重、有万斤重,我还是要嘱托你们!贞顺,你听懂我的话了吧?你妈就是埋到土里,也不会闭眼睛的,我要看看你和你哥你嫂子怎么报仇!……等到你们欢欢喜喜地跳着舞返回自己的没有敌人的祖国的时候,我的魂也要跟你们一块去的。"

“妈！您怎么总说这种话呀？”

贞顺抱起母亲摇晃着。

“放下我！妈死后，你不要哭哇！”

“妈！”

母亲抬眼望了一会儿在烟火中喘息的太阳，垂下两手，把头倚在贞顺的胳膊上。贞顺重又让母亲躺在豆秧上。母亲急促地呼吸着。贞顺哽咽着呼喊妈妈。她知道母亲已经到了最后的时刻了。摇晃着母亲的贞顺，忽地站了起来。至于站起来究竟要干什么，连她自己也不知道。心里只是急切地想着妈妈怎么能这样不明不白地离开人世，难道就没有办法救一救我那可怜的母亲吗？

母亲的身体变凉了。耷拉在豆秧上的骨节粗大的手指微微颤动了一下之后，立刻平静下来。她真象是要好好看看这个留有遗恨的世界，没有闭上两眼。她半睁着雾蒙蒙的眼睛，呆呆地仰望着烟云滚滚的天空。

贞顺抱着母亲，浑身打战地喊：

“妈！我的妈呀！您怎么去世了呀？您醒醒，看我一眼呐！”

她把自己的脸贴在母亲的脸上蹭着，眼泪直往下掉。她瞅着母亲皱皱巴巴的脸。那脸依旧显露出在漫长的岁月里吃辛受苦的痕迹……没有言语，没有笑容，也没有那种总是眯缝着两眼沉思的表情了！她把一切都抛弃了！现在，摇她，她不知道；喊她，她也不知道！贞顺瞅着母亲的脸，又紧紧地搂着母亲的脖子喊妈妈。

过了一会儿，贞顺忽地从地中间站立起来，紧了紧裙带，然后有力地抱起母亲的尸体。她象是要脚踏着这使人窒息的现实，宣布投入坚决的战斗一般，横跨过一条又一条的地垄。

第五章

一

整个村庄凄惨极了。鬼子在九岩遇到顽强的抵抗，无法象毁灭其他村庄那样把它毁掉。但是，他们烧毁了村里的房子，不分男女老少乱杀人，刺死、烧死和踩死很多孩子。此外，还把十几个青年绑起来拉到村口外面的山岗上，排成一行枪杀了。下村的李尚俊，也在那个山岗上洒下最后一滴血，停止了呼吸。从苇子沟、金窑村、下村等村庄逃难来的人，也死了很多。有的尸体烧成了黑炭，认不出是哪个村庄的哪个人了。

房子也被焚毁了。除了山脚下那几座孤独的房子和两三座离开大路较远的房子以外，全都变成了一片灰烬。

贞顺在大谷埋葬了母亲，抱着仁男坐在那里，喊着哥哥和嫂子，哭了很长时间。她埋葬了母亲之后，忽然觉得事情办得太仓卒。即使无法给关在警察署里的嫂子送个信去，也要想法打听出哥哥的地址，给他捎个信去才对！能让哥哥最后看一看逝去的母亲，该有多好啊！母亲真够可怜的！哥哥竟没能看到母亲最后的面影。

贞顺想到这儿，止不住又哭了。

她回到房基上，悲伤更加挡在她的眼前。她不知道应该做什么才好，就象有急事的人一样，慌慌张张地绕着灰堆打转，有时又突然停下脚步，呆呆地站着不动。背在背上的孩子饿得老是又哭又闹，使劲抓她的脊背。不知怎的，她总觉得现在自己也不象是活着的人了。她感到前途茫茫，真的要精神失常了。怎么一下子都翻转过来，什么都没有了呢？组织也不知道怎么样了。听说京植的伤势很重，不知人们把他抬到哪儿去了。还有在村口山岗上牺牲的李尚俊、成载、东洙和奉镇……

啊！现在到哪儿去才能见到这些人呢！

暮霭黑沉沉地掩过来，悲伤的帷幕在悄悄地下降，把姐弟俩推向茫茫的悲伤的海洋。可是，现在贞顺和基成都没有哭。当他们感觉到自己所经受的悲哀的无限的深度时，眼泪反倒干涸了。

贞顺变得胆大刚强了。她想，现在身边没有照顾他们的人了，如果自己也这样坐着哭，那么，基成和仁男怎么办呢？

我要咬紧牙关，挺起身来养活他们俩！敌人把我们糟踏成这个样子，我要几百倍地报这个仇！妈妈在咽气的时候，不也是这样嘱咐我的吗？

贞顺朝着还没有完全坍倒的灶屋墙边走去。她想，就是靠着一堵墙，也要安排一个三口人过夜的地方。她在黑暗中扒了扒灰和乱草，把扔在院里的那捆柴禾搬来，打开铺在地上。

“基成！到这儿来吧！”

贞顺叫了一声呆呆地站在灰堆边的基成。基成没有回答，也不知他在想着什么，一动也不动地站着。

“基成，到这儿来睡！”

贞顺又叫了一声。不知怎的，这一声口气很严厉。基成这才用袖子擦着眼泪，一步一步地走过来。贞顺觉着似乎有什么话要对他说，可又想不起要说什么。她把走近身边的弟弟猛地拉过来抱在怀里。微风刮起的烟灰扑在他们的脸上，她恍然想到这一切是不是一场大梦。她看了看四周，没有看见母亲。

房子烧光了，变成一堆灰烬。这揪心的悲哀，以极其严酷的现实，展现在她的面前。

“基成，你饿了吧？”

贞顺抚摸着弟弟硬撅撅的头发，问道。她的声音嘶哑了，好不容易才发出来。

“我不饿。”

基成气鼓鼓地回答。

贞顺没有再接腔。她感到嘴里焦干，连唾沫也咽不下去，好象心里的一切柔和而新鲜的东西都给烧焦了似的。

贞顺搂着基成坐在柴禾上。小孩精疲力尽了，把脸贴在贞顺的脊背上，也许是睡着了吧，发出呲儿呲儿的声音。

“姐，以后咱在哪儿过呀？”

“在这儿过呗！”

“又没个房子，怎么过呢？”

“再盖个房子，咱俩盖个房子吧！”

“我们重新把房子盖起来，人家还会管我们叫会宁家吗？”

“当然会的！”

“妈不在了，还……”

“没有妈妈，我们也要生活得象有妈妈的时候一样，如果这样，人们就又会管我们家叫会宁家的。”

基成的话，刺痛了贞顺的心。她想，我真的能盖起房子吗？真的能在这个地方重建起会宁家的家园吗？

盖房子，将不会是那么容易的。可是只要下狠心去干，也不会盖不起来。不过，所谓会宁家难道仅仅是指这座变成了一堆灰的草房吗？如果在这块场地上重新盖起一栋房子，果真就能算是会宁家再生了吗？不！房子怎么就是会宁家呢？是因为这个家里有过为朝鲜的独立进行战斗的父亲，有过走向革命的哥哥，特别是有过待人厚道的母亲，才被人们称为会宁家的啊！

他们虽然搬到这个荒凉的地带，盖了个屋顶象蟹壳似的草房过活，但人们只要一走进这个家的院子，就会感觉到这里有奔流不息的豆满江碧水，充满了朝鲜的气概和故乡的情趣！正因为如此，人们才喊他们“会宁家！”“会宁家！”不管有什么好事坏事，都找上门来，以至磨光了他家的门坎！

贞顺的眼前忽然浮现出小时候看到过的豆满江畔排立着白杨树的江堤上的路，同时也浮现出站在那里眺望过的狄子岭的荒凉景象。还想起了他们搭乘渡船渡过豆满江，站在荒凉的狄子岭上，回望祖国大地的情景。那象梦境一般耸出在云雾之上的山峦，那映在汪满泪水的眼睛里的蜿蜒山岭，是多么美丽的山川，而生活在那里的人们，又是多么美好的人呀！她懂事后才知道，人们都说会宁的女人，从来就是美丽出众的。所以当母亲背着两只眼睛亮得象黑珍珠，皮肤白得象雪花的小贞顺，来到九岩村的时候，人们都说，要想生个女儿，就该到会宁去生。且不管这话如何，反正，她的故乡确实是山川美丽，人物秀气的地方。在古茂山方面极目可见的岭路上，不住摇曳、萧萧作响的白桦树叶，映着灼热的阳光，是多么闪亮眩目啊！沿着豆满江铺展开来的宽阔的平川上，庄稼累累的水田和旱地，使人感到象花圃一样，是多么整洁漂亮啊！可现在，在这丛生着柴草和榛树的地方，不论哪儿，都无从听到那离别了的豆满江琤琤的流水声和白杨树、白桦树摇晃的亲切的音响。惟独这些善良的人们，惟独他们美好的心田，是存在着的。而且他们是那么热爱美丽的祖国，热爱美丽的故乡，所以他们要光复祖国和重新夺回故乡的革命决心也象火一般的炽烈！在一个屋檐下生活过来的会宁家的人就是这样的！正因为这样，他们才被人们称为会宁家的吧！同时，也正因为这样，人们才那样地热爱会宁家的吧！啊，会宁家，这亲切的称呼，人们是不会忘记的。特别是在整个村庄都沉入血海和火海的时候，这一点更加突出地显示出来了。尽管人们心里都有自己的揪心的悲伤和痛苦，但是他们都那么为会宁家母亲的死去而感到难过！而且还为活着的会宁家的人发愁，把着他们的手哭。然而最珍爱会宁家的还是贞顺自己。装在她心里的会宁家——那联结着一切宝贵的事物，联结着祖国、故乡和无数人们的，因为它那温柔而多情的爱，令人感激和欢欣的家，现在，应该由谁来负起守卫的义务呢？那不是应该由贞顺自己挺起双肩来挑这个重担吗？

贞顺擦掉了眼泪。她一想到这么重大的事情，心里反而感到更烦闷，似乎有点窒息。她觉得自己跟嫂子一样，现在也是蹲在阴暗的牢狱里。

基成弓着背倒在柴草堆上。贞顺这才想到要让孩子躺下，她把孩子转到怀里，躺在基成身边。天空挂着密密麻麻的星星。那些星星若无其事地照旧铺展成灿烂的星国。几颗特别大的星，一闪一闪地俯视着贞顺，贞顺也朝着它们看。这时，好象从什么地方传来了呼呼的声响。并没有刮风，这是什么声音呢？在烟火弥漫中到灶房里去找母亲的时候，她听到的火的声音就是这么响的。对！这是火的声音！是那可恨的火的声音！这声音又是从哪儿传来的呢？整个世界是不是都在这样呼呼地燃烧呢？豆满江的水是不是要烧干了呢？那些摇晃着的白桦树和白杨树是不是也要全都烧焦了呢？

贞顺还没有睡着，眼望着星星，这时候，粉妮端着个盛着煮熟了的土豆的大铜碗来了。她家没有着火，才有可能煮好土豆端来。

“贞顺！快起来！死的已经死了，活着的人还得咬着牙活下去，不是吗？”

粉妮扶起贞顺。贞顺为她的好意所感动，禁不住流下眼泪。她，也有自己的伤心事，可现在还这样来安慰别人！还有，粉妮的父亲，又是一位多么令人感激的人啊！安葬母亲的事，就是他挺身而出同乡亲们一道帮助料理的。母亲下土的时候，他哭得泪眼纵横，络腮胡子全都沾湿了。

“我妈要把你和基成领到家里来住，可是，突然从德山洞来了客人，就把这事忘了，现在忙得什么都顾不上啦！”

贞顺只是默默地听着。

粉妮把基成也扶了起来，并递给他们俩每人一个土豆。

“快吃吧！……基成，你怎么光拿着不吃呀？”

可是他俩谁也不想吃，贞顺一手拿着热呼呼的土豆，一手撩起衣带擦眼泪。基成也用手背抹了一下眼睛。

“唉，别哭啦，世道怎么这样刻薄……”

粉妮吁地叹了一口气，忙转过身，撩起裙角捂着眼睛。

“你有什么事，这么委屈？”

这时，贞顺才问了一句。

“我马上要出嫁啦！”

“呃，出嫁？兵慌马乱的，出什么嫁？”

“他们那边听到九岩遭到‘讨伐’，就慌了，捎信来说，不管什么日子不日子，要把人先接过去！”

贞顺什么话也没说。

村子在一个早晨变成了灰烬，人们成群地死亡，在这样的情况下，是应该把即将成为他家媳妇的人赶快带走的。在这么荒乱的年月，还选什么日子，办什么酒席呢？

粉妮随即收了眼泪。也许她正在责备自己：在这人们的不幸如山、灾难似海的时刻，特别是在失去了母亲，失去了家园的贞顺面前，自己的出嫁算得了什么伤心事，有什么可挤泪抹眼的呢？

贞顺垂下肩头，轻轻地叹了一口气。粉妮说要出嫁，这在她听来简直是意味着她们之间的永别。被孤独地抛闪在这个黑漆漆的世上的她，怎能期望今后还能见到粉妮呢？

过了一会儿，粉妮说要挡一挡风，到菜园里抱来一捆掉在那里的柴禾，挡在贞顺他们的身后。

粉妮匆匆走后，很久很久，贞顺也没有把那颗土豆吃完。她呆呆地坐着，又把土豆放回碗里。基成只吃了粉妮塞给他的一颗，就不再吃了。

“基成，你怎么不吃？”

“姐怎么不吃？”

“你甭管我啦，快吃吧！”

“我不想吃。”

姐弟俩把装土豆的铜碗，你推给我，我推给你，互相推让了半天，后来干脆把碗搁在一旁，重新躺在柴草上。他俩都眼泪汪汪地望着天空。

天还没亮的时候，喜燮出人意外地走进这个漆黑的庭院。一宿没有合眼的贞顺，急忙站起身来。原来她就估计喜燮老师可能在什么地方，现在真的见到了他，真恨不得马上扑到他的怀里痛哭一场。

“孩子们吃了点什么没有？”

喜燮用粗嗄的声音问。贞顺听他嗓子哑了，心里又是一阵难过。鬼子打过来的时候，他为了指挥群众转移，站在桑树墙上，高声喊叫，嗓子怎能不哑呢？

“吃过了！”

“是在谁家吃的，吃了点什么？”

喜燮怕贞顺说谎话，又问了一句。

“粉妮家拿了点土豆来……”

“饿了好几顿，吃那么几颗土豆，能顶得住吗？我来的时候，从中村带来一碗饭。贞顺同志，你吃点吧，基成也吃点。要咬着牙吃下去！革命不是不经过任何考验就自行成功的！”

喜燮在黑暗中拿出用布包袱包着的铜碗说。贞顺哽咽着直淌眼泪，她非常感激喜燮把饭从中村一直带到这儿。但是比这更猛烈地震动了她心胸的是：她觉得原以为完全不存在了的组织，竟然还活在这样的灰烬之中，它的一端已经联结到自己身上了。

“你决不要灰心失望。革命，不流血是不会成功的！因此，要下狠心，坚强地活下去，这样……”

“啊！你看那家伙！”

正在沉睡的基成突然大声叫喊起来。喜燮暂时把话顿住，接着又说：

“你要下狠心，决心干革命！决心报仇！”

”明白了！”

“你不要哭啦，从这个灰堆里，哪怕是碗筷，我们也得扒出来！”

“你不说，我也是那么想的。”

“我现在要开会，马上得走。事情比较复杂，我恐怕不能常来看你！”

喜燮急忙站起来，在黑暗中大步流星地走了。贞顺也站起来跟着走了几步。但是他已经不知上什么地方去了。贞顺久久地站在那里，朝黑暗中眺望，心里热呼呼的，她意识到组织毕竟还在地下坚强地活动着。

早晨，贞顺拿出喜燮带来的饭时，基成圆睁着眼睛，问道：

“这是哪儿来的？”

“喜燮老师送来的。他让咱俩不要光是哭，要振作起来，特地送了饭来！”

“喜燮老师没上别的地方去，还在我们这儿吗？”

“是啊，清早他说开会，不知上哪儿去了！”

贞顺没有向他提起中村的话。她估计京植和喜燮肯定都已转移到中村，在那里开展工作了。但她觉得这一类的话，没有必要告诉基成。

贞顺一面想着喜燮的话，一面硬吞着咽不下去的饭。为了革命，为了报仇，一定要吃下去！这个想法，就象枪尖一样在她的心里直竖起来。基成不想吃，贞顺硬让他吃。他俩这样地吃了一点冷饭以后，新的忧虑又攫住了贞顺的后颈。她觉得自己和基成也许能对付着活下去，仁男可是个问题。现在，孩子连哭都哭不动了，眼睛直发蔫，摇他喊他的名字才吃力地睁开眼睛，呆呆地对着人望。一会儿，薄薄的眼皮儿就合上了，恐怕连米汤都喂不成了。上哪儿去讨奶吃呢？是得给他弄点奶吃，哪怕是一口也好，可是又想不出可去的地方。

贞顺焦躁地想了好久，心中一点也没数，她走进村庄。村里还有一些人在四处走动。有的房基上还在冒烟。有些人不知干什么，绕着烟灰飞扬的房基打转转。不知从什么地方传来呜呜咽咽压抑着的哭声。这哭声更增添了荒漠凄凉的气氛。

贞顺朝常去给孩子讨奶吃的顺伊家走去。尽管她知道顺伊家的房子也被烧掉了，可还是抱着侥幸的心理，抑制着惶恐和负疚的心情向前走。

到顺伊家一看，个子高大的顺伊爹，正用铁耙子不住地刨灰堆。他刨出了不少烧剩的木头，还刨出了锅和缸一类的东西。

贞顺是来给孩子讨奶吃的。可是，顺伊妈有气无力地躺在院边长着扫帚蒿的草地上，怀里搂着小顺伊。人走到身边，她也没有睁开眼。

贞顺心里懊悔自己糊里糊涂地跑了一趟。在埋葬母亲的时候，看到不远的山坡上，顺伊家也在埋葬一个和基成同岁的男孩。现在，贞顺才想起顺伊妈在坟头上翻身打滚地痛哭的情景。“我怎么这么糊涂，是因为死的人太多了，才没能全部记住吗?”

贞顺抱着象是犯了什么大罪似的心情,连忙从扫帚蒿丛前边掉转脚步。她象逃跑似的走了出来。心想:如果顺伊爹喊我,我说什么呢? 要是说自己是来给孩子讨奶吃的,还不知他心里怎么骂我不懂事哩!

贞顺冒出一身冷汗,走到大路上。这会儿,她真想不起来应当上哪儿去才好。她虽吃过一点饭,可是背在背上的孩子还是一个劲儿地往下掉。她解开背带,重新系上。也许是系得太紧了,勒得心口生疼,象勒断了似的。该上哪儿去呢? 一口奶,竟是这么宝贵吗? 她感到整个天和地都燃起了大火,连天空飞翔的喜鹊,也似乎是在烈焰中扇动着翅膀;树丛里啼叫的鸟儿,也仿佛是喙儿对着喙儿在叫嚷着自己的窝巢被火烧了似的。

“这不是贞顺吗?”

迎面走来一个人,问道。

“呃?”

贞顺吃惊地发现自己的嗓音嘶哑得竟不象是自己的声音了。她急忙抬头一看,一个背着孩子的妇女站在面前。她是谁呢? 一时想不起来。贞顺的嘴边现出毫无意义的微笑。

“哦,你上哪儿去呀?”

“我想给孩子讨点奶吃。”

“上哪儿去?”

“到处转转……”

“你妈去世了,房子烧了,你也被糟踏成这个样儿了! 把孩子给我,也不知有奶没奶……”

女人急忙走到她身边,替她解开背带,把孩子接过去,坐在路边的草地上。

“啧啧,孩子都饿成这个样子了,还没捞到一口奶吃呀! 孩子,仁男! ……喔唷,没劲儿啦,眼睛都睁不开啦。”

女人背着自己的孩子,把怀解开。

“我也没那么多奶水,刚才福童又裹了,不知道还有没有? 仁男,你裹奶呀!”

贞顺听到福童这个名字,好不容易才想起她是从嫂子娘家住的那个村子嫁到对面庄的。有一次,她还来看过嫂子。

“该死的奶,怎么就不出来呢?”

女人一个劲儿地揉着瘪瘪的乳房,让仁男裹裹这边的,又裹裹那边的。仁男裹了几口,没裹出奶,急得发出嘶哑的声音啼哭起来。仁男一哭,女人背上的孩子大概觉察出有人吃他的奶了，也晃着脑袋哭开了。

“你又使坏心眼儿了！快住嘴！”

女人把手伸到背后，咚咚地捶了几下自己的孩子。可是孩子并没有止住哭声。

“喔唷，不出奶，又蹦出这么个小捣蛋！来，你也吃！”

女人把自己的孩子也转到胸前。她的孩子胖呼呼的，脑门挺宽。仁男跟他一比，简直只有一半。自从断了奶以后，仁男瘦得更不象样了。两个孩子各自噙着一个奶头，还为了跟对方抢夺，哭着打起来。仁男尝到奶味儿，也变得不好对付了。他用小拳头打福童的嘴，还把手指头做成钳子的样子，狠狠地掐福童的嘴唇。这么一来，那个大脑门孩子就把嘴里的奶头一松，哇的一声哭了起来。

“打得好！活该！想独吞的家伙，就该这样挨打！”

好心肠的女人看到自己孩子哭，却这样说着，给仁男打气。

“大嫂，把孩子递给我吧。”

“唉，你背他回去吧，没有奶了。听说松河洞崔豆甲的孙媳妇奶多，每天要挤出一大碗哩……”

“松河洞有奶多的人家吗？”

“松河洞崔豆甲他们家就是奶多。可是路那么老远，上那儿去替孩子要奶吃，怎么去得了呀。”

贞顺背上孩子，勒紧背带。女人一看见就喊叫着说，那样勒不是要把腰勒断了吗？

“勒得这样紧，孩子才不往下滑呀。“

“啧啧，系带子也得有个分寸，空肚子勒得那么紧，怎能受得了？——你知道被抓走的嫂子的消息吗？”

“哪里会知道呢？”

“多可怜呐！……也不知她是不是还活着？”

女人啧啧地咂着嘴，背起了自己的孩子。

贞顺同她分手以后，浑身无力地往回走。在回家的路上，眼前直发黑，扶着树站了好久。她心里虽然想要咬着牙活下去报仇雪恨闹革命，但又担心身体不成全自己。想到这儿，禁不住有点害怕，甚至颤抖起来。

二

太阳快当顶了，贞顺才去后村给孩子要了点奶吃。奶水一进肚，孩子就把脸贴在她的背上睡了。她回家一看,基成早已照她的话到土豆地里挖来一篮雀蛋大的土豆。他低着头坐在地上,用碗碴子刮土豆皮。身旁还放着一个熏得漆黑的瘪嘴的铜号。

“这铜号是哪儿来的?”

基成没回答,也许他在想着什么,眼泪滴在手背上。

“基成!”

基成这才抬起一双泪汪汪的眼睛。

“这铜号是哪儿来的?”

“刚才三孙拿来的,说是从他们家灰堆里扒出来的。”

“不是说叫警察抢去了吗?怎么又从他家灰堆里找出来了呢?”

“是三孙的奶奶把号藏在库房里故意骗他的。他奶奶说,要是听到号声,闵家就会告他们是共产党……”

贞顺听了,觉得是象那么回事。她记得有好几次闵家一听到号声,就跳起来说那是共产党吹的。

“你吹过吗?”

“吹不出声……”

基成说着,用袖子抹了抹眼泪。

“吹不出声,气哭啦?”

“看你说的……”

“那你为啥哭呢?”

“看见小号,就想起伙伴啦……”

贞顺听了,心里就象刀刮似地难受。敌人打进来的那天早晨,尽管她在下山前关照孩子们呆在山上,可他们随后还是跑下来了。慌慌张张地乱跑,结果被枪弹打死了好几个。有个孩子还被卷进大火里,烧得象根木炭。由于这些孩子的死,掩埋尸首的那天,大谷口更加哭声震天。

“基成,咱们从现在起,什么都别想!你那么想,我的心里也难过得受不了!”

“嗯,啥也不想啦,以后光想盖房子。”

“对!你这样,我心里才踏实!”

过了一会儿,贞顺走到锅台附近开始扒灰堆。不知基成是咋整的,从灰堆里找出了镐头和锄头。贞顺就用那柄子烧掉一半的镐头干起活来。

喜燮说过,就是埋在灰堆里的碗碟,也要扒出来用。再说,现在要煮土豆,也得有一口锅才行。贞顺想,铁锅大概是不会烧坏的。

她刨了一阵，又跑回来把仁男放在昨晚睡觉的地方，然后去掏灰和烂草。不知怎的，她觉着腰直打晃，使不出力气。

“姐，你用这个刨，把镐头给我！”

刮土豆皮的基成，手拿着锄头走过来，说道。

“土豆都刮完了?”

“没刮完，连皮煮了吃吧！”

“嗯，也好，那你就用锄头扒吧。”

“不，我怕灰扑脸，想用镐头刨！”

基成装得挺象。刚才，他在刮土豆，看见姐姐用镐头刨地，身子软得象柳枝，就急忙拿着锄头跑了过来，想把姐姐手里的镐头换下。

基成到底从姐姐手里把镐头抢了过来，很麻利地刨起灰来。

“别太着忙了，小心砸坏了锅！”

“你要找锅吗?”

“是啊。”

他俩刨了一阵，烧成木炭的脊檩和椽木露了出来。遇到没有烧透的椽木，两个人就合力朝外拔。忙了一阵子，灶屋炕的炕面现出来了，有几块石板被掀翻了，露出漆黑的炕洞。

贞顺用锄头刨着，忽然扒出一个匙子，那是母亲的匙子。这把匙子比别的匙子沉得多，口也宽得多，常常用它来起锅巴，因此，匙子尖的一边磨成了半月形。母亲一辈子就用这把匙子吃饭，还用它朝小基成的嘴里，不，也朝贞顺本人的嘴里喂过饭，把他们养大。不久以前，她还笑着用这把匙子朝仁男的嘴里喂过饭，眼边显出微细的皱纹。

这样的时刻，也许就是母亲一生中最快乐的时刻。当母亲用这把匙子喂不出东西，甚至连稀粥也没得喂的时候，她望着饿得哭哑了嗓门的孩子，心里是多么难过呀。母亲的心，大概就象这把匙子一样，一点一点地给磨损了吧。可怜的母亲，一辈子受苦，为养活孩子，耗尽心血的母亲！现在，她终于把这柄朝孩子们的嘴里喂饭同时又喂过母爱的匙子留在灰堆里，永远离开了这个世界！

贞顺想到这儿，又一次感到心里象撕裂一般疼痛，禁不住哽咽起来。她背着基成，急忙把被火熏黑了的匙子，揣进腰里。

刨了半天，才现出锅台。把灰扒净一看，房柁坍落的时候锅台被砸塌了，那口大锅也砸碎了。倾倒在灶屋里的房柁，也烧得只剩下半截。基成吭哧吭哧地使劲要把破锅拔出来，累得脸上脖子上直淌汗。

"基成，别管它啦，咱们就把那口小锅拔出来煮土豆吧！"

"那么这口锅怎么办呢？"

"回头再慢慢拔。"

"盖房子的时候，不该用这么大的房柁。"

"这可不能怪房柁大，鬼子不放火，怎么会砸坏锅呢？"

"这我也知道。"

他俩从锅台里把那口小锅拔出来，走出灰堆和烂草堆。天已经快傍晚了。回到仁男的身边一看，他还是昏沉沉地睡着。阳光映照在他那象纸一样薄薄的脸上。摸摸他的手，简直象绸衣带一样绵软。

贞顺把镐头倒过来靠在柴禾捆旁，打开背带挂在上面，一块巴掌大的影子，赶跑了孩子脸上的阳光。

贞顺在院子里搭了个石头灶，开始煮土豆。基成东转西转，拣来不少木棍儿。她怕姐姐吃力，挑粗的顶在膝盖上替她弄断。

过了一会儿，姐弟俩摆好煮土豆，面对面地坐在院子当中。贞顺单挑出几颗煮开了花的放在一边，准备喂孩子。基成把大的都推给姐姐吃，专拣些小的剥皮。可怕的悲伤，好象把淘气包变成大人了。在这样的不幸之中，弟弟过早地懂事，贞顺倒不觉得他乖巧，反而难过得受不了。

"姐，那是什么匙子？"

"嗯，刚才……从灰堆里扒出来的。"

贞顺急忙摸了摸自己的裙腰，原来匙子的尖端有一半露在外面了。她急忙拔出匙子，藏在身边。

"是妈妈的匙子？"

"大概是，快吃土豆！"

贞顺慌忙扭转话头。

基成没说什么。过不一会儿，他的眼里又汪满了泪水。但他没让眼泪淌下来，就让它在眼里消散，并且吃着土豆。

这天晚上，姐弟俩还是带着小孩睡在柴禾堆上。现在，他们对这样的睡处并不怎么感到生疏了。也许他们开始习惯这种废墟里的生活了吧。

还没到深夜，又来了一位陌生的青年。他穿着工作服，戴着鸭舌帽。他把贞顺喊出来，就站在黑糊糊的院子里，问她这些日子吃了多少苦。

"谈不上苦，就是……"

"同志们都知道你在受苦。昨天清早，喜燮老师来过吧？"

"来过。"

“你再忍受几天，我们马上要采取措施……孩子没奶吃，真糟糕！……”

“不要紧，我无论如何也要养活他！”

“是啊，一定要养活他！越是这样的时候，越不要丧失信心！也不要害怕……”

青年说了这些话，一阵风似地消失不见了。看样子，他跑这一趟是很匆促的。

贞顺在黑暗的夜色中，没有看清那个青年的脸，只得到一个印象，他说话喉咙很粗。

贞顺和那个青年见了面，回来躺在孩子身边，她感到心里比昨天晚上更加激动。她充分了解到组织正在为他们操多大的心，深深地感到在这个一切都被烧毁、一切生活似乎都终结了的寂寞的黑暗之中，仍然顽强地活着和跃动着的东西。因为一切生活都遭到了这样残酷的劫掠和践踏，为了使经受这一严酷考验的人们重新挺起双腿站立起来，唯一需要活下来的——即使其他一切都消失，惟独有一样必须活下来，而且一定要永远活下去的最宝贵最坚强的东西，就是革命组织！能给那些垂头丧气、软瘫在地上的人们灌输热血和爱的气息，唤起他们走向新的战斗的，在这个世上唯一能够依靠的、可宝贵的、令人感激的也就是组织！

贞顺不知怎的，眼泪簌簌地淌了下来。一定要拿出更大的力量站起来！这个想法充塞在她的心头。为了不致惊醒孩子，她又悄悄地从睡觉的地方爬起来。睡在那边的基成，翻着身子“啊！啊！”地大声喊叫。贞顺怕基成说梦话吵醒孩子，轻轻地揿了揿孩子的肩头。孩子就象要钻到地里去似的，几乎令人感觉不出一点生气。

贞顺悄悄地离开铺着柴草的睡处，走到黑黑的庭院里。她坐在院子中间刮了半天准备明早煮的土豆。此刻她刮土豆不是用碗碴，而是用白天找到的她自己的匙子。她还找到几只铜碗和瓷碗，原来放在灶房搁架上的坛子和穿了眼的水罐也找到了。有了这些，院子里就象个过日子的样子了。这会儿，有了打水的水罐，也有了盛饭的饭碗。

贞顺刮完土豆，就用细沙擦铜碗。她激动的心情始终平静不下来。一切都重新出现了：生活、革命……刚才来的青年，上哪里去了呢？到什么地方去搞秘密联络了吧？要是有这种联络工作，为什么不让我去干呢？以后，凡是组织交给我做的事，我都要豁出命来干，替母亲和父亲报仇！鬼子把我们的基成和仁男害得这么苦，我怎能放过他们呢？

“妈！我要咬紧牙关去战斗，真的，真的要去战斗！”

贞顺自言自语地说。她通宵没有合眼，早上背着孩子，一勒紧背带，就感到眼前比昨天还要晃得厉害。但她还是咬着牙去煮土豆。

这时，上井打水的基成跑回来说，有一些不知哪儿来的毛驴和人，进村来了。

“毛驴，哪儿来的毛驴？”

“不知道。毛驴背上还骑着人哩。经过闵家门前，走进村子来了……”

贞顺闹不清是怎么一回事，想到井边去看个究竟。因为她受过一次惊，这会儿心已经开始跳了，生怕村里又出了什么事。

她来到井边一看，果真有两匹毛驴叮叮地响着铃铛，走进成了废墟的村子中央。不光是毛驴，还有一乘花花绿绿的轿子。一头驴子的背上，驮着用包袱皮儿包着的象个大木盆似的东西。另一头驴子的背上，骑着一个老头，摇晃着大纱帽，后面还有十几个陌生人跟着。一行人绕过东一堆西一堆的乱草，很威风地向田治根家所在的山脚下走去。

贞顺这才弄清楚那是从朴大同家里来的人。粉妮今天真的要出嫁了吗？朴大同搞的这么十万火急，想不出嫁也不行了吧。前天晚上粉妮来哭诉的时候，贞顺曾经想过：反正迟早总要出嫁，早一点离开这个使人伤心的村子，也许还好些。可是，当真看到一帮人来要把粉妮带走，不知怎的，她又感到非常气愤和焦躁，简直没法忍受。再怎么急着成亲，难道就应当这样叮叮地响着铃铛，抬着花轿，冲到房屋烧光了、哭声还没有停止的村里来吗？这哪是什么婚礼，明明是财主欺负粉妮他们家，想象老鹰叼小鸡似地把新媳妇抓走。

可怜的粉妮，她离开爹娘，抛下可爱的村庄和伙伴，一个人到那些横蛮的人们中间去，怎么活得下去呢？

贞顺心里越来越难受。现在粉妮真的嫁到财主家去，不是要变成他们那一边的人了吗？难道那么可亲可爱的粉妮，真的要变成我们的对头了吗？现在，她再怎么哭，也不顶事了，到头来还不是得坐上花轿，迈进那有着无从得知的波折在等待她的黑门坎吗？

她又想起了粉妮的抱怨：

“象我这样的人干吗要出生到世上来呢？”

她觉得粉妮的抱怨，就是对这个冷酷无情的世道的痛心的抗议！

那么，粉妮究竟为什么要出生到这个世界上来呢？贞顺心里焦躁地自问。她觉得现在似乎才切身体会到世上许许多多的妇女象口头禅似地反复叨念的这句话的深刻含义。

贞顺回到家里，心慌意乱地把土豆下到锅里，点上了火。她想，无论如何要去看看出嫁的粉妮。说不定这是最后一次别离,怎么能不去看她一下就让她走呢?

贞顺煮好了土豆,就到匆匆举办婚礼的粉妮家去。

到她家门前一看,那些活下来的小孩也都聚到这儿来,吵吵闹闹地看毛驴。这些孩子还没有基成他们大,浑身叫火熏得漆黑,只有一双双小眼睛在闪亮。抬粉妮的花轿,已经卷起珠帘,在廊台前面等着。

"唔,你来啦?快进屋吧!"

粉妮的母亲走出灶屋门,看见贞顺,打了一个招呼。贞顺抬头一看,不知为什么,她的眼睛也是润湿的。

贞顺走进灶屋,粉妮刚好戴上花冠,披上长面纱,从炕上站起来。打扮成新媳妇的粉妮,不知下了什么狠心,脸色很难看,显得有些发青。花冠上的珠子,颤颤地发出清冷的光。贞顺背上的仁男,也许是看到花冠上的珠子,觉得稀罕,抬起脸来,刚伸了伸手,又缩了回去。站在贞顺面前的粉妮,撇着抹了胭脂的嘴要哭。

"别哭啦!"

贞顺劝着,但她的声音也在颤抖。

"我不哭,哭也不能把我的身世……"

粉妮喊着,她的声音就象她的脸色一样,显得十分沮丧。她那披着长面纱的双肩,也微微地泛起波浪。

贞顺再也没有什么话可劝。她瞅瞅上屋和下屋,哪儿也看不出有一点办喜事人家的欢乐气氛,反而象办丧事的人家那样,晃动着一张张阴郁的脸。他们在房间里悄悄地谈的话,也都饱含着郁忿。

"哪有新郎不来的婚礼?"

"人家说啦,新郎在学校里读书,没法叫他来。这明明是欺负这头儿!"

原来,朴大同连新郎也不叫来,就派花轿来抬媳妇。并传话说,这是急办的婚事,来不及叫回在外读书的儿子,希望亲家不要见怪。但这种做法,分明是不把媳妇这头儿当亲家看待。

"再见啦!"

粉妮的眼睛里终于落下了眼泪。给她化妆的妇女们说别哭花了脸。粉妮咬着嘴唇,跨过门坎,走进花轿。搀扶新娘上轿的妇女,把她的新胶鞋和梳头盒子也塞进轿里。这时,轿夫们一个个拥上前来,急忙关上轿门,放下珠帘。轿子里响起了粉妮抽泣的声音。

正在这时候,上屋里传出粉妮爹高声嚷叫的声音:

“啊，这算什么名堂？长着人的脸，能办这种婚事吗？村子都烧光了，死了很多人，哭声震天。偏在这时候抬着花轿冲进来，这对吗？我那么跟你们说，眼下村里的情况比我家更糟，先把这事撂下吧，可你们偏要成群地找上门来，哪有这样丢脸的事呀？我还以为朴大同是个懂道理的人哩！”

“嘿，今天办的是喜事，何必扯这么大的嗓门儿？村里的情况是村里的情况，我家的喜事是我家的喜事，何必拿村里的情况来发泄对我家办喜事的不满呢？”

朴大同的堂兄，那个老头子狠狠地把田治根的话顶了回去。上屋一吵，轿夫们就急忙跑到上屋门前，说轿子马上要动身了。可是田治根干脆装做没有听见，更加怒冲冲地大嚷起来。

“喜事，这算什么喜事！你说，这象办喜事吗？村庄的情况如此，还要办喜事，这就不成话。再说，新郎这家伙连个鼻子尖儿也不露一露，让新娘一个人头戴花冠走进礼厅拜堂，这，这叫什么稀奇古怪的名堂？你说，世上哪有这种事情？”

“凡事都在乎怎么去看。如果以为这样也无妨，觉着它蛮好，那就好，我看也没有什么不好。我以为，亲家翁要想得开些，对这样琐碎的事情不要计较，这才是做长辈的道理。”

两个人正在这样尖起嗓门争论不休，胡同那头又传来一位老人劈雷似的喊声：

“混蛋！朴大同这小子，你给我站出来！你以为九岩遭到鬼子的浩劫，村子里的人就死绝了吗？”

他是崔正洙的父亲。从前当过独立军，气概如虎，又因为耳朵聋，平素说话，也是震得天棚都发响地大声喊叫。他听说朴大同在整个村庄都哭声连天、经历了惨祸的时刻，跑来要抬走新媳妇，不禁怒气冲天。朴大同这混蛋，再怎么霸道，还能不把亡国的悲哀放在心上吗？是啊，听说他是日本蛮子的狗腿子……我怎样才能让他尝尝火绳枪的滋味呢？老人用拐杖咚咚地敲着地大声喊叫。在他的身后，哩哩啦啦跟着一大群老乡。

“混蛋，田治根！你也给我站出来！养女儿挑女婿，也要正大光明！怎么把女儿嫁给那……那么一个当了日本蛮子的狗腿子的儿子，在这兵荒马乱的时候打扮成新娘子，对吗？混蛋！你眼里就没看见村子里的惨象吗？”

听到外头大声喊叫，在屋里吵嘴的田治根和朴大同的堂兄，也都瞪圆了眼睛。他们俩也估计到村子里不是那么挺平稳的。田治根怕闹得更丢脸，立刻闭上了嘴巴。朴大同的堂兄也匆匆地站起来，走出上屋门，纱帽的宽边直磕门框。田治根也涨红着脸，趔趔趄趄地跟着走出来。

坐在轿子里的粉妮，还是不停地哭泣。轿夫们跑来抬轿子，轿子腾了空，摇摇晃晃的。这时，从轿子里传出喊妈妈的声音。

贞顺跟着花轿走了出来，她想再和粉妮说句话，劝她不要哭。可是，抬轿子的人跑得像闪电一样快，怎么也跟不上。起风了，飞扬起一片烟尘。崔老人劈雷般的喊声，仍然从粉妮家的门口传来。轿夫们象是被老人的喊声吓怕了，抬着哭泣的新娘逃跑似地在废墟上奔跑。毛驴跟在轿后头，原先由它们驮来的盛米糕的空木盆，重新驮到一头毛驴的脊背上，朴大同的堂兄骑着另一头毛驴，摇晃着乌纱帽，催着快走。他们的后面，跟着粉妮家的牛车，上面装着两口衣柜，贞顺跟着走了一阵，忽然间头晕起来，只得停下脚步。她久久站在那里望着粉妮的花轿，感到她的亲爱的伙伴被人偷走了。但是，她的眼里却没有涌出眼泪，而是射出了象秋天的湖水一样冷森森的光。

三

敌人“讨伐”后已经四天过去，孩子也越来越没劲儿了。前些日子，村里有奶娃子的大嫂都给仁男喂过一两口奶，有时小肚子也吃得挺饱的。可是，从昨天起，无论上谁家也讨不到奶吃了。孩子饿得哑着嗓子咯儿咯儿地哭了一阵，就悄悄地闭上眼睛。现在，贞顺也没力气去找村里有小孩的大嫂了。不论谁家，都遭到“讨伐”，连自家的孩子也无奶可喂，都在受苦，就是找上门去，也只能使他们心情烦恼。

贞顺实在愁得没办法，打算今天到松河洞去看看。听说那家大嫂奶旺，每天都要挤出一大碗倒掉。跟她要点还能不给吗？一大碗奶，可真是不少啊！

“基成，今天你跟我到松河洞去一趟。”

“上松河洞去干什么？”

“听说松河洞有位大嫂奶旺，咱去给仁男要点吃。”

“松河洞，是不是鹿子沟下面的村子？”

“对啦！”

“去年春天，我跟五福他们上松河洞去过，那儿有一条大河。”

“那条河是朝月坪镇流的。”

基成一清早就拿着铜号，又是敲又是擦，啵啵地吹着。这会儿来了兴头，忙着做上路的准备。他跑到井边洗了脸，又擦了擦脖子和胸脯，可是不论怎么擦洗，身上穿的漆黑肮脏的衣裳，可还是没法整治。贞顺想到要领着穿这种衣服的弟弟到别的村庄去，不禁叹了一口气。其实，她身上穿的也不象话。一件由于沾满了灰尘而变得漆黑的上衣，配上一条因给母亲包扎伤口而撕去了下摆的裙子，草鞋破得都露出了脚指头。穿着这样的鞋，恐怕是没法走到松河洞再走回来的。但她还是下狠心推了弟弟的脊背一把，就动身上路了。衣服破，有什么关系？他们那个村也知道我们村遭到“讨伐”才变成这个样子的。这么一想，她反而感到有了勇气。

其实，她起初并没想带基成去。可是，今天比昨天头晕得更厉害，怕在半路上出什么事，才特意带他去。

他俩走出村口。初秋的风轻轻吹来，不管人们生活着的人世间发生了什么变化，节气还是按着它的规律来临了。谷子地呈现出一片金黄，稀稀拉拉的土豆地里有一些经过“讨伐”、浑身黝黑的人，分散地蹲着挖土豆。

路边上挖土豆的妇女，问贞顺上哪儿去。听说要上松河洞给孩子讨奶吃，她们都很惊讶，说松河洞那么远，怎么上那儿去呢。

“松河洞远什么，一会儿就能赶回来。”

“唉！真叫人难受，怎么才能养活这个孩子？……”

妇女们都唉声叹气。那些说是要离开九岩的人，也有不少到地里来挖土豆。有的地头上还停着牛车。看样子，他们是被成熟的庄稼拖住了腿，没法上远处去。他们大概是在九岩附近的某个深山沟里搭起草棚住着，到地里来挖吃的。

贞顺和基成翻过一座山，好不容易走出了鹿子沟。土豆确实不耐饥，早晨刚吃完的时候觉得挺饱，好象能管一整天不饿，可是一走到松河洞前面的大河岸上，肚子就空了，饿得直淌冷汗。松河洞的房子，都在河那边宽阔的地上，成片的草房之外，也有几座瓦房。这个地方倒象是既不知道“讨伐”，也不知道别的什么的世外桃源。村前的河岸上，柳树成行，孩子们拿着小提网，在那里奔跑着捕鱼。

过了一些时候，姐弟俩才走过桥。进村一打听，崔豆甲的家就在村后那个漫坡岗子上。

登上山岗，看见一座院子很宽敞的高大瓦房。贞顺不禁打了个寒噤。那高高的屋檐，关着一扇的大门，不知怎的，都使她感到这家跟闵家是一路货。这样的人家，是宁可把奶挤出来倒掉，也不会送给别的孩子吃的。

“姐！怎么不进去呀？”

贞顺站在大门外踌躇着，基成走上来，拉着她的手，问道。

“我看咱们白来啦。”

“为什么？”

“这样的人家，肯把奶给咱们的孩子吃吗？”

“是啊，这很象闵家大院！”

他俩站在那里，踌躇了一阵。既然来了，还是进去看看。她怀着这种想法，犹犹豫豫地踩着大门前的石阶朝上走，基成也跟在后面。一进大门，就看见一个脸尖尖的女人正在晾着象是刚在锅里煮过的绸子。从正房的房檐到客屋的房檐之间，拉了好几根晾衣裳的绳子。每条绳子上都晾着水滴滴的绸子。

“你们干什么？”

姐弟俩一进大院，晾绸子的女人就惊叫起来。他俩停下脚步，就是想再往里走，有绸子挡着，也没法前进一步。

“我……”

“什么我不我的？你们是从哪儿来的？别碰脏了绸子！”

“我们是从九岩来的，听说你家大嫂奶旺，想给我们孩子讨口奶吃。”

“奶？哟，天哪！那么宝贵的奶，给你们孩子吃？快给我滚！别靠近绸子，快出去！”

这个年近五十的女人，抹了一头油，挽个大鬏，拖着长裙子，恶狠狠地说。这时，正房的腰门开了，有个女人走到廊台上，看去象是这家的儿媳妇。她的乳房真有水瓶那么大。她手按着奶子，问院子里的女人是怎么回事。

“想讨你的奶给孩子吃。哪怕奶象汉江的流水，也不能抱着那样的孩子让他把奶头衔在嘴里呀！”

“哟！真没见过这副熊样子！”

站在廊台上的儿媳妇，嘀咕着瞪了贞顺一眼，忽地把门一关，跑回屋里去了。她刚露了一下脸，就给人以一种非常狠毒尖刻的印象。

“快滚！别弄脏了绸子！”

院子里的女人端起装绸子的脸盆，把盆里的肥皂水往外泼，水点子一直溅到姐弟俩的身上。孩子哇的一声哭了。贞顺急忙拉了基成一把。但基成叉开两腿站在那里，怒冲冲地瞪着，四下里盯着地上看，象是要抓把泥土往绸子上撒似的。

“走吧，那样干，算不得赢！”

贞顺眼睛里也迸射出匕首一样锋利的光芒，但她还是极力忍住怒气，劝着弟弟。

基成被拉到大门外，还气得直蹦，他从姐姐手里抽出手来，猛地搡了姐姐一下。贞顺背着孩子，向后趔趄起了几步。基成气得抽泣起来。

“别哭啦，咱们上这样的人家来要奶，压根儿就错了。”

贞顺抚摸哭泣着的弟弟的后脑勺，劝他说。但她的话音里也带着哭腔。

“姐，这样的大瓦房，往后我非把它收拾掉不可！”

“对！要狠狠地报仇！”

姐弟俩从岗上走下来。贞顺把哭着的孩子扳到胳肢窝下面。孩子的头上，也沾了水点。

也许是孩子的眼里泼进了肥皂水，他微微张开了一下又合上了，哇哇直哭。贞顺用背带替孩子擦了擦头和脸。这时，她才伤心起来。为了那么点奶，跑到这儿来受气！嫂子如果知道了，也许要拍着地大哭呢。真的，嫂子在阴森可怕的警察署里，是死了还是活着？鬼子把无辜的人抓去审讯拷打；住瓦房的家伙还这样侮辱穷人。贞顺今天才刻骨铭心地深深体会到平素常说的日本鬼子和地主、资本家，都是我们的死对头这句话的含义。怎样才能把那些可恨的敌人消灭干净呢？贞顺觉得自己更加清楚地看到了这个社会的令人厌恶和惊悸的内幕！他俩坐在松河洞的大河边，打开午饭包，把土豆块儿捻碎，塞到孩子嘴里。可是孩子没有吃，只是微微地张开溅进肥皂水的眼睛，土豆依旧在嘴里衔着。看样子，他是没有力气咽下去，也没有力气吐出来。贞顺用舌头打响儿给他听，他那昏花的眼里飞快地掠过一丝笑意，立刻又消失了。

“基成，咱走吧！”

贞顺擦了擦眼泪，把孩子重新背在背上。这充满仇恨的河岸啊，就是死后变成了白骨，也不会忘记的！

天黑的时候，姐弟俩才回到家里。尽管这样困难，还是九岩的人心淳厚。后村的孩子妈和顺伊妈，听说贞顺上松河洞去讨奶，担了一整天的心，贞顺一回来，她们就跑来轮流给孩子喂奶。贞顺背朝着这些令人感激不尽的大嫂，连连拭着泪水。后村的孩子妈，说她的奶没有喂光，把奶挤出来装在瓶子里留给仁男。

贞顺搂着孩子躺在柴禾上。孩子肚子饱了，就咝儿咝儿地发出均匀的呼吸声睡着了。贞顺伸手摸了摸躺在那头的基成。他粗硬的头发更加蓬乱了，摸他，他也没有察觉。这也难怪，在炎热的阳光下走了一整天，还受了那么大的气回来，自然要累瘫了。

贞顺自己也浑身发软，两腿酸痛。大概是又要发晕了，眼前尽是火星迸溅，天空也摇摇晃晃地打转，耳朵里还嗡嗡地响。过了一会儿，才安静下来。她仰望着天上的银河，注视着一颗颗大星，不觉陷入了沉思。星星，是多么光辉灿烂啊！它怎么每天晚上都在同一个地方出现，小小的东西竟能放出那么美丽的光芒！贞顺望了一阵，轻轻地合上眼睛。

忽然，远远地望见了母亲。母亲穿着一身白衣服，衣带随风飘动，头上顶着一个装着什么东西的大木盆，朝这边走来。贞顺想迎上去，可是不论怎么使劲儿也迈不动脚步。她摇着手，焦急地喊妈妈。母亲没有应声，只是朝着绿草如茵的原野走来……她虽然向前走着，可就是走不拢来。贞顺又声嘶力竭地喊母亲，喊着喊着，被自己的喊声惊醒了。睁开眼睛一看，银河依然高高地横在天上。星星也似乎比刚才多了。那些大星后面，还有无数隐隐发光的小星。她再往远处望，看看还有没有。这时她看到一些难得出现的孩儿星，象在梦里一样，一个又一个地跳出来，闪着光亮。

母亲上哪儿去了？是上遥远的星国去了，还是不忍心离开我们，悲痛地哭着，在九岩村彷徨？

贞顺紧紧地搂抱着沉睡的孩子。今晚他肚子饱了，一声也不闹，睡得很好。基成在梦中也象是白天在崔豆甲家里被姐姐抓住胳膊那样，大喊"放手！""放手！"不断地说梦话。

过了一会儿，贞顺又进入了梦乡。当这三条生命徘徊在杂乱的梦乡里的时候，有一个黑影小心翼翼地靠近了废墟前面的高粱地头。那黑影绕过高粱地头的小路，走到房基跟前，兀地站住了。他就是基焕，是贞顺日盼夜盼的哥哥！

现在，基焕站在一个早上变成了灰烬的家的前面，面对着包含在这凄惨景象里面的比它还要凄惨几倍的悲剧，心里非常难过，几乎站不稳身子。

他胸怀革命离开家乡的时候，根本没有想到会回到这样的家里来。当然，这是一场严酷的阶级斗争，是无可避免的悲剧。但是，一想到母亲那善良的面容已经埋在灰堆里，而那亲切地抚摸过他脊背的手，在生命的最后时刻，曾抠过庭院里的硬土时，就禁不住牙齿打战，心痛欲裂了。他静静地绕着房子走着，转到后院，伸手摸了摸一头翘起的房柁。这房柁差不多烧了一半，手指尖一碰，就唰唰地掉炭碴。他还仔细地看了看倾倒在灶房的房柁的另一头。他绕着房基转了一阵，才向年幼的家人们睡觉的灶屋墙边走去。当他看到蜷卧在地上的妹妹、弟弟和儿子的时候，感到身上的肋骨也都咔嚓咔嚓地折断了。

"贞顺，我来啦！"

基焕提了提裤腿，蹲在她的头顶，平静地叫道。可是，贞顺耷拉着胳膊，没有应声。

"贞顺，哥哥回来啦！……"

基焕轻轻地摇了摇妹妹的肩膀。这时贞顺才睁开眼睛，过了好一会儿，她才从迷迷糊糊的状态中醒过来，意识到有人来到自己的头前，急忙坐了起来。

“贞顺!”

“谁呀?”

“哥哥来啦,你受了很多苦吧?”

“呃? ……”

贞顺的身子猛地颤了一下,她想自己是不是在做梦。真是哥哥回来了吗?现在,坐在黑暗里的人,真是哥哥吗?

她独自一个人克服着巨大的不幸,那么盼了又盼的哥哥,怎么在半夜里这样突然出现在她的面前了呢? 贞顺喊了声哥哥,可是喊不出声来。

“你受了多少苦啊?”

贞顺没有回答,只是紧紧地抱住哥哥的两只胳膊。这时她才喊出声来:

“哥,哥哥! 你怎么才回来呀?”

她扑倒在哥哥怀里,象孩子似地哭了。

所有使她感到痛心的想法,在一瞬间化成了山一样的悲哀,把她抛入眼泪的海洋。贞顺把脸埋在哥哥的怀里,抓住哥哥的袖子抽泣。

“别哭啦。”

哥哥哑着嗓子劝慰着,用粗大的手摩挲妹妹的脊背。他那摩挲脊背的手又哆哆嗦嗦地移向妹妹的头顶心。

“快别哭啦,现在不是哭的时候,要坚强起来,得学会咽着眼泪生活。”

“哥,哥! 你知道我们是多么盼你回来呀!”

贞顺抬起眼泪纵横的脸瞅着哥哥,说。

“我也知道你们盼我,这都怪我这个做哥哥的太不孝了!”

基焕在黑暗中又一次紧紧地把妹妹的脸抱在宽大的胸膛上。过了一阵,基焕才在暗黑中摸了一下儿子的头。缩在一块豆叶大的褥子里的小脑袋! 细软的头发! 而那微弱的体温,似乎是在向他说:“爸爸! 我还活着哩!”基焕的嗓子哽住了。此刻,他也没法吞咽眼泪了! 不仅是母亲和妻子的牺牲带来的可怕的痛苦,而且还有泅渡这苦难的时代的民族悲剧,一并在撕裂着他的心。基焕在夜色里簌簌地流下了眼泪。

他的手又移到基成的头上。原以为在沉睡的基成,一把抓住哥哥的手,问道;

“谁呀?”

“是我,基成,哥哥回来啦!”

基成听见是哥哥的声音,霍地坐了起来。

“过得好吗?”

“哥，真是哥哥吗？”

“对！是你的哥哥……”

基成听了，没有再问什么，只是死盯着哥哥。他在黑暗里瞅了半天哥哥的脸，不声不响地用手背抹起眼泪来。

“别哭啦，你现在是大孩子了……别哭啦！”

“哥，你知道嫂子被抓走了吗？”

“知道。”

基成到底是个男孩子，他只是哽着嗓子，却没有哭出声来。他用手背抹眼泪，又用袖子擦眼泪，不时向怀念已久的哥哥说几句象是赌气的话。

“唉，这么办吧，现在时间太紧，没工夫再谈别的了。贞顺，基成，今天夜里你们要离开这个地方，到上村去！仁男嘛，我背他走……”

贞顺听了哥哥的话，大吃一惊。让她领着基成奔上村去，这没啥可惊奇的；但是哥哥要把仁男带走，这可太出乎意料之外了。她一时说不出话来，只是望着坐在黑暗里的哥哥。

“形势越来越坏了。起先，我也想过在这里盖间房子，仍旧让你们住在这里，可是形势不允许这样做。所以，前天晚上我通过这里的组织派人来过，今天晚上我自己又赶来，想干脆把你们送走！”

“哥哥，你怎么能把仁男带走呢？”

“你别为仁男担心。让你背着他到处讨奶吃，受苦受累还行？我那里有一位大娘能抚养孩子，你放心好了。”

“不，哪儿来的大娘啊？我可不能把仁男交给别人，嫂子出了狱，她会怎么说呀？”

“还是这样办吧！你们快做准备！”

不知从什么地方，突然传来了枪声。这是机枪的声音。

“这是什么声音？”

基焕忽地站起来。贞顺和基成，也被枪声吓得心里怦怦跳。机枪声越来越密了。

好象还传来日本鬼子高声喊叫的声音。

“鬼子又打过来啦！”

基焕赶忙把手伸到背后，拔出手枪。

“不行啦，你们背着孩子快跑，直奔山里去，在雾气岗上等我！我到村里去看看，刚才喜燮老师和我一起从中村来，他去准备群众大会，不知怎么样了。”

基焕大步流星地走出庭院，立刻消失在黑暗里。姐弟俩停止了哭泣，站起身来。虽然盼来了哥哥,但是还没等尽情地交谈,又出现了情况。这是怎么回事?将会变成什么样?贞顺的牙齿打起战来,她不知道眼下应当做什么才好。

哥哥走后不多一会儿,对面村庄就升起了火柱。火光一晃一晃地直映到贞顺家的院子里。看样子,对面村庄又遭到一场大难。枪声象炒豆似地响着,爆发出人们哭喊的声音。紧接着在仅仅剩下几座房子的九岩村附近,也升腾起一股火焰。鬼子大概是专找上次“讨伐”时没有烧毁的房子点火,想把它全部烧光。在很近的地方,也响起了枪声,还传来了妇女们刺耳的喊声。

贞顺慌忙背起孩子。正象哥哥说的那样,情况分明是越来越糟了。鬼子不象前一次那样白天行动,而是利用夜晚进攻,看来是想把人们全部斩尽杀绝。

“基成!你拎着这个奶瓶子,再把旮旯里的那块尿布递给我!”

贞顺拉着基成走出院子。

当他们真的要离开这个渗透着母亲呼吸的庭院的时候,心里忽然又难过起来。他们兀然停下脚步,想道:我们真的还能回到这个院子里来吗?这是不是同厚道的会宁家的令人感伤的庭院的永远的离别呢?贞顺怅然地望着尘土飞扬的灰堆。基成也望着黑魆魆的废墟,垂下头,用衣袖擦眼泪。

过了一会儿,贞顺才领着基成走到高粱地的地头。

喊叫声在响着。这正是惨遭灾祸的那天听到过的那种喊叫声。

催促人们快跑的喊叫声,呼唤孩子的声音,哭声……

黑烟滚滚,分不清哪儿是哪儿了。贞顺拉着基成的手,漫无目的地朝前跑。身后响起了枪声,子弹打在地上,嗖嗖地发出尖利的啸声。接着啪啪啪地响起一阵排枪声,无数条红红的弹道从头顶上划过。背上的孩子吓得哭了。

贞顺把孩子挪到腰旁,伏下身子向前爬。爬了一阵,抬头一看,只见火光中有一群黑呼呼的人蠕动着迎面扑来。姐弟俩急忙钻进高粱地,拨开高粱秆子往前跑。鬼子也许是听到了孩子的哭声,朝着地里直打枪,在他们身前身后打倒了许多高粱秆子。

过了一些时候,姐弟俩才摆脱了这场危险。高粱地的尽头,是长着栎树的山脚,向上攀登了半天,才发现这里竟是雾气岗边缘的荒草地。贞顺这才放了心,想到已经来到了原来要到的地方。

但不知有个什么东西,发出窸窸窣窣的响声,急匆匆地朝他们这边扑来。

“姐!是扛枪的人!”

基成先看清了来人,喘吁吁地低声说。贞顺一听是扛枪的,怕是鬼子攻到岗上来了,心里咯噔一下。可是站在前头的,是金丹的哥哥永浩。后头还跟着几个陌生的年轻人，都背着长枪。

“金丹她哥!”

贞顺高兴地欢叫起来。

“呃，上哪儿去呀?”

“鬼子们打过来，我们就逃到这里来了!”

“你没见到哥哥吗?”

“见到啦，哥哥听到枪声，让我们到这儿来等他，他到村里去了。”

“那你们快躲开吧! ——狗崽子们……”

永浩嘟嘟囔囔地说，穿过杂草地走了。陌生的年轻人，也跟着他走了。他们不知从哪儿来的，很象是来打仗的。

贞顺和基成，也穿过杂草地，登上雾气岗，一眼望见了燃烧着的村庄。原来以为村庄已经烧光了，可这会儿又不知是什么东西在燃烧，全村变成了一片火海。对面村庄，到处升腾起山一样的大火，火星子四下里乱飞。机枪声不停地响着。

贞顺哄着啼哭的孩子，在杂草繁茂的岗上走着。

“姐，哥哥不会出什么事吧?”

“不会! 哥哥还能……”

贞顺本想说“哥哥还能叫枪子儿打着吗”，但又觉得这话太怕人，急忙煞住了口。她对哥哥从来是放心的。她想：鬼子别说是用机枪，就是用再厉害的枪，也不会伤着哥哥。在她的眼里，哥哥简直是一座大石头山。刚才见到他的时候，也强烈地感到这一点。

枪声渐渐停止，除了冲天的火光以外，听不到人们的哭喊声了。从大路那边，传来了鬼子嗷嗷的叫声，大概是他们作完孽想溜了。

贞顺和基成，躲在杂草丛里，俯视着下面的村庄。他们今天又经历了一次灾难，觉得头一次“讨伐”时碰到的事情就象是遥远的过去的事似的。

天，蓝茵茵的，逐渐亮起来，这时哥哥来到了雾气岗。

“你们突出来啦，真不容易! ——这些狗东西……”

“哥，你看到金丹的哥哥他们吗?”

“你说的是永浩吗? 看见啦!”

基焕擦着汗回答说。现在，贞顺在这稀微的晨光中，看清了哥哥的面庞。圆圆的脸，黑糊糊的下巴，剪得短短的额头上的头发，乱蓬蓬地随风飘着。哥哥穿的是工作服，后襟叫汗水浸得湿渌渌的。

“村里的乡亲们，都怎么样了?”

“都转移到大谷口那儿去了,鬼子打伤了一些人……”

哥哥呼出一口热气,又抹了抹汗,然后接着说:

“我开枪打死了几个鬼子,可是他们成群地朝上冲,没法一下子都收拾掉。反正是这样了,你们马上出发吧。越过这座大山,往前走一阵,就看到大谷口。你就朝那儿走吧。那些朝大谷口那边去的乡亲们,都是顺着那条道翻过鹿子沟后岭,朝上村走的,你就跟他们一道走吧。到了上村,先去见革命委员会会长车应道同志!”

贞顺和基成都没有回答。

“把孩子给我吧!”

“哥,孩子还是我背着走吧!”

“别说废话啦,你还是空身去,好好完成组织交给你的工作。基成也一样……你们都经过了这种灾难,没有认识和学到什么吗?”

“……”

“没有认识到今后应该怎样生活吗? 贞顺!”

“认识到了!”

贞顺勉强地低声回答了哥哥严肃的问话。

“应该有所认识。抚育孩子,这对你们不是主要的,主要的是要搞好革命。把孩子交给我吧!”

“哥!”

贞顺眼泪汪汪地望着哥哥那张板得令人害怕的面孔,恳切地说:

“我一定要咬着牙去干革命,就象哥哥说的那样,把这些悲惨的事情铭记在心里,一件也不忘掉。妈妈临死时也关照我们不要忘记敌人。不过,仁男还是让我带着走吧。嫂子出狱后要找仁男,我把仁男丢了,拿什么脸去见她呢?就是替嫂子着想,也该让仁男跟我们在一起!”

贞顺的话声终于变成了哭泣。

基焕伸出来的要接孩子的手,突然象青杨树叶一般颤抖起来。妹妹说的话,是令人痛心的,可怜的。妹妹还不知道实际情况,还那样恳切地等待着嫂子。可是,嫂子已经死了。死得非常英勇。无法忍受的严刑拷打,一条条地撕碎了她的精神和肉体,硬逼她说出丈夫的去处。可是不论怎么折磨,她的嘴里也没有吐出一句话。在生命的最后一瞬间,她把鲜血喷在敌人的脸上,永别了这个人间。想到她光荣的死,基焕眼前就浮现出一副不能单单看作是爱人的崇高的面影。听到她牺牲的消息时,基焕不光是感到悲伤,在悲伤的后面还隐藏着一种强烈的令人肃然起敬的感情。可是,这些孩子们,能马上用这种感情去克制自己心中的悲伤吗？现在彼此就要分别了，这一痛苦的负担是可怕的。要是再把更残酷的重担压到这些幼小的灵魂上，那不是要使他们迈不动步子了吗？

基焕擦着汗水，踌躇了半天。蒙蒙发亮的天空，也似乎黯然阴沉起来。

但是，他想这个消息总有一天要告诉他们的，便叫道：

“贞顺！”

“啊？”

贞顺不知怎的，心中产生了一种不安的预感，直瞅着哥哥。

“贞顺，基成，你们都好好听着。革命是严峻的。为了打倒凶恶的敌人，再怎么悲伤也不要哭！”

哥哥的话使人感到非常沉重，就象有一块很重的岩石压到胸上来。贞顺和基成都倒抽了一口冷气，默默地听着。

“你们的嫂子死了！”

“什么？”

贞顺吓得浑身一机伶，望着哥哥。

“你说的什么？”

“仁男现在没有妈妈了。鬼子为了抓我，严刑拷打她，到底把她打死了。可是一直到死，她也没暴露一句秘密。她死得非常英勇！……”

基焕再也说不下去了。

“哥——”

贞顺因为受到的打击过于沉重，只喊了一声，就象倾倒了似地瘫坐在草地上。基成也急忙转过身去，两手捂着脸抽泣。

“哥！该怎样收拾他们呢？我嫂子有什么罪，凭什么要把她弄死呀？我嫂子有什么罪，为什么要那样打死她呀？”

贞顺拍打着草地放声大哭。

仁男也吭哧吭哧地哭，大概是贞顺瘫坐下来的时候压着了他的腿。

贞顺听到仁男的哭声，摇摇晃晃地站起来，把他扳到腰边。她的眼泪簌簌地淌在被露水打湿了的仁男的头上。贞顺用颤抖的手去擦孩子头上的泪水，可是眼泪就象用罐子倒似的，唰唰地直泻下来。

仁男永远没有妈妈了。我那深情的嫂子啊，你抛下可爱的儿子，怎能瞑目呢？……

“贞顺，不要哭啦，不论到哪儿，也别说嫂子死了。”

基焕终于镇定下来，说。

贞顺听着，眼泪仍然直朝仁男的头上掉。

“现在，人们都把巨大的悲哀踩在脚下，站起来斗争了！我们要向他们学习，成长起来……快把孩子交给我！”

“哥，那么你非把……”

贞顺哆嗦着嘴唇，望着哥哥。

“我还不理解你的心情吗？你要忍耐！对你来说，重要的不是当好姑姑，而是要报仇！你要是为嫂子着想，就应该去想怎样报仇。”

“……”

“有一位好大娘，她答应替咱们抚养仁男。你尽管放心好了……”

基焕走到贞顺身后，想把孩子抱过去。贞顺用颤抖的手解开背带。她把仁男交给哥哥，觉得自己的腰里象是少了一截似的。她咬着嘴唇，瞅着哥哥怀里的孩子。仁男闹不清是怎么回事，滴溜溜地转动着两只眼珠，瞅瞅这儿瞅瞅那儿。

“仁男——”

贞顺又抱着哥哥怀里的仁男，哽咽着。

这时，基成也跑过来，象捕捉什么似地一下子抱住仁男。孩子的小嘴也一撇一撇的，现出要哭的样子。

“好啦！好啦！”

基焕严厉地劝着妹妹和弟弟。

“仁男！我可怜的仁男啊！”

不得不把仁男交给哥哥的贞顺，又一次软瘫在草地上，伤心地哭。

人们生活的世界，为什么这样狠毒？这小小的孩子，失去了母亲，现在还要离开自己的亲人，孤苦伶仃地上哪儿去呢？

“快不要哭了，我还有最后一句话要跟你们说。基成，你也过来！”

哥哥的话，不知因为什么，听来非常严肃。贞顺用衣带擦着眼泪，慢慢地抬起了头。基成也擦着眼泪，走到姐姐身边。

“我们都失去了母亲。我，贞顺，基成，再也看不到在那苦难中把咱仨兄妹抱在怀里养育成人的母亲了！不光我们这样，仁男也失去了妈妈！可是，要知道，我们现在有比失去的母亲的怀抱更宽广、更温暖的怀抱！”

基焕顿了一顿。贞顺觉得哥哥说话不光很严肃，而且还迸发着一种顽强的力量。

“我们有金日成将军的怀抱。有比母亲还要关怀和爱护我们仨兄妹以及仁男的将军的怀抱。所以，我虽然象所有的朝鲜人一样，自己也遭到了很大的不幸，不是还这样精力充沛地到处奔跑吗？现在，我们会因为没有房子，没有母亲的怀抱，就没法活下去吗？受尽了日本鬼子的蹂躏和凌辱的所有朝鲜人都敬仰将军，投入他的怀抱，为迎接祖国光复的那一天而进行着斗争。我们怎么能置身在这个恩惠的怀抱之外！我叫你们到上村去，就因为上村是将军建立的游击根据地。那个根据地，就是将军的无比宽广的爱的怀抱。它是和你们一直生活到今天的会宁家不同的爱的家，是革命的家！现在，你们能够依靠它过活的，也只有这个革命的大家庭了！说实在的，我们又怎么能单单依靠它呢？到那里去，要好好学习革命，成为优秀的革命者！只有这样，将军才会高兴。”

此刻，贞顺并不感到难过，而是感到心里涌起了一股莫名的激情。

“金日成将军！”

在这悲伤的海洋上空，象太阳一样升起的金日成将军的名字——象传说一样经常听到的将军的名字！现在，这个名字真的代替了深情的母亲和会宁家，亲切地来到了他们的身边，卫护着他们了。他们止不住哽咽了起来。

“我说的话，你们听懂没有？”

“听……听懂啦。”

贞顺扬起流泪的脸，费劲地回答。哥哥走近他们的身边，抚摸着贞顺和基成的脊背，劝他们不要哭，快点出发。

隔了一会儿，哥哥怀里抱着孩子，手里提着奶瓶，先走进了灌木丛。从村子里漫过来的浓烟也飘进了灌木丛。不知什么鸟儿，早早地睡醒了，迎着从树枝的缝隙里射进来的曙光，闪着翅膀，扑棱棱地飞上天空。哥哥的象巨人一般的背影，在树木间晃动了几下，就消失不见了。

姐弟俩吞咽着泪水，手拉着手，站在山顶上。

此刻，他们的眼泪大概也流尽了，清瘦的脸上只留下斑斑的泪痕。贞顺咬着嘴唇，隔着茫茫的悲伤的海洋眺望远方太阳升起的山巅，一个想法缓缓地浮上了脑际：不知怎的，她总觉得这次别离，不单单是同可怜的侄子的别离，而是一次某种更重大的、另外一种意义上的别离。从前的她，在淳朴厚道的会宁家的篱笆里玩耍的她，还有母亲和弟弟、仁男和嫂子，和他们一起怀着悲哀不住挣扎的软弱的、流泪的生活，已经永远消失了。这里好象包含着同搞扮家家玩的时节的别离。现在，就要在这血泪斑斑的山岗上，展开巨大的翅膀，怀着由悲伤和痛苦灌注给他们的一心闹革命的坚强意志，飞向盼望已久的将军的怀抱了。这虽是一场感伤的别离，但也是体察到自己已经进一步成熟了的别离。

“基成！走吧！以后咱们会见到仁男的！”

贞顺又一次强吞下快要涌上来的泪水，拉了拉弟弟。基成也用衣袖抹了一下眼泪，顺从地回过头来。姐弟俩手拉着手，拨开草丛向前走去。晨风吹拂着，在去大谷口的山顶上，已经映出了红色的阳光。胡枝子林被风吹得东摇西摆的，迎着朝阳起伏不停。

[节选自《忠诚之路》(第一部)，外国文出版社(朝鲜·平壤)，1978 年]

一个自卫团员的遭遇（节选）

[朝鲜]朝鲜作家同盟中央委员会　四·一五文学创作团

第三章

一

这场凄惨的事变发生以后，南阳村的人家就象死了人似的悲苦凄凉。其中崔老汉、京玉和锦顺这三家的景象，最叫人目不忍睹。

崔老汉病倒在炕上了。因为在那天，他肩头被枪托打伤，又受了风寒。但是，使老人躺倒起不来的，不光是因为身上有病，恐怕还是因为心里上了急火，气出病来了。他一连几天，浑身发烧，神志恍惚，常常用迷惘的目光，在空中搜寻着什么，嘴里喊叫着甲龙的名字。

这么一来，他的女儿甲女，也被弄得失魂落魄的了。不论白天黑夜，她总是守在父亲的跟前，用眼泪去熬过那些时间。原来打扫得干干净净的连一根乱草都看不见的房里房外，被折腾得乱七八糟。篱笆外头的杵杆倒在地上，旁边是一大摊大瓦盆的碎片儿。

锦顺家的情景也和他家差不多。母亲又病倒在炕上了，虽然病情没有崔老人那样重，但她象失了神似的，只是呆呆地躺在炕上，叹气流泪，嘴里喃喃地说着什么。锦顺的脸变得青黑，没有言语、没有表情，也没有眼泪。她象是坠进了雾海里一般，两眼暗淡无光。她就这样地常常坐在母亲的跟前。

她的脸色，一天天，甚至时时刻刻都在变，变得越来越晦暗了。

京玉在失去了哥哥的那天晚上，整整地哭了一宿。第二天，天刚亮，她就顶着一个小小的包袱去找哥哥。这引起了全村的不安。甲女和锦顺差不多追了十里路，才算把她追了回来。可是京玉每天都要跑到哥哥被抓走的那个村口外的岗顶上好几次,望着通向城镇的大路痛哭。有一天,她终于向甲女说,要回自己家去住。甲女劝她在哥哥回来以前跟他们住在一块儿,可是没有劝得住。京玉说,房子空着,哥哥会永远不回来的。就这样,她硬是回到自己家去住了。

在这三家人中,最先提起精神来的,还是锦顺。她想:如果甲龙知道家里闹成了这个样子,还不知会怎样地痛心呢。再说,他父亲得了重病躺在炕上,倘有个三长两短的,特别看重孝心的甲龙,不知会闯出什么祸来。她想到这儿,不禁害怕了起来。她又想:我不该这样糊里糊涂地坐着不动,应该代替他侍奉老人早日把病养好,减轻他的忧愁,坚强地等待他回来。锦顺下定了这个决心,咬紧牙关,终于站了起来。

锦顺废寝忘食地从这家跑那家,精心看护老人们的病。锦顺妈不知是因为看到了女儿的这种美德而强打起精神来呢,还是因为她的病真的好了,没过几天,就从炕上起来到外面走动了。

锦顺帮着甲女,为看护崔老人的病使出了最大的劲儿。她到岭后去请医生,一连请了三天,才好不容易把医生请到家里来。可是医生只给抓了两付药,就不再给抓了。他嘴上说是没有药材,实际上是因为看出了这两家没有了甲龙,还不起药钱。

真是个无情的世道。锦顺又几次过岭去苦苦哀求,但每次都遭到拒绝。她只好流着眼泪越过风雪弥漫的大岭回到家来。

那天晚上,锦顺独自一人坐在空荡荡的屋里。这些天,母亲在家,有时忽然叹起气来,又瞅了瞅女儿的脸色,便慌忙地站起来,出外串门儿去了。今天,锦顺又上岭后去请医生,回来以后,母亲望了望女儿的那副绝望的面孔,也不说什么,又到外面去了。晚上,只用几根劈柴做了一顿晚饭,屋里有股寒气,冷得很。锦顺想:只要父亲能吃上几付药,病就可以好转的。可是怎么也想不出办法来。如果有什么可以变卖的,她将毫不犹豫地拿出去卖掉,可是,即使把这屋子翻个底儿朝上,也不会翻出个可变卖的东西来。她痛切地想起了那个斩断自己的手指和剜下身上的肉去救活父母的古代传说。如果这种方法真的用得上的话,她甘愿毫不踌躇地献出自己的一切。

锦顺绝望地呆坐在那儿。突然,她的眼里掠过一道希望的光采。她猛地站起来,走到炕梢的衣柜跟前,急忙打开柜门,哗啦哗啦地翻了一阵,手指头摸到一卷儿溜光的布,就匆匆地掏了出来。那是准备在办喜事的那天穿的混纺人造丝的裙子。她心里在骂自己说:"你这个没出息的,怎么到现在才想起它来呀!"

锦顺生怕别人发现，望了望四周，又从柜里掏出一个包袱皮儿，动手包起来。快要包完的时候，她的手突然僵了似地停住了。她又把布包儿打开，把迭[叠]得整整齐齐的裙子放在腿上瞅着，摸着。

这裙子是甲龙拼命地干了一冬天的活儿，给她买的。听万植说，为了挣这几块钱，甲龙一连两个月，在人家还睡觉的时候就起床上山，人家下了工，他还继续干，从清早一直干到天头大黑，中间都不休息。他还省吃俭用，勒紧腰带，只顾干活。她不禁回想起，在那个雪花纷纷飘落的晚上，甲龙从林场刚刚回来，就到许区长的碾房来找她，一边替她推碾子，一边苦涩地说，干了两个月，还没有挣出一幅裙子布的钱来。但是，他的脸上仍然藏不住喜悦的神情。现在，当时甲龙的那模样又活生生地浮现在她的眼前了。那天，他俩脚踏着素淡可爱的雪花，一同走过木桥的时候，甲龙用他那只粗大而热烈的手，紧紧地握着她的皴裂的小手说："往后咱俩同心合力干活，日子会好起来的，一定会好起来的！"现在，锦顺的耳边又响起了甲龙当时的声音。

锦顺沉浸在美好的忆恋之中，嘘地叹了一口气。她觉得好象现在甲龙就要打开她家的灶房门，喊着她的名字，笑着走进屋里来似的。

锦顺现在也还是觉得，风雪漫卷的那天，突然跑来鬼子，挥着刀枪，把甲龙和村里的年轻人押走的事，不过是一场噩梦，似乎并不是实际生活中曾经发生过的事。

自卫团是干什么的呢？他什么时候才能回来呢？是不是能吃上饭，可以睡好觉呢？在锦顺的脑子里，这一类的疑问，一个接着一个地涌了出来。她很想跑到城里去，痛痛快快地见他一面。

锦顺呆呆地瞅着裙子，思绪万千。她终于想到，无论如何也不能把这条裙子卖掉。卖掉裙子，就等于把她的一生中最可宝贵的东西忽然抛掉一样。这不是辜负甲龙的一片心意，又是什么呢？……想到这，她那抚摸着裙子的手，也就不由自主地颤栗起来。

还有没有别的办法呢？……

锦顺焦躁地想着，但怎么想也想不出别的办法来，只有在病中吃不上药，呻吟着的崔老汉的消瘦的面容，不断地在她的眼前晃动。

锦顺的心里好一阵交织着两种想法，忽而这一种占了上风，忽而那一种占了上风，但是卖裙买药的这一种想法终于压倒了另一种想法。她想：父亲的病这样重，留着裙子干什么用呢？甲龙也不会希望这样做的。我这是把它卖了用来给甲龙诚心孝敬的父亲治病，日后他就是知道了，也会谅解的。她又想到：他回来后办喜事，也不是非有裙子不可。干脆用不着办什么喜事。生活本来就很艰苦，再搞那种名堂，又费钱又累人，纯粹是多余的。不管人家笑也罢，说也罢，根本用不着放在心上。只要他回来，只要他能在自己的身边，两个人一个心劲儿地侍奉好两位老人，过上一辈子也就行了。

她给自己的想法找到了这么多理由，觉着心情轻松了许多。她恨不得当晚就跑到岭后的医生家里，但她到底还是勉强抑制住了这种冲动，把裙子包得严严的，藏在母亲看不到的灶房搁板后头了。

第二天早晨，锦顺到甲龙家里问了问崔老汉的病情，就火急火燎地翻过大岭去了。那个只知道钱的秃脑瓢儿医生，把她的裙子打了个半价给抓了几付药。锦顺并没有跟他拉价钱，也没有闲心和他论是非，就拿着药急急忙忙赶回家来。

刚一回村，锦顺就先到家里。她解开围巾，正要走出院子的时候，母亲也正好急步走进大门来。

"啊，你上岭后医生家去了吗?"

母亲惊异地瞅着她手里的药包问道。

"是。"

"人家根本不赊账，用什么钱抓的？我也正在想办法，刚才到帼丹家去了一趟……"

锦顺没有回答，踌躇了片刻。她是个有生以来从没有说过一句谎话的纯朴诚实的姑娘。但是只有今天不能说出实话来，免得母亲伤心。

"我央求他，到秋后再还……"

她撒了谎，可连话都说不周全了，只是支支吾吾地说了这么一句。母亲留心地瞅着女儿，叹息道：

"不管怎的，你做得对！快去给大爷熬药吃吧。要是甲龙在家，怎也不会让亲家公病成那个样儿……"

母亲也没有把话说完。

"是……"

锦顺讷讷地回答，低着头正要走过母亲的身边，母亲又把她喊住说：

"景天妈到城里去了一趟呢。"

锦顺听了立即停住脚步，回头瞅着母亲。母亲接着说：

"他那刚生了孩子的儿媳妇，在孩子爹上自卫团的那天受了风，病得要死。她到城里去，苦苦地央求他们准景天回来一趟，就是给一天假也好。"

"准假了吗?"

"那些狼心狗肺的东西，还能准假？想和儿子见一面，他们都不让，把她给推出来了。”

“没见到儿子吗?”

“上哪儿去见呢? 她在铁丝网外面转悠,朝院里一望,天哪……”

母亲没再往下说,叹了一口气,锦顺心里咯噔一下,走近母亲的身边又问道:

“又怎么啦?”

“景天、甲龙他们这些村里的年轻人,都穿上了和鬼子兵一模一样的绿衣服,扛着大枪,在操场上操练呢。旁边站着凶得象老虎一样的鬼子,手里捏着根大木棒,动不动就跑上去打人,又是踢又是踹的。”

“咱村的人也都挨了打吗?”

锦顺的变得紫青的嘴唇颤微微地抖动起来。她实在不好意思去问甲龙是不是也挨了打。

“是啊,当场虽然没有看到,可他们动不动就抡大棒子,还有不挨打的? 唉唷,世道怎么变成这个样子了?”

母亲用手捂着眼睛,偏过头去。锦顺的心怦怦地乱跳,她简直受不住了。心想:他们象赶狗似的押走了那些无罪的年轻人,这事就已经够惨的了,这会儿又象打牲口一样地打他们! 锦顺终于转过身来。

“我走了!”

锦顺说了一句,勉强地迈着颤抖的两腿,走到排子门跟前。恰在这时,从门外的那头儿,传来了皮鞋响声。她停下脚步,抬头向篱笆外面一望,原来是许区长挥动着文明棍,硬挺着干瘪的肚子,神气十足地走了过来。

锦顺不由自主地一步步向后退,回到院子中心。

“您来啦?”

锦顺妈不安地望了望走进院里来的许区长,躬一躬腰说。锦顺也退到院子边,朝他低了低头。

“呃哼,你们这些日子过得怎么样啊?”

不知刮的什么风,许区长竟变得如此和颜悦色,连说话的口气也都很和气了。锦顺原以为他是来讨债的,心里一阵紧张,现在看到他这副模样,又不禁诧异起来。锦顺妈什么也不说,只是低头站在那里。

“唉,你这漂亮的脸蛋都瘦成这个模样了,真真叫人伤心呐,啧啧……”

许区长仔细地打量着锦顺,装出颇为痛心的样子,还咂了咂舌头。

“锦顺,锦顺妈也听着,不要太伤心啦,现在是非常时期,事都是非常事件。嗯,我说的对吧?”

“是……”

母亲不知道许区长说的究竟是什么意思，懵懵怔怔地回答了一声。真不知道他为什么忽然变得这样殷勤起来了。

“我来不为别的，你们家有了大喜事了，想跟你们合计合计。呃哼！”

许区长干咳了一声，望了望四周。锦顺妈越听越糊涂，朝区长说：

“请到屋里坐吧！”

“不啦，外头挺暖和的……”

许区长说得很客气，又瞅了瞅四周。

锦顺踌躇了一会儿，想悄悄地走出排子门，刚一转身，背后就响起了许区长的话音：

“喂，锦顺，你先别走，在这儿等一会儿！我有话要当面跟你说呢。”

锦顺猛怔了一下，站在那里。不知道为什么，一种恐惧不安的预感马上向她袭来。许区长呃哼呃哼地干咳了几声，接着说道：

“你认识那个在城里开棉布商店的老文吧？”

区长没头没脑地问锦顺的母亲。

“老文？他是哪一个呀？……”

锦顺妈现出糊里糊涂的神情。

“在城里大街的中段，不是有一家最大的镶着一排明煌煌的大玻璃窗的砖房棉布店吗？”

区长打着手势热心地作着说明，可是锦顺妈不知是懂了还是没懂，只是含含糊糊地“噢”了一声。区长又向她继续说：

“认识不认识，都没有关系。说起老文来，我们俩是称兄道弟，非常亲近的。要说有钱有势嘛，在德山这一带，能跟他比的，除了德山木材所经理刘正雪以外，再没有第二个了。我那位老兄开办的又岂止是一家棉布店，集市旁边的三和碾米厂，东门里的铁工所和弹棉厂，都是他的！不仅财产数他多，他的权力范围就象晾衣服的绳子那样伸得老远的呢。最近城里成立了协和会，大家推举他当理事。说起来，我的那位老哥真是没一样缺的，又有钱，又有势，又有长相，为人心地也善良，很有人情味儿。前几天我进城见到他，说东道西，不知怎的，谈起你锦顺妈的困难处境来了。我的老哥听了很是同情，说：‘嗐，世上还有这样可怜的人！’他责备我说：‘你身为一村之主，不救济救济这样可怜的人，还干什么？’”

许区长的话没头没脑，奇怪得很，叫人听不懂他的话是什么意思。锦顺妈象是迷了心窍似的，只是一个劲儿地眨巴着眼睛。锦顺微微低着头，用斜眼瞟了一下许区长，心想：区长大概是发疯了，不然，干吗到我家来把这些根本和我们母女不相干的，关于城里棉布商的话扯得这么老长呢？她进城路过棉布商店门口的时候，也曾经见过这个老板几次。油光满面，两腮下垂，大肚皮，……这就是锦顺眼里的棉布商店老板的形象。那个老头子怎么会同情起我们家来了呢？……

“啊，你怎么象吃了蜂蜜的哑巴一样，光是眨巴着眼睛呀？你还不明白我这话是什么意思吗。嘿嘿嘿，那好，我就给你们实说了吧。你们来，锦顺妈，噢，锦顺，你也过来！”

许区长自问自答自笑，大献殷勤，一边用肉麻的声音说着，一边靠近锦顺的身边。锦顺不由自主地向后退，直到绊在晾晒衣服的绳子的支杆上，才停住了脚步。

“我说的既不是玩笑话，也不是谎话，你们可要好好听着。刚才我已经说过了，我的那位老哥看你们家的处境实在太困难，又觉得锦顺挺可怜，但看你过日子很可靠，就大发了慈悲，愿意纳你为妾。他平生所愿，就是想得一个传宗接代的儿子。你到他家去，只要生下个宝贝儿子，那么他家的荣华富贵就全都攥到你的手里了。他还答应，马上在城里给你妈开个小铺子哩。嗯，怎么样？这可是从天上掉下来的福呀。连我听了，也都十分感激，谢了他一百遍呢。为你们这件事，我该办的事也来不及去办，就径直先跑到你们这儿来了。锦顺妈，你受了好些年的苦，到了今天才改变了八字啦。是吧？嘿嘿嘿。”

母女俩听了许区长这一番犹如晴天霹雳一般的话，惊得直向后退，只呆愣愣地瞅着他。

“有什么可惊的？噢，这也难免，不过，这确实是真话。锦顺，没必要去想甲龙啦。他已经被拉到自卫团里去，也就算彻底完蛋啦！现在是非常时期，还讲什么爱情，论什么义理呢？人在世上，生一次，死一次，就叫一生，还是先顾着自己的生活要紧啊。锦顺妈，你说呢？”

许区长满脸堆笑，笑得象蜜一样的甜，回头向锦顺妈说。

母亲吓得脸色煞白，张着口说不出话来，勉强支撑住摇摇晃晃的身子。

锦顺乍一听，有如烈火烧身，脑子里“轰”了一下，但她马上就怒火中烧起来满腔憎恨，狠狠地盯着把头转向她的许区长的狰狞面孔，一边气得牙齿直打战，一边大声呵斥道：

“你也是人吗?!”

许区长遭到这意外的反击，顿时慌慌张张，把眼睛睁得溜圆，向后退了几步。

“啊，你这个臭丫头……你骂我不是人，难道我是个牲口吗？嗯？该死的！……”

锦顺只是紧咬着气得发青的嘴唇，用尖刀般的目光死盯着许区长。

“你还想硬气？……要尝尝苦头吗？”

许区长向四外张望了一下，又看看手里的那根文明棍，嗖地把它举到头上。

锦顺连眼皮也不眨一眨，仍旧死死地盯着许区长，还大步朝他走去。站在她的身后，不知所措的锦顺妈，不禁慌了起来，一边喊着女儿，一边踉踉跄跄地跟了上去。

可是锦顺根本不听，还是迎着区长冲了上去，喊道：

“给我滚！”

“你疯了？唉呀呀，真的疯了？……”

区长吓得直打地趔趄，一直退到大门口，绊在门坎儿上，差点儿倒下去。他强稳住身子，慌慌张张地迈过门坎儿去，但不知道他又想到了什么，转回身，说：

“臭丫头！走着瞧吧！你这恩将仇报、蛮横无理的东西。我倒要看看你不听我的话，你能挺上几天？你们种我的地，欠我的钱，可又不听我的，你们还想活下去？哼！”

许区长用鼻子哼哼地冷笑了几声，还“呸！”地吐了一口痰，回头就走了。

直盯着许区长那尖尖的后脑勺的锦顺，忽然感到浑身瘫软。她长吁了一口气，心里觉得空荡荡的，悲哀顿时涌了上来，眼泪忽地夺眶而出。在她的背后，早已传出“呜呜呜”的哭泣声。

锦顺妈倒在廊沿上哭了。

“妈！”

锦顺哭喊着跑上去，把母亲抱起。

“锦顺！”

母女俩伤心地抱头大哭起来。

“哎呀！冤枉啊，世上还有这样冤枉的事吗？要是你爹活着，还能饶了这个狗东西！呜呜呜……”

母亲哭着，咒骂着，用拳头捶着地。

“现在我才看透了他那象烟囱一样黑的心肠。这个狼心狗肺的老东西，他把甲龙拉到自卫团去，原来搞的是这个名堂呀！哎唷，呜呜呜，老天爷呀，你也够没眼的啦……”

母亲的哭诉没个完了，还是锦顺先镇定下来，劝慰母亲说：

"算啦，回屋去歇歇吧！"

"他临走的时候那样威吓咱们，谁知道他还要搞出什么名堂来坑害咱们呐！"

母亲仰起泪如雨下的脸，大声地说。这时，在锦顺的泪眼里闪过一道可怕的光。

"妈，至多不过是一个死呗！"

就象她自己说的，要真有个好歹，她是会下狠心拼一个死去报仇的。她好不容易把母亲劝住了，扶到屋里之后，就拿着药包朝甲龙家走去。

"锦顺你来啦？我正要找你去呢。"

她一进灶房门，甲女就高兴地迎出来说。

"怎么？大爷的病更重了吗？"

锦顺朝着上屋房门问道。

"不是。我想到城里去一趟，让你来替我看护一下父亲……"

"上城里去？"

"是呀，想到城里的医生家去说说情。就这样硬挺着，恐怕……"

甲女转过苍白的、瘦削的脸，指了指崔老汉躺着的上屋说。

"姐，我已经抓来几付药了，先给大爷煎了吃吧……"

锦顺红着脸拿出药包说。

"这是哪儿来的？"

甲女惊异地瞅了瞅药包，又瞅了瞅锦顺的脸，注意地察看着锦顺的那种不寻常的表情，把目光盯在锦顺的微微浮肿的眼皮上。锦顺慌忙地偏过头去，硬是抑制住翻上心头的悲伤，回答说：

"我又到岭后医生家里去向他说了情抓来的。噢，姐，我来给大爷煎药吧……"

锦顺走进了厨房。

甲女依然是一副疑云未散的神情，望着刷洗蜡石药罐的锦顺。这几天，甲女忽然又老了几年似的。

甲女望了半天锦顺，不知忽然想到什么，用手捋了捋头发，就走出去了。锦顺看见她走了出去，猛然想到，她会不会上母亲那儿去？赶忙打开灶房门朝外望，可是已经看不见甲女了。

锦顺只好把泥火盆搬到门外，拨开火，放满木炭，升了一堆红红的炭火。

不一会儿，药罐里的水"嗞嗞"地开着。甲女走进院子里来了。

"锦顺!"

甲女用粗浑的颤抖的声音叫道。她眼里汪着泪水。正在低头吹火的锦顺,抬起了头。

"锦顺!"甲女又哽咽地唤了一声。两行眼泪顺着腮边哗哗地往下淌。锦顺立刻意会到她上过哪儿了,心里不禁一懔。

甲女走上前来,紧紧地把着锦顺的两手说道:

"大娘全都跟我说了。那混账区长……"

甲女无法说下去了,她的长条脸歪扭得变了形。

锦顺一直是咬着嘴唇,强忍住冲上心来的悲伤。可是,她现在实在控制不住了,突然喊了一声"姐姐!",一头扑到甲女的怀里。

"锦顺!"甲女紧紧地抱住了她。

锦顺很想痛痛快快地大哭一场,但想到屋里还躺着闹病的大爷,只好咬着嘴唇强把哭声咽进肚子里,悄悄地耸动着肩膀抽泣。

甲女紧紧地搂着锦顺,索性让她哭个痛快。过了一会儿,才平静地抚慰她说:

"锦顺,在这个世上,比这狠毒的事还多着哩!还是忍一忍吧,无论如何也要挺过去,只要你拿定了主意,许区长就是再怎么奸猾凶恶,也不能把你怎么着!"

甲女一边说,一边摩挲着锦顺的落上了灰屑的头。说起甲女,她忍着极大的悲伤跟丈夫离别了,又死去了怀里仅有的一个亲骨肉。在这漫长的岁月里,她把这些巨大的苦痛默默埋在心中消融掉。现在,她瞅着锦顺耸动着的脆弱的肩头,不知为什么,似乎看到了又有一个影子正在跟随着自己的暗淡而苦痛的脚印走过来了,她心里感到刀割似的疼痛。

"药煎好了,滤出来拿给你大爷喝吧。"

甲女又催了一次,锦顺这才慌忙离开甲女的怀抱,用裙子擦着眼泪,朝泥火盆走去。

"姐,还是您把药端给大爷喝吧。"

锦顺把冒着袅袅白气的、装满了浓浓的药汤的碗递到甲女的面前说。

"我先进屋去叫醒爹,你随后进来,请他喝药吧。"

甲女急忙向灶间屋的炕头走去。锦顺很难为情地瞅了瞅她,说:

"姐,您可不要向大爷吐露一丝半句呀!"

甲女听了,恻隐地朝她笑了笑,打开上屋门走进去了。

崔老汉躺在原先打算用做新房的上屋炕头上,盖着被子,一动也不动。两个眼眶象淤了血似的黑黑地深陷下去，高高的颧骨明显地突了出来，苍白的两颊干瘦得皱皱巴巴，冷眼看去，竟不象一个活人的模样了。

甲女小心地坐在老人的头前，低声地说：

“爹，喝药吧！锦顺买来药啦！”

没等女儿说完，崔老汉就猛地睁开了眼睛。他被高烧折磨得两眼失神，到处张望着。锦顺端着药碗，坐在他的跟前。这时，崔老汉的视线才碰到了锦顺似的，极力想把头转向她。甲女把着老人的胳肢窝，扶他坐了起来。锦顺小心地把药碗送到老人的嘴边，崔老汉用颤抖的手接过药碗，他感到锦顺挺值得称赞的，用怜悯的目光瞅着锦顺说：

“锦顺，你哪儿来的钱，怎么弄来的药呀？”

锦顺没说什么，只是低下了头。

“爹，您放心喝吧，看在锦顺的一片心意的份上，也该把药喝下去，快些把病治好。这样，锦顺、甲龙，我们大家才能放心呀！”

甲女在旁边平静地说。崔老汉眏了几下眼睛，默默无言地点了点头，把药碗拿到嘴边。

崔老汉把药碗放在炕上，伸出枯树根一样的手，紧紧地拉着锦顺的小手说：

“你放心吧，本来你的心就够难受的了，我又闹了病，使你更加受苦受累啦。就是想到你，我也该早些起来走动走动了。咱们无论如何也要坚下心来，等甲龙回来。我想他们也是人吧，总不至于把甲龙永远带走的。如果甲龙请假回来，你们就马上办喜事……等我病好了，我就进城去，跟他们说说情。”

锦顺听着崔老汉的话，不知为什么，方才到她家里来的许区长的那张狰狞的嘴脸，以及青面獠牙的鬼子兵闯进村子里来，抓走甲龙等村里年轻人的情景，就活生生地又浮现在眼前，使他禁不住切齿痛恨，浑身起栗。但她没有流露出这种情绪，只是勉强说道：

“大爷，您安心养病吧。只要大爷的病好了就好……”

二

在自卫团的大操场上，正在进行队列训练。甲龙他们小队在操场的东边排成两行纵队搞行进训练。满脸络腮胡子的鬼子上等兵站在那里喊口令，口令声把操场震得嗡嗡直响。

“一、二！一、二！”

一喊口令，他那长满了象栗苞一样的胡子的大嘴，就一直咧到耳朵根。

"向后——转！一、二！一、二！兔崽子们！没等我把你们的膝盖咯巴咯巴地折断以前，你们就不能把腿抬得高高的、把地踏得通通直响吗？地塌不了！一、二！一、二！……"

络腮胡上等兵象是要把人吃掉似的张着大嘴咆哮着。这会儿，他把手中的木剑突然举向头顶，走向正在行进的团丁身边。团丁们吓得两眼霎时睁得溜圆，紧咬着嘴唇，把腿抬得高高的。他们满脸都是汗水和尘土，就象闹高热病的人一样，只有两只痴呆的眼珠在闪光。

甲龙和万植并排站在队伍的前头行进。天气很冷，可是他们浑身被汗水湿透了，象个水袋子一样。每向前迈出一步，他们脸上，胳肢窝、胸脯、脊背和裤裆里，就唰唰地淌下冰冷的汗水，而那精疲力尽的身子就象要陷进深深的地层里似的一个劲儿地往下沉。甲龙狠狠地咬紧焦黑的破裂的嘴唇，象要从地层下冲上地面来似的，拼命地向前一步一步地迈动着脚步。他感到从嗓子眼儿里和眼角边都要冒出熊熊的火焰来。

今天从清晨三点钟起就紧急集合，来来去去跑了六十里路，一直折腾到现在。什么枪刺训练啦，什么队列训练啦，没完没了，简直是不给人喘气儿的工夫。可是天上的太阳还很高。自从来到自卫团以后，甲龙才第一次感觉到冬日是这么漫长。到什么时候才天黑，才能结束今天的训练呢？他只感到自己慢说挺到天黑，就连再有几分钟也坚持不住了，会倒在地上死去的。

"喂，喂，兔崽子们！把腿抬得高高的！一、二！啊，你这个小子！"

扯着脖子大喊的上等兵，象发了疯似的朝着队尾跑去。

只听"啪"的一声，象是什么东西折断了的声音，接着就是不知是谁的"啊唷"的叫喊声。这是太植的喊声。甲龙下意识地要回头看看太植的时候，络腮胡上等兵更厉声地喊起"一、二！一、二！"的口令。他，忽然清醒过来，又把腿高高地抬起。

说到这个鬼子上等兵，他确乎是个厉害的家伙。他一天的日课是从冷水浴开始的。他在连鬼都冻得龇牙的清早，就只扎个兜裆布，光着身子，跑到井边。他把系在辘轳把上的木桶，扔进冻了一冬、井口变得只有烟囱口那么大的井里，打上一桶水，然后毫不犹疑地将浮浮溜溜的满满的一桶水从头顶上浇下去，还好象挺痛快似的"呃嘿嘿"地喊几声，颤颤地抖一抖长满黑毛的结实的身子。

他的胸脯和脊背上，都有挺难看的伤疤。他时常夸耀这伤疤。甲龙他们被拉到自卫团的第二天早晨，刚刚换上那套眼生的军服，在庭院里列队站着的时候，就是这个络腮胡上等兵，手里提着一把长长的木剑出现在他们的面前。

他做了简单的训话。他说:“我是这个小队的教官;不喜欢用话来教练,喜欢用这把木剑来教练;有谁在训练中要猾偷懒,我的这把木剑是不留情面的。不过,在这把木剑下毕业的人,就会毫不含糊地取得帝国军人的资格。”说到这儿,他突然把军上装脱掉,又把贴身的衬衣一脱,露出毛茸茸的胸脯上的和脊背上的难看的伤疤,大声喊道:

“我在热河的战场上,用刺刀一连刺死了十三个,当我去对准第十四个的胸膛的时候,一个卑怯的敌兵从我的背后跑上来,用刺刀刺中了我的脊背。刺刀穿透胸膛,露在我的眼前。可是我回过身来,又刺死了那个家伙,用自己的手把那穿在胸膛上、来回晃动着的刺刀拔了出来!听懂了没有?”

团丁们一个个吓得魂飞魄散,脸色发黑,嘴唇发颤,谁也没答腔。

从那天起,他们就在这个暴虐的上等兵的木剑下度过了将近二十天的时光。不论是谁,每天都得尝几次上等兵的木剑的苦头。没一个团丁的棉军服是完好的,肩、后襟、前襟,都被打烂了,露出黑黑的棉花。这都是被大胡子的木剑和木枪给刺烂了的。

“一、二!一、二!……”

这家伙喊得真有劲儿。

甲龙看到旁边的万植腿发颤。如果叫上等兵发现了,又得挨一顿木棒。最近一些日子,万植每天晚上都在哼哼。只见他那干瘦得象个骷髅的脸上,流下了一道道冷汗。

“万植,上等兵紧跟着你呐,注意!注意呀!……”

甲龙心里直替他着急,可是万植的脚步越走越不稳当。

甲龙更加着急了。这时,在他们对面的操场角落里突然卷起一股狂暴的旋风,夹杂着掺上雪粉的尘土,狠狠地扑打在他们的脸上。

在甲龙的前面行进的个头高大的景天,只好把头向旁一偏。他那弓背的行进姿势,也是很不稳当的。甲龙知道,昨天晚上,景天连一觉也没睡着,翻来复去,唉声叹气,直到天亮。这是因为昨天景天在后门站岗的时候,从路过的南阳村老乡那里打听到家里的消息:在景天被押往自卫团的那天,他的妻子拼命地跑着跟去,结果受了风寒,现在病得很重,所以今天景天心神不定,从清早强行军到现在,已经挨了上等兵和小队长“黄鼠狼”的三次毒打。弓背的景天的军服后襟,被汗水浸得干一块儿,湿一块儿的。

“一、二!一、二!……”

突然,在队伍后头,响起了“得得”的错步的声音,接着,又有几个人错了脚步。

“是谁错步啦!”

同这喊声一道,在他的身后传来“啊呀!”的叫声。脚步一错开了头,就越错越厉害,不可收拾。整个队伍的脚步完全错乱了。

“混蛋!”“小队停步!”

上等兵发出劈雷般的口令。

队伍一停,腿就颤得更厉害。两腿发软,就象要跪倒在地上似的。甲龙强稳住身子,斜眼瞟着身旁。

“向左转!”

上等兵把队伍排成横队,拖着木剑走到队伍前面。木剑被团丁们的血和汗浸得闪闪发光。上等兵叉开笨重的穿着钉子鞋的两只脚,瞪起吊眼梢子的眼睛,向团丁们扫了一眼。

“你们都注意听着!”他喊叫道。

“大日本帝国陆军的这坚强的军鞋……”

上等兵把他那一只穿上笨重的军鞋的脚高高地抬起来,通地往地上一踏,接着说:

“站在征服东洋的前哨。可是你们走的步,就象老娘儿们的小脚步子!用那样的脚步是征服不了整个东洋的!如果有谁再迈动那种脚步,我就用这把木剑立刻把他送到阴间去。作为军国日本的男儿,如果跟不上霸占世界的进军步伐,那就干脆死了好些。你们明白了没有?”

上等兵用杀气腾腾的目光又扫了一下团丁,张开血红的嘴说道:

“从现在开始,进行慢动作训练。小队向前走!一!”

行进训练又开始了。这个慢动作,更把人折磨死了。先抬起一只腿,用另一只脚站在地上,直到喊出下一个口令才能换脚。团丁们知道,如果身子稍微摇晃一下,或者把腿抬得不够高,就要挨木剑,被打个半死。于是他们只好拼着命地抬起一只腿站着。他们从清早三点钟起,直到现在为止,连续不断地进行了叫人难以忍受的强行军、枪刺训练和队列训练,已经被折磨得全身没有一点儿力气了。这时的腿脚早已不听使唤了。眼前一发黑,就要昏倒似的,这时才听到下一个口令。

“二!”

甲龙把抬起的右腿往下一撂,又抬起了左腿。这时,他看到旁边的万植刚刚抬腿又放了下来,身子一打晃,就歪向一边。甲龙正想伸手去扶他一把,但是已经来不及了。万植象坍倒似的蹲在地上。“万植!”甲龙不由自主地在心里喊叫着,伸手拽了一把万植的肩头。万植也惶恐地勉强重新站了起来。这时，在他的背后已经传来了劈雷一般的吼叫：

“啊！你这个熊包蛋！”接着是一阵，通通通的皮鞋声。甲龙感到眼前一片黑。

上等兵跑了过来，他的那把木剑早已高举到头上。万植吓得脸色发青，两只大眼充满了恐怖的神色。这时，只听得“嗖”地一声，接着是什么东西被打碎的声音。

万植“啊！”地惨叫了一声，立刻用手捂住自己的肩头。

上等兵露出兽牙一般的参差不齐的牙齿，紧咬着嘴唇，又用木剑狠狠地直刺万植的肚子。只听得万植“嗬”地一声，就抱着肚子，倒在地上了。

“熊包蛋！”

上等兵还在骂着扑向万植。

“你死！你死！”

鬼子兵挥起木剑，劈头盖脸，也不管是脊背还是胸脯，只顾猛打起来。万植不知道该捂哪儿才好，身子蜷缩得象虾似的，两手抱着脑袋，在满是尘土的地上来回翻滚。

甲龙攥紧两只拳头，气得浑身发抖，他觉得从自己的眼里突然冒出一根火柱子来。他来不及思前想后了，一步跨出去用身子挡住万植，同上等兵面对面地站着。上等兵头顶上举着木剑，瞪着眼珠子，喊道：

“你这是要干什么？”

甲龙毫不犹豫地回答说：

“万植没有罪，是我推了他一把！”

“什么？”

上等兵连嘴皮也不张，口里咕哝了一句，瞪着凶狠的吊梢眼，恨不得要掏出甲龙的五脏六腑似的盯着甲龙，喊道：

“臭美！好啊，那你就死死看！”

木剑凶暴地呼啸着打下来，接连不断地打在甲龙的脑袋和肩头上。但是，甲龙紧咬嘴唇，只是耸一耸身子，仍然挺立在原地上。

“嘍，你这小子！”

上等兵越发大怒，两手握紧木剑把，狠狠地刺着甲龙的肚子。但是甲龙把冲到嘴边的叫声强咽进肚子里，只是捂着肚子向后退了几步。可是上等兵却气喘得要命，咕哝着盯着甲龙，恨不得把甲龙一口吃掉似的。突然，他把木剑一扔，喊道：

“哼，不简单！”

上等兵猛地跑了上去，不由分说，用腿一绊，一下子就把甲龙给绊倒了。然后，他抬起那笨重的军鞋，使尽全身的气力往倒在地上的甲龙身上踹。这时，甲龙满腔怒火。他真恨不得撕开胸膛，大吼一声，跳将起来，把鬼子高高地举到空中，然后狠狠地摔在地上。这股不断向上冲的怒气，他真要忍不住了。但是，必须忍耐，必须咬紧牙关，忍受这被践踏的身心上的极大痛苦。火一样灼热的眼泪烫着眼角流了出来。

上等兵可劲儿地把甲龙揍了个够，踹了个够，直到他自己也感到精疲力尽了，才气喘吁吁地走开。他拔出掖在后腰上的手巾，揩了揩额上的汗珠，朝着倒在地上的甲龙和万植厉声叫道：

“起来！回去排队！”

行进训练又开始了。

鬼子兵嗷嗷地叫着，哪怕累得他们全部倒毙了，也要通宵训练，直到合格为止。

“向前走！一、二！一、二！……”

万植渗出鲜红的血的肩头歪向一旁，一瘸一拐地向前走着。甲龙的那一对深陷的眼睛望着远方的天空，他刚才被上等兵猛踹的时候狠劲咬过的嘴唇也破裂得凝上了血块。

直到太阳完全落山，眼前什么也看不清了，训练才算完了。

团丁们拖着沉重的脚步，费了很大的劲儿才迈过门坎儿走进营房。他们一个个爬上双层板床，就一头栽倒在床头上的发出一股霉臭味儿的破被子上。

只有万植和景天连一步也走不动了，就瘫坐在院子里了。甲龙和太植，不得不一人扶一个，搀着他们回到营房里。他们刚刚躺在营房最里头的第一小队的板床上的时候，从过道那头儿的房门外，就传来了“准备开饭”的喊声。这喊声，与其说是喊人吃饭，不如说是要吃掉他们似的，听去异常怕人。

躺在床上的一百多名团丁，顿时从上下两层床上一骨碌爬了起来，按分队排成行列，跪坐在下层床的床头上。他们所以这样慌忙行动，并不完全是因为肚子饿，而是因为动作稍微慢了点儿，被小队长和分队长看见了，就不仅得不到饭吃，还要挨一顿猛揍。

小队的伙食值勤们，各自提着装有萝卜干汤、掺有黄豆的高粱米饭的发着令人作呕的霉臭味儿的铁桶，接连走进屋里来。值勤在每个团丁的面前，用拳头大的泥碗盛上一碗饭、一碗汤，挨次分发给他们。分发完了饭菜，站在过道那头儿的那个值勤分队长喊了一声口令，那声音把营房震得嗡嗡直响。

“拿筷子！默祷！”

团丁们都把筷子夹在虎口上，两手一合，靠近鼻子尖，低着头，嗅着盐汤和黄豆饭的那股令人作呕的气味，要感谢“天皇陛下”的“恩惠”。

“吃饭！”

值勤分队长领先一喊，团丁们立刻合声齐唱。

甲龙端起饭碗，扒拉了一口不中吃的饭。突然，从房门那头儿传来了喊声：

“今天谁是马号值勤？”

接着传来通通的脚步声。

甲龙猛然一惊，回头瞅了瞅身旁的万植和景天。他们俩也同样圆睁着眼睛瞅着甲龙。他们把值勤的事，忘得一干二净了。昨天是第一组值勤，今天该甲龙他们第二组值勤了。景天先放下碗筷站起来，甲龙和万植也跟着站起来，走下过道，忙着穿鞋。

“是你们？”

“黄鼠狼”两手叉腰，瞅着正在找鞋子穿的他们三个人，眼里闪出一股怒气。其余的团丁们，手里端着饭碗，都不安地望着他们。

“是……”

甲龙先伸开腰站起来，用很低的声音回答说。

“嗯，甲龙，你越来越不听话了。白天，就是你惹的事？”

“黄鼠狼”凶狠地盯着他说。

“我马上去值勤。”

甲龙低下头，喃喃地说。

“跑步去！回来再跟你们算账！”

他们三个人从营房里出来，攥着拳头急忙朝“讨伐队”营房跑去。收拾日本“讨伐队”马号，给日本军官的家里和宿舍挑水、劈柴、烧洗澡水之类的事，都是由自卫团团丁们排班去干的。

他们刚走进“讨伐队”兵营，就被那带袖标的值勤士官打了几个耳光。之后，万植在马草锅的灶门升火，甲龙和景天管铡草，把草下到锅里，又去把大马圈里的粪起出来，把冻在混凝土地面上的马粪和马尿铲掉，忙得直打转转。干完活儿，请值勤士官来检查，那上官手里拿着一根小铁棍，捅捅这儿，又刮刮那儿，说他们没有把地面上的粪和尿铲干净，又打了他们三人一通耳光，并叫他们把马圈重新铲了一遍。

夜深的时候，检查合格了，他们才回到自卫团营房。幸亏小队长道涉不知上哪里去了，没有在场，算是免了一场大灾。不过，现在就是再怎么折磨他们，哪怕是要把他们弄死，他们也没有一点儿力气来动弹一下自己的身子了。他们几乎是爬着回到自己的床铺的，就象一截木头一样放倒在床上。这时，躺在三分队的铺位上的太植起来走近他们的身边，把包在报纸里的拳头大的一个团子塞给他们。看来，是太植把他们三个人刚刚拿起筷子还没来得及吃的饭收起来了。这要被小队长或分队长看见，又非要惹出一场祸来不可。甲龙突然脑袋发昏，感觉到饿了。他啃了一口手里的饭团。可是白天咬破了的嘴唇疼得不能动弹，塞进嘴里的饭就象沙粒一样又涩又硬。

他不知怎的，感到喉头哽咽，眼眶发酸。他把手里的饭团子往床头一放，脖子一仰，闭上了眼睛。这时，他的脊背就象截断了似的疼痛，连口气儿都不能喘了。他咬着嘴唇忍住了就要冲出嘴边的呻吟声。看样子，他的脊背在白天叫上等兵给踹伤了。心脏和头，就象被镖枪乱刺似的剧烈地疼痛半天才好了一点儿。他把紧闭着的嘴张开，长吁了一口气，伸了伸蜷缩的身子。前额、手心和身上，全是湿漉漉的汗水。

甲龙连手指也没有动一动，只静静地躺着。他现在浑身疼得厉害，只要稍微动一动身子，每个骨节就都象要散了架子似的。

躺在甲龙身边的万植和景天，也听不见他们的一点儿呼吸声。这个塞满了一百多名团丁的营房，就象一座坟墓一样寂静。也许是因为极度劳累的缘故吧，连打鼾的人也没有了。

当然，不能说今天是破例的一天。他们自从被拉到自卫团以来，从未有过身子不受伤好好地躺在床上的日子。昨天说他们没有做好枪刺训练，他们被上等兵用木枪刺得腋下脱了一层皮。前天又说他们起床动作不快，全小队排成两行，面对面地站着，相互打耳光，一连打了三十分钟，大家的嘴巴都打肿了。大前天，他们搞了一整天攀登险山的突击训练，到末了都累倒了。

但是，甲龙没有再往更前的日子去想。从到自卫团直到今天，要想找出没有残酷的苦役和不受毒打的日子和时间，就象在江边挑选砂粒一样，是不可能的事。这里的一切，不仅是不可想象的，而且越是回想越叫人感到窒息得难以忍受。

甲龙不论怎么计算，他度过的充满痛苦的似乎是很久了的这一段日子，也只不过二十几天。他越想越不相信，他觉着自己被拉到自卫团里来，已经有十年以至于二十多年之久了。现在，在甲龙的记忆里，南阳村山谷的房屋，父亲和锦顺，家人，忙着准备喜事等等，所有这些，都象梦幻一样被推到回忆的遥远的边际上去了。

但是，不论扳着指头怎么计算，就是把被押往自卫团的那天也计算在内，也不过二十四天或者二十五天。

怎样才能熬过这两年的岁月呢？想到这，甲龙就感到眼前发黑。照现在的情形看来，慢说两年，就连两个月也挺不下去了。甲龙眯缝着眼睛望着天棚。那罩灯的灯光照射不到的黑魆魆的天棚，看起来就象从陷阱里仰望天空一样，显得异常高远。从那深陷下去的眼睛可以看出，他完全陷于绝望之中了。他虽然没有轻信区长和警察的甜言蜜语的宣传，但也没有料到竟然会经受如此难忍的苦痛。果真的能够从那个又黑又深的陷阱里头，平安无事地度过两年的漫长的岁月，然后爬到外头来吗？他越想越感到前途渺茫，绝望就象一块沉重的岩石，压到躺在陷阱底下的甲龙的胸上。

“嗯，呃哼……”

这时，他的身边传来了微弱的呻吟声。回头一看，是万植用牙齿紧紧地咬着焦黑的嘴唇躺着。甲龙瞅了一会儿平躺在旁边的万植那伤痕道道的面庞，突然产生了一种不祥的念头。不一会儿，呻吟声是停止了，但万植象僵死了似的一动也不动，甚至听不见一点儿呼吸的声音。甲龙突然害怕起来，欠起身子瞅着他。这时，他的脊背又象折断了似的一阵剧痛，但他咬着嘴唇，把脸凑近万植，待到看见他的胸脯在轻轻地起伏，才放心地吁了一口气。

他看到万植那张没有血色的发黑的脸，心疼得难受极了。他比万植强壮十倍，可他还时常怀疑自己怎么会不死，居然还能活到今天。如此看来，身体瘦弱的万植，该是怎样地痛苦啊！想到这，他更心痛得无法忍受。即使他想用自己的身子去分担他的苦役，代替他承受毒打，也是无法办到的。这，就是他们现在所过的自卫团生活。这里的世道，连根铲除了人与人之间的人情、友谊、道义等一切可称为人的东西；在这个世道里，可称为人的东西，反被看成了一种罪恶。

甲龙精神恍惚地瞅着万植的脸，突然眼睛睁大起来了。万植的军服上肩渗出一片鲜红的血水。甲龙的眼前浮现出木剑就象打连枷一样劈打下来，万植蜷着身子在地上打滚的情景。甲龙向四外望了望，然后拆开床头上的棉被子的被角，扯出一大块棉花，用另一只手掀开万植的军服领子，把棉花塞进渗出鲜红的血水的地方。

他往回抽手的时候，原来放在床上的万植的胳膊，哆哆嗦嗦地向上弯起来。万植用手紧紧地把住甲龙的手。他的手象火炭一样发烫。甲龙用另一只手捂在万植的手背上，瞅着他的脸。

“万植，疼得很吗？”

甲龙低声地问道。万植听到话声，慢慢地睁开眼睛。他的眼睛本来就很大，现在一消瘦，脸上就好象只剩下两只大眼了。万植用充血的眼睛瞅着甲龙，轻轻地摇了一下头，然后又瞅着甲龙，瞅着瞅着，从眼角流出一滴滴泪珠来。他喃喃地说：

“甲龙，我对不起你呀……”

甲龙心里明白万植的话是什么意思，白天，上等兵毒打他的时候，是甲龙挺身而出挡住了他，替他挨了一顿打。万植就是指这个说的。

甲龙微笑着，更紧地握着万植的手，

“你还说这个……还是我对不住你呀！……”

甲龙没法把话说下去了。近来，每当他一看到万植在痛苦呻吟，就有一种想法涌上心来，使他感到烦恼。他常常悔恨自己，在铁三逃走的时候，即使自己不能跟他一起逃走，也不应该阻拦万植的行动。

看样子，铁三是安然走脱了，要是当时让万植也跟着他一起逃走，也许他就不至于遭受今天的这种罪了。现在细想起来，在他们三个人中，还得数万植比较容易离开家。他和铁三、和自己都不同，不管京玉怎样叫人哀怜心疼，但留在家里的毕竟只是她一个人，况且鬼子再怎样凶狠暴虐，也还不至于在孩子的身上下毒手。再说，京玉在村里有自己的父亲，有许多乡亲们，有大家的关照，也没什么需要特别担心的。只要万植安然地逃到别处去活下来，就总有一天会和京玉团聚的。他十分后悔自己当时没有想到这一点，让他跟铁三一起逃走。因为这个，他每见到万植，心里总觉得十分内疚。

不过，现在看起来，当初甲龙一开始就有错误的想法的，他以为进了自卫团以后，可以再努力想方设法，跟上头讲情，把万植抽出来送回家去。当时铁三就果断地说，干脆不要有这种糊涂想法，可是他却犟着说，自卫团干的事也是人干的事，总不至于那样无情。他以为，只要是人，就不会不理睬万植的那种苦情的。这是多么愚蠢的想法啊！这时，络腮胡子上等兵的野兽似的嘴脸又在他的眼前晃动起来。只因为他的这种愚蠢的幻想，万植也被拉进这坑害人的地方来了，被折磨成这个样子了。甲龙异常痛苦地吁了一口气。现在，不管他怎么悔恨，事情也是无法挽回的了。

万植那被高烧折磨得片刻也不得镇静的闪着泪花的大眼，瞅着满怀愁绪的甲龙，喃喃地说：

“甲龙，咱真不如虫豸……”

说完，一串串泪珠沿着两颊无力地滚落下来。

“万植！……”

甲龙感到喉头哽咽，眼眶发热，泪水眼看就要涌出来了，可是不知为什么，并没有流出来。他只觉得两眼发烫，正燃烧着一股火焰似的。

他们相对无言，沉默了好一会儿。远远地挂在房门上边的挂钟的嘀嗒声听来格外清晰。

“甲龙，躺下吧，你躺着听听我的话。”

还是万植先开的口，他把头转向这边说。甲龙无言地点了点头，倚在被子上。不过，他们俩谁也没有放开握着对方的手。

“现在，南阳村在干什么呢？……是不是都在睡觉呢？……”

万植的一对泪湿的眼睛望着天棚，好象是发问，又好象是自言自语似地低声说。甲龙什么话也没能回答。万植继续接着说：

“不，他们不会睡觉的。你爹就不用说了，锦顺家、景天家和太植家，还有我家的京玉……”

万植突然接不上话了。

甲龙心里火辣辣的。忽然，在他的眼前又浮现出发生在南阳村的村口的情景：风雪席卷着宽阔的平川，京玉象枪子儿一样跟着跑上来。同时，在他的耳边响起了京玉的非常可怜的喊声：“哥——你不要去啊——”

接着，在甲龙的眼前也浮现出另一个情景来：父亲被姐姐搀扶着，趺趺撞撞地跟随跑上来，他的一头白发，在风中乱飘；锦顺站在风雪大作的低矮的山岗上，裹在她那似乎完全僵硬了的瘦弱的身上的裙子，在风中飘动着；她的身后，是她妈坐在雪地上，用拳头捶地痛哭；甲龙的房前是一片杂乱的破碎了的盆碴；鼠李树丛旁，那高高地竖着的杵子杆，不知是被谁推倒的，已经看不见了，只有烟囱仍在升起一团一团的蓝烟……

甲龙要驱散这噩梦一般的幻景，轻轻地闭上了眼睛。

但是，却又有另一个幻景不可抑制地浮现在眼前了：

这是个和煦的春日。在游丝升腾的五龙川畔的慢岗地上，父亲扶着犁，甲龙拉着犁，犁铧一过，掀起一条条土浪，散发出清新的泥土味儿。姐姐把头巾蒙到耳鬓下边，腰边挟着个种子篓，沿着地垄播种，忽然，父亲停下犁铧，揩了揩额上的汗水，抬头望了一会儿在高空中欢唱的云雀，说：

“今年咱们种好庄稼，得个好的收成，无论如何也要给甲龙办喜事啦！”

甲龙红着脸拉着犁，他那象柱子一般的大腿，一步一步地踩进泥土里。

“甲龙，我恐怕挺不下去了。一个人怎么能总是过这种生活呀？……”

突然，万植更紧地握着甲龙的手，低声地说。甲龙听了，睁大了眼睛。回头一看，万植用通红的充血的眼睛瞅着他，从他嘴里喷出来的灼热的口气，似乎都喷到他的脸上来了。甲龙也紧紧地握着万植的火炭一般发烫的手，但他却找不到一句可以回答他的话。

“你想想，咱们既然抛下可怜的家属，离开了家，那又何必到这活地狱里来，过这种猪狗不如的生活，受这种难以忍受的虐待和苦痛呢？嗯？”

万植接着说道。他的每一句话，都痛切地钻进了甲龙的胸膛。

“是啊，咱们也没犯什么罪，干吗要把咱们拉到这里来，往死里折磨呀？咱们跟他们又没有杀父之仇……”

甲龙的眍瞜眼里也闪出一道郁愤的光。

“他们侵占掠夺了我们的国家，要说有罪，是他们，而不是我们！”

甲龙听了万植的话，不由自主地深深地叹了一口气。

“反正糟糕！你身板儿这么弱，怎能挺得住啊？你身子象火炭一样在发烧，是不是得了劳伤病呀？……”

甲龙满怀愁绪地说。不管是怎样可怕的苦役和毒打，他觉得他自己还能挺得住，可是万植呢，身板儿已经衰弱到这步田地了，慢说两年，恐怕再挺两天也很困难了。

“不，甲龙，身板儿算个啥，至多不过是一个死！我说的是还有比这个更可怕的。”

“是什么？”

甲龙向万植问道。万植想了一会儿，接着说：

“我也说不准究竟是什么，在我的脑子里，总有那么一个不安的念头，我总觉得在我们的面前有一个叫人死也死不得、活也活不成的可怕的陷阱，正在张口等着我们哩。”

“什么是要死死不了，要活活不成的陷阱呀？……”

甲龙听了这句难以捉摸的话，诧异地问道。

“甲龙，咱们这样硬挺着，到后来恐怕要遭殃啊！我看咱们得想个办法。就是现在，我一想到这个，就立即感到眼前一片漆黑。我再也不能挺下去了！”

万植说着摇了摇甲龙的手。甲龙什么话也没说，只是用恻隐的神情望着万植，陷入了沉思。

虽然不知道在他们的面前到底是陷阱还是别的什么，但是，有一点他们的感受是相同的，那就是再也无法忍受下去了。除死而外，活着几乎是没有路子可以摆脱的。只有逃跑这一条路。可是现在逃跑，比铁三那时逃跑要困难得多。

逃兵抓回来，是要立刻枪决的。即使抓不到，也要拿他的家属问罪。这个残酷的军纪，自从他们被拉进自卫团的那天起就三令五申，说个没完，简直把人们的耳朵都说出茧子来了。不论是成功还是失败，逃跑这件事，将要给自己带来的后果就不用说了，对父亲和家属来说也是一样，除了毁灭以外，也不会再有别的结果。

结论是，不管怎样苦痛，也只好按起初的打算忍受下去，除此以外，再没有别的办法。当初下决心到自卫团里来，闭着眼睛挺上两年的时候，虽然没有料到会遭受今天这样大的苦痛，但也没有照区长说的那样想过，到自卫团里来会享清福。对要作苦役和受屈辱，是有过思想准备的。万植为了他那无依无靠的唯一的小妹妹京玉，甲龙为了年老的父亲和可亲的锦顺和她的家属，为了两年后回到他们的身边永远不再别离，甲龙他们曾经下过决心，要忍受个人的任何痛苦。可是，至今还没过去一个月，就这样自暴自弃，这未免太轻率地对待承担在他们身上的极其重大和严肃的义务了。

听人们说，再过十天左右，就会结束第一阶段的训练，然后转入正式的勤务活动。到那时，就将大大减轻苦役，可以得到一定的安闲。他们并不希图得到安闲。但是，要是能减少某些苦役的话，万植也就可以对付着挺下去了。

甲龙侧身躺下，紧紧地靠近万植的身边，双手紧握着他的手说：

“万植，那么你想怎么办呐？我们原先也没有相信区长说的话，到自卫团里来会享清福的！”

甲龙恳切地说。

“我说的不是这个意思。”

万植闪动着被高烧折磨得没神的眼睛，摇着头说。

“那么，是什么意思？”

“你问我什么意思吗？……”

万植显出异常焦急的神情，但无法接着说下去了。甲龙感到痛心。他想，怎样才能分担他的苦痛，宽慰他的心呢？甲龙犹豫了一会儿，勉强开口说：

“每天晚上，我听到你疼得直哼哼，就什么都想到了，心几乎都绞成一团了。不过，万植，咱们还是再挺一挺吧。你为了京玉，我为了父亲和家属，就忍受这一切，坚持两年吧。咱们要是提一提精神，鼓一鼓劲儿，也许会好挺一些的。再说，人家不是都说，训练期一结束，就会好过一些的吗？你把身板儿伤成这个样子，不也是硬挺过来了吗？咱们再熬过这一关吧，嗯，你说呢？”

万植直定定地盯着甲龙，听了他这么一说，他那闪光的眼睛就渐渐晦暗起来，然后转过身去平躺在铺上，痴望着天棚。甲龙把话说完了，可是万植什么也没说，瞅了半天天棚，才深深地叹了一口气，后来，干脆转过身去背朝着甲龙躺着。这时候，甲龙看到从万植的眼里流出了泪水，润湿了两颊。

甲龙感到鼻子一阵发酸。他虽然用这种话来劝慰万植，可他自己的心情也同样是很沉重的。甲龙也咽下泪水，轻轻地闭上了眼睛，没有什么可再说的了。既然不能把自己的身体变成万植身上的血肉，去分担同伴的火炙般的苦痛，那么他的话，即使说上一百句、一千句，又有什么用呢？

甲龙不知不觉地已经把自身的苦痛完全忘掉，心里被这种焦躁的思绪折磨着。

阴森森的营房异常寂静。远处又传来了时钟的嘀嗒嘀嗒的声音。

突然，在他的身旁，不知是谁说起梦话来了。

“孩子他妈，孩子他妈，我回来了！你醒一醒吧！我……”

摇动着长长的胳膊，哽哽咽咽地呼喊着的正是景天。他听到妻子病危的消息，是多么心焦难过啊。甲龙欠了欠身子，瞅着说梦话的景天，更是揪心地难受起来。他瞅了瞅万植和景天的脸，深情地低声说道：

“景天、万植，再挺一挺吧，难道真的会把人折磨死吗？挺过这两年，咱们就回到父母妻子和弟弟妹妹的身旁去啦！”

三

自卫团团长刘炳甲，把紧裹在军裤里的肥胖的屁股靠在桌头上，叉着两手，撇着薄嘴唇，透过玻璃窗望着对面的太阳直射的操场。在那里，自卫团团丁们正在进行刺杀训练。他们头上戴着个假面具似的东西，腰上围着象古代士兵们穿的甲服之类的东西，以分队为单位，分散在操场上，面对面地排成两行，端着木枪，象老鸹似地“呀——呀——”叫着，互相刺杀起来。

每个分队都派了一名鬼子上等兵，瞪着眼珠子在督训。只要看到有谁喊得不够响亮或者刺杀的动作不够准确，他们就从背后一个箭步窜了上去，狠狠地把团丁踹倒在地上，又把木枪夺了过来，往死里刺他们的胸膛。站在队列中的团丁们，见此情景，一个个被吓得两眼发红、眼珠朝天，拼命地相互刺杀起来。

“熊包！什么时候才能成器！……”

刘炳甲一想到自己几年前在间岛宪兵队受训时的情景，就觉得眼前操场上的这些团丁们的那种笨蛋样儿十分刺眼，简直叫他无法看下去。他心急得火燎似的。本来想再挑选些精干一点儿的小伙子，可是村里剩下的除了残废的而外，就是些个老头子了。

“讨伐队长”森，一有机会就象口头禅似的说自己非常信赖自卫团，对它寄予很大的希望等等，所以才从“讨伐队”直接派去教官，进行严格的训练，准备把它训练成不亚于“皇军讨伐队”的响当当的军队。不过，刘炳甲早已看透了森的用心。虽然不能说森连他这个人都不信任，但森确确实实是不信任自卫团的。在这一个月内，“讨伐队”新得到两挺性能良好的重机枪，五挺捷克式轻机枪，三门掷弹筒，几十匹可以一口气儿飞奔到山顶上的骏马。可是森连一挺轻机枪也不想给自卫团，只是驱赶他们搞刺杀训练和攻占高地的白刃战训练。

“讨伐队长”虽然没有明说什么，可是刘炳甲看他的眼色，分明是想将在同游击队交战的时候，拿自卫团去做挡箭牌。可是照现在的情况看，带领这些团丁去打头阵，就等于背着干柴往火坑里跳。这倒不是说自己惧怕白刃战，而是怕自己当了冤死鬼。

回顾以往，也不是没有叫他感到辛酸的事。在东满的时候，他曾几次度过险关，得到相当大的“信任”和“声誉”。他最后被派到红色地区，进行从内部瓦解根据地的重要工作。后来因为自己不小心出了事，十年的苦功竟毁于一旦了。他越想这件事，越觉得可惜，越感到冤枉。他差不多下了一年多的苦功夫，才当上了根据地的区政府粮食部长。眼看就要大功告成了，可是有一天，他去跟宪兵队派来的联络员接头，路上叫一个毛孩子儿童团员抓住了可疑的线索，暴露了身分[份]，真是九死一生才逃出命来了。他虽侥幸生还，可是差点儿没在被激怒了的特务工作队队长的军刀下掉了脑袋。从前的“功劳”总算救了他一命，他又被派到这个德山地区来了。如果那时的工作得到成功，不出事的话，现在他满可以在间岛的某个大城市里当上了警察署长，摆出与年龄和官爵相应的架势，作威作福了。想到这里，他感到冤枉透了，后悔极了。而他爹还以为儿子是高升了，气焰嚣张起来。想到这，他禁不住一阵苦笑。

刘炳甲叹了一口气。

过去了的事，不管你觉得怎么冤枉，毕竟是泼了出去的水。必须咬紧牙关重新搞上去。即便是从现在开始也好，刘炳甲相信自己有这种顽强的毅力和熟练的手腕。

为此，必须把自卫团搞得棒棒的。至少要把它搞到和如今在豆满江流域的某一地区威名四震的“神仙队”一样的水平，“神仙队”队长姓李，以前和他一同在日本宪兵队受训的时候，还仅仅是一个寒碜的不入流的家伙，后来东拼西凑，网罗了一些猎人，搞了个“讨伐队”，现在竟然从日本人那里得到了“神仙队”这样一个了不起的称号，威风凛凛起来了。

但是，羡慕和妒嫉都是无济于事的。现在，无论如何都要取得森的极大信任，不论从装备方面，还是从战斗力方面，都要把德山自卫团提高到日本军队的水平。一定要设法搞到几挺机枪、一两门在山地战中具有威力的掷弹筒，再把现在进行中的训练进一步加强一下，那么，到来年春天就可以把自卫团搞成足以大显自己的身手的那种部队了。

“他妈的！我去给他们加把劲儿！”

正望着窗外沉思的刘炳甲，突然咕哝了这么一句，便提起戳在办公室墙角里的一支木枪，把粗胖的身躯向门外一跃，跑了出去。

刘炳甲身上什么护具也没带，来到操场上。他从每个分队里挑出几个看来挺壮实的团丁，叫他们排列在自己的面前，让他们随便刺向自己。于是他就同团丁们交手刺杀起来，直到把他们一个个刺倒在地上为止。他就这样地在操场上来回刺杀，刺遍了各个分队，淌了一身热汗，心里也痛快了，就象堵在心口上的什么东西忽然消了下去似的。

于是，刘炳甲敞开了皮夹克，用手绢揩去脸上的汗水。

就在这时候，从正门岗哨那头儿，小队长道涉跑过来向他报告说：

“团长！令尊大人来啦！”

“我父亲？”

他朝着道涉所指的方向一看，有一台带篷马车停在办公室门前，也不知道是什么时候来的。马车旁边站着那颇有风度的、身材颀长的刘正雪，嘴里还叼着嵌上烟卷的烟嘴儿，正朝这头儿望着。

刘炳甲紧蹙着眉头，一边扣着皮夹克的纽扣，一边朝办公室方向走去。

“真象个军队啦！”

刘正雪望了望练兵的情景，用极为满意的目光瞅着向他走来的儿子，说。

刘炳甲满脸不高兴的样子，瞟了瞟刘正雪，问道：

“干什么来啦？”

这一问，使刘正雪感到意外，直瞅着他儿子的酸溜溜的脸孔，说道：

“干什么来的？你就这样来问候你爹吗？叫人家看了多丢人……再说，你今天有了出息，到了这个份儿上，也可以算得上是个大人了。当了大人，也该认得自己的亲爹，尽到做人的本分。我好心来找你，可你却用这种话来对待我，啧啧……”

刘正雪露出很生气的样子，吧嗒着嘴。即使这样，刘炳甲还是漫不经心地瞟了他爹一眼，冲了他爹一句：

“还是爹先来尽一尽自己的本分吧！”

“本分！你这又是扯的什么屁话？你说说我哪一点没尽到自己的本分？真是个败落家庭……”

刘正雪气得张开嘴说不出话来，只是把文明棍举起来又放下，放下又举了起来。

“进屋去吧，我有话跟你慢慢儿谈。”

刘炳甲连眼皮也不眨一眨，说了这么一句，就头里走了，径直登上正门台阶。

“混蛋小子！气死人的东西，我对你，既没啥可听的，也没啥可说的。”

气急败坏的刘正雪，用文明棍通通地敲着地喊道。刘炳甲走上正门，猛地回过头来，嘴边浮出一丝冷笑。

“爹！大喊大叫干什么呀？你不怕别人笑话吗？我不是说有话跟你慢慢儿谈吗？我要说的是有关爹的林场的事，你不愿意听，那就请走好了。”

“什么？林场的事？你说我的林场怎么啦？林场办得兴隆，难道是因为有你的关照吗？有什么话要说，就该好好儿说……”

刘正雪大发雷霆，但是刘炳甲却把他爹的喊叫根本不当一回事儿，连理都不理，把正门一拉，便走进屋里去了。

“哼，流氓痞子！我还把他当儿子，一直养到今天！真不如养个狼崽子，嗯，嗯……气死人的……狗东西……”

刘正雪朝着早已走了没影儿的儿子，骂道。他再也找不出更解恨的话来骂了，气得敲了一阵地，然后猛地一转身，跳上马车，朝车老板儿叫道：

“走！”

但是，当那个上了年纪的驼背的车老板儿拉紧缰绳，把鞭子举向头顶真的要走的时候，刘正雪又忙把手一抬，喊道：“不，停一停！”

然后，他把头一转，用赌气的目光盯着自卫团办公室。要转身回走的念头，象潮头一样翻涌上来。可是这会儿想到儿子要说林场的事，心里又犹豫起来了，无法毅然走掉。

“败家子儿！嗯，混蛋透顶的家伙，欺负自己的爹，不论到哪儿，都不得好死！呃哼……”

刘正雪这样诅咒着，但他还是从马车的皮椅上欠起身来。他刚从车上走下来，可不知又想起了什么，重新登上车，拿下一个用绿色的缎子包得四四方方的象个饼干盒子的东西。

刘正雪把办公室的门推开，冲进屋里，文明棍拄着地，盯着背靠火炉站着的儿子那肥胖的脖子，叫道：

“我来了，你要说什么？你是想把你爹叫到自己的办公室里来训示一顿吗？”

刘炳甲连头都不回，噔噔地走到敞开着的房门，抻出他那短粗的脖子，望了望走廊，然后关上门，再转回火炉旁边，突然说：

“我得到了一个情报，说逃避自卫团的青年，在你的庇护下躲到林场里去了！”

“什么？你说什么？！”

刘正雪暴跳如雷地说，但他已经现出一种恐惧的神情了。

“说你那里就有好多名从清溪村和南阳村逃跑的青年。”

刘炳甲依旧是爱理不理的样子，带着气地说。

“这是哪个混蛋告的黑状呀？该死的东西！哦，这话传到讨伐队长的耳朵里没有？”

“这是我手下的密探提交的情报，现在还在我的手里。”

“呀！混小子！你在我的林场上布下了特务网，怎么也不告诉你爹一声？”

刘正雪愕然地把嘴一张，说。

“你小点声儿！就是在父子之间，秘密终归是秘密嘛！”

“嘿嘿……这真叫人啼笑皆非！……”

“爹，请你不要这样，还是把那些家伙交出来吧！免得以后暴露了，连累到我。”

刘炳甲态度突然变软了，靠近他老子跟前，极其反常地央求着说。

“混小子，这就是你所谓的关照我的话吗？你只怕连累自己，就不怕你爹的林场破产吗？林场一破产，你也要跟着完蛋的！我为了帮助你搞自卫团，交出了道涉，还叫你们从我那里成批地抽走了身强力壮的青壮年。我问你，往后我的林场靠谁来砍树？他们是不是逃跑来的，我怎么会清楚？好，我宁可今晚就在这儿住下，也要见见讨伐队长。再说，从我的林场伐下来的大木头，都是用在哪儿的？还不是都用到军部和你们自卫团的吗？”

“是啊，不过，我的处境也是很为难的呀！”

“你为难什么？当初队长大人不是说过，他要特别地关照我们的林场吗？现在，你当了这么个官儿，就不能背地里支持一下你爹办的这么一个林场的事儿？只要你闭着眼睛不过问就行了。你把派到林场里去的特务的名字告诉我，我会用一大把钞票堵住他们的嘴的。”

刘炳甲说不过他父亲，只是苦涩地吧嗒着嘴。过了一会儿，才咕哝着说：

“反正小心着点儿好了。再说，也不必去见讨伐队长了。我也是为爹着想，才说这些话的呀！……”

儿子的态度一软，刘正雪的心情也就平静下来了。

“这个，我也知道。不过，你想想看，现在，一棵大木一把钱呐！要放过这个好机会，上哪儿去挣那么多的钱啊？我挣钱，不是为了带进棺材里去送给阎罗大王的，而是为了给你这个天天让爹操心的不肖之子做好事哩！就拿你来说，还能当一辈子自卫团团长吗？不管你怎么高升，也得有钱。只要有了钱，才能长上翅膀，作威作福！再说，还想高升，也得有钱才行。那些砍木工有什么可爱的，我干吗要庇护他们？等我今年把德山伐木场的树木伐光了，漫说是自卫团，就是把他们扔进虎口里去，也没有什么可惜的。等我挣足了钱，我还能总待在这山沟里吗？又是共产党来啦，又是什么来啦的，天天叫人提心吊胆。来，这个你先收下，我要回去啦。”

刘正雪把放在桌面上的用缎子包的东西拿起来，递给他儿子。

“这是什么？”

“有一次，讨伐队长提到朝鲜名药人参鹿茸，我派人跑了一个多月，花了五百大圆，才搞到手的。这是一等珍品。我来的时候到队长的办公室里去过，他不在，所以我就带到这儿来了。我看，这还是由你送去更好一些。”

“真的吗？”

在刘炳甲的薄嘴唇边浮现出柔和的笑容，确实不是那么容易的。

“我什么时候跟你扯过谎？你那个嘴不碰到对自己有利的事儿是不会咧开的。败家子！你要向队长好好儿说说，我走了。”

刘正雪提起文明棍走出办公室房门，刘炳甲也把匣子放在桌上，跟了出去。

四

一百多名鬼子兵从城后的山谷里钻出来，在通向德山镇的平野的路上拖着疲惫不堪的脚步走着。不知道他们是跑到哪块雪地里滚了一天，浑身上下沾满一块块的雪。他们个个都被折磨得象冻白菜帮子一般，没有一个不是瘸着腿的。队伍前头有几个鬼子兵抻着脖子吹号，号声也显得疲惫无力，听来令人感到凄凉。

离队伍稍远的后头，“讨伐队长”和那个名叫佐佐木的个头高大的中队长，骑着马一前一后地走着。

今天，森直接指挥了佐佐木中队的山地战训练。从早晨直到近晌午，他不给一点儿休息的时间，不断地驱赶着整个中队去占领高地。这个超过二百米的陡峭的高地，他们至少攀登了十多次。每次森都是站在山坡下，用望远镜观察向山顶上攻击的鬼子兵。等高地上插上了膏药旗的时候，他就放下望远镜，瞅了瞅手表，于是眉头一皱，举起戴着皮手套的手喊道：

“重来！——”

他恐吓说：宁可全部累死在高地上，也要在十分钟之内占领高地，……否则，休想结束训练回到营房去。佐佐木非常生气，拔出雪亮的军刀，用刀背狠狠地砍打那些磨磨蹭蹭的鬼子兵的肩头，到后来大多数鬼子兵都累倒在地上了，只剩下十六个，算是在十分钟内爬上了高地。

佐佐木跟在森的后头，他那原来就显得下垂的两腮越发肿胀了起来。森放松马缰，坐在鞍鞯上，悠然自得地凝望着走在前头的好似残兵败将的队伍。不知道森突然想起什么来了，把头一回，向佐佐木说：

“你的腮帮子叫马蜂给蜇了吗？”

“啊？……”

佐佐木没听懂他说的是什么意思，只是眨巴着眼睛，

“你的腮帮子怎么鼓起来啦？”

“哈！没什么……”

佐佐木的脸红了。森说完这么一句，便不再回头瞅他，只是得意洋洋地信马前行。走着走着，他又冒出一句：

“我看你不是个愚蠢的饭桶，就是个过敏的饭桶！”

这一下，佐佐木又只能眨巴着睁圆了的眼睛。森继续说道：

“我知道你现在还在背后议论我，说我‘在共军面前吓得直打冷战’‘信任朝鲜人的自卫团更胜于信任日本人’，不是吗？”

他边说边回过头来看着佐佐木，可是脸上并没有什么特别生气的样子。佐佐木显得有点儿慌张地说：

“哪里哪里，……我也不是特意那么讲的……”

“还狡辩什么？佐佐木！我是拔出军刀割破自己的手指，写下血书，向天皇陛下宣誓过，不踏平东洋世界就决不活着回来的人！”

“啊，是吗？……”

“所谓‘大东亚共荣圈’，就是使亚洲大陆大和化！为此，我们决不能容许在这个大陆上存在着不愿意向我们屈膝、不甘心当奴隶的，想同我们平起平坐，翘起鼻孔出气，争夺势力的民族！”

“是！”

佐佐木摸不透森说的话是什么意思，只是糊里糊涂地应答着。

“历史，特别是近代的历史，证明了人类的生存的法则也和动物界的完全一样，就是弱肉强食的残酷的法则在起着作用。也就是说，强者要吃掉弱者，弱者将被强者吃掉。要不是英明的明治圣君使我们大日本民族在东方首先文

明开化起来，成为亚洲的强者，那么，我们这个漂浮在海上的大和岛国，说不定早就变成某个豺狼吞噬的一块肥肉了呢。”

“这话说得极是。”

“幸运的是，今天我们已经成为亚洲的权霸。我们并吞了朝鲜，还占据了满洲。但是从现在开始，我们必须提高警惕。要知道，除了被征服的土地而外，在我们的面前还摆着比它要辽阔得多的尚未征服的亚洲大陆和茫茫的海洋。再说，在业已征服的土地上，也还不能按照我们的心愿恣意行事。同朝鲜共产主义者较量的最近几年的历史，就足够引起我们的巨大的恐惧心。”

“朝鲜民族是个厉害的民族！”

到这个时候，佐佐木才装出他也可以满有把握地说出一个问题的样子，扬起头来说。但是森对佐佐木的回答并不感兴趣，继续说着自己的话：

“就象我常说的那样，我们只采取了几天的军事行动，就掐断了这个大陆的咽喉。但是，我们同拿着几支步枪起来斗争的朝鲜共产主义者却已经较量了好多年了。进驻朝鲜和满洲的日本大军，也都变成了一团狼藉的血肉。与此相反，共军的势力日益增强，最近还显露出向朝鲜国内进军的气势。”

“确实如此。”

佐佐木特意睁圆了眼睛瞅着森，附和着说道。

“在同共军的较量中，我们消耗了过多的血和精力。长此下去，恐怕要耗尽我们的一切，将会一败涂地的！”

森装出慨叹的神情，望着远方的天空。

“是！”

“佐佐木！”

森突然把头一转，在那充血的蛤蟆眼里闪出一道凶光。

“起初，我们只用一种简便的方法，就是凡是朝鲜人，就不分大人小孩儿，一律毫不留情地火烧、枪杀、刀砍，把他们杀得一个不留。但是，在这几年中，我们已经得到了教训，证明单靠这种办法是不行的。所谓‘三光’政策，无非是火上浇油而已。只有善于总结教训并汲取教训的人，才算是英明的。我们何必一定要坚决同全体朝鲜人为敌，跟他们宣布决战，进行浴血的战斗呢？我们要想方设法使他们互相猜忌、互相敌对、互相倾轧，自取灭亡。若能如此，我们就可以轻而易举地平定这块大地，朝着你我所共同渴望的霸占大陆的方向，迈出第二步。在你的眼中显得微不足道的自卫团、集团部落、保甲制度、防共宣抚工作班、防共避难训练等等，其中就隐含着这种具有实际性的重大意义。这一点，我们已在东满通过实际行动得到了验证。我们在各个地方组织这些东西，最低限度也可以给居民们在外表上涂上我们的色彩，单只这一点，也就能得到很大的效果。共产游击队的枪杆子，必须突破这道障壁才能同我们交手。你该知道，古时候，将帅们打仗，手里总是拿着盾牌的，这并不是因为他们怯懦。你以为我们就不需要这种盾牌吗？”

“当然需要，不过，……我可以提一个问题吗？”

佐佐木小心翼翼地望着森问道。

“可以。”

“为了刺倒敌人，不是需要矛在盾的前面吗？”

望着佐佐木的森，突然把头一仰，大声笑道：

“哈哈哈，你也有很鬼的时候。好的，你勇猛、刚愎，又很有点儿鬼道道，很好。正因为我把你看成是一个有前途、有作为的青年军官，所以对你才常常用鞭策来代替夸奖。可你却议论我为什么那样重用自卫团团长。你也象女人那样嫉妒起来啦？”

“不，不是那个意思。不过，老实说，当队长说到自卫团团长虽是朝鲜人，但比日本人还强的时候，我的确感到这是一种侮辱。”

“好的，好的，可是你要想一想，我们要是在鼓动和激励这方面，对他们也那么悭吝的话，怎能让他们代替我们去拿起枪杆子呢。如果吝惜使用那么一点点儿夸奖，而由我们自己直接拿起枪杆子，手上染着污血，去驱赶居民充当我们的挡箭牌，岂不是等于公开地暴露了我们是他们的敌人吗？最近，我们让自卫团去进行的居民避难训练，你知道是干什么用的吗？那是预备一旦有事需要时，我们就可以驱赶这些居民守住城门，阻挡共军的进攻。”

“啊？！”

佐佐木的眼睛睁得溜圆。

“用不着大惊小怪！不过，这只有我和你，还有滨田参谋才能知道的秘密。你要知道，我们对朝鲜人，对这个地区的居民的一切措施，都是以这个基本方针为依据的。我想对你说的是，你虽然算是块有用的材料，但还是个出生不久的牛犊，因此，你必须无条件地执行我的命令才行，这对你的将来是大有好处的，明白了没有？”

“是！”

佐佐木低下头说。

森回到办公室，把装在酒壶里烫得滚热的清酒作为开胃酒喝了下去，美美地饱餐了一顿午饭。饭后，他感到浑身舒坦、四肢松快。于是，他走进办公室隔壁的寝室里，睡了一大觉，感到精神爽快起来。

森伸了伸懒腰，走进办公室，到墙角的小圆桌旁边，揭开留声机的盖子，放上一张唱片。在一阵嘈杂的管弦乐声之后，传出唱军歌的粗大声音：

大和男儿生在世上，
冲锋陷阵，死亦如花。

森一边用手摸着毛蓬蓬的络腮胡子，一边听着歌曲。他慢慢地站起来，在房里来回踱步，挥动着一只手打拍子，还随着留声机的歌声，用鼻子哼了起来。说起音乐来，他喜欢的是军乐和进行曲；说起古董来，他喜欢的是军刀和盔甲；说起女人来，他喜欢的是会击剑的女人。

就象他自己所表白的那样，他是一个彻头彻尾、彻里彻外的军国主义者。他出身于封建武士的家庭，从小熟习刀剑，长大后就把军国日本的征服亚洲和世界的“理想”刻骨铭心。他这一生一世的野心，就是用腰上的军刀砍杀整个亚洲大陆，用钉了铁钉的军鞋把它踏遍，然后登上世界的屋脊——喜马拉亚山峰顶之上，尝一尝一面俯瞰脚下的大陆，一面在军服大襟上擦洗沾满鲜血的和断了刃的可爱的宝剑所产生的壮快。

尽管他怀着这样的“宏伟抱负”，可是在同共军的较量中，他那宝剑的利刃钝了，在他们自以为是被征服了的土地的大后方里，他只落得当了个跟那些看不见的共军较量的连名称也不够响亮的“讨伐队长”。每想到这儿，他就气得真不知如何是好了。

但不管怎样，他此时此刻的心情还是愉快的。森越来越大声地唱起歌来，就象士兵在行进一样，颇有节奏地来回走动着。就在这时候，他身后的房门被轻轻地打开了，刘炳甲走进屋里来。他夹肢窝里夹着个装有人参和鹿茸的匣子，惊奇地睁着两眼望着象发疯一样来回踱步的森。

“冲锋陷阵，死亦如花！”

森非常满意地重复着刚才唱的最末一句歌词，在向后一转的时候，才发现刘炳甲。刘炳甲慌忙把靴后跟啪地一碰，向他敬了个礼。

“团长来啦，你听这首歌怎么样？”

正在自我陶醉的森，用手指向上捻着髭须，向留声机那边歪了歪头。

“啊，非常好！”

“嗯，应该说，这不单单是一首歌，而是我们的大和魂！让自卫团团员们也学唱这首歌吧！”

“是！”

刘炳甲又一次碰了碰脚后跟。

“呃，你来有什么事？我正想叫你来呢。”

“是吗？很对不起，我这次来不为别的，是……”

刘炳甲毫不犹豫地走近森的身边，把夹在夹肢窝里的匣子，双手端着，非常郑重地递到森的面前。

“这是什么？”

森没有伸手去接，端详着刘炳甲问道。

“是人参和鹿茸！”

“人参鹿茸！”

森的目光转到刘炳甲递过来的匣子上面。

“是的，这是我父亲用了几个月的时间才搞到的。

“呃哼，我看一看！”

森本想装出一副不当回事儿的表情，但在眼睛里和嘴角边却禁不住流露出满意的神情。而这，当然是决不会被刘炳甲那锐利的目光放过的。

“是。”

刘炳甲把那匣子放在桌子上，解开缎子包皮儿，露出用贝壳镶了白鹤的花样的紫黑色螺钿漆匣，匣盖一揭，散发出一股苦里透香的气味来。匣里分成两格儿，一格儿并排放着两根有小孩儿胳膊那么粗的人参，另一格儿放着一对还没有分出枝叉的毛茸茸的鹿茸。

森拿起一根人参。刘炳甲斜眼瞟了一下他的表情，开口说道：

“这是山参，在人参中，是功效最好的品种。现在阁下正看的那支是七十年生的，旁边的那支是五十年生的。”

“唔，这么小的就有七十年！”

森的那对原本就够大的眼珠子更鼓出来了。刘炳甲满有把握地接着说：

“所以，它的名字叫‘神草’就是神鬼的‘神’，草木的‘草’；有人说它是大地之精灵，所以又叫它做‘地精’。它能安神，有补益五脏六腑之功，使人长生不老之效。我在六岁的时候，父亲给我吃了两支三十年生的，直到现在仍然见效，就是在这北方的大冷天，我也热得无法穿上绒衣。”

“嗬——是吗！”

森特意把刘炳甲的肥胖、红润和行动敏捷的身体打量了一眼。刘炳甲做出诚惶诚恐的样子，稍稍低着头，继续说：

“著名的山参产地，是江原道的太白山和小白山，在北关，有名的产地是咸镜道的白头山、麒麟山、白云山和狼林山。这支山参就是在白头山采来的。采山参的人进山之前，要百日不过俗世的生活。也就是说，要禁戒酒色，沐浴净身，向山神爷致诚祷告之后才能进山。进山之后，不准说俗世的言语，要用山里的行话。比方说，猪肉应该叫‘准米里’，菜汤要叫‘米西西里’。”

“那为什么？”

“山参不是我们世上的，是很神灵的东西，在俗世里被污染了的凡人的眼睛是看不见它的，所以从来就有这种习惯。”

“嗯，很有道理。”

森点了点头说。

“您服用了它，一定会得到很大的药效。这个鹿茸，正如您知道的那样，就是鹿的角。凡是长在鹿身上的，都是灵药。鹿肾、鹿茸、鹿顶血、鹿胎、鹿脯、鹿血都是好药。其中最好的是鹿茸。可是象卖药广告上画的那样，鹿茸分出枝叉的时候，已经没有多大药力了，根本不能叫做鹿茸。……”

刘炳甲又说明了一通。很满意地听着并用手摸弄着匣里的东西的森，突然把脸一仰，朝着刘炳甲诧异地问道：

“团长当过药商吗？”

刘炳甲泰然自若地在嘴边浮现出一丝微笑，回答说：

“过去，我曾伪装成采药人，在山里转过一年，指挥过特工班。”

“嘿嘿嘿，原来如此，你可以称得上是个身经百战的老将了。好的！你代我向刘正雪先生表示谢意。”

“不敢不敢。”

刘炳甲很有礼貌地低着头说。

“团长！”

森突然正颜厉色地叫了一声，坐在椅子上。

“有！”

刘炳甲赶紧立正，望着他。

“我想叫你来，不是因为别的，我了解过前些日子进行的居民避难训练的情况，你们竟然用了三十分钟时间！”

“是的，我们虽然加足了马力……”

“呸！三十分钟，共军早就攻进城里来啦。要更紧张地进行训练，要在二十分钟以内，最好，要缩短到十五分钟。共军打上来的时候，一定要迅速地转移居民，维护他们的生命和财产的安全，是我们和你们这些持枪站在第一线上的人的神圣义务。要向团丁们和居民们广泛地宣传我们的这种意图，调动他们的自觉性，这样不就可以在训练中收到更大的成效吗？”

“是，我一定遵照执行！”

刘炳甲的细条眼闪着狡猾的光，暗暗地表示自己完全理解了“避难训练”的真正意图。森对刘炳甲这样一个闻一知十的部下，既感到称心，又感到窝心。精干的部下，虽然很有用，但精明得过分了，却又是不好驾御的。刘炳甲这个人，甚至连上司的这种心理都捉摸透了，因此即使遇到明摆着一看就知道了的事，如果不需要表白，他也就装出根本不知道的样子来。

“好，我相信你！可是我问你，最近自卫团的情况怎么样？”

森同样地没有表露出内心的那种情绪，接着提出了另一个问题。

“正在进行紧张的训练。有日本军上等兵的指导，训练工作进展得非常快。”

“还差得老远哩！春天眼看着就要来到鼻子跟前了，不能因为结束了第一阶段的训练，下一阶段的训练就有所放松，还要更加积极地加紧进行。同时要由自卫团来接替我们讨伐队一直担负着的治安肃清的任务。有关警备、巡逻、搜查等任务，最好是由懂得居民的语言和风俗的自卫团去执行。以后你们就要逐步地把岗哨和地区接管起来，执行好这方面的任务。与此同时，要特别加强对镇内和郊外农村部落的巡逻和搜查，要把这项工作同训练结合起来进行。谁敢断言我们这个地区就没有共军的特工人员潜入呢？如果还没有潜入的话，那就算是预先拉一道防线，我想这就会更好一些！……”

刘炳甲从皮夹克兜里掏出小本子，记下“讨伐队长”的指示。

五

院子里响起一阵急骤的号声。

“紧急集合！”

在营房门前站岗的值勤兵急声喊道。从外边训练回来，刚吃完午饭坐在板铺上休息的团丁们，象被弹簧弹起来似的，一个个跳了起来。

甲龙坐在旮旯里的第一小队铺头上，正在用针缝补在山里穿行的时候被树枝刮破的上衣襟，一听到喊声，慌忙拉断线头，跳下地来。景天和万植，脚上还穿着满是泥雪的鞋，两腿搭在床头上，头朝里平躺在床上。

“万植！景天！”

甲龙一边喊，一边摇着他们的腿。他们睁眼张望了一下，也噔噔地站起来了。

团丁们在狭窄的过道里拥挤着朝房门那头儿涌去。

今天，这是第二次紧急集合了。清早三点钟，他们被敲醒起来以后，上面就下达了迅速追击和歼灭出现在合水坪方面的“共军小部队”的命令。合水坪是向德山林场方面去的逆上二十里路的险山峻谷。

自卫团团长刘炳甲骑马跑在前头，团丁们捏着拳头在他的后面跟着跑。累得倒下了的团丁就被扔在半道上，部队仍然继续朝前跑。他们一口气儿跑到合水坪的后山谷，把整座山包围了起来，然后严密地搜山，从山下一直搜到高高的山顶，可是除了见到几只惊跑的兔子而外，别的什么也没有发现。但是刘炳甲又命令他们继续搜查紧挨着的旁边的那座大山。

小队长和分队长们连打带骂驱赶累得坐在地上吐舌喘气的队员去搜索了另一个山头，结果还是一场空。这还不够，刘炳甲又继续强迫队员跑到山下五龙川畔的合水坪村，把整个村子翻了个底朝天，闯倒了房门，掀翻了衣柜和箱子，踹蹋了土豆窖，闹得鸡飞狗叫孩子哭。

搜查的结果，"黄鼠狼"小队长把一对中年的农民夫妇押到站在村子当中宽敞的空地上指挥的刘炳甲面前。夫妇俩用本地人听来觉得陌生的南道口音，谈了他们在去年秋天弃农后离乡到这里来寻找生计的经过：离开家乡以后，有时坐车，有时步行，在路上熬了一个半月，前天才来到这里。全家老小都病倒了，急得连户口都没有来得及落，祈求长官原谅他们。

最近一些日子，不论是白天黑夜，每天都要搞几次紧急集合，拉着自卫团跑遍山岭、谷地和村庄、街巷，说什么要"追捕共军"，可是连共军的影子也没有看见。最初，一搞这种活动，甲龙扛着上了刺刀、装好子弹的步枪跟着跑的时候，总是心跳得很厉害。可是现在他知道这纯粹是一种假想的把戏，也就不象最初那样心惊胆战了。不过，紧急集合的号声一响，团丁们一个个就都发出绝望的叹息。因为集合号一响，他们就得拼命地跑，翻越几十里险山深谷，跑得嗓子眼里冒烟，上气不接下气，还要在老百姓的怒目之下搜索村庄和街道，闹得鸡飞狗叫孩子哭。最近在德山镇和郊外村落流传着一种说法：一听到"自卫团疯狗"来了，连哭叫着的孩子也给吓得不敢哭了。在城镇和村庄，人们一见到自卫团团丁，离老远就躲躲闪闪地避开了，还用冷眼瞟他们。甲龙就几次遇到过这种情况。每当这时候，他就觉得自己的心情比在操场上挨日本上等兵打骂还要难受。

今天清早，他们搜查了合水坪以后，是在村里的各家各户派的饭，吃过了早饭才回来的。甲龙同万植、景天，还有其他五六名分队员一起，到酒糟鼻子分队长指派的一家农户的上屋吃饭。他们围坐在饭桌的周围，甲龙一嗅到饭香，就忍不住那股眼珠直打转的饿劲儿，不由自主地拿起了饭匙。可是一抬眼便看见他对面的万植根本没有拿起饭匙的意思，只是呆呆地望着灶间屋。甲龙也下意识地向灶间屋瞅了一眼，只见黑糊糊的炕角里，拥挤着这家的五六个孩子，甲龙立即猛怔了一下，只觉得有谁用粗大的铁棒打了他拿着饭匙的手腕似的。这时候，他才发觉放在面前的土豆燕麦饭，原是这些孩子们的早饭。他放下了匙子，脸象盖上了炭火一般烧得通……

在几个小时之前，这种骚动就搞过了，现在又搞什么紧急集合呢？……

甲龙夹在队员中间拥向营房门口，心里感到异常不安。

“立正——，向前看！第一小队准备完毕！”

“黄鼠狼”小队长向穿着皮靴的叉开大腿站在远处的刘炳甲做了报告，接着二小队长和三小队长也做了报告。刘炳甲听完报告以后，用凶狠的目光横扫了一下整个队伍，口气严厉地说：

“注意！现在开始进行城内居民的避难训练。第一小队……”

刘炳甲的长条细眼忽地一闪，扫向第一小队。

“东街的居民都赶到东门炮台前头！”

“是！”

道涉仰起绷得很紧的脸回答。

“成八！你的二小队是南街。三小队长！”

刘炳甲的宽大脸庞一动也不动，只是向旁边移动着眼珠子，接着说：

“你把西街和北街的居民集合到正在修建中的西门炮台前头进行避难！”

名叫成八的长得象摔跤能手的二小队长和马头脸大个子三小队长一齐做了回答。

于是，刘炳甲抬起一只手，往腰间的枪盒上一插，用尖利的目光把整个队伍的人员一个一个地打量了一遍，似乎要看透他们的心似的。然后，又象是有什么地方不称心似的，皱着眉头说道：

“看你们的脸，一个个都象是失魂落魄的人。你们要振作起来。上次训练竟用了三十分钟时间，今天要缩短到二十分钟！”

“二十分钟？”

在一小队的前排，有人惊叫道。他是酒糟鼻子分队长治洙。刘炳甲的眼睛一闪，立刻转到他的身上，盯了他一会儿，又转向队员们，说：

“从各方面来看，对我们自卫团来说，今天的演习是具有非常重大意义的事件。讨伐队长森阁下，要通过今天的演习来检阅我们经过了第一阶段训练的自卫团的实力。他说，只要我们做出好成绩来，那么也叫我们自卫团得到日本讨伐队所拥有的机关枪等最新式武器。他还说，在今天的避难训练中立功的小队、分队和指挥官、队员们，都将按照功绩给假一两天，并发给特别奖金，今晚还要在明月馆设宴犒赏官兵们！”

“呀——”

刚才发牢骚反问的酒糟鼻子这么一欢叫，前排有几个人也跟着欢叫起来了。

“不要高兴得太早了！”

刘炳甲喊了一声。队伍又立刻吓僵了。

“但是，要是训练搞不出好成绩来，是要受到应有的制裁和惩罚的，对此，你们要有思想准备。你们要振作精神，拼死命也要搞好这次训练。在今天的训练中，实战的气氛要比往常的训练更浓。要不惜一切手段和方法，不管是老人和妇女，还是儿童和婴儿，都要毫不留情地赶出来。有反抗的、逃避的，可以用枪进行威胁。为什么要这样坚决地进行这种训练呢？因为一旦有事，共军攻打上来的时候，能不能把居民们迅速地转移到炮台地下室避难，是关系到能不能保护居民生命安全的生死攸关的大问题。你们明白了这个根本意图，就应该奋力去做，毫不容情地驱赶所有的居民参加这场训练。三十分钟以后，就要鸣汽笛。讨伐队长森阁下亲自登上东炮台，督察这次避难训练。”

刘炳甲举起戴着皮手套的手，用手指指着那个阴森森地矗立在城边的炮台说。

背映阴霾的天空耸立着的东门炮台，是在几天以前同东城墙一道完工的。西面的炮台和南面的炮台，也修筑得很快，正在往高垒。在他们这儿，也能远远地望见。只有连接后山岭的北城和北门炮台的工事进展得最慢。总之，现在城镇的东西南三面，差不多全被高高的城墙和炮台围住了，这使得这个城镇又增添了一股腾腾的杀气。

甲龙望着刘炳甲指的东门炮台，深深地叹了一口气。他一想到上次搞避难训练，把城镇翻了个底朝天的情景，就禁不住心惊胆战。景天和万植也用不安的神情望着炮台。那天，避难演习结束以后，街上到处是哭声、喊声和争吵声。自卫团的坏家伙们把居民全都赶出去，趁街上没有人的时候，从商店和住家里偷走了许多东西。那些丢了东西的人，一见到自卫团团丁，就不由分说地扑到他们的身上，哭的哭，叫的叫，说情的说情，要他们交还偷走的东西，闹得满城一片慌乱，现在，他一想到这些，就感到脊背发麻。

“一小队向右转！向前十步走！”

“黄鼠狼”小队长这么厉声一喊，甲龙猛然惊醒过来了。

“黄鼠狼”小队长把小队拉到正门附近，具体地布置了行动计划。

“治洙！你的一分队由我来指挥。你先去推一辆自行车来，把办公室里的手摇式警报器绑在自行车上，等警报笛一响，你就先跑到东门街头，摇响警报器，把居民统统赶出来。自行车的后坐上再带一名队员。用这种办法，我们小队至少能缩短五分钟时间。”

“哈！对呀！”

酒糟鼻子叫了一声，急忙地跑去了。

“其余的队员，你们都注意听着！每个班要分派两名到三名，进行分组包干。一分队……”

道涉的小眼睛连眨也不眨，站在那里精心周密地分派着。在三个小队长中，要讲办事麻利，带兵有方，还得数“黄鼠狼”。他手腕硬辣，而且比较高明。今天，他决心把避难训练缩短到十五分钟，显露显露自己的手腕。特别是“讨伐队长”森亲自站在望楼顶上督察演习的消息，更激起了他的升官的狂欲。德山自卫团还有副团长这么一个空缺儿。现在他当了个小队长虽然说也还不错，但是跟副团长这个官职一比，毕竟还差一格。他一直想捞到这个肥缺儿，老早就虎视眈眈，窥视着机会呢。

甲龙和万植是一组，被分派到某条胡同去执行任务。

“……要有不服从的，干脆用枪杆子往外赶。你们一个个都要振作起精神来，有谁糊里糊涂地把事情搞糟了，我就要他的命！”

道涉厉声说着，他那三角眼里射出一道凶光。

甲龙异常为难地望着“黄鼠狼”。他被分派去执行任务的那条胡同，除了几家小铺子而外，大多是房檐接房檐的矮小的草房。一想到自己将要挥动着枪杆跑进那条胡同里去的情景，就感到全身无力，四肢酸软。

“甲龙！”

背后有人轻声唤他，回头一看，是自卫团团长。不知道他是什么时候来的，早已站在后头，在注视着他们的行动。他那倒背着的手里提着一条皮鞭，习惯地敲打着靴筒。看来，他早已来到队伍的后头监视了。

“有！”

甲龙回过身来回答。

“把鞋带系好！”

刘炳甲并不看甲龙的脚，只是用平静的口气说。甲龙低头一看，左脚的鞋带果真松开了，慌忙弯下腰去系紧了鞋带。

“我听说，你上次对教官就很不逊，最近在训练和值勤方面又不够积极。这可不好！你要搞好今天的训练，以后值勤的时候要卖点儿力气！要这样，我就叫你回家去娶媳妇，还给你个官儿做做。”

刘炳甲说完，也不听他怎么回答，用皮鞭敲打着靴筒，大摇大摆地走了过去。甲龙还在愣怔怔地望着他的时候，突然，头顶上空“呜——呜——”地响起了警报笛声，分队长治洙早已骑上自行车，飞扬起围在脖子上的白绸巾，直奔大门而去。

“出发!”

“黄鼠狼”拔出手枪，朝头顶上一举，喊道。二十多名队员呼啦一下奔向街道。二小队和三小队也接着象山洪爆发似地向大门那头儿涌去。

路上的行人猛然怔住了。他们用恐怖的目光望了望边喊边跑的自卫团团丁们，慌忙地掉转头来，朝着来路匆匆跑去。正在街上玩耍的孩子们也吓得尖声怪叫着跑进胡同里。店铺老板惊惶地赶忙拾掇货摊子，闩上门板，慌得手脚忙乱，不知如何是好。

在阴沉的天空下面的这条安谧的小街，刹那间，象捅了马蜂窝一样，乱成一团。

甲龙他们的小队一到东门街头，就按原来的编排，两人一伙，三人一组地各自散开。

甲龙和万植也朝着他们所分担的地区跑去。可是，他们的脚步越跑越慢，到后来干脆站在原地不动了。他俩懵懵怔怔地望着早已变成一个乱摊子的街道。

先跑来的治洙，推着自行车在各条胡同里穿行，“呜——呜——”地摇着警报器。这声音叫人听了非常刺耳难受，就象用快刀刮脊梁骨一样。随后跑进街巷的团丁们，闪动着雪亮的刺刀，用枪托猛敲着大门，打碎店铺的玻璃窗，嗷嗷乱喊乱叫。

各条胡同开始涌出难民来了。刹那间，大街上挤满了男女老少，向南门炮台方向涌去。

道涉和治洙这些坏家伙们，越来越象来神儿的巫婆挥刀举枪，高声嚎叫，发起狂来。

“喂！喂！把东西扔掉！空身快跑!”

“共军来了，要割掉你们的鼻子呀!”

“十分钟！在十分钟以内跑到！不然全都死光!”

有个背上背着个孩子，手里又拉着个孩子，头上还顶着个大包袱的妇女，被酒糟鼻子的枪杆给推倒了。接着有一个背上背着须发银白的弯腰老人的年轻人跑过来，一下子绊在女人的身上，重重地摔了一跤。有个老奶奶，迎着涌来的人流，不知呼喊着谁的名字，踉跄地走着，走着，终于被人流冲倒，踩在众人的脚下。

“喂，混蛋！站在那儿发什么呆呀？”

不知是谁，在甲龙和万植的背后大声吆喝起来，还狠狠地推了他们一把，差点儿没摔倒在地上。甲龙和万植勉强稳住身子回头一看，原来是道涉正瞪着一双要吃掉他们似的眼珠子，恶狠狠地站在他们的身后。

“你们俩是管这条胡同的吧？”

甲龙强打起精神，望了望这条胡同。

“是……”

“都赶出去了吗？”

甲龙和万植嗫嚅着。

“快给我赶出去！混蛋！”

只见道涉的拳头直向他们的脸上打来，打得他们眼里冒出火星。他们俩只好踉踉跄跄地向胡同里跑去。

“混蛋！你们要是误了时间，我就要你们的狗命！”

背后响着道涉的叫骂声。万植分担胡同左边的住户，甲龙负责胡同右边的住户。

甲龙挨家挨户地跑着。头一家、第二家都空了，第三家也没有人。他刚一打开灶房门，一股焦味儿直冲进鼻子，还冲出一股浓黑的烟，熏得他睁不开眼睛。仔细一看，灶里边还燃着木棒子，锅台上的大锅里正发出什么东西煎糊了的嗞啦嗞啦的声音。看样子，这家的主人是正在下豆浆的时候被撵出去的。甲龙慌忙跑进去也顾不得火炭烫手了，把灶里木棒掏出来。他又从缸里舀出几瓢水浇上去，才算松了一口气。

这家一定是卖豆腐为生的。

把老本儿都烧光了，以后怎么生活呢？甲龙觉得，这事不象是别人的事，自己可以无动于衷。他突然想到自己不该这样站着，便急忙跑出门外。

他正迈着沉重的脚步走向另一家的时候，正面跑来了一个七八岁的小男孩。在他的后面是一个年轻的女人，她背着个小孩，头上顶着个大包袱，匆匆忙忙地跑着。迎面跑来的那个小男孩，猛地停下脚步，用惊恐的目光望着甲龙，尖声叫道：

“妈！疯狗来了！”

小男孩回过头去，又跑向年轻女人的身边。甲龙只觉得脑袋象被谁猛击了一下似的，懵怔怔地停下了御步。

“勇洙，快走就没事，你不走，自卫团真就要把你抓走的。”

年轻的女人这样哄着自己的孩子，可是孩子死死地把着那年轻女人的裙子不放。

“他用刀砍人，我害怕！我害怕！”

甲龙只觉得脸上火辣辣的，好象蒙了一层炭火似的。他深深地低着头，急匆匆地从女人的身边走过。

“长官，对不起，把剩下的那两块门板上好，我就走，千万容我一会儿！嗯，妈的，这块门板怎么不听话了！”

秃头的店铺老板正在上门板，一看到甲龙走过来，便一面求情，一面慌忙地上着。

“四号和五号门板上错了。”

甲龙看着他怪可怜的，说。

“啊呀，可不是真的，我就……”

秃头又慌张地把门板卸下来。甲龙不安地望了望胡同前后，说：

“先去躲一会儿吧，马上就回来的！”

“先躲一会儿?!”

秃头回头瞅了甲龙一眼，他那汗渍渍的脸上，流露出嘲笑他的神情。

“我们会替你照管的。”

“嘿，真气死人了，上次演习的时候，好东西都给偷走了，快露出空底儿来了，这回再给偷一次，我这条老命怕也就没有了！”

甲龙没办法，只好去帮助老板上好门板。秃头象监视盗贼似的，一面朝大街那头儿跑，一面还不时地回头瞟他。

这时，甲龙的心情，真象是在偷东西的时候被人抓住了似的，他感到胳膊和腿都软绵绵的，使不上劲儿，不能正常动作了。他一时愣了神，痴呆呆地站在那里。这时对面那家的大门吱呀一声，只见万植微微低着头走了出来，挎在肩上的枪杆子直打晃。

“万植！”

甲龙这么一喊，万植才停下了脚步，抬起头望着他，半天也没说什么。万植不仅很敏感，而且禀性生来就是不把心里的话吐出来就憋得受不住的。但是到了最近，他总是紧闭着嘴，心情沉重地想着心事。

现在倒是由一天至多说两三句话的沉默寡言的甲龙来主动地跟他搭话了。但是万植除了回答“是”与“不是”而外，却不多说一句。

过了半天，万植才叹了一口气说：

“这家正在办喜事呢！”

“什么？办喜事?!”

甲龙圆睁着眼睛望了望对面的这一家。在围着板墙的草房院里,传出来一阵急骤的驴叫声。

“凭人的嘴,实在……说不出叫他们去避难的话。”

万植沉郁地咕哝着,望了望远处的山峰。在阴沉沉的天空上,飘落着一朵又一朵的雪花。院子里又响起驴叫的声音。

“办喜事的人家,怎忍心把他们赶出去呢?叫他们别出声,偷偷地办呗……”

甲龙说着向对面这家的大门走去。他的两只脚不由自主地就这样行动了。

一转过房边的烟囱角,就看到狭窄的房院里有好些人在闹哄着。甲龙向后退了几步。这个草房盖得颇有点儿规模。灶间屋、上下两屋的三间颇大的草房,都大开着房门。铺满草席的院子里,人们踉踉跄跄,不知道该怎么办才好。一个个都现出惊惶失措的样子。甲龙仔细一看,他们是想把摆在院子里的喜桌搬到屋子里去。那头儿,有四五个人抬着一张摆满了碗碟的喜桌,闹闹嚷嚷地往屋里抬。桌面上摆着垒满了米糕的大盘子,竖起脖颈的整鸡,还有水果盘子什么的,看来这分明是新郎和新娘拜堂时用的大喜桌。

突然,毛驴又高声地叫了起来。拴在院子那边仓房柱子上的带[戴]着鞍鞯的大耳毛驴,扬头朝着雪花飞落的天空,不停地嗷嗷尖叫。

一个白发、驼背的身材瘦小的老头儿,慌忙跑过去,从仓房里掏出一捆豆秸送到毛驴的嘴边,哄着说:

“死毛驴,你想搅了这场喜事吗?千万别叫!”

毛驴把嘴伸到豆秸捆里,扯出一把豆秸,扇动着鼻翅儿,喳喳地吃得很香。

离拴着毛驴的仓房不远的院角,放着一台花轿,旁边站着一个显得非常不安的年轻人。他身穿一件干净的棉布长袍,脚穿一双黑胶鞋,眉清目秀,中等身材。一眼望去,说不上因为哪一点,很象万植那样善良和聪明。这会儿,他非常惶恐不安地望着院子里乱作一团的情景。看来,他一定是新郎了,那么,新媳妇还没有走下轿来吗?

“好啦,好啦,都进屋里去吧,咱得快点儿叫新郎新娘拜堂,现在兵荒马乱的,新媳妇还没下轿怎么行啊?”

有一个只戴着宕巾(旧时以马鬃编制的一种帽子——译者注)的中年人朝着院里的人们喊道。于是大家都慌忙地登上廊台,走进了屋里。

这会儿,院子里只剩下那个头戴宕巾的中年人和那个白发、驼背的老人,还有一个穿着干净衣裙的年轻妇女。

“来，快点吧！”

戴宕巾的中年人，慌忙地走向停着花轿的院角，老人和年轻女人紧跟在他的后面。年轻女人碎步走到花轿跟前，撩起淡绿底牡丹花的绸缎轿帘，朝轿里不知说了些什么，然后伸手从轿里掏出一双雪白的女胶鞋，整整齐齐地放在轿子前头。

可是轿里老半天还没有一点儿动静，轿外的年轻女人又朝里头说了几句什么以后，才见到一双穿着布袜的女人小脚伸了出来放在胶鞋上面，随后就是女人的油光的头碰在卷上去的帘子上而搭拉下来的黄黄的流苏露出花轿来，再后，眼前便晃动起粉红色的小袄和淡绿色的长裙子。

新媳妇扶着花轿外面的年轻女人站了起来，低低地垂着头，扭着身子，不知怎样才好。新郎见到新媳妇下了轿，就向一旁退了几步。

这时，从远处传来手摇的警报器的声音。大家都惊得瞪圆着眼睛，望着房后的胡同。甲龙也吃了一惊，回头朝那边望去。

“快进屋吧！”

戴宕巾的中年人慌忙地拉着新郎的衣袖催促着说。

新郎新娘并排走在前头，身后跟着许多人。这时早已有一些人从打开的房门伸出头来看望。

警报声越来越近了。

“糟啦，怎么还不快进屋里呢？”

甲龙正在十分着急，戴宕巾的中年人已经催赶那对磨蹭着的新郎新娘登上廊台。他们刚刚走进房里，警报声突然在他们的近处呜呜地响起来了，好象就要来扯住他们脖领似的，震得屋檐嗡嗡直响。甲龙大吃一惊，望着大门那边，不知如何处理是好。正在这时候，有人在他的身后说：

“哎呀，长官您来啦？我方才已经向来过的那位长官也讲过……”

甲龙慌忙回头一看，是那个刚才在院子里张罗事儿的戴宕巾的中年人走过来，向他连连哈腰说。甲龙正在懵怔的时候，新郎新娘刚刚进去的那间屋子的房门哐啷一声开了，看去好象是新郎父亲的那个白发、驼背的小个子老头儿探出头来，惊慌地瞪着眼睛望了望外面，一看到站在院边的甲龙，就光着脚跑了出来，后头还跟来了许多人。甲龙向后退了几步。屋里黑糊糊的，看不大清楚，只依稀看出里面有一张摆满了各种食物的大喜桌和围在墙边的花花绿绿的屏风，还依稀看见低着头坐在屏风前面的新郎新娘的模样，特别显眼的是新媳妇的抹上油挽上去的发鬏和横插着的大发簪。警报声从房后渐渐向远处传去，可是许多人的脚步声和嗷嗷喊叫的声音，却越来越近了。

当甲龙象被什么追逼着的人那样向后倒退了几步的时候，那个白发驼背的老人光着脚跑到他的面前来，两腿一跪，双手拄地，伏在地上。瞬间，甲龙不知道为什么，只觉得眼前浮动着他父亲的身影了。

“长官，请高抬贵手吧！今天是我这个老得弯了腰的老头子给独生子娶媳妇的日子呀，这会儿刚刚摆了大喜桌正要拜堂，刚刚……”

老人的溃烂的眼睛里闪着泪光。但是，更感到惊惶的却是甲龙。他拉着老人的胳膊，象是央求说：

“老爷爷，快起来吧！我来不是为了……”

甲龙还没有把话说完，赶紧回头瞅了一眼。

通通的脚步声，各家大门的哐啷哐啷的开关声，嗷嗷的喊叫声，越来越近了。

“长官，就算是救一个要死的人，请高抬贵手吧！”

老人对憨厚的甲龙好象寄予了无限的希望似的，紧紧地拉着他的胳膊，苦苦地央求着。

甲龙用双手把着老人的手，反倒哭丧着脸哀求似地说：

“老爷爷，我不是什么长官，我替你向小队长说说吧。”

甲龙因为自己无法痛痛快快地给老人一句“就这样吧”的回答，心里焦急得象火燎一般，非常难受。听着胡同里渐渐走近的脚步声，就象是在捶打着他的脊背似的。甲龙打定了主意，如果来的人是一般的队员，无论如何，也可以设法让老大爷过去这一关的，可是如果是“黄鼠狼”或者“酒糟鼻子”分队长那样的长官来了，那就只好央求他们高抬贵手了。他们毕竟也是人，怎能忍心去驱赶坐在大喜桌前的新郎新娘呢？甲龙打定了这主意，把身子转向大门，想出去看看胡同里的情况。

这时，大门哐啷一声开了，小个子“黄鼠狼”飞也似地跑进院子里来。

他把两条腿支在院子当中，手往腰上一叉，用充血的眼睛凶狠地扫了一下聚集在院子里的人，然后摆出一副无可奈何的样子，说：

“好哇，你们都在这儿干什么？是来赶集的吗？”说着，他突然抬起脚来，用皮鞋头子咚地踹了一下地，喊道：

“你们都长了几个脑袋，胆敢待在这里不走？”

老人不知道该怎样才好，只是瞅瞅甲龙，又瞅瞅“黄鼠狼”。其余的人都纷纷躲躲闪闪地向后退去。

甲龙按捺着怦怦直跳的心，向“黄鼠狼”跟前靠拢一步。

“小队长，这家正在办喜事……实在为难。”

甲龙鼓起最大的勇气，指着屋子里说。

“什么？喜事？”

“黄鼠狼”的闪着凶光的小眼珠子迅速地转向上屋。在敞着房门的屋子里，可以看得见低低地垂着头一动不动象僵了似地坐在炕上的新郎和新娘的身影。

惶恐不安的主人老头儿，踉踉跄跄地跑到“黄鼠狼”的跟前，趴在他的脚下哀求道：

“是呀，今天正赶上办喜事。队长，就象你看到的，我儿子现在已经坐在大喜桌前头了。长官，可怜可怜我这个老头子吧，就宽容我这一次吧！”

“黄鼠狼”连瞅也不瞅哀求他的老人，一步蹿到甲龙面前，不由分说，打了他一个耳光。

“混蛋！你说什么？不知本分的东西！我不是说过，凡是活着喘气儿的都统统地赶出来吗？快给我赶！你们也动手赶！”

“黄鼠狼”回过头去向跟来的团丁们厉声喊道。

“队长！这又何苦的呢！千万别……我这个老头子就是到了阴间，也不会忘记队长你的恩德呀！红白喜事，自古以来就是连国家的君王也都很重视的人伦大事啊……”

惊恐的老人拉着“黄鼠狼”的胳膊苦苦哀求着。

“你这个老头子！共军就要打来了，还办什么喜事！”

“黄鼠狼”甩开老人的手叫道，可是老人还是拼命地拉着他央求说：

“长官，这是演习呀！”

“演习也要象实战一样，给我赶快滚出去。”

“黄鼠狼”狠狠地推了老人一把。只听老人唉哟一声，远远地摔倒在地上。

“啊，这不是太过分了吗？”

“世上还有这种说道儿？”

院子里的人闹哄哄地聚拢过来。“黄鼠狼”把脸一扬，两眼射出一股杀气，把攥在右手里的手枪向人群一举，叫道：

“是哪个家伙？谁敢跑到这儿来耍嘴皮子？”

人们都大吃一惊，怔住了。

“呀！混蛋！你们发什么呆？快进屋去把新郎新娘给我拉出来！不然，这台戏就没个完！”

“黄鼠狼”回头朝团丁们喊道。于是有几个团丁连鞋都不脱，穿着皮鞋冲进屋子里，动手去拉新郎新娘。新郎新娘惊惶地站了起来。甲龙一直紧紧咬着嘴唇瞅着这一情景，他再也不忍心看下去了，便把头扭了过去。

最惶恐不安的还是这家的主人老头儿。他从地上爬起来，跟在奔向屋子里的团丁们后面，一直跑到廊台，又猛地回转身来，象掉进水里的人一样摇晃着两条胳膊，又跑回到“黄鼠狼”的面前，跪下来哀求说：

“长官，我们大家马上就去，可是请您允许两个年轻的……允许新郎新娘留在屋子里吧。请您看在我这个满头白发的老头子面上，啊？……”

“黄鼠狼”毫不留情地一脚踢翻了抱着他的脚脖子的老头儿，把手枪往头顶上一举，啪啪地打了几枪。站在院子里的人们都吓得脸色青紫，呼呼啦啦地涌向大门那头儿。

新郎新娘也被拉出了院子，在团丁们的枪杆威逼下慌慌张张地朝门外走去。倒在地上的老人，伸出两条胳膊摇晃着，象是想拉住擦过身旁的裙子和长袍的下摆，但他什么也没有拉住，就只好捶着地哭叫起来：

“啊哟，老天爷没长眼啊！这该死的世道哟，怎么不打个晴天霹雳呀！呜呜呜……”

“黄鼠狼”用嫌弃的眼光瞅了一瞅老头儿，回头向身旁的团丁尖声叫道：

“把这个老头子拉走！”

老头儿也不顾死活了，躺倒在地上硬挺着，可是到底拼不过年轻的团丁们，他一边被他们拖着走，一边不住口地咒骂着：

“给你杀！给你杀！”

甲龙站在房角的僻静处，胸膛象是就要爆炸似的，望着被拉出大门的新郎新娘和大声痛哭的老人的身影，身不由主地也踉踉跄跄地跟着走了几步。被拉着走在前头的新娘，脚上只穿着布袜，慌慌张张地迈过大门高坎的时候，长裙子不知挂在哪儿，撕开了很长的一段。她的淡绿色的长裙在风中飘动着。甲龙最初看到新娘身上的那件粉红色小袄和这条淡绿色长裙的时候，就感到心里格外火辣辣的。这跟姐姐买来的锦顺的衣裙是一样的颜色。在他们的后头，是白发苍苍的老人。他被团丁们连拖带拉地走向门外，举过头顶的两手摇晃着，象疯子似地呼叫：

“劈雷呀！劈雷呀！……”

甲龙蓦然站在烟囱旁边。

老人已经消失在大门外了，但是他那摇着胳膊呼叫的情景仍然留在眼前。他怎么那样象风雪呼啸的那天跟在自己身后的父亲呢？他感到头昏目眩，不由自主地一手扶在烟囱上。

“甲龙！”

不知道是谁在喊他，还猛地拉了一下他的手腕。甲龙回头一看，原来是万植。万植把嘴唇咬得煞白，瞅着甲龙的脸，他的眼睛里好象要喷射出一道火焰来。

“万植！”

甲龙也紧紧地握着万植的手喊道，这喊声如同呻吟一般，显得很痛苦。

这时，大门砰的一响，跑进一群团丁来。走在前头的是身材高大的治洙。他摆出一副要打老虎似的架势，大步迈过门坎，他的酒糟鼻子冻得紫黑。随着他闯进来的那些个团丁，也都是小队里的数得上的坏家伙。

“喂，甲龙！这家是办喜事的吧？”

治洙扇着有粗大的汗毛孔的鼻翅儿问道。这时，跟进来的人抢先回答说“就是这家”。

“好哇，这就算咱们走了红运啦！”治洙喊叫着颇有点儿傲气地走进院子里，

“都赶出去了吗？”

“黄鼠狼”在院子里问道。

“都赶出去了，一个也没剩！”

“他妈的！都怪分担这个胡同的小子穷磨菇，整整用了二十分钟！”

“别看这样，我看一等还是咱们的。小队长，这一大喜桌的东西咱们吃了怎么样？新郎那小子得了个新娘就够了，还要什么喜桌呢？嘿嘿嘿。”

“好哇，大家先进屋暖和一下身子再走吧。”

“呀！还是咱们小队长最好！”

不知道是谁欢叫了一声，接着就响起了一阵往屋里跑的咕咚咕咚的脚步声。不一会儿，又响起了碗碟、匙子、酒杯相互撞击的声音，还有“喝呀！”“倒酒呀！”的喧闹的喊声。

这些个家伙不管是什么，都要争着抢着先吃，于是打起狗架来了。

“混蛋！你往哪儿伸老鸹爪儿！”

“妈的，你怎么打人呐！你想都归你一个人吃吗？”

“这是我的，松手！”

“啊唷，好小子，你打人呐！你要独占这个喜桌吗？我揍死你！”

这时，两个家伙互相扯住脖领要打起来了。

“呀！猪崽子，给我住手！”

治洙高叫了一声，接着是什么东西打碎了的声音，再后就是唉唷唉唷的嚎叫声。

"那个整鸡放在小队长的面前!"

治洙又喊叫了一声,不管他们怎样,在另一头还是吃呀喝呀地乱得不亦乐乎。

"呀,狗崽子!这么好的酒席,打什么架呀!来,倒酒呀,咱们吃咱们的!"

"酒是泪水呢,还是长叹呢?……"

"好呀!"

拍打桌面的声音,咯喳咯喳地啃吃什么的声音,吧嗒着嘴的声音……

甲龙和万植站在烟囱旁边听着。甲龙感到头晕脑胀,两耳直嗡嗡,这些声音听来不象是发自我们生活着的这个人世间,而是从深深的地层里透出来的一种噪音。发生在他们眼前的这一切,真不象是人们生活着的这个人间里的事。说不定现在他正被噩梦纠缠着哩。甲龙只感到浑身都麻痹了似的,失去了一切感觉,失去了任何判断的能力了。

甲龙抬头望了望天空。阴沉沉的天上,正刮着冷嗖嗖的寒风,飘落下点点雪花。这时,在他的身边响起"得得"的脚步声,回头一看,原来是万植搭拉着脑袋朝大门走去。甲龙呆呆地望着万植的背影,只见他那无力地低垂下来的瘦瘦的肩头上,挂着一支来回晃荡着的大枪,而他那迈过大门坎的脚步也是趔趔趄趄的。

甲龙的脸上突然浮现出惶恐的神色,也摇摇晃晃地跟在万植的身后,象逃跑似地走出大门。这时屋里突然爆发出一阵哈哈的狂笑声。甲龙感到自己的脊背上好象背着一盆火炭一样发烫。他踉踉跄跄地跟着万植走着,身后又传来了毛驴的嘶哑的叫声。

阴郁的天空飞舞着雪花,劲疾的寒风吹过胡同,卷起地上的破纸乱草和尘土,在被谁追赶似地慌忙向前走路的甲龙和万植的身边盘旋了半天,才白蒙蒙地飞向空中。这两个青年的沉甸甸的大衣襟,象要被风吹卷上去似的一个劲儿地嘭嗒着。

甲龙早已追上了万植,但他还是糊里糊涂地向前奔走。他们的背后仍然不断地传来毛驴的叫声。

甲龙觉得自己的脸烧得滚烫,每迈出一步都象是没有踩到实地似的在打颤。卷着雪花的冷风虽然扑打在他的脸上,不知道为什么,他反倒觉得脸上烧得更加厉害了,腋窝和背上也淌出湿漉漉的汗水来。现在他的心情,就象是一个小偷被人发现了慌忙逃跑时的心情一样。

直到听不见毛驴叫声的时候,他才放慢了脚步,长吁了一口气,好象自己这才从陷阱里爬出来了。

他慢腾腾地迈着脚步，抬头望了望雪花飞舞的天空，看到离他不远的街那头矗立着的东门炮台。炮台顶上，身披斗篷的“讨伐队长”和穿着皮夹克的自卫团长，还有几个日本军官，正在用望远镜观望街道的情景。

“这么宽的街面，那么多的人家，我怎么就那么巧摊上一个办喜事的人家呢？……”

甲龙的脑子里充满了这种不知道是对谁的怨怼。厄运也实在是过于巧妙地作弄着他了。

炮台顶上突然爆发出一阵笑声。最初只是一个人在满意地呵呵大笑，接着便是许多人一齐发出的轰笑。

甲龙觉得这笑声象是冲着自己来的。他停下脚步，望了望后面，万植在被白雪遮没的胡同的那一头，正迈着沉重的脚步走来。他象一个老人一样弯着腰，瞅着地面，不慌不忙地走着，挎在肩上的大枪来回晃荡着。

六

炮台顶上发出来的笑声，其实并不是对着甲龙的，而是“讨伐队长”森看到叫他满意的训练结果之后发出来的罕见的笑声。二小队只用了十八分钟，一小队用了二十分钟才勉强地把所管辖的地区的居民们赶了出来。最落后的是三小队，用了二十二分钟才结束了训练。

刘炳甲在极为满意的森的面前受到了夸奖，而且森还保证说，今后可以考虑加强自卫团的装备问题。这样，他也怀着异常愉快的心情回到本部。

刘炳甲把全体自卫团员集合在操场上，做了这次避难演习的总结讲话。他在队员的面前没有表露出一点点儿满意的表情，而是极其严肃地做了训练的总结。他特别严厉地斥责了费时二十二分钟的三小队队长和队员，然后作为惩罚，特意命令第三小队在明天清晨五点钟进行一百里强行军。对第一小队，也严厉地指责了他们在第三条胡同耽搁了时间的过失。那正是甲龙他们分担的胡同。最后他宣布，当天晚上在明月馆设宴犒赏在训练中有特出成绩的第二小队全体人员和自卫团内的分队长以上的指挥官，还决定明天给第一小队和第二小队的队员放一天假，并且勉励他们今后要更加努力执行任务。

总结一结束，“黄鼠狼”就大步蹿到甲龙的面前，不由分说，啪啪地打起耳光来。

“饭桶！没想到被顺手的斧子砍了脚背！就因为你这个小子，我们输给第二小队了。”

“黄鼠狼”把甲龙打了一顿，他的杀气腾腾的目光又转到站在旁边的万植的身上。他咆哮道：

“你他妈的也一样！”

骂完，就左右开弓地把他们俩猛打了一顿。但是他们俩都象一段木头一般，站在那儿连动也不动，怎么打便怎么挨。

“喂，喂，道涉！有要揍的，留到明天吧！快走，酒席都快凉啦！……”

二小队长路过他身边的时候喊道。道涉这才咬牙切齿地说道：

“混小子，等我回来非揍死你们不可！”

白天寒风劲疾，吹卷着雪花，刮得非常的凶，可是天刚一黑，风倒慢慢消停了，天上降下了素淡的鹅毛大雪。

甲龙吃过晚饭，心情非常沉重，无可奈何地走出营房外。

他无所思虑地望着飘落雪花的黑暗的天空，慢慢地沿着围有铁丝网的操场边踱步。忽然，听到身后有人踏着雪跟来的脚步声。回头一看，原来是万植。他一手拿着帽子，光着脑袋，走到甲龙的身边，不知道为什么，张望了一下四周，然后低声说：

“甲龙，你跟我到仓库后面去一趟！”

甲龙没有回答，诧异地望着万植。

“我有话要跟你说。”

即使在这黑暗的天色中，也可以看到万植的眼里闪出的奇异的目光。万植回转身来走了，甲龙望了望万植，也只好跟着他走去。

什么事呢？这些日子，万植既不呻吟也不言语，只是紧咬着焦黑的嘴唇默默地度日。不过，甲龙知道，现在的万植要比过去一有时间就拉着他的胳膊倾诉自己的苦衷，每到夜晚就呻吟喊痛的那个时候，更消瘦得多了，而这一点时时使他感到心疼难忍。万植的沉默不语，越发勾引起甲龙的焦躁不安。究竟因为什么呢？是因为挂念京玉吗？要不然，也许是因为身体再也支持不住了吧？但是，如果就是这样，他不会拉我到仓库后面去的，这真叫他捉摸不透。

他们俩在院角里的用板子钉的小小的仓房后头停了下来。

“什么事？”

甲龙疑惑地先开口问道。可是万植仍然没作回答，望了望四周，然后放低声音说：

“甲龙，我反复想过，总觉得不能这样活下去了。”

这话，他曾经在一天晚上也讲过，那次讲的时候，他是惶恐不安的，有些控制不住自己，可是今天却迥然不同了，一副异常沉着和果决的神情。甲龙只是注意地望着万植，并未作出回答。

“这些日子我左思右想，想了很多，可是我觉得，咱们不能再留在自卫团了，我再也无法穿着这套军装，扛着这支大枪活下去了！”

他压低嗓门儿悄悄地说着，但从他的语调听来，他的话是非常果断很有分量的。甲龙还是糊里糊涂的。万植接着说：

“你仔细想一想从咱们被拉到自卫团来的那天起直到现在的每一件事吧。从被拉来的那天晚上起，咱们过的就是活地狱的生活。哪一天，哪一刻，咱们没挨过骂，没挨过木棒打，没遭到皮鞋踢呢？不管咱们的命怎样不值钱，怎么下贱，但咱们也是人呀，怎能被他们这样残酷地踩在脚下呢？我们过的是这个样的生活，而我们干的又是什么样的勾当呢？甲龙，我们天天练习，天天干的是什么呢？不就是整天跑上跑下，打人，刺人和枪杀人吗？你再仔细想一想这些日子咱们所干的勾当吧。不知道是哪儿来的那股疯劲儿，动不动就跑到街道上和村庄里，翻它个底儿朝天，闯进住户，抢吃人家的饭菜，砸烂人家的衣柜。这究竟是为了什么呢？今天白天，甚至闯进办喜事的人家，啪啪地乱打枪，撵走了新郎新娘，抢吃了他们的喜桌。披着张人皮，怎么能继续干这种勾当呢？现在我走在街上就是遇到猪狗，也臊得抬不起头来了。”

万植蓦然停下话来，望着鹅毛大雪飞舞的天空。他的呼吸是急促的，脸上充满了绝望的神情。甲龙连气儿也不敢大喘，只是僵了似地望着万植。听了万植的话，一个月来受尽凌辱十分痛苦的事情，一件件、一桩桩地掠过他的眼前。从鞭打脚踢下惊醒的自卫团的第一个起床时间起，一直到今天，说他们不好好行进，说他们不象真正要刺死人那样地进行拼刺训练，说他们没有打敬礼，说他们没有大声回答，说他们眼色不恭，说他们这样那样不好，动不动就挥舞起木剑来打他们的脑袋，用钉子鞋踹他们的脊梁骨。

不仅这些，还有那至今仍在耳边响着的毛驴的刺人耳膜的叫声；趴在地上哀求的白发老人的哭喊声；劈劈啪啪的枪声；被拖拉着刮破了裙子的新娘子；闯进屋里抢吃人家的喜桌，嗷嗷乱叫的团丁们的声音；就象小偷被人追赶着似的，踉踉跄跄从雪花纷飞的胡同的路上逃跑的情景……这一切，他越想越觉得脸上象火炭一样发烧，腋窝和脊背也淌下一溜溜冷汗。

甲龙深深地叹了一口气。

“万植！我也真的……”

甲龙开口说到这儿，就不知道用什么话才能说出自己内心的烦恼了。

正在望着洁白的雪花纷纷扬扬的漆黑天空的万植，慢慢地转过头来，向甲龙靠近了一步，拉着他的手说：

“你心里的痛苦不说我也知道。但是现在我决心要向你讲的，不是跟上一次一样，用哭腔来使你感到痛心了。甲龙，我们决不能再这样按老样子生活下去了。”

听着万植的话，甲龙越来越郑重其事了。甲龙现在才发现，万植确是不同于他这个甘愿在痛苦和烦恼中挣扎的人，而是一个有坚定的信念和最大的决心的人。甲龙小心地问道：

“万植，那你想怎么办呢？”

万植向四外张望了一下，靠到甲龙的耳边，低声地说道：

“铁三所走的道路是对的！现在想起来，铁三说的话，也一百个对！我们究竟为了谁，为什么干这种勾当呢？”

“那么……我们也……”

甲龙声音颤抖了，没能把话说下去。万植毫不踌躇地点了点头，接着说：

“就是现在，咱们也应该跑呀！趁咱们的手上还没有沾上和咱们的父母兄弟一样的老百姓的血的时候，赶紧逃出去！”

“你说什么？咱手上沾什么……”

甲龙的心跳得很厉害，他简直连话都说不成了。

“上次我不是跟你说过有一个可怕的陷阱正在张着口等着咱们吗？现在我才知道那是一个什么样的陷阱。你看吧，直到今天，我们不是用这杆枪天天练习打枪和刺杀的吗？你以为那是为了去打什么狗子和野猪吗？这不是为了让咱们去打死那些不听鬼子的话的老百姓是什么？甲龙，你想想，今天我们究竟是把枪口对准着谁来进行搜查战和避难演习的呢？嗯，你不感到可怕吗？”

万植那把着甲龙的手在索索地发抖。甲龙也真的害怕得不寒而栗了。说实在的，甲龙并不是根本没有想过这类问题。当他把冰凉的子弹顶上枪膛，对准假人扣动扳机的时候，常常不由自主地心惊肉跳起来，手指直发僵。当他端着上了雪亮的刺刀的步枪，疯子似地跑上前去，刺向草人的时候，有时还产生一种错觉，觉得草人变成了真人了，就不禁两眼发黑，没能刺中目标。

甲龙睁圆了大眼，身子和表情都是僵硬的，一动不动地在原地站着。

“甲龙，你怎么不说话呀？你怕‘讨伐队长’说的要枪毙逃兵的话吗？我们宁可叫他们抓住枪毙了，也必须想办法逃跑！除了这条路而外，就再也没有别的路可走了！”

万植再次摇着甲龙的胳膊低声地说，可是甲龙仍然僵硬地呆立在那里。

甲龙和万植一样，所过的都是那种令人窒息的痛苦的生活，但是他从来也没有象万植那样想过，把自己置于一种走投无路的绝境。只是在想到度日如年的痛苦而漫长的服役时间的时候，感到两眼发黑。每当这个时候，他更是下定决心，要咬紧牙关，忍受痛苦，熬到获得自由的日子。但是，现在听了万植的话之后，忽然觉得自己是站在悬崖顶上了。这儿真的是悬崖吗？如果这儿真是悬崖，那么除了逃跑这一条道路以外就再也没有别的路可走了吗？他只觉得头昏脑胀[涨]，心慌意乱，根本判断不出怎样才是对的了。

在他的眼前站着殷切等待回答的万植。甲龙勉强伸出似乎是麻痹了的胳膊来，把住万植的手，讷讷地说：

“万植，让我再好好地想一下……”

万植痛快地回答说：

“好吧！”

他们回到营房的时候，岗哨长骂他们不遵守换岗的时间，在外头乱跑。甲龙他们的分队今晚是站的后门的岗。他马上转身到后门去，和景天换了岗。甲龙双手端着枪，站在挂着一盏高粱饼一样黯红的灯光的门楣下面。鹅毛大雪，一团一团地下得正紧，似乎要把整个天地都埋进雪里似的。从后门的门柱起，沿着黑糊糊的院边圈过去的铁丝网的细铁丝上面，也落上了厚厚的白雪。倚着门柱的甲龙，甚至连手里的枪杆子搭拉了下来都没觉察到，只是象一块石头似地站在那儿。他的头顶、肩头和枪杆上，也落上了厚厚的一层白雪，但他还是一动不动地沉浸在深思之中。

现在他还仿佛感到，万植在低声说话时喷出来的口气火辣辣地掠过他的耳边。万植说的每一句话都是非常殷切和中肯的。按理说，禀性善良老实的甲龙，要比万植更不能忍受这种痛苦和耻辱的自卫团生活的。

甲龙身受牛马不如的虐待，还能坚持到今天，这并不是因为他没有逃跑的想法，也不是因为害怕在逃跑的时候被鬼子抓住给枪毙了。甲龙虽然善良老实，但他决不是那种胆小怯懦的人。他有着那种只要一旦下定了决心就是岩石也要穿过去的坚强的意志和巨大的勇气。当他自己或者同伴们遭到鬼子指导官或者小队长、分队长的连牛马也难以忍受的谩骂和毒打的时候，他就恨不得一个箭步窜过去，把他们提起来象摔蛤蟆似地摔倒在地上，再把他们踹个稀巴烂。这种冲动，常常使他的胳膊腿都索索发抖。这时，他只好狠狠地咬紧嘴唇，忍住这种即刻要炸开胸膛的可怕的冲动。他想，他的身体发肤，既是属于自己的，又不是属于自己的，是不能按照自己的心愿随心所欲地处置的。对于他来说，家里有着他不能忘记的也不可能忘记的父亲、锦顺和其他家属，这些人是把他们的一生都寄托在甲龙一个人的身上，并且从他的身上寻求着希望和欢乐的。

如果逃跑的话，应该在南阳村的时候就跟着铁三一道逃跑的。可是，不论在那个时候，还是现在这个时候，一直在甲龙的头脑里有一个自认为是天经地义的想法，那就是：作为一个人，不考虑父母兄弟和妻子，只顾自己，这是不合乎做人的道理的。铁三妈在那次以后，又被拉到警察署，受了许多日子的罪，快到临死的时候给放出来了。随后许区长又找上门来，逼着她立刻搬家。铁三把家属搞成这个样子，能说他尽到了做儿子的义务和做人的本分吗？甲龙就是这样想着，才忍受下难以忍受的各种痛苦的。

但是今天万植要他一起逃跑的劝告，又是跟这个问题有区别的，是属于另一类的问题。万植的恳切的劝告，自有其刺痛人心的地方，那是无法用甲龙心中的那种信条来轻易驳倒的。

“趁咱们的手上还没有沾上血的时候，赶紧逃出去！”万植的低声话语象一把匕首一样深深地插进了甲龙的脑子里。万植的这一句话，使甲龙的坚定信条连根动摇起来了。一想到他说的话，甲龙就感到心惊肉跳和脊背发冷。万植举出今天抢夺办喜事人家的这件事，证明了将来的一切是非如此不可的。

怎么办好呢？难道现在真地到了或是逃跑或是要做出别的最后决断的悬崖呢？

僵立在那里的甲龙，抬起头来凝望着远方的天空。落在棉帽顶上的雪呼啦啦地散落下去了。他望了望南阳村的天空，竟然被纷纷扬扬的雪遮掩得连一小块青天都看不见了。于是他脑子里想象着埋没在大雪里的村庄和映着灯光的各家窗门的情景。眼前浮现出父亲、姐姐、锦顺和锦顺妈的面影。他向他们询问该怎么办才好，可是他们什么也不回答，只是用悲哀的神情俯视着他。他轻轻地叹了一口气。现在要抛下他们而只身逃跑，就要把可怕的后果转嫁到他们的身上，这种决心是无论如何也不能痛快地下定的。

那么还有什么出路呢？难道除了逃跑而外就再没有其他的道路可走吗？再说，逃跑，能算作一条出路吗？在甲龙的脑子里顿时产生了这些疑问。

细细一想，现在逃跑也是不可能的。因为逃跑时要走的路，只有通往县城的那么一条。不然，就得穿过几百里荒无人烟的密林。要从那条通往县城的路逃走，等于自投罗网，要是在这个隆冬季节走进什么吃的都没有的杳无人迹的密林里去，那也只能是白白饿死和冻死。既然如此，又有什么必要走这条既抛弃亲人又不能自救的实际上无济于事的绝路呢？

甲龙摇摇头又叹了一口气。

这时在黑糊糊的院子里响起了咯喳咯喳的踩雪的脚步声，看样子是到了换岗的时间了，岗哨长带着太植走来。

甲龙下了岗，打开营房的房门，呆呆地站了一会儿。营房象一个死亡的深渊一样阴森凄凉。当然，他每次进屋的时候都有过这种感觉，可是今天这种感觉却格外强烈。看来大家都睡着了，在这寂静的营房里，有几处传来了鼾声。

甲龙朝着营房里头的板铺，一面小心地走，一面细心地看。只见上酒店去的第二小队队员和分队长的睡铺还在空着。万植平躺在铺上，身上仍旧穿着军服、仍然扎着皮带、两只穿着鞋子的脚搭在床头上。大概下一个岗该是他的班了。万植的深陷的眼睛紧紧地闭着，一动也不动，看不出他究竟睡着了没有。在上层板铺上，不知谁哼出似歌非歌的声音：

妻子和幼儿哭着拦我莫要离开他们，
我不得不叹息着把他们远抛在家乡……

这断断续续地哽咽着哼出来的歌声，是那样地凄凉和悲哀，句句炙人心肠。

呆立着的甲龙，鞋也不脱，一头就躺到万植身边的空铺上，闭上了眼睛。今天一清早就闹什么合水坪搜查训练，接着又是什么避难训练，足足折腾了一整天，而且又遭到精神上的打击，甲龙被弄得精疲力尽，往铺上一躺，就觉得身子快断成两截似的，那种滋味儿，真叫人说不准到底是痛苦还是舒服，只是不由自主地哼哼起来。

躺了半天，他只感到胳膊腿和腰发酥了，象要沉到铺底下去似的。

甲龙睁开眼瞟了一下万植，他还是一动不动地原样躺着，但是甲龙却看得出万植并没有睡着。万植不论是身子还是表情都是僵直和紧张的，好象在警惕地准备着，随时都可以起身行动似的。

甲龙想到应该回答万植提出的问题，但是他没有勇气先开口，只好又闭上了眼睛。上层铺上还传来如泣如诉的歌声。

不知道过了多久，甲龙困倦得沉入似梦非梦的朦胧之中。这时在他的耳边响起了窸窸窣窣的声音，继而感到热乎乎的口气掠过腮边。睁眼一看，原来是万植紧靠到身边来，瞅着他的脸。在万植的眼里闪过一道不寻常的光。瘪下去的两腮，不知怎地象是痉挛似地在颤动着。看样子，万植好象要说什么，可又没说，只是动了动干裂的灰嘴唇，望了一下房里，然后把嘴紧凑到甲龙的耳边，低声问道：

“甲龙，你想好没有？”

甲龙不由自主地要欠起身子来，万植伸手按了一下甲龙的胸脯，把嗓音压得很低地说道：

“我们不能错过今天晚上，再也没有这样的好机会了。我过一会儿就去换岗，你再多呆三十分钟，就装作上厕所，悄悄地溜出来吧。”

痴呆呆的甲龙，只睐着眍瞜眼，望着万植。他想今天晚上就逃跑吗？……

“当官儿的都喝酒去了，而且又下着大雪，只要一跑就没事了。再也等不来这样的好机会啦，你快打定主意吧！”

万植眼里迸出火花低声地说，他的呼吸炙热了甲龙的耳朵。甲龙轻轻地合上了眼皮。他在站岗的时候想好的那些要万植再忍一忍的根据和理由，现在即便是当着满腔燃烧着就要逃跑的欲望的万植说了，他也不可能有什么心思去细心地听的，而且也不会接受的。但是也不能因此而撒手不管，无论如何也要设法阻拦他的这种冒险行动。他又睁开了眼睛。他看到万植的脸上交织着焦躁和疑惑的神情。

“万植，你安下心来听听我的话吧。”

甲龙慢慢地说。

“快说吧。”

万植仍旧是一副焦躁的神情。

“我想，逃走也罢不逃走也罢，要用这一个最后手段，无论是在什么时候也不算晚的。”

万植的眼里浮现出疑惑的神色。甲龙接着说：

“如果这只是关系到个人的生死问题，我想，当初咱们就不会让他们拉到这儿来。即使咱们是被骗来的，也不会挺到今天，不是逃走，就是跟那些坏蛋拼个你死我活了。可是咱们象死人一样忍受了极其残酷的痛苦和种种侮辱，还不是为了自己的家属吗？就拿你来说，在这世上的亲人只有一个京玉……”

甲龙因为找不出适当的话而踌躇起来了，万植抢先接口说道：

“甲龙，请你千万别再提这种话！我一想到自己要抛下京玉逃走，我的心都快要撕裂成一条条的了。就是因为这个，我一连十多天，几次三番地下决心，又几次三番地打消这种决心。可是现在……我宁可死，也不愿继续忍耐下去了。难道为了救活一个京玉，就心甘情愿地去当强盗不成？”

万植终于激忿起来了。

“不过，咱们什么时候用自己的手干过那种勾当呢？”

“今天还没干，可是人家不会允许你明天也还不干的。就拿今天的事来说吧，‘黄鼠狼’不是骂咱们没有认真去干，要揍死咱们吗？”

“是啊，不过，咱们宁可死，也不能动手去杀死那些无辜的人啊！”

“甲龙，你怎么这样糊涂呀？……”

万植绝望地低声说着又叹息了一声。甲龙紧紧地把着万植的手，恳切地劝道：

“你的话都是对的。你实在要逃走，我也不反对。但是我不能叫你一个人走呀，我也得跟你一起走的。不过，万植，我的意思是要更多地想一想，慎重地行动。咱们穿着军服，扛着枪，在街道上和村庄里晃来荡去的，实在是件叫人脸红的事。不过，咱们无论如何还是可以做到不昧自己良心的。不管坏蛋们做什么坏事，只要咱们不跟他们一道干就行啦，我想他们总不至于因为这个就把咱们弄死的吧。万植，咱们还是对付着过些时候再说吧，你说呢？……”

甲龙恳切地说着。但是万植什么话也没有回答，只把头仰倒在他枕着的铺盖卷儿上，眼望着天棚。他俩沉默了片刻，万植终于短叹了一声，自言自语地说：

“是啊，你的处境跟我不同。我身上只有京玉一个人，可是在你的身上寄托着你的父亲和姐姐，还有可怜的锦顺一家一共四口人的命运。甲龙，我只是考虑到自己，才说出那些话来，叫你难过了……”

万植完全改变了刚才的那种激忿的情绪，用充满同情和哀怜的神情望着甲龙说。

甲龙摇了摇头。

“万植，别这么说！我的家口好歹还都是大人，可是京玉还是一个小孩子呀！你决心抛下京玉逃走，心里还不知道是怎么难过呢！我的意思不过是说，不论是你还是我，都有自己的不能随便行动的苦衷，还是好好地想一想吧。”

甲龙声音发颤，低声地说出涌上心头的充满真情的话语。但是万植什么话也没答，只是点了点头，把视线转到别处，继续凝望着天棚。过了半天，他才突然地说：

“我想，鬼子总不至于在小孩子身上下毒手的吧……”

“你这话是什么意思?”

甲龙的眼睛瞪得溜圆。这时万植又把头偏向甲龙，拉着他的手说：

“甲龙，要是我走了，得请你关照关照我的京玉呀！这虽然是厚着脸皮说的话……”

万植的眼睛象刚才似地又闪出光来。甲龙看出万植已经下了不可动摇的决心，就是只有他一个人，他也要坚决逃走的。这时甲龙有些慌了。

“万植，你千万听我的话呀！今晚要忍过去，今天晚上……”

甲龙不觉抬高了嗓门。

“嘘——”

万植睁圆眼睛望了望周围，然后又回头瞅着甲龙，可他的神情似乎是在凝望着远方似的。他忽然短叹了一声。

“甲龙，我明白你的意思……”

万植说了这么一句，便把头低了下去。甲龙听了他的这句话之后，才放心地舒了一口气。

这时，突然在过道那头儿响起了皮鞋声。他俩急忙躺回自己的铺位上。

皮鞋声来到床头前嘎然一停，接着传来的是粗暴的喊声：

“喂，万植，你怎么不去换岗？”

甲龙眯缝着眼睛一看，原来是姓张的岗哨长。凡是治洙不在的时候，总是他代理分队长，论凶狠劲儿，就连分队长也要输他几分的。特别是今天晚上，别人都上明月馆去喝酒去了，只有他留了下来值班，打天黑的时候起就气鼓了嘴巴。万植不知道啥时候蒙上了那件破破烂烂的棉大衣，躺在铺上一动也不动。

“喂！混账小子！你死了？起来！”

姓张的飞起那穿着沾满白雪的军鞋的脚，踢了一下万植的搭在床头上的腿。

这时万植才装出刚刚睡醒的样子，欠起上半身，直勾勾地盯了姓张的一眼，气冲冲地说：

“干吗这样？我去换岗就是了！”

“好小子！我看你这些日子老是眼神不恭，出口不逊！快给我滚起来去换岗！”

姓张的又狠狠地踢了一下万植的大腿，象要吃了他似地嚎叫着。可是万植连理也不理，从容地抻了抻衣角，戴上狗皮帽子，然后坐在床头上系鞋带。

姓张的先走了，万植随后跟了出去。他的脚步声渐渐地远了。甲龙欠起身子，探出头来望望过道那头儿。他看着万植的背影，不知怎么的，心里突然惶恐不安起来。万植走到房门跟前，回过头来，也不知道他看到甲龙没有，望了半天，然后才打开房门走出去了。

甲龙合上两眼想睡，可就是请不来觉。心里一直平静不下来。刚才万植不知道想些什么，对他的劝告似乎作出肯定的回答，可是他总还觉得叫人不能放心，但又觉得，怎么也不至于就在今晚闹出什么事来的。

甲龙在万植站岗的这两个钟头的时间内，一直在担着心，焦灼地等待他换岗回来。甲龙自己在又冷又黑的半夜里，极力摆脱死死缠在眼皮上的睡意，觉得站岗的那两个钟头怎么也不会有这么长。他估计时间该到了，探头去望房门顶上的挂钟，可是时针好半天才移动了五分或者十分。

好歹总算盼到了换岗的时间了。姓张的走进屋来，到床铺的尽那头儿，叫醒一个队员，领了他出去了。当那个队员走出房门的时候，甲龙的心也随着那个队员的脚步在走动着。他想：这会儿，他们该走过操场中心了吧，这会儿该换了岗回身走了吧，这会儿姓张的自回办公室去，万植会打开房门走进屋里了吧。想着想着，甲龙猛地欠起身子，望着过道尽头，可是房门没有一点儿响动。

甲龙开始焦躁起来了，眼光一直没离开墙上的挂钟。前一阵显得那么缓慢的时针，这会儿竟快得能看出它的转动速度来了。二分，五分，十分……

突然哐地一声巨响，门扇子象脱离门框飞出来似地一开，撞到墙上，同时又发出玻璃被撞碎的响声，随后便有人噔噔地跑进屋子里来，喊叫道：

"起床——紧急集合——"

这是"黄鼠狼"的急骤的喊声，在他的身后，那个姓张的岗哨长畏畏缩缩地站着。

甲龙象被弹簧弹了似地猛地跳起来了。营房里立刻通通乱响，乱成了一团。甲龙轻轻地闭着眼睛，心里喊道：

"你呀，到底闹出事来了！……"

以分队为单位组成的许多搜查组，立即到大雪纷扬的街道和村庄里，到田野和森林中分头搜查追踪。他们一直搜到天明，搜遍了方圆几十里的地方，都没有发现被大雪掩没了的万植的踪迹，只得精疲力竭地回到营房。

甲龙他们的分队，也沿着后山谷跑了整整一宿，直到天亮之后才回来的。尽管"黄鼠狼"和酒糟鼻子治洙威胁说，如果抓不到万植，就把他们统统枪毙掉，可是也没有收到什么效果。清晨时分，他们踏着深雪，象游泳似地在雪里爬回来的时候，不知道是谁在咕哝着说：

"上天帮了他……"

甲龙回头一看，是本分队的太植、景天等五六个队员跟在后面，在分队里一个年龄最小的名叫正植的队员，正抬着头望着天空说呢。

"是啊！"

小个子太植迈着碎步走着，也添了一句，这时，另一个队员也插上一句说：

"他干得对！不管他们怎么发狂，也抓不到他的！"

说这话的就是在昨天晚上哽咽着唱歌的那个大个子队员。

甲龙望着雪花纷飞的天空，也放心地舒了一口气，并在心里殷切地盼望继续降下大雪，两天也好，三天也好，一直下到万植跑到永远不会被抓走的遥远的地方为止。

但是甲龙感到他所依靠的支柱忽然消失了似的，禁不住两腿打颤。在这个并非人间的活地狱里，只有万植一个人，才是可以同他一起交流人的思想、人的感情的，相依为命的亲密的朋友。现在，他失去了这个朋友，以后自己一个人怎能过得了这种非人的生活呢？这种孤独无依的悲哀情绪象潮水一样涌上心头。

回到自卫团营房一看，第三小队的分队长和几个队员吵嚷开了，说，昨天晚上，他们象捕到老虎的猎人一样高兴，得意洋洋地吃呀喝呀的闹了一宿，这下子可算是美到头儿了，“黄鼠狼”和酒糟鼻子他们俩，非有一个要被打断筋骨不可。他们这样说着，感到非常开心。可是普通的队员们却一个个不安地等待着第一小队的队员们回来。等到从他们的嘴里听到了万植可能已经安然脱险的话以后，大家才松了一口气。

［节选自《一个自卫团员的遭遇》，外国文出版社(朝鲜·平壤)，1982 年］

国家出版基金项目
NATIONAL PUBLICATION FOUNDATION
国家社科基金重大项目结项成果
“十四五”国家重点出版物出版规划项目

二十世纪东亚抗日叙事文献整理与研究丛书

丛书主编——牛林杰

文学编·长篇小说卷 Ⅲ

分卷主编——柴　琳

山东大学出版社
SHANDONG UNIVERSITY PRESS
·济南·

图书在版编目(CIP)数据

二十世纪东亚抗日叙事文献整理与研究丛书. 文学编. 长篇小说卷. Ⅲ / 牛林杰主编 ; 柴琳分卷主编. 济南 : 山东大学出版社, 2025. 8. -- ISBN 978-7-5607-9013-8

Ⅰ. K152;I310.4

中国国家版本馆 CIP 数据核字第 2025UA6820 号

策划编辑　张铭芳
责任编辑　肖世伟　张铭芳
封面设计　卡古鸟设计

二十世纪东亚抗日叙事文献整理与研究丛书·文学编·长篇小说卷Ⅲ
ERSHI SHIJI DONGYA KANGRI XUSHI WENXIAN ZHENGLI YU YANJIU CONGSHU · WENXUEBIAN · CHANGPIAN XIAOSHUOJUAN Ⅲ

出版发行　山东大学出版社
社　　址　山东省济南市山大南路 20 号
邮政编码　250100
发行热线　(0531)88363008
经　　销　新华书店
印　　刷　山东新华印务有限公司
规　　格　720 毫米×1000 毫米　1/16
　　　　　172.75 印张　3054 千字
版　　次　2025 年 8 月第 1 版
印　　次　2025 年 8 月第 1 次印刷
定　　价　1000.00 元(小说卷全 6 卷)

二十世纪东亚抗日叙事文献整理与研究丛书

目录

1945年以后

1945年以后

风中芦苇[*]

[日本]石川达三
金中 译

上篇

第一章

外务省正门的大铁门被卸下来了。在骄阳似火将近中午的时刻，十八个搬运夫汗流满面，吵吵嚷嚷地把这扇大铁门抬到大卡车上。

清原节雄穿过孤零零的颇为杀风景的门柱，向大街走去。他约定中午在东京会馆同苇泽见面。他在树荫下慢腾腾地走着，心里却觉得很别扭。

从今春开始的野村大使和美国国务卿赫尔之间的日美两国会谈，现在已经完全停顿了。就在这个时刻，日本外务省的大铁门被卸了下来，令人预感到这是不祥的征兆。

清原问外务省美国局长，为什么要卸掉大门？这位局长露出一丝苦笑，说道：

“可以造二三十发炮弹呗！”

一星期以前，内阁发布了“回收金属令”。中日战争已经延续了四年，铁和铜都耗费殆尽。当局要求把所有家庭、办公楼的铁门、暖气片、钢窗、花瓶、伞架都铸成铁，再制成炮弹，然后把它扔到中国大陆的山沟里。

金属既然已经如此缺乏，可是陆军当局还在策划新的战争。

清原一边走，一边想道：他曾在英国住过三年，在美国住了七年。他对圣

---

* 本卷提到的“白头山”均指长白山，为尊重原文献语境，暂不作统一修改，下文页下注均为底本原注，特此说明。——本书编者注

彼得罗一带的密如森林的石油井架了如指掌。他也曾见过伯明翰、曼彻斯特的铁和煤。从战争所需要的资源来看,日本对英美是 1∶100。

前天,宫中举行了御前会议。昨天和今天的报纸却只字未提,广播电台也不作任何报导。清原节雄想会见外务大臣,可是大臣还没有来上班。美国局局长竟然一无所知。

"我只知道举行了御前会议,至于什么内容则毫无所闻。"

简直岂有此理!正当对美外交处于重大转折时刻,身为外务省的美国局局长竟然还蒙在鼓里,更何况一亿日本国民了。

拐过樱田门,从护城河吹来了一阵清风,他沿着绿树成荫的小道向前走去。他一向不修边幅,从外表上看不出他在国外生活过 10 年而应有的潇洒风度。作为一个外交评论家,对近卫内阁执行的对美政策,俨然是内阁以外的权威。

清原节雄穿过人群,沿着护城河岸向丸之内方向走去。他心里想:不久就要政变了。近卫的处境肯定很困难。外务省内松冈的外交政策余烬未熄。他们对近卫、丰田的外交政策是不感兴趣的。

松冈和陆、海军勾结得很紧。第二次近卫内阁组阁不久,外务大臣松冈首先缔结了日德意三国同盟;接着同法国驻日大使安利谈妥,让日军进驻法属印度支那北部,挑起泰国和法属印度支那的纠纷;他又到德国会见了希特勒,最后打开了日军进驻印度支那的通道。6 月,陆海军首脑拿着进驻计划去见松冈,要求缔结日法共同防御协定。外务大臣问道:"我军进驻印度支那南部必将引起世界大战。陆、海军首先攻占新加坡,你们能办到吗?"7 月 2 日将此提案交御前会议审议。

近卫坚决表示反对。但他在陆、海军压力下屈服了。他决心同松冈洋右决裂就在这个时刻。但是,近卫还犹豫不定。7 月 12 日清晨,他向外务省提出了无力的反问:"如果我军进驻印度支那南部,日美会谈将如何?"

松冈的心腹外务省的南洋局长斋藤音次受到总理大臣的质问后,立刻打电报给日本驻法大使加藤。日法谈判开始了。

第三天,近卫决心提出内阁总辞职,派书记官去探访正在疗养的松冈洋右。

"这是内阁全体成员提出的辞职书,请外务大臣签名。"

这是不容对方分辩的处置方法,也可以说是近卫所采取的报复手段,松冈默默地签了名,把书记官打发走后,一骨碌从床上跳起来,拿起枕头向纸拉门掷去,厉声喊道:"近卫啊,近卫!你这小子延误了关系到日本国家命运的大事啊！”

过了一天，天皇任命近卫第三次组阁。这次组阁的目的是千方百计寻求日美会谈达成协议。然而松冈遗留下的日法共同防御协定在10天后签了字。日本军队像雪崩似地拥向法属印度支那。不久，日本资产在世界各地被冻结，日美会谈又停顿下来了。

其结果就在前天召开了御前会议。近卫灰心丧气。外务省的大铁门被卸下来似乎是意料中的事。外务省的权威早已被陆军夺走了。

清原节雄跨过东京会馆大门，穿白上衣的侍者走过来告诉他："苇泽先生正等着您呐！"

上午10时，苇泽悠平出了家门。临走时他对妻子说："今天是星期一，约定跟清原君见面，你有什么事吗？"

妻子是清原节雄的妹妹。

"是啊！"茂子夫人想了一想，说道："也没有什么大事。只不过目前时局的动向和哥哥的意见不一致。哥哥心直口快，不会随机应变，可叫我有点担心。你就这样跟他说吧。"

这一点担心谁都会有的，所以悠平并不介意，便跨出了家门。

电车驶进了东京车站。苇泽社长慢条斯里地从车站的台阶上走下来。他已年过50，高高的个子，穿着纯白麻布西服，头戴巴拿马草帽，眼睛细长而炯炯有神，斑白的头发梳得整整齐齐，散发着香味，完全是一副洁身自好的绅士派头。他曾经在英国牛津大学留学三年，当时的教养此刻依然留在他的身上。

被高大建筑物围起来的车站广场，几年来几乎没有什么变化，只不过增添些不断变换的时代色彩而已。从高层建筑物上垂下来的大幅白布标语上写着"大政翼赞"①"实践臣道"。在太阳旗底下还写着"完成圣战"。这些四四方方的大字正是这个国家苦闷的象征。

穿过广场去上班的人半数都穿着土黄色的国民服，戴着士兵一样的战斗帽。昭和15年(1940)11月政府发布了"国民服令"，要求一亿国民都穿制服。在穿上土黄色的制服的同时，他们的思想也都穿上了制服。

苇泽悠平不穿制服。他那身整整齐齐的白麻布西服，象征着他的自由主义思想。他走进大楼，跨进敞着门的电梯。

电梯上已经有五个人。他一跨进去，其中两人用令人难以捉摸的眼光偷

① 大政翼赞——意即推行辅佐天皇的政治。

看了他一眼。悠平忽然意识到:这两人莫非是便衣特高警察。

到了六楼,苇泽社长走出了电梯。在他身后,果然那两人的脚步声跟着他来。他主持的综合杂志《新评论》,经常受到宪兵队和警察当局的监视。他所倡导的自由主义,不能为当局所容忍。顿时他觉得脸颊上的肌肉僵硬了。在晦暗的走廊上,这两人跟得很紧,脚步声显得格外响。只要一个箭步就能扑到他身上。

他迈着不快不慢的步子往前走,绝对不让他们看出自己有半点慌张。拐过两个弯,他的事务所在第三个门。他突然想到,这岂不是给特高警察带路吗? 顿时觉得一种不可言状的气愤。

社长室是在楼房的拐角处的明亮的房间里。从四扇窗户吹来的风,很凉爽,把窗帘吹得鼓鼓的。他把帽子和手杖递给了女秘书,麻利地脱掉上衣,镶着翡翠的衬衣袖扣闪着绿光。

“刚才清原先生来了电话,中午请您到东京会馆去。”

“唔。知道了。”

“还有冈部先生在等着您。”

“噢。你请他来。”

总编辑冈部敲敲门进来了。他的面颊微胖而光润,前额有些拔顶,气色非常好。他毫无顾忌地迈着大步走过来,连珠炮似地说道:

“社长,又得挨整了。刚才陆军报导部来电话,叫总编辑去一趟,待会儿我去挨训。估计是9月号清原先生的文章出了问题。”

“唔,好吧……你辛苦一趟吧! 有没有什么好办法?”

清原节雄的论文是很出色的,因此军部讨厌他。今天早晨离开家门时妻子说清原心直口快,看来她的担心不是没有原因的。

冈部总编辑对新闻特别敏感。他熟知一切新闻事件的内幕,并以此为自豪。他对事件的背景和发展具有独特的见解。一切流言蜚语对他来说都有重要意义。

他一屁股坐到扶手椅上,连珠炮似地说开来:“清原先生的《进驻法属印度支那与对美外交政策》这篇论文认为:进驻是准备对美国发动战争;而我认为那是军部的策略,在这以前他们要进攻苏联。东部战线,德国步步进逼,日本绝不会放过这个好机会,一举把苏联解决后再挥师南下。”

“唔,是吗?”

“当然是啰。今年6月在北满集结了大批部队。最近在国内征集的士兵,其中40%入伍后立即开往满洲。另外,8月底从朝鲜回来的朋友说,经由汉城飞机场向北飞的飞机每天不下 30 架。朝鲜东海岸的清津和罗津已建成了很漂亮的飞机场。陆军当局大言不惭地说，只要战争一开始，半天内就能把海参崴夷为平地。还有最近从我的故乡鹿儿岛出发的部队都带冬装。这些情况都很有意思啊！”

“噢，是吗？”社长点了点头，但心里并不相信他的话。

“好吧。我去一趟就回来，看来没有什么了不起的事。”冈部熊雄站起身匆匆忙忙地走了。

冈部是个精力旺盛、朝气蓬勃的实干家。他生性好动，像小孩子一样没有个准脾气。对政治上和军事上的阴谋，他像变戏法一样一件件地揭示给你看，但他却是个旁观者。他既不赞成战争，也不反对战争。事件越扩大越复杂，他越兴奋，对他来说战争好似最有趣的球赛。战争发展到什么地步，国民生活会陷入怎样悲惨的境地，在他心里毫无忧愁可言。他喜欢听流言蜚语，对于外交谈判的纠纷特别感兴趣。他不加入任何团体，是个彻底的旁观者。他具有一种清高而孤傲的性格。像他这样的旁观者一旦有了行动，将成为一位具有尖锐批判能力的真正爱国者。

与他相比，苇泽社长对任何事情都不随便发言，遇事他抱着极其冷静的态度，是一个一本正经的贵族自由主义者。他说话和气，举止大方。对于战争，对于国家，他似乎是个旁观者。他这种冷漠的态度是遭到军部报导部和特高警察另眼相看的原因之一。

冈部熊雄是他的女婿。

他和清原节雄每逢星期一见面，共进午餐，同时谈一谈当前的形势。这习惯已经持续七年了。

在东京会馆一间比较凉爽的小房间里，两人各要了份清淡的饭菜。他们在牛津大学同学三年，是 30 多年的老朋友，清原的妹妹一起到了英国。留学结束后，三人一起到北美洲旅行。清原留在美国当了七年新闻记者，苇泽受清原之托和他妹妹一起回国。回国后第二年，悠平和清原的妹妹结了婚。

三年的留学生活使苇泽悠平变成一个具有贵族风度的潇洒的绅士。而在欧美度过 10 年岁月的清原节雄却是个不修边幅的老学究。苇泽是综合杂志的社长，而清原则是耍笔杆的自由论客。星期一共进午餐时，苇泽总是出个耳朵，而清原则滔滔不绝地大发议论。

“昨天傍晚我见到了尾崎君。”他一边嚼着面包，一边说道。

“是尾崎秀实君吗？”

“是的。我从近卫家里出来顺便到了他那儿。我对那天的御前会议放心不下。今天早晨到外务省走了一趟。看来日美会谈最近就要破裂了。”

“我也觉得有这个苗头。”社长歪着头表示赞同地说道。

“这次御前会议是陆军当局策动的。9月1日马渊报导部长发表了广播演说,还是老生常谈。说什么‘日本再这样磨磨蹭蹭下去,就会越来越穷,应该诉诸武力突破对日包围圈’。即所谓‘越来越穷论’。我早就有了预感。御前会议上东条的发言就是这种论调。他对近卫说,日美会谈这样拖下去将会妨碍军队的行动,要求给一个期限。说第三次近卫内阁的使命已经完成,迫使近卫下台。”

“真是太狂妄自大了。”

“可不是。马渊说日本‘越来越穷’。既然是越来越穷,那就没有理由同英美联军交战。军人动不动就说‘一赌国运’,这可不是闹着玩的。这样轻率地把国家命运当作赌注,置国民于死地,谁可受得了哇?”

“唔,那么尾崎君说了些什么呢?”

“据说,近卫表示,他已没有力量阻止战争的爆发,已经不可救药了。谁还敢去阻挡陆军火中取栗呢?”

新的战争即将爆发了。……苇泽相信这位朋友的见解。因而也估计到自己处境将会越来越困难。《新评论》杂志能否平安无事地继续存在下去?此刻冈部总编辑正被陆军报导部传去挨批评。

侍者进来告诉苇泽社长说他家里来了电话。几分钟后,他回到房间里。在他那面皮略为松弛的脸颊上浮现出一丝微妙的苦笑。多年来同他心心相印的朋友,清原从他的笑容里觉察到家里肯定发生了什么不愉快的事。

“发生了什么事?”清原问道。

“唔……”苇泽有点口吃,“我正在想,还是你没有孩子好。”

“怎么回事?”

“你的外甥接到了征兵令。”

“唉!真糟糕。”舅父立即作出了反应。“泰介是不适合当兵的,太可怜了。他那样的青年最适合当个律师,再不然继承你的事业编杂志。让他去当兵能起什么作用?……可是我说这话又有什么用呢?”

苇泽仍然冷静地说:“所以我认为战争把人全糟蹋完了。”

泰介是悠平的长子,结婚还不到一年,有个年轻的妻子。泰介是个头脑聪明、性格开朗的好青年。在东京大学上学时,因参加社会运动,被当局拘留。后来由于父亲多方奔走,才免予起诉。以后他退出了社会运动,进入私立大学学法律。上学期间，投考高等文官成绩合格，但官方却不任用这位秀才。因为他有这么一点左翼运动的经历，使他终生受难。

从今年2月起，泰介在老一辈的山根律师事务所实习，明年春可望单独开业，却被赶往战场。这对他父亲来说是无法容忍的。悠平没有吃完饭便放下刀叉，实在咽不下饭去。

自己心爱的长子被送往血战的战场，悠平感到无法忍受的苦闷。但他的神态依然是冷静的，动作始终是沉着的。他重又拿起刀叉，继续吃饭。不祥的预兆，就像一股黑水一样在他心里翻腾，使他再也不能平静。

第二章

"喂，喂，是您吗？……喂，喂……"

妻子的声音异常急促。泰介把电话听筒紧贴在耳边，皱起了眉头。

"喂，喂，我是榕子，您听见了吗？"

"听见了。什么事？"

"那个……"榕子说到这里，声音中断了。这无言的瞬间，令人着急。

"那个……给您送来了征兵令。"

"什么？……来了什么？"他反问了一句。但他立刻领会了榕子的意思。

"征兵令，是军队的征兵令！"榕子终于拉开嗓门喊道。

"嗯。我明白了。"

"怎么办？"

"你说怎么办？……这不正好吗？"泰介平静地答道。

妻子的声音又一次中断了。她问丈夫"怎么办？"是想要丈夫找个退路以免自己遭受不幸。这是女人很自然的心情。可是丈夫却说："这不正好吗？"看来退路是没有的。今后几年内将孤孤单单地过日子。要是有个三长两短，也许会守寡。榕子想不出别的话来。

"您看，怎么办呢？"她又重复了一遍。

"可不，怎么办呢？……不管怎么样，我这就回去，3点钟以前到家。"

"家里还有很多事要办，您尽可能早一点回来。"

"好，我一定早一点回去。"

放下电话听筒，他感到茫然若夫[失]。法律事务所这个小天地似乎突然跟自己切断了关系。这里原来有他自己的席位，可是此刻他像浮在空中，变成一个陌路人，好似从玻璃窗往里窥视，什么都看得见，可是手够不着。这一切都不是属于自己的了。

今后怎么办呢？一想到这些他觉得毛骨悚然。汉口、长沙、太原、广东；血与火药，尸骨堆山……无穷无尽的苦难岁月。一切都绝望了。尽早意识到绝望，先得抛弃一切希望。

他收拾好摊开的文件，装进纸袋里。他得向先生交代工作，向他告别。

“先生……”泰介不好意思地说：“刚接到家里的电话，说是给我送来了征兵令。”

“呵？是吗？”山根律师煞有介事地露出吃惊的表情，其实他内心毫无感触。年轻的勤杂工伫立在一旁，用旁观者的眼光注视着泰介。他至多是个同情者罢了。

两点钟差几分钟，他向众人告了别，离开了事务所。山根先生说了几句无关痛痒的激励他的话。他提着装日常用品的包袱。心里冷冰冰地走上了大街。残暑的太阳依旧酷热，可是泰介却感到浑身冰冷。

他坐在电车车厢里，闭上了眼睛，想起了妻子榕子。一想到他和妻子之间肉体上的联系就要被切断，使他痛苦得直打哆嗦。结婚还不到一年，似乎还不完全了解女人肉体的秘密，拥抱在怀中的女人的肉感，碰到脚上的触觉，还有像花蕊一样的嗅觉……这一切新鲜的幻觉骤然使他忘却自己此刻的处境，沉浸在令人窒息的喜悦里。可是，又仔细一想，不久的将来他和妻子肉体之间将隔着东中国海。国家把这一对夫妇强行拽开，谁也不能反抗，只得服从。

从车站到家的路上泰介低着头走，心情十分沉重。他没有崇拜英雄的心情。社会上颂扬军人的勇敢，他认为太孩子气了。自从他投身于社会运动失败以后，他把自己蜷缩在一硬壳里，把良心深深地埋藏起来。在他看来，国家是危险的敌人。此刻国家突然站在他的眼前，挡住他的去路。不顺从它，自取灭亡。他不想死。难道可以违背自己良心，去杀死敌人，以求得自己生存吗？

一进大门，他做出一副悲伤的神情。榕子急促从门里迎出来。她身穿条纹的裙子和乳白色的衬衣，一身出门的打扮。榕子从丈夫手里接过帽子、包袱和公文包。她一句话没说，不是不想说话，而是有话说不出口。泰介不由得一怔，只觉得榕子全身好像变成一把锋利的锥子向他刺来。

在宽敞的回廊上，母亲坐在藤椅上，面对着盛开西番莲的庭园发愣。她的神情表露了内心的痛苦。泰介走过她身边，简短地说了一声：“我回来了。”

母亲抬起头，只是“噢！”地回答了一声。

他走进自己房间，脱掉上衣，解下领带，背对着妻子赶忙问道：“什么时候报到？”

“后天早晨。”榕子低声回答。

榕子默默地取出睡衣，把丈夫脱下的衣服收拾好，随手递给丈夫一条湿毛巾，说道：

“我马上到堀内伯伯那里去一趟。”

“去做什么？”

“我不能忍受……”榕子严肃地说：“我去托托堀内伯伯。我想来想去，你不该去当兵。我想总会找到办法的。”

“别说傻话了。算了吧！白费劲！”泰介说。

堀内中将是教育总监中待命的将军，是榕子的父亲儿玉医学博士10年来经常给他看病的患者。

“白费劲也没有关系，反正不去一趟我不死心。”

榕子并不是事事都听话的女人。心里有疑团解不开，她总要设法弄个明白。女人不懂得“国家”的威严。她认为一个退役中将能改变兵役法的规定。她的举动出于她对丈夫的真心实意的爱。女人只相信爱情。兵役法阻挠了她的爱情，于是她敢于对抗法律。

榕子从药学专科学校毕业后，同苇泽泰介结婚以前，一直在父亲医院的药房里帮助工作。她同堀内中将一家人很亲密。她坚信这种亲密关系会帮她的忙。而泰介懂得法律的威力。

“你到堀内家去，会让人家嗤笑的。”

“嗤笑我也没有关系。”

“别说傻话了，一个退役的中将的力量能改变法律吗？”

丈夫从后面走过来抱住她的肩膀。没有比这个害怕失去丈夫而内心激动的妻子更可爱的了。

“你放心好了，没事儿，死不了的，我一定能活着回来。放心吧！”

“能让人放心吗？”她的悲伤变成了愤怒。“这是战争，谁知道会发生什么事儿。像你这样的人一定会死在战场上。”

“死就死呗！那有什么办法？”

“我不愿意嘛，我不愿意嘛！”榕子在丈夫怀抱里抽动着肩膀。“我不愿意你去送死。反正我要到堀内伯伯那里去一趟。”

“算了吧！你会落个没脸回来。”

“有脸没脸算得了什么。”

她从镜台上拿起手提包，小跑着出了房间。母亲与榕子擦身而过，走进了房间，她稍微有点儿发胖，安详而温顺，遇事不动声色，沉着地处理每一件事。这也许是因为她和哥哥节雄一起在英国留学三年受到的教养。她的性格和榕子恰恰相反。

“送儿子出征我还是第一次，不知道该准备什么？”

碰上这么重大的问题，她脸上依然没有失去爽朗的微笑。这位颇为含蓄的母亲比起他妻子那炽烈爱情更能使泰介焦躁的心情得到宽慰。

舅父清原节雄来了。岳父儿玉医师提着出诊用的皮包来了。到了晚上，泰介的妹妹和她的丈夫冈部熊雄也来送别。泰介的弟弟邦雄结束了学生航空研究会的飞机操纵训练，一直到很晚才回到家里。

送青年上战场的告别宴会，就像送葬一样。桌上摆着啤酒，谁都很少说话。只有迟到的冈部熊雄一上座，便滔滔不绝地唱起独角戏来。

“清原先生，昨日陆军报导部把我叫了去，狠狠地训了我一顿。您写的那篇文章，他们说不行，说您的立场是拥护近卫外交的，给您戴上亲美派的帽子。总之，军部要否定近卫外交。我针锋相对地同他们争论了一番。我问他们政府和军部能分得开吗？冲岛少佐强词夺理地说不能分开，实际上他们早就分开了，对政府发号施令。”

“噢，是吗？”

“我又问他，政府和军部意见有分歧，国民究竟支持谁好？冲岛恼羞成怒地说，军部要把亲英美的思想从东洋排除出去，并正在为此而斗争。他们认为清原先生的文章扰乱了舆论，引起社会上对军部行动产生怀疑。今后绝对不允许再登这样的文章。”

他一边快嘴快舌地说，一边不断地喝啤酒，清原节雄听了他的话陷入了沉思。

“问题出在哪里呢？”

军部声称要“清君侧”。对军部不断进行弹劾的牧野和松平等是亲英美派的中心势力。二·二六事件被暗杀的高桥是清，以及五·一五事件被暗杀的犬养毅都是亲英美派。多年以来军部内部都是亲德派。这一年的7月山下奉文中将考察德、意两国回国后，亲德的倾向更加明显了。日本军部把希特勒主义作为自己的理想，清原节雄十分清楚这一倾向的危险性。

“不定在什么地方出了问题。”清原点了点头说，“近卫外交的碰壁是失败的第一步。军部想把责任推给近卫。日军进驻印度支那南部是暴力行动。乘法国战败之际，威胁维琪政府，把印度支那南部的大米和橡胶弄到手，设置南进基地，真是一箭双雕的政策。从那时起，日本已不要什么外交了。你想，强盗还讲什么外交？”

“您说得对。”冈部拍拍膝盖说，“先生，怪不得军部不许先生的论文发表咧!”

“反正我和军部是合不来的。”清原先生坦率地说。

儿玉博士饶有兴味地听着他们俩的谈话。这位老人平时总是乐呵呵的,是个什么事都满不在乎的乐天派。他不信仰任何主义,也不加入哪一派,他具有容纳所有人的宽大的胸怀。

他注视着女儿榕子表情的变化。结婚才一年,就要把自己丈夫送往战场的女儿的心该有多么凄惨啊。然而儿玉先生的表情却没有一点忧郁,含笑注视榕子的身影。他的两个儿子今年春天相继应召入伍。一个在满洲,一个在九州海军航空兵部队。家里只留下一个上专科学校一年级的小女儿。儿玉博士的脸上始终是和蔼而明朗的。用他的眼光看来,所有的人都是病人。甚至他把自己也当作病人抚慰着自己。

将近9点钟,客人都走了。泰介的弟弟邦雄叼着香烟,踱到回廊跟前,对着哥哥和嫂子愣头愣脑地说:

“哥哥,你不想去当兵吗?”

“是的,我不想去。”哥哥肯定地说。于是弟弟耸起肩膀和他争论起来。

“今夜的客人全是反战论者。清原舅舅、冈部哥以及爸爸和嫂子。儿玉伯伯的态度我还不太清楚。总而言之,自由主义者把国家毒害了。”

“这么说,你是军国主义者啰?”

哥哥仰卧在藤椅上挖苦地说。弟弟把袖子卷得更高了。

“你不要这样说我嘛。即使不是军国主义者,总不至于对战争采取袖手旁观的态度吧!自己家里失了火,谁都会提着水去救火的。”

“可是放火的是谁?还不是军部吗?”

“不对,是英国和美国。几十年来侵略东洋者就是纵火者。”

“唔,最近到处流传着这种论调,不过日本竟然同侵略者合作,缔结日英同盟,那不太奇怪了吗?”

“这是历史问题,可以交给历史学家去研究,不必多加议论。反正我讨厌袖手旁观的自由主义者。失去国家观念的国民是劣等国民,叫他们滚到殖民地去吧!不管怎样,哥哥,我奉劝你一句,到了军队,请你把这些问题好好地考虑考虑。”

“好吧,我彻底地考虑一下吧!”泰介冷淡地回答了他一声,抬头仰望天空上的星星。弟弟脱下木屐,跨上回廊,大摇大摆地登上二楼,回自己房间里去了。

他的卧室里全是与航空有关的东西:银白色的模型飞机、机种识别表、航空用地图……看起来仿佛是空军军官的私室。

学校的军事训练把青年们培养成军国主义者。日本全国的大学和高等专科学校实际上已变成了半陆军学校。仅在15年前，日本全国大学生几乎都左倾，现在全都涂上了军国主义色彩。军部首先在内阁中取得强有力的发言权，剥夺议会中议员们的言论自由，指使宪兵队统制民众的思想。如果还达不到预期目的，就用暗杀手段镇压自由主义者。整个国家处于这股潮流中，而在这股潮流中培养、教育而成长起来的苇泽邦雄具有军国主义思想那并不奇怪。一个没有抵抗力的青年是无法摆脱历史潮流的。

他的哥哥泰介经历过左翼学生运动蓬勃发展的最后年代，他忘不了军部的压力。他父亲悠平和他舅父清原节雄则有一颗不受控制的灵魂。他们站在时代潮流之外，冷静而客观地观察周围发生的事情。而军部则把他们称为“非国民”和“不合作者”。

泰介回到自己房间里，立刻上了床。

“今天真累了。明天的事明天再说。先睡吧！”

榕子摇着团扇坐在洁白的蚊帐外。一想到明天就要同他分别，她注视着他的脸，觉得再看也看不够。

“你在做什么？”泰介闭着眼睛问道。

“别管我，你先睡吧！”

“你怎么啦？”

“我想再坐一会儿。”

她心里想不通。下午她不顾丈夫的劝阻走访了堀内中将。将军不在家，未能达到预期的目的。她无法说服自己，为什么自己丈夫非得上战场。征兵令是国家的命令。国家有何权力要求个人牺牲自己的性命？为什么不能反抗国家呢？这个道理榕子是无法理解的。

透过蚊帐，她看到丈夫睡着的姿态好似一具尸体。——这是可怕的预感！她产生了错觉，难道此刻她是在丈夫灵前守灵？她浑身发抖，突然一阵难以忍受的孤独向她心头袭来。

“亲爱的，你睡着了吗？”

丈夫没有回答。

“你不能睡着，快给我起来，起来！”

榕子伏在丈夫的胸前呜呜地哭了起来。她还不知道将来有什么样的悲剧等待着她。

第二天下午，榕子和丈夫一起坐火车到静冈，送丈夫入伍。从东京到静冈火车运行了四小时，当天他们在旅馆里度过了最后的一夜。第三天，她一直把他送到营房门口。她向他最后道别，把他换下来的西服和皮鞋接过来。手里拿着丈夫平时穿的衣服，好像寡妇拿着丈夫的遗物，悲痛欲绝。穿着军服的泰介的身影，只不过是一名士兵罢了。她再也想不起丈夫平时对她的温存。

在回东京的旅途上，她像哑巴一样一直没有吭声。

第三章

榕子想：如果实在无法可想，那也只能死了这条心了。但也得让我明白是什么道理。这样不明不白地把丈夫夺走，她是无法忍受的。

榕子从静冈回到家里，向婆婆茂子夫人回了话，又去走访堀内中将。说她任性，确也有点任性；谈她冒失，确也有点冒失。在溺爱中成长起来的儿玉博士的长女，对不顺心的事一刻也不能忍耐。

堀内中将年逾花甲，不愧为军队里锻炼出来的，体格健壮，丝毫未见衰老。他穿着一件单和服，束着宽腰带，剃光头的白发像一根根银针栽在头皮上，目光炯炯，手指头短而粗。看来他是很难理解年轻妇女的微妙感情的。

由日本式的房间改建的西洋式的会客室里，还保留壁龛和古董架。古董架上挂着一把古色古香的日本刀。壁龛里挂着一副[幅]条幅，出自西乡隆盛的手笔。玻璃书橱里摆着一套10卷本的《日俄战史》，紧挨着的是铁血宰相俾斯麦的传记。堀内中将是崇拜俾斯麦、希特勒之流的军人，只不过退役以后锐气稍减，随着年龄的增长多少有点温和色彩。

“听说前天你来了。我正好去多摩川钓鱼了，去晒晒太阳。”

“钓着了没有？”

“钓了三条，还不够一家人吃的。你可知道，钓鱼的人比鱼还多。”

堀内中将无官一身轻，过着悠闲的日子。榕子见他不见衰老的体格，觉得国家养着这样壮汉去钓鱼，实在太可惜了。而身体虚弱的丈夫却被拉去当兵。她越想越觉得矛盾。

“有件事我冒昧地请教您……”榕子双手搭在膝盖上恭恭敬敬地说。手指上还戴着白金的结婚戒指。

“听说在重要产业部门工作的技术人员可以免除兵役，是不是真的？”榕子问道。

“唔。现在是怎么规定的，我不太清楚。你说的那个人现在干什么工作？”

“不。我问的是被征兵的人是不是要绝对服从命令，还是根据情况可以免除呢?”

“兵役当然是绝对命令。服兵役是国民的三大义务之一。只有残疾人才可以免除兵役。”

这样说来,丈夫是无法免除兵役的,但是榕子还是不甘心。

“所谓绝对命令是谁下的命令?是陆军大臣吗?”

“不。是陛下。”堀内中将使劲地摇了摇头。

榕子听了“陛下”两个字,再也无话可说了。但她仍然不肯罢休。

“可是,不见得真的由陛下亲自下命令吧?只不过叫做‘陛下的命令’罢了。”

“不对。确实是陛下的命令,不过这命令由各级机关下达的。”

“那么……”榕子水汪汪的眼睛直盯着他看。“陛下不见得说召集甲或召集乙吧!他不会知道哪个人的名字,是不?”

“那当然他不会知道。”

“既然如此,召集哪个人都是由具体处理事务的人提名的啰。”

“那当然啰。”

“所以我认为这就不是绝对命令。……”

“那不对。你的想法是错误的。陛下的命令永远是绝对的。”

“可是,既然不是陛下自己选定甲或乙去当兵,而是由普通人提名,那就不是绝对命令。普通人有什么权力对普通人下命令呢?”

“你说得不对。你听我说。陛下下了一道命令:补充必要的兵员,保障战争正常进行。根据这一绝对命令,担负着各项任务的人就选定并召集必要人员充实兵员。如果征兵不是绝对命令,那同美国的志愿兵制度有何不同?志愿兵能打仗吗?美国和中国都是志愿兵,当兵为了混饭吃。中国有句老话:好男不当兵。当兵的全是痞子。痞子兵能打仗吗?所以日本实行绝对命令的征兵制度。”

“怎么说我也无法理解。”年轻的妻子摇摇头。

中将还是第一次碰到这样的问题。日本男子服兵役是国民应尽的义务。征兵是陛下的命令。这是天经地义,无须解释的。

“儿玉先生有几位公子?”

“我有两个哥哥。”

“他们此刻接到了征兵令?”

“不,两个哥哥早当兵去了。”

“那么你现在说的是谁呢?”

“今天我的丈夫在静冈入伍了。”

“喔，对啦，你已经结婚了。你的对象好像是杂志社的……我一时想不起来了。”

老人记不太清楚，把手搭在额角上，皱起了眉头。

“是《新评论》社社长苇泽家。”

“唔，对啦，我经常读《新评论》杂志。”

堀内中将忽然想起《新评论》是自由主义杂志，也许是社会主义的。这女人是社长的儿媳妇，说不定受了自由主义或社会主义影响。

“唔……有一个叫清原节雄的人经常写有关政治、外交的文章。他的论调使我吃惊。唔——那个社长的儿子是你的丈夫，他应征入伍时，社长说了些什么？”

“公公倒没说什么，只是我自己想不通。我想来想去总认为这不是绝对命令。区公所的办事人员从户口册里随便选出 10 人或 20 人，一纸征兵令便把人叫走。说不定永远也回不来了。这种做法太残忍了。谁有权力一定叫他们白白地去送死呢？”

“是陛下。陛下一声令下，国民就得舍命守护国土和皇室，有何不满可言？”

榕子沉默了一会儿，低着头小声地说：

“即使为了陛下，我仍然不愿意。我是为自己而活着的，不是为了陛下而活着，我丈夫也是同样的。”

“什么？……”堀内中将瞪起了眼睛，“你说你丈夫和你有同样的想法？”

“是的。”

“唔。那么你丈夫的父亲也有同样的想法？”

“不，公公倒没有说什么。”

“你的想法叫做自由主义。假如日本全国所有人都有像你这样的思想，国家怎么办？谁来守卫万世一系的皇统。迄今为止有多少人为了保卫国家献出了自己生命，供奉在靖国神社里。这一点你应当明白。”

堀内中将双手握拳头撑在桌子上，用严肃的口吻进行了训戒[诫]。也许青年们听了这番话会热血沸腾，可是榕子听了却无动于衷。战争已持续了四年，她压根儿没有认真地切身地考虑过国家的事。

两个哥哥都被征去当兵了。今天早晨又把自己的丈夫送进了兵营。这都是国家对她的迫害。男人们在战争中也许能得到勋章，有了荣誉，在异国他乡因生活的变化而得到了乐趣。可是女人得到什么呢？留给她们的只有孤独、不安和穷困。

“现在是什么样时代，你应该明白。”堀内中将继续说道：“日本2600年历史，从未遇到过目前这样大的国难。日本的周围都是敌人。美国、英国、中国、荷印，从东、南、西三方面包围我们，即所谓ABCD包围圈。北边是共产主义的俄国。从今年夏天以来，日本的海外贸易已被完全断绝了。一滴石油一块生铁也进不来了。资产被冻结了。日本只有进驻印度支那，获得少量的橡胶、煤炭和大米。在这种形势下，我们还必须完成在中国大陆的圣战。国民如不一致奋起共赴国难，国家将亡。前几天报导部长广播的主要内容就是这些。你听了没有？”

“不打仗难道不行吗？”榕子叹了口气说道。堀内中将对这个女人失望了。把身子深深地埋在扶手椅里。

“你丈夫做什么工作？”

“在律师事务所里做事。”

“是律师吗？”

“不。他打算明年自己开业，现在正在实习。”

“噢。是东大毕业的吗？”

“他曾经上过东大，中途又转学到私立大学。”

“唔。……为什么从东大转到私立大学？”

“当时情况我不清楚。好像是因为参加左翼运动而被捕……”

“唔。因此就退学了吗？”

“是的。”

“受到了处罚了没有？”

“好像是暂缓起诉。”

“原来如此。以后呢？”

“以后没听说什么，只是当时……”

“唔。律师中左翼人物相当多。有一个叫片山哲的，你听说过没有？”

“听说过这名字。”

“有来往吗？”

“我丈夫是不是和他有来往……我不太清楚。”

堀内中将支起臂膀沉默了一会儿，伸手到桌上，点燃一支烟，

若无其事地仔细盘问道：

“你丈夫读不读马克思的书？”

“他喜欢读书，经常读马克思的书。”

“唔。有没有信仰共产主义的朋友？”

“不太清楚，过去的朋友好像是有的……”

堀内中将对这样无聊的谈话感到乏味，越说越没劲。榕子没有达到这次访问的目的。她已意识到没有希望。

谁料到榕子这轻率的一小时访问，竟给周围的人带来大的灾难，而她自己却蒙在鼓里。

榕子走后，堀内中将走进书斋，在书桌前坐定，取出信笺，给东京宪兵队长写了一封文言文的信。

> 谨启者，值此时局至为严重之际，谅吾弟甚为忙碌。愚兄徒有健康之躯，不堪髀肉之叹，耻于老之瓦全，仅以钓鲇以自娱，堪以告慰。今有一事相告，望予查照。兹有苇泽某者(名字不详，望予调查，大概为补充二等兵)，于今年9月10日应征在静冈步兵联队入伍。此人有社会主义者或共产主义者之嫌疑，在东京大学求学时参加当时左翼运动，受到退学处分，暂缓起诉。入伍前，此人在律师事务所供职，与署[著]名社会主义者片山哲等有来往，并有共产党之友人。目前兵员素质下降，思想上不可掉以轻心，对上述兵员必须严密监视，以防恶劣思想在军队中蔓延，是所至托。
>
> 又上述苇泽之父系《新评论》杂志社社长，每期必揭载自由主义论文，亦请吾弟加以注意。此类论文制造舆论混乱，蛊惑人心，从而瓦解斗志。千里之堤溃于蝼蚁之穴，尚希充分留意为盼。又上述杂志9月号登载清原节雄题为《进驻法属印度支那与对美外交政策》一文，肆意诽谤军部，歪曲圣战之意义。对此恶毒中伤之章，愚意不能置之不顾。
>
> 以上事宜提请吾弟注意，尚望善处为要。
>
> 顿首。

东京宪兵队长是他同乡的后辈。这封信当天用快信发出。从此堀内中将再也没有想起过这件事，可是他投下的这块石头却引起相当大的波纹。

宪兵队长接到信后对部下下了一道命令：要求对补充二等兵苇泽某进行调查并提出报告。另外命令部下对登载在《新评论》杂志上的清原节雄的文章进行研究。

过了一星期，欧洲发生了“格罗里亚号”事件。美国参战的可能性日益增大。正在此时，清原节雄被宪兵队传讯，审问了两天。另一方面，宪兵队派出两名军官前往静冈步兵联队，把苇泽泰介所属部队的中队长、小队长叫到联队长跟前，搜集有关苇泽二等兵的情况，苇泽从入伍第一个星期起，成为“注意人物”，在花名册的名字上面被画了个大红圈。

谁能想到一个女人的热烈而纯真的爱情，由于她的无知和疏忽，同时使两个男人陷入了困境。

第四章

一块咸鱼，四片咸菜，铝制的饭盒里盛得满满的麦粒饭，引不起一点食欲，但为了活下去，闭着眼睛也得把这些饭菜吃完。吃饭时间紧得要命，泰介只得慌慌张张地把饭塞下肚子。

刚吃完午饭立刻吹号集合。士兵们带上行装，扛着枪迅速到操场上站队。从现在起中队开始行军演习，在到达目的地以前谁也不准喝水。

士兵们跑步出营门，秋天的烈日晒得面颊发烫。苇泽二等兵列在第二小队第一分队的排头。部队穿过市街，跨过安倍川上的长桥。河风吹干了士兵们脖子上的汗水，此刻谁也不知道目的地在哪儿。到了宇津的山顶，公路从山顶上的隧道穿过，又慢慢地下坡。跑步走，队伍前面加快了速度，后续的队伍的步伐乱了。

部队在冈部镇尽头休息了20分钟，立刻顺原路踏上归途。苇泽泰介无心观赏两旁的风景，只是不断地数着自己的脚步。一二、三四、五六、七八……他什么也不想，想了就是毁灭自己。军队是战争的机器。队长下达的命令，都是陛下的命令。谁敢顶撞，就是自取灭亡！泰介忽然想起了妻子。榕子，一个有多么炽烈爱情的女人呵！当入伍那天，在营门告别时，她是跑着步走的，连头也不回一直往前跑。她害怕回头。她多么想痛痛快快地哭一场。榕子！等着我，我一定活着回去。此刻我跑着步走是为了你，我忍受一切痛苦也是为了你。

部队解散后，士兵们疲惫不堪，赶紧收拾好枪支和皮鞋，慌慌张张地吃完晚饭，回到营房里坐着发呆时，中队长的勤务兵进来了。

“谁是苇泽二等兵？……是你吗？中队长大人叫你马上就去。”

他整理好衣服，拖着疲乏的身子走到长廊上。他猜不出中队长为什么单独叫他，心里忐忑不安。

走到中队长房间前，他又一次整了整衣服，轻轻地敲敲门。

“进来！”

推门进去，泰介直立不动地行了个举手礼。

“苇泽二等兵奉命来到。”

“坐下。”中队长和蔼地问道，“怎么样？今天的行军累了吧！”

“是。累了。”

“今天想跟你随便谈谈，坐下。”

“那么，我失礼了。”

“学生时代搞过些什么运动。”

“谈不上运动。有时爬爬山，游泳。”

岩本中尉慢吞吞地喝着茶。看上去40岁左右，好像是应征入伍的预备役军官。

“像你这样大学毕业生，受过高等教育的不觉得军队生活无聊吗？”

多么讨厌的提问。承认无聊，那就会被指责不忠，而事实的确是无聊。

“不，我拼命地干着。”泰介故意把中尉提的问题岔开。

“怎么样？你入伍不久，在军队里你最痛切的感受是什么？”

这又是个讨厌的问题。绝对不允许说实话，说了便要遭殃。

“我什么还不明白，忙得晕头转向。”

岩本中尉桌子的抽屉里放着从宪兵队转来的文件，要求对步兵二等兵苇泽泰介提出思想调查报告。中尉用聊天的方式刺探他的思想倾向。而泰介故意避开问题，使中队长焦灼不安。这家伙真狡猾，难怪说他是个社会主义者。

中队长掏出“金颈”牌香烟，递给泰介。

“抽烟吧！”

“是……”

“你是不是打算当干部候补生？”

“我刚入伍，还没有想过这个问题。”

“唔。将来准备考不考？”

“是。我不准备考。”

“为什么？”

“我觉得自己没有信心当军官。”

岩本中尉感到苇泽二等兵的回答有一种反抗情绪。不愿当军官正表现了对上级长官的反抗精神。社会主义者自然会有这种想法，不足为奇。

“你对日华事变怎么看法？四年里几十万同胞负伤或牺牲，这究竟为了什么？大部分士兵都出身于工人和农民。这场战争究竟给劳动人民带来什么利益？”

“我是学法律的，不大懂这些事情。”

“军需工厂都在增加资本，扩大生产。这场战争似乎完全为了资产阶级的利益打的，你不那么想吗？”

“中队长，您是社会主义者吗？”苇泽二等兵微微一笑道。

“你也是社会主义者嘛。……这话不明说了。你带了什么书来？”

“我一本书也没有带。”

“不带就好。”岩本中尉点了点头。

从昏暗的操场上传来了熄灯的号声。

“你父亲是杂志社社长？”

“是的。”

“是家什么杂志？”

“《新评论》。”

“唔。《新评论》宣传自由主义，是不是？”

“不见得吧，既然是杂志，各种倾向的评论都登载，不能只宣传自由主义。”

“你不用掩饰。”

“我并不掩饰。”

“你总是不肯说实话。”中队长撇着嘴唇说，“你考虑一下，以后要说实话。今天已经晚了，你回去吧！”

苇泽二等兵回去以后，广濑分队长被叫到岩本中尉的房间里。中尉从桌子底下取出军用的威士忌，广濑军曹在电炉上烤鱿鱼。

“看来苇泽这家伙就是个社会主义者。”

“是吗？……唔。”军曹牙齿咬得咯咯响。“简直是个不可救药的家伙。他说了些什么啦？”

军曹微微发胖，体格强壮。胡茬儿刮得精光青虚虚的，脸色白皙，浓眉大眼是个美男子。

“不管怎么盘问他，他不说一句实话，这家伙太狡猾了。”岩本中尉翻阅着宪兵队送来的文件，说道。

“原来是这样。好嘛。队长大人，不要紧，包在我身上。我一定把他的脾气改过来。”

“搞不好反而弄巧成拙了。”

“没事儿。”军曹微微一笑，笑得很温和，笑容里包含着不可战胜的自信。

起床号一吹响，兵营里便骚然沸腾起来了。房间里20来个士兵，一个个都从床上蹦起来，叠好毛毯，穿上军服，套上皮鞋，慌忙地朝洗脸间跑去，脸还没擦干，立刻赶到操场上去站队。早晨是点名和背诵天皇敕谕的时间。

点完名，立刻开早饭。苇泽和伙伴们正要向走廊上走去，突然被分队长喊住了。

“苇泽！”

“有！……”

“现在检查你带的东西，把你所有东西都放到床上。”

广濑军曹一只手插在裤袋里，大摇大摆地走进了房间。泰介立刻把搁板架上整理好的东西，全都摊在床上。

信纸信封、钢笔墨水、肥皂牙刷、袜子手套。榕子来的两封信、军队手册、存折和图章、两三件替换的衣衫。他所有的东西就是这些。

“有书吗?”

“没有。”

“撒谎！到底有没有?”

“一本也没有。”

广濑分队长胖乎乎的脸上泛起了一丝奸笑，拆开了榕子的来信。

“这女人是谁?”

“我的妻子。”

房间里一个人也没有，都到食堂吃饭去了。顷刻间死一般寂静。军曹慢腾腾地看完那写了四五张的信，妻子和丈夫之间缠绵的爱情完全被旁人窥见了，像是脱光了衣服一丝不挂地站在众人跟前一样。

“堀内中将是谁?”

“是妻子的熟人，我不直接认识他。”

“这里说的什么?”突然军曹喊道，“……你说不论遇到什么情况，你都不会死的，一定活着回去。就凭你这句话，有问题。”

“对自己的妻子总不能说死了回去吧！”

“混蛋！你这副熊样能打仗吗？打仗不是儿戏。像你这种松[怂]包必须彻底整一整，扛着枪到操场上去！”

清晨的太阳刚刚照到宽广的操场上，周围还未见一个士兵的影子。广濑军曹站在樱树底下等着他。远处只见联队长的勤务兵在溜[遛]马。刚刮起操场上的砂尘拂过兵营。

苇泽二等兵跑步过来，一动不动地站在广濑军曹面前。

“从现在起 20 分钟，你练习走步，沿着操场四四方方地走，走正步！开始！”

泰介扛着枪，用尽全身的力气抬起膝盖走起正步来。昨日的疲劳尚未恢复加上饥饿，使他觉得身体虚弱极了。用正步走 200 米出了一身汗，走 400 米就气喘吁吁了。广濑分队长早就不见人影了。泰介不明白自己究竟为什么遭受这样的虐待。昨夜中队长叫他去,他意识到事情不妙。他虽晓得榕子走访过堀内中将,但没有结果。他万万没想到堀内中将给宪兵队长写了告密信。

泰介在操场上用正步走了五圈,到了第六圈,广濑军曹嘴里衔着一根牙签,悠然自得地来到操场上。接着命令泰介趴在地上,滚得浑身是泥,匍匐前进 300 米,爬起来又命令他在操场跑两圈,再进行敬礼演习,又接着跑步。

肉体的疲劳加剧了精神疲劳,泰介疲惫得失去了自我控制的能力。他努力使自己不去想任何问题,不要有任何感觉。这是他的妥协。但即便这样可怜的妥协在军队中也是不被允许的。剧烈的训练完毕后,泰介被带到广濑军曹的房间里。他被命令坐在一张空桌前,扔给他 10 来张草稿纸。

"你听着,给我写入伍以来到今天为止的有关军队的感想。要好好考虑后再写,多少时间都行。写完后才给饭吃。"

泰介拿起钢笔对着白纸,忽然想起山根律师事务所来。10 天以前,他还在事务所处理法律事务。首先在那里有自由。此刻他失去了一切,受着比奴隶还苛刻的待遇和比囚犯更不合理的处罚。想到自己受着野兽般的侮辱,不禁凄然泪下。

"你在磨蹭什么?赶快写!写不出来给我永远坐在这里!"广濑军曹大声喊道。

苇泽二等兵放下钢笔,站了起来。

"班长大人,我到底做了什么错事,我一点儿不明白。我有什么不对的地方请您告诉我。"

他鼓起勇气才敢说出这样的话。他心中的激愤像开水一样沸腾起来。

泰介一动不动地闭起了眼睛,泪水从他闭着的眼睛里流到面颊上。"啪!"地一声,他被狠狠地打了一记耳光。他吃了一惊,睁开眼看,军曹怒气冲冲地站在他面前。

"不要哭哭啼啼,这儿是军队。像你这样不要脸的东西,得好好地锻炼锻炼,你记住!"

军曹踩得皮鞋咯噔咯噔作响,大踏步走出了房间。泰介独个儿被留在屋子里,心里难受极了,伏在桌上呜咽地哭了起来,往后的日子怎么过?自己还会遭受什么样的厄运?心里没有底。只有活下去,或许像狗一样被埋葬在异国的土地上。……绝望反而使他情绪安定多了。对一切表示绝望反而使他感情迟钝了。他想起了榕子。他觉得榕子的爱情已离自己很远很远,好像已消失在手够不着的遥远的地方了。

第五章

从昨日起气象台发出了台风警报。下午一直到夜晚下着滂沱大雨。晚饭后，清原节雄倚着窗户，眺望着雨景，一边听着东条陆军大臣的广播演说。东条借纪念满洲事变10周年的机会，进行着战争宣传。这位陆军大臣装腔作势的演说伴随着暴风雨般的掌声好像在演戏，内容显得十分空洞。清原节雄付之一笑，关上了收音机。

昨夜，两名便衣宪兵来到他家，让他明天到东京宪兵队听候传讯。

早晨，他冒雨到了东京宪兵队。在传达室递上名片后，被带到一间小小的会客室，足足等了一小时，才进来一个宪兵少佐，长着一副乡巴佬的脸孔，很不稳重。嘴里叼着象牙烟嘴，开始审问清原节雄。穿着灰色条纹西服上衣的年轻的文书记录着他回答的要点。

"清原先生，您长期住在国外，是不是？"宪兵少佐郑重其事地问道。

"是的，我在英国留学三年，以后又在美国住了七年。"

"你在美国干什么来着？"

"大部分时间是当新闻记者。"

"这么说，您对英国和美国有亲密的感情喽。"

"那自然是有的。"清原眨了眨眼睛答道，"我虽然对美国有亲密的感情，但这与我对政治和外交提出批判是两回事。有时我也谴责美国的外交政策。"

"唔……不瞒您说，今天把您请来，对您《新评论》上发表的论文，有几个问题想请教你。"

节雄早就估计到宪兵为什么要找他。他思想上并不害怕宪兵。他打算心里想什么就说什么。他充满自信，只要把自己确信无疑的观点摆出来是能够说服他们的。

"我拜读了您在《新评论》上的文章，按照您的见解，我军进驻印度支那南部就是准备发动对美国的战争，是不是？"

少佐的提问带有一种逼问的口气。他抬起眼皮凝视着清原，趾高气扬地似乎不允许对方说半句谎话。

"是的。我认为这是准备打仗。"

"你的论据是什么？"

"因为进驻印度支那本身就是准备打仗。昨晚东条陆军大臣在广播演说中说：'皇军一部分部队进驻法属印度支那，是为了确保东亚的安全，坚持履行道义上的义务。'说这种话难道不怕被外国人嗤笑吗？"

“唔。为什么不能这样说?”

“这难道还不明白吗?所谓日法共同防御协定是什么?法国并不希望什么共同防卫,其实只有给法国添麻烦。这种做法反而叫作履行道义上的义务。听了这广播,日本人因为消息闭塞,尚可蒙骗一时,而外国人却嗤之以鼻。”

“你又没有到印度支那进行实地考察,你怎么能了解情况?”

“是的,最近我没有去过印度支那,但我了解情况。”

“你了解什么情况?”

“一星期以前,我会见过驻西贡的总领事蓑田君,打听过当地的情况,证明我的见解是正确的。此外我还会见过准备去印度支那担任全权大使芳泽谦吉君。我对蓑田君有点儿失望。他虽然是个外交官却甘心受军部的控制。还说什么由于有军部强有力的背景,在外交谈判上可以随心所欲地取得成功。可是这种外交上的成功能叫真正成功吗?”

“再说,芳泽君是为了抑制军队在当地残暴行为去印度支那的,并派陆军委员长、海军委员长作为他的随员。近卫如此安排是为了让美国放心。可是军部独断独行破坏了近卫的计划,还说是为了道义上的和平,为了东亚的安全等等,这不是自相矛盾的宣传,又是什么?”

“你说军部单方面破坏了近卫的计划,有什么具体事实?”

“这些事实您大概早已知道,还用得着问我?我在《新评论》的文章中没有提到具体事实。因为这牵涉到军事机密。您如果愿意了解的话,我可以谈一谈。”

清原节雄每当说得激动时,总是不住地眨巴眨巴眼睛。他是个文弱书生。在他的神经里有一种热爱自由、热爱文化的人所共有的脆弱性,他不会将自己的意见强加给别人。他为人谦虚谨慎,彬彬有礼,以理服人。他说:

“日本对印度支那采取的行动既非出于道义,又非和平之举,其证据之一……”说到这儿,他的语调自然而然带着演说的口吻。“因为如果法国不接受共同防御协定,日军就准备在海防、岘港、金兰湾登陆。就这一点再明显不过了。此外在海南岛基地增加了两艘航空母舰。”

“还有,日本还在印度支那南部修建飞机场,这是准备打仗。难怪日本决定进驻时,邱吉尔要求罗斯福对日本发出最后通牒。”

“目前法国虽投降了德国,但他同英国、美国保持着血肉联系。芳泽谦君说:‘我这次使命令人头痛,军部正在准备打仗,而我一方面去抑制他们,一方面又不得不同法属印支当局谈判。’在这种情况下,还想促使日美会谈有所进展,天下哪有这样的如意算盘?”

宪兵少佐向上翻着眼珠,凝视清原的脸。清原误以为少佐已被他说服了,而实际上少佐对诽谤军部的自由主义论客燃起了憎恨之火。

“好吧,我再请教您另一方面的问题。清原先生,您认为这次战争即使打败了也没有关系,是不是?”

这是含有恶意的提问,他听了很生气。

“那可不行,打败了还行?”

“既然如此,为了取得这场战争的胜利,统一舆论,统一意志是必要条件,你不那么认识吗?”

“那当然啰。”

“那么军部正在宣传这次进驻印支是道义上的共同防卫。你为什么发表混淆视听的论文?”

“你说什么?”清原有点急了,“你一个劲儿说舆论,舆论,难道错误的舆论不能加以纠正吗?”

“你认为你一个人的文章比军部首脑部几十个人努力研究出来的指导方针还要正确,是不是? 你认为军人无能是不是?”

“你的意思要我停止批判时局,是不是?”

“那不是,你有批判的自由,但批判应当符合当局的指导方针。”

“说得明白一点要我替军部捧场,那办不到。”清原节雄大声喊道。

午饭只端来一碗炸虾面,对他的审问一直持续到傍晚。他疲惫不堪回到家里。第二天一早宪兵队又把他找了去,要他写检讨书。他坚决不写。

“我写的文章没有错,不必向别人赔礼道歉。要我按照军部的方针写,对不起,我只好谢绝。但请不要误解,我并不反抗军部,我只希望自己不要丧失严正的批判立场。”

宪兵队对清原坚决态度,不敢轻举妄动,只给他一个威胁性的口头劝告:“今后我们将充分注视你发表的文章,请多加注意。”

到了中午,宪兵队无可奈何地释放了他。出了宪兵队,他沿着护城河,踱到《新评论》社。他想:作为一个外交评论家,近卫首相和丰田外相都曾倾听过他发表的外交评论。但他的社会地位归根结底不过是一个口舌之徒。口舌之徒要求言论自由和权威。如果侵犯了他的自由和权威,他将决心斗争到底,这是他的最后防线。其实他没有任何力量,至多不过拒绝写检讨书罢了。如果军部决心扼杀言论自由,他只有像小虫子一样被踩死。他没有觉察到,他的坚决反抗,日后将会给他带来悲惨的结局。他静悄悄地走进《新评论》社大门。他要会见苇泽悠平,将宪兵审问的经过告诉他。他做梦也没想到,由于苇泽的儿媳榕子走访堀内中将，将使他陷入困境。

第六章

窗外的芭蕉叶干裂得像蓑衣一样，秋已深了。送泰介去当兵已经一个多月了。榕子无所事事地打发着日子。

她对繁忙的家务失去了兴趣，也无心去注意时局的变化。她那一颗孤独的心，只能从书本中寻求片刻安慰。

她读着与谢野晶子[①]诗集。在她焦灼不安、郁闷难忍时，燃烧着生命之火花的晶子的诗歌引起她的共鸣，使她得到安慰。

你不能死去！

…………

“爸爸。”

“为什么邮政不通？”

“可能快打仗了。”

“跟美国打？”

“唔。看现在这样子，仗是会打起来的。”

“真的会打仗吗？”榕子突然紧张起来。日美两国一开战，丈夫就得跟美国的精锐部队作战。

“仗一定会打起来的，所以妈妈每时每刻都担心着哥哥们会出事。”

“爸爸说什么啦？”

“爸爸什么话也没说。其实我看他也是暗暗地替哥哥们担忧哩！”

“你钢琴弹得怎么样？有进步吗？”

“简直没有功夫练。每天参加义务劳动。学校接受了军队的任务，每天拖到六点钟回家。”

有美子才十九岁，还是个身心都娇嫩的姑娘。她很单纯还不懂得怀疑，充满着幻想和理想。她瞅着姐姐打开的诗集匆匆地读了几行与谢野晶子的几行诗：

请试想这少女的心，

---

① 与谢野晶子(1877—1941)，日本著名女诗人，著有《佐保姬》《春泥集》等书。

新婚不到十月就凉了枕席。
这世上还有谁可以依靠？
只有一个你，
你不能死去！

她读了这几行诗不起一点共鸣，还未尝到过爱的痛苦的有美子，对于姐姐的忧虑和女诗人的感叹，是不会理解的。

“邦雄快回来了吧！”

“是的。”

“他今天去羽田机场，现在该回来了吧！”榕子凝视着妹妹的表情，说道。

有美子爱邦雄，那是单纯而美好的、不知恐怖的爱。姐姐对妹妹的单纯和幼稚感到不安。邦雄明年春天毕业后，也许马上进入海军航空队。到那时，她也像姐姐榕子一样，在国家的名义下无可奈何地被人抛弃。不仅是有美子，日本所有的姑娘和妻子都将悲惨地被战争夺去心爱的人。

有美子是儿玉博士最小的女儿。日华事变发生的那年，她是女学校二年级的学生。以后四年中，学校的教育、报纸、杂志、电台都在宣扬“以壮丽的战争引向辉煌的胜利”、“为了建设东洋的美好理想，全国国民应该作最大的努力！”有美子作为一个年轻的女学生，她不可能摆脱当时整个社会的巨大影响，更不具备鉴别的能力。明年苇泽邦雄从学校毕业同时进入海军航空队，她不会有所不满，也不感到失望。一心一意地希望邦雄成为一名勇敢的英雄。她不理解姐姐祈祷自己丈夫“你不能死啊”那种纯朴的感情。

在邦雄身上也有与有美子相似的单纯而圣洁的感情。青年们从中学生时代起接受彻底军事化的教育。他们认为战争是正义之举。邦雄像有美子从音乐中感受到神和美一样，对未来展翅翱翔在空中，感到无限喜悦。他不可能像父亲苇泽悠平那样对时代具有批判能力。他有着青年人常有的轻率、鲁莽、自负和固执己见。

他迈着大步从外回来，见了母亲说他肚子饿了，拿起苹果就啃。他跨进榕子的房间对有美子连珠炮地说了起来。

“你多晌来的？这两天我每天去羽田机场。最近就要接受二等航空士官的考试。今天的编队训练足足搞了三小时。你瞧我晒黑了吧！”

他浑身充满活力，一刻不停地说。不说话仿佛一分钟也过不去的。

仅仅还有五个月，苇泽邦雄将成为一名航空军官而走上战场。他将在战场上空，冒着敌人的炮火，同敌机格斗。有美子明知这个结局，却并不感到恐怖。她认为他即使牺牲了，他俩的爱情将会永远持续下去。她沉浸在幻想和错觉中，出神地凝视着邦雄。

邦雄平静地拿起有美子的手，用双手紧紧握住，想在爱人面前显出自己是一个无敌于天下的英雄。他并不理解战争恐怖以及战争给他们带来的悲剧。

“最近我们要去大阪。在大阪飞机场举行学生航空大会，我将参加8字飞行和定点着陆两个项目。不是得海军大臣奖，就是得文部大臣奖，两者必居其一。”

“真叫人羡慕啊！”有美子歪着头说，“你们男人有多美，想干什么就干什么。我也想坐一次飞机。”

“毕业后，等我当了军官，我让你坐一回。”

“真的？”

“当然是真的。”

“开飞机上战场，那多危险啊！”

“危险是危险。……你担心吗？”

“不，我不担心。最近不论在哪里我一看到飞机就想起你在飞行。”

“唔，我听见收音机里播送钢琴的乐曲也想起你。”

“我的琴弹得不好，可是等你凯旋，到那时也许有进步。你会牺牲吗？”

“怎么会牺牲？别说泄气的话啦！”

“对，你一定能活着回来，我为你祈祷。”

嘴里说着死，可是并不意识到死的恐怖。无论现在和将来，他们都置身在渺茫的爱情的迷雾里，失去了真实的感觉。他们顺着国家的潮流流向前方，殊不知前面有危险瀑布，还有足以使他们丧命的漩涡。

邦雄把操纵飞机方法的图解摊在桌子上，把左旋回右旋回等理论说给有美子听。他夸耀自己的勇敢作为最幼稚的求爱方式。听了邦雄的说明，她并不很懂，却装着非常明白的样子，不住地叹息。这同样是幼稚地接受爱情的表示。

她头发上散发出的芳香更加丰富了他的幻想，而她说话时的那种优美的声调使他更加心醉。多么幼稚、美丽、和谐的爱情呵！

“哟，已经四点半了，我该回家了。”

“再待一会儿，吃了晚饭回去吧！”

“不，今晚上要参加防空演习。”

“你还去吗？”

“当然去啰。还得拼命干哩！家里别的人又出不去。”

这几天全东京都进行着强制防空训练。有美子毫无怨言老老实实地去参加。她那洁白而光泽的肌肤像刚出浴那样发着光亮，稍稍发红的头发更显出她美貌出众。她羞怯地甩开邦雄握住她的手，飞快地奔下楼去。

当夜9点钟，榕子上楼来敲邦雄房间的门。邦雄正在读武士道修养的书《叶隐》。

“邦雄，不妨碍你学习吗？我有话对你说。”

“唔，请吧！”

“是有美子的事，也许我多嘴，你听了会不愉快的。”

“唔，也许会不愉快。不过有必要的话，你还是说吧！”

“今天你跟她把话说明白了吗？”

“没有。只谈了些飞机的事。”

“你是不是打算同她结婚？”

“不能说没有这个打算。”

“你跟有美子说了没有？”

“还没有谈，因为不能轻率地表示。”

“有美子谈了什么没有？”

“她没说什么。所以说今天只谈了些有关飞机的事。”

榕子听了这不得要领的话，感到焦躁起来。

“爸爸妈妈有什么想法？”

“两位老人家我倒并不担心，儿玉家的情况从嫂子嫁过来时起，早已相互了解了。再说，对有美子本人也不会不满意的。”

“我们家老人倒是不用担心的，我想一定会赞成这门亲事。不过，我的两个哥哥都出征了，万一出了事，家里只剩下有美子自己了。”

“那是呵！”

“到那时候该怎么办？”

“嫂子！”邦雄横竖豁出去似地说，“我也要出征，也许我也会碰到‘万一’的。”

“是啊，谁知道会发生什么事。所以我问你，难道有美子什么话也没说？”

“唔——总之一句话，只要仗打下去，便不可能许下肯定的诺言。我对有美子是这样说的，她对这些也很明白。”

“她能明白吗？……”

“嗯，她说她等我几年，一直等到胜利到来。”

“你们俩关系已进展到这个程度了?”榕子点了点头,不由地掉下了眼泪。等几年……假如邦雄阵亡了,有美子该怎么办?

女佣上楼来对邦雄说:“老爷请你去。”于是两人一起下楼来到了茶室。父亲正在喝酒,母亲拿着一块天鹅绒在绣花。

邦雄盘腿坐在火钵旁边,随手从食橱里拿出煎饼罐子来,问道:

“妈,有什么事吗?”

“关于有美子的事。”母亲拨弄着手中的活计,等候父亲开口。可是悠平默不作声地又斟上一杯酒,母亲见状接下去说。

“儿玉伯父家眼前只剩下有美子自己啦,是不是?”

“是的,刚才我和邦雄也谈起这件事。”榕子答道。

“有美子到我们家里来敢情是好。可是现在时局这么乱,该怎么办呢?你已经跟她说定了吗?”

邦雄嚼着煎饼,听着母亲平静地问他。

“还说不上定了,还是没定……不过怎么也行。您让我自己处理吧,我会考虑好的。”

榕子了解这位年轻人的心情,他希望别人不要过问他。这时,悠平突然放下酒杯,质问道:“你毕业以后,是不是去航空队?”

“是的。”

“已经决定了吗?”

“决定了。形式上是志愿的,实际上上级早就定了。”

“那么说,一定要去啰?”

“是的,我自己也愿意去。”

“既然如此,现在就不应该考虑婚姻之事。虽说是订婚,还是不去考虑的好,你以为如何?”

父亲一本正经跟他说道理,他突然反感起来,似乎他和有美子俩的神圣爱情受到了伤害。

“你还年轻,有美子才十九岁,还没有到非订婚不可的年龄……”

邦雄听了这话更加反感了。他想反问父亲,爱情和年龄有什么关系?

悠平也许多喝了一杯酒,话比平时多些。此外自己儿子竟然志愿去当航空军官,心中闷闷不乐,很不满意。

“你志愿去当航空军官。你走这条路,以为对国家有很大贡献,是不是?”

他说话好挖苦人,以讽刺人为乐趣。这是他留学英国带回来的一种修养。他含笑继续说道:

“从古到今凡是为国出力走上战场的人不要有任何牵挂。大石内藏之助[①]离了婚才去替主君报仇的。从你的情况看，现在你不应该非订婚不可。”

“得啦，这件事你让我自己处理吧，我不会给爸爸添麻烦的。”邦雄郑重其事地说。

“当然不会给我添麻烦，只是你给儿玉伯伯和有美子添了麻烦。”

“我明白了，麻烦不麻烦那是主观上的问题。哥哥应召出征，难道嫂子也感到麻烦吗？怎么样？嫂子。”

榕子看了看悠平的表情，微微一笑，笑容中却露出困惑的神情。她比邦雄大一岁，可是从她眼中看来，邦雄还像孩子一样任性，不懂事。

邦雄端起茶碗一饮而尽，说声“晚安”迈着大步上楼去了。他想起刚才受到父亲的警告，立即对父亲产生了戒心。他想：今后只有同有美子秘密约会。愤怒不住地在心中翻滚，他想在自己出征时，在日本国内应该有自己的爱人。他看到嫂子不论在读书、吃饭，或在厨房做菜时，都在如饥如渴地等待哥哥回来。他莫名其妙地羡慕被嫂子等待着的哥哥，觉得胸中一阵子热乎乎的，他希望有美子等着他出征回来。

第七章

10月20日星期一中午，清原节雄在丸之内某饭店的餐厅里等候苇泽悠平。悠平一进门，立刻对侍者说：“赶紧上菜！”

“怎么回事？”节雄探出身子问道。

“又碰上麻烦事了！下午一点钟叫我到情报局听候审问。”

“为什么？”

“不知道。”社长微笑道，“总之给我们按[安]上一个莫须有的罪名，和我一起去的还有总编辑及另一位编辑，一共三个人。”

“越来越神经质了。你知道吗，尾崎君被捕了。”

“哦！逮捕尾崎秀实，他们想干什么？”

“不清楚。近卫还在台上时候，他们不敢动手。近卫一提出总辞职，他们立即下了毒手。”

“是吗？”社长双手支在桌上，低下了头。

近卫首相的顾问尾崎秀实被捕证明当局已下定决心禁锢思想和取缔言论

---

① 大石内藏之助（1659—1703）原名大石良雄，是赤穗浪士的首领。元禄廿四年（1701）三月因其主君受吉良义央刀伤而死，至第二年12月，夜袭吉良官邸为其主君报仇。至第三年2月4日切腹自杀。

自由。尾崎秀实是《新评论》的撰稿人。那么今天情报局传讯悠平肯定与此事有关。

“尾崎君代替近卫首相同外国交换过情报。外务省里的一位朋友说，他可能被指控有泄露机密的嫌疑。”

菜端上来了。悠平看了看表。急忙拿起刀叉，因为他约定冈部总编辑一点钟前到这里来。

“目前是开战前的关键时刻，机密问题很棘手啊！”

“唔，你看仗能打起来吗？”

“当然能打起来，东条内阁是发动战争的内阁。近卫总辞职前一天，海军平出报导部长，在京都发表演说，说什么我们海军摩拳擦掌，已作好万全的准备。皇国兴亡，在此一战。时局发展到这个地步，已经没有办法了。”

“日美会谈没有结果吗？”

“看来，到昨日为止的日美会谈是为了和平。从今天开始则是一种阴谋，借着会谈幌子让美国等着日本作好战争准备。我看没有希望了。”

“近卫在日美会谈上所作的努力都白费了。”

“是的，近卫反而成了浑蛋。如果军部这样骂他还可理解。但一般民众也异口同声骂近卫，可以看出军部影响之大。时代潮流来势真可怕啊。甚至外务省也有人诽谤近卫，真是不可思议啊。”

“你的这种论调是孤立无援的。”悠平笑道。

清原受了他的感染也露出一丝苦笑。自从近卫总辞职以来，他已失去了立足点。即使在知识分子中赞成清原论点的人在急剧减少。

“怎么样？”悠平放下刀叉，探出身子问道：“你以东条新政府的意义，日美会谈的前途，开战的得失为内容，给《新评论》写一篇文章，行不行？”

“我也正在考虑。”清原点了点头说，“不过，对不起，我实在不愿意再去宪兵队了。”

“总之一定想法写文章，对这样的镇压不能保持沉默。《新评论》的发行份数正在增加，我是相信读者的。我们要对读者负责，宣传我们的主张，不能让庸俗的议论控制时代。”

苇泽悠平和清原节雄不能在混浊的水里泰然自若地游泳。他们有自己的信念和良知。清原节雄是受宪兵和陆军报导部注意的人物。苇泽悠平马上要去情报局受审。时局越来越紧张。不久将来必将发动对美战争。法属印支的航空基地夜以继日地进行战备；新加坡的海岸上架起了铁丝网。十月美英两国在马尼拉达成协议，准备进行空军联合作战演习。悲惨的结局临近了，日本的自由主义者在时代风暴前将首当其冲。两个老朋友也谈得差不多了，正喝着饭后的咖啡，侍者来告知悠平，冈部熊雄已经到了。

战争已经持续好几年了，随着战争的扩大，官方的机构日益增多，从丸之内到曲町一带，什么物资动员总部啦、统制局啦，开发厅之类的政府机关一天比一天增加了。官厅一多，官僚随之就多。官僚一多，国民的生活因而受到沉重的压抑。官僚和军部凌驾在国家之上，驱使国民去从事战争和国内的军需生产。

情报局也是新增设的官僚机构，因为办公楼不够用，它借用因营业不振而关闭的帝国剧场。昔日贴着《蝴蝶夫人》、“左团次”、“羽右卫门”[①]等豪华广告的帝国剧场大门口如今半开着门。挎着军刀的军人、大学刚毕业的青年，穿着国民服自命不凡的情报局员大摇大摆地在剧场便门川流不息地进进出出。

冈部总编辑和另一位副总编辑在悠平左边并排走。冈部熊雄照例是快嘴快舌地把听来的流言蜚语一个劲儿说给社长听。

“现在北海道形势很紧张，正在加紧修建飞机场。乘青森到函馆的联运船到北海道去的人一半以上是军人。此外，在千岛海面打渔的渔民被当地征去挖土方，加紧修建飞机场。北海道出产的鲑鱼罐头和海带停止运往本州，这意味着在北海道储存军粮。日本一开战，首先向新加坡和菲律宾进攻。美国则从阿留申岛从北面迂回日本。目前阿拉斯加的基地正在扩大。美国从北边打过来也得等到明年春天。冬天北方有浓雾不能作战。所以日本很可能在今年秋天到冬天宣战。春天把南方解决掉，然后掉过头去打北边。看来这个打法会顺利的。”

社长想：他的这个女婿简直是个中学生，想问题如此简单，不知自己女儿是如何看待这位丈夫的？想到这里不禁有点可笑。当他们走进帝国剧场又暗又小的门洞里时，冈部熊雄才停止他的饶舌。

情报局第二部办公室里放着十五六张桌子。靠里首的一张大桌子旁坐着穿军服的情报官佐佐木少佐。三个人走过去，少佐傲慢地转过身来说：“来了吗？”

少佐皮肤呈浅黑色，颧骨高高的，长着一对阴险的眼睛，他点燃一支烟，从抽屉里拿出《新评论》十一月号放到桌上，然后打起官腔来。

“你们杂志今后每月十号以前，将全部编辑计划送到我这里来。未列入编

---

① 《蝴蝶夫人》是歌剧名，“左团次”“羽右卫门”是歌舞伎著名演员的姓名。——原注

辑计划的文章，一概不准登载。懂了吗？好吧，事情就是这些。”

“这样说，我们只得按照军部的意图来办杂志啰！”

“那不更好吗？”

“换句话说，我们这杂志包给军部啰！”社长非常严肃地笑着说。佐佐木少佐瞪起眼睛看了他一眼。

“既然如此，干脆用情报局第二部的名义出一本时局杂志得啦！这样，你爱登什么文章就登什么文章。”

“你说什么？你想反抗吗？”少佐大声喊道。

“这不是反抗。我希望你们了解一下我们的立场。”

“你们的立场我早就了解了。你们应该明白目前是什么时代？全国人民都在支援战争，人人都作出牺牲。我认为首先是国家的立场。你们无视国家的立场，只考虑你们杂志的立场，所以，你们这种自由主义的杂志早该关门了！”

苇泽悠平对这劈头盖脸的粗暴的唾骂，只是微微一笑。

“你们军人以为只要下一道命令，国民就会跟着你们走吗？实际上事情并不如此简单。你们大力宣传‘大政翼赞’‘臣道实践’，国民并不是一朝一夕会跟你们走的。”

“可是你们的杂志宣传自由主义，破坏当局方针，这难道不是事实吗？”

佐佐木少佐抓起《新评论》杂志晃了一晃，苇泽社长根本没有理睬他，继续说下去：

“动员国民则有动员的步骤。必须不是急于求成而是有主见地有步骤地去指导他们。而你们则把绳索套在国民的脖子上拉着他们走。这样做只会得到相反的结果，我们做的是内在工作，尽力说服他们使他们的思想朝正确方向走。”

“你这种说法本身就是自由主义。”少佐不耐烦地大声喊道，“现在是什么时候，你能一个人一个人地去说服吗？这不是幼儿园教育。我们主张一声令下，舍弃私心，奋勇前进，这就是国家要求的‘臣道实践’。假如接到命令，说我想不通不能执行。这样能打仗吗？你那套自由主义论调该收起来了。总编辑，你们社长不同意，我就对你说，每月十号以前把编辑计划和原稿全部送来。明白了吗？”

“明白了。”

“好，你既然明白了，从下月开始执行。我们并不想搞垮《新评论》这样有影响的杂志。今后还希望你们多多帮忙。好吧，以后再谈。”

社长拿起帽子和手杖慢腾腾地走出房间。他的脸颊上浮起绝望的微笑。多年苦心经营的《新评论》却简单地被一个淘气孩子似的少佐任意践踏了。军人的魔爪已伸到政治、文化、教育、艺术等各个部门。

走到护城河边，冈部熊雄赶上前来和他肩并肩走。

"社长，真气人。让这么一个事理不懂的家伙来主管文化事业，这是名符[副]其实的军部独裁。不过这个人也有空子可钻。有一家妇女杂志，每月给佐佐木少佐送点礼，请他吃顿饭，把稿子甚至连广告都送给他看，向他讨好，结果配给的纸张也增加了。我们也可以学他们的做法，请佐佐木少佐吃顿饭，也许是条捷径。"

社长摇摇头坚定地说："我讨厌这种作风。"

"你可以不出席，由我们出面交涉。"

"《新评论》不能当婊子。"

"哈……"冈部听了这句话，不禁笑出声来。

从护城河吹来的风把梧桐树的枯叶刮得满地皆是。这是个美丽而晴朗的秋天，挂着红色缎带的应征入伍的青年默默地列队通过，另一队人唱着军歌行进。松树林里栖居着乌鸦腾空而起，回答了群众高呼"万岁"的喊声。

苇泽悠平回到《新评论》的社长室。回过头来对冈部总编辑说：

"你把编辑部的全体人员召集到会议室去，我有话对他们说。"

会议室是一间兼作书库的约有 30 平方米的房间，两旁的书架上摆满辞典和全集。因为窗户小，房间显得阴暗和郁闷。21 名编辑围着正中央的大桌子坐了下来。苇泽悠平左手拿着香烟，推开玻璃门进来了。

"对不起，让你们久等了。……"

社长坐在正中央的扶手椅上，他的姿态像演员一样优美端庄。他从坎肩的小口袋里掏出带盖的金怀表，放到桌上。

"请你们各位来非为别事，只因为我刚才和冈部君一起去了情报局。一句话，今后杂志在付印以前，把编辑计划、原稿先送情报局审查。说得明白一些，就是剥夺我们的编辑权利。其理由仅仅因为《新评论》是自由主义，我向他们作了种种辩解，可是越是申辩，结果越坏。真是胳膊拧不过大腿，毫无办法。"

"处于目前这样的时代，空谈言论自由是无济于事的。中岛商工大臣因为替足利尊民辩护，辞去了大臣的职务；美浓部博士因发表了《天皇机关论》，受到了指控。从那时起，帝国议会开始向右转了。昭和 13 年(1938)大内教授被捕；14 年(1939)河合君被免去东京大学教授。从去年到今天，当局对文艺、美术、戏剧横加干涉,迫使他们屈服。现在又组织了名叫‘出版文化协会’的团体,目的在于摧残文化。”

“今年一月公布的《新闻纸登载限制法》,这样,批判政府腐败和堕落的文章,揭露军部官僚残暴行为的报导都被禁止了。军部的官僚们可以肆无忌惮地为所欲为。”

“现在日本国民像套在马车上的马一样,背后有人抽着鞭子。只有往前直冲,不让你走别的道路。所谓受统制的国民,受统制的民族,如此而已。请诸位考虑一下,今后应该遵循什么方针编辑我们杂志,请大家发表意见。”

会议沉默了。这些编辑都是二十七八岁到三十七八岁的壮年。大多留着长发,脸上显出了忧郁的神态。一个名叫室田、细高个儿的青年站起来发言。

“我刚才考虑一下,是不是可以采取这样的办法。情报局的军人都是些粗痞,要他们审查全部编辑计划和原稿,他们是干不胜干的,因此先把我们的编辑计划送给翼赞会文化部去看,他们同意后再拿到情报局去。情报局见翼赞会已经同意了,总不能提出反对吧!”

“你的意思是‘以毒攻毒’啰?”社长笑了笑:

“内外文化部的做法也可以借鉴。”一位胖乎乎的记者站起来说,“他们一方面出一本类似军部御用杂志的刊物讨好军部,另一方面再出一本采取不妥协方针的杂志。这样脚踏两只船行不行?”

“这办法不行,我经常到情报局去,老是见到内外文化社记者挨佐佐木少佐的批评。”室田说。

大家“哗——”的一声都笑将起来。坐的姿势也随便了,开始进入了漫谈。悠平接过话茬说下去。

“目前,日本全国到处都在唾骂自由主义者是国贼。而我个人认为被打上自由主义烙印倒是件光荣的事。主义毕竟是一种思想。思想是不受束缚的。主义本身是无罪的。有社会主义思想的人,如果他没有行动,不应受到拘禁或处罚。但特高警察和宪兵正在对人民进行思想调查,发现人们有异端思想,立即进行取缔。”

“军部和官僚们想把全国国民统一到一个思想上去,这是连秦始皇都望而却步的令人可怕的野心。这实际上是帝国主义。可是帝国主义名声太臭,于是他们从希特勒德国输入一个漂亮的名词叫做‘全体主义’。他们宣扬日本人需要‘全体主义’。内容依旧是老一套什么‘无私奉公’,‘一死报国’,都是要人民作出牺牲……”

女办事员进来了,说是有人打电话给室田。室田蹑着脚走出了房间。当他再进来时，这位细高个儿的青年眉宇间浮现出不可思议的微笑，说道：

“冈部君，我接到了征兵令。”

谁也没有吭声，凝视室田的脸。他好像做了什么错事似的，怯生生地说：

“后天就得入伍，今天必须动身，因为我家在鹿儿岛……”

第八章

近卫内阁总辞职前一天，情报局、文部省、陆军省同时公布了“关于临时缩短大学、学院等在校年限和修业年限的敕令”及“关于改正兵役法的敕令”。明年春季的大学毕业生提前到今年12月毕业，与此同时学生们都得接受临时征兵检查。大学毕业生成队成队被送往兵营。军首脑部准备把这批青年在即将到来的日美战争中送去充当炮灰。

苇泽邦雄提前毕了业，立即接受了征兵检查。参加二等航空士考试合格后，邦雄精神振奋起来了。他希望尽快地进入航空队，去驾驶战斗机或轰炸机。可是他又打算在入伍前把爱情问题处理好。毕业提前了，爱情问题的处理也不得不提前。

听到父亲的反对意见后，邦雄心中觉得很苦恼。因为在这以前他并未尝到过爱情的痛苦。为了爱情，他决心以英雄主义的激情去排除一切障碍。

“嫂子，我正式提出订婚，你家里会赞成吗?”

他坐在榕子房间里向阳的窗台上激动地说。他的口吻似乎如果榕子说出一大堆道理来，他就把它顶回去。在他的微笑中略带点儿羞怯，却充满着自信。

嫂子双手搁在膝盖上，歪着头说：“这事情我不了解。有美子还是个孩子，她什么也不懂。”

姐姐感到很痛楚，她不希望妹妹再尝到时代的爱情的苦恼。她接着说：“说实话，我希望有美子不要受到惊扰……”

“唔，不瞒您说，已经晚了。”

“怎么回事?”

“昨天我给儿玉伯父写了信。”

嫂子不觉一怔。邦雄故意伸了伸懒腰，好像没有看到嫂子惊愕的神情。

儿玉博士的医院座落在目黑[①]的山岗上。是一座黄色的洋式的二层楼房，从远处望去十分美观。儿玉博士穿着白大褂坐人力车从外面出诊回来，赶紧

① 目黑——东京的一个区名。

脱下皮鞋，换上拖鞋，催着前来迎接他的护士，走进了诊室。

桌子上放着七八封信，博士没空细看，只看了发信人的名字。他日夜盼着出征的儿子们来信，都没有。却发现一封信上写得四四方方的苇泽邦雄的名字。

博士用消毒液洗着手，心里琢磨邦雄来信的内容。一边等待着前来求诊的病人：有被支气管炎缠得睡不着觉的30多岁的寡妇，有70多岁有胃癌嫌疑的老太婆，有十二指肠里生虫子的少年，还有肺浸润的女学生。接待完以上这些病人已一点多钟，该到吃午饭的时间了。

在午饭端来之前，博士踱到小庭园里。他瞅了瞅盛开花的老鹳草盆景，在藤椅上坐下，拆开了苇泽邦雄的信。

从博士看来，邦雄又是一个病人。信中突然要求博士同意他和有美子订婚。“我已决定于明春一二月志愿进入海军航空队，决心以身殉国。为此我欲在入伍前订立婚约，望予赞同。”

这话简直是只顾自己，不体谅别人的苦衷。看起来是个驾着飞机翱翔在天空的威风凛凛的青年英雄，而实际上是个未经过风雨、娇生惯养的公子哥儿。他把信装回信封里，等待妻子来商量如何医治这个病人。

他回到茶室里盘腿而坐。中饭很简单，只有火腿面包。夫人替他倒着红茶，朝放在桌上的邦雄的信看了一眼。

“怎么回事？是有美子的事吗？”

“唔。你拆开来看吧。”

夫人已预感到有什么事，脸上笼罩着一层阴影。她性子急，榕子很像她。有美子倒像父亲的脾性遇事从容不迫。

读完信，她把信仍然装到信封里，默默地啃着面包，喝着红茶。儿玉博士泰然自若地切着火腿。

“苇泽君恐怕不一定知道这封信吧！是邦雄自作主张写的吧！”

“可不是。”

“榕子知道不？”

“也许知道。”

“这事怎么办？我们暂时不好给他回复呀！”

“唔。”

“我给榕子打个电话，打听一下，你看行不行？”夫人说。

“可是你并不了解有美子的心思。”

“我总觉得她还太小。”

“要是两个人都有意思，我看也可以嘛。”

“如果战争结束了，邦雄平安无事地回来，当然是可以的。像榕子这样，结婚不到一年，丈夫去当兵了，那可怎么办？还不是一场空。”

“那倒也是的。不过照你的说法，那得等到什么时候才能结婚？仗还得打下去，身体好的小伙子都去当兵了，是不是？”

“那也不能眼睁睁看他朝危险方向走，把女儿许配给他呀！邦雄不是说进入航空队，以身殉国吗？”

哈……博士笑了起来，看来以身殉国的青年是没有资格求婚的。这时一个小护士跑来。

“先生，荒井先生家来电话，说他发着高烧，请你马上出诊……”

“荒井？……对，是书店老板吗？好！马上就去。”

夫人把邦雄的信再打开来读一遍，仿佛要从书信中找出足以反对这门亲事的理由来。

一直到傍晚，夫人反来复[覆]去地考虑有美子的事，心中犹豫不定。五点多了，有美子还没有放学回家。夫人给榕子打了个电话。

苇泽家的电话就在靠近厨房的走廊上，榕子和他母亲的对话，早被正在做饭的婆婆听见了。

“有事情同我商量，什么事？”婆婆问道。

“还是有美子的事。”榕子答道，“邦雄弟给爸爸去了信，提出要同有美子订婚。妈妈担心这里的父母是不是知道。因为不了解您的主意，没法答复他，所以打电话来问我。”

“咳，这孩子又办了一件荒唐事，你先给赔个礼，邦雄由我跟他说。”

“对不起。”儿媳平静地答道，“说实话，爸爸、妈妈、有美子和我都赞同这门亲事。要是没有战争，邦雄也不会走的……”

“那没有办法，战争年代，谁都得付出牺牲。”

这位婆婆生性恬静，从来不会显露出自己在激动。窗外天黑了。她随手打开了电灯。

父亲回来已九点半了。他把邦雄叫到会客室里。父亲和母亲坐在圆桌跟前喝茶。昏暗的房间里只亮着一盏台灯，显得格外阴冷。

“明天几点钟出发？”父亲问道。

“八点钟走。”

“你得小心啊，我总觉得你老是冒里冒失的。”母亲提醒他。

“你和有美子的婚事……说实话我是非常赞成的。不过……你最近就要入伍了，当然是应该去的。但在这时候你提出订婚，这种心情别人很难理解，订婚等于束缚了对方，有美子必须等待你，这是非常残酷的行为。要是能够平安无事回来，那倒还好；万一回不来呢？这对女方来说是最悲惨的事。这是做人的道德问题。让人家等着你，你倒没什么，女方怎么受得了？你看看你嫂子，一天到晚也不梳洗打扮，日子过得怪可怜的。我总觉得对她过意不去。有美子再像她那样，我怎么向儿玉伯交代呢？你自己擅自给儿玉伯写了信，人家正为难着哩！”

邦雄默不作声地听父亲说，忽然抬起头来，盯着父亲的脸看。

“儿玉伯正为难着哩，这话是谁说的？”

“今天人家打电话来了。”

“他们说反对吗？”

“人家说不出赞成或反对，你自作主张向人家提出订婚。儿玉伯怎能不和我们商量就答复你？你太轻率了。”

对这个轻举妄动的孩子，父亲还觉得挺可爱。目前的大学教育注重军事训练。学生四肢发达，头脑却很简单。时代的影子深深地影响着孩子们的心理。他是受害者。邦雄本来是个生性耿直，没有经过风雨、娇生惯养的孩子。父亲一方面责备他轻率，一方面又觉得可悲，不禁暗[黯]然泪下，但邦雄并不理解父亲的心情。

“父亲您说的道理我是懂得的。”邦雄带着挑战的口吻说道，“我认为爱情问题用道理是解释不通的。您刚才说让订婚的女方等待自己是残酷的行为，是人道问题。这是第三者旁观的理论。订婚当事人觉得婚约是他们的喜悦，使他们感到活着有意义。从第三者眼光看来，即使是残酷行为而当事人也许认为是任何别的东西都不能替代的最大的幸福。因此爱情问题还是让当事人自己去处理最为合适。”

“你的理论就算是正确的，我表示赞成。但是这个社会里，你的理论行不通。你不能忽视当前的战争和整个社会情况以及各人的家庭条件。一个人被强制送上战场，迫使他送上这条命，只要这个社会存在，你的理论同这个社会总是格格不入的。”

“爸爸，你是共产主义者吗？”邦雄突然白了父亲一眼反问道。

“你看我像个共产主义者吗？”

悠平对着妻子笑了笑。茂子夫人似乎停止了呼吸似地平静地凝视着邦雄的身影。

“我认为为国家献出我的生命是天经地义的。爸爸从前就反对我去军队。我和爸爸思想上有分歧。为了不让我去军队，你反对我订婚，我是这么看的。请你不要误解，我还没有为了订婚而不去当兵的卑鄙的思想。”

“你不要倒打一耙。你的话和我的意思正好相反，我是说你既然要出征，就不必订婚。”

“这是您的策略。”他竟然申斥起父亲来了。这个莽撞的青年的激情，已经无法控制了。

“邦雄，你不要胡说。”母亲看不过去，出来制止儿子。

“好吧，今晚就谈到这儿为止，明天在去大阪的旅途中再仔细考虑考虑。你的热情是好的，但决定行动前还得冷静些。”

邦雄晃着肩膀出去了。与其说他不理解父母的处境，还不如说他没有理解的能力，因此他是个受时代影响的可怜的青年。泰介走了。邦雄也走了。悠平的身边只剩下老妻和孤独的儿媳榕子。他闭上眼睛沉思，战争给他带来莫大的孤寂，使他难以忍受。

第九章

订婚问题遇到了障碍，郁积在心中的愁闷，使邦雄痛苦地度过了不眠的长夜。由于父亲的反对，他这才感到自己对有美子的爱情更加强烈了。失去爱情等于失去生命。他痛恨父亲具有无可挑剔的丰富常识，又痛恨父亲不理解年轻人激情的冷漠态度，想到自己不订婚孤独地进入航空队的情景，总觉得这是一出浪漫谛克的悲剧。

第二天早晨，他早早起床独个儿吃了早饭，准备好行装，跟嫂子表白了一番自己的决心。

“嫂子，我遭到了父亲的刁难，你大概也知道了，但我决不罢休。我要同他斗争到底。嫂子，你记住我这句话。”

邦雄只向母亲告别，离开了家。去东京车站时间还太早。他用街上的公用电话给儿玉医院打了个电话。有美子正准备上学去。

“您早啊！我这会儿去大阪。喂——伯父没有跟您说什么吗？”

有美子还不知道是怎么回事。电话的声音很低，好像怯生生的。

“我已写信给伯父提出跟你订婚。因为这封信昨晚上被父亲训斥了一顿。我跟他顶撞了几句。伯父说了什么没有？你默默听着就是，等我从大阪回来再说，再见。”

打完电话，他一只手提着皮箱，穿一身制服，还穿着飞行靴，大摇大摆地向大街上走去。他相信正义属于自己这一边。大多数国民站在自己这一边，绝对不会败给父亲这样的自由主义者。他在无意识中把军部当作自己有力的靠山。自己将要成为一名航空军官，为国家奔赴战场，为重建东亚而出力。……这些模模糊糊的概念和恋爱的感情交织在一起，使他兴奋不已。

10月25日早晨，在伊丹市大阪第二飞机场举行了第八次学生航空大会。在这动荡的时代，迎着时代的潮流。这一天，这些年轻的小英雄们，被国家捧为至宝。橙黄色双翼的教练机，在阴暗的天空中展翅飞翔。西南方的六甲上山披上了秋日的彩霞，向北延伸的黑压压的群山起起伏伏。

急旋转，盘旋降落，编队飞行，8字飞行，定点着陆……关东和关西的大学生们各自发挥技能，争取获得海军大臣奖。等待他们的是前线航空部队，是迫在眉睫的日美战争。他们渴望早日奔赴战场。

飞行帽上的纽带在面颊上飘来荡去，眼睛的周围留下了戴过眼镜的痕迹。苇泽邦雄在军用帐篷中休息。3点过几分，突然从西南方出现一架客机，投下来一只系着五彩飘带的通信筒，划着弧线落到地面上。

机场内扩音器响了，新任东条首相今晨从东京立川起飞前来关西作报告，为了向本大会表示祝贺特意改变航向，到本机场投下附有他的祝辞的通信筒。转瞬间机场上群众一阵欢呼，向东条的座机挥手致意。一片欢呼声表示日本的命运寄托在他身上。战争！战争！东条正在高喊“击灭侵略东亚的美国和英国！”

这一夜邦雄和同行的学生住在一个宿舍里，第二天早晨他们乘快车返回东京。回到东京，他打算先去看望有美子。不知他离开东京后有什么新的变化没有？因为他已经不相信父亲了。他时刻担心父亲是否已采取了什么手段。

他的学校出席航空大会的六名学生，一起乘火车离开大阪。他们的话题自然而然涉及当前的时局。有的人颇为乐观。认为美国在太平洋和大西洋同时作战，没有这许多兵舰，因此也许可以避免战争。有的人认为美国占领日本，两国相隔太远，日本占领美国，美国幅员过于广阔，双方都有困难，因此这场战争一旦打起来可能是持久战。有的人大言不惭地说：日本有世界上最优秀的潜水艇，用不着露出水面，一直可以潜行到加利福尼亚还能打个来回，美国国内一定会引起骚乱。

他们根本不考虑有可能失败，只是一味乐观。就像登山队在登上阿尔卑斯山前抱着必胜的决心一样。

“这次仗真的打起来，全国国民必须真正拿出干劲来。可是日本利己主义者太多了。资本家趁国家混乱之际，扩大自己实力，大发横财，所以必须借助军部的力量，对资本家的生产严格加强监督。”

一位名叫明石光雄的学生盘腿坐在座位上，叼着香烟发表一通言论。列车正穿过了关东平野。

“我看不仅是资本家，总之，日本尚未形成决战体制。那些大学教授们提出了‘学问无国号’的主张，对战争采取旁观的态度。还有细川嘉六、清原节雄等人在《新评论》上发表鼓吹自由主义的文章。”另一个叫板野的学生说：“我认为苇泽的父亲就是自由主义者。对不对？”

“对。”邦雄点了点头说，“我父亲确实是自由主义者。我在家里跟他吵过好几次了。”

“国家要进行这样大规模战争最主要的是统一舆论。”明石光雄煞有介事地说，“只有舆论统一了，国家才有前进的方向，民众也有所遵循。然而《新评论》对政府的方针吹毛求疵，百般挑剔，从内部扰乱舆论的统一，实在太岂有此理了。说得严重一些是国贼，日本万一在战争中吃了败仗，那么责任就在于这些自由主义者身上。你说对不对？板野！”

“我完全同意。”

邦雄羞愧得抬不起头来。自己即使无罪，可是父亲却被人骂为国贼。他从内心不但不维护父亲，而且痛恨起父亲来。

“现在的老人们都不行。”板野头靠在车窗上说，“总之一句话，明治大正自由主义时代培养出来的人们都不行。他们只考虑自己的利益，根本不为国家的前途着想。苇泽的父亲就是这种人。你作为他的儿子，你也有责任考虑考虑。”

“我当然要考虑的。”邦雄有气无力地说，“但父亲的思想相当顽固，他好像是一种冷血动物。不管军部怎么说，战争的前途如何，他根本不为所动。”

“这种人绝对不会对战争采取合作的态度。”板野肯定地说。

“不合作的人应该沉默，绝对不允许他们乱说乱动。”明石说。

同学们的批判更加激起邦雄对父亲的不满。“不合作的人应该沉默！”这一点一定要求父亲做到。旁观者只应该旁观。然而，目前已有迹象表明父亲以《新评论》为据点，从不合作已发展到积极的反战活动。

邦雄突然感到不安起来。宪兵队和特高警察正在密切注意父亲的杂志。假如父亲被指控为“非国民”，那么自己将蒙受奇耻大辱。一个国贼的儿子在社会上要受到歧视的。

邦雄闭上了眼睛，头靠车窗，痛苦不已，对父亲的不满已成为他心中的疙瘩。用什么办法能够使父亲停办这个杂志呢？……父亲有他自己坚定的主张。以清原舅舅为首，有一个支持《新评论》的自由主义团体。他们志同道合，情谊颇深。只要这个团体存在下去，父亲不会动摇自己的信念和决心。

为了国家，为了日本在这场战争中取得胜利，他甚至想做背叛耶稣的犹大。……对谁也不说，悄悄地这样办了，会产生什么样的后果？

列车到达静冈，夕阳还没有落下。他和同学们告了别，中途下车，将皮包寄存在车站上，向大街走去。

他朝被护城河及石头城遗迹包围起来的静冈联队走去。一进得营门，一所很小的房子，正面坐着七八个士兵。邦雄向一个下士官要求会见第二中队的苇泽二等兵，那位下士官带着静冈的口音说。

“二中队？演习去了……要到后天才回来。”

“到什么地方演习去了？”

“不清楚。”

邦雄行了个军礼，走出了营门。他厌恶当兵的哥哥领章只有一颗黄星，是最低等的二等兵。在兵营里挨靴底，被打得脸青鼻肿，肚子饿了，背着人把下士官吃剩下的饭偷偷地塞下肚子。此刻不知在何处的森林峡谷里，受人驱使疲于奔命。一想起哥哥的遭遇，觉得他又可怜又可笑。不如自己将来一入伍便是航空少尉，还是自己有出息，心里洋洋自得。

他又乘上火车继续他的旅行。富士山在暮霭中渐渐看不见了。在电灯反射下，车窗上还残照着山顶上的白雪。

他想一回去必须立刻解决和有美子婚姻问题。他想反对父亲可以得到友人的支持，得到时代的支持。于是他产生了勇气。他最害怕友人对父亲的责难也许不久将来会变成对自己的责难。他想：“必须把日本自由主义彻底粉碎！”

第十章

政府当局宣称正在全力以赴地调整日美两国邦交。然而住在神户、横滨的外国人都撤走了。居住在新加坡、马尼拉和美国本土的日侨满满的一船一船陆续回到了日本。随着秋深，危机加深了。

11 月 1 日，政府公布增税 6 亿 3 千万元的决定，战争给国民生活带来的负担越来越重了。

危机终于临近了。罗斯福发表演说的同时，东条也发表了演说。国民几乎全都希望爆发新的战争。他们虽然想像到战争会给他们带来更大的负担和牺牲，但他们还是盼着打仗。正如昭和12年(1937)近卫首相说过："今日不为之，他日我等之子孙将以更大的困难与牺牲而被迫为之。"国民都相信他的话，陶醉在美好的英雄主义的梦呓里！

军部的宣传成功了。国民都想对美国开火。说不打仗，日华事变得不到解决。外务大臣的演说，报导部长的演说，陆军大臣的广播演说都用一个调子。因此，国民对所有宣传深信不疑。

他们相信日美会谈由于美国提出不合理要求才陷于停顿。冻结日本资产是美国压迫日本的手段。近卫之所以失去人心是因为他下不了开战的决心。青年们、少年们，甚至妇女们都憧憬着打倒英美的壮举。苇泽、清原之流的冷静的自由主义者之所以受到排斥其原因就在于此。大势所趋，已使国民的思想对事物的是非曲直失去了正确的判断能力。

这场战争的主角是东条英机。舞台布景已经搭好了。乐队开始演奏了，大悲剧正在拉开序幕。东条正陶醉于自己担任主角的伟大的戏剧中。国民也快陶醉了。海军方面有雄才大略的司令长官山本五十六，陆军中有研究过希特勒取胜经验才从德国回来的山下奉文，还有寺内寿一。

在台湾的高雄，有号称东洋首屈一指的海军航空基地，在法属印支已修建20多处基地。11月中旬包括加藤隼战斗机队在内的青木航空部队，集结在西贡基地，每天派侦察机飞往新加坡，在九千米高空对塞莱塔军港的动向进行航空摄影。

与此同时，驻扎在满洲的部队秘密南下，开往台湾、九州、海南岛和印度支那。准备进攻珍珠港的航空母舰夜以继日整修舰载飞机，等待着开战的×日。

11月底，榕子收到丈夫的来信。

"因忙于训练久疏音讯，幸亏身体还好，勿念。最近部队即将向某方面出动。出动前规定可以与家属会面，等具体日期确定后另行告诉，请来相晤。"

丈夫的部队驻防在日本国内，还有希望相见。似乎一伸出手，还能够着他。倘若出发去了外地，妻子伸出去的手，将会抓个空。她买好东西，查明火车时刻表，准备好行装，殷切地等待下一封来信，然而却迟迟未到。

在榕子焦灼不安等待之际。外界的政治、外交的形势正在急剧地发展，缅甸、新加坡、马尼拉、夏威夷都进入了战备状态。世界上的动态都和丈夫的命运紧紧地联结在一起。她再也沉不住气了。她决定到静冈去一趟，即使见不到丈夫也罢。

部队出发前，联队长训话。

在操场上，整整一个大队的步兵全副武装，携带三天干粮，牵着马，戴上钢盔和伪装网，扛着轻机枪、重机枪、掷弹筒；还有背着电话线的通信兵，一应俱全，仿佛立刻要参战。联队长在副官和大队长左右簇拥下神气活现地登上了营门口的讲台。

"……目前，日美邦交濒于破裂，外交谈判已经绝望，蛮横无理的美国已日益显露出它对东洋的野心。我国推行的四年有余的对华政策已将落空……"

瘦高个子的联队长，左手握住军刀，戴着白手套的右手叉着腰，胸前的一排勋章闪闪发光。演说的声音从没有任何反应的无数头颅中扫过去，仿佛流水流过浅滩上的石子一般。

"……将英美势力从东洋驱逐出去是我国多年来悬而未决的大事。现在这一时机即将来临，不久将来诸君将会接到出动命令，诸君之任务至为重大……"

联队长的演说模仿东条首相的腔调，每到语尾，声音故意稍稍提高。这东条式的演说正在军部领导阶层中流行开来。

"诸君定有所知，我步兵第34联队，一向以军神桔中佐①之精神作为自己传统，保持山岳健儿之光荣称号。从今日起一星期内，诸君所担负的训练任务，应以参加实战而自觉行动。本官衷心期望诸君充分发挥平时蓄积之实力，取得优秀成绩，胜利归营。……完毕。"

按中队编制的部队陆续出发了。营门口卫兵列队目送部队通过。部队沿着河岸，来到街上。小河里波光粼粼。苇泽泰介在第二中队的行列中，扛着枪前进。二个半月的训练，他的身体渐渐适应了，但精神却一天比一天颓唐。

他耷拉着眼皮在尘土飞扬的道路上机械地走着，随着肉体的机械动作，似乎精神也像机械一样被人开动着。虽然自己并不愿意动，但又不得不动。部队开进了静冈车站的货站。搭上了军用列车。人、马和货物装满列车时，已经是中午时刻了。士兵们喝凉水，啃干面包。苇泽泰介喝着水，想起了榕子，想着想着列车缓缓启动了。

列车沿骏河湾向东驶去，雪白的富士山和紫色的爱鹰山交替着在车窗前掠过。在车厢里挤得满满的士兵们有的小声哼着曲子，有的说笑，有的打瞌睡，谁也没有在想明天会发生什么事。

战争好像离士兵还很远似的。他们想的是今天下午有多长休息时间？能

---

① 桔中佐名桔周太，长崎人，参加过日俄战争，明治37年(1904)8月在我国东北辽阳附近的首山堡阵亡，后被奉为"军神"。

不能吃上食堂里的馒头？今日这一天怎么对付过去，不要让自己挨揍，脑子里塞满身边的实际问题，甚至连想老婆的功夫都没有。

苇泽二等兵托腮倚窗而坐。他远离那些谈笑的人群，独个儿眺望车窗外的景色。他是一个孤独的士兵。列车缓缓地通过富士川大铁桥。

广漱班长从不派他在营门口、火药库门前放哨，也不安排他去干营外的勤务。在这位军曹看来，苇泽是个危险人物，八年前因参加社会运动而被学校开除的这个二等兵，永远摆脱不了受人监视的处境。随着日美战争的危机的临近，班长更加强了对他的监视。

每天早晨八时，军曹就叫泰介到他屋里去。军曹桌子的书架上挟着一个笔记本。

“班长大人，苇泽二等兵奉命来到。”苇泽站着一动不动。军曹和下士官们谈笑风生，一见苇泽前来报到，随手把笔记本扔了过去。

就这样，苇泽坐在桌旁写一天来的感想。他用老一套的词句，凑完一篇表示自己坚定信念的文章后，怯生生递到军曹跟前，班长在笔记本上扫了一眼，“哼”的一声笑出声来说：

“这是什么？这是你的感想吗？和宣传标语有什么两样？写你的真心话，今天你挨了我一记耳光，你心里不满意吧！你埋怨军队不好是不？就写这个！快拿回去给我重写！”

写心里话行吗？写了真话肯定会遭殃。苇泽每夜每夜苦思冥想，一日一日如坐针毡。他甚至希望早日开赴战场，在枪林弹雨中求得新生。……

他旁边坐着宇留木二等兵，正抱着枪打盹。列车驶近富士山，车窗外的景色像一幅富士山的画。宇留木曾在东京当过新闻记者，是个刚过 30 岁的补充兵。

宇留木有他自己的准则：不管怎么样，自己身体要紧。身体垮了，自己倒霉，所以不管挨靴底也罢，举枪罚站 30 分也罢，他脸上总是笑嘻嘻的，心中好像有能容纳一切耻辱的很大的空间。

可是泰介却办不到。有一次他军鞋上沾上了泥，班长叫他用舌头把泥舔干净。他满嘴是泥，悲愤不已回到房间。宇留木低声对他说：

“你这个人心太窄，你把它当一回事还行吗？军队就像演戏一样，你把它当戏演，也就不在乎了。挨人家揍也当它是家常便饭不就得啦，像你这样心窄，可活不长呵！”

当富士山笼罩在暮霭中时，列车到达沼津，转而北上，到达御殿场时，天已完全黑了。

车站上有军队专用的宽广站台。士兵下了车，背着20多公斤的行装继续前进，穿过灯火辉煌的车站大街，踏上又暗又窄的小道。到板妻的简易营房还有四公里的路程；都是火山灰和砂砾铺成的道路。从山岳高原刮来的夜风吹得脸上汗水像要结冰似地冷得直发抖。从明治时代到昭和年代几十万青年当了兵都到这高原来锻炼过。从箱根到天城的山峦朦胧可见，环绕着富士山的乌云突然向东移来，一飘到熊笹一带就酿成一场急雨。

在这宽广的演习场尽头，沈原、板妻、驹门这三个简易营房分散在三个角落里。静冈步兵一个大队到达板妻营房时已近下午七时，一轮新月挂在空中闪烁着它的银辉。

整队、点名、分配宿舍、指定守夜的士兵，联络、报告事故等完毕后卸下行装。饿着肚子的士兵早已心慌意乱。因为时间已晚，不再举炊，吃自己携带的罐头和干面包，喝白开水。

杉树林里黄鼠狼在号哭，猫头鹰在啼叫。风刮过白铁皮屋顶格啷啷作响，窗户在摇晃。苇泽二等兵和宇留木并排躺着，像虾米一样蜷缩着身子，绝望地叹了口气。这非人的军队生活，不知何年何月是个尽头。宇留木万事都想得开，他把军队生活当作一场喜剧，悠然自得地伸开手脚呼呼地熟睡。泰介则遇事钻牛角尖，神经质的性格折磨着他。在这样境遇下，他意识到只有对妻子的依恋支持着自己生命。他一个劲儿想着妻子，他渴望知道东京家里一点一滴的情况。东京街上的风光不知变了没有？

这一天在宫中举行了御前会议，决议向英美开战。从这一天起，军部剥夺了国民的一切权利。从这时候起已决定了国家未来悲惨的结局。但是东京市民一无所知。一轮新月照人间。正当庶民平安入睡时，准备开战的命令已传达到各基地的部队，危机终于迫近了。

第十一章

部队经过两天基本战斗训练，第三天上午实弹射击，下午休息。

部队一离开静冈兵营，军纪开始松弛了。军官们也不像平日那样严格要求士兵了。下士官像野兽一样都有了精神。兵长和伍长两三个人一伙，明着说去吃“大福饼”，嬉地走出营房。这是士兵中的隐语，意思是附近有暗娼。

下士官一出门，士兵们可高兴了。

“喂，我们班长吃大福饼去了。”

“真的吗？那太好了，这几天他脾气太大了。明天情绪可能会好一点。”

士兵们根本没空出去。他们要擦枪、擦皮鞋、洗衣服、大扫除、喂马，给下士官、军官擦皮鞋，忙得不可开交。

第四天，部队携带两天干粮从营房出发。远方，十五厘米口径的加农炮正在轰击。这儿的道路是火山灰和黑色砂粒铺成的。气候多变，先头部队和马消失在浓雾里，后续部队上来天空晴了，万里无云。

演习开始了。哪儿也看不到真正的敌人。士兵们猫着腰以树为掩护，一忽儿前进，一忽会趴下。苇泽二等兵想起宇留木的忠告，这完全像演戏。远方重炮在轰鸣，坦克在丘陵上忽隐忽现地转来转去。当坦克上喷出的红色火焰迎面飞来时，虽然明知道子弹不会打到自己头上，但也不由地缩起了脖子，因为谁都怕死。

广濑分队长非常熟练地、沉着地指挥着分队。每当坦克射出子弹，他就回过头来笑着对部下喊道："快趴下，不然全完了。"

平时在兵营里令人望而生畏的班长，在演习过程中却是可以信赖的人。你看，他像一块岩石一样纹丝不动，充满自信。正由于赋有这种自信，才令人难以接近。

演习整整进行了一个通宵。部队向西好几公里追击假想敌人。这时，天色渐渐发亮，下弦月已向西落下。士兵们在披着银霜的草地上休息一小时后，紧接着在山脚下的灌木林中进行侦察、联络、奇袭等战术训练。

一个大队在重机枪掩护下，向前进击。冬日的月亮像箭一样穿过云层，照得地上忽明忽暗。枪声四起，冲破了山岳地带的宁静。苇泽泰介拼命地在火线上奔跑，虽然他把演习当作演戏，但也觉得实在太费劲了。他全身好像都在燃烧，汗流浃背，军服也被荆棘撕裂了。突然从远处传来了喊声——第二小队前进！

广濑军曹接着喊道：——第一分队前进！

士兵们抓住枪杆往前跑，几乎是闭着眼睛猛跑，草丛绊住了脚，缠住了腰，最后被树根绊倒，趴在低洼地里。坦克上的机枪弹从头上扫过。身旁的轻机枪分队立即进行还击——第二小队前进！

最后冲锋300米，演习完毕的号角吹响了。士兵们一齐在原地卧倒，喘着粗气，伸手去摸水壶，把壶里的水一饮而尽。

离他30来步远的地方，有人低声叫他："苇泽！"

"嗯，在这儿呐。"

那个人盘腿而坐，原来是宇留木。

"怎么样？不要紧吧！"

"不要紧！"

“真有意思。”宇留木嘲弄地笑起来。

突然在这静谧的旷野里，又听到第二小队集合的命令。广濑军曹巨大的身影屹立在山岗上，

“喂——第一分队集合。”

士兵们一骨碌站起来，个个东倒西歪，站也站不稳。突然感到身上的汗冰冰凉的，高原的风格外寒冷，士兵们拄着枪站在广濑军曹面前整队。从中午起还没有吃过一点东西，可是肚子则饿得没有一点食欲。从各人嘴里吐出来的气，在月光下变成一溜白色的雾。

大队长登上插着太阳旗的山岗，开始讲评。他用老一套的话表扬了一番，谁也无心去听，只盼早一刻回到营房睡觉。到板妻营房还有好几公里的距离。

讲评结束，全部演习完毕。军官和士兵们顿时松了口气。在黑暗中只听见刺刀从步枪上卸下来的铿锵声。坦克带着疲乏的叹息声逐渐远去。泰介卸下刺刀，一摸刀鞘没有了。原来系着刀鞘的细皮带磨断了，刀鞘不知掉在何处。

他回转身小声地说：

“宇留木，不得了啦……”

“怎么回事？”

“刀鞘没啦。”

“呃？……你这笨蛋，一定是你没命跑的时候掉的。没有办法，只得认错呗。”

小声的谈话被军曹听见了。他从队列外向这边走了二三步。

“怎么啦？出什么事啦？”

两人都不敢作声。泰介吓得直打哆嗦。这件事非同小可。泰介向前迈了一步。

“我的刺刀鞘丢了。”

“什么？”分队长的声音怪吓人。

“你是谁？是苇泽吗？”

“是的，是苇泽。”

“丢了刀鞘，难道就这样算了吗？你知道刺刀是谁赐给的。”

“是陛下！”

“丢了，就这么算了吗？”

“天亮了，我去找。”

“什么？天亮了去找？现在让它丢在荒野里？行吗？”

班长举起拳头劈头盖脸左右开弓朝他脸上打来，打得他眼睛直冒金星，打

了个趔趄。

“我这就去找。”他凄惨地哀求道。

军曹摇头晃脑走到他跟前，又想揍他。

“我这就去找。”他一边往后退缩，一边喊道。他像逃跑似地离开了队列，拖着枪奔下山岗。眼前是数里见方的一片高地，不见一个人影。

在这茫茫的黑夜里，在一望无际的旷野上寻找一把刀鞘几乎是不可能的。从下午到夜晚，泰介跑过的路何止二十公里，究竟是从哪条路跑过来的，此刻几乎毫无记忆。但即使没有可能找到，也必须找到它。因为武器是“陛下”赐给的。

右边是一片黑洞洞的森林。中间只有一条通往太郎坊的羊肠小道，它的尽头消失在无边无际的黑暗里。刚刚露出来的月亮的暗淡的光将他的身影映照在地上。这时，他感到他已被人们遗弃在这荒野里，到了生命的垂危时刻。他只身在黑夜里徘徊，仿佛已接近了死亡边缘。

泰介伸开腿坐在山岗的小道旁，水壶里一滴水也没有了。他啃着面包，顾影自怜。眼泪不住地流下来。四周没有一个人影。在这寒气逼人的荒野里，只有他这唯一的生命。他下意识地听着自己的呼吸声。他抱住枪，头耷拉在膝盖上，闭上眼睛，一副落伍者的可怜相。他疲劳极了，不觉睡意袭来，几乎一刻也坚持不住。可是他想：要是在这儿睡熟了，非冻死不可。他已精疲力尽，再也没有站起来的力气了。他趴在地上，脸埋在砂子里。他神志不清，终于失去了知觉。

部队回到板妻营房外的小杉树林时，宇留木离开队列，跑步撵上了广濑军曹。

“宇留木二等兵向分队长大人报告。”

“什么事？”

“我想帮助苇泽去找一找刀鞘，请您批准。”

“算了吧，你回去吧，你也累了。”

“不要紧，我是他的战友，帮他找一找。”

“好，你去吧，”军曹说，“不要搞得太晚了……现在10点，12点以前回来。”

宇留木把枪交给战友，轻装返回原路。他跑到演习结束时的集合地点，一边跑，一边大声地喊：苇泽！苇泽！然而没有人答应。他足足跑了40分钟，忽然发现离他七八步远的草丛里有一件东西在发亮，光很微弱，走近一看，原来苇泽缩成一团倒在草丛里，那发亮的东西原来是他手上戴着的夜光表。表上的磷光救了苇泽的命。

幸好时间不长，没有冻死。宇留木拖起苇泽的身体，敲敲他的背，摸摸他的面颊。泰介总算醒了过来。

“喂，打起精神来，你在这儿睡熟，非冻死不可。站起来，回去吧，刀鞘不刀鞘不去管它了。快站起来。”

他实在没有力气站起来了。宇留木揉了揉他的背脊，拉着他的胳膊，使劲地拖起他来。

“我要不发现你，你就死在这儿了。快振作起精神来。”

“啊……”

“能走吗？”

“让我再歇一会儿。”

正在这时，从他们后面传来了一阵脚步声。一个黑影背着月亮出现在山岗上。

是广濑军曹。

“你们在这儿干什么？”

军曹说话声很低，却像透过来一股冷气。

“在这儿休息。”泰介答道。

“刀鞘找到了没有？”

“天太黑，看不清。”

“看不清就坐在这儿吗？你不是来散步的。”

“是……”

“你想磨蹭到什么时候？”

“……”

“就是因为你，整个分队的成绩受了影响。我代表分队作了检讨。”

说完，军曹从侧面向泰介飞奔过来，抓住泰介的腿，一下子就把泰介仰面朝天摔倒在草丛里，枪被打飞了，钢盔猛烈地撞在他的背脊上。军曹用沉重的军靴使劲地踩他的腰部、腹部、后脑勺。泰介蜷缩着身子，在草丛中哼哼，喘不过气来。心里想：不逃跑一定会被踩死，于是他赶忙滚到道旁的小沟里，像野兽一样呻吟起来。

广濑军曹耸了耸肩，回过头来看了宇留木一眼。“喂，你辛苦一下，把这家伙拖回去。”

宇留木没有吱声。

“听明白了吗？快把他弄走！”

宇留木依然不吱声，像一尊雕像一样直立不动。广濑军曹意识到宇留木的沉默表露出他强烈的反抗情绪。他立刻撂下这两人，掉转头迈着大步上了山岗。

苇泽二等兵还在呻吟。宇留木默默地把他抱起来，捡起了打飞了的步枪，斜背在肩上，再把头钻进战友的左胳肢窝里，半扛半拖往回走。

寒风卷着浓雾，从后面推着他俩走。在这方圆数里无人的荒野里，只有他俩踉跄着前进，宇留木也是从中午起一直没有吃过东西，疲劳和愤怒使他沉默了。被雪围起来的银色的富士山在他们身后，构出一幅巨大的图画。

因丢失武器罪，苇泽二等兵被关进板妻营房的禁闭室里。这儿终日可以听到从后面小杉树林中刮来的风声。他脱离了小队长、分队长的指挥，置于卫兵司令的监视下。

上午，士兵们得到半天休息时间，营房里充满着嬉笑欢乐声。下午准备回静冈兵营。泰介听着伙伴们的欢笑，仿佛与己无关。他裹着毛毯呆呆地坐在铺板上。他疲劳已极，头脑里什么事也想不起来了。

他得了感冒，又咳嗽，又发烧，浑身发冷，全身关节疼痛，一点食欲也没有。

入夜，卫生班长给他送来了感冒药。吃药的凉水杯上还飘着一层薄冰。他迷迷糊糊地喝着凉水，把药片送进了肚子。发烧的喉咙感到一阵清凉，他觉得舒服极了。

第二天早晨，部队起床后就准备回静冈兵营。监视他的卫兵前来看他，可是泰介已起不来了。胸部和背部疼痛得厉害，发烧达38度。突然营房里一片沸腾。新的战争终于爆发了。

“日本帝国陆海军于今日凌晨，在西太平洋与美、英军进入战斗状态。”

这是大本营最早发布的公报。无线电收音机反来复[覆]去播送这条新闻。接着奏起军舰进行曲(敌人纵有几千万……)。多年来处于对立的日美关系终于彻底破裂了。

上午9时，大队从板妻营房向御殿场车站挺进。沿途六公里的路旁家家户户都挂起国旗。收音机里大声喧嚷。有的青年看见军队路过，高呼：“万岁！”日本全国都沸腾起来了。全国国民都在讴歌战争，声援英明果断的东条首相。富士山上的皑皑白雪在晴空下显得格外壮丽。这座象征着日本的巨峰，仿佛也为这场新的战争而振奋。

在行军队列的最后，几个卫兵架着苇泽二等兵缓缓地行走。他身上卸掉了背包、枪支、刺刀，好似一个被解除武装的俘虏。泰介对一切的一切绝望了。

他不埋怨军队的残酷，也不感叹自己坎坷的命运。广濑军曹的所作所为是无可非议的，哪个班长都是这样残忍地对待自己部下的，他不怨天尤人。

卫兵们对他倒很亲切。泰介张着干裂的嘴唇，喘着粗气，艰难地迈着步子。一个下士官从自己的挎包里掏出一只橙黄的蜜桔，剥了皮塞到他手里。看到泰介的额上淌冷汗，急忙地掏出自己的手巾替他擦了擦脸。

“喂——打起精神来，不要紧吧！到了车站，我请个军医给你看一看。”

卫兵的任务是平安无事地把苇泽二等兵送到联队。中途发生逃亡或其他事故，他们是要负责任的，因此，亲切地对待犯人，是圆满地完成任务的最上策。

在列车里，泰介横卧在座位上，度过了几小时。列车到达沼津车站听到了海军航空队奇袭珍珠港，陆军在马来半岛登陆的消息。一场大战开始了。战线长达数千公里，遍及太平洋各岛屿。在车厢里，士兵们都在谈论战争，仿佛日本的前途非常光明。

静冈的街上，号外的叫卖声，收音机广播的军歌声响成一片。天皇颁布了宣战诏书：“……朕切望陆海军将士，全力奋战，以期达到征战之目的……”

战争！战争！街上的收音机彻夜广播大本营的公报和军歌。就在这一夜，苇泽二等兵被担架抬着从禁闭室送进了陆军医院。他并不晓得前天他的妻子曾从东京来静冈看过他。他躺在病床上，茫然地睁着眼睛，心里却想着日本的未来。

第二天9日早晨，宇留木被叫到班长屋子里。广濑军曹趴在桌上写东西，放下笔，问道：

“苇泽住院了，你知道不？”

“不知道。”

“听说发高烧，可能是感冒了，病还相当厉害。”

宇留木默不作声。

“那一天你带他回来，他说些什么啦？”

“什么也没说。”

“唔……这家伙是个社会主义者。从入伍时起就被划作受注意人物，人倒格外老实，并不坏，只因为社会主义思想不加纠正，就无法维护军队的秩序，你说对不对？”

“……”

“不过他既然病了，那是另一回事。你是他的战友，去医院看看他，慰问一下。”

“是，我这就去。”

军曹从钱包里掏出一张五元的钞票。“这点钱你给他买一束鲜花……本来今天我想去的，但太忙了，走不开。你代表我去走一趟。好好嘱咐卫生兵照顾他，再问一下大概多少天能出院。”

宇留木中午前回到部队向广濑军曹作了汇报。卫生兵说，三两天里能退烧。

第二天部队接到了向外地出动的命令。兵营内忙得不可开交，过了四五天也未见苇泽二等兵出院。

珍珠港的偷袭获得了辉煌的战果。在马来海峡的海战中击沉了英国主力舰“威尔斯亲王号”，海军航空队轰炸菲律宾，陆军在该岛登陆。各条战线传来了胜利的捷报。在部队出发前，中队长接到陆军医院的报告，把苇泽二等兵的名字从花名册上勾掉了。

第十二章

上海的公共租界被日军占领了。威克岛也被占领了。香港濒于陷落。日本同法属印支签订了军事协定。德、意两国答应参加日本发动的战争，并约定不单独媾和。佩南岛已处于紧急状态，新加坡快守不住了。日美战争的前景十分光明。“东洋人的东洋”的理想将要实现。“东亚共荣圈”已具体化了。日本国民斗志昂扬。

“真厉害啊，社长。日本海军准备占领夏威夷。据华盛顿的电讯称：在夏威夷群岛中的琼斯登岛进行了24小时的猛烈炮击。16日整整一天，群岛中的加威岛遭到了猛烈炮火的袭击。美军的飞机都被炸毁了。看来开去了一支相当大的舰队。海军真厉害啊！”

冈部总编辑站在社长室的中央，像往日那样快嘴快舌地跟苇泽社长说话。悠平站在窗户口，眺望窗外的景色，没搭腔。冈部这个人很奇怪，不管别人在想什么，他非得把自己想说的话一次倒干净不可。

“香港快陷落了。新加坡的攻占比预计要快得多。英军司令官广播，要求美国空军支援，否则新加坡守不住了。日本军数量多，装备精良，占绝对优势这三个因素迫使新加坡处于绝望的境地。打得真漂亮！”

“战争这玩意儿，不打一打就不晓得它的结果。那些洋鬼子们可会宣传呐。实际上不是那么回事。这一仗拿下新加坡，澳大利亚便孤立了。占领了夏威夷群岛，胜利属于我们了。印度肯定会掀起独立运动。马来亚人恨透了英国人，爪哇不满意荷兰的压制，他们都将一齐起来反抗。总之，已到了有色人种奋起的时刻。还有非洲的黑人和美国本土的黑人也会起来反抗。白种人统治世界的局面已临近崩溃。这才是人类文化的大转折时期咧！要是以上这些能够实现，那才是真正的‘圣战’哩！”

社长脸上浮起一丝淡淡的微笑。听了总编辑这些幼稚的话，好像吃了不消化的东西，使他心里难受。奇怪的是，最近持冈部熊雄同样观点的人突然多起来了，这些人听到打了几场胜仗，统统成了军国主义者，一吃败仗马上变成反战论者。这些人即是所谓“庶民”。

一句话，他们好似临风飘摇在河岸上的芦苇，随风倒。冈部熊雄是一个普通的编辑，是个随时代潮流赶时髦的人物，是个搜集时兴言论的机会主义者，是个以新闻取悦于读者的编辑技术专家。可是他又是一根脆弱的芦苇。他成天抬着头观测风向，对头上刮过的飓风从来也不想对抗。

过去冈部骂情报局军人不明事理，对军部的独裁愤愤不平。而现在他却讴歌起“圣战”来了，并对军部的强大表示钦佩。社长很不喜欢他这一点。街头巷尾的流氓偶然把拾到的钱包还给失主，但决不能改变他流氓的本质。悠平最厌恶军人，对一切凭借暴力镇压人民的人——什么内务官僚、特高警察、法官、暴力团，他统统都讨厌。

现在军部篡夺了政府权力，任意支配议会，把国民当作奴隶使唤。《新评论》的处境越来越困难。而《新评论》则是他最后的据点、最后的防线。他万万不能退却。

悠平拿起手杖，出了社长室，他在回家路上，挤上了满员电车。他拄着手杖站着，车上人们打开晚报的大标题很自然地映入他的眼帘，人们谈论的话题也离不开战争。

“我的弟弟上个月进驻印度支那航空基地，此刻也许在轰炸新加坡吧！”

“是吗？我的堂兄是海军炮术大尉，乘坐新型的巡洋舰‘熊野’号，看来已开到了南洋，‘熊野’的性能特别厉害。”

“听说，菲律宾有 6000 个小岛，能给我一个小岛就好了。”

“你要干什么？当岛上的国王吗？”

“不当国王，当个酋长也行嘛。”

悠平半闭着眼睛毫无表情地倾听那些人的谈话，心里感到孤寂。这些人是庶民。庶民很单纯，不懂得怀疑，生性耿直、诚实，头脑空虚。他们步调一致跟着国家走，心里才觉得踏实。悠平却被抛在一边了，好似河中的木桩一样孤独地迎着风浪。

回到家里，悠平立刻问迎上前来的夫人。

“榕子回来了没有？”

“还没有呢？不知道发生了什么事？”

悠平无法回答她的问题。泰介一直没有给家里写信，也许出征了。妻子总也放心不下，又动身去静冈，说定当天回家，可是到天黑还没有回来。

老夫妇俩加上邦雄三个人在孤寂的气氛中匆匆用完晚饭。这几天邦雄参加提前毕业的考试，航空部队的实战演习使他精神振奋。这个鲁莽的青年的灵魂早已飞向战场。他梦想击沉一艘敌人的大战舰。珍珠港奇袭成功的场面像幻影似地在他脑际盘旋。他把报纸摊在桌上，边吃边看战争新闻。收音机里播送着有关战争的报导，他几乎一件不漏全听了。

父亲默不作声慢悠悠地喝着酒。

关于和有美子订婚问题，父亲依然没有表态，邦雄不想同父亲谈。父子之间的隔阂依然存在。谁都不主动去清除它。这样一件小小问题——男女之间的爱——在这激烈动荡的年代里直接与国家命运相联系着。一百万士兵抛弃自己的妻子被送上战场，战争破坏着爱情。为了使爱情不受破坏而进行的反抗，却造成无数的悲剧。

晚上10点，榕子才从静冈回到家里。“我回来了。”她向公婆请过安，好像卸下一副重担似地深深地叹了口气，呆呆地站在那儿，好似受了严重的打击。

昨天中午，她向联队的门卫打听，要求与丈夫会面。卫兵说苇泽泰介所属部队接到命令，早就出发了。

“出发以前应该有会面的日子，你没有接到通知吗？”

“没有接到。”榕子急得脸色苍白答道。

这不可能吧，也许弄错了吧。可是部队确实已开走了。再问也没用。这时，卫兵室里另一个下士官说，还有四五个人留下，是不是有他？他命令一个卫兵到兵营内去查一查。过了十分钟回来说，苇泽二等兵在出征前得了病，目前住在静冈陆军医院里。

她立刻赶到医院。医院传达室里一个青年绷着脸不耐烦地问她：是内科，还是外科？榕子答不上来。她心里没底，只担心丈夫是否已经下落不明了。

又等了30分钟，终于在花名册上找到了丈夫的名字。说在第三栋、第五号病室。她在长长走廊上走了好久，好容易才找到那间病室。从房门外看，里面并排了二十几张病床，室内弥漫着药臭和尘土味。她一推开门，20张病人的脸一齐朝她看。她一时找不到泰介的病床。只听得跟前的病床上有人叫她：“榕子！”她竟然认不出丈夫的脸来。满脸胡子，面颊也塌下去了，眼睛大得吓人。她从来没见过丈夫这般模样。惊愕和恐怖使她心脏激烈地跳动。

病室里那么多人，榕子不便哭出声来，越不能哭，她越憋得难受。她赶紧跑出去买些水果点心来，把冰块塞进发着烧的丈夫嘴里。她像掉了魂似地度过了两天。在归途的火车中，她把头缩在大衣领子里，哭了好几个小时。

她只知道丈夫因剧烈演习而病倒的，泰介并没有将他受广濑军曹拳打脚踢的事告诉妻子。

六家综合杂志的社长和总编辑突然被情报局传去，通知说下午一点钟集合。悠平和冈部两人前去赴会。

下午一时，情报官佐佐木少佐右手拿着一叠纸，走进 12 个人正在等待他的会客室。他一进门就大声嚷道。

“各社的社长和总编辑都到了吗？”说完，向四座扫了一眼。

“都来了。”

“好。大家都坐下。今天没有别的事，就是向你们宣布一下综合杂志的今后方向和编辑要点。总之，这一场战争非同小可，国家必须全力以赴地作战，作为言论机关最重要的一环综合杂志必须率先付出一切牺牲，对当局采取合作态度，这是最重要的一点，大家都明白吗？”

少佐的口气像是在下达命令。不允许别人提出不同的意见。少佐拿着打印好的纸片开始读起来。他装腔作势，用的是读天皇诏书的语调。

> 为了使这个以建立世界新秩序，重建东亚为目的的大东亚战争取得彻底胜利，取得言论机关，特别是综合杂志的积极合作是必不可少的。为此提出如下编辑要点，望予遵照执行。
>
> 一、经常把舆论统一放在首位，竭力避免发表使社会产生疑惑的言论；
>
> 二、加强对政府和军部的信赖感，努力使国民支援圣战；
>
> 三、严加警惕，防止泄露政治，军事机密，切勿懈怠；
>
> 四、自由主义及其他左翼思想是从内部瓦解战斗力的大敌，对此类言论不得予以刊登；
>
> 五、对政府军部发表的事项不得妄加批判；
>
> 六、对敌国的政治、军事、社会、文化等的批判与研究，即使无损于大局，也不得滥加赞扬。

读完以后，少佐将复写好的纸片发给每人一张。苇泽社长平静地笑了笑，把纸片接进来放进口袋里，会议一共进行了 7 分钟。悠平想：事到如今，不必侈谈言论自由了。聪明一点，趁早把杂志停办了好。

当夜，苇泽社长邀请了五位要好的朋友去赤坂某饭庄吃饭。傍晚，他要了一辆出租汽车，独自下了电梯，走出了大楼。

从12月8日开战只不过过了10天，日本国民并没觉察到日本社会已发生了极大变化。而悠平却没有忽略这一点。比起战线的移动，他更注意后方的社会动态。

开战第二天，警视总监发表了谈话，彻底取缔囤积居奇；内务省的官员发表广播演讲宣称：空袭并不可怕，决心保卫东京到底，不允许任何人出去避难。甚至连存放足以糊口的粮食，以及躲避空袭也不为当局所允许。

13日，政府公布了“企业许可令”。对商业，原则上采取全面禁止的方针，只限于对国民生活及物资分配上有所帮助的企业才酌情批准开业。

其次颁布了“新闻事业令”。根据这一法令，全国各报社按照当局命令合并或解散。从统制言论已发展到对言论机关实行统制了。

仅仅10天，日本国民竟然被夺去了这么多自由。

今天，苇泽悠平从佐佐木少佐那里领来了一张所谓“编辑要点”。这已经足够了，还有什么话可说呢？汽车从虎之门向着溜池大道驶去，车驶过“满铁”大楼，楼房里灯火通明。他鄙夷地看也不看它一眼。在“三光亭”里有五位知心朋友等着他。他渴望会见这些推心置腹的朋友，听听他们颇有见解的谈话，来抚慰自己失去自信的心。

一进门，中年的女掌柜赶紧迎了出来。她穿一身条纹的和服，晃动那被水酒泡瘦了的肩膀，满面春风地说：

“社长，你可来晚了。”完全是花柳界的腔调，“大家都等急了。我正要给您打电话哩！这场战争可了不起啦，打了大胜仗啦，万万岁！您府上的大公子到哪儿啦？可能已在菲律宾登陆了吧！”

“生病了，托您的福还活着，住在静冈的陆军医院里。”

悠平来到里面大厅里。客人们围着火钵静悄悄地说着话。他们都不是谈笑风生的年轻人，而是些年过半百、保持明治以来传统思想的自由主义者。悠平向众人问候后，在下座坐下。三个艺妓很快地把酒菜端上桌来了。

清原节雄对着老新闻记者和政治评论家安藤真治发表他的高论：

“外务省中松冈派认为这次初战获胜是松冈外交的功劳。古人有言，胜者为王，这次进驻印支是一种粗暴行为。他们用既成事实来辩明这次侵略行动是正确的。再说尾崎秀实君被捕一事，当局说他向外国泄露了机密。其实他不过说了不管美日会谈背景如何，日本还没有发动战争的决心。因此美国放松了警惕，在珍珠港一带没有设防，因此从结果来看，尾崎君倒是位救国的恩人。”

"我看这场战争很危险。看来好景不长啊!"敕选议员,老文学家摇了摇他满是白发的头,平静地看了悠平一眼。

"……日华事变持续了四年半,国家的力量已快耗尽了。从目前看,太平洋上战果不小,但美国并没伤元气,最多两年就能恢复实力。三国同盟是靠不住的,德国和意大利对日本发动战争起不了什么作用。"

这位老文学家是个高傲的自由主义者,根据特高警察的指令,禁止他向报纸、杂志投稿。

安藤真治笑容满面地对悠平说:"苇泽君,您的杂志慢慢地在变,怎么说呢?好像有点妥协了。军部的挑剔相当厉害啊!"

"岂止是相当,而是彻底被控制了。比如高桥三吉大将的《海军作战论》、松村报导部长的《告国民书》,我们根本不想登,可是你不登,检查当局通不过。而且检查部门不止一个。什么陆海军报导部、特高警察情报局、航空本部、参谋本部,还有企划院、翼赞会、兴亚同盟本部、出版文化协会都有权利限制你,检查你。我们简直一动也不能动了。而且检查方针各不相同。比如清原君是情报局最注意的人物,可是海军报导部还允许他写文章。"

"真难办啊!"

"真焦头烂额啊,我怀疑这杂志是否还有必要办下去。"

"我认为议会最糟糕。"

"那不能怪议会。这次临时议会通过二十八亿的军费,假如有人表示反对,开完会马上把你抓到宪兵队去。议员们都怕死啊!"

"这样一来,完全成了宪兵政治了。"

"这有什么可以奇怪的,东条本人就是宪兵出身嘛!"

酒过三巡,谈话渐渐活跃起来了。悠平把今天从佐佐木少佐那里拿来的"编辑要点"掏出来给大家看。老文学家戴上老花镜,从头至尾读了一遍,又递给第二个人,慢悠悠地说:"总而言之,东西方古今的历史都一个样,谁掌握了强权,首先封住老百姓的言论,其目的要求老百姓作出某种牺牲。在征重税以前,禁止谈论国家经济。在无限制征兵以前,禁止谈论人权。苇泽,倘若您出任总理大臣也会这样办的。所以我认为政治本身就是罪恶。"

"不,我有不同意见。"清原节雄放下筷子,接过去说:

"说政治就是罪恶,那是指拙劣的政治。开明的政治不让人民受痛苦,而让人民乐于接受。广开言路,体现民众的希望。"

"你说的那是一种理想,上古时代也许有过这样的政治,近代社会中恐怕再也不会实现的。"

“情报局和宪兵队把我当作国贼看待。我以为比起佐佐木少佐之流，我相信自己才是真正的爱国者。”

“然而，目前政治当局极其可怜，既无自信，又无技术，害怕民众，害怕我们的言论指出他们的缺点。像你这样敕选议员，竟然禁止你向报章杂志投稿，世界上哪有这样混账的事？”

……

“我认为继续把杂志办下去，”安藤探出身子坚定地说，“一直办到当局勒令停刊为止。要是社会上充斥着《国论》这样的右翼御用杂志，那就更糟了，这简直是文化的逆流。”

“可是《新评论》照现在这样办下去，可很危险啊！”

“事实上，现在已经够危险的了。”

“所以说，我们除把杂志办下去以外，没有别的出路。”清原节雄说。

总之，杂志还得继续办下去。自己在社会上虽已处于四面楚歌的境地，但在这儿还有三个志同道合的伙伴。他们都是有头脑的，有独立见解的。这些人并非政府和军部的宣传能随意牵动的。现在骂他们是叛徒，是自由主义。可是曾几何时，他们发表的文章，有许许多多共鸣者，他们指导过日本的言论。

不论时代的风云如何变幻，不论社会上有何风潮，他们决不随波逐流。他们在抵抗中锻炼出来。随着年老，在他们脸上始终显露出一种精神上的美。这种美在靠军需工厂发国难财的人的身上，在投靠右翼卖身求荣的人的身上是绝对看不到的。

拿着空酒壶站在那儿的女掌柜突然走过来对着悠平的耳朵轻轻地说：“社长……我有话跟你说。”

悠平随着她踱到屏风后面，女掌柜踮起脚凑到他耳边低声说道：

“这话我不知道该说不该说。四五天以前，《国论》的记者在这儿跟宪兵队的人一起吃饭，说了你们《新评论》许多坏话，你得小心点，宪兵队是不好惹的。”

女掌柜的神色十分紧张，真的替他担忧。

“谢谢您，我明白了。不要紧的，随他们的便，反正我已经什么都不在乎了。”

“不要那么说，不在乎可不行……那些人碰不得。”

悠平微微一笑，没理会她，又回到座位上。不知怎的他觉得情绪更加兴奋了，心里又涌上了新的勇气。

第十三章

年底前，榕子又去静冈一趟。泰介的病情有所好转，正坐在病床上看杂志。

辞去了战斗的旧岁，又迎来了战斗的新年。日本军占领了香港；马来半岛上的陆军越过槟榔继续南下。潜水艇炮击美国太平洋沿岸。一月初日军攻占了马尼拉。菲律宾战局大局已定。

随着战争的胜利，国内生活却日益紧迫。企业统制令实施后，中小工商业者被迫合并或停业。政府又向议会提出增税11.5亿圆的计划。厨房的煤气和电灯都要纳税。军部又向议会提出增拨临时军费180亿圆的预算。仗也许打赢了。但军费总是国民的负担，它不能不威胁着国民的生活。

从一月份起衣料实行布票制，粮食和调味料实行定量配给，黑市买卖跟着开始了。配给量甚少，不得不黑市上买高价粮油以补充不足。国民暗暗地产生不快，从而对国家发生怀疑。

一月底，苇泽泰介在"痊愈"的名义下出院了，并解除了兵役回到家里。

如果他真的"痊愈"了，军队决不会免除他的兵役。只不过军医见了他的病情暂时稍有好转赶紧把这个添麻烦的士兵解除了兵役，借以推卸自己责任而已。

当妻子迎接这位病得瘦弱不堪的丈夫时，她首先感到的不是高兴，而是悲伤和愤慨。四个多月军队的"教育"把他的身体彻底摧垮了。但她又感到喜悦，因为从今天起她可以精心伺候丈夫了。但喜悦不能抵消她心中的悲愤。当她抚摸着泰介瘦削的脸庞时，不止一次倒在他的怀里放声痛哭起来。

泰介在家休养两天以后，第三天下午，到山根法律事务所看望老同事。事务所依旧是老样子。山根律师特别高兴。在银座某饭馆请他吃饭，可是他没有一点食欲，一滴酒也喝不进去。

泰介在拥挤不堪的电车里摇晃了半天，好容易才回到家里。他跨进了大门，坐在门框上直喘气。他觉得闷热难受，解开了围巾。榕子出来一看，见他脸色苍白，额角上流着冷汗。

"妈妈！妈妈！"榕子尖声地喊了起来。她把丈夫扶起来，埋怨他说："我说你再休息几天，你总是不肯听话。你瞧，你的身体还不行吧，至少得休息个把月再说，现在还谈不上工作。"

妻子的口吻像是在训斥淘气的孩子。婆媳俩架着他回到房里，伺候他脱了衣服睡下。体温升到了三十八度。

这一夜，榕子几乎没有合眼。第二天一早她给娘家的父亲打了个电话，求他赶紧出诊来替泰介诊治。榕子那副慌慌张张难以自制的样子，刺激了独身的邦雄。在早饭桌上，邦雄挖苦地说：

“嫂子，不要这样大惊小怪，三十八度的烧，没事儿。”

榕子没搭理他。

看见嫂子忙忙碌碌的样子，邦雄想起了有美子。他羡慕哥哥，感到自己身边没有一个像嫂子那样疼爱自己的女人，寂寞得心都快碎了。自己最近就将入伍，想到自己的孤独，对父亲不理解自己感到愤慨，他决心在入伍以前把自己和有美子的婚事定下来。

如果父母不允许，不能采取正式手续，那只有采取私订终身的方式。但他又担心有美子不一定会赞成这种秘密的约定。

儿玉博士忙着给住院病号查房，给门诊病人看病。榕子又打电话去催，一直到中午时刻，儿玉博士才坐着自备小汽车来到苇泽家。

这位胖乎乎小个子老人含着微笑，注视着因睡眠不足而浮肿的榕子的脸，听她诉说泰介的病状。他坐到病床旁，先不动手诊察，看了看泰介的脸说道：

“看来受的折腾还不轻呐……”

儿玉博士像伺候婴儿洗澡时那样，用他充满着深情的手，诊察泰介的胸部和背部，不由地吃了一惊。

“病还没有痊愈哩！”老人嘟囔了一声。

“是吗？”

“抽过水吗？”

“抽过两次。”

“右边疼吗？”

“睡觉时右侧在下面，一受到压迫就痛。”

榕子在准备注射这当儿，博士给泰介的手腕消了毒。患部在胸部的右下方，有可能是腹膜炎，也不得不提防患结核。他转过身对女儿说：

“我看这样吧。今天也行，明天也可以。你把他带到家里去，在那边治疗一个时期吧。你也一块儿去。”

“我也是这么想的，妈妈，您看怎么样？”

茂子夫人已经看到诊治结果，说道：

“那敢情好……拜托您了。这样我们也放心了。”

儿玉博士把针头插进泰介瘦弱的手腕里，把药液慢慢地注入他的体内，低声地说：

“我朋友的一个儿子在炮兵部队。在把炮拖上山时，拉炮的马绊了一个跟斗，炮车往后倒了一两尺，正在炮后面的那个孩子，被大炮撞在胸部上，当时没觉得什么，不久得了肋膜炎退伍回了家。”

那朋友的儿子半年后死了。可是博士没提到他死。

“是的，这种情况是常有的。”泰介嗫嚅道，“我也是被踢的。”

“啊……是吗？”博士点了点头，“对。军队里的马好踢人。”

“不是马。”

榕子怔了一下，凝视丈夫的脸。

“不是马，那是什么东西踢了你。”

“是下士官。”

“啊！是人？……”

“是班长。”

“班长，是少尉吗？”

“军曹。”

这会儿茂子夫人和榕子都不吱声。博士默默地把注射器收拾好，站了起来。

“这么说来，你可能犯了什么错误喽！”

“是的，夜间演习时，把刺刀鞘丢了。”

“唔，这种事常有的。”博士把器具放进皮包里说道，“士兵放哨时打瞌睡，被值班的下士官发现了，恶作剧地把他的枪藏起来，士兵一醒来急得没有办法只好跳了井；有的掉了刺刀在厕所里上了吊……像你这样被踢了两脚还算是幸运的……”

父亲觉察到女儿情绪激动，故意说了这些话宽慰她。然而，她的心惊愕得难以平静。人居然能踢人。而且仅仅为了丢失一把刀鞘。

“这个军曹现在干什么去了？”

“出征了。”

“上哪儿了。”

“不知道，也许马来亚或菲律宾。”

这简直无法抑制的愤怒。那个踢丈夫腹部的人，竟然以天皇的股肱之臣出国进行“圣战”去了。她难以扑灭燃烧在胸中的愤怒的火焰。难道军队中都是以暴力来维持秩序的吗？

第二天一早，榕子在汽车的后座上铺好了被褥，让泰介睡在上面，带他去父亲的医院。那是一个阳光暗淡，非常寒冷的早晨。在荒地的上空飘着几个风筝。丈夫闭着眼睛，榕子抱着丈夫的头也闭上了眼睛，她在想像对丈夫拳打脚踢的军曹一定是个颧骨高高的、瞪着大眼，走起路来摇头晃脑、厚嘴唇、大板牙的男人。这个人简直跟野兽一样，竟然把自己的泥脚往人家身上踩，一定是个不懂得道德尊严、不懂艺术的野蛮人。这个人不会有学问，用嘴唇舐着铅笔刚学会写自己的名字。他的手指粗得要命，长着长长的指甲，鼻梁塌下去，跟猩猩一模一样……

在通往目黑的马路上，遇上了二十多辆坦克行进。隆隆的轰鸣震得地面都在颤抖。炮塔上飘扬着小小的太阳旗。坦克车身涂上了伪装的迷彩，显得格外威武。榕子忽然想起踢丈夫的那个人，也许就像坦克一样看了叫人害怕。

泰介眯缝着眼睛，倾听着坦克隆隆的响声。他那瘦削脸上的表情，好像几个月的军队生活已过去了很久很久。在这个严峻的时代，谁要是不堪于军队生活被军队赶出来的话，那么他在社会上便失去了发言权。现在泰介已成为这个时代的落伍者。

入夜，苇泽家死一般静寂。悠平面对着茂子夫人默默地喝着酒。邦雄踏得楼梯吱吱作响，从二楼下来了。他整天穿着飞行茄克，走到父亲跟前一本正经地坐下，双手放在膝盖上，耸着肩膀直盯盯地注视父亲。

“有什么事吗?”父亲微笑道。

“请您放下酒杯听我说。”他已拿定了主意。语气里似乎有一种压倒父亲的力量。

“好!”父亲放下酒杯，对这个憋足了劲的儿子，悠平仍不失作为长辈的宽厚，从容不迫地说：

“是不是关于有美子的事?”

“这是其中之一。”

“唔。还有别的事吗?”

“作为儿子，我说这样的话也许太放肆了，但我觉得不说不行。也许我不孝顺父母，请您原谅。”

邦雄瘦削的脸上露出紧张的神色，两眼炯炯有光。面颊上还没有脱掉孩子气。

茂子夫人小声地笑了。

“雄儿！你和爸爸说话可以随便一点嘛！不要像声讨仇人似地背台词，爸爸会好好地听你说的。”

“好啦，让他说吧!”

“那么我说吧。首先我希望父亲彻底改变自由主义立场。父亲的思想已不止于父亲自己，通过《新评论》流毒于整个日本。严重地说，它起着从内部瓦解日本民族团结的作用。为此，我经常受到友人和前辈们的严厉指责，我觉得抬不起头来。现在是非常时期，比起言论自由来，更重要的是为了胜利必须牺牲一切。一打了败仗，什么自由也没有了。从这个意义出发，我希望父亲彻底改变态度。这是我入伍前的愿望。”

打了败仗，什么自由也没有了。为了争取胜利，必须忍受一切牺牲。

多么漂亮的道理！可是在这漂亮的道理后面有多少虚伪和罪恶。借着军纪军规的名义，对陆海军的义务兵身上，干了多少残暴的事。

为了确保陆海军军需物资的生产，在“动员一切工厂实力为战争服务”的漂亮口号掩盖下，军人和工厂进行了肮脏的交易，在工厂居于监督地位的军人，公然接受厂方的馈赠，配给工厂的原料和器材在监督军人默认下转手倒卖了。

战争日益扩大，言论统制更加严厉。对军部方针采取阿臾[谀]奉承态度的寡廉鲜耻的报纸杂志陆续创刊。这些报纸杂志的主编与陆海军报导部勾结，获得了多额的配给纸张，在慰问将士的名义下，印了大量刊物，经报导部之手纳入军需品，大发横财。

一到傍晚，军需部和报导部的军官们脱下军服，换上便衣，应邀到筑地、赤坂的妓院通宵寻欢作乐。商工省和内务省官僚和工厂企业主勾结在一起，把稀有物资作为交易，每夜沉溺于酒色。“星”、“铁锚”、[①]情面、黑市、票证这些名词成为民众最可憎的语言。陆海军成为社会的太上皇和独裁者。在妓院和饭庄里寻欢作乐的人，不是军人便是官僚。在这场把国家作为赌注的战争中，社会的颓废，首先是从上层领导开始的。

上层领导的道德败坏是在“为了争取胜利，必须忍受一切牺牲”的宣传口号下，在压制民众的批判情况下逐步发展形成的。

邦雄入伍前攻击父亲的自由主义的悲愤心情是可以理解的。悠平觉得把上层领导的腐败说给儿子听，恐怕也无济于事。他看着这个天真而善良的儿子，只得面带笑容地说：

“好吧！你说的话我都明白了。让我考虑一下吧！”

可是邦雄性子很急。

“不，不是考虑一下的问题，我希望在我出征前，听到父亲说放弃自由主义。”

---

① “星”代表陆军，“铁锚”代表海军。

“这个问题……”父亲依然耐心地说，“一个人的思想问题并非一朝一夕能改变的，你的忠告我明白了，不过当前我还不能放弃自由主义。”

“即使被人们骂为国贼，你也不在乎吗？”

“即使被杀头我也不在乎……好吧！这个问题暂时保留一下。此外关于有美子的事，我想听听你的意见。”

邦雄沉默了一会儿。他那充血的眼睛凝望着桌子，忽然抬起头来，嘶哑着嗓门说：

“上次我已经跟您谈过了。我希望在我出征前把我和有美子的婚约定下来。打那以后，我作了种种考虑。我懂得不能因为自己的任性和一时的感情冲动给一个女性带来不幸。但幸与不幸似乎是命中注定的，不能由当事人自己来选择。我认为，我即使在战场上牺牲，我也是幸福的。而有美子是否会因此一生都不幸呢？谁也无法说。如果我现在不同她订婚，我认为在我死以前是不幸的。而谁也不能说，这样做对她是幸福的。我认为不能把将来的幸福考虑过多，从而牺牲现在的幸福。我记得您劝我延期订婚，那等于两头落空。我希望你无论如何赞同我同她订婚。”

这又是一篇堂堂正正的演说。悠平懂得他为婚约而苦恼。这颗为爱情而苦思冥想的年轻人的心，实在太可爱了，甚至使他感动得热泪盈眶。此刻他突然想起三十年以前自己向此刻坐在面前的茂子夫人求婚时的苦恼，禁不住笑了起来。

“你的心情我是十分理解的。你说，延期等于两头落空。但我认为你现在只应当服从命运，等待外部情况好转。如果情况不好转，就应该避开这个厄运。”

“爸爸，你不懂得爱情。”邦雄反驳说。

“这一点我比你懂。”父亲笑了笑说。

“爸爸，你考虑爱情太机械了。因为过两三年爱情会发生变化的。”

“那也有可能的。”

“对这种变化，爸爸能够负责吗？”

邦雄心里一着急，竟然说出这种无理的话来。

“你别说傻话了，爱情发生变化是常有的事，做父亲的能替你负什么责任？”

“假如延期订婚，等我从战场上活着回来，因为爱情发生变化而不能订婚，难道你不感到有责任吗？”

“两个人真有爱情，不会发生变化的，等你打完仗回来结婚也不晚。如果爱情发生了变化，那又有什么办法？结了婚的夫妇也有闹离婚的嘛。”

“爸爸，你这是强词夺理，逃避责任。”

“我可不逃避责任。”

“您确确实实逃避责任。你是个自由主义者，对国家不负责任。一句话，你只顾自己，对什么都不负责任。”

“邦雄……”茂子夫人听不下去了，插嘴说，“你用得着使这么大劲和爸爸争论吗？万一儿玉伯伯拒绝了这门亲事，我看你怎么办？你看你嫂子现在的处境，我们看了心里也不好受。亲戚之间的来往，不要叫人家太为难。儿玉伯伯家两个儿子都出征了。你得考虑到这一点，你爸爸考虑问题比你全面。你的爱情是可以理解的，可是除了爱情以外，还应考虑到其他各种情况。”

“妈妈，我认为爱情问题解决了，其他问题都可另作考虑。”

“那不对……”

“好啦，不要多说了。我都懂了。爱情归根结底是当事人两个人之间的事。我的问题我自己负责，请你不要干涉我，就这样吧！”

邦雄一蹬脚站起身来，把楼梯踏得格格作响上楼去了，留在茶室里的父母无可奈何地接受了最后通牒式的告白，凝视着他的背影叹了口气。

悠平重又举起酒杯。茂子夫人吃吃地笑起来。

“真可爱啊！男孩子都是这个样的。”

“怎么办呢？”

“不用去管他。此刻他正是兴奋时刻，谁的话也听不进去。”

“我给他端杯红茶去。”

“唔，你端去吧，他正固执己见，安慰他一下也好。”

夫人端了一杯红茶，杯盘里又放上两个苹果上楼去了。不多一会儿下来说：

“正在哭哩！”

“唔，……没关系，他自己会找到出路的。”

父亲的想法太简单了。其实青年时期邦雄的感情比大人们想的更为炽烈。一旦倾心于一个女性，他便无力恢复自己的理智。爱情的苦闷；为了实行爱情的誓言的真诚；对不理解自己的父亲的愤慨；对父亲自由主义的反抗；对哥哥的羡慕；夹杂着即将入伍的悲壮感驱使他的心一刻也平静不下来。这是危险的感情，使他产生了错觉，把自己看作是个英雄。

当夜，邦雄趴在桌上一直到天明，用毛毯裹住脚，背上披着大衣，继续写他激昂慷慨的文章。他觉得对父亲已没有什么感情。为了国家，他决心出卖自己的父亲。

第二天下午，苇泽邦雄借口去看望哥哥，走访目黑高岗上的儿玉医院。

有美子正在西洋式客厅里弹钢琴。她弹的是李斯特的《匈牙利狂想曲》，可是弹得不熟练。她之所以选择这首不熟练的曲子在拼命练习，是因为她内心深处滋长着朴素的爱情，自己跟自己搏斗着。好像只有这样才能多少抑制住自己激动的心情。

轻轻跳跃着的旋律，不多时变成澎湃怒涛、气势磅礴的巨大音响，从有美子的指缝中倾泻出来。这正说明她不堪忍受内心的苦闷。忽然，她如卸重负似地耷拉下肩膀，低下了头。屋子里音响消失了，死一般静寂。她并没察觉邦雄是什么时候进来的。

"有美子。"邦雄轻轻地叫她。

她惊愕地抬起头来，站起身默默地向邦雄走去。她好像预感到有什么事情将要发生，愁容满面地问道：

"您怎么来啦？"

"我来看望哥哥的。"

"是吗？……你见了爸爸了吗？"

"现在他正在给病人看病。"

"后天就走吗？"

"是的，后天一早就走。"

"我给你写信。"

"好。"

"去南方吗？"

"先到霞浦[①]，以后再去南方。"

"要不快去，仗都快打完了。"

"嗯。"

"你身体好吗？"

两人快要分别了，可是有美子还不懂得离别的悲伤。她是个感情朴素、纯真的姑娘。她还未成长到懂得生离死别的苦楚的年龄。她还不理解邦雄来访抱着什么样的心情。她还不明白爱情的全部内容，说话举止表情依然是孩子气。

邦雄感到他和她之间的感受是多么不同啊。他期待她心慌意乱地伏在他

---

① 霞浦——日军在本土的空军基地。

的肩上痛哭一场，可是她完全没有这样的表现。邦雄抓住有美子的手放到自己胸前。有美子本能地采取了防御的姿势，轻轻地推开邦雄迫近过来的胸部，扭过身去。邦雄轻轻地握住她那柔软的右臂。

“今天是最后一次见面了。往后不知何时才能重逢，我也许会牺牲的。”

可是，这样语气沉重的话并没有打动她的心。她此刻感受到的与其说是语言，还不如说是肉体。她和邦雄挨得那么近，她本能地考虑如何防御，但愿今天平平安安地过去。这想法出于女性保护自己的本能。她半转过身，颤抖地说：“不会的，你不会死的。我等着你回来。一定等你回来。”

“真的？一定等我回来？”

“一定。一定。我跟你约定。”

她伸出手，像小孩子那样用小指头去勾他的小指头，两个手指紧紧地缠在一起，一股暖流流遍全身。邦雄喘着粗气说：

“为了你，昨晚上我和爸爸吵了一架。在我从战场上回来以前，爸爸不同意我同你订婚，太岂有此理了。其实我想订婚不过是个形式，只要你等我回来，我就放心了。我自己的事自己负责，不要指望父母了。”

邦雄再一次拥抱有美子，把她的手臂、肩膀都紧紧地抱在自己怀里，有美子闭着眼睛，屏住呼吸、拼命地挣脱他，可是身子越动，拥抱得越紧了。当她感觉到自己的嘴唇和邦雄的嘴唇紧紧贴在一起时，这一瞬间，仿佛全身都陶醉了，身子一动也不能动了。她挣脱了邦雄使劲拥抱的手臂，朝着钢琴走去。

邦雄好像从睡梦中醒来，轻轻地走到她身后，双手搭在她的肩膀上，请求她宽恕。有美子的胸部一起一伏仿佛在哭泣。可是她却使劲地握住邦雄的手。她并没有生气，而是太激动了。

“你一定等我回来？”

她那系着缎带的头使劲地点了两下。

“谢谢你。”邦雄在她身边嗫嚅了一声。

他终和她约定了。一对相爱着的男女订下山盟海誓，紧紧地把他们连在一起了。

天色将晚，咲子夫人在厨房里准备晚饭。有美子一边穿大衣，小跑着走进厨房对母亲说：

“妈妈，我和邦雄出去一趟。”

“上哪儿去？”

“说不上上哪去。他后天入伍了，我去送送他。”

“吃了晚饭走吧，已经快做好了，在家谈谈算了。”

“不，他说要回去。”

母亲擦了擦手，出来跟邦雄道别。因为他终究是个贵客，应该留他吃饭，才算礼节周到。另一方面她不愿意他们俩单独出去。可是这时邦雄早已穿上皮鞋，戴上学生帽，走出了大门。夫人的打算落了空，只是淡淡地跟邦雄道了别。

有美子觉得自己的嘴唇还湿润润的，面颊发烫，浑身好像着了火似的，头部和胸部都在燃烧。这是她初次尝试，可是她已觉得自己第一次懂得男人的意义。今后一生，自己的命运就和这个人紧紧地连在一起了。

来到目黑车站，有美子止住了脚步。邦雄抬头仰望着星空说：

“再走一会儿吧。”

说话声音很小，却具有绝对命令的力量。有美子默默地跟在他后面。她感到男人本能地就具有支配女人的力量。两个人的位置很自然地确定了。

两人在昏暗的马路上走了约摸一小时。寒风吹来，可是两人都出汗了。邦雄生硬地向她表白：

“我希望你坚强起来，我出征期间可能会出现种种情况。我要求我们都不要忘却今日的誓言。”

……

“我已经背叛了父亲，但我认为我这样做是正确的。爱情毕竟是两个人自己的事。我相信你一定会等我回来，我是幸福的。”

……

他俩走累了。紧张的心疲劳了。剩下的只有不满足的心情。邦雄一边走，一边借着街灯凝视有美子苗条的身影。突然她好像把胸中郁闷一起倾吐出来似地抓住他的手说：

“我等着你回来。不论发生什么情况，我都等着你。一定等你，一定等你。”

她喘着气，凝视着邦雄，像是要把他看个够，突然撒开手，小跑着朝着晦暗的街道走远了。跑了约二十来步，她又回过头来，双手捂住嘴，也许是哭了，她的脚步声顺着坡道远去，最后消失在树荫里。

邦雄走进了车站，坐电车到银座。因为防空，车厢里很暗，他低着头苦思冥想。一瞬间的接吻使他兴奋不已，得不到满足的情欲使他冲动起来，他觉得头脑发热，不能控制自己，陷入了绝望的深渊。

下了车，他发现一只邮筒，他来来回回走了三次，终于把向警视厅的告密信塞进了邮筒。

他确实也认识到自己做了一件坏事，但转念一想，这是为了国家，也就心安理得了。他把自己赶进了死胡同。但有一点使他骄傲，他已经同一个女人订下了终身。

第十四章

早晨七点钟前邦雄出发了。对父母来说，邦雄的告别似乎留下了不愉快的回忆。

邦雄把行装整理好，规规矩矩地坐在父母跟前，只说了一句："我走了！"茂子夫人依然像往常一样和颜悦色地问道：

"没有别的事了吗？"意思是探听一下与有美子的婚约如何办。可是儿子生硬地点了点头，什么话也没说。

他对父母没有作任何爱的表示，也不把自己的心事告诉父母，母亲送他到门外，他连头也不回。摇晃着他那高高的个儿远去了。

邦雄走了以后，苇泽家只剩下老夫妇俩。战争给这个家庭带来了无限的孤独。早晨老俩口一边喝着咖啡，一边静悄悄地用很长时间看报，这是多年来在国外生活养成的习惯。

报上的消息说：把敌人赶到马来半岛南端的日本军，终于在新加坡登陆。英军在日军登陆地点，洒上汽油放了大火。塞莱塔军港的石油罐冒着黑烟已经燃烧好几天了……

榕子早晚各一次打电话给公婆报告泰介的病情。根据儿玉博士的诊断：泰介又得了腹膜炎并发症，病情不很乐观。

二月中旬新加坡陷落了。日本军的空降部队降落在帕莲彭岛和梅那得岛。在印尼战线方面战斗进行得非常顺利。日本国内决定举行首次"祝贺战胜日"，家家户户挂上国旗，举行音乐游行，召开国民大会，实行恩赦。

新加坡、菲律宾和爪哇岛被占领后，南中国海便成为日本的内海，海洋上的交通运输畅通无阻。石油、粮食及其他物资均可变为战争资源。日本的战力顿时增加数倍，足以维持长期战争——这是大本营的基本方针。所有日本人都同声惊叹日本强大，以为英美军所以如此脆弱，正因为他们是自由主义国家。而日本急转直下变成军国主义才能所向无敌，所有国民都不能不这样想：至少在目前军国主义是最最正确的。

邦雄去霞浦以后，一个多月没给家里写信。刚入伍军务繁忙是原因之一，但主要是内心苦闷，不愿意写信。

他必须为自己的行为辩解。不辩解明白，他心里不能平静。他告发了父亲，这是对父亲最大的不孝。但这是为了国家的正义不得不这样做。——他在内心里不断为自己辩解，然而他又觉得这样辩解太空洞无力。一直到二月底，他才第一次给有美子写了信。

邦雄的信大部是抽象的兴奋的词藻的堆砌，他只能用这样的文章来刺激自己的心，夸耀自己深明大义来开脱罪责。

——为了我们之间的爱情，我准备牺牲一切，毫无反悔。爱是至高无上的。为了爱，舍弃自己的一切，那是多么幸福啊！

——然而，现在我们祖国正处于兴亡的关键时刻。失去了国家，也就失去了我们的爱情和幸福的未来。我的出征为的是拯救我们的国家，也就是为了确保我们和平幸福的未来。我即使在敌人阵地上空粉身碎骨，那是为了日本，同时也为了你，请你相信我。

——在这个意义上，我和父亲是对立的。自由主义的父亲，抛弃了国家，只顾自己的利益。但要知道离开了国家也就没有个人的安定，没有个人的安定也就不能建立爱的幸福。我们的爱情是和国家命运紧紧地连在一起的。

——要是可能的话，我此刻马上坐火车飞到你的身边。但在目前时代，爱情是一种奢侈的东西。我必须舍弃一切奢侈为国家服务。你也必须抛弃奢侈，为保卫后方的安全而献身。在这严峻的年代里，我们必须忍受一切，只有忍耐才有光辉的未来。当我翱翔在马来亚上空，当我在夜营仰望着热带的明月时，我会时刻想起你。等着我，我一定会回来的。我即使成为桐木箱里的白骨回来时，也将回到你的身边……

写这封信的本人也许没有觉察到他的语言充满着矛盾。但有美子对这矛盾百出的语言却丝毫不感到有矛盾。她是一味地受感动。信上的每一句话，对她来说比圣经还珍贵。

有美子收到邦雄的信后，决定改变自己将来的志愿。她本来正在练习钢琴准备春天投考音乐学校。但考虑目前正处于国家兴亡关头，音乐学校是不是太奢侈了？他能舍弃一切，为国而战，而我不尽全力去保卫后方，怎能和他相配呢？然而，她的想法只是一场美梦。她根本想不到战争的残酷。东亚共荣圈这个十分抽象的宣传口号，她却作美丽的现实来感受。她也不会感觉到国民自由全被剥夺，军国主义的政治风暴将会给她带来不幸。一颗纯洁的心被践踏了。

警视厅特高课长中村麻次郎收到一封署名苇泽邦雄的陌生青年的来信。

告发他父亲《新评论》社长苇泽悠平的自由主义思想以及支持他的自由主义团体，又说《新评论》本身就是反军国主义的。中村课长收到这封信后并不作特别处理，只在调查过的自由主义团体的人名簿中添上一两个名字而已。

然而，写告密信的人却是《新评论》社长的儿子，这倒使他露出会心的微笑。警察胜利了。自由主义者的地盘已从他们自己脚下崩溃了。类似这样的告密信他手中有好几件。在他看来，日本人是喜欢告密的民族。有了喜欢告密的国民性对特高警察的工作帮了大忙。商人告发商人，工厂告发工厂，职工告发职工，女人告发女人，妻子告发丈夫，都打着忧国忧民的漂亮招牌，干着损人利己或损人不利己的勾当，甚至社会主义者告发社会主义者。在这种卑鄙的精神支持下使警视厅不费吹灰之力获取了许多情报。因此他们夸耀日本的警察是世界上首屈一指的。

在接到苇泽邦雄的告密信两个月后，中村麻次郎把《新评论》社长和总编辑叫到警视厅来。那时，宫城的护城河边的柳树刚发新芽，土堤上的蒲公英正开着花。

上午十时，社长和总编辑准时走进特高课长办公室。中村课长从抽屉拿出香烟，慢吞吞地点燃了火，说道：

“你们办的《新评论》真叫人头痛……”

“怎么？又不行了吗？”冈部熊雄说道，“最近我们的编辑方针完全改变了。应该比以前好了。”

“好什么呀！你们再这样搞下去，没法子，不久就叫你们停刊。”

课长的桌上放着十来本《新评论》，从中抽出上月号扔到冈部跟前。冈部打开来一看，原来他以为很“不错的”题为“自由主义的界限和全体主义”的论文，都画着红线。

“因为你本身就是自由主义者，所以认为这篇论文不错，问题就出在这里。”

“那么平贞藏的《南进论》和石原莞尔的《日本在亚洲的使命》，这两篇如何？”

“这两篇当然很好。可是你们拿这两篇文章做挡箭牌，企图瞒过检查当局的耳目，那是行不通的。”

苇泽社长让冈部同中村课长对话，自己一言不发。他泰然自若，根本没把警察放在眼里。课长的眼睛透过镜片向苇泽冷笑了一声。接着从桌子最底下的抽屉里拿出一捆信，找出其中一封扔到悠平面前。

“怎么样？是个稀罕物吧！”

悠平看到信封上的钢笔字觉得很熟悉，反过信封来一看，当邦雄的名字映入眼帘时，他马上猜到信的内容是什么了。他胸口好像被匕首刺了一刀一样疼痛。一瞬间他立刻想起邦雄入伍前的夜晚同他争论的情景。

悠平不动声色地微笑了一下，把信退了回去说："信里写了些什么？对你有用处吗？"

"你自己看看吧！"

"不，不用看我也很清楚。"悠平平静地答道。

警察是国家机关，如果靠匿名信和告密信来左右自己的工作，那它应该受到社会公众的轻蔑。倘若它的工作不受外来的告密信的影响，那么受轻蔑的应该是那些写告密信的人。——这是苇泽社长的想法。

苇泽社长拿起手杖和帽子站了起来。

"谢谢你的忠告，让我们充分考虑一下，订出符合你们要求的方针吧！"

"那好吧！我们毕竟不愿意搞垮你们这样的大杂志。只要你们支持国家的方针，我们也会大力支持你们的。"

这是老一套。先训斥一顿，再安抚几句。然后提出合作的要求，谁不愿意合作就搞垮谁——这是他们惯用的威胁手段。

从弯弯曲曲的楼梯下来，悠平陷入了绝望的孤独。父亲并不是不了解儿子的心情。邦雄写告密信只是出于青年人的所谓正义感。他不允许别人的思想跟他有分岐[歧]。儿子此刻还不具备足以理解父亲的抱负的认识水平，却一味自以为是。当他的爱情受到了父亲阻挠时，很快产生了对父亲的怨恨。然而，他仍然原谅自己的儿子。

苇泽悠平想：新加坡已陷落，爪哇岛被占领，这场战争如果以日本胜利而告终的话，那么苇泽悠平可以活跃的时代一去不复返了。社会一个劲儿向右转。事物发展到了顶点，将会走向它的反面。

出了警视厅，他和冈部熊雄告别，独自向虎之门方向走去，那里有清原节雄主持的外交问题研究所。他想跟清原谈一谈。清原的稿子已经不准登在《新评论》上，他受到了禁止执笔的处分。他必须嘱咐他应该多加小心。晚春的阳光照得宽广的柏油马路锃亮，然而他像走在沙漠上感到无限的孤独。

他是个真正的爱国者。他反对发动新的战争，但一旦战端既开，就必须争取胜利。为了胜利，他反对军部和政府上层领导的偏见和独裁者的骄横。他不能容忍他们腐败堕落。严重问题不在于国外战线上的胜利而在国内……军需生产的利权化，促成了黑市交易；对国民的横征暴敛，民生日益穷困；而军部的上层人物却花天酒地，歌舞升平。他们早已忘记民众的痛苦。当前能够与恶势力斗争的只有极少数有思考能力的自由主义者。

“不管发生什么情况，我决不放弃《新评论》，……我一定坚持到底！”悠平不由地举起手臂对天高呼。

第十五章

4月底，众议院举行了大选。在这以前，社会上成立了以阿部信行大将为会长的名叫“翼赞政治体制协议会”的奇怪团体，推荐当权者作为议员候选人，公开干涉选举。报上大肆宣传这个团体是为了整顿战时议会而提出的体制，是争取“圣战”彻底胜利的必要条件。因此，后方的国民必须抛弃过去选举体制，以期成立“翼赞议会”云云。

作为立法机关的议会，作为审议预算机关的议会已经完全丧失了它的作用。一切言论由于军部的压制都被扼杀了。不屈服于压制的人已由宪兵队拘捕。东条政府企图强有力地控制议会，在议员当选前，对他们进行了所谓“甄别”。这是世界议会史上罕见的暴行。

在这次选举运动高潮时，4月18日早晨，东京发出了警戒警报。美军机动部队已接近日本近海。中午刚过，空袭警报的汽笛拉响了，几架双引擎的巨型轰炸机，从东到西低飞掠过东京的上空。

榕子在患重病的泰介病床边，用汤匙一口一口地喂着丈夫。病人一点食欲也没有，很吃力地咽下送进嘴里的稀粥。病人的身体一天比一天虚弱，榕子也累得直不起腰来了。

窗外，黑色的飞机发出可怕的轰隆声，飞过屋顶上空。跟在后面追击的日本战斗机，相比之下显得机身小，速度慢，像一群小孩跑步猛追远去的大人一样。高射炮轰轰隆隆，弹片哗啦啦地落在屋顶上，像一群恶魔在头上飞过。

30分钟后，东部军司令部公布：我方损失轻微，皇室安泰。

其实损失并不轻微。这时已预料到三年后的惨败，证明美国海军从现在起已有可能空袭日本。国民清楚地看到日本战斗机追不上美国的大型轰炸机。

空袭后过了五六天，茂子夫人到医院看望儿子。泰介从母亲手里接过宇留木的来信。

茂子夫人看望病人，心里嘀咕，看来她和泰介会见次数不会太多了。她想：“比起死在战场上总好得多，身边有父母，又能在妻子护理下死去就算不错了。”

榕子把战友的信读给丈夫听。信上的字大而潦草，一眼看出出于新闻记者手笔。

发信的邮戳是二月底，没有写明部队的位置。好像在婆罗洲一带。宇留木已升为一等兵。

——“到外地后第一次收到国内的来信，其中也有你的一封，知道你已离队。这太好了。想不到你的病竟然到了非离队不可的地步，看来病情不佳，令人担心。”

“我的身体出乎意料之外的健康。在外地执行任务，与过去兵营内生活相比，简直跟闹着玩一样。英国造的威士忌和法国造的葡萄酒都可以毫不费事地弄到手，味道着实不坏。反正最近将要被送到新几内亚或澳大利亚。今天不能预料明天如何，总之这个属于自己的身体得多加保重，不能让它受委屈……”

“广濑军曹已升为曹长。这家伙很乖巧，到国外后，突然变得通情达理，非常好伺候。他经常打酒给士兵们喝，对执勤懒散的士兵也睁一只眼，闭一只眼，不过有时也拿军刀揍人。奇怪的是士兵们都服他。在士兵中间他俨然是“老头子”。令人沮丧的是，这家伙喜欢打仗，而我们这些兵还没有在枪林弹雨下钻过。他是个彻头彻尾的军国主义者，喝醉了酒发酒疯，说他一个人能把东亚共荣圈建立起来，一切问题都得用武力解决……”

“川村在南下途中，因脚气冲心死在船上；上岛得了痢疾正住院；鹤田长脚癣，成天拖着拖鞋。……总之，其他人还活着，但能活多久呢？天知道。……你那漂亮的太太身体好吗？”

泰介仰卧在床上，半闭着眼睛听着榕子念宇留木的来信，瘦削的脸上浮起一丝微笑。军队是残酷无情的组织，士兵之间同病相怜，互相爱护。个个都坦率、幼稚和纯真。不知宇留木此刻还活着不？

榕子读着信，对“广濑”这个名字产生了反感，问道：“那个升为曹长的人是不是踢你的那个军曹？”

“唔……”

她这才知道那个军曹叫广濑充次郎。仇恨的火焰骤然在心中燃烧。丈夫的出征，娘家两个哥哥的出征，父母的孤寂，长期郁积在心中的对战争的怨恨，此刻都集中到广濑一个人身上。

丈夫死了，即使建立了东亚共荣圈，这对她有什么用？东洋人的东洋和她有何相干？她需要丈夫，她不能没有泰介。这唯一的丈夫是她的世界，她的宇宙。

有美子还没有实际的体验。她的爱情像幽灵一样看不见也摸不着，与生活没有联系。她是在梦幻中生活。为了建设东亚共荣圈，她不惜把爱人送上战场，陶醉在虚幻的美梦里。梦支配着她的生活。

“你对这个曹长有什么想法？”榕子问道。

“没有什么想法。”病人平静地答道。

“你受了这么大委屈，得了这么重的病，你还若无其事的，我真不了解你。”

“那不是他一个人的过错。军队就是这样残忍的地方。”

“那我诅咒军队。”

“我已经绝望了。处于这样的时代总得有人付出牺牲的。”

泰介的平静显示出一个将要死的人的情绪，尽管妻子对他的爱情有多么深切，而在他那身上存在一种与世无争、听凭命运的绝望心情。

端午节早晨，病房的窗外，鲤鱼帜[1]在清风中飘荡。泰介在这明亮的病房里终于结束了他不满三十岁的短促的生命。

泰介死以前几天，脸色不但不苍白，反而显得格外红润，精神也特别好。他仿佛已宽恕了别人，也希望得到别人的宽恕。他静静地观察国家和社会的动乱，对苛待自己的上司，他毫无怨恨之心，也不悔恨自己短促的生涯。他始终流露出对父母、妻子歉疚的神态。对榕子仇恨难消的情绪，他不止一次地抚慰她。病的苦痛反而净化了他的灵魂。

在他生命最后一刻，他父母、妻子、儿玉博士夫妇、有美子坐在他的枕边。这些人中只有榕子真正领会了孤独是什么滋味。她跪在席子上，两手支地低着头，紧闭着眼睛，她在竭力地理解自己现在所处的地位。失去了泰介，她这才真正懂得夫妇的重要意义。疲倦了的大脑使她失去了思考问题的能力。这是神的慈悲。正因为她失去思考能力，她才从绝望中得救了。

当天下午，泰介的遗骸被送到苇泽家。只有妹妹和妹夫冈部熊雄，还有舅舅清原节雄为他守灵。第二天中午，“因时局关系一切从简”，根据故人的愿望，只有几个近亲参加，悄悄地举行了葬礼。

派往缅甸的日本军占领了曼德勒。日本已奠定了不败的态势。在这赫赫战果的另一面，在东京的一角举行了葬礼。一根脆弱的芦苇被折断了。一只巨大的军靴把它踩得粉碎。

这里又多了一个新守寡的女人，年龄还不到25岁。

榕子是一位性格倔强的女人。她一心一意地爱着丈夫。葬礼完毕后，她的心似乎已和丈夫一起埋葬了，只剩下失去灵魂的躯壳。她一天不知有多

---

① 鲤鱼帜：用纸或布做成鲤鱼形的旗帜，用以庆祝男孩子节。

〖少〗小时怅然若失地坐在丈夫照片面前。

春去夏来，邦雄一直没有给父母写信。只有有美子知道他的消息。

入伍以后，他的来信尽是些军队中的陈词滥调。什么愿意做一块建设新东亚的基石啦，牺牲一身以报皇国啦，下定决心击灭英美啦等等。

有美子天真地接受这些抽象的话，从壮烈的语言中去理解这个壮烈的英雄的灵魂。于是她觉得自己越来越紧张了。她拼命参加学校里的义务劳动。她和邦雄仅仅一次小小的接触，这美好的回忆就像毒药一样在她身上起了作用。邦雄的面影已成为她内心世界的中心。

8月，他从霞浦的航空队移到馆山机场，接受实战训练。这时他才给母亲写来了第一封信。茂子打开信封一看，信纸上没写上一句话，只用对开的大纸用毛笔写了“一死报国”四个大字。夫人拿给榕子看，笑着说道：

“这孩子怎么啦，也不能傻成这个样啊！”

然而，有美子接到同样字样的纸片时，深深地叹了口气，小心地把它藏到抽屉的最里边。

这一年8月，美国海军在梭罗门群岛举行了反攻。以此为起点，日本在太平洋战争中碰了壁。日美两国的海军和空军在这里激战了好几个月。但是军部和一般国民听惯了胜利的消息，不相信战争陷入了僵局。

要长期维持这许多占领地和漫长的战线，势必影响到国民生活。国家的疲敝在各个方面表现出来了：配给米中掺进了带糠的红米、碎米和没有加工过的麦粒。由于纸张供应不足，下令强制合并杂志，为了彻底控制言论，当局对不听从他们摆布的杂志勒令停刊。

《新评论》的处境越来越困难了。不管当局如何限制，苇泽社长依然没有屈服。即在失去了长子以后，也丝毫不动摇他的信念。

菊花盛开的一个秋夜，儿玉博士到苇泽家串门，要把榕子接回娘家去。儿玉博士不善辞令，不会委婉地表达他的意思。

“内人老是念叨：榕子这么年轻就守寡太可怜了。请你们同意我把她接回去。”

“我们也早想到了。可是，我们不好意思主动提出来，既然你们有这个意思，那么就……”茂子夫人答道。

为了取得本人同意，茂子夫人把榕子叫到跟前说明原委。她听完话以后坚决地说：

“让我在这儿再住两个月吧，不知道可以吗？”

“当然可以。你愿意住多久就住多久。你不论到哪儿，我们总把你看作是泰介的媳妇儿。”

只要一有空，她坐在自己房间里不是看书，就是写日记。她注视着并想理解这个置丈夫于死地的社会情况。她希望自己能被说服，只有被说服了才能死心塌地。

报纸杂志宣传着国家的传统啦，历史的尊严啦、民族的生存啦……她好像懂得了这些抽象的名词。但仅仅丢失一把刀鞘，竟遭到军官拳打脚踢，最后死于非命。这和国家传统有何关联？她无论如何无法理解。

她牢牢记住了广濑充次郎这个可憎恶的名字。她这辈子也不会消除对这个人的仇恨。

12月初，她离开了同丈夫度过一年夫妇生活、引起她无限回忆的房间，回到座落在目〖黑〗高岗上的娘家。她虽有着一颗破碎的心，可是她的容貌却显得更加端庄秀丽了。她决心重新寻找自己的生活道路。她要在动乱的年代中，去理解自己的生活意义。失去丈夫后，她变得更加坚强了。

第十六章

从美国本土，从夏威夷，从悉尼，从加尔各答，从上海的秘密电台传出策反的短波广播，飞向世界上空。电波不分昼夜宣传美国的优势，日本的战略碰了壁。

然而，日本国民却被禁止收听短波广播，谁要是偷听，将要受到严厉处罚。日本人的眼睛被蒙住了，耳朵被堵塞了。

在日本国内允许听短波的只有陆海军担任战略宣传的秘密室、作战部门、外务省、同盟通讯社及广播电台。由于禁止日本国民收听外国广播，大本营放心大胆地捏造了“赫赫战果”的辉煌胜利，让国民天天高呼万岁。

昭和17年(1942)八月开始的梭罗门海战持续了将近半年后，已经无法掩饰日本的失败。太平洋战争已到了一个转折点。昭和18年(1943)1月底至2月初，在黎耐尔岛的海战中，大本营大肆宣传击沉敌主力舰两艘、巡洋舰三艘……可是外国短波电台当夜向全世界揭露日本发表的公报纯属造谣。

海军当局考虑到要加强特别宣传组工作，必须起用有见识的社会人士，集民众之智谋，支援战争。于是海军报导部长平出大佐指示，请外交评论家清原节雄帮助工作。

2月10日早晨，清原节雄在海军省的传达室出示了平出大佐给他的指令，并填写了会客单，上了右边的楼梯。

由于“煤炭统制令”和“金属回收令”的实施，海军省办公楼的暖气设备被拆除了。办公室的海军军官们穿着大衣，搓搓两手翻阅着地图和文件。清原节雄依然礼貌周到地脱下大衣挎在胳膊上，走到正面办公桌前正在写信的平出大佐跟前站住。

“啊，是清原先生吗？……劳你大驾，实在惶恐之至。请，请。”

平出大佐留着一小撮非常漂亮的短胡子，红光满面胖乎乎的脸上戴着金丝边眼镜，小分头梳得锃亮，说话口齿清楚，平易近人。与其说他是个海军军官，还不如说更像一名外交官，他说话态度和气，风度潇洒，具有一种初次见到他的人马上就喜欢他的魅力。说他坏话的人，说他是个巧言令色之徒，只用嘴笼络人、应付人、八面玲珑而不办实事。

他把清原领到隔壁小会客室里，隔着小圆桌对面坐下，说道：

“百忙中，劳您大驾实在过意不去……请。”说着，大佐递过来一支外国香烟。

清原觉得今天气氛与往日不同，看来不至于挨批评了，既然不批评，他找我有什么事呢？一时摸不着头脑。

“嗯……劳您大驾到这里来，非为别事，只因战局已发展到目前这个地步。说实话，我感到武力战已到了最大限度，往后……”

“啊，是吗？”

“往后最重要的是宣传战，要以电波为主，应该让它发挥最大作用。”

“啊，可不是。”

“一谈到宣传工作，比起我一介武夫来，您这位精于此道的社会人士更加合适。”

“唔。”清原节雄等待大佐摊牌。

大佐请清原节雄制定对外宣传的短波广播方针，写广播稿，必要时请他直接对美国播讲，如果他愿意接受这项工作的话，请他就任海军报导部的高级顾问。

清原没有立刻表示同意。他说：

“加强对敌宣传固然重要，但对内宣传这样搞法，您以为如何？”

清原从大衣口袋里掏出一份刚才在电车中读的晨报，指着报上的头条新闻给大佐看。

“你只看看大本营发表的公报，竟然这样撒谎，这样做只能起相反的效果。”

大本营公报说：“目前在梭罗门、新几内亚战线设置了新的战略据点，并已完成，决定以此为基础发动新的战役……”

“上述掩护部队在新几内亚布那附近孤军作战，以寡敌众，对敌人进行多次反击，给予沉重打击。在完成任务后，于 11 月下旬撤出阵地，转移到其他战线……”

全文说得天衣无缝，蛮有道理。实际上在美辞丽句的掩盖下，谁都可以看穿在梭罗门海战中吃了败仗。

“外国人都在收听日本广播，把日本人都无法相信的谎言，说给敌国听，能行吗？最最不相信大本营公报的是当地的部队官兵。坦率地说，我认为这种拙劣的宣传，才破坏了国内的统一。”

“问题就在这里……”大佐不慌不忙笑容满面地说，“所以特地请教您，请您拿个主意。光有军人是不能打仗的，所以请您这位精通英美情况的人来帮助我们工作。”

清原节雄考虑一番之后，当时没有作肯定的答复。他觉得接受军方委托的工作，心里很不痛快，必须好好想想。

这场战争已到了危险关头。美国在珍珠港遭受的创伤已得到了恢复。美国的武器生产正在直线上升。而日本资源贫乏，战线拉长，已面临着失败的危机。

他认为平出大佐或许是个比较通情达理的人物，但军部内部的狭隘门户之见，他这个书生是无法了解的。他不可能在军部指导下随心所欲地工作。

打那以后第二个星期一下午，在丸之内保险协会的地下餐厅里，他按照多年的惯例和苇泽悠平见了面。悠平吃了一惊。几个月以来，这位老朋友老是愁眉不展，悲观失望。今天却精神焕发，满面春风。

“我跟您说一件有趣的事儿，从明天起我便当上海军报导部的顾问了。你看有意思吧。我这个快被特高警察和宪兵队抓起来的人，摇身一变成了军部的顾问。这难道不是莫大的讽刺吗？”

悠平禁不住哈哈大笑起来，探出身子怀疑地问道：“哈哈，他们是不是搞错了？或许是平出大佐一时心血来潮。”

“怎么？他是一本正经请我去的。要我担任对美策反宣传的短波广播。这工作我能干的。这样，特高警察和宪兵总不至于出面干涉我吧！”说罢，清原节雄爽朗地笑将起来，他很久没有这样高兴过。

两人坐定，一边吃饭，清原节雄热情洋溢地发表他的看法。悠平始终默默地听着。

“日本的宣传还能叫宣传吗？大本营公布的击沉美国主力舰数，加起来比美国全部主力舰还多。”

“我最近想，没有比日本国民更可怜的了。不许听外国的短波，自己有话不敢说，更谈不上让你批判了。你说几句不中听的话，说你散布流言蜚语。你无事可干，糊里糊涂过日子吧，又说你对当局采取消极态度。你看不过去，向当局提个意见，就说你是自由主义。一反抗，成了左翼分子。——你想想，哪儿还有日本人的活路？”

“中国拉磨的毛驴蒙着眼睛，一拉就是大半天，现在日本人就像蒙着眼睛的毛驴。”

“所以……”悠平插嘴道，“你想把毛驴眼睛上的蒙眼儿拿掉吗？”

“你说对了，我想把这块蒙眼儿揭掉。”

“你太天真了。不要抱这么大野心，你这个工作干不长的，正因为干不长，不会有什么结果。”

“唔。这话不像是你说的。”

“我认为日本已病入膏肓。所以我认为日本人眼睛上的蒙眼儿是拿不掉的。”

“何以见得？”

“归根到底要出大问题。”

“难道会吃败仗？”

“我看差不多。”

“我也是这么看的。”清原把叉子扔到桌子上说，“……我想在吃败仗以前，设法把蒙眼儿拿掉。我不能袖手旁观。你自己历尽千辛万苦把《新评论》继续办下去，你的目的还不是和我一样吗？”

“话虽如此……”悠平微微点点头。看到这位老友对国家还如此热情，不禁热泪盈眶。

从第二天起，清原节雄担任了海军报导部的顾问。正式任命还要等二个月下达。平出大佐说目前工作太紧急，希望清原节雄早日来上班。

他的办公桌放在报导部里边的小房间里，同室有一位刚从美国回来的很活泼的小青年；另一个是长期在外务省工作的，有点神经质的青年；还有一位漫画家。他们三个人担任海军策反宣传的重大任务。

房间角落里放着一架短波无线电收音机，一拨刻度盘，在一定时间内可以收听来自洛杉矶和重庆的广播。在一面墙上挂着巨幅太平洋作战地图。另一面墙上贴着奇奇怪怪的漫画。

“这是什么?”

“你指的这个吗?”矮个子的漫画家讪笑道,“这是宣传画,用飞机把它散发到新几内亚、格达尔加那尔战线去,勾起美国兵的思乡病。”

宣传画上画着一个半裸体的女人,露出一副挑逗情欲的姿态。上面用英文写着:“你老婆在国内有了野男人了!”

清原节雄失望了,眨巴眨巴眼睛问道:

“印了很多吗?”

“印了三万份。”

只印三万份?从飞机上撒出去,到了美国兵手里最多不过三百份。能起多大作用?

“在哪儿印刷的?”

“托报社印的。报社很忙,不愿意接受订货。本来想印五色的,因为没有颜料,只得改为三色。”

“什么时候去散发?”

“因为军舰和运输船不给运,拖到上月底总算运出去了。到了前线,航空队司令对宣传工作的重要性认识不足,他们认为撒传单不如多装一颗炸弹。所以这些东西至今还放在航空队的仓库里。”

多么可怜的策反宣传呵!

另外两个青年正在翻阅美国广播宣传的英文打字稿。

“你翻这东西干什么用?”

“向报导部长提出报告。”

“报导部长看了这些报告,有什么用?”

“那谁知道?”青年微笑道。

“你们不是在搞短波广播吗?”

“最近搞得不多。”

“那么策反广播谁在搞呢?”

“广播电台。”

清原吃了一惊,“都搞些什么啊!”

青年把广播稿递给他看。什么新鲜东西也没有。全部照抄大本营公报的英文版,再加上一点激昂慷慨的词句。就凭这样拙劣的宣传资料混日子,而且还把工作推给了广播电台。

清原在满是尘土的桌子边坐下,点燃一支烟,把周围的情况观察了一番。发现这儿工作懒散,无人领导。陆军、海军各唱一调,缺乏全盘考虑。这样怎能进行足以使敌人士气低落的强有力的宣传吗?

“广播电台谁负责对外广播?”

“有20多人写广播稿。最近还抓来几个菲律宾俘虏,其中还有女的,发音很好,很受美国兵欢迎。”

清原节雄大为失望。原来以为自己可以随心所欲地进行工作,看来只是梦想而已,难怪悠平说:日本已病入膏肓了。

“为什么陆海军和广播电台不联合起来制定统一的方针进行工作呢?”

“我们不止一次向平出大佐提出建议。可是A君不干,蛮横无理,说不到一块儿。”

A君指的陆军,是对陆军唾骂的隐语。一句话,陆军和海军多年来争权夺利,是真正失败的原因。清原节雄从这里已清楚地看到失败的前兆。

第十七章

儿玉博士的脸上从未显露过不高兴的神情。短短的胡须几乎全白了。血色红润胖乎乎的脸上,总是浮现出深情的微笑。他对待病人,不管贵贱贫富都一样。他满足于自己有一手高超的医术,以解除病人的痛苦为最大的喜悦。

他对家里人也抱同样的态度。遇上棘手的问题,他都让咲子夫人去处理,自己则泰然自若。

榕子的丈夫泰介是他亲自诊治的。他彻夜不眠,千方百计地抢救病人,但仍然不免一死。可是他脸上依然非常开朗,没有流露出一丝愁容。行医数十年逐渐使他成为一个宿命论者,他的信条是尽人事以听天命。

他把失去丈夫的长女接到了家里。他一面慈祥地安慰孤独的榕子,但丝毫没有影响他的情绪。次女有美子一清早去上学,不是去学校读书,而是去做工,一直到傍晚,像女工一样精疲力尽回到家。他认为这些都是战争的影响,是国民应尽的义务。只有老老实实地接受,对于任何事情他抱着逆来顺受的态度。

儿玉博士默默地忍受着战争给他带来的无法估量的损失。税金提高了;药品缺乏;出诊用的小汽车不能坐了;病房里因灯火管制必须增添防空窗帘等设备;两个儿子出征未归,长女成了寡妇回到娘家。然而他仍然像过去一样在种种条件限制下,有条不紊地继续他的工作。

4月的某一天,他接到次子道彦战死的公报。说是战死,实际上是在菲律宾的某航空基地的一次事故中死去的。神经质的咲子夫人难以忍受失去儿子的悲痛。他把儿子的照片供在佛坛上,点上一支香在佛坛跟前哭了大半天。

然而从儿玉博士脸上几乎看不到失去儿子的悲痛痕迹。他仍然和往常一样忙着查病房，坐着人力车去出诊。

道彦毕业于大学农科，在农村省工作不久便应召入伍，是个非常孝顺父母、性情温和的孩子。他爱钓鱼，暑假时每天钓一两条新鲜的鲇鱼回家，自己用盐烤得香喷喷端给父亲做下酒菜。

失去这样好的儿子，儿玉博士没有说过一句牢骚话。他看着榕子和有美子为失去哥哥而痛哭，但他只是默默地咬紧嘴唇什么话也不说。

哥哥的死对榕子来说是件大事。她从个人遭遇而产生的反战情绪更加强烈了。苇泽家的公公历尽千辛万苦，坚持把杂志办下去，清原舅舅冒着生命危险，继续写文章，形式虽然不同，但他们目的却是一致的，都是为了拯救日本，而不是为了个人。还有有美子几乎抛弃了学业，参加义务劳动，傍晚回到家里，呆呆地坐在食桌旁，累得不愿去拿筷子，这么个年轻小姑娘竟然憔悴得叫人看不下去。她对国家，对这次战争的性质究竟能懂多少，然而她却天真地为了国家消磨自己的青春。

这两个月，榕子穿着白色隔离衣，站在父亲医院的药房里配药。这里有她的工作，……然而她仍觉得沉不住气，总像有一股力量撵着她走。她想自己应该有个着落，必须寻找能够重新生活下去的道路。失去丈夫一年了。她从来没考虑过再嫁。泰介的形象时刻在她脑际回旋，甚至他身上的温暖仍停留在她身上，一切都记忆犹新。

隔着玻璃窗，她一个一个地接待着病人：有戴战斗帽的青年，有穿着劳动服的妇女，有孤苦伶仃的老人，有绷着脸的少女……她独个儿站在药房里，三面都是瓶架。她埋在里面从中取出他们需要的药粉、药水，仔细地一样一样递给他们。她在精密的天平上集中精力计量着病人的生命。这就是所谓"保证后方国民身体健康"一种默默奉献的平凡工作。

疲惫不堪的国民的形象可从这窗口看到它的一个侧面。医疗费和药费欠账越来越多了，税金的提高，强行摊派国债，再加上整顿企业，裁减人员，所有家庭的经济都发生危机，都被国家搜刮殆尽。儿玉博士的医院几乎成了慈善事业。这样下去还能维持多久？

"爸爸，你瞧瞧账本。欠账的这么多，该怎么办？"

父亲摇摇头，好像不是他的责任似地答道：

"那有什么办法……再等一个时期看。"

一天工作完了，回到里边的住宅里。只有母亲站在厨房里，一边做晚饭，一边凄然泪下。道彦死了，泰介去世了；知彦可能也不在人间了。这些预想和恐怖感使得神经质的咲子夫人克制不住自己。

有美子每天在学校工厂里锁军服的扣眼，几个月来一直干着同样的活儿。一天缝250件、252件，学生们互相开展竞赛。谁缝的多，就表明谁忠于国家。“忠义”同虚荣心混在一起了。下班铃声响了，还赶着再缝两三件，直到被老师催赶着才关上缝纫机。在静悄悄的车间里，女生们耷拉着脑袋，累得头晕目眩，但她们都咬着牙一声不吭，没有一句怨言。

回到家后，有美子吃完晚饭，一刻也不休息赶忙弹起钢琴来。她心急得好像要把一天中失去的宝贵时间在这短短一刻钟里夺回来。她摸到了琴键，才觉得这才是属于自己的生活。自从她放弃投考音乐学校之后，她对音乐的憧憬更加强烈了。她觉得在做工中磨掉的生命，能在弹奏钢琴中获得补偿。

一个月后，苇泽邦雄从馆山航空队发来了一封信，信中附有一帧戴海军少尉领章的照片。

邦雄结束了实战训练，一两日内向九州某基地进发。航空部队调动频繁，今天在印度支那，明天也许到了婆罗洲。邦雄的信最后一段有了很大变化。他写道：

“南方的战事越来越激烈了。梭罗门海域正等待着我们。不能想像能活着回去。此刻真正到了必须献出生命进行战斗的时刻了。有美子，请你忘掉我出发前许下的诺言。我不能允许也不忍心自己的爱人做我走向地狱的伴侣。我不会再回到你的身旁，请你不要等我了。我为国家而死，自由主义者的父亲或许会说我是傻瓜，但我认为我的死是与日本历史连在一起的，也是日本男子应走的道路。今后让我作为一个友人，也仅仅作为一个友人给你寄去我的信息，请永远把我当作你的友人……”

随着航空的紧张的精神训练，邦雄的心情发生了很大变化。随着时代的潮流，唱起时代的赞歌。他认为顽强的英雄主义和帝国主义是绝对的正义。

有美子则以女性不可思议的感情，甚至从这封信中感到一种喜悦。邦雄要她忘掉临行前许下的诺言，她不但不感到悲伤，反而觉得自己忍受着孤独生活很有意义。

“……请你忘了我吧！尽情地战斗吧！我盼望你建立卓越的功勋。我期待着在报上读到你光荣的战绩。我等着你，不管多少年我都等着你。我不能违背已经许下的诺言……”

妹妹把邦雄的信拿给榕子看，榕子立即意识到：男人的心变了。将来必定是悲剧。然而天真烂漫的有美子不具备嗅出悲剧气味的能力。

她一心一意地弹着钢琴，她用音乐憧憬和平与爱情，并以此感到满足。她那不知怀疑的纯真的心，使得容易动摇的姐姐的心更加动摇了。

榕子想离开娘家。因为在这家里老是沉陷在悲痛里。悲伤使她身心疲倦，她渴望能忘却悲痛。从受压迫的窒息的环境里飞向辽阔的天空中去自由呼吸，这几乎是本能的希望。

“妈妈，我想出去工作。”榕子尽量不使母亲吃惊，悄悄地说。

“你要出去工作？是怎么回事？”

“我想到外面找个工作，呆在家里快憋死了。再这样下去，我就快干枯了。我出去对不住父亲，不过我总想出去工作，换一换环境。”

“你别说傻话了，你出去工作，家里的药房再雇一个人来。世界上哪有这样奇怪的事？你出去工作也挣不出一些钱来，可是要重新雇一个人，上哪儿去找啊？快别说这样傻话了，你呆在家里我还放心点。”

母亲生命的一半已经枯萎了，成了一个半死半活的人。她的脸色苍白，显露出非常孤独的神情。

当天夜里，榕子关上诊疗室的窗户，又单独和父亲商量出去工作的事。儿玉博士并不阻拦她。父亲头靠在椅子背上，默默地听着女儿的诉说，只简单地说了一句：“那样也好。”

父亲简短的回答充满对女儿的爱。在父亲眼里榕子又是一个病人，要治好她的病，需要外界的新鲜空气。

丈夫死后一周年忌日下午，榕子独自到墓地扫墓。朴素而庄严的花岗岩墓碑上刻着“苇泽家之墓”几个字。这块墓碑底下埋葬着她过去的命运。不幸的过去至今仍束缚着她，绊住她的腿，缠着她的脖子。她对丈夫的爱至今依旧牢牢地系在心头。她渴望抛弃过去一切，从对丈夫的爱中解放出来。她在泰介的墓前低下头默默地向他告别。她觉得已到了非告别不可的时候了。

这一天，她走访了许久没去过的苇泽家。傍晚请来了年老的和尚诵经，举行了简单的佛事，超度亡魂。

从苇泽家出来，她在车站上徘徊，突然有人拍了拍她的肩膀。

“儿玉君，你一个人迷迷糊糊地在这儿干什么？”

回过头来一看，原来是一位年轻的妇女。她一时想不起是谁来，等到认出对方是药学专科学校时代的同学，自己也感到好像年轻多了。

“哟，好久没见面了，你身体好吗？”

“好啊！你呢？你的事情我已听说了。真替你难过。我老在想你不知会变成什么样？今日一见面，看来你身体还不错。”

“唉！就这么对付着呗。”

“我和你正相反……”她的同学像是开玩笑似地说道。

“怎么啦？”

“我准备结婚，可能在下月底。”

“是吗？那太好了。”

“好不好谁知道。反正我不抱很大希望。他应召入伍后，在粮秣厂工作，是个少尉，迟早也得上战场。这年头结婚是莫大的错误。”

嘴里说是“错误”，然而她并不在乎，心里还格外高兴。因为她不愿去正视眼前的痛苦和不安，或许这也是她们的正当防卫手段。如果认真地去思索眼前的不幸和不安，那么她们连一天也活不下去。年轻的男人都站在生死关头，他们也要女人一起背负着悲剧的命运。是回避结婚呢？还是对悲剧采取麻木不仁的态度，对付着活下去呢？两者必居其一。

电车进站了。两人上了电车。在拥挤的车厢里，她的同学说：

“儿玉君，你老了！”她说得太直率了，几乎没有一点同情的滋味。榕子有意识地把话题岔开，问道：

“你现在还在工作吗？”

“嗯，不过这个月底我就不干了。你呢？”

“我没事干。我正在找工作。你现在哪儿工作。”

“陆军军医学校的药房里。忙死人了。倒是可以学到一点东西。在男人们中间工作，有时候可以偷点懒。今日下午我请了假，和未婚夫一起看电影。哈哈……”

榕子问明了她的地址，向她祝贺新婚幸福，先下了电车。她拖着疲乏的身子在昏暗的街上默默地走着。忽然回忆起学生时代的往事来。那时充满欢乐，不知道人间有什么忧愁。仅仅才过了几年，她在人生道路上碰了壁，在令人窒息的空气中生活。她想离开被悲痛气氛笼罩着的家，出去工作。

她忽然想起了军医学校。她的同学最近就要退职，如能接她的班，当一名药剂师，这样她的工作就同社会联系在一起了。在这动乱的年代，能够跟随潮流，就能在潮流中生存。——榕子不知自己何时能顺应这股潮流。

第十八章

5 月 22 日星期六。海军省出出进进的人特别多。报导部办公室前等待接见的杂志记者、出版商、电影公司和唱片公司的负责人一直到傍晚络绎不绝。昨日下午发表了联合舰队司令长官山本五十六大将阵亡的公报。

庸俗的新闻人士马上抓住这条头号消息。他们找报导部长谈话，希望拍摄山本五十六大将的传记影片；要求配给特殊用纸，出版山本五十六大将的传记等等。一桩悲痛的事件成为他们发财的机会。他们头脑里尽是如意算盘，只考虑如何盈利，根本不考虑司令长官阵亡和日本的命运有何关系。他们趁机捞它一笔钱。

报导部和情报局不同，控制着出版、戏剧、电影、新闻等事业，如果得到了陆海军报导部支持，情报局便没有发言的余地。因此这些发国难财的人勾结报导部的军官，吃吃喝喝，进行着肮脏的交易。

山本五十六司令长官的阵亡使日本国民受到很大的冲击。今天在电车上、办公室里、商店里，人人都显露出不安的表情。“难道已经吃了败仗了吗？”他们怀着不幸的预感轻声地耳语着。人们忽然变得神经质了。

在报导部的办公室里，平出大佐在小房间里和客人们谈话，此外，蓄着短须的城田中佐，高个子的富山少佐笑容满面地说着话，两人的脸通通红，桌上的玻璃杯里盛着发光的黄色液体。对面桌子上，片濑中佐和杂志记者商说在某饭店举行有关山本司令长官阵亡的座谈会事宜。这里人人都谈笑风生和国民的悲痛感情正好相反。

清原节雄走近城田中佐的办公桌，抑制着自己的感情，打着官腔问道：

“前些日子送上有关阿图岛战况报导的稿子怎么样啦？”

“还在军令部哩！”城田中佐微微一笑，脸上显露出不屑一顾的嘲弄人的神色。

“还没有批回来吗？已经一星期了！”

“可不，一星期那是没话说的，最快也是十天。”

城田中佐喝得醉醺醺的脸上露出了笑容。12日，美军在阿图岛登陆，14日下午大本营公报发布了这一消息。旧金山和墨尔本的电台不断报导这一军事行动，认为日本将会从北方受到威胁。而日本电台却什么也不说，只嘟囔了几句“敌军焦急万状”之类的空话。

清原节雄就阿图岛战局写了一篇新闻解说。说明日本的立场，是一篇地道的宣传文章。文章阐明北方战场决不是主要战场。美军在阿图岛登陆没有多大意义。主要战场仍在梭罗门海域和缅甸战线。

这篇广播稿送到城田中佐和平出大佐那里审阅了两天，再送到军令部又费了五天时间。战况的新闻解说，已经不成为新闻了。城田中佐并不懂得宣传工作的拖拖拉拉，将会带来什么后果。他们在办公室里饮酒作乐、谈笑风生。国民对阿图岛的危机和山本大将的阵亡却感到异常恐惧和不安。清原节雄气愤极了。

跟谁去发脾气？跟城田中佐发牢骚根本无济于事。和军令部讲道理也不见得有用。清原节雄心中燃烧着怒火，想为这个即将崩溃的国家脚踏实地做点工作，现在看来，这种想法完全错了。他一次又一次地失望。他和往常一样眨巴眨巴眼睛斩钉截铁地说：

“城田君，请您把我的原稿从军令部要回来。”

中佐觉察到他生气了，但还是没有诚意回答他的问题，依然采取愚弄人的态度，说道：

“你不要急嘛，今天明天会批回来的。”

“我认为我的稿子没有必要送军令部审查。对不起，请你马上把稿子给我退回来。”

“已经交上去的稿子，你就耐心一点等着批回来吧！行不行？”

“不能等待了。广播宣传最重要的是时间，不懂得时机重要的军人没有资格审阅我的稿子。对不起，我对你们的工作帮不了什么忙啦。”

“哈……”城田中佐放声笑道，“你说这话有何作用？军队内部组织机构多，不能按你一个人意思办。”

“得啦，不用多说了。我不懂你们这些人究竟是拯救日本的军人，还是使日本灭亡的军人。”

在报导部的办公室里，敢于如此痛快地指责军人的人，恐怕除清原以外，再也找不出第二个人。他自己也明白，他的言论或许会招来横祸，但他也顾不得这些了。

这时坐在对面桌子旁的片濑中佐气得满脸通红，看了清原一眼，像喊口令似地高声喊道：

“清原君，你刚才的话太过分了，请你收回去！”

清原节雄不予理睬，拿起皮包和帽子简单地说声“再见”，走出了房间。他来到大街上，晚春太阳已经偏西，茂密的七叶树荫下刮来一阵暖风，他感到无聊和孤独，在这战争的国家里竟然找不到一块可以容下这五尺之躯的天地。他想：也许是自己固执而偏激的性格……他默默地在大道上行走，一直走到宫城的护城河边，他拐过弯向日比谷方向走去。

电梯门旁边贴着一张告示：为节约用电请走楼梯。对老人来说，大楼简直成了难关。东信印刷公司的经理年近六十，身体肥胖，又有心脏病，他的秃脑袋和鼻尖上冒着汗，吃力地一级一级地往上爬。

他抓住楼梯的扶手，走走停停，停停走走，好容易爬到六楼，趴在窗口吹了一会儿风，才去敲《新评论》杂志社的门。

只穿一件衬衣的冈部总编辑出来迎接他，把他领到社长室。苇泽社长正在审阅下月号的稿子。

经理恭恭敬敬地递上名片，挪动着肥胖身躯给社长行礼。悠平没有站起来，用冷静的眼光对这位初次见面的人直盯盯看。

以前，《新评论》都是由日本印刷公司这样大工厂承印的。由于电力受限制，轮转机只能开工一半，熟练工人相继应召入伍，每期至少推迟两三天才交货。

这就影响杂志的销路。于是《新评论》社没有办法，只得和芝区的东信印刷公司订立新的合同。

"我们工厂人手齐备，电力也没有问题。有两台轮转机，每月月初印两种定期刊物，月中没有活儿，可以接受贵社的订货。没错儿。老工人大概有二十来个，在各个环节起着带头作用，所以我们厂的工作决不比别的公司差。这一点请您放心。"

他一边擦汗，一边喘着粗气作着介绍，看样子实在有点可怜。可是他仪表堂堂，充满自信，就像摔跤的力士穿上西服那种姿态。

女秘书端来了红茶。社长、经理、总编辑三人开始随便闲谈起来。

"……说实话，我应该退休了。唯一的儿子当了兵，已经去了四年还没有回来，已经当了下士官，一年半载是回不来的。我的心脏不大好，工作稍忙一点，医生便不叫我干了……"

社长默默地听他说。看来此人很机灵，有做买卖的才能，是个事业家。

"社长，这场战争赶紧打赢才好哩，再这样下去，受不了啊！您的看法呢？"

"不知道啊！"悠平对任何人都提高警惕。

"我的买卖越来越困难了，儿子要是快点回来就好了。……"

这时，社长门一开，清原节雄进来了。他绷着脸，一句话不说，茫然若失地伫立在房间正中央。也不管房间有没有人，帽子也不脱一屁股坐到沙发上。东信印刷公司经理停止了饶舌，站了起来。

客人一走，苇泽社长对清原说：

"怎么啦？累了吗？"

清原非常暧昧地笑了笑，一句话也不说。

"唔，你来得正好，我正要同编辑部同事到三光亭吃饭。你一起去吗？"

"唔……"

“你不喝点酒吗?”

“喝点也可以。”

清原从在美国当记者时代起几乎没有喝酒的习惯。今天倒想喝点儿,说明他心里不痛快,或者说心里失去了平衡。

三光亭里面的雅座前的小庭园里,假山上洒了清水,屋里点着香,等候他们来临。一位熟识的女掌柜在头里领路,说道:

“今天各位是‘内部’的宴会?因为‘内部’宴会,女招待们的接待可以随便一点。是不是?”

“今天是庆祝六月号发刊。”冈部熊雄高兴地答道。

众人坐定后,女招待把酒端来了,同时也拿来了汽水。“清原先生喝汽水吗?”

“不,今天喝一杯酒。”

“稀罕,今天天气变了。”女招待机灵地跟他开玩笑,一边倒上酒。

“六月号《新评论》看来没有挨批评吧!”清原说。

“因为没有你的稿子,所以问题不大。”悠平接过去说。

“先生,海军方面的工作怎么样?有意思吗?”冈部提出了问题。

“不行。我已经洗手不干了。刚才我在报导部跟他们吵了一架。”

“为什么?什么原因?”

“宣传工作本来是一件很严肃的事。可是那些家伙大白天在办公室喝酒。一篇稿子十天八天批不下来,待批下来,早已过时了。那些人根本不干工作,还成什么气候?”

“那又为什么?难道因山本大将阵亡泄气了吗?”

“如果是泄气,倒还有救了。问题是他们什么也不考虑,完全松劲了。不光是海军,日本全国都松劲了。我这种人不应该做报导部的顾问,所以明天我提出辞职。”

“那可不。”悠平说,“像你这样的硬骨头的自由主义者,怎么能在衙门里工作呢?”

“一开始我也不是不明白,我想忍耐一下,看看情况。看来国家将要崩溃的时候,整个机构都在崩溃。你读一读罗马帝国衰亡史和俄国革命史就知道了。国家整个都崩溃了,所有组织机构、教育,以及政府、军部、国民都有牵连,上面一倒,下面整个都垮了。

“国家整个机构倒了,单靠一两个人,不管你有何见解,不管你如何努力,也无法扭转乾坤,谁要是想救它,那是自不量力。”

悠平点了点头，端起酒杯微笑道：

“没事儿。你现在说这样泄气的话，再过半个月，你又沉不住气了。因为你是有良心的人。你这一辈子没有真正绝望过，你不会让自己绝望的。”

“先生那样的人会招致笔祸的。”冈部说。

“也许如此。……但日本已经完了。前些日子大本营的战况解说中说：敌军在阿图岛登陆是因为在格达尔加纳尔吃了日本军的亏而进行报复，又说是罗斯福为了第四次竞选总统收买人心，简直是拙劣透顶的解说……”

“我这次进海军省工作，总算把情况都摸清楚了。当局一再掩盖真相，不让国民知道。一旦泄露出去就成了流言蜚语。宪兵和警察拼命追查谣言。这些追查记录又变成《宪兵队情报》和《特高警察情报》送到报导部来，你一看这种情报，便感到这是亡国之兆。精神已经崩溃了。没有一件事能使你心悦诚服……”

两个年轻的艺妓听见客人们严肃认真的谈话，忘了手里拿着酒壶，呆呆地坐在那里。

“先生，我听说，在九十九里海岸经常有面粉袋、罐头食品漂来，都是美国货，面粉的外面一层受到水浸泡后不能吃，里面的面粉都能吃。据说在白里、片贝一带都拾到了不少。”冈部说。

艺妓一听这消息，高兴得格格地笑将起来，说：“那太好了，我也去拾一点。”

“听说细川嘉六还关在里边，是吗？”清原问道。

“是的，还在里边。听说最近要放他出来，他不是搞什么重建共产党的人。”

前年夏天，细川嘉六向《改造》杂志投了一篇题为《世界史动向和日本》的论文，因而招致了笔祸。昭和 17 年(1942)秋他被当局逮捕。细川嘉六那时已是年过五十的老人。

然而，“逮捕事件”对杂志来说已司空见惯了。自从日华事变开始以来，过去与左翼运动有关系的文化人全部被逮捕了。思想家、评论家、作家、电影导演、剧作家、学者、新闻记者等一切对时局敏感的知识分子，都一个一个被特高警察抓走。自由文化的灯火几乎已失去了它昔日的光辉。

太平洋战争爆发后，昭和 17 年(1942)夏天，第一次侨民交换船从美国回来时，横滨的警察署并没有在睡大觉，他们怀疑其中混进了美国间谍，或有受美国共产党指派来的人。可是，警察当局一无所获。他们听说归侨中有一对在庆应大学求学时代参加过学生运动，名叫河田充市的夫妇去年从美国回来。

河田在美国时研究劳工运动，现任世界经济调查会资料部主任。横滨的水上警察毫无理由拘捕了河田夫妇。然而，仍然一无所得。

既然这样，理应无须再加审查。由于特高警察好大喜功，轻率地断定河田夫妇是共产主义者。于是对世界经济调查会内部进行了调查，企图从中找出蛛丝马迹。

调查中，得知该调查会中有一名名叫松田安彦的人，正在搜集有关苏联的情报。还有“满族”的平林太郎和西岛民雄是这个调查会的主要人物。看来这些人都好像是左倾人物……特高警察像摸到矿脉，神经突然紧张起来。经过跟踪盯梢，拘捕了松田的助手高滨义男。那是昭和18年(1943)1月的事。

高滨不知道自己为什么被捕。在严厉的拷问下，为了从警察的魔掌下逃生，他只有胡言乱语，问他什么他说什么。他说：松田准备逃亡苏联，平林和西岛正在全力研究共产主义。

就在前几天，即5月11日早晨，神奈川县特高警察的几名刑警乘车来到东京，一举逮捕松田、平林和西岛，并护送到横滨。所谓“横滨事件”这一极其荒唐极其残忍事件从此展开了。

本来世界经济调查会是公开的财团法人组织。外务省、参谋本部、军令部、驻满洲国大使馆、三井、三菱、日本银行、邮船公司等每年各资助资金五六万元，每年约有一百万元左右预算，专门搜集有关外国经济状况及战争能力方面的资料。这些资料译成日文作为秘密文件分送有关政府机关。调查会的理事长是原日本驻巴西大使泽田节藏。松田安彦所搞的苏联研究，实际上是受日本银行委托，将苏联报章上全部经济资料摘编下来，编成《苏联新闻情报》，在严格控制下，发给日本银行及其他有关政府机关。

神奈川县特高警察一听到“苏联研究”就轻率地断定松田为共产主义者，平村和西岛是他的同党。他们都是重建日本党的同志。

特高警察的疑神疑鬼归根结底是政治贫困。自从日华事变发生以来，当局掩盖战争的真相，堵塞国民的耳目，镇压言论、集会、结社自由，强制国民跟他们走。这种独裁的、破坏文化的政策破绽百出。当局怂恿警察暴力，使警察对所有事物都采取神经质的怀疑一切的态度，推行恐怖政治。没有自信的政府必定会有没有自信的警察。独裁者往往是胆小鬼，握有强权者害怕失去自己的强权，变得神经质起来。开战以来警察当局歇斯底里地对所有感觉敏锐的文化人及文化运动实行镇压，其原因就在于此。

特高警察对上述人员的住宅进行搜查。在西岛民雄的书桌里搜出一张照片，有七八个人在旅馆前的庭园里合影。正中央是一位老人。刑警如获至宝，武断地认定这是举行重建共产党的秘密会议的证据。经查证中央的老人就是去年因笔祸事件被警视厅拘捕的细川嘉六。特高警察本来就把细川嘉六当作重建共产党的中心人物。这一重大发现，使神奈川警察署大吃一惊，以为这一定是轰动的大事件。

然而当事人细川嘉六还一无所知，还以为最近就能获得释放而兴高采烈。

三光亭雅座里参加宴会的人们根本不知道神奈川警察署这一"伟大"的行动。消息灵通的冈部熊雄曾经听说松田安彦被捕，但总以为警察当局逮捕人，那是家常便饭，根本没放在心上。

"细川嘉六是个什么样的人物？"

"那完全是个性格温顺的老人。"冈部脸上泛起红光，兴奋地说，"他的思想同现在这个时代是格格不入的，但他不是什么赤色分子。去年他给《改造》杂志写了一篇《世界史动向与日本》得了一笔相当可观的稿费，请照顾过他的杂志社同人喝酒。因为最近东京不容易吃到牛肉，他把这些人请到他老家石川县，一连喝了两三夜。细川这个人没有架子，和我们年轻人很谈得来。他根本不是什么共产党。自由主义和共产主义是绝对不相容的。"

悠平悠然自得地反背着双手，含笑听着那年轻的艺妓谈论白天看过的歌舞伎。酒座上一扫沉闷的空气，变得热闹起来。被海军报导部弄得情绪低落的清原也恢复了平静。谈笑的声音一直持续到深夜。在即将到来的黑暗时代的前夕，他们度过了舒服而清爽的一夜。

第十九章

在早饭桌上，有美子几乎什么东西也不吃。入夏以来，她的食欲眼看一天比一天减退。她耸着肩膀，乍一看，都看出瘦了许多。

"这样下去可不行啊！要苦夏的。"

咲子夫人自从次子道彦死去以后，灰心丧气，一下子瘦了许多，头上的白发也增多了。夫人已觉察到有美子所以清瘦的原因。她一心一意想着邦雄，为他担忧。她惘然若失地坐在母亲和姐姐身旁，凝望着庭园里盛开的黄色的夏菊。

"学校里工作忙吗？"咲子夫人问道。

"忙。永远也干不完，活儿接二连三地送来，堆得像座山似的。我们学校的成绩在东京居第六位……"

"那就不去管它了。搞坏身体可不行啊！反正是尽义务，适可而止就行了。"

“可是,出去打仗的人也能适可而止吗?”

“那当然不能了。”

母亲被问住了。有美子说的显然指的是邦雄。邦雄正在拼命作战,有美子也要为邦雄殉情。还不满二十一岁的圣洁的少女,已经遇到了严峻的试炼。

美军在阿图岛登陆,山本司令长官的阵亡使有美子感到邦雄的生命已面临着危险,使她坐立不安。

邦雄一封一封的来信,对她来说是无可言状的恐怖。他把自己身边遇到危险的事,活龙活现地说给自己爱人听,让女人为他担忧从而抓住了女人的心。

昨天傍晚,她收到一封从军邮寄来的信,一直到深夜未能入睡。这封信对她来说,实在太可怕了。

“我正躺在基地医院的病床上给你写这封信。我庆幸自己还活着,可是我还没有完全恢复,写写停停地写这封信。

“我担负沿岸警戒任务。五天前下午从基地起飞。傍晚完成任务返航时,飞进重重叠叠的云层,再也飞不出来了。在云雾中飞行了将近三小时,好容易才飞出了云雾。这时南方早落的太阳已经下沉,周围什么也看不清了。

“在海上低空飞行,不多一会儿汽油耗尽,好容易发现一个黑色的小岛。在黑夜里看见了白色的岸边,我们降落在离海岸不远的海面上,扔弃飞机,和战友一起游泳到了岸上。……

“我终于还活着……万一我能活着回去……不,不能那么想。梭罗门和新几内亚战线十分严峻。日本的命运取决于这两个战场的胜负。不久我们又将接到出动命令。我将为你而战。我一边为你祈求幸福,一边决心在这蔚蓝的天空上献出生命。我愿变成一颗永不陨落的星,注视你一生获得和平与幸福……。”

有美子读着这封信,分〖不〗清什么是幸福?什么是不幸?战争使年轻人的感情畸形发展,他们抛弃了幸福却反而觉得幸福;企求不幸却又找到了生存的意义;相信死是最高的光荣,而认为过和平生活是耻辱。政府、军部、文部省学校、翼赞会、议会以及报章杂志都在鼓吹这种伦理,要求发扬这种道德。

祈求爱情、培养爱情的心是需要和平的。爱情从本质上来说是在和平环境中培养起来的,然而邦雄的心中却充满着矛盾。他一边渴望战争和死亡,一边却又希望得到爱情。一面祈求爱情,一边却在抛弃爱情。

有美子没有把矛盾当作矛盾,朴素而纯真地接受邦雄的爱情,而这种爱情在她心中爆炸,使她为这矛盾的感情而痛苦。她又无法摆脱这种痛苦,因而她只能一天一天地消瘦下去。

吃完早饭，有美子站起身来，咲子夫人对丈夫说：

“这孩子，这样下去可不行啊，我看她一定有病了。”

儿玉博士觉得好像受到夫人的责备。

“不要叫她去上学了。又不念书，光在那里干活，不成了女工了吗？这样下去，有美子会没命的。……”

父亲知道劳动强度很大的义务劳动支撑着有美子的心。因为对战争没有直接贡献的人，是不能骄傲地生活在这个社会里的。

博士听了夫人的这些牢骚后，告诉护士把有美子找来。有美子正准备上学，听得爸爸叫她，走进了诊室。

“爸爸，您找我？”

爸爸拿起粗大的注射器，说道：

“你坐下。”

女儿解开衬衣袖口的钮扣，卷起了袖子，露出了血色很好的光滑的手臂。这是一条尚未经历过肉体洗礼，十分纯洁的手臂，然而手臂的皮肤下却缺乏产生弹力和体温的脂肪。

父亲用橡皮管把女儿上臂部缚起来，在手臂的关节上凸出来的细细的静脉上扎上了针，顿时那呈红黑色的处女的血倒流进注射管内，他拔掉针尖，那注射管看起来像红色的宝石。

父亲低着头，在女儿手臂上用另一只注射器注进药液，一边轻声地说：

“你最近不去上学，怎么样？”

“不去怎么行？”有美子紧张地答道。忽然她觉得眼眶一热，泪水涌了出来。她模糊地看到父亲秀丽的白发闪着银光，脖子上露出了老年人的皱纹。有美子痛苦地喘着粗气，她觉得自己受着父亲的抚爱，可是又感到自己离开了父亲似的孤独。

傍晚出诊归来，博士看见在药房的窗口前站着一位穿戴整齐、拄着手杖的老人。原来是苇泽悠平。

“好久不见面了，府上都好吗？”

“谢谢，都很好。你怎么啦？又是胃不舒服？”

“可不，稍微好一点，懒得不想来看，最近总觉得不太舒服。……”

儿玉博士领着苇泽社长，穿过诊疗室，来到医院与住宅之间的庭园里。这里摆着藤椅和小桌子，博士和苇泽悠平对面坐下，一边吩咐护士拿汽水来。

“你胃酸过多，喝汽水不要紧吧！夫人怎么样？身体好吗？你老俩口很冷清吧！”

“冷清极了。我一出来，她连个说话的人也没有了。最近居民会给她派了点活儿，她也对付着干一点，这两天在缝飞行员防寒用的耳套，说这是有闲夫人的义务劳动。她觉得生活无聊，最近老得可快了。”

这两位老人轻描淡写地谈起自己的妻子。两人都失去了儿子，他们心中充满怜悯妻子的感情，平静地说着话。

“最近还喝酒吗？”

“酒最近很难买，每天晚上喝一点儿。”

“高尔夫球还打吗？”

“想去打，但又不敢去。社会上有一种偏激的论调，说高尔夫是美国的游戏，打高尔夫球的人都是‘非国民’。”

搞文字工作的悠平周围，无论是思想、言论和政治都出现了不平衡。他对政治不信任，对军部的方针发生怀疑，担心社会会发生混乱。而从事医学的儿玉博士通过看病，接触到老百姓生活，眼看人们的生活基础日益发生了动摇。战争给人们带来的惨祸，对战争失去了信心，感到社会即将崩溃，从内心里产生孤寂的情绪。

两人静静地对坐在一起，夏天傍晚的凉爽，使他们身上感到一阵冷。他们的话题离开了严峻的社会，转入轻松的家常闲聊。

“昨天……”儿玉博士刚要说话又打住了。于是慢慢地按照事情发展的顺序说道：

“有一个三十来岁的女人。她丈夫在昭和13年(1938)出征，好像是个中尉。昭和16年(1941)在华北阵亡，撇下一个孩子。去年这位夫人有了情人，此刻正怀着孕，那个男人是个独身汉。本来这事情也无可非议。可是最近论功行赏，公布了她丈夫的功绩，说是获得了殊勋甲等功，又得了功四级金鵄勋章和旭六级军功章。这就来了麻烦了。”

“什么麻烦？”

“问题是得了殊勋甲等功，街道上要举行慰灵祭，在乡军人来慰问遗族，小学校老师带着学生们来致感谢词。一句话，这位夫人的地位一下子阔了起来，叫什么‘军国夫人’来着。这样一来，她说什么也不能再嫁了，社会舆论不允许啊！不但如此，她怀着孕的身子不想法处置掉，街道上的面子也过不去啊！真可怜，因为二年前阵亡的丈夫得了殊勋甲等功，她不得不再守寡……”

“后来怎么样？”

“要求我把肚子里的孩子打掉，夫人的弟弟是位大学生，发表了一通奇异的道德论。说是不把这个不光彩的孩子处理掉，对姐姐，对死去的姐夫，以及对发扬后方国民的道义，都是不适宜的，因此要求秘密地把孩子打掉。”

“简直是一派胡言。后来呢？”

“我当然拒绝了。我说只要再嫁，什么问题也没有了。”

“是啊。战争寡妇最可怜了。所以我老是牵挂着榕子。今天怎么没见她？”

“出去工作了。十天以前她到军医学校的药房上班去了。”

“那么这儿的药房谁来接替她呢？”

“还没有人哩。我想榕子也许想离开家到外面去换换空气。像她这样性格的人在家呆不住，还是到时代的激流中去锻炼锻炼，所以我也没说什么就让她去了。”

悠平默默地点点头，在这时代风暴里，应该让她自己找到生活出路。

第二十章

北太平洋浓雾笼罩着的阿图岛上的守备队，以山崎保大佐为首的全体将士“玉碎”了。大本营煞有介事地以悲痛的语调广播了这一消息。

不多久，席卷北非的反轴心军渡海，在西西里岛登陆，墨索里尼被迫辞职，巴特里奥取而代之，成立了新政府。

东部战线，德国节节失利，斯大林增强了信心。7 月底日本军放弃了基斯加岛，梭罗门战线全线败退。轴心王国的衰落日益明显。

日本国内也面临重大危机。船舶不足、飞机不足，粮食、钢铁、石油、橡胶，所有物资都不足。政府别出心裁地制作了许多标语。

“多造飞机！多造军舰！”

“一滴汽油一滴血！”

“克制欲望，争取胜利！”

“一亿国民总奋起！”

但是，国民知道得很清楚，政府拼命地叫喊，而他们自己精神早就崩溃了。宣传口号打不动国民的心。国民躲过政府和警察的耳目，开始考虑个人利益，考虑自己妻儿老小的安全。在战败前的二年间，国民精神首先开始崩溃了。街头巷尾充斥着流言蜚语。

从人们惴惴不安、生活不安定的昭和 18 年（1943）夏天到秋天，榕子每天乘电车到牛込的军医学校上班。她接触到了过去从未见过的社会的实况，在电车中碰到的人都是冷冰冰的,怯生生的,衣衫褴褛,面黄肌瘦。

花园被耕掉,种上了玉米,路边道旁都种上了南瓜,瓜蔓一直爬到楼上。街上的商店排起了购买纪念品和香烟的行列。男人们不约而同地背起了背囊,下班回家途中顺便买些配给的酱油、蜂窝煤、手纸背回家。

电车中的女职员碰在一块儿没有别的话题,一个说内务省配给东西太少,想法托人情转到陆军省去。另一个说,飞机、造船工厂配给最好,就是进不去……

由于物资缺乏,人心都变得俗气了。除了谈吃以外,别的话题都引不起人们兴趣。

榕子在牛込岩松町的车站下了电车。她穿着灰色的裤子和长袖衬衣,头发往后梳,用丝带绑起来。这是她的防空服装。

走进医院院部,右侧是宽敞的药房。中央放着四层药瓶架,走廊上有发放药品的窗口。地下室是堆放成箱成箱药品的仓库。四个男的和五个女的药剂师,每天都在这儿调制药水和药粉。这儿是榕子的工作场所。

药房的窗外就是中央广场。从早到晚人们络绎不绝。有送病人来的汽车;有军官乘坐的漆着黄星的小汽车来来往往煞是热闹。穿着白色制服的护士,飘舞着像朵大白花的裙子来来往往。穿着白色病人服的患者,还有牵着导盲犬摸索着走路的战争盲人,还有坐在轮椅上的伤病员。

小小的轻风吹走了残暑,是一个秋凉的晴朗的下午。榕子有事去制药室,从院部穿过广场,走到白色的纪念塔跟前,意外地遇到一个熟人。

"哟,这不是尾形君吗?"

"哟,是榕子小姐,好久没见面了。"

尾形原来是儿玉医院的护士,因为结婚辞去了工作,那是四年前的事。年龄已过三十岁,推着一辆"特殊病号"的轮椅,向第一医院走去。

轮椅上的病号听见有人说话,回过头来看榕子一眼。那病号体格健壮,面部轮廓分明,看上去刚过三十岁。

"你不是已经结婚了吗?"

"甭提了……他已经阵亡了。真倒霉,好像专门为了找麻烦才结婚似的……"

"唔……我也是。"

榕子微微一笑,接过车把和她一起推着轮椅,一边说话,一边推着车上坡。

"小姐,打那以后,您就结婚了?"

一听她叫自己"小姐",立刻回忆起当姑娘时代的事,不禁怅然。

"嗯,只在一起生活了一年。"

"是吗?"尾形严肃地点了点头,"结婚太不上算了。我丈夫是开麻将庄的,好喝酒,打起麻将来,一连几天不回家,被警察抓了去。这回应召入伍,不久就死了。做女人最倒霉,实在叫人泄气。"

轮椅上的病号默默地听着她直来直去的"回忆往事",不禁笑了起来。多么优美、恬静的脸庞!榕子觉察到他那优美的脸庞里含着孤独,他们被战争风暴抛在一边,再也不用担心日本的命运,被关在这无风地带,一种无可言状的孤独困扰着他们。

他听着两人的谈话,一句没插嘴。车上了坡,推到第一陆军医院的走廊上。

"请多保重!……"榕子对这位陌生的病号行了一个礼。这是健康人对病号的应有的礼貌。

轮椅上的病号只是向她点头致意,一直目送她远去。榕子一边跑,一边心里扑通、扑通地跳。那倒不是为久未见面的尾形,而是轮椅上的病人的眼神闯进了她的心房,这个人的眼神太可怕了。

第二天,从早晨起榕子一直等着尾形来找她。因为昨天说好,她们还有很多话要说,她注视着药房内面向广场的窗户。心里想:尾形今天是不是会把那位病人带来呢?

一直到下午,榕子忽然瞧见窗外尾形仍然推着轮椅回第一陆军医院去,轮椅上还是那个病号,她想起此人的眼神,她感到这个人太叫人害怕了,终于没有迈步。

那天回家的路上,她在猜测有那样眼神的人,究竟有一颗什么样的心?她想知道其中的奥秘,但心里又感到害怕。她忽然感到自己的心失去了平衡。她发现自己的不贞。失去丈夫已经一年半了。难忍的孤独要求她不贞。过去二十多年中,除了泰介以外,没有别的男人打动过她的心,也没有想到对别人发生爱情。

过了四五天,尾形仍然没有来跟她闲聊。不知何时,榕子把尾形和那位"特殊病号"忘却了。她想起自己怎么会被那仿佛要射穿女人的心的眼神所打动,也许这就是鬼迷心窍。

又过了一星期。每逢星期三的午餐会结束后,榕子穿着白色工作服走到广场上。在石阶前又遇见了尾形,她还是推着那位"特殊病号",榕子微微一笑,向他们行了个礼。

"您好,尾形,你为什么没上我这儿来玩?"

榕子故意不去看那个病号，说话时竭力装作若无其事的样子。

“啊！对不起，我约好要去的，可是工作一忙就忘了。”

“我等你好久哩。”

“对不起……那么明天下午去吧。可是，小姐，你也挺忙啊！”

“忙是忙，明天你有功夫吗？”

“我想是有的，因为这位病号……”她指了指轮椅上的人说道，“……他明天要动大手术了，所以我想……”

“哟，动什么手术？”

榕子这话是对尾形说的。可是那位病号微微一笑，他那炯炯的双眼看了榕子一眼，指了指自己的右脚说道：

“就是这只脚……子弹打在骨头上，在前线动了手术。本来以为没事儿了，后来觉得不对劲，可能是骨头粘在一起了，一步也不能走了。明天再从这里切开，把骨头削去，用白金的锔子锔上。军医说做完这手术就会走路的，不过右脚要短一公分，多少有点瘸，只要能走路，那就满可以了。”

他说话一点也不拘束，非常随便。令人感到此人的一生是无所畏惧的，充满自信。

榕子首先感到他的肉体虽然受了损伤，但他的心灵没有受伤，仍充满着青春的活力，感到他有一种身心都很健康的美。

“说真的，你们男人在这场战争中太辛苦了。”榕子说这句话时，打心里安慰他。

“那还不应该吗？说辛苦，你们女人还不一样吗？……瞧，这位尾形君也是战争的牺牲者。……是不是，尾形君！”

“当然是啰！”尾形又粗鲁地开了腔：“我真是个最大的牺牲者。这战争叫人烦透了。这位小姐也一样啊，她家先生留下这么年轻、这么漂亮的太太阵亡了，真可怜。”

那位病号听了这话抬起头来，他那双炯炯有神的眼睛凝视着榕子。

“是在哪儿牺牲的？”

“不，是在日本本土生病死的。……”

“那还算是运气好的。”

他的话一点同情心也没有。死是人生最大的不幸。他对这种遭遇的感觉已经迟钝了，完全是军人冷漠的口吻。

“你还说运气好，我觉得我是最倒霉的。”

“你那样说太过分了。打仗的时候当兵的不知会死在哪里。有的淹死在沼泽里被鱼吃了，有的死在森林里被野兽拖走了。能送回骨灰来就算不错了，还有什么话可说。您家先生死了，他本人值得同情的。但病死在日本本土的医院里，那是运气最好的，也许我的运气更坏。现在多少有点瘸，不知道能活多久。”

说着，他竟然哈哈笑了起来，使榕子大吃一惊。他那爽朗而豁达的笑声，简直不像一个受伤的人，这笑声淹没了那女人纤细的感情，很自然地使人感到他对任何事物都十分冷漠。

然而，他的这种态度并没有引起榕子的不愉快。对女人来说，那种难以接近的男人，或者不顾女人愿意不愿意而把女人拖着走的男人，他的那种力量和意志反而对女人具有极大的魅力。

在这以前，这位病号一句话也不说。可是今天一打开话盒子，却意外地使人感到他思想开朗。他那坚定有力的口吻，具有一种不可思议的魅力。榕子和尾形并排推着轮椅向前推去。从左边小山崖上茂密的树林里，传来了过了季节的知了发出微弱的叫声。

“我哥哥也牺牲了。”榕子说。

“啊！是吗？在什么地方牺牲的？”

“在南方。他在一次飞机事故中牺牲的。”

“坠落。”

“不。是被螺旋桨打死的，他是地勤人员。”

“唔，这种事故也是常有的。”

榕子忽然觉得有点不痛快，他说话怎么一点同情心也没有，态度多傲慢。也许是个中尉或大尉吧。可是一看他病衣上的军阶章却是个曹长。怪不得，原来是个下士官，所以说话如此唐突。榕子抑制着自己激动的心情，问道：

“你家在东京吗？”

“我的家？……在芝区。”

“很近嘛。家里人常来看你吗？”

“不，内人在乡下。”

“常从乡下来看你吗？”

“不，一次也没来过。”

“哟！——那为什么？”

“不为什么。她不来也好。父亲常来看我，不过他有病，恐怕不久于人世了。”

他说话如此坦率，以致使人不知如何回答才好。榕子觉得跟这个人说话不知怎的使人感到疲劳。她叹了一口气，对尾形说："尾形君，明天来吧！"

"明天大概是有空的，我一定去。"

"再见！"那病号举起右手，爽朗地向她笑道。他的笑容多么美，简直跟孩子一样可爱。

她回过头，顺着坡道走去，心里想：这人太孤单了。在东京有他的父亲，妻子却住在乡下，而且一次也没来看过他，肯定有什么不幸的原因。负伤回国，连妻子都未见一面，这对一个男人来说，该是多么不幸啊……想到这里，她忽然同情起他来。

她小跑着回到药房，这一天下午工作特别忙。她一边工作，一边又想起那位"特殊病号"来。他那直刺人们心房的炯炯有神的眼睛和那不可思议的温柔的笑容，不住地在她脑际回旋弄得她心慌意乱。

明天他的右脚将要动大手术，然而他却坦然自若，谈笑风生，总觉得这个人心里蕴藏着不可估量的生命力。

第二天下午，那位"特殊病号"被送进了手术室。尾形便有空到榕子药房里来闲聊。两人在走廊的窗户边说话。

尾形说：自从离开儿玉医院后她一直没有过上好日子，丈夫死了后，还撇下一个孩子，此刻寄养在弟弟家里。说了一通后，忽然想起什么似地说："真想抽支烟，可是这地方不合适啊！"说着耸起鼻子笑了起来，半开玩笑地说，"那个广濑老是刨根问底地说起你，真怪！"

"广濑？……是那个病号？"

"是啊，真烦死人。要不是病人，我早训他一顿了。可是人倒不错，很干脆。从不对护士耍态度。他说你好像没有结过婚，是个日本式的古典美人……说你聪明、纯朴，又摩登。说得很多，我都记不住。我说你是儿玉博士家的小姐，受过专门教育，要是把她当作护士一样看待，那就大错而特错了。……这时候，他的脚正在动手术，可能在哼哼吧！……他的太太在热海。这么近，连一次也没来看过他，也许是吵了架。我也跟丈夫吵过架，可是他负伤回来，我还是去看他。……几点了？"

社会上把护士看作是白衣天使，多么美好的名词！可是在尾形身上却表现不出"天使"来，她在东京几家医院都干过，已经是老油子、老江湖了。战时艰苦生活逼得她说话粗鲁。为了维护自己，她不得不采取必要的自卫手段。

"我得走了，向博士先生问个好。"说着小跑着走出了正门。

回到药房，榕子拿起烧杯舀起一杯水一饮而尽。那位"特殊病号"的面影老是浮现在她眼前。她想起和他谈话时总觉得透不过气来似的，不知是为什么？此刻他躺在手术台上被削除右脚的骨头，也许他若无其事地和大夫闲聊，说可怜也真可怜。可是这个人既不同情别人，也不需要别人的同情。毋宁说他是令人可憎的过分坚强的人。

她害怕他的过分坚强。心想：还是不接近他为好。可是离得他远远的却又想他、喜欢他，想到这里，榕子一阵子脸红，低下了头。

第二十一章

高楼大厦鳞次栉比的丸之内大街正举行防空演习。大楼的大门口和楼梯的平台上堆着砂袋，四周放着水桶。戴着面具的防空人员，拿着鸡毛当令箭拨开人群，忙忙碌碌地跑来跑去。马路上消防用水龙头喷着水，在晴朗的天空上划出一道彩虹，水珠洒落在马路两旁的悬铃树上。

苇泽社长在六楼办公室的窗户边，用冷漠的眼光观看楼底下骚动的情景。桌子上放着一张纸片，上面写着昭和19年（1944年）正月的编辑计划。

——东亚共荣圈的经济自主性。

——中国大陆上汪政权的历史使命。

——美国自由主义经济崩溃的前兆。

——战争资源论。

目录上写着预定计划的稿件，对悠平来说，没有一篇能使他愉快的，却是讴歌战争。他继续办《新评论》杂志的目的一是希望国民能睁开眼睛看看这场战争的结局；培养国民正确的批判能力，正确地认识国家，准确无误地找出未来应走的道路。然而目录上的文章都是肯定这场战争，肯定军部的欲望和野心，对受压迫的国民的惨状无动于衷。

可是冈部熊雄总编辑对社长所表现的不满情绪，却半开玩笑地说：

“您的心情我们是理解的。不用您说，我们也明白这些文章毫无意思。可是目前审查当局的镇压很厉害，我们不能不采取低姿势。”

“十天以前报导部的佐佐木少佐召集丹羽文雄、高见顺、尾崎士郎等著名作家在赤坂红亭饭庄举行座谈会。他说，过去给小说定了许多框框，把文士都当作‘非国民’看待，那是不对的。佐佐木来了个一百八十度大转弯，说到作家应该多写好的小说，使国民情绪高涨起来，安定国民情绪等等，发了一大通言论。然而，作家不是傻瓜，不会轻易上当的。艺术家本身就是自由主义者，你打他一下，再摸摸他的头，他就能服吗？所以，他们对佐佐木的讲话嗤之以鼻。”

“总之在《新评论》编辑方针上，我们还得迁就一下。我们不是敢死队，决不要自己去送死。”

冈部言之有理。但假如因为害怕当局镇压，暂时采取妥协的态度，自己也许可以开脱，说这是万不得已的妥协。但社会上一定把自己看成是个趋炎附势、随波逐流、毫无气节的人。这样的妥协已经持续了好几个月，有良心的人皱起了眉头，或许认为苇泽悠平已经堕落了。

按照冈部熊雄的说法，《新评论》保持节操，杂志就得垮台。当然苇泽悠平不希望杂志垮台。失去这唯一的堡垒，那就是最后的失败。

社长站了起来，拿起编辑计划，推开门走进宽敞的编辑室。社长走过去，那个叫赤尾的年轻记者，脱帽向社长行礼。

“我刚回来。您好？”

“噢，你去热海①了，是不是？怎么样？”

陆军报导部一年一度邀请各大杂志的记者，在热海资泉旅馆举行聚餐会。平时不分青红皂白把记者们骂得狗血喷头，一年里有这么一天请他们吃饭，采取一下怀柔政策。杂志社早看透了这一花招。要是不去参加，就会得罪报导部，所以各社都派一名年轻的记者去应付。

“昨天被灌得酩酊大醉回来，今天脑袋还乱哄哄的。”赤尾的脸色很难看，露出一丝苦笑。

“从下午三点就开始喝。热海的艺妓一个不剩都去了。一边喝酒，一边敲锣打鼓，闹得不亦乐乎。到了七八点钟，一个个都上街嫖妓女去了。二十四五个人，在旅馆里睡的不过一两个人。”

“今早晨，这些家伙带着索嫖账的人回来了，跟报导部的会计要钱，一叠叠新钞票甩出去了。帝国陆军不是小气鬼，慷慨解囊，可大方哩！今天佐佐木少佐、沟口大尉还在那儿继续喝，不喝醉不散伙……哈……”

按刮来的民脂民膏做为临时军费的一部分，就这样支付给热海的艺妓们。这就是所谓一亿国民总奋起的内幕。这就是高喊“多造飞机！”“多造军舰！”陆军报导部干的勾当。

“唔……”悠平微笑道，“报导部的军官们看来都不过三十来岁，胆子还不小哩！”

担任传达的女职员，拿着一张名片来说有人要求见社长。名片上写着：“宇留木试雄”。右边的头衔写着“国民新闻记者”，被铅笔勾去了。悠平的记忆中没有这样的人。

悠平打发女职员去问一问，有什么事要求会见，回来说：“是苇泽泰介君的

---

① 热海——地名。位于静冈县伊豆半岛东北角，面对相模湾，是东海道沿线最大的温泉场。

战友。”

客人被领到会客室里，悠平进去一看，只见此人身材魁梧，多少有点土气，正在窗户口观看楼底下的防空演习。他回过头来，用纯朴的语调作了自我介绍：“我曾经在静冈联队和苇泽君在一起。”

“在战地我收到了夫人的来信，得知苇泽君已过世了，我这次来是对苇泽君表示哀悼之意，同时询问苇泽君过世前后的情况。”

“噢。那太感谢了。”

悠平请他随便坐，又递过香烟，说道：

“您是什么时候回来的？”

“十天以前。在塞莱佩斯得了疟疾病，以后又引起严重的黄疸病才被送回来的。”

“那么你现在在什么地方工作？”

“原来我在国民新闻。出征后，因为新闻统制，国民新闻和亲都新闻合并了。回来后成了无业游民了。我想先休息一下，然后慢慢地找工作。”

“塞莱佩斯方面的情况如何？”

“根本不行啦。首先不能控制民心。军队把居民的物资都征用了，不给居民一点好处。物价上涨，物资缺乏。居民们都恨透了。最近战况也不妙。人们都盼着麦克阿瑟回菲律宾来。民心已到了这种地步了。”

一说话就不像是个士兵，仍然是一位直言不讳的新闻记者。

“是吗？……唉……”悠平不由地叹了口气，平时的感叹都集中到这一声长叹里。

“至于泰介嘛……从静冈回来后，一度身体还不错，后来不知怎的又有反复，一直拖到五月。他岳父是医生，在那儿住院，以后在那儿病故……”

“噢，那么他夫人还去府上吗？”

“不，去年她回娘家了。她还年轻，又没有孩子，长期留在我家里也太可怜了。”

“那么，我一定去拜访她。”

“如果您找她最好是星期天去。现在她在牛込陆军军医学校的药房里上班。她父母并不赞成她出去工作，但那孩子性子很倔强，在这样的时代里沉不住气……不管怎么说，是够可怜的。”

“是。是值得同情的。”宇留木低下了头。

“您的家属呢？”

“我还是单身汉，住在公寓里。”

"唉！现在这时代还是独身好。"悠平含蓄地说。

宇留木说完话站了起来，恭恭敬敬地行了礼。拖着他沉重的军靴走出了会客室。

宇留木离开了军队，回到国内，好像突然获得了解放。但国内的"人世"都使他感到局促不安。两下一对比，还觉得在国外不打仗时倒也消遥自在。每天值勤不过几小时，又不操练。军官和下士官跟在国内兵营生活时不一样，对待士兵比较随便，军纪军规都很松弛，上街喝酒都没人管。军人在占领地像太上皇一样，不受法律和道德约束，对当地风俗习惯肆意践踏。当兵的不用担心衣食住行。只要不打仗，没有比当兵更消遥自在了。

回到国内，看上去好像获得了解放，但一切都要自己负责任，他感到反而不自由。职业、衣食住，道德、习惯、法律等一切都得自己操心。

宇留木一个接一个地走访了昔日的朋友，恢复了以往的友情。他自信能在孤单中生活下去。

尾形护士用旧报纸包着一盒羊羹，到药房来找榕子。"看，这是送给您的礼物。"她那饱经风霜的脸上，露出恶作剧似的笑容，说道。

"谢谢。里边包的什么？"

"不是我给您的，是那位病号送给您的。今早晨，他父亲来看他了。这是他父亲带给他的。你瞧，是羊羹。是现在哪里也买不着的贵重品。他说要我特意送给您。他老是抓住我追根问底地问起您。您可得小心！他喜欢您呵！您别瞧他还不会走路，毛病还不少哩！哈……他说，要您有空的时候去玩，叫我捎个口信。他自己反正有空，也不管人家有空没空……"

"嗯，他的手术结果怎么样？"

"很顺利。不过还得过三个月才能走路。"

尾形快嘴快舌地说了五分钟话，一溜烟小跑走了。榕子掂了掂拿在手中羊羹的份量，仿佛已体会到这位"特殊病号"的心意有多么重。

第二天早晨，她上班前在庭园里采了一大束波斯菊花。她手捧鲜花，随手拿上一本安德列·纪德的小说，在上班以前来到第一陆军医院护士休息室。她没见到尾形，托另一个护士给那位"特殊病号"送去，自己到军医学校上班去了。

这是第一次交往。榕子知道，这一束鲜花意味着准备接受对方的好意。可是，她已想好了遁词："这没什么，礼尚往来嘛，没有什么别的意思。"

然而，她等待着这束鲜花引起的反应。她想通过这束鲜花了解对方的心，看他究竟有多大诚意，他对她的情感究竟有多深。可是她自己却辩解说："礼尚往来嘛！"

这就是女人软弱的地方。这是一种软弱动物都有的狡黠。它把诱惑的手伸向对方，当对方真的扑过来时，它轻轻一躲身，早就找好潜逃的退路了。

这一天上午的四个小时，她心里忐忑不安。这束鲜花将会带来什么样的反应？什么时候，通过什么方式传到她身边呢？也许会写信来，信上会说些什么样强烈的求爱的话呢？

她一直等到下午三点钟。果然不出所料，大门口担任传达的女事务员来告诉她：

"儿玉君，有人找您。"

她顿时觉得脸上火辣辣的，终于来了。她用手巾急忙擦一擦满是药水的手，向大门走去。

一个陌生的男人，脸色焦黄，穿着一双军靴，头戴一顶呢子礼帽。西服上的领带拧着，神态落拓不羁，似乎过惯了自由自在的生活，年龄约摸三十来岁。

他一见她，立刻从胸袋中抽出一张名片递上，大声说道：

"对不起，您是苇泽泰介君的夫人吗？"

她吃了一惊，不禁倒退了一步。

"我是宇留木。"

"哟，原来是出征的宇留木君？"

"是的。我最近才回来。昨天我到了《新评论》苇泽社长那里打听您的下落……"

榕子深深地一鞠躬，立刻想起了死去的丈夫，怀念起昔日和丈夫一起度过的温暖而幸福的日子，不禁热泪盈眶。

"您特意来看我，可真不巧，连个谈话的地方也没有。"

"不，你不用费心，我呆不多久。"宇留木轻声地答道。

"可是，我很想知道泰介在军队里的事，如果您最近有空的话，请到我家里去，可以吗？"

"好，反正我现在都有空，过一两天去。"

宇留木注视榕子的表情。她的脸庞多么端庄、美丽，却显露出令人难以接近的冷漠。他又想起在联队操场苇泽泰介受虐待，又在富士山麓深更半夜遭到班长拳打脚踢；在医院里露出了绝望的微笑……一想起自己战友苇泽二等兵和这个女性的特殊关系，总觉得不可思议。

榕子一看没地方去，出了大门，领他到充满阳光的广场上。

“这里跟军队一样，规则很严。早上来上班后，一直到傍晚下班前不准随便出门。在这里跟您站着说话，实在太失礼了。”

“不，没关系。您工作挺累吧！”

“不，干点工作我觉得有劲……看您的脸色不太好，有病吗？”

“是的，我得了疟疾病，才能早些回国来的。当兵已当够了。”宇留木苦笑道。

两人伫立在广场上的梧桐树下。

“说实话，苇泽君真可怜，他这样的人不适合当兵。我老是劝他，军队里像做戏一样，你当它猴子演戏，什么事情都不要认真，可是他不会乖巧点，也不会偷懒。越这样，班长越欺侮他。军队里不讲道理。一切自由都被剥夺了。甚至连生存的自由都被剥夺了，还有什么话可说？”

榕子想起什么似地说道：

“承您每次来信，实在感谢您。他病了很长时间，最爱读你的信。”

“是吗？一封信要受好几道检查，我都是托报社的特派记者带出去的。我有好多特派记者的朋友，因此很多人都来托我捎信。还有我们的分队长广濑，你该记得他的名字，他也来托我捎信。”

“他还在战场上吗？”

“不，他挨了美国飞机一粒机枪子弹，早就送回国来了。回来得比我早，他已经升为曹长了。”

曹长？……她一听到这两个字，立刻想起那个“特殊病号”，对，他就是曹长，难道就是他吗？姓广濑的人太多了。对丈夫拳打脚踢的人一定是个黑脸膛、厚嘴唇、眼睛混浊、浑身长毛，像癞蛤蟆那样的家伙，决不是那个眼神优美，笑起来非常温柔，威严十足的人。想到这儿，她觉得脸上，额角上的血一下子都流下去了。耳朵里只听得自己脉搏在跳动。

不多时，宇留木整一整自己的帽子，行了一个礼向她告辞了。

“打扰了。改天我到府上再去拜访您。”

她心不在焉地听着他说的这句话，又听得他那军靴发出的沉重的脚步声渐渐远去。她急忙回到药房。坐在椅子上，双手捧着头，一句话不说。同事问她：“您怎么啦？”

她回答：“没什么。我有点头昏。”她等待着自己的呼吸恢复平静。

榕子想：“难道置丈夫于死地的人就是这个病号吗？……怎么也不像。……要是真是那个人，我就不用犹豫了。假如是同姓的人。那太好了。我得救了。……”

一直到下班，她老是在嘀咕。下班后，她来到大门口传达室，查问了住院病人的花名册。一点也没错。“广濑充次郎，曹长，所属部队静冈联队。家庭住址：东京芝区。年龄 34 岁。”

她一步也没停，一溜烟跑出了大门，惘然若失地向车站跑去。她的心乱极了。

一个不可思议的偶然机遇，使她堕入了陷阱。这个恶魔差遣尾形做使者，引导她向火坑里跳。昨天送她一盒羊羹，今日回敬他一束鲜花……可是这个人是对丈夫拳打脚踢，最后置丈夫于死地，最最可憎的人，他却长着一双美丽的眼睛，有着温柔的笑容，说话充满自信，是个堂堂仪表的男子汉。

她意识到自己心里不贞。今天早晨送他一束鲜花，不管她如何辩解，总是爱情的标志，自己还心慌意乱地等候他的反应。可是，他却是世界上最最可恨的人，是不共戴天的仇敌。

她突然咬牙切齿，她想杀掉他。

杀人？杀人究竟是怎么回事？她从来也没有想过这可怕的行为。

她身心疲惫不堪地回到家里，有美子正在弹奏着明快的圆舞曲。母亲已准备好晚饭。收音机正播送着新闻：“菲律宾将于 10 月 14 日宣告独立，拉乌尔氏将竞选总统……”

榕子回到自己屋里，也不脱衣服，倒在床上。她觉得自己的想法太可怕了，浑身冰凉。

第二十二章

关东大地震[1]那年 11 月，广濑彦太郎把妻子留在家里，独自一个人来到东京，在芝区做起木材生意来。当时，充次郎还是个刚上中学的孩子。

地震后，木材生意很兴旺，彦太郎积攒了一笔相当可观的财产，开起了东信印刷公司，在东京站稳了脚跟。那时，家乡的原配妻子病故。于是从赤坎选中了一个艺妓纳为妾，以后又扶为正室。在东京买了所住宅。彦太郎的长子早年夭折，把次子充次郎接到身边。他只有这么一个儿子。

充次郎从 16 岁起在继母身边长大成人。终生不能与继母和睦相处。他像笼子中的野兽，每天默默地吃着食，却不断反抗饲主。儿玉榕子发觉他那像要穿透人心的锐利的目光，就是在同继母连续八年的反抗中养成的。

在家庭中不断抵抗的充次郎。形成了他不怕孤独的性格。精神寓于肉

---

① 关东大地震为 1923 年——原注

体，也使他锻炼出一副健壮的体魄。他头脑灵活，办事周到，讲究实利。

他在私立大学挂个名，向父亲要了几个钱作资本，到兜町[①]做股票生意，自己挣出了学费和零用钱。他对市场的变化有眼力，是从他父亲继承下来的才干。

早有独立谋生能力的充次郎，有着男子汉豁达的性格，长着一副快活而漂亮的面容。他有事业心，比他父亲更甩得开，对金钱不大在乎，但也从来不吃亏。他对音乐、文学、美术几乎是一窍不通，没有兴趣。

充次郎读完大学后服了二年兵役，27 岁退伍，在父亲劝告下结了婚。不久，爆发了日华事变，昭和 12 年(1939)8 月他又应召入伍，加入了田上部队，参加上海苏州河战役，徐州战役后退役回到东京。半年后又应召入伍，回到原来部队。苇泽泰介入伍后成为他的部下，就在那个时候。

多年的军队生活使得生性粗野的广濑更加野蛮了。然而，野性并不都是丑恶的，在野外生长的鸟兽比在家饲养的家畜家禽，更聪敏、活泼，充满活力。广濑就是这样的人。

妻子是家乡长冈温泉某旅馆老板的女儿。在温泉那样糜烂成风的地方成长起来的女人，道德观念十分薄弱。在未结婚以前就传说她和男人发生过关系。充次郎出征期间，她又有了外遇。他接受了继母的"忠告"，立即从战地给父亲写了封信，把妻子打发回娘家了。打那以后，一直到负伤回国，从来没有给她写过信，也不见她，也不同她离婚。不离婚或许是对她报复。

就在这异常孤独中，一个偶然的机会，他遇见了儿玉榕子。他从心里产生了向她求救的情绪。

广濑充次郎认为女人都可以用金钱买到的，甚至是用武力唾手可得的。女人不需要用爱情去接近她，而是用欲望将她夺到手。他对女人不感到自己有责任。出征期间妻子背叛了他，是他第一次经受了女性给他的打击。因为榕子已改姓儿玉，他不可能想到她是苇泽泰介的妻子。从小失去母爱的充次郎，此刻如饥如渴地希望得到女人的爱情，但他从未经历过恋爱，他只知道性急的、直截了当的、超越心灵结合的情欲。

对榕子，如果他现在身体健康，他会突然采取凭武力夺取的手段。然而，此刻他是个行动不便的"特殊病号"。他只能无可奈何地躺在病床上。他在呼唤着榕子，向她求救。

尾形护士捧着一束鲜花，夹着安德烈・纪德的小说《窄门》进来了。广濑

---

① 东京的街名，东京证券交易所的所在地。——原注

躺在床上，以认真表情迎接她。

“瞧！多漂亮的花！广濑君，这是你最喜欢最喜欢的她送的，是对你昨天送的礼物的答谢。”

他对法国近代小说并不感兴趣，对艺术毫无缘份。他把小说随手扔到床头桌上。躺在床上凝视着那束大波斯菊。或许是这束花带来了悲哀的感情，或许这束花隐藏着一颗女人紊乱的心，使这个像野兽一般，有着一颗不屈的灵魂的男人一言不发，用毯子蒙上头，偷偷地哭泣。泪水润湿了他的枕头。他仿佛要用泪水洗尽他一生中的污垢。爱情使他变得脆弱了。

到了下午，充次郎想写一封信给她。可是，一摊开纸，他不知道该写什么好，他从来没有写过向女人倾诉自己爱情的信。他不知撕了几十张信笺，不知花了几小时，终于写成了这封信，写完后，他交给尾形说：“麻烦你替我到军医学校跑一趟，把这封信交给儿玉君。”

“哟，写了情书了吗？不行啊！人家是大家闺秀哇。”

“那不管你的事。你什么话也不用说。”

“广濑君，你真的对她有意思吗？”

“当然是真的，要是我能走的话，我自己跟她说去。正因为不能走才写信的，拜托您了。”

“哼，那没事儿。不过她可不是你想像中任人任意摆布的人。”尾形讨人嫌地说。

尾形朝药房的门口探了探头，微微一笑。这是诱人的媚笑。

“儿玉君！你来一下。”

榕子走到走廊上，尾形的脸色马上变了，皱起眉头，歪着头，拿出广濑的信。

“你瞧，我多为难。广濑写了一封信叫我送给您。我回绝了，他又不听。他说病人托的事，护士就得默默地去干。你可不要生气。要是讨厌的话，把它搁在一边。对不起。”

尾形快嘴快舌地说完一通话，抓起榕子的手，把信塞到她手里。

榕子默默地看了看牛皮纸信封写的字，正面写着“儿玉君收”。反过来四四方方的字写着：“东京第一陆军医院第三外科第八病室陆军步兵曹长广濑充次郎。”一股丘八的味道冲到鼻子里。

她想：要是不拆封把这封信退回去，那么同他断绝了来往，成为陌路人。她没有理由接受这个男人的爱情。昨天弄乱了的思绪，此刻已恢复了平静。

傍晚，到了下班时刻，榕子终于没有拆封。她想把这封信退回去。将近黄昏，她信步走出了军医学校的前门，向第一陆军医院的坡道走去。心里想着这封信里究竟写些什么？她还是想知道。她不能饶恕自己有这种不贞的情绪。

这时，她忽然产生一个疑问。他是不是了解泰介和我的关系？也许尾形什么都告诉他了。要是这样的话，广濑军曹在这封信中也许坦白了对泰介的暴行请求宽恕或替自己辩解。她为自己拆信找到了一个借口。

回到家，只有父母孤零零地坐在餐桌旁。榕子连衣也没有换，在母亲旁边坐下。

儿玉博士皱着眉头把混在饭中的豆壳一粒粒地捡出来，默默地细嚼。他虽然不吭声，心里却燃烧着极大的愤慨。榕子失去丈夫时，次子道彦在外地死去时，他没有一滴眼泪，仍和往常一样，面带笑容。他专心致志地做着自己应做的工作。一切愤怒都埋藏在心里。他那温和的微笑体现出任何语言所不能表达的不满。

女儿了解父亲的心情，给父亲吃这样难以下咽的饭食太过意不去了。但又没有别的办法，所以她从来不想提起饭食的事。

“有美子还没有回来吗？太晚了。”

父亲接过去说：“着凉了，睡下了。”

吃完饭，榕子立刻来到妹妹的房间。

有美子闭着眼睛，但没睡着。姐姐发现枕头底下压着几封信。战争不知道还要持续多少年？只要战争不结束，苇泽邦雄是不会回来的。一直等下去吗？榕子想到这里，看看妹妹消瘦的面容，心里难过极了。

“来信了吗？”

有美子摇摇头。“已经两个月没来信了，不知道还活着不？”

还活着不？或者已经死了？此刻无法知道。只是茫然地等待下一封来信。下一封信也许是死亡通知书。现在想来，爱情对女人来说，是多么沉重的十字架。入伍当时，苇泽邦雄在有美子心中栽上了爱情的幼芽，这样做实在太残酷了。

榕子回到自己房里，坐到小桌边，掏出那封信。她冒着不贞的污名，心里感到一阵难过。就是这个人杀死了自己的丈夫，要是他是个性情温和的上司，丈夫或可平安无事地出征，但也可能饿死在异国，尸首曝晒在野外，成为野兽的食物了。广濑说过：“在国内医院里病死，那是最幸运的了。”一想起这句话，榕子的心碎了。

她拿出古色古香的小剪刀，悄悄地剪开了信封。一切的一切，过去和现在的一切都听从神的摆布。她抱着自暴自弃的心情，好像踩进了不贞和不道德的泥沼似地拆开了那封信。

拜启。久未晤面，谅您工作定甚忙碌。小生不顾战争日益激烈，梭罗门方面战斗愈益紧迫，竟徒卧病床无所事事，不胜惭愧之至。

今晨承您赠送鲜花，深为感谢。又承您体谅我不能自由行动的孤寂，随同秋日庭园中的花香带来了你那颗对我无限关切的心，使我欣喜若狂。作为一个既无朋友又无乐趣可言的病人，接受您的关切。我如能向您倾诉我之衷情，我将感到无比喜悦。我自幼丧兄，生母也相继病故，在艺妓出身的继母身边长大。大学一毕业即赴军队服役。退伍不久，因为战争爆发再次应召入伍，直到今日。数年来，过着无聊的军队生活。我乃一介武夫。父亲在芝区经营印刷公司，有土地房屋等资产。最近因体弱多病将引退回乡，一切事业将由我继承。如您所知，我目前正在疗养，不克参与经营。

忆及此数年间，转战大陆与南洋，席不暇暖，浴血苦战。如今想来，乃一场噩梦也。家有妻子，理应祝我安然归来，然而我负伤回国，妻子竟未来迎接，其中当有种种原因，兹不多谈。目前，徒有妻子之名，恐一生不与之重逢矣！

如是，入院以来数月，无聊之至，度日如年。日前在军医学校校院内邂逅。如您所知，我以身报国，竟成残废，痊愈后，必将跛行无疑。自问我将无资格追求像您这样清雅之女性，为此身不遇而感叹不已。听说您也是在战争中失去配偶之未亡人，谨此深表同情，俗话说同病相怜，如能互相慰藉孤寂之心，我将尽全力为之。有暇请来病室一晤。我不谙世故，胸中热血沸腾，谨此有求于您。只因我脚负重伤，不克自由行动，心急如焚。

男子一言贵如金玉。一言既出，驷马难追。如您能接受我的请求，我将发誓终生不变爱慕之心。如您愿做帝国军人之未亡人为亡夫恪守节操，我将仰天痛泣，伏地感叹不已。吾身不幸不过如此而已。古有歌曰："今宵邂逅在梦中，相见恨晚意无穷，山盟海誓缡结后，情意定能胜初衷。"此乃我日前之心声也。枕边放着你赠送的鲜花，色香宜人。我越看越觉得仿佛您在我的身边。您那清雅的容貌久久浮现在我眼前。此信到时，务必请您来病室一晤，即使一分一秒也好。尚希体谅我等待您的焦灼心情，谨此向您求爱。等待你的回信。一个热爱您的军人。

读完这封信，榕子鄙夷地想：文言不像文言，白话不像白话，语无伦次，写的一套什么啊！她心里很平静，心想：我一定能战胜这个人。他虽然在军队中经过锻练，好像很有自信，但根底很浅薄。只要有一处崩溃，他的整个人格都将随之崩溃。这样的人并不可怕。我若要报仇，一定能成功。

报仇……一想到这两个字，她心中热血沸腾，她要利用这个人的急切心情，故作姿态接受他的爱情，窥视他心灵的隙缝拖着他走，让他付出最大的牺牲。

她想像着自己复仇的计划，不禁暗[黯]然失笑。她把信笺套进信封里。她觉得自己的心始终是平静的。读完这封信，她似乎觉得从这几天的混乱的心情中解脱出来了。

她走到有美子的房间。妹妹一直仰卧着，发着低烧。她为妹妹放一张唱片。唱片放出激动人心的小提琴的强烈旋律。榕子想：这曲调也许不适合病人听。这是泰绮思冥想曲。对神的憧憬和对美女泰绮思的情欲，为两种思想矛盾而苦恼着的帕诺由尼斯神父，经受不住诱惑而日益堕落，从而发出了悲鸣。榕子听着这首曲子，感到与其说是受到神的诱惑，还不如说受到人的肉体的诱惑。

她继续放着唱片，忽然站起来回到自己房间，急忙拿出信笺，飞快地写了一封回信。

“来信收到，谢谢，知道您很寂寞，但目前我工作太忙，暂时不能去看望你。有空请常来信，我衷心等待着。祝你早日痊愈。”

这是诱惑的第一步，这几句话足够了。她充满自信，决不会败给他。任何时候都能闪过身逃出他的手掌。复仇！为惨死的丈夫复仇。

这是一个有趣的计划，不能对父亲讲，也不能对宇留木讲，自己一个人偷偷地去干。从现在起，她要让这个坚强的男子，这个肩膀宽宽的、目光炯炯的美貌男子痛苦万分，以此当作自己的乐趣。她生性勇敢，一旦下了决心，任何力量都阻挡不了她。

复仇！复仇！她充分认识到这一复仇行动的魅力，而这魅力在她心底里同她对复仇对象的关注紧密地结合在一起了。心里虽还有几分犹豫，但她发誓要报仇。

第二十三章

清原节雄并未辞去海军报导部顾问的职务。因为有了这个头衔，他可以自由出入报导部，从而也有可能得到某些必要的情报；可以通过《宪兵队情报》

和《特高警察情报》观察国内民心的动向；也可以通过短波广播直接听到美国的广播；更可以了解日本军需生产的现状及大本营公报的背景材料。他每隔十天或半个月去报导部他的小办公室里搜集情报。

结果，他得出一个结论：这场战争必须早日结束。国内民心已经崩溃。任何地方也找不到“必胜信念”的根据。

一个下着连绵秋雨的下午，清原节雄又去海军省上班。他要求会见报导部长葛原大佐。前任部长平出大佐调走了，此人巧言令色，经常出入灯红酒绿场所，最后受到舆论的指控。有鉴于此，葛原大佐到任后，拒绝出席有艺妓到场的宴会；对来客彬彬有礼，工作认真，努力纠正军官白天在办公室中喝酒的不良风气，因而他在新闻记者中颇有威信。

“天气冷了。怎么样？对战局有何看法？”大佐问道。

“不行了，根本不行了。我不想做更多的解释，总之一句话，葛原君，无论如何得设法早日结束这场战争，希望你做出努力……”

大佐认真地瞪起了眼，点了点头。

“您也知道我……”清原热情地打开了话匣子，“我在美国多年，在你们看来我是英美派，但这些先不去管它。总之，从目前形势看，怎么也看不出胜利的希望，随着时间的推移，只能作出失败的判断。从战局，从国内形势，从军需资材，从人的资源都是如此。”

“不……”葛原大佐温和地说，“从人的资源来比较，日本和美国只差二三千万。”

“那可不对。在太平洋战线上，澳洲兵和印度兵都参加了。光中国就有四亿。”

两人的说话从岔道上滑到迷路上去了。

“先不说人口问题，从军需生产看，美国每日每月都在增产，而日本已完全碰壁了。”

“不，美国也碰壁了。美国飞机生产到今年三月已到了顶点。橡胶资源落到日本手中。他们正焦头烂额，制造什么合成橡胶，那成不了气候。”

清原听了这话，心里好笑。这个军人是个好人，但他没有观察战争全局的眼光。美国的合成橡胶已试制成功，投入大量生产，就像人造丝把日本真丝压倒一样。在船舶方面，美国正着手大量建造战时用的轻便船，增强作战机动能力。军需生产的实力日本对美国是一比十五乃至二十。日本正在计划造木船和水泥船。这种船能打仗吗？清原一转话题说道：

“那么你们对今后的战局怎么看？”

葛原大佐沉着地答道：

“是啊……梭罗门和新几内亚战线极为重要。但它的西侧还有塞班岛、但尼亚岛及菲律宾、爪哇一线。这些战线还能坚持一个时期，在此期间日本国内有了充分准备。归根结底是持久战，只要能打持久战就能取胜。法属印支、泰国、爪哇、菲律宾都在我们手中，军需生产正在逐步上升。苏门答腊、爪哇的石油，每月都在增产。再过一年能满足日本全部需要。”

清原想：这个人的想法不行。跟他说几小时也是白费劲。如果他的想法代表整个海军的战略思想，那问题就复杂了。

俗话说：“还没有打死狐狸，先打算做皮袄。”清原想：这些军人打的尽是如意算盘。

“您工作很忙，打扰了。”

清原拿起帽子站了起来。没有必要跟他再谈了。他打着伞在冷雨中行走，感到一阵孤寂，究竟这个军人信仰什么思想而处之泰然。是日本历史吗？是国民精神的传统吗？是万世一系的皇统吗？是“天津的嗣茶，天壤共无穷”的美丽的传统吗？他也许是信仰此类传统的军人。如今，日本帝国的传统已快结束，神话将被戳穿了，历史将要过去。东洋的君子国维护着落后于西洋一千年的精神。清原节雄在雨中踱到了护城河边，雨水打在护城河上泛着白光。宫城寂然无声地赞颂着这古老国民的美梦。他的面颊上流满了泪水。

第二天，继续阴雨连绵。

清原节雄走访刚设置的军需省。前商工大臣、最近改任国务大臣兼军需次官岸信介，是新官僚中的头面人物，被称为“东条的亲信”，是个头脑灵敏、手段高明的政治家。现内阁中能跟东条说上话的只有岸信介。此人长着一对令人看了非常不舒服的又大又薄的耳朵，厚嘴唇，龅牙，长长的脸，构成了他那张非常有特征的容貌，使人见了他的脸，很难猜透他的心思，给人的印象此人是表里不一的。

“啊，好久没见面了。”岸信介见了清原和蔼地请他坐下，立刻认真地说，“你的事我从别人那儿听到一点，听说禁止你执笔是真的吗？”

“真的。”

“那太奇怪了，这是为什么？”

“不为什么。当今以东条为首的统治者，讨厌我这样的自由主义者。”

“这简直是胡来。再说你和一般的自由主义者不同嘛。这究竟是谁下的命令？”

岸信介说话从来是做出一副不见外的姿态，有意识地把对方的谈话中心内容岔开。他不像一般官僚劈头盖脸地把别人批评一顿，而像银行家那样巧言善辩，摆布别人。

“这点小事先不去管它……”清原躲开岔道，单刀直入地说，“我先从结论谈起，现在这场战争应该尽早结束，希望你能作出最大的努力。”

“为什么？”

“现在这样下去，非吃败仗不可。”

“那又为什么？”

“为什么？你看看哪儿有一线胜利的希望？”

“不能说没有啊……我也看不出一定吃败仗的苦头。”

“有。”

“那可不得了。我得请教请教您。”

嘴里说“请教”，实际上是准备好伺机反击。他是个说话圆滑、才气横溢的人物。

“首先从你负责的军需省说起，有没有取胜的希望？”

“当然有啰。”岸信介笑道。

“什么？”

“比方说。现在南洋航路上经常遭到潜水艇袭击。爪哇、苏门答腊好不容易增产的石油用船运来，可是路上太危险了……有人这样计划，说马来亚有橡胶，把橡胶制成大口袋，把石油装在橡皮口袋里封好从海上漂过来。利用黑潮，正好从马来海峡穿过台湾，漂到九州南部……这样橡胶和石油一起都运来了。”

“如果这个方法成功，就能打胜仗吗？”清原眨巴眨巴眼睛挖苦地说。

“不，现在还正在研究。”

“我看这是空中楼阁，没有希望的。我来拜托您，是希望这场战争早日结束，免得生灵涂炭。我意把占领地全部还给人家，说日本进行这场战争是‘圣战’没有领土野心。同时要求美、英、法、苏四国让南洋殖民地全部独立。如果能做到这一步，这场战争就算是非常成功。”

岸信介次官摇摇头，低声悄悄地说：

“清原君，你说的办法不行。日本还有相当大的领土野心。香港和新加坡都不能放弃。马来亚也得抓住不放……”

“我是从结论跟你说的，你的意思很明白，不愿意为结束这场战争作出努力，是不是？”

“也许我们之间意见有分岐[歧]。你说战局不妙，不过重要占领地还在我们手中。”

秘书官来清[请]岸信介次官，说出席会议的人员都到齐了，只等他去。

岸信介站起来说：

“好。你的主要意思我已经明白了，还得再看看情况。我们自然要作出最大的努力。但这场战争是一赌国运的战争，不到关键时刻是收不了场的。”

清原节雄绝望了。但并不因为绝望而坐以待毙。他的绝望并不是为了个人，而是为国家将要灭亡而担忧。

他焦灼不安地度过了一夜，第二天早晨，他走访外务省，他驱车驶进已卸掉了大铁门的外务省的正门，车子顺着坡道来到门楼下停下。他正要推门进去，瘸着腿的外务大臣重光葵拄着文明棍从里面走出来。

“啊，重光君！”

“啊，好久不见了。”重光站住向他打招呼，“你上哪儿去？”

“我有点事想找您谈谈。”

“是吗？可是真不凑巧。我现在去出席内阁会议。”

“唔，那么让我坐你的车，在车上说几句吧！”

“好，请上车。”

上了车，清原节雄开门见山地说：

“我认为这场战争没有希望了。你认为如何？”

“我也这样认为。”重光瞪大眼睛，凝视着清原。

这是实话。清原松了口气，总算找到了知音。

“所以，我希望你作出努力，尽快结束这场战争。昨日我见了岸信介。此人不行。他还以为能打胜仗。这样下去，会把日本弄得乱七八糟不可收拾。要想办法，就得抓住现在这时机。你说是不是？”

重光葵平静地摇了摇头说：“现在办不到。”

“为什么？”

“你不看看总理大臣是个什么样的人物，他是形式主义者。他让菲律宾、爪哇、缅甸都独立，召开什么大东亚会议，认为东亚的局势正在逐步走向稳定。把弄到手的占领地放弃了，来结束这场战争，不光东条本人不愿意，首先陆军也不答应。”

“这一点我也明白。军部在美军登陆前是不会投降的。因此我想趁现在这时机赶紧想办法。”

“你说得对，但是现在办不到。”

清原凑到重光的耳朵根低声说道："你能不能说服陛下。"

重光微微一笑，慢腾腾地摇了摇头。

车到首相官邸。清原下了车。已经过了正午，他忘了饥饿。在阴沉沉的天空下慢腾腾地踱到丸之内的《新评论》社。

他穿过传达室一直走到社长室。推门一看，平时静悄悄的屋子里，此刻站着五六个职员。社长坐在办公桌旁。冈部熊雄坐在客人用的椅子上。个个神情紧张。

"哟——今天发生什么事了？"

苇泽悠平苦笑了一声，说道："发生了一件麻烦事。"

刚才近藤编辑的夫人来了个电话，今天一早来了三个刑警把近藤带走了，可能被带到横滨警察署去了。

近藤平时也不是什么左派，也不是激进的自由主义者，学生时代参加过罢课，在拘留所关过三天。这是他的全部经历。

但是冈部熊雄心里很不平静。因为逮捕世界经济调查会河田充市以及松田安彦、高滨义男、平林太郎、西岛民雄都是横滨警察署干的，至今一个也没有放回来。

"总之，横滨警察署正在策划一个巨大行动。被抓去的人没有一个真正共产党，也不是左派，至多是个反战主义者。"

"究竟想搞什么名堂？"

清原节雄坐到扶手椅上，叹了口气。日本的统治阶级究竟想干什么？这种政治太可怕了，国民没有丝毫自由，完全是恐怖政治。民心崩溃、民不聊生。然而他们不分昼夜地在宣传"一亿总奋起"！

这几天清原节雄东奔西走几乎是一场空。他呆呆地眺望晚秋的天空。

过了一会儿，编辑们走了。社长室里只留下悠平和清原二人。两人默不作声，各自考虑着各自的问题。

在东京召开的大东亚会议结束了。汪精卫、张景惠、拉乌雷尔、巴莫·温威殿下，各国代表云集东京。东条总理大臣忘乎所以。日本俨然是东亚的盟主。

一面是盛大的庆典，另一面美军在玛金岛登陆。守备队浴血苦战。赖伐尔岛已守不住了。

德国和意大利节节败退，东部战线已无望。柏林几乎每天遭到空袭。轴心国的战斗力已枯竭。反轴心军在各条战线都处于优势。大反攻即将开始了。

清原节雄想：这几天到处奔走作了种种努力，不过是徒费唇舌而已。国家正在崩溃，靠一两个人的努力是难以扭转残局的。

“看来《新评论》快完了。”苇泽社长说道，“自由主义者能够活动的时期，已经结束了。”

这是严峻而绝望的感叹。

东条政府公布了《出版事业整顿要点》，要求1894种杂志减少到150种以下。

《新评论》自然是在被“整顿”之列。

苇泽社长命女办事员拿来两只玻璃杯，打开书橱拿出葡萄酒瓶，爽朗地笑道：

“怎么样？喝一杯吧！这是稀罕物。真正的法国红葡萄酒，是朋友从印度支那带来的。”

社长把酒杯递给清原，自己端起酒杯一饮而尽，微微笑道：

“怎么样？味道不错吧！”

他那温和的表情，隐藏着天崩地裂而身不移的坚强意志以及彻底的自由主义者的不屈精神。

“昨天我见了近卫。”

“唔，他的意见怎么样？”

“他坚决反对东条政府。”

“那当然啰。东条把近卫当作眼中钉。”

“关于战争前景，他的看法和我是一致的。不过，不到万无一失的时刻他是不会轻举妄动的。”

“是啊，因为对手不是别人，是军部。”

“不豁出命来是不会成功的。”

近卫文麿非常讨厌军部。他作为政治家竭力想把军部压下去，但他仍然被军部牵着走，发动了日华事变，使自己陷入了困境。这一苦恼始终摆脱不了，他那贵族孤傲心情更加陷入了孤独。

“一句话，看来不管你作出多大的努力，都不能改变日本的现状，是不是？”

“是啊！一开始我就预计到现在这个局面，……唉！朽木不可雕也。”

两位老友对国家表示了绝望，但他们觉得问心无愧，只是对越来越陷入困境的国民发出了同情的感叹。

第二十四章

钢琴上的台灯戴上了防空灯罩，有美子正在弹奏肖邦的圆舞曲。房间里暗得几乎看不清家具的轮廓，只有有美子雪白而细长的十个手指头按在键盘上泛着白光。

在民生凋敝的社会里，有美子每天去学校里参加供她精疲力尽的繁重的体力劳动。然而她却更加热爱起音乐来。姐姐十分羡慕她。羡慕她能一心钻进音乐的世界里，忘掉了一切。而曾经结过婚，被男人打动过心的榕子却做不到。

"榕子！"母亲在吃茶室里叫她。榕子走出幽暗的房间。家里什么地方都笼罩着黑暗。这黑暗仿佛已经渗透了人们的心，使人感到窒息。

"你吃桔子吗？我买来了一点，真稀罕啊！"

榕子从母亲的恬静的言语里，意识到母亲的孤独。叫她吃桔子不过是个借口，实际上想把女儿叫到身边，说说话，排解愁闷。

"我有话跟你说……"老人家恳切地说。

榕子默默地剥着桔子。

"父亲的友人，在帝大医院工作的堀川先生，你该认识吧！"

"嗯。"

"这位堀川先生有一位学生叫前田，在医科研究室里工作，年龄三十一岁，为人正派，一直独身，住在堀川先生家的楼上。"

榕子默不作声。咲子夫人拿出一张照片递给榕子。榕子只瞧了一眼，退回给母亲。

"他在研究室工作，与其他职业不同，也许不会马上应召入伍。即使入伍也不会派到危险的地方去，这一点倒可以放心……"

"不，不，"榕子摇摇头，尖声地喊了起来，"妈妈。我不愿意。我遭了这么大的不幸，一次就够了。我看还是一个人安全。这仗越打越厉害，结婚是自讨苦吃。我的事且不说。你看有美子都傻了。邦雄还不知死活，她就那么痴心等着他。我不能再为男人受这份苦了。现在我一想起泰介的死，就抑制不住内心的愤怒。我要找到杀死泰介的那个人替他报仇。我一定要报仇。"

母亲听了她的话，放下手中的针线，凝视女儿的脸。她没有想到榕子所受到的打击竟会这么大，不由地吃了一惊。

得了点感冒，宇留木三天没上班，独个儿躺在公寓里。第一天，发高烧，滴水未进。第二天，隔壁一个带孩子的寡妇，从他壁橱室的纸箱里，舀出一点糙米，熬了粥给他喝。又替他买来配给的海带。他靠了这点海带熬过了两天。

第四天早晨，他换上西服正要出门时，邻居的寡妇见他问道：

“宇留木先生，已经好了吗？”

“谢谢您，已经好了。”

“好得真快哇，今天上哪儿去？”

“上班去。”

“今天是星期天，还上班吗？”

“啊，是星期天，我忘了。”

他出了门，信步往车站方向走。他想起自己肝脏不太好，应该找个医生看看。忽然想起了儿玉医院，顺便可以去探望一下战友苇泽泰介的夫人。于是拿定了主意。

星期天上午是儿玉博士门诊时间。因为上学的孩子星期天有空，候诊室里挤满了带孩子的母亲。

儿玉博士亲切而仔细地诊察着每一个病人。提出治疗方法，并要病人注意饮食，多吃营养品。但他自己知道这些忠告是徒劳的。牛奶房里不卖牛奶，水果店里不卖水果，一星期只有两三个配给的鸡蛋……国民的健康状况急剧恶化。儿童的体质每况愈下，谁来关心他们？

看过几个病孩后，突然眼前出现一个大汉。他抬头一看，一张没有血色、焦黄焦黄的脸，连眼珠子也黄了。

“你得了黄疸病了。”

“是的，在南方得了疟疾，一直没见好。”

“胃口怎么样？”

“最近饭食不好，不想吃饭，只想喝酒。”

“你这病，喝酒可不好啊。”

“是的……我是苇泽泰介君的战友……我叫宇留木，前些日子我曾到军医学校见过他的夫人。”

“呵，原来是你啊！”博士若无其事地答道，又替他诊了脉，听听心脏说，“今天星期天，榕子在家，待会儿我领你去。”

博士忙活了一阵子，后面还有一大帮孩子等待他诊治。他便命护士带领宇留木到他的住宅的会客室和榕子会面。

他和榕子见面这是第二次。那天在军医学校，榕子穿着白大褂，俨然是职业妇女。今天她穿一件暗红色的毛衣，仿佛是一个还没结婚的姑娘。她那纤细的身材显得十分苗条，有一种令人怜爱的魅力。

隔着圆桌，两人面对面坐在扶手椅上。榕子先开口问道：

“你身体不舒服吗？”

“嗯。这病不大容易好。我得了感冒，又犯了。刚才令尊不让我喝酒，可是不喝点酒不好受。再说最近也买不到酒，经常用酒精掺上点水喝。”

“好喝吗？”

“当然不好喝。不过能求得一醉，醉了之后心里又不痛快。最近二三天里，据说单位里可能配给啤酒。”

“噢，你已经上班了吗？”

“是的。我已进了同盟通讯社工作。”

“您住在哪里？”

“住在千驮谷的公寓里。”

“太太呢？”

“您瞧我这个流浪汉的样子，谁要我？”

“那么生病的时候，怎么办呢？”

“那有什么办法，邻居家夫人给我熬了点粥喝，对付着呗。”

“没吃饭吗？”

“一两天不吃饭死不了。”

榕子凝视对方良久，她发现他的衬衣许久没洗了，出于女人的本能想给他洗一洗。给男子洗衣服，自然而然会想起做妻子时的那种感情。使自己空虚的心，在不知不觉中得到满足。

“你为什么不结婚？”

“我也不是什么独身主义。起先觉得麻烦，后来高不成低不就，便拖下来了。我倒想问问你，往后你打算怎么办？……不过我问你这种事，也太没有礼貌了……”

“不，没什么……也谈不上该怎么办。反正我拿不定主意。前些日子母亲曾经跟我提过亲事。可是……”榕子说到这里，说不下去了。

看到这位年轻的夫人，对去就之道不知所措，成天无所事事、心头郁闷，宇留木不由地替她难过。她年轻美貌却遭此不幸，又使他忿忿不平。

“我不知道该怎么说，我以为你应该认真考虑再嫁问题。不过，最近社会上的道德观念有点莫名其妙，战死军人的寡妇再嫁，被认为是不贞节的行为，有损于丈夫的名誉。简直是错乱了时代，这不成了封建时代了吗？还有另外一种理由：说妻子死了丈夫马上再嫁，会使男人不能安心上战场，更是岂有此理了。……我认为你应该向新的第二人生迈出第一步。有适当的人就再嫁。你说是不是?”

榕子脸上泛起红晕,微笑道:“我倒不受这些严酷的道德观念束缚。”

“那太好了。”

“不过我暂时还不想再嫁。”

“那又为什么?”

“……上次你来访的时候曾经提到过广濑军曹已经回到国内来了。”

“是的,我说过这事儿。”

“说实话,我丈夫死于非命的仇恨,我至今未能忘却,虽然他死去一年半了,我心里老觉得有个疙瘩。我决心要清除这个仇恨。——只要这仇未报,我不会再嫁。”

宇留木意外地听了榕子这番内心的告白,重又抬起头来注视着她。刚才还是位温柔、美貌的女性,此刻却显露出令人吃惊的强悍的表情,仿佛她那长长的睫毛里,隐藏着一匹伺机扑上来的那种精悍的野兽的眼神。然而,她仍不失一种野性美。

宇留木意识到自己处于第三者的地位,她与他之间的距离太远了。

“你的心情是可以理解的。但你即使找到了广濑,为丈夫报了仇,我以为这只会使你增加苦恼。不如早早把广濑忘掉,重新考虑你的新生活。”

“我怎么也忘不掉。”

“您忘不掉那是合乎情理的,但我仍希望您努力把它忘掉。如果为了复仇而使自己付出更大的牺牲,那太不值得了。我认为你权当已报了仇,再也不去想它,那是最明智的。”

榕子想替丈夫报仇的心情不能引起宇留木的共鸣。两人之间没有任何结合的可能性。他想:如果她放弃了报仇而有建立新生活的愿望,也许两人可以接近一步……想到这里,他没有再想下去。

一看手表,将近正午,他站起来说道:“好吧,我要走了。打扰您了。”

榕子听到他的话才抬起头来,只见她双眼热泪盈眶,她那湿润了的眸子更加晶莹有光。

“啊,您回去吗?”

她没有再说第二句话,宇留木不知道她究竟为什么落泪,心里纳闷。

吃过午饭,广濑曹长拄着拐杖来到庭园里,坐在树丛下的长凳上,沐浴着初冬温暖的阳光,兴致勃勃地读着父亲每天送来的报纸。

广濑的脚伤已经治好，现在只等骨头愈合，练习走路了。他翻阅着报纸。报上报导着激烈的战况，也登载着受战争苦难的国内生活的消息：诸如加紧建设防空设施，配给防毒面具，提倡合葬，节约用电，都市居民疏散，增税……

他读着这些令人窒息的消息，似乎是当他无关的外国故事一样，无动于衷。

他一边读着报纸，一边等待榕子来临。但她轻易不来。只要三天不来，他便打发尾形护士捎信去。他去了信，她也不见得来。于是他在山茶花树下晒太阳，心里盘算着她来还是不来呢？不多一会儿，榕子穿着一色白色工作服，从大楼的拐角处，迳[径]直向这边走来。

"你身体怎么样了？"

"已经不要紧了。请坐！"

榕子在长凳另一端坐下。她态度凛然不可侵犯，简直连一个指头也碰不得。

"脸色好多了。"

"是吗？最近吃饭觉得香了。"广濑笑道。他的笑容有点不自然。

"最近太太来看你了吗？"

"没来。"

"为什么不来？"榕子明知故问。

"最近我就跟她办离婚手续，干脆打光棍。"

"你一辈子独身吗？"

"怎么说好呢？你呢？你也是一辈子独身吗？"

"嗯。"

"独身真的能过下去吗？"

"十天以前有人给我提亲，我拒绝了。对方是帝大的副教授，还没有结过婚……"她冷冰冰地答道。

广濑直盯盯地注视榕子的侧脸。这个女人简直无懈可击。从她那白净的脸容看不出一点人的情欲，她那冷静严肃的态度，使男人心里着急。广濑无法用自己的尺度去衡量这个女人。显然用金钱收买是办不到的。用暴力征服又无可乘之机。广濑心里着急了。和这个女人已经见了好几次面，可是丝毫没有进展。

"最近我想到伊豆半岛的伊东去。"他说。

"伊东？是疗养所吗？"

"是的，军医建议我去。到了伊东，你能去玩吗，那里天气比东京暖和。伊东有的是旅馆，你在那边开个房间，玩上两三天回来不行吗？”

广濑想：到了那儿，他便可和她俩单独在一起了。他到旅馆去看望她，至少可以和她呆上几小时，这就有机会了。自从打南洋负伤回来将近一年了，他还没机会接触女人。他想到这里，简直一刻也不能等待。恨不能把这个女人搂到怀里……

“怎么样？行吗？你一定来。在伊东再见吧。我可以自由外出。到那时只有我们两人，我们慢慢地谈谈。就这样一言为定。”

他突然伸出手去挽住榕子的手。榕子吃惊地把手缩回去。可是广濑不撒手，使劲握，握得她手都发痛。她意识到这个男人的欲望。榕子赶忙站起来，广濑这才撒了手。

榕子把被碰到的拐杖扶起来竖在长凳旁，小声地说：“时间到了……再见！”接着沿树丛中的小径小跑着离去。

广濑的诱惑她早就料到的，因而也不觉惊慌。他那炯炯有神的双眼，今日闪砾[烁]着野兽眼睛一样的光泽。她了解广濑心灵上是有隙可乘的。当一个男人渴望接近女人时，当他心里欲火燃烧时，他的心充满着矛盾使人有机可乘。她感到复仇机会已经接近了。

她又想起宇留木的话来：不要去想复仇，还是早些忘却，去计划新生活为好。然而忘掉了报仇，那么还剩下什么呢？

她想：自己和广濑的接触，除了可憎的感情以外，不应该有别的成份。即使接受他的信，午休时去找他，都是一心一意为了复仇。见了他时，自己喘着粗气，心里蹦蹦直跳，这也是为了不让对方察觉自己的意图，出自一种危险感罢了。

回到药房，她坐在椅子上休息一会儿，觉得自己确实是累了。

她想到战争给社会带来了混乱和生活贫困，自己身边碰到的许许多多令人烦恼的事儿：母亲张罗着要给她提亲；没有指望的爱情束缚着奄奄一息的有美子；纯朴的青年宇留木突然出现在她身边；广濑这个强敌向她伸出了魔掌……战况每况愈下，敌机行将飞临东京上空。……而自己抵抗风暴的力量又多么微弱。她想复仇，看来也是想入非非。

这时有病人敲窗口，榕子霍地站了起来。

第二十五章

昭和18年(1943)11月4日，合众社报导：美陆军航空部队司令官陈纳德向全世界宣布：

“具有最强力的装备的、能进行最高空远距离飞行的美国新型超级重轰炸机最近准备对日空袭。”

“上述飞机一出动，迄今为止的长距离飞行的重轰炸机都降格为中型机。”

“这种飞机具有十吨至十五吨的载重能力，可以不着陆往返于大西洋之间。命名为 B29。”

日本人谁也没料到，从这一消息公布后的十几个月内，B29 轰炸机把东京化为一片焦土。

日本政府的对策仅仅采取了疏散大城市人口的消极方法。——拆除楼房，搬迁企业，疏散人口。

当局宣称：“这不是退却，而是振兴地方生产。”简直是自欺欺人。战败的迹象已日益明显。国民的心中已埋下了疑惑的种子。

12 月 18 日大本营公报称：美军已在新布立丹岛的马加斯湾登陆。20 日大本营公布玛金、塔拉瓦两岛的日本守备队三千官兵“玉碎”。

23 日情报局公布：征兵适龄期提早到十九周岁，从明年实施。

在遥远南太平洋战线的每一个动作，都会直接影响到明天市民的生活，市民密切注视着战局的发展。

到了一月份，美军攻势的速度加剧了。他们把守备在新几内亚东海岸的日本军置之不顾，先在辽远的北海岸龚比湾上登陆，控制了新几内亚和新布立丹岛之间的海峡，把制海权握在手中，孤立了赖伐尔岛。

一月底，《新评论》勉勉强强地才出了一本像小册子那么薄的杂志，发行那天，编缉[辑]们和记者们围着火盆撕下一张张废纸点燃烤火取暖。

记者们的心情也不如以前那样生气勃勃了。再加上天气冷，自然而然话就少了。

只有冈部熊雄一个人像往常一样高谈阔论。

“日本海军似手[乎]已丧失了自信。开战当时梦想在美国本土登陆。目前连南太平洋诸岛也守不住了。问题在于飞机，没有飞机，便没有制空权。美国要是来轰炸东京，从东京湾飞进来，经过房州的馆山，到东京只需 12 分钟，馆山的瞭望哨电告东京防空司令部需要七分钟，东京只剩下五分钟准备防空。五分钟里，战斗机也来不及起飞迎击。看来，东京要遭殃。”

冈部说话时兴高采烈，好像评论赛马似地满不在乎。日本的危机，国民生活的贫困，在他心里竟然无动于衷。他的头脑只在打空转，灵魂已不知埋在何处。

负责传达的女职员给总编辑送来一只大信封。原来是一张讣告：

东信印刷公司经理广濑高太郎长期卧病，医治无效，已于×月×日逝世……丧主：广濑充次郎。

与讣告一起附来一封信：本公司业务照常进行，今后仍希多加照顾。……署名是董事兼经理广濑充次郎。

几天以后，苇泽社长在上班以前在自己家里接待了广濑充次郎的来访。他出去一看，只见客人是一位身材魁梧，剃着光头，拄着拐杖的青年。另外有一位职员模样的人拿着礼品。他拄着拐杖深深地鞠躬道：

“初次见面……我是东信印刷公司广濑，平时家父承您多方关照，不胜感谢。……我自己还很年轻，缺乏经验，是否能继承父业，尚未可知，今后仍望多加指导。”

他说话口齿清楚，彬彬有礼。悠平并不喜那种军人风度，但见他态度诚恳，倒喜欢起这位青年来，当然他无法知道这个青年就是杀死自己长子的凶手，只是单纯地对他在战争中负伤表示同情。

自然，广濑也无法意识到他访问苇泽社长这是命中注定的奇遇。他行完礼后，在跟来的职员搀扶下，瘸着大腿，走出了大门。

把客人送走后，苇泽社长和往常一样到新评论社上班。这天天气特别寒冷。

他走进社长室，还未脱帽，一个编辑推进门来。

“社长，不好了。森田君被逮走了。”

“被逮走了？……这是怎么回事？”

“又是横滨警察署……要是这样的话，也许高畠君也被捕了。”

“唔。”

悠平站着不动，心里寻思：森田是位好发尖锐言论的记者，但他不会搞什么秘密活动。为什么社里三名记者都被逮走了呢？他百思不得其解。

这时，社长桌子上的电话铃响了。悠平拿起听筒。电话里是个女人的声音：“请您找一下社长。”他觉得这声音很熟。

“是的，我就是。”

“爸爸，我是衣子。”

衣子是嫁给冈部的长女。

“出事了。冈部今天早晨被警察逮走了。”

苇泽社长好像被人一脚踢倒似地不知所措。自己的女婿、总编辑也被逮走了，这问题不简单。

“我听明白了。我问你，那个刑警留下名片没有？”

“留下了。是神奈川县的特高警察课。”

“我明白了。你不用担心，我先去调查一下，你在家等着。”

社长立刻拿起帽子走出了房间，他命令职员们照常工作，不要把这一事件泄露到外界去。他走出大门，马上坐电车去横滨。

神奈川县警察署特高课长对苇泽社长很冷淡，他承认冈部和森田是他们逮捕的，但为什么逮捕他们？何时可以释放？则闭口不谈。

这位剃小平头，鬓发里有几根白发的课长从国民服的口袋里掏出怀表，站起来说道：

“我现在要去出席一个会议，今天就谈到这里为止。……”

苇泽要求会见冈部和森田，未被允许。

归途中，他在电车里叉起手，闭上眼睛想道：这神奈川警察署究竟想做什么。此刻找不到任何线索。编辑部几个骨干编辑都被逮走了。他好像自己被砍断了手脚。《新评论》已被逼得走投无路了。

下午，他回到《新评论》社，又得到了新的情报：改造社及其它几家杂志的几名优秀记者也在这一天被捕了。

所谓“横滨事件”的大逮捕，在极端秘密情况下进行的，这一天达到了最高潮。

从世界经济调查会资料部主任河田充市夫妇被捕开始，接着又逮捕了高滨义男、松田安彦、平林太郎、西岛民雄。特高警察在西岛的办公桌抽屉里找出一张照片，断定他们同细川嘉六有联系。这张照片上的东京都新闻政治部记者须藤正雄、改造社编辑大野康治、松原广等一齐被捕。这样，平时跟细川嘉六有来往的那些记者们，在富山县泊温泉那次饮酒作乐的聚餐会，被特高警察起了一个骇人听闻的名字：“日本共产党重建筹备会泊温泉会议。”

然而，警视厅对这一事件一开始就不予重视。他们嘲笑神奈川警察署的做法，认为这些人不管如何拷问，也形成不了“事件”，要他们不要轻举妄动。而神奈川警察署则反唇相讥，采取了出其不意先下手为强的措施。

神奈川县警察署从本县各警察署中选拔有经验的特高刑警集中到横滨来，一定要把这一事件弄个水落石出，为横滨的特高警察争光。于是对这些无辜青年进行了惨绝人寰的拷问。由于这一“功绩”，横滨的特高警察的“左翼股”于昭和18年(1943)年底受到了安藤内务大臣的嘉奖。

拷问手记：

一、广川健

我于昭和18年(1943)10月21日被捕。受到神奈川县警部松下美治,警部补原田、森川等的审问。①

在审问时,我否认参加共产主义运动。警察大声吆喝:"你还嘴硬吗?我们已经受命杀掉你们这些家伙,你等着瞧吧!"于是五个刑警扑上来,对我拳打脚踢,我失去了知觉。约在五时左右被送进拘留所。西服已被撕得粉碎,步行困难,发高烧,不能吃饭。第二天又进行了同样拷问。他们抓住我的头发,把我的头向水泥墙上撞,还用脚在我头上乱踩,我当场昏倒,一直到半夜才恢复知觉。到了第二天在我的手臂、胸部和腿上十几处进行了注射。我才逃脱了死亡。11月被移解到山手警察署,我已不能翻身。每天靠注射葡萄糖维持生命。从严寒的一月份起,不准家里给我送吃的,我已作了饿死的思想准备。

二、河田充市

我自昭和17年(1942)9月被捕以来,受到了长达一年多的拷问。松下等刑警用棍棒、竹刀、麻绳、皮带、手铐、火筷子对我进行严刑拷打。叫我坐在水泥地上,用火筷子和棍棒戳我的腿部和腰部,直到失去知觉为止。两手反绑,用麻绳把手脚捆在一起,把我吊起来,几个人轮番踢我的背部。放下后,也不松绑,把我当作他们练习柔道的试验品,扔来扔去,全身血肉模糊,还有几处内出血。

三、河田夫人

我于昭和17年(1942)9月和丈夫一起被捕,在加贺町警察署受审。在寒冷的冬夜,警察叫我露出腰部坐在水泥地上,两手反绑,关上门,用布堵住我的嘴,不让我出声。用穿着皮靴的脚后跟捣我的大腿、头部和腰部;用火筷子和雨伞戳我的身体,全身红一块紫一块发肿,甚至露出我的阴部,用棍棒乱戳,受尽凌辱。我几次失去知觉……

四、松田安彦

我于昭和18年(1943)5月被捕,立即被带到神奈川警察署,从此连续对我进行拷问。警察抓住我的头发,用他的腿夹住我的头,其他人用竹

① 警部、警部补——日本警察的官衔。

刀、棍棒在我身上乱打。一边打一边说:“你知道小林多喜二是怎么死的?我们也叫你和他一样下场。”以后的暴行更加残忍。用椅子砸我的背脊,用石头敲我的脸。腿部的伤口化着脓,专朝伤口乱打,顿时血肉横飞。他们要我承认“泊温泉会议为了重建共产党”。因为没有事实,我当然不能承认。

后来我意识到同这些野兽们僵持下去没有意义,自己只有像一条狗那样死去。于是我全部承认了刑警对我提出的事实。我打算到了法庭公布时再翻案。我写了一份极其荒唐的供状。我承认我是日本共产党的中心人物。联络同志建立组织,煞有介事地编造了一套故事。刑警们竟然信以为真。

五、冈部熊雄

1月29日清晨,二名刑警来我家。心里想:终于来了。我用十分钟时间换好衣服,吃完饭和他们一起出了门。

接着乘电车去横滨。两名刑警一左一右坐在我的两侧。另两名在车门口把守。虽然没有戴手铐。但很明显是押送。到了横滨,被移解到矶子警察署。皮带、领带这些可以用来自杀的东西,全部没收,关进了拘留所。

过了两小时,我被带到了柔道的练习场。我刚一坐下,四名刑警对我的胳肢窝和腹部拳打脚踢。一句话还没问,我已被打得晕头转向,这是他们的惯用伎俩,先夺去你想反抗的精神力量,然后叫你招供。自由、人权、法律保护在这里是不通用的。

刑警用竹刀戳我的头,“你搞重建共产党的运动,是不是,快说。”我摇头表示否认。于是用竹刀打了我一巴掌。接着不分青红皂白地打我,直到我失去知觉,昏倒在地。我被拖到澡堂,用自来水给我全身上下浇冷水,冰一样的冷水渗进了全身的伤口,痛不欲生。

接着我被拖回审问室,命我写参加重建共产党运动的经过。油印的文件早就准备好了。警察问你话,你只要答应一声“是的”。这便成了“供词”。

“你从昭和17年春起参加重建日本共产党运动,同细川嘉六、河田充市、松田安彦等秘密联系,是不是?”

你回答“是”,马上要你写成“我于……”的“供词”。

你说声“不”,马上拖到练习场用木刀、麻绳、竹刀乱打,重新进行拷问。我从来没有这样泄气过。这儿没有正义,像地狱一样。这不是人的社会，是野兽的社会。支持人类文化最根本的信念是正义。但这儿没有正义。……

昭和19年1月底的大逮捕，使东京各杂志的编缉[辑]部受到了毁灭性的打击。日本的言论自由，仅仅由于神奈川特高警察的暴力被践踏殆尽。他们如此轻视思想文化，如此害怕共产党，害怕共产党趁战乱重建组织，其结果则成为趁战乱演出了“昭和拷问史”中最血腥的一幕。

大逮捕后的第三天正好是星期一，按照惯例，苇泽悠平和清原节雄一起共进午餐。

“这一回吃了大亏了。”清原说。

悠平和他对面坐下，两手拄着手杖答道：“简直是胡来……不过在这个时代不足为奇，司空见惯了。如果自己被捕也一个样。”

“究竟是什么嫌疑？”

“警察虽然没有明说，还是意识形态问题。”

“又没有建立组织，怎么能对综合杂志一齐开了火呢？看来是根据什么指示采取的行动，我看这是右翼攻势。”

“唔，……不过我还摸不到底。”

“我以为这是严格取缔国民思想。政治借着权威获得国民支持，当然需要取缔思想。极端害怕共产主义革命，把皇室中心主义强加给国民，正说明皇室中心主义正在走向崩溃。但日本的国家是很巩固的，对天皇进行革命并不那么容易。反抗军队的叛乱或许出于意料之外的快。粮食供应如果再进一步恶化，可能先会发生粮食暴动之类的小叛乱。你以为如何？”

“反抗军队的叛乱，那就要波及到作为大元帅的天皇。”

“恐怕不会到这种地步吧！因为天皇对军队没有实权。最近陆军对天皇也不大听话了。天皇陛下很讨厌战争，他是个学者。天皇和枢密院没有抑制陆军的力量。……”

只要一发言论，清原节雄是没有节制的。不管他身边多么紧迫，他总在考虑批评时局的意见。悠平则泰然处之，保持沉默。

“你最近在忙些什么？没事干闲得慌吗？”

“不……还挺忙哩，明天到信州、新潟去旅行讲演。执笔被禁止，海军的工作又搞不出名堂来，幸亏还有报导部顾问的头衔，可以作点讲演。”

“看来，你的打算不如以前大了。”

“那没有办法啊！”清原平静地一笑。他曾经拜访过岸信介、重光葵、近卫文麿，说服他们早日设法结束战争。那时候的热劲，此刻已冷却了。只得到外地旅行在有限的范围内和少数人谈一谈日本的现状。这是一个有良心的知识分子最后的一点心愿。

两人会见结束，悠平回到《新评论》社。衣子在社里等他，手里拿着一个大包袱。

“你怎么拿这许多衣服来？”

“我不知道他多少天能出来，随手能抓到的东西都拿来了。”

父女俩乘电车去横滨。一个拿着丈夫的寒衣去探监，一个替三名部下向当局申辩。各有各的心事，两人都默不作声。悠平想的还不是对女儿的怜悯，而是《新评论》今后怎么办？然而，千头万绪不知从何着手？好像自己已走进了死胡同。

第二十六章

星期日早晨，榕子坐在自己房间里翻阅旧报纸。她的视线忽然停留在一张报纸的右下角。那是一条带黑框的讣告。

> 东信印刷公司经理广濑彦太郎长期患病，医治无效，于 25 日下午九时逝世。谨此通告生前友好。
>
> 告别仪式定于 27 日下午 1 时至 2 时，在麻布光林寺举行。鉴于战时，一切从简，谢绝奠仪，特此谨告。
>
> 嗣子　广濑充次郎
>
> 友人总代表　波内鹤之介
>
> 昭和 19 年 1 月 16 日

很早以前和广濑见面时，她曾经听他说：“住在芝区的父亲经常来看我，但生着病，恐怕不久于人世了。”广濑的父亲死了，那是几天以前的事。告别式还是三天以前举行的。

24 日星期一，榕子在第一陆军医院的庭园里见到了广濑，他约她去伊东玩。

“下月 1 号怎么样？早点去好，待在这医院里实在太无聊了。我到了那里马上给您写信，您一定抽空来，好吗？”

榕子没有回答他，陷入了沉思。他又接着说下去：“你家里父母怎么样？很严厉吗？”

“不。我的事他们不干涉。”

他瞧了榕子一眼，默默地一笑。这笑容充满了自信。

从那以后，一星期过去了，他父亲死了，在他身上会发生什么变化？榕子无法猜测。她想：明天到医院打听一下。要是能见到他，便可知道去伊东的日期了。

他说过：伊东有很多旅馆，两个人可以单独在一起呆上几小时。“两个人单独在一起”又意味着什么？她心里当然明白。她并没有忘记，这个广濑曾经把泰介踢出病来，自己究竟有多大体力足以抵抗他的暴行。她心里盘算，如果他真的邀请她去伊东，她就去。

在那里，她可以有时间同他对坐在一起，她可伺机替泰介报仇。此仇不报，自己就没有自由。拿定主意之后，她的感情变得激昂起来。她开始考虑报仇的手段：——可以拿刀划破他的脸，当面责问他关于泰介的事，把他臭骂一顿；可以把装有剧药的瓶扔到他身上，使他终生留下伤痕；还可以在食物中下毒叫他痛苦得不死不活，总之手段多得很。

下午，她找了一个借口，为了滋补营养不足，找点维生素吃，走进了父亲的药房。这里放着足以毒死几千人的剧毒药——看这些药，她就满意了。这些毒药随时都可以为她服务。

榕子回到自己房间，在桌上托腮沉思，深深地叹了口气。她希望早日从痛苦的心情中解脱出来，远远地离开广濑这个男人。只要报了仇，那怕是最小的报仇行为，只要给他一点打击，自己就心满意足了。忘掉过去的一切，去寻找新的生活道路。

星期一吃过午饭后，榕子从军医院的庭园信步向第一陆军医院的坡道上走去。穿过医院的走廊，在右边调剂室的门口看见尾形护士和药剂师说着话。这样正好！榕子老远便招呼她：

“尾形君！”

尾形回头一看，接着跑过来，好像早就等着有话和她说。

“我正要去找你，那个人有话托我向您转达。我忙得顾不上，没有功夫到您那儿去，对不起。”

“什么事儿？”

“事倒不急，就是那位广濑曹长的父亲得了心脏病死了。他只有这么一个儿子，出丧的时候，广濑曹长算是丧主。他父亲的公司来了汽车把他接走了。好像是 26 号那一天……”

尾形的话不得要领，榕子心里很焦急，可是表面上还装出很平静的样子。

“后来呢？”

“后来，他回去第二天，不，第三天就出了丧。他是独生儿子，所以他继承了父业。这些事儿我弄不清楚。不过他说要去伊东去疗养，可是公司里的事儿怎么办？按理说他去温泉疗养三个月到半年敢情是好。他要我向您问好。”

榕子皱起眉头问道：“到底是怎么回事？”

“怎么回事？他因事出院了。”

“出院了？”

“是啊，已经走了。昨天星期天，来一辆车把他接走了。”

“他说些什么了？”

“嗳，他好久没有接触人世了，好像什么都很新鲜似的……他的伤好得那么快，也不容易啊。你瞧他多幸运，出了院马上当上了印刷公司经理。他还叫我去玩，我才不去哩。不过这人倒不错，很干脆，叫人看了舒服。这样病人多几个我们也轻快点……”

因父亲病故，为继承父业请求出院，昨日已被批准，离开了医院，榕子掩饰了自己的感情，若无其事听尾形把话说完，爽朗地一笑向她告了别。

和尾形分手后，她向军医学校走去，一步一拖仿佛掉进了坑里似的，心里感到一阵空虚。到伊东去的事便这样打消了，同时也失去了复仇的机会。

冬日苦短，她坐着昏暗的电车回家。心中空虚，没有着落。她又不知广濑的住址，报仇的线索被卡断了，爱情的线索也断了。

在没有路灯的黑道上，她摸索着走。有美子在门口等她。

“姐姐，邦雄来信了，还活着。”

“是吗？那太好了。他在哪儿？”榕子惘然地问道。

“在铁木尔……刚才我查了地图，在最最南端的地方。”

妹妹的心中沸腾着爱情，姐姐是完全理解的。过去自己也有过这样的经历，现在已完全冷却了。“难道我爱他？”这太可怕了，太羞耻了。这是不贞节，不道德，像野兽一样的感情。她真恨他，但又爱他。如今一切都幻灭了。这件事就算了结了。她尽量抑止眼泪，可是嘴唇在发抖，浑身发冷。

吃过晚饭，父亲和母亲在火力微弱的火钵旁听广播。在暗淡的灯火下，两个老人仿佛合成一个影子在瑟瑟发抖。广播里报导着赖伐尔攻防战的战况。

“我军迎击来袭的敌机约200架，其中95架被击落，10架情况不明。我方有九架飞机未归。”

其次报告了欧洲战况。为纪念纳粹政权十一周年，希特勒发表了演说：

“假如德国战败，欧洲任何国家都不能阻止布尔什维克的侵入，德国的危机就是整个欧洲毁灭的危机。”

榕子回到自己房里，独个儿坐到自己桌旁，从抽屉里拿出一束广濑的信。

第一封信……是她送了鲜花和书以后写来的。信上写着："我胸中热血沸腾，谨此有求于您……"这句话已一笔勾销了，她好像被他出卖了。榕子擦着了火柴把信扔进火盆里。第二封信、第三封信很短，都是"请您来玩"之类的字句。她把一封一封都扔进火盆里，白色的烟往上升，火焰烤红了她的面颊。忘了复仇吧，还是宇留木武雄说得对，不要去介意广濑，管自己生活。

屋子里弥漫着呛嗓门的浓烟，榕子打开窗户。外面不知何时刮起了猛烈的寒风。她的面颊迎着风，眺望远处空中的星星。星星不住地眨着眼睛，这是暴风雨的前兆。然而过去的风暴已给她带来了厄运：丈夫死了，哥哥死了。还有妹妹及其未婚夫，父亲、母亲都在暴风雨下像临风飘摇的芦苇一样被吹倒了。明天将以什么目标生活下去呢？她心中没有着落，空虚极了。

下篇

第一章

随着太平洋战争的战局日益恶化，军部和政府更加变得神经质，更加穷凶极恶。要求国民付出更大的牺牲，歇斯底里地镇压国民。

梭罗门群岛已失守。昭和19年(1944)2月奎译林·卢奥特岛被占领，守备队4500官兵被全歼。大本营为了公布这一消息，犹豫不决竟讨论了20天。

东条总理大臣决定部分改组内阁，自己兼任参谋总长。25日公布"决战非常措施要项"——彻底动员在校学生；加强国民勤劳体制；实行生活朴素化；停止平时业务；实行重点运输等。学校进一步工厂化，强制女子加入挺身队；火车旅行实行许可制，废止一切娱乐场所。与此同时，作为保卫本土根据地塞班岛和但尼安岛受到拥有十艘航空母舰的大舰队的袭击，从22日至23日晨，整整两天遭到狂轰滥炸。

陆军当局依然挥舞鞭子大肆宣传："敌军胆敢登陆，正是歼敌大好时机，一个拼一个，拿起竹枪，保卫万世一系的皇统。"

海军则不以为然，通过报社负责人指示常驻海军省的社会部记者进藤武治先写一篇新闻解说试一试。

进藤记者的稿子于2月23日见报，与东条总理大臣发表的"非常时期宣言"登在一起。大标题为：

"竹枪顶什么用？还是要飞机，要海洋飞机！"

海军报导部对这篇文章大加赞赏，说出了海军想要说的话。情报局当天早晨打电话给报社表示称赞。可是东条总理大臣读了这篇文章大发雷霆。

那家报纸当天傍晚就受到禁止发行的处分。陆军报导部长走访监督报纸的机关情报局,会见了村田次长,要求第二天召集报社的最高干部开会。出席这次会议的有总编辑和副总编辑等。

根据松村报导部长和村田次长的命令,认为执笔的记者有失败主义思想倾向应予处分。对此,报社坚持如果因为思想问题给予处分,实在说不过去,把这道命令给顶了回去。第二天,陆军某机关打电话给报社,询问笔者进藤武治的原籍是何县,又过了一天,进藤的家乡香川县高松市政府接到来自东京的电报,命令他们对进藤下达征兵令,立即向丸龟联队报到。这就是处罚。掌握陆军的陆军大臣兼参谋总长,东条把征兵制度作为处罚的手段。

海军报导部得悉陆军方面的动向后,先下手为强,决定征用进藤作为报导组员派拉奥基地,但陆军当局已对进藤下达了征兵令。海军当局表示:"进藤武治已被海军征用,请陆军当局收回征兵令。"而陆军当局则认为:"征兵是至高无上的命令,不管海军征用与否必须服从。"

海军省派人向陆军动员课长交涉,毫无结果,进藤武治,只得背起背包回到自己家乡高松市去当兵。

这就是新闻界盛传的所谓"竹枪事件"。仅仅六十行的新闻解说,就给陆海军的抗争点燃了火。报社受到陆军的严重批评,总编辑和副总编辑引咎辞职。

清原节雄在海军报导部里听到这一"竹枪事件"的真相时,气得脸色煞白,热血在胸中沸腾。为了从亡国的悲惨命运中将国民拯救出来,首先必须把东条总理大臣赶下台。在这危险关头,绝对不允许把政治军事权力交给这个精神病患者。

他想:也许已经晚了。即使更迭现在的内阁,恐怕也难以挽回战败的命运,但至少可以最好的结局来结束战争。东条也许真的会强迫用竹枪战术迎接本土决战。在这个悲惨的结局到来之前,必须以更好方式来结束这场战争。

清原节雄走出海军省,和往常一样从樱田自踱到护城河端的大道上,向《新评论》社走去。但是他想:这时他心中涌现出的决心,还不能轻易对妹夫,也是最亲密的朋友苇泽悠平讲。……

从护城河刮来的风很冷,尚未吐绿的柳树垂着细细的枝条,飘来荡去,显得格外冷清。他一边走,一边陷入了沉思。究竟用什么手段,策动哪个人才能促使早日结束战争呢?依靠海军的力量,只会使陆海军的抗争更加激化。议会已处于瘫痪状态。重光外相又没有这个力量。他想见见近卫。但这个有头脑的政治家不会冒险去火中取栗吧。想到这里，他感到绝望了。他心中悲愤交加，却无计可施。他想发动舆论，但未等到发动，就会被扣上失败主义的帽子遭到镇压。

他走进《新评论》社大楼，踏着长长的楼梯，他越过在前面慢腾腾地走着的三个人。他没想去听他们说话，但他们说话内容引起了他的注意。

“……把他们一网打尽不是最干净利索吗？”

“唔……不过早晚得收拾他们。”

清原突然意识到这些人是刑警。他要把这个危险信号赶紧告诉给《新评论》社，一分钟也不能迟延。

他推开社长室的门，悠平不在。又推开会议室的门，悠平正在和编辑们开会。清原帽子也不脱，莽撞地走到社长身旁，说道：

“喂，刑警来了。来三个人，现在还在楼梯上，和我一起上来的。”

悠平只是微微点点头，仍然不失平素那种冷静、沉着的态度。

“是吗？……再过20分钟会就开完了。您在会客室里等一下。”

话音未落，女事务员进来恭恭敬敬地递上一张名片，上面印着：神奈川县警察部，特别高等股，竹岛参之助。

“他说要见社长。”

“唔，你跟他说现在正在开会，不能见他。”

女办事员走出去后，社长把眼光落到编辑计划上。在这警察逼上门的情况下，下一期杂志该如何编呢？清原向会客室走去，回过头来对悠平说：

“你还是和和气气应付他们，这些家伙不一定会干出什么样事来。”

过了一会儿，女办事员进来说：“社长，不好了。书架、笔记本被他们翻得一塌糊涂了。”

苇泽悠平的脸上露出一丝苦笑，缄口不语。刑警终于闯进来了。这不值得大惊小怪。几年以前早就料到的。自从细川嘉六的笔祸事件以来，《新评论》一直处在被镇压的风暴之中。

悠平对坐在左边的职员们轻声嗫嚅道：

“我来见他们，你把他们带到社长室来。会以后再开。”

不论在任何情况下，社长总是沉着应付。决不让人看出自己有半点慌乱。

悠平在社长室里接待了三个刑警。三人一跨进房门，眼睛骨溜溜地朝四周一扫，这是他们的职业养成的习惯，随时对周围加以注意。

“您正在开会，打扰您了。”竹岛说。

“对不起，让您久等了。”

两人对面坐下，悠平严肃地抬起头来说：

“没有正式手续，我拒绝你们搜查编辑室。假如有必要，请你们拿正式手续来。”

“正式手续有也行，没有也行。”竹岛歪着头笑道。这家伙看来有四十来岁，胖乎乎的，脸色黝黑，留着一小撮短胡须，细细的金鱼眼，闪烁着冷漠的光泽。他的职业专门给人们带来不幸。

“今天就算了吧！我们是来见见社长的。我们要动手的话，随时都可以动手。……下次来的时候，彻底地搞一搞。”

“是吗？”社长点了点头，“你们不按手续进行搜查，我们有权利拒绝你们，我们没有害怕搜查的秘密，只不过你们滥用职权会给我们添麻烦的。”

“得啦，我们需要动手的时候，我们自然会动手的。”

“那么，你们今天找我有什么事？”

竹岛参之助慢吞吞地点燃烟，洋洋自得地说：

“你们这儿有几名共产党员？”

“不知道。”

“唔……左派分子有好多个，这是事实吧！”

“不知道。”

“社长，你不承认这个事实吗？”

“不承认。我认为没有必要回答你提出的问题。”

“果然如此。……你标榜你是个自由主义者，这一点又作何解释？”

面对这些刑警，悠平根本无意同他们讲解自由主义的含义。关于自由主义的学说，他已研究了三十多年。而刑警懂得什么？他们是赶时髦，追随军部的宣传做应声虫而已。他决不会轻率地对这些家伙作无谓的抵抗。

“从哪一点你们认为我是自由主义者？”悠平温和地反问道，却使一个刑警激动起来。

“因为你是自由主义者，所以说你自由主义。如果不是，你说出不是的理由来。”

悠平透过镜片静静地观察这个家伙拍桌子打板凳的粗野动作，平静地微笑道。

“看来，似乎没有必要回答你这样问题吧！”

面对强权的威胁，他绝对不为所动。他甚至像演员一样能故作镇静，绝对不屈服。从刑警的眼光看来，他无疑是一个可憎的人物。

“好吧！你记住刚才说的话。”竹岛站起来说道，“反正过不了几天，我们再来找你，到那时你不会说大话了。我们一定要你说个明白。”

三人一齐站起来，两手插进裤袋，摇头晃脑地踩得地板格格响地出去了。悠平坐在扶手椅上连站也没站起来，然后他站起来推开通往会客室的门。清原节雄正趴在桌上专心致志地在写什么东西。

“啊！对不起，让您久等了。”悠平若无其事地微微一笑道。

清原没有还礼，手里拿着铅笔招呼他。

“你过来一下，我给你看一件东西。”

悠平和他在沙发上并排坐下，清原眨巴眨巴眼睛，低声说道：

“我给近卫写封信，这是草稿，请您过目。”

社长照例是不露声色，默默地将信的草稿读了一遍。内心惊愕不已。这封信任何一行内容传到社会上去，宪兵立刻会把他逮走。信的全文是打倒东条内阁的意见书，在结尾处，他还向近卫献策：“如有可能，请阁下只身赴苏联，为结束这场战争进行活动。”

悠平读完这封信后，默默地陷入了沉思。他想：靠一支评论的笔而生存的清原节雄不受其他一切条件限制，因而能够维持他的正确判断和精辟的见解。与他相比，悠平受到杂志的经营方针、宣传、人事关系、取缔规则等方面的限制，他不可能像清原那样有纯粹而开阔的见解。所以他非常羡慕这位老友的生活道路。

悠平佩服清原的高尚情操，但他仍然劝告清原中止这个冒险计划。他对时局早就绝望了，但他又不甘心完全绝望，因此他仍然作着不彻底的抵抗。

可是，他敢对清原提出忠告，甚至想举杯祝贺这位敢于冒险的老朋友成功，但他不能从旁助一臂之力。他将站在遥远的地方注视他的行动，一旦遭到失败，他也不想分担连坐的责任。他始终无法摆脱自己冷漠的感情，这就是悠平的保守性格和他的孤独感，他知道自己的界限，而不敢跨越这界限一步。他的个人主义性格决定他不敢冒险。

“听说近卫身边有人监视着他。”

“好像是有人盯着他。”清原点了点头。背靠椅子，目不转睛地仰望着天花板，仿佛想从天花板中找出什么好办法来。

半晌，悠平才想到了一句话，说道：

“您知道，问题不仅仅是东条一个人，整个国家机器无可救药了。”

“是的，确实如此。自从日华事变爆发以来，政府的指导原则是非颠倒。事到如今已经没有办法了。最根本的办法是对人们实行再教育。”

“那得需要 30 年时间。”

“30 年恐怕也不行。前天我会见马场恒吾。他说目前日本这种状况，只靠日本人的力量恐怕是没有办法了，非要等美国人来收拾不可。”

悠平笑了笑说：“马场君嘴还是那么不饶人。”

清原忽然想起刚才刑警来搜查的事来，说道：“那些刑警后来怎么啦？”

“没有什么了不起，都走了！”

“我怕你会被带走。”

“早晚会有这么一天，在这些家伙们看来，好像人人都是罪人和国贼。”

悠平从社长室拿来一瓶威士忌倒进两只玻璃杯中，两人举杯一饮而尽，生活已到了贫困的深渊，但悠平仍然竭力保持享受这点奢侈品的习惯。

第二章

出了医院，身体能够自由活动以后，广濑充次郎迅速恢复了健康。丢掉拐杖走路，还相当困难，但他的精神已恢复到在军队时那生气勃勃的样子。

他继承了父业，成了东信印刷公司的经理。他对公司里的工作是满意的。在军队时有军纪和军规，还有上级长官的束缚。在这公司里不但没有上司，公司里的规章制度他一个人说了算。一切的一切对他来说都是自由的。

前任经理过世以后，印刷工人的情绪曾经一度松懈，广濑马上命令厂长楠见到处买酒来慰劳工人。楠见善造四十刚出头，瘦得皮包骨头，一谈到做买卖，他精明得跟黄鼠狼一样，哪里有缺口，他打听得一清二楚。不管统制多么严格，他总有办法钻空子，毫不费劲地将四斗装的一大桶酒运到了工厂里。

下午五时，广濑命令机器暂时停开，打开酒桶，将全体工人召集到轮转机旁，发表了一通新经理上任讲话。

“从今天起，本人就任东信印刷公司经理，在前任经理领导下，诸位努力完成各自的任务，对此我表示深切的感谢。目前正值国家决战的非常时期，本经理期望为国家努力提高工作效率。从这一目的出发，本经理决定从明白起将加班津贴增加一成，也希望各位理解本经理的意图，忠实执行各自任务。趁今日就任的机会，为了慰劳各位平时的辛劳，特备水酒一桶，请各位尽兴畅饮。完了。”

长年以来他习惯于用军队腔讲话，因此这篇新上任的讲话也是照搬军队里的一套，在目前这时代，军队腔已屡见不鲜，日本全国的生活几乎全军队化了。

第二天，他拄着拐杖在车间里转来转去，监督工人干活。一到夜里，他和楠见善造坐着装货用的小卡车到赤坂的艺妓下处饮酒作乐。有时两人高了兴，还踱到兜町做点股票生意。在战时贫困的社会里，各种物资都十分缺乏，到处都有黑市买卖可做。广濑充次郎利用国内的贫困反而发了大财。仅仅两个月，几十万的现金装进了他的腰包。

广濑痛切地感到他已从军队中、医院中、父亲的管束中获得了解放。父亲留下的产业已为他所有。

目前他视为“眼中钉”的是父亲留下的继母和她的女儿。他用父亲在麻布[①]置下的住宅，再加上点股票把母女俩打发走了。家里的事情交给两个女佣去经管，自己落得一身轻。

一切获得了解放，一切都很自由，手头又有了财产，他就渴望有个女人。父亲的葬礼一完毕，他瘸着腿去父亲常去的妓院宿娼。接待他的那位妓女，细细的眼睛，含情脉脉。可是身体却瘦得只剩下一把骨头。他一摸到女人的肌肤，顿时觉得这下真正回到了正常人的生活。

他从这家妓院到那家妓院，趁此机会尽可能把所有女人都尝个遍。玩够了妓女，他还想勾引良家妇女。印刷厂有位漂亮的女职员，他找了一个借口叫到自己家里，利用经理的权势一直领她到卧室。第二天早晨，她把广濑塞给她的钱扔到走廊上跑了。那个女人的丈夫去了新几内亚。她长得细皮嫩肉，一头金黄色的头发，身上的肌肉好像一按便能把她压扁似的柔软。

早晨，她扔下的钱被女佣拾了起来，怯生生地送到他的早饭桌上。他瞅着放在桌上的钱，心里一阵空虚。归根结底他从那个女人身上什么也没有得到。他接触的只不过是女人的肉体，而她的灵魂连一丁点也没抓住。他不由地想起儿玉榕子来。从那以后，已经两个月没见面了。

可是他又想，要把这个女人弄到手又是一件麻烦事。金钱、权威、命令对她来说都不起作用。他想不出适当的手段。因为他从来没有认真考虑过如何才能获得她的爱情，也从来没有衡量过爱情有多大价值。

四月初的一个晚上，还是在赤坂的某饭馆的雅座里，广濑和楠见对饮着啤酒等待艺妓的到来。广濑无所事事地枕着胳膊，对楠见说：

“楠见君，我想娶个老婆，你看怎么样？”

“哈、哈……终于下了决心啦？”

“不能说已下了什么决心。说实话，艺妓我已经玩够了。”

“玩够了那正是好机会，娶一个吧。有没有对象？是个什么样的女性？是

① 麻布——东京的地名。——原注

处女吗?”

“不,是个战争寡妇。”

“噢……在哪里工作?”

“是个药剂师。”

“药剂师? ……倒有点麻烦,是从学校毕业的吗?”

“那当然啰。你说麻烦吗?”

“这种人,小情理多。现在在哪里工作?”

“在军医学校的药房里,估计还在那儿工作。”

“我明白了,你在住院时候认识的,她已经答应了?”

“还没有到这种程度。出院以后一直没有音信。……我总觉得这种女人挺麻烦的。”

“经理,你对谈恋爱还是个外行。对于女人越觉得麻烦越有意思哩。你不能太性急,要放长线钓大鱼嘛……你先买一两件衣料,再送一枚钻石戒指,只要她接受了礼物就好办了。”

对于女人的门道,楠见善造也是个内行。像在工厂里处理工作一样毫不犹豫、干净利落。想出了这个主意后,脸上露出了一丝奸笑。

三月,有美子在学校刚毕业又被编入了“女子挺身队”进工厂做工。有美子走了以后,家里像死一般寂静,老夫妇俩默默无言,相对而坐,榕子听不到妹妹弹奏的钢琴乐曲,心里感到无比空虚。迄今为止音乐安慰着她孤独的灵魂,而今她听不到音乐,似乎日常生活中出现了一个永远也填不满的空白。起先,她到军医学校工作,希望从工作中寻求在这时代生活下去的意义。最近她觉得这工作毫无意义。对女人来说,如果没有特定的目标,她活着也好,工作也好,都提不起精神来。

广濑曹长出院后,她摆脱了迫在眉睫的危机。可是摆脱了危机的同时她又感到无聊。她是在憎恨中感到生活的意义,在憎恨中有她的喜悦。

广濑充次郎像是瞅准了她的情绪的变化,突然给她来了一封信。榕子手里拿着信,一时不知所措。他出院已经两个半月了,应该说已完全断绝了关系,一切姻缘到此结束。

下班以后,她回到家里,也不想去折[拆]开信封。她帮着父亲的药房抓药一直干到深夜。

工作一干完,疲劳和空虚一齐侵袭她的心。她赶紧上床,熄了灯紧闭眼睛,可是怎么也睡不着。过了 30 分钟,她重新打开台灯,下了狠心把广濑的信撕开。熟悉、拘谨的字体立刻展现在她眼前。

信写得很短，她一口气读完了，不由地感到很失望。

“……住院期间，承您多方照料，不胜感谢……”一段客套话后面又写道：“为了对您表示感谢，请您在4月23日下午6时光临舍间，谨此恭候。”原来是一张请帖。她读完信，好像自己受了愚弄。去你的吧，我还会上你的门！她胡乱地把信塞到枕头底下，又把灯熄了，可是还是睡不着。她不知为什么生起气来。

第二天傍晚，下了班，正准备回家，传达室的女职员给她送来了一个纸包。这是广濑特地派人送来的。

榕子拿着这包东西，回到家里打开来一看，是一身浅灰色高级毛哔叽衣料。她把衣料舒展开往身上一搭，只见衣料角上印着“美国制”字样。这样高级的衣料目前很少见，衣料中还夹着一封信。

“我买到了一件好衣料，兹托人送上。对于西服，我是个外行，要是合适的话，你就做一身穿穿试试。我希望能见到你穿着这件衣料的身影。因为工作多，每天忙得晕头转向。对付这些怠惰的工人比统率士兵更为困难。托您的福，我的脚比以前轻快得多了。23日无论如何你得来，我衷心地等待着您。父亲过世后，继母、妹妹已和我分居。这家里只有我一个人，连个说话的人也没有。我经常想起负伤以后，真心关心我的只有父亲和您，我永远不会遗忘。如果你有什么事用得着我，请尽管吩咐，我一定尽力而为。我殷切地等待您的来临。”

榕子读完信立刻把信撕得粉碎。接受他的礼物等于侮辱了自己。她不愿意再见他了。她把摊在膝盖上的衣料赶紧叠起来包好，她决心把它送回去，一阵激愤的感情使她心中火辣辣地难受。

可是到了第二天、第三天，榕子仍然没有把衣料送回去。这么一点小小的诱惑，她相信自己不会败给广濑。只要自己拿定主意，不管什么样的男人，提出什么样的要求，她相信自己有股子韧劲，是不会败在他们手里的。

她内心矛盾极了。思想斗争很激烈。她没有给广濑回信，也没有把衣料送回去。她有意和他一刀两断，可是又想要这件衣料。在这样踌躇不决，下不了决心的时候，约定日期23日终于来到了。

榕子决心见一见广濑。见面的目的有二：一、说明自己没有理由接受礼物，把衣料退回给他；二、在跟他断绝关系之前，把广濑踢死苇泽的经过问个清楚，把他臭骂一顿，要他赔礼道歉，权作是报了仇。

这两个目的光明正大，丝毫没有见不得人的地方。而且她相信自己能保持威严，堂堂正正地质问他，要他赔礼道歉。她梳妆打扮了一番，临出家门时，在衣服领子和手帕上，洒上了香水。她想：即使跟仇敌见面，也要显出自己的美。让男人觉得自己美，那是女人的胜利。而这种对胜利的向往，往往使女人中了圈套。

傍晚，榕子干完工作，对着盥洗室的镜子仔细地把头发梳了梳，在没有血色的嘴唇上淡淡地涂上口红。从自己脸上的神情，她确信自己已下了决心，拿起那包衣料出了军医学校的大门。街上路灯亮了。

下了车，走出车站。街上黑漆，连门牌也看不清。想找个人问路，走了半天也没碰见一个行人。她沿着低矮的石墙往右一拐，便是一家的大门。门口伫立着一位拄着手杖、穿和服的男人的身影。

"是儿玉君吗？"

"哎——"榕子在喉咙里应了一声。

两人在暮霭中面对面站着。

"我在这里等你足足有30分钟，我以为你不来了。正在失望时你倒来了。真太好了。"

广濑的声音带着一种令人难以捉摸的诱人的亲切。她把广濑当作仇敌，可是广濑丝毫没有意识到而泰然自若。

"好久好久没见面了。请进吧！今天能不能在这儿多呆一会儿？厂里的小伙子们今天早晨打了一网鱼来，有新鲜的鱼想请你尝尝。"

她被引到楼上一间宽敞的房间。房间里灯火通明，有些晃眼。可是屋里的气氛却十分安详、恬静。她已经很久没有见过这样明亮的房间了。

广濑沉重的脚步声从楼梯上传到房间里来。他一进屋对着红漆的圆桌盘腿而坐。

"你瞧，我独个儿住在这儿，连个说话的人也没有。往后你有空就来玩吧！我晚上总是闲着。……你家里粮食紧张不？近来很难买，我这里倒有一点，回头你走时带二三升走。今天打来的鱼也包点回去，鲜虾也不错，还有一条大鲷鱼……"

榕子觉得在他面前自己很难鼓起斗志。她重新感觉到男人的巨大压力。她极力抵制自己心里的失败情绪，把放在身旁的纸包拿到膝盖上，慢慢地解开绳结。

两个女佣小心翼翼地把酒菜端上桌来。

"这东西，我今天带来送还给你……"

"什么东西？"

她没有打开纸包，就这么递了过去。

"是那衣料吗？不合适吗？我还以为很合你的身呐！"

"不。"她咬着嘴唇说，"因为我没有理由接受你的礼物。"

"唔。"广濑歪着头，没有多说话，把它放在一边。问道："是吗？……你喝白酒，还是喝啤酒？"

"不，我什么也不喝。"

广濑手里拿着酒壶，直盯盯地凝视着榕子的面容，感到这个女人在反抗。究竟为什么要反抗，不得而知。他还不习惯去琢磨这女人的心思，总觉得有点麻烦。他那双眼睛只看惯那些以身相许的艺妓和不懂礼貌的女工。他觉得榕子特别新颖和美丽，就像刚从网里拾来的海鱼那样新鲜，散发着清香。他独个儿倒上酒，拍了拍手，叫女佣拿汽水给榕子。两个人各怀各的心事开始了酒宴。过了一会儿，他突然放下筷子，抬起头来问道：

"我不揣冒昧地问你，你有没有再嫁的意思？"

"不，我从来没有考虑过。"

"唔，是吗？"

"你问这个干什么？"

他明知道不能这样问，可是忍不住，还是问一问，让她表态。于是拿定主意又问道：

"假如你愿意再嫁的话，就到我这儿来。你瞧我一个人多么冷清啊！"

"不。我不喜欢军人。"

广濑哈哈大笑起来。

"我已经不是军人了，是平民，是瘸了腿的平民。我想再娶，你这样的人最合适。"

"你太太呢？"

"终于离婚了。今天打点好了行李，明天给她送回去。总算和她一刀两断了。"

"你当兵的时候在哪个部队？"

"在静冈第34联队。"

"你打过士兵吗？"

"当然打过啰！当兵的就像马和狗一样，你不打他，他还听话？要是对士兵不严格要求怎么能打仗？"

"你揍他们，踢他们，他们不受伤吗？"

"偶而也有受伤的，不过这样的惩罚，为了维护军纪也是完全必要的。"

榕子觉得郁积在心中的怒火，顿时冒起浓烟，开始燃烧起来了。

“你殴打士兵，现在还认为是对的吗?”

“我当然也不想打人，也是没有办法才打的。”

“那么，你不觉得后悔吗?”

“也谈不上后悔。”

榕子本想把丈夫的事挑明，可是话到嘴边又咽下去了；要是把话说明白，就得跟这个男人一刀两断。她踌躇了一下，找了个另外的话题。

“可是被拳打脚踢的人，以及他们的家属不恨你吗？要知道，当兵的也是人啊!”

“也许会恨我，可是我也没有办法。从个人关系来说根本算不了一回事。离开了军队，互相之间的地位都是对等的，根本无贵贱之分。我自己也很讨厌军队。我当新兵时不知道挨过多少揍，皮靴擦得不干净，让我用舌头舔靴底的事也有过十多次。人权受到了践踏。军队不是人待的地方。我离开了军队，住院的时候心里非常烦燥。回家之后，才松了口气。可是现在忽然觉得寂寞起来。我身边没有亲骨肉，活着真没劲。我回来以后已经赚了20万元，可是有谁为我庆幸呢？……我突然急切地希望见到您，硬把您请来了……当然，您有您的想法，也得考虑到你父母的事。我自己一厢情愿地决定了，又有什么用？……总之，请你好好地考虑一下。”

“承蒙你的好意，我暂时觉得还是独身好，所以这件事到此为止，不要多说了。”

“这么说来……你是断然拒绝了?”

“是的，我认为还是干脆拒绝好些。”

“那么等二三年怎么样?”

榕子坚定地摇了摇头。

广濑站着默不作声地俯视着榕子。在明亮的灯光下，这个女人的脖子是如此白嫩，好像白玉似地深深地映入了他的眼帘。这样漂亮的女人他还从来没见过，真难到手啊！可望而不可及呵！榕子双手放在膝盖上，纹丝不动。这端庄的姿势说明她正在拼命地抵抗。

他绕过桌子走过去两步，把手搭在榕子肩上。她好像早就料到广濑会有这种举动，举起手来使劲地把他的手甩开。广濑迅速扑过去抱住了榕子的双肩，他把她抱得紧紧的，使她一点也动弹不得，制服了她的反抗。

然而，榕子坚定的态度，使广濑不敢放肆地发泄情欲。他感到自己这一举动太粗野了，这样只会受到她的轻蔑，于是他松开手，凑近榕子的耳边，轻声地说：

“您要是真的不愿意，那我也没有办法。是不是可以再考虑一下。我等待您的回音。下星期的今天，也就是30日，我们再见一次面好不好？……”

榕子的身子像是僵硬了似地默默地听着他说话。他凑在耳边说话使她感到恶心。广濑说完话，她才从噩梦中清醒过来。她吃了一惊，自己的肩膀怎么会紧紧地偎在他的怀抱里，她使劲地挣脱他的手。广濑默默地凝视她的眸子，露出极其温和与美好又充满活力的神色。

她默默地拿起手提包站起身来，广濑没有劝阻她。

米、鱼、衣料，她一样也没有拿。在灯火管制的漆黑的坡道上，她只听得自己的脚步声，怯生生地匆匆忙忙地往前走。她一边走一边替自己庆幸，自己竟然能从这个男人的怀抱中挣脱出来，维护了自己的纯洁，可是今晚却没有任何收获又感到不满足。

回到家里，在没有什么菜肴的餐桌上，面对着年老的父母默默地吃完饭，一切欢乐都被夺走了。可是作为妻子时的最后的幸福回忆却未被夺走。她想起了丈夫不觉热泪夺眶而出。此刻她希望有一个可以称他为丈夫的男人，不管这个人是谁，哪怕是广濑充次郎也好。

广濑说愿意等她。他那亲切而温柔的话仍在耳边回响，使她心烦意乱。

她想：反正必须先报了仇再说。不报仇，跟他划不清界限。得赶紧把这件事办完，越快越好。

回到家里，母亲告诉他今天下午宇留木武雄来住院。宇留木因营养不足得了脚气病，再加上感冒，本来就有慢性的黄疸病，这下脸色更黄了。脉搏不正常，没有食欲。

儿玉博士说：“问题不大，住十天半月就好了。本来没有必要住院，可是单身汉住在公寓里，总不太方便吧！”

榕子决定明天去看望他。她独自回到房里，夜晚的时间多么难熬啊！她感觉不到睡眠究竟对她有多大意义。

第三章

早晨报纸送来后，榕子总是拿着报纸到病室去看望宇留木。东窗上洒满了阳光，天气晴朗。窗外的树上枝叶茂密，绿影婆娑。

是疾病给他带来了忧郁，还是懒得跟榕子说话，宇留木躺在床上看书。

“早安！你身体好一点了吗？”

“谢谢您。不知怎的我觉得太无聊了，我想出院了。”

榕子把病房打扫了一番，又从庭园里摘些花来插在花瓶里。宇留木欠起身子，目不转睛地凝视着榕子的一举一动，沉浸在忧郁情绪中。

“宇留木君，苇泽就病故在这房间里。”

“是吗？他在这里住了多久？”

“2月3日进来的，至5月5日，约摸有三个月。”

“唔……现在想起来，他真惨啊！正好是开战的前夕十二月份，在富士山脚下，午夜的寒风刮得鼻子都冻僵了。……那沉重的军靴踢在他的腰部，他痛得都哼不出声来。军队这个组织真是太蛮不讲理了……”

她插完花，凝视着花说道：“我已经找到广濑充次郎了……”

“怎么？你还想找他报仇？……”

“是的，我要报仇。”

“算了吧！”

“为什么？”

“那有什么意思？这只会给你带来不幸。我很同情你，可是我不赞成你的做法。”

“你不赞成也罢，你同情也罢，反正我一定要报仇。”

对于榕子声色俱厉的表白，宇留木只得凄然一笑。

“为了你的幸福，你应该听从我的忠告。这种报仇的想法，实在太守旧了。我认为不好。”

“说我守旧也罢，反正我本身也赶不上潮流。”

榕子对宇留木竟然干涉起自己的感情而生起气来。也就是说他干涉了一个寡妇对于死去的丈夫的爱情，使她焦灼不安。她的性格是不允许别人来约束自己的。

宇留木头枕着胳膊，耐心地说：“您即使对广濑曹长这么一个下士官报了仇，那也解决不了问题。要报仇的话，你必须跟军队这个组织、等级制度，以及允许暴力存在的军队的陈规旧习等一切不合理的东西作斗争。广濑曹长只不过是代表军队的一个傀儡而已。”

榕子想起了泰介病死前表白自己平静的心境时说的话，和此刻宇留木说的一模一样。

“我并不彻底否定个人的感情。但现在不是考虑个人复仇的时代。日本就快灭亡了。你首先应该考虑将来的幸福生活，这比复仇重要得多。拘泥于过去舍弃未来，那太没有意思了。”

“可是，这个广濑干了如此缺德的事，却没有受到任何惩罚，还洋洋得意地过着好日子，我可不能那么便宜他。”

“你算了吧！他肯定会受到应有的惩罚，但这不需要你亲自去下手。”

这时，母亲弯着腰，穿着扎腿的劳动裤走了进来。

“刚才来了一封电报，你看怎么办？”

母亲困惑地从口袋里掏出一封叠得好好的电报。

“哎呀！是邦雄君打来的。不知道他是什么时候回国的？”

“真的回国了吗？或许马上要重返前线……”

电文简单：今夜归，望见面。邦雄。电报是打给有美子的。

“那得立刻通知有美子。”

“可是……”母亲说着说着有点喘不过气来，“通知她好吗？……”

“当然得通知她。”

“可是，她又不在家，道理上也说得过去。”

母亲不想叫有美子跟邦雄见面，榕子对母亲这种做法生起气来。

“妈妈，您怎么能这样？他既然来了，就得让他们见面。以后的事情谁能预料呢？有机会可以让他们见面，不让他们见，那太残酷了。我去打电话。今天是星期天，她一定会回来的。”

“可是，我总觉得……”母亲吞吞吐吐没再说下去。

“妈妈。在这样的时局下，只要是幸福，哪怕只有五分钟的幸福，也不能放过。有美子连钢琴都不弹了，牺牲一切到工厂里去做工，她还有什么乐趣可言。我以为不管怎么样，今天一定让他们见面。有美子哪怕只有今天一天的幸福，也得让她高兴高兴。”

榕子简直像是要和自己的情人会面一样，怀着殷切的心情给在神奈川兵工厂做工的有美子打电话。

苇泽邦雄来访是在黄昏前的时刻。榕子出来接待他，眼前站着一位穿海军军官制服的小伙子。他身材魁梧、仪表堂堂。邦雄举起右手行了一个军礼说：

“嫂子，好久没见了。”

榕子眼睛睁得大大地吃惊地说：

“邦雄弟，真是大变样了！”

邦雄和二年前判若两人。他神采奕奕，沉着冷静。榕子想道：男孩子怎么会变得如此快，她暗暗地替有美子庆幸。

走进会客室，邦雄解下短剑和军帽一起放到小桌上，慢腾腾地坐下，完全像一位拥有几十名部下的海军中尉。

“有美子参加了女子挺身队在工厂里做工。我已经给她打了电话,她快回来了,你等一会吧!”

“不。我不能等很长时间。我还得去看父母。明天早晨六时出发。”

“六点钟？这么早上哪儿去?”

“到木更津。……明天中午飞到冲绳,然后再回前线。”

“那么,这次你回来干什么?”

“来领飞机。”

“飞机？飞机真的不够用了吗?”

“哎。已经被打得七零八落了。”

“你现在驾驶的是什么飞机?”

“过去都是舰载机,现在航空母舰没剩下几艘了,所以一律驾驶陆军战斗机。……”

“航空母舰被击沉那么多,国内一点也不知道。”

“啊!? ……已经所剩无几了。”

“都在什么地方被击沉的?”

“在威克岛附近和珊瑚海……”

“哎呀,不是说在威克岛和珊瑚海的海战取得辉煌的胜利了吗？难道是假的吗?”

“奇怪？……”邦雄摇了摇头,“国内的报导都是胡说八道。前线已经被打得焦头烂额了。用不多久,东京也将遭到空袭。一旦敌人的飞机出现在东京便防不胜防了。”

参加过实战的邦雄都这么说,榕子觉得一股令人不安的寒气从四周袭来,不由地缩起了肩膀。

“现在看来,哥哥实在死得太可怜了。他这样的人不适合在军队里,他自己又讨厌当兵。在这样严峻的时代,他是吃不开的。他只能生活在和平的时代里。在目前这个时代,他是没有生存能力的。”

泰介也许缺乏生存的能力,可是榕子认为自己丈夫的人品比邦雄美。假如再回到和平时代,人们心中怀念的肯定是泰介而不是邦雄。

大门口的门铃响了,有人来了。

“一定是有美子,好不容易赶到了,真好!”

榕子去开门。只见妹妹的脸瘦得吓人,颧骨突出,嘴唇干裂,蓬乱的头发挂在额角上,露在头巾外面,双眸疲乏无神。

“邦雄等你好久了,快去吧!”

“不，等一等，对不起，姐姐您帮我把头发整理一下。”

有美子对着镜子，匆匆忙忙地洗了洗脸，也顾不得涂脂抹粉，急急忙忙推开会客室的门。

邦雄慢腾腾地从椅子上站起来，伸展双手，仿佛让有美子觉得自己是个堂堂男子汉。有美子背靠在门上伫立不动，目不转睛地凝视邦雄的美姿。

“你还活着，真好。”

她嗫嚅了一声，立刻意识到自己这句话包含着多少悲哀和苦痛。她站在离他远远的地方，用手捂住嘴，呜咽地哭了起来。

从邦雄的眼里看来，觉得她那幼稚的表情有点不可理解，他已经不是二年前纯洁的学生了。在塞班岛冲绳人的旅馆里、在但尼安岛军官的妓院里、在爪哇荷兰官吏的家里，他曾经接触过无数女人。他那放荡的经历已经感觉不出女性的心灵美，也失去了对爱情的美的理解。

他主动地大步走到有美子身旁，双手搭在她的肩上。

“别哭了，不是好好地回来了吗？”

“嗯。……你怎么回来的？”

“我是来领新飞机的，只有一天的假。”

“那么说，你马上得走！”

“是的，明天一早就走。”

有美子凝视邦雄的眼神，微微点了点头。她已懂得了这次重逢的意义。邦雄紧紧地抱住她的肩膀，温柔地把她搂在怀里，有美子缩紧身子，紧闭着眼睛，默默地接受他的亲吻。邦雄说：

“我是来向你告别的，明天出发以后，看来是不能活着回来了。”

有美子睁开眼睛，邦雄的脸仅仅离开她三寸，她出神地注视他的眼神。邦雄接着说下去：

“我跟你说，那时候的婚约就此算了吧。反正我不能活着回来。我已下了决心。那时我父亲反对这门亲事，现在想起来他是对的，因为我现在的处境，无法承担爱情的责任。你懂了吗？”

“我不要求你承担什么责任，我要等着你回来，不管多少年我都等着你。”

看到她如此幼稚、纯真，邦雄感到很棘手，脸上露出了为难的神情。

“你等我，那也是白等。”

“白等也罢，我一定要等你。我相信你一定能活着回来。”

“你等我叫我于心不忍，今天我是来向您诀别的，真正的永别，我们再也不会见面了。……再见，有美子。”

“再呆一会儿，时间还没到。”

“不，我马上要到父亲那里去。在这永别的时刻，你弹一首曲子给我听听。我好久没有听到你弹琴了。”

“好。我弹给你听。可是你别说永别。我不愿意听这句话。我每天到工厂做工也是为了你。”

“是吗？……对不起你。你弹一曲给我听吧！”

有美子幼稚的心里慌乱得没有着落，说话也语无伦次。她像被海浪推着似地踱到钢琴边，打开了琴盖。她自己也不知道弹什么曲子才好，不知怎地弹起了《蓝色的多瑙河》来。优美的曲调，抑扬顿挫的旋律，使她好像坐着小船漂向幸福的彼岸。苇泽邦雄听着音乐，慢慢地从小桌上拿起金色的短剑别到腰上，手里拿着军帽作好了离别的准备。他默默地站在那里，点燃了一支烟，等待着她把曲子弹完。他的心早已离开了这个女人。他内心是多么冷酷啊！

两人的会见仅仅只有30分钟。有美子把邦雄送走后，有气无力地坐在钢琴跟前。榕子走进来，见妹妹一动不动，问道：

“你怎么啦？”

姐姐把手搭在有美子肩上，温情地注视着她的脸庞。谁知道姐姐一安慰她，刚才抑制着的委屈忽然发泄出来，呜呜咽咽地哭起来了。她已经没有眼泪，而是从喉咙里和胸中发出的呜呜的哀鸣。这是一位少女圣洁的灵魂在哭泣啊！

榕子听有美子说邦雄是来向她永别的，后悔不该把她叫回来。也许是母亲想得周到，不让她见面更好些。

有美子擦了擦眼睫毛上的泪水嗫嚅道：

“……总算跟他见了面，我觉得很高兴。”

爱情的心理是不可思议的。一边说永别了，一边又相信会有重逢的日子，分别时痛苦的泪水还未干，却又沉浸在一瞬间的幸福里。

邦雄为什么来会见这圣洁的少女？难道真是为了使这个纯真的少女更加痛苦？他向她告别，明天一早飞往冲绳。作为一个男子来讲，也许什么感觉也没有，可是留下来的女人怎么办？榕子把手搭在妹妹瘦削的肩膀上，仿佛自己的心被撕成一块一块地难受。妹妹没精打采地把脸贴在钢琴盖上，好像已经停止了呼吸。她的灵魂已经死了，不，灵魂已被杀害了。

“不能堕入情网！不能堕入情网！”榕子从心底里发出了强烈的呼声。在这残酷的年代，爱情绝对不会圆满。爱得越深，越是给自己造成悲剧。人与人的关系都被兵役法、征用令、动员令等无数法令弄得四分五裂。爱情的幸福已失去了它的基础。日本的所有女人都失去了男子的爱情孤独地生活着。

邦雄和有美子握别后，在晦暗的大道上大步前进，顿时松了口气。有美子说等他回来，仅仅这一句话使他高兴。他相信自己还是爱着有美子的。如果能活着回来，就和她结婚。

此刻，他要去见父亲。他痛苦地回忆起他曾经向警视厅写过告密信控告他父亲。如果受到父亲的训斥，他准备向父亲请罪。他想：他在九死一生的时刻回来看望父亲，父亲也不至于训斥他吧。想到这里他就顾不得这许多了。

走近自己住惯的家，不知怎地又回忆起在南方战场上度过的日子。塞莱佩斯、马尼拉、但尼岛、爪哇……现在快回到自己的家，仿佛凯旋的将军带着荣誉回来了。他挺起胸膛敲了敲门。

出乎意料之外，开门的却是姐姐衣子。

“哎呀！总算回来了，怎么这么晚？”

“嗯……姐姐您怎么啦？”

“我？……从上月起带着孩子一直住在这里。”

“姐夫呢？他怎么啦？”

“嗯，他出了点事。”

邦雄想：难道离婚了吗？姐姐还是像往常一样，圆圆的脸上露着笑容。一个穿着睡衣的男孩跑过来偎在母亲的身边。这孩子早已忘却这位年轻的舅舅。

他跟着前来迎接他的母亲走进里面的房间。父亲正坐在床上读杂志。邦雄提了提制服裤坐下。父亲虽然瘦了一点，但脸上的气色还不错。

邦雄向父亲鞠了躬，父亲毫无表情地从侧面看了他一眼。事到如今悠平已无意去训斥这个儿子。他已经是堂堂仪表的青年军官，看不到出征前那幼稚和脆弱的表现。从他的体魄来看，似乎已经历过各种各样的遭遇。父亲从自己的直觉，感到这个儿子在战地已经同许多女性接触过……想起邦雄的经历，悠平自然有许多不愉快的回忆，他把头靠在枕头上闭上了眼睛。

邦雄说道：“不瞒您说，我这次回到国内来，是来领新飞机的，硬挤出时间告了假，来看望您的。”

悠平闭着眼睛点了点头。

“明天出发以后，恐怕不会平安无事地回来了，我已下了决心。仗越打越凶，特别是航空队付出的牺牲就越多。同期的战友已牺牲了一半。……因此，今天我是来向您告别的。……过去我任性，不能刻尽孝道。此刻感到很遗憾……但这也是为了国家，请您老人家原谅。”

这一番话，使得屋子里的气氛顿时紧张起来。茂子夫人为了缓和一下空气，故意放声笑道：“雄儿，你怎么总是这样说话？好像在樱井车站告别亲人一样。能不能活着回来，此刻谁也不能预料。现在说这些话还为时过早。你爸爸还病着哩，快别说这样的话。”

悠平不时地轻轻抚摸着疼痛的胃，思量起邦雄的命运。他已经不需要父亲，他回家来是向父亲告别的。失去长子泰介已经整整两年了，而次子又将在战场上死去。榕子回了娘家。他孤寂难忍，得不到丝毫慰藉。女婿冈部熊雄被捕后，不知何时才能放出来。他把衣子和孩子们接到家里，为的是家中不寂寞。

仔细地想想，在这个家里，几乎没有一个人能够舒心地活下去。身边的知心朋友也是如此。这是多么不幸、多么残酷的时代呵！他轻轻地用手掌抚摸着胃部，借以抑制心中的怒火。胃溃疡是以前的旧病。此刻他怀疑自己是否已得了胃癌，他甚至感到自己已不久于人世了。

第二天早晨，邦雄来向父亲告别，天还没有亮。他从床上坐起来，目送儿子踏上征途。他虽然不喜欢这位青年军官穿的那套显得十分威武的军装，但他确信自己灵魂的脉搏，肯定会在儿子的身上跳动。

送走孩子后，他默默地想：这孩子走了以后，要是过不多久突然来了他阵亡的公报，那时自己该会是什么样的心情呢？

广濑又一次来信要求与榕子见面，她找了一个借口拒绝了。她害怕再见他，她担心自己抵抗不住垮在他手里。她切身地感到这独身生活的辛酸。如果可能的话，快些再嫁吧！……这不是空洞的道理，它像衣服、食物一样，一天也不可缺少，没有它简直无法生活下去。

说到复仇，她跟宇留木针锋相对地争论过，可是不知从何时起复仇的心已淡漠了。只要想到复仇，仿佛自己还同死去的丈夫有着感情，也就是这样的感情支持着自己不至于堕落。如果一旦跟自己信得过的人结了婚，那么从结婚那天起，她就会忘记了复仇。也许她还没有意识到失去了肉体的抚慰，也使她精神上产生了缺陷。在这焦灼不安的情绪中她渐渐地失去了自信。

宇留木出院那天正好报上公布联合舰队古贺司令长官殉职的消息。他对榕子说：

“在这动乱的年代只能默默地忍受下去，不要多想。先要考虑怎样躲过这场暴风雨。考虑过多，结果只有自己吃亏。现在我们都处于一切都失去平衡的时代。”

榕子不愿意听他说教似的劝告。宇留木的话总是绕着圈子，不能打动她的心。

虽然如此，傍晚她从军医学校下班回来，总要到病房去看一看宇留木。一看他不在，心里一阵子空虚和孤寂。宇留木走了以后，一个星期天下午苇泽悠平来住院了。在长子死去的病室里，此刻躺在病床上的是父亲。

从傍晚到黑夜，《新评论》社的职员总有一两个人来病室探望悠平。他们作为证人被横滨警察署传去，前来向悠平汇报情况。

“……他们要社长承认是左翼的同情者，说大山郁夫逃到美国去时社长给过他钱……一句话他们要我们承认《新评论》社进行共产主义宣传。我们据理反驳，他们便勃然大怒。总之，按照他们预先准备好的调查资料，要我们按手印。听他们的口气，他们最近还要传讯社长。”

社长点了点头。根据搜集来的情况，处境越来越困难了。清原节雄从海军报导部听来的消息表明，陆军当局按照既定方针，要彻底摧垮《新评论》及其他两三家鼓吹自由主义的综合杂志。用正当理由申诉已不起任何作用，政治到了这种时候，就是一种暴力。

茂子夫人来到医院照看自己的丈夫。榕子上班前及下班回来后，一直到深夜12点也来帮助看护昔日的公公。

在悠平住院第十天夜里，外交问题研究所打电话来说：清原节雄被捕了。

悠平立刻起床去接电话，可是他的病情是不允许起床的。他扶着茂子夫人的肩膀，一步一步地走到楼梯下，夫人一边走，一边小声问道。

“是不是哥哥进行了推翻现内阁的活动？”

“如果涉及到他策动近卫来推翻现内阁，那就麻烦了。”

电话里也没有把话说明白，又打电话到清原家去问，说是逮捕他的不是警视厅，出乎意料之外是世田谷警察署。其他情况不了解。

悠平越来越坐立不安了。诚然，他早预料到会有这样的结局，可是他没有去阻止清原实行他的计划。倘若他的计划获得成功，那么日本社会将发生巨大的变化。此刻他有点后悔了。他总是落后形势一步，不能预先作出计划，总是这么一步一步跟在后面往前赶。什么道德、正义、法律，日本的一切机构全都崩溃了。迈出去的脚随时有陷在泥里的危险。

第四章

来到十字路口，榕子正沿着篱笆往右拐弯时，突然遇上一群穿黑色服装的人们。她赶紧闪开道，让他们过去。

走在前面的是一个十五六岁穿学生制服的少年，仿佛踩在泥里似地迈着缓慢的步子。他像大人似地皱着眉头，耷拉着眼皮，作出一副滑稽而严肃的表情。胸前沉重地捧着用黑色缎带装饰起来的大照片。照片上是一个下巴很长的军人。脸部轮廓不十分清楚，却显得十分威严，不像是死去的人，还带有几分孩子气。这就是“光荣牺牲”……而这“光荣”反映在少年愁眉苦脸的表情上。

少年的后面紧跟着一位穿黑色丧服的妇女，绷着脸抱着用白布包起来的骨灰盒，好像犯了什么罪沉重地迈着步子。晚春的风吹乱了她的头发，她那疲惫不堪的脸容上，刻满了悲痛的皱纹。榕子站在道旁默默地目送这三十来人的行列缓缓通过。军人死在国外连地名也无法知晓的森林里或峡谷间，只剩下一撮既没有体温也没有情感的白色骨灰，回到他过去曾经抚爱过的妻子的胸前。从这一天起，她的丈夫已成为传说中的人物，永远不会再回来了。

电车驶过大崎、品川，在工厂林立的海岸线上奔驰。沿线的铁塔上飘扬着巨幅的国旗，工厂的烟囱上、板墙上写着大字标语“武运长久，宣扬国威”。

榕子讨厌这太阳旗。这是极其残忍的国家权力的象征。这些年来，国家不就是国民不幸的象征吗？丈夫被夺走，儿子被夺走，财富被夺走，食物被夺走，彻底破坏了人们生活的基础，就是这面太阳旗。她的心早已离开了国家。她只有怨恨，丝毫没有赞美这个国家的心情。

她在新桥车站下了车。月台上的挂钟正好指着约定的时间——十点。

广濑充次郎和厂长楠见善造抽着烟站在车站的正门口。熙熙攘攘的街道上充满阳光。

“啊！来得正好。今天天气好，一定能打到很多鱼。”

广濑和往常一样穿着军裤，上身是茄克，脚上穿上一双橡皮的水袜子。楠见举手招呼，停在广场对面的小卡车朝这边驶来，上面装着鱼网、鱼笼，还有盛食物的套盒。两人爬上了卡车，让榕子坐在助手席上。

汽车从昭和大街拐到筑地，跨过胜阕桥，越过月岛，来到海岸边有石头围墙的渔家门前。

船夫是一位七十开外的老人，像钢一样富有弹性的瘦削的身躯上，穿着一条蓝色的紧腿裤衩。三人一上船，老人拿起竿子撑开船，发动引擎，顿时散发出一股汽油味来。在这混浊的水面上，轻舟向海面滑去。

船仓里铺着草席，还有坐垫和小桌，角落里放着日本酒瓶。老人在船尾把劈好的木块填进灶肚里，小小的锅正做着大米饭。

船尾发出轻轻的引擎声在水面上回响，船向着辽阔的大海驶去。究竟到哪儿去呢？不明情况的榕子，心里感到惴惴不安。

船远离海岸，东京的建筑物只剩下细细一条线，阳光强烈，老船夫在船中间竖起一根木杆子，撑起船帆挡住太阳。海面上刮起一阵热风，热得人都喘不过气来。

“怎么样？偶而到海上来玩玩、很不错吧！”

“可不是，真逍遥自在。”

“偶而把工作放下，出来玩玩也可以嘛。军医学校里很忙吧！”

“嗯。来看门诊的人太多了。”

“不知是什么缘故，近来不论哪里都忙得不可开交。日本所有的人都忙。什么配给啦、保甲啦、义务劳动啦……简直忙得晕头转向。”

广濑托着腮坐在船舷上愉快地说着话，悠然而又充满自信。引擎的响声停了，明晃晃的海面上寂静无声。船夫说：

“停在这里怎么样？”

楠见站了起来，把鱼网缠在手里，问道：

“这儿能打到什么鱼？”

“也许能打到虾，不妨打两三网试试。”

楠见弓着腰撒下了鱼网，小船摇晃了一下。不多一会儿，打上来榕子从未见过的五六条小鱼和一条较大的鲽鱼，还有两三只大虾。

船夫把锅坐到土灶上，广濑打开酒瓶，船上的酒宴就这样开始了。

前天晚上，广濑派人送信来，约她今天来海上玩。榕子犹豫不决，她早已决心不再和广濑来往了。可是在他的诱惑下，今天还是来了。她想：今天的欢乐是最后一次，对广濑保持良好感情从此分手。复仇也罢，留恋也罢，反正一切关系到今天告一段落。

船转了好几个渔场，渔获很丰富。广濑说：“打了不少了吧，连礼物也够数了，我们上岸吧。”

船靠了岸，却不是原来的地方。广濑打开一户人家的栅栏门，说道：

“好吧，就在这儿歇息吧！”

进了门，穿过庭园，有扇大门，原来是家饭馆，女招待出来迎接他们。楠见把提在手里的鱼笼交给女招待，摘下草帽，对榕子行了一个礼，说道：

“我这就告辞了。因为船上的事还没有料理好，你们在这儿休息……”

楠见善于随机应变，恰到好处地辞别了，只剩下广濑和榕子两人单独在这儿。

"这儿是什么地方?"榕子问道。

"是大森。"广濑答道,"这儿景色不错吧! 打完鱼到这儿歇歇,吃了晚饭回去。海上天气很冷,你累了吧!"

广濑若无其事地把手搭在榕子的肩上。不知怎地榕子感到自己已经没有把他的手拂去的力量。只要一失去反抗的能力,好像自己一刻比一刻脆弱。他的体温通过榕子的肩膀流遍了全身,这是男人的体温。已经忘却了的、断绝了的男人的体温重新渗进了胸部,渗透到乳房的深处,遍及全身。她忽然想起自己丈夫的肉体。他的爱抚,他那使人失去知觉的陶醉感,此刻似乎还留在自己的皮肤上。

高高的海空上浮起一轮细细的月牙儿。榕子倚着窗户眺望着昏暗的海上景色。广濑踱到她跟前,抓起她的手。榕子并没有拒绝。

"你考虑了吗?"

"嗯……"榕子肯定地点了点头。

"那么说,你答应了吗?"

"不!"

他伸过手去使劲地抱住榕子的肩膀想吻她,这是他惯用的伎俩——越过爱情、理智和礼貌,直接要求肉体上的结合。

榕子转过脸去,歪着脖子,竭力反抗。

"不管你多么有劲,我不会让你得逞的。"她气喘吁吁地说。她一扭身子,衬衣上的暗扣开了。

"嘿。"广濑鼻子里哼了一声,"我要你败在我的手里。"

"撒手,我有话问你。"

"什么事? 你问吧!"

此刻广濑已经不像绅士和经理,还是几年前的广濑军曹。他松开了榕子的肩膀,却还紧紧地抓住她的右手,就像人质一样被他抓着,

"昭和 16 年(1941)战争刚开始的时候,你到富士山山脚下演习过吗?"

"你问这个干什么?"

"在那儿发生一件事,你还记得吗?"

"什么事情?"

"有没有一个叫宇留木的士兵?"

"有啊。……你是宇留木的什么人?"

"不,什么关系也没有。"

"我在南洋负伤前,曾经和宇留木在一个部队里。这又怎么啦?"

“不，不是宇留木的事。”

榕子紧张得喘不过气来，脸孔涨得绯红，眼睛也冒金星。

“在富士山脚下有过一次夜间演习，是不是？”

“是的，有过。”

“那时候……有一个士兵丢失了一把刺刀的刀鞘。……”

“嘻。有这么一回事。那又怎么啦？记得那个士兵叫西泽，还是吉泽来着。”

“那么说，你还记得这件事。”

“记得。那个士兵是个赤色分子。一入伍就成了受注意的人物，受到中队长的监视。其实他并不是什么赤色分子，只是没有干劲，人挺老实。你怎么知道这些事？”

“这么老实的兵，你用皮靴踢他。为了一把微不足道的刀鞘，你就拳打脚踢，他受了伤住了院，你还记得吗？恐怕记不得了吧！”

“记得。”

“还记得？……那个士兵在陆军医院里住了两个月，以后离队了。”

“这个我不知道。因为不多时我们就出征了。”

“他离队后，肋膜炎复发，他……不到三个月……”

“他死的消息我是在婆罗洲听到的。”

“是你杀了他。你是杀人犯，你还满不在乎……”

“不，不，事情不能这样讲。”广濑举起手，打断了她的话。

“那时日美战争将要爆发。征来的兵都是些没有受过训练的补充兵。训练很严格，不能有一点懈怠。当时我性子急，中队长又特别吩咐我把这个士兵的思想扭转过来。我自然有责任。另外还关系到本班的成绩，成绩不好整个班都要吃亏。”

“这么说来，你一点坏事也没做喽，是不是？”

“你等一等，听我说。”

“你杀了人，也不是你的责任。”

“你等一下，听我说下去。”

广濑仍然握住榕子的右手，榕子举起左手使劲打了广濑一记耳光。在昏暗中这声音就像爆豆子那样清脆。接着她又打了他两记耳光。广濑用力按住她的左手。榕子哭了起来。她还想再打他几下出出气。

两人都沉默了。下弦月渐渐发亮了，照着她脸颊上的泪水，晶莹发光。

“好吧，我把话说说清楚。”广濑抓住她的双手，正视榕子的脸容，粗声粗气地说，“作为一个军人，一个班长，在那种情况下我这样做是很普通的事，并没有受责备的理由。说得明白一点，军队里都是这样的。如果要责备的话，那么整个日本军队中的下士官，你都得打个遍。”

“你说得不对，那是你逃避责任的借口。”

“不是借口，事实就是如此。不过我现在离开了军队，对那件事我后悔莫及。”

“你撒谎。你后悔了吗？”

“不是撒谎，说老实话。在那件事发生以后，我马上后悔了。不过在军队中，我处于班长的地位，我不能说后悔。他受伤住了院，我派他的战友宇留木到医院去看望他……后来我在婆罗洲听说他死了。一想起因为我打他，他才死的，心里总觉得不是个滋味。那天晚上，我喝了五六杯威士忌，才入睡了。你和西泽是什么关系？”

榕子双手掩面，痛哭不已。对死去的丈夫的爱情，此刻又重新涌上心头。我总算打了这个仇人，总算报了仇。可是打了他，刚才那种紧张的心情反而松弛了。

“这么说，你对这件事后悔了？”

“是的，后悔了。”

“你觉得对不住他？”

“是的。我对不住他。”

“你真是这么想的？……真的？……你有没有合掌向他道歉的心情？”

她流着泪一个劲儿追问广濑。此刻已到了最后关头。到今天为止她忍受千辛万苦，就是期待广濑能认罪。

“有的，我一定在他的墓前合掌向他谢罪。”

榕子浑身发抖地呜咽着，最后终于放声大哭起来。她的痛哭表示作为一个妻子对自己丈夫的歉疚，也表明迄今禁锢着她内心的铁锁，一下子砸开了。

“不要哭了，算了吧，不要哭了。”

哭泣的女人，男人总感到挺可爱。广濑拥抱她，把她的头搂在自己怀里。他托起她的脸，在她那被泪水润湿了的嘴唇上吻了一下。榕子已无力躲开了。她宽恕了广濑的罪恶。她已经不能不宽恕他了。她失去了反抗的力量。广濑接二连三地吻她。她投进广濑的怀里，索性放声大哭起来。

她十分清楚自己无力自拔了。她一心一意想报仇，这个念头一直支持着她。此刻仇已报了，还有什么力量能支持自己呢？

女人失去了反抗的能力，广濑是不会放过这机会的。窗外，黑漆漆的海面向远处延伸。下弦月在云层中穿过。房间里只透进来微弱的月光，连她的脸容也看不清了。广濑抱起她的身子，轻轻地放到榻榻米上。

榕子蜷缩着身子痛苦地呜咽着。她心里不停地喊着丈夫的名字，她祈求丈夫伸出拯救她的手。可是她知道丈夫决不会来救她的。广濑的手摸索着她的衣服，他在寻找钮扣和裤带的位置。她心里很明白，可是她已无力抵抗了。在肉体被征服以前，她的心已被征服了。“亲爱的，亲爱的，”她心中不断呼唤着丈夫。她祈求丈夫的宽恕。她在寻找为自己辩解的借口。“为了你，我努力维护自己的纯洁，直到最后一刻。可是……”她坚信自己即使败在广濑手里，仍然想做一个贞淑的妻子。她反复地在心里呼唤丈夫的名字，可是她已无法控制自己，她悲痛地抽泣，却再也不反抗，听凭广濑充次郎任意摆布。头脑里已经不能思考了。皮肤的感觉由于过度兴奋似乎全身麻木了。

这对她来说无疑是一次洗礼。当广濑从她身上离去时，她没有后悔。丈夫的幻影在心中消失。她已经不是苇泽泰介的妻子。她作为另一个女人重新诞生了。

她胸中透过一阵阴冷。十分钟以前肉体的激情没有留下任何痕迹，就像台风过后出现奇异的无风状态一样。她毫无表情地静静地坐在那里。这或许是肉体兴奋过后，为了掩饰内心的羞怯，处于一种难以自制的精神恍惚状态。

广濑抚摸着倒卧在自己膝盖上的女人的肩膀。女人的肩膀由于刚才肉体过度兴奋，还汗滋滋地偶而发出小小的痉挛。他抱住她的肩膀，忽然对这个女人刚才的反抗生起气来，被她打了几个耳光，此刻想起来真可气。可是，任你张牙舞爪，到头来还是个女人。刚才那么凶狠，此刻却乖乖地倒在自己膝盖上，女人的心实在难以捉摸。楠见善造说过越是麻烦的女人越是可爱。此刻他好像才懂得了这句话的意义。

这女人到底是谁呢？也许是那个叫西泽的士兵的妻子，真是不可思议的姻缘。他清楚地记得在富士山麓的深夜，他抬起穿着皮靴的脚，像踢野狗似地在那个士兵身上乱踢。……他的妻子反抗了一阵子，终于成了我的人儿。他觉得自己是胜利者，不由地高兴起来。总算把这个难缠的女人弄到手了。他回想刚才那女人柔软的肉体，一种完全战胜对手的满足感涌上他的心头。他想：这个女人再也不会从他手中跑掉了。

广濑一直送她到车站。和广濑分手后，她觉得自己犯了不可饶恕的错误。她奇怪，她的意志、理性和反省在肉体的兴奋中，几乎没有发挥任何力量。她害怕自己为什么有这样强烈的肉体要求。在最后一瞬间支配她的却是肉体的力量。肉体竟然要求自己做出何等不体面的事来。那太可怕了。

她回到家,拉开自己房间的纸门。这间住惯了的房间此刻好像在推她出来。这房间里挂的衣服、桌子、衣橱都一齐在责骂她。桌上放着一封信,反过信封来一看,署名宇留木武雄。

她拿起宇留木的信,心里感到害怕。莫非宇留木已经知道她今夜的行为?她忽然产生了奇异的幻觉,仿佛她此刻仍然接触着男人的肉体。

榕子换上睡衣,坐在被窝里,像平时一样胡乱地把信拆开。她莫名其妙地对宇留木生起气来。事到如今,她已不允许别人来说三道四,她的手指在发抖,出于女人一种特有的不可思议的直觉,她已猜到了信的内容。

——几个月来,我总是犹豫不决是否要给您写这封信。在医院里接受您的护理时,我始终在考虑这个问题,可是我总是下不了决心向您启齿。我只是默默地凝视着你的一举一动,甚至连您那美丽的嘴唇的微微翕动也不放过。我竭力想比任何人更加深切、更加温存在[地]了解您。

——现在我终于下决心向您求婚。这么长时间才下决心,那是因为我还没有清算自己的思想。在战地一直到最近,我只是把您当作战友苇泽泰介的遗孀,这就在我们俩之间筑起一道高高的围墙。当我意识到埋藏在我心坎里的爱情一天比一天滋长时,你的面容总是以双重的影像浮现在我的面前。我始终不能忘却战友苇泽君的形象。一想起您,总感到自己好像对苇泽君犯了罪,这使我一直痛苦不已。

——我竭力克制着自己的感情,我不想叫您知晓我的心事。我竭力把自己的爱情隐藏起来。如果我的爱情是不正当的话,那只会引起你心里的慌乱。我不允许自己这样做,于是我决定把自己心灵的秘密埋葬了。然而此刻我终于清算了自己的思想,得出了一个结论。

——首先我必须解决我对您的爱情中所产生的罪恶感。我对您的爱,意味着我将夺走属于苇泽君的妻子。他虽然亡故了,但他的灵魂仍然是属于您的。我这样做等于劝您不贞。"贞女不事二夫"这种观念过于陈腐了。但我不想辜负我所尊敬的苇泽君对我的信赖。只要有这种罪恶感存在,即在我们结合以后,不幸的影子仍将会终生跟随着我们。现在在您的心坎里仍充满着对丈夫忠实的感情,难以忘却的丈夫的形象仍然活在您的心里。想到这里,我又竭力去克制自己的感情,不让任何人知道。

——在出院前的某一天,我发现你的脸上显露出极其忧郁的表情,仿佛你背负着莫大的不幸而十分苦恼。或许你在考虑如何报复广濑。我早就说过,只要你在考虑复仇,事实将证明那是不会给你带来幸福的。假如苇泽君活着的话，他决不会让你沿着不幸的道路走下去……想到这里，我发现了一线希望。——假如我同您共同去肩负这眼前的不幸，并战胜它，我们将会生活得很幸福的。

——可是，到出院为止，我一直未能把我的想法告诉您。因为我想：我的想法或许是自己的一面之辞，为自己辩解。我还需要在自己心里再三思量。再说，像我这样土里土气、非常迟钝的普通新闻记者，是否有资格做你的丈夫？此外在这动乱的年代，在这日本的悲剧即将到来的时代里，我真能保证你将来幸福吗？我左思右想，好多个夜晚彻夜不眠一直想到天明。然而，我仍然不知道怎样才好，面对着不可预测的未来，为了保证你的幸福，除了我这一心一意的爱情以及为实现我们的幸福所作的一切努力以外，没有其他别的东西了。这是我的誓言。但誓言毕竟是誓言。除了请你相信我的誓言，相信我的爱情以外，我没有其他的表达方法。

——我记得对您说过，广濑的罪恶同时也是日本军队的罪恶。问题在于军队里根本无视人权和人格。广濑对您犯下的罪，实质上也是日本军队对您犯下的罪，都由我来承担责任。具体地说，我将用自己的力量去恢复你失去的幸福。往后的岁月将越来越艰难，甚至连我们男人都难以生存。为了使我们从动乱中摆脱出来，我将守护着你、守护你这个妻子。社会的动乱越是剧烈，人与人之间的关系必须更加亲密。为了在这不幸的时代生活下去，更需要深切的爱情，只有爱情才会给我们生活下去的力量。——我从您身上得到了生活的力量。从您身上才懂得了生活的意义。我将要在我的怀抱里为您建立起一座和平的花园。我将保卫一个美丽的女性过着和平的日子。……这是我的梦，或许是过分美好的梦。因为时代的凶猛无比的风暴将不顾一切吹进我的花园。但我坚信爱情的力量能够战胜风暴，难道不是吗？……

榕子不敢再往下念了。此刻对她来说，最痛苦的是她发现宇留木深深地爱着她，她伏在枕头上放声大哭。这封信如早半天，早五个小时收到，那该是多么幸福啊。刚才她还认为广濑和自己的关系使自己得救了。可是宇留木的信却无情地宣告她和广濑的关系是最大的错误。榕子像受到钢鞭抽打一样难受。自己已堕落成为娼妇。她不愿再看见自己丑恶的形象。对广濑的报复，意外地却落得失身于广濑的失败的结局而告终。

她想：死了算了。她从被窝里跳起来，扣好衣领，脸色铁青、眼珠子一动不动。父亲的药房里放着许许多多剧毒药，她要结束自己的生命。……她对自己的肉体憎恨透了。她拿起镜子来照一照自己的脸。一种绝望感驱使她把镜子扔得老远老远。这污秽的肉体，这污秽的皮肤……她要把广濑充次郎抚摸过的皮肤一块一块割下来扔出去。她浑身发抖。她后悔极了。

她伏在案上一直到天明，流着泪给宇留木写回信向他告别。她喜欢他那认真的爱情的表白，认为世界上没有比这更宝贵的东西了。可是这已和自己没有关系。她认为受到他的爱怜也许是一生中最后的喜悦，就让自己带着这一喜悦死去吧！

黎明，她走进浴室，用冷水冲洗全身，把昨晚沾在自己身上的污秽统统冲洗干净。她像发了疯似地焦灼不安起来。她对刚起床的母亲说：今天不去上班了。她用毛巾包上湿漉漉的头发，静静地躺进被窝里。不多一会儿，父亲进来仍和往常一样蹲在枕边亲切地问候她。可是她已经没有气力回答了。她下了决心，今天就这样死了算了。可是把她从死亡边缘拯救过来的，仍然是不知事情原委的父母的无微不至的关注。

第五章

昭和 19 年(1944)6 月 5 日，德军撤出罗马，意大利线濒于绝望。6 月 6 日，英美联军从英吉利海峡法国北部海岸线开始登陆。德国节节败退，日本也一败涂地。太平洋中部的岛屿听凭美国空军狂轰滥炸。

政府又提出新的宣传口号：什么国民总奋起运动啦、拼命生产啦，进一步鞭挞日本国民。

清原节雄被拘捕后关在警察署的拘留所里已经半个多月了。清原闲着无事，读着家里人送来的英文书，偶而被带到刑警室，喝一杯粗茶。

“怎么样？无聊吧！”一个刑警问道。

“当然无聊啰。什么时候审问我。”

“这个嘛，我们这里可不了解。”

梅雨季节，天气闷热。清原节雄只穿一件浴衣，束着一根细细的腰带。胡子好多天没刮，鬓间的白发显得特别刺眼。他被从昏暗的拘留所带出来晒太阳，苍白的面颊沐浴着阳光，露出一丝苦笑。

苇泽悠平为清原请了一位律师去警察署探望清原，又到警视厅打听消息，回来后向悠平汇报。

“情况不妙啊！警察署什么也不知道。说是上头的命令逮捕清原节雄。警视厅的特高课下的命令，至于逮捕的理由，他们都不肯说。其实警察当局不可能独断独行。还有来自宪兵队或检察厅的指示，那就弄不清楚了。”

悠平头靠在枕头上，默默地听他汇报。心里想：目前日本国民的处境太困难了。任何法律都不维护国民的正当权利。宪法第二十三条明文规定：日本国民非依法律不受逮捕、监禁、审问或处罚。——清原节雄究竟触犯了哪条刑律而遭到逮捕？悠平说：

“这么说来，以非法逮捕为理由，提出请求释放的诉讼，行不行？”

“当然，从法律上来说是可以的。但是……目前当局不按法律办事，你说是非法逮捕，他们硬说是合法的，你要求他阐明理由，他说这是军事机密。这是他们的王牌，看来起诉不会有什么效果。……”

悠平闭着眼睛听着律师的谈话，心里感到很不痛快。律师应该是在法律允许的范围内替国民辩护的代言人。可是这位律师却无意替无辜受害的国民辩护，千方百计替自己解脱。过去被誉为无冕皇帝的新闻记者受到情报局、特高警察、报导部和宪兵队的压迫，也按照当局的指示写文章了，早就抛弃了报纸对社会所担负的神圣使命。电影、音乐、戏剧、文学都放弃自己的主张，按照当局的要求讴歌“一亿国民总奋起”。再说苇泽悠平主办的《新评论》，也不得不妥协，登载报导部长宣传战争的演说，登载原海军大将的《海军必胜论》的文章。他想，不应该只是对这位律师的行径感到不快。

想到这儿，悠平叹了一口气。在这妥协万能的世道下，《新评论》的使命不已经完了吗？还不如早早停刊，用停刊来表示自己最后的反抗。

儿玉医院的门诊室两三年以前还十分整洁，家具都光亮夺目，现在已失去了昔日的光泽。玻璃窗上落上了一层灰尘，椅子缺了腿，诊察床上的床单从白色变成了灰色。医院人手不足，看病的人都付不出钱，儿玉博士的医院逐渐成为慈善事业。可是，博士连一句牢骚话也不说，也不去要账，十年如一日总是面带温和的笑容替人看病。

当局向国民宣传，今年夏天多种南瓜。南瓜的营养价值虽不高，但可以撑饱肚子。在街上，道路两旁到处爬满了南瓜蔓，一直爬到篱笆上和屋顶上，每天早晨开着黄色的谎花。儿玉医院的围墙上邻居家爬过来的南瓜蔓，已经结起了小小的绿色的果实，人们用饥饿的眼睛每天瞅着这颗果实长大，盼着结成一个大南瓜。人们在贫困和饥饿中，诅咒已经持续八年的战争，作着无言的反抗。

看完门诊，儿玉院长来到二楼病室查房，住院的病人很少。六间病室只住着苇泽悠平和另外一个患腹膜炎的中年妇女。通风良好的走廊上从南到北刮起了一股凉风。今年夏天第一次听到的蝉声，是同这股凉风一起刮进来的。

悠平的病室里坐着《新评论》社的业务部长。他是带着神奈川特高警察的传票来的。

“儿玉君，你看怎么办？”茂子坐在丈夫的枕旁，抬起头来愁眉苦脸地说，“叫他明天早晨九点钟，到警察署听候审讯。”

“去哪儿？”

“去横滨。”

“那可不行。电车太拥挤，还是不去吧！”

“如果只是我个人的事，我早拒绝了。因为好几位记者都被抓进去了，还是我自己去阐明问题好一些。我去交涉一下，希望早日把他们放出来。”

结果决定找辆汽车，由茂子夫人陪同前去。

第二天早晨，悠平换上从家里拿来的和服再套上裤裙，藤制的手杖支撑着他疲弱的身躯，走出了医院大门。汽车将要开动时，儿玉博士拿着注射器，给躺在汽车后座上的悠平打上一针葡萄糖，站在大门口的石级上，目送汽车向远处驶去。

东滨国道简直像连结着战场一样，军用卡车的行列、坦克和装甲车的行列络绎不绝，路上一片嘈杂的声音。悠平头靠在枕头上，紧闭着眼睛。他在考虑冈部熊雄及其他几名记者的命运。他们被拘捕已经四个多月了，肯定已受过严刑拷问。悠平一想到自己也将受到拷问，不禁毛骨悚然。他思想上已作好了准备。

特高警察对苇泽悠平的审问，除了星期日休息以外，前后持续了五天。每天审问完毕，从房间里出来。夫人看到丈夫显然是十分疲乏了。他手扶着墙壁迈着缓慢的步子。夫人扶着他坐上汽车，在黄昏时刻从东滨国道回东京。

对悠平的审问十分严厉，简直无礼到了极点。两三个特高警察把他团团围住，七嘴八舌地开始审讯。

“你的杂志最近四五年来销路不错，其原因为何？”

“因为一般人求知欲增长了。”

“我不想听这种遁词，我要你谈你社的方针。”

“作为一家杂志应该经常给读者新鲜的印象。因此进步的编辑总是以新鲜的感觉来从事自己的工作。”

“唔，你所谓进步指的是左翼，是不是？”

“不。那不对。所谓进步是指对时代的感觉敏锐。”

“哼，你的杂志不正是拼命地宣传左倾吗？”

“这不能叫作宣传。杂志之所以称为杂志，那就是各种各样的人的文章都要登，当然包括左翼理论家在内，让读者自己去鉴别。《新评论》不是偏于某种思想的宣传杂志。”

“你倒会巧辩，真不愧为社长。我现在问你，你们登过左翼评论家的文章没有？”

“登过。”

“所以你认为马克思主义也有可取之处？”

“那当然有的。”

“所以你的杂志销路大好，是不是？”

警察拿过记录给悠平看：“我的杂志迅速发展的原因，由于录用了许多对时代感觉敏锐的左翼编辑人员，每期登载左翼的论文。”

这样，悠平的回答，经特高警察引伸，归纳成口供。不由分辩。

“大山郁夫逃往美国时，你是不是给了他一笔钱？”

“是的，给了。”

“那是为什么？”

“大山先生是给我们杂志长期写稿的作者，他要去国外，作为饯别之礼，给一点钱是理所当然的礼节。”

“礼节？……你找这样一个借口能蒙混过去吗？我问你，大山是共产主义者，难道你不知道吗？”

“知道。但在这种场合，他是不是共产主义者与我无关。因为他给我们写过稿。他要到美国去，送他一点薄礼也无可非议吧！”

“那么我再问你，这篇大森义太郎的卷头论文《在唯物辩证法的旗帜下》，这又是什么主义？”

“这是马克思主义的基础理论。这种基础理论的研究，对于全体主义者和国家主义者都是必要的。”

说到这儿，站在一旁的一个刑警窜过来，用无赖的口吻喊道：

“你不要装蒜，今夜不让你回去。像你这样的国贼，砸死了也没有关系。你是共产党的第五纵队，你敢说你不是吗？你把情报送给了苏联和美国。赶快坦白！我们手里有证据，你还厚颜无耻地装不知道……”

刑警咳嗽了一声，一口痰吐在悠平脸上。

悠平从衣袖里掏出手拍[帕]，默默地将快流到嘴唇上的臭痰擦掉。在这样的时刻，他有惊人的忍耐力。不管刑警在耳边怎样大喊大叫，不管他拍桌打凳，丝毫不能搅乱悠平的心。他忽然想起圣经上的一句话：

“你不要惧怕承受苦难。看吧，魔鬼试图把你们中间的人投进地狱。你们将承受十天的苦难。至死为止你们应该忠诚！而我将把生命的王冠送给你们!”

他的部下已进了监狱,承受着苦难。上帝的话将会鼓舞他们。不管承受多大的诬蔑和凌辱,他自己已产生了极大的忍耐力。这顽强的灵魂,这不屈的灵魂,就是他的上帝,也是他自己。

这天傍晚,发出了警戒警报、电台广播:美国的机动部队已接近了日本本土。

“好吧!今天就到这里为止。”刑警说着,比往常提早结束了审问。

在回家的汽车上,悠平疲惫不堪的身子横躺在妻子的膝盖上,把今天审讯的情况断断续续地说给她听。妻子已觉察到刑警是如何像魔鬼那样对待他。

回到医院,悠平让茂子夫人给他换了衣服,一头栽到被窝里卧倒了。儿玉博士立刻上楼来,悠平忽然吐了血,量虽然不多,但说明连日的审讯已使病情恶化了。

第二天,茂子夫人独自去横滨,声明因病情恶化不能前来听候传讯。警察当局要求儿玉博士证明:病人是否经得住临床审问?博士坚决拒绝了,回答病人需要绝对安静。

悠平性格倔强,不管多大的凌辱和折磨,只要事到临头他便能忍受过去。他已得到许多情报。东条总理大臣最最害怕战局停滞与恶化。知识分子将会对时局加以批判,带动了一般舆论,置东条内阁于死地。当局镇压一般知识分子,压制言论自由,首先要解散被认为进步知识子的老窝《新评论》等二三家综合杂志。直接参与这一阴谋的有内务大臣、内务次官、陆军报导部长、言论报国会的领导干部、警视厅和神奈川县的特高警察等。

社长躺在病床派人出去征求社会上著名文化人的意见。结果蜡山政道、马场恒吾、铃木文史朗的意见是一致的:《新评论》杂志要继续出下去,就不得不同政府、军部作最大的妥协,那就违背了迄今一直支持《新评论》的人的愿望,结果只会导致知识分子产生错误的认识。目前《新评论》已完成了它的历史使命。立即宣告停刊是最明智的。

过了不久,七月初,情报局第二部长传讯了《新评论》和《改造》两社社长。桥田第二部长是个官架子十足的内务官员。脸上冷冰冰地毫无表情,像机器人似地宣布训令。训令的要点极为简单、严厉。——《新评论》《改造》两社的营业方针,对战时国民思想的指导令人不能容认[忍],请主动停刊。两社的社名、权利、杂志题名及其他一切,不能转让给他人。

会见前后不过十分钟。说是“主动”,实际上是强制解散。

情报局及陆军当局认为镇压了言论机关,就可控制国民思想,这是他们的如意算盘。殊不知受到镇压就会激起民众的反抗。镇压了反抗，民众就消极怠工。他们无法了解民心正在逐步涣散。

一味鞭挞国民，只会激起相反的效果。禁止黑市交易，但人们依然满不在乎在倒卖，一旦遭到了拘捕，还面带笑容走进监狱。当局鼓励国民储蓄，人们却拿钱去囤积居奇。总奋起、总反击之类的宣传口号，早就没有人听了。人心涣散，道德败坏，工作效率低，一切的一切都是难以挽救的腐败现象。当局的镇压只会促使整个社会早日崩溃。

《新评论》决定解散了。职员们都忙着处理善后事宜。这些事务三个月五个月也处理不完。苇泽社长决心在事务处理完毕后也不离开办公室。印在玻璃门上的烫金的杂志社名也不准备去掉。他相信总有一天他会再回到社长室和几十位编辑、记者重新出版《新评论》。这样自由的时代必将到来。他要坚定等待下去。暴风雨必将过去。在暴风雨停止的时候，被吹倒的一根芦苇必将重新抬起头来，在和煦的阳光下长出它的新的枝叶。

悠平躺在蓝色的蚊帐里，信心百倍，正因为他有坚定的信念，他要为这一天到来作好一切准备。不屈的灵魂正因为它不屈服，才能静静地屏住呼吸积蓄着力量。

第六章

塞班岛和但尼安岛是一衣带水隔海相望的两个盛产甘蔗的岛屿。70%的居民是从冲绳迁移去的。6月11日，美国机动部队的航空母舰二十艘、战舰十艘、运输船一百多艘的庞大舰队包围了这两个岛屿。

塞班岛失守等于失去了南洋，对日本来说失去了整个太平洋。6月18日，日本海军机动部队肩负着重大使命举行反击。与此同时，南洋各岛的海军轰炸机也一齐出动了。

苇泽邦雄中尉从佩留岛起飞，参加轰炸机编队。佩留岛是帕拉奥西南方的一个小岛，四周被珊瑚礁包围着。日本海军在这里修筑了巨大的海军基地。这里没有文化，只有椰子、木瓜。

在燃料限制的情况下，轰炸机飞到塞班岛西方海面上侦察。那里只有碧绿的海水扬起微波，晶莹发光。

“我机没有发现敌机！”

“我机没有发现敌机！”

在作长距离无效飞行后，各部队不得不返航。苇泽邦雄所属的轰炸机队，因燃料不足，已不能返回佩留岛，改道飞往耶普岛。以前在耶普岛着陆过几次。它的海岸线被椰子林包围着，一片葱绿。岛上的居民有腰部系着蓑衣的半裸体妇女和围着一块兜裆布的加那加族。在居民的茅舍周围到处都是一半见方的圆石。从空中望去，像是汪洋中的海市蜃楼一样，飞机下降时，真令人胆怯。

这天，日本轰炸机队飞近该岛时，只见地面上司令部的建筑物在燃烧，跑道到处都是坑坑洼洼，好几架飞机翻倒在跑道上正在燃烧。着陆是不可能了。汽油所剩无几。欲战不能，欲退无路。对飞机来说，最大的悲剧莫过于失去了着落的地方。

苇泽邦雄拉起驾驶杆飞高一些，飞向海面，然后打开弹仓，丢下炸弹，一连串黑色的烟团在海面升起，激起了浪花，爆炸声震撼了机翼。他又盘旋回去了飞到机场上空。他环视四周的天空，十架、十五架飞机还在盘旋，不早着陆死路一条。他把驾驶杆往下推，降低飞行高度，盘旋了几圈，终于找到了跑道。大地在眼前逐渐看得清清楚楚，可是太可怕了，地勤部队的士兵正挥动着旗子，指示着陆。司令部的建筑物上黑烟四起，燃着熊熊大火。他对准跑道，计算着高度和速度，做好着陆的姿势。跑道越来越大，被轰炸过的弹坑看得一清二楚。他发现机舵已失灵了，只得听任飞机滑翔。

轮子歪斜着碰到地面，滑走了 300 米，机头撞进弹坑，机身翻了个跟斗。在几秒钟功夫中，他失去了知觉。

日本对南太平洋的制海权，从这一天起已完全被美军夺走了。战争至此已成定局。东海日出之国已决定了它日落的命运。

苇泽邦雄负了伤，住进了耶普岛上的医院。七月初乘驱逐舰撤退到帕拉奥岛上。这时已决定放弃佩留岛上的航空基地，所有地勤人员全都撤退到帕拉奥岛。最高司令部已决定放弃南洋，撤退到菲律宾、台湾地区一线，确保西太平洋的占领地。

邦雄的左手负了伤，被截去了三个指头。他每天步行到医院换药。他已很久没有收到有美子的来信，他自己也没有写信给她。自从负伤以后，他突然渴望见到有美子。此刻他有点后悔了。上次回去时不该跟她永别。

航空队几乎全部军官都对战争后果绝望了。飞机已全被打光了。联合舰队还剩下一半。

东条内阁下台的消息，他们是在巡洋舰“名取号”上从舰员中听说的。又听说成立了小矶、米内联合内阁。他们对米内大将抱着希望，殊不知日落的悲惨命运，不能因内阁更迭来挽回了。

东条内阁的崩溃来得太突然了。枢密院议长原嘉道一直到最后还支持东条。他认为时局已至此，谁上台都难以挽回败局，还是让东条再干下去。枢密院顾问南弘、池田成彬主张更迭内阁，早日结束战争。7月24日，两人在横滨郊外某实业家的住宅里秘密会见了原嘉道。近卫文麿参加了这次会见。清原节雄的"倒阁论"对近卫究竟起了多大作用，此刻很难估计。但东条和近卫从来都是针锋相对的。因此近卫出席重臣的秘密会见自然会引起当局的注意。近卫的汽车从他的住宅荻外庄出发，不久就被宪兵的汽车盯上了。近卫为了躲开直接去横滨的道路，绕道藤泽、镰仓去横滨。途中宪兵的汽车没了汽油，近卫才摆脱了宪兵的盯梢，出席了这次会议。看来，似乎是宪兵的汽车断油，挽救了国家命运。

在这次秘密会议上，原嘉道议长同意近卫和南弘的意见"重臣今后不再支持东条内阁"，并作出了重要决议。东条大将非常气愤，决定提出总辞职。

内阁虽然更换了，但仍然没有力量来挽回日落的厄运。军部、官僚风纪败坏。财界以军需为名大发国难财。民众拒绝作出牺牲。流言蜚语充斥街头，人心惶惶无所适从。全国分崩离析，怨声载道。

内阁更迭后一个月，清原节雄被释放了。最后几天，特高警察对他进行了所谓"思想调查"，作出了一份调查报告。总之，他不知道为什么被捕，又为什么释放。莫名其妙的逮捕和释放，对清原来说比蹲监狱更为不快。警察当局认为没有义务和必要向他讲述逮捕的理由。这难道是法治国家吗？毋宁说是暴力政治的国家。像清原节雄这样的自由主义者，是最最痛恨恐怖政治的。

第七章

当收到儿玉榕子拒绝他求婚的信时，宇留木感到一种前所未有的孤独。他在公寓里过惯了独身生活，对孤独具有特殊的忍耐力。在兵营里，在兵荒马乱的战场上，他始终保持自己冷静的心。他性格坚强，决不让自己灵魂有丝毫不平静。

自从收到榕子的信后，他尝到了独个儿在海面上漂流那样的孤寂。他五天、十天一直默默地体味这难熬的孤寂。他发现自己是真正地孤独了。

从早到晚，他被来自世界各地的新闻包围着。这些新闻全是恶耗和凶报。收到榕子的信那天起，他在写塞班岛沦陷，但尼安岛吃败仗的报导。东条内阁的倒台，也并不能使他高兴。B29轰炸机开始在中国战场上活跃起来。要不了多久，这些轰炸机将集结到塞班岛，开始对日本本土空袭。

轴心国德国节节败退，法国北部战场上形势越来越不妙。德国的失败，必将影响到日本的命运。今后怎么办呢？这种不安的心情引起了宇留木极为深切的孤独感。日本的将来，以及他本身的将来都没有希望。

国家、社会，这一切都已经绝望了。剩下的只是沉浸在人与人之间的爱所产生的喜悦中。似乎只有爱情才能给自己的生命带来光辉。有了爱情生活，才能抓住在这个时代生存的希望。

他被拒绝后，反而一心一意沉溺于爱情。八月的一个星期天下午，宇留木到儿玉医院去看望榕子。她的面颊上显露出苦夏的憔悴。宇留木看了一阵子心疼。

他穿着一身防空服装，腿上还打着裹腿。这哪像是去谈恋爱的装束？他的话淡淡如水，如果不注意听，还以为是一个普通青年在发什么议论。可是对他来说，却是想了又想才下决心的爱的表白。

"……我现在住的公寓里都是带家属的居多。小孩子们吵吵嚷嚷，老婆们申斥孩子喋喋不休，真热闹。有时觉得烦死人了。可是仔细一想，在这吵吵嚷嚷之中体现了人生的真谛。父子、夫妇在一起喧闹、发怒、生气，在这不可分离的关系中才有人生。归根结底，所谓人生就是人与人之间关系的总和。一个人是谈不上人生的。有了妻子和孩子，在这烦杂的拖累中，才有人生的意义。这样一想，那些家属们生活过得真美好，都比我幸福。一句话，我过去的人生，不能称为真正的人生。"

"在男人的世界里，有事业心，或者叫作对工作的野心、荣誉、地位、功名、竞争心各种各样的思想都有。但到了目前这样严峻的时代，什么东西也不能打动我的心。好像一切的一切都处于空白状态。唯一剩下的只有用爱情来支持自己的人生。从这一点考虑，我过去的生活太空虚了，几乎什么也没有留下。近来我痛感到这种空虚，我再也忍受不住这样的孤寂了。"

榕子的双手放在膝盖上，耷拉下眼皮，静静地听他说。她不想再见到宇留木，觉得自己没脸见他。他那种迂回曲折的说教，女人是难以理解的。他应该说得率直些，更富有感情些，才能被女人理解。然而，榕子从他的说教中感到宇留木正直的人格，是可以信赖的。

"我认为战争带来的悲剧莫过于破坏了爱情关系。然而，目前日本无视个人的爱情。认为它和国家要求是背道而驰的，或者说对国家是有害的。比如不让妻子到兵营会见自己丈夫，士兵接到妻子来信会削弱士兵的斗志等等，简直是胡说八道。"

"爱情关系是最根本的，民众的幸福的首要条件就是需要安定的爱情生活。但国家的要求和它是矛盾的。因此，这样的国家不是民众所希望的国家。"

“从这个意义上说，我必须跟国家作斗争。在某种情况下，为了维护自己的爱情，我不惜背叛这个国家。这是人生的根本。作为一个男子，如果没有这样的决心，他就不能尽到爱情的责任。”

说了半天，他的话还是一般的爱情论，不像是对女人表白爱情的娓娓细语。榕子默默地听着，仿佛自己被理论的石墙团团围住，心中怎么也感觉不出渗透心房的恋爱滋味。

他在会客室里坐了将近一个半小时，对她发一通实实在在的理论。到了傍晚时刻，他终于站了起来。榕子好像听完一堂紧张的课，松了一口气。

宇留木走出会客室时，突然转过身来握住榕子的手。她吃了一惊，往后退缩。他恳切地对她说：“或许你不喜欢我。或许因为我是苇泽的朋友，你觉得这一点不合适。不过，我一个人也会生活得很好的。请您原谅。”

此刻对榕子来说，最大的痛苦不是与丈夫的关系，而是她失身于广濑的过失。她心里一阵疼痛，默默地抽回被握住的手。

“请你不要再说下去了。我自己也不知道怎样才好。我心里拿不定主意。……”

宇留木弯下腰，穿上皮靴，像是要把她一眼看穿似地直盯盯地注视她的脸，接着没精打采地戴上帽子出了大门。一听到他的脚步声远去，榕子顿时觉得对不住他。他如此好意相待，可是自己什么也不能报答他。想到这里，她不由地悲伤起来。

第八章

昭和 19 年(1944)8 月 11 日美国大型轰炸机轰炸北九州及山阴一带。

8 月 12 日，美国的四发动机的轰炸机十六架袭击小笠原群岛。

8 月 29 日，巴黎陷落，德军全线退却。保加利亚提出对英美停战，退出轴心国。

9 月 20 日，美国战斗轰炸机 200 架轰炸菲律宾。

9 月底的一个早晨。冈部熊雄的妻子拉着孩子的手，把他们送到上野车站。每天有几千个学童疏散到信州和东北温泉地带。东京的命运已决定了。因为冈部还关在横滨，衣子暂时还不能离开东京。衣子一边哭，一边抓住栅栏，目送火车出站。这一别，不知何日才能见面？或许是终生的诀别。

悠平出院后就在里间屋静养。他躺在被窝里读书一直到深夜。屋里还亮着电灯。

几万个母亲同自己心爱的儿女分别，度过不眠的长夜。天空中不时掠过探照灯的白光，无声无息地在云层中交叉在一起，聚成一个焦点。地上看不见一丝灯光。人们恐怖地屏住了呼吸。

清原被释放以后，每逢星期一中午，他必定来走访悠平家。这是多年来养成的习惯。

他一来到，和悠平、茂子夫人三人默默地吃完午饭，然后坐在回廊的藤椅上闲谈一小时左右，两人都无所事事，头上徒增了几丝白发。

"我买了许多罐头，都是从黑市上买的。"清原严肃地说。

"什么罐头？"

"有牛肉、蟹肉、鲑鱼，见到什么就买什么。"

"你打算干什么？"

"补充营养。战争最多再打半年。这半年里我要活得好好的。"

"唔。你这种做法叫合理主义。"

"这场战争注定要失败。就让它打败吧，吃了败仗才能使他们醒悟过来。总之，在日本官僚和军部垮台以前，我说什么也是白费劲。我要活得好好的，等待战争结束。"

"我倒有个建议。《新评论》社还空着三间房间，让它老空着就有被军需公司征用的危险。你如果想搞点工作，这三间房子借给你，你看怎么样？"

"那太感谢了。借给我吧！"

"你干什么用？"

"我要写书。仗不打完，我绝对不发表，我要为下一个时代写。"

"你还相信下一个时代？"

"当然相信啰。如果连这一点自信都没有，我只有自杀了，活着有什么意思？我想把明治维新以来的日本外交史研究一番。需要几年时间。资料大体上都有，写出来或许是一部战败史，或许是一部政治与军部的抗争史。"

"好，你写出来，这将对下一代日本人有极其深刻的意义。"

一天早晨，衣子送来一张来客的名片：东信印刷公司经理、广濑充次郎。《新评论》是从东信公司前任经理起承印的。

悠平在西洋式客厅里会见了客人。广濑的腿有点儿瘸，但目光锐利，精力充沛，野心勃勃。

广濑带来一点小礼物，是一箱外国造的雪茄烟。这在战争末期很难见到，是厂长楠见变戏法似地不知从哪儿搞到手的。

"《新评论》突然停刊了，十分遗憾。有一件事想同您商谈，因而今天特意来拜访您。”他说话的口气，完全表现出一副头脑冷静的实业家的派头。

悠平骤然看到一线希望。

“我提出的问题，不知道《新评论》的经营上能否被允许？如蒙不弃，我想把《新评论》接收过来。资金和经营全部由我们来筹办，您看行不行？”

“不。情报局不允许这样做。”

“情报局？你指的是第二部吧，二部的桥田部长跟我很熟，两三天以前一起在赤坂吃过晚饭。如果他说了算，那由我去跟他说，没有问题。”

“那不行。当初他斩钉截铁地说刊名和权利都不得转让给别人。重新刊行，不管是什么形式，看来是不可能了。再说，首先搞不到纸张。”

“社长，这些都是表面文章，走前门走不通，后门却大敞着。哈……”广濑爽朗地笑了起来，“纸张配给根本不成问题，包在我身上。刊名也可以想办法。只要您社长答应，其他事情都好办。《新评论》这样历史悠久的杂志垮台实在太可惜了。我想方设法让它复刊。如果您答应的话，我一定效劳。目前您暂时在后台掌握，等到形势好转后，您再重新出面。这也算是社长和我之间的秘密协议，您看如何？”

广濑抱着侵吞的态度，强加在悠平身上，使悠平感到不快。可是，如果能行的话，他也想重新把《新评论》搞起来，多少有点不快也只得忍耐。

“听说，《新评论》是因为得罪东条才被迫停刊的，真是这样吗？”

“是的……也可以这样说吧……”

“现在内阁已更迭，那保证没有问题了。”

“不过，我们还有五六名编辑被警察逮走了。看来是不会被允许复刊的。”

“当然再出以前那样的杂志，当局是不会允许的。下决心来一个180度大转弯。比如《公论》杂志，是地地道道的军国主义，军部对它的评价很不错。《新评论》也可以照此办理。第一期的编辑内容，先写一张一览表给他们看看，再疏通一下关系。在目前这样的世道，不和官厅搞好关系，什么事情也办不成。我在情报局方面多少有点面子，这一点可以放心。”

“承蒙您的好意……”悠平冷冷地答道，“暂时还是让我们维持原状吧，我们这方面还有许多情况需要考虑。实在抱歉……”

话虽温和，但他心里却怒不可遏。一个普通的实业家，靠黑市交易起家、毫无节操可言的无赖汉，也想沾言论机构的边，简直是不自量力。要是附和军国主义来一个180度转弯，那这些年也无需同当局进行无数次浴血的抗争了，更无需一次一次地受凌辱。这种投机商人没有信仰，没有节操，只要能赚钱就不惜来个一百八十度转弯。《新评论》有它自己光荣的历史，不能交给这个肮脏的投机分子。

悠平想：广濑这种人，处在日薄西山的日本反而似旭日初升那样兴旺发达，那是为什么？在严格统制的框框里，他和官厅的官僚们勾结在一起，巧取豪夺，趁国家之危，厚颜无耻地积蓄钱财，用不多久可以变为相当可观的财界巨头。在他看来，言论自由不值一文。悠平拼命争取得来的成果，他却认为傻到极点。不能赚钱的事他都认为是愚蠢的。他的眼中只有金钱，什么国家、国民生活早已抛至脑后。

悠平推托要去看病，冷淡地站了起来，把广濑打发走了。

第九章

毛毛细雨从早晨起下个不停，把整个庭园都润湿了。客厅的每个角落里都渗出蓝色的阴影。屋子里的空气沉闷极了。

宇留木已是第二次来走访儿玉医院。因为有点习惯了，所以不像以前那样拘谨了，但也没有显得更亲密些。榕子缩手缩脚地坐在椅子上，甚至觉得心脏也收紧了。

“天气真冷啊！”宇留木粗气地说。他头靠在扶手椅上，仰视墙上的油画。这是现在仍在战地的榕子的哥哥的作品——《码头风光》。

窗户上挂着两层窗帘，一层是呢子的厚窗帘，另一层是防空用的暗幕，使这屋子里的空气特别沉闷。光线从右侧射进来，黑漆漆的钢琴上放着一台金色小鸟笼形的座钟。红色的鸟晃动着它小小的身躯，一秒一秒地数着时间。在这个房间里唯一在活动的就是这只小鸟。

对于宇留木的求婚，榕子还没有任何明确的答复。他是来听回音的。她总不能避而不答吧。榕子耷拉下眼皮说道：

“我最近觉得有点不正常，好像变得傻乎乎的。”

“为什么？”

“我自己也说不清。弄不清自己是活着还是已死了。不管看什么东西、读什么书，丝毫不为所动。简直成了懒汉了……也许这样更好些。”

“你这种自暴自弃的想法可不好啊！”宇留木嗫嚅道。

“不是我自暴自弃。可是不这么想我又能做什么呢？我拼命挣扎想找一条活路，可是哪儿有我的活路呢？我已经挣扎得精疲力尽了。”

榕子的话并没有把宇留木的求婚当作一回事。宇留木则被女人的叹息所奚落，默默地看着自己嘴里吐出来的烟。他的眼神是那样温柔而清澈，一撮头发披在他宽阔的额角上，勾划出男性特有的美。

"我倒不这么想。"宇留木羞怯地微笑道,"目前时代正在走下坡路,是令人绝望的。因此不要从社会的意义去探索。我是从我个人、从我自己去寻求生存的意义。这样的生活方式对一个男子来说或许是卑鄙的。但沉溺于浅薄的绝望感里,那么越来越怠惰,最后不能自拔。"

"你说得更具体些。"

他伸出手去掐灭了烟头。他那深邃的眼光对着窗户。榕子耷拉下眼皮,长长的睫毛显得格外美丽,她屏住呼吸等待他说下去。她要求他说得具体些,可是她又害怕那具体的说明。

"布朗宁的诗里……"宇留木说道,"有一句有名的诗句 Love is best,学生时代我讨厌过这句诗,可是现在我才懂得了它的意义。一句话,对于一切的一切都已绝望,失去了生存能力的人来说,最后剩下的只有人与人之间的爱。最后支持他的生命的也只有爱。只有获得了爱情,他才能活下去。这是个人最小最小的天地。它不会受到任何法律、任何灾难的破坏。它纯粹属于个人的。您不那么认为吗?"

"我已经不行了……"榕子说着,像是要倒下来的样子,"你还相信爱情,真叫人羡慕。爱情又算什么呢?难道没有爱情就没有别的方法生活下去了吗?爱、爱、爱,真烦死了!"

榕子绝望地摇摇头,接着说下去:"我认为我们过去太相信爱情了。其实不应该那样确信不移。你说爱情不受法律束缚、不受灾难破坏。我认为爱情关系最容易受到破坏,它实在太脆弱了。……破坏后那才痛苦哩!喜悦的时间太短了,而痛苦却一直延续下去。现在这样的时代,与其说爱情给我们带来幸福。还不如说带来不幸。为了自己遭受不幸,苦苦地去寻求爱情,我可不干了。"

"你老是在想以后的事情,你这种慎重的态度是好的,可是老是在想将来最坏的情况,那么就迈不开现在的步子。"

"这不是我在空想,而事实上只能出现最坏的情况。只要仗打下去,肯定今后只会出现更坏的结果。"

"你的经历也许如此,这是可以理解的,可是你不要想得太窄。我也曾有过多次绝望,但我要从绝望中找到希望。"

"怎样才能找到希望呢?你知道我们每天怎样活着吗?义务劳动挖防空洞,排队买配给的粮食和物品,千方百计设法改旧衣服穿,把糙米放到啤酒瓶,用竹筷子捣米,提着水桶搞什么防空演习,尽干些无谓的劳动。这样一天一天打发着日子,哪里还有幸福可言?"

“你说，Love is best，那是谎话。没有比爱情更渺茫、更脆弱、更不可靠的东西了。依靠靠不住的爱情生活下去，女人总是要上当的。”

“这么说，那就没有活路了。”宇留木有点生气了。

“是的，没有活路了，像我这样的人，还是早一点死掉好，难道不是吗？”

宇留木想：自己的想法一个一个都被榕子否定了。他憧憬着爱情的美和爱情的力量，决心投身于爱的怀抱；而榕子已对爱情绝望，根本不相信爱情的力量。

“雨下大了。”

他嘟哝了一声。榕子瞅着倚窗眺望雨景的这个男人的背影，显得格外高大。她觉得这个人有力量、有智慧、有生活能力，却不知道他如何处置他那孤寂的心。

“我说的话或许伤了你的心，我是真心感激您的。”

“我不需要你感谢。”宇留木没有转过身来莽撞地说。然而榕子并不介意，继续说道：

“我相信你的爱情是美好的，但我不相信当今的世道。明天来了一张征兵令，你立刻得走。到那时还有什么女人的幸福？不管你如何坚信爱情的力量，但你没有拒绝服兵役的自由。目前这个时代，所有男人都没有资格谈论爱情，我的妹妹不顾父母反对，偷偷地和死去的泰介的弟弟订了婚。现在这个人去了海军航空队，不知是死是活，妹妹真可怜。我实在看不下去。……妹妹自己以为是幸福的。但不定哪天她会发现自己的不幸，到那时已晚了。”

宇留木转过身来，恳切地说：

“你的想法根本错了。爱情就是爱情，它和生活上的幸福是另一回事。幸福或不幸可以不去管它，只要有爱情就行了。你的妹妹是完全幸福的。客观上虽然都是些不幸的条件，可是她心里充满爱。仅仅这一点就应该感到满足了。爱情是需要努力争取的。往后的事谁能预料。先预想到将来的不幸，便放弃眼前的幸福，那过分胆怯了。你害怕再上爱情的当，但爱情是没有上当的。我即使死于空袭，爱情仍然是爱情，它是不会变的。”

“是的……也许是如此。”榕子点了点头，“所以我说，爱情并不是以自己意志为转移可以争取得到的，你不能不考虑严峻的现实。”

“我说，首先得相信爱情。有了信心才会努力去争取。”

“我不相信，我什么也不相信。”榕子焦躁地摇了摇头，“你不要再说下去了。越说越痛苦……我不能相信，也说不出理由……”

“好吧，既然你不相信，那就算了。不过你听我一句话行不行？”宇留木下了决心说道，“你能不能听我的话？……我想试一试，我要你再一次相信爱情的力量，不相信爱情就等于不相信人生，我一定让你再一次懂得人生的意义。”

榕子闭上眼睛，神经质地摇摇头。她的态度十分坚决，她不想再去理解任何什么问题，也不想接近任何人。宇留木接着问道：

“我想问你一下。……如果你真的不愿意，我也不能强迫你。你完全可以拒绝。你是不是有比我更信赖的人？只要你活着，你总得有个目的。一味绝望不能成为生活的目的。你说对不对？”

宇留木的话像鞭子一样抽痛了榕子。她似乎受了打击，低下了头。屋子光线昏暗，她的脖子显得格外白净。宇留木后悔了。本来是求爱的话，没料到成为争吵。他把手轻轻搭在她的肩上。

“对不起，我并不想责备您……”

“您责备我也没有办法。”榕子坦率地说，“是我不好，请您原谅。我相信您，也许可以信赖的也只有您。您让我再平静一个时期。……我不知道什么样的命运在等待着我。可是我得等待。不幸也罢，幸福也罢，我已经失去了思考的能力和抵抗的能力。你对我抱着过分的希望。谢谢您。”

宇留木点上一支烟，眺望窗外。天色已近黄昏。

“我回去了。”宇留木走过来握住她的手，立刻又松开了。

“我好像专门来跟你争论似的。”

“唔。下一次我们说些使人愉快的话，好吗？”

榕子不想再大发议论。宇留木的求爱是用一大套理论正面向她提出来的。她好像自己的心受到解剖那样的痛苦。她需要的不是理论，而是温柔的抚慰。

宇留木拿起伞，大步地向闪着银光的黄昏濛濛细雨里走去。榕子关上大门，回到自己房间，松了口气。她的心是愉悦的。只要自己答应，这个男人随时都在自己手里，由此她产生了安逸和希望。

有美子被解除了“女子挺身队”的任务后，从兵工厂回到家里。一同去的一个伙伴搬着她的行李陪她来家。有美子脸色苍白，淌着冷汗，头发散乱在脸颊上。前来迎接她的母亲不由地吃了一惊，怔住了，顿时显得苍老了许多。

一星期以前，有美子老是发低烧，吐出少量的血痰，发现右肺得了浸润性结核。回到家以后，三天里她几乎一直昏睡不醒。咲子夫人守护在她身旁，瞧着女儿憔悴、疲惫的面容，不禁热泪夺眶而出。无休止的义务劳动吞噬了有美子年轻的身躯。战争使这位年轻姑娘吃不上像样的东西，也没有让她有足够时间休息，强制地要求她“尽忠”直到她倒下为止。

当有美子从昏睡的长眠中醒过来时，眺望窗外秋高气爽的景色。院子里的雁来红正开着鲜红的花。生活条件极度恶劣，人们的日常生活已简陋到了极点，可是明朗的秋色仍然同十年前的和平时一样美丽。从屋檐下射到她脖子上的阳光是那样的温暖，她觉得没有比这阳光更可贵的了。

有美子对自己从后方国民的行列中掉了队，丝毫不感到后悔，她能做到的都已做了。政府提出的实践臣道啦、一死奉公啦、一亿总奋起啦，她都毫不怀疑老老实实地受着鞭笞，竭尽了自己的一切力量。此刻她病倒了，觉得心安理得。那样艰苦的劳动，自己竟然能熬过来，她既庆幸自己又可怜自己。此刻总算能忘掉这无休止的繁重劳动。她生着病，反而觉得心情松快多了。

咲子夫人是典型的神经质。此刻她一心一意要给有美子滋补营养，跑遍了街头巷尾，好容易才买来了两三个鸡蛋。她不顾有美子有没有食欲一个劲儿要她吃，她吃不下，便责备她。然而，她仿佛没有留意母亲的焦急和痛苦。她只觉得此刻不需要她干活，这时间太宝贵了。有美子第一次感到稀里糊涂活着是最好的了。

父亲偶而穿着隔离衣从诊疗室来看望她。她有时拖着木屐在回廊上散步，有时置身于屋檐下，瞅着庭园里的泥土。

在泥土中闪烁着无数发光的细粒。有紫色的砂，也有深绿色的砂。它们都吸收着阳光，闪闪发亮。细小的虫子在爬行。这些虫子各有各的形状。有的有甲壳，有的有胡须，忙忙碌碌地不知在寻找什么。是寻找食物呢？还是寻求和平与幸福？还是在寻求美丽的配偶？

有美子发现自然界的美。她恍恍惚惚地醉心于幸福之中。这一幸福感不知怎地又同对邦雄的爱慕之情连结在一起。自然的美培育着她心中的爱情，而这爱情又跟邦雄联系在一起。

有美子一心爱慕着远在天边的毫无指望的他，觉得这就是幸福。身体稍微好一点，她想弹弹钢琴。那美丽的旋律，使她感到不可思议的新鲜魅力。在她充满音律的心灵中，浮现起苇泽邦雄的面影。音乐的喜悦和恋爱的喜悦融为一体。然而，她觉得自己的恋爱已经终止了。它已没有希望，爱情还没有开出美丽的花朵就凋谢了。那花朵馥郁和芳香，却永远不会失去，永远属于她。所以她才能虔诚地赞叹着爬行在泥土上的小虫子的美。

在这慌乱的环境中，只有她一个人是平静的。只有她才能体会和平的美。

从塞班岛基地飞来了 B29 巨型轰炸机。当第一次出现在东京上空时正是秋高气爽的中午。它首先给人的印象与其就是敌意和恐怖，还不如说是漂亮。

它在九千米的高空上，像白昼的下弦月一样闪闪发亮，给人以敏锐、灵活的印象，从这一天起，东京的天空已经不是属于日本的了，日本失去了制空权。

"已经五个月没来信了。"

有美子靠在枕头上微笑着说。姐姐对妹妹自作主张的婚约虽觉得她过分轻率，可是她也不赞成她一得了病就陷入绝望。

"不知道他在哪儿？"

"不知道。是不是还活着还难说。"

生与死对有美子来说已无所谓。她的爱情已脱离现实，变成抽象的观念。她的爱就像彩虹一样美丽，是童话中的幻想的美。因为她没有接触过他的肉体，因而她不会感觉这是悲剧。悲剧是伴随着肉体而来的，榕子无法理解妹妹那梦幻似的感情。

一天，榕子下班回来，妹妹在被窝里喊她。

"姐姐你过来一下。"

"什么事？"

"姐姐你还是结婚的好，那个人是靠得住的。"

"那个人是谁？"

"宇留木。"

榕子顿时觉得脸孔僵硬了。

"你为什么这样想？"

妹妹没有直接回答她，说道：

"今日下午他来了，跟爸爸谈了约二十分钟，我想一定是那个事儿。"

榕子生气了。心想道：那太卑鄙了。自己还没有答应他，他却去找父亲，让父亲答应这门亲事。这不是无视自己的意志是什么？她想：不管他同父亲说什么，反正我不答应。

"他在愚弄我，我绝对不能嫁给这样的人。"她像少女一样，真的发起火来。

吃完晚饭，她问父亲。

儿玉博士从容不迫地说道："我看这个人不错，他说明自己正向府上的榕子小姐求婚，感到有失礼貌。他认为应该让长辈儿玉先生知道，这才到这儿的。虽然你还没有答应，他先来打个招呼。"

这并不是无视榕子的意志，相反是尊重榕子的意志而采取的慎重态度。于是她对他的这一举动产生了好感。但此刻首先希望自己应该是个贞节的女子，像天使一样美丽，像女神一样纯洁。她认为只有值得自己骄傲的贞节，才配得上宇留木诚实的感情。自己的过失无论如何是不能原谅的。打那以来她一直在后悔、痛苦。她懂得女人的纯洁是女人的骄傲，而失去骄傲的后悔心情，使她变得谦逊起来，她那倔强的性格也柔和了些。

第十章

台湾海面上的空战和菲律宾海战，大本营以“赫赫大战果”伴随着《军舰进行曲》，向全国广播。但已不能使国内民心振奋。小矶总理大臣虽提出“一亿总愤激”新的宣传口号，但丝毫鼓动不起同仇敌忾的情绪。政府已失去了领导能力，军部统率军队的力量也崩溃了。而政府、军部的首脑人物对形势作了错误的估计，还确信“最后决战”的可能性。

海军报导部长拍着桌子大声喊道：

“这是日本生死存亡的大战争，要付出巨大牺牲那是理所当然的。我们决心牺牲一亿国民的一成一千万人。”

但是他却大大失算了。他们认为一千万国民会相信他们的宣传，听从他们的驱使，顺从地去死。民心早已脱离了国家，脱离了军部，甚至在心底里也脱离了天皇。

民众对国家最后的结局，流传着形形色色的流言蜚语。

——日本本土将被占领，那时最安全的地方是满洲国，天皇陛下可能逃到满洲去。

——在长野县的松代修筑了一个漂亮的大防空壕。听说是天皇的疏散地，也是大本营的最后据点。内部都用大理石铺起来的。

——美军将在骏河湾和相模湾同时登陆，从东西两方面合击日本。

——台湾人都在饲养火鸡，说是今年圣诞节以前美军肯定占领台湾，烤火鸡将赚大钱。

——美军即使占领关东平原，一到了山地战，日本陆军绝对占优势，所以一定是长期战。

不相信政府宣传的民众都相信流言蜚语。他们根据这些谣言，来确定今后怎样生存。因为他们看不到可以使他们信赖的任何迹象。

11 月 24 日从中午起，B29 约 70 架来袭，轰炸了西荻洼、吉祥寺和三湾地区，中岛飞机工厂被炸毁。

11 月 30 日晨，敌机 20 架空袭东京及东海道方面。

12 月 3 日下午 2 时，B29 约 70 架空袭东京附近。

12 月 30 日黎明，东京居民才认识到烧夷弹的可怕，顷刻间几十间房屋化为灰烬。东京居民切身体验到 B29 飞机的可怕，争先恐后地避难。

此后的九个月，人们都在混浊的泥沼中生活，今天不知明天的命运。房屋都被强制拆除，甚至学生也被动员去拆房。上班去的人都打着裹腿，头戴钢盔，背包里装着炒米。一遇到空袭，电灯熄灭，电车停驶，城市居民的生活立刻陷入瘫痪状态。火车票实行限制发售，疏散的人们从夜里就到车站排队，在凛冽的寒风中等到天明。人们不敢脱衣睡觉。警报一响，带着孩子钻进防空洞。母亲和孩子都睡眠不足，得了神经衰弱症。

在这样混乱的世道中，“横滨事件”的嫌疑犯等被分别起诉，先后关进水上警察署、加贺町警察署、户部警察署的拘留所。他们既非国家的敌人，也不是民众的敌人。可是警察和官吏却把他们当作敌人，挑起国内纠纷，以此来炫耀自己的功劳。

他们没有罪。每当悠平从探望冈部熊雄回来的衣子那里得知拘留所里的消息时，他心如刀割，痛苦万分。

这一年冬天特别寒冷。每个家庭配给的木炭很少。做饭用的煤气经常停止供应。饥寒交迫再加上空袭，人们都在死亡线上挣扎着。

每当夜里，空袭警报一响，街上顷刻变得一团漆黑，只听见人们敲开上了冻的防空用水的咚咚声。收音机里广播东部军司令部一板一眼的防空通报。

“敌机一架由相模湾北上，又在南方海面发现一个目标……”

榕子穿了裤子，裹着外套，戴上钢盔，腰里系着防毒面具，手里拿着救火用的铁钩站在医院的大门口。寒气从脚心一直升到脖子上，肌肤冻僵，嘴唇在发抖。在星光的映照下，路上的砂粒上闪着银色的霜花，水槽上的水过不了十分钟就结冰了。

榕子伫立在邻居的屋檐下，隐隐约约地能听见收音机广播的防空通报。她紧闭眼睛，一动不动地忍耐着。昨天夜里是如此，前天夜里也是如此，她想起自己的命运，独个儿暗暗地抽泣。……这一天傍晚，她接受了宇留木的来访，她仍像往常一样用冷淡的态度对待他。宇留木含情脉脉地注视着榕子，他对屡次访问而没有结果的访问也不生气，总是一声不响地回去了，拒绝男人的求爱，她感到是自己的骄傲，可是当这夜深人静戴着沉重的钢盔，伫立在满地是霜的马路上时，一想起空袭的恐怖，她希望身边有个可以依靠的男人。

宇留木是个诚实的人，是个可以信赖的青年。下次他再访问时，她打算什么话也不用说，老老实实地接受他的好意。明天天一亮，马上写封信给他，要他立刻来。她蹲在篱笆的背荫处呜咽地哭了起来。她把冻僵了的手放在嘴上暖和暖和，想到自己悲惨的遭遇，此刻又无人怜爱，她哭得更伤心了。B29在高空中掠过，像一支银色的飞箭。街道上的监视哨到处高喊“敌机来袭！”榕子觉得自己喉咙被塞住似地哭不出声来了。此刻她太需要一个男人保护自己。没有比此刻更懂得一个女人单独生活不下去的道理。一切要[要]强的心都烟消云散了。

殷实的中产阶级最深切地感到这个社会的动荡不安给他们带来的悲剧。公司职员、教师、学者就属于这类人。对社会动荡不受多大影响,换句话说对国家、政府采取不信任态度的是农民和商人。农民只要有土地和阳光就能安心地生活。商人和流动资金一起流动,可以赖以糊口。

对广濑充次郎来说,社会动荡是他捕捉发财的好机会。厂长楠见善造是这方面的能手。对他来说,善就是嫌[赚]钱,恶就是亏本。金钱是他的道德标准。在这混浊的世道中,这两人有安定的生活场所。它像浮在波涛上的尘埃一样,任凭惊涛骇浪的侵袭,它却不会下沉。不仅如此,他们钻动荡不安社会的空子,扩大自己的实力。

广濑在东信印刷公司附近另外开设一个事务所。这个事务所连个招牌也没有,是他和楠见善造进行黑市交易的地方。既没有账本,也没有打字机,只有三四把扶手椅、一个保险箱,雇一个女职员。这就是全部家当。

广濑坐在转椅上转来转去,嘴里衔着外国雪茄烟,逍遥自在地听取楠见的汇报。

“昨天横滨之行如何?”

“完了。晚了一步,被别人抢掉了买卖,据说有十五吨钢条,真可惜。”

“是吗?”

“可是,我另外搞到 25 吨焦炭,已经定了。现在考虑如何脱手。”

“门路总归有的……”

广濑打了个呵欠,夜以继日的放荡生活,使他的动作迟缓了。

从 12 月至 1 月,广濑经手的物资相当可观。

航空燃料用酒精一大桶;煤炭 80 吨;印刷用纸 350 令;铁丝、铜线 6 吨;薄铁板 400 张;砂糖 240 公斤;帆布 800 码;牛皮 22 张;水泥 2200 袋;汽油 40 大桶;宽面平纹白布 310 码。

这些东西大部分是从军需工厂弄来的。军需省配给的物资由军需工厂倒卖出去。因为工厂的产品没有销路,配给的原料上了黑市,从而大发其财。这些物资经过广濑这样的黑市公司倒卖给小工厂制造黑市产品。帆布和汽油卖给渔业公司去捕黑市鱼,然后把鱼卖给黑市的饭馆,供军人、官在宴会上大谈黑市买卖。在严格的经济统制下,黑市经济却越做越大。

广濑充次郎在赤坂置下了妾宅。饮食店关门后，表面上失业的艺妓有的参加挺身队到工厂做工，有的回到家里。那些无家可归的女人只得委身于军需公司的头头和黑市商人。像广濑这样的人，在她们看来是时代的骄子、胜利者、英雄，至少是可以依靠的男人。

广濑似乎已忘却了儿玉榕子。有时楠见善造问他："后来，怎么样啦?"

广濑鼻子里哼了一声，笑道："对这种女人简直毫无办法。好像怀里老是揣着一把短刀似的叫人害怕，太危险了。哈……"

他觉得失败的是，自从那天以后，榕子就断了音讯。已经到手的东西突然又飞跑了。胜利感和失败感交错在一起，没有得出任何结果。他渐渐把她忘了。

第十一章

昭和20年(1945)2月中旬，榕子和宇留木武雄结婚了。儿玉博士和咲子夫人都赞成这门亲事，可是两人都不怎么高兴，甚至榕子心里也并不为此而激动。

一月初，美军在林加恩湾登陆，2月3日攻入马尼拉。台湾、冲绳及九州南部基地，每天都遭到空袭。日本国内亦将沦为战场。

有美子一天有半天躺在病床上。临别时，榕子放了许多唱片给妹妹听。妹妹蓬松着头发靠在枕头上静静地长时间地听着音乐。自从她病倒以后，榕子吃惊地注视妹妹那瘦削的面容，发现她脸颊上经常淌着眼泪。与其说她哭泣，倒不如说郁积在心中的泪水，从她的眼睑中溢出来的。

"几时能结束这场战争啊!"

她已经没有愤慨，只有无力的感叹和企求。从中学时代起，有美子一直被要求支援战争，什么圣战、东亚民族的解放、八纮一宇等等，她受的完全是战时教育。但她认为只有肖邦、莫扎特、贝多芬等伟大音乐家才能点燃人们美丽的灵魂。有美子说不出大道理。只觉得当今的世道和这音乐世界离得如此遥远。在音乐世界里，人与人之间毫无隔阂，彼此之间开诚布公，携手共进。那是充满善意、爱情的美丽的理想之国。她那纯洁无邪的灵魂将毫不犹豫地升华到这音乐世界中去。

"啊……战争多咱能打完啊!"

有美子体会不到即将结婚的人的心情。对姐姐的新婚生活，她只是站在客观的立场上去考虑。她对自己的健康绝望了，对自己的爱情也失去了希望。也只有一颗孤独的心。

连一双袜子、一件衬衣都难以买到的时代，新婚用的镜台、衣橱、被褥自然不会是新的。新娘子穿着条纹的劳动服，背着钢盔。新婚的婚礼只特别配给一瓶合成酒，让新郎新娘喝杯喜酒。美化新婚的一切手段被剥夺了。剩下的只有非常现实的男性和女性的肉体结合，令人闻到一种原始人的腥味。

榕子也闻到自己有股腥味。她对有美子感到很害臊。有美子在更高的精神境界里寻求她的幸福，而自己则在庸俗的人的关系中，同男性的关系中寻找幸福。她对自己的形象感到羞耻。

“姐姐，你一定会幸福的，我以前就这么想的，该怎样向您祝贺呢？”

“你的病快一点好，这是我最高兴的。”榕子答道。但她对自己将来的幸福却缺乏自信。

她仿佛自己不是在追求幸福，而且也感觉不出有什么幸福的迹象。她觉得似乎不是因为有了爱情才要求结婚，而是肚子饿的人要求吃饭那种单纯的愿望，因此心里一点也不激动。那么究竟为什么结婚呢？好像在暴风雨里飘流的小船，希望尽快地开进安全港。这样的结婚以爱情为主的角度去考虑或许是不纯的、肮脏的，也许会被人说成是出卖肉体来换取安全，是一种卖淫的行为。但在男性保护下求得生存是女性最原始的愿望，它比爱情更加实际，它不是用道德、善恶等概念可以解释的。

新郎新娘在离儿玉医院不远的大乌神社的神前，聆听了神主那奇奇怪怪的祝词，真正是形式上的华烛之典。参加仪式的只有儿玉博士、咲子夫人，还有宇留木的一位朋友，一共三个人。榕子身穿一身黑色的西服，头发上只戴了一朵红花，算是新婚的装束，宇留木则穿礼服。

结婚典礼完毕，出租汽车司机摇着车后的木炭炉发动引擎，把他们送到医院。结婚的宴会只有很简陋的晚餐和一升特别配给的酒。餐桌上有鲑鱼罐头和硬得咬不动的牛肉干。吃完晚饭，母亲把他们送到车站，榕子从此离开了家。宇留木脱下礼服，背着背囊，手里提着皮包，腿上打着绑腿。新娘穿着劳动裤，腰里还系着急救袋。街上和车站里一丝灯光也没有，一片漆黑。路上的行人都在急急忙忙地赶路。没有一个说话的。电车里又暗又拥挤。

榕子和宇留木并肩靠在窗户上，眺望着这漆漆黑的东京街景。她深深地叹了一口气。从今天起她成为他的妻子了。是高兴还是痛苦？她也弄不清楚，也不想去弄清楚。她愿意今后做一个忠实的妻子。她心底里有泰介的面影，也有失身于广濑的后悔的回忆。让这些回忆变成渣滓沉没在心底里吧。

宇留木为了娶妻，搬到了有八铺席和三铺席两间房的新公寓里。三铺席的小房间里放着餐桌和碗橱。八铺席的房间里放着宇留木的书桌和榕子的镜台、衣橱，火盆里没有火，上面坐着一只水壶。

榕子站在房间中间发呆了，做什么好呢？身上觉得一阵发冷，好像没有自己坐的地方。正当她伫立在那里手足不知所措时，宇留木忽然走过来，把她搂在自己怀里，几乎像唱歌似地说道："好了，就看以后的了。我们终于结婚了。我的太太，不要发呆了。要寻求幸福才有幸福。为什么不说话呀？现在我们两人自己庆祝一番吧！等一等，电炉还不知道还管用不？我还有军队慰劳的青豆罐头，还有年糕，是乡下的姐姐送来的；还有一瓶配给的啤酒，有这些东西，就算是上等的宴会了。"

她被他紧紧地抱住，几乎喘不过气来，接受他的亲吻。等她从他的怀抱中挣脱出来，再环视这间屋子时，不由地高兴起来。好像屋子里的一切都属于她自己的。

"亲爱的，你把炭火升[生]起来，行不行？炭在鞋箱旁边装桔子的木箱里。我来开罐头。"

他在屋子里忙碌了一阵，点上五六根蜡烛。顷刻之间餐桌上便显得光亮华丽了。榕子看了这情景，感到心里一阵热，一种幸福感从心底里像温泉一样涌上来。她点燃了火，凝视着熊熊的火焰。想起宇留木方才说的话"要寻求幸福才有幸福"，不禁热泪夺眶而出。

宇留木从后面抱住她的肩膀，榕子转过身来，把脸紧紧贴在他的胸前。

"你怎么啦？"

"我心里高兴。"

"那么好。我们开始吧！"

她惊异地注视着他，没想到这个拘谨刻板的人会这样活泼，简直像孩子那样纯真。他把吃的东西搬到桌上，打开了啤酒瓶。

"我祝贺您，今后只要活着，我们就得痛痛快快地过下去……你也喝一杯。"

蜡烛光是那么光亮，仿佛它的光辉一直渗进她的心房。她熬过了多少个黑暗的长夜，此刻明亮的烛光照得她心花怒放。"还是这儿幸福！"她发现自己浑身都是热乎乎的。她衷心热爱这个新的丈夫。她高兴极了。

第二天黎明拉起了空袭警报，惊扰了他俩新婚的美梦。美国军舰上的飞机，一批又一批约有一千架次前后三小时在东京周围盘旋。从他们住的公寓往西，在立川一带，飞机急转直下进行轰炸，然后低空扫射，好像打雷一样，从头上掠过。飞机飞得很低，可以看清星型的标志和机枪喷出的火舌，甚至可以看见飞行员的脸。

在这样恐怖的气氛下，榕子丝毫没有不幸的感觉。一夜之间，战争好像已经远离自己而去。她已获得了崭新的生命，她新生了。

第十二章

早春的风还很寒冷。下午苇泽悠平穿着厚呢大衣走出了家门。他已经很久没有上街了。黑皮鞋擦得锃亮，戴上深灰色的呢帽、皮手套、白围巾，领带上还别着枚镶着蛋白石的别针。这副打扮像是去出席宴会似的。他根本不理会什么钢盔、绑腿、战斗帽之类的东西。

车站的检票员问他：

“喂，你上哪儿去？”

悠平不想搭理他。

“你不穿防空服装不得乘电车。”

“这与我无关。”

他挎着藤手杖，毫不迟疑地走进了检票口。电车是交通工具，又不给它添麻烦，检票员有什么权利干涉他穿什么服装。检票员在后面喊他：

“喂，喂，你这个人怎么啦？”

悠平根本没理他，冷然地走下台阶。站台上到处都是人群拥来挤去。车厢里像垃圾箱一样塞满人。

东京已经不是人住的地方。悠平打算最近几天疏散到长野县的诹访湖畔去。他那整整齐齐的装束并不是表现他的贵族兴趣，而是对这个行将崩溃的社会的反抗，也是对无知的民众的抗议，但他的抗议并没有取得预期的效果。民众斜着眼睛看他，骂他：“什么玩艺儿？还别着领带别针，不知道现在是非常时期吗？”

悠平对他们报以微笑。难道非常时期就得打扮得跟乞丐一样，失去理想，失去理性像动物一样争先恐后地往电车里挤吗？东京已经不是悠平可以安身的城市。

在疏散以前，必须到事务所去一趟，把善后事宜处理处理。他下了电车，登上已经好久没来的大楼楼梯。楼梯上到处乱七八糟，空气污浊，到处散发着尘埃的臭味。

他从旁边的小门中进去，宽广的编辑室里空荡荡的，过去四十来个年轻的记者在这里发表议论，热气腾腾。此刻他们中的几个人仍关在横滨的拘留所里尚未判决。抚今追昔，悠平感慨不已。

当中的一张大桌子上，此刻清原节雄连大衣也没脱，正在挥笔疾书。桌上堆着一大堆参考资料，他的满头白发淹没在这堆资料里。

“还在工作吗？”悠平问道。

“啊，是你，稀罕，有什么事？”清原抬起头来问道。

“你每天都来吗？”

“唔。不能说每天，但大体上说是每天来的。”

“这儿很冷吧！”

“冷。不过我带着一个小怀炉，可以坚持一阵子。你什么时候动身？”

“这两三天里走。问题是火车票，不知道什么时候能弄到手？……”

“这么说，一有车票你就走？”

“是的。”

“好吧！”清原转过身来，眺望窗外的景色。“我们暂时不能见面了。”

他的话多么凄凉。战况、社会情况、交通状况在日益恶化。一旦分别了，虽说是暂时的，但这个“暂时”，也许是永别。

悠平拿着手杖在地板上敲了敲，心里忽然涌上来一句成语“会者定离”，不由地向他表示惜别。

“你打算一直待在东京？”

“唔……不过我还没决定。我想亲眼看看日本崩溃的情况。我认为很值得看看。”

清原的话很平静，却透露了这位老评论家的极大愤慨。多年以来他从外交方面研究这个国家的历史。日本毁灭，他就失去了祖国，失去了研究的对象。这是民族的悲哀。他怀着复杂的感情，准备在东京待下去。

悠平体会到他此刻的心情，不能在这里这样简单地向他告别，至少要同这位老朋友喝上一杯，以谢多年的交游。

“怎么样？今天我们找个地方一起吃晚饭，今晚你有别的约会吗？”

“本来今晚上我打算去访问一位过去担任过爪哇总领事的朋友，问他一下有关日荷石油协定的事，这样就改在明天吧。今晚一定奉陪，可是哪儿还有吃饭的去处？”

“总有地方的，开后门营业的有的是。到三光亭打听一下，五点钟去怎么样？”

日落西山，两人在山王下车站下了电车。赤坂已不是过去灯红酒绿的街巷。三光亭大门关得紧紧的，两人从后门跨进去，女掌柜系着白色围裙迎了出来。

“真对不起，社长。厨师和女招待都走光了，一个也没有了。都不干了，赤坂完了。您可是好久没来了。这世道可了不得啦。社长，你怎么不疏散到外地去呢？”

“你瘦多了。”

“唉，那还用说吗？营养失调呗！每天吃豆渣饭。今天可没菜给您吃，请您原谅。酒倒还留着一点好的，是从军需部搞来的。您既然来了，先请舒舒服服地洗个澡吧！……您洗澡的功夫，我来做菜，还有几条新鲜的梭子鱼，做盘生鱼片，再就是鸡和鸡蛋，请多多包涵。这是非常时期，实在无法可想。”

听着女掌柜这番话，令人隐隐约约想起赤坂昔日的情景。此刻因电力不足电灯暗得像鬼灯笼一样，也听不到从金屏风后面传来艺妓们的娇声细语。

两人坐定。悠平郑重其事地给清原倒上酒。

“平时你不喝酒，我也不劝你，今天你得喝一杯，暂时我们要分别了。——你留在东京也不坏，不过你家的防空洞结实不？有没有危险？……”

“不能说没有危险。性命固然要紧，更重要的是我的那一大堆资料难以处置。疏散到外地去，拿着又太重。要是被烧掉了，今后我就没法工作了。……可是，你到了诹访，打算怎样生活？”

“看来，只有晴耕雨读了……也可以去钓鱼，粮食可以自给自足。此刻我在考虑一件工作，能否实现还不得而知。我想写一本日本镇压言论的历史。从明治维新起，那时叫做‘勤王讨幕’①，从那时起一直到现在，把这段历史总结一下，你看有价值吗？”

“很有意思。你是不是已经有了总结好的片断，可以从这方面着手。”

“唔。……不过到了那里，资料是个问题，不能随手搞到。归根到底还是晴耕雨读，过隐士的生活。”

悠平越说越起劲，不停地举杯豪饮。每星期一中午，两人一起吃午饭闲谈是十年来的习惯，暂时不得不中止了。在诹访湖畔没有知己的朋友。对悠平来说，清原节雄是他的精神支柱、人生的旅伴。清原今天破了戒，喝了五六杯酒，他不会从语言中道出离别的伤感。他已近老年，独个儿留在东京，无疑他会比年轻人更感到孤寂。

夜深了。赤坂的夜，死一般静谧。女掌柜走过来，深深地叹了口气说：

“我们这些人是热闹惯了的。最近，夜深人静，死一般静寂，真叫人害怕。多咱还能像以前那样热闹呢？”

---

① 这里“幕”指的是“幕府”。——原注

悠平有点醉了，伸开腿躺下了。清原脸色通红靠在柱子上。时间已过十点，可是两人并不急着站起来告别，互相都盼望着离别时刻更延长一些。女掌柜端来一盘水果，上面盛着五六只桔子。

悠平剥着桔子皮，终于说出："给我们叫一辆车吧！路太远了，车叫到涩谷就行了。"

正在这时，突然，在近处响起了警戒警报。这令人毛骨悚然的声音，在夜空中无休止地拖长，响个不停。远处又响起音色不同的警报。

账房的收音机里播送着："敌机一架在房总半岛南方的海面上盘旋。"女掌柜给汽车行打了一个电话要车，回答是此刻警报正响着，再稍等一会儿。

"这可糟了。要是不行的话，那就走着回去。"

话音未落，一个女佣从厨房里跑出来喊道：

"老板娘，不好了，起火了。"

不可能吧，空袭警报还未拉响，敌机只有一架。也许是失火吧。——两人想道。可是晒台上有人在喊，"起火了！起火了！"

接着空袭警报拉响了。与此同时，收音机里播出东部军司令部的通报："敌机数十架侵入东京……"

"这下糟了，赶紧回去。"悠平站起身来，要汽车已经来不及了，只有走回去。

刚走到门口，从另外一间客房里窜出两位客人，女掌柜拿起手电筒给他们找鞋，一道白光在晃动。这时坐在门槛上穿鞋的人说道：

"这不是《新评论》社社长吗？好久不见了。"

悠平回过头一看，原来是东信印刷公司经理广濑充次郎，另外那个人是厂长楠见善造。

广濑一边穿大衣，一边说道："这飞机终于来到了！"他的话似乎在等待飞机似的泰然自若。

悠平不顾女掌柜再三挽留，走到门外，一点火星也没有的黑暗的街上，人们都在鬼鬼祟祟地嗫嚅着，周围充满恐怖的气氛。广濑在后面大声喊道：

"社长，您上哪儿去？您府上可以从涩谷插过去，是不是？"

"我们慢慢走回去。"

"那太危险了，这么黑……一起坐车回去吧，我们有辆卡车。"

"那太感谢了。我还有一个朋友，一起拜托你了。"

广濑按住被风刮起来的大衣下摆，走在前面，腿虽然有点瘸，却出乎意外地迈着大步。在街头转角处停着一辆小型卡车。楠见和司机站在路中央仰望远处的天空。几十架探照灯慌乱射着白光寻找空中目标。可是意外地飞机飞得特别低，银色的飞机在夜空中闪闪发光。远处一片火海。

“今晚可不得了啦。”

“风太大了，火势格外厉害。”

“是不是会蔓延到这儿来？”

“喂，你听一听收音机，看它说些什么？”

“别磨蹭了。楠见君，快走吧！”广濑说。

司机先上车。助手席上坐着广濑。楠见、悠平和清原爬上卡车后面装货的车厢。卡车不敢开头灯，摸索着前进。头上飞机嗡嗡响，不知是敌机，还是日本飞机。高射炮在轰鸣。探照灯的白光从头上掠过。曳光弹像一串小灯似地由低往高向辽远的夜空中射去，把黑暗撕成两半。远处熊熊大火越烧越旺，反射到云层上，照得满天通红。卡车借着这火光，沿着电车路一直驶到赤坂见附。

广场上出现了大批警察，还有上着刺刀的军队。卡车被士兵挡住了。

“汽车不准走。”士兵喊道。

“马上就到了。不行吗？”广濑打开车门问道。

“不准走。都下来步行。”

“畜牲！”广濑嘟囔了一声。“没有办法，往回走吧！从溜池到六棵树再从高木町穿出去。大马路还会被挡住，走小道吧！”

司机掉转车头向溜池驶去。火势越来越猛了，近处的房屋也吐出了火舌。银座一带也在燃烧。悠平在卡车上盘腿而坐，在任何情况下，他从不惊慌失措，顽强地忍受着一切。清原把装满文件的大皮包顶在头上，用左手扶住它。

“注意你的脑袋，太危险了。会掉下弹片来的。”

卡车驶近溜池时，从天空中落下来一些火粒，落在对面的建筑物上，升起了熊熊的火焰，迅速向四面扩展。一架银白色的飞机，像一把磨快了的镰刀向夜空砍去。四个发动机的引擎声就像落在身边似地发出巨大的声响。远处和近处，从天空上落下来的火焰，一着地就蔓延成一片大火。

“这可不行，走小胡同吧！”广濑对司机喊道，“从这里往右拐，从乃木坂再走青山一丁目。”

卡车拐了好几个弯，好容易才开到青山町的电车道上。人们背着行李，茫无头绪不知往哪里逃。

卡车朝青山一丁目的坡道爬去。可是没到一丁目，又被上着刺刀的士兵挡住了。

“上哪儿去？”

“涩谷。”

“快往回走。涩谷不能去了。”

“为什么？”

“浑蛋，你没看见在着火吗？”

定睛一看，道路前方一片火海。

“啊——”广濑突然失神地喊道，“那边着火的是什么地方？……”

“是二丁目，六丁目方向也在着火。”士兵转过身来答道。

楠见站在卡车上向四周环视。宫城的森林、山王的森林、永田町的高地上火焰一起一伏，卷着浓烟。再往右看，火势更加猛烈。

“经理！这可不行了。”楠见尖声喊道：

“哪个方向也走不通了。还是回赤坂吧！”

“别说傻话！”广濑从助手席上下到路上，“到了赤坂也会挨炸的。”

“可是您瞧，已经没有路了，又不让汽车通过。”

“下车步行。”他下了决心，对卡车上的人们喊道，“社长，下来走吧，因为车不让过去了。”

司机将车开走，找个地方避难。他们四人朝警察和士兵来来往往的青山一丁目走去。可是走了一阵又走不通了。他们往右拐，朝陆军大学方向走去。从这里穿过明治神宫外苑，到了稳田，再去涩谷。

寒风迎面吹来，嘴唇都冻僵了。四个人弯着腰加快了步伐。清原挎着悠平的膀子，把郁积在心里的话一古脑儿端了出来。

“我早就料到会有这么一天，但谁也没有认真考虑过这烧夷弹的可怕。德国遭到如此厉害的地毯式轰炸，早就应该采取认真的对策了。水桶、火钩子这些东西能管用吗？那是哄孩子的。世界上任何一个城市没有比东京更加脆弱的了。全是木造房子，道路又窄，一烧一大片。你只要想想关东大地震就明白了。慌慌张张拆除一点房子是远远不够的。首先对B29这种飞机没有认真研究。去年有一架B29飞来侦察。陆军当局发布了完全错误的公报，说这种飞机飞到东京已经够费劲了，至多在东京上空待二十分钟，因此不可能带很多炸弹来。这完全是一厢情愿的错误估计。你看今天所受的打击，完全彻底了吧！……世界上没有这样混账的战争。再打下去老百姓怎么办？人民真能忍受啊！不敢说话。因为是在日本，皇室中心主义搞得多么深入，要是在外国，人民早就起来反抗了。希特勒不可一世，不也完了吗？”

突然四周“唰”地一亮，一架B29飞机中弹起火，机身曳着一条长长的火带，开足马力向海上飞去，坠落在远处，升起熊熊大火。

从电车道拐到神宫外苑，只见避难的人们三五成群地逃进灌木丛里。从九段到本乡卷着大火。原宿在燃烧，牛込也在燃烧。四个人躲过了强烈的北风，来到绘画馆巨大建筑物面前。

清原屏住呼吸在石阶上坐下，悠平和他并肩而坐。他慢吞吞地掏出香烟，可是风太大，怎么也点不着烟。广濑和楠见坐在他们后面的石阶上。B29 仍在飞行。可是已见不到探照灯照射，也听不见高射炮轰鸣。东京听任敌机蹂躏。大东京在他们四人眼前烧得一干二净。整个日本也就这样烧尽了。具有 2600 年悠久历史的“神国日本”在一夜之间化为灰烬。

清原颤抖着双手，激愤地说：

“我早就料到会有今天这样的结局……我如此表示反对，可是没有人听我的话。是近卫不好。他明明知道战争的前景，可是到了最后关头，还是被东条打倒了。已经无可挽回了。这场战争赶快结束……不结束不行了。”

悠平拄着手杖，把下巴靠在手杖上，默默地望着这东京最后被毁灭的情景。他觉得头脑麻痹了，什么也不能思考了。

这时听得坐在他们身后的广濑清晰的说话声。

“喂，楠见君，看这光景，本所、深川、本介、日本桥一带全都毁灭了。神田也差不多了。”

“可不，我看还要大些，恐怕连麻布也保不住了。”

“全部有多少万？”

“你指的是房屋吗？”

“唔，至少有十万户吧！”

“不止十万，恐怕还要多。”

“听我父亲说，关东大地震时烧毁了三十多万户，这一次比它大还是比它小。”

“这可说不上。”

“这么多房屋烧掉后，至少得盖棚户栖身吧！”

“唔，这是显而易见的。”

“你想，看来仗是打不长了，最多到今年年底。菲律宾已这副模样，东京已完了。弄得好今年夏天就能结束战争。”

“可不……”

“对，就这么办。”广濑说，“不管三七二十一，要试一试，战争一结束，看来山林最吃香，趁现在能买多少就买多少。仗一打完，人们要盖房屋，肯定要抢购木材。我父亲就是在地震以后做木材生意发起来的。这一次比关东地震大得多了。……瞧，又着起来了。这下顺着风势一直能烧到海边。”

听到广濑兴高采烈的声音，清原回过头来瞅了瞅他的脸。他对悠平说：“你听，这家伙在说些什么？”

悠平苦笑了一声：“得啦，你别管他。你什么话也不要说了。”

广濑坐在上面轻蔑地俯视清原。清原忍无可忍，伸过手去，抓起悠平的藤手杖，朝广濑劈头盖脸地抽去。

“浑蛋，你这种人还算人吗！是‘非国民’。日本的命运如何你可以不管。只要自己发财就行。你想一想，被烧毁房屋的人该多么可怜！”

广濑想扑过去，楠见走过来挡住了他。广濑把折断的半截藤手杖朝清原扔去。他挥手要楠见闪开，可是在石阶上他瘸着腿站不稳，差一点倒下。这时悠平一只手拿起清原的皮包，一只手挎住他的肩膀离开了这地方。

清原还忿忿不平地说：“我对这种人实在忍不下去。他的心目中既没有国家，也没有人民。空袭还没有完，他便做着发财的美梦。”

悠平对这位老朋友的愤慨，却挖苦地说：“你管这些干什么。这种人哪个国家里都有，一千一万个都有。只是我刚才看到这场火灾，心里难过极了。日本的军部、官僚对人民犯下了滔天罪行，决不能宽恕他们！”

往前走，还有很多路。已经过了半夜，风越刮越冷了。清原还喋喋不休地说下去：

“国家没有权利要求国民付出这样大的牺牲，即使天皇也没有这样的权利。战争总得有个限度，已经超过限度了。”

本所、深川、浅草在这一夜的空袭里全部毁灭，可以说没有一栋房子幸存。第二天，第三天，火一直没有熄灭，一连烧了三天。

几十万受灾的人们充斥在街头巷尾。有的穿着烧掉下摆的和服。男女老少默默无言地在寒风中颤抖。天上还下着阴冷的小雨。

为了饮一杯开水，人们在车站前广场排着长长的行列。他们已不会叫喊、不会哭，甚至连愤慨也没有了。这是史无前例的大火葬。数万无辜的民众被处以炮烙刑。天皇没有责任吗？处于指挥地位的政府和军部的重臣没有罪吗？可是幸存的受灾的百姓仍跪在二重桥前向皇宫遥拜。初春的小雨降在废墟上，缓缓地升起一道道白色的蒸气。

空袭后第三天下午，广濑充次郎斜着眼睛睨视着硝烟滚滚的废墟，出门到东北地方去。他皮包里装着搜刮来的几十万元现金，打算到日光、福岛一带去买杉山。同一天下午，厂长楠见善造从新宿车站出发到长野、饭田方面去买杉山。他们这笔投资不久〖的〗将来将会获得巨大财富。从上野车站开出的列车中，拿着受灾证明的免票旅客一直爬到火车顶上，其中有很多人手上脚上缠着绷带。广濑钻在他们中间若无其事地冷漠地看着他们。他把装满钞票的皮包夹在大腿中间，根本无意听别人诉说自己的不幸，竟迷迷糊糊地睡着了。

悠平因买不到火车票延期了十天疏散到外地去。受灾的人们要到外地去。原来留下来的人也要疏散到外地去。因此所有的交通工具都像货车一样挤满了人。甚至连受灾证明也有了黑市，可以买卖和租用。那夜被烧毁的浅草、深川一带到处都是生了锈的薄铁皮和瓦砾，无穷无尽地延伸到天边，成了一片废墟。在这废墟上彷徨的人们，对政治、法律、军队、财产已失去了信赖心理，他们心里只有无比的寂寥。

第十三章

榕子住的公寓的庭院里，樱花盛开。它是象征敷岛[①]大和的花朵，象征着日本武士道的最后的荣华。战败的趋势日益加深，人心骚然，人人都担心明天的命运。即使如此，随着季节的到来，樱花仍然像昔日那样美丽，散发着芳香，人们忘却了季节，已没有等待春天的喜悦和赏花的悠闲心情了。

樱树的枝桠伸到楼上的窗户口，满开的淡红色的花装饰着榕子新婚的房间。从世道人心的慌乱中恢复了平静和安定的她仿佛找到了坚实可靠的立足点。战争的失败、国家的悲运都由丈夫去操心了，甚至连空袭的恐怖，只要不直接威胁到她头上，似乎也成为间接的东西。她对社会不安的感觉迟钝了，因而心情也完全变了，变得心平气和，觉得自己很幸福。

同盟通讯社在日比谷公会堂的地下室里，到处都堆着垃圾，又暗又不卫生。吃完简单的午饭，宇留木走出地下室来到地面上抽香烟。大门口停着几辆插着红旗的摩托车。他正要找一个向阳地方晒晒太阳。忽然后面有人喊住他。一位比他年轻的记者从楼梯口伸出头来，说是总编辑找他有事。

这位在法国住过多年的总编辑，不修边幅，落拓不羁。他的风貌和他的经历很不相称。他摸着胡须拉碴的下巴说道：

“宇留木君，要你辛苦一趟。一个月左右，最多两个月，请你到新京[②]去一趟。”

---

① 敷岛——日本国的别称。

② 新京——“满洲国”首都，今长春。

“新京？什么任务？”

“任务以后再谈。你能不能去？你刚结婚，实在有点说不过去……不过满洲已经是春天了。那地方不坏，你可以去观光一下。白俄姑娘很漂亮，别有风味……”

“要是有必要的话，我当然去了。”宇留木哭丧着脸，衔着香烟答道，“究竟什么任务？”

“那边两个记者都病倒了，人手不够了。你瞧，战争已到了这步田地，往后满洲是关键的地方。你去看一看满洲的人心动向和苏联方面的动态……军部需要这方面的情报。任务很重要。你在一星期内坐军用飞机去。你看，你能不能去？”

“这任务倒挺有意思。”宇留木嘟囔了一声。

当天傍晚，宇留木回到公寓里，妻子用有限的配给物品做好晚饭等他回来。一坐到餐桌前，他说道：

“我要出差两个月。”

榕子一听，心头像是被人捣了一下，吃惊地问道：

“出差？”

“去满洲，没有办法。预定一个月到两个月。看来也没有什么了不起的大事。”

“去满洲干什么？”

“往后满洲是引人注目的地方，有许多工作要做。”

“什么时候去？”

“可能一星期内就走。你怎么办？我看你还是回娘家去，这样我可以放心。”

“我没有关系，怎么都行。”榕子低着头答道，“这么说来，这事情已经定了？”

“对，已经定了。”

“让我一个人留在家里，我可不愿意。”

榕子把筷子一扔噘起了嘴。宇留木吃惊地注视着她。

“所以我叫你回娘家玩一两个月，有美子也会高兴的。”

对于男人不了解自己的心情，榕子更加生气了。有美子也罢，父母也罢，都不能使她的孤独的心得到慰藉。

“满洲是外国。到外国去两个月这么重大的事，你一个人随便决定了，太过分了吧！”

“你说过分，那就不对了。这是工作嘛！我不是吃着人家的饭吗？”

“你不能拒绝吗？”

“要是硬坚持不去，也不是不能拒绝。”

“这么说来，你自己想去啰！”

“是的，我也想去看一看。”

“得啦。那就甭说了。……我不跟你争了。”

“一个月，最多两个月，没事儿。”

“你当然没事儿，你光考虑你自己。”

榕子叹了一口气，再说也没用了。除了让他去没有别的办法。仔细一想：丈夫用身体遮当[挡]着的战争恐怖仿佛已向自己逼近了。好像篱笆被拆除了，自己赤身裸体地任凭世界风暴的侵袭。

这天夜里直到黎明，榕子未合过眼。她想：本来靠不住的男人，可是自己偏要依靠他。这就给女人带来无休止的不安。为了逃脱这种不安，恐怕只能抛弃依赖丈夫的心理。应该怎样做一个妻子呢？她自己也无法回答这个问题。她偷偷地饮泣，以致把枕头都哭湿了。

第六天一早，宇留木动身走了。他背着塞满替换的衣服的背包，像是去登山那样轻装。

“空袭的时候，什么东西也不要拿。只要你自己平安无事就行。懂吗？冷清的时候回娘家住几天。你也不用牵挂我。”

离家前，他紧紧抱住她的肩膀说道。她无法以笑颜相送。她的埋怨心情和担心丈夫远去的恐惧心理压得她透不过气来。

可是到了中午，宇留木却笑容满面地回来了。

“嗳，又多赚了一天，引擎坏了，飞机不能起飞。”

听了这话，与其说是高兴，还不如说是痛苦。好容易送他走了，他却又回来了。今天这一天虽然高兴，可是明天还得像今天早晨那样怀着痛苦的心情离别。她计算着到分别时还有多少小时，哪怕是五分钟、三分钟都是宝贵的。

她含情脉脉地注视着丈夫的一举手一投足。他的每一句话都打动着她的心，她觉得自己发疯似地度过了这漫长的春宵。

第二天早晨分别时，比前一天更加难舍难分。她把他送走后，站在屋子里发呆，什么活也不想干。窗前的樱花已经凋落。她坐在宇留木的书桌旁。桌上的钢笔、书和小刀都勾起了她的怀念和许多回忆。座垫上仿佛还残留着丈夫的体温。

中午过去了。宇留木再也没有回来。一点钟，两点钟，三点钟，她独个儿在屋子里坐不住了。丈夫乘坐的飞机此刻已越过米子，也许已飞到朝鲜的上空。这屋子里映入她眼帘的每一件东西，都使她痛苦，甚至连空气都在刺激她的肌肤。四点钟过后，她实在忍受不下去了，锁上门回娘家去了。

政府不允许儿玉博士疏散。他的医院里已被指定为空袭时收容伤号的场所。惯于操劳的咲子夫人独自焦急地把衣服、家具收拾好，准备疏散到乡下去，可是在乡下又没有靠得住的熟人。车站上行李堆积如山，想送出去也无法送。夫人和博士商量该怎么办？博士笑着答道：

“没有办法。你也不用着急，到处都是乱糟糟的，哪儿是安全的去处？”

由于粮荒和空袭的不安，医院里几乎没有住院的病人，然而儿玉博士依然迈着轻快的步子到门诊室去，自己卷绷带，自己消毒器具。名义上是院长，实际上做着助手的工作。

四月中旬，得到了久无音讯的长子知彦在新几内亚阵亡的公报。儿玉博士二话没说，脱下隔离衣，立即到电车站上了电车。电车向郊外驶去，可是他没有目的地。坐了大约二十分钟，他从车上下来，向多摩川的土堤上走去。这儿好像还没有受战争的影响，土堤上盛开蒲公英和紫花地丁。前来采野菜的老婆子和孩子们三五成群地在土堤上忙碌着。他们把[用]采来的野菜补充粮食的不足。河水澄清，波光粼粼。远处山脉隐隐约约呈现一片紫色。

他从高堤向上游走去。在岸边的草丛里许多人在钓鱼。他一边走，一边听着从土堤两侧传来云雀的歌唱。它们忽而高飞，忽而落下，无忧无虑。此刻他不是作为一个医学博士，而是作为一个普通的人在考虑人生问题。前些日子次子死了，此刻长子也死了，他们都是战争的牺牲者。他并不想去批判战争的是非善恶，批判了又有何用？两个孩子都死了。此刻他在考虑如何拯救自己，可是出路又在哪儿呢？他不知道。

这春天的美不知怎的总觉得与战争气氛不相调和。采野菜的人们看他，认为这也许是一位品德高尚的老人，在这春光明媚的日子里到野外漫游。其实从他自身来说，他哪里有闲情逸致去欣赏这春日的风光。他只不过借此来慰藉一下自己悲痛的心罢了。

过了四小时，博士仍然和往常一样毫无表情地回到医院里，连中饭也不吃，走进诊疗室，谨慎仔细地替那些等急了的病人看病。

知彦的死，受打击最大的仍然是他的母亲。两个儿子都不在身边了。知彦的死引起她无数美好的回忆，甚至连三十多年前怀孕时的情景，这一切都记忆犹新。这是多么深切，多么美好的回忆啊！知彦在新几内亚战死，就好像自己身上的一部分死在新几内亚。母亲失去了自己身上的几分之一。当她接到通报的一瞬间，她丧魂落魄，好像血都凝固了。她没有病，也没有别的原因，可是她已无力起床了。

榕子遭到不幸，接着道彦战死，战争的不安定威胁着咲子夫人。她长期忍耐的精神力量，到知彦战死已完全崩溃了。她没有食欲，完全失去了控制自己的力量。这种病是儿玉博士的医道难以治愈的。她整夜整夜失眠，噩梦惊扰着她。深夜，她突然起身，点燃佛坛前的灯，慌慌张张地去开大门。她产生了幻觉。丈夫问她干什么？她蓬松着头发说："知彦回来了。刚才他还敲门叫我呢？"她面部表情慌乱不安，眼珠子不住地转动，不知在寻找什么东西。

悲惨的战争毁灭了咲子夫人。榕子不得不侍候母亲和妹妹。宇留木动身那天傍晚，她不堪寂寞回到娘家一看，把家里的一摊事默默地承受下来了。

哥的阵亡和母亲的病倒，固然是她最大的悲痛，但并未使她痛不欲生，因为在她心底里还有作为妻子的安定感。家务事和守护病人的忙碌反而使她忘却了因丈夫出门而留给她的寂寞。她独自振作起来安慰着母亲和妹妹。

有美子得知哥哥阵亡的消息时，并没有哭泣。她躺在床上瞪着大眼凝视着天花板。自从她得病以后，她的眼睛变大了，透出那处女的纯洁的光芒。对于哥哥的死，她已无能力去理解了。

"为什么要打仗呢？"

自从她累得病倒，退出了女子挺身队，回到家里躺在病床上，她对于自己曾经拼命支援过的战争发生了怀疑。为什么非打仗不可。罗斯福、丘吉尔、希特勒、东条都是杰出人物，他们发表演说时，都说是为了人类的和平与文明。既然如此，为什么要发动战争呢？有美子无法理解。

"姐姐，人活着还有什么值得高兴的事情？你告诉我，哪里还有人生的喜悦？"

榕子理解不了妹妹的心情，因为她自己此刻沉溺在现实的泥沼里，她在爱欲中生活，即使这里没有美好的东西，她也可以活下去。有美子却没有能打动她心灵的现实力量。病体的肌肤像是夺走了色素似地发白，与其说她是人的肉体，还不如说是幻想中的肉体，叫人看了心里难受。

有美子披散着头发，让春日的阳光尽情地晒着自己的脖子，目不转睛地凝视着窗外的景色。她一边看一边幻想支配大自然的神。她沉浸在自然的美和无限复杂的幻想里，企图从中寻找能够拯救她的线索。

有美子还没有力气去弹钢琴，有时她一阵冲动跃到钢琴跟前。这时，她总是选择自己难以胜任的复杂的曲调拼命地弹奏。到了精疲力尽无力弹时，她便连续几小时听唱片。

只有音乐能够把她从现实中拯救出来。离开惨绝人寰的战争世界，音乐能够给她带来神国的美丽和力量。李斯特、巴哈、哈敦，这些无数的天才们，以他们无限的激情和憧憬，引导人们去追求和平、美和爱。……苇泽邦雄已经十个月没有消息了。花开花落，虚幻渺茫，她只有追求着虚幻的幸福。

当高昂的琴声惊动了父亲时，儿玉博士便跑到会客室里，把手搭在她的肩上，轻声地说："你得小心点，要不又会发烧的……"

从幻想的天国回到人间时，女儿把汗津津的前额靠在父亲的胸膛上，用手摸着他上衣的钮扣，深深地叹了口气。

"不要紧的，发烧也没有关系，死了又何妨。"

咲子夫人渐渐地恢复了健康，但比以前更加胆小，更加有气无力了。她几乎是在战栗中打发日子。她生怕再有什么不幸会降临到她头上。她没有像有美子那样幻想的天国，也无法逃避现实。

"这战争多咱能结束？不管胜和败，早一点打完算了。"

这种迫切的感叹使听者产生了共鸣。日本大部人虽然嘴上不说，心里都抱着相同的愿望。他们失去了支援战争的热劲，束手静观战局的发展。

美军在冲绳岛登陆。惨绝人寰的战争已逼近日本本土。冲绳一失守，日本就完了。——人们都这样想。

第十四章

用神话和传说美化起来的神圣帝国，所谓"丰苇原""瑞穗之国"的灭亡，意外地迅速，意外地脆弱，毋宁说是"瓦解"还比较恰当。在冲绳失守以前，所有大中城市受到密如雨下的烧夷弹的轰炸，化为一片废墟。商业、工业、通信、交通、政治、军事等部门丧失了各自的职能，一亿国民全沦为流浪汉。

5 月 24 日深夜和 26 日深夜，东京两次遭到烧夷弹的轰炸已全部毁灭。烧毁民房累计 76.7 万户，罹灾者 310 万人。此外，千叶、宇都宫，前桥、八王子、横滨、甲府、静冈等地都在一夜之间化为焦土。广濑充次郎押的宝押中了。木材黑市价格急剧上涨。不远的将来他无疑将成为富商大贾，同时他所经营的东信印刷公司的印刷工厂在这场洗劫中竟然幸存，未被烧掉。

榕子住的公寓在 5 月 26 日黎明被烧毁。这时因为宇留木快从满洲回来了，她从娘家回到了公寓。几天前丈夫捎来了信，说是一得到飞机的座位立刻回东京。然而，还没等他回来，房子先烧毁了。成千上万间民房一齐燃烧，连抢出行李的功夫也没有，即使抢出来也没有地方放。她只背着一只塞满杂物的大背囊，踏着夏日黎明的街道逃回娘家去。她已经怀孕了。裤腰上系着防毒面具，背着大背囊和钢盔，熏得漆黑的头巾包着头，喘着粗气往前走。废墟上的水龙头还喷着水，她把嘴唇凑到水龙头口上喝了点水，又重新赶路。

她虽然遭到如此惨重的不幸，但心里还觉得十分幸福。这幸福是任何东西摧毁不了的，因为丈夫的爱情在心里活着。这爱情使她感到浑身暖烘烘的。她决心要保护自己肚子里的孩子免受战争的祸害。她要顽强地活下去。她从来没有像现在这样，觉得自己的生活太可贵了。

她走近目黑区一看，这一带民房大部分被烧毁了，完全辨认不出昔日的面貌。儿玉医院被烧毁了。住宅的屋檐被烧焦了，幸好没被烧掉。庭园里的篱笆踩得乱七八糟，衣物、器具散乱得满地皆是。白发苍苍的父亲手拄着铁锹站在一旁发呆。她吃惊地定睛一看，这难道是父亲吗？怎么一夜之间竟会苍老得这么快！

“你那儿怎么样？”

“全烧了。”榕子毫无表情地答道，“家里的人呢？”

“都在里边。”儿玉博士用下巴指了指方向。

在被烟熏得呛人的屋里，母亲正在擦走廊上的地板。榻榻米上满是污泥。

“还剩下这么一块地方，真不错哩！”

榕子感慨万分地说道，母亲没有答话，互相之间也找不出话来安慰对方。在这严峻的现实情况下，已经没有说话的余地。有美子在里边的房间里像死尸一样躺着，额角上淌冷汗。

六月，七月，一个一个城市相继都被烧毁。日本全国人民茫无头绪地死里逃生。大家奔走相告，说美军在九十九里滨登陆，又说在相模湾登陆。人心惶惶，不可终日。高喊“一亿玉碎”的战争指导者的宣传广播已经没有人听，没有人相信了。

8月15日中午，天皇宣布无条件投降。他在诏书中说：“由于敌国使用新型残虐之炸弹，杀伤无辜居民，惨害所及难以预测……”把战败的责任转嫁给敌国。战争的最高负责人在诏书中以美丽辞句，企图逃脱他们的责任。

儿玉博士只穿一件衬衣在走廊上盘腿而坐，收音机里传来了天皇陛下悲切切的声音。广播一结束，响彻天空的隆隆炮声顿时停止了。四周死一般静寂。儿玉博士的唇边浮起了一丝微笑，回过头来看了看夫人。夫人听着天皇的“玉音”激动地哭了。他的两个孩子都被战争吞噬了。她不能就此得到解脱。既然是“为图帝国臣民之康宁，以偕万邦共荣之乐，朕不遗余力遵循皇祖皇宗之遗范……”那么，为什么一开始不能制止这场战争呢？再往下想，咲子夫人就弄不明白了。恐怕绝大部分国民也是难以理解的。

战争打败了，最高兴的是有美子。她躺在床上哭泣。

“姐姐，真好啊，仗打完了，从今天起再也没有战争了。没有战争会怎样？真太好了。”

这九年以来，从她上小学时起一直在战争。没有战争的正常生活，对她来说是陌生的。仗打完了。苇泽邦雄将要回来了。她每时每刻等待他回来，以致又发起烧来。这年夏天特别炎热，由于营养不足，她的病情更加恶化了。父亲将他所掌握的治疗方法都用上了。都未取得预期的效果。

第二天，8 月 16 日，从美国航空母舰起飞的小型舰载机，从早到晚在东京上空盘旋，飞机飞得很低，机翼上的星形标志看得清清楚楚。它们是在夸耀自己的胜利。日本军毫无抵抗。高射炮哑巴了。烈日当空，伫立在焦土上的人们已无必要躲进防空壕。他们茫然若失地抬起头目送着飞机飞走。战败的现实严峻地摆在他们面前。从今天，这广阔的天空已经不属于日本了。日本的土地已夷为平地。然而，奇怪的是人们毫无同仇敌忾之心。战败并不引起人们悲痛，勿[毋]宁说人们对已经来到身边的和平表示感激。

丈夫去了满洲，终于失去了回国的机会。此刻不知他安否。榕子思念丈夫彻夜不能成眠。八月九日，苏联突然向日本宣战，与此同时，红军像洪水一样涌进了满洲国，日本关东军毫无抵抗，节节向南败退，以后消息中断，情况不明。新京的命运如何？新闻记者将会被如何处置？根本无处可以打听。

街上谣言四起，人心惶惶。……俘虏将被全部虐杀；日本国土将被美、英、苏、中四国分割占领；女人将会受到占领军的凌辱，生出红头发的孩子；银行存款将被没收；财产充公；天皇将退位。木更津的航空队发生了叛乱。华北的日本军决定不投降，所有在华日军集结到华北，计划在华北建设一个新的日本国。……

榕子听了这些流言蜚语，更加担心宇留木的命运。她肚子里的孩子已经五个月了。不多久，宇留木就要当爸爸了。为了打听这位未来的父亲的下落，她不止一次到通讯社去询问，可是却得不到任何消息。

8 月 16 日铃木内阁宣布总辞职。17 日成立了东久迩内阁。东久迩殿下发表了施政方针的广播演说，表示要肃清官场营私舞弊的风气，广开言路。可是在这个战败国，政府本身毫无权力可言，殿下的豪言壮语令人感到很合乎他的身份，却不起任何作用。夏日骄阳似火，数以万计的疲弱国民，住在焦土上临时搭起来的棚屋内，屋顶上只有几张生了锈的薄铁板。他们好像野外石缝中的蟋蟀一样，在倒塌的土台下挖了个洞，一家数口都挤在里边。言论自由在此时此地又有何用？官场营私舞弊的风气跟他们有什么关系？野兽的世界已无政治可言。置国民于野兽之境地，还在大言不惭地侈谈改造内阁，发表仅仅是形式的施政方针，这不能在民众心中产生任何影响。

市街尽头一片长着水稻的农家田地，农家四周的柳树枝叶茂盛。沿着小河的道路往上走，诹访湖的湖水荡漾，呈现一片铅色。茂子夫人穿着单和服，赤着脚穿着木屐。和平终于来到了。人们可以自由自在地穿起和服来，这象征着和平的喜悦。

湖的对岸有许多人戴着宽边草帽蹲在岸上钓鱼。茂子夫人急急忙忙地向岸边走去。

悠平坐在农家屋后小溪旁钓鱼，他穿着一身条纹的浴衣，戴着草帽，脖子上围着一块手巾。夫人蹑着脚跨过桥，静悄悄地在丈夫旁边坐下。

"钓了几条?"

"四条。"

"做生鱼片吧!"

"可没有那么大的鱼。"

悠平和老伴与世无争地静悄悄地打发着日子。他们已无所求，也不受任何压力，完全过着清苦的生活。可是在清苦后面。他们心中却忍受着孤寂。邦雄一直没有消息。东京不知怎样了？悠平今后该怎么工作？他俩钓鱼自娱，互相安慰，自然而然成为一对难舍难分的老夫妇了。

这一天下午，清原节雄从东京来了一封信，

> 拜启：谅你定甚安好。钓鱼成绩如何？我仍是老样子。今天11时来到《新评论》社，听了天皇的诏书的广播后，在会客室的沙发上睡了一觉，要是能洗个澡那更好了。总之，很痛快。仗总算打完了。按照预想的那样落了个"彻底失败"。要是军队平安无事地解除武装投降还不要紧，否则闹起来还会出问题。昨日和今日近卫师团的士兵们在蠢蠢欲动，占领了皇宫，拥戴天皇。不知还想搞点什么名堂。据说还占领了广播电台。他们扬言，要把战争继续下去，直到最后一个人，帝国陆军的精神主义者们到了这个地步还不觉悟。这个国家的国民能够用身体去抵挡钢铁战车，不知道会干什么事来。没有文化感觉的精神主义否定了文明，妄想复古。这种思想从一开始，就没有取胜的可能。
>
> 英美等联合国军将作为占领军在日本登陆，司令官大概是麦克阿瑟。

命运实在会嘲弄人。他是个虔诚的基督教徒，可以信赖他，让他放手去干。可是对一个无条件投降的国家来说，就无所谓放手或不放手了。

目前最大的话题是万世一系的皇室该怎么处置？我想不论采取何种形式，皇室总会保存下来的。万世一系的传说，现在还不必去拘泥它，因为感伤主义的日本人难以舍弃万世一系的传说。这是精神主义所在。然而在战争中竭力被否定的美国式的合理主义，将会彻底地在这个国家里风行起来。

我听到天皇接受波茨坦宣言是在八月十二日那天，你瞧那些官僚真是狼狈可笑。内务省、外务省、警视厅及其他官厅（海军省和司法省早就炸毁了……）从早到晚在院子里烧毁机密文件，浓烟四起。他们想烧掉文件借此逃脱自己的罪责。再如情报局的一个官员，估计到情报局必将解散，赶紧寻找另外的职业，你看这种人多么可怜。与军部合作的大军需工厂，也担心工厂会垮台，惶惶不可终日。东京的几家大报社和广播电台，因为过去帮军部进行战争宣传，此刻处于进退两难的境地，索性采取“无方针”态度，含糊其词，拱手等待占领军命令。街头巷尾流言蜚语，莫衷一是。有的慌忙地向外地疏散，有的从疏散地回到东京，想趁此机会捞一把。我这短暂的人生，还是第一次看到这样混乱的社会。

社会虽然如此混乱，但仍然掩盖不住洋溢在街上人们脸上的喜悦。

女人们因为吃了败仗都哭了起来，但心里一半是高兴的。钢盔和绑腿可以不要了。套窗可以敞开了。夜晚电灯点得亮亮的，再也不要灯罩和窗帘。从今天起不必再穿的裝裤，可以换上睡衣舒舒服服地睡觉了。这种喜悦是很现实的。总之一句话，一切都在变。到底变成什么样子，现在还不知道，总不能比以前坏吧！

最后的御前会议的情况，我听说了一点。据说陆军方面还在死撑。东乡出了不少力。内阁将要更迭。那是理所当然的。

总之，日本的战败，必将导致日本的革新，也非革新不可了。要革新的事情太多了。你也准备回东京来吧！言论的使命没有比今天更为重要了。《新评论》有必要早日复刊。印刷厂虽然烧毁了，纸张也少，但总会有办法的。今后不会像以前那样受到种种限制，总有某种程度的编辑自由吧！我打算大出特出。要说的话都在心里憋着。前景到底如何，我还不十分清楚，总之我要为目前的革新出点力。日本人对战争结束表示高兴，但同时对未来都感到莫大绝望。目前还无任何对策，给这些绝望的人以新的希望。向他们阐明将来的对策乃是言论机构的重大使命。我希望你从现在起筹备《新评论》的复刊。你的住宅和事务所都没有被烧掉，这是有利条件。火车虽然拥挤，你是不是到东京来一趟？此刻不是你在诹访湖钓鲋鱼的时候了。好久没有见面了。很想见你。

这封信充满青年般的朝气，悠平被这位老友的热情所感动。日本战败对清原节雄来说，真是名副其实的解放。他不会再遭到禁止执笔的处分了。他将毫不犹豫地同神秘的国粹主义论战。他将用美国式的现实主义、合理主义、效率主义来改革日本。军部已经崩溃了，下一个对手是日本的官僚主义。

战争结束后一星期，苇泽悠平为了了解东京的情况，从诹访湖回到东京，火车晚点一小时。车站上到处都挤满复员的士兵，背着和自己身躯一样大小的行李，绷着脸显露出野蛮无理的粗暴态度。他们个个都像失败的武士顾影自怜。到了车站，没有兄弟姊妹来迎接，自己背着沉重的行李，独自默默地踏上疮痍满目的小路。大元帅陛下统率的帝国陆海军此刻已彻底崩溃了。

除了少数有良心的军人以外，所有在国内的军官和士兵大部分都变成了贼。他们不分青红皂白地把军需物资分掉，占为己有，并且隐匿起来。国民用重税献给国家的大量军需品在战败后十天内，全部被一抢而光。

同样的现象也在人民中发生。长野市郊的飞机场，因为害怕空袭藏在附近田野里的汽油桶，都被附近居民抢光；仓库中的粮食、被服被偷光，掩蔽在森林中的教练机，机翼上的帆布被撕成一块一块地抢走，轮胎也被卸掉拿走。几天里，飞机只剩下一副骨架。

道德的低落——这是战争末期产生的问题。由于当局否定人权，鼓吹全体主义，镇压言论自由，强权和独裁，警察和宪兵构成了恐怖政治，这些因素都使得个人道德受到无情的摧残。

列车在隧道多的山中行驶。悠平想：日本因战败所受的损失，精神方面或许比物质方面还要大。

九月初，悠平打听到拘禁在横滨的《新评论》编辑和记者们的详细情况。

5 月 29 日大空袭时，拘留所附近都遭到轰炸，思想犯仍然监禁在单身监房里。他们蒙着被子躺在板床上在死的恐怖下度过了可怕的两小时。

七月开始预审。官界的腐败和堕落也影响了司法官，在审判过程中突然妓院来了电话，司法官竟然在被告眼前公然和妓女打情骂俏。当被告认真地说明自己的立场，他却打着呵欠，根本不在听。

然而，到了战争结束后第五天，这位预审法官突然来到拘留所，提审松田安彦和冈部熊雄。

“喂，吃了败仗了。马上要结束预审，举行公审释放你们。你们俩赶紧写一份预审材料。”

“你说什么？”冈部问道，“预审材料不应当由你们来写吗？”

“得啦，得啦，别绕弯子啦，谁写都一样，总之要快。”

这家伙已放下一个月以前的臭架子，脸上现出了卑鄙、胆小、狡猾的神情。

“你瞧，吃了败仗，这有什么办法？”这个刚过四十岁，个子矮小的法官，眨巴眨巴他的小眼睛说道，“什么事情都倒过来了。本来是东条最最了不起，现在是共产党最最了不起。究竟是怎么回事？谁也弄不明白。这不去管它了。总之早早把你们的案子结束……你们出去后也是了不起的人物，以后自由了，好好干吧！石流叶沉，万事都在变，哈……以后多拜托了。”

这哪像法官说的话？这像人说的话吗？根据东京的指令，思想犯通过一定手续立即释放。因而法官狼狈不堪，草草了事。

第三天举行公布。这是日本法院有史以来最奇怪的事件。审判长朗读的被告冈部熊雄的罪状和预审材料完全不同。冈部站起来提出抗议：

“你念的文件和我画押的材料完全不同。我认为这是审判长伪造文书。”

审判长露出卑怯顺从的微笑，没有正面回答他的问题。接着检察官站起来念公诉书。这篇公诉书，简直滑稽透顶。

“被告冈部熊雄不认为自己在进行共产主义的活动，从检察官的眼光看，事实上看来仍然有可以责备之处。然而，被告冈部熊雄作为综合杂志《新评论》的总编辑，既有社会地位，也有名誉，是一位有人格的人物。他的工作对社会作出了多种贡献，得到社会公认……由此判断，他的罪状可以与他的贡献相抵，但罪状毕竟是罪状……根据治安维持法第一条，要求判处徒刑三年。”

接着苇泽悠平为冈部请的律师起来辩护。但是他所辩护各点，都在检察官的陈述中说到了。他只是阴阳怪气地含糊其词地说了约十分钟，最后要求宣判无罪。

审判长问检察官有何意见？检察官双手托腮哼了一声：

“最后请审判长作出决定……”

于是审判长从桌上探出身子，用商量的口气对被告说：

“那么这样吧，改判徒刑二年，缓期三年执行。如果不服，请按规定手续上诉。”

再上诉又得拖延多少天才能决定。冈部当场表示接受判决，立即获得释放。对松田安彦的审判，法庭上的气氛大致相同。

“横滨事件”是政府以评论家细川嘉六事件开始寻衅挑起的。在战争结束后不久。细川嘉六也被法庭传讯。这位老人和有关杂志记者从正面进行了法庭斗争。他并不以释放为满足，一定要从理论上追究事件的真相，从而弹劾司法当局。因此，法官和检察官不能再演双簧把事件蒙混过去。必须作出合乎情理的审判。然而，处罚思想犯的治安维持法，已成为旧时代的东西，法官们为寻找释放他的法律根据，伤透了脑筋。

结果，作为重建共产党运动的主犯细川嘉六莫名其妙地被释放了。在审判过程中竟然没有判决书而不了了之。从昭和17年(1942)秋起离时三年，这惨绝人寰的“横滨事件”就此结束了。

日本的旧秩序突然崩溃了。必须赶快考虑代替它的新秩序。东久迩内阁是在无秩序中成立的无秩序的内阁。战后的混乱开始了。

军队的威力消灭后，担任维持社会治安的警察完全处于无力状态。特高警察被废除了。自由和人权受到尊重。警察像被捆住了手脚似地意气沮丧。一到夜晚，盗贼横行，三五成群地到处作案，杀害无辜良民。在军队中丧失了道德观念的复员士兵很快变成了强盗。日本警察无能为力。维持社会秩序的只依靠为数极少的进驻军的宪兵。

从八月底起，占领军开始进驻东京。麦克阿瑟元帅8月30日飞抵厚木机场，在横滨建立了占领军总司令部。9月2日，投降文书签字。27日，万世一系的日本天皇负荆请罪，站在胜利者的门口，请求麦克阿瑟接见。

过了不久，上野、有乐町、新桥等地，一到夜晚突然热闹起来。仅在两个多月以前害怕被占领军凌辱而哭哭啼啼的妇女们，为了求得一天的粮食，此刻站在桥上拽着大兵的袖子，窃窃私语，出卖肉体。

战争给国民带来的惨祸，并不因为战败而告终。它在今后数年内仍然产生影响，人们难以从贫困中解脱出来。上野车站的地下道内，数以百计的战争孤儿、流浪汉在那里栖身。在木板钉成的棚户街上，到处都在买卖黑市粮食和黑市烧酒。火车上挤满了出外买大米、芋头，所谓“跑单帮”的楞头楞脑的小伙子。赌博、强盗、卖淫、欺诈，掠夺等犯罪行为在东京街上层出不穷。银座和新宿的夜晚，杀气腾腾，无人敢从这里过路。然而，这些罪犯实际上都是房屋被烧毁、失去家人和财产，失去了生活手段的战争牺牲者。他们在悲痛、绝望、自暴自弃的心情驱使下，铤而走险，堕进了身败名裂的罪恶深渊。

在这样战败后的混乱状态下，最早、最踏实地提出重建国家方针并付诸实行的，还是那些过去被骂为国贼的自由主义者和社会主义者。他们不顾条件的限制，高举言论自由的旗帜，准备重新迈出新的步伐。

第十五章

东京车站的圆屋顶在轰炸中被烧毁，还未来得及修复，车站前广场的风光全变了。擦得锃亮的新式小汽车穿梭般地来来往往。穿着轻装的美国军人在人行道上大踏步地行走。护城河尽头的高楼上飘扬着美国星条旗。二重桥前、坂下门等地，美国兵拿着短枪在站岗。

悠平的社长室位于可以俯视广场的大楼角落上。他手托着腮深思，一边看着冈部编写的编辑计划。冈部站在窗口，让自己的背脊沐浴着秋天的阳光，叼着香烟。清原节雄头靠在沙发上不住地眨巴着眼睛。悠平说：

“我看再等待一个时期比较好。从整个形势看来，人们都还没有安下心来。”

“社长，你说错了。”冈部咳嗽着说，“形势固然不大好。正因为人心未定，就要快点把杂志搞起来，用言论的力量向好的方面引导。诸如战犯的问题，人道主义问题得首先提出来。”

冈部熊雄的性格一点也没有变。尽管他在拘留所过了八个月，受到残酷的严刑拷打，可是他仍然和以往一样精神百倍地搜集着各种各样的新闻。

“我认为照现在这样子根本说不上重建日本。目前在政界、财界以至思想文化界正在活动的人们，仍然是旧时代的那些老家伙。你看，鸠山、犬养、池田成彬这些人能搞革新吗？要从根本上革新，非要把这些战犯统统赶下台不可。据说麦克阿瑟元帅发火了。日本既已无条件投降，今后必须按照占领政策，把民主主义搞起来。在战争中处于领导地位的人物都是战犯。我建议《新评论》复刊第一期的特别附录要搞一份战犯名单，社长，这一定有销路……”

“战犯的名单？这些事让共产党去干得啦。”悠平对他发表的意见不感兴趣。

“怎么能让共产党去干？我们有从自己立场出发应该弹劾的战犯。追究战犯问题彻底搞下去的话，当然要涉及天皇位置问题。我认为综合杂志有必要就天皇的存废发表尖锐的论文。今天早晨我到帝国大学访问了中村先生。先生说只要天皇制存在下去，日本的人道主义就得不到发展。过去，发动战争，制订法律都拿天皇做招牌，因此日本人培养不起人道主义的观念来。他写了一篇题为《天皇制和日本的人道主义》的论文，您以为如何？”

“这倒很有意思……”清原节雄从沙发上抬起头来说，“过去，日本的人道主义被歪曲了。什么东亚共同体论、八纮一宇论、东洋人的东洋、满洲国的五族协和都打着人道主义的旗号，在人道主义的旗号下肯定了这场战争，所以称之为'圣战'。因此人道主义论文弄不好会有被人利用的危险。"

"……不管怎么样,社长,杂志应该早点出来。条件虽然不好,但要等条件好转不知要等到何时。"

"好吧,让我再考虑一下。"社长仍是不作肯定的回答。

冈部熊雄急急忙忙地走出了社长室。他走后,悠平和清原默默地对坐了五分钟。悠平说:

"真伤脑筋!"

"你指是的冈部君吗?"

"是的,在这目前这样混乱的时代,没有一个扎扎实实的、有批判能力的人来担任总编辑是不行的。新闻报导在社会动乱时期推波逐浪,反而会助长社会的混乱。冈部没有自己的主张,老是浮在浪头上面。所以我决心另找一位可靠的人,让冈部去搞出版部。"

"你这样做,对冈部君不大好吧!"

"那没有办法。"社长干脆地答道,他已暗暗地下了决心,"他青年时代,我原以为他可以成为一个优秀的新闻界人物。我的眼力不行。我看错人了。当时我只看到他感觉锐敏、有朝气的一面。没看到他没有主见、赶时髦的一面。你看这个编辑计划,全是为了这个混乱时代敲边鼓。把战犯名单列在特别附录里,固然可以广开销路,但这种做法最最恶劣,这岂〖不〗是狐假虎威借用占领军的势力吗?"

"到处都在这么干。"清原苦笑道,"有的人,昨天还替军部卖力,今天装扮成一个和平主义者的样子,高唱起'排斥右翼论'来。有的人一忽儿高唱民主主义,一忽儿高喊自由主义,对占领军司令部装出一副忠诚的可怜相,或者密告别人,归根结底想改善一下自己的处境。冈部也许没有考虑这么多,他比较单纯,要是毫无批判地接受那些投机分子的做法,那是很危险的。"

"杂志的处境越来越困难了。战争时期虽然受到外部的压力,但我们的态度从来没有含糊过。然而,现在思想界的情况非常微妙,刚才你提到人道主义论,弄不好就将变成对共产党的批判。此外从业务方面来看,物价上涨,购买力下降,要开始工作,没有一笔资金是办不到的。印刷厂倒没有被炸毁,也许可以接受订货,可是没有纸张。"

清原从沙发上站起来,打了个呵欠。他感到在这样情况下自己是无能为力的。

"好吧!你想办法慢慢地干吧!我相信你有毅力。我已经疲倦的什么也不想干了。"

他倚着窗户向下俯视。这儿离地面约有五六十尺。街道旁的银杏树树叶已完全变黄了。灰色、浅灰色、黑色的漂亮的小汽车排着队在马路上行驶。他往下看,不禁发出了感慨,对这个世界大有隔世之感。

在这块土地上,过去三个月里发生的无数事件,严峻地显示出变动时期的冷酷。战争结束不久是自杀的季节。近卫师团参谋长,报导部的亲泊大佐、阿南陆军大臣、杉山元帅夫妇、原厚生大臣小泉、原文部大臣桥田邦彦、田中静壹大将、海军中将大西泷治郎等相继自杀。

九月中旬起,逮捕了以自杀未遂的东条大将为首的2000名战争罪犯,又成为逮捕战犯的季节。显赫一时的大臣和将军们,以致政界、财界、言论界的头面人物都成了犯人,关进了巢鸭监狱。国民怀着复杂的恩怨之情,沉默地目送他们进监狱。

10月4日,根据联合国军最高司令官的备忘录,开始释放政治犯,又成了共产党的活动季节。德田球一、志贺义雄、黑木重德被释放时,日比谷公园周围红旗飘扬,革命歌声此起彼伏,煞是热闹。对军部的凶暴行为抱着愤慨的日本知识分子,从这时起开始左倾了。

其次,复员军人、失业大军和受灾者变成各种各样罪犯,再加上政治家的策动,劳资纠纷,整个日本陷入了混浊的泥沼。互相推诿罪责、告密、游行示威、物资缺乏引起黑市泛滥。有产阶级在没落,新兴阶级在抬头。

“我现在已经不喜欢日本人了。”清原节雄若有所思地忧郁地说道。

“战后发生的事情太令人失望了。在日本这个国家里抹杀了个性。没有个性,只得盲目地顺从强权。强权被推翻了,就陷于一片混乱,是一群野兽。要求日本实行民主政治,现在看来还为时过早。反过来被独裁政治牵着鼻子走倒平安无事。现在侈谈什么永久和平中立,简直是胡说八道。”

“你生气也没有用。我们做启蒙工作总得跟自己绝望情绪作斗争。”

“这一点你比我强,你有耐心,我可没有。”

清原能够热情地埋头于工作,可是他脆弱、没有耐心。悠平热情比他差一些,但经常保持冷静的头脑,有时能够妥协,但有韧性。悠平想起空袭之夜,清原挥起手杖揍广濑充次郎的情景,不由地嘴边泛起了微笑。

东信印刷公司的厂房比以前陈旧了一点,在它旁边又新造起1栋150平方米的厂房。看来光景不坏。东京的几家大印刷工厂都在战火中烧毁还未恢复,只有幸存的东信印刷公司买卖兴隆。

冈部熊雄被带到新设的“广濑商事公司”办公室里。广濑充次郎坐在擦得锃亮的大办公室桌前喝咖啡。房间里有沙发、扶手椅、保险箱，还有一架外国造的收音机播送着音乐。冈部向四周环视了一番，说道：

“您好。这间办公室真不错，什么时候搬过来的？”

“上个月。请坐。我这里有好咖啡，喝一杯吧！”

广濑比以前胖了，身材魁梧，留着小分头，身上穿着笔挺的火姆司本料子的西服，完全没有军人的姿态了。不论从哪方面看已是十足经理派头了。他靠在铺着豹皮的沙发上，命令女秘书倒咖啡，向客人敬外国香烟。

“看来，你的买卖还不坏哩。开门见山，我今天来非为别事，想问一问印刷方面能不能接受点订货。”冈部说。

“说实话，我们的订单是满满的。不过拒绝你，不给你点面子，也不大好意思。《新评论》是老主顾了。怎么也得想点办法，只是成本比以前高了。”

“那当然啰。你估个价钱，行不行？”

“估价以后可以从长计议，问题是现在纸张都要从黑市中来，价钱当然要贵一点。我也认为黑市不好。可是真正不好的不是商人，而是政府。首先政府的做法不好。物资不够分配，东西少了就免不了有黑市。可是如果没有黑市，东京市民更糟糕了。是不是？现在东京每天进来的黑市大米500袋，这样大家才能活下去。鱼、肉都一个样。其他衣服、酒、香烟、皮鞋、钢材、水泥、玻璃都是黑市。要是政府的措施稍微得力一点的话，不至于弄到这个地步。黑市商人有什么不好？犯什么罪？还不如说是国家有功之臣。如果要真的取缔黑市大米，东京人都得饿死。币原总理大臣和涩泽大藏大臣嘴里说大话，他们肯定也吃着黑市大米，他们还能对国民说什么吗？”

冈部抽着香烟，默默地听广濑发表宏论。这些言论在有反抗精神的知识分子中间常常听说。黑市越兴盛，政府拿不出像样的对策，衣食住全部依靠黑市商人支撑着。为了挽救经济免于崩溃，政府加强了统制，取缔黑市。拘留所里关满了罪犯，但这些人仅仅是小小违反统制的人，真正的大罪犯都消遥法外，他们借公肥私，兴办新兴事业，买大住宅，取代旧时代的有产阶级，成为新兴的资产阶级。

在大空袭之夜，广濑看到日本行将毁灭的情景，立刻下决心到东北买下山林，此刻这桩买卖取得了极大的成功。广濑充次郎从山上伐下木材发了大财，所得的利润再去买进新的山林。他开起了这家只有招牌的“广濑商事公司”。举凡市面上缺乏的煤炭、纸张、布匹，他都经营。

从8月至12月物价上涨五倍至十倍。像上次大战后德国一样，通货膨胀将使日本经济处于崩溃的边缘。庶民生活贫困，靠固定收入维持生活的人们在变动期的大风大浪中有灭顶的危险，而在变动经济中的黑市商人，变动越大，他发财的机会也就越多。

几个月功夫，广濑攫取了几十万元的财富，涩谷的住宅虽然在战争中被毁，反过来他在田园调布买下了贵族院议员的住宅，雇上一名秘书和两名女佣。昔日以天皇名义惩罚部下的一名下士官，此刻他眼里既无天皇也无法律，成为一位新兴的暴发户。

有一天，有一位稀客到他的住宅来访问。

“我叫岩本，广濑君在家吗？”他对广濑的秘书说。

这个人的光头上已经有不少白发，晒得黝黑的脸显得特别瘦削，透过眼镜片一对骨溜溜的大眼睛叫人看了心里发毛。眼镜腿已坏了一根，是用黑带子绑在耳朵上的。他穿的黑色上衣，一眼就可看出是用黄军装染的。

广濑来到大门口。他一见广濑马上点头哈腰地说道：

“啊，广濑君，好久没见了，很想念您。您真有出息，搞得真不坏啊，住上这么豪华的住宅，真叫人羡慕。我是想跟您叙叙旧才来拜访您的。本来早就想写信给您，您知道，一穷就忙，老是抽不出时间来，哈…，这姑且不说了……你腿部负了伤，后来怎么样？”

他从在静冈联队一直到南方前线，都是广濑的中队长，是苇泽泰介入伍时曾经对苇泽进行过思想调查的岩本中尉。战争结束时已升到大尉。此刻他这副衣衫褴褛，站也站不稳的样子，象征着因战败而引起的剧烈的社会变化。在宽敞的客厅里，广濑和他面对面坐下，两个人社会地位的差别，更加明显了。

“打那以后，你的情况怎么样？受到了整肃了吗？”广濑泰然自若地说，完全是一副高高在上的神态，根本没把过去的上司中队长放在眼里。

“那还用说吗？我去军队以前是农村学校的教师，战后军人不能当教师了。”

“可不，那你怎么办呢？”

“我内人的娘家在冈山市。我一直在冈山住。冈山也烧尽了……。老是寄人篱下不是个办法，我早想来东京看一看。美军进驻后，到底是什么情况我弄不清楚，就一天拖一天拖到现在。”

说话含糊不清，吞吞吐吐，显然有难言之隐不便正面提出。

“如您所知，最近通货膨胀，我这个失业者连火车票和旅馆费都无着落，我想请您助我一臂之力，才来拜访您的。哈……实在不好意思……”

广濑本想管他一顿饭，把他打发走，他又突然改变了主意。他用鼻子哼了一声，说道：

“这住宅太狭窄了，已经住上了一名秘书和两名女佣，再说人来客往。……不过，总可以想办法，我想里边总会一两间空屋子的。不过，岩本君，目前找工作可不容易。你那军人的老一套已经吃不开了，慢慢地找吧，我管得起你饭吃，你放心吧！”

“谢谢。广濑君，那太感谢了。”这位前中队长双手支地，深深地鞠了一躬。

广濑叉着手，吐了一口烟。

岩本中队长成为广濑家的食客以后，一连十天都是早出晚归，白天在街上逛游，到了傍晚早早回到仓库小屋里，烤着小火煮，读读武侠小说和娱乐杂志，百无聊赖地打发着日子。

广濑根本没把他放在眼里，忙的时候都懒得跟他说话。他好像故意做给别人看的。瞧！过去的中队长在我家里吃闲饭，并以此为荣。

12月16日，前首相近卫文麿服毒自杀。他三次组阁希望扭转日本的命运，三次都失败了。结果被定为战犯。他在入狱的早晨，留下悲痛的遗书自尽。日本的悲剧如实地象征着他的命运。

这一巨大事件在广濑的心里不会产生任何影响。对前总理大臣的自杀，他根本不会痛心的。现在他只热衷于自己的买卖，实现自己的野心。他在离新桥车站不远的地方租了一幢三层楼房，准备开设跳舞场。在通货膨胀中发了横财的黑市商人，找地方饮酒作乐，挥金如土。战争中遭难的女人们找不到职业，就在舞场，酒吧出卖色相聊以糊口。

东京的复兴，首先是从娱乐场所开始的。放荡的色情，灯红酒绿，纸醉金迷——这就是东京开始复兴的景象。

此外，广濑计划利用黑市纸张和自己的印刷能力，出版一种煽动情欲的娱乐杂志。一切计划都是由楠见善造制定的。

楠见善造是一个天才黑市商人和掮客。他仍然瘦得皮包骨头，脸上老是愁眉苦脸，可是遇事却胆大包天，连眉梢都不动一动，叫人摸不透他的心思。广濑每天晚上一边喝酒，一边倾听楠见谈他的计划。

“经理，是不是能搞到点汽油。要是有了汽油，咸鲑鱼就可以一下子搞到许多……此外，盐，目前在黑市上似乎可以赚一笔钱，但不如以合作社制盐所名义搞一个制盐工厂。还有榻榻米是抢手货，到处都在盖房子，都需要榻榻米，左手买进，右手卖出，转瞬间可以赚一大笔钱。还有一件事同您商量，是否能买进四五辆卡车，搞一个运输公司。因为现在运费贵得吓人。铁路运输跟不上。卡车最保险。当然有船也行，不过规模太大了。”

他建议兴办的事业一一取得成功。几十万现金装进了广濑的腰包。他迎时代洪流而上，成为战后的暴发户、新兴的资产阶级。如果认为只有他一人贤明，其他受到战争打击的人都是愚蠢的失败者，那么所谓道德、教养、节操还有什么意义？变动时期的道德标准是“胜者为王”。新兴资产阶级虽然受到社会的痛恨，受到舆论的谴责，但他们逐渐掌握社会经济的实权。

第十六章

战争结束已四五个月了。榕子依然没有打听到宇留木的下落。他所供职的同盟通讯社，根据盟军总司令部的指令，于昭和 20 年(1945)十月底宣告解散，另外成立两个新的通讯社。因此，想从工作单位打听他的消息的希望破灭了。在满洲，凡是与有军务有关的许多非军人遭到屠杀，其余人被押送去西伯利亚。丈夫也许已经死了。即使侥幸活着，也被送往西伯利亚，不知何年何月才能归来。

美国在战争结束后不久把日本俘虏送回日本。苏联则把 130 万日本人押送到西伯利亚，正像古希腊、罗马时代用战争来夺取奴隶一样。

西伯利亚严寒季节来到了。宇留木是个有毅力、坚强的汉子。榕子想起他，心中无限痛苦，要是有个三长两短，她将又一次做战争寡妇。她想打听明白，又害怕得到确实消息。在这动荡的年代还是独身无牵无挂，已经有过一次痛苦的经历，为什么又要再嫁一个丈夫，真是后悔莫及。

这一年的正月，榕子生下了第一个孩子，是个男孩。

出生时的痛苦以及产后的忙乱迅速过去后，她疲惫不堪地熟睡了许久，当她深夜醒过来时，她沉浸在静寂的沉思中。

多么奇异的心情呵！她把过去的一切都涂上了后悔的色彩。她是迈着危险的步子从危险道上走过来的。过去的岁月是多么空虚和渺茫啊。

此刻有一个婴儿躺在她身旁。孩子紧闭着眼睛，脸上的额角布满皱纹，小小的鼻子有生以来第一次均匀地呼吸着。桃色的皮肤似乎感到外界的寒冷在索索发抖。这是在战争中怀在母胎里的孩子。战争把他同父母联结起来了。在空袭警报的夜晚他寄寓在母胎内，在烧夷弹的熊熊烈焰中悄悄地成长。惨绝人寰的战祸不仅将国民推向苦难的深渊，而且也给下一代孩子带来灾难。这孩子不知道父亲在哪里，他将受到不幸的母亲的不幸抚爱，而且还将被迫分担母亲的不幸。

不管怎样，这孩子正在呼吸，他要活下去。榕子觉得自己过去的一切经历已经消失在遥远的地方。广濑充次郎自不待言，甚至苇泽泰介、宇留木武雄都在过去的回忆中消失了。恋爱和情欲远离自己而去，已成为空虚、渺茫的回忆，现在留下来的唯一实际的东西，就是这个没有父亲的孩子。她已经不是自己一个人了，而是两个人。这两个人的严峻的现实，肯定会夺走她个人的自由。这两个人的存在迫使她去理解这“人生”新的意义。

早晨，窗外下着白霜。新年过去了。

悠平吃过早饭，一边喝茶，一边读报。《新评论》快要复刊了。他的工作繁忙起来。他读着报，感到他的神经与世界的脉搏一起跳动。围绕德国问题，美苏之间的斗争日益尖锐，朝鲜半岛的三八线为界分为两半，这里也显示着美苏对立的紧张状态。在中国大陆国民党和共产党之间发生了新的内战。这个世界将分成两大阵营再纷争几十年。日本有良心的知识分子希望日本永世中立，希望建立一个没有武装的永久和平的国家。两三家杂志以此为内容发表了几篇论文。

然而，苇泽悠平不是空想家。因为战败了不愿意再要战争，要永世中立，天下哪有这样便宜的事。中立需要付出牺牲才能争取到。忘掉现实的空想和平论和“八纮一宇”思想是一脉相通的。只不过是一场美梦而已。

门铃响了，茂子夫人手支着榻榻米吃力地站起身来。她确实老了。她下意识地整了整和服的腰带，向大门口走去。门口站着一个奇怪的男子。

他穿着一件蓝色上衣，敞着怀，里边穿着一件褐色的工作服。门前放着一只脏得要命的皮包。晒得黝黑的脸上胡子拉碴的，眼睛里透着忧郁的光泽。

“我回来了。”他低声说道。

母亲的喉咙塞住了，半信半疑地凝视着自己的儿子。邦雄一只脚蹬在门槛上解皮鞋带。他那解带子的左手只有拇指和食指，其余三个手指的地方空落落的。

脱了鞋进得门来，他的个子显得比母亲高多了。夫人抬着头瞧着儿子的脸部嘟哝道：

“总算回来了……”

“是的，我回来了。”

“你受苦了。”

“……”

“让我仔细瞧瞧。”

母亲拿起邦雄的左手，摸了没有手指的光滑滑的皮肤。

“不痛吗？”

“已经好了。爸爸呢？”

“在家。”

母亲悲喜交加，却不露声色。

邦雄走到父亲面前，规规矩矩地行了一鞠躬。

“总算回来了。”悠平很不自然地说，“说实话，对你能活着回来，我只抱一半希望。你可受苦了。”

“是的。真够了。”

邦雄踱到火盆跟前盘腿坐下。

“这儿没有被烧掉，总算帮了大忙。”母亲说，“国内的情况也不得了啊。我们也疏散到乡下住了一个时期。衣子一直在这儿住着。”

“冈部哥呢？”

“现在他已经上班了。你的房间一点儿也没动，仍和以前一样。回头你自己去看看。你还没有吃早饭吧？”

“还没有……我带了些大米来。”

“这些日子都在哪儿？”

“战争结束时在菲律宾。”

“好吧，暂时你先休息几天，松松筋骨，到温泉去玩几天也可以，可是得自己带米去。……日本变了。回头你到街上走走看看，到处是一片废墟。”

父亲很想了解这孩子到底变了多少。可是他并不急于去打听他目前的心情。头脑冷静的父亲以无限宽容的态度静静地观察着儿子的思想变化。

悠平去上班后，邦雄从楼上他的房间把各种各样的东西搬到院子里。他把《美国军用飞机一览表》撕成两半点了火，接着把《操纵法解说》《航空法规》之类的书撕得粉碎投进火堆里。茂子夫人坐在回廊的椅子上，默默地看着邦雄一声不吭，绷着脸把一件件东西投进火堆里焚烧。这孩子有多少后悔的往事正在焚烧着他的心啊！

然而，茂子夫人仍然感到邦雄的思想并未见得成长。跟那时为了有美子的婚事跟父亲顶撞，把泰介骂得狗血喷头的行径似乎没有两样。那时他一心一意相信天皇，投身于战争。此刻他的举动是对青春时代的错误表示后悔。但这种后悔实在太肤浅了。

但邦雄的幼稚行为，在母亲眼里还是十分可爱的。他虽然出征打过仗，但还没有长成人，仍然是母亲怀中的孩子。书一页一页地烧过去，书页上面密密麻麻地划着红线，这里包藏这个青年多少心血啊！此刻一切都已化为灰烬了。邦雄使劲地把航空参考书撕碎，一起投进火堆里。

“战争结束时你在哪里？”

“在山沟里，什么也不知道。”

“以后什么时候才知道的?”

“敌人飞机撒下了传单才知道的,那已经过了二十多天了。”

“没有粮食,人们饿急了吧!”

“唔。蛇、蜗牛,逮住什么就吃什么。……爸爸没有谈起我吗?”

“不。他什么也没说。你为什么问这个?”

“总而言之,现在这种情况都叫爸爸和清原舅舅说着了。这一点我是认输了。可是我不明白,既然已经知道它的前景,他们为什么要绕着走呢?”

“你别胡说了。哪里是绕着走?《新评论》被搞垮了。冈部被警察抓了去,清原被禁止执笔,谁都倒了霉。可是你爸爸从来没有放弃过自己的主张。这一点我很尊敬他。”

“是这样吗?——”邦雄嘟哝了一声。

母亲叹了一口气。看来这孩子头脑还不很清醒,虽然是活着回来了,他一定还会有许多苦恼。母亲改了口气问道:

“关于有美子的事,你还什么也没听说吧!”

“没听说。她怎么啦?”

“你好像一直没给她写信,是不?”

“哪儿还顾得上写信。”

“她病了。”

“是吗?——病了?”

“肺部不大好,病了有一年了,”

“嗯。她原来身体就弱。”

母亲想:这孩子怎么这样冷淡。……按理说,经过爱情的激烈斗争,在人格的成长上应该更深沉些。对邦雄来说,如果他的心能从战败的疲惫中恢复过来,仍然像出征前那样热情,这或许是对有美子最大的安慰。然而,有美子的病,使她已失去了作为一个妻子的活力。……夫人想:就让它听其自然吧!

“你不去看看她吗?儿玉医院已经烧掉了,但住宅还留下了。”

“唔,那一带也都烧掉了吗?”

“有美子的病也是为了支援战争劳累过度。她从学生时代起,就在学校工厂里做工。毕业以后立即参加挺身队到神奈川县的一家工厂里干活。榕子常说:有美子这样拼命地干,与其说是为了国家,倒不如说为了你。她盼着战争胜利时你回来夸奖她。这孩子真可怜。……榕子一提起她就哭……她的病一半是为了你……”

“可不能那么说。”邦雄大声地说,“我可不能负这个责任。我是奉国家命令，抛弃了一切走上战场的。我的一切自由都被剥夺了。假如我牺牲了，她怎么办？总不能让我负责吧！现在我侥幸活着回来了。说她生病的原因是为了我，我可接受不了。过去是过去，现在是现在，话要说明白。”

茂子夫人微微一笑。这是男人的一面之辞，是不理解女人心理的自我辩解，看来有美子并不在邦雄心上。这孩子变了。夫人捶了捶腰，轻声地说：

“你说的也许有理。不过她已经病了躺在床上，你还是去看望她为好。”

儿玉博士对有美子的治疗似乎不那么热心了。没有药，没有粮食，作为一个医生已无术可施，他已经绝望了。他机械地给她量体温，给她注射仅有的维生素，等待她自己恢复健康。这个美丽而纯洁的姑娘，背负着战争的重担，即将结束她短暂的一生。他那丰富的医学知识，连自己最心爱的女儿都无法医治，他真的绝望了。白天他整天愁眉苦脸，一到夜里，他从药品柜里拿出酒精瓶，加上点香料对着水喝一点，这时博士的脸颊上才有点血色，露出一丝苦笑。他从榕子手中接过外孙让他坐在自己膝盖上，这时博士的表情顿时开朗了。他对未来寄托着自己微弱的希望。

榕子生了孩子才二十天，刚能起来坐坐。这是一个寒风刺骨的日子，一家人突然收到苇泽邦雄归国后的第一封信。那是一张发黄的明信片，上面写道：“1 月 29 日平安归宅，谨此报告。”只不过是一张简单的通知。

榕子把脚伸在脚炉里打毛衣，心里挂念着身在西伯利亚的丈夫，不知道他还活着不？母亲把明信片拿了进来，默默地放在榕子跟前。榕子读完后又反过来看看。

“就这么一张明信片吗？没有另外的信给有美子吗？”

“不，就这个。”

“唔，我明白了。他变心了。”

如果他还保持着以前那样的爱情，他不该写信给儿玉博士，而应该直接写一封长信给有美子。榕子似乎已经猜透了邦雄的心情。这个多血质、感情容易冲动的青年也容易受到另一种事物的影响。

“他能够平安回来真是万幸啊！婆婆一定很高兴吧，请他来我们家，如何？”榕子说。

“是的，我也这么想……不过有美子会怎样？……”

“你说会怎样？”

“她的病情不好，心情一乱，又会发烧的。”

“我倒不这么想，也许听到他回来，心里一高兴，病也好了。我去告诉有美子去。”榕子说着就站起身来。她把明信片揣在怀里，瞧了瞧睡熟了的孩子的脸，蹑着脚朝妹妹的病室走去。

有美子醒着，她仰着头凝视着从自己嘴里吐出来的白气。她茫然若失地似乎什么也不想了。她的生命仿佛已经停止了，静静地等待着死神的来临。

她微微使了个眼色迎接姐姐的到来。榕子笑容满面。姐姐做母亲才不过二十天，她的身子散发着乳臭，好像另外一种新的生命在姐姐身上膨胀起来。

榕子什么话也没说，可是病人已经猜到是什么事了。

“发生了什么事？”

“你猜猜看。”

“猜不着。”

榕子用手按住自己的胸脯。

“你猜是什么？”

有美子的表情起了变化，她脸上透过一丝肉眼所看不见的紧张神色。

“信？”

姐姐笑容可掬地点了点头。

“他回来了？”有美子嘴唇微微翕动，说道。

她把邦雄的明信片接过来一个字一个字地读了好几遍。她想从这内容简单的文字中索求男人心上的阴影。她长长地叹了口气，说道：

“他总算还活着。”

“你已经尽了心意了。”榕子不知怎地想出这么一句旧小说上的话。在这场合，这句话再恰当不过了。“有美子，你得赶快把病养好，我相信，你一定会好起来的。”

妹妹笑了笑，微微点点头。但她感到自己已没有力量去制服病魔。邦雄的回来，加深了她的绝望。

“最近他一定会来看你的，你等着吧！”

“会来吗？”

“会来的。我要是能走的话就去向他祝贺，可是我还不能出门，写封信给他吧。”

病人拉起被子掩住自己的半截脸，闭上眼睛沉思了一会儿，意外清醒地说：

“我以为他还是不来的好……还是那样好。”

榕子立刻明白了她的意思：妹妹对健康已经绝望，没有力量去挽回即将离她而去的爱情。她那么痴心地等他回来，如今他好容易活着回来了。为什么她又不想见他了呢？她预料两人一见面，肯定是他们最后的分离，还是不见为好。她无法知道邦雄此刻的心情，为了使自己的爱情不受损伤，让它永远深深地埋在自己心里吧。

这一天傍晚，苇泽邦雄主动来访。

“伯母，好久没见面了。三四天以前平安回到家里。今晚特意来看望您。”说话还带着军队腔。

夫人让门诊病人在候诊室等着，自己跑到茶室里来对博士说：

“邦雄来了，你看怎么办？你看为难不？”

“嗳！……这有什么可为难的？”

“可是，有美子的身体不要紧吧！”

“那有什么办法，已经来到了门口。”博士嘟哝了一声，好像没有他的责任。

榕子走进妹的病室，替她整理一下枕头。

“是邦雄吗？”

有美子已经知道了。她听见了他的说话声。

“怎么办？我又不能起来。”有美子皱起了眉头。

“不行，你躺着，起来可不行。”

“姐姐，你把化妆盒和梳子拿来。”

榕子赶紧回到自己房里把梳子拿来，替妹妹梳了梳头发，罩上一个发网。有美子头枕在枕头上，转过脸来慌忙地打开了化妆盒。榕子像舞台上的调度一样，把有美子的床铺整理了一番，火盆和炭筐的位置也调整一下，确定好演员位置，拉开帷幕，然后把客人引进屋内。

邦雄一进门，站在病室的门槛上大声地对榕子说道：“嫂子，我回来了。你们都好吗？”

榕子来不及坐下，站在一旁答道：“真好啊，您总算平安无事回来了。”

儿玉博士和夫人都来到病室。有美子躺在床上目不转睛地注视着正在向父母行礼的邦雄的精神百倍的身影。少顷，他转过来对有美子说：“听说你病了。真差劲。你瞧，我已经死过一百回了，还好好的嘛。”

他伸出左手给她看。伸开的手掌上只有两只手指。这时谁也没有吱声。邦雄从口袋里掏出香烟，慢条斯理地点燃了火，对着有美子笑道：

“你吃了一惊吧！是不是？受伤军人，这名称倒不难听，可是一吃败仗就不时髦了。人们都说：‘瞧，这个残废！’身体发肤受自父母……出去打仗就是对父母不孝。你喜欢残废人吗？我想是没有理由喜欢的。瞧着多不舒服，我自己瞧着也觉得别扭……哈……留下两只指头总算还凑合，可是一点使不上劲。今天早晨吃早饭时，把饭碗打了，爸爸的脸上好不自在哩。”

“爸爸妈妈都好吗？好久没去看望他们了。”

榕子插上一句话，想把话题岔开。

“嗯，都很好。”

“老两口子一定很高兴吧！”咲子夫人摇了摇膝盖说道。自己的两个儿子都没回来，很羡慕邦雄的母亲。

“这话怎么说好呢？像我这样尽给大人添麻烦的儿子，回来也是不受欢迎的。”

“你怎么这样说话？你这话是没有道理的。”

“嫂子，真的，我说的都是实话，我坐火车回来途中，以及到了东京以后，人们都斜着眼睛看军人。他们认为军人毫无计谋地把日本引入战争，使国民备受涂炭之苦，最后，日本亡国也是这些军人。谁可知道，军人也是受国家欺骗被迫上战场的。……”

“你不要这样说，你为了国家辛苦了好几年，作出很大牺牲，今后我们还要报答你……”

“报答？就是怜悯，嫂子，你说你要报答我，我问你，你反对我和你妹妹结婚吧！”

“不反对。”

“你放心吧，我不会硬要她跟我结婚的。我们的婚约在出征前已经取消了。我是个残废，是国贼，没有资格跟这样门第好的小姐结婚。……有美子，你明白吗？我说话太放肆了。对不起。请原谅。”

满屋子的人只有有美子丝毫没有表情。她头靠在枕头上，嘴角上浮起了的美丽的微笑，来回答邦雄粗暴的挑战。

“你不用为我操心，我也不让你为我操心。我病成这个样子，对不起你，只要你能活着回来就是我的幸福。”

“我虽然活着回来了，可是我这辈子是个残废人了。……嫂子，世界上为什么这样不公平？国内的人们早已忘掉了战争，高唱什么自由啦，民主啦，和平国家啦！哼，简直是无耻！昨天还在骂美国人是什么鬼畜英美，今天转过身来，称他们为美国先生。女人们穿西服如果不是美国式的就好像矮了一截。……可是，我一辈子也忘不了战争。你看了生气也没有用。可是我看了这种不公平的事不能不生气。”

话越说下去越是暴露出苇泽邦雄和这一家人的分歧。他根本不想听别人的话，也不让别人说话。榕子很了解他那被扭曲了的性格。过去他对父亲、哥哥、舅舅以及所有的人都表示反抗，仗着国家的势力，投身于战争。此刻也许对过去的行为表示后悔了。他不知道怎样去处置自己，为了寻找新的支持，他正在进行新的反抗，就像别扭的孩子不听话一样，给他点心也罢，给他玩具也罢，他只是一个劲儿哭，什么东西也说服不了他。

他给这一家四口人留下了暗淡的极不愉快的情绪，行了一个礼匆匆地走了。咲子夫人眼眶里噙着泪水说道：

"这个人真不近人情。说是来看望病人，实际上是来取消婚约的。还当着病人的面胡言乱语！世界哪有这样的人？"

榕子回到病室，有美子脸朝里说道："姐姐，快放唱片给我听。"

"唱片？……放什么？"

"什么都行。"

"是钢琴曲，还是管弦乐？"

"什么都行，快一点。"

榕子急忙打开留声机盖子，把唱针搭在唱片上。榕子靠近妹妹的枕头，轻轻地摸了摸妹妹瘦削的脸颊，说道：

"有美子，你太痛苦了。"

有美子从闭上的长长的睫毛里渗出一滴眼泪。说道："痛苦的不是我。姐姐，他也痛苦。他现在不知道怎样处置自己才好。他本质上是个耿直、心地善良的人。战争把他的性格扭曲了。我觉得他可怜，心里难受。……我真想替他找一个漂亮而温柔的妻子。"说罢，叹了口气。

第十七章

东条内阁时代由所谓"翼赞选举"选出的众议院议员，至昭和21年(1946年)4月任期届满。为确立新的民主政治的大选由币原内阁主持举行。根据盟军总部的政令，实行自由、平等、民主政治三原则，规定妇女有参政权。在激烈动荡的社会中，一方面战犯被陆续逮捕入狱，一方面为建立新的日本民主政治的大选运动活跃非凡。昭和20年(1945)12月公布的新的政区选举法，实行大选举区制，使一些野心家有可乘之机。

平时靠薪金收入仅能维持最低生活的阶层，由于物价急剧上涨，生活愈来愈贫困，无力去过问选举。能够支出大量选举费用的只有那些靠黑市买卖起家的新的暴发户。知识分子几乎全都左倾了，对政友会、民政党的旧势力表示不满。以片山哲为首的社会党获得全国各阶层的热烈支持，成为一支能与以鸠山一郎为首的自由党相抗衡的巨大政治势力。

广濑充次郎企图当国会议员的野心，是楠见善造煽动起来的。他认为只要竞选运动搞好了，谁都能当议员。金钱能买动一切。

“你不出来试一试吗？”

广濑起初没有接受楠见的劝告。

“政治这玩艺儿，光是忙忙碌碌的，又不能赚钱。算了吧！”

可是时间一长，他也动心了。特别是在他〖家〗吃闲饭的岩本中队长更是热心地劝他竞选。因为他想：选举一开始他多少有点事可以干干。

“要干的话，东京二区最好。”楠见说，“第一区是小工商业集中的地区，人们的知识水平低。我看第二区比较有把握，首先跟社会党挂上钩，目前最吃得开是社会党。经理，你要是当上了议员，那就不是普通的富豪，地位就不同了。再说，落选了也不会吃什么亏。”

他们不是对政治有真正热情，也不是对日本民主体制抱有什么理想，不过是想利用选举来满足自己名誉地位的欲望。

他们的党徒开始搞起选举运动来。在东信印刷公司的楼上成立了编辑部，出版名为《东京自由新闻》的周报，接着举行“时局讲演会”，在选举区张贴传单。以东京自由新闻社社长广濑充次郎的名义，高喊“确立民主体制”，要求“真正的自由与和平”。实在是不自量力，愚蠢可笑。

过去在军队中把苇泽泰介视为社会主义者而加以严厉处罚的下士官广濑充次郎，此刻却戴上社会主义者的假面具在讲台上大声疾呼：

“那些资产阶级政党的头头们和最最暴戾的军阀勾结在一起……”

对苇泽泰介进行思想调查的前中队长岩本大尉忙着写标语、写封条，在一旁帮忙。

二月初的一个下午，为了了解社会党动向，楠见善造拜访了社会党的总书记片山哲。

这位保守的进步主义者、稳重的社会主义者、基督教徒片山哲总书记，以十分稳健的态度不动声色地听完了楠见善造的谈话，直截了当地答道：

“承蒙您特意来访，不胜感谢，不过社会党的选举对策已经确定好了，东京的二区的竞选名单已经完了。总之，这一次请原谅。”

楠见早已估计到会遭到拒绝，因此提出愿意出二十万元的政治捐款，请社会党公认广濑为第二区的候选人。可是有几十年社会主义运动经验的片山哲，对这一点钱根本无动于衷。

“对你的好意十分感谢。不过，已经决定好了的不能再改变了。等下一次机会吧，对不起。”

楠见碰了一鼻子灰，从昏暗的楼梯上走下来，心里想道："社会党不行的话，看一看鸠山一郎的自由党怎么样？总之得有块招牌。自由党目前名声不大好，不过总是老铺子嘛……"

楠见的头脑里有的是办法；收买在新宿、涩谷废墟上建立市场的流氓头子；由印刷业同行出面收买印刷工会，以慰问难民为名，给他们粮食伺机收买选票……总之只要能当选，什么办法都可以用。

有一天夜里，广濑回到住宅里，正要和楠见一起喝酒。在岩本住的六铺席的小屋里传来了孩子的哭声。他把女佣找来一问，女佣说：

"今天傍晚，岩本先生的太太来了。"

过了一会，岩本带着妻子来问候。一看是个年龄刚过三十，皮肤白净、胖乎乎的女人。头发金黄，一脸雀斑，却讨人喜欢，非常会说话。

"初次见面，我是岩本的妻子。突然从冈山来给您添麻烦，请多关照。自从我家主人来到东京以后，音讯杳然。我在娘家住闲，我兄弟夫妇从台湾回来了。我无处栖身，无依无靠。岩本没有捎钱回来，我一文钱收入也没有。如今通货膨胀，叫我这老婆孩子怎么过日子。您也许想不到这些。瞧，这住宅多么气派，又听说您当上众议院议员，真了不起啊，同样在军队里干过，岩本还是你的中队长，瞧他这窝囊样……"

"听说孩子也带来了。"

"是的，孩子本来想放在娘家。我一狠心也把他带来了。这是岩本的孩子，岩本总有办法养活他。"

广濑放声笑道："往后你打算怎么办呢？"

"我吗？我靠着这么个不中用的人，还有什么指望？过些日子，我找个工作干。东京总有需要用人的地方。找到了工作。我就跟他离婚。"

"跟岩本？"

"唔。那有什么办法，吃了败仗的军人，我不能跟他过一辈子。往后我要自力更生。我当过英文打字员，能否找一个这样的工作，广濑先生您在进驻军方面有熟人吗？"

坐在她身旁的岩本，好像跟他无关似的，用火筷子在火盆灰上写字。

广濑递一杯酒给岩本的妻子。她伸过手来一饮而尽。那双手雪白粉嫩，十分诱人。

"你到底打算怎么办呢？"广濑像对部下似地问道。岩本尴尬地笑了笑答道：

"现在是女权扩张时代，我有什么办法呢？"

“女权扩张那不应该吗？经理，往后我要自由了。对不对？妇女也能当议员了，权利平等嘛。我要自己找工作干，不能叫男人养活我。”

她说话头头是道。可是广濑总觉得这个女人身上有空子可钻。这个女人在岩本出征的那几年里不知用什么方法解除孤独的。广濑举起杯来目不转睛地注视岩本的妻子无所畏惧的诱人的微笑。他的眼睛炯炯有光。那女人耸耸肩膀格格地笑将起来。

“你这样直盯盯地看着我做什么？……我可不愿意呵！”

她故意使了一个眼色引诱对方，她已忘记丈夫就在她身旁。

放在隔壁屋子里的孩子哭了起来。她斜着腿靠在桌子边对岩本喊道：

“孩子哭啦，还楞着干什么？”完全是命令的口吻。

岩本大尉好像已习惯于妻子的命令，“嚯”地站了起来。广濑此时已看清这对夫妇所处的地位，失业的中队长对妻子已没有任何发言权。帝国陆军的崩溃也使岩本个人迅速崩溃。过去支持他的是军队这个庞大的组织机构。如今他已丧魂落魄，听凭妻子任意摆布。广濑并不觉得这是悲剧，仅仅感到有点滑稽。

岩本走出屋子，楠见也马上站起来走了。他有非常敏锐的直觉，他已看出了经理的野心，他没有制止这种野心的道德观念，反过来他让出位子，有让经理有机可乘的忠心。

岩本夫人也站起来，朝洗脸间走去。广濑和她并肩走去，伸过手去从后面摸她的胳肢窝，一使劲把她搂了过来，左手触到她那肥大的乳房。她整个身子软绵绵的，仿佛是男人的力量可以把它改变成任何形状的软体动物。化妆品的香味迎面扑来。她扭动着身子，从喉咙里格格笑将起来。

“弄得我身上怪痒痒的，你这坏东西。”

“坏吗？”

“我听说你养着好几个小老婆，真的吗？”

“哼！”广濑用鼻子哼了一声，不作回答。

里面屋子里的孩子哭声停了。岩本大尉凄怆的催眠曲传到庭园里，只隔着一扇套窗，他的妻子被广濑搂在怀里。

第二天，广濑和楠见商量了一阵，让岩本大尉为他的竞选运动跑腿。岩本一共出去四天，第五天早晨十点钟左右，他蹑着脚从二门口轻轻地走进来。

宽广的住宅里静悄悄的一点声响也没有。岩本提着公事皮包，连帽子也顾不上脱掉，朝客厅里一瞅，广濑不在家。只有一个女佣在向阳的走廊上擦玻璃窗。他蹑着脚走近自己的房间，轻轻地拉开纸门一看。

房间里铺着被褥，孩子睡着了，头枕在妻子的胳膊上。妻子张着嘴睡得正香。金黄色的头发散乱在枕头上，涂得深浅不匀的口红在嘴唇上显得格外红。她鼾声大作，丰满的脸颊上、脖子上都显露出兴奋过后肉体的疲劳。她露在被子外面的雪白的手臂上青虚虚的静脉在微微跳动。他很了解这个女人。她的肉体每一个部分他都知道很清楚。他觉得今天她模样和往日不同。她穿着一件非常漂亮的长睡衣。她那妖艳的睡态和平时不同。岩本把妻子脱掉的衣服抖了一下，终于找到了他预先料到的物征。一切都明白了。

他回到外面客厅里，从广濑的银色烟盒里抽出一支高级外国香烟。他盘腿而坐，慢腾腾地品着烟味，然后用了一小时读了三份日报。

报上登载着蒋介石军队和中共军队内战的消息。他曾经跟蒋介石的部队作过一年半战。扬子江上混浊的江水，鄱阳湖中清彻的湖水，马回岭、德安、修水一带连绵的群山……这些往事在他心里既没有怨恨也没有喜悦，完全是遥远的回忆。战后，军人受到整肃，无处可找到工作，想做买卖，一无才能，二无资本，该卖的家具细软全都卖光了。现在能够出卖的只剩下和自己生活多年的妻子。只要自己能够忍受耻辱，一切问题都解决了。妻子可以有口饭吃，不致于饿死街头。他主意拿定，重又拿起报纸来读。

从东京山之手[①]向西扩展的住宅区，是东京的第二选区。是传统的激烈争夺选民的地方，因此，这里的选民对政治的批判也最为激烈。

选举运动开始后，一个个竞选者都在这里露面。这里既有被见不得人的名誉地位欲望驱使的竞选者，也有认真考虑日本命运的有良心的竞选者，鱼龙混杂，不一而足。

可以说，这次选举是决定战后日本方向的一种思想战。是按照美国方式来开辟自己的乡土呢？还是赞成苏联的社会主义制度？乃至创造日本特有的体制？选民在思想上各有各的倾向。

社会党获得广大知识分子支持。自由党是传统的保守势力。共产党是小党派，但它却得到社会上最大的关注。

东京的知识分子阶层不少人这样说：

“在选票的三名候选人中，我无论如何投共产党一票。”其理由是为了对抗资产阶级政党，在某种程度上扶植共产党是必要的。

卡车上插着红旗，在车站广场上发表竞选演说的共产党员的人群中，出现了苇泽邦雄。过去骂他哥哥是左倾卖国贼的邦雄此刻自己却加入了极左的

---

① 山之手，是东京高岗地带的住宅区。——原注

行列。

与其说他对时代的风潮有敏感，还不如说他对时代潮流没有抵抗能力。过去政府、军部、学校及文化人士步调一致鼓吹军国主义，几乎没有一个青年能够违背这一潮流去批判它。这不是青年的过错。战后，社会迅速左倾，因战败失去精神支柱的青年们，不久就被卷进这一潮流中去。邦雄在大学时代的好几个同学，在战后加入了日本共产党。过去为天皇而战是他们的正义感，今天高喊废除天皇制，建立无产阶级专政国家又成为他们的正义感。

从昭和20年(1945)的年底到昭和21年(1946)正月，二月，各地不断发生劳资纠纷。物价一再上涨，生活用品的价格每天上升，工人的收入不够支出的一半。二月中旬下令冻结存款。三月初发行新钞票。所有国民只能在规定得到的新钞票的数额内维持生活。整个日本穷困不堪。这正好给共产主义思想发展创造了有利条件。

广场上在讲演。

"目前议会公布的宪法修改草案中说，天皇是国民憧憬的象征。这简直是胡说八道。我们根本不憧憬什么天皇制。诸位都受过警察的欺侮，也受过区公所小窗口里那些小官吏的欺凌，天皇就是他们的总头头。真正民主国家不需要天皇。日本的改革不彻底，说不定何日我们又会被驱上战场当炮灰。我们难道还希望再一次妻离子散吗?!"

早春的寒风卷起车站广场前的尘土。苇泽邦雄站在卡车上，手里拿着标语牌。在南洋的战场上，他同人的生命作过战，此刻他同人心作战。过去是用飞机轰炸、机枪扫射。此刻用演讲、传单和广播。这个斗争很费事，暂时还看不出什么效果，需要耐心等待。

思想立场虽然不同，他的父亲二十多年备受艰辛所进行的工作，就是这种费事的思想斗争。

第十八章

悠平知道邦雄最近给共产党扛小旗，为选举运动奔波。如果在以前他会用父亲的权力制止他。可是目前共产党是合法政党，搞合法运动，做父母的没有制止他的特权。邦雄从最右翼急转弯变成左翼，他的心情是不难理解的，但父亲总觉得他的思想基础薄弱。在社会激烈动荡的时代，人的缺陷起着很大作用。意志薄弱的青年左右摇摆，慌慌张张地沉不住气。受到别有用心的政客的挑动，他们做出一些幼稚的举动来。然而，这总是一时的社会现象，社会总是按照自己的逻辑发展的，目前不过是走点弯路而已。

中午时刻，悠平来到《新评论》社，昨天下班时他听说社员们正在酝酿成立工会。他故意躲开他们，晚些来上班。他不到社长室，先到从战时一直借给清原节雄使用的办公室。只见清原打开饭盒正在吃午饭。清原一边啃面包一边说道：

“大伙正热闹着哩，你不出面行吗？”

“我不在那里就好，让他们尽情闹一闹有什么不好。”

“刚才可热闹哩，此刻才平静下来。据说还要罢工。”

“反正他们总要提要求，等他们把要求拿出来，再作道理。”

“《新评论》社闹过罢工吗？”

“一次也没有。”

“你瞧，日本战败后，情况越来越坏了。他们说什么这是为了建设而破坏。这好比把好好的大楼推倒，再去盖洋铁皮钉的木棚……”

“还不至于如此吧。我以为你我还是不发表意见好。我们一说话，这些青年们说我们是封建脑袋。”

“我不怕，说话的自由总该有吧！他们高喊进步啦、民主啦，其实是马口铁做的大刀，只是外表好看。”

悠平放声大笑。青年们的心思固然难以猜测，但清原节雄也是死不回头的硬汉子。

一时半，悠平吩咐女秘书叫冈部熊雄来。冈部没有刮脸，胡子拉茬地缩着脖子走进来。

“情况怎么样？”

“大会已经结束了。现在正抄着决议书。再过二三十分钟，请您接见代表们。”

“代表是谁？”

“有堀内、小田岛、藤本，还有柳井。”

“你呢？”

“我大概也一块儿来。”

“你去告诉他们，我在这里等候，请代表们早一点来。”

“唔，马上就会来的。”

冈部匆匆忙忙地跑了出去。

悠平含笑目送他的背影。他并不想一开始就否定社员们的要求。社会潮流既然如此，即使他们的要求有不当之处，甚至是无理的，这是一种趋势。社长十分明白时代的趋势是难以抗拒的。过去对军部不得不作某些让步，同样目前对社员的要求也得作某种程度的让步。对于孩子们的淘气，不能采取高压的态度。

二月二十二日，日本派往菲律宾的军队总指挥官山下奉文大将被判处死刑。陆军中将本间雅晴于十一日被宣告处以极刑。东京掀起一个请愿运动，请求赦免这两位将军。二十八日，公布了整肃公职令。政府和军部的高级官员全都受到整肃的处分。“整肃”将波及到言论机构。“以言论、著作以及行动鼓吹好战的国家主义及侵略战争者，今后将禁止一切活动。”然而，发表这些言论的人，究竟有多少人是真正的军国主义者和侵略主义者？他们不少人为时势所迫不得不讴歌侵略主义而已。罪恶在于国家采取高压政策，也在于他们本身的软弱。他们实际上是经不住风吹的一根非常脆弱的芦苇而已。

冈部敲敲门，伸进头来问道：

“社长，可以进来吗？”

“行。请他们来吧！”

接着以高个子堀内为首的六名社员代表陆续进来了。冈部最后一个进来，关上了门。

“怎么样？大家的意见考虑好了吗？”

这是为了缓和青年们杀气腾腾的气氛，一种非常老练的说法。堀内把一只大信封推到社长跟前。

“这是我们的意见书，也是我们的要求。我们希望在这个基础上进行谈判。”

“好吧！让我拜读一下。”

悠平拆开信封一看，他们特意用毛笔写在美浓纸上。信的开头写着四四方方“决议”两个大字。

“我们《新评论》社为了推进具有世界意义的日本民主革命，以最积极态度，作为完成上述任务的一翼，出版尖锐的综合杂志，确认为对社会言论进行指导的机构所应负的伟大使命。为达到此目的，痛感必须先实行社内民主改革。兹以全体社员名义作出下列决议，以期付诸实行。……”

这是序言，读到这里，悠平笑了一笑。读了两遍，还是不知所云。自从日本翻译马克思、列宁著作以来，这种晦涩的文风也带到日本语言中来了。悠平先把序言放在一边，看决议的项目：

“一、战时《新评论》同军部和政府中具有侵略主义思想的领导人妥协，刊登鼓吹日本帝国主义战争合理化的言论。为了不重犯此种错误，要求最高负责人引退。”

读到这里，悠平感到自己脸颊上的肌肉僵硬了。

他的视线离开了决议书，对这六名代表扫了一眼。有的低下了头；有的感到不好意思，凝视着自己的手掌。只有堀内副总编辑正视悠平的脸。冈部出版部长又着手对社长和代表们采取等距离，完全是旁观者态度。

社长不往下读了，把决议书叠好放进信封里，交还给堀内。

“这个决议书你们收回去。”

“为什么？”堀内粗声粗气地问道。

“我根本不能接受。”

“哪一点您不能接受？”堀内进一步问道。

悠平沉默了一会，把问题深思熟虑了一番，重新点上一支烟，尽量做出宽宏大度的姿态。既不生气，也不使用激烈的言辞。因为他们毕竟年轻，只要慢慢地解释，总会说得通的。

“我对你们的想法有所理解，也表同情。今天上午我不来上班，就是为了不妨碍你们的社员大会。对于你们正确的想法和正当要求，我尽可能予以满足。但是你们把自己的立场和自己的思想抬得太高，对于我的处境和我的工作没有充分考虑。”

“这不见得。”一个代表说，“在作决议以前，我们都充分考虑过。”

“唔，考虑什么？”

“我们认为社长的立场经常是妥协的，因此《新评论》变成了没有任何理想的杂志。我们感到杂志的思想色彩有必要更纯粹和更明确些。”

“《新评论》不是政党也不是思想团体的机关杂志。”

“但也不能因此成为没有思想性、不偏不倚的杂志。在日本的现状下，这样杂志没有存在的意义。我认为当前的日本民主革命不允许妥协，因此不得不排斥社长的妥协性。我们排斥社长是从《新评论》杂志的使命考虑的。”

“对不起，《新评论》是我的杂志。”悠平表情冷淡地说，“……这是我的杂志，不是你们的杂志。我苦心经营二十年才培养了这份杂志。这种苦心你们未必清楚。你们说这杂志没有存在的意义，那么发行份达到十万份说明什么？有十万读者，这不证明它有存在意义吗？”

“存在意义各有各的解释。迄今为止，《新评论》存在的意义，就是得到保守反动读者的支持，对民主革命起了反作用，因此我们不希望扮演这样的角色。”

“如果你们不满意《新评论》，你们可以辞职，另外找合乎自己口味的工作。”

“我们不希望您使用这种资本家式的语言。《新评论》或许是属于社长的，但也是我们的工作场所，我们有我们的生活权利。”

“那么我倒要反问你，既然这儿是你们的工作场所，是保证你们生活权利的场所，那么你们就应当忠实于交给你们的工作。谁拜托你们来讨论《新评论》的思想立场？谁又拜托你们来研究《新评论》的存在意义？反正我没拜托过你们。”

“你这是强词夺理。”堀内站起来反驳道，“综合杂志的编辑不是机械工人，不确定杂志的思想立场，就无法制订编辑计划。”

“思想立场从战前到战时，一直到战后，丝毫没有改变过。在受到外来干涉时，有时必须作出几分妥协，在日本这个国家特定的政治法律条件下，那是没有办法的事。《新评论》自始至终采取自由主义立场。因此，你们提出什么民主革命，要求我引退，那是本末倒置。要说民主主义，我比你们懂得多，你们得向我请教。”

虽然悠平尽量采取恳切的态度，但没有效果。柳井终于开口，要求社长表态。

“这么说来，社长没有引退的意思啰。”

“是的。请你们收回要求我引退的决议。不过，我要声明一句，因为这个决议我还没有处分任何社员的意思。”

“谈判决裂了。”柳井对自己的伙伴说，“那么我们采取第二阶段行动吧！”

“等一等。”堀内制止他，说着从口袋里掏出几张纸片，说道，“在战时《新评论》登载了许多反动论文，社长难道不感到有责任吗？我们对社长的这种态度表示遗憾。这里举出几篇比较突出的论文：

“昭和15年(1940)3月号，《日美战争与国民的觉悟》，作者藤井丰太郎；同年六月号，《太平洋中空军的性格》，作者仓由三郎；同年12月号，《世界新秩序的基本问题》，作者藤洋近男；昭和16年(1941)3月号，《我国南进论与世界政治形势》，作者平贞藏；同年五月号《日本国家运动史话》，作者津久井龙雄……”

悠平举起左手制止他读下去。

“你不读，我全知道，得啦。我问你，堀内君，你是哪一年入社的？”

“昭和13年(1938)。”

“唔，既然如此，刚才你念的那些论文题目，那时候你不是也参与这些论文的约稿、编辑和校对工作吗？”

“是的。”

“那么登载这些论文如果我有责任，那么你作为一个协助者，也应该有一般责任。”

“我只是一个受雇佣的人员，按照社长的命令的工作。因此社长应负全部责任。山下奉文和本间雅晴被判处死刑，他们是作为最高负责人被问罪的。”

“说得对。但山下奉文并不是由自己部下宣布死刑的。假如《新评论》有罪的话，应该由战犯法庭或日本法庭来处罚我。我没有理由受你们的处罚。”

“我们并不是站在追究司法处分的立场上，我们只是追究道义上的责任。”

“既然是道义上的责任，那么当时负责编辑的你们也应该有啊！”

“我们当时是一个没有发言权的受雇佣的人员而已。”

“那就奇怪了，既然你们是没有发言权的雇佣人员，你们为什么要求社长引退，是谁什么时候给你们这种发言权的？暂时先不说这些。你们对社长没有发言权，因此也没有责任。那么我对政府和军部也没有任何发言权，甚至连拒绝的权利也被剥夺了。这些事情你们知道得很清楚。你们作为一个编辑既然没有责任，那么我这个社长又有什么责任可言？”

一时谁也答不出话来。青年们被社长驳倒了。

为了摆脱困境，柳井对堀内说：

“好吧，我们不是到这儿来讨论问题的，既然社长拒绝我们的决议，我们把会谈结果向大会汇报就行了。”

其余代表表示赞成。于是他们拿起决议书，一个一个离开了社长室。冈部熊雄也跟着他们走了。

等代表们走出门外，悠平陷入了沉思。在战争年代里，他每时每刻受到情报局、报导部、特高警察、宪兵队等来自外部的严重威胁，但社内的人心是团结的。横滨事件以后，杂志被迫停刊，但杂志始终坚守着自由主义，同当局的镇压作斗争。目前只要不违反盟军司令部颁布的“报纸编辑纲要”，言论自由是有保障的，可是问题又从社内产生了。

当右翼风暴席卷日本时，顶住这股风暴，捍卫自己立场的悠平，被投机分子骂成是左派或自由主义。战争结束后，突然左翼的风暴猛烈袭击日本时，不畏强暴，始终坚持自己立场的悠平，又被新的投机分子骂成是右派、封建主义者。这不是他的过错，而是时代的潮流忽左忽右。那些社员代表顺着这股潮流，在实行社内民主改革的旗号下，要求社长引退。

他们原来都是些大学刚毕业的毛孩子，今天能当一名记者，完全是悠平一手培养起来的。对于他们的背叛，悠平感到痛心。

第二天早晨，召开了第二次社员大会。下午还是那六名社员代表出现在社长面前。这一次拿来另外一个决议。

一、社长不得参与一切编辑事务；

二、反对社长独占利益，要求财务公开；

三、承认社员组织的工会，每月拨给工会费用八千元；

四、增加工资一倍；

五、发给每人临时物价补贴二千元；

六、社内人事调动必须取得工会同意；

七、不得因此次罢工解雇任何人。

堀内代表等悠平看完这一文件后，说道：

“请在明天下午两点钟以前答复。”

“现在马上就答复，”社长以严峻的眼光冷冷地看了堀内一眼。这已不是小孩子们的恶作剧，必须认真对待他们的斗争，此外别无他法。

“很遗憾，对于你们提出的要求，我全都表示拒绝。此外，我还希望社员大会反省。好了，我的话完了，请你们回去！”

可是谁也没有站起来，代表们都僵住了。像石头一样沉默。柳井抬起了僵硬的脸，眨巴眨巴眼睛，慎重地说：

“社长表示拒绝的心情我们是理解的。可是这是社员大会经过充分研究作出的决议，希望社长再考虑考虑。如果我们的要求全被拒绝，那后果是不堪想的。”

“得啦。”悠平平静地答道，“既然你们表了态，我也下定了决心。《新评论》曾经一度被军部摧垮过，这次即使再一次遭到摧垮，我也决不把这个出版社交给你们。你们有什么办法统统使出来！”

说罢，他忽地站了起来向窗口走去。他不愿叫他们看见自己从眼眶里溢出来的热泪。

代表走出社长室后，不到两分钟冈部熊雄独自走进来。他叉着手站在房间正中央，说道：

“社长，这下事情弄糟了。”

“我倒不以为然。”悠平笑道。

“这事情难办了。大家态度很强硬，明天他们进入怠工。”

“没有关系，让他们等着瞧吧！”

“他们将约来的稿子全部退给作者，东信印刷公司的排版工作也将停止，杂志没法出了。有的人打算睡在办公室里坚持到底。”

“这样也行嘛！杂志休刊几个月也没有关系。既然我已下决心不办这个杂志了。他们再闹，我也不会认输的。”

“这样一来就变成面对面斗争了。您再考虑一下，是不是还有别的妥协方案?”

“这——我根本不考虑。工会方面如有妥协方案，可以拿出来看看。”

“可是，到现在为止还看不出他们有妥协的迹象。”

“那就让它去吧，明天罢工也罢，怠工也罢，让他们去干吧！在妥协方案拿出来以前，我在家里读书静养。”

“真伤脑筋!”冈部独自嘟哝着走出了社长室。

然而，悠平也认为让他们这样闹下去，也不是个办法。因为这样下去只能使他们走极端，结果会使《新评论》社垮台。他还是要想办法求得圆满解决。

悠平想：也许清原有什么好办法。他约清原在筑地的一家饭庄吃鳗鱼。

清原听完悠平的话，手托着腮，眨巴眨巴眼睛说道：“你把问题看得太简单了。你根本没有考虑到外部的关系。社员大会的决议为什么这样不通情理，这是有背景的。共产党对综合杂志用地下活动方式采取一系列攻势。昨天晚上，我和美国情报部门的一位军官一起吃晚饭。他说：共产党在近期内要将日本言论单位，从内部进行赤化。换句话说，他们利用美国倡导的言论自由来进行反美活动。”

悠平忘掉去端酒盅，默默地听他说。

“原来如此，你这么一说，我们开窍了。”

“你还记得吗？昭和15年(1940)在《新评论》社进行共产主义宣传被逮捕的那个叫神山什么的?”

“对，叫神山甚二郎。此人战时一直被关着。”

“这个人和你们的编辑堀内、小田岛有来往，昨天和今天我在电车里偶然见到过二次。”

“神山是党员吗?”

“这个不清楚。不过他在《赤旗》报上写过文章。”

悠平低下头掀开装着鳗鱼的黑漆食盒，可是却闻不出鳗鱼的味道来。为什么自己要受此折磨呢？战时受宪兵的监视，战后又受共产党的监视，难道一辈子就得在受监视中度过吗？以前日本和美国作战，他受迫害；目前地球分开两大阵营，他又受迫害，迫害的风暴不仅没有减弱，反而更加激烈了……想到这里，他感到在这地球上似乎无处可以安下自己这五尺之躯啊!?

第十九章

儿玉医院的废墟上有一株古老的樱树，树干和树枝都已烧光，却又神奇地吐出了新芽，开出了二十来朵白花，唤醒了这棵老树的新的生命。人们在匆忙和慌乱中过活。只有这里使人感到昔日恬静而美丽的春天。榕子抱着刚出生的婴孩，对着春日的阳光，轻声哼着催眠曲，丈夫至今下落不明。走时说两个月内回来，可已经一年多了。第二个春天没有给她带来欢乐，反而更使她感到别后的岁月多么漫长。

离医院几十米的街口，一天总有十多辆宣传卡车在那里停下，宣传选举运动。扩音器的声音在这一带回响。在一个刮南风的傍晚，榕子抱着孩子，意外地听得外面在喊叫：

"……众议院议员候选人，严守中立。广濑充次郎，广濑充次郎，请投广濑充次郎一票。他对重建日本十分热情，是真正的民主主义者。请诸位投他一票！"

她侧耳静听。她曾在报上看到过广濑参加竞选的消息。许许多多的回忆一下子涌上心头，她痛苦极了。这样的无赖竟然能当议员，她无论如何不能心服。愤怒也罢，遗憾也罢，一切都已过去，此刻已不能打动她的心。现在她是宇留木武雄的妻子，这个孩子的母亲。

卡车上的喊声随着汽车的引擎声渐渐远去，消失在空中。

投票日的前一天，从早晨起，街上人们熙熙攘攘地忙着最后的竞选运动时，有美子咽下了最后一口气。她牺牲了自己的一切，结束了她短暂的一生，永远安息了。一星期以前，她对姐姐说："在我临死的时刻，请姐姐一刻不停地放唱片给我听。"

按照她的遗言，在父亲摸着有美子脉搏时，榕子一直守在留声机旁。在枕旁只有父母两人为她送终。管弦乐壮丽而优美的旋律在有美子临终的房间里回荡。天上的星星眨着眼睛，到处撒着鲜艳的花朵，迎接这位圣洁的少女走向天国。

那天早晨，有美子病情恶化。榕子给苇泽家打了个电话，叫邦雄来一趟。茂子夫人接的电话，说是邦雄忙着选举运动，昨夜一夜没回家。夫人答应去找他。邦雄终于没有赶上美子的临终。

苇泽家的茂子夫人赶来时，有美子已断气三十分钟了。夫人双手支地向儿玉博士郑重地表示歉意。博士若无其事地轻描淡写地说了一句：

"这也不能怪邦雄君……"

以前常替儿玉博士拉人力车的车夫，来帮助他们找寿材店买棺材。过了许久，他疲惫不堪地回来，坐到厨房门口，一边擦汗，一边说道：

“太太，我走了三家寿材店都说没有棺材。因为木材受统制，死的人又多，一点办法也想不出来。火葬场已满员了，不走后门，不多给点钱，到处都不收。”

结果只好把洗衣服的木桌锯开，钉一个木箱，凑合着当棺材使，把有美子的遗体放进去。榕子把邦雄写给她的信，捆成一束放在遗体旁边；还有肖邦、贝多芬的乐谱安放在她胸前。这是比任何花束都要美丽的音乐花束。

第二天早晨九时，苇泽邦雄来了。榕子在大门口迎接他。

“嫂子，我来向有美子吊唁。昨晚上本来想来的，可是选举工作实在太忙了，对不起。”

“怎么？你马上要走吗？”

“是的，因为今天是投票日。”

“你不给有美子烧支香吗？”

“烧不烧都一样，我太忙了。”他戴上帽子，马上就要走。榕子抓住他的手，说道：

“你再忙，烧支香的时间总该有吧！你把有美子当做什么人？你写给她的信都放进她的棺材里，难道你一点感触也没有吗？”

榕子的严肃的神情迫使邦雄脱掉皮鞋，随榕子来到有美子的灵前，他笨拙地坐在灵前，嘟嘟哝哝地说：“我不喜欢这种佛教的仪式。”

“那么你喜欢基督教仪式？”

“不，我也不喜欢。总之我对宗教都抱否定的态度。”

“对啦，你是共产主义者，怨不得不喜欢宗教……可怜的有美子一直到死还相信你。”

“相信我就糟了。我已经不是以前的我了。”

榕子没有理会他，继续说下去：

“她相信你，也宽恕了你。她的临终是美好的。她听着音乐悄悄地离开人世。真可怜，偏偏碰上这样的时代，跑遍东京也买不到一口棺材，只用几块板子钉一钉凑合着……”

“能凑合已经不错了，就不要发牢骚了，很多穷人用包袱一包扔上板车，送到火葬场烧掉就算完了。吃了败仗，就该这样。可是日本人也真奇怪，吃了败仗，遭了殃，还在感谢麦克阿瑟。世界上哪有像日本人这样健忘的？”

“该不该感谢先不去管它……”榕子说，“可是吃了败仗以后，很多事情比以前好了。"

"你指的是民主社会,男女平等了?"

"是的。"

"基本人权得到了承认?"

"是的,往后日本不会再打仗了。"

"别胡扯了。"邦雄粗暴地说,"你得学乖点,嫂子,你得睁开眼看看这个世界。懂吗? 过去的日清战争、日俄战争,上次欧洲大战结束后,战胜国要求战败国割让土地、赔款。可是,美国这个战胜国,为什么对战败国日本,又是面粉、粮食,又是牛油、巧克力。这难道是民主主义? 简直是胡说八道! 说这是国际主义啦、人类爱啦,那是骗小孩子的,是人类的空想。哪个国家的历史有过这样的记载。"

"那么,你说这是为什么?"

"弄不明白。总而言之,日本人太傻了。一点点粮食就被人收买了。最近不论什么东西都是美国的好。女人的服装打扮,都要学美国人。不会讲英语的人落后于时代了。银座一带谁要是找个美国情人,就神气得不得了。这次选举,有的竞选者演说时,说要从美国输入大米,每人配给三合,这不是卖国是什么?"

"那么现在反对美国,会有什么结果?"

"民众总是有办法的,为难的是日本资产阶级。"

"你正好说反了。现在日本穷人好歹能吃上口饭,还不是依靠美国救济的米和面,不然早就饿死了。"

"是吗? 嫂子,我看你也被收买了,像狗一样,主人给点东西吃就摇尾巴。就在这摇尾巴的当儿,日本不知不觉地变成了美国的殖民地,以后就忍受残酷的剥削吧!"

"你的话我听不懂。你为什么那样反对美国?"

"当然要反对啰,这种卖国的风气,你能看得下去吗?"

"邦雄,照你这样说,日本应该出卖给俄国啰? 是不是?"

"胡说!"邦雄大声喊道。因为自己声音太大了,他不由地朝有美子的棺材瞥了一眼。"嫂子,你不要弄错了。美国现在这种作法,是要把日本国民彻底搞穷,为了不让日本人反抗,给你们一点甜头尝尝,你们吃着他们的救济面粉都感激得五体投地。"

"因为你是共产主义,所以你反对,是不,是不是?"

"那当然啰!"

“俄国人能拯救日本吗?”

“能不能拯救日本那还不知道。但俄国人至少是民众的朋友。这一点是确确实实的。”

“你撒谎！你说什么?”榕子严厉地注视着邦雄,“你说俄国人是民众的朋友?”

“是的。”

“胡说！既然俄国人是民众的朋友,战争结束后,为什么把几十万俘虏押到西伯利亚去做苦工,这怎么解释？如果军人当了俘虏,那还没有话说。而我的丈夫是新闻记者,还有政府职员、学校教师、公司职员,一些与战争无关的人,好几万人都当了俘虏送到西伯利亚。这难道是民众的朋友？而美国战争结束后,马上派船把俘虏送回来,不管是士兵还是军官都回到家乡,只要人回来总有办法生活下去。而我们这些人怎么办？大家都盼着亲人早日回来。我们也是民众啊！民众遭了这么大难,为什么还说俄国人是民众的朋友。你说的话太混帐了。”

榕子抑止不住心头的怒火,一口气倾吐出来。邦雄嘲弄似地放声笑道:

“你说得不对,带到西伯利亚去另有目的。”

“目的？什么目的?”

“对日本人实行再教育,培养他们成为有真正共产主义觉悟的人,将来做日本的领导干部。”

“谁托付俄国人去进行这样的再教育？谁也没有托付给他。为什么要强迫日本人接受这样的教育？你说的全是谎话,骗人……可怜有美子一直相信你,她那样痴情地等待着你……”

说到这里,榕子用袖口掩住了脸。愤怒、委屈、悲痛一齐涌上心头。她再忍受不住了。

“好吧,我不打算跟你作多余的争论。对不起,已经十点了。我要回去了。选举的结果不知怎样了？总之,我太忙了。”

邦雄伸了一下懒腰,厚着脸皮站了起来。

葬礼完毕,第三天儿玉博士得了脑溢血躺倒了。病状不十分严重,还不至于危及生命,半身不遂,整整两天才恢复了知觉。战争给这个家庭带来不幸已到了顶点,四个孩子失去了三个。此刻博士自己也病倒了,明天生活就成了问题。咲子夫人几乎成了个废人。她已失去了思考的能力,想干点什么又没有体力,她呆呆地坐在丈夫的枕旁,茫然若失地凝视着病人的脸,间或抬头凝视装在镜柜里的三个死去的孩子的照片。过分的悲痛使她失去了正常人应有的知觉。这三个多么出色的孩子呵！战争把你们从父母手中夺走了。和平即使没有任何价值，但无论如何不会使母亲失去孩子。

对榕子来说，她几乎没有空闲去回忆过去幸福的日子。她等待着不知何时才能回来的丈夫。父亲病倒后，她是这个家庭的唯一支柱。她必须扶养父母，抚养自己的孩子，她必须脱下裙子穿上裤子去寻找职业。物价飞涨，工厂里闹劳资纠纷，在这战败后的严峻时刻，她独自能否支撑起这四口之家？榕子抱着幼小的孩子，祈祷着丈夫平安回来。她一心一意等待救世主发慈悲，允许她丈夫回到她身边来。

第二十章

第二次决议遭到社长当场否决之后，《新评论》的社员工会从第二天起进入罢工状态。社员们虽然都来上班来了，可是三三两两地出去看电影，上咖啡店，有的在编辑室里喝酒。

这在悠平看来，好比小学校的老师休息，学生们在教室里喧闹。悠平认为大学毕业的编辑或记者，作为一个知识分子应该过更有意义的生活，应该有更崇高的理想和喜悦。然而，战后风行怠惰的享乐主义。因此他们对工作缺乏道德，没有责任感和义务。

过了中午，又来了三名社员代表，要求对第二次决议草案再作考虑，而悠平根本不接受。

"你们那个决议，我根本没有考虑的余地，你们可以再考虑一个切实可行的方案拿来。在这以前我要会见全体工会会员。今天下午四点钟，全体人员都到编辑室集合。"

下午三时，还是那三个代表又来到社长室。堀内仍然是中心人物。他说：

"作为工会指导方针，我们拒绝社长直接跟全体会员见面。"

"那是为什么？"

"我们怕搅乱工会的团结。"

"你说得太奇妙了。"

"说得不好听一点，作为我们对手的社长要直接同会员说话，那是削弱工会团结的一种阴谋。"

"阴谋？笑话，那么我问你，你们不愿意听听我的主张啰，是不是？"

"你直接同会员讲话，那是一种破坏行动。"

"你认为没有必要相互消除误解，取得谅解，是不是？"

“社长的主张可以说给我们这些代表听，我们再向社员大会传达。”

“我不相信你们。你们根据自己的解释来歪曲我的见解。因此，我希望直接同大家见面。”

“这个要求我们拒绝，请你原谅。”

“好，那么就算了吧。”悠平斩钉截铁地说，转过转椅，不去看他们了。

第二天，悠平没有到社里上班。他打了一个电话到社里，关照他们假如有新的妥协方案，他再去会见代表。在这段时间里，他安安静静在家倚窗读书，度过这大选后寂静的春天。

到了第五天，清原打电话给他，说《新评论》社的工会散发传单，毁谤悠平。悠平根本没去理会它。

到了夜里，邦雄不知从哪里回来了。他喝得醉醺醺的，鼻子里哼着歌，连帽子也没摘，从裤袋里掏出一张叠得四四方方的纸，扔到父亲桌上。

“爸爸，你见过这个吗？”

悠平拿过来一看，题目是用头号铅字印的《关于〈新评论〉社争议告社会人士书》。事情来得太突然了。当他读过这长篇大论的文件后，从心里对社员们绝望了。

——社长苇泽悠平口头上高唱自由主义，而实际上经常妥协。在战时邀请军部情报局官员到赤坂饮酒作乐，沟通友谊，登载报导部长及其他军人鼓吹帝国主义的论文……

——他无意协助日本重建民主主义，反而强迫社员遵循他的反动的编辑方针……

——他以封建独裁的经营方式，独占《新评论》的利益，无意倾听社员群众改革的要求。……

——在上述情况下，《新评论》无法完成作为一个综合性杂志的使命。有鉴于此，社员们团结一致不得不停止日常工作，直到我们的要求得到贯彻之日为止。……

——五月号暂时决定休刊，尚望有识之士予以谅解，并希给予支援，理解我们的处境……

悠平读完以后，惘然不知所措。头脑里正常秩序紊乱了，思路也中断了。

这些人想在自己脸上抹黑。他们把这传单送到《新评论》的撰稿人、报社、杂志社及一般文化人手里，侮辱苇泽悠平的人格和名誉。他们既然抱着敌意，自己也没有理由束手待毙。

悠平不理解为什么他们的态度如此强硬，把争议坚持下去。说自己独裁、封建和军部妥协。难道像清原节雄说的那样，或许是共产党从外部积极地展开了文化功[攻]势。如果事实果真如此，那就不是简简单单能够解决的。他被迫下定了决心。

第四天，悠平从热海旅行回来，直接到《新评论》社要求同工会代表见面。

“怎么样？你们的新决议案搞出来了吗？”

“我们认为没有必要作出新的决议，我们坚持上次拿来的第二次决议中所提的要求。”

“那好。我也拿定了主意。现在我要跟全体社员讲话，请你们准备一下。”

“我们上次已经表示过，拒绝社长同大家直接讲话。”

“好吧，既然如此，我就告诉你，我决定暂时关闭《新评论》社。希望你们把我的想法传达给大家，并希望大家谅解。”

代表们开始显露出动摇的表情，搞得不好，他们就要失业了。

“您能不能说得更详尽些？”柳井问道。

“更详细的理由，我愿意跟全体社员讲。”悠平坚定地把柳井顶了回去。

三十分钟后，柳井独自进来告知说大家都在等着。悠平轻松地站起来，事态发展到如此严重，可是他丝毫没有显露出一点慌乱的样子。

悠平来到编辑室正中央站定，向大家扫了一眼。他像站在舞台上的演员一样端端正正的，显出了和他年龄和经历十分相称的冷淡态度，他故意慢吞吞地说：

“……今天我来这里向你们表示我最后的决心。这次事件，从一开始我的想法都被歪曲了。而且你们想把这些被歪曲的东西强加在我的头上，那我是不能接受的。现在我决定暂时关闭《新评论》社。其理由如下：

第一，现在日本处于思想混乱的时代。我认为《新评论》已失去了指导社会舆论的资格，因为《新评论》社本身思想混乱，为了不让《新评论》流毒于社会，出于种种考虑，我决定关闭《新评论》社，这是出于我作为一个文化工作者的良心。在战时，由于军部施行强大压力，我不得不做某些妥协，这是我终生的憾事。而现在要我再一次屈服你们的要求，出版歪曲我本意的杂志，那办不到。我不能亵渎我的事业。这是其一。

第二，现在出版事业已堕落成为一种黑市事业。我们必须到黑市去购买煤炭和木材，然后拿到黑市上去交换纸张。委托印刷厂印杂志需要贿赂，作广告宣传也得贿赂。我不能在黑市交易下办杂志。因此在国家经济情况好转之前，可以用正当手段进行出版事业之前，我将关闭《新评论》社，等待时机到来。以上是我决心关闭《新评论》社的两个理由。诸位，将要暂时失业，很对不起。”

悠平说完，迈着方步走出了编辑室。又过了十五分钟，悠平离开了《新评论》社。他想：争议并不会就此结束，肯定还有许多曲折。第二天中午他果然收到两封快信。

一封是工会来的，他早已估计到事态越来越复杂了。

> 声明：
>
> 一、我们对社长极其卑鄙地片面宣布关闭《新评论》社的决定，表示反对并坚决斗争到底；
>
> 二、社长关闭《新评论》社，其目的在于搅乱工会的团结，是目的在于片面解决争议的一种阴谋。为此，我们坚决不接受，并以合理经营方式继续维持我社事业；
>
> 三、我们工会会员将死守工作岗位，以完成新的文化使命，以期解决我社争议；
>
> 四、要求社长收回对编辑、记者带有侮辱性的语言。

悠平想：既然对方煞有介事地摆开了斗争架势，根本不予理睬，听其自然。

另一封信是一个姓鹤田的会计写来的。此人平时沉默寡言，办事踏踏实实，他的信充满对社长的忠诚。

> ……我认为此次争议不可能立刻得到解决，其原因它已带有浓厚的政治色彩。工会的决议受到外部指示。如您所知，所谓外部指示，就是党的文化攻势。党利用这一事件大肆宣传，刺激急进的报界人士，结合争取生活权利的斗争，使它成为阶级斗争的一部分，从而促进全国步调一致地展开政治斗争。《新评论》社工会已成为党的文化攻势的牺牲品，我们的争议已被党所利用。目前已有两三个同事对此表示不满。冈部熊雄君就是其中之一。他进退两难，态度暧昧，已在工会的检查委员会上受到谴责。党派出一名干部出席检查委员会，领导罢工斗争……

原来如此，清原节雄说的那些话不是虚传。真正的对手，不是多年来一直共事的编辑和记者，而是日本共产党。共产党的攻势亦即斯大林全球战略的一部分，他们下令国营铁路工会、教职员工会、海员工会发动罢工斗争，下令农民拒绝交粮。一句话想从根本上推翻麦克阿瑟在日本的统治。从两大阵营刮来的强大风暴，使这个小小岛国的七千五百万人民都像脆弱的芦苇吹得七零八落。谁能躲过这股强大的风暴平安无事地生活下去呢？

悠平立即同他熟识的律师和会计师商量以后，迅速办理《新评论》的解散手续。

第二天，第三天，所有左翼报纸异口同声地对悠平进行了恶毒攻击，要求驱逐反动社长，悠平对此一点也不生气，他认为自由主义命中注定要走上十字架。右翼全盛的时代，情报局的佐佐木少佐骂他是国贼，横滨的特高警察给他扣上共产主义的帽子。现在左翼风暴刮来时，指责他在战时同军部妥协，是反动封建，他已无力再生气了。

有一天，悠平打开早晨送来的日报，不禁使他瞠目吃惊，报上登着一张照片，从《新评论》社六楼窗口上挂出一面大幅红旗，上面写着："《新评论》工会斗争本部。"他二十年来惨淡经营的《新评论》社已被克里姆林宫的枭雄所占领。苇泽悠平已无力去战胜它，日本政府也没有这个力量。除非英、美、法联盟力量，才能把这面红旗从窗口上去掉。

第二十一章

大选结束后，前中队长岩本从广濑的住宅里被赶到印刷厂的值班室里去住。谁赶他跑的呢？他的妻子朝子。她对广濑说，把岩本撵得远一点，省得碍事。

朝子是个轻薄的女子。她把丈夫赶走后，孩子又成了她的眼中钉。

孩子得了感冒，发着高烧。她几乎连看也不去看一眼。女佣来告诉广濑，广濑请来了医生。医生说可能是得了肺炎，要好生加以看护。朝子觉得麻烦，皱起眉头对医生说：

"先生！你能不能请个护士来照看一下孩子？"

"噢……我那里人手不够，给你找一个临时护士吧！"

"那么拜托了。"

傍晚，临时护士来了，是个三十刚出头的女人，说是战时在第一陆军医院干过，老于世故，很会说话。

到了晚上，广濑和楠见一起从公司回来，他看到大门口出来迎接的护士，大声喊了起来。

"哟，这不是尾形君吗？你忘了？广濑营长，特殊病人……"

"好久没见面了……今天我来的时候，心里就嘀咕，莫非就是你的家？脚好了吗？"

"托您的福，没造成残废。我真没想到是你。打那以后，你的境况怎样？"

"甭提了，苦极了。军医学校被烧掉后，我一直疏散在乡下，直到去年年底才回来。真是大变样了。您阔起来了，当了大经理。您也发福了，光景很不错吧!”

她跟在广濑身后上了楼梯,抬起头问道:“打那以后,你不久就结婚了?”

“不,没有。”

“真的?那一位不是您的太太吗?”

“不。那是住在这里吃闲饭的。”

“那么那个病人呢?”

“是她的孩子。”

“别说了,多么像您呵!”

她轻轻地敲敲广濑的背脊。

“别胡扯了。怎么会像我?”

“您真的还是独身?”

“是的,我还是独身。”

“呃?买了这么一幢住宅,为什么不娶个太太?”

“一个人更逍遥自在。”

“我明白了。那个军医学校的儿玉君,你还想着她,是不是?”

“唔。她后来怎么样啦?”

“你还装模作样,出院后不是跟她见过好多次面吗?”

“只有一两次。”

“撒谎!”

“真的。以后就打听不到消息了。首先我不知道她的住址。”

“是吗?我一直没有跟她通音讯,她的情况我一点儿也不知道。”

“她住在哪儿?”

“目黑。”

“目黑全烧完了。”

“也许是。那一带是重灾区。广濑先生,你真的不知道她的消息?”

“真的不知道。我跟你撒谎干什么?”

“唔。她结婚才一年,丈夫就死了。要是再改嫁的话,您倒是个合适的对象。……她长得多美啊!是医学博士家的小姐,要不是战争,她绝对不会出来工作的。”

尾形护士的饶舌,唤起了广濑几乎已经忘却了的回忆。自从那次在大森海岸旅馆分别以来,消息杳然。这个女人的心情对他总是个谜,一直到现在还解不开这个谜。

广濑对岩本的妻子朝子已不感兴趣了。特别是岩本本人采取无所谓的态度后，他们之间已成为一种金钱买卖的关系，使他更加感到这女人太乏味。他依然忘不下榕子，如果她此刻还是独身的话，可以考虑正式把她娶回来。

几天以后，尾形护士受广濑的指使，去目黑一带打听榕子的下落。

从目黑车站到儿玉医院的街道上，过去那些熟悉的房屋都烧尽了。她在一片废墟的街道上伫立了很久。儿玉医院被烧毁了。那座连着医院的儿玉博士的住宅，她足足花了五分钟才辨认出来。六七年以前，她曾在这儿工作过。

久未见面的儿玉博士家的小姐，衰老得简直认不出来了。没有一点光泽的头发披散在脖子上，手又黑又脏，手指头的关节也粗了。她既然要劈木头，又做饭、洗衣服，一切家务事都由她一人承担着。尾形一看到榕子的模样，心里有所感触。小姐显得那么老相，失去了昔日的魅力。她想：这小姐恐怕再也引不起广濑从前对她那种难舍难分的感情。

这个家里整个气氛也令人惨不忍睹。博士躺在床上，不能动弹。咲子夫人弯着腰打不起精神来。无限悲愤郁积在榕子的心头，她感叹着自己悲惨的命运。

"您瞧，爸爸躺着不能动，我怎么也得想办法出去工作。可是，还得给孩子喂奶，怎么也出不去啊！奶粉和牛奶很难买到，想做碗米汤给孩子喝，也没有米啊。现在靠卖东西糊口，衣服、家具，凡是能卖的东西都卖了。往后没路可走了。"

"那么，您家先生没来信吗？"

榕子露出一丝苦笑，摇了摇头。说道：

"一直没来信。也许已经被杀掉了。听说死的人不少。我已经不指望他了。有时候我真不想活了。没有这个孩子，我还能出去工作，死了也没有牵挂……想沏杯茶给您喝也没有茶叶。"

"不用啦，您真可怜。"

"尾形君，你现在怎么样？"

"我在干临时护士，凑合着活下去呗。……最近我碰见了一个人，你猜猜是谁？"

"猜不着。"

"你猜猜试试。广濑，你还记得吗？在第一陆军医院里腿上动过手术的那个人。"

"唔，有这么一个人。"榕子点点头。

榕子顿时觉得心头一阵发冷。她这才意识到尾形这次来访是有目的的。

"现在他在田园调布买下了一座大住宅，非常阔气。那时候他和太太分居，现在正式离婚了。他开了好几家公司，进出都是汽车。家里雇着两个佣人，还有秘书……完全变样了。脚比以前强多了，一点也不瘸了。”

“唔。”

“在这样不景气社会里，他却兴旺发达，看了叫人生气。不过家里吃的都是雪白的米饭，鱼、肉都是商贩们送上门来的，不用出去买。酒是一打一打往家里送。纯棉宽幅的白细布、纯毛的料子柜子里塞得满满的。真的，我都亲眼见了。”

尾形说得很起劲，可是榕子没有搭腔。

“您是不是想跟他见见面？我领您去。”

榕子默默地摇摇头。

“不用客气。过去有过这么一段关系，他一定会款待您。前些日子提到您，广濑先生也很想见您……所以……”

“不，我没有事求他，还是不见的好，再说我也没有空。”

榕子斩钉截铁地拒绝了。她不愿意尾形再说下去。她知道广濑竞选议员，以后又知道他落选了。她觉得这是件好事。她讨厌这个靠黑市交易发财的无赖。她想：即使此刻自己死了，也难洗刷过去的耻辱，因此她对受广濑之托而来访的尾形都觉得讨厌了。

“难为你一片好意。请您转告他，我不愿见他。你也不要向他提起我的事。”

当天夜里，尾形把今天访问榕子的经过，以及儿玉家的情形和榕子个人的遭遇原原本本地告诉了广濑。

尾形一口气把话说完，叹了一口气。广濑等着她把话说完，把酒杯一搁，转过身来对她说：

“怎么办呢？你说她丈夫去了西伯利亚，不知何时才能回来，是不是？当然丈夫一回来，她就有办法了。因此你跟她说，在她丈夫回来以前，由我照顾她的生活。一个月三千元总够了吧。这点钱我权当扔在水里。其他什么条件也没有。等她丈夫一回来，我不再管她，这样总可以吧！如果她的丈夫永远不回来了，到那时候再说那时候的话，事情就这么简单。明天劳你驾再去一趟，把这个月的三千元带去，再带二三升大米去，给病人买点水果。我想她总不至于不接受吧。可是她的性格倔强，要是真的不接受，你什么话也不用说，把东西放下就行了。行不行？”

“行，行，您真是太关心她了。当初我生下来时长得美一点就好了。这份厚礼到哪儿去找啊？”尾形翘起嘴唇胡言乱语起来。

在广濑的意识中，除了物质引诱以外，他不知道对付女人的其他方法。他认为每月给她钱、给她米，便会使女人失去了抵抗力。这样过了两三个月，儿玉榕子就会自然而然地落到他的手心里。但他又失算了。

第二天，尾形又到目黑跑了一趟。榕子好像早就预料到一样，尽管尾形满面笑容向她行礼，可是榕子让她站在门口，连声“请进！”也没说，冷冰冰地看了她一眼。

尾形把装着钞票的信封，悄悄地塞到她手里，一边将装着大米的厚纸袋搁到一旁。

“怎么回事？”

“广濑先生很关心您，没有别的意思，只是聊表他的心意，无论如何请您收下。在你家先生从西伯利亚回来以前，他每月给您送来表示慰问。”

榕子没有搭腔。

尾形觉得势头不妙，把米袋放到门槛上，站起来要走。榕子“啪”地一声把装着钞票的信封扔到她脚下，接着又把米袋扔了出去。

“快给我拿回去。你也不要再来了。我即使饿死，也不会吃广濑一粒米。你走吧。”

尾形吓了一跳，一时不知所措。榕子想起自己的悲惨遭遇，委屈、愤怒一下子涌上心头。假如广濑真心对自己有爱情，他应该自己来，为什么派人来送钱送米。那是让财力和物力替他说话，根本谈不上爱情。榕子很了解他。这个人一开始就没有爱情，他只有欲望以及为达到欲望的各种手段。

尾形吓糊涂了。把拿来的东西用包袱皮包起来，二话没说走出了大门。她走后，榕子突然颓丧起来，伫立在门口沉思良久。对广濑的这种行为，她固然觉得愤激、生气。可是对被扔出去的大米，又是多么需要啊！她多么想用大米给孩子熬碗米汤喝，也可以给年老卧病的父亲端上一碗白粥去。生活的穷困到了极点，能卖的东西已经不多了。剩下只有有美子的钢琴了。还有被烧成焦土的地皮。反正得挣扎着活下去，坚持到孩子断奶，再出去找工作。无论如何也得活到宇留木回来。她唯一的希望就是丈夫早日归来。

第二十二章

《新评论》社的争议久久未得解决，工会方面认为责任在于社长的封建的垄断主义。但工会领导人又拿不出新的办法，于是争议拖延下去了。

5月1日，东京恢复了十年以来第一次“五一节”庆祝活动。聚集在宫城前广场的群众达五十万人。大会决议成立人民政府。5月3日，远东国际法庭开庭，包括三名总理大臣在内的28名甲级战犯被带到由外国人审判的法庭上。

5月19日，宫城前广场举行了反饥饿的盛大集会，以德田球一为首的共产党人为中心，有30万人参加了大会。代表们蜂拥到宫城和首相官邸前，发生了枪击事件，群情骚然。

儿玉医院的废墟不足一百坪的地皮，在八月初卖掉了，每坪的价格为450元，刨去经纪人的剥削和上交转让税，只拿到三万五六千元，只够几个月的生活费。通货膨胀，物价飞涨，生活越来越艰难，榕子简直无计可施，还得从卖地皮的钱留出父亲的丧葬费。

儿玉博士不知怎的得了感冒，也查不出病因。医生对咲子夫人说：长时间的营养不良，身上已无抵抗力。结果这场感冒夺去了博士的生命。终年64岁。

儿玉博士停止呼吸是在8月15日，正好是战争结束一周年。这是新的和平的一年，是人们珍惜和平的一年。但一年过去了，到处都没有真正的和平，反而令人预感到正孕育着新的危机。

另一方面，暴发户广濑充次郎仍过着花天酒地的日子。这一天，广濑和楠见善造从外面喝完酒回来，醉醺醺地拖着沉重的步子回到了寝室。岩本中队长的妻子朝子双手插在袖筒里跟了进来。广濑回过头来一看问道：

“有什么事？”

朝子抿着嘴嘻嘻地笑。她眨巴一双妖艳的眼睛，显然有话对广濑说。

“我累了。你也去睡吧！”

广濑站着，解开了衣带。

“我在这儿碍事吗？”朝子说。

“我困了。”

“我有话跟您说，不行吗？”

“什么话？”

“一句话两句话是说不完的。”

“那么明天吧。明天我慢慢地听你说。”

朝子跪在广濑的身旁，把广濑的手指握到自己手里来回拨弄着。

“明天……我想……”

“你说吧！”广濑的声音显露出他已讨厌这个女人。

朝子犹豫了一番，忽然下了决心，说道：

“是岩本的事。他老是这样下去也不是办法。他经常到这儿来，我心里沉不住气。这情况，你该明白，可是你满不在乎，往后怎么办。”

“你说怎么办吧!”

“我想设法打发他回去。”

“设法? 用钱吗?”

“有五万元钱就够了,你花上这笔钱,往后就利索了。行不行?”

“哼!”广濑冷笑了一声,“那么孩子怎么办?”

“叫他带走呗。孩子的事另外再给他两万元。”

“给了钱,往后怎么办呢?”

“往后什么瓜葛也没了。我马上把户口迁来。”

“你和岩本商量了?”

“唔。他起先不肯,后来我发了脾气,骂了他一顿,他才算答应了。”

广濑没有答话,神秘地笑了笑。

“让你出钱当然是过意不去,可是往后就利索了。再说价钱也不高,是不是?”

“可不。”

“你答应吗?”

“出五万元倒没什么。不过我有个条件。”

“什么条件?”

“你和岩本一块儿回冈山去。”

女人斜着睁圆了的眼睛,像野兽似地注视着广濑。

“你这是什么意思?”

“什么意思也没有,就是这个条件。”

“你说什么? 让我回冈山去,为什么?”

“没什么,我希望一个人清静清静。”

“你倒说得轻快,我可不愿意。我不回去。”

朝子执拗地扭动着肩膀,可是广濑不去正面看她。

“你为什么不喜欢我了? 我有什么地方对不住您?”

“没有啊。你是岩本的太太,你和岩本一起回去还不应该吗?”

“事到如今你说这样的话,你想逃避责任吗?”

“我不逃避,所以我给你们五万元。”

“噢? 出几个臭钱就没事啦? 你休想。”

朝子抓住他不放。

“反正今晚上不要再谈了。我累了。有话明天再说吧!”

“不。”朝子圆鼓鼓的胖手勾住广濑的脖子,不让他睡。在这夜深人静的房间里，只听得这个女人喘着粗气。

“你撒手！”

“我不撒。你太卑鄙了。到了这个地步你想抛弃我，没那么便宜……”

广濑一拳打在女人胸口上，朝子那柔软的身躯倒在地上，抽抽搭搭地哭了起来。怨恨、愤怒、委屈的情绪一下子涌上心头，气得她浑身发抖。

广濑无可奈何地倒在床上，关上床头灯。他不愿意再看见这个女人了。一想起自己放浪的纵欲，他后悔莫及，心里厌恶极了。

“畜生！”广濑骂了一句。

广濑抑止住愤怒，恢复了平静，深深地叹了口气。心里想：这女人明天一定要把她打发走。她的魅力也不过是最初两三天吸引过他。以后的情欲都是用金钱买的。可是他又想：朝子走了以后，他一个人又感到寂寞。钱赚得再多，买卖再兴隆，不过如此而已。为什么自己身边没有一个抛弃欲望、没有私心、不讲究打扮、不娇[矫]揉造作、真正打心眼里关心自己的女人？他留恋起离了婚的妻子来，他马上需要一个可以做他妻子的女人。从军队时代起，一直到退伍，至今和他发生过关系的女人足有三十个，可是都无影无踪了。归根结底，放浪的纵欲没有给自己留下任何东西，只有加深自己的孤独。

他忽然想起了儿玉榕子，这真是件无可挽回的终生憾事。在他的人生中只有从这个女人身上感到过一点爱情。为什么那时候不再热烈地诚实地追求她呢？广濑闭上眼睛竭力回忆她那美丽而端庄的容貌。想起她，他感到心头一阵子热，他几乎要叫出声来：我要见她，我要见她。他辗转反侧，无法入睡。他焦灼不安地睁着眼睛，好容易熬到午夜三点钟才朦胧地睡去。

第二天一早，广濑听见房门外面女佣在呼叫，他从睡梦中醒了过来。

“老爷！老爷！请您起来一下。老爷！”

“什么事？”他喊道。

“警察来找您啦！”

警察？他嘟哝了一声。也许是黑市买卖出了毛病。木材、纸张、煤炭、汽油，反正总有一样东西发生了问题。

“现在几点钟？”

“七点钟。”女佣在房门外答道。

他把被子一蹬霍地起来了，穿上和服束上腰带。他推开房门，只见那面颊绯红的女佣跑过来递给他一张名片。上面印着：警视厅巡查，小川参次。

他不以为然，晃动着充满自信的肩膀走下楼去。当他走下五级楼梯，从楼梯中间的平台上的小窗户向外张望时，突然止住了脚步。他看见一辆美国吉普车上，一个美国宪兵坐在驾驶座上抽烟。

他顿时脸色苍白，额角上和胳肢窝里直冒冷汗。MP（美国宪兵）找上门来，那不单单是为了违反经济体制问题。……

广濑慢吞吞地一边思索一边走下楼去。只见门楼口站着两位日本警察，其中一位礼貌式地向他行了一个举手礼。

“您是广濑充次郎先生吗?”

他拿出一张纸递给广濑看。

“根据盟军总部的命令，您被逮捕了。请您马上收拾一下。”

“我马上收拾好，请进来坐一会儿吧!”

“不，我们就在这儿等着。”警官们例行公事地答道。

他走进屋里，在客厅正中央岩本朝子穿着睡衣站在那里发呆。他顾不上瞧她一眼，大步走进洗脸间，用冷水洗把脸。洗完脸，他走到大橱跟前，解开和服衣带，脱掉和服，麻利地穿上西装裤，一边穿一边对女佣说：

“我走了以后，你给厂里楠见打个电话。一切事情都交给他了。有不明白的事叫他来看我一趟。可是现在我上哪儿去还不清楚。他只要打听一下，就会明白的。你听懂了吗?”

女佣伺候他穿上上衣。他沉着地点上一支烟，朝房间四周扫了一眼，他的脸色已恢复平静，一步一步走出房间。

“让你们久等了。”他刚穿上皮鞋，门外吉普车的引擎发动起来了。

他穿过百日红的花丛，瘸着腿走到大门口。两个美国宪兵在吉普车中，闪动着那蓝色的眼睛看着他。两个日本警察一边一个夹着他。一上车，汽车就开动了。这看惯了田园调布的静悄悄的街道，此刻在广濑眼里，好像第一次才看见，显得格外新鲜，他小声地问身边的警官：

“上哪儿去?”

“去巢鸭。”

“巢鸭?”广濑心里嘀咕：在远东国际军事法庭受审的东条大将等甲级战犯也关在巢鸭监狱里。难道自己也与追究战争责任有关？在华中战场和南方战场上自己亲手砍杀的俘虏不过四五个人。这又有什么可奇怪的。为战友报仇理所当然。在明达纳奥岛上，他曾经把美国俘虏绑在树上，整整两天不给他们饭吃，处罚他们。六个俘虏中有一个当场昏倒死去。这是四年前的事，谁也不会知道啊!

吉普车穿过涩谷的铁桥来到新宿。新宿这条繁华的街道正在逐步恢复战前的热闹景象，不知何时才能见到这条街了。

过了新宿，吉普车驶过通往目白、大塚的宽广的马路。广濑双手叉在胸前，泰然自若，一点也没有像被拖去宰杀的牛羊的那种可怜相。

他忽然想起了这个家。往后怎么办？但一想也用不着操这么大的心了。昨夜他下决心天一亮就去看望儿玉榕子，辗转反侧不能入睡，感到从未有过的孤寂。也许这就是个预兆。想到这里，他呜咽地哭了起来。

吉普车缓缓地向前行驶。黑市买卖的成功，进入政界的野心，百万的财富在一夜间化为乌有。到头来是一场空。归根结底，他也是被时代风暴吹折的一根脆弱的芦苇而已。

第二十三章

从昭和 21 年(1946)秋至昭和 22 年(1947)春，迎来了劳资纠纷的季节。9 月 14 日，在国营铁路工会举行总罢工前夕，劳资双方谈判刚刚获得解决；海员工会的罢工持续到 9 月 20 日，从十月初起电力工会要求改善待遇，劳资双方开始举行谈判；18 日，全国 30 万教职员代表集会，争取最低生活权利，同文部大臣举行了谈判……

即将到来的正大冲突——二・一总罢工的基础早在这年秋天到年底已经形成了。

作为日本历史的重大转折点，从战败之日起，自由主义者获得了解放，共产主义者也获得了解放，女性从家庭中解放出来，天皇也从神话的殿堂中解放出来，变成了“人”。

《新评论》的罢工在十月初获得了解决。罢工团内部分裂，丧失了控制工会的能力。悠平接受堀内等六人的辞职书，发了退职金，圆满地退出了《新评论》社。其结果是，社长几乎没有提出解决方案，在这场罢工斗争中取得胜利。

《新评论》从 11 月号起开始复刊。悠平所坚持的自由主义精神终于击退了左翼攻势，但是问题并没有结束。11 月 22 日，政府公布了扩大整肃范围的政令，给言论界以巨大的冲击。发行份数在二万份以上的报社，以及刊行同样份数的杂志社的领导干部均在“整肃”的范围内。

《新评论》社在昭和 21 年(1946)11 月 22 日接到了“整肃令”，命令居于会长、副会长、社长、副社长、董事、理事、编辑主笔、社论主任、总编辑、调查局长等地位的人立即退职，违者将受到严厉处罚。

苇泽悠平自不待言，冈部熊雄在战时长期担任总编辑，当然也要受到“整肃”。

这件事使悠平十分沮丧。虽然可以根据文件提出反证，要求解除“整肃”，但手续非常复杂。

“简直是混帐!”他对茂子夫人发泄了无以自慰的悲愤,“说我们讴歌战争,殊不知我们在军部威逼下为了保持自己的杂志不得已而为之。历史对我太不公平了。”

报社和杂志社的领导干部大部分都是自由主义者。他们都是在东条政府的压制下,讴歌“八纮一宇”,宣传“击灭英美”,否则不能保存自己。毫无权力的嫩草在强大风暴面前,除了被吹折以外,别无他途。可是战争结束后,又刮来另一种风暴,说他们在战时也做错了。不管是国粹政治或民主政治,只要它的力量吹到人民头上,人民便无法抗拒。

悠平无所事事围着火钵,眼望着窗外初冬的风光,不由地产生了自嘲的心情。在战时,他被当做左翼同情者,受到宪兵队和警察的威胁;战争结束后,他又被认为是战时的右翼,受到“整肃”。自己究竟是左翼还是右翼呢?他什么也不是,而是一贯的自由主义者。归根结底,自由主义者只能一辈子同国家这个强权组织妥协,否则就下决心逃到国家权力所不能及的遥远的地方去,隐居于山野之中,以晴耕雨读为乐,同苍猿野鹤为伍,只有这样才能忘掉人生的忧愁。如果真走到这一步,那就不成[称]其为自由主义者了。自由主义者只能是以螳臂挡[当]车的精神,向着国家权力奋战不怕牺牲的殉道者。

悠平不想提出反证,希望解除对自己的“整肃令”。事到如今,保持沉默是表示自己反抗意志的最有效的方法。只要政府不主动解除“整肃”,自己决不去辩解,他把大义凛然的志气,深深地埋藏在忧愤的心里。

傍晚,苇泽邦雄从山之手线[①]的电车下来,走进了郊外电车站。售票外的窗口紧闭着。检票口贴着几张大纸,上面写道:“坚决举行罢工!”“坚持我们的要求!”四五个车站工作人员披着大衣,叼着香烟,在办公室里对坐烤火。群众里有人嘟嘟哝哝:

“怎么?又罢工!”

“没有法子,只得走着回家呗!”

“又让走回家啊?真烦人!”一个女人发着牢骚走了。月台上停着两列熄了灯的电车。

邦雄夹在陌生的人群中在枕木上向前走去,他竖起大衣的领子,两手插在口袋里,一股冷风从背脊上袭来,冻得他浑身直打哆嗦。

---

① 山之手线是环行东京市区的电车线。

“简直不像话！怎么老闹罢工啊！”走在后面的一个男子说道。

邦雄听了他的话，露出一丝苦笑。

“罢工也不要紧，可以搞得巧妙些嘛。公司和工会发生了争议，只要双方坐下来谈谈解决问题就行了。一罢工，就叫我们乘客跑路，谁受得了啊！我们干一天活，多累，并不是走着玩。”

邦雄听了他们的话，从心里发出会心的微笑。不用多久，整个日本的一切动脉将停止跳动，史无前例的大罢工即将开始了。

后面说话的两个人并非完全是局外人，他们的谈话越来越深入了。

“最近的罢工，我看都是共产党煽动的！”

“我看也差不多。不过共产党的方针很难令人同情。电车罢工，工人的工资会有所提高，可是反过来电车涨价了，结果吃亏的是沿线居民。今年春天大选，我投了德田球一[①]一票，下次我不想再投他的票了。”

“你说得对，我也投了德田一票，往后我也算了。”

“战时，东条英机提出所谓‘八纮一宇’贯彻圣战，说这是最高理想。结果日本人都遭了殃。共产党也提出崇高理想，说什么无产阶级的幸福啦，公平分配啦，结果引起社会大混乱，民众又一次遭了大难。共产党说的那一套仍然是八纮一宇。德田球一一念之差说不定便成了东条英机。”

“这个混蛋！”邦雄轻轻地骂了一声。

邦雄回过头来看了他们一眼。他们都是工人，是无产阶级的主力军。他们曾抱着希望投了德田球一一票，而此刻他们又说共产党和八纮一宇没有两样。这一抗议是从生活体验中涌现出来的智慧。这些人都是希望平平安安生活下去的善良的人们。

邦雄想：这些人理想太低了。他瞧不起他们。但是自己又没有信心和足够的理由去唤醒他们。这些善良的人们中，谁在考虑理想、考虑革命啊？崇高理想对谁是必要的呢？无产阶级革命是为谁服务的呢？他们的理想就是安定的家庭生活。革命对他们来说，是远在天边的美丽的彩虹。

跨过天桥，又钻过好几个桥洞，穿过好几个车站，邦雄足足走了一小时。回到家里，已经七点多了。父亲和母亲不知道他是否回来，早吃过饭了。

“妈，肚子饿了，快拿饭来，快点！”

他说这话时的神情，还有几分像在母亲跟前撒娇的孩子。

“自己回来晚了，还吵吵什么，着什么急啊！”

---

① 德田球一，当时日本共产党总书记。

“这不是我的过错，电车罢工了，我是走回来的。”

夫人笑了笑说道：“活该！这叫自作自受。”

邦雄立刻火了，说道：“妈妈你不懂，不要胡说。”

然而，茂子夫人并不是那种见了孩子发火就害怕的人。她通情达理，心地宽厚，对于孩子的淘气一笑置之。她一边替他准备饭，一边说道：

“你干的那些事儿，我心里都明白。你现在干的和将来要干的事，我全明白。你这个人心不定，容易改变主意。不定哪天你又讨厌起共产党来，又去热中[衷]另外别的事情。”

“妈妈，你又在挖苦我了。”邦雄苦笑了一声。

夫人重新拿起织毛衣的针，慢条斯理地说：“共产党的道理，我没学过，所以我不明白。不过我认为你也并不懂。现在你只知道共产党的道理，忘掉了人生本来的意义。你不知道这社会的可怕，老是用你狭隘的道理去判断是非善恶，这是最最危险的。现在你站在共产主义立场批判爸爸是没落阶级，是资本主义的寄生虫。四五年以前，你宣扬皇国精神，说他是左翼同情者，向警视厅告密。你看你多么轻率啊！为了这事你爸爸受到警视厅的严厉审查。可是他从来没有向你提起过这件事，他默默地原谅了你，你爸爸的心地多么宽厚……唉！说这些多余的话干什么？”

邦雄低着头一个劲吃饭，嘟哝了一声：“那时候的事，您就别再提它了。”

茂子夫人并不想批评儿子，只希望他能正确对待生活，正确对待父亲。

“妈妈，你把主义、生活和爱情都搅和在一起了。”邦雄说不过母亲，找了个理由，开脱自己。

“我认为搅和在一起也没什么不可以。在一个人心中，主义能同爱情区别开来吗？你想想。你和有美子的爱情，应该认真地好好想想，那时，我们都反对你们订婚，你不管一切，两个人偷偷地约定了。你不懂得爱情的美和爱情的可怕。你更不懂得爱情会陶冶人性的美。你对爱情问题很不严肃。有美子的死，我真感到痛惜。你从战场回来立刻同她结婚就好了。可是你轻视爱情。你缺乏一种一般的爱情，或叫做人与人之间的爱，或叫人道主义。而共产党没有人道主义。为了阶级斗争不惜暗杀自己的同志，这多么残酷啊！我说错了吗？”

邦雄不作回答，吃完饭，扔下筷子说：“吃饱了，谢谢。”大步走出了房间。

夫人感到他那粗鲁的动作，并不表示他的反抗而是苦闷。因为他没有明确的理由去反驳母亲的话。他想反抗，又无法掩盖自己的弱点。夫人摇了摇头，默默地拿起针，给邦雄织毛衣。

打那以后整整三天，邦雄一步也没出门，关在房间里。茂子夫人关切地注视着他的变化。

他倒锁着门，母亲敲也敲不开，无法窥探这个青年心灵中的秘密。她预感到这个孩子将要遇到什么不幸的事。

第四天下午，邦雄突然不告而别。出门的时候，母亲看见他穿着她给他织的新毛衣。没有共同语言的母子之间，唯一的联系只有衣食住这三件事。

傍晚悠平出去听说唱，茂子夫人独个儿听着广播吃晚饭。不多久，淀桥警察署打来了电话，说是一个名叫苇泽邦雄的人负伤住了院。夫人马上收拾好东西，去医院探望他。她一边走一边想：邦雄跟人吵架的原因也许是自己造成的。因为几天以前说的那些话，肯定使他的思想发生了动摇。一想起他在家闷坐三天，觉得这孩子太可怜了。

一个年轻的警察坐在候诊室的火钵旁抽烟，据他说，邦雄和伙伴一起喝啤酒时发生了口角，以后大打出手，被啤酒瓶打破了头。对方是一伙人，有两个人被警察拘留，估计是共产党。

邦雄躺在病床上。额角上绑着绷带。夫人走进病室时，他挣扎着要起来，绷着脸对母亲说："妈妈，我对不起您。"他那件新毛衣的领子上血迹斑斑，夫人瞧着他不禁热泪夺眶而出。一位青年医师，给他拿止痛粉和药水，对夫人说：

"他手腕上缝了两针，头上缝了三针。"

夫人把儿子领回家后，把他安顿好，握住他那受伤的手说："这或许是我的不是，那天不该跟你说那些话。"

邦雄仿佛突然瘦了许多，绷着脸说：

"妈妈你那天说共产党没有人道主义，那是真的。"说罢，叹了口气。

第二天早晨，邦雄把一捆书、文件和宣传用的传单统统搬到庭园里，一把火烧掉了。绑着绷带的左手挂在脖子上，右手拿一根木棍拨弄着火。母亲立刻想起他从军队回来时把模型飞机、《飞机识别表》、《叶隐武士道》的书一把火统统烧掉。而现在烧掉的是《列宁研究》《日本帝国主义发展史》《天皇废止论》等共产主义宣传的小册子。

夫人想：邦雄是个轻率的、思想不安定的、容易动摇的青年，但是他毕竟还在认真寻求自己的生活道路。夫人想在空白的灵魂上载[栽]上爱情的花朵。她想劝邦雄结婚。她想让他从娶妻养儿育女中懂得人生的意义。人类社会是从这里产生，并不是从思想、哲学或革命上开始的。他的灵魂之所以彷徨不安，正因为他没有爱，而先去接触哲学和思想，这难道不是最大错误？

然而，夫人忽然又犹豫不定了。这持续了十年的社会风暴，不仅是男子，甚至年轻的姑娘们，也排[徘]徊在精神的十字街头。姑娘们也不懂得爱情的美和尊严。那么有谁能去修复邦雄这颗破碎的心呢？

第二十四章

日本投降时，在国外的日本军人和侨民达 660 万人。昭和 20 年(1945)9 月底，从南乌岛撤退军民开始，在国外的日本人陆续被遣返到日本国内。昭和 21 年(1946)3 月美军借给日本运输船 100 艘、登陆艇 85 艘，更加快了遣返工作。每月有几十万日本人回到日本港口。然而至昭和 21 年(1946)年底为止，扣留在西伯利亚 70 万日本人，一个也没有回来。

日本国内有种种传说：

——为了不使日本靠近美国，苏联拿日本人当人质；

——给被扣留的日本人彻底灌输共产主义，然后送回日本来，这是使日本赤化的一种手段；

——西伯利亚铁道正在铺设双轨，把日本人当劳力使唤。

这些传说传到正在等待宇留本武雄回来的榕子的耳朵里，都不是令人鼓舞的好消息。

昭和 21 年(1946)12 月 8 日，从西伯利亚遣返的船“大久号”和“惠山号”从那霍托加驶进舞鹤港。报道这两艘船入港情形的新闻影片在全国各地电影院上映。

榕子抱着孩子匆匆忙忙地到附近的电影院去看这部新闻影片：只有持续一分钟的极短的场面：船进港来了，隐隐约地由远及近，船舷两侧被遣返人员悲痛地挥动着手中的帽子。船还没靠码头，人们争先恐后地从舷梯上走下来。个个胡子拉茬，瘦骨嶙峋，疲惫不堪。人们的表情上流露出长年军队生活和一年四个月的俘虏生活给他们留下的阴影。榕子看了两次这样的新闻影片，始终没有在画面上找到丈夫的面影。

到了第二年的四月底，住在鹿儿岛的一个名叫吉松康男的陌生人来了一封信，榕子这才得知丈夫的下落。

> ……我因患脚气病首先被遣送回国。离开伊尔库茨克收容所时，宇留木君曾托我带封信给您。但因身上所带东西受到严格检查，不得已将信撕毁，我总算还记得您的住址，特此向您告知，宇留木君目前还活着，详情不甚了解。总之，在从事挖煤、烧砖、砍伐木材等劳动。因受人之托，特此相告，望予原谅。

这封信完全是例行公事，一点感情也没有。她想了解的事情太多了，可是从这封信里却无法推测。他还能劳动，说明身体还结实。只要他活着，就有指望，至少她不会做寡妇了。仅仅这一点消息，对无依无靠的她该是多么大的精神支持呵！

和风习习，卷起了尘土。天气渐渐暖了，已成废墟的庭园里杜鹃花和木莲花开了。从回廊上往远处眺望，一排排的棚户高高低低，屋顶上都挂起了“鲤鱼帜”，斑斑点点，迎着春风四处乱舞。咲子夫人见这情景，感叹地说：

“又到了节日了，你不去扫墓吗？”

榕子心里乱极了，不知怎样回答才好。泰介已经死了五年了。五年的岁月多长啊！可是她感到自己的经历似乎更长，真有隔世之感。再嫁、战败、生孩子，父亲和有美子相继去世……这一切使她变成了另一个人。此刻她一心盼望着宇留木平安无事地从西伯利亚回来，此外，别的事情在她心里已装不下了。

5月3日，日本从这一天开始施行新宪法。宪法规定：主权在民，三权分之、抛弃战争，永久和平。……

榕子用包袱皮包上十来张唱片，这是妹妹留下的纪念品。卖掉这些唱片还可以支撑几天。可是这些唱片再卖二三次便卖完了。她必须在还有东西可卖的时候找到职业。

她拿出很久没穿的西服穿上。这是几年前流行的款式。但不管怎样，穿上后总可以显得漂亮些。她想到涩谷的唱片公司卖掉唱片，顺便到附近看看，能否找到一份工作。

她在涩谷遇见了苇泽悠平，完全是偶然的。她正想走进唱片公司，悠平正好从隔壁的书店出来。他腋下夹着一小包书，还拿着他那根藤制的手杖。他穿着条纹的西服，整整齐齐地打着一条条纹的领带。还像往日那样风度翩翩。

“哟，真稀罕啊！好久没见了。”

悠平站住，上下打量一下榕子笑容里洋溢着昔日的怀念。

“您上哪儿去？”

“就到这家店。”

“买唱片吗？”

“不，卖唱片，最近光靠卖东西过日子。”

悠平不愿意去触痛她的心，换了个话题。

“你的事情办完以后，我们找个地方喝杯茶，怎么样？”

“好啊！爸爸，你出来买东西吗？”

她顺口叫出了“爸爸”，这两个字把她压在心底好多年的往事和幸福感，一下子唤醒了。这位公公平时缄默无语，举止文雅。他有冷静的理智，对待儿媳妇总是那么彬彬有礼，但很关心她。

"我是来淘旧书，找了半天，没有找到自己想要的书。"

悠平推开一家小巧玲珑的咖啡店的玻璃门，榕子先进去了。咖啡味熏得满屋子喷香。

他们在角落里的一张桌子边坐下。榕子发现公公比以前苍老多了。

两人沉默了一会儿，收音机里播送着新宪法的解说。

"那时候家里多幸福啊！"

榕子突然冒出了一句，悠平没有马上答话。但榕子看得出他也对昔日的幸福情景异常怀念。

"是啊，那时候的日子是最好的了。"悠平顿了一顿，说道，"清原去美国了。"

"是吗？我还没听说哩。"

"他不打算回来了，所以我更加冷清了。"

"杂志怎么样了呢？"

"杂志还在办，不过和我没有关系。"

"是因为'整肃'吗？"

"是的。"

榕子摇摇头说："简直是莫名其妙！"

悠平瞪着眼注视她的脸，这个可爱的女人曾经是长子的妻子。战争折磨得她面容憔悴，不由地使他一阵心痛。这个女人是泰介留下的最珍贵的纪念。一想起泰介，立刻会想起她。

他点上一支烟，断断续续地说道："这样下去，说不定还会发生一场大战争，到那时，社会或许比现在还要糟糕。但是，我相信不管什么时代，人们心底里埋葬着一种孤独感。或者说，人们都不能独个儿生活，他总得爱谁，总得相信谁。不然他无法生活。这是人本质上的弱点。我觉得这是人们心灵中最美好的东西。你受的打击比我大。绝望的心情也比我强烈。但不管有多大困难，千万不要泄气，你要多多保重身体啊！"

榕子默默地低着头听他说。她感到悠平的话语重心长，他涉及了人生的重大意义。

"好！走吧！"

悠平首先站起来。店中收音机正播送着儿童歌曲。街上夜幕降临了。

"那唱片卖了多少钱？"悠平问道。

"两千三百元。"

他只是点了点头。

来到涩谷车站，他给榕子买了一张车票，把她送到检票口。她正要转过身来向他告别，突然悠平像是预先准备好话似地说道：

“你明天能到家来一趟吗？明天不行，后天也行。”

“什么事？”

“帮我做点事。也不是什么费事的活计，带着孩子来也可以。你婆婆一个人很寂寞，你来陪她说说话，玩玩。”

这句话完全出乎她意料之外。榕子不能立即答复，抬起头来看了看悠平的脸。他扬起脸眺望遥远的天空，说道：

“这样的话，看来当前你还过得去，那算了吧！”

“不，让我想一想给你回音。”

“那好。”悠平点了点头，马上转过身去，拄着手杖慢慢地踱回家去。

这时，已经进了检票口的榕子小跑着撵上来喊道：“爸爸，爸爸。”

他立刻停住脚步回过头来，榕子飞奔过来几乎要挨近他的胸口，热泪从她面颊上流下来。她呜咽着迸出一声：

“爸爸，明天我去。”

这句话不带敬语，也不讲礼貌，就像孩子对待父亲那样单纯。这是她想了许久才竭力发出的心声。

街上全黑了，行人也稀少了。悠平把手杖挎在手腕上，携着她的手行走。

往右一拐上了坡道，那是宁静的住宅区。榕子的手被悠平紧紧地握着，她边走边抽泣起来。从生活的悬崖中被拯救出来的安心和喜悦中，也会使人发出悲切的感情。两人靠得很近，默默行走的身影，在春夜的昏暗中画出模糊的轮廓，看来像是一对情侣。但比情侣更为深切、更为悲凉的爱，把他们的心连结在一起了。

走完了坡道，迎面的天空上星光灿烂。榕子停止了抽泣，默默地顺从地被悠平携着手行走。她觉得他手上的温暖，那充满爱的温暖，一直渗进了她的心房。她已经很久很久没有得到过爱的温暖了。此刻她觉得郁积在心头的冰块开始溶化了。她歪着头，头发几乎碰到公公的肩膀上，她温柔地嗫嚅道：

“那时候多么幸福啊！”

那时候已经过去很久很久了。悠平抬起头眺望着星空，努力追忆已经消逝很久很久的那美好的时代。

（据日本新潮社1955年版翻译，原载于《世界反法西斯文学书系·日本卷2》，重庆出版社，1992年）

二十四只眼睛

[日本]壶井荣
谭晶华 译

一、小石老师

若以十年为一个年代，那么，这个故事发生在距今两个半年代之前。要说社会上的大事，就是选举规则的更改，产生了普通选举法，二月进行了第一次选举。两个月之后的1928年4月4日，一位年轻的女教师去濑户内海边的一个可以用山间渔村统称的边远穷村赴任。

这个百余户人家的小村落位于一个狭长海角的顶端，海角使内海的海面看上去象个湖泊。村民要去对面集镇或村子要么坐小船摆渡，要么沿着海角那蜿蜒曲折的山道步行。由于交通极其不便，小学生们四年级前上村的分校，到五年级才去单程五公里外的本村小学上学。手制的草履一天就穿坏，学生们却因此而自豪，每天早晨穿上新草履时，他们一定很高兴。自己动手做自己的草履，这也是升上五年级后的工作。星期天聚在一个同学家制作草履真是开心。年幼的孩子们羡慕地瞧着，不知不觉地也学会了制作，对这些小孩子们来说，升上五年级就意味着自立。不过，在分校学习也很愉快。

分校的老师有两名，一位年龄大的男老师，肯定再来一位孩子一般的年轻女教师，这似乎是条规矩，很早以前就这么定下了。男老师住在教师办公室隔壁的夜间值班室，女老师则每天远道往返；男老师教三、四年级，女老师教一、二年级、全体学生的唱歌及四年级女生的缝纫，这也是过去定下的。学生对老师不直呼其名，而叫男老师、女老师。与盼着退休后领取养老金而长住分校的男老师相反，女老师大都每年、至多两年轮换。人们传说，当不上校长的男老师在这儿当教员是最后的任教期，而新的女老师派到海角村分校工作则是辛劳的开始，不知是真是假，不过，基本上这是属实的。

再回到1928年4月4日这一天吧。早晨,海角村五年级以上的学生们急急地行走在通往总校的五公里长的山道上,他们为能一级一级地升上来感到兴奋,步履轻快。书包里的教科书换成了新的,从今天起将在新教室由新老师任教的喜悦使他们觉得这条常走的山道也变得新鲜了,今天在这条路上还能碰到新去分校工作的女老师。

“这次的女老师是个什么样的家伙呀?”

故意粗俗地说“家伙”的是高等科——相当于如今新制初中生的男孩子们。

“好象又是刚从女校毕业的学生吧。”

“那么又是半个老师。”

“反正来海角的不总是半个老师嘛。”

“一个穷村,来半个老师也无可奈何!”

他们摸[模]仿着那些出言不逊的大人把非正规师范学校出身的女校毕业的预备教员(如今称为助教)称作半个老师,是觉得自己已成了大人,倒并没有什么恶意。可是,今天刚踏上这条山道的五年级学生只是眨着眼睛,带着刚入伙的新手所具有的拘谨听着。不过,当大伙儿看清前面走近的来人的身影时,最先发出欢呼的就是五年级的学生。

“嗬,女老师!”

她是前不久还教大家的小林老师。平时迎面走过时只是点点头的小林老师,今天也停下脚步,留恋地一一扫视着同学们的脸。

“今天真和你们告别了,再也不会在这条路上遇到大家。好好学习!”

她的深情的话语使有的女生泪水盈眶。唯有小林老师打破了以往女老师的惯例,自她的前任老师因病辞职后,她在这个海角村分校已教了三年半,所以在这儿遇到的学生都是小林老师教过的。换老师本来要在新学期那天大家才知道,可是小林老师破例在十天之前就告诉了同学们。3月25日去总校出席结业式回来时,就是在现在站立的地方,小林老师和大家道别,并给每人一小盒糖果。今天,孩子们只想到新老师会走这条路,可是在见到新老师之前又遇到了小林老师,她是去分校和那儿的孩子们告别的。

“老师,这次新来的老师呢?”

“嗯,你们马上就会见到的。”

“这次的老师是什么样的?”

“还不知道呢?”

“又是女校刚毕业的?”

“我真的不知道。不过，你们可不准使坏哟。”

小林老师说着笑了。她第一年在路上曾遇到过大麻烦，竟当着学生的面毫无顾忌地哭过。惹她哭的学生不在这些学生中，可就是这里部分学生的哥哥姐姐。上总校的孩子们从传说中得知，大部分去海角的女老师都因被说年轻啦、过不惯什么的而哭过。对于相处了四年的小林老师之后的新老师，孩子们的好奇难以抑制。告别了小林老师后，大伙儿一边期待着这次新来的老师的身影在前方出现，一边制定“作战方案”。

“叫她薯子女，她会发怒吧？”

“她要不是薯子女，又咋办呢？”

“我想她准是薯子女。”

大家口口声声说“薯子女”，是因为这个地区是薯子的主要产地。有所女子学校又都被薯子地包围着，因而出现了这种恶作剧的称呼。小林老师是“薯子女”出身。孩子们就把这次来的女老师也定为“薯子女”。该来了吧，该看见了吧，每次拐弯后孩子们都要遥望前方。他们来到本村宽阔的县内公路上，所期待的“薯子女校”刚毕业的年轻老师的身影最终并未出现。这时，他们才把女老师的事放到一边，小跑起来，因为每天必看的公路边旅店门口的大钟比平时快了十分钟。其实不是钟走快了，而是他们和小林老师的交谈耽搁了时间。大家不停地跑着，背上和腋下书包里的笔匣发出响声，路上扬起了尘埃。

这天回家时，从县内公路折向去海角的山道岔口后，大家又想起女老师的事来。迎面走来的仍是小林老师，身穿长袖和服走过来的老师，长袖随双手奇妙地摆动着。

“老师！”

“女老师！”

女生都奔跑起来，老师的笑脸渐渐地清晰了，走近一看，才知道老师双手用了远处看不见的扎袖带，大家都笑了。就象用手势招呼大家过去似地，老师摆动着双手，终于站定等着大家走近。

“老师，这次的女老师来了吗？”

“来了。怎么啦？”

“她还在学校吗？”

“噢，问这个。今天她坐船来的。”

“哼，那她又坐船回去了？”

“是的，她还劝我一起坐船回去呢！不过老师还想再看看你们，所以没坐船。”

“哇!”女生高兴地欢呼,男生在一旁含笑注视。一会儿有个学生问:

“这次的老师是什么样的?”

“是个好老师,很可爱。”小林老师笑了,好象突然想起了她。

“是‘薯子女’?”

“不,不是。这次的老师是位了不起的老师。”

“可总是一个新手吧。”

小林老师突然沉下脸来说:“你们为什么要这样说?又不是教自己的老师!哪儿有一开始不当新手的老师呢?又想象当初搞我一样去惹哭她吗?”

在老师的质问下,有的学生觉得自己的内心被看穿,把视线转向别处。小林老师刚到分校那阵子,学生们故意排成一列横队点头致礼,或者叫嚷“薯子女”,或者久久地紧盯着她看,再不就是在一旁讪笑,用各种方法捉弄新老师。然而,三年半后,不论学生们使什么招数都难不倒老师了,倒是老师主动去开开学生的玩笑。大概五公里的路程不闹点什么就难受吧,瞅准时机,又一个学生问:

“这次的老师叫什么名字?”

“大石老师。不过她个子很小,我小林是大个子,她却真是瘦小,只到我的肩膀。”

“啊哈!”

听到这快乐的欢笑声,小林老师又严厉地说:

“但是,她远比我优秀,不像我这样的半个老师。”

“哼,所以她才坐船上班吧?”

对于这个好像抓住了重要问题似的提问,老师也用明白所以的神情回答。

“坐船就是今天,明天就会遇见大家的。不过,这位老师不会哭鼻子。我跟你们说清楚,在往返的路上,她会遇到总校的同学,谁要是捉弄她,就当他是在猴耍;谁嘲弄她,就当他是鸦叫。”

“啊哈!”

“啊哈!”

大家都乐了。然后,小林老师告别大家回去了,在她的背影消失在下一个拐角处之前,学生们异口同声地叫:

“老师!”

“再见!”

“新娘子!”

“再见!”

大家已经知道，小林老师是因为出嫁才停止工作的。老师最后一次回过头来挥手，当她的身影消失时，大伙儿这才体味到心中留下的奇妙的悲哀和一天的疲劳，缓缓地迈着步子。回到村里，那里已热闹非凡。

"这次来的女老师穿西装哎!"

"这次的女老师和'薯子女'不一样。"

"这次的女老师挺聪明的。"

第二天，对付这位并非"薯子女"出身的小个子老师的令人忐忑不安的办法拟定了。

一路上学生们嘁嘁喳喳地小声谈论着，突然，大家全愣住了。地点也不好，在看不到前方的拐角附近，学生们看到一辆这条路上少见的自行车，它像快速飞翔的小鸟来到跟前，一位身穿西服的女性向大家莞尔一笑，说声"早上好!"然后一阵风似地驶去了。

她肯定就是女老师！大家满以为步行而来的她竟然骑车飞快驶来。女老师骑自行车是第一次看见，穿西服也是第一次，初次见面就道早安的老师也是第一次遇见。好一阵，大家愣愣地目送着她的背影。学生们彻底失败了，她和以往的新老师大不相同，看来施行小小的恶作剧，她是不会哭的。

"真够呛!"

"一个女人，还骑自行车!"

"有点傲慢啊。"

男生们如此评论，而女生又有她们一套稍不相同的见地，她们也起劲地议论开了。

"哎，所谓现代女性，也许就是她那种模样吧?"

"可是现代女性都像男性一样把头发剪到这地方。"说着，一个女生在耳朵后面用二指作剪刀比划着。

"那老师可是梳着头的呀。"

"不过，她穿着西装。"

"也许她家是开自行车店的，骑那么漂亮的车，闪闪发亮的。"

"要是我也会骑车就好了，在这条路上飞奔，多带劲!"

无论怎么干也斗不过自行车，犹如被对方背起来又掷到地上一样，毫无疑问大伙儿全泄了气。人人都在思索，得想个什么办法让她大吃一惊，可是想不出任何主意。这时已走出了通往海角的山道。旅店大门口的挂钟今天再次忠实地指出了大家步行的速度——已超过了八分钟。不好！学生们背上和腋下的笔匣又一齐发出声响，草履卷起了尘土。

与此同时，海角村那头也开了锅。村里的主妇们听说新老师昨天坐船来，又在她们不注意时坐船回去了，所以都很想见见这位穿着西服的女老师，并揣测着她会以什么样的神情走路。尤其是村口绰号叫“关卡”的杂货店老板娘好像在说，凡是到海角村来的人我比谁都有权先见。早晨一起床她就注意路上的动静。好久没下雨了，她给门前干燥的路面撒了些水，这也是为迎接新老师的一番好意。当她拿着抹布和铝桶走出来时，对面一辆自行车飞快地骑来，没等她表示惊异，“早上好！”一个女人和蔼可亲地向她点头招呼后离去。

“早上好！”老板娘应道。她这才突然意识到，下坡的自行车早已离去，于是慌慌张张朝隔壁木匠家跑去，对正在井边洗衣服的木匠老婆大声说：

“嗨，嗨！刚才那个穿西装的女人骑自行车过去啦！她就是女老师吧？”

“穿着白衬衫和男人穿的那种黑上衣吗？”

“嗯，是的。”

“怎么，骑自行车来的！”

昨天开学典礼带着大女儿松江去学校的木匠老婆忘了洗衣，吃惊地说。杂货店老板娘颇为得意地说：

“这世道可真变了，女老师骑自行车，不会让人说轻佻么！”

她嘴上带着担忧的口气，眼神却早已断定新老师是个轻佻的女人了。从杂货店门前到学校自行车只需两三分钟，她一阵风骑走后不到十五分钟，女老师的传闻已遍布整个村庄。在学校里，学生们也乱成一团，他们围着停放在教员办公室门边的自行车，不到五十名的学生叽哩哇啦的，活象麻雀在吵架，然而当女老师走近要和他们说话时，又像麻雀那样一哄而散。女老师无可奈何地回到教员办公室，只见仅有的一名同事男老师冷冰冰地沉默不语，他在办公桌上的文件盒边垂着头，正在看什么书，仿佛在说，我不便与你交谈。虽说课程事宜在昨天与小林老师办理交接时已谈妥，又没有什么特别的事情，但是，这样还是未免太冷淡了些，女老师似乎有意见。男老师呢，也有自己的苦衷。

——不好办哪！这位有才干的女子学校师范科毕业的正式教员和“薯子女校”毕业的半个老师大不相同嘛！个子不大，脑瓜子看来不错，能和她谈得拢吗？昨天，她穿着西服使人觉得时髦，没想到今天还骑了自行车来。真难人呀，为什么今年会给海角村派这么位高级老师来呢？校长这是怎么啦……

男老师这样想着，心情烦闷起来。他是农民的儿子，耗费了十年时间接受资格甄别考试，总算在四五年前成为一名正式教员，是个实干型人物，脚下总穿一双木屐，一件当招牌的西服肩胛处已退色，变成了黑紫色。他没有孩子，和上了年纪的夫人节俭地生活，以攒钱为乐。他与众不同，到这别人讨厌的偏僻的海角村来也是主动要求的，说是可不同他人交往。只有因教职员会议去总校时他才穿鞋，自行车之类的东西，连摸也没摸过。可是，在村子里男老师颇受欢迎，不用为鲜鱼和蔬菜犯愁。新来的女老师的西服和自行车使这位与村民一样长着污垢、吃着同样食物、操着村里人方言的男老师感到相当尴尬。

但是，女老师并不知道这些，从前任的小林老师那儿听说了学生们捣蛋的情况，有关男老师，只听到一句耳语："一个怪物，别放在心上。"她感到与其说怪物，还不如说他是在故意难为自己，虽说才第二天，可稍不留神就会发出叹息。女老师名叫大石久子，出生在恰似湖泊的内海对岸一个有棵大松树的村庄里，从海角村望去，那棵松树小得象个盆景。在松树旁的家中，一位母亲正在为女儿的工作担心。想到这儿，瘦小的大石老师不由地挺了挺胸，深深吸了口气，打心底里想呼唤一声"妈妈！"

就在前不久，已去世的父亲的朋友——校长先生对她说：

"海角很远，难为你了！不过，请你坚持一年，一年后就回总校。分校的辛劳，先体验一下也好。"

大石老师是带着坚持干一年的想法来到这里的。来回步行路途太远，有人劝她在村里找个住处，可是她却把和母亲生活在一起当作唯一的乐趣，又想到在市女校师范科求学时分离了两年之久的母亲，决定还是骑自行车去单程八公里外的分校上下班。自行车是通过一位和她相好的自行车店家的闺女帮忙用五个月分期付款的办法搞来的。没有衣服，于是把母亲斜纹哔叽的衣服染黑后好歹自己缝制的。不知这些内情的人或许会以为她是时髦地骑着自行车、洋气十足地穿着西服。毕竟是1928年，虽然举行了普选，可在这偏僻的村庄里人们并不把它作一回事。那辆自行车是崭新的，闪闪发亮，那件黑色的用手缝制的西服上没有污垢，白罩衫洁白无瑕，在海角村民看来，这是多么奢侈。他们把老师当作轻佻的女性，当作难以接近的人，而且这还是在大石老师赴任的第二天，对这一切尚无所知的时候。带着好似来到语言不通的外国一样的不安，她远眺着一棵松边自己家那一带。

嗒、嗒、嗒……

上课的云板敲响了，大石老师从沉思中惊醒。分校中昨天刚选出的最高年级——四年级的男生班长正直着身子在敲打云板。来到操场里，只见一年级那群学生露出今天刚离开家长独自来到学校的振奋和不安，显出独特的、无声的躁动。三、四年级的同学很快走进教室，大石老师在大家进去后拍着双手踏步片刻，朝后退进教室，一种首次属于自己的宽慰感充满心头。学生们坐定后，她拿着点名簿走下了讲台。

"好,同学们,自己的名字被叫到时,请大声回答。……冈田矶吉君!"

座位按身高排定,坐在最前排的小个子冈田矶吉第一个被点到,这使他畏缩,生来头一回有人称他"君",也使他吃惊,回答竟卡在嗓子眼出不来了。

"冈田矶吉君,没到吗?"

从前面看去,坐在最后排的个子特别大的男孩用吓人的大嗓门回答:"在!"

"那么,请回答'到',冈田矶吉君。"

老师看着回答的孩子,朝他的座位走去。二年级的同学们哄笑起来。真正的冈田矶吉不知所措地站立起来。

"小矶,回答呀!"

像是姐弟俩,二年级一个长相很像矶吉的女孩小声催促他。

"大家都叫他小矶吗?"

老师一问,学生们一齐点头。

"那么叫矶吉的小矶。"

大家又哄笑起来,老师也笑着拿铅笔在点名簿上给矶吉的名字标上习惯的叫法。

"下面是竹下竹一君。"

"到!"这是一个看上去很伶俐的男孩。

"好,好! 这个回答清晰、响亮! 接下来是德田吉次君。"

德田吉次吸了口气,稍事停顿片刻。这时刚才叫到冈田矶吉时回答说"在"的那个孩子得意地立刻嚷道:

"阿次!"

大伙儿再次发出的笑声使这个名叫相泽仁太的孩子越发沾沾自喜起来,接下来叫到森冈正的时候,他又吼道:"渔家仔!"待轮到自己时,更大声地叫:"到!"

老师的笑容里带着责备。

"相泽仁太君爱管闲事,嗓门也太大了。下一次只要求被叫到的同学认真回答。川本松江!"

"到!"

"大家怎么称呼你?"

"阿松。"

"对了,你爸爸是木匠吧?"

松江点点头。

“西口节！”

“到！”

“都叫你阿节吧？”

西口节摇摇头，轻声说：“叫我小节。”

“哟，叫小节啊，可爱的名字。下面是香川增之。”

“倒！”

老师差点儿笑出来，她强忍住，平静地说：“‘倒’的发音不大正确，要回答说‘到’，增之同学！”

这时，爱插嘴的仁太又说：“她叫阿增。”

老师不再理他，一个又一个地点名。

“木下富士子！”

“到！”

“山石早苗！”

“到！”

每次听到回答，老师都向孩子报以微笑。

“加部小鹤！”

学生们突然叽哩哇啦地乱起来，老师吃惊了，不知发生了什么事。当她听明白同学们说的话时，才知道加部小鹤的发音比香川增之的还要奇怪，这位年轻的老师也终于笑出声来，大家都这么说她，面壁鹤、面壁鹤，对墙低头的面壁鹤。

要强的加部小鹤没哭，只是红着脸垂着头。一阵嘈杂总算平静下来。最后点了片桐琴江，这时四十五分钟一堂课已经结束。加部小鹤是铃铛修配店（在腰间拴上铃铛，为人办事的修配店）的女儿；木下富士子是世家之女；回答“倒”的香川增之是镇上饭馆家的女儿；叫小矶的冈田矶吉家是开豆腐店的；渔家仔森冈正是渔具店的儿子，这些情况当天都记在老师的心上。一户人家从事的行业虽然叫做“豆腐店”“米店”“渔具店”，可是没有一户人家能单靠一个职业生活下去，他们既种田，空余时又打渔，这与大石老师住的村子一样，是个每个人都必须珍惜每寸光阴干活方能维持生计的地方。不过，谁都不讨厌劳动，只要看他们的脸就能明白这一点。

这些今天刚开始学习一位数的小学生们放学后马上就得去看孩子，帮忙春麦，或者去拉网，这个穷村子的孩子们以劳动为唯一的目的，当老师想到怎样才能和他们打成一片的时候，遥望一棵松村泪水盈眶的伤感就只能变成一种羞愧了。在首次站上讲台的大石老师的心里，今天首次一起过集体生活的

12名一年级学生的眼睛都闪耀着个性的光辉，看后给人印象极其深刻。

怎样才能使这些眼睛的光辉变得和谐呢？

当天踩着自行车脚蹬子回八公里外一棵松村去时的大石老师那精力充沛的模样，在村里人眼中比早上更像一名轻佻的女性。

“再见！”

“再见！”

“再见！”

她边骑边向所有遇到的人打招呼，但是，跟他[她]答话的人很少，即使有时有，也是不吭声地点点头而已。这当口，村里已有人在批评大石老师了。

——听说她把每个人的外号也记在本子上了。

——听说她还说西口家的小节可爱哪！

——其实老早就开始关照了。西口家嘛，送礼最拿手。

一无所知的大石老师用自行车驮着自己瘦小的身体，冲向村外的坡道。她身体微微前倾，脚下不停地踩着脚蹬，想尽早把这种紧张感告诉母亲。这条坡道若是步行，平平缓缓的并无什么吃力的感觉，但是骑车去的时候向下滑行得那么轻松，回来时就成了重负。即使如此，老师坦率地庆幸，还是踏上回程的好。

不一会儿，骑车到了一段平坦的路上，早上遇到的那群学生也回来了。

——大石、小石。

——大石、小石。

几个人齐声呼叫，随着自行车的靠近，声音越来越响。老师一开始闹不清是怎么回事，当她知道那是在叫自己时不由地笑出声来，因为她已经意识到自己的姓已成了绰号。她故意“丁零零零”地按响车铃，与大家擦肩而过时大声说：

“再见！”

欢声四起，接着“大石小石”的叫喊声渐渐远去。

除了女老师外，小石老师的叫法在这一天产生了，这大概是由于老师身材瘦小的缘故吧。崭新的自行车在晚霞余辉的照射下闪亮耀眼，伴随着小石老师的身影行驶在通向海角的山路上。

二、魔木［术］彩桥

到尖顶端有四公里的细长的海角中央有个小小的村落，靠内海的白色的山道在通向小村落的同时，自然地横穿过海角，然后沿着外海一侧延伸到小石老师学校所在的海角村。在进入靠外海一侧的山道前后，每天肯定会碰到去总校上学的学生，若是交会处稍有不同，总有一方得着急。

“哈，小石老师来啦！”

突然加快脚步的大都是学生，偶而老师在内海一侧的路上看到学生，也会赶紧用力蹬车，这时，大概学生们理所当然感到不满意吧，他们会冲着满脸通红地疾驰的老师嚷嚷。

“嗨，当老师的人迟到喽！”

“扣工资啵！”

有的孩子甚至故意在自行车跟前阻拦，这种情况一再发生，这一天回到家里后老师对母亲说：

“毛孩子家，却说要扣工资，专会在金钱上打转转，真讨厌。”

母亲笑了：“为这种话生气，有你这样傻的吗？只要忍上一年，忍耐，忍耐！”

然而，对老师来说，去分校工作并不是需要如此安慰的痛苦的事，习惯之后，早晨飞快地骑着自行车行驶八公里路程居然很愉快。在横穿海角的地方加速，不知不觉之中老师和学生展开了竞争，这当然不可能不影响学生，他们也不服输地加快了脚步，恰似拉锯战一般你追我赶。第一学期结束后的一天，男老师有事去总校回来说起一桩奇怪的事，这一学期，海角的学生一次也没迟到过。谁都知道他们单程要步行五公里，很辛苦，很早以前起，唯有海角村的孩子迟到会被原谅，如今他们一次也不迟到，当然应该受表扬。作为一件大事，他们自然得到了赞扬。男老师把这当作自己的功劳，高兴地说：

“今年的学生中总算有几个不错的！”

据说在总校那么多的学生中，五年级中只有一名超群的女生，像从海角去总校的三十名男女学生一样没迟到过。其实，这是因为有女老师自行车的缘故，不过女老师也没意识到，她还常常钦佩这个海角村孩子的勤奋，认为自己应该忍受他们的淘气，同时也在心中暗暗地赞赏自己的勤奋。

——我也只有一次因为途中爆胎迟到过，再说，我得骑 8 公里呢！

她把视线投向窗外，想起了经常勉励自己的母亲。宁静的内海沐浴着夏日耀眼的阳光，母亲所在的一棵松村在夏季白云的映衬下依稀可辨。海风从敞开的窗口吹来，再过两天就要放暑假了，她感到全身充满喜悦。然而使人略感悲哀的是村里人老是戒备着自己，她对男老师道出后，他张大臼齿脱落的嘴笑了。

“这也难怪呀，不管你怎么热心于家访，可是你的西服和自行车使他们不顺眼，有点时髦，他们感动[到]拘束。这个村子就是这样。”

女老师吃惊了，她红着脸低头沉思。

——难道让我穿着和服步行上下班？往返有十六公里路呀……

暑假里女老师几次考虑过这件事，尚未下定决心时又迎来了第二学期。日历上已是九月，可是长时间休假后使人更觉暑热难挡，女老师瘦小的身体又瘦了些，脸色不好。这天早晨出门时，母亲说：

“好歹已过了三分之一时间，忍耐、忍耐！再忍耐一阵。”

母亲帮忙推出自行车并抚慰着，老师在母亲跟前真想说些任性的话，这和常人一样。

“啊，忍耐，忍耐吧！”

犹如赌气似地快速骑上车，迎风疾驰了一阵，周身感到痛快，一想到从今天起自己仍用自行车上班这件事，心情就沉重了。暑假中几次说起是否在海角租一间房，可是最终还是继续骑车往返。早晨骑车还好，背脊对着夕阳、沿着烤焦了似的热气蒸发的山路回家时的艰辛，有时会使人感到窒息。每次想到海角村明明就在眼前，可是自己每天得一丝不苟地沿着内海跑一圈就感到十分窝心，再说，海角人还不喜欢自行车。

活见鬼！

她在心里诅咒，但是一看到眼前横卧着的海角，脚下便不由地加了劲。右边隔着难得起浪的内海，老师逆风朝海角方向骑去。对了，今天是210天[①]。想到这儿，只觉得暴风凶狠地迎面刮来，四下里充溢着浓烈的海潮味儿，山顶似乎在微微地颤抖，它使人想到外海波涛的汹涌。老师有点担心了，因为也许途中会被迫下车，那样的话，再没有比自行车更累赘的东西了，所以此刻不能下车。老师思忖着，不知不觉的，幻想像展翅飞翔的小鸟一样驰骋起来。

……大风啊，停下来！像阿里巴巴一样，我一下命令，大风立呈颓势、海面难以置信地恢复平静，宛如刚从睡梦中苏醒的湖泊那样静谧。大桥呵，架起来吧！当我向前伸出食指，海上瞬即架起桥梁，那是一座雄伟、美似彩虹般的桥梁，只有我看得见，也只有我能够通过。我的自行车飞快地冲上桥面，得慢慢地踩着脚蹬子，骑快了掉进海可不是闹着玩的。我沿着这座七色彩桥缓缓地跨越大海，比平时早到海角村45分钟。嗨，这下可热闹啦！村里人看见我，慌忙把时钟拨快45分钟。孩子们呢，慌乱得让人见了可怜，刚入口的早饭卡在喉咙处，没扒几口就冲出家门。我到学校，刚起床的男老师大吃一惊，然后跑

---

① 指从立春起的第210天，阳历9月1日前后，为台风袭击日本的时节。

去井边梳洗，上了年纪的夫人连睡衣都没空换，拼命煽[扇]着陶炉，一只手急着合上领口，怪不好意思地笑着，还悄悄擦一擦眼角嘴唇。她眼睛不好，早晨起来总有眼屎……

只有这一点才是真实的，老师不由地笑了，幻觉像雾气一样消失了。前方传来平日熟悉的声音，尽管它被狂风吹散了。

“小石老师!”

听到这时隔一月的呼唤，老师一下子振奋起来，回答说“哎——”，可是，声音好象被大风刮到她身后去了，外海一侧的大浪比想像的厉害，仿佛灾难正在降临。

“晚啦，今天！大概会迟到 45 分钟啰!”

听到这一句话，本来站定想和老师亲热地说上几句的孩子们，当真奔跑起来，老师也顶着大风更加用力踏车。方向不定的旋风不时刮来，老师好几次不得不下车来，看来真会迟到 45 分钟了。虽说是靠海的村庄，一棵松村总是受到海角的保护，受灾时也不厉害。与此相比，细长的海角村靠外海一侧总是遭灾严重。被大风刮断的树枝散落在路上，使自行车难以通行。老师大多数时间是推着车走的，于是，真的迟到很久，来到村前可一眼望到村里的地方，老师不禁站定叫出声来。

“天哪!”

村口一个小码头的入口处有艘渔船颠覆了，船底像鲸鱼背一样朝上。大概是进不了港的缘故吧，有几艘船被拖上了公路，海里卷上的石籽埋没了通道，一片狼籍[藉]，自行车根本无法通过，一切全变了，好似来到一个陌生的村庄。靠海边的人家，房顶瓦片全被刮跑了，有人爬上屋顶，没有人顾得上和老师打招呼。老师也忙着搬开海里冲上路面的石头，推着自行车总算到达学校。一进门，一年级的孩子一下子跑过来围住老师，每一张脸上的眼睛都熠熠生辉，那神气犹如在为昨夜的暴风袭击感到高兴一般。他们用兴奋的语调争着要告诉老师。这时，好多嘴的香川增之用高声压倒别的孩子，好像在说，让我来汇报吧。

“老师，小矶家被砸扁啦，就像砸蟹壳那样。”

老师被增之薄薄嘴唇的小嘴里吐出的话语惊呆了，眼睛越睁越大，脸色都有点变了。

“那小矶家的人伤着了吗?”

四下环视，看到叫小矶的冈田矶吉点点头，那模样好像尚未从惊吓中缓过神来一般。

“老师，我家水井的桔槔杆完全折断了，井台边的水缸也碎了。”

还是增之在说。

“太糟了，其他人家怎么样？”

“杂货店的叔叔说要为屋顶弄一个挡风墙，结果从房顶上摔下来了。”

“哎。”

“连小节家的套窗也被风刮跑了，是嘛，小节？”

老师这才注意到只有增之一个人在说话。

“其他同学怎么样？都没事吗？”

老师和山石早苗的视线相对时，内向的早苗红着脸点了点头。增之扯住老师的裙子，将她的注意力引向自己。

“老师、老师！还有比这些更热闹的事呢！米店竹一家还遭了窃，对吧，竹一！被偷走了一袋米。”

被问的竹一点头称是。

“我家疏忽了，总想这么大的风雨不要紧的，可是，今天早晨一看，储藏室的门开着。爸爸说洒落的米粒可能会连到小偷家，他去找了，可没发现米粒洒落。”

“嗨，发生了各种各样的事啊。请大家等一等，我去放好自行车，回头见。”

和往常一样，女老师朝教员办公室走去，她忽然觉得那儿比往日明亮，就停下来，又大吃一惊。井台的屋顶被刮跑了，留在记忆中的马口铁屋顶成了空白，白色的云从这块空间飞快地流去。把缠头手巾结打在后脑勺的男老师好像在到处奔忙，他从不同寻常的和蔼的态度说：

“你好，女老师！怎么样，昨夜的狂风闹得够凶的。”

肩上系着挽袖带的夫人跑出来，取下头上扎的手巾向女老师作久别的问候。

“一棵松折断了吧？”

“哎，真的？”

女老师惊得要跳起来，朝自己的村庄望去。一棵松仍旧屹立在老地方，仔细观察，它的样子有异。虽说那边没特大暴风，但这棵年岁已久的老松树干上长着的部分树枝好像被风夺去了。这棵老松对内海环抱的村庄来说，很早以前就被当作一个标志，是有名气的，然而，就住在它身边的自己竟未发现它遇难，这使女老师感到难为情，而且今天早晨自己还从松树下傲慢、得意地用食指指点着在海上架设魔术彩桥、平波息浪呢。当时她幻想着让村里的时钟拨快 45 分钟，叫村里人乱作一团，可是到这儿才知道是另一种忙乱。男老师没有慌慌张张地去梳洗，而是光着脚在干活，他的夫人早就生好了陶炉，肩上紧紧地系着挽袖带不正在忙碌嘛！

呵，第二学期第一天从一开始起就错了！女老师暗自思忖，她为出门时对母亲的生硬态度而后悔。第三节音乐课时，女老师决定带着学生去受灾的村民家慰问。从离学校最近的两口节家开始进行口头慰问。因为大家都说房子被砸烂的小矶家受灾最重，接着大伙儿就去灶王庙上方的小矶家。老师想起早晨增之说他家像被砸过的蟹，这大概是学说大人话吧，不过，却使人在想像的同时产生了奇妙的实感。小矶家在近邻的帮助下已大致拾掇好了，另外有一间豆腐房没遭到破坏，于是在那间屋的泥地上直接铺上了榻榻米，还搬入了家具。一想到小矶家七口人今夜要睡在那儿，老师十分同情，一时语塞。帮工中的川本松江父亲开口了，他以木匠特有的滑稽感，并带着几分讥讽的口吻说：

"嗨，这可真是，连老师也来帮忙啊。那就请你让这些个孩子把路上的石头滚到海湾去吧。这儿非得木匠才行，再不，就帮著[着]拿锛子吧。"

恰似对大伙儿的绝妙慰籍[藉]，在场的人都笑了。老师突然对自己被人看作悠闲无事而羞愧，觉得他说得对。不过，特地来了，又很想对小矶家人说句慰问的话，不自觉地磨蹭起来。没有人来理会她，无奈，只好回去。老师为掩饰羞怯便鼓动学生说：

"来，接下去我们来清除路上的石头吧！"

"对，对！"

"干吧，干吧！"

孩子们很高兴，像小蜘蛛一样跑散开来。村子被风暴之后的清新及炎热笼罩着，全村的一切尽收眼底。

"使劲儿！"

"这家伙！"

"这畜牲！"

学生们捧起各自拿得动的石头，从路边扔到二米之下的海滩。路上还有两个人才抬得动的大石头，简直就像乱石遍布的海滩一样成了条石头路。现在平静充盈的海水，昨夜竟肆虐地卷起这么大的石块越过这高高的石路墙，想到这一点，老师真为这奇异的自然力量而惊叹。大浪搬石、狂风倒屋，海角村真是经历了一夜的折腾。同样的台风，海角内外竟有这么大的差异，老师想着，把搬起的石头砰地一声扔下海滩，问身边一个动作熟练地踢着石头的三年级学生：

“暴风雨来的时候，这儿总是这样吗？”

“是的。”

“风后大家一起来清除石头？”

“是的。”

正好香川增之的母亲从旁边走过，她说：

“老师，您辛苦了。不过，今天马马虎虎搞一下就行了。反正过个把礼拜台风还会再来的。”

在本村开饭店和旅馆的增之母亲称她是来看看海角村女儿情况的。增之跑过去搂住妈妈的腰部。

“妈妈，昨夜可吓人啦。家里发出重物碰撞的响声，我是抱着奶奶睡的。今天早晨起来，看到水井桔槔杆折断，水缸也碎了。”

增之对母亲重复早晨说过的话，嗯嗯地应着连连点头的增之母亲半对着老师说：

“我听说海角这边船被冲走，房顶被砸，还有墙整个儿坍塌一眼可望一家里的人家，大吃一惊才来的。桔槔杆断了还算好，还算好！”

增之母亲说完后老师问：

“阿增，墙壁整个儿坍塌的是哪家啊？”

增之露出得意的神情，忘了扔掉手中捧着的石头。

“是仁太家，老师，墙壁坍塌，壁橱里全淋湿了。我去看，家里一目了然。老奶奶在壁橱里这样望着天花板呢！”

她板着脸模仿老奶奶的模样，老师不禁笑出声来。

“在壁橱里，天哪！”

说完，老师呵呵地笑起来，学生们不知道老师为什么这么好笑，只有增之一人觉得自己使老师乐了，脸上喜孜孜的。不知什么时候，大伙儿已来到杂货店旁边，老板娘气势汹汹地跑过来站在老师跟前，她气喘吁吁，似乎一下子说不出话来。老师立刻止住笑，鞠躬说：

“哦，真对不起。暴风雨受害挺严重啊，今天我们来帮助清除石头。”

可是，老板娘像没听见似地说：

“女老师，你刚才在笑些什么呀？”

“……”

“别人遭灾你就那么好笑吗？我男人从屋顶上摔下来，这你也感到好笑吧。你们都好端端的，要是也受了重伤，还会好笑吗？”

“对不起，我完全没有这种意思……”

“不对，否则为什么要笑人遭灾。装个样子，我可不要你们清除路障。反正，我家门前你们别管了！其实嘛，还不是为了自己好骑车才干的。太嫩啦！要干还不如自己一个人去干……”

接着，她自言自语地嘀咕着，撇下惊得接不上第二句话的老师，怒气冲冲地往回走，还故意大声地对隔壁川本木匠的老婆嚷道：

“有的人真叫人丧气。哪有听到别人遭灾哈哈大笑的老师！我去数落了她！”

要不了多久，这件事一定会被添枝加叶地传遍整个村庄。久久伫立、沉思了两分钟之久的老师意识到不安地围着自己的学生时，哭丧着的脸上绽出笑容，可是，她只有声音还是快乐的。

“来，我们别干了。小石老师总是失败。我们到海滨去唱歌吧！”

老师一下子转过身在头里往回走，她的嘴边笑着，可是孩子们还是看到她流下的泪水。

“老师哭了。”

“是杂货店的老太婆惹她哭的！”

一阵耳语之后，只听到草履的脚步声了。老师想回过头去对孩子们笑着说：“我可没哭呀！”然而，眼泪又涌上来，她沉默了，她想到这种时候笑是不妥当的。刚才的笑其实并不是杂货店老板娘说的幸灾乐祸，而是因为增之的动作好笑，接着又连[联]想到第一学期某日仁太的事情才忍俊不禁的。

“天皇陛下住在哪里？”

在“我知道”“我知道”的众多举手的同学中，难得举手的仁太被叫到回答。

“好，仁太君！”

仁太犹如使出全身气力似地大声说：“天皇陛下住在壁橱里。”

这个过于奇特的回答使老师笑出了眼泪，不仅老师笑，其他的学生也笑了，笑声震撼了教室，一直传到学校外面。即使听到“东京”“皇宫”等回答后，仁太还是一副莫名其妙的神情。

“天皇陛下为什么会在壁橱里呢？”

笑声停止后老师问，仁太用缺少自信的声音说：

“他不是藏在学校的壁橱里吗？”

老师明白了，仁太说的是天皇陛下的照片。在没有奉安殿①的学校里，天皇的照片是挂在壁橱里面的。

---

① 第二次世界大战前及战时，日本学校中专门建起的存放天皇照片和教育勅语的房子，叫做奉安殿。

仁太家壁橱墙的坍塌使老师想起这段往事，年轻的女老师只要想起这件事就会忍不住发笑的，这缘由无法对杂货店老板娘说，她默默地走着。即使在流泪的此刻，这件事仍然是滑稽的，但是，老板娘正好误解了她的笑声。不到海滨去唱唱歌，老师和学生的心情都难以排遣。来到海滨，老师马上双手打着节拍唱起来。

春天的清晨，在河畔的芦苇中，

是《慌张的理发匠》[①]，大家围着老师，跟着一起唱。

河蟹开店、开个理发店。
卡嚓、卡嚓、卡嚓嚓……

唱着唱着，大伙儿的心情不知不觉地开朗了。

白兔生气、河蟹丢丑，
无可奈何、逃回洞中。

唱到结束时，那遭到失败的河蟹的慌张模样使人觉得有趣，仿佛它也成了大伙儿的朋友，不知什么时候起老师又由衷地笑了。接着大家又唱了《就是这条路》《叽叽叫的千鸟》，第一学期学会的歌都唱了，唱完《我是山中主人》暂时休息，学生们转着圈跑起来，只有一年级的五六个学生还老老实实地围着老师，其中既有将很少梳理的乱发在脑后扎成个圆鬏的女孩子，也有任长发盖过耳朵的男孩。在这个没理发店的村庄，学校的理发推子起了很大的作用，为学生理发是男老师的任务，将头发梳成圆鬏的女孩也使女老师想到该为她们抹点汞制发膏，她决定明天就干。于是，老师站起来说：

“好，今天就到此为止，回去吧！”

海风吹得裙子在膝头哗啦啦作响，女老师朝后退了一步，“哇”地大叫一声倒下了，她掉进了一个陷坑。随着她的叫声，有的学生哈哈大笑着跑过来，有的拍着巴掌直乐，有的吃惊地随声望去。在一片嘈杂声中，老师怎么也站不起来，她躺在坑里，身体呈“<”字形，头发紧贴着砂子。那些哄笑、拍巴掌的学生都沉默了，他们感到情况不妙。看到老师闭着的双眼中流出的眼泪，山石草苗一下子哭出声来，她的哭声仿佛激励了老师，她说了声“没关系”，好不容易撑起上半身，在坑里轻轻动了动脚，象触到什么可怕的东西似的，老师解开鞋扣，

---

① 这是刊登在1919年4月号《红鸟》杂志上的北原白秋的童谣。下文中的大多数童谣均随着《红鸟》杂志的普及而广为传唱。——原注

摸了摸右脚脖子，又重新躺下，不再打算站起。过了一会儿，她闭着眼睛说：

“谁去叫男老师来，女老师的脚骨折了，不能走。”

学生们就像捅了蜂窝那样忙乱起来，大孩子们呱嗒呱嗒地跑开后，女孩子们哇哇地哭起来，犹如敲响了报警的吊钟，村里人都赶来了。头一个赶到的竹一父亲走近脸朝下俯卧着的女老师，跪在砂滩上问：

“怎么啦？老师。”

他仔细地看了看，可是老师紧皱着眉，好像说不出话来。孩子们告诉他，是脚受了伤，他才放下心来。

“扭伤了吧？在哪儿，哪儿？”

他转到脚跟处，想给老师脱鞋，老师嗯了一声，眉头锁得更紧了，她的脚腕撑紧了鞋跟，比平时肿了一倍，没有出血。

“得用凉水敷一下才好。”

他对围拢来的众人说，德田吉次的父亲赶紧用腰间脏兮兮的手巾在海潮水中浸湿后拿了过来。

“疼得很厉害吗？”

刚赶到的男老师问后，女老师默默地点点头。

“走不了吗？”

女老师又点点头。

“站一次试试！”

依然是沉默。西口节家的小节母亲拿着用面粉和鸡蛋调制的膏药布跑来。

“我想，恐怕是骨头断了，还是快请医生吧，推拿一下为好。”

“推拿医生还是中町的草加好，他还会接骨呢！”

“可是桥本外科医生比草加还要来得好吧！”

他们七嘴八舌地议论着，但是不论怎么说，这个海角村里既无外科医生，也没有推拿师，只有一点是明确是的——老师无法走路。一番协商的结果，决定用船把老师送到中町去，用渔民森冈正家的船，由加部小鹤的父亲和竹一的哥哥划船，男老师也陪去，他背着女老师上了船。让女老师坐起、背上、躺下时，她强忍着疼痛，不由地哼出声来。

当渔船离开岸边时，女孩子们都“哇”地大声哭了起来。

“老师！”

“女老师！”

有的学生在声嘶力竭地喊叫。小石老师无法动弹，她合着眼，默默地在这哭喊声中离去。

“老师!”

喊声远去了,渔船驶到了内海中央。老师此刻正忍受着痛苦渡过今天早晨希冀架设一座魔术彩桥的内海回家。

三、豆米情深

过了十天半月仍未见女老师的身影,倚靠在教员办公室外墙边的自行车上积起了灰尘,孩子们围着它,个个无精打采。有的学生觉得小石老师恐怕不会再来了,每天上总校的学生们也一样,自从见不到小石老师后,大家才感到老师的自行车每天给了自己多大的激励,每个人在这长长的上学道路上又是如何期待着小石老师身影的出现。连村里人也不例外,虽然不听到谁说什么,但是他们都在暗暗追悔对老师的无理伤害,这是因为对于小石老师的评价突然高起来的缘故。

“迄今为止还没有哪位老师像她那样一开始就受到孩子们的欢迎啊。”

“她得早日康复才行哪,要是海角村的孩子们把老师的脚搞瘸就遭[糟]了,以后没人来替她上课,那就更糟。”

“最好别叫她瘸了,年轻轻的,要是真残废了,即使伤好了也难每天往返。”

大家这样谈论着女老师,话语中包含着无论如何要请老师再到海角村小学来工作的愿望,她不能来,大家真犯愁了。直接感到为难的是男老师,在这个小村庄的小学校里,每周有一次音乐课,他很难对付这一小时。女老师休假后,男老师第一次代课先让孩子们合唱学过的歌曲,还让唱得好的学生独唱,就这样一个月过去了,可是不能总是这样凑合,于是,男老师开始练习弹风琴,并为此流了汗,他放声唱起来:

> 飞飞飞付咪咪咪,依依依姆依

他把“1112333,55565”的音调唱成这模样,这种唱法是早年男老师上小学的年代学的。

> 咪咪咪咪付付付,飞飞付咪飞……

音乐课固定在每周星期六的第三节课,这个安排旨在让大家快快乐乐地唱完后去度周日。现在无论是孩子还是老师都忽然觉得星期六的第三节课无聊了,男老师更甚,一到星期四,他就在担心周末的第三节课,为此一下子变得急躁起来,为一点小事就对学生滥发脾气,谁往别处看他就训斥谁,忘了带东西来的学生被罚站在后面。

“最近男老师老是发火嘛。”

“真讨厌！不知他这是为什么。”

孩子们感到莫名其妙的原委，男老师的夫人最清楚，她暗自担心，不由地想帮帮丈夫。一到星期五晚上，夫人停下编麦秆帽的副业活，站到风琴旁鼓励丈夫。

“我当学生吧。”

“嗯，你就当吧！”

油灯火苗忽闪忽闪地晃动着，灯光照出二老夫妇的身影，要是哪个姑娘见了准会吓得发抖。在黑暗与油灯光相间的屋内，老师和夫人轮番歌唱。

飞飞飞付咪咪咪，依依依姆依

由夫人单独唱到风琴伴奏能跟上时，夜已深了，村里的人家都已入睡，这反而使夫人顾虑，她灭了灯摸索着走回房内，长叹一声，轻轻地对男老师说：

“女老师也真够辛苦的。”

“嗯，不过现在对她来说更够呛。”

“那当然啦！你弹风琴哪儿比得上呀，一条腿断了骨头嘛！”

“弄得不好大石老师不会再回来了，她母亲比女老师更厉害，宝贝女儿吆，她肯定会说再也不让女儿到那种根性恶劣的村庄去的吧。”

“是啊。不过，不来就不来，可不派替她的人来也不行啊！”

她轻声说着，生怕被人听到似的，还抱怨地朝内海对岸瞥了一眼。一棵松村也静静地入睡了，远处的灯火像无数颗小星星在影影约约地闪烁。一想到在如此深夜只有他们俩还在辛劳，夫人就要怨恨女老师。

女老师受伤后，夫人还担任了四年级五位同学的缝纫课，可是缝制抹布太轻松了，就像缝制小布球那样，仔细地缝好，在一小时内，夫人只要轮流看看学生缝制就行。唯有教唱歌，总得弹风琴，这太难了，因为弹风琴时手就不像缝东西那样听使唤。对于拼命要掌握弹琴技术的男老师的学习劲头，夫人是肃然起敬的。虽然已是十月，可是男老师还是汗流不止，因为他顾忌外人听见，总是将教室的窗户紧闭，所以多出了许多汗。

要做老师理所当然地该会弹风琴，可是，男老师小学毕业后靠不断努力才当上老师的，最使他犯愁的就是弹风琴。在农村，哪一所小学里都没有专门的音乐老师，每个老师都必须自己教学生学体操和唱歌。男老师就是讨厌教唱歌才主动要求来这个偏僻的海角村任教的，然而，现在还是得在风琴前流汗，气得他真想砸掉风琴。不过，今晚可不同了，命夫人做学生，弹琴者和演唱者协调了，因此，男老师比较高兴，对夫人不无得意地说：

“我嘛，只要愿学，风琴这玩艺儿很快就会弹的。”

夫人诚恳地点着头说：“那当然，当然。”

大石老师休息后，明天是第六次音乐课时间，此刻，男老师甚至期待着明天音乐课时间的到来。

“学生们一定会大吃一惊的。”

“是啊，他们发现男老师也会弹风琴，就会另眼相看的。”

“对了，有必要教他们一首像样的歌曲。大石老师来后，尽教些傻乎乎的歌曲，什么《叽叽叫的千鸟》啦、《咔嚓、咔嚓、咔嚓嚓》的，全是些像盂兰盆会舞蹈那样软绵绵的歌。”

“可是孩子们挺喜欢的。”

“哼！女孩子唱唱还可以，男孩子唱就不合适！现在我有必要教他们一首振奋日本民族精神的歌曲，因为学生中不尽是女生。”

他在夫人跟前挺起了胸，就便唱起了刚才两人练习时唱的歌。

“千引岩，不算沉……”

“嘘，叫人听见了会当你在发神经病！”

夫人吃惊地摇着手。

终于到了第二天的音乐课时间，学生们慢吞吞地走进教室，他们心想，反正今天又是没有风琴伴奏的清唱，走路也打不起劲来。要是小石老师，在星期六第二节课下课后就独自留在教室里弹奏风琴，等到第三节课的云板一敲响，琴声就变成了进行曲，自然就把孩子们精神抖擞地引进教室，大家都知道那有多么的愉快。那是一种难以言喻的愉悦，所以，如今小石老师不来，一种说不上来的遗憾留在大伙儿的心中，孩子们并非要去发现，而是早已体味到了。

“老师听大家唱，你们唱爱唱的歌吧！”

男老师总是看也不看风琴，叫学生们唱，可是没风琴伴奏，歌声一下子出不来，即使唱起来也会跑调。

然而今天不同了！男老师一进教室就坐到风琴跟前，虽说模样与女老师有些不同，却点着头呜呜地弹起琴来。看得出大家都感到意外。两块黑板上就像以往女老师上课那样，右边抄着乐谱，左边的那块竖写着今天要学唱的歌词。

千引岩

千引岩，不算沉，

为国尽忠义勇重。
一旦敌军来进犯,
顶着弹雨向前冲。
为国奉献,为国尽忠,
好男儿志坚心红。

汉字上面全都标上了假名,男老师从风琴边走上讲台,就像平时上课一样,用一根竹子教鞭指着黑板,一个词一个词地解释这首歌曲的意思,就像上修身课一样。不论他怎样反复解释这首歌的深刻含意,还是没几个人能够理解。先是一年级,紧接着是二年级叽哩哇啦地说起话来,三四年级的学生中也有小声的议论。"啪!"突然,竹教鞭敲响了,它重重地击在讲台上。刹那间,嘈杂声静止了,学生们鸽子一般的目光一齐注视着男老师的脸,他严厉地,却又带着慈爱地说:

"大石老师目前还不能来学校,今后由男老师教唱歌,你们得好好学!"

说完就走到风琴边低下头去,好像不好意思似的。男老师就用这种姿势唱了起来。

"飞飞飞付咪咪咪,依依依姆依,唱!"

孩子们一下子哄笑起来,因为男老师是在按老的唱法唱"1、2、3、4"的乐谱。可不管孩子们怎么好笑,男老师还是没有用"1、2、3、4"教歌的自信,结果他坚持从"飞付咪哟依姆那飞"(1、2、3 的音阶)开始,照自己的方式教歌。这么一来,学生们真给逗乐了。

……咪咪咪咪付付付,飞飞咪飞——,付——付付付飞咪依,依依依依姆咪……

这情形恰似精神异常者在嘻笑发怒一般。大家很快学会了,这种唱法从这天起开始大流行,没有一个人按男老师的意图唱这首雄壮活泼的歌词,只唱"依依依依姆依咪"。

之后的几个星期六,还是唱过《千引岩》回家。一年级的香川增之老成地对同行的山石早苗说:

"我真不喜欢男老师教的歌,还是爱唱女老师教的歌曲。"说完,立刻唱起了女老师教唱的歌。

山上的乌鸦捎来了。

早苗、小鹤也一起唱下去。

一只小小的红信封……

只读半天书的一年级女生都聚在一起。

“女老师到底什么时候才会来呀?”

增之把目光投向一棵松村那边,大家也跟着她朝一松村望去。

“我想见见女老师。”加部小鹤说。

路过的冈田矶吉——小矶和德田吉次——阿次也走过来跟着说:“我想见见女老师。”

不知什么时候,这成了大家切实的愿望,他们站在那儿遥望着一棵松村。

“女老师住院了。”

小矶把听到的消息照实说出来,小鹤插进来说:

“住院是开始那阵,现在已经出院了。我爸爸说昨天在路上碰到过老师呢!”

所以,她比任何人都先想到要见老师。开铃铛修配店的父亲,为水陆两头的人们送去方便,昨天他拉着排子车去了集镇。至少每隔一天就去内海对面的集镇和村落去办事的铃铛店主总要随车随船带回来许多消息。大石老师的伤是断了阿溪里腱,两三个月不能行走,这些全是腰间拴着铃铛东奔西跑的铃铛店主打听来的。

“这么说,老师马上要来了?早点来就好啦!”

早苗的眼睛一亮,小鹤又插进来说:

“来得了吗?还站不起来呢!”

这时,小鹤乘兴说道:“咱们大伙儿一起到女老师家去看看好吗?”

说完,小鹤将大家的脸一一扫视了一遍。竹一、渔家仔森冈正、仁太不知什么时候也来了,可是没有一个人立即响应小鹤的提议,大家只是一味地凝视着一棵松方向,因为靠他们自己的计算还搞不清到对面的距离。单程8公里,也就是大人们说的二日里的路程,靠一年级学生的行路经验是无法判断的。要说远也算不上,要是从海上走,那是一眨眼就可渡过的近距离,不过,听说那儿比氏神庙还远,这倒令人有点害怕。他们当中还没有一个人步行到过一棵松村,只是在每年的庙会时步行或坐船去过不到一棵松村的本村氏神庙,从本村还要下去多少路谁也不知道,只有仁太一个人最近到过一棵松村的下一个集镇,那是在氏神庙下乘上公共汽车从一棵松村旁边经过而已。虽然如此,大家还是围住仁太问长问短。

“仁太,从氏神庙到一棵松得花几小时?”

这一来，仁太得意起来，连鼻涕也不吸了。

“从氏神庙过去，一会儿就到。公共汽车‘笛笛’一按喇叭，飞快地驶向一棵松，不消吃一只馒头的功夫。”

“撒谎！吃一只馒头只消一分钟。”竹一说着，又对川本松江和西口节说，“对吧！”他要征得她俩的同意。“汽车再快，也不止一分钟呀！说得对！”

遭到大家的反对，仁太顶真了。

“可是，我在氏神庙开始吃的馒头到下车时还在手里呢！”

“真的？”

“是真的。”

“敢勾小指吗？”

“好，勾就勾！”

大家这才放心了，谁也没有思考仁太生来第一次坐公共汽车，因为过于新奇竟忘了吃馒头而光顾看司机驾驶这些情况，只是觉得只有仁太一人乘过公共汽车，从氏神庙到一棵松的下一站连一只馒头也没吃完，这两点说明从氏神庙到一棵松并不很远。虽说是骑自行车的，可是女老师不是每天都那么老早就从一棵松赶来的嘛。这么一想，大家觉得与其说远还不如说近呐。孩子们心中跃跃欲试，当他们看到对面沿海公路上行驶的公共汽车时更加按捺不住，看上去很小很小的客车一转眼就消失在树林子里。

“啊，我们去吧！”

增之突然大喊一声，这一嗓子喊得有男孩子那么有力。

“去吧！”

“嗯，去！”

阿正和竹一表示赞成。

“去，去，跑着去，跑着回来！”

“对，对！”

小鹤和松江激动得跳起来。只有早苗和片桐琴江没吱声。早苗天生沉默寡言；琴江脸上露出复杂的神情，因为她想到了家里的事。

“阿琴，你不去吗？”

被小鹤责备似地一问，阿琴的表情越发不安起来。

“我得问过奶奶。”

她低低的声音中没有自信。以一年级的琴江为长女，她共有姊妹五人，背上总是背着弟妹，从虚岁五岁起，她就不得不承担看护孩子的工作，若是回家商量，看来很难获准。这一点早苗、松江和小鹤也一样，大家一下子泄了气，面面相觑。虽说虚岁十岁之前可以玩耍，这是自古以来做孩子的规矩，然而，这儿的孩子并不能真正自由地玩耍，他们总得领着弟妹，背着婴儿，真正能随心所欲玩耍的只有独生女增之和小节。

琴江的一句话提醒大家想到这一点，但是现在已经无法阻止大家想去的愿望了。

"吃过饭偷偷溜出来吧。"

小鹤就像已经上了船似地唆使大家。

"就是，要是你们跟家里说，也许都不会同意我们去。还是别吱声地去！"

爱动脑筋的竹一作出这样的决定，至此，再也没有人反对，秘密出发反而使人兴奋。

"悄悄地溜出来，到码头集中。"

阿正说完，大将风度的增之想得更周到。

"在码头上集中叫杂货店的大婶看见了会啰嗦，还是在灌木林中集中的好。"

"对，大家穿过田间小路去那儿。"

孩子们一下子都忙活起来。

"真的跑着去跑着回来吗？"

琴江还在确认，大家跑回去后她一边走一边再三思考，怎么想都觉得自己不会有一声不吭溜出来的时机，是不是自己就别去了？可是这不行，要是不去，明天也许就没有人跟自己玩了，她想。琴江不愿被孤立，再说就算自己不打招呼溜走了，以后还是要挨奶奶和妈妈骂的，这她也不愿意。

要是没有小孩带该多好。

想到这里，平时十分可爱的小弟弟武志的脸变得可恨了，她想放弃一天照看由他去，突然朝身后走去，走向农田，看到树林时，她奔跑起来，总觉得好像被什么人看见了，心中怦怦直跳。

过了两小时，首先惦念孩子的是琴江的奶奶。

"肚子也该饿了，这孩子去干啥了？"

起初她在自言自语。要是琴江回来了，她要让琴江背上武志，自己打算去地里采摘二道豇豆，可是，琴江没有回来。她又想去学校看看，可这时候学校里不会有人。奶奶抱着婴孩拿上绳带，到琴江最要好的早苗家去找，满以为琴江在那儿玩昏了头。

"你好！我家的琴江来过吗？"

当然，琴江不会在这儿，而且，连早苗也没有回来，回去时奶奶又去灶王庙看了看，在杉树林中玩耍的尽是比琴江大一些的孩子和更小的孩子，她朝他们大声嚷道：

“你们知道我家阿琴在哪儿？”

“不知道。”

“今天一次也没见到她。”

“大概呆在早苗家吧。”

很快传来了各种尽是令人生气的回答。

“真是个没治的家伙。见到她叫她马上回来！”

奶奶撂下一句，把小孩背在背上，又对着什么也不懂的小武志说：

“你姐姐野到哪儿去啦，这个死阿琴，等她回来后得好好揍她一顿！”

不过，当她想到琴江还没吃午饭时，又有些担心了。就在她不放心地在石井脱鞋处制作草履时，川本木匠的老婆急急忙忙地跑来了。

“你好哇，天气真不错。我来找我家的阿松，你没看见吗？”

听到这话，琴江奶奶停下做草履的手来说：

“阿松也不在家哇！午饭不吃，她们上哪儿闲逛去啦？”

“我家阿松回来吃过中饭了，放下筷子，像是有事跑了出去，我以为她就会回来，可她没回来。”

琴江奶奶一下子担忧起来，哪里还顾得上做草履。木匠老婆匆匆离去，说她要去寻找阿松，琴江奶奶越来越担忧起来，走进走出，坐立不安。

——也难怪呀，这丫头正是最贪玩的时候，每天看孩子，是会谋反的吧……

她落泪了，或者是从小就尽让琴江看孩子的缘故吧，奶奶的泪眼中浮现出大屁股的琴江那可怜的身影，总也不肯消失。

——可是，她是上哪儿，在玩些什么呢？今天她父母也要晚回哪……

她走出去观望大海，出海捕竹笑鱼的琴江父母今天回家一定特别晚，奶奶想。

“还没回来呀？”

木匠老婆第三次询问之前，小鹤的姐姐、早苗的弟弟和富士子的母亲也都来打听过各自家女孩的去向，不久，大家便知道一年级学生全都不在，一位从总校回来的学生说他在一家叫八幡堂的文具店旁看到过他们，家长们这才放下一半心来。这消息在村里不胫而走，人们随意地议论着。

“听说来了戏班子，他们是去看戏的吧。”

“又没钱，怎么会呢？”

“大概是傻乎乎地赶去看看开演盛况和广告牌牌吧！”

“小孩子嘛，好图个新奇。”

大部分一年级学生的家人现在都笑着在谈论。

“马上会饿着肚子，脚底起泡地回来啦！”

“不知会带着什么样的表情回来，一群小傻蛋！”

“回来后是对他们发脾气好呢还是不要发？”

“总不见得夸奖他们吧！”

大家之所以说着这样的安心话，是因为小矶的哥哥和仁太、富士子的父亲们已经去接孩子们了。然而，居然没有一个人想到大石老师，这又是多么粗心！

三位去接孩子的兄长在去本村的途中，只要遇见可能知情的过路人就问：

“请问，可曾看见晌午过后十来个七八岁的孩子走过？”

同一个问题他们反复问了多次。

那么，孩子们怎样了呢？

最先到达树林上方的当然是琴江了，她把书包藏在草丛里，在那儿等着大家。吉次和小矶争先恐后地奔来了，接着是竹一和阿正，最后来的是富士子和仁太，仁太很当心地在衬衫和裤子的四个口袋里塞满了炒蚕豆，还说，他把家里的现有的豆子全拿来了。仁太很大方地给每人分了一点，显得最兴奋。孩子们嚼着硬蚕豆出发了。

“女老师会大吃一惊的。”

“是啊，她会高兴的。”

琴江独自走在最前面，她回头看看大家，说好跑着去跑回来的，可是谁都慢悠悠地走着。其实到了就会知道的，然而大伙儿还是只顾谈论着女老师的情况。

“女老师瘸着脚走路。”

“女老师的脚还疼吗？”

“嗨，就是因为疼才瘸的嘛。”

这时小矶匆匆赶上前来说：

“哎，你们知道吗，阿溪里腱在这儿哪！这根粗的筋断了。”

小矶指着自己的阿溪里腱处给大家看。

“这种地方的筋断了，疼着呢！”

同学们的脚步总算加快了，孩子们自己走这条道还是第一次，过一座山就会出现新的景观，使人不生厌。横穿过海角，来到靠内海岸的山路上，一棵松村又在他们的斜后方远去。只近了这么一点距离，简直叫人难以相信，心中不免担忧起来，可是谁也没说出口来。不一会儿，远处出现了从总校回来的学生们，大家吃了一惊，互相对视着。

“躲起来，躲起来，快点！”

增之嚷了一声，猴子般敏捷地让其他十一人跑进茅草山中，茅草晃动着，发出唰啦唰啦的声响。

“呆着别动，不要发出声音！”

增之噘着薄薄的嘴唇，用眼睑稍长的眼睛示意，连竹一和阿正也不吭声一动不动了。山上比孩子们身高高出一倍的茅草发出沙沙的声响，隐蔽了12个孩子。不过让那些大孩子走过时丝毫没有察觉实在多亏了增之的机灵，被她一瞪眼，大家都像猫一样老实了。

走出通往海角的山道快进本村时，大家不由地小声谈论起来，到一棵松村之前竟有分别属于几个集镇和村庄的那么多的小村子，走过大大小小的村子又迎来大大小小的村子，它们的一再出现实在令人泄气，可是一棵松村还没到。从海角村望去，一棵松是那样的近，这棵近在眼前的松树，现在却连影子也看不见。孩子们通过自己的脚底板开始感受到八公里、大人们所说的二日里路程的遥远，渐渐沉默不语了。迎面走过的人全不认识，一种恰似来到遥远国度的担忧，像沉重的石块一样落在他们的心中。

还有，他们中没有一个人知道只要绕过山尖一棵松即在眼前，问吧，这说不清道不白的仁太使大伙儿断了此念，只有一个劲地朝前走。竹一和节子的草履最先断裂，竹一把没断的那只给了节子，自己光着脚走。吉次和阿正的草履也不行了，大家都身无分文，没法买新草履。想到得光着脚走回去，又想到来时所走过的遥远路途，草履开始断裂的人个个感到悲伤。

突然，琴江哭起来，她没吃午饭，早就感到疲惫，现在大概已经难以忍耐了吧。琴江蹲在路边，呜呜地哭出声来。这一来，节子和富士子也跟着抽泣起来。大家都站住了，楞楞地望着三人哭泣，他们自己也想哭，没人说一句鼓劲的话。要是有谁提议“调头回去吧！”“算了，回家吧！”那还算好，可是现在他们连说这句话的气力也没有了。增之和小鹤的脸上居然也露出了困惑的神色，她们俩也直想哭却没哭。孩子们是不会想到的，倘若大家都哭起来，又有谁来帮助他们呢！

初秋的晴空一碧如洗，午后的阳光从身后照着这一群儿童，使他们在干得发白的道路中央呈现出奇怪的模样，大家自然地产生了想回家的念头，不知不觉地面朝来的方向站着，只见前面随着一阵鸣笛声一辆银色的公共汽车驶来，刹那间，12个孩子心往一处想，在狭窄地路旁草丛中一字排开迎接大客车，连琴江也停止了哭泣，专注地望着汽车，公共汽车卷起浓白色的烟雾般的砂尘从大家眼前驶过。车窗里出现了一张令人意想不到的脸。

“瞧，瞧呀！”刚一喊，车子已经通过，那人是大石老师。

哇——！

大家蹿到路当中，欢呼着随公共汽车追去，不知从哪儿来了新的力量，大家走得很快。

“老师！”

“女老师！”

公共汽车半道停了下来，待女老师下车后又开走了。拄着拐杖等着大家的老师没等孩子们走近便大声问：

“你们究竟在干什么呀？”

孩子们跑过来，并没去拉老师的手，一种既亲近又害怕的感觉使他们有些人没能走到老师近旁就站住了。

“我们想见见老师才来的，好远哪！”

仁太率先说。接着大伙儿七嘴八舌地说起来。

“我们大家说好不告诉家里人，悄悄来的。”

“一直走不到一棵松，阿琴她正哭呢！”

“老师，一棵松村在哪儿呀？还很远吗？”

“您的脚还疼吗？”

一脸笑容的老师泪流满面。当孩子们听说不要紧，一棵松村和老师的家就在前面时，又发出了欢呼声。

“嗬，一棵松多美呵！”

“真是远得够呛哪！”

孩子们围着拄拐杖的老师到家里，老师的母亲大吃一惊，接着一下子手忙脚乱起来，一会儿在灶下烧火，一会儿跑进跑出的。孩子们在老师家里呆了一个小时，其间吃了老师招待的油炸豆腐条小葱面，有的孩子吃了还要添。老师很高兴，说要拍照留念，叫了附近的照相师，一起去一棵松下。

“很想多看看大伙儿，可是今天天色已经晚了，你们家里人正在担心呐！”

老师劝慰着不想回家的孩子们，好不容易请他们上了船，这时已经过了四点。短暂的秋阳西斜，海角村好像什么事也没发生过一样被暮色笼罩着。

“再见！”

“再见！”

面对拄着拐杖站在海滨目送大家的老师，船上不时发出道别声。

就在三个大人从镇子到村落到处寻找时，十二名孩子通过他们想不到的海路返回了村庄。

“嗨！”

“大家好！”

从海上传来的唐突的叫喊声使海角村的人们大吃了一惊。即使训斥孩子的家长最后也开怀大笑起来，大石老师的威望提高了。

第三天，铃铛修配店的大板车上装上了珍贵的货物，因为过于零碎，车主把货物装在空苹果箱里出了村。一路上办了许多事，来到一棵松村后，他扛起苹果箱就走，腰间的铃铛叮铃铃的，只要一换腿就会发出响声，不久，响声停止了，他来到大石老师家的廊边。铃铛修配店主的铃声是告知用户他来的方向并送来了货物，基本上不必张口解释。

“瞧！这是大米五合[①]、豆子一升。这包很轻，是干鱼吧。嗨！这一包是大米一升、豆子五合……”

他拿出好几袋东西，堆放在走廊的地板上，袋子上都写有姓名，这些来自重情义的海角村的大米和豆子，全是送给大石老师表示慰问的。

四、依依惜别

照片洗出来了，以一棵松为背景，12 个孩子围着拄着拐杖的老师，有的站、有的蹲着。矶吉、竹一、松江、节子、增之，依次看到仁太时，真叫人忍俊不禁，因为他的架势端得太大了，屏住的呼吸，似乎这就会憋不住漏出来一样，紧张极了，这副全力以赴的模样，谁见了都想笑。增之和节子生来第一次拍照，都显得发拘，其中以仁太和吉次为最甚。与仁太相反，吉次背脸缩身，还闭着眼睛，如实地反映出他平时的胆小，甚至叫人见了觉得他可怜。

可怜的阿次大概是害怕照相吧，莫非他想到照相机里会飞出什么东西来……

老师正独自一人笑着看照片，总校的校长来了。听到动静，这下大石老师不由紧张起来，她来到门口。虽说拐杖已不用，但是看到一瘸一拐的样子，校长微微皱了皱眉，怜悯地注视着她。

---

① 一合约为 0.18 公升，10 合为 1 升。

“真够呛吧?”

“是的。不过,已经好多了。”

“还疼吗?”

老师为难得一时答不上来。母亲也许以为校长是来催促女儿上班的,便替她回答说:

“总给您添麻烦,真对不起。已经好多了,不过还不能骑车,老是这么行动不便呀。”

然而校长并没有催促的意思,他来探望,还带来了好消息。今天,他对朋友的女儿大石老师直呼其名:

“久子已经牺牲了一条腿,可以不要再去海角工作。我决定让她回到总校,看这样子到总校大概也还不行吧?”

母亲忽然泪水盈眶地说:

“说的是呀。”

说完,母亲一时接不上话来,这意外的喜讯使她一下子连道谢的话也说不出来,或许是要掩饰自己的尴尬吧,她看到刚才一直沉默不语的大石老师忙说。

“久子、久子,怎么还楞着?快谢谢校长呀!”

可是,对于校长这一特别的安排,大石老师并不很高兴。要是在半年之前,她会高兴得雀跃,然而现在的情况已不容她轻易不去了,所以她吐出的并不是感谢的言辞。

“这件事,已经决定了吗?接替我的老师呢?”

女老师的话[语]气好像在说,这简直是岂有此理!

“决定了,在昨天的教职员会议上。不行吗?”

“我可无权说不行,不过我还是感到为难。”

要是母亲在场的话,大石老师可能会遭到训斥,可是,母亲大概是去买喝茶时用的点心了,刚走出门去。校长先生微笑着问:

“什么事为难啊?”

“这,我和学生说好了,还要回海角去。”

“这倒叫我吃惊。可是你怎样上下班呢?你妈妈说目前你还不能骑车,所以我才这样安排的。”

再也没什么好说的了。这一来海角村变得更加亲切,使人不禁留恋起来。

“接替我的老师是哪一位?”

“是后藤老师。”

"哟!"

女老师刚想说"好可怜呀",又慌忙咽了下去。她在担心后藤老师怎么去上下班。后藤老师马上要40岁了,她晚婚,有一个吃奶的孩子,虽说比自己离海角村近些,但从她家村子到海角也有一日里半(6公里),往后天冷了她怎么上下班呢?一想到这儿,一种怜悯和自己心中的海角村的依恋混合在一起,她突然倒竖起眉毛说:

"那么校长先生,能否这么办?到我的脚痊愈了,将随时去换她,在此之前就拜托后藤老师了……"

女老师觉得这主意相当不错,可是校长先生的回答却是出乎意料的。

"久子,你真讲情义啊。其实你不必那么费心才好,后藤老师是自己希望去海角村的。"

"哎,为什么?"

"有许多原因。她是老朽了,明年要轮到她停职。若是去了海角村,可以延长三年左右的工作时间。我一提,她就高兴地答应了。"

"嗬,老朽!"

三十八九岁算什么老朽?抱着吃奶孩子的女人是老朽?大石老师惊得说不上话来。不知什么时候从外面回来的母亲递上装有水果的盆子,因女儿的不客气而焦虑不安。

"久子,你怎么啦?对校长先生这一番特别的好意也不好好谢谢!一声不吭地听着,刚才还尽说些怪话……"

她又跪在校长先生面前说:"对不起,这都是我的不是,最终还是娇惯了独生女,她尽说些没礼貌的话。在这之前白天黑夜都在想学校的事,老说想快去学校、快去学校的。托您的福,把她调到总校。再过十天,我想她就能乘公共汽车去上班了。这任性的闺女,还请您多加关照。"

母亲独自道出了想让女儿说的话,还不住地点头哈腰,并多次给女儿使眼色,大石老师装作不知道的样子,还惦着后藤老师。

"那么后藤老师已经到海角去上班了吗?"

面对这位与众不同的、脾气别扭的姑娘,校长先生又颇感兴趣的打趣说:"她呀,还没去呢?再召开一次教职工会取消这个决定也可以。后藤老师会失望的吧。"

母亲一人在焦急、担忧,校长对她说:

"真像大石君呀,她的固执。他在小学时就闹过罢课,闻所未闻啵!"

校长放声大笑起来。这段往事,大石老师过去也听说过。老师的父亲还在小学四年级时，有一次发生了件被班主任老师误解的事，他就鼓动同学们罢了一天课。现在的校长先生和同学们都同情他，大家一起涌到村公所，要求调换老师。今年春上，大石老师找工作时，第一次听说父亲少年时代的事，母女俩都笑了。只是被当作往事笑谈的父亲的过去，此刻真的奇妙的影响到大石老师。

校长先生回去后，母亲安慰似地对独自沉思的大石老师说：

“不过，这样不是很好嘛，久子！”

然而，大石老师依然沉默着，晚饭也比平时吃得少了。晚上，她想得很久，最后对母亲说：

“对我和后藤老师来说，也许这样都好。”

这是对母亲说的“这样不是很好嘛，久子！”这句话时隔四小时后的回答。母亲放心了：

“那当然，当然喽！这样一切都好，久子！”

老师又思考了片刻，明确地说：

“那是不可能的。不可能一切都好的。不过至少对后藤老师有好处。可是说她老朽，太失礼了！”

女儿显得很生气，母亲不想再去刺激她，和蔼地说：

“你还不睡吗？夜已经深了。”

第二天早晨，大石老师决定坐船到海角村去，船主是一棵松村的修配店主，他和小鹤父亲一样，或摇船、或拉车为生。这是个无风的十月末的早晨，大海和天空湛蓝湛蓝的，爽朗的海上空气，使人感到一阵凉意，不由地要伸展双臂拥抱自己的胸怀。

“嗬，好冷。该穿夹袄啦，大叔。”

“哪里，有太阳，还不至于吧。现在是最好的季节，既不冷，又不热。”

大石老师穿着不常穿的碎白点斜纹哔叽衣服和蓝紫色裙子，横坐在铺着草席的船身中央，裙子正好遮盖了她的脚。小船载着老师的一颗心行驶在湛蓝的海上，船橹有节奏地响着，笔直向前驶去。现在她又精神抖擞地跨越着两个月前哭着渡过的内海。

“总之，这一次可够受的吧。”

“是啊。”

“年轻人骨头软，断了长好也快。”

“不是骨头，也不是筋，是阿溪里腱，比骨头更麻烦的地方。”

“嗬，那就更遭罪了。”

“不过，孩子们并不是有意让我遭罪的，要受伤，也是没法子的。”

“如此、受罪，还去、道别，真是、了不起，嗬嗨，嗬嗨！”

船主随着船橹的摆动，一词一词地说“嗬嗨，嗬嗨”，他更用力地划着。大石老师吃吃地笑着，也同样应道：

“话虽、这么说，可是，只有、一年级，就瞒着、父母、来看我，我能、不去吗！嗬嗨、嗬嗨！”

大石老师格格一笑，船主也高兴起来。

“情义、决心，非有、不可，就该、这样。嗬嗨、嗬嗨！”

大石老师真是捧腹大笑，在海上谁都无所顾忌，船橹的声响切碎了她的笑声。小船缓缓驶向大海，向对岸的村庄靠近。做早饭的烟雾尚未退尽的海角尖端，新的一天早就开始了，不时传来轻轻的响动声。现在，那些孩子们在干些什么呢？自己骑自行车上、下班时，经过杂货店门前，松江就会急急忙忙地跑过来；小矶常常到码头上来等候，还有三天总迟到一次的仁太、早熟的增之、腼腆的早苗、一学期中两次在教室里遗尿的吉次……每个学生都有值得想念的地方，这些小家伙竟能下决心走到一棵松村来，只要一想到这一点，老师就会想起那满是灰尘的一双双小脚，不禁爱怜万分。

那一天是我吃了一惊，今天，可得让孩子们大出意外……谁会第一个看到我呢？小船载着老师愉悦的想像向前划去，绿色的树林和黑色的小屋顶所在海角滑行似地靠近了。两个女孩子站在砂滩上瞅着小船，看上去不像是一年级的学生，她们奇怪地紧盯着这边。在缺少变化的海角村，无论是海上还是陆上的来客，只要一被发现，好奇者瞬间就会变成一群。站在那儿的学生一会儿增加到五人、七人，他们的身影渐渐地大了，随着叽叽喳喳的议论声，孩子们的长相也分得清了。可是，他们好像没人从服装上认出老师来，还在一本正经地盯着瞧。老师朝他们笑，他们还没明白，老师终于按捺不住，突然举起一只手，议论声一下子响起来，有人叫起来：

“这是女老师嘛！”

“女老师！”

“女老师来啦！”

海滩上不知不觉地形成了有大人参加的欢迎队伍，船主投出去的缆绳在欢呼声中被大家用力拽去，由于用力太大，小船竟被拖到砂滩上，一阵哄笑喧闹之后，大家一起向学校走去，途中遇见的人，没有不向老师问候的。

“您的伤怎样啦？我们挺担心的。”

老师也一一向他们致谢。

“谢谢！上次收到了您送的大米，真不好意思。”

“哎，哪里的话，一点点心意。”

再往前走，一个扛着锄头的人拿掉缠在头上的手巾，听到他同样的问候之后，老师又答道：

“上次多谢了，那么干净的蚕豆太棒了。”

那人听了笑笑说：

“不，我送的是芝麻。”

老师意识到自己过于顶真了，决定下次不再提大米和豆子。因为只教了一个学期，除了一年级学生的家长，其他还不大认识。接着又碰到了渔民模样的人，老师想，他可能是送过鱼的，便小心地点头说：

“上次承蒙您送来慰问品，多谢了！”

没想到这个人一下子慌乱起来。

“不，我想托人捎去的，但是最终还是晚了，没赶上。”

老师也同样张惶得红了脸。

“哟，真对不起，我记错了。”

这事要是在以前，准会被说成女老师在催人送慰问品。只要碰到有人对面走过，孩子们就会笑起来，其中有个男孩说：

“老师，清六家从没给人家送过东西，光拿别人的。大伙儿去山里干活要小便时，不论多远，他们也要跑回去把尿撒在自己的地里。”

大家哄笑起来，这话老师以前也听说过一回。在四年级就读的清六家的儿子，整个班级中只有他一人老是不带音乐书来，当时，老师纳闷他怎么总是忘记，遂寻问，他哭丧着脸垂下头，于是与他同座的学生替他回答：

“他家人说学唱歌又挣不了钱，不帮他买书。”

到一次音乐课时，老师送给这个叫清一的孩子一本音乐书，老师记起了当时他高兴地接书的情形，他的教科书也全都是讨别人用过的。他的家却是村里第二号有钱人家。老师看到清一不在身边，放心了。

“老师的脚还疼吗？”

最先提问的是仁太。看到老师虽然不再用拐杖，但还是一瘸一拐的样子，仁太感到心疼。

“老师还能骑自行车吗？”这次是小鹤发问。

“哎，再过半年大概能骑吧。”

“这么说，现在起您得坐船来？”

老师没回答小矶的问题，转过脸去。琴江吃惊地说：

“怎么，难道步行吗？走那么远的路？”

对琴江来说，那八公里的路是难以忘怀的。饥饿和担心使她第一个哭起来。正因为她不愿脱离集体，才把书包藏在草丛里出门的，她被老师用船送回来的时候还在闷闷不乐，提心吊胆，不知家人会怎么训斥自己。然而，来迎接她的奶奶不等跳板放好，比哪家的家长都快地抢先走进海里，抢先从船上抱下琴江。在宛如凯旋而归的将军一样兴奋地走过跳板的孩子们以及迎接他们的家长当中，唯有琴江和奶奶哭了。她们到草丛里去找回书包，才恢复常态开始交谈。

“以后可不许一声不吭地胡乱出走啊，要说清楚了才能去。”

“可说了你不会让我去的。”

“是啊，真叫你说对了，没错。”

奶奶笑了，笑声无力、颤抖。

“不过，不管怎么说也得吃饭，否则会伤身体的。”

奶奶这么一说，琴江想起了老师家招待的油炸豆腐小葱面，太鲜美啦，一想到它就要淌口水，对饥肠辘辘的琴江来说，那碗面条留下的味觉增强了数倍。

之后，她好几次谈起油炸豆腐小葱面，每次都会想到大石老师，而每次想起大石老师时，也会想到油炸豆腐小葱面。现在，老师突然来到跟前，她又想起了遥远的路途和油炸豆腐小葱面，所以才问老师的，“那么远的路，步行吗？”不光是琴江，孩子们都认为今天老师是来学校工作的。看到大家那深信不疑的态度，老师从上岸时就想到应该把今天的来意明确地告诉大家。

我是来向大家告别的……

她想这样嚷着下船，可当时已形成了那样的欢快气氛，抓住琴江的话，老师歉悔地慢慢地说：

“是啊，多远的路。一瘸一拐地拖着瘸腿走，非走到天黑。所以，走是不行的。”

到这时孩子们还没觉察。渔家仔森冈正的想法倒是对头的。

“那么，老师坐船来吧。我每天去接老师，一棵松嘛，根本没问题。”

阿正最近学会了摇橹，他为此感到自豪。老师禁不住微笑：

“那么，晚上也送我？”

“嗯，送！”

说完他对小矶轻声耳语，有点担心地请小矶帮着他请求，小矶也点头答应了。

“是嘛，谢谢！不过，不好办哪！要是早点知道就好了，可现在老师已经辞掉学校的工作了。”

“……”

“今天是来向大家道别的，来跟大家说再见的。”

“……”

孩子们沉默不语。

“另一位女老师马上就会来上课，大家好好学习吧。老师喜欢海角，可是这条腿叫我没法子。等它好了，我会再来的。”

孩子们一齐看着老师的脚下。早苗的眼睛噙着泪水，她努力不让泪水流出来，那双睁着的眸子闪闪发亮。看到不会用语言表达感情的早苗的泪水，老师的眼里涌出同样的泪水。就在这时，犹如突然捅了蜂窝一般，增之哇地哭了起来，于是，琴江、节子连同性格刚强的小鹤也抽抽搭搭地哭起来。这是哭声的合唱，在海角分校门牌悬挂的石门两侧，有棵大柳树和一棵松树，在那棵柳树下，女老师被三十四五名学生围着，也无所顾忌地流下了眼泪。增之的哭声太大，连吉次和仁太也要哭了，不过他们还在忍着。大一点的学生也有人颇有兴趣地观望，从教员办公室窗口看到这光景的男老师急忙拖上留下旧皮鞋前半部的室内拖鞋跑出来，问明原委后说：

“这是怎么啦，女老师特地来的，大家该笑着迎接她，怎么能这样大声哭泣呢？好啦，好啦！女老师，快进屋吧！”

可是没有一个人动弹，抽泣仍在继续。

“好吧好吧，女人和小人叫人怎么说呢。那你们去哭个痛快吧！想哭的人就尽情地哭吧哭吧！”

用旧皮鞋改制的拖鞋发出啪哒啪哒的声响，男老师离去后大家才笑了，因为他说的“哭吧哭吧”使人觉得好笑。

上课的云板敲响了，今天的学习要开始了，本来大石老师在上课前向孩子们道别后就该回去，可是她说完道别的话以后又鬼使神差地走进了一二年级的教室，面对久违的女老师，学生们喜不自禁。

“同学们，这节课我和大家一起上，作为道别。这节是算术课，可是上别的也行。大家要上什么？”

同学们纷纷举手，老师未及点名，增之就叫：“唱歌！”一阵欢呼声和掌声响起，看来大家都赞成。

“到海滨去唱吧！”

又响起一阵欢呼声。

“老师，在海滨唱。”

增之又在领头喊叫。

“那么，大家跟男老师送我到海滨吧，船在那儿等。”

又响起噼噼啪啪的掌声，桌子也发出咯嗒咯嗒的响声。女老师和男老师商量后，决定全体学生都去送别。12名一年级的学生簇拥着瘸腿的大石老师走在前面，最后压阵的男老师推着女老师受伤后业已蒙上一层灰的自行车，在路上碰到的村里人也跟着来到海边。

“待会儿可别再哭了。”

大石老师一一看着孩子们的脸说：

“来，勾指头。阿增你别哭。”

“是！”

“阿琴也是。”

“是！”

“还有早苗。”

“是…”

这几个孩子是最爱哭鼻子的，所以都和她们勾了手指，老师这才放心了。

老师和同学们一一勾手指说定，来到海滨，仁太望着增之的脸问：“唱什么歌？”

“就唱萤火光吧！”

男老师说，可是一年级没学过这首歌。

“那就唱一年级也会的歌，唱《学啊学》吧！”

男老师想请女老师听听自己教唱的歌，可是增之率先嚷道：

“唱《山上的乌鸦》！”

看来她最喜欢《山上的乌鸦》这首歌，而且，她已经带头唱了起来。

山上的乌鸦捎来了，
一只小小的红信封。

增之虽然还只有一年级，却已经习惯于领唱，大概有点天才吧，的确具有使其他同学跟唱的力量。

打开一看吓一跳，
月夜的山峦彤红峰。

许多村里人赶来向老师告别，大石老师随大家一起唱着上了船。

想写回信梦已醒，
但见一枚红叶枫。

孩子们反复唱着，不知什么时候起歌声停了，朝着渐渐远去的小舟喊叫的声音也小了，但始终未停。

“老师……”

“再来啊！”

“脚伤好了再来！”

“说定了！”

“说——定——了——！”

最后是仁太的声音，以后的喊声就听不清了。

“多可爱的孩子啊！”

听到船主的话，老师这才清醒过来，不过她的眼睛始终没有离开不愿离开海滨的人们。

“真的，他们都是些好人。”

“可是，很久以前这个村就被说成顶难弄的村子。”

“是啊。这个村子等了解性情之后，就会觉得她们待人极好。”

“是这样。”

任凭强烈的阳光照射、海风吹拂，老师的眼睛总是紧盯着海角村，仿佛是要将那些变得芝麻大小的人影连同海角一起深深印入心中似的。海上只听得见船橹的声音，然而孩子们的歌声又在老师的耳畔响起，他们圆眼睛中闪亮的光辉是不会从老师眼睛深处消失的。

五、绘花饭盒

今天，海色、山姿依然和昨天一样，在长长的通往海角村的山道上步行上总校的孩子们还是在同一时刻同一场所行动，仔细一看，有几个人的面孔变了，也许是这个缘故吧，大家的表情好似树木的新芽令人感到新鲜。他们之中有竹一，还有叫小矶的矶吉、叫阿次的德田吉次，增之和早苗也随后跟来。

看到这些新面孔，就会知道从这个故事开始的时候起距今已过了四年光阴。四年，这四年间，“一亿同胞”之中的这些孩子的生活与他们所在的村庄、山姿、海景一样，毫无变化地从昨天连到今天。

孩子们没有去考虑这些，他们只是在自己的喜悦和悲哀中成长，他们没有想到自己正处在历史的大潮之中，只是自然地成长着。这是时局激烈动荡的四年。不知他们中间是否有人想到过，他们还太小了，在这些小孩子想像不到的地方，历史在被人写就。四年前，就在孩子们上海角村小学分校之前的3月15日[①]和第二年他们升到二年级后的4月16日[②]，政府迫害为人类解放疾呼、思考日本改革的新思想，在同一国家的日本，有许多人被关进监牢。海角的孩子们中没有一个人知道这些情况，深深印入他们脑海的只有经济不景气的局势，他们也不知道不景气与世界形势有关，只是清楚地知道在世上自然不景气的情况下应该节约，他们得知因不景气东北和北海道发生了饥荒，每人一分钱一分钱地把捐款送到学校。这几年中还发生了满州事变、上海事变，海角村也送出好几个人去当兵。

在这样激烈的动荡之中，幼小的孩子们吃着麦片饭茁壮地成长着。他们不知道今后等着自己的是什么，只是为自己的成长感到高兴。

虽说到了五年级，可仍然买不起运动鞋，孩子们死了心，把这看成人力无法抗拒的不景气造成的结果，依然满足于很久以前就穿的草屐，上总校读书这件新事使他们兴奋不已。当大家发现只有森冈正一人穿的帆布鞋时，都被它吸引过去，叫嚷起来。

“嗬，渔家仔，脚下生辉，啊，眼睛睁不开了！”

大伙儿说他之前，森冈正就有点不好意思，难为情地甚至后悔不该穿这双鞋来。女生中只有小鹤一人穿这种鞋，鞋子太大，每迈一步都可能会脱落下来。小鹤终于把鞋提在手里光着脚走路，她怨恨地望着这双鞋。六年级的女孩脱下自己的草屐换过帆布鞋一试，大声说：

“哟，有十文半[③]，我穿着也大哪！”

大概小鹤家里买鞋的时候打算让她穿三年吧。小鹤已经不敢再穿这双鞋，还是着草屐好走得多。松江笑着对松了口气的小鹤说：

“我说小鹤，饭盒还热着呢。”

说着还拍了拍腰间的饭盒。

“是有百合花图案的饭盒吗?”

小鹤好像在问，你是什么时候买的？松江怯弱地说：

“嗯，那种饭盒爸爸明天会给我买的。”

松江对自己的回答感到吃惊，她想起了三天前的事，当时节子和增之都买

---

① 指1928年3月15日发生的大量逮捕共产党人及进步人士的事件。——原注

② 指1929年4月16日至次日大量逮捕革命进步人士的事件。——原注

③ 日本鞋袜的尺寸，1文合2.4公分。

了盒盖上印着百合花图案的耐酸铝饭盒，松江就去央求母亲买。

“妈妈，小节也买了百合花的饭盒，也给我买一只吧？”

“好呀好呀。”

“真要给买呀！”

“好呀好呀，当然给买。”

“买那种有百合花的。”

“噢，买有百合花或菊花的。”

“那么，你还不快去对铃铛店说。”

“好呀好呀，别那么急嘛。”

“你不想买，光好呀好呀的。我自己去找铃铛店吧。”

松江母亲这才认真起来，不再“好呀好呀”而是快速地说：

“哎，再等等吧。谁来付钱呢？不等爸爸赚了钱回来，我们是会丢人现眼的。好，妈妈一定找一个比耐酸铝更高级的饭盒给你。”

松江母亲就这样混了过去，当松江得知妈妈帮自己找来的是过去柳条行李箱式的饭盒时，丧气地哭了。松江知道，如今已经没有人用这种饭盒盛饭了。她也知道社会不景气已经影响到父亲的工作，做木匠的爸爸没活干的时候会去除草，穷得连一只饭盒也买不起。可是她怎么也想要，她觉得一旦答应用柳条饭盒，那么家里永远不会给自己买百合花饭盒了。她死缠硬磨，最终哭起来，可是，母亲也不肯让步。

“现在不景气，再忍一忍吧，下个月生意好的话，真的给你买。好了，阿松最大，该更懂事。”

可是松江还是在抽抽搭搭地哭泣，这不知什么时候才会停止的哭泣表明她想得多么迫切。若是由她哭下去是不会停的，可是很快发生了一件不容她再哭的事，只听妈妈话音紧张地说道：

“阿松，饭盒一定给你买，可以跟你勾小指。可是现在你赶紧跑去把接生婆给我叫来，对她说越快越好。顺便把杂货店的大婶也叫来吧，虽说不大可能，但情况不妙。”

接着，她自言自语地嘀咕着。看到母亲在藏衣室里铺上棉被，松江这才停止哭泣慌忙跑出家门，小小的身体宛如一颗小石籽似地蹦得飞快，她的心中蕴藏着一个希望，那就是母亲说的可以勾小指的那句话。接生婆的家在本村村口，回程接生婆用自行车把松江驮到半道上，来到一个上缓坡的地方，上了年纪的接生婆停下车说：

“你在这儿下车吧，我得尽快赶去。”

松江点头同意，跟在自行车后奔跑。自行车眼看着越骑越远，很快消失在山里。自从大石老师骑车上班以来，女人中开始流行骑自行车，如今已经不再稀罕，望着接生婆那辆走远了的自行车，松江忽然想到，每天一大早就起来一步步走到镇上去工作的父亲要是也有辆自行车，那该有多好哇。

松江跑回家时，婴儿已经出生了，用绳条系住袖子忙着打水的杂货店的大婶一看到她就说：

"阿松啊，你要当大姐姐了，快帮我到灶下去烧水。"

大婶把铝桶的水直接倒入大锅中，小声说：

"这回是个女孩，还不足月呐。不过，这不很好吗？你说呢，阿松。又生了个女孩你爸爸会泄气的，其实还是女孩子好，尽管不能尽忠义，可是再过十年，我们的阿松还不知会怎么出息呢！"

松江不大懂得大婶说的意思，她只是在灶下一个劲地烧火，只要妈妈有什么事，没有老人的松江家，从小就得由松江上灶。

三天之后，第一次带饭上总校的松江，从锅里把还冒着热气的饭装进饭盒，躺在藏衣室里的母亲提醒她说：

"你爸爸的饭要紧紧地装满两笼，你的要少装一点，你那饭盒可大着呢！要把酸梅子埋到饭里，否则盖子会被顶破的。"

虽说母亲可能会落下月子病，但是童年的松江并不为紧皱眉头、额上缠着手巾的母亲着急。

"妈妈，你真的要给我买百合花的饭盒呀！什么时候给买啊？"

"等妈妈能起床后。"

"等你能起床的那天就买吗？"

"哎，就那天买。"

松江很高兴，对今天借父亲的大铝饭盒带饭也不介意。这个饭盒又大又深，可装入三个松江这样大小孩子吃的饭。松江还没有想到在小学教室里用这么大的饭盒看上去有多么的滑稽，因为她觉得这铝饭盒总比柳条饭盒要强些，再说传到她身上的饭盒的温热也一直热烘烘地暖着她的心。对于小鹤的提问，她不加思索地回答说明天，但是，明天是买不成的，而后天可能会买，想到这儿，她独自笑了起来。她就是带着这种温暖的情感去上学的。不光是松江，其他同学也怀着某种喜悦。增之穿了新的水兵服显得很自豪；琴江因为奶奶给做的草履带用了红色绸布条而喜悦；穿着大学生穿的那种飞白花纹棉夹衣的早苗关心着红色的下摆里子，不时低头去看，早苗的母亲说过，别等人家笑话这衣服太老式后再改。

“我想这衣服太素了不好，才用红下摆里子增色的。再说听人说红色和早苗般配，穿了这件衣服看上去显得聪慧，下摆处可以时隐时现地看到红色。太好了，太好了，里子加得好！”

被妈妈这么一夸，早苗便老实地相信了。穿和服的只有她和琴江二人，琴江也穿一件黑色的不规则花纹的绵绸和服，兴许是她母亲的，连改都没改过，腰部和肩部的褶子都鼓起着。不过，琴江自豪的是屐带上红色的绸布条。走过树林边的草丛旁，只有琴江突然想起了大石老师，朝一棵松方向望去。

“小石老师！”她想在心中亲切地呼唤，可是小鹤就像真的听见了似地走了过来。

“你知道小石老师的事吗？”

“什么事？”

小鹤见琴江不知道，又问早苗：

“你知道吗？早苗。”

“知道什么？”

小鹤扫视着大伙儿，大声问：

“大家知道小石老师的事吗？”

消息不管何时总是来自小鹤，大家不由地围住她。得意的小鹤照例睁大线带割开般的小眼睛，却怎么也睁不大，她环视大家说：

“小石老师哪，有好事、好事，得吃糖！”

说着她在增之耳旁小声耳语，心想只有让她和自己知道，谁料增之却实[突]然发疯似地嚷起来：

“嘿，她要出嫁！”

“哎，别急。我说……”小鹤卖关子似地故意慢吞吞地说，“还有新婚旅行呢，我告诉你们吧。”

“好！”

“好！”

“一个金字，一个毗字，一个罗字。”

“知道啦！去金刀比罗宫！”

“对啦！”

爆发出一阵欢呼声，走在百米前的高年级男生们回过头来看看，又朝前走去，大家从后面快步赶了上去，嘴里还吵吵嚷嚷地议论着小石老师的事。这是前天的事，昨天小鹤父亲听来的。增之认为，小石老师若是出嫁，大概会辞掉学校的工作。小鹤赞同，她清楚地记得，小林老师也是因为结婚才停止工作的。不过，最先说出不希望老师辞职的也是增之，这一回早苗和琴江竟也难得表示了赞成，早苗对琴江说：

“我真想再见小石老师一次。”

“嗯，上一次的面条，可真好吃。”琴江说。

大家都清楚地记得四年前的往事，对大伙儿来说，小石老师来不来学校成了大问题，大家不知不觉地加快了脚步，一溜小跑的增之提议：

“打赌吗？小石老师来还是不来。”

“打赌，赌什么？”

一打就响，小鹤随声应道。

“输了就……就……用戒尺打五下。”

森冈正说完，增之就高举起右手。

“打五下，输了也行！我说老师在学校！”

“我也说在！”

“我也是！”

真怪，居然所有的人都说小石老师到学校来了，打赌的事只好作罢。大家走近学校，五年级新生个个神情严肃地走进校门，突然发现小石老师正从教师办公室窗口望着大伙儿呢。她招手让大家过去，学生们一起朝她跑去。

“我心想你们该来了，一直等着大家。请等一等！”

小石老师说着跑出来，把学生们带向土堤，她一一注视着学生的脸说：

“都长大了！现在已经追上老师了。哟，小鹤快超过老师了。”

说着她与小鹤比身高。

“嘿，我矮。不过，这也没法子，小石老师嘛。”

大家都笑了。

“你们都叫我小石老师，所以我永远成不了大石老师。”

大家又笑了，一个劲地笑着，谁也不说话。

“怎么啦，都挺老实的嘛。到五年级就变得这么老实了？”

大家还是只顾微笑，这是因为他们觉得小石老师和过去相比有点变了，肤色白皙，靠近她身旁，可闻到紫花地丁一般的清香。大家知道，这是新娘的香味。

“老师！”增之终于开口了，“老师还教我们学唱歌吗？”

“教。不光教唱歌，这次还当你们的班主任呢！”

欢呼声响起，学生们一下子放开谈兴，“老师、老师”地叫个不停，随着喊声传来了海角村发生的各种事情，连大海的景色也包括在内。琴江家的奶奶最近中风了;小矶的母亲因风湿病卧床;早苗额头的擦伤是前不久和节子两人并肩跑台阶从路上跌下海滨时受的伤,还有阿次家的三只猪患猪霍乱死了,她母亲急病了……怎么也唠不完。

小鹤抓住老师的身体摇着问:

"老师知道仁太为什么不来吗?"

"啊,我一直想问呐。怎么啦,是生病了?"

大家都不马上回答,互相对视着发笑,老师也被引笑了,她忽然想到,一定是仁太又干了什么意想不到的事。

"怎么啦?是生病吗?"

老师看着早苗的脸问,早苗不吭声,摇摇头,视线向下。

"留级。"节子回答。

"哟,是真的?"

像是要逗吃惊的老师发笑,小鹤说:

"因为他总淌鼻涕。"

大家都笑了,可是老师没笑。

"这是胡说。要是淌鼻涕就要留级,那么你们一年级时就都留级了。大概是因为生病什么的休长假吧。"

"可这是男老师说的,他说淌鼻涕的人要暂缓升级,仁太到了四年级还是改不掉淌鼻涕的毛病,得再读一遍四年级。"

对小鹤的话,大伙儿都报以嗤嗤的吸鼻声。老师也笑了,但是她马上露出担心的神色。上课的钟声响了,老师和同学们告别,一边回教员办公室,一边还想着仁太的事,轻声叹道:"真可怜。"一想到留级的仁太将成为弟弟三吉的同学再一次学习四年级的课程,她的心情就沉重起来。如果淌鼻涕的就得留级这话真是男老师说的,她觉得把仁太留在四年级这种做法本身,正是对仁太淌鼻涕的放任,大个子仁太的纯真因此丧失的话,将是仁太一生的不幸。今天,独自一人留了级的仁太的寂寞切切实实向老师逼来,她反复自语。

淌鼻涕的人要暂缓升级
淌鼻涕的人要暂缓升级

仁太为什么要被留下呢?

大石老师想再一次去问竹一,等到午休时便来到户外。她走到可望见操场的河堤上的柳树下,没找到竹一,最先看到的是松江。不知为什么,松江一个人倚在校舍的墙壁上发楞。

老师一招呼，她就跑到土堤下边来笑了，那双眼睛活像她的母亲。她伸出手，以更像她母亲的神情腼腆地被老师拉上河堤。松江并不知道老师想打听仁太的事，仿佛要从困挠[扰]自己的窘迫中逃脱出来似地无可奈何地叫道：

“老师。”

“什么事？”

“我，我的妈妈生了个女孩。”

“嗬，恭禧你。叫什么名字？”

“嗯，还没起名字，前天刚生的。明天、后天、大后天。”松江说着慢慢地曲起三个手指，“第六天是起名日，这一次我要想个喜欢的名字。”

“是嘛，已经想好了吗？”

“还没呐，刚才我在想咧。”

松江忽然喜孜孜地笑了，“老师！”她叫了一声，好像有别的事要说的样子。

“唉，唉，看上去挺高兴的，什么事？”

“等妈妈能起床后，她说要给我买个耐酸铝饭盒，就是那种盖子上印着百合花的饭盒。”

松江发出轻轻的呼呼声，脸上充满喜悦的神彩。

“哟，这太好了，有百合花图案的饭盒。对了，婴儿的名字也叫百合吧？”

这时，松江激动得扭起肩胛，宛如要用整个身体表现自己的羞涩和喜悦一般。

“还不知道哪。”

“咳，该知道啦，就叫百合吧。百合子，还是百合江？老师喜欢百合江，近来叫百合子的太多了。”

松江使劲点点头，高兴地抬头望着老师的脸。老师觉得自己还是第一次看到松江的眼睛这么亲热，老师对她那双睫毛很长的黑眼睛倾注了自己的感情。仁太的事暂且搁下了，心中不知不觉地变得十分平和。松江也大为开心，她没告诉老师，吃午饭的时候，自己所带的爸爸的大饭盒遭到小鹤和节子的嘲笑，所以她才离开大伙儿独自呆着的。但是此刻，这种无精打采的心情好似夏季沐浴了朝露的青草又恢复了元气。这种只有自己受到老师特别关怀的愉悦，松江不想告诉任何人。然而，在这天回家的路上，她还是说出了口。

“我给妹妹起名叫百合江。”

“百合江？哼，还是百合子别致吧！”

小鹤抢白。松江挺起胸脯说：

“可是小石老师说百合江这个名字少，好着呢！”

小鹤故意跳起来说:“什么?小石老师怎么会说,哼!”她用搜寻的目光注视着松江的脸。

“啊,我明白了。”

她把并排行走的节子拉到后面,窃窃私语。又对富士子、早苗、琴江一一耳语。

“对吧,是这样的吧。”

三个老实的小姑娘只能以软弱的沉默来表示不赞成小鹤的说法,小鹤想孤立松江的企图没有得逞。和小鹤要好的增之今天去了母亲的店里,没在场,这使小鹤处于弱势。她对大家说松江为了博得老师的青睐,一个人去拍小石老师的马屁。没想到因此反遭到大伙儿孤立的小鹤,闷闷不乐地一声不吭,走在最前头,大家也默默地跟在她身后。

拐过一个山角,走在前面的小鹤突然停下脚步望着海上,就象跟着领头大雁一样,大家也朝那个方向望去。小鹤起步后,大家也跟着再向前走。不一会,大家不知不觉地停下了脚步,视线集中到海上。

小鹤是最早发现的呢,还是这会儿和大家一起刚注意到的呢。只见一艘渔船迅速地摇着船橹航行在春天宁静的大海上。两个扎着头巾的光身子男子正用力摇着船橹,两支船橹后面绽开了宽宽的水纹,渔船飞也似地朝对岸的集镇驶去。

孩子们顾不上呕气了。

谁家出了事?

大家面面相觑。从渐渐消失的船橹刚划出的水纹上,大家知道海角村突发了大事,一定是急诊病人,孩子们看到船身中央铺着棉被,有人躺着,船很快驶远了,上面的人无法判别。渔船犹如转瞬而逝的梦幻,像飞鸟的影子一样驶去了。然而,没有一个人把这当作梦幻。每一年或两年,海角村总会发生一次将急诊患者送往集镇医院的大事,孩子们正在追忆以往的大事。小石老师也曾这样被送走过。是谁受了伤,或是患了急性盲肠炎?

是什么事呢?

是不是有人得了盲肠炎?

从后面赶上来的男孩子们也聚在一起议论。姑娘们没人吭声,每当男生说话时她们就注视着他的脸。这时,松江突然想起了今天离家时母亲的脸,刹那间一种阴郁的不安笼罩了她。这不可能!松江有力地否定了它。可是,一想起妈妈紧锁着眉说头痛和紧紧地绑扎额头的手巾结头处隆起的皱纹,一种无法排除的忧虑又袭上心头。妈妈曾提出想要爸爸别去干活,但今天爸爸的工作是不能停止的。

“可以让松江别去上学。”

听爸爸这么说，妈妈又说那也行。接着对松江说：

“可今天学校是第一天开学啊，你别贪玩，放学就回来。”

想到这儿，松江忐忑不安了，她不知不觉地跑到大家前头，其他同学也跟着跑起来，直跑得迈不动步，才看到海角村的民房。这时，松江的膝盖打颤，张着嘴大口喘粗气。村口是杂货店，看到隔壁自己家门前飘着尿布，她放心了。可是她马上又想哭，心脏几乎要停止跳动，因为她发现在井边的不是妈妈，而是杂货店的大婶。她像一颗蹦跳的石籽一样跑下坡道，一跨进门，立刻冲进妈妈躺着的藏衣室，妈妈不在。

“妈妈……”

家里寂静无声。

“妈、妈……”

喊声变成哭声，从杂货店里传来了婴儿的哭声。

“哇、哇，妈妈——”

松江声嘶力竭的哭喊声在广阔的海空中回荡。

六、月夜河蟹

五年级的教室在河边新盖的校舍头一间，从朝河的窗口看去，中间夹着一块恰如纺织出来的三角地，高高的石墙呈直角形插入河床，为防止危险而筑起的河堤距地面有三尺高。然而河堤并不起什么作用，哪怕有一点儿玩耍的时间，孩子们也会顺着石墙下到河里，尤其是男生。上游没有一户住家，潺潺的流水晶莹清澈，从山上流下来，到这儿才与人接触，凉得惊人。对孩子们来说，只要手脚能触到水，就感到十分满足、畅快异常。河水在这儿首次接触人手，遭到堵截而变浑了，也不知谁说河里有鳗鱼，孩子们的兴趣都集中到河底，每天都可以听到河堤上看热闹的与河里“渔夫”莫名其妙的搭话声，孩子们翻动了河底的石块，寻找着一次也未捕获过的鳗鱼，可抓到的是尽是河蟹。即便如此，大家仍很感兴趣，“渔夫”和围观者有增无减。由于河水不到脚踝子深，孩子们在河水玩耍也没有危险，所以小石老师也不说什么，看着孩子们玩。

“老师，送你一只河蟹吧？”森冈正抓住一只呈保护性泥色的、脚上长满长毛的河蟹，伸直手臂递过来。

“我不要那东西。”

“可以吃的，老师！”

"不,吃了它,手上脚上都要长胡子的。"

河里和堤上响起一阵笑声。窗边的老师也笑得直不起腰来。就在刚才,老师还怀着与此无缘的心情眺望着窗外开阔的景致。河里和堤上不知不觉地聚起了海角村的孩子们,可是里面却看不到松江,从视线里消失的她的身影,不时占据着老师的心头。

自从母亲去世后,松江一次也没在教室里出现过,从前排数去的第三排靠窗的座位已经空了两个月。想到开学那一天松江说的事,老师买了带百合花图案的饭盒作为礼物送去松江家,那是在她母亲去世后一个月的时候,当时正好川本木匠在家,他叫苦不迭地说,只要婴儿不死,就不可能让松江去上学。事情十分明了,所以老师没有提让松江上学的事,只是默默地注视着她的脸。驮着小妹妹孤零零地坐在父亲身边的松江也沉默不语,她的眼睛看上去有点浮肿,好像大脑功能已经丧失了似地奇妙地发呆。老师把饭盒放在她的膝盖上:

"阿松,这是百合花饭盒哟!你上学的时候就用这个饭盒吧!"

松江点点头,并未露出什么高兴的神色。

"你若是早一点来上学就好了。"

此言一出口,老师不由一惊,这样说将意味着让婴孩快死。她不由地红了脸。可是松江父女好像并没往这一点上想,只是以感激的眼神接受了它。

没过多久,听说婴儿还是死了,老师为松江松了口气,然而松江仍然没来上学。向增之和琴江打听,她们也道不明白,最后,老师写了一封信,那是在十天之前。

——松江,小妹妹百合江真不幸呀。不过,这是无可奈何的事,请在心中怜悯她,要振作起来。你什么时候上学校来啊?老师每天看到阿松的空座位都要想阿松,快来吧,来吧,阿松!快来和同学们一起学习吧!——

信是托离松江家最近的琴江捎去的,然而,老师也知道,这封信对松江来说是多么强人所难的要求啊!小妹妹百合江虽然不在了,但是她还有两个弟妹,刚成为五年级学生的她,将靠自己年幼的头脑和小小的身体,勉强承担一个家庭主妇的角色。不管她如何讨厌都无法摆脱。为了让爸爸能外出工作,年小的松江得下厨,得去洗濯,宛如雏鸟一样互相依靠的姊妹三人等待父亲回归的可怜的情景在老师的眼前晃动。法律规定国民有让这么年幼的孩子上学的义务,却没有因此保护孩子的制度。

第二天,琴江见到老师就报告说:

“老师，昨天我送信去阿松家，可她家来了一个不认识的阿姨。我问阿松在家吗？她说不在。我没办法，只好请那位阿姨把信交给阿松。”

“是嘛。谢谢！阿松的爸爸呢？”

“不知道，没看见。……那位阿姨擦着白粉，穿着漂亮的衣服。小鹤说，莫不是嫁到阿松家来的新娘吧。”

琴江腼腆地笑了。

“要是这样，阿松可以来上学该多好。”

那以后又过了十多天，松江还没有来。那封信她不知看到了没有？老师望着窗下，心中忽然腾起疑云。阿正抓到三只河蟹，把它们装入空罐，得意洋洋地爬上石墙。三角形的空地上有一棵杏树，夏季将临，杏树长得青绿茂盛，黑黑的阴影投向河堤，聚在树下的海角村的女生们迎着蟹勇士，争先恐后地说：

“渔家仔，给我一只呀。”

“也给我一只。”

“我也要。”

“我跟你说好的。”

“只有三只蟹，却有四个人要。”阿正思忖着激动起来。

“你们吃还是不吃？”

他巡视着大家的脸，想说他送给要吃的人。小鹤抢先说：

“吃的吃的，月夜的蟹可鲜美呢。”

阿正一听冷笑说：

“撒谎，只有没月亮的黑夜的蟹才好吃呢！”

“胡说，是月夜的好吃。”

“嗨，听着，听着！月夜的蟹瘦，不好吃的。”

阿正很自信地说。小鹤也不愿示弱，她学着阿正的口气说：

“嗨，听着，听着！月夜的蟹好吃，你全都给我，我试着吃了。”

“不，你知道这种河蟹吗？这可不是海蟹呐。”

听到这句话，女孩子们叽叽喳喳地冲着窗边的老师七嘴八舌地问：

“老师，月夜的蟹和黑夜的蟹，哪一种好吃？”

“老师肯定认为月夜的蟹好吃。”增之、小鹤和节子她们说。

“我说呀，好像是黑夜的好吃……”

男孩子们一起哄起来。

“你们瞧，瞧呀！老师怎么说？”

这时老师又笑着说:“不过,我觉得似乎还是月夜的好吃……”

女孩子们举起双手,高兴得雀跃,喧闹声更加有趣,谁都没把这事当真对待,唯有阿正热切地注视着老师嚷道:

“老师别胡说!”

这一来,女孩子们又嚷起来。

“你敢说老师胡说!”

“嗬,渔家仔说老师胡说。”

阿正搔着脑袋,等待大家平静下来,还是认真地说:

“不过,老师,这里面是有道理的。有月亮的夜晚,蟹这傻瓜会把我们人影当作妖怪,惊吓后就瘦了,而黑夜没有人影,它就很放心,长得肥。所以,月夜的蟹不是抓到后照样放掉吗? 干瘪瘪的,不好吃呀。到了黑夜,蟹长得壮实经嚼,那才美味呢。老师,这是真的,你不相信,可以试试。”

这一天阿正开玩笑地说完便作罢了,可是,第三天,森冈正果然拿来了月夜捕捉的蟹,第一节算术课前,他把装蟹的葫芦竹篓递过去说:

“老师,蟹! 是月夜的蟹,干瘦的,不好吃的月夜河蟹。”

河蟹是这天早晨刚捕到的,还活着,发出抓扒竹篓的声响,大家都笑了。

“渔家仔,你真拿蟹来了?”

老师也笑了,无可奈何地收下。这些蟹死到临头似乎还想千百计地摆脱自己的厄运,在窄小的竹篓中拼命乱爬。不知什么缘故,两只蟹的大钳子都被拧落了一只,一副可怜相,只有剩下的那只钳子向上舞动,吐着泡沫准备钳夹别的东西。

“真可怜,要老师吃掉它们吗?”

“嗯,这是说好的。”

“放掉算了。”

“不,这是说定的。”阿正回过头去征求大家的同意,“是吧?”

男生们乐得直拍巴掌。

“那这么办吧,待会儿请校工煮一煮,今天理科上课时研究一下怎样? 然后以蟹为题写一篇作文。”

“好!”

“好!”

大受赞同,竹篓挂在靠窗立柱的钉子上,这堂课上蟹不时发出抓扒竹篓的声响,引得大家直笑。

下课后,老师取下葫芦篓,亲自送到校工那儿去了。小鹤和琴江好像有事似地跟在老师后面。

“老师!”喊了一声后,老师回过头来。

“告诉你阿松的事。”

“阿松?”

“是的,阿松昨晚坐船到大阪去了”

“哎?”

她们俩抬起头望着不由停下脚步的老师的表情,琴江很认真地说:

“她去给亲戚家当女儿了。”

“是嘛!”

“所以,阿松家只剩下她爸爸和弟弟了。”

“那,阿松她看上去高兴吗?”

琴江没有回答,摇了摇头。小鹤接着说:

“阿松说不去,起先,她抱着院子门口的柱子哭。阿松爸爸很为难,先是和蔼地哄她,可阿松怎么也不肯离开,后来,她爸爸用拳头揍她脑袋和捅她脊背,阿松哇哇大哭,大家都没法子。杂货店的大婶好劝歹劝,才使阿松答应下来。大家都淌下同情的泪水,我也流了泪,真没治。大伙儿说要送她到半路上,可是阿松一声也不吭。对吧,阿琴! 后来……”

老师突然用手帕捂着脸,呜呜地哭起来。两人吓了一跳,小鹤不吱声了。不知什么时候,早苗和增之也来到跟前,不知所措地望着一只手拿着葫芦篓、用手帕掩着眼睛的老师,大家的眼睛里都饱含着因此引发的泪水。

这以后,靠窗第三排松江的座位又空了一阵子,有时候,老师会默默地坐在这个松江只坐过一天的座位上。后来,很快调整了座位,这个位置由男生坐了。从此,再没听到松江的消息——老师不问,学生不说,松江也不来信。难道松江的身影已经被大家从心头忘却了吗? 这个五年级的女生连告别都没来,就不知去向何方……

转眼到了即将升上六年级的三月初,春天已经来临,却又下起了少见的春雪。脱了一班汽车的大石老师在学校前的停车站下车后,打伞冒雪跑来。刚进教员办公室,就因屋内异常的氛围而不由地站住了。她一一看了十五位老师,好像要和谁说话。人人都在担忧,紧绷着脸。

“怎么啦?”

老师问同事田村,田村老师用下颏冲着里屋的校长室点点,好像示意说别出声,然后轻声说:

"片冈老师被警察带走了!"

"什么?"

田村再次摇头示意老师别说话,并说:"现在警察还在。"

她用眼神告诉说,他们正在校长室里,她对老师耳语,刚才还在搜查片冈老师的办公桌呢。看来大家全然不知道真相,他们围着火盆沉默着。上课铃声总算让大家清醒过来,走到走廊上。大石老师走到田村身边立即问:"怎么回事?"

"听说是赤色分子。"

"赤色分子?为什么这么说。"

"为什么,不知道。"

"可是为什么说片冈老师是赤色分子呢?"

"你问我也不知道。"

正好来到教室前,她们笑着分了手,但是心里却留下了阴影。这些一无所知的学生,大概因下雪而兴奋的缘故吧,他们看上去比平时来得精神。站上讲坛,理应摒弃一切杂念,但是,任教五年来,再也没有比这堂课使大石老师觉得漫长的了。第一节课上完后回到教员办公室,见大家都松了口气。

"警察回去了。"

一个年轻的师范毕业的独身男老师笑着接着说:

"做得太老实就像傻瓜。"

"你这算什么话,说话得像个老师……"

被人捅了一下,大石老师才停下话头,捅她的是田村老师。

副校长出面解释说,片冈老师只是作为参考人,现在校长已经去保释他了,马上就会回来的。据说主要问题不在片冈老师,而是附近集镇小学的一个叫稻村的老师对自己班的学生鼓吹反战思想。稻村老师和片冈老师是师范学校的同学,所以遭到了搜查,不过,听说他们毫无关系,也就是说没查到证据。警察所查的证据就是稻村老师任教的六年级学生的作文集《草籽》,这本书在片冈老师的家里和学校的办公桌里都没找到。

"哟,《草籽》这本书我看过。不过,为什么说它是赤色的证据呢?"

大石老师不可思议地问道。副校长笑着说:

"所以说老实人是傻瓜嘛。这话要是让警察听到,大石老师也会被打成赤色分子的。"

"哎,这就怪了,我不过佩服《草籽》中的作文写法,还在班上念给学生听了,像《割麦》啦,《酱油店的烟囱》等文章,写得真好哇。"

“危险，危险！那本书是你问稻村君要的吗？”

“不，我看到那是寄给学校的。”

副校长顿时慌张地问：

“现在它在哪儿？”

“在我们班教室里。”

“请去给我拿来！”

誊写版的《草籽》立即被投入火盆里烧掉了，犹如沾满鼠疫菌那样慌忙烧毁了它，那茶色的烟雾升腾到天花板，又从开得很小的玻璃窗缝中逃走了。

“嗨，本来应该不烧交给警察才对，可是那么做大石老师又要被他们带走的。反正，我们总是忠君爱国的。”

大石教师默默地看着那烟雾的去向，仿佛并没听见副校长的话。

次日报纸上以大标题“腐蚀纯真灵魂的赤色教师”报道了稻村老师的事，这就像用铁锤敲击乡下人头颅那样使他们震惊。在学生中极有威望的稻村老师，一朝便不得不“堕落”成国贼了。

“哎，可怕，可怕！做人可得不好不坏、平平庸庸才行。”

上了年纪的副训导员小声嘀咕着，其他老师都不想发表意见和感想，只有大石老师一人紧盯着大肆渲染的新闻报道中第四、五行字的地方，这里记载着稻村老师的学生们每人拿了一只鸡蛋涌到警察署要求警察把鸡蛋送给关在寒冷的拘留所里的老师。

今天已经来上班的片冈老师好像一下子成了英雄似地受人欢迎，仅仅一天就消瘦下去的他回答了“怎么样了”的提问，他用手摸着刮了胡子后发青的地方说：

“别提了，现在想来，这事真傻，稍不注意，就会被人与赤色挂上钩的。他们说稻村说和我碰过四五次面，还说我读过小林多喜二的书。我说我连小林多喜二的名字也不知道。他们就说，你这混蛋，前不久报上不是登过了吗？被他们一提，我记起最近确有其事。他是小说家，死在警察局吧。”（其实小林多喜二是因拷打致死，但是报纸上说他死于心脏麻痹。）

“啊，有的，有的。赤色小说家。”年轻的独身老师说。

“他的那本叫无产者什么的书被没收了许多。那个稻村在师范学习的时候就喜欢书。”

这一天上国语课时，大石老师试着冒了冒险，因为学生们已经知道《草籽》和那位老师的事。

“哪些同学家里订了报纸？”

四十二名学生中有三分之一举起了手。

“哪些人读报？”

有二三位同学。

“谁知道赤色是什么意思？”

没有人举手，大家互相瞅着，一副或多或少知道一些，又不能清楚地加以说明的神情。

“谁知道什么叫无产者？”

没有人知道。

“资本家呢？”

“我知道。”有个学生举了手，老师指名后，他回答说：

“就是有钱人。”

“嗯，就算对。那么，什么叫劳动者？”

“我知道。”

“我知道。”

“知道。”

几乎全班同学都举起了手，能够亲身感知、带着自信举起手回答的只有提问到劳动者的时候，大石老师也一样。要是有个学生问她上述问题时，她也会回答说：“老师也不大明白。”

五年级的学生还不具备这种能力，但是，这件事以后很快被禁止再谈，上课就这么问了几句不知是谁说了出去，大石老师被校长叫去受到警告。

“不当心会惹麻烦的，现在可是不能随便乱说的时候。”

校长和父亲是朋友，或许因为这层特殊关系，这件事到此就算过去了。然而，大石老师那明朗的脸上不知何时起蒙上了愁云，这件事便是根源，它与不曾怎么留意的《草籽》一样，难以消除的阴影渐渐变得浓重了。

六年级的秋季修学旅行鉴于形势，这次不同往年总去伊势，而是决定到附近的金刀比罗宫[①]。即使如此，还是有许多学生不能去。这一带的农村与劳动相比更注意节约，要不住店，自己带去三餐饭才能得到家长的首肯。在两个班级的八十名学生中，能去的也只有六成，尤其是海角村的孩子，快到报名截止日了还无法决定，他们互相揭出了各自的内情。

“老师，小矶夜晚睡觉尿床，不能去旅行。”增之说。

---

① 金刀比罗宫位于香川县，内有金毗罗神像，日本民间把它当作保护航海之神来尊崇。

“可是，我们不住夜啊。早晨坐船外出，晚上坐船回来。”

“不过，早晨船是四点的，上船还得睡。”

“睡也只有两个小时，再说大伙儿都不会睡的吧。增之又为什么不去呢？”

“家里说感冒了不好。”

“啊哟，宝贝的独生女儿。”

“不过，旅行的钱得让家里多存上一倍。”

“是嘛，钱另外还可以存的，让家里同意你去旅行。”

“不过，要是受了伤就不好了。”

“哟，为什么？一旅行就会感冒、受伤，那谁也不会去了。”

“大家都甭去算了。”

“嗨，那怎么行！”老师苦笑着。

“老师，金刀比罗宫我已经去过了，坐我家的渔船去过三次，这次不去了。”森冈正这样说。

“是嘛，不过，和大家一起去是第一次吧？去吧！你家是搞渔业的，今年每年都会去，不过，老师敢说，你以后一定会觉得修学旅行时去金刀比罗宫那次最有意思。”

加部小鹤一边说自己不去，一边却如此叙述也不参加旅行的木下富士子家的事。

“老师，富士子家借了许多钱，哪儿谈得上去旅行！那么大一个家，马上要被收去抵债，家里已经没东西可卖了。”

“这事可不能瞎说。”

背上被轻轻拍了一下之后，小鹤吐了吐舌头。

“淘气鬼！”说着，老师想到了富士子的家。第一次到海角工作时，就听说随时可能易主的富士子家，仓库的白色墙壁北面已完全剥落，出身于世家的富士子好像并没忘记自己的门第，总是那么沉稳，是个很少哭泣、不苟言笑的少女。小鹤和盘托出她家的秘密，她只是冷眼相视，那种气度是其他人学不像的。她的绰号叫“瘦死骆驼（大于牛）”，来自她父亲的口头禅，看上去她对这个叫法还满意。

这一点小鹤倒也爽快，她说别人，可自己被人说了也不在意。她们一家人一起劳动，表里如一。比方说，小鹤的绰号叫“吊眼皮”，这时[是]她眼皮卡脓疙疽的疤痕向上吊起的缘故，尽管那不算什么大的疤痕。要在一般人，尤其是女孩子被人嘲笑说“吊眼皮”准会哭鼻子的，而小鹤却不同，仿佛是说别人的事一样，毫不在意。

“那么随便地叫咱吊眼皮吊眼皮的，其实咱这模样与那些想搞才搞成的吊眼皮还不一样呐！”

这是她母亲和家人们的话，至于不去旅行的原因她也毫不隐讳地全倒了出来。

“老师，我家嘛，借互助会①的钱买了条大船，所以必须节省。金刀比罗宫我决定以后等自己挣了钱再去。”

要求小鹤别不客气地讯问别人家的经济状况，别议论他人，可她还是满不在乎地照说不误。她说小节不去是因为贪心，说琴江和早苗是家里弟妹多，谈不上去旅行等等。

然而，到了旅行的前两天，报名者一下子增加了，海角村的学生除了增之以外，都决定参加。

起因可能是沉默寡言的吉次取出去山里运木头时赚下的存款报了名的缘故。吉次一去，怎么也憋不住的是小矶，矶吉把自己步行零售豆腐、油豆腐的辛苦钱也存了起来。既然连小矶也去了，阿正和竹一就不能不去。阿正打渔，想起自己也有储蓄，竹一说要用卖鸡蛋的钱去。海角村勤俭的孩子们谁也不曾想到为了这次旅行要动用存款，尽管家人说不取存款也行，可是阿正他们还是坚决要取，他和竹一还特地一起去了邮局。

男生们一动，女孩子们也无法保持沉默。经济上最少担忧的节子去约富士子，她俩的母亲之间关系很好。富士子并不知道自己家的上等砚台盒已经归了节子家，富士子因此也能去了。得知她俩去的消息，小鹤便坐不住了，她马上嚷嚷起来。

“小节和富士子她们都去旅行了，我家穷也得拿点钱，让我去嘛。”

小鹤一本正经地说着，顿足睡[捶]胸地大哭，她的小眼睛因此显得更小，红肿起来。小鹤的母亲眯缝起和小鹤一样的眼睛，笑着给小鹤出了难题。

“小节家有钱，富士子家你也知道，怎么说也是庄头。我们不能和那些老爷家比。这么着吧，要是小琴她去，我也让小鹤去，你去和小琴商议商议吧。”

母亲大概以为琴江不可能去才这样说的吧。可是，跑去的小鹤笑吟吟地回来了，她喘着粗气说：

“阿琴说去。”

“真的？”

---

① 原文为“赖母子讲”，是一种由部分自愿者组成的按月存款轮流借用的民间金融互助组织，起源于镰仓时代。

“是真的，她奶奶在，是她这样说的。”

事情太顺当，小鹤母亲不免疑心，跑去讯问，因为她觉得这是爱多嘴的小鹤先这样对琴江家鼓动的。

“咱家的小鹤又跑来多嘴多舌了吧？”

小鹤妈试探着问，像其他渔民一样，晒得乌黑的琴江母亲露出洁白的牙齿笑着说：

“一生就一回，这一次旅行就让她去吧！老让她看孩子，也够苦的。”

“那咱家的小鹤也一样。可是让他们穿什么衣服去呢？”

“我下决心给她买套水兵服。”

“恐怕得花很多钱吧！”

“嗨，别这么说！给小鹤买吧，下面的孩子也可以穿。”

“哼。”

“早苗决定去了，小鹤也得给她一次鼓励呀！”

“是嘛，早苗也去了！难怪小鹤憋不住。好吧，好吧！那咱们穷人家也摆一次阔吧！”

事情的经过就是这样。然而到了这一天，早苗说患感冒不能去了，可是，她的喉咙不痛，鼻子也不塞，痛和塞的大概还是她母亲的钱包，为了早苗旅行去卖的珊瑚玉发簪没卖到预定的数目，所以买不了水手服。早苗母亲一边抱怨旧货商，说他趁人之危榨取别人，一边又和蔼地对早苗说：

“你穿和服去好吗？”

早苗一副哭丧相，妈妈又说：

“穿姐姐漂亮的和服，长的话打褶弄短些怎么样？”

“……”

早苗的泪水滚落下来，紧抿着的嘴角处微微颤抖，她无法判断二者中取哪一样好，但是，看到母亲左右为难的面孔时，突然下了决心。

“我不去旅行了。”

谁也不知道早苗不去的原委。修学旅行团一行 63 人出发了，男女老师各去了两名，当然，大石老师也参加了。清晨四点上了船，没有人要睡，在〖一〗片嘈杂声中，还有人唱起了《金毗罗船谣》。

此时，大石老师独自陷入沉思，总不肯从她思绪中离去的是早苗。

——她真的是患了感冒吗？

除了早苗，还有十多个孩子都以各自的理由没参加旅行。老师特别惦念早苗，也许是因为在海角村的孩子里只有她不参加的缘故。升到六年级，增之住到母亲家，已不再和海角村的孩子们结伴同行，一想到早苗今天一个人沿着那条通往海角村的山道去上学，老师就对今天不参加的孩子不能休息感到不安，再想到在没有老师的教室里无精打采地自修的学生不光是早苗，怜悯之心油然而生。

旅行团从多度津坐第一班火车去金刀比罗宫参观，有的学生又唱起了《金毗罗船谣》，淌着汗攀登长长的石阶。大石老师一阵颤抖，在去屋岛的电气列车中，坐上缆车后，颤抖仍不时向她袭来。膝头有一种被水淋过的不舒适感，她无心欣赏四周的秋色，慢慢走进纪念品商店，买了几套相同的名信片。她觉得，至少得为留在学校的孩子们带点小礼物去。

离开屋岛后，大家又到这次旅行日程的最后一个参观点高松去。在栗林公园吃晚饭的时候，老师意识到连盒饭也成了自己心头的包袱，她让想吃的同学分掉了自己剩下许多的盒饭，这才放了心。她们一一沿着薄暮笼罩的高松街朝筑港方向走去，老师一心想快点回家。

“大石老师，你的脸色发青呀!”被田村老师提醒后，老师战抖得更厉害了。

“大概是太累了吧，老打寒战。”

“哟，这可不好，吃药了吗?”

“刚才服了清凉丹。”说着，不由地“扑哧”一声笑起来，“还是别清凉的好，该吃一碗热面条。”

“是啊，我陪你去。”

话是这样说，可是前后左右都是学生，所以田村老师决定把他们送到码头的候船室后再去。向男老师说明了情况，两人分别悄悄地走出来，为了不引人注目，她们拐起了大街旁的小街，那里也有许多纪念品商店和食品店。低矮的屋檐下挂着一盏盏大灯笼，上面尽是些“面条”“寿司”“鲑鱼”“鲜鱼”等大字。两人侧目望着一家狭窄的脱鞋处屋顶上装饰着人造季节花红枫叶的店家，田村老师说：

“大石老师，这里有面条和感冒药吧，就在这儿吃吧?”

大石老师正要应声，“来碗油炸面拖鱼虾面!”一个少女的大声吆喝使她吓了一跳。这喊声震撼了老师的心，她几乎失声叫起来。喊声是从这一带少见的绳帘里侧的店堂处传出的，大石老师不禁往里看去，只见一位头发梳成桃型顶髻的少女、头戴亮闪闪的发簪和人造红枫叶，双手交叉放在红色围裙前站立着，天真无邪的脸正朝着路边，因此她肯定看到了大石老师，也许她把站着的两位老师当成顾客，便用和刚才一样的声调喊道：

“欢迎光临。”

这招呼声使老师毫无疑问地认定对方，尽管少女梳了日本式发型，身穿老成的横条纹衣裳，但那长长的眼睫毛是非她莫属的。

“松江，你是阿松吧！”

突然被进门的客人喊了名字，梳着桃型顶髻的少女惊异地向后退了一步。

“你不是去大阪了吗？阿松，一直在这儿工作吗？”

被老师紧盯着的松江这才恍然大悟似地抽泣起来，老师不由地抱着她的肩头把她带到绳帘外，里面传来急急的木屐声，老板娘一下子蹿出来。

“是谁呀，一声不吭地把人带出去，我们可不好办哪！”

她疑心重重地说。松江这才开口小声说话，像是为了消除老板娘的疑虑。

“这是大石老师呀，妈妈！”

大石老师最终还是没空吃面条。

七、振翅飞翔

修学旅行回来后，大石老师的健康似乎一直不佳，进入第三学期后不久，因病休息了将近二十天。一天早晨，一张明信片送到大石老师的病枕边。

> 拜启：
>
> 老师的病好些吗？每天在学校早会时我都为老师担心。大石老师不在没劲，小鹤和富士子都这样说，男生也这样说。老师，请快快康复、快来学校吧，海角村的学生都在挂念着您。小夜奈良(再见)！

被海角村那些学生的真挚的感情打动而突然涌出眼泪的老师看到最后的“小夜奈良”，不禁笑了起来。明信片是早苗写来的。

“瞧，她借这几个字来表示再见，妈妈！”

让端来早饭的母亲看了明信片，母亲说：

“字写得不错嘛，才六年级。”

“是啊，是个最好的学生，她想去考师范学校，不过，人太老实，那模样能干老师这一行吗？”

老师为不擅言表的早苗担心，可是母亲说：

“你久子在六年级以前也很少说话，是个并不可爱的孩子，现在呢，多健谈啊！”

“是吗，难道我那么会说？”

“不过，做老师的不爱说话可不行。”

“就是嘛，所以我在担心山石早苗这孩子上了讲台后能讲课吗？”

“别忘了自己！久子过去在人前不是连一首歌也唱不像样的吗？可是现在不照样锻炼出来了！”

“嗯，是的。现在太喜爱唱歌了，弄得不好，这正是对孩提时代的反动吧。”

“这和独生子女的腼腆也有关吧。写明信片的学生是独苗吗？”

“不是，是六姊妹中间的。听说她有个姐姐在红十字医院当护士，而她想当老师，都写在作文里。提问时她很少回答，但写起作文来能写极了。听说今后女人没工作，就会像妈妈一样受苦的。妈妈，你受了许多苦吧？”

“不和你一样吗？”

“我从小就对别人说，我要当老师，当老师。可是山石早苗什么也不说，好像老爱躲在大家后面，让她作文就写得很好。”

“人是有各种性格的，给你写这明信片就不是躲在后面的吧。”

“是啊，‘再见’这样写，真有趣。”

老师被一张明信片吸引着，不由地很快吃完早饭，饭后，仍象盯着镜子一般凝视着明信片，学生们的事立即一一浮现在眼前，川本松江怎样了呢？

“油炸面拖鱼虾面条一碗！”

梳着桃型发髻的姑娘尖声叫喊着。老师记得码头前这家叫“岛屋”的面馆，曾给松江写了封信去，却没有回音。一个只读过小学四年级的孩子恐怕还不知道怎么写信吧。再说，那封信是否会交到她手里还值得怀疑……那天夜晚，满腹狐疑地跑出来的老板娘问明原委，态度变得极和蔼。

“啊，我说呢。来得好呀，来，老师，请坐吧。”

老师被让了进去。老板娘拿出小小的座垫请老师放在狭小的地蓆凳上坐，她一个劲地唠叨，松江却默默地站着。不知什么时候，又来了五六名男生，看到他们在绳帘对面并排站着，大石老师只好起身了。

“下次再谈吧，轮船马上就到。”

老师告辞后，松江并没出来送行，大概没获准吧。老师故意不回头，很快离去，跟在后面的学生提出各自的问题。

“老师，那姑娘是谁啊？”

“老师，那家面馆是你亲戚？”

没人发现只到总校露过一次面的松江，因为这些孩子里没有海角村的学生。虽然老师对自己没有硬叫松江出来这件事感到庆幸，可是松江现在回想起来一定会感到心烦意乱的。同一年诞生，在同一块土地上长大，又进入同一所学校的同届同窗，即使在如此狭小的范围里，他们的境遇也已经有了极大的差别。母亲去世，被抛向无法预测的境遇之中的松江的前途究竟会怎样？与松江同时起步的早苗她们，都在各自的生活环境里准备振翅飞向未来。老师让孩子们写将来的愿望时，早苗写要当教师，她不像小孩子那样写成“老师”，而是写成“教师”，可见早苗这一愿望的强烈，使人感到那并非天真烂漫的憧憬。一到六年级，学生们就像天使一样在背上装上小翅膀，准备用力展翅飞翔了。

增之的志愿变了，在学艺会上独唱《荒城之月》博得全校喝采的她只要一有空就唱歌，而且越唱越好。唱歌时她的脑袋特别开窍，能独自看着乐谱唱，在乡下的孩子中这是很少见的。她做梦也想考音乐学校，因而提出要上女子学校。

想上女校的除了增之以外还有节子，学习成绩不佳的节子为了考中学而留下来学习，为此一脸阴郁。在算术原理方面，她理解力不够，整体记忆力也不强，这一点节子自己也知道，所以想去不用考试的缝纫学校，可是她母亲不同意，每天使她闷闷不乐。总想让节子进县立女子高等科[①]的母亲，起劲地常来学校，希翼自己的热心会使女儿的大脑结构有所变化，但是节子还是无动于衷。

“我嘛，一看到数字就头疼。县立考试马上要来临了，谁要去考！到时间我就装病。”

她估计自己会因算术而留级。说到算术，琴江正好与她相反，家里没有人帮助她，可是琴江对于数字的感觉与增之对乐谱的感觉一样，总是得满分，其他学科也是继早苗之后成绩最好的，琴江考女子学校恐怕并不困难，但是传说她只念到六年级为止。不知是泄气还是失望。老师问过琴江：

“念完小学你肯定不升学了？”

琴江点点头。

“你喜欢读书吧？”

她又点点头。

“那么上高等科一年级，怎么样？”

琴江一声不吭地垂着头。

“老师帮你去和家里人说说好吗？”

琴江这才开口。

“不，已经决定了，说好的。”

她的脸上泛起寂寥的微笑。

---

① 日本旧教育制中六年初等科教育后进行的二年教育称为高等科，相当于现在的中学。

“和谁？怎么说的？”

“和妈妈说好的，六年级以后不再读下去，她才让我去修学旅行。”

“哟，这就不好办了。老师去求情，也不能毁约吧。”

琴江点点头，她露出门齿，哭笑不得。

“这次该是敏江来总校上学，如果我上了高等科，晚饭就没有人做了，该轮到我做晚饭了。”

“这么说现在是四年级的敏江在做饭？”

“是的。”

“妈妈还是每天去打渔？”

“是的，几乎是每天。”

这事以前琴江在作文里写过。

> 我生为女孩真遗憾。因为我不是男孩，爸爸总感到窝心；因为我不是男孩，不能跟爸爸去打渔，由妈妈代我去。所以妈妈不论是寒冷的冬天还是酷热的夏天都要替我去大海劳动。我想，长大了应该好好孝顺妈妈。

就是这个缘故！大石老师懂了。琴江把生就女性当作自己的责任，这使她对任何事都谦让，现在要问是谁造成她这种意识已为时太晚，琴江已经把六年级后停止升学这件事当作自己的命运接受了。

“不过，琴江啊……”

老师想说“这是不正确的”，也想说“真了不起”，还想说“真可怜啊”，可是，这些话她都没说。

“真遗憾啊！”

这句话是最贴切的，琴江因此得到了慰藉，心情似乎开朗起来，略有暴牙之嫌的大门齿完全露出来。

“不过，也有好消息，等后年敏江六年级毕业后，家里让我去学裁缝，到18岁就到大阪去做佣工，工资都可以买自己的衣服，过去我妈妈也这样干的。”

“然后就出嫁？”

琴江显出几分腼腆吃吃地笑了，她要服从这种靠自己力量无法抗拒的命运，体现逆来顺受的妇女的面貌。到了20岁的某一天，她可能会接到一封“母亲病危”的假电报，被从当佣工的地方叫回家，去帮“危笃”的母亲做饭做菜，然后变成一个能干的农民或渔民的妻子。

琴江的母亲就是这样过来的。她生了六个孩子，其中五个是女孩，仿佛这全是自己的过错一样，她在丈夫面前抬不起头来。这种亏心感也影响了琴江，使琴江也变成一个谦谨的女孩。这位每天随丈夫出海的渔民妻子被太阳晒得黝黑，海风刮过的头发呈茶赫色，乱蓬蓬的，简直不像个女人，对此，她竟毫无怨言，还希望女儿也走自己走过的道路。女儿也作好精神准备，把这当成女人的必由之路，这里又有着井底之蛙不知外界天地之大的保守陈腐。难道对于正直、清贫的渔民之家来说，这条道路就是唯一十全十美的吗？大石老师独自焦虑。然而，当她想到靠让琴江升学就读高等科是无法根本改变贫穷渔民一家人的观念时，便唯有仰天叹息了。

教师和学生的关系就这样行吗？回答这一疑问的是《草籽》的编者稻村老师。听说这位被当作国贼关进监狱的稻村，常常从狱中给他的学生写来字迹如同蚂蚁一般的信，可是，尽管这些很平常的信里并没有什么特别的内容，可是，学生们还是看不到，也不知道。师生关系难道就是这么回事吗？——在教室里只允许通过国定教科书来维系师生间那种不着边际的关系，即使学生想随意突破，也必须意识到倘若干得不巧妙又出其不意，就会落入意想不到的陷阱。人们的耳目渐渐变得爱去探听别人的秘密，因而有时又会因别的事情被卷入一场想不到的小闹剧中去。老师因病暂时休息时，小鹤曾厚着脸皮毫不客气地单刀直入。

“老师的病是妊娠反应吗？”

老师不由地红了脸，还有学生跟着“嗽、嗽”地起哄。尽管老师觉得小孩子这样问不好，但是她还是镇定大方地回答说：

“是的。对不起，我没法吃饭，所以这么瘦，等到身体好些了再去学校。”

从那以后，老师不上班了，她想到自己宣布休息时，比谁都露出担心神色的还是早苗。老师取出六年前拍的照片，照片共印了 13 张，拖到今天尚未发掉的照片依旧原封不动地夹在照片袋里。在那引起并排而立的天真无邪的面孔中间，小鹤显得最为成熟。当时就比别人高一截的小鹤，现在看上去比她的同学要年长两岁，其他同学的短发都分别梳向两边，唯有她留着中国少女那种前刘海，像个成人。自从增之不再和大家同路回海角村后，她就逞起了威风，她打算读完高等科后就去助产士学校学习。也许这就是早熟的小鹤对妊娠反应感兴趣的原因吧。

在海角村的女孩子里，还有一个富士子尚未决定去向。有消息说这一次她家的房子地产将转归他人，一想到即将毕业的富士子无法决定去向，老师便觉得她和琴江一样可怜，一种任人摆布的命运在等待着她。富士子很消瘦，脸上毫无血色，苍白的脸庞就像扑着一层白粉。她总是把手缩在袖口中，看上去像在颤抖，只有那双阴冷的单眼皮眼睛和沉默不语的样子才勉强保持着她的体面。

在这方面，男孩子显得极有朝气。

“我要上中学。”

竹一趾高气扬地说，阿正也不示弱：

“我上高等科，毕业后去当渔民直到参军。当兵后我要当下级军官，别忘记，我准会当上上士的！”

“哟，下级军官……”

老师不自然地截住话头，没人发现她感情的波动。老师没想到特意给自己送来月夜和黑夜捕到的蟹的阿正居然希望当下级军官。对阿正来说，这样想是有充足理由的。他的大哥参军后在朝鲜的军营里呆了三年，未及退伍又出征满洲参加了满洲事变，最近他当上下士回乡来过，是这件事促使阿正这样希望当兵的。

“听说只要有当军官的愿望，谁都能当上上士的。军官还可以领工资呢！”

阿正好像发现这是一条出人头地的道路，于是竹一也不服输地大声说：

“我要成为军官候补生，决不会比渔家仔差，毕业马上就是少尉！”

吉次和矶吉流露出羡慕的神色，他们的家庭不像竹一和阿正毋需为生计犯愁。老师无法了解他们在家里怎样谈论战争，即使沉默，不久他们也会被一起征兵入伍的。这一年的春天（一九三三年），日本退出联合国，脱离世界大家庭意味着什么？附近集镇学校的老师被投入监狱与这事又有何联系？他们被剥夺了所有了解这些情况的自由，甚至连自己失去这些自由的事实都一无所知，在连最偏僻的乡村也被好战的气氛所笼罩的年代，少年们做着英雄梦。

“你为什么那么想当兵呢？”

老师问阿正，他直率地回答：

“我不是嗣子，比起渔民来，当军官好得多。”

“哼，那么竹一呢？”

“我虽然是嗣子，但是觉得当军人比开米店好。”

“是嘛。好，请你们好好考虑一下。”

老师感到一种不能随意发表意见的窘迫，只好默默地凝视着男孩子们的脸。阿正好像有所感觉，问道：

“老师，你不喜欢军人吗？”

“嗯，我喜欢渔民和卖米的。”

“咦，这为什么？”

“军人会战死的，挺可惜。”

“这不是胆小鬼吗?”

“是的,胆小鬼。”

一想到当时的情景,现在老师也无法平静,因为就这样和学生聊了几句,她受到了副校长的警告。

“大石老师,人们议论你有赤色思想,要注意呐。”

——啊,赤色究竟为何物呢?自己什么也不懂,竟然被说成赤色……

躺在床上思前想后的大石老师朝饭厅喊道:

“妈妈,来一下。”

“来了。”

纸隔门外传来的回答声说明母亲此时正在火盆边低着头做什么。

“我有事跟你说,来呀!”

随着脚步声,隔门打开了。老师看着母亲戴着顶针的手说:

“我再也不想当老师了,三月份辞职吧。”

“辞职?为什么又提这事?”

“辞职后开一家粗点心店更好,日复一日的忠君爱国……”

“咳!”

“妈妈为啥要让我去当教师呢,真是……”

“嗨,又怪别人!不是你自己要当的吗?不是你说不愿重蹈妈妈的覆辙吗?我也不愿意到了戴上老花眼镜的岁数还为别人做裁缝呢!”

“还是像你这样的好!从一年级到六年级,我打算尽自己的力量努力干,但是结果怎样呢?男生一半以上愿去当兵,真讨厌!”

“这也是大势所趋嘛。你开粗点心店,要是战争结束了也好吗?”

“别管那么多,我不要听!再说,妈妈要了个不苟言笑的出海女婿,上当了。近来尽搞防空演习,海员家的媳妇真要命!又没有风暴,一颗炸弹就叫你变成寡妇,这我可不答应!不过,现在不知道是否还能辞掉出海的工作。两个人种地,干什么都行。好不容易有了孩子,我可不愿孩子重蹈我的覆辙。辞职也行!”

母亲微笑着听女儿快速陈述,好一会才像哄小孩子似地说:

“你这孩子,好像这一切都是别人的罪过似的。他不是你喜欢才结婚的男人吗?当时,妈妈倒是想说几句的,可又想到如果让你重走妈妈的老路可不好,既然久子喜欢也没法子,所以才作罢的。可为什么现在又要来怪我?”

“喜欢他和出海是两码事。反正,我不愿做老师了。”

“嗨,随你的便吧,现在你正在气头上。”

“我可没生气哟！”

老师与在学校判若两人，然而，她那任性的话语中充溢着爱惜人类生命的情感。

不久，老师平静下来又去学校上班。但是新学期一开学，她就离开了学校。同事们有的惋惜，有的羡慕，但没有人特别挽留，这是因为大石老师的事太引人注目，成了问题。若问问题出在哪儿，又没有一个人答得上来，当然大石老师自己也不知道。勉为其难地说，或许是由于学生们太亲近她的缘故吧。

这天早晨，站在全校七百名学生面前的大石老师默默地将全体学生的脸巡视了一遍，当站在六年级学生最后排，全神贯注看着自己的高个子仁太映入老师渐渐模糊的眼帘时，她的泪水不由地夺眶而出，准备好的告别辞说不出来了。仁太像是全体学生的总代表，老师朝他鞠了一躬便走下讲坛，下来后才知道高等科学生队伍中的阿正、吉次、小鹤、早苗那濡湿的双眸也目不转睛地凝视着她。中午休息时，老师去另一栋房子的早苗她们的教室，小鹤最先看到老师，跑了过来。

“老师，你干嘛辞职？”

难得如此伤心的小鹤身后，早苗的眼睛也湿湿得闪着亮光。听说最早一个劲嚷嚷着要上女子学校的增之，最后还是留在高等科就读了。对于她的缺席，小鹤照例添枝加叶地说起来：

“老师，阿增呀，她奶奶和爸爸反对，所以不去上女校了。他们说，饭馆的姑娘只听得懂三弦，即使成为学校的歌唱队员也不管用。阿增发了脾气，不吃饭直哭。……老师，还有节子上的也不是女校，是学园，叫绿色学园，只有三十名学生，听说像是个比裁缝店好不了多少的学校。要是那样，那是上高等科好得多，老师说是吗？”

老师被她逗笑了，而后批评说：

“不能这样说啊，小鹤！阿增她到底怎么啦？”

“说是肚子坏了，要休息。”

“告诉她肚子不会坏，小鹤、早苗，你们都要安慰她。还有，富士子上哪儿去啦？”

“啊，她呀，老师，你知道准会大吃一惊的，太惊人啦！”

小鹤硬是睁大那双睁不大的小眼睛，倒竖起眉毛大声嚷嚷着说：

“到兵库去啦！考试休息时，用我家的船装上行李，一家大小五口都走了。船上装的尽是被子、锅子、罐子，柜子也只剩一只很久以前的掉了油漆的，再就是箱笼了。富士子一家人都没干过粗活，大伙儿都在担心她们现在会不会在讨饭，说富士子姐妹还是被卖去当艺妓的好……”

小鹤甚至还说了富士子家付给她家的运费一半也是用卖剩的家具抵偿的。小鹤说个没完，老师轻轻拍了拍她的肩头。

“小鹤，那些没必要的话你是否说得太多了？你不是要当助产员吗？好的助产员肯定不会轻易议论别人家的事，这是老师的临别赠言，愿你做个好助产员。”

到底是小鹤，她耸了耸肩说：

“是，我明白了。”

小鹤眯起弯弯的小眼睛笑了。

“早苗，当个好教师吧。早苗还应该多开口，这也是老师的临别赠言。”

老师拍拍早苗的肩膀，她点点头默默地笑了。

“碰到阿琴代老师问好。告诉她要爱护身体，以后当个好媳妇。这是老师给她的临别赠言。”

小鹤赶紧说：

“希望老师做个好母亲，这是我的临别赠言。”

说罢，开玩笑地拍拍老师的肩头，小鹤已经长得几乎和老师一般高了。

“好，谢谢！”

大石老师放声大笑起来。

到高等科才男女分班的女生教室里，阿正他们都不在，老师不想再到男生班去特地向海角村的孩子们道别，决定回家。

“请代向渔家仔、小矶、阿次他们问好。高兴的时候请他们来玩。”

“老师，那我们呢？”

小鹤立即吹毛求疵。

“当然，也欢迎你们！我没叫，你们不也来过了吗？啊，对了！”

老师拿出照片，一张张分给学生。小鹤格格地大声笑起来，高兴得跳起来。

次日，老师没产生解脱的喜悦，却感受到寂寞，仿佛被人抽掉了什么重要的东西一样。她丧气地正睡午觉，没想到竹一和矶吉一起来访了。自己的传言这么快就被兑现，这使老师感到意外，她来不及梳结零乱的头发，迎了出来。

“欢迎啊！来，进屋吧！”

两人互相对视了一会儿，竹一说：

“我们要坐下班车回去，只有 10 分到 15 分钟的时间，不进去了。”

“是嘛，坐再下班汽车呢？”

“那样，回到海角村天就黑了。”

矶吉坚决地说，看来他们俩在路上就商量好了。

“喔，原来这样。那你们等一等，老师去送你们，边走边谈。”

她赶紧理了理头发说：

“竹一，中学什么时候开学？”

“后天。”

他手里拿着一顶新帽子，一副已是中学生的模样。矶吉的右手也拿着鸭舌帽，按放在手织条纹布衣的膝盖处。

“矶吉昨天没上学？”

“不，我已经不上学了。”他一下子拘谨起来，“老师，谢谢多年的关照，祝您健康。”

他屈膝行礼。

“哟，说这话还早呐，我就送你们去。”

老师强忍着悲喜交加的感情，陪他们走出家门。到汽车站要步行六分钟，矶吉走在三人中间，一顶大鸭舌帽下的小脸向上仰起。

“老师，明天晚上我要到大阪去做佣工了，雇主让我去上夜校。”

“哟，我一点儿也不知道，是临时决定的吗？”

“是的。”

“什么店？”

“当铺。”

“哎，那你要去当当铺店员？”

“不，是当铺的掌柜，老板说，我干到参军的年龄，可以做掌柜。”

刚才，矶吉一直为要说这件事而紧张着，像是为了缓解他的拘谨，老师说：

“那你得当个好掌柜呀。常常给老师写信。昨天托小鹤把照片转交给你们，想想那时候的往事吧。”

竹一和矶吉都笑了。

“这是临别纪念，明信片和邮票。”

老师将用新毛巾包着的邮折和明信片递给矶吉，送给竹一的是两本簿子和一打铅笔，以示祝贺。

“放假回家时一定再来，老师想看着你们长大，怎么说你们也是老师开始和最后教的学生，我们交朋友吧。”

“是。”

只有矶吉回答。

“竹一也一样。”

“是。”

班车出现在村子尽头的拐角处，矶吉再次取下帽子。

“老师，谢谢多年的关照，好，祝您健康。”

那语调活像鹦鹉学舌那样不自然。说完，他立刻戴上帽子，这顶大人戴的鸭舌帽使他很像漫画里的孩子。矶吉与头戴新学生帽的竹一一起，在汽车后座窗边挥手。目送着两人直到他们的身影消失，老师才缓缓地走下海滨。隔着宁静的内海，细细长长的海角村和往常一样横卧着，那里村民们的孩子长大了，正在振翅飞翔。

——谢谢多年的关照，祝您健康……

面对海角村，老师喃喃自语。这是一句极为含蓄的话，使人打心底同时升腾起奇妙、悲伤和温暖的情愫。

八、难关重重

虽说已到春天，早晨的空气中寒气依然凛冽，宛如气旋中的真空部分，站在不见阳光的阴处，寒噤会从脚下直逼上来。

在K镇的汽车站上，一大早就办完事的两位乘客还在等候下行的班车，一位是六十二三岁的老爷爷，另一位是三十岁左右的妇女。

“嗬，好冷啊！”

尽管老汉不是对她说的，可是女乘客还是对不知不觉哼哼着自语的老人表示赞同：“真冷。”严寒使得人心靠拢了，双方都显得很亲切。

“真是，老天总这么冷。”

“是啊，说是已到春分时节了。”

与老人搭话的年轻妇女将一只四方形的包袱抱在胸口，朝老汉光手提着的一只粗陋的书包投去亲热的目光。

“是孙子用的吗？”

“是哇。”

“我也给儿子买了。”

她看了看胸口的包袱说：“听说今天有卖，我就乘头班车来了。过去那种书包一只也见不到了，这种纸质包顶多用一年吧。”

老汉点点头表示同意，两人对商品都表示感叹。

“在黑市上可是什么都有买啊！”

说着他哈哈大笑起来，嘴里黑洞洞的，里面的大牙好像全掉了。妇女移开视线，说：

“像现在这样什么都是黑市黑市的，连上学用的书包也要买黑市上的，真难煞人呀。”

“只要有钱，什么都买得到，甜小吃，羊羹，有的地方有的是。”

说着，从脱了齿的嘴里真的流出了口水，看来，老汉爱吃甜食，他用手掌抚摸着嘴角，像要掩饰窘状似地用下颏冲着对面说：

“大姐，到对面去等吧，晒太阳可不要钱。”

说着，他快步穿过马路到街对面的车站去。被称作“大姐”的女乘客不由偷偷一笑也跟着走了过去，并在心中自问，我是大姐吗？她仰起脸笑着问高个子老汉：

“老人家是哪个村的？”

“我嘛，是岩鼻的。”

“是嘛，我是一棵松的。”

“啊，一棵松村，那儿有我当船员时的朋辈，不过早就死了，叫大石嘉吉，你不会认识吧。”

听到这句话，女乘客惊得几乎要跳起来。

“哟，他就是我爸爸！”

这一来，老汉突然神色一变。

“嗨，这真难得！没想到这会儿见到嘉吉的女儿。这么说你们父女还真象。”

“是吗，爸爸是我三岁时去世的，所以我一点印象也没有。大伯，您什么时候跟爸爸一起工作的？”

改称老人家为大伯，是因为她想到倘若父亲还活着，也该是这个岁数的缘故。

不用说，这位妇女就是辞职八年之后的大石老师，作为一名船员的妻子所度过的八年间，社会上发生了翻天覆地的变化，这是她愤怒之下辞去教师职务那阵子无法比拟的。日华事变(指芦[卢]沟桥事变)爆发、日德意防共协定签订，以“国民精神总动员”名义开展的运动，使人感到说梦话时也不可涉及国家政治。人们被告之，只有关注战争、相信战争，要全身心地投入战争，并绝对服从战争。不满和牢骚要藏入心底，不装出一副一无所知的样子就无法处世。在这种形势下，大石老师成了三个孩子的母亲，大儿子大吉、二儿子并木、小女儿八津，被称为“大姐”，足以证明她完全变成了一位普通的母亲，然而，仔细看去，她的目光深处还隐匿着普通“大姐”所不具备的光辉。

“大伯，不碍事的话，请喝点茶吧。”

大石老师指着车站旁的茶馆说，她想从这位老汉身上掏出点父亲的情况来。可是老汉固执地摇着头。

“不，汽车马上就来了，还是在这儿等的好。”

老汉转而郑重其事地问：

“那么嘉吉媳妇还健康吧？”

“哎，托您的福。”

想到上了年纪的母亲被他叫做“媳妇”，老师禁不住笑了，她想一回家就把这句话告诉妈妈。这时正巧上行的班车鸣笛驶入车站，他们俩赶紧离开车站牌，以示自己不是上行班车的乘客。汽车停下，老师站在茶馆的檐下，漫不经心地看着下车的乘客。汽车挤得满满的，下车的尽是青年男子，一张张年青的脸依次出现在车门口，使人觉得莫非他们都会在这儿下车。望着这些年轻人，大石老师忽然想起今天将在这个镇的礼堂进行征兵检查。“啊，原来如此！”想到这儿，老师又一次轮番注视那一张张充满朝气的面孔。

“啊，小石老师！”

喊声大得叫人大吃一惊，几乎是同时，老师也叫起来，仿佛受到对方感染似的，她的嗓门也很大。

“哟，仁太！”

接着，望着那一一出现在眼前的脸，“嗬，嗬，大伙都来啦！”

仁太之后的是矶吉、竹一、阿正、吉次，海角村以往的少年们全到齐了。

“老师，好久不见了。”

还有一年就将从东京的大学毕业的竹一变成瘦长型脸，一副受到都市风气熏陶的模样，他率先向老师问候。接着，在神户造船厂工作的阿正露出和善的笑脸点点头，不好意思地挠着耳背，他的容貌极像一名经过锻炼的工人。矶吉好像等了很久似地来到前面说：

“老师，久违了。”

他那令人不无担忧的苍白的脸上浮现出机敏的笑容。哪儿也没去，只是在海角村伐木打渔的吉次依然像玩具猫一样老实，躲在大伙儿身后低着头默默地抽吸着鼻涕。只有仁太没向老师问候，还是一如往日的一副毫不客气的样子，听说他帮着父亲制作肥皂，身穿一套新国民服，看上去他家经济最宽裕。

“老师，上次我见到富士子啦，富士子。”

仁太洋洋得意地重复着富士子的名字，可是老师故意不搭理，她仰起头仔细打量围住自己的青年们的模样。八年的岁月，使这些个子矮小的少年们长成了她必须仰望的壮汉了。

“啊，要去参加检查了吧。”

自然渗出的眼泪模糊了五个学生的形象，当老师意识到不论何时也不能在学生面前流泪时，又突然恢复了以往老师的常态。

“好，去吧。以后你们能一块儿到老师家来一次吗？”

毕竟是男生，他们一下子离去了。目送着学生们的背影，老师思绪万千。事隔多年从自己嘴里又吐出“老师”一词，不禁感到新鲜、喜悦。

回头望去，老汉已跑到茶馆边的向阳处去避尘候车，在阳光充足的树篱中有一丛长满花蕾的棣棠，沉甸甸的花蕾压弯了细细的树枝。老汉随意折下一枝花蕾，目送着年轻人，轻声说：

“多好的孩子啊！难道要特意把这些乐呵呵的年轻人送去当炮灰吗？”

“就是嘛。”

“这种话是不能大声讲的，要说就会这样。”

他把拿着书包的双手放到身后，又小声说：

“嗨，触犯治安维持法，就会被关进去。”

老汉返老还童的语气使人觉得他那臼齿脱落的嘴里似乎又突然长出了新牙一样。老师还不怎么了解治安维持法，只是编《草籽》杂志的稻村老师因为违反了治安维持法就被投入监狱，后来释放后别说复职，连正当的待遇都得不到，这一事实使人联想到法律。稻村老师的母亲发疯似地保护儿子，听说现在她逢人便忙着说儿子悔改了过去的错误，这里到底有几分真实呢？不过，稻村老师在独自养鸡，过着远离社会的生活。并不是他要脱离社会，而是社会不让他靠近，连他饲养的鸡下的蛋好像也有毒似地遭到嫌弃，有一时竟无买主。时代硬叫人去学做俯首听命的顺民，只要堵上嘴、闭上眼、塞住耳就行。然而眼前的这位老汉的这些话却象要掰开顺民们蒙住眼和塞上耳的手一样，虽说是朋友的女儿，但毕竟是初次见面的女人，他又为何要打开心扉呢？

老师带着戒备，不露声色地岔开话题。

“大伯，您和爸爸是什么时候的朋友啊？”

老汉咧嘴一笑，再现出臼齿脱落的本来表情。

“对了，大概是十八九岁的时候吧，两人都胸怀大志，合计着碰上机会，偷偷登上外国轮船去美国，待船开到西雅图就跳到海里游过去。”

“嗬。不过过去常有这种事吧？”

“当然！都说要去美国发财，其实呀，那是讨厌征兵。……要是现在就会这样了。”

他又把双手放到身后去笑了。

“你们的目的最终没达到吗?”

“是啊！不过,那时候只要跑船就可以不当兵,我们俩说要一起考取船员,这也需要学习。我们去上学,我花了五年时间总算当上轮船乙等驾驶员,嘉吉第一年就通过了考试,我曾想,妈的,自己该在第二年通过……”

老汉说他当时的这位朋辈遇到的海难失踪,最后落了个悲剧。老汉所说的形象不同于爸爸的妻子——妈妈所叙述的,父亲年轻时代的往事不会使老师伤感,相反使她感到欣慰,这或许是由于讲述者与父亲很亲密的缘故吧。大石老师这才知道,爸爸曾经是位朝气蓬勃的好青年,他厌恶征兵的事也是首次听说。从未提到这件事的妈妈究竟是没听爸爸说过呢,还是为当顺民不敢提及？大石老师想在妈妈被称作“媳妇”一事告诉她的时候顺便问问母亲。接着,老师又问老汉:

“大伯,您在船上干到什么时候?”

“十年之前吧。好不容易才当上了小船的船长。……送儿子上学后,为了不让他受苦,我想让他当船员,可是他不愿意。于是送他上了商业学校,后来到银行分行工作,可是他被拉走后死了。”

“拉走,是被战争?”

“是啊!”

“天哪!”

“他死在诺蒙[门]坎①。这是给他儿子用的。”

老汉的手使劲晃动书包,里面的硬纸发出嚓嚓的响声。

——彼此一样,有儿子正是叫人担心的根源！老师想说却又咽了下去。

班车上很挤,大石老师无法和老汉站在一起,她坐在后排面朝前的座位上,闭目沉思,眼前浮现出刚刚分手的学生们的背影、像野兽一样赤身裸体地站在检查官跟前的年轻人。如今,士兵墓地里的白木墓牌一个劲地增加,比起自己爷爷和奶奶的坟茔,年轻人更关心军人的墓地。不,应该说是有人让他们去关心、去赞美阵亡,并为继续步其后尘的人授予名誉。竹一为什么而学习,矶吉为了谁要成为商人？孩提时代就盼望当一名下级军官的阿正是否把军舰和墓地联系起来思考过？在不可大意泄露微笑中隐藏着的内心世界的年代,虽然只有仁太一个人无忧无虑地大声嚷嚷,然而即便是他,也不能说他心头是

① 诺门坎位于中国东北地区西北部与蒙古接壤的边境地区,1939年该地区发生了诺门坎事件苏军大败日军。

白纸一张。

那么一个小小的海角村里来的五名今年应征的适龄青年肯定都会被送到什么遥远的地方去充军的吧，他们中有几个能平安而归呢？听说现在已经到了军队放假一周、号召军人去创造人力资源的地步……那些被迫生育的妇女对孩子的将来与白木墓牌相连的命运忧心忡忡。男人和女人都能靠菩萨保佑平安度日吗？男子要走的这条路是怎么也逃避不了的，然而女子又怎么样呢？同班的七名女生当中，只有节子没吃苦，她从绿色学园毕业后又进了东京新娘学校，读书时就招婿入赘，很快生了孩子。在多难的时代，她是一个例外，恰似大风凛冽的严冬一个人呆在暖房里晒太阳。

而爱唱歌的增之却在烦忙中辛劳，她只是为能唱歌兴奋，几次背着家长离家出走，擅自去参加地方报举办的有奖歌会，得到过一等奖，报上还登了她的消息。那是她第一次出走，每次出走都被找到带回家，但是她依然故我，无不为唱歌。想唱又唱得好的姑娘为什么不能唱呢？听说第三次离家出走时她打算去当艺妓，面对前去领她回家的母亲，增之痛哭。

“我说过三弦一定会弹好的嘛！”

增之对音乐的热情不知不觉地转向了三弦。且不说她的父母本身如何，他们自己在饭馆与艺妓距离最近，所以不会让女儿去当艺妓。现在，增之已经和离家出走时结识的大龄男人结了婚，总算安定下来，如今已是成熟的母亲，听说她在掌管饭馆。偶而在路上碰到，她会亲热地跑过来。

“老师，我老是想见到您。”

增之噙着泪水做出孩子般兴高采烈的动作，然而，纯朴的她看上去不像只有二十来岁。

连高等科也不上，以将来出嫁为目的去当佣工的琴江怎样了？没等到嫁人，她就患病回乡了。琴江得的是肺病，很早以前就听说她瘦得皮包骨头，独自一人躺在库房里。

有关另一位没上高等科的女生富士子的消息是令人不愿听到的，仁太说见到的富士子一定是已经沦为妓女的她。老师从仁太脸上流露的神情明白这一点，所以故意不向他打听，富士子的事老师早就从小鹤那儿听说了。她被父母亲卖了，如同她家的家具和衣服一样，为了维持今天一家人的生命，富士子被卖给他人。她的成长过程中并不懂得辛劳，虽然如今当了受人讨嫌的妓女，但是倘若自从被卖之时便开始懂得人生，那就值得为她高兴。然而人们都在鄙夷她，饶有兴趣地、怪怪地散布她的传闻。

或许已从人们记忆之中消失了的松江也罢，富士子也罢，她们为什么受人讪笑？如今，只有在大石老师的心中，她们还像以前一样得到抚慰和温暖。

——阿松怎么办？富士子怎么办？真的该怎么办？

老师常常发出疾呼。

与难以认定走正道的富士子她们相比，小鹤和早苗的成长还算健康。以优秀的成绩毕业于师范学校的早苗得到了留母校任教的荣誉，她的眼睛越发明亮起来；和同样以优等成绩毕业于大阪产科学校的小鹤一起，围着大石老师与她成了忘年交。在实践中反复学习之后，小鹤的目的是返回故里。不知是故意的还是疏忽，有时，给老师的信上写着“大石小石老师”。一个人的成长过程的有趣之处正如母亲预言的那样，爱唠叨的小鹤说话有了几分节制，而沉默寡言的早苗却成了口齿伶俐的人。

她们俩每年至少两次相约一起来到老师家，一般总是在暑假和正月，带来的礼物也是相同的。大阪的小鹤送小米花甜点心，早苗则肯定送高松出产的瓦形酥脆饼干。正值妙龄渐渐发胖的小鹤的眼睛恰似一条线那么小，说起来，她那倔犟的性格也被这双眼睛软化了。“嗨嗨”一笑时，让别人也直想一起放声大笑。“嘿”地一笑，接着说句“这是土特产”就放下礼物，这成了小鹤的习惯。

有一次，小鹤说：

“我们也想到总是拿同样的土特产实在过于平淡，不过一想到自己的童年时代，看到它就会高兴得雀跃。”

早苗也同样递过瓦形酥脆饼干包说：“有道是傻瓜认准一样嘛！”

大吉欢迎她们俩，管她们叫“土特产姐姐”，这一天准保一直乐到分手为止。这些土特产随着战争的旷日持久也变得难弄到手了。最近小鹤送的是医用绷带，早苗为还没上学的大吉送来了簿子和铅笔。今天，老师为好不容易到了学龄的大吉买来书包，大概因为不期而遇的学生们而受到刺激的缘故吧，她心中映出一幕幕的回忆。

“一棵松到了，下车的乘客……”

听到售票员的喊声，老师突然站起，慌忙在车内跑动，急急忙忙地对刚才那位老汉点头招呼后就从车门处下了车，站上突然传来大吉的喊声。

“妈妈！”

这又尖又纯的高声叫喊要赶走老师的一切杂念。

“妈妈，我来接你有好一阵了。”

要在平时，大吉会露出自然的笑容，可今天他那清纯动听的童声显得有点悲哀。老师一笑，大吉立刻撒起娇来。

“妈妈，你怎么老不回来啊，我都要哭了。”

“是吗？”

“我正想哭，听到汽车喇叭声，再一看，妈妈来了。我向你挥手，你也不看我。”

“是嘛，真对不起，妈妈没注意，到一棵松站差点忘了，那时也许我正忙着下车呢。”

“哼，你在想什么呀？”

老师没有回答，把书包递给大吉，不用说这就是大吉迎候母亲的目的。

“哇，这就是书包？这么小！”

“不小，你背着试试！”

大小正合适，好像还略大些。大吉奔跑起来。

“奶奶，书——包！”

他朝家里飞快地跑去，边跑边喊，仿佛要借助喊声来加快脚下的速度一样。

大吉晃动肩头奔跑的背影使人感到天真的孩子面向明天茁壮成长的劲头，如果迎接心爱儿子将来的只是战争，那么人们究竟为什么而生育，又为什么要去抚爱和养育孩子呢？那种任由炮弹炸得四分五裂的人的生命为什么不去怜惜、哀伤、保全呢？所谓维持治安，难道不是去珍惜和保护人们的生命，而是去束缚人们的精神自由吗……

跑回家去的大吉的背影与竹一、仁太、阿正、吉次以及当时从同一辆汽车上下来走向公共礼堂的许许多多年轻人的背影重叠在一起，变得模糊了，真烦人！想到儿子才上小学的母亲都尚且如此，就会觉得那数十万、数百万日本母亲的心就像被扔进垃圾堆的垃圾一样，早被一支火柴点燃烧成灰烬了。

骑马战士雄赳赳，
扛着钢枪向前走，
步调齐整急急行，
我爱士兵去战斗。

家里传来装腔作势的跑调歌声，跨进门槛，只见背着书包的大吉领头，并木和八津跟在后面在家里转圈子，大石老师不高兴地对喜孜孜地望着外孙们的母亲讥讽道：

“好，好，你们都喜欢士兵，真够呛！外婆也不明白吗？因为你没生过男孩。……哪有这样的孩子！”

接着她厉声吼道:“大吉!”

大吉站住了,一副干渴的脸神,瞠目呆然,把掸子和毽子拍当枪支的并木和八津还在继续边唱边兜圈子。为了不使大吉纳闷,大石老师突然用手搂住他的脊背,背上的书包硬得像机件。大吉一下子兴奋得扭动起来,因为他是大儿子,很少得到母亲这样的爱抚,这个刚满六岁的男孩在胜利感中陶醉了,他笑着刚想说些什么,并木和八津发觉了。

“哇——!”

大石老师也同样叫着把跑来的并木和八津他们紧紧地抱在一起。

“干嘛要杀死这么可爱的小生命呢? 啊哈,啊哈!”

她用力摇晃着兄妹三人,三个孩子“啊哈哈”地齐声嚷着。毕竟还是孩子,他们无从知晓这里所蕴含着的是一种什么样的感情。

自古以来的惯例是,春季应征的适龄人员经与报告书上核对后,就像蔬菜品评会上的青菜、萝卜一样当场被确定兵种,到了年关逼近时在欢呼声中入伍。然而,战线日益延长的压力已经不给应征者以丝毫的余暇,入伍后马上奔赴前线。在船码头上搭起的拱门上挂着“欢送迎门”的横匾,绿色的杉树叶已经变成焦茶色,欢送欢迎的呐喊声终年不断,间隙时是无声的“凯旋士兵”的白色小方盒和陪伴的海风一起步入这座拱门。

整个日本无处不在搭建的这种绿色拱门下,接连不断地走出了无数的青年,到1941年,战线扩展到太平洋,欢呼声更加震耳欲聋。早在以天皇名义的公告发布的12月8日之前,当年入伍的仁太、吉次和矶吉他们就不在村里了。出发的那天,大石老师多少备了点临别纪念品,她把小时候那张合影请人重新制作成大号明信片赠送给大家。底片已经遗失,照片除了竹一之外大家也都遗失,所以极受欢迎。

“要保重身体啊!”接着,老师又压低声音说:“别去光荣战死,得活着回来!”

就像回到照片上的年代那样,听者变得诚挚,矶吉等人悄悄噙着泪,竹一把低下的头扭向一边,吉次默默地耷拉着脑袋,阿正露出带着阴影的笑容点点头。只有仁太一人开口说:

“老师,没事儿,我们会得胜回来的。”

仁太说到回来一词时也顾忌着周围压低了嗓门。“回来”这样的话不该去想了,可是,仁太大概真是那么想的吧,因为耿直的他是不懂得顾及体面和使用语言余韵的。对于生命的珍惜,即使仁太也不会亚于旁人,只是也许没有人会像他那样老实地说出来而已吧。仁太曾在征兵检查官宣布他为“甲级合格”的一刹那失声叫道：

“完啦！”

大家都憋不住笑了，当天这消息不胫而走，可是奇怪的是听说仁太并没有因此挨打耳光。仁太这突发的叫喊太悖常识，所以检查官没有当回事吧。若真是这样，如实道出自己想法的仁太算是位相当幸运的人。这件使大伙儿觉得畅快的事是最近被当作稀奇的新闻传入大石老师耳中的。

这个仁太真的以为他能凯旋而归吗？

仁太他们出征后没来过一封信，第二年又过去了半年，中途岛海战[①]把沿海村庄的村民赶进了沉默、不安和失望之中，许多母亲悄悄去庙宇作百次祈祷。仁太和阿正被分在海军，平时只让人想到他笑脸的水兵仁太一走便杳无音讯。

现在，仁太在何处亮出他那可爱的大嗓门呢？

只要想到一人，老师准会接连不断地回想起上次在K町汽车站所见到的青年们、那位一笑就露出黑洞洞口腔内部的老汉，以及春寒料峭的路旁那些平常的沐浴着阳光含苞欲放的棣棠……接着，更大的阴影笼罩住她，那是大吉他们的父亲，不知何时起他的船成了军用船，如今在哪个海域航行都一无所知。决不允许互相披露忧心的帝国的妻子和母亲并不仅仅是自己一人。人的生活难道可以这样被毁灭吗？不光是自己，要是那些众多的被剥夺了发言权的人齐声质问的话，那将会怎样？啊，这可能吗？倘若单独提出质问，那么就会像那位臼齿脱落的老汉所说的那样被铐走的。

在春寒料峭的路旁沐浴着阳光、业已含苞的棣棠仍然会鲜花开放的吧……

九、哭鼻子老师

大海、蓝天和陆地从战火中获得解放。战后第二个年头，4月4日的清晨，一艘舰板船离开一棵松村，朝海角村方向划去。船上坐着一位身穿藏青碎白花纹裙裤的上了年纪的瘦小妇女。宁静的海面上笼罩着浓重的雾霭，海角村看上去像在梦境中，过了一阵，它仿佛又被升起的太阳催醒，渐渐清晰地展现出细长的身姿。

---

① 中途岛海战是1942年发生在太平洋中部中途岛海面上的日美之间的海战，美海军大败日军。此后，日海军节节败退，丧失制海权。

“呵，终于放晴了！”

船老大只有十二三岁，小小的身子整体启动，边摇船橹边眺望着远处的海角村。同样望着海角村的妇女用疼爱的声调对眼睛熠熠生辉的男孩说：

“大吉是第一次去海角村吧？”

真想不到大吉的声音是如此年轻。

“嗯，到海角村去没什么事呀！”他头也不回地说。

“是啊，妈妈后来也一直没去过，海角村就是这么个地方。从那以后至今已有18年了，嘀，过去两个年代了，妈妈也该老啦！”

这是久违的大石老师的音容。今天，她在事隔13年后恢复了教职，而且再次去海角村任教，第一次任教时骑着自行车精神飒爽地往返的老师，难道如今已失去了那种青春的光华？也不全对。战争把自行车也从国民生活中夺走了，在战败后才半年的今天，想买自行车也买不到。决定到海角村去赴任时，感到为难的就是这件事。原来可到达半途的公共汽车在战争中停开，至今尚未通车。这样，过去靠自行车往返的八公里路只能靠走路。考虑到这样体力不能持久，老师提出母子三人迁居海角村，大吉断然反对，他说要用船接送母亲。可是要借船也得付出相当的酬礼。

“下雨怎么办？”

“下雨就穿爸爸的雨披。”

“碰到大风不很难对付吗？”

“……”

“好，别担心，刮大风时妈妈走着去。”

老师赶紧帮答不上来的大吉解围。车到山前自有路，漫长的今日不知明日事的岁月使老师懂得，根本不必去为风风雨雨犯愁。战争把全家六人减成三人，剩余的三人还必须顽强生活下去。大吉已经六年级了，并木上四年级，出门时，站在岸边送母亲第一天去上班的并木马上也得去上学，想到这儿，老师回过头去看一棵松村。很久没在大海上眺望一棵松了，它和过去一模一样，然而，战争的结局——战败竟给这个表面看不出任何变化的村庄带来了剧变。

“大吉，累吗？手上大概要起泡了吧？”

“就是起了泡，马上也会变茧子的，我不在乎。”

“太好了。不过，明天我再早一点出发好吗？”

“为什么？”

“老师的儿子每天上课迟到，怎么说也过意不去。我想，过一阵妈妈会弄到自行车的。”

“没关系，有正当的理由，不会挨训的。我用船送妈妈上班。”他慢悠悠地随着船橹的摇动前后摆动身体，脸上露出得意的笑容。

“船摇得不错啊！到底是海边长大的孩子，什么时候学会的？”

“自然学会的，六年级的学生谁都会摇。”

“是嘛，妈妈也得学学。”

“算啦，我会送你的。”

“对了，对了，我对你说过，有个叫森冈正的孩子，一年级的时候就摇船送过妈妈。过去……他已经战死了。”

“嗯。他是你的学生？”

“是的。”

忽然，老师流泪了。要是他还活着，一定是个好青年。老师的眼前浮现出五年前在码头一别之后的阿正，当时的他与小时候的阿正的容貌重叠在一起。从那次分别后再没见到的阿正，还有那些再也见不到的学生们在激烈的战斗中倒下去了。如今，还有几个人能再次踏上故土得以重逢啊！想到这儿，老师的心阴沉沉的。

噩梦般度过的这五年间，大石老师也和别人一样经受了打击和痛苦，结果落到不得不在儿子照料下去偏僻村子工作的地步，她第一次为自己能找到工作感到如此庆幸。在学生早苗的劝说下老师提出申请。由于生活已跌入穷困潦倒的深渊，连能穿着去上班的像样的衣服也没有。不如意的生活使人衰老，虽说只有 40 岁的年龄，可是老师看上去要老七八岁，说她有 50 谁都不会怀疑。

人们牺牲一切人应具有的东西生活着，而后死去，每天因惊吓睁大的眼睛怎么也合不拢，倘若闭上了，就会隐没眼角边流不完的泪水。人们好像总是被什么东西到处追逼着，而且，不知何时起，人对这样的生活已经习以为常，忘记停下来向后回顾，心灵深处被糟塌[蹋]得粗陋不堪，不这样就会断绝生路。人们感到这种混乱局面会从战争结束后的今天一直延续到明天，许多事说明战争根本没有结束。

核爆炸的残酷虽然在语言上作了报道，可是在对它的惨状一无所知的去年 8 月 15 日，五年级的大吉被叫到学校去听广播，然后颓丧地垂着头跑回来，好像战败的责任也要小孩子去承担一样。

事隔半年，如今眼前大吉那摇橹的可爱形象使老师深为感慨，他是个顺应时代的孩子，老师知道，现在要是说起半年前的事，大吉会害臊的，所以她不提，只是在心里回忆。那天，老师笑着抱住大吉的肩头，想使颓丧的他振作起来。

“灰什么心呀？从现在起，孩子不是能像样地读书了嘛！来，吃饭！”

然而，大吉看也不看总是热热闹闹的饭桌，他说：

“妈妈，战争失败了。你没听广播吗？”

他的声音里带着悲壮。

“听到了。总之，战争结束不好吗？”

“败了也好？”

“嗯，败了也好。今后不会再有人战死了，活着的人能够回来。”

“全民牺牲没能实现！”

“对了，没有，这很好。”

“妈妈，战败了，你不哭吗？”

“嗯。”

“那妈妈是高兴喽？”他呵责似地说。

“别胡说！大吉这是怎么啦？你爸爸不是战死了吗？他不会再回来了，大吉！”

这严厉的语调使大吉大吃一惊，他好像这才清醒过来似地凝视着母亲。不过，他的心灵并未因此觉醒，在这样的大事发生之时，他真想责怪还有心思叫他吃饭的母亲。不懂得和平生活的大吉曾听说自己出生的当夜因防空演习家中一片漆黑，他是在灯火管制的生活中长大的，听惯了警报声，盛夏也拿着棉头巾去上学的大吉很难理解母亲为何如此憎恨战争。家家户户都有人走向战场，村庄里几乎没有青年人，这在他想来都是理所当然的。学生们受到动员、妇女们外出参加义务劳动，所有的神社里都被扫得一干二净，大吉相信这便是国民的生活。只有要去山里捡橡子、吃苦味面包的时候他才讨厌。大吉所在的小村庄也有好几个人去当了少年航空兵。

——当上空军，小吃点心管个饱。

真可怜，居然以能吃饱小吃来笼络未成年的少年的心，有些少年因为家贫而志愿去当空军，而且，这样少年就成为英雄。在那个不问贫富、若不热心战争就没有国民资格的时代，瞒着父母去当学生兵的独生子，其英雄行为的价值就更高。在镇上的中学，许多少年志愿兵中有三人是未经父母同意的独生子，这成了学校的荣誉，却使他们的父母心寒。当时还年幼的大吉仿佛也在哀叹自己的年少。

“啊，我想早点成为中学生！”

他还唱道：七颗钮扣呈樱散……

把人的生命比喻成花，以花的散落为最终理想，这是最崇高的名誉。这就是孩子们得到的教育，是必须相信的东西，整个日本的男子都受到这类教育，至少会被引导到接近这一思想，进而对此深信不疑的方向。在校园一隅读书的二宫金次郎[①]像在一片欢呼声中被送走了。甚至连几百年来早晚报时、紧急时报警的寺庙大钟也被人从钟楼上解下来投入战争。所以大吉他们一味地感到悲壮、毫不珍惜生命的现象也许是无可奈何的，然而，大吉的母亲对此从未表示过赞同。

"大吉啊，妈妈还是希望你成为一个普普通通的人。光荣战死，一家有一个就足够了。人死了，什么都完了。妈妈辛辛苦苦把你养大，难道你就这么想去战死？你想让妈妈每天流着泪生活吗？"

妈妈的话就像要给热得发晕的大吉脸上敷上湿手巾一样，可是，因为烧得厉害，湿手巾无济于事。大吉反过来开导母亲。

"那么妈妈，你就不想做靖国母亲吗？"

大吉相信这才是忠君孝母。至此，母子就再也谈不下去了。

"啊呀，你还想让你妈当靖国之母吗？难道靖国有妻子还不够吗？"

大吉还在暗地里为说这番话的母亲感到羞耻，军国少年要面子，对外人竭力掩盖母亲的言行，他不由地为母亲担忧。很久以前发生过这样一件事，因病休假回家的父亲又接到了再上船的命令，当时大吉最先起劲，和并木他们欢闹起来，母亲紧皱眉头，压低声音说：

"这孩子，你怎么了？傻乎乎的，一点不懂大人的心情！"

说着，她还用指尖去按大吉的额头。摇摇晃晃差点儿跌倒的大吉，气得猛扑上去，可是，他看到妈妈即将夺眶而出的泪水，竟一下子瘪了下去。爸爸笑着安慰大吉。

"好哇，大吉，要是连八九岁的小孩子也哭哭啼啼的，那你爸爸就没救了。闹吧，闹吧！"

但是，爸爸再说孩子们也不闹了。于是，爸爸把三个孩子抱在一起说：

"大吉、并木、八津，你们都要健康地长大！长大了好好爱护外婆和妈妈。那时，战争大概已经结束了吧！"

"咦，战争结束，为什么？"

"你们看连我这样的病人也要被拉去参战就该明白……"

---

① 二宫金次郎即二宫尊德（1787—1856），江户时代末期的农政家，以对天地感恩的思想指导封建时代的农民，为日本人尊崇的历史人物。

可是，大吉他们无法理解这句话的含意，只是觉得自己父亲去参战是件颇为体面的事。每个家庭都遭到了破坏，倘若一家人全在一起生活就会令孩子感到脸上无光。

塞班岛失守之前不久传来了爸爸战死的消息，当时，连大吉也哭了，他肘部弯曲着搁在胸前，眼泪洒在手腕上，妈妈抱住大吉的肩头把他拉过来。

“坚强些，大吉！真的，要坚强！大吉。”

她好像也在激励自己。之后，妈妈小声地告诉大吉爸爸是多么想留在家里的情况。

“爸爸知道如果去了最后是回不来的，可是，大吉你们还在嘻闹呢，妈妈是多么悲伤、难受……”

当时大吉还是纳闷，妈妈为什么要说这些呢？他希望妈妈说爸爸是高高兴兴、精神抖擞地去出战的。战死是悲伤的，可是，没有父亲的孩子不光是自己，这是应该的。隔壁村里有一家四个儿子全战死了，四块光荣牌并排挂在门口，大吉他们是以何等尊敬的目光仰望这些牌牌的啊，那甚至已成了一种羡慕。

这种写着“战死”二字的门牌不久也送到大吉家，它连同两颗小钉子一起装在信封里，老师打开信封，将它放在手上凝视了一阵，又插入信封，放进火盆架的抽屉里。

“这玩艺钉在门上有什么用？傻乎乎的！”

妈妈一脸愠气地嘀咕着，嘎吱嘎吱地舂起米来。米是放在啤酒瓶里舂的，这是为了给因病卧床的奶奶熬粥，大吉他们是吃不到的。奶奶在防空演习时摔倒，此后就一病不起，看来不可能治愈。医生说奶奶不是演习摔倒后落病的，而是本来有病才摔倒的。年逾八十须发皆白的邻村医生不肯到根本无望康复的病人处来出诊，别处再也找不到医生。老师想至少得给母亲吃些好东西，可是好东西却很难弄到手。到海边去，连鱼饵都搞不到。“有鱼吗？”“有蛋吗？”为了一条鲳鱼，为了一只鸡蛋，不三番五次地求人是搞不到手的。虽然困难，大吉母亲还是一个人为此到处奔走。

有一天，那块光荣的门牌不知什么时候从火盆架的抽屉里跑到大门框上去了，这是大吉趁妈妈不在家的时候钉上的。小小的光荣牌在应有的位置上闪光。“门牌”家的妻子伫立着凝视它——用一个男人的性命换来的小小的“荣誉”。这种荣誉哪家门口都有，还在恬不知耻地增长着。也许年幼无知的孩子们才更想得到它吧。

就这样，终于迎来了 8 月 15 日。在浊流漫溢到农村各个角落的混乱之中，即便大吉他们刚刚开始觉悟，人们也不可嘲笑，没有任何理由去嘲笑孩子们。

在寻觅战争残羹剩饭的人流中，每天又加入许多活着回来的士兵，过去那些虽然活着却无法回还的士兵和那些永远回不来的父亲、丈夫、儿子、兄弟们的光荣门牌从家家户户的门框上一齐消[销]声匿迹，再次失踪了，人们仿佛要靠此举来逃避战争责任一样。

同样摘去了门牌的大吉家又遇到了妹妹八津的唐突的死。那是奶奶去世后一年的事，仅在一年不到的时间里，大吉家就死了三人。爸爸消失在大海的泡沫之中，外婆久病后枯木倒地般地了却一生，还有八津那昨天还很健康，一夜之间像梦一般逝去的不测之死，其中以八津的死最令家人悲伤，她患的是急性肠炎。八津瞒着家人，吃了青柿子，还有一个月才能上市，可是八津硬说不涩而吃了它。跟她一起吃的还有其他孩子，只有八津丧了命。

——虽然战争已经结束，但是八津还是被战争害死的。

妈妈说这句话的时候，大吉一时不明白意思，不过，他还是渐渐地懂了。近年来，村子里的柿树、栗树上的果实从未长熟过，谁都等不及。

孩子们总是上野外去吃茅草花、虎杖，嚼酸叶草，生吃带泥土的红薯，好像个个都有蛔虫，脸色很不好。在这种情况下，即使得病也没有医生和有效的药品，医生和药品都上了战场。外婆去世的时候，连村子里善法寺的和尚也去出征，附近村庄的和尚因战死者太多又忙个不停。战争行将结束前回来的善法寺和尚，一回家就被请来做佛事，可是现在又要请他继续为八津念经，真叫人难以想象。

外婆临终前，曾经因菩提寺中没和尚而感到懊丧，如今，大吉一想到小八津连和尚的事大概压根儿不曾想到过，竟痛恨起那些大声诵经的和尚来。听妈妈说，八津一生下来，爸爸的身体状况就开始变坏，曾打算下船疗养。多年来爸爸的足迹遍布世界七个大海，他说想回家休息，把自己的家称作第八港口，所以为那时诞生的妹妹取名八津。然而，患病的父亲没能在自己家这个良港养病，他所寄予希望的八津也死了……

物品匮乏，收殓八津尸体的箱子被告之不送材料去就无法做，于是，决定用一只有点损坏的老橱去做。鲜花也被逐出人们的生活，大吉和并木到墓地去拿来一些环形草和白花。过去种了许多鲜花的庭院，从大吉他们记事起就成了萝卜南瓜地，连狭窄的屋檐端也种上了南瓜，让瓜蔓爬上屋顶。八津死后，母亲哭着连扯带拉地拔起檐端的南瓜蔓，三四个南瓜被长长的瓜蔓牵扯着掉落下来，老师挑了其中一只圆圆的供在佛坛上。因为传说八津得的是菌痢，没有人来守夜。母亲坐在女儿的枕边守着，挨到平日惯有的停电结束，妈妈好像忽然想起来似地拿起当作枕边护身用的索林根①小刀突然扎在南瓜上，把大吉他们吓了一跳。索林根刀是爸爸买来的，孩子们知道，若是妈妈板着脸，那么索林根刀将是可怕的，大吉他们或许还会惊叫起来，可是，妈妈在笑，那张哭肿了眼睑的笑脸，看上去与平时判若两人，妈妈那“没事、没事”的眼神使大吉兄弟很快放下心来。

“给八津做样好东西吧。这东西你们都不知道，八津到死也不知道。你们一定认为南瓜是食物吧，可是妈妈小的时候，南瓜是孩子的玩具。瞧，这是窗户……”

妈妈在南瓜四周挖了四个正方形的洞。

“这儿再开个圆窗，稍微有点困难，大吉，拿个小碟子来划个样子，再拿个盆子来，要取出瓜瓤。”

大吉和并木睁大眼睛看着，做成的是一个灯笼，挖好的洞口贴上纸，底部插进钉子作蜡烛的底座，点上配给的蜡烛，做成一个能使八津高兴的灯笼。大吉忘却了悲哀说：

“妈妈做的该打满分。”

小棺木做好后，灯笼放在八津的头边，八津爱玩的贝壳、纸人偶也放在她的身边。悲哀骤然扑来，大吉和并木都放声哭起来。大吉哇哇地哭着，他想起八津一直想要的九连环玩具自己不肯借给她，自责自己对妹妹不好，现在想送给八津。他把玩具交给双手合抱胸前的妹妹，可是，她冰冷的手已经不会接取。九连环全掉到灵柩底部去了。并木哭着，也拿来了珍藏着不让八津看到的心爱的彩色纸，折叠成仙鹤、奴仆、气球放入妹妹的灵柩，八津就带着这些东西踏上了奔赴黄泉的旅途。

因有这些事，大石老师一下子老了，生出许多白发，小小的个子一瘦就显得更小，弯腰时竟和老奶奶一模一样。大吉虽小也感到震惊，担心这一次会轮到妈妈发生什么事，他已经到了能够深深体味人的生命之宝贵的年龄。

“你们要好好照顾妈妈呀!”爸爸的话语又在耳畔响起。

“妈妈，我去砍柴。”

说着，大吉和并木一起上山了。

“妈妈，配给的东西放学后由我去取。”

到远处的配给所去也成了大吉的工作。并木也不示弱。

---

① 索林根是德国西北部工业城市，该地生产的刀具名闻遐迩。

“妈妈，水都由我来挑。”

妈妈变得爱掉眼泪，她说：

“你们俩一下子变得孝顺了！”

如此软弱、靠孩子们照拂的老师重返教职全靠早苗暗中尽力，如今她在母校——海角小学总校里工作。

“四十岁啦！现在任教职的人到这年龄也会因老朽而请他退职的。”

早苗一再恳求歪头前思后想的校长，最后总算说定，如果大石老师愿意去海角村任教的话就可以雇用。而且，大石老师还不算具有教员资格，而是校长个人决定录用的助理教员，算临时教师，只要有变，随时可能被解聘。这么可怜的条件使早苗泄气，她把这些告诉大石老师，没想到老师的眼睛却闪耀着异样的光辉。

“海角村，正是我求之不得的。那儿还有我过去的欠情呢！”

她毫不介意艰苦的条件，脸上挂着由衷的笑意。此刻，大石老师的心里那些忘却的记忆又像刚开的花朵一样历历在目。

老师，再来哟……

脚伤好了再来哟……

说定啦……

如同当年接替自己去赴任的“老朽”后藤老师，她还不知道自己也在受人怜悯，不，大石老师不可能不知道。然而，她是有着两个年幼孩子的寡妇，也只得像后藤老师一样高高兴兴地去海角村任教。不过，这会儿当她看到临近的海角村群山上被夜雾洗涤过的碧绿茵茵的色泽时，觉得自己变得年轻了。过去，西服和自行车都领先一步的大石老师，如今将带有白发的青丝随便梳成个垂髻，身穿用丈夫碎白花纹衣物改制的裙裤，由年少的儿子用船送来上班。如果非要找出她当年的风采，也许只剩那突然间熠熠生辉的眼神和年轻的声调了。曾被贬为傲慢的西服和自行车，自打老师开头以后便在这儿流行起来，如今，村里几乎没有不会骑车的女人。然而，将近二十年的岁月过去了，再也没人记得年轻时的大石老师。

小船快速滑近陆地时，已靠近海滨。动作不熟练地撑着船棹的大吉和陌生的大石老师，像过去一样使村子里的孩子们纷纷聚拢过来，他们的脸全是陌生的，多年来衣料的紧缺状况在质朴的海角村孩子们身上表现得更加可怜：他们穿着裙带菜那样褴褛的裤衩，有的男孩子从衣物的破洞中露出肌肤。老师朝他们笑，他们却瞪着害怕的眼睛，毫无表情又显出感兴趣的样子让出道来，很稀罕地盯着老师看的神态和过去并无两样。被孩子们好奇的目光包围着，大石老师就势跳下船来，一切仍是这么亲切，仿佛连一颗小石籽都留着过去的形态。老师有点晕船，脑袋昏沉沉的。她缓缓地走着，背后传来轻轻的议论声。

“她大概就是老师吧！”

“我们去行个礼吧，这样就知道了。”

三四个孩子突然跑到微笑着的老师跟前，冷不防地鞠了一躬。新学期将来临，新入学的学生正是向老师表示敬意的好时候，于是，连那些学龄前的小孩也在模仿。大石老师点头还礼后，热泪盈眶。首先，她很高兴，觉得自己已经受到了这些孩子的欢迎。她悄悄地按按眼角笑了。她再次看看大伙儿，没有立刻想得起的熟人，路上的行人也一样，在村里那条老路上行走的都是不认识的人。可是，她并没意识到，变化最大的还是自己。三五成群的学生不断跑着超越大石老师。然后不时回过头来偷看老师。大石老师故意不看他们，因为她不愿让人看到的东西正闪着亮光即将洒落。

老师向独自回去的大吉挥手告别后走进校门，看到陈旧的校舍中八成损坏的玻璃窗时，一种绝望的感情刹那间像涨潮似地涌来。和过去完全一样的教室里像过去一样靠窗摆着桌子和椅子，朝窗外望去，老师的腰板挺直了，只见一些新的东西正在朝这所破旧不堪的学校走来，那是用旧腰带白衬布做成的新书包，还有中间有条接缝的铭仙皱绸包袱巾做的包袱，里面是没有封面、活像旧报纸折叠的劣质教科书。孩子们的脸上洋溢着希望，这就是过去海角村孩子们的表情。十八年的岁月想来就像昨天的事一样，老师产生了今天与昨天相连的错觉。今天没有隆重的开学典礼，走进教室，老师感到激动，不过，她还是老练地开始点名。她用年轻、有力的语调说明：“我叫了名字后，请大声回答‘到！’”

“川崎觉。”

“到！”

“加部芳男。”

“到——！”

“挺精神，大家都能清楚地回答。加部芳男是加部小鹤的弟弟吗？”

老师刚刚还表扬他回答清楚，这会儿加部芳男却默默地摇着头，就像除了叫到名字之外就不会应声一样。老师仍然微笑着继续点名。

“冈田文吉。”

老师知道这孩子是矶吉哥哥的儿子，可是她听说矶吉因失明离开军队后他哥哥很难过，所以没再问便叫了下一位同学。

“山本克彦。”

“到！”

“森冈五郎！”

“到！”

阿正的脸大大地浮现在老师眼前又消失了。

“片桐真琴。”

“到。”

“你是琴江家的孩子吗？”

真琴不知所措，她已经记不得自己小时候就去世了的姐姐。于是老师不再讯问旧事。西口节子的女儿叫胜子。除此之外三个女生中有个穿着红色新西服的孩子叫川本千里。老师忍不住，休息时不由问道：

“千里的爸爸是木匠吗？”

千里睁大和松江一模一样的黑眼睛说：

“不对，木匠是外公。”

“哟，是嘛。”

但是她学籍簿上写着父亲是木匠。

“松江是谁，是你姐姐？”

“不对，是妈妈。她在大阪，是她给我捎来了西服。”

老师一楞，这个班里没有仁太和增之一类的学生，这使她松了口气，同时也感到寂寞。要是有仁太那样的学生在，那么现在这十名新生的家庭情况准会全抖落出来，老师还会知道每个人的小名、绰号。像信赖过去的学生那样，老师也完全信赖今天刚进校门的十名学生。一想到仁太、竹一、阿正，还有矶吉、松江和富士子他们，老师就觉得十名一年级新生变成了集于一棵松下的那十二名孩子。她不禁望望窗外，一棵松仍以过去的风姿屹立着，松树旁有两个男孩可能一直注视着海角，他们并不了解现在的一切。

大石老师静静地走到操场的一角，悄悄整一整面容。她还不知道自己这模样早已被人起了外号，海角村还是有着仁太式的学生，有人注意着老师的一举一动。

她的外号叫做“哭鼻子老师”。

十、阳光明媚

虽说已到四月，下午的海滨还笼罩着严寒，伸出双腿坐在沙滩上的大石老师猛地站立起来，拍拍裙裤的膝头，有人在身后喊她。

“老师，您在那儿干什么呀？”

是西口节子。

“啊，节子！”

节子好像要出门，身穿铭仙花绸的夹衣，端正地系着腰带。她再次问好，突然很亲热地说：

“很想见老师，我正去学校呢！”

说着，她再一次鞠躬。

“老师，这一次，胜子又靠您照料了，真是不可思议的缘份。请多关照。”

她的缓慢的腔调、谦恭的举止和二十年前的节子母亲一模一样，不过，节子显得更纯朴，她亲热地说：

“听说老师又到海角村来的消息，我高兴得流出泪来。母女两代作您的学生，这种事很少有，真的。不过，老师还健康，太好了。”

“托你的福。不过，大家都经历了许多辛劳吧。”

节子没有回答，她看了看四周说：

“老师受伤就在这一带吧？”

大石老师用怀念的目光打量着她。

“是吧。多亏你还记得。”

“那可忘不了啊，想起来常常会跟早苗唠叨。我们班的同学好像是海角村小学开办以来最奇特的，对了，那时还一起步行到老师家去过。”

说着，她把视线投向远处的一棵松，正好看到大吉摇船驶近，不由惊异。小船已近在眼前。大石老师笑着冲着小船那边说：

“节子，那是我的儿子，他就这样每天来接我。”

听到这儿，节子吃惊地说：

“原来这样，所以老师才到海滨来等候的吗？”

节子还不知道，大吉已经连续接送三天了。看来她还是继承了过去就不多与人交往的家风，然而，时代的潮流并没忘记越过她家高高的土墙，卷走了她的丈夫，使他也成为至今未归的一名士兵。不过，老师眼前的节子依然无忧无虑、大大方方，像过去一样以讨人喜欢的表情笑吟吟的。在这个连劣质裙裤也穿不上的村子的村民中，她是大户人家的年轻媳妇。这么多年日复一日的辛劳，节子是怎样经历的呢。传说战败时，西口家的仓库里，军用物资堆到天花板，可是谁也搞不清那是真还是假。有人说，节子家就是靠这些物资发财的，节子的脸上却看不到那种作恶的阴影。

此刻，她和大石老师并排站立着，晃动的大吉的小船使她们露出真担忧的神色。

“这么大的风，小孩子摇船太勉强了，老师，啊，危险！”

大吉的小小的身躯似乎将和船橹一起被大海吞没，大吉瘦小的身体和小船一起在拼搏，她们在一旁看着也自然憋足了劲儿。陆地上令人感到寒冷，可是大吉肯定通身是汗。

“您不骑自行车了吗？老师！”

大石老师无暇理会节子的发问，她紧盯着在波涛中摇晃的大吉，真想把他和小船一起拽到岸边来。节子又说：

“刮风下雨天，坐船怕不行吧。还是骑自行车快。”

“是啊，不过节子，如今要买自行车也买不到哇，就是好买，钱包也不会答应。”

她说着眼睛不离小船，又想起过去自行车也是分期付款购买的。当时买车给自己的自行车店的富子姑娘后来结婚去东京生活，在连明信片也经常脱销的战争当中断了音讯直至今日。仍在东京总店经营自行车的富子一家不知现在情况怎样了？在战争将要结束时，老师曾想过，三月九日空袭时她全家是否会遭灭顶之灾呢？自身的剧变使老师无心过多顾及他人的命运。

K町富子父亲他们住的地方现在还开着自行车店，不知什么原委，战时换了店主，如今只有一个无论何时看都觉得猥琐的老头在摆弄又脏又旧的自行车，他的继承人——儿子也战死了。哪儿会有什么新自行车呢？尽管如此，节子还是很轻松地说：

“老师，要是买自行车，我可以帮您去洽商。”

老师来不及问清这句话的意思，大吉的船突然加速划近，大概是靠近陆地后无风的缘故吧。大吉只是朝母亲笑笑，把头扭向一边。像往日一样，他撑着竹棹把船头靠向沙滩等母亲上船，这时，从一边传来了与往日不同的声音。

“来，孩子，我抓住船头，请上岸来。”

大吉吃惊地回过头去，这次是大石老师笑着说：

“大吉，休息一下吧。”

大吉默默地摇摇头，老师又对他说：

“妈妈有些话要对她说，请等一会儿。”

大吉满脸不高兴，一声不吭地跳下船，把缆绳拴在一块大石头上。妈妈等他拴好后说：

“大吉，到这儿来。”

当着大吉的面，老师想问问节子自行车的事，可是节子好像已经忘了刚才说的事，大吉又像个大人一样抱着膝头望着大海，老师坐在他俩中间，不知怎地买自行车的事难以启齿了。节子会有什么办法呢？老师知道，她们唯一能做到的只是互相慰藉而已。凝重的沉默之后，为了缓解气氛，节子又轻松地开了腔。

“上次我和早苗商量，让我们班为老师开个欢迎会。”

“那太叫人高兴了。问题是我所做的是否值得你们欢迎。来这儿之前，我想着应该和过去一样有精神，可是，来到后一看，常常会哭泣，回想起来的尽是叫人流泪的事。”

说着，老师又泪盈盈的，她急忙擦掉泪水，定了定神，语调有力地说：

“不过，这是件令人高兴的事，咱们班上还有几个人？”

“男生二人，女生三人。女生中的小鹤和阿松，也想让她们来，已经去叫了。”

“阿松是川本松吗？”

“是的。那么多年也不知道她在哪儿，战争中突然回来过，只住了很短的日子，又不知道上哪儿去了。据说，增之知道她的地址。老师，阿松可漂亮啦，变得认不出来了。”

节子说着，脸上露出一丝异样的表情，老师故意装作没看见，她想起了前天教室里的情景。

——千里的爸爸和爷爷都是木匠吗？

——不对，木匠是我爷爷。

——松江是你姐姐吗？

——不对，是妈妈。她在大阪，是她给我捎来了西服。

川本千里闪动着和松江一样乌黑明亮的眼睛。老师不愿再向节子打听松江的情况，却忍不住还要问问其他情况。

“那么，富士子她怎样了，你知道吗？”

节子的表情比刚才谈到松江时更激烈。

“老师，她呀，真的是去向不明。听说，战争中有暴发户将她赎出去后发了迹，反正是在军需公司干活吧，现在不知怎样了……”

大石老师低下头，仿佛故意把视线从不知不觉流露出优越感的节子脸上以及涉足人生邪道的松江和富士子身上移开似的，她用只有让自己听得见的轻声喃喃地说：

“只要活着，还有机会相见，一旦死了的话……”

节子也深情地轻声说：

“真的，死了一切都完了……阿琴的死，老师知道吗？”

节子对默默点头的老师继续发问：

“小矶的事呢？”

同样点头的大石老师的眼睛里又涌出了泪水，早在听早苗说矶吉失明后退伍的时候，老师就和早苗一起放声痛哭过，那时的悲哀至今深藏心底。听说早苗去探视时，戴着遮眼罩的矶吉低下的头垂到膝盖处，灰心丧气地说，还是死了的好。一想到曾立志成为当铺掌柜的他回到贫穷家中的境遇，老师就可以理解矶吉想死的心情。矶吉痛哭过，不过，现在已经不同那时。听说后来矶吉去当了按摩师的弟子，他的这条迟踏上的征途使老师松了口气，只是作为一条生路，矶吉将如何在那个黑暗的世界里生活下去呢？节子的话却完全道出了她自己精神上的贫穷。

“瞎了活着回来可不好办，还是死掉的好。”

是谁使矶吉成为瞎子的？节子对这个问题不加思索的话语使大石老师不能听之任之。

“节子，怎么能这样说呢？他好不容易才重新站立起来，再说他还是你的同学。”

就像遭到训斥的学生似的，节子慌了。

“可是，可是，听说小矶逢人便说还是死了的好呀！”

节子红了脸，好像意识到自己思想的浅薄。

“你不觉得他很可怜吗？想死说明别无生路，真可怜，你不这样认为吗？”

“当然，我认为他是可怜的，怎么说也是我的同学。可我们班不幸的人太多。老师，五个男生中有三人战死了吧！”

并排坐的大吉用胳膊肘碰了一下大石老师，她突然发现什么似地回过头去。六七个小孩子呈不规则的椭园[圆]形在三人背后围着并稀罕地瞅着他们。孩子们见老师突然回过头来，鸟兽散似地奔跑起来，边跑边嚷。

“哭鼻子老师！”

“哭鼻子老师！”

老师看到孩子们逃向后面山丘上的共同墓地，就提议说：

“我们去祭扫一下墓地吧，节子！”

“好，我去取水。”

节子迅速地站起来，一溜小跑回到路边的家，并很快提着小木桶出来了。大石老师用下颏指着墓地那边说：

“我去那儿，只消十分钟，等着我。妈妈去给学生祭扫坟墓，你一起来也行。”

留下有股子怨气的大吉，老师和节子并肩走去。

“嗨，节子，你长高了，过去你的个子最小吧！”

“不，阿琴最小，接下来才是我……老师，这是阿琴的墓。”

距路边二三步的地方就是阿琴的坟墓。经风雨吹打过发黑的小小的板檐下，同样被污染得发黑的一块小小的牌位倒卧着。不知是否是琴江生前使用过的，一只浅浅的茶碗里盛着呈茶色的水已经大半干涸，节子又将茶碗注满水，大石老师在一旁捡起牌位抱在胸前，只有这块木牌尚能证明琴江曾经存在。俗名琴江，享年 22 年。啊，这里有一条这样逝去的生命！据说，医生、药品、亲人的看护，所有这一切都与她无缘，只是独自躺在仓库里不知何时死去的琴江。琴江的父亲曾为生下她而感到窝心，说是若生男孩就可派用场了。她说过，因为自己不是男孩，所以母亲才受累……

要把不是男孩的责任归咎于母亲和自己的六年级时的琴江的容貌又浮现在眼前。倘若她如愿生就一个男子，那么如今也许正躺在士兵墓地里，毫不留情地夺去这年轻生命的是谁？又是泣涕涟涟。

“滚，别好奇地老跟着。”

是节子在训斥孩子们。老师这才发现又让孩子们看到自己在流泪。

“真的，他们越来越认为我是个好哭鼻子的老师了。”

说着，老师笑了，节子也一起笑着，递过柄勺催促似地说：

“老师，来，给您水。”

不知何时祭上的，茶碗里堆满了刚采摘的青青的卫茅花叶。军人墓在山岗尽头，按着日清[①]、日俄、日华战争的顺序，陈旧的石碑接连不断，新的白木墓牌有的已经腐烂或倒卧，而仁太、竹一、阿正他们簇新的牌位直立着，在这儿也能看到混乱的世态，在这些无罪而被夺走年轻生命的青年们的墓前，人们竟忘了供上鲜花。花筒里的山茶花在午后太阳的照射下早已枯焦，划分整齐的墓地里，只有新的军人墓牌排列着。墓地告诉大家，人们的生活尚无余力为死者制作石墓以对他们尽些起码的慰灵之力。

这使大石老师的心受到震撼，同时也想起丈夫的坟墓。她在各处萌发的春草中找了些蒲公英和紫花地丁供在坟头，两人默默地走出坟地。老师不哭了，陆陆续续跟在后头的孩子们依旧嚷道：

“哭鼻子老师！”

---

① 指 1894 年爆发的中日甲午战争。

于是，大石老师立刻作出反应，回过头去回答：

“到！”

吃了一惊的不光是节子，甩下孩子们哈哈的笑声，老师乐呵呵地对一无所知的节子说：

“好怪的绰号，这回我成了哭鼻子老师。”

散发着嫩叶清香的五月初的一天早晨，大石老师一进校门，就遇到好像等了许久的一年级学生西口胜子。

“老师，您的信。”

胜子得意地递上一封信。

“……难得的星期天，我们知道老师有许多事，不过，我们还是要请您出门。本来这事还想与您商量一次再定，可是，小麦的颜色渐渐黄了，随着割麦的临近，时间更紧，所以我们就匆忙决定了。这一天，同学们基本能到齐，请务必前来……”

是上次提到的欢迎会的邀请。节子、增之都签了名，一看就知道信上是早苗的字迹。老师看完后对胜子说：

“你去告诉妈妈说，老师答应去。明白吗，只要说去就行。”

可是，当老师单独坐在办公桌前时又犯了嘀咕：“哎，不好办！”昨晚刚和大吉他们约好后天星期天要为八津做周年忌，当说到要做炸豆腐饭团的时候，并木由衷地发出欢呼：“太棒啦！”大吉另有做哥哥的考虑。

“妈妈，妈妈！把炸豆腐饭团拿到八津墓去吧，明天放学后我到K镇的黑市去买油炸豆腐皮。妈妈，妈妈，油炸豆腐皮买几张呀？妈妈，妈妈，要带大豆去黑市吧？带几合豆去？妈妈，妈妈，我们今天就用瓶子舂米好吗？”

大吉习惯猛叫“妈妈，妈妈”的时候，说明他很高兴。要是推迟做这件事，他们会多么扫兴啊！说是做周年忌，可是眼下的时节不会邀请客人，叫来和尚，其实完全是老师计划中的一件事，她要安慰老是看家和接送自己的两个儿子，也是领到久违的工资之后的一种内心暗暗的庆贺。把这次活动和八津联系起来，大概是因为每当看到与八津同年出生的一年级学生时，老师就会想起八津的缘故。自从老师和节子一起去扫了仁太和竹一他们的墓之后，老师就产生了这个想法。

这一天，老师一回家对两个儿子说：

“我说你们哥俩听着，现在发生了一件令人为难的事。后天星期天，妈妈有事，八津的周年忌推迟一周吧！”

“不!”

“不同意!”

两个儿子当即正面反对。

“是啊,的确不好办。妈妈过去的学生要为我开个欢迎会,所谓欢迎会,其实就是欢欢喜喜地迎接我的会,这是无法拒绝的吧。”

“不,我们早就约好的嘛!”

总是看家的并木抢先说。大吉倒不吱声了,但是他的脸上明显地流露出失望的神色。

“是的,正因为和你们约好了,所以妈妈才为难。并木和大吉,你们一起想一想,妈妈还是不参加欢迎会呆在家里好吗?”

老师把学生的来信念给兄弟俩听,两人默默地对视着。隔了一会儿,并木小声嘀咕:

“我们约好的,我们的约定在前,该实行民主主义嘛!”

他的“民主主义”一词使母亲忍俊不禁。与此同时,她想出了一个办法。

“你们看这么办怎么样,八津的周年忌延期,后天你们到本村去远足。妈妈的会在水月馆,喏,就是那位叫香川增之的学生开的饭馆。那儿的欢迎会结束之前,你们可到本村的八幡庙或观音庙去玩。午饭在码头吃盒饭,对了,把鱼竿带去在码头钓钓鱼不很有趣吗? 怎么样!”

“啊,太好了! 太好了!”

并木又率先欢呼起来,大吉也点头露出赞同的笑容。

星期天一大早天就是阴沉的,只要不下雨,从一棵松出发步行四公里反而好。欢迎会从一时开始,老师12点就出发了。过去只要乘十五分钟公共汽车就到的这段路,现在母子三人一起步行。因为少见,所以遇到的人会问:

“全家一起上哪儿啊?”

答者准是并木,他略带戏谑地说:

“去郊游哇!”

并木故意拿腔拿调,谁都听不明白,也没有人再问,兄弟俩为此乐不可支。每当对面有认识的人走来时,兄弟俩总要以母子三人听得见的声音说:“全家一起上哪儿啊?”而每次对方的提问都被他俩言中。

“全家一起上哪儿啊?”

“去郊游哇!”

并木语速飞快地回答,然后快步走去,大吉随后追赶,兄弟俩乐得蹲下身子,这种事生来还是第一次碰到,两人喜不自禁。同样的话多次重复后,再没人问了，这时已经快到邻村。来到本村要和母亲分手的地方，兄弟俩多少有些不放心，轮流问道：

“妈妈，我们的郊游要是早结束怎么办？”

“那就到水月馆下的海滨去扔石籽玩吧。”

“本村的孩子欺负我们呢？”

“哼，那么并木回敬他们就行。”

“要是对方比我们强呢？”

“真没出息，那你就大声哭吧。”

“会被人笑话的。”

“是啊，被人笑话。听到哭声，妈妈也会在水月馆二楼拍手笑的。”

“妈妈的欢迎会在看得见海滨的房间开吗？”

“大概是的。”

“那你经常探出头来看看。”

“好吧，好吧！瞧，我给你们挥手。”

“那样，别人会知道我们是大石老师的孩子，也许就不会欺侮我们了。”

并木说到大石老师，老师不禁一笑：

“哎，你妈妈是大石老师啊……”

她想告诉孩子们自己在海角村被孩子们称为哭鼻子老师，却又忍住了。来到岔道口，两个孩子要上八幡山，走了十来米，大吉嚷道：

“妈妈，要是下雨怎么办？”

“糊涂虫，你们自己动脑筋！”

到水月馆只剩下不到十分钟的路程，老师径直走去，前面早苗和节子像小孩子一样奔跑过来。

“老师！”

两人从两边跑来，连句像样的问候话也没说。

“老师，来了位难得见面的人，您猜是谁？”早苗说。

“难得见面的？”

“一次猜中，就信服老师。你说呢？节子！”

她俩淘气地点头直笑。

“呀，真可怕。信与不信，二者必居其一的关键选择。你们说难得见面的无非是两个人，富士子和阿松！”

“哈，您猜是谁？”

早苗像孩子一般大声嚷嚷。

“我猜中了？她俩都来了？”

“不，只有一个，猜吧。啊，已经知道了，她在这儿！”

三人来到水月馆门前，老师大概已经看到，那人站在小鹤和增之中间，三人在门口排成一排。老师看到戴着黑眼镜的矶吉吓了一跳。猛地扑到大石老师肩头哭泣的是站在增之身旁穿着花俏和服、涂脂抹粉的女人。

“老师，我是松江。”

在她通报姓名之前，老师已经想到了。

“嗨，真是难得幸会啊！来得好哇，阿松！真心欢迎你！谢谢，阿松！”

松江大抽大噎地哭着说：

“我接到增之的信，心想要是错过这次机会，也许这一辈子就不会再有朋友。于是，我顾不上羞耻和面子跑来了。老师，请你原谅！”

看到她不顾羞耻和体面的哭泣，增之故意抓住她后颈项的头发把她拉回来。

“嗨，她可不是你阿松一个人的老师！好啦，来，上楼吧！”

订的还是靠海的房间。

“小矶，你好！”

老师拉着矶吉的手一起上楼。

“啊，老师，久违了！”

“有七年吧！”

“是啊，我变成这副模样。”

矶吉稍稍站定后垂下头，却又任老师牵着一起走上楼梯。阴沉的天空渐渐晴朗起来，正午的太阳照得海水发出耀眼的光亮，二楼亮得眩目，可是靠山的北窗却仍然阴得像要下雨，天空呈现出一派奇妙的景象。两个八铺席大的相连的房间里充溢着和煦的春风，沁人肌肤。

“哟，多好的景色啊！这……”

小鹤站在栏杆边无意识地回过头来，突然捂上嘴不往下说了，因为她看到了矶吉。为了赶紧摆脱这个尴尬的场面，增之用她那感情丰富的语调说：

“来，老师坐这儿，和小矶并排。我们的阿松坐这儿，你们俩围着老师，尽你们的本事畅谈吧。其他人请随便坐！”

她说得挺干脆，不过老师还是暗暗感受到增之关怀他人的苦心。

“我们一年级全班学生都要欢迎老师，所以……”

增之瞥了矶吉一眼，没说下去。她指着壁龛处，那里一只明信片大小的镜框里镶着一棵松下的合影，它由一只木雕牛摆设支撑着。早苗郑重其事地作了简短的发言，增之又紧接着说：

“来，接下去就不讲客套了，大家就当自己是过去一年级的学生，好吗，小矶？”

正襟危坐着的矶吉露出微笑抚摸着膝盖。从刚才起就急着找机会的松江倚向老师，紧盯着老师的脸说：

“老师，多谢您照顾千里。我听到这消息太高兴了。我已无脸见老师，但是，无论怎样受人蔑视，我都忘不了老师。那只饭盒，我至今珍惜地保存着。”

说着，她用手帕按着眼角，增之见了，故意打趣地说：

“怎么搞的，阿松！还没喝酒就独自流泪啊！别说了，别说了，那种怨言。不该在老师面前说这些，回到过去去吧！”

她在松江肩头拍了一下。松江认真了，却带着快乐。

“我们就是在说过去的事，对吗，老师！战争时我把那只饭盒藏进了防空洞。唯有这饭盒我不打算送给女儿，这是我的宝贝，今天我用它装了米来，老师。”

听她这么一说，吉次也说：“哦，对了。”他从军服插兜里掏出个小布袋。

“给，我的份儿。”他把布袋递给增之。

“算了，阿次，你不是已经送鱼来了嘛！”

看来今天是自带食品的聚餐。老师想着，几次要问松江，她说的饭盒到底是怎么回事呢——那一只藏进防空洞的宝贝饭盒。

那只百合花饭盒老师已经忘得一干二净。

“阿松，你说的饭盒是什么？”

老师轻声问，松江惊异地说：

“哟，老师忘啦？那我去拿来！”

松江噔噔噔地跑下楼，一转眼又噔噔噔地跑上来，用逗引婴儿的方法让大伙儿看那只空饭盒。

“大伙儿瞧，这就是我五年级时老师送的！”

一片欢呼。

“老师，看不出哇！真不晓得老师光看得起阿松一人。我们全蒙在鼓里哇！”

增之的抗议又引出一阵笑声。老师热泪盈眶地注视着饭盒。

见到实物才想起的这只饭盒，松江从未用它带饭上过学。修学旅行时，在码头前的小饭馆里喊着“油炸面拖鱼虾面条一碗”的松江的模样，事隔多年又重现在眼前，与眼前的松江重合在一起。可怜的松江，自卑的松江呵，你好像要把这些令人同情的经历当作自己的耻辱……

一道道上菜了，松江头一个站起来，她双手捧着啤酒和汽水熟练地给大家一一斟上，增之见她斟完便说：

“来，为老师，干杯！”

她领头一饮而尽，又饮完松江斟上的，长叹一声：

“啊，要是仁太和渔家仔也在这儿该多好！那就太圆满了，老师！小矶、渔家仔、阿次和仁太，他们都是好人。竹一升到高一级学校后有点架子，但是他也是好人。我们班的同学尽是大好人，可是男生的遭遇都不好，女生都变得老奸巨滑。小鹤和早苗老成了，特别是我和阿松，不过，我们人都不坏，只是太吃苦，懂得太多而已。像小节那样的贤慧夫人、小鹤和早苗那样伟大的老处女不干的事我们干了，对吧，阿松！没少干吧！”

说着，她往松江的杯中倒入啤酒，只有她俩喝酒。小鹤一开始就坐在矶吉身旁，每次都帮他端碗送盘，松江也把这里当作自己的工作岗位，一会儿站一会儿坐，勤快地帮着端菜。吉次仍像过去一样老实，他默默地喝着吃着，与他并排坐的早苗忍不住笑了，望着老师说：

“老师，您不这样认为吗？在这种场合，最不管用的就是学校的老师。”

老师耸耸肩也笑了。

“我也是。”

节子偏[局]促地说罢，又发出一阵欢笑声。喝得有几分醉意的增之走到矶吉身旁，让他拿好酒杯：

“来，小矶，为当上按摩师的你再干一杯。”

人们这才发现，矶吉从一开始就跪坐着，一直没有盘腿。

“小矶，大家都不拘礼节，你也可以坐得更随便些。”

被大石老师这么一说，矶吉用手摸着微斜的头说：

“不，老师，其实我这样坐着最轻松。”

据说为了当上当铺掌柜，从十多岁起矶吉就苦练用膝盖跪坐的功夫。现在他将近三十岁，却不得不重练本事，他那已经发硬的手腕究竟能把按摩练成吗？而且除此之外他已别无生路。听说按摩师傅并不想收这个弟子，靠增之的努力，加上他本人始终住在师傅家学习才被收下的。增之用对弟弟说话似的口吻对矶吉说：

“你瞎了回来，大家都很悲伤，为你的失明发愣，小矶！你不能因为瞎而屈服，小矶！不管人家怎么叫瞎子、瞎子的，你都应该泰然处之，小矶！”

啤酒溢在矶吉的膝盖上，他快速喝干酒，把杯子还给增之。

"阿增，别这么口口声声地叫瞎子，我心里可亮堂啦！大家别发愣，不管说照片还是叫瞎子，尽管毫无顾忌地谈吧！"

所有的人都不由互相对视着笑了。小矶这么一说，大家好像非看一下合影不可似地一一传递起照片来，人人发表过评论的照片传到小鹤手中后，小鹤又毫不迟疑地把照片传给了矶吉。

"哟，一棵松的照片！"

借着醉意，矶吉就像能看清照片似地瞅着，他的模样使旁边的吉次有了新发现一样惊异地说：

"小矶，能看到一点吗？"

矶吉笑了。

"眼球没了，阿次！不过，这张照片我能看见！嗨，瞧！中间这位是老师吧，老师前面并排站着的是我、竹一和仁太。老师右边这位是阿增，这位是富士子；阿松除了左手小指外其他手指都握着，接下来是……"

矶吉很自信地用食指一一按着照片上排列着的学友，他的指点偏离了，大石老师接替不再应声的吉次说：

"对，对了！是啊，是的！"

老师声音洪亮，伴随着呼吸，她脸上潸然泪下。大家寂静无声，早苗突然站起来。喝醉的增之独自倚着栏杆引吭高歌。

春夜楼台宴，观光在高堂。
杯影相交错，美酒泛流光。

增之闭着眼唱，仿佛为自己优美的歌声所陶醉。在六年级时的学艺会上，她的独唱作为压台节目深受青睐。忽然间，早苗伏在增之的背上抽噎起来。

（1952年12月光文社首次出版单行本；原载于《世界反法西斯文学书系·日本卷2》，重庆出版社，1992年）

历史

[朝鲜] 韩雪野

李烈 译

一

一九三五年春天。

这年春天，金日成将军在抚松被任命为“人民革命军”第六师师长。人民革命军于一九三四年冬天编成，是当时散布在“南满”和“东满”的许多游击队的联合组织。

金将军担任第六师师长后，为了检阅和指导新辖区（即第六师所管辖的区域）的游击队，立刻向安图进发。抚松与安图之间有一条五百多里地的山路，绵亘着密林笼罩山峦起伏的长白山脉。

在这些崇山峻岭里面，日本军队是休想把它作为藏身的窝巢的。他们在这条山脉中顶多只能挑几处地势比较平坦的地方，间或驻扎些军队。可是，这些地带却很适合游击队活动。当时金将军的游击队，就把这一带山区作为活动的根据地。

金将军只带了九十名队员。这是因为大队人马在山地行军，在行动上和战斗上都会不利，所以游击队不管在什么时候，总不集中在一起进行活动。

如果必须和日本军队展开大规模的战斗，他们就汇合附近山中的游击队，立刻组成一支联合力量，进行作战，这是金将军培养年轻的地方游击队所经常采用的一种方式。

地方游击队，都是在和熟于战斗的金将军部队配合作战的过程中成长起来而获得了胜利的信心的。

金将军在这次的旅途中，曾在几个地方奇袭过日本军队，当时附近没有游击队，他们只能进行单独作战；到了大沙河和五道杨岔以后，才和那两个地方的游击队取得联系。

这两个地方的游击队，这时还很年轻。一则队员少，二则没有战斗经验，他们一直还没有和日本军队打过仗。这次他们配合着金将军的部队第一次打了胜仗，便大大地鼓起了勇气，而且，也多少增加了一些新队员。

金将军深切感到今后必须加强各地游击队的实力：在许多新地区里，要迅速把游击队组织起来。

金将军的部队一面作战、一面行军，但比一般的行军走得还快。为了打击日本军队，他们常常在夜间一口气赶上几十里路；战斗结束以后，又连续再走百八十里，所以他们反能比原定计划提前到达了目的地——安图。

这时，安图游击队有一百三十多名队员，但由于当地情况不利于游击队活动，所以他们一直没有展开过规模较大的战斗。

当时在“南满”和“东满”驻扎着三十多万日军。他们以“讨伐”为名，烧光了山里的所有民房；只要碰见老百姓，不是抓了去，就是马上打死，而且只要听说有游击队路过那个村子，他们就把那个村子烧个净光，这样一来，游击队的活动便受到了阻碍。

金将军以第六师师长的身份来到安图，安图的游击队很快就恢复了生气。

金将军首先亲自审查每个游击队队员。那里面有着许多优秀的战士，他们大部分都是从生下来的第一天起，就对日本强盗怀着刻骨的仇恨了。

这些队员里面，有些是父母兄弟被日本强盗杀害了；有些是打死了日本兵，夺取了他们的武器逃到这里来的；他们大都有丰富的战斗经验，因而就比其他地方的游击队具有更高的战斗力。

金将军审查完了这些队员，觉得很满意，威严的脸上现出了愉快的笑容。所有队员们也都不禁高兴起来。

“我们准要编进金将军的部队里了！”

“我们本来就是优秀的队伍嘛！”

队员们都怀着很大的期望，然而金将军却有另外的打算。

金将军审查过队员以后，决定从他们里面选拔一百多名，派往各地区去进行组织工作。规定三四个人为一组，主要派到离朝鲜较近的国境地带去；并且指示他们到那些地方以后，要在很短的时期内迅速地组织起游击队来，立刻开始活动。

然后，他给安图游击队重新委派了年轻而干练的队长、政治委员和参谋长。并且指示他们：以留下来的三十名队员作为基干，完成新队员的补充工作。

被选拔为组织员的队员们，怀着新的决心，立刻出发了。

这时，金将军本人也计划在离国境较近的地带展开更多的战斗。因而他决定这次返回抚松的时候，就靠近朝鲜的国境地带走。

于是，金将军经过延吉、龙井，沿着国境的山脉，向西行进。沿途他还顺便了解了不久前派出的组织员们的活动情况。这时有些地方已经很快吸收了一二十名新队员。金将军向他们讲述了在战斗中怎样以少数队员发展为大部队的许多办法，并指示队员们首先要缴获敌人的武器；告诉他们要缴获敌人的武器，应该如何展开活动：比如扮做耕地的农民，不动声色地在路上行走，一有机会就用镰刀杀掉日本鬼子，夺取他的武器；还可以假意给日本兵背东西，在山中把他杀掉或者把武器夺过来……他又举出具体例子说：

"在我们的游击队里，有一个叫小郑的队员，他的个子虽然很矮，但行动起来却像飞虎一样又快又灵敏。在一九三一年冬天，我们开始组织游击队的时候，队员们手里什么武器也没有。有一次，他在路上遇到一个日本兵，他一脚踢中敌人的要害，马上夺取了武器，把自己武装起来。在那时候，是谁得来的武器，就准许归谁使用的。"

他又举了一个别的例子说：

"可是，行动不快的同志们，也不必担心。我们队里有一位同志，他比谁的力气都小，于是就整天研究怎样才能赶得上别人。首先他开始练习扔石头，有一次他躲在一个山上，终于用石头砸死了两个鬼子，夺到了敌人的武器。"

之后，金将军又给他们讲了一个从前在安图游击队工作，这次调到离抚松不远的西南岔当组织员的李虎同志的故事：

"同志们都认识的那位李虎同志，他背着一个日本兵过河的时候，狠狠地把那个鬼子弄死在水里，然后得到了敌人的武器。"

他一面讲，一面又形容当时李虎同志把那鬼子弄死在水里的情形，把那鬼子"啊噗噗……"喝着水的声音和淹死的样子模仿给大家看。在队员们的笑声里，产生出一股无比强烈的力量。

最后，金将军继续给大家谈了许多从实际的斗争里积累起来的经验——如果自己有了夺来的武器，先怎样去袭击较小的日本警察的派出所；在缴获到许多武器、弹药、粮食、被服等军用品以后，再怎样去袭击日本鬼子的兵营。

金将军很快地到达了长白山脉里最险要的密林地带马鞍山山谷。这里有他早先组织的"儿童革命团"。这是一个少年军人学校，收容了革命烈士的子弟和在日本强盗"讨伐"里失去了父母的孤儿以及游击队员们的子弟，在这里经常进行军事训练，培养他们成为未来的革命战士。

金将军时常到这个革命力量的“蓄水池”来视察，这次他又来到这里了。

在马鞍山里不仅有儿童革命团，还有修械所、火药制造所和伤员及身体衰弱的队员们疗养或休养的地方。金将军打算也去看看那些地方的情况。

马鞍山被一片苍郁的密林笼罩着，是一座连绵不断的险峻的大山，连日本军队也不敢窜犯到这里来的。假如他们胆敢闯进来的话，说不定会在这里触到什么霉头。所以，只不过有时用飞机来扰乱扰乱，但他们的飞机却从来都没有达到任何目的。

在这一片密林里，也住着游击队员们的眷属，他们在那里自由自在地种地，饲养家畜。有一次，日本强盗的飞机发现在岩石上晒有洗好的白衣裳，就向那里投下了炸弹。但炸弹却投在沟壑里，丝毫也没有损害什么；然而日寇们却在报纸上大肆造谣，说是给了游击队一个巨大的打击。

实际上日本兵自己却互相嘀咕：

“该杀的家伙们，在那里也有安家过日子的，看来反而比外面的世界还太平……”

日本强盗把那里当成另外一个世界，他们把那个密林叫做“国境”，意思是说，他们没有可能进到那里面去。

有一个时期，游击队也称呼过自己生活着的这个地方为“苏维埃区域”；可是，金日成将军极端反对这种说法——

“不论在任何时候，游击队都要和人民在一起！”实际上只要有人的地方，游击队就可以进去，那些地方也就是自己战斗的地区。所以金将军认为单把某一个地方称为“苏维埃区域”，而和一般人生活的地区区别开来，是不对的。

区别开来的结果会使一般人误认为游击队只是专门为了自己区域内的人民而战斗的，和其他地区人民的关系就不免要疏远了。于是，不久以后，就不再说什么“苏维埃区域”了，而是把整个南北“满洲”的每一块土地都作为游击队的活动范围。

山野，被一片绿荫掩盖着，天气晴朗温和，端午节就要到来了。农忙的季节已经过去，人们多少清闲了些。如果在朝鲜国内，这正好是打秋千的时节。

马鞍山的深峪愈来愈幽邃而曲折，路也显得越加狭窄、险要，幽密的森林郁郁苍苍，有的地方甚至连天空都瞧不见。

从密密层层的树枝上，传来了唧唧喳喳的鸟声，仿佛是迎接久别的宾客。鸟雀儿穿梭似地在纵横交错的树枝上来回飞跃，深峪里，不时还传来耳熟的清脆的黄莺的歌唱。

透过密密层层的树叶的罅隙照射下来的阳光，在狭窄的山路上绣成摇摇曳曳的金色花纹，踏上去，会使人们的心情更加愉快，更加轻松。

金将军在深谷里继续行进，望得见的只有一个连着一个的深谷，这里正是最适宜诱敌深入、一举歼灭的好地方。金将军在中学时代，做共青团的工作而往来于山村的时候，就曾了望着这样幽深的山谷想过：

“要把日寇撵到里面，彻底消灭才行！”

这是金将军的夙愿：他常常思索着从哪里诱敌深入，一举歼灭他们的计划。这些计划终于在游击战斗中一一实现了。

其实，早先金将军已经把日本军队诱到这样的密林里面，痛快淋漓地歼灭过好几次了；但每次走到这里的时候总不禁这样想，在他看来，这密林和山路，正是通向祖国去的胜利的道路！

故乡，是那样地令人向往，又那样地使人怀恋，在金将军的脑海里，不知不觉地浮现着故乡万景台的往日的情景。

从前他在村前层峦叠翠的小山峰上和友伴们打秋千的印象，还活像昨天的事情一样清晰。端午节一过，连常去游泳的大同江的水波，也在眼前荡漾。在江里，他曾经和同伴们比赛过看谁在水里潜伏时间最长，他把这些潜水时间最长的同伴，一一记在心里，下次再玩的时候，就把这些同伴们都争取到自己一伙，而他们这一伙总是占上风的。那时，金将军虽然不过四五岁，可是现在回忆起来印象还是那样鲜明。其中最不能忘怀的是有一年夏天，雷雨过后，他要捕捉彩虹，在江边上来回跑着的情景。彩虹像一座桥似地架在江水和山峰之间，真是美丽极了。

可是，不论怎样追逐，彩虹离开他老是那么远远地，于是，他就攀登到万景台最高的一棵松树上去，在那里了望远近的山野和村庄。在当时的金将军说来，那曾是多么高兴的一件事啊！

越爬到高处，向下面了望，眼界就越开阔，心胸也随着更加扩大、畅快。

“虹……我比你高啊！”他在松树上喊起来。

这样美丽的朝鲜山河，却被日本强盗任意地蹂躏着，强盗们喝着朝鲜的水，用朝鲜人的粮食喂肥自己的肚子，盘踞在朝鲜的土地上。

“绝不能让那些家伙老是这样横行下去，必须很快地消灭他们。但由谁来干呢？由我来起头吧！”

金将军日日夜夜心里老是想着这件事。

金将军的父亲和母亲，因为日寇的逼迫，不得不离开故乡，同时，也因为日寇的迫害，过早地与世长辞了。

金将军十三岁的那一年，父亲把他这个刚从吉林省长白县八道沟中国小学毕业的儿子送回故乡去。于是，金将军在平壤郊外的姥姥家，进了那里的七高里小学四年级。十四岁那一年的春天就毕业了。这时候，他接到了父亲病危的消息。

一直为独立运动奋斗的父亲，在这前一年的初冬，为了和同志们联系，回到祖国的厚昌郡（县）葡坪去。由于狗腿子的告密，不幸被日本警察逮捕了。但他在中途便逃了出来，躲在山里；几天以后，又跨过鸭绿江的冰面，再回到“满洲”。可是他在路上受了冻伤，因此躲在抚松疗养，病势随着也就逐渐地沉重起来了。

当金将军赶到抚松看望他父亲的时候，父亲还说他是绝不会死的。后来他把金将军送到抚松的优级小学去读书，毕业后又把他转送到吉林的毓文中学。这时，他父亲虽然躺在病床上，但仍然和同志们保持着密切的联络，继续他的工作。

就这样，他躺在病床上继续斗争了三年，终于在三十六岁的那年抱着对事业尚未完成的遗憾，不幸地去世了。

金将军父亲的死，使他看出了全体朝鲜人民所遭遇到的厄运完全是日寇给带来的，他在悲恸中怀着无比的愤怒。

“要打倒那些家伙！由谁来干呢？由我来起头！”

这时仅有十七岁的金将军已经找到自己前进的道路，他怀着光明日子一定会到来的信念，回到学校去了。

父亲去世以后，金将军回到了吉林；母亲领着两个年幼的弟弟，到安图去投奔一个远亲。那时候安图住着许多朝鲜人。

当然，母亲总觉得和朝鲜人在一起就好像有了依靠；然而，在艰难中生活的母亲更是把两个年幼的儿子作为内心的支柱。正因为母亲知道大儿子的远大志向，所以不想让家庭的困难来分扰他的心，她下定了决心，不管是千山万水，也要独自设法把它渡过。

这时，金将军的二叔父亨权夫妇也从抚松搬到安图，金将军的父亲死去以后，一家人的生活，就由他来照顾，打发金将军的母亲到安图去也是他的主意。

可是，他在第二年突然离开了家，以后就杳无音信。就在这一年的秋天，报纸上用特号字登出了他的消息。

原来他是为了搞独立运动，和同志们一起回到了朝鲜。在和同志们进行联络中，不幸受到日本警察的追击，他机警地用手枪打死了赶来的警察。报纸上发表的只有这一些，但从这个简单的报导中就可以知道这个事件的严重性了。

从此以后，他的妻子就搬到金将军母亲那里去住。当时的家庭生活已经到了山穷水尽的地步，加上金将军的母亲时常卧病，虽有金将军的两个弟弟尽心的照顾，但在饥寒、迫害交加之下，母亲的病，就一天一天地沉重起来。

这时，金将军正担任共青团书记，继续进行着革命活动。终于以和“独立军”有联系的罪名，在吉林监狱里被囚禁了一年。他在狱里遇见了许多前辈和爱国志士，那时，他常和他们交换一些对独立运动的意见。

但那些前辈们在思想、组织和运动的方法上，已经落在时代的后面。因此，金将军在这里体会到老一辈的时代是过去了；而同时，他认识到自己要掌握新的时代，要亲手创造新的时代。他觉得自己要更加坚定地站到马克思列宁主义思想的立场上来。

金将军从监狱里出来后，仍然担任共青团书记，进行活动。一九三一年参加了中国共产党。这时，金将军完全没有时间去照顾家庭。两个弟弟虽然年纪还小，但也能理解他，他们代替自己的哥哥服侍母亲，一面上学，一面做饭洗衣。母亲不忍心叫他们过分吃苦，有时就把应做的一些活计藏了起来。但是儿子们常常想办法把它找到，又很快地做好了。

母亲每逢看见他们努力地做活、和她说笑或是高兴地唱着少年有为的歌曲的时候，就深深得到安慰，觉得有了希望。她病在床上，往往不知不觉地坐起来，瞧着孩子们的面容，情不自禁地微笑着。

每逢这样的时候，她就完全忘却了身上的病痛，而且产生了克服疾病的信心。

二

正是四年以前(一九三一年)的冬天，金将军回到家里来了，可是，他马上就得离开。而这一次离别也就成为他和母亲的永别了。因为那时候他为了组织游击队，已经决定进到山里去。母亲知道儿子的意思，抑制着眼泪，找出早先父亲用过的两枝手枪，默默地交给了他。

金将军也一声不响地站起来，心里却在对她宣誓：

“妈！我一定胜利回来！”

金将军从此就进到山里去了。这就是金将军组织游击队的开端。

这时，金将军正二十岁。

第二年春天，金将军的胞弟铁柱在长仁江做共青团的宣传工作，不幸被日寇逮捕之后光荣地牺牲了。铁柱那时才十七岁。

接着，母亲在那年夏天，即一九三二年旧历六月间也逝世了。母亲盼着儿子的成功，等待着光明日子的到来。逝世前的母亲是那样地相信着儿子，内心里甚至还期待着一两天之内光明或许就会到来。

"啊，再熬过三天，不就是七月了!? ……"

她含着眼泪，相信下一个月一定会传来儿子的高昂的凯歌。可是她也知道她自己已经不能再熬过这三天了。

"把我埋在安图的最高的山上吧!"

这就是母亲最后的遗嘱。亲属们按照她的遗言，就把她安葬在安图后面最高的山上了。

前一年，金将军的叔父亨权，已经在汉城的西大门监狱里因"瘴毒"去世。他的妻子从金将军的母亲逝世以后，便失去了依靠，只得背着孩子回到远远的会宁娘家去了。金将军的三弟，这年十三岁，他不愿意回到故乡去，想找自己的哥哥，也开始踏上了茫茫的征途。

那时，金将军的游击队在抚松附近的山中，由极少数几个队员的组织慢慢地成长起来。最初他们只有几件武器，所以这支游击队的第一步工作，便是以夺取日本军队和伪满军警的武器为主。

游击队员们打扮成农民，来往于各个地方，一有机会，就把敌人搞掉，夺取武器。有时用镰刀勾住日本兵的脖子，或把辣椒面撒在敌人的眼里，夺取他们的武器。也有打扮成船夫，把船划到江心，用棍棒打死敌人，或干脆把日本兵踢进急流里收拾掉，再解下武器来。有时却又在山洪泛滥后，守在冲去了桥的桥头上，等待敌人的到来，说是背他们过河，只等走到江心，就把敌人扔在水里淹死。

就这样，队员和武器都渐渐地扩充起来了。这时，金将军的游击队，开始袭击伪满军警和日军的小据点，随后就转入到夜袭或奇袭小部日军的活动。

金将军并不把自己的游击队集中在一个地方，相反地，他让他们分散在各处活动。因此，在山地的每个角落，游击队的袭击，好像蜂群一样此起彼伏地发动着。

从一九三二年的秋后起，"金日成游击队"已经成了使敌人不寒而栗的最可怕的名字了。

战斗逐渐发展到开始袭击城市里的日军。这样，日本强盗不得不扩充据点和军队。同时，为了在一个地点受到袭击时可以立即派兵增援，日寇在据点的附近又不得不配备了大量部队。

可是，这些邻近的部队，往往在同一个夜晚、同一个时间里一齐受到袭击，于是敌人就手足无措地不能够互相呼应了。有时，只有一个地方受到袭击，附近的敌人却像追捕老虎似的气势汹汹地派兵增援，但又神不知鬼不觉地被消灭在半路上。

因此日军竟怀疑到——“到底有几个金日成?”而老百姓的传说更为厉害：“金将军会‘缩地法’”。他们还说，金将军把“松塔”摸一摸，就会变成子弹，而且用树枝可以做成钢枪。因为，老百姓都知道游击队的武器弹药是净用也用不完的。

实际上金将军是以袭击日军，来解决自己大部分武器、弹药、被服、食粮和医药等等需要的。有时一天连续展开四五次战斗，每次的战斗都消灭许多敌人，军需品的供应，确实不感到什么困难。

游击队员们把日军叫做“武器输送队”。的确，日军成天挨着游击队的攻打，可又老是不忘记从山里把武器连同自己的性命一起献上来。

游击队虽然已经掌握了制造炸弹的技术，在山里建立了工场，可是，大部分武装还是靠“武器输送队”来补充的。那时，东北地区的日军，已经增加到三十多万，他们厚颜无耻地说：

“要把‘南北满洲’所有的山岳完全包围起来，洗清每个大小山谷!”

但游击队的成长更快——经常不断的战斗使游击队的力量迅速地壮大起来。

人民随着游击队的猛烈活动和战斗的扩大，提高了觉悟，地下团体和外围团体相继组织了起来，不管这些团体表面上挂着什么招牌，实际上都在暗中反对日本强盗。

通过这些团体加入游击队的人数一天天增加，而且那些团体的成员们，又在夜间偷运粮食被服给游击队。同时，游击队员们也在金将军的领导下紧密地和各地的群众团体加强了联系，更加经常地鼓舞着他们前进。

但是这些团体还一直没有建立起相互间的密切联系，相反地，他们中间有的往往产生骄傲自满，甚至互相排斥的分裂现象。

这样的情形在朝鲜国内的团体里也曾有过，金将军认为很不好。其实，他早已考虑到关于建立统一战线的问题，认为应该设法使所有的团体在反对日本帝国主义的共同目标下团结起来。随着战斗的发展，诸如此类的政治问题，就更加引起了金将军的重视。

所以金将军在各地区一面进行战斗，一面也调查研究人民的动态。不论什么地方，群众对敌人没有不痛恨入骨而希望自己也能够有机会加入战斗。金将军感到应该根据这种共同的愿望促成更巩固的团结。他以一切反对日寇的朝鲜人民团体为基础，组织了朝鲜民族解放斗争史上最初的民族统一战线——“祖国光复会”。

因为这个组织是根据人民好久以来的愿望而诞生的，所以很快就和人民一起成长壮大起来，普遍地发展到一切朝鲜人民集居的地区，紧跟着就伸展到国内了。

金将军为了配合这种新的情势，便把游击斗争的火焰更高地燃烧起来，因为他知道，必须把炽烈的爱国热情从团结一致，反对日帝的朝鲜人民的心里鼓舞起来。

金将军的火炬在靠近国境的地带接连不断地燃烧起来了。因此，这一武装斗争，同时起了将政治运动扩大和深入到人民群众中去的先锋作用。

这时，金将军的游击队分布在“南满”和“东满”一带，数量相当多，范围也很广。为了进一步和在西边的中国红军携手，就不断地把队伍从东边延展到西边去。因此，一部分部队已经进展到辑安县一带。

同时，红军的一部分为了和金将军的部队取得联系，也向着东边推进。这主要是为了两军携手，好给日本强盗以更大的打击。

但金将军为了达到民族独立的目的，从来也没有忘记进一步推动国内的革命运动，他的主要的武力仍然放在接近国境的地带。

在国境线上，长白山脉和图们江、鸭绿江上流一带，是比较便于和国内取得联系的地区。因为这一带居住着很多的朝鲜农民，这次金将军特别往这一带派出了大批的组织游击队的工作员，而且他还亲自去检查他们的活动情况。

一天晚上，金将军在一个清彻的溪流旁边露营，月光非常明亮，他从行囊里找出钓鱼杆来，踱到溪边去。金将军是特别喜欢吃“沙鱼”的，他希望能钓到那种鱼。

可是，他却并不专心钓鱼。实际上他经常是利用这样的时间，静静地深思着下一次战斗，或者细细地考虑着祖国和人民的革命事业。所以这一天晚上，他特地来到了这个明月照耀的小溪边。

金将军认为在国内燃起更多的革命烈火，比任何事情都重要。因此，在国境地带展开战斗的次数最多，而且已经考虑到把战斗进一步转移到国内去。其实，像三水郡那样的森林地带已经去过好几次了，可是，今后需要的是展开更大的战斗。

第二天拂晓，又继续行军。山路，顺着重叠、险峻的山脉和山谷绕来绕去。有的地方，路旁有高达千丈的陡削的悬崖；有的地方，树枝错综地交叉着，纷杂地交织成一个“隧道”，就是白天也像黑夜一样昏暗。跋涉过许多山岭、深谷、蜿蜒的山脚和无数小河，山谷开始逐渐开朗起来。远远地可以看见稀稀落落的房屋。又走了一会，就走进了一条深深洼下去的大山沟，这里就是儿童革命团的所在地。

儿童革命团学院院长、教师和两位职员，不知怎么听到了消息跑到十多里外的沟口来迎接他们。原来山上儿童革命团的岗哨，首先发现了这支队伍，就先用信号旗取得了联络，后来又用望远镜仔细察看，才证实这是金将军和他的队伍。

这一来，整个学院都欢腾起来了。儿童革命团的孩子们早已高声欢呼着万岁。年纪较小的孩子们，像一群麻雀似地蹦跳着打转。教师们费了很大的气力才把这些高兴得发狂的孩子们领到教室里去，耐心地给他们讲了一番话。可是，孩子们还是东张西望地，唧唧喳喳不住地欢闹。

留在学院里的几个教职员忙着收拾院长室和教职员室，一边洒水，扫除，一边不住地仔细察看，唯恐被细心的金将军瞧见什么不适宜的什物。窗格上的灰尘也擦净了；墙壁上张贴的标语读了又读，看是不是遗漏了什么字。

"喂，宋同志，你可好啦，日夜盼着的师长同志……"

语文教师朴先生急急忙忙地打扫着，头也不回地说。

他以为和她这样一说，宋同志一定会高兴得像把油倒到火里那样蹦起来。可是，她半晌也没有答腔。朴教师抬头瞧了一下，见宋同志仍然背转身站着，不知在那儿做些什么，好像全没听见他的话。

"宋同志！"

"嗯——？"宋同志含糊地应了一声。

朴教师一边转身往那边扫着地，一边偷偷地瞧着她。原来宋同志手掌里却藏着一块小小的镜片，正在左右地照呢。

"啊哈！……"

一向喜欢逗笑的朴教师，虽不完全明白她为什么这样做，却先大声嚷起来。

宋同志这才楞了一下，又开始向地下洒起水来。宋同志的脸、头发和服装，真显得比先前整齐多了。

"不错。"

朴教师也用手掌再三地理了理自己的头发。

金将军常说：即使过的是紧张的战斗生活，也应该随时随地把自己收拾的干干净净。他把那种在污秽的脸上带着眼屎的人叫做"精神上没有系裤腰带的人"。这虽然好像是金将军开玩笑的话，但宋同志总是牢牢地记住了它，从来也没有忘记过。

有一次，发生过这样一件事——

一个联络员带着紧急情报，在清晨去见金将军。但金将军却对他冷冷地说：

“我不听你的报告也都知道。”

金将军拦住他，不让他报告，指着前面的河沟说：

“先去洗洗脸，打起精神再来。”

于是，那个联络员洗完了脸才回来报告，接受了指示。金将军这时笑着说：

“战斗必须精神饱满，我们最厉害的武器就是精神；这是日本鬼子根本不能有的武器。”

那个队员听完金将军的话，在回去的时候，不住地点头自语：有了金将军，我们就一定会胜利！

这个故事很快地传遍了全队，就是宋同志也不知和多少人讲过它。

“我这回一定会跟师长同志一块儿走的。”宋同志自个儿高兴地说。

“你再怎样说也走不了。就是哭一鼻子也无效。”朴教师狡狯地说，故意和她别劲。

“我是认识师长同志的，你知道打什么时候起吗？……再过两个月，就整整三年啦。”

“你要是可以走，那我早就该走了。”

“不，我原来是别的游击队里的，是师长同志把我调过来的呀，所以……”

“我一开始就和师长同志在一起战斗。现在我的伤口也早好了，可是还没叫我归队啊。”

宋同志还是急于要讲自己的话：

“你听我说，我原来在大沙河游击队工作，有一天从金日成游击队里来了一个联络员，挺年轻的，相貌也很好，真像个领导人的样子。眼光那样锐利，脸上很有光采，笑起来，两颊上显出怪好看的酒窝儿。”

“真的，女人记忆力好，话也多……我们别再扯下去吧。”

“哎哟，你别忙，听我讲呀……可是，他那脾气也真执拗，到吃晚饭的时候，他的一碗汤不知什么时候喝完了，又把磁缸递过来，对我说：‘喂，再给我一碗汤吧。’我就告诉他，一个人只能有一碗。但他不管这些，非再要一碗不可。因此，我严厉地说：‘一个游击队员连这一点都不知道！纪律是游击队的生命……’可是，他毫不在乎，只是笑眯眯地向着我把脚伸出来说：‘你猜猜看，昨夜该走了几百里地？’一边说一边仍旧把那只磁缸直送到我的胸前。……看他的举动虽然可笑，但又没法拒绝，结果还是我输了。”

“不必再讲，我全明白了。不管怎样，还是长得漂亮的人吃香啊。”

“不，也不光是那样。连我自己也不知道为什么，不给他就是不行。那时我这样想：这个人一定是比别人更能活动；杀的日本鬼子一定比谁都多……我就是这样想的。于是，越瞧他，他那张脸就越英俊。在游击队里谁打得好，谁就漂亮嘛。”

“那么，你是打算向金师长的游击队把多给他一碗汤的钱要回来吗？你不打算回到游击队了吧？!”

“不，你知道吗？那联络员不是别人，正是今天的金师长，那时他是瞒着我们，来看看我们游击队的情形哩。”

“啊！……那一位就是金师长？”

这么一说，朴教师却立刻被她的话给吸引住了。

“那时候金师长的游击队必须和大沙河游击队联合起来，去打大沙河的日军。但是大沙河游击队队长打算回避这个战斗。所以金师长假装成联络员，跑来详细解释形势，说明作战计划。这样才配合起来开始作战，终于获得了很大的胜利。”

“当然，金师长的作战计划，向来是万无一失！……但是就因那一碗汤，他就会把你先调去了吗？”

“不，是这样：在袭击大沙河的时候，我和几个同志参加了突击队，在最前头首先夺取了炮楼。这当儿，金师长游击队的一位同志不幸受了重伤，我冒着炮火把他背出来，撕开了我的衬衣给他包扎好。战斗结束后，我又把他背到金师长游击队里去了。当时，队长同志出来对我说：‘我是金日成。’说着就和我握手。我抬头一看，嚯，原来就是上次那个联络员。这一下，可把我弄糊涂了，心里忐忑不安。几天以前，我还责备过他哩。可是，师长同志握住我的手说：‘……同志，还认识我吧？我可清楚地记得你。今天你想吃什么，只管说，汤、肉、饭……’说着，哈哈地笑起来。”

“他一向爱笑，而对一切事情他都看得很透彻，所以总是那样乐观。”

“再说，他的心胸也真是宽大，只要见过他的人，就会马上被他吸引住。我也是一样，一见他就想调到他的游击队里去。我顾不得许多，就一个劲儿向他请求。结果他说：‘只要你们的队长允许，就可以来；我看见过你作战，你是个很勇敢的同志，你能够战胜敌人……’后来我就被调到金师长的游击队去了。”

以后，宋同志在金将军的游击队里一直很出色地执行着战斗任务。去年冬天夜袭抚松县的日本兵营时，她腿部受了伤，被送到疗养所里。经过那里的治疗，伤口痊愈了，但一时还不能实现她归队的愿望。

她在那里不肯整天闲着，于是，就依照疗养所所长的要求，临时负责护理几个伤病员。她本来是一个很好的歌唱家，伤员们从她的歌声中，得到很大的安慰，也跟她学会了不少歌子。

后来这个消息传开了，凡事留心绝不失掉任何机会的儿童革命团学院院长就把她暂时调到学院里来，硬叫她担任了歌唱指导员。

可是鸭子总是想回到池塘里去的。宋同志早就打算好了，只要见着金将军，一定要跟他回到原部队去。现在恰好金师长来到了，她高兴得要跳起来。

"可是，哪有单叫你回去的道理啊？我的肩膀上那块扛枪的肌肉还没有消下去，现在我也满可以禁得住呀。"

朴教师左腿负伤后，现在还不太灵活，年纪也大了些，但心倒不老，往往夜里作梦还梦见踢死十几个日本兵。其实他是在床上踢着墙壁乱翻身。

"唉哟——，你是不成的。"

"你这是什么话？"

"你可别误了我的事……你要照顾这些孩子的。"

"孩子们倒是更喜欢你的歌子吧？"

"唉哟——，可不要破坏了人家的事情啊。"

"可是，你照了半天镜子，自己也该知道你的气色仍然不太好，你说有什么办法呢？"

"瞧瞧你那个心眼！你说，我的气色哪儿像是有病？……"

正在这当儿，从外边传来了笑声和脚步声。金师长来到了。

三

朴教师和宋同志匆忙地走出院长室的门口时，金将军魁梧的身躯已经巍然地立在他们的前面了。金将军和往常一样，面带笑容，和他们握手。

跟在金将军后面的参谋长、副官、团长等，和迎接的人们一起，一个跟着一个走进了院长室。收拾办公室的职员们，都向面容和蔼、胸脯宽阔的金将军敬了礼。他们仍然觉得室内好像还有什么不妥当似的，不住地东瞧瞧西望望。

金将军并没有马上坐下，他先把室内四面看了看，视线落在墙壁上粘贴的几张标语和漫画上。他长久地注视着那些刺杀日本兵的儿童漫画，脸上浮现出笑容。

大家也好像是第一次看到似的，都聚精会神地瞅着它。院长生怕其中有什么错误，会要受到批评，正在暗暗担心。

金将军看完那些标语和漫画，才坐在椅子上，依然笑容满面地瞧着教职员们。他立刻认出了宋同志。

去年春天，在袭击桦甸县城的战斗里，她参加了突击组，而且非常勇敢，那时，她腿部受了轻伤。

“受伤的同志们举手！”

战斗结束后，金将军这样说。宋同志却不动声色地站着。

可是，眼光锐利的金将军从她的行动上，立即发现她受伤了，就指示她快去治疗。她很快地把伤治好，继续勇敢地战斗。她一向不肯落在男队员的后面，因此往往也就免不了过于逞强。

去年冬天，夜袭抚松县日本兵营时候，她争着参加了夺取炮楼的突击队，而且站在部队的最前头冲了进去。

后来虽然胜利地夺取了炮楼，可是她的腿又受了伤。

最初她一点都没有感觉，在她发现受了伤的时候，还是满不在乎地说：“这算不了什么。”在她的心里只有胜利的喜悦。

她仍旧毫不在意地干下去，全不理会。那处伤口已在日渐严重起来，后来终于痛得不能走动了。因此，她受到了金将军严厉的批评，但她并没有因受到申斥而感到痛苦。只是当金将军命令她到疗养所去治疗的时候，不知为什么，她却怔住了。

“在附近的老百姓家里，休养几天就行了。”她倔强地请求说。

“你上马鞍山疗养所吧。”

“治好了，马上就能回来？……”

“你的任务是先把腿治好。”

“是，马上就去。治好了我就回来。”

她是这样被送到疗养所里来的。

“师长同志！你没有忘记我吧？”

宋同志趁着金将军笑着的时候，大胆地问。

“啊，怎么会忘，你不是宋同志吗？”

“不，我是说把我调回去。”

“哈哈哈……我明白了。可是，伤怎么样？”

“早已治好了。”

“那么你现在是作教学工作吗？”

“是，可是……”

她正打算先提出自己归队的问题，院长忽然站起来抢着说：

“宋同志是我们学院里不可缺少的人，她是一个很出色的歌唱家。孩子们现在都能够唱很好的歌，等一会儿，请听一听孩子们唱的革命歌曲吧。”

“唱歌指导？……那很好呀。”

“不，师长同志！我还是要背枪。现在完全可以……”

“宋同志是负了伤也要瞒着人的同志嘛……”

正在这个当口，朴教师插嘴了。他好像很有把握，慢条斯理地用认真的语气说：

“是那样，第一，宋同志的脸上，还带着病容……所以她自己也非常担心，刚才还不住地照镜子……”

宋同志用气红了的眼睛，狠狠地瞪着有些狡猾的朴教师。

朴同志是语文教师，喜欢写作，常写些儿童剧，组织和指导学生们演出。那里如果缺少宋同志是不行的，因为朴教师的歌词，需要宋同志配谱。

因此，朴教师不管怎样，也要挽留宋同志在学院工作。

正好这时金将军说话了：

“学院的工作也很重要，我们不单是能拿起枪杀敌人就算，论学问也应该要超过别人。”

“是，师长同志，的确是那样。所以我刚才说过，宋同志是我们学院里绝对需要的人。”朴教师又进一步这样地肯定，使宋同志更加发火了。

“不，师长同志！没有我也……”

金将军望着她兴奋的脸只是笑着。

朴教师觉得自己的话更有把握了，就慢吞吞地说：

“只要去问一问孩子们就可以知道了，孩子们现在正急不可待地等着师长同志。”

“真的，我们去看看孩子们吧。”

金将军依然笑着，轻快地站起来，要去看看孩子们。金将军打算先去看孩子们，听听他们的意见以后，再开始这里的工作。

儿童革命团里，现在虽然只有一百名左右的儿童，但这是金将军游击队的一个“蓄水池”。

目前它的规模虽然还很小，但是明天它就会茁壮地萌芽长大，他们是另一个时代的主人翁，是未来新朝鲜的建设者。

那是祖国的希望，是祖国的光明！金将军的眼前浮现着一幅无限光明的充溢着希望的美好的世界。没有比这再令人兴奋的事情了！他感觉到自己的全付心意都寄托到孩子们的身上。

孩子们也渴望地等待着金将军,他们一见到金将军就高兴极了。就如同看见他们已经牺牲了的爹妈,或是像见着现在正不知在哪儿和敌人战斗着的父亲和哥哥那样高兴。

教职员也全都坐在那里。金将军首先讲到游击队员们勇敢的战斗故事:有一个年轻队员,打扮成行商,每天在日本兵营前面来回走着侦察敌情,等游击队进攻时,他就变成了一个活的指路标。还有被伪满军抓去的一个女队员,后来给敌人当厨子,终于用唱歌和谈话的办法,说服了伪满军,把他们五十多名带了过来。金将军又给他们讲一定能战胜日本强盗的许多道理:现在日寇虽然有三十万军队在南北"满洲"窜扰,但他们根本不能战胜我们的游击队,反而到处被游击队打得落花流水;同时游击队在战斗里逐渐成长、日益强大,队员也越发增多起来。

然后,金将军把话题转到孩子们切身的问题上,首先讲他们的爹娘和哥哥勇敢战斗的经过。有的父母虽然已经为祖国牺牲了,但他们并没有死,因为在他们的后面,战胜敌人的力量正一天比一天地壮大坚强起来,越来越多的同志继承起他们的事业。

孩子们都不约而同地想到要和自己的父兄那样地勇敢,去战胜敌人,在他们脑海里浮现出一幅英勇杀敌的图画。

接着,金将军以更严肃的语气说道:

"你们是这样勇敢的父母的儿女,你们的父母比谁都热爱自己的祖国,热爱同胞;他们是为了国家和同胞,毫不吝惜自己的生命和敌人战斗的爱国志士,你们首先要向你们的父母学习。我们国家所有的人们,如果都能一心一意追随着他们,那我们就一定能够战胜敌人。记住,只有像你们的父母那样无限忠诚于祖国,不怕牺牲地和敌人战斗,胜利才会属于我们。你们一定要好好学习,还有,枪法也要练好。此外,最主要的是:要憎恨仇敌——日本强盗。我相信你们一定能够照着我的话去做。"

金将军缓缓地看了一遍每个孩子的脸。他们鸦雀无声,没有什么特别表情。可是这种情景,却给了金将军一种感觉,仿佛这是游击队要出发去袭击日本兵时一样。孩子们中间,似乎也有年纪较大的儿童。

"所以这一次我想看看你们上课、战斗训练,还想看看你们的射击练习。你们学会了的本领,必须成为杀敌的利刃。你们练习的时候,必须设想日本兵就在你们的枪口前面,如果不这样锻炼自己的精神,就不能战胜敌人。你们踏出去的每一步,都要踩中敌人的头颅,你们的一把刺刀,要刺穿十个、百个敌人的心脏，这样，光明和幸福才会降临到我们的祖国。”

金将军的讲话继续了两个小时，孩子们都十分激动，恨不得立刻拿起武器去消灭敌人。

同时，他们憧憬着金将军所说的那样美好的世界，还想像到如同猴子般的日本兵像碎石子一样从山顶和岩石上滚下来的情景。并且，孩子们天真地想像着传奇中的威严的神将，不由地抬起头来望着金将军。

孩子们听得非常入神，一忽儿喜形于色地独自微笑着，一忽儿又坐不安稳地耸动着肩膀。

“现在，你们有什么问的就可以问了。什么问题都可以。”

金将军笑着说。

孩子们望着金将军，又回头互相瞅着同伴们，会意地笑笑，半晌都不作声。忽然，有一个孩子蓦地站起来。他身材虽然不高，但肩膀宽阔，长得很结实。

“金将军！日本兵一共有多少呀？”

金将军仔细地瞧了他一会，才笑着回答：

“你问多少吗？很多。来到‘满洲’的军队，就有三十万以上，另外还有很多，多得很呢。”

“很多吗？”

“怎么，你害怕吗？”

“不是。”

“多了，可以多杀啊。”

说着，金将军又笑了。

“不，金将军和游击队的叔叔们，把鬼子都杀光了……那么我们……”

“哈哈哈……我明白啦。你是怕没有你杀的。是吧？可是，你放心吧，你的一份会给你留下的。”

金将军瞧着他笑了一阵，又问他说：

“你叫什么名字呀？”

“我叫崔金喆。”

“杀日本鬼子你有把握吗？”

“有！”

“可是，日本鬼子也不那么容易对付的，光贪多也不行呀。”

金将军对他说。

这时，金喆又在想别的事情了——他是想怎样才能把杀死自己的妈妈和爸爸的日本鬼子找出来。金喆的母亲在日本兵“讨伐”的时候被杀死，他的父亲是被鬼子逮去，用铡刀铡死了的。

那是驻在西南岔的日本兵。那些鬼子们能在那里住到什么时候呢？还是已经回了日本呢？或者是没有来得及跑掉已经被手快的游击队叔叔抢先杀掉了呢？……这种种的想法在金喆的脑海里萦绕着。他是想一定要用自己的手去捉住他们，剁成烂泥才解恨。因为还有许许多多的朝鲜人，都是死在那些鬼子们的手里。

"金将军！西南岔也有游击队吗？"

"有啊。游击队哪儿都有，游击队没有不能去的地方。怎么，你在西南岔住过吗？"

坐在金喆后面的一个个子略高的白胖孩子猛地站起来说：

"金将军！金喆是西南岔游击队的队长哩。是他自己常常那末说的。"

金喆确实是常常那样说。他总在想：只要自己当上游击队员，第一步就要把西南岔的日本鬼子剁成烂泥。

"只要仗打得好，就可以当。那么我们就先不杀掉西南岔的日本鬼子，给你留着吧。给崔队长留着好吗？"

说着，金将军就洪亮地笑起来。这时另外一个孩子又突然站起来问道：

"金将军！咱们什么时候回朝鲜去呀？"

"怎么，你想回去吗？"

"想回去。"

"我们打败日本强盗，就回去。现在我们为了回到朝鲜去，所以才打仗。不是吗？"

"金将军！让我们也赶快去打仗吧！"

"只要你们打得了日本兵就行……作战是为了要战胜敌人嘛。"

"现在我们就能打胜仗。"

金喆又猛地站起来说。这时，金将军想起在苏联国内战争时期，许多苏联少年的故事……于是，便问孩子们说：

"你们听过苏联少年们的故事吧？"

"是，听过。"许多孩子们齐声回答。

"有趣吗？"

"有啊，金将军您也给我们讲一个吧。"

于是，金将军开始讲外国军队干涉苏联时期的一个少年的故事。

"你们知道俄国革命，在什么时候吗？"

"知道，是一九一七年十一月七日。"

“正是第二年的事情——英国、法国、日本、美国等，反对俄国革命，他们的军队就在俄国登陆。那时候，日本军队是在海参崴上陆的，占领了沿海州。日本军队在那里帮助白卫叛乱分子，驱逐了苏维埃政权。那时候在沿海州的一个农村里，有一个叫尼基达的少年，他父亲是红军，在很远的地方和白卫军作战。你们知道白卫军是什么吧？”

“知道，是坏东西，和日本鬼子一样的家伙。”

“对，所以尼基达也想和那些家伙们斗争，可是他年纪还小，也没有枪。他才十四岁，照朝鲜的岁数是十五岁。他很想去参加战斗，费尽心机地去寻找枪枝。尼基达知道母亲把他父亲早先用过的手枪很秘密地藏起来了，可是，他不知道到底藏在什么地方；所以他总瞒着母亲在找。”

“金将军，在苏联也是那样缺少手枪吗？”

“是啊，那时候是缺的。有一天晚上尼基达作了一个奇怪的梦，他梦见父亲带着礼物回到家里，他很高兴地去瞧那礼物。可是，没想到那是一个美丽的洋娃娃。于是，尼基达就感到非常失望了。他为什么要失望，你们能知道吗？”

孩子们沉静了半天，谁也没有作声。忽然金喆站起来说：

“我知道，是因为没有带来枪。”

“对，所以尼基达就和父亲闹着说：‘爸爸，你把我当作一个小孩子吗？我不是一个小孩子，我不需要洋娃娃，我需要的是枪啊。我要拿起枪来打白军，为什么不给我枪？……’说着就靠近他父亲。再仔细一看，原来那不是他的父亲，而是一个冒充父亲的白卫军。尼基达马上知道他受了敌人的欺骗；他知道敌人狡猾而且阴险残暴。同时，他想到如果不杀掉那个敌人，自己就会被他杀害。于是，他就勇敢地用空拳和那敌人打了起来。正在这时候，他母亲出来，递给他一枝手枪，尼基达高兴得几乎发了疯，他大声喊着向敌人放了一枪，敌人应声倒下去。实在痛快得很，那枪声也真够清脆。他随着枪声高喊着万岁，他的嗓子嘶哑了，可是他还使劲地喊。这时候，就惊醒了。他的母亲也早就被他踢着床铺翻身的声音吵醒。她问尼基达：‘孩子，你作了什么梦？’尼基达擦着额角上的汗珠回答母亲说：‘妈！我在梦里杀死了一个白卫军，是用您给我的一枝枪。真痛快……’怎么样，你们觉得这个故事有趣吗？”

“有，实在有趣。请您再给我们讲一个吧。”

“那时，尼基达又对他母亲说：‘白卫军的家伙们实在太阴险凶恶，有一个家伙假装我爸爸，送给我一个洋娃娃想骗我哩。这不是叫我不要打仗，光拿着洋娃娃玩吗？我们村子的保亚玲他们，或许是白卫军也说不定，他家的姑娘常叫我到他们家里去，拉着手风琴，跳舞玩。可是我知道他们家里常有许多坏孩子们去，娃一沙那姑娘想让我也变成他们的一伙。听说娃一沙的爷爷本来是沙皇时代的一个大军官，还有娃一沙的爹也是个地主。可是表面上他们假装不是白卫，谁知道他们的底细呢？我们得留神啊，说不定白卫军的爪牙已经伸到我们村子里来啦……'母亲听他这么一讲，便回答说：'真的，那也难说……'尼基达真是个聪明的孩子，他已经晓得对敌人提高警惕，敌人还没有打他，他倒想到先下手为强。这个孩子在战斗里一定会战胜敌人的。你们说是不是？你们认为怎么样？"

"会战胜的。可是后来尼基达怎么样了呢？"

"那样的孩子，还能在家里呆下去吗！就在那一天，他偷偷地拿着母亲的钥匙包，从她深藏起来的箱子里找出了手枪，就到游击队里去了。"

"他怎么找去的啊？他怎么知道游击队在哪儿？"

"是这样——尼基达那时候在一个老油漆匠那儿作工，那老头子常和他讲游击队的故事。老头子本来是游击队的联络员，尼基达也隐隐约约看出些苗头。有一次他就问那老头子：'老爷爷，我可以到游击队里去吗？游击队也需要小孩吗？'那老头子就回答说当然可以去，而且告诉他现在正有许多少年人在担任游击队的联络工作。所以尼基达在找到枪的那一天，就由那老头子领着，进山里去了。"

有一个孩子碰了碰坐在旁边的同学的肩膀说：

"尼基达该多好啊！"正在这时候，金喆又站起来向金将军问道：

"金将军！尼基达在游击队里怎么战斗的呢？"

于是，金将军把尼基达当了游击队的联络员，怎样来往于日本军队和白卫军队驻扎的城市，侦察了许多敌情的故事给孩子们都讲了。讲完之后，又给他们讲了一个其中最生动的故事：

"有一次尼基达在路上遇见了一个日本宪兵，那个宪兵正在押送着一个当地游击队的党的领导干部，名叫高斯金的同志。尼基达一看这情形，心口凉了半截，但他即刻就下了决心，要杀掉那个宪兵。尼基达装着若无其事的样子，从那个宪兵的前面走了过去，冷不防地转过身来，用拳头死命地往那小子的下腹打了过去。这个办法是他父亲从前教给他的，他照着父亲说的办法试了一下，果然那宪兵就立即栽倒了。尼基达毫不迟疑地拔出手枪，狠命地敲打那家伙的脑袋，高斯金也用带[戴]着手铐的拳头，一齐往那家伙的后背上乱打，用脚乱踹。"

"后来怎么样了呢？"

许多孩子都挺起腰板，紧张地问。

“那还用问吗？他们把那宪兵打死了。尼基达和高斯金重新回到山里继续斗争，一直到把白卫军消灭干净，赶走了外国军队为止。后来，尼基达就参加了红军。”

这时，金喆心里想：尼基达那时候是十五岁，我现在也是十五岁，如果不好好干，就会赶不上尼基达哩……

“怎么样，你们觉得这个故事有趣吗？”

“实在有趣。我们听了这个故事简直就呆不住了。我们真想去打仗啊。”

“那么，你们觉得有把握去打仗吗？”

“是，有的。”

“可是你们还需要更多的训练、学习。现在我们的游击队，就是不等你们来，也一天一天地壮大起来了。”

可是金将军的面容和他所讲的故事，已牢牢地吸引住了孩子们的心，使他们只是向往着游击队、游击队……

孩子们感到似乎是有生以来头一次遇到这样快乐的日子。

金将军也感到无限的愉快和满意。

四

这天晚上，大家和金将军在一起聚餐。

金将军利用饭前的时间，吩咐参谋长把在这里要做的工作指示给队员们。并指示院长在学院里要做的几项工作——

甲、明天午前上课，午后报告学院的工作情况；

乙、今天派联络员到疗养所去，叫他们最迟在明天下午把工作报告书送来；

丙、派联络员到火药制造所和修械所，要带回报告书和各种修理好的武器以及新创造发明的武器弹药(特别是手制手榴弹)，限后天为期返回这里；

丁、从大后天上午起，开始战斗和射击训练。

然后，金将军又吩咐在今天晚餐的时候，从新学生里特别叫两三个孩子来，在用餐时一同谈谈话。白天和孩子们谈话的情景，依然在他眼前浮现着，在晚餐时，他想和他们再多谈一谈。

晚上，饭厅里始终充溢着欢乐和蔼的气氛，金将军的脸上一直保持着愉快的笑容。每当孩子们看到在他的笑脸上出现两个“酒窝儿”，和那闪闪发亮的“虎牙”的时候，好像发现了什么神奇的东西，目不转睛地望着他。

从许多孩子们中间，选拔了三个新来学院的孩子，领到金将军的面前。

是两个女孩子和一个男孩子。金将军和他们亲热地握着手——

“啊，这不是崔队长吗？哈哈哈……”

金将军抚摸着站在最后的金喆的头笑着。

“那小鬼说一定要来见您，说是有话要和您讲哩。我告诉他，有话可以同我讲，但他说他的话只能和金将军说。我问他，白天不是你讲的话最多吗？……他说那时为了别的孩子，自己要说的话，还一点儿都没有讲呢。”

朴教师慢吞吞地叙述着。

“好的，我也想多听一听。”

金将军就让那三个孩子一个挨一个地坐在自己的身旁。

“肚子饿不饿？”

金将军先向靠自己最近、最小的女孩子说。那孩子虽然年纪小，个子也比较矮，可是在她眼睛里闪烁着光彩。看来非常可爱而懂事。

“不饿。”

她回答的时候，模样越发美丽了。这孩子的美，与其说在她脸上，倒不如说在她内心。

“你叫什么名字？”

“我叫李玉顺。”

“玉顺？几岁啦？”

“十二岁。”

“什么时候来到这里的？”

“冬天。下雪的时候……”

“噢，去年冬天……在哪里入团的？”

“在安图。”

“安图？”

金将军不由得暗自一楞。安图是他的母亲和两个弟弟生活过的地方；有一个时期，祖母也曾经在那里住过。他那个死在汉城监狱里的二叔的妻子和母亲也一起住过这个地方。并且，在安图的后面那高高的尖头峰上，有着母亲的坟墓。金将军的母亲在临终时，曾经嘱咐叫把她埋在安图最高的山峰上。即使在地下她也想看到自己的儿子怎样和日本强盗战斗，怎样争取胜利。

这是母亲最后的愿望。以后，金将军和日本兵作战，经过安图后山时，曾经去看过母亲的坟墓。

“你怎么入的团啊？”

“妈妈叫日本鬼子杀死了，所以……”

“你妈妈?”

“是,我妈妈是游击队员,和日本鬼子打仗的时候,叫他们抓住了。鬼子死命地打我妈妈,叫她把游击队所在的地方说出来。可是,我妈妈说什么也不肯说。就在那个时候,游击队转移到别的地方去了。妈妈知道鬼子们第二天要杀她,就在那天夜里逃了出来。听说正好下了很厚的雪,是从二层楼上跳到雪里逃跑的。可是,因为她在风天雪地里迷了路,后来就冻死了。”

玉顺在叙述这段悲伤的往事时,在她的脸上看不到悲哀,益发显得严肃和可爱了。

玉顺一点也不局促地讲起了她的母亲:她是怎样在失去丈夫之后,把玉顺寄托在别人家里而自己去参加了游击队的。

玉顺的母亲原来是农村妇女会会长,时常搜集粮食或是动员妇女们做些衣服和袜子,送到游击队里去。由于这些缘故,丈夫牺牲后,便参加了游击队,经过了许多次的战斗。

“这些事情你是怎么知道的呢?”

金将军问她。

“游击队的叔叔们在山里发现她以后,和我讲的,还交给我一封妈妈的信。”

“信?”

“是,他们在我妈妈身上发现的。”

“信里写些什么?”

“她没有纸,是用铅笔写在衣带上的。”

说着,玉顺低下头瞧着自己的手掌,好像念着写在手里的字似地说:

“只写着‘朝鲜独立万岁!’,也没有我的名字。”

“你把它搁在哪里了?”

“我带着哪。”

“带着?好,一定要好好地带着。虽然没有写你的名字,可是,那是给你的信,也是给所有朝鲜人民的信。永远留着给朝鲜人看吧!可别丢失了,要好好地保存起来。还有在你学习或扛枪的时候,要常常想着它。你放过枪吗?”

“我放过,现在每天都练习。”

“你不觉得费劲吗?”

“不,很有趣儿。”

玉顺正在回答,在她旁边的金喆,似乎按捺不住自己的兴头,插嘴说:

“那算什么,我还能扛机关枪哩。”

金将军看了看金喆健壮宽阔的肩膀问道：

“真的，金喆你几岁呀？”

“十六岁……真的。”

说罢，他看了金将军一眼。

这时，院长暗暗地微笑起来，这个小家伙实在太精明了。

去年，金喆刚到学院的时候，分明是十四岁，按理说他今年就应该是十五了。可是，从今年春天起，他却硬加上了一岁，他知道这样才能早一点参加游击队。

那时，院长其实是从心里喜欢这个孩子，觉得他很有出息，但却故意斥责他说：

“小鬼，你撒谎！”

这小家伙并不回答院长的话，却跑过去把不久前缴获的一挺机关枪，猛地一下扛到肩上，开始跑起步来了。

这小家伙实在和大人一样有力气。从那以后他常常扛着机关枪练习爬山。有一次练习完了以后说：

“如果碰见日本鬼子，这机枪还会轻一半。”

说罢，就毫不在乎地哼地一声擤了一把鼻涕。

“十六岁！”

金将军望着金喆，不由回想起自己十六岁那年的事。那时候他做共青团书记工作，参加了“东满”学生联合大会，在大会上曾获得了少年雄辩家的称号。

当然那绝不是偶然的，在以前，他在学生中间已经显示出了卓越的灵敏的头脑和特出的工作能力。

每逢到各地方做宣传工作时，他了望着那密密的森林和险峻的山岗，就在不断地钻研将来怎样和日本兵作战的战术了。

可是，他真正参加武装斗争也是从二十岁那年才开始的，如今十五六岁的少年竟有这样的壮志，不得不使他暗自惊叹。

金将军感到了时代洪流的巨大的力量，和四年前自己组织游击队的时候比起来，时代和人的进步实在是惊人的。他把视线又转向金喆问道：

“十六岁？”

“是真的。”

“谁说你撒谎了？”

金将军笑着回答。这时，院长插嘴说：

“这小鬼是有道理的，他今年一下子长了两岁，就在春天……”

金将军马上领会了这个意思。

“不……现在我是满可以和日本鬼子打仗的!”

“对，当然要打仗。你爹和娘都在吗?”

“没有，都死了。我娘在日本鬼子‘讨伐’的时候，被烧死；我爹……”

金喆开始讲起自己的身世——

从马鞍山通到抚松的路上，有一个叫西南岔的小镇，他家就住在离这小镇四五十里地的一个村子里。

父亲是共产党员，老早以前就从事地下斗争，母亲领着年幼的金喆在家种地。因为抚松和长白山一带不断地出没着游击队，日本兵就经常来窜扰这个村子。后来，老是扑空的日本兵恼羞成怒就拿这个无辜的村子泄忿，包围和杀戮老百姓不说，连家畜也毫无例外地看见就杀。

当时金喆的母亲知道早晚免不了一死，只好背着金喆冲破火焰，拼命逃出村子。但日本兵的枪弹终于从侧面打中了她的胸部，而且还继续不断地打过来。

在那一瞬间，她急忙把金喆从背后拉过来，紧紧地抱在鲜血直流的怀里。她虽然不断地被子弹打中，但仍然用自己的身子卫护着金喆，倒卧在小小的沟壑里。

她的身体被枪弹打得像蜂窝似的，浸在血泊里，因此，连狼心狗肺的鬼子们也觉得无须再翻开来查看了。金喆却丝毫也没有受伤，第二天被村子里的人们救了出来。日本强盗对朝鲜人的迫害，一刻也没有停止，对于年幼的金喆也绝不放松。

几年后，再一次的不幸又临到了金喆的头上。他的父亲回到了家乡，不幸和几个同志一齐被日本鬼子逮捕了。这些魔鬼们用惨绝人寰的各种酷刑折磨够了他们以后，就把他们拖到大路上，一个个拉直了头脚，用铡刀铡下了脑袋。

随后又把他们的头颅拴在杆子上，挂在街上示众。

那一天，村子的人们把金喆藏匿了起来，所以他没有看到父亲壮烈的牺牲。当他听到父亲的头挂在街头上的消息之后，就再也忍不下去了。

第二天的深夜，金喆跑到挂着父亲的头颅的地方，好不容易爬上去，偷偷地把父亲的头解下来，埋在后山，就离开了那个村子。

但不论走到哪里，彻骨的仇恨像一把利刃，时刻准备着刺向西南岔的日本鬼子。

“该杀的日本鬼子们！早晚也得死在我的手里!”

他常常暗地里这样喊叫着，每当喊叫时，沉痛的心口感到稍微松快些，饥饿也似乎减轻了。

金喆时常帮助别人犁地，或杂在打柴的孩子们中间帮着捡柴。有时，他饿得连最喜欢吹的口哨也吹不出来。

有一天，他坐在一棵树底下，无精打采地摘着草叶，忽然在他头上有一只乌鸦嘎呜嘎呜地叫起来，金喆马上找了块石头朝它瞄准。

他看了许久，蓦地朝着乌鸦把石头抛过去，正好打中了。结果乌鸦却又噗哒噗哒地飞掉了。

然而，金喆在这时却获得了一种信心，只要集中精力没有作不了的事。这一天，他终于逮住了一只乌鸦，到山沟里一个人家，借了点火，架起柴火，随便烤了烤，就把它撕开吃了。他边吃边想：总有一天，要把日本鬼子像这只乌鸦似地打死。

金喆就这样的漂泊流浪着。有一天傍晚，他意外地得到了一点吃食。他走到一个村前，那里有一个很大的猪圈，旁边放着一个洋铁桶，里面正冒出热腾腾的蒸气来。

最初看起来像是绿豆粥；仔细一瞧，却是一桶酒糟。

酸溜溜的味儿还真不错，弄得肚子里五脏六腑马上翻腾起来。于是，金喆就把手当作勺子，狼吞虎咽地吃了起来。

不大的工夫，不知从哪里传来一种嘶哑的声音，他抬头一看，有一个大肚子老头正站在砌着高高的土墙的门口，手里拿着烟袋，正在嚷叫着什么。

紧跟着，从那个院子里，一条大黑狗狂吠着窜了出来。

金喆捏着两只拳头，向后山跑去。汪汪的狗叫声却越来越近，他肩膀上忽然觉到压上了什么。那条狗很快就扑上来了。还好，只把破烂的小袄给咬掉了一大块，狗就稍微退开了。

那条狗并不放松，紧接着更凶猛地又扑过来。金喆仍旧捏着两拳，猛然转过了身子，在他的眼睛里闪着愤怒的火花。狗顿了一顿，又高高地跳了起来，却不敢立即就扑过来咬他。

经那大肚子一嚷，狗又呲着牙跳起来。金喆也怒目凝视着，想要在它的胸膛上穿一个窟窿。

“我没有死在日本鬼子手里，难道叫你咬死吗?!”

他发了狠。要先把那条狗打死，再叫那大肚子也跟着舔一舔地。他一边想，一边找石头，但没有找到。

他急忙蹲在地上，装着抓起石头来的样子。因此，狗又停顿了一下，而且还倒退了两步，但是接着又猛跳过来，咬住了金喆的袄袖子。

那大肚子主人，站在旁边摇摇摆摆地，不住地用烟袋杆儿戳着狗，火上浇油地挑唆着。这时，从那家又出来了一个小丫头。因为她端出来的猪食被别人偷吃了，为了卸掉自己的责任，特意做给主人看似的，也用拳头接二连三地唆使那条狗去咬金喆。

血从金喆的手和胳膊上直流下来。被那狗爪子抓破的地方，一道道的伤痕像血淋淋的蚯蚓在蠕动着。

金喆咬紧了牙，朝那只狗的前胸狠狠地踢了一脚，那只狗就朝后摔了一个大跟头滚了起来。这时，那大肚子老头气得拉长破嗓门直叫嚷：

"咬啊，咬……"

接着那小丫头也向金喆扑过来了。

"臭丫头，你也不想要命了吗？"

金喆气忿得毛发都竖起来了。

但是他们那边有大肚子、狗、丫头三个，这时金喆开始感到腿有些发软了。而狗却好像得了势似地一次比一次更猛地向他扑来。

正在这个时候，突然发生了意想不到的事情——有人一面从他身后拉了他一把，一面似乎为了卫护他，跨到他的前面。随又把一个像稻草人似的东西给狗扔过去。

那条狗猛地一口咬住了它，就大口大口地撕了起来。

金喆这才看清了卫护自己的那个人，手里拿着一根长棍子。原来他是把他的小袄挂在那根棍子的一端伸到狗前面去的。

那汉子挥舞着棍子，拉起金喆的手朝着山那面跑去。这样金喆才侥幸地被救出了险境。可是他又觉得就这样走掉，似乎太便宜了那些家伙们。因为帮助自己的那个人，为了他，自己的小袄都叫狗咬去了。金喆一时抑制不住心头的气愤，捡起了一块石头，又蓦地转过身去。

可是，那个人立即拉住了金喆的手臂，走了一阵，才问他道：

"你家住在哪里？"

他说的是朝鲜话，金喆不觉高兴起来。

"我没有家。"

"没有家？"

"我什么也没有。"

"爹娘也没有吗？"

"都叫日本鬼子害死了。"

“那么你愿意跟我一块儿去吗？”

“愿意。”

“衣裳啦、鞋啦……我都给你，你到我那儿去吧。”

那个人瞧着金喆一身褴褛的衣服和破得漏了底的鞋，又对他说：

“饿了吧？”

“不饿。”

金喆刚才确实是着着实实吃了一顿的。他和这人一面走，一面说起刚才发生的事。

到了目的地，才知道那个人是游击队员。山里一共有三个游击队员，他就是其中的一个，他从那个村里侦察回来正好碰见了金喆。

当天晚上，狗的主人——大肚子，就受到游击队的袭击而且被打死了。游击队在那家伙的家里得到了大批的粮食和被服，随即就翻山越岭飘然而去。

这样，金喆才到了疗养所，在那儿治好伤以后，转到儿童革命团里来了。

当初金喆不愿意到疗养所，可是游击队的叔叔们说，被狗咬的伤如果不治就会死的，硬把他送来了。

金喆来到儿童革命团里一看，尽是些小娃娃，虽然也有比自己年岁大的孩子，可也看不上眼。然而他天生是个矮个子，也没有办法马上叫它长高，于是，从那时候起，他就给自己添了一岁。

金将军又问他说：

“那么，你有把握替你爹娘报仇吗？”

“有。”

“会打枪吧？”

“打得好着哪。”

“愿意到游击队里去吗？”

他却不回答这句话，反而不慌不忙地说：

“金将军！”

“什么呀？”

“我有话要跟您讲。”

“什么话呀？”

“您一定要答应我。嗯，这回我非跟您去不可。”

“哈哈哈……这就是你的特别请求吗？”

“是！”

“还有没有别的事？”

"就是这个。"

金将军又望了金喆一眼,他简直像是一个很有弹力的皮球。

金将军心想——这小伙子将来不知要跳得多高呢……他用力地摸摸金喆的头,感到他的脑门很结实。

"你现在还不行。"

金将军故意这样说。但他心里却想,这小伙子要是培养培养,他将会做出多么惊人的事啊!他又仔细端详着那可爱的小模样。金喆却一句话没有说。

"你还是多受点训练吧。"

金喆还是默不作声,其实这是他顽强地不赞成金将军这句话的表示。

金将军和孩子们的谈话结束以后,孩子们就唱起歌来。

这些歌里有的是金将军亲自作的,所以孩子们不住地望着金将军的脸,唱得更加起劲了。

五

第二天上午上课的时候,金将军到各教室里视察教学的情形,教师们比任何时候都紧张、热心地教着孩子们。

金将军看完三个教室后,对院长说:

"院长同志,我们到饭厅去看看吧。"

院长听了这句意外的话,不免有点慌张起来:

"饭厅吗?"

"对,也捎带看看厨房。"

又添上了一项!院长不知金将军为什么忽然要看饭厅和厨房,他迟疑地在前面拖着缓慢的步子。

院长认为金将军也不过是要转一转而已;不料金将军一跨进饭厅,就仔仔细细地察看起来。眼前很明显,黑渍渍的抹布摆在肮脏的饭桌上;东歪西倒的板凳,零乱地摆满了各个角落。金将军穿过这间屋子,走进了厨房;里面正在做着午饭。

年老的女炊事员看见金将军,默默地拿起了勺子,立即闪在一旁楞住了。

金将军叫炊事员揭开锅盖,亲自拿勺子舀出汤来尝了尝。炊事员用闪着油光的袄袖擦着鼻子,张大了嘴巴望着金将军。

金将军又尝了尝炒土豆、豆瓣酱之后,才又回到饭厅里,对院长说:

"院长同志,我想和你谈点事情……请你原谅。"

听了金将军这句话,院长不由得尴尬地举起手来,摸了摸后脑勺。

“这饭厅太不清洁,你看看。”

说着,金将军就把擦着饭桌的食指伸给他看。

“是,那个女炊事员同志真是……”

院长像是躲避什么可怕的事情似的,往旁边挪了挪步,吞吞吐吐地分辩着。

“这不是炊事员的错误。院长同志,你要知道,这学院里的儿童们,可以说是许多朝鲜儿童里面最宝贵的儿童。他们将是继承我们的事业,为祖国而斗争的人。”

“那还用说吗？正因为有这些孩子,我们才……”

“不仅如此,这些孩子们是我们祖国的未来;要把他们培养成为优秀的有文化的人。可是,在这学院里,好像要给孩子们证实朝鲜人和肮脏永远是分不开的这条荒谬的道理似的。如果照这样教育下去,将来孩子们走到社会上,岂不是又要照样继承这些坏的生活习惯吗？不幸的是我们的祖先,长久继续了这样的生活,因此,我们也就认为这样盲目地生活下去是对的。这是普通人的想法,但是一个革命家就不应该这样想,必须想新的事物。”

“是,现在已经有了这样的准备,炊事员也已经找好了一个年轻的新人了。”

“可是,比这更重要的是希望院长同志的头脑要革新、要年轻。弄得更清洁一些,这是能够做到的。这不是没有钱就做不到的事情,主要的是努力不够,也就是说没有努力去和环境作斗争;想尽一切办法发挥我们的创造性。比什么都要紧的是要经常用脑子研究、思考自己的工作。战斗也是这样,没有经过周密的思考就去战斗,照例会失败的。因为院长同志不研究自己的工作,所以在脑子的某些地方积聚了灰尘,闭塞了智慧。你说怎么样？院长同志……”

“是,不过……”

“院长同志,你以为只是饭厅里积聚了灰尘吗？不是的！问题是在你脑子里也积聚着灰尘,所以才有这样的现象。”

院长被金将军说的恨不得找一个老鼠洞钻进去。可是摆在眼前的还是沾满了层层的尘土、划着一道道脏印子的饭桌,失去了光彩的筷子、勺子以及肮脏腥臭的湿抹布。院长瞧着摆在面前的这些脏东西,真感到有些触目惊心。

“你看这饭桌,只要用水擦一擦就可以解决。你再瞧一瞧这个抹布……在这马鞍山里也不会有像贩卖大同江水的‘凤翼、金先达’[①]，难道小溪里的水也得化[花]钱买吗？”

说罢，金将军笑了。

“师长同志！我全明白了。”

“因为你是自己的同志，所以我才和你说这些话。我希望经常能看到的是同志们的关怀人民生活的高尚品质，热爱人类生命的温暖的心。院长同志，你不要认为饭厅的工作只不过是一般女人们搞的简单的工作。这个想法是不对的。如果我们仍旧有着这种想法，将来我们用自己的手建设工厂时，也就会有不顾念工人的健康和生命，而草率从事的可能。目前日寇在朝鲜造成的正是这种现象，但我们是决不能这样做的。”

“师长同志说的对，我当然也那样想。可是，工作多，一时注意不到这些事，虽然努力干也没得到什么结果。”

“我也知道，你们在什么都不方便和不利的环境里，能够很好地坚持斗争。这种情形，我不是不知道；尤其像伙食这些事，由于院长同志的操心和努力是有着不少成绩的。可是，我认为，今天我们最需要的不是陶醉于已有的成绩，而是应该多谈一些对今后工作改进的意见。”

说着，金将军又豪爽地笑起来。

“当然我也很清楚，我也并不愿意宣扬已有的成绩，我是在革命工作中磨老了骨头的人，现在自然也不愿落在青年人的后面。这回我听到师长同志所说的话，更明白了很多道理，我要马上开始纠正过去的错误。请看以后吧。”

“对，我们需要这种精神。我说的不是别的，就是要改善生活。不要认为我们的革命工作和日常生活无关，甚至连灶炕和人行小路，我们的工作也应该顾及到。当人们走在狭窄险峻的路上，就会不自觉地说出——‘他妈的，快点革命成功多好啊，路不就会宽阔、平坦起来了吗？’要知道革命必须给人民带来具体而实际的利益。同时，还要使每个人都能认识这个道理才行。”

金将军看完了饭厅，走回院长室。正是午饭的时间，教职员们，也都到院长室来了。

---

① 凤翼、金先达是封建时代的一个下级官的名字。朝鲜民间流传着许多凤翼、金先达拐骗手的故事。有一次，他发现一个乡下地主到平壤来游逛，为了拐骗那个地主，他就拉拢挑水夫，布置好了圈套：他坐在胡同口上，每一个挑水夫经过胡同口，他就收取一些水钱。那个地主走到那里一看，想着这确实是个好生意，大同江水是源源不绝的，平壤人口又那么多，只要把权力夺到手里，自己就可以大发其财。于是，他和凤翼、金先达交涉，购买了这个权力。回到家里把自己所有的土地都变卖掉，搬到平壤来。可是他来了以后，并没有人给他水钱。由此就有了“卖大同江水”的这一民间传说。

这时，院长忽然鼓起勇气来说：

“请师长讲一讲对我们教学方面的意见吧。今天实在听到许多宝贵的话，要听，索性一气都……”

说着，院长擦着额角上的汗珠，脸上现出不自然的微笑。

他在教职员们面前，不得不极力镇定着，装出一副快活的样子。

金将军解开了前襟，以漫谈的方式提出自己对课堂教学的意见：

“首先我对同志们的辛苦工作表示谢意。过去我们连黑板、粉笔都没有，现下能做到这个地步，就是我们的成功。可是，我们仍然需要进一步提高；而且是一定能够提高的。我准备从这方面和大家谈一谈。”

金将军注意地看了看每个人的脸。

“对这个问题，我有两件事嘱咐大家：第一是关于教科书方面；第二是对教学方面……。我可以讲一讲吧？当然我并没有教书的经验。”

“请给我们讲吧。大家早就等着了。”

教务主任很恭敬地说。

“那么，请大家原谅。我是这样想的，教科书如同我们的兵书一样，有好的兵法，就能打出色的仗；同样的道理，有好的教科书，才能好好地教育孩子们。可是，我们教科书的内容太不充实了。怎么样？同志们对教科书可曾作过研究、讨论了没有啊？”

“是，不，……现在还没有怎样特别地……”

“不对，这种工作是十分必要的，所以我希望每一个同志都要发表自己的意见，大家来讨论，纠正坏的，创造新的。其次是……”

金将军稍微思索了一下又继续说：

“其次，我感到我们的教学脱离了我们的实际生活；所教的内容和方法也是这样。在我看来，国文、算术、作文更不能例外。我现在举个例子来和大家谈谈。在我们游击队里有许多难以想像的勇敢的人物，可是，如果凭空说某一个人一下打垮了多少个敌人，那人物就绝不可能浮现在我们的脑子里。或者我们对人讲我们的游击队员，怎样利用休息时间，帮助老百姓打柴、作活，人物形象也还是不会呈现在人们的眼前；还有，如果对孩子们凭空地讲：要学习那些人的榜样，要做优秀的人，那更不能在孩子们的脑子里留下什么深刻的印象了。所以要把实际人物原样给孩子们看，就是把那个人的行动和那个人的思想——实际的行动和具体的思想活动，活生生地摆在孩子们的眼前，才能使孩子们感到兴趣，才能使他们同英雄人物一起前进。也就是说才能够找到真正可供效法的榜样。我们有许多那样的人，我们把这些形象正确地用小说的方式或者故事的方式讲给孩子们听，写成文章给孩子们读。你们想孩子们该多么高兴？孩子们是希望这样做的。”

“是的，像这样的故事，讲的也很多，可是……”担任国文和作文的朴教师认为这是自己的责任，抢先站起来回答说。

“那很好。可是，看看我们的教科书吧，只是一些机械式的概念的独白，连一点活生生的人物形象的影子也没有。教师们所讲的也是这样。我们要把会说、会想、会哭、会笑、会跳、会战斗的活人真实而具体地搬到教科书上来；搬到我们教师们的舌头上来。这样要让孩子们看着教科书和教师的嘴，就像看电影那样有趣味，像听优美的歌声那样欢喜。能不能做到这样呢？我认为是完全能做到的。我们有的是活生生的事实，有活的例子、有活的英雄。我们最大的希望就是把所有的朝鲜人都变成爱国者、热爱人民的人。因此，从现在起要教育孩子们变成为这种崇高的目的而斗争的战士。

“这并不是天大的难事，这是一个高尚的事业，所以我要说你们的工作是一种高尚的战斗。在战斗里面占着首要的地位的……。目前我们生活在困难的环境里，同时，在困难的环境里战斗着，我们什么也没有。可是，实际上我们却有着极其贵重的宝贝，我们拥有了别人所没有的一些最宝贵的人——值得夸耀的游击队员们。所以我们能够比其他地方更方便地给孩子们看看这些人物，这是我们最值得夸耀的，比人家优越的一点，也是比人家丰富的一点。我们在这些方面较任何人都显得富有些。”

“是，当然是那样。其实我们也常和孩子们讲金师长的故事。可是，师长同志这样实际地来一趟，给孩子们的启发和感动，真要比我们讲十次或二十次的效力还大。”

“可是，文章能描绘出比实际的人物更为完整的人。不管多么优秀的人，也不能把他们带到每一个学校去；即使是能带去的话，也没法把他所有的一切完全原样的给孩子们看到。在短短的时间内，怎么能够把那个人的思想、行动，都给表现出来呢？可是文章却能够很有趣地、很详细而有意义地描绘出来。这样，孩子们在很短的时间内，可以看到那个人的很多方面，而且能了解那个人的真正的思想。”

金将军谈到这里，笑了笑，稍微停一会，接着又说：

“我在这里特别附带说明一件事……不知为什么，我们朝鲜人总是喜欢舍近求远，许多人都有谈外国的事情比谈祖国的事情更喜欢的毛病。比如说，讲李舜臣将军的故事，好像没有讲圣女贞德[1]的故事显得有才学；认为好像讲巴黎公社比起讲我们游击队的事情更显得是一个革命家。是不是这样呢？”

金将军一面笑着一面看着教师们的面孔。

“不，不是那样。”

“那就好了。当然我们需要知道外国的事情。可是，一下给孩子们讲那样拗口不顺耳的西洋人的名字，总是远不如给他们讲和自己父亲或哥哥的名字类似的朝鲜人的名字要更容易听进去些。同时，多知道些自己的事物，也就是使他们理解外国事物的头一步。我认为只有知道崇拜那些热爱祖国的人，才会热爱别的国家的爱国者。所以为了要好好理解外国的事物，首先要多知道自己的东西。不管怎样，从近处着手吧。大家以为怎么样？”

“是的，当然是那样。我们的学院也正在从这方面开始去做。”

“好的。那么我再讲我所看到的那些最小的孩子们上算术课的情形。道理是一样的，我认为算术也需要从孩子们的近处着手，从孩子们的生活开始。为了这样做，首先得把算术拉到孩子们的生活里去……就是说不要把孩子们一下拖到复杂的数字堆里，我们要把孩子们引导到和他们生活直接有关的数字里去。”

教师们头一次听到这样的话，都楞住了。

“也许我说得不太恰当，但这不是难懂的道理，而是很简单的。比方说，我们不要和孩子们讲一百只大象加九十只麒麟再加三十七头水牛一共是多少？最好是和孩子们漫谈实事，不要从远处硬拉扯一些孩子们不知道的事情。譬如，可以问孩子们：我们班的同学里面八岁的有七名、九岁的有十二名、十岁的有十五名，那末一共有几名呢？等孩子们回答出来后，再问加起来一共有多少岁？这样一问，孩子们一定会互相瞧着同伴们实地计算，也会用自己的手指来计算的。这样，算术首先对于孩子们就会变得很具体很亲近了。一切学问都需要和人们的实际生活结合起来。孩子们了解江对岸村子里的情形，总是没有了解自己村子的情形那样多。科学首先要让孩子们能开始理解事物。离开了理解，科学就不能存在。换句话说，就不能掌握科学；即使别人有，你不把它灌输、融化到自己的脑子里，就不能成为自己的东西。不管你身旁有多少苹果，如果你不拿过来吃，就不能滋养你的身体。我们尽量地要多给孩子们一些必要的营养。

“所以说，让孩子们理解，让孩子们更好更深刻地理解，而且使他们从理解

---

[1] 十五世纪英法战争时的一位法国少女。她挺身抵抗英军，宁死不屈。

一个，以此类推，进而掌握二、三、五……——这是最为必要的。发展就是从这里来的。所谓发展，就是意味着经常会产生新的事物；没有发展的地方，显然不能叫人想像到会有革命。”

金将军说到这里，停了一会，又说：

“我们的儿童革命团正在成长，在发展中，我们的游击队也不断地成长壮大起来。那末这种不停顿的发展，将来会给我们带来什么呢？是战胜敌人！给我们带来最后的胜利。完全战胜敌人是绝对必要的，只有这样才能进入新的阶段，新的生活才会迎接我们。这就是我们祖国的完全解放，也就是我们所渴望的独立！”

金将军又停了一会儿，继续说：

“我的话好像是离开了课堂教学的本题，但绝不是的。今天我们所教所学的只不过是一加二等于三的简单公式，可是，将来会向高处发展的。水烧到一百度会变成水蒸汽，但水蒸汽和水不一样，它有和水不同的力量。我们的游击队现在虽然还年轻，可是将来一定会成长为完全战胜日寇的力量。一九〇五年俄国的工人被可恶的沙皇打败，可是，他们又成长起来；十二年以后，完全打倒了沙皇。所以我们要知道哪是新生的，哪是将要死亡的——要把这个问题好好地分析清楚。”

金将军讲到这里，停止了自己的谈话，站起来，踱来踱去地望着窗外。远近的山川深沉地披上了黛绿的新装，五月的熏风阵阵吹来，使人心旷神怡。这一派欣欣向荣的大自然的景象，使金将军更巩固了胜利的信心。他的眼前仿佛浮现着美丽的祖国山河的远景。

六

金将军从间岛[①]八道沟中国小学毕业后，就向父亲要求回到故乡去。父亲二话都没有，就答应了。

父亲非常疼爱儿子。正因为如此，所以才打发儿子回到故乡，让他和朝鲜孩子们一起读书，和朝鲜人一起生活。

他为了年幼的儿子，曾亲自编过“摇篮歌”，给儿子灌输爱故乡、爱祖国的感情。他不管多么艰难困苦，也得让儿子体验祖国的生活。

金将军回到故乡，进了外祖母家的村子——平壤郊外七高里的彰德学校。第二年春天，接到父亲病危的消息，又回到中国东北来了。父亲在头一年冬

---

① 即吉林省延边地区。

天，被日寇逮捕，在中途虽然侥幸逃了出来，这个时候，却在山里得了重病。

金将军接到这个消息，不得不回到"满洲"去看望父亲；但他却常常想念故乡和学校，尤其是那位喜欢讲故事的白老师的面孔，使他不能忘记，甚至到现在还时常浮现在他的眼前。

白老师讲过"神将"的故事，金将军就想起要做"神将"。因为那时候，他见到什么就想什么，看了运动会，就想当选手；到戏院去看戏，就想当演员或者做一个雄辩家。

这一切，不过只是当时接触到某种事物而引起的一种情感冲动而已；可是白老师给他讲的故事，一直到今天还反复出现在他的脑海里。白老师所讲的故事是非常有趣的，越仔细听下去，越觉得里面总是蕴藏着一种重要的意义。

有一次，白老师讲过这样的故事：

从前有这样一个国家，在她的邻国里有一个凶残的强盗，每年都到这个国家来抢走一个年轻姑娘，去做他的奴婢；一年之后，又把她吃掉，再来抢新的。因此，老百姓恳求国王设法杀掉那个强盗给百姓除害。

可是，国王根本就不管老百姓的死活，反而说："强盗抢去你们的姑娘，与我什么相干！"

凑巧，这一年那强盗把国王的独生女儿抢去了。于是，国王就从老百姓里面找来了一个最有力气最勇敢的猎手，要求他去把抢去的女儿救回来，但那个猎手却拒绝了国王的要求，他说：

"你不是曾经拒绝过老百姓的请求吗？我也不能管你的事。"

国王想了一想，随后就颁布了一道谕旨说："谁能把公主救回来，谁就做国王的女婿，将来连国家都交给他。"

于是，这个国家的"大将军"——一个坏蛋，他为了贪恋那个公主，便站起来说自己要去捉强盗。可是老百姓都知道他是没有本领把强盗捉来的，老百姓都怂恿那个猎手去干这桩事情。

那猎手回答他们说：

"我不需要公主。"

"不，不是为了公主和国王，你杀掉了那个强盗，我们老百姓才能活得下去呀。"

老百姓这样恳求他。

那猎手果然听了老百姓的话，下定决心去捉强盗。这时，在他先前去的那个坏将领，已经被强盗打败了，吓得全身发抖，退了下来。

猎手找到那强盗住的山洞，大声地把强盗叫了出来，两个人就你死我活地断拼在一起，打了好久不分胜负。

猎手跟强盗扭着打着，遍身流着鲜血，气力将要用完了的时候，后面的老百姓便从突出在东海上的五色灿烂的金石山，取来了很神妙的药水，送给猎手喝了。这药水要每隔几千年才流出一杯来的，人只要把它喝下去，老人就变青年，懦弱的人就能变成“神将”，是一种非常神奇的水。猎手喝了以后，顿时增加了气力。使出了所有的力量，把手里的枪朝强盗的脑门打过去，那强盗“啊——”地惨叫了一声，立即从鼻子里流出血来，倒在猎手的枪下死去了。猎手忙把公主的铁链解开，把她从阴郁黑暗的洞里救了出来，假使再过几天，公主就要被那强盗吃掉的。公主非常高兴，便叫猎手和她一同回到宫里去。但猎手拒绝了她，迳自回到自己的家里。

这时候，那个坏将军就把强盗的尸体装在棺材里，带到国王那里，冒认是他杀死的，要求国王实践诺言招他做女婿。国王也就答应了。可是公主不肯答应，她说真正杀死强盗的是猎手，并且还说自己带着的一只戒指，已经送给了猎手做胜利的纪念品。谁有戒指，谁才是真正的胜利者。

但国王说什么也不听她的话，决心要把公主嫁给坏将军。那个坏蛋知道了这个情况，便和国王商量布置了杀害猎手的毒计。

公主暗暗猜透了他们的心事，私自逃出宫廷去告诉那个猎手，不幸却在半路上被捉回去，囚禁在一间小黑屋里。她一个人没有一点办法，该是多么焦急不安啊！

就在坏将军要谋害猎手的前一天，公主忽然得到了意外的救援——守卫宫殿大门的卫兵，把黑屋子的门锁给扭开了。公主经历了千辛万苦赶到猎手那里，把坏将军的阴谋告诉了他，老百姓随着也都知道了。

老百姓们拥护猎手做首领，没等坏将军动手，大家一拥攻进了王宫，把坏将领和国王都杀死了。

金将军在听这个故事的时候，他已经领会到日本鬼子和那个强盗没有什么不同，而国王和坏将领就都是那些压迫老百姓的家伙。他并且想到在朝鲜境内即使把日本鬼子完全消灭了，还会有老百姓的仇敌的。从那时候起，金将军就清楚地知道地主和大财主都是老百姓的死对头。

金将军听了这个有趣的，和朝鲜的现实情况差不多的故事之后，很受感动。他下定决心，将来自己也要像那个猎手一样，成为老百姓的真正神将。

白老师不但自己爱讲故事，还常让孩子们讲故事。有一次，白老师讲完以后，对孩子们说：

“这回你们讲一讲吧，讲什么故事都可以。在家里听过的，在村子里听见的，在学校里学过的……不管什么都行。”

说着，他就叫一个孩子讲。但那个孩子只用手背擦着鼻子，没有作声。轮到要第三个孩子来讲的时候，那孩子却很大方地站起来，问道：

“老师，我讲一个母鸡的故事好不好？”

“很好。”

老师的这句话给了那个孩子很大的鼓励，他就讲开了黄鼠狼要捉他家的母鸡，被他母亲用棒槌打死的故事。许多孩子们都笑起来，可是白老师却称赞他道：

“你妈妈是一位很好的母亲，黄鼠狼是坏东西。”

“我要捉黄鼠狼，那东西老叼走我们的鸡。”

“对，坏东西都得杀掉。”

金将军把这些话全都记在心里。而白老师经常就是这样给孩子们灌输着除暴安良的精神。白老师看见孩子们在较远的地方向南浦和平壤之间往来的汽车抛掷石头时，并不像别的老师那样说孩子们胡闹，因为车上往往坐的是日本鬼子。

金将军回忆着这些往事又继续说：

“我已经听过语文和作文的教学，我对这个课程也有一点意见。总的说来，我希望在这些课程里，也要培养孩子们善于发挥创造性。孩子们的脑子像是一块松软的土壤，在那里可以生苗发芽。如果教师和父母不好好教育他们，孩子们稚嫩的脑子就会变成顽石，那就很难长出活的和新的苗芽来，甚至还会发霉的。”

说着，金将军哈哈一笑，教师们也随着笑起来了。

“我举一个例子和大家谈一谈。拿我上小学时的情形来说，老师叫孩子们作文，孩子们照例写上：我要好好听老师和父母的话，要好好念书，做个优秀的人……这就是我所说的脑子变成顽石的一种表现。可是，这绝不是孩子们的错误，许多教师们就是那样教给他们嘛。当然这不是我们学院里的情况，我想我们的朴老师也不会那样。但朴老师也许会在心里暗暗反对我吧？”

说罢，金将军又笑了起来。朴教师接着说：

“不，我的头脑也许已经和顽石一样坚硬了，可是经师长同志这一启发，似乎多少软了一点，请设法再给我弄软一些吧。”

这样一说，大家又哄笑起来。

“总之，我的意思是说，孩子们想不出什么好材料，正在搔着头皮绞尽脑汁的时候，教师如果启发他说：喂，你讲一讲昨天你看过的事吧……这样一说，孩子们就会马上回想起昨天的事情，就能说——是，是，昨天我遇见游击队叔叔们，他们和我讲起了打日本鬼子的故事。真有趣哩，我也想去打仗……这时，教师如果再说：那么你把那个故事讲给我听一听吧。就这样让他讲起来，然后再叫他用文字写下来，这不就成了活的文章了吗？！”

说到这里，金将军的眼光向周围的教师们的脸上扫了一遍。教师们也露出了“果真是那样啊”的赞同的表情。

“因为我不是一个文学家，所以自己所想到的没法都表达出来。总而言之，一句话，我是希望不管怎样也得让孩子们看活的东西，写活的东西。捉了一只蝴蝶，用针扎住保全起来，是动物学教师所做的工作；可是，教动物学的教师最好能拿着活的蝴蝶来教学生。我们直接给孩子们看飞着的蝴蝶和唱着歌的鸟儿，然后再叫孩子们把它如实地写出来，那是必要的。让孩子们到鲜花盛开的山上，或到花园里去看那新鲜的活着的花，笑着的花，然后去写现实的景物，总比走到植物标本室里看那贴在纸上压干了的‘无穷花’，要写得好。”

“师长同志简直什么都知道，连动植物学都懂得……学院的教师们如果不振作起来，那就要……”

院长感叹地瞅着教师们的面孔说。

“我不是‘山里的人’（指游击队——译者）吗？！日本鬼子是我们的敌人，可是花、鸟、蝴蝶等，都是我们的朋友……它们不忘记最好的季节，使我们愉快。我也往往想写点东西，你们不要以为文字只是你们的本行啊！哈，哈，哈……”

金将军大声地笑起来。

事实上，金将军已经作过许多歌词给队员们唱。那些歌词都不是在书桌上写成的，而是在和游击队员们一同行军，一同参加战斗中，详细地观察了他们的英雄形象而写成的。

所以用不着特地教队员们唱，大家会无形中配合着行军的步调，自然而然地唱起来。

金将军对教师们看了好久，视线忽然落在宋同志的脸上。宋同志正陶醉在金将军的谈话里，支着下巴正等他讲下去。当她发觉金将军正在向她望着的时候，连忙把手放下来。金将军含着微笑说：

“已经谈开了头，那么我再谈点吧。”

金将军又开始讲起来。宋同志好像在金将军的眼光里猜到了什么，脸上浮现出一层薄薄的红润，慢慢地低下了头。

“对孩子们这样问好不好？——你们最喜欢的老师是谁啊？……孩子们一定说：歌唱教师宋老师。……那么，再问宋老师的脸长得什么样啊？孩子们就要回答说：眼深深的，鼻子高高的，嘴……我不会作这样文学上的描绘，不能完全表现出来，但孩子们是能说出来的。再问：宋老师唱的歌怎么样？那么孩子们也许说像黄莺、百灵或夏天的蝉……”

于是大家又笑起来了。金将军笑着，把话停了一停。宋同志的脸更红了，低着头不好意思地笑着。

“……然后，再问你们听宋老师唱歌的时候，心里觉得怎么样？孩子们一定会说感到愉快，或是说感到鼓舞。然后再让孩子们谈谈那歌词的内容。这就能使孩子们逐渐变成和那首歌一样的愉快、美丽、勇敢。然后再让孩子们写写对那支歌的感想，孩子们就会各自写出自己心里的话。孩子们的眼是会看到新鲜有趣的事物的，这是很好的一个办法。如果再进一步鼓励像这样创造力特别强的孩子，他们就能成为优秀的文学家。首要的是我们要使孩子们成为一个善良、勇敢的人，再使他们成为有创造性的文明人；不单要使他们知道爱国家，同时要使他们能出色地为国家服务。我们祖国独立以后，学校的师资不能完全依靠别国的教师，我们的教科书、报刊、书籍等，也不能完全用外国的翻版来充数，我们要有祖国的语言文字，要有我们自己的书籍、文字、报刊、音乐、图画、舞蹈……要作到这个地步，当然需要多学习外国的东西，但我们有许多人在学外国东西的时候，往往过分的迷恋，连自己的裤子都会忘形地剥掉，就是说，喜欢抱着别人陈旧的东西来跳舞。虽然这并不是不需要，但还是应该先跳跳自己的舞才对。”

说得大家又哄堂大笑起来。这是一个充满着愉快气氛的集会。平素和院长感情不大融洽的崔教师，也不禁瞅着院长诚恳地笑了。他懊悔着自己的错误，下定决心今后一定要和院长和和气气地相处。金将军又瞧着教师们说：

“我的话已经说完了，这回同志们有什么问的，或有什么意见，请讲出来吧。”

金将军始终微笑着说。

可是，一时谁也没有作声，金将军所说的话，像旱天的雨露，沁入到每个教师的心里。

金将军轻轻地站起来，以稳健的步伐走来走去，了望着窗外。这是一个晴朗暖和的日子。

“师长同志，等一会再回答教师们提出的问题，先去吃午饭吧。”

院长对金将军说。

“真是对不起，我一个人讲得太多了。”

“不，我们希望您能给我们更多讲一些。”

朴教师叭哒着嘴，慢吞吞地说。

“同志们，我并不是来教训你们的。当然，我的谈话也许多少能作你们一点参考，可是，我也得向同志们学习一些东西。实际上我是为向同志们、儿童们学习来的啊。所以有什么问的，或有什么意见，尽量提出来。这样，大家才可以互相学习。”

大家还是不作声。这时宋同志忽然站起来。当然，她对金将军所说的话同大家一样，感到了兴趣，心情在激动着。可是在她的心里总有件事想不通。

“师长同志，您叫我在这里唱到什么时候啊？”

她有点焦躁似地说，使场内又扬起了笑声。金将军笑着回答道：

“那也是战斗啊！”

“我想参加激烈的战斗。师长同志还记得吧，我从大沙河游击队调到师长同志那里时，您不是对我说过——革命家有权利选择自己最相宜的战斗道路……当时您不是这样才把我收下了的吗？这件事我现在还仍旧清清楚楚地记在心里。”

事实上，那时大沙河游击队不愿意放她走，是宋同志争吵着硬离开的。她到金将军那里说：“大沙河游击队老想回避战斗，我就是不满意这个，我愿意战斗，所以我才来了。”……她这样说的时候，金将军只说了一句“好吧”，随即把她收下了。

“我很愿意同志们战斗得更好，可是你的伤还需要休养一个时期。”金将军依然笑着回答她。

院长和其他几位教师都赞同金将军的意见。

接着，大家都跟随在金将军后面，走向饭厅。走路的脚步声是那样轻快，但大家的心却比任何时候都跳得更兴奋。

金将军的话给大家提示了新的认识和新的决心，赋予了一种力量和深厚的爱。

五月的熏风鼓舞着人们的情绪，绿荫正浓的山川，不由地使大家都涌现出新的胜利的信心。

“只要有金师长……我们一定胜利！”

这是每个教师不约而同的心里话。

七

这一天下午，金将军听取了学院的工作报告。报告的内容是过去的工作情况和将要实施的工作计划，以及今后的简单的预算草案。

金将军一面审阅这些报告书，又不断地向院长提出了问题，并且还问了怎样准备过冬的情况。可是院长却感到惊讶，他想现在连端午节还没有过，怎么就问起冬天的事情呢？他迟迟疑疑地回答着，心里老在纳闷。

最后金将军又问了问预算和怎样解决今后需要的物资问题。就叫院长召集全体教职员，并且通知跟金将军同来的游击队的参谋长、副官和其他重要干部一起来参加。

金将军在这个会上做了结论，他说：

“我已经听过工作报告，也亲眼看了报告书，学院的工作确实已经有了不少的成绩。第一、在困难的环境中，已经确立了学院的基础；第二、现在虽然人手还有些不够，但已经有了足够维持学院工作的教职员；第三、教科书和教材以及军事训练所需要的基础，好歹不说，暂时也解决了。我对这些，谨向院长同志和全体教职员同志们表示谢意。”

“同时，大家已经放弃了像过去那样缺乏计划性、主观片面的工作方式，而能够事先订出工作计划和编制预算，这些我认为都是对的。”

院长觉得很满意，咽着唾沫略微耸起肩膀；把两手放在膝盖上，睁大了眼睛，望着金将军。

“一个革命家必须了解：单是以革命的观点而没有采取革命的方法所进行的工作，就不一定能得到圆满的结果。我们学院的许多工作却是从革命的利益出发来进行的。现在看来已经是从无到有，基本上理出了头绪。但是，我们做得够不够呢？”

“如同在报告中所指出的情形，工作中仍存在着不少缺点。”

院长用汗湿的手搓着膝盖，肩膀也矮了下去。

“我想先谈一谈造成那些缺点的原因究竟在哪里？一句话，那些缺点是由于对自己的工作认识不够而产生的，也就是对儿童革命团的认识不足。”

“其次是在儿童革命团的工作上，缺乏革命性；没有建立起使它不断发展和提高的工作方法。这是个很重要的问题。”

说罢，金将军仔细地看了看会场。过了一会，又接着说：

“大家先看看孩子们，现在还穿着冬衣，而且都是又脏又破的衣服。孩子们差不多都没有鞋，即使有穿着的，也都是破得露出脚来。如果真正爱护这些孩子，真正知道这些孩子们是游击队的宝贵的后备力量，那就绝不会这样忽视的。院长先生！你知道这些孩子们是多么宝贵的一代吗？”

“我知道。可是学院的情形……”

“对，我明白。当然我们一切都不充足，可是，别人绝不会给你们送来，需要我们亲手来解决。自古以来，革命家都是从一无所有中创造出自己所必需的东西的。如果院长和教职员同志们能及时地向游击队联系，这些问题早就该解决了。孩子们弄成这个样子，教师们却熟视无睹，没有什么感觉，也不觉得心疼！所以说根本就没有动脑筋想办法，只预备让孩子们穿那破旧的冬装，熬过夏天和秋天，再渡过冬天，也就用不着再操冬天那份心了。事实上我们早就有这种经验：夏天该作冬天的准备，冬季该作夏季的准备。即使从现在赶着开始准备，一到冬天难免还要遭遇许多困难，可是你们目前却什么计划都没有。这样工作下去的结果，就造成了像今天在儿童们身上所看到的这副可怜相。我想这些孩子们还不是腾云驾雾的洪吉童①，不必要鞋穿。孩子们也不能像'小龟'那样，只吸空气活下去呀！"

大家禁不住低着头噗嗤地笑了。院长虽然极力忍住笑，嘴角也禁不住牵动起来。

"我肯定地告诉大家，我们绝不能忽视这些儿童。这些孩子们就是我们的未来，是光明！我们祖国需要这些孩子。无论如何先得给他们赶快解决被服和鞋子的问题。"

这时，金将军的脸上稍稍现出了红润。

"其次，我们再看未来的工作计划吧。计划也有，预算也拟定了。但是这里所需要的物资应该怎样解决呢？从这个问题，就可以看出学院的'思想'。你们想依靠商人来解决所有的物资，订的预算也都是根据奸商们的物价作标准的。当然你们制订预算的时候，这笔款项是预计从游击队里拨付的。这是对的。但是这种情形究竟说明了什么呢？这就是从游击队领来钱，再转送到商人手里去，也就是拿游击队用鲜血换来的钱用来喂肥商人的肚子。这能说是革命团体应做的工作吗？这是要不得的，这里就潜藏着我刚才所说的非革命性。我们无论对任何事情，都要用革命的观点来解决。同时，我们也必须这样做，才能得到正确的解决。不论做什么工作必须知道这个原则，要从这个原则出发。"

金将军说到这里，停了一会儿，用较高的声音继续说：

"从商人手里买来一千元的衣料、五百元的鞋……这种计划和我们有什么关系呢？和革命工作又有什么关系呢？如果完全照这个计划做去，结果我们就恰好变成给商人效力了。我们对待自己的工作首先要树立正确的工作方

---

① 洪吉童是一个贵族和婢妾所生的孩子，从小受虐待，但他机智勇敢，长大以后逐渐认识到阶级的矛盾，而反对不合理的家庭和社会制度，特别反抗特权阶级的蛮横无理。因此脱离了家庭，开始斗争。

法。大家想，从商人手里购买的方法，这能说是我们的工作方法吗？同时，我们能说这是一个长久之计吗？这不是革命家应有的作风，我们要用斗争的方式解决一切问题，只有这样，我们的工作才能正确地进行，才有解决的可能。我们所需要的一切物资，必须从敌人的手里夺回来，因为那是我们人民的财物，是被他们夺去了的。”

“所以，我们应该把它再夺回来，这也是我们所担负的战斗任务。一直到今天，我们的游击队用什么来战斗的呢？用谁的武器、弹药、食粮、被服来战斗的呢？不用说，全是日本人的。这些强盗们的物资也就是我们人民的财物，我们要从日寇的手里把人民的财物夺回来，不断地战斗下去。”

“因此，我们游击队可以解决学院所需要的物资。但是今天学院方面，却把和奸商的来往列在计划里面，这是不对的。应当指出学院的教职员们存在着不正确的思想。”

“不，师长同志，不是那样。”院长急忙地辩解说，“我们正是为了想不加重游击队的负担，才那样做的。”

“那么学院的预算款从哪里领来呢？有来源吗？”

“哦，不是那样。……”

“我不能相信，学院对自己的生活丝毫没有筹划。我认为在这里应该做到某种程度上的自给自足的福利事业，可是，直到如今什么也没有做。我问院长同志，有没有饲养过一头猪？一只鸡？计划过菜园和农场没有？也许你们怕日本兵看见，给它罩上了‘鬼冠’①。所以我也没有看见。是不是？院长先生！”

金将军说着就笑了。

“也曾作过这样的计划，因为我们搬来不久……”

“可是，现在不是什么也没有吗？所以就是你说有什么别的办法可以解决，我仍然还是不能相信。这是要不得的作风，我们的工作不能那样做。院长同志，早应该向我们游击队提出工作计划，请求所需的东西。我们绝不忘却自己的责任，因为这里有我们宝贵的继承者。我们将这些宝贵的孩子寄托在学院里，你们有教养、训练这些孩子们的义务，这就是学院的神圣的战斗任务。因此，我们也有责任供给学院所需的物资。我们是为了我们队伍的存在、成长而斗争的，这个斗争是我们最神圣的任务。如果院长同志的想法也和我们一

---

① 朝鲜民间有一种传说：家庭里用坏的扫帚或笤帚等物能变独脚鬼，能和人相处。但它戴上一种“冠”，人就看不见它的行动。在阴雨潮湿的时候不敢作怪，怕“冠”被雨打风吹，一旦被人把“冠”夺去，就要显露出原形。同时人戴上了这样的“冠”，别人也会看不见他。

样，早就应该从事开荒，建立农场和饲养猪、鸡等家畜了。院长同志，你可以给我看看罩上'鬼冠'的农场吗？”

说到这里金将军笑了，大家也跟着笑了。院长虽然觉得不是滋味，也勉强地笑了一下。

“院长同志，我要谈一件事。你也许会说我只会挖苦人，其实，是因为我爱院长和学院，因为大家都是自己的同志，我才这样讲。当然这不是单单对院长一人说的，你也不必那样愁眉苦脸，我是对亲爱的同志们讲话，所以希望院长同志也以同志友爱的心情来听。那么我就要讲下去——那是不久以前的事，那时我们好几天没有战斗。在这个期间，我们就学习、讨论、搜集情报和组织娱乐会等等，比战斗时期还忙得多。有一天，我命令同志们到山上去剥白椴树皮，大家当天就剥来了。我就命令大家在晚上用那些树皮做成了大小不等的草鞋。我们虽然从日寇那里夺来了皮鞋和胶鞋，但是多准备一点是好的；而且更重要的是培养我们游击队员的劳动精神。因为将来劳动人民要当我们国家的主人，也就是说，一切都建立在劳动的基础上。不但其他的事业是这样，我们的文化也要在这个基础上开出新的花来。那么我们再回过头来看看学院的情况吧，能不能使学院的儿童们利用课外时间经营农场呢？能不能饲养鸡和猪呢？……我认为能够做到！这些事，对孩子们是有益的，也可以让孩子们养成劳动的习惯。我们的祖先就是这样生活过来的。劳动是开拓，是创造。它能开拓和创造过去所没有的新的道路。孩子们希望这样，同时也喜欢这样做。因为能创造新的道路，才能体验到真正的乐趣。”

金将军稍微停了一会又接着说：

“……不久以前，我们一连好几天在山路上行军，有一天我们在途中遇见一群小学生，大半是朝鲜孩子。他们中间连一个带午饭的也没有，穿着鞋子的孩子也很少，实在不忍看下去。所以那天晚上我们利用在一个村子里宿营的机会，请来了几位男女居民，他们也很高兴地来找我们。我对他们讲了白天所看到的情形——如果我们爱自己的儿女，怎能叫孩子们在那样险峻的山路上赤着脚上学呢？如果我们少睡一个小时，这样的问题是不是当天就能得到解决？山上有很多的白椴树，只要有白椴皮，不是就能够做很好的鞋吗？……我这样问，他们都回答说：'对。'然后我又问真正爱自己的子弟，怜惜他们，不就自然会想到这些事吗？他们回答说：是那样的。所以我就下结论说：你们过去受日寇的气多么大？现在不是还受着吗？这种怨恨不是牢牢记在你们的心里吗？你们遭受到刻骨的痛苦，怎么还让自己的孩子也跟着受罪呢？我认为这不只是因为你们贫穷，而是你们对孩子爱得不够。……那些父母都低下了头。

这时队员们把自己携带着的小鞋分给了他们。那是不久以前他们用在山上剥来的白椴树皮亲手制成的。其中有一位老大爷流着眼泪不肯接受。他说，当天晚上他就要做一双给自己的孩子穿。我还是硬分给了他们每人一双，因为我知道实际的教育效果总是比空谈要大些。他们确实也受到了感动。我们要爱护自己的儿女，同时，也要培养他们的劳动精神。劳动会使人热爱工作、热爱人民、热爱祖国。我们朝鲜不是有一句——‘不是人美，而是事美’的俗话吗?”

金将军说到这里，向大家看了好久，最后问学院的教师们说：

“请问教师同志们，你们是不是说：拼命地干一天活，结果劳动果实还是被日寇抢了去，又何必白白辛苦一番呢！有没有这样反对我意见的同志？请发言吧。”

这时教师们脸上的表情好像在说“谁还能说那样愚蠢的话啊”！这种意思是用赞同的微笑表现出来的。

于是金将军继续说：

“很好，幸亏我们这里还没有那样的人。可是往往就有以日寇为借口，想不劳而食的懒汉。这种人他一定会这样说的——朝鲜的土地被日寇强占了，他们正在使用它，我们不要在那里过日子，不如放弃了它吧。但是，我们任何时候都热爱自己的土地，我们要认定那是属于我们的。正因为它是我们的，所以我们必须死守着它，让它开出美丽的花朵，结出肥大的果实。这样才是爱护自己土地的具体表现，这样才是最强烈的爱。”

“我们要强大起来，战胜敌人。任何事情都没有战胜敌人那样美好。所以我们游击队员们，受到了所有朝鲜人的热爱，游击队是所有朝鲜人里面最可爱的人。”

“游击队是以正确的思想武装起来的，他们爱国家、爱人民、爱劳动!”

金将军满面笑容地看了看周围的人们，继续说下去：

“同志！我倒不是来练习讲演，现在要简单地作个结论。不论如何，我们要用正确的思想顽强地把自己武装起来，在工作上提高革命性，而且要具有革命的工作方法，只有这样才能克服所有的缺点。我们的工作是由我们正确的思想而决定的。”

“我刚才着重地提出了一些缺点，是为了巩固我们值得夸耀的成果和克服那些足以阻碍我们前进的东西。我相信教职员同志们会谅解我所说的话。”

金将军最后对大家说：

“我最后决定一件事情。刚才我曾经说过给孩子们解决鞋和衣服的问题，明天拂晓，就派联络员到抚松我们部队里去。回头我把手令写好，尽可能在端午节以前，把孩子们从冬季服装的败絮里解放出来。我要说的话已经完了。”

金将军说到这里停了一下，笑着对大家又补充道：

“对我所说的话有什么问题，请大家不客气地提出来吧。”

可是，对金将军的话谁也没有什么异议，大家都心悦诚服地流露出轻松愉快的神情，甚至有的同志还表示希望更多地受些严正的批评。

这时，那位性情迂缓的院长忽然站起来说：

“师长同志，请您明天再讲一讲学院的优点给我们听听吧。”

会场里立刻响起一阵哄堂的笑声。跟着宋同志站起来说：

“师长同志！我还是愿意回到游击队里去。”她像要扑到金将军的身上一样急急地说道。于是笑声更高起来。金将军也爽朗地笑了，并亲切地告诉她：

“宋同志现在做的工作也是战斗，你的歌也是我们的一种武器啊！你非要放弃这枝枪吗？”

望着宋同志的金将军，脸上的酒窝儿许久没有消逝。

会议结束后，金将军嘱咐副官给抚松游击队本部写了一封手令；并指示院长，叫他准备好给儿童们搬运被服的大车和人员。

金将军和许多同志们都怀着轻松愉快的心情向饭厅走去。

这时，在饭厅前面忽然响起了儿童们嘹亮的欢呼声和万岁声。那声音接着就变成了一阵暴风雨般的掌声。

金将军挺着宽阔的胸膛，迎着掌声走向孩子们。

孩子们觉得金将军魁梧威严的身躯，像一座大山似地巍然地移到了自己的面前。

八

那一天晚上，金将军听取了参谋长关于部队工作的报告。同时，部队的宣传员们为了调查附近的情形，都已经出发到各处去了。

金将军又指示继续派更多的队员到各地去，实地看一看，听一听居民的生活情况。

“不是宣传员的队员也可以扮成农民，派到农村去，到庄稼地里帮助农民锄地，到山上给他们打柴，了解他们实际的生活情形和他们的思想感情。我们需要知道他们希望什么，更需要了解人民对我们部队的意见和这地方的游击队活动的情形。同时还要做发展游击队员的工作。”

“是，对这些工作都已经指示过了。”

参谋长回答说。他跟金将军已经工作了好几年，所以对工作的布置和要领都非常熟悉。

“要详细调查伪满军和日军的动静，赶紧来报告；这件事非常重要。还有，学习会组织得怎么样了？”

“根据您上一次的谈话，让大家首先研究讨论了日寇侵占‘满洲’以后的形势。其次讨论资本主义国家里所发生的经济危机和人民的解放斗争，这些问题的讨论恐怕需要较长的时间。因为这是很重要的问题，所以事前已经搜集好了充分的资料。”

“那很好。这个问题非常重要，战争的威胁，由于日寇的狂妄好战而逐渐加深，日寇强夺‘满洲’正是侵略全亚洲的开端。不妙的是目前的国际情势又有利于日寇的侵略。目前，欧洲列强和美国因为国内的经济恐慌非常苦恼，因而他们向外侵略的气焰不得不稍为低落。日寇就趁着这个机会，加紧侵犯边防薄弱的中国；一九三一年占领了整个‘满洲’，同时以它为跳板，造成了有利于进攻中国北部和苏联东方的阵地。因此，日寇正疯狂地企图从中国把欧美帝国主义列强的势力驱逐出去，以便独吞中国。”

金将军稍微停了一下，又继续说：

“日本之所以退出国际联盟的理由也在这里，这样，它可以自由行动，不受列强的约束和干涉。现在它正加紧扩充军备，实现侵略计划。”

“所以帝国主义之间的矛盾也就日益尖锐化起来。美、英、法等强盗们当然不会袖手旁观，实际上他们现在不是已经在争先扩充远东海军的军备了吗?!”

“是那样，美英帝国主义国家正以扩充军备回答日本。同时苏联又在相反的意义上，为了不能漠视自己国家的安全和世界的和平，也就不得不加强自己的军事力量。”

金将军说到这里，又停了片刻，继续讲下去：

“一句话，日本在远东已经成为法西斯国家，如同欧洲的德国一样。就是说像德国在欧洲燃起战火那样，由于日本的侵略政策，也使远东问题成了一个战争的导火线。所以目前在我们来说，最重要的是随着这个问题的发展，要把我们的立场和任务明确起来。现在再回过头来看看我们自己，我们的目的首先是要解放我们的祖国，但这个斗争绝不能局限于国内，目前，我们正在威胁着企图侵略整个中国、远东和苏联的日本帝国主义的后方，所以我们的斗争是具有重大的国际意义的。”

金将军接着又说：

“日寇想尽方法挑拨离间朝鲜人民和中国人民之间的友好关系，但是我们正为粉碎这个阴谋而斗争，要促使两国人民更加友好和更加巩固地团结起来。其中最有历史意义的是一九三〇年和一九三一年的‘借粮斗争’和‘秋收暴动’，朝鲜农民和中国农民的关系通过这个斗争，越发加强团结起来了。”

“借粮斗争”发生在一九三〇年春天，断了食粮的农民以秋后还粮为条件，向地主要求借粮的运动。第二年的“秋收暴动”是反对地主掠夺农民收获的斗争。

金将军又继续说：

“我们今后必须和中国红军取得联系，红军也和我们有同样的愿望。这是非常重要的问题，在学习会上，这些问题必须给大家搞清楚。这方面的学习材料有了吧？”

“有，不久以前红军方面也给送来了一些。”

“啊！那太好啦。”

金将军微笑着回想起一件事——前些日子，红军给送来了几箱东西，那时候队伍因为缺乏食粮正陷于困苦的境地，所以大家都认为红军送来的一定是粮食。队员们都兴高采烈地说：

“啊！这可太好了，他们已经知道我们断了粮，给我们送来吃食了！”

急急忙忙地打开一看，里面装的却不是食品而是书籍。当时大家虽然都空咽着唾沫，可是队员们越读下去，越感到一种比面包还要甜蜜的滋味，对书籍更加亲近起来了。

从送来的这些文件里，主要的了解了最近的国际形势，大家都感到像忽然睁开了眼睛一样；同时对于自己的游击斗争的重大意义也有了进一步的认识——他们知道了在全世界都展开了游击斗争以及全世界人民都在注视着这个斗争的发展情势，说明世界要从这个斗争中重新见到光明。

队员们读了这些书籍以后，脑子顿时清醒起来，胸怀也像五谷丰登的田野那样感到了充实。

这时候大家又感叹起来：

“嘿！还以为是送来了面包，谁知道却把面包的‘祖父’送来了。有了这个就可以找到面包了啊！”

队员们从这里获得了绝对能战胜日寇的信心，同时也预感到能夺来更多的食粮。

他们把那些书籍跟武器一起携带着，随时阅读，当作了流动文库。

“这回得叫大家把过去所学习的东西充分地讨论一下，学习总结时，请师长同志来作吧。”

参谋长请求着说。

“好吧。可是，关于我们国内情况的资料怎么样？还是不充足吧？”

“有倒是有，但不充分，所以现在正从报刊[纸]和杂志里搜集。日寇的弹压日益加甚，从报纸上也可以看出来。”

“是的，根据最近的情报来看，现在国内工人的生活一天比一天穷困，资本家的压迫榨取也一天一天厉害起来。资本家们早在三四年以前就开始安装新的机器，从前用十个人做的工作，现在只用三四个人，于是过剩的六七个工人，被剥夺了饭碗，失掉了职业。日本人和资本家们把这叫做‘产业合理化’，但是彷徨在街头上的工人却因此而逐渐地增多了。

“我们再看看苏联的机械化，不但不会带来失业，反而提高了生产率和工人的生活水平。可是资本主义国家的所谓‘产业合理化’的结果，只有促使失业和贫困的增加。

“但工人们绝不会在资本家的迫害之下低头的，他们反而加速地成长起来，罢工斗争随着地下斗争日见增多。同样的，农民的生活也一天比一天更其困难，因而农民运动也随之日益强大起来。如咸镜道的吉州、明川、城津、端川、洪源、定平、永兴等地的部分农民运动已经发展成为暴动。日寇扬言为了吃大米饭，强迫建立了水利组合[①]。实际上是把农民的土地更集中地掠夺到日寇和地主的手里去了。佃农的生活更陷于苦境，他们被过重的地租和不胜枚举的苛捐杂税重重地压榨着。因此，农民斗争必然也就扩大起来。

“日寇尽管隐蔽这些事实，可是单从在朝鲜的日寇所发表的资料上，也足以看出这些情况。就是从日寇的报纸上也能很清楚地看出朝鲜人民反对日寇的斗争。你们试试看，随便哪一天的报纸都会有的。”

“是那样，我现在还记得金性洙[②]办的《东亚日报》在去年夏天的某一天就刊载了七起罢工事件。可是，最近日寇刊载这类的消息似乎也逐渐减少了。”

参谋长这样回答。

“可是人民的斗争一天一天地扩大起来，日寇是无可奈何的。这个斗争在受着我们游击队抗日斗争的影响，换句话说，我们的斗争给予他们很大的帮助，当然，他们也同样给了我们很大的鼓舞。”

① 水利组合是灌溉水田的“公会”组织，它是剥削朝鲜农民的机构，完全由日寇掌权，强迫朝鲜农民加入。

② 反动的朝鲜资本家，日寇的走狗。一九四五年九月十六日在汉城组织了反动的“韩国民主党”。

这时，金将军联想到国内的许多工厂和农村，和在那里面成长着的力量，在金将军的面前就好像奔流着的海浪，汹涌澎湃。

“我们必须认识这相互之间的关系：人民的力量帮助着我们，我们的斗争也同样帮助了他们。人民在注视着我们，等待着我们燃起斗争火焰来，所以我们必须和国内的运动取得最密切的联系。在国内燃起斗争的烈火，比什么都重要，为了展开这些工作，需要派更多的同志到国内去。当然首先要开展地下工作，同时，这个运动要深入到广大的群众里面，并且要在国内普遍的开展起来。”

金将军稍微沉思了一下，又继续说：

“我们是能掌握广大的群众的。因为朝鲜人长久地呻吟在日本帝国主义和国内资本家以及地主的重轭下面，受着重重的压迫榨取，于是以工人阶级和贫农为首的大多数人民的不满情绪日渐强烈，很快就汇成了一股反抗的巨流。现在统治者已经感觉到用老一套的镇压办法很难奏效，所以就变本加厉地采取了新的手段，他们把向来为了欺骗朝鲜人民而多少容许了一点的资产阶级的自由也剥夺净尽。比如说，他们甚至把资产阶级仅有的言论、出版、集会、结社等表面的自由，也以镇压和恐怖来代替了。

“因为他们知道人民会利用那一点资产阶级的自由来展开斗争；而这个斗争会给他们以很大的威胁。所以他们放弃了旧的统治政策，加强了恐怖统治的新手段。”

金将军讲到这里，停了片刻，接着又提高声调说：

“可是，我们要知道他们的这种挣扎并不能说明他们的强大，而是意味着他们的衰落。这是说明，人民将一天天地远离他们；他们以往的方法已经不能压制成长着的人民的新的力量了。由这点也可以证明它的脆弱性。所以我们已经看出他们的新恐怖手段只有使人民的不满、不平和反抗的情绪加甚，并且造成了具有这种不满不平的人，成长为今天的不可压制的强大的势力。同时，我们有信心能掌握这些占绝对多数的人，而且我们必须要掌握这些人。我们就是为了吸收一切反对日本帝国主义的人，才组织了群众性的政治组织——‘祖国光复会’的。”

金日成将军随着游击队的加强和统一，在这一年春天，为联合一切在“满洲”和国内的反日、反帝势力而组织了民族统一战线——“祖国光复会”。

“祖国光复会”在成立以前，就受到广大人民的支持。它是根据他们共同的愿望而组织起来的。

金将军在组织“祖国光复会”之前，就制订了这个组织的提纲，并把它传达到“反帝同盟”“青年义勇军”“农民协会”“农民自卫队”“妇女团体”“生产游击队”“反日会”等所有反对日本帝国主义的群众团体去广泛地进行了讨论。群众团体和个人都提出了意见和要求以及各种条件。

金将军综合了这些意见，制订出“祖国光复会”的纲领，那个纲领有下列十条：

一、推翻日本帝国主义的统治，建立人民的政府；

二、朝中两国人民要紧密地联合起来，打倒日寇及其走狗“满洲国”，建立自己选举的革命政府；

三、创建人民军队；

四、实行土地改革和产业国有化；

五、使人民的农业、商业、工业等得到自由发展；

六、保障言论、出版、结社、集会的自由；

七、确立人民的平等权利和男女平等权利；

八、创立人民教育制度；

九、建立和制订八小时劳动制度和劳动法令；

十、建立国际间的友谊。

“祖国光复会”随着这个纲领的制订，在一九三五年五月五日就迈出了具有历史意义的第一步。金将军当选为会长。

“祖国光复会”组织起来后，就以极快的速度深入到群众中去。金将军为了使这个战线不单在“满洲”发展，更要普遍地渗透到国内，所以早已向国内派出了工作人员。

因此，根据民族统一战线的目的与精神，游击队当前最重要的任务，是加强民族统一战线工作和加强与群众的联系。

金将军又接着说：

“我们已经面临到必须使队员们在思想上接受它，并深入到群众中去的这样一个时机。所以现在必需学习、研究、讨论这些问题。可是，我们现在还是缺少国内的资料，最好一面设法搜集国内的新资料，一面要整理报刊上所发表的同盟罢工、同盟罢课、农民运动和其他人民斗争的事实来作学习资料。一个同盟罢工绝不仅仅是一个单纯的提高工资的斗争，而是具有我在以上所说的政治和国际意义的，并且它和我们游击队还有不可分离的关系，所以必须要明了它，而且要强调它。”

“我明白了。大部分时间是要用在与‘祖国光复会’有关联的国内问题方面。”

参谋长这样回答以后，又继续说：

“其次的学习资料是德国法西斯掌握政权的问题。我们已有帝国主义国家备战的新资料。”

“那也必要。但是研究讨论这些国际问题，必须特别着重与我们祖国问题互有关联的一面。我们往往有只知道别人的事而不知道自己事情的现象。眼睛往前看是好的，但是也需要再回过头去看看后面，这样才能看清楚自己的事情。眼睛下面就是自己身子。就像‘灯底下不亮’这句俗话所说的一样，人们不看自己、不清楚自己，对一切事情，就没有自信，没有自信的事只会往后退缩，即令是前进的话，也是盲目的，很容易栽倒的，所以首先要了解清楚。了解就是力量。叫人民先了解新的事物，他们一定会强大起来；我们游击队也是一样。”

金将军又停了一会，笑着继续说道：

“一个人最感兴趣的是知道了过去所不知道的事情。不论是谁都是喜欢知道新的东西的，所以我们的教育如果能灌输给人以真正新的东西，那么听的人就再没有比那更高兴的事情了。但是我们往往看到与此相反的事实，虽然时常学习，但不感兴趣的时候比较多，这是因为不教新的东西的缘故。学得了新的东西，再用那新的来战胜旧的，一步一步向前迈进，这是最愉快的事。可是如果要教会新的东西，指导者本身就先要知道新的东西。虽然不能说一概都这样，但以我们的学习来说，也往往有教的人自己还没有搞清楚就要教给别人的现象。结果别人就不会明白，不得要领，那怎么能叫人感到兴趣呢？什么都没有填进去的空肚子，是不会感到充实的。所以，第一必须教给别人不知道的新知识；第二自己先要充分了解，然后再教别人……这是绝对必要的。还有，必须认识我们的‘儿童革命团’是我们游击队的血管，要像爱自己血管那样爱护他们、培养他们。我认为在学习会上不要忘记在‘儿童革命团’里所看到的，所听到的，特别是对儿童们的言语、动作和他们的思想活动，照我们所见所闻实实在在的提出来，多讨论、多引用。现在摆在我们眼前的活教材，那就是‘儿童革命团’。我们要在‘儿童革命团’里多学习。这些儿童们能教给我们比书本还宝贵的知识，所以在队员们的讨论中，必须了解我们的队员们在这些活教材里究竟学了多少新的东西。”

不论什么时候，金将军对于教育问题始终是十分关切的。因为最近几天不会有战斗，所以就把这期间全部作为学习、教育的时间。另一个工作是着重了解地方的情形，因为了解人民的生活状况是极重要的事。金将军就是这样一面开始部署加强学习，一面派了许多队员到各地方去了解情况的。

九

第二天下午，金将军听取了疗养所的报告。听完了，金将军问所长道：

“没有什么要求吗？”

安所长急忙回答：

“有。”

接着又说：

“有两件事情：第一是希望派一位内科医生；其次是……”

一面说着，一面看了学院院长一眼，就眨着眼睛说：

“那位宋同志，本来是我们疗养所的职员；确实是疗养所的人。可是，那位贪心的院长把她‘抢’去了。这回他得‘还’给我们。”

这句话惹得大家哄笑起来。疗养所所长不时地瞅瞅宋同志，又瞪了瞪学院院长。大家看到他的动作，都不觉大笑起来。

“谁叫你不保护好呢？”

说完，金将军也笑了。

“人不知鬼不觉地叫他骗了。”

“总而言之，你算输了吧？！”

“谁知道他会那样耍手段啊？”

“不掌握情况的人一定会输给人家的。”

“所以我恳求啊。”

“你自己已经输给人家了，我有什么办法呢？”

“咳，简直是……当初说暂时‘借用’一个星期，可是已经过了两个月，还是杳无消息……他就压根儿不想给调回去，有这样的道理吗？”

疗养所长说着，眼光转了几转，忽然对宋同志嚷道：

“喂，宋同志！你不打算回去吗？这回我可得拉着你走啊！”

“所长同志，我有另外要去的地方。”

“好嘛。是上游击队吧？……要是那样，我倒痛快。”

这时，金将军问安所长道：

“目前疗养所的医生不能看内科吗？”

“看倒是能看，可是不大行。”

“不过，一时哪里能找到医生啊？！这年头只要领到一张医师执照就像获得了盗窃的许可证一样，医生哪里还肯到游击队来呢？当然，也有一些有良心的人……现在我们游击队里有一位勉强能够开中医药方的同志，先派他来吧。”

“谢谢师长同志。从前宋同志在的时候，就能常常给伤员们唱唱歌，再说，讲起话来她又是滔滔不绝。不是有一句‘妙语解颐’的话吗？真的，她那声调简直赛过夏蝉。像这样的宝贝我就瞪着两只眼给丢掉了。您说疗养所怎能不感到困难呢？”

“怎么，你们那里没有护士吗？”

“有，工作也挺好，可是唱起歌来就不怎么样，像我这样的外行听来，也都觉得有点不顺耳。”

于是大家又哄笑了起来。疗养所长停了停又继续说：

“说来说去难办的还是伤员，伤还没有完全好就想回游击队去，硬打起包袱，跛着腿，歪歪扭扭地走出来，这简直……”

这时，金将军对学院院长说：

“哪怕一个月一次也好，从孩子们中间挑选几个岁数较大、唱得较好的儿童，到疗养所里去，给他们开开慰劳会。宋同志也可以常去看看他们。”

说罢，金将军又向疗养所所长问：

“疗养所的食粮和被服情形怎么样？”

“那倒可以解决，家属们在后方种地，可以由他们那里买来，像蔬菜之类也都有，有时还能买到猪肉。”

安所长这样回答。

“老百姓的东西，哪怕一个钱也好，绝不能白吃的。”

“哪能呢，那种事情绝不会有的。”

“那好，应该这样。”

金将军接着就又讲起了一件过去的事：

“有一次，在行军的途中，有几个队员饿得不能坚持，就跑到路旁的马铃薯地里挖出了几颗马铃薯。可是挖出以后，一想不大对头，于是他们掏出了一张拾块钱的票子，系在马铃薯的枝儿上，旁边又附上一个纸条，写着：我们是金日成的部队，因行军途中饿极了，没有得到主人的允许，擅自挖出马铃薯，实在对不起，请收下这些钱吧。……”

“拾块钱？”

学院院长惊异地问。那时候的拾块钱是个不小的数目呢。

“有一次我们在那个村子里住了一宿，不料那马铃薯地的主人——一位老大爷做了些‘土豆糕’，还带着那拾块钱来找我们了。后来作了好一阵解释，才把那拾块钱仍旧交给了他，我只好收下了‘土豆糕’。”

在金将军的笑声里，充满着无限的感慨。

“真的，农民们常常给我们送这送那的，确实使我们感到有些为难，给他们钱吧，他们不收，把东西退给他们吧，就又质问我——这是送给伤员们的，请问所长你有什么权利[力]退还啊？”

金将军带着微笑，很有兴致地听着疗养所所长所说的话。

“今后还有一件难办的事，就是蚊子太厉害，若不想办法，那真会把人咬得只能剩下骨头的。”

“怎么，没有蚊帐吗？”

“都破了。”

“我明白啦，想法找一些给你们送来吧。”

金将军说着，想起了一次在面临战斗的前夕，被蚊子搅扰了一夜的事情。

结合这件事，金将军有意教育疗养所长和学院工作干部，让他们提高警惕性。不久以前，有一个疗养所因为警惕心不够，遭到敌人的袭击，损失了三个队员。敌人还拿这个作为宣传资料，像猎人捕获到老虎一样得意洋洋起来。所以金将军借着这个机会，特意对疗养所长和学院工作人员讲起了这件事。

那是红溪河战斗时的事情——

那时，金将军得到一个情报：说有日寇军官率领部队到达了红溪河。

那个家伙久历沙场，还得过什么勋章，后来因病到东北的本溪温泉休养，他听说金将军活动的情形，抱着立一个大功的野心，便自告奋勇出来，要“讨伐”金将军的游击队。

他想如果打败游击队或俘虏到金将军的话，一下就可以升到很高的地位。而且这小子还自以为对付游击战很有把握，他把队伍分成好几股部署在各地，自己只带着八十名卫队来回窜扰。

那时这小子并不知道金将军在哪个山里，他虽然窜过许多山谷，仍然一无所得。

正在这个时候，那小子得到了一个很好的叛徒。在金将军的参谋部里，有一个叫林守山的家伙，被日本兵的“讨伐”队包围了。林守山既有学识，也有计策，但却是一个又自私又奸滑的家伙，向来胆小懦弱，危险还没到来，就已经钻到安全地带。

金将军在战斗中知道这种情形以后，就再不给他重要的任务，只是交给他若干“别动队”，让他另外活动；从那以后，金将军就没有把自己的行踪告诉他，只是间接地和他联系。因为那家伙万一遇到意外，很可能牵连别人。

以后，林守山在一个战斗里被日本兵包围，虽然几次想突围，但都没有成功。那时，怕死的念头在他脑子里活动起来，他再也没有继续战斗的勇气，终于动摇了。

他捡到了一张日寇撒下的宣传单，上面写着只要“投降”就给金钱、地位和美丽的老婆。林守山计算了好一会，终于可耻地向敌人投降了。

日军果真没有杀害他，而且对他还相当优待。于是这小子像喝着了肉汤的狗似的，越发异想天开了。

从这时起，他就想活捉金将军。日军也更优待他，用种种花言巧语来进一步向他引诱。

林守山作了日寇的猎犬，开始搜寻金将军的所在地。他为了个人的享受，竟想把自己往日的导师、民族的英雄出卖给敌人。

但要知道金将军的行踪并不那样容易。他知道的只有一个疗养所。以前他有病的时候，金将军曾经把他送到这个疗养所去医治过，今天他却以怨报德，领着日本兵去进攻这个地方。他熟悉那里的地形和所里的情形，就利用夜间，发动了不意的袭击。

林守山在这里捉住了一个女护士和两个伤员，交给了日本兵。当日本兵来袭击的时候，几个恢复了健康的游击队员都逃避到山上，疗养所长也恰巧到村子里找食粮，没有在那里。

林守山和日本兵用各种酷刑来逼供，可是他们却什么也没有说出来。尤其是那女护士，她大声地喊道：

“哼，你们没法对付身体健康的游击队，就来找有病的人，可是我们也是游击队啊！”

日本兵用刺刀威胁他们，要他们供出游击队的所在地。同时林守山又站出来，说他自己原先也在金将军游击队的参谋部里干过工作，劝他们要识时务，趁早投降，供出游击队所在的地方。

这时那女护士站在伤员们的前面，对着林守山那个走狗的脸唾了一口，向鬼子们嚷道：

“不知道。”

鬼子们给那英勇地挺起胸膛猛然站出来的护士吓了一跳，倒退了几步，就嘲弄地说：

“哼，瞧这丫头！”

接着就扑过来，把她打得几乎昏死过去。

叛徒林守山从此更得到了日寇的信任，同时也得意忘形，越发猖狂起来。他千方百计地设法要把金将军弄到鬼子的手里，日日夜夜策划着他的阴谋诡计。

阴雨连绵，接连好几天，金将军的队伍在青山里枕头峰山脉里宿营。这时，得到了日军来到附近的情报。

为了打击他们，部队立即开始了行动。可是突破了一处，前面却又发现了日军部队，向东向西，情形都是一样。金将军知道了日军正从四面八方包围过来，不管哪面都已经布满了重重的包围网。这是叛徒林守山领着日本鬼子，四处都窜犯遍了以后，最后到这里来的。

只有红溪河方面有一个空隙，可是那面不但山少，又因为连日下雨，红溪河水泛滥起来又宽又深，而且那里还有许多日军来往频繁的公路，因此没法往那边突围。

这时金将军忽然想起了一个战略，他先把队伍分成了七股；当时金将军仍然没有率领很多的队伍，照旧带着八九十名最有锻炼的队员，其余的队伍都分散在其他地方活动。

金将军命令七支部队的队员，各自沿着不同的河边，一夜之中，赶到靠近红溪河附近的某山谷里。从山谷望着红溪河，就像在脚底下一样的真切，河边的公路，也看得很清楚。

白天，在那条公路上，日寇们像疯狗一样纷纷地窜扰着。

这一天晚上，七支部队的队员相继到达了预定的地点，金将军末后也沿着一条河到达了那个山谷。

金将军命令两个队员打扮成农民下山，要在天亮的时候找一两个农民到山谷里来。拂晓，下山的队员果然领着两个农民回来了。金将军在和他们的谈话中，大体了解了日军的行动，并且知道有一个日本军官在红溪河村里。

金将军又向农民了解了红溪河渡口的情形。连日阴雨，红溪河水涨得有一人多深，只有一个渡口还能够蹚过。

金将军没有叫农民回去，让他们吃完饭一直等到晚上。待天黑了下来，就由农民作向导，带着队伍渡过了河。

队伍过河以后，迅速地就到了红溪河村后面，队员们分别埋伏在公路两旁的密林里。金将军在渡河以前，已经把一部分队员派到枕头峰上去，命令他们在子夜时分，在枕头峰上放出扰乱的枪声来。

金将军就在红溪河村后的树林里，等待着午夜十二点钟。

这时候，金将军又嘱咐队员们叫他们多吃点东西。

在部队赶到红溪河村以前，白天里就准备好一些饭团随身携带来了。

金将军也吃了些饭团，正想合一合眼，可是老大的蚊子嗡嗡地扑过来，几乎没有静下去的时候。几天没有睡觉，瞌睡得眼睛发涩，但是只要略一闭眼，跟着嘴巴上就火剌剌地疼起来。如果用手猛地拍打一下，两三只像麦粒大的蚊子就死在巴掌里，接着脖颈又痒剌剌地给叮了一口。就连那嗡嗡的声音也使人感到又厌恶又可怕。

实在没法入睡，直到十二点不得不忙着和蚊子打起了交道，那简直比和日寇战斗还麻烦，这些蚊子就不知道它们会在什么时候来奇袭到人的哪一个地方。

这时金将军斜倚在一棵树桩上，一边和蚊子打交道，一边反复筹划着就要展开的战斗。作战计划是丝毫没有差错的。

夜渐渐的深了，忽然，枕头峰传来了枪声，虽然隔着十多里，但是在静悄悄的深夜，又是从高峰传下来，枪声听得特别清楚。在枕头峰下红溪河畔公路的桥头上布阵的日寇，也开始向枕头峰射击起来，接着从红溪河村子传来了狗叫的声音。

过了不一会儿，响起了“噗嗤、噗嗤”沉重的皮鞋声，随即又听到用日本话喊口令的声音：

“一、二……”

月色朦胧。金将军抬起头望着公路，传来一片沉浊刺耳的日本话，无疑的是日军出动了。

跟着传来——

“这里是祖国的……”日本兵的军歌。

金将军静静地站起来了。

全体队员也互相联络，作着战斗准备。

不久，一群人影从公路上拥拥挤挤地过去了，在昏暗的月光映照下，那里面还有一个闪烁发光的东西，金将军立即料到那是日寇军官的指挥刀。

这时金将军的盒子枪突然吐出了猛烈的火花，怒火立刻从左右两边的树林里向鬼子们喷射出来。随着“呃……啊！呃……啊！……”的传来惨叫悲鸣的声音。

过了一会，这些声音逐渐低微下去。月光下日本兵的影子也稀少了。金将军从树林里跳出去，全体队员卫护着金将军跟着也跳了出去。

有一个队员从被击倒的日寇军官身上，拔出了军刀，日寇军官的脑袋便像烂葫芦似的滚在一旁。战斗结束了。

战斗结束后，防守红溪河的日军部队才赶到。

但是这里，已经连金将军部队的一个人影也看不见了，只剩下狗子们丢下的横七竖八的尸体。日寇们恼羞成怒，就盲目地向四下放枪扫射，急得像疯狗一样团团乱转。

这时枕头峰上的金将军的队伍，从容渡过红溪河桥，向着预定的另一个山脉前进了。

战斗完全胜利地结束了。向来善于讲故事的金将军讲到这里，就作了个结束，他说：

“结果我们打了胜仗，其实那真是千钧一发的时候，主要是因为警惕性不够。我刚才提到过蚊子，就是从那以后，我一听见蚊子声，就联想起红溪河的大蚊子。那种嗡嗡的声音，就好像告诉我说——要注意敌人啊！”

喜欢听故事的疗养所长，沉醉在这个战斗故事里，两手托着下巴，等着金将军继续讲下去。

“实际上，那时候我们是过于依赖密林了。谁都想：难道日军还能到这里来？……疗养所长，你不要把这件事当作别人的事来听，要特别留神啊，伤病员还能和健康的人一样战斗吗？能及时躲避得了吗？”

“是，一定要注意的。可是，师长同志，你还有没有故事了啊？”

“我都讲完了。日本兵不是都死了吗？……”

“不，我想回去讲给我们的伤病员们听听，请再讲一些吧。这回我要代替宋同志，由我自己直接向伤病员们讲讲看。”

学院院长、宋同志以及金将军一齐笑了起来。

“我刚才不是讲过很好的故事了吗？提高警惕……不要以为疗养所设在深山里就万事大吉了，也不要认为日军也绝不会发现。为了及时地更换疗养所的地址，事先要在别的地方作好勘测地址的准备。不仅疗养所要这样，学院也不例外，万一日军打进来，无疑地年岁最大的院长同志会最先被捉住的。你得特别小心啊！”

说罢，金将军哈哈地笑了起来，院长又接着问道：

“师长同志，如果那个坏蛋林守山依旧在我们的部队里该会怎么样呢？”

院长像是还在迷恋着金将军的那一段有趣的故事哩。

金将军回答道：

“那不是很明显的事吗？只有遭受更大的损失。所以说我们不但对敌人要提高警惕，对自己的部队也是一样，必须从思想上来武装我们的队员。”

事实上，这时日寇用尽各种巧妙的方法，派间谍潜入游击队里；他们还用种种诡计来迷惑群众，使大家猜疑游击队里的优秀的队员和日寇有什么秘密联络。

那时专干这种勾当的，就是所谓“民生团”这个走狗团体。有几个队员由于“民生团”的诡计曾经蒙过冤枉，受过猜疑，还有被捉去的队员也陷在他们的圈套里，变成了他们的走狗。林守山就是那些走狗里面的一个。所以金将军再三强调对内外的敌人都要提高警惕。

十

这天傍晚，金将军刚想休息一会，又来了工作。

修械所所长和火药技师洪同志，用牛车送来了一些修理好的武器、火药和制造所制造的手榴弹。

修械所和火药制造所是设在同一个地方的。

大家走了两天，都很疲倦，但一见到金将军，每个人全都精神焕发起来，疲惫的神情立刻就无影无踪了。金将军和他们亲热地握手，嘱咐他们吃完晚饭好好休息。

“不，一点都不疲倦。”

修械所所长和洪同志都想听听金将军的谈话。他们和金将军整整一年多没有见面了。

“不，是我有点疲倦。”

金将军笑着说。其实他是为了让他们好好休息。

大家这才都退了出来。

第二天早晨，金将军听取了修械所的报告。修械所的同志们说了一些关于修械所的困难问题。

报告中说明怎样为克服困难而斗争的种种情形，同时又报告了由于斗争的结果，不久就能制造出更好的炮弹。

并且还说到制造零件上存在着的一些困难。

第一，需要一个提高火力的炉子和耐高热的“闷子”，这是一件最感困难的事。其次是削铁的旋床和钻眼机也不够用，还有其他制造上所需的工具以及修理工具等也不完备，他把和这些困难作斗争，自己作了应用的工具的情形，也一五一十的谈了出来。

虽然是简单而且不完善的设备，可是修械所的同志们已经创造出许多新机器。并且今后很有把握能够制造出质量一天比一天更高的火药和手榴弹来。

在修械所所长讲这些问题的时候，火药技师洪同志很谦逊地补充道：

“可是，爆炸力现在仍然还没有像我们所要求的那样高。”

洪同志又接着说：

“一个炸弹一下就得炸死一百多名或二百多名鬼子才行。日本鬼子不是正在疯狂地来进攻我们吗？”

“没有‘哑巴弹’吧？”金将军问他。

“近来差不多没有了，这一点算是苦心改进的效果。”

“那就行了。同志们先不要想手榴弹，要先想把日本军队引到坑里来。我们有办法能把数百名日本兵一下子引诱到山沟里，敌人向来以一路纵队向前行进的。我们埋伏在左右山坡上，先由先头部队和后尾部队用机枪向敌人的头尾两端猛打，打得敌人像一群遭了火的猴子似的乱窜乱跳，等到他们活像一堆蝌蚪一样在一个坑里翻腾起来的时候，同志们想想看，那时候还能叫瓮里的耗子逃出去吗？同志们所制造出来的手榴弹就该‘说话’了。先往敌人的头顶上‘轰——’地来一下，接着就向那一堆堆团团乱转的鬼子不断扔下去，能在瞬息之间把他们消灭干净。”

修械所所长和技师洪同志听到这些话，感到非常的畅快。这时金将军又说：

“可是，这个时候如果有一只哑巴手榴弹呢，想想结果会怎么样？”

他们听到这话不觉惊恐起来，那的确是不堪设想的事情。

金将军接着又说：

“你们得体会体会这时候我们队员的心情，如果没有手榴弹和炸药，当然也就得用步枪和机枪来打，但是一定会瞪着眼睛干看着许多敌人漏过网去。你们想，这时候我们的心情又该怎么样呢？岂不是就像把捉到的海蟹又给放回河里一样吗？！”

这时金将军的脸上不觉流露着兴奋的神情。

修械所所长和洪同志的眼前立即浮现出日本兵挣命逃脱的情形以及像豺狼似的窜犯城市和农村的那些仇敌们令人憎恶的丑态。怎能叫敌人活着回去呢？又怎能让那些野兽们活下去呢？想起来真使人痛恨！

过了一会儿，金将军的面容又严肃起来。大家听了他那乐观的语调，心情才轻松下来了。

“所以，同志们的头脑首先要变成手榴弹，那样才能制造出好的手榴弹来。如果造出好的手榴弹，那情形又该怎么样呢？一定会把诱来的敌人一个不剩地消灭干净的。”

“好，我们一定努力。”

洪同志听着金将军的话，感到自己的责任越发加重了。

“我们到处战胜日本人，我们一定会胜利的。同志们如果想到这个胜利，相信这个胜利的话，就是不睡觉、不吃饭，也不会感到疲乏，不会感到饥饿。当然我并不是要大家不要睡觉不要吃饭。”

说罢，金将军笑了。

“我们一定要这样做。请试一试看吧，我们确实有把握，决不会造出哑巴弹来的。”修械所所长有信心地说。

“很好，在游击队使用起来也很好。”

说着，金将军忽然想起一次战斗，那是许多次战斗中最艰难的一次——

“我要和同志们讲一段故事：不久以前，我们的队伍在市场上找到几个线索，购买了大量的食盐，可是没料到日本鬼子在那些食盐里掺上了毒药，——的确那是我们没有预料到的——他们利用商人转卖给我们。我们从城市买来的食物，当然都经过仔细的检验，卫生班同志们用各种方法化验的结果，没有发现什么问题，所以就开始吃用了。结果中了毒，队员们一个接着一个倒下来，有的同志还吐血。但是已经吃下的东西还能倒出来吗？虽然大家呕吐出来一些，可是已经中了毒，很难解掉。我们只好向各方面寻觅‘解毒药’，据说绿豆粥很能解毒，就把从前所存的若干绿豆熬成粥给大家喝了，可是仍然没有效力。”

大家焦急地倾听着金将军的叙述，但金将军依然是用从容不迫的语气继续讲道：

“真是所谓雪上加霜，日本兵又打进来了。敌人通过盐商，调查清楚带毒的食盐已经到了我们手中……所以他们就不顾一切地冲进来。这时真正能战斗的队员只不过二十名，多亏我中毒还不重。”

大家听到这句话，才略微松了一口气。

“我领着战斗员在路口的左右山头上架起了机枪。敌人以为我们全都中了毒，像一群饥饿的豺狼一样猛冲过来。说实在的，如果我们把守的那个路口被敌人夺去的话，中毒的几百名队员，不被杀掉，也得被俘；再说这正是抚松的老根据地，队员也比较多。我们以一当百地和敌人拼命，从左右山头上用机枪猛烈地向敌人射击起来。敌人就像一群乌鸦似的往回溃退，可是接着又黑压压地冲上来，简直就是一群看见肉包子的饿狗。于是我们又是一阵猛烈的扫射，敌人就又滚了回去。这样，拉锯似的反复进退了许多次。我们的弹药已经快要打完，而敌人的数量还是很多，我们只得停止机枪的扫射，用步枪来射击，这一下敌人就像一窝泥鳅似的集中起来开始了冲锋。我们暂时不加理睬，等待机会，于是敌人的气焰越发凶起来，聚成一堆向着狭隘的路口一窝蜂地冲了过来。这时，队员们精神贯注，准备妥当，突然向敌人一齐投出了手榴弹。这就是你们所制造的玩意儿。你们想那时候倘若有哑巴弹不就糟了吗？可是全都爆炸了，巨大的响声震撼了山谷，我们接连地又扔出了很多，敌人差不多完全被我们歼灭了。这个仗究竟是谁打的呢？”

说着，金将军瞅着大家，随即指着修械所所长和洪同志说：

“那绝不单单是我们自己打的，你们也在和我们一起打了啊！因为你们战斗得好，才战胜了敌人，我要向大家致以敬意。武器和弹药是我们的生命，不，比生命还重要。现在知道了你们的岗位该是多么重要了吧！”

技师洪同志十分激动，好像有什么东西梗塞在心口，只是眨着眼睛，一句话也说不出来。

“我们在战斗中创出许多奇迹，以惊人的速度不断发展。我们回想五年前，开始组织游击队的时候，简直渺茫得很，我们不用镰刀、锄头和镐头来扑杀敌人，就没法获得武器。那时候，在我们游击队里最勇敢的赵同志，他就是用镰刀杀死了五个日本兵，才虏获到五枝好久以来所渴望的盒子枪的。战斗结束后，赵同志连饭都顾不得吃，觉也顾不得睡，一天到晚抱着枪擦来擦去。”

金将军比划着学他擦枪的样子，接着说：

“那时候，武器确实比饭还重要，我们甚至拿辣椒面代替手榴弹，往敌人的眼睛撒去；有时还把火柴头、烂油布、打火镰上用的火绒，装在罐头盒里当作手榴弹使用，或用‘自起磺’当作炸弹。那时在我们说来，黄色炸药是最好的东西。但是今天和那个时期已经不同了。我们现在能做出这样好的手榴弹，今后还要造出机关枪和大炮，还要造出这些武器用的弹药。不过我们绝不要以为有了今天的成绩就满足了。”

“师长同志，我们保证能造出来，我们向师长同志宣誓，能造出比日本军队的武器和手榴弹还要好的东西。一定能做到！”

“我相信能够这样。”

金将军首先一一地检查修理好的步枪和手枪，尤其是对于步枪，只要一看就能知道修理的好坏。金将军一枝一枝地举起来检查着撞针、枪膛、扳机，闭着一只眼睛仔细地检视枪膛，哪怕有一点疵痕也能马上发现出来。可是检查的结果，证明大家确实是下过一番苦功，技术是相当熟练的。

这些枪经过日本兵的盲目乱射，在临死的瞬间随便扔掉，枪筒难免有许多毁损；多是由于把打得火热的枪筒抛向空中，掉下来的时候，当然就要碰磕损毁。

这些枪都是残缺不全的，因为在日本鬼子临死之前，吓破了胆子，到处乱抛，有的甚至故意把它弄坏。所以都须要经过技师检查，加以修理才能使用。

但是有的队员把自己亲自从敌人手里缴获过来的枪和刺刀，非得自己使用不可，他们像擦银勺那样仔细地拭擦着，甚至还在上面刻上自己的名字，一旦被检查出来，就都哭丧着脸勉勉强强地送到修械所去。

修械所的同志们一定很了解队员们热爱武器的心情，他们在修理的时候总是热情而细致：一边细心检查枪筒，一边用小锤子轻轻敲打损毁的地方使它恢复原状，这委实不是一件容易的事，这是一种需要特殊技术的工作。

“日本鬼子的枪在这里享起福来啦。”

技师们在细心地修理它们的时候，总是这样诙谐地说。

“叫日本鬼子造出枪来杀日本鬼子……”

“哼，‘杀人者必被人杀’，想要杀别人的小子们，一定会叫别人杀掉的……坏小子们早晚也得完蛋。”

所以，技师们对于敌人的这些枪并不感到厌恶，只是耐心地加以修理。缺少零件的枪也得重新配好。当然制造这些零件的机器也非得动手去造不可。

还有炼钢，绝对需要最好的风炉子和“闷子”，此外还需要一些药品，可是要找到这些东西是异常困难的。

金将军一一地亲自试射着已经修理好的手枪，他本来就是出名的射手，只要试一下，立刻就知道修理的是否精密。金将军站在离靶约五十米的地方，十之八九都能射中。他射击完了以后对大家说：

“修理得很好，大家辛苦了。”

可是洪同志却回答说：

“师长同志的射击术太好了。”

“不，机器是瞒不了人的，尽管你射击术怎样好，只要枪枝有毛病，就没法击中。”

金将军又退到更远的地方，试射了步枪，然后就检查手榴弹。

金将军带着手榴弹向学院后山坡走了过去，那里有一个很大的岩石。金将军站在距离适宜的地方，紧紧握住手榴弹掀去了保险盖，猛地举起了胳膊，好像岩石就是一群日本鬼子，用力把手榴弹扔了出去。于是随着巨大的爆炸声，炸碎的岩石四下飞舞，扬起来的灰尘弥漫了山坡。

金将军等到灰尘消散，就走到岩石那里检查炸毁的地方。这只手榴弹确有相当的威力。金将军摸着被炸得遍体伤疤的岩石说：

“这样就行。这是什么时候造的？”

“是今年做出来的。”

洪同志回答。

“有去年造的没有？”

“可能有吧。”

说着，洪同志从许多手榴弹里挑出一个来。

金将军把它试了一下，比今年的确实差些劲儿。

“有没有更旧的？要有的话，都拿出来吧。”

全都检查过后，没有发现一个哑巴弹。

“爆炸力小倒没有关系，可是千万不要造出哑巴弹。如果没有把握，就要作一次试验，只要发现了，哪怕是一个，就全不要使用旧的。”

“我想绝不会有的，可是，一定把全部都重新作一次试验。”

“刚才我也说过，你们不论在什么时候，都是和我们在一起战斗的。当你们制造它的时候，可以这样设想：你们自己就是手执武器在和敌人作战的战士。”

“听了师长同志的话，真想立刻拿起枪来和敌人去拼一下。说实在的，真想看看敌人倒下去的草包像。”

“你们要知道，你们的工作是更重要的战斗，你们制造的一个手榴弹能消灭多少日军？”

“实在高兴得很，一定要加倍地努力。”

“你们造出来，我们使用它，我们要试一试是你们的能力不够呢？还是日本兵的脑袋受不住？”

金将军笑了笑，然后又说：

“我相信你们是一定会胜利的。朝鲜人在每次打退外来侵略者的时候，都发挥了惊人的天才，就拿‘壬辰倭乱’①来说吧，有一个叫李长孙的火药工人曾经制造了有很大威力的新武器——‘飞击震天雷’②。”

大家侧耳静心地听金将军讲着过去的故事。修械所所长很有兴致地望着金将军说：

“是的，从前大炮就叫震天雷，因为它能发出震撼天空的响声……我小的时候也听说过。”

“可是‘飞击震天雷’还不是普通的大炮，就像今天所说的远射程炮一样。

---

① 一五九二年，日本侵略朝鲜。

② 左兵使朴晋收复庆州后，他代替逃跑的李珏兵使。这时火炮匠李长孙发明了“震天雷”，能飞出五六百步远，落地后许久才爆炸。爆炸时，不仅发出震天的巨响，并飞出无数星火似的铁片。见朝鲜柳成龙著《惩瑟录》。

火药从空中飞出去，炸在敌阵上的时候，发出震动天地的声音，就是因此而得名的。”

“那真是……事情发生在三百五十年以前，怎么能不叫人吃惊呢！？”

“是的，那时在幸州山[1]战斗中也使用过新的大炮——‘火车’；在防御晋州城战役时还使用过更惊人的武器——‘飞车’。当时为了收复晋州，这个‘飞车’就从晋州城外三十里的空中飞到晋州城里去了。这也可以说是飞机的鼻祖。”

“太惊人了，可是现在的人还赶不上古代的人……”

洪同志一面感叹，一面自怨地说。

“我认为不只是古人有那种超人的智慧，谁敢说洪同志不是今天的李长孙呢？但问题不能仅归功于个人。无论任何时候的伟人都不过是时代的产物，只有从憎恶敌人、热爱祖国的人民中间，才能产生杰出的爱国者。”

“实在是这样。今天，在日寇的暴政之下，已经涌现出许多爱国者，同时还正在不断产生着。”

修械所长说。

“是的，这个事实就足以说明我们一定能战胜敌人。可是胜利绝不是靠坐视或等待所能够侥幸得到的，只有大家以实际行动，团结起来，进行斗争，才能战胜敌人。”

“是的，就拿游击队来说也是这样，因为有了师长同志使大家团结在一起才强大起来，我认为像洪同志的创造力，也是从这股力量里产生出来的。”

修械所长若有所感地说。

“对，没有问题，是这样。”

在愉快的谈话中，结束了枪枝和手榴弹的试验。

十一

这一天下午，金将军看了儿童革命团孩子们的射击练习。

孩子们分成两队，一队在三十米外，另一队在五十米外，作实弹射击。在孩子们站立的对面山坡上竖立着一块闪光的四方靶。

靶的正中有一个黑点，在那黑点外边一层一层地画有九个黑圆圈。击中黑点是十分，击中离黑点最近的圆圈是九分，其次是八分……一直下去，击中最外边的圆圈是一分。

---

① 在汉江北岸汉城与金浦之间。

孩子们按着次序卧倒在铺着草袋子的地上。前面有一个小土堆，把枪架在土堆上向目标瞄准，教官一发出口令，孩子们就用熟练的动作扳动扳机。一般的他们都能击中目标，当然，有的也落了空。每当射完一枪，信号员就从“掩体”里跳出来挥着红旗或白旗，红旗是击中的信号。

金将军惊奇地望着孩子们，始终流露着愉快的微笑。还跟吃奶的大娃娃一般大的孩子们，射击起来竟是那样的熟练。

“朝鲜孩子们对射击真是特别有天才。”

一位教官感叹地对金将军说。他曾走遍了蒙古和南北中国，并且上过黄埔军校，在一九二七年因反对蒋介石的恐怖政策，逃到东北参加了游击队。

“与其说是天才，倒不如说是精神的力量。因为有了那种精神，所以训练起来进度也快。不是有这样的话吗，‘坐十年监牢，可以拿一根针来破狱’。朝鲜人在日寇的监狱里已经二十五年了，所以在今天这样的环境里，朝鲜人就是赤手空拳，也能和日本鬼子进行斗争。”

金将军也很感叹地说。

“总之，这事情确是使人惊奇的。按一般情形来说，大风天里命中率一定是会降低的，可是这些孩子们，不管刮风下雨总是一个样，真是个奇事儿。”

“这就是精神的力量，正确的思想能产生出无敌的力量和才能。所以要把正确的思想灌输给孩子们，这比什么工作都重要。孩子们学习的好坏，全在你们的教养和训练，你们的责任是很重大的。你们要知道这些孩子们是一个多么宝贵的存在。”

“是的。孩子们的品质都很好，所以我们教的时候也特别感到兴趣。我们刚说出一……孩子们立即就会回答出三、五……”

“从现在起我们应该让每个人都知道作为一个朝鲜人是值得骄傲的。从前曾经有过许多惊人的事，今后也一定会有的。”

“一定会有的。”

“当人家早已觉醒过来了的时候，我们仍在睡梦里……所以现在别人作一个，我们就得做十个、二十个才能行哩。”

金将军说到这里，停了一会儿，接着又说：

“而这些情况我们正应该让别人有充分的了解和认识，这样，对他们就能起到鼓舞作用，也能使我们和他们亲近起来。世界上所有善良的人们密切地团结，是当前国际间最为迫切的问题。所以无需像早先那样局促不安地藏而不露，要站在前面勇敢地举起我们的旗帜。事实上，今天我们游击队英勇斗争的事迹早已传遍了苏联和全世界的各个角落。”

金将军一面说一面留神看着孩子们的射击，脸上始终带着满意的笑容。他的全副精神整个地贯注在那里了，有时不自觉地耸一耸肩膀，有时又把身子往后仰一仰。

孩子们射击完了以后，金将军为了试验武器，也参加了射击，他把枪一枝一枝地挑出来，试射一两发。自然是距离比孩子们更远一些，而且还是立射。

金将军把枪和肩膀架平时，孩子们的视线也随着跟了过去。

“啪——”

当子弹击中了靶子的时候，孩子们的视线也便随着枪声都飞集到靶子上，他们在心里也一个劲地给金将军使力。

孩子们不知什么时候都已经重重地围在金将军的身旁，许多双晶莹的稚气的眼睛，都集中在金将军的动作、枪和射出去的子弹上。

每当射出子弹的时候，接着就哄出了一阵惊奇的喊声。

修械所同志们也跟着惊喊起来，而且隐隐对自己修理那些枪枝的技术感到了满意。

这时，金将军对孩子们笑着说：

“你们看！在枪口瞄准的那边有没有什么东西？仔细看！那边，就是那边！”

说着，金将军指着靶子。

可是孩子们只是莫名其妙地瞧着。好像还没有听明白金将军所说的意思。

“从这枪口往前瞧，看得见那边的靶子吧？集中精神再瞧瞧靶子上正中的黑点。”

“是！”

孩子们一齐回答。

“集中精神盯着那个靶子，就不一定只是一个黑点了，在那里会出现眼珠子、鼻子……总之一个人的脸蛋看得见吧？”

孩子们只是目不转睛地凝视着靶子。

“看不出来吗？仔细看，一定会看出来日本鬼子的脑袋，那个靶子正是日本鬼子狰狞的脸呀！”

经金将军一说，靶子便在孩子们的眼里，立刻变成了另一种样子，——果真出现了日本鬼子的脸。孩子们这才用手指点着比划着唧唧喳喳嚷起来：

“是真的啊！”

“那不是眼睛吗？”

“真的，你看，那正是日本鬼子的钢盔啊！”

有一个孩子这样说着，他想起了自己小时候，在乡下曾经看见一位老大爷把日本鬼子的钢盔当作舀粪勺用的情形。别的孩子们也不约而同地都想把那叫人憎恶的日本鬼子全都杀掉。忽然——

“啪——”响起了一声响亮而清脆的枪声。

听着那声音就像有一大群日本鬼子被击中了倒下去似的，再看看那靶子时，果然上面有一个大窟窿，像穿通了的日本鬼子的脑袋。接着信号员从“掩体”里跳出来，有力地挥着红旗。

“打穿了日本鬼子的脑袋了！”

“你看那个，那窟窿……”

孩子们情不自禁地乐了起来。

这时金将军对孩子们说：

“越是仔细看，日本鬼子的脑袋就越大，你们仔细瞧着靶子，最后就能看出日本鬼子的头有水缸那样大，那时候你们再‘啪——’地来一枪。你们想，像水缸那样大的东西，难道还打不中吗？闭着眼睛也能击中的。所以游击队的同志们只要碰见日本鬼子，就一个也不会放过他们的。”

金将军笑着瞅定周围的男女孩子们。孩子们也看着金将军的微露的“虎牙”，他们觉得越看越亲热，印象也越深刻。

“你们明白了吧？这样才能杀掉日本鬼子。一直训练到一看靶子就能看出日本鬼子的脸才行。还有，你们总不要认为枪是用手指打的，要知道它也是用脑子打的。”

金将军连学院作练习用的步枪也都一一试验了。那里面有几枝打不准的枪，又把它们重新试射一次以后，就交给修械所的洪同志说：

“这些枪需要修理。”

孩子们慢慢地都靠拢到金将军的身边。他们都想多看一看金将军的射击法，也想多听一听金将军的谈话。

“就人来说，最厉害的武器是头脑，我们就用这个武器来战胜日本鬼子。你们现在正是为了这个而学习、训练。怎么样，你们有信心打胜仗吗？”

金将军笑着问孩子们。

“有！”

孩子们一齐大声回答。

“这样就得从在学院的时候起，就要胜过别人，训练啦、学习啦，都得……”

这时挤到最前面的一个小个子，忽然用得意的口气喊：

“金将军!”

他指着站在旁边的一个比自己高过一个拳头的孩子问金将军说:

“我胜过李哲镇也行吗?”

哲镇却没有作声,只是“嗤嗤”笑着,轻轻地戳他一拳。

“行,当然行。学习,训练,都得胜过别人。”

金将军用亲切而柔和的眼光瞧着那个小鬼。

“那么哲镇不是输了吗?”

“那没有关系,哲镇也想胜过你,这样你和哲镇一齐上进,谁也不会落在后面。所以不用担心别人,都一齐继续努力胜过别人就是了。”

金将军一边说一边用手比划着一层比一层往上提高的样子给孩子们看。

“我刚才已经胜过哲镇了,打靶的时候,我就比他打中的多。”

“可是明天哲镇也许胜过你,你有把握明天也能胜过他吗?”

“有啊!”

哲镇只是微笑着,用手使劲往下捺那小鬼的脑袋。他和那小鬼是最要好的同伴,因为哲镇是一个不爱说话的孩子,不管小鬼怎样挑逗他,总是微笑不答。

正在这时候,金喆从孩子们中间喊道:

“金将军!”

他从孩子们中间挤出来说:

“我也想试一试,就站在这里射。”

刚才孩子们练习的时候,距离比这还近一多半,而且都是卧射。

“你吗?”

金将军想起了到学院的那天晚上,在饭厅和这个少年谈话的情形,他那时候说的话现在还记得很清楚。

金将军暗想,在金喆的眼睛里,这时也许浮现着杀害他父亲和母亲的仇敌。从凝视着靶子的这少年的眼神上,也的确能看出那种神情来。

金将军想要更炽烈地点燃他胸中蕴藏着的复仇的火焰,就立即回答说:

“好吧,给你。你不说连机枪都会使吗?”

金将军把枪交给了金喆。他愉快地接过枪来从容地开始瞄准。顺着枪口飞出锐利的视线,他似乎已经在靶子上发现了敌人的脸,全神贯注瞄了一会。

以年少的金喆来说,这距离是远了些,但他并不想往前移动一步。

金将军特别喜欢他这种魄力,内心暗想:

“这小鬼将来一定是个了不起的家伙。”

金喆熟练的瞄准动作，和那比大人还轻快地托着枪的姿势，都叫人看出来在他骨子里确实有一种潜在的力量。

“啪——”

金喆满不在乎地放了一枪。

躲在靶后“掩体”里的信号员跳出来了，他瞧了片刻，才带着笑容，用红旗尖指着命中的地方。虽然和靶的中心点有些距离，但总算打在圜上了。

金喆不管三七二十一，一连射击了五发，而其中三发却都打在靶子的圜上。这对他来说并不是简单的事情。

金喆射击完以后，轻快地走出来。

“金喆原来就是一个优等射手，比大人还强呐。”

教官夸奖着他。可是金喆并没有怎样露出得意的神气，他只是想能早日到游击队里去。他暗想：

“如果在金将军面前五发都‘啪，啪——’地击在靶的正当中，这回不就可以跟着金将军到游击队去了吗？”

金喆像划桨的船夫似的，猛地举起胳膊，使劲在肩膀上运起气力，随即又放下来就走过去了。他一边暗想——我总有一天会和金将军一样打得准确，如果那时再不叫我到游击队去，我就逃到那里去。金将军把日本鬼子都杀掉，我杀什么啊……

金将军又叫孩子们放手枪和练习掷手榴弹。孩子们争先恐后嚷着站出来——

“我来，我来……”

射击练习仍然继续着。

金将军指示修械所所长把新修理好的武器马上都交到游击队去，同时把儿童革命团里用的那些出了毛病的武器全都挑出来，再妥善地修理一次。并嘱咐所长，修械所需要什么物资和药品，不要有顾虑及时地提出来。

这一天的晚餐，大家吃得比哪一天都愉快。谁都看出在儿童革命团的孩子们面前展开了一个光明而美丽的远景。

这些孩子们一定能把朝鲜人的希望带到朝鲜人面前来的。

大家都在谈论着孩子们的勤学苦练和优良的射击技术。金将军告诉大家这绝不是偶然的事，而是朝鲜人向来具有这样的传统。

…………

一讲起“壬辰卫国战争”的故事，大家就特别感到兴趣。金将军润一润嗓子讲道：

“我首先想和大家讲的是集体主义的英雄——人民英雄。你们也都知道，‘壬辰倭乱’时，几十万倭军由水陆两方面来侵犯，敌人的一部还打到过鸭绿江边，他们所到的地方，爱好和平的朝鲜人民的生命财产没有不遭到杀戮、焚毁、掠夺。当时朝鲜人对战斗虽然还不熟练，但万众一心蜂拥而起，各处都组织起义兵——和今天的游击队一样的民兵，和敌人苦战了七年，终于打退敌人，坚守了祖国的自由和荣誉。在锦山平原的战斗中，七百名我方的将士一直血战到最后一个人；在晋州战斗中，伤亡了六万多人，但他们却始终没有屈服。”

金将军说到这里，抑制着激动的感情，继续说：

“其次，在幸州山城的战斗中，妇女们用围裙搬运石头，我们的军队用那些石头打死了许多敌人，获得了很大的胜利，所以一直到现在，妇女们穿的围裙还是叫——‘幸州裙子’。不仅在幸州是这样，其他各地方的老百姓也同样地团结起来；没有武器的人就用石头、开水、辣椒面等代替武器，连打带浇、带撒地和敌人战斗。”

大家的感情很激动，兴奋得脸色都红起来，向来泰然自若的金将军也多少流露着愉快的神情，接着说：

“这时，在海上，千古名将李舜臣将军又给敌人一个歼灭性的打击，李舜臣将军首先在鹭梁津和闲山岛给了倭寇海军一个致命伤，获得了胜利。李舜臣将军又制造出能在水里潜行的兵船——‘龟甲船’，这是他根据一五〇年以前崔武善发明的潜水船，进一步研究、发展而制造出来的。是世界上最初造出来的铁甲船，也可以说是潜水艇。李舜臣将军就用这种船在海上获得了决定性的胜利，而这一胜利对陆战也起了很大的影响。”

金将军讲到这里，随着又讲到我方将士们在幸州一举歼灭倭军；“义兵”在各地普遍兴起；同时明朝派来了援军；而且由于海上的接连胜利而迫使倭寇提出了媾和的要求。金将军着重说明了这个媾和只不过是倭寇的一个阴谋。

“不论是过去还是今天，日寇向来是阴险奸诈的东西，但是朝鲜人始终没有被他们欺骗住。”院长吧哒着嘴，插了一句。

金将军又讲到那时候有一个倭军奸细叫吉良的坏蛋，秘密通知李舜臣将军，说他能指明倭将加藤清正所乘的船，要求带他一起去。但李舜臣将军已经知道那是敌人的阴谋而没有去。可是为了这件事，反而被奸臣元均阴谋陷害，诬为勾通敌人，没有杀死倭将，把李舜臣将军打入牢狱。后来元均夺取了李舜臣的地位，掠夺百姓和国家的财物，溺于酒色，终于在海上遭到了大败。在这千钧一发的时候，李舜臣将军被释放了，他重新出来，又打败了倭寇的海军。

“当李舜臣将军从狱里出来到达鸣梁海峡时，奸臣元均被敌人打得仅仅剩了十三艘船和港口里的一百多艘渔民的避难船。李舜臣将军把那些鱼[渔]船伪装成兵船以后，就率领十三艘兵船突入敌人五六百艘的船群中，左冲右闯，倭军立即陷于混乱，仓惶地逃跑了。”

“师长同志总是叫我们用脑子作战，可是人家李舜臣虽然是一个两班[①]，却早就用脑子作战了。日本鬼子的船再多，它总也抵不过李舜臣将军的一个脑子啊！”

院长感慨地说。

“李舜臣将军事前在敌船逃跑时一定要经过的地方，拉上了铁链；攻势是按照预定计划在退潮时发动的，敌船顺着潮水往外逃窜，却被早已埋设的铁链拦住，就在这时，以雷霆万钧之势加以猛烈的进攻，于是五六百艘敌船全部被打翻了，歼灭了全部敌人。这一个战役完全决定了我国的胜利。因此凶残奸滑的敌人就要求媾和，还送来了许多贿赂李舜臣将军的礼物，但李舜臣将军一概拒绝，把敌人彻底赶了出去。”

金将军下结论说：

“李舜臣将军是杰出的战略家，天才的战术家，可是比这更重要的是我们首先要知道李舜臣将军是爱人民的、始终是和人民一起战斗的，这就是李舜臣将军为什么能发挥无比的英雄主义和取得胜利的根本原因。”

金将军讲完后，大家还是盼望他继续再讲下去。这时，两个少年和一个小姑娘像军人似的排成一行，迈着整齐的步伐走到金将军的面前，“啪——”地一声来了个举手礼。

金将军带着微笑，点了点头。

“报告金将军！”

“说吧。”

这个小姑娘是李玉顺，金将军到学院的那天晚上和她谈过话。

“噢，你是李玉顺啊！”

金将军笑了笑，抚摸着她的头，想起了她那当过游击队员的、已经死去的母亲，想起了在她临死前留在袄带上的遗言。他想这个孩子将来一定能继承她母亲的精神，勇敢地战斗下去的。

“我们儿童革命团一百零一名学生，为了欢迎金将军要开一个文娱会，请问金将军可以吗？”

“好极了。”

---

① 两班，即贵族。

“文娱会的节目有：唱歌、舞蹈、农村剧、童话剧；唱歌有独唱和合唱。这里特地要报告的是歌唱方面将由游击队的叔叔们来协助我们，游击队的叔叔们唱的非常好，他们要唱的歌还是您作的哪。”

于是大家乐的鼓起掌来。

“我哪里会作歌呀？”

金将军也笑着说。其实孩子们都知道金将军已经作了许多歌给队员们唱，而且孩子们也唱过了。那些歌很结合孩子们的感情，一唱就能使他们振奋起来。

这些歌的调子，不是无病呻吟，而是深刻地反映了游击队员们在战斗中打败敌人的汹涌澎湃的快乐感情，是激动人心的音响。游击队员们每天都很愉快地把那些歌教给孩子们，还对孩子们说：

“喂，小朋友们！你们知道吗？师长同志不光唱歌唱的好，演剧也很出名，上中学的时候演过很多次了。有一次我在临江遇见一位女同志，她在吉林上中学时和金将军一起演过剧，据她说演的好极啦，你们也请求他给你们表演一下吧。金将军说过，他一看见你们，就回忆起自己上中学时代的情形。”

队员们煽动着孩子们。

于是孩子们用羡慕的口气说：

“啊！真的，咱们也看看金将军演剧多好呀！”

玉顺马上对金将军说：

“报告金将军，最后还有一个特别节目哩。”

说罢，玉顺对金将军望了好久。

“那得看你们怎样计划了。”

“那么金将军赞成我们的特别节目吗？”

“当然赞成。”

“那么我要报告金将军，特别节目是金将军为我们儿童革命团的孩子们唱个歌。现在您已经答应我们了。”

于是大家又哄笑着鼓起掌来。在这笑声和掌声中还夹杂着孩子们的一片欢呼声。原来在饭厅的一个角落里已经聚集了许多儿童革命团的小孩子们。

“最后应该高呼李玉顺的母亲写在袄带上的遗言——朝鲜独立万岁！……”金将军笑着说。

“金将军，我们把那个排在金将军唱歌以后。现在我们可以回去吗？”

“可是我哪会唱歌啊？”

“金将军已经答应我们了。我们可以回去吗？”

“好吧。”金将军只好笑着这样回答。

于是这伙男女孩子们才迈着整齐的步伐走出去了。

金将军的心头又涌现出往日的回忆，在中学时代演学生剧的情景还历历在目。自己很想重温一次唱歌演剧的学生生活。

这时，从文娱会场前面，传来了儿童们嘹亮的合唱声——

全世界的少先队，

砍断剥削压迫的锁链，

为了争取自由幸福勇往前进！

为了争取民主革命的胜利，向前，向前！

被压迫的儿童们，你是无产阶级的宠儿，

向前，向着红旗，奔向前！

十二

文娱会场设在饭厅隔壁的一间没有地板的宽敞的房间里。

宋同志领着孩子们把那屋子打扫得干干净净，然后安排了座位。地上铺着草袋，最前排又多铺上了一层麻袋；舞台设备原来就有，是用坚固的木板架起来的，比地面略微高出一些，台前还挂着布幕。

会场布置停当后，李玉顺和两个少年又到饭厅里，请金将军和游击队的干部以及从疗养所、修械所里来的许多客人们和学院的教职员到会场去。

“座位不太好。”

宋同志迎着金将军请他坐在麻袋上。

“不，很好。可是大人坐在前面，孩子们能看得见吗？”

金将军坐下后担心地说。

不一会儿，文娱会开始了。宋同志担任指挥。

首先是歌唱，每唱完一个歌大家都欢迎他们再唱一次。接着是朝鲜舞、中国舞，都引起了观众极大的兴趣和赞扬。

特别是消灭“鬼群”的“神将舞”，这是借古代传说来比拟现在击溃日寇的英雄的，内容实在使人畅快，而且也很滑稽。游击队同志们唱的歌也十分精彩。

尤其是游击队的一位年轻同志，把舞蹈、歌唱和对白配合起来，表演了朝鲜民间传说中的“裴芳咒语”，引得大家哄堂大笑。

传说的内容是这样——

从前有一个懒汉，住在平壤附近，他懒得连自己的父母妻子都不管。他用欺骗的手段，在一个地方当上了“郡守”（即县长），但他没有办好郡政，不久就被免职，又到各处流浪去了。

有一次，这个懒汉流浪到一个地方。那里从汉城迁来一个名字叫裴芳的女孩子，和左右邻的孩子们，处得非常和睦。可是在出嫁前办嫁妆的时候，不幸病死了。

她父母想到她，昼夜不停地痛哭，后来就请来许多有名的巫婆，用各种各样的方言和音调念经，想使她灵魂再现，以慰父母的苦心，但她的父母没有达到心愿。

这时，那个放荡的懒汉，从他们邻居的一位老太太那里，探出了裴芳家的底细。于是他自称“博士巫师”，去给他们念经，他把自己探听来的详细情形，都夹杂在经里念了出来。因此裴芳的父母认为真是自己女儿的灵魂下界了，就将许多财产分给了那个流浪汉。

游击队员用使人可笑的举动，巧妙地结合了歌词和对白，有条有理地作了表演，暴露出巫婆和巫师们怎样利用人们迷信骗取财物的情形。这里确实包含着深刻的讽刺和教育意义。

金将军也是头一次看见这样的表演，他指出这是一个很有意义的演出，它把朝鲜民间风俗真实地描写出来，同时也恰当地配合了朝鲜优秀的民谣和民族舞蹈。

金将军对教师和干部们说：

“很好，学习别人的事物固然需要，但先要把自己的东西灵活地利用起来。老百姓是最喜爱这样的东西的。如果我们以这种形式，再加上新的思想内容，例如游击队英雄们的斗争事迹，一定会成功的。我们在宣传工作上要多多采取这种方式。”

接着又演出了取材于儿童生活的童谣剧和农村剧。这天晚上最受欢迎的是儿童剧“勇敢的兄妹”。

这是学院的朴教师用朝鲜的民间传说改编的剧本，后来他又和宋同志一同再把它编做一个多彩的儿童剧。剧的内容是这样——

很早以前，在一个山清水秀的地方，住着一个美满的和平的家庭，父亲种地，母亲纺线，儿子上私塾，女儿还是一个只会玩耍的天真的小姑娘。

这个愉快美满的家，一向是，早晨有花儿开放，晚间，看月亮升起。可是有一天，忽然闯进来一个穿着黑衣、佩着两把剑的凶恶的“鸺鹠贼”，立即杀死了这家的父亲，又把母亲捉去，用铁链拴了起来，作了他的奴婢。

年幼的男孩和女孩苦苦哀求，哭干了眼泪也没有用，这突如其来的灾难使他们顷刻变成了无依无靠的孤儿。这两个孩子从那一天以后，就在父亲的坟墓旁边搭了一个草棚，度着困苦的日子，他们昼夜向去世的父亲宣誓，一定要报复这个天大的仇恨。儿子一面念书，一面练着剑术，他们不怕黑夜不管饥饿，只是一心想着报仇雪恨，搭救母亲。

不久，这个草棚里来了许多鸟兽，帮助这两个可怜的孩子。最先来的是老虎，其次来的是和蔼可亲的、爱撒娇的熊，文质彬彬的麞子和鹿也来了。

飞禽类里来了老鹰、鹞鹰、鹤，还有鸧鸹。奇怪的是生活在水地里的鹈鹕也飞来，从脖颈下的喉囊里吐出来一堆鱼。熊又从小溪里抓来了螃蟹和小龙虾。

男孩骑着老虎出去学剑术，有时又和禽兽们一同到海上练习划桨，有时还在夜间骑着老虎到贼窝的附近去来回察看。附近的人们虽然都害怕那个贼，夜晚从来不能睡一次安稳的觉，可是他们时常想尽方法偷偷地给失去母亲的两个孩子送吃送穿。因此孩子们得到鼓舞，更加坚强起来。

孩子们惦念着母亲，常常痛哭。但是每天早晨，喜鹊总是来报告他们母亲还没有被杀害的消息。好讲故事的老鹦鹉又给他们讲——给父母报了仇过着快乐日子的孩子们的故事。鹞鹰也时常鼓励他们兄妹俩，使他们的志向和高空一般高，老虎就常常背着他们俩跑来跑去，锻炼他们的胆量、勇气。

兄妹俩一天比一天勇敢了，同时也越发燃烧起他们的复仇的火焰。有一天早晨，他俩骑着老虎决意去找母亲，老鹰在空中作向导，喜鹊飞到关着母亲的窗前，告诉了孩子们要来救她的消息。

不大的工夫，兄妹俩就到了贼窝。那贼窝四面有很高的石墙，老虎却像风一般的轻轻地越了过去。正好那个贼没有在家，母亲被关在铁栏里舂米。就这样，儿女终于和日夜想念的母亲在铁栅栏下相见了。儿子就把自己报仇的决心告诉母亲说：

"妈妈，我念了书，又学会了剑术，我能杀掉那个贼。"

儿子很有信心地说。但母亲摇了摇头：

"不，孩子，这个贼把自己的灵魂放在一个遥远的海岛里，如果不毁掉他的灵魂，他是不会死的。"

"遥远的海岛里？"

"是啊，那海岛在遥远的东海，往那儿去的海路上，有可以吞噬船只的巨浪和凶恶的海鱼，途中还有一个熊熊燃烧着的火海。"

母亲不觉叹了一口气，又说：

"在火海那边有一个海岛，岛上住着许多可怕的禽兽；海岛的正中是一个很深的湖，那湖水里面有一只水鸡，这个贼的灵魂就藏在那个水鸡的蛋里。同时围绕在那个湖水周围的山上，有极其残暴的强盗和猛禽，湖水里也有更凶恶可怕的海鱼。”

“可是，妈妈，我一定要报仇！”

从第二天起，儿子就在海上开始扎结木筏。不多日子，木筏和武器都已准备妥当了。哥哥和妹妹就踏上了遥远的征途。熊和老虎听从男孩子的指挥划着船，海路越走越险恶，老鹰和鹞鹰作向导向前进发。

他们经过了鲸鲵成群和黑浪滔天的海路，走到火焰冲天的火海。男孩子用木盆向禽兽们和自己的身上洒着水，大伙儿奋勇地冲了过去。

他们在岛上登陆了，和凶恶的猛禽经过几天几夜的搏斗，才到了湖边，正在打退残暴的强盗和猛禽的时候，鹈鹕却神不知鬼不觉地潜到湖水里去了。

一会儿的工夫，遭受鹈鹕袭击的水鸡噗哒着翅膀飞到了水面上，鹈鹕衔着它的尾巴也随着浮了上来。这时盘旋在空中的老鹰和鹞鹰就从左右叼住了水鸡的翅膀。水鸡招架不住了，正摇摆着臃肿的屁股勉强搏斗，正在挣扎着的时候，肚子里的蛋噗嗵一声落到海水里了。

鹈鹕接着潜到水里去，半晌之后，嘴里终于叼着水鸡蛋飞了上来。

兄妹俩人高兴得发狂了，他们马上烧开了一锅油，把那个蛋扔到翻腾滚沸的油里去，那只蛋一会儿就溶化掉了。

他们把强盗们所掠夺来的堆积在仓库里的许多物品，都拿出来装在大车上就走了，一路上把这些东西分给那边的老百姓，人们紧握着兄妹俩的手，高兴地说今后可以过安稳的日子了。

兄妹俩又把那强盗从他们故乡掠夺去的东西，像银簪、金簪、银戒指、金戒指，都带了回来。其中有母亲的银戒指，还有父亲的珊瑚首笄[①]。

兄妹俩乘着木筏回到故乡，受到人们的欢迎，他们直奔到贼窝里去。这时，失去了灵魂的贼，最后挣扎着叫嚷道：

“你这婆娘，是你把我灵魂所在的地方告诉你的儿子了吧?!”

这时，儿子拔出剑来，闪电似的刺向贼的胸膛，在他的胸脯上插上了复仇的利刃。兄妹俩终于报了大仇，把母亲从铁锁里解救出来，一起回到家里。

剧的内容虽然很复杂，因为是一段一段地分成好几场来演出，就使人容易看懂，也能引起兴趣。同时又不难使人看出来它包含着日寇侵略朝鲜以及人

---

① 古时朝鲜的男人都留发，结婚之前，梳成辫子，结婚后在头顶上梳成圆形的发髻，上面竖插着首笄。珊瑚首笄是比较贵重的一种。

民对于敌人的复仇的意义，所以大家始终都是很紧张地看下去。

在这里，大家不禁想到朝鲜的优秀的儿女们，想到将来他们一定能亲手斩断日寇的铁锁，回到祖国的怀抱。故事里面的勇敢的男孩子和女孩子，正象征着儿童革命团的孩子们。

孩子们都下定决心，将来一定要杀掉仇敌，他们把这个剧的内容看成了一个战斗。它把孩子们的头脑武装起来了。

金将军当时对院长和朴同志说：为了教育孩子们，要更多地创造出这样的作品，同时国文教科书上也应该多多编写这样富有思想性和文学性的教材。

金将军又指示院长，把“学院奖”授予编写这个儿童剧本的朴同志和饰儿子和女儿的小演员。

“师长同志，这个儿童剧本虽说是我写的，但实际上宋同志却提出了不少宝贵的意见。如果没有宋同志，根本不可能创造出来，更谈不到其中的歌了。”

金将军就笑着说：

“请原谅，我没有了解清楚。那么宋同志也应当同样得奖。”接着又说，“我们在这里发现了很好的创作才能，这事看来虽小，却是很有意义的。这样好的东西一定会不断地产生出来。因此一定得多表扬，多奖励这样好的创作。”

金将军确实受了很大的感动，同时又感到了惊讶：在这样的穷乡僻壤里，一向是看不到戏剧或电影，但是在战斗着的人们的脑子里，就能创造出这样惊人的作品。

在短短的几天之内，不但演出了精采的儿童剧，还能组织这样多彩多样的文娱会，确实使人不能不感到惊奇。

事实上，在这个期间也没看出有什么特别的准备，和平时一样，照旧上课、训练，只不过间或传来歌声，不大看到宋同志罢了。

这些歌舞和农村剧、童话剧，是在不充裕的生活环境里筹备的。在这样一个环境里，竟能创造出形形色色的面具和飞禽走兽的形象，而且又是那样逼真，所以金将军在从文娱会回来的路上。他的感情一直非常激动：

“再没有比战斗着的人更为可怕的了，只有战斗着的人才能创造出新的东西。”

金将军正在这样想着的时候，朴同志走过来用感激得微微颤抖的语调说：

“师长同志，我当初非常担心发表这个剧是否合适？”

“为什么？”

金将军反问。

“也不知道什么缘故，可是我总禁不住那样想，同时大家也不大想来理解这些。后来我就想到一个一般人都知道的‘鸽子和鹫’的故事:鹫常来叼走小鸽子,结果鸽子团结起来,打败了鹫。我想编一个用舞蹈和戏剧结合起来表演的儿童剧。趁着这个机会领教师长同志的意见,同时总觉得师长同志是能够理解的。”

“很好,在我们说来,目前最紧要而急迫的问题就是救我们的祖国,这个儿童剧正和这个问题有关联,演这种剧是非常适合时宜的。”

“我现在觉得已经有了力量了,我要继续写东西,对教科书的编辑工作我也一定努力去做。”

“那很好,我预祝你的成功。朝鲜的文化要朝鲜人亲手创造出来,既不能从外国抄袭,别人也不可能给我们送来。”

“明白了,我一定要完成您交给我的战斗任务;我明白,决不能叫别人来代替自己进行战斗。”

“当然也需要学习外国的事物,尤其是需要学习先进的文化,可是自己的容器如果太浅狭的话,那就没法容纳别人的东西了。”

“是,我现在也有了信心了。如果能早点见到您,我想也许能写出更好一点的作品,对教科书的编辑工作或许也能更有信心的提出一些意见来。可是实际上确是有过困难,大家对新事物都关心不够,甚至有时竟毫无理由地加以反对。嘴里虽然大家都说需要创造新的,但实际上往往都是容易墨守成规,赞同旧的东西,所以就不免会担心拿不出像样的新作品来。”

“那是不行的。前些日子我曾经讲过,我们革命家要经常地发挥创造精神,否则就不能够成为革命家。一个真正的革命家无论在什么样的环境里,也会以各种各样的形式,创造出新的东西来的。这就是说,时时刻刻会去旧迎新,因为不造出新的就没法打破旧的。举一个常见的例子吧,现在朝鲜孩子们常唱日本歌,谁都会感到刺耳得很,但是在我们没有把新歌教会孩子们以前,日本歌是不会从他们的嘴里消失的。我们需要一个能从孩子们的嘴里把日本歌子完全驱逐掉的文化革命家。”

这一天的文娱会给每个人带来了无限的感动和兴奋;它丰富的内容使大家对不少东西有了新的认识。

金将军认为要武装儿童的思想,这样的教养比什么都重要。所以金将军再三指示他们必须在这一工作上下一番工夫,要和上课、军事训练一样加以重视。

金将军小时曾受到父亲这样的教育和感化。金将军的父亲金亨稷先生曾亲自编了“摇篮歌”和童谣教给年幼的金将军唱;还常常讲传说和故事给他听。

这对金将军说来，成了一个很好的活的教育。

金将军父亲抱着儿子唱的“摇篮歌”中有这样的句子——

小宝宝，对父母要尽孝
小宝宝，对兄弟要友爱
小宝宝，对邻居要和睦
小宝宝，对祖国要忠诚

最初金将军也不理解这些意义，只是跟着唱，反正他很喜欢这样的歌，就不住地唱着。后来才慢慢地明白了其中的意义，而这些思想也随着他成长起来，不论是在欢乐的时候，或是在悲哀的时候，总是和他在一起。

现在也是那样，在战斗，或是休息的时候，那思想仍然离不开他的脑子。儿时扎下的根是很难拔掉的，那种思想无形中就和金将军的血肉渗透在一起了。

金将军希望所有的朝鲜孩子们，都能受到这样深刻的感化和高尚的思想教育。这里他又一次感觉到文学艺术所显示出来的力量。

十三

四面环绕着高山，中间是延伸得很远很远的一片平川，平川的左右和后面的蜿蜒的山峰像是它的天然的屏障。

山上繁茂的树林一直伸延到山角，在那郁苍苍的树林下面有一幢长长的房屋，这就是儿童革命团的教室。教室一共有三个。前面的墙壁上有六个不很大的窗户——每个教室各有两个。

教室东面的树林里是连接在一起的学院的办公室、院长室和职员室。在那前面栽植着一行松树，办公室就座落在这片繁茂的松林里。

挂在办公室前面的钟，当当地响起来了。立即有三位教师从办公室走出来，各自走进三个教室里去。从两个教室里随即传出了教师的讲课声和孩子们一个接一个的念书声，以及学生们回答老师问题的声音。

尽西头的教室，开头还听见教师讲话的声音，可是接着就鸦雀无声了。孩子们正在上作文课。

国文教师朴老师一走进教室，就在黑板上工整地写了五个大字：“金将军和我”。

朴教师自从听了金将军的谈话，特别是对于写儿童剧的意见，他获得了一种新的力量，懂得了许多道理；他打算今后要写出更好的作品，而且他想到也要使孩子们能写出更有兴趣更有意义的文章。对此，他完全充满了信心。

朴教师出了作文题目以后，对孩子们说：

“照你们所看到、听到的来写吧，就是说把你们所看见的金将军照实地写出来。譬如金将军的相貌是怎样的？看他讲话时的姿态又是怎么样的？讲了些什么话，是怎么讲的？还有金将军是怎样看着你们的？是用什么样的眼光和态度看着你们的？……不论写什么都可以，反正照你们看到的和听到的写就行了。”

孩子们一听说要写金将军的事儿都很高兴，而且觉得这很容易，都显露出“那还不好写？”的神情。确是这样，因为他们一听老师的解释，每一个孩子的脑子里都已经活生生地浮现出金将军的形象来了。

可是，当真地拿起笔来的时候，却又感到无从下笔。于是有的孩子就干坐在那里只是把那支可怜的铅笔用手指尖摆弄过来摆弄过去；也有写上一个字想了半天又擦去……擦完再写，写完又涂的。

朴教师自己也想用这个题目试写一篇，但真的执起笔来也不那么容易，金将军的许多印象和姿态一时都涌了上来，实在难以理出头绪。

朴教师想了半天，才决定单写某一个场面。于是就对孩子们说：

“你们要想把所有的都写出来是不可能的，你们最好写一些给你们的印象最深、最感动你们的事情。比方说，最初你们听到金将军来校的消息的时候，或是金将军走进教室来的时候，或是在饭厅头一次看见金将军的时候，或是在射击练习的时候……不是很多吗？！”

朴教师这样吩咐孩子们以后，自己也开始捉摸着写哪一个场面更好一些，他瞅着棚顶轻轻地踱过来踱过去。他走到孩子们的后面，斜倚在格子窗的边上，一边继续想，一边顾盼着孩子们写作的情形。

孩子们不时地用舌尖舔着短短的铅笔头，开始在练习本上涂写着。有一个孩子像是为了节省纸张，先在自己的手掌上写了几个字；瞧了瞧，然后再誊在纸上。

还有一个孩子大概怎么也想不出要写的东西来，就用两手抱着脑袋伏在桌子上了。于是坐在他后面的一个孩子，瞧着觉得好笑，在他的后背上轻轻地碰了一下，前面的那个孩子就带着微笑回头瞧了瞧，表示实在想不起写什么来的样子。

朴教师走到一个孩子的后面，悄悄地瞧着他的练习本，上面写着：

“我看见金将军的时候，觉得他个子高极了。”

但他在上面用铅笔又涂了一个长道。

“金将军个子实在很高，当他走到我们面前来的时候，就像一座山一样。”

接着他又把铅笔尖送到嘴里去。老师早已嘱咐过孩子们不要这么做，这样对身体是有害的；但孩子们这种习惯还没有改掉；当然比从前已经留意得多了。然而当想不起来的时候，他们又不知不觉地犯了老毛病。

可是，这时朴教师却不想立刻叫孩子们纠正过来，他打算下课的时候再告诉他们；他想到如果现在就来说，恐怕会打乱孩子们的思路。

朴教师又走到后面格子窗的旁边，看见一个孩子伏在桌子上不住地写着什么。原来是金喆。

朴教师悄悄地走到后面，要往下看时，却怎么也看不见，因为金喆的头低得差不多把练习本全给挡住了。

于是从侧面看过去，才看见他涂来涂去，结果涂的比写的还多。

这一来，倒引起了朴教师的兴趣，他留神瞧着，金喆正翻过一张去，在新的一页上写着：

“枪，枪，枪……”

他写完后，想了片刻接着又写：

“我最先看到的是金将军挎的盒子枪。金将军的枪也许是长了眼睛的吧?！……那枝枪不是只要碰见日本鬼子，就连一个也不漏的全都杀掉吗?”

他又想了一会儿写道；

“我也很想有那样的一枝枪，金将军也能给我一枝枪才好哩。”

可是不知他又想起什么，金喆把最后的一句用铅笔划上了一道线，重又写起来：

“我这回决心要跟金将军一道走，那么枪也……”

但他把这句话也给涂抹掉了。

“金将军这回把我带去可多好呀！金将军为什么要对我说——‘你还小’呢？不，我是能战斗的，我是满可以把敌人杀掉的。”

金喆这样写上后，又把那一张翻了过去，在新的一页上先是想继续写下去，不知为什么后来就画起图来了。

金喆用铅笔先画上两道像剪子股似的交叉线。他在那线上描了又描，描粗了，然后在一条线的结尾上画了一个又宽又长的三角形，再用铅笔把它涂描成黑色；涂完了，瞧了半天，又在三角形的顶角上添上了一个突出的尖尖，并且在那上面用铅笔涂得比三角形还黑，但这样他还觉得不大明显，就在笔尖上沾了唾沫又涂了一次。

他把那张画画完以后，在另一道线的末尾上又画了一件东西，同样用铅笔涂黑它。但看不出究竟是什么玩艺儿。

金喆稍稍抬起头来仔细地瞧了瞧，就在交叉线上的正中，集中精神谨慎地画了一个人的脸；先画眼睛和眉毛，然后又画鼻子、嘴和耳朵。

“哈哈……”

朴教师这才看明白了。

金喆画的是金将军的肖像。在一道线顶端上的是盒子枪，在另一道线顶端的是金将军的望远镜；像剪子似的交叉着的那两道线没问题当然是武装带了。

朴教师不由得捂住了嘴，差点“噗嗤”地笑出声来。但金喆仍旧没有觉察出来，自己一个人正在想得出了神。

朴教师也感到很有趣，屏住气息悄悄地继续瞧着。金喆对画面端详了半天，好像枪套的上角画得不大像，就用手指沾着唾沫擦着那画好的地方。

显然，稍稍露在外面的盒子枪把特别引起了他的注意，原来那枪把在金将军的手里已经摸得闪闪发亮了。金喆刚才在铅笔尖上沾着唾沫涂了又涂，可是仍然没能很好地画出那个原样子来，因此他才画了一阵又擦去，擦完了又画。

金喆又翻过一张去，在这一页上他又画上了一个人——粗黑的眉毛、凶狠的三角眼。他草草地画上了鼻子和嘴，又在鼻子底下把一小撮胡子涂得格外黑，又圆又短，好像鼻子下面长了一个小疙瘩似的。

“哈哈……日本鬼子啊！”

朴教师这样揣摸着，不觉皱起了眉头。

金喆在那家伙的两颊和下巴上又点了许多黑点，意思是要把那些胡子碴也给他画出来。

然后他又画上了脖子和胳膊，胸前正当中画了一道线，在线旁又画了几个纽扣。

金喆在那胸膛正中画上一个圆圈，圈子里又画上了一道粗粗的箭头，那意思是想要表示子弹正打穿了那家伙的胸膛。

可是这样画了，好像还觉得不大满意，又用笔尖向那圆圈用力点去，纸面上的圆圈被点破了。他这才心满意足地抬起头，专心凝视着画面。这一瞬间，金喆的脑子里无疑的是浮现着用盒子枪把那家伙的胸膛打成一个窟窿又一个窟窿的场面。

停了一会，他又开始写些什么，看情形，他的思路已经开展了。

朴教师暗想：前些日子金将军在练习射击的时候对孩子们讲的话，在他们内心里已经深深地扎下根。

“心神贯注在靶子上，那靶子就会变成日本鬼子的脑袋，同时也会愈看愈大，这时候一定是百发百中的。”

朴教师重又想起这些话，一边揣摸金喆是一心一意想杀死日本鬼子，而且相信将来在他自己的手枪口上也一定会长出能看准日本鬼子的眼睛。

朴教师觉得自己现在跟金喆的身上学习了好些东西，同时也感到把这些感触写下来就是很好的作品。

这时朴教师忽然又想起金将军讲的一句话——

“革命工作者要向人民学习。”

这是确切不移的定论。朴教师从来也没有感到过像今天这样能从自己学生的身上学习到一些东西的愉快。

他想到将要拿着自己所作的文章对孩子们说：

“现在我要和大家讲讲我向你们学习的故事，你们教给了我很好的东西。”

这样他可以把自己作的文章读给孩子们听，说明哪些是跟他们学习来的。

实际上朴教师早已想写一个以游击队为题材的儿童剧，恰巧这回金将军和游击队的同志们的到来，给他提供了很多学习的机会。自己扛着枪参加战斗的时期，好像已经变成了遥远的过去，他感到今天的游击队不论在战斗上和思想上都已经有了惊人的发展。那么在儿童们的眼里看到的金将军和游击队又该怎么样呢？各种各样的具体事实在他们的作文里一定会表现出来的。所以朴教师估计到，他们写出来的东西和他们所谈的话，对他写儿童剧一定会提供很多和很好的材料。

金喆写的那几句话和那不大成熟的图画就已经给了他很深的感受。

下课时间已经到了，朴教师便去收孩子们的作文本，但多半的孩子要求再多写一些。朴教师对孩子们说：

“就是写了几行也行，下回可以用别的题目来描写金将军，今天没有写完的部分留着将来再写，今天写了的都交给我吧。”

于是孩子们都交上来了。

朴教师收完了，看到有的孩子仅仅写了三四行，但他却如获至宝一样，郑重地带着走出了教室。

下课后，正是午饭时间。

朴教师出去之后，孩子们纷纷吵嚷着：嗨，我把那个忘记写了……我应该是这样写的啊……下回一定要好好写出来……喂，你是怎么写的？……我是这样写的……

他们正在这样吱吱喳喳地吵闹着的时候，有一个孩子走到黑板跟前说：

“喂，我是金将军，你们看着我写文章吧。”

说着，就像煞有介事似地摇晃着身子，模仿着金将军讲话的姿式。

金将军在讲话时，总是不停地摆动着身体，并且始终带着愉快的笑容。从他内心里像是源源不断地喷发出无比清新的泉水和炽烈的火焰，因而那雄伟的身躯好像一刻也得不到宁静似的。

站在黑板前面的孩子，最后还笑着用左右两个手指按捺着自己的两颊，做成两个“酒窝儿”。显然金将军每逢笑的时候所露出来的“酒窝儿”，给了孩子们一个很深的印象。

“同志们！假如我们大家都能够向金将军学习，都能够成为和金将军一样的爱国者、成为民族英雄，我们是绝对能够战胜敌人的。同志们！明白我说的话吗？”

接着另一个孩子跑出来说：

“喂，你听听我讲的吧。”

他正说的时候，后面忽然响起了嘈杂的声音——有一个矮个子小鬼急急忙忙地从窗户跳出去，另一个孩子瞪着炯炯的眼睛，气急败坏地在后面追赶他。

别的孩子们不知道究竟是怎么回事，一窝蜂地在后面跑到运动场去了。金喆跑在孩子们的最前面。

他跑到运动场之后，极力追赶着那两个孩子，他已经看出那是长销和甲龙；他想，是不是甲龙要打长销呢？

两个孩子在树林里穿梭似地跑着追着，长销个子虽小，但像条泥鳅似的窜得非常灵活，围着树一转，就把甲龙丢下老远，然而他终于被甲龙捉住了。原来他比甲龙还小两岁。

甲龙按住长销的脖颈，从他手里夺过来一件东西——手枪。原来淘气包长销早已知道甲龙的裤腰里塞着一枝手枪，他趁着甲龙不留神的时候，伸手把枪夺过来就跑开了。

这时金喆看出了那闪闪发光的手枪，心里高兴得飞似的跑过去。

“你为什么打长销？”

金喆问。

“我没打。”

说着，甲龙把手枪深深地塞到裤腰里去。

“那你干什么抢长销的东西？”

“谁抢了?”

“那是什么?”金喆指着甲龙的裤腰说。

“是我的。”

“你的? 是什么啊?”

“什么也不是。”

“快掏出来看看!”

“不行,你管不着!”

“不行? ……看完了还给你。”说着,金喆抓住了甲龙的裤腰。

“不行!”

“看完就给你。别吵,孩子们要来了。”

“我说不行嘛!”

“小子,看完就给你嘛,看你这家伙真呆!”

金喆用力拉开甲龙的裤腰。他们俩虽然是同年,但金喆却比他力气大的多。

可是甲龙也不怎么好惹。

“你放开,不放我要开枪啦。”

甲龙喊叫起来。

“开枪? 瞧你这份‘德行’! 你还有子弹? 拿出来给我看看。”

金喆猛一拉扯甲龙的手腕。

“啪——”的一声。

清脆的枪声从山林里传了出去。甲龙不知什么时候在裤腰里扭转了“保险”勾住了扳机,把甲龙的裤子穿了一个窟窿。

孩子们都蜂拥地跑上来了。

金喆还是纠缠着甲龙,但他仍然把枪藏在裤腰里没有掏出来。

“喂,老师来了!”

有一个孩子喊了起来,原来这里离办公室并不很远。

“喂,你还是给我吧。你带着非叫老师拿去不可,快给我吧。”

金喆挨着他一股劲儿地催促着,但甲龙始终没有依他的话。

正在这时候,朴教师跑来了。

十四

“你把枪拿出来给我看看。”

朴教师把甲龙领到办公室里,这样对他说了好几次。但是他连摸一下裤腰的意思都没有。

“你说说那枝枪到底是从哪里来的?”

甲龙还是不作声。

“那子弹又是打哪儿来的呢?”

甲龙仍然不吭气,好像根本没有听见一样。

“难道你不知道,随便拿武器是不对的吗? 何况还带着子弹……”

“……”

“快告诉我。”

不管怎么说,甲龙却连眼睛都不眨一眨。

朴教师知道很难得到甲龙的回答。这家伙年纪虽然小,但个性倒很执拗。

“好吧!”

朴教师急促地这样说了之后,对着他注视了一会。

“我知道那枝枪是从哪里来的,也知道那子弹是打什么地方拿的。”朴教师故意这样地说。

可是甲龙还是似听非听,不言不语。

“那枪是前些日子练习射击的时候,你从修械所带来的武器箱里拿出来的吧?”

朴教师这样一问,甲龙却毫不犹豫地回答:

“不是。”

“不是? 小鬼,我全都知道了,再检查一次箱子马上会知道;那些武器是金将军这回要带去的……你还不说实话吗?”

“实在不是。”

“不是? 那么子弹是打哪里来的? 是那一天拿的吧?”

甲龙对于这个问话,却不敢那么坚决地摇头了,于是朴教师趁机进一步追问他说:

“小鬼,是吧?”

“子弹是从那儿拿的。”

“嗯,对了……就应该这样承认自己做的,你是一个革命家的儿子。你一共拿了几粒子弹?”

“六粒。”

“六粒? ……没说谎吧?”

“没有。”

“嗯——枪也是在那儿拿的吧?”

“不是。”

“还不说实话吗？那么你把枪拿出来给我看看……”

但甲龙仍旧没应声，甚至连要拿出来的一些动作和表情也没有。

“如果不是，你为什么不拿出来呢？”

“枪是我自己的。”

“你的？你怎么能有枪呢？小家伙真鬼呀！”

“是我的。”

甲龙的语气非常坚决，于是朴教师转念一想，不如给他松一松手。

“确实是你的吗？那就好吧，既然是你的枪，我也不愿意硬叫你拿出来。我知道你带着枪并不是为了打麞子和鹿，是不？”

“……”

“我明白你的意思，你是要拿它去杀日本鬼子的，那也好，你就留到将来用吧。”

说着，朴教师仔细地观察了一下他的表情，但甲龙只不过是眨了眨眼睛。

“可是，甲龙！”朴教师用温和的口吻喊着他。

“啊？”

“你是知道的，我们学院跟别的学校不同，是和金将军所讲的苏联的苏伏罗夫学校一样的。”

“是，我知道。”

“嗯——，纪律就是军事学校的生命。你说是不是？战士们在战斗中如果各自照着自己的意志去行动，你想那个战斗将会怎么样呢？……我们学院里教师和学生都毫没有例外地要遵守我们的纪律，学生对教师不应当隐瞒什么，你也该知道吧？”

“知道。”

“但现在你的态度怎么样呢？就算这支枪是你的吧，也就早应该把这件事告诉给我。但是，你告诉过我没有？”

“没有。”

“对了，没有。那么那不是等于欺骗了我吗？”

“……”

“我们就假定说，也许你有不能告诉我的苦衷，……但是，你拿子弹的事——你刚才自己也承认了——那正是你拿了金将军的东西啊！你对我谈过这件事吗？”

“没有。”

"这不是欺骗我吗?"

"是的。"

"嗯,好的。你这样照实说出来是对的。"

朴教师暂时没有说话,看了他许久,才低声喊他:

"可是,甲龙!"

"啊?"

"我想事情还不能这样就告一段落,你的事情姑且不谈,但我的事情该怎么办呢?现在你也来替我想一想。你的级任教师——我,一直到现在,对你的事情一点都没有搞清楚,甚至连一点影子都没有觉察出来。那是因为我平时对你关心不够;我没有能够很好的教导你,让你更多地信赖我,对我无话不谈。因此,你就不能够相信老师,由于不能相信所以才没有跟我讲出实话来。我没有做你的老师的资格,是吧,甲龙?"

"不是。"

"话是可以那样说,不过事实是不能掩盖的,实际上我已经不能胜任我的职务了。第一,我没有资格担任你的教师;第二,我没有面目见院长同志和其他教师们,因为我没有能够完成学院方面所要求的正确的教育任务;第三,我违背了金日成将军的嘱咐,他那样恳切地吩咐过我们,我没有正确的执行它、完成它。不但如此,金将军特地来看你们的射击练习的时候,在我的学生里面,竟有瞒过金将军的眼睛偷拿了子弹的孩子。你说,这是谁的错误呢?"

甲龙渐渐地低下头去了。

"这都是我的错误。你们年纪小,是天真的,无辜的。这都是由于我没有好好教诲你们所产生的后果,我认为你所犯的错误,就是我的错误。"

"不是那样。"

"我绝不是光在嘴头上承认我的错误,我现在马上去找金将军,要求处分我,你所犯的错误应当由我来承当。"

"不,不是。"

"是这样,这我绝不能说是你的错误,你回去吧!"

可是甲龙仍然站着不动,身体渐渐地沉重得像要麻木了似的,头也更低下去了。

"甲龙,你安心回去吧。"

"不,老师!"

甲龙忽然拭着两只眼睛,呜咽着说:

"老师,请您原谅,我把枪交给你。"

说着，他就痛哭起来。

“甲龙，不要哭，还是回去吧。”

“不，老师，我要把事情全都告诉您！”

“事情？你不是都已经说了吗？”

“不，……这是我父亲的枪，我父亲死在监狱里。老师，我都……”

甲龙的父亲是个中国共产党党员，他是他所居住的那个区域的党支部书记，在甲龙十二岁时，他和同志们作联络工作的时候，被日寇逮捕了。

他被捕以前，把党员名单和其他文件都周密地藏在自己家里的纸棚顶上，即使日寇来搜索的话，也不易发觉的。

还有他杀死鬼子警察夺过来的那枝手枪，因为子弹用完了，所以没有带在身上，就和文件收在一起，藏在纸棚顶上。

有一天晚上，他忽然一觉睡醒，立即把那些东西又都挪到房顶底下藏了起来。因为那时候他知道日警活动很厉害，情况非常紧急。当时党员同志们，已经联系好了足以洞察敌人内部消息的几个线索。

从那时候起，甲龙的父亲就没有回家，在街头上和同志们进行联络。后来终于不幸被捕了。

甲龙的家被日警搜查过好几次，鬼子们却一无所得，什么也没有搜出来。甲龙的父亲坚贞不屈，什么都不告诉鬼子们。其他同志们在这个期间，都躲藏起来，甲龙的父亲因此遭受了更残酷的严刑拷打。

日寇多次的拷问，都没有得到他们所希望的口供，于是又来搜查他的家，起初什么都没有发现，但其中有一个手里拿着手电筒的家伙，在昏暗的顶棚上发现了一点可疑的痕迹。纸顶棚到处都垂着重重的蜘蛛网，他看出只有一个地方的蜘蛛网显得少了一些。

那小子终于查出了一块用黑纸糊着的窟窿。于是他撕开纸顶棚查了又查，但那里是不会再有什么东西的了。

日警瞪着眼，扑向甲龙母亲，喊叫着：

“臭娘们，快说出来！”

“说啥呀？”

“什么？……搁在这里面的东西挪到哪儿去了？你男人已经都说出来啦，再不说就枪毙你。”

“你说那里会有啥呀？因为耗子在上头窜得太厉害，打开一个窟窿好叫它掉下来，可是没见耗子掉，反而尽往底下刮冷风，又把它糊了起来。”

甲龙的母亲相信丈夫绝不会被逼出供来，所以这样泰然地回答着他们。

发现了可疑的形迹的鬼子们，踢着，打着，用枪口逼着她的胸口威胁着，闹到最后就把她紧紧地捆绑起来给带走了。

那天，甲龙连晚饭都没有吃，独自坐在黑洞洞的凄凉的空屋里发呆，邻居的老大娘看见这种情形，便把他领去了。甲龙不光是悲痛，而且还下定决心要替被捕的父亲和被毒打的母亲报仇雪恨；在他幼小的心里燃起了无可抑制的复仇的火焰。

几天以后，母亲带着重伤被释放回家，这时她已经是生命危笃了。她知道自己没有希望，就把甲龙叫到跟前，握着他的手告诉他："房顶下藏着父亲的东西，你把那些东西埋起来，等将来你父亲回来时再交给他。"

就在那天晚上，母亲死去了。父亲和母亲始终没有透露秘密。父亲的那些同志们，派人来办理了丧事。以后，父亲的战友——许多党员同志们仍然继续进行着他们的工作。

甲龙把文件装在小缸里，偷偷地埋藏在村后的虎岩峰底下，只把手枪拿了出来。以那一天起，他就把它绑在自己的大腿上，直到他找着了游击队，整整一年多，从没有解开过一次。

他通过游击队转入儿童革命团以后，那枝手枪仍然绑在腿上或藏在怀里。自从听到他父亲死在狱中的消息以后，他就更为注意地保存着它，他想，不管怎样，他都要和它共存亡。到现在，他还时常在梦中打死要夺取他那枝枪的日寇。

"老师，我去见金将军，是我错了。"

"好啦，你不用去，还是我去吧。既然是这样，金将军也会原谅我的。"

正在这时，金将军请他到院长室去，原来金将军已经从别的教师口中，得知朴教师正在盘问甲龙。

金将军听完大致的情形，笑着说：

"你把那孩子领到这儿来吧。"

朴教师就领着手里拿着手枪的甲龙，到了院长室。

金将军接过手枪来向甲龙问道：

"你叫什么名字？"

"我叫郑甲龙。"

"听说这是你父亲的枪？"

"是。"

"那么你打算把这枝枪用在哪儿呢？怎么不交给学院……"

"想留着将来再用它。"

“将来？……做什么用啊？”

“我要报仇！”

“报仇，你能行吗？”

“一定要报仇。”

“你几岁了？”

“十五岁。”

“十五岁？”

金将军对着这个朝鲜的新的一代，凝神注视了半晌：

“你的父亲、母亲都是非常了不起的人，你也能成那样的人吗？”

“我能！”

“那么你打算怎样做呢？……你是不是这样：现在手里已经有了枪，再有子弹就成了。只要找着了子弹，就可以偷偷地出去打一下日本鬼子试试……是这样吧？”

甲龙对这个问题，一声不吭。

“可是日本鬼子和木偶是不一样的，单独一两个人的盲目行动是不成的，必须和广大的人民团结起来才成。正因为这样，才产生了游击队。你明白吧？”

“我也要参加游击队去！”

“只要到时候，当然可以参加，所以必须先在这里认真地学习、刻苦地接受训练。”

“是。”

“可是，这枝枪你要自己带着它呢，还是交给学院？”

“我自己带它。”

于是金将军笑着说：

“好吧，那么把这枝枪再交给你。这是你父亲给你的枪，谁也没有权利跟你要，但不许你随随便便地乱用，只是这子弹你还是交给老师吧，必要的时候随时都可以给你的。”

“是，我明白了。”

“还有，你要知道，子弹是危险的玩艺儿，就把它搁着不动，一年之内也许自己会自动爆炸一两发的，你不应该给你的同学们带来任何危险。明白吗？”

“是，明白了。”

“好吧，给你。你自己把子弹抽出来吧。”

甲龙把剩下的五粒子弹抽出来，交给了朴教师。

“等你参加游击队的时候，会给你比这枝更好的枪，但这枝枪你不要丢掉，要好好地带在你自己的身上。”

“是。”

甲龙的脸上这才舒眉展眼地露出了一团生气。

“好了，你回去吧。”

甲龙踏着轻快的步子走出了院长室。

“这小伙子将来一定又是一个勇敢的战士。”

院长望着甲龙的背影，感叹地说。

当甲龙高兴得连蹦带跳地打运动场跑到教室前面的时候，金喆从那边跑过来，抱住他的肩膀说：

“甲龙，刚才都是我的错，请原谅吧！”金喆认了错。可是甲龙却把那些事早已忘得干干净净了。这时，在他明朗的脸上流露出得意的微笑，拍了拍裤腰说：

“金喆，你瞧，我把手枪要回来了。”

“是吗？那可太好了。你把它好好保存起来，等将来参加游击队的时候再带去吧。”

“当然，正为了这个，我才把它要了回来的。”

“说实在的，我原来是想拿你的枪去参加游击队的。我听游击队的叔叔们说，新参加的队员，必须在战斗里夺到日军的枪枝，自己才有枪用。”

“是那样，所以我每天晚上都悄悄地拭擦它，等将来一参加了游击队，就立刻拿它去打日本鬼子。”

“对！……可是我手里还没有枪，这又怎么办呢？”

这时，甲龙直楞楞地瞧着金喆，已经从他脸上发觉了什么，就吃惊地说：

“噢，你是打算这次就跟着游击队走的吧？”

“不，不！”金喆口头上虽不承认，但实际上他早就下定决心：这回一定要跟着游击队走！他知道，游击队的叔叔们不会带他走，所以他的心事在表面上丝毫也不透露出来，只等临了偷偷地跟着队伍走掉。

他身体很结实，路又熟，满可以吹着口哨远远地跟在队伍后面。他下了这样的决心以后，心里倒很踏实了。

他想，一旦参加了游击队，就去找日本鬼子，要把头一发子弹狠狠地射进那些家伙们的胸膛里，用实际行动来开始游击队队员的生活，是很理想的。可是，他怎么也想不出事前能得到一枝枪的办法，他又为了这一点感到烦恼。另外，他知道游击队是不会收留他的，但是如果他们看他打枪打得好，也有把他留下的可能。他这样一想，就更加为着手里没有枪的事着急了。

“你别瞎说了，我都知道。最好咱们俩一起走吧！”

“不，咱们违背儿童革命团的纪律是不行的，尤其是人家决不会收留违犯金将军的纪律的孩子。”

金喆暗想：如果轻举妄动地跟别的孩子一块儿想办法，就容易被人发觉，一旦被发觉，就两个人都不能走了。所以他坚决否认，委婉地说：

“走呢，咱们是早晚要走的，我想，到准我们参加的时候，带着枪走不是更好吗！”

“金喆，你要是走的话，就跟我一起走吧。有了这一枝枪，咱们俩都可以用。我先打死一个家伙，然后你再打倒一个，不就行了吗？这样，咱们俩就可以夺到两枝敌人的新盒子枪，你说这该多好呀……”

“那么咱们就那样约定好吧。到时候你可不要以为枪是你的，就光顾你自己打呀！

“这回我看见游击队的叔叔们打枪打的准极了，他们又是那样的勇敢，我就怕不等咱们走到，他们就把日本鬼子都打死了，那将来咱们打什么呀？……他们要是把鬼子头目都打死了，难道咱们只捡些小崽子吗？”

“金将军不是说过吗，他叫咱们不要为这事担心，留着给我们去打的日本鬼子还有的是……那些家伙们连续不断地来，咱们朝鲜国内也还多着哩……”

“那是不错，前些日子我听游击队叔叔说，一九三三年，在东北的日军只不过五万多人，到了一九三五年，就到了三十多万人，现在还是尾巴衔着尾巴继续来哩。其实日本鬼子来的越多，咱们就都给他杀掉，不更痛快吗！？”金喆说着，闭起一只眼睛，举起手向空中瞄着准，做着打枪的姿势。

“金喆，你不用担心，咱们不久就会有机会去打那些家伙们的。”

“哎！虽说不担心，可是我实在急得呆不住。金将军什么事都知道，他怎么就不了解我的心情呢？”

“谁说金将军不了解？哼，他什么都知道，就像看镜子似的看得清清楚楚呀。他不让咱们去，为的是叫咱们多受训练，准备将来多杀敌人……”

“那我也知道，可是我就是沉不住气。听说金将军就要离开这里，我心里更着急。”

近来，金喆时常有这样的一个想法——只要我参加了游击队，一定要勇敢地战斗，像一阵风似的去消灭敌人，决不次于那些叔叔们……

有一次金将军讲过一个这样的故事：一九三四年六月，游击队在罗子沟连续战斗了七昼夜，当时，游击队攻打敌人的西山炮楼，攻了好几次都没有拿下来，后来有三个女队员组织决死队去冲锋，终于把炮楼占领，在上面升起了红旗。金喆听了这个故事以后，就常想：如果再有那样的战斗，自己一定是不会落后的。每当他这样想的时候，总喜欢把胸脯挺得高高的，好像自己已经成了一个真正的游击队员。

“老师们认为我太年轻，不叫我去参加游击队。谁想我的计划比他们想的更高妙，他们一定不会识破我的计划的。再过几天，老师们就要输给我了。不管天翻地覆，我也一定要去参加游击队。”

近来，金喆早已下定这样的决心。

十五

当院长正在瞧着往门外跑出去的甲龙的背影时，金将军问他说：

“院长同志，你不想到村子里去看看吗？”

“村子吗？……好，好！我明白，得去看看。”

“朴同志呢？”

“师长同志，我也很想去。可是真不凑巧，我已经约好今天晚上和游击队同志们讲儿童革命团孩子们的生活状况。”

“那是很必要的，你还是做你那个工作吧。……那么我们走吧。”

院长陪金将军到农村去，又学习了很多的东西。

金将军来到的消息一传开，附近农民们立刻放下手里的活儿，高高兴兴地出来欢迎，金将军很愉快地接见了他们。

金将军毫不疲倦地和他们谈了一个通宵。他们里面有朝鲜人，也有中国人。

金将军首先询问他们的日常生活，比如今年的播种，或是家庭生活情况等等。

在谈话中间，金将军还问到种庄稼的方法、农具的情况、生产量和佃租的比率、以及地主们日常的习气……虽然这都是很平常的问答，但却有很多都是院长未曾想到的问题。他听着这些谈话，便不断地想到自己。

金将军在谈话中，还问到养不养猪、鸡，堆不堆肥……

有的农民露出根本就没有想过这些事的样子，还有的从口气里透露出不论怎样干也不会有什么盼头的想法。其中有一个农民说：养猪、饲鸡、弄肥了地，还不是等于喂肥了地主！

这一带是密林围绕着的山地，日本兵倒轻易不敢窜进来，但是还有些小地主。别看他们是小地主，但却像小鱼的刺儿那样，对待农民非常刻薄，所以农民们没有不恨这些吸血鬼的。认为拼命干而结果还是为了地主，就不如索性不做。

“佃租就算是缴地租吧，然而养家畜是一种副业，谁还敢拿去啊？”

金将军这样一问，一个农民就接着说：

“金将军，说起地主来，不用说他们那手上脚上带着钩子，就是眼睛和心眼也都像狗熊的舌头一样，见着东西就要舔。一旦看中了小猪，就借口说，明天我家有祭典，你家的小猪倒挺肥……总而言之，那小猪早就等于已经咽到那家伙的肚子里一样了。”

“地主的家，生日也多，祭典也多。有几只猪和鸡，你说不给他送去还行？这都是因为我们没有地的缘故啊。”

说完，痛苦地张了张嘴。

“你们先想到给地主送去，那还行吗？必须先保住自己的家产，自己有了守得住的家当才能够斗争。不管怎样，先得让它成为自己的东西。多置家产，多养育儿女……这样才能够逐渐生出力量，也就有了勇气。”

金将军又笑着说：

“你们说，光棍汉还有好过的日子吗？儿女成群的人才能过好日子啊。为了儿女，懦弱的人也会坚强起来，谁愿意叫别人把给儿女们吃的东西抢去呢？”

金将军不觉兴奋起来了：

“如果都像你们这样想法，不单自己的家当，就是连自己的妻子儿女叫人抢去，也会认为是没有办法，甚至国家都被抢去了，也觉得是无可奈何的。”

院长感到，金将军这是鼓舞大家，让大家坚强起来，这首先就得让他们本身具备不得不坚强起来的条件。于是他对农民们说：

“诸位，你们不要担心被抢，还是先多作些过好日子的准备吧。自己想过好日子，才能跟不让我们过好日子的家伙们作斗争啊。”

院长一面说，一面也想到自己的事。他想：回到学院以后，立刻要让大家开始搞副业和福利事业。……院长受了金将军的批评以后，就不断地在考虑这些问题。他根据金将军的指示，已经通知教职员召开一次会议，对学院工作的改进，事先多加研究，并且想到把教职员和儿童们一齐发动起来。

当然，金将军的批评最初是使他感到十分难受的，但现在想起来那真是金玉良言。

从前，他总认为自己是个比较健全的人，别人也曾经那样称赞过他。早在金将军组织游击队以前，他在延吉县八道沟就参加了当地的游击队，和敌人进行过斗争。那时，他当过参谋，队员们都尊敬他这个年纪大的人，大家都叫他有智慧的“谋士先生”。

以后，他转到金将军的游击队，声望还是很高。当然他也参加战斗，同时他负责记录一切游击生活，一度还担任过教导员的工作。

那时候，他很能理解金将军的意图和指示，做了不少的工作，受到队员们的称赞。可是后来因年纪较大，认为他担任儿童革命团的工作比较最合适，就调到学院来工作了。从那以后，他的脑子不知不觉地就变硬了。

这当然是由于没有随时接受金将军的指示而引起的毛病，但主要还是因为他自己陶醉在高高在上的自满情绪里，而懈怠下去。常常有这样的情形：他对一件事情，自己还搞不清楚，就装着满明白的样子，发号施令，申斥下级。

但是，坐在上面的人的工作并不只是这些，金将军的工作态度正好给他一个具体的榜样。今天，金将军和往常一样，先详细地询问农民们的实际情形，然后加以观察、分析、判断，才下结论。必须这样切合实际，别人才能接受；而且只有这样作，才能正确地领导别人。

金将军在那偏僻的山村，也能为农民们想出很多办法，有条有理地告诉他们，指导他们，所以他们也能心悦诚服地照着去做。

金将军对那山村的农民们，把怎样开辟自己家里的后院的荒地，利用猪圈里的烂草多做肥料等等琐碎事情都讲到了。他讲这些事的时候，就和富有经验的农民一样。他知道农民们的心思，就告诉他们说：

“怕地主抢那块地吗？怕地主要那块地的租子吗？……不要担心，要以坚强的信心，认定那块地是你们自己的，要保住自己的土地。只有这样作，就不会被抢去，斗争也一定会胜利的！”

金将军又接着说：

“这个斗争和为人民而战的游击斗争是分不开的。不论如何，我们一定要战胜敌人，才能收复祖国。是不是这样呢？还有人能怀疑这点吗？”

接着，金将军就讲解游击队的战斗和日军的情况，同时还通俗而详细地解释了国际情势。他的讲话增加了大家的希望和力量。

院长怀着孩子般的喜悦心情，回到学院。当天晚上就召开了教职员会议。

院长首先作了关于学院工作的报告。他特别强调地指出：要把思想从新武装起来，坚决克服金将军所指出来的缺点，发挥工作上的创造性和改进工作方法。

在展开讨论以前，院长要求大家以座谈方式自由发言。他说：

“女炊事员同志，要发表怎样做好伙食工作的意见，工友同志，要……”

院长先造成了和蔼轻松的空气，才坐下来。跟着大家就展开了热烈的讨论。结果，对以下几个问题，大家获得了一致的意见——

一、每月召开学术及思想教育的研究讨论会。这个会议要和日常的教育和训练结合起来，同时要联系到修正和编纂新教科书的工作；

二、建立副业农场，开始养猪、养鸡工作。这个工作不仅局限于福利事业，更主要的是培养教职员和儿童们的劳动观念和自给自足的精神；

三、为了提高儿童的文化水平和政治思想，要培养和提高文学艺术的修养，要研究出刊美术化的壁报，发表孩子们的作品和漫画；为了使儿童们得到全面的发展，而且要时常召开校内的文娱会，表演儿童剧、歌、舞和朗诵儿童诗、童谣、童话等。这种会不仅在校内开，还要给各村的农民们表演，到疗养所和修械所去进行演出。

对以上三个问题讨论结束以后，院长对大家说：

"大家提出了不少很珍贵的意见，可是，现在我们需要把眼光转到当前的问题上来。目前最迫切需要的是，马上解决孩子们的衣服和鞋子。师长同志说，立即通知抚松本部给我们解决。我们是不是就只等待着呢，或是有别的方法……"

这时，宋同志不等院长说完，就站起来说：

"院长同志！我有这样的意见——先从孩子们穿的棉衣里，把棉花抽出来，然后做成夹衣……这个工作可以在孩子们睡下以后来做，用不着费很大的力气就能做好。我和女炊事员同志领着几个岁数大的女孩子们，少睡几夜，就可以完成了。"

"这意见很好。还有……"

院长一面说一面望着大家。数理教师坐在座位上，两腿不住地摇晃了半天，才提出了意见：

"那倒是不错。可是，你们要知道，那些衣服本来就破烂不堪了，幸亏它还连着棉花，才勉强的能穿起来……"

"破的地方不会拿别的布来补吗？所以才要做几夜呀，不然的话，一晚上就能做完了。"

宋同志反驳了他。于是，这个问题就照她的意见决定了。

院长又问：

"鞋呢？"

这时，一向沉着的朴教师提了提裤腰站起来，用慢条斯理的口气说：

"我利用作文的时间，和三个教室的孩子们谈过。"

他好像把话说走了题：

“孩子们的创造性确实比我们高。”

说着，他瞅了列席的游击队同志们一眼，接着说：

“孩子们这几天和游击队同志们在一起，仔仔细细地听游击队同志们所讲的每一个故事，更特别留意他们的心情，他们的服装和动作，甚至连鞋都注意到了。其实应该说他们是在研究才对的。”

院长笑着对他说：

“朴同志，请你先讲鞋的事吧，关于研究，等以后再发表。”

可是，朴教师仍然保持着原来的态度，咳嗽一下，接着说：

“不，别看话拉的长，说明这点是必要的。那就是在和孩子们谈话的时候，与其说我是先生，倒不如说我是学生。孩子们的观察力比我敏锐。孩子们发现有的游击队员穿着用树皮做成的鞋，非常好。大家等一等……”

说着，他把列席队员们所穿的鞋挨个地瞧了一遍，继续说：

“哦，不是这些同志。一直到现在，我还认为游击队同志们穿的都是日本兵的胶鞋或皮鞋……可是有几位却穿着草鞋。那还是三尖鞋呢。孩子们一发现了这种鞋，就问起队员同志们来。据队员同志说，穿这种鞋，可以避免把脚磨坏，而且在袭击敌人的时候，还可以很快地跑到最前面去。这种鞋，是他们反复研究的结果，才用树皮做成的。确实很好。”

说到这里，朴教师觉得别的职员们好像不大感到兴趣，于是提高声音说：

“重要的是孩子们的创造性！孩子们并不是单纯地看完就了事，他们也想亲自动手去做，有几个孩子已经把树皮剥来了。”

说过，又看看大家。这时，院长插嘴说：

“朴同志，我明白了。请你坐下。”

可是，他还是执拗地说：

“不，更重要的还在后面。孩子们都说自己要做鞋穿，这就是孩子们的自发性和创造性。而且孩子们还要把这些事情写成壁报，不久就要发表的。”

他说完了，院长望着别的地方问道：

“还有没有别的意见？”

“可是，孩子们得会做鞋才行啊！”

历史教师说。

“做鞋我最拿手，你们先跟我学习，再教给孩子们不就行了吗？”

院长刚说完，站在那里的朴教师望着历史教师，嘲笑似地说：

“哼，孩子们已经跟游击队同志学会了。在学习的方面说来，孩子们反倒是大人的老师……”

这样，院长作了结论说：

“那么对第四项被服和鞋的问题，就这样决定：衣服，就先把棉花抽出当夹衣穿；鞋呢，各自剥树皮去做。”

接着，就开始讨论准备过冬的问题。经过热烈地发言之后，决定由会计方面作出计划，负责执行。可是负责会计工作的同志说，没有给他创造一定的工作条件，这不能使他痛痛快快地接受任务。于是院长说：

“这并不是单单地把任务扣在你的身上。但是你要知道，那是你的责任，你也要发挥创造性才行。”

他好像忽然想起什么来：

“真的，我要和大家讲一个故事。”

他笑着，开始讲起故事来——

那是他在金将军游击队的时候的事情。有一次，在一条陡削的山壁夹峙的非常狭窄的山谷里，游击队受到敌人不意的袭击。那时候，队员只不过二十多名。在狭小的山谷里迎面受到敌人的射击，势必后退或是向旁边的山沟转移。可是，金将军斜倚在岩石上，详细观察了前后左右的形势，然后立即发出冲锋的命令，向着山头上的敌军指挥部攻击，那的确是孤注一掷的决死战。实际上，那高地上的敌军指挥部依仗着有利的地势，又预测到游击队势必后退，所以在那里只配备了少数兵力，却把主力埋伏在后面和旁边的山沟里了。

敌军指挥部受到这样出其不意的反冲锋，被游击队打得溃不成军，几乎全部复[覆]灭。

战斗胜利结束以后，游击队不等后面峡谷里的敌人追来，就进到山里的隐蔽地带了。这时正是三伏天，太阳像烈火一般晒着干燥的山岗，见不到一块树荫和一滴水，队员们渴得嗓子直冒火。

虽然嚼了些草叶，但草叶到了人们的嘴里，只像热锅里面的一片雪花一样。队员们和院长都想派人到沟里去打点水来喝，就借着稍事休息的机会，向金将军说了。金将军却笑着说，赶快命令部队继续前进。

大家只好继续行军。走了一阵，远远地看见了一个树林，部队一到那里，金将军就面带笑容地望着大家，叫大家解下背囊，脱下上衣，卷起裤腿。接着下了命令：

“拿上衣盖好肚子，躺在树荫下，好好睡到我下起床命令为止。”

于是大家很香甜地一直睡到太阳西斜。接近黄昏的时分，气候也清凉起来了。可是金将军仍然让队员们睡下去。金将军也足足地睡了一觉。

天黑下来以后，队员们一个接着一个，睡眼惺忪地爬了起来。

“还想水喝吗?”

金将军笑着问。奇怪！大家都不觉得渴了。

这时候,金将军才下了全体起床的命令。

“现在还渴吗?”

金将军仍然带着笑容问院长。

“不,真奇怪啊!”

“为什么不渴,你不知道吗?”

“不知道。”

“这是发生在自己身上的事情,你还不知道?”

“是啊,究竟是什么缘故呢?”

“一个游击队员需要知道它。在那样酷热的天气里,又经过了激烈的战斗,人当然又渴又疲乏,需要喝几口水。可是如果没有水怎么办呢?那么最好是到树荫里睡觉去。对于焦渴的人,一走进了那种潮润而又阴凉的树林,马上会产生一种凉爽、轻快的感觉,就像喝了清凉的水一样,口渴的痛苦由于这种清凉的感觉就自然会减弱了;而且,已经战斗得精疲力尽的战士们,是既需要休息,也容易睡眠的,让他们睡熟以后,即使口渴得厉害,也就全然忘记了。这是一种适应和利用环境条件的办法,是从没有办法里面产生出来的办法。要懂得生理作用,心理作用。这是简单的道理。”

“哈哈……”

院长感叹起来了。

院长回忆着当时的情景,接着说:

“师长同志从人的小小的生理作用上也能找出革命的战斗理论。倘若我们也照样从各方面找出革命的理论和方法,再把它适当地运用到各方面去,我相信不管什么事情,都能成功。这是我们应当学习的第一点。”

“其次,就像这故事里的情形那样,要正确地认识和掌握周围的环境,是非常重要的。如果当时金将军错误地判断形势,全体后退,一定会造成严重的后果。金将军就是在意想不到的、突如其来的境遇当中,仍然正确地认识和判断一切,这样就战胜了敌人。”

“就拿这一次来说吧,金将军到农村去,立刻就掌握了那里的情况,及时地给农民们确切的指示。这个指示非常切合农民的实际要求,这就是力量。希望大家从这里认清以上这两件事情,而且要学习。因为我们像需要空气一样地需要它。”

院长停了一会,好像松了一口气似地又说:

“可是我却把这些宝贵的教训忘掉了。我长期离开师长同志，也是重要的原因，但我认为主要的还是我本身没有深刻地研究自己应做的事情。我坦率地说出这沉痛的事实，同时诚恳地忠告大家，千万不要对于周围环境采取疏忽、麻痹的态度，更不要在自己的岗位上打盹……要勇猛地振作起精神来……不要忘记周围环境是活的学校，日常工作是我们的教师。”

教职员们默默地听着，对院长的信赖比以往任何时候都高。

过了一会，院长半开玩笑地勉励教职员说：

“就像刚才我所坦白的那样，我确实是年纪大了一些，创造性也不够。然而，决不能要同志们也缺乏创造性。大家明白了吧？”

大家紧张的脸容，渐渐地轻松下来。这时，嘴头向来很硬的宋同志站起来说：

“院长同志自暴自弃也是不对的。师长同志也说过了。”

随着，场内扬起了一片笑声。

性情温和的院长，好像捋着长胡须似地缓缓地擦着嘴说：

“话是那么说，可是我还不会老是一点创造力也没有，今后我们竞赛一下看吧。刚才我作了自我批评，实际上是想要和同志们竞赛一下，我不会马马虎虎地输给你们。说我没有创造性，你们以为我就那样没能力吗？虽然我不敢自夸南山打过虎北山打过狼，可是，说实在的，我在师长同志的游击队时，倒不是一个软弱的人哩。你们不信，可以去问师长同志。我现在依然是有勇气的。展开竞赛试试看。同志们只要支持我，我这老游击队员，还会生气蓬勃地大干一番。”

院长这半开玩笑的话，确实鼓励了大家。

院长最后作结论说：

“我们教职员一定要执行这些决议。这个决议的精神必须在儿童们的学习、训练、劳动里具体地体现出来，首先同志们要把大家好好推动起来，连我在内，全体教职员一齐动手干！”

会议就这样结束了。全体教职员在思想上都有了新的准备，大家一致感到过去的沉重的负担，现在反倒减轻了。同时还觉得，不管多重的担子也能负担起来。

教职员们这才理解到金将军的批评和指摘，那是给大家的进军命令，战斗命令！

十六

第二天下午，到抚松去的人回来了。但应该给儿童们带来的衣服和鞋，却一件也没有带回来。

不但如此，连拉大车的牛都丢了，像斗败了的公鸡，拖着空车悄然地回来了。

他们曾按照金将军的指示，到抚松的部队里领到了被服和鞋子，可是在回来的路上被土匪抢光了。

金将军冷静地问道：

"怎么这么多日子才回来呢？"

"因为情况有点变化，抚松部队里并没有儿童的服装，净是些大人的，所以把那些服装又都拿到抚松市里去换……"

一个相貌憨厚的联络员回答。他今年还不过四十岁，但看起来倒像有五十多岁的一个憨头憨脑的同志。

拉着大车回来的勤务员们都站在门外。

"我明白了。可是东西都弄到哪儿去了？"

那老联络员一声不响。

"你据实说吧。"

"丢了。"

他的声音和蚊子叫的声音相差不多。

"丢了？丢在哪儿了？"

"不，被抢去了。"

"被抢……叫谁抢去了？"

"是，就在西南岔的山里。"

"那么，你是说叫山吞去了吗？"

"不，叫土匪抢去了。"

"土匪？要说清楚点，到底是土匪呀，是伪满军，还是日本鬼子？"

"不，看他们的打扮无疑的是'红胡子'①，简直是无法无天的家伙们。"

实际上，这个时期，附近的土匪很多，而伪满军也和土匪差不多。还有所谓蒋介石系统的"游击队"，说起来比土匪还厉害。这些家伙们在打着游击队的招牌，专门坑害老百姓。

---

① 土匪。

日寇和伪满军都不想打他们,所以土匪竟闹得在城市附近抢劫了。

"你们对土匪说了些什么?"

那个老联络员对金将军的这句问话,有些手足失措,不知道怎样回答。

"那么什么话也没有说,老老实实地就交给他们去了吗?"

"不,我说过'不行'呀。"

"为什么不说明这是金日成部队的物资?"

联络员同志又茫无所措了。

"你不知道那些家伙们是怕我们的吗?连日本鬼子和伪满军听到我们都吓得发抖,你们还把贵重的物资叫那些不三不四的家伙们抢了去,空着双手回来?"

"不,我真的说了这都是金师长部队的物资,可是天生的野狗子们,随我说得怎样严厉,他们也是不听,真是初生犊儿不怕虎,实在是没啥办法。"

金将军听他这一说,倒觉有点好笑,看他那呆头呆脑的样儿,就不像他说的那样大胆,无疑的,他一看到土匪早就吓得缩作一团了。

"去的时候带了武器没有?"

"带着哩。"

"那为什么没有开枪?"

他又不吭气了。

"放过一枪没有?你会放枪吗?"

"那些小子们连我们的枪都一古脑儿抢去了。"

"什么?"金将军突然急促地喝道。

"他们一看见枪就没命啦。"

"连武器都被抢去了吗?"

金将军严厉地喝问着,继续对坐在旁边的参谋长说:

"把他带出去押起来,要严格地审问!"

"不,师长同志,那些家伙们用斧子……"

"武器是我们的生命,怎么能把武器交给土匪,……赶紧带出去,跟他一块儿去的那些勤务员也要同样的审问。"

叫他们出去以后,金将军对学院院长说:

"这件事你是有责任的。这样重要的事,怎么能派这样的人去呢?"

"不,师长同志,他在日常中是挺能干的。"

就连好说好笑的院长不由得也露出慌张的神色。

"能干的人就像他那副样子吗?你没有听见他刚才说些什么话吗?"

“是啊，真没有料到，活像吓掉了魂的人一样。”

“自己作的事自己得负责任。”

“过去，哪怕是三更半夜，只要给他任务，就从不发一声怨言，不管哪里他都能去。”

“那也许正因为他太傻。看他那样子简直是老鼠见猫，不等照面就逃了，一点胆量都没有，不是吗?”

“是，他本来就有点胆小。”

“明知胆小还派他去，更是你的错误。前些日子我不是对你们讲过林守山的事吗？你们得提高警惕呀！不但对敌人要有警惕性，就是对自己的人也要先了解清楚再安排工作。因为你们没有照我的话去做，才发生了这样的事。要赶快详细进行调查，处罚他们。如果作好作坏都没有一定的赏罚制度，那就谁也不负责任，同时也不会出现应该受表扬的人了。所以要认真地作到赏罚严明，该奖励的，就得奖励，该处罚的，就得处罚。”

“是，我明白了。”

金将军心情很不愉快。主要是因为院长没有把工作布置妥善，但是金将军觉得自己也太疏忽了，在事前没有很好加以检查。

其实比这更为难过的是儿童们切身的事，天气一天比一天热起来，孩子们也知道不久就要换上新装，现在却由于这意外的事故，实在一时无法满足孩子们那样喜悦的期待了。这时候金将军所感到的痛苦，也正是父母对于自己的儿女才能有的一种心情。

大部分孩子都失掉了父母，就是有亲人，也是生死不明。所以金将军认为自己就是那些孩子们的亲人，孩子们也同样这样想。那些小一点的孩子在院子里只要遇见金将军，都要争着扑向他的怀里来。每逢抱起他们的时候，金将军就想到，这回一定要给他们换上新装再走。

金将军茫然地眺望着南山，树木越发茂盛起来，晚开的花儿稀稀落落地点缀着山景，金黄色的阳光闪烁在深沉的绿荫里，黄杨的绿叶被微风吹动得像玻璃片似的沙沙作响。

不知名的小鸟儿，展开轻快的翅膀，在蓝色的天空中自由地飞翔。还有在树梢头和屋檐上穿梭飞舞的燕子，一忽儿安详地落在篱笆上，一忽儿又向南飞去了。金将军抬头望着天空，他的心也不由得飞向南方。

千里外的故乡浮现在眼前，虽是破旧的小茅屋，燕子却年年归来，造窝，繁殖。冬去春来……就是这小小的飞禽也是这样依恋着爱好和平的人们。

回忆着大同江岸上锦绣交织的故乡——万景台美丽的风景……倏忽之间

离开它已经有十五个年头了。

端午节前后，争先地登上那个垂挂在小河岸旁杨柳树上的秋千，一同玩耍的那些童年的小伙伴，如今都不知怎样了。现在他们是否能尽情地享受着故乡的土地、太阳、草木、河水这些大自然所赋予的愉快幸福的生活呢？不，那是绝不可能的。

如今使祖国的大好河山和人民日趋枯竭的，不正是那不共戴天的仇敌日本帝国主义吗?！朝鲜人民只是日益喘息在贫困和暗淡的生死线上。

不消灭敌人，就不可能享受祖国所赋予我们的一切恩惠和幸福。每一个朝鲜人必须挣脱奴隶的桎梏。

为了达到这个目的，必须人人齐心合力，团结一致展开反对日本强盗的斗争；同时，为鼓舞人们掀起斗争的浪潮，站在斗争前列的战士们，就要更勇敢、更出色地斗争起来。

只有这一个火炬，才能照耀出朝鲜人民前进的道路，才能赋予人民以真正的力量。

这天晚上，下乡的几位游击队员回来了。他们在许多村庄里了解了各种的情况，他们所报告的各地情形，大致也都是一样的。

农民的生活到处都是一天比一天更加穷困、恶化。就像脏水沟里必然滋长霍乱菌那样，日寇和伪满军窜犯频繁的地方，照例是老百姓的痛苦呻吟增高起来的地方。

从长白山脉中的马鞍山到抚松去的途中，像西南岔和黄泥河子这些地方，都有日本军队，伪满军也比别的地方多。这些强盗们为了防御游击队，就驻扎在密林地带的周围。

但他们想也不敢想进犯到密林里来，至多不过偶然来一架飞机在上空盘旋一下而已。

有时日寇也率领着伪满军，以“讨伐”为名，如同偷嘴的狗一般，在密林外乱窜一阵，可是，不被游击队痛打一顿，已经算是他们的幸运了。他们却又不能整天地呆在兵营里不动，因为随时随地都可能有游击队出现。

日寇虽然到处乱窜，但游击队总像一阵风一样，没法捕捉，日寇弄的无法可想，便恼羞成怒地威胁和迫害善良的人民来泄忿。

鬼子们肆意地杀害无辜的人民，放火烧毁房屋和粮食。但他们仍旧不满意，就把许多武器弹药交给伪满军，唆使他们进一步地迫害老百姓，掠夺人民的财物。可是，不管任何时候游击队都是和人民在一起的。

伪满军也是一样的怕死，他们每逢出去“讨伐”，就把武器弹药卖给土匪，赚了钱就回来。然后，他们再用那些钱去贿赂日寇。在鬼子们来说，这倒是一笔很好的生意，所以他们常常借口讨伐，领取许多武器弹药，转卖给伪满军。

按照他们的这套把戏，伪满军和土匪之间又开始进行了交易。他们本来就是一丘之貉，所以他们的交易像一个公开的市场一样，进行得很为顺利、圆滑。在这种混乱的局面下，吃苦的只有老百姓。土匪用这些武器，几乎是公开地掠夺老百姓的财物。因为他们并没有什么忌惮，他们的背后就是伪满军，伪满军的背后又是日寇，真是狼狈为奸。肆意地进行盗窃，那确是最安全不过的一种买卖。

土匪们放心大胆地在白天出没，毫无顾忌地进行着抢劫。日本兵就常常扬言有共产军活动，以这个借口频繁地进行讨伐，而每一出动又赚一大笔钱回去。在获得的利润里，当然少不了有土匪的一份。

因此，今天的土匪和它的"表哥"——所谓蒋介石游击队，也就公开地进行着抢劫。

他们不敢进到深山里去，只要进去就会被人民游击队干掉。他们驻在离城镇较近的山中才很安全，因为那里有他们的带武器的主子——日本军和伪满军。山间的城镇——西南岔和黄泥河子附近的土匪的猖獗，正是说明了这些事实。

尤其是白天他们居然敢于在西南岔附近的大路上抢劫游击队的物资，已经赤裸裸地证明了谁在背后给他们撑腰。

日本强盗们为了掠夺和榨取老百姓，经常干强盗的勾当，所以抢劫儿童革命团物资的，也就是日本兵和伪满军。

金将军向院长问道：

"日军和伪满军不驻扎在一起吧？"

"驻扎在一起的，现在日军就驻在西南岔伪满军的兵营里，伪满军队长和日军队长真像一个窝养出来的一对最凶恶的豺狼。伪满军队长原来就是个大地主，不分日夜派出兵去把老百姓的猪羊和鸡鸭都抢个精光，还加上一连串莫名其妙的罚款和苛捐杂税，从老百姓脊梁上挤干了膏血。他们和土匪简直是一模一样，连在稻田里作活的人们的衣服也给剥了去，过路的妇女也给拉走……"

"那些家伙们的兵力怎样？我说的是西南岔敌人的兵力。"

金将军首先要知道它。

"看样子军队很不少，他们的兵营也很坚固，四周有两道围墙，敌人都驻在第二道围墙里。"

“那么究竟有多少呢?”

“详细数字我还不清楚,不过根据我们综合起来的情况看,伪满军有三百多名,日本兵大约有五六十名。”

“以这样的一个小地方来说,兵力算是够多的。可是地方的民心怎样呢?对日寇……”

金将军问道。

“对日寇的反感非常大。西南岔的伪满军队长仗着日军的势力,以金钱和武力向各地伸出了魔掌。那家伙本来就是贿赂日军弄到了伪满警察署长的,打从就任的那天起,就一心一意地勒索老百姓,这就是他唯一的行业,再把那些抢夺来的土地和赃物转租给老百姓,或是放高利贷,很快地就成了地主,也成了农村的高利贷者了。”

“那不只是他一个人,所谓‘满洲国’的伪警察和伪军军官都是一个庙里的家伙。”

“是的,西南岔的‘警察队长’自从由伪满警察调任伪满军军官以后,就越发疯狂地掠夺起来,到处都有他的农场和管理人。那些管理人除经管那家伙的土地和钱财之外,还担任那地方的所谓‘自卫队长’,所以各个村庄自然地就要受到他们的统治。老百姓被折磨得死去活来,不是土地被抢就是被勒索金钱……如果到期还不了账,就要抢妻子、夺女儿,或是夺取牲口,不然就要把人扣押起来。老百姓一天到晚像坐在针毡上面一般,苦熬着悲惨的日子。因此老百姓把他们恨入了骨头,恨那些家伙们不早日死光,但又谈何容易呢?敌人自己是不会死的。总之,这里农民的力量比较薄弱。”

“所以唤醒人民,使他们早些觉悟起来的工作是非常重要的,必须使人民齐心合力,团结一致,勇敢地站起来。但是目前人民还没有信心,他们的觉悟程度还很低,为了使他们认识清楚,早一天站立起来,我们必须站在人民的最前面,我们应该领导这一斗争。”

金将军深深地感到必须给人民证实一下:日寇和伪满军一定会灭亡的这一个事实;同时,游击队必须首先消灭这些家伙,才能得到民心。现在正是时机,人民也正日日夜夜地盼望着。

直到目前还没有人打过他们的兵营,因为老百姓认为那是根本不可能打下来的一个贼巢。只要能够把它打下来,无疑地民心立即会转向游击队,相信游击队的。

金将军初步了解了西南岔附近的情况,反动势力虽然很顽强,但在人民的心灵深处却燃烧着复仇的烈火。尤其是这个地方,因为靠近朝鲜的国境地带,朝鲜农民也特别多;他们差不多都是佃农,在二重三重的压榨下面呻吟着,他们日夜渴望着解放。如果在这里举起了斗争的火炬,不仅在这一带能起一定的作用,而且能够鼓舞国内的人民,这是金将军第一个要达到的目的。况且土匪又把供给可爱的孩子们的物资抢去了,这更使金将军抑制不住胸中的怒火。

金将军已经计划不久要发动一次攻势,凑巧这时又发生了被土匪抢劫的事件,因此金将军实在不能让万恶的日军和伪满军再继续任性做恶下去了。

金将军打算进一步了解这地方的详情。根据金将军已经得悉的情况,离西南岔不远有个地方叫黄泥河子。那是比西南岔还大一些的市镇,毫无疑问那里会驻有日伪军,如果西南岔或黄泥河子一旦发生了战斗,日伪军也一定会互相呼应的。要在这个地方发动攻势,事前必须了解这一点。

"有没有去黄泥河子方面的同志?"

"会有的,但是距离比较远,他们可能还没有回来吧。"

于是金将军决定再等一个时期,以便搜集更多的情报。

十七

以后回来的队员们所报告的情况,差不多也是一样的。

老百姓心中的怨恨一天比一天更积累得沉重了,人们清楚地知道了究竟是谁掠走了渗透着自己血汗的财物。

"伪满军队长的仓库里什么东西都有。"

这就是说伪满军队长的仓库里堆积着丰富的物资,同时也说明了那家伙是怎样对老百姓进行着残酷的掠夺。

当地朝鲜妇女们都说,他的仓库里还藏着她们的首饰和从几千里之外用头顶着带来的贵重的银的铜的食具。

实际上,一直到现在,西南岔的伪满军队长足迹所至的每一处,都沾满着朝鲜农民的鲜血。

他当伪警察署长的时候,在他的管辖区内,向每一户人家所征的所谓"烟囱税",是比别的地区多得多的。他对朝鲜农民的征税更为苛刻,越贫困的农民征收的越多。

有人问他那是什么原因,他说:朝鲜人是一帮流浪的穷光蛋,人越穷越不安分,说不定哪一天晚上就会突然去得无影无踪;对这样不可靠的百姓,而且是流落到外国来的人,照例就得多收税。

这家伙当上伪警察署长以后,不久,就派他手下的伪警到所管辖的各村里乱闯，进行户口调查。伪警察们首先调查每家吃了多少食盐。老百姓从店铺里买盐的时候，店主就得把销售的数量一笔一笔的记在购买证上，所以消费量马上就可以调查出来。

每次都是这样，伪警察们白瞪着眼睛，瞅着购买证说：

“怎么才吃了这么点盐，从朝鲜买私盐吃了吧？快说实话！”

他们撕破嗓子地吵嚷着、威胁着，如果不承认，就要被捉去。

接着就肯定有多少是私盐，强迫缴出多少罚款；或者是找碴儿，说结婚没有报告他们，也要罚款。

伪警察署长自从转到伪满军当了队长之后，已经成了个不折不扣的地主和放高利贷的家伙，更进一步地来勒索老百姓。每当农民欠了他的地租或是在放债给老百姓的时候，这家伙就逼着农民以他们的女儿或妻子来抵押；如果到期还不上，那么女儿和妻子就得给他作苦工，一直到还清为止。

真是祸不单行，自从所谓“满洲国”成立以后，日本兵接连不断地增加；老百姓在水深火热里，生活日益濒于绝境。那些家伙还不时到老百姓家里威胁着说：

“共产党来过了吧？”

如果老百姓否认，就说他们不说实话，一顿痛打，临走至少也要打死几头猪或几只鸡带回去。

所以老百姓认定，日本兵一出来，就是他们遭殃的日子。鬼子们借口老百姓隐匿共产党，就肆意杀害百姓或放火烧毁房屋。

“把米送给共产党了吧？给他们做了饭了吧？我们都知道！那些家伙又不是乌龟，难道能光喝西北风活下去吗？不是你们养活那些家伙，还会有谁来养活他们？可是你们谁也没有来向我们报告过关于共产党的情报！”

日寇就这样疯狂地在各处屠杀无辜的百姓，整村整庄地放火焚烧的事也不知道有过多少回。不用说牛马猪羊等牲畜见着就拿走，见了人，连小孩都无例外地用刺刀刺死，扔进火里。

金将军为了给人民除害，就在去年把日本鬼子的“安西公①集团部落”给整个烧毁了。这个所谓“安西公集团部落”，是日寇的退伍军人集体移民居住的地方，在“满洲”，日本鬼子打算将来更多设些这样的部落，给日军作护身。

这些移民不但原来就是军人出身，住在这所谓的集团部落里，还仍然携带着武器，并且经常进行军事训练。

---

① 即半截沟，朝鲜三水郡厚仁对岸。

自从去年金将军把“安西公集团部落”烧掉以后，日寇对朝鲜农民的压榨多少减轻了一些，这是因为鬼子们害怕金将军的惩罚。但是狗总改不了吃屎，鬼子们近来又要起那野蛮毒辣的老手法来了，而且比以前更是变本加厉，无恶不作。

最近，鬼子们常常狂妄地说：

“把山团团围住，肃清山沟。”

事实上，日本兵所到的地方，没有不是染满鲜血，焚烧精光的。日本政府还源源不断地往“满洲”增派军队。

如果对于他们这种恣意烧杀的兽行，袖手旁观，那就会更加助长敌人的凶焰，使人民愈加陷落到死亡的深渊里。

“不论如何，非打西南岔不可！”金将军对参谋长说。

西南岔驻有日伪军，而且他们是住在两道坚固的围墙里的。伪满军勒索来的百姓的财物就献给他们的主子——日本鬼子，因此鬼子们对于伪满军的掠夺抢劫的行为也就百般地加以维护、鼓励。

强盗们这样狼狈为奸地苦害着老百姓，老百姓实在喘不过气来，所以金将军认为攻打这个贼窝，比打任何别个敌人的据点都重要。

第一，这会给日军很大的威胁；其次，这也能增加人民反抗的力量和信心。一直到现在，游击队从来没有打过西南岔敌人的兵营，那儿的确是很坚固的。

正因为如此，所以，如果一旦把它击破，自然就能提高金将军游击队的威信，而且还能巩固人民的信心。

金将军和参谋长当然知道这个战斗是会有困难，也有危险性的。事实上，参谋长也早已考虑过这个战斗了，但还没有想出决定性的计划来。

“我想这个战斗一定很困难，因为鬼子们的巢穴非常坚固，再说，不远的黄泥河子还有日伪军队驻扎着。”

参谋长对金将军说。

“所以我们首先需要详细侦察敌情。在侦察的过程中，必须找到敌人的弱点。”

“此地的老百姓是很欢迎我们去攻打的。”

“是这样。所以一面要了解敌情，一面要了解民心。现在应该召集曾经到农村去过的队员们，以他们为中心，开一个座谈会。这是非常重要的工作。”

金将军指示参谋长，在座谈会上，要叫队员们充分地暴露日寇和伪满军的罪恶事实；同时要使他们把农民们悲惨的生活情形以及他们怨恨什么，希望什么，也都要谈出来。

对于在这样情势下的游击队的任务——就是必须攻打敌人的任务，也要在会上展开深入的讨论。金将军还指示参谋长在会议上对这些问题要作一个决定性的结论。

然后金将军嘱咐参谋长，要他根据这次搜集的情报，写出壁报、快报、传单等，散发到各农村去。

说完了话，金将军注视了一下参谋长，看参谋长的样子像是已经下定了决心，他正在深沉地筹划着怎样去攻打西南岔的敌人。

“参谋长同志也要充分地研究一下，制定作战计划。我从今天晚上起，就先凭一张地图，来研究研究。我对这地方的地形多少还知道一些，但对敌人兵营的内情我还不大清楚，如果要彻底知道它，还得要用一种特殊的方法。对这个问题，无论如何都要加以更充分地研究。”

接着，金将军好像忽然想起了什么，他特意叮嘱道：

“可是，这些事绝对要保守秘密，事前千万不要把消息传到人民中间去。”

“是，明白了。那么，我们先转移到西南岔附近的山里，是不是要好一些？”

“当然必要，但是暂时在这里多筹划一下……如果需要增援部队，就得先派人到抚松去……”

“我觉得也需要增援，目前这八十多名队员是不够的。”

“对，但更重要的是要先设法弄清鬼子们的巢穴、它的内部究竟是什么样子。明天就再派几个队员到那附近去调查，要选择几个对侦察工作最有经验的同志们去。一定要设法侦察出敌人兵营的内部详情，因为了解这些情况，是取得胜利的第一个关键。”

“是，我明白了。”

“那么你到部队里去看看吧。”

金将军在参谋长走出去以后，就开始思考作战计划。

首先，西南岔附近的地形，在他脑子里浮现出来。那附近是极其险峻的山岳地带，整个地形对于夜袭难免有许多困难；在白昼里发动攻势困难当然更多。同时，怎样把部队集结在这一带，也是值得考虑的问题。

所以金将军打算继续听取今后所搜集的情报，再准备转移到西南岔附近去。

从第二天起，金将军和队员们开始了个别谈话：问了他们的学习情况，听了他们讲的战斗故事，以及有关队员们的生活方面的谈话。金将军打算通过这种方式来进一步了解队员们的学习和战斗以及生活，是不是都能够联系在一起。只有这样做，才能了解队员们的真正的思想，因为金将军一向是反对脱离生活实际的。

同时，金将军要在这些谈话里，来考察队员们对于敌人了解的程度怎样、在哪一点上最憎恶敌人？仇恨心和战斗热情究竟有多高？等等真实情形。

金将军准备在谈话里大大地鼓舞队员们的情绪，要使得他们热血沸腾而且高达顶点。

西南岔的战斗，无疑的是很艰巨的，但它和最高的山峰一样，只要战斗胜利，队员们一定比任何时候都要精神焕发，百倍的壮大和顽强起来。

所以金将军感到对这一次的战斗计划，比任何一个战斗都要作得周密才行。

但是，这确实不是一件容易的事。

游击队向来是在一定有胜利的把握的条件下才展开战斗的。这里首先有必要完全了解敌情，不但要知道敌人的武装力量，而且要了解敌人的生活状况和精神状态；其次，事先要周密地订出作战计划——使自己这方面不受到损失，更重要的是要尽量地给对方以致命的打击。

金将军不论什么时候都是先考虑好这样的条件，然后以它作为根据再定出作战计划的。所以可以这样说，在战斗开始之前，往往就已经战胜了敌人。事实上也正是这样，金将军的计划和实际展开的战斗，始终没有过一次差错，而是恰好符合的。所以才能够用少数兵力和旧式装备来战胜敌人。

在许多次战斗里，金将军也曾受过敌人的追击，有时也陷入极其困难或危险的逆境。敌人追击着金将军，满以为——

"这回你可成为落网的鱼了。"

但不知怎么回事，局势总是在不知不觉中整个的转变过来。

敌人认为十拿九稳的捕住了的鱼，竟不知在什么时候从哪里漏了出去，而他们自己却落在网中自相残杀起来。

金将军在被敌人追击的时候，也不只是一味地退却，实际上却是采用了诱敌的巧妙战术，把敌人引到不利的地方，然后予以痛击。所以敌人以为金将军有什么神奇的腾云驾雾的本领。

有许多次敌人在战斗以后，大肆叫嚣说金将军已经战死，鬼子们的步枪上甚至还刻着——"在某日金日成战死"等字样。可是，敌人庆功的酒杯还没有干的时候，金将军的名字却又像旋风一样很快地传扬开了。

这时，日本鬼子就吧哒着嘴痛苦地说：

"金日成一共有八个哩！"

一天夜里，金将军正躺在床上考虑着西南岔的战斗，忽然坐了起来对参谋长说：

“我们得马上转移到西南岔附近的山里去。”

“我也觉得那样好。”

参谋长表示同意。

“就现在所得的情报来看，已经知道敌人的围墙是相当坚固的，这是敌人非常有利的条件。可是，要是把这有利于敌人的条件，能够转变成为一个对他们不利的……也就是说，要是能够把它变成对我们有利的话，我们就一定会战胜敌人了。”

“就是这点困难。”

“可以的。”

这时，金将军忽然灵机一动，在作战计划上得了很大的启发。

金将军在这里掌握住了克敌必胜的秘诀：就是利用敌人坚固的围墙，一变而使敌人成为瓮中之鳖。

金将军立即决定转移到西南岔附近的山中。本来他计划先回到抚松，因为那里有最坚强的基干部队，而且是金将军久经战斗的地方。

如果在那地方燃起烽火，马上就可以波及到国内去。所以直到如今金将军总是以抚松周围的山岳地带作为游击队的根据地的。

西南岔离抚松并不远，打下这个地方，也就意味着直接扩大了抚松游击根据地。

金将军的部队转移到离西南岔不远的山中，暂时安置下来。

但金将军还没有完全了解这附近的详情，也不能肯定究竟把部队安置在哪里最合适。因此，金将军打算从第二天起，亲自出去观察附近的地形，并且找几位附近的农民来打听清楚，然后，选择最适当的地点安置好部队，攻打西南岔的敌人兵营。

金将军命令部下广泛周密地布置好几道步哨，通往西南岔的大路当然不用说，就是周围的各个路口和背后的各个山头，也都加以严格的监视和警戒。

然后，他对参谋长说：

“明天早晨派一个侦察员下山，找一位农民来。最好是住在西南岔附近的。”

“是，我明白了。”

“还有，在附近的山中，一定有本地的游击队，就是我们从安图派到这里来组织游击队的李虎同志。参谋长同志不是也知道吗？”

“是，是。我记得。”

“李虎部队一定在这附近的哪一个山里，需要检查一下他们的活动情况。”

“是，我马上派队员去。”

“不过目前还不要叫李虎同志来，先了解清楚他们的所在地就行。等我们选择好一定的地点，再叫他来也不晚。”

“可是怕他知道师长同志来到，会马上跑来的。”

“所以事前好好叮嘱他们不要随便乱动，消息先传出去是不行的。”

“是，我一定照办。”

金将军稍停了一会儿，就问道：

“晚饭准备得怎么样了？”

这时天已经黑下来了。

“正在准备着哩。”

“特别留神不要透出火光，最好参谋长同志亲自到各部队去看看，嘱咐他们留意。”

参谋长从金将军的帐篷里出去了。

队员们本来已经知道不透露一丝儿火光的方法，但现在转移到新的地方，特别是在这样复杂的地带，金将军不得不又特别嘱咐。

金将军对这次的战斗，真是比以往任何一次的战斗化[花]费了更多的心血：一则地形生疏，二则根据敌人兵营的情况，完全需要与以往不同的战略和战术。

把一直到今天为止所搜集到的情报综合起来看，敌人最有利的条件，还是那两道坚固的围墙。究竟用什么方法才能征服它，这当然很重要，但更重要的是怎样进一步使它变成一个有利于我方的条件。

其实，金将军早已掌握住了这个原则。但怎样才能把这个原则运用到实践上去呢？换句话说，怎样才能使它在战斗中具体化……这确实是一件很难的事。

金将军为了找出这个秘诀，费了很多心机，如果能够把这个窍门找出来，那么就等于已经战胜敌人了。

如果找不出妙计的话，就没法战胜敌人，而且根本不可能发动攻势；但也绝不是说敌人完全没有弱点，也并不是绝对攻打不破的。所以，比什么都重要的是首先要找出对方的弱点在什么地方。

因此，金将军详尽地思考和计划着。这是非进行不可的战斗，同时必须通过这次的战斗，把游击队员们提到更高的水准。

金将军已决定不放弃这一次的战斗，如果在这里退缩不前，将来怎样和日渐增多的敌人战斗下去呢？……

一定要发动攻势！为了战胜敌人，就必须有万无一失的作战计划！

十八

第三天，得到了李虎部队的消息。他在安图接受组织游击队的任务到这里来，只不过一个半月，在这短短的期间内，他已经争取了五六十名新队员。

金将军一面听着侦察员的报告，一面感到非常愉快，甚至还想起李虎同志的面貌：高大的个子，容貌端正，从他的仪表就能看出他是一个勇敢而敏捷的汉子。

金将军还记得他的同伴们在安图所说的话。他的名字原来不叫李虎，因为看他行动起来像个老虎，便加上“虎”字，都管他叫“李虎”，于是这个名字就成了他的真名，原来的名字大家反都给忘掉了。

金将军想着李虎同志，恰是人如其名，极其相称的。

“李虎游击队展开活动了吗？”

金将军问队员说。

“是，正在进行活动。”

“那么，他对西南岔的情况了解得很清楚吧？”

“是的，他是了解的，听他说非常复杂。”

队员虽然这样回答，但有点忐忑不安，他怕金将军问起自己所没有了解到的事情。

“关于西南岔的日伪军兵营，他说了些什么？”

“他说那个兵营非常坚固，到现在为止谁也没曾打过。”

“李虎同志没有想到要打一次？”

“他说那很难，况且那个地方的情况非常复杂，不但日伪军很多，还有土匪、反满军、蒋介石的流氓派等乌合之众混杂在一起……”

那位队员暗自懊悔，自己对这方面的情况没有更多打听一些。

“怎么，那些反满军什么的，不是也反对日伪军的势力吗？”

“话是应该那样说，可是那地方的情形还不是那样。据说土匪、反满军以及蒋介石的游击队，只是各自争夺地盘；那些家伙们实际上并不袭击日伪军警，只是勒索老百姓。”

队员想着多亏自己向李虎同志问了这些情况，要不然，答不上金将军的这些问话，一定急出一身汗来。

“李虎部队现在作些什么活动呢？”

“因为现在刚刚组织起来，还没有发动过大的战斗，只是袭击小地方的伪满警察支署，来解决武器、弹药、被服、食粮等等问题。”

接着，那个队员把李虎部队最初袭击某一个伪满警察派出所的经过说了出来，他把自己所听来的事实报告了金将军。

“好，我明白了。你先回去休息吧。”

“可是，李虎同志说他要来看看师长同志……”

“怎么，我不是嘱咐过吗？等地点确定后再叫他来……”

“我是那样传达的，可是队员同志们……”

说着，那队员还想再说些什么，又想更多地听些什么，哪怕受些申斥，也想在师长同志面前多坐一会儿。

队员回去之后，金将军心里很愉快——如今看到了自己所撒的种籽已经萌芽，成长起来。

金将军在安图选拔组织员的时候，曾经亲自审查过李虎同志。

李虎是贫农出身，他从小就亲眼看到朝鲜农民在日本鬼子的“讨伐”下遭遇的悲惨的命运。从那时候起，他的内心里就引起了对日寇的仇恨。那时，他在西南岔附近的一个农村过着苦难的日子。

以后，他的家搬到安图附近去住，据说那个地方朝鲜人居住的较多，而且日子也好过一些。所以他父亲带着全家迁移到那里去，可是真的到那里一看，却仍然是“天下乌鸦一般黑”，也是没有穷人的活路。朝鲜人倒是比别的地方多，但日寇的迫害也就更加残酷。

他长大之后，就想参加游击队，尤其是他听到离西南岔不远的樵松一带，像旋风般地出了个金将军的消息，更抑制不住内心的激动，时常想回到西南岔去。

这个时期，他又听到安图附近也有小股游击队活动的消息，而且各地方的伪满警察支署和派出所时常受到游击队的袭击，每逢这样的消息一次一次地传开了的时候，他就想：

“啊！是不是金将军来了？”

况且大家都说金将军像腾云驾雾似的，一忽儿东，一忽儿西，因此他参军的愿望更加迫切，像一股烈火那样不能抑止。

有一年夏天的傍晚，李虎正在地里锄草，从地头的河堤上走来了一个全副武装的家伙。那家伙两肩上交叉地背着皮带，皮带的两端挎着盒子枪和望远镜，还穿着一双黄色的长统皮靴。无疑的，是个日寇宪兵。

那家伙冲着李虎走来，到了江岸丘坡上气凶凶地站着，用生硬的朝鲜话问道：

“喂，桥在哪儿？”

李虎马上断定这小子的两手，已经是在朝鲜染满了鲜血的。他抬起头来仔细一瞧，那脸膛果然长得又凶残又丑恶。

“让前些日子的洪水冲毁了。”李虎回答他。

“江水深吗？”

“深着哪！”

“深，有多深？”

“不大清楚。”

“有一人深没有？”

“不大清楚。”

李虎一面高兴那家伙的去路被阻挡了，一面盼着不论怎样，也不要让他渡过江去。那家伙绝不会给朝鲜人带来好事的。有过无数次，李虎看见鬼子们凶恶的铁蹄所到的地方，就印上了老百姓的斑斑血迹。

“喂，你先蹚过去看一看！”

李虎迟疑了半天没有走过去。

“小子，快到这里来！”

“那怎么能过……？”

“少说废话……脱下裤子蹚过去！”

那家伙探手摸开了枪套。

李虎没有办法，便脱下裤子下了水，江水深得漫过了腰。当他约摸蹚过了一半的时候，那家伙对李虎嚷着说：

“好啦，回来吧。”

那鬼子站在江岸上等他爬上了岸，就又对他瞪着眼嚷道：

“你把我背过去。”

“嗯？……”

就在这一刹那间，李虎的脑子里，好像有个什么东西像闪电似地闪过，接着他又把四周看了一下，正好附近连一个人影也没有，全是树木丛生的山头。

“怎么能背得过去啊？水这样深……”

李虎知道鬼子们的坏心眼，越是别人不愿意作的事，他们越是硬要叫人做。李虎就故意这样说着，逗那家伙上火。

“小子，你不打算把我背过去吗？”

那家伙的眼光转到了自己的腰上，那意思是说——“你不会看看，这里有枪哩!”

李虎瞧着那家伙穿着皮靴的脚,假装不放心似的说:

“恐怕你的腿会给水打湿……”

“不要紧。”

日本宪兵笨拙地抬了抬穿着皮靴的脚,接着就跺跺脚说:

“好吧,咱们过去吧。”

李虎对那家伙很恭顺地答应着,把他高高地背起来。李虎本来就很有力气,用胳膊把那家伙的两腿使劲夹在腋下。

李虎进到水里,用脚尖探着水底,一步一步往前蹚着,快要到江心的时候,他又环视四周,左近仍然看不见什么人影。

越往江心,水越深,那家伙拼命按着李虎的头想往上爬,不管他怎样挣,靴子尖总免不了被水浸湿。

“喂,把脚抬高一点走!”

宪兵小子趴在人家的身上,还这样蛮横地发号施令,意思是叫他跷起脚尖来走。

“是,是。”

李虎照着那家伙的话,立即把脚尖跷得高高地,用脚尖探着水底继续往前蹭。他感觉着江水更深了一些。正好这时,他的脚尖探到一个突然深下去的小土井。

随着,李虎的两肩顿时涌上了一股力气,不管是宪兵还是自己,只要其中有一个人还活着没有死去,那钢筋般的胳膊是绝不会放松的。他把那家伙的两腿更用力地夹住了。

李虎把上身稍微往前一弯,他又觉得宪兵也跟着把头往前一低,他就又把脑袋猛然往上一抬,李虎的头顶正好像一只铁锤一般撞在那家伙的鼻梁骨上。

“呃!”

随着那家伙的叫声,李虎很快地噗嗵倒向漩涡里滑了下去。那家伙也就捂着鼻子一起沉在水里了。

他想从李虎的两臂上脱开,就用两手乱扑乱抓李虎的头,可是那家伙的脚没有踏着水底,只是摇晃着。

“狗崽子,你甭想活命了。”

李虎更用力夹住了他的腿。

这一来,那小子也顾不得乱抓李虎的头了,用两手扑打着水,死命地挣扎,想把脑袋露出水面。可是一点也不济事,因为李虎绝不会让他露出来。他越扑腾，越呛水，江水随着他的呼吸，尽量地冲进喉管灌到肚子里去。

但也不那么容易咽气的，他又开始乱搂李虎的脖子，用两手掐李虎的喉咙，继而又用日本人的摔跤方法，一只胳膊搂着李虎的脖子，拼命地勒去。可是他的力量并没有能把李虎扳倒，反而被李虎用下巴狠狠地卡住那家伙的胳膊，沉到更深的水底去了。

那家伙于是乱挥着两只手，“咕嘟嘟……咕嘟嘟……”地吹起水泡来了。

不大的工夫，他的肚子就鼓起来，软绵绵的身躯慢慢地往下坠，大概是已经力竭气绝了。

李虎仍然咬牙忍着，当然，他别着气息很痛苦。然而，如果不把这家伙彻底搞掉，自己也是活不了的。

等到鬼子在他背上完全淹死以后，他才把鼻子和嘴露出水面，深深地呼吸了四五次。

然后，他又潜入水里，从背上把那宪兵放下来，按在水底，就坐在那家伙的肚子上了。也许是把那家伙灌进去的水给压了出来，鼓起的肚子又瘪下去了。

这时，李虎才开始去解鬼子的武器，费了很大的劲才解下来。因为他从来也没摸过这种东西，尤其在水里更摸不出来。究竟把哪头缠在哪一块，简直使人大伤脑筋。

李虎解开那家伙的皮带，抽出盒子枪和望远镜的工夫，曾有几次把鼻子露出水面透了口气。他把那家伙的靴子也脱下来，把盒子枪和望远镜装在里面，然后用皮带系好靴腰就提起来了。

最后，他又试着把那家伙松开，他想：是不是会漂浮到水面上？幸好已经沉在江底并没有浮上来，可是他仍有点不大放心，就用脚跟往那家伙的鼻梁上狠狠地踹了四五下。

李虎蹚到江的这一边，先穿上靴子，再穿上裤子，把盒子枪和望远镜掖在腰里，就走进山里去了。这就是李虎同志参加安图游击队的始末。

这是三年前的事。三年以来，他经过许多次战斗的锻炼，已经成为有名的射手了。

当金将军审查李虎同志的时候，始终是带着微笑的。

在李虎的谈话里可以察知他的为人：他沉着豪爽，是一个善于团结群众的可靠的汉子。金将军一面听他谈话，一面想选派他到离抚松不远的西南岔附近去组织游击队。

的确，李虎最适合于这个工作。

因为他不但对西南岔附近的情况知道得详细，而且对从那里通往国境的地形也非常熟悉。他从小生在那儿，在那里上过小学，还帮助他父亲在那里种过地。

他认识和了解那些和自己同村住过的人们和现在大多都在种地的小学时代的同学。

李虎受过金将军的审查之后，希望能够参加金将军的直属部队，就向金将军说：

“如果那时候我仍旧住在西南岔，也许直接就到师长同志那里去了。”

说着，他很高兴地想——这回一定能够达到愿望了。

但是金将军考虑了片刻之后，问他说：

“同志，你有没有再回到西南岔的意思呢？”

“如果我跟师长同志一起去的话嘛……”

“不，我是问你有没有到那里去组织新的游击队的意思？就是组织‘李虎游击队’。”

李虎听到这出乎意料的话，一时楞住了，没有作声。如果拿枪作战倒很有把握，对组织工作可真从来也没有摸过。

“可是，我能不能作得来还不敢说。”

“怎么，你不是在部队里作过宣传工作吗？到农村去找农民们谈过话吧？”

“是，有过几次。因为那时我当宣传员。”

“像农民协会，农村青年会等团体的同志们也都见过吧？”

“见过，特别是我还记得曾经访问过的农村妇女会，那时她们送给我们部队衣服和食粮，所以我和她们见过面。”

“那时工作进行得很好吧？”

“是很好，当时我感动得话都说不出来了。妇女们躲在里屋给我们缝着袜子，夜里还悄悄地把土豆送到山里，先都埋好了，然后再通知我们。”

“农民们都喜欢你吧？”

“那我可不敢说，我的口才又不好。”

说着，李虎微笑了。那是多么善良的面孔啊！那样勇敢而健强的汉子，在这一瞬间，似乎成了一个天真的小孩。无疑地农民们是会喜欢他信任他的。

“那你有没有什么特别的愿望呢？”

“没有什么，不过要是能够和师长同志在一起的话嘛……现在我确实有信心了。”

“难道你从前就没有信心了吗？”

“不，……如果早就像现在一样，我想是会杀更多的鬼子的。”

“往后你放胆地干吧，日本鬼子的脑袋暂时还不至于不够的。像崔宪同志那样，叫日本鬼子们一听李虎的名字就吓得颤抖起来。”

“真的，崔宪同志现在在哪儿呢？”

李虎虽然没有见过崔宪同志，但早知道那名字了。大家都说崔宪同志在战斗时像一只猛虎一样，他是日本鬼子最怕的人里头的一个。

“他现在咸镜南道三水、甲山对岸一带活动，时常来往在两国的国境线上，打得很好。”

“我也想到图们江那边去，当然我们早晚都会过去的……不过，我想能早点过去。”

“那是全体朝鲜同胞的希望，所以我们目前要在国境地带展开更大的活动。你希望这样做吗？”

金将军带着微笑瞧着李虎同志。

“当然希望。”

“那么照你的愿望去做吧。另外还有什么希望没有？”

“没有。”

“好吧，等我审查工作结束之后，再给每一位同志分配具体工作任务，你先回去等着吧。”

李虎同志回去之后，他那沉着可靠的样子在金将军的脑子里留下鲜明的印象。李虎背着日本鬼子沉在水底里的一幕，活生生地浮现在眼前，金将军不由得笑出声音来。

金将军不觉又回想起自己的往事来，在他的童年，他曾在大同江和同伴们竞赛过，看谁能潜在水里的时间最长。

在水里潜得时间较久的孩子，打起架来也占优势，于是金将军把他们都记在心里，每逢做分两派打架的游戏时，就以他们作自己的伙伴来战胜对方。

当时，年幼的金将军在这里发现了一件很有趣的事：那些被打败的孩子们，渐渐地会强壮起来，往往又战胜对方。后来留神看着他们时，却发现那些孩子们都是意志非常顽强，他们不甘心打败，细心研究着战胜对方的好办法。

金将军在下一回打架时，就又把那些孩子选拔出来，编在自己的伙伴里，这样准能打赢对方。

正在回想这些往事时，另一个队员走进来了，于是又开始了审查工作。

审查工作结束以后，由那里选拔出一百多名组织员，二、三名为一组或三、四名为一组，共组成了三十多个小组，派到国境地带去了。

这些小组在一个月左右的期间内，少则争取了十多名，多则争取了五六十名新队员；派到安图附近去的队员，现在已经扩大到一千几百名了。其中李虎同志是争取新队员最多的人里面的一个，现在他正在这一带活动，金将军感到非常满意。

金将军打算让李虎同志组织起来的那支游击队也参加这次战斗，使他们通过实际斗争，更顽强地成长起来。

事实上，金将军计划的这次战斗，在当时的游击战里将成为一个典范；由于李虎游击队能够参加这次战斗，他们会获得新的经验，而且在力量的发展上，也将得到很大的帮助。

十九

一个朦胧的月夜。

参谋长带着副官正在巡视队员们露营的山间。

在那里听不到一点动静，也没有透出一点火光。

偶而从远处传来布谷鸟的叫声，愈发显得夜的静寂。这时，忽然听得一阵

"谁？"

参谋长的副官喊道。

"报告！有事报告参谋长同志。"

从那边走过来的队员已经看出了参谋长。同时参谋长也听出那是谁了。于是就问道：

"什么事？"

"儿童革命团的崔金喆少年来了。"

"崔金喆？"

参谋长借着月光，看着跟在队员后面走过来的人影说：

"哈哈，你这个小鬼……你来干什么？"

但金喆没有作声。

"这小伙子是跟在我们的后面走来的。"

"跟在后面？"

"我们从那里出发的时候，他就远远地跟在后面。他事前早就盯着了……"

"在哪里发现他的？"

"叫步哨拦住了。那个哨兵交了班，我才把他领到我这里来。"

"你得到院长的允许了吗？"

参谋长这样一问金喆，金喆满不在乎地回答说：

“没有。”

“小鬼，随便这样……”

参谋长把话尾带住，又故意提高嗓子斥责地说：

“快回去吧！”

金喆没有吭气。

“不过，对这附近的地理这小伙子知道得很详细，简直就像知道自己的手指那样清楚，连哪里有棵葡萄、哪里有棵山枣他都知道。”

队员暗暗同情金喆，从旁为他说话。实际上，金喆对这附近的地理确是非常熟悉的；有一个时期，他在这一带的山里流浪过。

父亲被日本鬼子杀害了以后，自己也没有一定的去处，为了要活下去，又为了找游击队的叔叔们，他就躲避到这一带的山里来。终日喝着泉水，枕着石头睡在山谷里，每逢葡萄、山枣、榛子、栎实成熟的季节，他就高兴得吹着口哨，这山跑到那山地游荡着。

“你是想来杀日本鬼子的吧，是不是？”

“他说是那样。”

队员替金喆回答了。

“同志，你领他去吃饭，找个地方睡觉，明天早晨再领到我这里来吧。”

“是，我明白了。”

说着，队员想领他回去，但金喆却走近参谋长的面前说：

“不，我现在一定要见金将军。”

“想见金将军吗？”

“是。”

“师长同志有点疲倦，已经睡了。”

“不，时候还不晚哪。”

金喆抬头望着有月亮的夜空。

“你怎么知道他还没有睡呢？”

参谋长笑着问他。

“我一定要去见他。”

参谋长没有说话，拉着金喆的手就走向金将军那里去了。

果然，金将军住的帐篷前面的窗帷还没有放下来，看情形他还没有睡觉。朦胧的月色把帐篷里面照亮了一大片。

金将军坐在一张熊皮上，上半身斜倚着背囊，在深深地思考着什么。

参谋长每当看到这张熊皮，就觉得奇怪：风雪交加的冬天，把它铺在雪地上，金将军有时坐在那上面，有时躺在那上面，就能想出战无不胜的计划来。

那计划就变成一个雷霆万钧的霹雳，打击在敌人的头上。

参谋长想，现在，金将军坐在那张熊皮上，又要掀起什么暴风了。他正在帐篷前面徘徊，金将军喊道：

“参谋长同志吗？请进来吧。”

“没有什么特别的事，有一个叫崔金喆的少年从儿童革命团来了。”

参谋长刚刚说出口，金将军便挺起身来，很愉快地说：

“崔金喆!”

金将军想：“要来的小伙子到底来了!”

“我叫这小鬼明天再来，他说什么也不听，非要今天晚上来见师长同志不可。”

“请进来吧。”

于是参谋长领着金喆走进帐篷里了。

“你来作什么?”

金将军故意用严肃的口吻问，但伶俐的金喆已经看出金将军的心意说：

“我要打仗。”

“就你一个人吗?”

“把我编入游击队里吧。我能战斗。”

“你带枪来没有？非得夺过鬼子的枪来才行啊!”

“我能夺过来。”

“怎样夺?”

“这附近日本鬼子很多啊。”

“很多吗?”

“我都知道。”

“可是不一定就能让你杀死呀?”金将军笑着说。

“我能杀掉。”

“能杀？好吧，只要你能杀掉，那小子的枪就给你用。”

“如果杀好些个呢……我有把握杀死他们。”

“那些枪你想都要，是吧？不管怎样，多杀几个吧，不要担心日本鬼子不够你杀的。怎么样，杀得了吗?”

“杀得了。”

“那好吧。”

说完，金将军从背囊里拿出一枝“勃朗宁”手枪交给他。这是刚从修械所取回来的。

但是金喆只是冷冷地看了一眼，慢慢地把头转了过去。

“怎么，你以为我不打算给你吗？”

“……”

“快拿去吧。”

“我不要。”

“为什么？”

“我要杀日本鬼子，就得杀一个带盒子枪的鬼子。”

“嚯，盒子枪？看你这小伙子野心倒挺大，杀得了那样的鬼子吗？”

“杀得了。”

“杀得了？好吧，给你。”

金将军笑着，给他换了一枝盒子枪。

这回金喆才很快地接过那枝枪去。他长长地喘了一口气，望着帐篷外面的夜空，他的脸被月光照得闪闪地发光，好像在说，再也没有什么可以使他害怕的了。

枪，这曾是多么渴望过的东西啊！在他那一声叹息里，像是包含着他过去所有的辛酸和希望。

“这小鬼对这地方的地理可真是熟透了。”

参谋长对金将军说。

“好啦，从现在起，你一定得跟在我身边，无论到哪儿去，要得到我的许可。明白了吗？”

“是。”

金喆像十分满意了似地笑着，用衣袖擦了擦自己的鼻子。看那情形，他确实还只是个天真的孩子，也像一个稚气未退的淘气包。

金喆的视线和小手不住地转到那枝手枪上，他把身子稍微向月光下挪了一挪，打开枪套，轻轻地抚摸着它，瞧着它。

第二天早晨，金将军就到西南岔的后山上去观察。临去的时候原是只带着参谋长和副官的，可是不知什么时候金喆也跟来了。

夜里，金将军又一直观察到屹立在西南岔后边的桦树嘴子山后面，指示参谋长怎样部署队员；并且一边继续进行侦察敌情。因为敌人兵营内部的情形，还没有了解清楚。

从抚松通到这条街的大路，打西北方的郭家沟丘陵下来，一直到兵营前面；有一条电话线顺着这条路下来，其中有条分到兵营里去的支线。兵营的大门口老有两个伪满军哨兵交替着站岗，日本鬼子却不轻易露面。从望远镜里只是看到满载着物资的大车，不断地进到里面去，同时还可以看见载满了血淋淋的猪的车子。

在兵营进进出出的伪满军，个个都像是天下太平的样子，虽然已过端午节，但许多家伙们还是把手抄在长长的袖筒里，走过来摆过去。

有时队员们打扮成农民走过他们跟前，那些灰尘满面的家伙们，脸上连一点表情也没有，敞着军装的前襟，两手抄在袖筒里，无所事事地游荡着。

兵营的外围子虽然是土墙，但却非常坚固，仍然没有办法侦察到内部的情况。

金将军想到让金喆化装成一个小贩。他能说一口流利的中国话，于是把他打扮成一个中国小孩子，又特意给他把脸和手弄脏，再给他用破木板做了一个糖果盘。

那个盘里装上花生、芝麻糖、烟卷、海棠葫芦和山楂葫芦等东西。金喆变成了一个地道的小贩。

金喆很满意这个工作，他想，时常到西南岔去，或者就能在那儿遇见杀害自己爸爸和妈妈的仇人。

金喆端着木盘，吹着熟练的口哨，在街上踅来踅去；在他内心里，却怀着永远不能消失的仇恨——

“狗崽子们！只要碰见，我就……”

金喆无时无刻不怀着报仇的决心。他虽然不认识那仇敌的面孔，然而他觉得只要碰见，就能立即认得出来。

在街道上，轻易看不到日本兵。有时他就愤愤地踢开路面上的石子儿，或是朝着过路的狗肚子恨恨地踢过去，在金喆看来，那些东西也都像是日本兵一样可恶。

后来他才知道日本鬼子原来都躲在那高高的围墙里面；杀害自己父母的仇敌也是住在里面的那些家伙。

金喆想着定要那些小子们一个也逃不掉，全堵死在里面。

于是他时常用闪闪发光的、含着无限仇恨的眼睛，直盯着那个兵营。

金喆每天都到兵营前面，泰然地用纯熟的中国话叫卖东西。伪满军就干瞪着眼、咽着唾沫瞅他的糖果盘，有的还不由得掏掏自己的衣袋，可是只能掏出一些灰渣和烟末。

金喆企图和他们接近，拿一串糖葫芦送给其中一个眼睛直勾勾地盯着糖果盘的哨兵。那群家伙本来就喜欢白吃，馋得嘴角流涎，立即有一大群人围住了金喆的糖果盘。

于是，有偷着拿走的，也有干脆明目张胆地来抢的。金喆就装成一付傻头傻脑的样子，用那只污秽的手背擦着鼻子，对哨兵诉起苦来。有时顺便还给了他一些花生，那哨兵就替他把那些家伙赶开了。

照例，每天一到正午十二点，兵营里就传出来号声。接着，就有一群饿鬼样的伪满军拥了出来，围着金喆。

根据这个情况，可以猜想到这时候正是他们的休息时间。

有一天，就在这个时间，有几个家伙打打闹闹地走出来。其中的一个家伙假装要买糖葫芦，另外的几个就乘机抢了些芝麻糖和花生，拔腿跑进兵营里去了。

金喆哭哭啼啼地追了进去，在正门前的哨兵假装没有看见，他就一直追到里面的围子门口，可是，他被那儿的伪满军哨兵拦住了。

金喆突然放开嗓门大哭大嚷起来，他一侧身，又往里面跑进了一两步。正在这时，有一个鬼子领着伪满军抬了一个很大的饭桶走过来，结结巴巴地用中国话嚷叫着，叫把金喆快点赶出去。

金喆假装没有听见，他直瞅着那伪满军又往里跑了几步。这时突然从旁边跑过来一个家伙，猛力向金喆的胸前打了一拳，金喆"噗咚"一声跌倒在地上。金喆抬头一看，那家伙是一个日本兵，当时他眼睛里顿时冒出了愤怒的火花，但他故意地放声哭起来了。

金喆装着用手背擦眼泪，从指头缝里偷看了内围子里面的周围的布置：内围子的四个角上有炮楼；院子里有一群光着膀子的日本兵，有的在抽烟、有的在伸着懒腰、有的伸腿缩胳膊地围在一起。

伪满军来回地忙着给鬼子们送午饭。金喆这才往盘里捡着撒在地上的花生，顺便又仔细瞧了瞧炮楼，那里正有三四个伪满军无精打采地走来走去。

这天晚上，金喆把自己白天所看到的情形一五一十地报告了金将军。金将军听完以后，一面夸奖他，一面又教给他许多新的方法，并提醒他还应该调查哪些事情——

"要更仔细地调查炮楼的情况，还要了解指挥官们所住的地方——一定是那些建筑物比较好、电线最多的地方。"

金喆聚精会神地听着金将军的话，每一个字都刻在自己的心里，同时把今后自己应该采取的行动，在自己的脑子里一个一个地盘算着。

"其次，要调查清楚武器库在哪里，那种地方必定是由日本兵来站岗的。"

金喆眨了眨眼，心里想，一定要叫自己的眼睛变得和老鹰的眼一样的锐利，这样才能够区别出日本兵和伪满军来。

“再就是要调查那些家伙们都做些什么。什么时候休息，什么时候吃饭？是不是都在一定的时间？”

“是都有一定的时间。到了中午十二点一响起号声，伪满军就跑到外边来，那大概是吃午饭的时间；伪满军在这时候也有出来买东西吃的，也有偷东西吃的。”

金喆回答说。

“东西倒不妨叫他们偷点去，你最好还主动地送给他们吃一些，要取得他们的欢心，那样他们自然会把日本兵的情形透露出来，俗语说——‘稗秸虽细，还能通气’，他们虽然都是愚蠢的家伙，可是对日寇总会有些不满的。”

“今天我看见日本兵吃午饭，看样子像是都吃的很好。”

“对，调查那些事也是必要的。”

说着，金将军突然想起来一件事，就对参谋长说：

“给金喆派一个联络兵吧。如果有紧急情报时，金喆可以写个纸条，藏在敌人兵营附近的哪个岩石底下，或是埋在树底下，联络兵每天在一定的时间到那里取回来；不管有没有情报，每天，联络兵在那个时间必须去看一看。”

“是，这是非常需要的。”

“就从现在起，要好好训练联络兵，万一有什么突然的机会来了，我们来不及联络是不成的。”

“是，因为金喆要到晚上才回来，也许有些事就会耽误了。即使联络不了，他也不能白天回来。”

这时金将军又对金喆说：

“你明白了吧？你要和联络兵事先约定一个地方，有紧急情况时，你就写个纸条暗藏在那里。可是那个地点不能只定一处，最好定出两三处，按照当时的情况，找最安全最妥善的地方藏起来。”

“是，我明白了。”

“如果日本兵有整个出动的情况时，马上把那情报送过来，实在紧急的时候，你也可以亲自跑回来。”

“是。”

“还有，你要好好拉拢哨兵，不要舍不得烟卷和别的吃食，能给就多给他们些，可是，若是有偷你的，你千万不要放松，乘机就追赶进去。如果他们赶你出来时，你就顺便把盘子故意弄翻，把东西乱撒在地上，再装着慢慢地捡起来，这样一来，伪满军一定要来抢着吃，这时你就一面连哭带叫地追赶他们，一面留神侦察四下的情形。”

金喆的方法一天比一天高明起来，那里面的情形也调查得很详细。照例，每天一到十二点钟，里面响起了号声，那是吃午饭的时间。每逢在这个时间，金喆就大摇大摆地走进了兵营。

哨兵们尽忙着和金喆要几把花生吃，看来倒比守卫营门的任务还重要得多。

每逢这时候，伪满军在院子里照例给日本兵送午饭，忙乱一阵。有的伪满军还捡些日本兵吃剩的红姜片，吃得很香。日本兵一到这个时候，差不多都脱光了上身，有的胸脯上还长着猪鬃一般的黑毛。

“卖糖葫芦……花生啊！……”

金喆用中国话放开嗓门叫卖着。日本兵现在已经看惯了，也不大理会他，顶多也就把他当作一个“清国佬”[①]傻小子来看待而已。

金喆有时一面故意用生涩拗口的中国音调唱着日本歌，一面又偷偷地向周围察看。

往一个深邃的角落里望去，有许多庞大的建筑物，金喆想，这一定是敌人的指挥部和武器库。

二十

金喆在经常出入敌人兵营的期间，学会了几句日本歌。

鬼子们闲得没有事的时候，或是喝了两杯酒之后，照例用那嘶哑的嗓门哼上几句。

其中也有几首金喆过去听熟了的，像“鸭绿节”“白头节”那些歌。这是在他幼小的时候，就时常在酒馆门口听到有人唱的。有时又见到日本宪兵醉熏熏地倚在电线杆上，一面撒着尿，一面唱着。

所以他很快地就学会了。他先在嘴里试唱一遍，觉得音节差不多了，就想：“这回行啦！”接着他就大声唱了起来。

有一次金喆在内围子的门口，唱起了日本歌：

“朝—鲜和满洲……”

但这支歌丝毫也引不起那批只想白吃东西的伪满军哨兵的兴趣。因此，金喆又顺手抓给他一把花生，然后仍然唱着日本歌走进里院去。

“嚯嗬！”

---

① 这是对中国人带有侮蔑意味的称呼。

日本兵听了金喆的日本歌，好像也被那歌声吸引住了。因此，他们在无形中也和这个“傻孩子”渐渐熟悉起来了。

金喆就更高兴地用中国口音和像胡琴般的声调继续唱着日本歌。鬼子们也开始笑着甚至随着他哼上几句。

这样，他可以更大胆地侦察情况，他的足迹所能到的范围也逐渐扩展起来。他把敌人的情形慢慢地都掌握在手里了。

内围子的炮楼本来是由日本兵把守着的，但一到吃午饭的时候，就由伪满军来换班。金喆又看好了通往里面的几道门和拉进电线的房屋，还发现了日本兵把守的营房。

虽然留神侦察了好几天，却仍然没有发现武器库在什么地方。金喆往往把烟卷塞给劈柴火的伪满军老头，甚至帮着他劈劈柴火，同时就仔仔细细地到处观察，但始终没能找到。

这些天，金喆发现了一个非常正确的规律。那就是日本兵像钟表一样准确地遵守午饭时间。一到十二点，日本兵就都开始吃午饭，而且敌人在这时间比任何一个时候都显得松弛闲散，炮楼上的守备兵也是那样。

同时，午饭是时间比较长一些的，虽说是一个小时，但往往都超过了规定的时间。金喆还看见过睡完午觉揉着眼睛走出来的日本军官。

一到傍晚，敌人兵营里就传出来报数的声音和刺耳的粗暴的喊叫声，那是他们操练的时候了。敌人似乎也懂得，恐怖随着夜色将会来侵袭他们。

金将军除了金喆的报告之外，由其他方面又搜集了许多情报。根据这些报告，知道离西南岔约有七十里的松树镇有一个日本警察署；还有离六七十里的黄泥河子驻有更多的日伪军。但西南岔和黄泥河子之间，一般的并没有紧密的联系，两地的伪满军队长只顾搜刮老百姓的财物，填满自己的腰包。可是话又说回来，如果他们受到威胁，当然也要相互接应的，但他们当时却没有准备好那种到时候足以迅速取得联络的条件。而且两处中间的山路非常狭窄险峻，卡车很难通行，所以如果遇到意外情况需要互相增援时，就得徒步往返。

金将军把这些情况详细地加以研究分析之后，就决定在白天攻打西南岔。这要在极短的时间内，以闪电般的战术来进行攻击。这样的攻势不适于调动大的部队。

金将军对参谋长发表这个意见的时候，参谋长完全同意，只是对白天行动他有点顾虑：

“白天发动攻势似乎有点危险。”

“一定要在白天攻打，这是为了把有利于敌人的条件立即变成不利于他们的条件。我们趁着敌人松弛闲散的时候冲进去，不给敌人有还手反击的机会，叫他们除了逃命之外就无法可施，到那时候，敌人的内外围子就反而变成了他们逃跑的障碍物。换句话说，就等于我们把敌人逼进了牢狱里一样，我们就容易进攻，在极短的时间内就能完全歼灭他们。”

“利用夜袭，不是稳打稳拿吗?”

“夜间固然也可以，但是用少数兵力在夜间不易一下控制住敌人的炮楼、指挥部、武器库和营房。同时，那样会受到敌人的反攻，不但我们要遭受损失而且时间也会拖长，时间一拖延，对我们是不利的。”

金将军又解释了用少数兵力在白天也能进攻和不必用大量兵力在夜间冒险攻击的道理。

“可是，如果不行的时候……”

“不，绝对行的。在白天十二点稍过一会儿就冲进去，绝不会错的。根据到现在为止的调查来看，这个时刻是最有利于进攻的。”

“白天进攻，当然敌人是不易逃跑，也不能躲藏，可是……”

“我从队员和金喆的报告里，已经得到了确切的把握。过去我们白昼的攻击并不多，以大的战斗来说，就是茂山郡的三社洞和农社洞是在白天攻打的，这回是第三次。这次也和打三社洞的情况一样，根据敌情我们需要这样做。”

这时，参谋长回想起三社洞的战斗。当时三社洞有一个不很大的日寇警察派出所，离那里六十多里的地方还驻有日寇部队。金将军计划要消灭那里的日寇部队，但他没有直接去打日军，却先来了个旁敲侧击。

金将军的队伍渡过江那边去，把大部队埋伏在图们江岸的山里，只用小部队去袭击了三社洞的日警派出所。

瞬息之间，队员们就占领了派出所，他们唱着革命歌曲，围绕大街转了两三圈，才带着战利品乘着木筏渡江回来。

日寇部队接到这个情报，就分乘两辆卡车立刻出发赶来，可是等他们赶到江边时，图们江的对岸上却只剩下空木筏了。于是，五六十名日本兵站在江岸上想拦住那些漂流下来的木筏，慌乱地嚷着：

“你们这些混蛋！快把木筏撑到这里来。”

“不赶快撑过来就打死你们!”

他们蛮横地叫喊着，像是只要有了木筏，就能马上渡过江去把游击队全部消灭似的。

截到了一些木筏的家伙们，仿佛是一伙要去打老虎的猎手那样，怒气冲冲地爬上了木筏。分乘在两个木筏上的敌人，像一群蝌蚪一样乱成一团。“王八蛋，快！快！”他们用枪托子捣着划船的人，好像能不能抓到游击队全在他们的身上。

木筏离开江边，刚刚要进入江心的时候，埋伏在江沿丘陵上的游击队，突然从鬼子们的背后，以暴风骤雨般的枪弹向木筏射来。

站在木筏上的鬼子们，吓得挤成一团，连跳进江里去的空隙都没找到，乱挥着两手，一伙一伙地倒了下去。侥幸剩下来的几个家伙，就都跳进了江水里，可是那些露在水面上只有鸭子头一样大的脑袋瓜子，又叫手急[疾]眼快的游击队员们，一个个瞄准好，都给打死了。正是因为这是大白天，所以能够这样彻底把鬼子歼灭干净。

如果不是白天，鬼子们根本就不敢冒险渡江。金将军事先早已考虑到这些问题，所以当时才选择了白天。

在别的地点发动的白昼攻势，也都是根据这样的条件来进行的。

这次金将军也打算利用白天，将西南岔的日伪军和他们的队长，一举歼灭。

参谋长现在已经能够了解到，金将军早已计划好了一个惊人的战斗。于是他从各方面想像那将要展开的雄壮而痛快的场面，这时他才把所有的顾虑完全消除了。

金将军对参谋长说：

“只要打垮日军，伪满军根本就不成问题，所以先要彻底消灭日本鬼子。”

这天晚上，李虎的部队来到了。金将军非常愉快地和他见了面。

近来，金将军由队员们的报告中，大体上已经了解到李虎部队的情况。他在短短的时期内，争取了不少的新队员。

特别是在国境一带他能获得这样的成果，使金将军分外高兴。

年轻的游击队，被祖国人民鼓舞着，为了报答他们，举起了战斗的火炬。金将军怎能不高兴呢？！

“辛苦了。”

金将军笑着握住了李虎的手。

“师长同志身体健康吧？”

李虎同志炯炯发光的眼睛和短而略平的鼻子跟从前一样。他的外貌正说明了他卓越的才能和刚强的意志。

“全体队员都来了吗？”

“是。”

“一共有多少名？”

"六十三名。"

"六十三名？太好了。打过仗没有？"

"打过几次伪满警察，解决了一些武器问题，可是……"李虎低声地说。

"那么和日军还没有打过吗？"

"是，还没有……"

接着，李虎把自己活动的地区的情况作了简略的报告：

"师长同志也是知道的，在我们活动的那个地区，什么'杂牌'都有，像'反满军'啦、土匪啦……又有什么蒋介石派等等。他们根本就不想和日本兵对抗，反而狗咬狗地争权夺利，结果不是暗地里勾通伪满军，就是贿赂日本兵……那些家伙们只有一个共同的地方，那就是勒索老百姓。我们要在这样错综复杂的环境里展开活动，确实有些困难。而且，这些畜牲往往把我们的行动密告给日本兵和伪满军，我们只要一动，日伪军马上就知道，所以我们的行动更感到困难。"

李虎的脸上虽然仍旧透露着英气勃勃的朝气，可是缺乏一种坚韧的精神。于是金将军就问他：

"那么，你想应该怎样才好呢？"

"我想暂时转移到不太复杂的地域，多争取队员，先扩充实力。"

李虎停了片刻，望着金将军又说：

"然后再和日本兵……"

金将军没有作声，只是默默地听下去。

接着，李虎又用较快的语调说：

"实际上，以我们目前的实力和日本兵作战是有点困难的，就像师长同志所说的'没有胜利把握，一下就投入到大的战斗里'，我想是不利的。所以暂时在充实实力的期间……"

这时金将军用坚决的口气说：

"不行！"

金将军沉默了片刻。这时候金将军的感情是非常复杂的。

本来金将军非常信赖李虎同志，他被派到这地域后，不仅在短短的时期内组织了游击队，使它很快地成长起来，同时还袭击了伪满警察，解决了一些武器。

正因为这样金将军才十分信任他。可是根据李虎现在的谈话，却和金将军的期望有了一些距离。

金将军想：也许自己对他的期望是过分了。但过高的期望，不一定不好，何况金将军对于李虎仍然抱着很大的希望。

可是，现在的确看出了李虎本身好像缺少从前那样的积极性。那么，他究竟为什么会这样呢？金将军对这个问题想了好久。

金将军有这样的经验——往往看见一个勇敢、有智慧的人，在他担任游击队长以后，会逐渐变成消极的人。仔细分析它的原因，多半都是由于他们过分地爱惜了自己的部下，才会产生这样的情绪。爱惜部下当然是一件好事，但金将军认为一个领导干部应该懂得勉励队员、严格地教育队员、使队员能步步前进，才算是真正的爱护队员，如果不理解这一点，那种过分的爱就要变成一种盲目的溺爱了。

李虎也许在想，怎样才能使自己争取来的新队员不致于遭到意外的损失？有没有丝毫不受损失的办法呢？处在复杂的环境里，万一遭受意外的损失怎么办？日本兵倒好办，可是可别被那些杂牌兵打散了队伍……金将军揣测他可能是为这些不必要的顾虑，才想转移到别的地方去。

总之，这种认识是不正确的、斗争意识薄弱的具体表现。

金将军深思熟虑地想：需要给他一次严厉的批评，教育他，这样他才能振作起精神，勇敢地站立起来。于是金将军就以严厉的责备来表现出他的深厚的爱。

金将军以庄重的声调，坚定地说：

“我们没有安全地带，只有在战斗里才有安全，如果你认为日寇能给我们留下一块安全的地方，那就错了。”

“不，我绝不是想逃避，只是为了培养实力。”

“同志！请问你哪一个革命家，是在比敌人有利的条件下斗争过来的呢？一个革命家总是在比敌人不利的条件下与敌斗争而取得胜利的。如果你不能在那些‘杂牌’、残余、败类们之间坚持斗争，那么你到哪里才能活下去呢？用什么方式、怎样来培养实力呢？实力只有在战斗之中才能壮大起来。”

“不，这个我也知道。”

“你只是在嘴里知道，实际上还是不知道。”

金将军注视着他。

李虎感到了一种压力，他想从这压力下摆脱出来，就说：

“不，我说的绝不是那样。”

“你说的那种培养法，是和偶像摔跤一样，那是绝对找不出大力士来的。根据你的谈话，同志们不是没有实力，而是没有思想。”

金将军用手指着李虎的头，接着说：

“这里全空了，用这样的头脑，既不能坚强起来，又不能战胜敌人。”

金将军又停了片刻，接着说：

“一直到现在，我还是相信你，相信同志们的脑子里有祖国和祖国的人民。你要知道，国内的人民现在正赤手空拳地和敌人作着斗争，我们要想站在人民的后面，成为一个擂鼓呐喊的人那是不成的。你要好好想想你自己现在所率领的宝贵的游击队，究竟站在怎样的地位？是站在人民的前面呢，还是躲在人民的后面？我是说，你本身要检查一下。人民会把那神圣的游击队的称号从你那里收回去的。”

李虎低下了头。金将军默默地坐了许久，忽然大声说：

“李虎同志！”

“是！”

李虎猛然抬起头来，在这一瞬间，他的身上不由得涌出一股力量。

“你要选择哪一条路？”

“我要战斗！”

“对，我相信队员们都是在期待着战斗。”

“你先回去休息吧。明天早晨我要检阅你们的部队。”

“我明白了。”

“让队员们好好休息。”

“队员同志们都要求今晚就见师长同志，大概还都没有睡。”

“还是叫他们好好睡吧。”

李虎仍不愿回去，他想多谈一谈，不，想更多的接受金将军的训斥。即使是疼痛的鞭子或一团烈火也好。

“你回去休息吧，我也想歇一会。”

“是。”

李虎这才踏着沉重的脚步走出来。帐篷外面，月色明亮，他每一个步子虽然是那样沉重，但心情却像飞起来一样的轻快。

李虎回去后，金将军对参谋长说：

“明天我要亲自检阅李虎的部队。”

“是，我明白了。”

“我想这次的战斗，一定叫李虎部队参加，因为他们还在彷徨，可是敌人一天比一天疯狂，向我们采取攻势。我们为了加强地方游击队，要让他们参加这次战斗，和我们共同作战，这样才能使他们获得信心，更能坚强起来。”

金将军深切地感到，必需加强地方游击队。这一工作去年就已经开始了的，那时曾经联合了各地的游击队，整编成人民革命军。可以说，这个统一，在组织上当然是一个飞跃的发展。可是这个统一力量，却没能使每一个地方游击队都壮大起来，它仍然非常薄弱，而且方法也不很完善，所以金将军坚决地要进行使它们壮大起来的具体工作。

“当然那是十分必要的。”

参谋长也早已感到应该那样做，所以也曾经检阅和勉励过队伍，但总没有收到很大的成绩。

“这回不是形式上的检阅，而是要以实际的战斗来检阅。我们已经在许多地方组织了游击队；就拿最近来说，从安图向各地已经派去了一百多名组织员，他们到几十个地方去，不管大小都组织起来，这当然是很大的发展。”

这是事实。他们在各地方所组织的游击队和它的人数，确实是一个惊人的数字。

金将军正是预见到这能保证胜利的组织工作的重要，才把那一百多名希望参加金将军直属部队的安图游击队队员，没有编入直属部队，而作为组织员派到几十个地方去了的。因此在这样短短的时间内，各地方都产生了金将军的地方游击队，而且有了惊人的发展。

“但是，我们只满足于那些组织工作，而没有关心过能够使他们壮大起来的战斗任务。今后我们就要着手进行这方面的工作，首先要从李虎部队做起。”

“我也是这样想。”

“使李虎部队得到培养、壮大起来，也是鼓舞其它游击队的办法。我们今后要继续检阅各地方的游击队，领着他们展开联合作战，只有这样，才能把我们的工作推向更高的阶段。”

说完，金将军深沉地思索着将要展开的西南岔的战斗。他从多方面考虑，想着战斗力薄弱的地方游击队在联合作战上将要产生的许多新问题。

在联合作战中，不要使他们产生依赖心理，而必须使他们坚定信心，使他们经常保持独立的、单独作战的精神。如果要作到这一步，就得叫他们的队伍常在战斗里加强、扩大起来。

今天不知怎的，金将军不论想些什么问题，李虎的影子总没有在脑海里消失，这是因为李虎今天的表现所引起的。

虽然这样，金将军对李虎的信任依然一点也没有动摇。

金将军想：“我对他说的太严厉了吧？他能理解我的意思吗？”

这样想来想去的结果，金将军终于肯定——

“他一定能理解，而且一定是能够成为一个出色的游击队长的。”

二十一

第二天清晨，李虎把自己的队伍集合在树林里。

不大一会，金将军就偕同参谋长来到了。首先由参谋长检阅，并根据李虎同志的报告，向队员们询问了几件事，同时对队员们的战斗意志和学习也查询了一下。

队员们对参谋长的问话，一般都回答得还正确，话虽然说得生涩，可是那种精神却能看得出来。

接着，金将军简单的训勉了一番。金将军暂时顿了一下，接着就看着队伍稍微提高了声调讲道：

“就像同志们刚才回答参谋长的问话一样，我们游击队不论处在任何环境，随时随地要保持战斗的精神，我相信同志们有这个准备。”

说完话，金将军把队伍又从头到尾巡视了一遍。

其实，金将军说完了这句话，才是真正检阅李虎部队的开始。金将军为了更进一步地了解他们的思想和战斗力，采取了这样的检阅形式。

金将军继续说：

“换句话说，我认定同志们都已经用正确的思想武装了自己，而且在这个思想基础上把自己的战斗力量充实起来了。同志们！我说的话对不对？”

队员们齐声回答：

“对！”

“好了，那么我要和同志们讲了。我们现在面临着一个非常紧迫的任务，因此我们今天就要攻打西南岔，那兵营里驻有日伪军。”

队员们立刻紧张起来，但还不是一种立时跳到火里去的那样紧迫的表情。

“同志们要直接参加今天这个战斗。”

金将军加重语气斩钉截铁地说。队员们吃惊地互相瞅着，他们从来也没有想过去打西南岔的敌人兵营！

“而且还要在今天的白天就发动攻势。这地方是同志们的游击区域——战斗区域，同志们在这里已经活动一个多月了，你们光辉的历史，就是从这里开始的。”

除了只有几个队员咽着唾沫，略微抬起了头以外，整个队伍都鸦雀无声。

“我认为同志们对自己战斗区域的情况了解得一定很清楚，对西南岔敌人兵营内部的情形，自然也很熟悉。同志们以前侦察过没有？”

谁也没有作声。

“好吧，同志们也不必为这个担心，我们的队员经过两天的工夫，已经侦察得很详细了，所以完全能保障同志们的冲锋。怎么样？能打吗？”

“……”

“那里面有三百名伪满军和六十名日军……并不多，怎么样？有信心攻下来吗？”

仍然没有吭气的。

“认为能攻打的同志请举手。”

一个人也没有，只是楞楞地互相瞅着。

“没有吗？”

“……”

“同志们！你们自己刚才已经回答了我和参谋长的问话，难道这样快就忘记了吗？”

队员们还是不开口。

金将军忽然提高音调，严肃地说：

“同志们曾经说过不管在任何情况下自己都要决心和日本帝国主义作战。目前，连我们眼前的西南岔的数目并不多的敌人都不敢去碰一下的话，那怎么能和强大的整个日本帝国主义战斗下去呢？你们自己说，这样还能战斗下去吗？”

这时站在最前行的一个队员，向着旁边的同志挤了挤眼。

于是那旁边的同志，又把眼光转到另一个人的脸上，就这样你瞅着我我瞅着你，像是在说我可不胆怯，同时又都在互相等待着别人开口。

“同志们是把自己的身体献给国家的人，是不吝惜生命而战斗的人，所以同志们是朝鲜的最优秀最宝贵的儿女。”

金将军好像要用眼睛依次瞧着每一个队员一般，环视了一周，然后才又接着说：

“同志们难道都放弃了那可爱的岗位了吗？抛弃了自己和敌人战斗的意志了吗？”

这时站在最前行的一个最年轻的队员，举起一只手，怯怯地瞟着旁边。接着，也是站在最前行的一个青年队员也犹豫地把手举起来了。

其余的队员差不多都瞧着自己的脚尖，有的只是干咳了一下。

“好了。你们是忘掉了自己的任务的人，不能依靠你们去打敌人。”

说罢，金将军命令参谋长立刻把自己的部队带来。

过了不大一会，金将军游击队的队员们好像逢到渴望许久的节日一般，满面透露着喜悦，来到了金将军的面前。金喆站在行列的最前面。

队员们在树林里刚整好队，金将军就用严肃的声调说：

“同志们！我现在给同志们传达一个重要的决定。”

大家猛然抬起了头。站在地势较低处的队员们踮起脚跟往前注视着。

“今天白天十二点钟，我们要攻打西南岔的敌人兵营，在那里面有我们的仇敌——日本兵和他的爪牙伪满军。老百姓被他们压得没法活下去，那些家伙们甚至于还利用土匪掠劫老百姓的财物，杀害老百姓的生命。”

金将军把队员们一个一个地看了半晌，又接着说：

“我们游击队是为了人民而战斗的，现在老百姓正在渴望着我们去打敌人。”

这时有几个队员略微挺了挺胸脯。金将军看见整个队伍恰像一股汹涌的怒涛一样。

“同志们！有信心攻克敌人的同志……”

还没等金将军说完，队伍里突然有人用清脆的音调喊：

“师长同志！”

原来是崔金喆，他高举着自己的手站了出来。

接着，别的队员们甚至不再听金将军的下半句话，都高高地举起了手。

金将军看着同志们举起的手，笑着说：

“放下吧。”

队员们没有马上放下来。

“明白了，请放下吧。”

金将军看着少年金喆放下了手回到原来的位置后，才又接着说：

“同志们！放心吧，在今天的战斗中，我保证同志们连一根汗毛都不会损失。可是我要求同志们绝对要服从我的命令。今天的攻势我们不需要大的兵力和长的时间，用极短的时间和现有的队员足可以攻下来。可是在极短时间内，同志们要作更多的事，大家的手脚要像机器似的取得一致的行动，要紧密地配合起来，谁也不能够疏忽。要来一个使敌人连拿枪的空隙都没有的闪击战。大家明白了吧？”

“是，明白了！”

大家都很兴奋，紧张的面孔开始渐渐红润起来。

这时，突然从李虎部队里发出了急促的喊声：

“师长同志！”

马上一个接着一个地举起手来：

“我们也参加战斗！”

“你们不参加战斗也成了。”

金将军笑着说。

“不，我们要战斗。”

说着，有几个队员走近金将军的身旁，在最前面的，是刚才迟疑地举过手的两个青年。

“好吧，你们先回去吧。”

金将军又把李虎部队和自己的部队仔细看了一遍，笑着说：

“今天的战斗，不需要很多的人员，只需要九个人，由我们的游击队里派出六名，从李虎部队里派出三名。”

这一句话刚刚说完，从金将军的部队里，一下子就拥出来一半以上的人，从李虎部队里也陆续出来了好几个。这时留在后面的队员们都大声嚷起来了。

“等一等，等一等……”

金将军一面瞅着队员们的脸，指定道：

“金柱铉、朴东学……”

指定了六个人之后，又对李虎同志说：

“你指定三个人吧。”

正在李虎慎重地选拔队员的时候，金喆从人群里挤了出来，不声不响地站在已经被选拔的六个人旁边。

金将军知道他的意思，但一直等到从李虎部队选好的三个人站出来以后，才说：

“崔金喆作这九个人的向导。”

“是！”

金喆用响亮的声音回答，猛然地站到了行列的最前面。

这时李虎领着自己部队的两个队员走到金将军的面前报告道：

“师长同志！选拔好了。李虎、千汉生、白民……”

“李虎同志也参加吗？”

金将军笑着问。

“是。这个地方是我的战斗区。”

“好的。”

说完，金将军对全体队员说道：

“别的队员们都回到原来的地方去待命吧。”

于是大家就回到原来的队伍里。金将军对那九名队员说：

“同志们现在马上出去，每一个人找来一个农民，越快越好，老年人和年轻人都没有关系，可是最好得找和自己身材差不多的人。”

队员们仍然有点莫名其妙，只是互相笑着。

金喆想着这里准是有什么奥妙，就急不可待地等着金将军的下一句话。

“万一身量凑不一样也可以，但有一个最重要的条件，就是必需在两小时以内回来。如果你们不遵守时间，今天就不可能攻打了。但是我们绝对不能错过今天的机会。”

队员们都能领会这个意思，因为金将军不论在什么时候，一旦宣布了战斗任务，从来也不会放松时间。

“大家明白了吗？”

“是，明白了。”

“好了，大家出发吧，留神别让敌人发觉。李虎同志不要去，另有别的任务。”

金将军接着又说：

“哪位同志能领两个农民来呢？”

这时金喆忽然跳出来说：

“金将军！我也去。”

“你？……好吧，那么就由你负责领一个农民来吧。”

于是，金喆高高兴兴地跟着前面的八个同志走了。

九个同志飞快地奔往山下。他们走了一段路，感到大家从一个山沟下去目标太大，于是就分散成好几股，有的同志甚至只走没有道路的山岗。

九个队员都没有迟延，在规定的时间内回来了。

每一个队员后面都跟着一个农民。

最初农民们不知道是怎么回事，都有点迟疑。

队员们并没有威胁他们，只是耐心地告诉他们到前面有点事要谈谈，这样一步一步领着他们往山里来，队员们确实费了一番苦心。有的农民在半道上还说：

“喂，你到底把我领到哪里去啊？”

说着，转身就要回去。还有一个农民，好像突然想起了什么事情，忙说：

“瞧我这个脑筋，咱家的牛就要生牛犊子了，……我得回去看看。”

说完，就转过身去了。队员们只好悄悄地说实话：

"是到金日成将军那里去,金将军说有话跟你们讲呐。"

"金日成将军叫我?"

他们又惊又喜地瞪大了眼睛;听了这一句话,他们再没有什么说的,一直跟到山里来了。他们早已像传说似地听说过,有许多农民由金将军那里领到了土布、杂粮和白面等的事儿。他们早都盼望着见一见金将军了。

这时,有一个农民就问:

"喂,同志,听说金日成将军一共有八个,是真的吗?"

还有一个农民问道:

"说是金日成将军会'缩地法',是吗?"

"同志,听说金将军用松塔做炸弹呀……?"有的农民还这样悄悄地发问。

他们边问边谈地走进了他们的传奇似的世界里,这也正是他们所向往的世界啊!

队员们全回来以后,金将军就叫那九位农民坐下来,特别请其中年纪最大的朴大爷坐在最前面。然后开始说明请他们来的原因:

"百忙中请诸位到这里来,实在对不起,我们要求诸位稍微帮我们一次忙。不过大家一点也不必担心,我们今天要攻打敌人的兵营,暂时借用诸位的衣服。"

说完,金将军望着每一个农民的脸笑了。可是农民们仿佛还没有听明白金将军的话,仍然露出恍惚不解的神气。坐在最前面的朴大爷倒没有十分注意听金将军说的话,只是睁大了眼睛惊奇地注视着金将军。他想:这就是白头山的猛虎——金日成将军,做梦也没有想到是这样年轻、和蔼可亲啊。

活了六十多年了,也见过了不少世面,他可还没有见过这样有风采的、杰出有为的青年!

"在我们借走了衣服的期间,请诸位就在这儿休息一会,当然我们得给诸位换一件别的衣服。如果我们给穿脏或穿破了,一定要赔偿给诸位的。"

农民们看了看自己的衣服,现出兴奋的样子。

"还有,今天耽误你们在家做活,也给你们相当的工钱,希望诸位安下心好好休息。"

农民们从来没有受过这样的宽待,他们过去所认识的世界只是无尽的苦难,这里可是一个迥然不同的世界,是那可敬爱的名字——金日成将军所创造的世界!他们今天能亲身进入到这里来,又惊又喜。

接着金将军对队员们说:

"现在,同志们把那些衣服换上吧。各人尽可能地挑选较为合身的穿上。"

队员们一听说这句话，就各自找着一个农民，开始调换服装。年轻的人都进行得很顺利。可是朴大爷却只顾说话：

“那位就是金日成将军吗？我眼力差些，看不清。”

说完揉着眼睛望了又望，把时间磨去了不少。尤其是朴大爷，有一次他被日寇警察狠打了一顿耳光，一只耳朵聋得什么也听不见。所以轮到要和这位朴大爷换衣服的金锡哲同志，就得亲自去给他脱下小袄；又把自己的西服上衣脱下来给他穿上，连纽扣都给他扣好。朴大爷觉得都很新奇，只是呆呆地抚摸着。锡哲身量本来不很高，可是那件西服上衣，穿在朴大爷的身上，仍旧嫌大了一些。

“这个也脱下吧。”

锡哲一边穿上小袄，一边指着朴大爷的裤子说。

“什么，连裤子都要脱？”

“是啊，请你脱下吧。”

说着，锡哲伸手帮着他脱。朴大爷是一个骨瘦如柴的老人。

“请你穿上这个吧。”

锡哲把自己的裤子递给他。这是一条补了又补缝了又缝的日本兵的旧裤子。

朴大爷拿着从来没有穿过的军装裤子，反复地摆弄着，不住端详里外，还和自己的腰身比了一比，独自唠叨着，吃力地套在那又瘦又弯的腿上。

在朴大爷说来，这真不是一件容易的事。朴大爷分不清裤子的前后腰，结果把裤腰穿反了，所以不得不这样费劲。

这工夫，别的同志们已经换好了衣服，都到金将军面前等待着。锡哲腰带还没有系好就赶紧跑过去了。留在后面的朴大爷仍旧在那里摆弄着衣服，不知怎的，穿上的衣服总觉得不贴身，他就扭着身体重新整了一整，裤扣到底也没有扣上。朴大爷将前裤腰往后掖了一掖，就紧紧的束上腰带，表面上也看不出他是把裤子穿得前后颠倒了的。朴大爷伸手摸着后裤裆，自言自语地说：

“拉屎倒挺方便。”

金将军对九名队员详细说明了将要展开的战斗，并且下了最后的指示：

“盒子枪掖在裤腰里，手里只拿一把锄头就成。金锡哲同志和安钧同志多拿一把镰刀，到敌人兵营前面去逛，假装问哨兵什么，就用锄头把哨兵干掉。紧接着九名队员一齐突入敌人兵营，金喆会作向导的。还有，指挥……”

说着，金将军瞅了一下队员们，接着立刻又说：

“由李虎同志负责吧。”

金将军又指示队员们，在李虎同志的指挥下，两个人为一组，一共分成四组，首先去占领炮楼，就在炮楼上挥舞红旗做信号。

“后续部队现在已经埋伏在后山上，他们也要跟在你们的后面冲进去，先占领敌人的指挥部、武器库和日伪军营房，然后再割断电线，断绝他们和外部的联络。负搬运责任的一个部队，要把武器、被服、粮食及其它战利品搬运出来。为了保证战斗顺利进行，你们在炮楼上要注意监视敌人的行动，炮楼绝不准让敌人夺回去，炮楼和武器库必须完全掌握住，才能保证其它的一切战斗。大家明白了吧？”

“是，明白了！”

“你们必须在炮楼上一直坚守到全体队员完全撤退。如果发现有俘虏逃跑，立刻开枪，一个家伙也不能让他逃掉！”

金将军详细解释以后，最后又指示队员们下山的时间。

在这工夫，参谋长选派了两个队员，要他们在冲锋以前切断电话线，然后对后续部队另外作了详细的指示。李虎部队也参加了这次的联合作战。

九名队员出发后，金将军又指示副官配备了岗哨，不要叫那些农民随便出去乱走。

只有朴大爷似乎是例外，他不理解哨兵的任务，他想和很久以来就那么渴望着要见一见的金将军再见一次面，不断到各处来回寻找。可是终于被哨兵发现，把他送到原来的地方去了。

哨兵还要他坐下来好好的休息。不大一会，有个大蚂蚁钻进他敞开的后裤裆里，咬了一下他的屁股，他突然就撅着屁股跳了起来。这时有一个队员带来一包烟末送给朴大爷说：

“老大爷请你抽烟吧。这是金师长送给你的。”

“什么，烟？”

朴大爷登时忘了屁股被咬的疼痛，掏出了小烟斗在手掌里敲着，走到队员跟前去。

那个队员先送给朴大爷一包，又到别的农民那里分配去了。原来是金将军吩咐队员先分给他们每人一包烟末。

二十二

突击组的九个人先后到了西南岔敌人的兵营前面。

金喆今天仍然背着糖果盘在兵营前面踱过来踱过去。他看着走过来的锡哲说：

“老乡，买个糖葫芦吃吧。”

说着，挤了挤眼。

“我没有钱。”

锡哲一边推开金喆，一边向兵营前的哨兵恭恭敬敬地鞠了个躬，伸出锄头说：

“听说队长老爷雇人锄地……我们是做短工的庄稼人。”

这时安钧也对另一个哨兵恭顺地说：

“给我们找点活干干吧。”

两个哨兵张着嘴呆头呆脑地瞅着他们，正不知怎样回答的时候。突然间，他们手里的锄头，像爆发出的火花一样打在那两个哨兵的前额，连出第二口气的空隙都没有就倒下了。

接着，金喆把糖果盘一摔，闪电一般闯进大门里边，九名突击组员也从裤腰上拔出盒子枪大声喊着跑了进去，东洙同志在前面指挥着。

东洙紧跟着金喆跑进里院，用盒子枪射击起来，随着就是一阵噼啪的枪声，子弹飞向了四面八方。

这时从后面传来了后续部队突击的声音，喊声震撼着整个兵营。

把守炮楼的伪满军，吓得忘记了开炮，举起手来就投降了。

顷刻间，四个炮楼上飘扬起了红旗。队员们都知道金将军一定在哪一个高峰上用望远镜看着这边，所以他们更为振奋起来，高高地挥着旗帜。

这时，后续部队也已经冲进内围子里面去。响起了暴风雨般的枪声和呐喊声。

从日本鬼子的兵房里，嘎嘎地响起了一阵机枪声。可是这却不是敌人打过来的，而是游击队在扫射。

光着膀子正在吃午饭的日本兵，吓得屁滚尿流地在地上乱滚。

也偶而有些家伙企图用手枪和步枪作最后的挣扎，可是游击队的枪弹立即密集到那个方向。

有的日本鬼子手里还拿着饭碗，就噗咚噗咚地倒下去，也有的弯腰坐着没等起来就乱挥着两手倒在洋灰地上了。

敌人并没有马上停止抵抗，震耳的枪声继续了很长的时间。可是惊慌失措的日本鬼子们乱放的枪弹，只是飞向了空中。

指挥部里日本鬼子特别多，头子们都集中在那里吃午饭。正在给日本鬼子送饭的伪满军听见突如其来的枪声，失魂落魄地摔开了手里的东西，一边逃窜，一边乱嚷：

“啊呀！啊呀！……”

有的伪满军还想从墙脚下爬出去。

但他们都被鬼子们拦住了。鬼子们抓住他们的脖颈，强迫他们挡在前头，把他们当作自己的盾牌，就躲在后面向游击队员射击。伪满军干瞪着眼睛满嘴里吐着唾沫，拼命想挣扎出去。

日本鬼子们一点也不放开他们，并且咬着牙用枪筒狠命地敲打着伪满军的脑袋。如果伪满军被击倒，鬼子们就立刻扒在他后面，一动不动地装死。可是游击队员们的子弹像长了眼睛，一个也没有让他们漏掉。

拼命射击的日本鬼子眼看情势不妙，就开始慌乱地寻找突围逃命的路子，恨不得找一个老鼠洞钻进去。有的家伙“啪！啪！”打了一两枪，躲到桌子底下去；有的却把洋铁桶顶在头上；有的甚至像只追急了的野雉似的把头钻在保险柜后面吓得直抖。

一个鬼子慌慌张张地拿起断了线的耳机乱喊一阵，一会用拳头把电话机狠狠地敲打着，接着又惊慌地乱嚷起来。

正在这时，金喆从他后面跳了进来，一枪就把那个拿着耳机的家伙打得翻了个跟斗，倒下了。金喆抢在别的队员们前面，争先地到处射击敌人。在混战中，他放的枪弹都是那样准确地击中了鬼子们。渴望了多久的一天啊！金喆挥动着胳臂，东闯西冲，越打越勇。急忙举起手枪打算向金喆射击的一个鬼子，反而被他击倒，自己的子弹飞上了棚顶。

像野雉似的把头钻在缝里的家伙、顶着洋铁桶的家伙、躲在桌子底下的家伙，也都在金喆的枪下丧了命。

金喆又跳进里屋去，他想能找到几个日本鬼子的头目来干一干。可是不知被哪个队员抢了先都给干掉了，他一个都没有碰见。

然而，金喆却很痛快，日本鬼子几乎完全杀净了。他感到不见日本鬼子的污血就不能解恨的胸怀现在似乎开阔了起来，在他的胸中像是掀起了一阵可怕的旋风。

“爸爸的仇恨！”

累积在内心深处的夙怨旧仇，像一阵狂风一样在他的内心里翻腾起来。他发疯似地跳进了另一所屋子，那里还有几个残余的日本鬼子。

有的抱着伪满军打转，有的穿着伪满军的服装企图逃跑。于是从金喆那复仇的枪口里，又吐出了一阵阵的怒火。

金喆射击的子弹打掉了文件柜上的锁头，柜子的门随声敞开了，真没想到还有一个鬼子军官缩头缩脑地藏在里面。原来这家伙是打开文件柜后面的木板爬进去的。

“丑恶的狗崽子！想活命吗？杀害别人的时候，你倒觉得痛快?!”

那家伙油亮亮的脖颈像猪脖子那样肥胖。金喆一看，抑制不住内心的火焰，他想，这家伙也许是铡死自己父亲的仇敌吧？

“喝饱了朝鲜人民鲜血的仇敌！你杀死我父亲了吧?”

金喆抓起那家伙的脖颈，狠狠地往外一拖，那肥胖的身躯就摔在柜子外边了。这时金喆发现那家伙在里面吓得把文件都尿湿了。

金喆朝那家伙白灰灰的脑袋上吐了一口唾沫，就掐着脖子走了出来。那家伙一句话也不敢说，战兢兢地合着掌低下头乞讨饶命。

“你这个魔鬼！你倒还想活命呀！”

金喆把他一直拖到院子里，到处找寻着菜刀，可是始终没有找到。他打算要用自己的手把那家伙的脑袋割下来。

后来金喆只好解开那家伙的皮带，拴住他的脖子拉着走。

这时，外边已经开始搬运战利品，占领武器库的同志们用敌人的大车往外搬运武器弹药，有些同志们搬运被服和洋面，有的在命令伪满军俘虏们往外背。

金喆忽然发现有几个队员在密密稠稠的兵房之间的小道上奔跑着，东张西望地搜索着什么。他就想到他们可能是漏掉了敌人的大头目。

“是不是伪满军队长呀?”

金喆攥着两拳，立即朝那边飞跑过去。就在这工夫，金喆拉着走的那家伙拼命地挣脱开脖子上的皮带就往外逃，他那丑恶不堪的肥胖的身体，连滚带爬没命地沿着兵房的建筑物溜开了。

但还没有跑出十步，那家伙就捂着胸膛噗咚地倒了下去。原来那是被金喆发出的第二枪击中了。金喆还不解恨，立即又赶过去，照着那家伙的脑袋上狠狠踢了一脚，随着腾——地一声那臭脑袋碰在兵舍的墙壁上，立即蹦出了两个圆溜溜的眼珠。

金喆这才急忙又赶回队员们跑过去的地方，这时他们还在搜寻着。

“喂，你们找什么呀?”

金喆问一个跑向兵舍的队员。

“放跑了一个家伙哩。”

“嗯，是伪满军队长吗?”

因为他们都向着伪满军兵房跑过去，所以金喆一边跟着跑，一边问道。

“伪满军队长倒捉住了，……这个家伙和他在一个屋子里，没问题是个日本鬼子。”

队员们甚至把那些已经击毙了的尸体又踢翻着搜寻了一通，可是始终没有发现。于是他们瞪着愤怒的眼睛，越发细心地搜寻。

过了一会，响起了嘹亮的号声，要集合了。

这时从一个兵房的窗户传出两三声枪响，躲藏在那里的日本鬼子被打死了。

金将军在山上始终用望远镜了望着，红旗一直在敌人兵营的四角上飘扬，枪声也没有间断过一会，满载物资的大车从兵营里络绎不绝地拉出来。

并没有看见从兵营里逃出来一个日伪军，他们都被堵在自己的兵营里，成了瓮中之鳖。金将军仿佛看见那些日伪军，像一群试图越狱的强盗那样没头没脑地乱撞在墙壁上的一幕活剧。

敌人断绝了和外边联络的路子，那高高的内外围子反而成了该被他们诅咒的一座牢狱。倒下的敌人保准要埋怨自己：“唉！这围子真给坑死了！跑又跑不了，救又救不了！”

金将军好像亲眼看到里面所发生的情形一样，可以想像，一切都很顺利地按照原订的计划实现了。

参谋长好像被这次战斗的胜利所陶醉，望远镜始终没有离开他的眼睛，还不时地点着头，心里暗自敬佩金将军的正确的作战计划。

这时从下面忽然传来了吵嚷的声音，金将军用望远镜看下去，原来是朴大爷和哨兵又争执起来。

哨兵挥手示意叫朴大爷坐在一边好好休息，但他总是有点沉不住气，不住地走动。有点耳聋的朴大爷一听说山下的敌人兵营里响起了枪声，正在打里面的日本兵，说什么也不能安静下去。他要到金将军那里看看，可是每次都被哨兵拦住了。

战斗完全胜利地结束了。队员们直到傍晚才把所有的战利品运到山上来，那里面还有金喆缴获的三枝盒子枪。他带着那三枝枪，直接到金将军面前作了报告。

李虎同志对今天的整个战斗作了报告：

“日军全部消灭了。伪满军队长和军官当场处置了。其余的士兵告诉他们今天晚上要回到自己的老家去种地，如果不回去，下次绝不宽恕。他们都磕着头起誓说，以后一定不干日本人的事了。我军全体队员都回来了。”

“没有负伤的同志吗？”

金将军问。

“伤员已经都救护回来了。”

“如果有重伤员，马上送到疗养所去。”

“没有。”

“辛苦了，跟我一起走吧。”

金将军直接到了队员们休息的地方。队员们忘却了疲倦，正在兴奋地互相畅谈着——这个正说怎样掐住了日本鬼子的脖子，那个却得意地夸耀着怎样一枪打死了两个鬼子；有的队员拼命地在拭擦着武器。总之，他们的喜悦是任什么也控制不了的。

金将军也感到无限的愉快。

现在正是山川最美丽的季节，那险峻的岩石，肥沃的黑土，都被绿荫和金黄色的阳光映射得格外地清秀、柔和、丰满。

夏天的晴空，飘浮着棉絮般的朵朵白云，枝叶繁茂的树下绿荫正浓，不知名的鸟儿在空中低低地来回飞翔。

夏季给贫困的人们一种舒适与便利，对游击队更是一种恩惠。每一座山上都铺着柔软的绿茵，发出醉人的青春的气息。

白昼已经过了大半，然而太阳离开地平线还有一段路程。

“大家辛苦了。”

金将军每见到一个队员都表示亲切的慰问。

有两个同志没有发觉金将军的到来，还在争吵着。

“什么事？”

经金将军一问，有一个队员猛然转过身来，是卫生员。他踌躇了片刻，才开口说：

“这位同志负了伤，还不肯上药。”

“来，我看看。”

那个伤员只是微笑不答。

“快给我看看。”

“贴上膏药了。”

“还是解开给我看看吧。”

他这才不得已地把那只用布条随便缠起来的手腕伸出来。

“解开吧。”

“不厉害。”

“快解开吧。”

逼得没法，他也解开了。但却不是膏药，而是一种像尘土一样的灰白色的、带粘性的不洁的东西。

“贴的是什么?”

“这是很好的膏药。”

“人哪里来的呀?”

“我自己做的。”

“自造? 为什么有好药不贴,要贴这个呢?”

“这比鬼子的膏药还好,最灵验,过去我都是用这个治好的。”

“这究竟是什么药啊?”

经过几次的盘问,他只好告诉金将军这是把一种膏药和蜘蛛网用痰搅合了贴上的,并解释膏药的效力特别好。

“不行,那种不卫生的旧法早应该扔掉,你们是人民的模范,难道你们还用那种非科学的老方法领导别人吗?”

说完,金将军吩咐卫生员赶快给他消毒上药。

“早就劝他上药,硬要说自己的膏药是妙药……”

卫生员发牢骚地说。

“对这样的情况,你有权利强制给他消毒上药,如果伤得厉害,即时报告,转送到疗养所去。”

金将军一一地巡视了一遍。有几个队员在一边忙着筹备今天晚上要开的庆祝会,有一部分同志愉快地哼着歌曲,也有的又说又笑地在擦着手枪、步枪和其它武器。

宣传员同志们正从今天收获的战利品中整理出宣传资料,有的同志在编写壁报。

金将军回到自己的帐篷时,农民们正等着他。

“诸位辛苦了,今天你们和我们在一起进行了战斗。”

金将军和他们亲热地握手。朴大爷头一次看见握手,还以为是要分给他烟末,便掏出了他的小烟斗准备着。

于是金将军吩咐副官说:

“副官同志,你去拿些烟送给朴大爷吧。”

“刚才已经送给他了。”

“再送给他一包。”

接着,金将军又对农民们说:

“我们要酬谢你们今天的劳苦,每一个人送给一袋面,这虽然是小意思,请你们收下吧。本来这是老百姓的面,被强盗们抢去,今天我们把它又夺回来还给你们。”

金将军的话还没有说完，朴大爷蹒跚地走到前面来。他虽然耳聋，但已经看出是金将军要送给他们东西，他走近金将军的面前靠近耳边说：

“金将军，我耳朵不灵，听不真。”

“大爷，送给你一袋面。”

“嗯？”

朴大爷跷起脚跟，把自己的耳朵靠近金将军的嘴边问。

“送给你洋面。”

“洋面？”

朴大爷跳了起来，他以为是做梦，他又感到有些不安，于是又对金将军问：

“金将军，半道……不会叫别人抢去吧？”

“谁抢啊，我们送给你的东西谁还敢抢？如果有那样的事，你马上来告诉我们。可是白天带去不太好，等晚上再拿走吧。”

金将军附在他的耳边大声地说。朴大爷这才回到原来的位子去了。但他心里还是有点不踏实，那洋面是否真的能扛在自己的臂膀上？是否真的能拿到自己的老太婆的面前和她大夸一阵……

因此，他又一拐一拐地走到金将军的面前，如同老朋友一样靠近金将军的耳边，用别人听不到的小声问道：

“真的不要钱，白送给我吗？”

“哈哈哈……哪能跟老大爷要钱。”

“在这里一直搁到晚上不会出什么错吗？”

“没有错，请放心吧。你先回到那里好好休息到晚上。”

金将军吩咐一个队员把朴大爷领到一个地方去，让他好好休息。

可是朴大爷说：

“金将军！干脆现在给我吧，我拿着面等到晚上还不是一样吗？”

“好吧。”

金将军理解朴大爷的心情，随即就叫来一个队员，嘱咐他照朴大爷的要求，先给他一袋面。

这天晚上，在山里举行了盛大的庆祝会。在明亮的月光下，狂欢地唱着跳着。

李虎部队里也有好些人出来表演。

他们获得了胜利，也坚定了信心，这比什么都更使他们感到高兴！

二十三

西南岔战斗结束后，金将军就派队员们到各地去听取人民的反映。

正是农忙季节，农村正在忙着插秧，锄地。

队员们打扮成作短工的农民，去帮助那些雇不起短工的贫苦农民作活。他们这样和农民打成一片一块儿作活的时候，就可以听到了群众的反映和心里话。

西南岔战斗使广大人民十分激动。他们说：这是一件从没敢设想的一种令人惊讶而又大快人心的事。所以游击队员们所到的地方不用费劲就可以听到人民的真实反映。——

"真像叫老虎叼去了疯狗一样痛快啊！"

"人就是为了这个才活着的。"

"再活下去，不定还出什么稀罕事哩。"

农民们纷纷述说着他们所憎恶的东西，也谈论着自己的希望和喜悦。有的农民痛快地说：

"金将军会'法术'哩，他能见着日本鬼子，可是日本鬼子看不见金将军。你想，日本兵怎能不打败仗呢?!"

有的农民对创造出许多奇迹的自己的民族英雄这样说：

"嘿，真想见一见金将军……不知道究竟是什么样的一位老人家。"

也有的人像谈起自己亲人一样在谈论金将军，他们说：

"金将军很高，是个魁梧的大汉子，生来的领袖风采，很多人都见过。"

"有一次，金将军在咱们邻村宿营，我从篱笆缝里悄悄地往里看去。那天月光很亮，金将军正在院子里踱来踱去，可是怎么瞧也瞧不见他的样子。"有个人扬扬得意地说着，证明他曾亲眼看见过的。

另外一个人接着说：

"我可真见过。有一次我正走一条山路，遇见了金将军的游击队。当初我哪知道是金将军的游击队啊！大概是队员们刚吃午饭，正是休息的时刻，大家讲得很热闹。这时忽然不知从那里，不，是从山顶上传来啪——一声枪响，我骇了一跳，回头一看，嚯，可真是了不起，简直像黑夜升起的太阳那样灿烂，大家马上都安静下来，我也像一座石像似的一动不敢动。没意料到那就是金将军——那位老人家正对着朝鲜方向了望，好像在那儿深思着什么。那时候我就已经猜想到一定要发生一件惊天动地的事了。"

这样，一传两，两传三，故事里再生出故事地传开了。人们都在想像着这么一个神奇的人物的形象。他们把古代传说里的英雄，都想像作今天的金将军。本来没有见过金将军的人，一谈起来，也都自以为见过似的。

然而大家有一个共同的想法，那就是不论是谁，都认为金将军和一般人一定是不同的。换句话说，没有一个人曾经认为金将军和普通人一样。

游击队员们在帮助农民作工的时候，听到了许多这样有趣的故事。这一切都是出自憎恶日寇和相信金将军必定能战胜日寇的愿望。

因此，队员们在西南岔战斗结束以后，亲自看见了、听见了人民更靠近金将军游击队的事实。队员们对这特别感觉到愉快，他们就更认真而兴高采烈地到了好些地方。

少年金喆也到农村去了。他比别人更快地走了许多地方，因为他对这一带的地理非常熟悉。他没到儿童革命团以前，为了生活，曾在这附近的农村里常常帮工做庄稼活。

这一天，他向一个正在路边的谷田里锄地的年轻农民要求帮工。那农民最初没有答应他，因为他看他是一个小孩子不能像大人一样顶用。而且那个年轻农民的生活也非常穷困，无力雇人帮工。

金喆很快地看出了那个农民的心思，便对他说：

“你只要管我饭吃就成，我不要工钱。”

那位农民又上下把他打量一阵，便点头答应他了。

这个年轻的农民名字叫弘杰，他父亲是一个读书人，身体也很衰弱，不大能做活，最近因为患上了恶性感冒，正在家养病，所以弘杰只得一个人下地。

他一看金喆少年拿起锄头来的劲头，就知道是个老手，首先就使弘杰很满意。原来弘杰父亲作起活来，总是在一个地方蘑菇半天也作不了什么，确实使他感到过不少的困难。

弘杰虽然一直生长、埋没在偏僻的农村里，但是他的举止行动，却不像一个心胸狭小不识时务的乡下佬。他是一个爽朗正直，富有魄力的人，他非常憎恶日本兵和伪满军，从心眼里敬爱着金日成将军。

他常常不禁紧紧地握住手里的镐头想：

“如果这是一枝枪，我不也是能干它一番吗？”

他时常憧憬着游击队，但因他家庭的关系始终没有法子脱身。

“小孩，你以前干过庄稼活吧？”

弘杰问金喆说。

“干过一些。”

“那么你为啥不在家种地，在外乱跑呢？”

“哪有地种呀?”

“哈哈……没有地种吗? 那你在外面都做些啥呀?”

“作个小生意,卖个花生什么的……”

“卖花生?”

“现在这个生意也不能做了。从前在西南岔兵营前做过,这回连本钱都光了。”

“西南岔? 你也赶上那个乱子了啊?”

“那当然啦。”

“你亲眼……”

“那还用说。”

“真的吗?”

弘杰这样追问了一句后,瞪着两个大眼珠子问道:

“你说真的,看见了金将军的游击队了吗?”

“这还用说,不但看见,游击队还擦着我的臂膀和糖果盘跑了过去……”

“那么他们杀死鬼子的情形你也都看见了?”

“就因为我只顾瞧,连糖果盘都飞掉了没觉察到。不知有多痛快哩,真痛快啊!”

“那么也见过金将军了?”

“当然瞧见了。”

“啊!”

弘杰一把握住金喆的胳臂,向四面看了一下,咽着唾沫问:

“小孩,金将军到底长的啥样? 真的像人们传说的那样高高的身材、年轻英俊吗?”

“当然,长得多好就不用提了。笑的时候就露出‘虎牙’来,还有‘酒窝儿’……可是看着像严厉得很。”

“那你怎么没有跟金将军去呢?”

“本来我也想跟去的,可是他们神不知鬼不觉地已经进到山里去了。”

“嗨,小伙子真是! 怎么不使劲拉住他们的袖子跟着去啊……我都替你怪可惜的。”

“不要忙,这回我也要去……可是大叔,西南岔的日本鬼子都死光了吧? 那以后的消息我一点都没有听说过。”

“那还有不死的? ……听说日本鬼子连一个小崽子都没有剩,幸免一死的伪满军,吓得夹着尾巴逃跑了。”

“真的吗?”

“怎么,痛快吗? 虽然你的本儿全光了,可是——‘只要烧死臭虫,就是烧掉了房子也痛快。’说实在的,日本鬼子全都死光了,这有多好啊!”

弘杰的两臂顿时上来了一股劲儿,他在手掌上吐了一口唾沫,紧紧地握住了锄把,一边用力锄着地一边又说:

“从西南岔逃出来的一个伪满散兵,在咱地里干过一天活,我看他真有点吓傻了。据他说连他们脚指头动一动,金日成队长都会知道。他说如果仍留在那里,下回金将军来了,可真保不住脑袋,所以他趁着还有一口气赶紧回老家去。他说着还不住地摸着自己的脖子,看看是不是还完整哩。”

“现在那兵营都空了吧?”

“听说从别处又调来了一些伪满军,先来了五十名……说是还要来,这样一来,先前的那些家伙们就逃的更快——他们怕掺在里面再尝炸弹的滋味,都说这回可真要脑袋搬家。”

“日本鬼子也会来吧?”

“来了顶啥用? 别处的鬼子听到这个消息,吓得在大白天都紧紧地关着大门不敢露面,可是那又顶什么事呢? 白天还不是一样地冲进去!”

“金日成将军真的会那样英明啊?”这回金喆又故意问了一句。

“咳,你不说亲眼看见的吗? ……我看你也有点吓掉了魂!”

“你说下次还能杀掉日本鬼子吗?”

金喆不慌不忙顺着他的口气,随机应变地问着。满身污泥的弘杰,和外表截然不同,像一个刚韧的弹簧,越触动越能发出强力的弹性,这使金喆感到无比的痛快。

“金日成将军是白头山的猛虎啊! 他时时刻刻注视着所有的坏蛋,如果鬼子们继续作恶,哪个也免不了一死。”

“日本鬼子也罢,伪满军也罢,他们还能给人作好事吗?”

“所以才杀死他们啊,金将军哪能杀好人呢?”

“把在朝鲜的日本鬼子也赶快杀掉多好啊。”

“你也想回到朝鲜去吗?”

“那还用说吗? 真想回去啊!”

“不久就要回去的。我的父亲母亲——就是那些老年人也都说就要回祖国去哩。可是……你的故乡在哪儿?”

“在江原道。那里不是有金刚山吗。”

“金刚山? 不久就要打到汉拿山去哩,咱们也去,咱们回到那里去种地吧。”

“有地吗？”

“地？朝鲜的地都是咱们的地啊，还能说是别人的地吗？金将军已经说过了。”

这年，弘杰已经加入了金将军组织的“祖国光复会”，因为在这以前，他已经是农民协会的会员和农民自卫队的队员了，所以加入“祖国光复会”他比谁都早。在这个组织里，他理解了这个会的纲领，更清楚地了解到金将军为了什么而斗争，同时懂得了为什么全体朝鲜人民必须跟着金将军一起参加斗争的道理。

在“祖国光复会”的十大纲领中，最使弘杰高兴的是土地归农民所有。

“可是日本鬼子能从朝鲜退出去吗？”

弘杰用力把锄头往前一拉，回答说：

“就这样把鬼子们的脑袋劈掉，还有什么赶不出去的？咱们要设法把他们赶出去呀。”

金喆也不觉涌出一股力量，用锄头狠狠地锄了一块土说：

“大叔！我也去跟着金将军干，那么可以回朝鲜去吧？”

“当然啦。可是你还太小啊！”

弘杰瞅着金喆矮小的身躯说。当然，他还不知道金喆是个多么健壮而勇敢的少年。

“大叔，你为啥不去呢？”

“我吗？”

弘杰像很不好意思地回答：

“我也想去，可是为家里的事儿……只要在这里也能作一些事，不是一样吗？”

“我是没有家啊，我的爹妈都叫日本鬼子杀死了。”

“被日本鬼子？……所以你想要跟金将军去。”

“我一定要去。我要报仇。”

“你几岁了？”

“十六岁。”

金喆还是多说了一岁。

“你和我们弘吉同岁啊。”

“弘吉？”

“是我的弟弟。”

“他作啥呢？”

“他上学。得由我赚点钱，他才能继续上学哩。”

“他上朝鲜学校吗？”

“是啊。你也上过学吗？”

“没有，我连学校的门坎也没有迈进过。”

“愿意上学吗？”

“不，我还是想去找金将军，弘吉不想去吗？”

“弘吉那孩子也整天念叨着金将军。”

弘杰说着，忽然想起一件事来：

“他们几个孩子只要在一块，就做杀日本鬼子的游戏。前些日子有一个孩子装做日本鬼子被打死在地下，可是他起来得太早，弘吉就叫嚷着说：‘日本鬼子又活过来了，’说着就又把他摔倒，连鼻血都摔出来了。”

“日本鬼子就是该杀！”

“那是他们做游戏啊。”

“我想见弘吉，成吗？”

“你想见他吗？他要是从学校回来得早，也许上地里来。”

他们这样边谈边锄的工夫，不知不觉地就到了吃午饭的时刻。

弘杰拿出自己的午饭——小米饭和面酱，和金喆分着吃，因为不够，两个人都没有吃饱。饭后金喆又作了一气活，然后对弘杰说：

“现在我要走了。”

“上哪儿去？”

“到别处去找个地方住一宿，再揽点活做。”

“找活干吗？”

“去得太晚，怕都不会让我住的。”

“明天再帮我锄一块马铃薯地，吃了午饭再走吧。”

“我这一手活还能够得上饭钱吗？……”

“比一般做短工的人强的多哩。”

于是，金喆就决定晚上在弘杰家住一宿。

他想趁这个机会接近弘杰他们村里的人，而且也很想和弘杰的弟弟弘吉见一次面。

午后金喆干得更起劲了。他感到所有朝鲜人都像无数条河川汇合成的一股激流一样，他实在高兴极了，就是再多干些活也不会觉得厌倦和辛苦的。

弘杰和金喆各自跨着一条地垅锄向前去，他们无形中开始了竞赛。金喆暗暗要把弘杰甩在后面，可是弘杰又觉得自己比他岁数大，无论怎么也得抢在头里。两个都紧张地干开了。

但是金喆总是跑在弘杰前面。

弘杰真的有点不服气了，也加上了劲，两臂运上了力气往前赶，可是金喆始终也没有叫他落下。在游击队锻练的本事，在这里也露了一手，他觉得游击队的生活确是值得骄傲。

弘杰留神瞅着金喆少年使锄头的手法，的确是出乎意外地快。他又回头瞧了瞧金喆锄过的地，也没有一点马虎的地方，锄得又深又细。

“小孩，看来你好像还是一个老手?”

弘杰感叹地说。

“要干出饭钱来可不容易哩。”

“哎，咱们可不是那种人，你慢慢干吧。”

金喆因为自己能胜过他，就觉得很痛快，接着他又想弘杰也许落在自己的后面才说那样的话哩。

金喆一点都没偷懒，所以原来预定在明天上半天才能锄完的地，没等太阳落就锄完了。这天竞赛的结果，是金喆获胜了。

弘杰也和金喆一样地感觉到愉快。

金喆跟着弘杰向着他们家里走去。绕过山坡，越过了山岗，便望见突起在远近各处、布满了阴森而又坎坷的黑色岩石的群山，悬崖绝壁被夕阳返照成晦暗的一片，引起人们一种可怖的感觉；密林掩盖着的绵延不断的长白山，像一片摇曳着的黑影。

金喆回想起度过自己童年的故乡，虽然记忆已经很模糊，分不清究竟是不是确曾见过，但是那些山川始终萦回在他的脑海里；它是那样的美丽，好像从没有被黯淡的阴影笼罩过，任何时候都呈现着它的碧绿的光辉。

跟随父母来中国延边的时候，父亲曾在一条小溪上，用小瓢舀了一瓢水先喝了一口，又给金喆喝，然后把那小瓢递给了母亲。当时金喆瞧着那溪旁的冲洗得白亮亮的小石子，想起了和同伴们打弹子玩的情景。

这时，父亲指着远处的山对母亲说：

“瞧，那座山就是咱们家的后山。”

金喆常想，自己总有一天回到当时父亲曾站立过的小溪旁，再一次看看那座可爱的故乡的山。

金喆虽然走遍了许多的大山和小溪，但还没有见过像故乡山川那样美丽的地方，也没有尝到过像父亲用小瓢舀给他喝的那样甜蜜清凉的溪水。

二十四

弘杰把金喆领到家里时，弘杰的母亲正在做晚饭。她对金喆这孩子，瞅了半晌，向弘杰说：

“我当是弘吉回来了哩。”

“是过路的孩子，活儿可做得棒啦！今天把那片谷地都锄好了。”

弘杰回答说。

“马铃薯地也得锄呀。”

“赶明儿就可以锄完了……为这我才把这孩子带到家里来呐。”

“我当是弘吉从学校赶到地里帮你去哩。”

母亲说着，仍然仔细地瞅着金喆。

金喆不由得羡慕起弘吉来。这一瞬间，在他的胸中翻起一股无名的怒火：日本鬼子不仅杀死了他的爹妈，并且还要杀害所有的朝鲜父母！

这时，金喆立刻又想到了金将军——那个保护着所有父母和儿女的神圣伟大的形象，仿佛浮现在眼前。

“金将军会等着我的！”

金喆这样想着，心情就安定下来了。

“孩子，快进屋里去吧，怪累的！”

弘杰的母亲向金喆说。

金喆跟着弘杰一走进上房，就给楞住了：没想到屋里还有一个老人在哼呀唉呀地做着甚么。他虽然立刻猜到那是弘杰的父亲，可是觉得有点奇怪——父亲和儿子太不相配了。不知怎的，父亲的头顶上盘着一个像辣椒般的发髻，特别惹人注目。

弘杰的父亲瞅了弘杰和金喆一眼，甚么也没说。弘杰提到了金喆，父亲也只是知道有那么一回事罢了。

他坐在照进夕阳的门边，抖弄着一些陈旧的书籍。一会儿他又把书拿进屋里给堆叠好，就拿起乌纱冠的盒子走到门边去。他用抹布拍打着盒上的灰尘，屋里立刻扬起了一团灰蒙蒙的尘土。但是金喆看着那个盒子，实在比灰尘还觉得难受。

“爹！那是做甚么呀？”

弘杰不耐烦地问。弘杰一看到父亲翻弄他那帽盒子就有点生气。可是父亲只瞅了他一眼，并没作声。

金喆留神望着弘杰父亲头上的发髻，愈看愈觉得那盘着的是一个不必要的东西。他想到，如果把那沾满了尘垢，蓬乱邋遢的发髻给剃光了，那够多痛快啊！事实上弘杰也一直是这样想的。

但是父亲仍然保守着那种陈腐的、令人费解的“之乎者也”，说什么“身体发肤受之父母”，压根儿就不想把长发剃掉。他说，身体上的毛发和皮肤是从父母那里得来的，就应该照原样保留它。有时甚至生气地说：“那日本鬼子的脑袋好看吗？”

父亲在他自己身上一向最珍视的就是这个发髻。今天就这样的叫金喆瞧见了，在他并不感到难为情。然而那却是使弘杰无形中激愤起来的原因。

现在父亲索性要戴起那乌纱冠来。弘杰气的两腮愈来愈鼓起来了：

“爹！您翻出乌纱冠干甚么？”

“我戴一下看还合适不。”

“您戴它干甚么啊？”

他听弘杰这么说，就转眼瞅了一下，啧啧地咂着舌头说：

“你这孩子真糊涂，悠悠苍天，造化之中真有神仙哩！”

父亲的口气，倒好像认为弘杰是个愚笨的乡下佬，连这点道理也不知道了。

“现在谁还戴这个呀？别戴啦！”

“难道一辈子就住在这里吗？有甚么好过的，老寄居在人家的国土上吗？俗语说——‘越国的鸟也要在靠南边的枝头上搭起窝来……’现在我们也算是等到时候了。说甚么也是自己的国家好哇。”

“可是，在朝鲜有谁还戴这个呢？朝鲜比这里还文明哩！”

“咳，这愚笨的乡下佬，那样羡慕鬼子的规矩吗？谁说朝鲜就该永远是鬼子的地方啊？国家也有交好运道的时候！”

说完，父亲就回到原来的坐位上，威严而端正地坐了下来。然后就先戴上乌纱网巾。①

“别戴啦，真难看！”

“看你这蠢才，你知道现在是甚么年头？我们国家已经渡过了三灾八难，是交新运的时候了。你不看看现在尽出些甚么人物呀！”

说着，父亲就在乌纱网巾上面戴上了他的宝冠，又慎重地拿起破镜片儿照来照去。在他的脸上焕发着一股生气。一会儿，他往大腿上“啪”地拍了一下，一面端正了坐的姿势一面说：

---

① 戴乌纱冠之前，须先戴上网巾。

“先圣说的话准没有错儿。‘五百年必有王者兴’，正好是五百年，就出了大人物。是的，正是五百年。”

“大人物？”

弘杰听到这儿心里一动，原来父亲也是有心的啊！弘杰也知道，所谓大人物就是指的金将军，但是他又故意问了一句：

“大人物是谁啊？”

“《郑鉴录》①中说的是‘郑道令’，可是那个郑字并不是指的姓，而是‘真’的意思，就是说真正的主人。那句话一点不错，是出了真正的主人！”

一看见父亲又扯到《郑鉴录》，弘杰差点又发了急，可是他听到“真正的主人”这一句话，就问道：

“那是谁啊？”

“孩子，你没听说西南岔的事儿吗？”

“怎么没听过？还不是我告诉爹的？”

“你讲的话却老是漏掉了馅儿。”

“我不是都讲了嘛？那位大人物正是金将军呀！”

“那——那是说对了，谁说不是啊？可是你对我说过金将军到朝鲜去的事没有？”

“那当然，总有一天会回去的啊。”

“啧，啧，你这个糊涂的乡下佬啊！甚么叫总会有一天呢？时候已经来到了！”

父亲又咂着舌头，而且很有信心地说：

“不远了。天下的事都是有时机的，现在正是那个时候。古语也有‘苦尽甘来’这句话。那意思是熬尽了苦头就会有幸福到来。”

“可是，金将军也没有叫人戴冠哪！”

“咳，瞧你这个笨货……甚么叫‘戴冠’啊？照过去的老规矩，就是到别处宿了一晚回来，也得要戴上冠网（冠和网巾）给父母磕头的。回到自己的国家去，难道能衣冠不整，光着脑袋回去吗？那是日本鬼子的规矩。自古以来，我们国家连和尚也都得戴尖头笠呢！”

“啊哟，您以为还会有像早先那样戴着冠的国家吗？就像亡给日本鬼子那样的国家原样再搬回来？”

“咳，傻孩子，那么金将军干甚么一个劲儿打鬼子呢？”

① 过去在朝鲜民间流传的一种预言书。

“那当然要杀掉啊，那样才能让朝鲜人活着呀！”

“原来你也想活着哪。可是，人活着不能忘本！我们国家自古以来是东方礼义之国。人要不懂得礼义，那就同野蛮人一样了。剃光了脑袋，要不就是蓬头散发在外面行走，那都是野蛮人的规矩。”

于是，父亲说了一段从前日本吞并朝鲜时候的义兵故事：

当时有一位叫崔文焕的义兵队长，经常出没在江原道、咸镜南北道一带，他把那些强迫老百姓剪发、穿西装的日寇郡守的脑袋都给砍了下来，所以老百姓都帮助他。

父亲所能了解的只到这里为止。实际上，当时日寇郡守做日本鬼子的爪牙，为了把鬼子的西服高价卖给老百姓，才强迫老百姓穿西服的。因此老百姓都来帮助崔文焕，反抗他们。

可是父亲老说：

“日寇郡守想胡乱给套上蛮法，那哪能行呢！人就是要守礼义。”

“得了，我就不懂甚么叫礼义。戴上冠就算是守礼义吗？”

“你这傻小子，回头见金将军的时候，你就光着头出场吗？”

说着，父亲双手又把冠边整了一整。

“这真难看哪！快拿下去吧。金将军怎能建立那样的国家呢？”

“那你以为金将军会建立起一个像鬼子那样光脚，和尚头的国家？我们国家的规矩不是那样的。你们太没学问，真是不行，这本书里都写着：盘髻、戴冠、着白衣……。”

说着，父亲就把不知是哪一辈子留下来的一本旧书拿在手里，一张张翻开让人看。

“我没看到谁还读这种书。您以为弘吉他们在读着这类书吗？”

金喆只是听他们这样你一言我一语地说着。金喆有生以来还是头一次见到那样的古书，而且也是头一次见到像弘杰爹那样顽固的老头儿。这在金喆看来都觉得很新奇。可是越听越觉得弘杰爹的话不中听，而对弘杰的话倒是抱有同感。

弘杰的父亲敲打着旱烟管又说起来：

“所以说不对。你等着瞧吧，就会临到找这本书的时候了。你知道我为甚么要带着这本书渡过图们江吗？这本书里都写着哩。所以我早就知道，我们的国家会再兴旺起来；也知道会有像金将军那样的人才出来。不就是为了这个才叫你们读读这本书的吗？”

“那都是外国的文字，那哪是我们的呀？谁还看得懂那些书？”

“傻小子，不知道就别瞎说！这才叫真书哩，是真正的文字。”

实际上，父亲在年轻的时候确是只念汉文的，所以直到今天也就认为那是最好的文字。

父亲虽然也种庄稼，但那只是个名目，实际上是以读书为本的。家里屋顶漏雨，或是在炕上烘干的粮食给雨水浸湿，他压根儿不管，而且他也正是以此自豪的。

在地主和日寇虐政的长期压迫之下，不得已到中国东北逃难时，他就把所读的书连同那些瓢啊碗啊甚么的一起带了出来。到东北后虽然没有得到闲空翻翻书本，可是他却把它和他的冠网同样珍重地收藏起来。

父亲因为爱读书，所以对子女的学业也是煞费了一番心机的。自己就是再劳苦一些，也总是让孩子们上学。当然，他是不满意学那些时髦学问的，可是他认为暂且学一学也可以有助于以后学习“真正”的学问。

但是长子弘杰仅仅念完了小学，就不得不在家里操劳农事了。

“时髦学问念到这个程度就行了……”

父亲嘴里这么说着，可是不知为甚么心里总有点不得劲。到次子弘吉要进中学的时候，父亲却暗中高兴地对他说：

“你哥哥要是说送你上学去，你就去好了。”

弘吉现在是中学二年级了。

不一会，弘吉从学校回来，一进门就看到了金喆，可是他更注意到了戴冠坐着的父亲。

“爹！干甚么又把冠戴上啦？”

“你们现在算赶上好时候啰！”

父亲不回答儿子的问话打岔地说。

“爹要戴上冠，跟金日成将军一起上朝鲜去哩。”

弘吉听弘杰这样一说，马上就猜到了父亲和哥哥争论过了。而弘吉并不是站在父亲那一边，而父亲却钟爱着弘吉。可是不知为甚么，弘吉总是帮着哥哥说话，有时甚至随着哥哥驳倒了父亲。所以父亲有时就在心里骂着：“可恶的小子！”可是这种感情并不能阻碍他对儿子的爱，他总觉着弘吉又伶俐又可爱。

“爹！听说金日成将军比洋人还高哪！留分发，穿西服，戴着帽子，穿着皮鞋……”

“你看见了吗？”

“没有看见也能知道。”

"坏小子,教你学的,你偏不好好学……"

"爹! 戴上冠能打仗吗? 能打败鬼子吗?"

"唉,那是打仗的时候啊……你等着瞧吧。古书上也有'出将入相'的话。就是说出朝就是将帅,入朝就当宰相,那就是指着文武兼备、有德有才的人而说的。金将军正是那样的大人物! 他所做的一些事情你没听说过吗? 一边打鬼子,一边还帮助可怜的老百姓们……古时候李舜臣将军就是那样的。"

"是啊,李舜臣将军虽然戴着冠,可是金将军却不那样。"

弘吉曾在小学里听语文老师讲过李舜臣将军的故事。

"傻小子,年代不一样,道理可是一样的。天会有两个吗? 一年有三百六十五天,可是太阳却总是一个呀。"

父亲这样说着,不觉高兴起来,微笑地望着儿子。可是弘吉对父亲的话,怎样也引不起兴趣。

"太阳和冠一样吗……爹! 戴上冠可难看啦,人家会笑你的。"

"哪个小子敢笑我! 那一定是个没灵魂的家伙,那就不会是朝鲜人! 本来疯子是笑好人的。可是,死在临头也得保持住自己的精神;俗语说的好:即使被虎叼去了,也别吓掉魂。"

"爹! 前儿天我们的老师问我说:弘吉,听说你爹学问很好哇? 我就高兴极了。"

弘吉向金喆瞟了一眼说。

"嗯,哪位老师说的?"

"不是有位白老师吗? 年纪很大的老师,穿着朝鲜长褂的……"

"唔,就是啰,上了年纪的人总是不错的。"

父亲差不多又要乐起来了。

"可是,爹! 另一位老师又问我说:弘吉,你爹还带着发髻吧? ……我一听就说不出话来了。"

"为甚么?"

"老师和同学们都笑起来啦。髻子佬、冠儿佬、弘吉爹……说着就笑。"

"那都是学的日本鬼子的规矩。等金将军回到汉城,就再也不能那样了。"

"爹! 把它摘下来吧!"

弘吉扑到了父亲跟前,就要动手把冠掀掉。弘杰和金喆,好像在鼓励他似的对他笑着。

"别动,孩子,要碰坏了。"

"爹! 那我就不上学了。"

“为甚么?”

“爹！您把这个收拾起来,我就上学去。嗯?”

弘吉撒娇地恳求着。接着就把手伸到父亲的头上。这一来,弘杰也高兴起来,他向弘吉挤了挤眼,给他加油。

“孩子,要弄坏的呀!”

“爹！摘下来吧,嗯?”

“孩子,别动,躲开!”

这时弘杰的母亲把晚饭做好了,轻轻地拉开格扇门,往里面瞧了瞧,问道:

“啊哟,老爷子,你做甚么啊?”

“咳,你可看看这些孩子们!”

父亲求援似地说着。

“妈！你瞧爹的头上戴的东西好看吗?灰呀,土呀的,好看吗?妈,你说说。”

听弘吉这么一说,母亲瞧了一瞧说:

“唉,真是,叫你摘下就摘下来吧。老的不让,孩子们就会让了?!”

说完就笑了。

“又给孩子帮腔,就是这样,把孩子们都给惯坏了。”

“爹！来……”

弘吉又扑上前去。

“好了,好了,我自己来。”

结果是父亲告输了。

金喆像瞧见了一个新奇的世界,无疑地,这是目前朝鲜的现实。真正的朝鲜人,谁都希望着朝鲜的再生,同时,谁也都在屈指等待着日本鬼子的灭亡。

金日成将军正站在他们的前面,为这些共同的愿望点着了火炬。特别是金将军指挥的这一次战斗,比其它千百次的宣传都要来得有力。

对老百姓说来,与其作高声呐喊,还不如杀死一个鬼子来的实际,再没有比杀掉鬼子更能使他们满足的了。

“就是要杀掉鬼子!”金喆在心里叫喊着。这是弘杰的父亲、母亲,还有弘杰、弘吉和所有的人共同的愿望。

金喆在这里发现了自己一边的人。虽然看到的只是一个家庭,可是他就是从这里看见了许多自己人。他相信朝鲜所有的好心的人们,都会和弘杰家里的人一样。

他感到高兴,他想道:

"和我们站在一边的人可多着哪!"

于是他在心里更有力地呼喊着:

"这样,我们就一定能够胜利!"

二十五

金喆想探听更多情况。他从西南岔地界走到黄泥河子一带。

金喆向一个正在地里锄草的农民要求给他一点活计干,可是,这个上了年岁的农民带着好像看不中的神气问道:

"你打哪儿来呀!"

金喆回答说从西南岔来,这农民就吃惊地又问他说:

"小孩,听说西南岔出了乱子,是真的吗?"

"我就是逃难来的。"金喆故作惊慌地说道。

"小孩,鬼子军队真的都死光了吗?"

"是啊,不知怎的,天天是那些蒙着黑帏子的马车,一辆接一辆地向着'北芒山'赶去。不过就是没有个哭的。"

"那是真的啊。没见着活的鬼子吗?"

"没瞧见。"

"那么伪满军也都死了吧?"

"听说没死的都回到他们家乡去了哩。"

"你也赶上那个乱子了吗?"

"真够厉害呀!我还当是地震哩。"

"嘿,你亲眼瞧见了?"

"自然啦,当时我正在那儿卖花生豆,不想游击队猛孤丁就冲了进去,鬼子连一声都没吭得出来。"

"喂,你把那个情形讲给我听听吧。"

金喆看那农民一上劲,却跟他卖了一个关子,故意说:

"不,我得走了。"

"你上哪去?"

"找活儿做去。"

"活儿?"

"只要管饭吃就成。"

"管饭吃?……好,那你就给咱家干吧。"

金喆又和这个农民拉搭上了。

金喆活龙活现地谈起西南岔的事来，他指手划脚地说着杀鬼子的情形。

“小孩，你瞧见金将军了吗？”

“怎会没看见啊？”

“胡扯……”

“那就算了吧。”

“那你真的见着了吗？”

“可不是真的，金将军在山上站着指挥战斗。”

“你瞧得出来是他吗？”

“怎么瞧不出来？”

“不是说一会瞧见，一会又瞧不见了吗？”

“不，瞧得见的。他身材很高，长得真好哪！不知怎的，游击队的战士们像一股旋风似的冲了进去，真把人眼睛都看花了，简直叫人看得出了神。”

“是吗？可是，小孩，你没听说金将军要到这边来吧？”

“嗯，还没来吗？”

“从第二天起就说来，可是哪见来了呀？”

“就会来的。”

“若是到别的地方去了，那什么时候才能来呢？虽然说是走起路来像一阵风一样……”

“这里也有日本鬼子吗？”

“那还用说嘛。都是些最坏的家伙，伪满军警备队长啦，日本鬼子队长啦，还有那些走狗们啦……真是恨得人咬牙切齿，实在叫人受不了。”

“可总没有西南岔的家伙们那样坏吧？”

“咳，那些比起这儿的家伙可算是还没长出牙来的狼。这儿的那些家伙们已经长成三排獠牙了啊。”

接着，这位叫春善的农民讲了一件事——

他有个姓卞的邻居，是个老农民。老夫妻俩没有儿子，跟前只有个叫花丹的美丽姑娘。他们家里虽然只有三口人，可是因为租的地少，生活也很穷困。

这一带的土地，差不多都是黄泥河子伪满军警备队长王永清的，卞老汉就是租他的地种。

王永清在张作霖统治时期做过公安局长，自从鬼子侵占东北，建立了所谓“满洲国”傀儡政府以后，他就仰仗日本鬼子的势力，当上了警备队长。这个家伙尽力搜刮百姓的钱财，成了大地主，还放高利贷。

黄泥河子附近的村庄的农民，差不多全都成了他的佃户。而且所有的村长都是他的爪牙，同时也替王永清经手管理他的高利贷。

卞老汉这一村子的村长——王永清的爪牙，起先装作同情卞老汉的样子，有时磨完了豆腐，还送给卞老汉一些豆腐渣。当然这都不是没有原因的。

有一次，村长来找卞老汉说，如果他肯把女儿花丹送到王永清家当使唤丫头，马上就可以得到好处。但卞老汉一口回绝了。

村长打着哈哈，叫他慢慢地想一想，说完就走了。从那以后，每逢遇到有机会，村长就狡猾地把话碴[茬]转到这个题目上来，卞老汉始终没有答应。

以后，村长的态度慢慢变了。只要抓住什么借口，就对卞老汉加重的索取佃租。有一次，伪警察来质问卞老汉为什么没挂门牌，当场逼着要拿出三块钱的罚款。卞老汉没有钱，只好把米卖了付给他们。

门牌本来钉得挺结实，那是被村长派出狗腿子来把他摘走了，然后又把伪警察派来。卞老汉哪能想到这些啊！

从此以后，动不动就是什么税款调查啦，食盐调查啦，那些伪警察、伪警备队长、稽查队，接连不断地光顾到这一家来。他们故意找一个借口就大刮一顿。不单是罚款，还得宰上只小鸡，大吃大喝一顿才肯回去。

这当然都是那阴险的村长使的诡计。村长打算这样折磨卞老汉，终会把他的女儿逼出来的。那么他就可以把那出色的花丹，献给看见女人就没命的王永清，而取得姓王的信任。

去年冬天，那些坏蛋的横行霸道和搜刮更加厉害起来了。伪警备队员、伪警察不是今天走就是明天来，所以春天还没来到的时候，卞老汉就断了粮。

春耕时节来到了，卞老汉家不用说耕种，连早晚两顿饭也吃不上。他们只好向贫穷的邻居借贷维持生活，可是也支撑不了多少日子。想来想去，卞老汉实在没法儿，就找到了村长。求他借给一些粮食，说定在秋天还，尽管春天借一斗，秋天还一斗半，但村长还不肯答应他，结果，逼他把花丹作抵押，村长才答应下来。在当天，村长就把花丹接到他家去了。

第二天清早，王永清的军队就来威胁说：你家女儿哪去了？是嫁给游击队去了吧？我们都知道了……这些人本来是王永清得到村长的报告才派来的。

卞老汉没法，照实说了。他还把村长开给他的文书——以花丹为抵押直到还钱时为止的证明，拿出来给他们看。伪警备队员假意地看了看，就立刻瞪起了眼睛喊道：你们贩卖人口吗？满洲国的国法是绝不允许的！快缴出罚款来，不缴就得服劳役去……

“谁说卖花丹？……绝没那样的事！今天还了钱，今天就可以赎回来的。”

父亲喊叫着说。

“这儿不是明明写着的吗？不是卖了是什么？”

伪警备队员用那满是泥垢的丑陋的长指甲，狠狠地指着文书嚷叫着。

“不是！是抵押给他家的。”

“说谎就抓走，我们是王将军的警备队！”

“没有的事啊，今天就去找回来。”

“我们照顾你这个家伙，你可以拿罚款抵罪。”

接着那些家伙就说什么按法律该怎样啦，罚款该多少就合适啦，叽哩咕噜地核算了一阵，结果罚款的数目正好是从村长那里拿到的“卖”花丹那一笔钱。卞老汉说拿不出这笔罚款，伪警备队员就翻瞪着狗眼，把全家搜查了一遍，甚至连水缸底下都翻到了。这样终于在花丹母亲的针线筐底下翻出了钱包，从村长那里借来的钱原封没动地放在里面。

他们拿着了钱，就都溜之大吉了。

卞老汉就这样失掉了女儿，钱也光了。而伪村长却把花丹送到了王永清家里。王永清的钱不过在卞老汉的眼前过了一下，又原封不动地再回到王家的钱柜里去。事情就这样算拉倒了。

伪村长以为这样就可使卞老汉一家人的生活走向绝路，而且以为也只有这样才能把事情彻底完结。

但是卞老汉一家人并没有饿死，贫困的邻居都来帮助他。邻居们对这件事全都很愤慨，不论怎样也得援救卞老汉。所谓“众志成城”，帮助的人多，也就没有把卞老汉饿死。当然春善也是帮助卞老汉家的一个。

春善把这件事大略讲了讲，又向金喆说道：

“王永清的地，本来都是老百姓的地啊。”

这是千真万确的事实。

但是从土地到了姓王的手里那一天起，那就成了榨取老百姓的工具。姓王的收着极高的佃租；又把这搜刮来的钱，转放高利贷，成为剥削农民的本钱。

春善又说：

“那家伙抢完了农民的地，又抢走了人，有多少姑娘被他糟践了啊！糟蹋完了还不够，又卖给别人再换回钱来，甚至卖给土匪。花丹也不知道会给卖到什么地方去……真是个可恨的东西！这家伙就是用钱买通了日本鬼子的。只要让金将军知道了，一定会把他收拾掉的……”

实际上，那些驻在黄泥河子的日寇，正是靠王永清养肥的，他们和王永清狼狈为奸，搜刮着老百姓。

老百姓都把他们恨入骨髓，但是谁也不敢动他们一下。

“金将军怎么还不快点来呀!”

春善叹着气说。

“伪警备队和鬼子兵都在一个地方吗?”金喆问他。

“那还用说,他们都在黄泥河子”。

“都在一个围子里吗? 围子有多高?”

金喆问着,回想起西南岔的兵营。

“不是在一个围子里。虽然各有各的兵营,还不是一个洞里的老鼠? 会有两样吗?”

“西南岔有高高的内外围子,伪满军和鬼子兵一向是在一起住着的。真是一根绳拴两个蚂蚱,跑不了你,蹦不了他,就在同一天同一个时刻遭到了雷劈。这里没有那样高,那样宽的围子吧?”

“这里没有。可是那房子像大鲸鱼背那样高大,外面围着石头墙,还有卫兵把守着,谁敢动它一动? 望都没有人敢望一眼哩。”

“这么说,鬼子兵和伪满军不是在一块儿的呀?”

“当然啦,鬼子兵离远一点,在山脚底下……但都是一鼻孔出气的家伙。姓王的老是送酒,送猪,送钱……不单是这个,还送女人给鬼子兵……”

“士兵很多吗?”

“不少!”

春善就把自己听到看到的都讲了出来。据春善讲,姓王的命令部下抓农民,强迫他们当兵;而且常把缴不出佃租的贫农的儿子给拉走。

有时甚至派出部下到煤矿等地方去,在夜晚里暗中把工人捉来。因为军队里时常有逃兵,所以老要不断地强征农民和工人来补充。

而姓王的又是向来都不担心士兵数量的增多的。因为他经常训练士兵到外边寻找借口,抢夺老百姓的财物和家畜。哪一个士兵也都能够养活着自己,还能赚来更多的东西。

“日本鬼子也很多吗?”

“在我看也有上百的数儿。鬼子兵一到星期天,有出来钓鱼的,有喝醉酒疯疯癫癫地往电线杆上撒尿的,看了这些丑样,真是连隔年吃的年夜饭都能翻腾上来。唉——真的,金将军怎么就不来收拾收拾这些鬼子们啊……”

春善说到这里稍微停了一会儿,不大的工夫,又开口了:

“恐怕金日成将军也打不了这些鬼子们,要不然,哪能到今天还没有个信儿呢?”

“哪能不打呢,就会来的。”

金喆不由得有点冒火了。

“这批家伙，数目本来也太多……”

“多有什么用？什么时候也没有少过。你知道西南岔的鬼子和伪满军到底有多少吗?!”

“真的，听说金将军能望到千里以外，是吗?”春善像突然想起了甚么似的大声问道。

“知道了这一个地方老百姓的情况，也就可以知道千里外老百姓的事，那不就和能望到千里外一样吗?”

“那么，来总会来的吧?”

“当然啰。鬼子兵，伪满军，别处也很多。所以，打这样多的鬼子哪能这么快啊。”

“那到底什么时候能来啊?”

“恐怕他还不知道，要不……”

“只要头朝上长着，谁都会知道的……。”

见识不多的春善，以为人人都应该早就知道自己的深仇大恨。

“可是，孩子，总没有像黄泥河子的家伙们这样坏的了吧?”

“就是说嘛，准会来的。金将军要是知道，怎不来呢!”

“是的，来总会来的。这里朝鲜人可真不少啊!”

“那么，他们都在等着金将军吧?”

“那还用说吗！……一定得在秋天以前赶来才成。到庄稼黄腾腾快熟透的时候，更叫人痛心。唉，想到鬼子们左一搜右一刮的都给捞光，真是……”

鬼子们把人们血汗换来的粮食，以甚么佃租、罚款，给搜刮个精光。农民们被鬼子逼得从自己米囤里倒出粮食的时候，就像割下身上的肉那样心痛。

金喆是了解这种心情的。他一想到这个地里的庄稼，将来要落到谁的手里，现在自己流着血汗的劳动代价，将来都被谁吃喝了去……不由地激起了无明的怒火。

春善又说道：

“这个村子的年轻人，等得不耐烦，都想找金将军去……嘿，要是我再年轻一些，不是也可以背枝枪上山去了！如果能跟着金将军，打一个头阵攻到黄泥河子来，够多痛快呀!”

“金将军，一定会来的。”

但是在春善的脸上仍然笼罩着一层愁云。

“怕现在还不成，要不……”

当春善再一次这样说时，金喆真有些生气，但也没有办法，就下定了决心：一定要报告金将军，请他打到黄泥河子来！

到太阳落山后，金喆就跟着春善到了他们家里。金喆想在他们家睡一晚，第二天到黄泥河子街上仔细的侦察一下。

金喆来到春善家里时，天已经黑了。没有灯火的屋子，显得格外惨淡。

"爸爸，您回来了？"

从厨房里传来娇嫩的声音。金喆想：这许是春善的女儿吧？

"孩子，来了一个人，饭桌上添上一双筷子吧。"

春善这么一说，女儿金女就说：

"唉哟，是谁啊？"

金女正歪着半边脸朝外望着，后面又传来一个粗声粗气的妇人的声音："啊哟，哪有饭呀？"

这是春善的老婆。

"有什么就吃什么吧。"

听春善这么一说，金女就温顺地说：

"不，爸爸，有啊，进来吧。"

金喆随着这声音，想像着一个美丽的姑娘在黑暗里走动的身影。金女把饭摆在饭桌上。

吃了晚饭，金喆就随便找个地方躺下了。他一边听着春善说着西南岔的事，不知不觉的就睡着了。

第二天早晨，金喆被人们说话的声音吵醒，他们还在谈论着西南岔。还有一个老人坐在那儿。

"大爷，这个孩子就是从西南岔来的。"

春善向老人说完，又告诉金喆说：

"这位老人就是我昨天说的那个老人，花丹的爹。"

花丹的父亲，今天早晨到井里打水，听金女说到金喆的事，就找来了。他像见到了自己从远方归来孙儿那样喜欢地对金喆说：

"孩子，在那样的乱子里，仍能够活着回来，真还算不错呀？"

"咱们会有什么事儿？庄稼人都没事哪。"

"那就是了，不管怎么着也得活下去啊。"

花丹的爹深深叹了一口气，因为他想起自己的花丹。

"大爷，放心吧，金将军就会来的。"金喆说。

春善也安慰花丹的父亲说道：

“只要金将军一来，……”

花丹的父亲回去以后，金喆也就悄悄地走出来了。不想却被金女瞧见，告诉了父亲，一定要金喆吃一顿早饭再去。金喆又被叫了回去。到吃完了早饭，他才到了黄泥河子的街上。

二十六

黄泥河子虽然不大，却是一个老市镇，座落在“后山”南面不远的一个平川上。

街的北边，有着许多像葫芦一般的建筑物，重叠地排成了几行，这就是伪满军警备队的兵营。王永清的本部就在那后面。这个本部有又高又厚的石墙围绕着，外面还有一道坚固严密的木栅栏；最外层还围着铁丝网，王永清的住宅和紧挨着住宅的几幢建筑物，在石墙里面靠北的一个隐密地方。

离这条街不远，有一个小山坡，从黄泥河子通向抚松的大路，就是顺着这个山坡下来的。日军为了和抚松联络方便，就把兵营设在山坡前面，那是用青砖新修建的房屋。虽然不多，可是在这街上就显得十分豪华了。

这些兵营和西南岔完全不一样。首先，这里没有围子，却有通向四面的大路，也就是一个开放式的兵营。

金喆一边走着，一边又想起了西南岔的战斗，那里面的日伪军简直像关在笼子里的老鼠一样。

可是这个地方，却使人联想到往野地里惊慌奔逃的狼群。很显然，鬼子们打不过的时候，就会像一团蜘蛛那样四散逃命。

“金将军假如打他们的话……”

金喆不由得这样想着，鬼子们一定会没命地四处逃散的。同时也容易从各地往一处聚拢。

“金将军究竟怎样来打这些鬼子们呢？”

金喆有些焦急起来。这在金喆说来，是难以想像的。

金喆爬上黄泥河子后山上看了看。北面是一座高山，但离那些兵营却远了一点，东西两处的山就更远更低了。

他看见伪满军洋洋得意地在街道上走着；虽然没瞧见鬼子兵，但却有时能听见他们兵营里传出来的号声。

黄泥河子前头是一片广阔的平川，一眼望去可以看见散布在那里的大大小小的村庄和一簇簇密茂的树林，此外全都是水田和旱地。这些肥沃的田地差不多全是王永清的。

土地在人们的手里，逐渐变得肥沃了，可是人们却流尽了膏血，一天天消瘦下去；通过了土地，人们身上的膏血都流进王永清的仓库里去了。

金喆想起了自己生长的那个村庄；他又联想到失掉唯一的父亲以后，他流浪到的每个村庄和那些村庄里的人们。不论在哪里人们的生活都是一样的艰难。

在他走过的每个地方，所看到的都是由于营养不足而佝偻着腿的、干瘦的孩子们；到处看到被绑架去的人，差不多全是穿着白衣的人们。[①]

一群丑恶的野兽，把嘴尖插入农民的血管里吮吸他们的血液的惨状，深刻地萦绕在金喆的脑海里。

同时他还有着一个顾虑：

"恐怕金将军不能立刻来打黄泥河子。"

这就是春善说的那句话。金喆又想——如果农民们都像春善的想法一样，应该用甚么方法说服他们呢？……

金喆想不出甚么好办法，他越发焦躁起来。有时竟觉得说这样话的春善也令人憎恨了，但这并不能使他的心情轻松下来。

除了把仇敌彻底消灭以外，并没有其他的办法。但是金喆的看法，认为打黄泥河子是有困难的。鬼子们的确把巢穴搭得太多了，鬼崽子也太多了一些。

金喆觉得心里一阵一阵地发闷，自己所不能解决的问题，一个个地摆在他的面前。这时金喆就想：

"得赶紧回到金将军那儿去才成。"

他思索着，思索着，于是产生了一个幻想：如果能想出一个办法，足以使金将军感叹地说出："嘿——你想得真好哇！"那该是多美啊！

他在往回走的路上一直想着，然而他始终没想出能使金将军大声笑着、高兴不已的妙策。

金喆只有回到游击队来，立刻把所见所闻据实一一报告给金将军。金喆想到春善说的"恐怕金将军也不能就打到黄泥河子来"那句话，犹豫了半天，后来也全都照样报告出来了。

金将军听到这句话，仍然笑着。从金将军的神情上看来，他大概还满意。

金将军听完了金喆的报告说道：

"很好。应该这样经常听取老百姓的话。这样才能知道他们是希望甚么。"

---

① 即朝鲜人。

金将军已经听取了许多队员的报告。那些报告大多是类似的。

根据队员们的报告，西南岔的袭击战的确是大快人心；而黄泥河子的居民更渴望着立即给他们除去压在头上的祸害。有的甚至于埋怨着：只打西南岔就不管黄泥河子了吗？有的人又认为：恐怕是黄泥河子的日伪军难打吧？

金将军和参谋长综合各种情况，研究了以后，立即决定部队转移到黄泥河子后山去。

金喆向金将军报告完了，走了出来。他简直高兴得恨不得对任何人都夸耀一番，真没想到金将军那样仔细而认真的听取了他的报告，而且在听取他的报告的时候，还不时露出满意的笑容。

他退出来以后才发现自己原来回来得最晚；同时他知道了其他队员也都干过颇不容易的工作，并且都已经去继续进行新的工作了。

从各地方回来的队员们，有的组织了座谈会，交换了在各地所见所闻的事情；还有几个队员，正在整理这些材料准备写成壁报。

金喆这样来回地看着，就看到一棵树枝上挂着一段内容很有趣味的、写得也较长的文章——

……有一天，我在抚松附近一个村后的江边，帮着一个叫千寿的农民锄地。在村后的山下面，我们的地头上，有一条奔流着的清彻的江水。

江对岸北边陡峭的山坡上，耸立着一个不很高的绝壁。在那绝壁顶上，长着一株盘松，像一把伞似的向左右伸展着翠绿的枝叶，这一面的枝叶长长的垂下一片，另一面的枝叶稍微向上翘着，活像一个翩翩起舞的姑娘。

在被夕阳照着的松树的阴影下，坐着一个男人，他正坐在那里钓鱼。

农民千寿向我悄悄地说：

“那家伙是个出名的刽子手——鬼子宪兵。一提到‘白昼无常鬼’就没有不知道的。今天恐怕是个星期天吧？”

“是宪兵吗？”

我说着，就远远地盯了那家伙一眼。

“那个家伙不知杀了多少朝鲜人，没杀的都给送进监牢里了。他到这里以后，就到处宣扬着说：他在西南岔和黄泥河子曾经有两次把朝鲜人的脑袋铡了下来。并且还说：身子和脑袋还都扑哧扑哧地乱跳，他就把它拴在长竿上，竖在街道中心，向朝鲜人示众。”

“咳，为甚么把他留到现在还不干掉啊？”

我忿忿地说。

“有什么办法呢！”

他叹了一口气，又说：

“不知金将军会不会来给我们把他杀掉。”

接着农民千寿就把西南岔的战斗，像讲一个有趣的故事似的谈了起来，说得津津有味，几乎把嘴都说干了。

“那么这里的人都怎样想呢?”

我问道。

“高兴极了。日夜在许着愿哩，只求快点打到这里……不过有一件事可不得了。”

“甚么事不得了?”

“青年小伙子都转着念头呀。都说要跟金将军去呢，……”

“愿意去的就去吧。”

我刚说完，突然传来像宰猪似的嚎叫。是江对岸那个宪兵的声音。那家伙对着江水向着我们指手划脚地喊叫着。

我想，恐怕是出了什么事。农民千寿按了我一下说：

“装作没听见。”

接着他又解释道：

“恐怕是鱼钩又叫鱼叼跑了。”

这时有一个念头在我的脑子里突然闪电般地闪过。

我立刻赶到了江边。原来那家伙把装鱼的篓子放到江水里，用了一根长绳拴着，绑在自己坐着的岩石上。那根绳子松了扣，掉到江里去了。鱼篓子顺水向我们这儿流了下来。那家伙用命令的口气，叫快点把它捞回来。

我的脑子又忽然一动，连忙脱了上衣和鞋袜，只穿着裤子跳下水去，捞起篓子就游了过去。

那是一个黑脸的家伙，他满意地咧开嘴笑着，露出一口黄牙。我看到那排黄牙就恨不得有一把铁锤打它个粉碎。我从江里爬上了山坡，走到那家伙的面前，故意很恭敬地打了个招呼，就把篓子递给他。

那家伙连谢也不谢一声，低下头急急地望着篓子，看是不是还剩得有鱼。就在这时候，我猛然地飞起一只脚，铁锤似的踢在那小子的头上。

那家伙的头立刻撞在突起的岩石上，整个的身子栽进深深的江水里了。……我立刻游回江这岸，穿好衣服和鞋，就进到山里去了。

文章末端写着“朴春”两个字。

金喆念这篇文章的时候，不由得紧握着两只拳头，攥出了两手汗，脸蛋也热烘烘地烧得通红。

“这宪兵正是杀害我父亲的家伙啊!”

金喆的脸不觉就颤抖起来。

“怎么我就没碰到那家伙啊? 要是我到那地方去该多好啊——!”

金喆想着,又生气起来。

金喆立刻又想到替自己报仇的那个人来。

“究竟谁叫朴春啊? 是什么样子的人呢?”

这么想着,他的脑子里顿时浮上了那个痛快的场面,像闪电般飞快地踢在敌人脑袋上的那一脚! 还有那像烂葫芦似的凌空落下去的敌人的丑恶样子。

金喆下意识地向自己前面的树干上踢了一脚。

“把那家伙……把那家伙……”

他两个拳头像拳击手似的挥舞起来。当他平静下来的时候,他又想:

“朴春是谁呢?”

想着想着,突然在眼前晃过一个熟悉的面貌。

“是他吗?”

他竭力想攫住眼前浮现出来的那个影子。可是奇怪,这时,反而感到又模糊起来了。

金喆到处走着,想找到那个人。毫无疑问是这游击队里的人。他觉得只要遇见了那个人,不用打听名字,也会认得出来的。

金喆终于在山谷里的流动文库那儿找到了朴春。一看到他,正是自己过去所想像的那个人。怎么那么巧就碰着了呢! 金喆不由得高兴起来。

一个沉默寡言、身量很高、黑脸膛、外貌很凶、可是心地却很温厚的汉子,这个人正是朴春。

朴春正靠在流动文库旁边的松树下读着一本书。看样子,他全付精神都沉浸在书里了。这人长得那样可怕,怎么读起书来竟那样专心、那样安详啊! 想到这里,金喆差点失声笑了出来。

别的队员,有的在读书,有的在翻弄着甚么。金喆看着这一切,不知怎么觉得很新奇。

金喆这才明白,为甚么队员们能够写出那样有趣味的壁报来;同时他又推想到游击队唱的许多歌,原来都是出自这些人们的手里。

队员们所唱的歌里,有许多是金将军亲自编的。当然,金将军自己绝没有说过,可是队员们唱过一两遍就能猜出来。

“噢,师长同志编的啊!”

但是也有不少不知是谁编的歌。队员们也不想挖根究底,只是唱起来,能适合他们的心情就成。其中也有很多是集体编的，而且不少是在唱的过程中，经队员们很自然地修改成的。

金喆对朴春瞧了一会儿，向他喊道：

“朴春哥！”

“啊，金喆吗？”

队员们没有不知道金喆的了。

“你打死的那个鬼子，正是杀我爹的仇人。”

“甚么？”

朴春蓦地站了起来喊道。这时金喆看到朴春的眼珠一转，闪出秋霜似的凛厉的光芒。

“就是那个家伙把我爹给抓去杀了的。”

金喆就讲起那天晚上怎样把挂在长杆上的父亲的头颅悄悄地寻回来埋下的事情。

“应该由我亲手把那家伙……”

金喆喊叫着说。

“你恼恨没能亲自杀掉他，是不是？”

“是啊！”

“可是你的敌人还很多。你还愁鬼子少吗？所有朝鲜人的仇敌也就是你的仇敌啊！你说对不对？”

“那当然是……”

“所以一个不留，要把那些强盗全都杀光，是吧？”

可是金喆仍然气恼着，把他那只没有能亲自抓到敌人的手，不住地揉搓过来揉搓过去。然后又紧紧地握着金将军送给他的盒子枪把，心里想着要在每个丑恶的敌人的胸膛上都给嵌上一颗子弹。

这时朴春对他说：

“金喆，你看过这个吗？”

朴春就把自己方才读的书送在他的手里。

“把这个好好读一读吧。”

朴春又嘱咐了一句。

“甚么书啊？”

“是苏联少年和白卫战斗的故事。用中国文翻译的。”

“苏联少年们？”

“是的，苏联少年们，他们真是太勇敢了！”

金喆接过那本厚厚的书，就坐在树桩上了。金喆对中国文阅读的能力还不够，他看这本书真有些费力。他在儿童革命团的时候，因为个儿大，对读书曾经努过一把力，不过用小说体写的文章，倒没有怎样读过。

朴春看到金喆这样吃力，就对他说：

“我先给你讲一遍，然后你再去读，就好自修了。”

于是，就把书里的故事讲给他听了。

朴春首先讲道：佩伽生长在一个工人家庭，是个勇敢的少年。他在小时候就爱和小朋友们作战斗的游戏。佩伽从小就在沙皇政权下的工厂里受着残酷的劳动折磨，可是他始终是一个不知屈服的少年。因他能拉得一手好手风琴，村里最美丽的姑娘就和他相好起来。富人家的子弟为此忌妒他，时常向他寻事打架。可是由于佩伽的勇敢，结果总是他得到了胜利。讲完了这段以后，就讲到这个少年在国内战争时期的故事——

很早以前这个少年就接受着哥哥的朋友——一位革命家的指导。佩伽给那些反对白卫和外国侵略者而战斗的革命家做着联络或运送手枪、子弹的工作。有一天，他在街上看到了指导自己的那个革命家，正被外国军队押送着。

佩伽顿时急得脸都涨红了，可是马上又镇静下来，很快地想好了一个计策。于是，他就毅然地扑到外国宪兵身上，把那宪兵摔倒了，夺回了自己的指导者。

讲到这里，朴春就对他说：

“金喆，真有趣呢。佩伽看到外国宪兵先装作不理会，就那么让他从身边走过去。紧跟着他就回转过身来猛虎似的扑了上去，用头猛劲儿顶住那个家伙，同时飞起一条腿，踢了过去。我看到这一个场面，全身都紧张起来，真够味儿，实在太令人高兴了。”

朴春比划着拳头讲着，金喆也紧张得听入了神。

“刚读过这本书，我也想立刻追上一个鬼子宪兵照那样踢一下。真有点按捺不住，顿时好像增加了一百倍的力气。”

朴春这些话更把金喆鼓动起来，他本来就已经按捺不住自己了。于是他像生了气似地对朴春冷冷地说：

“你不是已经把宪兵鬼子踢在江里去了吗?!”

“可是佩伽比我年纪小呀！而且他没有带枪，赤手空拳扑到外国宪兵身上，把自己的头当作一支枪使用。多勇敢哪！”

朴春微笑着又说：

“恐怕金喆也会那样干。不，说不定会比佩伽更勇敢哩。”

他说着注视着金喆。

“一定。”

“有一天，人们还会把金喆的故事写成一部小说，给外国人阅读哩。”

“我一定要读这本书。”金喆翻弄着书说。他想，从现在起自己应该努力读书。

“你一看开头，不看完恐怕就不肯丢手哩！”

朴春正说到这儿，突然传来了集合的命令。

二十七

队员们集合好之后，就传下了命令：今天晚间队伍要转移，大家事前要做好准备。

本来预定当天晚上召开一个全体座谈会，以视察各地归来的同志们为中心，互相谈谈各地人民的生活情况和思想动态。可是现在只好停止了。

而队员们都很高兴，因为他们预料到，他们所期待的战斗，就要展开了。队员们想：这么长的一个时期来搜集了各地的情报，金将军总该又会拟订出炸弹一般的计划来。

“八点半以前吃完晚饭，九时以前各自整理队伍。”除了这么一个传达之外，并没有特别指示要准备几顿饭的粮食。因此，队员们就已经猜到不是走远道。

事实上，这是一个近距离的转移。就在当日夜晚，游击队移到黄泥河子的后山去了。离西南岔也不过是六七十里路。

队员们从各方面思索着将要在这里展开的战斗，可是总不容易设想出甚么来。他们只是想：会不会在半夜里像一阵旋风似的猛然冲进去？他们还没有攻打过像黄泥河子这样一个离山较远的座落在平原上的镇店的经验。

金将军命令队员先侦察黄泥河子街里的情况。外部的侦察并不费力，可是内部究竟坚固到什么程度、里面的布置情形怎样，却很难探到。

攻击这样一个镇店并不那样容易。鬼子们在辽阔的地域里分两处搭成坚固的兵营，镇店离山又远，道路又多，没有足以扼守的要地。

金将军又命令把附近村落仔仔细细地侦察了一番。结果，得知这样的情况——黄泥河子周围十里内外的村庄，差不多布满着王永清的爪牙，这些爪牙还兼当村长。

村长们实际上就是各村的统治者；他们都带着十多名或几十名雇工。名义上是雇工，实际上就是壮丁、走卒。这些壮丁虽然也得下地耕种，可是都携带着武器，兼充自卫队，也就是王永清私人的兵丁。

因此，如果这一个村庄遭到袭击，别一个村长的爪牙就会从后面扑上来，而在一般情况之下，王永清轻易不肯出动自己的队伍。因为有些什么事，那些爪牙可以替他做了，王永清坐在家里就能把毒爪伸到各村庄里去。

金将军亲自到附近各个山里走了一走，用望远镜看了附近村庄的情况。这样，金将军便已洞悉到附近的地形了。

金将军一面接着情报，一面看着地图和参谋长拟订作战的计划。但现在，看起来却很费力。在这样的开阔地带，按理应该利用夜袭，可是深夜里，不知敌人会从哪儿忽然窜出来，危险性依然很多。

尤其是黄泥河子的日军和伪满军分驻在相距不远的两个地点，不容易进行集中攻击，而且也不可能用小部队向两处同时进攻。如果先去攻击伪满军，在伪满军和日军兵营之间的一个地点埋伏下一个部队，等日军的援兵上来时，就可以由埋伏的部队在途中作一个出其不意的袭击。可是，这个方法在黄泥河子仍然是不适宜的。

同时，因为在攻击黄泥河子时可以利用的地形不太多，即使攻了进去，万一不能把敌人全部歼灭，到需要退却的时候，那就更危险了。

再说，即使没有危险，也很难保证胜利。说不定敌人会趁黑夜，像蜘蛛似的四面逃散。

游击队本来就是绝对不打没有把握的仗的，必须具备完全胜利的条件，或是造成有利的条件以后，才采取行动。可是现在在这里总不容易见到这样的条件。

但却又不能因为这样就罢手不干，这是说，无论如何也得打，而且得打胜仗。金将军认为必须以此为前提，作一个周密的作战计划；金将军想到，问题是在于把那些家伙引诱到一个便于攻击的地带。于是，他就以此为中心开始拟订作战计划。

可是诱敌这件事不是那样简单的，尤其是如果只诱出士兵来的话，那就不啻是掘山捕鼠了。问题在于要诱出“头子”来，得叫王永清和日军队长亲自走进圈套。

这些原则已经定下了，可是具体执行的方法还不容易想出来。几天来，金将军夜以继日地思索着这件事；同时还和参谋长以下的干部们交换过意见；有时也和打仗打得特别好的队员们进行谈话。在这过程中，就听到了不少建议。

有的意见是：在夜晚用小部队先打一个短时间，然后配合山脚下埋伏的大部队来夹击追来的敌人；有的说，先给他下一个通牒，叫他知道某某日要进行攻击，好来观察敌人的动静。

还有的认为：先把日军大打一阵，或是把他诱出来予以全部消灭，这样，伪满军就变成断了牵绳的小狗，不难收拾了。

这些意见各有各的理由，可是都带有危险性。即使没有危险，也都难以保证胜利。

因此，金将军就继续考虑着作战计划，这一天金将军正和队员们谈着话，听到有一个队员说：

“在山上放一把火，敌人看到不就会追击出来了吗？”

“可是山离得太远了。”

金将军说道：

“那些家伙非得在自己家里，要不也得在与自己有关系的地方发现了情况才会出动的。”

金将军正这样说的时候，忽然一个念头在他脑子里一闪，好像把握到了什么，他觉得一定可以找到一个窍门。

金将军没有放松这一瞬间像火花一样跳出来的思想，继续深思着。金将军终于想出了能把日伪军引到适当地点的方法：只要能把他引诱出来，以后的攻击就不很困难了。

金将军把作战计划的大概轮廓向参谋长说明以后，说道：

“在队员中选出三十名外貌长得凶恶的人来。”

参谋长也立即理会到这个主意，就笑着说：

“相貌凶恶，可是头脑要灵活的人才行吧？”

“是的，叫人看着是个黑脸，或是斜一只眼，总之要脸上带点特征的人……可是，实际却要头脑灵巧、语言流利的人……从李虎部队也可以选出来。”

“是，知道了。”

参谋长说着，想到即将发生的事情，不觉笑了。

“今晚都选拔好，叫他们在明天早晨集合起来。然后，就命令队员们作战斗准备吧。仔细检查武器，多准备一些弹药和手榴弹。重机枪和轻机枪对这次战斗特别重要，大家注意把它准备好。”

“是，一定照办。”

“可以成功，一定会胜利的。”

金将军很有信心地说。

可是，在这一晚上金将军一会也没有睡。就作战计划方面来说，当然已经是胜利了的，但是实际战斗将怎样展开还不可能知道。金将军仍然周密而慎重地继续思索，竭力不使它发生即使是一点差错。

第二天早晨，金将军来到了三十名队员待命令出发的山峡里。金喆也跟在他的后面。

金将军带着笑容把队员们检阅了一遍。他瞧见朴春在队员的最前面站着，其他的队员也各有各的特征。

朴春的旁边站着猛如飞虎的矮个子郑小鬼。金将军瞧见他就觉得好笑。爱说笑的队员们常逗笑说：

“小鬼，别挨在一块站着呀，可真像电线杆上粘着一只苍蝇哩!”

但郑小鬼却连理都不理会，仍然照样和朴春混在一块。一个弄得不对劲，还会和“大力士”朴春比起武来，头顶着头，扭打着。实在的，这两个人不单是因一大一小出了名；而且这两个人的爱逗爱闹，而又互相要好，也是尽人皆知的。

“笨货！谁会和电线杆子争啊！个子长的怎么就会那么高哇!”

每逢郑小鬼这样骂的时候，朴春就说：

“你这个帽子底下长着两只脚的家伙!”

一面说着一面用手拍着他的脑袋。

但是郑小鬼至今还不曾被人家硬拉住过。每次打闹时，朴春总是想抓住他，可是一次也没抓到手。郑小鬼在朴春的前后左右躲闪地纵跳着，有时还用脚踢着朴春的大腿。朴春气上来就叫道：

“这小鬼，看我抓住你……”

说着，他把那长长的胳臂晃来晃去，可总是扑个空。

原来，郑小鬼在参加游击队时，是带着一个出色的故事来的。他收拾过一个过路的鬼子警察。先对那鬼子前胸踢了一脚使他低下头来，立刻又飞上一脚踢烂了那家伙的脑袋，结束了他的生命。这样，就把那家伙的手枪夺过来揣在怀里，径直来到了游击队。

同志们都说，他虽然个子长得矮小，像是帽子底下多了两条腿，实际却是帽子底下长着伸缩自如的“弹簧”一般的手脚。虽然块头小，他却是一个胆大的人。他长着一付吓人的黑脸膛，他那鼓出的眼珠子一瞪，任凭你是怎样高大的个子也要吓得往后倒退几步的。

然而，他又是一个很温顺、多情的人，特别是具有强烈的阶级友爱。因此队员们谁都喜欢他，谁要一看见他，不等开口就会先笑起来的。

队员们因为他个子小，不知不觉地都不喊他本名，在郑字下面添上“小鬼”两个字。这一个称呼，不只含有个子小的意思，而且也包含着无限的风趣和亲切的感情。

金将军常听说这两个人的故事。金将军本来就是善于了解人的人,他对这两个人早就知道得很清楚了。金将军认为这样的汉子正是在任何环境里也都可以相信的人。

金将军只是看到朴春和郑小鬼很亲热地站在队伍的最前面,心里已经感到很踏实了。他认为这些人足可以在这一次战斗中打头阵。

金将军把队员们看了一遍以后,带着笑容说:

"同志们,今晚要袭击柳树沟,所以选拔了你们。干得了吗?"

"干得了!"

队员们异口同声地回答。

那是一个离黄泥河子约有十里路的大村庄,因为柳树多,朝鲜人都习惯地叫它柳树沟,是王永清最得意的农庄。这里的村长是王永清的一个心腹,下面有十来个走狗。老百姓在他们的势力下被压迫得喘不过气来。

"今晚的队长是朴春同志……有意见吗?"

"没有。"

"郑小鬼同志,你怎么样?"

郑小鬼没有回答金将军那句话,却自己推荐说

"就叫我当总参谋长吧。"

"好的。别的同志们有意见吗?"

金将军愉快地答应下来,又看了队员们一遍。

"没有。"

"那很好。可是这次的袭击和平常不同。同志们要穿上破烂的衣服——农民的衣服也好……都得这样打扮。武器是斧子、镰刀、棍棒,只带上三枝步枪,把盒子枪掖在怀里。"

这时金将军又把队员们挨个看了一遍。队员们都有些莫名其妙,只是等着下文。

"简单的说,今天晚上同志们要扮演一下'土包子'游击队的角色。这样,就需要装成粗鲁、凶狠的样子。明白了吗?"

"是。"

"柳树沟里住着王永清的村长和他的走狗,武器也有一些。你们走进村子,就要把这些家伙叫出来狠狠地吓唬他们一下——叫他们缴出武器来、把吃的穿的快些送上来……说后面来了几百名后续部队,叫他们多多的准备……而且拉扯上王永清和日本鬼子,连骂带威胁地装出马上要大打一顿的样儿。

朴队长同志，明白了吧？”

“是，明白了。”

“参谋长同志也明白了吗？”

郑小鬼挺神气地回答道：

“是，知道了。我一定得挨着朴春的旁边。因为朴春个子大……。”

“哈哈哈……正是，郑小鬼同志就在朴春的旁边帮助他一下。不要说过于文雅的话，得挥动着棍棒，尽可能的装得粗鲁。知道了吧？参谋长！”

说着，金将军笑了。

“是，知道了。”

“而且装着要在那里留一宿，可以走进屋里去铺上被褥，打一打滚。可是，郑参谋长同志得提起全副精神来，因为那些家伙会暗中派人到王永清的本部去的；但要装作完全不理会，只是留神察看王永清是不是真的出动；间或还可以放些空枪，扰乱一下。等到一有王永清部队来到的动静，就可胡乱放几枪，慢慢地退出柳树沟，向黄泥河子的后山……一边还要引诱那些家伙追上来……这是一次很有技术的退却。明白了吗？”

“是。”

“那时我们本队就潜伏在黄泥河子后山上的第一个高地和第二个高地。同志们装作败退的样儿，经过两个高地中间的山沟走进山里面来。可是千万不要忘记把敌人引诱过来。枪也放一放，或是大声叫喊叫喊……要放出就要反击的空气骗骗他们。知道了吗？”

“是，知道了。”

“同志们的战斗任务就是这样。退到山里以后，配合本队采取一致行动，要尽量地多杀敌人，如果日本鬼子一同来的话，一个也不许漏掉！……

“其次，同志们的向导是金喆。去的时候可以让金喆用装粮的口袋卷上斧子、镰刀、棍棒这些东西，背了去；让那些东西露在外头，能瞧得出来；实际上里面要装上子弹、手榴弹。去的时候固然也重要，更重要的是退却时如果走错了路，那就会把事情完全弄坏了。所以无论甚么时候，都一定得叫金喆在头里领着，千万不要忘记，要跟着他走。”

说着，金将军就找金喆。金喆本来没有选拔在那三十名以内，可是不知甚么时候，他已经很神气地站在那些人里面了。聪明的金喆，早已猜到会叫他带路的。

因为金将军曾有两次和参谋长一起，带着金喆到那通往柳树沟后山的前后高地的山沟里侦察过。

“同志们！现在有甚么问题就提出来吧。”

“师长同志，我们可以说出来是金日成游击队吗？”

“可以的。说话时尽管自夸是金日成部队，还要宣扬后面有大部队要来，可是行动就得做出乡下佬的样子。一边威胁着那些家伙，一边却让那些家伙们怀疑，叫那些家伙瞧不起同志们，这样才能使他们企图一网打尽我们而出动部队。王永清本来是一个好大喜动[功]的鲁莽家伙，我们必须把他引诱出来；同时这个家伙出动时，一定也会带出日本鬼子来的。因此，根据刚才所谈到的，要随机应变。”

“是。知道了。”

“还有问的吗？”

“没有了。”

“好。那么现在就开始准备吧。这一次的准备会比以往困难一些，像是演一场复杂的戏。”

指示完了，金将军回到指挥部，立即召集参谋长以下的主要干部详细说明了作战计划。

在柳树沟后山第一高地上和相隔一个山道的对面较低的高地上，各埋伏一支部队；深入山里的后面高地上，和隔一个山道的对面高地上，也各埋伏一支部队。金将军对进行以上的布置作了详细的说明。

金将军又继续告诉大家，前高地由金将军直接指挥，后高地由参谋长指挥；前高地对面的高地由李虎，后高地对面的高地由朴济淳团长负责。

“关键在于把那些家伙完全引到前后两个高地之间，那样才能把那些家伙一举歼灭。所以在敌人还没有完全走入我们圈套的时候，任何一个地方也绝不准攻击。如果只顾到先头部队，那就会把后面的全都给放掉了。因此，必须等到敌人的最末尾已经全部走入了前后高地之间的时候，才可从前面的左右两端开始射击。”

然后金将军又接着说：

“如果日军也同时出动，必定在最后面。如果弄得不好，会把那些家伙放掉。大家应该严守纪律，听我的第一枪一发，先由前高地一齐发射机关枪并扔出手榴弹……。等那些家伙们一齐拥向后高地时，就以参谋长发出的第一枪为信号，同时一齐开始射击。机关枪和手榴弹应该同时使用才好。”

天黑下来以后，金将军就把各部队迅速地安置在预定的阵地。

二十八

天快要黑下来的时候，朴春部队沿着山坡向柳树沟走去。远山传来了布谷鸟的叫声。

到达柳树沟的时候，天还没有全黑，还可以认得出眼前的人的面貌和动作。朴春一走进村子就径直找到村长的家里。

到了门口，喊叫着村长，不一会院里面走出来一个男人。在灯光下看到那人留两撇海狗须似的小胡子，是个满脸阴险的家伙。

"你是这个村子的村长吗？"

朴春一开头就狠狠地给了个下马威。他的中国话是很熟练的。

村长一边有点吃惊，但一边又像很鄙视地说：

"你们是……？"

说着就把话含糊了过去。好像是在黑暗里偷偷地揣摩着这些人是哪一派？人数有多少？

"这小子！不认得咱吗？"

可是村长仍然是摆起瞧不起人的神气，还是吞吞吐吐。

这时郑小鬼就用棍棒把村长的肚子通[捅]了一下，喊说：

"狗崽子，不知道老爷们的厉害吗……我们是金日成将军部队，不认得金将军吗？"

"……"

"小子！你是干啥吃的？"

"……"

"浑蛋！我问你是干啥的？"

朴春正吼叫着，郑小鬼又抡起棍棒照那家伙的脑门"乒"地敲了一下，嚷着说：

"该杀的，嘴巴被粘住了吗？"

那家伙这才回答道：

"我就是这村子的村长。"

他仍然偷偷地察看朴春部队的行动。

"我们是金将军游击队第八别动队，知道了吗？打西南岔的就是我们，难道你没有长耳朵吗？"

"是，不……"

"肚子饿了，快给做饭！"

郑小鬼又用命令的口气喊了起来。

“我们先来了四十名，后面还有后续部队。一共是三百名，好好准备去吧。先送上四十个人的饭来!”

“不过，时间太晚……”

“小子！我们就不懂得时间？别等我敲断你的脊梁骨，快去准备!”

“是……不过……”

伪村长又犹豫了一下，才慢腾腾地说：

“可是有件事得先告诉你们一下，这个村子是王将军的村子，不知你们已经知道……?”

“王将军？姓王的是哪个龟孙啊?”朴春呼喝着问。

“就是黄泥河子警备队长王永清将军。没有王将军的命令就……”

“唔，就是那强盗啊。对，是姓王！那小子就是搜刮老百姓脂膏的坏蛋，是跟鬼子打成一伙叫老百姓连活路都没有的东西。把那家伙马上抓了来!”

朴春正要发作起来的时候，郑小鬼又接着说：

“那光拿饭还不成哩。得宰只猪，打点酒，烙点饼再把王永清那小子给叫来。时间不多，快拿办!”

这时，站在旁边的一个队员又把斧子一晃，吼道：

“不快点，就这样……叫你脑袋搬家。知道吗?”

“姓王的不光抢老百姓的钱财，连人家的老婆、女孩子都抢，我们早都知道得清清楚楚。今晚上得把她们都给放出来。快点把姓王的拖来叫他跪在这里。”

朴春的话刚完，后面又有谁喊叫起来：

“小子，我们只不过把老百姓的东西再给要回去；快把人放出来，做些吃的。”

“我们今晚上要做的事多着啦。等一会金日成将军来了就要开始打仗。第一，就是要砍下王永清的脑袋挂到街上去；还有，把那些鬼子也一刀一刀的宰净。快多拿点吃的来，懂得了吗?”

朴春这么叫着，而那个伪村长却还是搓着手，满不在乎地敷衍着。

“小子！吃的、穿的，你当是你们的吗？那都是老百姓的啊!”

说着，郑小鬼就拿起棍棒，使劲通[捅]着村长的肚子。

村长“嗳哟”了一声，踉踉跄跄朝后退着说：

“是，就拿来。”

他一边说一边还摸着肚子。

“多拿才能饶你的狗命。要不就是这样劈了你，知道这个吧？这——个……”

说着，带着斧子的队员又在村长的鼻子跟前把斧头晃了一下。

“是，可是得费点时间，因为人多。是……”

“别放狗屁，快做来。”

“是，是……”

“你们还有武器吧？也都给拿来，我们都已经知道了。明白了吗？”

“没有，没有……是，是，那是……不能用的。不过是自卫队背着装样儿的。”

“就是要把它拿来！别死在这里……”

一个队员说着，又朝村长的屁股狠狠地踢了一脚。

“是，是……”

伪村长立刻流出了眼泪，他忽然变得非常殷勤起来。其实这不是他突然变好了，而是他自己已经作好了打算。他打定主意要暗地里派人到王永清那儿去。

“小子，再刮老百姓就不行了，现在把过去抢的东西都要吐出来，以后如果再看见你们从老百姓那儿搜刮东西，连你们老婆孩子都给宰了。懂得了吗？”

“是的，是的。”伪村长正要转过身去，却又马上转回来说：

“先拿酒来吧？酒是可以马上预备好的。”

“不管甚么快点拿来。狗东西，别尽在这儿装蒜！”

一个队员说着就在村长的肩膀上抡了一棒。

“哎哟哟……是，是……”

这小子像是痛得厉害，一只手捂住肩膀，跷起一只腿，打了一个转转，才匆匆走了出去。就在这时候，他仍然还在算计着——要是王将军带了部队来，就会马上把这些土包子游击队收拾掉的。要把这些家伙们灌得烂醉。一群饿鬼还不会没命地大吃大喝吗？就叫你们等着遭雷劈吧……村长暗中高兴起来。

村长的眷属们在套房里都吓得直哆嗦。虽然村长的大儿子已经溜出去找他们的走狗去了，但他总觉得单倚靠他们还是不行的。

村长装模做样地向家里人说：

“快摆酒呀，还得准备些饭菜。”

说着还摆出很大方的样子，嗤地笑了笑。

“爹，已经去叫自卫队员去了……。”

儿媳妇偷偷向村长耳语道。

“那些家伙不中用，你悄悄地出去，叫自卫队长马上到王将军那儿去。”

村长狡狯地向外望了一下又说道：

“你也听见那些家伙吼叫了吧？叫他一五一十地照样报告给王将军，一定要让王将军立刻出动。好像那些家伙后面还有一伙，要把这些家伙一古脑儿收拾掉，非得请王将军通知一下日军才好。”

他得意地摸着狗须子吱吱吱地说着他想的鬼计。

他又一把拉住了匆匆出去的媳妇的胳膊说：

“孩子，拿只酒瓶出去吧，就是被那些家伙看见，也可以说是打酒去。那些家伙们想酒都想疯了。”

正在院子里踱来踱去的金喆，马上发现了村长的儿媳妇出了大门。原来他在屋前一个显眼的地方放下了背包，来回地了望着。

金喆立刻进屋把这事告诉朴春说：

“一个年轻女子正往外走哩。”

“嗯，知道了，让她走吧。你就装着不理会，守在那里吧。”

一切都按照计划进行着，朴春已经知道村长已经派人出去企图和王永清取得联系。

队员们，有的进了屋子躺在炕上，有的在院子里铺上席子横七竖八地躺了一地，随随便便地哼哈打闹着。伪村长因为自己已经打好了坏主意，就故意地这儿那儿献着假殷勤。而队员们对他却老是一个劲儿的臭骂：

“小子，给这里送开水来！”

“酒现在才酿吗？”

“为什么听不见宰猪的声音！”

“真的，这小子，我们金将军就要来了，快腾出一个好房间来。”

有的还故意放肆地推开套间的房门；有的用斧背把门槛敲得乱响；有的向空中胡乱放枪；还有些队员故意发出鼾声。

这时郑小鬼仍然打起全付精神，窥察着动静。终于，从村头传来了汪汪的狗叫声。那正是去和王永清联络的家伙。这时金喆急忙地走了进来。

“说不定是姓王的部队来了。”

金喆在朴春的耳边低声地说。金喆究竟是一个孩子，按距离说，虽然明知还不可能来到，他可总是放心不下。

“没事，出去等着吧。要是那些家伙来了，狗叫的声音会愈来愈近的。”

听到朴春的话，金喆就走了出去。他看见先前出去的那年轻女人——村长的儿媳妇正好回来了。她手里拿着一个白晃晃的东西。那个女人打开房门时,金喆从灯光里瞧出她拿的是一个酒瓶。

不大工夫,村长和他儿子把酒和菜拿了进来;然后,在屋里点上了一小盏洋灯。

“酒是要多少有多少的。”

伪村长像一个狡猾的老狐狸,百般献媚,打算灌大家一个酩酊大醉。

“哦——好。快多拿点来吧!要拣最大的酒杯。”

朴春这么一说,队员们就故意地乱糟糟地围在酒的周围。

“是,我来斟酒吧。”

伪村长装得挺温顺地说。

“小子,叫你收的武器怎么还不拿来?耳朵聋了,就拿子弹给你打通了吧?这里有啊。”

郑小鬼又嚷起来。

“是,是,因为要把手下所带着的武器全都搜罗一起,所以费些时间。有的还住在村头,也有的还在地里没有回来……”

“快收进来,不收进来就是这个。”

“是,是。”

队员们就又拉扯到别的上来:

“喂,小子,姓王的怎么还不来啊?叫姓王的来斟酒啊!”

“把鬼子队长也抓来!”

队员们你一句我一句地乱闹。

“好,好——喝酒吧。”

村长边说边拿起酒杯劝着朴春。朴春接过那个酒杯,就一把扭住村长的脖颈说:

“好,这一杯你先喝。”说着就硬灌到那伪村长的嘴里。他是查看酒里是否给下了毒。

伪村长被酒呛得两手堵着海狗须子,啃呛地咳嗽着。

“快去准备饭菜,三百人的份,知道了吧?不做就把你和姓王的脑袋一块儿砍下来,挂到街上去。快滚出去!”

朴春说着照他背脊一拳,把他推了出去。

然后大家就拼命地争吵着抢酒。可是实际上,他们把酒都倒在地上,一杯也没有喝。

“同志们!大家必须注意饮食。有时吃下去时没有什么,过后会中毒的。强盗们甚么事干不出来!”

朴春这样警告着队员们。其实，大家在出发时已经吃得很饱，谁也不想再吃东西了。

金喆有时走进来，用眼色表示还没有甚么动静，又走了出去。

伪村长又端来一些酒菜。队员们假装喝醉，故意卷着舌头胡言乱语地谩骂：

“咳，你这家伙，酒菜就只这点呀？拿整条猪、整只鸡来！咱都是白头山的老虎、大力士。吃这一点连胃门都没打开哩。龟崽子！”

个儿大的队员喊叫起来。接着，郑小鬼也搭了一腔。

“你这家伙，你瞧不见这武器吗？你当我们没有枪，才背这些吗？把姓王的家伙——老百姓的冤家，用这个狠狠地劈他一下才痛快哩。那边还有青龙刀呐！”

说着就把磨得发青光的斧头舞弄了一下。

队员们于是又拉起嗓子喊叫起来——

“小子！姓王的怎么还不露面啊？那小子真不知天多高地多厚呢！”

“把鬼子队长也给抓来！你们不都是一伙的吗？该搁在一个锅里煮的家伙们！”

朴春又说道：

“我告诉你，叫你知道：等一会村子里一有狗叫的声音，那就是我们的后续部队来了。你们如不按时都把它准备好，那你们今天就算死定了。”

“不单是你们，连你们的老婆、小崽子都一样。要给你个鸡犬不留，懂吧？”

郑小鬼跺着脚说。

“是，是……”

伪村长心里说：“让你们说个够吧！”表面上可是装得倒很像，一再劝大家喝酒。

“来，再来一杯。”

看情形是要连哄带骗地拖延时间。

“来，我也来一杯行吗？”伪村长问了问大家，自己就装出喝酒的样儿来。

“小子，这不是喝甚么淘米水，不要脸的家伙……出去快拿整条猪来。”

郑小鬼瞪大了眼睛命令着。

直到这时，伪村长还没有怎么注意到这小个子。现在一看，却看出了是个体格健壮、胆大包天的人，马上就对他点头呵腰地走了出去。

伪村长一面走出房门，一边从鼻子里哼了一声——死在眼前还威风呢！回头王将军一到，还不是像苍蝇似的一下都给拍死……这就快了……伪村长在心里狠狠地咒骂着。然后，他大约地算计了一下王永清可以出动到这里来的时间。

“至多一个钟头就会……”

伪村长这么想着，在这一个钟头里，任凭自己受到什么侮辱也得忍受。

伪村长端着一盘酒菜，很快地又走进了屋里，对游击队员们说：

“照你们的嘱咐，就要宰猪了。可是村子里的事真是不能叫人痛痛快快的……”

说着伪村长又倒了一杯酒。

“那么别的事办得怎么样了？饭做好了吗？烙饼呢？……姓王的又为什么还没来？叫姓王的来斟酒我才喝哪。快去叫来！”

“那我们可办不到，我们当老百姓的怎敢去叫王将军？只要我们家里能办到的，什么都可以……”

“小子，你当我们不知道你们是一伙的呀？我们早就知道你就是姓王的狗腿子。”

“哪里啊，不过租王将军一点儿地种就是了。”

“那么，等一会我们抓住了姓王的，你能够拿这个把那小子的脑袋砍下来吗？那小子完全靠剥削和欺压农民过活的。怎么样。”

“是，哪里……嘻——我可是，哪会杀人呀？连只鸡都不敢宰。”

说着伪村长心里笑着——该死的正是你们哩……。

“狗崽子，你撒谎可是天字第一号。都知道了，都知道，等一会瞧着吧。你不杀姓王的头，我就要杀你的头。好吗？”

“我有甚么罪过呀？我是一点也没有……”

“你给姓王的拉纤，逼得人活不了，我们都知道；等会姓王的来，马上就会清楚的，等着瞧吧。”

“是，您看吧。”

伪村长心里讥笑道——等着瞧吗？王将军一到，不把烂泥塞进你的眼窝才怪哩……伪村长不住地偷偷打量游击队员们的神气。怎么看也不像在大白天击溃西南岔的日军的人们，怎能是金日成游击队呢？要来，金日成怎么还没来呢？自己嚷着是游击队，看外表，那样褴褛，像叫花子似的，武器又是那样糟，就那一身装备也够瞧的了。

威风凛凛的王将军如果一出动，毫无问题，马上会把这些家伙收拾个干净。何况这些家伙们现在都是醉醺醺地不醒人事，还不知道王将军就要来到了呢。伪村长越想越乐，恨不得放声大笑。他不住地献媚劝酒，满脸奸猾，嘻嘻哈哈。他说正在准备各样的饮食，叫大家松下腰带宽坐等一等。

不一会儿郑小鬼听到了远处传来狗吠声。无疑地，这是王永清出动了。

这时金喆突然跨了进来。他那锐利的眼光向朴春和队员们扫了一下，队员们立刻知道了是怎么回事。

“同志们！静一静。”

朴春侧耳稍微听一听，然后故意地说：

“同志们！没有错儿，金将军来了。好——我们都迎出去吧。”

说着就猛然站了起来。

接着大家就拍拍身上的尘土，跟着站起来。

“别走啊，诸位，还有吃喝哩，请坐下吧。让我们出去瞧一瞧就行了。”

伪村长摇着手想拉他们坐下来。而且像是一个热情的主人，从这个人面前走到那个人面前热心地挽留他们。就在这时，朴春的一只有力的手猛抓住伪村长的领口：

“小子，走！”

朴春的盒子枪口直顶着村长后背。

二十九

村长觉得背后一热，两腿哆嗦起来。顶在后背的枪口，好像立刻就要冒出火来穿过胸膛，他感到浑身像被针刺着那样疼痛。

朴春正驱赶着村长走出来，看见金喆已经从包袱里把子弹和手榴弹拿出来，分配给队员们。队员们也都从怀里把盒子枪掏了出来，拿在手里。

“同志！把这家伙带去。走到适当的地方……知道了吧？”

说着，朴春就把伪村长交给了别的一位队员。接过伪村长的队员，就把那枝刚从怀里掏出来的手枪，对准那家伙的后背，命令他快走。

看到这个情形，伪村长已经什么都明白了，马上他嘴里吐着白沫，哭喊着哀告起来：

“老爷！饶命啊！我可没有罪，老爷！”

“小子，谁把你怎么了哇？少啰嗦，快走！”

“老爷，老爷，你把手枪从我的背上挪开吧，叫我干什么都可以。”

“没有你也有人干哪！……狗崽子！姓王的来了你当我们都会死了吧？叫你先尝尝死的滋味！”

“老爷，老爷……”伪村长大声地哭嚷着，疯了似的拉着队员的胳臂不放。

这时朴春已把队伍整顿好，让金喆在前面领着不慌不忙地撤到村外去。

村子里的犬吠声愈来愈近，远远地可以听到王永清的部队追来的脚步声。

朴春朝空中放了几枪，为了好叫那些家伙听见追赶上来。果然，王永清的部队也放着枪向这边赶来。他们像是很高兴，可以听见他们嘈杂声和指挥军官的喊叫声。

朴春部队弄出慌张逃奔，喧闹着往山里退去；一会儿又像要立即进行反击似的，大声喊叫，朝着那些家伙们放起枪来。

这一来，王永清部队也立刻集中射击，追了上来。朴春部队更故意装出了跌跌撞撞地仓惶奔跑的声音。

王永清的部队就越发得意地急忙向这边冲过来。

“追击！追击！”

小子们的口令喊得更响了。看情形，他们是打算不等朴春部队走进山里，就把他们一网打尽。

可是朴春部队也同样地加快速度前进。这样，眼看着就要追上，但总是有一段距离。所以王永清的部队更火了，后边继续不断地传来追赶的嘶叫声，枪声也更混乱起来。

朴春部队已走入了黄泥河子的后山山脚下。就在那里，他们一面向敌人追来的方向射击着，一面退进了高地。

这时金将军已在第一高地上布置好了，正在等待着，早就听到了敌人赶过来的声音。而且从那些声音里，还可以大略推测到事情已照计划顺利进展。只是还不敢断定王永清本人和日军是不是果真出来了。

金将军朝敌人追来的方向侧耳倾听着。从敌人的枪声和吵嚷的声音里，可以猜到敌人数目很多。

而金将军一面又准备了第二阶段的作战计划。万一王某和日军没有出来，今晚还得继续去攻打他们；那么只歼灭这些追来的敌人是没有甚么困难的。但是和那些在兵营中作好战斗准备的日军和王永清那些残部厮杀一番，那就不是一件很容易的事了。犹如你刺醒了睡着的野狼，要打就需要变换一种新战术。

骚扰的声音冲破了黑暗，越来越近了。因为追来的敌人熟习附近的地形，所以紧紧追赶，打算直冲到山里来，进行痛击。

朴春部队刚走过第一高地，追来的敌人也正追到这一高地下面，接连传来敌人的射击口令。枪声震撼着山谷。

金将军站在星光闪烁的高地上，借着敌人的黑影和喊声观察下面的情况。枪声一停，就听见他们在讲中国话，分明是王永清的部队。接着忽又传来了日本鬼子的声音。金将军的注意力立刻转到眼前的情况上来。

一个相当长的部队跑过高地下面，随着又一个部队接踵而至。这个部队人不很多，约有五六十名，很快就看到它的尾巴了。

“红刀尼，金尼西伊加尼？（真的是金日成吗？）”

金将军立即听出来是日本话，正如事前料到的一样，日本鬼子果然跟在王永清部队的后面出动了。

“没有错，王永清也来了。”

金将军高兴地想。他握紧着盒子枪。当日军的后尾刚走到高地的下面，一声清脆响亮的枪声，划破了山间的夜空。这是金将军的射击信号。

接着从左右高地上，重机枪喷出了暴雨般的火舌；手榴弹的爆炸声震撼着山岳。没有击毙的日本鬼子像烧了尾巴的兔子，跌倒爬起，惨叫着无处奔逃。可是游击队的射击比它更急迫、猛烈。轻机枪也响起来了。

这时，后高地上的枪口也猛烈地吐出火舌来。朴春部队已经折回到后高地上，和参谋长的部队会合了。

射击更加猛烈起来。走在前面的王永清部队，像崩溃了的土城那样往后倒退着。到处是骚乱的逃命的喊叫声。你拉我，我拖你，彼此叫骂着，各自争着要逃出陷阱。这一阵慌乱的声音，比追来时还要高到好几倍。

那些在后尾被打的日本鬼子，连往后退都不可能，不知所措地互相撞挤着。这些伪满军和日本鬼子终于被我们包围在前后两座山的中间了。

我军愤怒的火焰落在这些小子的头上，手榴弹在他们的脚下接连不断地爆炸开来。骚乱的声音里，闪电似的火光一闪一闪地划破了黑暗。泥土、砂石、树木、伪满军和日本鬼子混在一起，被打得粉碎。

这时候，伪满军才后悔不该和日本鬼子混在一起，拼命地想从他们那里摆脱出来。于是，有的伪满军就趴伏在地下，有的就往山根下蹓。事实上，这时火力是集中在日军部队里了。

因此伪满军认为因为有日本鬼子才遭到了这个祸，而日军却认为伪满军挡住了去路，就对他们动起枪杆来。

总之，就只为了各自争逃活命，都发着绝望的哀鸣。伪满军和鬼子兵全都向山坡上奔逃，但是那里也早有轻机枪等待着了。到处都有枪声迎着他们——

“哒哒哒……哒哒哒……”

奔跑的声音，叶咚叶咚地倒下去的声音，还有挥动着两手从山坡凌空倒了下去的惨叫声混杂在一起。

“投降啊……投降……”

下面传来了一片求降的喊声。

前后高地的四个游击部队，从左右两边搜索着走下来，他们把俘虏们驱赶在一起。现在哪儿也听不见鬼子的声音，只剩一百几十名伪满军。其中只有几个人还带着枪，这时也立刻把它往地下一扔，连连哀求饶命。

一个伪满军举着枪走出来，好像向游击队员报功似地说：

“您看，我连一枪都没放。”

而且还叫队员检查检查证明他并没有说谎，事实上这胆怯的家伙连放一发子弹的机会也不曾找到。

游击队员们把武器都收在一起。

伪满军在地下胡乱叩头，哀求饶命。

这时金将军用严厉的语气问他们说：

“你们都是哪国人？”

“我们是满洲……人。”

伪满军吞吞吐吐地回答着。

“满洲是哪一国？”

对这一句问话，没有一个人回答。

“满洲是日本的地方吗？”

这么一问，伪满军就异口同声地喊道：

“不，是中国的地方。”

“你们的队长是谁？”

“王永清将军……”

“将军？那家伙在哪儿？”

这一来，伪满军就彼此嘁嘁喳喳了一会，一个伪满军回答说：

“刚才死了。他正好在我的前面，给打死了。”

“确实吗？说谎就要处死的。”

“是，是我亲眼看见的。”

“那就把尸首给找来！还有，也要把那个同你们一块来的鬼子队长给找来。”

一听到这句话，伪满军就纷纷散开，乱哄哄地都找尸首去了。游击队员们跟在他们后面，监视着他们。手电筒不时在各处闪光。不大工夫像是发现了什么，他们吵嚷起来，好像说是捉到了负伤的日本鬼子。

“日本鬼子！”

伪满军大声叫道。

不大工夫，伪满军拖来了四个尸首。

“找来了。”

伪满军在黑暗里说道。

“哪个是姓王的？”

手电筒随着金将军的问话照在一个尸体上面。

“就是这个。”

一个浑身是血的尸首，他的肩膀上还依然带着宽宽的肩章。

“没有鬼子队长吗？”

“在这里，就是这个家伙。”

一个带着金肩章的家伙，他的帽带绕在脖子上，身上佩着一把长刀。

“其余的是什么人？”

“团长和连长。”

金将军用脚踢了踢王永清的肩膀，命令道：

“搜搜这家伙身上，把身上的东西全都搜出来。”

接着伪满军就把那家伙身上所带的东西都翻了出来。

参谋长打着手电筒，翻开那家伙的小皮夹。里面有印着“王永清”的红色名片，还有几张鬼子的名片。

小日记本里记有人名，下面注着若干若干的金额，像是记着什么债务关系；有的地方记着日本人名字，下面写着“金酒杯”“银酒杯”等等。毫无疑问这是给鬼子送的物品。

查看完了，金将军又问伪满军道：

“那么你们是哪国人啊？”

“是中国人。”

“是‘满洲国’人吧，怎么会是中国人呢？”

“不是的。满洲国是日本鬼子造出来的。”

“那么你们和日本鬼子是怎样的关系呢？”

“什么关系也没有。”

“没有？你们不是日本鬼子制造的‘满洲国’军队吗？你们和鬼子军队有甚么两样呢？不是任凭什么都听日本人的指使吗？”

“不是。我们是没有办法被强拉来的。”

“王永清也是不得已才跟着日本鬼子的吗？”

“不是，那家伙和鬼子是一伙的。”

“那么你们是谁的部下呢？不是王永清的部下吗？”

“……”

“王永清的部下和鬼子部下有甚么两样呢？”

金将军厉声地问道。

“不是的。队长老爷！饶命吧。我们是没有法儿……”

“你们这些家伙，还有什么说的呀？就是你们欺压老百姓不得过日子。你们吃的老百姓的猪、鸡的数儿我都知道。我连你们从老百姓那儿收了多少罚款也都记着。”

“不是的。我们没有做过那样的事。”

“没良心的家伙！你们是老百姓的仇人。知道老百姓的仇人应该怎样吗？”

“队长老爷！饶命吧！我们没有罪，队长老爷！”

“所以现在叫你们把自己做的坏事儿都坦白出来。”

“逼得没法儿才……队长老爷，再不那样了。”

“你们当中有杀死老百姓的吧？我都知道，照实说出来，就饶了你们。”

“队长老爷！我没那样。”

都是各自声辩自己没有做过坏事，纷纷哀求着饶命。

“如果有人在这里检举谁杀过人，就饶了那个告发的。快说！”

于是他们就这个那个地互相争论了半天，一个家伙才说：

“队长老爷！那家伙曾把人家的鸡给捉来吃了。”

这一来，那个被告发的就又说：

“不是，是他杀了人家的猪吃了。”

就这样彼此告发起来，也有的说：

“队长老爷！我可是没有罪的。饶了我吧。”

“队长老爷！我要跟着队长老爷去。”

大家都纷纷乞求饶命。

“要是把你们放了，又会去苦害老百姓，所以……”

“队长老爷！不，队长老爷！”

“拿甚么证明再不那样呢？”

“队长老爷！我发誓。”

“发誓？”

金将军半天没说话，只注意着他们的动静。这些人都伸长了脖子嚎叫起来：

“队长老爷！我再不去别人家里，我要回自己家去。”

“真想回家的人就站到这里来。”

他们一听这句话，就争先恐后地站出来。

“没有不想回去的吗？”

“没有。”

“回家去干什么呢？”

“种地去。我原来就是个庄稼人。”

“如果你们再拿起枪来呢？”

“那就杀了我。”

“那时候就决不饶你们了。知道了吗？”

“是。队长老爷！我发誓。”

金将军就拧开手电筒，一个个仔细地照着他们的脸。队员们也像要把他们记在眼里似的留神地瞧着。

“看一遍就都认得了。我们队员再也不会忘掉你们这些家伙的面貌的。从现在起你们得重新做个正经人，再不安份就决不饶你们了。我们队员哪儿都有的。知道吗？”

“是，再不敢了。饶了这一次吧，队长老爷！”

“好了，饶你们一次。可是还要给你们一些事做。”

然后金将军就放过他们，暂时观察他们的行动，接着说：

“让你们回家去。不过你们必须亲手把王永清和日军队长的脑袋割下来，拿去挂在街上。作得到吗？”

俘虏们一齐回答：

“是，是！”

有的俘虏顾不得回答，只是乱嚷，有说用斧子，有说用刀子。

“不要吵！”

他们安静下来了。金将军问他们道：

“现在你们兵营里还有多少兵？”

“还有一些。”

“日军的兵营里呢？”

有的俘虏回答：

“那可不知道。”

“上这儿来的都死光了，那儿可能没有几个了。”

金将军稍微考虑了一下，就决定了下一个步骤。

于是开始集合部队，顺着山坡，把那些伪满军俘虏押到黄泥河子后山的高地上了。

金将军的指挥部就设在这里。留下少数卫队后，他把队员分成三队；命令两个队，分头向王永清和日军兵营突进，肃清残敌，抓紧时间把战利品搬出来，特别是要把被王永清监禁在家里的妇女和被日军逮捕的人们找出来，立刻全部释放。

对那些被俘的伪满军决定在战斗完全结束以后，教育释放，这以前就由卫队来负责看管。

另外一个队，进到街里，去组织群众大会。金将军想到，虽然是在夜间，市民们可能已经拥到各路口上来了。

不久，嘹亮的号声，突然在黄泥河子夜空里震荡起来。这时站在各小巷里观望的人们，随着这个号声，逐渐都拥到大街上来了。

号声一停，紧跟着传来了雄壮的革命歌声。市民们这才知道一切都没有出乎自己的预料和他们所期望的，都放心地呼喊着。

他们肯定了这是金将军的游击队。

这时，只有通往抚松的那条大路旁的日军兵营里响起了几声枪声，伪满军兵营里却没有动静。到那里去的两个部队，都没有经过大的战斗，顺利地完成了任务。

街上更加沸腾起来，像节日一样热闹，人们扶老携幼，兴奋的呼声冲破了夜空。在那些声音里，有朝鲜话，也有中国话。他们的语言虽然不同，心情却是一样的。

不大工夫，游击队宣传员们的宏亮的声音，在那些密密层层的人群的上空响起来了。群众立刻安静下来，而游击队传达给人民的喜讯，像早已渴望着的礼物一般浸透每个人的心；金日成将军的名字和人民革命军的名字，牢牢地铭刻在人们记忆里。

在宣传员演讲的时候，一部分队员给大家分发了传单。这时正是黑夜，人们不能够读它，就很珍贵地藏在衣袋里；性急的人，迫不及待地燃起火柴，先读它一两行，才折叠起来，紧紧掖在怀里保存好。这时，金喆也在发着传单。

演讲结束以后，游击队高唱着革命歌曲，开始在街上游行。不知是从那个角落，忽然喊起了“革命军万岁！”接着，万岁声此起彼落地紧跟在队伍的后面。

队伍在街上游行了三趟，才慢慢地向着后山行进，后面群众的经久不息的万岁声不断地传到每个队员的耳朵里。

三十

第二天黎明时分，金将军的部队又进入到黄泥河子后面的深山里了。

不知不觉东方已经渐渐发亮了，接着褐黄色的平川和山野，渐渐露出了原来的面貌。美丽的景色，使队员们更加心旷神怡，胜利的喜悦激动着战士们的胸怀。

队员们忘了疲倦，满背着战利品的两肩，反而感到更轻松了。

“今天要痛痛快快地玩他一玩。”

队员们都这样想，当然那也是应该的；同时金将军早就这样答应过队员们了。

队员们到了山里，躺下来以后，还在想着将要召开的快乐的集会，到天大亮以后，才慢慢地睡着了。

这天下午——

金将军先醒了，绕着队员们的帐篷走着，他想——有没有负了伤而隐瞒起来的队员？……因此他特别留神察看了队员们的身体。可是什么也没有发现。

各处响起了队员们的鼾声。一个队员正大声说着梦话：

“把鬼子……把那小子杀掉啊！”

金将军微笑着注意一看，那正是郑小鬼。不知在睡梦里杀了多少鬼子，他似乎很满意地在吧哒着嘴唇。金将军又走到别的帐篷去，不知谁在一个角落里干着什么，发出沙沙响声，原来金喆正在低着头把一只胳膊像拉风箱似的使劲儿来回地动着。他在擦着金将军送给他的盒子枪。

“射中几个了？”

金将军这么一问，金喆才突然抬起头，跳着站起来。

“金将军，昨晚我们可是来晚了。我们在柳树沟把那些家伙引诱到后山坡再返回来的时候，后高地上的参谋长部队，已经在用重机枪扫射追来的家伙们了！我连一个手榴弹都没扔出去哩。等我们追上去，那些家伙们追到山里都分散了。所以，我只好用这个追着那些家伙射击。”

“那不是很好吗？”

“不，那时前面高地的鬼子们，差不多都已经死光了。”

“哈哈……就是怨这个呀？该叫你杀的，都叫别人杀死了，是吗？”

“我一直紧紧握着三个手榴弹没有扔出去。”

“知道了。但还有很多鬼子呢。”

金将军微笑着走回了自己的帐篷。参谋长正在那儿等着他。

金将军立即向他说道：

“我们还有一个攻势向敌人发动。这个攻击并不太难，因为过去的两次战斗，使这一次变得很容易了。现在就应该立刻给敌人写一个布告。”

“布告？”

“是的——要黄泥河子和西南岔地区的伪满军，在三日内把三千枝武器和五万发子弹缴到……内容就是这些。在前头要写上‘布告第一号’。”

“是，知道了。”

“要写在又大又厚的白纸上。在布告末尾，用正楷写清楚‘人民革命军第六师师长金日成’和在某某山中字样。而且在重要的词句旁边，加上红线。”

“写几张呢？”

“是啊，凡是那些家伙们驻扎的地方附近都要贴上几张，你就酌量着办吧。大约写三十多张就可以了。要在一天夜里一齐贴出去。”

“是，就去准备。”

开始写布告了，被大家叫做“大爷”的管伙食的老师傅，拿起很久没动过的笔，挥动着手腕书写起墨笔字来，然后盖上了朱红的官印，立刻变成了一个庄严的布告。

队员们分了工。要他们把布告分别在适当的地方贴好。从第二天起，就探听该地伪满军和住民的反映。

事实上，从那天起，附近一带的舆论就沸腾起来，而日伪军却紧闭着嘴连一声也没有吭。因此，住民的声音就愈来愈响亮了。

伪满军在每天晚上都偷偷地搬运着武器和弹药，送到指定的地点来，有的伪满军部队还格外送来了酒和布匹；甚至日本人也转托伪满军用自己的名义送来物品。处在偏僻地方的日伪军，企图用这样的方法来避免不知什么时候就会临到头上的死亡。

不几天，就增加了很多的武器和弹药；金将军将那些不急需的运送到抚松附近根据地。这样更给敌人增加了威胁。

于是金将军接着发出了“布告第二号”，是限三日内缴上一万袋面粉的布告。交纳地点又换了新的地方。

这次敌人又老老实实地执行了这个指示。金日成将军的游击队，在短短几天之内突然大大增加了实力，使伪满军更加感到畏惧了。所以送来了比原来所预料的更多的粮食。

金将军又给参谋长一个指示：召集附近各村庄的住民代表前来。这时，农村正在青黄不接，最窘迫的时期，不少人都断了粮，正吃着草根树皮挨命。

地主们利用这个时机，高价借出粮食，但对赤贫的人们，就是许下在秋天还双倍利息，他们也不肯借。在农村放高利贷的人也是这样，至少也得看到家里喂有一口猪的，才肯借贷给他。

金将军对这些情况了解得很清楚，所以想把面粉分给那些赤贫的人们。

“不要叫他们一齐来，先叫一两个毗邻的村庄顺序来吧。发粮的地点每次都得更动一下才好。”

于是立刻按照金日成将军的指示进行起来了。最先来的是柳树沟和附近的村庄的人们。

金将军先和来到的农民代表们开了座谈会。金将军听取了农民的生活情况的报告以后，为了给予他们更大力量和希望，就谈了游击队的情形，告诉他们游击队是人民自己的子弟兵，是为了人民和祖国而斗争的。

同时又告诉他们：重新收回了敌人从人民手里所强夺的东西，现在就要分配给你们。说到这里，农民们都吃了一惊似乎感到有些受之有愧：

“我们正因为没能出一点力气，觉着日夜不安。这是怎么说啊，金将军？”

“虽说困难，总不会叫活人的嘴里结起蜘蛛网来吧！”

“我们即使挨点饿……看到那些家伙死去，不吃也觉得饱了。”

他们无论如何也不肯收下。

“不对，那是你们自己的东西，我们只不过把你们被敌人抢去的东西重又夺回来交还给你们罢了。”

接着他又想起来一件事，问道：

“真的，这里有没有从枕头峰来的人？”

“有，我就是住在那下边的。”

一个中年农民回答说。

“那里有一个叫弘杰的青年吧？”

金将军仍旧记着金喆报告的那个人的名字。

“是，有的。可是金将军怎会认得那个人呢？”

“当然有知道他的办法；那个人的父亲也在吧？”

“是，在哩。”

“那位老人还留着发髻吗？”

“怎么没留着啊！正闹着要戴上乌纱冠，来拜见金将军，再回朝鲜去哩。儿子们劝说，他反申斥儿子说：‘这些小子们真不知道现在是甚么年头’。”

“那么那位老人是想着像古时候那样，‘皇上’登极[基]吗？”

“不是，那倒不是的。说是金日成将军就要回汉城去，所以要戴着冠儿等着那一天的到来呢。”

“那就对了。不剪发倒没关系，只要知道今后就要有一个新的国家出现就行了。新国家是没有地主和富豪的……只是辛勤劳动的人们才能当家作主，请你们把我的话转告给他说：金日成是农民的儿子……今后要叫农民作土地的主人。所以不应该看重从前的乌纱冠，而是应该保住那些就要得到的土地，就如同保护自己的生命一样……你们认为怎样？”

“金将军说的对。只要给咱们地，还怕今后再……”

“是的，应该守住土地。我们朝鲜的农民，过去如果都能够作土地的主人，而且都能为了守住它而拼死痛击敌人，那怎会把国家亡给鬼子呢？决不会亡国的啊！”

“那还用说吗？世世代代真尝够了没有地的苦楚！”

一个稍上了年纪的农民，叹了一口气说。

“就是为了不要再受那些苦楚，我们现在才战斗呢。”

“金将军！给我们好好地打吧，您替我们报仇。这几天来我老觉得就是啃着石头也想活下去哩。”

另一个农民又接着说：

“金将军！也真有叫敌人死去的日子啊！有时也真叫人只想到死……可是现在想起来，活到今天总算值得的！”

“今后会有更好的日子。”

“金将军！现在我们也活得更有劲了，今后应该更好地活下去。”

“所以粮食虽然不多，你们还是带回去，叫大家吃一顿饱饭。为了今后能永远过温饱的日子，大家都好好地干。”

然后，金将军就吩咐粮食负责人“大爷”，每个农民分给两袋面粉。

直到把面粉分配完为止，金将军每天都和农民代表进行谈话。金将军的谈话也给了他们无穷的力量和希望。

农民虽然一边感到不好意思收下，可是更感到了快乐。当然他们也担心：是否会为了拿到面粉而受到祸害？

金将军立即觉察到了这一点，于是仔仔细细地给他们解释：

“如果因为这个，日伪警察或敌人军队来捣鬼，我们就会立即叫那些家伙完蛋！”

“不，我们有了金将军，心里就踏实了。”

“或许不一定，可是我相信那些家伙决不敢那样。伪满军或伪警察根本就不会露出送给我们面粉的消息，甚至现在也还有的在夜晚偷偷地送来。那些家伙们现在都在恐怖里过日子，鬼子兵也是一个样。伪满军给我们送面粉，鬼子们就装着没看见。不单这样，日军还通过伪满军给我们送东西呢。”

经过这一讲，农民都消除了顾虑。

“我们并不是怕那些家伙，我们甚么时候叫他们说过好来着？别害怕。”

有的农民挺起身来说：

“老被小子们把东西抢光，现在托金将军的福再取回来吃，那些家伙们还敢说甚么！”

也有年轻农民觉得很不过意似的说：

“不是，对那些家伙我们连理也不要理他，可是对不起金将军啊……不能出一点力，反给我们东西……”

金将军尽力地消除农民们的不安和过意不去的思想，还嘱咐他们：如果有捣乱的家伙，就立刻告诉游击队。

可是有一天，金将军又遇到了一个奇怪的老农民。他虽然说话迟钝，可是却很坚决地摇着头说：

“金将军！我是死也不能领回去的。”

“为什么呢？害怕伪警察吗？”

参谋长问他。

“不是。我说，要不就做点蒿子糕[①]带来，可是过于匆忙，没有那样做，我哪能反而拿你们的东西回去呢？我脸上长的也是肉啊！”

“老大爷！没有关系。我们什么也不要。”

“金将军！我蒙受金将军的恩惠已经像泰山一样高啦，怎么还能领东西呢？人总是应该懂得点羞耻啊……不行的。”

“恩惠，这是什么话？快别这么说。”

“金将军！我的女儿就是亏了您才活着回来的。哪里还会找到这样的大恩人啊！”

“活着回来？”

“咱的女儿被姓王的拉走了，就像是入了虎口！只有一死，哪想到还会有活路！”

这时金将军突然想起来，眼前顿时现出了金喆说的那可怜的老大爷，和平白无故地给劫走了的他的女儿。金将军仍然还记着那女儿的名字。

---

① 朝鲜贫穷农民的一种食物。

“哈哈，老大爷就是花丹的父亲吗？”

“啊哟，金将军！您怎么也知道咱女儿的名字？真是咱的将军哩！俗语说：车到山前必有路，真是托金将军的福才活着回来的。”

老头儿激动得太厉害了，扑通坐了下来，一动也不动地凝视着金将军。

“老大爷，起来吧。花丹怎样了？”

“是，活着回来了。金将军！我以为准死定了，可是回来了。做梦也想不到，真是……”

“甚么时候回来的呢？”

“正是开仗第二天的大清早。不知是哪里的两个中国军人，给带到家来。他们说在回家的路上，奉金日成将军的命令，还叫咱好好认领。”

“很好，很高兴吧？”

“是啊，从前我老想着，要是能够再见着花丹，我的眼睛就会亮堂起来，可是真见了面，却又不得不叫人寒心。唉！”

“因为找到了女儿，不领面粉也够了，是吗？老大爷，不要那么固执，女儿也找着了，面粉也领去，不就更好吗？这些本来都是你们的，你们也有拿回去的权利啊！夺回来的还嫌少哩，将来还得更多地从那些家伙的手里夺回来还给你们。他们仓库里的东西，不都是你们的吗？还会是谁的？”

“金将军，您知道咱们的花丹怎么就没来见您吗？她说哪怕是蒿子糕也好，自己要亲手做点带来，因为没做成，就没来。我没有给金将军拿些东西，怎有脸还拿走东西呢？”

说着就叹了口气，又说：

“孩子说和中国兵一块回来时，听到了金将军的事，金将军吩咐他们一定把咱的花丹送回来；还说：如果姓王的家里有不让走的，就把他杀了。咱花丹感动得哭了一路。”

说着，花丹的父亲也哭了起来。

金将军默默地听老人述说着，心里不由得也难过起来。这时金喆正好来了，他马上认出了花丹的父亲，就像遇见自己亲爷爷似的那样高兴：

“啊哟，爷爷来的正好。花丹姐回来了吧？”

“孩子，你好？花丹也回来了，多亏你告诉金将军。”

“真好，爷爷快领面粉去吧。”

“我是不领的。”

“为甚么呀？是不是太沉了？我给您背去。”

“不是哪，不是那么说。”

这时金将军吩咐金喆说：

“你给送去吧。走上两趟不就成了吗？不怎么远吧？”

“一次就行，不很远。可是金将军，我去看看春善大叔再回来行不行？……是，那我就去了。”

“不，不……孩子，别那样。”花丹的爹挥动着手想拦阻他。

“不，我要去。”

“孩子，那我自己拿去吧。再老还会背不动自己吃的吗？……我们现在正吃草根过日子哩。花丹回来后虽说没断了炊……有了面粉，该多好呀！我可是怕要挨花丹说哩。人总应该懂得点羞耻才行。”

这时金将军又说：

“金喆，把这里几位领到粮食‘大爷’那里去。马上把面粉分给他们。”

花丹的父亲和农民们，都你先我后地向金将军道谢。花丹的父亲更想向金将军说句心里话，可是总有人挡在面前。后来，才勉强在金将军面前恭敬地行了个礼。感激地说：

“金将军！这个恩情用甚么来报答啊？！”

“别那么说，好好走吧。有甚么困难的事，不论甚么时候也可以告诉游击队，游击队总是站在你们一边的。没有甚么害怕的，大家都提起劲来吧！”

这时，金喆突然问道：

“金将军！面粉不送给儿童革命团吗？”

“儿童革命团？……”

金将军望着金喆联想起那些儿童们的可爱的面孔。

“不但面粉，连在黄泥河子日军兵营里缴获的被服和鞋也给他们送去。”

“真的，好东西都叫日本鬼子们抢去藏起来了。”

“鞋太大，可以给教职员穿；被服拆开裁小了，儿童们还是可以用的。”

“真的？金将军！”

金喆还没等金将军开口，就抢着问：

“那么我也一起去一趟，好吗？”

“你是逃出来的，去了会给扣住的。”金将军笑着说。

“不是，我想给小朋友们讲讲黄泥河子和西南岔的事情。那样不就可以叫他们知道面粉究竟是怎么来的吗？”

“那你是想把孩子们都给骗出来吗？”

“不是，现在还没有能出来的孩子呢。”

“绝不能作违反纪律的行动，懂得吗？”

"是。"

"那好吧……我已经给'大爷'说好了,叫他快去找马车送去。"

"是。"

金喆应了一声,乐得飞快地转过身去。农民们正等待他,金喆就又转回来,领着他们向粮食仓库走去。

金将军站在那里直望着他们拐过山脚。在他们每个人的脸上都闪现着希望的光芒。这种光芒在金将军的眼里,很久很久都没有消失。他想:这希望的光芒一定会一天比一天更灿烂的。

"朝鲜人决不会死去,永远坚强地活着。"

满山的布谷鸟声,激荡着人们的心灵,那凄怆的叫声恰好表达出怀念祖国的心情!

金将军迈着有力的脚步,一步一步地向前走去,这是向祖国行进的巨人的步伐!

(原载于《历史》,作家出版社,1957 年)

国家出版基金项目
NATIONAL PUBLICATION FOUNDATION

国家社科基金重大项目结项成果
“十四五”国家重点出版物出版规划项目

二十世纪东亚抗日叙事文献整理与研究丛书

丛书主编——牛林杰

文学编·长篇小说卷 II

分卷主编——柴 琳

山东大学出版社
SHANDONG UNIVERSITY PRESS
·济南·

图书在版编目(CIP)数据

二十世纪东亚抗日叙事文献整理与研究丛书. 文学编. 长篇小说卷. Ⅱ / 牛林杰主编 ；柴琳分卷主编. 济南：山东大学出版社，2025. 8. -- ISBN 978-7-5607-9013-8

Ⅰ. K152；I310.4

中国国家版本馆 CIP 数据核字第 2025K8K780 号

策划编辑　张铭芳
责任编辑　肖世伟　张铭芳
文案编辑　刘甜甜
封面设计　卡古鸟设计

二十世纪东亚抗日叙事文献整理与研究丛书·文学编·长篇小说卷Ⅱ

ERSHI SHIJI DONGYA KANGRI XUSHI WENXIAN ZHENGLI YU YANJIU CONGSHU·WENXUEBIAN·CHANGPIAN XIAOSHUOJUAN Ⅱ

出版发行　山东大学出版社
社　　址　山东省济南市山大南路 20 号
邮政编码　250100
发行热线　(0531)88363008
经　　销　新华书店
印　　刷　山东新华印务有限公司
规　　格　720 毫米×1000 毫米　1/16
　　　　　172.75 印张　3054 千字
版　　次　2025 年 8 月第 1 版
印　　次　2025 年 8 月第 1 次印刷
定　　价　1000.00 元(小说卷全 6 卷)

二十世纪东亚抗日叙事文献整理与研究丛书

目录

1937—1945年

1945年以后

1937—1945年

边陲线上

骆宾基

上篇

一

苍伟的与俄罗斯领土分界的“土字碑”后面，冲来了已经避过了整个残冬的人群，黑黝黝地。

还不到午夜，他们将 H 城围在了垓心，天崩地裂似的斗争，在这里展布开了。

“向前压……压……”粗厉地喊叫，混合成庞杂的音浪，像霜雪样严肃，冰雹样激烈。

“乓……砰……乓。”爆竹般的快枪，射出捷速的子弹流光，相互地交碰。迷漫的灰白色烟雾，障蔽了每人的眼皮。

“压……笨种们!”刘司令竭力地高喊。

他穿着灰色旧军服，脖项贴伏着俄罗斯马头，一手捏着快匣子，大拇指在扳推子弹；另一手里的枪头，朝着城楼子射击。

“咭……咭。”城上的机关枪，向下面人丛中扫射。

“靠山！领着弟兄攻北门。‘煞脱’(快)。”刘司令微胖的脸，挂满豆子大汗珠，眼睛很忙碌的闪视。

“快呀！‘磕头’的们往北门压。”靠山喘吁着喊。

于是，军队分出了一股。在靠山的小红马后尾，弯曲着腰飞跑。他们制止不住原始性的发作，简直是一群野人。

夜间，人们的眼，相同是瞎子；有的将脚踏了别人的脚背，有的竟踢了别人的踝骨……他们没感觉到这些，只有敌人的残酷引起的暴怒，占据着他们的心，和一颗构造简单的脑子。

云霾是漆黑的，不露一丝星光。

他们穿过一丛树林，城里的灯光，溶化了上空的气氛，露出淡淡的雾光。

“喊！搭软梯子爬城！赶紧。”靠山接着将枪推上了子弹。

“乓……乓……”

士兵们疯狂性的射击，响应着东门的交响。

火药的光线，在头上交错闪舞。烟雾随着凝结起来。而酸辣的火药味，向每人的鼻前，接续着冲来。

“压……压。”吵叫又开始沸腾。

“上……”一个矮小的兵爬上了城墙的锯齿形缺口。

“乓……乓……”

“砰……乓……”城里的枪响。几道红光冲射高空，于是城门“轰”的敞开。

“嗷……”

“往前压！”靠山督促着。

军队杂乱的拥挤着。像澎湃的海潮，涌进了城。

街道旁的电灯，放着淡黄的光辉。兵士们的嘴脸，越发显得狞恶了。长短不齐的破袄，裹在肥瘦不同的身上。尘土和汗垢，相同的匀涂了满脸。

“欢迎我们中国的救国军。”北门的一个警士喊着。

“巡官那浑鸡子儿，早吃‘黑洋枣’了！”别一个又加了句。

“随着……‘磕头的’哥儿们，到东门。”靠山要把肺叶炸破似的嚷。前额的青筋，也一棱棱的怒绽起来。

老小的市民们，怀着过度的惊惧，逃窜着。恐慌迟钝了他们的感觉，及至窥见了迎头的军士，畏缩中又跌绊着跤，鬼祟地窜匿回去。

“这些大笨种，害屌啥怕。”一个瘦瘪的兵士在嘲笑。

“天生‘孙种’，怕中国人……”有人不在意的附和着。

“赶紧奔东门呀……完了就收拾高丽铺子，日本洋行。”靠山放大了声浪嚷。话里蕴有的效力，显然的被证明了。兵士们尽力的向前推进猛扑——顺着冷静的街道。

狗，不停止的跳着，吠叫。叫声里夹着催促。不敢落脚的灰鸽子，在房屋顶空飞翔。翅膀发出“噗噗”的脆响，同时飘落下星碎的羽毛。

“压……压，加劲呀！”靠山斜眯着一只眼，子弹依着他食指的钩动，连串地射出。他那骑着的小红马，打起了震耳的响鼻，脖子伸长地仰起来。

爆炸的火药，连同淆杂的火光，愈来愈激烈了。东门的火焰，满天一片，红而凶。附近的草垛,吐出瀑布样的烈火。陪衬着斗争的勇猛。

“哎……”

“哽……”

生命结束的最后惨叫,不定的起伏着——是由侧面的射击,变成正面的冲锋。

城楼子上,日本机关枪支队的射击手,软瘫的滚下一个;接着,又是一个。城根下的日本派遣队,立刻起了混乱的骚扰。

“压……乓……”吵叫扩大了范围,枪声也随着加急;只是机关枪,停止了急雨般音响。

孙大个子趁势爬到了城墙缺口,手里还抄着已热了筒子的枪杆。

“你妈的!”他举起了枪把,向下面带[戴]有钢盔的日军,扑跳的击打下去。日军们紧接着扰作一团。

城门受斧头的劈砍,破裂了。兵们蜂涌而进。

“退却!——”

这命令,唤散了守城的一群。全都狡鼠样溜走,别一群有如冲倒坝堤的潮水,激烈,雄壮,淹没上去。刘司令的俄罗斯马,也出现在那中间。

“靠山!撵这些小舅子凑的。”他摆了一下头,接着说:“记住:别乱抢中国买卖的,咱们要名誉啊。”

暂时的沉静,缓和了沸腾的喧叫。

靠山得意的一瞥,眼锋里贮藏着凶狠。他爽朗的击了一下马脊。

“没‘挂彩’(受伤)‘磕头’的们!这才要咱们‘劲头’使唤啦!”音浪飘散在他的影后。

微笑现在刘司令的嘴角。于是他想:

——“胡子”出身,到底是“棒”。

“收拾高丽和日本子买卖!”孙大个子打断了刘司令的沉思。

“别忙。”他又掉回了头:“炮手团弟兄们,跟我到日本领事馆去。”

他用马刺蹬了下马肋,炮手团立刻随着跑去。纷乱中奔驰,恰如雨前的蚂蚁。其中的孙大个子偷偷的溜进了一家高丽铺。

这里,留下巡逻队的一部。

他们在搜寻死尸堆里的枪械,形色匆忙。每人有所戒备的眼光,巡回着周遭。

一个黑瘦的老头,紧了紧“腰围子”。依然弯曲了腰,翻动着尸体。他仔细精明;结在尸体脊背上的子弹箱,他都耐性的解下。另一些人,是用刺刀在割。

“喊！接着呀！”城楼上出现了一个小伙子。他同一个丢了军帽的楞[愣]家伙，递下了机关枪。

“慢点！”站在墙缺口的兵，伸长了双手。

“快些吧！大爷捣弄完了，咱们也得……”

“嗳！蔡局长那小子，有个漂亮‘大姐’呢！”丢了军帽的家伙，为证明他不说谎，又加了句：“真的！从前我到他们公馆送猪肉去见过。”

“干吧！屌！尽扯鸡巴蛋。”小伙子这样催促着。

“你是没吃到甜头儿……”调子里有些受到侮谩的强辩，然而声音是低弱了。

他们不很吃力，就将轻机关枪架下来，抬往城外的乱葬岗子。周围暂时寂静了。

乱葬岗子后，是一座矮树林子。这里看不到一丝光线，黑暗吞蚀了一切。伤兵们的呻吟低幽而细小，正如担架床的微响。

“得！”丢了军帽的问。

“胜！”黑影里的那个回答。

于是他卸下了机关枪架，摸出那人的肩膀，缓慢的放上。他的同伴，又送过了枪身。

枪的交响，在远处开始了。

“又‘开壳’了！”他转过身来，扯了小伙子一下。

“收拾老高丽……”嘴巴送到了小伙子的耳根。

“没枪？”虽然他这样说，但是两脚却已飞跑了。

“傻货！有枪谁干运输队……”楞[愣]家伙气喘喘的说，“老高丽一‘虎’准行”。

他俩的心，浸在兴奋里，跑进了东门。

迎面卷来一群人。靠山在人丛中，似乎是翻溅起来的高浪。他胸前清楚地幌动着小红马的耸立的双耳。他用袄袖拂了下脸。

“运输队，搬那些东西。”

“什么？”楞[愣]家伙真的楞[愣]了。一草包麻袋，又一草包麻袋……摔落到跟前。

“胶皮底水袜子，毛巾，卫生裤，白面，煤油……都有了。”是郎炮手的面影。

“关二虎，你给背背这个。”他递给他那枪枝。

“关二虎，搬呀！”小伙子从身后扯了扯他。

“想办点妙事儿。他妈的，倒霉。”关二虎咕哝的带枪架起了麻袋。

枪声消沉下去。疲乏的机关枪，还在响动。从西街传来马蹄和人群的吵叫声。警笛也尖啸了。高昂怒吠的夜狗，反响着。一个极度不安的恐怖，重新压进人们的心坎。

“退呀!”刘司令嚷。

“从那门退?”靠山掉过马头,马缰在手间勒紧。

“出东门。”

“也没找‘字匠’(匪称先生)推推‘八门’。”靠山蹙紧了浓黑而凶恶的眉毛,眼睛立刻成了三角形。

“天快亮了! 咱们不管那套,什么‘生’门,‘死’门……朝鲜咸北境的援兵快到了。”

退出了东门,刘司令才注意到枪:每人肩上多了一杆。运输队是赤手空拳的,但肩头上却负着沉重的麻袋。而孙大个子,背着整箱的啤酒。

远处山峰的起伏线,呈出微淡的晨曦,气氛是寒凉的。野外的空旷处,已能见到麻雀的飞射,并且低低地啾叫。

“沙沙”的脚步声,混杂在人们倾谈里。每人感到胜利的愉快,就是呼吸,也觉出气流的舒适,凉爽。

炮手团后面,是郎炮手。他垂低着头,眼睛像在瞅关二虎的鞋子。其实他在回味着呢! 他得意的是“准头”。那个监视“满”警的日军,是他第一枪击倒的。

——“准。”他白捡得了那日军的手枪。

现在,他瞅了瞅腰前掯着的手枪。这枪又重新给了他愉快。

“二虎头? 你看看这玩艺。”他拔出手枪,握在手里,摆了一摆。

“短枪! 你怎么不往‘上’缴?”关二虎扭了扭头,随便的问了句。

关二虎知道,弟兄们有不少短枪,都是私下‘腰柜’的东西;但是他却没有!即使是大枪,也没捞到手。他痛恨,在攻城命令下,作了暂时的运输兵。

麻袋包又压上关二虎的肩。他归还了郎炮手刚才交给他的那枝快枪。

——我才歇多么一小会儿,滑头。这话终于没有说出来。

前面的队伍中,传来了“提枪”的号令。

“‘提枪’了!”关二虎扭转头。把号令传给郎炮手。

“‘提枪’了!”他依例传给后面的人。

于是队伍分开了。郎炮手捷练的跳向队外。

“过来吧! 我这棵大枪借给你。”

“真的?”关二虎问。

瞧样子,他知道郎炮手是诚意的;他就将麻袋包送到别人的肩头,快活地跳过去。

“我真不愿意扛麻袋。”他不安地接了枪。笨拙地拉开“大栓”，子弹槽里，伏有一排子弹。紧张触到了心尖。他感到无所谓的恐怖。他的脚尖蹺起，向最前的刘司令望了望。

刘司令用望远镜在窥探。

“靠山，你护送‘挂彩’弟兄和东西，走柳树屯子；我和关团长的炮手团，截堵追击咱们的日本子。”他边说边在左近张望。

“你们走那股道?”靠山勒住了马。

“‘煞脱’呵！我们奔伊里哈塔，咱们分两路走。”

军用汽车带来的风声，逐渐逼近。各人都静默下来，在侦听漂来的音韵。

“岔开！道上小心高丽穷党!”最后刘司令对靠山挥了挥手。

炮手们推了“顶门子”，弯着腰潜退。在岔道的小径上，开始了“小跑”。

汽车声寂然了；代替庞杂音响的是脚步和刺刀类的金属音。

“随退随打！‘旁打侧击，避正面’。”关二虎撞了一下郎炮手。

“随退随打！‘旁打侧击，避正面’。”郎炮手照样向另一人撞了下。

“砰……乓……”队伍侧面，射来了子弹，

“乓……乓……”

“哽!”郎炮手痉挛的栽倒下去。直到沟涧间，停止了滚动。

“这家伙……”关二虎也就势爬到沟底。

乳白色烟雾，笼罩了地皮。刘司令的俄罗斯马隐没到树丛中。

在晕迷里的郎炮手，翻了翻身躯。剧烈的痛楚，刺醒了麻木的知觉。他挣扎地咬紧牙骨，吱吱地脆响，像在嚼咬铁沙。嘴是难堪地裂涨，而眼睛却紧紧地闭着。

神情模糊中，他听不到了枪声。另一种响音，触开了他的眼。从烟雾的保护网中，他窥出一群日本救援队。

他们在坟墓间爬行，距离是不很远的。特别是骑了枣红马的军官，惹起他的激怒。他挺起了身子，向周围巡视；同时咬紧了腮骨，制止胸部的痛裂。

失望的眼神，又充满喜气。他的嘴角，闪了闪冷笑的阴影。他伸出右手，企图抓起摔掉的手枪。但膀臂的酸疼，使他的手颤栗起来。终于他又缩回了。他垂下睫毛，眼所触到的左肩窝，涂染了血沫。

他断然地挪动身躯，肩头下侧，战抖地抓起枪托。

——亡我们国，杀我们人，这些吃人不眨眼的东西。

眼光暴露出凶狠的果敢。喘息是粗重而缓慢。他尽力的坐起来。将一只腿盘跷到右膝盖。这样减轻了手的摇动。担在腿骨的手枪，动了动，他眯了一只眼。一切举动都像他从前打猎时那样，熟悉，稳重。

“乓!”在食指勾动的当儿他软瘫的躺下了。迟钝的灰膜，凝结了他的双眼。

“哦……”日本军官也塌下了头。脸腮俯贴着马鬃。枣红色的鬃毛，渲染着枣红色的血液，望远镜也无力地坠下了。

马停止了步伐。从它肩上，流下淡黄脑浆！它毫无所感的，还在刨蹴。

“卧倒!”柴田曹长惊骇地伏下身子。

“嗒……滴……滴……嗒。”退却号声，拉回追剿的兵士。

“乓！乓!”披红肩章的军官。最先向沟涧击了两枪。

柴田曹长的接近地皮的眼瞳，似乎在搜寻远处的毒蛇。

“毛吉队长!”听到枪声，他爬了起来。

“砍下来！把那马贼的头。”毛吉队长跳下马，指挥的说，“架下我们的中尉来……”

陆战队的一等兵，连同派遣队的兵士，从枣红马上，谨慎地卸下了中尉的尸体。

退却号停止的时候，跑回的追剿兵士排起长队。各人的脸，都表示出严肃。

“报告队长！俘虏了一个马贼。”嵌有红肩章的兵说。

后面的两个日兵，挟着关二虎走来。

二

日头从云隙间射出几道金光。聚集在树丛中的老鸹，忙乱地吵闹着。四散乱飞的麻雀，时时在空中闪现。是初夏的早晨，气候却像寒带一般的阴凉。

H城街道是严肃的，冷静的。除了岗警，见不到有行人。东门附近，已不见尸体，只留着业已凝结的血泊；子母壳，刺刀把，破军帽……这一类零散的物件。

火药的残余气味和血腥，已经消淡下去。瓦屋的尖顶上，有灰鸽成群在飞动。

土黄色军用车，驶出了北门，坐在车子四围的日军，拿着上着刺刀的枪枝，向外伸着。样子蛮厉而庄重。孤坐在当中的关二虎，脸变臃肿了：一块青的，一块紫的……和美术家的调色板，没有什么差别。他还在发“二虎脾气”，不住的咒骂：

“杂种操的！你老爷是杀猪手不错……专‘宰’你们这些日本猪。……”

“叭！”

在他右颊，又加上块红印。

靠街的铺子里，有人在向街头探头探脑地偷看。希[稀]有的激烈同雄壮，立即贯穿了街心。

关二虎一面暴怒地喊，一面寻求他所熟识的人。别人全都知道他：一个屠猪场的家伙，在城里整整失踪了一年。

“喂！够朋友的，给弄口棺材呀！”在咒骂声里，他加上这一句。贪婪的黑眼珠，向那后面躲闪着的刘强，盯了一眼。

心儿突然一跳，刘强没敢再瞅那疾驶过去的汽车。他不但知道，而且熟悉——那是一年前的关二虎。

——是他？他这样惊疑着。

从关二虎平淡的脸，宽重的鼻子和配有浓眉的大眼上，刘强都仿佛看出了他的苦痛。刘强觉到有一小块冰，从喉头滑下去——一阵寒栗！在寒栗中他感到悲哀了。

刘强低垂着头，恍惚迷离的到了家。

“我看见关二虎了！”音调是悲楚的，“今天出‘大差’”。

“拿来烟泡没有?”刘房东不关心似的斜眨了他一下。

刘强送上烟泡，哑静地闭住嘴。他十分清楚父亲是浸沉在自己一切打算里的人，对于这不会有兴趣的。

“昨天活捉的关二虎吗?”酱紫麻子脸的汉子，侧卧在刘房东对面。

“不是他是谁，一个二虎头。”刘房东烧着烟泡说：“去年时节，想把你侄子‘诳’去当救国军……早知道他不愿意活着了！”

刘房东仰起头，啊呸的吐了口痰，意思是，不愿再说下去。两只枯瘪的手，练熟的捻动着烟枪上的烟泡。

烟灯的灰黄的光，映照在他鼻梁上，画出个瘦瘪的猴子脸：颜色姜黄，没一丝红润，皱纹细密的划在额前，尖削的嘴巴有稀疏的两撇胡子。

“大哥！”麻子脸的透着烟枪说，“你知道，刘子章这家伙，‘不善’哪。‘拉出去’一年多，就来攻城”。

他抓了抓头皮，递过了烟枪。

“天意。什么都是天意……有前清定规有后清。”刘房东斜瞅了儿子一眼。

“刘强！给我倒碗水。”是酱紫脸麻子说。

刘强仿佛停止了思索，木鸡一样呆立在炕下。这时，他也不搭声腔，哑默地送上茶去。然后坐到木椅上。他感到像是生了霍乱病，心在执拗地翻滚。

虽然他外形镇静。

桌上有个布包。他知道，那里面有地照，佃农租据。……地下则散乱些碎纸。他更为紊乱所迷惑了。

——杀猪老关知道救国。我呢？……我不能这么的躲避在家庭的翅膀下过活呀！我……这是逃避。

他又想起了县中的同学。县中是在一年前解散了，现在是作了特务机关办公处。

他的臂在胸前交组着。头贴附着墙壁。眼瞳凝止了转动。安然呆坐，相同一座泥塑的神像。

——同学……都跑到救国军里去，只有我——我一个。

“蠢货！鄙卑的东西。”末后，他这样骂着自己。

淡白烟雾，从炕上飘来。一种带有诱惑性的香味，直窜入他的鼻孔。让牙齿咬着厚唇，他还在凝想。

炕上传来了话声：

“年头荒乱那也没什么……日本子这回可完了！”是麻子脸在发挥理论，“不用看‘推背图’，按着‘天干’‘地支’说，甲午年日本子和咱们开仗，那是日旰午时；人家那能不胜呢！”

“今年你说该到那步天地？”刘房东吐了口烟。

“今年正翻个‘个儿’。今年岁在癸酉，正正日落酉时呀！”接着，声浪抬高了点，“日本准败”。

“管他娘日落日旺呢！反正老婆孩子送回海南家去了。咱们还怕什么。”刘房东闭住了眼，仿佛在养神。

“那可不。咱们在海参崴，不是混了半辈子吗！那时候穷党和富党，闹的也够凶了吧！”又换了麻子脸的重浊音。

刘强越加厌烦了。神经仿佛在抽搐——焦躁。心尖似乎沉着颗铅弹；莫明的痛苦，侵袭着他。

纸糊的格子窗，逐渐模糊下去，由惨淡而乌黑。他还组了臂在沉思。

“连点灯也忘掉了吗？”刘房东翻了翻眼皮。

刘强方始知道黄昏突然到了，燃起煤油灯来。

“我到关小个子屋去了。”他说了句，就走出去。他知道，这时父亲是照例要睡一会儿的。

“老关。”他敲了一下隔壁的窗。

“干啥？——进来吧！”

“出来吧!”

声音还没完,关小个子闪出来。

“关二虎给毙掉了。”声音低微到听不见。

“那么,尸首呢?”刘强问。

“在‘杀人场’岔道哪,头挂在树上。”

两个人暂时沉默了。刘强的脑间,又映出白天所见的一切景象——汽车,日本兵,枪,发狂大叫的关二虎。……

“我们应该埋掉他。——是个可敬的人。”他仿佛是自语着,他记起关二虎的目光的托付。

“可是没有身子了。”关小个子睐了睐眼。

“那去了?”这一个吃惊地问。

“谁知道,除非是鬼。”

“头也得埋。——就只一个头吧!”他决定的说,“我们为了证明城里也有不愿作亡国奴的人,应该这么做——这么做”。

“……”关小个子迟疑地瞧着他。

“走!”是命令式的调子,“拿铁锹去!”

空气仿佛也加强了硬度。

“好!……”关小个子掉转了身躯。

刘强心里,燃起兴奋的火焰。一种特殊的不安,传遍每一枝神经。胸部起伏着,喘吁。

“走!”关小个子在夜色里握住他的手。

并着肩头,走出大门。

黑夜的后街,冷静而宽敞。为了躲避讨厌的盘诘,他们从曲折胡同中绕着弯子。胡同狭窄,黑暗。胶底帆布鞋,轻快地拖动,如同墙角的小鼠吱吱作响。

郊野伸展开来了。远处的山岭,像是屏风,能够渺茫的辨出。周围极其沉寂。沿生在小道两旁,是些矮曲的林丛。

刘强制止紧张的情绪,闭合着嘴,用镇静压伏恐惧。

“就是这棵,你看。”关小个子向一棵树干,敲了一下。

树椏上吊着的小木笼,倏的震荡起来。

夜空中散布着的小星,仿佛向幽暗的深处隐去,光力极其微弱。刘强看不清晰那里的物件。他有些胆怯,没有作声;同时他又感到一阵心[辛]酸。

“我上树,你掘坑吧!”关小个子卖弄着胆大。猴子一样的爬上树腰去。

刘强甩动开铁锹,在松土上挖掘。是急爽而捷速的动作。

“接着！”轻微地一声喊后，抛落下木笼来。

“关二虎……他叫我当救国军去那晚上，还跟我谈了多半夜呢。”他走近木笼去。友谊的感情，驱逐了他心中的畏缩。

“咱们中学那帮，都和他挺好。因为他在救国军里，非常老实……”关小个子的脚跟，黏住了地皮。

“嗳！”刘强惊愕的说，“头怎么没有了呢？”

他掷下铁锹。胆壮地，从木笼的缝隙，伸入手指去。他触到——似乎是一个信封样的东西。用绳子缚在木柱上，而木笼失去了底。

“唰唰！”远处传来了脚步响。

“快……走。”关小个子捎着铁锹，慌促地扯了扯刘强。

刘强又惊惧，又愤恨，一直跑到了家。

“真险！”关小个子吐了口气。

“……没拿回那信……真是……”

“太险了！要不，我真也想跑到救国军里去混他一辈子。”

“哽！这，你也未免太……”刘强没说下去。和他挥了挥手，走进屋子里去。

刘房东还在睡着。酱紫脸的麻子，惺忪地伸了伸腰。

“呵！这一觉睡的……”他站了起来：

“收拾收拾那没‘利索’的东西吧！不要紧了。今晚可得睡个安稳觉了。”

“回城里吗？大叔。”刘强看着他戴上了瓜皮帽。

“啊！回去。”麻子走着出去。

夜间的凉风，吹散他体中的疲劳。他倒背着两手，摆着魁梧的身材，缓慢的走去。

“Kula”（吆吓意）！北门的‘加岗’日兵，突然将枪头伸到他胸前；刺刀尖在心窝间，闪着逼胁的光。

他惊讶地伸直了两手，向着天空。

“你的叫什么名斯？”日兵用不纯熟的中国话问。

“我！……”他的嘴角颤抖了。

“他是王四麻子。”一个‘满’警说。表示自己挺认识他。

“什么麻斯！——妈个巧比吧！……你的好人？”

“他是好……”警士又想说下去。

“‘Kula！’你……”日兵逼视了一下‘满’警。

“好人，我的。我是‘凌云阁’……经理。”王四麻子有些畏缩。

"'满洲国'的好好的?"一只大手,在他腰部摸索。

"大大的好。"

"去!"

王四麻子头也不敢回的走开,但心里却想:

——日落西时呀! ……日……落……

在一个拐角处,黑暗掩没了他的身体。

三

"年头变了! 年头变了!"H 城的人们,都在长吁短叹。

"救国军盗了关二虎的人头,还掷下封信。——王大又要来打城了。"各个胡同,夹道,鸦片馆里……都有人在这么私语。

关东派遣队和警务局的布告,显然失掉了效用。他们相反的在"交头接耳……散布谣言……"

"日满协和会"职员,到处张贴着标语。墙壁,城门,粗柱子……都有惹人注目的纸条。但是看的人,却很寥寥。

商铺的财东们,都躲到省城里去。铺子里留下的,是些学徒及"捞金",看守着货物,中产阶级的人们,纷纷地搬往屯下,为的是躲避。"春"耕正忙的农民,又纷纷地搬往城里,也为的是躲避。

巨大的恐慌和混乱,占据 H 了城,仿佛在崩毁的前夜。

刘房东在惊惧中,坐了朝鲜佃农的牛车,同刘强逃往窝棚去。

仲夏的晨曦,赶不跑遗留在这荒凉的地带里的微寒。刘房东穿着"广木纪"布棉袍,套裤也是黑色的,只有帽上的顶结,绯红的发闪。

"小朴盖(老朴)! 烟的抽吧!"他盯了下赶车的佃农。

"我的有。"他操着半通的中国话。从布袋里掏出烟末,用小纸片卷了烟;舐上唾沫。

"我的烟顶好。"他吸了口,"有饭吃,我必定向'江西'(图们江)跑了。屯下你们的救国军,多多的……呵! 挺多多的啦!"他用有力的声调补助形容的不足。

刘房东沉默地在吸烟,心里猜想:

——去年冬天就这样吓吓我……哼! 地租一粒也没收。这回可不上你们的当了。

"我常常烧饭给他们吃呵! 赔账大大的。"他举起了鞭子,抽了下枯瘦的牛背。

他那饥黄的脸，没有些儿表情。白色的薄棉袄，两肩涂满了污油。肥阔的朝鲜式裤裆，还翻挽了裤脚管。破太阳牌水袜子捆有细绳；没有它，那水袜子准会掉。

他向地下甩击着“鞭梢”，唬吓那牛。紧贴牛尾的车，没有车厢；那只用稻草编的幛围，像矮小的篱笆，遮挡着轮子带起的尘土。

空旷的野外，飘散着草的香浪，使人畅快而神怡。一些婆蒲丁草种，趁着毛翅，在空间任意流荡。

一杆高的朝阳，遍撒着金色的辉光，野地上朦胧的升起了蒸气。平坦的道路，向远处伸展着去。巨蟒似的长垄，铺满苞米，高粱，谷类的柔苗。沿着道旁的稀树，有鸟雀从叶间飞出，敏捷的消失到远方。星散的茅屋，一座座孤立在田野间。反映阳光的用洋铁盖成的屋顶，盘绕着淡白色的炊烟。院落里的干草堆，高高地矗立着，禽鸟飞集在那尖端，搜寻谷粒和甲虫。红冠的公鸡，在抓扒着草梗。

蘑菇形的草屋，是朝鲜人的居宅。沿着它的左近，堆聚了些山楂子类的燃物，间或有干柳条枝和茅蒿子。

道路的正面，迎来了牛车。装载在上面的铁锅，衣箱，陶器等东西，随了车的颠波，发出干燥的金属音。

“往城里搬？……傻蛋。”刘房东对自己问着。

而对面坐车的人，也疑问的眨了下刘房东，从侧边闪过。

那匹牛悠长的叫了声。

“i，la！”小朴盖申斥地给了它一鞭。

远处，也传来了牛的呼叫。小朴盖瞭望了一下：一些朝鲜小孩子，守着一匹匹牛。它们在挑择新鲜的水草。

“房东！一条牛的又租吧？”他扭偏了头。

“那有牛再租给你。去年的牛租还没给。”

“没法子。吃粮的没有，那有……”他作了个苦笑，解释生活的困苦。

“你看看这条牛，喂的多么瘦。”刘房东摸了摸牛脊。

“……”刘强瞥了下朴盖。他没有作声，也更没有听进他们的谈话。

——我不能逃避现实给予的苦痛呀。我要挺起身子，趁着自己年轻。

他只这样的想。冷静的眼里，透露出决断的意志。

天气觉出暖和了。他脱下了棉袍。

头上顶着水罐的朝鲜女人，在小径上闪过。田野间高矗的木板烟筒，冒着烟丝。

阳光证实了五月天。刘强在偷尝着塞外的风味。他又悲楚了，伤痛了——广漠的富源……人民的生命线。失去了。失去了。

大盘岭山脉，拖着巍峨的尾巴，像屏风围住这荒原。石岩背阴的空隙，还藏着些残雪。

“该打尖了。吃完，好有劲儿爬岭。”刘房东摸出了银丹盒倒了两粒烟丸，送进嘴里。

“这边下车吧！”小朴盖在小店前，停住了车。

“把牛好好的喂喂，越弄越瘦了。”刘房东下了车，同时刘强提下裹有地照的包袱。

小朴盖卸了牛。用牛缰绊起它的前蹄，赶到草场上去。

“哦！刘房东，一年多没下屯收租了。”店主人惊喜的说。他是个诚实的老头子。

“正经一年多了。怎么样？辫子周。”

“别提喽！不能够回海南家了。这荒乱年月，‘关东山’再怎么‘创’。”他像有很多的牢骚。

“屯下到底慌乱不？”刘房东进了屋。

“这年头，‘十里没准信’。我的老母猪，昨天给义勇军宰了……他奶奶的。”

“那个‘线’(匪群)上的？”他心里哆嗦了一下。

“苇子沟砍大木头的家伙们。”辫子周送过了白水。

刘强从心底浮起愉快之感。他镇静的坐在椅上，诚意的窥听着。也许他过于兴奋，两手止不住的搓动。

——如果真能到义勇军里去呢？……

他漫然的巡视着周遭，心里却感到莫名其妙的高兴。

土炕是很宽大的；可惜席子破烂不堪了。嵌在土灶的九份锅，落满了污垢。土壁的一角，放着口橱柜；已经给烟气熏得墨黑。它上面的墙，贴着灶王爷画像；同时这橱，兼作了香案。除了屋角的菜蔬，再就是些破麻袋了。

坐在炕端的父亲，已停止了攀谈。辫子周正在捏弄面粉。

小朴盖提了木桶，预备饮牛。

午饭吃完的时节，他们又动了身。

“早走不贪黑。”刘房东跟在了车尾。

田里的翠绿谷苗，衬托着沿道的罂粟花，鲜艳而幽静。彩色的舞蝶，在卖弄轻佻的风情。

道路蜿蜒的围着大盘岭，有如几条圈带。牛很吃力的拖了空车爬动着。

车尾的三人，弯曲着腰背在爬岭，仿佛拉纤似的，前额几乎碰到了岩石。每人的面颊，开始流洒下汗水。

刘房东感到自己是衰老了。他在酸疼与疲倦中，迈动着腿。

——真的能碰到义勇军吗？

他找不出答案。他怀着警戒的眼光，巡回着四围。每棵树的摇动，都会给他不安的感觉。他瞅了瞅刘强和小朴盖：

——年轻人就不知道防备。

日头火辣辣的热。深蓝的高空，扯起几片薄云。舒适的微风，吹消了人们的倦怠。

他们平稳地爬过了岭。

“小朴盖，郑盖那里去。”刘房东重新爬上了车。

“窝棚的不去？”小朴盖卷着烟草。

“不去！”

刘强向父亲望了望，又低下了头。他猜测不到父亲的不到窝棚去的主意。

他沉默地走着，跟随在牛车后面。

老郑家是他的地邻。两间草房的巨驱，卧伏在沙丘面前。停下车，刘房东熟习地走进去。

“喂呀！你怎么跑来了？”中年汉子切着牙，惊讶地发笑。

“……又快攻城了。我顺便来收地租。”刘房东说，又接一句，“过来，刘强。这是你郑大叔”。

“……进里屋坐吧！”

“小朴盖？赶车回去吧。今天晚上，我在这里宿的。”刘房东扭回头命令着。夜色笼罩了大地，山涧中的丛林，发出凄凉的呼啸。

四

凉夜的到来，诱发了草虫们的唧鸣，草甸荒野的空间，激荡着青蛙的鼓噪。音浪单调而嘈杂。间有蝼蛄的颤吟夹杂着，仿佛闷热中流过一丝凉风。

这正是刘强到“窝棚”来的第三夜。

他无聊的躺在炕上。用幽静的心灵，策划他的行动的步骤。

——走总得一定走的。我不能让家庭的感情缚住了灵魂的自由。神圣的民族革命是同自己的呼吸一样的迫切和需要……人们全都投入这生命的洪流里，我可不能作一阻碍水流的小石……不动，不正是反动？……但是到沙坪镇呢，还是到苇子沟？沙坪镇那边有同学，可是太远一点了。

于是他马上联想到漂亮的琬玲，狡猾的季伟刚……心幕上一一映出了每个同学的轮廓。

——而他们竟已干了二年了！为这国家，这民族，也为了自己呵，他们正在死里求生呵！他这样嗟叹着。

窝棚里，朴盖媳妇在洗涤碗具。她静默地动作着，瓷器翻溅着水波，发出乓乒的声音，这使他更加烦躁起来，像新进囚牢的罪犯，心在焦急中发烧。

屋里杂乱的农具，全像用坚硬的角度，在挤着他。

火炕的对面，放有牛槽，用两块断木支住。他背后的脚步声，极其低微。他直挺了脖项，不敢斜动，样子像是生了老鼠疮。

盘子那么大的粪块，描着一圈圈旋纹，调合着残余的青草，狼藉地集在墙的一角。上面的板棚，搁了些木器。

一切都觉得龉龃难合。蚊虫起劲的嘤嗡着，有时投落到他的鼻前，他愤恨地舞动着双手。

他怨恨地坐起，盘叠着赤露的两脚，瞟了一下朴盖媳妇。

她已停止了洗涤，用黑裙，擦了擦湿手。光着脚跑出去。随后他牵进了牛，拴在木槽后面。于是，她像完毕了一天的劳作，捧住头孤坐在灶角。

门外透进了话声，是朴盖爷儿俩回来了。蹒跚的脚步声，混同着朝鲜话。他俩背负着青草，手还握着镰刀，木把上挂满了夜露。

“小房东还没睡吗？父亲哪里去了？”老朴盖总是笑眯眯的。

“他到郑盖那里去了。”刘强也应酬地勉强地笑着。

老朴盖把青草掷下在槽旁，习惯地耸了耸肩，就此抖掉草屑。然后他摘下麻冠，搔了搔发髻，迈上矮炕来。小朴盖在牛槽里放了些青草。

屋里暂归静默？听得出牛的嚼草声，是贪婪的，粗野的声音。它的脊肋，本能地颤动着，驱逐蚊虫。摇曳着尾巴，样子很舒适。

“牛租的没有……吃粮也不够。”老朴盖含了长烟管说，“老房东的‘面子’没有？”

“你明白？”小朴盖接下去说，“没法子的。割完大烟换吃粮？你的对老房东说吧！赔账的年头，地租，牛租……呵！”

刘强困窘了。在两只饥鹰似的眼锋底投射下，感到了逼胁，他找不出适当的话安慰他们。

“……父亲……难说话的。……”抱歉的调子，从他口中吐出。

老朴盖并不失望，他还是笑嘻嘻的，期望满意的下文。

“吓!”突然地一个陌生人闯进来。

像幽静的波面,投下块巨石,刘强的心,骤然地跳跃起来。在巨大的惊骇中,他伸直了两手。

“A i gu! (呵呀!)”小朴盖媳妇尖叫着,也举了两手。

当另一个陌生人闯进时,金钩枪头的刺刀,已逼近刘强的胸口。锐眼的冷光,蕴有奇特的寒力。他在战栗中,垂下了眼皮。

“你的……”每一个字音,像是铁豆,可是停止了。他向另一个伙伴,斜眊了一眼。

“I ibu,ilao aobusue(伙计,别害怕)!”持枪的对老朴盖用朝鲜话说着。然后他将枪移向刘强的前胸,接替了持刺刀的家伙。这家伙就很敏捷地将刘强反剪着手,捆绑起来了。

“I ibu……”老朴盖在哀求。

“Bali,gasue! (快些走!)”门外又传来急促的朝鲜话。

“Bali……!”刘强被急促地拖下了炕。

“我的……”但他的舌头堵塞了喉咙,并且腮颊上挨了一掌。

“Bali,gasue!”另一个被缚的人,后颈上着了一拳。

刘强更加震惊了,那是自己的父亲。他仿佛要对抗……然而他没敢,他的两手也捆在背后。

“爸……”左颊上又受了一掌。刘强觉得迷晕,头像要爆炸。

“金盖我……”是刘房东的悲凄调子。

“你! 你要该死。”被叫金盖的重新击了一拳。

“快走! 不是我种地的时候了。现在我要把你历年给我的欺压,再酬谢给你。”

刘房东尽力地拖着腿。他觉得全身的骨格[骼],已变了弹簧。哆嗦,不住地哆嗦。他身旁的刘强,垂着头。后面有人牵着绳子。

荒原的丛草,滴着露珠。潮湿浸透每人的裤腿,特别的寒栗。他们踏息着草虫的吟咏,踱过一段平野。

刘强辨不出方向。周围几株白桦,从身边闪过。草甸逐渐窄小了。在草丛中迈动着赤脚,那像是受残酷的刑罚。尖的碎石,“苍子”针棘,扎着脚底。然而这疼苦,不久就给惧怕心吞蚀了,换替来的是麻木。晕眩渐渐退去,他睨视着四围:阴森而哑静。

一片丛林在哑默中闪过。远处送来了狼嚎。下半夜的阴寒,穿透了他的心胸。

“快些走。”他听见枪柄击了下父亲的脊骨。

刘房东打了个寒噤。咬紧腮骨,吞忍拆骨般疼痛,尽可能加快了步伐。厚底棉鞋,灌满了夜露,任感到它的沉重。他仿佛在痛责自己过去的愚惘。他仿佛在痛责自己过去的苛薄。

——金盖是只受伤的猛虎,我这回可没有命了。……

他想起被抢去的地照,心又焦乱了。他不再想下去,这时注意起了路线。

“站住。”绳子有力一勒,手腕像被钝刀穿锯。

他站住时,瞥了下刘强。刘强,正斜眯了眼锋,静静地偷看着他;是等待命令的神气。背后的朝鲜人,简单的打了个招呼,之后,他的脊背,加重了分量,捆绑了一些东西。

“Bali,gasou!”三个朝鲜人,从他身侧,迅速闪过去。他们不扭一回头,甩动着空手一直向前走。

刘强加快了脚步。草间藏有蒺藜丛,他没留意,踏中了。棘刺穿入了脚掌,他抽了口冷气,跷起伤脚颠跛着。

背后换了个牵绳人。那人不时的咳嗽,且粗重地喘吁。像是个年老的家伙。

他不说话,也不催促。沙沙地随着走。

刘强狡猾的微侧了下巴,视线触到枪把。他知道自己原来负着枝枪,心头不禁加速地怦悸起来。

月光被云翳遮掩了,周遭黑黝黝的。杂乱的草木践踏到脚下,又韧拔的跃起来。露水浸湿了腰围,有时溅飞到鼻尖。特别是刘房东的袍子,增加了多量的水。

这时他痴呆了。眼瞪着前方:三个朝鲜人,爬上岭去。

那岭岗有如鲸鱼背部:既光秃,又长狭。爬到岭颠的三人,向岭下俯视了一会,隐没了。

刘房东向左近扫了一眼着说:

“我的……脱鞋。”他又大胆地扭回了头。

“Me la gu sue,dai gue ma li(不知道,大国话)。”背后的老头儿说。

刘房东的心,在爬岭的刹那间,加倍紧张了。

“刘强……到岭顶时候……‘下手’。”他发出悲哀的调子,仿佛牧师在祈祷。

他的脸垂向岭坡,紧接的又补了句:

“你……别说话。”

刘强浑身的血液，骤然地翻滚起来。肺部扩张着，喘吁逐渐急促，他只好硬装作坦然。背负着的枪械，是他最大的重累；同时脚掌像剥裂了外皮。他一面爬，一面在想：

——枪怎么卸下呢？并且还捆了两手。……设若这儿枝枪能弄到手……决定这回就跑掉，跑到苇子沟或者……

“哽！哽！……”朝鲜老头儿喘吁着在爬岭。他毫不理睬刘房东的唠叨。他自作聪明的狞笑道：

——那又是中国人在祷告，祷告天老爷。

“到岭顶……向下滚啊！……逃命要紧。”刘房东随了朝鲜人的喘呼说。

附近愈渐黑暗了，分辨不出茅连蒿子和婆罗棵子的树丛。天幕上的碎星，苍茫的匿在游云之后。微风掀动，枝叶唰唰作响。

刘房东爬到了岭顶。他在落脚的霎眼间，看到岭背下有红火闪动。

“快！”刘房东突然地一跃，出乎意外的猛。他的腿哆嗦起来，于是他急速地倒下，向来路滚下去。

刘强也猛捷地倒下，顺便撞了下朝鲜老头儿。

“A i gu！”朝鲜家伙也摔倒了。

三人竞赛似的滚动，形同抛出了的球。他们滚，滚，迅速的滚。

刘强几次想停止下来，将朝鲜老头儿踢开；但滚动的太急速了，不许他有一丝的空隙。

终于借了棵粗蒿子的阻力，他停下来，并且他如愿了；他踹了下那老头儿。这时麻绳早已脱出他的手。

老头儿受惠了这一踢，滚动得更加快速。他开始了抓摸，企图能捞到草梗，或别的粗壮植物。他的腮颊，已被碎石擦破了。他尽可能的撑支着草丛，猛醒似的疾呼起来。

“Mu s go？（怎么了？）”岭后反响起高叫。

刘强跪伏着站起。负驼的枪械，倾斜的拖长。他企望摆脱掉它们，然而不可能。

他笨拙地飞跑起来。忘记了赤露的脚，忘记了父亲……他只有一条路，就是他所期望的苇子沟。

“Mu s go？”金盖沿着草丛跑下来。

相互的高呼着，引起了山峰的回响。这声浪冲破了深夜的寂闷。

净洁的月亮从云隙里闪出了银辉。无边际的山岭，绵延着，向远处去。荫凉的草丛，形成了广漠的海。冷风吹拂起波纹，清晰而明朗。这四个伙伴，终于没寻到他们的俘虏。懊丧的神情罩满了每人的脸。在岭脚下,他们蹲伏下来了。

金盖对另一个摇了摇手。他想在幽静中,能够听到一些声息。

刘房东从草空间,缩回了头。他发现了金盖的粗糙皮靴。他极力压低鼻间的呼吸。草叶的毛刺,抚弄着他的腮颊,觉得奇痒和潮湿。他不敢动,即使甲虫飞扑到脖颈里,他也僵尸般忍受着。

东山的彩云,由青白而淡黄。那时候,月亮和疏星的残光,渐渐溶化得失了痕迹。

“Aobu sue(没有)……!”金盖向远方望了望。然后,这四个人就走开去了。

“呔！老天爷!”刘房东吐了口闷气。

他从草丛里探出了头,目送着四个人过了岭。

五

“好吧！你能够认清楚道路,我们下午就出发。广平少尉已经允许了。”李特务翻译给刘房东听。

“谢谢！……”刘房东拘束地裂着嘴,“他们真是高丽红党。我愿意领路的”。

“我们来到沙坨子镇就为的剿匪。你放心吧,你的儿子不能有‘差头’。”李特务虚伪地微笑着。

院里响起午饭号。

日军拥[涌]到了食堂。讨伐时特惠的熟牛肉片,鸡蛋汤……已摆满了几条条桌。每人喝了杯啤酒,相互谈着出发的趣事。

朝鲜马夫在马厩里料理着马匹。草上拌着些高粱,撒了些碎豆饼。六七匹东洋马,幌动起长耳朵,用乖觉的嘴子,搜寻着拌料。名字古怪的‘赤雄’,浑身都是细致的黑毛。它时常蹴踢着嘶叫,响声几乎震动了全营。

这兵营从前驻过满洲国的国境监视队,不久他们被‘拉’了出去。

现在二十几间的长屋,依旧那样静排着,主人却换了披红肩章的皇军。广平少尉办公室,在靠近马棚的朝阳地方。

院落的四周,围有高木桩,上面绊着满铁棘网。院北角堆着塞满沙砾的麻包,形如马蹄铁,倚在粗木构成的门框旁。御防垒太过简单了,作守望的只能躲在一处。在它弧圆线内的日兵,无聊地转动着。有时对着峰峦与天空凝思,有时低了头,无意义的徘徊着。

头上的流云，越来越厚了，颜色从浓灰变到淡黑。气流加重了闷压，酷热带来了干燥。

派遣支队的日军，已展旗出发。岗兵严重地擎着枪，行礼。直至闪过了广平少尉的“赤雄”。

他是个少壮的军人，虽然黑黝黝的髭胡圈满了脸子，然而他只有三十岁。不知是血统，还是生在寒带的关系，他的须毛可极其发达。三指宽的红布条，圈住了军帽周围。下面就是雪茄色的面庞。黑皮靴的统子达到了膝盖，靴跟还镶有银色马刺。在他的目前，展开了队伍。

队前走着刘房东。他垂着头在想：

——刘强逃不出手吧？也许那些野家伙绑回去……他愈想愈怕，他的烟瘾因担忧而加重。他萎靡地注视每条岔路。他尽量从回忆中辨认；从某个林丛穿过，或从某个沟甸拐转湾子。

后面军队，因为道路狭隘，两人一排的拖长起来。每人所负的皮箱，白锌暖壶……刺刀囊，随了步伐，协奏出杂音。粗劣的皮鞋，使每人都感到笨重，而吃力的拖动着。

步兵后，走着马队。它们驮有轻机关枪，重机关枪……以及别种零件。每匹马尾，跟有射击手，他们和它们，都保持有潜进的严肃。

在一个岭岗前，刘房东立住脚。他懒怠地向周围望了下。他断定确乎是在这里脱险的。他又巡视着岭脚，心又在忐忑了。

“我就是在这里跑掉的。”他对这岭子指划着：“就从这岭头滚下来的。”

李特务翻译成了日语。于是曹长雄壮地喊出停住口令。兵们止了步，马也停了蹄。

广平少尉驱驰着“赤雄”，检看着附近。

“为什么在这里，不杀戮你俩呢？”李特务转译着问。

“谁知道。”刘房东申诉下去，“两年前他就是个穷党”。

广平少尉镇静的抄起望远镜。他不再说什么，哑然地瞭望着。

“他们就从这岭，爬过去了。”刘房东瞥了下广平。

“到岭顶去。”少尉似乎没看清远的地方。

兵们停止了私语。马匹还在嚼着撕下的草叶。他们开始爬上了岭。皮鞋轻微地彳亍着，混同马蹄踏过碎石的脆响。

广平少尉最先到达顶颠。他的雪茄脸，像盖一阵秋霜般严厉。他又从望远镜里寻窥起来。交错的山峰同直横交错的沟涧，无涯的伸展开来，空间飘荡起草虫们的午鸣。一两只孤鸦，平淡地飞向远方去。

——露西亚境。——少尉踌躇的自语。

二百米突距离处。峰端立有“土字碑”。他旋动着望远镜的机纽，远山移到了近前。

蠕动的人群，由模糊而澄清。一条幽婉的溪流，一半圈住了他们。溪水射出反光，有如镀银的腰围。少尉血管里的血流得快了，但他那雪茄色脸上却没透露些儿红。他咬磨着上唇，静默地扭回了头。

“到露西亚境那川流间，探察探察。”他盯视着李特务说。

“是！”回了个敬礼，李特务的奸狡的眼锋射了一下刘房东。接着，蹲着没进婆罗棵子林去了。

“我们绕着山角去。要散布开来围攻……当心那是露西亚边界。”广平少尉发了命令。

像冷水泼到了每人心窝；寒噤。曹长们掩不住兴奋的喊叫，队伍敏捷地散开了。

“你不要乱动。就坐在这波罗棵子里吧。看管着马匹。”李特务窜出来说。

从他的服装上估量，他很能够被认为是朝鲜苦力。

“我儿子……你费心吧。”刘房东送了句，蹲伏到地上。

日军搬卸下机关枪。马匹已浴了一身汗水。一个宽鼻的兵士，在树桠间拴住它们。

“好好的看守。”他学着李特务口气说。

李特务奔向“土字碑”的山峦。他迷茫地走去。他虽没有看到一丝人影，但是他受了命令。他鬼祟的仿佛夜鼠。谨谨慎慎地拨开阻住腿子的长草，心在暗下默祝：能够让我平安地回来呵！能够……

他骄傲着自己的效力于“天皇”。他切盼在抓些红党以后，能得到多量的奖金。广平的信赖，在他是值得欣喜的。朝鲜籍职员里，他是最卖力而精悍的一人。

踱过一条山沟，又是一条……他发现了溪流旁的人群。他狂喜而庆幸着——是些淘金的家伙！朝鲜的苦力们。

他嘲笑自己的担心。他拧回头瞧了瞧，土岗的军队，在潜爬着。

“朋友，歇息歇息吧！”他在将近时，操着本国话招呼。

“喊！朋……友……从那来？”有个老人惊愕地问。

别一些人们正在摇幌手中托的“箕斗”，使铁锹的掘沙子人，停止了工作。他们痴哑的向李特务凝视。

“我给你们送信息呢。日军马上就会开到。”他不在意的摇动着双手，表明自己手上没带什么。他偷窥着每人的神情，他断定这些衰弱的老人们，是不能抗拒他的。而其他的呢，也是不经一击的妇孺。

他突然拔出枪。忽然收敛了脸上的笑容。

“不许动！”威吓的粗野声。

他稳重的退了两步，枪口对准这人群。

“举起两手来。高一些举……散开站立，爽快些。”他的缓慢的语调更显得阴沉。

老头儿们，孩子们，女人们，像在漩涡中求救，两手向天伸直。他们惊惧地睁大着眼，一切的眼光都瞄准着李特务。

“朋……”

“闭住嘴。”

他熟悉他应当作的步子。像从前一样，他认真地向左右扫视了下特别是靠近他的前行。他防御着他们的每一动作，即使是搔痒。……这刹那间，他急速抽出了第二只枪。他以右手的枪头，对向着人群。

“别动！别动……”他的眼珠在眶里灵活地滚来滚去。

他真的十分忙促。

“叭！叭！”左手指扳动，向斜空响了两下。

这是进取[攻]的信号。传遍了空谷。广平少尉在蛇爬中跳跃起来。

“进攻！”他下了命令，驱着兵士，紧接着又放低了声音，“机关枪潜放在林中”。

枪都上了刺刀冲锋，形同圆带，朝鲜苦力群立即被围在当中了。

“做什么的？”广平少尉逼近了一步，“红党吗？”

“说不定呢……现在他们却装作淘金。”李特务掖起手枪。

“问问他们，跑到露满边境淘金……不怕红党吗？”

“我们……是穷苦力……”许多杂音的综合。

“你们……”

“不必多说。”广平少尉斩断了李特务的话。“不是红党，就是他们家属。这从他们恐慌中，证明了。”他捏着望远镜向俄罗斯境内瞭望。

“爽快点查数目，弄到土岗下。”他放开了镜筒。

不知所措的人群，垂下了两手。他们相互瞟送着惊恐的眼光。在日兵推挤下，排成长行的曲队，直如一条垂死的蛇。

李特务傲慢的点查着，注视着每个人的肩头，食指几乎碰触到每人的鼻尖。

“四十三个。”

“弄到岗下去，让他们平安的做鬼吧！”广平少尉挥了下手掌。

他们不懂粗厉的日语。绵羊群似的老实，且是些哑羊。

“乓……乓……”俄罗斯境，突的飞射过子弹来了。

“卧倒！”广平少尉老大吃惊喊。

“Aigu！”朝鲜人群直向俄境扑逃。

“乓乓……”卧伏在草丛里的日兵，也开始了射击。

“咭！咭！……”射击手随了广平少尉指挥刀开始放起机关枪来。

“Ai……gu……！”人群里有人栽倒。

咆哮一般的惨叫，飘送到山林深处。子弹在烟雾里飞穿。山谷回响着，像在鼓励，督促。

“哦！……”

靠近李特务的一个步兵，仰翻了身躯。

不久，对方静默下去了。广平少尉摇动指挥刀，兵们缓慢地潜退了。两个兵士，搬回了死尸。

“谁？”

曹长解掉兵尸的衣扣，取下他脖项上的铜牌。上面刻着‘平喜多二’字样。曹长给这铜牌放到少尉的手掌上去。

“……为天皇而死，为大日本帝国而死！是光荣的。”广平少尉呆默地瞅着尸体！喃喃地说。

“我的儿子有没有？”刘房东跑下岗来。

“妈你个比吧！”宽鼻子的日兵用枪柄撞了他一下。

“跑了很多。”广平又贪恋地瞭望了下俄境。

撑旗的步兵，溜进了尸堆。在一个头颅上，将军旗涂了些血迹。

“归镇。”

曹长召集了队伍，驮着轻机关枪的马背，又加上平喜多二的僵尸。

“你卖给我地吧！我能给你很高价钱，等到发下这次讨伐奖金……”李特务又在狡猾地发笑了。

“那么……我的儿子呢？”刘房东颓然地挤了挤眉。

夜覆盖了荒芜的平野。夜风，吹送枯燥的气息。原野的沟谷，恢复了原有的沉静。

远方狗吠，带来了凄凉。狼群饥叫着，合着那天空失意的雁鸣。

山涧，沟谷，流溪……“土字碑”，为了人间惨剧，在着默默地追悼。

六

近几天刘强渐渐的瘦削了。的确他也颓唐了些：只要是靠近他的伙伴，都能从他迟钝的眼锋里看出来。他有时喝着高粱酒，整天的晕眩着。这很容易使别人疑惑他的古怪。就是他自己也知道，这样将要一直堕落下去的。

“哼！什么义勇军。”今天，他照常发着牢骚，手捧住酒碗，“毫无意义的一群乌合匪党：一群粗野的饿狼啊……”

他孤另的在屋里巡回，神气现着暴燥。他旋转地走动，从这一角到另一角，好像是掷在污池里的蝼蛄。

“啊！我太糊涂了，简直糊涂得连我自己都不相信。”他摆动着头喃喃地自语，“跑到沙坪镇，那是多么有味呢！那里既有同学，又有师长……唉，自己竟愚蠢得像条笨熊”。他垂下眼皮巡视着地面。地下铺满着芦苇。他慢慢又将视线挪到酒碗，珍珠似的酒沫，在执拗地滚动。他啜了一口，重新又踱起步来。

“这也是命运？——假定真有命运的话，我必……呵！未免太作弄我了。”最后他自己寻觅到安慰：

“在一个危险当儿，在掉沉到深渊的当儿，是不择渡船的优劣的。我就是这样投到苇子沟的受难者群里来。”

他脚掌上的肿溃，将要消平了。他反觉到头将爆裂成碎块。他按抚住头，躺平了身躯。几页厚板凑合的床，给他翻滚得格格发响。他侧转着身子，凝视着土墙。仿佛求土墙给他一个解答。

多脚潮虫散爬在蛛网的一角，触须上下伸动着。他无聊地看着这渺小的动作，听着这爬虫的微弱脚步声。

“咹!”他感喟地吁了口长气。

他又瞧到斜挂着的“大盖”枪。

“四棵‘金钩’换来一棵‘大盖’……”他伸手抓住枪把，给它摘下来。他兜起嘴角，作出微笑。

先拉“大栓”次按子弹，三推……再锁“机纽”。他翻转了身，将枪伸向桌下，斜睨着一只眼。

“喊!”圈腮胡子老于招呼着。

“怎么的?”

“起来！有事情。‘麻流’(快)点。”他那扁阔的黑脸，透露着紧张。

“白天有啥事儿?”刘强迟疑地爬了起来。

“噹……噹……”外面传来了锣声。

锣音的震荡，击碎“夜班”人睡午觉的梦。

“呵……”刘强顿然失散了苦恼。他知道这是‘集合’的号令。

“‘麻□’‘老疙疸[疸]’(老弟)，枪借给我，别人还他妈的要租。”老于的嗓音正像面庞一般粗糙。

“干什么？这枪我也得‘使唤’的。”刘强立起了身子。

“你是一个‘雏’，一开火就吓蒙啦。我拿去吧！回来‘孝敬’你双水袜子。”他好像已经得了主人的允许，抓了枪就奔出去。

“我……”刘强也窜出来。

院落里的群众，像是出洞的蚂蚁。被包围在当中的是司令。他们仍然像“伐木”时那样的集合着，每人都采取随便的姿式，没有一定的规律。司令呢，是从前的李“把头”。

“伙计们!”他的调子很宏亮，“咱们得了个‘信儿’”。

“什么事？……”围绕着他的人们，嘈杂地问。

“沙坨子的日本子军队，又到明月洞打高丽红党去了。”李司令颧骨高突的脸表示出庄重，“咱们趁着他们‘开壳’。攻打沙坨子去”。

“好……”老于掀起圈腮胡的嘴巴。

“伙计们也该弄双水袜子穿啦!”别一些人也张大了口。

李司令扯了扯蓝褂子。他那服装，还是一年前的那套，只在他肩臂上斜披着条红带，表明他的身份跟别人不同。他仰起头，命令道：

“快收拾收拾各人的‘家使’，咱们就要走!”

然后他揩了下铅色的脸蛋，土黄眼球直瞅到刘强。

“先生!”

“什么事情？司令。”刘强觉到叫他“司令”是不很相称的。

“拿出你的步枪，咱们都去，愿意不?”李司令裂开着下唇。

“当然愿意。请把你的‘腰别子’借给我吧!”刘强热烈的鼓着眼睛说。

“‘使唤’不好步枪吗?”李司令递给他“腰别子”。然后说：“把步枪……”

“步枪借给老于了!”刘强又接了子弹袋。

“你这不是又作了个好买卖吗?”李司令嘲弄的说，甩动着手，又走进了散散落落的人丛里。

“这家伙，也以为我向外租枪呢。”刘强捏了“腰别子”，在寻觅老于，同时检点着子弹。

另一些人，在忙乱的“探枪”“试枪”“擦枪”。各人的心都奇突地猛跳着。收拾妥枪支的人，为了壮胆，在喝高粱酒。

日头火爆爆地。沟谷间布满沙漠地带的燥气。高渺的薄云片，像是几缕轻纱，飘扬着舞姿。

他们就在这酷热的正午，出发向沙坨子镇去。每人脸腮，都泛起燥红，汗珠从额角滴下。他们并不觉得疲劳，反而精神百倍。

“安静些吧！我们这是首次攻敌镇。希望留着气力到冲锋时施展，”刘强看了看集合着的每个人的脸说，稍微停了下，又〖说：〗“知道吗？道上会有侦探。”

“对喽！安静就是，别唧哇乱叫。懂的吗？”李司令热烈的放大了声浪，“到了沙坨子，咱们可不要像在屯下乱抢啦，要紧的，是弄回几匹马，还有咱们忌讳和姑娘们淘气。……这是打仗呀”。

他一面走，一面在唠叨。颧骨突出的脸，挂流着酱色的汗水。他抹了一下，眼在望着流动的人群。他想：

——将来得让刘先生教点操。那样行进，才够体面。……他能够，他是学堂生。

人们留心着这艰于步行的路。避过了荆棘条，“苍子”丛……蒺藜，一类会撕裂裤腿的东西。“麻莲堆儿”和万年蒿子，是比较老成些，它们给行人填住刺脚的碎石。谷旁树丛，垂下凉荫。阳光穿过枝间，草地上印着淡黄色的碎辉。多长的老桦树的厚皮，爆裂开层层的白花，巨粗的树根爬出了谷口，直如长蟒静伏在那里。

“快到苇子沟口了吧！”刘强朝老于扭了扭头。

“快到了。”老于正在“端详”鞋掌的裂口。他时时停脚，挖出些细砾。

“不行呢！鞋算完蛋了。‘老疙疸[瘩]’，我得先弄双鞋……高丽铺子没有咱们穿的，我又不愿意‘麻烦’咱们人的买卖。”他盘算着自己的鞋子。

“主要的你得弄杆枪。”刘强搓了下汗。

“对喽！我那他娘的还没杆枪呢！你这杆也不‘挺妥’的呀！”

他的蓬松的腮胡，已经湿润的发痒了，汗水竟由鼻尖滴到了他的厚唇。一股咸味道，润进了嘴，叫他吐了口唾沫。“大盖”枪累赘地挂在肩头，他抽不出一丝闲空，一时俯身理鞋，一时又将枪换个肩头。

别的人像是很悠闲。肩头的枪筒，随了每人的步伐而摇头。枪的式样极其奇杂：有双筒猎枪，有沙枪，有马枪……

“咱们这些人的‘家使头’太不‘挺妥’啦……！”老于感叹着说。

“你害怕吗？”

“我怕屌毛！”他受到侮辱似的睁大了眼。

刘强优雅的笑了起来：这个笨家伙倒有趣。

“你念过学堂……告诉我，关里干啥不打进来呢？”

“那是……！”

“乓！”一声枪响，截断了话尾。

“谁？”李司令擎起了枪。

“是谁……探子？……”人群炸裂了。

“‘走火’啦！”前面传来的回答。

“不是‘走火’，郑老二打黄鼠狼子呢。”又一人反驳。

“在什么‘劲头’上，还打黄鼠狼子！”李司令斥责的说，“赶快走。谁再瞎放枪……就不行”。他知道“不行”是吓不住他们的，然而不敢说“毙掉”。他想：不行呀！……非得立个规矩不行呢！

黄鼠狼子迅速地在溜动，沟渠里有时也会蹦出山兔来，野鸦们被脚步音惊散。荒原的小生命，是小心而仔细的呢。

空中的云雀，无声地在翔回。塞北特产的“窝灵”，婉转悦耳的低叫着。畅快而灵便的金丝雀，在啄着柔虫，回巢去献给爱雏。

走过一段“铃珰”麦田，面前伸长了曲径。

西方，那低空，渲染了殷红。灿烂的火云一片片扯起，展了开来像整幅绝妙的黄昏油画。气候渐渐入凉了。和风吹起谷类的狭长的叶子，高粱棵起伏着轻浪。矮得可怜的大豆，低微地晃着叶片。预防禽鸟的草人，平伸着两手。一块红布条，在它颈纹飘闪着——它是插在已熟的“玲珰”麦间。

“看清楚呀！真人和假人。别胡乱放枪。”李司令在田垄里开始潜行。

“放下枪，回来再取。”他又发出着小声。

他那身边的刘强，心里正潜伏着稀有的不安，心尖有如甲虫触须的抖动。他镇压住虚怯，轻悄悄地放下“腰别子”。他很容易记忆的：是麻地畦垄中一株草梗下。

“让咱们分路进去，别的人留在这吧。”刘强的音调极其低微。

“刘先生说的对。”李司令停止蠕动。他沉吟了一会儿又说，“老于，你听着我们包围的枪响，就抽空到油房去牵马……记住了……多牵几匹”。

别人屏息地侧伸着耳朵，他们感到不可轻忽的严重。每人的脑膜，都有寒栗的感觉。距离较远的人们，也掩藏了枪；有的竟按下谷叶做记号，郑老二的长褂是便于藏枪的，于是他甩动起空掌，首先奔进了沙坨子。

“别人不许动……你们快去吧！”李司令这么嘱咐。

老于揣着刘强的衣袖，从岔道边立起身来。

"……来吧!"老于说。像蜗牛的触角一样,他探瞥着左右。

刘强跟着他,奔跑。

不远的沙坨子镇,已陷入夜色苍茫中。一片沙漠矮岗,负驼着繁重的茅屋。镇里的灯火,远远地闪烁着。

拐进镇口的街头,刘强浑身袭上了不安。他担心地看着每一个行人。

商铺闭上了门,街心遍覆着灯光。很够从这一头,望到另一头。每根距离相等的木杆,都放着匡住油灯的玻璃匣,光辉暗淡而且浑浊。

经验使老于留意着路线,以及掩蔽身躯的墙角。刘强和他并不交谈,神情如不相识。

对面走过郑老二。刘强斜睨了他一下;那家伙也同样扭着头,且丢了个鬼脸。

刘强戒备的侧了个身,从警务所门前闪过去;趁势梭了一眼:几个警士正在谈笑。他蹒跚地随从着老于,从一个狭窄的胡同里走出来。

"街上的买卖,这么早就关门……他妈的。"老于闲散地摸着浓腮胡。

"乓!"奇突的一响。

"乒乓……"接续的交响。

他俩刚巧捎起枪。

"这样快!"刘强跑着,接下子弹,将老于闪落在背后。

镇里的枪音,剧烈地扩大了,夹着人的喧躁。

刘强直驰进街头。烟气弥漫在空间。快意紧张,激起他本能的勇悍,心腔跳动着。他踉跄地蹲跪在垃圾箱后,露出眉眼,开始射击。

他起初觉得有点生涩,不久,被枪声所溶化了,他胆壮起来。

"乓……砰……"他灵活地钩动着枪机。

"Reng——"尖锐的子弹飞扑过耳旁。接着:

"哎!……"仆倒了一个伙伴。

警务所的玻璃窗粉碎了。黑暗中有面影在伸缩。

"刘强!你……"一个熟悉的喊声。

刘强僵伸着食指。

"我是王四麻子的朋……"

"郎世魁!……"他惊喜地喊出来。

"别打了!郎巡官有话说。"郑老二在墙角插嘴。

"认识刘先生就该降。"李司令趁机说。

空气恢复了原有的沉静,只有烟气翻卷着飘荡。狗子们的吠叫也逐渐哑下去。

"刘强！"郎巡官慌张跑出来，"你？……"

人们围住他俩，在静听。

"哈！想不到……碰到了你。希望你能加入……我们可以作些……"刘强不自然地喘吁着。

"你父亲昨天回 H 城去了。他……"

"父亲！可不要提他了。最好你能想到咱们的祖国。……"刘强斩钉截铁的说。

郎巡官闭紧着嘴唇，眼在恳求似的望着他。

"你是当狗腿？你是干义勇军？"郑老二撞了下他的肩膀。

"对！你当义勇军我就收你，我是司令。我姓李。"

"相好的快说。"郑老二又加了句。

郎巡官可怜地垂下了睫毛。

马蹄声好似倾盆大雨，涌卷过来。老于耀武扬威的打着先。马在惊怪地打着呼唤式的喘响。

"走吧！你看这情形，就在这里当巡官……日军开回来，会使你尝尝苦味呢！……找一个机会，我们可以训练训练这些……"刘强抓住了郎巡官的手。

——几个警察……一百粒子弹……能维持治安吗？除非是没有人迹的沙漠。……郎巡官垂丧了头，在问自己，但腿子已跟着这群人走去了。

七

"这……这……你说……这郎世魁……不是害了我吗！"王四麻子的酱紫脸皮，紧缩起肉纹。他已经唠叨了许久。他心里燃起焦急的火焰，被蒸发出的汗珠，在麻孔间滚下。

"这……这不是从天上掉下来的灾吗！"他的粗厚的手掌，相互地搓动着。

"唳！"刘房东哼了声，喊着喷出口烟。

"这……这怎么办？"王四麻子走进了一步。

"说不定没什么事呢！作保还能……再说，他又是给义勇军架去的。——真的是你侄子……"

刘房东不再说下去。

"这……"王四麻子仰倒在床上。

"抽一口吧！反正你没有瘾，不要紧……"刘房东另剥了个烟泡说。

"你说我真该倒霉吗？房子，让日本子白住，烟馆又不卖钱。西街芙蓉楼又弄来两个女招待。……买卖完蛋了。你看，又摊了这回事。”他牢骚着。

冷漠的气息，布满了全屋。够躺十多人的板床上，铺着块洁白的布，看来多久没人在那上躺着了。这更显得屋里空虚。木架靠贴着窗子，烟灯杂乱地放在里面。灯座淋漓着油腻，较清洁的，倒是灯罩。

粉饰不久的墙壁，挂着小梯形的烟枪。苍黄的枪杆上，覆满了细尘。

“这些高丽穷党，毙了那么些，我也不解恨。……刘强一点头绪也没有！”刘房东倚撑着扁圆的枕头说。

“咱们都是吃黄莲，苦味全一样。我这里好久没有烟客了。即使来的，也是些熟人。……人家有挺会浪的大妞陪着。他妈的，郎世魁这小子。……”他又提起了他。

“呔！”刘房东放下了烟枪。

“这小子是叫我蹲大狱。”王四麻子撇了一下嘴角。

他的话，刘房东并没有听到。他在默默地推想儿子的遭遇。

于是屋里又哑默了，只有挂钟移动着秒针发响：的达，的达地。

刘房东吹熄了烟灯，用肘支住下巴。悲哀的浪涛掀动他整个心腔，他像踏入了另一个境界。……

“满洲境里的买卖，哼！”王四麻子说，“简直没法干。……国亡了就没有家。……”

忽然一个警察走进来说：“王经理，到警务局吧！”警察的脸相同铁锤一样冷静。

“呀？……”

“去吧！叫‘看烟灯’的伙计，到杉浦采木局想想法子。”刘房东立起来，扯了扯大褂。

“好！走吧。”王四麻子的酱紫脸顿然颓丧起来，默然地走出“凌云阁鸦片零卖所”。……

刘房东狡狐似的溜回了家。

他感觉到在这酸辛的境遇里，显然不能再逗留了——这些百姓，全是没娘的孩子。……得回海南家去。

脊梁一阵阵的凉寒，骨髓像在鼓胀。他在炕上，侧卧了身，燃起了一支烟卷儿。

屋里的潮气，仿佛补助着他的凄苦。

洁白的月光，将玻璃窗格子移描到壁的一角。卷起的纱布帏上，映印着黑影，有如一幅清晰的木刻画。东壁是乌漆漆地。

他翻了个身，回忆重复侵入脑上。他痛悔这次的下屯。他环看着周遭的黑影，都像出现了刘强……他眼眶开始湿润了。他想到起刘强的笑……脸，刘强的沉着的愁苦，刘强的习惯动作。

浓重的烟雾之流，从他嘴角喷出。烟雾固执的翻腾着，飘在脑额四围，但立刻又消淡飞逝了。他接续地又喷吐出了一口。

焦躁和烦恼，扰乱了他全个的心。他不宁的辗侧着睡梦的柔衣，不肯覆遮他的心境。眼瞳已枯酸得涨痛了，但他还在翻身。

残烟尾夹在指间，闪着红星。他凝视着，像是在这火星里，他能见到失去的爱子。火红的烟尾，依旧显得极其赋闲的样子，一层层增加着细密的烟灰。

"嗯——"他长长地抽了一口气。

混乱年月呀！我将赶快卖地，卖给李特务也好。——他思索下去。——老天爷要紧得保佑，保佑刘强平安地回来。自己又没做过孽……"关东"是不能"闯"了！回海南家去。

他掷掉了烟头，又拧转个身，腿骨尽力地蜷曲起来。他想暂时宁静下去，他的确疲乏了。

脑骨枕压在装塞着荞麦糠的枕上。他觉出自己的项筋在"蹦蹦"地跳动。他索性坐了起来，披上袍子。

"刘强在海参崴生下来的时候，险些就在'穷党'和'富党'枪弹下，丧了命。……这个孩子的命可真不好呵！"他极低声的惋惜地说："我的老命根，全靠老天爷啦！"

"轰……"好似那里起了火警，被风刮扑着的猛火声从窗外隐隐飘来。

他的凝想低沉下去。他侧了耳在听。

音浪缓慢而稳重，逐渐从微弱中扩大。他用本能的听觉力，辨别出这声音在空中发的，且围近了他的屋顶了。

恐惧使他头颤抖。他像甲虫一样，悄悄地爬下了坑[炕]。

"飞艇"院里的人喊。

"在那呢？"刘房东抬手遮着月亮仰脸看着。

"在这——你看！"关小个子向远处伸出了食指。

街上的电灯突然收敛了光辉。

"这又是防空大演习吧！"老季头翘起了胡子。

"老毛子的飞机。"关小个子猜疑的喊。

飞机在高空迴翔了一遭，个子几乎看不到的渺小。灵巧地盘旋着，有如一只小黑燕子。它慢慢的与云雾混成了一片了，噪声也减低下来了。

“别动！都回屋去。”街心传来粗野的呼叫。

于是淆杂的脚步声翻腾着，像一群惊兽。

“进屋吧！老毛子飞机能掷炸弹。”关小个子跑进了屋。

“不是防空大……”老季头也走开了。

只有刘房东在院心子里沉静地呆呆地立住。

“你大叔，进屋里躲一会儿吧！”关小个子的母亲跑出来；她瞧了瞧上空，又跑进屋去。

他还是沉静地一声也不响。

“炸弹可不比别的——能炸死人呢。”老季头从窗口送出话来。

“进屋去吧！刘房东。”

“这老爷子，怎么的啦！”是关小个子的沙哑的声音。

飞机声立刻消失了。

屋里的人们，又集满了一院子。街心重新亮起电灯来。人们纷纷地在私语，虽然已是夜深了。

“这飞机比头一个来的大。”老季头低低说。

“也没有掷炸弹？老毛子这是逗弄什么？”关小个子又回到屋里去。

头上的疏星，很疏远地一个个高悬着。它们散围在温媚的圆月旁边，光线更显得柔弱。清朗的高空，如扯着片浅蓝色的布幔。飘带似的一缕缕云丝斜盖住天河。

时时扑面而来的凉风，润泽着每人的温度，觉得爽快和舒畅。

刘房东在想：俄国人说不定能打进来。我必须卖掉黑顶子“窝棚”。不呢？那准给共了产。天老爷保佑吧，让刘强快些回来。……回海南……一定回海南去。

他还站在院子里，一动也不动。

八

毛吉队长搁下那报告俄机侵境的报告书。他不预备到日领事馆去，现在他正在计划某种事。

他既急躁，且又愤懑，在办公室兜着圈子，像被禁锢的贪馋的狼。

他那秃了的头顶，油润而光滑。脑后和耳旁，却梳着整洁的黑发。浓密的小髭胡，凸出在鼻尖下。他穿着白丝袜子，两脚在绣花地板上移动，

他狂喷着雪茄烟，在一把安乐椅上坐了。手撑着脑额，反复查看H城草图。洁白的花纱的台布，被他掀皱起折纹。他抓了图站起来，踱到靠窗的长条

桌边，这上面散置着新闻纸和电报。他用手指在白磁烟灰盒上弹了弹烟屑，然后在屋子里来回走着。

壁上的圆钟，配着他的轻悄的步履声，在奏平淡规正的乐曲。在一个新式书架旁，他暂时停下，又对 H 城挂图凝目瞅着。雄壮的烟雾从他喉腔扑跃出来。

窗子透进新鲜的阳光。屋里光亮了。他伸手到书架旁边，扭熄了电灯。

H 城草图又平铺下来，他两手按住桌角。开初他觉得这支持整个身躯的胳膊，有些酸疼。但接着，他什么也不在乎的微笑了；一个得意的微笑。一个焕发的把什么睡眠不足的征候都赶走了的微笑。

“只有这样才足以威胁露西亚，马贼以及朝鲜红党。哼!”他默默地自语着。

他另燃起一只雪茄，微微仰了仰头。

“对!”他作了个最后的决定。

烟灰弹落到纱的台布上，他安闲地吹了吹。然后折叠起地图，右手按了下呼唤铃。

“去叫警务局长来。”他对应着呼唤铃进来的传令兵说。

“是!”传令兵恭敬地俯了下腰，退出去。

他有些轻松了，坦然地吁了口气，在一个背椅上坐下。随后，他打偏地俯下腰，提出麒麟牌啤酒瓶。他注满一杯，痛快地向自己喉里灌下去。

“呵——”他睐了睐眼皮。

警务局长很快的到来。这是三十多岁，身体很结实的人。

“早安！毛吉大队长。”他用流利的日语说。

“……”毛吉望了一下他，没说什么。

警务局长没有进到那沟坛似的矮铺上。他站在这矮铺前的低洼的平方地上，并且规矩地并并着两脚。这旁边就放着双黑筒靴。

“你要知道……”毛吉一手插进袴袋，慢吞吞地说，“H 城治安，是最重要不过的。前回，被沙坪镇马贼攻进了城，警务局竟失去许多枪支……”

他冷静地盯着他。蔡警务局长呢，越发把垂直着的手挺直，一股正经的敬听着。

“所以……昨夜露国飞机敢唐突的越过境界，来侦视我们……”毛吉自然地颤抖着腿，“我现在觅寻出了一个很好飞机场，可叫‘满洲帝国’派飞机来。这飞机场最好是建在黑顶子山东南角，那里是接毗露西亚边境。你可以查一下地亩册子看……跟地主去讲，可以给他三五十元一亩收买他们的地皮”。

“是！是！”蔡局长还是站立着。

“马上回去办吧！”毛吉队长一挥手。

“是……恳求队长，以后有事情，可以让我打电话吗？”

“你懒死了吗？”毛吉反问着。

蔡局长有些儿窘塞了。

“去吧！”

“是！”他鞠着躬，退出来。

他匆匆地走回警局。他照样命令着地亩股长：“……去爽快的办！告诉地主说，地是没收了，给国家作飞机场。”

“是！”股长和蔼地答应。

“可以给地主一张褒奖状。”他又补充了一句。

他立刻回到警局后的公馆。

“他娘的大清早起来，为了这么点琐事。队长在局长前摆架子……什么他娘关东派遣队，简直是些活祖宗。”他唠叨不休地咒骂着。

当他迈进了屋门，又听见太太在摆弄留声机。他泄忿的说：“天天这样，不打牌就唱话匣子。不太舒服吗？”

“我的孩子，又怎么的啦！”太太在撒娇的走过来。

她是个标致的女人，一双诱人的慧眼，灵活而且妩媚，水汪汪地，纯洁的黑眼瞳，美柔得似乎能滴下来。

这时，她移开唱机的针头。蔡局长也仿佛随即消减了烦恼。

“媛秋，我……”他像在抱歉，眼角垂折。

但她并没有恼，她总在笑。这笑啊还留着当年留日时一样的爱娇，不同的，那时她叫李媛秋，现在却叫李园秋子。

“你天天这样愁，怕会颓唐到不堪设想的地步呢。”秋子移坐到软床上，将头埋伏到他怀里。

她用纤嫩的柔指，抚弄他胸部的铜钮。愉快滋润了他的全身——于是他也抚弄起她的细发。

“小玩意儿，我的乖乖，你还像在东京那样啊……天真还没离开你的眼睛呢！”他仿佛觉得骨骼像溶化成液体般舒适。

她的眼神，正瞅向铺着透明花纱台布的桌子，那上面的水瓶，插着娇红的蝴蝶花。现在她又扭回过头。他接受着她的柔软的吹息，甜蜜的快活，使他陷入爱情的深渊里。

“我什么时候可以回到东京去呢？”她的声音，显得极其温存。

“乖乖！我最近就能弄到一笔款。王四麻子能缴些来……再凑上些，我一定能使你离开这儿。”他的手也终于显出男性的粗暴。

她正在打算爬起的时候，忽又被他的粗壮的臂抱住。他伏压着她的颤动的乳峰，立刻他那厚唇和她那赪红而薄秀的唇碰到了一起。

她感到他宽平的前胸有使她驯服的力量。她同绵羊似的，接受了他给予的智慧。一种甜美味道，浸透了每一枝神经。

“你又……”她羞涩地立起来说，“真的，我要离开这不安稳的地方。我时常心惊肉跳呢”。

“我当然不让你再在这儿，担受惊苦了。”

“那么让我起来吧！我给你倒些茶。”

她先走在梳妆台前，整理一下头发，这古铜色的木质的雕花的梳妆台。面上放着“苦淋”牙膏，“苦淋”口红……和其他的化妆品。一座大的沙发，挡住了它。

秋子燃了支烟，微笑着向他喷了口烟气；而他呢，正在瞧着溥仪的军装像。

“报告!”卫警在门外叫。

他向她睨视一下，自己马上扯了下武装带，脸子立刻变成座塑像，严肃而端重。

“进来!”他坐了起来。

“局长，杉浦采木局来了个电话。”

“唔，是谁？不认识呢？”

“杉浦是这里的日本绅士。”卫警解释道。

“啊啊！又是这些‘货’！又是……”但他已走到电话间了。

电话铃刺耳的发着脆响，他从铜钩上，摘下了听筒。

“谁？”他用日语说。“啊！杉浦先生……‘凌云阁’的王经理吗？……不能办……是！是可以的。哦！他是你的房东。再见。”

“叭!”他暴厉的摔下了听筒。

“去叫王占跟王四麻子到采木局去，完了再带回看守所来。”他回头向卫兵吩咐。

“王占送奖状去了。”卫兵立在他身旁说。

“到那送去？”

“到捐地造飞机场的地主刘林哪儿。”

他一声不响的走进屋子里。

九

日头正偏向西，王占同刘房东还谈着话。

“是的，还是乙等奖状呢。”王占露出黄垢的牙齿来。

“这简直，简直我没有想到过。也许因为我……我领过道……啃……啃。”他的话声被呛咳截断。

他一面启开宽大的封筒，一面还咳嗽着说：“我给日军领路打高丽……啃……”

“请赏给几个酒钱。”王占鄙卑地笑着说。

突然刘房东全身颤慄起来了。

“这叫什么东西。”他疯狂地撕去奖状。

“啃……啃这是哄小孩的吗？……我不要命，我也得……我一辈子的劳苦，换了这点地皮，我不能白白送给人，作飞机场换个奖状啃啃！”他觉着心肝在炸裂。

邻舍们围集在门口，都探头探脑的吃惊地往里望着。

“这叫……这叫不使刀杀人……啃。”刘房东的稀疏的胡须开始哆嗦起来。

“我并不知道，究竟是怎么回事儿。”王占迟疑地溜了出去。

“你们这些鬼……”刘房东粗重地喘吁，干咳，唾涎黏腻在下巴。他的眼膜前，出现着黑的零星的泡沫，一圈圈在放扩和滚动。周围的东西，剧烈地摇动着，似乎大地即将崩毁。他觉到脑髓溶化成牛乳，脓血。他昏眩了。

“咳……”腿骨软摊下去，于是他痉挛地倒下了。

“刘大哥！”老季头挤进屋来叫呼。

“抬到坑上吧。”关小个子闯入来，扶助着。

人们涌满了一屋子，屋子骤然显得窄小了。他们哄乱高呼，滚成一团麻。

“是。大烟瘾发……作……”一个秃顶说。

“他想儿子想得病了。”另一个在回答。

“去吧！没有什么可看的。”老季头啰嗦着。

只有婆娘们，在忙乱找水。

“得灌点热姜汤哇——得灌点热姜汤啊！”

“关盛找朱先生去吧！”是关小个子的母亲说的。

关小个子立刻匆促地跑开了。

土坑上仰躺着刘房东。丝丝的低微的气息，从口中游出。他那黑瘦的腮颊，顿然瘦削。肉山倾倒了，颜色显得新鲜的惨白。深深下陷的眼窟，微微的闭住。

关盛同朱先生匆匆奔来时，天空已倾倒着暴雨。粗绳似的雨柱，一排排挂垂下来。洋铁盖的房顶，被击敲得卷起了一阵脆音。

朱先生留着一撮牙刷式的小胡子。他穿着褪色的旧西服，脖下的领带，还绣着花纹。

“是心脏麻脾。……是神经受刺激也太深了。”他压下眉梢，摇了下头。

“要紧不要紧呢？大夫？”老季头关心地问着。

“打一针看吧！”

邻舍们奔向院心去，抢先地收检着晒着的衣服，有的则在盖覆盐菜缸……屋里只有关小个子同几个年老人。

朱先生打开了黑皮包。他掏出药棉，输水管……药水瓶。

他用药棉揩拭着刘房东的枯瘦的手臂。他镇静地瞧着刘房东的脸色。敏捷的手术，扎入了针管。臂肉一点没有闪动，颜色如同白纸。

慢慢地，刘房东翻起了眼皮，迟钝的眼瞳，溜了一溜，似乎在寻求什么。

“……刘强，你怎么过……这日子呢？没有给你娶媳子……自己好好干吧！”是蚊虫般的细音。

他那面颊，没有一丝表情。他眼角流下晶莹的泪珠，直向太阳穴流去，划出两条线。他突然寒噤了下，眼皮又立刻合并了。

知道这病人终于无用的时候，朱大夫也就离开了屋子。

关盛扭转了脸，他觉得心境一阵寒凉。

“这老头子，这老头子……唉多么可怜人的！”

“是什么年头干的呀！前年还是‘大粮户’——这时可已经家破人亡了。”

“这年月……这年月呵！……”人们散去了。

雨点急骤地敲击着玻璃，窗台浸入了雨水。远方雨声，猖獗地有如无线电收音机的噪响。

“谁看尸呢？”关盛爬下了炕。

“找他山东老乡吧！”

老季头在他脸上，盖了张白纸。

一〇

“你是给郎巡官担的保吗？”

“是。”

“你现在知道郎巡官叛变了吗？”

“不知道——听说是被‘胡匪’架走的。”

“……这还得侦察。”蔡局长在抚着嘴巴默默地深思着。

“他——”突然的他又面向着王四麻子说：“——拐去七支枪……还有三千元公款。”

“局长……”王四麻子的酱紫色的脸上，是露着恳求的畏缩。

“你听着。”是严厉的口吻：“你现在可以缴来五千元的赔偿。然后……”

“局长……我能到黑顶子去找他——找他回来。”

“胡说！——这样吧，你先缴三千元押金作保证。那么你可以自由。”

“局长！”他垂下眼皮，恳切地说：“押金，我实在……我没有钱。”

“你开‘凌云阁鸦片零卖所’，你就拿不出这三千元来吗？”他的颜色反而变得和缓了些。

“我的买卖还赔钱呢！局长！”

审问暂时停止。蔡局长用下齿咬嚼着上唇，眼在默视着桌面。王四麻子直盯住他的嘴角。

“这样吧！”接着，他像有了怜悯的意思，继续说：“你委实拿不出那么我额外从宽……这样吧！你先缴一千五百元押金来。等待你凑出余下的数目，再缴来。这，在你是很能办到的咯。”

“我实在没有余钱。……”

“那么你没有不动产吗？”他微微张开那个还是固执的哀恳着厚唇。

“有是有一点的，日本的房客欠了三个月租……”王四麻子这回是在诉苦了。

“局长！”后面又袭来了声音。蔡局长扭转头去。

“电话。——日本人打来的电话。”

“你告诉他，现在正在审问案件。”他厌烦地说，头重新扭向王四麻子。

“他在吵闹呢！”接线生又加了一句。

“唔……”他蹒跚地走向电话间。

激忿地突然地抓起听筒：

——你们国人，不懂人情么？我叫朋友王经理来，不服从我的话么？蔑视我么？你要伸长耳朵听，你不配和我倒蛋。……

这样的音波，从听筒内传过来。

蔡局长的手起了颤抖，他很想回骂他一通，但“日绅”这两个字，就如一块石碑压住他的喉头。他用手掌按住发音筒，向接电生说。

“去！叫‘凌云阁’的王经理回去！……”于是他偏过头重说了声，“请先生原谅，他现在已经去了！”

挂上听筒，回到屋里。激怒在他心腔发酵，他按不住火焰似的暴躁。

“还有几个案子？”

“只有一件啦！”脸色柔白的书记，应声说。

“拿来！”他回到原座，翻阅着呈文，说：

“这女人坏透了：丈夫当救国军，妻子来报告……除了偷情是不会这样狠的。押回看守所，明天再提她吧。”

从裁判室回到了公馆，他越发感到烦乱：一切都繁乱得叫他透不出一口气。他莫明的急躁，仿佛被埋没在盛大的蒸气流里。他闷窒，跟将被勒死者在最后断气的一刹那一样。

“我这样称他娘的什么局长！一个日商也得来命令我，我是只被别人，被任何日人可以呼唤的狗，我他娘……”他懊丧地来回走着，有时他仰到软床上，有时又斜蹲到沙发上。

“我他娘的……我……我他娘的……”

是被猎人追堵到绝洞里的一匹小兽；他烦恼，他愤怨。

秋子到派遣队毛吉处，打牌去了，屋里只有他自己。

案上的座钟，敲散着沉默的凝结。他望向它。他妒嫉它的搅扰，想找个有力的东西，击过去，将它碎成尘土样的粉末。但他没那样作，他握紧拳头，敲打起鹅毛枕头来。“他娘的什么局长，我……”

“报告！”卫警在门外说。

“进来！又报告报告，总是报告。”他申斥着。

“金巡官来拜访。”卫警畏缩地奉上名片。“谁？”他愕然仰起了头。

“是新委任的黑顶子山的巡官。”

“这……”他诧异地张大了嘴巴。

“是宫野指导官委任的。”

“告诉他，我没在家。”他暴躁地跳起来。

“是！”

他的心如同塞满了沙砾。他紧紧捧住太阳穴，仿佛头脑也将要崩裂了。

“我算他娘那路局长！我……巡官他娘的随意委……我他娘的！”额前迸起涨满了血的青筋，颚骨寒慄地颤动，似乎在发疟疾。

“日商得[的]逼胁我；指导官的蔑视我；毛吉的差遣我。我他娘该死……我！……”他突的抢抓起军帽。

“到宫野指导官哪边去。”他斜瞥了卫警一下。

卫警伶俐地搭了雨衣，跟随着他走出来。

街道铺填着碎石。“阳沟板”上，有寥寥的几个行人。

他垂丧着头，匆促地从一家家商铺前滑过。商铺并没全都开着门，在关闭着的或半开着的门板上，贴有“出兑”的字条。

——你指导官……是他娘指导放巡官；即便是，也得指导我……他娘的。

他想这是有力量的话，他必得对他这么说。他拖着跄踉的脚步走动。

迎面出现了一口棺材。

——丧气——他自己恶恨地想。

一张酱紫色的麻子脸，在棺材后面跟着过来。他低着头，仿佛在忧戚着那刘房东的死去。

——“满洲国”……这不让人活下去的国度呵！但我要活下去，我要开辟一条路，我一定要……并且趁着这癸酉年。我要看着这些恶霸们倒下去，和日头一样，我来痛痛快快的拍几下掌。

“四麻子，这从那里弄的棺材?”有人在询问。

“从山东会馆领的呵。”王四麻子忽然感到羞愧，领口施舍的棺材，多丢脸啊，他要尽可能避免熟人的询问。

——朋友一场，我都拿不出钱买棺材；还得称个人……他望了望关盛同老季头抬着的棺材。

白杨木的板面，描绘着植物所应有的木纹；并且还满身的粗毛屑，显然是没经匠人的加工刮刨过。它是长方形，狭窄窄的一条，多简陋的可怜。

到了院心。王四麻子从棺材里，掏出了“寿衣”。

“朋友一场，我就给……真是这年月，到哪里借钱去啊，往年我无论怎么……就是棺材，我怎么有脸皮到会馆去领。”他惭愧地说着。他总盼望刘房东的幽魂能原谅他可怜他。

可是那尸体，还那样静静的。脸皮上的皱纹松展了，贴紧住脑骨。气色是惨淡的灰白。在微微开启着的嘴角，遗有浅枯的黄色，配衬着烟焦的齿。深陷的眼骨，仿佛两只小吊桶。

王四麻子唏嘘着。给他这尸体穿上肥阔的人造丝的寿衣。在那剃光的头上，戴上红缨帽，恰如鸡冠花一般。

同时关盛给这尸体穿上亮青的洋罗纱的长筒靴。

然后，他们稳重地抬起他，塞进薄板钉凑的棺材里。

“喑!”老季头掐着洋钉说，“都说‘创关东’……锤子呢?”

“不要钉棺吧！等他儿子回……唉!”有人这么说。

王四麻子将一条孝带，扎在腰里。懒懒地跟在棺后，奔向义冢去。

他腋下挟着烧纸，和叠折的元宝囊。一手里捏了“刘林之墓”的牌桩；另一只手提着锡酒壶，壶嘴上套有磁钟。

抬棺材的老季头，不时的呛嗽着；而“看烟灯”的老常却在和刘房东老乡嬉笑着。

道路极其泥泞。车辙的陷沟，储满了污水。踏溅的浆泥，沾湿了各人的裤角。

——人会死；然而我要活。在这不让人活的地方，我要活下去。……这是我们的中国土地。

王四麻子瞅向着草地凝想起来。

绿草夹生在曲树下，纤细而娇软，它们沿着寂寞的路生长着去。夕阳的温光，普照着它们。

树梢间的晚鸦，偶而从他们头上飞过。悲怆的啼泣着，这使王四麻子更感到凄惨。

他在十字岔口，停立了，燃化几张白纸赈济穷困的鬼们。在经过每个狐仙庙时，他也同样的焚化一些。

野地的坟冢，渐渐现得多了。杂乱的荒草，深深地覆生着它们。衰朽的残墓，大都被风雨侵蚀得塌陷了。薄皮的红木棺，夹在这里面，点缀着凄凉的黄昏。

“汪！汪！”义地的院中，狗跳扑着狂叫。

守义地的老人从茅屋里走出来。

“谁家的事情？”他淡漠无奇地说。

“我的朋友刘林。”王四麻子颤音的说。

“有会馆条子吗？”他伸出只枯手。

“有！有！”王四麻子搜索着胸怀。

“埋不埋呢？早一些来多好，这回天都黑了。”

“丘着吧！他还等儿子看看。”

“那么抬往后院吧！”老头儿冷冷的说。

院里的棺木，狼籍地露放着。有的包裹些草席，有的砌围些砖头。每一座棺顶，都压有薄纸。

“呵！山东人在‘关东’，可死了多少了呵！”老季头感动地叹息。

他帮同着放下白杨木的棺材。那左侧，有用铁页包裹的棺木。

“这是在沙坪镇被救国军打死的排长。”守义地老人，对他们说。

"滚!"王四麻子蹲伏在棺前,焚化着全部的白纸。

他内心忽然感到没着落的空虚。他静默地凝视着在燃烧的白纸的火光。灰烬耀迸着星花,他想在这火星里,寻求出人生;但被风吹起了薄灰飘飞过去了。他像惊醒过来,颤动着手,倒满一钟高粱酒,给均匀的奠泼在灰烬上,余焰射出了绿光。

他眼里逐渐地湿润,泪珠缓慢地滴下来。他用两手抚摸着棺角,像在抚弄他最爱的孩子的稀发。

"朋友!我说什么呢……我知道……你受委屈了;你……"

二

电灯射着强烈的光芒。屋里的透明体饰物都反映着耀目的光辉,然而被浓烈的烟氛蒙蔽了。

灯泡下的桌面,摆满山珍海馐的菜碗,碗的周遭圈围着磁盘。两只乌木筷,滴着油汤。蔡局长持起筷来,摇曳着,他想说话,但又从舌边滑回喉间了。

"蔡局长对于方才谈到的问题,一定能赞成吧!"宫野指导官喝了口啤酒,说话时手擎着高脚杯。

"那是一定的;即使他不表示什么。"毛吉队长的脸子,已被酒气染成殷红。他那两只脚踝碰在桌边,随了说话而微颤着。

"毛吉队长说话,是多么爽快呀!当然我是高兴这个的,为的是对于H城交通的发展,并且在运输兵士上……"蔡局长勉强地应付着,弹了弹烟灰,思索地又说:"总之于商业及军事,都有着很大的方便呢!设若轻便铁路得告成功的话。"他用着日语的倒装句。他心里却在想:应该趁这当儿,把所想说的话,说出来罢。

于是他又喝了杯酒。他企图壮一下胆。可是采木局的杉浦在说话了:

"那么明天开股东大会,你可以派几个人去……"

"我很愿意帮忙,虽然我们是初次见面。"他装着笑脸说,眼瞧着残烟的火。

昏浊的朝鲜烟草气味,充塞了整个屋子,使人感到呼吸的郁闷。刺鼻的气氛,还调合着麒麟啤酒的强烈味道。

蔡局长踌躇地想:我头一句,必定说,指导官是指导委巡官吗?……

"马贼们,近来缓和了许多。"毛吉队长惺忪着充满血丝的红眼说:"飞机场与我们刚才谈到的轻便铁路要等竣工怕是正在冬天。这于讨伐的时候,是很有帮助的。"

他说话时得意地摇摆着头。光秃的顶额,在灯光下如同满月一样。

蔡局长注视着他踝下的马刺。他考虑自己将说的话:有毛吉在这里,就不好办。这人太坏了。现在他虽然醉了,可是……

"喝!"宫野指导官又擎起高脚杯。

玻璃杯透出了酒的红液,好像处女羞赧的两颊一般的红。现在他们相互地碰了下杯,玫瑰色的酒波,急漾了一下。毛吉队长昏迷了,他将酒泼到胸间,但他还眯着眼,往喉间灌下去。

"蔡局长!你的太太是要命的美呀!使人仿佛在深秋找到樱花样的珍奇。"

他的秃润的头,倚向了椅背。

"哈哈……"杉浦舀着汤在笑。他的腿直伸向桌下,样子很像只懒猪。

"你知道吗?两月前马贼攻城……警士叛变了许多……你将感谢毛吉先生,他给'间岛'关东军总派遣队去的报告,大大的给你掩饰一番呢。"宫野指导官像在嬉弄着他。

"哈哈……蔡局长在满洲人里,是个很老实的很听话的人呢!"杉浦眯着细眼说,同时拍了下蔡局长的肩头,神情像在嘉许幼孩似的。

毛吉队长夹起支雪茄烟对蔡局长睐了睐眼皮。

"我还忘记了,金巡官见到你没有?"他的脸色严正了些,同时将脚撤下去。蔡局长万分困窘了。他愕然瞅着他,支吾地回答:"我……不知道呢!"

"金巡官在从前,是领事馆外务巡查。他很忠直。"宫野在解释,"为这巡官的职务,我们曾讨论了些时候。出席的有县公署荻原参事官……后来决定将他发到黑顶子山去"。

"那当然……很好的了。"蔡局长装出极高兴的样子。

但他心里立刻又懊恼了,他恨自己的懦弱。他的整幅心境,完全被悔丧占据着了,忿怒已经消沉下去。

他失去再说话的勇气。他内心在咒诅:毛吉真他娘的坏种。我知道我丧气,倒他娘的血霉。……我谄媚了一辈子,巡官的位置还白白地送掉。

悔恨滚翻起的浪涛,催击着他。他拼命的喝酒,装出坦然,将怨忿压制到心底。他竭力把欣喜的表情全部搬演到面上。

这困苦的做作,直演弄到散会。

扰闹的情绪,又开始捣毁着他。卫警清晰的步伐,从他身后发出。他像落在梦境里。他迷眩了。

"是人都侮辱我。我他娘的不算局长!……"他忘记了卫警,他一边走一边唠叨着。

深夜的街道，静悄悄地。只有他一人在自语。黑影里蜷卧着的狗，惊疑地夹了尾巴避开去。

“口令！”很远的哨警喊了声。

“卫！”局长后的卫警答。

“到县公署。”蔡局长拖长了醉音。

“局长！十点半了，县公署早走净了人啦。”卫警说。

“那么我们到县长公馆去。”他僵着舌头说。

卫警不敢不依，他知道局长是越来越暴躁了。已经变成一条可怕的疯狗了。

“卫！”县长公馆的岗警喊。

“境！”卫警在逼近的时候说，“局长来拜访穆县长”。

“请到屋里坐吧！”岗警提枪向前，敬了个礼。

蔡局长向额前举了举手，走进去。

他预先望了望走廊。在木栏杆孔隙间，透射出了微光。被风雨剥蚀得朽烂了的木柱，残缺的倒立着。宽阔的屋宇好似古刹的残墟。

他晃动着身躯，从长廊绕过，用两条铁丝悬挂的电灯，朝向远处伸去。他有些清醒了，轻声的从日本宪兵宿舍前走过去。

窗户木格眼的方空，射出来光线。穆县长在屋里。他放下烟枪说：“进来吧！”

蔡局长毫不拘束的闯了进去。他知道县长是木头刻的一样愚蠢。他默然的坐下。

“你在这时候来……嗷！你喝酒了？”

“嗯！”他傲慢地斜倚着沙发说。

“有什么事情吗？”县长懒洋洋地坐起来，悠闲地抚弄着胡须。

“没有什么事情，我还是为这一月的警饷。”

“那……荻原参事官已经……”

“可是我还要告诉你，我部下的巡官，被指导官委了个朝鲜人。这是很值得注意的呢！你可以想法吗？……”

骤然的，宪兵队长池月走了进来。

蔡局长慌张的站直身子。

“到这里报告什么事吗？这样的深夜。”池月的九洲[州]音的日语显得很粗蛮。

“呵！没有……”

“可以明天来，明天有荻野参事官在这里，不是更好吗！现在夜深了。”

“哈！”蔡局长俯了下腰。

穆县长直垂了两手，呆立在那里，他不懂他俩的谈话，他只表示着敬听。

蔡局长抓起军帽，昏沉地走出去。

“局长还瞧不起我，这老狗……”这样的声音，飘送到他耳里。

在迷眩中，他走回了公馆。

“这老穆头，真是块老木头。”他这样报复了一句。

秋子又到毛吉队长家打牌去了。屋里还是他一个人。卫警送进了泡茶，退身出去。

“又打牌！天天打牌！天天……他娘的。”

他陷入苦痛的深渊。他呆静地瞅向蝴蝶花，花苞像在发笑。他直瞅着它，醉后的红眼几乎将滴下血星来。

“唉！我完了。鄙卑，无耻……可惜我……”他丧气地垂下头。两手撑住了额角，他无聊地涂刮着蓝色果木笔，在一块碎纸上。

回忆带来了愉快。初恋时的秋子，迅速地映现在脑纹。……那时他想作诗人。……这东京的生活呵。

“嗯！”他沉重的叹了声。瞅着花苞的钝浊眼瞳，渐渐朦胧，渐渐混沌了。他垂下眼皮。立刻瞅到手里玩弄的果木笔。他在纸角间随意写了下去：

我是一只可怜的蚊蚋；
找不到什么；什么可吃的。
……
草叶上的夜露，也得来喝。
……
呵！是多么凉呀！
这露珠；
我的长腿：
都冰得哆嗦了。

“咗！”他又悠长地叹了声，然后用劲撕碎了纸片，零散地掷弃到桌下。他燃起一支烟，在屋里开始了缓慢的踱步。

于是毛吉队长的油润的头顶，杉浦的老鼠眼，宫野指导官的冷静脸儿，都奔集到了心头。像铁丝网的倒钩，扯裂着他的心。

他倦乏了，眼发干。他掷去了残烟，轻轻用脚尖点弄着，终于烟屑的火星在地上熄灭。

他倒上床去——不久他就起了鼾声。

周遭十分静，“门岗”时时发出“沙沙”的脚步声。有时屋角的蟋蟀，鼓翼悠鸣。

嘴里的黏液，积满他的舌根。他微睁了眼，懵懂的吐了口沫。他爬下床，捧起了茶壶，牛似在饮。他现在舒适而且清醒了。

“呵？太太还没有回来。打牌，打牌，天天他娘的打牌！我……受罪，受罪，天天他娘的受罪。”他愤懑地瞅住钟。……他重新仰到床上。默诵着：

“唉！Tna，wa minaruhodo atama o sagairu(日语意，越成熟的稻子，越是垂头)。我这样了结一生吧！”

一二

轻便铁道的股东招集会，开会了。

作为临时会场的H县中学，挤满了肥胖而笨重的商人。王四麻子坐了最前的椅子，两手放在刚刚过膝的书桌上，这越发显出他身体的粗憨和蠢笨。他向身边望了望，杉浦主席还没有到来，有一些被学生捣毁的桌椅，狼藉地堆在一角。

——学生们都当救国军去了。年轻的人真也……他起了惆怅的感触。一手赋闲地轻敲着桌角，不料不很结实的木椅竟斜歪下去。他撤回手，按住椅腿，想立起来，找一个妥当的桌椅，但人们已经拥挤地阻塞住路子。于是他又坐下来，一手按着木椅，另一手握住桌的一角。

美女似的阳光，从别个书桌，移到他眼前。桌面变成了图案的版底，当中的光条分切开暗影。他侧了头，往窗口望去。

零碎的玻璃片，散在窗台上；遮挡阳光的布幔被风吹掀的卷动着，破裂的黑板，躺在窗下。

杉浦穿了讲究的米黄色西服，走进来。他圆锤形的头，骄矜地向打招呼的人们轻微点动了下。随后他迈步到了讲台。

掌声像蛙噪样鼓动起来。王四麻子在敷衍地拍掌。他这时心中涌上了疑问：中国人，处处被日本子占了上风，而且又那样讨好人家么……我真不懂？

“……哈……哈！”杉浦已讲完了些话，末尾这样放纵地笑起来。

“……哈……哈！”听众也在笑。

笑声立刻停止了。杉浦在继续说：“这是再体面的事没有啦！”他的细小的老鼠眼巡视着人丛，右手弯曲地摆动。——“你们可以尽量的投资……你们商务也能因此而发达，保护你们的军队，也能很快的运输了来。总而言之，铁路筑成，就是你们生命的保障。”他用力地将手砍劈地一挥，“聪明的你们，当然是无疑义的赞成了?”他瞅向每个商人的脸。

人们默无一声，互相看着窘急的脸，极力避开杉浦的视线。王四麻子垂下眼皮，心里在想：中国话说的倒漂亮。生命财产及一切，怕的不是救国军，而是你们。……你们已经欠了我三个月房租了……这就是证据。

杉浦又严重地说下去：“不赞成的话，就是破坏H城行政；换句话呢，就是不拥护‘满洲国’，不拥护的背面，当然是反对了！……请你们立刻答复。”

“赞成！……”瓜皮帽的商人们异口同声的说。

商会李会长，低下酒刺脸，在沉思，手里的“马棒”，懒懒地触了下王四麻子的脚。

“没法子!”他低声说了句。

那一个呢！摸了摸麻子脸，依然低下头去。

“那么每个商铺至少算一股，每股金票二百元。这收款事情，就委托给商会办。”杉浦瞥了下李会长的红脸膛，“并且‘凌云阁’的王经理，必得协助着办理”。

王四麻子露出了微笑，他知道这一来自己可以不用掏钱了。

“协助我是乐意的，反正卖点力气。”他对李会长擎了擎手。

“那么我们散会吧!”杉浦拿起巴拿马草帽，走下了讲台。

“这轻便铁路，从那儿筑起到那儿为止呢?”李会长摇着“马棒”问。

“我不是说过吗? 从这里到朝鲜的训戎。这仅仅四十里路……”杉浦走向门口说。

“那么什么时节动工呢?”王四麻子靠近他身边问。

“我们人，办事也快也认真。大概两月内，一定能完成。”

警务局特派的岗警，在立正示敬。杉浦摘了下草帽，闪过去。

商铺的老板，纷纷地走过来，窃窃私议着。

“这是多么为难的事情呀!”一个圆筒形的胖子说。

“我还得拍电到吉林去，财东都搬到那边去了。”别一个说。

“四麻子你呢? 想怎么办?”胖子走到他身边问道。

“我? 我怎么也不怎么！卖点力气，干几天‘官工’罢!”他的酱紫的面皮上作出了一股正经的神气。

“这年头儿，谁还肯向外掏二百元。真给我难题作。”李会长扭歪着红脸膛。

“这可是……反正日本大爷说什么，咱们就得听什么。”胖子正了正瓜皮帽又说。

“这年月，有钱也没法活，没钱更不用说。——好吧！你们不到柜上坐一会儿？”李会长甩动起“马棒”来。

“不啦！明天商会见。”王四麻子点了下头。

“会里见，会里见。”

他瞅着李会长背影，想：有钱没法活。没钱也没法活。我可硬要活。人家学生，年轻的人真……刘强这孩子不知道去了没有。

回到了“凌云阁”，他满脸已挂着汗珠。

板床上斜着一个烟客，老常在侍候。

“唔！孙稽查，您才来呀！”王四麻子勉强作出了笑脸说，心里却在想，“来的是抽‘官’烟，给钱的不来！”

“干什么去来？四麻子。”孙稽查喷出口浓烟。

“开会来。要修铁路呢！”

“我知道。你拿多少股呢！”

“那有钱拿股。咱们这买卖，那比得上‘芙蓉楼’呀！”斜坐到孙稽查脚踝旁面。

“你还有房子呢？”孙稽查抽着烟，用鼻音说。

“房子？哼！三个月没缴租了。前几天摊上了官司……多亏杉浦把我要了出来，过年时候，还得还些礼物呢！”

屋里恢复了沉寂，只有抽烟的丝丝的声响。

王四麻子想起了杉浦前次的谈话：“——日本更困难呀！别说没有钱还房租连饭也没得吃……国家的捐税太重了。你过一个月再来吧！……”于是他自慰地说：“杉浦这人倒不坏，月底总能付个百八十元。他知道我困难。”

“那么你为什么不向刘房东借？”孙稽查说。

“刘房东死了！唉！”他伤感地叹道。

“死啦？我一点儿也不知道。”孙稽查惊奇的说。他手里运用着灵活而熟练的长针，在给朋友拨挑烟泡。

“我们是老朋友了！……”王四麻子回味起过去的生活。

“他是个‘大粮户’吧！黑顶子山有很多地皮吧？”

“就是为这地皮死的咯。儿子被人家架去了，地皮给没收了……我也想把房子卖掉呢！如果有人要买，你费心给说说看吧。”一边说，一边凝视着灰淡的烟灯。

“这年头儿卖房子谁要？那除非是傻大瓜。”孙稽查歪起了身躯，却又在王四麻子耳边低声说：“等到关里打进来，还不是咱们的土地吗！”

“哈哈……”王四麻子亲热地拍了拍他的腿：“是呀！我也是等这‘日’落西时呢！”

一三

酷热的火线，撒射着平坦的原野。“包米”已吐出了彩须，元豆也绽着了豆粒。但这之间，Laob edai（是俄语的工作意义，在延边一带，呼苦力为“老博代”）们在赶着修筑将要完成的铁路。

作临时监工的王四麻子，沿着填修的路，漫然地踱着括碌着眼睛，在巡逻着忙碌的工人。

他们粗野的谈着话大都是关于他们怎样从延吉招募来的情形，有时他们竟引起一阵蠢笑。

“多多地干活计呵。”帮同监工的采木局店员洪盖，来往地嘟哝着，时不时给谁抽一下藤条。

“洪盖不要这样‘歪歪’地，‘大国人小国人 Hean gazi’（这是每一小幼孩都会讲的口头语，意思是中国人韩国人一个样）。”王四麻子不时的说。

然而，那家伙像机械似的走过去，头也没扭动一下。

——他妈这小子！

在后面，瞅着他的背影，王四麻子低声咒诅着。

有一付铅色的脸蛋的老张，提了铁锹在他侧面掘土。他那赤露的臂膀，显得极其结实。他那蛮壮背骨，在一起一伏的抖动。汗水汇同泥秽，从脊沟上流下。

两个赤裸着胸膛的家伙，抬来只空柳条筐。他铲起土层往那里面送，直到泥土堆个满筐，这两个家伙，就抬了它，走到洼处去。掘土的老张抽空挺了下腰。他那两眼，在提防着洪盖。

“挺累吧！”王四麻子转过了身子问。

“呵……不累。”老张惭愧地又抄起了铁锹。可是他不在掘土，在那空筐没有到来的时候，他只挥着锹头，在打碎那些坚硬的土块。

这时洪盖狡狐似的巡视过来了。

“多多地干活计。”他在老张挺直的背脊上，不在意地抽了一鞭。

王四麻子翻了翻眼皮，暗下里愤怒着。然而洪盖又傲慢地走去了，摇着藤条。

“老乡！山东莱州府的吧?”王四麻子温和地问向老张,并测验着老张的口音。

“对了。你先生在这里,可看见俺没偷懒吧——我近他娘的。”老张背蜷了一双手,摸了摸脊上的红条棱。

“‘创关东’不容易了。头几年老高丽棒子那敢欺负咱们国人,现在年头是变了。”麻子脸上现出了感喟的神情。

“近他娘的。钱真不容易挣了,还得受‘二号’大叔的气。”老张重新铲动起泥土来。

汗珠从他额前滑下,冲洗了他的污垢脸颊,透露出一丝丝新鲜的肉纹,他那赤露的肩膀满绽着汗水,像涂抹了层黑油。头上热腾腾的蒸发着污气。

王四麻子默默地看着他,像在审察他的骨格,或在测量他的劳动力。

“老张你为什么必得‘干活’……受这种气呢。”他终于这样问了。

“老家里,没有粮,没有米,不‘干活’吃什么的?”他奇怪地反问。

“你们没有舍不掉的东西,就光杆子一个人……”麻子脸靠近了他——

“不会干些别的吗? 干呀……上山里去。”

“像你们有钱的人家里又没等吃等喝的,为什么不往山里去? 我若是家里没有个老娘,早就跑到山里干去了。”他停止了掘土,用胳膊揩着脸上的汗。

“我们是有房子有地,用不着干这受气的活,再说也不能白白掷了房子和地皮,往山里去呀。”王四麻子惭愧而窘迫地笑着说。

然后他在一株树荫里坐下,暗自解剖起自己的问题来。麻脸向着远方的高空。

山和天的一缕交界线处,有破绵絮样的流云,轻松地飘卷着,又很快地流向山峰背后。铺展在屯子或田舍间的阴影,也跟随着云翳逐渐挪移开去。

“——有钱的,舍不了财产;没钱的,又有等吃等喝;中国人还有谁来出头呢……”他摇扇着纸扇,在问自己。

长在他眼前的高粱,秸干已高过了人脖项。狭长的叶子,淡漠地摇曳着。在它丰腴的绿色里夹有一丝一丝的红线。苍蝇和绿甲虫,在叶的背荫处跳动着;有时作个暂时的休息,潜默地。

“多多的干活计。”洪盖甩动着藤条又走了过来。

“歇歇吧!”王四麻子挪了下屁股。

“谢谢。”他挨近他坐下来。

接着摘下了茶色眼镜,用制服的一角抹着说:

“中国 Salami,gaix,angazi(中国人像懒狗一样)。”

“狗倒是狗，可是天狗，天狗会吃‘日头’呀！”王四麻子诙谐地说。

“对了，狗一样。”

这在王四麻子是值得愉快的。他得意他那含有双关意思的话，被别人真挚地接受了。他不想再说什么，他又不懂朝鲜语。他俩沉闷地脸对着脸，有时无意地笑一下，有时又像在对骂对咒。地皮上的丛草，为洪盖不停挥动的藤条的摧残，有些竟斜倒下去，闪出了须根。

猛然洪盖又爬了起来，像发现了什么可惊的事件一般，奔向在挺直腰背的杨庆。

“拍拍！”照例抽打了两下，然后一声不语地走向前方去。

脊背受了鞭策的杨庆，急促地弯下那鼓起粗线棱的腰背，挖掘起土来。

“这小亡国奴！”抬头不见了洪盖，他泄愤地骂了句。

“干吧！有那么一天，咱们也收拾收拾他们。”老张扶住铁锹柄说。

在他们身后的澄黄的沙质土层，僵直地尽向后拖长着，好像一条昏浊河流沿了高粱地垅冲去。

人群逐渐地跟了这路线挪动，直到第二天黄昏，又换了铺铁轨的工作。

“乒……乓……”到处响着铁锤的敲打声。

整齐的枕木，密梯样拖长着尾巴。雨蘑形的铁钉，沿了铁轨散集着。监工的洪盖还是来往地穿巡着嚷：

“别偷钉子，快快干活计。”

“这可算他妈的完了。”一个掼铁轨的走来说。

“雪白的大洋，快弄到手了。”

杨庆笑眯眯地说：“老张打算往山东家汇多少去？”

“怎么的也得凑个三四十元的咯。”老张一边在钉着轨槽说。

“我也得汇三十元去。”

“干完了……大家就好啦。”王四麻子安慰着他们。

其实，他却正在愁闷。他紧紧地蹙着眉头，让外眉角向下倒垂着。他想告诉他们他从杉浦采木局得到的消息。但他怕他们的粗野，说不定因之会闯下大祸来。

——都是中国人，又都是老乡，我决不能坐视的。他们每天像暴日下的毛虫，挣扎着卖力气，竟受到日本子的骗呵……最后他决定了——

“老张——嗳！老张。”他嗫嚅着：“我告诉你，工钱——工钱怕不能一时发给你们呢……”

“怎么的？”老张抢着问：“你告诉我，王四麻子。”

这称呼，使他很满意。好久他没听到四麻子的称呼了。他凑到老张近前说：

“我听到一点消息，工钱非等通车后不能发下来。”

“那叫我们吃屌毛？”老张不相信地蔑视地重又挥动起铁锤来。

“真的呢！”诚恳的麻子脸，还凝视着他

“敢不给，凭着自己力气挣的呀。”

王四麻子面颊焚起羞辱的火，他瞥了下老张，毫不留恋地走开了。

——我管他妈你们这些家伙的事，我贪图什么呢，我？……他想。

清朗的高空疏星们相互地挤弄着鬼眼。微风送来了寒气，预言初秋的到来。“包米”叶子，高粱叶子……全部沙沙地作出了亲昵的微响，像是猥亵的偷情者的细语。大豆和秀谷则漂泛起柔浪。

王四麻子踏着皎月的光辉，缄默地跟在人群最后，走着。他那脚边的铁轨，直伸向远处，仿佛两条巨蟒，带着火一般的愤怒。

——这年景说不定会变到那一步，H城都修了铁道了……他感慨地想。缓缓地拖动脚步，走进了杉浦采木局。

杉浦穿了兜囊袖的和服，双手插在黑腰带间，习惯地跪坐在草席上，神气极其安闲。

“杉浦先生，这月的房租请借点给我吧！”王四麻子谦逊地一笑。

“别提房租啦，吃饭钱我都没处弄。坐一会，来谈天好不好？”杉浦伸手在暖炉里，拨了拨火灰。

王四麻子呆痴地凝视他一下。

“我们是老朋友了，五六年的老朋友了。”杉浦感情地说：“你遭受官司，我从大狱里要你出来。不是老朋友，谁管那种闲事。不是吗？……李把头占据了黑顶子山，当土匪了，弄得我今年一根山木头都没到手，并且我们国的军费的负担又那样重，这个月的慰劳捐，我还得从铁路经费里挪借一部……”

王四麻子的脸，由酱紫而绯红。他不愿再听他这习熟的唠叨，他制住心里的激忿，柔声和气地说：

“三个月都没缴租了。杉浦先生你是知道我的困难的，吃饭不是都得赊米么？”

他畏惧杉浦会瞪大了眼睛。幸而这时的杉浦两眼还细细的眯住，像个慈善的老太婆。——他用温和的口吻说：

“别着急，慢慢的我总会想法子。”

“实在不成哪。”麻子脸上露出了恳求的神情，眼睛避开杉浦，望向炕桌下的睡着的猫。

“连修铁路的工钱，都不能全发，我不是和你说过吗？何况是房租。”

王四麻子突然壮了下胆说：“那么请你搬家吧，我是靠着房子吃饭的。”

“什么？”杉浦怔了怔，这真个是细眼圆睁了：“搬家是什么话，你这种态度，简直得送到大狱去，教训一下。你得知道，警务局是我担的保，我有权力再送你到那边去。房钱……没有，还叫……”

王四麻子着慌了。在他那懵懂的眼睛前面，爆炸着火子似的金星。虽然心底激荡着怒涛，但为那瞪圆的眼睛的光辉的箭射平了。这时杉浦正在挥着手说：

“去！去！不许你在这房里站着。……五六年来我付给你的房租，早已超过这房价的两倍了……你还不明白？去！”

“呵……我喝醉了……”王四麻子终于赔了个笑脸。“我说的话冲撞了你……你不要……不要在意。……再见！”他抖动着腿子，走出门去：

——你还不明白，房子已给了两倍的价……

他咀嚼着杉浦这意味深长的话。

一四

铁路旁的女子小学旧址，暂时作了铁路局筹备处。在破旧的大门上，挂有新油漆的木牌。

荒凉了许久的教室，张开凄凉的巨口，像卧伏着的兽壳。人们聚集在这里，当中只缺少了王四麻子。

杉浦两手按住桌角，稍为向前凸的胸部，好像是蛤蟆的圆肚。他那洁白的牙齿，在没说话前，习惯地咬着下唇，脑袋微微地动摇着。

“这铁路需要的职员，最好是招考。”他高傲地这样说。闪着老鼠眼，征求各人的同意。

“是的，我有一个朋友，是在北平读……”李会长笑眯着脸说。但杉浦立刻打断了他的话：“这里该用朝鲜职员，为的是他们耐苦，并会说日语。”

“可是没有满洲人，那也是不很便当的。”李会长仰着深暗的红脸膛，胆怯地在抗议。

“对了。用几个满洲人，在旅客方面是比较便当点。”一个有微白胡须的绅士说。

“这些事情……不必诸位担心。”杉浦和善地说下去，“满洲人决计一概不用，尤其是从北平回来的学生，多数是坏蛋”。

他还那样挺着前胸，臂胳像两根铁柱，支住整个的身躯。

李会长斜瞥了下那位白须绅士，随后向福升昶老板丢了个眼色，仿佛在做哑谜。

“我们今天所讨论的，是关于车站的建筑……”杉浦又发音了，但又立刻停顿下来，歪着头……喳……喳……

庞大的人群，突然涌进大门来。

“给我们工钱，近他娘的欺负中国 Laobeidai。”老张最先开口。

“不‘干活’还使鞭子抽；干完活又不发工钱，你们这逼着咱们算账？……他她妈的。”杨庆立住脚，挽了挽袄袖，神气像等待搏斗。

“打个小舅子养的。”

“打……往屋里进！……”

人声像海涛般咆哮。火药库爆炸了！每个枯陷的眼眶，都像在冒着凶纠纠的烈火。丛杂的鼎沸音浪，乱嚷嚷地，打成了一片。

屋里的人们立刻起了混乱。惊慌的面庞到处在晃动着。只有杉浦坦然地走了出来。他嘴角透出了空虚的笑，眼睛还是那么照旧的细眯着。

“不要胡闹。”他用柔软的调子说：“这会使你们蹲大狱去，你们知道，这是非常时期。如果再闹下去，我定得将你们送到特务机关或宪兵队里。”然后他改了断然的调子，“知道吗？蠢东西们！”

像烈焰遭遇着冷水，人声消沉下去了，只是每人的眼里，还潜伏着不可抑遏的怒火。

“工钱当然得给你们，不过现在不能。你们不是已经得到十分之三吗！那就很对得起你们了。……通车以后再说吧！”他含糊地说完后，扭动身子，想退回屋里去。

老张畏缩地望了望每个伙伴。筋肉强健的臂膀，微微地斜耸了下。然而阔大的胸部，还在不平地起伏。

“那些工钱！通车后一定能给么？”杨庆又虚张声势地向上挽了挽袖子。

“这不能一定……我招集你们，本来一天三十钱工资，可是王四麻子骗了你们。”杉浦狞笑着，走进屋去了。

“这小子，向四麻子身上推。”李会长向福升昶老板递了个眼色。

“可是你得‘力争’呀！车站职员得用满洲人。”福升昶老板低声说。

“……咱们向外拿钱办铁路，叫高丽棒子挣了去……算狗屁股东〖西〗。李会长你得替股东们说。”白鬓绅士悄悄地附到红脸膛的旁边说。

“他一个人把持，那有咱们说话的余地？”李会长呆呆地瞅向窗外。

扰乱的人群，仿佛一堆飞蝗。他们相互地吵叫了一会儿，又拥挤着奔出大门。

“近他娘的……一月多没向山东汇钱了。”老张在队前低了头说。

晚风夹带着潮湿气味，吹拂到他身上，觉得特别的寒冷。

日头偏西去。西方的天空，渲染了一片红霞。近处是杏黄色衬托着蓝色的高空。在云块的空隙处，露出蓝色的线条，极其鲜艳。

老张同伙伴们懊丧地迈进了“凌云阁”。

王四麻子苦丧着酱紫的脸皮，听着他们争先恐后的诉说，接着他又低下了头。急躁合着愤怒，锥刺着他的心。看了看围绕着的人群，他咽咙急剧地作痒，他干呕了口唾沫。他的两眼，渐渐闪出了泪影。

——烟馆也没法支持下去了。有钱的人没法活，没钱的人更没法活……我得要活，他们这些苦力也得要活……杉浦……

他简直不敢再想。干呕了一回，他突地瞅瞅向这些人，说：

“伙计们！只有一个法子，我们到山里去，我们得走活路……要想活，就得先夺回我们的土地。”

“对，我早就想到山里去了。”杨庆抢着说。

“反正在这里也早晚得死，倒不如吃吃山里的饭。”另一个披着破小褂的附和道。

“……小声点……”不知道谁这样插了句。

他们经过一度鬼祟地唧哝后，每人的心都在悄悄地跳动了。脸颊呈出了严肃，眼珠注满了兴奋。有些眼睛似乎将要流出血来一样的红。紧紧的有力的握着拳头，粗硬的筋肉，凸起了棱角。

“我的房子和财产也得舍弃了”，王四麻子低声的说：“今晚咱们就‘起黑票’（在俄罗斯经商的人，都会说这样话，意思是偷跑）。咱们拉到黑顶子山去，我那里有朋友。”

“我老家里还有娘，等着我汇钱养护呢？”老张祈求的眼光，盯视着麻子脸的鼻尖。

“伙计们！”王四麻子机警地眨了他一下说：“老家若是没有老婆孩子挨饿，也都不来‘创关东’……你们不知道，关里军队，就要打进来。今年就是‘日’落的时候。我们很快的就能出头……反正不能常干不挣钱的‘山沟里勾当’。”他说话时的唾沫，飞溅到老张的脸上。

“一年多了，关里干啥不打进来？”老张呆着付冷脸，发痴似地仰视着他。

“今年保准打进来，我们抄后路，拆铁道……那么大家以后就有饭吃了。快，用不了五个月，日本就得完蛋。”王四麻子兴奋而坚决地说。

“对，不能让在家捆住，我们两眼巴巴看着国亡。”杨庆不屑地瞧了下老张说:“谁再麻烦,就……他妈的刀插在脖子上,你还得告诉,死后的血留给你娘作汤喝呢!”

老张软痴地低下头,默想着。

终于在这一深夜,他随了一大群人,偷偷离开污浊的H城,向期望的黑顶子山奔去了,路上蔓延的植物和有尖角的砂石,刺痛着他们的脚掌;但他们不顾一切的走去!走!走!——走向他们敬仰的那一块土地!

在月色迷惘中,队伍拖长了尾巴,像是铁甲车上拖拉着的一道浓重的黑烟。田野间秋虫,在为他们吟着歌曲唧唧!唧唧!唧唧!

完稿于西班亚军叛前夕

下篇

一

王四麻子从黑熊皮褥上爬起来,望了望屋里。黑暗的夜色中,他没看到什么。煤油灯已干涸了许久。四壁也没有窗洞,他觉得气闷。若不是严冬将要到来,他一定会在壁上凿个小洞,让月光透露进来。现在,他不知道月亮究竟升起多高了。

“刘强!”他懒懒叫了声,继着自己咕哝说:“好小伙子,真能干,又巡哨去了。”

他摸起枕旁的匣枪,将皮带套在肩头,晃动地走出去。

上弦月挂在山尖上,洁辉洒满了山谷。近处重叠的峰尖,织描着一层层散云。

茂蓬蓬的厚草,显得衰萎了,倦怠地飘动着枯叶。这里找不到包米秸或高粱秸。除山涧夹杂些树林外,全都是些艾蒿草了。

深秋已覆盖了所有的植物,伟大的肃气,展布在错综的峰峦间。

树枝搭盖的“蒙古包”式的矮屋,四散在沟壑间,沐浴着月光,像是巨熊的尸体。

夜的空谷,漂荡着雨后的蛙噪。间有远方狼群的锐叫,一声声传来。

“呔!”王四麻子畅快地望向营盘。

他穿着的警服,和他的身材极不相称。两手露出袖外半尺多,一边在草径上走着,一边还甩挥着两手,更显得滑稽。但他自己是愉快地摇摆着头。为了能使人知道他在查哨,他极力高声哼着戏的。

刚到第三路卡子口，前面有人爽快地招呼他：

“这是谁？四麻子吗？”

现在他对这称呼，毫不介意了。他知道自己的浑号已经在弟兄们口里有了亲热和夸奖的意思。

——本来自己是很会干的，简直是李司令不可少的帮手。他这样高兴地想着。

“怎么样？伙计。”他走进沟间的草丛。

“呵！真冷呢。明天得想法子弄双靴鞡。真受不了呀！”杨庆歪着个黑脸膛回答。

“对了！总得想法子……让脚受罪是不行的，哈！哈！……”他从枪及脖项的空间，拍了拍杨庆的肩头。

接着又是一句：“刘强来过没有？”

“他查哨子去了……那小伙子，倒有些胆量呢！”

“四麻子来了吗？”芦苇中又闪出了个头。

“——你老张吗？”王四麻子走近了一步。

老张手里提了马枪，弯伏着腰，跳过水沟来。

躲避在沟沿的蛤蟆狡捷地投扑到水里。溪流里就像掷下了碎石，响出沉滞的水音。

他们扯谈了一会儿。从H城的杉浦，扯谈到关里军队……一些乱杂的琐事。

“一定能打到关外来。”最后王四麻子断然地说，“中国的军队，比前清辫子兵野的多。他们才不能低头受‘熊’呢！……好吧！我到二道卡子去。”

说完后，他便扭转了身子。

二道卡子，只有半里的距离，设在山坡的石崖里。

岩石是些奇突的自然保护垒，又加上他们搬集来的僵石，便成为最好的战斗蔽障。

这里的哨兵，在安静地抽着卷烟，同时讲谈着山口外的朝鲜姑娘……城里的日本军……

“伙计们！机灵点，别光闹着玩呀。”

“来坐一会儿吧！我们的参谋四麻子。”郑老二掷掉了卷烟。

“你们都说什么呢？”他好奇地问。

“没说什么，说的是军操太吃累啦！”另一个说，“你没来的时候，哪有这些屌事情。真的，没有一点用处”。

说话的人蹲在背光的地方，王四麻子只看见黑影里吸的烟头一亮一亮的。

“可不是，下屌操干什么！”郑老二斜坐起来，沙枪歪倒在他怀前。

“这是军事上必有的呀！伙计。”

“什么他妈军事，打日本不是就得了吗！”

“正为着打日本才得受点军事训练呢。好好的干吧！这么‘棒’的小伙子，还怕下操吗？”

王四麻子有点鄙弃这些粗人，可是他又爱接近他们；他们不会忧悒，只知道干。

——这才是救国的材料呢！可惜不是沙坪镇的炮手们。……

“什么时节打日本呀？都快到冬天了。”郑老二掏出烟叶，在卷着烟。

“快啦！……枪械都不全，子弹又不够，没办法。不过……”王四麻子感到解答的困难，低下麻子脸在沉思。

“那么小胆，你和伙计们说吧！打。”郑老二把“打”字提的特别高。

这时他燃起了卷烟。火柴的微亮，被风扇动着，很清楚的映出他的脸颇显得凶狠，粗野，像只笨牛。

“一定打……你们歇一会儿，留心你们的职务吧！”王四麻子懒于应付他们了。他又暗笑他们的愚蠢：只知道打，说不定枪还不会放。送给日本人磨刀子吗？……工兵的材料。……他这样想着，在高茂的芦苇草里，懒散地拖动脚步，一只手按住匣枪。

头上的月芽，向西移动着去。草棵间的蛙声渐渐沉寂。深山里时时飘送来豹子的悠怨的长啸。这声浪深深地刺到他的心窝。

不远的前面蒿草里，有人们在蠕动。

“谁？”他陡然地问。

“游击队。你呢？”

“老于吗？我是四麻子。”

逐渐走近来了，老于的圈腮胡子，毛蓬蓬地现在他眼前。在他破裂的袄袖上，套着队长的“号布”。

“老于你真忠实呢！对于你的职务。”

“不成，我觉着干不惯。说不定是他妈没有福气，我不知道队长怎么当；若是叫我砍木头，那可行。”老于局促不安地说。

“我们也屌弄不来，还得排着队走道。”一个队末的高个子说。

“这是军事常识。”王四麻子又有些困窘了。

“啥时候打日本子呢？”一个背着双筒猎枪的问。

“这就快啦。”老于代替着解释。

“打就爽快打，打完了，咱们该着种地就种地；该着卖‘老博代’，就卖‘老博代’。”

“可不是怎么的。打完了一散就完了。还‘老一门儿’排队……不痛快的打。”高个子又附和了。

“伙计们别说了。巡哨去吧！哈……哈……这些事情，有我计划。”王四麻子像要逃脱似的，向他们挥了挥手。

“什么他妈计划……”

他背后送来这声音。这使他很羞愤。

——这真是些野蛮人，一点什么也不懂。……可是他们真想给民族争光。……

“谁？”对面的人，听出了他的脚步；当没有接到回答时，又急促地补了句：

“不说话，开枪了。”

“呵……我。”他恢复了知觉，急忙的答应。

“王大叔吗？”

“刘强！你吓了我一跳，我正在想事情。”

他俩在月辉下的草地上印出清晰的两条长影。刘强肩头的快枪在地上拖长个细筒的影子，像一只撑竿。

“上哪去？”刘强望着王四麻子的脸说。

“头道卡子。”

“我刚从那里回来，没有什么事。”

“那么回去吧！”

他俩转动了脚步，踏着残草。王四麻子瞅了瞅刘强。这小伙子清瘦了些：颧骨铁硬地削凸，那一对又大又有精神的眼珠，注视着拉长的黑影子，像在思索什么。

“大叔，我们就这样过下去吗？像土匪似的。”刘强蹙紧了眉毛，头侧向四麻子。

“你也和别人一样傻吗？我们不是军器不足吗？”

“不是。”刘强摇了下头，“我是说没有较好的办法弄吃粮，弄煤油……火柴吗？到屯下去硬捐，捐是多么受听的名目。并且向高丽农人，捐中国救国捐，这是讲不过去的。这和土匪的抢，没有差别。”

“在军事时期，不能讲理。谁让他们种中国人的地，并且我们苇子沟附近，也没有咱们自国的种地人，总之是混乱年头。

“这就是矛盾了。我们是被压迫的民众，而现在我们又去压迫比我们更可怜的人。我们的生命，已经被田地吸取了一部份[分]，地主吸取了一部份[分]……我们又……”刘强重新低下头，眼看着胶皮底水袜子。

“这正是混乱年头吗！所以我说没有什么理，谁有枪，谁就是大爷。”王四麻子得意地握着拳回答。

刘强知道是不会解释明白的了，便微闭着嘴，冷淡地走着。

——日本子为了人口……经济……来作最后挣扎，侵占了“关东”。现在我们为了人口……经济……又来侵害高丽农民……刘强一边走，一边纳闷地想；终于他自己解释道：总之是人越穷，他的生命也越贱，有钱的人，已逃到都市去，只有这些人还在企图最后挣扎。……他凝视着影子的边缘——那么我们为了这些人，就不捐食粮捐吗？可是救国工作就必定放下……这是一个问题。……

“你想什么？”王四麻子偏过头来问。

“这是一个问题。”刘强重复对自己说了这一句。

二

是黑夜。头道卡子在飞弹交穿中失了守。

……锣声急乱地敲着。

义勇军们惊慌失措地奔跑。每人的枪枝，都提曳在手里，无数刺刀尖在芦苇中飞快地混乱地穿了过去。

锣声盖没了王四麻子的呐喊，只看出他骑在大红马上和摇动的左手。

月亮还没升出来，疏疏落落的小星们发着微弱的光辉。王四麻子辨不清人们的面廓，只觉得出现在他眼前的，宛如惊逃的狼群。

“伙计们！”他高声叫，“痛快冲向前去，下操时教给你们的……是用着的时候了”。他骑了马，拐过二道卡子的山脚，“二道卡子伙计们！到头道吧！冲向前去……”

“轰！”一颗炮弹飞到马前，在闪光里，他瞥见了老于的圈腮胡子。

老于正伏匿在芦苇里，像是在捕鼠的猫儿。他觉不出自己是惊慌，还是兴奋，他静悄悄地向前爬。

他翘起茂蓬蓬的胡子，一手按住残草，一手扼紧了枪腰。迎面草棵间，微微起了蠕动。他靠边挪动腰骨，屏息着瞄准枪头。

“乓！”烟雾中，一个戴钢盔的家伙，软瘫地倒了下去。

“乓——哽！”老于身侧的游击队兵陡然挂搭下头颅，手里的沙枪甩到老于的脊背。

“轰!”炮弹又在身边爆炸了。土屑和草叶,飞蝗似的扑飞过来。

在火光闪动的当儿,老于又瞅见了潜爬的日兵,他急促地高举起枪把,劈木柴样击打下去……分裂的头颅,飞溅的血星,喷射了他整个前胸。

“轰!——呃……”炮弹不断地落下来,义勇军队被截成个圈形,在圈心里摔倒的人们,激烈地惨叫着。

炮弹后跟来了日军凶猛地冲锋。

“操你妈的。”老于挥舞起枪杆,疯狂似的打着。

他身后闪过来了刘强。刘强挺着带刺刀的“大盖”,向有髭胡的军官猛刺过去。

“乓——”刘强的马斜倒在草丛间了。刘强也被甩滚到沟崖。

“刘强!”王四麻子跳到他身边,扳起他的脖项。

“不要紧,没打着。”他翻起身来,然而他的“大盖”已经不在他手里了。

“轰!”像巨烈的霹雳,在人丛中爆炸了。周围的芦苇也竟焚烧起勇猛的火焰。烟氛笼罩了大地,火光执拗地摇拧着身子,发出忿怒的吼叫。

“退呀!”王四麻子扶掖了刘强,用枪柄敲击着马尾的脊骨,向来路飞跑着去。

“退呀!”老于也混合地叫。

黑沉沉的人群,在火光照耀中,疾退下去。

火光逐渐的离远了,沸腾的人声也低哑下去。半圆的明月,发出皓洁的光辉。人群都沮丧着面庞,沉痛地迈动着腿子。

拐转了山脚,现出一带树林,交互盘错的伏根,像弯曲的爬蛇。繁密的枝叶,遮蔽了月光。湿润而冷冽的空气,使人有阴森之感。

他们穿进了树丛,疲乏地停住脚步。

“他妈的……怎么办?”老于最先止住了喘吁。

“呔——到沙坪镇去,投奔刘副官那里去,现在他是司令了。”王四麻子按着马脊,跳了下来。马的皮毛,已挂满了汗珠。

“真他妈怪了!‘好模样的’今晚上,日本子就出他妈的兵。”杨庆卸下了猎枪,在树根上坐下来。

“你们不是很早就说打吗?……一定是不中用呀!”四麻子拴住了马缰。用袄袖拂着额上的汗说。

“别谈这些事吧!后面郎巡官他们跑来了没有?”刘强松懈地蹲伏下去。

“李司令可是‘贴筋’了。他叫我背他。我还有屌劲去背……”郑老二斜倒下身子，他的头枕了树根。

“你怎么没背他，这都该枪……你太不对了，他是司令。”王四麻子按摸着马鬃说。

“司令屌毛味？谁不想逃命，还肯背个人。”郑老二说着扭转头去。

“真是……国也没力救了，我家里的娘还饿着。”老张的粗壮声音变了哀怨。

“唳！”王四麻子向四围望了望说，“郎巡官也准叫他们‘收拾’了……老于，你找几个弟兄打着更，让‘大伙’歇一会儿。”

然后他仰望着天空。从叶隙间透进的星光，晶莹地射向他的麻脸。

“唳！今天大概是丙午日……日军是从离火来……天意……”他喃喃地说，手还在抚摸马的鬃毛。

别的人们，有的打起了鼾声，有的在卷着纸烟。刘强在渺茫的想：——那些高丽佃农，现在不用给义勇军预备捐粮了……可是在日本子管辖下，就能好些么？

他的脊背靠住树干，眼凝视着东山。

嵌在山尖的云霾，变成了鲜蓝色。微弱的晨风，吹拂着人群。

王四麻子的人红马不老头的长啸起来。远空响起了回音。

人们重新唤回了活跃的气象，拖排起杂乱的队伍，在荒芜的沟渠里，走着。

颓丧的马尾草覆掩了沟谷，其间还夹有蔓延的喇叭花及干枯的曲藤。荒僻削立的山峰，像是压伏在人们的头顶。

刘强骑的灰色马，瞎了一只眼。它的尖削背骨，磨破了他的胯股。随了马的颠波[簸]，他感到了酸疼。

“喂！有什么法子可以使这瘦马不磨屁股呢？”他对马前的杨庆说。

“不骑是最好的法子。”他扭回半面脸，玩笑地回答。

“设若你累，我可以让你骑的。”

“谁敢骑你这小军官的马呢！”是带有嘲笑的味儿。

看看刘强不作声，却又换了口吻说：“你找块毛毡垫着吧！再不，我脱给你棉袄，反正我不穿它也不冷。”

刘强接过棉袄。那真是破的稀糟了，蓝色花旗布，已经褪成了深灰色，污秽的棉絮，全都绽了出来。

刘强抬挪着身子，将它垫住了。于是他俩攀谈起来。

王四麻子在队前，也和老于闲谈着。他们这样会解除长途的枯燥。他对老于谈起了他在海参崴遇到的“穷”“富”党的战争。

错杂的屏峰，围住崎岖的山野，像入了原始的地带。飞鸟在这里是稀有的东西，即使高空有时飞翔着老雕，但不时就被山壁掩蔽了。

枯黄色的草梗，在秋风里悲凄摇曳着，离了母枝的桦树叶，在趁风飘舞。加强了暮秋塞北的荒凉！

惨灰色的高空，扯满了浓云。空谷间，逐渐喷放起厚雾。

夹有盐质的云雾，凝集在整个空间。海洋性的微风，带来了刺骨的寒冷。

“别走差了！跑到他妈海参崴，可坏醋了！”队伍里喊出高声。

“还是屌熟道。”郑老二的苍哑嗓子。

“小心哪！别越过俄国界去，蹲‘Baliz’（俄语大狱）一天就给你二两面包。”粗重的浊音，显然是老于的嗓调。

路径沿着分水领爬去。清晰悦耳的溪流，生动地在一边低吟着。

“别跳过这条水呵！这是和‘老毛子’的交界线。”是王四麻子提高的嗓音。

浓雾障蔽了每人的眼睛。刘强在迷惘中递给了杨庆棉袄：“穿着吧！我受点罪不要紧，别冻坏了人。”

“走到这屌地方，到哪找饭吃呀！”杨庆穿上袄，高声的叫着。

这音波传到不远，就为雾气消散了。

“传……得找饭吃。”杨庆在模糊中撞了别人一拳。

“传！找饭吃。”被撞的人，又撞了下前面的人。

“传！找饭吃……”前队也起了喊声。

“雾散完了，咱们再找地方吃饭。别着急。”王四麻子和蔼的音调从雾中透过来。

他那夹袄，给潮湿浸透了。他的嘴巴像机械一般颤动着，酱紫色的面皮上呈布出鸡皮样的米粒。

牛乳色的露，在午时消散了。他渐渐看到远方的“土字碑”，像静立的墓顶。

分水岭荡漾着狭窄的水流。当它向深沟泻去时，像一小片瀑布，翻溅出白色喷沫。盘踞在隔崖的土山，生长存繁密的婆罗棵子树。苍黄的婆罗叶子，飘荡在枝桠上，敌视着北风的摧击。

“从这里过去，就是缘旗河，离海参崴只一百多里了。”王四麻子沉思地挥着手——“前十年这‘口子’开通时，‘创关东’真发财，我就常跑到缘旗河卖烟土”。

“……昨晚上叫日本子……‘创关东’的乡亲，不用发屌财了。”老于颓丧着脸。

“这是天意呀……这里找不到吃饭地方。”王四麻子说完，扭转头望了下刘强。

刘强在队伍的末尾，向对岸的山涧望着，深谷幽沉，找不到生物的痕迹。山峰宏阔地伸长开去。

“找饭吃呀！”杨庆重复吵起来。

“散开队打围吧！一只狼，或者几只兔子是很能吃饱的。”刘强的话，像切断绳索的尖刀。

人群，一簇簇拆散了，开始在沟涧里呼哨，企图能惊扰起一只小兽来。

“操他妈拉个比……挨饿了。”郑老二一面呼哨，一面诅咒。

“挨饿了……高兴的是，昨晚打死三个。我的枪，真有他妈准。”杨庆照常的露着笑脸

“骂那个没卖力气的？……我们子弹不他妈早放空了。……”别一个提双筒枪的说。

刘强默视着他们——真是些“棒”家伙！……他又转向沉默的老张。老张在垂丧着头想：老家里的娘，准又挨着饿了吧！我还是头一回受挨饿的味道去吧！

三

夜的山谷，冷静而苍茫。高耸的峰峦，衬托着渺渺的天空。山颠的丛林，散漫地挂着几点寒星。它们闪动着齿形的光芒，窥望着山间滑过的人群。

刘强的空洞的肚皮，不时翻起泡沫。他感到周身酸楚和疲乏。伸着的两腿，已经麻木作痛。他静静听着马蹄在枯叶上的奔动声，那低微的声息，似乎在奏“梵亚林”的低弦。他缄默地望向马头前的队伍，他们满浴着凄怆，有时他们发出短小的唏吁，而这微细的声息里，寓藏着怅惘的心情。

本来在薄暮时，他们还能诅咒和狂喊，好比无巢可栖的昏鸦，可是现在他们全都垂头丧气像枯萎了的马尾草似的。

“饿吗！再找不到人家，我可以把这匹马杀掉。”刘强向叹气的杨庆说。杨庆扭转头，默默无言的摇了下。刘强没有看清他有没有笑意，但即使有笑那也是惨淡的。

“到了沙坪镇就好了，我还有同学在那里。”刘强安慰着。

杨庆还是哑默地走动着。

队前的王四麻子，几乎打起盹来。倘若那匹大红马不在颤动背脊，那真说不定他会睡一个好觉。他的眼睛朦胧，他知道必定得下马走动了。这会使他

提起神来。

“不能走错吗?”老于甩动着马缰。

“熟道,不能错。”他稍微轻松了些。静默地运动着麻酸的腿骨。

路径他确是记不清了。已经拐转了许多山脚,但他依旧沿了深壑的荒草道,不住地走。他的酱紫脸沮丧起来,肚子也尽发响。平稳的心腔,灌满了辛酸的浆液。

久无人迹草径,弯曲地离开了分水岭。他毫不思索的岔下去。

除了“沙沙”的脚步,和逐渐远离的水流,四周是死静的,蕴藏着恐怖。连亘不断的山脉,无际地起伏着,阻碍了他们的视线,路旁并行的谷涧,低陷几十仞的空间,充满了黑漆的颜色,像是掘长的陷阱。

这时刘强也下马溜起腿来。他静默地牵着马,迷惘地跟着队伍走。那匹瘦瘪的灰色马,常被岩石绊缠得跪伏下去,但立刻又挣扎着跳起来。

他不敢再骑它。他小心的扼住缰绳,防它会坠到深谷里,把自己也连带坠下去。他让它贴近了自己的右膀,缓缓地走。

风凄冷地刮起来了。树叶相互磨擦,响声击荡着人们的落漠心情。饥饿掩去了人们的忿恨及世间的一切。

苍空闪耀起电光。每人都仰起脸沉静地呆视着。从杏黄色光辉里,分别出浓黑的云朵,带有波纹的云朵,淡白色的云朵……闪电消敛后,空中依然是一片苍蓝,找不出一丝杂色的痕迹。

他们依旧伸动疲劳的步伐,一声不响地走动。一切的东西,都跳出他们心境以外;只有各人的心,相同地满怀着惆怅。

穿过有砂石的山角,不见了并行的沟涧;同时路径也模糊了。在前面展开了的,是一片荒残的矮草。这矮草连绵到山坡,也掩蔽不了沟谷。

夜是永远沉哑。除了风的呼哨,几乎耳膜失了作用。山峰又是那么密列,他们迷惘了。

王四麻子瞧瞧那斜垂山尖的“北斗星”。知道没有弄错方向,头上的天河,拉长了薄纱带,间有闪动的沙星。

“老于。”他悄悄地说,也不知是恐惧,还是保持着寂静:“我到西北岭上去瞅瞅,有没有灯火。”他骑上马背,用缰绳鞭策它的脖项,驰向岭颠去。

冲上了岭颠,他张大眼,向远方的沟谷瞭望——同样的荒僻,同样的冷静。密林阻住了视线,他没有寻觅到什么。

“阅边”的俄罗斯马,打起了响鼻声,飘送过来了。他立刻兴奋起来,紧张的情绪,抓住了他全身的神经纤维。他重新驱策着马,向马嘶的方向,奔驰过去。

“你们别动，在这里歇一下身子吧！”他狂喊着，越过了队伍。风的阻力，随了马的奔跑而增加。他偏着头，用马缰疾击着马肋。对岸的沟崖里也有马蹄的脆响，逐渐逼近了。一个黑影，现在他眼前。

“晚安！”他用俄语说：“我是‘契丹斯格’（中国义勇军）。请原谅我的冒昧。可以不？请你指给我到马滴亚的路。”

“你是‘契丹斯格’义勇军吗？那是很值得钦佩的人呢！”对岸的陌生人说，“为什么不可以指给你道路呢！在一个值得钦佩人的面前；并且正是迷了路的时候。——你可以从这向西去。马滴亚屯就在前面。我现在祝你平安的达到那里。”

“那么麻烦你了。”王四麻子谦意地说。

“没有什么麻烦的。我们常常和你们的军队闲谈；并且喝他们特别美味的火酒。我这里是有面包的。倘若你携带着酒瓶，我很高兴和你喝一通。”那个陌生者张开了两手。

王四麻子没有看清他的面廓；只有他筒靴的马刺，闪动出白亮。一条巨长的侦犬，偎倚着他，用长舌舐着水流。

王四麻子这时忘记了饥饿，也不肯收他的面包。“我是没有酒的，朋友……祝你晚安。”他恳切地说了句，离开了。

他不感觉倦怠了，他快活的想：俄国人总是有一见如故的特性，简直……这一个又是酒鬼。

“大叔！沙坪镇还有多少？”刘强见王四麻子跑近，就蹲伏在马额下问；马在摇着长耳，撕吃草叶。

“前面就是马滴亚屯子……可算到了。”王四麻子搓动着双手。

他的马在嗅闻那匹灰色马，用它的前蹄蹴着，鼻孔小声的嘶吼。

“走吧！我们不用扑‘北斗’了。”王四麻子给马项加了一缰绳。

“走，伙计们。要振作起来。”刘强也驱策起马来。

兴奋鼓动了每一个人，杨庆哼起了十八摸和跑关东的老调子；郑老二则唱起了朝鲜乡曲：

Dai dung gang bin，bu bin no，
San bu xan na
Isu ilegu uinau nasa gang din——
Ilula……

有人发出了狂笑。成群的暴喊，渐渐扩大了。

他们欢笑着，穿过了两道深谷。天空开始撒下雨滴。

前面飘来了狗吠，人们随即停顿了叫唱，队尾的刘强，牵扯着马缰，愉快地丢弄着绳头，心里涌聚了兴奋。但是前面顿然被阻住了，他茫然停止了脚步。

“口令！”极其严厉的声音，从山坡间飘过来。

“……苇子沟的军队来见你们刘司令。”王四麻子热烈的但又有点不知所措地说。

“噢！同志们！”对面跑来了马队。

电筒的强线光，晃耀到他们群丛中。黑暗的空间，像是飞闪出几条长蛇。他们警愕地呆住了。

杂乱的电光，逼射着每人的眼睛，他们有的举手遮挡这光线，有的在惊疑地嚷“奸细”。

“同志们，不要吵吧！”一个温和的声音，从电筒后发出来，“你们什么时候从苇子沟走的？——我们是沙坪镇驻防马滴亚的中国救国军”。

“朋友！我们走了一百四十里了。是早晨走来的。要见你们司令。我和他是朋友。”王四麻子跳下了马。

“好。”他们走近了说。

一个披武装带的青年，走到王四麻子鼻前说：“你们必须缴械。为了防备意外，没有更妥当的法子。请原谅——到营盘里，还是归还给你们。”

“那……这是干屌……”老于翻起了眼皮，用手扯了下王四麻子的衣襟。

那个青年的电筒，指向老于的脸腮，接着他照向自己的军帽说：“这两位同志，请看看我的帽章。”——光亮里显出玲珑的青天白日帽徽。

“对……对。”王四麻子诚挚地握住他的手；他的激烈与兴奋，使他下巴都颤抖起来了。

“这是规矩，同志们。在这深夜里是必得缴械的……况且……”他没有说出下面的话。

“缴械……伙计们。”王四麻子喊了。

别几个持电筒的人，也走近了他们。于是他们露着惊慌的脸色，将枪伸到电光旁。有一只手接了过去。……

队前缴过枪的人，松懈地坐到了草地上，杂乱地窃议着。

披武装带的青年挨到了刘强侧面。他的手电照射向他——陡然他握住了刘强的左臂。

“呵哈！刘强……你……”

“噢！……你是?”刘强呆呆地望着他。

“你……我是季伟刚。”他摇动着臂膀。

“……季伟刚!”刘强狂喜地握住了他的电筒。

“你怎么糟塌得这样瘦呢？我真的不敢认你了。”季伟刚又拉了他的手说，“走！我俩马上到兵营去吧!”他扭回了头，又吩咐别的兵士，“把所有的枪枝，分捆到马背上，驼到大营里去”。

刘强像遇到密友似的快活。他足有二年没有见到季伟刚了;虽然那时也不是了不起的好同学，但现在他却对他表示着敬仰。

“你现在任什么职务?”

“防卫队的队附[副]，官小事多。你什么时候跑到他们那一伙去……关里的军队，有什么消息?”

“我……快打到关外来了吧!”刘强茫然地说。他心里拥有许多的话，然而他的舌头，似乎僵直了。他只知道自己是欣喜得发狂了。“季伟刚，郎老师在这里吗?”

“跑了……到海参崴去了。”

“?”他心里浮起了个问号。

四

壕道里土壤的潮气特别地重，腐霉的味道里夹带着膻腥。阴冷，寒冽……黑暗。

“简直是到了煤窟，这样漆黑的。”刘强倚近了季伟刚的左膀。

“走熟了倒没有什么。”季伟刚扶持着他说;他担心他会碰到壁上。

在隧道的末端，现有煤油灯的绿焰，像是夜里的萤火虫，季伟刚拐转了，来到值班室。

南面顶端的盖板，透进一条长线的阳光。刘强松了口气，瞅了瞅周围。

壁角系有长绳，上面搭挂着毛巾，裹腿布，还有用芦苇编制的蓑衣。地下铺着晒干的芦苇，和一张豹子皮。

“坐下吧!”季伟刚一口地道的满洲音，将坐字说的很重，带了“索”的韵脚。

刘强向他望着，在豹子皮上坐下。

他看他穿着相称的军服，流动而机警的眼瞳，粗鼻下的两片紫色的嘴唇，处处表现着:是个能干的青年!

季伟刚微笑着，掏出了烟卷。

“抽一根吧。”他递过一枝来。

刘强摇了摇头，直瞅着他的旧友。

“我比先前怎么样？”季伟刚自己点了烟。

“漂亮了。”刘强知道他的问意，说完，笑了下。

“唳！干了快到二年，关里一点消息没有，我真干‘腻烦’了；这种野蛮方式的生活。”他暮气地摇摆着头。

他将身子斜躺下去。他那留有长发的头，横枕在刘强的腿骨上。他用食指弹了下烟灰——

“真的青春就这样埋葬了吗！”

“可是，为了祖国，为了民族，牺牲掉比青春还珍贵的东西，也是值得的吧。”

刘强俯垂眼皮，望着季伟刚的似在回味的眼神。

“一切都给我苦恼，我就在民族革命的铁笼下，被束缚住了。我不知道革命是什么玩艺，一直到现在，我还是一塌糊涂。……革命……革命吞蚀了我的青春。”他无限痛恨似的像在质问自己。

“那么你……”刘强按着季伟刚的长发，惊异地望着他。

“我是堕落者吗？懦弱者吗？也许你会说我是混蛋！但是你完全弄错了，绝对的弄错了。……你知道，我是囚犯，就蹲在‘革命’这个囚牢里……苦痛，我真受够苦痛的摧残了。”他吸了口烟，像醉鬼似的唠叨下去，“我不是说愿意做奴隶，这你需要明白。我是很刚强的一个救亡实行者。在最初的工作上，我是很卖了些力的”。他又喷出了淡白色的烟圈，“但我现在是摸到人生门径了，享乐！对，就是享乐方能驱逐了苦恼；虽然这享乐……也是粒难吃的药丸”。

“你到底是在说些什么？我不明白。”刘强蜷竖起一条腿子，他的支着豹子皮的一只手，在赋闲地摸弄着柔软的皮毛。

“你不明白吗？是的，我自己也是不明白，真的，我找不出来苦恼的原因。”季伟刚翻坐起身来了，指挥刀的链索，常常地响动。

最后他又告诉刘强，他正热恋着一个窑姐。他现在只要有三百元金票，他就能痛快的娶了她。……

过午，传令兵来到战壕里，送来夜间口令条。他乘便请传令兵替他“挂号”，为的遇见一个旧友，必定要到镇里去一趟。

然后他俩走出了地道，刘强觉着舒快了些。

早晨下过的雨水，积集成条条的小沟，从涧谷里流出来。靰鞡草荒甸子，汇成了一个大水池。水面露着的草梢，有如莲花凋零后的秃梗。远处漂[飘]动起水流的协奏。

季伟刚用力的抛弃了烟尾，掷向溪谷去。他耸了耸肩，领着刘强察看战壕的工程。

是借着沟壑的深浅而稍事修理的战壕。盖在壕顶的厚木板上，堆填着三四尺土层。不露一丝痕迹，上面任其自然的满长着艾蒿。战壕的梁背，像座山岭的脉线。

战壕前，有婆罗棵子掩蔽着堡垒。歪倒的树干，交槎地围在四面。上面的刺钩铁丝网，已挂满了土红色的铁锈。

随后，季伟刚把刘强引到粗糙的铁炮前。

“这是我们自己制的铁炮呢！能装三斤多火药。”他摸了下炮筒说。

刘强审视着他那阴险的眼锋，铅弹色的脸膛，都蕴藏着一种忧郁。他想：二年的工夫，变成了个奇怪的家伙……青春……

头上的云霾，张狂地卷腾起来。老北风在山谷间打着旋转。飘零的树叶，婉曲生动的溪流，交织出荒野的悲凉。

骑马的传令兵和游击队，在山腰间神出鬼没地奔走。一片不安的景象，点缀了暮秋的肃杀。

刘强同季伟刚骑了配鞍的马，在弯曲草径上，向沙坪镇驰骋着去。那是两匹朝鲜种的马。马颈的长鬃，起伏地飘扬不定。那么矮小的“个头”，“跑头”却不很坏。

穿过了马滴亚屯子，极快的到了沙坪镇。

碎砂石铺填的街道，还不足半里长。道上来往的兵士，都戴着新发下的狗皮帽子，他们穿了灰破的服装，蠢笨得如同白熊。

突然一个草屋的顶上飘出了一张旗帜，随着风它扬扬地卷了开来。“啊！青天白日满地红，啊！……”刘强不觉在心里狂叫起，两眼也就如旗子一般，随着卷动……

“………二年多不见您了。您可爱的祖国呵！二年前，我们学校的操场上是还允许您招展着的；因为这正是祖国的土地，而现在呢……”

于是他的联想就成串的起来，从季伟刚说他到海参崴去了的那个拿教鞭的郎体育官起，又想到在海参崴住过的父亲。——而父亲现在也死了……母亲呢早回到关里了。……只撇下一个我，我……将怎样来报答这祖国呢！

沉静的悲哀和酸辛，在他脊骨里爬动。他的鼻孔极自然地伸缩着，眼泪不可抑止的要夺眶而出，他极力的克制住，牙齿咬紧着上唇。

“下马——你在想什么？”季伟刚呆视着他。

“呵……哈……哈！没有想什么。”他怕他窥出秘密，苦笑着——他扭转头，看了看马的侧面。

巨大的门槛旁垛起沙袋筑成道防护垒。“中华民国救国第三军政治部”的木牌，挂在门里的“迎壁”上。

“这可真的像到了关里了……我们在苇子沟像小孩闹着玩，就是国旗都没一张……”他牵了马，跟在季伟刚马尾，说。

“像关里又能怎么样。——马夫！”

“季队附[副]。”扫院子的马夫掷了扫帚走来。

“把马牵到马棚去，多拌些豆饼，晚上还说不定要骑他呢！”他吩咐了马夫，走进最后的院子。

刘强好奇地巡视院里，一些零乱东西杂堆在一起。

走进了粉壁屋，有马[麻]将牌的声音，清脆地响动。

“这不是刘强吗？王四麻子来的时候，曾说你在后面。”关唯吾偏回头来说，细长的手指里还夹着“发财”。

“唔！关老师。”

“刘强！”孟昭礼站起来，握住他的手叫。

刘强慌乱地应付他们的询问。

除了健立，他都认识的。他看着每人的面颊，都像从前一样的安闲。

“打吧！为什么停下来了？你们正打得高兴呀。”刘强向他们挥着手。

“那么你抽烟吧！这是最好的朝鲜烟丝，就是桌上的那个前门烟筒，你自己拿吧！”唯吾紧忙地扭回了头，“什么？‘五万’——我以为推倒了呢！”

他那有艺术美的手指，又捣弄起牌来。

伟刚在窗子旁坐下，将烟丝按满了烟斗，走到健立身后，静瞅着他的马[麻]将牌。

“在H城听到中央政府有什么举动没有？关于军队——‘碰’！”唯吾咽回了话，打出了只“发财”。

“我在春天，就跑到苇子沟了……”

“关里出兵了没有？”昭礼摸了颗牌问。

“出兵——‘三万’。”健立不在意的打出一张牌。

刘强不及开口，桌上就高声大吵起来了：

“啊呀……‘白瞎’我这‘满贯’的‘清一色’了。”

“我才闹个‘大平’。”唯吾推翻了牌。

“我‘小和(音糊)’三十二。”

“二十！”

哗啦……哗啦……接着桌子上起了杂乱的响声。

刘强渐渐恍惚起来：

——难道这也是民族革命者们的生活吗？……国家遭了变动，于是一些投机者，都应境而出了。

五

天气和前线同样地紧张起来。从西伯利亚来的老北风，像刺刀样剥着人脸。头上的云翳，总是浓重地迷漫着。

山野里的哨兵，蹲避在背风的岩石中，团聚着在烤火。他们都在谈着王四麻子编为后备队司令，跟刘强被派到政治部宣传队去种种事情。

炮手们却不管这些，他们只在机灵地守卡子。他们都会背诵口诀，那是："冬守沟口，夏打城。"

气压越来越重，山林间布起雪幔。周围的尖峰，像冰山一样，在黑色的天空底版边上，划刻成锯齿形。

过膝的雪层，填满了沟谷，铺遮了岭颠，掩饰了战壕，换来了一付[幅]幽静悦目的图画。

这图画立刻被西伯利亚狂风撕毁了。它冲锋似的怒吼，蛮横的掀起了雪幔，飞扑着树林，沟壑……波罗叶子呼出悲惨的尖啸；豹子，狼，也嚎起饥寒来了。

马滴亚的哨兵耸肩缩颈躺在苇草里，身上蒙了狗皮或黑熊皮。

"起来！懒家伙们，喝酒了。"孙大个子走进隧道来嚷。

他跺着脚抖去牛皮靰鞡上的雪屑，一手拍着破羊皮大氅。

"从那里弄来的——真他妈的冷。"从豹皮褥子里窜出个老赵头。伟刚也翻爬起来说：

"老孙你又从哪弄的酒？长官知道，对于你是不体面的。说不定也会让你吃个枪子，像老九那样。"

"老九是为了偷情，咱们弄壶酒喝，又怕屌。"他蹲伏下身子。

"喝。"又起来了一个家伙说，"咱们就是和酒没有仇。季队附[副]，来干一碗"。

"老孙，烫烫吧！"伟刚指了指墙角的炭火。

炭火在这冷窖样的地道里，觉不到一丝暖气；即使有少许温度，也被湿气吸尽了。

煤油灯的摇闪不定的火焰，照耀着每个喝酒人的嘴脸。

“……季队附[副]，你平心说说……你是在学堂，念透书的人，你说说——”喝了酒的老赵头，总是滔滔不绝的唠叨，“咱们都是命不好吗？整年整月像野兽这么胡混……关里又不打进来，咱们这又何苦呢？”

“操他妈，我干这么二年也够了，混过年去，关里若再不打来，咱们还不如回海南家去吧。”孙大个子悲凄地捧着酒碗。

伟刚接过碗来，一声不响的呷了一口。他的眉头紧蹙着。

“从汪司令到东宁去，换了这个刘司令，一个铜子的饷也不发……”脸有冻疮的老池抱怨说。

“你们知道吗？傻瓜。刘司令已经捞到三十多斤金子了。”伟刚悄悄地说。

其实这里只有他们几个人，用不到低微谈论的，可是他们鬼祟地窃语着。

“老九的死，别人都是瞎猜。他是……”他呷了口酒迟钝的说下去，“听说在刘手里，存着很多金子——你们要知道，他是干了二十几年的胡子啦？——他借着题目毙了他才把靠山升了‘大当家’的”。

“那么新来的王四麻子那家伙，也许能吃亏的。”老孙逼视着伟刚的脸。他手里捧的一碗酒，倾流向苇子里去。

“王四麻子是个穷光蛋。”伟刚提高了嗓子说。

老池灌了口酒，伸手拉过黑熊皮，遮盖住腿子，斜坐着倾听。

“这些事咱们不管它。我总是想，咱们以后怎么办呢？这穷骨头，埋在‘关东山’倒不要紧，没死以前呢？现在我觉着，自己是老了，有心要不干，我一个钱也没剩下。我怎么大岁数，巡哨是多么难呀！”老赵头沮丧起来。

他那满刻着皱纹的腮颊，是尖削的，有须的嘴巴也就崛了出来。

“走一步，说一步。一天一天稀里糊涂的混吧！因为你们是有年纪了。可是年轻的人……”伟刚说着，叹了口气。

“二年了……”老赵头倒下头来。

“我是多么混蛋，干这屌玩艺。救国，救他妈屄吧！……家里撇下老婆孩子，我的五岁小灵头，准他妈饿死了。”老池仰起红疮脸，将空酒碗用力的掷到芦苇里去。

“‘创关东’整整十二年了。”老赵头在咀嚼着暮年流浪的味道。

人们又散躺到原睡的草丛里。不知谁在炭火边唱起跑珲春来了。

孙大个子也是提起嗓子唱：

一轮明月照九洲[州]，
几人欢喜几人愁，

……

“跑腿子”漂流在外头，
劝有钱的“磕头”们，
回家走啰！
别在“关东山”，
埋下了老骨头。

伟刚烦厌地转了个身，点起支烟卷。

外面的暴风还在锐利地长啸。墙角已响起了鼾睡声。

他脚下的老孙，停止了哼唱。不久他在抵御寒气的羊皮大麾下，睡过去了。偶尔他转动下头，呓语似的唧哝几句，终于又响起鼾声来。

伟刚拉紧了黑熊皮，眼睛瞧着舞散的烟丝。他凝想起他过去的生活……

“伟刚！”叫声冲破了沉静。

他捷速地爬起来，手指掐灭了烟火，匆促地跑向地道口。这举动震醒了老孙，他抓起身侧的枪托，推醒别的伙伴。

“谁！”

“我。”

“刘强——这时你跑来干什么？”伟刚变了口气说。

“我……我告诉你……”刘强喘吁的走进来，“老张，被抓到军法处去了”。

“那一个老张？”

“苇子沟我们一块儿来的，一个老实人。”

“为啥？”伟刚惊慌地问。

“因为抢了镇里的商铺。”

“那是没有什么奇怪的，也不过枪毙。”伟刚又点了烟，漠然坐到熊皮上。

“这位‘老疙疸’那又有什么大惊小怪，我们……当是闹出什么大乱子呢！”老孙软松地放下了枪。

刘强一面呆直地瞅着他们，一面摘下黑狗皮帽子，打下毛隙间的雪屑。然后抖了抖肩，使雪粒不至于融化在脖项里。

“你骑马来的吗？”伟刚望着他穿的“八斤克”毡靴。

“马还在外面。”

“那会冻坏了的，牵到东壕里吧！”

“不，我还想回沙坪镇去。”他失望地说：“没有法子让他出来吗？他是个老实人。后备队的王司令，也为这个不安呢！”

“那是没有法子的。只有到沟口外那日军防线里去抢，才是例外。”

六

刘强坐在小商铺里，望着对面的军政司令部。他焦急地窥望着，像一个待鼠的贪猫。

门前的岗兵，来往地巡逡着。他打他们腿缝望去瞧不到什么。他的眼里，燃起烦躁的火焰，他不时地碰击着腿骨，头是一动不动地伸长着。

王四麻子呆坐在军法处，摸搓着手掌，在听刘司令的谈话。

“唯吾，你以为……”刘司令用试探的口吻说。

刘司令就坐在唯吾的对面。他的粗筒形的胖身体，斜倚着木椅的靠背。他的手在抚摸嘴巴，两眼静静地望向唯吾。

“毙——当然是毙，为了军纪。”坐在圆椅上的唯吾回答。

他那样子很自然。他颤动着翘起的右腿，哔叽裤的褶纹，清晰地在起伏波动。他的浓重的鬓角，带有诗人美——与其说他是军法处长，倒不如说他是艺术家，还妥当些。

“刘司令。真的，他是挺老实的人，我敢担保……”王四麻子的酱紫脸皮沮丧着，他的粗笨的两掌笨拙而急促地相互搓揉着，眼神则露出恳切的祈求。

“军纪不能破坏。四麻子，你真是个买卖人，慈心怎么那样大。”刘司令的丰腴的面颊鄙视地偏了一下。

“就这样吧——我还得到政治部打牌去。”唯吾耸了耸肩，戴起了狐狸皮帽子。然后贴近了刘司令的耳边，低低的说：“必须得毙！这样会给苇子沟这些家伙一个‘下马威’。——我打牌去了，你们坐着谈吧！”

王四麻子茫然看着他的背影走出了大门。他扭转头瞅向刘司令说：

“你老哥，可以赏给我四麻子一个脸，叫他蹲几个月监狱吧！当初还是我，从 H 城带他出来当救国军的……”

“你是不合适干军队的。你不是后备队司令么？这样心软的司令，直像个老太婆。”他又放低了声说：“对待大兵，不能宽厚；你一宽厚，就不受你管了……军纪呀！”

他裂开了嘴唇，露出积满烟质的污齿，作了个会意的笑。

“你……”王四麻子窘困地闭住嘴。

一个打扮精干的卫兵，走进了屋。

“报告！犯人提到了。”

刘司令冷酷的望了望王四麻子：

“你去执行，还是我去?”

王四麻子的酱紫脸变成了惨白。

“那么你到场。我是必定去的，去训训话。”刘司令站起来，给呆立的卫兵递了个颜色。卫兵一声不响地跑出去。

“回来!”刘司令挺直了肚皮加说道:“把前几天那两抢靰鞡的，也拉出去毙掉。”

然后他冷静地披起狐狸褪斗篷来。斗篷上的水獭皮宽领子很合适的于他粗胖脖项。在斗篷下的指挥刀，露了长圆形的刀鞘。

——混沌的年头。一个孝子被毙了。——王四麻子骑上大红马想。

街道上，风一阵阵翻卷过来，锐锋地削刮着他的面孔。被风扬起的雪粒，冰砂似的落满肩头。

在街旁他发现了刘强。他向他丧惘地晃了晃头闪过去。

作为刑场的深渠，积满了雪层。寒酷的老北风，撒野地投掷过来。雪沙沿了地面的雪流，依了风的方向，而移动翻滚着，急剧的风啸，悽惨地嚎呼着，人们则萎馁地低了头。

“操你血……抢双靰鞡也毙，我知道你刘子章……你们穿……我们就该死。”一个毛发蓬蓬的汉子在叫骂。

另一个满脸污垢的家伙，垂下了头，像是瞅他脚下的“木狗子”。

在他后面的老张坚硬的腮骨，已吓昏而呆呆的了。样子极像待屠的绵羊。

王四麻子从皮袖筒里伸出手来，跑到他面前。

“老张你……别埋怨我……”他的嘴角，哆嗦起来了。

乓——旁边吵骂的汉子，痉挛地栽倒下去。

“躲开吧——四麻子。”刘司令在后面叫。

乓——另一个反滚到沟渠里。

王四麻子痴惘地弯伏在老张膝前，他制止不住的颤抖起来。

“我……我害了你……”

“哎——”老张哭了起来，陡然抱住了四麻子的毡靴。

他在雪地上不住的翻滚。烈风掀起了他的衣角，他像被击碎了头的长蛇，挣扎的滚动着。一切都跳出了他的欲望，他只希求生命的延长。

“王大哥……你救救我……”他颤哑着嗓子哀叫。

他的狗皮帽子已被风吹扑向远方，他的蓬乱毛发滚满了雪渍，他的泪水溶调着泥雪，涎沫在扯开的嘴角成串挂下来。

“王大哥……我二十一岁‘创关东’，十三年没有回海南家了……我半年多，没有给老娘汇钱……我才想起了抢……”

王四麻子的心窍好似受了尖针的刺锥。他的酱紫色脸突然变成苍黄，他的舌根僵硬了，腿不停地颤栗起来。

老北风拧转地翻舞，老北风的怒吼淹没了一切声浪。雪沙激烈地击打，像是些铁沙豆。老张在疯狂地执拗地滚跃，有如泥泞里的蚯蚓。

“干什么？你这个大笨种。”刘司令跑过来。

他向老张的俩手暴怒地飞踢过来。老张又很快地抱紧他的靴筒。那像将被水淹没的人，抓到了漂木。

“刘司令……开恩吧……”他在风哨里提高了沙哑嗓子，“……我老娘，还等我养活呢……十三年没有见面！……”

“撒手……放开！”刘司令瞪圆了眼睛。

“你……司令不开恩……我不……”

“撒手……”

但刘司令的腿还是紧紧被扣住。刘司令狼狈地用手去分拨，然而坚固的手腕，像铁样的坚牢。刘司令有些发慌……

乓——他拔了枪，向他的脑骨射去。

老张的头垂贴了地皮，流出的黑紫血液在雪地上凝住。

“这块货，真可恶。”刘司令掖起了手枪说。

“……我先回去了。”王四麻子嗒丧着脸。

“去吧……买卖人。”刘司令又踢了下冻僵的尸体说：“挪到沟里去。……有能力到日军防线抢……为了救国，我们应该受冻受饿，甚至于比冻饿更大的苦痛，直到复兴……”

王四麻子凄伤的骑上马，背后的风，带来了刘司令的训话。

他默默的走回了后备队。

老于两手抱着嘴巴，懊恼地静坐在炉旁。炉火烘烘的燃烧着，从炉口常常窜出火焰，伸舐着铁桶。

壁柱上挂着的油灯，跳闪着火头。

“老于——我不能干这玩艺，这是欺负咱们苇子沟来的人。”王四麻子缓慢地走进来。

他的酱紫脸还是那么沉丧。他静哑地坐上了刺楸木床。

“杀干净日本子，再和他们算账。他妈的不许抢，我真想带领伙计们，包围起军政部来。”老于忿懑地摸着圈腮胡子。

“平心说，枪毙是应该的。可是老张是个孝子……我弄不明白，到底是救国，还是顾家。唉！我是靠着算盘子吃饭的人。干这个，我外行。”

“也得救国，也得顾家……咱们没有兵饷，又不许抢，这是欺负咱们苇子沟的人。”

但是老于几句话，是不会舒朗王四麻子的忧悒的；他还兀自在想：我是靠算盘子吃饭的人，回到关里去吧！……我自己在这里，也许被枪毙，这是拿着人命开玩笑的……危险地方。

在苇子沟时王四麻子从也没有过那样情绪。他现在甚至想到了死。他静默地按住头，眼眼瞅着地板上的黑影——我回到关里，也还能作买卖。关里有青岛，烟台，还有北京……都是能混吃喝的好码头。

于是他又想到了他的房产——等到癸酉年末吧！我要看看这日头，到底没落还是不没落。

七

据探兵队报告，日军确实逼进来了。

第一道防线，原有的炮手团，都一律的翻穿起羊皮袄，皮帽和靴[靰]鞡则加套了白布罩。调来的后备队兵士是穿了保护色帆布衣套，在雪谷里走动，雪层就溶化了辨认的视线。他们简直像是雪人，又像是散乱的山羊。

炮手团的关团长，是个粗壮的汉子。米黄色的脸上，有着深陷的两眼，嘴唇上的胡须，是些鬃红色的。他蹲伏在一株被雪淹没的树旁，抽着卷烟。他在抽完一口时，就把烟卷缩进袖口里，遮挡了火光。他怕这会引起敌人的视线。

“于队长，你的后备队，得管束严一些。别乱放着枪。看我的手式……”他对老于瞥了一下。

“那是一定能听关团长指挥啦！可是这些野伙计，是他妈的真难管。”老于的声音从石岩下传来。他卧在石岩间，实在像一堆积雪。

“你知道，打日本得和用马尾套雀一样的小心。你不，很容易惊飞了。若是打高丽‘棒子’，得像捉猪一样，他们会乱撞乱闯的。”

他掷弃了烟头，站将起来，朝前方探望。

云霾挂围在峰头，像是墨涂的古书，一层深一层浅的描满了。四围冷寂而寒栗。

他的鼻尖，僵冻得酸痛起来，眼睛冻的滴下了泪。他嘴里吐出了热气，在胡梢间凝结成了冰屑。

“口令！”他凝视着跑来的黑马。

“急——”

“是四麻子呀！”老于爬了起来，打招呼。

“我告诉你老于，刘司令说，得服从炮手团的指挥；若是不听，就会和老张一样办。”

王四麻子说完，立刻给马加了一鞭，想奔回原路去。

“换匹白马，伙计。这匹黑马是能被远处人看清楚的。知道吗？”关团长站在马侧说。

“唔——疏忽了。谢谢你……”王四麻子匆促地跑回二道防线去了。

接续跑来一匹白马——是季伟刚从北防线来。

“什么消息？”关团长转向他问。

“哨兵报告，日军快到沟口了，并且这次不同去年冬天那样来围攻的。大概他们是一路总攻呢？”

伟刚的羊皮大氅的卷毛上夹有黑点。马在低了头，闻嗅雪屑。

关团长扶了马镫，向伟刚低声说：“你的哨兵，散布在沟北。别让他们动枪，让日军尽量的进，一切都和去年一样……”

“是。”伟刚扯动了马缰。马弯转了脖子，掉回身躯，向原路奔回。

“你到沟南去，预先让弟兄们散伏起来。你们不许放枪，在对崖季队附[副]没射击以前，记住。”关团长拍了下老于。

“日军和咱们干，咱们装屌傻子吗？”老于用手捧了捧圈腮胡上挂垂着的冰柱。

“你不知道什么。告诉你怎么干，你就怎么干。”关团长换了严厉的口气，又加一句：“快去！”

老于在雪谷间招集了后备队，夜鼠一样跑动起来。靴[靰]鞡践踏着雪层，发出“吱吱”的微响。

夜色更加深了。一片雪幔，衬托着浓墨似的云雾。

咭咭咭……前方响起了机关枪，激荡着整个空谷。

吱——关团长两手捏了嘴，用二年前打豹子时的叫啸，发下卧倒的号令。坡下的炮手们便一齐倒下了身子。他们的胸腹紧贴着雪崖。眼睛却向外瞭望。他们的快枪，已拧开了机纽。

足足有半个钟头，机关枪方才停顿了射击。峰上笼罩起烟雾，像飘云在舞动，又像朝雾在迷漫。

关团长安静地盯视着，两手挡握住冻僵的鼻子。

对面二百米达光景的山尖，逐渐蠕动起黑影来，像白纸面爬动的黑蚁。

关团长老练地静视着，脸上没一些恐慌的影子。他已经是颗战场上磨擦出来的圆滑的木头了，他蹲伏在树根下，像只贪食的狡狐。

别的炮手们也是同样的沉静。每人的眼睛都尖突地探视。在“小帽耳”间的耳朵，则听关团长的信号。

日军爬过了山岭，在山根脚下止住了步。披了斗篷在马上的军官，擎起望远镜，向周遭窥望。

关团长迟慢地挪了挪枪。他闭眯起一只眼睛，从容而熟练地瞄着“准头”。食指慢慢的伸进“护机圈”了。……

但那军官犹豫地挥了挥手，又奔向南面的山峰去了。

“呟——”关团长轻细地透出口气。

他冻红了的脸上，稍微显出了点笑容。他沉静地爬起来，重新瞭望敌人的举动。

白毛熊似的炮手都深深地吸了口气。几个手被冻僵的人，放下枪，将手伸进胸口里取暖。他们的嘴巴都缩进皮领去。

“该是时候了，又他妈飞啦！”他们在心急地想。

四周没有一丝声息，像是处在真空的境域里；日军的一切活动，全都在各人视线里映现；人们被这真空的境域，压缩得什么都不存在，除视线以外。

日军爬到了岭峰，机关枪突然重复的响起来了，直如暴雨敲打着夜间的铁筒。子弹向岭下的黑漆树丛扑射。

——我知道这些滑蛋们，不敢再前进了，鬼头鬼脑的东西。——关团长得意地瞭望着。

日军乱放了一通枪，惘然起来了。那个军官远在窥望。

鬼东西，引不出枪声来……向黑地方打吧！关团长傲慢地袖了手。他忘记了红肿鼻骨的酸痛，他只醉心于自己的战略。

他瞅出日军又重复爬下了那山坡。

二百米突前，重闪出了那军官的影子。关团长立刻卧伏下身躯，枪紧贴在他的眼角。日本军官的马，已掉回了头。关团长是那么安静地，像打豹子时一样，瞄正了“准头”。

乓——军官应声而倒。

乓——从雪沟里也射出了子弹。

一个在跪倒的机关枪射击手就痉挛地挂偏下头。

关团长静瞅着日军的惶恐，按住了枪头。

周围回复了沉静。对面的敌人在迟疑地探索。另一个射击手，在按[安]置机关枪。

乓——又是稳当而准确的一枪。于是日兵惊慌了。

乓——

乓——

乓……

缓慢地一枪一枪地交响起来了。

吱——关团长下了包围的号令。

日军惊惧地纷乱地跑动，军官的空身马，奔跑向林丛……沟谷间，随处滚动着日军的尸体。

炮手们纷纷跳出了雪谷，像追击受伤的野兽似的飞跑着。

乓……砰……在沟口的夹沟里，枪声扩张了范围。

“操他妈的，痛快打呀！这回报报苇子沟的仇。……”老于几乎裂了肺页[叶]似的嚷。

后备队疯狂地涌过去。混乱的白色人群，奇声怪嗓的呼哨起来。浓密的烟幕撒下了保护网。

吱——

追击兵们，立住了脚。

“……一架机关枪……”杨庆咧起了嘴角喊。

欣喜的情绪，使他狂跳。他抖动着肩膀，做起鬼脸，胡乱地哼叫着。

“关团长……你真能……”老于兴奋的说，“我这是头一次……我真乐坏了，不知道说什么好”。

伟刚早已命令哨兵们寻找枪支及子弹箱。有一些兵士，在剥扒尸体的军衣。

“兄弟们！”关团长向炮手们说，“我们出了头道防线，半里多了。现在回去”。

他的挂有冰屑的胡须，已经僵直了。他高兴地颤动着嘴巴，须间的冰屑就摇了起来。

“三个受伤弟兄。”伟刚立在他身侧说。

“三个吗？有穿皮袄的没有？”他问。

“没有炮手团的，都是些套白帆布的。”

“那么这一定是哨兵……”他扭过了头说，“于队长，你的救护班呢？”

“伙计，你们带来的担架床呢？”老于对在抚摸机关枪的杨庆问。

“……掉到沟里去了……光他妈赶日兵……忘了，我去拿去。”他跑了开去。

“我的在这里。”郑老二从雪沟里拉出一个担架床。

“抬去!”关团长的僵直胡须又甩动了下。然后向老于说：

“于队长，你训练的太……这样作战是不行的。你太老实了，做长官得厉害点，当弟兄的才能服从。我在二年前，也像你……后来刘司令告诉了我……你得厉害些，你的弟兄太不中用了。”

“我真不好意思……干这屌玩艺。”老于习惯地摸索着圈腮胡子，那上面的冰柱，还很坚硬地垂挂着。

“十四支金钩枪，一架轻机关枪，二十一个子弹箱。”伟刚检点着战利品。

“这里还有三杆枪。”老池递了过来说。

“这些东西，是归炮手团的——你们哨兵可以剥敌人的衣裳穿。我和刘司令说，每人赏一双新靰鞡。”关团长用袖筒擦起鼻嘴。

伟刚斜睨了他一下，转身走去。老于在招集后备队兵士。

被践踏了的白雪，混淆地印满着脚迹。雪层里遗留下赤裸的尸体，那已是冻成僵直了的。血流在胸膛或头侧，凝结成紫块。

“哎……妈……”受伤的在担架床上呻吟着，白帆布套衣外，涂满血渍。

“哽……那是个日本兵尸首吗?”第二架担床经过时，受伤的睁开浑浊的眼睛。

“对了。”杨庆还在咧歪着嘴。

“……可怜，光溜溜的……哝！老家要……像我有娘……”受伤的轻微地说。

“他妈的，今天给苇子沟伙计，报了仇。”杨庆兴奋地说。

“哽——”

“怎么……死了吗?”他们放下了抬床，郑老二摸了摸受伤的嘴——

“掷到沟里吧！……咱们这伙计死了。”

八

东山的云翳，放出了鲜蓝色，山野是一片沉寂。寒林里的老鸹，将头缩进了翅膀里，呆栖在雪枝上，像在凄叹寒冬的冷酷。雪渠里的野雉，在搜寻草种疾驰着。

披了羊皮大氅的老孙，从雪径上跑到壕道的进口，焦急地叫着：

“季队附[副]，快来呀！有高丽红党从沟岔路过。”

“真的吗?”

“可不是真的怎么。快点，他们是抢劫了日军的机关枪，往分水岭那边跑。”他特别将“机关枪”的音阶提高，还补充了一句，“他们是抢咱们昨晚打散了的日军的。还抢了十多枝金钩枪”。

“快——快——老赵头,老池,快——”伟刚从隧道里爬出来。

“喂!套上白帆布衣裳。”他又扭回头,向沟壕里嚷。

“我给炮手团送信去。”老孙的“个头”矮了下去,他的嘴巴缩进了皮领。

“我们自己去打,别让炮手团知道。昨晚上我们辛苦了半天,机关枪一架也没领到。”

“咱们几个人怕收拾不了。”

“有多少人?”

“十几个。”

“快点吧!我们先到分水岭岔道等着,他们一定能被截获住。”

伟刚提了提皮领,遮蔽住剥脸骨的晨风,脸转向东壕牵马的老池。

“不用鞍子,快点。”老孙向赵头说。

“去你们三个人就行,其余的预备换防。”

伟刚骑上匹白马。那马雄赳赳的摇甩着尾巴,翻动着脖鬃。他在它腋下踢了几脚,马就在雪层里奔腾起来。

“快——快——”他在最前面嚷。

他大氅上皮领的卷毛,接受了他嘴里吁出的热气,在毛隙间结了一层浮霜。他的野狸皮帽的前耳垂俯到他的眉毛上,随了马背的起伏,帽耳一靠一离的扇动着。

极度的快感,使他加强了抵御寒风的力量。他终天的苦恼,都消化在这欣愉里。

——别人都发财了。刘司令弄到手金子,有三十斤。就是自己,三百元的小数,都捞不到手。我的青春,就卖不到三百元。……有了三百元,我就能赎出小香来,不能叫她在妓馆里……这一回,最好能抢下一架机关枪……

“到了。”老孙的喊声斩断了伟刚的沉思。

“静一些。”他跳了下马。

在一个雪渠里,他们给马缠了绊锁。然后沿了沟崖,拐转了身躯。

厚雪浮满了深谷,在狭窄的山涧中,向分水岭去伸长。伟刚在积满雪屑的岩石下,潜伏着身子。

老赵头则贴附到树旁。他那稀须,冻结着冰球,眼眶下垂流着冰条。他的腮骨,急剧地抖响起来,浑身冷颤,像在发疟疾。

他那枪托后面,卧跪着老孙。他的饥饿似的眼光,紧盯视向雪涧里。

“快——这些滑蛋,走上了前面的小岭。”伟刚的眼锋凶狠地逼视着土岗,奔跑过去。

乓！脸上冻有红疮的老池，奔跑中放了一枪。

“谁叫你放……”伟刚拧了拧头。

乓！乓！老孙已经卧倒在土岗下，射击了。

伟刚止住了狂跑，在雪崖里跪伏了下去。

乓……土岗上开始了对击。

伟刚瞅出抬了机关枪的两人，向土岗背面跑过去。另外的三个包了头的朝鲜青年则卧伏着回枪。

他急促地扳动了枪机，射向他的视标。

“打中一个。”红冻着脸的老池，爬跃起来，向滚下岗的受伤者跑去。

“冲！”伟刚激烈地叫了一声。

老孙飞扑似的跑去，而老池却和受伤的朝鲜青年肉搏起来了。

“追击呀！机关枪……”伟刚的眼睛像在冒火。

雄厚的积雪，似乎和他作对似的，绊陷着他的靰鞡。他几乎被滑到了，倒退下来，终于又爬上了岗顶。

“追，追，眼巴巴机关枪到手了。”他拼命似的喊。

“追个鸡巴！”老孙在岗下立住了脚。

伟刚奔了下来，懊丧里巡视着。岗下的分水岭河流，已盖覆了雪被。那上面印有丛杂的脚痕，直拉到对面的涧谷，那视线被山脚阻住处。

四周除了林丛的叫啸，听不到其他的声响。银白的雪帏，纯净的铺展了所有的山峰，沟谷……以及无际的远方。

酷烈的风，吹刺着每人的腮颊。他们的头顶在窜冒热气，像蒸笼一样。他们的手，起了僵硬的裂疼，指甲被剖似的酸痛。

“……机关枪……”

伟刚怅惘地用腋窝挟了枪，两手缩进了袖筒。冰凉的手掌，触到胳膊的温度，引起了寒噤。他奔回土岗，腿在酸麻地颤栗。

“老赵头和老池捉住了人没有？”

“对了。他俩一定捉住一个。”老孙缩紧着脖项说。

爬回了土岗，他俩看到老池在打那受伤者。

“喂！别打他了，还领赏呢！”伟刚跑到了近前说。

“你会说中国话不？”

“会不会，有什么关系。”那俘虏斜眨了伟刚一眼。

俘虏的眼角在紧缩，显然是忍着伤痛。他的腿跛着，被伟刚扯了起来。在他耳下，流着一丝丝的血，冻结在颚骨旁边。饥瘦的腮颊，呈现着无限的愤怒。

“架着他。”伟刚吩咐老孙。

然后他拾起了金钩枪，得意地缩了缩嘴角，“好在没有白白吃累，弄到一支枪。——搜搜他！”

老孙翻动俘虏的皮袍，在每个裂洞中，他都仔细地搜摸过。老池则解了他的缠头巾。

他木鸡似的呆立着，眼光贮有刚毅的闪光。起棱的腮骨，现出坚决的样子。

“又是传单。”老池从白围巾里扯出了油印的纸卷。

伟刚奸险地瞅了瞅他说：“这东西，真凶恶，你看他这个样子。”

“回防线去吧！”老孙面向着伟刚。

“……老赵头呢？”他惊疑地瞅了瞅四周，“你俩快去找找他”。

他的眼光送走了他俩，就换了个和悦的口调，对被俘的青年说，“你为什么干邪道？这么硬实的青年”。

那小伙子没有回答。

“我知道你是被他们逼迫的……可惜你……”

他和他并肩走，他扯住捆缚他的麻绳。

那小伙子，还是闭紧了嘴。

“你从前干些什么？我猜出你一定是个很守本分的人。”用了更柔和的调子问。

那小伙子依旧缄默着。

“你为什么不说话？”是羞恼的问了。

那小伙子镇静地像正在瞅远方的山脉。

“我可以想法子放了你。”

那小伙子似乎受了感动，可是仍旧没有回答。他偏了偏头，用疑惑的眼光瞅了瞅伟刚。

“可是你必须答应我一件事情，就是借给我三百元钱。”伟刚逼进了一步说。他直瞅那小伙子的两眼，而从对方两眼表达出来的，仍是静默。

“便是二百五十元，也可以的。”

然而那俘虏还是沉默地拖着腿，面颊像是铅铸的，既不快愉，又不愁苦。不过他的突出的腮骨，却更险狠了。被冻红的鼻梁，像已浮肿。

伟刚搀扶着他的膀臂，头扭向他说。

“那么……一百元，你知道我是可怜你这个小伙子。我知道你实在是个好人，所以……可是这一百元是给我们别的兄弟的，并不是我自己要。”

始终没有回答。这使伟刚激怒了，他认为这是侮辱。隔了些时候，他突然向那个俘虏踢了下。那俘虏猛地被摔进雪渠里去了。

“你这个无耻的东西，你他妈的是哑巴？你他妈的还‘弥勒佛打飞脚’，摆个胖架子。”伟刚粗野地向他腿上猛踢，像要把受了的侮视，从他身上找补偿。

“噢！老头冻死了。”老孙从很远的雪涧跑了过来。

“怎么会冻死了？”伟刚停止了动作。

“都他妈冻硬了，身子弯的像个大虾。”老孙高声嚷。

老池从后面跑来，手里抱着衣裳。

“老赵头死了，队附[副]，这棉袄我套了穿，很合适呢！”

“你把他剥光了……”

“没光，他身上还有破小褂呢！”

“为你这块货，冻死一个弟兄。”伟刚给了那俘虏一个结实的巴掌。

九

伟刚从小香“下处”出来后，到政治部的宣传队去找刘强。

刘强正在暖烘烘的屋里工作。挽翻了袖口，拿着胶棍，在油印机上滚动。

“刘强你是多么高兴，干这个工作呵。”伟刚进来说。

“是老季吗！你是来办伙食的吗？好些日子我们没见面了。”刘强放下那支按住纱布框的手，脸上露出高兴的表情，招呼着。

“我是送‘差’来的。我带领弟兄，抓住个高丽红党。”他在言语之间表示着夸耀。

在靠近“Bielieke”（俄语，火炉）的床上，他坐下，掏出烟卷。

“北防线也抓住几个呢！听说是他们越过了防线，来扰惑军心。”刘强说，洗过了手，在墙角的绳上扯下毛巾揩去了水，就坐到伟刚身旁。

“北防线也得了枪械吧？至少能弄些火药。”伟刚瞪起探询的目光。

“什么也没得。”刘强回答，同时觉得一阵寒冽，像是靠近了冰块——伟刚那皮袍上有冷气袭来，“脱了他吧！”

“不，我还想回去。”伟刚悠闲地喷出烟圈。

“你可以陪我谈一谈，我在这里真觉得孤零：健立他们，整夜不回来，我不知道他们干些什么？就这样算是作救国工作吗？”

“你是新来，所以还高兴认真的干。”伟刚嘴角上皱起几条细的纵纹——“他们像你这样，干了一年多，终于是厌烦起来了。这又有什么意思呢？……

两年了，很快的两年过去了。关里总是不出兵，什么消息，都使人失望了。我们也只能靠着高粱做掩护，去攻打一回城，抢些火药回来预备过冬罢了。”

“但在我看来，炮手团可真能干呢。……哦哦，你所说的苦恼，那么就也为了这个吗?”刘强瞧着他的腮骨问。

“你感觉不出来吗?”他安静地吐出烟来。

“不，我恰恰相反，我是高兴的。”刘强微笑着。

“你不过是新来的……”伟刚还是那么静静的一句。

“不，你不要这样说，对于一个人，你是不能随便地给下断语的。”刘强微怒争辩，“只要我不从回忆里，把苦恼找寻出来，只要我肯实实在在的干下去，我确实没有什么苦恼”。

“你没有别的欲望吗?”伟刚随意地问。

“欲望当然有。只要是个活人，一切动作全是依靠欲望的人的生命，人的血，都全靠欲望这把火，来燃烧它，便是人一直到吐出最后一口气时，他还是有他的欲望。”刘强的神气渐显的激昂了。

“那么你有什么欲望?”伟刚用老成的口吻说。

“我当然不能例外，也是……”

“不是。我是说你除了国家以外，对于你本身的将来，有什么欲望? 自然这也可以说是私欲了。”

“我还谈不到私欲。”刘强摇了下头。

“那么你是木头了。”伟刚藐视地一笑。

“但这是什么意思呢?”

“没有什么。就是说你对于处理本身的将来，都那么渺茫，你还不是同木头被建筑师摆布一样的? 你就被环境，不只是环境……总之，你是被别人调弄的材料。”

“那么你的私欲又是什么呢?”刘强马上来了个反攻。

“钱。”他抖动起交叉的腿子，很自然地吹出一缕烟。

“我也有私欲，但是学识。”

“哈……”他嘲弄似的笑了，慢慢地扭偏了头，“你又生出欲望来了”。

刘强涨红了脸，羞赧而狼狈地说：“这没有什么可笑的……”

“当然! 当然! 你还得要知道，在你欲望不满足的时候，苦恼就会光临到你头上。”伟刚的口气，带有交际家的谦虚。

“不过我的欲望，在现在这种情形下……我根本不让它满足。”刘强软下来了。

“有了欲望，就像是有了个洞，而这个洞是必须拿东西去注满的；倘若不能的话，它永远还是个洞……洞使你感到空虚，使你苦恼。”

在他们这样辩论中，刘强是几乎成了被攻击的目标。于是他换了个决然的调子说：“你弄错了。我所说的私欲，现在它不愿抬起头来，而我唯一的欲望，是将失去的土地，捞回到自己的手里。”

“哈……那么你又没有欲望了。”

“总之我没有苦恼。”刘强又加了一句，“我不愿苦恼！”

“那么你现在是满意喽，关于你的工作。”伟刚掷弃了烟蒂，翘起脚掌，踏灭了烟火。

“对了，满意。”

“当然你满意了。别的人在前线上，受冻受饿，说不定会吃个枪子；而你是在这么暖和屋子里，写写，印印……”伟刚伸张着两手，向四周挥动着说。

“我是被派来的，并不是怕死。你要知道，在苇子沟我也一样打过前敌。”刘强感到羞恼了。

“刘强，我不是和你开玩笑，自己应该开劈一条路。我这样过了两年，现在才知道我是混蛋，整个的混蛋。唯吾老师，发财了！刘司令，发财了！从前的江司令，现在跑到东宁去，也发财了！……同学们都塞满了腰包；只有我……我还是个我。”

他烦闷的弯下腰去。他的两手，在按摸着膝盖，眼睛像在瞧着布纹。

“真的。”他重新直起了腰背。——“我是傻瓜。炮手团这些家伙，比我更傻。他们只知道要枪……我们满洲人，不及你们山东人智慧。”

“我敢发誓，我从干这个起，从来没想到钱。”刘强咬紧牙骨说。

“你不要以为我是向你借钱。”

“这是什么话？”刘强扭过头来问。

“我来求你帮一些忙。”伟刚奸狡地瞅着他的朋友。

“什么？”刘强惊疑地扭转了身子。

“我们是老同学，你一定能替我办。”伟刚慢吞吞地说。

“什么呀？”

“这是机密的事情。”他贴近了他，低声说下去，“给我卖一支金钩枪”。

“这是什么事情？”刘强呆视着他的眼锋。

“后备队能买，你是和四麻子很好的。你不明白么，有枪就能扩充势力。……”

“他没有钱。”刘强幌了幌头。

“很便宜，给廿元钱就行。我也是替朋友帮忙。枪是很好的，倘若我有钱，我一定留在队里的。”

“我可以给你问问。”

“好吧！谢谢你。”伟刚戴起野狸子皮帽，站立起来。

“你不可以再谈些时候吗？”

“不，我白天还没有睡觉，晚上必须值班的。最要紧，托你帮帮忙。”

刘强呆疑地目送着他的背影远去，之后就翻倒在床上，回味着他们间谈话。他渐渐陷进渺茫的深渊里。他用手摸着脸上消瘦的微骨。他隐隐地深思下去——是的，我自己有欲望，我需要学识的喂养。……同事们都打牌，郎老师是个很好的人，却又跑到海参崴……这里……

他感到不宁，翻侧了身体。眼睛注视着凹凸不平的墙壁；那上面沾涂满了臭虫血渍。

“那么像这样的，就是救国吗？”他小声地自语，“……谁都发财了；可是前线的兵士呢。死的死，伤的伤了……全是为了国家……关里，关外为什么不打进来呢？可还不是发财的发财去，打牌的打牌去……这真是玩些什么把戏呀？”

突然他从床上爬下。

“我傻，我傻，我太傻了，这不是在硬找苦恼吗？”他突然从感情中找回自己。“干！只有硬干，才能解决一切的踌躇。”

他走到案子旁，站定抄起了油轴，灵活地在油板上滚动。

“袖子没有挽，真迷晕了。”他斥责着自己。

他翘起手指，挽上了袖口，继续地印。蜡纸在纱布后裂开了缝隙，他还在盲目地印。

字迹模糊的白纸，一页页的翻展开来。他暴怒地掷下了油轴。

“他妈的骗人！”他充满了血丝的眼睛，盯视着模糊的字迹：

“……忠勇兵士协同炮手团，于前夜将敌军全队击毙……百余人；吾方一无伤者……”

另一角是：“……中央军已派人至东宁，与汪司令会见……闻即将出发关外。……”

这是唯吾所说的话，由他抄印了下来的。

“对的，这是抓住兵们心理，这不是骗……”他又记起唯吾的话来。

“发财了，唯吾发财了。”但是他脑页上又突然闪出伟刚的话来。

他猛烈的将案子敲了一拳，嘴里愤恨地说：“人生就是个哑谜，在猜不到这谜底时候，是苦痛的——我承认，我现在是在苦恼里挣扎着。”

他的上唇，紧紧地被下列的口齿咬住。他木鸡似的立着。

一〇

刘强在床上侧身倒下。他的忧郁的眼光，默望着破烂的军服，和地下的碎纸。他将头枕在抹满污油的棉被上。那被子是够脏的了。从那变为深黑的衬单上看，至少从夏天起，就没有洗过一水的。

他平静地转过身，眼光挪移到 Bielieki 上。激烈的浓火，发出示威似的哄响。

——不到前线的人们，反而享受着温暖的火。在前线的哨兵，反而没有结实的御寒的东西。……就这样把注满智慧的青春，昏昏沉沉的送掉吗？我解剖不开这人生，原因是我学识贫乏的原故罢。……

他不再继续的想了，但他的心仍旧波涛似的不宁静，他不能够安睡下去。最初他闭上眼睛，努力使自己静默来抑止内心的不宁。接着他又把眼睛注视着油灯，企图在长久的静视后会给予他疲劳，因而渐渐入睡的；但是他都失败了。纷杂的情绪，连把他注视着的灯光也捣毁得在颤颤摇动了。

——关里的军队，真的不能打进来了吗？……哨兵们可怜的被冻毙，被敌人杀死，被自己杀死。……

立刻，他的脑页里映出了老张的阴影。但很快地转映到伟刚。

他证实了自己确是在烦恼。他感到自己的精神遭受无限的威胁，他给自己警告：这样是会颓唐下去的！可是这百无聊赖的思线，还是重新伸展开去。

……发财的发财了。……冻毙的冻毙了。

“总之!”他突然爬了起来，“我需要学识这把铁钥，来开开这人生的门”。他自己下了句断语。

他想找别人谈一谈，那样，他也许能清醒些，至少能撇开烦恼。他瞅了下周围的床位，依然是冷静地空着。他们终夜到哪去了呢？他不知道；然而他断定：绝不是到前线去。这只要看着他们没有穿去的靰鞡，就知道是在镇里。

他从床角的乱纸里，扯出羊皮袍子来披了。为着遮蔽雪屑，他将皮袍围盖着头。皮袍的袖筒，就垂下在他耳旁。他跑了出去。

稻米形的雪粒，在撒野的暴风中，翻腾地落下来。狷狂的呼哨，带来了猛烈的寒冷。

他冲着风，跑进了灯光辉煌的“吉林省筹备委员会”。

“呵——这个冷。”他打了个寒噤。

"你怎么还没睡?"是琬玲的娇音。

"这是个本分人呢!整天的干。"立在她身后的唯吾替她整理抓来的牌。

他和他们打着招呼,在一张小桌上放下皮袍子。

他们起初是互称同志的,现在因为熟习了,他们换了打趣的口吻。

"候补县长,你也来凑热闹吗?"他对带"克罗克斯眼镜"的人说。这人是吉林省委会的委员,又是将来的H县县长。

"输了输了……""候补县长"骄傲地笑了笑。

——哨兵们拿出许多的性命,给他买县长,而他……刘强又瞥了琬玲一眼!——她呢!不在伤兵院,竟跑到这里来卖俏。

他不愿用话语打破他们的兴趣,使他们讨厌;他默哑的站在健立背后,怕人窥出似的偷视着琬玲。他想:不是学校里的她了。

虽然她看来是比从前漂亮而又柔媚了。

她的乳白的嫩臂赤露在蓝色背心外;熨帖地鼓蓬蓬的,是颤动的乳峰。细致的长睫毛下,滚动有明亮的眼睛。绵软的美发很动人的散披在项后。

他不时的盯视着她。他没有听到清脆的牌声,而他们也没有察觉他的心情。

他忘记了来到这里的动机。他回忆着咀嚼着,她在学校时赐给他的柔情……

忽然有细柔的长指从她鬓角旁伸来,轻软地摸弄着她的娇腮。他看出指和腮接触之间蕴藏有无限的深意。他微仰了头,瞅到她后面的唯吾。

唯吾嘴里含着烟卷,两手还在好像无意似的抚摸她的秀颊。

"别打它,打'二条'。"唯吾的嘴巴垂压到她的发上了。

她的柔指打出了那条"二条"了。手指上的宝石戒子在刘强眼前闪耀出晶芒。

他像呆痴似的瞅着她,但他那弯曲了腰的样子像是在瞅健立的牌。

"给我颗烟!"她对他轻轻瞟了下。

他困窘地挪动了目光,心窍激越地收缩起来。

但唯吾已经送了颗烟到她那薄红唇前。唯吾的另一支手使她的面颊偏动了一下。她用弧线美的唇接受了唯吾的烟,手还是弄着牌,眼睛也始终射在牌上。

刘强却在偷偷回味她那一瞥。他觉到那是蓄有异样的情趣的。——可惜她不是以前的她了。

另一个局面吸引了他的注意:三张"发财"、两张"红中""对子和"的"满贯"

呀！……他心里惊奇地叫。

这时他用全部的注意瞅着健立的牌。白润的方骨上刻有纯红纯绿的丝纹。

“碰！”健立抓起了“八饼”。

刘强热心地注视着，每当一张牌打出都似乎扯系着他的心。他紧紧逼视着排列的方骨——只要“红中”或“南风”到来就和了。他像在前线一样地紧张。他企望出现一颗同样的牌，尤其是“红中”。

“好！这一颗真有劲。”唯吾叫了起来。琬玲很快地将牌放倒。

“真……这牌‘满贯’……”刘强惋惜地说。

“你打不？我可以让给你。”琬玲向他微笑着说。

“不打。”他摇了摇头。他的手开始摸索起他的空袋来。他注视每人颚下的金票。

“从前我也不得意打这玩艺，我最得意看电影。”她一边洗牌一边说。

“……两年没有看戏了。”“候补县长”挺了挺胸脯，懒懒地说。

“生活总是这样无聊。”唯吾的下颚紧靠压住琬玲的柔发。

“无聊，无聊……”她的脸偏向刘强。

“你们打下去吧！我……走了。”他急忙披了皮袍说。

“怎么老弟这样忙？”“候补县长”正了正眼镜。

“睡觉去。”他走了出来。

然而他没有回到自己屋去，他跑向紧对大门的后备队。

“口令！”门岗问。

“护——”

他走进了王四麻子的寝室。

屋里没有人影：只一堆燃烧的炉火，一个昏暗的煤油灯。

“谁？”一个兵士走了进来。

“找你们王司令。”他松懈地躺倒在床上。

“等一会儿，他准能回来。许是发生什么事情；他平常是早已睡觉了。”兵士蹲到炉火旁，调弄起火来。

——许多的工作，等待我干，我却跑到他们罪窟里去……危险。刘强沮丧着脸，痛恨自己刚才的一番留恋。他感到自己将要踏上错误的路。他的内心，掀起非常激荡的波涛。这波涛扯裂着他的神经，他又不安地咬嚼着嘴角。

“这位老爷。”蹲在炉旁的兵用哀痛的调子说：“你借给我一元钱好吧，让我买靰鞡，实在我的旧靰鞡有了窟窿了。我的靰鞡革有两个月没换了。”

兵士的脸骨，只盖了一层薄皮，他的嘴巴飘垂着长须。

“我没有钱。”刘强坐了起来。表示抱歉，接着又补问了一句：“你是作什么的？”

“我是工兵，因为岁数大了……拨到后备队厨房里作助手。”他嗫嗫地说：“你老爷，是……”

“我是宣传队里的。”刘强奇异地瞅着他。

“宣传队的老爷，是都有钱的。我只要一元……我的脚，又犯了冻疮啊。”

“宣传队同你们一样，没有兵饷。”

“有办公费呢！比炮手团兵饷还多呀！”他不相信地苦笑了。

“鬼才知道办公费呢！我才来了不到三个月。”

“那么……”那位老兵士不再说下去，小鼠样溜走了。

“你来作什么的？”这时，王四麻子走了进来，看见了刘强就说。他脱下了灰鼠皮袍，抖下雪屑。

“我睡不着了。跑到这里看看你老。这个时候，你老到哪去了？”刘强站了起来。

“到刑场那儿，监斩几个老高丽。”王四麻子走近了火炉说。

“怎么要在这个时候毙呢？”

“白天他们高丽人能抢劫……”他伸出手，凑在炉顶搓握着，停了下又说，“哼！混沌年头！咱们爷们儿外行。咱们靠算盘子吃饭的人，那能终年干这个。”

“想法利用高丽人编个队伍……”刘强忽然这样想，瞅着王四麻子。他的麻子脸新刮得颇为光鲜，然而有一层忧闷的膜罩在上面。

“哼……老张也……这个年头！”王四麻子垂下眼睛，像在瞅炉灰。

刘强的脑页里重新映出了琬玲、唯吾……的影子，突然他想起了那个当厨房助手的老兵。

“王大叔，厨房助手的靰鞡坏了。那可怜的人，脚上又生了冻疮。你可以借给他一元钱……”

“哪有钱？”王四麻子微微仰起了头说，咱们太不随便了。这里还有军需处呢。那个处长是南方人，他和咱们山东帮合不来。……一毛钱他一定问，像求祖宗似的。”

刘强感到晕眩了。他的迟钝的眼光瞅着王四麻子伸张着的两手。

——那么伟刚的金钩枪，更办不到了……刘强忽又这样想着。

“哼！”王四麻子警告似的说，“咱们爷们儿外行呀！你也该成家立业了，还能够终年干这个”。

一一

西伯利亚涌来的冷风，严峻地逼胁着哨兵们的血管。风的力，有如瀑布般雄壮，在这漩涡里的生物逐渐冻毙下去。弯缩的僵尸，也很快地被云层掩埋了。

战壕里的芦苇敌不住酷冷的侵袭。卧伏在上面的兵士蜷曲得像条虾。

“季队附[副]，我们受不了了，不生炭火，都他妈得冻死啦。”老孙颤抖着嘴巴说。

他的身子尽量地萎缩起来。他在羊皮大氅上又加盖了狗皮褥子。

伟刚缩在黑熊皮下，一声不响的哑住。

他知道他是犯了罪，犯了克扣公款的罪，他为了消灭嫉妒的火焰，他为了满足自己的欲望，他想他是应该发财的——都他妈借着救国来发财，我是聪明了。……

弄钱，弄钱……别的队长和委员很早就开始了比赛，而他是落选的一个。

“季队附[副]，不行呀！刘司令若是再不发下煤来，咱们就完蛋了。”老池整个的身体发着抖。

“别的战壕都停了火，不只是我们。”季伟刚不得不举例子来掩饰自己的秘密。

“别的战壕都有酒，咱们怎么没有呢？”老孙敌意的瞅了他一下。

“你们多捉几个高丽穷党，也能领酒喝。”伟刚在熊皮缝隙里露出了嘴角说：“你们能抢些枪，无论是日军的，是穷党的，也能给你们生火。”

“钱都干屌了。夏天有工兵淘金子……收烟地捐，还有镇里商会的捐款。”老池扭过有裂疮的脸。

因为他自己没有什么毛皮，他挤靠在老孙的狗皮里。他那半截脊背像土壁样挡御着寒风。

“那钱吗？还留着买火药呢！”伟刚说出从政治部听到的消息。

“净扯鸡巴蛋，买火药……二年没看买了一根毛。”老池说。

“夏天用得着咱们卖命时候，‘许愿’给一件豹子皮，一件皮袄，他妈的……二年多，我们家都没去顾到。”别一个黑脸兵说。

“提起家来，谁没有几口？我老婆说不定饿的跟别人睡了。操他妈的，叫日本鬼子闹的家不安，人不活了。”老孙的下巴，更剧烈地哆嗦起来。

“你们山东老哥，就知道家。”伟刚握紧了熊皮边沿说。

“你们满洲人当然是痛快，炮手团天天下晚，搂着自己老婆……”老孙仰转过脸来。

“那也不用生炉子了，搂在被窝里可更暖和。”老池眯缝了眼睛。

说到了女人，他们似乎得到了藉慰，他们忘记了寒冷。每人的脑里都织描出自己的老婆的姿态。

“搂着娘儿们睡，就是个好电炉子。”老孙说。

“哈哈……”丛杂的憨笑声。

“我在山东有个好老婆。早晨起来，她给我偷着打鸡蛋……”一个黑脸的兵，有些羞涩地，许多粗话从他嘴里说出来。

他愉快地翻了个身，重瞅到潮湿的芦苇。他又感到了冷。

“把你的老婆，弄到这战壕里来。叫咱们兄弟受用受用……我保险给你这张狗皮。”老孙转过脸来。他的屁股骨紧倚了老池的膝盖。

“滚蛋吧！别扯鸡巴蛋了。”他操起满洲人的口调说。

“真的……”老池偏抬起耳朵。

沟外的口哨划破高空似的尖叫起来。这激剧的乱响震动了每条战壕。

“起来吧！赶快。”伟刚厌烦地说。

他掀起黑熊皮，挺着身子跳起。他机警地抄起了枪跑出去。

斗争的紧张，照例的给予人们不安。

山谷间的口哨，终于被飞机声盖没了。

“卧倒！”伟刚的眼睛被雪光刺痛，他不知所措的下了命令。

“卧倒干鸡巴，飞机投炸弹恰好炸死你。”老孙萎馁地跑回了战壕。

“那么回壕沟去。”伟刚立刻改了命令。

但是他没有跑回，他还在张望。他要辨认出：哪是俄国飞机，或是日本飞机。他可命令铁炮射手开炮。

云霾中的飞机掷散下传单。纸片在风里卷舞着，飞散到壕沟沿，飞散到雪谷崖……

“喂！老季。”炮手团的传令兵，打着口哨跑过来，“你叫伙计们留心放哨。北线和高丽‘棒子’‘开壳’了”。

他是个穿了“Saodaz”(俄语译音)皮袄的粗实家伙。

“高丽穷党又来了吗？这飞机可撒的什么……”伟刚俯下腰拾起了一张。另一张飞落到传令兵的肩上。

“念给我听听，老季。”他扯下了传单。

伟刚的手指弯拙的冻僵了。他恍惚的看了下说：“是妈的日本鬼子煽惑军心的。”

他搓揉着塞进兜里。

“什么东西?”老孙从壕沟里探出了头。

“没什么,传单。”传令兵跺着靰鞡的雪屑,跑了开去。拿在他手里的纸片,随了手缩进袖筒去。

“飞机送来的手纸吗?”老池拾起一张来。

“我念给你们听听。”老孙装模作样地呛嗽了声,开始咏诵念:“亲爱的山东哥们……”

“他妈的还拿情呢!”老池掀起狗皮帽的耳扇来。

“别说话——你们的母亲妻子,皆需你们供养……”

“这可是实在的话。”老池盯住老孙的嘴角。

“别念了。回壕去穿白罩衣,我们到北口去放哨。北线高丽穷党来攻了,炮手团都调到那边去了。”伟刚袖了手说。

“念!念!”黑脸的兵催促着。

“……五天的期限……”老孙一面走,一面念下去:“带一棵枪来降,送洋三十元,免票到大连。……日军以宽大之态不究汝等之罪。……”

“送回山东去?上面没提关里的军队吗?”黑脸的兵问。

“你们政府已经默许。”老孙仰起了头。

“默许是干屌?”老池问。

“默许就是答应他们所侵占的地方。”

“走!走!到北口查哨去。”伟刚斜挂了枪,带领他们走去。

当天空压下黑阴而雪地显出微光的夜间,放哨的兵们,在耸肩缩头地窃谈着,他们的千言万语都并成了这么的一句:

“在这里受罪呢?还是回到老家挨饿呢?”

一二

雪屑弥漫了空间,沙漠性的寒风,怒斥似的呼啸。地面的雪流,像海浪样卷涌起来。搜求草种的野雉冻馁地夹紧翅膀,到处在窜动。

前哨失踪的兵士,逐渐增多了。这使刘司令心里逐日增加了一层忧悒——可是日军飞机撒传单的效果吗?……啊,是的。我们这必得想法去对付。

但是他寻不到适当的办法,他那圆筒形身躯坐在圆椅上。他一手支住腮骨,一手在摸嘴巴。他的垂下的眼睛,沉闷地瞅着成堆的报告条子。

“报告。”精干的卫兵走了进来说:“南线季队附[副],派人送来了报告条。”

刘司令接过了油印格式纸，他的眼皮形成了弧线。

“南线怎么也跑了五个弟兄？……妈的，他们真以为日军能送他们回老家去么，恐怕送到另一个‘老家’去吧！还他妈拐去枪不就完事。……”他的手揉摸着纸角。

他身侧的卫兵穿着合适的黄呢军服，胯骨间斜挂着匣子枪。他两手规矩地贴近两胯。

“到政治部去。”刘司令向他眨了一下眼说：“叫军法处长！拟个草稿……最要紧的是说，中央军最近能打到关外来了；还有就是逃兵若被抓住立即枪毙。”

“是。”卫兵回了声，退出去。

刘司令点起一支烟来，他穿的骆驼绒的毛靴，轻松地敲着地板，面孔像塑像般冷静，右手茫然地摸着颚骨。

中央军真的出动吗？在他早已成了个哑谜。最初，他确实也会热切地盼望过的。他舍弃了营长，盘据到这沙坪镇。现在，他也不再需要中央军的出动了。他已有自己的金厂……

——就是打了进来，我响应响应，至多也不过挂个旅长；要做师长呢，那可就难，何如此刻在这作小总统！……

但现在他又在安静里遭到了忧悒了，他默想他的将来——高丽穷党，日本军……自己弟兄的偷跑。好在炮手团是些满洲人，他们在镇里有家属……这……

“刘司令！”王四麻子闯了进来。

他的酱紫脸皮上透出稀有的惶恐，他的额角流滴着冷汗。他不自然地咧起厚嘴唇来：“刘……”

“什么事情?”刘司令为他的惊慌所激动。

“后……备队要抢镇里的商铺”他粗重的喘吁着说。

“你……快回去，压伏他们。”刘司令掷掉了残烟下命令。“你……告诉他们，有能力，到日军防线去抢……好话不听的时候，你叫他们酌量着办。炮手团的枪是专打脑瓜骨的。”他的眼睛，立时被怒焰所涨大。

“他们知道炮手团打高丽穷党去了。”王四麻子稍微镇定下来。

这话击毁了刘司令的恫吓，嘴角有点抖动：“他们……那为什么呀?”

“他们受不了冻，都要抢……他们要靰鞡和火炉子。”

“你快回去，让他们别胡闹，要什么都可以发的。”

王四麻子匆忙地转了身。

"买卖人不能吃军队饭。"他听出这是刘司令的音调。

他羞愤地跑出大门。刺刀似的风梢,穿刺着他的腮颊。疾风拧起头尾似地长啸,雪粒来往地穿梭。阴森而苍郁的天空,直如海洋般浩渺。

后备队的门岗,失去了踪迹。大门旁遗留着沙囊防护垒。王四麻子瞥了下,跑进院里。

兵房里提着枪的兵们,来往地穿动起来,像群蚁失了搬运的食物。

"四麻子!你怎么交涉的?"靠山瞪起凶狠的眼光问。

"让你的伙计们安静一会儿,刘司令说要什么给什么。"王四麻子走进了冰窖似的兵房。

乱蓬蓬的毛蒿散集了满地。杂乱的破包脚布,靰鞡绳头……都冷凄地狼藉着。屋当中的"砖火池"燃烧着"山楂子"。潮湿的木质,被烈火逼起了烟幕,王四麻子感到了刺眼。

"咗……咗……伙计们——"他呛嗽着瞅向四围。

混杂地蹲坐着的兵们,在检查自己的枪筒,或查验圆锥形的子弹。他们那裂着冻疮的粗指,拙硬地乱动着。混合的嘟哝及咒骂,构成喧噪的网。

现在他们止住了骚动,饥寒交织的眼光呆滞地瞅着王四麻子的麻孔脸。

"咗……这回准能发靰鞡和煤炭……咱们别抢,咱们是救国军,也不是胡子,又不是穷党。"

"胡子怎么的?胡子也是打日本。"靠山从他背后闯过来,"你对伙计们报告你交涉办的怎样吧!别扯闲蛋,废话和别人去说"。

"不是……咗……"王四麻子腼腆的蹲了下去。

烟流逼出他的眼泪,他止不住的呛嗽下去。

"这样欺哄我们,是他妈不成。你痛快的说!"墙角的黑老三站了起来。

"咗……他应许给靰鞡和煤炭。"看王四麻子那种憨样,直像被审的罪人。

"还要一张豹子皮。"另一个在探枪筒的说。

"对了,再加一张豹子皮。若是不!咱们就他妈抢。"黑脸兵走近了他说。

"你回去告诉刘子章去。"靠山摇了下头。

"我去催他送来……"王四麻子悲凄地笑了下。

"滚蛋吧!四麻子。"黑脸兵戏谑地踢了他一下。

王四麻子呛嗽着挤动眼角,退出了烈烟的兵房。

"喊!刘强。"靠山弯俯下腰,拨动墙角的蒿草堆。

"他走了吗?"刘强从草底窜了出来。他的乱发上粘得有草叶,皮袍的破缝间,粘着草屑。

“他走了。”别一个关了门说。

欣喜的微笑，挂在每个人的嘴角。他们像饥饿的猪仔一样，团团地围住刘强。

刘强斜倚着蒿草，烟气在他头上飞舞着。火池的暖气投进了土壁屋里，余剩下的只是烟。

“刘大哥，才这么年轻。”将够四十年纪的靠山，不知怎样说才能表达出他内心的钦佩。

“你们不要太过分……王虽然是懦弱。”刘强吐出了粘在嘴角的蒿梗。

“四麻子的胶皮水袜子，也露着脚趾头呢？”黑脸兵说。

“不管那些事！……他若真个发给我们要求的东西了，那么我们怎么办？”靠山问。

“你不必着急，我们要从容的去做，领了东西，再想法子得到些子弹，然后我们必定‘拉’出去。”刘强扫视了一下四周。他们都在屏息地听着。

“‘拉’出去让你‘当家’。”靠山按了他的膝盖说。

“……用不着那些，我们不是当胡子，我们要干我们要干的事情；这就是说斗争……冷，大家冷；饿，大家饿；不能穿棉袄的到前哨，穿皮袄的反守着火炉去打牌。”刘强挥动着手激烈地说。

他的话里带来了温暖，使每人的心窝感到一阵热。他们忘掉了脚的痛肿，手的酸麻。

“对。”靠山睁大饥狼似的三角眼说：“别的伙计都知道我靠山，在马滴亚跟老九的时候，我就是‘二当家’的。我没有攒下一点钱，都是大家一伙花掉了。”

“希望你们坚强自己。你们还想投降日军么？……别做回家的梦了，好在这里还有饭吃。现在，我回队去了。”刘强站了起来。

“今天半夜里来不？我们是听你命令，才能行动的。”靠山按住他的肩膀。

“必要时我来。最好你们要机密些。”在走的时候刘强着意地向每个兵看了一眼。

随后他静悄悄地向靠山说：“军政部的火药库，将来想法……子弹是我们的命根。再见。”

愉快的血液流动在他的全身，尖削的颧骨上又复呈现了得意之色。他没有觉到冷，脚步轻快地迈动，Bagink 毡靴踏出了雪屑的微响。这微响调和着他内心的愉快。

他大意地走进王四麻子的寝室。

王四麻子的酱紫脸上蕴有懊恼的心情。他没有和刘强打招呼；连瞅也没瞅。他那两手紧紧地捧住光头，肘骨倚靠桌角上。

这给刘强一种不安，像被他发现了秘密。他走到他身侧说："王大叔，怎么的了。"

四麻子微微晃了下头，哑默的瞅了刘强一眼，重又恢复了原来的姿态。

"有病了吗?"刘强极力镇压住喘息，坐在他身旁。

"刘强!"四麻子的音调很凄楚，"我外行。军队是怎样难调弄呀！我后悔……我不该为了……你去世的父亲，最知道我的为人。我在海参崴开'二号票'(小商铺)时，我说一句话，谁都不敢哼一声。在这里，人人都有枪……"

刘强心内感到无限的松快。他走到煤炉旁，调弄起将灭的煤火。

"你不要愁……"

"刘强！你别总是训教我。你知道，你还年轻呢?"

刘强把话吞下。他添加了几块碎煤，重新走到桌边，默默地坐下去。

王四麻子歪过头来，迟疑地瞅着他。刘强看见四麻子那一对眼里的红丝，有蛛网样密。四麻子用了怒忿的音调，又告诉了刘强——其实是刘强早已知道的事情。

"弟兄们粗野是粗野，一颗心是好的。刘司令的和气，倒会杀死我们。你要知道……"刘强宛转地说，但看见四麻子又歪过脸去，他就不说下去了。他知道要是再说，这就又是教训了。

"……你也该成家立业了。我和你父亲三十多年交情，我总得看管你。你再这样混下去，越发不知道对长辈的礼貌了……癸酉年已经要完啦!"

王四麻子的眼睛送走刘强的背影，心里想道：年轻的人，倒教训起我年老的人来，真怪!

这时院里响起了歌声：

自从离家到关东，
心比天更高，
命比纸还薄，
这山望着那山高，
把我眼睛瞧花了。
有心卖苦力，
钱少买不着。
山中胡匪多，
我看着那行好；

威威武武抢抢夺夺，
一年回家了。

刘强在院心立住了脚步，他望向黑漆漆的兵房。窗缝喷舞出烈烟，好像失火似的。

躁杂的粗莽的歌声，接着又雄壮地波动起来。调子是很老的苏武牧羊。

跺脚把心横，
来在了山林中。
见“当家的”鞠一躬，
我“挂柱”（入伙的意思）行不行。——

另一个尖锐的嗓音唱着跟下去：

——“当家的”抽大烟。
点头哼一声；
叫声三炮头，
拨在你的队中；
教他黑话。
“打铁”“拉线”又把“斧子”登。（使用枪械，巡逻一类黑话）

粗蠢的笑声，震动了整个院落。刘强在风雪呼哨里，呆痴地站住。他的心腔，接受了歌浪的波动。一个特别高亢的粗声继续唱下去：

眼看天要黑，
住下打火堆。
商量着，
把城推，
尽着“海沿”飞。
快枪收拾好，
子弹多预备。
大家齐努力。
发财就在这回。
打进城去，洋钱票子。
尽着力量背。

歌声越唱越高，刘强就失落在这歌声里了。他迷迷糊糊的想：胡子可以训教，年老的人可真不容易对付呵！

一三

新鲜的气息，滋润着刘强的肺部。他轻松而快活地在黑影里挪动身子，脑瓜随着也得意地晃动着，他不觉疲乏，更不觉冷。欣喜掀起了他的嘴唇，他想随意地唱；但是他尽量的警告自己：这是在分水岭交界的地方啊。

他的脚偶尔会迈到深雪里。那毡靴筒就灌进了雪屑，立刻他觉出了水的凉。他用跳跃的步伐，活泼地蹦出了雪窝，骄矜地跳着走。

他的脑子里，活动着许多人影。还有第一次去的时候，没曾见过的陌生人。

——他们都那么刚毅，那么真挚，即使是姑娘，也不像琬玲那么装腔作势……

他深深感到朝鲜农民的特质。

“好！”他对自己说，“现在是真理医好了我的苦恼了，我现在将会变成一个健全的人了”。

他像才出浴一般舒服，心在熨贴地跳动。他的骨节里，尤其是脊骨像注入了钢汁，越发硬朗了。他又觉到自己的意思里，已被他新遇到的人灌进了结实的物质。他和他们会见的山洞，他认为是熔铁炉，而他是被炼锻成一块钢了。

他被烦闷侵蚀的头脑，已恢复了巩固。他直挺着粗壮的身子，在雪谷里健捷地走动。他的嘴角和眼皮的微皱，描绘出他的愉快，他不时的呼出口哨；只有他自己能听到的口哨。

远的山隙，有时飘来了火怜哖子寒鸟的长啼，但不多时就依旧寂静了。雪草孔隙中有野雉在怕冷地啾叫，声音极其低微。

他来时的脚迹很清楚地引导着他。每脚踏在雪上，就能没到他的踝骨。但这时他的脑子，只为了他的策略而思索着。他还是一拔一陷的走去。他头上的狗皮帽子，在远处看来像个白绒毯。

“谁！”熟悉的粗嗓子，从谷口传来。

“老于吗？我是刘。”他热烈地说。

“刘强吗？这时候你到哪去了？”有力的粗手，铁紧地握住了他——“你说我该怎么办？我队里又跑了两个伙计。”

“我有许多话，须要和你说。弟兄们的跑，是当然的事情。”刘强随口扯着。

“真不及咱们在苇子沟好呀……要酒有酒，要火有火。这里一天十斤炭，真欺负咱们“外乡人”。

“……我们有办法。”刘强估量着该说些什么，然后能够使他们接受他的计划。

他靠近了老于的肩膀，沿了足迹走。

“好些日子，我没见你四麻子大叔了。”老于说。

“季伟刚呢？”刘强不在意地问。

“他那队都早跑光了。剩他一个人，还在镇里押着呢！”嗓音里带着他自己的忧惧。

“押着？为什么？”刘强迟疑地问

“就是为的伙计们跑光了。”

“押着也好，反正他是个废货。说不定受些罪，能醒一醒。”刘强不在意地说。

到了战壕的地道了。老于脱下白罩衣递给烤火的兵，“你替我守东卡子，我和这‘老疙疸’有话说”。他指了指刘强。

“闪点缝！杨庆挪一挪。”他又挤进了火池旁。“刘强来烤烤火。”刘强感到一阵的晕迷，神经像是失了作用。他的眼睛里放出黑火花，但立刻他清醒了。他瞅向砖池的炭火。

那里围绕有后备队兵士。他们都在揉动着手，狂谈着粗蠢的男女之事。火红的光，映耀在郑老二脸上，他像一个原始的野人。

“这里有地方，伙计。”郑老二喊。

刘强并没有觉到冷，相反，他感出炭火的毒烟。

“这里有几个伙计？”他走近了火池。

“干什么事吗？”杨庆蠢笑着问。

“我告诉你们些话，然后我还得回镇里。”

他们纷乱地爬起来，像受到了意外惊愕，眼光都聚集在他清瘦脸上。

“关里打进来了吗？”郑老二问。

“你总该知道，什么时候打H城，不抢点东西，真能冻死了。”一个年轻的兵这样说。

刘强暂时缄默，等大家都静下来，然后他庄重地说，“日本抢去我们的土地，刘司令剥去我们的衣裳。……我们应该自己坚强起来”。

“他欺负咱们苇子沟来的人。”老于瞪大了圆眼。

“他是个官呢！从前他是个‘真’的营长。”杨庆咧起嘴角说。

“都不对。战争给了他机会，历史构成了他的骗术。难道他是个司令，就不应该来巡哨了吗？”刘强停了停，接着又说：“受骗的不只是后备队，也不只是炮手团，是广大的民众呵，这是镇里的商民，马滴亚的苦农……都包括在里面的。他就像匹蜘蛛布了个密网，上网的全给他一个人吸饱了血。”

“对了，反正他是欺负咱们。炮手团还有皮袄，咱们连一张狗皮褥子都没有。”杨老二说。

“最好咱们抢……”老于怯生生地说。

“我已经和别的哨队想了个办法。”刘强放低了调子，“我们自己来打日本。我们不能单希望关里的援救，更不希望……供奉别人的榨取。我们……”刘强严重地说着，脑子里荡漾着他在山洞里所听到的话。他想尽量搬运出来。

“刘强，你说的什么？我屌一点也不懂。怎么你又扯到关里了。”老于偏过脸来问。

“……后天晚上，我必得再来……我们先包围政治部，那里有火药库。”他走时这么叮嘱。

他内心交织起极度的兴奋。他忘记了一切，他只在回嚼着他所讲的话。

羊毡靴在雪坡上发出“吱吱”的微响。他走进了山峰环抱的沙坪镇。

哨兵们俯腰缩头地走动，同他交换着口令。

当他走进政治部，竟出乎意外的寂静。除了马棚的马匹，打着小声鼻响和蹴踍外，他没有听到平日惯有的牌声。

他茫然惊讶了。他开始感到了不安。很快地走进屋里。

“噢——关盛！你怎么跑来了？”他惊愕地叫了起来。关盛那小个子，却走前一步，招呼道：“刘强……你瘦的多么厉害呢！”

关盛穿了很体面的棉袍。他的脸比较胖了些，因而眼睛越发细小了。刘强又瞧见季伟刚也在。“他来是‘说服’我们投降的，因为他是咱们的同学。”伟刚冷漠地说。

“你不是押了起来吗？……到底为什么被押？”刘强迟疑地问着伟刚。

伟刚的脸色很苍白，机警的眼锋，燃炽起怒焰，咬了牙说：“刘司令可以弄钱，我们下级就不成！我就为了……我就为了……”季伟刚羞涩地说。

“清醒些吧！朋友。”刘强不愿再听下去，扭转头向关盛，“你来‘说服’投降，这是多么奇怪的事呢？”

“唅……我是‘借由子’溜达溜达。和我同来的李会长，他才是说降的呢！他到四麻子那去了。”

他们相互推让地坐了。油印机案上，放着几盘菜碟和一瓶高粱酒。

伟刚的苍白脸子，露出冷淡的阴险。他的眼睛，沉垂地在凝思。他不作声，静听着。

“你父亲死了，你该早知道吧？”关盛瞅着刘强的颧骨。

他不回答这问话。慌乱的情绪，占据了他的心境。他在想催促伟刚的醒悟。

“你父亲死的才凄凉呢！……”关盛重复了一句。

“死，并不是希奇的事情。”刘强撇开一句。

“你该殡葬了他才对……并且你糟蹋了身子，瘦的这个样……”

“为了祖国，为了大业……这是不允许我逃避的。”刘强肯定地说。

伟刚还是哑默。

“你们被没收的土地，听说‘特务机关’允许给钱了，真的，弄些钱埋葬了老人，就算尽了心啦！”关盛摸弄着桌角说。

“为了一群将死的活人，是不能留意已死的躯壳了。”刘强摘下皮帽子，松懈地躺到床上去。

“躯壳？那是你父亲呀……”

“我还有事情，你俩可以谈一会。”刘强突然爬起来。

他整理了一下帽耳，转向伟刚说：“挺起腰来，继续干吧！我们要奋斗下去，直到呼吸不供给我们养气的时候……现在我们是错走了路，我正在预备纠正它。”

伟刚始终低垂着头，听到刘强走出去，他才说：“他近来越发不安分了——我们还是谈刚才的事吧！”

他和关盛的鼻尖，差不多接近到一处。他不时的斜视向周围，悄悄的说：“火药库在军政部后院，点火是很容易的事情——”他将黑眼瞳移向眼角，机密的瞥了下，“——可是你必得担保”。

“那是一定的。”关盛说。

“那么你可以签个字，在这三千元酬金条上。”他的眼锋，紧逼着关盛的两眼。

“好！”

一四

李会长坐在煤炉旁，随意地摇动着“马棒”。他的红润的丰颊偏向刘强，他出惊地想：这是多么难调弄的小伙子呀！

“别胡闹了。”王四麻子说，“回 H 城去，变卖了咱们的家产，是很能够活一气的……想法子将你父亲的灵柩，送到海南家去，就对得起他给你创业的劳苦了”。

“为了很多的受苦的大众，我的意志，不允许我那样那样作。”刘强坚决地说。他的头垂下，像在瞅桌角的木纹。

“我们是不能干这个，况且刘司令都软下来了……”

“本来他就是不可靠的东西，你可以和他们去投降吧！至于我是能把我身子，放到适当的工作上去。”他严重地说。

“我不能撇下你……你父亲和我三十多年的交情了。……”四麻子的声调，有些凄楚了。

他爱他这种认真的毅力。他又觉得不该劝他，也要随着自己投降。

王四麻子在这军队生活陶冶里，像是匹受伤的熊了。他的锐气已被兵的粗野锉钝了。他深深地体会到，自己不能再干下去，随时随地感到挟制的苦痛。

李会长担保杉浦退给房产，这就像只有利的铁掌抓住了他。……现在他担心着刘强的固执。

“你知道癸酉年将完了……关里军队不能打……”

“四麻子！”李会长接下去说，“关里军绝对不能打进来。关东军说，已经得到他们的默许。你明白吗？这是一句文话，意思是……是默许！”

“我们不依靠他们的军队，正同海涛的不需要火的接助，相反，我们却需要暴风。”刘强纠正似地说。

“刘强，我和你父亲，也是几年的朋友了。所以我说话，你应该听。”李会长摇晃着“马棒”，一手在稀疏的胡须间揉摸着，“刘司令降了以后，总能弄个团长脚差。我可以给你在他团部里找个相当的差事，总比你在这里强”。

“你想错了。”刘强截断他的话，样子还像在审视木纹，“我不是想作臭虫的触须。你所说的话，对于我实在是极大的侮辱”。

“‘水流千遭归大海’，那么，你打算怎么办呢？”王四麻子瞅着他垂俯的脸问。

“有一天你们总会知道的。”他漠不关心地回答。

这给王四麻子渺茫起来了。他站将起来，在屋角低着头走动。他的手倒背在军裤后，思索着：笑！怎能驯服这倔硬的年轻人。

李会长抽起纸烟来，神情似乎很镇静。他也在想：

——这个二十多岁的怪家伙，是多么难摆布呀！刘司令都为我说服了，而这个不紧要的角色……

他扬起头来，瞅了瞅刘强，用和蔼声音说：“我告诉你。你父亲和我是朋友……要不是的话，你的事情，和我又有什么关系！你大叔说的对不对？——刘司令都赏给我面子了。”

“面子究竟是什么东西呀！在我肩膀上所负的工作，不能为面子两字，就这么掷掉了。为了我的工作，舍弃面子倒很可以。”

“什么你说？”李会长的红脸显然是激怒了。“拿着和你父亲是老朋友资格，就绝对不让你堕落下去——王四麻子……”

“对。”王四麻子来回地走着说：“你年纪大一些时，就知道我们的苦心了。你现在年轻呀！中国人挺多，有没有你救，呸，那有什么希奇！”

“唉！年轻人，总是想不开。”李会长软了口气，和缓下来，“中国有那么多人，可不是没有你刘强不成的。为什么不让他们干呢！——你大叔说的话，决没有错的地方”。

刘强支撑着下颚，哑默地坐着。他严峻的脸上，可以窥出他的激怒。深陷在眶里的眼睛，还在静视着桌角。他的肺部，不安地起伏着。

他感觉到是受了过大的侮辱了。他认为他们是他最大也最鄙卑的敌人。他决不能再忍受敌人的申斥。

“请你们不要再说吧！”他冷淡地说。

李会长轻捷地走到他跟前，弯曲了腰狡声狡气的说：“不愿意作事，可以到东京去留学。我敢发誓，一定给你办个官费生。你知道，老人说话是没错的，尤其对他朋友所遗留的独生子。”

然后他挺直了腰，轻轻的拍了一下刘强的脊骨，嘴角闪出笑痕来。

“李会长！”关盛傲然走进来，“头道卡子送来口信，叫我们下午同政治部的委员，到那里坐‘国道局’的汽车，回 H 城去”。

“好！派汽车接我们吧。”

关盛咧起嘴唇，走向刘强身侧问：“你……”

“我先问你——”李会长说：“——你的事情办妥了吗？”

“妥了。真顺手……”

但是李会长的眼色，截回了关盛下面的话。

“什么事情？”王四麻子不在意地问。

“没有什么。”李会长掩饰地又扭头向刘强：“你仔细想一想，你大叔和我说的话。——年纪大一些，你就知道现在的错儿了。”

接着他掉转头，向关盛会意地一笑。

王四麻子来往的打圈子走着。他想起在这里所受的困窘，兄弟们的粗野和自己的生涩。他感到厌烦和畏惧。

但不久他会舒服了。他想：一定卖掉房产，然后回关里去。

他的最爱的小喜子，在他脑里浮现出来。

——必定回海南家去。他沉沉地想。

“四麻子！我们先到军政部去。你……”李会长向垂着头的刘强，哑笑地指了指，“别的事情，等再来的时候说吧！H城没有别的事办吗?”

“没有什么事情。你得把我的房产，和杉浦开清楚了。要紧是别马虎。”四麻子嘱咐着。

“你放心好了。……三五天后，一定有汽车接你们到H城去。”李会长说着站起来，腮颊的丰腴肉质，为着他头的在晃动而哆嗦。他潇洒地摇挥起马棒来，走了出去。

“刘强！我真的愿意你能够很早的到H城……”关盛说完瞅了瞅他，也走出去了。

刘强像没有听到什么，在桌边沉默地低垂着头。他没有动作，即便眼皮也不稍微弹动一下。

他的坚硬的心，已被“东京”溶解了。他想，他的脑袋，应该再装入些学识。他确实是需要它的，但是他不愿抛弃了他的工作。他想从山洞里听到的话找出解答来。

“呵哈……”王四麻子的脸，冻得愈加紫了。他走到炉旁烤起火来——“真冷……刘强你别傻干了，听我的话吧!”

他还是呆疑地默坐着。他想找出解答来，从他见到的人物的口里。

“‘关东山’里，你再找不出来比我更亲近的人了。”王四麻子酸楚地说，“你父亲忠实了一辈子，临死的时候……也没见到你。给他卖[买]棺钱都没有……唳！到H城以后，把他的骸骨，送到海南家去，也算他没白白的养了你……”

这些话语，特别的冷而酸辛，深深地刺入刘强内心。

他溶化了。一种悲悽的心绪，催出了他眼角的晶泪，像汗珠样滴流到他嘴角，他尝到了实质的人生。于是脊梁上又透过寒栗的探条。

他并不移动头，更不擦拭泪迹。他还是哑坐着，有如艺术家调色板前的模特儿一样静默。

“东京求学？为大众？……”他脑里开始了扰乱。

一五

一种冷冷的忧悒，阻塞了刘强的心窍。他的脑子里浮映出过去的生活：年老母亲的苦笑，在校里时的自己天真的行动，送租粮的朝鲜佃农……跟那些别的人物。

酒已戒了。烟是他从来不抽的。为了帮助他的想象，他用两指搓捻着纸屑。他将它揉捻成针尖样的细，迟滞的眼睛，懒怠地瞧这一切不介意的举动。他那整个脑子，侵[浸]沉在静静的记忆的幽境里。

屋里没有一丝声响，扰惑他的是缭绕的幻想。

浮出在他脑里的东京，像娇艳的处女执拗地引诱着他。已经感到学识贫乏的他，很想投到她的怀里，吸取些养分；他仿佛觉得，只有这么做，他的工作，才能更有力量。然而同样有某种说不明白的情绪，系住他的心。

屋里逐渐被夜色笼罩了。零乱的东西在灰色中象征着涣散与冷漠。

他从回味境域里，带来了酸楚，和寒栗。他默默地尝着这味道，眼角有些湿润了。他不住地捻动着纸屑，心里犹豫着：求些知识呢？还是干下去呢？

他茫然了。他不知道这伸长在他面前的两条路，走上哪一条，在他更为合适。

"老刘！"在玻璃雪纹间，有一个黑影在晃动。

"谁？伟刚吗？"他漫然问着。

"怎么没……没扭亮电灯？"声音夹着恐慌，伟刚匆促地跑了进来。

刘强茫然爬起，扭亮了灯。

"坐下吧！"他瞅向伟刚。

伟刚的脸色里蕴蓄着惶悚。奸狡的眼睛里也带着畏惧。

"你怎么的？"刘强呆疑地问。

他暂时不答话。他那急促的喘吁，还没有稳定下来。他只向刘强假笑了下，装作不介意的样子，倒在了床上。

他尽力的克制住内心的悸抖。……

——嘣……轰……砰……叭……

忽然剧烈的响声从外面飘来，屋里震动得似乎要陷了下去。窗根颤摇起来，油印机和瓷碗，奏出了金属音的响声。

"什么？"刘强惊骇地抄起了匣枪，跑了出去。

院心站满了人，都像忘记了是冬夜，竟有人穿了布小褂，在人群中慌乱地攒。

"什么事情？"刘强看到了马夫问。

"不知道！说不定高丽红党打进来了。"

这使刘强加增了紧张，他以为是自己记错了日子……

"火药库炸了！"终于听到有岗兵提高了嗓子在嚷。

——轰……嘣……

像巨雷般,震得耳都失了作用。爆炸的弹药,慧[彗]星样乱飞起来。黑暗的空间,到处爆炸出火花。蛮横的子弹,不自主的飞向屋顶,飞向……

刘强为这突来的事情混乱了。他的计划已全被破坏,这给他以投降的决断;然而他又为惋惜所眩迷。

"伟刚……火药库炸了。"

"……真的吗?"他的脸转成惨白。

"是的……这似乎给了我决……"他的坚硬的拳头,击敲着膝骨。

"你投降吗? ——这是极对的事情。"伟刚为了掩饰心虚,应付地说。

"这火药库的——"他激忿地捶击着腿。

——轰隆……

一个巨大的重响,震碎了玻璃,碰的倒下了。细锐的玻璃屑,飞散到窗栏下去。

"刘……刘强!"靠山的三角眼锋,出现在他的面前,"怎么办? 火药库炸了"。

"他们呢?"他焦灼地问。

"救火去了。听说是姓李的小子放的火,紧贴火药库旁边。"

伟刚的腿,不受驱使地哆嗦了。他的狡猾的眼光,躲避着这陌生者的两眼。

"姓季的?"刘强点了下头。

"是呀! 不……我们怎么办?"靠山斜瞥了下伟刚——"趁着这时候……"

刘强的晕眩加重了。他不知所措地击打着膝骨。他想伟刚确乎是该杀的家伙。他捏了捏快匣子的枪托,逼视着伟刚的脸。

"怎么的? 你倒快说。"靠山追问了句。

伟刚在这一刹那,极快地溜出去,有如夹着尾巴的癞狗。

"伟……刚……"刘强的心尖,加紧了跳跃,他的眼角,张[涨]满了一丝丝的红丝。

"那小子是干什么的? ……"

"呔!"刘强放下了快匣枪。

"你倒底说话呀! 咱们该怎么办?"

"……这时候干,恐怕不能……我们看看炮手团的动静再说……况且和'那边'的人约定是明夜。"

"明夜? 火药库已经炸了……看炮手团干什么?"靠山靠近刘强坐下去。

“炮手团都投降了……”

“你不是说过吗？他们本来是不可靠的东西，只有下层的铁柱子，支撑得住大厦。”

“不可靠的东西！”刘强微声地重复了句。

他像触到了尖钉，他觉察到自己原来也是不可靠的。他内心起了惭愧。一切都讽刺他自己呵！

爆炸的声响，渐渐平淡下去了。刘强的心绪益发紊乱了。

“到底怎么办？”

“火药库炸了，我们的计划完了！……”他垂丧着头。

“这怎么算完了？只要咱们干，还怕谁！”靠山碰敲着靰鞡说，“伙计们都着急了，他们想趁热火打劫。你知道，这是‘线’上的规矩”。

“等明天……”

“怎么等呢？你别担心，子弹够与不够，有我靠山一个人来捣弄。在马滴亚‘混’了二十多年，到哪都‘走’得开。”

刘强像是接近火炭的蜡烛，弱软下来了。他懵懂了他所想走的路。他在靠山跟前接受着他的责难。

伟刚的阴影，又在刘强脑际穿动起来。然而他失去向靠山告诉“他是姓季的”的勇气。他觉着自己和伟刚同样的卑鄙，虽然伟刚的焚毁火药库，他并不知情，然而他知道自己是一个共犯。

他在这暂时的沉寂间，想决定他取舍的路线。

“你到底想什么？你害怕……”

“不是怕……我……”他软弱地握住靠山的手；而靠山的巨掌却粗野地抓紧了他的。

一六

腊月将近的冷风，漫天漫地地飞刮。浪涛形的风势，涌卷起山谷的积雪，扬撒在整个空间。摧折了的波罗叶子树，还在倔强地叫啸着挣扎。脱光了叶子的桦树，在逆风之流里变成了倒形的鸡爪。

前哨的枪声，越来越密了。骑马的传令兵，慌张地到处窜动。

王四麻子的皮袍，给门框的铁钉撕裂开长缝。他的紧张心绪不允许他顾到这。他的心境，如同炭火一般爆裂了。

他焦急地跑到刘强的屋里，刘强正在发狂样打着回旋。

“坏了，坏了，日军攻进来啦！”王四麻子喘吁着说。

刘强不作声，睁起充满怒血的眼睛，瞅向着他。他的拳头，扼的铁紧，像待斗的拳师。

“刘司令没有办法了……他在上午已押起关炮头来——就是关团长……”王四麻子搓着手说。

“为什么?”

“因为他不投降……谁又知道，日军变了卦。他们快要攻打进来了……刘司令正在为难，他不敢再放关团长，他怕……你说怎么办?”他的酱紫脸难看地皱折起来。他相互地搓着两手。

“……打!”刘强健捷地跑出去。

“子弹不够了。”王四麻子也跟了出来。

刘强粗野地从人隙间穿跑过去。在挤到军政部左近时，遇到了围攻司令部的炮手。

“放出我们关炮头来……”一个高健的炮手，用枪把子甩打过去。

“乓——”门岗卫兵射到了那炮手。

别的炮手们，疯狂地用枪杆在扑击。

“喂！靠山!”刘强暴怒地喊，“领出伙计们来协助炮手团弟兄们”。

“我止到处找你呵……”靠山瞪着饥狼似的眼，闪将过来。

“快些，日军马上要攻打进来了。”

“你是哪队里的？——对了，帮帮我们……只要弄些子弹就一切不怕。我们的火药都空了。”一个围着狐狸皮领的说。

“刘子章这小子是他妈的大坏种。投降日本鬼子，这回日本子可是来‘投’咱们了。”另一个小伙子蹲伏下来。

“别打了……”围狐狸皮的炮手嚷。

别的炮手们，扭转头瞅他，他作了个子弹的手式。于是他们松懈了下来。

“炮手伙计们，关团长是没有差错的，这个我敢担保。……你们领了子弹后，快些回到卡子去守住。”刘强高声叫着。

“头道卡子早已保不住了，他们知道咱们火药没有啦!”那炮手鼻尖滴着清涕，沾染在磨光了毛的狐狸皮领上。

“我进去，给你们关团长讲讲情。”王四麻子从人群中挤了过去。

东山坡间，爬窜来一群人影。

“马滴亚屯子，叫日本子占去了。”老于很远得叫着；他的圈腮胡子上，挂垂着许多的细冰条。他一面粗声喘着，一面飞跑过来。

“咱们先弄出炮头来，再去打日本子。”一个扼紧空枪筒的说。

“先抢刘子章的金子，我知道……”这提议被沸腾的声浪压没下去。

刘强迎着老于跑去，高声叫道：“还有多少子弹？”

“谁知道还屌有多少。”

“弟兄们！把子弹倒给炮手们，让他们截堵日军去。”刘强喊着，又急掉回头来说。“炮手团伙计们，到前线守二道卡子去。至于关团长，我和后备队弟兄要……”他瞅到了带领后备队的靠山。

“领取子弹吧！”围有狐皮的嚷。

立刻炮手们围绕着后备队。一边匆促的递过来，而又一边紧忙地接过去。每个人忙乱地向弹囊里装塞，样子像领赈粮的灾民。

“你一定得要出关炮头来呀！”那个围皮领子的炮手说。

“一定……”刘强热烈地瞅着他们走向二道卡子去……

时间到傍晚了。刘强领导后备队占据了军政司令部。

刘司令的尸体像懒猪样倒在屋角血泊里。他的手里，还握有射死自己的手枪。

混乱的人们没有理会到他。刘强在发命令：“靠山！你领第一大队同志们，潜伏到马滴亚附近。……那些高丽同志。决定在今夜到来。主要的是，看准红色旗帜……”

“老于你领第二大队，到前哨协助炮手团……注意日军阵线后面的红旗，他们一定能剿后路。……”

兴奋跳到每人的心尖，使人感到呼吸急迫。老于系紧了腰里的围带，向他的伙伴挥了挥手，跑出去。

关团长踢了下刘司令的尸体说，“把这小子的头，也得挂起来……刘老弟，我到前哨去了”。

“守住二道卡子，只到夜半时候，我们就有了接应。你记住了我给你说的话……告诉炮手团同志们，看到红旗就反攻上去，日军是处在夹攻之下的。”刘强的嗓子喊得沙哑了。

“记住了。回头再见……刘老弟。”

关团长用感激的眼光，瞅了下这年轻的小伙子，走出去。

刘强朝气地挺了挺胸脯，瞅向墙壁周围。思索着他应该做的事。

默无声响的王四麻子，从门旁闪了过来。他的脸色呈现出懊恼，他的头像被锤击似的迷晕。他走到刘司令的尸身旁，轻轻地翻动了一下，凝视着死尸脸上的血迹。

“呵……这到底是什么年头……我真不明白。”他将要啜泣似的自语着。

刘强斜瞅了他一下，提起快匣子走出去了。

他骑上了俄罗斯种的马。他踢着马肚皮，奔向马滴亚山脚和朝鲜红党约好的地方。

苍茫的夜色，由浅加深。风是张狂地刮着。在风的激烈的呼哨里，夹带着隆重的枪声。机关枪和小钢炮的声音，时隐时没地响动。

刘强看到近处的卷烟火，心里骤然惭愧起来。

“刘同志吗？”夜色里的人影说。

“崔同志。”他跳下了马接着说，“我很……我作了可耻的……”

“怎么了？我是金盖。就是在黑顶子山绑过你的金盖。”那人说着握起了他的手。

“呵……你……”刘强惊讶地找不到话说。

“你不要迟疑，崔同志昨天受伤了。至于我，是最近……总之我们都是一条战线的人了。你……”对面的人捻灭了烟尾。

“……唫！”

“你方才所说的——噢！错误是免不了，最好你能纠正它。……这次日军出发的这样快？”

“他们预先收买了人，在火药库间放了火……我在那时候，很……我太对不起……”

“你不要这样吧！从‘那个’时代跑到‘这个’时代来，中间是一段难走的路程，往往会走了岔路。这路程是年轻人敢走的，至于老年的人们还得年轻的人来引导。”他更握紧了刘强的手。

“我……”刘强像在圣像前忏悔似的。

“不要这样吧！你须要快些回去，对他们说，这里的军队，就要从H城开来。”

“怎么从……”

“日军出发以后的空H城，被攻陷了，大概能得些火药。”

刘强的心里，松散了一大块。

分离的时候，刘强用力握了握金盖的粗重手指说：“金同志！……胜利将要落到我们手里了。”

一七

繁密的碎星，撒满了天空。沉重的灰云，到处游荡地示威。展开着的铺满厚雪层的山谷，抗拒一样的发着枪声的回响。

夜的沉寂，被剧烈斗争的怒吼炸碎了。宇宙似乎在崩毁和塌陷。各种声调的合流，像咆哮的海浪在翻滚。中间夹有小钢炮的清脆而威重的声响，像是急雨中的巨雷。

在岔道旁一条深沟里潜伏着靠山，侧了头在谛听。每一炮响，都给了他一个深刻的震动，心流被催急得动荡出极高波浪。他珍重而小心地捻搓那装在弹囊里的子弹。他尽可能地从沟沿顺了雪层，向远处窥探；在他的视线直伸到那被阻塞的山根的这一距离中，是没有什么动静的。

较远处的沟壑间，隐隐地透来敌人军号的声音。他在迟疑而紧张中，撞了一下他身侧伏着的弟兄。各人都谨慎地扼住枪。子弹都放在顺手的嘴巴的一边，跪伏着静待那压到头上来的争斗。

乱杂的声音，越发近了。惨厉而尖锐的子弹的啸声和小钢炮的巨响，像是一群凶兽样卷来。

轰！一个炮弹落在沟旁的雪地里。被炸起的雪屑和土块，瀑布似的扑撒到沟里。

"向前压！"靠山爬出了"沟塘"。别的人也拾起了子弹。

轰！跟着又是一声。

"这边来！"靠山从侧面又越过了一条宽阔的沟。

他弯伏了腰躯，在积雪里疾跑，像一匹饥狼。别的人们，也跟着稀疏地散开飞跑。尖酷的风刀，削划着每个人的脸皮，手都浮肿得酸疼，只是穿水袜子的脚，被冻僵而麻木，即使脚踝间灌满了雪，也感不到冷了。

巨烈的炮响，夺去了严寒的威胁。靠山的笨重牛皮靰鞡的前掌，在雪陷里飞印。他的巨恶的凶眼，机警地探视着炮光下的闪动的树叶，但那树丛立刻被扬起的雪屑和硬土块所遮掩。

"这边走！"他扭回头传了句。

他熟识地绕过一个山头。顶头挂着雪屑的波罗棵子，密密地围集了山坡。他伸出手，用力地扳住棵树根，迅速而顺适地跃上了沟沿，立即又弯伏了腰，轻悄地溜进短树丛。

乓……乓……山顶射下了子弹。

靠山沉静地蹲在树干的背面，屏息着侦视山峰的周围。他紧扼住枪，他在探视接受子弹的脑袋。

急紧的子弹向他头旁飞穿，他默默地不动。别的人也同样地伏匿着。在没看到对方的影迹前，谁也不肯轻易射出子弹去。

乓……嗷！在乱杂的枪声中，一个跪伏在靠山不远的岩石上的人，惨叫了一声，滚了下去。

乓！靠山在窥到雪层里出现的黑影时，食指勾了一下枪机子，黑影很快地滚动下去，直到被一棵树挡住而停止了。

靠山飞快地爬上几步。被飞射的子弹打拆[折]了的树枝，向他身上坠下。他飞快地从那尸体上扯下了子弹盒。他在忙乱中，没有顾到枪。他只拿起自己的枪。

咭！咭……峰壑间突然有了机关枪响声。

雨点般的子弹，飞蝗样朝波罗棵子间扑射。吵叫开始了，矮树一棵跟随一棵的折倒。树枝上的枯叶也混合地飞穿。

乓……靠山在尸体后伏着射击起来。

他有所迷恋似的扳动着枪机子。他被一种特别的力抓住。他强硬地运用手里的“熟枪”。

“冲！”一个在峰巅的喊声。

乓乓……靠山疯狂样截击。别的人们也忘记了子弹的数目，不停地放。有人掷了枪滚下沟里，别人就势抓过他带囊里的子弹。

“哽！”靠山晃动地倒下了。

“‘二当家的’‘挂彩’了！抬回去。”一个拽了靠山小声地喊。

“水流子紧！”一个紧接着说。

“‘滑’(跑)。”靠山微睁了两眼。

咭……烟雾里夹着子弹，不断地射来。

靠山吃力地咬紧着牙根，被身侧的人拖曳着下了沟。别几个人，依然乱射着枪，截堵峰间的枪弹。在靠山们转过山口时，他们也退了下来。

对面山峰屏围间的沙坪镇冒窜着冲天的火焰。在巨火燃烧中的房屋和草垛，被风吹的到处乱飞，即便直窜到高空的火苗，也撩翻了身子。黑沉沉的烟流，在峰巅间荡漾而消失。红耀的明光中，找不出半个动物的影子。

炮弹连续地从山岭上飞落到火红的照耀处。风的阻力，使炮弹更奏起骇人的尖哨。波罗棵子树被震动得不时地战栗。集在枝桠上的雪屑，棉团样向下坠落。

靠山咬紧了牙骨，无力地将两手搭在别人的肩头，垂丧了头，任便别人拖曳。他不愿瞅那残酷的火光；可是他心里的愤懑，压服不住地在翻动。血液像是被怒焰逼胁的从肩窝向外拥挤。别人架扶他的奔驰，更使这裂口的浓血窜流。在慌乱中，和痛苦挣命中，他没觉出这受伤的地方。他无力地由着别人架持着奔驰而去。沟里的积雪，时常使他把大腿插了进去。

“谁！”对面的同一沟口，一群人在蠕动。

“靠字[山]。”不知是谁答了一句。

在潜伏的人群中，刘强出现了。他焦急地跑到靠山跟前。他看出他是受伤了。他压制下他想说的话，换了句：“退到烟突嘴子走！”

人们手里的空枪筒和斧头，还铁硬地捏紧着。蜂群样拥护在刘强的四围，在慌乱而沉静里，飞奔出雪沟，剥皮的尖风，怒吼地击吹着每个人的腮颊。在寒酷的包围中，他们又奔驰进山脚的丛树里。突然地从一端蹦跳出些人来。

“杀。……”一群人像爆炸似的翻滚起来。

“哽。……”刘强泄恨地咬住牙，将举起的枪把痛击下去。一个插着刺刀的枪，从僵倒的尸体手里坠下。他急促地捡起那枪。

“呔！”靠山睁大了眼，迅速地将对准他胸部的枪口用胳膊死力扫开。乓！枪口冲上射出了子弹。他趁着这一瞬间，向对面那汉子胯骨下，用冻硬的牛皮靰鞡凶踢了一脚！

“哎！”

靠山随着这一声，像忘记疼痛，抄起那枝扔掉了的枪。

像一条毒蛇，靠山伸直了枪头，向他看见的人刺去。别一枝枪，也从他身侧插来。他慌促地扑躲到前面，一只手极快地扼住了那枪筒，枪口朝下射出了一弹。

“乓！”靠山前面的人倒了下去。他也无力的依立在树根下，直挺挺地。枪还是紧捏在手里。

他身前头的刘强，疯狂似的舞动起插了刺刀的枪把。另一只刺刀，对他肋骨间插进，可是突然撒了手，斧光一闪，脑袋分劈开两半，斜倒在刘强腿下，喷射了刘强一脸的浓血。

惨厉而忿怒的嚎叫，汇合成一片。每个人的细胞都炸起了火花。咆哮的沸腾占满了树丛的空间。在斧头和刺刀的交砍中，夹着星点似的枪声。受伤的人身，在他们脚下滚动。冒出血星的眼睛，在搜视对方的动影。

“滑！”是靠山的调子。他已经被一个人抱起来。

“架起他来！”刘强四下里张望地说。

每人急促的从尸体上摸索地扯下子弹盒，迅速地拥了刘强，又弯伏地爬上了山坡。斧头和枪把，还紧捏在每个人手里。

“真是……红旗。”刘强的眼睛暴露出急躁的光芒，他有些喘吁地说。

“‘下晚’有红旗也看不见，他妈的。”后面一个弟兄说。

“忘了！忘了！”刘强紧切地握着拳说：“忘了，问！这……慌……呵！”

小钢炮的巨烈响声，从远处分辨出是调换了方向了。机关枪的瀑布的急流声，也听不清楚了。远处峰壑间还闪动着火红的光辉。这变相的光景，使他迟疑地停止了步。

“到‘土字碑’底下‘匿’一会。”刘强更加喘吁了，并且觉出肋骨间的疼。

尖利的狂风被碑石阻住。每个人都懈松地倒坐下身躯。疲乏后的饥饿不住地在肚里扰闹。

今天日本兵‘拉山’（找道）怎么这样熟？靠山咬紧了牙骨，缓慢地说。

“哼！是季伟刚作怪……一定是。”刘强在静听远方声响中愤恨地说。

远处的斗争似乎扩大了范围。火药爆炸形成巨大的雷。沸噪的喧叫，交织成一起，在狂风里传荡着，黑漆的浓烟，从峰巅间飘动地散开，迷雾样遮掩了山尖。下半夜的残星，逐渐的减少起来。

“走！一定来啦！”刘强扶了碑台站起来。

他那肋骨间的积血，已经冻凝成紫褐色的冰块。他毫不感觉地挺直了身躯。在他过度饥饿的心理[里]，已装塞满了怒火。

群众骚扰地站起来。各人手里的斧头和枪上的刺刀，都染满了凝血。

刘强斜瞅了一下在昏迷中的靠山。

“抬起他来。走！”他喘吁地在群众围绕中，离开了“土字碑”。

俄罗斯山峰间的尖啸着的饥狼声，在他们的背后播送。

一八

小钢炮掉回了炮头。激烈的枪声，挪到了沟口外。

群峦包围中的沙坪镇熄灭了火焰，只剩下灰烬里的小木头块，无力地窜动着火花。残余的草垛和茅屋顶，缺陷而凄凉地展开。倾倒的墙壁，显露了受重伤后的冷落。这里充塞满了腥辣的刺鼻的味道。焦黑的弯曲的尸体，在黑影里，拌[绊]着人的脚步。一股腥臭和布棉被烧后的特别气味，闷窒地阻塞住人的鼻腔。

从前线抬回来的伤兵，络绎不绝的向只剩了半个院落的后备司令部里拥进。

大半间还没有倒塌的露着天的屋子里，充满了切齿的呻吟。铺了干草的地上，繁密而混乱地卧伏着些人，他们被剧疼所劫，翻滚着，哼着。

躺在屋角的王四麻子，酱紫色脸已变成惨黄，而嘴唇是紫褐色。他的半左身，已经被土壁压伤，腿子有胯骨处，拆露出白骨的锐角。他在昏迷中醒来。他不能动。他用呆滞的眼光，瞅了瞅从屋脊巨洞中透进来的蓝褐色的云翳。他又闭了眼。他的耳朵听不到屋里的悲惨的哀叫，在他耳里的，还是炮弹的爆炸声，和屋壁的倒塌声。

“把靠山先抬到屋里。……”一个熟习的低音奇异地刺醒了他。

"刘强!"他使不出力的对壁上的洞叫了声,因为他不能扭动头部了。

"谁! 王……"刘强没有叫出来。稍微沉思了一下,接着说:"我不能照顾你了。我还得到前线。将靠山安置好了没有?"

"刘强! 哎……你把我……我受不住死呀。……"声音渐渐低到听不见,终于断止了。

"走! 快点。"刘强催促着,先转了身子。

背后的人们紧跟地捏紧手里的斧头或枪把,飞奔地窜出来。

刘强忘记了疲乏后的饥饿和被风削剥得臃肿的脸腮的疼痛。他心里的热火,燃烧着沸滚的血液。阻碍脚的积雪,被他踏溅着起了散花。他沉重地拔着腿步,急促而喘吁地奔驰。

转过了一个山脚,他已经看出远方的山峰间的血红的光影。

军号的急声,杂乱地飘来。交错的枪声里,夹带着马的嘶鸣,可是小钢炮的巨声,停息了;只有时断时续的机关枪,还是急剧地在扫射。人声的沸腾从远处飘来,似乎是洪流一般的激荡。

极远的桦树林里,透来了野豹子的寒鸣,清晰而锋锐,表示着世界的酷冷。伸展着的雪层,像是无边的白幔,遮掩着山谷及沟壑。被风吹扬起的雪网,飞扑向远处而去。

刘强在雪雾里,挣扎地冲破狂风的巨幕,冲去,冲去。……围在他四周的人们,镇静地追随着。斧头和空枪筒,还是紧捏在每个人手里。他们拿这冲锋的利器,来肉搏,来劈杀……来砍击碎将要拘束到他们身上的绳索。

"旗,旗!"刘强惊喜的喊了声,地[他]停止了步。

在灰色蔼云满布的晨气中,一管极小的红色旗帜,插在很远的两峰夹峙深处的山尖上。有如催动他们紧急前进似的,这旗帜在狂风吹击中迅速地摇摆着。

"来了! 压。……"刘强默瞅了些时候,突然扯开嗓子尽力喊。

在微亮的晨色中,他的狗皮帽子的大耳,贴近他嘴巴的地方,已经浮了一层厚密的霜;并且被严寒逼胁出来的鼻涕和泪水,已经滴满皮袖,而冻成硬的冰屑。他一些也不觉得,狂喜地又喊了句:"来了! 压。"

一群人灯蛾似的,发狂地向沸腾着人喊马鸣的山峰间。飞扑过去,提了他们的空枪筒和斧头。

黎明晨色中插在远处峰巅的旗帜,更有劲地在狂风吹袭中,庄严而勇敢地摇摆着;摇摆着,极其迅速的摇摆着。

下篇完于"一九一八"五周后

后记

写这小说的时候，是三次从满洲逃亡到祖国的一九三五年夏天。当时，并没有想能长久住居下，只不过打算带点“自由空气”回去给浴在血池里的人们，呼吸呼吸。结果，是违背了原来的意思。

南方的酷暑，是叫人坐不住椅子，躺不住床铺的，然而在沪西汶林路一间房子里终于度过了三个月零几天的孤寂而热闷的生活。

夜间约莫十点多钟，窗外就有凉风扑来了。弄堂里照例有人砰砰敲门，不知是电影院的售票员还是酒座咖啡馆一类的侍者，他每夜定时归来，闹一顿，我必被惊醒，立即揉揉眼，扭亮灯，开始写作，一直到灯光减淡，玻璃窗发白，而弄堂里有人扫道或刷马桶声时，掷下笔，透透气，才上床睡去。

睡眠中熬过白天的燥热。出去散步，往往在傍晚。

从来没有人打搅我的昼寝，更没有什么来往的朋友。正因为如此，才使我与夜的汶林路发生了亲切的感情，静静的两排沿路梧桐树；在上海稀有的碧绿草地，空旷，还有车鸣犬吠。

以后，我离开那里，还是经常的跑去，怀了温存的心情，夜游。淞沪失陷，我也将离开上海，又默然去“凭吊”了半个夜晚。这恰如怀念这书里的塞北原野一样，现在更怀念着写这册子的寓所周围。

这其[期]间，故乡早已不见有一纸一字寄来。我记起了一首杜诗：“戌鼓断人行，秋边一雁声。露后今夜白，月是故乡明。有弟皆分散，无家问死生。寄书长不达，况乃未休兵。”是时常作此感，不过那时是未交兵。

谁知事情过了八九个月的现在，竟意外获得了一点消息，册子里那座临近图们江的黑顶子山脉四遭“地都荒了，没有人敢种，情景一如往昔，可是珲春城里就两样了，仅拿白面来说，每袋比从前涨了三元多”。

所不同的还有，那就是信笺末端，居然印上了“连战连胜”四个字。当中又有小形太阳旗一面，日本法西斯蒂将军们的摇尾呼应亦只能如此。但扇扇虽然为了风凉，可是别人也会看出汗流满面的另一面来。况且不及“自来风”较真实，又况且“自来风”更是片刻工夫，掩舌张嘴的丑像，终于会在伟大的阳光下现出来的。

一九三七、六、十二，浙东前线。

（原载于《边陲线上》，文化生活出版社，1939 年 10 月）

荒漠里的人*

卜宁(无名氏)

关于《荒漠里的人》

《荒漠里的人》是我的正在写作中的长篇《创世纪》的第五部。这个长篇共分八部。纵断面是一部韩国革命史，从韩国的灭亡写到韩国的再生。横断面是一个韩国革命者的一生奋斗史，从幼年写到老年。这里面的材料，完全由一些韩国朋友们所供给。其中的情节，大部分是根据史实与事实，因为这本书的主人公，就是曾和我在一间屋子同住过大半年，这大半年中，我几乎完全用来搜集材料与记录他的谈话。我相信，只有从现实的底蕴中抽译[绎]出来的素材才能深刻，生动，感人。但凭脑子幻想，即使技巧精致，也不过是盆景清供一类的点缀而已。

我所以先行发表第五部《荒漠里的人》，是由于一种心理的偏好。在全书中，我最爱的就是这一部分，而这一部分的材料，过去就很少有人写过。在这一部分，主要是写书中主人公在吉林奉天从事革命失败以后逃亡到黑龙江西北部的故事。背景是外兴安岭，时间是从一九二九年到一九三一年九一八事件发生。在这里面：我要写一个人在大绝望中，怎样逃避现实，而终于又离不开现实；他怎样要回返原始而其实还是在人间。而更主要的是：我想每[写]一个人是如何懂得生命，爱生命，与生命斗争，而终于克服生命……

几年来我直接的间接的参加韩国革命工作，最使我痛苦的一件事是：世人太不了解不认识韩国革命与韩国民族的伟大……我发誓要为他们写成一部大书，来扫除世人对韩国民族的种种偏见。现在这个愿心总算有了初步的实现。我希望这本书最低限度还不致误解韩国革命。

---

* 为保持文本流畅，便于阅读，将原刊注释改为页下注，并对原文的讹误统一进行标识修改。

以上是关于《荒漠里的人》的一点侧面解释，其余的则留待作品本身去解释，兹不赘。

最后我要特别向李范奭先生与卜少夫先生致谢。没有前者大量供给材料，这本书无法产生；没有后者的鼓励与赞助，这本书无法与读者见面。我谨以此书献给这两位先生！

第一章

一

风喧豗着，咆哮着，拐挟着冰雹子似地蛮犷雪霰，恣意沉酣在酒神 Bacchus 的魔性狂舞里。从斑驳的古老岩洞中，从魇魅重重的海边，从黄澄澄的金铜色荒漠里……风怒嗥着，四面八方的冲出来，似摇幌着千千万万条奔马的粗壮影子；它的凄厉的嚯嗷声，呜呜咽咽的如古代哀恻的画角，游龙般地盘旋在悲凉的旷野里。在风雪的钧天雄舞中，天与地之间已泯灭了严格界限，一切阶层形态全被挝杀了。到处急滚着大旋风似地泡沫状与颗粒状，缠杂着鲸鱼型的白色喷雾与大条大条的神秘银河，闪闪烁烁的熠爚着充满棱角的光粒，远远看去，直是一片投影在柯达克胶片上的空间深处的天鹅座大星云。关外雪没有江南鹅毛雪的黏腻与柔润。它是干燥的，粗棱棱的，纯然是粉末状的碎结晶体，经狂风一扫卷，分外显得粗硬，凌厉，强悍，与混沌，正如北人的禀性。……

原野，山岳，河流，森林，冈峦，村落……全沉没到垩白色的大波浪里，像一些触礁失事的船。全部嫩江冲积层遭遇了一场空前的白色大洪水，整个被白色卷去了，任何区别地形的最隐微的弧形线纹全堙灭在白色大洗礼里。在风雪的疯狂扫荡下，空中没有蹁跹翱翔的鸟翅，地上没有血腥气的野兽影子，人的足迹近于一种不可思议的神秘。零下二十度已把一切生命关闭起来。欢乐，火光，希望，与理想，全褪为另一个星球的记忆。整个宇宙缩小成一簇摇摇欲堕的星群，天空变成一只败坏了的闪亮的水果，在无声的溃烂着，一片片铅云仿佛就要被狂风扇落下来。

旧俄罗斯黑色膨胀欲的结晶的哈满线，伸展着蟹螯似地钢铁胳膊，横贯了巴尔噶高原与嫩江平原，提携了茫茫西北利亚与关东沃野。在风雪的骠骑兵的突击之下，这条大输血管的倨傲的雄姿，现在也崩溃了。黄花松的铁道枕木全然被掩埋，成为雪的殉葬品，崛强的青色钢轨瘫痪成两条白花花的长长的死蛇，凄然静躺着，尾巴被遥远的白色雪浪所吞蚀。如果不是铁轨偶然的轻悠悠的颤动，人简直会忘记雪下面是隐藏着一条包括半部远东政治史的交通大动脉。这颤动声起先是倏然的，玄秘的，如海底一条鲤鱼的轻轻的呼吸。渐渐的，呼吸愈来愈急促，铁轨的抽搐也越来越歇斯地里亚……，一团灰黯的点子虚无的从白茫茫的天际线处蠕动着，越显越分明……终于，雪原上像遭了场凶险的大地震，车轮样滚动起一阵沉闷得可怕的隆然金属吼声："卡隆！卡隆！卡隆！卡隆！……"夹着一阵阵尖锐的汽笛声，犹如巨人的怒号，天神的咆哮。蓝钢车大鳄鱼般地出显了，爬行在白森森的旷野上。这时如乘飞机向下作鸟瞰，会惊讶于这白色大雪原的一部分竟会爬动起来。在大风雪的拥抱中，在白灼灼的光雾里，这大鳄鱼神经质的挣扎于雪的沼泽内，爬过处，尾间部分卷腾起一大片乳白色的雪雾。除了抑郁的哮喘声与叹息似地黑色烟浪外，它并没有带来风雪以外的任何生命符号。几分钟后，它悄然隐遁了，留剩在旷野里的依然是没遮拦的大雪原与白色不透明体，无边的骚乱与无边的深渊寂寞。

雪的白璎珞浮荡荡的蕤垂着，断断续续的，歪歪斜斜的，疯疯魔魔的。随着大风暴的扫卷，这神秘的璎珞幻化为千万条鄰动的白蜈蚣，映衬着铁道边柏树电杆的摇颤颤的躯干，与高架电线的大提琴似地呜咽悲鸣声，原野上仿佛在举行一个最癫狂最悲惨的假面跳舞会，一切的存在全蒙上了面具。……当这跳舞会达到最高潮时，远远的，沿铁路线边，一个新的假面舞客幽灵似地浮现了。这是一团抖动着的渺小灰色影子，虽然轮廓很模糊，它却在固执的象征着一个意义与存在。丝毫并没有铁轨的颤动声，这影绰绰的符号很难与那铁甲大爬虫联系在一起。……渐渐的，这渺小的灰影子梦幻似地膨胀了，扩展了，抖动着，越抖越清晰，终于凝结成一个坚实的完整的姿态：风雪以外的唯一的生命记号——一个人！

这人凫泳在风雪的汹涌波浪中，如希腊神话中被恶运惩罚的唐达利斯①。他前进着，像一支失去控制力的破船，颠簸于无涯涘的银海里，被滔滔白浪所拍击，所推送，一波又一波，一程又一程。远远了望过去，这人并不像一个在走动的两条腿动物，而是一团流动在大风雪中的固体：一片枯叶，或一羽鸭毛。滚着滚着，近了近了，这才楞[愣]发觉原来是一个拄着铁手杖沿中东路行脚的旅客。

这旅客年约三十开外，面目黧黑，身材魁梧，宽阔的肩膀上负了一个小行李卷，步态异常沉重而蹒跚，发散出浓厚的疲倦意味，似乎刚从撒哈拉沙漠的长远旅途里跋涉归来。他一行迈开大步，粗犷的用铁手杖叩击雪地，一行频频回顾，桀骜的觑视着，如一只专用嗅觉捕捉野味的蒙古獒犬。在这慓悍的大风

---

① 唐达利斯受神的惩罚：永远浮沉于海中，而始终不能得一口水喝。

雪中，他的隐藏在茶烟色墨镜后面的眼睛显然狩猎不到什么，这摇颤着一颗寂寞灵魂的雪野，只能给他原始性的荒凉，绝望的空虚，无可救药的阴惨。……

毛茸茸的雪光奇迹式的膨胀着，烟雾似地升腾着，夹着强烈的传染性，受濡浸的灰湛湛的天幕于是也煜耀着凄艳的明亮。这是一种不透明的混浊的光，近似那黑夜初退潮后的穿透过多毛厚玻璃的破晓曙光，色调极其阴郁而迷眩。这时地球约莫在回轨线上白转了一半，是一天中白昼光最强烈的时分，也是雪白色似染性最猖獗的时辰。一只无边的白色光网俘虏了地面的一切。一片虚无主义的苍白色无声的蔓衍开去，洋溢着强厚的凉飒飒的白色的芳香。一股略带咸味的寒凛凛的潮湿气味在强烈的上升着。……

如重磅炸弹崩裂后飞迸出来的破片，如火山爆发后疯狂冲击激荡的镕[熔]岩火浆，雪沫子横暴恣睢的飞舞着，扑斗着，撞击着，急雨点似地鞭挞着这行脚汉子。他的黑羊羔皮猎帽上，俄国粗棉织品的草黄色“杜苏里克”[①]上，羊毛“围脖”上，灰色行李卷上，全满满驮载着银雪。他浑身喷散出一股强烈的银光，几乎被装饰成一座在走动的银色建筑。风夹卷着雪，狞毒的向他大瓢大瓢的倾泼过来，干硬的雪颗子与多棱角的凛寒钢针似地扎着他的肌肤。他的猎帽是齐眉压住，三面帽檐全被拉下来，遮往后脑勺与耳朵；他的“围脖”没头没脑的缠裹着，连嘴巴与人中也包扎起来；为这二者势力所不及的一小部份裸露面孔，则不断被风雪与严寒的刀子所劈刺，爆发着割裂似地痉挛阵痛。但这阵痛只是肉体上一种本能反应，他的心理感觉其实早已僵成一片风化石，纯然麻痹了。对于身上的冷冷积雪，他也毫无感觉，更未想到抖一抖，或拂一拂，径让它们自行堆积起来，随着风的扫卷与足部的摇幌，又自行滑跌下去，不断的堆积着，又不断的滑跌着。……

荒凉，凛冽，冱寒，阴湿，抑郁，恐怖，寂寞……一千种一万种的悲剧气氛，像野兽从岩穴里冲来似地，围攻他，猛扑他，吞噬他……他蔑视这些！他的心是一块冷硬的岩石，他有大的孤傲，大的唾弃，与大的残忍！他的灵魂现在已凝冻成一片孤独的冰块：有着太多的冷酷与太深的坚硬。在旷野的荒凉的眼睛里，他现在已没有了过去，也没有了将来，只有脚印的现实存在。每一举足，一块足印立刻镌铸在雪上，但旋即被雪填满，被风扫去。于是再产生新的足印。……足印不断的死亡与再生，形成一长串无声的流逝与忽现忽灭的存在。这存在相同大江的一片波浪流注入大海里，虽然是刹那的，断断续续的，新陈代谢的，却是他在天地间的唯一的真实存在。除了这一尺多长二尺多宽的椭

---

① “杜苏里克”为俄国平民工人眼装，形如外套，用粗布缝制。

圆形痕迹外，他再不能给予世界什么，世界也再不能向他取得什么。——他的灵魂与肉体业已缩成这样的一个足印。

……一个脚印死了……一个脚印活了……随着一个脚印，一个圆圆的白点子也并排勾勒在雪上，旋又在雪风的急扫中随足印泯灭。于是新的脚印，新的白点子，那脚步声与手杖声隐约得等于零。

他走着，孤独的走着，踽踽的走着，踯躅的走着，颠踬的走着，蹒跚的走着，摇撼的走着，固执的走着，局踏的走着，踱踱的走着，躄躄的走着，冷酷的走着，昏眩的走着……他这样走着，连自己也不知道经过多少天了。

……自从那一个应属于地狱的残酷的黑色日子起，他就这样走着，怀着大愤怒与大绝望。他逃跑着，像一只受伤的箭猪。他逃出用金子铺地的洋场，逃出四时开花的城市，逃出红尘万丈的人海，逃出笑声里杂着哭声的政治黑流，逃出太阳光发散出黄梅天霉湿气味的繁茂乡村……，沿中东路向黑龙江西北部逃亡着，流浪着。他听不见外界任何声音，他听不见大风雪，鸡鸣，或犬吠。他的内心的宏大声音压倒了一切：

“逃啊！逃啊！逃到古巴比伦！逃到小亚细亚！逃到西伯利亚！……逃到阿拉伯沙漠里！逃到印度森林里！逃到蒙古荒原里！逃到非洲蛮荒里！逃到埃及的古岩穴里！……我憎恨蚊子似的群众，我憎恨贩卖人肉的城市！我憎恨充满刀光剑影的机器！我憎恨用黄金铺筑成的文明！我憎恨蔻丹指甲与涂抹着 Kiss-prove 的红唇！我憎恨用死尸来威压的秩序！我憎恨喇叭与铜鼓！我憎恨一切流线型！——让我做一块阿尔卑斯山顶的石头吧！”

于是他餐风饮雪，晓行夜宿，幽灵的影子似地飘动在中东路上，游魂似地浮荡在这白色大沙漠里，有时落在列车后面，有时抢在它的前面。

“总有十来天了吧！”

默忆着自己的旅程，他的思想不禁沉重起来。这些天来，一股原始的情绪驱策他，催促他，他只顾向荒凉里逃去，此外并未作其他实际打算。经过这些日来的消耗，即使不细数口袋，他也意识到一口无底的陷阱已在前面等待着他了。……

“这是甚么地方？”

照他估计，离哈尔滨至少有七八百里路了。他早越过昂昂溪，越过朱家坎，伊玛胡卢，碾子山，成吉思汗，朝阳冈，张德川，雅鲁城，扎兰屯……

猛抬头，往远看去，他兀自吃了一惊。就在这大风雪急旋中。一种涌天白浪似地急拥出一座峥嵘巍峨的擎天高峰。这孤峰透明得如北极冰山。峰顶耸立着一株银色盘龙松。峰后而[面]是群山的白色幻影与森林的白海。这孤峰的山嘴子是平荡荡的，由于四面八方狂风的冲扫，它的斜切面的雪全部被扫光，一阵狂风起处，它的荒秃的横断层霞一样的闪射出一片红色。——

"啊，红土！"

一声绝望的呼喊浮腾在旷野上，这呼喊声旋即如一支悲哀的残灯光似地被大风雪吹熄了。

呼喊者摘下墨镜，眼珠子要爆炸似地死死端详着：那是怎样富有强烈诱惑性的红光呵！……

他停下足步，摔开行李，弯下身子，用手杖的把柄拨开身边的积雪，又用戴着麂皮手套的手把残余的雪渣子扫开，登时，他脚下也裸露出一片赭红色。他挖起一团泥土，放在掌心，那土是红斑斑的，湿漉漉的，如一朵雕残的鸡冠花，含着太多的哀怨与太多的故事。……他的络织着血丝的狮子眼瞪得大大的，带着无可形容的绝望与恐怖的表情来凝视这团红土。渐渐的，他凝傻了，石像样兀立着，双睛是两支红烛，直插在手掌上。望着望着，托住泥土的手渐渐抖颤起来，浑身也渐渐抖颤起来。……两颗圆圆的晶莹泪珠从颊上滚下来，无声的寂寞的流动着，还没有滴落在地上，就被风吹散了。

风雪越来越猖獗泼辣。雪珠子卷腾得如千丈胡沙。狂风是数不清的无情巨手，要把这世界撕成碎片，要把地面的一切存在物像火柴样一根根扭断。风扫雪，雪卷风，风风雪雪的扭结成一片，在疯狂的角力。原野是愈益悲惨而浑噩了。他伫立着，忘记了风雪，也忘记了自己的存在。渐渐的，他的眼睛模糊起来，花乱起来，摇幌在他面前的似乎并不是黑龙江西北部的雪野，也不是万里平沙的亚洲大陆，而是他的久已失落的如锦如绣的半岛原野。

……在大海的那一边，在遥远的鸭绿江与图门[们]江的彼岸，他的失去的祖国原野上，到处展览着这样的红土，是沃腴得令人醺醉的土地呵！当那美丽得令人哭泣的春天以狐步舞的旖旎姿态飘来时，当那翦水的燕子梦一样的轻捷的掠来时，霞样的红土上，蔓开着霞样的杜鹃花，这猩红花香在夜里会把一个少女从梦中惊醒的。春天的云海是透明的，媚惑的，那一万二千峰纯是白石砌成的金刚山，直是一簇簇发光的玻璃建筑，连它的灵魂也是发光的，透明的。朴渊瀑布一条条闪电似地烱亮着，大风琴样的淙淙铮铮的交响着宏丽的音乐。豆满江的碧流清澄得可见鱼鳍的翕息。蔚山湾的海水是纳蕤思临流自鉴的清泉之明镜。太白山点缀着五彩水禽的潢池是荷兰风景画。郁陵岛的累累蟠桃结得有月亮大，羔羊样身材的猫踯躅在阳光里[①]，伽倻山红流洞边的飞泉缭绕

---

① 韩国郁陵岛的桃子与猫特别大。

着磐石作旋回舞，终古弹射出明朗的笑声与歌声。那些结着千年人的芙蓉花似地山！[1] 那些游泳着明太鱼与海鼠的海！那些流溢出蜜与奶汁芳香的苍秀林木！那些白色槿花！[2] 那些西班牙女尼似地白衣少女，头上顶着希腊古瓮似地水瓶，迈着细碎的小步子在汲水，麋鹿样匍匐到清泉边，静静的缓缓的汲着明亮的水，如一个女孩子在静静的摘花，一朵花一朵花的慢慢摘着，空气里经掠过清脆的泉水流泻声，远远的如梦的伽倻琴声响了。……

手一颤，那团红土从他手上滑落了。

……

十分钟后，当他再掮起行李，向前迈步时，一个新的决心火焰似地摇幌在他的思想里。他已失去离开这片红土的勇气了！

二

破船也有它的港湾。三十分钟后，一个鹅黄色小车站终于向这行脚汉子伸展出臂膀，纯粹是俄国式的建筑：票房与行李房驻军营房构成品字形，中间隔着长长木栅栏与杨树行列。行李房与营房外侧的月台，长约百米，有着黏土的肌肉，碎石的骨骼，与黄沙的皮肤。它被营造者压得紧紧的，辗得平平的，这番曾索取过若干脑汁的工程，现在却全被雪的白色巨手所抹煞了。雪霸占住一切。

车站左近，没有市镇，没有摇晃晃的人影子，没有表现人间味的骚音，即使有人烟，也很稀疏，或被风雪所掩蒙了。勉强搜罗，只有几片零星小铺子蛰伏在河沿上，山坡下，像是几只努力把头钻入沙里的驼鸟。这些小铺子散散落落的，又孤单，又冷落，每一家相距至少数十步远，它们仿佛深味[昧]了叔本华的关于猎猪的哲学：这些獴[豪]猪身上丛生着长刺，冬天怕冷，相互靠拢，以求温暖，但旋即相互感到刺痛，又不得不远远离开了。

在这大风雪天，这小车站真够荒凉冷落了，还抵不上荒山里一座破土地庙；连一个像人样子的形体都没有。应值班的站长或帮办（副站长）大约都钻到火炉里去了，一把红旗子被丢在票房门口。……要不是从那长方形白漆站牌上，有三个拳头大的楷书字诱惑的扑到他的眼睛里——“哈拉苏”，下面描写着一个俄文字（XaVaCy），他会以为这是荒凉的非洲和利比亚或英埃苏丹的。

这汉子在车站附近逡巡了几分钟，继续向前走去。风雪来势这时已稍稍

---

① 韩国汉城三角山如三朵芙蓉花。

② 槿花为韩国国花。

煞下去。在雪光的照耀中，前面分明还有人家。

跋涉了约莫半里路，他的疲倦的〔的〕眼睛终于落在两椽草屋上。这草屋兀立在山坡下，四周不靠人家，如一个孤独的老鳏夫在垂头沉思。他抢上几步，走近前一看，原来是一爿小杂货店：招牌上标明是“福丰恒”。店里“生财”大都是崭新的，显然开张未久。“三架子”上陈列了一些海味与杂货：有油，盐，酱，醋，高粱酒，香烟，火柴，罐头，小米子，海带，木耳，金针（一种调味菜）……

一部份[分]的事是为“大鼻子”准备的。

柜台里面坐了个粗眉阔嘴的黑大汉，看额上流水绉纹，是奔四十岁下坡路的人，一双环眼闪灼着种棱棱的光芒，面色却甚和善。这黑大汉虽然是凝坐不动，浑身却腾溢出一股旷野气息，纯然是绿林里的“架势”：“功夫上的”派头，即使未“插”过“柳子”，看样儿也曾在大江大海里打过滚。在这样的大雪天，店门口连麻雀也没有一只，他便翻出陈年“流水”，牛抵头似地伏在帐桌上“一上一”“二上二”的打着珠算，“劈里拍落”的算珠子滑动声，清脆的响着，圆溜溜的滚在寒气里。

来客估量这黑大汉便是掌柜，径直大踏步迈往店内，在柜台边站定了，呵了呵说：

“请了，掌柜的！……”

黑大汉吃了一楞[愣]，放下算盘，迎出来。一团和气的答了话：

“请了，客倌[官]。……有何吩咐？”

来客沉思了一下，并不放下行李卷，却粗率的道：

“掌柜的……我有点小事相商。”停了一下，口气突然热烈豪迈起来：“掌柜的！我求你先别打听我从那[哪]儿来？往哪儿去？也别问我操什么行当？来此地干什么？……这些请你先别计较，……我是一个过往客人，欢喜这个地方，打算在这儿附近住一些时候，我想求你的一点援助：暂先借给我一袋小米子，半斤盐，一盒火柴……这些你办得到么？”

来客口操吉林腔，声音像破铜钟似的响着，微微发嘎，是受了点风寒。这宏壮的声音教柜台里的人震动了一下，他抬起眼睛，骨碌碌的直在来客身上滚转，不断上下仔细打量着。

来客浑身是雪，晶耀得像一座银色建筑，遇着室内的暖流，这银色建筑上的雪全化成液体，大滴大滴的落下来，无声的坠落在地上。来客身材粗壮，直是一颗蛮犷的老槲树：肩膀与胸脯子特别宽大开阔，端的熬得一份好膂力！出于长途的劳瘁，来客脸色备形劳顿，双颊遭风雪与严寒的鞭挞，有好几处已被击破了，缠结着冻疮，描绘出红肿与痂疤……

从来客的举止，口气与玳瑁墨镜上看来，委实与他的衣着有点不调和。在这样的大雪天，鬼似地一个陌生人忽然从不知道甚么地方的地方冒出来的，骤然之间，纵是怎样仔细端详，一时也难看出分晓，而断定是属于那一流角色。——只是总觉得来历大约有点不凡。

掌柜的端详再端详，研究又研究，似想在这短短的几十秒内，揿住来客的全部灵魂，把握住他一生的悲欢离合。……终于，怀着赌徒“压”冷门的心理，他潇洒的摆摆手：

“好说好说。你吩咐就是。”望望店门外的风雪：“大雪天，怪冷的，客官累了吧！……先喝盅茶，烤烤火，暖暖身子，我这就续炭！”

门外大风雪的交响乐章，渐渐只剩下尾声。原野的海面解脱于恶劣天气的桎梏。慢慢澄清下来。朔风由最峻急的漩涡降落为平静的波浪。雪霰也逐渐的温柔起来，如一个大大发过脾气的美丽少女，终于显露出她幽美的灵魂——世界是从另一个“世界”里还原了。

猩红的火光从火盆里散溢出来，新补充的炭是一些新兵，旺炽的燃烧着红色的热情，要把从屋外袭来的雾气全部溶化为它们的俘虏。雪的神秘银灯原使店内明亮了，现在与浸透进来的白色雪光与炭内的红色火光相邂逅，老朋友似地立刻拥抱在一起，融洽无间，潴汇成一片幽玄的光的水流，把店内淹没得更明亮了，这神秘之光照亮了来客的霉暗的脸孔，也照亮了他的阴郁的心。他喝完一杯茶，深深喘了口气，似乎已逃出大风雪的追逐。

在烤火时，宾主交换了姓名与籍贯：是在循规蹈矩的填一张履历片。掌柜姓田，山东滕县人。来客的名字是金耀东，云南芒市籍，是出产廿多种疟疾与黑死病的地方。但他从小住在吉林宁古塔。

除了照例的寒暄外，他们的话只限于上面的填履历片。来客似乎不愿多开口，寒蝉样习惯的噤默着，只埋头烤火，不时用长长的铁签子拨弄烧炽的薪炭。随着每一次拨弄，火心子就更炘炘的焮燂，而热烈起来，熊熊燃烧着，熛起倏忽殒灭的火星子，一股红灼灼的热热光焰直往上冲激……

在火盆旁边坐了十几分钟，忽然想起账桌上的一本“流水”，田掌柜霍的一骨碌站起来，道了句“失陪”，又去柜台里“三下五除二”的板[拨]弄算盘了。

三

当来客把身子烤得热腾腾的，把后背上的潮湿气蒸发得干干净净的，扶着手杖，跨出店门时，那风雪早已结束，原野是一片沐浴过的水晶玻璃，闪亮着夹有明静浮云的银辉。雪光是在强烈的照耀。天的含有浓重失眠意味的苍白色面孔也奕奕生动起来。一切是调协的，鲜丽的，崭新的，与一小时以前的幕景相比较，现在已从大风暴里航入和平的港湾，接触到海水的温柔了。他的行李卷已存放在店内。没有了负载，他觉得是洗了一场淋雨浴似的轻松。身子虽然是再度投掷入原野的寒冷氛围里，却有一种被解脱的快慰。走不几步，他已醉醺醺的沉酣在旷野的新鲜的芳香里了。

在哈拉苏的外围，隔不三四里，总有一两起阒无人住的孤单屋子：有的是"马架式"独间屋，屋顶的两斜面上覆盖着黄苍苍的茅草，墙壁用土筏砌成，一门一窗同开于侧面；有的是谷仓型草屋，屋身作圆形，屋顶则是锥形；有的是平顶圆形木屋，纯粹用木料造成，是森林地带特有的房屋……这些屋子原隶属于一些"跑关东"的客人，他们浪迹于哈拉苏，专心致力于"跑出"。丰饶的春天来了，他们入山拣拾牝鹿换茸时卸脱下来的枯槁"坎角"，聚集多了，便带到哈尔滨，向草药店兜售(那时市价值六七元一片)。春夏之交，豪雨以后，老耄的柞树躯干上滋生出黑木耳，他们便去采摘下来，这是大补品。白露霜降，金黄色的榛子熟透了，遍山遍野是绚烂的累累果实。他们便一大麻袋一大麻袋的收获着，丝毫不问耕耘。……这样积日累月，挣了点积蓄，攒聚下一堆奉天宫帖，便拍拍尘土，离开这穷乡僻壤，或另开码头，写新的"淘金记"或衣锦还乡，株守"自己的园地了"。因此，这含有苏武牧羊意味的临时窠巢，便被遗弃下来，任风吹雨打，霜雪侵蚀。

在这种充满"大窝集"的森林区域，没有主人的木料到处是，加之地上土壤，含有极浓厚的咸质，故筑造房屋，直如顺手牵羊，便利无比。这些落荒的孤单屋子，离铁路线既远又伶仃，又简陋，即使不掏腰包，当地人也不屑问津。于是它们始终像破抹布似地被丢到荒郊野外，守着空荡荡的寂寞岁月。一年四季，只有一些几乎等于零的穷而破的过往旅客，偶尔在此投宿，此外便是每年一度的春季，燕子偶然过此营巢，呢呢喃喃啾啾唧唧的吟咏一番，忙碌一番，一到江边桂花快凋谢的时节，又展开黑色华翅，去追逐阳光了。只留下那冷落的空梁，不时轻轻坠落下寂寞的燕泥。……

在雪地上一程程的走着，他发现几起这样的孤单屋子，里里外外仔细端详一番，终于嫌他们离铁路线太远，没有进去做主人的意思，他需要听大地上的铁轨颤动声。

经过几番搜索，在离铁路线不太远的一座山坡下，他终于发现一幢阴暗的建筑：一座废圮的砖窑，一颗有着帝王陵寝的庄严与冷静的灵魂。这窑纯由方方的土砖砌成，极为牢固。他用铁手杖敲了敲，壁上登时射出一朵枯涩的黯哑的确实坚实的声音，是冲破陈年的古旧记忆的沉郁的叹息。自从最后一次冷却的烧砖“出土”后，那“窑帽子”便永久被揭去了，窑遂展露出它的深渊似地幽暗的内心，如一只绝望的黑色大眼睛。

从窑门口走进去，他发现窑灶里尽是积雪，足有一尺多深。灶的面积约有五六方丈宽阔，算是规模很大的土窑了。由于风雨的啄蚀与潮湿的薰侵，灶壁上孕生着暗绿色的青苔与斑斑的白霉点子，散溢出一股刺鼻的霉湿而酸涩的气味。

这窑是一座小的城堡，大的坟墓，有着太多的灰色阴影与太多的沉默的陈旧记忆。时间的手虽然残酷的企图摧毁它的形姿，但因为它本身基础坚固，只外貌上略显苍老，骨骼与筋肉却是健壮结实的……

……

三小时后，当他以鲁滨逊的姿态，敏捷完成这座仅能遮风蔽雨的临时巢穴时，夜这只黑色巨蚕已开始咬蚀着叶形的原野，且带有浓厚发酵性的膨胀着它的黑色身子，一切是渐渐染污了，染脏了，染黑了。

从杂货店取回行李卷，小米子，盐，火柴，借了个瓷罐子，他用两块大石头砌成简陋的锅灶，划了棍火柴，燃起荒草。把搭造屋架子时砍剩下的零星碎森林块引着了，烧起熊熊的柴火，又跑到窑外捧了些雪块放在瓷罐里架在灶上，溶化成水，小米子也不淘洗，径捧了几大把放下去，伴投下一大撮盐——这算是熬小米粥。

从柴薪堆里，卷腾起大片大片的血红火光，夹着发焦的烟味，奔兽的腿足似地摇幌在窑内，驱走了四壁的黑暗。这火光带给他古代黄昏的记忆，与酸辛的暮年感觉。那四处撩拨的火舌头的神秘颤跳，便是人生中极炫丽也极容易幻灭的部分。他坐在乱柴堆上。火光照亮了他的粗犷的灵魂。他的一个思想也突然被燃亮了，他依稀记起：适才跑到森林伐森林时，在雪地上发现一些竹叶子似的痕迹。从经验上，他推断，这是飞禽的足迹，而且是野雉的足迹。当时他曾蹲下身子，摸了摸镌铸着这些足爪印子的雪片，发现它们还不甚僵硬。他于是肯定：这些五彩飞禽离此并不远，天寒了，出来觅食的……

“这附近一带一定有很多的野雉！”他想。

窑外夜色潮水似地泛滥着，原野返回到世界未开阔以前的无声状态。在极度的静寂中，一串串迷鹿在野外的寒气，似乎在反动的发出回声，凛寒仿佛已凝结成一种滚动在空中的球形固体。冬夜真有一种可怕的深沉。人会设想一些魔鬼似地狰狞的面孔或姿影会出显在那黑流里。在这黑色川水里，雪光盛开着魑魅似地苍白色的花朵……

火光投映在窑壁上，那暗红色的影子就像一只只野雉的美丽的五彩翅膀……

他棼乱的想着，思绪变成一堆互相纠缠的缫丝，可是当一瓷罐小米粥熬好时，他对于自己的未来生活方式，已有一个轮廓的决定了。

没有碗筷，就着瓷罐口子，他喝了里面的一大半小米粥。

这一夜，他睡得很鼾，如一只六月流火天的猪。他的床就是铺在地上的荒草。

四

翌晨时八许，在与田掌柜“聊天”时，这远道来客不经意的触及一个新鲜话题：

“……这一带野雉倒很多……”

“哈拉苏的野雉，在哈满线上是出名的！”

“这儿的野雉，时价如何？”

“庄稼人吃不起野雉，本地没有一定的市价。……路上（中东路）的可贵得怕人，划八九毛钱来一只，抵得上一只猪崽子的价钱呢！”

客人沉吟了一下，试探的道：

“每天要能打几只野雉，日子不也很可以对付了？……”

“吓，吓，说说是容易，动起手来，可就另一回事呀！……这一带野雉比牛毛还多。眼馋馋的看这些畜生在跟前摇呀摆的，仿佛一伸手闭住眼也能摸到几只似地。……可是，你要真动手呀，那是癞蛤蟆爬旗杆，还差一大截哪！……”

“要是真弄到手，准有主顾么？”

“嘻，真弄到手，那还愁脱不掉手？……哈满线饭车上，哪个客人不爱沾点野味？俄国大鼻子看见野雉，欢喜得甚么似地。就以这个么，怕卖不掉，甚么话呀！……可是，话说回来，野雉并不容易打哇！”

客人皱起眉尖，思索良久，阴郁的眼光一径在柜台里面的货架上徘徊着。终于，突兀的然而温和……

……

与姚百户长分手时，金耀东带去了一支土枪，两只猪皮缝制的“乌龟”[①]与一个小布袋子，里面分装着足够射击五次的铁沙子（火药），与起爆剂。

---

① “乌龟”即盛装火药沙子的皮革囊袋。因为形似乌龟，故有此称。

五

沉重的天气，熄灭了太阳，雪便代替太阳发光。这光与那天体恒星是一样的眩目，却没有它的火焰与热度，是一种正相反的冷冰冰的无同情的光彩；令狩猎人眼里泛溢起一种北冰洋的色素。在雪光的发酵下，连空气也是透明的，玻璃型的，固体性的，似乎可用手扪触得到。雪光开展着，如一些大的白色翅膀，掠着无精打彩的天，掠着没有颜色的森林(严格说，白不是色)，掠着固体的河流，掠着没有泥土的原野……一切是日本画似的静，古希腊雕刻似地静，这静有芳香，有梦味，直是一条丽思河(遗忘之水)，人走在这里面，竟会失落了自己。如果没有那花岗石一样粗粝的冷风与寒气，人会涌出一种，只有在春天才会产生的怜惜自己的极温柔的情绪的。

沿着无水流无声音的雅鲁河，金耀东向前迈去。他的杜苏里克的粗布腰带上，添挂了三件狩猎用品，两个"乌龟"，一个起爆剂小布袋子。他一行慢慢走，一行精细的察看这土式霰弹枪。这是一种落后三百年的原始枪械，与十六世纪葡萄牙人输入的火绳枪没有多大差别，唯一改良的是用扳机代替了拉动的火绳。枪的外貌，显然已快到"退伍年龄"。机铁上滋生着暗褐色的锈斑，榆木枪托被手汗染污成霉黑色。看那铁锈与污垢的程度，光景是久未被人摸触了。他看了一遍，不自禁的瑟缩起来，他怕这"老家伙"已失去杀害的性能。

停住脚步，他把枪竖在地上，让枪管朝上，从腰带上取下一个"乌龟"，倒翻过来，让"药升"里装满了足够的火药分量，又拔出药升，把这柳炭与硫磺混制成的火药灌入枪管内。继而用通条塞了一层纸在里面(纸可以发生阻碍力，爆炸时力量可增强)。接着，从另一个"乌龟"里用药升量满……

……□之□，山里繁育着自然生的草果子，海棠果是红滢滢的，秋不落地，娇嫩得像南国的樱桃；夏季的"土盆子"(即覆盆子)有着少女最美丽的嘴唇轮廓，是炮制果子酱的"极品"材料；秋天的紫晶色野葡萄是滴溜溜的圆，丰盈得如少妇的胸膛，似乎只要轻轻吹一口气便会溢出奶汁似的甜液；金黄色的榛子流泻出含有浓厚撩拨意味的芳香……这些全是野雉的副食品。因些它们也常来往于山谷里。可是山一深，离人家太远，却又少有它们的踪迹。它们对于五谷的嗜好，是远过于草果子的。它们也喜欢森林，常用以遮风挡雨，只是太猛□黑魆的森林，林木太茂密高大，足以阻碍它们受猎逐时的远走高飞，便不为它们所喜。它们爱憩息于竦落落的小树林里，矮矮的灌木丛中。在无风无雨的日子里，雉已习惯的伏在浓厚的草丛里，借长长的草棵子为天然掩护体。在心里[理]上，它们觉得这样安全，正如兵士在麻包电网后面感到安全。雉爱流水，因为它们需要流水。冬季它们尽可能乔迁到不上冻结冰流泉水附近，必不得已时，这才噬雪解渴。

因此，若作雉猎，只要到有水有草有林有田的附近山麓里或山脚下钻圈子的搜索，必可发现"雉的王国"，只有极少数的野雉，因为记忆里的猎枪惊吓次数太繁伙，分量太沉重，这才抱着避秦火入桃花源的大决心，躲到人迹罕见的深山里。然而，这种务光许由式的逃出作风，在"雉的王国"里是不多见的。

雉猎的理想季节，是溢满了落叶的忧郁叹息声的秋天。其时三四月间"抱下"来的小雉，纷纷长成，一个个全是精壮的小伙子，有着沉甸甸的身子。十月是一年中野雉肉最肥的时节，也是它们最繁殖的时节，高粱大豆田地里，有时不啻是一座座彩色油画展览会。这时猎人便选择风和日丽空气澄明的响晴天，带着猎犬逡巡于大草丛的四围。

雉不解沐浴，浑身长虮虱子，奇痒难当，便尽可能作"曝光浴"，在大太阳里曝晒，借以增加皮肤的抵抗力；或作"沙浴"，拼命在沙土里旋滚，直把沙地上滚成一个个大坑洞。作"日光浴"与"沙浴"时雉极容易屙粪矢，经日光一蒸发，给微风一吹拂，那臭味便烟丝似地袅散开来，嗅觉敏锐如刀锋的猎犬，"嗖"的一声，箭也〔也〕似地直穿入茂密的大草莽里，把潜藏在里面的彩禽"哄"得飞起来，于是飞一只，打一只，飞一双，打一双，只要猎狗"磅"，枪法有"点子"，不到一顿小米饭功夫，便是满载而归了。

冬天的雉肉既不肥，行踪又稀疏。原非雉猎的理想季节。然而在金耀东看来，这哈拉苏地形上既不缺少"五行"，附近野雉必多。大雪以后，它们被水粮问题驱逐出来，行经处，一定有清晰且坚牢的痕迹，只要咬住足印追去，便不难有所获。雉猎经常需要猎犬作助手，但雪后天寒，狗的嗅觉甚为迟钝，有时且发生麻痹。虽在冷天粪矢很少，即有也无法蒸散开来，仅有的一点气味复沉淀在厚重的气压中，故猎狗的作用其实很少，他现在光身人狩猎，反而轻松，利落。

他走着，径往靠南的山脚下的少雪处迈去。冬天多北风，南山坡上雪少些，且比较温暖，基于日光浴与沙浴的习惯，雉爱蛰伏较温暖的场所。

他纤毫无遗的检察着地面，敏锐得像福尔摩斯。不久在南山麓果然发现了一簇细碎的足爪痕迹，俯身用手摸了摸，雪印子还是软软散散的，稀稀松松的，他断定野雉方离去不久；于是毫不放松的小心翼翼的追踪着。这些爪子印蜿蜒开去，弯弯曲曲的，深深浅浅的，直是轻盈的 Mue 所留下的精致的神秘的灵感痕迹……

他搜索着不到一里路，就发现奇迹似地，看见一只绿色雄雉远远蹲伏在笼草[罩]着积雪的小邱冈上。衬映着皑皑银的透明白雪，反灿丽得如红日将升时的东方朝霞。

野雉是出名的近视眼。他悄悄走过去，直到十米左右，这彩禽才抬起褐黄色的鹅卵形的小脑袋，猛可的用全付蛮力打着翅膀，向上飞冲，激发出极震动的响声，似乎要给猎人一种刺激，一种威吓！——

"砰！"

一枪打去，一大团铁沙子如瀑布猛砸在岩石上所迸激的水沫子似地，峻急的喷散着，飞溅着。那装饰着斑斑点点的金铜色与翡翠色的艳丽翅膀，立刻被打断一只。它想飞，飞不动，只得一跷一拐的忍痛的逃跑着，夹着短短的纵跳，一路上滴落着石榴红的鲜血，彩虹似的弯弯描画在羊脂白的雪地上；它是在作最后的挣扎，最后的逃遁……

如一只受伤的野猪，狩猎人直冲过去，踏着那断断续续的血印子。不到一百米远，在一个小的冈邱的顶子上，他终于毫无怜悯的俘虏了这失去抵抗力的猎品。野雉这时痛得不能动弹，自暴自弃的缩成一团，那豹纹形的缀着燕黑色点子的杏黄长尾微微颤栗着，蛇样的小眼睛流泻出日本"三昧线"似地沉重的哀怨与幽暗的悲伤……

用小萝缅把这美丽的翅膀与双足紧紧缚牢，倒提着，继续往前搜索它的同类。那彩色翅膀不断滴落着红艳艳的血。他的手上身上开满了斑斑桃花，他毫不介意，也未想到拭拂一下。在他的思想里，只有旋风似地毁灭与屠杀的观念。他倦了，便用这来鼓舞。他冷了，便用这观念来温暖。他饿了，便用这观念来充饥。

感逊他过去的严格军事生活与业余狩猎经验，雉猎在他实不是一重难关。他的枪法"在谱子"，他的雉猎智识丰富，他固执的自信不会失败。

野雉爱啄食地上的谷粒与小虫子，这些食物的形体异常微小，搜寻时很伤害视力，积年累月，过度用视力的结果，野雉便患上极度的近视。雉本是鸡类，天赋的习于走而不惯于飞，非到万不得已，绝不轻展翅膀。在心理上。雉的感触力与警戒性远不如麻雀喜鹊一类飞禽敏锐。它们不怕两条腿的动物，总不怀疑他会有所加害，即使一朝发觉大事不妙，真有魔鬼来了，也尽可能驼鸟似地藏缩着。因为它们的飞行速力并不高，恐一旦早早飞起来，反易为狩猎者或猛禽所发现，而遭受袭击。这时它们是恐怖到极点，有一种末日似地阴惨惨的感觉……

综合以上数因，故野雉通常在猎人与猎狗或猛禽靠得很近时，才猛力飞起来。雪天没有长林丰草掩护，自己的足爪印子，又清晰的镌刻在雪上，野雉不得不稍稍提高警戒力以图自卫，因此，有时也会破例远远的高飞起来。但江山易改，本性难移，这警戒力究竟也改良得有限。故猎人走近时，尽可沉住气，不慌不忙的去射击，有的是致它死命的时间！野雉身体大，目标大，它不会作敏捷的电光形的曲曲折折的斜飞，也不习惯于平行低飞，大多是楞[愣]突突的向上直飞，很容易描准。唯描[瞄]准后，不宜过早扳动枪机。霰弹枪的铁沙子散布面很大，射击时野雉靠得太近，反容易错过。

根据这些经验的心得，他继续着雉猎。两小时后，剩下来的三发火药与沙子又为他添了两只彩色俘虏，是公母一对。当那雄雉以抛物线的姿态，像跳(Rondo)舞似地画了一条半圆形而坠落在白色的雪的幕布上时，刹那间，五彩缤纷光色夺目，直如热带的云霞样绚烂的旋回着。这是地球上最妖冶最绮丽最神秘的弧线；雷奥那多达文西或拉斐尔画笔下的弧线……

当他举起人类的优越智慧之铁锤，为这些美丽的禽鸟敲起黑色丧钟时，他胸中毫无怜悯与顾惜。他清晰的明白：小雉刚从蛋里孵育下来，就懂得尖啄锐爪与同类相斗争了。雉的本性是极强悍而残忍的。一般飞鸟对于其同类弱者多不忍加害，唯雉则越是弱者，就摧残得越厉害。征服与迫害原是生命维护自己的必要工具。多年来他一直被另外一只黑手征服着，迫害着，现在他为甚么要姑息这些用利喙锐爪征服并迫害其同类弱者的野禽呢？——他必须征服！他必须迫害！这在他几乎是非功利的，不含实际意味的，而是一种本能的需要与满足。

六

当金提着三只俘虏，回到福丰恒时，田掌柜的眼睛瞪得比铜铃大，惊喜得足有一分钟说不出话。瞪了又瞪，看了又看，终于激赏的点着脑袋，叹息起来：

“端的好枪法！好枪法！佩服佩服！有眼不识泰山，海水斗量了。罪过罪过！……”

“玩意儿！值不得甚么！白玩罢了！”

他谦虚着，夹着微微的冷傲，旋即把一条俘虏作一适当分配！那雌雉一对送给姚百户长，剩下一只雄的则送给田掌柜。

哈拉苏的人，一生中能享受这种新鲜野味的次数，是数得出来的(猎户除外)。当这三件礼品被分赠后，受馈者的喜悦是难以形容的。这陌生狩猎者的躯干在他们眼中登时高大起来。不管他是牛鬼蛇神，是狐鼠枭獐，能在三四顿小米饭功夫狩猎到三只花花色色的野雉，这就值得推金山倒玉柱的膜拜了。

“洋炮你尽管使！火药沙子有的是！弟兄们不分彼此。你要用尽管来取！”姚百户长摆着手，豪爽的说。这回他是说的中国话。

“那不必了！不必了！小号里有的是。请金先生尽用好了。尽用好了。”田掌柜也更加率直起来。他的店里原是出售这宗货品的。

“那么就先赊了用。等野雉打多了，脱出手，立刻奉还。”

“好说好说。见外了。”

这一天，姚百户长的晚餐桌上多了两个人。

“……”

沙子与火药的比例是三与一。翌晨，灌了一肚子小米粥以后，金带了十发火药砂子，终日跋涉在附近山麓里。他忘了饥饿，忘了疲倦，也忘了一切。他心中的唯一形态是野雉。整个天地对于他，也仿佛成为一只野雉的化身。他似乎不是生活在人间，而是驰骋在原始的古代洪荒里，只有猎者与被猎者，强者与弱者，此外绝无第三种存在。他眼睛里，胸膛中，充塞着一团火爆爆凶煞煞的杀机，他没有同情，没有宽恕，那受伤的野雉的乞怜眼色，不能感动他，那彩虹一样美丽的翎毛与羽翼对于他并没有温柔的美学意义。那没有呼吸的彩色尸身对于他也没有死亡的严肃感觉，唯一引诱他沉醉，左右他的喜怒哀乐的是——征服！杀，杀，杀一枪一个，两枪一双。……由十发火药全变为烟雾与废烂的碎铁时，他征服了七只彩色俘虏！

回到福丰恒，已近黄昏。他满身手尽是血。

当祝贺与赞美如流泉似地从田掌柜的嘴里滚出来时，浮现在狩猎者的苍白色嘴唇边缘上的，却是一团苦笑。他用冻嗄哑了的嗓子怆然对田掌柜道：

“碰运气罢了！……凡事只要狠心点，就不会空手的！吃“炮手”[①]这一行饭也是如此！”

接着，他与田掌柜谈到野雉的出售问题。

第二章

一

中东铁路踏入黑龙江西北部时，一迈过碾子山，它的细长而窈窕的身子便被扶举起来，龙样的腾□峣上去。这以后便是外兴安岭的分岔脉，大海浪式的地形，一片片卷过去，越卷越高；倾斜的坎度不陡峻，照工程师的设计全图上解

① “炮手”即猎人。

释，大多没有越过“平均高度”的百分之一；这是铁路工程上的理想坑；故铁轨爬行过去，一路所遭遇的电光式大迂回，及螺旋式大盘旋的困苦机会很少，只要像朝山香客，一级级的层次升上去就行。

从碾子山起，铁路一直爬行在两山夹道的大山沟里。哈拉苏便是大山沟里的一个小车站，往南的前一站是扎兰屯：名满中东路的避暑地；往北的后一站则是巴林林木。

如果没有中东路在此设站，如果没有过往炮手们在此憩足，如果没有丰富的榛子与野雉……即使再过两个二十世纪，哈拉苏在黑省人民记忆之海中也不能占据米粒大的空间。这一带土地荒凉，多半是未开垦的处女地，人烟稀疏，居民总共不过二百多人，其中大半是外来的一连护路驻军，本地人口的可怜密度真抵不上繁华密匝的一个村庄，甚至一姓大族人家。

数百年前，吉林的宁古塔正像瘴厉[疠]弥漫的云南与风沙蔽日的新疆，是著名的流戍区之一。后来充军的人数日积月累，繁华且滋润了这僻偏的荒凉区，于是黑龙江的西北部便代替宁古塔，成为新的放逐区。哈拉苏一带也被圈进这一团黑暗的阴影里。流戍人充军到这一荒寂苦寒的地带，就不啻半个身子已陷入地狱，纵令生命的影子仍被强留在日光下，这影子也是可怕的愁惨而悲苦。这种传统的阴郁与绝望，似已浸透了这一带的天空与土地，一种诅咒式的阴森森的气氛无分冬夏的浮荡在这片荒土上。现在虽有火车的吼叫声不时冲破寂寞的高压，居民心理仍是被抛弃似地阴暗而郁闷，犹若远绝大漠，投入蛮荒，永远被蟒蛇似地阴影所缠绞了。

居民与居民之间，一盘散沙，并无联系。这一户可以听得见那一户的鸡鸣声或犬吠声，但各人却在想着自己的事。人与人的关系，相同车轮与车轴，缺少滑油便会迟滞。这滑油在人事上，便是公众集会与娱乐。哈拉苏四时八节既没有本省东部丰沃区的娘娘庙会放福灯，野台子戏……更没有南国形形式式的节庆，盛会江南。单腊月一月，就有好几十发节目：跳灶王，跳钟〔钟〕馗，腊八粥，叫火灯，打埃尘。送灶，口数粥，接玉皇，烧松盆，照田财，送年盘，年市，安乐菜，压岁盘，封井，榇灶，祭床神，撑门炭，听响卜……在哈拉苏，则连大年大节，炮竹声也很稀疏冷落。人们好像害怕那炮竹猛烈震响后反激起的空虚似地。火车来来往往，川流不息，日积月久，听厌了，令人也感到一种抑郁与寂寞。特别是那魔魅型的浓烟，黑郁郁的，苍幽幽的，直给人一种近于噩梦的绝望地感觉。

哈拉苏谈不上商业。在几爿零星商号与小摊子中间，复[福]丰恒便是先施公司式的巨擘。车站上除了火车莅临的前后，幌动的人影子也不多。倒是三三五五的野雉，常在月台上大模大样的鹅行鹤步，好像只有他们才配做这里的主人似地。

一年四季，哈拉苏唯一不荒凉的时辰，或许是阴历五八月了。五月是猎鹿茸的好时节，从遥远的嫩江流域与讷河流域，“鞑胡黎”炮手们骋马疾驰而来，浩浩荡荡的赶着大辘轳轿车，直奔吉沁河或托根河，枢纽点的哈拉苏，便平添许多不速客。十几辆满载酒食用品的大辘轳车连结在一起，形成临时市场，闹热，非凡。八月中秋节后，沿中东路的俄国机关，有所谓“猎假”，这时节，老毛子便成群结队的赶着马车来这里打野雉，狂热的情形，远超过五月。

除了上述两大时节，哈拉苏便是世界花园以外的一片废墟，深山荒庙的一片古井水，极少起波澜，绉纹，或襞褶。

是这样一幅荒凉而单纯的风土画，金耀东的阴暗影子，并没有破坏画面的和谐。他的出显，并没有惊骇了居民。人们默诵着“日光之下无新事”那句古谚。一切新人新事，对他们从不发生吸铁石似地磁力作用。“不介入”主义已成为他们的根深蒂固的生活哲学。连一个人站在棺材外面或躺在里面。在他们看来全无多大分别，此外宇宙间自然更没有惊天动地的大事了。

至于眼睛睁得比较大而圆一点的当地“三巨头”：张连长，姚百户长，与田掌柜，他们的那点脑筋，还不够来衡量金耀东的经历与信仰。他们那点点经验，也远不足培养出警犬式的嗅觉。对于这陌生来客，除直觉的赞美他的狩猎本领与他的为人豪迈及诚恳外，此外几乎绞榨不出别的想头。

这“三巨头”差不多一致肯定：这金某来历非凡，必曾做过一番大事，大约中途遭遇某种挫折，一时气短，这才抱定佛入地狱的大决心，投奔到这“龟不生蛋”的鬼地方来的。

这看法虽然是一种直觉，一种成见，但却是一种近情的解释。当地居对他人瓦人上霜一向既漠不关心，待知道有这么一个陌生的外来客后，上述的成见早已铸成铁论，形成一种家喻户晓的力量，使一般人不由得不“一个蚊子哼哼哼，两个蚊子哼哼哼……”了。

二

当哈拉苏的少数人在研究这外来客时，客人这时正站在他刚竣工的窗下。

窑洞四面不通风，箍得比铁桶还紧，虽然很温暖，然而却郁闷如兽窟，阴沉如坟墓。人躺在里面，存在的形态也就介于野兽与死尸之间。他爱阳光，爱星斗，爱蓝天，爱光风霁月，爱蜜与奶一样的新鲜空气……没有窗子，就没有这些。

他需要一扇窗子。

原是，今晨在“草榻”上睁开眼，一看见那片昏昏沉沉的黑暗，他就决心开一扇窗子。中午雉猎归来，喝完小米粥，借着柴火的亮光，他举起斧头，利用斧背的四面钝锋，来锤击砖壁。一挥斧，壁上就发出一个沉重的然而清晰的声音。不断挥着，这声音就一个个连结起来，发散着地底下的沉郁气息，这是斧斤的低沉的 Base。他不断挥着斧，渐渐的，整个沉浸在这微微嗄哑的金属 Base 里了。凡在黑暗中创造窗子的人，大抵都有这种沉浸的，虽然这沉浸有时散发出苦艾汁的气味。随着每一击 Base，他似乎看到有一片黑暗如鱼鳞样的剥脱下来。他仿佛并不是在打击墙壁，而是在打击黑暗……

经过一点多钟的挥斧，那冷硬的墙壁终于裸呈出泉一样的最初的洞口。当第一线光明如一支亮箭似地射进来时，一阵大欢喜的激情扫卷了他。他几乎想丢开斧头，用感激的嘴唇来吻那尘封的洞口。于是他愈益热烈的挥着斧子，洞口的面积逐渐延展，光明也逐渐延展……。这样，当他浑身汗液津津时，一扇有着不等边四方形的小窗子终于嵌镌在窑壁上。一刹那间，窑内的黑暗完全崩溃了。巨大的光亮一轮轮旋转进来，迅捷扫荡了这片黑监狱。

长久被黑暗统治后，乍逢光明，他是说不出的眩晕而耀眼。用手抹抹额门上的汗粒，抬起头来，他的心竟像芍药花似地展放了。

窗外是无尽的广阔原野，雪的长氍毹没遮拦的闪灼的银光。雅鲁河的透明冰层是一片鲛绡蝉纱，白色的河床在投掷出幽美的抛物线。北山坡下的平行铁轨，像一个女孩子朝晨才睁开眼打呵欠时轻轻舒展直的两条藕色臂膀，直线条却有着曲线的轻松与柔美。大森林怦动着海洋式的乳白色胸脯子，胸内似隐藏着无数只不安分的小鹿。烟囱山凸入云际，是大地海船上的没有烟的烟筒，有着古代峨冠的尊严。

这是一个没有风雪的明静下午。云虽然不发蓝（在这一个长长的少有太阳的季节里，人很难想像云会发蓝）。却异常明亮，天空给予人的感觉并不怎样沉重，缺少太阳的世界，原如一张贫血面孔，极易令人郁闷，然而雪来了，一切全或多或少的沾着它的白静与纯洁，也变得栩栩生动而和蔼可亲了。在雪的银色王国里，一个人很容易沉思，会想起中世纪西班牙修道女，午夜曳着长长白袍，迈着细碎的莲步，擎着一枝白色烛，静静走到圣殿里，把她幽美纯洁的素馨花似地白色衫子描印在圣像上……

望着那片美丽得令人沉醉的雪原，在微风的轻轻梳洗下，那白色的美丽似乎变成一滴滴白色液汁，直沁入他的心髀[脾]，渐渐的，他的久经冻结的心是温柔而热烈了。他毕竟是热爱生命的，而生命毕竟也不像他所诅咒的那样丑恶，在雪的洁净而美丽的照耀下，世界——至少轮廓上，是美丽纯洁而发光了。

他受伤的心需要这种谧静的洗礼，虽然明知只是一种美丽的欺骗，正像致人死命的馥郁哥罗芳。他深深耽溺在这片白色里。他感到安慰，他是哺乳动物，他需要母亲的洁白而柔软的胸膛。

从身上取出一支四个B的黑铅笔，与一本有着硬硬黑壳面的六十四开本手册。打开来，他蹲伏在坎坷不平的窗沿上，用铅笔写了一些零碎的句子，一面写，一面频频眺望美丽发光的白色雪野。

这些句子全是日文，译出来应是下面的行列：

> 生命究竟是美丽的，发光的，憎恨并不能抹煞这些，正如爱恋不能遮蔽阴影。
>
> 我曾经强烈的爱过，恨过，却从未获得真正从心底涌出来的原始谧静。现在我终于获得了，我付了可怕的代价。
>
> 终结吧：过去属于“李箕”的一切。现在我要以“金耀东”的新符号来揭开生命的新叶。在这新叶上，我不知道将描下怎样的记录，然而，我预感到我将愈益接近大自然母亲，我将愈益拥抱真正的孤独，寂寞，原始，野蛮……
>
> 我要深深的深深的沉浸在苍白色的虚无里，犹如一尾鲟鱼深深沉浸在海底。
>
> 在这片荒漠里，没有人知道我是一个被通缉的罪犯，没有人知道我的血淋淋的斗争历史，没有人知道我是从海那边来的，从一个死亡的国度里，从一个黑暗的墓窟里爬出来的——我愿意这样。神保佑欺骗者！
>
> 一扇窗子慰我以过度的光明与愉悦。这是开窗者应收摘的果实。世界正是这样一座阴暗的窑洞，需要大量的窗子！
>
> 我愿挥斧，让自由的风吹进来……

当他这样写着时，雪白的原野渐渐络上昏暗的光芒。不知何时起，黄昏已像一尾鳗鱼似地溜过来。然而，他的眼睛这时却显得分外明亮。在这双充满血丝的红澄澄的眼睛里，燃烧着强烈的欲望之火焰，燃烧着太多的爱与恨。

柴火劈劈拍拍轻嚷着。嚷声越来越大，大约是一球柞树瘤疖被燃着了，在不甘心的爆裂出挣扎的声音……

三

荒漠生活是一条太平河流，单调而徐缓的流逝过去，没有大波浪，没有大泡沫。这是一种死人的陈古和平，一种被盗劫后的墓园的谧静。金耀东顺应这和平谧静，如猛狮顺应冷静的铁栅栏。这栅栏是他自己挑选的，缔造的，他必须无怨尤的在这钢铁的阴影里支付一部分生命。

他的生活保持着司多噶派的清苦与严肃。他一直安于这冰天雪地，这荒野，这破窑洞，这小米粥，屏除了一切嗜好与浪费。他深深体会古代沙漠里苦行僧侣的生活精义：人应该学蝉，只要一点露水就够了，他把大部份的时间消耗在雉猎上，劳力增加收获，准备攒集下一点钱，来购置猎枪猎狗一类猎具。没有这些，他就不能做一个完善的猎人。

每次野雉积有二十几只，他便装在一只特装的大布袋内，乘火车在哈拉苏停留时，向饭车上的仆欧兜售。不久他便与好几号饭车的仆欧混熟了。饭车上的野雉多半从哈尔滨带来，由于搭客的饕餮，常常供不应求。在哈拉苏这样一个小站上，能有炮手自动予以接济，仆欧们自然是求之不得，喜出望外了。这时哈拉苏附近的野雉，时价每只约六七角与八角之间，哈尔滨则可卖到一元一只，仆欧所给金耀东的价格，每只八角五分，算是最取法乎中。这样，金耀东遂按时送过去，经常每周二次。因为列车每次在哈拉苏停留时间太短，只有三分钟，他便把装野雉的大口袋放在月台上，不等火车停下来，先从"扬旗"那里跳上去，向饭车上的仆欧报告了野雉数目，取得应付的款子，待火车完全驶入月台后，他再从容跳下来把大口袋递上去，让仆欧"过目"。生意的成交异常顺利。有时仆欧听他所报告的数目，就不再"过目"。金耀东对于款子，也不坚持现付。这一辆车交货，下一辆车交款，是常有的事。

除雉猎外，他的其余时间，不是用来与当地"三巨头"周旋，便是耽溺在默想里，沐浴在静寂里，让墓窟似的和平把自己沉浸个够。

在这"三巨头"中，张连长是当地一根最大的柱子。他的背后晃动着一连护路军的影子。他的一言一行都透着岩石样的力量。这五短身材的结实汉子是本省人，从汗毛孔里射溢出一种豪爽，敦厚，与诚实，纯粹是农民型的军人。金耀东过去既在枪烟弹雨里作过沐浴，军人结合军人，惺惺好汉相惜，照面不几次，就鱼水式的调协了。张连长究竟是土式军人，正如土产的大豆高粱，脑子里永远冒不出"政治意识"一类玩意儿。他只觉得金某是朋友，够味儿，其人出身如何，从火星上或月亮上来的，他并不感兴趣。

田掌柜比张连长多喝了几口咸海水，是个老江湖客，无妻无子，鳏孤得如一片绝岩顶上的燧石，也像燧石那样潜埋着一团人间味的势力，这势力有泥土气息，含蕴着宽厚与直率。他的飘到哈拉苏来，是一种奇妙的偶合。一颗星并未想到有一天会从太空殒落而变成地球的一座荒山古庙旁的石头，田掌柜也没有想到会飘坠到这片荒土上。像花和尚鲁智深，赤条条来去无牵挂，芒鞋破砵随缘化，家乡的概念关他脑子里是一杯白水。他这种浮萍式的态度，很令金耀东感动。

姚百户长与田掌柜相反。他曾从这片荒原上茁长出来。不仅他的脚，连他的头发也在这片土地里生了根。他对这土地有着固执的爱与强烈的偏见。他是这土地上的一颗老树，蛇结的盘龙根须繁殖出一簇丛林，他的家族。为了他的后代，他不得不拘泥，保守，且常扳[拨]弄算盘。然而他究竟是野生植物，不是花房里培养出来的，他有着土地的粗鲁，也有着土地的质朴。

在哈拉苏的狭小天空中，有两颗彗星闪烁在金耀东的眼睛里，这是两个猎户：姜载河与盛伦。

姜载河是一个五十开外的老炮手。他给予金耀东的奇异吸引，与其说是他在外兴安岭的十年狩猎经验，不如说因为他是韩国人，因为他曾参加过"义兵运动"①与韩国独立军。这理由是秘密的，甘美的，只有金耀东自己明白它的分量。金耀东万没有想到在这片荒漠里，会流动着自己相同的血液。这发现给予他的激动是难以描绘的。

金耀东对于盛伦的崇敬，则纯粹根植于后者的丰富狩猎经验。盛伦的先代原是读书人，被放逐到黑龙江后，迫于环境，这才半路出家，改务狩猎的。然而，究竟是书香门第出身，子孙仍不断喝一点墨汁。

清代的东北学制，有所谓府学，州学，县学，卫学，感应官〔官〕学，世职官学，诸营官学，社学，各省义学，八旗义学……，这些，一个罪人的家族自然沾不着边。拳匪之乱以后，虽然改为新学制，时空也不容许一个狩猎人的子弟去受这一泽惠。这狩猎家族只是一代又一代传授选[着]几本发霉的虫蚀的雕版线装书，如一个老拳师传授着几手祖传的秘密拳法。在这种家风的熏陶下，盛伦俨然不同于普通炮手，他的血液里渗杂有若干幻想与沉思的成分。与大自然接触久了，他的感情日益封锁，智慧却奇异的扩大。他额上的中年皱纹，有着老年的静观意味。

在漫长的冬夜里，金耀东常常轮选[着]坐在这两个狩猎人的火炉旁边，倾听他们的狩猎夜话。他们会告诉他，狍子的毛色随着季节而变，夏季是血红的丹枫色，秋冬则呈银灰耳；桦树有形形色色的用场：桦油可以鞣熟皮革，桦皮可以作切面板，可以搭砌急造蒙古包，可以充燃料，桦树液汁可以充炎夏饮料，桦树脂瘤可以作茶叶代用品。……他们会告诉他：野雉是气象专家，能预卜次日的大雨大雪，而先一日填饱肚子，故阴天啄食时间特别长，从上午到黄昏，一直

① 一九一七年韩国国防军被日寇强迫解散后，志士豪杰，不堪屈服，纷纷执干戈以抗，韩人通称为"义兵运动"。

在野外觅食。雨天如作雉猎，只能到雉们平日常作沙浴的灌木丛中搜寻。野雉爱吃虫子，雨天地上虫子特别多，有时会引诱它们出来……

盛伦对于黑龙江各种野人的情形，异常熟悉，从外兴安岭区域的鄂伦春与索伦贝尔一代的新巴尔虎陈巴尔虎，从松花江的鞑胡黎到瓦尔喀，他谈来全如数家珍，头头是道。这其[期]间外兴安岭的鄂伦春与索伦野人，因为曾有多年狩猎往还，特别保持有相当感情。在他关于这两种野人的谈话中，嵌印在金耀东脑海里最深的是下面几句话：

"……鄂伦春与索伦野人，蛮勇无比，只要有英雄好汉，肯下本钱，与他们打成一片，好好教练他们，东北也许能出成吉思汗第二！……"

在听了这几句话后，望着炉火的虹一样的美丽光彩，金耀东的眼睛曾极其明亮的闪耀了一次，犹如一个野心政治家思想起他的群众。

四

荒漠的年节有着北地冰雪的冷寂凄凉。旧历年无声的消逝了。在极度俭省下，金耀东攒集下一笔钱，购置了一只旧马枪与一只猎犬。

马枪原由一只管口破裂的俄式老步枪所改造。截去那破裂的一段，因陋就简，便改成马枪了。严格说来，这是一支不完全的枪，然而价钱便宜，他便购下了。好在这枪每次可装配五粒子弹，在二百米达内，有极充足的杀伤性能。从经验上，他知道枪越多，由于子弹不规则的旋转，枪洞口也越扩大。它的杀伤力也越强。至若深山行猎，地势坎坷，曲折，又多半在森林树丛中遭遇野兽，只要有二百米达的有效射程便是很过得去的猎枪了。

猎犬种类很多，有英格兰与德国的潘英特种雪德种，有爱尔兰的雪德种，法国的戈登种……这其中最著名的是潘英特钟[种]与雪德种。这两种猎犬超出一般猎犬的特点是：嗅觉灵敏，体力强健，坚忍耐用，虽给三四天的继续艰巨行猎，仍能集中精神，在接近野兽时，沉着准备，等待主人的命令。这两种猎犬中，潘英特种是多血性的，身材特别壮健，活泼，敏捷，有点轻燥，毛皮极短促，光滑，结实，不怕荆棘及蒺藜一类有刺植物的割刺，也不轻易沾挂杂草秽物，很适用于灌木丛林茂密处。它唯一的缺点是毛太短、冬天有点怕冷，故在南国行猎，比较适宜。雪德种则是黏液性的，沉静得像一尾鱼，动作异常美丽。咋[鬃]毛是长长的，不怕冷，适用于北方，然而毛太长，沾沾挂挂的，在大森林区大草莽中，却又嫌累赘了。

金耀东所购的是英格兰潘英特种，有着白白的短毛，黑檀色的大花点，体格异常魁梧，他为这条狗取了个名字：贝尔特。

在冰天雪地里作了两个多月的雉猎，他有点感到单调，厌倦。购置了上述两宗猎具后，他决心换狩猎环境，改猎狍子。雉猎既费周张，出息也不大，狍子猎则手续简单利润厚得多了。

狍子的皮毛是滑溜溜的，不易挂霜，毛又常落，总积不厚，在北地皮货中，算不得上品。除了一些野人如鄂伦春索伦，用以作服装外，一般平民并不爱穿，然而当时的市价却也贵到十六七元一只，哈拉苏附近深山里，到处是狍子。狩猎人稍稍勤快一点，一天猎两三只，不算难事，即使充当粮食，一只狍子平常总有五六十斤重，也比野雉耐吃多多了。特别是冰雪的冬季，这时狍子肉最是鲜美芳香……

计议已定，金耀东决定，开始一个新的狩猎生活。

五

阴历正月末，金耀东带着贝尔特，开始狍子的处女猎。

在这些日子里，冰天雪地的北国原野，照例满满披挂着银色铠甲。雪不断开着空虚的白色花朵，又结着空虚的白色果实。玻璃色的透明体填塞了一切，也填塞了人的思想。一切全带着异教徒的荒凉味。人在雪地里沉浸久了，连灵魂似乎也被冰雪所同化，所濡染，成为白色的一部份[分]了。

这一天，金耀东出门时，天色还空白得如一株剔空的菩提树。待他踏着白皑皑的琼瑶玉浆，迈入哈拉苏附近的狍子麇集处的山里时，天云立刻渲染起阴影，远远地平线处，一片片湿雾比抓人吃的兽爪子还可怕。趱程越久，入山越深，气压也越沉甸甸的。不久，真珠母似地雪点子，当真竟撒落下来，风媒花样的往他浇灌着。从遥远的呼伦贝尔的荒漠里，从大海洋式的外兴安岭腹部，凛冽的西北风低低嘈杂着，轻浪似地巅[颠]簸过来，波动的震幅越来越大，终于蛇嘶起来。平板板的大气层登时酝酿了急剧变化。人家的水银柱上的蓝线是在愈加缩短了。

他无视了天气，把杜苏里克的领子翻卷起来，径自背着马枪，领着贝尔特，继续向深山里前进。

狗不脱野性，老是不能安份，不时摇头摆尾地泼刺刺的跑到前面，直到他连声咤叱着“那扎契！那扎契！”[1]才不甘心的放慢步子，紧随在主人后面。冬猎与秋猎因气节不同，狗的作用也两异。秋猎时，借重猎狗搜寻走兽飞禽的气味，必须把它远远放纵在前面打先锋，才能收效。冬猎时，天气潮湿，气压太沉

① “那扎契”为俄语，意即“退后”。

重,野兽的气味全沉淀了,轻易难袅溢开来,狗的嗅觉纵灵敏,也无济于事。这时猎人的唯一搜索方法,是在雪地上找寻兽的足爪痕迹,如果老远让狗闯在前面,非但毫无裨益,且反而打草惊蛇,先自惊骇了那潜藏的野兽,故猎人必须把狗紧压在后面,待枪响后,方准它自由行动。

一次又一次的,人与狗绕着山沟子与土砬子,兜来转去的搜索,历时甚久,始终未能获得兽踪。在那贝壳色的地上,只有雪的空虚的白色眼睛在干瞪他,此外甚么也没有。狩猎人怀疑天气太冷,严寒慑伏了一切,风风雪雪萧萧霏霏的,恶化了大地,狍子全深藏潜伏,无心出来觅食,雪地上自难有它们的〔的〕足迹。即使有一半点爪痕足印,不是被风卷刮,就是被雪覆盖,一时也查勘不出一个究竟来。

雪悲愀愀的落着,阴漉漉的风凄伶伶的吹着,地面蒸腾起的潮湿气愈益重而凝涩了。看样子,风雪一时似难收梢,失望的阴影不禁在他心上搓揉起来。他走着,一滴滴的忧郁似从他汗毛孔里渗溢出来,他不知道这个猎程会得到怎样一个结束。

中午时分,他很想回去填肚子,然而一种没有来由的崛强拑住他,他咬咬牙齿,摇摇头:不能空手回去!

人与狗忍耐着饥寒,继续在风雪里追逐,山前,山后的巡回着。

时间如一只只神秘鸟,不断掠翅过去,数不清是飞过去多少只了。人与狗不断为失望所煎熬,失去最后的勇气。

狩猎人牵肠挂肚的走着,高一脚低一脚的,忧思越抽越长。这时冷风几乎全然代替空气来喂饲他的呼吸器官。看看天色与阴影在成正比例,他不禁分外焦灼烦燥起来。他开始深味到生命的艰苦,切肤觉得存在的惨痛意味。过去他为一个民族的生存,曾酸辛的咀嚼这艰苦,这惨痛,现在他为渺小的自我保存,也同样读到这一悲剧。人流汗流血,但并不一定能换得面包,社会制度是裸呈出怎么可怕的魔影。……

正沉思着,他忽然发了傻,怔怔的盯视着雪地,接着便为一阵狂喜所扫卷,就在他面前雪地上,竟分明镌镂着一串串清晰的踪迹,有些雕塑出双叶形,有些描绘出蝴蝶形,这正是狍子的足印。狍子慢慢走时,它的双蹄是拢紧的,烙印在雪上便成为双叶形,它跑快了,双蹄尖分岔开,连足脖子上的附蹄也不断印在雪上,便成为蝴蝶形了。……

他审慎的顺着这零乱的兽踪向前搜索,转过第三条大山沟后,远远的,在山坡上一颗针叶松下,他隐隐瞥见一只灰白色的动物蹲踞着,利用松叶的浓厚白色阴影来掩护自己。这盲目的生物似乎毫未料到:在这样恶劣风雪天,也会从半天里掉下一个猎人来为难它，加害它。

一阵震澈四山的炸裂声……

“砰！砰！砰！砰！砰！……”

猎人把马枪里的五粒子弹一气连续射出去。枪响处，“砰”的一声，贝尔特一只箭似地穿出去。那背上中了两弹的狍子，还想挣扎着逃脱，瘸拐着，走不几步，就给狗撵赶上，回力球似地蹦过去，一口狠狠咬住它的颈项，乱咬着，乱叫着，充分表现了胜利者的跋扈与骄傲。狍子这时是毫无抵抗力，临死前只能像婴儿似地“啊啊啊”的啼哭着，哭声异常凄惨的绕缭在雪野里……

他跑过去时，狍子的脖颈已被咬断半边，早已死了。他拾起来，颠了颠分量，相当沉，少也有四五十斤。他的而[面]色不禁有点开朗起来。

狍子与鹿是同宗，比鹿稍小，没有鹿的美丽的树枝角与梅花纹，却也自有它的瑰艳。此刻不是夏秋，它的毛色不是枫叶红，而是破晓曙光的银灰色，没有羚羊毛的白，却有它的温柔。现在因为臀部与足上中了两枪，是擦伤，擦得很深，血水渗溢出来，再加上颈项上被咬断处的鲜血如泉涌，这灰白生物竟染成红的了，浑身是血，倒卧处的积雪，也被浸透了，浸红了。这正是寒季换角时分，它头上的两支尖尖犄角已脱卸掉，是光秃秃的，分外显得可怜。

狩猎人凝望着这片血红的惨景，心中并无怜悯，正如他雉猎时所抱的哲学，一切全是命运安排定的！

在另一边，贝尔特获得这一胜利后，脸上并无欢悦的痕迹，也没有用爪子抚摸它，更没有绕着它团团转，或发出欢呼声，它只是默默守在一边，呆楞楞[愣愣]的，似乎被风雪，饥寒，与疲倦夹缠得有点昏眩了。

看看狗的神色，再看看天色，狩猎人决定终止行猎，他从身上取出早储备好的皮绳子，套着死狍子的脖颈，再一勒，抽得紧紧的，这样收拾停当，便背上枪，一手牵住皮绳子，呼唤着狗，向归途走去。雪而是滑溜溜的，狍皮也是滑溜溜的，狍子拖曳在雪上，就像溜冰一样的轻快与舒松，不断发出“忽忽忽”的轻悠悠的声音，犹如一面绸旗子在疾风中翻来翻去的打着花唿哨。

走不多久，天云便昏暗起来，一片片阴云似乎要坠落下来，染黑他的身子。风雪变本加厉的猖獗着，在故意为难的折磨他，阻挠他。他冷静的走着，硬下心，准备接受风雪与夜暗的挑战！

六

犹如维苏威火山的爆发，夜所熬炼的黑色毒浆盲目的喷散出来，先是缓慢的，迂徐的泼墨，继而是昏眩的震荡的溅溢与激泻，终于是峻急的大片大片的黑色雾雨，漫山遍野的泛滥着，占倾着。如果不是雪光的强烈的叛逆与抵抗，这大黑暗的扑击早把全部天地污染成末日的地狱了。雪光毛毛棱棱的，咋吐出无数千万条白花花的长舌头，贪婪的舐吮着渗透大气层的墨黑液汁，无厌倦无休止的舐呷与啜吸。……经过雪花与夜暗的奋斗，天与地之间孕育滋生出一片白森森阴惨惨的光辉。一种类似僵尸骷髅的死光；一种大绝望大麻痹的幽光。这魍魅式的苍白光波旋风样滚转上去，连黑魆魆的天空也给震荡迸射出白泡沫白点子似地。

朔漠风狂驰着，嚎叫着，要把疯狂传布给一切。上帝的“愤怒的瓶子”①已被砸碎，一切全昏眩而失去理性了。在风的疯狂摇撼下，旷野也暴燥而疯狂起来，它的隆然的庞大身躯报复性的膨胀着，晃动着，似要把整个宇宙填得满满的，饱饱的。蛮犷的雪点子胡沙样飞旋着，轮舞着，到处似有无穷的苍白色螺旋在疾回，在急滚，滚着滚着，一个个猛然矗立起来，变成一尊尊白灼灼湿淋淋的海神，狰狞的悍笑着，戟张的白须白发飞舞着如一大圈一大圈的银轮，终于又全部崩溃在白色雪雾里，于是不久又是新的螺旋，新的海神，新的崩溃。……

这狩猎人艰苦的踧踄在风雪里，幽幽颤颤的，如一条孤独鬼魂。地上的雪积砌得足有两尺深，一步一个陷落，从陷落的雪里拔起乌鞡，不啻拔起一棵树。走着走着，他的脚步逐渐沉重起来，他的身躯似乎并不是往前挺进，而是在向地层里陷落。……

西北风的锐利的飞刀子多如蝗虫，飚迅的穿梭着，毒狠狠的割裂他的裸露面孔。雪颗粒虎爪子似地扑击他，撕抓他，夹着冷酷的零度。他浑身感到奇异的冻结，觉得自己已成为一座冰块砌成的建筑，而整个世界也变成一片冰冻的坚固体，一伸手似乎就可以扪触到它的硬度与寒度。……

从清晨起，直到现在，他还滴水未沾牙。经过一天的奔波与搏斗，连他骨髓里的最后一滴精力似乎也给饥寒与疲倦抽吸得干干净净。只要他愿意，他随时可以倒下来，投到死亡的陷阱里，他随时可以成为猛砸在岩石上的急浪，碎为齑粉……。然而，在大昏眩与大疲倦中，由于绝望的粗糙的磨砺，神经细胞经过一阵割裂的阵痛后，竟激射出一股凝炼的反动力，如燧石上迸溅出的火星子样爆炸着，一串接着一串，终于形成一股顽强的生命力。——靠这片从大绝望中产生的反动的生命力，他才能稳定住自己，支持住自己。

---

① 圣经新约启示录第十六章第一节：“我听见一个洪大的声音从殿里发出来，向那七位天使说，你们去，把盛着上帝底愤怒的瓶子泼在地上。”

夜暗的浓度与风雪的深度在成正比。夜愈益深沉落下去，风雪愈益狞猛起来。在白烱烱的夜光中，雪霰就像无声的白色急雨点子，一阵比一阵猛烈，无情的鞭挞着大地。大森林成为一些摇摇晃晃的鱼肚色巨人影象。山峦凸显出一些魑魅魍魉脸谱式的三角形。河流与村落完全腐烂了，崩陷了，消灭得无形无踪。大片大片的"草甸子"在狂风中哀嘶出粗嘎的悲郁的呻吟。偶然间，如几声鬼嚎，断断续续的惨厉汽笛声翻滚在风雪里，杂着苍黯的象征大地忧郁的机轮盘滚声——经过哈拉苏的最后一班列车是消失了。远方大约有狗的嗥哔声，是阴森森的抽噎，然而却被风的怒吼声镇压下去了。

这夜行人走着，走着……

走着，走着，走着。……

猛可的，眼一亮，迸溅出千万粒金星。是那样迅捷，当他才发觉自己是与一个庞大物体相撞时，一个倒栽葱，全身失去重心，他已扑跌到地上，鼻头冲击了一枝极尖锐的长东西，酸溜溜的，他差点没疼痛得昏晕过去……

定睛瞥了一眼，他面前横躺着一棵粗壮的倒木。他的鼻梁骨正好撞触着一枝锋利的杈桠，登时擦破皮肉，经朔风与寒气一割划，那阵阵裂痛连他的心也要捣碎了。然而这苦难是极刹那的。经过这生命的深沉痛苦的闪电式的一击后，他的灵魂与肉体反而升华起来，上升着，飘举着，轻悠悠的，从一座云层升到另一座云层，……

他阖上眼睛，逐渐糊涂起来。他忘记了自己是匍匐在地上。他不感到风雪与凛寒的仇恨攻击。他也毫未想到作一丝丝最微末的动弹，甚至一根手指或足趾的蠕动。一些湿渌渌黏孜孜的液体从鼻尖上流滑下来，是一条条猩红的鲜血。这淋淋漓漓的殷血涂污了他的脸孔，沾湿了他的"围脖"，染红了他身边的雪，他丝毫不感觉到。他的思想的翅膀飞展得远远的，远远的……。在他身内身外，一阵松一陈[阵]紧的，激起神秘的巨大回音，隆隆的，轰轰然的。一幕幕悲惨的画面在他脑里放映着电影。生命的大悲剧沁滴出比硝镪水液还具有强烈剥蚀性的苦汁，渗透了他的全灵魂，损毁了他的每一颗细胞。……跋跡在恒河畔的颜色憔悴形容枯槁的释迦，苏格拉底的毒药，冰天雪地中的华盛顿的悲惨的大溃退，贝多芬的聋聩与命运交响曲，尼采的疯狂……一幕又一幕的生命大悲剧浮雕在他的思想里。这其中给他创伤最深的，却是一个俄罗斯名将亡命的故事。这故事现在又像过去无数次一样，恶狠狠的鞭挞他，咬噬他。

七

这是好几年以前的事了。当豪华的罗曼诺夫王朝溃灭后，一个曾任华沙方面总司令的沙俄名将，流浪到异邦。由欧罗巴而新大陆，最后为生计所逼，又从纽约流浪到洛杉矶，叩好莱坞一家大电影公司的门。此后有数年之久，他一直默默的充一名三四流演员，没有人知道他的阴暗身世与阴暗情绪。……

一个机会来了（至少在别人看来是一个机会），他被聘为一个军事影片的主角。片子的内容描绘一个帝俄将军的哀艳悱恻缠绵的一生。故事的复杂错综的情节满溢着现代人的浓厚忧郁与伤感，犹如满满的溢起一杯黑色葡萄酒。

这俄罗斯流浪汉有着老橡树似地魁梧身材，粗壮胳膊，纯军人型的面孔，动作与表现异常刚强，冷硬，单纯——这一切正是构成本片主角的主要条件。

片子开始拍摄了。公司投资一百万。恣意追求布景场面的雄阔伟壮，与服装道具的富丽堂皇，千万影迷们在预期着这部艺术品的辉煌收获。

随着开末［幕］拉的〔的〕响声，一幅幅璀璨绚烂的画面凸显了，一幕幕光怪陆离的场景呈现了。片中最惊心动魄的一幕，是大阅兵式。单为了这一幕，公司就耗费了二十万美金，一切尽可能的求其雄伟而庄严，华［烨］炜而炫丽。

拍摄这一景时，影迷们如群蜂绕花旋舞，充溢在工作场四围。

……"远景"是尼古拉皇宫。罗马式的金碧大穹萨的灿烂建筑从地面辉煌到云天，无比的光华与夺目的绚丽，闪耀得像一个盈沸着珠光翠气的伟大宝石展览会。这里面有尼尼微的翡翠，印度的玛瑙，波邦朝的红宝石，阿姆斯德尔达的绿柱石，赤金黄色的"日长石"，雪白的"月长石"，青赤淆驳的紫水晶，火焰一样的红玉，肉桂石，虹纹的乳色蛋白石。……

白鸽子成群的寅缘着古教堂圣钟旋回蹁跹，戈特建筑的塔尖伸展出长长银臂，勾心斗角的飞檐鸟翼似地向天空飞掠着。……

……在闪耀着大理石光辉的白石广场上，浩浩荡荡的军队，像是用钢筋与三合土混凝而成的，一排排砌列成无穷的长蛇阵。锦绣的旌旗是大鹏鸟与凤凰的华丽大翅膀，意气洋洋的翱翔着，飞展着，拍击着，直欲遮蔽天日。千千万万条枪枝投映出千千万万条强硬的斜线，辐射出冷凛凛的钢铁光芒。每一个士兵全戴着亮晶晶的钢盔，盔刺傲慢的直刺天空。他们一律穿绿军服，溶化汇注成一片绿澄澄莽苍苍的大海洋。制服上的镀金大钮扣，一粒粒在日光中焕耀着光辉，如金刚钻。他们凝立不动。千千万万人全有着木板式的面孔，笔杆式腰支，冰冷得要冻结的目光，犹如从同一个模型所浇铸，所雕塑。在森严的纪律中，他们全僵化成一座座石像，连空气似也给传染得冰冷而发硬了。

……如一轮红日突从东方沙漠里飞滚出来，军乐声华严璀璨的涌显了。这是一阕雄壮的俄罗斯军乐。铜角声惊天动地的震响着，大喇叭如天鹅群的空中夜鸣，奇异美妙的鸣奏着铙钹声是火山要崩溃前的沉闷吼声。金鼓如暴雨点般地急急擂打着，一阵比一阵紧急……乐声峻急的演奏着，逐渐浮荡起蛮野的音色与情调，令人联想起脸色如鸦片烟膏的魁梧印度人，躺在火焰色的地毯上，用黄铜与苇管精制成的长烟管型的粗扩[犷]乐器，演奏出印度毒蛇演艺场合常奏的乱暴音乐；牙齿亮晃晃的夏威夷岛黑人音乐家，沉重的敲击着铜制大鼓；吉卜西的流浪艺人，用特制的小型乐器，疯狂的吹奏出含有强烈燃烧性的音乐……奏着奏着，乐声忽然幻变成一幅非洲原始洪荒的画面：彩色野兽含有毁灭性的狂冲出来，卷腾起一大片一大片的彩色波浪；虎的金黄色的黑檀色的雄丽线条，豹子的火焰似地灿烂蛮艳的粗壮迴[回]纹，毒蟒的发暗的恐怖的犷美斑点，狮子的孔雀色的鬖鬖鬃毛，河马的发光的巨大黑眼，象的厚厚的雪白皮肤，长颈鹿的白钱点，梅花纹，挂冠角，颈子颀长得如印度的象牙长管……。奏着奏着，乐声终于袒裼裸裎出旧俄罗斯的豪壮与富丽：柴可夫斯基“十二月序曲”的波澜壮阔的彩色，彼得大帝的雄勃勃的野心，帝国对于不冻出海口的强烈渴望，鞑旦尼亚族的旋回舞，涌现出六月天大树液汁似地膏油的黑土大地，圣彼得堡的希腊教堂的钟声，“地底下俄罗斯”的冲锋喊杀声，尼瓦河的浩浩荡荡的水流声，哥萨克的虎跃鹰场的钢铁雄姿，俄罗斯军人的沉雄，俄罗斯军人的不朽军魂，俄罗斯的骄傲与俄罗斯的自负……，这些又雄壮又伟丽又幽魅又魔魇的斑烂彩色，溶汇成一片滔滔滚滚汪汪洋洋的犷艳波浪，喧腾着，澎湃着，汹涌着，地球腹部的溶热似地昏眩了观众的感觉，燃烧起整个大地。——然而这千千万万座淡咖啡色的铜像，连眼也睐不一睐，目光是钻石样的冷静。

……旌旗闪动处，统帅出显了。这俄罗斯军魂投映出伟大的身形，巨人样的拍着高大的阿拉伯种骏马，昂然挺进。骏马采取“西班牙步”[①]的徐缓速度，庄严挺进：滴达达，滴达达，滴达达……

突然，一个压倒一切的宏大声音从天空跌下来：

“敬礼!!”

千千万万条电光一闪动，立刻造成一座比戈特式教堂建筑还庄严整齐的枪杆大森林，如一片作狮子吼的群众突然伸展出千千万万条粗壮胳膊。军乐的高潮这时已卷腾到最高峰，每一个音浪全是一片大风暴，大雷雨，大爆炸，大嘶吼，似要把整个地球毁灭!

一声撕裂魂魄的森人的绝望呼喊——

正当千千万万人在期待着主角的庄严神圣之表演时，那俄罗斯巨人却突

---

① “西班牙步”是马庄严行进时的步法，通常施用于大阅兵式。

然岩石样从马上滚跌下来。……沙俄时代当年豪华显赫的一幕如一幕灿烂而刹那的返照回光，闪掠过他的濒于僵硬的脑浆，神知道这是最后的一闪，接着掠来的是一片永久的黑暗，永久的安息。

当这个不幸的主角为几个名医所包围时，他的蓝色脉管久已谧静了。

这一幕离奇的"戏中戏"，立刻成为全好莱坞视线的辐辏点，经过极详细的检查，在死者日记的阴暗储藏中，才发掘出这位流浪者往日的黄金珠宝似地身世与记忆。

这悲剧给这部残阙的未完成品带来稀有的光辉，公司当局立刻冠以《最后的命运》的名字，呈献出去，一时风行欧美，赢得无穷的眼泪与同情，一个同情连结着另一个同情如锁链……

八

这俄罗斯亡命者的凄艳画片，是一片暗沉沉的鸟[乌]云，忧郁的浮荡在这狩猎人的思想里。他不禁痛苦的想起基督被钉在十字架上的血淋淋的一幕——

"ECCO HOMO！（看这个人啊！）"①

俄罗斯亡命者是"这个人！"他自己也是"这个人！"

过去率领韩籍杂色军在滨海省附近追击白军的一幕，又凸显在他的记忆里。他觉得自己就是促成这白俄将军演悲剧的因素之一。如果不是他们的猛烈攻击，谢米诺夫远东共和国的崩溃不会那样快。生命的悲剧何其如是矛盾！又何其如是复杂怪奇！如是残酷而悲惨！他犯了什么罪？造了什么孽？要受生命如此狠毒无情的诅咒与报复？……灵魂颤栗着，鼻头一阵酸，神秘的泪水潮水样从他眼睛里泛溢出来，一滴滴的落到雪地上，像断了线的珍珠……

对于主人的古怪姿态，贝尔特又诧异，又怜悯。它睁大眼睛，寂寞的瞪视着。不知何时起，它忽然发现主人脸上的一大片污血，霍的跳过去，伸探出它冰凉的光滑的长舌头，竭力只吮着这斑斑血痕，抚爱的把鼻子四周的血迹舐得干干净净的，这才退在一边，默默守视着。

狗的爱抚，匐匍在地上的人并无所知，隐隐的，他似觉有一片神秘的潮润的凉凉的天鹅绒不断摸他……。然而，这感觉只是一个短促的断片，不久这抚摸似又消失了。

这一天，连他自己也不知道是怎样爬起来的。站在明亮如月色的银白雪

① "EGCO HOMO"（看这个人），是指耶稣被钉十字架上而言。

光里，他分明看出方才匍匐处的靠头部的四周，竟冻结起一圈腥红色的冰层。这是鼻血的结晶。这时他才开始意识到自己全身几乎已僵成一根石柱子，又冷又硬，又沉重，又麻痹，一部分肌肉似已失去感应，两腿摇摇晃晃的，随时要倒下去。看看狗，却是那样忠顺而可怜的守在一边，张着一双悲哀的眼睛望着他，犹如古帝王陵寝前的一尊石狗——他的眼睛止不住再度潮湿了。

风势稍稍压下去，雪仍然跋扈飞扬，越落越繁茂，像是有千千万万朵白色火焰在飞舞。通过寒冷的极度，雪似乎也会反常的灼射出热力。现在，雪正像一团团没有散乱锋芒的白色炼火，无情的燃烧起来了，天地间的寒冷也越可怕。

荷着枪，拖着狍子，他下意识的搬动起两条腿。这时在移动在行走的，似乎并不是他的肢体，而是他的意识。它像一团暗夜磷火，鬼魆魆的抖动着。他的全生命这时便缩成这样一团磷火。他不知道自己是往何处去，他不知道何时才能结束这团磷火的活动。……

九

犹如古世纪被压抑的火光从坟墓里升起来，柴薪的血红光焰迸散于窑内，把浓浓的带有酣醉气味的红亮色彩涂抹在窑壁上。黑暗登时全被芟除。到处有强烈的火苗影子在作幽魅的颤荡。窑内的氛围红酽酽的，毛茸茸的，在抖动着一缕缕暖热的雾丝。窗子已用荒草堵塞住。风雪被拦在外面。窑内成为热流所充斥的世界。所有的暗影与硬度全被溶化了。石灶上的铁壶在“滋滋滋”的低吟，长长的嘴子喷吐出乳白色水蒸气，不断的消逝，又不断的升起……

贝尔特回到窑里，先是坐在地上，用舌头舐吮足爪。在雪地上奔波了一天，爪与爪之间的积雪早冻结成冰，足足舐了半个钟头，才舐干净。接着，它便饕餮的吃着主人重新煨热的稠稠肉粥，啜完了一大洋铁盆，它随即卧倒在灶火的附近，主人的足旁，鼾鼾睡去。过度疲倦所酿造成的催眠剂，促使这折磨够了的小生命整个沉浸狂[在]遗忘之酒里。它的微扁的鼻子不断翕息着，流泻出轻微而温柔的鼾声，与铁壶里的水蒸气声串搭成一片，摇溢出罂粟花芳香似地陶醉气息。

在火光中，看看黑地白针的夜明表：已是十一点二十三分。他在户外风雪里，足足滞留了十五小时以上。

脊背凭倚着砖壁，坐在干草褥子上，他猛烈的吸着烟卷。他的长须如狮子鬃毛似地抖散在两肩上，像古代的不束冠的道士。他的织满血丝脉络的双眼阴郁的盯视那翻来覆去的火的红色波浪。过度的冻馁与疲倦掀激起他变态的歇斯地里亚症。他现在不想睡,也不想吃。犹如从泥淖中升起的洁净莲花,他从肉体的可耻需要中升华了。他现在所存在的,只是一片血火样的精神状态。

苍蓝色的烟纹蛇样的一条条袅上去,小漩涡型的烟篆曲曲折折的,萦纡回绕着,潇潇洒洒的飘散,他的思想的条纹也一丝丝袅起来,又一篆篆的飘散……

两个月以前,如果他会想像到现在这样的生活,他将作何感想呢?

这是一种又孤绝又凄清又傲岸的神秘生活,像封锁在古塔里的弃妇,像古代埃及沙漠里的苦修士,像兀立在岩巅孤松之顶的荒鹫,像蛰伏在太古岩穴里的受伤野兽……是的,他是一只受了重伤的兽,他必须深深埋藏在洞穴里,默默舐吮干净创口的淋漓鲜血,静静休养自己的粗犷灵魂。他现在暂时要把世界一脚踢开去,把世界摔到自己的洞窟以外。

一切全印证着大卫指环上的铭语:存在的必须消逝。消逝吧!那花团锦簇的故乡原野!那灿烂如黄金的童年!那些热情连结着热情的日子!消逝吧!那些可怕的灰色回忆!那些鲜血染红的土地!那些鲜血染红的人民!消逝吧!那一堆用眼泪编织成的往事:在吉林境内的武装革命斗争,西北利亚的鏖战,宁古塔的流浪,哈尔滨的黑色恐怖运动……一切全消逝吧!消逝吧!爱我者与恨者!

这样的比深渊还寂寞的生活,三十多年来,在他还是第一次。他企图用寂寞凝砌成一座坟墓,彻头彻尾埋葬了他的热情与仇恨。然而今夜,我浑身为什么涌出这样多的仇恨呢?

随着最后三个同志的灵魂溃澜[烂]与腐臭,他在哈尔滨艰苦缔造成的恐怖运动终告失败。牢狱镣铐与死亡在等待他,他的脑袋"官价"涨到十万元……他的灵魂太疲倦,他的情绪太憎厌,他的心境太黑暗,他渴望原始与寂寞,于是他便开始逃亡。他逃出人寰,逃到这片为风雪所封锁的荒漠里,逃到这座砖筑的墓里,用沉默与虚伪来接待邻人,用遗忘与欺骗来麻醉自己……然而今夜,我浑身为什么涌出这样多的仇恨呢?

是的,仇恨!它像兀鹰样固执的旋转着,在现实里猎取不到食品,便啄食他的心肝与灵魂。虽然是躺在这口荒寂的破窑里,他的灵魂却常不能安静。每当午夜,狂风在窑外怒吼,大树在旷野里作绝望的呼喊时,他内心也爆发起狂风,也在作绝望的呼喊。现在,在这深夜里,在这红惨惨的火光里,他似乎就看见东京的钢刀分明在宰割高丽半岛上的人民,血淋淋的尸身分明在堆高起来,一层层的,一层层的……在残酷的鞭挞下,千千万万人在倒下去,千千万万人在哭泣着,颤栗着,如被狼群包围的羊。到处是火与刀的审判,烈怒的报复,火焰的惩罚，死神的翅膀，地狱的阴影，剑光的闪烁，绝望的呼吁与绝望的哀吟……

一支烟蒂头被抛到地上，他阴鸷的笑了。他的两眼是传说中滴血的石狮子眼，他似乎看得见从自己每支血管里爆烈出来的仇恨的火花。

在他的歇斯地里亚的思想里，一个声音洪钟般地敲撞起来，这是深渊的控诉，深渊的呼吁：

“既然我的祖国已被毁灭了，所有其他民族的祖国为甚么要存在？既然我已做亡国奴了，其他千千万万人为甚么还是自由民？既然世界的一个美丽角落已届临末日最后审判，地狱的黑色毒浆在熬炼，在运行，在飞迸，为甚么全世界不受同样的惩罚与诅咒？自由并不是金丝雀，只让少数人供养在雕笼里，而让大多数人听见鸟的啭唱而哭泣！幸福也不是私有财产，只为少数民族所占有，而让其他民族永远沉沦在绝望的黑暗中！……人类都是地球母亲的子女！大自然的平等子民！是怎样一支残酷的魔手，用仇恨硬生生的来划分平等的爱，造出奴隶与主人？……

“让世界毁灭吧！让全宇宙毁灭吧！——既然我的人民受苦了，我的祖国已被毁灭了。”

他的思想神经质的呼喊着，他的血液急速运行着。……火光一亮，一个观念闪过他的脑际，旋即如浮雕似地凝铸起来，猎户盛伦的话在他耳边洪亮的响起来：

“……鄂伦春与索伦野人，蛮勇无比，只要有英雄好汉肯下本钱，与他们打成一片，好好教练他们，东北行许能出成吉思汗第二！……”

第二支阴鸷的笑浮现在他的嘴边。他的野心狂焰似乎随着火光而熊熊燃烧起来。当他抛掉第八支烟蒂头，把铁壶里的早达沸点的水倒在粗饭碗里时，他心中早打定主意了。他的两眼逼射出红澄澄的仇恨光焰，似乎要毁灭一切。

贝尔特的鼾声，这时变得阴森起来，在他足旁飘颤出沉闷的气息。在风雪咆哮的遥远的旷野里，隐隐的，似有阴暗的生命在啜泣。

第三章

一

山咬山，树衔树，丘陵孪生丘陵，草原骈结草原，岩石叠砌岩石……

老年牙床般崎岖的斜坡，蛮横的汹涌上来，又峻急的倾泻下去，如一条条棕色的大瀑布。

被强烈阳光所麻醉的河流，如百花涤带似地五光七色的闪烁着，亮熠着。

山，树，丘陵，草原，冈峦，岩石，斜坡，河流，深涧……艳丽的装饰着外兴安岭的黑色胸膛，如金银首饰与古怪花纹装饰着非洲黑人。这些有机的装饰品是一块块的，一片片的，一条条的，一座座的，一棵棵的，葡萄紫，翡翠绿，琥珀黄，猫眼蓝，雨天青，玛瑙红……驳杂而精巧的错综着，虬结着，绞扭着，撕缠着，满是奇迹，满是眩晕，满是沉醉。鸟会觉得自己是航行在一片彩色海洋上的船。河流两岸的牧草比印第安人身上的汗毛还繁荣，遍插着斑斑点点的发光的野花，一马平川的扫卷过去，把旷野燃烧得热腾腾的，光灿灿的。草是多形多样的，有渲染出东方艺术的空灵与飘逸的雀米草，有藏不住狐狸尾巴的狐狸草，有轻悠悠招展着剪刀形的穿帘燕尾的野燕麦，有发散出七级浮屠的佛味的宝塔形的笈子草，有摇摇颤颤细细软〖软〗人样高的乌鞡草……点染在杂草中的高丽果红红的闪耀着。娇嫩的喇叭花慵困的舒展着美丽的红颜，礼拜在如薰的初夏的南丰里。……

三匹马疾驰在草原上，马蹄子喷泉样溅洒在狗尾草与扫帚草的缠裹中，激泻在羊毛草的棉絮形的白花上……

地质上正在“壮年期”的外兴安岭，有着黄金的心，青春的血液，丰腴的肌肉，旺盛的精力，它的饱满而新鲜的肉体从未被粗暴的耙犁锄铲蹂躏过，全部青春一直被草木虫兽垄断着，独占着，到处牵着荒芜的榛莽，挂着不修边幅的草莱。在这如囚徒脸孔般的蓬蓬松松的荒土上，路不是蛇形的孤零零的蜿蜒，不是河流型的独自的迂回，也不是电光式的稀疏的曲折，而是树叶纹的散装脉络似地四面八方伸展着，复杂得如一只渔网，令一个陌生的闯入者随时会变成一尾鱼。这些零乱无章的路，大多由鸟兽的爪与蹄的痕迹所构造，小半则创自大轱辘车与马蹄，虽然棼乱如丝，但只要是熟手，总可以看出固定的方向。即使是兽道，它的终点并不是虚无，而是一山，一树，一石，一河……

从双叶形的狍子蹄迹上，从剪刀形的麋鹿足印上，从花瓣形的野猪脚踪上，从张着深深的斜斜的绝望眼睛的大轱辘车的车辙上……他们辨认出路迹。三匹马以大波浪形大闪电形一直往西北方向迂回曲折的飞驰着，神秘的拐着，抹着，转着一千个弯，一万个折。一条路幽灵样的消失了，另一条路蛇样的扭出来……

兽印，车辙印，与马蹄印，不仅雕铸在沙土上，壤土上，埴土上，或壤质沙土上，或壤质埴土上，也镌刻在花岗岩石的山路上，它们是这样固执的要把痕迹留在世界上，直是近于魔鬼与神怪的作祟。十二只马蹄子雨点子样击打在大地上，卷腾起一溜空幻缥缈的烟尘，一片倏忽消失的司芬克斯式谜样的雾，给这路添了新的崇力，新的奇迹，以及岛屿给予航海冒险者的暗示。……

飞过山，飞过丘陵，飞过森林，飞过草原……三匹马如三只鸟。骑手们昂起太阳晒黑的脸，闪着太阳炼过的眼，鞭影子不得[时]从马头掠过，骑手们似听得见地壳的颤动，森林与河流的呼吸，山岭的胸脯子的怦动。……

金光一亮，一些美丽的行列闪过第三个骑手的脑际；金耀东的狮子眼闪灿得独如两颗午夜大星……

哪里的花朵与果实都是紫晶色的，
明灯样的苹果在生长，
洋溢着春之深意的，
——繁花茂盛的葡萄藤，
华严的橄榄树，孤高的松林，
我骑着愿望之马，
驰过这潮黑的愉悦的空气，
白色的道路流溢过我的马蹄，
……①

疾驰着，疾驰着，疾驰着。三匹马是APOllO的三辆华丽日车，烨炜的疾驰着，疾驰着……

二

随着江南的石榴火的五月明耀，北国的“鹿茸猎季”翩然莅临。

远在阴历二月底，牝鹿的旧角即渐渐僵硬，变成枯角，终于颓然谢落。三月里大鹅绒般的杨柳风柔丽的掠来了，在枯角脱落的根基上，新角渐渐如春草样茁了芽。一夜之间，比梦中梦还神秘的萌长起两枝小血苞，满饰着淡红色的血点子，像渲染在羊脂玉上的斑斑玫瑰花瓣，映透出红滢滢亮晶晶的嫩艳光辉。这时分小血苞全由海绵质的软骨所构成，里皮是软软的，血质是松松的；血质不断养育着犄角的成长，犹如母亲用乳汁喂饲婴儿。随着春风的摇漾，血苞开始分叉，叉数与鹿龄成正比。角叉一根根极舒脱自然的滋生着，如美丽的树枝。分叉时，血液渐渐侵入肉内，海绵质的软骨遂逐渐枯干。先分叉的先干，后分叉的后干。成为极坚硬有力而舍[带]有强烈抵抗性的武器。角叉的骨质未干硬以前，牝鹿是一个被解除武装的兵，很少有抵抗性。

---

① 见王尔德的《亚芬拉》，此诗曾获得英国牛津大学的“纽第克蒂诗歌奖金”。

就当鹿茸骨质尚柔软未干硬以前，深山丛莽中，到处伸探出残酷的枪口，描[瞄]准这些美丽的生命。这一段时期约当四月底到六月底。七月以后，骨质干硬了，鹿茸虽比诗人的月桂冠还绮丽，但在医药上却失去滋补价值，不为炮手所重视了。

自五月起，从遥远的讷河流域，驰来了食鱼肉衣鱼皮点鱼灯的鞑胡黎炮手。这些身上流着通古斯血液的鱼皮鞑子炮手，一年四季，除鹿茸季以外，一直游手好闲，让自己发霉生锈，吃喝全由汉人"财东"们赡给。一到五月，"财东"们赶着几十辆大辘辘车，动用列车似地浩浩荡荡直冲向洮儿河，吉沁河，鱼皮鞑子们也挥鞭疾驰，以古罗马骑士的雄壮姿态，出显在外兴安岭区域。

这些大轱辘车不仅仪表雄伟，身坚如铁，且不辞千辛万苦，异常耐驰骋，不大受一般地形限制。它们在不平坦的地上横冲直撞，疾驰如飞，直比古帝王出巡的皇家行列还威风而堂皇。车上满载酒食药品，枪械子弹，以及若干必需的日用品，随时搭成一个临时商场。这些车子的终点大多是吉沁河，最远是洮儿河，再往前，全是山路，大车就趑趄不前了。

在猎茸期间，鞑胡黎的炮手们尽量赊着"财东"们的酒肉食品，以及枪械子弹，一俟猎得茸角，即全数偿还，但因为对财东的债台筑得过高，作为抵押品的鹿茸，便不能"起价"，只得听"财东"摆布了。除鞑胡黎外，自由炮手也有卖鹿茸给"财东"，以图节省旅程，早日归家。但这里面究竟吃亏太大。多数炮手非逼不得已，绝不轻易像那些未开化的鞑胡黎野人似的，甘心受财东的盘剥侵削。

猎鹿茸的，除汉人与鞑胡黎炮手外，还有鄂伦春人，索伦人，蒙古人①。他们的狩猎世界，多限于吉沁河与洮儿河，越过洮儿河，数百里一片荒莽，绝无人烟，只适于作个别的单独行动，不适宜集体行动。通常过洮儿河，深入截河，红格尔齐，外兴安岭顶子，与哈尔哈河的，大多是汉人炮手，以及当地野人。他们以洮儿河为前进根据地，把轱辘车全停放在河畔，作为唯一的补给站。所搭的猎伴有的向原始天地里前进，有的则留下来看管车辆，供应粮食等类必需品。猎得鹿茸后，每人全可公平的"吃"一份。

这茸猎在金耀东还是处女猎。为了这一趟远猎，金耀东准备了两三个月。这两三个月来，他整个沉浸在狩猎里，除獾子与野雉外，他也猎野猪与松鼠，且

① 索伦与鄂伦春，原属于蒙古种，在汉人看来，全是蒙古人，但在蒙古人看来，认为这两族是最野蛮，最不开化。

用“加布甘”[1]捕捉狍子。在原始的大自然里，他的狩猎欲是这样狂烈，似乎并不是单为了自我保全与自我生存，而是一种复仇，一种征〖服〗，一种野心。这样经过数月来的节衣缩食，含辛濡[茹]苦，他终于能利用一点积蓄，买得一匹俄国种马十两“西土”[2]与二十斤冰糖。

这马雄峻得像一座山峰，个子特别高大，杂在群马里，老远就会看见它仰起的意气昂昂的长颈子，马本是青鬃白色，夏季毛色会奇妙的变成橙黄色，像中午时分闪闪烁烁的橘色阳光，他给它取了个名字：瓦希加！

通常汉人炮手首次深入外兴安岭区域狩猎，总得敬谒当地野人首领，孝敬上一份贡品，请求照拂，以免受野人们的滋扰。在金耀东心目中，这是一个比金银珠宝还可贵的机会。为了极度发挥这机缘的弹性，他不惜倾出大部分积蓄，购买烟土与冰糖，来孝敬吉沁河洮儿河一带鄂伦春野人酋长蛮加布。这两样全是野人最嗜爱的食品。

由于地理与风俗习惯的种种限制，汉人炮手与野人的约会，只能以季节为单位，或是在夏间的鹿茸季节，或是在秋天的“坎角”[3]季节。盛伦昨年秋天曾与蛮加布约定，今夏在纳前第湖畔的鄂克托会面。现在他和金耀东，姜载河，就是往这个目的地前进。三匹马旋风样卷刮过去，疾驰着，疾驰着，疾驰着……

三

这一行三人，从四月下旬起，就晓行夜宿，餐风饮露，疾驰在外兴安岭的大地上。他们自由自在，无拘无束，浪荡得像牵着黑熊沿途歌唱的波希米，像一路演奏着小型乐器的吉卜赛。

他们虽然是拍马疾驰，实际上却是一种休息，流动的休息。他们是大地的一部分流沙，一条河流或清溪，极自然而悠远的向前流泻着，流泻着……

黄昏来了，拣一座靠河岸的森林之畔，跳下马，准备憩宿。三人分工合作：或担任拾取柴薪，升起熊熊的火；或担任到河边淘洗小米子，放在洋铁军用饭盒里，挂在临时用三棵树杈子搭的木架子上，让柴火的凶猛光焰缠绞它，让强烈的热度薰炙它；或担任到附近猎野兽，临时捕捉回来，烤熟了吃。这一路上，每逢黄昏，深山里几乎到处是狍子。枪一响就是肉。享受野味相同享受阳光

---

① “加布甘”是一种木制的捕獾子用的铗子。

② 吉林省雅片烟土称为“东土”，黑龙江的则称为“西土”。

③ 坎角季节，即猎牝鹿的枯角的季节。

与水，单纯得近于残酷。

夜是美丽而幽长的，一根小树枝就够鸟睡了，眠床原是多余的。他们睡在大地上，铺着马鞍子，以圆圆的华盖样的绿树做帐幕，旁边燃烧起神秘的红红的夜火，酣睡得像土拨鼠……

……

三匹马疾驰着，越过吉沁河，越过洮儿河，越过截河……

一个燃烧着原始阳光的日子，全部大气层闪烁得如一片黄金。草上熠爚着金色的凋残的露珠，林子里摇漾着金色的树叶，河流里泛溢起金色的波浪，天空里浮荡起金色的云彩……

这是一个用黄金雕铸的日子，一切全被太阳光燃烧了，溶化了。

三匹马疾驰着，疾驰着，疾驰着……

在马上猛抬头，金耀东忽然被一幅伟大而神秘的画景卷没了，慑伏了。

远远的，先是裸显出一大片黑雾似地朦胧形体。一片怪异的迹象，黑漆漆的，黑压压的，吞噬了整个地平线，好象夜暗突然向白日偷袭过来。马驰骋着，那奇景的暗度与马的前进成反比。那黑的雾色渐渐淡下去，淡下去，淡下去，……一个突变：一个海洋！大片大片的蔚蓝色波浪突然扑入他眼帘，争先恐后的，汹汹涌涌的，起伏着，澎湃着，争逐着……最远处直卷到天尽头。这大海洋的蔚蓝色的程度是窔奥的，幻化的：越靠近处，蓝得越深，像夏季的湖水，稍远些，这深蓝冲淡成浅蓝，像秋季的晴明天穹，再往远处，这浅蓝又被冲淡成淡灰，像黎明时分的空虚的云彩，抖动着，延展着，开阔着……这深蓝，浅蓝，浅灰，映衬着海蓝的天穹，金色的河流，褐色的旷野，被金铜色的阳光一燃烧，竟搅混成一片热腾腾的超越地球的彩色组合。一个新的彩色星球，比埃及艳尸还炫丽的喷洒出千千万万条彩色光芒，水母似地膨胀着，音乐式的滚动着，飞舞着，冲激着，一刹那间，就好像彩色的大雷雨震响了，彩色的火山爆炸了……

“看啊！这就是外兴安岭的分水岭！这就是外兴安岭顶子！这就是‘树海’！这就是大‘窝集’[①]！……”金耀东还来不及思想，疾驰在前面的盛伦早已高呼起来。

随着这狂欢声音，从蔚蓝色大海洋里，千千万万裸针叶树阔叶树壮丽的�涌显出来，飞卷出来：红松，落叶松，油松，果松，沙松，鱼鳞松，赤柏松，黄花松，杨树，柞树，桦树，栎树，青杨，白牛，跑马子，胡桃楸，色木，刺楸……这一棵棵树有灵魂，有思想，有欢乐，有悲哀，有言有语，有泪有笑。人可以听得见千千

① 东北人称大森林为“窝集”。

万万片树叶子的雄壮的呼吸，千千万高条树液的庄严的流泻，千千万万座树根的沉重的颤动。人可以看得见千千万万棵树如千千万万条蛟龙样的冲上去，冲上去，似欲直冲到另一个星球上！

三匹马疾驰着，疾驰着，终于驰入这森林的大海洋里了。这不是森林，这是意大利圣彼得大教堂！这是埃及金字塔下面的墓窟！这是古雅典阿特波里山上的圆柱型的神庙！这里面有宗教，有艺术，有文明，有爱与恨，明与暗，生与死。……

三匹马疾驰着，在窝集与窝集之间迂回着，旋转着。一座窝集又一座窝集。一棵树又一棵树。上也是树。下也是树。前也是树。后也是树。左也是树，右也是树。人与马全变成树，流动的树，飞驰的树。到处是树。到处是树的声音，树的颜色，树的凸凹，树的呼吸，树的气息，树的芳香，这芳香比罂粟花还芳香，比炼火还强烈……

这外兴安岭的母地真是生命之生命！泉源之泉源！真理的核心之核心！没有一提桶放下去不满汲着黄金与珠宝上来！一切全是"!!!"一切全是"???"！全地球的光华与灿烂全簇聚在这里。原始的气息比尼加拉瀑布还凶猛的流泻在空气里，激荡着，冲卷着。这不是地球，这是宇宙花园以外的一个又荒唐又无稽又伟壮又神秘的梦！

如童话中被一个青年王子吻醒了的林中睡美人，刹那间，睡了百[①]看看世界与宫殿完全苏醒过来，一山，一树，一草，一石，全重新注满了生命。金耀东拍马疾驰着，被这片奇景整个淹没了，卷走了。他已不是他，刹那间变成一个新人！……驰骋着，驰骋着，惊叹着，惊叹着，他是大赞美者！他是大嫉妒者！他是大孤独者！他是大享受者！他是大憎恨者！他是火焰式的狂爱者！他的热情比火山熔岩炼浆还热！他的沉默比大森林还深沉！他的爱比海洋还广泛！他的恨比深渊还深湛！他渴望大沙漠上大的落日！他渴望大海洋上大的月亮！他驰骋于山岳永无何[停]止！他的每一支细胞全被大欢喜所撕碎！他的血与火的信仰描绘于天空！他的铁石誓言镌铸于山峰之巅！他愿他永远隔绝人群而拥有千千万万颗赤红的心！他终于是征服者与失败者！……

四

出发的第十三天，他们终于到达纳前第湖畔。

黑龙江境内有不少大熔岩地带。这一带地壳古时经褶曲断裂以后，庞大

① 原文如此。

而炽烈的火山岩流从空隙处愤怒的向外喷流着，灼热的熔岩吞没了附近的森林，四面八方滚旋过去。火山熄了，熔岩凝固了，这些喷火口全成为湖沼，最著名的是德都县的五大莲池、蒙古人称它做“温厚尔敦基”。纳前第湖也是“熄火山”的喷火口所造成，因为是隐藏在外兴安岭腹地，故外间知道的并不多。

这纳前第湖周围约有二十里，湖畔全是熔岩所凝结成的岩石，大多是火山岩与花岗岩。在初夏午后阳光的照耀中，湖水如一面菱花宝镜，熠焜着澄明而光辉。他们在一座山冈子上跳下马。从山冈上，可以一目无余的望见纳前第湖的明亮水光。

盛伦拍拍金耀东的肩膀，笑着道：

“伙计，今晚不再抛头露面的野宿了，得让你睡个新鲜的觉！你也尝尝外兴安岭的原始滋味！来，你跟咱们到桦树林子里去！”

“在外兴安岭，我一切甘心拜下风。收我做徒弟吧！怎样？”

“人，谁也不配收谁做徒弟。”姜载河伸起右手，指指天：“咱们都是老天的徒弟！大自然的徒弟！咱们应该跟这两位（指天与自然）学！……当炮手的在外兴安岭这种鬼地方，真得‘过到老，学到老’呢！呸！……”

他们跑到附近的桦树林里。盛伦与姜载河从身上拔出锋锐的蒙古式猎刀，用刀尖子在银亮的桦树皮上兜了个三百六十度的圆圈子，树干上立刻割裂出一圈白痕，在距离约莫二三尺的下面，用刀尖子再割一个圆圈子，在两圈之间割一条联接直线，顺着这割裂开的直线，用刀尖子只一挑，手一扯，“哗喳”一声，一筒白亮亮的桦树皮就爽脆的脱落了。夏季山中多雨，这是一年中桦树吸收最多的季节，它的皮壳子这时也最易揭下，直径最宽的有一丈六七，最窄的也有五六尺长。剥树皮以后，树身上登时裸露出一个金红色的树肉，像一只巨大的金戒指似地闪烁着。

接着，两人分头折取一些柳树枝干，择一块小小平坦地，把柳树枝干挨次插在软松松的泥土里，成圆圈形。再以对角线的形式，交叉把这些富有弹性的柔软枝条编结起来，缚扎成空庐形的篷帐架子。把刚刚剥下来的大片大片桦树皮覆盖在这架子上面，如一片片银色的巨片，四周只留一道小门进出，这就形成了蒙古包式的建筑。高约一米七八十，纵深约二三米远。

“这叫什么？”金耀东问。

“你在东北多年，难不成连‘草楼子’也不知道么？咱们又管它叫‘急造蒙古包’！”盛伦忙把大抱大抱的干草，铺在草楼子的地上。

“啊，这就是‘草楼子’！……闻名不如见面，这样简单，瞧我这徒弟现搭一个给你们看吮！”

“你干脆就给你自己造一个巢吧！得搭三个，咱们每人一个，这样睡得舒畅些，省得挤挤碰碰的。”

金耀东立刻参加这原始建筑工作。不到两个钟头，就搭了一座。这时另外两个同伴早已又在旁边搭了一座。在覆盖桦树皮时，他们全来帮金耀东的忙。三座草楼子靠在一起，成品字形，如三座银色的大理石坟墓。

“这草楼子冬暖夏凉。冬天在旁边升起火来，里面热火火的像火炕！”姜载河指划着说：“大自然真是个挖不尽的宝藏。外兴安岭稀奇古怪的顽意儿多得很。骑驴看唱本，你往后瞧吧！”

“对，人应该跟大自然学！做大自然的徒弟！……”金耀东一骨碌扑到草楼子里面，滚到干草上发疯的铲那芳香的干草。一阵醉人的浓烈气息使他全灵魂酣在火焰一样的大喜欢里。

五

第二天，一清早，盛伦就骑马到鄂克托兰，带着金耀东的两件贡枪。

中午时分，盛伦回来了。跳下马，他窜到金耀东的草楼子里。这时金耀东正在擦枪。

“你的事成了……蛮加布答应明天就见你。……妈的，人为财死，鸟为食亡，那蒙古家伙一看见你这两份厚礼，嘴都笑歪哪！……”

接着，盛伦和他详谈明天会蛮加布时应注意的地方。盛伦告诉他：蛮加布的势力大本营是洮儿河与吉沁河。这哈尔哈河是鞑胡黎与蒙古人的“围场”[①]，这回蛮加布带了一些索伦鄂伦春人来猎鹿茸，是一场大冒险。鄂伦春索伦虽然也属于蒙古族，却是最野蛮的一族，平日杀人无餍，尤欢喜鬼鬼崇崇[祟祟]的偷马，故蒙古人与鞑胡黎恨之入骨，如在自己的“围场”里发现他们，非流血不可。蛮加布也看出这危险局面，故白天潜伏在草楼子里的时候多，到夜间才偷偷出来“等咸场”[②]。

“你明天一清早，顺着哈尔哈河左岸走，过七八里路，靠西边山脚下，有一个白桦林，那山沟子就是鄂克托兰。你到林子里去，不到一里路，有一个草楼子，门口有两匹俄国种白马，那就是蛮加布的。……你与蛮加布会面时，举止要大大方方，坦坦白白的，千万别招他疑心！……这些野人虽然头脑简单，疑心病却很大，性情又非常野蛮残酷，应付一不得当，便会出乱子！……你要是

---

① 黑龙江人称打猎为“打围”，“围场”即猎场。

② “等咸场”即猎鹿，详见第四章解释。

砸了锅，将来连我们到吉沁河打猎，都麻烦了。”

“你放心。你放心。我绝不会乱来！”

“你还得留意。万一要是问路，你顶多只能问鄂克托兰，千万别问是鄂伦春或蛮加布……”

“还有，蛮加布要是招待你，你不能拒绝。他说甚么，你就做甚么。要依他的意思……”

“你放心，对付野人，我有的是野办法。回头你瞧吧！”

金耀东傲慢的笑起来，他心里充满了自信。

六

乳白色的黎明白帆船似地航入黑暗的海里。夜像幽灵般的消失了，随着第一颗晶莹的露珠的闪耀，鸟雀就吟唱起来。五月外兴安岭的清晨的风吹进草楼子，金耀东被吹醒了。他匆匆咽了点干粮，策马沿哈尔哈河左岸驰去。他看见一轮大的朝日从河水尽头处壮丽的升起来，水母样的膨胀着，如一片血，一个红湛湛的梦，把东天渲染成灿烂的玫瑰色……

大森林的晨风腾腾着。清凉的空气五月花一样的新鲜，水一样的爽口。他疾驰着，似在承受一场大瀑布的淋浴。除了太阳，河水，草地，森林，鸟啭……他甚么他看不见，听不见……

路一直伸延开去。顺着河沿直驰过去，约莫七八里，在西边一个大山沟里，果然发现一大片白桦林。

马转入白桦林里，不久他便发现一座雪亮的草楼子。这草楼子也是穹庐形，与普通的没有甚么分别，只是所占据的面积稍大一点。在这草楼子门口，有两匹俄国种的白色骏马，身材一场[异常]雄伟高大。看见陌生人与陌生马来，这两匹马登时嘶叫起来，踢着白花花的蹄子，摇晃着雪白色鬃毛。……

金耀东跳下马。

听见马嘶声，一个魁梧的蒙古人从草楼子里面走出来，迈着沉重的脚步。

这蒙古人的身材直是他内心的副本，仿佛不是由皮肉所构造，而是由炉火里的钢铁所锤铸的。当他威风凛凛的出现时，几乎就是一座钢铁柱子在作奇迹似的移动。它具有蒙古人特有的高大颧骨，扁阔的嘴，典型的“亚细亚色”的皮肤，苍黄得像一片才出〖土〗的古铜。他的眼睛是细细的，小小的然而却阔的嘴，典型的“亚细亚色”的皮肤：苍黄得像一片才出土的古铜。他的眼睛是细细的，小小的，然而却灼射出一股极锐利的光芒，仿佛不是在看人，而是在刺人；像打开了窗子的古老屋子，这双敏机的小眼睛全部泄露了它主人的灵魂秘密，呈托出主人的专断，强悍，凶狠，粗鲁，以及原始人一种天不怕地主怕的傻劲。

这蒙古人头缠白布，身着仿“哈卢玛”[①]式的黑卡矶布大褂子，齐腰紧扎一根宽大的灰洋绉带子，腿上穿着“夏狍皮”[②]缝制的“红毛缸子”[③]，足登牛皮“察哈未”[④]，嘴里衔着布特哈[⑤]人用桦树脂瘤雕造的“老羌斗”，吸着烟叶，一行喷吐出蓝色的烟雾，一行仔细端详来客。从后者的黑呢帽，墨镜，狍皮哈卢玛，直研究到脚上的胶皮底“水袜子”[⑥]，一面端详，一面粗犷的笑着。

这就是名闻外兴安岭的鄂伦春野人英雄蛮加布！

“门得！”[⑦]来客恭敬的问候着。

“门得！”主人回答着。

当来客一通报姓名，蛮加布立刻面露霁色，欢跃如婴孩，赤裸裸的流泻出一种原始人的感情。

“啊好！好！……从昨天，我就等你来了。”

蛮加布的汉语并不流利，但他的语调的恳挚，却补充的说明了一切。他从嘴里取出“老羌斗”，递给来客。这是野人敬客时的最殷勤的表示。望着那白沫子重重的烟嘴子，金耀东只得豪迈的接过来，放在嘴里“咝咝咝”的吸起来。他一壁吸，一壁摘下墨镜，跟随蛮加布走进草楼子。

蛮加布吩咐一个鄂伦春的随从：立刻用奶酸干现熬奶酸茶。这是野人进客的最隆重的仪式。蛮加布对于来客显然有一种神秘的好感。

这时正值蛮加布用早餐。宾主谈不数句，主人即邀请来客共餐。金耀东知道野人心地最直，拘泥礼节，反易招致误会，恭敬不如从命，他慨然应允了。

他们从身上拔出蒙古式猎刀，在刀柄的一口圆眼上，紧夹着一双与刀锋平行的鹿腿骨磨制的筷子。照着蒙人的吃法，用刀割着鹿脯与狍子肉，放一块在火上烤熟了，又一片片撕开，蘸着盐，送到嘴里。一面吃肉，一面喝着桦木疙瘩碗里的“鸡米子”[⑧]稀饭。血花花的火光反映着血淋淋的兽肉，令人联想起古代的黄昏与原始的穴居人。

用完早餐，主人接着就献烟。在一个白铜烟盘里，装着两头镶绿翡翠的咖

---

① “哈卢玛”是一种圆领长衫，为蒙古人的服饰。

② 狗皮分“夏狍皮”与“冬狍皮”，前者较薄，后者较厚。

③ “红毛缸子”是蒙古人穿的一种皮套裤。

④ “察哈未”是蒙古人穿的皮靴。

⑤ “布特哈”是蒙古族手工艺品最进步的一种，其手工艺品被野人视为珍宝。

⑥ “水袜子”是一种日本的皮胶鞋，东北人称以此名。

⑦ “门得”为蒙古人相见时互问之语，意即“你好”。

⑧ “鸡米子”是小米子的一种。

啡色烟杆子，纯钢的弹性“千年蒿”[1]，闪烁着紫红火焰的高高“太古灯”，黑津津的烟膏子……

在蛮加布与汉籍炮手的交往经验中，初次见面就像这样隆重款待。一生中也难有几次。照来客的揣测，主人所以如此殷勤，大约是由于他的贡品特别丰厚，以及他的气度举止的超凡。通常炮手馈赠蛮加布的礼品，烟土超不过二三两，冰糖也只有四五斤，纯粹是“面子帐”，并不存心想巴结这些野人。金耀东因为别有打算，有意要博得对方欢心，不惜把数月来的积蓄，大半用来孝敬这鄂伦春野人英雄。一出手，礼品就比一般炮手丰厚了四五倍。所引起的反响，闭着眼也可以想像得出来。在气度上，金耀东尽管努力敛藏锋芒，故作愚钝，装着一个木讷朴实的老炮手模样，但举止动作究竟与一般村夫野人不同，随处有一种洒脱，一种力量，一种吸引。而最主要的是，他思想深广，心眼儿五花八门，懂得作宗教式的倾听，以示虔诚。更懂得察言观色，曲承其意，适时把握对方心理，尽美尽善的予以恭维。这种都会的精美作风，在外兴安岭的荒土上，不啻是一株耀眼夺目的银杏树，流泻出极炫丽的光华与醉人的芳香。

他们躺在狍皮褥子上，一行谈话，一行烧烟。褥子下面是防潮的桦树皮，再下层则是软绵绵的舒松松的干草。

通常鄂伦春索伦野人，虽嗜阿芙蓉如命，但世[是]不习惯烧烟，也不用烟膏子。白日狩猎，或夜晚“等咸场”时，为了简便，他们只囫囵吞吃生烟土过瘾。蛮加布因为是位居酋长，这才讲究烧烟，而且烟膏子特别好，不渗[掺]混任何杂味；不像一般野人在“过帘子”[2]时不用细布，只用几张草纸过滤，致令烟土里的“料子”完全沉淀下来，充满了豆油一类的杂味。

蛮加布的缺点，是不精于烧烟。不是烧过火，发出焦糊味，就是烧不透，半属夹生，很难恰到好处。金耀东因为会在军队中生活很久，对此道是老手，他便毛遂自荐，替蛮加布烧烟。从铁盒子里用“千年蒿”挑出小措头一样大的烟膏子，在“太古灯”上略炼了炼，便精细的在左手食指中指上滚起来。一面滚，一面炼，不久就滚成椭圆形的花生米似地一粒。接着，又略略炼了炼，滚了滚，估量烟膏子约莫已烧透了，这才把这粒花生米嵌在棕色烟斗上，恭敬的递过去。蛮加布也不谦让，径自用黄湛湛的牙齿紧咬住绿翡翠的烟嘴子，“嗞嗞嗞”的吸起来，黑洞洞的鼻孔里不断吐出两条青色的烟蛇。

蛮加布一面吸，一面憨笑，欢快得如新结了婚。吸完一筒烟，他鲸鱼样深

---

① 野人称一种鸦片烟签子为“千年蒿”。

② “过帘子”是过滤鸦片烟膏子的一种术语。

深吸了一口气，喝了一杯热腾腾的奶酸茶，闭上眼睛（这是最销魂的时刻），有十几秒钟，这才长长的悠悠的吐出一口气……

"你烧的烟真好吃，真好吃。"蛮加布霍的从烟塌[榻]上坐起来，拍拍金耀东的肩膀。

"那就全让我给你烧吧，我来烧，你来吃。你等着我烧罢。"

"啊，好，好……你自己先烧了吃。……不要客气！"

"那不急，那不急，我先给你烧！"

金耀东施展出全部功夫，给主人烧了几筒烟。蛮加布直吸得笑逐颜开，心花怒放，——有生以来，他从来[未]吸过这样可口的烟。

中午时分，主人无论如何不放客走，要他同进午餐。金耀东也不谦让，直率的接受了邀请。

午饭以后，左右又献上奶酸茶。两人继续躺在烟塌[榻]上吸烟，谈话。蛮加布的汉语虽不算最流利，但充分可以表达意思。为了让对方明了，金耀东尽可能采用最浅显的白话。

谈话中，蛮加布突然〖想〗起一件事情。他用那蛤壳似地又厚又隆起的指甲指自己的眼睛，粗鲁的嗄声问道：

"你先前那个黑黑的，圆圆的，做甚么用呀？"

金耀东先是发怔，随即恍然大司[悟]。他从口袋里取出墨镜，递过去，向对方解释：夏季阳光太强，他的眼睛不好，用它来遮蔽阳光，保护眼睛的。

"我知道，我知道……你们汉人炮手，冬天打猎，是有这个的。……他们的是布的，你的比他们好！"

冬季的外兴安岭，是一片雪海，反射出极强烈的雪光，炮手如不戴墨镜，猎事完竣，眼睛什九要罹雪炎。这是一种极危险的目疾。据称当地人用破乌鞡烧成火烬，涂在眼睛四周，这目疾才可望减轻，否则便有失明的可能。为了防患于未然，炮手多用黑纱布剪成眼镜形状，把伞状的纱线抽松了，两[再]用粗丝套在耳上，这就是墨镜代用品，人从疏疏朗朗的纹络中间，可以看见外界的一切。也有人用白纱布缝制，再用墨涂黑。——蛮加布所说的就是这个。

"我的比他们好？你欢喜吗？我送给你！你一定收下来！……"

蛮加布推辞不受，说金的眼睛既然不好，在太阳光里面一定离不开它，是不好随便送人的。"外面有得卖，以后你给我买一个。这个现在还给你！"蛮加布把墨镜退还过来。他的所谓"外面"，是指中东铁路沿线的城市。

金耀东一定要主人收下来。

"现在天气不热，阳光并不大，我要不要这眼镜，没有关系。……你一定收下来。你不收下，就是看不起我！”

经过一番推辞，蛮加布终于欢天喜地的收下了，傻笑着，如一棵大白菜。

夜晚来了，金耀东几次走向告辞，全被主人留下了。这野人不仅欢喜这汉籍客人，且对他发生强烈的尊敬与膜拜。在他过去的经验里，很少遇见一个汉人能有这样的大方，慷慨，热情，豪爽，谦和，诚实……

金耀东将计就计，对主人的邀请，并不过分谦虚。他知道这野人酋长在他生命史上会占怎样的分量！主人的友谊臂膀张开得有多么大，他的身子就应该投掷得有多么热烈！

七

地上的干草弥漫出爽燥的芳香，混糅着林叶的略带酸涩的浓厚气息，以及大森林意欲麻醉生物灵魂的特有的深沉与岑静。太古灯的青色光苗猫眼睛样闪烁着，幽微的火光朦胧的照出蓝色的烟雾，一团团，一朵朵，一圈圈，一片片，静谧而安闲的缭绕着，袅溢着，萦回着。强烈的雅片芳香渗透了一切。整个一座草楼子仿佛就是一个春天的花园，一座芬芳的堡垒。这芬芳溶混着林叶的香气，大森林的气息，以及干草的香味，酿造出一片奇异而神秘的馥郁氛围。这芳香比印度麝香与亚叙利亚的安息香还富有魅力，魔祟，诱惑性，发散出埃及木乃伊的陈年的死亡气味，浮现出坟墓的斑驳彩色，凋落的迟暮的花，夕阳残光中的黄昏的凄艳的梦，令人如回到中世纪的溢泻出霉湿气味的古老大邸第里。那摇摇晃晃的烟灯，那咖啡色的烟杆，那发暗的白铜烟盘，那黑色的烟签子，那棕色的烟膏，那淡蓝色的烟雾，那神秘的芳香，彩色，情调……一切全是借可可的蛊惑，古老的诱惑，女巫的妖祟，深渊的吸引……

蛮加布喝着这些神秘的蛊惑，大口大口的，全部沉醉在这强烈的罂粟花之梦里，几乎是在半睡半醒的状态中。来客的思想却在另一个世界里跳动着。他一面烧烟，一面用各式各样的钥匙，试着来启开这野人的心灵画笥。

经过数度努力，画笥终于打开，呈裸出的黄金珠宝，灿烂得远超过来客先前的估计。在谈话中，蛮加布夸耀他的威严与权力，直率的说明，在洮儿河一带，散布着二千多鄂伦春，一千多索伦，合计约有四千人左右，全是他“下面的人”，信仰他，崇拜他，随时只以供他指挥调度。

灯火静静的跳动着。雅片芳香在默默弥漫。来客不声不响的烧着烟，手却微微有点抖颤，掌心沁出汗液。他听得见自己的猛烈心跳。一股熛怒而炽热的无名狂焰，从他心底升腾起来，是那样热烈强项，他几乎呻吟起来。要不是一种顾忌，他几乎想跳过去，狂烈的拥抱这个野人英雄。

"啊！你手下有四千人！四千人！这样多的人！你为甚么不做皇帝？不做皇帝？"来客故作惊异的喊起来："你可以领着鄂伦春人索伦人打天下！做皇帝！……啊，做皇帝！你不愿意吗？"

这一番谀词，直把蛮加布恭维得发傻。他匆匆把一筒烟抽完，怔怔的望着金耀东道：

"皇帝？我做皇帝？我能做皇帝？"他做梦也没有想到这个。

"是的，你能做皇帝，只要你愿意，只要你欢喜"。金耀东知道这野人一时还不能领悟过来，便机警的换了个口气问道："我现在问你：你欢喜这雅片烟么？顶顶好的雅片烟？"

"欢喜。欢喜。"亦[蛮]加布愚笨的点点头。

"我再问你：你欢喜甜甜的冰糖么？"

"欢喜。"

"你欢喜好手枪么？"

"欢喜。"

"好马，好绸缎，你都欢喜？"

"我都欢喜。"

"真欢喜，假欢喜。"

"真欢喜！真欢喜！"

"好，只要你做了皇帝，这些好雅片烟呀，好冰糖呀，好手枪呀，好绸缎呀，……你都有了！你都有了！"

"都有了？……'做皇帝'？……"蛮加布傻傻的抓抓脑袋："我不知道你的话！"

"你不知道？我再明明白白告诉你：只要你做了皇帝，你要什么就有什么，你什么都有了！"

"做皇帝？我也做皇帝？"又抓抓脑袋："在什么地方做呀？……怎样做呀？"

"到洮南做皇帝！……靠奉天省边境的洮南！……"

"洮南？"……

金耀东登时详细解释：洮南有好几百日本人，他们阔气，有钱，家家户户有好雅片烟，好冰糖，好手枪，好马，好绸缎，……只要抢了这些日本人，所有这些"好东西"全是蛮加布的了。

"我的话你懂不懂？明白不明白？只要我们带一两千人，到洮南去抢日本人，你就可以做洮南的皇帝！你要什么有什么！"

“洮南不是有你们汉人么?”

“正因为有汉人,我们更要抢日本人呀!”

来客故意用激昂慷慨的口气刺激这野人,说洮南的汉人与日本人犹如冰炭,势不两立,日本人常常欺负汉人,杀汉人,霸占汉人产业。接着又用极严重的语调恫吓蛮加布,说索伦山有许多鄂伦春索伦,都被日本人杀掉了。日本人夸下海口,说今年秋天,要杀到吉沁河,洮儿河,托根河……把所有鄂伦春索伦杀个精光。日本人是这样残暴狠毒,张学良恨透了,早就想收拾他们,给汉人鄂伦春索伦报仇。可是怕引起“国际纠纷”(这四个字他弯弯曲曲解释了半天),使中国政府为难。

“×××说过,只要你们鄂伦春索伦打进洮南,杀了日本人,洮南的金银财宝,田产土地,好雅片烟,好冰糖,好手枪,好马,好绸缎,还有许许多多好东西,都是你们的!……你一做皇帝,什么都有了,欢喜吃什么就吃什么,欢喜穿什么就穿什么,欢喜有什么就有什么……唉,唉,日本人真可恨呀!看不起你们鄂伦春索伦!骂你们是野蛮人,是畜牲!要杀光你们!把你们活埋得干干净净!……”

“拍”的一声,蛮加布手上烟枪狠银摔在一边,突然坐起来,太阳穴上的青筋凸暴着,如一根根蚯蚓。他不断喘息着。……

“息木都![1]……息木都!息不[木]都!息不[木]都!……日本人这样大坏蛋,我一定报仇!我一定跟他们拼命!我不报仇!我就算不得蛮加布!”

“要报仇,就赶快。现在天气不顶热,动手正是时候。这一路到洮南,我顶热,只要你手下的鄂伦春索伦能聚在一起,我就能带你们一道去报仇!”来客浑身淌冷汗,血液急速的滚流着。

蛮加布两手握成拳头,捶着胸膛,狞恶的吼着:

“要报仇!要报仇!枪不够,马不够,现在还不能报仇!要等到秋天,秋天!……秋天,有马,有马,有枪……我们一定报仇!杀日本人!把洮南日本人全杀掉!……”

金耀东虽然有点嗒然,但并不失望。他紧咬住对方的话:

“一准秋天?今年秋天?”

“一定,秋天!一定,秋天!”

“来,我再给你烧一筒烟!烧一筒烟!”金耀东的脸上放射出明亮的光辉,宛若看见了奇迹。

---

[1] “息木都”为蒙古人最恶毒的骂人语,其恶毒程度相同于汉语中的“操你妈”。

这一天晚上，蛮加布依然不放客人走，第二天又留他一宿。共住了三天。

第四天清晨，金耀东终于婉然告辞。临别依依，这杀人不眨眼的野人英雄的眼睛竟潮湿了。他们约定：秋天“打坎角”时，在吉沁河顶子附近会面，详商一切。在这几个月内，蛮加布决定准备枪械马匹，先和手下的鄂伦春索伦布置一下。金耀东再三鼓励他，说他有这样的能耐，这样多的人马，足可以当洮南皇帝，在外兴安岭做一个小小酋长，未免太可惜了。

“希望我们有一天能在洮南会面！我一定给你好好烧几筒顶好的烟！哈，哈，哈！……”

“洮南会面！会面，哈，哈，哈……”

分手后，金耀东连连加了几鞭，拍马向森林外驰去。一阵阵欢乐，如帆蓬[篷]似地在他血液里膨胀起来。他唯一的遗憾是，后悔在这三天没有普遍结识蛮加面[布]的左右心复[腹]；与蛮加布同来狩猎的那些鄂伦春，他只认识了那个日夕侍候他们的随从都鲁保，一个异常粗鲁率直的蒙古人。

“慢慢来吧！罗马不是一天筑成的！”

他在马上高声狞笑起来。一团火焰似地狂烈幻想飞舞在他脑海里。

第四章

一

朱红火浪婆娑在夜暗里，翻卷着，闪烁着，如一蓬蓬一簇簇含有野蛮意味的红松。残剩的青青烟丝扭着水蛇腰，娓娓婉婉，曲曲折折，穿入无声的黑流。烟火光近侧腾骎着细鳞鱼与野兽肉的烤热的芳香，强旺而蛊惑，杂着森林与草野的浓厚气息。三座草楼子如三具白银雕铸的古罗马穹庐模型。乳色桦树皮圆顶上不断有火的红色纤足在舞动，充满原始性的“烤肉网”[①]被拆卸在火边。三匹马蠕动在附近明暗交错的草甸子里，急促而轻灵的啮草声与火旁的猎人吃喝声应和着。

“大冬腊月天，三四出[处]草楼子搭邻居，彼此相距一般远，中间空地上烧起一把火，拣大个儿的柏木，没头没脑的烧。喝，那火力旺极了！草楼子里面直似烧了个大土坑，热火火的！……”撕了一块野兽肉放在嘴里：“……这样旺火，白天用不着□拆松了，再扔两段大个儿木柴压上，便会喷出又浓又热的烟

① 炮手们以四根有枝椏的树干分插于地上，杈椏上互搭以木条，成口字形，再在上面纵横搭上木条，成若干十字形，如渔网，即称为“烤肉网”。

柱子，灰溜溜的。接着就搭烤肉网，熏烤野味，跟你今天所看见的一样！……怎样？伙计，烤肉的滋味如何？够不够味？"

火光照红了姜载河脸上的坎坷绉纹，照亮了他的小小兔眼。他慢条斯理的咀嚼着，又庄严，又审慎，似乎所咀嚼的并不是鱼肉，而是一种真理，一种命运，金耀东并不答覆他这番说教，只在默默吃饭，把野雉肉一片片撕开，送到嘴里。那雉肉经浓烟薰烤后，水蒸气散发殆尽，一块块卷缩起来，硬梆梆的，芳香极了。金耀东在想像着原始火光中的古代夜宴。

"五六月，流火天，城里的猪直喘气。外兴安岭森林里，晌晚跟秋天一样，夜寒，要火！这儿草太多，到处是苍蝇，蚊子，百蛉子。呕，百蛤子尤其可恶，一咬一片红肿，升升火，薰薰烟，这些小王八兔崽子也安分些。就这样，晚上还得挂帐子。如其不然，第二天准给咬个稀烂！……"咀嚼着，倾听着无边的夜暗。停了半晌，终于慢慢叹一口气："唉，外兴安岭的夏夜究竟太美了，太好了！"

夜火亮着，唱着，庄严而灿烂的冲破叆叇夜雾。被火焰的红色眼睛所透视的遥远夜暗，似乎在摇摆，在晃动，在打手势，又华丽，又富有旋律，直如一个巨大的黑衣黑帽的黑人舞男在作神秘舞蹈。穿过檀木色的浓浓夜暗，桦树嫩叶防御水气蒸发的薄脂层弥溢出香槟酒液似的芬芳，露西亚种的米兰花如醉如狂的倾泼出浓烈芳香，针叶松袅散出撩人的略带酸涩的香气，莒，□，艾，篙[蒿]……一类野生植物，喷吐出女巫蛊惑式的古怪气味。各式各样的芳香泽泻着，冲激着，杂交着，发酵着，比挨[埃]及古木乃伊的芬芳还要富有不朽性、永恒性。……忽远忽近的，杜鹃在林中啼啭，流泻出肖邦小夜曲似地美丽的爱，永远是悔恨与伤感！夜莺在唱，唱着 Keats 的黄金色的发亮的诗篇。远方岩鼠的吟声？细微而胆怯，不但[断]从茂密的树枝上掠来。一些被夜火光惊吓了的野兽，不时愕然啼叫，其中有狍子的"阿阿"儿啼声。丰饶的草丛中，纺织娘，金铃子〔子〕无休止的播弄着银铃似地嗓子。泉水在淙淙欢笑，山涧在潺潺吟哦。整个外兴安岭在小溪流的透明的手臂下歌唱着。……一只草蛾子飞到花丛里，一枚在夏夜开放得特别宽大而苍白的花朵震颤着，一羽苍白花瓣无声的堕落了……

"外兴安岭夏夜就是这样美丽！你真是个鬼夜，要怎样美就怎样美！要怎样和平就怎样和平！你止在这里，就不要再想到神仙！甚么红尘，烟，酒，女人，……破抹布罢了！……每年夏天到这里打猎，一到夜里，我就回想起我们韩国的金刚山。金刚山夏夜，也是这样美丽，只是野兽声音少一点，却反而更温柔了。唉，到处都是泉水声，堪似音乐，你简直就不要想睡。……人多奇怪呀，想不到我一别家乡，转眼就是二十几年。在满洲东流西荡，单人匹马无妻无儿，三百六十行倒干过三百七十样。细想起来，人活着有甚么意思呀？……”把一大块鱼肉塞到嘴里，咀嚼了一阵，忽然抬起头来：“哎，你们到过高丽么？”

盛伦饕餮的咀嚼着，心不在焉的摇摇头。金耀东楞[愣]了好久，终于狠狠摇着头。摇完头，他就黯然把未吃完的饭推到一边，从身上掏出一枝烟，抽了一根小柴火，燃着烟，又把柴火投进去。

“你不吃了？”盛伦吃惊的问着，一面在撕开一块肉。

金耀东点点头，用劲吸了一口烟，又沉重而吃力的吐出来。他把头转向辽远的夜暗。

“咳，咳，你们没有到过高丽！高丽可真美哪！那儿到处是青的山，绿的水，红的杜鹃花，男男女女都穿白衣。一年四季都喝泉水。水清极了，不用烧，终年都喝生水。我们那儿泡菜最有名，就是因为水好。……我们那儿谦又让，长幼守礼，行的是周公之礼！父亲死了，儿子守墓，三年不能见太阳，不能剪头，不能见客，不能嬉皮笑脸。要是父母祖父母接连死掉，儿子就得活活守十二年的墓！……不过，这些都是从前的事了。现在……”声音渐渐低下去：“留洋人到过高丽的，遂说我们的风气比西洋瑞士强。真个是锦绣河山，如花似玉，花团锦簇，就可惜现在，唉……”

金耀东突然狠狠把烟蒂头扔到火堆里，用又坚决又哀怨的声音道：

“先生，不提过去事，成不成？……”

这时盛伦已用完晚餐，打了个饱嗝，用手背抹抹厚嘴唇道：

“高丽我没有去过，不敢说甚么。单就咱们东三省说，也够美啦！那一处不是风景？不是山水？不是花草？不是森林？……就拿外兴安岭说，人到这里，还有甚么名利心，闻闻这米兰花香吧！尝尝这细鳞鱼吧！……这些全跟做梦一样。……当炮手，够苦的，也够乐的。打鹿茸比打皮货舒服。大腊月里，冰天雪地，西北风赛似钢刀，单枪匹马找野兽，可真不是玩意！……哎，提起打皮货，这回总算亏老金了。蛮加布是吉沁河洮儿河的野人头子，这回外交变好了，今年年尾，我们打皮货方便多了。……呃，老金！你究竟是甚么左道邪门，迷住蛮加布，一住就是三天？平时蛮加布请汉人吃一顿哪！我和他认识好几年了。他连一顿饭也没请我吃过。……”

“没有甚么。算我的运气罢了。”金耀东苦笑着。

“运气，哼！让运气见鬼吧！……我在这一带打了十年猎了，也没有出过漏子。甚么鄂伦春，索伦，黄毛未退，乳臭未干，不巴结他，咱也能吃饭！”姜载河把军用铁饭盒抛在一边。这时他已吃完了，开始把一挂短短的自造板烟斗送到嘴里，“嗞嗞嗞”的吸起来。蓝色的烟雾散溢着，缭绕在火光四周。

“算你运气好！你真闯上了，可吃不了兜着走！”盛伦威吓着。

“在外兴安岭吃炮手饭，险事儿多着哩！顾得了这许多……那一年山洪爆发，可不活活饿死好些炮手。偏偏我就没有进棺材！”

“老伙计，话可不能这么说，江湖越老越寒心。上年纪了，你也得提防些。……干炮手这一行，就是认命，硬拿身家性命往外砸，一步一个鬼门关！……”停了一会，“前几天老下雨，这两天开晴了，总得接连晴个把月才好。雨一旺，今年茸角就算吹灯！”

“要望晴，要望晴！雨一多，连捉水獭都麻烦了。……”姜载河大口大口的喷吐着蓝烟：“转眼快六月了。铁路上早放假了。哈拉苏扎兰屯也不知道怎么个热闹呢。……老毛子又得结伴儿来避暑钓鱼了，福丰恒又有好买卖了。……”

“猎假不是说在八月中秋前后么”？金耀东插进来。他又吸第二支烟。

“这不是‘猎假’，这是‘例假’！中东路上，每年阳历六月到九月，总有所谓‘例假’：公务员两礼拜，机工一个月。九月里，野雉比较肥，老毛子欢喜赶这时必来哈拉苏猎，正当中秋前后。当地老百姓以讹传讹，就误以为是中秋‘猎假’了。其实，从六月起，老毛子就时不时来了：避暑呀！钓鱼呀！游泳呀！打猎呀！乐着哩。”

姜载河说完了，吸毕最后一筒烟，把桦树疙瘩大烟斗的灰烬拍出来，又用手弹弹屁股，突然站起来。

“伙计们，不早了。该去‘等咸’了！……今晚□废话，耽搁太久了……赶明儿回哈拉苏喝西北风吧”！

“见你的鬼！你个背时的老悖惑！呸！”盛伦从火边跳起来，向地上吐了一口唾沫，又吃吃的傻笑了。

二

猎牡鹿茸是一宗极精致而艰苦的艺术，是一场极锐利而残酷的斗争，是一片极顽强而伟大的忍耐。造物主褫夺了牡鹿的防御力，却馈赠它以极强旺的警动性与奔走力。它是野兽中最缺少粗野的兽，感觉比剑锋还犀利，有着胆怯诗人的神经质的幻想与恐怖。它不仅能奇迹式灵捷的瞥见同类以外的影子，听见狗的足步，嗅到人的气味，它还能捕风捉影，草木皆兵的幻想到猎人的无情枪杆，而常常神经过敏的恐怖起来。那怕猎人还遥隔着好儿重山，好儿重水，只要这种幻想一起来，它就庸人自扰的疾驰而去。在残酷枪杆的威胁下，弱小生物如果要存在，是必须常常神经过敏，心血来潮的。

由于螺旋式的累积的惨痛经验，牡鹿知道这美丽茸角是一切灾难的泉源，是一切祸根的祸根。故一到五六月，它也特别紧张起来，像一个兵听见战鼓与铜角的杀喊声，它加倍警戒着，一有空就远远跑到高山上或草地上，高高仰着美丽的头，迎风晾晒，恨不得立刻把茸上的湿润血胞曝干，好彻底根除它对猎人的诱惑。它晾晒茸角的区域会经过一番慎重选择，总选高高山峰的斜坡上，人迹罕到之处，风景幽丽娴静，四面流畅通风，无林木丛树阻隔，一望无尽，眼界宽阔，便于瞭探警戒，这才放心吹，安然让清凉的山风披拂吹刮着茸角。吹着吹着，只要远处一有人影子晃动——有时甚至是树木花草阴影的摇摆，它便"矗—岂—东"一声，一蹦三丈远的不见了。它是个细腻唯美主义者，即便在亡命逃跑时，也不忘记保护那对美丽茸角。它溜开四蹄，风行电掣的疾驰着，脑袋竭力向后仰。那红瀼瀼的长长茸角向后直倒到脊背上，有时几乎与尾闾联成一片。它疾驰着，疾驰着，阳光明亮时，浑身夏毛闪灼着朱红光华，茸毛散射出亮亮的光芒，那颜色深度与年龄成正比的胸前黑色，宛若一片煜煜天鹅绒，疾驰着，疾驰着，两只华丽的茸角不断向后倒下去，倒下去……。驰过处，只见一片红花花的火焰，一片黑幽幽的烟雾……

炮手如想乘牡鹿晾晒茸角时予以突击，只有遴选风景都丽的幽静之所。在山腰转折处，估量鹿可能经过，一清早便偷偷潜伏起来，等牡鹿蹦蹦跳跳的跑过来时，"砰"然一排枪奇袭过去。不过，用这种方式猎茸角，难有收获。通常炮手全采用传统的"等咸场"的方式。

在外兴安岭的深山里，有一种土质，含有极浓烈的碱性，山里人称为"土碱"。它是鹿茸发育滋长期间鹿生理上所不可缺少的营养品。这种碱质，不仅土地上有，泉水里也有，异常稀少，而极其珍贵，鹿一旦发现，便永忘不了。夜深人静，伸手不见五指，它们便偷偷摸摸的溜过来啜食，或形单影只，或结队成伴；吃过一次，更是继续不断来吃，直到鹿角长成，骨质僵硬。炮手便利用这机会来猎鹿茸，称那些含有碱的土地或泉水为"咸场"。

数百年来，蒙古炮手传统以猎鹿茸为业。仗着传统经验，他们发现许多"咸场"，传家宝似地一代代遗传给自己子孙，年月久远，终于成为众所周知的闻名"咸场"。这些公共"咸场"，被炮手利用的次数太多，有时会令牡鹿视为畏途。再则，"咸场"一通俗，炮手们三三两两，全集在一起；或采轮流制，今天某甲等碱，明天某乙；或采均分制，大家同时"等咸"，所得茸角，利益均沾；在这种场合下，所得利润减少，有时且会发生弱肉强食的悲剧。故有枪杆的猎人，宁愿独辟蹊径，单人匹马，去寻觅秘密的新"咸场"，好独自享用。

在猎茸期间，金耀东一行三人，还附带捕水獭。

在外兴安岭分水岭附近的哈尔哈河与哈尔哈河顶子，是名满远东的水獭出产地。水獭经常潜伏于水底，不轻易露影踪欲水面。猎人如专恃猎枪，必师老而无功。蒙古炮手，脑筋里只有枪，故对捕水獭一道，几乎全是外行。汉人猎獭，采用“加布甘”[①]。獭拉屎有固定地点，多半在两岸大石上。猎人发现它的粪便痕迹后，便把四五只“加布甘”放在必经之道上。水獭匆匆忙忙急于排泄，从水里疾爬出来，跑着蹦着，一不小心，便踩着“加布甘”的“踩板”，腿立刻给钢铁铗子铗住，快上一丈多长的铁锁链直击在附近一棵大树根上，獭再也无法逃脱。这毛皮光滑的生物，当时身价极高，合二三百元一张皮。这种蒙古獭、俗称“北獭”，一向成长于寒带，皮毛特别深厚，而富有热性，价值还超过生长在温带的“南獭”。

三

从鄂克托兰归来，金耀东便参加“等咸”，他们三人在一个等咸场连等了九夜，均无所获。新咸场的开辟，尚属有待。捕獭的成绩，始终是个“鸭蛋”，姜载河那时便不免有点焦灼无奈，不时被无端的愁绪缠绞着。

“妈的，要是老这样别扭。真得回哈拉苏喝西北风了！”一天，盛伦对天空挥挥拳头，牢骚着。

“真晦气！连水獭也不出来拉屎了。这是诚信[心]跟咱们做对。……赶明儿再多凑两场雨，咱们索性空手来，空手去！四大皆空！空得成了仙，就不用食人间烟火了！……”姜载河啖着小眼睛：“嘿，你倒悠哉，游哉，得其所哉！成天忙游山玩水，咸也不去等。夜里自顾去钓鱼！呃，小心鱼咬了你，细鳞鱼有小牛犊壮哪！……”

金耀东不开口，抬头凝望远山。醉悠悠的，灵魂似乎整个泡在酒精里。

金耀东踏入外兴安岭，与其说是为了嘴，倒不如说是为了眼睛，与其说是为了眼睛，倒不如说是为了心灵。自从驰入这片陌生土地后，他的整个心灵，就一直沉没大自然的海洋中，被原始的魅力冲洗着，梳爬着，滋润着，营养着。在这种彻底创世纪风味的形态，颜色，声音，芳香中，他感动得真不想说什么。唉，一个人为什么必须说呢？做呢？要不是细胞里的“赫尔曼”的本能冲动，他

---

① “加布甘”为捕獐子与水獭的机器，上有踩板，弹簧钢铁铗子。小动物不慎，踏到踩板，腿即被铗住。机器上有长铁链，可系于附近树根上。

真想永远躺在大地之海上，躺在森林里，躺在草地上，如神话中的安特美恩[①]，睡一百年，睡一千年，每个黄昏在蜻蜓天鹅的华翅旁边梦着白色睡莲花照亮了的梦，同样的梦。在彻底的隔绝中，他真正体味到尼采在阿尔卑斯山上体味到的智慧的芳香，创造的大欢喜，生命的大沉酣，苍天的温柔寂寞……永远轮回……超越一切……

他享受着有关狩猎的，一切：包括成功与失败。

山里野味多如牛毛，枪法高一点，几乎枪一响就是肉。三钱重的一粒铅弹，可以换到几十斤的肉，卤获一多，他便尝试着各式各样的肉。吃一种，换一种，腻味一种，再挑一种。烤肉网经常不得闲。深山里苍蝇多，白天烤肉，因为酒气大，薰得它们不敢进前，只远远贪馋的"嗡嗡"着。夏季肉易生蛆，在烟火上烤干后，就易于保藏了。金耀东尝着狍子，母鹿，獐子，细鳞鱼，□，野猪……

夏季野猪有腥毡气，金耀东不听姜载河的劝告，尝了一次，果然失败，只好白白抛弃掉好几十斤的肉。在烧烤野猪，剥掉它的长毛时，肉上会显出灰灰细绒，异常芳香。他便扯揭下来，卷在一起，异想天开的充作鱼饵。把几十根丝线搓成鱼绳，结在粗木钓杆上，铁钓钩上缚好野猪绒的饵，在星光灿烂的晚，他不去等咸，却跑到哈尔哈河边上。

装饰着星光的仲夏夜空，是一座繁茂的花园，亮着千万朵紫色的蓝色的青色的小花，比印度玛瑙还璀璨。这一朵朵花摇摇的似欲坠落。它们在以清冷而寂寞的光焰投给地面。刺球树的芬芳溅溢在星光里……

金耀东坐在星光照耀的河岸上，凝视着流水。哈尔哈河缓缓流，河水被星光渲染上一层神秘光色，黑晶晶的，紫溜溜的，温柔而朦胧，铺叠着错杂的暗影如参差树荫。在白天，河水原似无声流逝。夜阑珊了，水流声竟明朗的浮现出来，随着夜的深沉而愈益深沉。这流动的声音向无边的空虚里投掷出一圈圈悲哀的弧线，如"紫罗"的金属弦子所流泻的哀歌。水声不大，却有一种令人哭泣的可怕寂寞，像是天空与大地的连绵叹息。

金耀东肃穆的坐在星光照耀的河岸上，头戴黑呢帽，脸上罩了长长的白纱网，神秘得如中世纪的蒙面侠。他凝望着河水。水面不时溅起高低不一的鱼跃声，在太静的夜里，鱼跃声显得宏壮起来。如果不是因空气的震颤与激动，这声音简直就要永存于空间。

---

① 安特美恩(Endymin)黄昏在拉特姆斯山上沉睡。为女神狄安娜看见，惊其美，请维娜斯女神长保其美丽。遂由宙比特火神施法，使安长眠不醒，每一个黄昏做着相同的美丽的梦。——此段出自希腊神话。

“卜楞!”

一团包扎着铅皮的钓饵被投掷到水流里。

捕鱼人眼睛张向黑暗,神经微微有点紧张。

哈尔哈河里有一种细鳞鱼,最爱吃水耗子。听见这“卜楞”声,以为又是水耗子跳下水,要渡河了,“崩”的一声,它突然跃上来。及至嗅见那野猪绒的浓烈芳香,它登时狠命扑过来,迫不及待的一口吞下去。

钓杆猛烈震荡起来。

捕鱼人突然蹦起来,施展出吃奶力气,拼命抱着鱼杆向上拖,所拖的似乎并不是鱼,而是全部生命意义,全部公理正义。鱼有好几十斤,蛮犷如小犊,颚上虽然绕绞着大钓钩,仍粗横的挣扎,全力往水底钻,企图连岸上人也拖到水里。人与鱼于是猛烈挣扎着,斗争着,紧张得不亚似古罗马的斗兽。这时鱼绳的弹力早已毫无作用,纯然是两种力量在斗争,陆与水的斗争!一幅最原始最庄严的生命斗争图!

捕鱼人的剧烈动作,惊起草丛中大群大群的蚊蛆与百岭子。它们飞舞起来,向他进攻。他脸上的白纱网发挥了强旺的防御作用。手上没有遮盖,不免被百岭子咬了几口,他毫不介意。他所有的精力与意志都集中到钓竿上了。

一切声音全死了。只有人与鱼斗争的声音!

这是一场猛烈的格斗:美国大力士的拳赛也不会比这更长久些,更凶险些。经过四十分钟以上的角力,水里的那一面才丧失最后精力,放弃最后抵抗,瘫痪成一团,听候捕鱼人的摆布。一条四五十斤重的大鱼,终于被拖上岸,低低喘息着。这曾经极其野蛮的水族,不再野蛮了。——败者受祸!这种细鳞鱼据说是俄国种,浑身尽是脂肪,又香又嫩,金耀东是顽强的酷嗜着。

为了捕捉这细鳞鱼,在阳光最明亮的日子里,他常常荷枪散步于哈尔哈河之滨。走着,走着,他突然取下枪,装好子弹,故意在岸上婴儿样狂跳着,狂舞着,让黑幽幽的长长影子在水面播散出浓厚而零乱的线条痕迹。这痕迹经强烈阳光〔有〕一反映,便直映入水底。细鳞鱼最爱吃草蛾子,野蝶,蜻蜓,一类草虫,在水底望见这花绰绰的影迹,以为又是草虫飞来了,“崩”的一声,急跳出水面,雪白的肥身上闪亮出一块猩红斑点……

“砰!砰!砰!……”

枪声响处,鱼遭受致命打击,饮弹死去。它翻出白肚皮,在水面漩涡里绕转几匝,随即顺流而下,向东驶去。岸上人急从地上拾起早就砍好的桦树杆,沿河向东狂奔。鱼尸随峻急黄流直冲下去,冲到弯弯的河流转角处,随急流画一大圆弧形,直向岸边蹿去。岸上人这时早已跑过来,用长长的桦树杆按住鱼身子，不慌不忙的拨弄着，调动着，如用蟋蟀草诱导蟋蟀似地，慢慢诱到河边，再跑下去，整个拖上来。

在这些阳光毒热的日子里，渔猎倦了，口渴了，他便仿效一般炮手，到桦树林，用猎斧在一棵桦树的下半截砍去银缎子似地树皮，使它裸露出一扇米黑色的三角形小窗子。他拔一根草杆子或苇管，一端搭在窗沿上，一端架在铁饭盒里，不到几分钟，从那米黄色的树肉里，便渗溢出乳白色的桦树液，牛奶似地不绝从窗口流出来，顺着草杆子或苇管流泻到饭盒里。待注满了，他便端起来，一气喝干，登时浑身凉爽，通体舒泰。这桦树液又香甜，又清凉，芬芳如柠檬水，且含有裨胃的碳酸气。

溽暑重虎，随着炎热的程度，这些米黄色的小窗口在桦树林里也加多起来。对于一个初入外兴安岭的陌生者，这些神秘的三角形，直是斯芬克司的谜！

外兴安岭真是大自然的大自然，真是无穷丰富的精神矿藏之矿藏，只要举起鹤嘴锄，没有一锄不会带来烨炜矞煌的黄金珠宝，金耀东如饥似渴的攫贩了这些黄金珠宝后，在他的思想与字汇里，只两个字：赞美！

……
你们要赞美……
从天上赞美……
在高处赞美他……
他的众使者都要赞美他！
他的诸军都要赞美他！
日头月亮你们要赞美他！
放光的星宿，你们都要赞美他！
天上的天和天上的水，你们都要赞美他！[①]

四

从五月中旬起，雨不断落，越落越凶，越落越有兴致。夏季原是外兴安岭的雨季。今年的雨水竟比往年特别茂盛，落的时间特别长。灰湛湛的雨，一阵密，一阵疏，一阵紧，一阵稀，直使炮手们无法活动。在落雨期间，炮手们只能躲在草楼子里，潜伏在蚊帐下，修理猎具及马鞍等物事。雨脚微小时，他们把

---

① 见旧约诗篇第一百四十八篇。

剥好的一条条的长口兽皮套在大树杆上，一来一往的搓揉，好鞣滑皮革。及至皮革柔顺了，就用来制皮绳子，马缰，并用一些整块的皮缝制鞍套，干粗些，马绊[①]……

雨索索落落了二十多天，依然不停。在这些日子里，姜载河一行三人，在鹿茸猎上，完全绝了望。在这一大维被潺潺雨水所浸泡的时间里，除了在三四天偶然微晴中，他们能充分活动外，其余的日子里，他们一筹莫延[展]，只能修补衣服，猎具，及马具。在落雨天，金耀东虽然常常冒雨出行，但很少见兽踪，更难发现水獭。

好容易得到六月中旬，盛伦利用加布甘前后捕捉住两只水獭，姜载河也获得一只，金耀东则始终毫无所获，这时分，外兴安岭的许多炮手估量今年雨水太多，鹿茸猎已无望，均相率离去。盛伦与姜载河也决定回哈拉苏，准备一番，等秋季再来猎"坎角"。当他们向金耀东提及此事时，后者踌躇了很久，终于道：

"你们留在这里，已无必要，不妨先回去。至于我——我还想试试运气，暂时多耽搁几天！……"

"你一个人在这里，不冷清吗？"盛伦问。

"冷清点也好！我并不讨厌冷清。"

"其实呢，我们迟几天走，也没甚么！——"姜载河沉吟了一下："就是雨水猛一点，日夜落个不停，黏糊糊的，心〔兴〕里像贴满面条似地不舒服。……老盛离家快两月了，家里也怪想念的。……"

他们最担心的是：金耀东初次来外兴安岭，路途还不熟，没有伴儿，或许不便。

"这是那里的话！那里的话！我三十来岁的人了，那能就迷路！……我从十岁起，就出过远门哩！……外兴安岭到哈拉苏，总不比云南到黑龙江远吧！呃？"

姜盛见劝说无效，只得先作归计。

六月中旬的一个微雨上午，他们决定离开外兴安岭。临行时，他们问金耀东有事吩咐否。金耀东先是摇头，接着忽然想起一件事：

"打鹿茸，你们是不兴带狗的。我那条贝尔特还放在福丰恒寄养。你们回去时，得便给我照顾照顾。狗不比人，受不得委屈的！……"

---

① 马绊通常有双马绊三马绊，均用以绊马足者。其作用相当于囚徒之手镣足镣。

五

姜载河盛伦离开以后，雨仍不断落。金耀东微微有点感到寂寞。终日他听不见人声，见不到人影。花木丰茂的外兴安岭竟比沙漠还荒凉。有几夜，他冒雨“等咸”，淋了一整夜，始终无鹿影。在雨夜，牡鹿是极少出来的。

长长短短的雨，不断霏霏下落，断断续续的，明明暗暗的，愁愁惨惨的，淅淅沥沥的……

一个没有蝙蝠没有彩霞的傍晚，雨竟住了。混沌骚乱终止了。入夜，从白桦林里，从东方乳色光雾里，一轮大月亮烔灼灼静冉冉的升起来，又庄严，又华丽，直是个徐步升上银色宝座的银色女王。雨后天穹美洁得不再朦胧空虚，精致得如一只新出窑的淡青磁器，滴溜溜圆的舒展入无极无限，散发着一些亮晶晶的紫色斑点，是星星，在如癫如狂的白色月光与青色天光里，整个大气层是酣醉了，发酵了，比新焙的面包还轻松甜柔。连日大雨，累积的储汇起来，满山沟山洼尽是水流声。一条条流动的水圈上，树木华影犬牙差互，交叉错杂，经月光一涂抹，水与影流露出弦乐的和谐。一切全被月光征服了，浸透了：每一枝小草，每一片树叶！……

犹若传说中参禅拜月的狐，金耀东在月下徘徊着，瞭望着，凝思着，呼吸着，感觉着……多日落雨所潴的积闷，全给这一山月光扫洗得干干净净。他的情绪整个美化了，连血管里似乎也流动着月光。在这样迷人的月夜，再睡在草楼子里面，直是一种愚蠢，一种罪孽……他想。

给瓦希加套上鹿皮马绊，放到附近自由吃草后，金耀东用“鞍下毛毡”作毯子，用马鞍子作枕头，睡在一条斜坡的平坦坦的横切面上。长方形的“鞍下毛毡”由白番布缝成，里面满满装着马牛羊类动物的杂毛，睡在上面，软绵舒适不亚天鹅绒。

山谷风柔媚的旋舞着，作着邓肯式的舞蹈，随风掠来野玫瑰百合的馥之芳香。

水流声潺潺而幽静。在温柔如梦的月光中，千万种声音，颜色，气息，芳香，形体，酿制成一片近于固体的液体，蜂蜜样缓缓的甜甜的流动着，渗透入一切有生，无生，方生，将生，未生……

外兴安岭的夏夜真不是夜，是一种青春，一种狂想，一种享受，一种诱惑，它是上帝的夜，也是魔鬼的夜。这白色的夜竟美丽得呻吟起来……

金耀东睡在月光里，睡在仲夏夜幽情曲里。月光狂烈的拥抱他，雨点似地从他的浓浓黑发直吻到脚跟，仿佛要用这拥抱与狂吻毁灭他。他睡着，倾听着，凝视着，享受着，不知道是睡是醒，是醒是睡。梦与现实已绕绞不清了。饱和了月光的雨后空间明洁而光滑，芳香而富有肉感，直是少女的如花的肉体。他的血液不时温柔的震颤着。他有意无意的慵慵举起手臂，轻轻用手掌抚摸这空间，这月光，这芳香，又不时用红红嘴唇啜饮身边草上露如夏蝉。

月光照亮了他的蝉翼似地透明的仲夏夜梦，流萤环绕着他低翔，山谷在倾听他的均匀的呼吸……

六

不知何时起，一阵惊天动地的爆炸声突然卷腾起来。金耀东于其说是被惊醒，不如说是被一种奇异而庞巨的暴力打震得蹦跳起来。

"哗！哗！哗！……"

"哗！哗！哗！……"

"哗！哗！哗！……"

"哗！哗！哗！……"

"……"

这声音暴怒的爆炸开来，万覈[壑]怒嚎，鼓怒𤅷击，犹如飙雷崩岩，地脉荡决。一刹那间，所有太阳系星球仿佛全撞击在一起，金紫色星云迸裂着。东南西北，上上上下，沸腾着一片澎湃的山崩海塌的暴响。一阵阵愤激的崩炸声浩浩滔天，电透箭疾，从天上扑下，从地底冲山，从四面八方勃发，轰轰然震撼着，仿佛要毁灭一切。这汪洋浩瀚的声音，狂烈而愤怒，一潮又一潮的奔驰着，疾滚着，以吞吐千川泻泄万壑的暴力擂击着大气层。登时林啸风嗥，山鸣谷应，大昏眩的音浪急舞于高空。一切存在物全激涌出粗壮废哑的回音。岩石似在怒号，森林似在狂吼，大地似在呼喊，天穹似在咆哮……千万种声音汹涌着，泛滥着，蟒蛇样缠绞着，十字军样突击着。人还来不及辨别，它们早已疯狂的霸占了全部外兴安岭，征服了整个宇宙。属于上帝的，属于魔鬼的，以及上帝魔鬼以外的，全被毁灭。天地间惟一存在的，只有声音！声音！声音！声音！声音！声音！……

"哗！哗！哗！……"

"哗！哗！哗！……"

"哗！哗！哗！……"

"哗！哗！哗！……"

"……"

随着这愤怒的雄险吼声，随着这毁灭的暴风，大片大片的赭色奔流排山倒海的猛冲着，狂驰着，如千千万万头彩色虎豹，如千千万万座能飞的枫树森林。大片大片的洪水迅激的扫卷着，横暴恣睢的泛滥着，渤溢着，腾波击天，高浪灌月。山沟，山汊，山洼，山溪，山涧，山泉，山溪，山壑……所有水流全渲泻激湍，横汇倒注。一大阵连着一大阵，一大片盖着一大片，一大股咬着一大股，浴月排风，茫茫无涯，汹涌澎湃，洄洑激射。洪流杀气弥天，怒涛跃空，水波山立，恶狠狠的猛扑着，凶势如大集团军的梯队冲锋。转瞬间，一些土砬子汩[汩]灭了。一些小山头被吞没了。数不清的大草莽被扫卷得无影无迹。数不清的大树连根拔起。岩石一块块颓然崩坠。森林一座座昏然沉落。一些不及逃避的狍子，狐狸，野猪，母鹿……，全被卷到急流里，在漩涡中打着轮转旋，又与松，柏，柞，桦，柳，榆，灌木丛，可及一些乔木的尸身绞缠在一起，排列着，鱼贯着，组成一支又庄严又悲壮的大军，浩浩荡荡的挺进着，有着丧葬殡列的深沉与哀愁。

是漭沆的洪流长腿插翅，在迅驰，在疾飞，在雷奔，在跳踯。它毒龙式的张牙舞爪，恣意吞噬。一座又一座的巍巍山峰殉葬了。一片又一片的陂陀山窈沦亡了。一条又一条的崎岖山坡陷落了。一座座的，一片片的，一条条的，殉葬了，沦亡了，陷落了。整个一座黄海似乎全搬了过来，全部外兴安岭在抖颤着。……洪水狞恶的突击着，急旋着，怀着不可抗的仇恨与无比怨毒。一片片惊涛骇浪比牛马鲸鳌大，一卷卷波流比尼加拉瀑布峻急，比“滟滪堆”凶险，蛮犷得直要把创世纪的挪亚洪水重演一番。炸裂声，崩陷声，溃决声，汹涌声……一阵繁似一阵。全世界的大风暴大雷雨全集中到这里了。

这大毁灭性的天崩地塌声把金耀东震昏了。如魔鬼附体，他不知道怎样才好。在大晕眩中，偶然一道闪光，眼一亮，他发觉邻近的泉水已泛溢起来，水唧筒似地喷射着。如醍醐灌顶，他突然清醒，直觉的意识到一个庞然的毁灭在等待他。再也来不及考虑，他矫捷的解开“马绊”，把马鞍子与鞍下毛毡摔在马身上，把草楼子里的猎具及物件，急急塞到马鞍囊里，迅速荷枪牵马，越狱囚犯似地，一口气直向出上狂奔。越过八九个山头，抵达一座座高高的峰顶，这才浑身汗水淋漓的停住脚。喘息着，回头向下望望，先前泛滥的泉水，业已蔓延开来，与洪流里应外合的叛逆着。他那座草楼子，一部份已开始被浸没了。

犹若那被山岭与树木所攻击的麦克白，一团团死沉沉的恐怖绞着他。差足告慰的是，洪流没有捕捉住这颗孤独的灵魂，似乎受了挫折，凶焰已稍稍煞住，攻击的速度已渐渐缓和，只在离他十几丈的山腹部气咻咻的牛喘着，威胁的低低吼叫着。……

天上仍挂着那一饼苍白冷涩的圆月。星光闪灼在钻石蓝的天幕上。映照着这强烈的星月光芒，这渥赭色的苍苍洪流展显出一片红毒毒的光彩，惨丽而凄艳。这红流经过一小时的猛烈冲锋，似已疲倦困惫，渐渐沦入休战状态，只不断虢虢低吼着。那地动山摇横扫一切的恐怖声音，渐渐跌入溃乱的低低嘶叫。红色的波浪滚动着，粼抖着，渗混着骷髅色的月光，红得异常野蛮而原始，直令人毛发倒竖，汗腺起鸡栗。这红色的和平比刚才大骚乱还可怕，还森人。它把外兴安岭的下半身渲染得贼忒忒的红，仿佛是一把弥天火灾，遍山遍野的到处撒洒出红色灾难。

“啊，可怕的山洪！”

金耀东坐在一片冷硬的岩石上。面对着当前的红色灾难，长叹了口气。这场比红海落日还红的红画，现在并未沉默，在用粗嘎的嗓子向他抗议，恶詈，威胁。一股无端的愁绪不禁侵袭着他。他知道，这著名的外兴安岭山洪爆发（令炮手们谈虎色变的），一发，就不可收拾，短时间内不会轻易退去。

这种充满悲剧意味的山洪爆发，隔几年总要在外兴安岭出显一次。夏季是外兴安岭的雨季，雨常时纠缠不休，一月半月不停的落。落得太旺，繁茂的雨水不断通过树根草根，沁透地表皮面，深深渗入地底层，与地腹水汇集起来。雨落得越多，地腹部也汇集得越多。直到地的肚腹容纳不下，一朝崩裂，突破地皮层较薄弱处，以及溪涧泉水的旧流，猛然汹涌泛滥出来，姿态豪壮，一泻千里，与山洼，山谷，山汊，山溪里的积雨水打成一片，爆震出轰天的雄壮吼声。

这一夜，金耀东一直没有能睡。他徘徊在海拔一千公尺以上的高峰上，瞭望着这驰滑流动的红澄澄一片，以及那投影在上面的苍白得怕人的星光月光。

渐渐的，他从一片朦胧而恐怖的境界里挣扎出来。一片庄严而崇高的情绪充沛于他的心灵中，他觉得自己是可怕的孤独。一切生命似乎全灭亡了。只有这一颗孤独的魂灵赤裸裸的浮凸在星球上。从这绝顶的孤独里，他仿佛看见一片伟大的光辉，伟大的苦难，伟大的信仰！

“我之所以异于人者，便是因为我爱负荷更多的苦难！”

一滴骄傲的眼泪感激的滴落在冷硬的岩石上。

七

翌日上午，金耀东才搭好一座草楼子，准备休息，□雨就疏疏斜斜的落起来，忽而大，忽而小。入晚不停。第二天第三天连着落，直使他无法活动。

洪水泛滥了，一些野兽从各处逃往到山顶上，三三五五麇集在一起，悲哀的鸣叫着。这正是野兽的换毛季节，它们新陈代谢的滋生着红毛，被雨水淋着后，浑身熠爍[烁]着亮耀的红光，默望着这些远远在雨中蠕动的野兽（里面就偏偏没有牡鹿），只要枪声一响，就绝不会落空。然而他却连枪机也懒扳动一下。雨水打湿了他的衣服，也打湿了他的思想。他的杀机与冲动的火焰被浇熄了。他只是默默对雨沉思。

第四天，好容易雨住了。阳光与温暖复活于外兴安岭。

雨虽住，洪水却并未退，虽然也并未涨。洪水不退，他的烦恼也不能退。他所带的小米子，只剩下二斤。他生存的唯一凭借，是一天天薄弱。为了尽可能延长这生存凭借，为了尽可能发挥这仅有生存资源的最大弹性，他开始节约：每餐只取一小撮米熬成极稀薄的粥，配合着狍肉干吃。这干是四四方方的一块，早就烤热晒干，临食时用滚水泡发开，会膨胀成三四倍大。每一餐肉的分量远比粥多。他几乎完全是用肉来充饥，而粥只是一种不得不点缀的小点缀。如果没有这小点缀，他知道生理上会起怎样可怕的影响。

在这洪水滔滔的外兴安岭，在这片幸免于灾难的方舟上，他几乎是唯一的落荒的灵魂，今夏雨水太旺，洪水未爆发前，炮手们多已相率散去。陪伴他的，现在只有野兽与山林。在这片荒凉的山谷里，“断炊”就是不折不扣的“断炊”，完全照它最原始的意义解读，与人群社会里的“断炊”截然是两回事。他不能不提高警惕性。

所好的是：这日雨晴，他又恢复了猎鹿茸的工作。旧有的几个“咸场”全在山下面，早被洪流湮没。他不得不探寻新“咸场”。

山洪爆发的第六天，一清早，他就骑马出去找“咸场”。阴雨太久，泥土还是湿漉漉的；野兽的蹄踪清晰的镌铸在地上，其中鹿迹却很稀疏。有一两处，偶然发现踪迹，追踪找去，没有多远，却又中断在猛深深的草丛里。忙了一上午，始终毫无所获。

顺着扭扭捏捏的山路，下午继续搜索，仔细寻觅，劳碌了两点多钟，竟在一条窄路上发现一些剪刀形的蹄印。顺着这印子找去，经过许许多多曲曲折折的山路，终于在一座繁茂的灌木丛旁边，发现一座清泉。泉水如一片残阙的大月亮，在阳光里烁爚着银色光华，安静得没有一滴玑珠。泉水附近。黑油油的泥土上，刻划着一簇簇剪刀形的蹄印：横一道，竖一条，左一抹，右一勾，一重又一重的折叠着，堆砌着，丛密而繁乱，复杂而错综，真是一个顽皮孩子最拙劣最胡闹的涂抹。

金耀东欢呼得在马上叫起来。

跳下马，在泉水附近仔仔细细察看了几遍，他比钢铁还崛强的肯定：这一定是“咸场”，这泉里一定有咸质！

他急驰回草楼子，提前用了晚餐，把瓦希加会[套]上马绊，放到附近，随即荷枪向泉水走去。这时天色已徐徐步入黄昏。那又红又圆的夕阳蕤生在西天，直是一只巨大的红柿子，炫耀着绚烂而红热的最后回光。崇山峻岭缓缓昏晕在这残照里。晚风呢喃着夏夜特有的温柔。

抵目的地后，用猎斧到附近柞树林里斫伐了三根树干，两根有杈桃，一根没有。把有杈概的两头削得尖尖的，深深的直插在泉水附近茂密的灌木林丛中，再把那光秃秃没有杈极的一根横搭在上面，成匚形，这就是临时枪架。他在泉水附近徘徊着，精细的假想牡鹿匍匐在泉水边吸饮的姿势，国位，它的身材高矮，以及瞄准度数与效率，再决定枪架的水平跟垂直高度。通常炮手爱用“假目标”，假想鹿的高度，用一根树杆插在枪架前作为代表，树杆对住炮手的一面剥去皮，在夜暗中发出朦胧的白光，这光炮手看得见，鹿却看不见，鹿偷咸来时，炮手便直向这假目标射去。金耀东并不是样做。他只用一片色烟的锡纸缠在枪的准星上。黑夜如漆，望着这微微发光的锡纸，他就可以测知瞄准的高低了。

八

夜无声的掠来了，它的黑色华翅以浓浓阴影装饰了一切。这是一个无月之夜。疏朗的星子闪着倦意的蓝色眸子。胆怯的牡鹿白天不敢来食咸，夜深人静，才偷偷摸摸的溜过来。月亮太大太明了，它也不敢出来，仿佛光明就是屠杀的象征。

金耀东潜跪在灌木林里，浑身穿戴了灌木的枝叶与暗影。他把枪搭在枪架上，瞄准泉水边缘鹿可能的匍匐啜饮处。他屹立着，一动不敢动。牡鹿机敏得太可怕了。尽管地面的一切全沉沦在漾漾无涯的黑暗大海里，但只要猎人随便挥动一根手指，甚至自目的沉重呼吸一次，好像也能惊走它似地。

金耀东跪在夜暗与树荫交织的重叠阴影里，戴着树枝的冠，踏着冷冷的地，睁大眼睛，张大耳朵。白纱网有强烈的反光，他没敢罩，径让蚊子与百蛉子折磨他。他凝视着，倾听着黑暗，视觉听觉极度膨胀，一丝一毫不敢放松。他的耳膜犀利而紧张，犹如中世纪的银丝琴，一丝最轻微的风仿佛也会弹起响声。他听见蟋蟀草在风中私语，一片青杨叶子几乎是无声的堕落下来……他又仿佛听见大橡树的虬结如须的盘根在幽幽吸收地层水分，柞树叶脉轻轻在作二氧化炭[碳]的呼吸。这时分，即使是一根绣花针落在地上，他自信也会听见。

鹄候了约莫四小时，快到午夜了，一阵微飔起处，极辽远的，极辽远的，一阵极轻微极轻微的闻首飘浮过来。这声音飘飘渺渺的，浮浮泛泛的，游游荡荡的，袅袅冉冉的，神秘而玄穹，油滑而不定。这是轻风的微吟，森林的颤栗？落叶的叹息？溪流的呢喃？素馨花的梦呓？覆盆子的絮语？还是一滴白露偶然从兰草上堕落？两只蝴蝶的华翅轻轻互相敲撞？三只蛾子轻掠过野玫瑰的叶子？四只萤虫〔虫〕在叩攀槐树以绿叶编制的圆门？……

“哺……嗞……哺……嗞……”

金耀东紧扶住枪，一手按住扳机，手心沁出冷汗。他屏息着，倾听着，凝视着，浑身血液煎熬在极沸腾的兴奋中，脉管里似乎燃烧起一把又一把的火焰。

“哺……嗞……哺……嗞……”

这声音忽远忽近，忽近忽远，若无若有，若有若无，又隐约，又清晰，又热烈，又冷静，饱和着试探性，又洋溢着诱惑性，不断前进着，又不断后退着，仿佛连蝼蚁的呼吸也会惊走它似地。这声音从远远的远远的森林里飘来，越飘越近了，越飘越近了，这不是森林中的声音，也不是地球上的声音，这是极遥远遥远的另一类星球上的声音。……

（唉！宇宙间还有比牡鹿滑过苔藓更神秘更美丽的足音吗？）

“哺……嗞……哺……嗞……哺……嗞……哺……嗞……”

声音远了，远了，近了，近了，近了，近了。忽然又远了，远了，远了，远了，终于是真的近了，近了。美丽的牡鹿终于驰过来了，闪跃着苍白色的梅花斑点，闪动着婀娜而敏捷的□步子。这美丽的小兽不是在轻驰，而是在飞翔，而是在舞蹈：在神秘而绮丽的幽暗里作着神秘而绮丽的舞蹈。美丽的四蹄闪电似地曲曲折折的舞过来，疏疏斜斜的舞过来，赛风似地舞过来，舞过一座树林又一座树林，一片草地又一片草地，……

“哺嗞……哺嗞……哺嗞……哺嗞……哺嗞……哺嗞……”

在极度紧张中，金耀东发觉自己的心脏在逐渐缩小，缩小，缩小成一粒铅丸，而终于停止跳动。血液经过饱和点的沸腾，终于也停了，仿佛要冻结。他一根木棍似地跪着，已成为一付机械，一付骨架子，已成为灌木林里的一部分，一片树叶或一根杈桠，他已整个失落了自己，全身全心溶入大自然的无数生命中。他这时已不是用眼睛看，用耳朵听，而是用灵魂看用灵魂听用灵魂来辨识一切。

神秘而绮丽的音烛光样熄灭了。一只美丽的小兽梦似他[地]飘到清泉之滨，纳蕤思似地充满感情与智慧的匍匐到泉水边，开始啜饮那清凉而甘美的圣洁泉，一口口的——

“砰！砰！砰！砰！……”

一阵惊天动地炸裂声。一声绝望的鹿鸣声，一片忽促零乱的足蹄声。被声音碰碎的夜暗里，喷散出火药的红光与硝烟的强烈气息。随着这爆炸声，猎人的全灵魂也爆炸成齑粉。紧张而鼓胀的轻气球是炸碎了。猎人并不是用肉体来射击，而是用灵魂来射击。在这千钧一发的刹那间，猎人的灵魂赤裸裸的捕捉住牡鹿的灵魂，猎人的所有余威全喷泉样洒射到牡鹿身上，决定一个新的命运：幸福或是悲哀的！

猎人固执的自信：那牡鹿已受重伤，跑不多远，必会倒下。他现在不急〔急〕于去追捕，一来是夜暗不易辨识，二来怕踩乱鹿的足印，天亮以后，不易寻我[找]。

〖他坐在土上，静待黎明降临，背靠着一丛矮矮灌木。〗

在极度的亢奋中，他一夜没有能阖眼。天才朦朦亮他就爬起来，顺着泉水左近一串串最新的鹿迹，追踪寻去，沿途不断看见一丝鲜红的血斑。走不到一里路，他就发见一只壮鹿倒卧在血泊中，胸口的一个小窟窿在滴着鲜血。

他低下身子，定定凝视了一遍，不禁惊喜得有点疯狂了。

"啊。是大[六]叉！"

他喊着，唱着，跳着，不知道怎样发泄自己的情感才好。

在鹿茸中，最珍贵的纪录是七叉。他现在捕获到六叉，一年的生计完全解决了，他做梦也没有梦到这样的幸运，当他从腰间取出猎刀割这六叉茸时，他的双手止不住抖颤了。

"天助自助者！"

他喃喃着，用手模模脸，两颊上尽是一些浮肿的疙瘩。他这才记起，夜间只顾着等咸，竟忘记了百蛤子与蚊蛆的咬刺！……

九

猎得六叉茸，金耀东已无留在外兴安岭的必要。他把那只牡鹿烤熟，晒干，割成许多块，装在干粮袋里，静候洪水一退，即凯歌而归。

连日放晴，艳阳万里，毒花花的光芒燃烧了一切。全夏季的炎热似乎都麇集在这时，一举挥发出来。洪水在开始退落，退得很慢。金耀东每天到各处察看着，这一大片渥赭色的液体一分一寸的低矮下去。直到第九天，连绵的山峦岭际中间才显出湿湿的道路。这时山脚下仍为洪流所湮没。

这一天下午，他收拾停当，急急离去。路太潮湿，几乎全是泥沼，一步一个陷落，一个坑洞，如走在深厚的积雪上。他不敢骑马，只能牵着它，挑着地形较高的山头走，一路没有撞见一条人影子。在这嶙峋崎岖的奇突山路上，在强烈的阳光里，始终只晃动着这两条凄凄寂寂的黑影。

晓行夜宿，第三天中午，终于赶到洮儿河畔。才临近河边，一个奇突的现象猛然使他吃了一惊。

沿着洮儿河边的坎坎坷坷黑土层上，一些人散散落落的躺着。有的昏昏然沉睡，呼吸轻微得几乎等于零，熟睡的程度，仿佛用大铁锤也锤不醒。有的眼部深深凹陷成两个窟窿，青虚虚的，虽然睁着，却比闭着还要朦胧花糊，眼珠子机械得像没有人弹拨的算盘珠子。有的面无人色，蜷成一团，微微呻吟着，比死鱼还呆板。一些猎具零零碎碎的抛在一边，似乎好些天没有人碰过了。附近不远，一些马在失魂落魄的啮草，极不安静，对于主人的现况，感到谜似地不可解。

紧贴近河边，躺着三具死尸。死者的面孔浮肿得像大皮球，青幽幽的，白森森的，异常可怕。炎热的太阳把这三个被毁灭的肉体薰炙得有点发臭，空气里弥漫了一种古怪的气味。簇簇苍蝇黑压压的在他们脸上爬着，……

远远的，有七八个人聚着，交头接耳，嘴嘴舌舌的，神色极不安静，一种神秘的愁惨笼罩在他们四周。

金耀东满腹满脑尽是谜团。他把马放在一边，匆匆赶过去，告了声“打扰”，问他们是不是准备渡洮儿河？

“渡洮儿河？……”一个瘦瘦的黑汉子吃惊的转过头，对问话人怔怔的撩了一眼，狠狠的道：“呃！上天容易，渡洮儿河可难。你瞧这河水，这是什么水？”

金耀东顺着汉子的手指望去，只见那黄土层颜色的洮儿河水滔滔漫漫的迸流着，在太阳的巨流里辉煌着金铜色的芒彩。这金色的奔流轰轰隆隆激响着，大片大片的衡[冲]刷下去，宛若一条条赭褐色大瀑布的侧影。河水浩浩汹汹地崩溅着，急涌出山峰般岭峻的波涛，狞拙的喷吐出黄烱烱的螃蟹泡沫。一簇簇浪花金球样跳着，蹦着，滚着，一簇连着一簇，争先恐后的舞弄着，闪晃着，颠摆着。整个河面弥溢出疯兽式的表情，似乎早已在准备伤害任何投入者：人或人以外的生命与非生命！

“你瞧瞧这河水！海龙王也休想过去！鱼虾也得淹死！……”

另外一个矮胖子告评金耀东：他们全是炮手，才从外兴安岭转到洮儿河附近，山洪骤然爆发，河水猛涨。原先只有十几丈的河面，突然泛滥得有四里宽。一向平静无事的水流，陡然比奔马还峻急。他们才放下木筏子，就被冲翻，筏上人连尸首都被卷得无影无踪。“你瞧，刚才不久，还打翻了一个木筏子，死了三个人！嗯，三个人！”过河是死，不过河也是死。他们带的粮食，差不多全耗完了。由于山洪瀑发，想在附近找点野味都不能。有两个已活活饿死。有三个人没有米粮，成天啃肉，啃久了，皮肤发黄，身子渐渐浮肿，眼花撩[缭]乱的，越肿越不成样，终于也“吹了灯！”（金耀东知道：这是缺少淀质的下场。）没有见阎王的，不是饿瘪了爬不起（也快见阎王了！），就是热锅上蚂蚁团团转，在河边上乱转。“十几个人好容易扎下几只大木筏子，咳，才放下去，就冲翻了！活见他妈的鬼！”河对岸是一片野茫茫的荒野，莽莽苍苍，一百多里没有人家。靠河边只有两片“大烟厂子”，几个厂里人在对岸干着急，心有余力不足，直是束手无策。

“阎王注定三更死，休想挨命到五更。我们这一回是死定了！死定了！没说的。唉！……”

那矮胖子说着，头低低垂下去，长长叹了口气。在旁边的炮手，一个个全愁眉不展，而露阴影，直是一些被判决死刑的囚徒。

这阴沉的叙述是一声声黑色丧钟，在金耀东耳边响着，撞着。听完了，他脸上也幢幢摇幌起暗影，眉头紧紧打了一层扣结。他对面前的洮儿河水投了怨毒的一瞥，没有说什么，慢慢踱开去。

金耀东决定先在附近露宿一夜，先休息一番，好好养足精力。

这一夜，他打定了主意！

十

第二天清晨，金耀东醒来以后，第一件大事就是检查瓦希加。从头到尾看完，认为满意了，这才亲自把马牵到附近草甸子里，喂得饱饱的。接着，他回来升火，把剩余的四五两小米子，一次煮完，煮成稠稠的干粥，拌着鹿肉干，饕餮的吃得一干二净。自从山洪爆发以来，他很久没有这样饱食了。

相同项羽式的破釜沉舟，他把余粮一次耗完。这里面有一种大决心大沉痛。他不能让自己的骨头白白饿烂在洮儿河边，使那些冤屈的死尸多添上一个伴侣。

死亡！或者得救！——他必须今天决定！立刻决定！不能再踟蹰了！

用完餐，他在河边散步片刻，又坐下来休息。

近午时分，他把全身衣服剥脱光光，只穿一条短裤，他用绳子把那对六叉鹿茸与枪紧紧捆扎在背上，猛可的跳上马，直向洮儿河冲去。

这时闪耀在他脑海里的，是一幅古世纪日本图画：源平之战！在这伟大战役，大和民族著名的古武士源义经，为了冲破敌人的重围，只身横渡过日本最大的湖泊，周围数百里宽阔的琵琶湖！那岛国武士的山岳式的巨姿，那浩瀚万顷的琵琶湖，那排山倒海的浪峰，那锵锵琅琅的洪流，那伟大武士与洪流殊死搏斗的雄壮一幕……千万种形象，颜色，声音，揉混在一起，激泻出一大片粗犷宏丽的声音，在金耀东心灵中震响着，与他本能的求生冲动溶汇成一片，汹涌澎湃的鼓舞他，怂恿他，鞭策他，逼他遗忘横阻在面前的一切危险！

瓦希加跑到洮儿河之滨了，马上人放松缰绳，双腿拼命往内夹，一摆手，狂吼一声：

“冲！”

火焰似地，只一飞跃，人与马全投掷入急流里了。

水流箭镞样升穿着，疾射着，凶势比千军万马还峻急。在铅云覆罩的愁惨阳光之下，水面盈沸着一股毁灭与死亡的光辉，宛若希腊神话上最阴险的司底克斯河。人与马才投下去，便立刻被急流所冲卷，所绞缠，所激荡，所拍击，所摇撼，……

金耀东绞搾了当年学校里“水马演习与教练”时所捕从的智慧，倾倒出廿年来极独特的骑术经验与技巧，沉酣在空前的挣扎里。他死死匍匐在马身上，出神入化的操纵着瓦希加。马的思想是直线形的，没有回纹式的顾虑，与螺旋式的踌躇。它无视了滚滚恶浪，忠心耿耿的竭尽所有蛮力，拼命想顺着直线轨迹直泅到对岸。水流的阻力歪扭了它的直线，不断把它冲击开去。马无知，盲目与水流斗争，一股劲的要保持直线；挣扎着，前进着；前进着，挣扎着。泅不到一里，它的蛮力就衰失大半，被水流的巨力打击得有点抖颤，精神在逐渐疲惫，四肢在逐渐软瘓，到急漩涡时，它前身栽进去。马脖子先还昂然扬举，不久渐渐垂躲下来，快垂到水面，又勉强向上挣扎。急流不断卷过，马腿子不断匍下，马身子不断没入水中，马头一起一落的挣扎在水面上。要不是马上人急带住缰绳，竭立往上甩，马早已喝水了。万一马头栽入水中喝了水？——

猛可的一纵，金耀东直跳入水里，减轻马的负担，技巧的诱引它顺流而下。马的怪癖是直泅，为了矫正这个弱点，他的身子特意与马成平行，左手紧捉住鬃末的鬃甲毛（急流中不能抓马尾），不妨碍它的运动，右手牢牢抓住缰绳，帮助马首离开水面。不断诱引着，借仗水流的冲泻力，以抛物线的形态，向下流斜泳过去。不久，马发现这新的方式异常有力，登时把旧姿态矫正过来，不再用蛮劲直泅了。

泅着，泳着，游着，凫着，金耀东忘记了一切，也忘记了自己。他把重点全放在两足上，鸭蹼似地慢敲着水，溅起大朵大朵的赭式水花。他的执缰绳的右臂，用自由式的大爬手向前扒着，如一只又野蛮又粗壮的古代木浆。他的抓住马鬃甲毛的左手，半倚靠着马身，好节省力气，半推送着马，好使它的方向不致迷误。他大鲸鱼式的前进着。波涛恶狠狠的舞弄着红铜色的手臂，疯狂的摇撼着他。他竭力挣扎着，红铜式的身子与红铜式的阳光河水闪烁成一片。感谢他的铁棒式的胳膊，他的铜钟式的拳头，他的帆逢[蓬]式的胸脯，他的老山毛榉似地两腿，他的钢铁似地青筋，他的岩石似地肉腱……仗着这些，他勉强支持住这一场最原始最野蛮的恶斗，不顾死活的与洪流肉搏着。

当这条野兽似地汉子拍马跃入水中时，岸这边被困的炮手们，与对岸大烟厂子里的人，登时被惊动了。他们在两岸奔跑着，呼喊着，想给予这两条勇敢的生命以可能的援助。然而毫无能为力。天空累积起片片块块的灰云，阳光愈益冷淡而悲惨。河水的光辉渐褪入阴黯。波涛的奔驰分外显得狰狞，充满了杀气。……

一切等待着命运的最后判决！

挣扎在恶流里的两条生命，经过惊心动魄的苦斗，已越过全程的三分之二。再泅一里，就到达彼岸了。因为是顺流淌下去，马仅有的一点蛮力，还足以维持均衡，人却渐渐支持不住了。有几次他翻过身，试着采用仰泳。水流太急，波浪不断冲刷过来，猛烈的浇灌着他的面孔，他无法辨别方向，又不能与马保持平行。他又试着用蛙式，把头凫入水中，一泅久了，凶险的水底暗流便震眩了他的脑子。他只得仍恢复平泳，尽量把速度放慢，把半个身子的重量加在马身上，撑持这最后难关。他不是与水流格斗。而是与千千万万只金铜色野兽的血盆巨口在格斗。这种肉搏比西班牙斗牛还惨烈，比古罗马斗兽还野蛮。每秒钟响着一个毁灭。每寸空间藏着一个死亡。不是征服，就是灭亡！经过长久的猛烈燃烧，他的生命火焰已渐残剩成斑斑点点的火星。冥冥中，他朦胧意识到这火光在暗下去，在逐渐熄灭。他是一只油灯，膏油快煎熬殆尽，即将届临灯尽油干的末日。他是一只风前烛，腊脂已大半毁灭，残余的孤光在风中抖颤着。他是一株薪炭，所有的热力渐布施干净，所余的将是一片灰烬。他是一株甘蔗树，丰盈的汁液已被绞榨，转眼就散为一堆渣滓。他是一座蜂房，富饶的甘蜜被汲尽，所剩的只是一片枯槁。他是一片沃土，膏腴已被锄耙剥啄净尽，变为一片硗确。……他不断沉下去，沉下去，如一块巨石，如一片巉岩。一咬牙齿，他又浮起来，浮起来。他不断坠落，又不断上升。不是坠落，就是上升。他的肉体衰弱了，他的灵魂却愤怒起来。他仿佛看见洪荒时代"震旦人"与自然的斗争，看见源义经勇猛奋发的横渡琵琶湖，看见阿特拉斯在肩负着地球，看见普洛米修士被兀鹰啄食着心肝，看见但丁炼狱里的鬼魂永恒推巨石上山，看见贞德被炼火烧死，看见阿各宾时代的血淋淋的断头台。"不行，我不能屈服！我来人间是来征服！我必须征服！"生命原是一阕大悲剧，每一秒每一寸都包含着一个征服！有形与无形的征服！人生就是征服！他必须征服这洪流，这波涛，这恶浪；他这时心境是神秘的，绝大的疲倦，与绝大的挣扎！在大绝望大疲乏中，他意志的最后一点灵火，还没有澌灭。它像一盏暗夜孤灯，引导前进，给他以最后的光亮，最后的信心。他每一个前进，包含着一个后退。他每一个上升，包含着一个堕落。他前进，千万种力最拉他后退。他上升，千万种力最拖他沉落。这种大矛盾大痛苦大悲剧的气氛，只有在马拉松竞走快达最后二百米时才会遇见。一千种一万种力量阻碍他，一千种一万种力量在水底诱惑他，召唤他："放松吧！放松吧！……"火光灿烂烨炜的一闪，他意志的剑霍然把这些妖祟斩断。两个宏壮的声音，如贝多芬第二交向曲似地在他耳边鸣奏着：

生命就是征服！

前进或是灭亡！

……

在两岸恐怖的叫喊声中，金耀东已忘记自己是怎样征服洪流，泅到彼岸的。抵达岸边，他丧失了最后精力，无法爬上去。好几个人跳下水，死拖活拉，才把他曳上岸。一上岸，眼睛一片黑，他栽到地上，昏迷过去了。

当他醒来时，发觉自己的身子已被几个人抬着向前走。他不能思想，不能开口，只用疲倦的感激的眼睛望着他们。经过河底峻急的冷流的长时冲激，他全身业已发紫，皮肉软瘓得像烂淤泥，仿佛被毒蛇咬啮过。他的手足僵硬得如片麻岩，水晶岩……

隐隐约约，他听见一个女人的声音：

"快抬到厂里去，烧两盆热毒毒的旺火，让他躺着烤。再给他烧几筒好烟。过一半天，他行许有救！……咳，这位先生真是老虎胆！真不怕死！我活了靠四十了，还是头一遭看见哩！……"

第五章

一

顺着夏季金碧辉煌的阳光，以及那仿佛来自地球腹部的炎热，哈拉苏的黯而冷的日子也上了层金，透了点热气。这片化外荒土，原如"黑暗大陆"非洲腹地的一角，在旅客记忆中，永远堆积起一层高高的山岭，莽莽撞撞的森林，峭峻的河流，以及那猜不透的无极限的荒芜，死寂，寥廓。在这一片蛮犷的榛莽中，唯一能挽留旅客脚步的，只有草木鱼兽。它们对于旅客的蛊惑，正如非洲鸵鸟与那堆积如山的象牙对于白人的蛊惑。从阴历五月起，鞑胡黎的“轰隆轰隆”的大辘轿车消沉不久，一些支付“例假”的中东路员工(包括那些终年在煤炭烟灰里打滚的机工)，便陆续来哈拉苏消磨溽暑。他们大多是嗜好渔猎的俄国人，在哈拉苏临时寄居在俄侨村落里，或车站宿舍中。如果时值五六月，他们便垂钓于雅鲁河之滨。如果是七八月，便赶着马车去打围，与野雉兔子水鸟混战一场，充分发挥出一种原始的兽性。在这一个期间，平素“鬼不上门”的黯淡的哈拉苏，竟发散出热带的强烈气息，渲染出热带的强烈彩色，令人对大自然兴起一种古怪的狂热欲望。

黑省北部鱼产原极丰饶。爱骑马的蒙古人夸说：呼伦贝尔河流中的鱼类孵化声震撼两岸，常常惊骇了马匹；饮马者如不狠狠鞭挞，马就不敢拢进河岸。雅鲁河的鱼产虽不及呼伦贝尔的高原暖流，然而也富得惊人。细鳞鱼、鲤、鲫、鲅、鳕、假龙胆鱼、鲍、望天鱼，几乎应有尽有。其中尤以细鳞鱼与鲤鱼最多。据内行俄国人说，雅鲁河里的鲤鱼，因为生长于活水，竟与俄国的鲤鲫相仿，绝少腥气。

在鲜丽的太阳光中，鱼群孩童样嬉戏着静幽幽的唼喋着，双腮“呀呷”着，鳍□振拂着。水清秀如镜，细鳞鱼身上红红的斑点极冶艳的澈映于水底。淘气的肥鲤，不时在水面翻着跟斗，逐波光而舞。那些俄国白熊披拂着繁茂的大草丛，踏着那些高过人嘴唇的知风草，蕤垂的扫帚草，以及那茎叶生细毛的有毒的毛茛；径向河滨走去。行经处，一些百蛉子与小黑虫被惊得乱飞。他们全带着那带有轮绞盘的俄国式的钢铁鱼具[①]，穿一双直逼到大腿弯的长长橡皮靴[②]。在这些猛恶的大草丛里，最多的是蛇，一不经意，便踏着一条。当地渔人穿不起橡皮靴，便用密密重重的白布紧紧缠裹两腿，以防毒蛇。他们走到坎坷的河岸边，巉峭而丛错的岩石堆里，褐色的河滩上，钓大鱼的找急水，钓小鱼的择缓流，拣有树之处，一个个坐在绿叶与阴影所编织的华伞下垂钓，那种与世无争的从容度[气]度，令人联想过法国大革命时在塞纳河畔钓鱼的隐士。不钓鱼的，或在缓水里游泳，或在河滩上赤裸裸晒太阳，或躺在附近桦树林里看书。直到斜阳用鲜红洗染了远山涯际，才三三两两的缓步归去。

从阴历七月起，野雉渐渐繁衍滋长起来。春夏期间始终结对成双的鹣鲽不离的雌雄两性。这时开始分居。天一亮，到处就可以听见公雉的鸣声：“雊！

① 黑省北部河流里的大鱼，用竹木制的旧式渔具垂钓，不易奏效，故俄国人多用科学化的钢铁渔具。这种渔具的轮绞盘，其作用类似起重机。无论怎样大的鱼，全可以曳得上来，而鱼竿无折断之虞。

② 这种橡皮靴的顶端有吊带，可以吊到肩膀上，其式样近似普通“背带”。

雊！雊！……”（母雉这时很少叫）。它们一面乱叫，一面乱飞，乱打翅膀，从山上飞到河边，从草丛里飞到田间。这时天气已渐凉爽，闲人纷纷从各地来打围。最多的是俄国人。他们怀着星期日的心情，追逐着野雉，兔子，水鸭与狗子，尤以中秋节前后为盛。那是雉猎最闹热的时节。

在这几个月里，哈拉苏的“首席”忙人是田掌柜。自从猎茸角的鞑胡黎炮手洪水样冲卷过去以后，福丰恒门口就不断扬起尘土。店里只有他孤丁一人，上自国际外交，下至扫地刷夜壶，全得由他一手兼任。入夏以后，他在堂屋里安置了几张桌凳，预备了一些茶叶，茶碗，开水，以应旅客临时需要。本地人没有事，也常来坐个半天，互相交换“本报特讯”以及关于天气一类的意见之类。这其中姚百户长也常常自告奋勇，为外来的“大鼻子”充当翻译，故来店中闲坐的时候也特别多，仿佛生下来就专为坐茶馆似地。

阴历七月中旬某日下午，姚百户长照旧坐在福丰恒喝茶。喝了约莫两碗茶，张连长，姜载河，盛伦也相继出现了。他们开始“海阔天空”。不知怎样一来，话题忽然转到钓鱼上。盛伦说昨天有一个俄国老头子坐在榆树上钓鱼，一条细鳞鱼上了钓[钩]，分量很沉重，树上不好用力拉，老头子正要下树，那大鱼突然往水底钻去，猛力一拖，“卜通”一声，老头子也下水了。

“呃，那老毛子真有两手。端的熟识水性，能征惯战。他一面划水，一面死不放松钓杆，竟跟鱼干上了，这真是浪里白条斗门黑旋风。足足斗了一个钟头。那鱼大约喝了两口水，昏了头，毕竟给死拖活拉的扯上来。吓，足有一人高，七十多斤。你们说新新[鲜]不新新[鲜]！……”

“这里的细鳞鱼，俄国名字叫做‘呆命’，听说是从俄国什么‘鸭猫河’（阿姆尔河）过来的。……这些鬼东西真俄国！跟老毛子一样：个儿挺大，一股蛮劲，差不多的人真不好缠呢。”姚百户长晃着胖脑袋。

“好男不与女斗。好汉不与鱼斗。人斗不过鱼，我们有点不信。”张连长有点愤愤然。

“先生，你别瞧不起鱼。我们这个地球就是一只鳌鱼驮的呢！东洋人不是常闹地震么，那是因为他们住水在鱼脑袋上。鳌鱼一晃脑袋，东洋人就要屁滚尿流了。”姚百户长喝了一口茶，咂咂嘴。

“说起鱼，我想起金耀东了。这位先生在外兴安岭。就欢喜钓鱼，七黑八夜的，他冷孤丁的在哈尔哈河边上坐个一宵。钓到一条细鳞鱼，直够我们吃五六天。……这一趟回来了，雅鲁河里鱼直翻跟斗，倒看不见他跟鱼打架了。”姜载河说。

接着，他们就用曹操，刘备煮酒论英雄的态度，议论起金耀东。仿佛这个话题，要比鱼鳖之类有意义得多。

“老金这些天正忙着盖房子，那里有功夫跟鱼打架。”盛伦说。

“说真话，金先生也早该置点房产了，那坟堆子似地破窑洞，实在太不像话了。我早就向他提过。……这回要不是我好言好语的劝，说不定他还在唱薛平贵回窑哪！”一直在打苍蝇的田掌柜，这时停下苍蝇拍子，插进来说。

“噢，我忘记了，这一晌他正在大举土木。这一日总算他走运，光杆儿留在哈尔哈河顶子，死活拉不回来。到底还是他发了一笔洋财。那六叉茸，我瞧最少也值六七百，抵得上庄稼人的一年收成了！”姜载河长吁短叹着，似在惋惜自己不该早早回来，失去大好机会。

“恐怕还不只这个数目。这回是他亲自到哈尔滨草药店去卖的。……这位先生也真能花钱。这一趟跑哈尔滨，很买了一些家私回来。吃的，穿的，喝的，还有新房子里的摆设。其实在哈拉苏这个鬼地方，真犯不上讲门面。都是两条腿夹一根××，有甚么门面好讲？姜高丽，你说是不是？”盛伦有点慨感系之。

“可不是？……不过，人家和我们不同，人家是有来历的呀！都像你我，穷化子买米，只有这一升(一身)，世界还成世界么”？

“也真亏金先生！这笔小财真是拿命豁出来的。山洪发了，洮儿河发了大水，他差点没喂鱼。听说有好些炮手，眼睁睁过不了河，连骨渣子也进了狼肚子。这年头当炮手，真是耗子掉到风箱里，到处受气！”……“扑”的一声，田掌柜打死了一个金苍蝇，用拍子掠到地上。

“他那房子快完工了吧？”张连长问。

“听说今儿晌午已经收了工。这两天金耀东说是要请我们吃饭，热闹热闹呢……”盛伦答。

“好，那我们都要星星跟着月亮走，沾光了！”“扑”的一声，田掌柜又打死了一个苍蝇。

正闲谈着，三个俄国男女并排从店门口走过，前面跑着一条高高的棕色猎犬。猎犬不时神经质的跳起来，中间那个身材魁梧的中年俄国汉子不断咤叱着，唤着狗的名字：“奈巴罗亦夏！彼得……”(安静点，彼得)。这汉子头顶微秃，眉毛漆黑如烟墨，走路时的姿态异常严峻而刻板，直似一个用木板与铁钉敲打成的人，一望便知曾受过极严格的军事训练。他左边的矮矮老人，满头灰发，好像刚从石灰桶里拾出来，一个酒糟鼻子葫芦似地悬在脸上。在中年汉子的右边，是一个面目雅洁的瘦长妇人。

“奥斯包金彼的罗夫——奥斯包金莫梧奇——包沙耳斯打——札黑吉

解——布列沙斯瓦亦解——贝吉——司六子——茶亦……”（彼得罗夫先生，莫梧奇先生，请进来坐一坐，喝一杯茶。）

姚百户长站起来，向门外招呼。

“布拉高大流瓦斯——拜兹吉列母尼！”（谢谢，不客气！）那叫做彼得罗夫的矮矮老人向店内招呼着，并不进来。他是哈拉苏站的站长，据说自中东路在此设站起，他就一直当着站长，他的头发就在这片荒土上灰白了的。

那叫做莫梧奇的中年人，只向姚百户长站点点头，并不说甚么，径与其他两个人向前走去。

店里茶桌上的话题，现在都转移阵地，由金耀东转到莫梧奇与那女人身上了。

“怎么，莫梧奇两口子到现在还没有回札兰屯？他们还住在靠雅鲁河的那个白俄村子里么？”盛伦略略诧异的问着。莫梧奇夫妇原住在札兰屯，狩猎为生，今年六月哈拉苏消夏钓鱼，一直没有回去过。

“听说他不回去了，就住在哈拉苏。他看中了这块地方，说这里的风景好，空气好，交秋以后，打围也方便。”

“吭，连家也搬过来了？”张连长问。

“大概是吧！……好像搬了没有几天。”

“好，姜高丽，咱们又多了个伴儿啦！……妈的，人人都把打围看成一块肥羊肉，好像能从兔子肚里挖出黄金似地，瞧吧，好看的日子在后头哩！……吭，我要是个卖瓜的，非嚷瓜苦不可！”

“人〚家也是不得已呀！要活么！要填肚子么！……若有路可走，还能逼上梁山，干这一行，跟畜牲找麻烦么！”张连长叹息着。

“他跟金耀东倒是天生地配的一对！……他们认识不到半个月，亲热得甚么似地，像桃园结拜过把子。……我敢说，这两口子现在说不准就是去看金耀东的新房子。”因掌柜与苍蝇的混战，这时已告一段落，他凑到茶桌子旁边。〛

“这叫做武大郎玩夜猫子，甚么人玩甚么鸟。……”盛伦笑着说。

“不，这叫猩猩惜猩猩，好汉惜好汉！”田掌柜加以纠正。

“可也难怪他们亲热。哈拉苏中国人的俄文，就要数金先生了。连我也甘拜下风。他们当然能够合得来。……莫梧奇要是和你谈，岂不是对牛弹琴！”姚百户长笑着对盛伦说。

“好，姚百户长，你老人家这是在我胸口上挂钥匙，拿我开起心了！……”盛伦提出抗议。

“这个莫梧奇，外面看起来很文明，听说打娘儿们打得才狠哪！……”

“清官难断家务事，人家结发夫妻，在被子里面打架也好，在被子外面打架也好，关你姜高丽的屁事。我看你个高丽人有点人老心不老！吭！……”盛伦故意逗姜载河。

姜载河并不报复，他深深垂下头，似乎沉浸在一片忧郁的回忆中。

二

田掌柜并没有猜错：莫梧奇夫妇正是去看金耀东，他们不久就在哈拉苏车站附近与彼得罗夫分了手。

莫梧奇属于那些因“时代错误”而牺牲的羊羔。他是这些牺羊中羊性最少的羊，当他肩上闪烁着沙皇陛下御赐的金章，骑着高大的托木斯克骏马，率领着哥萨克骠骑兵参加大阅兵式，而赢得千万人民的掌声采声时，绝未梦想有一天这些热烈鼓掌的粗糙的手，会撕碎他的华丽制服，这些热烈喝采的嘴唇，会刻毒的祝烦他那阶级的灭亡。他一直是一个勇敢的骑士，年青的好少校。由于他的勇敢与年青，他博得一个帝俄将军的青昧[睐]。那将军就是他妻子马利亚的父亲。在第一次欧战时，他是一个勇敢的骑兵英雄，他亲历过坦能堡战役，他是哥萨克队伍中的偶像。一个前途铺满了金子与宝石的年青骑士，正当用血与剑建筑自己功名的黄金时辰，十月烽火突然噩梦似地卷来了。这一把无情火，把他所有的幻想，希望，目标，前程，烧得一干二净，当他野兽似地在一种神秘的恐怖中惊醒时，等待他的只是奴隶铁锁链似地一长串的优列匹底斯的古典悲剧。这懵沉沉的恐怖与险暗，就一直跟定他，绕着他，隐在他身背后，犹如一只恶毒的狼。他所有的野心，渐渐全被一种腐蚀性的毒液所销毁。从此，像断萍断梗，他在黑龙江流域飘泊着，这个古中国的放逐流戍区，原应该是异邦逐客的乐园的。

从他的阴沉眼睛里，人可以测量出生活所加予他的折磨与痛苦。至于一个无国籍的流浪者，这种痛苦是一种永恒的惩罚，永恒的枷锁。只要一次被枷上，永远就别想挣开。为了浇灭痛苦，酒精终于出现在他的生活里，一个纵是怎样洁身自好的军人，一与酒精打了交道，他的生理心理就会很快改观。在“地底下俄罗斯”的黑色时代里，出演在那些“被侮辱与损害的”家庭里的酗酒悲剧，命定义要在这血统高贵的小家庭里翻一次版。在这些时候，女人身上的血与泪往往成为男子的奇妙的安慰剂。紧接着希腊式的悲剧，就是希伯来的忏悔。仿佛战争与和平循环不已，重覆不已，人痛苦人扑灭痛苦，人终于返回痛苦。莫梧奇这种痛苦，与金耀东的虽然来源不同，其痛苦则一。因此，金耀东回哈拉苏后，一经姚百户长介绍，与这个俄国流浪者认识后，很快的，他们就成为好朋友。他们双方互不知对方底细,然而却互感到吸引,互觉得有一种生命的吻合。这种神秘的吸引与吻合,成为双方友谊的神秘保障。这其中,金耀东精通俄语,能和这俄国汉子自由接谈,自然也是促成他们接近的一个重要因素。

这一天,当莫梧奇夫妇去看金耀东时,后者正在忙着布置他的新房子,这所房子以及里面的摆设,全是他这次从外兴安岭带回来的"贼物"。也可以如田掌柜所解释,是他"用命豁出来的"。如果在洮儿河那一战给洪流打败,不但这所房子,这些摆设,就是他的全部存在,也要一笔勾消,每想到这一点,他就不禁深味到生命的神秘,生命的酸辛,以及生命的严肃,他对于那个大烟厂子的主人,怀着一种不可形容的深沉感激。

房子座落在雅鲁河左岸的山坡下面,四周是平坦的开阔地,轩朗而萧爽,附近山下有茂密的柏树林,与扶疏的洋槐林子。房子一半掩映在葱茏的槐叶丛中。门前可以眺望雅鲁河的青流,可以听波浪呢喃声与"拨剌"的鱼跃声,在河边长长草丛中,不时有白兔惊起。河对岸的山峰,是海浪样起伏迂回。坐在房子内明窗下,青山绿水,尽在眼底,犹如一幅宋人山水画。

房子是一种"铁皮屋",屋顶覆了一层用凡士林油桶改造的铁皮,发去[出]鲜丽的细红色。墙壁用"土方"砌成,外面刷了层厚厚的黄泥,发深黄色。远远看来,这红与黄适成一鲜明而强烈的色彩对照,房子是并排两间。大的一间是堂屋,小的是寝室。房子的特点是窗牖□而大。屋外有一个小院落。通过院落,便是厨房与马厩。瓦希加在厩里静静啮草。贝尔特躺在院子里晒太阳。

莫梧奇对于房内的美丽布置,大加赞赏。

"先生,你这房子倒布置得像结婚的礼堂呢!"

"可不是?我正在预备结婚。"金耀东在客堂的粉壁上挂一帧风景照片,自从到哈拉苏以来他脸上从没有像今天这样光辉过。

"怎么?你要结婚?你和谁结婚?"那俄国汉子惊奇起来。

"和我自己结婚呀!"金耀东笑着说。

"哈,哈,哈,可怜的孩子!"莫梧奇也笑起来。

主人继续着他的诙谐:"噢,以前我不得不把自己化分成两个人,一个希望着幸福与和平,一个却经历着斗争与痛苦!"终于把那张风景照片挂好了,叹了一口气,回过头来:"现在呢,我总算把他们两个人凑合着结婚了。这房子就是他们度密[蜜]月的新房。我祝福他们永远和好!别再三天两天闹离婚。唔!"他一面笑着说,一面大有深意的对那帧才挂好的照片端相着。这是一帧镶在小小黑镜框里的照片,上面表现出一座座美丽的山峰。

“这是甚么照片呀?”马利亚问。

“这是韩国的金刚山。韩国最伟大的风景名胜!”

“哦! 韩国,东方的瑞士!”

“不是韩国像瑞士,是瑞士像韩国! ——瑞士是永远比不了韩国的!”金耀东纠正她。

马利亚垂下头,沉思了一下,忽然想起一件事。她问莫梧奇道:

“叶连娜这两天一准来,是不是?”

“她大后天搭火车来。”

“什么?”在端相金刚山的金耀东转过头来。

“一个韩国朋友,这两天来看我们,想招待她一下。”马利亚淡淡说。

“你说招待,我想起一件事了。……我这座房子总算盖好了。在中国风俗里,有所谓‘上梁’,就是新屋落成典礼。这是一种极庄严而隆重的典礼。……后天晚上我想请几个朋友吃点便饭,热闹热闹。也算是新屋落成的小纪念。你们必须来! ……”

“一定来。一定来。不过我先要你答覆我两个问题。第一,你有没有好酒? 第二,你敢不敢痛醉一场。……你们那种中国式的喝酒态度,我坚决反对。那是太文雅了,那是一种对于酒的不忠!”

“我给你预备白兰地,好不好? ……此外,我要跟你拼一拼……我警告你:我的酒量很大的。到时候。可不许你的太太抬你回去!”

“我接受你的挑战。”

“哦! 又是酒! 又是酒! 莫梧奇:这些年来,你的酒还没有喝够吗? 什么时候才能喝够呢? ……天知道,我一听见酒,身子就发抖了。”马利亚温柔的责备着。

“马利亚,这回你放心。我决不许他胡闹。……他如果胡闹,我要把他抛到雅鲁河喂鱼去……”

他们都笑了。

三

第三天,金耀东果然请了一次客。据姚百户长说:这是哈拉苏七八年来罕见的一宗盛事。

客人是张连长,彼得罗夫站长,姚百户长夫妇,田掌柜,姜载河,盛伦夫妇,莫梧奇夫妇。

从一清早,盛太太与姚太太就自动过来帮忙,一直忙到下弦月东升,才算停当。这时客人早已到齐，喝茶，吃瓜子，谈够不了。哈拉苏是穷乡僻壤，没有什么山珍海味。然而金耀东也预备了好几种特别的菜。如奶油烧鸽子，烤野雉，红烧狍子，清炖细鳞鱼，白斩野鸭等等，这些野味在城里倒不轻易能尝到。

筵席是热烈而活泼的，生气勃勃如春天。一个个全喝得醉意盎然。连女人也被迫灌了几杯，主人特别从扎兰屯买来的四大瓶白兰地，全被喝得精光。一个个喝白兰地就像喝敌人血似地，异常勇敢而豪迈。

饭后，莫梧奇夫妇被迫跳了交际舞，张连长耍了套“醉八仙”，田掌柜唱了一段《四郎探母》，姚百户长说了个笑话，彼得罗夫唱了一支伏尔那船夫曲……直闹到十一点方散席，一个个已经有时东倒西歪了。

欢宴后的第三夜金耀东睡下未久，恍惚入梦。他梦见自己已被轻轻举起来，被高高举起来，被一神秘而舒徐的力量扶举起来，扶举到一片饱和着音乐的云雾里，一支极熟悉的歌曲和葡萄藤似地网绕他的黑发，他的耳轮，他的灵魂，一道闪光掉过去，他突然豁悟：这是一支流行在高丽半岛的民助歌。这歌声如一片片美丽的鸟翅膀，旖旋的飘□着，浮动着，……他睁开眼睛，窗外月光如梦，歌声如一只只燕子，缭绕着屋檐与花树而飞翔，是小提琴 E 弦似地女高音。他不敢相信自己是清醒着。他不能断定是梦是真，是虚幻是现实。“我是在梦里！……我是在梦里！……”他喃喃着。他悲哀着。他是蠕行在梦的边缘上。他现在所睁开的，是梦里的眼睛。他现在所看见的，全是梦，梦，梦。歌声太美，美得令他不敢回忆。他想起那失去的大地与人民。他的白色枕头潮湿了。“唉，唉，我是在梦里。我是在梦里。……唉，唉，如果我不是在梦里！”叹息着，犹如秋天的最后落叶：“这一定是梦里的歌，梦里的歌！……”

第二天晚上，他入睡以后，又梦见自己被高高的举起来，被一双不可见的温柔膀臂举起来，举到饱和着音乐的云雾里。一支极熟悉的歌声大月亮似地冉冉升起来，妩媚而美丽——

他吃了一惊，突然从床上坐起来，坚决的说道：“这不是梦！这不是梦！”青青下弦月从窗外窥望他。一只夜游鸟神秘的从屋顶掠过了。他侧倾耳听如一只感动的野兽。

酒一样的歌声，游泳在酒一样的空气里。一种神秘的芳香氤氲起来。初秋的夜是朝露的新鲜，朝霞般的明亮而美好。远远的雅鲁河水静静流着。

撒哈拉洒莫
德尔本得尔艾
海能吉果

普尔根安改金巴姆
英宛罕那拉罗黑劳加
椰渣树给喷德莱
扒姆恩张莫果尔格留
拉因哈姆尔荒仑黑流黑流
吉那干给欧阿吉多塞勒喔
……①

金耀东悲哀的喃喃着:“这不是《异域的天空》么?这是一只韩国流浪者之歌。”

歌声继续游泳在水样的凉凉空气里,如一只只白色的鹅,这些歌声译成汉文,便是下面行列:

兴亡盛衰事
永远在轮回
那灿烂的往日呵
杳无踪迹可追
悲哀的土人歌声流泻
出黄昏的朦胧的树林
悠悠白云的沉默的天空里
一颗孤星在闪射
……

歌声花蕊似地开展着,画舫似地前进着,麝香似地弥溢着,牛奶似地流泻义着。这歌声有哀怨。有□情,有乡思,有渴望,它犹如一簇簇将熄灭的青春火焰,迸发出最后的红光,最后的彩辉。它犹如□代女奴的啜泣,给人以微温的忧郁的记忆,伤感的紫色的眷恋,歌声如春天的丰满大树汗液似地流泻着,流溢着,流溢着流淌着。无数条软绵的手臂温柔的伸展出来。一条条先后温柔的拥抱着听歌者。每一个节奏就是一条温柔的手臂,每一个韵律的颤动,就是手臂的温柔的颤动,听歌者整个沉浸在这肥腻而潮湿的歌声中。

星星的光芒依旧与往日一样

① 这首歌译成中文,大意如下:“撒哈拉沙漠,茫茫的矿野,天将黄昏时,晚霞的红光,向永恒的国家流去,从椰子树的翠绿丛林里,夜的帐幕伸展过来,拉因河的流水不断流着,流着,往日的记忆依旧是新鲜的。”

历史的轮子已转了无数方向
流浪，流浪，流浪，
虚度了三年时光
伤心呵今夜三更
脸上的热泪在无休止的流漾
啊！在阿司平斯的流浪者的孤独灵魂……

倾听着，倾听着，一种神圣的欲望似的从他的足拇指尖升上来，犹如一个妇人，他委身于四面八方紧抱着他的那因歌声而柔和的夜气。歌声带给他热带果实的气息，与远方岛屿的芳香。这气息与芳香，如一片片灿烂的清光，注满了他的睁得大大的眼睛，他的饥渴的灵魂。他酣醉在一种流星群的飘转里，他自身仿佛就是天体。……

不知何时起，歌声惊鸿似地消失了。窗外的近于钢质的蓝色天空上，星群是一簇簇栩栩欲飞的蜂子，在熠爚着黄金色的光焰，一弯眉月静静流泻下金光。七月夜风在低吟。夜是美丽而幽好，如一朵苍白色的花，他石像样儿坐在床上，仿佛接受一个雕刻家的雕塑，一个画家的临摹。正像风霜雨露与太阳剥蚀一只落在泥土里的果实，歌声侵蚀了他的理性，他的灵魂，一种比酒精还强烈的伤感性占有了他的全部存在，他全心痛楚着。歌声仿佛还在耳边袅袅唱奏。他被猝发的热情波浪摇过来，晃过去，如小船。这一支流浪者之歌正是唱出他的忧郁的身世，他的深沉的悲哀，他的头不禁深深的，深深的，深深的垂下来，他的眼泪潮涌着。……

悲哀的急雨扫过去后，继之而起的是凝虑的暗云。他不断重覆着："这不是梦！这不是梦！这不是梦！"窗外有月光，有星斗，有雨声，有虫鸣，有花有树，有水流声。"这不是梦，这不〖是〗梦"，他后悔没有追踪这歌声的来源。他为什么不追寻这歌声？这歌声明天还会出现吗？

这一晚，他很久没有能入睡，不断喃喃着："这歌声明天还会出现吗。这歌声明天还会出现吗？这歌声——"

歌声明天还会出现。

这是一种可怕的奇迹！一种古怪而微妙的吻合！他再不能忍受了，当歌声才开始从温柔的空气里传播过来时，他就从床上跳起来。

像得了马来亚的 Amoy 症，他冲出大门。依然是镰刀形的下弦月，依然是焕发的星光，依然是雅鲁河的水流声，依然是蟋蟀的奏鸣。他向遥远的遥远处瞭望过去，一时竟看不出什么。他于是侧耳倾听。歌声仍在美丽的浮动着，抖颤着，是《豆满江船歌》，一支最流行的韩国民歌。

……多那能可那戈奈喜罗根奈各
倭那伦机仑梭西，那又朱奈
豆满江根勒西
涅耳根排沙质
希莫皮普仑耳奈脑耳贞姆奈大
……①

歌声似从北边流过来。他向北走去。走了不多远，经过最初的晕眩，他的眼睛终于透过淡淡的夜光，看见什么了。他看见雅鲁河边有一个灰白色人形在摇晃，在闪烁，这美丽的女高音就是从那边〔的〕浮过来的。他毫不思索，径自一鼓作气，向前走去，不管那人形是幽灵，是鬼魂，是野兽，是魑魅，他现在的所有动作，完全是下意识，连他自己也不知道是在做什么。

当金耀东的粗壮身形闪动在星月光辉下时，那河边的灰白色人形似乎渐渐发觉了：发觉有人在注意"它"。歌声戛然而止，那灰白色的人形离开河边，往附近一个俄侨村落走去。

金耀东的心里"卜卜"跳着。他毫不放松，一直跟踪过去，直到发现那人形消失在一个人家。

在闪耀着的星月光亮里，他终于看分明了：那正是莫梧奇的房子。

这一夜金耀东失了眠。

四

翌日，金耀东起得很早，匆匆用过早餐，他立刻去看莫梧奇。他去时，他们夫妇正在家里。

他们首先对他那一天的款待，表示感谢，接着，就询问他这几天的狩猎情形，在闲谈中，金耀东突然笑着道：

"那天晚上回来，你真没有闹酒？……"

莫梧奇摇摇头，陡然用一种阴沉的声音道：

"朋友，你以为我很喜欢闹酒么？你以为我不知道酒醉的可怕吗？……"放低声音，一个字一个字清晰的说着："一个流浪的人，在生活里除去了酒，还

① 这首歌译成中文如下："把那位要离别的人渡过去，今天又把不幸的音信传来了，在豆满江上，在绿色的水波上，那位老船夫在疲倦的摇着橹。"此歌系为纪念韩国革命者而作，船夫每天多把一个韩国革命者渡到豆满江（图们江）彼岸，即多有一个人牺牲，故云：不幸的音信。

能剩下什么呢?”声音有点痛苦:“有时候,我真是恨自己恨自己太软弱,太会忘记!可是,我有什么法子?我有什么法子?……哦!朋友,我对于你的劝告,非常感激……”

“不要伤感,我是随便取笑的,你心不要想的太多!……我只希望你们的日子过得很平静!很安全!……”

金耀东一面说,一面用锐利的〖眼〗睛向室内搜索,似乎想发现什么,期待什么。然而这个“什么”,始终是一种空虚。他刚出门时的一种强烈希望,现在已完全变成失望,他们谈了一会,终于怔怔的起身告辞,似乎心有不甘。

马利亚送他到门口,用温婉的声音轻轻对他道:

“明天下午,请到我们这里来喝茶。我们给你介绍一个新朋友,新从哈尔滨来的朋友。她现在有点事出去了。”

金耀东道了谢,声音微微有点颤抖。

……

金耀东并没有爽约。翌日下午两点钟左右,他就出现在莫梧奇家里。这一天,他们发现这位平〖常〗不修边幅的客人,衣服竟特别整洁。那蓬乱的长头发,也稍稍经过梳理。那俄国汉子摆了摆大肩膀,开玩笑道:

“漂亮朋友,你今天打扮得不像个猎人呢……”

“为什么一定要打扮成猎人呢?”来客笑着反诘主人。

他们都笑了。

马利亚把茶具搬出来,一碟白糖,一壶牛奶,一碟蛋糕与奶油卷,一碟可可糖。

茶炊的响声从厨房里传过来。

“你们这些精致的点心从那里买的?”

“这是从哈尔滨来的朋友送的!你尝一点罢!不要客气!”马利亚答。她拿着茶壶向厨房走去。

金耀东拈了块可可糖,放在嘴里。

“你们是不是觉得哈拉苏有点太荒凉,缺少一切必需的东西!”

“是的,这是一个荒凉的地方!我从来没有看见过这样一个荒凉地方……”那俄国汉子嚼着一块奶油卷:“可是,我倒觉得顶熟悉,这个地方,它仿佛是我的一个老朋友。我早就应该来找似的。……”

“唔!”

“我近来是可怕的爱上了荒凉。我讨厌社会!我讨厌人群。我觉得世界似乎是多余的……这不是好的征兆,我知道。”

“这是哀[衰]老的征兆。……”

“你说什么？……哦，‘哀[衰]老’‘哀[衰]老’！……”莫梧奇沉思的垂下头：“是的，这是‘哀[衰]老的征兆’。……年青的生命不会欢喜孤独的。春天的蛋蜂……”

“太孤独了，容易悲观的。生物里面，有一种昆虫！……”

马利亚把茶壶拿回来，里面砌满了热热的绿茶。他给他们倒了两杯，接着她身子转向寝室，轻轻道：

“叶连娜，信写好了吗？出来喝一点茶罢！”

一刹那间，金耀东觉得空气很谧静，室内仿佛在戒严。一个大单的行列仿仿[佛]就要踏入一座才攻下的城市。

一个柔和的声音在寝室内道：

“谢谢你，马利亚，我等一等就出来。”

这声音很清洁犹如一条萤澈可见鹅卵石的泉水。泉水来自高山，人可以感觉这声音是来自一颗高贵的灵魂，客人沉思的垂下头，直到莫梧奇的宏亮的声音惊醒他。

“喝点茶罢。这是你们中国的‘六安茶’。你尝尝看，味道怎样……”

“我是不懂得喝茶的。……你们俄国人喝茶，欢喜放糖，这样是尝不出茶的真味道的。”

“是的，中国人喝茶，总喜欢不放糖。”

“真正讲究喝茶的人只欢喜喝苦茶。茶越浓越苦，他们越感到快慰。……”

“哦苦茶……是的，苦茶……”莫梧奇的声音低下来：“中国人欢喜苦茶是对的。”

“你是不是觉得中国人是一个古怪民族”？

“中国人事我们所仅见的最单纯而又最不单纯的民族。他们仿佛很能体贴别人，克制自己。……”

“因为他们是一个上年纪的民族。……上年纪的人总不大愿意多责备别人的。”

“中国人是一个可爱的神秘的民族。……在俄国的时候，许多人都把中国人形容得很可怕，说他们是‘盐巴民族’……来到中国后，我们倒觉得中国人比欧洲人更可亲点。……中国人喝酒就很少闹过酒呵。”

马利亚笑着对他的丈夫看了一眼，接着就对金耀东解释“盐巴民族”的由来。她说从前有一个华侨旅居俄国多年，他的父亲死了他想把尸首运回本国，而俄国法律恰巧禁止这样的事，他想了一个法子：把尸首涂满了厚厚的盐巴，用油布裹好，当货色寄出去，结果结[给]邮局发现了。从此，俄国孩字[子]在街上遇见中国人，便向他们开开玩笑：问他们要不要盐巴。……

马利亚说完这故事，另外两个人都笑了，金耀东笑着道：

"从这种地方，正可看出中国人的伟大处：到死都不忘生长的乡土啊！"

谈笑中，马利亚忽然站起来，对寝室内唤道：

"叶连娜，信还没有写好吗？茶都要冷了。快出来罢！我们给你介绍一个朋友！……"

"哦，真对不起呵……我这就来。……只剩下一行了。……"

三分钟后，室内传出轻微的响动声。一个轻快的身子似乎已离开椅子，一双轻快的手，似乎在收拾纸笔，在整理衣服。略略经过刹那踌躇，一个黑衣女子终于幽灵似地闪出来。

金耀东吃了一惊。他看见了一付正是他所害怕的脸，一付是只有超越时空限制的美丽的脸，一付高贵，冷静而又异常温和的脸。

这女子年约廿五六，身材修长而苗条。她繁茂而乌黑的头发梳成宫扇形的日本式，显得异常整洁而柔和。她苍白色的脸蛋，流露出一种音乐性的忧愁，一种音乐性的幻想的光辉？在长长的睫毛上，她的浓黑而明亮的大眼睛，闪烁着梦的色彩，且含有宗教意味的不可侵犯，以及温和的谴责与讽刺。她的举止，有一种超越年龄的安详，仿佛永远不理解什么烦躁。她的苍白色面孔与黑色装束，给她一种幽玄而深沉的魅力。在她四周，似乎有一种永远有一种神秘的流动体，在流动着。透过这座流动体，锐利的眼睛可以发现一种冷却的溶岩，一种熄灭的火山。这是一个典型的东方女子，这是一颗典型的幽兰灵魂。这种女子，在理想主义者的分类里，大抵会让入"灵魂型"。这一"型"的女子，懂得用智慧，感情，与态度来装自己，远过于脂粉与服饰。

马利亚给他们相互介绍。这位叶小姐原服务于中东路哈尔滨总局，最近得到"例假"特抽暇来哈拉苏盘桓几天，看看她们的老朋友。马利亚特别郑重说明：叶小姐的音乐造诣很深，在哈尔滨的音乐会里，从前可以常听到她的独唱与披亚娜。关于金耀东，她介绍得比较简单：哈拉苏出名的猎人，他们夫妇新认识的好朋友，在打猎方面，曾经帮过他们的忙。

那年青的女子向金耀东投了温和而淡漠的一瞥，静静坐下来。

金耀东用深沉的眼睛望着这年青女子，温婉的操着华语道：

"请原谅我的冒昧，听说叶小姐从小住在韩国？"

"是的，我幼年时曾经回过韩国。"那年青女子用华语答她。用那双明亮的眼睛望了他一眼，仿佛是接触到神话上巨大而奇怪的精怪。她凝视着这个人微微零乱的头发，短胡须，那溢满色素的黧褐色面孔，那老橡树似的魁梧身子，以及那双深沉的狮子眼，使她说不出的感到一种力量，一种压迫。特别是他那双野兽式的眼睛，有一种又沉着又疯狂的情绪，有一种火焰的内容，这个人上身穿一件黄色皮马甲，下面着一条黄卡几布裤子，脚上穿一双黄色翻皮鞋。这单纯的黄色衣着装饰在这个人身上，分外显出一种狂野的活力，一种原始的情调。

“这个人多奇怪呀！”这年青女子想。

这一天，金耀东告辞时，莫梧奇恳挚的对他道：

“过两天，我们一道猎野雉去。……叶小姐最喜欢吃野雉。这几天我一直陪她钓鱼，竟忘记打野雉了。”

金耀东点点头，他用那野兽式的眼睛，深深对那年青女子看了一眼，仿佛要看入她的血肉她的灵魂。在这一眼里，他终于捉住了一个命运，一个决定。那年青女子也温柔的回望了一眼，当四只眼睛相遇时，他们都在对方的眼睛里读到相同的语句：“不要这样望我，我认识你已有几十年了！”

（原载于贵阳《中央日报·前路》，1942 年 8 月 29 日至 12 月 30 日，1943 年 1 月 2 日至 7 月 24 日；选编于《中国现代文学与韩国资料丛书》，延边大学出版社，2014 年）

北极风情画

无名氏

一

一千九百四十二年夏季，我因为患剧烈的脑疲症，遵照医生劝告，由河南前线回到后方西安静养。由于市尘喧嚣，友朋酬应过繁，思想始终不能安静，脑疲竟一天比一天更利害起来。有时只要稍为多看一点书，就会在椅子上昏晕过去，可怕极了！最后，我终于发了一个大愿心：到华山去休养一个时期再说！

这一年秋天，我到了华山，住在五千仞上落雁峰的白帝庙里。两个月过去了，脑病竟渐告痊愈。这时本该下山了，我却留恋不舍，拿不起决心来离开我的许多好朋友们：这些奇丽可爱的山峰。

我说这些山峰是我的好朋友，一点也不夸张。谁只要到过华山，他就别想忘记那些古怪得迷人的山姿峦影。它们好像一些活蹦活跳的美丽小兽，永远潜藏在你的心灵最深处，你无论如何也赶不跑！在华山的两个月中，我没有一个朋友，却又有成千成万的朋友：它们就是山，树，草，石，鸟，太阳。在这个时期，我不再是"社会人"，而是"自然人"，像五十万年前我们的祖先"北京人"似地。

这两个月中，我把生活调理得尽可能的诗化。每天早晨，我和太阳比赛谁起得早，这个锦标，不用说，常是属于我。每天，迎着薄寒，我一口气跑到朝阳台看日出，看那又大又红又圆的太阳宁静的升出来，像一座灿烂的神。对着太阳，我张臂狂啸三声，或是背诵两首华特曼礼赞太阳的诗，接着就跑到泉水边洗脸。我的早餐经常是在松树下面用，当我吃馒头时，树上松鼠也唧唧嚷嚷着啮松子，百鸟则在歌唱。有时我投一把馒头屑在地上，许多麻雀全飞下来啄食，它们的声音与姿态，对我只有一个意义，就是：生命！生命！生命！生命！

……早餐以后，我斜倚树身假寐，谛听泉水的音乐，这里面有钢琴，有提琴，有抒情曲，有夜曲，酒一样的把我弄得醉醉的，甜甜的，好静又好舒服啊！近午时分，我脱光衣服，躺在仰天池的洁白大石上作日光浴，一朵朵的白云蓝云似乎从我身上滑过去。午饭以后，我满山乱跑，从落雁峰跑到玉女峰，从玉女峰又跑到五云峰或朝阳峰。我不让脑子里有一点思想。我只让四周的山，树，云，阳光，泉水，来麻醉我，刺激我。有时偶然在路边看见一只美丽甲虫，我就坐下来和它耍个半天。有时找到一些斑斓的鹅卵石，我就一枚枚的投到泉水中，听它在水面所激起的悠美回音。有时为了帮助蚂蚁搬粮食，也忙一个下午。有时到危石上集采一些野花，编织花环，直到日落西山，才盎然而返。晚饭以后，我就坐在大殿的一个阴暗的角落上，听僧人念诵晚经。钟鼓声，木鱼声，磬声，以及浓烈的香烟使我呼吸到宗教的幽静。直到神思恍惚，身心似入梦境，我才像梦游人似地回到房里休息。

就像这样的无思无虑，我的脑病才迅速痊可。两个月终了，我的日记上只留下两句话：

“许多脑子有毛病的人，为什么不来请教华山这位伟大医生呢？”

× × × × × × × ×

我既对华山依依不舍，发生狂恋，便决定直住到这一年年底再走。我的理由有三种：第一，我要把我的脑病斩草除根，彻底治好，以免将来复发，这只有在华山这样的安静环境才行。第二，我的感情太浮，许多事情常沉不住气，我决心要把自己的性格培养得冷静点，深沉点，这只有在华山这样孤独冷清的环境才行。曾有人说过：“经在口头，佛在心头，十年面壁，顽石点头。”这是指达摩祖师的苦行而言。我虽不能像达摩十年面壁，至少也应该择一个冷静环境来体炼体炼。第三，生命太短，机会难逢，谁知道将来什么时候才能再来华山？我何不借养病的机会，在我的生命史上，与华山结一段较长久的姻缘，以供他日回味，咀嚼，思忆？

我当即把这一决定告诉庙中主持，一个姓袁的老道。这老道倒还好，没有说什么，只是警告我：冬季山上冷得很，常常有些小野兽冻死，得特别当心才行。我对他说：“身子冷一点没有什么，只要心热一点就行了。”他听了这话，笑了。这老道年已八十，是五十年前上华山修道的。他来的时候，正当甲午中日战争发生，左宝贵在朝鲜平壤死战牺牲。现在第二次中日战争已发生五年了，他的足迹仍没有出华山。他已经有四五年没有看报纸。我上山的第一天，他问过我这样几句话：“先生，上山来的先生们常和我谈什么‘坑热’不‘坑热’的大道理，‘坑’当然是‘热’的啦？这有什么道理可谈呢？他们的话真比张天师的咒语难懂。也许我耳朵聋了，听不清爽吧！”我听了他的话，知道这“坑热”二字是“抗日”的讹音，我没有回答，只笑笑。这老道的脑子虽说和我一样，有点毛病，但身体倒异常健朗。他一顿饭能吃半斤馒头，从山脚下走到山顶，五十里陡峭山路，不到六七个钟头就走到了。

秋渐尽了，冬季来临，天气一天比一天冷，袁老道终于和别的老道们陆续下山，到山脚下一个庙里过冬了。只留下一个年青的道士和一个烧饭的长工看守庙宇。庙里分外显得冷清起来。我倒并不感觉寂寞，不时看看佛经来消磨时间。这样，很快的就到了阳历年底。

按照我原来计划，打算在一九四三年元旦那天下山，算是昨死今生，完全脱离了疾病与死亡的威胁，从今以后，可以脱胎换骨，重新做人了。在除夕的前一天，我感到分别华山之时渐近，说不出的有点难过。这一天虽然冷得要命，我仍到各个山峰上盘桓了许久，好像小孩子要离开他的玩具似地。

这一天回到庙里，很迟才返房休息。睡了不久，一阵古怪得可怕的巨吼声忽然把我摇醒了。我披衣起坐，侧耳细听，原来是山风大作，狂啸如虎。只听得窗外一阵阵猛恶的怪叫不断冲过来，犹如千军万马在作梯队冲锋。这声音越来越大，势如翻江倒海，怒潮奔腾，似乎要把全部华山吞没下去。窗板被刮得“轰轰隆隆”直响。整个屋子晃动得很利害。我坐在床上，好像是坐在怒浪滔天的小船里，随时有翻船的可能。听着风声，我不禁害怕起来。听老道说，华山冬季，有一种极狂烈的怪风能把树连根拔起来，人在风里走着，就会被吹得跌倒，厉害极了。因此，庙里的瓦全是铁瓦，有些柱子也是铁的，庙基则是极坚固巨大的岩石。当年建筑这些庙时，真是费尽心血。春夏之季，好容易把屋架子与梁柱竖好，冬天瓦木匠下山避冬，到得次年上山时，那些屋架子已被吹得无影无踪，杳如黄鹤了。

窗子越震越响，屋子越摇越利害。听着窗外大风，想起老道的话，我越想越怕。“看今夜这样狂风，我住的这个楼房很可能被吹倒。如果这座楼一倒坍，连人带桌椅床铺全会滚到岩壁下面，从五千仞高峰上直摔下去……”

听老道说，一个人如从峰顶上摔下去，至少要到华山一百里外才能寻到尸首！

“假使我就这么睡在床上被摔到一百里外……”

太可怕了。我不敢再往下想了。

“怎么办呢？逃？不逃？还是等死？……”

一个又一个恐怖的疑问晃动在我脑子里。

正恐怖着，忽然一个天崩地裂似地倒塌声响起来。

我吃了一惊，以为宇宙真个倒塌了，索性闭上眼睛，心一沉，等待死亡末日到来。谁知过了一会，这倒塌声竟又没有了。我临时胡猜：这大约是庙外的松树被吹倒了。不久，这倒塌声不断响起来，锤子似地敲打着我的心。我一面怕，一面胡思乱想道：

“完了，完了，今夜我是完了！”

二

我胡思乱想，一夜未能合眼。快到黎明时分，房内特别冷，实在疲倦不过，才昏然入睡。

睡了不知多少时候，一觉醒来，风竟停了。举眼向窗缝一望，只见外面一片白光。我不禁雀跃而起：“这是雪！雪！雪！下雪了！”

这一个上午，我倚着窗子，看了半天雪。午后，雪住了。我决定到落雁峰顶仰天池去看华山雪景，这是我在落雁峰的最后一个下午了。明天这个时候，我的身子或许已在山半腰或山下了。我得好好利用这个下午。

我于是拄着手杖，踏雪上落雁峰顶。一路都有铁链围在石上。路并不难走。不到半个钟头，我就上了仰天池。

虽然没有风，但峰顶冷得可怕，一股股寒流锥子似地刺入肌肤，我虽然穿着皮袍皮裤，还是觉得冷。

“这一片雪景太难得了，冷一点算什么！反正明天我就下山了。”

我一面安慰自己，一面眺望雪景。我不知道自己是在地球上，还是在另一个星球上。

有谁在华山最高峰上看过雪景么？啊，太美丽了，太神圣了！太伟大了！那不是凡人所能享受的。只有在神话里生活的人，才能有这样眼福。那并不是雪景，而是一座座用万千羚羊角堆砌成的建筑，通体透明，洁白芳香。整个华山变成了数不清的北极冰山，变成了银色的宇宙。在这里，人只有一种感觉：白色！这白色充满了你的眼睛，你的思想，你的心灵，你的血液。你会觉得你的思想是白色的，你的声音是白色的，你的情感你的一切都是白色的。在这里，白色就是上帝，就是最高的主宰，它把华山每一块土每一根草全染成白色。除了白色，它再不容许第二种存在。

我望着望着，自己似乎整个溶化了。我仿佛觉得自己的每一个细胞全变成白色，变成雪。在我身前身后，是白色的酒之海，使我从头到脚沉醉在里面！

这样的沉醉，不知多久，忽然间，一个黑色的形体出现在这白色海里。这黑色形体慢慢蠕动着，转移着，正对着我的方向。它像一根树，又像一头野兽，逐渐向我走来，逐渐在我眼前明显起来。我突然吃了一惊，从醉梦里醒过来："啊，这是一个人!"

是的，这是一个人，一点也不错。这个人已爬完落雁峰的最后一个石级，走近仰天池了。

这个人与其说是一个人，倒不如说是一条野兽更适当点。他年约四十左右，有着野兽一样的强烈眼睛，野兽一样的魁梧身子，野兽一样的沉静脚步，他头戴一顶破旧水獭帽子，帽招子直遮住脸颊。一件破旧的镶水獭领子的大衣裹住了身子，把他装饰得狗熊一样的笨重，滑稽。实在，他的帽子与大衣太破旧了，有好几处都显出有铜钱样的大洞，照我们南方人的说法，就是"卖鸭蛋"了，他身上至少卖了六七个"鸭蛋"。但大衣的质料倒不错，是道地俄国货，只可惜穿得太久了。

他拄着一条剑阁产的盘龙手杖，终于在仰天池边站定，离我只有四五尺远了。

我又对他的脸端详了一遍。在这张脸上，我看出一种极颓唐厌倦的神气，眉目间不时还露出一种狞恶，讽刺，傲慢的表情。他好像对一切都不满意。只有四周美丽得令人疯狂的雪景，才稍稍能吸引他的注意。

从前我看过一本天才舞女的自传：那舞女有一次发请柬，请一个著名的瑞典文学家去看她表演，那文学家拒绝了，回复她一张字条道："我许久没有出门了，我讨厌人类!"

离我只有四五尺远的这个陌生怪客，令我想起上面那个瑞典文学家。我想：他们大约都是一个模型铸造出来的。

我的想法并没有错，不久就被铁一般的事实证明了。

本来，游过华山的人都有一个经验，就是：当你一过苍龙岭和金锁关后，遇见任何一个上山人或下山人，你都想同他打一个招呼，说两句话。这种神秘心理，在两千年前就被庄子道破了。他说："夫逃空虚者，闻人足音，跫然而喜矣。"你所爬的山越高，你的四周越空虚，所见到的陌生人也越觉得可爱。只有当你完全脱离人群时，你才觉得人群的重要。

基于上面的神秘心理，不用说，我对身旁边的陌生人自然感到说不出的亲切。不仅是亲切，并且我还很好奇。试想想，在这样的大冷天，而且还是除夕，竟有人会冒雪爬上华山最高峰喝西北风，这个人如果不是疯子，也是一个怪得不能再怪的怪人。入冬以来，这一个多月里，我就没有遇见过一个游客。我原以为自己够古怪的了，现在竟还有一个比我更古怪的人，这怎能不叫我发生莫大好奇心?

其实，就我的个性言，我是不大欢喜说话的。我曾经统计过：在这一九四二年最末一个月份里，我总共说了还不到十五句话，平均每两天才说一句话。我和那个烧饭的长工，几乎一直是在演哑剧：点点头，摆摆手，拱拱腰，踢踢脚，最多哼两声，就算是说话了。虽说如此，我现在却极愿意和我身边的陌生汉子说话。

我于是向他打了个招呼：

“先生，是您一个人上山吗？”

他只点点头，连哼也没哼一声。他在望山下雪景。

“您是昨天上山的吧！”

他再点点头，仍望雪景。

“那么，您昨天是憩在北峰？还是中峰？……”

他并不回头，只哼了一个“中”字。连下面的“峰”字都不想补上去。

他这种带理不理的冷淡神情，实在叫我起反感。我心里想：这个人的心大约正和华山上的雪一样，又冷又白！

在这样人迹罕见的五千尺的高峰上，他遇见了和他一样有眼有鼻的人类，竟会这样冷酷无情，简直有点不近人情。

我向他狠狠盯了一眼，忽然生起疑心，且有点害怕起来：“他或许不是人，而是鬼吧！”他如果不是鬼，是人，绝不应该这样冷酷的。

我一面怀着鬼胎，一面孤注一掷，背城一战，向这陌生汉子的冷酷无情作最后挑战。

“先生，您今晚不下山了吧？在南峰庙里憩？”我脸上满堆着笑容问他。

“不‘下’了。”他始终没有回转头，一直在看雪景。

感谢他的恩典，这一回多说了两个字。他似乎并不是在回答我，而是在赏赐我。他的每一个字仿佛比珍珠宝石还珍贵。如果说罗马时代尼罗皇帝是世界上最傲慢自大的人，这陌生汉子至少比尼罗还傲慢自大十倍。

看着他的傲慢冷酷的背影，我越想越气，终于提起手杖，头也不回的离开落雁峰仰天池。我绝不能和这样一个夜郎自大的人同在一起呼吸空气。

我走下山峰时，他仍在看雪景，连看也不看我一眼。这更增加了我的愤怒，使得我加速了足步。我恨不长着翅一口气飞下山，永远不再和这个人见面。

三

吃晚饭的时候，当我跨入客堂时，我微微吃了一惊：这陌生汉子正在喝素酒，啃馒头。庙里有一种白干，道士美其名曰“素酒”，其实酒性很猛烈。这陌生汉子一杯杯的喝着，好像在喝白开水，一点不在乎。

那个年青道士是个类似白痴的人物（也许因为道行太深之故），终日除念经外，不说一句话。长工则几乎是一千五百度的近视眼，耳朵又有点聋。我们三个人平常吃饭时，是无话可说的。这陌生汉子更是铁锁泥封的嘴，看情形，就是拿手榴弹炸他，也难得炸出两句话来。因此，我一吃完饭，立刻离开饭桌。当我离开时，那陌生汉子还在一杯杯的喝酒。

回到楼上客堂，我不断来回踱着方步。我想：今天是除夕，家家户户都在团圆欢聚，喝酒猜拳行乐，谁想到我竟会在这样一个冷清的山上消磨过去？并且还遇见这样一个极古怪的陌生人？

这样想着，越想越懊恼，越别扭。终于我又好笑起来：反正明天下山了，离开这里了，又何必呕这些闲气？倒不如早一点睡觉，多休息休息，养足精神，明天好赶路。

计议既定，我便特别破例，提早睡觉。我睡了不久，便听见一阵低沉的脚步声。我猜想就是那个陌生怪客。他在客堂里坐了一会，旋即回到我对面的那间房里。庙里为了便利游人，本预备了很多房间，我的房间和对门的房间是全庙最优雅最宽大的两个，每个房里有两座极大的禅床，原是为了集体游客憩宿的。现在因为没有另外的游人，我和那个陌生汉子便各自占据了一个大房间，可说是极尽舒适之能事。唯一美中不足的是：稍嫌冷清一点。

倒在床上，翻来覆去，始终睡不着。我不断盘算着将来的事。这一次下山以后，我究竟怎样开始我的新生活？上前线乎？在后方乎？干文化工作乎？做公务员乎？……越盘算，越兴奋。越兴奋，越睡不着。夜半时分，好容易实行自我催眠，正要入睡，一阵轻微的脚步声忽然把我惊醒了。这脚步声轻极了，也神秘极了，分明有人在客堂里走动。

“这样深更半夜，有谁会在外面客堂里走动呢？”

我不禁好奇起来，旋既轻轻坐在床上，从板壁缝中向客堂里张了张。不张望犹可，一张望，我几乎骇了一跳：一个古怪得几乎可怕的景象紧紧抓住了我。

白天那个陌生怪客一手擎着白色烛，正从房里走出来。他没有戴帽子，长长的头发乱披在脸上，好像是一条条毒蛇。他的眼睛充满了血丝，脸色苍白如死，嘴唇边染着斑斑殷红血迹。他在这深更半夜时所显露的像貌，和我白天所见的像貌，完全不同了。我白天所见的是一种野兽的像貌，现在我所见到的，则是一种鬼魂与死尸的像貌。在世界上，最可怕的面孔是被绞死的人的面孔，他现在正是这样一张面孔：充满了歪扭，绝望，惨厉，阴森，悲哀。

他幽灵似地踱到客堂里，轻轻把蜡烛放在桌上，然后从壁上轻轻取下那架桐木古琴。这琴原是客堂里的一种装饰，弦柱子早已坏了，六根弦全松弛着，无法弹出声音。

这怪客取下这具琴，显然并不是为了弹奏，而是为了回忆。他轻轻抚摸着这琴，深深锁皱眉头，眯细起眼睛，似乎要把自己整个身心钻入回忆里。他沉思着沉思着，忽然站起来，轻轻在室内来回走着。走着走着，他忽然轻轻跪在地上，摊开两臂，手掌向上，仰起脸孔，似在做一种极沉痛极悲壮极哑默的呼吁，对苍天的呼吁。这时他脸上所表现的苦痛表情，除了用但丁炼狱里的鬼魂来比喻以外，我再想不起别的比拟。

我看着看着，不禁浑身直发抖。我好像又变成一个孩子，又恐怖又迷爱的听一个白胡子老人在讲狐鬼的故事。“我究竟是个活人，还是个死人?”我对自己也怀疑起来。我几乎怀疑自己也是缢死鬼之类了。

我正怀疑着，客堂里的怪人已从地上站起来。出于我意料的，他回到房里戴上皮帽，竟又走出来，轻轻下楼了。

我的疑心越来越重，终于鼓起勇气，决定来探究这个神秘客人的行踪。

三分钟后，我也轻轻爬下床，穿好衣服，走下楼。

满院子全是雪，照耀得庙里极是明亮。我看见那神秘客人在雪上所留的新足迹，便追踪到后门口，又由后门口追踪到庙外。

一出庙后门，我就看见那怪客远远在前面走，直像一个梦游病者。山上到处是雪，一切光明如白昼，人的影子长长的拖在雪地上，清晰极了。我为了避免被发现，便弯下身子前进，和他相隔约莫四五丈远。

他走着走着，到了落雁峰杨公亭畔，便停住了。在亭子前面，就是落雁峰削壁边缘，上面石头上雕刻着“五千仞上”四个字，现在却被雪完全覆盖住了。

我悄悄躲在一丛灌木林里，偷偷看这个怪人究竟做些什么。

这个怪人其实并没有做什么，他不过在亭子里来回徘徊，且不时停下来，向极北方瞭望着。望个一会，他又开始徘徊。徘徊一回，他又开始瞭望。瞭望复徘徊，徘徊复瞭望。最后，他突然站着不动，做了一个极长久的瞭望，一面望，一面不时看手腕上的表。

我潜伏着，屏住呼吸，一动也不动。终于，我听见一阵惨不忍闻的声音：出于我意外，这竟是他的歌唱的声音。天知道：这那里是歌唱，这简直是受伤野兽的悲鸣，是濒死豺狼的哀吟，是母亲抱着被杀死的孩子时的惨叫！自有生以来，我从未听见过这样悲惨的歌声。

华山的雪夜太美了，是令人不能忍受的美丽，但四周却是死样的静，像发生了谋杀案似地。在这样的美丽与死静中，这歌声分外显得凄厉而悱恻，它们像千万把飞剑似地，直刺到我的心里，我的泪水雨似地滴落着，不由自己的滴落着。

唱着唱着，他忽然走出亭子，直向那悬崖削壁走去，离悬崖削壁越来越近，眼看着就要滚跌下去了。

一种说不出的恐怖捉住我，我也顾不得他是人是鬼，是野兽是幽灵，突然跳出灌木林，用全身气力向他冲去。

我一面狂跑，一面狂喊：

“站住！不要动！……”

他听见我的喊声，僵尸似地停下来，一动也不动。

我一口气冲到他面前，不顾一切的拖住他的膀子，把他拖出悬崖边缘。一面拖，一面用满腔热诚对他喊道：

“朋友，你千万不能寻短见，世界上生路多得很！”

他被拖到亭子旁边，莫明其妙似地望望我，突然冷冷道：

“你这是算什么？”

“我不许你寻死！”我向他大声吼。

他鼻孔哼了一声，冷冷道：

“我并没有寻死。”

“你没有寻死？你干吗往悬崖边上走。”

“这是我的自由！你没有权利干涉我的自由！”他仍然冷冷说。

我楞[愣]了一楞[愣]，突然“扑通”一声，跪在雪地上，用诚恳得不能再诚恳的声音对他喊道：

“先生，我向你叩头了，请你再不要这样冷言冷语好不好？我们都是人类，并不是石头，人对人为什么一定要像石头一样冷酷？你能不能对我少冷酷一点？”

听到我的发自内心的诚恳声音，他似乎稍稍有点感动，他把我扶起来，深深叹了口气，用比较温和的口吻轻轻道：

“你以为人类比石头少冷酷一点么？”

“当然！”我坚决回答。

他轻轻苦笑了，好像大人在笑孩子的幼稚。这是我第一次看见他的笑颜。

我分明听见他的平静的声音道：

“据我的看法，比起人类的心来，石头倒是一个温柔得不能再温柔的东西！”

“为什么?”我对他的怪论发生惊诧。

“你看见过海绵吗？把石头和人心放在一起,石头最多也不过是一种海绵体,简直温柔得可怜。”

“我不能同意你的怪论!”我不断摇头,忽然极坚决的对他道:“现在,我问你:你刚才是不是想寻死?”

“你怎么知道我是寻死?”他反问我

“我看见你往悬崖边上走。”

“在悬崖边上走路,就是寻死？你以为一个人会这样容易死吗?”

“不寻死,你为什么在悬崖边上走?”

“因为我很喜欢悬崖,我更欢喜那数千尺深渊,假使一个人偶然像皮球似地滚下去,不也很有趣吗?”他一面说,一面大笑起来。

“嗯,你这个人,刚才那样冷酷无情,现在又这样嘻嘻哈哈。你能不能说一点正经话?”我对他不禁有点发生反感。

“我所说的每字每句都是正经话,正经得不能再正经了。我现在还愿再向你说两句正经话:当一个人生下世来的那一天,就是他命定必须在悬崖上走路的那一天,他身边每一秒钟都有一个可怕的千丈深渊在等待他！你爱信不信!”

“你的话太玄虚,我们还是谈一点实际的事。现在,请你向我坦白说,你究竟是不是想寻死?”

“你这个人真奇怪,我现在明明活得很好,你为什么非要栽赖我是寻死不可?”

“那么你究竟凭什么理由深更半夜在悬崖上走?”

“理由刚才我已经说过了。”

“我不相信那是个理由!”

“世界上不是理由的理由多得很。你既然谈理由,我现在就问你一个理由,你为什么一定要苦苦追问我寻死不寻死?”

“因为我不愿意你死!”

“你不愿意我死?”他瞪大眼睛望望我,忽然哈哈狂笑起来,喝醉了酒似地大摇其头,并且借用了我的话回答我道:“我不相信这是个理由!”

“为什么这不是理由?”

他收敛了狂笑,回转到先前的冷静态度,轻轻道:

“火星和水星上的事我不知道,因此不敢说什么,至于在地球上,我可确确实实不相信还有不愿意别人死的人!”

“你又在说笑话了，你这个人真会开玩笑！”

“我一点也不是开玩笑，我所说的每字每句都是严肃得不能再严肃了。”当他这样说时，他脸上充满了沉思意味。

“好了好了，算你会说笑话，我说不过你。你死也好，活也好，暂且不提。我现在只问你一个问题，刚才你在亭子里时，为什么不断向极北方瞭望，并且望了很久？”

“我不愿回答你。”

“为什么？”

“我如果回答你，你又以为我是在说笑话了。”

我怔了怔，笑起来：

“没关系，没关系，你这回尽管说笑话：我绝不怪你！”

“真的没有关系？”他犹豫了一下，旋即向我走近一步，用极低沉的声音道：“你问我为什么向极北方瞭望？——我是在瞭望一个人！”

“一个人？”我又给他弄得莫明其妙了。

“一个已经死了的人！”

“你在瞭望一个已经死了的人？”我愈听愈糊涂了。

“嗯，我在瞭望一个已经死了的人！”

“什么，你大年除夕，爬好几十里山路，冒着大风雪跑上华山，就为了深更半夜到落雁峰顶瞭望一个已经死了的人？”我一面说，一面已经忍不住想笑，但我拼命抑制住自己，努力弯下腰，使肠胃紧张起来。

“是的，我不辞千辛万苦，大年除夕爬上落雁峰顶，就为了深更半夜好在这里瞭望一个已经死了的人！”他很正经的说。

“你为什么一定要在落雁峰瞭望，不在玉女峰或是朝阳峰或是五云峰瞭望呢？”

“因为落雁峰最高，在这里也望得最清楚。”他仍然正正经经的说。

“这个人死了多少时候了？”

“这个人死了十年了。”

听到这里，再“瞭望”一下他的一板正经的面孔，我终于再也抑制不住了。

“哈！哈！哈！哈！哈！哈！哈！……”

我狂笑着，笑声震澈雪夜空山，使四周发射出巨大的回音。我直笑得流出眼泪鼻涕，几乎笑断了肚肠子。如果将来我不幸夭亡，在我的短短生命史上，至少会给世界留下了一个伟大事迹，这就是：“一千九百四十二年除夕深夜十二时，某某曾在海拔六千尺之落雁峰顶狂笑三分钟。”并且，在遗嘱上，我一定要人把这两行字刻在我的墓碑上，以代替墓志铭一类文章。

他一响也不响，等我笑完了，向我点点头，说一声："再会。"

"你到哪里去？"我慌忙问。

"我要走到悬崖边缘上继续瞭望。"

"瞭望那个已经死了的人？"

"是的。"

"请你原谅我的啰嗦！我真不懂：一个死了十年的人，怎么还能望得见呢？"

"你以为只有活人才望得见，死人就望不见？"

"自然。"

"那你完全错了。死人同样也可以望得见。死人也有活人的能力，它同样也可以在街上走路，在跳舞场跳舞，喝咖啡，囤积居奇，做生意，打麻将，念经拜佛，拍通电，发表演说……"

"照你这样说，死人和活人完全没有分别了。"

"死人和活人本来没有多大分别，唯一的一点小分别是：死人的大脑要比活人的发达一点，因此也聪敏一点。"

"你又在说笑话了。"我又笑起来。

"好！好！算我是说笑话！再会！"

他正要走，我又抓住他。

"好！好！不是笑话。不是笑话。不要走！我刚才忘记问你了：你所望的是男人是女人？"

"当然是女人！一个男人会爬几十里山路到山顶上望男人？"

"那么，你望见那个女人了吗？"

"望见了。"

"望见她在哪里？"

"望见她在靠近北极的一个地方。"

"靠近北极的地方？你的话真是越来越神秘越玄妙了。"我翻起眼睛，狠狠瞪了他几眼。

"我不仅看见她，并且还听见她的声音。"

"什么，你还听见的声音？"

"是的，我听见她在冰天雪地里呼喊的声音。"

"喊什么？"

"她在喊：'瓦夏！瓦夏！瓦夏！瓦……'"

“瓦夏是谁?”

“瓦夏是另外一个人的名字?”

他所说的话,我越听越觉得神秘。我心里暗想:这种疯疯癫癫的话,要让他一直说下去,还不知道会说到什么时候。落雁峰的雪夜景致虽然很美,可是我浑身冷得发抖。再谈下去,非冻死不可。如果我独自回庙,又不放心,天知道这位怪人在悬崖边上会演出什么戏!左思右想,我终于想出一个方法。我突然问他:“你欢喜不欢喜汾酒?”

“汾酒?”他的眼睛登时灵活起来:“那是中国最好的酒,我太欢喜了!”

我更逼紧一步:

“我有汾酒,你喝不喝?”

“你有汾酒?你真有汾酒?”他突然亲密的抓住我的手:“我喝!我喝!我们马上就喝!……”

不用我开口,他自动跟我回到庙里。

我的计策算是成功了。

四

当我上华山时,我曾经携带了三瓶最好的汾酒。四个多月中,我只喝了两瓶,剩下来的一瓶,我原计划在除夕晚饭时痛醉一场,但当时因为和这个陌生怪客呕气,竟把这件事情忘记了。现在,我和他共坐在灯光下,来实现我预定的计划,也算是消磨一九四二年的除夕。

这时楼上客堂里静寂极了,一切都睡着了。只有我们酒杯相碰的声音在空中响。从厚厚的窗玻璃上,反映出华丽洁白的雪光,把室内照耀得异常明亮。在这样的深夜里,这白白的静静的雪光特别显得神秘,迷人,隐隐的好像有无数白色幽灵在舞蹈,奇艳的闪射出白色光华。透过玻璃窗,我们可以看见华山雪景的一部分轮廓,这些白色山峰仿佛是一些白色的梦,空灵极了。白色烛晃动着橘黄光焰,把室内的氛围衬托得很温柔,很亲切。

我们一面喝酒,一面吃着我所储存的罐头牛肉,鸡肉,菠罗蜜,以及花生米。

“我忘记问你一件事了,你贵姓呀?”我喝完一杯酒,问他。

“你何必要知道我姓什么呢?”

“不,你得告诉我,你姓什么?”

“你愿意我姓什么,我就姓什么吧。”

“你又开玩笑了。”

“那么，就算我姓钱，好不好？”

“你这是什么意思？”

“‘钱’这个姓最有意思了。谁不想和‘钱’拉交情呢？”

“一个人的姓，怎么能随便扯了用？你究竟姓什么？”

“你这样追问我，我真无从答复你。在我过去一生中，我至少变更过卅个姓名以上。我究竟告诉你那一个姓名呢？”

“告诉我你原来的名字！”

“我的原来名字已经死了卅年了，我早已忘记它了。”他苦笑着，忽然又很温柔的说：“在我一生中，我的最甜蜜最幸福的一个时期的姓名是姓林，你就当我姓林吧！

他问我的名字，我也告诉了他。

“听你的口音，好像是东北人。你是东北人？”我敬了他一杯酒。

他一口气喝完了我敬的酒，摇摇头道：

“你只说对了一半。”

“那么，你的故乡？”

“我的故乡在卅几年前就给人卖掉了。”

“卖掉了？”

“嗯，卖掉了，卖得很廉价。”

听了他的话，我怔了怔，旋即端详一下他的脸孔，又揣测他的话，以及他的口音，我忽然跳起来道：

“我猜到了：你是鸭绿江对岸的人？”

他点点头，低首不语，只在喝酒。

发觉他是一个韩国人后，我对他的观念突然改变了。我觉得似乎比先前多了解他一点了。我再慢慢咀嚼他刚才所说的那些怪话，疯话，笑话，从这里面，我似乎得到一点启示。

我抬起头望着他，他的脸孔已显得微红，并不是酒力反激起的醉红，而是感情的火所燃烧起的红色。这个时候的他，已不再像白天那样冷酷无情，似乎已变成另外一个人了。他狂热的喝着酒，似乎并不是为了刺激，而是为了用它来浇灭心头的火。

我心里想：这一定是一个饱经沧海的舟子。在他心灵中，一定蕴藏着最丰富的有关人生的宝矿，我何不来开采一下？

我于是从怀中取出表，看了一下，用极平静极恳切的声音到：

“现在正是一千九百四十三年一月一日一点十三分。一九四二年的除夕已经结束，完全死了。一九四三年正在开始它的第一点钟。为了迎接这新的一年，我希望你能赠送我点新礼物，作为我们这次见面的一个纪念。”

“什么新年礼物？”他笑着问。

“你先答复我，肯不肯赠送？”

“只要我能赠送的，我一定赠送！”

“你答应了？”

“我答应了。”

“绝不食言？”

“绝不食言！”

“好，我现在请求你送我一点‘人生’。”

“什么人参？我们高丽人参虽然很著名，但我现在没有！”

“不，是人生，‘生’活的‘生’！”

“好，这回是你跟我开玩笑了。我简直不懂你的话。”他故意做出不懂的神气。

“我很坦白说吧：你是一个饱经人生忧患的人。在你的心灵矿藏里，一定有着无穷的人生智慧。你冒着风雪上华山，除夕深更半夜到落雁峰顶，向北极瞭望一个已经死了的女人，这里面一定有一段极珍贵的故事。请你告诉我这一故事！”

他不回答，沉思了许久，终于深深叹了口气道：

“已经死了的人，何必又从坟墓里拖出来呢？已经死了的事，我们最好不要提吧！”

“不，你一定得告诉我，你刚才已经答应我了。”我固执的要求着。

他喝了杯酒，慢慢道：

“是的，我已经答应了你！”他用右手支颐，很伤感的道：“你一定要我说呢，我当然只得说。不过，这却使我很痛苦很痛苦。你如果能够可怜我呢，最好不要我说。”

“你把心头伤心事说出来，不也可以得到发泄的快感么？最低限度，我可以分担你的一部分痛苦，比你一个人独自负担不好一点吗？”我安慰他。

“任何人全不能分担我的痛苦，正像高山不能分担海洋的痛苦一样。至于说‘发泄的快感’，那是绝没有的事。”

“为什么没有？”

“因为要我说我自己的故事，就等于自己用刀解剖自己的心，除了一片血腥气味与可怕的痛苦外，还能有什么呢？”他说这几句话时，血红的眼睛是可怕的阴郁，哀伤，仿佛是一只受了重伤的狮子。

“不，无论如何，你得告诉我。就算我这一请求是一种残酷，你也得原谅我这种残酷！”我说出了最后的话。

他听了我这几句话，极忧郁的笑了。他连喝了两杯酒，伸直腰枝，突然很豪壮的道：“你一定要听呢，我就讲给你听吧！不过，你得答应我三个条件。”

“什么条件我全能接受！”我坚决的说。

“这三个条件是：第一，当我讲这故事时，你不能插一句话。第二，当我讲完这故事以后，你不能问一句话。第三，听完这故事以后，你将来绝不能作为文章的材料，写一句话。你能答应我这三件事，我才讲。”

这三个条件对于我，太不成问题了。我立刻满口答应，并且催他快点讲。

他不开口，突然一口气把烛光吹熄了，室内完全为雪光所笼罩，一切皆呈乳白色，好像是一个洁净的病院。在这白色世界中，他仰坐在大椅子上，两手紧紧抱住膝，全身只显出一个阴暗的轮廓。我一手支着腮巴，眼睛望着窗外雪山，把自己的整个情感全沉浸在一个幽静神秘的境界中。

不久，一个深沉的声音在室内响起来，沉重的叩击着我的耳鼓。这似乎不是人的声音，而是大提琴的一曲独奏。曲中流泻出最忧郁最美丽的旋律，最悲哀最凄艳的光辉。这声音不断流泻着，流泻着，整个占领了我的感觉。我好像是一只小船，在他的音浪中飘浮着，飘浮着……

下面就是这个陌生怪客所说的故事：

五

十年以前，一千九百卅二年冬季，我是九一八后东北抗日名将苏炳文部下的一个军官，我的职务是幕僚参谋。这一年的冬季，我们在中东路的札[扎]兰屯和日本强盗作了最后一次大战，主力损失殆尽。我们便沿中东路撤退，直退到满洲里：中俄两国的边界。

这时马占山、李杜两将军的部队也沿中东路撤退，目的地也是满洲里。他们在博霍图及兴安里和日寇追击部队遭遇，打了最后一仗，完成了掩护任务，使主力得以安全到达满洲里。

这样，满洲里便成了东北各路义勇军的汇集中心。自从九一八以后，这些勇敢的战士便一直与日寇周旋，只可惜有消耗无补充，后援不继，终于不得不作大规模撤退。领导他们撤退的，就是日后由欧洲回国的马占山、李杜、苏炳文几位将军。

到了满洲里，与俄方交涉后，准许我们暂时侨居在西伯利亚。这时日寇用尽各种手段，想索回我们这一批人，特别是马、李、苏三位。为了避免日寇的意外麻烦，当局便把我们隐藏在西伯利亚的托木斯克：一个偏僻的地方。搭火车到达那里，要费一个多星期。

当火车在西伯利亚大草原上经过时，我隔着那厚厚的玻璃窗一望，到处是一片银白色。无边无极的冰雪覆盖了一切。望着这一片大雪原，我不禁想起西伯利亚大铁路建筑的历史。

据说两百年前，有一天，彼得大帝在皇宫里散步，看见阳光从窗外射进来，他忽然想道："有窗子，才能有阳光和新鲜空气流进来。我的大帝国为没有窗子，才是这样的寒冷而阴暗。我必须为我的大帝国开一扇窗子！"他所谓"帝国窗子"，就是指一个不冻出海口。

他于是拿起一幅大地图，在上面细细研究。他的眼睛在西欧部分看了一会，摇摇头，叹一口气道："我如果想从波罗的海找一个出海口，现在是没有我的份了。"他的视线便转到亚洲部分，终于狠狠盯视着海参崴：这是一个很好的东方出海口。

他得意的笑起来。

才笑了不久，他的脸上就起了暗影。他忧郁的望着地图上的西伯利亚茫茫大草原，想道："我们怎样才能通过这万里无边的旷野，到达海参崴呢？"

他想了很久，始终想不出一个办法。最后，他愤愤拿起一支鹅毛笔，狠狠在那地图上画了一根蓝色直线：从莫斯科直达海参崴。画完了，他微带怒意的自言自语道：

"让我在梦里从这条直线飞到海参崴吧！"

若干年后，彼得大帝死了。研究皇帝遗稿的人，找到这幅地图，并且看到这条蓝色直线。他们研究了许久，终于得到一个结论，就是：皇帝一定是梦想实现一条路线直达海参崴。

"不能让皇帝的梦想失望！"这是大臣们的一致意见。

于是，一百八十年后，这条用鹅毛笔随便画在地图上的蓝色直线，终于变成两条万里钢轨——这就是西伯里亚铁路建筑的历史！

西伯利亚虽然很冷，却是一个很有趣的地方，我先向你说一段有趣的故事。

你是中国人，一定听说过东北三宝之一的乌拉草。这种乌拉草，在西伯利亚更是无穷无数。它们几千年来不断生长着，又不断死亡着。死亡了的草，剩下腐烂的草根，一层又一层的铺在地面上，相互交缠虬结，终于溶化成泥土，构成地表面层。因为是草根构成的，这地表面层上的泥土也特别松软，好像是一大片几十丈厚的海绵体，虚悠悠的悬挂在空中，又软又富有弹性；人走在上面，连几十里以外的地方都会震动起来，好像在沙发床上跳舞似地。这种情形，在贝加尔湖一带尤甚，你说有趣不有趣？由此可见：当年建筑西伯利亚铁路的工程师们，是费尽了多少心血，绞尽了多少脑汁，才能克服这一困难呀！

我再对你说一段有关西伯利亚的趣事：

据考古家与地质学家说，在几万年前，在欧亚连接之区，有一种古代巨象，它们和冰川同向北方退走，到了西北利亚，因为沼地太多，无法前进，经最后挣扎后，无数巨象终于沉陷入极度寒冷的泥泞沼地中，在长年不融解的冰雪中冻死。这些巨象，虽经过几万年的时间，到现在还被天然的大冰箱保存得很完整。不仅巨象的肉，皮，毛，就是它们胃里的未消化的食物，也是保存得好好的；像一束束的苔，草，菖蒲，以及野麝香草之类，甚至还在嘴中未咀嚼过。因此，许多西伯利亚农民发现了这些巨象后，割下它们大块的红色肉来喂狗吃，你说有趣不有趣？

我再对你说一件有趣的事。

你知道，西伯利亚是旧俄的放逐区域，就像中国黑龙江新疆是满清充军区一样。旧俄的大文豪杜思退益夫斯基，也在西伯利亚监狱里关过几年。据他说，犯人在做苦工之余暇，最得意的娱乐，就是数栏柱。栏柱共有五百多株，他们数完了，差不多记得很熟。每一株栏柱，就代表监禁的一日，一星期，或一个月。每天数一次，他就知道他尚须监禁的日期了。因此，每数完一次，他就显得非常快乐。天下竟有以数栏柱为娱乐的人，你说有趣不有趣？

闲话少说，言归正传。

经过十多天旅程(我们搭的是军车，走得很慢。)我们终于到达托木斯克了。托木斯克是一个极偏僻的区域，西伯利亚铁路特别设有一条支线通达这里，工商业倒还发达。它的位置是在鄂毕河的支流托木河畔，在贝加尔湖以西，乌拉尔山脉以东。在西部西伯利亚区域中，它可算是靠北极海最近的一个大城市了。如以它的气候寒冷言，我们即使称它是北极地带，也不算最过分。

我们到达托木斯克时，正是冬季。这实在是一件最不走运的事。

没有到过托木斯克的人，你绝不能想象这里的寒冷。这里冬季的平均温度，经常在零下四十多度以下，要形容这里的寒冷，用抽象名词绝不济事，我现在只向你说两件小事。

一、有一次，一个兵士挖了一羹匙热稀饭，走到大门口去吃。他大张开口把调羹送到嘴里，放了一下，再想取出来时，调羹似乎已和舌头结在一起，他用力一拔，把调羹取出来时，调羹上已溅满鲜血和碎冰片了。

二、这里如在户外吐痰，当一块痰落在地上时，已由黏液体变成冰块，跌碎在地上，好像一块磁片跌碎了似地。

托木斯克的天气是这样寒冷，人们出门时，脸上必须涂一层厚厚凡士林，头上戴着厚厚皮帽，身上穿着厚厚的皮大衣，镶着老山羊皮领子，皮上结着暖暖的螺旋状的厚毛，脚上则穿着一种“毡疙瘩”。这种“毡疙瘩”由毡毛缝成，靴腰高高的，靴内是厚厚的皮毛，好像一座倒立的小房子似地掩护着腿脚。就是穿这种厚厚的靴子，人们在户外活动的时间，常常还不能超过半小时以上。过了半小时，地上的冰雪寒气就会透过厚厚靴皮与茂密丛毛，直刺脚心，使血液逐渐凝滞，终于僵硬麻痹起来。万一不小心，闹得重点，一双脚就会因此冻坏。为了避免这一危险，在街上走路的人，如果路程长一点，就会分几段完成自己的路程。走一段，就到人家取点暖憩一憩，烤烤火，取点暖，等靴子烤暖了，再走。在托木斯克，家家户户都带着笑脸，无条件的欢迎行人进来烤火。不仅是为了烤暖靴子，也为了溶化凡士林。在户外走久了，凡士林在脸上结了一层冰冻，非常不好受，在火炉边一烤，就又恢复滑腻了。

托木斯克虽然这样冷，但风景却非常美丽。它属于高原地带，四周尽是森林和山岭。这些森林和山岭像海洋似地起伏着，绵延着，异常壮观。托木斯克的城区不是平坦地，从城外远远望过来，仿佛是森林与山岭之海洋中的一座孤岛。尽管这里有人家，有炊烟，有灯，有火，有工商业，但在旅行者眼里，依然只是“世界花园”以外的一朵花，一朵没有彩色没有芳香的花。

托木斯克的最好出产是：马。这里的马常比人个子高，雄壮极了。

托木斯克最值得骄傲的是：教育。这里中小学极多。并且还有国立大学与博物馆。几十年以前，大文豪托尔斯泰曾在这里度过一部分写作生活。为了传播他晚年的宗教福音与新理想，他曾在这里致力于文化事业，给予当地居民以很大影响。因此，这个城又被称为西伯利亚的文艺教育中心。

或许是受了托尔斯泰的人道主义的影响吧，这城市里的居民特别和善，慈悲，仁爱，给外来旅人以极好的印象。在这里，托尔斯泰的一颗善良的心已播种出千万颗善良的心了。

到了托木斯克以后，我们最以为苦的，就是寒冷。我们人数太多，差不多将近两万人，所住的房屋自然很拥挤。我们所住的房屋，俄文叫做“巴拉克”，是一种类似营房的屋子。在上届欧战时，奥国俘虏就住在这里。这“巴拉克”一共两层，建筑得很简陋，上面一层算是楼，我就住在楼上，下面则住着下级干部军官，一间屋子几乎住了四百人。在这样大的屋子里，只生有两个极小的炉子，由小洋油桶制成，里面燃烧柴火，那热度实在小得可怜，因此，虽然有这两个小火炉，室内温度常在零下四十度左右，其冷可知。

有时候，晚上太冷，我常常睡不着觉，终夜坐到天亮，直到太阳出来以后，再行入睡。

在这些日子里，寒冷已经成为我们的生活中心。士兵们成天在外面跑，上山砍柴木，是为了抵制寒冷。大家白天躲在被子里，也为了抵御寒冷。有许多军官带有眷属和大量的面粉，太太们整日坐在炉边忙着烙饼，也不过为了多在肚子里装点东西，好抵制寒冷。

寒冷！寒冷！寒冷！寒冷！寒冷！寒冷！……这两个字是我们的敌人，也是我们的朋友。说是敌人，因为我们一天到晚和它打仗。说是朋友，因为我们除了它，再没有更接近的东西了。说它是朋友，一点也不夸张，它不整天和我们“瞟”(黏的意思)在一起吗？

前面提到烙饼，我不禁想起一件很可怜的事。你知道，火炉子白天是不大有空的，经常闹人满之患，直到夜晚，才比较空闲点，有几个人就专等这个时候来做烙饼。我住在楼上，夜里要小解，必须下楼，经过炉火边。做烙饼的都是熟人，他们见我经过，难免不疑心我以小解为借口，而希望他们拉我咬几口烙饼。为了不叫他们起疑心，有些夜里，应该小解时，我常常强行忍耐了，直捱到天亮才下楼。

有一天，我在日记里写了下面几句话：

“昨天夜里，N夫妇与T夫妇双双生病了，没有在炉边做烙饼，我得以痛痛快快下楼解一次手。这是我到托木斯克以来第一件值得大书特书的事。”

除了寒冷，第二件令人发愁发闷的事，就是消息不通。我们好像是一些鲨丁鱼，紧紧封藏在罐头里，与外面世界隔绝了关系。

在我们一群人中，我因懂得俄文，从俄文报上可以看到一点消息，但其中关于中国及东北的消息几乎没有。至于韩国的消息，更是石沉大海。这时中俄还未正式复交，我们寄给关内的信件全由地方当局代转，其可信托的程度，是很有限的。

没有消息，一切全隔断了，我们不知道在这个寒冷的冰雪地带还要住多少时候，心里焉能不焦急？

为了排遣心头烦恼，我常常在本地图书馆里消磨日子。在这个时期，我读了很多文艺书籍，我觉得自己好似一个已判决死刑的囚徒，正在向法场上前进，随着每一个日子过去，我离法场是更近了。

当我深夜冻醒，不能复睡时，我常常沉入回忆中，我深深忆念着我的祖国，我的在鸭绿江对岸的故乡。在我的故乡，冬季是并不寒冷的。在春天，原野上到处盛开着鲜红杜鹃花，美丽得令人不忍回忆。

在这些日子里，除了在图书馆里看书外，此外占据我大部时间的，就是回忆。换言之，我常常走入回忆的坟墓中，和死人谈话，玩耍。当一个人的日子中只剩下回忆时，虽然是够美丽的，但也够痛苦的。只有老年人爱回忆，因为他们所能保有的“将来”是很少了，他们只有在“过去”中，才能感到一种光荣，一种骄傲，一种自满。我不过是一个卅岁左右的人，怎有勇气放弃“将来”，完全和“过去”做朋友呢？

我于是陷入痛苦中。

幸而不久就发生了一件意外的事，也可以说是一件意外的幸福，使我暂时脱离了痛苦。但这场短短的幸福，虽然消灭了我暂时的痛苦，却换来此后的十年痛苦。今天你在落雁峰顶所看到的我的一些事，就是我的痛苦的一个侧影。

六

那正是一九三二年除夕，一个很冷的夜晚，比今天华山雪夜还冷的一个夜晚，在将近深夜十一点钟的时候，我独自从一个歌剧院看戏归来。因为我的衣帽在出纳处是最后一号，当所有的戏客都出了戏院大门时，我才能出门。

我独自在街上走着，把水獭帽紧紧压在头上，把高高的瑞典狗皮领子直竖起来，连耳朵带脸一起包进去，只剩下一双鼻孔透气。在领子里面，我又用一条厚羊毛围巾紧紧围住脖子，紧得像要上吊似地。

我的大衣是水獭里子，面子是光滑的黑色皮毛。这黑色皮大衣把我裹得像一只北极熊，笨重的大影子投落在雪地上，显得异常阴暗，深沉，孤独。

我踽踽走着。一切都似乎睡着了，只有低低的风吼声。这正是除夕，人们大都关在家里，街面寂无一人一兽。整个托木斯克城仿佛是昏睡了。整个宇宙仿佛也是昏睡了。只有我这条孤鬼游魂还在雪地上行走着。我望着自己的长长黑影，说不出的感到凄凉。

我一面走，一面咀嚼刚才那幕歌剧的剧情；歌剧是茶花女，由意大利大歌剧家凡尔第谱成音乐，剧情可谓极哀感顽艳之能事，看到茶花女香消玉殒的那一场，观众没有不落泪的。那悲哀得极其美丽的音乐惨透了我的心坎，好像海水渗透了海沙。

我不禁想起我所读过的那本茶花女小说。

在小说中，当茶花女和阿芒最后一次分别时，她曾说了这样几句话：

“只要我还没有死，我总可以做你的快乐的玩物，无论白天，夜晚，或是什么时候，只要你想要我，你都可以来，我一定是你的。可是，你千万不要拿你的将来和我结合，那样，我们两人都要不幸。现在，有时候我还算是个漂亮姑娘，你尽量的玩我吧，此外不准你再向我要求别的事。”

有几个活在世上的人能真正懂得这几句话呢？

曾有人说：“向一个少女作爱情进攻，好像是带领千军万马攻入一个无人之阵。如果向一个妓女作爱情进攻，则是一个单枪匹马的英雄攻打一个铁的城堡。”

不过，这“铁的城堡”攻不下来倒还好，万一攻下来，那结果倒常是悲惨的。一个妓女很少会真心爱一个人，但假使有一天，她真正爱上了一个人，那么，她只有两个结局可以选择：一个是痛苦，一个是死。

我一面想，一面走，越想越悲哀，越走越荒凉。

在我四周，一切似乎全死了。

死吞噬了一切。

死！死！死！死！死！死！……

突然一个声音从远处响起来。

这声音最先很模糊，不久，就越响越近，越响越近。……

我模糊的分辨出：是一个尖锐的女人声音。

“瓦……夏……瓦……夏……瓦……夏……”

的确不错：是女人的呼唤声。

接着是一阵匆促的脚步声。

这脚步声一直在向我这个方向响过来。

脚步声越响越近，呼喊声也越喊越近。

当我走快时，这脚步声似乎响得更快。当我走慢时，这脚步声也慢下来。

后面这个人显然在追我。

这个女人的呼喊声对我是完全陌生的，我不禁好奇起来。一种神秘的感觉使得我的足步迈得更快了。当我才走快一点时，后面的足步声也响得更快了。

风在低吼。地上的雪早给风刮跑了，残剩的一些雪全凝结成一重坚硬的透明层，像螃蟹壳子似地。这坚硬的螃蟹壳铺在一条又一条的街上，异常结实。我的鞋底擦过街面时，不断沾染了些碎雪片，雪片越聚越多，雪上加雪，经过不断的压力，一部分雪片撞落到地上，一部份则压得更为牢固，紧紧的镶在鞋底上，成为坚硬的一块。这硬块与街面的硬壳子相撞激，便敲打起一种粗暴的声音：

“格哇！格哇！格哇！……”

我不断向前走，并不停下来。

“格哇！格哇！格哇！格哇！格哇！……”我的脚步声不断响在大街上。

后面人在死追着我，脚步声也是：

“格哇！格哇！格哇！格哇！……”

一切声音全死了，街上只有下面两种声音：

“瓦……夏……瓦……夏……瓦……夏……”

约莫经过七八分钟的追逐后，后面的足步声离我只有十几米达了。从这个女人的足步与呼唤声的表情里，我很肯定的作了这样一个判断：这个女人一定把我误认做“瓦夏”了。而这个“瓦夏”一定是她的爱人的名字。在俄文里面，“瓦夏”是“瓦希利”的昵称，而“瓦希利”则是俄国男性的名称。

发现了这样一个秘密后，我仍然不动声色。将计就计，一面走，一面逗她，故意装作正是瓦夏。当她快靠近我时，我笑了一声，突然跑起来，一来是为了逗她，二来是脚很冷，不跑一下，势必支持不下去。

当我这样一跑时，她简直是狂奔了。她一面奔，一面嘟噜着，似乎在诅咒我。

直跑到欧拉凡斯特大街的中段，脚跑暖了，我才故意把足步放慢下来，有心让他[她]追上。

“格哇！格哇！格哇！格哇！……”

“瓦……夏！瓦……夏！瓦——夏！”

最后一个呼声拖得特别长，似乎要把她所有的声音都要用出来，声音里充满了喜悦与胜利。我听得很清楚；一点不错，这是一个廿岁左右的少女的声音。

这少女终于追上我了。

“你这个人……真是残忍……我飞跑着追赶过来，……你还硬着心肠跑得那么快！……叫我气都喘不过来了！……瞧，我的心都要跳炸了！……”

一追上我，她就喘着气又娇又嗔的埋怨起来。她一面嘟哝，一面把身子凑过来，紧紧贴住我。我一声不响，轻轻停下足步，突然猿猴似地舒展右臂，只一抱，便猛力紧箍住她的腰身，再一转脸，两片嘴唇立刻胶住了。

这是一个甜蜜得令人可怕的长吻！这是一个温柔得令人不能忍受的长吻！不能再甜蜜了！也不能再温柔了！这个长吻似乎比一个世纪还要长久！她不仅没有一点退缩，反而热烈得几乎令我发抖。她的两条软绵绵的臂膀长春藤似地紧紧缠住我，越缠越紧，几乎叫我喘不过气。为了不叫她失望，我也用出全部力量来拥抱她，好像要把她压碎似地。这个时候，我们已经不是两条身子，而是一条火红的凝结体，在雪地里放射出火山般的热力！在冷冷的夜风中，在蓝色的星空下，在白色的雪地上，我们紧紧拥抱着，长吻着，仿佛是原始时代的人！

死寂！

只有夜风的声音！

经过一阵狂烈的热情，几分钟过去了，她轻轻放松了我，抬起头来，对我嫣然一笑。

还没笑毕，她的脸色突然变了。她对我的面孔紧紧注视了一下，忽然发出一声怪叫："啊！妈妈！妈妈！——您是什么人？……"

她看清我是谁了。她的脸色骇白了。她高声喊起来。

我对她做了个鬼脸，很幽默的笑着用俄文道：

"我就是您的瓦夏！您不认得我么？"

我一面说，一面把她抱得更紧了。

她拼命在我怀中挣扎着，乱叫着，像一只被猎人俘获得的小野兽。

"啊，您不是瓦夏！您不是瓦夏！快放开我！快放开我！……啊，妈妈！妈妈！"我不放开她，却半诚恳半嘻皮笑脸的对她道：

"敬爱的小姐，请您好好想一想，这是您找我，不是我找您呀！您一直在后一面追我，喊我，我怎忍心不理您呢？……"

"哦，妈妈！妈妈！放开我！放开我！——您不是瓦夏！您不是瓦夏！"

她仍在我怀中挣扎着，乱叫着，异常恐怖。俄国女人遇到没有办法时，不是叫上帝，就是叫妈妈的。我涎下脸来，故意对她开玩笑道：

"敬爱的小姐，不管我是不是瓦夏，在这样深的夜里，在这样静的街上，在这样美的雪地上，我们竟会发生这样一件巧遇，总算是天缘凑巧。在冥冥中，一定是上帝的意见，上帝的神秘力量，在促成我们的结合，是不是？"

我知道俄国女人最信仰上帝，便发挥了这一套上帝道理。天知道，我有生以来，连教堂大门边都没有踏过。

"不是上帝的意思！不是上帝的意思！您看上帝的面子，饶饶我，放开我吧！"她一面挣扎，一面大声喊。

"好，就算不是上帝的意思，那么，一定也是因为我长得很像瓦夏了，是不是？要不，您怎会把我当做瓦夏来拥抱呢？我既然长得很像瓦夏，您就把我当做真瓦夏，也未尝不可呀！世界上的真和假原差不多哪。"

"不，不，您不像瓦夏！您不像瓦夏！您不像瓦夏！您一点也不像！……放开我吧！再不放，我，我，我就要骂您了！您这个人真是岂有此理……"

这个时候，她已渐渐由昏乱转为冷静，脸色有点凛然不可犯的神气。

我觉得这个玩笑已开得差不多了，终于放开她的身子。但仍抓住她的肩膀问道：

“小姐，是我岂有此理，还是您岂有此理？是您先追我，喊我，亲热我，麻烦我，并不是我先麻烦您呀”

“那是我一时看错人，把您错当做瓦夏了。”

“那么您就把我多‘错当’一会瓦夏，也可以呀！人生原有点像演戏，我也可以扮演瓦夏这一角色呀！”

“但是您并不是瓦夏！”

“我虽然不是瓦夏，但不见得不如瓦夏！瞧瞧我这双粗壮的胳膊，是不是比瓦夏拥抱得更有劲些？瞧瞧我的发烫的嘴唇，是不是比瓦夏吻得更火热些？瞧瞧我的结实的胸膛，是不是比瓦夏体贴得更舒照点？……美丽的姑娘，我这个新瓦夏不会比那个旧瓦夏少给您幸福的。连鞋子穿旧了，那要换新的，更何况是朋友呢？朋友一旧，最没有意思了。您以为如何？”

“不管您是新的旧的，我现在要回去了。您先放开手，成不成？假如我并不认识您，您这样冒冒昧昧的拖住我，不害羞吗？”她的面色，现在是充满了严肃，几乎有点拉下脸来的样子。

我丝毫不现出腼腆，却用很自然的腔调笑着道：

“多奇怪啊！一个‘并不认识’我的女孩子，刚才会这样不顾一切的拼命抱住我不放，箍得我几乎透不过气，把我的嘴唇几乎压碎了，究竟该谁害羞呀？”我放开手，向前摆了摆，笑着道：“得了，我不再拖您了，快回去找您的正牌瓦夏吧！我这副牌货究竟不能叫座！嗯，新鞋子倒底不如旧鞋子，是不是？……”

她忍不住笑了，似乎怕我卷土重来，连忙偷偷向后溜了几步，又停下来，用天真的口吻道：

“您这个人太不老实，嘴巴子太调皮，不理您了！"

我嘻皮笑脸的对她道：

“天下最可怕的事莫过于老实。一个人不妨杀人，却千万不要老实。试想想：在下如甚老实，适才焉能蒙小姐厚爱乎？”

“好，好，又来这一套了！对不起，我要回去了！再会！”

她现在似乎也渐渐看出我是怎样的人了，先前的恐怖大半消失，但似乎还怕我纠缠，因此，理了理弄乱了的发卷，掉转身子，想走了。

我走过去，收束了嘻皮笑脸的态度，用很严肃很诚恳的口吻对他道：

“好，小姐，我不再和您说笑话了，让我们说几句正经话吧。我要严重的警告您:“您这样回去,脚非冻坏不可,您留在雪地上的时间已经太久了。”

接着,我告诉他,我们应该找一个地方烤烤火,暖暖身子。

“现在夜已深,人家的门户早关紧了,只有欧拉凡斯特大街拐角上有一家小咖啡店,专做夜间生意,我们可以到那里去烤烤火。”

“我不烤火了,我要回去了,再会!”她的口气很斩钉截铁,似乎丝毫不能通融。“你真的不烤火吗?”

“真的不烤火了。再会!”

我向她望了一眼,轻轻笑道!

我们难道就这样再会么？最低限度,我们刚才曾经扮演过最热烈动人的一幕。我们曾经照世界上最疯狂的恋人所做的做了。我们难不成就这样死板住面孔分别么？这与刚才那一幕比起来,未免太煞风景了,太不调和了。”

“那么,您要怎样分别呢？她微微有点恐怖的问我。

“最低限度,我们也该握一握手,才能分别呀!”

“握手?”她吃了一惊。

“我这里所说的‘握手’,纯粹是指礼貌上的握手,其中再没有什么加油添酱的意思。您尽管放心!”

“我不愿意和您握手!”她突然冷冷的说。

“不是您不愿意和我握手,是您不敢和我握手!”我也冷冷的说。

“我不敢?”她被我激动了,突然自动跑过来,气愤愤的道:“您说我不敢?我偏要和你握一握手再分别。来,我们握手!”

“您真的敢跟我握手?”我故意装成蔑视她的样子。

这回她真是忍不往。她突然抓起我的手,拼命握了一握,几乎是用尽了全身力气。她一面握,一面道:

“您看我敢不敢！您看我敢不敢!”

我等她握完了,旋即把她的手放下来,极温柔的微笑着道:

“您到底是和我握手了。”

她怔了怔,突然悟会我的意思,不禁有点生气了:“您这个人太可恶了!”

“您何必生气呢！我不过为了要证明:我刚才的话是极老实的话。我和您握手纯粹为了一种礼貌,此外再没有什么其他意思。现在,我把您的手放开了,您总可以相信我刚才的话了吧！我们虽然认识了不过十几分钟,但我极不愿意您将来把我当做一个骗子来回忆的。……好,再会!”

他怔了一怔,豁然深一层了悟我的意思,登时转怒为笑,向我望了一望。这一望确实含有一点尊敬的成分。

“好，再会！”她轻轻向我摆摆手。

“再会！祝您晚安！”我向她摆摆手。

“再会！祝您晚安！”这几个字实在说得很温柔，很动人，的确是她心坎里流露出来的。

我们分手以后，走不几步，我回转头望望她，她也正回头望我。我于是又向她摆摆手，高声道：

“再会，祝您晚安！”

“再会，祝您晚安！”她也高声回答我。

这样，我们终于分手了。

七

走不多久，我的脚就冷起来，我在户外活动的时候，早超过半小时以上了。刚才因为卷在一场很令人兴奋的喜剧里，一紧张，就忘记脚上的寒冷了。现在，紧张热烈的一幕已经过去，街上的冷风向我不断劈刺过来，打了几个寒噤以后，脚上的寒冷感觉立刻强烈起来。这附近一带人家，早已沉到梦乡里，无法敲门，如果一直回家，至少还得用卅几分钟，脚非冻坏不可。我唯一的办法，只有上咖啡馆。这一带最近的一家咖啡馆，是在欧拉凡斯特大街的拐角上那一家，如用跑步，三分钟就可以到了，不过，这样一来，我必须倒转去走回头路，实在是很不不经济的。不过，情形实在太迫切，我也顾不得许多了，况且那少女的脚步声已渐渐消失了，她不会再听见我的脚步，以为我是在追她的。

考虑完了，我立刻回转身子，向那小咖啡馆走去。

这小咖啡馆果然还没有关门，灯火辉煌，不断散出热气，老远的就对我发出一种诱惑。我一口气冲了过去，好像在野外演习冲锋白刃战。

你说我看见了什么？

那个少女正坐在东边靠墙角上喝咖啡，只有她一个人。她似乎也进来不久。

我愣了一愣，盘算了一下，终于若无其事的向座位里面走去。

刚走了几步，我忽然想起一件事，便连忙走回来，走到柜台边。

我交了三百庐[卢]布给老板，告诉他：那个少女的帐由我一起付，千万不要再收她的钱。

吩咐完了，我重新向里面走去，捡了一个靠东的座子，并不向那少女打招呼。这时我用皮领子把脸裹得紧紧的，她只顾着喝咖啡，似乎一时也没有看出我是谁。

仆欧把咖啡拿来，我喝了一口，偷偷注意她：她这时似乎已开始注意我了。这时已是夜半，咖啡店里的人并不多，只有靠南的几个座子上有几个人，此外都是空的。因为人很少，每一个新进来的客人全容易引起别人的注意。

我的脸仍埋藏在大衣领子里，偷偷觑着她，等她定神看着我时，我突然站起来脱大衣。脱下大衣，我的脸故意装作全然无心的向她那边望了望，一等我的视线与她的视线接触了，我故意装作极吃惊的样子向她轻轻喊道：

"啊，您也在这儿喝咖啡？"

她微笑着向我点点头，只哼了一声，并没有答什么话。看神情，她似乎很不愿意在这儿碰见我，更不愿意我走过去和她多啰嗦。

我装做无视了她的脸上表情，很自然的走过去，一面走，一面很自然的笑着向她道："您受冻了吧！今天晚上天气多冷呀……"

"是的，很冷！"她很淡漠的回答。

她大约以为我又来和他纠缠，所以故意装出淡漠的神气。其实她是完全误会了。

我之和她在这里碰见，原是个偶然。碰见她后，我毫无和她纠缠的意思。我只有一个欲望，就是：细细端详她一下。

固然不错，我们在街上不仅碰见了，并且也抱过了，不仅抱过了，甚至也吻过了。按理，对于她的脸孔，我该相当熟悉了。其实不然。

她在街上时，因为天冷，帽子直压到眉毛下面，眼睛就藏在帽檐的阴影里，一条厚厚围巾连耳朵也包起来，两颊也一半遮住了。街上的雪都冻成冰，践踏得很脏，因此反光也就不很亮。在暗淡光亮中，我只模糊看出她的姿态很婀娜，她的脸孔轮廓大致还好，却不知道庐山真面目。

现在，到了咖啡馆，又遇见她，我决心好好端相她一下。我所坐的座子离她太远，灯光又摇摇晃晃的，看不大清楚，我只有和她在一起坐一会，才能饱览一番。

怀着这样目的，我才走过来和她闲扯，打算聊几句天就走开，实在并没有和她纠缠的意思。她是完全误会我了。

可是，我不走过来细细端相她，倒也罢了。一端相，天哪！我几乎晕倒在地上。

这是一个美艳得怎样惊人的少女！

她的大衣帽子与围巾都除去了，她的整个形态全展现在我眼里！

她有着金黄色的长长卷发，仿佛春天太阳下的一田麦浪，光闪闪的。她的眼睛是两颗蓝宝石，比印度的蓝天还要蓝，带着梦幻的色彩。她的脸孔白白的，眉毛黑黑的，鼻子高高的，没有一样不富于雕刻的均匀，和谐，几乎就是一尊古代女神的面部浮雕。她的身材苗条修长，好像是一个最有训练的舞蹈家，每一个姿态全表现出一种温柔，一种甜蜜，一种调协，充满了音乐的旋律与节奏。

现在，她静静坐在淡蓝色灯光里，又天真又庄严的向我望着，就好像希腊古瓷瓶上的一幅画像，一个神话上的人物。

我被她的艳丽迷住了。这美丽完全超出了我的预料。在街上拥抱她时，我最多不过以为她只是一个"略具姿色"的少女而已。

是这样一个绝世佳人，我先前竟已亲过芳泽，和她很温存了一阵子，这该是我怎样大的幸运！

是这样一个绝世佳人，我虽然已亲过芳泽，但转瞬间又失去了，并且是永远失去了，这又是我怎样大的不幸！

这样一想，我对那看不见碰不着的瓦夏，不由而然的嫉妒起来。我心里暗想：他是怎样一个鬼！居然会得到这样一个绝世美人！他既然得到了她，就该随时随地寸时寸步不离开她呀，为什么又偶然迷失了她，叫她把我张冠李戴，误认作是他，演了刚才那样销魂的一幕，把我害得这样苦。

不行，事情没有这么简单！我绝对不能轻轻罢休。

很快的，我打定了主意。

我一眼就看出来：她脸上的冷淡与庄严完全故意装出来的，这绝不是她的本来面目。她的本来面目，我刚才已领教过了。

我于是故装若无其事，很轻松的向她道：

"我绝没有想到会在这里遇见您，这真是太巧了。我本来打算回家的，走了一截路，脚冻得要命。附近又没有地方取暖。我只好暂时到这里来暖一暖，没想到会遇见您。"说了上面一段话，我看她脸上的"霜气"仍很重，便又很轻松的加了几句道："我虽然说这些话来解释我们在这里的巧遇，但您一定不相信这些话。您一定以为我是故意来和您麻烦的，是不是？要是这样，那我实在太抱歉了。刚才在街上，您固然认错了我，但我实在也有点认错了您，所以才发生了那样一件很鲁莽很不礼貌的事。实在太对不住您了！希望您别生我的气，多多原谅我。好，再见。"

我很自然的说完了话，便向她鞠了一躬，打算告退。

她听见我这样一说，倒似乎有点不好意思了，微微红脸道：

"先生，您误会了，我没有这个意思。请您坐下吧！……"

我装出谦让的样子，很客套了几句，但不待她二次催促，就在她对面坐定了，不断偷偷端相她：她实在长得太美了，太好了。

当我看她时，她也不断偷偷看我。我的外形本来就不算太坏：我有着极魁梧结实的身子，很端正的脸轮廓，很明亮的眼睛，很整洁雅致的衣服。不过，这些都不算什么，最“什么”的，或许是我的风度和机智了。这风度与机智，在街上显然已给了她一个很深的印象。从她分手以后频频回顾我这一件小事，就看出她至少是不太讨厌我，现在她请我坐下，更证明了这一点。

一坐下，相互一客气，一板起面孔，双方倒似乎有点枯窘，无话可谈了。好容易我才打破僵局。我轻轻笑道：

“人与人的相遇，多么偶然！我们中国人形容朋友相识，有一句俗话，叫做‘萍水相逢’，意思是：人与人的相遇，像水面上的浮萍相遇一样。我觉得这形容还不够。我觉得人与人的相遇，简直像两颗流星在天空相遇一样。您以为如何？”

她听到我的话，笑了。还没笑完，她似乎想起了一件事，突然问我道：

“先生，您是中国人？”我点点头。

她怔了怔，想了一下，豁然大悟道：

“哦！我想起来了，您住在拉吉勒收容所，和马占山将军一道来的，是不是？”

我又点点头。

她立刻对我发生了兴趣，态度完全改变了，先前的矜持与矫饰已一扫而空，变得异常诚恳了。

本来，我们这一群人由东北来时，本地人全把我们当做抗日民族英雄看待，对我们极其崇拜。西洋人对于勇敢的好男儿总是崇拜的。少女对我发生兴趣，并不是偶然。

我索性跑回去，把一杯咖啡端过来，正式和她同坐在一起。

重新坐下，我忽然笑起来。

她问我为什么笑？

我说：

“我们认识了几乎有一点钟了，甚至做了最亲热的表示了，但我们相互的姓名还不知道呢！您说好笑不好笑？”

她听到我的话，不仅笑了，脸也红了。她似乎还有点怕提刚才街上的事。

我们于是交换了姓名。她告诉我：她的名字叫奥蕾利亚，在一个女子中学教文学，家里只有一个母亲。我告诉她，我姓林，是马占山的上校高级参谋。

在一个外国人眼中，一个上校是一个很高的阶级，也是很高贵神圣的人物。她听见我是上校，显然在态度上又有了点改变：先前她不过对我发生兴趣，现在却有点对我肃然起敬了。

“您这样年青，就当了上校，真是——天才！我们这里的上校，胸前差不多都有一蓬白胡须或黑胡须！”她笑着说，带着点赞美。

“我们那里，像我这样的‘天才’，满街到处都是。”

她抿着嘴笑了。

“您大约很讨厌军人吧？军人常常与您所很欢喜的文学是正相反的！不过，我也是很欢喜文学的人？”

“您爱文学？”她眼睛睁得大大的，望我。

“是的，我爱文学，特别是旧俄文学。”

“您的俄文说得真好，简直和俄国人没有分别。”她又带着点赞美的神气。

“我因为在哈尔滨住了许久，又欢喜看俄文小说，因此才能勉强说两句俄文。我一定说的很坏，您别笑话我！”我用谦虚口吻说。

“您太客气了！如果说您的俄文说得很坏，那么，连俄国人自己说的俄文也不能算好了。”

“您是在和我说笑话。”我停了一停：“您在旧俄文学里是不是最爱屠格涅夫？”

“何以见得？”

“年青的女孩子们总爱把屠格涅夫的小说藏在口袋里。他的小说大多是写年青人的故事。”

“正相反，我恰恰不欢喜屠格涅夫。”

“欢喜谁？”

“杜思退益夫斯基！”

“为什么？”

“因为他的作品里创造了一些很伟大的人物。”

“您以为伟大人物对于人类是必要的么？”

“当然？”

“我的意见正相反。”

她好奇的望望我。

我向她解释：

“如果世界上全是伟大人物，那么人类非毁灭不可！”

“您又在说笑话了。”

“一点不是笑话。”

“为什么?”

“我现在问你:耶稣算不算是世界上最伟大的人物?”

“当然是。”

“如果世界上个个人都是耶稣,人类就非灭亡不可。”

“什么理由呢?”

“您不知道,耶稣是一辈子独身,没有结婚吗?如果每个人都学耶稣,人类岂不要绝种?”

她忍不住笑了起来。

她看看表,站了起来,说道:

“我该走了。不早了。”

我告诉她!她的帐我已付过了。

她先是不答应,继而不相信:

“您什么时候付的帐?您一直没有离开桌子呀!”

我低声向她说了个笑话道:

“我一个人可以变成两个人:一个人在这里陪您谈话,另一个人却可以偷偷去付帐。”

她又笑了。但还是不相信。

到了柜台边,见我果然早付过了帐,她弄得有点莫明其妙。西洋人上馆子,大多是各付各的帐,就是由一个人会帐,也是当友人面前算清,像中国人一进门,就偷偷摸摸付款,唯恐友人看见,这种巧妙的手法,外国人连做梦也想不到。

走到门口,她轻轻向我道:“您这个人真有点神秘!”

她一面说,一面怔怔的望了我一眼:这一“望”含有太多太多的意思。如果把这许多一事紧缩成一个意思,那就是:她实在并不讨厌我。

接着她又道:“今天真得谢谢您,您太破费了。”

她告诉我,她们学校职员发有蓝色咖啡券,用这种券来喝咖啡,只合六七毛钱一杯。我们外国人用现款来喝咖啡,则合五六十个卢布一杯,相差八九十倍之多,未免太不合算了。她一面说,一面很表示抱歉似地。

本来,俄国的一些商店对于外来旅客,一直是有点竹杠性质,好吸收美金现款。今天奥蕾利亚的帐,我本没有代付的必要,但为了显示慷慨,我终于这样做了。

我安慰她,教她别为这点小事介意。

出了咖啡店,我告诉她,我一定要送她回去。这样深的夜,让她独自回去,我实在不放心。

她无论如何不肯，说我如果送她，必定耽误了我自己的路程。

我说：我的路程没有什么，我是个男人，走路是很方便的，她是女孩子，情形不同了。

“不管您怎么说，我送您是送定了。这不仅是我的责任，也是我的义务。如果我不能完成这个责任，这个义务，那么，我认为这是我的耻辱。”

她见我词严义正，无话可辩，终于答应了。

我们一道在街上走着，街上静得不能再静了，一切仿佛都沉到深渊里。

我们默默走了一截路，我轻轻问她：

“您冷不冷？”

她答：微微有一点冷，因为夜太深了。

“您呢？”

“我不但不冷，并且还热得怪不舒服。”

她怀疑的望了望我。

我用最温柔的语调向她解释道：

“和您在一起，我觉得这个北极严冬似乎变成了印度夏季：一切热得可怕。连北风与冰雪也是热火火的。”

她似乎很有点感动，也用很温柔的语调对我道：

“您真会说话呀；我从来没有遇见像您这样会说话的人！……”

“您知道我今天为什么这样会说话？”

她摇摇头。

“我告诉您一件怪事。您或许不相信。平常，朋友们没有不讥笑我口才笨拙的，都说我是猫头鹰，每一个声音都令人可憎。今夜，不知道怎么回事，我的舌头好像被上帝改造了一遍，叫猫头鹰变成了夜莺。这个，我应该感谢您。不遇见您，猫头鹰不会变成夜莺的。”

我说完了，叹了口气。

她也陷入沉思中，很是感动似地。

我们转过几条街。终于在班白吉尔考斯街的一条巷子口停住了。

“我们将来还有再见的机会么？”我有点伤感的问她。

“也许有吧。”她沉思着说。

“在街上再见面的时候，如果我向您打招呼，您会不会理我呢？”

“我想我还不至于这样不近人情吧”，她轻轻笑着。

“那么，明天下午四点钟，我到您的学校来参观，好不好？”我紧紧追问她。

她踌躇着。

“那么，您大约是不愿意再看见我，是不是？”

她不再踌躇，肯定的道：

“明天下午四点钟，您在学校门口等我吧。再会，您快点回去吧！”

“再会！祝您夜安！”

我说了“再会”，走不几步，又停下来。

这时黑暗中响起了敲门的声音，女孩子在喊着：“妈妈！妈妈！”

不久，门开了，灯光中现出一个白发老妇人。

少女鱼一样的溜进门。快进门时，她伸出一只右手，向门外摆动了一下，意思是要我走开些，别让她的母亲看见了。

这暗示我立刻明白了。我轻轻在黑暗中走开了。当我再回头时，少女与老妇人都没了。黑暗中只有关门的声音，很洪亮。

归途上，我又回到咖啡馆里坐了一会。回到收容所时，已是两点多钟。我一夜没有能合眼。

八

第二天是元旦，街上人很多。我穿过许多人丛，跑到奥蕾利亚所说的那个××学校的门口。我在门外等着她，这时还只是下午三点半左右。

这时我的感情是无限激荡，无限兴奋，好像就要踏上旅途，迈往一个新的国度，新的土地。我是这样的欢愉而快乐，每一个路人由我身边经过时，我都向他(她)们抛着喜悦的颜色，似乎在向他(她)们说：“朋友们：请你们分担我的一部份[分]快乐吧！”我又像金黄色的蜜蜂，酿制了过多的蜜，嗡嗡飞鸣着，向人们说：“看呀，我有着太多太多的极甜极甜的蜜，请你们快来分取吧！”

××学校附近就是一个摄影店，玻璃窗中陈列了一些美丽的画片与摄影名著。有一副是珂罗版的诃根名画“泰什蒂岛的女子”。画中是明蓝的天，杂乱的丛草，摇着翠绿色叶子的棕榈树，树身是金黄色，在树下面，坐着一个金黄色的裸体女子，是泰什蒂岛的土人。这是一种非洲风土画，画面有一种极富刺激性的蛮艳。诃根是后期印象派大师。他把一生的心血都浇灌在非洲。为了追求一种极单纯野蛮的原始境界，他与非洲土人打成一片，娶土人女子为妻。他憎厌都市的堕落文明。宁愿把自己放在未开化的土人群里。

看了这一幅画，生命里的偶然成分不禁使我震颤起来。一个人的生命的消耗方式，纯粹是一种偶然。诃根是偶然到了泰什蒂岛，又偶然爱上了泰什蒂岛，更偶然把自己的艺术生命消耗在泰什蒂岛。

我在冰天雪地的夜里，从歌剧院归来，竟狭路相逢，与奥蕾利亚相遇，又何尝不是偶然？谁又知道这一个偶然将来又有怎样偶然的结局？

我一面想，一面看表，已经四点廿分了。

“咦，她怎么还不出来呢？”我心里诧异着。

“她该不会骗我吧？”我又想。

我于是继续等下去。

一直等到五点钟左右。

我终于忍不住了，旋即跑去问那学校门房：奥蕾利亚小姐在不在？

那俄国老头子瞪瞪我，说她今天一下午都没有来。他一面说，一面好奇的望着我，仿佛她的朋友中不应该冒出我这样一个东方人似地。

老头子的话，好似一盆冷水：把我从大梦里泼醒了。我的懊恼可以想见。

按理呢，我认识她还不到一天，原不能对她有所苛求，更不配怎样严厉责备她。我所唯一不痛快的是：她不应该失信！

她既然答应了我：今天在学校门口会面，她就不该拿我开玩笑，叫我白等了半天。

一种男性自尊心叫我不能不有点气愤。但我又不以为她是在骗我。第一，她没有骗我的必要，她要是不满意我，尽可以在敷衍我一番以后，再摆脱我。第二，她昨天答应我时，态度极为诚恳，不像要骗我或拿我开玩笑的样子。第三，她昨天无论在说话上，在行动上，在态度上，都没有讨厌我的样子。特别是出咖啡馆时的向我望了一眼，以及回家时走进大门后的向我摆摆手，更蕴藏了不少情感成分。在这种情形下，想骗我的可能性实在很少。

可是，她既没有骗我的意思，为什么害我白等了这半天呢？

她难道有什么事吗？

如果有什么事，她应该在门房那儿留一句话啊！

我左思右想，总想不通这个道理。

终于，我自安自慰，世界上的事原很偶然，我和她偶然相遇，又偶然相别，甚至此后在大街上相遇，谁也不会再认识谁，也是可能的，我又何必为这些事烦恼呢？

这样一想，我满肚皮的不痛快都消去了。

不过，一种自尊心的受伤害，并不是全可以立刻忘记的。这一天我回到家里，依然有点隐隐的不舒服，这种不舒服随着我的胡思乱想，逐渐越来越利害。

一夜里，我翻来覆去，一直睡不着。我越想越气，越想越懊恼，一个人的感情真是一种奇怪的东西。在理智上，我对自己不只说了一千遍，我不应该生她的气，也不配生她的气。但我的感情却始终沉不下来，我的男性自尊心在要求着报复，一种能够给对方以致命的打击的报复。

“是的，我必须报复，我必须向她报复！”

我不断重复着这几句话。

当我决定向她报复以后，我的情绪倒安定下来，不再混乱了——这是因为我已经有了一个中心目标之故。

第二天下午四点欠十分，我又到了××学校门口，我决定到学校里去找她。在会见以后，我决定只向她说下面一段话：

“敬爱的奥蕾利亚小姐，昨天下午四点钟，我遵照您的约，到这里来了，我一直等到五点多钟，却始终没有看见您的大驾。后来听门房说：您昨天整个下午都没有到学校来。您真是一个伟大的守信用的女子。我今天来，特别向您这一点致敬！再会！”

说完上面一段话，我会望也不望她一眼的回转头，拂袖而去。

我一定要这样做，并且做得极冷酷无情，给予她极大的难堪！

我这样一面想，一面不知不觉的已走到××学校的门口。

我正想到门房那里去找奥蕾利亚，一个人突然在我后面招呼我。

我回转头看了一看，怔住了。

你说我看见了谁？

正是奥蕾利亚！

她满面笑容的走近我。还不待我开口，她就极表示抱歉的道：

“昨天真太对不住您，叫您空等了。这件事发生得太凑巧太偶然！说起来或许您不会相信。昨天因为是元旦日，下午三点钟，学校当局临时派我做代表，出席一个很重要的妇女会议。我没法推辞，就留了一个条子说明情形，交给门房，告诉他：如果有人来找我，就把这个条子给他看。谁知门房弄错了，他见您是中国人，就没有给您看条子！他总以为我的朋友都应该是俄国人的！今天我知道这件事，觉得太——太对不起您！您——您不会生我的气吧！”

说到这里，她温柔的望了我一眼，面孔微微赧红，显得非常抱歉的样子。

听了她的话，真奇怪：我先前的预定计划竟完全崩溃。究竟为什么会崩溃，我一点也说不清。她的说话的语气是那样天真，那样诚挚，那样温柔，不由得我不相信她的话。

另外一个理由（这或许是最主要的理由）使我不得不相信她的是：她的仪表实在太——好了，太——动人了。前晚在咖啡馆中所看见的她，固然很美，很叫人醉，但今天在白天里看她，却是更美，更叫人醉。她整个的神采，在灯光下面，还有点模糊，在白昼的亮光中，却全部表现出来，像黎明时分的太阳，光芒四射，说不出的叫你愉快，叫你舒畅，叫你乐，叫你喜！

她穿一件法蓝绒的裙子，法蓝绒的坎肩，外面是深蓝色呢大衣，头戴顶蓝色大斗篷帽子，这一身蓝色装束配着她那白白的脸，梦一样的大眼睛，帘子似地长长睫毛，雕刻似地面部轮廓，银杏树似地苗条身子……唉，我怎样形容才好呢？我觉得她简直就是金色阳光下的一片蓝色大海，整个淹没了我，大的小的圆的方的长的短的蓝色波浪简直把我卷得喘不过气。

在这样一片美丽的大海旁边，我能说什么呢？

我愣了一愣，终于想出几句话。

我轻轻笑着向她道：

"敬爱的奥蕾利亚小姐！我，我本来很想生您的气，但是想了一想以后便——便决定不生你的气了！"

"为什么？"她微笑着问我。

我低下头，稍为沉思了一下，很郑重其事的道：

"奥蕾利亚小姐，我很坦白的告诉您，昨天我从这里回去时，我，我是气极了——我对您真是非常非常生气。但是，今天遇见您，我却不能够生您的气了。——您能容许我坦白说出理由么？"

她点点头，笑着说了声："可以。"

我于是继续道：

"您刚才向我表示道歉，说明昨天失约的理由，其实这些话我并没有注意听，并且您究竟说了些什么，我也不大清楚，我只注意一件事。"

"什么事？"她急迫着问。

"我只注意您的'人'，并不注意您的'话'！'人'总比'话'要紧点，是不是？"我停了一下："我不断望着您，觉得今天的您和昨天晚上的您。很有些不同。究竟怎样不同，我也说不清。我只想找一个字来形容我今天眼里所见到的您。想了一会，我终于想出一个字。这个字就是：'海'！是的，您对于我，就是一个大海！您刚才问我会不会生您的气，你这一问实在是多余的。您想，人会生大海的气么？一个人会生火星或土星的气么？"

她听了我的话，只笑了一笑，说了一句话：

"您真是会开玩笑！"

她虽然只笑了"一"笑，只说了"一"句话，但我从她这"一"笑和这"一"句话里，已看出她的全部感情。她的眼睛最是瞒不了人的。我看出她眼睛里有一种迷醉的光辉，好像吃了一点酒。大凡一个女人对男人表示相当感情时，常常会有这种"吃了点酒"的样子。

我笑着,很轻松的道:

"好,昨天的事就用我这个'玩笑'结束吧,不许再提一个字!不过——"说到这里我的态度忽然认真起来:"我要罚你一下!"

"罚我什么?"她轻轻笑。

我停顿了一下,然后故意很谦虚的道:

"罚您陪我到贵校参观一下!"

她忍不住咕咕笑起来,一面笑,一面望我,在她脸上明白写着这样一句话:

"瞧这个人真有意思!"

九

××中学一切设备都很平平,我与其说是为了参观这个学校,不如说是为了"参观"奥蕾利亚本人。我乘参观的机会,东拉西扯,和她谈了很多。在参观时,我很注意的观察她的言语和动作,我发现了一个很大的秘密,就是:她对我招待得特别热心,凡我所提出来的每一个问题,她都特别详细的为我解答,唯恐我有一丝一毫的疑团。从这一件小事上,我看出来:她的确不讨厌我。她不但不讨厌我,并且还对我具有相当好感。

因此,参观完了,我便毅然对她说:我要请她喝一杯咖啡,希望她不拒绝。

她说:她今天是主人,我是客人。要是上咖啡馆,无论如何得由她做主人,否则她不去。

她又说:她用咖啡券喝咖啡,不过几毛钱一杯,所费有限。如果由我请客,那破费就很大了。

我的目的不过是找机会和她多谈谈。我请她或她请我,这对我都没有什么关系。我便服从了她的意见。

我们又到了前晚的那一家咖啡店。

我提议仍拣靠东边墙角上的她那个老位置。

她问我为什么。

我说:等坐下来,过一会慢慢告诉她理由。

"您刚才问我为什么选这个老位置?我现在可以向您说说理由。我的理由有三种:第一,这个位置是靠东边,东边是太阳升起来的地方,坐在这里,好像是和太阳坐在一起,心里头说不出的光亮温暖。实际上呢,在我眼睛里,您就是一个太阳!第二,这个位置是在墙角落里,地球上许多最美丽神秘的事,都发生在墙角落里,在这里,存在着一种阴影,好像树荫似地特别容易引起人的幻想或梦想。第三，这里是我们第一次相认识的地方，在街上我们不能算是认识，那时我们互相还不知道名字哪！我想，以后我们不进咖啡馆则已，否则，一定要到这一家咖啡店，并且占据这个老位置，这样做会引起我们一点美丽的回忆，一点美丽的情绪。"

我说完了，她笑了起来。

"真奇怪，您的谈吐一点不像军人，倒很像诗人哪！"她用一种很神秘的眼色望我。

"一个军人难道不能兼一个诗人么？"我问她。

"军人与诗人正是最相反的两种存在，二者绝不能合在一起。"

"我的意见正相反：一个最好的军人也正是一个最好的诗人。所谓诗人，是指那些对生命最具有深刻理解力的人而言。军人在火线上，几乎每一秒钟都在生与死之间徘徊，他对于生命天然的最具有深刻理解力。任何时候，只要他愿意执笔，都可以写下最好的诗。"

"不过，一般军人并不是如此。"

"不是他们不能如此，是不愿如此。古往今来，千百万军人中，愿意兼任诗人的只有两个人。"

"那两个？"

"一个拿破仑，另一个是我。拿破仑一生太走运，太有办法了，所以非兼为诗人不可。我呢，一生太不走运，太没有办法了，所以也非兼做诗人不可。

说完这话，我们不约而同的笑起来。

仆欧把咖啡茶点拿来了。

我喝了口咖啡，抬起头望着她：

"前天晚上和您分手以后，您知道我做了些什么？"

她摇摇头：说不知道。

"我又跑回来喝咖啡，坐了两个钟头。"

"这两个钟头，您就是为了喝咖啡？"

"不是为喝咖啡，是为想。"

"想？"

"是的：想！"

我停了停，沉思的道：

"我就坐在您现在所坐的位置上：不断在想。我觉得有无穷无穷的事要想。"

"想什么呢？"

“想的事很多很多。比如说：我为什么竟会来到托木斯克？我又为什么不早不迟，偏偏在除夕那天看歌剧，而又在街上碰见您？”碰见您一次不算，还碰见两次！我们的相遇有什么意义？又能发生些什么结果？会不会明年此日，我坐在中国南方或北方的一个古老屋子的窗下喝茶，在想着去年此日和您的相遇？而您则坐在托木斯克的一个咖啡馆里喝咖啡，在想着这件事？人为什么和人相遇？相遇了怎样？不相遇又怎样？相遇是好？是坏？还是不好不坏？——”

“您何必想得这么多呢？想得太多是不好的！”

“我也知道：想得太多是不好的。但是却没有法子不想，而一想，就会想得很多。”

“您不能少想一点么？”

我摇摇头，略带点伤感意味道：

“说到‘能’或‘不能’的问题，说来很可怜：一个人‘能’的事就很少很少。我们看见牛马被农人鞭打得很可怜，我们常会发生一个疑问，就是它们不能离开主人逃往荒野里么？但是，它们偏偏就不能逃跑！站在宇宙的观点来看人，人其实和皮鞭下的牛马没有多大分别——您刚才问我：不能少想一点么？我希望‘能’，但实际上却‘不能’。”

她听了我的话，不由沉思起来，终于有点黯然道：

“您把人生想得太悲惨点了！”

“想得太悲惨？”

我吃了一块奶油点心，反问她，又不待她回答，讽刺的笑着道：

“我刚才的想法，其实还是乐观的想法，一点也不算悲惨哪！”

“我不懂您的意义！”她说。

“你不懂？让我解释一下。”

我喝了口咖啡，轻轻道：“照我刚才的说法。当我们扮演牛马的悲剧时，最低限度，我们还知道我们是牛，是马。我们绝不会一面做牛做马，一面却向别人挂起狮子和老虎的招牌。有些人呢，自己明明在唱牛戏或马戏，却偏偏自夸是唱‘龙翔凤舞’，这不是真正的悲剧么？”

她叹了口气道：

“您为什么把人生想得这样可怕呢？”

“人生总是可怕的，不可怕就不能算人生！”

她听了，大不以为然：

“您的话说得太过火了？人生并不都是可怕的！”

我摇摇头：

“我的话一点也不过火。在别人的经历中，人生究竟可怕不可怕，我不敢说。但在我自己的经历中，人生确实是可怕的！”

“为什么？”

“我不愿告诉您理由。我只愿告诉您一个事实。”

她一面喝咖啡，一面用眼睛望着我，在等待我告诉她这个“事实”。

我很庄重的道：

“奥蕾利亚小姐，我很坦白的告诉您吧：在我的一生中，所发生的许多事，几乎没有一样不可怕。我只有一次遇见了一个不可怕的事，这也是我一生经历中唯一不可怕的事！”

“什么事？”她问。

“这就是我们的相遇。”我轻轻说。

她听了我的话，再看看我的庄重态度，不禁屏住了呼吸，好像有生以来第一次遭遇到一件不平常的事。

“林先生，我觉得您把人生看得太严重了！”

“你真以为我如此么？”我问她：“您以为我们把人生看得不严重，可能么？”

“当然可能。”

“好，那么我现在向您作一个并不严重的请求：明天晚上，我请您到小歌剧院看‘茶花女’，好不好？”

“这……”

她有点踌躇起来。

我大笑起来：

“刚才您劝我别把人生看得太严重，但是您自己现在却不得不把人生看得很严重了。我刚才的话，您现在总可以相信了吧？”

我所用的本是激将法。她果然被我激动了。她终于笑着毅然道：

“我，我也可以应您的邀请的。只是，我们刚认识不久，我觉得自己不该太冒昧！……”

我又笑起来了：

“您这样说法，还是把人生看得太严重了！”停了停，我笑着道：“您还有点不坦白！”

“我不坦白？”她笑着问。

“是的，您一点也不坦白。您刚才所说的话，并不是您本心想说的话。您的本心话其实是：‘先生，我讨厌和您在一起看茶花女！请您不要纠缠我吧！’

是不是？”

她听了这话，脸孔红了起来，接着，用很诚恳的语调道：

“林先生，您完全误会了。我丝毫没有这样意思。我，我很愿意陪您看茶花女！

我一直是用东方式的“激将法”，这西方女孩子竟落入我所布置的罗网，我的喜悦可以想见。我当即很肯定的对她道：

“那么，就这么说定了：明天晚上，我在歌剧院门口等您！”

十

第二天晚上。奥蕾利亚果然没有爽约，跑到歌剧院门口来找我。这一晚，她打扮得特别鲜艳美丽。

我第一眼就看出来：她这一身打扮，全是为我打扮的，我登时觉得自己对于她已有了进一层把握。

茶花女这个歌剧，我在除夕本已看过了，但为了陪她，我决定再看一次。托木斯克的公共娱乐场所只有这一家，除了它，再没有地方可以去了。

歌剧茶花女，与小仲马的茶花女小说及剧本均略有出入，但因为原来的故事太哀感顽艳，不管怎样修改，总能保持着一种动人的情节。它的制谱者是近代歌剧大宗师凡尔第，剧中所有音乐都美丽得无法形容，好像满含着蔷薇花芳香的春风，给予人一种说不出的魔力。

当茶花女与阿弗锐分别后，她想起阿弗锐的热情，不禁相思缠绵，唱起《梦里情人》一曲。这一歌曲是西洋歌剧中的名歌之一，凡是弄歌剧的人，大多能哼几句。

这时茶花女幽美的唱着，唱得像夜莺似地：

……
侬心坚似铁，
何能动吾情！
奇者个郎语，
竟尔镌侬心。
环座皆俗物，
宁勿令人憎！
吁嗟乎，
章台走马王孙多，

风尘知己君一人！

当台上唱到这一段时，我转脸望了望奥蕾利亚，轻轻问她：

“美不美？”

她像孩子吃了好糖似地，轻轻的甜甜的笑着道：

“美！美！美极了……”

随着剧情的发展，悲剧的气味也一点点重起来。关于茶花女的故事，我相信你背得比我还熟，我不在这里重述了。我现在只说最后的结局所给我们的影响。

当茶花女缠绵病榻，濒死之际，她唱了《再会啊，光明的前途！》一段小歌：

吁嗟乎，
筑予蔷薇之宫兮，
惜其藩已消。
修予光明之前途兮，
嗟无福以逍遥！
……
失恋兮，
情天有幸而能重补兮。
予神已疲兮，
何来灵芝以续命？
……
嗟彼游子兮，
慰抚来何其晚？
黄土一坯兮，
恨红颜之命薄。
……

这一首歌凄艳极了，也悲惨极了，听到这样哀婉的音乐，再看看病榻上茶花女的憔悴孤零的姿影，观众没有不落泪的。

我转过头：看见奥蕾亚在轻轻啜泣。

我不由自己的紧紧握住她的手，用最温柔的声音悄悄对住她的耳朵道：

“不要难过。您还记得您自己说过的话么？‘人生并不尽是这样可怕的’！”

她抬起泪水盈盈的眼睛，望了我一眼，似乎又明白又不明白我的话。她的眼睛这时是悲哀极了，也美丽极了。一个人的眼睛在悲哀时总是最美丽的。

她并没有撤回她的手，一直让我紧紧握着。

我们这时不再说话。

这紧紧的握手已代替了一切的说话。

看完了戏，我们不知不觉又回到那个老咖啡馆里，依旧是东边靠墙角落的老位置。

我们一同走到这个咖啡馆里，完全是顺着我们最内在的感情。她事先既未向我作这样的提议，我事先也没有向她作这样的提议。我们到这里来，可以说是偶然，也可以说是必然。在出了戏院以后，我们心头都感到一种神秘的重压，我们必须找一个温暖的地方坐一坐，静一静：要不然，我们会出奇的痛苦。

这是时已是深夜十一点钟左右，咖啡馆里的人并不多。四壁的灯光显得特别静，特别柔和，好像是春末时分的雕残的花朵：苍白而幽美。

我们坐了下来，有好一会，没有说一句话。

我看看她的脸，她的脸色第一次显得这样沉静，这样严肃，眼圈子还是红的。

我不开口，却微微笑着。在戏院里时，我就这样微笑着，到现在，我还是这样微笑着。

在喝完了半杯热咖啡后，她终于透出一点生气，带着庄重的神气道：

"我真不懂，在看完了这样一幕严重的悲剧以后，您还有勇气这样笑！您真是一个硬心肠的人！"

"您以为我不应该笑么？"

"一个人在看了这种悲剧以后，是只能哭的，哪里能笑？"

"您以为一个人在看完悲剧以后，非痛哭流泪不可么？"我怔怔的望她。

"只要是一个有感情的人，在看完这样的一个大悲剧以后，当然会流泪的。"

"能够流泪哭泣就算有感情么？"

"当然！"

"那您错了，鳄鱼是最善于流泪的，它在要吃人以前，总要先流一次眼泪！"

"鳄鱼和茶花女悲剧有什么关系呢？"

"您是听错我的话了。我所说的鳄鱼，不一定是指水边的鳄鱼，就是在今天的歌剧院里，甚至在我们的旁边的座位上，也有鳄鱼！"

"您的话太神秘。"

"一点也不神秘，您细细一想就会明白的。"

我吃了一块糖果，继续道：

“我还要告诉您一件吓人的消息：无论在我们刚才看戏的那个戏院里，或是巴黎纽约的大剧院里，都有很多很多的鳄鱼在看茶花女或蝴蝶夫人或浮士德，看完这些大悲剧以后，它们不仅流泪，并且还痛哭。不过，这流泪痛哭和台上所演的歌剧一样，一演完就算了。这以后，这些鳄鱼还是干它的本行：把别的动物或者小孩子当做粮食放在肚子里。它一面这样做，一面就流泪，因此，人们更给它一个称号：‘道德家’。”

她听了我的话，笑了起来：

“您真会说笑。”

过了一会，她又很镇静的道：

“您以上的话，并不是看完大悲剧以后必须笑的理由！”

“您一定要我告诉您理由么？”

我又喝了一大杯咖啡，很庄重的道：

“我的理由很多，我现在只告诉您一个理由，就是：这具茶花女歌剧演得并不好。”

“演得不好？”她很奇怪的望着我。

“是的，演得不好。”

她不开口，在等待我继续往下说。

“茶花女这一歌剧的灵魂，全决定在扮演茶花女的那个女主角上。这个角色演好了，这个戏就算成功了。反过来说，这个角色演坏了，这个戏也就失败了。照我看来，这个歌剧的‘歌’的部分或许是成功了。但‘剧’的部分却失败了，大大的失败。”

“为什么是失败了？”

“您听不出来：茶花女临死之际，唱了一个歌，叫做《再会啊，光明的前途！》这个歌实在虽得不错，许多人都流了泪；可是，我问您：一个濒死的病人，一个肺病第三期的奄奄一息的病人，哪里有那样充沛饱满的精力来唱那样的一个歌？这不是完全不符实际么？”

她点点头，似乎承认我的理由。

“严格说来，歌剧是不能成立的，如果顾到‘歌’的部分，那么‘剧’的部分就要失败，如果顾到‘剧’的部分，‘歌’的部分就要失败。”

“您的话很有点道理。”她点点头说。

我继续道：

“更严格说来，悲剧也不能成立！有‘悲’，就没有‘剧’，有‘剧’就没有

‘悲’!”

“您这几句话我倒不明白。”她重新发生了怀疑。

“我的话很明白：真正的悲剧是只能读剧本，不能在台上演出的!”

“为什么不能演出?”

“如果要演出，非发生人命案子不可!”

“您又在说笑话了。”

“不，我绝没有说笑话。像茶花女这种悲剧，如果我要是女人，我扮演茶花女时，只有在一种情形下，我才愿意来演。”

“在什么情形下?”

“当我想自杀的时候，”

“自杀?”她眼睛睁得大大的，望着我。

“是的，只有我决心自杀的时候，我才来演茶花女。如果我是个女演员，为了某种失意事想自杀时，我既无须投河，也无须吃安眠药，我只要演茶花女就行了!”我笑着。

“您的话真是古怪。”她也笑着说。

“一点也不古怪。一个真正的好演员扮演茶花女，演到茶花女临终一场时，她非死不可。如果她不死，就证明她演得不真。所以，我常常想，自有茶花女这个剧本以来，所有演过茶花女的女演员，都算不得好演员。至于在茶花女临死之际，还要用元气十足的嗓子大唱‘再会吧，光明的前途!’的事，简直是和剧本开玩笑。因此，我觉这不但不是悲剧，简直就是一幕喜剧。所以，看完了，我非笑不可。——您现在可以明白我的话了吧!”

“您的见解的确值得玩味!”她不由自己的向我投出敬佩的眼光。

“这只是很平常的道理，算不得什么。我还可以告诉您一个事实：从前美国好莱坞有一部电影，叫做《最后的命运》，男主角是一个白俄流浪者。这部片子有一个极紧张的场面：就是，男主角在受到一个意外大刺激时，他昏绝过去了。这个白俄流浪者演到这一场时，他真的昏绝过去，并且从此就没有再醒过来。他死了!”我停了停，又道：“在世界电影发展史上，我们如果要选一个最伟大的男明星，只有这个白俄流浪者有资格当选，此外像什么卡尔门，卓别麟，克拉盖勃尔等等，还差得太远。”

“照您这样说，演戏不是一件很危险的事么?”

“演戏自然是一件很危险的事，所以一个人最好不要演戏。”

她听了我的话，似乎别有会心，情不自禁的向我轻轻瞪了一眼。

她这一瞪给予我很大的鼓励。我半认真半开玩笑的对她道：

“您相信不相信，我是一个很会演戏的人？”

“您不仅很会演戏，并且是一天到晚在演戏！”

“那么，您已经看出来：我现在对您也是演戏？”我定定的望着她。

“有点像。又有点不像。”

“您这两句话说得很聪敏。您要不要我替您这两句话作注解？”

“注解？”

“是的，我要给您作注解。您说‘有点像’，是指我正在向您演戏。您说‘又有点不像’，是指您没有意思陪我演戏。我注解得对不对？”

她脸孔有点红，垂下头来。

我伸过手，紧握住她的手，热情的低低的道：

“为什么这样害羞？您应该很勇敢的对我说：‘先生，您太会演戏，太欢喜演戏，我讨厌您！您快点离开我吧……’是的，您应该很勇敢的这样对我说，一点也用不着害羞！”

她面孔红得更利害，有点咭咭吧吧的低低道：

“先生……您误会了……我不是这个意思……

我继续握紧她的手，很抱歉的轻轻道：

“我知道我说得太过火一点了。您心中现在大约是这样想：‘先生，您太聪敏，太利害了，我有点害怕，我现在的处境真是难，理您固然不好。不理您也不好。……’您心里是不是这样意思？”

她红着脸笑，让我紧握住她的手。

我笑着道：

“我刚才的揣测虽然得不到一百二十分，但至少可以批一百分，是不是？……好，我不和您说笑话了，我现在用最诚恳的态度告诉您：我这个人，虽然利害一点，精明一点，可是，您不仅用不着害怕，并且还要高兴。”

“高兴？”她的脸现在不红了。

“是的，您应该高兴。因为我所有用在您身上的利害与精明只有一个希望。”

“什么希望？”

“希望您能生活得幸福点，美丽点！”

说完了话，我把她的手握得更紧一点，双眼热烈的望着她。

她不开口，脸上显出很激动的样子。

我沉默的望了她一下，终于撒开她的手，站起来，轻松的笑着道：

“好，时间不早了，今天我们的戏算是演完了。我如果一直用这种稳健的态度向您演戏,您不会害怕我吧?”

她忍不住笑起来,旋即站了起来。

我用很幽默的态度对她道:

“奥蕾利亚小姐,您是不是觉得这很有意思?我们不过仅仅认识了三天,就谈了这么许多问题。上至天文,下至地理,大事小事,人生与恋爱,艺术与哲学,无不谈到。我们从茶花女谈到鳄鱼,从哭谈到笑,从大海谈到牛马,从自杀谈到演戏。……世界上任何一对认识只有三天的男女,我不相信会谈到这么许多问题。我们不仅谈,并且谈得像老朋友一样,您说有没有意思?”

她不开口,只是笑。

这一晚的咖啡帐,是她付的。

不管她的反对,我一直把她送回家。临分手时,我告诉她,明天是星期日,下午两点钟,我要到她家里去看她,特别是拜访她的母亲。

“我知道您对于我这一个请求是不高兴的,甚至是反对的。但是我还是这样请求了,并且代表您批准了。您放心吧:我所演的戏一直是稳健的,绝不会叫您害怕的。”

她不开口,只是笑。

十一

翌日下午两点钟。我当真去叩奥蕾利亚的门,带了一个大纸包。

门开了,一个五十多岁的白发妇人出现在我面前,我一眼就猜出她是奥蕾利亚的母亲。

这老妇人大约早听到她女儿说起我,满面堆着笑,极和蔼的道:

“是林先生吗?请进来坐吧!她还在楼上,让我去叫她下来!”这里所说的“她”,是指她的女儿。

当我们才走到客室时,一阵匆促的楼梯声响起来,奥蕾利亚蝴蝶似地飞下来了。

我对她端详了一下,她的鹅蛋形的脸上新敷了一层薄薄脂粉,流露出一种极新鲜的光彩。她的金黄色的发鬈似乎刚刚膏沐过不久,梳扮得极其整洁而美丽。她下面穿一件黑黑的百折[褶]长裙,上身穿着高加索式的黑色绒线衫。在这一身黑色装束中,我发现先前所没有发现的她的美丽:一种又庄严又神圣的美丽!说不出的高贵!说不出的令人慑伏!我好像看见了旧俄时代的凯撒琳女皇的再现。

我努力使自己镇定下来,把手上的大纸包交给她,笑着道:

“按照我们东方人的习惯，或者说是中国人的习惯，当一个人新认识一个朋友，第一次到这位朋家里做客人时，他必须带一点礼物，才算是合乎礼貌。因此，我今天给您的母亲带来了一点东西。照您们西方人的习惯，这或许不很适合。但今天希望您们暂且按照我们东方人的规矩，把这点东西收下来，这样，我今天才可以很愉快很自由的在您们这里做客人。否则，我会感到很窘迫的。”

当我把这套外交词令背完了以后（这一套词令我在家里就已经过几遍了），老妇人忍不住笑起来，她像慈母似地抓住我的臂膀，摇了摇道：

“常听人说，中国人是一个最讲究礼节最客气的民族，所有的中国人都是‘客气专家’，今天果然得到一个证明。林先生的馈赠，我们本不能接受，但林先生一定要我们暂时遵守东方人的习惯，我们只好遵命。不过，林先生下一次来时，请千万不要再运用这种‘东方习惯’了。”

老妇人说完，我们都笑了起来。

谈话于是就从这巨量的笑声中开始。一切充满了愉快与活泼。

这时第一次五年计划尚未完成，当地人民的生活还不算怎样宽裕，日常食品相当困苦。比较好的食物都以高价卖给外来旅行者，以换取美金，本地人是不容易得到的。明白了这种情形，我特别选购了一些较精致的食品，像牛油，腊肠，罐头，火腿，沙丁鱼，巧克力糖等类，来送给她们。不用说，她们很久没有吃到这些好东西了。因此，当老妇人把我的大纸包打开，发见这么许多美味后，她满脸透出兴奋，无法压制住心头的欢喜。奥蕾利亚倒没有表示什么，她只是不断偷看我，似乎带着什么心事。

我这一次的馈赠，主要的进攻目标是奥蕾利亚的母亲，不是奥蕾利亚。经验告诉我，对于老太太们，一磅火腿比一个月的请安问候或仁义道德之类还要重要得多。现在，我的策略算是成功了。我很高兴。

老妇人从头到脚打量了我一下，带着赞美的态度说道：

“林先生，您的身体真魁梧，简直就像俄国军人一样。我从未见过像您这样结实的东方人。”

奥蕾利亚告诉她：我是和中国抗日名将马占山一道来的。我们过去在东北和日本军队作战很久，非常英勇而耐战。我更是勇将中间的勇将，曾立了许多战功。

马占山将军一行人来到托木斯克的事，老妇人早就听说过了，现在她能亲眼看到一个中国军人，她很以为荣幸，同时知道我的阶级是上校，对我更是无限崇敬。

“这样年青就当上校，真是了不起，了不起……”

她一面说，一面就到后面去给我煮咖啡，要她的女儿陪我。

我对奥蕾利亚笑道：

“我很感谢您！您为我在您母亲那里已做了一个最好的广告员所能做的了。您希望我用怎样一种形式来表示我的感谢呢。”

她不开口，只是咕咕笑。

“您不回答，我就替您回答吧。这个回答是：‘您（指我）以后必须不断来看我们，常常来看我们，以表示您的感谢！’这个回答您满意不？”

她不开口，仍是咕咕笑。

这一天，我在奥蕾利亚家里玩得很尽兴，也很满意。我并不傻，我很明显的看出来了……她的母亲对我很具有好感。她特别赏识我的彬彬有礼，认为我是一个受过最优良的教育的上流绅士。其实这是我在她面前故意做作出来的。天知道，我是怎样一个半开化的人！我平生最讨厌的，就是绅士一派的假惺惺。

离开了奥蕾利亚的家，这一晚我兴奋得失了眠。

我开始很严重的考虑这个摆在我面前的问题。

假如我和奥蕾利亚真是演戏呢，戏演到现在这样的场面，大可以告一段落。

假如我和她并不是演戏，那么，我们这种关系继续发展下去，会产生怎样的结果？

我已经很明显的看出来，这个女孩子对我实具有好感，我只要好好利用这种好感，细水长流，很自然的听其自由发展，迟早我是可以赢到她的全部感情的。不过，赢到她的感情又怎么样？赢不到她的感情又怎么样？

我这时的心情很有点矛盾。在理智上，我极愿意我们这份奇遇赶快终止，双方都不会感到什么不痛快或不愉快，最多只有点快快而已。而这点“快快”之感，就可以防止这场戏弄假成真。

可是，在感情上，我总是狠不下心来毅然撒手。

实在说，我没法能摆脱这个女孩子的魔力！只要一天我还在托木斯克，只要一天她不明白表示她讨厌我，我就无法离开她，隔开她。

人实在是个可怜的动物，除非他能把自己训练成一块石头，否则，就无法不做感情的俘虏。

就我自己现在的情形说，我现在的处境是可怕的寂寞，可怕的苦恼。在托木斯克，我虽然有近两万的同伴，但没有一个可以谈的朋友，更说不上有一个真正了解我的人。我，一个失去了祖国与家乡的亡命徒，三十年来，一颗心一直就滚动在荆棘丛中，被刺得血淋淋的。从没有一个亲人的手指抚摸过这颗心，更没有过一个少女的嘴唇吻过这颗心。我太孤独，太荒凉了。我太需要友谊与温情了。特别是一个少女的友谊与温情。

在托木斯克这片冰天雪地上，即使单为了排遣自己的寂寞与无聊，单为了娱乐自己，我也要紧紧抓住奥蕾利亚的友谊，尽量利用这种友谊。

“是的，我绝不能放弃奥蕾利亚的友谊，我绝不能放弃……”

这个思想是我这一夜失眠的结论。

有了这一结论，我便继续狩猎奥蕾利亚的友谊，像对付小鹿小兔子似地追逐它，俘获它。

在这以后一星期中，我尽量利用各种机会与她会面，在她的家里，在学校里，在咖啡馆里。我一面尽可能增加我们的接触机会，一面尽可能显得很轻松，很自然，不使她感到我是向她纠缠。这好像一个善于驾驭马的好骑手，他用各种方法来束缚这匹马，使它俯贴，使它驯顺，使它就范，却又丝毫不叫它感觉是在束缚它，拘束它。直到最后，马心甘情愿的接受了骑手的约束。

女人有时就有点像马，一个男子想做一个好情人，先得学习做一个好骑手。

奥蕾利亚的确是一个可爱的女孩子。她有许多女孩子的长处，却没有许多女孩子的短处，她最叫我欢喜的地方（也可以说最叫我发迷的地方），并不是她的美丽，而是她的智慧，她的感情。

她有些地方，完全像中世纪的西班牙修道院的女尼，纯洁极了，也幽静极了。她欢喜静静的坐在您旁边，静静的听您讲，听您说，一句话也不插入，一点口也不开，温柔得像小猫小狗一类的家畜。

有些地方，她像一个古代希腊哲学家，敏感的观察一切，捕捉一切，然后对他们一一提出疑问，再加以解答。当我谈到一些哲学问题时，她的理解力是惊人的。没有一句我所说的话，不被她咀嚼得透底。

她是学文学的，她的最主要的性格也是文学倾向性格。简单说来，她是一个爱美者，欣赏者，凡艺术范围里面的现象，没有一样她不能欣赏，不能玩味。

她的美丽所给予我的吸引力是暂时的，她的智慧与感情对我的吸引力却是永久的，无法拔除的。

托木斯克的当地环境，我是很了然的。在这种环境下，会产生这样一颗与环境完全不协调的灵魂，一朵精致得不能再精致的奇花，我自然渐渐发生好奇心，经过不断的观察后，我终于发现了她的秘密。

有一天，她母亲不在家，我在她家里玩，我对客室四壁上的一些波兰风景相片看了一遍，又望了望波兰大文豪显克微支的相片，以及一个穿着波兰国防军制服的军官的相片（她告诉我这是她的亡父），我忽然转过头问她道：

“奥蕾利来小姐，请原谅我提出一个冒昧的问题。我猜您不是俄国人！”

“那么，您以为我是那一国人呢？”她笑着问。

“我以为您是波兰人。”

“何以见得？”

“我的理由很多。为了搜集这些理由，我对您很下了一番功夫观察。现在，我问您：您是不是波兰人？”

她点点头，神色微微有点惨然。

“您是波兰人，为什么不早告诉我？”

“我怕您误会，”

“什么误会？”

“波兰民族一向是被别人轻视的民族，”

“人们有什么理由轻视波兰民族？波兰现在不是一个独立自由的国家？”

“可是波兰过去曾经受过三次瓜分，有一个很久的时期，他一直是别人的奴隶！”

“说来您或许不相信，在世界各国女人里，我最敬佩的倒是波兰女人，这我绝不是当您的面直接恭维。”

“为什么？”她笑着问。

“这是因为在近一百年中，波兰出了一个最伟大的女人！”

“谁？”

“玛丽居利[里]①！”

她不开口，脸上射出虔敬的光辉。有好一会，她才轻轻叹了口气道：

“居里夫人的确是一个不寻常的女子！”

我这时被一股说不出的感情所激动，我昂奋的道：

“居里夫人不仅是不寻常，简直是不可形容的伟大崇高。不仅在近代女性里，就是在男性里面，我也还没有看到这样伟大的崇高的灵魂。也许因为她是波兰人吧，法国政府故意给她种种冷落，贬抑，但是，只要地球上还有人类的话，居里夫人的伟大将与山河同存的。”

接着，我告诉她为什么我特别崇拜居里夫人：

① 原文多处译为“玛丽居利”，后又译为“玛丽居里”，为使前后文一致，其后径改为“玛丽居里”。

“大科学家爱因斯坦曾经说过这么两句话。他说‘在所有的名人当中，玛丽居里是唯一没有给声誉所毁的人！’……这两句话虽然很简单，但却能一针见血的道出居里夫人的伟大人格。试想想，在历史上，古往今来的所谓名人和英雄，有谁多少没有受声名的影响，有谁能像居里夫人这样丝毫不为声名所动？居里夫人不仅不爱声名，并且还讨厌声名，躲避声名。”

“当第一次诺贝尔奖金赠给居里夫妇时。在接受奖状与奖金的那一天，居里夫人给她的哥哥写了封信，信上说：诺贝尔奖金的一半，已经赠给我们了，我不知道他的确实数目，我想大约总有七万法郎吧，这在我们当然是一笔大款项了。我不知道在什么时候才能领到这笔款项，也许就在我们前往斯托克贺敏的时候吧。我们还须在十二月十日以后的六个月间在那里作一次演讲。”

“我们给信件，摄影员及新闻记者的来访缠住了，只要有地可钻，我们真想借此稍求安宁。美国方面给我们一个建议，要我们去那儿作一次系统的演讲，报告我们的研究工作。他们问我们获得少酬报。无论条件如何，我们总得谢绝，我们千方百计地避免了人们为我们举行的荣誉筵，我们回绝了，他们也知道没有办法了。”

“我亲切的吻你们，并且请求你们不要忘记了我。……”

“这封信太可爱了，她显示出一个伟大灵魂的深度。”

“当他们领到诺贝尔奖金后，他们除留一部分的自己必要的用费外，其余的都帮助了别人。她们给一个朋友汇去两万奥币，帮助他创办一个疗养院。他们给许多波兰学生们，玛丽居里儿童时代的朋友，实验室的助手等等，送了许多礼物。他们帮助一个女生的学费。有一个曾经在波兰教过玛丽居里法文的法国老妇人，他一直住在波兰，她生平的最大梦想是重见她的故乡——法国地普一面。玛丽居里汇了一笔钱做旅费，负担她的来回费用，使她实现了这一梦想。……”

“关于居里夫人的伟大，是说不完的。”

“波兰有这样一个伟大女子，足以向全世界骄傲！”

“您刚才说别的民族会轻视波兰，有谁敢轻视？”

她听完了我的话，非常兴奋，也非常感动，她的一双眼睛火热的望着我，低低道：

“我绝没有想到，关于居里夫人的事，您知道得这么多，连她的信都背了下来。”

说到这里，她不再说下去，把好几句没有说出的话也咽下去，只用满含深情的眼睛望着我。

我知道她那几句没有说出的话一定是“您真是一个怪人”之类的称赞我的话。

我轻轻笑着道：

“关于居里夫人，只要是我能找得到的传记和零篇文章，我都看了，并且背熟了，关于居里夫人所发明的镭，我虽然知道得很少，但关于发明镭的人，我却尽我所能知道的知道了。……”

“我能背下居里夫人的信，您觉得一件很奇怪的事，其实我还没有向您背诵居里夫人平生最伟大的一件事哪！”

“您愿意我背出来么？”

她点点头。

我于是告诉她有关居里夫人的另一段轶事：

自从镭在医学上的大价值被发现并公认以后，人们到处寻找镭，特别是比利时与美国。为了适应客观需要，美国实业家且已订了开发镭的计划。不过，如没有工程师知道制造纯镭的秘诀，工厂就无法采集得这种放射性的神奇金属。

有一个星期天，居里向他的夫人说明这些事情，在星期六，他接到一封由美国来的信，居里拿着这封信对她道：

“现在，我们必须略谈关于我们的镭的事。最近对于镭的治疗法已达到一个决定的阶段！全世界在不多几年以内将需要镭。就以现在而论，这是一封从美国寄来的信：有些技师要在美国采镭，请求我给他们关于镭的知识。”

“好的，那么——”居里夫人对于这段谈话并不感到兴趣似地。

“好的，那么，我们必须在二者之间任选其一，我们可以完全公开的叙述我们的研究结果，连提炼的程序也包括在内。”

居里夫人低语着：“是的，当然啦——”

“或者——”居里继续说：“我们可以自居为镭的所有者和发明者。这样，在正式发表度炼沥青矿的真相以前，我们必须取得这种技术的专利执照，以及我们在全世界制镭的权利。”

居里夫人沉思了一会儿，说道：

“这是不可能的，这会违反科学精神。”

居里脸上显出光彩。他为了安定自己的良心，又稍微沉思了一下道：

“我也这样想。但是，我也不愿意轻易决定，我们的生计是这样艰苦——并且与时俱增。我们有一个女孩，也许还有别的孩子。为了他们，也为了我们，这个专利将代表一笔巨款，一项财产。有了它，我们可以生活安适，免去一切的苦役。”

他微笑的又加上了一句话：“我们也可以有一所设备齐全的实验室了。”

居里夫人沉思了一下，终于像钢铁一般很坚决的道：

“假使我们的发现还有一个商业的前途，我们也不该在这个偶然的事件上取利。而且，镭将供给治疗疾病之用，我们似乎也不能从中取利。”

居里夫人说这几句话时，脸色很平静。但她不知道，在她说这几句话时，她其实并不是代表一个“人”的立场，而是代表一个上帝的立场或者神的立场。①

讲完了居里夫人的故事以后，我们都陷入沉默中，谁都不想再说什么。

很久以后，我才用下面的话打破了沉寂。

“在近代科学家中，像居里夫人那样千辛万苦，不顾一切艰难，来完成一种发明的，已经很少了。在经过这种形容不出的千辛万苦与一切艰难，完成了一种伟大的发明后，能够丝毫不取任何报酬而立刻公开自己的发明，这在近代史上是绝无仅有的例子！”

停了一会，我又继续道：

“当居里夫人完成这一伟大发明，表现出她的伟大精神时，她的祖国波兰还在德俄奥三国铁蹄下，居里夫人则是一个不折不扣的亡国奴，一个亡命徒。这对那些强国实在是一个莫大的讽刺。”

她忍住呼吸，听我说下去。

“说来很奇怪，近代两个伟大的人都是失去祖国的的亡国奴。这两个大伟人，一个是男人：他是甘地；另一个是女人：她是居里夫人！”

“照我的推论，我们如果要找圣人和好人，只有到亡国奴当中去找。在强大的国家中是不容易找到的！”

她透了口气，很热情很赞美的道：

“您的观察实在深刻。……”

我叹了口气道：

“您知道我为什么特别崇拜居里夫人？……”

她摇摇头。

我很伤感的道：

“因为我自己也是一个没有祖国的人。”

“您——”她诧异的望着我。

---

① 参考《居里夫人传》。

我轻轻苦笑道：

“中国只是我的第二祖国。我的第一个祖国是在鸭绿江东岸。您听说过世界上有一个最欢喜穿白色衣服的民族么？……”

“韩国？您是韩国人？……”

我点点头：

“在世界大战以前，世界上有两个最富有悲剧性的民族：一个是东方的韩国，一个是西方的波兰。在许多情形下，这两个民族所受的苦难都很相同。在历史书上，我们可以看到波兰革命者反抗统治者的英勇的故事，波兰女子特别显出超人的英勇。在历史书上，我们也可以看到韩国革命者流血与复仇的故事，许多韩国人用自己的鲜血来侮辱日本统治者，叫他们脸上身上永远溅着血迹，带着血腥味，永远显得不干净！”

“我还记得，在沙皇统治下，波兰到处是镣铐与皮鞭的声音。尼古拉皇朝不许波兰人学习波兰文字。在东部波兰，只容许一种文字存在：俄文！”

“夜深了，一切死静了，波兰母亲听见旧俄巡警的皮靴声越响越远，渐渐消失了，她轻轻走到床面前，轻轻唤醒波兰的孩子——她的孩子。”

“在黯淡的灯光下，在寒冷的冬夜里，波兰母亲把波兰字母一个个拼起来，教给她的孩子。孩子又冷又倦，两双小眼睛似睁非睁的。但他依旧专心的学习着。给予他魔力的不是这些字母，而是他的母亲的脸！这张脸说不出的叫他感动。”

“终于，他发见眼泪一滴滴的从母亲的脸上滴下来。”

“孩子不能忍受了，他抱住母亲哭了。”

“这是波兰母亲的心！血淋淋的心！”

“有几个人能知道这血淋淋的心呢？”

“今天的波兰已飘起自由的旗帜。波兰母亲无须公分母在深夜里流着眼泪把波兰孩子从床上拖起来了……”

“可是，波兰的兄弟——韩国，今天还在日本刺刀下抖颤着，到处都存着波兰母亲的惨剧，在鸭绿江的东岸，在我的美丽的祖国里，没有阳光，没有自由，没有温暖，没有笑，没有春天，人们像受伤的野兽似地，各自躲藏在自己的洞窟。洞外，布满了猎人枪口。”

“在我的祖国里，字典上已没有‘笑’和‘愉快’这一类字眼。如果还有人能笑，那么，这笑与一个自由国家里的笑已是完全相反的意思。在韩国，人为什么笑？因为他受苦受得这样深，无可奈何，才发明了一个‘笑’！如果没有笑点缀，他们是一天也活不下去的！”

“啊，波兰，波兰，这个字对于我代表一个极神秘复杂的意义，每一次当我看见这个字或念这个字时，我就想起了一个复活的华沙，一个再生的华沙，一个再生的民族，一切充满了光明，愉快。但是，看完了念完了这个字，想完了这个字所代表的涵意后，痛苦就像手臂似地拥抱了我，我想起了我的充满了黑暗与屠杀的祖国，我的白头发的母亲每天黄昏站在高楼上瞭望我，在等待着她的儿子的归来……”

说到这里，眼泪充满了我的脸，我再也说不下去了。

奥蕾利亚无法再抑制自己了。她紧紧握住我的两手，流着泪，全身抖颤着。

我们流着泪，互相定睛的注视着。在这个注视里面，我们的灵魂第一次是真正拥抱在一起了。

十二

这一天与奥蕾利亚分手后，我是又悲又喜。悲的是：闲谈时无意中勾起了我的乡愁，许久以来，一直郁积着的感情奔放出来，一发不可收拾，我离开了奥蕾利亚，把自己关在一个旅馆里哭了很久。（除了旅馆，我再找不到一个容许自己的痛哭的地方了。）喜的是，这一次把自己的感情坦裸在奥蕾利亚面前以后，她对我已有了一个坚固不可动摇的了解，她的心已被我俘虏了。

从她的谈话中，我第一次知道了她的悲惨的身世。

她的父亲原是一个军官，第一次世界大战时，奉令调来托木斯克管理奥国俘虏，他们一家都搬到这里。十月革命以后，父亲死了，她们母女两个一直就被留在俄国，没有能回波兰。她自己虽然是在俄国接受了大部分教育，但她的思想与观点仍是一个波兰人的思想与观点。十五年来，她的唯一希望，就是盼望早一点回到波兰。复活后的波兰是她梦魂所萦系的焦点，她日夜怀念着波兰的花树，波兰的阳光……

在托木斯克，她的手足是自由的，但她的心是被幽禁着。由于这一种内心的忧郁，她的心为才渐渐变得这样纤细，精致。与其说她是一个时髦的现代人，倒不如说她是一个富于幻想与懵梦的中世纪人。在她身上，有着极浓厚的宗教神秘色彩。

她的身世如此，对于亡命徒的我，自然能深一层的了解与同情。因此，对于她的感情，我实在有了最充分的把握。

我和奥蕾利亚的友情既发展到这一程度，我决心要试验一下我在她身上的影响：看她对我的感情究竟到了什么一种境界。特别是：我的感情是否能代替那个叫做瓦希利的男子在她身上的感情。

说到瓦希利,可也真奇怪,到如今我一直没有碰见过他。我倒很希望在奥蕾利亚的家里很无意的遇见他一次,看他究竟是怎样一种人。但我偏偏就没有遇见他一次!

有时候,我也很想在谈话中提起他,但又不好意思说出口。我看得很清楚,不管我用什么借口,只要我一把瓦希利这个名字提出来,对方的第一个思想反应一定是:“他在嫉妒!”我是不愿意被别人当做爱嫉妒的,特别是在一个女子眼里。

因此,我认识奥蕾利亚两个多星期了,我们还没有提过那个促成我们认识的神秘的名字。(瓦利希[希利]这个名字对我永远是神秘的。)

现在,我决心和这个我尚未会过面的人作一竞争了。我要用一种天秤来秤秤我和这个人在奥蕾利亚心里的分量,看究竟是谁的重一点。我决定一个星期不与奥蕾利亚会面。

在这个星期中,我不仅不去看她,并且尽可能避免和她相遇的机会。

在这一个星期中,我决定像往常一样,把自己的大部分时间消磨在图书馆里。一方面是看一点书;一方面也好冷静的想一想我和她的事。

决定以后,我当真不再去找奥蕾利亚。在头三天里,我实在不容易克制自己的感情,我几乎想取消自己的决定,立刻跑去看她。但我终于忍住了。这种忍耐确实很使我痛苦我开始意识到:男女的感情也和吸鸦片一样,相互感情很浓厚了,一旦要隔绝,正如一个多年的瘾君子立时戒烟一样,其痛苦是不能形容的。

从第四天起,我终于使自己慢慢镇定下来。

渐渐地,我又恢复了往日的平静。奥蕾利亚在我心头的影子渐渐的越变越小,越变越淡。……

第六天下午,我从图书馆回来,门房给我一封信,拆开一看,正是奥蕾利亚留给我的。

信的内容如下:

林先生:好几天没有看见您了。我担心您发生了什么事。今天特别来看您。来了两次,都没有遇见您,我很失望。

明天又是星期了。上午我母亲不在家,希望您能来。我为您煮了很浓很浓的咖啡:您是爱喝浓咖啡的,是不是?

一定来呀!——奥

看完信，我快乐得几乎流泪。

这一次试验，我完全胜利了。

在我的经验与想象中，当男女感情渐渐浓厚，而对方的态度又变幻莫测不易捉摸时，短短的别离是测验对方感情的最好寒暑表。在这一个隔离中，对方如对您真具有割舍不得的感情，他（或她）一定会抑制不往的来找您，或给您信，以表示愿意与您再见。如果对方对您并没有深情呢，即使隔离得再久一点，他（或她）仍无动于中，听其自然。

我从这一封信上，从这短短的十几句话上，已看出奥蕾利亚对我的全部情感。

我捏着信，读了又读，读了又读，吻了它一百遍；特别那个“奥”字。

第二天。上午八点多钟，我到了奥蕾利亚家里。

她的母亲果然不在家。

门开了，她一看见是我，脸上便显出又嗔又喜的样子。我从她的媚眼里读出下面的话：“您这许多天不来看我，我真是生您的气。但您现在来了，我一切原谅您！”

走到客室里，她并不让我坐下，却说：

“您还没有看过我住的地方，您今天上楼玩一玩吧……”

我随着她上了楼。

她住在二楼坐北朝南的一间房子里。

她住的寝室约有四丈长，三丈宽，对于一个孤独的少女，稍稍嫌得太宽大点。墙壁一半是涂着蓝漆，一半是刷着白粉，天花板糊着蓝色花纸，油红色地板拭得雪亮如镜子。这种白色，蓝色，红色袜配得极其和谐，均匀，柔和的光与影相互交错，说不出的富有安慰人心的美感作用。

寝室的壁上，悬挂着波兰大音乐家萧邦的画像，以及杜思退益夫斯基与海涅的放大像片。此外还有拉斐尔的“马童奈”的珂罗版复制图，波兰大原野的风景画片，以及天才舞女邓肯在阿典神庙前舞蹈的放大像片。一个普希金的圆圆石膏头像挂在墙角上。在一张圆圆的台子上，安置了一个希腊女神的石膏像。法国式的落地窗子深深罩着蓝色的帷幕，这帷幕现在是揭开了，让金色阳光投影在一张白色床上。在床上的白色毛毯上，阳光绣织出罗可可式的花纹。

看房内的华丽设备，大部分显然是十月革命以前留下来的，革命以后绝对买不到这些物事。

壁炉早已燃烧起来，火光熊熊的燃烧着，阳光从窗外射进来，明亮而温暖，柔和而恬适，使人忘记这是可怕的冬季。

她替我脱了大氅，要我在圆台子旁边坐下来。

台子上铺着蓝色台布，上面刺绣了一些白色小花，显然是主人自己绣的。台布长长的搭拉到地上，使人看不出这圆台子是一只腿，而台面与台腿则成了字形，有点像咖啡店里的座子似地。

白色咖啡铁壶在壁炉上"滋滋"响着，似乎在唱一曲《晨歌》。这歌似乎已唱了很久了。

女主人预备了两个白色大玻璃杯，从炉子上取下咖啡壶，倒了两杯，一杯是满满的，一杯只倾倒了一半。她把那满满的一杯轻轻放在我面前，旋即取出一个糖碟，一个白色羹匙，一碟糖果，一碟糕点。这些糖果与糕点还是我送给她们的，她自己舍不得吃，现在仍拿出来招待我。

她轻轻坐在我旁边，安静得像一个小动物。

她笑着问我：

"有一种高加索的水果咖啡，您喝过吗？"

我说：

"我只听说过，咖啡店里似乎也有，但我没有尝试过。……"

"没有尝过？您今天尝尝看！不过，我做得不好……您是欢喜喝酽咖啡的，这一点或许使您能相当满意。……"

说完了，她抿着嘴轻轻笑。

我喝了一口，味道果然好，不仅味酽，并且也特别芳香可口，说不出的叫人有一种快感。我问她：

"这就是水果咖啡？"

她点点头。

我赞不绝口。

"太好了。这好像并不是一种饮料，而是一种云彩，把我带到天堂去了！……这种咖啡怎么做法？"

她告诉我，做法很简单：只要把苹果和梨一类水果烤焦了，烤得又糊又脆，再摩碎了，放在咖啡里熬就行。

"啊，苹果与梨……"我心里想："天知道这一类水果在当地是怎样贵！她为了招待我，化了这许多钱——"

我心里不断想，越想越有点不过意。

我喝了两口咖啡，抬起头来，怔怔的望着她，望了一会，我轻轻道：

"奥蕾利亚小姐，喝了这个水果咖啡，我，我觉得很有点对不住您！"

“对不住我?”她惊奇的望着我。

“是的,很对不住您:叫您化费了许多钱,许多时间,许多精神!……以后请您别这样,这叫我很不安!”

她忍俊不禁的笑起来。

“您这个人真是古怪,神秘!有时候骄傲得可怕,有时候又客气得可怕!难道只准您招待我,就不准我招待招待您?……”

我不开口,只是笑。

过了一会,我笑着对她道:

“我在您面前骄傲的时期就要告一结束啊。今后,我在您面前会一天比一天客气。”

“为什么?”

“您难道着不出来:这以后,一天比一天,我在您面前更有客气的必要么?”

“我看不出来。”

“看不出来,我不信!……在中国,一对朋友刚刚认识,感情不很好时,彼此就拼命骄傲。待到认识久了,感情好了,彼此就一天比一天客气。”

“为什么必须这样呢?”

“刚认识时,彼此为了相互吸引,就拼命骄傲,夸耀。认识久了,彼此相知很深,知道对方搬来弄去不过是那几套,就觉得没有再夸耀的必要,于是变得很客气了。……”不过,我愿意对您客气,却有特别的理由。

“特别理由?”她一面问,脸已微微有点红了。

我把头偏向她那边,用最温柔最轻微的声音,几乎是对住她的耳朵道:

“因为我太欢喜您了!”

说完了,我站起来,走向大窗子面前。

我让自己整个沐浴在阳光中。

我并不回头,却用梦一样的声音道:

“看哪!今天的太阳多美,多热情!它好像伸展出千万条的金黄色的臂膀,来拥抱这个世界,来拥抱这个小房子,来拥抱您和我。”

“我现在望着天空。天是蓝的,和奥蕾利亚小姐的眼睛一样蓝。我在天上在云层中看见了奥蕾利亚小姐的眼睛,无数的眼睛。这些眼睛里有许多许多东西,有许多许多意义。在这些眼睛里:有天堂,也有地狱;有大海,也有高山;有春天,也有秋天;有童年,也有老年;有宗教,也有哲学;有诗歌,也有散文;……这一双奥蕾利亚的眼睛代表一整个世界。我觉得自己就是生活在这双眼睛里。……”

“看哪，白鸽子飞出来了，在蓝天下飞着，这一只只白鸽子就是奥蕾利亚的一颗颗的心。奥蕾利亚有很多很多的心，鸽子样的乳白而纯洁，鸽子样的在蓝天下面飞着……啊，奥蕾利亚的心啊，您往哪里飞呢，您是不是要飞到林先生的心里呢？……”

“听哪……”

我还没有说完，一个人已走到我身边，用胳膊轻轻撞了撞我。

我知道是谁，并不回头，眼睛仍望着窗外蓝天，以及蓝天下的鸽子。

“您在说些什么疯话？……”

她在我身边用最轻最轻的声音说，声音轻微得像落叶的叹息，几乎听不见。

我也用轻微得只容许她一个人听见的声音道：

“是的，今天林先生是疯了。不仅林先生疯了，连太阳光也疯了，全世界也疯了。今天是一个应该疯狂值得疯狂的日子。……只因为奥蕾利亚小姐的又大又蓝的眼睛轻轻的美丽的瞪了一下：林先生疯了，太阳光疯了，全世界也疯了。……请您别再这样瞪了！您再这样瞪一下，全世界火山一定要爆发，人类非完全毁灭不可！……”

“您是在说梦话！”

我虽然没有看她的脸，但我想象她的脸一定很热。上面那一句虽然说得很轻微，但却像盛夏的太阳一样的灼人。

“是的，我是在说梦话！我现在就在做梦，我站在太阳光里睁大眼睛做一个又美丽又芳香的梦，我这个梦就是奥蕾利亚的蓝色眼睛编织成的，像许多蓝色的花朵编织成蓝色的花环一样。”

“在这个又美丽又芳香的梦里，我听见奥蕾利亚小姐的歌唱的声音，她唱着在下面一支歌：

‘敬爱的先生，
您为什么说这许多呢！
现在，
请您扮演一个沉默的太阳，
默默的却是热热的燃烧我，
使我变成一个太阳的俘虏吧……’”

“奥蕾利亚小姐，现在我答应您，扮演一个沉默的太阳，把您的整个生命燃烧一片火，好不好？……”

说完了话，我转过身子，温柔的拥抱了她。我们的嘴唇像火花一样的接触了。我感到她浑身在我臂膀里颤抖着：我的感情像是一阵大风暴，她是这大风暴里面的一片小树丛。

我们狂吻着，越吻越热烈，越疯狂。这些吻如雨点子似地落在对方脸上，唇上，没有停止，没有结束，……

吻着吻着，她忽然倒在我怀里啜泣起来。

我捧起她的脸，定睛的望着她的满溅泪珠的美丽脸庞，我不开口，却用我的眼睛投出询问。她转过脸，又突然笑了。她偎傍着我，用她的柔滑如凝脂的面颊轻轻磨擦着我的面颊，作为对我的回答。

她不开口。

我也不开口。

她了解我。

我也了解她。

阳光像金刚石似地照耀在我们的头发上，脸上，身上……

冬日的上午是谧静的。

白鸽子悠在天空飞翔。

鸽铃声美丽的响着，颤颤的。……

……

二十分钟后，我们把那个圆圆的咖啡台子搬到窗边。我们在阳光里喝着咖啡。

我一面喝，一面微笑着望她。

她一面喝，也一面微笑着望我。

我终于笑了起来，放下咖啡杯子，我问她：

"您为什么望着我笑？"

这是我第一次称她"你"而不称"您"。（在俄国人的谈话中，只有对很亲热的人才称"你"，普通朋友多称"您"。）

"你为什么望着我笑？"她也笑着问我，第一次称我"你"而不称"您"。

我答：

"我望着你笑，是笑你的笑。"

她笑着答：

"我望着你笑，也是笑你的笑。"

她这样说了，我们都不约而同哈哈大笑起来。

窗外窗内都很静。我们的笑声像一颗颗鹅卵石投到澄静水面上。说不出的浏亮，清晰。

我情不自禁的拿起她的放在桌上的手，紧紧的握着；一面握，一面沉思。

她温柔的问我：

“你在想什么？”

“我在想一件事？”我答。

“什么事？”她问。

“我在想：我们现在所享受的，是不是就是所谓人生幸福！……”

我一面说，一面轻轻吻着她的手。

她含有深情的答。

“这就是人生的最高幸福！”

“嗯，最高的幸福！”

我放下她的手，轻轻叹了口气。

“那么，我们现在算是尝到了人生的最高的幸福？”

她有点好奇的问我：

“你为什么叹息？”

“在最幸福的时候，我常常会叹息……在最痛苦的时候，我倒是常常微笑。……”

“为什么一定要叹息？”她重复着问我。

我愣了一愣，终于轻轻道：

“因为我很怕……”

才说完这句话，我就后悔，我千万不该在她的年青的快乐的心灵里投下暗影。

为了弥补这一错误，我立刻靠扰她，轻轻把她拥抱在怀里，我用狂烈的吻来消灭刚才那句话所给她的阴影。

一面吻，一面如醉如狂的对她道：

“我为什么叹息？因为叹息我太爱你！叹息你太可爱！啊，亲爱的，除了叹息，我真不知道用怎样一种方式来表现我对你的感情……”

听了我的话，她笑了，她不再疑心其它。

十三

这一个上午过得特别香，也特别甜，我好像并不是生活在托木斯克的冰天雪地里，而是生活在春天的花园里。在我的四周，有着太多的花香，太多的温暖阳光，一切是灿烂而美满……

可是，就在这春天的花园里，我依旧不时呼吸到秋天的黄昏气息。只是我装作并没有呼吸到它。我必须学习欺骗自己。

我回到家里，在房间里徘徊了很久。和奥蕾利亚在一起，是太甜太美了，她不在，我就像失落在又冷又荒凉的旷野里，数不清的痛苦在咬啮我，鞭挞我。

这样，我就觉得自己再不能离开奥蕾利亚，我需要她就像需要日光和空气一样。

我相信她也是同样的需要我，不能离开我。

可是，在最幸福的沉浸中，我总忍不住想起那个叫做“瓦希利”的名字。这个名字毒蟒似地缠里着我的思想，使我不能安静。

我必须把这个谜样的名字从我的回忆中扔出去。

我得把这个谜揭破。

因此，在另一个幸福的日子，当我沉浸在奥蕾利亚所给我的幸福里时，我忍不住又叹了一口气。

她怀疑的望着我，似嗔非嗔的道：

“多奇怪，在最快乐的时候，你为什么偏爱叹息？……我真不懂你！”

“你是不是要知道我为什么叹息？”

“是的，我要知道。”

我说出来，你不生气吗？”

“你的几乎常是粗鲁失礼的举动，我都没有生气。难道你说几句粗鲁失礼的话，我便会生气吗？”她笑着望我

我停了停，轻轻抚摸着她的长长卷发：

“我觉得有一件事很对不起你。”

“什么事？”

“你还记得，一个月前的那个深夜里，我们是怎样认识的！当初我故意代替那个你所寻找的人，原不过想对你开一个玩笑。现在这个玩笑弄假成真了，我觉得很对不起一个人。”

她立刻猜出我的意思：

“你是不是指瓦希利？”

我不开口，用沉默表示首肯。

她一点也不感到窘迫，却很坦白的对我道：

“他已经不在此地了。”

“他到哪里去了？”我诧异的问。

“他在一个星期以前到喀山去了。”

“他到喀山去了？”

“是的，他到喀山了。他恨托木斯克。他恨我。”

我很表示难过，紧紧握住她的手。

“我很坦白告诉你：在我们认识以后，那个时候，我们不过是很普通的友谊，我也不过把你当一个普通友人看待，他知道了，当面斥责我，禁止我再和你会面，真是专制得可怕。……不用说，他既没有权利约束我，我也没有义务接受他的约束。这样，他便恨了我。一个星期前，党里面把他调到喀山工作，他接受了，他的故乡原是喀山！……”

说完了，她给了我一个又沉醉又销魂的长吻，她从没给过我这样一个销魂的吻！

吻完了，她像梦呓样喃喃道：

“我真感谢这个男子的专横，固执。他要是不这样，我怎能得到你，以及你的伟大的爱！……这个男子是不能和你比较的。一个是地狱，一个是天堂，距离太远了，太相反了。即使和你的讽刺冷嘲比较，他的赞美也显得可怕的愚蠢，俗气。我情愿听你挖苦我，不愿听他恭维我……”

我轻轻笑着道：

“挖苦比恭维常常更容易讨人欢喜的。低能的人只懂得恭维，中才只懂得说些等于没有说的话，只有天才才懂得挖苦……”

她用手轻轻堵住我的嘴：

“好，你这又得意了！……”

接着，她很镇静的对我道：

“你刚才叹息，说你对不住我。其实应该是我对不住你，并不是你对不住我。……我对不住你：是因为在认识你以前，不该认识那样一个男子，而且和他又有了相当感情。不过，世界上的事原是不能由人作主的。我和他认识，也是一种偶然，一种命运。要是我不和他认识，后来怎能又认识你？人的感情多半是盲目的。在未认识以前，我觉得我很糊涂，很笨拙，也许我天性中本不缺少一点性灵，但这点性灵却像金矿似地，深深埋藏在深山里。直到你来了，我才突然接触到一个新的命运，一个新的改变。”

“你像最好的矿工，高高举起鹤嘴锄，把我那点深深埋藏着的性灵开采出来。我这点性灵的金苗一放在阳光下面，立刻闪射出灿烂的光芒。是的，遇见了你，我才突然智慧了，聪敏了，不笨拙了，你给了我一种空前绝后的影响！”

说到这里，她忽然紧紧贴在我怀里，梦呓似地继续喃喃道：

“感情是一个神秘古怪的东西，你要它来，它偏偏不来。你不要它来，它又偏偏来。”

“当我认识你的那天晚上，你送我回来，在分手时，你请求第二天到学校里来看我，这个请求我本不该答应的。但我终于答应了。你当时对我似乎有一种说不出的魔力，使我不能不答应，不得不答应。”

“这以后，我越是尽可能使自己平静，尽可能想把你当做一个普通朋友，但另外有一种力量却越是反叛我，并且大声警告我：你别糊涂！这个人或者不是你的朋友，或者是你的超乎朋友的朋友，在这二者之中，你只能选择一种，再没有第三条路。”

“我听见这个警告的声音，但我故意装糊涂。我设法把你当做一个很平凡的朋友，一个仅仅因为是中国人而引起我的好奇心的朋友。我这种努力自然只是一种欺骗！一种对自己的欺骗！

“随后那个事发生了：瓦希利的顽固逼得我不能不作一次很严重的考虑。当我作这个考虑时，我才发现——也是第一次发现——我的心是怎样可怕的倾向了你，离你是多么可怕的近，离瓦希利又是多么可怕的远！这仅仅是两个星期的事！你两个星期对我的力量澈底推翻了瓦希利两年来在我身上所建筑的友情之巢。由于你，我整个的信仰与人生态度都改变了。你的玩世态度影响了我。我变得比先前缺少宗教虔诚了：除了对于你的感情的虔诚！

“那天深夜。在大街上的奇遇，使我感觉到你的可怕的机智。在咖啡馆里，在送我回家时，我感觉到你的慷慨，诚恳，坦白。第二天我的失约，使我感觉到你的大度。看茶花女以后的那场谈话，使我感觉到对人生的智慧。最后，那个命定的日子来了：你坦露了你心头的秘密；在一个波兰女子面前，你展现出一种伟大的热情，我不能再抵抗你了。只要你愿意，那一天你就可以真正得到我的！”

“接着有六天没有看见你。”

“在这六天中，我第一次深刻的体味到你在我身上的魔力。这种魔力实在不是一个普通女子所能忍受的。”

“你知道：在毒品里，吗啡是很毒很毒的一种。一个打惯了吗啡的人，会减少他（或她）大部分的寿命。我也正是吸这种毒品的人，而你就是我的毒品。在吸惯了这种毒品以后，忽然叫我停止吸食六天，这对我是一种怎样可怕的打击？”

“你是不能想象这种打击的。一个男子的心肠总是比女子的坚硬的！”

（她说到这里，我热情的在她颊上吻了一下。）

“在这六天中，我简直有点发了狂，中了疯！我虽然在表面上保持着冷静，像往常一样的工作，授课，看书，改卷子，但我内心却像暴风雨下面的海水。我听得出惊涛恶浪的吼声。”

“在第四天第五天，我终于忍不住了，我想来看你，但又很害羞。我于是在夜晚时分，独自走到收容所外面，远远望着你所住的楼，希望窗口能显出你的身形。哪怕是你的一点头发，一双膀子，或一双手，我就满意了！”

“但我始终没有看见你。”

“第六天，我无法再忍受了。我不顾一切，也不管别人会说闲话，我毅然决然来看你。”

“你不在。”

“我准备第二次来看你，又怕你临时不在，便先在家里写好一封信。你要是不在，我就把它留给你。”

“你果然不在。”

“我只好把信留给你。”

“信上我只寥寥说了几句话。可是，从这寥寥几句话里，你能呼吸到一种火山的气味！”

“真的感情是不能表现的，我们所能表现的，只不过是原来感情的万分之一或万万分之一罢了。”

“太阳是世界上最热的物体，在太阳里面，除了火，再没有其它生命可以存在。天文学家说：只要把太阳原来的热力取一方时到地球上，整个地球便可以化成灰烬。但是，在地球上，太阳所反射的热力又是怎样可怜。即使是热带的盛夏，太阳光也不能把一根小草燃烧成火。”

“你要问我对你的感情么？它比太阳的最原始的热力还热，只是我所表现出来的，只不过是原来的光热的影子：又可怜又贫弱的阴影，好像地球上所反射的太阳热力。这点阴影，这点热力，也只有你坐在我身边，看我的眼睛，听我的声音，摸我的手，呼吸我的呼吸——才能勉强辨识，捕捉。如果要借文字，图画，音乐等等来表现，连捕风捉影都不可能啊……”

“啊，林——”

说到这里，她的其余的话已被我用嘴唇咬死了！

我疯狂的拥抱住她，几乎叫她喘不过气。

很久以后，她静静望着我，低低道：

“我要你答应我一件事。”

“什么事？”

“以后不许你再在我耳边提起‘瓦希利’这个名字。……”

我不开口，只深深的，深深的，望着她。

她又轻轻加了两句话：

“为了酬谢你的诺言，我以后将永不再向你提起这个名字！……”

我仍不开口，仍是深深的，深深的，望着她。

这以后，我们果然永远再没有提过“瓦希利”。

十四

从这一天以后，我们的友谊进展到一个新的阶段，一个高的阶段，一个高得不能再高的阶段！

从这一天以后，我们的快乐可不必提了。这种快乐，人只有在一千次梦里，或许偶然能碰到一次。但我们现在是天天碰到，时时碰到。我们不仅是碰到，并且还紧紧把它捉住了，使它像哈叭狗似地留在身边，一步不离开我们。而在这双狗的颈项上，有一根牵在我们手上的绳子。

奥蕾利亚的话并没有说错，她的性灵像是一个藏在深山里的金矿，遇见了我，才完全被开采出来。一点也不假，自从和我交往以后，她一天比一天更智慧了，也一天比一天更敏感了。

我呢，也一天比一天的渐渐发现了她的本来素养，她的本来学识和能力。

她的文学天才，很快的被我认识了。她的一些诗实在写得不错。

她不仅有文学天才，也有音乐天才。这音乐天才旋即被我发见了。

那是一个下午，我事先没有通知奥蕾利亚，就跑去看她。

进了门，我听见了一片音乐。

一阵极美丽而缠绵的吉他声激荡在楼上——在奥蕾利亚的寝室里。

我立刻停下步子，笑着轻轻告诉老妇人，要她暂别声张，别惊动楼上人。

老妇人笑着答应了。

我轻轻走上楼梯顶上，停下来，斜欹住楼栏杆，身子微微后倾，两只手插在口袋里——我闭上眼睛。

一阵震颤的弦声不断从楼上流泻下来，如一条条闪电，亮耀在我的听觉的暗夜里。这弦声铮铮淙淙的激响着：有时如狂风吹卷起的浪花，冲激起万点银珠，又倏然如流星雨般消失；有时如幽咽泉流，穿过一重一重的错综山石，和平的纡徐的流下去，缓慢极了，也安静极了，一点也不慌忙……

这夏威夷岛的简单乐器倾倒出最原始最热烈的情感。这弦乐声是单调的，朴素的，不雕饰的。然而，就在这素朴的声音里，旋滚出一种最深沉也最粗犷的情感——奏乐者的情感，人类的情感。每一个声音全叫我感到奏乐者的灵魂的抖颤，呼吸，舒展。……

当音调转折而延长时，乐声描画出一种弧形的浪纹，有点像大海作深呼吸时所起伏的浪纹。这浪纹一波一波的低下去，低下去，又突然升起来，升起来。乐声好像一双木筏子似地，把听者轻轻载过摇篮似地水面，载过来，载过去，这时听者的情绪便像一双橡皮球在孩子手掌里似地，一会儿被压成一团，一会儿又被轻轻放松以致挺然膨胀起来。……

听着听着，我忘记了自己，更忘了自己是在靠北极的一座中世纪古城里。我觉得自己似乎是在一片热带海岛上，一些褐黑色皮肤的土著少女环绕着我，在跳夏威夷土风舞，由吉他伴奏。……

不知何时起，乐声忽然停止了。楼梯口出现了奥蕾利亚。她轻轻抚摸着我的肩膀，笑着道：

"好孩子，你干吗傻站在这儿？——你在想些什么？"

我摇摇头：

"我什么也没有想。我在听你的音乐！"

我们上了楼。

一上楼，我就半带气恼半带玩笑的问他[她]：

"你会弹吉他，为什么不早告诉我？是不是怕我听不懂，亵渎了你的音乐？"

她轻轻打了我一下：

"看，你这个人……难道凡是我所能做的事，都该告诉你？"

"你别的事情可以不告诉我，但会弹吉他这件事，却不该隐瞒我。"

"为什么？"

"你不知道：我是怎样爱音乐吗？"

"可是，我的吉他弹得太要不得了，给你听见，不仅不会引起你的美感，并且还会引起你的反感。"

"何以见得？"

"你看，你刚才一听见我弹吉他，就吓得不敢上楼了！……"

我笑着道：

"不是我吓得不敢上楼，是被你的音乐迷住了，迷得不认识楼梯了。……真的，我刚才做了一个梦！"

"什么梦？"

"梦见我到了夏威夷岛，许多土女在跳夏威夷舞，你在一边弹吉他伴奏！……"

她听了，有点生气了。

“是的，高贵的林先生，在您的高贵的眼里，我们自然和夏威夷岛的土女差不多！”

说完了，她故意跑到窗边。不再理我。

我跑过去，轻轻把她拥在怀里：

“奥，你真生我的气吗？我不是早已说过，我不过是做了一个梦！哦，梦！梦！你又何必当真！如果你真是夏威夷岛的土女，那只有在一个条件下才有可能，这个条件是：我必须是土男！……”

接着，我又向她陪[赔]了无数不是，说明我是偶然失言，纯粹无心，请她千万别见怪。

她抬起头，扑嗤笑了：

“谁又见怪你了！……我不过是唬虎唬虎你！我看你老是三句话不离梦，好像还没有睡醒似地，我故意向你泼了这点冷水，叫你醒醒！”

她说完了，我们都笑了起来。

接着，我们便谈起吉他。

她说她弹吉他弹了六七年了。吉他一直是她寂寞中的好伴侣。特别是在冬季，在寒冷的晚上，一弹起吉他，她似乎就可以呼吸到热带的带碱味的骀荡海风，热带的阳光，使她暂忘记北国的寒冷。

她一共有三只吉他。据她说：其中最大的一只是从一个可纪念的地方得来的，有着很名贵的历史，它的红色的明亮的躯干几乎高及她的胸部。这个吉他是她父亲买了送她的，那时她还很小，她的父亲说：等她大了，好让她学着弹。……

她说着说着，眼圈子有点红起来了。

为了驱除她心头的哀愁，我请她为我弹一曲。

她摇摇头。

我再向她请求。

她仍坚决不肯。

她有点伤感的告诉我理由：

“当我最寂寞最苦恼的时候，我才弹吉他。……当我的灵魂最怕冷的时候，我才弹吉他。……你来了，我还有什么寂寞苦恼呢？我还怕什么冷呢？你就是我的热带，你就是我的夏威夷海风。……”

她停了停，揽住我的颈子，面对面温存我道：

“你来了，我为什么还亲近这一片干枯木头呢（指吉他）？让我亲近你不更好吗？……对于我，你的话语比吉他的弦声是美丽得多了。你的嘴唇就是最好的两条琴弦啊。……”

说完了这段话，她当真又弹起吉他了。不过，这一回代替吉他的是我的身子，我的嘴唇就是弦；她呢，也用嘴唇代替了手指，再度弹起夏威夷音乐。我似乎又呼吸到热带的海风，热带的椰子树的气味。

这样。当我的面，她再不愿弹吉他。

另外一个日子，我紧紧逼她：

“奥，为什么你当我面，总不欢喜弹吉他？你不是知道我非常爱音乐么？”

她不答。

我又追问她。

她被我问急了，抬起头，用大眼睛怔怔的望着我，望了许久，才叹息道：

“生命本身不是比音乐更可宝贵么？……我们现在所享受的是生命本身，不是代替生命的任何符号！天知道，生命是多么短促啊……”

说完这段话，她突然哽咽起来，扑倒在我的怀里。

我用最温柔的声音，把她的名字唤了一千遍，嘴唇贴住她的耳朵。

我用凡是一个热烈的情人所能说的热烈的话，来安慰她，温存她。她脸上是露出微笑了，但我从这笑容里面看到阴影，这阴影叫我打寒噤。

我第一次感到：我的愤世嫉俗的消极态度，已渐渐传染给她。她不仅接受了我的感情，也接受了我的思想，我的人生态度——这是可怕的。在以后的日子里，我便特别小心，在她面前，我尽可能装出乐观态度。我不愿意把我的不健全的伤感传染给正在做好梦的她。

由于上述的觉悟，我和奥蕾利亚在一起时，我便尽量加强我的梦幻部分。我在她面前，变成一个最爱做梦的孩子。我不断说着梦话，思想着梦想。我的一切，全以梦游者姿态表现着。我只叫她尽可能沉浸在梦幻的大海里，除了梦，我不让她再想别的。

在这些日子里，我们特别欢喜读诗，特别是德国海涅的诗。

我常常为她轻轻朗诵一些海涅的诗。我的德文虽然很浅薄，但海涅的诗大多很浅俗，不怎样难读。有时候有不明白处，奥蕾利亚就给我解释。

我们特别欢喜诵读海涅的恋诗。这些诗含有最浓厚的幻梦意味。

下面几首诗是我们经常诵读的。

……

在可爱的五月季节，
当所有的嫩芽都开放时，

爱情跳进了，
我的心脏。
在可爱的五月季节，
当所有的鸟儿都歌唱时。
我向她表白了：
我的想念和我的愿望。
……
一千朵花开放了，
在我的泪水的雨滴中，
在我的叹息里，
夜莺在哀啼。
如果你爱我，爱的，
我会带这些花给你。
在你的窗子下面，
夜莺将要歌唱。
……
爱人哪，当我望着你的眼睛时，
我的深沉悲哀立刻飞走了，
当我吻着你的嘴唇时，
我忘记了过去的一切苦痛。
当我靠在你的胸脯子上时，
再没有什么天堂的梦比这个更幸福了；
可是，当你说你爱我时，
我却开始酸楚的哭泣了。
……
你不爱我吗，亲亲？为什么？
那是毫无关系的一件事；
只要让我看你的庞[宠]儿一次，
我就快乐得像国王一样，
“我恨你，恨你。”
即使你那张小嘴这样说；
可是只要让我吻一下你的嘴，
孩子呀，我就得到了安慰。

……

啊，不要对我睹[赌]咒，只要接吻！
我不相信女人的誓约。
甜蜜的是你的话。
但更甜蜜的，
却是我未经订约的吻，
誓约是空的，
我无论在那里，
只永远坚守住这个吻。
不，我要反悔，
睹[赌]咒吧，这是你的权利。
爱人哪，我要做你的奴隶，
倒伏在你的胸前，
听取那被祝福的宽恕。
我相信，
你会在永远的矢诚中，
爱我——同时更要长久。①

我们诵读着海涅的恋诗，一遍又一遍的，永远不知疲倦，不感厌烦。

海涅那首最脍炙人口的诗，《罗丽莱》，我们倒不常念。我们所爱的，只是一般人不大注意的那些小诗。仿佛到田野间旅行，我们只采摘一些不知名的野花。我们爱这些野花，因为它们有一种奇异的不知名的芳香与彩色，特别是：它们从未给别人注意过，抚摸过。

雪莱摆轮歌德莎士比亚的抒情恋诗，我们不是不喜欢，而是觉得太繁杂，太有点做作。

在我们的观念里，恋诗越单纯越平凡越好。凡是求新奇求繁杂的，必失去真纯性。基于这个理由，我们同样很爱彭斯的诗，它们完全流自一个农家子的单纯心田，一点不矫揉，不做作。

在读这些诗时，我们觉得它们似乎并不是海涅或彭斯写的，而是从我们自己的感情中流泻出来的。读着读着，我们会互相望着笑起来。

有一次，我问她：

“你看过海涅的《哈尔茨山旅行记》么？”

---

① 参考李嘉译海涅诗。

她摇摇头。

“在这本书里，有一段很有名的故事。”

她拖着我的手，孩子似地撒娇道：

“啊！快告诉我这个故事。”

“什么条件呢？”我笑着问。

她放下我的手，故装生气道：

“条件！条件！你总是条件！……”

接着，她甜甜的热热的吻了吻我的眼睛，又笑着道：

“这个条件你该满意了吧！……快把故事告诉我……”

我于是告诉她下面一段故事。

有一次，海涅到山上旅行。在山上的一个亭子里，遇见了一个可爱的美丽的女郎。

海涅望了望这个女郎。

女郎也望了望海涅。

两个人都不相识。

海涅踌躇了一会，终于向女郎点了点头，很温柔的对她道：

“亲爱的女郎！您不认识我。我也不认识您。我们原没有谈话可能，也没有谈话必要。不过，四周围的风景是这样美丽，而您又是分外美丽，比四周的风景还美丽，我在第一眼里，便给您的美丽感动了，像一个基督徒被上帝的灵光所感动一样。这种感动使我不能不开口向您说几句话。我如果不说一点什么，好像就对不住美丽的您！假使我要说出失礼的和冒昧的话呢，希望您不要生气，您永远只能微笑或者不动声色，否则，就和四周的风景不调和了。”

“现在，美丽的姑娘，我对您有一个又冒昧又很自然的请求。姑娘，您一定知道：我们这一次的相遇，多么偶然，多么难得。我从几百里外来，您也从几百里外来，在一个很偶然的时间内，我们居然很偶然的遇见了，这比两条闪电在黑夜天空相遇还偶然，还美丽。在这一次相遇以后，也许在五分钟或十分钟以后，我们就分开了。从此不再相遇了。在您老年时，偶然回意起来，或许偶然记起：‘在某年某月某日某时某山的顶上，我曾和一个很时髦的年青绅士相会！唉，距现在却隔了四十年了……’在那个时候，您一定会对我抱着一种说不出的好感。即使是一个魔鬼，在记忆中也是显得可爱的，是不是！”

“既然我们过去并不认识，将来也再不会认识，既然现在这一分别，过几十年或许都没有机会再见，那么，在我们一生中，我们这一次闪电似地相遇，多么富有神秘的诗意啊！为了给这首神秘的诗涂上一点美丽的色彩，我请求您容许我在您的红红的嘴唇上轻轻吻一下，您一定不会拒绝吧！您如果拒绝，就完全破坏这样美丽的风景了。我们这一吻像鸟飞花落一样，也是大自然的风景的一部分呀！……”

说完了，海涅就和那女郎热烈的吻了一次。那女郎整个的心都沉浸在海涅的话语里了。

我讲完这故事，奥蕾利亚笑起来：

“这个故事我看过的，你讲得与事实不合，这一套话并不是海涅讲的，是你自己编出来的。……”

我笑着道：

“海涅讲的也好。我编的也好。反正只要有这么一段故事就行了。……”

她想了一下，带着沉思意味道：

“你这一套说词编得不好，太啰苏了。我如果是海涅，我只要说下面四句话就行了：……‘姑娘，你太美了，我们今后也永远再没有机会相遇了，让我留一个吻在你的嘴唇上供你晚年回忆吧’……”

我笑了起来：

“妙啊，到底你是女人，只有女人最懂得女人的心思啊……”

十五

在这些日子里，我们的快乐是无穷无尽的，我们的幻想也是无穷无尽的。环绕在我们四周的，似乎永远是意大利的可爱的阳光与鸽子，我们忘记了北欧的严厉的冬季，以及严厉的风雪。

在这种充满享受意味的幸福中，偶然也发生一点不愉快的误会。但这误会不仅不减少我们的幸福，并且反增加了我们的幸福，幸福像炼金一样，不渗［掺］杂一点误会的铜，这金质就不会坚固。

有一天晚上，我在奥蕾利亚家里谈到八点钟，我正想回去，外面忽然响起敲门声。

“这样的晚上，会有谁来呢？”我心里诧异着。

奥蕾利亚出去开门。

一个年青女郎和她一同跨入客厅里。

这女郎向老妇人招呼着。她望望我，虽然不认识我，却轻轻向我点点头。我向她还了礼。

“这是叶林娜小姐，是学校里的同事，也是我很好的朋友。……”

奥蕾利亚给我们介绍着。

“我早听见奥利蕾亚提起林先生了，今天能够遇见您，我觉得很荣幸。”

叶林娜很娇媚的笑着说。

我端详了这个陌生女子一下。这是一个典型的俄国少女，有着极健壮的身子，高高的身材，从某种观点说来，她比奥蕾利亚要艳丽得多。她的眼睛炯炯逼人，她的嘴唇比罂粟花还鲜红。她的脸上装饰了很浓厚的脂粉。她的唯一缺点也就是她的唯一优点，太妖艳，太俗丽。和奥蕾利亚比较起来，她显得太缺少灵韵，太缺少秀气。这好像两幅画，一幅虽然有着很富丽堂皇的色彩与线条，但涵意太浅薄，太空虚。另一幅在色彩线条方面虽然没有前者华艳，然而却充满了活泼泼的生命，超然的神韵。

从谈话里，我看出来：这两个少女感情很深，很厚。我太爱奥蕾利亚，凡是她觉得美好的，可亲的，我自然也觉得美好，可亲。因此，叶林娜既是她的好友，我自然也得对她的好友表示出尊敬与礼貌。

叶林娜关于时髦事情，显然知道得很多。所有在托木斯克出演过的歌剧，电影，与戏剧，她都背诵得烂熟，如数家珍似地滔滔向我们谈个不停。在某些方面，她还保存着旧俄贵族的习惯，对于她目前所处的这个时代与环境，她并不能透彻的了解。

谈到美国好莱坞的一些电影明星，叶林娜说她特别崇拜雷门诺伐罗和克莱拉宝，前者是著名小生，后者则有“热女郎”之称。

“啊，雷门诺伐罗的戏真是演得不错，太好了！太动人了！……”

“怎么个好法呢？……”我半开玩笑的问。

“啊，太好了！太好了！这种好是说不出的！您只有自己看了他的片子，才能感到这种好！”

我笑着问：

“真是这样好，好得说不出么？”

“嗯！真是这样！真是这样！您大约没有看过他的片子吧？”

我说：我不仅没有看过雷门诺伐罗的片子，就是其他的美国片子，我也看得很少。在我一生中，我所看的美国片子，大约不会超过两部。

她听了我的话，眼睛睁得大大的瞪住我，好像是听到公鸡生蛋黄牛上树一类的惊人消息

“啊，太可惜了。好莱坞片子太好了，您为什么看得这么少呢？”

我笑着说：

“看好莱坞片子所给予我的快感，还不及看野狗在街上抢骨头呢！第一，看一次电影太麻烦，我过去的生活不容许我这样做。至于看狗抢骨头呢，那就

简单得多了。第二，我觉得电影上的一些场面，其生动程度，远不如狗抢骨头。我刚才不是告诉您，说我一生只看过两次电影吗？但那两次花费两个小时坐在电影院的结果，远不如我平时花费五分种在街上看狗打架有趣哪！”

“看狗打架有什么趣味呢？”叶林娜好奇的问。

“啊，太好了！太好了！……”

“究竟怎么个好法呢？”

我故装神秘的道：

“啊，太好了，太好了，这种好是说不出来的，正像您看风流小生雷门诺伐罗的片子一样。”

说到这里，我自己仍保持着巴斯开登式的“冰面”，奥蕾利亚在一边却忍不住大笑起来，笑得几乎岔了气。

叶林娜似乎仍没有听明白我的话，一直露出猜不透哑迷的苦闷神气，并且不断喃喃的道：

“看狗抢骨头究竟有什么好呢？……嗯，有什么好呢？……”

老妇人看见自己女儿笑，也跟着笑起来，她和叶林娜一样，并没有听懂我的话。这一天的谈话，便在好莱坞电影与狗抢骨头这两个话题中结束了。

叶林娜不仅崇拜好莱坞的电影，也崇拜好莱坞的生活。她虽然是住在西伯利铁路支线上的一个小城里，但她的心却一直在巴黎纽约盘旋着。她从报纸上，杂志上，百货店的玻璃窗里，收集得一些时髦智识，又在我们面前搬弄这些智识。她一天到晚总是欢喜蹦蹦跳跳的，像壁炉里的火头一样，满身放射着活泼而愉快的火的气味。——凡此种种，在以后的接触中，我全看出来了。

对付这种爱时髦的女子，我的唯一秘诀，就是“敬鬼神而远之”。如果不能“远”呢，就说说笑话：如狗抢骨头之类。……

我很体谅奥蕾利亚和这个时髦女子的友谊。在她这样的年龄，感情原应该盛[胜]于理智的。

爱花的人，自然也爱叶子，主因是：叶子常与花接触，风一起，叶子和花就会拥抱在一起；在叶子的身上，也有花的影子。

有时，我也愿意与叶林娜接近，就完全出于这种“花叶哲学”。在我看来，她和奥蕾利亚的关系，有点近于叶与花的关系。

这时候，我几乎每天总要去看奥蕾利亚。看她，这已成为我每天的老功课。我多半是在下午六点钟以前看她，这时候她已从学校归来。吃过晚饭了。

我去的时候，大半是在她们饭后喝咖啡的时候。这样，我便可以加入，而不感拘束。

有一天，下午六时左右，我照例去看奥蕾利亚。

她不在。

她的母亲在楼上找东西。

只有叶林娜坐在客室里烤火，在看一本电影杂志。

她告诉我：乡下来了一个亲戚，奥蕾利亚陪她到"巴尼亚"(浴室)去了，过一会就回来的。

我听说奥蕾利亚不在，立刻从桌上拿起帽子。我不打算等待了。

"哼，奥蕾亚利不在，您连一秒钟也坐不住的！"叶林娜含讥带讪的说。

我微微红着脸，对她解释：另外一个地方，还有一个约会等我。

"哼，还有一个约会！那您又干吗到这里来呢？"她冷冷说。

我不得已，只好放下帽子，笑着招架道：

"啊，您的嘴巴真利害！我不走，成不成？"

她鄙夷的撇了撇嘴，耸耸肩，冷冷的道：

"咦，您这个人好奇怪！您走不走，是您的自由，与我有什么相干？"

她赌气把脸转过去，看壁上那张显克微支画像，故意不理我。

情形这样僵，僵得出于我的意外。我只好屈就她，故意开玩笑道：

"喔，喔，叶林娜生气了。叶林娜生气了。明天《托木斯克日报》社会栏有头号消息了。消息一定会这样写：昨晚六时卅三分零五秒，××学校天才教员叶林娜女士因故突然发怒五分钟，消息传出，全城人心惶惶然。该女士每次发怒，均预报必有奇灾异祸。犹忆女士某次发怒后，××村曾发生瘟疫，死牛数百头。又某次发怒后，虎列拉突来袭本城。——

"够了，够了，您别再乱扯了。……"

她笑了起来，用媚眼狠狠望了我一下。

我也笑起来：

"中国民间有一段故事，说有一个人一生气，天立刻塌下来了。……幸亏您刚才是假生气，否则，托木斯克非闹地震不可，至少也要闹霍乱。……"

"乱扯！乱扯！冬天也有闹霍乱的？"她讽刺我

"冬天自然也有霍乱：那叫做'叶林娜式霍乱'！"我笑着说："这种霍乱不会叫人死，只会叫人伤脑筋！……"

"您真是胡说！胡说……"

她笑着骂我。

我看她消了气，便和她东扯西拉的漫谈起来。我们从纽约百老汇谈到月亮上的阿尔平斯河。从她衣服上的花边谈到伦敦的雾，从脑玛希拉(电影女明星)的头发谈到希特拉的小胡子。

她的谈话好像公子小姐们乘汽车兜风,随兴所之,漫无标的。

我陪着她乱"兜",自然是哑子吃黄莲,有苦说不出。但是,为了想见奥蕾利亚,我只得把黄莲当做白糖往肚子里吞。

这种"兜风",我本只想敷衍她一下就走的,后来不知怎的,不在意中,竟和她"兜"了很久。这原因,第一,是因为奥蕾利亚的母亲下楼来了,我不能不陪她"聊聊天"。第二,是因为怕叶林娜发生误会,以为我是故意敷衍她,因此而对我真正发生反感,到奥蕾利亚面前说我的闲话。第三,(这实是最重要的原因),是因为我渴望想见奥蕾利亚一次。我之所以和叶林娜闲扯,全为了等待奥蕾利亚。闲扯得越久,我自己似乎觉得所蒙受的牺牲也越大。如不能见到奥,我就觉得太不合算,仿佛做生意折了本。这样,越谈着等奥,奥越不来,越不来,也越等,便消耗了很久时间。

谈了很久,后来老妇人实在疲倦不过,便先去睡了。她要我们继续谈下去,说奥就回来的。

老妇人上楼后,我看看表,吃了一惊:已经十点廿五分了。

我决定立刻告辞。

我正要站起来,大门开了,一个人走进客室:正是奥蕾利亚。

"啊,你们都在这里!"

她微微有点惊慌,旋即用笑掩饰道:

"你们在谈些什么呀,这样高兴!"

我搭讪着道:"胡扯罢了。"

我旋即站起来,拿起帽子。

"打算回去吗?"奥问。

我点点头,说时间不早,应该让她们休息了。

奥蕾利亚笑着道:

"刚才你们还谈得那么高兴,看见我来,说要走了……是不是我有点妨碍?"

我不开口,用眼睛斥责的望了她一下:似乎责备她不该开这样的玩笑。

她装做没有看见我,坐下来。

我只好又放下帽子,陪她们坐了半点钟。

在这半点钟内,叶林娜仿佛故意和我为难似地,在谈话时,向我表示了过分的亲昵与关切,甚至于称我为"你"而不称"您",弄得我不知所措,奥蕾利亚话说得很少,不时看窗外夜色。

不久，我站起来告辞。

叶林娜也站起来，说是和我一同走。夜深了，她希望我送她一段。

我答应了叶林娜。

奥蕾利亚没有说什么，只是笑。

上面的情形自然是一种误会。

像这种偶然的误会，以后还遇到几次。

叶林娜显然有点成心和我开玩笑，带着孩子脾气。我呢，也没有把这点点小误会放在心里，更未想到解释，本来，这种事不解释倒没有什么。一解释，倒麻烦了。

一个星期后，我约奥蕾利亚在星期六下午四时来看我，我想对她谈谈这个可笑的误会。

这一天下午四时，我走下楼，打算在门口等奥蕾利亚。走到门口，我微微吃了一惊。我看见叶林娜在门外等我。我心头很有点纳闷："我并没有约叶林娜呀！她为什么来呢？"

正纳闷着，一眼望去，远远的，一个年青女子正匆匆向远处跑去，看样子，似乎和谁生了气。

我吃了一大惊：

"那不是奥蕾利亚吗？她为什么跑开呢？"

我再忍耐不住了。我当即诘问叶林娜：

"您是和奥蕾利亚一道来的吗？"

她摇摇头：

"我先来的，我打算约你去看歌剧。……我来了不久，她就来了。上帝知道是怎么一回事，她一看见我，就跑开了！鬼！"

我恍然大悟，当即冷冷道：

"对不起，我不能陪您看歌剧了。我另外有约会。"

说完了，不顾叶林娜脸上的恳求神色，立刻跑出去追奥蕾利亚。

远远的，奥蕾利亚似乎意识到我的追逐的影子，走得更快了。我于是加快脚步，几乎是在跑，惹得行人向我投来好奇的眼光。

追过一条街又一条街，直到市立公园门口，才给我追上了。

我紧紧抓住她的膀子：

"奥，你这是做什么？"

"奥，你为什么跑开呢？"

"……"

"奥,你为什么不说话?"

"……"

她始终不开口。

我们终于同坐在一张长椅上。

公园里到处都是雪,行人几乎等于零。一切空阔极了,也静极了。我们好像并不是在城市里,而是在深山里,荒岛上,我紧紧捉住她的手,用最温柔的声音,把她的名字唤了一百遍,我几乎是哀求的向她道:

"〖亲〗爱的奥蕾利亚,告诉我:你心里究竟在想什么?……"

"啊,最亲爱的奥,难道我有对不住你的地方么?告诉我吧:我愿接受你的一切惩罚!……"

"啊奥,你怜悯我吧,别再这样沉默了!你忍心对你最爱的人这样冷酷么?我过去是怎样对你的?你过去是怎样对我的?……生命是短促的,我们怎能把生命消耗在这种无谓的误会上呢?"

她不开口,突然倒在我怀里哭了。

她一面啜泣,一面断续说出叶林娜的名字。

这惨[渗]透眼泪的声音如一柄金钥匙,终于把斯芬克司的谜之门启开了。我轻轻拍着她的肩膀,用最虔敬的态度,用我所能搜寻到的理由,向她解释这个可笑的误会。解释着,解释着,我的泪水终于不由自主的流出来,我声泪俱下的告诉她:我实在不能忍受因她的误会而起的痛苦,她如果不了解我,生命对我又有什么意义?她如果误会我,我的生命也只是多余的存在,世界对于我也只是一种空虚,一种"白纸状态",一种又冷又死的固体!

"在这冰天雪地里,我唯一的朋友只有你!你是我生命中唯一的火!你使我身子温暖!你使我眼睛发光!如果没有这点火,我将永远受黑暗和寒冷折磨,黑暗和寒冷会把我的灵魂撕成粉碎。……每一夜,我所有的梦都充满了你,你的哭,你的泪,你的声音。每一天,我所有的时间都用来回忆你,想念你。我回忆着你的每一句话。我想念着你的每一个动作。我不仅跟踪你的生活的细节,我还跟踪你的思想。你的思想的每一条阴影,每一个起伏,每一片折叠,我全跟踪着,咀嚼着。……在这一生里,我只遇见了一颗伟大的心,这是你的心!我要把这颗心一遍又一遍的咀嚼,像嚼水果似地。我要把这颗心偷偷的深深的藏起来,藏在我自己的心里。……你知道吗:每一个日子,在未见到你以前,我是怎样的焦灼,痛苦?我在自己房里来回走着,一次又一次的走着,好像是在坟墓里走着;在我的生命里,好像充满了黑暗,世界末日仿佛已经降临,我就是一个将被裁判的孤魂!……直到见了你以后,和你在一起,我才咀嚼到真生命，活生命！啊，和你在一起，无论是谈天，是走路，是沉默，都美，都好。有了你，什么都有了。你像一个神，给我安排了天堂的华筵，天堂的滋味。你不在，一切是魔术般的变了，变得那样阴惨，那样可怕，我只有让眼泪往心里流，悲酸的忍受着。……你知道我现在为什么特别爱惜起生命？这是因为你！因为生命是你的笑，你的一瞥，你的一招手！有了你，连这冰雪里的冷气都显得怪暖和的，怪芳香的！一个新的花园样美丽的世界呈现在我面前。……啊，我简直成了一只寄生虫，寄生在你的爱情之树上，我是多么可怜的依附着你，你走了，一切温暖，生命，光亮，都走了，都完了……啊，原谅我吧，原谅我吧，奥蕾利亚，奥蕾利亚！……你要是不原谅我，我将唤你一千遍，一万遍！……啊，奥蕾利亚！奥蕾利亚！奥蕾利亚！"

她用脸颊堵住了我下面的话。

很久以后，她伏在我怀里，流着泪道：

"我深切的知道：猜疑和嫉妒会使一个人变得很偏狭，很小气。我好几次警告自己：不要犯这可怕的错误。但我终于犯了；因为我，我，我，我……"

她说不下去了。她又大哭起来。

在离开公园时，她向我提出一个天真的要求：

"叶林娜未经你约，就来看你，并且特别故意和我为难，这有背于一个正直人的行径。你若是真没有约她，真和我好，你必须写一封信责问她。信写好了，交给我，由我发出去。这个要求，你能不能答应？"

我告诉她：这样的要求，不要说是一个，就是一千个，我也可以答应。如果她还误解我，只要她愿意，我立刻可以用战刀把心解剖给她看的。

听了我的话，她疯狂的紧紧拥抱住我，说不出一句话，我觉得自己是被一种镕铁的热情所溶化了。

第二天，我派人送了一封信给奥蕾利亚，里面附了一封责问叶林娜的信，大意是：我并没有约她，她故意和我为难，来看我，她妨碍了我和奥蕾利亚的感情，这不是正直人应有的行径……

第三天，我去看奥。上楼以后，她把一封信插在我的口袋里。我取出来一看，正是那封给林叶娜的信。

"啊，这封信你还没有发出去？"我很诧异。

她笑了笑，妩媚的道：

"你当真以为我是那样小气，连一个女子来看你都不许吗？——我不过是故意试探试探你！……啊，最爱的！我真不知道怎样感激你才好！你对我太好了……我现在已经看透澈你的真心了！"

她用感激的眼睛望着我。

这以后，我们不再提起这件事。

叶林娜也知道了这件事，很有点抱歉玩笑开得过火，这以后似乎不好意思再和我们接近，渐渐和我们疏远了行迹，这在我们正是求之不得。

一场误会就这样过去了。

十六

风吹过去了，阴云也吹过去了，天空又回到明静。我和奥蕾利亚的爱的天空也回到明静。

经过叶林娜这一件事后，我和奥蕾利亚的感情是更深更固更坚了。要测量这种爱情的深度，是不可能的。在我们的狂恋中，我们好像是两片树叶子坠入一个无比深的深渊，一直是坠下去，坠下去，坠下去……

奥蕾利亚把一个廿二岁少女所能有的热情，尽量抛掷在我身上。她虽然不欢喜屠格涅夫，但她却用着屠格涅夫小说里的少女的热情来爱我。她不仅爱我的“人”，也爱我的一生坎坷遭遇。她不只倾倒于我的感情与智慧，也倾倒于我卅年来的不幸。对于一个被灭亡的民族，她有一种发自心之泉源的深厚同情。他[她]的祖国虽然已经从坟墓中起来了，但她却和我一样，在异乡飘泊着，命运不许她回去吻一吻复活了的祖国的土地与原野。

当我们互相倾诉自己民族的悲运时，我们互相抱着哭泣了。我们分不清这眼泪里所渗杂的是同情，还是爱情。我们分不清拥抱是痛苦，还是幸福。这或者不是一个人拥抱另一个人，而是一个民族拥抱另一个民族，一个国家拥抱另一个国家。

我们的友谊虽然发生得很偶然，但我们的感情接近得很自然，她用斯拉夫民族特有的宗教激情来爱我，爱得一点不牵强，不做作。这种爱好像山涧中的洁净泉水，很自然的流过山脊，连它自己也不知道往哪一个方向流去……

我们的经常娱乐是散步，这对我们比一切更可宝贵。

我们缓缓的穿过一条又一条的街，大多是人迹稀少的幽静的街。这时一切尘俗的骚嚣声都从耳边消失了，全世界仿佛只剩下我们的足步的声音。

在一些美得令人不忍回忆的月夜里，我们在冷僻的街上散步。大月亮由远远的大森林的后面升起来，衬映着密札札的针叶树上的雪光，反映出一片淡青色的光芒。淡青色的月光照在希腊教堂的哥特式的尖尖钟楼上，照在教堂的红墙上，照在奶白色的雪地上，显得无比的华艳而安静，托木斯克的教堂特别多，这些洋溢着基督福音的中世纪风的建筑，把黑沉沉的倒影描画在充满月光的雪地上，使我们感到一种庄严的和平。

月光照着奥蕾利亚的美丽的身子，照着她的明亮的脸，她的明亮的眼睛。她在月光中爽朗的笑着，笑声中饱和着月光。她在笑着银色的月光之笑。

在这样的月夜里，我们的散步有时要延长到深夜一两点钟。这时已是春初，天气不像冬季那样冷了。夜越来越深，我们的话语也越来越少，大部时间都是沉默着。我们虽然相互无一语，但只要两个温热的身子不时接触着，我们即感到无限快慰。在月光中，她常常停下足步，神秘的望着我：四只眼睛在月光中缠在一起，每一双眼睛里都闪射出月光的明亮。

托木斯克城四周是山，中间是盆地，城里到处是高坡。有些街是波浪形的起伏着，地上积有几尺深的雪，凝冻而光滑，上坡时很有点费力。按照体格说，我远比奥蕾利亚强悍，在上坡时我自然该搀扶她。实际上恰恰相反，上坡时她总欢喜搀扶我，好像一个年青母亲在扶助一个才会走路的孩子，她这样做，完全出于一种母性的本能，极其自然，也极其下意识。这种无比的温柔与昵爱感动了我，我不忍拂她的意思，只好顺从她。因此，每次上坡，只要她一伸手，我总像孩子似地把身子凑过去。久而久之，习惯成自然，有时上坡她偶然忘记伸出手了，我也本能的把身子凑过去。她看见我这样，楞[愣]了一下，旋即像从梦中惊醒了似地，笑着把手伸给我，那神情似乎在向我招手道：

“上来啊，好孩子！”

这时，身子被挽在她的手上，我忍不住向四周望去，街上行人寥似晨星，静极了，比古庙还静。每一家的门都深扃着。晕黄的灯光从“双重窗门”中透出来，偶然有一家杂着曼得铃的隐隐的声音……

“唉，为什么我们要存在呢？”一个思想闪过我的脑际。

“唉，别出声，抱紧我吧！”一个思想似乎闪过她的脑际深处。

一刹那间，附近灯光与曼得铃声似乎都陨灭了。

……

气候的变化，丝毫不影响我们的散步。有时，在深夜里，狂风如万千虎豹般怒吼着，狂啸着，如瀑布般冲洗着我们，击打着我们。我们依然互挽着腰枝走着，稍稍低下头。这时夜是狞恶的，无光的，我们好像是落在一片暴怒的大海里，我们在奔腾澎湃的波浪上行走着。风不断咆哮着，这种风只有在靠北极的地带才有，俄文叫做“布乱”，日文叫做“大吹雪”。这种“布乱”从北冰洋愤怒的冲来了，声音是令人发抖的可怖。我们的足步声完全没入大风中。我们不能说什么，只能用全力互挽着前进。整个世界好像已经崩溃了，只有我们两个人还活着。

风暴急打着我们的脸，急打着我们的身子，急打着我们的臂，我们的腿……我们是唯一的活在风里的生命！

“呜，呜，呜，呜，呜……”风怒号着，暴叫着……

我们在风中突然站定，互相望着，突然笑了……

……

离开了奥蕾利亚，我的大部分时间常是消磨在啤酒店里，除了喝啤酒外，我就觉得再没有事情值得我做，诱惑我做。图书馆是很少去。我讨厌书本。看一本书给我的快感，远不如喝一杯啤酒。

当红色的酒液滑过我的嘴唇时，一种大麦的香气激荡在空气里，连我的汗毛孔里似乎也流出一种芳香。酒液经过胃的消化，被吸收到血管里，全身变得异常温暖而柔适。高粱酒或威士忌所给人的温暖像一颗急性爆炸弹，猛然在人身上爆炸开来，一刹那间，体温涨到极度。啤酒所给人的温暖是慢性的，慢慢的，一度一度的，渐渐将人的体温升高起来……

一面喝着啤酒，我一面凝望着窗外的远方。

在冬季，过度的凛寒使冷气结成一层透明的固体如白雾，本地人称之谓“杜曼”。这“杜曼”到处张挂着，不断散洒着奶白色的粉末子，像碎盐，又像小雪珠，它落在人的脸上，比针刺还痛。冬季里，阳光是稀有的，最慷慨时，每天只不过照射两小时左右。寒冷镇压了一切。远远的，在“杜曼”所网覆下的森林之海与山岭之海里，渺渺茫茫的浮现着一片乳白色。狂风吹过，林海就抖动起来，那为“杜曼”所纠缠的树梢立刻变成无数千万只的银狮子……望着远远的“杜曼”，我感到一种奇怪的迷惘，一种奇怪的疲倦。“我就是这样支付自己的生命吗？”我自己问。

现在初春了，雪已开始溶化，树木开始透出绿色嫩芽，在向人预告一个美丽而温柔的季节。远方“杜曼”的白色网已经没有了，群山群树的尖稍闪着棕色阳光。街上行人是更多了。“这就是春天吗？”我问自己。

四周一阵阵嚣杂声响起来，令人感到沉闷。我好像是隐藏在罐头里。

我重新举起高高的酒杯。

十七

春天来了。蔷薇花开苞了。雪融化了。迷人的鸟雀开始歌唱了。我和奥蕾利亚的心里也有鸟雀歌唱。

四月初，学校里放春假，奥蕾利亚有一个星期的假期，我们决定到托木斯克乡间去作短期旅行：算是迎接春天的到来，也算是迎接我们真正幸福的到来。

我们住在一个小镇市的招待所里。招待所设备齐全，很是精致，靠窗可以凭眺美丽的托木河。这时托木河业已解冻，水开始明亮的响着，我们日夜可以听见水声，它像音乐似地环绕着我们。

我原有两件大衣，一件是呢的，一件是皮的。天气渐暖了，我卖出皮大衣，得到一笔巨款，足可以供我们的挥霍。因此，我们这次旅行，在物质上很是宽裕，丝毫不受什么拘束。

这一个星期实在过得太美，太甜。这种美，这种甜，一个人一生是经不起几次的，否则，如果太经常的习惯了这种美和甜，一个人一旦离开他们，就如鱼离水，非枯死不可。

我们相约：在这个星期中，我们要尽情的享受，不许谈一句正经话，做一件正经事。我们要让我们的全生命都沉浸在欢乐里。

每个清晨，我们一听见鸟叫，就醒了过来，但并不起床，却尽在枕边说些痴话，或是默默对笑，直到太阳照上我们的脸，我们才慵慵的甜甜的起来。

早饭以后，我们就跑到托木河畔听水，看水，看一些要筏子轻轻流下去。奥蕾利亚倚在我怀里，轻轻哼一些小歌曲，只听得见她的声音，却听不见歌词，几乎全是鼻音。这种模糊的哼哼声实在甜密，实在醉人。哼得最轻最轻时，只有我一个人能听得见，好像是一种隐隐约约的游蜂的声音。我爱这种声音：常常一两个小时就这样消磨过去，我绝不打断她。听到最后，这哼声与流水声响成一片，把我带到一种梦境里。

午饭时间，我们消磨得很长。奥蕾利亚是那样淘气，常常用叉子把菜送到我嘴里，好像我是不会吃饭的孩子似地。我们一面吃，一面对望着，对笑着，这种甜密滋味是不能形容的。这个时候，我们的感情已升到最高峰。我们不一定要表示什么，说什么，只要能在一起，意识到她是在我身边，我是在她身边，单是这一“意识”(作动词)，就够人销魂的了。

吃饭时，她简直变成一个很胡闹的孩子。她不断跟我交换食盘，有时交换了十几次，越换越快，越换越快，再也分不清谁吃谁一份了，她就扑到我的怀里大笑。如果是吃长长的橡皮糖呢，我们就很玩[顽]皮，一人咬着一头，愉悦的嚼着，嚼到最后，终点是一个长吻。

午饭以后，休息一会，我们就到乡村田野里散步，随兴所之的乱跑。跑累了，就在农家的干草场上休息着，高兴呢，就朗诵几首名诗，或是自己写一两首诗，不高兴呢，我们就和农家的老头子或小孩子闲谈天。回去时我们满捧了一大束野花。

晚饭以后，我们躺在壁炉边闲谈，喝着很浓的咖啡。我们谈得很多很多，好像永远谈不完似地，情人的话比流水还要长哪！谈倦了呢，就由她弹弹吉他。弹一会呢，我们又谈。从谈到弹，从弹到谈，直到很倦很倦，在炉边假寐了一会，才睡。

奥蕾利亚对于黄种人的肤色特别崇拜，不知道因为我是黄种人呢，还是他本来欢喜黄种人。

她常常像母亲抚摸孩子似地，抚摸我的脸孔。

"啊，林哪，我多羡慕你的有色面孔呀！……颜色就是生命的表现，生命的符号！白种人白色皮肤是僵尸的颜色，没有生命，没有色彩！我真恨自己的皮肤！要是我能有一付黄色的或棕色的面孔，该多好啊！……"

她的爱好是独特而古怪的。他[她]的爱我，更是独特而古怪的。

有一次，我对她开玩笑，说我是已经结婚的人了：要她饶恕我早没有告诉她。

她听了，笑了起来：

"你结婚不结婚，与我们的相爱有什么关系呢？如果我爱你呢，即使你结一千次婚也不能减少我对你的感情，如果我不爱你，即使你一辈子不结婚，也不能增加我对你的情感。……一个女人爱个男人，难道除了结婚就不能表示她的感情吗？结了婚又怎么样，还不是有老？病？死？……除了尽量享受我们眼前所能立刻享受到的感情，像喷泉样的尽量喷射出自己的生命外？还有什么法子更能捕捉住感情呢？……"

后来，他也知道我是和她开玩笑，她妩媚的握住我的手道：

"你和我开玩笑也好，说真话也好，对我都是一样。……我们能因鸽子结过婚就不爱它们吗？我们能因为花朵结过婚便不爱它们吗？……只要你一天在我身边，你即使变成魔鬼，虎豹，毒蛇，鳄鱼，我对你的感情仍不会变。当一个人真正爱一个人时，她会变得很勇敢很勇敢，一切最恶劣的情形都不会威胁她的。……"

我不开口，眼睛却潮湿起来。

她反而安慰我：

"最爱的，我们曾经相约：不说正经话！我们现在一破约，不愉快的情绪也跟着来了。……让我弹一曲吉他给你解解闷，好不好？"

她当真开始弹起吉他。

甜美的音乐又使我们快乐起来。

× × × × × × × ×

奥蕾利亚的头发真长，真亮，真浓。我常常对它们痴望个很久，好像是望一片幽暗的小树木。

“傻子！为什么老这样痴望着我的头发？瞧你的贪馋神气！好像我的头发里藏有最美味的蜜糖似地！”

她轻轻打了我一下，忍不住笑起来。

我抓住她的手，轻轻道：

“不，你的头发里并没有糖：却有海藻的气味，它们叫我联想起海水，联想起异国的海湾，异国的帆船。我在你的头发里看见异国的情调。这种情调真是媚人，真是可口……”

“在我的头发里，你大约还看见异国少女的脸，是不是？”

“是的，我看见了异国少女的脸，很明亮很明亮的脸，这个脸的主人是一个小坏蛋，她的名字叫做奥蕾利亚。”

她不开口，突然挣脱我的手，跑开了，坐在窗口看托木河水，不再理我。

我连忙跑过去，挨近她，求她饶恕道：

“〖亲〗爱的，生我的气吗？我一时说错了话。饶恕我吧！我接受你的惩罚，你怎样罚我都成。……”

她撅着嘴，赌气道：

“我是个坏蛋，有什么资格饶恕人？赶快去！去！去！小心别叫我的‘坏’传染给你。……”

我一点不动声色，仍很镇静，却笑着道：

“我刚才说错话了，你实在是天下最好最好的蛋！你瞧，你的脸是蛋形，你的头发有蛋的芳香，你的身体，也像蛋！在一切形体中，蛋的椭圆形是最美的一种，希腊的雕刻造像全是蛋形。假如连你也是坏蛋，天下就没有一个好蛋了！……”

听到这里，她不禁扑嗤一声，笑起来，妖嗔道：

“算你会说，骂了人还要人叫好。得，得，得，算我怕你，让我清静一下，好不好？”

我把嘴放在她耳边，轻轻道：

“好蛋奥蕾利亚一秒钟不饶恕坏蛋林先生，坏蛋一秒钟就不能让好蛋清静。瞧，瞧，奥蕾利亚笑了。笑得一点也不像蛋了！……”

她当真忍不住大笑起来，含恼带恨的望了我一眼，叹了口气道：

“唉，你真正是我命中的魔鬼！魔鬼！”

我轻轻把她揽到怀里，笑着道：

“你的话还得补充几句：我即使是是个魔鬼，也是一个叫你幸福的魔鬼，是不是？上帝只能叫人倒霉，只有魔鬼才能叫你活得舒服！活得甜美！瞧，你和我这个魔鬼在一起不过几个月，你就长得比以前更美丽了，人也更聪敏了，你还不该感激我这魔鬼吗？”

她含情的望我一眼，怔了一怔，妩媚的道：

“当真，你确是一个可爱的魔鬼呀！我怎样感激你呢！”

“随你的意思。只要你想出的，都好！”

她沉思了一下，笑着道：

“我想起来了。刚才你不是说我的头发像海水么？现在，朕颁布御旨，赐予你海水浴一次，好不好？……把头低下来！”

我不响，用动作回答：把脸深埋在她的头发里。我呼吸到丁香花的香气。

我在这片海水沉醉了很久，才抬起头，顽皮的用手捕捉她的几缕头发，藤萝似地缠在手上，轻轻问：

“痛吗？”

“不！”

“为什么？”

“因为我爱那只使它们痛的手！”

我笑了，松开手上的发，感激的抚摸着它们，又用手指为她梳理那些乱发，我一面梳，一面天真的道：

“奥，你是不是觉得爱情是一个最神秘的东西？它叫我们常常做出怎样不近人情的傻事呀！我有一个朋友，曾经和一个女朋友常在一起看电影，后来那个女朋友走了，他每次看戏时，仍然是买两张票，让身边留一个空座子，你说有趣不？……”

“这不是有趣！这是伟大！”

“是的，这是伟大！伟大！”

我喃喃着，被窗外的春天弄醉了，也被奥蕾利亚身上的香气弄醉了，我觉得周身血液全冲上我的脸。……

奥望着我，两只臂膀突然围住我的肚子，情不自禁的喊道：

“林呀！你真美啊！你的脸像灿烂的朝阳，红极了，热极了，仿佛连石头也能溶化！让我沉醉在你的朝阳光里吧！”

我们真的沉醉在朝阳的火光里。

× × × × × × × ×

夜晚来了。我们睡得很迟。爱情使我们忘记了疲倦。我坐在壁炉边的毛毯上，她躺在我的脚下，像一只猫。她说：她最爱做一只被太阳光烤得暖暖的猫，我就是她的太阳光。现在，在我们的四周，是黑色的夜。在黑暗中，只有壁炉里的红蝴蝶似地火光在跳跃，使室内充满了一种神秘味道。火光照亮了奥蕾利亚的脸，在火光中，她的眼睛是分外明亮了。

她拉着我的手，轻轻道：

“给我讲一个故事吧。用一种哥哥对妹妹的态度讲，我不是你的最好的妹妹吗？啊，林，我亲爱的哥，对我讲吧。讲一点童话或者神话，最好讲一点梦与花园的故事，即使我睡着了，也别停止，好让我在梦里听见你的声音在响。”

我抚摸着她的头发，温柔的道：

“是的，奥，我的好妹妹，我应该为你讲一点童话或者神话，讲一点用蜂蜜而不是用墨水写的故事，讲一点用尼罗河畔的芦草蘸着麋鹿的眼泪写在菩提树上的诗。不过，现在我只想讲一个二十二岁的少女的故事。我要讲：这个少女怎样变成了一个流亡军人的情人。——好不好？”

“讨厌的，你干吗总要拿我开心呢？我生你的气了！”

她撇了撇嘴，不响了。过了好一会，她忽然又笑起来道：

“好，你这讨厌的无赖汉，讲吧！讲我吧，讲这二十二岁的少女吧！不过，要是讲得很坏，我一定要惩罚你。”

“怎样惩罚呢？”我笑着问：

“这惩罚是：重重打你三下手心，重重绞扭你的头发三次，并且三天不给你吻！”

我惊叫道：

“好利害的惩罚啊！上帝对撒旦也不过如此！我不相信我的女神狄安娜会做出这种比尼罗皇帝还残忍的事。”

“会的。会的。”她坚决的说。

“那么，我如果讲得很不坏呢？”

“那我当然给你一个报酬：一个绝不会叫你失望的报酬！”

我于是开始讲：

“……很古很古的时候，在一万年或两万年以前，一个叫做奥蕾利亚的廿二岁少女来到托木斯克。她来自波兰原野。她来到托木克的旷野上找真理，像耶稣似地。可是，旷野告诉她：在天下的一切真理中，最真最真的真理只有一个，就是一个女子必须和一个男子共享一张床；如果是两张床，那就不是真理了。你要找真理吗？赶快到男子群里去！少女听到这话，又相信又不相信，她相信，因为她听到这样的话，心中似乎确有一种冲动。她不相信，因为这话似乎不大文雅。但她知道，天下越是不文雅的事，也越是最叫人快乐的事。她当真到男子群里了。在这群男子中，有一个绰号叫做‘魔鬼’的韩国军人，他在第一面就对她说：‘亲爱的小姐。我知道你在找真理，真理就在我的怀里，请投到我的怀里吧！对于一个少女，床就是她的最高真理。很少有一个少女不是为床而生的。来吧！我的身子邀请你，请别拒绝这一场幸福的盛筵！在这场盛筵里，你可以尝到比蜂蜜还要甜一万倍的美味！最高的真理总是甜的。不甜就不是真理。对不对？’这以后，旷野果然再看不见少女的影子了，她现在已经真正寻到真理了。我这个故事，题目可以叫做：‘当一个少女找寻找真理的时候！’……”

她听完了，沉默了一下，终于很严肃的道：

“刁钻的流氓，我非重重打你的手心不可！把手伸出来！”

我把手伸出去，但她并不打，却拿来贴在脸颊上，昵爱的问：

“我的脸烫不烫？……”

“啊，烫，烫，烫极了！——这证明我的故事有着十足的魔力啊！”

“不，不，你讲得很坏很坏。我要重重打你三下手心，三次绞扭你的头发。”她从脸颊上取下我的手，轻轻打了三下，又轻轻三次绞扭我的头发，接着说：“嗯，我还要三天不给你吻！看你还敢骂我不？”她看看腕上的表！“记住啊，现在是十一点十五分，今天，明天，后天。要到大后天十一点十五分以后，我的嘴唇才能向你开禁。”

我轻哼了一声，笑着道：

“我不相信你会像女巫一样残忍！”

“一定，一定。”

“那么，好！你曾经向我宣过誓：说我是你嘴唇这份财产的唯一保管人。现在，我要以保管人的名义命令你：凑过你的嘴唇来。”

“在大后天夜晚十一点十五分以前，你没有权利要求。”

“凑过你的嘴唇来。”

“不，大后天晚间十一点十五分以后。”

“不近人情的小野蛮，难道我们必须手里拿着钟表才能谈恋爱么？你愿意我们都变成钟表匠和机器匠么？”

“不，大后天晚间十一点十五分以后！”

“好没来由的人！瞧，满屋子都给你弄得有机器油的气味了！”

“不行，说什么不行！”她坚决的摇摇头，强硬得像一只小虎。

“好，你非叫我模仿俄国沙皇作风不可吗？”

"不讲理的，尽要野蛮，不害羞么？"

"是的，不害羞。我原本就是从一个野蛮国度里来的。"

"不，不，不……"

她咕咕笑着，闪躲开去。

她终于坐起来，用一种赞美的口吻道！

"得了，我不现和你逗笑了。可爱的无赖汉！我现在应该对你说句公平话了。你刚才的故事讲得很好。这个故事虽然是为了骂女人而编造的，但我依然要赞美你：骂得很好。对极了，一百个少女，有九十九个是为床而生的，虽然我是这一百个人中唯一例外。……我现在必须实践诺言：给你一个绝不叫你失望的报酬。刚才我曾轻轻打了你三下，现在我要重重给你三个吻，好不好？……"稍停一停，接着他又用最娇媚的声调轻轻道："假如你有进一步的野心呢，只要是能叫你快乐的，我也可以让你满足！……"

话语声消失了。各种奇异的光出现在我的眼前。蓝色的光，白色的光，青色的紫色的黄色的光。屋外充满风声。猫在屋顶叫。一只夜游鸟飞过去了。这是一个美丽的四月之夜。火光在壁炉里摇颤，柴火闹得很凶……

三十分钟后，我们轻轻喘息，双双微笑着躺在毯子上，幸福在我们头上飞翔，如一只只燕子。

"真理究竟是香甜的，美丽的，不骗人的，对不对？"

她不开口，害羞得把头藏在我的怀里，只是咕咕笑。有好一会，她才平静下来，撒娇的对我道：

"另外给我讲一个故事吧，随便什么故事都行。"她把头枕在我的臂膀上，转过来凝望着我的脸。

我抚摸着她的脸颊，温柔的问：

"我给你讲林达与希绿[①]好不好？这是一个很悲哀的故事。"

"好的，林达与希绿，悲哀一点也没有什么。"我于是开始讲下去。

"在希绿的生命里，永远是瞭望与期待。每一个黄昏，她穿上最美丽最新鲜的长裙子，斜倚着被夕阳涂成红色的栏杆，向海上瞭望着，期待着，期待着林达的到来。接着是狂欢的夜。对于她，每一个夜晚都象征着青春的大解放，青春的大创造。接着又是黎明，带着她身上的芳香与热力，林达又回到海那边

---

① 林达与希绿为希腊神话中的人物，二人隔海相住，林达每晚从海的彼岸泅泳过来，与希绿幽会。有一晚，海中起大风暴，林达被淹死，希绿看见他的尸首漂浮在海上，当即跳入海中，抱住他，两人的尸首于是拥抱沉入海底，又浮起来。

去了。

“在那些销魂的夜里，他轻轻在她耳边絮语道：‘我怎样说述我的心灵的热度呢？我自觉是永不熄灭的火柱，我可以把史前的地球冰期改成夏季！’”

“她睁着眼，躺在他热热的胸膛上喃喃着，梦呓着……”

奥蕾利亚在我的话语声中睡着了，在风声与炉火声中睡着了。我噤默。我坐起来，我忧郁而沈思的望着她。我轻轻在她颊上印了一个潮湿的吻。我轻轻托起她，走向帷幕后面。

× × × × × × × ×

第七天晚上，想到第二天就得离开这个小镇，我有点感到迷惘。这一晚，我们谈到哥德，特别是哥德与“迷娘”贝亭娜的故事。我躺在她膝下，一遍又一遍的为她诵读迷娘歌。这首诗歌实在太迷人了！

你可知道那柠檬花开的地方？
黯绿的密叶中映着橘橙金黄，
骀荡和风起自蔚蓝的天上，
还有那长春幽静和月桂轩昂——
你可知道吗？
那方啊！就是那方，
你可知道：那圆柱高耸的大厦，
那殿宇底辉煌，和房栊底光华，
还有伫立的白石像凝望着我：
“可怜的人哪，你受了多少委曲？”
你可知道吗？
那方啊！就是那方，
庇护我的恩人，我要与你同住！
你可知道那高山和它底云径。
骡儿在浓雾里摸索它底路程，
黝古的蛟龙在幽壑深处隐潜，
崖砯石转，瀑流在那上面飞湍——
你可知道吗？
那方啊！就是那方，
我们趱程吧，父亲：让我们同往！①

① 用梁宗岱译文。

我重复诵读着，特别是“可怜的人哪，你受了多少委曲？”那两句，我反复了无数遍。

最后，我忍不住叹息起来。

她问我为什么叹息。

我说：“我想起了歌德与迷娘之间的一段令人沉醉的故事。”

她轻轻说：“告诉我这故事。”

我答应。

我开始给她讲这故事。

“一八一〇年八月中旬，迷娘和歌德在一起。歌德这时已经是六十岁以外的老人了，迷娘却只是廿五岁的美丽少女。

黄昏时分。歌德坐在窗沿上，迷娘站在他面前，两手抱着他的颈脖。她的眼光箭似地射入他眼眶深处。

歌德再不能忍受她的注视了，问她热不热，想不想享受点清凉。

她点头答应。

歌德说：“敞开你的胸膛吧，让黄昏的空气润润吧！”

她不表示反对，脸却有点红。

歌德解开她的衣裳，望着她说：“黄昏的晕红传染到你的脸颊上了。”

歌德吻着她的胸膛，把他的额头搁在上面。

她说：“有什么稀奇，我的太阳落在我的胸膛上哪！”

歌德怔怔望了她许久，问道：

“还没有人抚摸过你的胸膛吗？”

她摇摇头：“没有！你触摸着我时，我觉得怪异样的！”

于是歌德遍吻她的颈脖，一次又一次的，猛烈极了。

她有点害怕，可是又觉得这非常之美。她终于忍不住笑了。她像遭遇了雷震似地，整个被撼动了。

歌德低沉沉的对她道：“你好像暴风雨，你的嘴唇在闪电。你的眼睛在打雷！”

她说：“你就是大神宙士，你一皱眉，整个奥林匹斯山都抖颤起来了。”

歌德说：“将来，当你晚上脱掉衣裳，当星光像现在一样照着你的胸膛的时候，你愿意想起我的吻吗？”

她答：“愿意。”

歌德说：“你愿意想起：我很想把我的吻，和星斗一样无量数的印在你的胸膛上吗?”[1]

奥蕾利亚用手背遮住我的嘴:

“不要再说下去了,这故事叫我害怕。”

“害怕?”我诧异的望着她。

“是的,害怕。太美了,美得叫我害怕!”

停一停,她叹息道:

“像这样的故事,一个世纪能产生几个呢?”

我静默了。

这一晚,我们一直保持着神圣的安静。

十八

这七天实在过得香甜,过得幸福。不能再香甜了,也不能再幸福了。在这种香甜的幸福中,连眼泪和悲哀也是香甜的,幸福的。假使这时我们就抱着死了呢,我们也一定死得很香甜,很幸福。从前我在报上看到一对情人双双含笑自杀的新闻,常诧异他们为什么死得那么自然,那么从容。现在我才明白:在这种情形下,死比生其实倒更美丽,舒服。

这七天是我们三个月来幸福的顶点。过了这顶点,必然的,我们要走下坡路。一个人如果爬到山顶上时,除非他是神,永远停在上面,不下来。如果他是人,他怎能不下降呢?

我并不糊涂(爱情虽然有时使我糊涂入梦,但我也有清醒时)。我渐渐看出来:这七天的幸福,好比太阳下山时的最后的回光,特别华丽,鲜艳,但却在预言着它自身的就要沉落,消失。

在一个人临死以前的最后一刹那,他脸上也会特别显得美丽发红,言语也特别清晰……

在第七天晚上,我们不是谈到歌德吗?这恰恰是一个不祥的预兆。在我所说的故事里,一开头就好几次提到黄昏与落日……

关于这种种,奥蕾利亚自然不会想到,也不愿想到。凡是像用她那种方式来爱人的人,绝不会,也不愿往深处多想的,眼前的欢乐与青春,已尽够她忙的了,也尽够她沉醉的了。

第二天,我们回到托木斯克。

这一天奥蕾利亚真是美丽极了,也动人极了;这种美丽,不仅像春天的花

---

① 参考梁宗岱译《歌德与悲多汶》。

朵，也像秋天的红熟果实——包含了最鲜嫩与最成熟的成分。因为她现在已不仅是一个少女，也是一个少妇。凡是一个刚从少女变成少妇的人，必然的会显露出她这种美丽，动人，可爱！

她是快乐的，愉悦的，好像一个捕捉到最大幸运的幸运者。

我呢，在归途上一直保持沉默。一种阴暗的预感开始袭击着我。

在我一身的经验中，凡是我真正交好运的时候，也就是真正开始恶运的时候，这种经验，屡试不爽，一百次里难有一次不应验。

因此，这一天，我说不出的感到一种焦燥，沉闷。

到了托木斯克，我和奥蕾利亚分了手，答应第二天再见。

我回到收容所里，里面的人几乎全空了。我吃了一惊。正诧异中，同事 A 上校给我一份通知书：是马占山将军特别发给所有高级军官的。

在这份通知书中，我才知道：在我所旅行的这个星期中，发生了一个怎样巨大的变化。

这时候，中国驻俄大使颜惠庆先生早已到了莫斯科，中俄已正式恢复邦交。由中俄当局会商的结果，对我们这批从东北撤退入俄境的人，决定作如下措置。

一，所有士兵及下级军官一万余人，由俄境转新疆方面回国。

二，所有上校以上高级军官，由托木斯克搭火车赴莫斯科转波兰再经德国瑞士到意大利乘海船回国。

三，所有高级军官眷属搭火车赴海参崴搭船回上海。

在这一个星期中，下级军官与士兵以及眷属们，均已先后出发。我们这一批高级军官，须在四日内摒挡一切，准备启程。换言之，除了今天外，我在托木斯克只能再留三天了。

“好了，吃了好几个月的苦，这一下可以回国了！大喜事！大喜事！……”

A 上校满面笑容，向我嚷着。

“是的！这是喜事！喜事！……”

我昏头昏脑的对他苦笑着，连自己也不知道在说什么。我随即跑到马占山、李杜两位将军那里，谈了一会，才知道这一通知书是确确实实的，一点也不虚假。过去好几次曾有过种传说，现在这一传说是证实了。

马将军还庆贺我：

“将来回到上海，你们韩国临时政府在那里，你可以好好展你的抱负了。……”

我谢了他的关切，只是苦笑，想不出什么话好说。

离开马将军，我回到房里，把门反锁了。

×　　×　　×　　×　　×　　×　　×　　×

分离是命定了。没有什么能改变这个命定。她既无法离开托木斯克或俄国。我也无法继续留在托木斯克或俄国。在这个命定之前，人力显得是可怜的脆弱。

我躺在床上，浑身抖颤着。

我的身子睡着，我的心醒着。

有好几次，我想立刻跑到奥蕾利亚那里，把真相告诉她。这一思想非常强，我几乎马上就想跑出去。但是，我旋即又抑制住自己。我并不是没有勇气去看奥，而是没有勇气摧残她的梦想。天可怜见，今天早上，我们还在小镇招待所的枕头边说傻话，她吻了我很久，笑着问我道："爱，如果我们有一个孩子，给他起什么名字呢？"我笑着说："如果是男的呢，就叫托木斯克。如果是女的呢，就叫奥蕾利，好不好？"她笑着问："你希望是男的呢，还是女的。"我说："我愿意是女孩子。如果是女孩子，她一定长得和你一样美。这样，我身边就有两个奥蕾利亚了：一个是大的，一个是小的。"她说："只要你愿意，我给你带来两个奥蕾利亚，三个奥蕾利亚，甚至四个奥蕾利亚，好不好？"我说："好！好！越多越好。我巴不得全世界的十三万万人都变成奥蕾利亚哪！"她听了，大笑，伏在我怀里，连眼泪都笑出来。

天可怜见，她现在一定还在温习着这些好梦。在她心里，充满了玫瑰花与幻想，春天与阳光。这颗心好像羔羊一样的甜美而绵软，我怎忍心立刻用枪刺把她刺破？我更怎忍心用刀子一片片把这心割碎。

我想：还是让她今夜再做一夜好梦吧！

我又想：最好是不告诉她这消息，悄悄走了，也好。

但我旋即谴责自己：隐瞒她只是一种自私。即使我不能目击她的痛苦，但想像中的她的痛苦所给予我的折磨，一定更可怕。两个人在一起，虽然更容易引起痛苦，但究竟有两个人可以共同分担。如果是一个人，这种突如其来的刺激与巨量的痛苦，非使她发疯不可。

我终于决定：明天下午去看她。

这一天晚上，我没有吃一点东西，也没有喝一点水。

我一夜没有能合眼，我流了一夜眼泪。一种说不出的火燃烧着我，我感到自己的神经在一点点迸裂……

最后，天快亮时，我的脑子疲倦得如一堆泥，终于蒙蒙眬眬的睡了一小时。这种睡其实也并不是睡，而是神经质的恶梦的连续，我不时无端惊醒过来。

第二天，我只喝了一点水，仍没有吃东西。奇怪极了，我这时的胃似乎很饱很饱，如塞满了空气的皮球，不能再装上一点什么。

下午四点多钟，我下了个最大决心：去看她。

唉，朋友，我怎能向你形容：我是怎样走到奥蕾利亚那里去呢？

我觉得自己似乎并不是在走，而是被一种很微小而又很神秘的力量推向前去。我这时的神态，全然是梦游者的神态，我这时的心情，也纯然是梦游者的心情，这在别人是看不出来的，我自己却知道得很清楚。

我半梦半醒的到了奥蕾利亚那里，大门并没有上闩，我推开了。她母亲不在。楼上有"吉他"声。她在弹一个活泼轻快的华尔兹舞曲：好像千万只百灵鸟在飞在唱似地。

听见这快乐的音乐，我的眼泪如泉水般流了下来。

但是，当我走上楼梯时，我突然下了一个决心：我必须镇定，必须理智，必须清醒，这并不是为了我自己，而是为了奥蕾利亚，我要不这样做，她非毁灭不可。

下了这个决心，我登时振作起来，人也清醒坚定得多了。

刚走上楼，"吉他"声没有了。奥蕾利亚蝴蝶似地飞过来，扑到我怀里，紧紧拥抱住我，热烈的吻着我。她在怀里笑着道：

"我今天傻想了一天，如果我们要是有一个女孩子的话，奥蕾利这名字还名字还是不好。我想到一个好名字了。你猜猜是什么名字？"

"我猜不到……"我有点哽咽，无法说下去。

"傻孩子，怎么猜不到呢？就是你自己的名字啊！'林'！……是的，我一定叫她'林'！……这样：她象征了我们的结合！你说好不好？……"

说完了，她又笑着吻我。

刚吻了一下，她忽然怔怔道：

"啊，你的嘴唇为什么这样冰冷？"

她突然放松我，凝立在我的面前，瞪大眼睛，详细的望着我，吃了一惊。

"啊，你的脸怎么这样苍白？你瘦了！昨天你还是好好的，怎么一天你就变瘦了？——你不舒服吗？"

我摇摇头。我说不出话。我想尽量抑制自己，但已无法抑制。一颗晶莹的眼泪流到颊上，又慢慢的滴落到地上……

她一把搂住我，把我搂到怀里，用热热的脸偎贴我的发冷的脸，像姐姐对待小弟弟似地，用最温柔的声音安慰我道：

"爱，你受了什么委曲么？你心头有什么难过么？……告诉我吧！告诉最爱你的奥蕾利亚吧！只要她能为你尽力，她一定为你尽所有的力，甚至她的生命！……她是你的亲，也是你的妻，你不应该把心里的一切告诉你的妻么？……唉，告诉我吧！告诉我吧！……"

她一面说，一面温柔的抚摸我的肩膀。

我说不出话，只能让眼泪一滴滴的流下来。我先前的决定完全推翻了，我无法控制自己。

她不断抚摸我，问我，见我不答，不禁急了。她终于带着嗔意道：

"林，你再不说，我真生气了……"

接着，她又后悔自己发嗔，紧紧抱住我，用最温存的声音向我道歉：

"爱，饶恕我吧，我实在急了才向你说出这样不近情的话，饶恕我吧，不怪我吧！……唉，爱啊！你究竟发生了什么事？你为什么只流泪，不说话呢？……你这样子，叫我表示什么好呢？……唉，亲亲，我的亲亲，我向你哀求了，告诉我吧！……告诉我吧！……"

说着说着，她也急得流泪了。

我终于再也无法克制自己，我放声哭泣起来。

她见我这样，忽然不开口。她把我扶到一张椅子上坐下。她楞楞[愣愣]站在一边，望望我，又低头沉思。一个新的启示如一条蛇似地渐渐爬到她的思想里，像一个突然发现自己已临到悬崖边上的骑士，一刹那间：一个意想不到的深渊呈现在她的面前……

她对我望着，想着；想着，望着；望着，望着，她忽然像发现了一个大秘密似地，突然狂笑起来：

"哈，哈，哈，哈，哈，哈，哈，哈，我明白了……"

这笑声是可怕的，森人的，直像传说中的深夜厉鬼的惨笑。听到这种笑声，一个人不发狂几乎是不可能的。

就这样，她的狂笑声与我的痛哭声合奏着……

听到她的笑声，很奇怪，我的悲哀立刻消失了。

我沉静的站起来，把她抱到身边，哀求道：

"奥，你现在大约也明白了。……我求你：别再笑了！你的笑把我的心都撕碎了。……"

她回过脸来，不再笑了，脸上充满着眼泪。她的眼睛显出了一种奇怪的光彩，这种光彩，我在她的眼睛里是从没有见过的。这是一种仇恨的光辉，也是一种愤怒的光辉，她并不哭，却让眼泪静静在脸上流。她用一种很抑制的声音轻轻道：

“我答应你。我不笑了。……”

接着，她突然握紧拳头，狠狠在空中挥舞了一下，如母狮子似地，用一种雄壮而尖锐的声音狠狠道：

“要来的让它来吧！是地狱，是炼火，是雷霆，是大风暴，是魔鬼，是洪水猛兽，都来吧！都来毁灭我吧！把我撕成粉碎，把我辗磨成一阵阵尘沙，随阴风团团转吧！把我辗成粉末，分裂成万片，随海浪滚没吧！——我的心反正早已流出最后一滴血了！再也没有什么更可怕的了！……”

我用吻遮盖住她的嘴，不让她再说下去。

她沉思了一会，脸上仍闪烁着泪光，温柔的然而疲倦的问我道：

“就离开托木斯克吗？这么快？”

“还有四天，我们由莫斯科转波兰德国瑞士到意大利搭船归国。”我多说了一天，有意要骗她。

“哦，经过波兰！……”她轻轻把“波兰”这个字念了好几遍，好像是念自己母亲的名字。

接着，她忽然又傻笑起来，一面笑，一面抚摸我道：

“傻孩子，干吗难过呢？……不还有四天吗？四天有九十六个小时哪！如果我们把每个小时当做一年，不还有九十六年，尽够我们乐的吗？……来吧，每小时还有六十分，有三千六百秒哪！……”

她的双手又环抱住我，但这一双手却抖得很利害，也和我的手一样，是冷冰冰的。

夕阳光从窗外软软的射进来，光彩很红，红得特别哀凉。天空再听不见鸽铃声。燕子的翅影已消失了。几只白嘴鸦在树桠间叫噪着。春天的傍晚是温柔的，迷人的，但春寒特别刺人，似给人一种神秘的警告。

× × × × × × × ×

这以后三天，连我自己也不知道是怎样过去的。这三天是过得那样快，快得可怕，简直像三秒钟似地。如果一个人的全生都是过得这样快，那么一切都很简单了：一百年也不过像一天一样，既不会有所谓“快乐”，也不会有什么“痛苦”。

这三天，我们全部消磨在一个旅馆的房间里。这是托木斯克全城最大最华丽的一个房间。我卖了自己的手表，自来水笔，手枪……预付了一笔款子给旅馆。我准备在这三天中作最后一次挥霍。

奥蕾利亚为我向学校请了四天病假，决意把这整个四天献给我。她的病假很容易就请了。这时她脸上原已显出病态，她的心是深深病着。

在这三天中，她似乎有意要把她生命中所有的残余热情一起交付给我，一点也不为自己剩下。三个多月来，她原已在我身上挥霍了一笔极巨量的热情。但她认为这挥霍还不够。她要在这三四天中，把她这一生所残余的几十年热情一古脑儿透支干净，连皮带骨一起消费给我。她用这种野蛮方式来消费自己的热情，已不是一种情人的方式，而是赌徒的方式。她像一个最疯狂的赌徒，在一刹那间，把口袋里所有的钱都倾囊倒箧的捧出来，作孤注一掷。不过，她的赌法并不一直是激动的，骚嚣的，像一般呼么喝六大声吵闹的赌徒一样。最先，她疯狂得像一只饿兽，接着，她的赌法安静了，平和了，也可以说，她真正懂得赌了……

第一天，一切是最疯狂的，最激动的，也是最悲惨的。热情得像我们那样，已不是人间的热情，而是地狱的热情，魔鬼的热情，最最悲惨的热情——惨得叫人不忍回忆。在这一天，我们什么也没有吃，两个人只是相抱着哭。我们一面哭，一面说。也不知道那里会有这么多的眼泪！也不知道那里会有这么多的话！也不知道那里会有这么多的兴奋，这么多的感情！一个人要是一直像这样哭，说，兴奋，感情，过不了五天，就会活活把自己烧死的，好像爆发的火山把自己的躯体烧成焦土一样。

她在我怀里滚动着，抖颤着，狂语着，像害热病似地。她似乎连泪带血以及五脏六腑一起要从话语里喷射出来，叫我变成一个血人，泪人！

“啊，林，拥抱我！紧紧抱抱我！要紧紧的，紧紧的，紧紧的……我冷！我冷！我冷得很！我冷极了！快用你的身子暖我！快用你的心暖我！快用你的眼泪暖我！嗯，你就是我的火！我的火！我的火啊！……离你就是离火，我冷！……。”

“啊，林，我喘不过气了！我喘不过气了！你的臂膀叫我喘不过气了！用力吧！用力吧！我真愿就此——一口断了气！让你的臂膀和身子变成我的坟墓！……”

“啊，林，在你的臂膀里，在你的火焰里，我像蜡烛似地，要溶化了，溶化了！……啊，让我溶化吧！溶化吧！溶化成一片泪水吧！……”

“啊，林，你要走了！你走，坐火车，坐船，过地中海，过红海，啊，红海！那儿多热啊！经过那儿，你会不会还记得我身上的热？……”

“啊，林，你干吗不说话呢？我怕，我怕静！我怕啊！……说啊，爱的，只说一句，只说一个字，说一个最热最烫的字，一个像炼火一样的字，好把我活活烧死！让我在你的热情的火焰里来一个火葬……”

“啊，林，亲我吧！爱我吧！疼我吧！宠我吧！想我吧！拥我吧！吻我吧！

杀我吧！吃我吧！喝我吧！打我吧！骂我吧！把我碎尸万段吧！把我压榨成碎粉吧！都好！都甜！都美！只要是你加给我的，即使是叫我喝的毒药，都好！都甜！都美！……”

“啊，林，再吻我一次吧！再亲我一次吧！我要在记忆里预储起一堆极高极高的吻，你走后，我好慢慢的温习，咀嚼，回味！……”

“啊，林，爱我吧！享受我吧！玩我吧！把我玩个够吧！把我像妓女一样的取乐吧，玩个痛快吧！不要辜负我的火，我的热，我的美丽，我的肉体！……”

“啊，林，把嘴唇放在我眼睛上吧！像酒杯注酒似地，让我所有的眼泪都注入你的酒杯里，你要一口口喝下去，喝下去，一滴也不要剩！这是生命的酒，有酸，有甜，有苦，有辣，有咸，什么都有，什么都全。你得从这酒里慢慢尝味我的思想，我的梦，我的感情！……”

“啊，林，你走了，我每天依旧要到收容所门口去。我要在那儿徘徊又徘徊，徘徊又徘徊。从清晨到黄昏，从黄昏徘徊到月出，从月出徘徊到月落，徘徊到天明！……那时你的身子或许在波兰原野上，或许在多脑河边的丛林中，或许在瑞士的山间湖畔，或许在意大利的蓝天下，或许在地中海，在中国——那时你能想起有一个人在收容所附近徘徊流泪吗？……”

“啊，林，给我大风！给我天雷！给我闪电！给我瀑布！给我火山！让大风刮死我！让天雷打死我！让闪电击死我！让瀑布冲死我！让火山烧死我！让我变成一堆灰，一阵风，一团空气，永远追随你，陪伴你！……”

“啊，林，我的爱，可怜我今后只孤孤单单一个人留在托木斯克，我会像孤鬼游魂似地活下去。如果是黄昏，月夜，叫我怎么忍，又怎么敢睁开眼睛看看这个世界？……”

她说这些话时，当时的情形，我只能用四个字来一切：惨不忍睹！

在昆虫里，有一种昆虫，是专门靠吃自己的身体充饥的。我们现在正是这种昆虫；在吃自己时，一方面虽然感到肉体的痛苦，一方面却又满足了饥饿欲望。

这时候，她浑身发烫，脸孔红得像一团火，眼睛好像是两只将沉落的太阳。她的面部表情好像是一块被烧得通体透红发亮的炭，热极了，也灼人极了！我抱着她，似乎抱了一团火，我只有一个感觉：烫得可怕！从自己身上，我似乎嗅到一股被烧焦的气息。

有些人主张爱名，爱钱，或者爱自己，但千万不要爱别人。这实在含有一部分至理。你如果要彻底爱一个人，那实在是可怕的。比炼狱还可怕！如果是爱到极端，那不但不美丽，并且还极其难看。真理是难看的，骇人的；真爱也是难看的，骇人的；这一层，我现在是明白了，完全明白了。

我答应她：用嘴唇啜干她的眼泪，像啜饮白兰地酒似地。但那里啜饮得干呢？旧的还没有啜饮完，新的又流泻出来了，她的眼睛简直就是两口不竭的酒泉。我啜饮着，啜饮着，也分不清啜饮的是她的眼泪，还是我自己的眼泪。

夜间，我们无法入睡。她的激情虽然稍稍平抑下来，但面孔显得有点狠毒而粗犷。她的悲哀似乎转变成仇恨。好几次，她从床上坐起来，恶狠狠的望着我道：

"我恨你！恨你！恨你！恨你！……我要剥你的皮，吃你的肉啊……"

说着说着，她就用手掌击打我的脸，用手指撕扯我的头发，用牙齿咬我的嘴唇。我的嘴唇给咬破了，一滴滴血慢慢流下来……

我不开口，忍受着，反而用最温柔最和善的眼睛看她……

她看见了我的眼光，看见了我嘴上的血，她抱着我哭了，立刻求我饶恕，说了不只一千遍。

第二天，她比较安静了点，话也少了点。她只是不断哭，又不断笑。她哭一阵，笑一阵；笑一阵，又哭一阵；纯粹是歇斯地利亚式的。她脸上的火焰颜色已转成苍白色，她眼睛里的光色异常阴暗……

中午，我们勉强进了点饮食。还是我强迫给她，她才吃了一点。

餐后，我回收容所料理私事。明天晚六点，我们搭快车往莫斯科进发，我不得不和同事谈几件必要的事。

两小时后，我回到旅馆，她正在写东西。

她见我来，不写了，突然把一张纸条交给我。

我接过来看了一遍，这是一首未写完的诗。看完了，我止不住流下泪。

这首未完成的诗只有下面三句：

你舍得把爱你的奥蕾利亚
丢在这白熊乱舞的北极冰雪里
独自走向开遍柠檬花的南国？
……

我一面流泪，一面突然产生一个极奇怪的欲望：想唱歌！是的，我必须唱点什么，我必须大声喊几下，否则，我没法活下去。我于是开始唱一首韩国最流行的民歌，叫做《别离曲》，把她这首未完成的诗当做歌词。这是我第一次在她面前唱歌，也是最后一次在她面前唱歌。

今天除夕夜里，我在落雁峰唱的那首歌，就是这个！

我唱完第一遍，打算唱第二遍时，我的嗓子哽咽了。我不能再唱下去了。

这一晚，她似乎太疲倦了，不禁昏昏睡去。我却一夜没能睡，我睁着眼，一直定定凝视着她的美丽脸孔。我知道：这是我和她在一起的最后一夜了。这一夜以后，在我们中间会耸立起一座万里高墙，永远把我们隔成两座世界。我痴痴望着她，并没有一滴眼泪，我的眼泪似乎已经干了。

他[她]虽然睡着，却也不时惊醒，一惊醒，她就歇斯地利亚的紧紧抱住我喊道：

"啊，爱，我们在哪里呢？……没有什么阻隔在我们中间吧？……没有什么召唤你吧！……"

"啊，爱，晚风为什么吹得这样悲惨呢？……"

"啊，爱，夜晚的号角为什么响得这样凄凉呢？……"

"啊，爱，爱，看我呀！……为什么不看我呢？……"

我只好紧紧抱住她。用吻为她催眠。

到天亮时分，我实在支持不住，终于昏昏沉沉的睡着了。

当我醒来时，阳光已充满一屋子。看看表，已近中午了。我吃了一惊，正想坐起来，她突然走过来：

"林，你再睡睡吧。还早。你太倦了！……听我的话。乖乖的，再躺一会。"

她像母亲对孩子似地，把我刚抬起来的身子又按下去。

她的神色是这样安静，我不免又吃了一惊。望望那边桌上，她似乎又写了一点感想，我不禁放下心来。我只愿她多写一点；这样，或许可以把她的感情转移开去。

不久，我起床了，我看到了她的三首诗，字迹很是草率，证明她的心境仍不大宁静。这三首诗都没有题目，内容如下：

其一
在地狱的炼火边，
在沙漠的夜里，
可怕的不是哑默，
而是声音。

如果我在受凌迟碎剐之刑，
当我的一片片肉堕地有声时，
我咀[诅]咒这声音，
远过于执刀者。

喝我的血吧！
吃我的肉吧！
恳求你：
静一点！

其二
邓肯的两个爱儿突然死了，
她的许多友人在哭泣着，悲伤着。
邓肯既不哭泣，
也不悲伤，
却以平静的话语，
安慰她们。

今夜我梦见自己沉到海底。
我突然懂得邓肯了。

其三
一个冻死的尸体躺在风雪中，
一个孩子经过时，
他大声哭泣着。

一个冻死的尸体躺在风雪中，
一个青年经过时，
他悄悄流着泪。

一个冻死的尸体躺在风雪中，
一个中年人经过时，
他皱皱眉头。

一个冻死的尸体躺在风雪中，
一个五十岁左右的人经过时，
他微笑着。

一个冻死的尸体躺在风雪中，
一个白须白发的人经过时，
他望也不望就走过去了。

看完这三首诗，我轻轻叹了口气，没有说什么。

说来很奇怪，这一天她竟完全平静了。她不说一句话，一直沉默着。她既不流泪，不狂笑，也不抱我，也不吻我。她对我似乎很有点冷冷的。但她其实又不完全是冷冷的。她不时温柔的用手抚摸着我的头发，我的肩膀。最后，她把我的帽子与大衣拿在手上，一遍又一遍的抚摸着，抚摸着，仿佛整个生命都寄托在上面似地。

起先，当我强迫吻她时，她嘴角上总露出一丝苦笑。她既不热烈凑过来，又不冷淡拒绝，她只听我摆布，好像一个机械人。长吻以后，她不发一语，傻傻的楞楞[愣愣]的瞪着我，瞪了好一会，才又长长叹了口气。

最后，当我强迫长吻她后，她连叹息都没有了。她只怔怔的望着我，好像不认识我似地。望着，望着，终于她似乎又认出是我了，她的嘴边又不禁浮出一丝苦笑。

这时她的脸色苍白极了，像是一朵凋落的白蔷薇。她的眼睛极其阴郁，像是一大片森林的阴影铺成的。在她脸上，有一种阴惨的美丽，一种黑暗的甜蜜，她的表情从未有过这样的温柔。这种温柔，只有绝食两个月以后的印度人的脸上才有。是一种令人想匍匐下去祈祷的温柔！

她陷入一种深深的沉思中……

她的姿态叫我想起一种熄火山，溶岩还在地腹中流转，但表面看不出来。一种最疯狂的情绪纳入和平中，犹如酝酿着巨大暗流的平静海面。

她这种情形，我能说什么呢？我能表示什么呢？最后的时间既然已经近了？

我只能给她写了两个通讯地址：一个是驻意大利热那亚的中国领事馆，一个是上海法租界韩国临时政府的秘密通讯处。

她送了我一张放大相片。在相片后面，用抖颤的字迹题了下面一行字：

“曾经为你交付出她的一切的!”

四点欠十分,我告诉她:暂回去办一件事,六点钟再回来和她一同用晚餐。

我用全力抱了她一下,和她作了一个长吻,面对面的对她的眼睛作了最后一次注视,一个又抖颤又深情的注视。我感到她浑身在抖颤。

一分钟后,只听见一阵足步声响在楼梯上。

最后的一刹那是完了。

× × × × × × × ×

晚上六点钟到了,我们已被火车带到托木斯克的五十里外。我们的车子正在向莫斯科前进。

这时候,代替我本人,应该有一个短短字条送到这个波兰少女手上。

这短字条只有下面几句话:

××:

我走了,不再回!我一万句话只并作四句话向你说:我永远爱你!我一定给你信!请为我向你母亲致谢!请为我多多保重你自己!

××

这一夜,望着车窗外的黑暗原野,我哭了一整夜。

十九

四个星期后,当蔷薇花与玫瑰花开得最灿烂的时候,我们这一批东北军官由德国搭火车经瑞士到了意大利:终点是海口热那亚。在热那亚湾里,将有海船把我们带回东方。

开船的那一天中午,当地领事馆转给我一封信:信皮是白色的,字迹很娟秀,信的分量很沉重。

其实我不用看信皮,就会知道这是谁的信。

这时我们正忙着要上船,我抖颤的把这封信放在口袋里。我很昏乱。我现在不敢拆开它。我必须让自己平静一下。

我装作很忙乱的样子,跟着大家搬东西上船。我特别显得卖力,几乎是帮每一个人搬东西。我尽可能找琐碎的事做,我不敢让自己闲,更不敢让自己想。

好容易大家上船了,午后三时,船开行了。

在船上,我和大家拼命闲谈,我从来没有和人说过这么多的废话。闲谈了很久,又听音乐,并且陪几个法国女子跳了一阵子舞,把自己弄得很累很倦。

我几乎忘记口袋里还有一封信，一封极重要的信。

但我终于并没有忘记这封信。

深夜了。将近十二点。船在力古利安海里悠悠驶行着。海面很静。这是一个大月流天之夜，一轮满弦月静冉冉亮灿灿的升入中天，又华丽，又庄严，好像一个银色女王徐步升入银色宝座。天空纯洁极了，像是一片新出窑的淡青磁器，滴溜溜圆的舒展入无极无限，散离着一些亮晶晶的斑点，是星星。在如痴如狂的白色月光与青色天光里，整个大气层是甜醉了，发酵了，比新焙的面包还轻松甜柔。奶白色月光闪耀在海面上，好像有无数条小闪电在跳动。海很温柔，很和平，它似乎已熟睡了，睡得像个女孩子似地。这时候，所有搭客也都熟睡了，只有我一个人剩在甲板上。

力古利安海上的五月的月夜真不是夜，是一种青春，一种狂想，一种享受，一种诱惑。它是上帝的夜，也是魔鬼的夜。这白色的夜竟美丽得呻吟起来……

我倚住栏杆，从口袋里取出那封白色的信。

在未拆开以前，我作了一次深深的呼吸，把一大片海风吸入肺叶内。

接着，我庄严而缓慢的拆开信，拆得很慢很慢，好像并不是在拆开一封信，而是在拆开一个人的肉体。……

信终于拆开了。

出于我的意料，信里面除了一张白色信纸以外，还附有一封灰色信。我打开信纸一看，这竟是奥蕾利亚的母亲的信，信如下：

> 敬爱的林先生：
>
> 这真是一件最不幸的事，昨天午夜十二点多钟，我的女孩子奥蕾利亚自杀了。在她的遗书上，只吩咐了一件事，就是把这封灰色信转给您。现在我遵照她的遗言，把这封信寄给您，希望它能安全到达您手里。
>
> 先生，您知道我的晚年幸福是全部寄托在她的身上。您可以想像得到，这件不幸事对我是一个怎样致命的打击。假如您在这里，我相信这件不幸事是不会发生的。但我不怨您。一切都是天主安排定的。我只有祈祷她在天国平安。更祈祷天主降福于她。我的心现在乱极了，不能再写什么了。请原谅！

看完信，我浑身直抖。我仿佛看见这个笃信天主教的老妇人跪在地上做弥撒，祈求上苍保佑……

我深深喘了口气，立刻拿起那封灰信。灰色信上有着我的名字，字迹是抖颤的，好像患了恶性疟疾。我匆匆撕开信，最先跳入我的眼帘的，是一束白头发，大约有四五十根。我怔住了。我紧紧把她握在手里。接着我连忙看信。但里面并没有信，只有一张灰色的大纸，有一张对开报纸那样大。我打开那张大报纸，上面什么都没有，所有的只是一大片阴暗的灰色。我不相信这仅是一张空纸，便把眼睛凑上去细看，终于看见一些字迹，但很迷糊。淡青色的月光不能照明灰纸上的黑色字迹。我于是跑到一盏路灯下，在明亮的电灯光下，我终于看清楚了，满纸横一行竖一行的只涂写着一个黑色俄文字，这个字就是“黑暗”！这些“黑暗”的字迹抖颤极了，也潦草极了，它们像一条条病蛇，盘旋在灰色纸上，表现出一种可怕的骚乱，可怕的疯狂。人会想像，以为这些字是从一只濒死的疯兽的嘴里吐出来的。我满纸的找，希望除“黑暗”两字外，纸上还能有其他的字或句，但什么也没有。纸上到处只写着“黑暗”二字。如果要统计一下，这张灰色纸上所写的“黑暗”至少在三四千以上。但我不相信这纸上除了“黑暗”二字外，就没有别的字。我耐心在这些横七竖八的潦乱字迹中找寻，最后，我终于在一个小角落上找到了。在“黑暗”二字所包围的一个小角落上，有下面几行字：

“不要问我为什么这样做！不要问我为什么这样说！不要问我为什么这样惨！不要问我为什么这样苦！不要问我为什么要有这样下场！不要问我为什么……

生命不过是一把火，火烧完了，剩下来的，当是黑暗！但是，我的火并没有烧完，我还有成千成万的火要烧。可悲悯的！一种不可抗的力量竟命令我停止燃烧了！我只有用自己的手为自己造成永久的黑暗！

人啊，看吧！这里是四十七根白头发。在你走后的十天中，它们像花样的开在我头上。你要玩味它们的白色，最深最深的玩味！……

啊，我的亲丈夫！我的上帝！我已经把一切交付给你了，除了这点残骸。这残骸的存在是我对你的爱的唯一缺陷。现在，我必须杀死这个缺陷，杀死这个残骸，让我的每一滴血每一寸骨每一个细胞都变成你的血，你的骨，你的细胞！让我的名字永远活在你的名字里！……

现在，正是午夜……

啊，夜太可怕了，太黑暗了！太深沉了！啊！我的丈夫！我的丈夫！我的丈夫！你在哪里？你在哪里？你在哪里呀？我怕！我冷！我发抖！快来抱我！快来吻我！快来望我！快来亲我！我怕！我怕！我怕！我怕！我怕啊！

……时候近了！

表在残酷的响。这是世界上唯一的声音！五分钟后，我就要永久投入你的怀抱了！啊，我的丈夫，你在哪里？你在哪里？你在哪里？你在哪里呀？

……

……啊！最后的时候终于来了！……来了！……来了！……

现在，当我右手执笔在纸上写时，我的左手开始紧握住一把明亮的短刀。笔已不能写我的心了。我必须用刀写我的心！我要给你看：我的心是怎样红！怎样热！怎样为你发痛！为你发抖！啊，我的丈夫！你在哪里！你在哪里！你在哪里！你为什么不回来？不回来？不回来看看你的奥蕾利亚的脸孔？最后一刹那的脸孔？惨绝人寰的脸孔？

……短刀举起来了，正对着我的心膛。一滴滴泪水落在刀上！（多甜的眼泪啊！）我不能哭！我必须鼓起勇气，含着笑对你作最后一个请求：在我们相识第十年的除夕，爬一座高山，在午夜同一时候，你必须站在峰顶向极北方瞭望，同时唱那首韩国《离别曲》。

……永别了！永别了！永别了！永别了！……我的最爱的最爱的最爱的最爱的最爱的最爱的最爱的最爱的最爱的最爱的爱……现在我永远占有你了……”

× × × × × × × ×

海风吹过来，又吹过去，比绵羊还温柔。我的头发散披在海风中和月光中。

海风吹着，舞着，作着邓肯式的神秘舞蹈。随着海风，船舱里散溢出玫瑰花和蔷薇花的芳香。这些花是人们从热那亚的花园里采摘了来的。但摘花人已经睡了。所有的人都睡了。甲板上只有我一个人。

我站在月光里，站在五月之夜里，月光狂烈的拥抱我，雨点似地从我的头发吻到脚跟，仿佛要用这拥抱与狂吻来毁灭我。我慢慢拿起那四十七根白头发，一根又一根的轮流吻着，不知道吻了几百遍几千遍。最后，我把它们和信贴在胸膛上，用我的心跳来温暖它们，仿佛它们怕冷似地。终于，我安静的站着，一动也不动，如一座石像。我既没有眼泪，也没有苦笑，没有痛苦，也没有激动。我变成一种机械，一种矿物。我站着，倾听着，凝视着，不知道是睡是醒，是醒是睡，梦与现实已缠绞不清了。饱和了月光的空间明洁而光滑，芬芳而富有肉感，直似少女的如花肉体。我偶然有意无意的慵慵举起手臂，轻轻用手掌抚摸这空间，这月光，这芳香，又不时用嘴唇啜饮栏杆上的凉凉露水，像夏蝉似地。

月光似乎照明了我的思想。

海很平静，可以听到它的均匀的呼吸，好像是奥蕾利亚的胸脯子。船仍在前进，海浪温柔的吻着船身。只有沉重的轮机声突破了夜静；这种沉重的声音仿佛是一种郁怒，一种低吼，一种反抗……

这一夜，我一直站在栏杆边，我在考虑一件事：我是否要带着这封信和四十七根白发去找她！她就在我面前，只要我一跨过船栏杆，就可以遇见她了，我相信她正在海底与鱼群游戏，我也可以参加这种游戏。

但我立刻又想起她的话。他要我还等十年，为她办一件事。答应她这件事，实在比立刻找她要苦得多，可怜得多。她在向我提这个请求时，她大约没有想到：这对我是一个很重很重的惩罚。

要真正爱一个人呢，其实也就是接受一种惩罚。我这一辈子是被惩罚完了，从小惩罚到老！

黎明时候，我终于决定了：接受她的惩罚！

她是不愿意再演戏了，戏演够了。我呢，自然也演够戏了，但我却还有一个欲望，就是自己既然不想演了，不妨看看别人演戏。这也是我还想活着的一个理由。

今天，我是在你面前演了最后一次戏，你现在是把这戏听完了，请千万要遵守对我的诺言：不要在报上或杂志上写一个字，那样，对人对己都没有什么好处，而我更会恨你入骨的！

二十

当这个陌生怪客对我讲完这故事时，已经是元月二日早晨三点多钟。除了吃午饭晚饭时，他会暂时停讲外，其余的时间，一直没住口，他一面讲，一面喝酒，汾酒喝完了，他就喝庙里的素酒。奇怪，他喝了两斤多酒，竟一点也不醉。

他讲完故事时，我虽然感到一种说不出的妙趣，但却疲倦得要命。老实说，他最后还说了一大段话，约略提到他十年来的情形，但我已经听不清楚，这时我早已打瞌睡了。我想，他一定是发现我在打瞌睡以后，才不讲的。因此，他所说的最后几句话，我只记得是：重覆叫我千万不要拿他所说的做文章材料，否则，我就是罪人云云。此外，我还记得一件事，就是，他现在所戴的帽子，就是他十年前除夕那天所戴的。他现在所穿的大衣，就是和她最后将离别的几天中所穿的。这件大衣，他从来没有刷过或洗过，因为上面曾经留有她的泪眼，抚摸，热吻，与拥抱。

关于他所提到的十年来的生活，我如果要勉强搜索回忆，我依稀只能记得下面一段话，这似乎是他多年在人生大海中翻滚挣扎的一点收获，一点智慧结晶。

他用深沉的大眼睛疲倦的望着我，带着无穷的沉思意味道：

“在生活里面，你常常可以碰到一种不可抗的神秘阻力。这种阻力，在你年青时，还不显得怎么沉重，有时候，只要你咬一咬牙关，摇一摇头，说一个‘不’字，它似乎就退开了。但是，随着你年龄的增加，额上皱纹的加深，这种阻力也一天比一天变得强大起来。到了最后，你连摇摇头说个‘不’字的勇气都没有了。不，不是没有勇气，是没有兴趣！在年青时，你觉得这种摇头是可赞美的。中年以后，你觉得这种摇头是极可笑的。终于你承认这种神秘阻力是一种坚不可拔的存在。它像神话中的一种狮妖，砍掉它的脑袋，它的第二个脑袋立刻会长出来。砍掉第二个脑袋，还有第三个，第四个，第五个……这种滋味，一个年青人是体味不到的。必须等第一根白发出现在你头上的时候。我和奥蕾利亚的一段悲剧，只不过叫我提早体味这种滋味罢了。此后十年，这种滋味是一天天加深加重起来，压得我喘不过气。我终于明白：越是认真追求幸福的人，越不容易得到幸福。倒是并不怎样追求幸福的人，幸福却常在他的身边团团转！……”

说完了这段话，他深深叹了口气。

× × × × × × × ×

元旦二日午后二时，我醒了。醒来一看，那个怪客不见了。我自己竟已躺在床上。在枕边，我只看到他留的一个纸条，上面只有几句话：

> 朋友：
>
> 我的事办完了。我走了。我请求你，无论如何不要拿我这个故事发表。否则，即使我变成鬼，我也要恨你！
>
> 一个人

看完了这条子，我楞[愣]了半天。我想：这个人真是神秘古怪，他究竟到哪里去了呢？

山前山后找了一遍，都没有看见他。问庙里的道士和长工，都说不知道。这个闷葫芦真叫人猜不透。

跑了好一会，不知不觉已经黄昏。这一天我是不能下山了，只好再在庙里住一晚。

我一个人呆呆坐在客室里。望着桌上的空酒瓶与空酒杯以及残肴剩菜，不禁愈加想念起那个怪客。这一晚，我在床上翻来覆去，总睡不着。想起那个怪客所说的故事，我说不出的觉得好奇，激动。他所说的话，我越想越觉得有意思。我真是后悔，当时竟那样疲倦，坐在椅上打了瞌睡。但我后来又怎么睡在屋内床上呢？一定是他把我搀扶进房的。我自己竟糊糊涂涂不知道了。这真是该死万分。

懊悔也没有用。还是下山要紧。第二天我终于下了山。不久，我又回到西安。

在西安，我到处打听这个怪客的行踪，始终得不到他的消息。最后，我想了一个方法就是：赶快把他所说的故事写出来，登在报上；他原是再三嘱咐我不要发表的，我现在违了约，他如果还活在世上，只要看到这个小说，一定会来找我算账。那么，我就要一把抓住他，看他还往哪里跑？他如果不来找我，那一定是不在人世了。那么，我也可以靠这个小说得一点稿费，出一点风头，读者呢，也可以听到一个奇怪的故事，足以供茶余酒后消遣，如此，一举数得，何乐不为？因此，我就写下了这本小说。

最后，我有一个请求，就是：读者看完这本小说之后，如果在街上或哪里碰到类似这个怪客的人，假使他是韩国人而又姓林的话，请千万写信告诉我。我还想和他再谈谈，多谈谈，他一定还有许多好故事哪！假如我能把这些故事一一记下来，你们不又多了一点茶余酒后的谈料吗？

旧小说在书后常常要题一首诗，以作结束，我觉得这是一件很文雅的事。但我既不会作旧诗，又不会作新诗，倒不如向别人借一首吧。我决定把红楼梦开场的那首诗借了来，照抄如下：

满纸荒唐言
一把辛酸泪
都云作者痴
说解其中味

三十二年十一月九日——二十九日

（原载于西安《华北新闻》副刊，1943 年 12 月 1 日至 1944 年 4 月 27 日；选编于《北极风情画》，西安无名书屋，1944 年 7 月初版）

1945年

以后

野兽、野兽、野兽（节选）

无名氏

第二章

五

这个座谈的大奔流，直到门外进来三个人时，它才停住。

这三个人才进门，左狮就站起来，用责备的眼色，望着其中一个面色青白的粗壮汉子大声道：

“贾同志，你们怎么来得这样迟？座谈会快完了。”

贾强山响起粗嗄嗓子，有点暴燥道：

“你还埋怨我。我和项若虚足足等了一个钟头。今天下午，骑兵团请韩教官去表演马术，晚上筵请他，他回来迟了。”

他旁边项若虚尖酸的道：

“我和贾同志倒想早点赶回来，不再傻等下去。可是，既来之，则安之；又怕你回头批评我们布尔乔亚大少爷，一点不能忍耐，又是这个‘乔’，那个‘乔’，一大堆‘乔’的！……可我们终于把这位国际贵宾请来了……”他一双鼋鳖式的鳞介水族的眼睛，在墨绿玳瑁眼镜后面，闪着点得意。

这时韩慕韩用粗大声音表示歉意，连说对不起。

宪民见他们三个说话那样直率，似乎有点不过意，忙用特别温和的语调道：

“韩教官，你怎么这样客气？我们这里，不少是你的学生，你还用这样客气吗？”

这里的青年，有一部分曾在军事训练班受过三个月的集中军训，有的现在每天还志愿继续去受一小时野外教练，韩是这个训练班的骑兵教官，这里的人，他几乎认识一半。

曹宪民替韩作了一个介绍后，大家决定停止座谈，请韩作个短短讲演，讲讲军事问题。

贾强山眏了眏斜视的左眼，靠唇边那个镰刀形疤痕四周，含恶意的露了露粗犷的笑，大声道：

“有一件事得声明在先。韩教官说，他可以来参加今晚这个会，以后还可以继续来参加。不过，他有一个条件。眼接着他就参加北伐了。上面已决定任命他为步兵大队长。这是一个步骑兵混合的杂色队伍，编制是一个团，人数却几乎相当于两个团。因为里面有很多骑兵，所以请他带。他需要一个政治指导员，想在我们社里找一个。”停了停，粗暴的笑着道：“韩教官今天不是白来参加这个会的。”

“那么韩教官是来找‘对象’的啰！”范唯实笑着，幽默了一句。

“抽签好了。抽到谁是谁！”黄幻华天真的道：

“这又不是求菩萨，又不是翻了大轮船，抢上救生艇——要抽签！韩教官自有韩教官找‘对象’的眼光！对不对，韩教官？”范唯实望着韩，轻松的笑着。

韩不开口，只是豪迈而响亮的笑。

项若虚挖苦道：“什么抽签不抽签，韩教官的‘意中人’早有了！”转过脸，有点鬼祟的望着印蒂。“印同志，你要当心。韩教官进来后，眼睛一直没有离开你，对你品鉴许久了！……说不定过一会，他要找你开谈判！……”

印蒂一向就不大惬意项贾两位，项现在这样轻薄他，他心里老大不快，正想泼一桶冷水过去，左狮突然用极严肃的声音，改转话题道：

“大家不要开玩笑了。现在我们请韩教官讲演。”

韩极豪爽的大声道：

“不行！不行！讲演不敢当。……有许多地方，兄弟还要请诸位多指教，……我是一个从旷野里来的大老粗，从不懂得讲演！”沉吟了一下：“诸位今天这个座谈题目，偏重于政治意义，军事上不能说什么。……如果谈北伐的军事预测，现在太早了。谈北伐的军事进攻路线，以及战略战术的运用，这事先得准备一下，不能临时马虎谈。……同时我是一个学骑兵的，对于一般军事理论，实在谈不了。……因此，今晚这个会，兄弟实在说不出什么。……”停了停，声音更宏亮了点，“不过，我既然来了，我愿意认识这里的一部分新朋友，我是一个最欢喜朋友的人，我希望这些新朋友能接受一个异邦人的热烈握手，也能给予这异邦人以热烈握手！……我愿意在心坎里拥抱这些新朋友！”

左狮带了点独断，肯定的道：

"韩教官过去曾参加过苏联红军,可以谈谈红军革命战争经验,来教育中国战斗者。这个伟大的人民战争的任何一点屑片,都可以丰富的营养中国革命者!"

郑天遐温和的道:

"韩先生不必拘束,可以随便谈谈,不一定限制范围……韩先生愿意怎样谈就怎样谈。"

韩粗犷的笑道:

"我过去带的是一部分远东红军,是所谓二毛子红军,这些二毛子是远东西伯利亚韩俄混血青年。这是一支骑兵大队。因为我学的是骑兵,并且能说中日韩俄四国话(远东白军里有不少日军),所以他们便要我当大队长。一切事绩很平凡,不值得自我宣传!"

黄幻华首先热烈鼓掌,天真的叫道:

"我们欢迎韩教官作一次'自我宣传'!"

大家一齐热烈鼓掌响应。

韩慕韩洪亮的笑起来。

所有的眼睛都辐辏到韩一个人身上。这些眼光在盘旋,在搜索,在摸,在敲,在撞,似乎要深入这个韩国人的形体,捉住他的核心。他完全陷在一切视线和注意力的重围中,再也无法挣脱。

这个韩国革命者是一个英雄式的人。

这是一个在第一眼第一印象中就能给人全部印象的人。他身材五短魁壮,有一片岩石样结实巨蓬般圆满的肺型,胸脯子经常昂挺出来,走路时两腿象铁柱子样沉实有力。脱下了军帽,露出个又庞大又光秃的脑袋,靠脑门处闪灼着一小角秃亮的红光。他深棕色的肤色像个非洲热带人,在这热带味的脸上,整个热带中心,就是那双充血的眼睛,这是一双充满伍子胥鞭尸意味的眼睛,它不断闪出红红光焰,似乎永远要用那两只带血的圆球对无尽的空虚鞭尸,对他所憎恶的一切存在鞭尸。他穿一套黄哔叽军装,一双又高又大又黑的马靴亮着银色马刺,全身上下绝顶整齐,规律,严肃。他的口音是吉林腔,几乎和一个中国人毫无分别,只有极敏锐精细的人,才能从那略略高扬的语尾和那微微昂挫的腔调上,捕抓住一点不自然的韵律。他年约三十左右,但神态却像个十八岁的小伙子,充满了瀑流式的冲力。他整个人就是一种冲动的化身,内心无时无刻不在喊:"冲!冲!冲!冲!……"

这是一个十足英雄味的人,容易令人联想起远征埃及时的拿破仑:无穷蛮犷力中洋溢无穷幻想。这种人无论出显在什么场合,在第一秒钟就立刻希望别人冲入他的灵魂。他的心房昼夜洞开，毫无栅栏和门闩，甚至连那一角礼貌的帘幕都常常高卷上去，准备任何人可随时大踏步进来，直入他的内室。他的作风又有点像大赌徒，随时把所有财产带在口袋里，打算向任何一个对手孤注一掷。他的打算和希望，十有九回，实际上是成功了。他的形貌，体格，步态，谈话，处处都表现出特殊格调，能引人注意。特别是他的国籍，这是他身上最卓异的标志。在他身上，人们可以看出三千万人所堆积的阴影轮廓，以及对阴影反叛的轮廓。他那激动而宏亮的声音，从没有一分钟停止扮演哭秦庭和豫让吞炭一类角色。

今晚，他的主要欲望是满足了。不仅所有视线全集中到他身上，大家并且把他当革命英雄看待。因此，他特别满意，在态度上也比往常矜持了许多，语调中添了不少涵蓄和弯度。

这是一个美丽的五月之夜，南中国的夜，白色龙眼花开在黑夜里。这张非洲热带的棕色脸上，腾起了血液。这种充血现象，他谈话一激动，就发生了。他不是谈话，是在弹雅典琴。这支琴先是在雅典人群里弹，平静而温和，最后，才在异邦罗马人筵席上弹，琴声在耻辱和仇恨中响。弹琴者似乎宁愿砸碎琴，而不再继续弹。……

"我过去参加远东红军作战，最光荣的一页，是斯巴司卡亚的争夺战！"

琴声是这样开始的。大家侧耳听。

六

决定白党远东共和国最后命运的，是双城子。决定双城子命运的，是斯巴司卡亚。后者是双城子——绥清铁道，与双城子——海参崴铁道之间的一个据点。它并不是要塞，但它是一个重要据点。假如要压迫白军向绥芬河方面退却，就必须占领这个据点。占据了它，才能切断白军在海滨省与伯力之间的联络线，割断白军胳膊，使白军咽喉的双城子变成一座死城。这时候，在海参崴与双城子之间，红军第二军正对白军展开猛烈攻击。斯巴司卡亚既是这样重要，白党决定死守，领导防御的是白军名将孟却诺夫，兵力约在八千左右。

作为最后决战区的，是斯巴司卡亚繁华区的防御"复廓"。在"复廓"外围，是车站和镇市。在站和镇外四五里，建筑了"环形战壕"，壕分内外二壕。壕外有"副防御"：鹿砦，狼井，拒马，铁丝网，道奇卡……。这一切用来掩护"阵地弱点"。

由于白党的决心和防御坚固，斯巴司卡亚变成一座铁的堡垒。红军在四周构成包围，攻了两个月，换了四个指挥官，始终无法攻克。最后，司令部瞩目于我这个异邦青年军官，换我来指挥。

这是一个最艰巨也最伟大的任务，它好像是开在悬崖绝壁边沿上的一枝红艳玫瑰花，我又爱它，又怕它。可是，我终于决心把它摘下来。是的，必须“摘”，这不仅是我的责任，也是我的光荣。受我指挥的兵有七千，有四架侦察机做耳目，野战轻重炮有七十多门。

接受任命后，我立刻下令猛攻。敌人的道奇卡凶得厉害，这是一些机关枪构成的“侧防”十字火网，弟兄们死了两连，还是冲不破。我心里愤怒极了。我想：这个蠢东西要拦阻我上绝壁摘花啊！不成！我得征服它！经过长久苦思，我设法从油井口车站搜集得大批钢板，它们原预备修火车用的。我命令工兵用两块厚钢板搭成人字形，衔接处拿铁钉钉牢了。在两片钢板下面，装上轮子，钢板一面，开了个四方形的小洞，架着机关枪。两个弟兄蹲在里面，一个推轮子，一个开机枪。它的原理近似欧战中的坦克。但那时候，远东从没梦过这种新式武器。——这样的钢板架子，我造了八十个。

一个刮大风的阴暗早晨，我下令总攻击。这个出奇不意的新兵器，立刻收了效，它破坏了敌人八座道奇卡。布利亚特①骑兵紧跟着冲过来，一举占领车站。城内白军的补给线立刻被切断。这车站一战是决定战。这以后，白军已成强弩之末。我利用这种钢板架子不断攻击，敌人节节败退。红军指挥部先是在离城四十里外农村里，一个村子又一个村子向前推进，最后只离城五里。总攻击后的第六天，城内两连日本军队首先撤退。到第八天，白军主力也撤了。

斯巴司卡亚于是攻克。悬崖边上的玫瑰花，终于摘下了。

八天中，前后攻击了十四次，平均一天几乎要进攻两次。我一直没有能好好睡觉，全身衣服始终未被解开过，靴子一直穿在脚上。实在疲倦不过，顶多也只能坐在椅子上打个盹。副官们和参谋们也一样。

西伯利亚滨海省的天气非常古怪。出太阳的日子，也有一层阴森森的气流。不管阳光怎样炽热，也晒不透这层阴阴气流。可是，这片阴气又不能构成阴天，它们是一些水蒸气，有点像荒野上的雾气。这是一种矛盾的气候。在这种气候下作战，人非常沉闷，仿佛是在地底煤层里作长途旅行。但是，旅行完了，我们胜利了，奇怪，所有沉闷立刻没有了。心里真像开了玫瑰花。不，心里被一片狂欢的大崩雪压倒了。

胜利的那一晚，我喝了两大瓶伏特加，睡得像一块泥土。

---

① 布利亚特，即韩俄混血的人。

攻陷斯巴司卡亚，双城子成为一座孤城。红军从三面逐渐缩小包围圈，它的陷落只是时间问题。

终于，日军与白军开始撤退。经过一星期左右的撤退，我最后接到谍报，城内已无一个白军。

这时，从“船方子”方面，一万多红军正在挺进，企图占领双城子，到海滨省一带来布防。

一阵神秘好奇心抓住我。我突然产生一股想先入双城子的强烈欲望。作为斯巴司卡亚攻入者的我，认为有优先权享受先进双城子的最高光荣。——这时，我的虚荣心达到最高峰。战斗只是军人的皮肉，虚荣心才是军人的骨和血！我承认军人异常浅薄。但从浅薄的虚荣心里，却能产生最高的勇敢。

我不再考虑城内有无白党后卫残留部队，决定以战胜兵先头部队的资格先入城。为了避免白党伏军的包围，我决定先遣一部分骑兵配属步兵入城，主力暂驻城外。我把所有部队先开到城外八俄里处，用全付精力，整理士兵服装，一面通知双城子市公所，华侨商务总会和韩国侨民团，决定第三天清晨入城。

第三天清晨，这是我一生中值得纪念的一个日子。

我临时编组一大队骑兵为先头，共四百名，配属八百名步兵。服装百分之百的整齐清洁，我严重下令：假如发现有一个不整洁。立刻予以严厉处分。

我另派五十骑作警戒兵先头，飞驰入城，先占领城内各十字道要口，担任警戒。

大队出发了。

……远远的，我们看见双城子城内高耸的大建筑。

我立刻传布命令：

“骑兵纵队之各中队以二路纵队并列前进——步兵大队在骑兵后保持百米之距离——各中队以侧面纵队前进。——”

四百骑兵排成八列，每列五十人。每个骑兵穿着最整齐的红军制服。他们头戴德式草绿色军盔，耸直着尖尖盔顶子，两边盔耳朵竖上去，成为两束宽厚的带子，中间是一颗又大又辉煌的呢质红星，像一朵红色火花。身穿黄卡叽布棉军装，外面是长齐脚跟的浅赭色呢大衣，衣上亮着草绿色的铜钮扣，大衣后面是一条装饰带子，上丽有两颗铜钮扣。脚上一律穿高高马靴。他们背着“托洛克里民克”[1]，战刀插在黑皮鞘里，挂在左下方，刀把子黄铜色，刀鞘皮背

---

① 托洛克里民克，为一种俄国马枪。

带咖啡色。他们右手高举三米达八十生特的长矛(约一丈多长),杆子是高加索藤木,钢铁穗先(矛尖)发出寒闪闪的光,矛身上的“游革”垂在杆末。

八百名步兵一律掮步枪,分成四列,每列二百名,距骑队约一百米,庄严前进。

在八纵列骑兵前面,我骑在马上,缓缓前进。我后面是副官的两骑。

如果在高空鸟瞰,正象一个稍稍脱节的T字在前进,T字前面是三颗星。这一切,正好构成一个圆椎形的前进。

五十骑警戒兵驰入城内,在东西和南北大街要口上布了岗。像传火炬,这五十骑越传越远,越传越少,当最后一个火传完时,当最后一个马蹄声消灭时,全城都满布了岗。

大队行进到离城二里处。

我看见飘扬着的欢迎旗帜。我看见簇拥着的欢迎人群。我听见遥远传来“乌拉”声,我知道五十骑已到达目的地,接受了人们的欢呼。——我登时紧张起来。

我还来不及准备,一阵阵海啸式的“乌拉”吼声已从远处传来,像成千成百火车头似地,不断滚来。

听到远处吼声,整个队伍立刻紧张起来。

队伍才入东城,踏上普洛司别克大街,突然一阵大崩雪似地海吼声压过来:

“乌拉!"

“乌拉!”

“乌拉!”

“乌拉!”

“乌拉!”

“乌拉!”

“乌拉!”

“乌拉!”

一阵阵欢呼声海崩式的吼着,一阵比一阵高,夹着雷样的喝采声和掌声。随着吼声,人群像海波样向两边闪过去,闪出一条大街。千千万万人挤在街头。所有门扇都打开来。所有窗户都打开来。所有头脸都从窗户里伸出来。所有手臂都在窗口挥舞。妇女的声音特别尖锐:她们在欢呼自己的双重解放,眼泪流在她们脸上。少女们在送飞吻。一大簇一大簇鲜花暴雨样洒到大队里。“乌拉”声和“万岁”声像海潮,随着队伍向前滚。这条街才落潮,下一条街潮又涨起来。整个双城子沉醉在欢呼声和吼声里,人们似乎要用这洪水式的欢呼声把支胜利队伍淹死。

“乌拉!”

“乌拉!”

“乌拉!”

“乌拉!”

“乌拉!”

“乌拉!”

“乌拉!”

“乌拉!”

队列“乌拉”吼声中前进。四百支长矛森林样高举着,像四百座戈特式教堂塔尖,占领了双城子天空。一千三百只高高盔尖高傲的耸直着。一千三百颗红星在头上辉煌。好像从同一模型里所浇铸,四百个骑兵如四百座骑马石像,八百个步兵如八百座直立石像。这一千三百座石像在庄严行进。一千三百张神圣不可侵犯的面孔,有着两千六百双剑锋样的锐利眼睛。这不是浩浩荡荡的军队,这只是岩石和三合土混凝成的一片石流。每一个单位不再是一个单位。每一个分子不再是一个分子。一千三百人变成一个人:这个人是“集体的庄严”!

在大队前面,像一座希腊巨神,我庄严骑马前进。我左手勒住马缰,右手抱住战刀,做出拔刀姿势。我战刀闪耀,我肩章辉煌,我坐马昂挺。我有一副石刻的面孔,一双冰冷得要冻结的眼睛,一个闭紧着的嘴。我整个姿态,像一尊腓烈特大帝飞腾半空的青铜骑马像。一簇簇鲜花雪片样向我洒来,一阵阵欢呼声巨涛样向我冲来,我毫无感觉。一种生命的最高庄严渗透了我。我像活在另一个世界里。在我四周冲卷着的海吼声似乎离我很远,很渺茫。我耳边唯一的清晰声音,只是我自己这另一世界从无限静寂中所发如来的声音,两种极简单的声响。“……达达达达达达达达……嚓嚓嚓嚓嚓嚓嚓嚓……”前者是马蹄声,后者是步兵声。

……

这真是一种奇怪的境界:一方面是群众的火,一方面是我这块冰,在冰下面又压了一团火。群众的火里面包着我这块冰,这块冰下面又包着一团火,一团连我自己都不认识的火。……你们说,这是不是一种怪境界?

四天后,远东红军主力正式入城,我经历了一个更高的荣誉场面,但它却不能像上面那个感动我了。在车站广场上,统帅部举行大检阅,检阅一万多红军。检阅完毕，远东红军第二军军长加兰达希，一个魁梧大个子，向全体红军训话，他第一句就道：

“首先，我要给你们介绍一位英雄！”

他骑在马上，粗大的手指着马上的我：

“这是朝鲜的谢勃契尼诃夫！”①

三万多只眼睛，完全扫射到我身上。

“他是领导攻击斯巴司卡亚的最后指挥，也是克服斯巴司卡亚的第一个英雄，也是双城子的第一个踏入者！——这就是朝鲜的谢勃契尼诃夫！……

不用说，在这一刻，我的荣誉感是达到最高峰。但是，比起四天前那一幕，却差得很远。因为，在这一幕，我充分明白的感觉出自己的感动。在前一幕，我却感动得不再能意识到感动了。现在，四周大火直接包围我这一团火，在两火之间的那块冰却没有了。……

说完了这段回忆，这位韩国革命者又加了点补充：

“刚才我叙述斯巴司卡亚的争夺战，限于时间，我说得非常简单。但真正战争却不是这样简单。在报纸上，战事新闻常常是千篇一律的老调，什么‘战况激烈’呀，什么‘敌人被歼灭大半，我军伤亡甚少’呀……有谁能从这些简单字句里，体味到它们所包括的深沉复杂的意义么？

我只向你们举一个例。

你们谁能想得到么？在一个长久搏斗后，当一柄长长尖尖的战刀，深深贯入敌人胸膛时，那金属刀片被敌人血液所温暖，随后者心脏跳动而跳动，刀面震颤起一种音乐旋律式的波动——有谁能理解这种波动的最微妙的感应？有谁能理解胜利者通过战刀听到敌人心脏跳动时的心理感应？有谁能理解这种极玄学的滋味，这极神秘的感觉？

自然，战争是残酷的，但生命本身就是一场残酷，同样，革命也是一场残酷无情。革命不需要解释，甚至不需要书本，他只要两样东西：铁和血。在这一点，我以为拿破仑的说法最干脆，也是一常常能把握住一部分真理。……在生活里，酒肉和女人的享乐，把人麻醉得太飘太轻松了。革命阵[时]铁和血的风暴，可以恢复人性中的严肃成分。革命是生命严肃化的最高表现。战争也是同样的表现。有革命，就得准备战争。

总之，一个军人的味道是无法说的。战争也无法描写的。……这一切只是你们文人的事！”

---

① 谢勃契尼诃夫，是苏联革命内战中的英雄之一。

最后，韩慕韩用激动的语调，大声说出收场白。

“今晚，兄弟来参加诸位这个会，主要的不是介绍我自己，而是介绍一个韩国人的灵魂。希望通过这个灵魂，诸位能对海对岸那个死亡了的国家，多寄予一份同情。那个国家的天空，已经有二十五年没有出太阳了。那个国家的三千万人，已经有一世纪的四分之一，一直拿耻辱当饭吃，拿眼泪当水喝了。这个国家和贵国，曾经有三千年的兄弟友谊。它的灭亡，也就是贵国普遍黑暗的真正开始。我们同样在遭遇一个‘黑暗时代’。我们同样都在受一个强盗蹂躏。今晚，我是这样愉快，能和诸位聚在一起，但是，在大海那一边，在这样的夜里，人们正在受屠杀，受奸污：这些人都是我的兄弟和姊妹。我现在似乎清晰的听出他们的呼喊声和哭泣声。……我不愿用过多的话语，再将这些喊声和哭声介绍给诸位听。诸位也许比我还听得清楚。在这样美丽的南国之夜，我也不愿用一个黑暗民族的自私感情，来淹没诸位。我唯一的愿望只是：借今晚这个聚会，请诸位站在纯人的立场，对海那边那个苦难国家，多多燃烧一份同情之火。……人类生命的手段是革命。但人类生命的基础却是同情与爱。多少年来，我活在海样深的仇恨里；但在海底层核心里，它只有一个字：爱！从爱，才能产生希望！……我今生只有一个希望：希望有一天我能冲到鸭绿江边，割身上一块肉投掷到江那边岸上，也算是我的血肉回到祖国土地上，也算是我的血肉拥抱了自己千万兄弟姊妹！……”

说到这里，他再说不下去，一阵眼泪溢到脸上。

……

一刹那间，一阵深沉的寂静统治了一切。好些人的眼睛都潮湿了。谁都不开口。室内的夜很静。窗外的夜也很静。远处隐隐传来卖宵夜的声音。夜现在很深了。这个集会的结束，似乎需要一点特殊的尾声和节奏，却没有发动者。正当大家踌躇时，黄幻华轻轻打开他带来的蓝布小包裹：里面有四瓶酒，五包食物：花生米，豆腐干，香肠，白鸡，烤猪肉……

一阵欢呼声登时暴发出来。大家狂叫着。接着是响亮的杯子声。终于是疯狂的叫吼：

“敬祝斯巴司卡亚的英雄！”

“敬祝双城子第一个踏入者！”

“敬祝韩国的谢勃契尼诃夫！”

“敬祝韩国独立自由解放万岁！”

“敬祝中韩两国永久联合万岁！”

“敬祝全世界被压迫者解放万岁！”

“……”

人们狂呼着，狂喝着，笑着抢吃着。最后，印蒂冲动的提议：

“为了表示中韩两民族永久一心，联合到底，我提议我们每人轮流向韩国谢勃契尼诃夫热烈拥抱一次。——这是中国人民和韩国人民的热烈拥抱。”

一阵鼓掌声。一阵欢呼声。年轻人都涌到韩慕韩身边。

最后，在《国际歌》声中，韩慕韩被大家高举起来。

……

这一晚，临睡前，印蒂在日记上写下这样几行：

这个韩国骑士是一个镕铜式的人，热得叫人烫手。在他那副强劲的躯体里，充满了强劲的生命精力。我被他那种原始人的蛮味所迷住了。过去，有许久，我都在注意他，观察他，但直到今晚，我对他才有一个较深刻的认识。他有一种面临生命万象的伟大勇敢与伟大意志，看样子，我生命中的一部分，可能会和他联在一起。和他相结合，最低限度，我可以受他那种对生命的野蛮嗜好的传染。我愿意被这种嗜好传染。这是一个最迷人的最强大的嗜好。……我愿意我和他的友谊更坚固点，深入点！

第三章

三

雪盘滚着，蛇旋着，成千成万银陀螺似地，团团在高空疾转。原野，山岳，河流，冈峦，森林……全沉没到一片垩白色大泛滥里。到处急卷起大漩涡风似地泡沫状，颗粒体，透明的白璎珞，玻璃质的白蜈蚣，歪歪斜斜的，毛毛棱棱的，疯疯癫癫的，浩浩荡荡的……

当韩慕韩接到报告，得悉尖兵连已冒雪抵达四里外的虎啸窟时，他立刻带了个副官，跳上披鬃红马，和政治指导员印蒂同策马过玛瑙河，直奔村中。雪无边无际的狂落着，人马全变成一座座飞掣疾走的银色建筑。他座下那匹“鞭打一枝花”，在雪中疯驰着，四蹄起踢处，飞溅起一片片白花花浪沫。

虎啸窟的村舍成匚形，坐落在玛瑙河畔。屋外是一片广大干草场，到处堆着尖尖高高的草垛子。村舍后面，两边是山。山岭骆驼背似地漫延起伏，盖满了琼雪，亮晃晃的，好像一座座北极冰山。玛瑙河结成一层厚厚的冰冻体，河面与河岸一片白色，几已分不清界限。

驰到村中，韩慕韩在马上猛抬头，一眼瞅见村后居高临下的山地，他不禁吃了一惊。

一跳下马，跑到屋内，他就把尖兵连连长金千洙叫来，大声问道：

“你怎么在这个地方设营？万一敌人发动奇袭，从山上攻下来，那怎么办？……”停了停，口气稍稍和缓了些：“山上你布置警戒了么？”

金千洙，一个有着米老鼠眼睛的矮个子，听完韩慕韩的活，愣了一愣，旋即胸脯板直，必恭必谨，微微口吃的道：

“报告……指挥官……山上已经……布置警戒线了……”

“有警戒，那就好！……嗯，那好！”韩慕韩透了口气，面色平静下来，接着，又加了一句：“嗯，要加紧警戒！”

“是。……是。……”

金千洙脸上是诚惶诚恐，退下去时，肚里却不禁暗自好笑。对于这位韩籍指挥官，他平素就有点反感，认为后者那种拿破仑式的风格，很违背今天的时代潮流。现在，听了他这一场教训，更认为有嗤之以鼻的必要。他嘲讽式暗想：“天下哪里有这种巧事？偏偏这一夜，敌人就会来奇袭？敌人不是刚刚吃了个败仗么？哪里这么快会奇袭？况且雪是这样大，连天兵天将下来，也得活活冻死！——这家伙简直是神经病院出来的，一根针尖掉在地上，他也要闹个人仰马翻，而这种作风，就是他所谓伟大的拿破仑主义！”

晚上，陆续到达一些兄弟。熄灯号吹过后，大家都在厢房里睡着了。正屋里，红烛摇颤着金焰，大红烛泪静静流滴。蜡烛旁边，韩慕韩对印蒂说明他所决定的计划，最后下结论道：

“明天清早，我决定在广场在集合所有部队，连河南岸的也集合拢来，临时加以整理一下，再对联军追击。”

在这里，他又想起拿破仑的思想：“因攻击或防御而疲倦到极点的部队，能以理智克服这最后的疲倦，使敌人统帅部瓦解，这才是最稳定的真胜利。”

夜很静。雪仍在外面静静飞舞。整个世界好像一个深沉的中世纪寺院。韩慕韩非常昂奋。一天的工作几乎压扁了他。他的感情现在希望能有一种小提琴式的出口。一大堆繁重事务以后，在这样静夜里，他脑子里充满抒情思想。谈话里，无意中从追击谈到他过去的经验，他不禁滔滔不绝的谈起红军在东北追击白军的情形。那时他是红军一个骑兵的大队长。

印蒂沉默的望着这位英雄的友人，专心倾听着。他知道：这位朋友的抒情回忆曲一开始，不让他鸣奏完了，他是不高兴的。

下面是这支曲子的宏亮声音：

“……占领双城子以后，休息不到十天，我们开始追击战。白党将领李可夫所统率的白军，本是一支极精锐的部队，现在也溃不成军，潮水样向珲春方面败退。红军当时的办法是：白色军官一律枪毙，士兵送入感化营。因此，白色士兵陆续不断投降，军官却顽强到底，无法抵抗时，就自杀。

在溃退的路上，有很多冈峦与丘陵，山路崎岖难行。许多汽车与轻重卡车烧完了汽油，满路抛弃着。轻重车上满满被服与食品，我们只拼命抢白面包与罐头，把车子丢在一边。

这次的撤退不仅是白军的撤退，也是一切白色势力从远东西伯利亚的总撤退。军官们把所有眷属都带出来，女人和小孩子乘着马车，跟军队逃难，马车里堆满了箱笼细软和衣服。——大家拼命逃，逃出西伯利亚，逃出红军的枪刺。

可是，不管马腿或者人腿，总有疲倦的时候。于是，一些眷属便被抛弃了；丈夫顾不得妻女，父亲顾不得儿女，儿子顾不得父母。……马车成几十辆几十辆的被抛弃在山野里。车上的女人，都成了俘虏。对待那些年轻而漂亮的少女少妇们，一些年轻而粗糙的红色骑士是不会客气的。

好吧，用拿过犁耙团过牛粪的胼胝手掌来狂摸这些由巴黎脂粉所装潢的脸孔吧！用嗅过马尿的鼻子来磨擦这些香喷喷的粉腮吧！用嚼黑面包和黑豆饼的黄牙齿来咬这些洒遍法国香水的黑发吧！拿最淫荡最俚俗的俄罗斯土语向这些说惯高雅法语的上流人抛去！把西伯利亚黑土茅草棚里最低的血液注射到'骑士宫''消闲宫''司法大宫'的最高血液里，用践踏过骡粪的黑脚板来践踏这些华丽而雪白的胸膛！……地球已翻转了六分之一了！"

说到这里，韩慕韩突然停下声音，望着窗外雪光。有好一会，他才用一种极强烈的神色，极感动了的声音，慢慢的然而极深沉的对印蒂道：

"你能想象：人有一天也会达到那种不能想象的情形么？……当红军骑兵高举起长矛，拍马向满载白军眷属的马车群冲去时，在矛尖的闪耀光亮下，那些高贵美丽的女人哭泣起来，竟叉开两腿，尽量用手拍着下部，猛烈的拍着下部，作着最下贱的暗示……你能想象这种情形么？……你能想象这种情形么？……"

等了一等，他又继续道："这些白色女贵人，即使逃到中国境内，情形也是很悲惨的。她们的伟大的丈夫，那些穿过镶金边的帝俄制服的勇士们，过着流浪漂泊的生活，用一匹高大的托木斯克马换几桶酒，用一个女人（自己的妻子或女儿）换十几桶酒，让自己泡在酒精里。……"

最后，他结束这支抒情回忆曲道：

"在那些追击的日子里，白军苦，我们也苦。眼看着每一个红军战斗员一天天瘦下去。休息得极少。天不亮，就开始追击，只吃一点黑面包，喝一点白水。一切都失了常态。追击完了，人一个个都变成病鬼，那些全身尽是肥'膘'的壮硕蒙古骏马，只剩下一副瘦瘠伶仃的骨头架子，比人还瘦得厉害。那些白军的样子比我们还难看，都像刚从地狱里放出来的。他们整个脚板底都磨破了，一片鲜血淋漓。我们所捉住的俘虏，几乎每一个都脚底破烂，连站都站不稳，假如他们能走一步路，绝不会甘心被俘虏的。……战争就是这样残忍！"

"战争也应该是残忍的。否则，它对于被征服者就没有恫吓力量了！"

印蒂随口答了几句，算是听完对方回忆曲后的一点感想。接着，他揉揉倦眼，打算休息了。

临上床以前，韩慕韩有点神色不安，踱来踱去，反背着手，似乎在思考什么。印蒂问他是怎么一回事，他微微焦虑道："我对后山上的情况总有点不放心。"

印蒂道："你也太过虑了。金千洙不是说过，已经布置警戒了么？"

"金千洙那家伙，看他那小样儿，我总不大放心。他不够神经质，因此算不上一个够格的军人。对于一个军人。神经质的夸张是必要的。——我总怀疑他大脑里欠缺两个螺丝钉！"

印蒂笑道："你又在发挥军事哲学了。神经质只是一个军人的反常状态，不是正常状态。"

韩慕韩的脸上，又显出平素所惯有的傲慢皱纹，他粗声道：

"不成，你还是个文人，你不能了解军人的心灵深处，那种很可怕的混沌状态。拿破仑说得好，他在每一次大进攻以前，预先一百倍的设想各种可能的困难和失败，考虑得比一个临产孕妇还痛苦。"

印蒂又微微笑了。但他不再置辩，却催促道："我们睡吧。一连有一个星期没有好好睡了，今晚得舒舒服服休息一下。"

四

翌日黎明，雪早已停止，西北风猛刮着。风像狮爪子似地撕扯一切。出奇的冷。人变成冰箱里的西瓜，寒透了五脏六腑。

接列指挥部命令，步兵大队主力部分陆续由玛瑙河南岸开拔过来，集合在虎啸窟干草场上。这是一个步骑混合的南军杂色战斗群，他们现在静待韩慕韩的训话和整理，打算很快就出发。一个尖兵连被先遣出去，已经首途了。

韩慕韩全副武装，从村舍中走出来。走不几步，他忽然想起：那件老羊皮大衣还丢在屋内，他于是又踅回去。当他才从桌上拿起大衣时，屋外忽然划过儿声尖锐的啸音。

“砰！砰！砰！砰！……”

枪声！

他大吃一惊。

这尖锐啸音越来越密，显然出自一种预定的计划。他侧耳仔细倾听，从枪声的方向上来辨识，它显然是从后山上划过来的。一阵愤怒，他下意识的破口大骂起来。

“妈的，金千洙这混帐王八旦！”

还没有骂完，他的身子已向村外冲去。

一冲出村舍，他才发觉：情况远比他所想象的严重得多。从村后交错成八十多度的两边山头上，敌人奇袭步队，已开始用轻机关枪和步枪编结重叠交叉的铁十字火网，向广场中的集中部队密集射击。兄弟们遭遇这一突击，群龙无首，茫然失措。二三十个人已倒卧在血泊中。一部分卧倒，一部分伏在草垛后面，一部分向河沿匍匐前进，大部分却乱跑着。原已出发的尖兵连，听到山上枪声，立刻以最机动的姿态，最敏捷的动作，迅速攀爬上与虎啸窟后山相对的另一座山头，占据了有利地势。

韩慕韩才冲出村子，一颗子弹“飕”的飞来，打破他的马靴，他猛可栽到地上。爬起来，再低头跃进，不久又在冰上滑倒；又爬起来跑。在弹雨扫射下，地上冰雪卷腾起一阵阵白色雾沫子，几尺以外几乎看不清人。

在银色雾沫子飞旋中，响着韩慕韩的宏大狮吼声：

“目标——前方河缘——快跑！”

“逆袭——到达河缘——各兵尽所有力量——立即向后山敌人射击！”

“骑兵部队——在河堤后小丛林下马——参加步兵部队——立即向后山敌人射击！”

兵们狂潮般向河缘边涌过去。

一阵繁密的枪声从右山头上爆炸开来。尖兵连已开始侧击后山敌人，用强大火力压制敌人火力，掩护由草垛间向河缘前进的弟兄。先到达的，已利用河岸作掩护，反身向后山敌人射击。一颗颗子弹醉八仙似地狂舞着。

“啊！尖兵连和这些草垛！……”韩慕韩获救似地振奋起来。

“滋儿”一声，他右肘上中了一弹，子弹擦破衣服，烧伤肉皮，他滑倒在地上。当他再爬起来时，跑不几步，已到达河缘了。

铁的命令一道道传出去：

“罗万财——速带机关枪——过玛瑙河——占据右前方有家屋高地——

向敌人射击！——”

“宋得胜——速带机关枪——过玛瑙河——占据左前方有独立树高地——向敌人射击。——”

“高鹏程——速带机关枪——过玛瑙河——占据右前方有小丛林高地——向敌人射击。——”

“……”

韩慕韩怒吼着，金钱豹似地蹦来蹦去。突然山上火力对他这面强烈压来，他才想匍匐，连续几颗子弹已向他飞来。他球样直滚到河面上。知觉全部停止了。

……

当他再睁开眼时，发觉自己躺在玛瑙河冰层上，四周有十几个弟兄围着，保护着。河壁有四米达高，他算是躺在最安全的“死角”上，敌人的弹雨虽然不断飞过来，但丝毫不能威胁他。枪声极猛密，战斗毫无减低征象。他想挣扎着起来，但浑身非常酸痛，左半身已丝毫动弹不得。他问随从兵王斗牛：

“我躺了多久了？”

“指挥官躺了两个多钟头了。”

韩慕韩恍然了悟，因为是侧睡，左半身一直靠着冰面，受寒太重，麻痹得无法动弹了。

“打得怎么样？”

“我们这边火力很旺，敌人不敢冲下来。”

“印指导员呢？”

“印指导员看那边山头上尖兵连很吃紧，冒险跑过去亲自指挥了。”一个弟兄抢着回答。

山上号音不时悲壮怒嚎：“的的的的哒哒的的，的的的的哒哒的的！……”敌人好几次想往下冲，总冲不下来。有两次才冲下来，在南军机枪和步枪的猛烈火网下，前面立刻倒下好几排，后面的急忙又退回原山头。

“我究竟怎样了？”韩慕韩烦燥的问。

“您头部受了伤。”王斗牛黯然答。

“哦！”韩慕韩哼了一声，挣扎着想爬起来，然而动弹不得。望望四周弟兄们，他的眼圈子不禁红起来。——弟兄们必须干到底，改造覆亡的命运。不能因为他一个人受伤，延误全军作战。

咬咬牙齿，像一只横陈在北极冰层上的受伤海豹，在一种几乎绝望的无边空茫辽阔中，他鼓起每一颗细胞每一滴血的力量，作最后一次挣扎，狠命想爬起来——他必须爬起来，革命需要他爬起来，世界需要他爬起来。然而，一阵软颤，一阵抖栗，一阵冷汗，大颗大颗的汗珠从额上迸出来，他浑身仍像生根似地，死贴在冰层上，分毫撕揭不开。他所有努力，像希腊神话中推巨石上山的西席佛斯，才把巨大岩石推到靠山顶处，它立刻又滚落到山底。一切努力全属徒然。一种巨大的猛力，残酷而强项的把他往黑暗深渊里拖，拖，拖，拖……

他叹了口气，闭上眼睛。

停了一会，他睁开眼睛，颤巍巍的，从身边拔出一支烤青色枪杆的红木自来得，叹了口气道：

"王斗牛！来！……把这个送给你！……做纪念！"

抬起眼睛，凝望着身边那匹"鞭打一枝花"，以及马屁股后面那朵白毛（鞭子刚好打上），这个高大动物正在马夫身边昂首摆尾，鼻子嘘着白腾腾的雾气。

"这匹驾……假如还能活……送给印指导员……说是我送给他的！"

歇了歇，他突然张大喉咙，对左右嗄声喊着：

"快给我挖坑！快！——剥下我的符号，背章，领章！快！快！"一阵英雄观念浮过脑际。

一面喊，一面从身边掏出最后一支武器，一支左轮枪，对准右太阳穴，食指扣在扳机上——

猛一转跟，他看见一幅永远不能忘记的图画：四周十几个弟兄们，全举起枪，对准自己胸膛，一个个都拿一种极沉痛极神秘的眼色瞪着他，这种眼色，一个人一生难遇到一次的。

他闭上眼睛。

突然，一幅伟大画像屹立在他脑海里：

他看见凯撒大将带领千军万马征服高卢，过英伦海峡打到不列颠，最后，孤注一掷，叛徒式的，在卢比康河畔对千军万马大吼："冲过河去！冲到罗马！……"

凯撒魔鬼式的赫赫雄姿屹立在他面前。

凯撒的魔鬼式的吼声，从一千九百年前的卢比康河畔，震响到他耳边，他被一阵阵怒吼声压扁了。

"冲过河去！冲过河去！冲过河去！冲过河去！……冲到罗马！冲到罗马！冲到罗马！冲到罗马！"

一股火焰从他胸膛里烧起来，一片爆流从他脏腑里冲出来。一刹那间，他看见了生命！看见了永生！看见了宇宙最伟大的生命不朽光焰。

一个光明雄伟的观念电闪在他思想里。一个新的意志奔涌出来。

"嚓"一声,韩慕韩把左轮投到枪套里。一股反抗怒火陡然燃烧起来。他突然大声问:

"我头上的伤是圆的还是长的?"

"长的。"

"是裂口还是窟窿?"

"裂口。"

"脑后面有没有裂口?"

"没有。"

"行!——扶我起来!王斗牛!"

韩慕韩怒吼着,随着一种最魔鬼式的叛逆激情,一阵奇迹式的巨大勇气突然弥溢遍全身。像挣断宙斯大神铁锁的普洛米达斯,他从强酷的命运枷囚下解放了,他重新获得生命精力了。

借着王斗牛的扶托,只一上挺,韩慕韩突然站起来。随着他的昂立,一张红花花的冰毡子也突然站起来。原来他头上的血直流到背脊上,在冰地上躺久了,血都冻成固体了。

两个弟兄走过来,给他搓揉身子。

他从身上取出绷带包,包扎了头部。那创伤部分经寒气冰冻后,早已肿胀起来,缠上一层厚厚白绷带后,他脑袋几乎像笆斗大,又仿佛哥萨克兵冬季戴了顶银色大"包巴克"。

他大喝着:

"扶我上马!"

一切希望都寄托在马上了。那个雄大动物的坚挺姿态代表一种永恒巨力,以及一个人生命中最坚挺的部分。

一经左右扶持,他霍的上了马。一上马,他整个自信恢复了,他所有的凶气复活了。

"谁敢担任传令?"

"我去!"这是班长崔桢的声音。

"行!你到右山尖兵连去传令,告诉印指导员,当我们骑兵出现在平地上时,他们必须以全力射击敌人,用一切火力制压敌人!"紧紧握着拳头,嗄声道:"我们必须立刻逆袭,击退敌人!"接着,他下令给正面的步兵队:当骑兵向山上冲锋时,他们必须立刻从正面向后山进攻。

五十分钟后,韩慕韩一马当先,率领三百多骑兵,利用高高河缘作掩蔽,向玛瑙河左侧连接后山坡处移动。一个个全身几乎匍匐在鞍上。他再三严厉叮咛：

"绝对秘密，不许敌人发现！"

六十分钟后，韩慕韩把枪靠拢马耳朵，发射出第一枪。[①]

一阵冲杀声崩雷样狂吼起来，从山坡上向山顶涌去。

……

黄昏时分，联军溃退了，遗弃了九十五具尸首。南军死八十二人，伤二百余人。

占领山顶高地后，韩慕韩第一句话便是：

"把金千洙找来！"

但金千洙却永远失踪了。尸堆里也没有。

（原载于《野兽、野兽、野兽》，时代生活出版社，1946 年 12 月）

① 为免正式与敌作战时马闻枪声受惊，特贴住马耳朵放第一枪，以压其性。

金色的蛇夜 上（节选）

无名氏

第一章

八

印蒂回来了！他又回来了！他终于回来了！他生命里有这么多“回来”，正像海水有那么多退潮和回流。

他回来了，从华尔兹，酒杯，雅片，女人的胴体里回来了。从巨大的沉没和破碎里回来了！他仍然回到沉没和破碎里。他回到深夜三点。

两个多月前，他从东北血的呼声中回来，回到这片腐烂里，现在，他从一堆腐烂回到另一堆腐烂里；他自己，以及这个十月之夜！

每一个“回来”是一大套酸辛。……这个深夜里，他又一次觉得自己生命整个沉在血里，却是无声的血。一滴滴的，一串串的，他的“自我”在沉落，剥蚀。他心内所存在的最深的，从没有一刻不反应外界的波震；高贵或耻辱，上升或沉沦。

两年前，他到东北，是准备绝望的，但当他启程回到这个大城时，他连这个最末的准备也不准备了。在他前面，不需要任何准备。只要还有“前面”就行。即使没有“前面”，脚反正总要踏过去。而昏沉到如此高度的这个癞癣式的黑夜，也仅有空间呈托他的身躯。他可以茫然走来走去，等天籁终有一个时辰把黎明声音交给他。

两年来，他是在生活，但他不知道，总以为是在作一种棘皮动物的特殊反应。直到今夜，那些华尔兹，强烈的酒，芬芳的雅片，女人的酮体，以及这个又顽艳又昏沉的街头，这一切弹古瑟似地错杂在一大片昏眩里。猛然，他醒觉了，回忆了；他过去两年也算在生活，而现在环绕在他的却是这样一个古怪的夜。这个夜是黑色葡萄酒，千万个杯子举在他面前，他可以啜饮。“那两年是奇异的。时间是这样奇异的溜过去，蛇样的。”他想。

在东北的两年，是最高贵的，但也是最绝望的。凡无条件付出血的，都是高贵的，然而，那却是永远绝望的流血。生活面对的，一面是战争，一面是低潮。白天，人在战争，节拍是集体的，黑夜，一个人孤独下来，却在无望的凝思，一遍又一遍咬嚼黑暗的星光和大地。人不再为一个希望斗争，只因为生命是一个赘瘤而斗争。（在斗争中割掉。）生命属于他，和属于一颗迫击炮弹并没有区别。这期间没有饰词，没有伴奏。经过十个月的搏斗，东北义勇军全部面对崩溃，大部份[分]由中东路经满洲里撤退到苏联托木斯克，小部分留在东北，他韩慕韩、庄隐既没有选择前者，也拒绝了后者，却隐遁在中东路一个小站附近：哈拉苏，过了大半年渔猎生活。代替刺刀与手榴弹，悲壮的号角与暗夜急行军，是外兴安岭宁静的季节。冬天猎皮货，对象是狐狸（大多是火狐与沙狐），狼，貘，有时大清早上，也在森林里打灰鼠。春天猎母鹿，猞猁狲，野猪，猪獾子，堪达罕，兼在山里捡拾牡鹿萎脱的枯角。夏季搭桦皮“草楼子”，喝桦树白色乳液，在哈尔哈河枪击细鳞鱼，在“咸场”猎鹿茸。① 秋季在济沁河吹鹿笛，哈拉格的天鹅猎与雁猎，蒙古草原上的野火与歌声……这一切，韩慕韩完全内行，另两个是半工作半学习半消遣。终于，他们忍受不了原始大自然里的那份寂寞，决定仍回到都市，印蒂和庄隐化装由陆路入关，韩慕韩殿后，办理结束，化装从海参崴搭船回来。

他们终于回来了，从北国冰雪再回到温暖的江南。……

印蒂回到公寓里，熄了伞灯，坐在沙发上，昏晕的街灯从窗口射进来，附近一大片旅馆屋顶上，一片霓虹广告灯，隐隐约约的，向黑暗墙壁上投回光，他点起一支烟，慢慢喝那杯白兰地，身子深埋在沙发里，锁起眉头沉思。“这究竟是怎么一回事？”他反覆问自己：“这究竟是怎么一回事？”青纱帐，东洋马刀，大豆高粱，红色的血，桦树汁液，天鹅猎，云土，川土，女人胸膛，一只走私船飘在黄海上，终点是——午夜三点二十分一杯白兰地。他望着远处，那片明耀的三星牙膏广告霓虹，在深夜里特别显得灿烂。他又喝了口酒。他想，这是自然的，从千千万万人的血到深夜一杯白兰地。这里面的途径有曲折，有回旋，但内在轨迹井然有序。他举起右手，慢慢摸着脸颊，感到奇异的温柔；这只手有女人酮体的香气，一点钟前，它是在一个女人胸膛上爬行的，一种并不和善的爬行。

① 草楼子：由桦树皮搭成的帐篷，供夏季猎人夜宿。咸场：土地里或泉水里含有咸性者，此种咸质为鹿生理上所不可缺的营养。鹿常于夜间偷饮富有此质的泉水，便给了猎人猎鹿的机会。

他想："这一切是很自然的，毫没有可惊奇的。"

于是，他又沉思，沉思，想从这些"自然"里找出一些不自然的迹象。突然，他的心埋陷下去了，他的情绪从本来一个深渊跌入一个更深的万丈深渊。在朦胧的光色中，在纷披的万象中，他又一次看见生命的黑暗真体。这个真体，每当那些变故的时候，也曾悲惨的部份[分]从他面前走过，但这一次，在这个颤慄的深夜里，它却毫不怜悯的向他展示出全部悲剧形态。这是一个可纪念的刹那！那些永生的阴暗的花，在向痛苦的开花，他看见生命的全部历程，从表现到毁灭，从毁灭到表现，而一切表现总不过为了毁灭。人类的感觉先是飞翔在骑士章上，然后，它飞在女人发丛里的玫瑰花上，然后，它飞在星球上，最后，它跌到现实低地上。这不是栽跌，这是万流入海，一个又惨淡又可怕的海。

"一切为什么这样的呢?"一个声音在响。

"一切原本是这样的!"另一个声音在响。

两年前，他到关外去，原不是为了准备希望，而是为了准备绝望。现在，他既带回来一口袋绝望，本不足奇，使他们诧异的，宁是这种绝望的深度。先前，他也曾和绝望并肩散步，挽挽臂膀，握握手，但只有这一次，他才和它鳗鱼样缠在一起，深味到它的本质，这是一个可怕的本质。一个时代已乖谬到如此程度，人不活在"活"里，人只活在预感里。他曾预感自己将遭遇一个"黑暗季节"，一个"堕落时代"。这个"季节"和"时代"现在来了，既已来了的，就不能再扭转回去。过去那些鲜荔枝样的幻梦，他已无法理解，它们挂得太高了，太虚无缥缈了，人是永远不能活在虚无缥缈里的。他现在所抓住的，也许是砒霜，是毒箭，但这却是真实的。这个事实，是如此贴近他，如此富于魅力，他只有躺在它面前，再不能爬前一步了。

他伸出手，再度扭开伞灯，他又看见他的房间：要把他埋死一辈子的书斋。客室属于群的，寝室属于男人和女人的，只有书斋才完全由他独个占有。因此，他仅可以把它打扮得希奇古怪的。墙壁黑色，有描金图案花纹，使整个房间阴森森的。在一个黑色玻璃橱里，第一层：呈列了三个骷髅头；第二层：女人的头发，染口红的花手帕，涂红蔻丹的指甲；第三层：一片灰烬，信的残骸；第四层：一把东洋马刀，一堆炸弹破片和子弹铜壳；第五层：一件囚衣，他在牢狱里穿的。壁上挂着 Dali 的超现实画的影印图片：一个女人没有头颅，代替头的，是一大束花卷，另一个女人披头散发，双手高举，脸上没有眼睛鼻子嘴。另外还挂了 Chagall 的理想主义的画，画面是马首人身，鸟首人身，人与兽打成一片。在书桌旁边，悬着马特哈莱面临死刑时的一张照片。靠入门处，挂了张老年歌德捧着骷髅头深深凝视的画像。壁角上高悬着一个黑色大玳瑁。书桌上放了一个水族箱。窗帷是黑色的。窗台上放了几色盆景：仙人掌，仙人鞭，罗汉柏，文竹。一盆巨大铁树凝立在一个屋角上，另一个角上，有两个黑色书架。黑色是这片天空的主色，静静的玻璃是唯一的明亮和白色。一种浓厚的死的氛围包裹他，他仅可想象自己是在埃及沙漠大金字塔底。他从没有比现在更欢喜黑，也从来比现在更需要黑。

他走向窗前，凝视这座不夜城。

在他身内，没有好看的。在他身外，同样也没有好看的。

窗外，一座座城堡式的建筑，巨大而阴暗的升起来，周身洞开着奇多的窗户，每一个窗子红澄澄的，是闪耀在森林深处的无数的带血的兽眼，它们的巨大和狞恶把一切都压扁了。这是一些带血的城，一个带血的夜。

他斜倚窗边，喝着酒，心里又静又乱。静是夜给他的，乱却是世界给他的。这是一个骗人的夜，窗外的和平是一个小丑。在夜后面，在酒杯后面，毫不昏眩，他看见——

世界！

飓风。低气压。发疯惨死。服毒自杀。螟灾，穷父亲栽活埋女儿。旱灾，一村一日死三十六人。水灾，三百万灾民流离。保长无力偿债，神经失常，杀死三儿一女。桃色大悲剧，头颅被爱妻用种豆石锤敲碎。白马河畔木牌："河中有毒虫，切不可游泳。"美国五十万矿工罢工。印回教徒械斗。巴勒斯坦的血。……这一切就是世界！但这一切并不妨碍这就是世界！飓风前翼来了，人依旧得活，活在飓风和凶杀里，活在千百万个残忍和破裂里。刹那是上帝。这杯白兰地酒现在还是香的。明天飓风或许会卷没它，乘它还香时快点喝下。没有人愿意明天，明夜，世界只是今夜，这和裂体住血病一样奇妙的刹那，这盛开万朵莲花的一秒。让飓风刮吧！这杯酒总得安静喝下。八百里外有千万人在流血。血已变成这个世界古磁瓶上不可少的花纹和色彩。没有颜色的花不算花。没有血的世界不叫世界。玻璃窗内假如有明静，忘记，幻想，暂时就活在窗内吧！让窗外是另一个星球！血的红彩早迟也要抹这块干净玻璃。必须抹时，就抹吧！血的历史太久了。人们现在还不疲倦于流血，人们现在还不疲倦于肯定血是世纪特效药。不疲倦的事情，是没法阻止的。

他喝干杯中残酒，无力的把杯子放在窗台上。他深深呼吸了一次，夜气是寒冷的。他点起一枝烟，猛烈吸着，等着黎明。这个黎明如此的近，却又如此的远。看样子，他命中注定是等不着了。吸完一枝烟，扔掉烟蒂头。他又找到酒瓶子，又倒出一杯白兰地，他喝着，凝望着这个带血的夜，渐渐的，在酒精荡漾中，在酒杯响声里，黑暗中闪耀起明天那个舞会，以及那个"末日"画像上的女人，没有太阳的斯堪的那维亚岛的“黑暗季节”！

第二章

一

八点钟的夜是地理学上的荷兰，瑞士，澳大利亚，人眼里会闪起一些彩色建筑，单纯的青山绿水，和温柔的白色羊毛。十一点钟的夜则是人种学上的“鞑靼”“哈萨克”“阿拉伯苏丹”，含有一种窔蔥莫测的危险因素和粗狂成份[分]。现在，林郁的宴会正由彩色建筑和青山绿水进入危险而粗狂的时间。在这个时间纬度内，两个大圆桌上的客人，分成东西两半球，东半球以原来的大饭厅为基地，由一桌“卫生麻将”和沙蟹组成，西半球占据了与饭厅相通的大客厅，由跳舞与闲谈组成。当“红中”“白板”“爱司”“老K”声，红胸雀样成群冲入四步舞与华尔兹中时，原来的舞乐旋律变成一个古怪的新旋律：一种现代东方夜会特有的旋律。音乐停止了，大家便用嘴吧[巴]代替脚步活动，这时候，一场高雅的沙龙夜谈正是恰好的休息。狂舞后的话声应该是欢快的，不知为什么，一开首就显得有点阴惨。这些声音仿佛全是地腹底的音波，从没有经和风吹过，春雨打过，太阳晒过，纯由一些被埋葬的岩块并裂而成。大家似乎有一种预感：世界的道路越来越复杂了，人们必须用地底的活动，来代替地面的。人们虽然站在地面，却无时不想藏到地底。生命已经害怕阳光和明亮天空，只有永恒黑暗才能鼓励它的活动。夜是个无边海水，把这个客厅泛滥成一座孤岛，岛上有他们所需要的烟烟雾雾，时空隔离感，于是他们便在烟雾中隐隐现现，谈淡[谈]笑笑。

烟雾中的两个主角，林郁和他的太太妮亚，前者参加了卫生麻将，应付东半球的场面，后者则主宰着西半球，设法使这里的跳舞和谈话空气变得很活泼愉快。但她旋即失败了。

作为这个夜宴主客的韩慕韩(今晚他以东北抗日军官廖忠烈出现，因为这时S埠到处都幌着樱花岛的刀光剑影)，一开始就破坏了女主人的计划。他的跳舞技术很差，勉强应付了两节四步舞，就退下来，默默坐在一边抽烟，等待谈话机会。八九年前他的老作风并没有变，无论出现在什么场合，不管别人乐意不乐意，在第一秒钟，就希望别人立刻冲入他的灵魂。

地球上有一些存在，似乎永远不大容易改变。比如植物中的紫藤，不管春夏秋冬，风霜雨雪，总全力死抱住它本来所抱住的篱墙，石门，或松柏。尽管它开的花，一球球的，很美，但它的树干枝条那样姜黄，坚硬，风干，虬曲，总叫人有点不敢亲近。这个韩国革命者，正是这种紫藤型的固执存在。二十岁时候获得的真理，就是他一辈子的真理了。不只观念未变，外形也很少变。八九年来的军队生活，并没有扭折他巨蓬式的胸膛，铁柱样的两腿，更没有削暗了他经常带伍子胥鞭尸味的眼睛。他一出现在哪里，就像一尊小铜炮，即使还没有扭转扳机，那炮膛里的旺盛火力早就火星四溅，令人震动了。这些年来，他肉体上唯一变化，是靠脑门处那小角秃亮红光放大了些。同时，举止间有时带着一种有意的克制和沉重。他见过的死太多了，他呼吸过的血也太多了，在欢乐与悲哀之间的走绳索戏，他也表演得太多了，这是他在任何场合中总现出固执自负的主因。悲剧对于弱者的后果是绝望，对于强者的后果是骄傲。

正像“上帝”与“神”这两个名词与牧师的舌头分不开，“命运”与“人生”这两组字眼，与这个韩国革命者的嘴吧也分不开。今晚，他的话题也正从这方面开始。他又谈到他最爱谈的一个故事。印蒂与庄隐听过三四次了。

罗曼诺夫王朝溃灭后，一个旧俄名将流浪到洛杉矶，在好莱坞当一名四流演员，有好几年，没有一个人知道他的身世。有一次，一个意外幸运使他当了一个军事影片的主角，故事叙述一个帝国俄将军缠绵徘徊[悱恻]的一生。片了最伟大的一场，是尼古拉皇宫前的大阅兵式。主角扮演大元帅，骑在马上检阅。当森林般的雄壮行列才高喊出一声“敬礼”时，元帅从马上摔下来，沙俄当年真实的一幕豪华记忆突然浮在他的脑际，他死了。好莱坞当局从死者日记上，知道主角身世后，便把这个残阙影片起了个《最后的命运》的名字，拿到各国放映，结果轰动一时。

说完了这个故事，这个韩国军人以那双仇恨眼睛向座客巡视了一遍，激动的道：

“也许，有一天，我也会演这个沙俄将军的角色。命运是个大马戏团的班主，今夜他要你喝酒唱歌，明天谁知道他会叫你扮演什么?”停了停，他有力的抓抓头顶光秃处，沉思了一会，慢慢道：“其实，我这一生的最大愿望，也很简单：晚年在我故乡造一个小型剧场，由我自己编导，主演一打剧本，让我把过去一生经验，再在舞台上重现出来，那么，人们也就会了解，人生究竟会复杂到什么程度。”

在座客人中，恰好有一个剧作家袁晓初先生，和文学批评家兼诗人余迈先生。他们便问这位古怪军官：他过去的生活究竟复杂到什么程度，能否让大家开开眼界？

对于这个韩国革命者，再没有比过去回忆更能烧他的了，也再没有比它更诱惑他的了。它永远是他生活里的宝岛，每一次航过去，总要装一船珍珠钻石给岸上的等待者。现在，他鞭尸味的充血眼睛里，灿射出一片红光，他的坚毅唇角，抖动起来。于是，一些玛瑙样放光发彩的传奇，从岛上带到岸边。他自诩：在东北军人中，他是杀死日本人的最高记录的保持者。早年，他当胡匪，打家劫舍，唯一对象，就是东北日侨。他不只要他们的财物，同样也要他们的生命。著名的珲春事件[①]他就是幕后指挥者。他平常连一只蚂蚁都不忍有意踏死，但他却用战刀刺破过一个日本孕妇的肚子，从里面挑挖出胎儿，再掷死在地上，为了预先毁灭那可能奴隶东北的日本下一代刽子手。他做过绑匪，打劫过火车，主持过哈尔滨最大的恐怖运动，而在青山里一役游击战中，他消灭过三千以上的日本精锐部队，当时敌人和他部下的死亡率是二十对一，他认为即使在世界战史上，这也是一页杰作。苏联内战时代，他领导韩俄杂色部队，攻克了最重要据点斯巴司卡亚，而率先进入了白党远东共和国最后大城双城子。终于，他与红军指挥部决裂了，在枪刺重围中只身逃出来。深夜大雪，他在宁古塔旷野里流浪徘〖徊〗。白天，他站在山顶上捧着饥饿肚子，凝望中午炊烟由白变黄变灰、又变白，那是一锅生米变成白饭的过程。失业期间，他只好夜晚替人家看守鸦片烟田，仗着他的枪法特别准确，赢得田主的最高青睐。“九一八”失败后，漫天大雪中，他沿中东路，从哈尔滨步行到哈拉苏小站上，从此在外兴安岭过渔猎生活，猎皮货，猎鹿，猎雁，猎天鹅，灰鼠，猞猁狲，獾子。他曾猎过两付六叉茸[②]。他是猎人，也是军人，诗人，政客，刺客，革命者，商人，雅片吸食者。四十步内，他的枪法百发百中。他也能烧一手最好的鸦片泡。他能骑最凶的马，喝最凶的酒，甚至酒精（他一口气喝过五大瓶白兰地）他也能闭上眼，从舌头上辨出世界上各种名贵烟卷的烟味，而立刻指出它们的牌子。他穷得讨过饭，但也富得把成两的黄金，一把把送过人。……这一切记忆中，他最自豪的，是“九一八”前，他深入满蒙边境，以“炮手”[③]姿态，交游鄂伦春和索伦野人[④]首领，活动他们，想以鄂索两族人为基础，组成一支两万人的部队。正像它们的祖先成吉思汗以一支草原部队建立了世界奇迹，他也要在东北创造奇迹。这个计划，虽因“九一八”突然发生而流了产，但这一年他和这两族人的来往，却是个珍贵的记忆。他特别记得那些壮如牛犊的蛮人，每一个枪法，都是百发百中。他当时想，即使起义失败，一支二万人部队，攻入两三个日侨最多

---

① “珲春事件”为“九一八”以前的国耻之一，一部分华人排日，捣毁了珲春日本领馆，日本便乘机向中国提出许多蛮横要求，并大索赔偿。

② 鹿茸有双叉的、四叉的，以“六叉茸”最名贵。

③ “炮手”，东北术语，即“猎夫”。

④ 鄂伦春和索伦人为满族后裔，仍停滞于游牧时代，散处于黑龙江西部及满蒙边境。

的大城市，把全部日本老少男女，杀个精光，再遁入长白山一带打游击，也是好的。成功了，他将从东北逐出日本势力，失败了，也可排泄一番仇日的原始愤怒。他提起韩国志士李奉昌刺天皇的故事，它虽然失败了，至少给了日本最高最神圣的代表者一个致命的侮辱。与其坐看世界在无耻中发酵，他宁可一己所能，毁灭世界的丑陋一角，两角，或者三角。

“是的，假如我是一个亡国奴，我唯一愿望，就是毁灭世界。必要时，我可以杀猫，杀狗，杀无辜的羔羊，天真的婴儿，无抵抗的病妇，老者。凡我能毁灭的，我就毁灭。在城市里，我放火。在乡村里，我焚烧森林。我把爆炸火药放在火车铁轨上，把定时炸弹放在轮船锅炉边。我把毒药放在井里，把伤寒菌放在自来水管里。人类的灾难，就是我的欢乐。这个世界，既然有一角泡在奴隶血海里，其他角落里活该遭埃及瘟疫。目睹三千万人民被屠杀，被鞭挞，而袖手旁观不加阻止的，和屠杀者鞭挞者同样有罪。地球的一部，既在饥饿与剥削中呻吟，其他部分还有人在写赞美诗，奏小夜曲，画圣母像，这和杀人者一样卑劣，因为他们在用一些美丽断片掩饰地球上的真实苦痛。……杀吧！杀吧！在这个世界上，只有杀人，才能救人。血流得越多，世界也越太平。”

这一阵子母弹的爆炸，东半球因为注意力太集中于创造三番和“富而好斯”上，始终未受影响，西半球却整个震动了。首先提出抗议的是画家兰素子。

“廖将军的意思太偏激了。这不是意见，这是一种危险的火山窟。假如世界各处真流行这种意见，这个地球早变成碎片，我们今晚也在这里吃喝谈玩不成了。”画家抖动着他的狮鬃长发，槲树皮样的棕黑面孔上闪起红光。“廖将军所倡导的路，是凯撒的路。这条路，人类走了两千年，到今天，世界还是一个丑陋的大麻疯病院，证明他它走不通。华盛顿，伦敦，巴黎，曾用凯撒陵墓的岩石，建起金字塔式的帝国大厦，且打算在厦内长排华丽筵席，庆祝世界太平。但听吧！厦外叩门声响了，柏林、罗马、东京、莫斯科的巨手，出现在门上。巨手的主人们正在重走凯撒的路，企图摧毁这巨厦，再建新的！今天印度、朝鲜，菲列宾，和东北人民所吃的，还是两千年前罗马的果子。”声音变得庄严而专断：“纪元开始，人类面前只有两条路，一条是罗马的路，也就是凯撒的路，一条是基督教的路，也就是耶稣的路。罗马帝国和凯撒终于崩毁了，基督教和耶稣的图像，今天却投影到世界各处。我不是基督教徒，我也不以为目前基督教真能拯救今天人类，不过，在凯撒和耶稣之间，假如必须选一个，我宁愿选耶稣。……我和廖将军一样，并不对这个世界抱多大希望。但我却并不以为：单靠血就能把这个世界洗得干干净净。这个世界已够发昏发晕了，我们即使不能给它递醒酒汤，最低限度，也不该继续再给它加灌迷魂酒！”

“兰先生，你忘记了，你们的绘画现在也已到了野兽主义时代，现在最流行的，就是野兽派呢。”韩慕韩搜索着偶然看到的几个名词，尖刻的说。

“是的，我们是活在一个‘野兽的时代’，但我们并不是活在一个得救的时代。”

“在一个以杀人放火为最高真理的时代，唯一能使人获得荣誉的，就是杀人放火。在一个以阴谋与无耻为最高正义的社会里，唯一能使人得救的就是制造更多的阴谋与无耻！”庄隐插了进来，他替韩慕韩辩护。

戏剧家袁晓初表示：他和画家意见相同，智识份子今天即使不能给这个世界煮醒酒汤，最低限度，也不该继续给它加灌迷魂酒。“历史诚然是黑暗的，智识份子即使不能把它洗白了，最低限度，也不该走福建漆工的路，把它漆得更黑一点。……人类的路是应该有的，但首先得放下凯撒的剑。高高骑在马上，手拿宝剑，总不会谈出什么道理的。”

诗人余迈为戏剧家作了点演释：

“人类的路应该是有的。找得这条路，需要我们斗争和忍耐。一个真理的获得，可能需要一百年，甚至一千年。我们必须耐点心等待。可能我们会叫真理发芽发叶，但看花吃果，却是我们子子孙孙的事。我们不能因为自己吃不到果子，便诅咒真理的可能性。更何况在我们三尺以外，现在就站着真理！”

诗人最后几句话，好些客人不明白，但庄隐却清清楚楚。他知道前者所谓“真理”是个什么葫芦。他一面好笑，一面暗想：这个莫斯科旧葫芦，五六年前，就被我们摔在一边了，想不到今晚你还把他搬出来，神气还那样庄严。但他谅解诗人和戏剧家的处境，因为他们两个在当时左派文坛上还很得宠。这个国度里的文化人，真能超越己身利害来品衡事物的并不多。我们不能希望每一个文弱书生都像穆罕默德那样：在沙漠上孤独跑个三十年。于是，他撇开那个容易纠缠的理论，只抓出文学家的一点漏洞，沉痛而激动的道：

“是的，我们应该耐心等待，等待！……说实话，我们其实常常在等待，等待，等待我们每一座门外突然涌现起一片草地，四周有美丽的林荫路，中央有喷泉，有水池，有白鹅，小艇，以及无数的笑脸。在织满阳光的草地上，我们躺着，看一本诗，旁边是爱人，她帮我们把眼睛阖上，做梦，然后是愉快的散步，野餐，红色的葡萄酒，热烈的抱吻，狂醉的情语。……可是，看样子，这一天是等不到了。不但我们，连我们七十三代孙子也等不到。除非地球变成另一个星球，世界是永远不能变成花园了。我们门外命定是饥馑，抢劫，无耻与谎骗，到处是戈壁，以及戈壁上的荆棘。上帝命定我们只能关起门，发昏的滚在阴沟旁边，哭泣着抱住自己爱人，向她狂呓——不是情语，而是这个行将毁灭的世界的人类最后遗言!"

"单等待是不行的,主要的得斗争,得救是在斗争中出现的!花园是在斗争中出现的!"袁晓初激昂的道。

"你忘记了!斗争是只兽,它是要喝血的!"韩慕韩反驳说。

于是大家便争论起来。

(原载于《金色的蛇夜》上,上海真善美图书出版公司,1949年5月初版;选编于《中国现代文学与韩国资料丛书》,延边大学出版社,2014年)

国家出版基金项目
NATIONAL PUBLICATION FOUNDATION
国家社科基金重大项目结项成果
“十四五”国家重点出版物出版规划项目

二十世纪东亚抗日叙事文献整理与研究丛书

丛书主编——牛林杰

文学编·长篇小说卷 I

分卷主编——柴琳

山东大学出版社
SHANDONG UNIVERSITY PRESS
·济南·

图书在版编目(CIP)数据

二十世纪东亚抗日叙事文献整理与研究丛书. 文学编. 长篇小说卷. Ⅰ / 牛林杰主编 ; 柴琳分卷主编. 济南 : 山东大学出版社, 2025. 8. -- ISBN 978-7-5607-9013-8

Ⅰ. K152; I310.4

中国国家版本馆 CIP 数据核字第 2025KN9955 号

策划编辑　张铭芳
责任编辑　肖世伟　张铭芳
文案编辑　郭之瑾
封面设计　卡古鸟设计

二十世纪东亚抗日叙事文献整理与研究丛书·文学编·长篇小说卷Ⅰ
ERSHI SHIJI DONGYA KANGRI XUSHI WENXIAN ZHENGLI YU YANJIU CONGSHU·WENXUEBIAN·CHANGPIAN XIAOSHUOJUAN Ⅰ

出版发行　山东大学出版社
社　　址　山东省济南市山大南路 20 号
邮政编码　250100
发行热线　(0531)88363008
经　　销　新华书店
印　　刷　山东新华印务有限公司
规　　格　720 毫米×1000 毫米　1/16
　　　　　173.25 印张　3054 千字
版　　次　2025 年 8 月第 1 版
印　　次　2025 年 8 月第 1 次印刷
定　　价　1000.00 元(小说卷全 6 卷)

二十世纪东亚抗日叙事文献整理与研究丛书

目录

1900—1919 年

1920—1936 年

1900—1919年

英雄泪

鸡林冷血生

序

欲新一国之民，不可不先新一国之小说。盖小说所以振人之志气，动人之隐微也。庚戌仲秋，日韩合并，其事关系奉省之命脉，中国之存亡，钜而且急，是中国志士电激于脑，想溢于胸，急求保全之策。吾校同人有感于此，遂立同志会，命余编辑小说，以鼓吹民气。余自愧谫陋，本不堪胜任，因同志责之甚殷，遂采韩国灭亡之原因，编辑成篇，当即石印。吾国中诸同志浏亮是书，必可激发爱国之热诚，有断然也。

冷血生自序

卷之一

第一回　大院君虐待耶稣教　闵泳骏误击日兵船

莽莽星球亘太空，古来不与现今同。图存固国无他策，只在人民铁血。

人民各负责任，岂可苟且偷安？若皆事事委权奸，必兆灭亡之渐，
朝鲜覆辙在先，前车后车之鉴。图存首重鼓民权，不然危亡立现。

《西江月》罢，引场诗勾开，内引出一部书来。此书名曰《英雄泪》，就是那高丽国这些年间受日本的欺侮，跟今日随了日本的事情。内里有忠臣孝子，为国损身的故事；奸臣贼子，卖国求荣的典故。忠孝节义，靡有不全的。列明公你们想想，咱们中国人素常日子都管人家高丽人叫小国人。你看这小国的人，

当亡国的时候，尚有这一班爱国英雄，我们中国现在这样软弱，东三省眼睛看看，就要让日俄瓜分了，恐其不能赶上人家那小国人。要到那个时候，人家该管咱们叫亡国人啦！

那位说啦，日本灭高丽，怎么还要灭中国呢？列位不知，你们没听见这几年间，外面传言说是外国要瓜分咱们中国吗？怎么叫作瓜分呢？就是拿咱中国当作一个瓜，切成几块，人家外国一家分一块的意思。想想咱们东三省，紧靠着日本跟俄国，要是分的时候，必让日本跟俄国分了。日本要分东三省，所以先把高丽灭了。高丽紧靠着咱们吉林跟奉天，要得高丽，望这边发兵，必定容易。因为这个日本灭高丽，紧接着要分咱们东三省了。现时日本与俄国人和了好了，他们一和好，就是要合着分东三省。高丽已经让日本灭啦，东三省也就快完啦。高丽当亡国的时候，那些英雄豪杰忘身殉国的狠多，我们现在虽然未分，也当酸心落泪。怎么说呢？日本一下手，就想要灭咱这两下，如今高丽亡了，他未来分咱们，是怎么的呢？还是有点怕咱们这些民，要是咱们还拿着高丽灭亡一点不关心，人家可就要下手啦。我们这个时候，要是寻思怎么应当不酸心而落泪呢？还有一件，我们东三省人都喜欢俄国，烦恶日本，都说是日本是个穷国，俄罗斯是富国，俄国以[已]到我们这边来，不大离的人，都有了钱化[花]，那知道俄国那是邀买人心的计策。

有一部《国事悲》，诸公看一看，可也？就知道他们都是一个样子了。要看见那《国事悲》，跟现在咱们所说这部书一听，日俄对待亡国人，那个毒辣的样子，真是让人说不爱说，听不爱听。回首想想，我们的国家，这个危急的样法，咱们当百姓的，当想个什么法子，以爱这个国呢？可断不要愿意随俄国，那国也是不好哇！以上所说这些话，靡别的意思，不过让我们听书的列位，知道一知道亡国的惨状，也就是了。闲话少说，书归正传。列明公偃言落坐，听在下喉咙哑嗓，奔瓜吊字，慢慢的道来。

表的是混沌初开天地分，阴阳交泰生出人，盘古时人间披树叶，人皇氏才留下穿衣襟，伏羲氏创下烹饪火食法，神农氏尝草传医到如今。黄帝时间文物备，衣冠礼乐焕然新。历代帝王都是他的后，所以我们汉人称曰黄帝子孙。黄帝以后曰唐虞，揖让天下重人伦。尧舜之世洪水为患，茫茫大地无处存身。后有那禹王治水山川走，分出来九州疆土安万民。这帝舜见禹功劳大，才将天下让他为君。夏家天下四百载，桀王无道信奸臣。成汤起义南巢放，一统山河属于殷。商家天下六百载，出了一君叫纣辛。纣王信宠妲姬女，刳剔孕妇剖贤人心。作威杀戮毒四海，周武观兵到孟津。牧野以誓武诛纣，将其子禄父封于殷。纣王有个庶兄叫箕子，一心不为周家臣。到后来箕子封于朝鲜地，才留下高丽这国人。汉武时高丽为那三韩纂，所以又管高丽叫韩民。唐太宗伐辽过东海，斩其大将名盖金。由此世世服中国，年年进贡岁称臣。论起来高丽也是黄帝后，他与我国本是同种又同文。现今高丽灭亡人人晓，众明公听着怎么不关心？这本是高丽已往实情事，要听还得开正文，今日不把别人表，表表日本伊藤君。

话说日本国明治初年间，在西京地界出了一位英雄，名唤伊藤博文。此人幼时读书勤力，修成了满腹经纶，尝抱勤王开国之志、气吞宇宙之心，每逢乡中有可办之事情，他勇往直前，不顾性命的去作。有一日，在屋中闷闷不乐，遂拿起笔来，照着自己的志向，题了一首诗，诗曰：

豪气堂堂横太空，日东谁使帝威隆。
高楼倾尽三杯酒，天下英雄在眼中。

他题这一首不要紧，可就被各处念书的人知道了，一个传两，两个传三，传来传去，传到他们国王的名下。国王一看这首诗，乃召文武百官上朝。文武百官来到金銮殿上，三呼礼毕，国王命常随官搬过几把椅子来，赐各大臣坐下。众臣谢恩已毕，一齐坐下说道："我主将臣等唤来，有何吩咐？"国王道："无事不敢劳动众卿，今日寡人有一件要事，众卿不知，听寡人道来。"

明治皇未从开口笑欣欣，叫了声众卿不知听王云："日本国不过区区弹丸地，想只要增长国势必用贤人。若等到数年以后人满为患，殖民之地咱们何处去寻？现如今中国昏昏在梦里，那朝鲜不修内政竟愚民。我看那朝鲜将来能为我有，东三省亦可接着往前吞。这两样事情虽是甚容易，然必须本国内先立住根，闻听说伊藤博文学问好，王有心用他为个外交人，先命他欧美各国访政治，回来时筹备立宪固邦根。宪政成然后通行蚕食策，那时节不怕无地就怕无人。因此才寡人来把众卿问，望众卿各抒所见向王陈。"这君王说罢了前后一些话，又听那内阁尚书尊声圣君。

日皇说了一片言语，内阁尚书木户起身奏道："我主既愿用伊藤为官，此事甚容易。微臣府下有一先生，名唤麦田春。此人素与伊藤博文有旧，也尝在臣跟前夸讲伊藤之才。我主今日可备些聘礼，命麦田春明日就去请他，那伊藤断无不来之理。"日皇闻言，哈哈大笑说道："事情可也真凑巧，寡人正愁聘请无人，怎么就有这麦田春呢？"急命常随官，备下千匹细锦，五百两黄金，国王亲自修了一封聘贤的书子，又命人上木户府中，唤来麦田春。麦田春来在金阙之下，俯伏在地，口尊："万岁，唤小人那边差使？"国王说道："这有一封书子，细锦千匹，黄金五百两，你拿着去上西京，请那伊藤博文前来居官。明日就要前去，不要迟延。”麦田春说：“遵命。”于是带了书子，拿了金帛，归本府去了。日皇又命打典退朝，诸大臣各归府下不表。

单说麦田春来在木府，歇了一宿。第二日清晨起来，用了早膳，收拾了行装，拿了盘费，带了二个跟人，备上三匹快马，行李聘礼捎在马后，上了坐骑，可就扑奔西京走下来了。

好一个为国求贤麦田春，他不住马上暗沉吟，说道：“是我皇今日下个求贤诏，他命我西京去请伊藤君。伊藤博文本是当今一豪杰，若出世必能为国建功勋。”麦田春正在马上胡叨念，又见那百般红紫斗芳春，见几处堤边绿柳垂金线，见几处陇陌佳禾色色新。又听那百鸟林中音百啭，千家的妇女笑言频，渔子河边来垂钓，樵夫深山动斧斤。走过了三里桃花镇，又过了五里杏花村。杏花村里出美酒，桃花镇里出美人。一路有花也有酒，花酒难留有事人。简断捷说来的快，这一日来到伊府门，用镫离鞍下了马，又只见院中走出一个人。

话说麦田春这一日来到伊藤门首，搬鞍下马，正要上前去问，只见从院中走出一个人来。麦田春摆手问道：“此是伊家吗？”那人应道：“正是，你们是那方来的客人呢？”麦田春道：“你且莫要讯问，快去房中禀报，就说有东京麦田春来访。”那人闻听，急急忙忙跑到了上房，正赶伊藤在屋中看书。家人说道：“禀爷爷得知，外面有麦田春先生来访。”伊藤闻言，慌忙走出上房，来到门外。二人对面行举手礼，命家人将仆人、马匹安置别处，次将麦田春让到上房，分宾主坐下，各道数年不见的思情。又见家人献上茶来。茶罢搁盏，伊藤道：“今日可是那阵风把贤弟你吹来的呢？”麦田春道：“兄长有所不知，只因国王见了兄长之诗，甚有爱才之意，故命小弟前来相聘。现有国书信并聘礼在此，乞兄长过目。”伊藤接过书信一看，真是些谦恭卑礼乞求伊藤出世[仕]的话。伊藤看了一遍，说道：“既蒙国家见爱，小弟敢不尽犬马之劳？”即命家人收拾行装，明日随着麦田春出了家门，扑奔东京，夜宿晓行，非只一日。这日到了东京，见了国王，国王说道：“久闻先生大名，如春雷贯耳。今日之见，乃三生有幸，先生何以教寡人治日本呢？”伊藤道：“我主愿听，待臣下道来。”

伊藤那满面和气带春风，尊了声：“万岁！臣的主公，现如今欧洲诸邦那们强盛，都因为宪政完全那一宗。臣有心先上西洋访政策，考察政治往列国游行。有学问然后才能作大事，若不然咱国家得何日兴？”日皇闻言心欢喜，说：“爱卿呀的见识与王同。你明日就可束装欧美往。”伊藤说：“臣我尊命，明日就行。”书要断捷方为妙，哧溜啰嗦困明公。

这一日伊藤将要赴美国，君臣们饯行在十里长亭。伊藤他辞别在朝诸元老，这才坐上火船赴美京。在美国住了一年整，又到那英国住了五六冬，俄、法、意、奥游历各遍，合计整整费了十年功。十年来采取了十余国的政，他这才坐上火船奔正东。

回朝来在日皇殿前奏一本，他言说："臣要变法把日本兴。"明治说："寡人早有维新意，今日就让爱卿你实行。寡人封你为个全朝大宰相，你须要真心无二来尽忠。诸般政治随你改，那样不好任你更。"因此才维新大变法，但见那国势日日增。

众明公你们都说日本他强盛，那知道人家作事与咱大不同，有了贤人人家就要用，有了好事人家就要行。事事都要随民意，哪像我国那些赃官污吏糊涂虫，作出事尽是一派强压力，那有那一件事儿顺民情？劝大家从今后别把官府靠，各人家谋点本业是正经。押了此事咱们且不表，再表法美驻日的领事公。

话说明治用了伊藤，维新变法，当下惊动了法国的领事札林、美国的领事安泥氏。这一日，两国的领事会在一处，札林说道："贤弟，你看日本现今维新变法，民气日增，将来东亚的利权，必为他们占了，咱们何不往本国打电呢？"

那位说："得啦，你不用说了。法国跟美国，本是两国，语也不是一个样，字也不同，他两个人怎么能勾说话呢？"列位有所不知，现在这个时候，各国办大事情，全是用英国语，他两国语虽是不同，全是说英国语呀。往后无论那国，全是这个样子，列位不要疑惑。再说那安泥氏说道："长兄之言，甚是有理。"于是他二人各自修了一封书子，到了电报局，打到本国去了。这且不表。

单说法国皇上，那日早朝，只见外务部大臣呈上了一封书子，法皇接过书子，拆开一看，但只见上写着：

驻日领事札林三顿首，叩禀我皇万岁玉阙中。现如今日本用了伊藤为宰相，维新变法民气甚是雄。他一心要取高丽为殖民地，他又要侵占中国省关东，望我皇速速想个对待策，万不可让他侵占咱们的利权中。法皇看罢了札林这封信，不由的他腹内叮咛好几叮咛。

话说法皇看罢了书信，对各大臣说道："日本明治维新甚是雄猛，咱们可是如何对待他呢？"内有外务部大臣阿根奏道，说是我主不要犯愁，咱们候上几天，听听美国有甚么方法，然后咱再跟他合着去办，岂不妙吗？法皇开言说道："爱卿之言，甚合朕意。"急上外务部，选了几个人去上美国打听消息。探了几天，打听消息的人回来说道："那日美国，接着他们驻日领事的电报，他国在议院中开了一议会，出一个道来，想要派些个耶稣教徒上高丽国，以传教为名，好开化他的民智，他们的民智一开，那日本就不能怎的了。"法皇闻言说道："此方甚好。"于是也就派了些个耶稣教徒去往高丽传教，这且不表。

单说我朝同治初年，高丽国王晏驾，无有太子。大臣们商量着，把大院君李罡[昰]应的儿子李熙立了。〖李熙〗年方七岁，不能听政，所以大院君就为了监国摄政王，金宏集为宰相。这金宏集，本是一个贪赃卖法的奸臣。他荐举了一些个小人为官，就是那郑秉夏、朴永[泳]孝、金玉均这一党人。大院君又荒淫无道，不修国政，因此那全国的百姓，靡有一个不怨恨他的。

这一天早朝，有皇门官奏道："启奏我王得知，外面有法美来的五百余耶稣教要在咱国传教，现在午门外候旨呢。"大院君闻听此言，问诸大臣曰："他们前来传教，这个事，可是让他传不让他传呢？"只见班部中转出兵部尚书云在霄来，上前奏道："说他传教是好意，我主断不可拒绝。"大院君又曰："他们既是好意，与咱有何好处呢？霄爱卿你说一说，与本监国听。"云在霄道："我主不知，听臣道来。"

云尚书未从开口面带欢，尊了声："我主不知听臣言：耶稣教本是上帝一分子，全仗着传教天下化愚顽。所说的俱是忠君爱国大实话，所讲的尽人人自治保利权。英美的国民那样强盛，也都是耶稣教徒化的宽。我国民现今实在不开化，有何人知道保国求治安？耶稣教今日替咱把民化，那恩情岂不真是重如山？望我皇不要狐疑把旨下，让他们速速传教在这边，闻人说日本现在大变法，不久的就要通商到此间。那时节我们的人民要是不开化，是何人与那日本争利权？利权要是到了外人手，想只要图存保国难上难。而且说中国现今也是很软弱，那能勾替着咱们求治安？为今计莫若速速开民智，若不然国家不久的就若完，国家强全仗着多数的老百姓，百姓强那国家也就稳如山。想只要为世界上一个独立国，不开民智什么方法也是妄然。劝君王快快的想个新民策，可千万不要仗着人家保护咱。"云尚书说罢了前后一些语，又听那院君在上开了言。

话说云在霄说罢了耶稣教传教有多少好处，大院君说："爱卿你方才说的这些话，本监国我看之也不大离，就依爱卿，你酌量之办去吧。"云在霄下了银安殿，来在朝门以外，看见那耶稣教徒全在那里候着呢。云在霄来至近前，那些教徒皆行了举手礼。大人还礼已毕，说道："我主传下旨，命你们自由传教，望诸君热心教化，可不要让那无知的百姓借事生端。"众教徒唯唯而走，大人亦坐上轿子，归府去了，话分两头。

单说日本自维新以来，光阴似箭，日月如梭，不知不觉的也就是十拉年。这一日正是他国立宪的一个纪念日子，于是那满朝文武，跟他们的皇帝，可就开了一个大会，叫作纪念会。饮酒之间，明治可就对伊藤说了："寡人尝愁咱国人满为患，想只要在外侵占点土地，又怕本国根本不固。现今宪法已经都完全啦，民气已狠强啦，寡人要经营朝鲜与中国，可得什么政策呢？"

伊藤开言道："尊声臣主公，想要图朝鲜臣有计几宗：第一先要与他定下通商约，将领事安在他们的京城。各商人全让他往高丽去，使唤着他们商业不能兴，使唤他利权渐渐外溢了，使唤他巡警财政皆在咱手中。然后再想个别的方法，于领事馆安上咱们国的兵。虽有那冲天手段让他不中用，虽有那拨云的武艺让他不能行。管教他数万人民归我管，管教他十三道的土地一齐扔。管教那朝鲜地图变了色，管教那欧美诸邦胆战惊。那时节谁来干涉也不怕，若不然咱们就与他动刀兵。得了高丽然后咱再瓜分东三省。我的主你看这个方法中不用？"正是这伊藤殿前来划策，又听那皇门官进来禀一声。

伊藤正在说那经营朝鲜的政策，只见那皇门官进来禀道："外边有九州商人吉隆，言说有要事来见大人。"伊藤说："将他唤进来吧。"不一时，皇门官将吉隆带进来，站在殿下，伊藤离坐问道："你有何事来告呢？"吉隆道："小人无事不敢到此，只因前几年，小人在欧美各国贸易，见他国的耶稣教徒，渐渐的东来。至今年，小人又在高丽仁川贸易，看耶稣教徒，在他们处的甚是不少，他们信教的也狠多。后来打听着人说，是什么云在霄，愿意让耶稣教在他们那边传教。小人想朝鲜人若是全信了教，开了智识，咱们要经营他们的地方，岂不是难啦吗？望大人想个方法以处之。"伊藤闻言，点首会意，遂命人拿过十五圆钱来赏吉隆。吉隆不受，说道："此是小人应尽的义务，曷敢受赏呢？"伊藤说："我不是赏你，我是鼓励别人。"于是吉隆受钱而去。

众明公，你们看日本一个商人，全有爱国的心思，望诸公往后作事，都照吉隆这样才好。闲话少说。

单说日皇闻听此言，问伊藤曰："爱卿有何方法？"伊藤道："我主勿忧，臣自有方法。"当日天色已晚，各大臣归府去了。伊藤来到府中，叫家人伊禄，说："你上木大人府中，将麦田春先生请来。"伊禄说："是了。"不多一时，麦田春来到，让至书房，分宾主坐下。麦田春道："兄长将小弟唤来，有何事相商？"伊藤走至身前，附耳低言说道，如此如此。麦田春会意，辞别伊藤去了。这且不题。

单说韩国的宰相金宏集，这日正在屋中闷坐，忽有家人来报，说道："外边有日本使臣麦田春求见。"金宏集闻言，忙忙顶冠束带，迎出门外，让至客厅，分宾主落座，说道："贵国来到小邦，有何事办呢？"麦田春说道："鄙人奉了我国皇帝旨意，特来贵国修订商约。"

列明公有所不知，这个商约就是你国上我国做买卖，我国上你国作买卖，两家定下一个合同的意思。再说麦田春，将定约的事情说完，遂献出明珠五十颗，佩刀两把，军衣一身，说道："这是敝国一点薄礼，望大人收下，若事成以后，将来还有重谢。"金宏集并不推辞，收下了礼物，说道："鄙人自能尽心去办，明日听信吧。”说罢，麦田春辞别了金宏集，回旅馆去了。

第二日清晨早朝，金宏集将此事奏与大院君。大院君问各大臣曰：“你们看这个事情可行不可行呢？”忽见班部中走出一个人来，说道：“日本想只要夺咱国的商权，所以来修订商约，此事断不可行。”众视其人，乃兵部尚书云〖在〗霄也。大院君说道：“既是不可行，就让他回去罢。”即卷帘退朝。

金宏集回到衙门，麦田春早已在那里候着呢。见金宏集回来，起身说道：“事情怎么样了？”金宏集答道：“不妥，被那云在霄老儿给破坏了。”麦田春闻听说云在霄的名字，他可就沉吟半晌，自忖道，说我此来正为这老儿，何不乘机会将他间离于外呢？

主意已定，遂向宏集说道：“此云在霄，不是让耶稣教在你国传教的那们［个］人吗？”宏集答道：“正是。”麦田春说道：“哎呀！这个人的意思，可实在不好哇。”宏集说道：“怎么呢？”

麦田春开言道：“尊声大人哪，提起耶稣教实在不好哇。耶稣教虽然以传教为名目，实在是说神道鬼竟瞎叭。全仗着人多势众来作乱，动不动就要欺侮那国家。那英国的皇上也曾被他们更换，法国的大臣也曾遭过他们教［杀］，英法国的人民也曾经过他们涂炭，英法国的社稷几乎未亡于他。这耶稣教专讲究与那政府作反对，这耶稣寻着官家错儿就要杀。现如今贵国也有了耶稣教，不久的就要把你们来欺压。渐渐的你们国的人民全信了教，问大人你可用什么道儿制服他？那时节恐怕你们的富贵不能保，那时节恐怕你们的脑袋搬了家。依我看不如将他们全赶出去，省着他在贵国以内把乱发，次将那云在霄老儿调在外，你皇上必能与你把官加，然后再与我国把商约订，我情愿每年与你三千银子花。我说此话你要不信，今日就与你把押画。”金宏集听罢了前后一些话，他这才垂头丧气把话答。

话说金宏集听罢了麦田春一片言语，吓的魂不附体的说道：“我不诚想这耶稣教还如此利害吗？我必定将他赶出国去。至于商约之事，我定然与贵国办成，望祈多等几日才好。”麦田春说道：“望大人在意也就是了。”于是麦田春辞别宏集，坐上轮船归国去了。

众明公，你们听听，方才麦田春所说的这些个话，全是那伊藤附耳低言之语，不可不知道哇。这且不提。

单说金宏集复又到了大院君府内，见了大院君，将麦田春的话对他细细的说了一遍。大院君说：“这是云在霄的主意，明日让他去镇守平壤，不在京中也就是了。那个耶稣教的事情，爱卿你看得怎么办呢？”金宏集说道：“依臣愚见，明日咱出上一张告示，让那耶稣教徒全都出去。他若不走，咱们再让那百姓杀他。杀一个耶稣教，咱们赏钱多少。那时节他们怕杀，也就走了。”大院君说：“就是这个主意。”到了次日，先将云在霄打付镇守平壤去，然后又出了一张赶耶稣教的告示。那百姓一见这张告示，可就虐待起那耶稣教来了。

好一个无道昏王大院君，他一心要虐待耶稣教人，出一张告示就把他们赶，立刻就不让他在国内存。说是要有人杀了耶稣人一个，国王就赏他五两银，有人要是杀了人两个，就与他九两零十分。无知的百姓一见心欢喜，他这才拿刀动枪来杀人。十来天杀了无数耶稣教，手拿着人头去领银。耶稣教一见事不好，一个个可就慌了神，急忙忙不分昼夜望外跑，可一下子出了这座门。这一日来到了本国地，各向国王奏了本一份。法美皇上见了这一本，急派大将可就点了军。教军场上选了三万人共马，大炮拉了三百多尊，大兵发到朝鲜地，杀了个山崩土裂天地昏。列明公要问后来一切事，等一等下回书里听缘因。

第二回　定商约院君归政　攻使馆日本兴师

朝鲜院君无道，作事甚是昏庸。耶稣传教在国中，他还以为无用。
信任宏集卖法，江山转眼就扔。法美一国发来兵，还在朝中作梦。

《西江月》罢，书归正传。上回书说的是法美二国兵伐高丽，外边告急的文书，打到了汉城。那大院君只吓的魂飞胆裂，对着金宏集说道：“这可如何是好？”金宏集说道：“我王勿忧，臣有一条拙见，可以将法美二国兵挡回。”大院君说道：“爱卿有何高见，快快的讲来。”金宏集说道：“我王不知，听为臣的道来。”

金宏集未从开口笑盈盈，尊了声：“我王不知听臣明：云在霄现今镇守平壤地，闵泳骏镇守在黄海道中，他二人现在皆有兵十万，打法美他们二人就能行。让在霄带兵把守仁川境，让泳骏带兵把守华阳东，法美二国的兵船要来到，隔岸就用大炮轰。不怕他有兵多少万，管保教他尽死在大海中。祈我王快快刷旨意，让他们二人就用兵。”

院君闻言心欢喜，急忙忙刷了旨两封，一道下在平壤去，一道下在黄海道中。云在霄接了皇圣旨，他这才点齐了人马仁川行。这一日大兵到了仁川地，海岸以上扎下营。大炮安上三十座，专等法美二国兵。这一日两国的兵船一齐到，他这里就用炮来轰，只听大炮咕咚一声响，但见那海水一飞红。一连放了三十炮，打沉了法国一船兵。两国一见势不好，他这才吊[掉]过船头回了京。法美回国咱且不表，再把在霄得胜明一明。

话说云大人在仁川打了一个胜仗，点了点自己的兵，才伤了三十来人。又在海中捞上法国那只破船，得了他大炮三尊，小枪子无数。于是带了兵将，回到平壤，将得胜的表章打到汉城。大院君一见在霄打了胜仗，满心欢喜，遂降旨，封在霄为十三道的提督。什么叫作十三道呢？列明〖公〗有所不知，那十三道跟咱们中国二十二省一个样子。这个时候，金宏集听说云在霄打了胜仗，又封了官，他原先本想只要害他，不诚想人家却得好处，心中实在是不乐，这且不题。

单说日本自麦田春回国以后，打听着朝鲜已经将耶稣教赶出国去，又与法美开仗，知道这个事情，全是麦田春的功劳，于是封为外务部侍郎。压下此事不表。

再说日本的工场，造出了一号轮船，能载二千多兵。这一日，日皇升殿，伊藤出班奏道："我主在上，臣有本奏。"

好一个才高智广伊藤君，他作事尽是蚕食高丽的心。他说道："我国造成船一号，看此船能盛二千人。臣有心将此船儿放在海，去上那高丽海岸巡一巡。一来是试试此船有多么快，二来是看看高丽沿海门。他那沿海形势要是全知道，一旦有事咱们好进身。望我主千万准了微臣本，臣好上陆军部里去挑人。"

日皇说道："爱卿之言，寡人无有不从之理，爱卿你酌量之办去吧。"

伊藤侯一见日皇准了他的言，不由的满心喜气上眉尖。急忙忙来到陆军部，挑了五百强壮男。内里派了一首领，他的名字就叫大山岩。大山岩代[带]领着兵丁把船上，升上火来就冒烟。气管儿放气奔奔响，轮子儿扒水上下翻。转眼之间就是七八里，坐到上头稳如山。外国的人儿有多么巧，作出物来赛神仙。日本到高丽也有一万里，坐轮船仅仅走了十来天。这日进了高丽境，来到了他们的华阳湾。押下日本兵船咱不表，急回来把那闵泳骏来言一言。

话说闵泳骏镇守黄海道，这日接了国王的旨意，命他把守华阳湾，预备着挡法美的兵船。后来法美被云在霄打败，大院君恐怕他们再来，遂靡让他回去，就让他永久在那把守着。

这一日，正在海岸上拿着千里眼看呢，只见六七十里外有一号船，如箭打的是前来。那位说啦，隔着六七十里地，怎么能勾看见呢？列位有所不知，那千里眼，慢说六七十里地，就是六七百里地，也全能看得见。那闵泳骏看着来了一号船，也靡看见旗子。这话又差了，怎么船上还有旗子呢？不知那外国的船上都有旗子，所以一见旗子，就知道是那国的船。日本这支船，因为这一天风大，他们靡挂旗子，那闵泳骏就以为法美的船呢，他可就走进大帐，传下令来了。

好一个闵氏泳骏小英雄，看见了兵船吃一惊。急忙忙来在大帐里，拿起令箭就点兵。先点了五百大炮队，又点了五千飞虎营。杆子马队二千整，准备对敌打冲锋。陆军步队随后点，站好条子就出营。头里走着一帮军乐队，后跟着马步众兵丁。洋号吹的吱吱响，洋鼓打的响捕咚。枪嘴子好条一片高粱札，刺刀照的耀眼明。人马来到海岸上，一个一个瞪眼睛。

那位爷说了，他们瞪眼睛干什么呢？不是别的，望海中瞅那只船呢。闲话少，说再听我道来。

闵泳骏又拿起千里眼来用目睁，看那船离此不过二十里地中。分付[吩咐]声："炮队各兵将，你们与我快开攻。"炮队将官说："尊命！"一个一个来用工。先开了炮门装上药，炸子弹随后就往里边扔。击子绞起咯吱响，击子落下响咕咚。头一炮来未打上，二一炮来未成功，三一炮来打的准，正正打在船头中，只听炸子咯啦一声响，那船头炸了一个大窟窿。炸坏船头不要紧，伤了兵丁五百名。大山岩一见事不好，补上船头回了京。日皇殿前奏一本，他那里就要发大兵。他发兵不发的咱不表，再说我国名大清。

话说我国大清当光绪皇帝元年，那个时候，李鸿章作直隶总督兼北洋大臣，办通商事务，住在天津，所有一概外国的事情，全归他办。这一日美国来了个商务大臣，名叫福世德，法国来了个交涉委员，名叫狄士年，一齐到了李鸿章的衙门求见。李鸿章听说了，慌忙让至客厅坐下，说道："贵国到此，有何事商议呢？"两国的使臣齐声说道："无事不敢到此招扰，只因前几年日本明治维新，就想只要吞并高丽，侵占你们中国。敝国以为他们要把高丽吞了，并且你们中国的东三省也恐怕不能勾保，于我们的商业上，实在是有妨碍，所以我们派了几百耶稣教徒去上他们那边，教化他那些个愚民。他们的民，要是开了知识，可也就能勾保他们的国家了。他国的民到是些个好民哪，惟有他那个摄政王，实在是不知道什么，中了人家日本的反间计，让他们那无知的百姓，把我们的耶稣教徒杀了不少。后来我们人兴兵问他去吗，他又偷着放炮，把我们船击沉了一只。我们倒不是怕他，不敢与他开仗，都因高丽是你们的属国，我们要跟他开仗，于贵国的脸上，也是不好看。所以我们的皇上，让我两人来告诉告诉，往后不要再让他那个样子也就是了。"李鸿章开言说道："高丽虽然是我国的属国，但是他国的政事，我们是一点也不管，要是与那国开仗，那国和约，都由他们自己的便。"法美二国的使臣闻听此言，面面相觑，说道："既然如此，咱们二人回去吧。"说罢，辞别李鸿章，回国去了。

列明公你们听听，都说是咱们国软弱，像这个样办事的人，那有不坏呢？

高丽本是咱们的属国，不能勾好好的保护，人家来告诉，那办事的人，还拿着当耳傍风，因着这个，人家日本，可就下了手了。

好一个老而无谋的李鸿章，说出话来太荒唐。法美国本来是好意，他以为人家竟发狂。他说道："高丽虽然服我管，向来的政治我们不主张。和战由着他们自己的便，那里头靡有我们一点糠。"他说这话不要紧，到后来传到日本耳朵傍。日本听见这个话，拿朝鲜就当作了独立邦。派人去问那华阳炮击事，硬逼着那大院君来通商。通商后日本入了朝鲜地，他这些百姓可就遭了殃。看起来高丽灭亡这件事，全是我国办事的人儿无主张。那朝鲜现今已经灭亡了，我中国不久的也是就要亡。

众明公呀们[你]们思一思来想一想，可是用一个什么方法保此邦？大清国本是咱们大伙的大清国，可别再让那些个奸臣贼子胡乱扬。咱们人人都想想一个谋生道，咱们各家里都预备几杆枪。来了咱们就把他们打，或者是能勾保全咱这方。我说这话你们若不信，回到家去躺在坑[炕]头上好好思量一思量。押下此事且不表，再把那日本详一详。

话说日本皇帝，那日早朝，有皇门官奏道："现有试验兵船的将官大山岩在午门外候旨呢。"日皇闻奏，说道："将他唤进来吧。"殿头官传旨，那大山岩不多一时来至金殿，参见一毕，日皇问道："你试验那只船，快与不快呢？那朝鲜沿海形势，可是怎么个样子呢？"大山岩说道："我主不要问了。"遂把那船被高丽打破之事说了一遍。日皇闻言，心中大怒，说："好一个高丽，真乃无礼。"就要派兵前去问罪。伊藤奏道："我主不要造次。臣有一计，管教我主把这个仇报上。"日皇说："爱卿有何计策？快快的讲来。"伊藤说："我主在上，听臣下道来。"

伊藤他未从他开口笑欣欣，尊了声："我主洗耳听原因：高丽他打破咱们船一号，乘着这个隙儿好把他寻。不用兵来也不用将，只在一个外交人。今日不把别人派，还要派那麦田春。命他带〔带〕银子三千两，好贿赂那宏集老奸臣。商约领事朝着他一个人办，老奸贼见钱必定起坏心。立逼他主把商约订，那时咱们可就有了根。这是微臣的一个拙见，望祈我主斟一斟。"

伊藤说了一片言语，日皇说道："此事甚善。"遂又派了麦田春去上高丽修订商约，又派了一别位官员，名叫花房，说道："他要许了咱们通商，你就作那处的领事吧。"于是他二人各自领了旨意上高丽去了。这且不在话下。

单说闵泳骏，当日打退了那只船，后来才知道是日本的，恐怕惹出祸来，就报进京城去了。大院君一听这个消息，忙问那金宏集。宏集心中暗暗的说道："这回我可能勾给日本办事了。"急忙对着大院君说道："这个事情不要紧，他们几天必来，那个时候咱们与他订下通商条约，可就拉倒啦。”大院君说：“就是如此吧。”说罢，金宏集辞了院君，回在衙下。书童过来，说道：“书房有日本客，现在书房等候着呢。”宏集听说，慌忙来在书房，见了麦田春，各道了寒温。麦田春又与花房引见了，遂将银子拿出，承[呈]递于宏集。宏集假装着推辞两推辞，可也就收下了，说道：“贤弟来到这里，八成是为的那华阳湾的事情吧。”田春说：“正是。”宏集说道：“那商约的事情，我已经对我们的监国说了，将来许有个成。若是成了的时候，你二位就在这作领事吧。”〖麦〗田春说：“花大人就是我派定的领事。”宏集说：“更好了。”当日天色已晚，遂吩咐排筵，与麦田春对面欢饮。饮完，麦田春就住在宏集的家中，一夜无话。到了次日早朝，带他二人上朝，对着大院君就说起来了。

好一个奸贼宏集本姓金，他作出事来竟欺君。他说道：“日本商船咱们打坏，人家伤了五百人，现如今人家到此将咱问，咱们可用什么话来对他云？依臣看不如与他订下通商约，咱国内许他们安上领事人。”〖大〗院君闻言说是：“对，我也早有这个心。”

金殿以上就把合同写，画上押来就算真。立时开了两个大商埠，就是那仁川、元山津。花房这里为领事，与他修上一个大衙门。自从日韩订下通商约，那日本就往这里来迁民。明只就是作买卖，暗地里就算扎下根。住下此事咱不表，再把李熙皇帝云一云。

话说李熙现在已经二十岁，选了闵泳翊的妹子为皇后。这个娘娘读过书，那三从四德，无有不知的，就算他们高丽国一个女圣人。这一日对李熙说道：“陛下如今也是二十多岁了，什么事情也不管，可到算一个什么皇上呢？现今再要不亲政，将来咱国可就要不好啦。”他这几句话不要紧，可就把李熙提醒了。次日，会了那满朝文武，跟着大院君一说，大院君无可如何可就把政归了。李熙皇帝登了大宝，大赦天下，封闵泳翊为内阁侍郎，金炳之为总理大臣，朴定晨[阳]为内务部大臣，李完用为外务部大臣，李允用为军务大臣，赵丙稷为法部大臣。那金宏集诸人，也未封，也未贬，可是不大信用了，事事全与那闵皇后商量。那皇后办事，也是甚有道理，所以他国的民也是狠乐和的。这此不表。

单说大院君，自从归政以后，看那国中用事的，都是那闵皇后的家里人，他心中甚是不愿意。这日见了金宏集，说道：“现在你看咱国那用事的，全是闵族，把咱们都干闲起来了。我想只还要执政，你看得想个甚么法呢?”金宏集说道：“这事容易，现在那飞虎营的总兵牛全忠，是我的亲戚，见他一说，让他帮着咱们把那闵氏除治了，然后咱们再封他为那兵部尚书，他断无不从之理。”大院君说道：“此法甚好。”于是他二人来到飞虎营，牛全忠接至帐中坐下，说道：“二位大人到此，有何事相商呢?”金宏集遂把大院君的意思说了一遍，牛全忠一听，心中想道:“现在日本在我们这边，我是狠烦恶的，不如借着这个事，把他们除治了，岂不是好吗?”于是答应了大院君，点起兵马，可就作起乱来了。

好一个智广谋多的牛全忠，他一心要把那日本攻。教军场点了三千人共马，扯起大旗就往外行。出大营他不把皇宫奔，领着人马捕[扑]正东。金宏集不解其中意，只得随着他们望前行，前行在日本领事衙门地，他这里招呼一声:“大小众兵丁，日本子本是咱们大仇寇，你们今天与我把他攻!”众兵丁一听这句话，忽拉拉把衙门围了个不透风。

那花房正在屋中闲谈论，忽听的门役报一声，说道是:“禀报大人得知道，外边里不知什么人发来，大人哪! 快快收拾跑了吧，再等一时人家就要把咱坑!”花房一听这句话，吩咐声:“快与我备马走龙。”搬鞍任镫上了马，顺着后门扔了崩。牛全忠一见花房他跑了，把那别的日本子杀了好几名。吩咐声:“三军你们与我赶，大料他不能出了这座城。”

那花房正在慌忙往前跑，忽看着后面尘土飞了空。不用人说知道了，定然是他们人马把我攻。加加鞭子克克镫，那马好像一阵风。前边来在海岸上，一看那汪洋大水把路横。前有那大水来拦路，后有那追兵赶的雄。眼睁睁的就要把命丧，何人敢保吉合凶? 书到此处住一住，歇歇喘喘下回听。

第三回　废院君王妃担国政　谋变法新旧起冲突

世界和平公理，男女本是平权，各有责任在人间，岂可外重内偏?
朝鲜王妃闵后，说起算是大贤，废去院君把政担，国内稍微治安。

上场来《西江月》罢，内有古段相随，列明公尊坐，听在下道来。

表的是大清一统锦江红[洪]，出了那牛马二英雄。要问牛马英雄是怎回事，列位不知听我明。道光年英国贩卖大烟土，怒恼了那位林文忠。林则徐烧了他们的烟土，因为这个才起战争。英国的大兵到了浙江地，攻破了我们那座宁波城。宁波府辖有一个乍浦县，县中里有一个老头本姓龚，养活了一个牛来一个马，专指着卖豆腐为他营生。这一日英人到了乍浦县，把龚老头的家业抢个空。接着又牵他那个牛合马，那头牛可就起了爱国诚。照着那英人官长就一角，把他的肚子顶个大窟笼[窿]。众英贼一齐的望上跑，那头牛左右东西四下冲。撞着一个顶一个，一连顶死了人十几名。众英贼一见事不好，拿出枪来与牛争。快枪一响就把牛打倒，呜呼一命归阴城。那英人又骑上龚氏的马，顺着江沿去攻那座盐海城，这匹马特意打个前失跌，把英贼跌下马鞍龙。这马慌忙就踏住他的腹，脑袋上就用蹄子登。把那英贼活扒死，他这才一撒欢儿影无踪。众英贼一见说是不好，这牛马八成是神灵，于是不把盐海犯，那座城所以得了安宁。戴大人就把他们国畜叫，又提了名儿叫他二忠。

这就是牛马英雄一件事，众明公你们好好听一听。扁毛畜生还有抗贼义，我们不保国怎对起畜生？国保就是我们的身家保，国破怎保身家性命存生？要想保家总得先保国，家国原来是一宗。要等着国亡家也不能好，那时节父母妻子各西东。家业财产全归外人手，想要不给也不行。从今后别把外国人来怕，要欺负咱就与他把命拼。外国人也是怕那好硬汉，咱要硬了他们就要放松。列位呀！你们仔细想一想，我说这话全然不是胡蒙。上场来几句闲言书归正，还把那日本花房明一明。

上回书说的是日本领事花房逃在海岸以上，前有大海，后有追兵，正在为难之际，只见上稍来了一号轮船，他慌忙招呼道："救人哪！"那船来至跟前一看，是那英国的商船，去上日本横滨作买卖的，于是花房坐上这只船归国去了。

单说牛全忠赶到海岸，一见花房被人救去了，他一看这个事情已经泄漏了，他可就跑往美国去了。剩下那些个残军，闹了一天，也都安抚下了。那大院君等闹了一个画虎不成，真是可笑。这且不表。

单说花房来至国中，见了伊藤公，把以上之事说了一遍，伊藤说："从今后我可有了对付高丽和中国的道了。"

好一个很毒的伊藤博文，他怀着破坏高丽中国心。说："高丽本是中国的属国，他们不能好好的去保存。他们不能保护咱们保护，不可失了这个的好机因。高丽紧靠着奉天、吉林地，得了他就容易把满洲吞。现今他攻了咱们领事馆，依我看是咱国的大福分。他不找咱咱还要把他找，况且说他上赶着把咱寻。我常愁吞并他国没有道，要如此我们可就有了根。"

于是又派官员往高丽去，这官员的名字叫井上馨，回头又把英雄大山岩叫："你领那第一镇的大陆军，跟井大人一齐往高丽去，到那去问他那无道昏君，为什么攻了我的领事馆，为什么杀了我的众商人？杀了我们的商人不要紧，我国损去了五十多万金，今日必须赔了我们的款，若不然我就与你动大军。还得许我安兵在领事馆，好保着我国领事与商人。还得差人上我国来赔罪，与我那死的留下养家银。赔款无钱行息去借外债，指那国地作保不认得人。你二人就照这样对他讲，看他有什么话儿向咱云？"二人齐说："是，我们记住了。"这就坐上轮船起了身。日本兴师问罪咱且不表，且表表我国驻日的公使臣。

话说日本派了大山岩、井上馨去上高丽问罪，当下惊动了我们中国驻日的公使黎庶昌。他听这个消息，说道："高丽本是我国的属国，现在他要插手夺权，与我中国很有不便；要是高丽归了日本保护，离我们东三省就近啦。要到那个时候，我们东三省也怕不好。"急忙的修了一封书子，到电报局，打到北洋大臣这来了。这个时候，北洋大臣李鸿章丁忧，张树声署理。当日接了黎庶昌这封电信，扯开一看，但见那上写着：

"驻日领事黎氏庶昌把事陈，敬禀我国的北洋张大臣。大院君无故的作了祸乱，他攻了日本领事衙门。现如今日本派兵把高丽问，一心要凌虐他国的君与民。那日本不过区区三岛地，所以生出来这样狗狼心。伊藤博文也从画过策，他要把中国与那高丽吞。想要吞并中国的东三省，不得不先在高丽把力伸。与高丽私自订下通商约，又安上花房一位领事臣。因为攻了他们的领事馆，又要在他国中把兵队屯。牛全忠杀了日本人几个，让高丽赔他们五十万金。他们的势力要是比咱大，那时节咱东省难保存。现今他们发兵高丽去，咱们也当发去多少军。要有乱咱先与高丽平了，千万可别让日本进了身。日本原是个贪财的穷国，不可不防备他的虎狼心。大帅哪你可别拿这事当儿戏，关系于咱中国实在是深。望大人速速发兵高丽去，先除治了他作乱的人，然后与他国说和了结事，或者能够保全了众人民。这本是至理名言真情事，望大帅仔细寻思一思寻。"张树声看罢庶昌这封信，不由的腹内沉吟好几沉吟。

话说直隶总管张树声当下看了黎庶昌这封信，他思寻道："日本发兵去上高丽问罪，这个事情与我国关系非轻。我要不去救他，将来不但于我自己不好，那万人的骂，也是挨不起的。"于是派了提督丁汝昌与那马建忠，驾了两只快船，领了五千兵，望着渤海口进发，一昼一夜到了高丽。这个时候，日本兵也到了。我国的兵先把那大院君废了，又杀了他那一同作乱的一百七十多人。日本一看，咱国把高丽的乱平了，他就要求高丽赔他们的款，并且许他们在领事馆驻兵，还得派人到他国去谢罪。高丽因为自己缺礼，只得应许赔了五十五万元的款。现在无钱，作为借贷，行上三分息，指釜山地方作保。日本又新派了一位领事竹添〖进〗一郎，公使馆里又安上二千兵。我国看他公使馆安兵，我们也留了三千兵驻高丽。高丽又打付金玉均去往日本赔罪。当下事情完了，两国余兵全回国去了。这且不表。

单说高丽大院君废了，李熙皇帝本是个软弱无能的人，所以国事全靠着闵皇后去作。这日闲暇无事，闵后对着李熙可就谈讲起来了。

闵皇后未从开口笑嘻嘻，尊了声："我主洗耳请听之。咱高丽自从开国享安泰，为今计应当急急修国政。日本他欺侮咱国不为别的，大概是要夺咱国好土地。今日里受了他们日本欺，好保护咱们江山与社稷。”李熙说：“爱卿之言甚有理，咱这国就依着你去治理。”皇后他这才整顿国内一切事，学堂、巡警立了一个齐。审判厅、咨议院全然安下，蚕桑局、官钱号立在城西。飞虎营改作了陆军队，火药场变成了工程局。数月之间筹办了一个备，喜坏了他们皇上名李熙。说：“卿呀，你能如此来治国，望后还怕的什么外人欺？”皇后说：“还有一件顶大事，就是那卖国奸贼金宏集，日本子所以来到咱这里，全然是宏集奸臣引诱的。依奴看不如把奸臣除治了，省着他倒卖咱国锦社稷。”李熙说：“事事样样依着卿办，你说怎的就怎的。”他这才刷了一道黄圣旨，派了那内务大臣名寇基。

寇儒臣领兵就往金府去，不一时到了他那金府里。吩咐声：“兵丁与我快来绑！”把他那全家绑了一个齐。这一回拿了八十单三口，一个也未跑出去。拉着从那街上走，又听那庶民人等把话提：这个说奸臣今日恶贯满，那个说这也是他自取的，这个说往后不能把日本引，那个说再想要贪赃不容易。不言那百姓开谈论，再表那监斩大臣名寇基。押着犯人到法场，勾了绝就把招子披。让他们一齐跪倒桩柍[橛]下，刽子手提刀候之。说是一声时晨[辰]到了，刽子手鬼头大刀忙举起。只听那追魂大炮三声响，那奸贼一命可就归了西。一家人个个全杀死，寇大人这才回城交旨意。寇大人交旨已毕回府去，李熙皇帝也退回宫里。此事押下且不表，再把那金玉均日本赔罪提一提。

话说金玉均奉了国王之命去上日本赔罪。这日到了日本，见了日皇，呈上谢罪书子。伊藤博文从旁说道：“有劳贵国了。”玉均说道：“只因鄙国得罪了贵国，理应前来谢罪，岂敢言劳。”各说了一些谦恭的话，可就散了朝啦。于是把金玉均送至驿馆安歇。这金玉均到了驿馆，暗暗的想道：“日本因变法才强的，现在我国也是狠软弱，朝里用事的都是闵族，我不如向伊藤说，教他助我一膀之力，我也变法，强强我们高丽。”他寻思了一回，说道：“就是这个主意。”

到了次日，见了伊藤，可就把这意思说了。伊藤闻言暗想道：“他们要变法，让我助他，他要一变法，必定起内乱，我好乘他的乱以行事，岂不是好吗？”于是向玉均说道：“你们要变法，这也是好事。我就与我国领事写一封信，他那也有兵，让他在那帮助你不好吗？”玉均说道：“狠好，事成以后，重重相谢。”当下就辞别伊藤回国。

到了国中，见了满朝文武，说道：“现在咱国甚是软弱，必得借外国扶助才能保存。咱们可是依靠日本呢，可是依靠中国呢？”于是也有说中国软弱不可靠的，也有说日本诡诈不可靠的，当下就分出了事大、亲日两党。事大的党愿意靠中国，亲日的党愿意靠日本。愿意靠日本的，就是那朴泳孝、金玉均、郑秉夏、赵义渊、禹范善、李東鸿、李万来、李臣孝、权荣镇那些人；愿意靠中国的，就是闵泳翊、闵泳骏、寇儒臣、亲王李应佐、李应藩诸人。当日金玉均一提这议，两党纷纷不一，各人说一个道，可也就拉倒啦。

那金玉均总是想只变法，回到衙中，吩咐家人道："你去把朴大人、郑大人、李大人他们请来。"家人去了，不多一时，他们全来到金玉均的家中，让至客厅坐下。三人说道："大人将卑职请来，有何话讲？"金玉均道："列位不知，听我说来。"

金玉均未从开口面带欢，尊了声："列位大人听我言：咱的国现今实是不得了，居于那日本中国两大间。现如今日本盛强中国弱，要靠那中国恐怕是妄然。那闵氏兄弟把军事掌，他妹子又在宫中弄大权，他们专专倚靠那穷中国，看起来这个江山就要完。伊藤博文愿意让咱们把法变，他言说要没势力帮着咱，此时中国与那法国开了战，咱趁着这个时候就当把法变。先杀那闵氏兄弟哥儿两，立逼着咱皇上把新法颁。别人不愿意咱也不怕，有那日本领事保护着咱。列位大人看看这事好不好，大家伙商量妥就去办。"

那些人齐声拍掌说是好，这才来到日本领事衙门前。对着那日本领事说一遍，那领事立刻与他兵二千。带领着兵马把皇宫奔，正赶那闵氏兄弟在那边。他们一见就红了眼，一个一个望上川[蹿]。钢刀一举忙落下，最可惜二位英雄染黄泉。当下惊动那一个？惊动了亲王李应藩。慌忙跑到我国的公使馆，对着吴、袁二公说一番，吴提督带领兵丁皇宫去，这一回就出了乱子山。乱不乱的咱不管，歇歇喘喘吃代[袋]烟。

第四回　吴提督大战汉城　兄弟和睦家庭顺

若是[非]各人怀异志，文武同心国势兴。
若是各人怀异志，家国安得有太平？

四句提纲叙过，书接上回。上回说的是那金玉均领着日本的兵将闵氏兄弟杀了，又要立逼他们皇上颁布新法。当下惊动了亲王李应藩，听说有这个变动，急忙跑到中国的使馆一说，那提督吴长庆、委员袁世凯带领着三千兵马，可就勾奔皇宫救驾来了。

好一个高丽亲王李应藩，他一到中国使馆把兵搬。他言说："金玉均们作了乱，勾引那日本反了天。只因为办事不合起反意，他这才领着日兵到宫前。可怜那闵氏兄弟死的苦，他还要立逼皇上把法变。望大人速速发兵马，一到那皇宫把日兵拦。”

吴提督听说了这个话，立刻的点了兵三千，出离使馆把皇宫奔，正遇着日本兵丁在那边。两下一见就开了战，枪炮之声震耳炫，只听哨子吱吱的响，弹子穿梭心胆寒。自晨打到正晌午，日本的兵将输于咱。竹添进一郎带领兵丁败下去，吴提督追赶在后边，一连赶了二十里，日本兵已到了仁川边。吴长庆还要望前赶，袁世凯一边开了言：“疾兔反噬是实理，穷寇莫追是实言。现在不如回去罢，好除治他们那作乱的男。”他这才带领兵丁回里走，人人得意面带欢。人马回到汉城地，又听得提督一傍开了言。

话说吴提督代[带]领人马回到汉城，吩咐声：“大小将官，一齐跟我去拿作乱的金玉均。”众将官应声说道：“是！”于是来到玉均家里把他一家子大大小小尽皆斩首，可就是跑了个玉均。吴长庆寻思一回，说他可那里去了？寻找多时，并无影迹，可也就回了衙门了。

列明公有所不知，只因他们杀了闵氏兄弟，他又要上皇宫杀闵后。这个时候，国王李熙已经知道有乱，让护卫军把宫门守住。金玉均到了，一看把守狠严紧，他在那等着日兵来到，好一齐闯进宫里。等了多时，也不见日本兵来，正在无可奈何的时候，忽有跟人来报说道：“不好了，日本的兵被中国兵打败啦！”金玉均一听这个消息，觉着不好，可就想要逃难，投奔日本。于是走到一个地方，幸与那些作乱之人遇在一处，可就扑奔上东京大路逃跑。押下此事不表。

单说那日本领事竹添进一郎，败到仁川，看看后边追兵回去了，他这才放心。慢慢的走，正走之间忽听后边有马蹄之声，回头一看，只见从那边来了几匹马，如飞的一般，来至近前，并不是别人，正是那金玉均，后跟着那一群作乱之人。彼此各道一些受惊的话，于是一齐坐上轮船，可就勾奔日本走下来了。

好一个幼小无谋的金玉均，他自己坐在船上犯思寻，说道：“是我要变法强韩国，那料想事情不成败了军？家中的老幼不知怎么样，大料着必教他们灭了门，全家的老少若是丧了命，岂不是我一人惹起这祸根？思想起让人心中实难忍，这都是自己作的怨何人？恨只恨自己作事无主意，我不该勾引日本去逼君。事不成惹下外人胡谈论，思想起怎不让人痛伤心。”

玉均他越思越想越难受，他不住两眼捕苏[扑簌]落泪痕。哭了声生身父母难见面，数了声结发妻子离了身。事到如今我可把谁瞒怨？到不如身投大海去归阴。正是他自己要想寻短见，又听着跟人过来把话云。

话说金玉均正在船上，不住哭哭啼啼道念，要去自尽。跟人过来劝道：“大人不要悲伤，咱家中或尚未灭呢？要是灭了，现在死了，也是无益，不如咱到那日本，住上几年，想个方法报仇，也就是了。”金玉均说道：“咳！事到如今，也只得浑着闹去吧。”于是止住泪痕，往那日本进发。

这日到了日本，见了伊藤博文，把上项之事说了一遍，伊藤说：“情道是难办哪，你先在我国住只[着]吧。我与你我[找]个差使，就在我国居官，岂不是好吗？”金玉均说道：“那我可是感恩不尽了。”这且不表。

单说竹添进一郎见了日皇，请败军之罪。日皇说：“这不干你事，回去休息去吧。”日皇又把伊藤博文请来，说道：“现在咱们的兵帮着高丽，被中国打败了，咱们可以怎么对付他两国呢？”伊藤说：“要问怎么办法，听为臣道来。”

伊藤他未从开口带春风，尊了声：“我皇万岁臣主公。咱们要吞并朝鲜与中国，必须时时侵到他们权力中。在高丽中国势力比咱大，想个道儿使唤跟他一般同。因着这个与那中国把约订，再与那高丽立上约几宗。让他们赔上咱兵款十三万，要赊着还教他们把利行。派一位官员往他国中去，连办交涉代把领事去充。今日不把别人派，还须那位井上馨。我主就当传旨意，让他们好往高丽行。”日皇这才传下旨，上[井]上馨奉了王命出了京。

这日到了韩国内，那些个亲日党们乱哄哄。一个一个来告诉，齐说道：“我国里头不尚公。那些个政事全归女后主，把我们这些个大臣一傍扔。”井君一看他们这个样，就知道他们办事必不成，到明日与那李熙把交涉办，诸般的要求全都应；次又看看他国里的内治，不由的一见心内惊。不知道什吗人来把政掌，这政治与前大不同。俨然有个维新的样，他国内必定有贤能。不用人说知道了，一定是那王妃闵氏把政柄。这个人要是不除治，必为我国的咕懂虫。事情办完本国里报，对着他们的皇上说分明。

话说井上馨在高丽把事办完，高丽包他们十三万元兵款，作为二分半利。又把闵皇后怎么样的聪明，想只要除治了这些事，修了一封信，打到本国去了。这且不表。

单说高丽京城有一家员外，姓安名唤悦公，本是黄榜进士出身，娶妻张氏，就是那云在霄的表妹。老安人四十余岁，生了一子，名唤重根，真是长得天庭宝[饱]满，地阁方圆，年方三岁，精神伶俐，赛如七八岁的儿童。夫妇二人爱如珍宝。这一日，老员外对着夫人说道：“现在咱们国里屡次的起乱，要常在这住着，恐怕难免刀兵之戮。我想要上平壤，投奔云大人那处避难，夫人你意下如何？”夫人道：“我看这个地方，也不可久居，员外你说好便好吧。”于是将家中细软的东西收拾妥当，又把那些个家人使女唤到一处说道：“我家想要往平壤搬，不能把你们全带去，我与你们点东西，各奔他乡去吧。”遂把些个不带着的东西全分给他们。那些个家人使女，各自叩头谢恩去了。留一个家人安成，又留了一个老妈。套上一辆小车，老安人抱着重根，上了车子。安成赶着，老妈坐车外。老员外备上一匹马，把门户仓廪全都封了，出了大门，可就扑奔平壤大路走下来了。

好一个员外名叫安悦公，他一心要上平壤躲灾星。细软的东西全都拾到净，又把那房屋门户上上封。老安人抱着孩子把车上，员外他也就上了马能行。忽啦啦出了自己大门外，又看那五街邻舍闹哄哄。一齐的走至跟前把行饯，都说道："员外今日避乱兵，我们不久的也要往外走，不能勾常住这个是非坑。"这个说路途以上加仔细，防备那胡匪贼人把路横；那个说要是住店看一看，千万别存到那个贼店中；这个说孩子可要包好了，躲避着路途以上受寒风。众邻人一齐说道："快走吧，不要担[耽]误了你们好路程。"老员外对着众人使[施]一礼，说道是："有劳列位好心诚。现如今咱们虽然分了手，望后里我将来还要回汉城。"说罢了赶起车子上了路，那邻人一个一个回家中。

那安成手拿鞭子紧着绕，转眼间就走出了十里程。老员外骑在马上回头看，不由的一阵一阵好伤情："独只为奸臣当道乱国政，才使我今日逃难离韩京。好难舍我那房间与地土，好难舍亲戚朋友各西东，好难舍家人使女他乡奔，好难舍仁德邻右患难同。抛家业这才望那平壤去，也不知到在人家怎待成。"安悦公正在马上胡叨念，看了看西方坠落太阳星。他这才赶着车子把店进，住了一宿明日又要行。走了些高高凹凹不平地，过了些河路码头城。到晚间住在招商店，到白日还是把路登。

这日正然望前走，看见了一座高山把路横。黑珍珍密松林内无人走，静悄悄百鸟林中吱扎鸣。老员外一见就心害怕，说道是："这个地方可是凶。常言说逢山就有寇，看此处好像有贼踪，咱们不如绕着走。"那安成拉过梢转正东。方才走出一箭地，只听得后边发喊声。不用人说知道了，一定来了众贼丁。吩咐声："安成快着跑，再等一时就要把咱坑。"安成闻言忙打马，那车儿好像一阵风。只听得枪儿一声响，员外难保活性命。列位要问员外生与死，且等到下回书里再说。

第五回　中途路员外逢凶灾　仁里村元首施大义

自来雄杰之士，往往命运不强，空乏心志路途忙，尽是劳苦现象。
文王囚于羑里，孔子陈蔡绝粮，生于忧患死安康，才是圣贤模样。

上场来《西江月》叙罢，书归上回。上回书说的是那安员外出了汉城，这日来到黄海道地界，看见前面有一座高山拦路。以看这座山，两面尽是黑松林，中有一条大道。老员外说道:“此山甚是凶恶,必有强盗在此,咱家快从那边绕只[着]走吧。”于是安成赶车望那边就跑。方才走了一箭多地,只听那后面忽啦啦出来了一伙盗贼,有二十多人,老员外看事不好,可就打马跑起来了。

好一个员外安悦公,他的那运气算不通。想只要平壤去避难,不料想中途路上逢灾星。日本人占山为贼寇,要抢来往行路的公,偏赶上员外运不好,就遇见这伙日贼兵。老员外骑马头里跑,众贼兵步行随后攻。步行没有骑马快,那贼子这才动无名,端枪就把员外来打,咕咚一声了不成,把员外打落能行马,太阳一上冒鲜红。中途员外废了命,那车子跑了个影无踪。这伙贼又把车子赶,但见那西山以上来了兵。咕咚咕咚把枪来放,打死了日本贼四名。他们才想往回来跑,在后边人来了二百多兵。两面夹攻把他来打,仅仅跑了贼子四名。押下贼子逃命且不表,再把拿贼子的英雄明上一明。

话说高丽黄海道仁里村出了一位英雄,姓侯名弼,表字元首。从小父母双亡,有一哥哥名佐字元良,将他养活了七岁,上学念书至十七岁。听说美国学堂甚好,他就辞别哥嫂上了美国。在他那陆军学堂住了三年,学成了一身兵式体操之法,满腹出兵战阵之方。他回到家中,也不去做官,就在这仁里村,将他屯中的那些少年,挑了三百余人,立了农备学堂,买了些个快枪,天天教他们下操。临近有贼,他就率领农备兵尽力剿出,所以他那地方没有贼匪。光阴如箭,不觉的就是三年之久,那些少年全操练好了,又续了二百余人,仍就[旧]的教练,预备教练多了,好打外人。赶上他那时运不好,哥嫂又一齐下世,抛下一个侄儿,名唤侯珍,年方七岁,他教他念书,自己也不娶媳妇。

这日正在屋中看书,忽见外边有人来报,说是离这十五里地有一座奇峰山,那块有一伙日本强盗,在那里途劫户抢,甚是凶恶,特此报知。侯弼一听这个信息,就点齐了自己练的那些农备队,前去打贼。正赶上那安成赶着车子跑过来,他上前就问,说道:“你们跑甚么?”安成说道:“我们是往平壤去的,路过这个山,出来了一伙日本贼人,吓的我就跑。我们的员外还在后边呢,不知性命如何。你们快去救他吧!”元首道:“我正正是打贼,你们可在此等着,待我们打走了贼,然后再把你们送过山去。”吩咐已毕,他可就率领着兵前进。走不多时,只见那边日本贼赶过来。他们可就一齐开枪,那将日贼打死了无数,只跑了四个。于是他又转过山头,往前一看,只见那道口躺着一个死尸,知道必是安员外,被贼打死了,急令人抬着到安成的车前,说道:“你来看看,这个死尸,不是你的主人么?”安成一看,正是那员外,急忙跑到车前说道:“太太呀,不好啦!员外被贼打死了。”老安人一听这话,慌忙把公子交与老妈,跳下车子一看,可就哭起来了。

老安人一见员外丧了命，不由的两泪淋淋放悲声。说道是：“只想逃难得好处，那知道中途路口把命坑。早知这样事情也不能走，道[倒]不如在那汉城住几冬。那管他日本作乱不作乱，或者还不能死在他手中。现如今躲还未能躲出去，寻思起那样重那样的轻？小婴儿未满三四岁，是何人能勾教把名儿成？丈夫呀！你死一生只顾你，抛下了我们母子苦令丁[伶仃]。叫丈夫你在阴城等一等，我与你一同去去枉死城。”

老夫人越哭越痛如酒醉，忽然间一口浊痰到喉咙。咕咚一声倒在流平的地，那边里吓坏家人老安成。走上前一看安人闭了气，他这才捶胸跺足放悲声。叫了声：“太太你快醒来把(吧)，多归阳世少归阴城。太太呀你今若是归阴去，我们那公子可是谁照应？”你看他前边拍来后边打，太太招呼的不住声。老安成招呼了多一会，只听的安人那边哼一哼。

话说安成招呼了多一会，只听太太哼了一声，从口中吐出了一块浊痰，哎哟的一声，说道：“可把[罢]了我啦。”众人一见太太活了，一齐上前劝导，说：“太太不要悲啼了，人已经死了，哭也无益。”侯弼又说道：“太太不要悲伤。天道[倒]也不早了，先把员外的尸首抬到我们的庄上，买口棺材，成殓起来，然后再送你母子上平壤，岂不好么？”安人闻言，说道：“那们[么]我母子可就感恩不尽了。”遂问道：“义士高姓大名？”侯弼答道：“敝人姓侯名弼，表字元首，这仁里村的人氏。”安人说道：“就是侯义士了。”遂即拜了一拜。元首连忙还礼说道：“请安人上车吧。”于是安人上了车子，元首又让兵士抬着员外的尸首，回到庄上，将安太太让到他的家里，安置好了，又命家人上街上买了一口棺材，把员外成殓了。到了次日，择了一块吉地埋葬起来。太太送灵回来，又住了一宿。第二日命安成套上车子，就要起身。元首坚留不住，他就派了四名人前去护送。安人对着元首说道：“义士请来上座，受贱人母子一拜吧。”

老安人未从开口泪盈盈，尊了声：“元首义士你是听：我夫妻带着家财去逃命，不料想中路上有灾星。我丈夫被那日人活打死，我母子也是几乎把命坑。多亏了义士率兵来搭救，才保全我母子的活性命。到后来又将我们收留下，还埋葬我的丈夫死尸灵。这恩德真是高如山来深似海，怎叫我生死存亡不感情。请义士快来上边坐，使我母子一拜尽尽这点诚。”侯元首再三推辞说不可，老安人说不受拜来可不中。侯元首无奈这才上边坐，老安人母子双双拜流平。

拜罢起来又把话来讲：“贱人我现在还有一事情，望义士千万不可不应允。鄙人奉送物一宗，我孩儿带着一块石如意，赠与义士莫嫌轻。”说完了就将如意递过去，〖侯元首〗说道：“夫人你可不要把意生。日本人奇峰山上为贼寇，无故的把咱韩国来陵[凌]。咱全是韩国的好百姓，外人要欺服[负]就当把他攻。

打他们本是我们应尽的职，这本是算不了甚么恩情。太太哪，你快快把车上，趁这天道暖和奔前程。”安人他施一礼来把车上，那四名护送庄丁随后行。

侯义士送了一程才回去，那车子顺着大道走如风。到夜晚不过住在招商店，到白天还是奔走前程。晓行夜宿非一日，这一天到了平壤城。进了北门往南拐，来到了云府大门庭。走[这]安人二门以外把车下，惊动了里边那些众家丁。

话说安太太，这日到平壤里，拿出二十两银子，赏了那四个护送人，吩咐他们回去。次又找着云府，进了大门，下了车子，内里家人慌忙禀报云老夫人。老夫人急忙接出门外，让到座中坐下，说道：“表妹一路劳苦哇！”又说：“甥儿长这大了。”这个时候，云大人听说，也过来了。大家见礼已毕，云大人问道：“妹子给何人穿的孝？”夫人答道：“要是问我穿这孝，真是让人一言难尽了。”

老夫人未从开口泪涟涟，尊了声：“表兄、夫人听我言：在京城因为日本常作乱，我夫妻才想逃难到这边。带了些细软东西把路上，这一日到了那座奇峰山。日本在此山为贼寇，打劫那来往客人卖路钱。正赶上我们车子从那走，听见那松林以内喊连天。慌忙的赶着车子往来跑，那贼人此时已经出了山。用枪儿把你妹夫活打死，因这个我们母子把孝穿。”

云大人听着说道：“妹丈被贼打死，真是悲痛。”可就哭起来了。

云大人闻言泪纷纷，骂了声：“恶贼日本人。我妹丈与你何仇并何恨，最不该伤他性命害他身。你看他家中老的老来幼的幼，老幼无能甚难云。老的也有四十岁，幼的未满三四春。那人没有一片忍，日本害人好恨[狠]心。我若是拿住日本狗党子，扒皮剜眼报仇痕[恨]。”

话说老大人伤感已毕，遂又问道：“妹妹，妹丈被贼打死，你们母子怎么逃出来的呢？”夫人说：“表兄不知，听我说来。”

安夫人未从开口泪盈盈，尊声：“表兄你是听。我们车子赶着头里跑，那后边贼人追赶不放松。幸亏是步行没有车子快，到后来来了一帮救命星。仁里村有义士侯元首，领了有人马打退那些众贼兵，又将我母子留到他庄上，因此才逃了活性命。”

云大人说道：“元首倒算个义士。”夫人说：“还有好处呢。”

那义士又买一口好棺材，成殓起你那妹夫死尸灵。成殓后又埋在一块平川地，全是那元首义士好恩情。到后来又派兵丁把我送，因此半路这才得安寅[宁]。老安人说罢一些前后话，云大人在那边又问一声。

话说安太太说罢员外被害的原由，又把那侯元首怎样的除贼，怎样的殡葬员外，怎样的派人护送，说了一遍。云大人从那边问道：“他派那人，可是在那呢?”夫人说道:“我已吩咐回去了。”云大人又说道:“妹丈已死了,你们母子,就在这住只[着]罢。赶外甥长大的时候,与我那在岫兄弟,跟落峰孩儿请上个先生,让他们一齐念书,学问成了,然后再治服那日本,以与妹丈报仇吧。”安太太又说:“从今而后,就免不了在你们这招扰啦。”在霄说:“表妹你说的是那里话呢?咱们虽然是表兄弟,也不亚如亲兄弟,望表妹无存意见才好。”安夫人说道:“那我是感恩不尽了。”按下安太太住在云府不表。

单说那日本恶贼,被侯弼打死了无数,只逃走了四个贼。这个四个人打听了一会,才知是那侯弼的农备队,他们可就想出道来,说道:“这人若不除治,后来必为我国之害。”于是这些个恶贼,到了那黄海道交涉局里,去告侯弼。甚么教[叫]交涉局呢?就是外国人与中国人打官司地方。这四个人到了交涉局,把侯弼告了,说道:“他们是商人,去上仁川买货,路过那奇峰山,被那仁里村侯弼,领了些兵丁,拿我们当作了贼,将我们打死了无数,抢夺去我们的财物钱,幸亏我四人的腿快,才跑出来。望交涉局大老爷,速速与我拿人。”这交涉局的总理,姓任名忠,是那朴泳孝的外甥。当日接了这张呈子,忙派了刘、陈二位衙役,去上仁里村拿侯弼,这且不表。

单说这交涉局中,有一位先生,姓黄名伯雄,他与侯弼八拜为交,父母双亡,所以在外边当差。当日得了这个信息,暗说道:“侯弼是义士,那能办出这个事情呢?其中必然有差。或者是他得罪了日本人,想只要害他也有的。我不如先与他送上一信,免了这祸,岂不是好么?”于是拾道拾道[①],骑上坐马,可就奔仁里村走下来了。

好一个多端智谋黄伯雄,一心要与那侯弼把信通。“说起来元首本是一义士,万不能作出这样恶事情。想必是他把日人得罪了,若不然怎能告他到官中?看起来那恨[狠]毒日人必将他害,要使那义士一命归阴城。我今要不与他把信来送,他必然遭在日人毒手中。”你看他叨叨念念来的快,仁里村不远就在咫尺中。进了村屯转个湾[弯]儿往东走,眼前里就是元首大门庭。

大门外甩镫离鞍下了马,柳阴树拴上他那马能行。迈大步进了元首上房内,正赶上元首那里来用工[功]。猛抬头看见伯雄把屋进,他这才站起那身形在了。就道是:“贤弟几时来到此,望贤弟恕我无礼失远迎。”慌忙的拉着伯雄他坐下,“贤弟呀,今日可是刮的那阵风?闻听说你在衙门当书手,你怎么能勾来到此地中?”伯雄说:“兄长你是不知道,日本人告你无故来行凶。他们说你们聚众行霸道,因抢财伤了他们又几名。现如今交涉局里把你告,那任忠已经

① “拾道”即“拾掇”,收拾东西之意,按北方部分地区方言读如“拾道”。——编者注。

准了他的呈。不久的就若派人来拿你，你快快的拾道拾道把路行。再等一时若不走，你的命就怕保不成。小弟我因此来送信，望兄长千万躲躲这灾星。”

侯元首一听这些话，不由的无名大火往上冲，吩咐一声：“快点队！”立刻间点齐五百农备兵，点齐兵马就要走，一心要与那日本把命〖拼〗。说到此处咱们住一住，歇歇喘喘你们再听。

卷之二

第六回　中日因韩定条约　王妃为国罹凶灾

表的是行路君子到街坊，见一位老者气昂昂。那人不解其中的意，走上前来问端详，说：“老丈你为何来生气？对我说说有何妨。”老者说：“你休来管我的事，现在我是实则忙。”那人说：“要告诉我来替你办，你何必似这样的慌张？”

老者说：“你要实则把我问，听我对你说短长：老夫姓李名季用，离此不远我家乡。儿子南学把书念，老夫家中卖酒浆。这几年间生意好，积下钱财治地方。卖[买]了五顷山田地，还有三间小草房。一头我自己家里住，那一头里招客商。那一日邻居周芳盖房子，扔木头压倒我一堵墙。当时老夫就把他问，他言语立刻就与我修上。一连呆了三天整，他也未与我修墙。不与我修墙不要紧，那客人谁也不住我这乡。都说我的院墙破，恐怕丢了他行装。到后我又把他问，他说老夫乱嚷嚷。我今上官府把他告，试试这个老周芳。”那人说：“这个事本来不要紧，你何必告他到官场？依我劝你拉倒吧，回家去还让他与你来修墙。”老者说：“我非是不能忍，但是我生成以来就不惧强。人生本是一口气，谁肯让谁把硬汉当。有志气的人儿无人惹，无志气的人儿他必遭殃。家与国本是一个理，谁不来把软的伤。人人要都象我这样，我管保国家不能亡。好气的总管是好汉，好气的准算是儿郎。要是一点气性也没有，谁能保国定家邦？”老者说罢扬常[长]去，那人也就走他乡。上场来几句散言书归正，要听还得开正张。

上回书说的侯元首点兵，要去与日本拼命，那不过是说书的一个回头，并从无有那个事情。

单说侯元首，听罢黄伯雄一片言语，只气的他三煞神暴跳，五雷豪气飞空。说道：“日本人占山为寇，打伤人命，还说我打了他们，真是可恨，我非去与他辨白不可。”伯雄从那边说道：“兄长不要如此。现在咱国里的大臣，相[向]着日本那交涉局的总理任忠，又是当朝大臣朴泳孝的外甥，去了也恐怕难找好。依我看，不如逃跑在外，想个方法，鼓动鼓动民气。民气要是全强了，然后再治那日本，保全咱国家，也不落迟晚。兄长要是愿意，我有一个老表叔，姓李名正，现在平壤作提法司，咱们去投奔他那去，岂不是好吗？”侯弼听了一听，说道可也是呀。这个时候，与他们治气，也是妄然。于是收拾收拾，带了些个财物，备上一匹快马，抱着侄儿侯珍，骑上马，同着黄伯雄，可就捕[扑]奔平壤大路来了。

好一个侯弼小英雄，他一心要上平壤躲灾星。在马上不住胡叨念，说道是：“象我侯弼真苦情，从小里二老爹娘去了世，倚靠着兄嫂度时冬。十七岁涉重洋游美国，在学堂废了三年苦功。回家来不把官来作，练民勇预备把那日人攻。又不幸哥嫂一齐去了世，抛下个侄儿苦伶仃。还想着练齐民勇把日人打，那知道无故生出事一宗。日本人奇峰山上为贼寇，伤害那各处的好百姓。也是我领兵将他打的苦，所以他要害我的活性命。多亏了伯雄贤弟来送信，若不然我命一定被他坑。今日里要上平壤去逃难，也不知李正肯容不肯容。还想要谋个方法吹民气，也不知事情能成不能成。如果是老天随了人心愿，必然展展我的好威风。使我那数万人民改改志，使我那国家安隆以安隆；使唤那奸臣的贼子全死净，使唤那日本强徒灭灭雄。那时节我也创个立宪国，我也使那共和主意列朝宗，也让高丽为个独立国，免去受那大国的欺凌。”正是那侯弼马上胡思想，看了看四方坠落太阳星。他这才寻找那个招商店，猛看见那边挑出一灯笼。他三人这才进了院，拴上马就住在此店中。押下他三人住店且不表，再把那二位公差明一明。

话说那刘、陈二位公差，领了签票去拿侯弼，走了两天，才到那仁里村。此时侯弼已走了一天多啦。他二人寻了几天，也莫打听着下落，就回城交票。任忠一看没拿来人，后来又一访听，才知道那日本人妄告不实，也就拉倒了。这且不表。

单说日本明治皇帝，这日早朝，殿头官宣道：“各大臣听真，有事出班早奏，无事就卷帘退朝。”忽见伊藤从班部中说道：“臣有本奏。”日皇说道：“爱卿有何本奏？”伊藤说：“我主在上，听臣下道来。”

伊藤他未从开口喜洋洋，尊了声：“我主在上听其详。高丽国金氏玉均要变法，求咱们暗地以里把他帮。也不知怎么闹的不严密，那中国的兵马来把咱们抗。在汉城与咱打一仗，将咱的兵败到仁川傍。想只要因着这个强势力，那知道又受了中国的伤。在高丽咱们虽然有势力，还是不赶他们中国强。若不先把中国牢笼住，怎么经营高丽那地方？不得高丽也是难以分中国，不如先拿定一个好主张。先与他定下一个大条约，在高丽别让他的势力比咱强。我主你看这事好不好？臣就要上那中国去一趟。”

日皇说："爱卿之言，正合我意，你就去办吧。"

伊藤一见日皇应了声，他这才坐上轮船扑西行。论走也得半个月，说书的只用鼓捶一不扔。这日进了中国界，来到了我们那座天津城。下轮船就把我总督衙门进，见了那通商大臣李文忠。

这个时候李鸿章已经服满了，所以直隶总督还是他坐着。当日见了伊藤，说道："贵国到此，有何事办？"伊藤说："无事不敢到此，只因高丽国中常起内乱，咱们两国常因着这个失和气。今日想要立个条约，自今而后高丽要有乱事，咱们两国你告诉我，我告诉你，咱们两国合着平定他国之乱也，省着害咱两国的商业，岂不是好吗？"于是李鸿章就答应了他，与他立下条约，伊藤可就回国去了。列位明公，你们想想，高丽是咱们属国，有乱咱就与他平了，何必跟日本合着去办呢？躲还躲不开，哪可以让他插上手呢？高丽灭亡，李鸿章也是有罪呀！这且不题。

单说日本领事井上馨，在高丽看他那内治，一天比一天强，打听着人说，这些政治，全出于闵后之手。他寻思道："此人若不除治，必为日本之害。"于是想出一条道来，假说请客，遂把那亲日党们全部请来，酒席筵前说道："我看诸公皆有经邦济世之才，可叹你君不能重用，专倚着皇后，将来你国必为他一人闹坏了。"朴泳孝、郑秉夏诸人一齐说道："此事我们也是不愿意，但是没有甚么主见，大人若有高见，可指示指示我们。"井上馨说道："敝人到有一条拙见，诸公愿闻，听我道来。"

好一个多谋多智井上馨，他生出来一种狠毒的心。"看诸公皆有经邦济世略，可惜你君不能善用人。专倚着王妃闵后把政掌，高丽国将来坏在他的身。诸人要想只把国救，必得先除治了这个人。敝人我有一条小拙见，敢在诸公面前陈一陈。用银钱将他左右买服下，让他好与你们留下门。得门路将人伏在他宫里，出来时就去把他寻。不怕他有多大才与智，管教他一命归了阴。我说此道好不好，望诸公沉吟以沉吟。"

朴泳孝那边开言道，说："这道儿甚合我的心，闵皇后他那把门的，也曾与我有过亲。明日我就把他买下，合上五百两金与银。现在不怕他不干，钱大就能通了神。"众人齐声说道："好！"他看他一个一个喜吟吟。说话之间天色晚，各人坐上轿子转家门。

话说朴泳孝回到家中，想起来井上馨告诉他那条道，暗说道："现在把宫门新换这官，姓霍名建修，是我一个亲戚，我要托他去办，必然能成。"当下命家人将霍建修请来。说道："大人黄夜将卑职唤来，有何吩咐？"泳孝说："无什么吩咐，有一件事，想要托阁下办办呢。"建修说："大人只管讲来，何必拘之呢？"泳孝遂把那话对他一说，又拿出五百银子，说道："暂以此相奉，等事情成的时候还有重谢，并且要保你升官。"霍建修一见这个相应，心眼暗暗的就动了，说道："大人，咱们是亲戚，用着卑职，这一点小事，那敢不效犬马之劳？"朴泳孝一听乐了，当下将自己的心腹，有力气的人，挑了八名，命建修带进宫中，就说是新招的护卫兵。让他八人把守内宫门，闵后要出来的时候，必定难逃公道。于是霍建修拿了银子，带着人洋洋得意回到衙中。第二日就命他八人把守内宫门，专等着行事。这且不表。

单说那闵皇后，这日坐在宫中，闷闷不乐，忽然想起一件大事，急命常随去把寇大人请来，就说有事相商。常随去了，不多一时，寇儒臣到来，参见一毕，说道："娘娘将臣下唤来，有何事相商？"娘娘说："卿你不知，听爱[哀]家道来。"

皇后未从开口面带悲伤，尊了声："儒臣爱卿听其详：咱高丽现今甚软弱，又被那两个大国夹中央。中国虽然是咱们的祖国，看光景也是自顾不遑。他国的君臣也是无善政，要倚着他不久的就要亡。日本子本是一个虎狼国，以[一]起首他那居心就不良。又赶上咱国屡屡有内乱，奸臣们才勾他们到这乡。累次的在咱国里增势力，想必是要夺取咱们地方。众好贼寡知眼前图富贵，遂把那国计民生仍[扔]一傍。日本国好比一群虎，咱高丽好比一群羊，羊要靠虎求安泰，那羊一定被虎伤。那群虎已经入了咱的国，想个什么方法把他抗。想只要打还打不过，就得忍着气儿图自强。闻人说日本昨日来请客，朴泳孝诸人全都到那乡。看他们必定有点事，若不然那能无故饮酒浆？他的事咱们虽然不知道，大料着准是破坏咱家邦。看起来日本所以把野心起，全由着咱们国里那奸党。我今日想把奸党除治尽，爱卿呀你可有个什么方？爱卿[哀家]我左思右想无主意，才把爱卿你请到这乡。"

寇儒臣一听这句话，尊了声："娘娘千岁听言良，要想除治那奸党，微臣我有计一桩。云在霄镇守平壤地，他那里马壮兵又强。暗地里与他去封信，让在霄带兵离平壤。大兵到这汉城地，管教那些个奸臣性命丧无常。"寇大人说罢一些话，闵娘娘从着那边开了腔。

话说寇儒臣对着闵后，画了一片除贼臣的计策，闵皇后说道："云在霄可是掌着十三道的兵权？我素常也知道他的忠义，但是事情准得严密，不要走漏了消息才好。要是让他们一知道，就落一个打虎不死反来伤人。我看这个事情，准得一个快人前去送信，让那神不知鬼不觉就把那奸臣们除治了，就是这个人很难找。"寇儒臣说道："送信之人不难，微臣有一个族中侄儿，名本良，家业零落，父母双亡，为我家的管事。此人方十八岁，有胆量，又生了两条快腿，一天能走五百余里，念了几年书，也很晓得大义。要是让他上平壤送信，准能妥适还快当。”闵后说：“是。既有此人，我就写信，明日就使那本良前往。”说完拿起笔来，写了一封书子，交与儒臣，说道：“千万小心，可别走漏了消息。要是走漏了消息，你我全好不了。”

那寇儒臣诺诺连声，辞别了娘娘，出离宫院，来在家中，将寇本良唤过来，说道：“我命你出趟门，愿意不愿意呀？”本良说道：“侄儿蒙叔父厚恩，就是赴汤投火，侄儿也无有不愿意的。但不知将侄儿那边差遣？”儒臣说：“你既愿意，这有书信一封，下倒[到]平壤十三道提督云大人那块。明日就可前往，千万可不要失落了。”本良说：“是了。”

待了一宿，第二日清晨，寇本良用了早膳，带了盘费，拾道一个包，背在肩上，就要起身。且说儒臣有一子，名唤本峰，年方八岁，本良天天领着他玩要，所以他跟本良十分亲近。这日听说本良要出门，他早早的起来，禀告他父母，说是要送送我哥哥去。他父母说：“你去吧。可要早早回来。”于是本峰领了个老家人，跟着本良出门而去。这且不表。

单说那闵皇后，自从将寇儒臣送走以后，他心中觉着闷闷不乐。到了晚间，那明月在天，越发添了一番愁闷，遂令宫娥引路，去上那后花园玩赏。于是宫娥前头引路，出了宫门，好不凄惨也。

闵皇后迈步出宫庭，看了看零露瀼瀼夜色明。满院中习习秋风吹人面，各处里唧唧草虫乱悲鸣。看起来秋冬闭塞无好处，那赶那春夏之间物色兴？我把那强盛国家比春夏，又把那软弱之国比秋冬。人人都把春夏盼，没有一个盼秋冬。我国家现今就是秋冬季，想什么方法把那春夏生？这娘娘叨叨念念往前走，不知不觉的进了花园中，看了看各样花草全凋落，惟有那几盆绿菊色香馨。说道是：“隐逸君子你怎么独受冷？何不与那百般红紫斗春荣？看起来花草也与人一样，那贤智之人多半埋没草泽中！”

宫娥又领着把月台上，好一个宝镜高悬在太空，猛回首望那西边送一目，看见了昏昏将坠一行星。咳！这行星昏昏将坠无人救，那月儿皎皎光寒令人惊。行星他照在我们高丽境，明月儿临在日本的东京。就着星儿月儿看了一看，足见我高丽将灭日本将兴。

皇后观望一会把台下，宫娥打着灯笼前头行。正是他们往前走，忽然间来了人几名。若问他们是那几个，就是那霍建修带领八名兵。走上前把娘娘忙捉住，从腰中掏出一根绳，用手挽了个猪蹄扣，擂[勒]住娘娘那喉咙。二人一齐速用力，那娘娘呜呼一命归阴城。花园中勒死娘娘闵皇后，又杀了宫娥人二名。将尸首扔在浇花井，又听的人马闹轰轰。要问那里人马闹，朴氏泳孝发来兵。大兵发到皇宫内，准被他杀个人头滚滚血水红。书说此处住一住，歇歇喘喘下回听。

第七回　寇本良千里寄鱼书　侯元首平壤设祖帐

图存固国要道，总不外乎学问。自识之士待子孙，全都着重本身。
先教温经习礼，后教博古通今。先生劝勉友人箴，德业自能前进。

上场来《西江月》罢，书归上回。上回说的，是那朴泳孝发兵，是没有的事情，不过是说书的一个回头。闲话少说。

单说那霍建修领着朴孝八名家丁，把闵皇后勒死，扔在井内。到了天明，到朴泳孝的衙门，见了朴泳孝说道："事情成了。昨夜晚上，那闵后观月，乘着那个机会，我们就把他勒死了，将尸首扔在浇花井内。"朴泳孝说道："好，可一下子去了我一块大病。"霍建修说："还有一件事，昨日下午，闵后将寇儒臣召进宫中，不知商量些个什么事情，半晌才出来。我看此老也当除治了，不然必为后患。"朴泳孝说："我道[倒]有意除治此贼，但是他与那云在霄最好，现在十三道的兵权。全在在霄的手中，要是把寇儒臣杀了，他要知道，岂能答应咱们吗？"建修说："是，那不妨，卑职有一条拙见，管保那寇儒臣、云在霄二贼，尽死于非命。"朴泳孝说："你有何计策，快快讲来。"霍建修说道："大人在上，听我道来。"

好一个霍氏建修狗奸佞，要害那寇、云二位干国卿。他说道："在霄镇守平壤地，他手下足有十万虎狼兵。寇儒臣与那在霄甚相好，要私着磨[谋]害咱们了不成。要想着把他二人除治了，敝人我有一计儿甚可行。第一要作下一封好假信，就说是寇云二人反心生。这封信是那在霄他写的，约会那寇儒臣来为内应。下书人儿走错了，将书信送到咱府中。金鸾[銮]殿上把本奏，拿着这封信儿作证凭。立逼那皇上把旨下，好除治那儒臣老奸雄。然后咱再派人平壤去，把那在霄老儿调进京。将他兵权去吊[掉]了，然后咱再把他一命坑。这是小人一拙见，大人你看可行不可行？"

永老（朴泳孝）说："正合我的意。"遂急作了信一封，急忙忙把那家丁点齐整，带领着人马奔皇宫。记下他们咱不表，急回来把那李熙皇帝明一明。

话说韩皇李熙，那日宿在西宫，清晨方才起来。有正宫的人来报，说道："娘娘昨夜带着两个宫娥观月，未见回来，不知那乡去了，寻找一气，也无踪影。"李熙闻言，说道："这事可也怪了！"正在那宫中狐疑，忽有皇门官进来奏道："说是朴泳孝，现在午门外候旨。"李熙闻言，急忙忙上朝。朴泳孝上殿，奏道："我主在上，臣有本奏。"

好一个朴氏泳孝狗奸雄，他在那金殿以上把本升。说道是："云在霄现今要造反，连合那寇儒臣来为内应。我主要是不凭信，现有他的信一封。"说罢将信呈上去，李熙皇帝用目睁。上写着："在霄云氏三顿首，敬启于儒臣老年兄。现如今咱国以内君软弱，我想要夺取他那锦江洪。此时我有兵十万，望乞着仁兄与我为内应。"

韩皇他看罢这封信，遂把那朴泳孝来问一声："这封信你可是从那得来的？"泳孝说："下书人错送我衙中。臣将那下书人儿获拿住，所以知他们要把反心生。望我主速速降圣旨，臣好斩那儒臣老奸佞。今日要是不把儒臣斩，我就在金殿以上来行凶。"逼的韩王无及[计]奈，他这才写了旨一封。朴泳孝得了皇上旨，教军场里去点兵。点齐了一千人共马，扑奔那儒臣府内行。眼前来到儒臣府，吵的一声围了一个不透风。

话说朴泳孝带领着人马，把寇儒臣府团团围住，闯进大门，呼道："寇儒臣接旨。"单说寇大人正在屋中坐着，寻思那寇本良前去搬兵，不知有成无成。忽有家人来报，说道："时才小人听人说，昨夜晚闵娘娘出宫观月，不知那乡去了，现在各处寻找呢。"正说之间，又有家人来报，说道："大人哪，不好了！外边有朴泳孝带领着兵马，把咱宅子围住，现在院中，唤你接旨呢！大人快出去看看吧！"寇儒臣一听，寻思必是事情泄漏了，急忙出了屋中。朴泳孝骂道："老贼！你无故勾引云在霄作反，天子命我前来拿你，快快受绑！"儒臣以[一]听这话，惊的目瞪口呆，知事情必真泄漏了，半晌方说道："我与云在霄谋反，有何证据？咱两得面见天子。"朴泳孝说道："你不用辨[辩]别啦，天子命我急溜将你斩首。再待几天，你那羽翼到来，就治不了你啦。"吩咐声兵丁，"你们与我快绑"！那兵丁忽啦啦上来，把儒臣绑了，又去屋中，把他家人全都绑了，来到朴泳孝眼前交令。朴泳孝一查，只三十七口，说道："闻人说，儒臣家中四十口人，怎么少三口？少了别人不要紧，他那儿子怎么也没有拿来？你们与我快搜一会。"也没搜着。朴泳孝说道："一个小小孩童，能逃得那里去？先将他们斩首，然后再捉他三人，也未为迟晚，大凡不能出此城中。"于是将他们拉在车上，可就扑奔法场走下来了。

好一个为国忠良寇儒臣，坐在那车子以上泪纷纷。"只诚想搬兵好来除奸党，那知道忽然泄漏巧原因。也不知这个机关怎么漏，他就要斩我全家共满门。那君王我也不能得见面，上何处与他把那是非分。满朝中皆与奸贼同一党，是何人能够与我把冤伸？死了我寇氏一家不要紧，最可惜大韩江山被人吞。听人说昨夜娘娘去观月，一宿里未从去上官内存。说话着不知人儿在那里，说死了尸首下落无处寻。大概是为那奸贼他们害了，若不然怎么就一夜影无〖踪〗？若果然娘娘也是丧了命，这机关泄漏就算真。奸贼们朝廷以内把君迫，外边里欺压众多好子民。有朝一日恶贯满，准被那万把钢刀把身分。有人要把那奸贼除治了，老夫我死在九泉也甘心。也不知本峰送他哥哥到何处？也不知本良侄起身未起身？也不知他们哥两知道不知道，大料着无人与他送信音。果然要有人与他哥两把信送，我寇门或者能勾有后根。”

正是大人胡思想，眼前来到法场正中心。朴泳孝那边传下命，叫了声：“大小儿郎细听真。将法场与我围好了，别让进来外边人。立刻就将他们斩，不要等着那时晨[辰]！”军士一听这句话，将寇氏一家围在当心。在车上将他一家全提下，桩橛以上绑住身。刽子手虎头大刀忙举起，克叉一声血淋淋。一煞时寇氏一家全废命，但见那地下人头乱纷纷。法场里干国忠良废了命，朴泳孝又领着兵丁把他小儿寻。五街八巷翻了个遍，也未见着寇家一个人。押下泳孝寻人且不表，再把那本良兄弟云一云。

话说寇本良兄弟与那老院公三人，出了家门，正走之间，本峰说：“哥哥，今日远行，我得远远送送。闻听人说，城北十里以外有一座集贤馆，甚是幽雅，今天咱们到那里，连与哥哥饯行，代观观景致。哥哥你说好与不好？”本良说：“兄弟说好便好。”于是他三人就往前走。

到了城外，忽见迎面一少年，骑马如飞而来，到了跟前，搬鞍下马，说道：“贤弟你望那里去？”本良以[一]看，不是别人，是那亲王李应藩之子李树萧。此人与寇本良最相好。当日在街头溜马，见了本良背包而行，忙问道：“贤弟你望何处去？”本良答道：“我上平壤探亲去。”又问道：“本峰他跟之作什么呢？”本良说：“他要上集贤馆连观景致，代与我饯行。”树萧说：“不是城北那集贤馆吗？”本良说：“正是。”树萧说：“你在那等着我，我到家中取点钱来，也到那集贤馆去。”本良说：“是。”乃[那]本良又问道：“兄长这匹马在那买的？如此之快。”树萧说：“前日在市上买的。此马一日能行八百里路，要像贤弟你那足，可能勾跟上这匹马的步。”本良说：“真算是快马。”说罢，树萧上了马，说道：“你们可千万等着我。”于是树萧回家。

那寇本良三人，不多一时到了集贤馆，进了屋中，酒保过来倒上茶，说道：“你三位用什么饭，瞧甚么菜呢？”本良说：“是不忙，我们还有一位未到呢。”酒保就过去了。他们吃了一会茶，又到外边观看了一会景致，树萧也靡来。正在着急之时，只见树萧从外边慌慌张张进来，说道：“贤弟呀，不好了！”本良说：“怎的了？”树萧说：“我跟自回到家中，听家人说，昨晚上闵娘娘出宫观月，未见回来。以后又听人说，朴泳孝在金殿上，告你家大人与云在霄谋反。现在那朴泳孝领着兵，把你家人全都绑上，要去斩首，贤弟你快领着公子，骑上我这匹马逃命吧！再等一时不走，他们必各处派兵严拿，你那时就走不了啦。贤弟你快着吧！保全公子性命要紧！”本良一听这个话，说道：“事到这个样，我先把公子保护出去，接续寇门香烟要紧。”遂告诉那老家人，说道：“你先去逃命吧，日后打听准了，咱家中老幼的性命如何，再与我上平壤送信。”树萧说：“你不用管他，快上马走吧！”于是本良抱着本峰上了马，二人洒泪而别。树萧那马，走路如飞，本良暗暗的说道：“我二人可许能逃出性命。”走了一时之间，连影儿也看不见了。树萧遂又跟那老家人说道：“你随我来罢，日后再与他们送信。”那老家人跟着树萧去了不表。

单说本良把那马紧紧加了几鞭，那马四蹄登空，如云雾一般，可就扑奔平壤走下来了。

好一个寇氏本良小英雄，他在那马上不住紧加功。心急只嫌马走慢，不住的紧紧用鞭扔。那马本是一匹追风豹，走起来好像云雾一般同。转眼间就是七八里，不多时出了汉城地界中。在马上想起家中老与幼，不由的扑簌两眼落泪痕，开言：“不把别人骂，骂了声朴氏泳孝狗奸佞。我与你一无仇来二无恨，你为何害我全家活性命？幸亏是树萧兄长来送信，要不然我们兄弟也得把命坑。到后来又赐我们一匹马，此马好比一欢龙。龙虎驼我兄弟出虎口，好一似死里又逃生。我兄弟好比一双失群雁，谁要见了谁欺凌。如果是一路平安无有事，也算是祖宗以上有阴功。我今还带着娘娘一封信，大料着里边必有大事情。闻听说娘娘昨夜未回转，那性命八成有死无有生。我本是平壤送信一个客，那诚想成了一双逃难星。满道上衰草含烟射人目，各处的临崖老树起秋风。各山上树叶飘零刮刮响，各河里与那天光一色青。远山上片片祥云才出岫，草地里萧萧牧马乍悲鸣。看起来孤客远行谁不怨，况其是身负重冤外边行。到平壤我把云老大人见，让他速速就发兵。大兵发到汉城去，好与我家报冤横。一煞时走了六百里，看了看玉兔向东升。天道黑了也不住店，乘着日[月]色奔前程。书中里押下寇氏两兄弟，急回来把那泳孝明一明。

话说朴泳孝杀了寇氏满门，又派人寻找本峰，五街八巷翻遍了也没有，说道：“他知道信息，有人将他放逃了，他要走也必望平壤，投云在霄去。”遂又派些人马前去追赶。列明公你们想想，寇本良骑的是追风豹，又走了多时，他们那里赶得上？那兵丁赶了一程，踪影未见，也就回来交令。朴泳孝说：“既靡拿住，量其一小孩子能怎的。”遂又上金殿奏本，说：“逆臣寇儒臣已经除治了，那云在霄是他一党，要知道了，也必然作乱。望我主再刷一道旨意，命霍建修上平壤，把云在霄调进京来，先去了他的兵权，然后再杀他，以绝后患。”李熙说：

"云在霄累次有功，说他是作反，也靡有甚么凭据。去了他的兵权，也就是了，那可把他调进京来杀了呢?"朴泳孝说："昏王，事情到了这个样子，你还说他不能作反呢。今日你要不刷旨意，我就先把你这昏王除治了！"说着就向前去，韩皇见势不好，说："我刷也就是了。"于是刷了一道旨意，命霍建修上平壤，调云在霄不表。

单说李熙皇帝回到宫中，思想起自己的江山，可就落起泪来了。

李熙皇帝独坐宫中泪盈盈，思想起自己江山好伤情。"满朝中无有一个好臣宰，俱都是贪禄求荣狗奸佞。朴泳孝立逼我把旨意下，杀了位忠心无贰干国卿；又派我把那云氏在霄调，不应成[承]就向我来行凶。在霄他要知道其中的事，必能勾除净这帮狗奸佞。"

正是那君王宫中胡叨念，忽听樵楼以上起了更。樵楼上打动更帮不紧要，想起来闵氏皇后女俊英，说道是："卿呀！你那里去了？为甚么一夜一天未回宫？莫非说你让奸臣谋害了？怎么也不见你那死尸灵？如果爱卿为国把命儿殒，叫王我心中怎样疼？就着你一天一夜未回转，你那命大概是归了枉死城。也不知何人将卿你害死，也不知你那尸首何处扔，也不知害你怎么无人救，也不知你为甚么出了宫？卿呀你死一生只顾你，抛下寡人我的是难容。是何人能勾与我这来勤政事？是何人能够前来与我治江洪？是何人巧修政治安黎庶？是何人重定军章整整兵？韩国里诸般政策皆卿定，所以近几年来得太平。爱卿你死不要紧，寡人折了一左肱！卿你一死我就受了气，心思起怎不让人痛伤情?"

这君王越哭越痛如酒醉，好似万斛珍珠落前胸。正是这君王宫中哭闵后，忽听得金鸡三唱大天明。押下李熙皇帝咱先不表，正表表那重根安幼童。

话说安氏住在云霄府，光阴似箭，日月如梭，不觉就是三年之久。这年重根年方六岁，精神怜悧[伶俐]，就过于旁儿。这日，云在霄之弟在岫、在霄之子落峰，在书房中玩耍，看见墙上挂着一张画，上画着一个小孩在园中，拿一把小斧，那边有一棵新折的婴[樱]桃树，旁边站着一个大人，象是斥骂这小孩子的样子。重根不解其意，正赶上在霄在屋中看书，遂问道："此画是甚么人的故事?"在霄见他问的有意思，遂告诉他，说道："此小孩叫华盛顿，是美国人，那边一人是他父亲。原先他父与他一把斧子，命他出去游玩。他到园中，把他父亲最爱惜的一棵树，被他斫折了。不时间，他父也到园中，见树倒折在地，遂问道：'此是何人伐的?'华盛顿直言无隐，遂道：'爹爹呀，是我伐的。'他父见他不说谎话，转怒为喜，就把他赦了。到后来，英国待美国人最暴虐，他带着兵血战八九年，叛英独立，是世界上一个大奇人。"重根听在霄说完，遂问道："此人可学不可学呢?”在霄说道:“此人可学。”又问道:“得怎么学呢?”在霄说:“得念书。”重根说:“舅舅何不请个先生,让我们念书,也学华盛顿呢?”在霄见他说话甚奇,遂又想道:“我国此时甚是软弱,若是出一奇人,也是我国的幸福。再说我兄弟儿子,也全当念书了。”于是写了一张请先生的告白,贴在门首。

这日来了一人,上前把告白揭了,家人将那人领至书房,见了在霄。在霄问道:“阁下贵姓高名,那里人氏?”那人说道:“在下姓侯,名弼,字元首,黄海仁里村人氏。”在霄闻言,惊讶不已。正是:

英雄想要学贤智,来了仁村是正人。

要知元首怎么到此,且听下回分解。

第八回　云在霄首诛祖日党　金有声始倡兴东学

从来奸臣贼子,大抵不能久长。欺君犯上害忠良,皇天那能见谅?
说起韩国臣宰,尽是些个奸党。在霄发兵到那乡,个个全把命丧。

《西江月》罢,书归上回。上回说的,是那侯元首说出姓名,云在霄听说他是侯元首,急忙跑到后堂,见了安太太说道:“妹妹常念诵你那恩人长恩人短,今日你那恩人来到咱家了。”太太说:“是那侯元首吗?”大人说道:“正是。”太太说道:“现在那里?”大人答道:“现在书房呢。”太太说道:“你快领我去见他。”于是他二人到了书房,太太一见元首在那边坐着,衣裳褴缕[褛]。太太上前跪施礼说道:“恩人到此,有所不知,望祈恕罪。”元首愕然不知所为,忙说:“太太错认了人啦。我与你有何恩?”太太说道:“恩人忘了奇峰山日本人劫道的事了吗?”元首忽然想起,说道:“你就是安太太吗?”安太太说道:“正是。”安太太又问道:“恩人怎么到此?”元首说:“太太要问我怎么到此,真是让人一言难尽了。”

侯元首未从开口带悲容,尊了声:“太太在上听分明:只因为那年我把日本打,伤了他们贼徒好几名。日本人因此怀下不良意,一言要害我的活性命。黄海道交涉衙门把我告,他说我抢夺财物来行凶。任忠贼准了他的状,派公差拿我元首把命钉。多亏了黄氏伯雄把信送,我这才带领侄儿躲灾星。伯雄他表叔在此作提法,我三人带着财物这边行。那日到了剑水驿,我们三人宿店中。该着是我们三人命不好,那伯雄剑水驿上染病症。伯雄他一病病了一年整,将银钱花了一个竟打空。行李马匹全卖净,我又在长街卖字为营生。卖字遇见陈月李,他命我到他家中教儿童。因此我剑水驿上把馆设,将伯雄接到我学房中。到后来伯雄病好平壤去,我叔侄就流落在剑水城。教书倒有了一年整,遇见了学生名张英。偷盗东西被我打，吃了毒药归阴城。张家因此将我告，我这才受罪牢在狱中。陈月李上下与我来打点，才将我搭救出火坑。各学生每人帮我钱十吊，我叔侄才能往这边行。上月到了这城内，闻人说提法李正把官升。李正升官全罢去，我叔侄又扑了一个空。无奈又在长街把字卖，到夜晚宿在城北古庙中。闻人说伯雄也随李正去，我叔侄无钱不能那边行。适才间卖字从此过，看门首贴着招师榜一封，我效那毛遂来自荐，也不知大人肯容不肯容。”元首他说罢前后话，安太太那边叹一声。

话说侯元首说罢前后一片言语，老安人从那边叹道："这都是为我母子，让恩人受了这些折磨，让我母子怎么忍的？”云大人也从那边说道："元首先生到此，真乃是天然有分，就在我家中教这几个小孩儿吧。”遂又叫家人到北古庙中，把寇珍接来，与他叔侄换上新衣服。于是摆酒宴庆贺。先生饮酒之间，在霄说道："这几个儿童，就教先生分神了。”元首说："若不弃嫌，仆自能尽心教诲。”在霄说："先生说的那里话来？”当日天色已晚，将他叔侄安排在书房安歇。

第二日，安重根、云在岫、云落峰、寇珍一齐拜了师，众人上学读书。又呆了几日，陈月李听说元首又教了书，遂把他的儿子陈金思、侄儿陈金暇送来，后又有岳公、孙子寄、王慎之、萧鉴、赵适中一班人，全从元首受业，暂且不表。

单说寇本良兄弟骑着那马，走一昼一夜，就离平壤落二三百里路了，寻思后边退[追]兵也不能有，遂到了店中打打尖，喂喂马。又走二天，到了平壤城内，找着云府。兄弟二人下了马，见一个门军在那边站着，本良上前说道："你去上内传禀你家大人得知，就说有汉城寇府来人要见。”门军进去报于在霄。在霄说道："让他进来吧。”于是将本良兄弟领进去了。见了在霄，在霄认得是寇本良，说道："侄儿怎么到此？”又指着本峰说道："此小儿是何人？”本良答道："我叔父儒臣的儿子本峰。”在霄说道："你兄弟二人为何到此？”本良长叹了几声说道："伯父不知，听小侄道来。”

本良开言道："伯父你是听。问我怎到此，让人痛伤情。”

寇本良未从开口泪珠横，尊了声："伯父大人细耳听。从那年跟着法美打一仗，咱们朝中只到如今未安宁。先有那金氏宏集来卖法，后又有金玉均来狗奸佞。暗地里勾引日本把京进，残杀黎民百姓害公卿。到后来宏集奸臣开了斩，金玉均也逃奔在日本东京。闵娘娘皇宫以内把政掌，这几年国中稍稍得太平。那知道又出个奸贼朴泳孝，他与那日本勾手胡乱行。满朝中臣宰全与他一党，将天子皇后全都一旁扔。闵娘娘看出奸贼无好意，暗地里将叔父召进宫。想只要除了奸臣那一党，只怕着现在手下无有兵。因此才皇后亲自写了一封信，他命我伯父这边来班兵。前夜晚娘娘出宫未回转，想必是被那奸臣把命坑。也不知那个机会怎么漏，奸臣们一齐行了凶。朴泳孝金殿以上奏一本，他言语我叔父与你反心生。立逼皇上把旨意下，领人马来到我们的家中，将我的一家人口全绑去，大略着难保那命残生。寇本峰送我出城外，所以未遭奸贼毒手中。后有那李树萧与我们把信送，又赐我一匹马追风。因此我们兄弟才逃了难，望伯父快快与我报冤横。”

说罢又把那娘娘的信递过去，云大人拆开从上看分明。大略着没有别的事，也就是让在霄发兵除奸佞。云在霄听说前后一些话，不由的无名大火望上升。手指着汉城高声骂，骂了声：“朴泳孝来老杂种。娘娘、寇氏与你何仇恨，你要害了他们活性命？我今不把你们除治了，枉在阳间走一程。”说着恼来道着怒，令旗令箭拿手中。立刻间点了十万人共马，克日就望汉城行。这日正然望前走，忽见那迎面以上来股兵。

话说云在霄当日听着这个信息，对着本良说道：“你家人大概是被害了，你兄弟两个，就在这念书吧，我就与你们报仇去。”本良兄弟遂上了学。

在霄就点了十万人马，扑奔汉城而去。这日正望前去行，只见迎面来了一伙人马，约有一千余人。在霄命探子去探。探了一回，回来说道：“他们说是领皇上之意，调大人的。”在霄说：“不用说了，一定是那奸臣的一党。等到跟前，你们全与我拿住!”赶到了跟前，忽拉一围，把他们全都拿住了。

霍建修说道：“你们是那里的兵丁，敢绑天子亲使!”在霄说：“甚么亲使不亲使的?”于是命兵丁扎下营寨，将霍建修带上来，在霄问道：“你找什么亲使?”建修说：“我奉天子命令，上平壤调云在霄。你们快快将我放了，要误了大事，你们可担罪不起。”云在霄哈哈大笑，说：“我就是云在霄，你调吧。我知你是朴泳孝的一党。我且问你，那寇儒臣家怎样?”建修说道：“全都斩首了，只有两个家人，一个公子，不知那乡去了。”在霄又问道：“何人说儒臣与我谋反?”建修不说。在霄说：“你着实说来，我饶了你的命，要不然，我斩你的首。”建修无奈，就将朴泳孝造假信的事由说了一遍。

在霄又问他说：“那闵娘娘是谁害的?”建修说：“不知道了。”在霄说：“军士们与我推出去杀。”建修慌忙说道：“大人别忙，我知道了!”在霄说：“你知道快快说来!”建修遂将怎么定的计策，怎么杀的，将尸首扔在那井里，一五一十的全都说了。

在霄这才将霍建修绑上，拉在车上，到了汉城，先将朴泳孝全家拿住，又将那郑秉夏、赵义渊、禹范无[善]、李东鸿、李范东、李臣孝、权荣重那些个奸党全都拿住，联霍建修一齐绑到法场斩首。又将娘娘的事，奏明天子。天子命人在井中，将闵皇后尸首捞出成殓，又将寇儒臣家的尸首，找着成殓，在一个大棺材内，拿着朴泳孝与霍建修的灵祭奠了，将寇家的棺椁埋葬了。云在霄辞别天子，回到平壤。正是：

朝中奸党才除尽，全罗祸水又生根。

要知后事如何，且听下回分解。

第九回　金玉均寄书完用　东学党作乱全罗

话说黄伯雄自从剑水驿病好，到了平壤，为李正当普通科科长，后来李正又升为全罗道的按察使，伯雄也跟他去了。后来打听人说，侯元首在云府教书，他捎信让元首前来当差，元首不肯来，由是他二人各有安身之处。光阴似箭，日月如梭，不觉就是六年。这日伯雄在饭馆吃饭，看对桌三位少年，讲究起来了。

那人说："今天天气实在清，咱三人好好在此饮几杯。"那人说："咱们只知来饮酒，想一想现在国家煞样形？君王他日日宫中不理事，将国政全都靠给那奸佞。我既为高丽国中一百姓，就当保护我这锦江洪。况其说人人皆有一分子，那身家财产全都在国中。我今日正宜想个保国道，也就算保护身家沾性命。若还是终日游荡把酒饮，这国家不久的就要倾。国家他好比一座高楼阁，我们这数多人儿在其中。一旦若柱子折了屋儿倒，我们可是何处去逃生？要想着保护国家无别道，在于我数万人民学问成。如果是人人皆都有学问，自能保国求强致太平。我有心除去他那西洋教，把我这东方学问兴一兴。连合那数万人心成一体，好除治朝中那个狗奸雄。"那二人从着傍边开言道："贤弟的见识与我两人同。"正是他三人对坐来讲话，转过来黄海人材黄伯雄。

话说黄伯雄见他三人言的甚是正大，遂上前问道："列位高姓大名？"他三人见问，慌忙起身答道："在下姓金名有声，这位姓钱名中饱，那位姓尧名在天，俱是本地的人氏。阁下贵姓高名？"伯雄答道："在下姓黄名伯雄，黄海道仁里村人氏，现在按察使衙门充当科长。"金有声三人一齐说："不知黄先生到此，多有慢待，望祈恕罪。"伯雄说："诸位说的那里话来？今日之见，乃三生有幸，讲什么'慢待'二字。"

于是他四人坐在一处，各叙了年庚。有声向伯雄说道："阁下既是仁里村人氏，有一位侯元首，你可认识吗？"伯雄说道："此人与我最相契，那有个不认识呢？"有声说道："他现在作什么呢？"伯雄说道："他现在平壤府教书。"又把他二人逃走在外，受那些颠险的事情说了一遍。有声说道："那人学问最佳，可惜不能见用。”伯雄问道：“阁下怎么认的他呢？”有声说道：“贤弟有所不知，只因前几年家君作平安道详源府[祥原郡]的知府，上任的时候，路过那仁里村，忽然染病，遂找宿在元首的家中。那元首与家君请医生治病，一月有余，那病体方好。又将钱文化[花]短，元首又帮了我父子许多的盘费，才得上任，那恩情至今不忘。后来打听人说，他遭了官司，逃走在外，所以永远也没报上他的恩情。”伯雄说道：“既然如此，咱们是一家人了。”说罢哈哈大笑。伯雄说道：“方才诸公说是想要倡兴东学，敝人看这个事情也狠好，但不知诸公怎么倡兴法？”有声答道：“我们也没什么狠好的方法，不过是立下一个会儿，招集些个国人，慢慢的排斥西学而已。”于是他四人越说越近，便又让酒保重新煮了点酒，要了点菜，大家欢饮了一会。

当日天晚，有声付了酒钱，各自回家。由此你来我往，我往你来，一天比一天的亲近，遂商量着，立了一个大会专研究排斥西学，倡兴东学。那些受官吏压迫的人，渐渐归了他们的会中。数月之间，就集了好几万人，声势甚盛，就想着要搬移政府，改换国家。这且不表。

单说日本伊藤闻听高丽起了东学党，他就又想出坏道来，命家人伊禄：“你去把金玉均请来。”伊禄去了不多一时，将金玉均请来，让至屋中坐下。金玉均说道：“大人将在下找来，有何话讲？”伊藤说：“贤弟不知，听我道来。”

好一个诡计多端伊藤君，你看他一团和气喜吟吟，尊了声：“玉均贤弟听我讲，今日有件大事对你云。只因为你国软弱无善政，那年上足下变法来维新，我也从暗中将你来帮助，那知道事情不成白废心。空搭上我国兵丁人无数，还搭上你那全家共满门。到后来我的兵败回了国，足下也逃在这边来安身。现如今闵家用事的全都死，阁下的冤仇也算是得伸。阁下的冤仇虽然招[昭]了雪，你国家还是未能起精神。我劝你现今不必把别的顾，还是要整顿你国固邦根。听人说你国起了东学党，现在已经聚了好几万人。大主意虽以兴学为名目，依我看反对政府是实云。我看你不如入在东学党，与他们同心共济谋生存。我国家还是帮助着你，你国里你再安上一个内应人。内有应来外有救，事情没有个辨[办]不真。你今就去投那东学党，借着他们把势力伸，管保你能勾成大事，管保你能够建功勋。我今有此一件事，敢在阁下面前陈。”伊藤说罢一些话，又听的玉均一边把话云。

话说金玉均听罢伊藤的言语，遂说：“我早就想着回国，只因没有因由，今日听大人一言，顿开茅塞，大人要果能帮助我们做事，则玉均感恩不尽了。”伊藤说：“我说话那有不算之理？你尽管放心大胆去做吧。可有一样，你那国中能勾有内应么？”玉均答道：“原先那朴泳孝、郑秉夏诸人，皆与我相好，现在那些人全都被云在霄杀了。近时与我相好的，尚有一人，就是那李完用。听说他在朝中，也很有势力。我今先到全罗地，投在东学党中，然后再与那李完用捎上一封书子，他必能助我一膀之力。”伊藤说：“是不错，你就此前往吧。”于是金玉均拾道拾道，坐上汽船奔全罗道而去。诸明公你们想想，伊藤让金玉均借着东学党的势力整顿高丽国，他那不是真心。他是怎的呢？皆因东学党虽然人多，尽是些无知的百姓，必不能成大事。他让金玉均鼓动他们作乱，他好乘之这个瓜分中国吞并高丽。这是伊藤的意思，到后来果然归了他的道。这且不表。

单说黄伯雄自从与金有声等相好，就结为生死弟兄，他可就不回衙中办事，天天与他们倡兴东学。看只[这]边人一天比一天随的多，后来泰仁、古埠两县的人全都随了，也有好几万人，就把泰仁县地方那座完山占了，大伙公举金有声为督统，那尧在天、钱中饱、黄伯雄三人皆为首领，就在那造枪买马，聚草屯粮，想要行大事。

这日他们四人正在大帐议事，忽有小校来报说道：“外边有人求见。”有声不知是什么人，只得接出帐来，将那人让至屋中，分宾主坐下。有声说道：“阁下家住那里？姓甚名谁？到此有何公干？”那人答道：“在下姓金名玉均，汉城人氏，只因前几年在朝居官，偶然变法，得罪国家，逃在日本，近闻阁下倡兴东学，想要来此入伙，不知阁下肯收留否？”有声说道：“在下正愁头目少呢。阁下今日到此，真乃天然幸事。”于是他四人也各道了姓名，又推玉均为督统，玉均不肯，只得为了个头目。当日杀牛宰羊，大排筵宴，庆贺新头领。酒席前，有声向玉均说道：“现在咱们人马器械也很齐整，想只要行大事，可得从那下手呢？”玉均说：“督统在上，听我道来。”

金玉均未从开口面带欢，尊了声：“有声贤弟听我言：咱们的兵马器械俱完备，想只要行这大事不费难。我今日所以能勾来到此，全都是那伊藤博文告诉咱。他言说：‘人要想着做大事，必得赖数多强大众民权。闻人说全罗起了东学党，你何不投奔他们到那边？到那里入于他们一块内，与他们合衷共济把任担。借着那庶多民力来作事，我管保能勾保国图治安。暗地里我还帮着你，再与你筹上道一番。朝中内结下一个大臣宰，与你们好把信息传。’这就是里勾外连的策，本是那伊藤博文对我言。这个道儿不知好不好，望众位仔细参一参。”

金有声说道：“这个计策都是狠好，但是这内应无人，可怎么办呢？”金玉均说：“要是求那内应之人，可就不难了。”

金玉均复又开了声：“贤弟在上洗耳听。想只要把那内应找，不过是费上信一封。朝中大臣李完用，他与我实则有交情。今日与他送上一封信，让他与咱为个内应。我两耐着交情重，必然能够来应成。”

有声说：“既然如此，兄长快快与完用写信吧。”玉均说：“是了。”

金玉均提起三寸毛竹峰，你看他刷刷点点写分明，上写着：“拜上拜上多拜上，拜上了完用李仁兄。自从汉城分手后，于今七载有余零。常思怀罪难回本国，每于无人之处泪盈盈。伊藤见我这个样，才与我想出计一宗。他命我投奔东学党，借着人家势力好回京。我今入了这东学党，为了那党内的大首领，想只要发兵把汉城进，就是无人作个内应。我今想把兄长来累，兄长你怎么耐难也得应成[承]。兄长今日要应许我这件事，小弟我实在是感恩情。”金玉均写罢这封信，贴上签儿封上了封。选一个兵丁送了去，他这才回过头来把话明。

话说金玉均写完那书信，封上口，选了一个强兵送去，遂向着金有声说道：“此信一去，大概能勾有成，咱们等着听信吧。”有声说道：“那是自然。”吊过了几天，那送信之人回来，将回书呈上。玉均一看，说道：“事情成了。”有声说道：“既然有了内应，咱们可是从那下手呢？”玉均说：“咱们当宜先把这泰仁、古埠两县占了，以为根基，然后再往汉城进发，进可以战，退可以守，岂不是妙吗？”有声说道：“此道正好！”于是点齐了人马，分做五队，一人带领一队，一队三千人，浩浩荡荡，杀奔泰仁县而来。

好一个英雄金有声，他一心要把国家兴。自己创下东学党，招纳各处众人丁。只因为高丽国王他昏弱，信任奸臣胡乱行。严刑苛法苦待百姓，天下黎民不得安宁。日本又来行暴虐，人民长受他的欺凌。毒虐之政甚如水火，百姓嗷嗷四境真苦情。皇上无福民遭难，这些冤枉向谁鸣？无奈才入东学党，想要借此除奸雄。除尽朝中众奸党，大家好去享太平。那知有声主意错，想去出道来甚平庸。日本本是韩国大仇寇，那可与他有私通？玉均本是一贼子，那可用他为首领？完用本是一奸党，那可依他为内应？一着错了无处找，有如下棋一般同。作事总要思想到，西[稀]里胡涂算不中。有声作事不思想，才创下一个大祸坑。中日因此来交战，高丽因此失江洪。

未来之事咱不表，再表表他们发大兵。完山上点起人共马，忽忽啦啦往前行。人马好像一片水，刺刀照的耀眼明。金有声头里领着队，后跟着催阵督都黄伯雄。浩浩荡荡往前走，一心要夺那座泰仁城。大兵发到泰仁县，准备着杀个天崩地裂血水红。咱们说到此处住一住，下回书里再表明。

第十回　洪启勋兵败古埠　侯元首义说有声

话说金有声等五人，带领人马杀奔泰仁县而来。单说这泰仁县的知县，姓于名澄，当日正在衙中办公，忽有探马来报，说道："大人哪，不好了！"于澄说道："什么事情，你这样惊惶？"探马答道："大人不知，只因咱这城北五十里外，有座完山，前几个月有一个什么金有声，倡兴东学，招集些个人占了那山。这三四个月之间，不知怎么聚了一万多人，现在攻咱城池来了。离此尚有十余里地，大人快拾道着跑吧！再等一时，他们到来，咱们这城中，又无预备，恐怕难逃性命！"于澄一听，吓的面目改色，忙着拾道拾道，带着家眷，投奔全州而去。单说金有声来到泰仁县，靡费事就把那座城池得了，遂又商量去取那古埠县。

话分两头，单说全州的督统姓洪名启勋，这日正在府内看书，忽有门役进来说道："启禀大人得知，外面有泰仁县知县于澄求见。"洪启勋说："请进。"不多时，于澄进来，使[施]礼坐下。洪启勋说："贤弟有何紧事，亲自到此？"于澄说："这事可了不得啦。"

于知县未从开口面带慌，尊了声："大人在上听其详：有一个金氏有声全州住，他一心要把东学倡。他们同伙的人儿有四个，各处里演说惑愚氓。无知的百姓受他惑，全都入在他的那乡。现在声势实在大，又占了那座完山冈。三个月聚了人无数，积草屯粮制造枪。一心要改变那政府，一心要除治那君王。领着人马把山下，简直的杀到泰仁傍。本县一听势不好，无奈何才到此处躲灾殃。望大人速速想方法，不久的就要到这方。"

洪启勋一听这些话，吓的他脸儿直发黄。全州城没有多少人共马，好叫我心中无主张。看起来我国将来要拉倒，是怎么屡次把乱扬？自从那泳孝奸贼灭除后，我国里稍稍得安康。只诚想国内常常享安泰，那知今日又起祸一场。我们的兵马实在不强盛，怎能勾除治他们那一帮？事到此逼我也无有法，就得拿这残兵败将走一场。万一要把他们打败了，也算是我国的福分强；要是不能勾把他们来胜，也就免不了把身亡。人生百岁也是死，何必把那个事情放心上？洪大人这才到了教军场，看了看那些兵将好悲伤。

话说洪大人思想一会，遂来在教军场内，一看那兵将老的老，小的小，器械也不整齐，子药也无多少，暗自说道："像这样的兵将，可有何用呢？"事到如此，也说不了啦。遂挑了三千兵，自已带领着，扑奔泰仁县而去。这且不表。

单说金有声自从得了泰仁县，又商量着去取古埠，遂命尧在天带领一队人马镇守泰仁。自己与金玉均等点齐兵马，望古埠进发。一路秋毫无犯，百姓望风而降，靡废事也就把古埠县得了。古埠县的知县徐尊，见势不好，逃奔全州而去。中途上过[遇]见那洪启勋的兵，遂把上项之事对洪启勋述说了一遍。洪启勋说道："贼人既在古埠，咱不必奔泰仁，奔古埠去吧。"遂带兵丁扑奔古埠而发。这日到了古埠，离城十里，安营下寨。早有探马报于有声，有声闻言，慌忙上了大帐，可就传起令来了。

金有声坐在大帐中：令旗令箭手中擎。开言不把别人叫，叫声："大小众兵丁。洪启勋今日发人马，一心要把咱们攻。大家可要齐用力，别让他们把咱赢。"众儿郎一齐说："尊令！"一个一个抖威风。

金有声这才拿出一支令："玉均将军你是听。你领三千人共马，前头以里作先锋。出城你往北边走，对他右边用枪崩。"玉均领命他去了，又叫一声黄伯雄："命你领着三千队，出此城中正南行，绕个弯儿正西转，在他左边用枪攻。"伯雄领命他去了。又叫一声钱老兄："中饱兄你把城来守，准备着败阵打接应。"传令一毕把帐下，自己也领三千兵，人马驼驼向前去，威威烈烈鬼神惊。出城走了七八里，远远望见那股兵，吩咐一声："扎住队，列成阵式就开攻。"

洪启勋这边也看见，将人马列在西与东。中间让出一条路，对着有声用枪轰。两边这才一齐开枪打，势如爆竹一般同。烈烟飞天看不见面，弹子吱吱来往冲。自辰时打到晌午正，有声伤了五百兵。正是启勋要得胜，忽听的左右枪儿响连声。要问那里枪儿响，来了玉均、伯雄人二名。左右夹攻一齐打，可惜启勋那些兵。两边的兵丁直是倒，转眼间死了七百名。有声的兵将又往上闯，忽拉一声炸了营。启勋一见势不好，带领人马败下风。启勋的兵马头里跑，有声后边追赶不放松。三千兵马死了一大半，才逃出龙潭虎穴中。二十里外安营寨，看了看手下只剩三百名。那些个也有跑的也有死，这一仗败的实在凶。无奈何收拾残兵往北走，不回全州奔汉城。一心要把天子见，让那君王想调停。押下启勋且不表，再把有声得胜明一明。

话说金有声打了一个胜仗，得了无数器械，又收了许多降兵，遂同玉均、伯雄带领人马回到古埠，杀牛宰羊，大排宴筵，庆贺功劳。那有声在酒席筵前，对着四位头领说道："现在咱们把洪启勋打败了，他必然搬兵前来复仇，到那个时候，咱们兵虽然勾用，但是少带领之人，一旦败了，岂不贻笑大方？此时不得不先打算打算。"黄伯雄从那边说道："兄长，有一个人，你忘了吗？"有声说："是何人呢？"伯雄说："就是侯元首，现在平壤云府教书。此人才干学问，胜你我兄弟十倍，兄长素常日子，也是常称道此人。今日何不修封书信，把他请来，让他帮助作事呢？"有声说道："若非贤弟一言，几乎误了大事！我怎么就把他忘了呢？"遂命黄伯雄，与元首写了一封书信，下到平壤而去。这且不提。

单说洪启勋打了一个大败仗，看这东学党声势甚盛，恐怕日后难治，遂带着残兵败将，见天子去。这日到了汉城，见了天子，把东学党乱奏了一遍。天子闻听此言，吓的魂不附体，说道："这可如何是好呢？"遂把兵部尚书李完用宣上殿。这个时候，云在霄的兵权全都撤了，所有一概兵事，全归李完用调用。当日上得殿来说道："我主将臣唤来，有何事相商？"天子说道："现在全罗道有东学党作乱，你快派些兵丁，让洪启勋领着前去打贼。"于是李完用选了些老少不堪之兵，发了几尊不好使的炮，就让启勋带去。洪启勋带兵，与那东学党又连打数仗，也未得胜，全罗城池全都失了，洪启勋阵亡而死。外面告急文书，屡次望京里报，天子也是无法。当时惊动了那亲王李应藩，急忙上金殿，对着天子说道："现在兵微将弱，恐其不能剿贼，再等几日，必酿成大祸。咱们不如上中国求救去吧。"李熙皇帝说："叔父说好便好。"遂坐上辇，到了中国领事使馆。袁世凯接到屋中坐下，说道："国王到此，有何军情大事相商？"熙皇说道："将军不知，听小王道来。"

好一个幼小无谋李熙皇，你看他未从开口泪汪汪："要问我今日到此什么事，将军你细[洗]耳听其详。只因为金有声贼子造了反，在全罗倡兴东学惑愚氓。金玉均从日本回来入了伙，领着那无数愚民来遭殃。先攻破泰仁、古埠两个县，现如今临近城池全都降。声势太重无人敢挡，洪启勋也败兵在那乡。我国的兵将屡次打败仗，那贼匪一天比着一天狂。全罗道大小城池全都陷，不久的就到这座汉城傍。我国里兵微将寡不能治，敢乞求贵国发兵把我帮。贵国里若是坐视不来救，我韩国眼睛瞅着就要亡。高丽本是中国一属国，年年进贡在朝堂。我国的乱也就是你国乱，我国亡你国也难久长。我国与你国界挨界，咱两国本是唇齿之邦。唇亡齿寒古人讲，独不记虢虞事一桩。贵国今日若不把我国救，别的国必然把手张。要等着他国插上手，于你国脸上也无光。望贵国快发人共马，好来平乱到这方，一来是我国把恩德感，二来是保护你国众绅商。小王我因此来求见，望领事思量一思量。"

话说高丽国王说完了一片言语，袁世凯说道："国王既来求救，我国那有不发兵的道理？"遂将韩皇这一片求救的言，写了一封电信，打到咱国。咱国中遂派海军提督丁汝昌，带了两只轮船先到仁川，保护咱国的商人，又派直隶提督叶志超、太原镇总兵聂士成，带领一千五百人，拉了十尊大炮，望高丽进发。押下一头，再表一尾。

单说侯元首在云府教书，光阴迅速，不知不觉，就是十一年。正赶上这年东学党作乱，他一听说这个话，他遂对着学生们说道："你们好好求学吧，看看现在咱们国家这样软弱，日本屡次前来起事，现在又起了内乱，将来怕是不好。要想护咱这国家，全仗着你们当学生的了。"正自说着，书童进来禀道说，外面有下书人要见侯先生。侯元首说道:“那处下书的人?让他进来吧。”不多一时,那下书的进来,施了一礼,将书子呈上。侯元首接过,拆开封口,可就看起来了。

上写着“拜上元首老仁兄”,下坠着“敬祝福履与时逢”。“咱兄弟自从在剑水驿分了手,于是忽忽八九冬。常想仁兄不见面,每于无人之处落泪横。在全州小弟也从与兄捎过信,请兄长前去当差到衙中。兄长回信说是教书好,所以你我兄弟又未必相逢。现如今小弟立下一朋友,他的名叫金有声。此人与兄也有旧,他言说兄长与他有恩情。有声创下东学党,小弟我也入在那里中。钱中饱、尧在天人儿两个,还有那金氏玉均老英雄。在完山以上立下会,招集无数众人丁。想着要改换政府行新政,想着要易换君主民权行。日本国外面帮助我,李完用朝中为内应。人马也有二万整,得了那泰仁、古埠两座城。兄长素抱保国志,何不今日显威风?望兄长见字无辞这边往,我这里现在缺少一头领。一来是咱们兄弟得相聚,二来是保护国家求太平。这机会实在是不容易,兄长你千万不要把他扔。”右写着“黄氏伯雄三顿首”,左写着“七月九日灯下冲”。元首他看罢这封信,不由的腹内叮咛又叮咛。

话说侯元首看了伯雄这封信,暗自想道:“他们倡兴东学,借着这个名目以改易国家,命我前去帮助他们,这道是好事。但是他们倚着日本,又收留那贼子金玉均,以本国人害本国人,不用说事情不能成,就是成了必入了日本人的圈套。再说这些无知的百姓,那能成大事呢?”正是他胡思乱想,忽有人来说道:“有中国一千多兵从南边过去,说是替咱国平东学党的。”元首说:“得啦,那中国兵一去,他们必然瓦解。我今若不去劝他们改邪归正,恐怕难免一败之苦。”遂对着学生们说道:“你们在家用功,我上全州去几天就回来。”说罢命家人将那匹追风豹备上,把那送信人先打发了,然后骑上那匹追风豹,扑奔全州而去。

这日到了全州,正赶上有声新近把全州打破,此时全在城里住着呢。元首打听明白,进了城,到衙门以外,见了门役,说:“你快去通报你们头领得知,就说有侯元首前来求见。”门役进去报于有声,有声听说元首来了,急忙整冠束带,与那金玉均等,一齐接出门来,让至大厅,分宾主坐下,正是:

英雄迷路无人救,来了仁村渡筏人。

要知后事如何,且看下回分解。

第十一回　中国平定东学党　日本改革朝鲜政

话说侯元首来至大厅坐下,黄伯雄将金有声等四人与他引见了。有声说道："家父蒙叔父厚恩，无以报答，今叔父到此，乃三生有幸。"元首道："十余年不见，长了这大，你要不提起，我也不认识了。"遂又问道："你令尊现在何处？"有声答道："家父已经去世三年矣。"元首听说，叹息了一会。有声说道："侄儿学疏才浅，不能担此重任，叔父今日到此，请把这些事务一概担任了吧。"元首说道："我今来此，原非与你们入伙，只因咱们尽是大韩好民，所以我有几句金石良言相劝，诸公肯愿闻否？"有声说："叔父你既有开导我们，那有不愿闻之理。"元首说："愿闻，听我道来。"

好一个才高智广元首君，你看他未从开口笑吟吟，叫了声："诸位英雄且洗耳，在下我有几句良言面前陈。我今日到此非是来入伙，想只要唤醒诸位在迷津。世界上多少保国大杰士，全都是自己想道谋生存。昔日里意国出个哥伦布，他本是世界第一探险人。这英雄忧愁本国土地少，他这才坐上帆船海洋巡。探出了亚美利加新大陆，各国里一见有地就迁民。属着那英国人民迁的广，把那座亚美利加四下分。英国人对待美人过暴虐，出来了一位英雄华盛顿。在国中暗暗把那民权鼓，那百姓全都起了独立心。与英国打了九年铁血战，才能勾叛英国独立重古今。华盛顿本是五洲一豪杰，他作事未尝依靠外国人。你几位现今倡兴东学党，想只要改变政府去维新。诸君的意思虽然是狠好，但是那根基未能立的深。如果要社会以上作大事，必得赖数多强大众国民。国民的程度要是不能到，怎么能推翻政府换主君？你党中尽是些个无赖子，有几个知道保国去图存？不过借着这个来取快乐，事若败一个一个乱纷纷。依我看你们党人不足恃，终久的必为他人害了身。日本国本是一个虎狼国，断不可暗地里倚他们。日本国自从维新到今日，无一天不想把咱国吞。每赶上咱国以内有乱事，他必然跳在前头把手伸。明着以保全咱国为名目，暗地里实在来把主权侵。今日里不知想出什么坏，也不知施下什么狠毒心。大概他是要破坏咱的国，断不能帮助你们去维新。前几年日本待咱那些事，诸君们也许亲眼见过真。既然是知道日本他不好，为什么今日还把他们亲？诸君们倚着日本来作事，好一似引着猛虎入羊群。现如今皇上求救于中国，那中国发来一千五百军。水师队从着仁川上了岸，拉着那开花大炮整十尊。看你乌合之众不能中用，必不能敌挡那个中国军。既不能把那中国兵来挡，必得取救于那日本人内陈。日本人岂肯白白帮助你，就得将多少礼物向他国。大只说割上几块好土地，小只说拿上几万雪花银。想只要图强保国求安泰，反落下多少乱子国内存？诸君们对准心头问一问，倒看看那样轻来那样陈[沉]。有甚事可以兴那中国办断不可听那日本乱胡云。日本人谈笑之中藏剑戟，处处里尽是些个虎狼心！那中国本是咱们的祖国，终不能安心把咱国家吞。看诸君俱是聪明才智士，是怎么作出事来这样浑？劝你们即早回头就是岸，别等着船到江心釜舟沉。那时节茫茫大水无人救，诸君们就得一命归了阴。诸君们为事身死不要紧，连累了四才[方]多少好黎民！看诸君现时失路无人救，我这才渡来仙筏与迷津。劝诸君快快回头醒了吧，随着我极乐之处躲灾尘。我那里也有英雄十几位，同他们欧美各国访学问。学问成回国再把大事作，那时节自能保国与忠君。在国中倡倡自治吹民气，在朝内修修政治固邦根。利权儿全都操在咱的手，要作事何须专专倚靠人？我今天劝你们这些个话，全都是就着你们的利弊说原因。诸君们听不听来我不管，我正要骑上马儿转家门。"侯元首说罢前后一些话，提醒了全罗作乱五六人。

话说金有声等五人听侯元首说了一片言语，一个一个象如梦初醒的一般，说道："我们少年作事，到是没有高远的见识，若非先生一言，几乎闯出大祸来。"金玉均也说道："我早头也闷[解]不开这个扣儿，今日听见元首之言，我才知道，日本竟用这个道来坑害咱们的国家。我当日作事不思，使唤咱们国家失了多少权力，并不知日本人笑里藏刀，暗有夺取咱国的意思。现今事情已经到了这个时候，咱们正是得想了个局外的方法才是。"有声说道："我今身坠迷途，什么见识也没有，再让侯叔父与咱们出个道吧。"遂又问元首，元首说："你们全有改邪归正的心意了。"五人一齐说道："我们当初作事不思，差不点靡闹出大祸，将身家性命搭上。今日先生良言相劝，救我们的性命，我们那有不愿意的道理？"元首说道："诸位既然如此，听我道来。"

侯元首未从开口面带欢，叫了声："列位豪杰听我言。你诸位既欲改恶来向善，我有一条道儿陈面前。这里头一概事情全别管，今夜晚随我逃走在外边。咱们不往别处里去，去到那平壤地方把身安。在平壤我有一个大学馆，内中有九个有志的男。他们常愁国家弱，想只要上那美国念书篇。只因为他们现在皆年幼，所以迟延这几年，诸君们若有志把弱国救，也可以求学到外边。要能勾学来好政治，保全国家不废难。这是敝人一拙见，望诸公仔细参一参。"

他五位一齐说是好，今晚上就可以望外颠。说话之间天色晚，大家一齐用晚餐。吃饭以[一]毕忙收拾，带了许多盘缠钱。听了听樵楼起了二更鼓，他六人瞧瞧[悄悄]的出房间。槽头上牵过能行马，各人备上宝刀鞍。搬鞍上了能行马，扑奔平壤走的欢。看了看满天星斗无云片，好一个皓魄当空宝镜悬。齐说今夜是七月十五日，你看那月光明亮甚新鲜。他六人说说笑笑走一夜，到让那露水湿透身上衣衫。剪断捷说来的快，那日到了平壤间。他几人一齐住在云府内，准备着游学在外边。押下他们咱且不表，再把那东学党人言一番。

话说那些东学党，早晨起来，看看五位全都靡了。找了多时，一个也靡找着，一齐说道："不用寻找了，八成让昨日来的那位先生拐去了，咱们散了吧。"内里出来二人说道："万不可散的，他们怕事跑了，咱们正宜望前接着办才是。咱们要是散了，岂不让那外人笑话吗？"大伙说道："既然如此，你二位就当首领吧。"于是众人将他二人推为首领。单说这二人，一个叫袁道中，一个叫马宾。当日为了首领，就打家劫寨，攻夺城池，比原先还凶。这且不表。

单说日本伊藤自从金玉均走后，他常常派人打听韩国东学党的消息。这日有一探子回来说道："韩国东学党甚是凶猛，将那全罗一道全都破了。他国的兵屡次打败仗，现时高丽王求救于中国，听说中国就要发兵，前来与他们平乱了。"伊藤闻言，心中欢喜说道："这回可有夺取韩国与中国的机会了。"遂急来至金殿，见了日皇，日皇说道："爱卿上殿有何本奏？"伊藤说："我主不知，听臣道来。"

好一个多智多谋伊藤公，你看他未从开口带春风，尊了声："万岁臣的主，敝臣我有本奏当躬。高丽国出了一贼子，他的名叫金有声。在国中倡兴东学党，他同伙还有人三名。金玉均也去入了他的党，求咱们帮他把事行。闻人说现时声势实在盛，攻破了全罗一道各池城。他国兵屡次打败仗，那韩王一见发了蒙。暗地里求救于中国，那中国就要发大兵。咱们想要吞并高丽与中国，这个机会不可扔。咱们也发兵高丽去，就说是与他把内乱平。东学党本是些个无赖子，平他们必然不废工。等着那东学党人平定后，再将兵住在汉城中。中国若是将咱问，就拿着改革高丽内政来为名。中国要是不让咱们改，咱就说他背着天津条约行。他要说高丽是中国的属国，咱就说高丽独立在大同。若果然是你们的属国，为什么让他人民胡行凶？因此就与他把交涉起，因此就与他开战功。那中国虽然是大国，他的那兵将甚稀松。要是与他开了仗，臣管保准能把他赢。赶到那中国打了败仗，那高丽可就独落在咱手中。这是微臣一般拙见，我主你看可行不可行？"

话说伊藤将话说完，日皇说道："爱卿之言，甚合孤意。但不知那百姓们愿意不愿意？"伊藤说道："这事不难，臣将此事发到议院，让咱全国人民议上一议，议妥了，然后再办也不为迟延。"日皇说道："此法甚妙，但不宜迟延，就去办吧。"于是伊藤将想要与中国开战争高丽的事情，发到各议院中，让他们议。那全国的人民，遂开了一个大会议，全都愿意。伊藤见全国人都愿意了，遂派了一个陆军士将，名叫山县有朋，带领着三千兵马，拉了三十尊大炮，往高丽进发。这且不表。

单说那叶志超、聂士成领着一千余人，来与高丽平定东学党。这日到了全罗之界，探听离贼人有十几里地，遂扎下营寨，吊起炮来，拿千里眼一照，开炮就打。这个时候，早有探马报于袁道中、马宾二人。袁道中问道："他们离此不远？"探马说道："离此不过十余里地。"袁道中说："不要紧。"正说着，忽听咕咚一声，炸子子咯啦啦从空中落下，花拉的一炸，崩死三百余人，就不好了。

忽听探马跑到报一声，吓坏了那个袁道中。说道是："中国兵离此有多远？"探马说："十五里地有余零。"袁道中说是不要紧，猛听的大炮响咕咚。要问那里大炮响，聂士成那边开了攻。咯啦啦的一声响，炸子子落在他的营。花啦就望四下炸，伤了贼人三百兵。二头领一见势不好，说："这炸子子实在是凶。再待一时要不跑，恐怕难保活性命。"

正是他们要逃命，那边的炮连着响了十几声。这几炮来打的准，他们人伤了千余兵。袁道中这边望后退，聂士成那边直是攻。东学党眼睛瞅着死无数，又伤了他们头领袁道中。马宾自己逃了命，那些兵漫山遍野逃了生，中国兵打到跟前里，忽啦一声就往上冲。每人抽出刀一把，克叉克叉如切葱。自早晨杀到太阳落，那东学党死甚苦情。聂士成那边传下令，吩咐一声扎下营。

话说聂士成与叶志超将东学党打散了，扎下大营，点自己兵马，仅仅伤了三十余人。遂又领着兵，把那全州恢复了。不几天将那余党全都平尽了。城池全都得回来，于是领兵奔汉城。这且不表。

单说日本山县有朋领着兵马，早已到了汉城，住在他的领事衙门。听说中国把东学平了，他就要起事。正是：

东学党乱方除尽，又见中日起祸端。

要知后事如何，且听下回分解。

第十二回　中日交兵由韩国　德美说和为友邦

话说中国兵到了汉城之时，日兵已经住在他的领事衙以内，每日出去扰乱百姓，无所不为。那百姓受不起暴虐，遂有三四百人，聚在一处，攻打他们。那日本一见，可就越发闹起乱来了。

好一些日本强徒礼不通，他在那高丽国内来行凶。白日里各处打家来劫寨，到夜晚投宿民间乱胡行。有人要是把他来冲撞，抽出刀子就行凶。无故将人活杀死，官府内也不能把冤平。因此百姓们起了情，三百四百聚成营。日本又去把百姓惹，百姓就与他把命拼。日本一见把他们来攻打，这才越发了不成。无所不为胡乱闹，将百姓害的好苦情。他们这样还不满意，又上那领事衙门把状升。硬说是高丽人民不懂礼，见了他们就眼睛红。抢去他们多少好财帛，劫去他们行李马匹好几宗。望领事与我们快作主，若不然这个苦处无处鸣。

领事一听这句话，急忙来到高丽政府中。见了高丽政府诸元老，他这才慢慢的把话明，说道："是你国起个东学党，江山转眼就要扔。我们好意来相救，你百姓为什么把我们攻？抢去多少好财物，伤了几名好兵丁？你百姓这样胆肆来作乱，全都是你们政府无正经。从今后我得与你们改政治，从今后我得把你们法律更。一来是替着你国求安泰，二来是保护我国商与兵。不怕你们不应允，今日我就来实行。"这领事说罢了一些话，吓坏了高丽国内众公卿。

话说日本领事，说要改革高丽的内治，那政府大臣，一个一个吓的目瞪口呆，半晌方说出话来，说道："我们的百姓无知，有伤贵国之人，望领事不要动怒，我们甘愿包赔。"日领事说道："包赔也不行，今日包赔了，明日还是那样，我们吃亏吃大了。说什么也算不中，非改你们内治不可。快去告诉你们皇上去吧。"说罢，骑马回衙门去了。

这些个大臣面面相觑，呆了一会〖儿〗，都说道："咱们既然无法，还得禀报于天子得知。"于是上了金殿，将此事奏于韩皇。韩皇说："这可是如何是好？"内有一大臣奏道："我主可以将此事报于中国领事，看看他将如何对待？"韩皇说道："既然如此，寡人我就前去。"遂命御卒套上车辇。

韩皇上了车辇，来到中国领事衙门大门以外下辇。早有人报于袁世凯，袁世凯出来，接至屋中坐下，说道："今王到此，有何商量？"韩皇说道："无事不敢到此，只因日本的兵士被我国的百姓打伤了，他们领事到我政府问罪，硬说我内治不善，致使人民行凶，就要与我国更改内政。寡人寻思贵国是我国的祖国，日本要改革我国的内政，就有敢夺我国之心。咱两国是唇齿之邦，我国又为你国的属国，日本要是把我国灭了，你国也是狠受害的。所以寡人才来将此事告于贵领事，望领事连连想方法以处之。"袁世凯说道："今王暂且回宫，下官先去见他的陆军大将山县有朋，让他撤兵，然后再与他办此交涉，岂不是好吗？"于是他二人一齐出了领事馆，韩皇回宫去了。

袁世凯来到日本领事衙门，见了山县有朋，说道："高丽内乱已经平了，贵国就可以撤兵回国，省着在他国中不便，使他们那些百姓惊惶。"山县有朋同他那领事一齐说道："咱两国在天津定条约的时候，不是说是高丽有乱，咱两国互相派兵来平吗？今日我们与他来平内乱，本是好意，他那百姓将我们兵丁打伤不少，还抢夺我们的财物，可道是为什么呢？因为这个，所以我们将兵住在这里。一来是他国的内治不好，我们代他改革改革；二来是保护我国的商人。"袁世凯说道："高丽本是我国的属国，你国本干涉不着，为什么改他国的内政？再说你那兵丁，全都带着枪刀，他们的百姓怎么能够欺侮你那兵丁呢？"他二人又说道："袁领事，你说什么高丽是你国的属国？我看高丽是独立国。"袁世凯道："你们怎说他是独立国？"山县有朋说道："他既是你国的属国，他国的内治你们为什么一点也不管呢？今日看我们要改革他国的政治，你又来干涉我们，想只要背天津条约怎的。要背条约，就算不行！"说着说着，就决裂了。袁世凯一见他们不撤兵，一边又要改革高丽的内政，知道是不好了，急忙回到衙门，写了一封折子，由电报局打到咱国的外务部。外务部的尚书，见袁世凯打来电报折子，知道必是紧要之事，遂急忙见了光绪皇爷，将折子呈上。光绪皇爷接过折子，可就看起来了。

上写着："拜上拜上多拜上拜上，光绪我主有道皇。只因为高丽起了东学党，一心要破坏他那家邦。咱国里发兵把他救，那日本也发兵来到那乡。到后来咱国平定东学党，日本兵在韩国以内发了狂。白日里打家去劫寨，夜晚间任意投宿在民房。无所不为来作乱，那韩民一怒把他抗。因为韩民不受他的暴，所以他又起了坏心肠。对着他国的领事把话讲，硬说那高丽人民把他们伤。他领事就望高丽政府去，对着那大老臣工说其详。'我们好意与你来平难，为什么你百姓把我兵来伤？看起来皆是你们内政不善，我今日就与你们改改良。除去你们那些个龃龉政，将你这法律改改章。'那日本一心要把高丽政治改，为臣我也曾与他们犯商量。臣让他把兵马撤回国，他言语保护商人在那方。臣又说高丽是我们的属国，他言说高丽是独立邦。臣不许他干涉高丽政，他就与为臣说不良。看起来他是要把高丽灭，若不然何为这样的张狂？高丽本是咱国的屏藩国，他要亡咱国也恐怕不久长。为臣我因此才把本来工[奏]，望我主快快想个好主张。"

下写着"袁世凯来三顿首，叩禀我主高丽永久平康"。光绪爷看罢了这折子，不由的一阵一阵心内慌。

话说光绪皇爷看罢袁世凯的折子，对着满朝文武说道："日本这样野心，咱们可是如何对待他呢？"那满朝文武齐声说道："我主，日本欺侮高丽，就是欺侮咱们中国，非得跟他开仗不可，要不跟他开仗，把高丽就白白的让给他了。"其中惟有那李鸿章不愿意与那日本开仗。但是一个人不愿意也是靡法子，于是遂将中日开仗事情布告各国知道，然后命左宝贵、卫汝贵领六万人马望高丽进发，又命丁汝昌带十二只兵船把守黄海。这且不表。

单说日本山县有朋与中国领事决裂了，遂既回到国中，对他国王一说。国皇说："既决裂，咱们就与他开仗！"这个时候，中国的战表已经传到日本了。那日本一见中国与他们开仗，全都乐了。于是点了三十万陆军，让东乡平八郎带头一队，山县有朋带第二队，伊东佐[祐]亨带第三队，先望高丽进发。又命代山岩带二十只大铁甲船扑奔黄海，与咱国的海军开仗。由是，中日两国可就开起战来了。

这日本贪而无厌野心生，一心要与我国把高丽争。住高丽的兵马他不撤，硬要把高丽国的政治更。袁世凯也从将他问，他言说我国礼不通。“高丽本是独立国，我们干涉怎不中？既说高丽是你们属国，为什么让他人民乱胡行？看起来全是你们国的错，你还有甚么言语向我说？我们的兵马一定不能撤，高丽的政治一定另改更。今日就是这样办，看看你们有何能？”

袁世凯一见事决裂，他这才打本进了京。本章打到北京内，怒恼光绪有道龙：“日本今日欺侮我，必与他们开战功。”点了六万人共马，派了三位大元戎。头一个就是左宝贵，二一个就是聂士成，还有一个卫汝贵，每人领着二万兵，祭了大纛起了队，浩浩荡荡出北京。人马驼驼望前走，这日到了韩国中。大兵发到平安道，牙山以下扎了营。押下中国且不表，再把日本明一明。

日本听说中国与他来开仗，他们一个一个乐的了不成。各处里就把人马调，选了三十万大陆兵。他派了元帅人三个，列位不知听我明。东乡平八郎领着头一队，第二队的元帅叫小[山]县有朋，第三队里也有大元帅，他的名字叫伊东祐亨。军乐炮队全部有，坐上轮船起了程。

这日到了仁川地，上岸就奔牙山行。两下相隔整十里，咕咚大炮开了声。左宝贵独挡头一队，卫汝贵后边打接应。两边一齐开了炮，烈烟遮天令人惊。自晨打到晌午后，我国上了三千兵。老将宋庆有武勇，一人咱能把日本冲。陆军败阵且不表，再说海军丁总戎。

丁汝昌鸭绿江口来把守，代[大]山岩帅着海军望前攻。两下相隔八九里，忽听大炮如雷鸣。日本船望前直是闯，将我船就望四下冲。炸子咯啦直是响，打沉我国两船兵。日本也沉船一个，死了兵丁几百名。由此又打了三时整，三只轮船又沉海中。眼看着我军就要败，接应兵队不见动静。左宝贵活活被那炮打死，可怜那多年老将丧残生。

我军这才败了阵，平壤兵队跑个空。到后来又打了好几仗，尽是我败日人赢。日本兵简直的望前赶，过了鸭绿大江奔海城。我兵退入奉天内，日本占了九连城。金州、凤凰全都陷，大连、益[盖]州人被敌人攻。丁汝昌一见事不好，带着七只轮船逃了生。后来又在威海打一仗，我国的兵丁死的数不清。丁汝昌无奈仰药死，可怜他功未著来命亦坑。

我国与那日本打了数十仗，未听说有一仗把那日本赢。像这样全是什么原故？约不过兵未练来将惜生。为兵的一开仗来慌无措，为将的一临大敌发了蒙。如此兵来如此将，那能不把国家坑？还有一个奸相顶不好，就是那合肥李文忠！李鸿章一心不愿与日战，他说是日本虽小兵甚雄。倘若是一战不能将他胜，那时节想要罢兵万不能。到那时欲战不能罢不得，何不与他商量着办事情。看起来他的见识是狠好，但是他不当把那私心生。因为事情不随他的意，他不可西[稀]里糊突[涂]把事行。不发兵来也不发饷，因此咱国才败下风。此是我国兵败故，令人闻之痛伤情。咱国一看不能把日本胜，无奈何这才和约在北京。

话说中国与日本打了一年多仗，中国也靡打一个胜仗。当日德美两国各自派来一位大臣前来观战，美国的大臣叫福世德，德国的大臣叫苏林哥耳，在此观战。看中国屡打败仗，福世德对着苏林哥耳说道："日本野心如狼，不可让他直是逞雄，现在中国算永远不能胜了，咱们何不与他两国说和了呢？"苏林哥耳说道："这都是好事，咱们二人就此前往吧。"

他二人遂来在咱政府，将和约的事情一说。这个时候李鸿章极力求和，那皇上也看着不能够胜了，遂应了他二人的意思，派李鸿章为全权大臣，跟着福世德、苏林哥耳上日本和约。从天津上了火船，一直的到日本的东京。到了日政府，见了伊藤，才说出和约之事。正是：

士卒不练难争胜，将帅无学奚建功。

要知后事如何，且听下回分解。

第十三回　李傅相定约马关　日政府监督韩国

话说福世德三人，到了日本政府。门军通报进去，伊藤博文接出门来，一见李鸿章，就知是求和。遂让至客厅，分宾主坐下，即有人献上茶来。茶罢搁盏，伊藤欠身说道："贵大臣们前来到此，有何大事相议？"福世福[德]从旁答道："无事不敢到此。只因中日两国开战，已经一年有余，日兵屡胜，清兵屡败，黄海以内，骨积如山，辽东半岛，尸骸遍野，损世界和平之性，伤天地好生之德。某悯生灵之涂炭，哀黎庶之逃亡，是以私自连和德国大臣，不揣冒昧来与你两国说和，以睦友邦之情，而保东亚之和平。不知贵大臣肯纳否？如果见允，现有中国派来全权大臣李公在此，望贵大臣三留意焉。"伊藤答道："日本区区三岛，地少人稀，内而臣工，无有如吴大澂与李公之才；外而将帅，无有如叶志超、丁汝昌之勇。政令之不善，法度之不修，莫我国若。今忽战胜大邦，实为侥幸。既承二国之美意来作说和，敝国焉有不愿罢兵修好之理？但是想要和约，必得应许我们几件事情。若不然，我们还是开战。"李鸿章说道："我们既然上赶着前来求和，大凡不大离的，靡有不应许之理。但不知贵大臣所说的，是那几件事?”伊藤说:“要问我那几样事,且听我慢慢的道来。”

这伊藤未从开口带春风,尊了声:“三国大臣仔细听。只因为中日不和开了战,发兵马苦了各处众百姓。你二国说和本来是好意,敝国家焉能不应成?但是我有几件事,敢在面前明一明。中国日本向来狠和睦,只因为高丽起战争。从今后认高丽为独立国,不许中国干涉他的事情。从今后不许高丽国王朝中国,从今后不许他们进贡北京。此是敝国讲和第一件事,第二件事来听我明。自从与你们中国开了仗,至而今一年有余零。我们费了兵饷好几万两,又伤了无数众兵丁。要和约你得包赔我们款,好养活阵亡兵丁他的父与兄。将兵饷赔上三万万两,这是敝人第二宗。第三件还得割与我们几块土地,就要那辽东半岛、澎湖台湾几座城。黄海北岸那些群岛,全得割入我们日本封。第四件还要开上几个商埠,就是那重庆、沙市、苏州、杭州、北京城。湘潭、梧州也得开为商埠,这是我的第四宗。若是应许这四件事,咱两国就可以罢战争。若不应许这四件事,想要休兵万不能。再添上我的兵丁几十万,一定攻破你那北京城。李辅相你既是全权大宰相,这个事可要调停一调停。开战好来是和约好,想一想那样重来那样轻。”李辅相闻言吓了一跳:“呀!这个要求可了不成。”说道是:“等我到下处想一想,明日你再把信听。”

说丢出了日政府,德美的大臣回上自己领事衙门中。也该着李鸿章的时运不好,大街以上逢了灾星。李鸿章顺着大街往前走,忽然间那边来了人一名。相离不过十几步,拿出手枪就行凶。只听得哎哎一声响,李辅相打倒地流平。左颊以上着了弹子,不住直是冒鲜红。巡警一见着了瞒[忙],将刺客抓住不放松。

话说打李鸿章这刺客是日本人,名叫小山。只因为他哥哥在天津作出不法之事,让李鸿章治死。小山每想与他哥哥报仇,但靡有机会。偏赶上这一年李鸿章到在他国和约,他就在街上候着,见李鸿章一过来,他就是一枪打倒在地。巡警慌忙上去捉住刺客,送到他国的审判厅一询,才知道因为甚么。那伊藤听说,告诉不要把他杀了,他是一个爱国的赤子,监禁几年也就是了。这且不表。

单说李辅相当日受了一枪,正打到颚角上,跌倒在地,跟人叫了一会,才醒过来。于是用轿子抬到驿馆。这个时候,伊藤听说,亲自前来谢罪。一看李公之伤甚是沉重,说道:“这是我国保护的不周,到[致]使贵大臣受这样的重伤,我们有罪了。”李鸿章说道:“你所说那四件,我可实不能全允,望贵国剪裁剪裁。”伊藤见李公处九死一生之时,尚不忘国家大事,暗暗的想道:“不意中国尚有这样的忠臣,真是愧杀我们。”遂命御医前来调治。医生来到一看,说道:“必须将弹子钳出，方可能好。”李公说道：“任死不钳出此弹，不敢以己身之创剧，误国家之大局。”日皇重其忠忱，特下了二十一日停战之令。李公见他下了停战之令，遂又与伊藤说道：“我国派我来办全国大事，误为你们刺客所伤，你准得把你所拟那四条，减少一点，我才能应允。若不然，我就死于你国，让我政府向你们问罪。”伊藤说道：“贵大臣不要如此，你让把弹子钳出，我必能对得着你，也就是了。”李公一听此言，遂命将弹子治出，用药调治着，一天比一天见好，那和约之事，也渐渐的有成了。但是这二十一日的停战日期，可是转眼就要到，李公恐怕再一开仗就不好办啦，遂与伊藤将和约之事就说定了。在日本马关的地方立了条约，德美两国的大臣也都到了。就铺上纸，可就写起条约来了。

好一个足智多谋李文忠，敢与那伊藤把条约争。大街上一枪几乎废了命，那伊藤一见发了蒙。下了那二十一日停战令，这和约之事才有成。只因为小山一枪打的好，那日本的约求才减轻。在马关之地把合同写，德美两国的大臣在其中。第一条应许高丽为独立国，不许受咱中国封。高丽王也不许朝中国，也不许进贡到北京。第二条赔他们兵费二万万两，照先前减去一万万两有余零。第三条澎湖、辽东归日本，还搭上台湾一省城，照原先减去黄海以北众屿岛，这也是鸿章他的功。第四条将重庆、沙市、苏州、杭州开为通商埠，许他们贸易在其中，照先前减去北京、湘潭、梧州三处地，全仗着文忠死力争。合同写完画了押，两国这才罢了兵。

众明公你们思一思来想上一想，看此事伤情不伤情？高丽国本是咱的属国，应该在咱们的权限中。只因为我们人心不齐势力软弱，硬让日本夺在手中。打败仗伤了兵丁无其数，还包他兵饷二万万两有余零。台湾一省既然归日本，还搭上辽东、澎湖无数城。由是高丽归日本管，把咱中国一傍扔。得高丽就要夺我东三省，众明公听着心惊不心惊？这土地不是皇上的土地，咱百姓是这土地主人翁。当主人不能把自己的土地保，终久必得受人家的欺凌！我同胞快快醒来罢，不要西[稀]里糊突[涂]度时冬。我说此话不是胡讲究，日本人的手段实在雄。现时里大家想保护还不晚，再等几年可就怕不行。闲言少叙归正传，再把那中日两国明一明。

话说李鸿章在马关地方，与日本伊藤定下条约，各人画上押，德美二国的大臣也画上了押，事情就算成啦。德美二国的大臣各归本国去了，日本也把兵全都撤回国中。此时李鸿章的伤痕已经全好，遂坐上轮船，归国交旨。中日的战争，至此算完了。中国在高丽的势力，到这也算全靡啦。列位听听，可惜不可惜？闲话少说。

单说日本把中国胜了，得了好几块土地，君臣们甚是快乐。这日君臣们大排宴筵，庆贺功劳。酒席筵前，伊藤对着日皇说道："我主常想夺取高丽，瓜分中国，这回可有望了。"

这伊藤未从开言笑吟吟，尊了声："我主万岁听臣云：想当初愁着咱国土地少，遂欲要外边去把势力伸。一下手先定了二条道，犹是并吞高丽瓜分中国的心。现如今中日两国一仗，那中国败的不堪云。认承高丽为独立国，咱们可就有法把他寻。中国在高丽的势力已靡有，那高丽就算在咱的手心。原先微臣我也狠把愁犯，恐怕难与中国争生存。只因为他们是大国，地广人多重古今。想咱们区区三岛一小国，恐怕是一败就难翻了身。那知道他们更软弱，一个一个赛死人。早知中国这个样，何必在他身上多分神？现今咱们既然有势力，还得想个方法把高丽吞。微臣我有一条道，我主在上听原因。挑一位元勋大老高丽去，带上几千大陆军。将兵屯在他国内，就说是替他改政来维新。那政治全都落在咱的手，管保他不能来动身。明着为保护他为文明国，暗地里实行把他国分。这是微臣一拙见，望我主思寻一思寻。"日皇那里开言道："爱卿的见识实在深。从今咱们就这样办，任凭爱卿你配分。"由是日本就要监督韩国，可苦了那些朝鲜民。押下此事且不表，再把那元首侯氏云一云。

话说侯元首与金有声等五人，从全罗逃到平壤，就想着要让他那些学生们，跟金有声等五人，前去游学美国，偏赶上中日开战，他就等着看他两国的胜败。寻思着，若是中国胜了，高丽或者不能亡；若是日本胜了，我国可是有早晨，无下晚了。到后来果然是日本胜了，元首一听日本胜了，心中十分的恐惧，遂将他那些学生，唤至屋中。正是：

家贫方能识孝子，国弱才显有心人。

毕竟不知后事如何，且听下回分解。

卷之三

第十四回　忧国弱英雄别母　患学浅志士游洋

话说侯元首将学生们唤到跟前说道："日本现在将中国打败了，中国又认承咱国为独立国，看着这个形象，日本是想着要吞并咱们的国家。我看这个时候，是狠艰难的。要想着保护咱的国家，除非是咱们全国的人民，都是一个心吗！但是这个事情，也非容易。我想这让你们去上美国游学，住了他们的学堂，学些个见识，有学问回国办事，才能容易。我说这个，你们愿意不愿意呢？

你们要愿意的时候，我就跟云大人说，让他预备款项，就让你们前往。然后我再合金玉均先生在这个地方开上一个报馆，慢慢的开化这民的知识，等你们回来的时候，咱大家用心用力，以顾全咱这国家，岂不是好吗？”那学生们听元首这些话，都一齐说道：“我等情愿意上美国游学，先生你就张罗着办吧。”元首说：“你们既然愿意，我心中是狠快乐了。”遂命书童说道：“你去把云老大人请来。”

书童去了不多一时，云大人来至书房坐下，说道：“先生有何话讲？”元首答道：“无事不敢劳大人到此，请大人在上，洗耳听我侯弼慢慢的道来。”

这侯弼未从开口带忧容，尊一声：“大人洗耳在上听：我从小丧亡亲生父合母，倚着那哥哥嫂嫂度秋冬。七岁时南学里把书念，通达了史鉴四书并五经。常看那西洋各国人杰史，最爱慕华盛顿的好名声。因此我这才想下出游意，别兄嫂远涉重洋到美京。在美国陆军学堂毕了业，回家来不愿居官在衙中。仁里村选练农备兵一队，教成了数百青年子弟〖兵〗。私心里常把一抱恢天志，总想要整顿家邦使国兴。最伤心时气不及命运苦，兄嫂又相继而亡归阴城。无奈何家中教侄把书念，连教那青年有力众壮丁。想只要使唤全国皆成勇，好治那日本强徒来欺凌。那知道心志未遂祸争起，为打贼得罪日本众贼丁。黄海道交涉衙门把我告，一心要害我侯弼活性命。多亏了黄氏伯雄把信送，我爷儿两个逃难离家庭。我叔侄飘零在外三四载，才能勾来到这座平壤城。多亏了大人收在尊府下，遂命我官府以里诲儿童。仆不才自愧不称为师职，学生们与我实在有感情。现如今已经交了十余载，诸生们五经四书都全通。我侯弼今生没有别的愿，但愿这学生全成大英雄。与国家作下一点大事业，保护着咱这国不至凋零。咱国里日本屡次挡势力，看光景是要把咱高丽坑。前几年看着还有不怕样，到而今十死只能有一生。只想要保国图存无他策，就得使人民全有爱国诚。这事情也恐不是容易事，还得有几个英雄意气横。要想使英雄出于咱的国，除非是上那美国求治功。那美国本是一个民族国，无论那君民臣等一般同。我想让学生们去游美国，到那里住在他国学校中。学些了治国安邦大学问，回来时鼓吹民气壮韩京。学生们全都愿意出美国，但缺少学费膳费那一宗。因此我才把大人请到此，望大人预备款项送他们行。”云在霄听罢元首这些话，你看他喜气洋洋开了声。

话说云在霄听元首说了一片言语，答道：“先生见识甚是高远。我也瞧着咱这国家，甚是软弱，恐怕为那日本所灭，就是靡有什么方法。今天先生想出这个道来，我是狠愿意的，但不知他们都是谁去？可是全去呢？”元首说道：“有金有声、寇本良、黄伯雄、钱中饱、尧在天、侯珍、寇本峰、岳公、孙子奇、王顺之、萧鉴、赵适中、陈圣思、陈圣暇、云在岫、云落峰、安重根这些人。赶到他们走后，我在家中无事想，只要与金玉均先生，开上一个报馆，慢慢的开化那百姓们的知识。大人你看如何？”云大人说道：“先生的意思极好，那款项之事，全在我了。一年有千万吊钱，够他们十七个人化[花]了。”元首说道：“既然如此，今日是大清国光绪二十二年三月二十日，让他们有家的，回家探探家，赶到下月初一日回来，初五日就送他们起程，岂不是好吗？”云大人说道：“这还狠好。”

于是那陈氏兄弟回到剑水驿去了。至于岳公、孙子奇、王慎之、萧鉴、赵适中五人，全是平壤城里的人，也各自回家去了。惟有金有声、钱中饱、尧在天因为逃罪在外，寇氏兄弟与侯珍、安重根四人全都靡家，所以都在云府住着，单等着他们探家回来，好望美国去。这且不表。

单说安重根这年十七岁，生得像貌魁伟，聪明过人。那些个同学的，谁也赶不上他所学问的，所以侯元首格外的爱惜他。他当日听先生说要让他们上美国住学堂去，乐得他无所措手足，就到了安太太的屋中，参见已毕，将上美国游学的事情对安人说了一遍。安人一听，感动了无限情由，说道：“重根，你知道咱母子侄，这是谁家呀？”重根说道：“这不是我舅家吗？”安人说道：“你既知道是你舅家，可知道咱母子怎么到此呢？”重根说道：“母亲，孩儿不是常问吗？母亲说是孩儿父亲早亡，家中无人才来到舅舅家住着。”安人说道：“那全是假话。原先我因为你是念书的时候要告诉你，恐怕你荒废了学业，所以我拿那假话囫囵你。你那舅父舅母，我也告诉他，不然谁对你说？别人靡有知道的，所以你就拿那话信以为真啦。现今你要远行，我把咱母子到此的情由对你说上一说，你可不要激烈呀，你要激烈，我可不告诉你了。”重根说道：“母亲尽管讲来，孩儿不激烈。”安人说道：“既然如此，听为娘道来。”

老安人未从开口泪盈盈，叫了声：“重根孩儿仔细听。怎[咱]娘们本是京城一仕宦，你父亲受过皇榜进士封。只因为京城日本常作乱，全家子才想逃难平壤城。带着那家财细物离故里，这一日到了黄海地界中。想只要平壤以里来避难，那知道中途路上遇灾星。奇峰山日本贼为强寇，打劫那来往客商卖路铜。偏赶上咱家车子从那过，你父亲骑马就在后边行。日本贼出山就使枪来打，最可叹你父一命归阴城。”

重根说道：“母亲怎的，我父亲还是被日本人打死的吗？”安人说道：“正是。”只听重根哎吗一声，跌倒在地，可就不好了。

安重根一听父亲为日人坑，你看他咕咚跌倒地平流。眼睛一闭绝了气，三魂渺渺归阴城。老安人见了公子跌在地，吓的他满面焦黄胆战惊。走上前将公子忙抱起，“重根儿”不住的叫连声。“我原先不让你激烈，你怎么还将这样大气生？叫了声我儿快苏醒，少归阴司多归阳城。阳世三间热如火，阴朝地府冷如冰。你今要有个好合歹，为娘我一定不能生！”这安人连哭带叫多一会，忽听的那边公子哼一声。

话说安人叫了多时，公子哼了一声，睁开眼睛骂道：“日本哪！日本哪！尔与我有杀父之仇，我非报上不可。”安人一见公子活了，说道：“我儿不要生气了，为娘还有许多的话呢。”重根说道：“母亲再望下讲吧，孩儿我不生气了。”安人说道：“你要不生气，再听为娘道来。”

老安人复又在上开了声：“我的儿本是一个苦命丁。三岁里就丧了生身的父，咱母子也是几乎把命坑。多亏了侯氏元首来搭救，咱母子才得逃了生。”

重根说道：“侯元首不是我的先生吗？”安人说道：“正是。”

“侯先生带领农备兵一队，打死了日本无数众贼兵，因此才将咱母子命救下，这恩情犹如泰山一般同。到后来将咱母子接到他家里，施银钱埋葬你父死尸灵。咱母子感恩不尽无的报，赠与他传家如意物一宗。”

重根说：“就是我们先生现在带着那如意吧。”安人说道：“正是。”

“你先生又派兵丁人二个，护送咱母子来到平壤城。为咱们先生得罪贼日本，无奈何他也避祸出门庭。他叔侄飘零在外三四载，才来到云老大人这府中。侯元首与咱母子恩德大，现如今又为孩儿你的先生。我的儿有朝一日得了地，千万莫忘了元首好恩情。从今后先生你要当父事，可别拿娘话当作耳边风。这是我母子所以来到此，我的儿今日才知已往情。”

这公子听罢安人一些话，你看他眉紧绉怒怒冲冲。手指着日本东京高声骂，骂一声：“虎狼贼子名伊藤。你为何施下一种蚕食策，屡次要破坏我国锦江洪？立逼我皇上把商约来定，使你国无数强徒来行凶。看起来欺侮我国全是你，又害生身之父的活性命。今生里要是不把他来报，我就算妄到阳间走一程。”这公子越说越恼越有气，忽听的安人这边唤一声。

话说安重根指天画地，直是骂那伊藤。安人说道：“我儿不要生气了，上学房与你先生谢恩去吧。”重根听母亲告诉，只得来到学房，见了元首，双膝跪下说道：“先生与学生有救命之恩，置之度外，真是圣贤了。学生父亲已亡，今就认恩师为义父吧。”说完就跪下叩头。元首慌忙扶起，说道：“我早有此意，但恐你母子不允。今日之事，实在投我的心。望后那恩情之事，你母子不要提了。现下你们别要逃走，可好好在家住两天吧。”重根于是辞了元首，就回到他母那处，把上项之事以诉母亲，也是狠乐意。

光阴迅速，不知不觉的，到了四月初一日，那些探家的学生，全都回来了。这个时候，云大人将款项已经预备妥了。又预备下六辆车子，到了初五日，早晨起来，大家用饭已毕，云大人、云老夫人、安母与岳父[公]诸人的家人，全来与他们送行。云大人拿过十万吊钱，交金有声、寇本良二人，说道："你二人年长些，可将此项钱带着，好留只到那作学膳费用。自此后，我每年与你们汇去这些钱。你们好生学习，无负敝人之望。"正说着，只见元首过来说道："那这样拿着不行。请我告诉你们，由咱这上美国，路经仁川，赶到你们到仁川的时候，有个会东钱店，是美人开的，到那打成汇票，汇到他国，拿着汇票再领钱，方能行呢。"金有声说道："记住了。"元首又从怀中取出一封信，交于金有声，说道："美国有一个外务尚书，名叫华听，此人我在美国时与我同过学。上月他与我来信，说他新升为外务部尚书，到时将信交与他，让他与你找学堂才能行呢。致[至]于这一路的事情，你与寇本良担住着吧。你二人总要拘束他们，这才是。"有声、本良一齐说："是，遵命。"当下嘱咐完毕，那六辆车子全都套好了，东西也全都绑好了，出府正要起程，侯元首说道："慢着，你们今日游学美国，我有几句要紧的话告诉你们。可要好好记着。诸生不知，听愚师道来。"

侯元首未从开口笑吟吟，叫了声诸位学生细听真："为师我因为学浅游美国，在他邦陆军学堂安过身。因此我知道他国学堂好，才想让你们诸人那边存。现在时咱们国家甚软弱，终久的恐怕为那日本吞。保国家在你诸人这一举，在学堂可要千万苦用心。那烟花柳巷不要去，戏馆茶楼少留身。在学堂与同学总要和气，别与人家把气冲。咱们是为国求学问，抛家舍业是难云。在那里你们要是不学好，怎对为师我这片心。云大人为你们把款备，每年间须费三万两银。你诸人心中常要怀此意，这事情关系咱国的生存。"众学生一齐说："是，谨遵命，不必先生苦劳神。"

侯元首嘱咐完了那边去，又听的安母走来唤重根："我的儿今日别母行远路，怎不教为娘我挂在心。只一去就是五六载，但不知何日能够转家门。为娘我有几句话，我的儿须要牢牢记在心。在道上不要各处胡游耍，到店里不要狂言得罪人。上船时好好看守自己物，免被无赖之人来相寻。在学堂不要妄把功夫废，省着让为娘在家把心分。总要把国耻父仇常在意，断不可忘了咱国那仇人。"安太太嘱咐完了亲生子，又叫声诸位学生听我云："我那儿身青幼小不定性，望诸位可要规诫他的心。有不好尽管与我把他教，别使他任着性儿去浮沉。望诸位须要专心求学问，别辜负咱国花的这些金。"众学生一齐说是遵命了。那安人转过身来泪纷纷。

元首说："天道不早你们走吧。"那学生这才一齐跪在尘，施礼已毕皆站起，看他们一个一个泪沾襟。云大人催着他们把车上，那车夫鞭子就在手内抡。转眼间就离了故土之地，那安母犹且依稀倚着门。等着那车子远了看不见，安人才一步一步转回身。押下了安人回房且不表，再把那李树萧来云一云。

话说那李树萧，自从将寇本良送走以后，看着他国家一天比一天软弱，日本人一天比一天强盛，他心中就着实焦燥。赶上这年中日战后，他犹其看出他国不好了，但是没有甚么法子。这日忽然想其[起]一个道来，说道："我有三个知己的朋友，他们素常日子，也跟我常议论这保国的方法，今日我何妨再与他们商量商量，万一他们能有道呢？岂不是好吗？"说着就望那里去。

单说他这三个朋友，一个叫李相卨，一个叫李纬[玮]钟，一个叫李俊[儁]，本是一姓兄弟三人，俱是汉城的人氏。当日李树萧来到李相卨的家中，也不用门军通报，自己就进了屋中。看他三人全在屋中，不知在那里写甚么的。又看那边坐着五人不认识。他三人一见树萧，急忙下得地来，说道："贤弟来了，有失远迎，赦罪赦罪。"树萧说道："咱们兄弟，本是知己之交，那里用着这些个话呢。"遂问道，"这五位客是那里来的？"李相卨说道："你看，我也忘与你引见了，此人姓金名洪畴，此人姓高名云，此人姓吴名佐车，全是安平北道人氏，此二人，一位名姜述坚，一位名姜述白，是我表弟，与他三位同乡。"说完，遂一一与树萧引见了。大家叙见已毕，坐下。相卨说道："我方才想打咐家人请你去，偏赶上你来了。"树萧说："找我作甚么？"相卨说道："只因为我外边坚表弟与金仁兄，想只上美国游学，遂前来连合我们兄弟三人。我寻思要保护国家，除非有学问不可，他们来连合我去游美国求学，我是狠愿意的。所以我要请贤弟来商议，一同去游洋，求点学问，以保护咱国家，岂不是好吗？"树萧说道："我来也是为国家软弱，没有方法的原故，想只来与兄长们商量商量。今日这个道，实在是好，小弟那有不愿意的道理呢？"相卨又在桌上拿一张禀帖来，说道："这是我们方才写的禀，想只上学部去递，贤弟可以把名添上吧。"说着，遂将李树萧的名字添上。树萧说："不去递吗？"相卨说："为甚么不递的呢？"树萧说："即想着要递，咱就上学部去吧。"说罢，他也又一齐起身，出了李相卨之家，径奔学部而来。正是：

平壤学士方离里，汉城书子又出京。

要知后事如何，且听下回分解。

第十五回　安重根路收三义友　金有声店结九良朋

话说李相卨九人，拿着禀帖到了学部递上。单说外国学部大臣，这时候是李完用坐着。当日接了这个禀一看，有树萧的名字，他暗自忖道："亲王的儿子，也想着去游洋，我要不准，似乎不好。我不知[如]应许了他们，一年也费不了多少款项，让他们念诵我的恩德，也是好的。”遂将禀帖批出，准他们官费，上美国留学，又在外务部与美国领事衙门办了一分[份]文书，让他们四月初十日起身，这也算是李完用作了一点好事。且说李相卨九人，这日看禀帖批准，许他们官费留学，一个一个喜出分(望)外，各自回到家中，收拾收拾。

到了初七日，李树萧辞别了家人，与李相卨八人会在一处，到学部将文书领来，款项由学部望美国汇去，他们不管一概事情。全都完备，遂雇了四辆车子，也由水路走，所以出了汉城，勾奔仁川走下来了。

众英雄因为学浅离门庭，一个个满面凄惨少笑容，齐说道：“不幸生在软弱国，整天里得交[叫]日人来欺凌。那君王朝中以里竟作梦，大臣们一个一个装哑聋。象这样君臣那有不亡国？寻思起真是让人痛伤情！社会上百姓昏昏如睡觉，是何人相呼他们在梦胧？眼看着刀子到了脖子后，还以为安然无事享太平！现如今虎狼已经进了院，谁能勾安排剑戟把他攻？咱国中数万人民尽痴睡，无一人知道防备伤人虫。最可叹数千余年高丽国，将要落于日本人手中。到那时山河粉裂社稷坠，咱们这条命十死无一生。空积下数万银钱不中用，一家里父母妻子各西东。”众英雄一齐说到伤心处，不由的两眼滴滴流泪横。说：“今日咱们美国求学问，也不知能够求成求不成？如果是求来真实大学问，也不枉远涉重洋走一程。有学问回国好来做大事，唤一唤数万人民在梦中。便与这全国人民如一体，不怕那日本人们怎样雄。”英雄们一边走着胡谈论，看了看眼前来到仁川城。大家伙一齐入了大客栈，预备着雇上轮船赴美京。

众明公听书不要热[听]热闹，想一想咱们中国煞样形？别拿着高丽城亡不经意，大清国也与高丽一般同。高丽国不过是日本一个虎，咱国中所在尽是伤人虫。众明公别拿自己不要紧，有一人就是他们一个对头兵。东省人要是全都存此意，怕什么日俄逞雄不逞雄？押下此事咱们且不表，再把那有声诸人明一明。

话说金有声诸人出了云府，拜别了在霄、元首、安母，这才一齐上了车子，勾奔仁川，可就走下来了。

来的是十六英雄离家乡，一一要上那美国去出洋。都只为国家软弱思保护，才抛了家中老少与爹娘。看他们本是一些青年子，全知道求点学问固家邦。如果是高丽全能这个样，他国家一定不能被人亡。看他们不顾家乡离故土，一个个坐在车中话短长。这个说从小未走这远路，那个说不知美国在那方。听人说美国是个民族国，倒不如[知]他那政治是那庄[桩]？到那里先将这个事情访一访，回国时也把民族主义倡一倡。这个说不知咱得何日到，路途上这些辛苦甚难当。那个说不要着急咱们慢慢走，这个说着急也是白白费心肠。大家伙这才不讲究，又着那天色将要到午傍。走多少曲曲湾湾不平路，见多少草舍茅庵小山庄。听了些各处农夫唱铲草，观了些往来仕宦路途忙。各处里百鸟林中声细细，满道上青榆绿柳色苍苍。观不尽游鱼河里穿花戏，看不了燕子衔泥影成双。远山上奇峰夏云才出岫，近处里榆钱落地色发黄。真果是夏日清和人气爽，身体儿觉着平常分外畅。正是英雄们观看路途景，看了看西方坠落太阳光。大家伙一齐入了招商店，到明日复又登程走慌忙。饥食渴饮路途奔，这一日来到朝日大岭傍。众人一齐过了朝日岭，又听黄伯雄那边开了腔。

话说金有声诸人正望前走，忽听黄伯雄那边说道："前边就是瑞兴县了，咱们今日晚上就宿在这吧。"金有声说道："天道尚早，何不多赶几里？"伯雄说道："再望前走，五十里才能够有店呢。"金有声说道："既然如此，就宿在这里吧。"说着就奔街里，在街东头有一大店，他们就将车子赶至院中。店小过来，将他们的行李一齐搬到屋中，安排妥当。店小打几盆热水，大家拭了面。店小又说道："客官就用饭不好吗？用完饭诸位好歇着。"有声说道："怎么不好呢？"于是店小放上桌子，将饭菜一齐端上来。大家用饭已毕，付了店钱。店小将桌于搬去，说道："客官歇着吧。"遂去了。

单说安重根吃完了饭，跟孙子奇说道："天道还得一会黑，咱二人出去游玩游玩去不好吗？"孙子奇说："怎么不好呢？"于是他二人出了店房，望南走了二里余路，到在一个河边，他二人就在那四下观望。忽见那边来了一辆车子，不多一时来至近前，从车上跳下三个人来，拱手说道："这位贤弟，在下得问一声，前去多远能有店家？"安重根已[一]看这人非凡，答道："前边二里余就有店。你们是望那里去的呢？贵姓高名？"那人答道："在下姓李名范允，此人姓周名庄，此人姓曹名存，全是咸境[镜]道中本镇人氏。我们因为国家软弱，思要上美国留学。"重根一听，说道："事情真凑巧了，我二人也上美国留学的。"遂通了自己与孙子奇的姓名，又说道："咱们今日遇在一处，真是三生有幸，我们还有十几人在店中呢。你们随我到店中，明日与我们一同上美国去，不好吗？"李范允三人一齐说道："我们正愁人少孤单，安贤弟愿意与我们同走，我们那有不愿意的道理。"于是他三人说说笑笑来至店中。

单说寇本良见安重根二人出去多时不回来，正在着急的时候，只见重根领了三个人来。本良说道："贤弟你那里去了？此三人是何人？"重根遂将方才之事说了一遍，又与他三人按只个引见了，一齐坐下，说了一会，各自安歇。第二日清晨，他三人与有声等会在一处，坐上车子，又扑奔仁川大路走下来了。

好一个安氏重根小后生，在路上结交三位大英雄。重根说："不着咱们国家弱，咱诸人那能相交一路行？看起来这事真果是凑巧，总算是有缘千里来相逢。若不然咱们相离数千里，那能够同去留学赴美京？”李范允三人一齐开言道：“说道是这事实在系非轻。我三人从小同学好几载，常愁着学问浅薄心内空。每想要西洋各国求学问，因年幼家中屡次不让行。这几年国家软弱不堪讲，无奈何辞别家院奔前程。我三人恐怕自己不中用，每想要结交几个好宾朋。偏偏与重根贤弟遇一处，一见面几句话来就投情。因重根又与诸位相了善，我三人实在是乐非轻。咱大家一齐住在美学校，回来同心同力好把国兴。”众英雄说说笑笑望前走，一个个满心得意志气增。晓行夜宿非一日，这日到了仁川城。众英雄一齐入了大客栈，又听得有声前来把话明。

话说金有声诸人这日来到仁川，进了客栈。金有声说道：“你们在这店中等着，我去上会东钱店起了汇票，连起火船票。”说罢出了店门，来到会东钱店，起了火船票，汇了钱，才想要走，只见外边忽来九个人，也起火船票上美国。有声一见他们形象，觉着有因，遂问道：“诸位上美国作甚么去？”

单说这九人不是别人，就是那李相卨九人。当日到了仁川，来在会东钱店起票，一见金有声相问，遂各通了姓名，说：“我们上美国留学去，阁下也是上美国留学吧？”金有声说道：“正是。”遂通了姓名，又说：“我们店中还有十几位人，列位要不嫌弃，可以与我们一统前去。”李相卨说道：“那敢自到好了。”遂起票，领着有声到了他们所住之店，将东西全都拾通[道]起来，到了有声所住的店中方将东西放下。李树萧看见寇本良说道：“贤弟你怎么到此？”寇本良一听有人招呼他，回头一看，乃是李树萧，遂上前施礼。正是：

飘零数载未会面，今日店中又相逢。

要知本良说出什么话来，且听下回分解。

第十六回　英雄同入美学校　侯弼集股开报馆

话说寇本良见了李树萧，施礼已毕，说道：“兄长，你怎也到了这里呢？”树萧遂将上美国去留学的意思说了一遍，本良也将他们意思说了一遍。此时本峰也过来，见过了树萧，各道些离别的情肠。有声、本良又与他们互相引见了，大家团团坐下。此时他们一共二十八个人了，又重叙了一回年庚，李相卨居长，次在李范允、全[金]洪畴、金有声、李玮钟、高云、周庄、姜树[述]坚、吴佐车、曾[曹]存、李俊、寇本良、黄伯雄、尧在天、钱中饱、姜述白、李树萧、岳公、萧鉴、赵适中、云在岫、陈圣思、陈圣暇、侯珍、寇本峰、孙子奇、云落峰、安重根。当日他们大家名次排定，谈论一会，各自安歇。第二日上午八点钟，他们将来送的车，打咐回去，遂后上了轮船，由太平洋，扑奔美国走下来了。

众英雄上了轮船离仁川，那火船好似箭打一样般。光听那轮子各支各支的响，但见那海水波涛上下翻。转眼间就走出去千几里，猛回头看不见了大仁川。但见那海水洋洋无边岸，瞧不着江村茅舍与人烟。但听那鲸鱼吐气喷喷响，那辨出南北与东西？鸟雀儿空中飞着气力尽，吧嗒嗒落在船头那一边。看这个茫茫大海何日尽，寻思起真是没人好心酸。也不知美国到此有多远，都说是走到也得七十天。叹煞人波浪涛天无陆地，往来的仅有几只火轮船。要不幸遭了飓风船刮沉，这伙人全得死在海中间。身体儿一定辱在鲸鱼腹，有甚么回天志向也算完。到那时家中老幼难见面，有多大国耻全得抛一边。满船中除了同人无亲故，只听那隔号之人笑言宣[喧]。英雄们正在船上胡叨念，忽听那船长招呼用晚餐。大家伙用饭以[已]毕舱中卧，忽忽悠悠就安眠。论走也得两个月，说书的何用那些天？简断捷说来的快，这日到了美国檀香山。檀香山离美国还有八千里，不几日可也就到了一边。下了轮船把火车上，这日到了美国京城前。下火车一齐入了店，又听有声那边把话言。

话说李相卨诸人这日早晨到了美国京城华盛顿，下了火车，找了一个店，将所带物件安排妥了。金有声说道："咱们上他那外务部递文书呀。"大家说："是，走吧。"那位说："得啦，你不用说了，高丽与美国话也不通，字也不一个样，他们去办事，人家那能懂的呢？并且那文书的字，人家也不认的呀。"列明公有所不知，这里有个原因，那侯元首在那国保[住]过，会他国的话并他国的文字。皆因他会美文，他那些学生，他也全教会了。至于金有声，入过耶稣教，学过英文，英文与美文是一样，所以他们能够与美国人说话。至于那文书，尽是翻的美文的一封信，侯元首也是用美文写的。在上几回书中，靡将此事叙出，所以你们发疑。闲话少叙。

再说金有声等，一齐出了店中，来到街上一看，好不热闹哇。

众英雄一齐迈步出店中，要上那外务部把文书呈。到街上举目留神仔细看，好一个繁华热闹美京城。大家上马路修平如镜，快车洋车花花来往冲。买卖家一天浇上水三遍，走那上靡有一点尘土星。两边厢洋楼洋行修的好，俱都是玻璃窗牖好几层。屋子里排着些古董器，冷眼看全都不知甚么名。屋顶上安着避雷针一个，防备那阴天落电把屋轰。街两傍安着杆子整雨[两]溜，红铜弦杆子以上放的精。一边是预备来往打电报，一边是安着玻璃电气灯。电气灯本是一种古怪物，不用油自己就能放光明。齐说道外洋人儿学问大，发明的物件实则令人惊。在这[咱]国不用说是靡见过，长这大都走[没]听说这一宗。今日里咱们算是开了眼，也不枉千辛万苦走这程。

众英雄一边说着望前走，忽又见一座洋楼修的精。四周围斜山转角好几面，玻璃丸又在上耀眼光明。这个说这是美国上议院，那个说皇宫不知怎样工。这个说他国以里无皇上，全国人公举一个大统领。有事情送在议院大伙议，议妥了统领颁布就实行。这个说美国原先也软弱，全仗着华盛顿来把美兴。众人民与英国血战九年整，才能勾叛英独立世界中。都说是美国以里政治好，今一见话不虚传是真情。众人们走过这座上议院，忽看见那边来了一帮兵。只听的洋鼓洋号吱吼响，一个个年青有力带威风。说道是无怪人家国强盛，看这些兵丁全都有多凶。他众人说说笑笑望前走，眼前里来到外务部的大门庭。众英雄走至门前就站住，又听那门军过来问一声。

话说李相卨二十六人，来到美国外务部衙门，一齐站住。门军过来问道："你们是作甚么的？"李相卨等答道："我们是韩国的学生，到你国前来留学，有文书在此，乞阁下与我们进去通禀一声。"门军说："你们在此等候一回。"遂进去，不多时，出来说道："你们跟我进去吧。"他们一听，遂跟着门军进了里边，见了华听。施礼已毕，李相卨、李范允各将文书呈上，金有声将侯元首那封信呈上。华听看完了文书，又看那封信，是侯元首与他来的，可就拆开看起来了。

上写着"谨具芜函"字数行，拜上了华听仁兄贵座傍。咱兄弟于今离别十余载，常思想不能见面挂心肠。前几年兄长与我捎过信，言说是位坐外部尚书郎。都只为山高路远难见面，也未能贺喜增荣到那乡。看起来侯弼实则是无礼，望兄长腹内宽宏把弟量。今日里鱼书寄到贵府内，也就算尽了为弟这心肠。这本是咱们二人在下事，还要求兄长替办事一桩。只因为我国软弱无贤相，君臣们每日昏昏在朝堂。日本在我国屡次增势力，可怜我数万人民遭他殃。我高丽本是中国他的属国，那日本硬认我国为独立邦。看这样是坑害我的国，我国人犹且昏昏睡黄粱。百姓们全都不知把国保，高丽国恐怕将来被人亡。弟以为要想保国求安泰，除非是全部人民学问强。我国里学校无多办法坏，百姓们皆以学堂为不良。说学堂人人掩着耳朵跑，无一人送他儿郎到书房。说我国这样人民看一看，谁敢保国家不被日人亡。幸亏我教了几个好弟子，他们一心要留学到外洋。因此我才让他们贵国往，望兄长千万收留在那乡。哪！因为你国政治学问好，所以我才望他们留学上贵邦。学膳费我国年年望那汇，管保不能让兄长你搭上。右写着"侯弼平壤三顿首"，下坠着"四月四日灯下挡。"华大人看罢侯弼这封信，在那边绉绉眉头开了腔。

话说华听看完了侯弼那封书信，暗暗的想道："高丽软弱，他们学生前来求学，是为他们国家的计大。我想日本要是把高丽灭了，与我国也是靡甚么好处，而且大有害于我。何不把他们留下，给他们挑个学问堂住着。万一能出来一位英雄，把高丽国保护住，他国人也念诵我真好处。”主意已定，遂向金有声等说道：“你们前来住学堂，但不知愿意入那样的？我看你们也是不知道那样好，我告诉你们吧。要想着保护国家，当住陆军法政。法政是讲治术的，陆军是讲武备的。还有理科专研究物理化学。陆军学堂与理学专科，全是三年毕业，法政是五年毕业。可不知你众人愿意入那样学堂？”李相卨说：“咱们大家商量商量。”于是岳公、金宏[洪]畴、李范允、陈圣田[思]、陈圣暇、常[曹]存、韩[姜]述白、李俊八人愿意入陆军学堂，寇本良、赵适中、孙子奇、高云、周庄五人愿意入理科，剩下他们十三人全愿意入法政学堂。商量妥当，向华听一说，华听说：“既然如此，我就送你们入学吧。”遂命他们把东西从店中拿来，一齐搬到学堂里去。寇本良入了理科中之医科。由是他们大家全都入了学堂，慢慢望前来学。这且不表。

单说侯元首，自从金有声送走，回到家中，呆了几天，跟金玉均说道：“学生们都走了，咱们二人还得张罗着开报馆哪。”玉均说：“想要开报馆，咱这款项怎么筹呢？”元首说：“兄长勿愁，我自有方法。”遂写了几个帖子，把岳公之父岳怀嵩、孙子奇之父孙善长、赵适中的哥哥赵适宜、萧鉴的父亲萧树声请来；又请了三位绅士：一个叫田承恩，一个叫张建忠，一个叫花锦。当日诸人按了请帖，全都来到元首的学堂。元首接至屋中坐下。众人一齐说道：“先生请我到来，有何话讲？”元首说：“无事不敢劳诸位到此，众位仁兄洗耳，听我侯弼道来。”

侯元首未从开口面带春，尊了声：“诸位仁兄听我云。将诸公请来不为别的事，想要让众位仁兄帮我银。帮我银钱不为别的事，想着要开报馆把民新。只因为咱们受那日本气，才打咐那些学生离家门。让他们美国以里求学问，回来时开化民智固邦根。现今里他们已经离故土，我在家没有营生占着身。我常想要使咱国不亡灭，除非是数万人民同一心。要想使他们全都同心意，必得用报纸鼓吹众黎民。使他们全知日本的利害，因利害了能知道保家门。保家门就是保护咱这国，家与国本来没有什么分。人人要全都知道把家保，这社稷江山一定不能湮。因此我要使人人把家保，有一条拙见敢在面前陈。在这城开上一个白话报，天天各处发卖化愚民。请诸公帮我银钱就为此，望诸公不要拒绝我这片心。诸公们一家集上几个股，报馆成来就在你们诸君。那时节人民知识尽开化，岂不是咱们大家福分深？诸公们思一思来想一想，侯弼的话是真不是真。”

话说元首说罢一片集股开报馆的话，岳怀嵩诸人一齐说道：“先生的意思极好，我们没有个不赞成者，用多少钱，我们都能帮着你们。”元首说：“也用不了多少，有三四千吊钱也就够了。”岳怀嵩等说道：“这点钱不要紧，先生尽管办吧。我们八人，一家集上四个股，一股拿上五百吊，不够再望上添。”元首说：“有四千吊钱也就够用了。”于是他八人各自回到家中，将钱凑足，与元首送来。元首一见有了钱，遂买了几件印书的机器，聘了几位访员，自己为主笔，开了报馆，各处去卖。起初人们都不爱看，到后来看看有趣味，全部争只买，那报馆可就兴旺了。这且不表。

单说日本皇帝，那日早朝，伊藤出班呼道：“吾皇万岁，臣有本奏。”正是：

英雄方且吹民气，日本又来虎狼人。

毕竟不知伊藤说出甚么话来，且听下回分解。

第十七回　伊藤拜受统监印　韩国坐失行政权

话说伊藤上至金殿，参见已毕，日皇设下金交椅，命伊藤坐下。伊藤谢了恩，坐下。日皇道：“爱卿那日说吞并高丽，得先使他归咱们国保护，现在你这道安顿怎样了？”伊藤奏：“我主不知，为臣来的正为此事道儿，已经筹算妥了。”日皇说：“既然妥了，爱卿与寡人言讲言讲，然后咱们就颁布着实行，岂不是好么？”伊藤说：“我主愿闻，听臣下道来。”

这伊藤金殿以上把话发，尊一声：“我主在上听根芽。为臣我自从出世到今日，惟有那两个目的未能达。第一是高丽未能属咱管，第二是满洲未能归咱辖。这两样还是着重第一样，因为那满洲高丽紧换吼[挨着]。要能勾将高丽得在手，取东三省也就省了法。为高丽为臣费了满腔血，现如今仅仅在那把手插。高丽事已经不归中国管，这时候何不急力以图他？前几日为臣也曾画过策，言说是保护高丽他国家。在他国修下一个统监府，派一位能言大臣去驻扎。给与他一颗统监韩国印，无论办甚事全得由着他。在他国暗在以里把计定，用花言巧语把他君臣们夸。就说是高丽本来是好国，惟独那内治外交有点差。因此你们才受他国的气，我今日与贵国想上一方法。我的国把你们来保护，你国的种种败政改改吧。诸般的政治我们替你办，也省着受那他国来欺压。外交事我国也替你们管，让你那驻外领事皆回家。那时节不怕他们不应允，为臣我自有方法处治他，明着以保护他国为名目，暗地里慢慢把他权力刮。那韩国君臣昏弱尽无谋，见将时眉开眼笑乐了他。他国的权力要是都到咱的手，咱们就一点一点把他辖。不怕他能出多少大豪杰，靡权力咱们怕他作甚么？得高丽然后再分东三省，咱的国庶乎可以见发达。要可行我主就把统监派，让他速速望高丽国发。事不宜迟就要办，再等几天恐有差。”伊藤侯说罢息话，又听那日皇把话答。

话说伊藤说罢一片并吞高丽跟东三省的话，日皇说道："爱卿见识极高，寡人看这统监，别人也不能胜任，就得爱卿你去吧。怎么说呢？因为事事都是你作的，别人去办，也摸不着头绪。所以寡人愿意让爱卿你去坐那统监。"伊藤说："我主既派了为臣，为臣也不敢推辞。后日为臣我既要起身。"日皇说："是，越快越好，恐怕事情迟延，省再出差。"于是伊藤辞别了日皇，下殿回府去了。

日皇命工部造一颗统监印。说话之间，就是三天。到了那日，伊藤将统监印悬在殿上，拜九拜，然后受下。日皇先望高丽打封电报，让他国领事，在那边迎接，这边又安排下酒宴，与满朝文武，在十里长亭，与伊藤饯行。伊藤早就收拾妥当，带了无数官员，预备上高丽办政治用。于是坐上快车，出了京城，那满城的百姓，听说伊藤要上韩国作统监去，遂前来卖果，好不热闹的很哪。

这伊藤坐上快车出东京，你看他前呼后拥好威风。在前头跑开三十六匹护卫队，马上的人儿甚青年。洋号儿嘴里吹的吱扎响，好比似鹤唳龙吟一般同。在后边也有护卫队，尽都是青年有力小步兵。每人抗[扛]着枪一杆，刺刀儿安在上边跃眼明。看人数也有五六百，把快车团团围住不透风。威威烈烈往前走，又听那庶民人等乱哄哄。这个说："大人今日出了府。"那个说："不知要往何处行。"这个说："韩国去把统监坐，你们因甚不知情。"那个说："统监要到高丽国，他的国一定被你坑。那时节咱国必然得土地，那时节高丽必定把国扔。"不言这百姓满街闲谈话，再说那伊藤到了十里亭。

日君臣早在那里来等候，伊藤也慌忙下了快车中。伊藤说："为臣今日有了罪。"日皇说："爱卿不要来谦恭。寡人我今日敬你三杯酒，略报报爱卿你的忠。"说罢将酒递过来，伊藤侯施礼谢罪接手中。三拜酒方才饮到胸膛内，又过来文武百官众公卿。每人敬了三杯酒，那伊藤饮的满面红。对着百官们施下礼，说道是："有劳诸公好心诚。"施礼已毕把车上，威威烈烈起了程。前行来到海沿上，坐上轮船奔韩行。书要简捷方为妙，哧溜啰嗦困明公。这日来到韩城内，那领事接在使馆中。

话说伊藤这日到了汉城，他国的领事，跟到高丽国的臣宰，一齐接到十里长亭。大家见了面，道了些个辛苦，然后在进了他国领事衙门。高丽的臣宰们，在那谈了一会，遂辞别伊藤，回府而去。

单说伊藤在他那领事衙门住了几日，说把他的领事打咐回国，在高丽一概的事情全都归于他一人办理。这一日下了几个请帖，把高丽国的大臣李完用、赵丙稷、朴定扬[阳]、尹用求等请来，让至客厅，分宾主坐下，侍人过来到上茶。茶罢搁盏，李完用等问道："贵大臣今日将我等招来，有何事相商呢？"伊藤答道："靡有别的事情，只因我国上几年，替你们平定东学党，你国的民无故的把我的兵丁伤了无数，我国就想要替你国改革内政，赶上与中国开仗，也靡得暇来办此事。今年因为我皇上派我为你国的统监，连保护商务，代办那一年的事情。我以为那年的事情，虽是你国的百姓无礼，我们就硬把你国的政治改革了，也是狠不对贵国的。所以我今天将贵大臣们请来，有几样事情相商，不知诸公愿闻否?”李完用等说道：“统监只管说来，我们无有不愿闻之理。”伊藤说：“如此，诸公听我道来。”

伊藤侯坐在椅上把口张，尊了声：“列位大人听其详。只因为你国人民来作乱，我国的无数兵丁受了伤。这都是你国内治不完善，才惹出无数人民发了狂。我皇上就把你们内政改，派我为你国统监在这方。我今日要把你们政治改，又觉着贵国脸上没有光。敝人我想出一条完善道，敢在诸公面前陈短长。你高丽所以到这般软弱，都因为你们内政甚不良。我国家兵强马壮政治好，可以替你们保护锦家邦。各衙门要上我国人一个，各样事全得跟他去商量。有不善他们就能与你改，我管保诸般政事皆见强。各国里你们不用把领事驻，不用的领事在此让他归故乡。外交事全能替你们去办，一文钱不劳贵国费思量。省下钱再与你国兴武备，管保使你们韩国不灭亡。从今后你国归为我保护，别的国谁也不敢来遭殃。改好了我们就推开手，岂不是一举两得一好方?”

这伊藤花言巧语说一套，哄的那高丽臣等无主张。齐说道：“这个相应多么大，咱快去禀报于那李熙皇。”

话说李完用被伊藤一片言语哄的心眼直转，说道：“贵国既有这片好心，来保护我们的国家，我们真是感恩不尽了，我们就回去禀于我国皇上得知，然后统监望我们各部里派人吧。岂不是好么?”伊藤说：“既然如此，诸君就去禀报于你们国王上得知吧。”于是李完用等出了领事衙门，来到金殿，见了韩皇，把伊藤的话一学，又说：“伊藤怎样好心，人家替咱们保护国家，改变咱国的政治，改革好了，人家就撤手，我主你看这事有多么相应！今日若不依允，恐怕过了这个村靡有这个店啦。”那李熙本是胡哩胡嘟，任其不知的一个皇上，当日听大臣们这一说，也寻思这事是好事，遂说道：“爱卿你们酌量之办去吧。”

于是他们又回到日本领事衙门，把方才之事对伊藤一说。伊藤说：“你们皇上倒算是好王。”于是命野军镇雄为韩国兵部顾问官，〖加〗藤增雄为内宫学农工三部顾问官，贺田种太郎为财政局的顾问官，币原坦[垣]为学部参与官，九山重俊为警察顾问官，三岛奇峰为法部顾问官，又将韩国各处人民询讼的事全让他们领事代管。当日伊藤分派已定，是日韩国行政的权力全归于日本人的手。那韩国原有的官员，仅仅的跟人家一块吃饭，凑热闹而已，而韩国的君臣，还以为日本是好意，真是可叹哪。

好一个诡计多端伊藤公，行出事全是要把高丽坑。拿着那保护韩国把名买，暗地里夺取利权在手中。韩国里君臣无谋见识小，着天的西里胡都[稀里糊涂]赛哑聋。日本人施下毒辣伤人手，正以为人家给他好相应。自己国自己就当能保护，断不可倚靠外人把事行。自己事全让人家来替办，简直的跟着灭亡一般同。有权力国家就算有，靡权力国家既算扔。权力他是一个甚么物？列位不知听我明。权力与人好比一杆秤，用他来把东西衡。力者就是咱们的力，那权儿就是秤锤他的名。有秤锤就是打物件，靡秤锤就是不能行。咱们人好比一秤杆，倚靠着秤锤把物衡。秤锤要是归了外人手，这杆秤就是无用人一宗。政治就是国家权力，能得权力国必兴。高丽把权力送与日本手，无怪乎他就扔了锦江红[洪]。中国人全不知他权力保，也恐怕跟着高丽把国扔。劝大家千万要把权力强，断不可忽忽悠悠度秋冬。这一回高丽失权真可难[叹]，下一回日本把我财政清。书说此处算拉倒，明天白日再来听。

第十八回　索国债监理财政　伤人命强夺警权

衣服好比巡警，血脉好比银钱；有衣遮体不能寒，血脉流通身健。

二者相辅并重，缺一就得未[玩]完。有识之士痛时艰，全在经济困难。

《西江月》罢，书接上回，上回书说的，是那高丽归了日本保护，他国一概政治衙门，全安上一个日本人帮着办理，可见他国的君臣全都任然不懂，把自己国的政事让人家替着他们办理，还以为是相应。一起手办甚么事情，全都跟韩国的君臣商量，到后来把那个韩国的君臣，就扔在开外了。无论办什么事情，人家日本人说煞就是煞，那韩国君臣好相[像]聋子耳朵一般。你看他们不但拿着不着意，还等着把政治改好了，安然享太平福呢！不知那日本人如虎似狼，到嘴的肉，那有吐出来的？况且说那日本，素日想只要吞高丽，就愁那韩国的权力到不了他的手。今天可一下子到了他的手，他能勾放松吗？高丽无谋，把权力送与外人之手，我中国看看高丽的前辙，自己也当加点小心哪。闲话少说。

单说伊藤自从把高丽种种的权力全揽到手里，可就让他们在高丽的日本人尽力捉闹。那高丽人民受他们的欺压，实在是让人难言哪。由此一年多，那韩国的力权，一多半都归于日本人的手中。高丽又与伊藤修下一个统监衙门。这日伊藤正在衙门闷坐观书，忽然想起一宗大事来，遂命人套上快车，去上那高丽的政府。

到了门首下车，李完用等接至屋中，分宾主坐下，一齐向伊藤说道："统监大人今日到此，有何事相商呢？"伊藤说："无事不敢到此，列位大人要问，听我慢慢的道来。"

好一个智广谋多伊藤君，你看他未从开口笑吟吟。尊了声："列位大人且洗耳，我今日有一件事情对你们陈。那一年你们国内起了乱，无故的攻破我国领事门。杀伤了我国商人好几百，又要害我那领事花房君。多亏了英国商船救了命，若不然性命一定归了阴。那时节我国派兵来问罪，你国里包了五十余万金。这个金那时未能付于我，言说是指地作保利三分。这是那第一回该我们的款，还有那第二回赔款中三万金。第二回赔款不为别的事，因为是你国大臣金玉均。他一心要在你国谋变法，去想求我国领事对发军。到后来我们被中国打败了，因此才包我十三万两好纹银。也说是按年行上三分利，到今日合计起来十六春。本利和共合也有三百万，至如今未给我们一两银。我国里那日与我打来电，言说是新练两镇大陆军。让我在此与你们把账讨，好给那新练之军作饷银。要不着我国养兵用的紧，也不能来与诸公把账寻。诸公们怎的也得奏封上，那管卖土地也得还我银。我今日缓上你国一月限，到日子就得与我送到门。到那时要是将钱送不到，就苦了我国那些充军人。要实在无钱还我们的债，我还有两条道儿面前陈。第一是无钱将地卖与我，京畿这乱值三百万两银。第二是你国财政我监理，出入款项你不得与闻。用将去上我那衙门领，不让你们妄费半毫分。省多少好与你欠债偿，免去了贪官污吏来侵吞。你国人不知理财为何物，拿着生财求富置妄闻。要知道生财求富的富庶，也不能让那急荒屯了门。这两样你们必得从一样，说甚么也得还我这项银。要有银还我可比这件好，我恐怕你们无处把银寻。诸公回去好好想想吧，一日之账是实云。"这伊藤说罢一些话，到把那李完用等吓吊[掉]魂。

话说李完用诸人闻伊藤说了一片要钱的话，一个个目瞪口呆，半晌方说道："我因此时穷的靡法，那有还账的钱呢？"伊藤说："靡钱也不行，我国等只这个作兵饷呢。你们要不还我的钱，我国用甚么养兵？反正一月之限，凑足了更好，要凑不足，到那时可也就讲不了，给我们地，或是让我们监理你们财政，望下不用说了。"说完了，就上车回统监府去。

单说李完用等即当日商量了一会，谁也靡有法子，遂禀于他的皇上李熙。李熙也是没章程，遂又商量了一回，捐他们的百姓，那百姓谁也不出钱。可知那外国的百姓，一个个是任煞不懂，要是知道的好了，把国债大伙凑吧摊吧，还上日本，也说不能监理财政了。因为他们皆存自私的心思，不肯出钱还国债。那知道你不还人家钱，人家不是要你的地，就是把你的财政权把过去。财政是国家的血脉，要将血脉让人家把守着，国家能自不亡吗？咱们中国该人家外国钱，比那高丽还多着多少倍。这几年外人常想，只要监中国的财政，要是咱们的财政权，一让于外人把过去，也就离完不远啦。诸公们好好想想吧。闲话少说。

单说李完用等筹备这个钱，眼看一个月也靡颠对妥，无奈到了统监衙门，对伊藤一说。伊藤说："既靡有，也讲不了别的，反正都两条道，你们是从那条吧。"他们又求缓日限，伊藤摇头不答应。李完用等看看靡法，遂许伊藤监理他国的财政。赶到财政权到了日本人的手里，是大韩的税务、钱粮、王租，所有一概入款的事情，全归伊藤管理，那韩国想要作甚么事、办甚么政治，伊藤也不给他的钱花。都说："是你们该我们那些钱，我给你们省着还债呢。你们只知无故的花费，我们这钱，你们可得何日还呢？"由此那高丽财政一失，可就不好了。

伊藤他本是一个毒辣男，一心要夺取高丽财政权。钱财好比人血脉，缺一点说得把病添。若是血脉全靡有，这个人立刻就来完。世上人谁能不把钱财用，论起来是人生命第二天。一无就〔莫〕迈不动了步，虽是那英雄豪杰也犯难。为无钱愁倒多少英雄汉，因此那贫穷之人把担担。都只为衣食房屋无处取，无奈才受苦挨饿在外边。有钱的吃着嫖赌瞎胡闹，创下了急荒债主赛如山。有一旦人家与他把钱要，他就得折卖房产作偿还。房屋地产全卖尽，剩下了只身一人好可怜。到后来衣食无钱冻饿死，想想当初怎么不凄然！

看起来国家与人一个样，财政去甚么政治不能颁。高丽国财政归于伊藤管，那钱粮全得归在他手间。是凡那猪马牛羊皆有税，那日本贼察查的分外严。有一点漏税就得加重办，可怜那高丽人民受熬煎。将款项全是收在他的手，你想要用上一文难上难。高丽国诸般政治不能办，他君臣一天无事饱三餐。各衙门政事全归日本管，那高丽好相[像]附属物一般。有国家不能把政事来办，怎能勾图存疆土保全安。那高丽的君臣固然是昏懦辈，依我看他的百姓也是蠢愚蛮。你国债就是你们家的债，谁能勾来替你们把账还？你们若是不出钱来把债偿，人家就要你们人民与江山。就是不把你们人民江山要，他定要监理你国财政权。财政本是国家的命脉，失财政国家就要快来完。国要是被那外人灭，你们家甚么能勾来保全？国家二字本是紧相靠，诸公心中仔细想一番。

咱中国外债好几千万，众明公八成未曾听人言。都因为甲午庚子那几仗，才拉下国债急荒重如山。外国也常跟咱们把钱要，也常想把咱国的财政监。现如今各省全有筹还国债会，诸公们可以上那捐上几个钱。欠外国的急荒要全还上，东三省或者可以能保全。众明公看看高丽想想自己，中国也就列高丽那样般。要等着财政到了人家手，那时节有甚么方法也妄然。练兵无钱不能练，有枪炮无钱更犯难。到那时甘坐来待毙，众明公你看可怜不可怜？这本是至理明言真情话，别拿着这些话儿当闲谈。我今日说到此处腮落泪，望诸公仔细参一参。押下此事咱们且不表，再把那日本行凶言一番。

话说汉城东关有一家姓周，哥三个，长曰周忠，次曰周孝，老三曰周义。家里有二处房舍，一处在道南，一处在道北。道南那处房子，自己家里住着；道北那处房子招户，偏偏说招了一个日本人，名叫吉田，在那开药铺。三间房子，言明一个月纳房银三十吊，每月月底打齐。这日周忠得了一个儿子，四五天上长了一个疙疸，狠利害。周忠就到那日本药铺去买了一点药，拿了问价钱，那吉田回道："咱们一个东伙，还讲甚么钱不钱，拿着上去吧。"周忠说道："可使不得的。"这吉田摆头不肯要钱，周忠家中等着用药救急，也就忙只回去了。到了家中，将药上上，也没见好，呆[待]了只一天，把小孩也就扔了。这且不在话下。

单说那吉田将房子住了许多月，也靡给周忠打房银。这日周忠去向他要钱，吉田说："赶上这日靡钱，请改日再还吧。"周忠寻思，原先要人家药，都靡要钱，也就未肯深说，就回去了。又呆了两月，周忠又去要房银。吉田说："这事狠不对你，下月我务必给你打。"周忠寻思，三四个月都缓啦，这一月就不能等了？遂又缓了一个月。

这日他们哥三个一齐前去跟吉田要钱，吉田说："我还是靡钱。"周忠说："我已经宽五个月，你怎么今天还说靡钱呢？那管不能全给我，先给我三月的房银，我有点要紧的用项，那个咱们就放着。"吉田就变脸说道："我不肯跟你们深拘，你这一个计的不要脸！那日你买我那药，也值二百吊，怎么就不勾你这几月的房银呢？"周忠说："你不说不要钱吗？"吉田说："谁说不要钱来的？那时你问我价钱，我说是二百吊，你就拿着走了，你这五个月的房银，才一百五十吊，去了你的，还该我五十吊呢。我今天还要管你要钱呢！"周义、周孝从那边说道："那有那么贵的药？贵不贵的也不用说，那让我们用来的呢？讲不起，与你合上三十吊，去一月的房银，这四月的，今天非给不可！"吉田说："那算不行，非给我五十吊钱不可。"他们三言两说打起来了。吉田看他们人多，拿起枪来就打了两下，把周忠、周义打死。周孝见势不好，跑到街上，报于巡警。赶到巡警进了屋中，那吉田早跑了。周孝一见吉田跑了，他就上那外务部告状去了。

单说那吉田跑到他们的统监衙门，见了伊藤说道："小人在街上周忠的房子开药铺，那周忠买药不给钱，还替我硬要房银，我说是你该我的药钱去了该你的房银，还欠我五十吊呢。我就与他们要钱，他们不但不给钱，还仗着人多打我。我无计可施，才伤了他两条人命。望大人与小人作主吧。”伊藤一听，眉头一绉，计上心中：“这事不要紧，我把你绑上，到在他们外务部，自有办法，管保不能让你受屈。”于是将吉田绑上，坐上车子，到了外务部，见了尚书金炳之。这个时候，周孝早把呈子递上去了。

当日金炳之见伊藤来到，说道：“统监大人到此，八成为那人命的事情吧？”伊藤说：“正是。我还有一件事情相商。”金炳之说：“大人有甚么事情，尽管讲来。”伊藤说：“既然如此，待我道来。”

这伊藤未从开口面带欢，尊了声：“炳之大人听我言。只因为日韩定下通商约，我国人才来贸易到这边。那吉田在这街上开药铺，租了那周忠房子整三间。当面里房租银子讲的妥，这说是一月拿上三十吊钱。因为那周忠儿子得了病，前去买药向吉田。将药买去无其数，一共合了二百吊钱。吉田欠周忠房银一百五十吊，去了他的还欠吉田五十吊钱。他兄弟药钱不算房钱要，才惹那吉田把枪轰。他哥两个一齐把吉田打，那吉田无奈才动了野蛮。用枪打死他们哥两个，才惹出日韩交涉这一番。我国伤人无有死罪，不能与你法律一样般。吉田伤了人命算有罪，我发他充军在外十二年。这个事情算拉倒，我还有一件事情向你言。你国人无故来把人欺压，巡警他因为甚么不遮拦？巡警本专管打仗和斗殴，还保护别国人民在这边。我国人你们巡警不保护，简直的事来欺侮咱。象这样巡警要他中何用，妄耗费你国多少银子钱。倒不如将他撤了去，将我国的巡警这块安。也省着我国人受他的气，你国里也能得点安然。吉田事就是那样办，巡警明日我就安。允不允的我不管的，我还要回去闲一闲。”说罢坐上车子回衙去，倒把那金氏炳之吓一川[蹿]。

话说伊藤将吉田伤人的案子硬压只办了。又要撤高丽的巡警，安他国的巡警，把金炳之吓的面目改色。那周孝又追金炳之给他报仇。金炳之说道：“现在咱国的权柄全在他的手里。这是这个事，还跟咱们办，要是别的事情，人家都不理咱们。我明知道你是含冤，但是我一点权柄靡有，那也是无可如何。你回去自己想法报仇去吧。”周孝无奈何，回到家中，将周忠、周义的尸首成[盛]殓起来埋葬了。自己寻思道：“我自己一肚子冤枉，无处去送。”越寻思越有气，从此得了个气脑伤寒，一病而亡。那周氏兄弟，俱被那日本害死，真是可惜呀。这且不表。

单说伊藤回到衙中，挑去些个日本兵，变成巡警，安在街上，又把那高丽的巡警全都撤吊[掉]，由此那高丽可就越发不好了。

好一个心肠狠毒伊藤公，害的那高丽人民好苦情。明明是他国人民不讲礼，硬说是高丽人民把他凌。可惜周氏兄弟死的好苦，谁能勾替着他们把冤伸？日本人汉城以内行暴虐，那巡警那敢上前把他横？象这样还说巡警不保护，硬把那韩国警权夺手中。巡警与人衣服一个样，穿在身上能避风。自己衣服要靡有，指着穿人家的算不行。汉城中安上日本的巡警，可怜那众多韩民受苦情。日本人随便捉闹无人管，韩国人说句错话都不中。只许日本把韩民苦，不与那韩民知一声。韩民要与日本来打架，那巡警立刻送局中。小则罚钱三百吊，大就罚半年的土工。有人说日本人不好，黑棒就望身上扔。黑里半夜来察户，一宿也不得安宁。众明公你看日本有多么恶，讲究起真是让人不爱听。听此事你们别不着意，将来咱们也少不了那一宗。日本人要瓜分东三省，能勾不在此来行凶？此时防备还不晚，要等到权力一失就不行。要想只享个安然太平福，不可不把此事放心中。说到此处住了罢，再要说我就出不来声。

第十九回　日人肆行淫妇女　韩国又失审判权

上回书说的是那高丽国失财、政失巡警权，这一回说高丽失审判权。他那审判权怎么失的？也有个原因，在前上美国留学那一群学生，内中不是有一个岳公吗？此事就因只岳公娶妻而起。岳公之妻怎么就能把高丽审判权失了呢？列位不知，听我细细的说一说。

单说岳公娶妻刘氏，小字爱戴，是平壤城北会贤庄进士刘真生之女。生的花容月貌，倾国倾城，不亚如广寒仙子。以小又从他父亲读过书，晓得纲常伦理。平壤城里，要讲究才貌姿色，妇女之中，算靡有赶上他的就是了。十八岁那年过的门，夫妻甚是相得。过了一年，岳公上美国去了，爱戴就从着公婆在家度日。

光阴荏苒，不知不觉的就是二年有余。这一日刘家赶车来接爱戴，言说他母亲有病想他。爱戴听这个消息，就禀报了公婆，说："是我母有病，命人前来接我，我想只去看看老母病体如何？"岳公夫妇说道："你母有病，你那可不去看看呢？再说咱们家中，也用不着你作甚么，你就快快的拾道着走吧。"又说道："你把咱家的果品食物，与你母亲拿点去。"爱戴说："是，儿媳尊命！"于是爱戴回到自己屋中，拾道东西去。

单说岳公有一妹妹，名唤香铃，年方十五岁，生的是品貌无双，温柔典雅，素日与嫂嫂最相善，天天跟着学习针指。这一听说他嫂嫂要出门，他也要跟着去，遂也禀告了父母。他父母素日最爱喜他，也就应许了他啦。于是就拾道了拾道，过了一会，爱戴收拾完毕，过来拜别了公婆，领着香铃坐上车子，可就扑奔会贤庄走下来了。

好一个刘氏爱戴女娥皇，他一心要上家中探老娘。绣房里梳装已毕后房去，拜别了公婆二老出庭堂。带领着小香铃把车上，岳安人送他姑嫂到门傍，说："儿媳到家见了你父母，千万要替着老身问安康。就说是老身无空来问病，捎去了一点薄礼表心肠。香铃儿十五六岁孩子气，别让他无故说李与说张。为女孩说语要不加拘管，必使唤人家外人说短长。走道上总要时时加仔细，防备那胡匪强盗把人伤。"

老安人嘱咐以毕回房去，他姑嫂坐车奔了会贤庄。刘爱戴坐在车上心暗想："也不知我母因甚病在床？年迈人得病多半思儿女，若不然不能接我回家乡。"这佳人正在车上胡思想，忽觉着夏日清和天气畅。但只见远山声[生]翠含嫩绿，近处里野草鲜花气馨香。双双的燕子衔泥空中绕，对对的蝴蝶寻香花内狂。蜜蜂儿抱着汉珠归枯木，家雀儿觅虫哺雏奔画堂。满堤边桑枝向日蚕织茧，各处里麦浪迎风遍地黄。爱戴娘观着物景忽触动，叫了声："香铃妹子听言良：咱姑嫂两月未出城外看，这风景比着从前分外强。际是时花草宜人天气暖，为人的不可虚度这时光。士子宜苦坐南窗求经纶，农夫宜锄草扶苗陇头忙。作工的发明机械心路畅，营商的贸易别家不凄凉。就是那朝廷大老君与相，也当宜安排政治保家邦。咱国家人民昏愚治政坏，那君臣还在朝中睡黄粱。这时候若不图谋保国策，岂不是白费这个好时光？韶光儿一去无有回来日，咱的国一弱何能转盛强？"

他姑嫂正在车上闲谈话，猛抬头看见一座大山冈。两边乡树木丛杂人迹少，猛听那古寺钟鸣响叮当。这佳人正然观看远山景，忽听的后边有人话短长。一回头看见三个日本子，紧跟着他那车子走慌忙。爱戴娘一见日本心害怕，说："他们几时跟随到这乡？"日本贼狗见佳人回头看，一个个心怀不良发了狂。这个说："这个媳妇多俊俏。"那个说："那个姑娘也狠强。"这个说："咱国无有这美女，真不亚月宫仙子降下方。想煞法将他二人得在手，与咱们云雨巫山把妻当。"他三人一行说着进山口，立刻间生出一种坏心肠。走到了树木深密无人处，他三人一齐上前把路挡。跑上前去把车夫打，将车夫推倒地当央。这一个扯住爱戴怀中抱，那一个拉着香铃林内藏。这佳人见事不好高声喊，那日本立刻说要行不良。

眼睁睁他姑嫂要失节，忽然间来了二位强壮郎。他二人手提大棍往前跑，到跟前大棍就往空中扬。只听的咔叉一声招了重，二贼子一齐打倒地当央。那一个见事不好要逃命，被树枝挂住衣裳无处藏。他二人一齐上前忙捉住，用绳子将他三人绑树上。次又将车夫、香铃忙扶起，那佳人这才过来话短长。

话说那三个日本将他姑嫂拉下车子，就要肆行奸淫，眼瞅只就要靡救，只见从树林中闯出两条大汉来，手持大棍，跑至跟前，将那三个日本贼打倒，绑在树上。次又见车夫、香铃倒在地上，他二人又上前扶起。爱戴娘也从那边过来，那二人问道："你们是望那里去的？几乎遭了危险。"爱戴遂将姓氏、家乡、始末从头对他二人说了一遍，遂问道："义士高姓大名？那里人氏？今蒙救命之恩，刻骨难报，望祈义士留下姓名，请至我家，小妇人重重的相谢吧。"他二人一齐说道："咱们全是高丽国的人民，那日本人前来欺服，无论谁都当宜相救。况且咱们相离不远，礼[理]当患难相恤。日本子肆行淫虐，我们那可坐视不救呢？救你们本是我二人应尽的义务，岂可言谢呢？"又说道，"这个地方叫留云浦，此山叫作落雁山，我们是兄弟二人，我名张让，他名张达，就在这山南炮手窝堡住着，以打猎为生。今日早晨打了一只白鹭，不知落在那乡，我兄弟二人正在此寻鹭，忽听你们招呼救人，所以我二人才来的。"爱戴闻言，说道："就是张家二位义士了。"遂拜了两拜。他二人秉手当躬说道："岂敢岂敢！"张让又对着张达说道："你去把乡约地方找来，让他们把此三个贼使送到审判厅处问罪。"张达领命而去。张让又跟爱戴说道："你们不必抢[串]亲戚了，可以坐车回家去，与这日本人打官司吧。"爱戴以[一]听，说道："可也是呀。"遂叫香铃上车。那香铃站在那边，如痴如呆，一言不发。爱戴知道是被贼吓着了，遂将他抱在车上。这个时候，那张达也将乡约地方找来了。那乡约地方到在跟前，从树上将他三人解下，从新绑上，带着望审判厅去送。张氏兄弟也跟着去作甘[干]证。那车夫复又抹过车子，赶只回岳府而去。

单说那乡约地方，同着张氏兄弟，将那三个日本人送到审判厅。这审判厅的厅长，姓雷名地风，素日最恨日本人。当日接了留云浦乡约地方所报的日本人强奸妇女的案子，立刻升堂，将他们一帮人全唤上堂去。先叫那乡约地方说道："日本人怎么奸淫妇女，奸淫的是何人家的妇女？你二人从头说来。"那乡约的地方一齐上前，施礼说道："大人不知，只道城中岳怀嵩的儿媳刘爱戴，同着他小姑岳香铃去上会贤庄刘真生家中串门。路过那落雁山，这三个日本人见色起意，将他姑嫂拉下车来，就要奸淫，多亏了张让兄弟，将他们救下，又再(把)这三个贼拿住，报于我二人。我二人看这事非小，所以才将他三人押着送到这乡。"雷大人又问那张氏兄弟，说道："这三个日本贼是你二人拿住的吗？"张让、张达说："是我二人拿住的。"雷大人一听此言，冲冲大怒，叫："衙役们！把那贼人与我带上来！"那衙役们一听此言，哄的一声，把那三个日本贼一齐拉到堂上。雷大人一见可就动起怒来了。

雷大人坐在堂上怒冲冲，骂了声："日本贼人礼不通。咱两国通商定约原为好，你三人为何到此来行凶？无故他把我妇女来奸淫，看起来这事实在是难容。你国里妇女必然兴奸淫，若不然何为到此胡乱行？纵就是你国妇女兴奸淫，咱两国法律焉能一般同？咱两国法律既然不一样，你三人这样作来就不中！你国人在此胡行非一次，寻思起把人眼睛活气红。看起来你们尽是欺侮我，今天我一定不能来宽容。”

雷大人越说越恼越有气，忙把那三班衙役叫一声：“上前去将他三人捆倒地，与我打八十大板莫留情。”众衙役一听大人吩咐下，一个个拿起板子抖威风。走上去将他三人按在地，五花板就往他们身上招。立刻间每人打了八十板，但见那贼子手上冒鲜红。雷大人以[一]见衙役打完了，他又在大堂以上开了声：“我今天实在宽容你三个，听一听岳父妇女他的声。那妇女要是因此得病丧了命，我一定让你三人把命钉。叫衙役将他三人押在狱，然后再去请那位岳怀嵩。”

众衙役领命而去咱不表，再说那大人名叫雷地风。大堂上拿出纹银整十两，赏与那张让、张达二弟兄。“你二人拿贼有功应受赏，将银子带到家中度时光。”他兄弟谢恩已毕领银去，乡约也跟着他们回家中。雷大人一见他们全去了，自己也下了大堂后宅行。押下了此事咱且不表，再把爱戴姑嫂明上一明。

话说刘爱戴领着香铃回到家中，下了车子，将小姑香铃也抱下来，然后又对车夫说道：“你回去对我爹娘说，要想我改日再来接我吧。”那车夫说：“是了。”遂赶车回家而去。

单说爱戴娘扶着香铃来到后堂，将香铃扶在炕上，次又与公婆问安。岳老夫妇说道：“你们姑嫂怎么回来了？”又说，“香铃他怎样的了？”爱戴遂将日本怎么行凶、怎么被人救的事说了一遍。岳老夫妇一听此言，气的面目改色，一齐说道：“这日本人真无礼，幸亏有张氏兄弟相救，要不然，你姑嫂一定被他污辱了。”爱戴说：“那事先不必提了，还是请个先生与我妹妹治病才是呢。”安人遂到香铃身傍说道：“孩儿你怎的了？”那香铃一言不发，吁吁的直喘。安人一见香铃的病体甚重，遂请了好几位先生，吃了好几付药，病体也不见好，尚且加增。岳老夫妇也是无计可施。忽有家人来报道，说：“启禀老爷得知，外面有二个公差，请你上审判厅会话。”岳怀嵩说：“你去告诉那公差，就说是我姑娘被日本人吓病了，今日无空，有事改日再办。”家人出去，将那话告诉与公差，那公差一听，也就回去了。

单说那刘爱戴在后堂煎汤熬药，伺候小姑香铃。到了天黑，安人说道：“媳妇你回房安歇去吧，夜间我老身扶持他吧。”于是爱戴辞别了婆母，回到自己屋中，坐在坑[炕]上，寻思起白天之事，可就落起泪来。

刘氏女闷坐房中泪盈盈，寻思起白天之事好伤情。“只因为母亲得病把我想，我这才领着小姑出门庭。那知道中途路上逢贼寇，日本人将我姑嫂来欺凌。幸亏有张氏兄弟来搭救，若不然我们贞节保不成。这贞节虽然未失也丢丑，又吓病我那小姑名香铃。那病体吃药不把功效见，看光景恐怕难保死与生。香铃妹一旦不好丧了命，我还有甚么颜面对婆公？我丈夫美国里求学把书念，算起来去了二年有余零。我在家创下这样大丑事，岂不是挖我丈夫好声名？外人都说我被日本人羞辱，这声名跳在黄河洗不清。我今夜不如一死遮百丑，免去那外人笑话不住声。丈夫呀！你在美国学堂住，那知道为妻今夜丧残生。咱夫妻今生今世难见面，要相逢除非夜晚在梦中。望丈夫好好在那求学问，回国时好替为妻报冤横。要能够剿除日本兴韩国，社会上也是赫赫有声名。次又将高堂老母心中想，咱母女今生也恐难相逢。别人家养女都是防备老，你老人竹篮打水落场空。母亲呀！有着一日归地府，孩儿我不能吊孝去陪灵。”哭了声生身老母难见面，叹了声半路夫妻不相逢。这佳人哭罢一会忙站起，在梁上挂了三尺雪白绫。用手挽个猪蹄扣，双足站在地当中。将脖子伸在扣儿内，但见他手又舞来脚又登[蹬]。不一时手脚不动魂灵飞散，可惜那多才多智女花容。绣房里爱戴悬梁咱不表，再把那岳老夫妇明一明。

话说岳老夫妇看他女儿的病一会比一会增加，心中甚是发急，赶到天道将亮的时候，那香铃忽然咔了一声，气绝而亡。他夫妻一见香铃背过气去，连忙的招呼，招呼了半天也靡过来，可就哭起来了。

老安人一见香铃归阴城，你看他跺足捶胸放悲声，说：“我儿得病为何这样快，是怎么一夜就丧了命残生？我的儿你死一生只顾你，抛下了为娘一身苦伶仃。昨早晨咱们娘两还谈笑，为甚么转眼就把为娘扔？像你那样精神伶俐百般巧，让为娘怎么能勾不心疼？为娘我就生你们兄妹两，从小里爱似珠宝一般同。你哥哥现今留学在美国，我也是常常挂念在心中。孩儿你一见为娘我愁闷，就对着为娘来把笑话明。只诚想常常在家为娘伴，那知道今早偶然把命坑。你这命是让日本活吓死，若不然煞病也靡有这样！娘只为你们姑娘最相好，为让你跟着嫂嫂离门庭。早知有今朝这个凶险事，断不能让你离了娘手中。”老安人越哭越痛泪如雨，好比似万斛珍珠滚前胸。后堂里安人哭的如醉酒，又听那丫鬟过来禀一声。

话说安人正在房中痛哭爱女，只见跑过来一个丫环，说道：“太太不好啦！我方才起来上前堂扫地，只见我们少太太吊在梁上死了！”岳老夫妇说道：“怎么你少太太吊死了？”丫环说：“吊死了。”他夫妇一听此言，慌忙跑到那乡屋中，只见爱戴吊在梁上，急命丫环将他解下来。丫环上前解下来，放在炕上，已经挺尸了。老安人一见，又痛哭了一气，遂命家人上街买了两口棺材来，将他姑嫂成[盛]殓起来。岳怀嵩说道：“夫人你在家中也不要哭，多哭也是无益。我去上那审判厅，告日本人，与咱姑娘媳妇报仇要紧。”安人说：“你去吧。”

于是岳怀嵩出了家门，来到审判厅，见了厅长雷地风，把香铃吓死、爱戴吊死之事，对他一说，雷厅长说道：“我怕有此事，到底靡免了。此事昨日出差回来对我一学，我就知令爱病不好，可靡寻思你那儿媳自尽之事。到如今你也不必忧愁，我必让那三个日本贼，与他姑嫂抵肠[偿]也就是了。”怀嵩说道：“大人你酌量只办去吧。”遂辞别大人，回到家中，命人将他姑嫂埋葬了。单听那雷大人处治日本贼的信息。

单说那雷地风送走了岳怀嵩，立刻升堂，把那个日本人提出狱中，问成死罪，定了一强奸幼女、致伤性命的案子，遂急拉到法场斩首。那岳老人夫妇听说，甚是结[解]恨。且说雷厅长将那三个日本贼斩首，当时惊动了满城日本人，一个个来到他们领事衙门，把此事对他们的领事以[一]学。他那领事闻听此言，急忙修了一封书子，打到汉城统监衙门。

那伊藤当日接了这封书子，暗中就想出来一个破坏高丽的毒策，遂坐上车子，到韩国总督府，见了李完用诸人，说道：“咱两国通商，我国人在你们这边，要是犯了罪案，宜送在我国领事衙门定罪才是。现在有我们国三个人，在那平壤地方，不知做了甚事，就说他们强奸妇女，遂定了死罪斩首。我国里自来就靡死罪，就是有死罪，也当宜送到我们的衙门发落，你们断不可私自就杀了。看起来，我国人受你们的法律压迫，真是可惜。从今后，你国的审判厅全得归我办理。要不然，你这国家也靡法保护我们的人民，受你国的屈也是太大了。今天我与你们知道，明天我就实行，答应不答应？”说罢坐上车就回统监衙门去了。那李完用等一个个哑口无言，甘听着人家日本人去办。到后来高丽审判权，又归了日本人手，可就越〖发〗的不好了。

伊藤侯本是一个毒辣男，一心要夺取高丽锦江山。将财政巡警到手还无厌，又夺了高丽国的审判权。日本人肆行奸淫韩妇女，还说是他国人民受熬煎。硬说是高丽法律不完善，遂把那审判之权夺手间。韩国的厅长权事全撤吊，尽要他们那些日本的官。打官司任着他们胡判断，断错了谁也不敢说一言。有一人若是不服把他抗，立刻就让他一命归阴间。高丽人有理说无理，日本人无理也占先。怎说是日本无理把先占？都因为他们刑法不一般。日本国无有斩首刑一件，犯大罪不过充军十几年。韩国里有那斩杀刑一件，高丽人犯罪就把膊[脖]儿掀。有一点小罪就把大刑上，你看那高丽人民多可怜。日本人愿意怎的就怎的，无一人敢与他们把脸翻。日本人拿着高丽当牛马，让饮水谁也不敢把草餐。现如今高丽已经灭亡了，那日本不久就到咱这边。咱国的权力要是到他手，也不能好好来把咱容宽。那时节还须比着高丽甚，众明公想想惨然不惨然。我今日说到此处住一住，等着明公想想咱们再言。

第二十回　农夫怀愤倡革命　妇女因仇起义团

朝鲜主权外渐，君臣犹在梦中。留云浦上显良农，立会倡言革命。
日人奸淫妇女，天理所不能容。周氏二娘义气生，要与日人拼命。

上场来《西江月》叙罢，书接上回。上回书说的是那高丽国的审判权，全归了日本人手中。日本人得了审判权，就无所不为，就是犯什么大罪，也靡有死罪。那高丽人少有一点罪过，就坐监下狱。日本人无论怎么欺侮高丽人，高丽人不敢伸冤告状，独只为那审判官全是日本人，要告状也不能与他们争理。所以那韩国人一个个含冤负屈，无可如何，真是让人闻之落泪呀。这且不再话下。

单说在平壤城里有一个开妓馆的日本人，名叫奚谷松，是那三个日本贼的朋友，当日听说他三人让地风杀了，心中甚是怀不愤。后来打听人，将他三人是说张氏兄弟，捉住他那三个朋友，于是想出个坏道来。他国的人会了十几个，说道："你们莫听说咱国人让雷地风杀了三个吗？"那些人说："我们听说，但不知是何人捉住的。"奚谷松说："我原先也不知道是何人捉住的，后来听人说这城北有一个留云浦，那处有一座落雁山，山北有张姓兄弟二人，将他们捉住的。要不着他们捉住，咱国人焉能被杀呢？我今天将你们请来，想要上那留云浦，将那张让、张达杀死，好解咱们心头之恨。但是光听人说，并不认识他们，这也是一样难事。"内中有一个日本人说道："我认的。他们前一日，我在他们手中买过皮子，我还知道他的住处呢。"奚谷松说道："这更好了，咱们就杀他二人就是了。就是杀了他二人，咱们也不抵偿，不相[像]原先审判权在他们手中那个时候了。你们愿意不愿意？"那些人一齐说道："很好，我们全都愿意去，替咱们那三个朋友报仇。"奚谷松说道："既然如此，咱们就去吧。"于是大家收拾收拾，也有带手枪的，也有带刀子的，也有带二人夺的，一齐出了平壤，可就扑奔留云浦走下来了。

好一个贼子名叫奚谷松，一心要替他朋友报冤横。领着同人也有十几个，一个个扬眉怒目赛毒虫。齐说道："今日去上留云浦，找一找张让、张达二弟兄。要能勾将他二人得在手，一定是扒皮吃肉挖眼睛。与咱那死去之人把仇报，解一解咱们心头火一宗。"日贼徒一行说着一行走，眼前里来到张氏那屯中。找着那张氏兄弟大门首，一齐闯进屋子要行那凶。偏赶上他们兄弟出了外，所以才未能遭在毒手中。众贼子一见他们出了外，齐说道："今天白走这一程。"那个说："既来不要空回去，将他那炮手窝棚用火轰。"贼子们说着说着点上火，忽啦啦刮刮刮大火照天红。

众邻人一齐上前来救火，看见了日本人发愣怔。齐说道："这火必是他们放，若不然他们到此为何情？"奚谷松一见邻人来救火，当是那张氏兄弟转回程。一齐的要上前去把手动，那邻人个个吓的战兢兢。拿起腿来往回跑，众贼子后边追赶不放松。众邻人跑到家中门闭上，日贼人才知道不是他弟兄。说道："是今日虽然未得住，等明日再来杀此人二名。"众贼子一行说着回里走，眼前里来了张氏二弟兄。

话说张氏兄弟这日正在山上打围，忽然看见家中起火，急忙的抗[扛]起枪就往家跑，中途路上与那些日本贼，见了个对冲面。那个买过张让兄弟的皮子，那个日本人，一见他兄弟跑过来，说道："这就是他们两个，咱们还不下手，等待何时！"于是一齐抽出刀枪，望前就闯，可就不好了。

众贼子一见他们眼气红，从腰间亮出刀枪要行凶。忽啦啦将他兄弟围在内，扣手仗打的实在令人惊。他兄弟虽皆有枪不中用，而且那寡不敌众是实情。那张让、张达虽然是好汉，怎能勾敌挡日人数十名？况且说仓卒之间不防备，被贼人一齐打倒地流平。用刀子刺在他们心口上，可惜他兄弟二人丧残生。众贼子杀了张氏兄弟俩，将尸首扔在落雁山涧中。留云浦众贼杀死人两个，一个个心满意足回了城。

众明公听听日本恨不恨？青天白日就杀了人二名。高丽人受这样大冤无处语，寻思起让人心中甚难容。他国人所以受那日本气，都只为国家无权那一宗。他国主权若不归日本手，有冤屈怎的也不能无处鸣。咱中国主权若归外人手，咱大伙也与高丽一般同。众明公听着此话怕不怕？这不是虚言假语来胡蒙。从今后好好把咱国权力保，才不能受外国人他欺凌。你们要拿着此事当笑话，简直的不如禽兽与畜生。非是我今日说话嘴儿冷，我是怕咱们性命被人坑。押下此事咱且不表，再把那农夫怀愤明一明。

话说那奚谷松等把张氏兄弟杀了，回到平壤城里。由此那些日本人当上那留云浦搅乱，无故的抢夺财物，奸淫妇女。骡马牛羊，说拉去就拉去，买东西也不给钱，不卖还不中。庄稼在地里，硬割着喂马。种种的暴虐，令人实在不忍言啦。由此天长日久，就也恼了留云浦中三个庄稼人。这三个庄稼人，一个叫周正，一个叫李得财，一个叫崔万金。他三人家中皆种着好几十垧地，庄稼未割，就让日本子先造害了不少。耕田的牛马，又让他们牵去十几匹。家中的妇女也不敢出门，一出门遇着日本人，就得不着好咧。他三人一看这事，是实在教人太也过不去，不得了告状去，官又不与作主，遂会到了一块。周正说道："兄弟们哪，这日本人的欺侮，真是让人受不了啦。咱们要还一味老实，何日能勾有头呢？"李得财、崔万金说道："兄长有何方法，能使日本人不欺咱们呢？"周正说："我倒有一个拙见，就是把咱们这村中大大小小人家全请来，我这西厢房空着，又宽敞，将他们请来的时候，在我这厢房里，大伙在一处议议。人多见多识，谁要有好道说出来，免去受日本的欺侮，岂不是咱大家的幸福吗？"崔、李二人说道："这条道不错，咱们就这样的办去吧。"于是周正打咐几个伙计，说："你们去把咱屯中各家的当家的请来。"

伙计去了不多一时，各家全教[叫]来，到也有一百二十余人。周正一齐让到厢房，那些人一齐说道："周正大爷把我们找来，有何话讲？"周正说道："无事不敢请诸位到此，只因为咱这屯中，屡次受日本人的欺侮。"众人一听"日本"二字，一齐泼口大骂。周正说："你们先不要动怒，我寻思咱们受日本人的欺侮，伸冤无地，告状无门，这个欺侮何日得了？所以把你们请来。大家在一家商量商量，谁要有道，可以说上一说。"只见内里出来一个老庄稼，名叫刘福庆，说道："老夫有一条拙见，你们大伙愿闻，听我道来。"

刘福庆站在那边开了声，尊了声："老少爷们听分明：日本人在咱国中行暴虐，无故的奸淫妇女胡乱行。好庄稼他们割着喂了马，买东西不与钱来不与铜。到屯中无所不为财物抢，又夺取骡马牛羊好畜牲。妇女们不敢出门把亲串，恐怕是遇见他们来行凶。张氏兄弟被他们杀的苦，寻思起真是让人痛伤情。虽有那天大冤枉无处诉，告状去官也不与把理争。这个国明明是咱高丽国，那权力全在日本人手中。日本人说怎就算怎么的，咱国里靡有一人敢出声。咱大伙生在韩国为百姓，好比似下了地狱一般同。人家让活着咱们不敢死，人家让死咱们不敢生。死生权操在日本人的手，咱们有多少屈情无处控。依我看怎么也是一个死，倒不如与他们把命去拼。他要是再上这里行暴虐，咱们就要排家伙把他攻。从今后就与他们硬对硬，再要来欺服[负]咱们就不中。咱大家立下一个雪耻会，老夫我就在这里为头领。老夫我今年六十有四岁，在阳间能有几年寿禄星？要能使咱们不受日本气，我就是死在九泉也心甘。你大伙全要像我这个样，把那个'生死'二字一傍扔。如果是因为这个丧了命，倒算是男儿有志义气横。日本要知进知退算拉倒，要不然我就与他把命拼。这就是老夫心中一拙见，你大家看看可行不可行？"刘福庆说罢前后一些话，只听那扒[巴]掌排[拍]的如雷鸣。

话说那刘福庆说罢了一片言语，众人一齐拍掌说道："这个道对，咱们靡有别的法，就得与他们对命。他们要怕死，咱们可就能安然两天。"刘福庆说："你都要愿意了?”众人一齐说:“是愿意。”福庆说:“你们既然愿意,望后要跟日本人打仗,可要哈[豁]出命来。”众人又说:“我们全豁出来了。刘大爷,你说怎办就怎办吧。”福庆一看,他们意思全成了,遂在周正厢房,立了一个农夫雪耻会,自己为会长,选了一百五十多年青有力的人,买了些子药,预备下些个家伙。那日本人一上他们屯中搅乱,那刘福庆他就着人破死命的去打。由是那日本轻易不敢上他那屯中去搅闹了。押下此事,暂且不表。

单说被日本吉田所害的那周忠兄弟三个,有一个姐姐,名唤二娘,许配于汉城孙光远为妻。后来孙光远因为汉城日本屡次为乱,他夫妻就搬在平壤会贤庄,与那刘真生街东街西住着。那周二娘自从搬出汉城,因为道远,十余年也靡回去住家,心中常常挂念他那三个兄弟。这一天听人说,周忠们让日本害了,二娘一闻这个凶信,就痛哭了一场,心中想道:“我几个兄弟让日本人害了,我必与他们报仇才是。”又因日本人屡次各处奸淫妇女,越发动触二娘心中之怒,自己说道:“兔死狐悲,物伤其类,我们当妇女的,受这样的冤枉,无处可诉,到[倒]不如豁上这个性命,与日本人对了。我想单丝不线,孤树不林,我一人有多大本领,也不好干甚。我不如将这屯中的妇女,连合到一处,在屯中那边箕子庙内,立下一个妇女报仇会为妙。”主意已定,遂先连合了自己九个同心的女人,后又连合各家。

各家妇女一听这个事情,无有一个不愿意,遂都来到箕子庙内,那二娘等已经先在那里等着呢。妇女一共到了一百八十余人,就在那庙的西廊房开了一个大会。只因这庙的西廊房是一个戏台,桌子椅凳俱备。自从那日本人时常作乱,就永久不在那里唱戏。当日他们到了屋中,周二娘让众妇女们全部坐下,他自己走至舞台以上,对着大伙,可就讲起话来了。

周二娘迈步上了舞台间,你看他满脸带笑开了言。尊了声:“列位姊妹且洗耳,我今有几句话儿陈面前。咱国里君王无道贤臣少,遂把那国计民生扔一边。他君臣但知朝端享富贵,那知道国政被那日本专。那国政归了日人不要紧,最可惜咱们妇女受熬煎。白日里不敢出门把亲串,到夜晚宿在家中还胆寒。独只为日人肆行淫妇女,一遇见他们就算犯了天。可叹那岳家姑嫂招污辱,落了个年青幼小染黄泉。这事情放在心中实难忍,又况且咱们全然是一般。淫他们焉知不把他[我]们淫,到那时你看可怜不可怜!兔死狐悲物且知伤其类,况咱们位列三才在人间。依我看怎么也是难逃避,知何时他们搅乱到这边?倒不如今日想个对付策,也省着天天害怕在家园。从今后立下这个复仇会,各人家把这心志坚一坚。把那个‘日本’二字存心内,别让他无故到此羞辱咱。倘若是他们到此行暴虐,咱们就豁出死命把他拦。要能匀除治日本人几个，算是替岳家姑嫂报上冤。让他们见着咱们不害怕，要因为此事死了也心甘。纵就是因为这个丧了命，社会上也是赫赫有威严。世上人虽活百岁也得死，这个死比着羞辱强万千。这是我周氏二娘一拙见，你大伙看看完全不完全？”

周二娘说罢就把舞台下，又听的那些妇女把话言。这个说：“这方法儿是狠好。”那个说：“任死不受羞辱冤。”这个说：“治他要把钱来用，我哈（豁）出折卖首饰与簪环。”那个说：“要把日本赶出去，我情愿日日曲膝叩老天。”这个说：“卖了衣服我情愿。”那个说：“破了家业也心甘。”这个说：“任只挨冷不受气。”那个说：“受饿也占了这个先。”正是他大家伙了说气话，又只见内中一人开了言。

话说那些妇女正然说气话呢，只见内里走出三十余岁妇人说道：“我看咱们人心是狠坚固，这个复仇会，算是能勾成立了。但是靡有头行人，咱们还是得举两个头行人才是。”

单说这个妇人，名叫李三姐，是那刘爱戴的表姊，素日与爱戴最知。近后来听说爱戴身死，他心中甚怀不平，想想要替他表妹报仇。当日听周二娘说立报仇会，他就极力跟着提倡。当日说完了这一片话，那些妇女说道：“可也是呀。”遂公推周二娘为正会长，李三姐为副会长，将他们那会起了一个名，叫作妇女复仇会。这个会一成立，那日本人要到他们那屯中作乱，这些个妇女就首先反对。日本人看会贤庄的民气甚凶，他们也不敢无故的去作乱了。那位爷说啦，高丽国地方最多，怎么单道两下的庄稼人妇女知道大义呢？但不知这个地方，都是侯元首报馆感化的原因。若不然，他两处那能这个样子呢。

高丽国政治腐败主权倾，他君臣犹且昏昏睡梦胧。日本人在他国中行暴虐，害的那韩国百姓好苦情。侯元首忧国忧民开报馆，感动了留云浦上众良农。刘福庆义气倡兴雪耻会，领乡人攻打日本众贼丁。周二娘箕子庙内也立会，连合了无数妇女显威风。自从这雪耻、复仇两会立，日本人不敢无故把凶行。日本人不是不把烈害怕，都因为人民不敢把他攻。为人的能勾豁出命不要，那贼徒也得稍微减减凶。论起来农人妇女最卑陋，还知道雪耻复仇把君忠。高丽人要是全能这个样，他们的江山土地那能扔？留云浦农夫知道忠君义，会贤庄妇女晓得爱国诚。这也算高丽国中一特色，看起来农夫妇女那可轻？这都是侯弼报馆化的广，开报馆这个功效了不成。韩国里要能多有几个报馆，未必不是开化民智第一宗。庄稼人看能全能知大义，为甚么动不动与他把门封？说是禁报馆就能把祸免，这个话囫囵傻子许能行。

我中国人民也有四百兆，全当宜把“日本”二字放心中。也当宜学学福庆去对命，也当宜学学二娘不惜生。如果把“死生”二字抛开手，那管他日本逞雄不逞雄？要犯着就与他们把命拼，那日本自然就得望后松。东省人尤当注意这件事，断不可胡哩胡涂度时冬。要等着土分[地]分与外人手，那时节就是豁出性命也不中。众明公及早回头就是岸，别等着刀压脖子才想使威风。这个话诸公好好想一想，我不是无故让你们把命扔。都只为早晚不免那一顿，我才让你们大家把命凭[拼]。如果是拼命保下东三省，你们那子孙也能享太平。若但知眼前活着就算好，到后来那个苦处说不清。当奴隶子子孙孙不换主，众明公你看苦情不苦情？编书的磨破舌尖来相劝，望大家可别当作耳傍风。书说到此处咱们拉倒吧，且等着下回书里再改更。

第二十一回　本良返国倡自治　岳子复仇刺统监

方今世界各国，贫富强弱不一。弱国之民少智识，何以能勾独立？
欲想转弱为强，除非广开民智。开谈宣讲有利益，劝化人人自治。

《西江月》罢，书接上回，说的是那韩国的妇女复仇，这个咱们先押下不表。再说那高丽国的那些学生，在美国留学，光阴似箭，日月如梭，转眼就过了三年。这年岳公、金洪畴、李范允、陈圣思、陈圣暇、曹存、姜述白、李俊八人在陆军学堂毕业，寇本良、赵适中、孙子奇、高云、周在五人在理学专科毕业。这些个人为国家的计大，皆知道用功，所以到毕业的时候，名字全列在最优等。住陆军学堂的，学了一身好武艺，寇本良学了一肚子医道，赵适中、孙子奇学了一些机器制造之学，高云学的是博物，周在学的是理化，皆学的狠精妙。赶到考究了毕业，领了文凭，他十三人就商量只回国。寇本良说道：“后天是星期，咱们那天走吧。”岳公等说道：“好，后天金有声他们还有空，省着明天走，他们还耽误工夫来送咱们。”遂一齐把东西行囊收拾妥当，次又到在法政学堂，见了金有声诸人，把回国之事，对他们一学。李范允说道：“你们要得家信，可要早早写下，省着到后天招急。”金有声说：“那是自然，赶到后天，我们早早的上你们那去，一来替你们搬东西，二来与你们饯行，岂不是好吗？”大家在一处，谈了一会，寇本良等可就回去了。

到了后天，他们全会在一处，将东西搬到火车站上，起了票，上了车，将东西安排好了。金有声买了些酒饭来，摆在客车以内，众英雄团团围住。有声对着本良等说道：“你几位今日回国，相见不知何日，咱们大家今天，在一处痛饮一场吧。”于是与每人斟了一杯，众英雄一齐开怀畅饮。安重根从那边说道：

“各位兄长，今日回国，小弟有几句言语相奉，不知弟兄愿闻否？”寇本良等说：“贤弟只管讲来，我们靡有不愿闻之理。”重根说：“既然如此，请小弟道来。”

安志士未从开口笑吟吟，尊了声：“列位兄台听我云：咱大家本是韩国求学子，那耐得身居异域离家门。都只为国家软弱人民暗，咱这才来在美国求学问。有学问然后才能作大事，还不惮飘零异域三四春。诸公们今日毕业回故里，还要把来时之意放在心。可不要贪图荣华希富贵，把那个国计民生当笑频。可不要曲膝承颜媚日本，把那个国家之耻置妄闻。要果然昧着良心去作事，怎对那乡间父老与亲邻？不能勾保国又道败坏国，社会上千秋万世骂名存。量诸兄一定不能这个样，但是我不能不这样规箴。咱国里君臣昏昏政治坏，要图强除非开化众人民。倘若是咱国人民全开化，何必惧区区三岛日本人？要想使人民开化知道理，除非是着天宣讲化愚蠢。劝动人都要时时求自治，劝动人不要虚度好光阴。办煞事要把国家存在意，但不可贪图富贵把日亲。望诸兄到家把宣讲设立，讲自治使唤他们耳目新。咱国里要是人民全开化，然后再倡办乡团扩武军。如果要乡团扩充武备整，自能勾保全国家永久存。望众兄回家先要办此事，候一年我们也要转家门。那时节大家同心把国治，或者能保全疆土不被分。”

众英雄一边说着一边饮，忽听那火车气管响呻吟。重根说：“火车放气是要走，咱兄弟不久就要两下分。”重根们全都掏出一封信，让他们随便给带到家门。话说间火车放了三过气，众英雄无可奈何把手分。对着面一齐施下周公礼，说一声：“一路珍重少劳神。”重根们这才下了火车上，但见那列车忽忽起了身。一个个愁眉不展归学校，躺在那床头以上泪满襟。不论那有声诸人腮含泪，再把那归国英雄云一云。

话说寇本良十三人，辞别了金有声等，那火车也就开了，只听的两面忽忽风响，扒着窗户，望外一看，只见那村庄树木，随风而倒，转眼之间，就是十几里，真正快的非常。他们坐火车，走了十几天，出了美国的陆地，到了太平洋，又坐上轮船，由旧金山奔檀香山，由檀香山奔日本，走了两月有余。这日到了日本海，望见对马岛，寇本良说道：“众兄弟们哪，前边来到对马岛了，离咱家不远啦。”大伙一齐扒去望，说道：“可不见怎的！”一个个喜的坐卧不安，可就言讲起来了。

众英雄望见对马在前边，一个个心中快乐面带欢。齐说道：“飘零在外非容易，今日里可一下子转家园。归至家父母妻子重相会，再与那亲戚邻右把话谈。也不知国现在什么样子，也不知各样新政添不添。也不知日人暴虐减未减，也不知全国人民安不安。咱大家努力同心把事做，顾持那江山社稷不来完。把那些日本贼人赶出国，咱大家再把新法颁一颁。也那[把]那共和主意倡一倡，也把那专制毒政改一番。老天爷如果随了人心愿，也算咱全国人民福如山。”众英雄说说笑笑望前走，这一日到了仁川境界边。只听那三通气毕船拢岸，一个个搬这东西下了船。旱岸山[上]雇了车子正五辆，极[急]将那东西搬在车上边。他几人到此也就要分手，又听的本良那边把话言。

话说寇本良十三人到了仁川上岸，雇了五辆小脚车，寇本良、岳公、陈圣思、陈圣暇、赵适中、孙子奇六人两辆车回平壤，金洪畴、高云、姜述白三人坐一辆车，回平安北道，李范允、曹存、周庄三人坐一辆车，回咸镜道中岑镇，李俊自坐一辆车回汉城。他们当下安排妥当，将东西搬在自己所坐的车上，拾道已毕，就要各归本里。寇本良就道：“你们到家，可千万要办自治，各处宣讲所，好开化咱国百姓的智识呀。”李范允说：“那是自然，咱们回国，若不先由着开化人民之入手，怎么能保全国家呢？我们到家就办自治事，然后再提倡乡团。那乡团若是全立齐了，未必不是保全国家一个好道？”寇本良说：“既然如此，我也就不必叮咛了。”于是大家对着，皆施了一礼，然后各人上了各人的车子，车夫赶起，各归本乡而去。

单说寇本良几人，坐上车了，出了仁川，夜宿晚晓行，非止一日。这日到了剑水驿，陈氏兄弟先到了家。本良四人，又走几日，也就到平壤。岳、孙、赵三人各归本家。寇本良来到云府，进了书房，此时书房已经改成报馆了。本良到至屋中，叩拜了元首。元首一见本良回来，乐的喜出望外，急命本良坐下。此时就有一人报到后宅，那安母、云老夫妇，一听这个消息，一齐来至书房。本良一一的见了礼，大家然后坐下。元首说：“本良，你可以将你们上美国这几年的事情，并你今天回国所想办的事情，趁着今日有空，可以学学与我们大伙听听。”本良说：“大人既然愿闻，听我慢慢的道来。”

寇本良一见元首开一声，他那里满面带笑把话明：“那一年我们离家游美国，路途上收了三位好宾朋。第一位他的名叫李范允，还有那周庄、曹存人二名。他三人家住咸镜道中岑镇，与我前去留学赴了美京。到仁川有声结了九位友，也都是上那美国留学生。汉城里李家兄弟人三个，就是那相卨、李儁合玮钟。李树萧本是亲王应藩子，还有那平安北道人五名。金洪畴、吴佐车人儿两个，姜述坚、姜述白本是弟兄。还有那一位高云读书子，我大伙会在一处奔前程。一齐的坐上轮船奔美国，这一会去了二十单八名。水旱路一共走了七十日，那一日来在美国京城中。我大伙一齐到了外务部，见了那美国大臣名华听。那华听看了恩师那封信，将我们全都留在学堂中。入他国陆军学人儿八个，学的行军步阵是好武功。入他国里学专科五位，学的是化学物理并农工。

剩他们十五位人入法政，学的是法律宪政那几宗。我在那里专科学医理，过三年就领毕业大文凭。陆军学堂三年也把业来毕，法政学比我们多着二年功。这一回我们毕业十三位，全都是最优等的毕业生。领文凭我们这才回了国，在道上走了两月有余零。回家来想若倡办宣讲所，讲自治劝化人民善心生。想只要保全国家无他道，必得使人民全有爱国诚。这是我已来未来那些事，倡自治是我要紧事一宗。”寇本良说罢前后一些话，又听的侯弼那边哼一声。

话说寇本良说罢一片言语，元首从那边说道：“你这个倡自治的见识到狠好，你望后就可以张罗着去办。若是办成以后与我的报馆相辅而行，那人民或者能多开化几个。”本良问：“金玉均先生那里去了？”元首说：“咳，那玉均先生从你们走以后与我开这报馆，甚是热心，只因去年四月之间在背上生了一块恶疮，医药不效，数日而逝，于今已经一年有余了。”本良闻言，叹息了一会。云大人又访问了美国些个风土情景，又说了本国种种失权的事情。本良又将重根等捎来的信一一的交了。当日天色已晚，安母与云大人全都回了后宅，由此望后，本良就在平壤城里，立了几处宣讲所，着天同孙子奇等在那演说，劝化百姓。这且不再说下。

单说岳公这日到了家中，见了二老爹娘，参见已毕，岳老夫人说：“儿啦，你几时从美国起的身？在那驻的？是甚么学堂？学了些甚么回来？”岳公遂将住的甚么学堂、学的是甚么、几时领的文凭、几时回来的，一一的对父母学了一遍，又问岳安人说道：“香铃妹子上那乡去了，是出了阁怎的，可是串亲戚去呢？”老安人说：“儿啦，你要问你那妹妹，真是让人一言难尽了。”

岳夫人未从开口泪盈盈，叫了声：“我儿岳公听分明：要是问你那妹子香铃女，提起来真是让人痛伤情。那一年你的岳母得了病，你妻子与你妹子离门庭。去上那会贤庄里把亲串，中途路遇见三个日本人。走至那落雁山中起了坏，硬拉着你那妻妹要行凶。多亏那张让、张达弟兄俩，将贼人捉住送到审判厅。到后来香铃得了惊吓病，一昼夜丧了他的命残生。你的妻羞愧难当上了吊，他姑嫂一同归了枉死城。我的儿光在美国求学问，那知道咱家出了这事情。”岳公他听了安人这片话，不由的无名大火望上冲，手指着汉城以里高声骂，骂一声：“日本狂贼名伊藤！都是你施下毒辣坑人策，硬要夺我的高丽锦江城。拿取了我国权力真可恨，你国人还在此处来行凶。种种的暴虐之行全由你，羞污我妻妹之事最难容。这冤仇今日要是不报报，我岳公枉在阳间走一程。”正是他咬牙切齿高声骂，又听的怀嵩那边问了声。

话说岳公正在那里大骂伊藤，岳怀嵩说：“我儿不要这个样子。你那妻妹虽然身死，那三个日本人尚与咱们抵了偿。现在日本人的暴虐，比先前还甚着多少倍呢。我儿不知，听为父我对你学一学吧。”

岳怀嵩坐在那边开了声，叫了声：“我的孩儿名岳公：我的儿你今离家三四载，咱国的权力全归人手中。只因为咱国欠那日本款，那伊藤施出一种狠毒行。硬将咱国财政权柄夺在手，作甚事伊藤不与钱与铜。他国人无故打伤好人命，又夺了咱国巡警权一宗。审判权他们也是握在掌，咱国里君臣也不去争。是权力全都归了伊藤手，咱这国想要保全怕不能。这都是伊藤一人想的道，将咱国人民害的好苦情。我的儿，你今回家看一看，日本人现在实据了不成。”岳怀嵩说罢前后一片话，倒把那岳公眼睛活气红。

话说岳公又听他父亲说了一片国家失权的话，气的他心惊肉跳睛暗的，说道：“伊藤这个贼呀！无论何时，非将他刺死不可，好解我的心头之恨。若不然，这口怨气何时出呢？”

你看他主意一定，就在家中住了两日，这日去上云府，拜见元首，谈了一会，就到那寇本良之屋，说：“兄长，我今天有件事情相求。”本良说：“贤弟有何事情？只管讲来，何必拘之呢。”岳公说：“我想求你做几个炸弹子。”本良说：“你要那个做甚么呢？”岳公遂将要刺伊藤之事对他一学，本良说：“这些恐怕是不容易。”岳公说：“做成了，得便就刺了，不得便就罢。”本良说：“你候几天，我与你做三个，也就够用了。”

于是岳公回去，等了三天，本良与他做了三个炸弹。这本良他怎么能会作[做]炸弹呢？皆同他在美国住[读]了三年医学专科，所以他会做。本良将炸弹做成了，交与岳公。这岳公得了炸弹，就想上汉城刺伊藤去。正是：

准备云弓射猛虎，安排香饵钓鳌鱼。

毕竟不知后事如何，且听下回分解。

卷之四

第二十二回　侯元首为徒殒命　寇本良微服出奔

话说寇本良将炸弹递于岳公，岳公接过一看，这两个炸子是用一条药线连在一处，每个有酒杯大，外面用黄铜叶包着，里边藏着钢子与炸药，那条药线通在里边。岳公看完，对着本良说道：“兄长你做这个炸弹，怎么与我在美国看见那个不一样呢？”本良说：“怎么不一样？”岳公说：“那个无有这条药线。”本良说：“这是新出的样子，贤弟你不知道，我对你说上一说。”

本良开言道："贤弟你是听。提起这炸弹，实在令人惊。那一年日俄开仗首山抢，日本人屡次不能占上锋。到后来做出这种炸药弹，挑了那三千多个敢死兵。将炸弹每人胸前揣一个，将药线含在口中不放松。空着手首山以上降俄国，俄国人以为他们无改更。将他们个个领至大营内，一个个口中药线咬咯蹦。只听那炸子咔叉一齐响，伤了那俄国兵丁好几营。那三千余人也都丧了命，他国家由此可也把功成。这炸弹就是仿照日本样，想要用就得豁出活性命。药线也得含在口，炸子也得揣在胸。对着贼人用牙咬，自能犯火响咕咚。打准了的人必得死，打不准自己先丧命残生。贤弟你千万想一想，别拿着性命当非轻。"

岳公他听罢本良一片话，你看他开言有语话从更[容]："兄长啊咱们国耻实难忍，要不刺伊藤心不平。豁出我这把生灵骨，探探那黄河几澄清。要是能将伊藤活刺死，也算是韩国人民福气生。纵就是事情不成我命死，我情愿一死方休照简青。"本良说："贤弟既然意已定，我还有几句言语向你明。做事情纵若时时加仔细，一漏泄机关就了不成。那时节事情不成还招祸，反倒使家中老幼不安宁。贤弟呀，这个事情非小可，别拿着这话当作耳傍风。"岳公说："是，我记下了。"本良说："你要记住就算行。"说话之间天色晚，岳公他拿着炸弹转家中。押下此事且不表，再说那统监名伊藤。

话说伊藤自从将高丽审判权夺在手中，以后他就雇了些个高丽人，在外边打听韩国人民的形势。这一日有一个探子从平壤回来，说是："平壤百姓气势很凶，那农夫妇女全都立会，与你国人作对，还有报纸鼓吹，现时有人立了宣讲所，天天在那劝化呢。"伊藤一听这个消息，暗自想道："平壤民气如此凶猛，又有用报纸鼓吹的，有用宣讲所讲自治的，像这样他们那民智那有个不开化？他们那民智若都像平壤百姓那样，高丽国不是得不到了手了吗？我不如望平壤走一趟，一来探探那边的民气到是如何，二来将他那鼓动人民的那个人与他消灭了。他们的民气若不凶，可就不怕啦。"主意一定，先与他国驻平壤的领事打一封电去，让他在那边安排公馆接待。这封电一发到他那领事那处，他那领事名唤振东三郎。当日接了这封电信，就在他领事衙门里安排下公馆，预备着好接伊藤。

这个风声一传，就传到岳公的耳边，岳公一听伊藤要上平壤来，暗自忖道："我正愁刺他无隙可乘。今日他要望此处来，我何不在这南门外伺候他？等他一过之间，我就将他刺死，岂不是解了我心头之恨吗？"于是又将这个事情告诉于寇本良得知。本良说："这道狠有机会，你千万要小心。"岳公说："那是自然。"这个时候侯元首也知道了，心中狠不愿意，只怕事情不成，反惹下祸。那岳公的意思狠坚,他也无可如何,只得听只他办去吧。由是岳公天天在南门外等着,这且不表。

单说伊藤发电后探了两天,就拾道拾道,带着一千护卫军,坐上快车,可就扑奔平壤走下来了。

这伊藤坐上快车出汉城,你看他前呼后拥好威风。出城来带领一千护卫队,分出了马队步队两路兵。头前里跑开三百快马队,后有那五百步队护军行。马队头兵丁拿着九音号,吹起来滴滴嗒嗒甚可听。快车子四面玻璃照人眼,跑起来披嗒扒嗒马蹄声。步队兵左右前后把车护,好一似北辰高挂众星共。出汉城威威烈烈往前走,人与马饥餐渴饮不稍停。论走也得半个月,说书何用那些工?

简断捷说来的快,这一日到了平壤地界中。振东三郎接出二十里,一齐的勾奔南门要进城。岳公他早在门里把他候,让过去马队上前就行凶。在嘴里药线用牙只一咬,那炸弹克叉一声了不成。三炸弹一齐暴裂望外打,先炸死行刺人儿名岳公。该着那伊藤博文命不尽,那弹子未曾伤着他身形。打死了护卫兵丁人九个,又炸死赶快车人儿一名。大伙儿一齐说是:"有刺客!"护卫队将车围个不透风。巡警慌忙望前跑,看见岳公死尸灵。将死尸抬到领事馆,伊藤也进了公馆中。振东三郎过来把惊道,又只见伊藤那边开了声。

话说岳公见伊藤车子过来,他急忙将药线咬开,只诚想将伊藤炸死,那知道他那护卫军多,未曾伤着伊藤,他自己让炸子先崩死,真是可惜。后来伊藤到了公馆,命人验岳公的尸,看看他是用何物行刺。验尸之人,验了一会,回来言道:"那人是炸弹行刺,看他口中含有药线,并且他还是崩死的。"伊藤一听这话,暗自想道:"这人是姓甚名谁?并且他这炸弹,韩国人也不能会制,其中必有原故。再说此人,要想行刺,不能他一个人。我想要将此城中之鼓动百姓,与这个行刺的党徒,可得用个甚么法能知道?"寻思一会,忽然计上眉峰,说:"我何不雇此处的人,让他与我访听?要是有人打听着实据,我给他五百元钱,他国人见财就能替我办事。"主意已定,遂将这事告诉于振东三郎。振东三郎就雇了些高丽人在外打听。

这日来了一个二十岁的人见振东三郎,振东三郎领着见伊藤,伊藤命通事问他,说:"你姓甚名谁?将那刺客的原因并他的党羽一一的说来。"那人对着通事可就讲起来了。

那个人站在那边开了声,尊了声:"通事老爷听分明:我小子姓关名字叫关富,有一个外号叫作一包脓。家住在南门以外东胡街,行刺那些事儿我知的清。他的家与我离不远,他的名字叫岳公。他师傅姓侯名元首,在云府教书诲童蒙。岳公的同学也有十几个，前几年一齐游学赴美京。侯元首他在家中开报馆，专讲究劝化百姓救生灵。今年里岳公游学回家转，还有那寇氏本良人几名。寇本良在这城中立宣讲，着天里讲究自治瞎咕哝。岳公他一心要把统监刺，寇本良与他做了炸弹物一宗。这事情我寡知道人三个，就是那元首、本良与岳公。我怎么能知他们是同党？这里头有个原因在其中。侯元首有个使人叫李九，我二人本是八拜好宾朋。这事情全是李九对我讲，所以我才知内里那情形。这本是三三见九实情话，并无一句虚言来假告诵。五百元钱快快给我，我好与李九分赃饮刘伶。”那通事听罢关富一些话，他这才对这伊藤把话明。

话说那通事听罢关富一片言语，遂对伊藤一说。伊藤又让通事问那关富，说：“那侯元首、寇本良现在那里？”通事又问关富，关富说：“在云在霄府前门房报馆望住着。”通事又对伊藤一学，伊藤遂与关富五百元钱，遂派了十几名巡警，让关富领着，去上云府拿寇本良、侯元首二人。以外又多给关富十元钱作为酬劳，关富得了钱，遂领着巡警上云府拿人，这且不表。

再说这领事衙门有一个茶童，名唤林中秀，本是韩国人，原先在侯弼报馆内当过茶童，皆因家贫，元首常周济他，后来因为别的原故不在那处，就上日本领事衙门，与那振东三郎当茶童。当日听关富说元首与岳公是一党，他就知道伊藤一听这话必不能干休，他偷着跑到元首报馆。

这时侯元首正与本良在那闲论，伊藤这次来不知因为煞事，又见林中秀歇歇喘喘跑进来说：“你二人快逃命吧。”元首说：“因为甚么？”林中秀说：“伊藤自从岳公刺他以后，他就常常打听岳公的党羽。今天有一个关富，贪了五百元钱，说你二人与岳公一党，并把那做炸弹之事全都说了。我想日本人不久就要派人来拿你二人来了。要不速逃，恐怕性命难保。”本良说：“事到其逼，就得躲躲为妙。”元首说：“可也是。”遂急忙备上一匹马，也靡顾拾道煞，元首骑马，本良步行，师徒逃难而去。那林中秀也不回领事衙门，自己去了。

单说关富领着巡警到了街口，撞着李九从那边来。关富说：“他二人在家没有？”李九说：“我早晨出来的，方才我迎着他二人，慌慌张张，望东北去了，你们快赶去吧，才走不远。”关富一听，可就领着巡警扑奔东北赶下来了。

这关富本是一个古董星，只为那五百元钱把坏生。对着那振东三郎把话讲，硬说是元首、本良要革命。贼关富领着巡警报馆去，要捉那元首、本良人二名。不是那林氏中秀把信送，他二人性命一个保不成。贼李九从中又把坏来使，关富他才领着巡警东北行。他二人方才出了北门外，又听的后边人马喊连声。他二人一见势不好，急忙忙往前跑个凶。该着元首命运尽，坐下马忽然跌倒地流平。众巡警后边开枪打，可惜那元首一命归阴城。寇本良迈开大步望前跑，你看他一溜栽花影无踪。本良他逃命不知何处往，只剩下元首死尸卧道中。可怜他一腔豪气从今尽，可怜他满腹经纶今日倾。再不能鼓动学生游美国，再不能发行报纸化群生。韩国里今日死了侯元首，少一个保国图存大英雄。可叹他从小伶仃命运苦，可叹他心志坚固赴美京，可叹他教练农备操乡勇，可叹他奇峰山上打贼丁。可叹他保全重根母子命，可叹他飘零在外好几冬，可叹他降志辱身没祖帐，可叹他巧言义说金有声。种种的忧国忧民苦心志，落了个枪穿肚腹血溅身形。数十年英名一旦附流水，到把那回天志气落场空。恨只恨贼子关富贪财贿，害的那元首义士好苦情。纵然是五百元钱将你买，也不该拿着仇人当恩公。这么人咱们中国也不少，要得着生吃他肉也不嫌腥。象这个狼心狗肺谁不恨，得到手就当把他性命坑。这些事咱们押下且不表，再把那关富贼子明一明。

话说关富领着巡警将侯元首打死，又去赶寇本良。那寇本良两条快腿，他们那能赶的上？用枪打也莫打着，只得将元首尸首交于振东三郎，关富自己去了。

单说伊藤听说将侯弼害死，心中甚是快乐，遂将岳公、侯弼二人的尸首用棺椁盛殓了。说是此二人虽是刺我，倒算你韩国两个志士，我不能不张大他二人的节义，这是伊藤邀买人心的法子。由着元首一死本良一逃，那平〖壤〗城里是宣讲所报馆全都无了，那伊藤越发的放心了。住了一个多月就回了汉城，不表。

单说云府与岳家将他二人的棺椁领来，各人拉到各人家里。那侯元首的棺椁，云在霄接在府中，好好的祭奠祭奠。他那些门人朋友都全来哭吊。后来选块吉地，埋葬起来。

时人有诗赞侯元首曰：

身悲国弱血心竞，无过韩人元首公。
虽事未成身殒命，尚留忠义照韩京。

话说云府将元首埋葬以后，归至家中。光阴荏苒，不觉过了新年。这日云老大人正在书房观书，只见家人呈上一封信来。要知此信是从那里来的，且听下回分解。

第二十三回　安志士归国吊恩师　云在岫义倡爱国会

话说云大人这日正在书房观书，只见家人呈上一封信来。他接过来一看，外皮上写着是从美国来的，遂启了封签，从头至尾，可就看起来了。

上写着:“叩禀父母尊前听,敬禀者孩儿名唤云落峰。愿父母膝下金安身康健,愿父母福祉多绥神气清。孩儿我于今离家五六载,在外边每思父母泪盈盈。上二年本良回家捎过信,赶以后永远未捎信一封。现如今我们全都毕了业,安重根榜上列了第一名。我大伙毕业全是最优等,昨日里领了毕业大文凭。不久的就要束装回家转,过不去三月就能到家中。望爹娘不要苦苦把儿盼,咱居家不久就能得相逢。”右写着“阖家老幼均安泰”,左写着“愚儿落峰灯下冲[匆]”。云大人看罢落峰来的信,你看他急急忙忙后宅行。

话说云在霄看完了书信,急忙上了后宅,见了老夫人跟安母说道:“咱们那些游学生不久要家来了。”安母急忙问道:“有信怎的?”在霄遂将落峰信中之话一学,安母说道:“我儿今日可有还家之信了。”又听毕业考的第一,把个安母乐的无所措手足了。那云老夫人说:“妹妹从今后别念诵你那重根长重根短了。”安母说:“不但是我,就是嫂嫂你也不必念诵盼望你那落峰儿了。”大家谈笑了一气,就专专等他们还家,这且不表。

单说金有声、李相卨诸人毕了业,领了文凭,呆了几天,大伙全收拾了,一齐雇上火车回家。赶到海岸,又上了火船,饥餐渴饮,非只一日。这日到了仁川,一齐下了船,雇了几辆马车,将东西搬在车上。李相卨对着大众说道:“咱们大家到家,可千万要在社会上作事,断不可贪图富贵,把游学的目的扔在一边。”大家一齐说道:“兄长不必多劳,我们断不能广希富贵,忘了国家。”李相卨说:“既然如此,咱们就此分手了吧。”于是各上了车子而去。

单说安重根、云落峰几人坐上车子,夜宿晓行,不日到了平壤,各回各家。重根等到了云府,全家相见,欢天喜地,谈了些一路的景况,说了些美国的政治。

这时候赵适中、孙子奇听说他们回来,也前来相瞧。大家会在一处,谈了一会,侯珍说:“我叔父跟寇老兄往那里去了?”云落峰、安重根也说道:“可是。怎么不见他几人呢?”孙子奇说:“要问他几人,你们不要燥急,听我慢慢的道来。”

孙子奇未从开口带悲容,尊了声:“你们三位听分明:咱高丽归那日本国保护,那伊藤在咱国中统监升。用巧言买动咱国大元老,将权力全都夺在他手中。这权力一归伊藤不要紧,最可叹咱国人民受苦情。他行出别样坏事还可忍,青天白日奸淫妇女实难容。那一年岳公妻妹把亲串,又见了日本贼人来行凶。他妻妹因为这个丧了命,赶到那岳公回来眼气红。又加上咱国权力归日本,才惹起他那心机火一重。寇本良与他作子[了]三炸弹,一心要刺那统监名伊藤。到后来伊藤来此把事办,岳公他埋伏在这南门东。该着那伊藤老贼命不尽，炸弹子未曾伤着他身形。岳公他身被炸弹活崩死，落了个冤仇未报丧残生。”

他三人一听这个话，齐说道：“我说岳公他怎么未来，原来如此，真是可惜。那炸子怎么就靡崩着那伊藤呢？真是使人遗恨！咱们游学的二十余人，未等作事，先伤了一位，真是让人伤心落泪呀。”云落峰说：“岳公既然如此，我那本良哥哥与咱们先生，他二人可是那里去了呢？”孙子奇说：“你不要燥急，听我一句的一句的道来。”

孙子奇复又开言把话明：“你三人不要燥急仔细听：咱先生在这城中开报馆，各处里劝化百姓有大功。也不知何人对那伊藤讲，说先生他是岳公党一名。又说那炸弹原是本良造，遂派了十数个儿巡警兵。上云府来就把他二人找，这时候有人到此把信通。他二人出离北门去逃难，后有那无数巡警把他攻。一枪儿将咱先生活打死，寇本良逃难不知奔何程。”

他三人一听元首丧了命，一个个跺足捶胸放悲声。这一个哭声叔父未见面，那一个哭声义父不相逢。这个说我兄不知何处去，最可叹先生一命归阴城。一齐的指着汉城泼口骂：“伊藤呀！害的我国好苦情！为什么我国权力你夺去，为什么让你国人来行凶，为什么奸淫我国好妇女，为什么监理财政警权争？种种的行凶作恶真可恨，我高丽将久坑于你手中。”重根说：“我父母当年受了日本害。”侯珍说：“不着那个我们那能外边行？看起来这个冤仇何日了，倒不如寻找伊藤把命拼。”他三人哭一气来骂一气，泪珠儿点点滴滴湿前胸。云夫人见他三人哭过甚，他这才走上前来劝一声。

话说他三人越哭越痛，云大人急忙上前劝道：“你三人不要哭了。元首已经死了，哭也无益。不如养养你们的神思，想个方法，保全咱这国家，与元首报仇要紧。”他三人被云大人劝了一会，这才不哭。侯珍又向子奇问道：“我叔父既被巡警打死，后来怎样呢？”子奇遂将伊藤怎么邀买人心，云大人怎么接来，埋葬于何处，对他学了一遍。重根说：“先生既死，带咱们这些情算是无以报了，明日预备下点祭礼，上他的坟墓上哭吊哭吊，尽尽咱们心不好吗？”落峰等说：“那怎不好呢？”于是大家又说了些国家事情，遂各自散去。

到了次日，安重根、云落峰、侯珍、云氏叔侄，一共五人，拿了点祭礼，带了一个家人，到在元首坟上。一看孤坟三尺，荒草四围，心中甚是悲惨。重根急命家人摆上祭礼，他五人一齐点香行礼，坐在地下，可就哭起来了。

众英雄点香已毕坐在尘，一个个两眼捕苏滚泪痕。哭了声：“元首恩师死的苦，白瞎你一腔热血满腹经纶。前几年尚在平壤开报馆，至而今身归黄土起孤坟。你的那扶国雄心不能展，落了个西风飘飘荡孤魂。与国家未能立功身先死，岂不是黄泉遗恨百年存。师傅呀！你死一身只顾你，让我们往后作事靠何人？”侯珍说：“叔父待我恩情重，从小里时时保护我的身。只诚想回国团圆把叔奉，那知道叔父一命归阴阴。看起来苦命之人谁像你，寻思起真是让人痛伤心。”重根说：“师傅于我恩更重，提起来实在不能报一分。奇峰山救过我们母子命，念书时教我费心格外深。在美国仅仅呆了五六载，师傅呀！你怎么不等我报报恩？看起来师傅你死非为别的，都是那贼子统监伊藤博文。伊藤贼与我冤仇深似海，我必然除去老贼把冤伸。”那边乡在岫、落峰号陶哭，云落峰眼泪滴滴湿衣襟。正是他五人哭元首，又只见远远来了四位人。

话说安重根等五人正是在那里痛哭元首，只见远远来了四人，走至进[近]前一看，乃是金有声、黄伯雄、尧在天、钱中饱四人。他四人一齐说道：“你们来，怎么不与我四人一个知会呢？”说完了，遂也坐在那里痛哭一场。哭完了，一齐站起，撮叹一会，这才一齐转回家中。

呆了两天，这一天有孙子奇、赵适中、萧鉴三人前来造访。云在岫等接至屋中坐下，在岫说：“正想要请你几人去呢。”孙子奇说：“请我们作甚么？”在岫说：“你们不知道，现在咱们已经回国这些日了，也得想着作点事才好呢。”孙子奇说：“兄长有何高见？请当面言讲，要是好，咱们就张罗去办，岂不好吗？”在岫说：“既然如此，听我道来。”

云在岫未从开口喜洋洋，尊了声：“列位兄弟听其详：咱大家美国留学五六载，今年里才得毕业转家乡。现如今到家已经数十日，还得要谋方画策保家邦。咱大家要是不去把力用，这个国不久就要见灭亡。想当初咱们说过开民智，今日里还得去从那个方。咱国中人民已有数百万，要去作也非容易事一桩。我想要在这城中立下会，请咱那诸位同学到这乡。大家伙同心努力把事办，立下个爱国大会在平壤。在会中人人尽把责任负，劝化咱各处人民保家邦。全国人要是全存爱国意，咱这国或者不至被人亡。这主意你们看看可不可，要可行就此撒帖往各方。将咱那同学之人全请到，在会人各尽责任化愚氓。”他几人一齐说道：“是甚好，咱们就各处撒帖聘贤良。”

在岫说：“此道既然能行，这会场可得安在何处呢？”金有声说道：“可也是呀，这个会所，准得找个僻静处才好呢。”孙子奇说：“那先不忙，等把他们请来再作定夺吧。”在岫说是：“对。”于是就写了些个帖子，望各方撒起来了。

好一个云氏在岫小英雄，他一心要倡爱国会一宗。四方里撒的帖子无其数，要请那游学美国众宾朋。剑水驿来了陈氏兄哥两，在汉城来了李树萧合李玮钟，李相卨、李儁也来到，还有那李范允、周庄、曹存人三名。咸镜、汉城的英雄全来到，又来了平安北道众英雄。金洪畴、高云便在头里走，后跟着述坚、述白二弟兄。吴佐车骑着快马也来到，一齐的进了平壤这座城。他诸人一齐到了云府外，云在岫慌忙让至待客厅。

大厅里分罢宾主落下坐，书童儿献上几个小茶盅。主宾茶罢把话讲，说了些多日不见相思情。相卨说："怎么不见本良寇贤弟？"范允说："岳公贤弟何处行？"云在岫见他二人把话问，遂把那上项之事说分明。众英雄听说岳公丧了命，一个个手指汉城骂伊藤。齐说道："破坏我国都是你，赶何时将这老贼性命坑。替我国黎民百姓出出气，替我那屈死朋友报冤横。咱大伙赶紧立这爱国会，成立时好去刺这老贼丁。"有声说："你们大家别急燥，咱还得张罗立会是正经。"

话说李相卨等正然痛骂伊藤，金有声说："你们不要如此急燥，咱还得是张罗着立这会才是呢。"云在岫说："现在咱们人一共有二十六位了，要想只办方才所说那件事，准得在避静处立会才好。"有声说："何妨差人去上外边，访听一个避静处呢。"在岫说："这也倒不错。"遂差孙子奇、云落峰去上外边访听地方。

二人去了两天，回来说道："我二人出去访察地方，事情也凑巧，离此三十余里就访察着了。那处名叫留云浦，西面有一山，名叫落雁山，在那山傍有一座房，甚是避静。这房是留云浦刘福庆的。我二人见了刘福庆一提，那刘老爷情愿让咱们白住，你们看这事岂不是好吗？"在岫说："既然有了会所，咱们就搬在那里去吧。"大家说："是好。"这才一齐搬到那里，把那爱国会立妥，举李相卨为正会长，金洪畴、李范允二人副之，其他皆为会员。会既成立，各任责任，安重根、侯珍、云落峰，情愿去刺伊藤；尧在天、云在岫、萧鉴、吴佐车四人，管四路调察打听消息事；姜氏兄弟、陈氏兄弟、曹存、李儁六人，管倡办乡团事；钱中饱、黄伯雄、李玮钟、李树萧、云落峰五人，管各处宣讲自治事；金有声、尧在天跟三位会长管开报馆事；赵适中、高云、孙子奇、周在四人，管制造物品，劝化人民，讲求实业事。当日众英雄各有责任，调查员又连合了复仇会及雪耻会。由是平壤地界的人民，让众英雄们劝化的狠好，专等打听伊藤出行的消息，好去行刺，这且不表。

单说韩国这个时候李熙皇帝让位给太子隆熙，封李完用为内阁总理大臣。伊藤一看，韩国换了皇上，李完用当朝，他就看出韩国不能兴了，可就想起瓜分中国的事情了。遂辞了统监之职，以曾祢荒助为统监，自己坐船归国，仍在朝当宰相。这日日皇升殿，伊藤出班奏本，正是：

经营朝鲜还未已，又来中国起风波。

毕竟不知伊藤说出甚么话来，且听下回分解。

第二十四回　安志士中途逢故友　伊相国哈埠受凶灾

话说伊藤上至金殿，山呼已毕，日皇设下一把金交椅，命伊藤坐下，伊藤谢恩，坐于交椅以上。日皇说道："爱卿归国，未发一策，今日上得殿来，有何本奏?"伊藤说："老臣一日不死，不敢一日忘了国家。今日上殿，还是为的国家大事。我主在上，洗耳听微臣道来。"

伊藤侯未从开口笑吟吟，尊了声："我主在上听原因：臣本是西京一个读书子，无甚么经济才干在本身。蒙见爱召进京城作臣宰，臣自愧无甚学问佐圣君。因此才欧美诸邦去游历，担[耽]误了十余年的好光阴。回朝来筹备立宪谋变法，全国里君臣上下焕然新。都只为我主待臣恩情厚，臣这才竭尽愚忠报圣君。为高丽为臣废[费]了千条计，好容易夺他权力买他心。十年上韩国政府咱买透，那块地将来不久归咱们。从今后不用在那把心费，费心机善把中国去瓜分。中国人比着高丽强百倍，细思想不是容易就瓜分。臣有心南北满洲去游历，看一看他那人民煞样心。访一访诸般政治好不好，探一探官吏因循不因循。考一考河山地势甚么样，察一察人烟户口合庄村。将中国种种情形全知道，然后再安排款项运动人。慢慢的将他权力谋到手，东三省咱与〖俄〗罗斯平半分。我的主今日准了臣的本，到明天安排舟车就起身。为臣的一死方休算报国，若不然永远不能放下心。"

日皇说："爱卿为国心使碎，理应当准你所奏随你心。一路上公费支销由你便，有事情快打电报早知闻。只因卿机关险诈人深忌，提防着强盗刺客与贼人。"伊藤说："我主不劳多悬挂，臣自然时时防备加小心。"

说毕了别驾辞行回府去，晚景过转眼就到第明晨。带从人坐上快车出京去，各官员饯行护送奔横滨。由横滨上了火船奉天奔，这一日水路行程到旅顺。分付声拢揽轮船上了岸，猛看见日俄战场好酸心。

话说伊藤来至旅顺，出船上岸，一见当年日俄开仗之地，事虽侥幸成功，伤害多少生灵，不由幸尽悲来，心中甚是悲惨，遂题诗曰：

渤海湾头新战场，两军忠骨土犹香。
恩仇所致非私怨，追吊当年转断肠。

此处已归掌握，并不停留调察，临行又有诗曰：

秋捷辞家赴远程，虫声唧唧雁南行。
明朝渤海波千尺，满目萧然叹纵横。

伊藤题罢诗句，进奉天城盘桓几日，又由大连湾上了火车，直奔长春。无论到在何处，全有中外国的官用心接待。在长春游览了几日，又想上哈尔滨，这且不表。

单说高丽爱国会的调察员萧鉴几人，天天在外访查伊藤出门的消息。这日听说他游历满洲，已经出京，他几人急忙回到会上，对着李相卨一说。李相卨说："要刺伊藤，这个机会狠好。"安重根说："这事不虚呀?"萧鉴说："访的真真切切，哪有虚的呢。"重根说："既然如此，天赐成功。我明日就由元山上火船，奔海参崴去刺这夺国主谋的对头。"相卨道："这事关系不小，成不成性命先得搭上，你能豁出来么?"重根说："男儿生在世上，要能为国家报仇，这个性命，可道算个甚么。伊藤贼与咱仇深似海，咱要不报这仇，有何面目立于人间？大哥不必过虑，小弟非去不可。要不能刺死此贼，永远不回本国！"相卨说："你的心志既然坚固，但有一件是狠难的。"重根说："何事?"相卨说："贤弟做此事，必定为国亡身，恐怕老母难舍不允。"重根说："咱们立会的时候，我担任行刺的事已经禀过老母。我母说：'孩儿要能除了咱国仇人，娘也就不爱你的身了。我儿得了机会，自管去吧。'这事我母早已竟应许了。"相卨说："既然如此，此事不宜迟，明日就可前往。"重根说："正是。"遂又向云落峰、侯珍二人商量道："我一人前去行刺，恐怕不便，二位兄长帮我走走才好。"他二人一齐答应道："贤弟即不说，我俩也是要去。"重根说："好，好。"于是各人带了一杆七星手枪，怀了一些籽母，三人扮作成日本模样。当下收拾已毕，大家谈一宿。到了次日，用饯行饭完了，三人拿了手铳，带了盘费，告别出行。众人含泪送别。正是万般悲苦事，死别共生离。好难舍的狠哪。

众英雄挟[携]手送出大门庭，一个个满面凄惨带愁容。齐祝告重根舍生去行刺："愿此去贤弟马到成了功。贤弟呀！要果作成这件事，算与咱韩国人民报冤恒。事成了贤弟必然把命舍，咱兄弟分手就在今日中。你真是浩气凌云人难比，你真是韩国第一大英雄。来来来受我大伙三叩首，尽一尽咱们同学义气情。"

说罢了一齐跪在流平地，重根说："诸公不必这样行。兄弟我要能刺死伊贼子，就死在九泉以下也心明。诸公们好好安排保国的道，保全咱韩国不亡是正经。"他众人叩头已毕抬身起，一个个泪珠点点湿前胸。重根说："诸位请回多保守[重]，小弟我忠心耿耿不改更。"一躬身辞别分手登吉路，后跟着侯珍相伴云落峰。相卨等目送无影方回去，他三人谈谈论论往前行。

这一天到在码头元山地，他三人乘坐轮船扑正东。到在那海参崴子把船下，上火车延路又往西北行。去烦词简断捷说来的快，这一天到了哈尔滨江城。下火车入了肃静的招商店，专等那伊藤来到把刺行。

话表安重根三人来至哈尔滨，下了火车，找了一个雅素客栈，搬进去住在一个单房，暗暗打听。人说伊藤才到长春，他三人店中等候。

白天上街闲走，忽见路南药铺内，站着一位高丽人，好像寇本良。走至近前，正是他人。本良见他三人到此，慌忙让到屋中坐下，问道："你们几时节回国，到此有何事情？"重根一看跟前无人，遂把几时回国、到此大事对他说了一遍。本良说："此事狠好，我要不为刺这老贼，那能到此？"重根说："兄长逃走以后，怎么到此？"本良说："日人将师傅打倒，我见事不好，就舍了师，一阵好跑，跑了一气，听听后边没动静，我这才慢慢而行。行了两日，到了奉天，在奉省探询了几天，遇见咱国几个商人，上此处作生意的，我这才跟了他们到了此处。他们开了一个木梳铺，我帮了他卖货。干了二年，自己积了四百余元钱，就在上海办了点药，在此处开了个药铺，于今一年有余了。"重根说："我们常访兄长下落，无人知道，今日在此相逢，岂非天缘有幸。"本良说："你们在店里住之，甚是不便，不如搬到我这来。"重根说："那倒狠好。"本良令人同他们回店，将三人的行装搬在药铺后屋。夜间又用炸药与他们加料做成几个籽母，重根带着，天天上车站等候。

这一天是日本明治四十二年十月二十四日，我国宣统元年九月十三日，伊藤坐着特别客车来到哈尔滨。一时中国官、日本官、俄国官同接，俄国巡警排列车前，中国军乐也去伺候。安重根杂在日本人堆中，商民齐看，人声喧哗，好不热闹哇！

好一位日本谋臣伊藤公，这一天坐了火车到哈城。惊动了中外各国众官弁，俱都是火车站上去接迎。那一边站的中国军乐队，这一边站的俄国警察兵。来了那交涉局的刘总理，日领事川上、小池人二名。俄国的度支尚书人一个，可可维夫胙本是他的名。外有那日本人民无其数，一齐的来到站上接伊藤。安重根杂在日本人群内，这时间正在上午九点钟。

伊藤他火车来到站上了，慌了那中外各国官与兵。巡警官叫声立正齐立正，又听的军乐洋洋聒耳鸣。中外的官员上前去接见，那伊藤慌忙下了客车中。走向上与各官员把礼见，说道是有劳列位来接迎。他这里正与各官把话讲，未提防人群钻出一后生。手中里拿出七响枪一杆，对准了伊藤博文就行凶。忽听的嗑叉嗑喳响七下，只见那伊藤倒在地川平。川上君右膀以上把伤受，小池君左腿以上冒鲜红。俄国兵见事不祥围上去，捉住了重根刺客不肯放松。刺客他大喊三声韩国万岁，众兵丁将他送到衙门中。

中日人看见伊藤倒在地，急慌忙上前扶起验身形。但只见前胸打进两弹子，浑身上血星点点令人惊。吩咐人急可[即刻]抬至领事馆，请来了日俄两国大医生。众医生方才来至领事馆，那伊藤已竟呜呼归阴城。他亡年正在六十零九岁，也算是亚洲多智大英雄。都只为他的心肠太毒狠，所以才忠烈侠义不能容。再不能统监外国弄谲计，再不能暴虐韩民不太平。这一回路途之中被了刺，也算是为国为民丧残生。

领事官无奈含悲先盛殓，然后的一封电奏到东京。将刺客打在木笼囚车内，跟灵车一同送到奉天城。将伊藤棺椁送回本国去，将刺客送在旅顺审判厅。

审判官坐在上边开声问，叫一声："行刺之人你是听。我问你因为甚么来行刺？"重根说："替我国家报冤恒。我今日事已作成遂心志，但愿之早早赐我归阴城。"审判官再三鞫讯无别供，拟下个抵偿之罪枭首刑。法场上含笑就刑真杰士，就死后神色不变面如生。这才算韩国英雄第一位，落下个名标青史永无穷。咱这里压下此事且不表，再把那本良三人明一明。

话说他三人见重根那时刺了伊藤，喜出望外，打听解送旅顺，抛了药铺后赶而去。候着安重根斩讫，夜间盗尸成殓，送回平壤。会上一见，又悲又喜。喜的是伊藤已死，悲的是重根已亡。他大家哭奠一番，择地安葬，养其老小而已。论伊藤是谋臣，不足为忠，专务竞吞，不行仁义，不思守国安民，只想夺地戕生，有诗叹曰：

弱国强吞事可伤，吊君何必苦争忙。
只因贪戾行欺诈，功未成时身灭亡。

又曰：

暴虐从来不久存，秦吞六国汉平秦。
只兴有道伐无道，好恶拂人灾及身。

又赞美安重根诗曰：

报国雄心盈宇宙，忠君正气贯韩京。
于今皓月临皓骨，普照千秋仰大名。

话说李相卨等葬完重根，回到会上去了。单说伊藤的棺椁，回到东京，日皇帅领满朝文武官接出十里之外。到了家中，发丧已毕，埋葬起来，封其子文吉袭男爵。

光阴似箭，日月如梭，不知不觉的又过了新年，那一年就是宣统二年。宣统二年春天，日本将韩国统监曾祢荒助换回，派寺内正毅前去作统监。这一日韩国忽然起了一个大暴动。要问这个暴动是甚么？且听下回分解。

第二十五回　李完用卖国求荣　金洪畴兵败逃走

上回书说韩国起了一个大暴动，这个暴动是甚么呢？列位有所不知，只因韩国统监寺内到韩国时，也是日日想法将韩国灭了。这日忽然想出一个道来，自己说道："韩国君臣无道，那百姓又全然不一个心，反对他们政府的狠多，我今日何不上他那政府，商量着将日本韩国合在一处，名曰一国，假说替他们保全自安的名目以笼络。他那君臣也不敢不从，就是这个主意。"

遂坐上车，到了韩国政府门外下车，早有人报于李完用等。李完用等听说，慌忙接出堂来，让至客厅，分宾主坐下，使人献上茶来。吃茶已毕，完用向寺内说道："统监无事，不能到此，今日到此有何军国大事相说呢？"寺内说："我今日到此所办的事情，可真不小，但是与你国也很有利益。诸公不知，听我道来。"

这寺内坐在那边开了腔，尊一声："列位大人听其详：你国家政治颓靡民气弱，全仗着我国与你作主张。是政治全得归于我们管，我国人费了多少苦心肠。为你国我国花了多少款，替你国安排政治保家邦。你的国现今不算独立国，别的国待你韩人太不良。咱两国不如合并在一处，是政治全都推于我皇上。我皇上替你国人把事理，你皇上安然无事把福享。从今后我国人民高声价，从今后你国君臣得安康。广[光]在那高楼以内享清福，什么事不用你们作主张。过这村恐怕没有这个店，这本是保全你国第一方。诸公们看看此事可不可，要可行条约之事再商量。"

寺内他说罢合并一些话，又听的完用那边诉短长。完用说："这个事情道狠好，我心中早已量过这一桩。我国人常常埋怨我大伙，说我们不会办事竟遭殃。外面的名声实在不堪讲，早晚的就要来把我们伤。奸臣名反正我们算被上，倒不如跟着你国合了邦。"寺内说："这事果然要办妥，我管保诸公永久在朝堂。我管保俸禄银子不能少，我一定不能撒谎把人诳。"完用说："这个事情全在我，皇统监不必常常挂心上。"说罢了寺内告辞回衙去，李完用急忙上殿见韩王。山呼毕交椅以上落了坐，把那事对着韩皇奏其详。高丽王一听合并这句话，吓的他不由一阵心落慌。

话说完用上了金殿，将合并之事对韩皇讲了一遍，极夸讲合并如何之好。咱这国如此软弱，终久不能强啦，不如趁着这个时候，跟日本合成一国，比煞都强。韩皇说："事出仓卒，我也无有章程。你等几天，看看百姓如何。"李完用听韩王之话，只得下殿回府。这且不表。

单说汉城里有一人，姓李名唤容九，在汉城中创了一个一进会，入会者也有三十余万人。他立这会是为甚么呢？其中有一个原故，韩国归日本保护，在万国公会上他的国列为四等国，他的百姓也就列为四等民了，这李容九创会的意思是想要使韩国人为一等国民。当日听说日韩合邦这个事情，心中想道："日本是一等国，我国要是与他合成一处，我们岂不是也成了一等国民了吗？这个事情，当以竭力赞成。"遂率领会中三十余万人，在政府中递了一件意见书，呈说日韩合邦有多大好处，又各处劝化，说是咱们要跟日本合在一处，咱们百姓就全成了一等国民了，别的国也能高抬咱们。那韩国百姓皆信以为然，遂同上意见书于政府，赞成日韩合邦之事。李完用见有好几十万民上意见书，遂又奏于韩皇，韩皇想着不应吧，百姓们愿意的狠多，大臣们全部愿意，日本人又逼的利害，无奈将此事应了。日本明治四十三年八月二十二日，日本统监韩国寺内正毅、韩国内阁总理大臣李完用在总督府写了条约，是凡韩国的政事全归日本，去了韩国国号，封韩国皇上为昌德公，李王永远不许办韩国政事。条约拟成，二十九日发布，韩国从此可就亡了。

都只为李氏完用狗奸佞，倒卖了高丽国的锦江洪。日本官发出合邦一意见，完用他以为好事就应从。将政治全都让于日本管，自古来无有这样事一宗。明只说日韩合邦是好事，暗只说日本实在得相应。是权力全都归他政府内，是土地全部在他掌握中。去了那大韩国号两个字，高丽王简直变作一白丁。既说是日韩合邦求安泰，为甚么隆熙受那日本封？这事情令人实在测不透，他君臣怎么全为糊涂虫！尤可恨昏庸首领李容九，立一会创成亡国第一功。他想要仗人势力增多价，这件事好比画饼把饥充。

他两家合并条约一发布，惊动了爱国会上众英雄。调察员打听明白这件事，忙到了爱国会上把信通。对着那相禼诸人说一遍，倒把那众位英雄眼气红。一个个手指汉城高声骂：大骂声李氏完用狗娘生。你也是高丽国中人一个，你也有父呀妻子弟与兄。灭了国你也未必得了好，你为何暗助日本把事行？奸贼呀！有着一日获住你，我大家生吃你肉不嫌腥！众英雄越说越恼越有气，一个个摩拳擦掌要行凶。齐说道："国家已经灭亡了，咱何不唆上死命争一争？"他大家声声要把日本打，金洪畴口尊列位且稍停。

话说爱国会诸位英雄听说日韩合并，就要前去与日本作对。金洪畴说："咱们大家且不要性急，咱们要反对此事，就咱这二十九人不能中用，必得去到各处调齐了乡团，连合着百姓作起事来。见一个日本人杀一个，然后再上汉城去杀统监寺内与那奸臣李完用。要是将此二人除治，再破出死力，与那日本人作对，或者能将咱们国家保住。现云老大人在霄已经于去年病故，别的臣宰皆是奸贪，要办此事，非连合百姓不可了。”李范允道：“此说甚好，事不宜迟，咱们就如此办去罢。”金有声说：“好。”他大伙遂到了各处，连合百姓们。

那百姓们一听着这个动静，全都说要破出死命，去打日本。不几天工夫，就连合了四五十万人马，男男女女枪也摩[没]有多少，队伍也整齐不了，但是爱国血心气象勇猛。数日之间，人马齐备，公推金洪畴为元帅。他也不推辞，遂将兵队点齐，令李相卨等各领两万人浩浩荡荡，可就杀起来了。

忽听得日韩合邦事一宗，气坏了爱国会上众英雄。连合了四五十万好百姓，金洪畴众人公推作元戎。众英雄每人带领兵两万，俱都是男女老弱不相同。雪耻会头领名叫刘福庆，率领着苦力农人作先行。复仇会周二娘子李三姐，带领着仗义妇女随后行。虽然是枪械子药不完备，各怀着救国忠诚气象凶。遇见了日本一个杀一个，不论他男女老少与官兵。金洪畴领兵杀奔汉城去，一路上遇着日本不容情。杀死那日本官员无其数，惊动统监寺内那计都[多]星。与他国打去一封急电报，立时的发来三镇大陆兵。日本兵一齐发到高丽界，朝日岭两军相拒扎下营。下战书第明清晨开了仗，只听的连环大炮响咕咚。韩国兵大半是些农庄汉，又加上军装火药不相应。日本兵使出落地开花炮，众义兵何能抵挡大炮轰？隔大山两军打了一昼夜，韩营里周庄、本良倾了生。寇本峰、李儁、高云相继死，又伤了孙子奇与云落峰，还有圣思、圣暇合着萧鉴，又伤了李树萧与李玮钟。云在岫、尧在天皆被枪打，金有声、钱中饱皆受炮轰。李范允、小曹纯二人废命，又死了黄伯雄、姜氏弟兄。吴佐车与侯珍争先而丧，周二娘、李三姐为国捐生。雪耻会故去老将刘福庆，伤兵丁四散逃亡数不清。往往是兵家胜败为常事，最可怜韩国被伤人苦情。虽然是为国亡身死的苦，照比着卖国求荣死犹生。只因他人虽忠勇器不利，因此才打了败仗落下风。

爱国会兵败将亡失散净，只剩下相卨、洪畴人二名。他二人独立无援方逃走，扑奔那南洋群岛去避兵。在路上哭声我国众男女，又哭声忠君爱国的众宾朋。高丽国于今算是要亡灭，咱无有回天手段怎成功！只指望旗开得胜复韩国，不料想竹篮打水一场空。最可叹无数良民白送命，那去了同心聚义好英雄。再不能立会结团扶家国，再不能宣讲自治化群生。他二人哀国哀家哀百姓，英雄泪滴滴点点湿前胸。止不住一行哭着一行走，此一时四方坠落太阳星。意忙忙投奔招商存旅店，咱在此休息一夜再登程。我也要说到此处留连住，劝诸公果知感激再来听。

第二十六回　既合并英雄徒落泪　未瓜分国事宜关心

话表金洪畴、李相卨二人入店，焦思一夜，第明清晨急速登程，夜住晓行，非止一日。单说这日到了南洋群岛，想着由那上火船，投奔美国去借兵复仇，偏赶上这槟榔屿地方，有他们高丽人很多，在那立下一个同乡大会。当日金洪畴二人入到会中，见了那会中的会长贺平康。平康将他们让至屋中，各人通了姓名。平康问："你们二公为何到此？"洪畴遂将韩国的现在情形，怎样的合并，他们与日本怎么争战，怎么败的，对会长细细的说了一遍。平康说："我也听说，不想这事已经成了，咱们算是亡国人啦。"一阵伤心怀国，俱各哭起来了。

贺平康听说合邦事一番，他这才哭声韩国叫声天。"我高丽立国于今几千岁，不料想一旦亡在日本前。日本哪！你国待邻特暴虐，这几年害的我们甚可怜。明只说保护我国成独立，暗设计夺去我主政治权。既说是替我韩民求幸福，为甚么不许我主掌国权？他不是诡计诈谋行侥幸，办交涉不得相应心不甘。上几年假说保全高丽国，平空里安上不少顾问官。统监府修在我们京城内，凡事情全得归于他统监。那时候伊藤巧言来虚哄，他说是改好政治皆回还。这政治已经改了四五载，恨煞人今日生出大事端。顾问官不但不去又多设，硬夺了我国政治巡警权。夺去了诸般大权犹不足，又要夺钱粮土地与江山。说合并明明吞灭我们国，是举动我已早就听人言。日本人说话靡有一回算，一转眼就要弄出巧机关。合邦是本是定的并吞计，事已成令人听说心痛酸。最可恨卖国奸贼李完用，你不该倒卖韩国锦江山。你也是父生母养本国后，为甚么作来[起]事来无心肝？论官职你在咱朝头一个，是凡那千斤重任你得担。正应该日夜暇思求善策，保全着国家不亡才算贤。不能够保国安民宜求退，你反与他国私通失主权。你一时贪心不足国荣利，赚下个万世千秋骂名传。从此后今生结下来生怨，从此后不杀奸贼心不甘。"又骂声："不知好歹李容九，你为何赞成合邦事一端？你累世韩国生来韩国长，国要亡你的身家怎保全？像你这猪狗无知为会首，作坏事理宜扒皮把眼剜。咱本是箕子之后文物国，至而今扔的不值半文钱。从今后家业财产归人管，从今后父母妻子不团圆。从今后身与子孙当奴隶，从今后子弟不许心[读]书篇。使浑[唤]咱任啥不懂成呆礼，使唤咱忘了根本恢复难。使唤咱不知父母真名姓，使唤咱"韩国"三[二]字扔一边。咱的字永远不许咱们写，还得去窃学他的字语言。数年后咱国制度全灰尽，总就有天大手段是枉然。这好比临崖勒马收缰晚，这好比船到江心补漏难。"

贺平康一派悲国思家话，痛恨极泪点滚滚湿衣衫。两傍边在会同人皆伤感，俱个的泪珠点点落胸前。这就是英雄才有亡国泪，就是那无知人闻也心酸。这洪畴心忙就要奔美国，贺平康携手送出大门前。嘱咐声事事留心多谨慎，暗道在美国以里把兵搬。

此后事成败争竞难预定，这部书编刻此处不再编。列明公思一思来想一想，亡国的形状悲哀太不堪。高丽国先侵后灭谁不晓，皆因那忠烈英杰不得权。病作成无有灵丹难续命，势已去虽有智者怎保全？细思量都是庸愚他误国，致使那爱国英雄丧九泉。未死的追古悲今空流泪，有何法能使我国不来完？众英雄泪落千行无济事，劝君子可知防患于未然。众明公思思高丽想想己，咱中国现在亦是难保全。咱中国诚恐先亡东三省，这吉奉如在人家手掌间。日本人得陇望蜀非一日，因为这高丽奉吉紧相连。那朝鲜本是东省屏藩地，好比似一座院墙修外边。有院墙狼豺不敢把院进，无院墙狼豺进院有何难。现如今狼豺已经要进院，望诸公快想妙法将他拦。趁此时安排器械不甚晚，迟误了狼豺要将翅膀添。待等他添上翅膀恐靡治，那时节也与朝鲜一样般。灭咱国就是把咱家来灭，别拿着家国二字两样看。失了国分崩离析家何在？大家的仔仔细细想一番。可知道爱国爱家一样爱，不保国一定不能保家园。咱中华君臣人民称大国，无上下人人都当求治安，休仗着朝有君相能推靠，千斤担还是大家一齐担。官府里那样不是靠百姓？坏了事选[全]得百姓受熬煎。明良宰光知修己安百姓，胡蠹虫光知卖法搂官钱。岂不想将来要坑咱大伙，为甚么你们还想去靠官？灭了国他们还想享新福，受苦罪咱们百姓得占先。看一看这个时候难挽救，家府家以为无事在心间。那[拿]着那国计民生不在意，每日夜妓女窑子去的欢。将私财揣在私囊无其数，世界乱好上外洋去过年。动不动就说款项不够用，修衙署为何浪费那些钱？行新政何必高楼与大厦？种种的虚糜耗费不堪言。不管那野有饿殍民冻饿，只顾的车来轿去吃喝玩。并不想美酒膏粱万民血，并不想日费虚耗百姓钱。一出门前呼后拥人不少，这个样实在令人不爱欢。带护兵为的防备革命党，这个话又无滋味又无盐。革命党刺的贼官与污吏，为什么不作清廉忠正官？皆因为谁作廉官谁不久，亦只因同流合污去敷衍。大家们从今不必靠官府，到何时也得百姓去当先。大家们要不想法救东省，怕的是事到临头后悔难。东三省好似齿牙在口内，朝鲜国好似嘴唇在外边。嘴唇子倘要被人割去了，齿牙儿突突露外受风寒。要想着齿牙不把风寒受，除非是另设法子保护严。我今天没有别的救急法，各处里齐心用力练乡团。莫疼钱备下枪炮与药弹，欺压来当时咱们把脸翻。大家伙至死不退将他打，东三省尚可一战得保全。谨记着自治自强结团体，谨记着别把此事扔一边。愁无奈午梦窗前弄纸笔，为劝惩编出韩亡事一番。

这部书编到这算完了。列位看书的爷们，与听书爷们，总要把高丽亡跟咱东三省的关系，常常在心中存着。那伊藤狠有奸智，创出归并高丽、瓜分中国这两条大事。吞并韩国那件事，他算办成啦；至于瓜分中国这件事，还得在我们中国人喽。怎说在我中国人呢？这话有个原故哇：一者人多地广，二者比高丽开化，三者现时夺去权力不多。我们要全存个自强的心思，外国虽想只来瓜分，他们也得打算打算。要是咱们大家真能自强，国家也就强盛啦，他们也就不敢来瓜分了。列位想想，咱们可是让外国瓜分哪，可是人人图自强呢？这话我也不敢说定了。那位说啦，外国要把咱国分了，咱们分到那国，就与那国纳粮纳税，那里有甚么不好呢？咳！列位不知现在这个时候，不相[像]早头了。早头是灭国，现时是灭种。甚么叫作灭种呢？就是把这种人的风俗人情、言语文字、官阶服制、伦常礼义全都去吊[掉]，让你与他国人一个样子。他还不能好好待你，你当牛当马，作奴作隶，是凡不好的事情，全让你去作，把你一家人指使个七零五散，父子不相见，兄弟妻子离散。台湾就是明鉴。你们看看《国事悲》那部书，看俄国待波兰民那个样子，别的国也就全是那样子。这个事情，就在我们当国民的关心不关心了。话说到这就算完，书编到这也算完，至于咱们国完不完，上下同体方保全。嗟呼！到此我也不忍说了，我也不必说了，我也不敢说了，我也不能说了。咳！拉倒吧！

诗曰：

中原自古产英雄，痛恨今朝尽醉翁。
禹域轩裔悲欲灭，权人急转梦途中。

又曰：

兴废虽然在国民，提纲挈领赖贤臣。
仍依敷衍因循计，难免临危血溅身。

又曰：

忠贞万古水流芳，何自偏私乱纪纲？
历史奸贪倾国辈，荣华莫久臭名长。

又曰：

纣时亿万心亿万，周有三千惟一心。
上犹疾风下弱草，自强何以只责民？

又曰：

于戏大局将支离，仰赖忠谋挽救时。
上下开通无障碍，民情犹水任东西。

（完）

（原载于《绣像英雄泪·国事悲全集》，广益书局，1914年）

亡国影

倪轶池、庄病骸

序一

爱国爱国，救亡救亡。近日以来，我国人痛心疾首，辍食流汗，几无一非奔走奋骇之呼号声。仆闻之且喜且惧，喜吾国人国家之观念日强，或尚有挽回沦胥之一日；惧吾国人对于国家不幸而为五分钟热心之言之所中，而不复镌脑作鉴，为根本上之爱，为根本上之救也。虽然，今日之爱国，今日之救亡，恃学校以灌输常识，而学校不容此多数人；恃政府以维持和平，而政府只有此馈赠术。邻氛逼压，祖国斜阳，长此以往，四亿同胞尚复有一二葬身地耶？庄子与仆同为是戚，屡思稍抒血诚，以为我诸同胞爱国救亡之后盾，教室公仆，靡晷刻暇，忽忽月余，未以基也。适国华主人有编纂朝鲜痛史之嘱，用是与庄子破功偷闲，尽二十日中走笔草此，以内政痈溃为经，以外患矢集为纬。文不离宗，言期有物。借他人酒杯，浇自己傀儡。区区寸心，颇自信足为爱国救亡者，当警枕而效庭语，大雅宏达，当不弃也。嗟嗟！荒宫麦秀，凄凉遗老之词；故国天寒，呜咽山阳之笛。前车既覆，来轸方遒，瞑想前尘，辄为怅惘。吾哀亡韩，吾固不徒为亡韩哀也。旅楼一角，长夜如年，援笔未终，灯昏欲泣矣。

民国四年六月　日　镇海倪轶池　自序于海上轶庐

序二

郢有男子者，容仪不整，手足不完，不自知其丑也，每顾而喜，且自以为佚。河北智叟语之曰："若头秃而目陷，鼻倾而口斜，奇疾成矣。若不自知，若之影则知之，盍视若影？他日窥镜中，则恍然知其丑。"嗟乎！吾国之见丑于世界也久矣，固不自以为丑也，而熙熙然以嬉，而呿呿然以卧，虎狼也而饵之，盗贼也而昵之，驯至国权外夺，财政奇窘，其不秃而陷、倾而斜者几何哉？倪子曰："是宜为之影也。朝鲜旧址，箕子遗封也。流风所被，民俗敦庞。安缊袍短褐之贫，则民非偷；裕盐铁金银之产，则国不瘠。以视齐州，何遽让焉？顾当其承平无事，上下酣嬉，臣民玩愒，自以为得高枕而卧矣。一旦日人临境，则君臣水火，士卒离心，大好河山，举手而授诸邻国。君子读三韩亡国史，不禁泪潸潸下也。虽然，李熙非不道之君，而扶余多气节之士，犹且墟社稷、失主权以去，则帝制自为割地以媚人者，几何不逐印度、波兰后也。"倪子与余有是书之作，以《韩史》为资料，以借镜为宗旨，向之所谓影者，于是乎在。国人读是书而恍然大悟，奋发以有为也，则庶几其不见讥于河北智叟也。书竟，乃重以倪子之言弁其首。

民国四年六月　镇海病骸庄禹梅　自序于春江之寓楼

上卷

第一回　木皮客演说兴亡恨　老大邦变作竞争场

试问苍天，为底事、南风烈烈。满眼是、铜驼荆棘，冤涂膏血。羌笛吹淆周雅乐，胡尘飞满唐宫阙。悼国民、枉自说中兴，终澌灭。

鼙鼓死，英雄歇。家国恨，肝肠裂。叹皇图安在，金瓯久缺。痛哭乱离桥上路，行吟无定河边月。莫等闲、辜负不才心，多饶舌。

——调寄《满江红》

看官，你道这首词是那一个做的呢？说起来话倒狠长。原来明末的时候，有一个士子，别号叫做木皮散客。这木皮散客是一个极热心国事的人，他平日间把我们中国的历史做就了一首歌曲，叫什么《鼓儿词》，手里却拿着了一副鼓板，沿街上唱给人家听，要把一国里的人心挽回转来，他才欢喜。后来明朝亡了，他眼看了破碎河山，不胜故宫禾黍之感，他就做这首词出来，写写自己的悲怀。后来看世事不可复为，他便隐了一个山中，学了些长生之术。一个人坐在山洞里，早晨听听那流水的声音，夜里看看中天的月色，不知不闻，再没有入世的思想。直至民国光复，共和成立，他才走出山来，便来理他鼓板的旧业，要替我们汉族尽些义务，但是荒村僻壤，听的人又没有几个。若是繁华的地方，如上海、北京等处，差不多都是花天酒地，看戏啜茗，天天的歌舞升平，像国家没事的一般，那个还来听这种古调呢？所以这木皮散客往东跑西，和李龟年落拓时一样，上了长街，又过短街，竟没一处可以讲讲他的心曲。

那一天正是天气晴明、惠风和畅的时候，这木皮散客手里拿了两块鼓板，却巧在中州地方一条大街里行走，正要找个所在去发泄自己的悲愤。无如找来找去，总没有相当的地方，不是一块儿围着赌博，就是一块儿谭着花事，心中好不悲闷。忽至一处，却看见了人山人海的挤在一处，前面却是两扇大门，门上挂了两扇中华民国的国旗。木皮散客心里想着：这个时候还有甚的可喜，这儿难道是开什么庆祝会么？急急的上去一瞧，那里是庆祝会，门上却写着斗大的四个白字，叫“国耻纪念”。木皮散客心里一想：好了，好了！我们中华要晓得“国耻”两个字的究竟没有几个，还讲甚纪念不纪念？现在这儿居然有了国耻纪念会，这会里面的人自然是个爱国男儿了。我就趁此机会讲些亡国的惨史，给他听听，岂不是纪念会的资料么？

心中想定，就排开众人，走了进去，里面就有人出来迎接。当下问过姓名，木皮散客就把来意说明。这些会员异常欢跃。此时即将开幕，那些人就请木皮散客到演坛上去。在下所以知道这事的缘故，皆因当时也身在其内，故而听得清清楚楚。

木皮散客当下上了演坛，就向众人行了礼，将手指着门前的国旗说道：

唉！诸君呀！这不是我们中华民国的国旗么？你道国旗是什么用呢？就是表明一国的记号和别国不同的意思。所以一个国度再没有两种国旗，两个国度再没有合用一种国旗的道理。若是两个国度要用一种国旗了，那国家就是亡国了。

唉！诸君说到“亡国”两个字，真是最痛心的话唦！大凡一个国，总有一个主权，无论财政呀，军政呀，教育呀，凡种种有利于民的政治，都是仗着这主权设施起来。一国里面的人，都是你爱我，我爱你，才能够把国家立在世界上。有时就使有个暴君污吏，凌虐百姓，也不过搜括些钱财去做他淫乐的经费罢了，再不会把政教、风俗、人种灭得干干净净的。若是亡国，就不是这样了。古语说得好：匪我族类，其心必异。他们既然把你国家灭了，自然要设施种种的苛政，加重你的赋税，限制你的行动，取缔你的婚姻，把你们的生机剥削得干干净净，再没有反对他的日子，他才放心。到那时，自然个个抱头大哭，呼天喊地起来。你道伤心不伤心呢？诸君，别要把兄弟们这话当做老生常谈才好。我国的人都说中国再也不会亡的。有的说，中国就是亡了，与我们百姓也没有什么相干的。唉！这真是良心丧尽的了。

现在时候，不比那闭关时代，抱着锁国主义不相往来的。自从达尔文发明了天演竞争的道理，兼之瓦特发明了蒸汽机关的道理，那世界就闹闹热热的你来我往，个个要想争存到天演界上，把不得灭了别人的国家来厚自己的势力。有时甲国能够整顿军备，振兴实业，慢慢地富强起来，那乙国就不敢再来欺侮。否则内政腐败，人心涣散，别国就一步一步的逼进来了，终至于弱不胜强，把主权交给人家为度，那不是就叫亡国么？若说亡国和百姓没相干，这话更加差了。没有百姓，那里还有国家？没有国家，那里还有百姓？百姓和国家，仿佛游鱼和河水差不多。没有水，鱼就死了；没有国，这百姓还那里活得来？

诸君不是读过《越南亡国史》么？这些越南人受亡国之惨，真是个个痛澈肺腑！读了这书，真是一字一泪！我们安安静静的在这儿，那越南远在万里以外。他们所受的苦楚，我们那里知道？就以为“亡国”两字，不过是时髦的人，做做口头禅罢了。直至越南亡人伪装来华，把他自己国里的苦况一五一十说了出来，梁任公把他编一部亡国史，我们才知道亡国的苦况是实有其事的。我们同胞还在鼓里睡觉么？我就把一桩古事说将出来，也是亡国的事迹。诸君不嫌絮烦，就让兄弟慢慢的讲来罢。

话说我们亚州地方，有一个古国，叫做朝鲜，有的唤做韩国。这韩国位置是在亚州的东北隅，和我们中国壤地毗连，疆域虽然不大，倒是个东方古国。自从周武王即位，不敢把箕子当做臣子，当下就封箕子到朝鲜去。那时朝鲜，我们中国看他当做夷狄的，一切政教风俗自然非常简陋。箕子到了朝鲜，急急的把庶政整顿起来，那朝鲜就慢慢地晓得礼义了。历代以来，和中国也没有什么龃龉。到了前清，那朝鲜方才做了中国的藩服了。说到朝鲜的服装，本来和我们从前的汉装差不多的，也是宽衣博袖，把马鬣编做帽儿，藏盖那头顶的发，就是现世界惟一的装束，再没有第二个是这样的，所以一望而知为文弱的百姓。但我们中国对待藩属，向来守着怀远主义，就是以德服人的意思，再也不会设施种种的虐政去羁束他的。至满人虽然是个东胡种族，他们进了中国，也狠守着中国的旧例，服中国的教化，对待朝鲜，也是慈母和赤子的差不多。只因我们中国向来不谙国际法的原则，就许朝鲜和别国有缔结条约的权限，因此闹出国际上种种的交涉来。此是后话，且待再表。

却说朝鲜当时和我们中国非常亲密，年年献贡，没有懈怠的。他对我们中国犹如对慈母一般，我们中国也不去亏待他们。那时朝鲜如果整顿内政，锐意维新，就使要做个独立国，也没有什么难事。况且朝鲜的百姓大半都是忠心耿耿，不比我们中国人都是狡黠异常的，如此整顿起来，再没有不富强的道理。无如百姓虽好，政府里面却都是些自私自利的人物，不是你忌我，就是我忌你。加之韩王李熙年少无知，他生父大院君代行政事，暴敛杀戮，毫没顾忌，又抱着锁国主义，虐待耶稣教徒，因此和法、美两国时时开衅。那时中国亦自知没有统辖他的威力，就不去过问。那东邻的日本国，就此屡屡向朝鲜要求订交。这时朝鲜政府决意不允，那大院君却主张最力，因此日本怀着怨愤，就想把兵去恫吓他们。

一千八百七十六年那一天，大院君适在私邸里和一个客人闲谈，当下就有一个管家气喘喘的进来，向着大院君说道："摄政不好了！"大院君道："什么不好？你快说罢！"管家道："日本兵来了。"大院君道："你别胡说了，日本兵甚的会来呢？就是来了，也没什么希罕。那些兵只须稍稍费些力就退去了，你又要大惊小怪起来。"管家道："委实是来了。小的是听见外面说的，日兵已经到了汉城，小的不信，就着人去探听。那探听的回来，就说一些儿不差。那些日兵都是海军，声势甚是凶猛。摄政如若不信，可前去打听消息的。"

那时大院君听了这话，方才惊慌起来，知道事非虚传，就匆匆促促的别了客人，径到宫庭，把这事报告了韩王。那韩王当时就着几名健汉前去探听动静。不一时回来禀报道："日本有战舰二艘，运兵舰三艘，驶到汉城。此信果然确实。"那时韩王和大院君二人，惊骇的非常，不知怎的是好，几乎把胆都吓碎。

诸君你道韩国为什么这样害怕呢？说来煞是可笑。原来韩国向来重文轻武，虽然好用兵力，那些兵器却绝奇怪。军士服装，乃是七十二重厚的絮袍，据他们说，这絮袍能够抵御药弹的，那铸炮的资料，都是些生铜镕就，就算是个利器了。至日本自从维新以后，却事事讲究，就是兵器一项，也比前不同。你想朝鲜那里抵得他过？所以一闻着日兵临境，无论朝野上下，都吓得死去活来，就是刚愎的大院君，也不免要害怕了些。闲话少提，且说那时韩王和大院君正在一块儿担忧，就有人来报道："外面有个日人请见。"当下大院君就出来迎接，原来一个系黑田大将，一个是井上子爵。大院君接他坐下，因问道："贵大臣到这儿来，敝国极形欢迎，但不知有甚么见教？"井上子爵道："也没甚事，不过敝国和贵国仅一水之隔，又是同种同文，将来尽有往来。外臣奉着朝命来商，和贵国订交，如若贵国承认了这项请求，就此敦了两国的睦谊，外臣实不胜深望。"大院君道："这事本该遵命，无如敝国的民情向来主张闭关主义，将来贵国船舶往来，百姓不免骚动，实于大局妨碍匪浅。其实那里敢重违尊命呢。"黑田大将道："外臣这回到此，原期事在必成，所以敝国的兵舰早已驶抵汉城。贵国如若难以俯准，只得以兵戎相见了。"大院君当时听了这话，见风势不佳，就回说道："既然如此，也不便扰乱和平的，限三日内答复罢了。"那时二人就答应了，辞别了大院君，自到舰上去不提。大院君送了二人出门以后，当下就召集各部大臣开御前会议。各部大臣都纷纷到得宸安殿来，大院君先把自己的意思表示，请各大臣决定宗旨。各大臣闻着日兵压境，早已惊心吊胆，那里还敢说抵抗敌人呢？所以一时都唯唯诺诺，一凭大院君取裁。那韩王虽然年事已长，懦弱不堪，毫没主见，所以就胡乱议决了。

翌日，就请黑田大将和井上子爵过来，和他商订条约。不一会，就草草议定几条。大约日本承认朝鲜为一个自主的国度，没有人可干涉的。朝鲜和日本都把平等的礼相待，不得再存猜忌，妄示骄慢。那朝鲜也允许日本在斧［釜］山一带辟租界和商场，将来为两国互市的地步。那各口岸的地方，日本都可设立官吏，保护侨居朝鲜的日人。这条约议定以后，日本和朝鲜的交通就慢慢的兴旺起来，那时日本的兵舰也就退出去了。诸君要晓得，凡是将亡的国家，都是苟且偷安的，要像越王勾践卧薪尝胆，存十年亡吴的志向，古来毕竟没有几个。当时条约议定之后，朝鲜的臣民都以为此后没事了，所以把从前的畏惧心早抛到爪哇国里去，酣嬉的酣嬉，恣肆的恣肆，依然是个太平世界了。这大院君本来是个最好夺权的人，一切政权都颠颠倒倒的，弄得不堪设想。他却夷然无事，趁着国家没事的时候，恃着自己交邻的功劳，就擅作威福起来。那时就大兴土木，崇饰宫苑，把一个韩宫闹得热烘烘的，煞是有趣。那里晓得就此惹出一桩奇案来了？不知甚么奇案，且待下回说明。

第二回　建筑宫园平民蹙额　更张国制贵族含冤

话说大院君惹出一桩奇案来。这奇案是什么情节呢？原来那一天大院君正热热闹闹的在一处建造园囿，蓦地里从地中掘出一个陈死人来。这个陈死人，原来是一个男身，也是王宫里的装束，看来并不是个平民，而且面色如生，一些儿没有改变。当时一传二，二传三，差不多合宫里的人都知道了，都来瞧着，只是没一个人认识，并没一个人道得出他的姓名。有的说："这是古代的尸首，受着地下的冷气，所以不至腐烂。"有的说："这是宫里的某王爷，不知被那个谋死，埋在这儿的。"议论纷纷，莫衷一是，竟把这话传入到朝王李熙耳边去。那时一班的内监，都七嘴八舌的说去，没有一个讲出事实来。就中有一个内监说道："这并不是尸身，实是个鬼物。缘我们韩国惯例，居王位的总须赶些建筑。现在陛下年事已壮，若再不兴些建筑上的事情，那王位就不能永保。所以老天就把这个鬼物来警惕我们的，可不是这样么！"当时这许多的内监听了这话，都说道："讲得有理！"那韩王也点头称是。当下就传大院君进来，把这话一五一十的说给他听。大院君极表赞同，急命内务府里一班人员，吩咐着选了吉日，就在宫墙外一方隙地建筑宫园起来。一面打发把陈尸人好好的择地安葬不提。

且说那时韩国财政，亦是十分窘急，平时连官俸兵饷、王室供给等费，都是枝枝节节的发不出来，还那里有许多费去造园囿呢？那时大院君没法可想，只得和户部大臣安丙吉去商议。安丙吉道："现在国家的入款，依照去年的决算，仅有八千五百万有奇，核诸出款，还短着五百余万哩。那些宫园建筑起来，只少又需五百万，那里办得到呢？"大院君经这一说，就皱起眉来，低着头的想着，好一会才说道："这事万不能不办的，好在我国现在的赋税还不重，不如就此加起税来罢。"安道："这倒也是一策，但不知定了何种名目？"大院君道："我想我国男子结婚很早，似于卫生上大有关碍，不如定了个婚姻税名目罢。"当下安丙吉道了一个"是"，那大院君就亲笔拟了一道谕旨，盖过国玺，急急的发到各道。不几日，那婚姻税的名目，就传遍了全国。

一方面，把宫园次第建造起来。原来这宫墙外的隙地，约莫有八里路长、六里路广，面积足有四十几里。当下韩王就取这园名叫做"乐天园"。这乐天园足足造了五六个月，兴了多少徭役，费了多少金钱，方才造成。那时园中各处的景致，还没有替他题名，大院君就邀请韩王，仿《红楼梦》里大观园的故例，去游玩一番，随游随题。韩王甚是高兴，当下便带了几名内监，和大院君驾着御车，往乐天园驶去。不一会就到了园门。

诸君你道这乐天园是怎样结构呢？须把那大略表示一番，才能明白。原来这乐天园是向南的，园的四面都种着梅花，园的中央，却有个四层高楼，北首有一座小山，叫做百合山，约五六丈高，就是韩王游园时候驻跸的地方，上面都是些房子。当时韩王进了园门，就看见一条大甬道，两边松柏森森，夏秋的时候狠是凉快。由甬道过去，却有一条大桥，下面是一条大河，这桥却全用金磨青石砌成，桥中央也有个过路亭。韩王就在这里暂憩。当下和大院君坐下，就有三数的内监捧玉露进来。这玉露异香扑鼻，味甘如蜜，天寒的时候能够暖，天暑的时候能够凉，真是奇怪的东西。

韩王和大院君饮了一会，抬起头来，却看见亭上有"玉露亭"斗大三字。韩王便问道："这亭名不知何人所题？"大院君道："臣因想起这里有个井，叫做玉露井，方才吃的玉露，就是这井里的水，所以就把这亭名了玉露亭。不知陛下以为何如？"韩王道："这名狠好，就仍了旧罢。"当下又题了一个桥名，叫做"环虹"。又从环虹桥右转到了一处，却是一个竹院，就题了一个"寒翠院"名目。因此处没甚么景色，就到了河边。大家下了一只小船，沿河驶去。到了一个所在，却是极广阔的一个暖室，系用厚玻璃架成，墙壁楼板，没一处不是玻璃。玻璃内都贮着水，水里养着各种游泳动物。进了这里，直如到了山阴道上，目不暇接的光景。

韩王和大院君赞叹了一回，就题了一个“琉璃世界”，依旧来到船上。大院君说道：“这琉璃世界，可称乐境了。我昨儿还听见一个内监说，有一所房子，都是些金银珠玉等嵌出墙壁，用铜铁做就柱子，有许多的奇卉珍木，不知是那一处？”说着，便有一内监答道：“这是在光华塔后面了。”大院君道：“光华塔旧址还没改去么？”内监道：“改是没有改去，已经大加修葺过了。”大院君道：“我们韩国向来靠着中华，算是中华的保护国，所以这塔叫做光华塔，是光辉中华国的意思。如今和日本结了条约，算是独立国了，这个塔就可改名为独立塔。”韩王听了这话，竭力赞妙，不一会就到了独立塔，之后果然有个辉辉煌煌的楼台，说不尽的奢华，描不出的美丽。韩王到了这里，真有乐不思蜀的意思。游了好一会，便问内监：“还有什么胜景？”内监禀道：“胜景尽多着哩，不过这些地方都没有经皇上赐个名，一时说不出来的。”

韩王和大院君正拟鼓棹前进，忽地里宫内来了一人，上前说道：“请皇上、摄政王回宫，宫中尽有事咧！”大院君听了这话，以为日兵又来，因急急的吩咐整备御车，当下就驾到王宫，问明缘由。原来是内阁大臣奏请剿匪的情由。缘婚姻税实行以后，百姓骤闻这事，人人怀怨，个个发愤，街谈巷议，都说韩王是个昏君，不谙政体。有的说：“这都是贵族的主意，与韩王毫没关系。因此风气僿野的地方，竟为着收税的事情，那些不良的百姓煽惑愚民，说要反对政府，闹轰轰的不肯干休，罢市的罢市，暴动的暴动，弄得全国人心惶惑，闾阎不安。无赖奸民，公然揭竿起事，劫掠焚毁，闹个不了。因此官吏相忧，就疏请朝廷派兵剿灭，以安众心。”

内阁得了这个消息，当将详细情形奏陈韩王，说时势非常危急。大院君查明详情，当下就召集各部大臣，开个内阁会议。那时兵部大臣余重亮一意主张剿灭，说愚民难与更始，可与乐成。其余工、户、吏各部，噤不一言。独礼部大臣袁守经竭力反对余重亮的话，忙道：“众怒难犯，断断不可用强硬手段对付的。”

当时两方相持，各执一是。内阁大臣吴维贤就对众道：“就余的鄙见，婚姻税既然实行，万不能再行收回。若是要释他们的怒，除非把权利分给他们才好。”大院君问：“什么权利呢？”维贤道：“有是有的，就本部的意见，不如就趁此机会把贵族和平民的阶级平起来，或者平民得了这种权利，非常喜欢，将加税的事情忘却了，也未可知。不知诸位以为何如？”

当时众人固然一一赞成，即大院君亦异常首肯，就将这主意议决着礼部拟定了章程，奏复裁行，通饬各道就是。当下袁守经领了意旨，到部照办，一方面就拟了一道上谕，无非是安慰良民，恫吓奸民的意思。当时大院君议毕回宫，就把上述各情说知韩王，韩王非常嘉纳。过了几天，那礼部已将章程拟定，叫做《变更贵族平民制度章程》，奏复韩王。

大院君即将此章程一阅，其内容系：

第一条，大韩国贵族平民，对于国家应享之权利，概依本章程之规定施行。

第二条，贵族与平民一律纳税。其向有未纳税之平民，经官吏查明后，一概须限期补纳。如有隐匿不报者，科以千元以下、百元以上之罚金。

第三条，贵族服装向有标识，自本章程实行，即当废除。

第四条，黑履向为贵族专蹑，自本章程实行，平民亦可施用。

第五条，帽沿一律改狭，袖口一律改小。

第六条，大小文武官吏，量才擢用，不限资格。

第七条，贵族不得欺凌平民，遇有交涉，同诉于法律判断。

第八条，本章程以宣布日起为实行期。

这八条章程，大院君非常的嘉许，当将原折交内阁复议具奏。不到数日，内阁议毕，奏称妥善可行。就此谕知各道，通饬遵行。此谕一下，果然那些平民人人歌功，个个颂德，说皇上毕竟不是昏君，他晓得这样体察民情，把贵族、平民看做一样，我们百姓那里便好忘却？就使加了些税，也是国用不足的缘故。没有法子可想，只得向我们百姓上想法，这也怪不得他的。就此一传二，二传三，竟把暴动的居民渐渐的解散，再也不要反对政府了。这个时候，大院君的名誉顿时鹊起，还那一个会说他的坏处呢？

那里晓得天下的事，有正必有反，有德必有怨。贵族和平民阶级平了，在平民一方得了权利，自然手舞足蹈的乐不可支。那贵族一方一旦骤失权利，心里自然不平。虽然占国民的少数，那些豪强者流时有烦言，加以大院君素来恣肆暴戾，不洽人心，因之贵族愈加怀恨，时时存着报复的念头。只为那大院君是个摄政王，威权赫赫，拗他不过，只得忍气吞声罢了。到了这种章程发表以后，越发忍无可忍。有几多的贵族，就大家聚在一块儿的商议抵制的方法。商了多时，终究商不出来。

这日正在会议的时候，只见一个人起立说道："兄弟倒有一个妙法，不知诸位赞成不赞成？"众人看时，却是韩王近支的兄弟，名唤李真，圆目方额，状貌煞是奇挺。众因问道："不知什么妙计？"李真道："兄弟素来出入王宫，和闵氏倒称莫逆。闵氏恨大院君刺骨，兄弟过去和渠[他]商量，当有头绪。"当时众人各各赞成此举，都说："这事全赖李皇爷进取了。"说毕，只闻拍掌的声音大如雷霆，不一会就议决散会了。

李真走了出来，只因担当这事，就急急的跑到韩王宫内，要和闵氏商议这桩公案。却巧这日韩王下了一道诏谕，李真仔细看时，是系册立闵氏为妃的事。李真看了，益觉心中快活。他知道闵妃性子刚烈，且与大院君和冰炭的一般，如今立他为妃，一定有些作为。我趁这机会向他运动，是越发有效的了。

此时李真心中好生欢喜，一面想着，一面走去。不一会就到了闵妃处，把大院君的罪恶一五一十的说给他听。闵妃着实恨愤，李真再把如何抵制大院君的话头和闵妃说了多时。闵妃说道："这事切不可轻易举动。大院君气势方盛，朝廷里那一个不是他的党羽？况且韩王暗弱，没节制他的本领，事若泄了，转遭祸害，不如缓缓图之为是。"李真说道："有理。"就辞了出来。临行复把这事再三叮嘱，闵妃一口答应。李真就把这事详情报告众人不提。

且说闵妃自从册立之后，就把这事牢牢的记在心头，眼看着大院君所作所为，心中非常反对。那韩王又是个慈祥恺恻、没有主意的人，自己一个女子，那里敌得大院君过？因此日夜焦思，连寝席都不安了。诸君要晓得，这时韩王年已长大，不消大院君当国了，那大院君抵死不肯归政。那一天，韩王上大院君一个"太上皇"尊号，他心中着实有些不快活，对于国政，仍然是独断独行的。韩王无奈，只得俯首听命。那朝臣中除了大院君以外，大半的人都和大院君反对。因此闵妃想了一法，就把这些和大院君反对的人召集密议，设法张大了反对党的势力。

商妥之后，这些人就此天天和大院君假意殷勤，事事承旨。大院君见廷臣中个个如此忠心，心中好不快活，因此不但把猜忌的心思丢得干干净净，而且办理一桩事情一定和这些廷臣商酌施行的。这些廷臣见已有了路了，就把自己的党羽保荐上来，给他居个要位，大院君亦非常的信用。那时朝臣中如礼部大臣袁守经、工部大臣项承永、吏部大臣田如镜，都和大院君异常融洽。若是留他在位办事，未免掣肘；若是将他削职，又恐大院君不能依从。当下就想了一法，向都御史赵振纲处进了重赂，嘱他弹劾这些大员，赵振纲一口应允。过了几天，果然赵振纲上了一道弹章，递进内阁。其文曰："臣都察院正都御吏赵振纲跪奏，为廷臣不道，危及皇室，迅请设法审鞫，治罪惩逆，恭折仰祈圣鉴事。窃以垂拱无为，颂扬圣智，施教行化，端赖臣工。所以唐虞之世，上下相安，率礼从道，朝养触邪之兽，庭有指佞之草。故股肱良而元首明，熙熙皞皞，跻于太平之域，甚盛事也。我皇上自登极以来，上综天维，旁握纲纪，道周经纬，功格元祇。薄海臣民，咸庆尧德。然近年以来，窃见廷臣等依赖如天圣德，不复知有顾忌，私人滥用，苞苴公行，尚是细故，甚且结社构党，潜谋不法，包藏祸心，窥窃神器。如礼部大臣袁守经、工部大臣项承永、吏部大臣田如镜，兹三人者，心存叵测，事图逆谋，私邸密议，悉为臣等所侦知。臣以事于社稷有关，皇室不利，急开西台会议。当时均深战栗，谓此事若不预防，祸发无日，急宜奏陈情节，以达圣听。臣以韩日交涉方始告终，此辈身食君禄，职居民上，乃不务为国尽力，而敢为不轨，似此狼心狗肺，实天理所不容，社会所公诛也。非蒙我皇上大震雷霆，发下刑部审鞫，严厉惩治，将非独皇室之不幸，实亦国家之大患也。若以事无佐证，则户部大臣安丙吉、兵部大臣余重亮等都所闻知，可以覆按。为此将上述实情，奏请我皇上圣鉴施行。臣不胜惶恐战慄[栗]之至。谨奏。”

奏上，韩王和大院君都吓得魂飞魄散，默不一言。停了一会，方才叹了一口气，慢慢的说道："难道真有这事么？"那韩王兀自在一处发抖，不做一声。当下大院君就把这事想了一回，低了低头，就吩咐内监召内阁大臣吴维贤进来商筹这事。内监领命前去。不知如何商议，且待下文说明。

第三回　平地灾殃魂飞大内　昏天迷信祸路萧墙

话说大院君当时邀了内阁大臣吴维贤进来商议大事，就把赵振纲的弹章给他看着，一面就问他如何防备的方法。吴维贤平日虽然和袁守经等通同一气，到了这时，究竟也疑信参半，不好说他的是，也不好说他的不是，只好模模糊糊的答道："这事还请摄政少待，俟探得了确实消息，再行定夺罢。"大院君道："事虽如此，但急宜着手侦探，一有延缓，恐前途已经发动，转致不及。再者，此事切须守着秘密，若一泄漏，大局便难收拾了。"

维贤唯唯，就辞了出来。到得私邸，想了又想，差不多一夜不曾合眼。次日即邀余重亮、安丙吉二人到第，询以这事虚实，都说实有其事，并非赵御史的虚言。维贤无奈，只得再邀袁守经、项承永、田如镜等进来，先说些别的事情，随后方慢慢地说到这案。因问道：本邸近几天闻得外面人言藉藉，都说卿等将有大举，本邸颇深疑怪。卿等果有这事，断不至这样秘密，连本邸都不知道的。后来说的人多了，本邸方才着了急，所以特地请卿等过来，问明这事究竟有的没有。"那时袁守经等都面面相觑，噤不作声了。歇了一会，田如镜方说道："这何等事，我门那里敢做？就使做了，也不应瞒着丞相擅专发起的。丞相尽可放心。"维贤道："这话可是真的么？"袁守经道："丞相和我等不是两气的，还有什么虚言呢？"维贤道："既然如此，也不必说外面的议论，任他罢了。"袁守经等听了这话，方才放心。停了一会，就辞了出去。次日，吴维贤就把如何探听、如何查察的话向大院君说了一遍。大院君本来最信任吴维贤的，听他这样回复，也就信了不提。

且说闵妃自从运动赵御史以后，赵御史一面上了弹章，一面通知闵妃。闵妃非常欢喜，心想着这事若成，那大院君就势孤力弱了。不料等了几日，毫没动静，心中好生奇怪当下就着三四个心腹往各部探听。不意探听回来，知道袁守经等已密议摘疏赵振纲受贿诬奏的罪案，不久即将发动。闵妃得了这个消息，顿时惊慌起来，连说："不好，不好！"心里想着：这事发动，赵振纲势必受审，倘然把实事吐了出来，这还如何了得？千思万想，只是想不出弥缝的法子，心里急得死去活来，没了法，只得跑到韩王处，滚在地上，放声大哭起来。

韩王见此情形，猛然吃了一惊，不知为了些什么，只管发着抖，连口都不能开了。那闵妃兀自呜呜咽咽的哭，哭了好一会，方才带着眼泪的说道："万岁，大局不好了！"韩王一时摸不着头脑，不知道说的什么事，因问道："你说什……什么？"闵妃道："这事难道万岁还不知道么？"韩王道："什么事？朕简直不知。"闵妃道："御史大臣赵振纲不是一个骨鲠的臣子么？他为着袁守经这般人谋逆，专章弹劾，如今反受了诬奏的罪。将来赵振纲抱这冤曲，那些袁守经等狼心狗肺，越加毫没顾忌，那谋逆的事情，恐怕一定来了。"韩王道："这便怎好呢？"闵妃道："事倒不难，只是妾一个女子，虽然有报国的志愿，奈没有这种力量，说也无益。"韩王道："你只管说，朕自有道理。"闵妃道："这事，闻说摄政受了吴维贤的愚了，吴维贤和袁守经等本是同党，那里肯吐出实情？所以糊糊涂涂的过去。将来犯了实事，他自然露出真相来了。就妾的愚见，还是把吴维贤免了职罢。"韩王道："吴维贤免了职，还有那个可以替他呢？"闵妃道："这系国家的大事，妾那里敢干预呢。不过这事切切不可和摄政筹商，现在廷臣庞杂，摄政也没了主意，恐怕一时受了愚，仍然用了狐群狗党，那便越发不好收拾了。"韩王道："朕深居简出，那一个是好的，那一个不好的，朕那里知道呢？"闵妃道："妾弟闵星河，虽具着绝好才略，只碍着外戚的嫌疑，兼之年纪太轻，所以妾不便说。若论到为国择贤，原也无妨，还乞万岁主裁罢。"韩王道："既然妃子这样说，想来不为大差的，还论什么嫌疑不嫌疑呢？只是那班人褫了职，恐怕越发怀了愤了，便怎处呢？"闵妃道："这是再也不会的。好在兵部大臣余重亮耿耿忠心，一有缓急，大事可托，万岁尽可放心。"韩王连连称是，当下就下了一道谕旨，大意以内阁大臣年老龙钟，准其归里，即着闵星河充内阁总理大臣云云。

此谕一下，袁守经等都惊心吊胆，日夜恐惧。不多几日，果然袁守经、项承永、田如镜等一概免职。那时闵妃党羽已经布满朝廷，大院君的权柄自然夺得干干净净了。大院君知道这些事情都出闵妃的手中，就和闵妃做了死冤家，心中着实怀着愤恨，决意要和闵妃为难起来，只是没法可想，只得暂时忍气吞声的罢了。

那一天，闵妃刚和李真在寝宫里谈话（此系作者不便明言处，须注意），缘大事都达了目的。二人心满意足，自可不论。正谈得高兴，不提防轰然的一声响了起来，把李真、闵妃吓得面如土色，再也不敢出声。

歇了好一会，李真方才和闵妃立起身来，四处察看。到了一处，却瞧见墙壁上轰了极大的一个洞。李真见情势不佳，就一溜烟跑去。此时内监宫嫔等都闻声齐到，将要问过情由，先见壁上留着偌大的洞，都面面相觑，惊惶非常，却挤满了一大推[堆]。有的说是李真怀着歹意，故意弄这埋伏的；有的说是大院君和闵妃为难，着人来轰击的。七嘴八舌，自己说自己的有理。

正拟把这事报告韩王，却巧来了一个内监，气喘喘的说道："不好了，不好了！丞相府出了奇案了！"闵妃道："什么案？这里事还未了，难道又出了一事么？"内监道："丞相的太君和嗣君都归了天了。"闵妃道："这可是真的么？"内监道："这是咱家亲见的，那里会失实呢。"闵妃听了这话，也不问着死的缘由，就放声大哭起来。哭了一会，那些宫嫔等就前来劝慰说："妃子这时且别要哭，须急急的到丞相府去走一躺，好歹问过情由罢。"闵妃就住了哭，当下带了几个宫女，向闵星河私邸走去。

到了那边，只见人山人海的挤满了一屋子。那闵星河直吓得面无人色，坐在一处，连眼泪也些儿没有。闵妃就把原因问明，方知是闵星河在私邸祀祖，忽然得了一只小箱，当时只道是宫中赐下的珍物，也没留意着他。到了祀祖已毕，就把这小箱开视，正在发镐的时候，蓦地爆发，火焰四射。那时闵星河的母子都在近旁受着爆药，一时就惨毙了。闵星河把这话从头至尾说毕，那眼圈儿就慢慢的红了，流着两行清泪。闵妃也把自己寝宫里的事情说了一遍。说罢，又呜呜咽咽的哭起来。

闵星河道："妃子也不必哭了，我想这事狠为奇怪，若说没有怨隙，这些埋伏从何而来？若说有怨隙的，那个有如许本领施这埋伏？"闵妃道："和我们有怨隙的，除非是大院君了。"我想这事一定是大院君施的毒计，我们以后须要谨防着才好。说毕，又流了些眼泪。

那时宰相的私邸里，来来往往的人极为热闹，而且为了这事，防卫非常严密。闵相一方料理丧葬的事情，一方把这事报告了韩王。韩王亦非常惊骇，心中颇疑及大院君，所以大院君和韩王讲的话，韩王慢慢地不信任起来，再不似从前的样子了。因此大院君越发恨之刺骨。

那时日本刚要订立新约的时候，大院君就着人各处煽感，说："外人入了国境，大是国家的患处。既许了日本人到这里，就不能不许别国的人进来。若白种人到了我们国里，他施了种种的邪教，要我们听从，可不是辱杀了我们么？"那时一般愚民听了这话，极为赞同。

却巧这年遭了大旱，政府里的财政一时就非常急迫。别的不要说，只这官俸一项都发不出来，那百姓的苦况是更不必说了。这时大院君就乘了机会，拟了一篇广告，派了许多的党徒，往各处去讲给百姓听，巴不得百姓听了他的话立时造起反来，才好泄他的愤。

那广告上说道：我大韩自从六年前和日本订了条约，日本人到我们韩国来的日多一日。到了现在，奸贼柄政，皇上暗弱，朝廷政治，颠倒是非。三月中，和日本订了新约；五月中，又和美国订了通商的约。将来外人日多，邪教日盛，我们大韩国后患不堪设想，所以今年条约甫定，天就大旱，岁遭荒歉，五谷不登。这就是老天警戒我们允许外人通商的罪。我们人民倘然袖手旁观，任他们乱臣贼子做去，我们大韩恐怕遭了天谴，将来灾殃，正自无穷。为此广告有众，各宜奋起，除彼国蠹，清我君侧，庶几河山无恙，社稷得保，不世之功，即在乎此。尔有众其勉旃！

这广告散布之后，全国百姓都被煽惑，一夫攘臂，暴徒云集。到了七月二十三日上午十点的时候，偌大的汉城都被这些乱党挤满了，一城鸣锣的鸣锣，升炮的升炮，汉城里的良民，霎时间都纷纷迁往他处。那些奸民，自然都附和栊[拢]来，越聚越多，几乎把声音都听不出了。这时候非但韩王住在深宫，毫没闻见，就是闵相也好端端的坐在私邸，一些儿不知消息。

及至十二点钟的光景，那乱党方才拥入了相邸，相邸里的护卫兵那里敌得他过？所以乱党进去，直如摧折枯朽的一般，把相邸里的管家奴仆们却吓得死去活来，逃的逃，避的避，讨饶的讨饶，献媚的献媚，闵相的私邸，竟没一人照管的了。那时闵相刚在一个花厅上宴客，坐着许多的大员，个个盘着两只腿儿，把那牛脯呀，烧鸡呀，狼吞虎噬，四围培[陪]着汉城的高等妓女，弹弹唱唱，好不高兴。及至乱党进去，那些大员见了汹汹的声势，慌慌忙忙的四散窜走。

就中有个老人家，年纪七十以来，还染着一口鸦片烟的。却巧这时烟瘾到了，乱党也到了，狠命的想寻个出路，跑了出去，无奈气力一些儿都没有，歪东倒西，颠颠簸簸的撞到闵相姨太太的内房去。不管三七二十一，四七二十八，要爬进床子下去躲避。那床子下已先有人在，却是一个绝世的小白脸，看见这老头儿进来，道是乱党，立时钻了出来，往外就跑。老头儿被这一吓，吓得非同小可，烟瘾又到，气力又没了，喔唷一声，往后就倒。此时也没人听见，将来如何结果，以后再表。

且说闵相见那些客人都逃了，乱党都进来了，慌得走头[投]无路，狠命的叫喊管家。喊得声嘶力竭，那一个来睬他一睬？那时乱党还站在二门上，扭着一个仆隶，问他那一个是闵相？那仆隶抵死不说，乱党就把这人戳了一刀，适中要害，“呀”的一声死了。那乱党就蜂拥入内。闵相兀自东窜西跑的想出去，走到花园里面，要把园子的矮墙跳了出去。这闵相自少没学过武事，一无气力，那里跳得出？正在狠命爬挖的时候，却听后面有人说道：“闵相就在这里，这就是闵相了。”说毕，就有许多的人，把闵相七手八脚的捽了出去。那时闵相脑也昏了，知觉也失了，昏昏腾腾的，连到了甚么地方都不觉着。耳鼓里只微微听见有人说道：“闵相已捉着了。”还有一人说道：“我们该庆贺了。”话还未了，只听那拍掌的声音和雷霆的一般，蓦地里响了起来。歇了一会，又有一人说道：“我们快到昌德宫去罢。”即听有许多人应声道：“快去，快去！”那时闵相已略有知觉。开过眼来，见自己的手足，却牢牢靠靠的捆做一团，有两个人扛着他，心中想着：我做了宰相，官位不为不高，今日不知犯了甚么罪，竟弄到这般田地！想到这里，不免流下泪来。又恐这会子被他们捉去了，多半是有死无生的。想到这里，又不免害怕起来。

此时乱党已到了大内，一般的官兵，平时本来怀着异心的，到那时就和乱党合做一气，越发骚扰，把昌德宫闹得一败涂地。当时便闻有人说道：“快去杀王罢！”大众都应道：“快杀！快杀！”那时乱党闻声，直入到了里宫，各处搜索，却不见韩王踪影。再到了宫园中，分道探寻，那里有个韩王？乱党就把宫园打得粉碎，那些奇花异草，芟除得干干净净；琼宝玉门，敲击得零零落落，却把些金银珠宝抢得不留一些。这真叫飞天大祸，和我们中国前清时候联军入京的情形差不多。

闲话休提，且说乱党从宫园出来，仍旧到了宫中。那时宫中也有一股乱党在一块儿骚扰，便一同闯入寝宫，要去找闵妃。找来找去都找不着，对面却撞了一人，那人生得面白如玉，唇红如朱，年纪约莫二十来岁，也是贵族的模样。对面跑来，和乱党撞个满怀。乱党就把这人扭住，问他姓名。这人吓得面成灰色，颤声答道：“我不是这里的人，我……我是姓李名真的。”乱党道：“不管你李真李假，你在这儿，就是和这儿一气的了。”当下就把李真斫去，再进了内，却巧有个女子袅袅娜娜的出来。乱党问：“这可是闵妃？”官军说道：“不差，不差，就是闵妃。”当下你一刀我一刀的，把那女子斩得血肉模糊，方才出来。一路乱哄哄的走去。

走了十几里路，到了一座古庙，庙却极大，那乱党就跑了进去。里面当有人出来迎接，说：“你等今天劳苦了，大事可有成没有？”众人道：“仗摄政的威，把闵妃弑了，闵相就擒在那里，只有韩王逃走了。”闵相一听，知是大院君，方才明白乱党起事之由。大院君答道：“韩王仁厚，就饶了他罢。我们事还多着，正待议咧。”当下就进了里面，见那些陈设虽然没甚华丽，其款式和昌德宫差不多，一座古庙，竟做了王宫了。

乱党进了里面，就一一坐下。大院君就站了起来，对众说道："今天的事，虽然没找着韩王，那闵妃既死，祸根已绝，只是那些外国人，纷纷的都到我们韩国来。你看汉城里面，什么日本使馆，什么中国使馆，都挤满了。我们既然受了老天警戒，就应该替天行道，把这等外人都排了出去，方才合乎天理。你们可赞成不赞成？"众人都说赞成的。大院君又说道："诸君既然赞成，趁这机会，外国人到我韩国来的，这时还只几人，我们有这许多的人，凭他怎的枪炮，再也不会抵当不住。这时不去杀他，将来外人多了，恐怕敌他不过，就难以起事了。但就我意见，这时要排外人，倒有一法：不消我们这许多人，只要有几十健夫，到他们使馆里，把公使杀却了，他们就害怕起来，再也不敢到我们韩国来。你想这法子好不好？"众人都道："好极好极！我们就去罢。"大院君道："且慢！闵相既然在此，就把他带上来罢。"

当下众人答应一声，就见一人扭了闵相，到得大院君前。大院君见闵相时，看他白面秀姿，丰神飒英，倒是一个英挺的男子，并没有阴狠的模样，当时就说道："闵星河，你为甚的这样暴虐，欺凌平民，承迎外人？难道不晓得我摄政的本领么？"闵相道："这都是圣上的主意，本邸那里有这胆略？"大院君道，"你别多辨了。韩王忠厚长者，那里有这主意？不是你们主裁，还那个敢做这事？也罢，看你还没甚么阴险，就饶了你罢。你快回去，把韩王找了转来，好好的扶助他，别要做出荒唐的事情了。"

闵相连声答应，就走了出来。只是手足被他们捆绑了多时，麻木得不能行动，加以向来是骑马乘车的，从这古庙到相邸，足足有十几里路，徒步行去，那里行得到？但没法可想，只得三脚两步走去。足足走了四五个时辰，方才进了私邸，却静俏俏[悄悄]的没几个人。闵相这时痛苦已极，就不问什么，直进了内房去睡。刚是一足跨进，却喔唷一声，吓了一跳。不知甚事，且待下文说明。

第四回　排外势大纵使馆火　平内乱翻乞邻邦援

话说闵相进了内房，吓了一跳。原来见着一个人，直挺挺的卧在地上。上前瞧时，正是内务府总管贺希哲。眼睛似闭非闭的样儿，嘴里还微微嘘着气，知道还没死，是受了惊了。当有女婢们进来，闵相叫他拿参汤来，灌了一回，方才醒转，慢慢的说道："可是丞相么？"闵相道："正是。"贺希哲道："乱党退了没有？"闵相道："退是退了，只是合府里弄得没有人了。"贺希哲道："这倒还不要紧，只是局面不知如何了？"闵相就把方才的事详详细细说了一遍，并言不久各国的公使馆恐怕又要遭殃呢。

谈了一会，贺希哲就辞出到内务府去。此间闵相坐在一处，想着自己的母子既然遭了殃，还受了这样的苦，又不知妻妾们到了那处去，心中好生悲伤。瞧着府里的人，剩的只有几个年老龙钟的管家和几个婢仆们，不知他们是去而复来的还是没有走过。当时就叫着一个管家进来问他。管家说："小的等都不曾走过。丞相去后，小的跑东跑西的探听，一些儿都没有消息，心中着实担着忧愁咧。"闵相道："太太和姨太们，可知道他的所在么？"管家道："那却不知，小的也找了多时了。"

闵相叹了一口气，就倒身卧在床上，正拟到黑甜乡里去梦周公，那内监传进外面，又有客人来了。"这时闵相身体稍稍觉得舒齐，就跳下床来，整了衣冠，到花厅上去会客。

原来不是别人，就是贺希哲。见闵相出来，就慌慌张张的说道："不好了！丞相说的事，已经发动了。"闵相道："你怎晓得？"贺希哲道："刚才有人报大内去的。"闵相道："皇上现在那里？"希哲道："据几个内监说，乱党来的时候皇上随了一个内监逃得一所民房里暂避，现在已经回了宫了。"闵相道："既如此，那乱党想不会再到宫里来的。我们须到那边一走才好。"说毕，就和贺希哲到昌德宫去不提。

且说乱党会议以后，就检点了军械，一路向日本公使馆走来。那时人心越发惶惑，有的说："韩王已经逃走，乱党要做皇帝了！"有的说："乱党这会子要杀洋鬼子了！"人声鼎沸，合城惊骇。那些在韩的日人，听说乱党要来杀他，就东窜西跑，忙个不了。却巧到了半路，都被乱党碰着，就用刀砍却。那汉城外的街道，几乎满地都有日人的尸首，叫喊的声音，真是惨不忍闻。

这时乱党复蜂拥着到了使馆门首，那使馆早已预备着派了许多的日兵在门首防守，并摆着许多的军械。乱党恐怕公使逃逸，就把使馆的四面围住，一面先由大门攻去。攻了多时，那日兵枪弹猛烈，竟伤了几名乱党。乱党那里还肯干休，就一齐簇拥过来。有的拿了长刀，没规则的向空乱掷；有的拿了长矛，在人缝里乱施，却杀不着一个日人；还有些持枪的，连放了几枪，都放到自己一团人里去。那在后面的乱党，看了情势不好，就报告众人把使馆放起火来。

不一时，果然火焰渐旺。适此时风势极猛，日人竭力扑灭，竟至愈扑愈旺。过了一时，那火势滔天，劈劈拍拍的，把一个公使馆竟做了一座阿房宫，热腾腾的烧得煞是好看。日人见这情形，就恐慌起来，霎时间从里面排队出来，一面战斗，一面出围，互有杀伤。那时公使已从人丛里走出，带着几名日兵往城里去见韩王，要他派兵援救。那知四面城门却关得牢牢靠靠，抵死不开。日使无奈，只得回了转来。

那时金乌西下，飞鸟投林，已是薄暮的时候。日使局蹐路旁，无处可以投宿。没了法，当晚就到了汉江，循着汉江走去，不一会就到了仁川。原来仁川的地方，是韩国的第一商埠，那处有个海口，就叫做济物浦，水深港稳，没有一些儿风浪，所以舟舶等都聚在一处，可算是绝好的地方。只是这里的土人，却非常野蛮，那些排外心，比汉城的人民还要浓得多咧。当下见了日使等来了，也不管好歹，就聚集了好多土人，把日公使拼命的驱打，竟打得日公使死去活来。那些日兵见势不佳，也狠命似的打去，不一会却打死了几名日兵，日使就急急的从人缝里逃去，心中兀自跳个不住，巴不得身边生了羽翼，一霎时飞到了日本，方好保全自己的性命。

一面想着，一面却遇着了英国一只测量船，说是要到日本去的。日使得了这个消息，就不觉喜出望外，因急急的到了这测量船中，会过船主，说明一切原因，当由船主允许了，就下了船，那时才放心了一些。但经过这许多的困难，身体自然非常疲倦，当时就沉沉睡去，待醒了转来，已是次日天明时候了。日使在船中没事，有时和那些测量人员在一块儿帮着，心里虽然躁急，没法可想，只得一天一天的挨去。

好容易挨了十几日，方才到了日本。当时上了岸，就急急的去见日皇，把韩国乱党如何围攻使馆、如何格杀日人的事情，详详细细告诉了一遍。日皇听了，立时愤激起来。当下召集各大臣，开个内阁会议。那些大臣不消说，一定是主张兴兵往讨的了。因此一面筹备军事，一面就下了一道命令，向百姓们筹集粮饷。

诸君须知，日本的风气，和我们中国却是不同。我们中国的百姓，大都自私自利，不晓得国家利害的关系，所以听见本国要和外国人打仗就个个蹙额，人人担愁。那日本却不是这样的，他国里要和别国开战了，百姓们都手舞足蹈的欢喜起来，把不得自已的身体死到战场上去，留个名声，才算是顶天立地的奇男子。

所以当时命令一下，那百姓们都知道本国要和韩国开仗，个个都奋发起来，把自己的职业丢开，抵死的要去当兵。至于粮饷一方，更不必说，有钱的固然把钱来助饷，就是没钱的也节衣缩食，把金银拿到政府里去。还有那些车夫呀、工人呀，一听见了这个消息，急急的积聚些工资，一元的两元的拿来充饷。妇女们金珠首饰，一概变资[卖]了当做军资。

不到一月，那军资已绰有余裕。到了那年八月，就整顿了军事，派端武佐督了兵队，驾着兵船向韩国驰来，到了仁川港登岸，向汉城进发。那时韩国上下都惊惶失措，以为日兵到了，又要开战，这会子恐怕打他不过了。那些百姓倒可东逃西避，躲这祸患。只是韩国政府躁急得了不得，想来想去，终究想不出法子来。

那时中国政府已接着本国公使的电报，说日兵已经到了汉城，将要遣师前去镇抚。随后却又来了一篇大文，原来是韩国闵妃求援的书。诸君听到这里，一定要奇怪起来，说闵妃已经给乱党杀死了，那里还会上书来求保护？除非是闵妃的鬼魂了。这事其中却有个缘故，待在下慢慢表来。

话说乱党那时进了寝宫，那寝宫里上上下下都吓得魂飞魄散，要想逃去，闵妃也急得没路可走。当时就有个侍婢，和闵妃是个生死之交，对闵妃说道："奴想乱党来此，也不是逢人便杀的，他意下不过要找着妃子就是了。若是把奴的衣服给妃子穿着，混了出去，那些乱党从没有见着妃子过，再也不会窥破的，不知妃子以为如何？"闵妃道："这法好是狠好，倒是他们不找着我不肯下场，便怎处呢？"侍婢道："这奴自有道理。事急了，快别多说了。"当下闵妃就依了他的计策，换了衣服，从人丛中逃去。那侍婢就把闵妃的衣服穿好了，当做闵妃的样儿，给乱党找着了，就为国死了难。

闵妃自从人丛中逃去，恰巧有一个舆夫，叫做余用桓，随后跟来，把闵妃负在背上，飞也似跑去。到了一处，离汉城约四十几里光景，却是一个极静僻的所在。那时天也晚了，举目四顾，都是些青山绿水，没一些儿人影。二人到了那处，已是气竭力尽的时候，再也不会动弹了。只是进退无路，没处栖息，想起来好生悲凉。四面望去，只见山凹里隐隐约约有个亭子，余用桓和闵妃只得一步步的走了过去。不一会就到了亭子里，见有几条石凳，就在那处坐下。闵妃道："天是晚了，这里又不好栖宿，便怎好呢？"用桓道："天色暗下去，走又走不来，还到那里去呢？只得在此暂过一宵，明天再去找个投宿地方罢。"闵妃道："这样大的风，过了一夜，不饿死也该冻死了。"

二人正在焦灼的时候，对面却来了一人，似乎是个商人的模样，面上倒露出些慈善的颜色。见了闵妃和余用〖桓〗二人，狠为疑怪，就问道："你二人往那处去的？怎的天色晚了，还在这里？"闵妃被他一问，就眼眶里流出泪来，说道："汉城闹得这般田地，百姓们多半是逃走了。我们兄妹一时仓皇走来，走得肚也饿了，神也倦了，再也不防到了这个绝路，竟没处可以去了。"那人道："这也怪不得你们的，听说汉城乱了好多时了。"余用桓道："这会子还正乱着哩。"那人道："既已如此，你们都是大家里出来，那里经得这苦？就在我们家里暂住罢。"余用桓道："只是对不起你，便怎好？"那人道："这却不妨，天已暗了，快去罢。"

三人就此一步一步的走去，不多一会就到了一个村庄，村庄里却有二三十户的人家。那人当时就领了闵妃和余用桓进了一所房子。这房子不大不小，里面陈设倒狠清洁。当下收拾了一处房间，把二人安顿，点起灯来，给二人吃过了饭，方才问闵妃等姓名，闵妃就说是姓余的。当时问了那人姓名，却是姓程，名唤尚志。谈了一会，就别了出去。当晚闵妃和余用桓一块儿卧着，一宿无话。

到了次日，主人对闵妃等说道："你们不嫌简陋，就不妨耽搁这里，俟乱事平了，再回去罢。"闵妃等道了个歉，那主人就出去赶他的事。这里闵妃对余用桓说道："自此以后，你再也不要像从前的了，就是到了汉城以后，只管依着兄妹称呼，别要装着别人的一般。到得乱事平了，你也不消再去做那舆夫，我自然会替你想法子的。"说毕，那余用桓好不高兴，此后就和闵妃如兄妹一般，并没什么客气。有时还摆着架子，说闵妃待他不好哩。

那二人正在谈话的时候，程尚志却气喘喘的进来说道："时局不好了，听说日本兵到了汉城了。"闵妃道："什么日兵？"尚志道："据外人说，乱党焚了日本使馆，被日本政府知道了，立时发兵前来，此时不知打得怎样呢？"闵妃道："这可是真的么？"尚志道："有什么不真？刚遇着几个人从汉城到这儿的，他源源本本，都说给我听哩。"

闵妃听了这话，心中越发担忧起来。缘闵妃难然逃难到此，心中却望着乱事平了，依旧回到宫中，好作他的威。今闻日兵进来，恐防韩王被他虏去，那闵妃就永没出头的日子，所以心中顿时烦闷起来。俟尚志去后，他就和余用桓商量抵制日人的法子。余用桓道："别的法子都没有，只有你拟了一道书，到中国去请求保护，或者还有些希望。虽然中国没有什么力量，那兵力究竟还胜似我们韩国的。"闵妃听他的话说得有理，立时就提起笔来，写了洋洋洒洒的一篇文章，说什么韩国是中国的藩服，全赖贵国保护着的。说了一大篇，就给余用桓拿了出去，想个法子，秘秘密密的带到了中国。

中国的政府接着这书，立时派了四千兵丁，向韩国进发。到了汉城以后，就分布各机关，一面保护韩国宫廷和日本使馆，一面即安民剿匪。那时日本尚按兵未动，当由中国公使和日人办理交涉。当时大院君听见日兵来韩，自知失计，就急急的到了端武佐处谢了些罪。且谓这回乱事，自己曾竭力去剿匪，无如兵力薄弱，终没一些儿影响，这是小民的没知识，还乞宽恕。端武佐也不知怎么底细，当把这话告诉了中国公使。中国公使早已探听得明明白白，知道此次乱事罪魁，实是大院君一人，把情由和端武佐说了一遍，一面就允许日本陪［赔］款，并替他重建使馆，给日人贸易和游历的利益，日人方始休兵而去。

这里华兵分头剿匪，缉获乱党百余名，就地正法示众，并把这些乱党的尸身抛到粪土中去，一任狗猫等物吞噬。那乱党的罪魁大院君实是获[狠]戾过重，决意要捉着他。

那一天华兵营里却备了一席酒，着人去邀大院君赴宴，说乱事已平，交涉已了，我们中韩两国须商议些善后事情，所以特地请摄政过去，叙谈一回。大院君听了，就信以为真，急急的跑到华兵营中，果然摆着一席酒。当下各华官就请大院君坐下，把乱事说了一番。大院君一味奉承，说什么日本如何强硬，乱党如何暴躁，贵国如何威力。说得天花乱坠，酒也醉了，说的话也没有伦次了。当由华官喊令将大院君拿下，大院君方才知道中华兵的计策，但悔之无及，只得俯首听命而已。

当下华兵拿住了大院君，就将他装入海舶去，送到中国地方。那时李鸿章当国，就把大院君在直隶保定府的地方牢牢的禁锢着不提。

且说韩国自从乱事平定以后，这信息就吹到闵妃的耳管去。那闵妃知道自己一纸之力，却也不少，当时就和余用桓雇了两乘肩舆回到宫中。那时韩王正着人往各处找寻闵妃，找来找去，只是找不着他。因此日韩交涉虽已了结，乱党虽已平静，心中兀不快活，独自一个人坐在一处，长吁短叹，连内监等都替他悲伤起来。这会子闵妃忽然回到宫中，自然异常的欢喜，把从前的愁闷扫得干干净净，对着闵妃只顾笑迷迷的看个不了。看了多时，方才问到闵妃逃走的情形。闵妃就一五一十的，把如何逃去、如何安顿的事情向韩王细说了一遍。那韩王也就把自己如何逃避，如何回宫的话，还了他一篇。

当时闵妃和韩王许久没有看见，一旦遇着，正是枯腹得酒，两下喜欢，自不必说。闵妃又问着闵星河可有怎样？韩王说："险些儿入了虎穴，现已回来了。"就把这事述了一遍，并言近来他私邸里都已舒齐，把那些侍女仆役们都找着转来了。当下闵妃听了，好生心慰，因想这次乱事，虽是大院君不好，究竟朝廷上没有一个好官，也不免吃了些苦，而且政治方面，觉得太不整顿，也不是个道理。从此就立意要把朝局洗刷起来，并效着日本的法子革故鼎新。和韩王说着，韩王非常赞成。

正在商议的时候，却有人来报道："不好了，不好了，乱事又作了。"韩王和闵妃听了这话，不觉魂飞天外，惨无人色。不知究竟有否乱事，且待下文说明。

第五回　设邮局廷臣开宴会　刺首相国事启纷争

话说闵妃与韩王正在谈话，忽有人报道："乱事又作！"二人吓得魂飞天外，停了一会，闵妃才问道："不知又犯了些什么事？"那人道："闻说外面的兵士又变了。"闵妃道："怎的兵士又会变起来？"那人道："这却不知道。"闵妃道："既如此，可召丞相进来。”那人就领了旨出去。不一会，闵星河进来，闵妃就赐了他坐，把兵变的事问个详细。闵相道：“这些事都是大员的不好。”

向例京畿的兵士每月须发米一回，兵士们已成了习惯。本月中为着经费支绌，一时发不出去，那兵士们就哗噪起来。那司粟吏异想天开，把少许的米竟搀了好多的泥沙发给那兵士们。兵士受了这种待遇，越发激成大怒，一呼百应的，竟把这许多的兵士都暴动起来，说：“前乱党造反的时候，我们兵士着实替政府出些力，还没受过他奖励，这会子倒反要苛待我们，难道瞧不起我们么？我们也没有这样老实，如今要把你们官吏都杀却了，才好泄泄我们的愤哩。”说着，便闹了起来。幸亏那司粟吏见机行事，看情势不佳，就和兵士们说了些好话，并允许他们一概添给粮饷，才得无事。如今已敉平了。

韩王叹了一口气道：“这样变，那样变，不知变得怎么了！”闵妃道：“妾想现在朝臣办事，习气未免太深，须要从头整顿了一番才好。”闵相道：“也并不是习气太深，就是习气不深，也没什么事办得来。”韩王道：“这是甚么缘故？”闵相道：“这原因却也不止一端，一则苦于财政短绌，一则苦于官吏中饱。所以办着新政，就事事生出窒碍来。总算上年组织海关的时候，聘了外国人马兰杜，还稍稍见些成绩。那别种的事业，费了许多经费，竟没一桩做成，岂不是惹人笑话？即如训练新兵一项，聘了三名美国人、一名日本人，政府拨了大宗巨款去充经费。到了后来，连教练官的薪水都不能支给。不是官吏层层剥削，怎么会到了这般田地呢？就如邮政一项，办了这许多年月，到了前月，才告了成功。说是习气太深，还是官吏们的小弊了。”韩王道：“邮政既已办理舒齐，现在势不能不定个落成的纪念日，你想定了那一日呢？”闵相道：“臣这会子还没有定，就请陛下定了罢。”韩王道：“朕想这几天没甚事情，乐得干了这一桩热闹，就在明天，不知可好？”闵妃和闵相都说狠好。闵相就此辞了出来，到了私邸，当把邮局落成的纪念日饬知内务府，豫备庆祝的事宜，一面照会各国公使，请其与会。那时内务府总管贺希哲得了此信，就急急的筹备起来，忙个不了，方才舒齐。一宿无话。

到了次日，就在懿德园做了庆祝的会场。原来这懿德园是旧时代一个宫园，虽然年湮代远，却历年派人修葺，尚不至十分荒废。且那里地位极大，有些什么事情到那里去，无论多少人，再不会拥挤的。当时就见懿德园的门首高竖着两面韩国的国旗，随着风不住的乱飘。门外守着两队警兵，从门内进去，就有极长的一条甬道，上面搭着白色的帐蓬。甬道的左右系两个长廊，都站着些车夫和马夫等。从甬道进去，就进了第二重门。门内有绝大的场所，中间却曲曲折折的栏干，栏干里都是些花木，两旁各有房屋。

那一天庆祝的会场，却开在直进的大厅上。这厅足有五六亩的纵横，厅下站着两队守卫兵，厅上挂着些万国旗号，扎了许多柏树。到了下午一时，闵相和各部大臣都到了。不一会，各国公使都次第进来。下午二时，就行庆祝礼。先由闵相说明国家设立邮局的意思和办理邮局的手续，后就把设立邮局的谕旨当众宣读了一遍。继复由各部大臣公同致词庆祝，那些各国公使也先后上了贺词，再由闵相对各使答谢后方才升炮鸣锣，报告礼毕。

那时已经傍晚的时候，大家休息了一回[会]，就在大厅上开了宴会。众人一同坐下，高谈阔论，好不高兴。那些各国公使到韩国还没几天，韩国的话没懂得几句，他们讲得天花乱坠，只好瞪着眼瞧瞧这个，又瞧瞧那个。有时候看他们讲得高兴，大笑起来，他便问问通事，也随着一块儿笑。那时宾主杂遝，觥筹交错，合座廷臣个个眉飞色舞，说："这是大韩第一桩的新政，现在已办成了，我们须博一个醉，做做纪念。"有的说："我们韩国将来还要整理学务，扩张军备，做个世界的强国才好。"有的说："邮政豫备了多年，到了丞相任职方才落成，委实是丞相的福分哩！"七嘴八舌，正谈得热闹，忽有人递一名片进来，说是请丞相过去，有要事相商。闵相当时接了名片一瞧，写着许廷佐三个大字。闵相知道是中央银行总理，就问道："他这会子在什么地方等候？"那人道："说在家里。"当下闵相就对众人说了个少陪，就往外出去了。

这里自闵相去后，议长议短，议了好一会，多半说是为着国家财政上关系，末后又说邮政方面去。那时户部大臣安丙吉急搀着问道："这邮政现在虽暂时由工部管辖，将来终须设个专部。你们有听见消息没有？"都说没听见。贺希哲道："这事恐怕一时未必就办。现在财政这样支绌，连眼前的官俸还不够开销，若设了专部，只少要添上几百万，到预算上去，你想那里办得到？"众人说了一回，时已不早，那各公使先已辞了出去，随后各部人员也都散了。只有贺希哲为着庶务还没了结，走在最后。不多一会，把懿德园里的陈设都吩咐明白，就踱了出来，坐了车向私第驶去。

到了半路，却瞧见人山人海，一大堆的围在那处。贺希哲万分惊诧，当问情由，说是闵相被刺了。贺希哲听了，暗吃一惊，说："是不是闵丞相？"都说一些儿不会差的。那时贺希哲即自车中探首，从人缝中望去，果然见闵相直挺挺的卧在车上，满面都是鲜血。贺希哲吓得噤不一声，把牙齿捉对儿撕打，连自己都害怕起来。因急急的回到府里，把这事奏陈韩王，并请韩王下谕捉拿凶手。韩王得信大惧，就和闵妃商议对待的方法。那时闵妃已哭得死去活来，连性命都不要。幸亏着有余用桓从旁百端慰解，才住了哭声，兀自流着两眶的清泪。当时闵相尸身已由刑官验过，一面就由韩王下了一道谕旨，饬各道严密查拿凶手。讵知这道谕旨一下，那凶手自知不免，就拼着命索性大乱起来。

诸君你道这凶手是谁？原来是一个新党派，叫做急进党。这党派发现的日子，就在一千八百八十四年的夏季里。缘韩国有好多的青年，几年前派到日本去游学，这班青年见了日本的政治，事事效法泰西，从明治维新以后，慢慢地富强起来，心中好不企慕。那年毕业归国，就要把韩国的政治改革一番。那里晓得韩国官吏，原自和日本不同，都是些老成残朽的人，听见“维新”两个字，差不多就要把耳朵扪了起来。所以韩国政府再没有办理新政的机会，那班青年那里合得拢来？

况且这时我们中国治韩的权力，年年增长起来，中国派兵驻韩，又牢牢的守着汉城。因此那班青年越发愤激，就组织一个急进党，抱着一个急进的主义，决意从暗杀下手，待那些腐败的官场杀完了，方才可以从事改革。后闻闵妃擅权，一切政柄皆出其手，知小小改革无裨于事，就抱着革命的宗旨，和日本官吏相联络，百计营谋，要激起革命风潮来。无如前次乱党闹事以后，人民颇已厌乱，说着“造反”两字，都不要听，所以这急进党一时还起不来事。

到了十二月四日，闻着各大臣在懿德园宴会，闵相亦与其内，就骗了出来，在半途上把他炸死了。至韩王下谕捕凶，那急进党惟恐事机泄漏，就付着日本官吏的势力造起反来。

十二月初七那一天，汉城外闹闹热热的拥挤着一群好汉，都是急进党里面的党员和一班土民。单说急进党的党员，一气却有六七百人。那党长姓汉，名唤寿李，生性最是激烈。下面还有几个部长，一个叫做沈怀玉，一个叫做柯如乔，一个叫做侯天忠，都是日本陆军学校毕业出来，具着大本领。还有一个叫做林善祥，却是个文弱书生，只会在党里掌掌文牍。那时只见一大队向城内进来，上面却高竖着一幅白布，写着好许多的字，原来是一篇檄文，上写道：

“为实情劝谕，弃暗投明，同出迷途，各保权利事。窃以大韩立国亘数千年，君明臣良，年和时顺，世至盛也。自李熙不纲，奸宄弄柄，引用宵小，颠倒朝政。比年以来，外侮日迫，内乱横生，水旱迭乘，生民涂炭。凡我同胞，当靡不恶之痛心，恨之刺骨者矣。其尤甚者，卜巫预政，操生杀之权；牝鸡司晨，来宫庭之秽。尔膏尔脂，固剥削于无穷；我祖我宗，亦含羞于地下。是可忍也，孰不可忍？夫大韩者，大韩人之大韩，非李氏之大韩也；大韩之子女玉帛，大韩人之子女玉帛，非李氏之子女玉帛也。乃税有婚姻之名，宫有苑囿之乐，横征暴敛，吾民何堪？兹者三七之运告终，九五之人已出，急宜提三尺剑，斩白帝子，扫全国之妖氛，排人群之瘴雾。此正值千古难逢之际，正宜建万世不朽之勋。是以英杰之俦，瞻云就日，智谋之士，望风景从。凡我韩民，须知国有至尊，厥惟人权，平等自由，乐天归命。一人横行，是曰独夫，为国所弃，为天所戮。本党念切维新，志存改革，所愿建独立阁，撞自由钟，凡有血气，当知所从。布告尔众，如律令。”

下面还写着“进步党布告”五个大字。一队一队的走来，已到了宫门首。此时合城惊惶固不消说，那些文官也逃的逃，避的避。这兵部大臣余重亮，前次乱党造反的时候，为着军士变了心眼，看着闹了乱子，一些儿动弹不得，这会子却想显些本领出来，一听着党人进来，就飞檄各军队，通饬竭力攻守，勿得懈怠。那知这些军士们都是太平吃钱粮撩乱不管帐的人，手中虽然拿着枪，却避得老远的，不敢走近去，党人竟得一步一步的占进来。

到了宫门，沈怀玉说：“这时候已不早了，什么党长还没有来，我们不如先动手罢。”大家答应着，看宫里却都是静悄悄的。柯如乔说：“我们先抛炸弹进去罢。”侯天忠说：“这却使不得，里面好许多人。那一个韩王，那一个不是韩王，抛了炸弹，还那里晓得？横竖静悄悄，没一些儿人影，我们就推了进去看。”大众说好，就一齐涌入，同声喧嚷，直像千军万马排山倒海的一般。

里面有好多的宫女阿监，直吓得东逃西窜。还有那些在宫里撒谎的卜巫，也弄得鬼哭神号。他们就趁势在里面放火，烧些房屋。果然一霎时烈焰腾空，亮如白昼。火光中只见汉寿李领了一群警兵，大踏步进来，说警署也投降我们了。这些人见汉寿李来了，便上前都来握手。汉寿李道：“纵火却使不得，快扑灭了他罢！”大众听汉寿李这样说，便七手八脚的来扑灭，不一会，火就熄了。

那汉寿李便喝令往内奔去，大众一齐走进。却巧韩王还在那里坐着，瞧见了进步党便说：“你们可饶了朕罢！朕知道你们来的，也是为国家政治不好，并不是歹意。但朕简直不知都是那些大臣不好，你们须要原谅着。”党人道：“你做了一国的元首，难道一点儿没主意，任着这班狐群狗党的胡闹？可晓得我们百姓遭了殃么？现在且不必多说，饶你是个忠厚的皇帝，这时就不来杀你，但却不放你到别处，就和我们一气住着。”

那时就有许多人上前，把韩王用极粗的绳索捆绑得牢牢靠靠的，安置在一处。一面就将许多的土人和警兵，还有那些党员，都站着队防守宫门。这里党长和部员等就议起将后的步位来。侯天忠道：“现在皇室和贵族的祸患，不消说都可扫除了，只是第一步的险事，就恐怕支那兵来干涉。第二步的险着，就是那些守旧党暗中施计了。”柯如乔道：“守旧党领袖也没几人，算是陆士真、仇慕华、李光美最著名了。那杨承镇真是豚犬呢！”沈怀玉道：“你只知这几人，还有那孙忠鉴最会施乖弄巧的。其余如杜铣、何世哲，虽没什么本领，却好一副交结手段。颜予休和他相助为理，直是党满天下哩！”汉寿李道：“这也不怕他，毕竟天理难瞒，人心都是好善恶恶的。难道我们韩国百姓都没有天良么？”沈怀玉道：“那倒不是这样说。我们韩国的百姓程度还浅着哩，晓得什么治乱？只消和他们有了三分客气，便好哄了他上天的。”侯天忠道：“闲话且别说着守旧党，无论他有本领没本领，留他在这儿，终是一个祸患，不如就此机会杀了他罢。”汉寿李道：“杀是杀不得的，把他闭置起来才好。”侯天忠道：“党长又要生慈悲心了，这些事生不来慈悲心的。”寿李道：“别这样说。他们都是我同种，比不得中华国汉人和满人是别种的，自然不妨。他们既然是个同种，就是我们的同胞，我们应该要爱怜他，还好杀他的么？只是不把他收拾收拾，他在外面就和我们作对起来，却于大事妨碍不少。只要想个法儿，把他哄进来就好。”柯如乔说：“这倒狠容易的事情。我们到这里，外面多半还没知道的。就拟了一道诏书，矫着韩王意旨，召他们进来。他们道是韩王召他，当有紧急的事情，没有不来的，那时就把他们留住不放，不是好么？”众人都拍着掌说道：“着，着，着！”汉寿李也狠赞成，当即矫了一道诏书，去召那守旧党。

不一会，那守旧党领袖八人个个都到，那进步党就把这八人，七手八脚的，和韩王一般捆绑起来。可怜这守旧党领袖竟中了他们的计，个个垂着头丧了气，连话都不曾讲出一句。进步党已灭了一个劲敌，真是乐不可支。又恐怕那些奸民和从前的乱党吵闹起来，自己没有几人，那里防备得过？就逼着韩王，说要召日本兵进来保护他们。韩王道：“这那里找得到？日本兵那里肯到这儿来呢？”党人道：“你但去招他就是，再也不会不到的。”韩王兀自不允，党人就骤变了面目，把虚言恫吓韩王说：“你再不去召日兵，我们就把你弑却了。”韩王害怕，就允许了他。约莫召了一百多的日兵，气宇昂藏的进来。那党人就迎接了他们，给他们站在一处守着不提。

单说这进步党自起事以来，事事顺手，一切都达了目的。党中人员个个得志，人人满意。汉寿李说：“待陆军归命，我们势力就厚了。那时应该选了一个日子，当做大韩中兴的纪念日，你们想可是紧要的么？”大众都说：“紧要紧要！”说还未毕，外面却报道：“有兵来了！”党人闻知，只道是陆军来攻，个个惊心吊胆，脚忙手乱的，豫备和他开战。不知来者何兵，且待下文说明。

第六回　订条约共和商保护　图苟安歌舞庆升平

话说急进党正在得意洋洋的时候，忽然外面报有大队兵来了，急进党中人却个个惊心吊胆起来。回转一想，我们既然有这许多的党羽，又有一百多名的日兵，难道还拗他不过？因此略略放心了些。不多一会，那大队兵已到了宫里。党人定睛看时，这来兵却也不少，足有五六千的左右。那时急进党才急得没路可走，但事已如此，只得听诸天命了。

原来这五六千兵不是别人，却是中国驻韩的一个华军元帅，叫做阮[袁]蔚[慰]亭宫保带领的。这位袁宫保生成一副狡猾的手段，有时该强硬的强硬，该柔软的柔软，这应付的方法，直是神出鬼没的，所以能够把姓名震动到外国去。他驻韩不到一年，那韩人就怕他的了不得，只消他略略发了些怒，那韩人就再也不敢动弹的了。这一天，他听见急进党起事，已经进了皇宫，一想情势不佳，就急急的带领二千华兵、三千韩兵随后赶来。

到得昌德宫里，一面派兵把城门四面守住，一面就向宫内打来。那些日兵见来势凶猛，知道身陷危险，横竖一死，就狠命似的拼个一战。当下袁兵进来，日兵就迎接上去，打了好一回。缘日兵只有一百四十名，以寡敌众，那里敌得他过？日兵见着情形不好，就要实行起三十六策的上策来。只是四面紧凑，凑的都是些华兵围着，再也走不出去。想了又想，只有一桩冒险的事情可做。就商同了大众，率领了急进党退出宫去，蓦地里把地雷将城堞轰得片石不留，却巧轰了一缺，破围出去。

当时华兵见党人和日兵都已逃走，袁宫保也并不去追着他，当把韩王和守旧党领袖，都解开了缚，立时放守旧党出去，一面率了原兵回来不提。

单说急进党突围出来，虽然姓[性]命已保，那从前的事业，却被官军扫得干干净净，心里想着，好不愤恨，当把新设的邮局一概焚毁。此后邮政挨了许多年代，终究兴不起来，就是为着那时焚毁的缘故。急进党既然毁了邮政，还没有出这口气，就把汉城里的外国人杀的杀，打的打，市街上的房屋拆的拆，烧的烧。那些美公使、德领事恐怕遭着祸，就都逃到了仁川港暂避。日本政府闻了这个消息，也遣井上子爵率领精兵三千五百名进驻仁川。中国知日本进兵，也就添加了三千兵丁，在仁川一起驻着，早晚防个缓急。这时的韩国，真是风声鹤唳，草木皆兵，不但韩国里人人自危，就是外国的公使商人也时时害怕得了不得。

诸君，大凡一国要亡了，那国里一定颠颠倒倒的，闹个不了，不是皇帝出走，就是大员被刺。在下的讲了这许多话，讲来讲去，只是个乱党造反，外人进兵的事情，诸君想已听厌，其实并非在下多讲，这些景象，都是亡国的老套子。在下不把这些事描写了出来，那里还像个亡国呢？

闲话休提，且说中日二国同时进兵，当时都说两国一定肇衅，要起个大激战，那里晓得两国倒一些儿没有动静，却摆着安安稳稳的态度。直到了一千八百八十五年四月里的时候，日本以两国兵队驻在一处，恐碍了两国邦交，日政府就急急的着伊藤博文和西乡从道到了北京，要求中国订立条约。那时中国就派了李鸿章和吴大澂两人做个全权大臣，在天津地方开个会议。议了好多日，方才把条约议定，说此后朝鲜有什么事情，中国就当发兵前去，但须要先期咨照了日本；日本派兵的时候，也要先期咨照了中国。当下两国代表都已承认，就签定了字，各各散去。两国的兵队就照约撤去，并由韩国精练大队兵士，保卫他自己的国家。把从前的一场乱子，到这时做了一个结束。

就外面看来，韩国已算是太平无事；就条约看来，那韩国既已算不来独立国，也算不来中国的藩服，简直是中日两国的保护国了。既然做了两国的保护国，自然没有主权，事事仰着人家的鼻息，凡是国家的大政，要和中日两国商量过才好做去。唉！你道羞耻不羞耻呢？倘然韩国的百姓有一些儿志节，那时就该奋发起来，改革政治，普及教育，图个自强的方法，把主权恢复转来，才好算争得祖宗一口气。无如这韩国君臣上下，生成了一种懦弱的性质，毫没刚强的气象，当祸患来的时候，他们却个个吓得屁滚尿流的样儿，把不得这祸患立时平静，享个太平清福。到得大局平定，那百姓们固然酣嬉无事，就是政府里也是因循敷衍，得过且过，一些儿没实事求是的意思。这韩国还那里强得起来呢？

且说那年六月里，却是韩王的万寿。这许多的宫女内监，都说这会了主家万寿，应该热闹热闹。一来大局已定，替国家贺贺太平；二来主家吃了这许多的苦楚，尝了这许多的艰难，也该替主家庆祝庆祝。韩王说道："有理"。闵妃亦甚欢喜。只是往时有什么事情，韩王常常驾到宫园里，和王爷们宴会游赏。自从乱党造反以后，这一座宫园早已弄得七零八落，因此韩王常闷闷不乐。

那日说到"万寿"两字，闵妃却想着这事，当下就吩咐内监说："宫园已经给乱党毁坏，如今须把那毁坏的地方赶紧修葺了一番才好。"内监领旨出去，不一会复旨，已吩咐内务从事赶修了。到了万寿那一天，这一座宫园已修得完完全全，而且比先前还要华丽一些。那时韩国的百姓说是万寿，那挂灯的挂灯，扎柏的扎柏，汉城里合城的人民，你来我往，看着满街的灯火辉辉煌煌，照耀如同白昼，好不热闹，几几乎把一座汉城都要挤倒。那时昌德宫里早已预备着庆祝的事宜，各国公使都到来道贺。韩王那一天受了各国公使和各大臣的庆贺，足足忙了半天，却比着平时还劳苦些。到了下午，就备驾随着好多的内监宫女们，和几个王爷，向宫园里面慢慢地去游玩。

在下的只有一张嘴，同时难表两处，只好再说个所在。单表闵妃自从乱党起事，逃了出去，孤苦伶仃，从没经过这样苦楚。幸亏着舆夫余用桓替他一路保护着，算是少受些难。原来这余用桓虽是一个舆夫，年纪倒不大，只有二十几岁，又生成的一副好脸孔，真是面如冠玉，唇若涂脂，说起我们中国的潘安、宋玉来，恐怕还比他不上，所以闵妃时常看重他。

那一天斜阳西下，好风吹来，闵妃穿着一件时式的宫衣，盘了一个蝴蝶髻，手拿了一柄纨扇，袅袅娜娜的在栏干旁边看着初开的花。那时这余用桓就在一处走过，闵妃抬起头来，偶然看见了他，却是一个美少年。那余用桓本是一个乖巧的人，见闵妃看着他，他却也驻了足，故意做个细事，把眼睛转过去，看个一饱。那知闵妃一道秋波，竟牢牢的注在余用桓面上，一动也不动，差不多用钉子钉着的一般。余用桓倒不好意思起来，眼睛就转向别处，匆匆的跑去。闵妃见了余用桓，心里好不爱慕，只不知他在宫内司甚么职，又不好去问他，那里好和他聚在一块儿呢？思来想去，竟想了好几天没有睡着，却乱事动作。

那闵妃就遇着了余用桓，一同到了什么商人程尚志家里，装着兄妹的样子，自然好睡在一处。那时闵妃虽然遭了难，却得了余用桓，心中转生出了一桩喜事。当夜在程尚志家里。待主人走出，两人就把门闭好了，闵妃坐在上首一张床子边，余用桓坐在一张下首的床子，不消说那两人都已有了苟且的心思了，只是两方都苦于说不出来。

在闵妃的意思，以为我是一个妃子，他究是一个舆夫，我若和他说了，他就立时答应，倒还没打紧；倘然他拒绝了我，倒被他说了一个低贱，这又怎了？余用桓也是这想，以为他是妃子，我是一个舆夫，那里开得口来？倘然他不答应我，到得乱事平静起来，可是我要没性命呢！

因此你看我，我看你，有时看看桌子上的灯，有时看看屋子上的梁，有时说几句无聊话。那闵妃的面上红了一回，又白了一回，这种模样，足足弄了两个多时辰。那时又不早了，闵妃心里想着："这句话说虽是说不出，若竟不说，倒底错过了机会，便怎好呢？"

想了一回，却想着了一个法子，就向余用桓说道："你到这儿来坐一回罢，我还有话对你说呢。"余用桓听了这话，犹如遇着赦令的一般，就高高兴兴走过来，在妃子的一张床子边，离得远远的慢慢地坐下。闵妃道："你算是我的恩人了。"余用桓道："妃子怎说？这那里敢当。"闵妃道："我倒是真话，除了父母，就是你和我是个患难之交，那里还找得一个出呢？"那时闵妃就把身子移近着余用桓，手傍着他的肩儿，看着余用桓，却堆着满脸的笑容。余用桓究竟不是木石，倒[到]了这般田地，那里还有不动情的道理？当下就一手把闵妃抱着说："我可爱的妃子，时已不早了，就睡了罢。"闵妃一声答应，就在一床子里睡着。那时闵妃已达了希望，心中的快活，不消在下的多表。自此以后，就是双宿双飞，把余用桓竟当做了韩王，把韩王竟赏了一个十三品衔了。

后来乱事平定，回到宫中，两人的爱情虽然十分浓厚，只碍着韩王绊在一处，没由相会，煞是烦闷。这日正值万寿，闵妃高兴得非凡，知道韩王要到宫园里去，暗地就约了余用桓，到那时进寝宫来。自己却吃了好许多酒，不觉玉山已颓，把脸孔吃得绯红，看起来愈增娇美。宫女们就扶了他到寝室里，一张榻床给他睡下，上面覆了蓝色绣花的缎被，昏沉沉的睡去。

那时余用桓知时已到了，竟一步一步的向寝宫走来。到了窗前，倒耳听着，却静悄悄的没一人讲话，心中觉万分惊疑："难道妃子失了我约么？还是韩王还没有到宫园去？"一面疑猜，一面却非常害怕。没了法，只得轻轻的蹑足过去，把门帏微微揭起，瞅了一只眼，向内望去。只见一张翡翠榻上，绣花被底露出了双趺，搁在一条翡翠凳上，穿着红绯色的罗袜，外面套着绣花的缎鞋。知道是闵妃睡在那里，就轻轻的把一足跨了进去。

走到这翡翠榻边，瞧见妃子正在黑甜乡里，把一双眼紧紧的闭着，两脸带着微红，脸上似露出微微的笑容。余用桓一时却不忍惊醒了他，不敢叫呼，继思失了机会，亦殊可惜，只得叫了几声，那妃子兀自睡着，就把手去推着他，那闵妃才慢慢地醒了转来。睡梦惺忪中，一手揉着眼，开了开来，见是用桓，就说道："你来了么？"说着，自己就从榻上起来，一面教余用桓坐下。当有宫女倒了脸水进来，闵妃洗过了脸，笑迷迷的在榻子上坐下。这真叫做久旱逢甘雨的时候，二人的欢喜，也可想而知了。谈谈说说，不觉已到了下午五时。

二人正在情话缠绵话[的]时候，那宫女却进来报道："主家回来了。"余用桓听了这话，急得死去活来，就急急的一溜烟跑去。不一会，韩王进来，闵妃就上前迎着。韩王赐了他坐，自己也一同坐下。闵妃问道："好多日没到宫园去，不知现在可好了些么？"韩王说："好得多了，这座宫园，朕今天就赐题了一个园名，就做'万寿园'。你想好不好呢？"闵妃道："这正是陛下的鸿福，应时题名，没有再好的名儿了。"韩王道："这万寿园中却有个湖，湖上有一个台，朕登了台上，就召了许多名妓，在台上跳舞一回，还唱了霓裳羽衣的歌曲。这都是中国的旧乐，所以非常柔靡，不知妃子还能够奏得来么？"闵妃道："这些事好多时没娴习，只是生疏了一些，约略还记得来。"韩王就嬲着闵妃奏起来，闵妃无奈，只得依着。

韩王拿着拍板，闵妃就铺了牙琴，一面奏着，一面唱霓裳曲，声音嘹喨，歌喉宛转，韩王愈形快乐。奏毕，就向闵妃说道："唉，眼前的事，都是后来的悲伤。朕前次和闵相游了万寿园，从此以后，国事就蜩螗起来。今儿重到，想着闵相，不觉有物在人亡的感慨。朕和妃子今天在这儿奏乐，那知将来不是又有感慨呢？"说罢，眼中流下泪来。闵妃道："陛下别这样说，好端端的，怎的讲起不吉利话来？"

韩王慨叹了一回，就和闵妃携手走了出来，一同步到庭中。庭中有一株极大的杨柳，韩王就和闵妃徘徊其下，地上却铺着碧草。韩王道："朕记着李义山诗有'于今腐草无萤火，终古垂杨有暮鸦'，是咏隋宫的景象。从古以来，盛衰兴亡，原没一定，往往当前的繁华，不到几百年就变了荒荒凉凉的邱墟。朕今天虽然和妃子在这儿享受着这些风光，那外患这样的急，国势这样的危，这大好宫庭，将来正不知落谁氏的手，想将起来，可不是悲伤的么?"闵妃道："陛下今天说这话，大扫人兴，我们韩国有几千年了，难道还会亡了么?"二人说了一回，仍旧走了进去。

当有内监上前报道："丞相来宫内好多时，求见主家。"韩王就走了出来。那丞相就抢上前来，叩头请个安，韩王吩咐立起奏事。原来韩国宰相自从闵星河被刺以后，没人替代。当时华军元帅袁慰亭就和韩王说："俞光建老成练达，可托大事。"韩王一一依允，立时召了俞光建入宫觐见，着充内阁总理大臣。俞光建领了谕旨，即于次日任职。此次来见，不知为着甚事，且待下文说明。

第七回　乱党寻仇揭竿起事　日兵乘势挟策要求

话说俞光建进来求见韩王，韩王吩咐起立议事。俞光建就说道："吏部长官，自田如镜免职以后，此席久虚，向为内阁兼领。臣想现在国事纷更的时候，用人行政，须要有了专责才好。臣已预备着一人，叫做孙忠鉴，办事精细，倒是一个能官，不知陛下意思如何?"说毕，就把章奏呈给韩王。韩王流览一过，问道："孙忠鉴是不是守旧党里面的领袖?"俞光建道："他其实并没什么党派，就是办理新政的时候，他竭力主张缓进，因此就出了一个守旧党的名目。"韩王道："这事朕尚有商议，且待再说罢。"

当时俞光建辞了出去，一面韩王就把这事和闵妃商量。闵妃说道："妾想各部首长只要略略能够办事就不要紧。第一别要用了新党，这些新党最会闹事的，既然孙忠鉴是个守旧党，自然不是暴躁一流人物，就着他做去罢。只是现在外交上的事情日多一日，政府里还该设立一个外务部，给他专办外交上的事宜。不知陛下以为如何?"韩王极道有理。次日下了一道谕旨，着孙忠鉴任吏部大臣的职。一面召集各部，为着添设外务部的事宜开个御前会议。各大臣都赞成此举。次日又下了一道谕旨，说"现在外交事宜非常繁多，非设立专部，无以专责成而收实效"云云。那时朝野上下得了这信，都说政府要整顿国政，锐意维新了。因他特地添设外部，莫非是重视外交的意思，所以都十分高兴。那里晓得这外务大臣，却简了一个无才无学无智识的人，就叫做余用桓。这余用桓的名字，除了宫内几个人外，外面却没一个人认识他，因此韩国的臣民一腔热血，都冷了下来。

诸君，你道这余用桓做外务大臣的来历是怎样呢？原来自从闵相被刺，韩王回宫，闵妃早有把余用桓充内阁总理的意思，只碍着余用桓没有什么资格。兼且华军元帅袁慰亭又把俞光建荐了进来，所以那时没有开口。后来替他想个法子，政府里面另添了一个外务部，就把余用桓这人向着韩王说如何能干，如何精明，就给他做个外务大臣。韩王信了，当下就谕知群臣，着余用桓前去就职。余用桓本是一个舆夫，今骤然得了此职，其得意洋洋，也自不消说了。所以自从做了外务大臣，就势倾朝野，恃着闵妃爱宠，件件事要越权做去。那些朝臣虽然心中非常怨恨，却谁敢动弹他一些？因此就引起东学党这乱事来。

说到东学党这场乱事，在下的不得不先将他的来历略略表明。且说一千八百八十二年〔中国〕大院君被华兵拿住，送到中国，在保定府禁锢起来。当时心里着实怨恨中国，只碍着中国势强，没法可想，只得俯首听命。其实他心里兀自存着谋位的念头，好容易一锢三年，已饱尝了中国监狱的风味。虽然比韩国好得多，那狱吏肆横，差不多也是一鼻孔出气的。

到了一千八百八十五年，限期满了，中国就放他归国。那时大院君就结识了好几个日本的官吏，要把这事再发动起来。今番听见余用桓做了外务大臣，越发抱着不平，只苦旧时的爵禄已多半削除，又没什么权力，只好联结起先的党羽，到各处去煽惑愚民，说现在政府越发不似从前了。那余用桓是一个舆夫，也居然做起大臣来，这还了得么？东说西讲，把不得大众都发了怒，一时举起事来，他便好做个得利的渔翁，把韩王退了位，自己去做皇帝。果然那些守旧党都附和拢来，说："我们第一可恶的是各国的商民，须把他驱逐出境才好；第三[二]可恶的是不良的官吏，须要把他撤换了才好；第三可恶的就是闵妃，须要把他杀却才好。"把这三桩公案号召全国，那全国的百姓就此又信了他。

到了一千八百九十四年，东学党的势力越发加大了，日本的官吏都允许替他做扶助，守旧党的领袖孙忠鉴，又允许他做个接应。内应外援都已齐备，看看自己的党徒又有了三万多人，想这会子起了事再也不会失败的了，就此大着胆，从全州起事，一路打来，把忠清南道、忠清北道各城一一都占据了。那时东学党的声势越发汹涌，就顺着铁道，向汉城进发。

但说这里韩政府方在鼓里睡觉的时候，斗听得东学党发兵来攻，忙传令各军队，饬速速准备前往御敌。谁知偌大一个汉城，那预备着的韩兵只有八百名，外加华兵四十名，一同出汉城来。尘头起处，已撞见东学党的兵队。韩兵瞧着，却是人山人海，汉城外几十里内都是那东学党的军队。这一瞧，心中不免害怕起来。

那时官兵带队的，乃是一个少年枭将，不过二十四五岁，他一种飞鹘般的剽捷，却是韩国中罕见的。他姓朴，名唤永全，他胞兄叫做朴永汉，系韩国前王的驸马，当一千八百八十二年的时候附和了大院君，逃到扶桑去了。这朴永全却和乃兄主旨不同，他说："我们就是要推倒政府，也不是这个时候。况且大院君阴戾狠鸷，也不是个成大事的人。"所以决意不肯附和。这会子听了东党进来，就锐意要把乱兵剿平方为快心，无如众寡不敌，也没中用。但既已如此，只得拼个死战。当下就按着阵法交起手来，乒乒乓乓直战得天昏地黑，终究战他不过。幸亏着敌兵不知阵法，乱战一抛子，还不至冲过阵来，所以战到了三日夜，两下都不分胜负，那汉城也没有给他破进。

等到了第四天，那东学党为着粮饷缺乏，已有好多人跑走，但尚有一万几千的人，再也等不住，就狠命似的战来。这里朴永全前去迎敌，约莫战了三四个时辰，两方已都有杀伤。但彼众此寡，这八百余名的兵士，只剩了四百余人，差不多汉城就要被东学党闯入，兀自拼死战去。正在危急万分的时候，那汉城外的牙山上，蓦地里飞起炮声隆隆。不多一会，那炮弹直自牙山下来，向敌军打去，只见敌军七零八落的向后都倒，那后面的敌兵，又锋［蜂］拥前来，格外强悍。那牙山上的炮又向敌军放来，计敌军死去的已有千余人之多。那时方见敌军狠命的向后狂奔，霎时间连人影儿都不见了。这里韩兵缘人数太少，就不敢追去。只是这牙山上是那一队兵，甚的这样利害，把那些东学党都已吓退了。

当时朴永全非常的纳罕，正在猜疑的时候，那营中已着人前来报告，说东学党远遁，已有华兵追去。这里兵数甚少，可不必举动，但慎守城中已足。当下朴永全问过华军来由，方知这些华军都是新从中国来韩的。缘当时袁慰亭宫保见着贼锋利害，恐汉城危在旦夕，就急急的入宫求见韩王，说贼势猖獗，这些军士断不敷用，汉城难保不破。况日本人若把维持治安的话来城干预，觉得没辞可答，大非善事，不如求救中国罢。韩王起初还不肯允许，后以大势十分危急，没了法，就上书中国，乞求援助。中国政府得了此书，立即派遣兵士一千五百名到了韩国，驻扎到汉城外五十里的牙山上。

那时见韩兵抵当不住，他便连放两炮，把东学党竟打得死去活来。看他逃了，便从牙山追了上去。追过几百里路，那些乌合之众都已如鸟兽散，跑得一个不留。当把南北忠清二道和全州沿江郡县，都一一恢复转来不提。

且说华兵除一千五百名外，后来陆续添加，添到四千多人。中国政府就依照了一千八百八十五年的天津条约，咨照日本政府，说"韩国东学党乱，于韩国政局大有关系。敝国素宏字小之仁，断难漠视藩服之难，现已调兵入韩，藉资保护”云云。那时日本外部系陆奥宗光接了这一通牒文，心中着实有些儿不满意，当照复中国政府，其文云：“本大臣查贵国虽指朝鲜为藩服，然朝鲜王从未自承为属于贵国。”看这复文，日本虽然不阻挡我们调兵，已把“藩属”的两个字，不承认我们了。

当时华兵到了牙山，不到四日，那日本大鸟圭介也到了仁川，并带领着三百名的护兵一齐上岸。韩国政府得了这项消息，非常危惧，就由外务部报告袁慰亭宫保。袁宫保即把这事诘问日使小村。原文云：“我国以朝鲜申请救护，所以派兵救护该国，此系抚绥藩属之例，不容稍有延缓。至贵国并无救助之义，乃亦派兵来韩，不知何意？”日使小村当照复袁宫保，谓“东学党扰乱，特调此兵保护日商，俟乱事既息，即当全撤，别派小队防守”云云。当时一往一来，好不热闹。

到了六月十三那一天，日本在韩的海军果然都一概撤去了。那日政府偏又派了陆兵一千二百人，到韩国来，把八百名驻了汉城，保护着使馆；把二百人驻了仁川，其余二百人驻在汉城、仁川的中间。那时袁宫保得知了，不胜骇异，因急急的向日使小村抗议。日使说：“这事实缘已来的军队，还没退去，那后来的军队又陆续上岸，本使也没有什么法子。本该申饬撤回，但既已到了这儿，没有政府的命令，本使不敢擅令撤去。且那班兵士们住在船上，非常的苦闷，可否给他弃枪登陆，换换空气？”袁慰亭听他这么说，想也没什么妨碍，就答应了他。不意这一会答应，中日两国的战端早已暗中埋伏了。

不到几时，果然这三千兵士都走上岸来，且个个都携着军械向汉城前进。再过几天，那日兵已越聚越多，足足达到万数，这时我们中国的兵士都驻在牙山汉城里，却没有一人屯着。那时日本外部忽来了一道照会，说乱事已定，所有朝鲜的内政，急急应该修整起来。我们两国各简[捡]了几个大臣到他们国里，同心稽察他的弊病。他如国库出纳的款项、官吏遴选的方法、陆兵的优劣、内乱的大小，都应该替他留心着才好。

那时中国公使系王小变，得了这个照会，知日本有干预韩国政治的意思，一定要他拒绝了。当时复了一个照会，说：“韩国政治应该如何整顿，可给韩王自己去主张，就是我们中国且不愿去干预他。贵国既然认韩国为自主的国家，也不应去干预他了。”日政府得了这道照会，那里肯依？他说：“朝鲜王常蓄阴谋，所以屡次酿出乱子来。他们自主的力量薄弱得狠，敝国商务受他们的害处不少，那里坐视得来？所以决计替他设法，无非是保全太平的局面呢。”中使听他这样说，也并不和他理论。

诸君要晓得“国际公法”四个字，都是说说罢了。一个国家，无论他怎么样，单要财富兵强，对着别国，没一桩事做不来的。所以德相俾士麦说出“赤血黑铁”四个字来，也把世界的情形看得透澈的了。

闲话休提。且说这时韩王以乱事既平，就要中日两国把兵退去，并请各国公使，和中日两国商议。各国公使就用正式公文，来请两国撤兵。袁慰亭既得了公使来文，就打了一个电报，去问中国政府，定个什么样办法才好。不多一会，得了中国复电，说中国的兵队合该和日本的兵队同时撤退。袁宫保就把回电遍告了各使，并问日使的意旨如何。那日使虽已答复，却并没提及撤兵的事情。因此中国知日本尚有深意，就把撤兵的事件暂时搁下，一面严厉的防备着他。

果然不多几天，那汉城里的百姓都惊惊惶惶，说日本将有极大的举动。原来日使那一天刚刚在自己房间里看书，那时就有一个仆役递了一个名刺进来。日使接着名片看时，是上将大鸟圭介，日使就说请他进来，当下便前去迎接。不一会，见大鸟来了，一身上全是陆军装扮，那一撇燕尾须愈显得气宇昂藏。日使就请他坐下，把雪茄递了过去，一面便问道：“本使听说帝国的兵士到这里已有了一万多名了，不知这事可发动么？”大鸟道：“差不多就好发动。但这事单和韩国外部商议，决然无效。若是要达到这个目的，末将倒有一条计策，不知公使可赞成不赞成？”公使道：“怎么计策？”那时大鸟就探首向四面望了望，并问日使道：“这里有没有中韩人的仆役？”公使道：“没有。”大鸟尤附着公使的耳朵说道：“适才末将说的计策，就是如此如此。”小村道：“妙，妙！我们对待韩国，只需如此，不消什么的。本使还记着一千八百七十六年的时候帝国也就把这法子要求和韩国通商的。”说了一会，那大鸟就告辞出去。小村送出了门外，各人行个鞠躬礼。

小村仍回到自己房间，就穿了一件外套，带着黑色的圆顶帽，手中却拿了一柄藤杖，摇摇摆摆的向韩宫进去，说要求见韩王。宫监传旨出来，说：“这时候中、日、韩三国交涉还没有了，未便请见，有什么事宜就和外务部商酌便了。”日使被韩王这番回复，好没意思，垂头丧气的回到公使馆中，进了自己房内，把门关好了，坐在一把沙发上，想了又想，想了多时，喃喃自语道：“着，着！此时不早了，且睡罢。”说毕，就跳上床去。不一时，沉沉睡去了。

到了次日早晨起来，洗过了脸，用过早膳，又急急的跑到韩宫里去，说：“本使有要紧的事情，不是和韩王对面商量，断断不行，再迟几天，就有碍大局了。”内监把这话传了进去，不一会出来，果然韩王允许，就赐他在宸安殿坐。

日使行了外臣之礼，在一处坐下，说道：“外臣来见，并非别事，贵国连次扰乱，于敝国商务上诸多窒碍。贵国既然没有保护的力量，就应该由中国保护着。乃中国不但没有保护，且把他种种的职务都荒弛了。别的倒不打紧，只是我们日本，近在咫尺，影响却非同小可。就外臣的意见，不如就趁这机会脱去他上国的羁绊，一来贵国落得建个自主国，二则敝国也好自己保护自己，岂不是一举两得么？”韩王道：“上国的名分，承认不承认，这事全在我们韩国一面，自好缓缓的商酌。但敝国乱事既已平静，贵国的兵队就应该及早撤去了才是。”日使道：“这却做不到。倘然敝国所请求的各款一天没有承认，敝国就一天撤兵不来。”韩王听了这话，心中虽然有些害怕，要想答应他，又恐怕中国官吏听见了和他交涉起来，两面夹攻，越发不好。只得含含糊糊的答应道：“这事且限三天内答复，不知贵使允许不允许？”日使道：“那么就限三天罢。”当下就辞了出来，回到使馆，把这事录在日记。

到了第三日，就由使馆里总参赞到韩国外部里去讨个回复。外务部说：“这事一时实难答应，最好贵国先把兵撤退了，然后慢慢地商议到这事去，或者尚可做得到，这会子不免有些为难。”参赞道：“贵国既然不肯允许，也罢，就由我们日兵把华人驱逐出境，还要总握韩国的政权呢。”那韩国外部余用桓本来不懂甚事，今听了这番议论，想我若不依了他，他当真来总握我们的政权来，一定先把我革去官职，到那时可不是懊悔莫及么？我这会子落得做个好人，就是真来总握政权，他见了我一定不会嫌恶，那外务部的禄位就牢牢的不会失去了。想了一会，好不高兴，就立时允许了他。总参赞就把这事报知日使，日使非常欢喜，自不消说。自是以后，韩国既然少了一重羁绊，日本自然好定他进行的计策了。不知如何进行，且待下回说明。

第八回　会议强邻遑干预　试战锋国主受幽囚

话说日本公使要求韩国脱去中国的羁绊，韩王畏惧日本兵力，当把这事允许在韩国政府，实亦没法可想的缘故。因此允许之后又非常的懊悔，一面究竟对不起了中国，一面又恐怕日本得步进步，将来外交上要添出许多事来。所以韩王为着这事，镇日里愁眉不展，对着闵妃要讨个法儿。闵妃虽也能干，无如这事非常棘手，想来想去，再也想不出来。

在下到了这里，又不免生了许多的感触。大凡一个国家，断断不可依赖人家，若是依赖人家了，就应该报酬人家。但是报酬了甲国不报酬乙国，那乙国就蹊跷起来；待报酬了乙国了，对那甲国又不好意思起来。这正如懦汉娶了妻妾，这个吃醋，那个吃醋，弄得左右做人难。从前我们中国和外国订约，允许外国利益均沾，当时还算是公平对待。那晓得到了后来，这个来要求，那个来要求，竟把中国的土地做了各国的公产，你想可痛不可痛呢？还有那些强横的国家，你愈退让，他愈进步，等到你没有退让的余地，他就把你的国灭亡了去，不是可怕的事情么？

现在单说这日本，自从明治维新以后，那政府的政策就早抱着帝国主义。今番韩国既然脱去中国的羁绊，知道韩国是极懦弱的国家，自然一步一步的挨了进来。

到了那年七月初三那一天，韩王正和闵妃商量着对付日本的方法，忽从外部里又传进来一桩事情。你道什么？原来就是日本要求韩国的条件。韩王看时，那条件上却开着道：第一，从仁川至汉城，又从汉城至釜山的铁路，须归日本帝国筑造；第二，韩国全国的金矿，日本帝国有采办的权利；第三，韩国的西南部，日本帝国可以开辟通商口岸；第四，韩国的政治，须速速改革起来。那第五条还要来得重要，说韩国侦探员须由日本公使选派。韩王看了，早已吓得魂飞天外、手足失措了。那时闵妃在旁说道："这事还须召外部进来，和他商酌才好。"闵[韩]王说声"不差"，当下就召外部大臣余用桓进见，商议要政。

余用桓得了谕旨，即入宫觐见韩王。韩王就赐他在金墩坐下，把日本要求的条件说了一遍，问他怎么办法。原来余用桓在外务部终日里谈谈说说，有时打打麻雀，这些事情，何曾留意着他？今被韩王下这一问，竟支支唔唔的说不出来，只得讲了一句浑话，说："臣这事也想不出一个法子。"那时韩王把手搔着头，似乎焦灼得非常。当时倒是闵妃机警，从暗中授了意旨。余用桓就对韩王说道："依臣愚见，这时候我们韩国也没主意可想，倒不如就把这题目给各国公使去做罢。"韩王道："各国公使若是置之不闻，便怎处呢？"那余用桓却定了眼，又答不出来。当时闵妃又授了他一个意旨，方才慢慢地说道："这再也不会的，日本在韩国里有什么举动，和各国的商业都有些儿影响，那里还会置之不闻呢？"韩王道："既然如此，就由卿部照会各国公使罢！"余用桓领了韩王谕旨就走了出来，把这事一五一十的告诉了各国公使，并请各公使筹个对待的方法。

且说这时驻韩公使，除了日本以外，有英、美、德、俄四国。四国公使接了韩国照会，当下就邀集中国袁慰亭宫保、日本大鸟圭介在美公使馆里开个会议。那时各国公使都已莅会，袁宫保就把日本要求的条件请提前会议。美使道："这些条件，系关系韩国内部的利害，应请日、韩两国自行交涉，否则亦应请中日两国会议定夺。我们今天只就这第三国的利害关系，讨论几桩罢。"英使道："看这情势，中国和日本难免生出战端来，那时韩国应否守着中立呢？"说着，那德、俄领事均说这自然应守中立了。美公使道："中国和日本若有战事，那汉城、仁川和各通商的口岸，都应该承认他做中立地，大众可赞成的么？"他公使都说赞成。只有日公使却竭力抗议说："日本和中国战争，这时候只有仁川港一处，好把他承认做中立地。至于别的地方，这时恐怕承认不来。待帝国政府有了训条，再作计较罢。”各使听了这话，知道中立的计划，这会子是万不能定的了，也就纷纷的散去。

到了七月十九那一天，日公使以要求的条件韩国并没回答，决意要开个战端。当下就把“哀的美敦书”送到韩政府去，说限三日内须要把日本所议的各款一一施行，并把中国的军队一概撤退。若是韩国不把这事承认，日本就要施强硬的手段了。那时韩政府仍然狃着故见，依恃中国的势力，以为日本果施强硬手段，中国必出来保护。当下就照复日使，说汉城里面的日兵若一日不退去，韩国就一日不允许的。

日使得了这个答复，也知道韩国明明是依恃中国的缘故，就不管三七二十一，四七二十八，遣大鸟圭介率领好多名日兵向牙山攻打华军，一面又在丰岛袭击中国的海军。中国以两国并未宣战，所以一无防备，当下就急急的报告了中政府。中政府大发愤怒，再也忍不下去，当时就布告宣战，说：“朝鲜系我国二百余年来的藩属，岁修职贡，为中外所共知。今日本无故派兵进了汉城，后来又增加兵额到了一万多名，要求朝鲜改革政治，种种要挟，难以理喻。我国抚绥藩服，再没有坐视的道理。”日本也发出宣战书来，说高丽本来是个独立的国家，和各国结约通商，实系日本去劝导他的。那清国一定要把高丽当做藩服，干涉他的内政，一些儿不顾全条约，再没有和平的道理云云。两方下了宣言书后，就开了一场大战不提。

且说韩政府自从照复日使以后，那韩王就非常的放心，只顾图着眼前的安乐。这时正是孟秋的时候，虽然天气酷暑，那宫园中正值荷花盛开的时候，韩王一时动了游兴，对着闵妃说道：“朕想这时天气正热，缺个消遣的方法，就和妃子往万寿园一游何如？”闵妃道：“妾正在思想，既然陛下有兴，是更好的了。”当下就带了宫女几名驾到万寿园中。韩王道：“我等还是到琉璃世界去罢。”闵妃道了个是，就向那处走去。

不一会到了，韩王和闵妃均在白玉榻上坐下，果然清凉异常。那庭前的荷花也千朵百朵的，开得异常热闹，两人正如坐在众香国里的一般。这时就有宫女呈过茶来，韩王和闵妃啜了一回，就吩咐宫女们摆起酒来，在那里赏赏荷花。闵妃道：“荷花古称凌波仙子，不知缘何得名？”那时闵妃穿着白罗的单衫，下面系着白罗的一条裙子，眸如秋水，眉比远山，和当年唐宫里的杨贵妃，虽有肥瘦之异，再没媸妍之分的了。当时韩王就接着说道：“荷花之称仙子，莫非为着他净绝无尘，兼且艳丽的非凡，所以就得了这个名号。但自朕看来，这会子的妃子，素粉红颜，倒比这荷花好看得多，就把凌波仙子的名号赠给妃子罢。”闵妃听了这话，不觉红晕两颊，对韩王说道："若妾陋质，何足当此？就使妾和荷花一般的娇艳，那荷花是千秋万世不灭的物质，人人称赞，个个玩赏。妾在人世，至多不过几十年，到了死后，还那个来纪念着，怎的比得他过呢？"韩王道："妃子怎说这话，使朕心中不快。"闵妃道："古人原说人生在世，和弱草栖轻尘的一般，无论那个，终须有一死的时候。"韩王道："就这样看来，越发应该行乐的了。古人不是说生则尧舜，死则腐骨；生则桀纣，死则腐骨么？"

闵妃这时酒已微醉，两颊猩红，益增娇美，就对韩王说道："妾已醉了，再也不会饮了。"韩王亦不去勉强，但说："既已如此，朕与妃子今日不可无诗以纪其事。"闵妃道："还是联句，还是分题吟咏？"韩王道："联句虽然别有风趣，只是各有性情，不能联做一气，不免有牵强附会的弊病，不如分题吟咏为是。"闵妃道："题目将如何定法呢？"韩王道："那最容易。各人想了几个，置在一处，递次拈出，不是好么？"闵妃颇以为是。当下二人各把题目写就，放在一个玻璃杯内。韩王先拈，却是"秋月"两个字。闵妃去拈，乃是"咏荷"二字。闵妃道："妾平生最怕咏物，偏又得了这个题目，恐怕要交白卷哩。"韩王说："妃子正可把荷花来写自己身分，何至交白卷呢？"说了，自己又拈出一个，却是"伤秋"二字。韩王道："这伤秋较荷花还难做哩！"闵妃笑了一笑，又去拿那题目，却是自己写的"即景"两个字，当下就构起思来。

韩王本想先做伤秋，后以伤秋题目较难，就把这秋月先做了起来。却又苦于无可出色。想了好一回，只是想不出好句来。去看妃子时，早已把咏荷做了一首七绝。韩王吟道：

亭亭玉立足清娱，写出杨妃晚浴图。
毕竟老天忌尤物，风来吹折满泥涂。

韩王道："妃子，诗才敏捷，朕实所不及。"闵妃道："妾自是潦草塞草[责]，那里算得来敏捷呢？"

那时韩王也就构思起来，不一会，把《秋月》诗就做成了一首五律，诗曰：

万里关山月，相思怨夜长。情人怜绝塞，游子望家乡。
旅馆孤灯寂，征途画角凉。嫦娥如有意，来此共飞觞。

闵妃道："陛下这诗，情景兼至，且能知民间疾苦者，妾不能再做了。"韩王道："这是怎说？快做来罢。"闵妃只得握管重吟。

停了一会，韩王这伤秋和闵妃这即景二首，都各已做就。闵妃吟《伤秋》道：

炎威涤尽又新凉，枫叶芦花雁字长。
听到残蝉声涩处，宫槐一树对斜阳。

吟罢说道："陛下这诗，可直追唐人，只是秋色凄凉，易增愁思耳。"

韩王一面就来阅闵妃的诗，却写道：

晚风吹送御炉馨，雨后凉生水阁亭。

杨柳轻盈蒲嫩绿，秋来一例入凋零。

韩王道："妃子这诗，何尝不思清于水，只是太萧杀一些。"说罢，互相吟咏。

韩王道："朕今日和妃子在这儿游玩，正如当年唐玄宗和贵妃沉香亭饮酒一般，只少了一个青莲学士，做出三章的清平调来。"闵妃听了这话，叹了一口气，眼中不觉躺[淌]下泪来。韩王道："妃子怎又悲伤起来？"闵妃道："把陛下比唐明皇，自是中兴以后的明主，只恐怕渔阳鼙鼓动地而来就是妾葬身的时候了。"韩王自知失言，即转言道："朕说错了，朕固然没有明皇的才，那贵妃污秽宫廷，又比不得妃子的清高了。"

正说时，忽内监气喘喘的进来报道："主家不好了，日兵又进来了。"韩王仓皇失措，眼看着闵妃说："朕当真要做明皇了，这怎处呢？"闵妃道："这次日兵进来，定非怀着好意。陛下断出去不得。"韩王道："日兵怎的会进来？"内监道："听说日兵趁着中日开战的机会，华兵不在这儿，他就进了汉城。那时我们韩兵狠命的抵敌他，他就无端的逃去。忽于今天潜至宫外，缘着梯登墙而上，一时就蜂拥进来。这会子还不住的吵闹哩！"韩王道："朕想这里又没逃处，不如出去的好。就是他怀着歹意，不过要求条件罢了。我若应许了他，保没甚事的。"因即吩咐内监备驾诣宫。正见日兵拥着一处，在那里寻找韩王，见韩王出来，就把韩王缚住，当下又找了韩太子，一同缚在那里。

诸君须知，韩国的昌德宫和我们中国的皇宫不同。中国的皇宫历代以来都是墙宇高唆[峻]，地方深幽，无论日人有什么本领，断不能缘墙而上。那韩宫却是两样，他的建筑和寻常的衙门差不多的。墙垣固然低下，就是地位也狠小，所以日兵进去，易如拾芥，不消费什么力的。

单说当时大院君已在宫里，日人既缚了韩王和韩太子，就把大院君立做摄政王，暂时给他代理韩国的政治。这大院君所以得做摄政王的缘故，其中也自有一段历史。原来中日还没开战的时候，大院君就到了宫内。韩王的一切举动和闵妃的一切主张，都被大院君探得详详细细，报告了日使，说韩王实依恃着中国的势力，放胆过去，宫里并没什么防备。因此日人就决意走进宫来。那时大院君又做了他的内应，给他入内，不消说自然是个日本国的一个大功臣了。那日兵就把摄政王的位置替他恢复起来，当做酬报他的品物。

但大院君虽已居了摄政王的位置，看着日兵这样利害，倒也非常的害怕。那时日兵一面牢牢的守在宫门，一面又把电报局和韩国的营垒都占据着，一切主权，差不多都为日军所有了。只是韩王和韩太子既已就缚，没处安置。日兵却异想天开，把他闭在一个幽室里面。这个幽室，四面都是垩壁，却没有窗隙，所以镇日里没一些儿阳光漏入。韩王闭在此处，好不闷损。

那时各国公使得了这个消息，都入宫来谒韩王。韩王要求各使保护，对着各使说道："日人闭置朕等在此，将来恐有不利。贵使如念一日之谊，万望脱此牢笼。"说毕，泪流淋面，各使允为诘问。

到了次日，果有各公使诘责日人公文，日人当照复各使说："那一天敝国有小队兵士，经过近宫的地方，意欲到一座小山上扎营。那时适有韩兵在一处驻着，见了敝国的兵队，就放起枪来。敝国兵队为着保护自己的缘故。当下就围了过去，上前抵御。不意韩兵愈聚愈多，敝国兵士以众寡不敌，不得已就到了宫内，并没有什么并吞疆土的意思。那韩王不特不能保护，并派了小队韩兵和敝国兵队激战，两路夹攻，至为危险。不得已就把韩王和太子暂时闭置幽室，不久就当把他释放，请各使别要疑惧罢了。"

各使得了这书，虽明知系日人掩饰的话，但韩人开门揖盗，咎由自取，亦就置之不顾了。

这里大院君虽受了日本的推举，又得恢复了摄政的旧职，但到了这时却也痛恨日人起来，满望着中国和日本战争得能胜了，那时也好替韩国出了些气，把韩王释放出来。正自想着，那外面却有个消息传来，不知是何消息，且待下文说明。

第九回　独立虚名输来粮饷　附庸实惠改尽衣冠

话说当时消息传来，究系何事，上回并未表明，今且暂缓。单说中日宣战以后，那时中国就派遣左宝书[贵]和卫士[汝]贵两个人带着大批兵士到了韩国，守着平壤的地方。这平壤原是一个险要的海口，并且是南北铁路的总咽喉，日兵要入韩国，势必经过此地，所以当时就在这里扎起营来。

那时海风习习，天色晴明，正是战斗的好天气。看看时计，已是下午一句钟的时候。左、卫二人早已督率军队布好阵势。不一会，但见敌军迎面而来，那枪声就乒乒乓乓的放个不断。这里听有枪声，就也连忙将弹子装好，不断的放将过去。那时也并没别的声音、别的景象。这平壤的一块地面，飞来飞去，若断若续的，不是枪声，便是弹影。

停了一会，敌军越发近了，枪弹的声音也越发多了。那时两方兵队逃的逃，追的追，在一角斜阳的当中，尘沙飞天，鼓声动地，错乱杂出，煞是好看。不多几时，那敌军愈杀愈近，看看华兵已有好许多中了枪弹，卧倒地上，也有伤了一处，流着鲜血坐在一处的，七零八落，队伍已是大乱。那敌兵兀自杀来，左宝贵看着势头不好，急急的收拾残兵，振起余勇，拼命的战去。那时日本的兵队愈逼愈近，只差了一箭多路。当下两方前队，都舍了枪械，短兵相接，你一刀，我一枪，打了半个时辰，虽然互有杀伤，还算不来什么胜负。只那些华兵，看着日本步骑精锐，已吓得魂飞天外，那一个肯合了拢去？缘碍着军令，只得勉强接应，已是逃的逃，避的避，纷纷如鸟兽的一般散了。剩下华兵，不过十分三四，又都是老弱无用，恰一个一个的都被日兵杀伤净尽。

那时左、卫二人看着情形不佳，无法可施，只得做了一个三十六策走为上策的故事，狠命向后面逃之夭夭。足足跑了三四个时辰，方才远了敌军。暂时歇力，在一座山凹处坐下。检点兵卒，早已伤了大半。歇了一会，又恐敌人追上，只得渡过鸭绿江，退出韩国境外。那些日兵见华军已经逃走，就狠命也似的进来，一面往北去追华兵，一面就往南向韩国京城进发。那时人心惶惶，一夕数惊。

这个风声恰恰传到大院君的耳边。大院君虽然是一个卖国贼，但已到了这般田地，也不免想到韩国前途。他意中以为中国一经失败，韩国再没有不亡的道理，我虽然拥了摄政王的虚名，只恐怕到那时非但用我不着，还要遭着些祸患。想到这里，非常自危。当下就用个脱壳之计，向日本公使处求把韩王释放出来。

那日使早已得了中国失败的消息，那里还肯释放？大院君只管央求日使道："释放韩王，这事倒做得到。只是本使要和贵国订个条约，可承认不承认呢？"大院君道："敝国和贵国刚才订过条约，怎的又要订了？难道又有什么要事不成？"日使道："这会子订约，原是为着中日战事的关系，等到中日息战，这约就用他不着了。"大院君道："凡是敝国做得来的，再没有不依从的道理。只是要和韩王商酌，待韩王允了，那就不要紧了。"日使道："这倒甚可。"

当下就到了韩王所在，把日本要求订约的缘故说了一遍，并将这条约的内容说给韩王听着。那第一条，就是日本承认韩国做个独立国；第二条，就是在韩国境内的华兵一概驱逐出境，韩国的内政，华人此后不得干预；第三条是日本和中国战争，韩国应该设法助着日兵的运输，并应供给日军的粮饷。

韩王听了，心中颇不赞同，只是身幽斗室，将来恐有性命之忧。那各国公使又不肯前来援助，若不趁这机会走了出来，那出来的日子简直是没有的了。所以也不管好的歹的、是的非的，一概答应了。日使把字签好，就从这幽室里走了出来，那时方才把心放了下去。

但韩王以一帝王，前次既被急进党所缚束，今番又被日人所幽禁，心中好生悲伤。回念日前在万寿园和闵妃饮酒赏荷，赋诗消遣一悲一乐，相去天渊，眼中不免簌簌的落下泪来。再想到时局变幻，莫可测度，将来祸难未必遽无，又不免万分危虑。想到此间，觉得帝王一席直是人间最烦恼的位置。那田野中的农夫，徜徉陇亩，有时唱唱俚歌，有时听听鸟声，日度三餐，夜谋一宿，虽比不得帝王的高贵，毕竟无忧无虑，好不自在。

正在千思万想的时候，那闵妃适迎面而来。韩王见了闵妃，默无一语。闵妃一手握了韩王的臂膊，把头附着韩王的肩上，放声大哭起来。韩王见了闵妃哭，也不住的流泪，想着："日前万寿园里一番议论，我难道真要做个明皇不成？在我倒还不打紧，不过逃奔了一回罢了。倘妃子也做起贵妃来，可不是伤心么？"心中只管想着，眼眶中的清泪竟潮水似的流个不尽，把一条白绫的手巾揩得湿透，和雨淋的一般。

那闵妃兀自呜呜咽咽的哭去，差不多哭得眼圈儿和核桃的一样大。停了一会，韩王已住了哭，就对闵妃道："妃子别要哭罢，事已如此，只得听着天命了。古来凡是帝王，那一个不受尽艰苦？朕和妃子还自便宜呢！"闵妃道："从前摄政擅权，颠倒朝政，好容易把他削了禄籍。那些朝臣流品稍纯，不提防又来了日人的干预，依旧把他复了摄政的位。自此以后，陛下和妾非但受日人的牵制，兼受摄政的束缚，还干得来什么事呢？"韩王道："凭他做去罢了，别要管他罢。"闵妃道："话虽如此，只是内政越发紊乱，日人未免又来干涉，那里还有太平的日子呢？"说罢，又呜呜咽咽的哭起来。韩王又百端的劝解，歇了一会，才住了哭。

韩王道："这些事都不消妃子愁着，摄政这会子虽然受了日人的拥护，他心里却狠不愿意，和日人也没有什么情感的了。"闵妃道："摄政心事叵测，一会子这样，一会子又那样，难道陛下还没知道么？"韩王道："知是知道的，只是他无论怎样，总是一块儿的。"闵妃道："既然一块儿的，还做得开门揖盗的事么？"韩王无语。

当有内监报告说日公使进见，韩王就请他进来。不一会，日使已入，向韩王说道："日韩两国交涉已了，只是贵国政治向来腐败，依外臣的愚见，不如趁此机会整顿了一番才好。只是整顿政治，第一须有人才，贵国大员办事，往往因循苟且，不明事理。兹敝国有好多的人员前来，贵国就把他做个各部的顾问，不知可好？"韩王道："这事不知摄政意下如何？"日使道："早已和他接洽，说非常的赞同，只消陛下允准了便好。"韩王道："既然如此，就是这样罢。"

日使见韩王已允，当下就把好多的日人荐了进来，到各部去充顾问。那知这些顾问官都是新到韩国，韩国的风俗习惯，那里晓得，只管把己国的新政，一一都施到韩国来。原来韩人的装饰，向来是个宽衣博袖，日人看他这样，狠不欢喜，要把全国里的衣冠都改了起来。恰巧这事，大院君以不合舆情，不甚赞成，忙和日公使商议，说："改革服饰，只可听百姓们的自由，若是朝廷去勉强他，恐怕又要惹出事来，便怎的好？"日使道："这些事倒不打紧，若是大一些儿的，那就不能依着百姓们的闹了。外臣想，不如就此组织一个国会。那国会里的议员，自然是由百姓们选举的，既然由百姓们选举，就好代表百姓的意思。无论那一桩事，国会里说好做，那就做起来；国会里说不好做，那就不做罢了。不知此法可好？"大院君道："好是好的，只是敝国的百姓恐还没这等程度，那里办得来呢？"日使道："这不妨事。那国会里面只消有几个敝国人员进去，就再也不会没程度的。"大院君连连称好。当下别了出来，就把筹办国会的事宜豫备起来。不多几天，那韩国上下都忙着选举的事情。约莫忙了一个多月，那议员已经选定。当下组织国会起来，就把懿德园的地方做了国会的地址。

开会那一天，却非常的热闹，门首悬着两面的国旗，一面系日本的国旗，一面系韩国的国旗，照例扎了好许多的柏枝，门前却站着好多的警察。不一会，那些议员都摇头摆尾的，一个一个进去，走了好多辰光，方才走完了。约莫有一百多的韩国人，三数十的日本人，一时都到了里面，把铃一摇，都走进议事场去。

当下大众就选了一个议长。这议长恰是姓朴，名叫永汉，在下的已把他的历史讲过一番。他在日本留学了好几年，所以和日本人的感情非常浓厚。那时好多的日人就替他运动了一个议长。但这朴永汉虽然和日人要好，却狠有些爱国的思想，当下就把议事处的规则都一一通过。时已不早，就把铃声一振，散了会了。

到了次日，却有一桩重大的议案，列在议事日程的上面，就是剪发易服的问题，也不知是那一个议员提出。那时朴永汉就把这案付议员讨论，自己恰想着这剪发易服的事情，原是一桩要务，只是韩国百姓多半守旧，这事施行起来，又恐怕要闹了乱子，幸亏着议员多半韩人，一定可把这案打消的。一面想着，一面去看那些议员时，却没一个起来说话。有的眼看着朴永汉呆呆坐着，有的一回一回呵欠，还有些没智识的，却都在那里打盹，摇摇摆摆的，那里听见朴议长的说话。永汉看见了这般情形，不觉叹了一口气，眼中差不多要淌下泪来，只碍着在议场上不好现出怪状来。就一时狠命的熬住，再把这议案放大了声音报告一遍。那议员兀自个个呆坐着。有几个日本议员，看他们一句话都没有，就立了起来，手舞足蹈的说剪发易服如何便利，如何美观，七嘴八舌，也没一定的宗旨。

那时朴永汉就对众议员说道："兄弟今天对于这桩议案颇有意见。诸君可推个临时议长，容兄弟说明说明罢。"当时众人都说声是，就推了一个临时议长。这临时议长不是别人，却是一个急进党里面的人员，叫做汉寿李。

且说这汉寿李自从前次失败以后逃至他处，垂头丧气的，好不抑郁。只是碍着华兵势盛，没胆抵敌，只得遍走国中，演说时演说，运动时运动，天天纠集党羽，增益党势。不到一年，果然党羽愈聚愈多，聚了二万余人，一面仍旧和日人联络，以资扶助。至中日开战以后，见了日本种种待遇，不免冷了心了，但仍和日本联结，冀借他们的力量，成全自己的事情。

到了那天，却见韩王下了一道谕旨，说"历年以来，外患屡迫，内乱频仍，国势累卵，万难因循。用是公权于民，组织国会，采询谋佥同之议，行上下一致之政。愿尔黎庶，各体此志，选举品学优正之士，俾充议政论道之人。他日刷新政治，敦睦邦交，朕有厚望焉"云云。

汉寿李见了，不胜欢喜，自想我们就好在这处发展自己的政见了，因此派了好多的党徒四散各处，逐村逐庄的运动，运动了好几天，才到了选举揭晓的日子。那时选举场外，却人山人海的拥着一大堆，都是些看姓名来的。

原来韩人性质[兴致]最高兴的是做官。做了官，那些乡里上就都来凑趣他，算是顶荣耀的。只是韩国的官缺狠不易谋，不是贵族擅权，就是奸臣执柄。那些大小官吏，都是贵族和宰相的私人，那些没势力的，任你怎么才智，那一个来睬你一睬？所以韩国里的一班士子，多半没得出身，这会知道要选举议员，说是从百姓里面选出来的，就个个喜得眉飞色舞。他只道议员也是和官一样，做了议员就是做了官了，所以有的就叫他做议员官。都说这议员官人人可做，毕竟是皇恩浩荡，挑拔我们百姓的。有的说："我们皇上还没有这样好意，亏得东洋皇帝出了这个主意，给我们百姓做个官儿。"村妪俗妇说来煞是可笑，把不得到了揭晓那一天，有个自己的名儿，好不有趣，所以当时选举场外竟挤满了这许多人，个个抬着头，要想挤进去，却总归挤不上。有的身材短小的，差不多连头颈都抬得酸了。

那时汉寿李亦在那里，只苦着挤不进去，只好在外面等着。无如等了一天，那去的来的没有一些儿空处，只得回了转来。到了次日，就有一个同党的人进来，却叫做沈怀玉，手拿着一张纸条儿，笑嘻嘻的对着寿李说道："汉君恭喜！吾党有幸了！"汉寿李就立了起来，迎着怀玉，请他坐下，慢慢的问道："什么事？你拿的又是什么东西？"怀玉道："这就是被选议员的名单呢，阁下已被选了。"寿李道："被选的难道只有兄弟一个人么？"怀玉道："党中人正多着哩！"说毕，就把名单递了过去。

寿李一面衔着雪茄，一面来看名单，却见急进党中，除了寿李以外，还有许多的人，如柯如乔、沈怀玉、侯天忠、林善祥等，均与其内，约莫占了三分之一。那时寿李指着一个名字说道："这仇慕华不是守旧党的领袖么?"怀玉道："守旧党里还不止这几个人呢!"就立起身来，把手指着许多名字，说道："李光美、杨承镇、何世哲不是都在这里么?"寿李道："我想守旧党还不止这几个人，不过我们不晓得他的名字罢了。"怀玉道："不差。"

谈了一会，怀玉别去。这寿李把这议员单仔细看了一遍，就藏在抽屉内。看看时，计已不早了，就在床子睡下。到了次日，依着名单，把自己党里的议员发了一个传单，说不多几天，就要召集国会，那时本党意中的议长应是那个，乞各员书了一纸，寄到此处，以卜意思。

不一日，那各党员果然纷纷函来，一一展视，却都是举汉寿李做议长。此时寿李心中已十分希望，把不得议长举了自己，那国会里的权，就有了一半到手了。不意到了召集那一天，这急进党的党员，苦于占国会中少数，其余多数却都被朴永汉运动了去。这会长一席，自然让了朴永汉了。但朴永汉虽然不是急进党里的人，那急进党里的人却也狠敬服他，所以他做了议长。这些急进党倒还不甚反对他。那时适朴永汉要发个动议，教众人举个临时议长，急进党员就把汉寿李说了出来，竟得大多数赞同。那寿李就到了议长的席次。

当时只听朴永汉说道："剪发易服一事，本是个应该议决的事情，我们韩国都是宽衣博袖，于作事狠为不便，这议案其实是不待议的了。只是有一种的窒碍，缘我们韩人顽固性成，兼以风气未开，骤改装束，未免耸动俗人。就兄弟的愚见，这议案可否分做两起?剪发自剪发，易服自易服。为什么呢?易服这一桩事虽然不洽舆情，勉强倒还可做得;若是剪发这事，恐怕一时断难达到。我们韩国有个习惯，就是那结发于顶的日子，即是弱冠的期限，所以韩人看这顶髻非常郑重，有髻的就叫做君子，没髻的就叫做小人。一旦把这郑重的东西改去，他们百姓那里肯依呢?大凡有益于国的事，无论百姓如何反对，须顾不得。好在顶髻一物，就不去改他，也没甚么害处。为着这区区小事，闹了乱子，恐怕不便宜些。不知诸君以为如何?"说毕，当有一人立了起来，说道："兄弟要发个议。"议长看他时，只见他年在四十岁左右，留了一撇燕尾须，气概非凡。不知何人，且待下文说明。

第十回　颠倒政权舆夫当国　抗衡公使巾帼扬威

话说那时会场上忽有一人起立说道："凡是国家创一议，变一法，其起先没有不艰难的，到后来没一样不成了习惯。剪发如此，易服也是如此。如今说把这事分做两次办理，势必起了两次的困难，何不并做一气，经过了一次的困难，那以后就也容易了。但是就鄙人的意见，剪发易服，不是便好救国，何苦把这不打紧的事情惹起百姓的风潮，索性把这案表决了罢。”

当时议场里这许多人，听他言语爽直，没一点儿支支吾吾的弊病，就个个都觑着他。他却把眼睛周视了议场一转，又复注视朴永汉。那时汉寿李先将朴永汉的议论付过表决，却占了少数，把那人说的话付了表决，不一会，那议场上竟个个起立得了，全体的赞同。这种情形，也是程度幼稚国的常事，不足为奇。当下就把这案作为表决，别的倒不必说，只这汉寿李笑嘻嘻的好不高兴，知道己党里获了优胜的了。

诸君，你道这人是谁？原来系一个急进党员柯如乔。自从这次发了议论以后，那柯如乔的名字却个个传诵，没一个不记念他，所以凡是他发的议论，没一个不和他表同意。因此这议会又出了一个名号，竟唤他做柯议会。但是他对于各种提议的事情，凡是日人的意旨，一概都被他表决。只有朴永汉没甚附和他，说他一腔热血，未始不可钦佩，但未免激烈过度，转致败事。因此日人对于国会，狠有些儿不满意，起先还是每天开了一次，到得后来，竟要过数日方开一次，末后并把国会解散了。

自从国会解散以后，这韩国政府就天天颁发变法的命令，今天宣布立宪，明天改革文字，不论大的小的、难的易的，把从前议会表决的事情，一概都要实行起来。那急进党虽然抱着急进主义，看着韩政府这样妄作妄为，心中好生不快。再加之国会既经解散，他们越发没有用武的地方，因此心中常郁郁不乐。

那一天正是急进党开大会的日子，各道的分党都举着几名代表前来赴会，约有七八百的党员，那地址恰在仁川地方一所民房的里面。这民房地位极大，门首挂着“急进党总部”五个大字，从门内进去，系一个极大的天井，两旁都是些房间，左边表着总务和财务两部，右边恰表着政务和书记两部。自此进了第二道门，又是一个极大的天井，两旁也有些房屋，左边是评议部议事处，那右边系评议部办事处。再进去，中央却有个极大的厅事，写着“会议厅”三个大字。当时这好多的党员都散在各处，有的在评议部里面闲谈，有的在会议厅后一个花园里面玩游着。

那时已是下午一句钟的时候，汉寿李就吩咐振起铃来。一时各党员闻着铃声，都已齐集会议厅上，各就自己的位置坐下，汉寿李就站在党长的席次。不一会就走近演坛的面前说道：“本党组织已十几年，资格不为不老，党员达到二万余人，势力不为不厚。只是从事以来，历次失败，党员死难，实繁有徒，这不是本党的耻辱么？到了现在，国事越发蜩螗，时局越发艰难。古人说得好，天下兴亡，匹夫有责。况本党是个国民的团体，那仔肩自然更加重了。自此以后，本党益宜奋发起来，把这身体许了国家，誓死不退的才好。”那时拍掌的声响，和雷霆的一般。寿李继续说道：“依兄弟的意见，从前的党纲，到现在有些儿不适用了，须把他修正了才好。”说毕，就嘱书记员把新定的党纲对众宣读了一遍。

那书记就宣读道：“（一）监督政府矫正其秕政；（二）抵抗外交上违法之事宜以军事为后盾；（三）迫令政府改良政治；（四）本党与国相终始。”宣读毕，汉寿李就请逐条讨论。

正在议论的时候，那会场外却来了一人，气喘喘的跑到会场内，在自己的席次站着，向汉寿李说道：“兄弟今天到得迟了，只是兄弟刚才得了一桩新闻，可否把这事提前会议？”寿李看时，却是柯如乔，因说道：“柯君闻得的，不知是甚么事？”柯如乔道：“这事说来，话倒狠长，应该由党长许可，容兄弟到演坛上报告一番。”寿李道：“既然柯君这样说，想必是紧要的事情，就请柯君上来报告罢。”那时柯如乔就走上前去，对众说道：

政府自从国会解散以后，就颁布了种种法令，那百姓们不消说，个个都怨声载道，诋骂政府。政府就把诋骂的人杀了好许多，说这都是急进党煽惑的缘故，所以恨本党的了不得，将要四处搜捕本党的党员。

那时幸亏着有朴永汉得了这个信息，就急急的去见大院君，说道：“臣日来闻着政府要捉捕急进党人，不知有没有这事的？”大院君道：“有是有的，只是还没实行。”朴道：“说到急进党的举动，确是太激烈一些。但现在国事仓皇的时候，只得俯顺舆情，暂时放松些。一经捉捕，万一急进党梃[铤]而走险，造起反来，那时又要费却许多的兵力，好多的经费，那急进党未必就灭个净尽，岂不是讨厌得狠呢？臣的愚见，不如从速整顿内政，那急进党见政府力自振作，自然不至十分暴动的，不就可不剿而自平么？不知摄政以为如何？”大院君听了这话，极道有理，果然把这事作了罢论，并立意整顿政治，就授朴永汉以首相和国务大臣的职。

原来这朴永汉的人，学识深纯，品行高洁，他一种办事的手段，不疾不徐，不亢不卑。单说他这副口才，无论议论那一桩事，都能够娓娓动人。所以京师里面的人，说起朴永汉名字来，都道他是个诚笃的君子，没一人说他坏的。他当时受了这个职务，就把韩国的政治整理起来，决意要把中兴的事业担到自己的肩膀上。那时韩国的军备腐败不堪，诸君不是目击的么？他当下就筹了一宗款项，组织陆军起来，把欧洲新式的操练教练兵队。诸君，韩国的陆军，不是这位朴翁，那一个会发起呢？

他平素所倚信的就是一个美国。他说："美国远隔重洋，万无垂涎我国的意思，一有缓急就好做韩国的外援了。最防备的，恰是个日本，缘日本近在咫尺，兼以近来的举动，更觉不可深恃。"

那一天日本公使求见这位朴永汉，说要把前次议而未决的剪发案，下个命令，决意实行起来。朴永汉道："别的或可商量，这事却使不得。贵国的商民，在我们韩国的为数不少，那商人的财产都在那里。敝国的百姓，素性又最会暴动，倘然闹个乱子，非但敝国受害不少，贵国的商人也着实要遭些祸殃，那就不便宜的了。"日使道："这倒不打紧的，我们日兵还许多驻在这里呢！"朴永汉道："虽然如此，为着这些的细事，费却许多的兵力，恐怕犯不着了。"日使就此不敢再来要求。

诸君试想，这朴永汉君不是我们应该崇拜他的么？那里知道不如意事日常八九，俄人在我们韩国势力已逐渐的膨胀，西伯利亚的铁道据说已筑到太平洋岸了，所以俄人的心理已大半属意我国。他驻京的公使，竟百计运动，把大院君的势力削得干干净净，那政治的权柄，又被闵妃夺了过去。

且说这闵妃躯干短小，心思恰非常的狡狯。那一天韩王和闵妃在一处坐着闲谈，来了一个内监，闵妃就问他道："你看现在朝臣的里面，那一个会干事的？"内监道："别的倒还平常，只这丞相却非常的精敏。但一般日本的工人，都说他是个结党营私的人，并说他怀着坏意，图谋不轨，不知可是真的不是，恰尚不知道他。"闵妃听到"图谋不轨"四个字是平生的大忌事，就立时拟了一道谕旨，着朴永汉免职养疴。

朴既得了罢官的命令，就知道自己将及祸难。古人说得好："君子见几[机]而作。"当时就着了微服，跑到日本的使馆里暂留一宵。到了次日，又改着了西洋的服饰，趁了汽船向日本逃去。他说自己所受的苦难，都系闵妃所赐的。闵妃的意思，要维持母党和私人的威权，如此过去，我们韩国再没有兴盛的日子了。说罢，流了好多的眼泪。诸君想，这事可惜不可惜呢？

政府自从朴相免职，就此急急的要找个替代的人。那时韩王就问闵妃道："朴相免了职，这个位置，朝臣中那一个相宜呢？"闵妃道："这全赖陛下的选择了。倘然不得其人，那时再行更动，反复无常，就要惹了外人的笑话。"韩王道："朕想仍用了俞光建罢。"闵妃道："这断使不得。这俞光建本是个老弱无能的人，那一桩事办得来？当时因循过去的，为着中国的势力所在，只得挨个情面。现在中日一战，中国已败到这般田地，还有什么势力，用他则[做]甚？"韩王道："这孙忠鉴不是一个精练的人么？"闵妃道："这人虽是精练，只太奸猾一些，还不如给他做外务大臣罢。"韩王道："那么这余用桓到那处去呢？"闵妃道："余用桓这人办事不知可好?”韩王道:“别的事朕也不知道他,只有那时日韩交涉的时候,他入宫来见,这些话倒说得有理,只不知他品行怎样的?”闵妃道:“品行倒没坏处。妾出逃的时候,他一路照顾着,日夜不倦,没一些儿懈怠,不是耿耿忠心的么?”韩王道:“那么就着他去做国务大臣罢。”闵妃道:“也好。”当下又下了一道谕旨,说授余用桓首相和国务大臣的职。这谕旨一下,那汉城的人士舆论鼎沸,都说他万万够不上这个位子,那闵妃却悍然不顾,任性的做去。

诸君你道这余用桓是那一个呢?说来煞是可笑。当今上即位的时候,他年才十几岁,就走进宫内,做一个挑水夫,天天挑挑水,没别的事情,但他却最会装门面的。那时他在宫内,事事都迎着意旨,一些儿不敢懈怠,也从没和人家闹了一会嘴。所以合宫里的人都说这小厮着实乖巧,就把他做了一个舆夫。那时他略略富裕了一些,就挣了一身好衣服,到了傍晚的时候,摇摇摆摆的到各处去玩耍一回,把那些宫女看一个饱。他恰生就一副美貌,所以宫女们都爱怜他,说他是个唐朝里的张六郎。后来都替他运动起来,得做了一个外部大臣。不晓得他的,只道他是个文人学士,那晓得他目不识丁,肚子内却实做了孔老夫子“空空如也”这一句话。这等人,你想做得首相来么?况且他在宫里的时候还和闵妃做些那……这也不消说了。

那时众人都说道:“这还了得!”柯如乔道:“还不止这些呢!”众人道:“还有怎的?”柯如乔道:“他做了首相以后,就把从前的新政一概停办,什么学校呀、陆军呀,都一一取消。他说这等政治都是有损无益的,我们韩国和外国不同,这些新政都不适用的。韩王一一依他做去,真是昏天黑地的了!”

柯如乔说罢,就走下演说台来,依旧复到自己的位置。那时汉寿李就要大众表决,说这事可否提前开议。大众都说这事要紧,不可延缓,须急急的谋个对待的方法。当下党长见了,多数赞同,就把这事付了讨论。

众人就此各人说出抵制的方法来。有的说:“该由本党打个电报给韩王,要他免去余用桓。”柯如乔道:“这甚不妥。一来他们既然信任余用桓,自然不信任我们,这电报一些儿没效力的;二来本党既然打了电报,那闵妃自然越发愤嫉我们,又要惹起他四处搜捕了。”那时林善祥立了起来,说:“就兄弟的意见,不如着个人去暗刺余氏,行着刺闵相的故事如何?”侯天忠道:“这也不好,就使余用桓刺了,那第二的余用桓又来,本党将刺不胜刺,也不是根本上的计划。照鄙意小试不如大割,捉贼还是擒王,我们须把闵妃去了才好。”汉寿李道:“这是上上的计策了,只是要达到这个目的,大非容易,不知该怎样的做去呢?”沈怀玉道:“鄙人倒有一法,不知诸君以为何如?”

那时众人都注视着怀玉,不知他说些甚么计策。只听怀玉说道:“大院君虽是一个极狡猾的人，但现在他和闵妃感情极恶，本党派几个代表和他商量，共谋大事，他决不至反对本党的。”寿李道：“此策固然甚好，但有一事，却有些儿窒碍。”怀玉道：“是甚的？”寿李道：“闵妃虽然弑了，那大院君仗着这个功劳，又摆起摄政的架子来，把政权攘夺了去，那不是以暴易暴么？”大众都说：“这话有理，也须防着，只是没再妙的计策，如何是好？”寿李道：“这事还是本党亲自去做罢。”柯如乔道：“怎么做法呢？”寿李说：“由本党公举四个干员，到了京畿，运动个宫中的差使，那不是更容易么？”众人都说有理。当由众党员举出四人，就是林善祥、侯天忠、柯如乔、沈怀玉四人。举毕，就振铃散会，各党员纷纷散去不提。

且说这四人到了次日，就领些旅费，肩了行李，向汉城走来。那时天已傍晚，夕阳西下，这四人就在汉城里一个旅馆住下。忙了一日，身已微倦，用过晚膳，就一同睡去，一宿无话。

到了次日，四人就商议进行的方法。怀玉道：“李太监，弟有一面之缘，倒可去运动的，只是给他知道了不好。”如乔道：“这倒不打紧，只要他们不知道我们是急进党员就是了。”怀玉道：“那是不知道的。”侯天忠道：“这便好了，那么我们就去找他罢。”柯道：“这不消四人都去，只要沈君一个人先去探听了情形，再作计较罢。”怀玉道：“这话有理。”说毕，就立了起来，披了外衣，别三人自去。

这里善祥和天忠二人要去找个朋友，也别了如乔出去。这旅馆里只剩了如乔一人，寂寥已甚，就拿着一本书，躺在床上去看。将要入黑甜乡去，那旅馆的仆役走了进来，说：“本旅馆有一种日报，不知先生要看不要？”如乔听了“日报”二字，心中陡然惊起，连说：“要看，要看！”诸君，你道柯如乔为甚这种惊慌？原来韩国的偌大京城，从没有人办个报，说起报纸两个字，连懂都不懂，那里还卖得出一张报纸呢？今听旅馆里面有一种报纸，在柯如乔的意中，非常的惊喜，一面又猜着这报不知是那个创办，所以急急的要把他拿来一看。当时仆役听了，就出去拿报，不一回拿了进来，如乔从仆役手中接来一看，却标着名曰“爱国日报”。再往下一看，这报的创办人，原来不是别人，就是朴永汉。

且说这朴永汉自从到了日本，心中只顾纪念着韩国，每当风雨凄凉的时候，他临风遥望，想起故国的河山，不觉簌簌的落下泪来。那时日本政府为着一桩事情，召驻韩公使小村回国，把三浦大将简了驻韩公使。三浦本系日本的名将，生平酷好佛教，得了这命令，就急急趁了汽船，到得韩国，见过了韩王，三浦就把小村的政见概行弃去，照着己意做去。

那一天，三浦进见闵妃，说韩国政府的各部须要添聘日本的顾问官，闵妃就大骂道：“你们没厌足的要求，得了这样，便要那样。那里有这许多的功夫和你们黑缠!”三浦听了这话,猝然大怒,但谋事于妇人,亦自知不伦,当打个电报,说要把韩国的闵妃弑了,方泄吾愤,望政府速示复电。日本正在议论,这消息已传到永汉的耳中,他知道韩国又将大起风潮,不胜忧愁,千思万想的想替国家尽些义务。只是异国飘零,那里可以干事?只有办个日报,天天寄到韩国去发行。倘然看的人多了,自然明白现在的大势和韩国的时局,庶几振作起来,还有中兴的希望。因此就把这个思想做起事实来,就在旅日的韩商处筹集了些经费,办起日报来。到那时,已办了好几天了。如乔看了看,知道这报是从日本印刷完就再寄到韩国来的。将要把报纸的内容揭开看时,那门外适有一人进来。不知进来的是何人,且待下文说明。

亡国影上卷终

下卷

第十一回　惨事传来闵妃遭戮　虚词掩去西报见讥

话说柯如乔拿了一张日报,正拟往下看去,忽门外有一人进来。如乔抬头看时,恰是怀玉,因把日报丢在一处,笑嘻嘻的问道:“这事可有些眉目么?”怀玉道:“弟适才到了清芬楼,遇着了一个朋友,他就问我往那里去,我说将找李太监。他说:‘李太监么?患了一身的大病,到现在已有一个多月了,还没瘥哩。’我说怎么病,他说是咯血的病症。我听了他的话,也就不去问他别的事情,匆匆的来了。”如乔道:“既如此,便怎好呢?”怀玉道:“我刚才一路走来,亦想不出什么法子,只得待侯、林二君来,再想个别法罢。”

说毕,手指日报问道:“这又是些什么?是不是报纸?”如乔道:“正是。我们所谋的虽还未成,见了这个报纸,倒也略慰下怀。”一面说着,一面就把这报纸递给怀玉。怀玉一手接着报纸,并说道:“这报纸可算韩国的始祖了,不知那些内容可和西报一样?”如乔道:“我还没看哩。但编辑这报纸的,就是前次充国会议长的朴永汉,大概不会过于恶劣的。”怀玉道:“朴永汉不是已到日本去么?这报纸那里办的?”如乔道:“他是在日本办的。这里一定有个访员和他通信,否则那里能办得来本国的报纸呢?”

说着便和怀玉把报纸展了开来,大家阅着第一页,系国外要电和国内的专电,也不过都是些没打紧的事情。阅到第二页,方才是长篇的新闻。那闵妃之如何擅权、如何反对日使,三浦之如何电达政府、政府之如何计划,都已载在报上。看看日子,已是五六天以前的事情了。两人看了,都生出且惊且喜的感情来：喜的是谋弑闵妃的事情，自己虽没做到，已有日人替他代做；惊的是闵妃虽然弑却，那日人的势力又要膨胀起来，国家的前途急急可危。两人看了一回，又叹了一回。如乔道："这事若成了事实，便怎的好呢？"怀玉道："这事恐怕一定成了事实的。但我们要筹划这个善后的计策，恰颇非容易。"

说还未毕，那侯天忠和林善祥已走进房内，见了沈怀玉，就急急的问他所谋的事。怀玉就把刚才和如乔所讲的说了一遍。侯天忠道："我们今天走出了这许多时候，倒得了一桩新闻。"怀玉和如乔都问道："什么新闻？"天忠道："我们从这里出去，过了一条极热闹的街道，这街道的旁边，恰围着一大堆的人在那里观看。我们见了这许多人，不觉吓了一跳，不知他看的甚么。因狠命的挤了上去，探着头从人缝中一望，你道是什么东西？原来有巡警几名，直挺挺的卧在地上，流着一身的鲜血。一个人说道：'这巡士死得这样的凄惨，那日人未免太忍心一些。'一人说道：'打死他的并不是日人，是那些土兵哩。'又有一人说道：'这都是巡士自取的祸，还替他可怜什么呢？'我当时不知就中的情节，因问这人道：'他为甚事死的呢？'这人道：'这些巡警本是游民充当的，所以天天旷着职务，呷酒的呷酒，赌钱的赌钱。还有那时髦的巡士，调戏良家的妇女，占据人家的妻子，平日间已是没恶不作，那里懂得一些警务呢？那一天，这个巡士在一个土娼家逛着，恰巧碰着了一个土兵。原来这土兵，和土娼是一对儿的野鸳鸯，蓦地里见了巡士，只道巡士和土娼有私了，他就起了醋海风波，啰啰苏苏的骂起来。那巡士骂得不耐，就拔出老拳打将过去。土兵见他打了，也就动手打来，打了一回，那土兵却打这巡士不过，一溜烟就跑了去。这巡士竟得意洋洋的夸着自己的膂力，不意那土兵知道巡士站在这里，就纠集了好几名的土兵和巡士打起架来。虽然别的巡士都合拢来替这巡士帮着，打得落花流水。打了好多时，只听得这些巡士喔唷的一声，打死了。那土兵兀自不休，七手八脚的乱踢乱敲，不管三七二十一，四七二十八，足足打死了五人，那土兵就逃之夭夭了。'这人正说得津津有味，当下便有许多的巡士，把尸首一个个的收拾了去，不知怎样办法哩。"怀玉道："这土兵不是日人督练的么？"天忠道："正是。"怀玉道："日本国的军队，素来严肃，甚的弄到这般！"林善祥道："这是你少见了。莫说日人督练的兵士，就是他本国的兵士，自从中日战后，那举动也未免骄恣一些。"那时柯如乔立了起来，说道："这些细故，请诸君且缓说。我们先把这事商议好罢。"

说着，就把报纸展了开来，指给二人看去。二人看了一回，侯天忠道："我们且待他发动了，再作计较罢。"林善祥道："这却不好。待他发动，我们已不及了。不如先把这事通知了本党，叫他们召集了党员，议个办法，我们只管在这里看个动静。不知可好?”三人都说:“这话极是。”当下就由林善祥起了一草，把《爱国报》里新闻剪了下来，附在书内，着专人立时送去，不提。

且说这四人当下在旅馆用过午饭，即将房间闭上，往外闲逛。沈怀玉道:“这里也没处可玩，我们还是到清芬楼啜茗去罢。”大家都赞同，就一步一步的走去。不一会就到了清芬楼，在靠窗一张桌子坐下。沈怀玉道:“刚才侯君讲的士兵击死巡警的事，不知将如何结果。此时当略有信息。”如乔道:“我国民德堕落到了这般田地，实可浩叹。就使有几个热心志士办理新政，那些莠民从中作梗，那里收得效来？譬如有人害了病，本元已失，表又表不得，补又补不得，只好听他死了。”善祥道:“我想，现在要挽回时局，只有普及教育的法子，不是从这里入手，简直没一些效力的。”天忠道:“注重教育，自是根本上的计划。只是民德既坏，这些学子未必独良。师范一项，先已没善良的种子，那里教得出好学生呢?”说罢，感叹了一回。

那怀玉刚要探首往窗外去望，却面前来了一个人，抬头看时，恰是楼昌善。这楼昌善，和沈怀玉是个同乡，年纪二十几岁，虽生就一种逸才，恰非常的奸滑。前次东学党乱，他夤缘得在兵部里供职。怀玉见了，便向三人使个眼色，接他坐下。昌善便问怀玉住在何处，并问如乔等姓名。怀玉一一告诉了他，便问道:“这几天，大内不知可有什么消息?”昌善道:“这倒没有什么消息，只政府为了士兵殴毙巡士的事，倒忙得不得了。昨天各部还开过会议。”怀玉道:“不知怎样议决?”昌善道:“据说各部要把兵队乘机解散哩。”那时如乔等都搀着说道:“是格，是格。这等兵队如不急解散，将来再生出事来，那还了得。”昌善道:“在兄弟的意见，倒不是这样。那些击伤巡士的人，不过是少数的劣兵，正可把这劣兵定罪，岂可就把全队的兵士解散呢?”如乔等将欲有言，怀玉又向三人使个眼色，因向昌善说道:“足下耳目，比弟等要近得多咧！无论政府和大内什么事情，万望足下见告。”昌善唯唯谈了会，就别了出去。这里怀玉就向三人说道:“这楼君最会逢迎外人意旨的，我们紧要的话，却和他说不得，所以弟屡次使个眼色，就是这些缘故。”四人坐了一会，从清芬楼走了出来，看看时已不早，就回到旅馆。用过晚饭，谈了数时，一同睡去。

到了次日，那旅馆里的仆役又送一份日报进来，四人正围在一处观看，忽有几名巡士匆匆遽遽的走到房间里来，一个旅馆主人在一旁陪着。那巡士就问道:“是不是这四个人?”旅馆主人说:“不差。”那巡士就每人捽了一个，说到警署里去。四人问:“为着甚事?”巡士道:“我们也不知为甚事，系奉着巡官的命令，到这儿来传你们的。快去罢!”四人都一时摸不着头脑，想来想去，自己没有犯过什么事，且就使犯了事，那巡士何以知道我们住处？心中不住的狐疑。那巡士再三催促，没了法，只得跟他一走，待看过明白，再作计较。当下就随巡士走去。

不一会到了警署内，就有警官出来问案。这警官年纪倒还不大，只有三十几岁，面上看去，生成了一副谄媚的姿态。那时就问道："你们不是急进党的党人么？"四人道："我们并非党人。"警官道："既然不是党人，为什么把政府的事情说长议短的刺刺不休？"四人道："我们并没议论国事过。"警官道："还抵赖甚么？那清芬楼的一段谈话，就忘了么？"四人听了这话，方知被楼昌善所算，只得垂头听命。那警署就备了一纸公文，把四人送到官厅里去不提。

且说那时闵妃擅权，政界黑暗，那大院君心里正自恨着闵妃，一意要把闵妃弑却。那一天正是十月三日，大院君备了一乘马车，自己到了日本使馆求见三浦。三浦就出来迎接，请他在会客厅坐下。大院君道："敝国政治紊乱，实系闵妃一人所致，贵使也不应坐视，听他这样做去。"三浦道："这事保管外臣做去，并没有什么为难。只是事成以后，应该给敝国享些商务上的利益，那就算得这事的报酬了。"

正谈话时，那仆役拿着一张名刺进来，三浦看时，恰是兵部大臣刘德化。原来余重亮自闵妃擅权，早已免职，就将刘德化补了此缺。大院君见是他，忙辞了出去。三浦一面迎着德化，仍在客厅坐下。德化道："日前土兵击毙巡士，各部为着这事议了好多时候，说要把兵队裁去，这便怎好呢？"三浦道："也不管他怎么不怎么，就急急赶我的事罢。"刘德化道："就在今晚可好？"三浦道："那么总司令官今天当还在仁川，就召他回来罢。"说毕即备了一道公文，着人送到仁川。

那总司令官正在检点行李，将要附船回国，接到公文就急急回来。到了汉城，当晚率领兵队守着城内。一面就有好多的韩国土兵，分做两队，一队护着大院君，一队入宫搜索，相将入门。到了王宫，把王宫四面紧紧围住，一面破垣而入。原来王宫里有二个卫队统将，一个系俄人萨伯典，一个系美人戴将军。这戴将军年已老耄，天天只知在宫里种种树木，一些儿不知兵事；至萨伯典，早已为乱党拘在一个屋子里，所以这般土兵进去，毫不费力。

那时闵妃和太子在一块儿坐着，见土兵入内，太子已急急的先自逃走，闵妃仓猝不及避，就伏在一扇门后，一些儿不敢作声。土兵进了宫里，就四散搜寻闵妃，碎牖破门，犹如摧枯拉朽的一般，把宫内那些装饰都毁得七零八落，只是找不出闵妃来。

但闻西北隅有好多妇人的声响，土兵就赶了过去。果有许多女子，却都是些宫娥，不是妃子的服装。那土兵就把这些宫女个个捆缚起来，一棍一棒的打得死去活来，说："你们都把妃子藏匿的地方说来，才饶你去，否则就给你们吃个弹子。"宫女都说："大兵到此，各自逃生，那里晓得藏的地方呢？"土兵又将宫女打了一回，再往各室狠命的探索。

到了一处，恰看见门后隐隐的有一个女子立着，忙上前拖了出来。那女子恰是躯干短小，眉目狡好，见了土兵吓得面如灰色，魂飞天外。土兵就问他道："你是不是闵妃？"闵妃道："我并不是闵妃。"一面说着，一面就脱身而走，口中恰连连呼着太子。

土兵方知道刚才被骗，当时急急追了上去，幸走还未远，就拘了回来，七手八脚把他捆做一团，一面就一刀砍去，恰恰中了头部，大声呼救，土兵看他还没有死当，用极大的被褥裹了他的身体，摆在一个庭中，上面覆了好许多的茅草，下面铺了好许多的棉絮，并灌了好许多的火油，霎时间劈劈拍拍就烧了起来。那时火焰飙发，烟雾迷漫，把这些兵士都蒸得昏昏腾腾，七颠八倒。不一会，那好端端的一个妃子，竟变做了满地灰烬。

那时土兵都迎着大院君进来，到了宫中，大院君问道："韩王到那里去？"那些土兵都说："早已闭置在一处了。"说罢，就奉了大院君，仍旧给他做个摄政王。料理齐备，留几个兵守着韩王，其余的都纷纷散去。

那时汉城人民闻了这事，阖城震动，不论茶肆酒坊，凡是讲的都讲闵妃的事，听的都听闵妃的事。有的说闵妃秽乱宫庭，颠倒舆论，应该遭这一死；有的说闵妃还没有死，又逃到什么程尚志家里去。七嘴八舌，说得发狂的一般。

过了几天，那宫里忽然下了一道谕旨出来，说"闵妃引用外戚，污秽宫庭，罪状昭著，不足以正中宫之位。朕早知其恶，本宜正以典刑，徒以彼党势力强大，朕孤立无助，因循至今。朕思，一日不去闵妃，即一日不能绍继先王遗业。用是付诸斧钺，以惩后宫，并宣扬其隐慝，废黜其位号，使韩国臣民咸知所戒"云云。

此谕一下，合城人民方知闵妃实已被杀，但和宫里传出的事实，恰有些不符，未免人人猜疑，物议沸腾起来。

那时就有一个人坐在汉城著名的一个清芬楼上，眼看着一张报纸，且看且叹。不一会，看毕，就把报纸安放在一处，连连叹息，眼中簌簌落下些泪来，喃喃自语道："唉！难道弄到这般田地么？"正自叹息间，外面又有一人进来，见了这人，即说道："寿李君，弟已得了消息了。"寿李道："怎么样了？"那人附着寿李的耳说道："闻三浦公使将要调回去哩。"寿李道："真的么？"那人道："再也不会差的。"寿李道："不知又那一个来这里？"那人道："这恰不知。今天报纸上可有什么话么？"寿李道："国事不纲，贻笑外人。都是我们的羞耻呢。"

那人就把报纸展开，看了多时，忽见上面表着一题，系《闵妃被戕之真相》。其文云：“韩国闵妃向与摄政大院君积不相能，闵妃赖俄使力，夺权于大院君之手，韩王暗弱不能制，闵妃得任性弄柄，事多颠倒。大院君恨之刺骨，欲有以戕之。谋于日使，日使允为扶助，以所督土兵为之锋，遂弑闵妃。次日，大院君颁布伪诏，谓闵妃为韩王所杀，并加以淫妓污名。大院君之权，正未可量云。”

那人见了，向寿李说道：“闵妃虽未必善身，既被杀，又受了这不贞之名，未免太不便宜。我们没见了这报，只道实是韩王杀的，原来又是大院君的主意，真是以暴易暴的了。”寿李道：“这报系美国哈勒尔地方出版，这里有个访员，叫做葛家利耳大佐。这葛氏诚挚恳笃，弟曾晤他一回，断不至有捏造的。但这些有失国体的事，给西报登了出来，实于国民大失体面，须恢复回来才好呢。”那人道：“日前东党里原把党纲改过，把这闵妃被杀的善后事宜也议了一回，再也不防柯、沈诸君骤遭了天外飞来的祸灾，如今我们不是失了许多的助手么？”寿李道：“你想这几人并没有甚么大罪，定以死刑，当不至此。”那人道：“这应该是不会的。”正说着，忽隔室有一人说道：“照这样看来，那四人一定是难免的了。”寿李听了这话，不觉吓了一跳。不知说的甚事，且待下文说明。

第十二回　末路天潢荒宫咽泪　伤心学子冤狱定刑

话说汉寿李听了隔室中一人说话，不觉吓了一跳，因侧着耳朵听下去，就听又一人说道：“这恐怕还没有定，大概是不免的了。”再听时，人声已寂。那时汉寿李的心中好生疑虑，暗暗想道：“他说的四个人，不知是那四人，难道就是柯如乔那一班人么？他说的‘不免’两个字，不知是不免什么，难道是定了死刑么？”想来想去，只是想不出他讲的意思。要再去听他，他却已不讲了。到了这时，方才懊悔自己不早去听着，那上半截的说话，却抛诸乌有乡了。

一面想着，一面看看时候，已不甚早，就对那人说道：“摩天君，我们且回去罢。”摩天道：“回去，回去。”二人就出了清芬楼。一路走去，那寿李恰一路想着这事。

诸君，这汉寿李不是好端端的住在仁川么？为什么就在这里呢？说来恰有个缘故。起先柯如乔等为着闵妃的事写了一函，着人送给寿李，嘱他开个会议，筹商善后的事宜。寿李得了此信，就召集各党员讨论进行的方法。经多数表决，说现在国势危殆，外交非常棘手，再也不能用激烈的手段对付了，应该由本党选了几个学识高深的人，在政界中运动几个要缺，施行本党的政见，才好把韩国中兴起来。议决以后，就把这个意思告知柯如乔等。不意发书以后，过了数天竟没有一些儿声息，因此就猜疑起来，大家议论纷纭，将要着个人到汉城打听消息。忽仁川地方哗传政府捉捕急进党的事情，寿李听了，知道事有变故，就和一个党员叫做仇摩天的一同到汉城来。待到了汉城，才知道果有这事，因此非常着急，想来想去，终想不出妙的法子。

那一天偶然在清芬楼听了隔室的话，心中越发焦灼，一路想来，不一会已到了旅馆。进了房间，就把这话讲给摩天听了。摩天道："现在的政府，正自说不定的。我们此时也不消悬想，且待明天出去，探个消息罢。"寿李说道："也好。"当下就在旅馆后散步了一回，换些新鲜的空气，方回到旅馆。用过晚饭，在床安睡。

到了次日，寿李和摩天正拟出外探听消息，忽旅馆的仆役拿着一张名刺进来，寿李看时，恰是"王定芳"三个字。寿李就请他入内，摩天问："王定芳是那个？"寿李道："那么系从前国会里的一个议员。"话未说完，那定芳已入，和寿李寒暄毕，就问及摩天的姓名，摩天一一告知。寿李就问他道："弟在此处，阁下怎的知道？"定芳道："弟为着组织勤王队的事情，跑了好几天，今天到这儿来找个朋友，见姓名牌上书着阁下的号数，所以弟就进来，正要和你商量这事呢。"寿李道："勤王队什么目的呢？"那时定芳就在房间外望了一望，把门关上，低声说道："弟意要把皇上救了出来才好。"寿李道："皇上好好的在宫内，救他出来做甚么呢？"定芳道："咦，这事你还不知道么？说来话倒狠长。"

这时定芳就从袋中摸了一枝雪茄，把火燃着，一面吸一面说道："当土兵入宫的时候，皇上正在一个小阁上，看一部什么《永乐大典》。土兵先寻到这里，皇上一时逃避不及，非常的惊惶，那土兵就将皇上捽了出来，一时七手八脚的，把皇上挤到了一个密室中。那时宫里的卫兵、近侍和宫女等，都已逃得一个不剩，只有几个大院君的死党，镇日里守着皇上。皇上的举动，那一桩不受他的钳制呢？

"那一天风和日暖，正是闵妃的生日，皇上悲不自胜，泪珠如下雨的一般，滚个不了，口中喃喃念道：'妃子呀，你竟死了么？你倘若未死，今天是你的生日，不是又要赛个热闹么？我梦里夜夜看见你袅袅娜娜，带了一副笑容，和平时一样的。我还和你在栏干外扑着蝴蝶，我说我与妃子将来正不知怎了，这时还在梦里，和这蝴蝶的浮生没有差异。你说还及不来蝴蝶，蝴蝶虽然受了我们扑击，倒不会去打死他，我们性命还保不来呢！我当时算是真的，那知醒了转来，瞧瞧左边，左边没有妃子的影儿；瞧瞧右边，右边没有妃子的影儿。原来是一场大梦。妃子恰早已死别了。还记着万寿园里，我不是和妃子做了许多的诗吗？我看了妃子赏荷的诗，说，毕竟老天忌尤物，风来吹折满泥涂。我知道要做了诗谶的，不意竟给我猜着了。早知道果有其事，我当时便不合嬲妃子作诗;不作了这诗,或者就没有这事了。'说罢,那眼泪又踢踢扑扑的滚下来,就从袋中掏出一个闵妃的小影,瞧了又瞧。那眼泪竟一滴一滴的,滴到那小影的上面去,说道:'妃子呀!你魂灵儿可有在这小影里么?你若在这里受了我这副眼泪,就应该也流出泪来。但你弯弯的眉儿,细细的眼儿,小小的口儿,白白的脸儿,都和从前没有两样,难道就不会讲一句话么?我陪了你这许多情,难道你如今一些儿没有情么?'正在自言自语的时候,适有一人走了进来,却是大院君的死党。见皇上拿着一张小影,这人就从皇上的手中夺了过去,说道:'你还记着这淫妇么?'就把这小影撕得粉碎,掷到皇上身上去,说道:'给你再去看罢!'皇上一些儿不敢出声。待那人走了,恰对着太子,又落下泪来。

"原来这太子本来早已脱逃,恰半途碰着了大院君,大院君说:'这就是太子,快捉住他罢!'当时护卫大院君的兵队,就急急的把太子捉住。到了宫内,就和皇上一起闭置着。那时太子见了皇上下泪,也流泪不休,说道:'父王,且别哭罢!'皇上道:'唉!那得不哭?我和你的结果将来不知又怎样哩!'说时,刚端上饭来,皇上和太子就到了餐室内坐下,桌上摆的都是些鱼肉等食物。那时卫队统将戴氏走了进来,说道:'这些食物,陛下和太子且别吃他罢。'皇上问他:'为甚不要吃?'戴氏道:'大院君和陛下积不相能,把不得置陛下于死地,难保他不暗中置毒的。'皇上道:'那么吃些甚么呢?'戴氏道:'这鸡子和罐装牛乳都是原物,该没有毒,就吃些这等东西罢。'皇上听了,就胡乱吃了些,仍走出外面来。看着一株宫树,被风吹着,那叶子竟一片一片的落了下来,因想起去年这时,和闵妃在这里携着手立了好多的时节。到了现在,那宫树仍是这样子,恰没有看见妃子。想到这里,又不免一阵心酸涌了上来。

"正正想着,那戴氏进来说有一个外国人请见。皇上看这名刺,恰是纽约哈勒尔报的访员,叫做葛家利耳。当下请他进来,这葛家利耳走入皇上室中,一同坐下。见皇上面色憔悴得不堪,这时越发来得瘦削;旁边立着太子,也非常的尪弱。皇上就和那葛家利耳握手为礼,并引着来宾的手,置在太子的手中,表示他亲密的意思。不一会,就有俄国公使着人呈上了一只小箱,那里面都是些食物果品,皇上就用手收受了。不一会,那美国使馆里的命妇又呈上了一个锡器,外面加着铜锁,里面恰贮些美味,说是馈皇上的。那时葛家利耳已辞了出去,当到了美使馆里,向美使说道:'韩王天天住着一个小室中,除了戴将军外,再没有近侍的人。这戴将军又是个龙钟老叟,那里件件照顾得着?大院君存心叵测,难保他没有施毒的事情。我们和韩国向有邦交的感情,应该怎样的替他保护着呢?'美使道:'本使的意见,这里有个我国著名的医生,叫做爱温生,他诚恳笃实,再派几个教士,和他天天宿在大内,豫防着他们的毒计。你想好不好?’葛家利耳道:‘这事极妙。就由公使做去罢。’说毕,告辞而去。

“这里美公使就照着刚才说的话,每夜饬他们进去,从此大院君的毒计,可保是不会施的了。只是他们公使那样保护皇上,也不是长久的计策。且皇上长此闭置,那国事又怎了呢? 弟所以决意要组织个勤王队,把皇上挟了出来,暂时在一处安置着。慢慢地再把那大院君挤去了,才好定夺大事哩!”

寿李道:“但不知现在有几多人入这勤王队呢?”定芳道:“现正少哩,不过十几个人。”寿李道:“我们自然也做一起的了。”定芳道:“这事不是儿戏,既是阁下等愿入这队,就应该不贪生不怕死才好。”寿李道:“这何消说得,弟此来也是拼着命的。”定芳道:“阁下拼着甚么命?”寿李道:“且把弟等姓名加入,再说给你听罢。”定芳就从袋内掏出一本册子来,递给寿李。寿李就将自己姓名写上,下面又签过字,再问着摩天意思如何。摩天也深表同情,就一并写入,递给定芳。

定芳就还问寿李:“刚才说的甚事?”寿李叹了一口气,就把柯如乔等一件事情一五一十的说给定芳听了。定芳也叹息了一回,说道:“既如此,就把这事一起做去罢了。但这时须探听个消息才好。”说罢,三人就披了外衣,把房间的门加锁锁好,一同出来。定芳就向别处去运动队员,约定了相会的地点,拱手别去。这里寿李和摩天二人,同往西街里去找一个朋友,也是国会里的议员,叫做严国柄。当时走了进去,严国柄恰在一张榻上,手里拿着一本书,似看非看的躺着。见寿李等进来,就起身迎接,并和摩天通过姓名,叙了些别后的话,方慢慢地讲到柯如乔的事。

国柄道:“柯兄等事,弟已想了许多的法子了,只是没有进路。那大院君虽是个摄政,倒还不怕他,只是日人的一方面,狠有些儿为难。”寿李道:“大院君炙手可热,怎的说容易使呢?”国柄道:“弟昨天还听见一桩事情。那美公使入宫谒了今上,见他非常的狼狈,心中好生怜悯,当下就联合了各国公使,声明不承认大院君当做摄政王,外交的事宜,都和韩王直接办理。这事不知可办得到? 若是办到了,不是越发容易运动么?”寿李道:“这时进行的方法倒还可缓筹。只弟昨儿听有人说,柯等的情形非常危险。不知究竟如何,阁下可详细不详细?”国柄道:“弟天天探听这事,恰没有一些儿不知道的。”

原来柯如乔等自从警署解送到官厅以后,官厅就把柯等讯问起来。问官道:“你们在清芬楼说的话,都是谋乱的证据,你们还抵赖么?”柯等道:“我们这话,也不过平常的议论,那里做得证据呢?”问官道:“你们还天天探听大内的消息,不是谋乱,探听他做什么呢?”柯等道:“就使有的,就好算是谋乱么? 况且这时并没有谋乱的器具和谋乱的文告,这些闲话就算是谋乱的证据,那不是莫须有的冤狱么?”官厅没有话说,只得暂时发押,说待过了几日再行讯结。柯如乔等坐在里面,想起本党的同志,不知如何办法;在那宫里又不知如何情形,自己究竟有没有性命。想了起来,心中好不烦恼,天天在里面做做诗,谈谈时事,也没有什么事。“究竟如何讯结,弟还不知道哩。”谈了一会,寿、仇二人就将告辞。严国柄说:“弟和君等一同去探听罢。”说着便加上外衣,走出门来,向大街走去。

三人一路谭些琐屑的事情,不知不觉的恰到了理事厅所在的地方。忽见有一堆人拥在那照墙的旁边,不知为着甚事。三人走了上去,见这些人围着看一张什么告示,只碍着许多人拥着,挤不上去。国柄等想要走往别处去,寿李执意不肯,缘寿李有事在心,凡是一事一物都留心着,所以必待看个明白方才放心。国柄道:“这许多人拥着,那里挤得上呢?”寿李道:“我们且等他一会子罢。”

过了一歇,只听那些人说道:“有这等罪,是该杀的。”一人说道:“闵妃明明是皇上杀却的,前日不是下过上谕么?为什么又说是他们几个人杀呢?”又一人说道:“日前的上谕,非是真上谕,你们还不知道么?”那人道:“你莫非疯了?不是真上谕,倒是假上谕不成?伪造谕旨,难道不怕罪么?”这人道:“这上谕你道是那个伪造的?”那人道:“是那个呢?”这人道:“是外国人造的。”那人道:“是那一国呢?”这人道:“是和摄政王要好的那一国。”那人道:“哦,知道了,知道了。那么闵妃也就是他杀的了,为什么偏要说是这几个人呢?”这人道:“唉,你真不懂事了,现在的事情和从前是两样了。你既然问我,我就告诉你罢。且说这外国人杀了闵妃,以后恐怕惹了别国的议论,就着人告知我国外部大臣,说这会子宫廷的变故都是些韩兵不好。那韩兵不知为着甚事,要去叩阍诉苦,卫兵等不许他们进去,他们就闹了起来,和卫兵打得落花流水。卫兵打他不过,他就直入宫中,把闵妃弑却了。外部大臣并不和他辨论,也并不信他的话,这外国人没了法,就伪造了一篇谕旨,说是皇上自己杀的——其实杀的时候,皇上早已被他们缚做一团了。后来这个谕旨,各国公使都说不是真的,一时舆论沸腾,替皇上抱个不平。那皇上一面恰怕这外国人的利害,一面又不愿受这杀闵妃的名誉。各公使就替他设法起来,说前次的谕旨人人都知道是假的了,也不必去取消他,只要另外找个事情当做弑闵妃的事实,那就好了。所以把这几人当做要犯,正了国法,就算是弑闵妃的人了。”那人道:“阿弥陀佛!好端端的人诳他做凶手,不怕罪过么?”这人道:“这几个人也不是全没罪的,这几个人都是……”说到这里,人声嘈杂起来,就听不清楚。

寿李听了这话,心中非常躁急,似乎说的都是柯如乔的事实,但又没说出名字来，也不知有几个人。一时心中正如有十五个吊桶，七上八落，便问着国柄和摩天道："他们讲的话，你二人有听见没有？"二人道："都听见的。恐怕不是柯君等的事呢。"寿李就从人丛外站了足，向内望着，只是看不出，把不得这些人都早些儿散去了，就好去看个明白。三人只得谈谈说说，忍着气等他们散去。

好容易过了一刻钟，那看的人方才慢慢少起来。寿李等就走了上去，看他照墙上的东西，原来并不是告示，恰是一张罪状。第一行写着：宣布柯如乔、侯天忠、沈怀玉、林善祥等罪状。下面却写着一篇大文道："柯如乔、侯天忠、沈怀玉、林善祥，身系乱党，存心叵测；蛰居汉城，屡谋起事。幸国家防守严密，无隙可入。前次见土兵闹事，竭力运动，煽惑宵小，拥入皇宫。幸皇上逃至他处，不为所劫，而闵妃躲避不及，遽饮以刃。如此逆乱，实为罪魁，不亟诛戮，何以惩后？用特宣布罪状，使尔等皆知大逆不道之罪，为国家法纪所不容。尔军民，咸宜鉴戒，毋违特示云云。"

寿李看了，蓦地里面白如纸，晕绝倒卧地上；就是国柄和摩天二人，也吓得魂飞半天。不知后事如何，且待下文说明。

第十三回　外患日深君王北　走中兴有望志士东来

话说汉寿李晕绝地倒，仇摩天、严国柄等都吓得魂飞天外，连话都不会讲。两人你看我，我看你的，看了好一会方才把心慢慢平下来。看寿李时，兀自一动不动的卧在地上，二人用手按口，尚有一些儿气息，因呼寿李道："汉君，汉君，醒来罢！"只见寿李把眼微微开了，二人复用手按摩他的脚部。停了一会子，寿李才醒了转来，说道："我怎的在这里？如乔等到那儿去了？"摩天道："汉君别念着，快定一定心罢。"只见寿李从地上立了起来，问道："我昏了多少时候了？"二人道："不多时节。"那时寿李方才簌簌的落下泪来，二人也一起哭着。国柄道："这时且别要哭，回去再想个善后的法子罢。"三人就一路走去，国柄也跟着二人到了旅馆里。叫茶房倒了脸水，三人洗过了脸，一同坐下，方谭及这事。

寿李道："数十年患难与共，死生不渝之友，一日诀别，情何以堪？自此以后，弟也再没有生人的趣味，还不如替他复个仇，出了一口气，就使死了也好瞑目哩。"国柄道："倒不是这样说。莫须有的冤狱，都是专制政体的成绩。阁下既怀着大志，不如就想个法子，运动好多的同志，把专制改了法治，那冤狱就没有了。若为着一时的愤激弃了自己的身命，那政体仍然专制，将来受祸的同胞还不止柯等四人哩。"摩天道："说到柯君等的屈死，自然该替他报仇；只是替他报了仇，又要捕起我们党人来。为了私仇，转败公事，未免太不便宜了！弟想，不如待定芳兄到来，再和他商议罢。”

正说着，那定芳适从外面进来，和严国柄应酬一会过，寿李就把如乔等事说了一遍。定芳听了，也惊了一跳，说道：“唉，政府竟是这样的糊涂么？”寿李等就把主见讲给他听。定芳道：“这些事大概都是大院君的主意。弟勤王队组织已能就绪，约有五六十人了。现在且把这事做成了，再设法做这事罢。”寿李道：“这倒不是大院君的主意，也不是皇上的主见。”就把刚才路人说的话说给他听。定芳道：“这事虽不是大院君所做，但循流溯源，那罪魁实在是大院君。所以照弟的主意做去，较为妥当。”国柄道：“也只好如此办去，再没有别的法子了。”

那时天已傍晚，定芳和国柄都各自别去，一宿无话。到了次日，定芳笑嘻嘻的进来，对着二人说道：“大事已有望了。”二人问他的缘故，定芳道：“前次闵妃被害，三浦公使受同谋的嫌疑目，政府就把他召回，在火路岛裁判所受了讯鞫。那判词上说道‘审悉三浦，果系唆同大院君决计谋戕闵妃之命，且利用巡警兵队以为助，而又资雇多人攻王宫，缚闵妃。三浦诸人又于黎明时率其党羽自广华门入城，直攻宫寝。以上各节经由本所查知属实，无可遁饰。惟闵妃究死于何人之手，则事无佐证，因此判：将被告人等一概释放，将案注销’云云。这案既结，政府一面就简井上子爵充了我国的公使。井上抵任以后，知道三浦为着闵妃的事受了惩罚，他所做的就一切和三浦成个反比。日前到了宫中，进见皇上，说：‘闵妃受这冤曲，失了性命，外臣也替他悲哽。就外臣的意见，最好把闵妃的名号恢复转来，并赐他一个谥法，建一个专祠，也好做个纪念。’皇上听了他话，自然没有不允的。就依他的话一一做去了。那井上公使又派了大员二十四名，将闵妃的事迹编了一部历史，替他表扬表扬。你想这事不是也有转机的么？”

寿李道：“不知皇上如何？”定芳道：“只是这一桩，他们还没有允许。但俄公使惠伯尔今天说要去要求他。这惠伯尔倒是一个慈善家，又擅着一副好口才，他和日公使说起来，再也不会没效的。我们且待今天下午再看他动静罢。”摩天道：“倘然说了没效，便怎的好呢？”定芳附着摩天的耳说道：“若是没效，我们也只得如此。”

说时，适旅馆的仆役送报进来，三人看了一回，却都讲些日俄交涉的事情。缘三人正忙着韩王和党祸的事情，也没甚去留意他。谈了一会，用过午膳，三人就一同到了清芬楼。定芳出去探听消息，那二人在一处坐下，讲了些时事。不一会，定芳就来了。寿李问他道：“这事有眉目没有？”定芳道：“果然给摩天君猜着了。”摩天道：“怎样呢？”定芳道：“弟刚才到了俄使馆里，和他们一个通事说了好许多的话，就把这事问他。他说俄使昨儿往见日使，把皇上的事再三央求他。他道：‘现在既有大院君摄行政事，也用不着韩王，就给他安坐着，也狠是优待他的。况韩王是一个不中用的人，放他出来，那些不良的臣民就挟他的号令，闹出乱子来，贵公使怎样担当呢？’俄使知道说不进去，就回了转来了。”

寿李道：“那么我等怎的办法呢？”定芳道：“这儿不是讲话的地方，我们还是仍旧到旅馆去罢。”三人就此到了旅馆，坐定之后，定芳就说道：“弟当时还听这通事说道：‘看这情形，俄使是不肯干休的，他也一定要想个法子。’但什么法子，他恰没有说出来。”寿李道：“他既然有这意思，我们不如去帮着他，和他一起儿，就容易一些了。”定芳道：“那么我们就到俄使馆，先去探个口气罢。”摩天道：“也好。”三人又出了旅馆，直向俄使馆走去。

不一会，到了那处，三人急把名刺交门房递了进去，果然俄使允见。三人就走了进去，俄使迎着，一同坐下。当下寿李就说道：“敝国不幸，叠遭丧乱，致使贵使周旋于各国间。某等无状，不获一报盛意，歉也何如！兹君上受锢，政权旁落，某等愿一效愚忠。徒以势微力弱，自知无效，愿贵使怜其愚戆，一为援手。敝国幸福，皆贵使之赐也。”俄使道：“诸君尊君爱国，极可钦佩，区区之委，容当如命。但兹事非一蹴所可几，届时自当通知。”寿李等听了这话，不胜喜欢，当别了出来，回到旅馆。定芳辞了汉、仇二人自去干事不提。

单说俄使自从寿、李等别去以后，就急急的到了宫中，求见韩王。韩王刚和太子坐着，旁边陪着戴将军。见俄使进来，就上前迎接，请他坐下。韩王道：“贵使到此，不知有何见教？”俄使道：“陛下蛰居此中，终非久长之策。外臣已向日使运动，日使执意不允。以外臣之意，陛下不如深夜逃遁，再议善后之事。”韩王道：“逃至何处？”俄使道：“就往敝国的使馆罢。”韩王道：“四面日兵，防守谨严，从何而遁？”俄使沉吟了一会，说道：“不知宫内还有妃嫔没有？”韩王道：“有是有的，只是没有几人。”俄使道：“那就好了。”就附着韩王的耳说道：“只须如此如此。”俄使说毕，就辞了出来，回到使馆。

到了那一天晚上，寿李等忽接了俄使一函，内写道“前商之事，已由本使布置妥当，即于三日后实行。万望由公等纠集土兵二百名，守在使馆门首，以防意外”云云。寿李得了此信，一时仓皇失措，无可筹办。就急急的召王定芳和严国柄等到来，商议办法。不一会，二人都到，就把这信给他看着。二人看了，说道：“这汉城里都是些官兵，那能受我们运动？弟想除了勤王队以外，尚须一百余人，由汉君函致贵党，邀集党中同志，星夜驰来。此事不知是否可行？”寿李道:“这倒行得的。”当下就写了一书,急急着人送去。定芳和国柄二人,是晚即在旅馆留宿。

约待至东方将白,那送书的人早已回来,说:“党员已集到此,恐有不便,须急急设法。”寿李一面催促定芳召集勤王队人,一面通知俄使。不一会,勤王队和急进党都由俄使派人带队前进。时已天明,那些人到了使馆,换过装束,就牢牢的守在使馆门首。

约莫守了三日夜,忽然有二乘肩舆由广华门飞行而来,不多时候,就向使馆进去。寿李等知是韩王和太子二人,不觉暗暗惊奇:自昌德宫以至广华门,一路走来,那一处不有日兵守着?韩王装束,又和别的不同,显然可认。怎的白昼出来,一些儿没人阻格,不是一桩奇事么?一面纳罕,一面却非常喜欢。那时无论急进党和勤王队,个个额手相庆,欢声动天地。

韩王到了俄使馆中,暂时安顿,一面就把守兵散去。寿李就进见俄使,把韩王如何出宫之事详问一番,俄使道:“一星期以前,宫中的妃嫔伪说谒客,出入城门,狠形热闹,那些守兵早已见惯;且韩王治事,多在夜分的时候,日里只是睡着,那些监守的人再也不防白昼会逃逸的,所以韩王来此没一人留意着。”寿李听了,方才知道俄使布置深密。当下就和摩天、定芳等走了出来,把那些党员先在旅馆暂时安顿,豫备做那第二步的事情。

这日正是韩王逃逸的第三日,五更垂尽,万籁无声,那些党人都已沉沉睡去,只汉寿李、仇摩天、王定芳、严国柄等几个人还没睡着,坐在一块儿,在那里谈天。摩天道:“现在定芳兄这目的已达了,只有我们的目的还没达到。看来定芳兄这勤王队也不必解散,就和我们作一起罢。”定芳道:“这自然不消说了。只是有几个人,或者不愿入党,只得听从他罢。我想明天不如开个会,一则给入党的人签个名字,二则我们举行大事,也须斟酌了一番才好。”寿李说:“话虽如此,这偌大的汉城,还向那里去开秘密会呢?”严国柄说道:“这汉城外不是有个废园么?弟想明天上午,分数次出去,等在那处,至下午开会,不知可好?”那时各人赞成。

大家睡了一会起来,已是九点钟的时候,急急的用了早饭,就一队一队的出去。末后,寿李把党中文书、簿据等打做一包,一步一步走去。到了那处,已是向午时候,就在离废园五里的地方一个酒馆里面胡乱吃了些饭,再到废园中去看。那废园荒凉不堪,房屋也多倾圮;那些草木高大长盛,似乎显出年湮代远的记号来。这个园也不知他有多少年代,也不知主人是谁,只是几十年来没一人去修理他,也没一人到那处去游玩的,那是可想象而知了。幸而里面地位倒还甚大,寿李进去,见一百余名的党员和王定芳勤王队队员都早已齐到等着。

当下，寿李就把案卷放在一处，把破裂不完的机椅摆了起来。铃声一振，各人都挨次坐下。寿李就拿了一本册子，走上演坛，把开会的宗旨报告了一番，就将册子揭了开来，给各人签个姓名。当时除了王定芳、严国柄以外，起立签名者约四十余人。签毕，复把柯、侯等后盾商议起来。

寿李道："诸君既已入党，自应守本党的党规。本党向来的规则，同党人员有难必共，有仇必复，所以强党势、激党志也。今柯、侯、沈、林四人，既已无辜受刑，死者不可复生，本党的人才不免又弱几个。若置之度外，将来党中人人寒心，个个丧胆，那里还敢抵抗民贼，扫除虐政呢？兄弟忝长本党，仔肩綦重，自罪状宣布，此心耿耿，无日或忘。诸君子或者有何等主见，即请报告，以资研究。"说毕，各人都下了许多的泪。

当由严国柄起立说道："依兄弟的愚见，本党势力虽厚，党员虽多，毕竟经费薄弱，军械未足，破坏这一层，是断然使不得。只要刺了大院君，那目的已达，在不消再有什么举动了。"王定芳道："经费这一层，倒可不必担忧。兄弟前几天组织勤王队，原期大举东西奔走，筹集些经费，虽为数不多，倒也有五六万的左右。现在既已并入本党，自应把这费一起并入，拿做军费，自可不虑困迫。只是我们今天的宗旨，须要立个界限才好。一系推倒政府，重新组织，自然把大院君要除去的；二系改革国体，就是推倒君主，组织民主国体。弟想，皇上秉性忠厚，尚没有什么暴虐的事情，推倒君主这一层，似可从缓；就使推倒政府，也有两步的办法：第一步就是破坏的方面，第二步就是建设的方法。应如何布置，还该先定夺哩。"国柄道："这建设一层，似可不论，到那时候，自然有建设的人才。只这破坏一层，也不是卤莽可做的事。"

正说着，忽一人从外面进来，寿李等道是政府的探子，都吓得魂飞魄散。仔细看时，那人恰面如冠玉，身材瘦削。寿李一见，知是本党的党员梭晋比。

这梭晋比，年才二十几岁，一千八百八十二年的时候，同党失败，他就逃了出去。到了日本，知日本没有什么学术，就附着汽船到了美洲，旅居旧金山的地方。只是梭晋比并没学过西语，也不晓得西礼，到了美洲，竟做了一个哑旅行的旅人，飘来飘去的，竟没有什么职业可做。没了法，就入一个大学里面肄业。他在大学里，没一日不拿着一本书在一处诵读，连舞蹈会、俱乐部都不去走一遭，因此就做了一个医学家。大学里赠他一个医学博士的学位，就在华盛顿的地方，挂了一块医生的招牌，一面在医学校里做个教员，一岁所入，倒也不少。

那一天，恰有个患病的进来，梭晋比看他的肤色，知道是东方的人，但身上又穿着西服，嘴里又操着一口英话，因此梭晋比也和他说些英话。问起他的病来，他就是一个肺痨疾。梭道："阁下莫非是一个文人么？这肺病已成了不治的症候，若靠着药物的功劳，是一些儿没效的。"那人道："兄弟虽是一个文人，恰不喜欢咬文嚼字的。近年来只为着国势危殆，时怀着愁闷，因此患了一个肺病。自知有死无生，亦听着天命。只是国家到了这般田地，我等正死不得。所以特地来此，以先生之高明，当能起此沉疴。"

梭晋比听了"国家到这般田地"一句话，知道他不是支那人就是韩国人了，因急急的问道："先生可是韩国人么？"那人道："正是。先生莫非是同国的么？"梭道："不差，不差！不知阁下系何姓名？望即见告。"那人道："兄弟姓朴，名唤永汉。"梭晋比听了"朴永汉"三字，不觉肃然起敬，说道："原来阁下就是朴永汉君。那天天出的《爱国报》，就是阁下创办的么？"朴永汉道："不差。"梭晋比道："既如此，阁下怎的忽然到了这儿？"朴永汉道："兄弟起先为着开通民智，输进文明，办了《爱国报》。不意时事日非，国权日削，闵妃被戮，皇上受囚，蛰居扶桑。郁忧成疾，就此到了美洲，为养着自己身体，暂时来此。那报纸事务已暂托别人代理。"梭晋比道："既如此，不知阁下可否移寓这里？一则同邦之谊，早晚谈谈国事；二则阁下的病，非日夜有人看护着不可。若能和兄弟住在一处，就可随时诊察，较为易治，不知可好？"朴永汉听了这话，非常欢喜，当时辞了出去，向旅馆去搬取行李。梭晋比送至门外，回了转来，正要躺到榻子上去，那门房恰递进一函件来。梭晋比接来看时，恰由韩国政府里一个某部员的信。梭晋比久没回国，忽然来了这信，心中好生疑怪。不知究为何事，且待下文说明。

第十四回　开民智组织自由报　改国号擢用顽固臣

梭晋比接了一函，系韩政府某部员所发。当时非常的猜疑，就把这函展了开来，仔细看时，内写道：

> 晋比同志伟鉴！
>
> 政云黯日，党祸滔天。三数年来，寝宫见戮，君上蒙尘；老大宗邦，叠膺奇辱。此固国民泣血之秋，志士痛心之会也。仆以一介书生，入此政海旋涡。一柱势微，不障黄河之决；两手力薄，难洗白日之光。每念海外旧雨，挟振奇之质，擅轶世之姿，徜徉乎美水欧山之间，以自乐其乐者，辄令人忻慕不置。然秦奚本属虞产，楚材岂堪晋用？矧际此戎马仓皇之日，干戈扰攘之时，自非宏才，难资硕画。固知先生抱爱国热忱，非独善其身者比，故敢以政府之命，奉一书以推毂。倘先生有意乎此，则聘币之来，不至

徒劳往返。他日者仲父重来，军民雷动，傅岩就召，社稷苞桑，是非独仆一人之幸，实我大韩全国之幸也。临楮怀想，盼望奚似；翘首西方，鹄候好音不宣。

仆李士忠上

梭晋比阅毕，才知道是他一个老友寄来的。但既有来书，就不能不作一复书。这个复书，还是允许他的好，还是不允许的好？若是允许，又恐怕蹈了前番的覆辙；若是不允许，毕竟父母之邦，断没有坐视的道理。想来想去，总想不出一个主意。

正在思想的时候，那朴永汉刚走了进来。梭晋比一面起立迎着，一面把行李替他安顿完全，就一同坐下。梭晋比把刚才的信递给永汉看着，永汉阅毕，说道："就这书看来，阁下不久就要返祖国了。"梭晋比道："弟还没有定呢。"就把为难的情形告诉了朴永汉。朴道："照弟的意见，阁下还是去的为是。虽然孔老夫子有句话说什么'邦无道则隐'，这不过是春秋时的情形。上面有个周天子在那里，国家就使亡了，也不打紧；现在就不是这样子。是别要误解哩！"梭晋比道："阁下虽如此说，但现在韩国已到了这般田地，恐怕弟去也没中用。无功食禄不是惶恐的么？"朴永汉道："不是这样说的。你只管尽心做去，有效没效，听诸天命罢了。孔明说得好：'鞠躬尽瘁，死而后已。'那时蜀汉的情形正是和我们韩国差不多。譬如父母有病，明知他是不治的症候，做儿子的那里肯不聘医士去医他呢？即如弟做了没多时的国务大臣，就除了职，到了日本，仍然是做些救国的事业。若说韩国没有挽回的机会，弟这报又何必再办呢？"梭晋比听了这番议论，觉得是名言至理，也就定了主意。当下就写了一封复书道：

展诵来书，备聆雅训。仆以驽骀钝质，见弃宗邦，飘流海外，数年于兹。然每翘首东望，怅念祖国，未尝不泪潸潸下。比年以来，自知已朽之木，终不合大匠绳尺，乃以岐黄唾沫，苟且谋生；将于落机山下，终老此身矣。不意数万里外之老友，乃忘其愚陋，遽以贱名达诸公卿贵人间。一朵笺云，骤来蓬荜，谓朝廷欲以贲帛礼儒生。仆诚不才，宁敢方命？自分虽一介书生，而区区之爱国热忱，尚未抛诸九霄云外。既蒙敦促，敢不速驾。谨布微衷，即乞明鉴不宣。

仆梭晋比上

写毕，就寄到韩政府去。一面对朴永汉说道："弟既返国，阁下又少一个同志，奈何？"朴永汉道："弟但求得一著名的医生，把这病治好了些，也就要返国了。”梭晋比道：“弟有一个美国的朋友，叫做洛克逊博士。届时由弟备一信去，就在他的医院里暂住，不知可好？”朴永汉道：“这最好了。但阁下此去，弟还有句话说。弟当国的时候，锐意改革，今天开学校，明天订宪法，似乎愈速愈妙的样子。到了后来，为着风气未开，终至一些儿都没有效。到现在才知道强迫改革，究竟没有益处。阁下到了政府，第一着须以开民智、导民德为要。待民智稍开，民德稍厚，再去做别的事情，再没扞格的了。”梭晋比听了，连连道是。

二人一起住了几天，志同道合，甚是相契。忽韩政府知梭晋比已允归国，即来了一个任状，系外部顾问官的职司。梭晋比得了政府公文，就整理行李，到了各朋友处去告别，并替朴永汉写了一封信，介绍到洛克逊处暂住。那朴永汉对于梭晋比，虽素未谋面，究系同国同志，未免有些恋恋不舍。梭晋比担了行李，将由华盛顿趁汽车往赴纽约，从纽约乘汽船即到韩国。朴永汉送他到了车站，两情依依，不免下些离别的泪。那时呜的一声，车已将开，朴永汉就说了一声“为国珍重”的话，别了自去找那洛克逊博士不提。

单说梭晋比自朴别后，就上了汽车，不一会到了纽约，当晚就下东方汽船。过了十几天，才到了韩国。忙走到李士忠处，由李士忠转达内阁。那时余用桓早已免职，新内阁大臣系孙忠鉴，那吏部大臣已由孙忠鉴荐了陆士真任职。梭晋比当下见了孙忠鉴并外部大臣。那时外部大臣已换了颜予休，和孙忠鉴正是同党。外部大臣就和梭晋比订了十年之约，十年以内，彼此都不能解职。订定以后，梭就到了自己的乡里，扫扫墓，祭祭祖，并邀集族中的人吃了些喜酒。

那时刚是韩王逃逸的时候，朝局纷更。梭晋比知不能过于耽搁，就急急的来就顾问职司。那一天，梭晋比正在公事房办理一桩公案，那颜予休衔了一枝淡芭菰长烟筒，一步一步的踱了进来。梭晋比即上前迎着，请他坐下。颜予休道：“汉寿李这个人，你可认识？”梭晋比听了“汉寿李”三字，是系十年前的老友，心中倒吓了一跳，不知犯了甚事，因说道：“这恰不认识。不知问他则甚？”予休道：“听说刚才有人报告，他系急进党的党魁，昨天还在某旅馆住着，带了好多的党羽，今天说是到广华门外一个废园里开什么大会。”梭晋比道：“开会么？这是了不得，将来又要闹乱子，不知政府定了什么方针呢？”予休道：“政府已预备着。下午三句钟，正是他们开会的时候，饬警士百名前去捉拿，想是捉得着的。”梭晋比道：“那么也好。”

谈了一会，颜予休出去，梭晋比就想个法向颜予休处告个假，说朋友家有些丧事，必须前去。颜就应许他。他就此急急的预早赶到废园中，走了进去，碰了汉寿李。寿李看时，虽然相别已久，面目稍变，毕竟是个旧友，尚能辨认，当下就问梭晋比别后的事情。梭晋比道：“这且缓说。弟到此的意思，先说明了再作计较罢。”

就跳上演说台去说道：“诸君今天从汉城到了此间，一路的事实，早已给政府知道，说今天下午三时就要来捉捕了。弟想倘然被他捉去，究是有死无生，所以急急的赶来，特为通知，须速行解散逃避才好。”这些党人都是年少气盛，听了这“解散逃避”四个字，都立了起来说道：“我们宁和他打个落花流水，决不肯解散逃避的。”梭晋比就缓缓的说道：“诸君别躁急。兄弟别了本党好多年，除了汉君外，差不多都是些新党员，怪不得不认识兄弟。兄弟也是本党的一个党员，难道就自己侵害自己么？不过兄弟走了好多的国度，知道太激烈的断不能成事，所以有这忠告。诸君都是爱国的青年，无论做那一桩事，这眼光都应该放在国家的大局上去。诸君难道没听见日俄两国的协约么？往时我国一有内乱，日本来干预时，那俄国就不肯干休；俄国来干预时，日本就不肯干休。互相牵制，我国还不至受灭亡的祸。现在日俄既有了协约，势必两国合而谋我，一有内乱，两国同来干涉，你想危险不危险呢？所以吾辈现在做事，只好顺着国情，一步一步的做去，待有了眉目了，就好逐渐改革起来。这是没法的事情，不由你心急的。兄弟所以劝诸君这时暂为解散，留着大好头颅，担当国家的大事。待兄弟到了汉城，只消由汉君等几人变了姓名，到兄弟处筹商进行的方法就好了。这时已二下半钟，恐怕警士就要到这儿来的，快避去罢。”

众人听了梭晋比这一番诚诚恳恳的话，也就个个心服，说：“有眼不识泰山，得罪先生了。”汉寿李当下就依梭晋比的话，吩咐众人暂时回去，到本党机关暂候消息；自己就问了梭晋比的地址，到别处暂避。这里梭晋比别了寿李，就急急的回到汉城。那时汉城人民都合口哗传，说有巡士一大队，往广华门外捉拿急进党去了。梭晋比心中明白，也不去问他，当下就到了外部，自去干那公事。及至傍晚回到公馆，用过晚膳，静悄悄的一人坐在房间里面，心中想着：我任了这许多日子的职，竟没有办出一桩有益的事情来，现在应该想桩事件做做才好。一面又想着进步党那些人，恰想出了一个法子，喃喃的自语道：“我就从这事入手罢。”那时已是深夜，就上床去睡。

到了次日，正是星期日，部中例不办事。刚卖报的送了一张《爱国报》进来，那时梭晋比忽想到朴永汉，不知病可好些没有；一面又想着这报纸，可惜在外国发行，若是在本国，那信息就快得多了。当把报纸展了开来，一张一张的看去。

那外面忽有一人进来，梭晋比抬头看时，正是汉寿李。梭晋比就请他坐下。汉寿李道：”弟现已改名李炎寿，阁下勿再呼真名。”梭答应一声“是”，就把夜间想的对寿李说道：“弟想，我们当时组织这急进党，原是恨着那些朝臣委委蛇蛇，不能实力行事的缘故。如今都知道凡事决没有急进的道理，就应该把这名目取消，改个名叫做‘自由党’，不知可好？”寿李道：“最好拣个日子，开个组织会罢。”晋比道：“弟想，别的日子弟也没有功夫，只有下星期可以干这个事，就是那一天罢。”寿李道：“日间不如夜里，免得招摇。”晋比道：“这倒不打紧。现在本党里著名的，既已改了姓名，这自由党是个政治团体，并不和政府为难，甚不妨事。若在夜间，反易惹政府的猜疑了。”寿李道：“这话倒也有理。”说毕，就别了出去。

到了第二星期，果然有好多的党员到了梭晋比的公馆里，当下就议论组织政党的问题来。各党员以信仰梭晋比的缘故，因此都各各赞成。重新定了章程、议定党纲，把党员的姓名在都一一签入册子，方才议到别一项事情去。梭晋比道：“兄弟想，开通风气，第一紧要的就是报纸。现在我们韩国有一种报纸，叫做《爱国报》，诸君想都已见过。这报纸的编辑人，就是我们韩国志士朴永汉。他品学两优，所以办的报，体例完美，无可訾议。只是他系在外国出版，这里新闻寄到了外国，再由外国寄了进来，这些新闻早已做了明日黄花，所可看者就只有那外国新闻了。兄弟想写一信给朴君，就把他办的《爱国报》移到这里来，改名叫《自由报》，再由本党添加些经费把范围扩充了些，不知可好？”大众都说赞成。当下梭晋比就嘱书记起草，大意就把梭晋比说的话，做了资料，当由各党员通过，寄到美国华盛顿去不提。

且说各党员既把各事议毕，就由梭晋比摇铃散了会，各党员就纷纷散去。这里梭晋比照常每天到部办事，专等朴永汉来信。那一天，为着一事到颜予休室内去，予休道：“刚才一事，你知道不知道？”梭晋比道：“不知什么事？”予休道：“据内阁大臣的意见，说要请求韩王回銮呢。”梭晋比道：“早该如此。只是这事不知可办得到？”予休道：“我想现在日俄既有了协约，当不至十分困难的。”

正说着，就有人拿了一张通告进来。予休看时，恰系明天开内阁会议，就提议奏请韩王回銮的事情。当时梭晋比就辞了出来。到了次日，颜予休去赴会议。这里梭晋比在自己的房内，看着一个预算表，就有一人递了一函进来。晋比展视，恰是朴永汉的来信，说报纸重新组织，非常欢迎，早已通信到日本，嘱其于《自由报》出版那一天，即行消灭，并说自己的病已好了许多，不久也就要回国云云。

梭晋比得了这信，当时就把办报的事宜写了一信，托汉寿李赶紧预备；自己为了韩王的事情，连一步都不能出去。歇了一会，颜予休已走了进来。梭晋比问他会议的结果，颜予休道：“据孙大臣说，早已去奏过几次，皇上为着大院君握着政权，不肯回宫；现在已把这事议决，回銮以后，准由大院君归政，皇上想有些儿效果的了。”说着，一面把朴永汉寄来的信展开瞧去，说道：“阁下组织报纸，怎的兄弟一些儿都没有知道？”梭晋比道：“这不过是一个发起的议论，还没有实行哩。”颜予休道：“我想，就把这个报纸做了政府的机关报罢。”梭晋比心中想着，做了政府的机关报，这经费一项是不消愁的；只是汉寿李那一班人和政府反对，挤不上来，未免要坏了事。心中非常的犹豫，一时说不出来。停了一会，方才慢慢的答道：“政府的机关报应该要由政府派员去办理的。只是兄弟这报虽尚未出版，那经理等人员，恰早已出了口了，便怎的好呢？”予休道：“不知是那一个？”梭晋比道：“是兄弟一个朋友，叫做李炎寿，品行狠为纯正，因此一切的手续，都已托过他了。”予休道：“既然如此，就由这李君办去也好，不必另派别人了。只是经费一项，倒预先要和户部商议着呢。”晋比道：“这经费也不消过多，每月只要有二三千金，就好敷衍过去了。”

二人谈了一会，时已向晚。梭晋比回到家里，次日又是星期日。汉寿李知道梭晋比这天定不外出，就进来请见。当下把办报的事宜报告了一番，说：“印刷的器具和那些电报的办法，都已舒齐。就是编辑的人员和发行的地址都还没有定夺。”梭晋比就把颜予休的话说了一遍，汉寿李道：“无论那一桩事，入了官场的手，终是办不好的。这报纸若算了官办，那官界的内幕就不能十分揭晓，报纸就没有什么价值了。”梭晋比道：“在弟的意思，也不过要联络官民的声气，所以当时并没有拒绝他。早知阁下不以为然，弟就不允许他了。但既已如此，也便算了罢。”寿李道：“这个自然。”

正说着，那外面有人传说韩王已经回銮。梭晋比和寿李非常欢喜，谈了多时，那寿李又说起报事来，说：“编辑的人和发行的地址，就请阁下定夺了，方好把出版的日子发表出去。”梭晋比道：“编辑的人员就请王定芳和仇摩天二君罢。”寿李道：“也好。发行的地址，弟想西街里有一所街屋，还没有人租去，我们就定在那处罢。”梭晋比道：“那处车马络绎，最称热闹，再也找不出别的好地方了。就择了下星期出版，你想来得及来不及？”寿李道：“若说下星期出版，尚有六天可以布置，再也不会局促的。”

两人商议妥当，汉寿李就辞了出去。梭晋比就急急的写了一信，寄到日本爱国报馆，把《自由报》出版的日子通知了他。次日，仍到了外部，拟探问回銮的详情。不意晋比还未出门，那颜予休就匆匆进来，面上带着忧愁的样子，向梭晋比说道：“梭君，情势不佳呢。”梭道：“什么事？”予休道：“大局有更动了。”梭道：“怎样更动呢？”予休道：“那位孙忠鉴先生免了职了。”梭晋比道：“孙相国既然免了职，还有那一个替他任呢？”颜予休道：“这个人仿佛是姓李的，请梭君猜一猜看。”梭晋比千思万想，终究想不出来。不知究系何人，且待下文说明。

第十五回　祸水滔滔良臣褫职　愁云黯黯政客当灾

话说颜予休说内阁大臣系姓李的，给梭晋比猜去。梭晋比猜了好一会，只是猜不出。停了多时，颜予休才慢慢的说道：“你道是谁？那姓李的正是李完用。”梭晋比道：“李完用么？他和孙忠鉴先生一般的见识，我想大局再也不为更动的。”颜予休道：“若是不更动，那就好了。”梭晋比心中想着：国势这样的危殆，我们担着一身子的愁还来不及，他们只管在鼓里睡着，听见了“大局更动”这几个字，倒害怕起来，恐怕自己的禄位保守不牢；这等人格，亏他做了一个部臣。心中暗觉好笑，只是嘴内说不出来，只得正言说道：“国事到了这般田地，我们把不得卸了仔肩，给些有才有能的去做，或者还能够挽回转来。否则无功食禄，做了一个亡国大夫，可不是惶恐的么？”

这些话，在梭晋比原是一番正论，想要去开通他，那里晓得入了颜予休的耳，他就有些不好意思，心中早已怀着一些嫌隙，当下也就没话出去。梭晋比知道他有些不自在了，心里又不免生了一种感触，自己想着：我当时好好的在华盛顿做个医生，既不受人家的牵制，倒也没什么烦恼。虽然祖国这般的贫弱，毕竟耳不闻目不见的，只好随他去了。如今到了这里，要想做些事情，这样掣肘，那样掣肘，还怎么做得来？若是一些儿不做，又成了一个尸位素餐的人。除非没了廉耻了，还可做得。我们既然是个志士，那里好放这没良心的手段呢？一面又想着：朴永汉逍遥海外，和洛克逊博士住着一块儿，谭谭学术，讲讲政治，好不快活，那病自然好起来了。我服了这个职司，既然没有什么权柄，又碍着十年之约，动弹不得，犹如蚕缚茧丝的一般。不知万里外的好友有没有念着我的。想到这里，那眼泪就如下雨的一般，簌簌的流个不住。过了好一会，方才把眼泪拭干。

那时也没有什么事情，就拿了一张西报，展开了看着。即有仆役拿了一张名刺，说有人在会客厅请见，梭晋比看时，恰是李士忠，当下就披了外衣到会客厅来。李士忠正自一人坐着，梭晋比见了他，就在对面坐下，说道：“弟听说孙相国要免职了，不知可有这事？”士忠道：“早已下了谕旨呢。弟此来就是为阁下道个喜。”梭晋比道：“弟有什么喜？”士忠道：“那新任的首相，叫做李完用，正是弟的同宗。弟早把阁下的才学品德说了一大篇，他暗地里非常佩服，说将来任阁下一个部长的职，那时阁下正好施展鸿猷了。”梭晋比道：“弟自知也没什么才力，就使有了众醉独醒，那里办得事来呢？”士忠道：“若说没有才力，阁下未免太谦。倒是‘众醉独醒’这一层，实是可叹。”

说罢，大家感慨了一回，李士忠辞了出去。看看时候不早，且又并没有什么事情，就此到了自己的公馆里。见案上摆着一函，晋比一面脱去外衣，一面把函拆看，正是朴永汉寄来的，说：“《自由报》既定于星期日出版，弟即当前来襄理这事。”晋比看完，就急急的去找寿李。

且说寿李自从自由党组织以后，就在汉城租了一所房子，一半儿自己住着，一半儿就做了自由党的机关。把里面的事务布置齐整，梭晋比又托他料理报务，几乎忙到发昏章第十一。这日梭晋比进来，定芳、摩天、国柄等都在座，见了梭晋比，大家都来迎着。晋比和他们行过了礼，就在一处坐下，把朴永汉的信报告了一番。寿李道：“朴君如来，他究系疾病未愈，吃不来苦，弟想给他做个编辑的主干，定芳、摩天、国柄，诸君给他分任编辑罢。”晋比道：“那么报纸的总务，是全要靠着汉君主持了。”寿李道：“弟才虽不逮，也只得勉为其难。但有一事恳求阁下，不知可允？出版这几天，那事务一定是狠忙的，若是朴君还没到，梭君可否告了几天假，一同帮着呢？”梭道：“这也不消说了。且近来部中也没有甚事，落得和诸君畅叙几天，倒好解个闷儿。”众人听见晋比和朴永汉都来帮忙，知道这两位都是热心的志士，心中好不快活。

诸君须知，君子和君子处在一块儿，犹如鱼游水中的一般，非常和谐；若是小人碰了小人，那就你忌我，定[我]忌你，弄得不成样子了。我们中国人口里都说着“爱国”两个字，到了竞争权利的时候，就把“爱国”这两个字丢在脑后。碰着正直的君子，就大家倾轧起来，所以没一事办得成，这真是亡国的大毛病咧。

闲话少提，且说《自由报》已把人员排定，房屋租就。那一天正是星期日，早已把报纸印刷了几千份，每份两张，第一张系用红色印就。那时报馆的门首，搭着极高大的彩坊，中间嵌着“自由”两个大字，四面扎着好许多的柏枝，拥满了一大堆。人有的是攒进去买报的，有的是买好出来的，手中都拿了一份报，看去甚是热闹。只有汉寿李等梭晋比等了多时，梭晋比兀自不来，寿李好不躁急。定芳、摩天等也觉得非常焦灼。停了一会，门房恰拿了一张名刺进来。寿李道是“梭晋比”，接着看时，恰是“朴永汉”。寿李连忙吩咐门房，速速请他进来。朴永汉就把行李担到里面，自己来瞧寿李。寿李上前迎着，定芳等知朴永汉已到，也纷纷都来迎接。坐定之后，寿李问他别后的事情，永汉就详详细细的说了一遍。当下就整理了一处房间，把行李都安顿完备，单等晋比到来。无如等了一天，终没有来，这几人好不心焦。

永汉道：“梭君到这时还没来，一定有了事故。我们何不去找他呢？”众人都道好，就一同向梭晋比家中去。刚巧梭晋比摇摇摆摆的走来。途中相遇梭晋比，就激到他公馆里去，一同坐下。寿李就问他迟到之故，梭晋比道：“如今好了，兄弟倒好做自己的事了。”

寿李等急急问他的缘故，梭道：“这事说来，话恰狠长。弟日前和颜予休说几句的直话，他道是蹭蹋，他心中就有些儿不好意思，只是无隙可乘，也没什么事。后来这位李相国就了任，弟有个朋友叫李士忠，替弟吹了半天的法螺，李相国倒狠有些动容。那颜予休为着这些怨隙，就在李相国的面前说弟从前是个乱党，现在又要做他乱党的事业了，开什么自由报馆，组织什么‘自由会’，吃了政府的俸，还做着民党的事，‘恐怕做了祸根，还不如给他回去罢’。李相国听了这话，也就疑惑起来。当下就向各部大臣处问弟的素行。各部大臣和弟素来不对，自然没一个不说弟坏的。因此连李士忠的话都一些儿不要听。弟那时还不知详情。到了部中，就把办报纸的话和颜予休说着。颜予休鼻笑了一声，说道：‘由你们自己办去罢。’弟看这情形好生奇怪，心中想着，知道有异。当下到了李士忠处，探听消息。李士忠正为着弟担了一身忧愁，蹙着眉儿，静悄悄的独自一人坐着。弟进去就把这事问他，他叹了一口气道：‘唉！梭君，大事去了，你还在鼓里睡着哩。’就把颜予休如何訾议的话说了一番。弟道：‘这区区的事，在弟也不关什么轻重，就使弟去了，政府里的人正多着，原没有甚么打紧的。’李士忠道：‘阁下去了，弟虽然是个末职，也未必能久于其位的。’弟道：‘阁下再走，这政府里简直只有些聋瞽了，怎好怀这心思呢？’当时说了一会，弟就走了出来，去见颜予休，把这事问个明白。颜予休道：‘这事全是李相国的主意，兄弟实没有法子可以周旋，只得对不起阁下了。’弟道：‘兄弟身虽微贱，倒不是恋栈一流人物。既已如此，兄弟就此告别罢。’他道：‘事虽如此，但政府本来和阁下订过十年的约，再也不能毁约的。现在恰已把十年内的俸给都已拨出，阁下就领了去罢。’弟那时本欲不受，仔细一想，弟若不受这宗款项，也是饱了颜予休的私囊，落得把他做了本党的经费，强似落在这般人的手中。主意打定，就把任状交还了他，回到家里。刚刚仆人送了第一天的报纸进来，弟就看了一会子，看看时计已是将午，也就胡乱吃了些饭，披了外衣就想到诸君处来，不意半途碰着了那些人。”

听了梭晋比这番议论，都个个抱着不平，说：“既然要半途辞却，当时就不该订约；既订了约，就不该辞却。别的倒不打紧，只这些守旧党布满朝端，将来还了得吗？”那时你一句我一句的，说得气吁吁的，不肯干休。梭晋比道：“也不要管他罢。弟免了职，也好做些社会上的事情，要省了好多的烦恼，岂不适意？而且朴君既已到此，此后便好不时叙会，可不是一乐么？”

说罢，就问朴永汉别后的事。朴永汉道：“自君别后，弟就到了洛克逊博士家里。这洛克博士恰是一个慈善家，面色极和蔼。弟当把阁下的信给他看着，他非常欢迎，说渠[他]'和阁下相交多年，一旦离别，情殊怅怅'。弟得了洛克的允许，就在他家里住下。洛克替弟医治，非常热诚。起先几天，每日深夜里，他必起来一次，问个病状，亲自调了些药，给弟吃毕，方才去睡。直至十几天后，弟稍觉痊可，他方才夜里不起来了。你想这等医生，我们韩国可找得一个出的么？后来经洛克博士再三调治，弟觉得精神稍快，心里却记挂着几个老友，就急急的束装回国。洛克博士还送弟到汽车上，说'贵体还须休养几月'，并嘱弟向阁下处道个候哩。"梭晋比道："弟早晚还该通一封信去的。"寿李道："你们只管闲谈着，我们还有正事哩。"梭道："什么正事？"寿李道："不关你的。"因向定芳、摩天等道："梭君免职，关系韩国前途，我们大家联了名去上书罢。"众人赞成，梭晋比执意不肯，说："不要干这没重轻的事罢！"寿李等那里肯依，当下就辞了出来。到了报社，就由摩天起草，做了一篇痛陈时事的文章。寿李等看时，恰写道：

呈：

为挽留良臣，力图中兴，乞代奏事。窃炎寿等见近顷以来，外患频仍，内政紊乱，国权丧失，贻笑邻邦；朝野上下，凡有血气，莫不呼号奔走，深痛时局之危急，冀挽既倒之狂澜。忽有梭君晋比，航海前来，力任巨艰；海内臣民，莫不额手相庆，以为梭君才优学邃，品高望重，登斯民于衽席，置国家于磐石，当为意计中事。盖莫不欣然有喜色，以为朝廷得人贺。乃任事未数年，遽以意见之细故，弃良臣于顷刻。韩国而不为独立国则已，如其为独立国也，则奇材硕儒，汲汲焉以求之者，尚恐不及，宁能弃如敝屣耶？二十年来，政纲不举，乱党之起也，而皇上受危；外人之侵也，而宫妃遭戮。驯至财政之出入，官吏之黜陟，其权悉操诸外人；而无耻奸徒，又复捏造危言，恫吓皇上，饰为蜚语，荧惑圣听。一新政之行也，则百出其计以阻挠之；一良臣之引用也，则罗织其事以诬罔之。此前相国朴永汉所由出走也。昔汉高以得良、平而兴，楚项以失范增而败，人才之关系国家，固如是其大也。梭君英俊少年，留学海外者经十年，博考夫各国政治之得失，熟知乎民情风俗之向背，智识经验，兼而有之，斯固国家之异珍。有求之而不得者，岂可任其望望然去之耶？炎寿等蒿目时艰，怵心危局，切肤之痛，受之不远；噬脐之祸，即在目前。为此痛陈时事，呈请挽留良臣，乞代奏圣上，收回梭君免职之成命，实不胜迫切，待命之至。此呈。

寿李看了，说道："慷慨激昂，一字一泪。"当下就誊了出来，加了外封，着人递去不提。

单说自由党，自从梭晋比解了顾问的职，政府里的势力都被守旧党占去，未免担些忧虑，因此就狠命的鼓舞民心、收拾党羽，到处开会演说。那些商人都辍了业来听他们的讲，妇女们也聚会了好多的人，商议速行新政的方法。一时举国哗然，没有不称赞自由党的好处。那政府恰早已听见，恐怕势力不敌，就纠合了许多旧时的秘密党和多数的贩夫会来对待自由党。

自由党见情势不佳，因急急的开了五种条件，要求政府：一、国政不得使外人干预；二、权利不得轻自弃掷；三、要犯须归公判；四、速速清厘财政；五、组织民立裁判所。那时贩夫会还没有聚集，政府深恐闹乱，把这五种的条件一一承认，外面且装着预备施行的幌子。到了贩夫会党众聚集以后，那政府气焰就大张起来。那一天恰下了一道谕旨，是系解散自由党的，说"自由党煽乱惑众，妄干朝纪，党魁梭晋比免职，抱怨运动党众，上书要求复用。夫朝廷用人，自有权衡，此辈何知？越权干预，不有以惩戒之，其祸将伊于胡底？着即将自由党领袖，从速逮捕，下刑部狱中，一面即将《自由报》馆严加封禁"云云。

这道谕旨一下，汉寿李等并不逃逸，当晚就发了许多的知单，召集全国党员到机关部相会，预备和政府一角胜负。到了第二天，果然党员都到汉城里面，来来往往，不断的都是那些自由党员，几乎要挤满了一城。梭晋比和汉寿李见人数太多，恐坏了事，当发个号令，饬各党员暂在别处安顿，由各分党的党长做个代表，向警局走去。不一会，到了局中，即请警局拘捕。警长见声势汹汹，一些儿不敢动弹。梭晋比等就回了转来。当晚即在机关部耽搁，预备次日再向政府质问。不意到了深夜，那些巡警竟破门而入，各人拿了一枝快枪，形状煞是凶恶。见了梭晋比等，就拘了出去，连各分党的党长，共有十七名之多。各党人见了这种情形，又是深夜的时候，呼应不灵，只得俯首受缚。

那巡警把党人捕到局中，当下就备了公文，解送理事厅里。到了次日，理事厅就把党人当堂讯鞫。党人直言不讳，就把他定个死刑。正讯结的时候，那理事厅的外面霎时间人声鼎沸，堂上堂下都吓得魂飞魄散。歇了一会，那些众人竟一队一队的涌了进来。涌了多时，越涌越多，偌大的衙门，拥挤得没有走路。只听得一个人说道："我们自由党是替国家谋治的，怎的好捕杀起来？"又有一人说道："他杀了我们，我们便杀了他。"再过一会子，人声越发嘈杂，都大声呼道："快杀官！快杀官！"只听里面有人呼道："使不得！使不得！"不知呼者何人，且待下文说明。

第十六回　食言而肥警兵解体　借端求逞国士离心

话说理事厅外忽有多人嚷道："杀官，杀官！"里面又有人阻道："使不得，使不得！"诸君你道这是何人？原来就是梭晋比和汉寿李一干人。当这些人被巡警拘获的时候，汉城居民个个愤怒，合城哗噪，谣言纷起，说梭晋比等就要定死罪了。有的说凡是急进党，都要捕捉的了。许多散处的党员，闻了这个信息，就急急的会集拢来，拥到理事厅去。那些人民也抱着不平，都和党员帮着，所以越聚越多，看起来似乎有千军万马的声势。梭晋比看这情势不佳，恐惹起暴动的祸来，连忙大声喝止，这班党员方才住了声响。那理事堂上的问官，见了汹汹的声势，早已魂灵儿飞去半天，把牙齿捉对儿撕打，半晌说不出话来。直到这许多的党员被梭晋比等阻住哗噪，方才颤声的说道："诸君且别……别要闹，本厅自有道……道理。"党员道："什么道理？"问官道："是是是，自有道理。"党员道："还不释放他们么？"问官道："是是是，释放，是释放的，只是碍着皇上的命怎好？"党员道："什么皇上命不命，你们难道连审判的权都没有了么？"说罢，又要闹起来。问官见势力不敌，忙说道："限你们五天，让我去奏陈罢。"这些党员听了这话，方才慢慢地散去，专等着他的回话。

到了第五日，又拥着大队的人员前去探问，恰早已把领袖十七人如数放了出来并谓："政府将要实行新政，你们别要再闹了。"梭晋比等就和好多的党人走了出来，到了机关部里，一面要将党众暂时解散，一面就商议对待政府的方法。

汉寿李道："'实行新政'四个字，不过是他暂时搪塞的话头，我们不可不备个后盾。照弟的意见，还是把党众缓一缓再解散罢。"王定芳接着说道："照弟意，也是不解散的为是，我们这次挟众要求，政府虽然允许，也是面子上是这样，他暗地里的嫉恶，恐怕是了不得的。我们若是把全体党员解散了，他又要捉捕我们起来，便怎样处呢？"梭晋比道："屡次纠集众人去挟制他，也不是个道理。什么贩夫会呀，秘密党呀，都是政府的羽翼。他们开了一项额支，就好每年把这些会党雇养过去。我们靠着党员的饮助，凑不上五万十万的经费，怎的好天天聚集过去呢？政府虽然现在退让我们，到了我们没经费的时候，他们就狠命似的来剿捕我们，那时只好直挺挺的受他们捆缚，不是平白地葬送了性命么？"严国柄道："照梭君说的确也有理，但我们韩国的政府，生就一种顽梗的性质，你拗他不过，他就自由自在的因循过去；他拗我们不过，他就一口应承，把你哄得天花乱坠。到了没事的时节，仍然守着他因循的宗旨，将来不知到怎样地位咧！"梭晋比叹了一口气，说道："只这'因循'两字，就是亡国的根源。照这样过去，恐怕横也是亡，竖也是亡，我们枉费了这一番热血呢！"寿李道："别的且慢说，就这党众解散不解散的问题先议定了罢。"众人都说不应解散，只有梭晋比和朴永汉二人竭力主张解散，议了多日，终究没有议决，那政府也没有什么动静。

直过了两个多月，梭晋比忽然患了咯血症候，朴永汉道："弟还没有收功，梭君又犯了病，真是天厄英雄了。"停了几天，病情未见瘥来，寿李等都劝他回到美国去。梭晋比道："弟若去了，诸君仔肩未免太重。我想写一信去，把家眷迁移到韩国来，不知可好？"朴永汉道："妇女们没男子陪着，远涉重洋，狠有些不便。这里事有弟担着，你只管回去罢。"梭晋比听如此说，没了法，只得回去。次日就担了行李，趁着美国汽船起程。寿李、定芳、永汉、摩天、国柄和许多的党员，都在码头送他的别。梭晋比又叮嘱了几句话，下船自去。

这里寿李等都回了转来，一天一天的挨过去。那政府竟没有什么新政办出来，连章程都没有订过一件。朴永汉把党中的经费一算，只剩了二千余金，没多少天可以开支。正自一人愁着，定芳、摩天、寿李等都走了进来，朴永汉就把会计报告了一遍，并说道："我们快把党众解散罢。"摩天道："既已如此，照弟意索性闹了一会子，再作计较，不知可好？"寿李等似未有赞同的意思，只是朴永汉一人不肯，说："国家的大事，那里可以尝试呢？"

正说着，那李士忠气喘喘的进来，说是找梭晋比。朴永汉等接待进来，说道："梭君患了病，到美国去了。"士忠道："患什么病？"朴道："想因思虑过度，患了咯血症了。"士忠道："兄弟这回来此，专为贵党的事务。政府自从贵党挟制以后，说贵党是个暴徒，天天派了楼昌善在这里探听你们的消息。那一天他说贵党里一个重要的人物不知到那里去，这党羽应散该了，就饬警兵持械剿捕你们。那晓得这警兵恰执意不肯把佩着的徽章掷到地上，说：'众百姓的事业，就是我们的事业，众百姓亡了，我们也亡！'政府见这情势不佳，忙饬外国将弁所教练的军队出发剿捕，那军队就要出发了，贵党须预备着才好。"朴永汉道："辱承关知，谨遵尊命，不知阁下现任什么职？"司士忠道："兄弟这会子已辞了职了，否则那里好把政府的事告诉贵党呢？"说完就辞别出去。

此间寿李等听了"楼昌善"三字，咬牙切齿，非常的忿恨，就把他的历史说了一遍，当下和朴永汉就急急召集了党员，豫备抵御政府。不一会党员都已到齐，备了军械，单等官军到来，等了好一会，官军只是不来。仇摩天等得不耐烦了，就说道："我们到宫门去罢。"众人不待说毕，就齐声道好。朴永汉无奈，只得一同走去，不一会就到了宫门。那时宫门外也来了许多贩夫党并外人教练的兵队，两方攻击起来，这贩夫党见了枪弹，都一个个逃去。那官军连枪都不会放，被自由党蜂拥过去，阵势已乱，竟杀了好多名的兵士。自由党就乘势闯入各处机关，把贪污的官吏杀的杀，打的打，只是找不着楼昌善，只得回了转来。

正要重去叩阍，对面恰来了一人，面如灰色，狼狈不堪，见了自由党众，急回身向后，将要狂奔逃避。忽汉寿李大喊道："快捉楼昌善！快捉楼昌善！"众人听了，倒呆了一呆，不知那一个是楼昌善。寿李急用手指着说道："这不是楼昌善么！"众人看了，知道前面奔的就是楼昌善，都飞也似的跑了过去，把楼昌善宽大的衣服，七手八脚的，扯得一片一片，如蝴蝶一般在空中儿乱飞。

那楼昌善见了自由党，已是吓得死去活来，不住的向自由党讨饶。党众道："那个要你讨饶？你赶得好事，现在也该知道本党的利害了。"楼昌善道："贵党别要生着气，兄弟再也不会开罪了。贵党有什么相委，只管叫兄弟做去，兄弟断不会推辞的，快饶了我罢！"党众道："什么委不委，你这等的狗才，还什么事配你做？你平日里把我们的党人一个一个的都杀死了，还要来杀我们么？"楼昌善忙跪到地上叩了几个响头，说道："兄弟并没有杀过贵党的人，贵党别冤枉着，贵党都是明明白白的人，还是饶了兄弟罢。"说罢又叩了几个响头。党众见他龌龊非常，心中越发忿恨，就大声喝道："狗才！还说什么！今天再也不饶你的！"说着就一刀闪去，楼昌善的头已滴溜溜的滚了好几丈路。那些党众又把楼昌善的尸体，你一刀我一刀的，斩得和糊浆一般。但见好多党众脸上个个溅了些血，地上染了一地的血色，犹如暮春的时候铺了满地的落花，红洋洋的煞是好看。

自由党既杀了楼昌善，就一起赶到昌德宫的旁边，预备和他们剧战几天，这守旧党那里敢动弹一些。那时朴永汉推汉寿李走了进去，即求见韩皇说："自此以后，须竭力维持国势，并秉着至公做去。"韩皇听了，着实嘉许，一班的党众都非常的欢喜，以为韩皇自此以后应该洗刷旧习，力图自新的了，因此纷纷散去。

当下就回到机关部里，朴永汉就要将党众解散，寿李兀自执着不肯。朴永汉道："本党为了这事，耗去经费已着实不少，再如此下去，恐怕要支撑不住，便怎的好呢？"寿李道："我们的章程，原自与国相终始的，若是不达到一定目的，这'解散'两字那里做得到？"朴永汉道："弟所谓解散，并不是消灭的意思，不过暂时散去，省了些本党的经费罢了，还有什么做不到？"那时双方争执，各持意见，都不肯相让就中。

定芳见了同党相争，恐怕闹成恶感，就从中调停说道："朴君顾全党中的经费，是为着久长之计；汉君为着强制政府，预备再接再厉的地步，都是为公，不是为私，且别要闹了意见。依弟的愚见，这党众暂时解散，是依了朴君的主见，一有事故，依旧召集拢来，做了本党的后盾，是依了汉君的主见。一面再筹集些经费，防着将来有不敷的地步，不知诸君以为如何？"众人听了，都说："既有王君酌中之策，也就照样办去罢。"主意已定，当下便由汉寿李吩咐党员等各自回家，那些领袖如王定芳、仇摩天、严国柄、朴永汉等，仍留在汉城，预备监察政府不提。

诸君须知，这自由党势力虽大，宗旨虽正，那些党众起先恰都是无知的愚民听了他们的演说，附和拢来，并没有什么智识学问的。到了后来，受了党中的教育，才略略知道些国家的大义和世界的大势，而且学了些军事，所以那些领袖对着党员，犹如将弁对着军士的一般，号令严密，不敢犯规的。这话在下的起先并没表明，诸君不免要疑惑起来，说高高尚尚的党员，怎的招之使来，遣之使去，这样容易呢？现在既已知道这个缘故，在下的便好说到别的事情了。

单说守旧党自从被自由党战败以后，心中非常怨恨，把不得自由党人立时歼灭，才好泄了他的愤气。但没法可想，只得在韩皇面前飞[蜚]长流短的说自由党的坏处，并谓自由党存心叵测，图谋不轨，要把大韩的国统改做民主。因此韩皇就疑心起来，把新党一概免职，旧党一概引用，政令颠倒，朝臣庞杂，不多几天，韩国的政府又弄成了黑暗世界。

到了一千九百零二年，日本见了韩国如此的腐败，就和英国结了同盟的条约，把战胜中国的赔款扩充海陆军备。那时日本国的名誉，早已轰动了世界。到了次年，那俄国要占据三马浦附近的地方，日本得了这个消息，狠命拒绝，他就和俄国开了一场大战，一面抚慰韩人，说日本只要助韩国的进步，保韩国的独立，并没有什么意思。日人在韩国的地方，日使约束得非常严厉，所以韩人见了日人，把从前的嫌隙已一概忘却了。那知到了后来，俄国被日本战败，日本的政策就一步一步的强硬起来。

那一天，日本公使林权助恰逼着韩国外部订立日韩的协约，韩国外部颜予休，本是个守旧党的领袖，那里会抵抗一些？只得听着日本的命令，订了三条协约，呈给韩王看着。

韩王看时：(第一条)日韩两帝国，因欲保持恒久不易之亲交，确立东洋之平和。自后韩国政府当确信日本政府，凡关于政治上之改革有所忠告，皆听从之。(第二条)日本政府于韩国之独立及其领土保全，为确实之保障。(第三条)韩国若遇第三国之侵害，或遇内乱，日本政府可执行临机必要之措置，而韩政府对于日政府之行动，许以完全便宜行事之权。

韩王阅毕，心里虽然非常悲戚，但既已如此，也只得听他做去。自此以后，日本进行的手段，就一步紧似一步。不多几月，又订了三条协约，把什么财政权、军事权、外交权一古脑儿都委任了日人。

当时朴永汉等得了这个消息，一个个的都发起愤来，到了这会子，再也忍不住了，当下就派人四面纠集经费，一面通知各党员，此时暂勿声张。择定了一个日子，先在广华门外一座废园里开个大会，届期各人到了那处，点过姓名，恰个个都到。朴永汉就把两次的日韩协约报告了一会，并痛哭流涕的说了好许多时局危紧的话。摩天道："我们韩国既已到了这般田地，闹乱的也是亡，不闹乱的也是亡，得能纠集大宗的军费，我们就募集兵士，赶备军械，不论老的少的，把政府里的人杀个一爽快。若是日人出来干涉，就和他们打个落花流水，虽未必挽回国势，也好出一口气，可不是好么！"寿李道："今天的会议，别的也不消讨论，只是我们拼着死命和政府一战，只有进没有退的了。"当时大众欢呼，声如雷动，当场约定日子，并在广华门外一个草场上聚会，当下各各散去。

到了那一夜，月明如昼，万籁俱寂，一大队的自由党飞也似的向汉城走来。那时日本宪兵已布满汉城，知道自由党进来，就急急的出来抵敌。自由党众见是日本的宪兵，就不管三七二十一，四七二十八，把枪弹不断的放去。日兵也放将过来，十里之中，枪弹的声音接续不断，不一会，那日兵愈聚愈多，但听得前面一人呼道："不好了！不好了！"不知为着甚事，且待下文说明。

第十七回　筑商场廉价购地段　动公愤抗疏争利权

话说自由党和宪兵正在酣战的时候，忽闻有人大呼道："不好了，不好了！"那时王定芳适在后面，听这口音酷似朴永汉，因急急的挤开众人，跑了上去，定睛看时，恰见汉寿李、仇摩天、严国柄三人都被敌兵捕获。众人狠命似的抢了上去，恰被宪兵连放几枪，中了枪弹，一个个都倒卧地上。定芳看势不佳，就大呼一声道："快杀贼！"那时众人又拥了上去，无奈枪弹早已用完，只得短兵相接。敌军不住的杀来，众人知势不敌，徒战也是无益，忙回转身来，向后乱跑。定芳、永汉见众人逃了，势孤力竭，只得退了下来，一块儿逃去。那时后面的枪弹兀自雨点般的飞来，幸亏没有着身。

跑了一会子，才到了一个古庙。这古庙离汉城十几里，地方甚是寥落，当下就在庙里暂歇。王定芳道："汉君等入了虎口，生死尚未可知，那机关部想早已封禁，委实是英雄的末路了。"朴永汉道："这许多的党众，现在已死去大半，那枪械子弹也弄得一些儿没有剩。不但没面目见江东父老，就是梭君的面上，还那里对得他住呢？"

那时二人相对，你看着我，我看着你，看了好一会，那两双眼睛都簌簌的流下泪来。朴永汉道："我们现在既已到了这般田地，待再要起事，势不能不另起炉灶，再纠集些党员，筹集些经费，才好发动，这会子只得暂时解散罢。"王定芳道："我想解散的容易，聚集的艰难。这里有个培方学校，弟有个朋友叫做李宗说，在这学校里面。他是个热肠的人，弟和他商量，就在他学校里面做个机关，再没有不允许的，不知朴君以为如何？”朴永汉道：“既如此说，我们就一同去罢。”说毕，二人就一面吩咐党众暂时归里，一面就向培方学校走来。

李宗说适在校内，见朴永汉等进去，忙来迎接，当在会客厅坐下。定芳把朴永汉和李宗说双方介绍毕，就将刚才说的事情和李宗说说了一遍，李宗说果极赞成，并谓本校学生都愿入党。定芳道：“机关既在这里，朴君就在这里住着，那些外面的事情，都由弟做去罢。”说了一会，李宗说就整理一所房子，系在学校的后面，共有三间，虽不甚大，恰极雅洁。当下朴永汉和王定芳走了进去，把各种文书簿册从新补造，新入党员都签过了名。一面由朴永汉坐着办事，一面由王定芳往外纠集党员，筹画经费。

恰说那一天，王定芳气喘喘的由外面进来，朴永汉见了，倒吓了一跳，说道：“王君又害着甚事？”定芳道：“不好，不好！”朴永汉道：“什么不好？”定芳道：“这事连说都说不来，说起来简直要气死的。那日人自被我们反抗以后，虽然打了胜仗，恨我们恰了不得，昨天竟把汉……”说至此，声音顿时止了。朴永汉看时，见定芳的眼睛兀自流着泪不止，朴道：“王君快说罢，你究竟是哭甚的？难道风信不好么？”定芳继续说道：“昨天汉君等已受了死刑了。”朴永汉道：“真……真的么？”定芳道：“有什么不真？”朴永汉听了这话，当时就放声大哭起来。李宗说听了哭声，急从前面跑来，忙问何事，定芳就把方才的事讲给他听，李忠说也免不得叹息了一回，一面劝慰永汉，永汉才住了哭。

定芳道：“还不止这一桩事呢。”李宗说道：“还有什么事？”定芳道：“日人和我们打了一会，未免有些损失，他就把这项损失向我们政府来索赔偿。”李宗说道：“不知要索些什么，有没有条款呢？”定芳道：“有个日人叫做长森藤吉，以私人的资格要垄断朝鲜全国的荒地，苦没这个方法，他就向日公使处去运动。日使趁了这个机会，以为我们政府没有不允许的，就答应了他，忙把这垦荒案要求我们的政府。我们政府这会子畏怯日本，差不多已达到极点，见日公使把这案提出，早已噤若寒蝉，那里还敢抵抗一句呢？”朴永汉道：“这条件你有没有看见过？”定芳道：“看是没有看见，只听得人家说。第一条是说韩国的土地，无论官业民业，凡未经开垦的地方，都由那长森氏备着资本从事开垦。”李宗说道：“这已不好了。我国民业官业的荒地，差不多居了全国的大半，都给他开垦，就是把国家送给他了。”朴永汉道：“那第二条呢？”定芳道：“第二条倒已忘却，第三条是说开办五年以内不纳租税，五年以后若是所经营的事业有利，就和别的土地纳一般的租税。”朴永汉道：“有利没利，有什么证据？都是说说罢了。”定芳道：“还有第四条咧，他说这个约从经营的事业完成后起算，到了五十年为满期，满期之后商议再续。”

李宗说和朴永汉都说道："这个条约，政府既然不能抗拒，我们这会子又没挟制他的势力，难道坐视了不成？"李宗说道："我们几个人上了一道抗疏罢。"王定芳道："真是没用的了，我们前次为着梭君免了职，也曾上过一回书，他非但不来听你，并且说我们是个乱党，妄干朝政呢。"朴永汉道："这等事无论有效无效，毕竟没什么处分，就何妨做做看。"定芳道："这原不妨。"

说毕，永汉就拿起笔来，做了一纸抗疏道"韩国地形，山多野少，环海三千里，山泽居三之二，凡此山泽，皆荒芜地也。今乃一举而割国土三分之二，予诸外人，天下可骇之事，孰有过于此者？且以日本人言之，二十年来，号称扶我国家之独立，助我领土之保全。今兹愤强俄之侵略，动全国之师团以争之，其以信义自暴于东洋，非一日矣。今以义始而以利终，名实相悖，情伪互眩。臣等以为此盖起于一二商民之私见，有利可图，遽萌贪志。在日政府中，老成谋国者，未必弁髦信义，至于若此者也。今若束手听从，则割肉饲虎，肉有尽时，而虎之欲无餍期也。臣等诚不忍见祖宗之疆土日蹙，不忍与卖国之徒，同立于陛下之朝庙也"云云。

李宗说诵读一过，说道："慷慨激昂，声泪俱下，政府见来，若仍置之度外，真是孺子不足教了。"定芳道："李君服过官职，且并没有犯过政府的忌，应该列在第一名，我们且把名字换了，充了一个绅士罢。"朴永汉道："我虽然也服过官，现在恰和政府反对，取隐于箕山之阳的意思，就叫朴箕阳也好。"定芳道："我改了一个王安芬，不知可好？"李宗说道："这些名字不关得失，这样也好，那样也好，也不必多斟酌了，就算了罢。"说毕，当由定芳誊好，着人送到汉城。

这里朴永汉等又议了些善后的事，李宗说道："这事单靠着一纸空文，再也没用，我们还须结成一个团体，专做这事情呢。"朴永汉道："话虽如此，只是同志甚少，奈何？"李宗说道："本校的全体职员和学生都可加入，约有三百余人。这里附近的有个学校，叫做汉语学校，他专教汉语的。有个校长，姓申，名唤希珍，和弟极要好。他们全体职员和学生也不下二三百人，一起合拢来也就有六七百人，派往各处运动，已足足够用了。"朴、王二人非常欢喜。

到了第二天，刚是星期，三人就走了过去。这汉语学校系在天洞一带，离培方学校约十里左右的路，这培方学校所在的地方，原名钟路，却在汉城西门外。当时三人进了校门，把名刺交付门房，嘱他递去，不一会，那申希珍已在客厅相候。三人走了上去，各各酬应毕，就一同坐下，李宗说就把这事一五一十的说给希珍听着。希珍道："兄弟早已闻得贵处做了自由党的机关，本拟来走一遭，只因职务繁冗，脱身不得，所以天天迟着。今既阁下等到此，兄弟再没有不赞成的，就在今天下午，在这儿开个会罢。"宗说道："这更好了。"朴、王二人也都赞同。那一天下午，就在汉语学校开了大会，一时会场中，除了学生以外，到者尚有五六百人，当时年事最高的，算是这位申希珍先生，就推他做个临时主席。

这希珍先生当下跳上主席位子，就对众说道："今天这会，第一桩应议的就是会名，不知诸君把这个会定了什么会名？"当时起立说的约有五六个人，有的说土地维持会，有的说不如叫做排日会。朴永汉道："依弟的意见，这个会莫非是维持我国独立的资格，不如就叫做独立协会罢。"当时王定芳、申希珍、李宗说都表赞同，就定了这个名目。第二桩举个会长，当时一千余人，个个都投了票，待揭晓以后，那会长仍是申希珍，申希珍推辞道："兄弟虽忝长几岁，自知才识浅薄，万不能肩此重任。朴君学问德行，久所仰慕，兄弟那里敢僭居呢？"朴永汉道："这会子不是推辞的时候，申先生别再谦虚罢。"这时定芳、宗说等均起立，劝着希珍别再推辞。

希珍无奈，只得承认，当下就对众说道："兄弟既已谬承诸君辱爱，举为会长，将来对于此事誓以死继，冀不负诸君的盛意。但今天须筹议个抵制的方法，才好进行。"永汉道："古语说得好，'人必自侮，而后人侮之'。日人之要求我们，总是我们自己的不好，这许多的荒地，我们韩人自己不去开垦，自然人家来开垦了。现在既然要想个抵制的方法，第一先要自己集资垦种，才好拒绝外来的人。"定芳道："朴君的议论确是不错，只是这许多的荒地要开垦起来，需好多的经费，恐怕言之匪艰，行之维艰了。"希珍道："这事只有运动政府里面的大员合力提倡还办得到。兄弟有个朋友，叫做朴阳圭，现在宫内省做个大臣，就由兄弟专书去恳他，不知如何？"众人都道极好，就此决议，希珍宣告散会，不一会，众人都各各散去。

希珍忙写了一信，把组织垦荒团的事情，告知了朴阳圭，一面就和朴永汉等谭了一会。那时已是下午傍晚，朴永汉等辞了出来，回到培方学校不提。

单说宫内省大臣朴阳圭接了申希珍的信，展览一过，忙和尚礼院卿金相焕、中枢院副议长李道宰等筹商。金、李二人都表同情，说垦荒团尚不如农矿会社较为确当，阳圭亦以为然。当下三人就做了首领，定了一部章程，号称纠集资本一千万元，分做二十万股，每股五十元。那些股东，只有朝鲜人可以做得，别国的人不能入股。那经营的第一着，就是开垦荒芜，若是开垦了，这全国的荒地，都归该会社占有。这章程散布以后，全国韩人个个要想入股，一时举国若狂，没一个不说道是桩好事。那知到了后来，官绅倡之，政府赞之，百姓们一个个的都冷了下来，组织了几个月，除了发起人的股本外，没有一个人来投股的，不到半年，就此解散了。

唉！在下的讲到这里，又要想起我们中国来。那一年湖南省的人民为着挽回矿权，绅士百姓们集议开会，忙个不了，要想办一个矿务总公司，连章程都已订好，到后来终究办不成功，不是和这事一样的么？所以外国人说，我们这种举动，叫做滑稽政策。滑稽政策的意思，犹如和孩子们的顽要一般，起先非常的高兴，到后来连人影儿都不见。大凡将亡的国家，都有这种笑话，皆因国民没有毅力的缘故。

闲话少提，且说农矿会社既然有始无终，自然惹起日人的讥笑来。偏是韩人好闹间气，见着日人嘲笑自己，就天天集会，处处演说。除了独立协会以外，还有什么保安会、兴国协会、一心会等名目，所至号召会员，切齿裂眦，喘汗奔走，出没平安、咸镜两道的地方，有的切断电线，有的拆毁铁道，几乎和发狂的一般。

日本人见了这种情形，知道韩人并没有什么实力，就一面由公使威迫要求政府，一面由驻扎的军队实行军事政策，把全权委了他司令官原口氏。但他处置韩人的手段，恰非常的严密，第一桩就是捕缚会党的首领。这个命令一下，除了独立协会以外，那些兴国协会、一心会等都害怕起来，急急的把会解散。保安会虽然稍稍强项一些，那会长元世性等都被他捕获了去，并负褓商的首领叫做吉泳洙，内官姜钖镐等也捉得一个不留。第二桩就是禁止集会自由，把“妨害治安”的四字做个名义，凡是韩人新立的会党，一概都归解散，并不许在韩京地方聚集演说。第三桩就是束缚出版的自由，那时韩国有《皇城新闻》和《帝国新闻》两种，虽然没有什么价值，也算是舆论机关仅存的硕果，恰天天都要把这新闻纸呈给日本的警官检阅了一番才好发行。书肆里的《大韩中兴策》《独立要论》等书都禁止发行。从这种命令宣布以后，各地的会党解散的解散，消灭的消灭，热心志士逮捕的逮捕，逃避的逃避，举国上下，肃然无哗，几乎和没有血气的一般。

那时汉城西门外钟路的地方，恰有一秘密会党，人不知鬼不觉的在僻静所在，竟运动了好多的党员，筹集了好多的经费，要待发作。那党长申希珍恰和朴永汉二人，静悄悄的在一所房间里，长吁短叹的讲话。申希珍叹了一口气道：“唉，朴君，大事去了，我们再没有葬身的地呢！”朴永汉道：“外患一步紧似一步，我们做事也一步难似一步。这会子已要禁止集会了，将来还那一个敢抵抗呢？我们的难处就在这死又死不来，活又活不得，为什么呢？贪生怕死非但不是我们的资格，就是许多的亡友，也着实对不起他。但若死了，我们韩国中再求我们一样的资格还有几个人？不是白死了吗？”希珍道：“这个自然，不过这会子只得我尽我心的做去，所谓尽瘁鞠躬的，也是吾辈的本分。到了时局十分紧急，万万非吾辈所能挽回的时候，那时我们就拼个一死，做个惊天轰地的事情，一则替自己留些名，二则为国家死了难。那时仰不愧于天，俯不怍于人，就是以前的沈、柯诸君，以后的汉、仇诸君，当也不会对他不住了。”永汉道：“说到我尽我心，我们自己想来，倒并没有什么惭愧。只有一样，大凡国家到了非常危急的时候，犹如患病的一般，任服什么药，终究是好不起来，那病还没利害的时候，看看情形倒还好挽回。只为了东牵制着，西牵制着，要做的做不来，失了这个机会，真是可惜。”

二人说着，那王定芳走了进来，恰从袋中掏出一封信来，朴永汉看时，恰是梭晋比寄给他的，函面上还写着“大至急”三个字样。不知其中何语，且待下文说明。

第十八回　兵队示威盈廷吊胆　相臣抗议奸贼消魂

话说朴永汉接了书信，见上面写着“大至急”的字样，就急急的拆了开来。大意谓：别来许久，友朋半登鬼录，而奄奄一息之祖国，卒未因之而稍有生气，每一念及，辄为流涕。不知近状复如何，仍希有以示我也。弟蛰居费拉德费亚城，养疴经年，未获少痊，深以抛弃国民天职为愧。起衰扶弱，胥有赖于诸公也云云。

朴阅毕问道：“这里地址，梭君怎能知道？这信是从那里来的？”定芳道：“近日戒备虽严，幸邮局取缔尚宽。弟适才在汉城闲逛着，见邮差投一函到我们机关部去，弟就接了过来，径行到此。”朴道：“这真是极好的机遇，不然就白费了梭君的心思了。”说罢，就写了一封回书，交到邮局，把近事一五一十的告诉了他。

原来梭晋比自从别了朴永汉等以后，就在费拉德费亚居住，一面就请洛克逊博士医治。无如梭晋比的病，为着忧虑过度，内部受伤太重，一时竟不能治愈，所以时好时歹的，终究强健不来。平日里虽也和朴永汉等通几次信，毕竟路隔万里，不能时时往来。

那一天早晨起来，觉得精神略爽，拿了一张西报，随意披览，里面恰记着韩国危迫的情形，猛然想起朴永汉那一干人，不知现在怎样，待要问过消息，就拿起笔来，写了这封信。直至隔了两月，才接着朴永汉的答书，知道汉寿李等又遭了惨死，心中好生悲凄，不免又下了几点伤心泪，只恨着自己害了一身的疾病，不能前来扶助，只有时时叹息而已。

这日病又加剧，因又往洛克逊那边去，这洛克逊系一个多年的名医，门庭如市，见梭晋比进去，忙肃他坐下，并提前替梭医治，诊察既毕，就调剂些药物，给梭服食。梭晋比接了药物，就在一处暂憩。

不一会，洛已把许多的病人，一个个替他医治过，对梭晋比说道：“梭君，你可知贵国的近事么?”梭道:“前几天在报纸上略略寓目。”洛克逊道:“报纸上载的大概都是平常的事情,仆昨天知道的,恰并没有在报纸上见过。”梭晋比道:“什么事?”洛克逊道:“唉!这事说来,敝国着实负了些惭愧。当一千八百八十二年的时候,贵国和敝国订的条约,曾说明凡外人有凌灭韩国的,由敝国出面调停。现日人要把贵国的行政权夺了过去,贵国的皇帝派了一个顾问官叫做赫尔巴达,这人也是美国籍,航海向敝国求援。赫到了这里,就去谒上院的议员,把来由说了一遍。议员道:‘你为的甚事?莫非要我们美国和日本构兵,去保全韩国的自由么?这那里做得到?’赫尔巴达一面又呈了国书,和政府筹商。政府执意不允调停,赫尔无奈,只得回了转去,现在不知怎样了。这事我们美政府还守着秘密,并未发表。梭君,这不是可叹的事么?”梭晋比道:“阁下那里知道?”洛道:“赫尔巴达是仆少年时的同学友,他和我说的,并嘱我除知己外暂勿宣布。”梭道:“阁下知道这事的详情么?”洛道:“赫和仆说的语极简单,缘他匆匆就道,所以未及细谈。”梭晋比听了,叹了一口气说道:“一个国家须在自立,若是不能自立,就使有别人的实力扶助,也是没中用的。敝国到了这般田地,都是因循苟且,不能自立的缘故,怪不得人家要凌侮。”

进来谈了一会,梭就别了洛克,回到自己寓中,心里想着:我来这里养病,起先不过要把这身子养好了,才好担当国家的事务。如今据洛克说的话,韩国简直是要亡了,那么我还留着身子做甚?想到这里,就打定主意,决意要赴韩国。

那梭晋比的夫人,原系一个美国的高等妇女,叫做麦利华。见梭晋比要回韩国,他决意不允,一面流着眼泪,一面靠着梭晋比的肩说道:“郎呀!你真个要去么?你为着祖国危殆,自然该尽你的天职,但你病还没有愈,那里禁得起这个劳苦呢?”梭晋比道:“男儿以身许国,连生死都管不来,还管着什么劳苦?”麦利华听了这话,益涕不可仰,停了好一会,才说道:“郎呀!你难道没有爱妾的意思么?妾和郎十几年的夫妻,伉俪的感情,要算是世间没有的了,难道就抛弃了不成?”

梭晋比听到这儿,毕竟英雄气短,儿女情长,把一腔热血不免渐渐冷了下来。仔细一想:呸!堂堂的男子,怎的被一个女子束缚着?就对麦利华说道:“仆不是不爱怜卿,但是爱怜祖国的意思还要比爱卿来得利害,只得把爱卿的情暂抛弃了。”麦利华说道:“唉,天呀!你怎的不保佑韩国,弄得这样儿的危险呀!你就使不保佑韩国,也应该保我的郎啊!”说罢,又呜呜咽咽的哭起来。

那梭晋比一面劝慰他几句,一面定个日子就将起身。不意老天多情,果然从了麦利华的愿,那梭晋比的病,竟骤然利害起来,睡在床上,连坐都坐不起。心中想着:这会子韩国不知又怎样了,西报里总该有些说起。只是精神恍惚,又看不来报，好生烦闷。麦利华道："郎别要烦闷了，只管养着身子罢！"

梭晋比兀自胡思乱想，直过了两三个月，才慢慢的瘥起来。麦利华道："这里都会热闹，空气腐浊，我们不如往海滨暂住几月罢！"梭晋比极形赞同，夫妻二人就此到了离费拉德费亚城十几里的地方，叫做亚特村，距海较近，有时海风习习，吹向襟袖，觉得天高气爽，别有天地。那梭晋比的病，竟一天好似一天，一连住了一年，梭晋比的病，竟一些儿都没有了。

有一天，忽听见美国人说道："韩国早已灭亡了！"梭晋比诧异非常，心里暗想：我们韩国难道就亡得这样的快么？当时就买了一张西报，瞧瞧亚东的情势。讵意不看犹可，一看以后，那梭晋比竟跳了起来，连连呼道："天呀！天呀！我们韩国的命运果然完结了吗？否则为什么无端的把皇帝让了位呢？"一面想着，一面就决了主意，定要赴韩。麦利华知这遭儿阻他不住，只得随他同去。当下就把紧要的行李检点一过，趁汽船向韩国进发，没有几天，那汽船已到了韩国。梭晋比先租了一所房子给麦利华住着，一面就向西门外钟路的地方找那自由党机关。

不意到了那处，并没有自由党的机关，培方学校里面的教员那一个认识？问他缘故，他们说早已消灭了，再问详细时，连理都不理。梭晋比没了法，只得回了转来。到了自己家里，一个人坐在房间里，只是疑怪，转念一想：我何不向外面去打听打听呢？想定之后，一面就在门首写了"梭寓"字样，以便几个老友或者看见了，好近[进]来叙会，一面自己往外面去探听消息。

刚在途中走去，后面恰有一人呼道："梭君，你那一天到的？"梭晋比回头看时，恰是个王定芳，就急急的跑了转来，说道："弟到这里已有好几天了，只是找不着自由党的机关，不知现在又有什么变故没有？"说着，看定芳颜色非常的憔悴，那面上恰新留了一个疤痕。但听定芳说道："这事说来狠长，不知阁下住在何处？就在那边去讲话么？"梭晋比听如此说，就邀了王定芳到得自己家里，看时已向[晌]午，就备了些菜，并韩国的上等酒，请定芳吃饭。旧雨重逢，叙些契阔。

梭晋比急于要晓得自由党一段历史，定芳道："唉！自从阁下去后，不知又经了多少变故，死了多少同志呢。"梭晋比道："汉、仇诸君之殉难，弟早已知道了。"定芳道："不止这几个人。"梭道："难道还有别的么？"定芳道："待弟细说一遍就是了。去年十一月里，那日本的皇帝派了一个特使叫做伊藤博文，带着他君主的御书到我们韩国来，说我们皇上无论什么事情要和他商议着才好做去。那伊藤到了韩国，就开了几许的条款来要求我们的皇上。"梭晋比道："这条款西报上也略见过，大意说是韩国的外交事宜和保护韩人的事务都给他管理。从前韩国派出到各国去的领事，一概召还，是不是这样？"定芳道："还不止这两桩事情呢。他说要整理韩国的财政，把韩国的军队缩小，才好省些经费。又把别国的顾问官一概黜免，单用着日本的顾问官。一起有二十五条，这几条是最重大的了。”梭晋比道：“看这条约，财政、军政、行政的权柄都已被他夺了去，简直是亡国了，怎的政府这样的黑暗就许了他？”

定芳道：“起先倒并没有许他。他来见我们的皇上，皇上就对他说道：‘近来报纸纷传，说日本要收韩国做保护国，朕当时道是个谎话，因日韩订的条约原说日本保全我们的自由，日俄媾战的时候，日皇也曾说维持我们的独立，所以朕信仰贵国非常的坚确。待日皇派了阁下做个专使，朕心中异常的欢喜，以为日本和韩国的友谊将来越发亲密了。不意阁下把这条件前来要求，朕委实要骇诧起来，难道从前的协约就没有效力么？’伊藤答道：‘这项要求并不是外臣的本意，不过奉着政府的命令和陛下商议，若是陛下把这条款一一承认了，那就是两国的幸福，将来就好保全远东的和局，乞陛下三思罢！’皇上道：‘我们祖宗的成法，国家有重要的问题，朝廷不能专断，须要和臣民商酌，待意见一致才好施行。’伊藤说道：‘国人若有抗议，压抑最为容易。陛下须要顾念邦交，从速决断。’皇上道：‘朕若把这条件承认了，那国就亡了，朕宁死不愿承认的。’彼此的对答，过了五小时，终究没有定夺。伊藤没法，只得再去见那各部大臣，约各部大臣到日使馆开个会议，各大臣都抗拒不允。伊藤道：‘日本所以提出这个条件，原有两种的缘故：其一，日韩倘然联合，那亚东的和平就可以永保了。其二，远东各国结了团体，才好拒绝白人的侵犯。’各大臣终不肯允许。到了次日，伊藤又邀了各部大臣，说要觐见韩皇，开个御前会议，各大臣也就答应。当时日本的陆军，早已在宫门的外面，做个示威运动。到了晚上，日兵都荷枪入宫，伊藤和日军总司令官一同进见，各部大臣也纷纷到来。日兵排着队在外面守候，当时就在皇上处开个会议。伊藤道：‘这些小事，为甚么费了这许多时日还不承认呢？’各大臣道：‘这是国家的存亡关系，怎的说是小事？’伊藤道：‘就是不承认，难道就不会亡么？’各大臣听了这话，都不免害怕起来，知道日本把武力做个后盾，且当时有这许多的日兵守在宫门，猛想起一千八百九十五年的时候，有好多的日兵在宫外严守，那武士就入宫弑了寝宫，就觉得不寒而栗，莫非这会子又要遭那惨劫么？”

梭晋比道：“后来究竟承认没有？”定芳道：“议了好几天，终还没有承认。各部大臣一面就向各国的公使问个计策，各公使都说这事系远东的问题，我们那里干预得来？况且我们的意思，都是要保全远东的和平，这话又那里向贵国政府说得出呢？各大臣知道各公使都做了壁上观战的人，韩国更势孤力竭，不免个个自危。那一天又在一处开个会议，伊藤兀自把保全和平的门面话说个不了。那颜予休恰立了起来说道：‘日本人向我国要求的，也不止一次了，那一次不是照数承认？这会子倒坚执不让，毕竟有什么好处呢？’那时有个首相，叫做汉乔叔，从座中……”

话还未完，梭晋比就抢着说道：“首相不是李完用么？怎的说是汉乔叔？”定芳道：“唉！我国的政府，朝令暮改，还说什么首相？自从外患迭乘，一月里换了三个首相，有什么希罕？到后来几乎做个定例了。那李完用自从本党反对政府以后，都说他办理内政不好，就逼他免了职，给汉乔叔任了这个职司。这汉乔叔倒是一个骨鲠之臣，从没有媚上欺下的恶德，而且总理国务精密得非凡，若是给他做下去，虽然一木难支大厦，毕竟比别的要好得多咧！那日人嫉他不过，就把他谪戍到远地去。首相一席，如今又让了李完用了。”

梭晋比道：“你说了半天，只是说汉乔叔，这汉乔叔究竟如何对付伊藤？快请说来罢！”定芳道：“汉乔叔当时从自己的座中跳了起来，堆了满脸的怒容，厉声骂道：‘何物奸贼，敢卖你们的祖国么？’各人看时，只见他面上恰是怒得通红，那眼眦已是七裂八裂的，吓死了人。说毕，一动不动的定了睛看着这颜予休。颜休予见了这个形状，几乎把胆都吓碎，连头都不敢抬起来。别的廷臣也你看我，我看你，声息一些儿都没有。停了一会，那汉乔叔才离了座位，恶很很[狠狠]的说道：‘我就要入觐去面奏了。’那时日人也并不阻他，汉乔叔只管一路走去。到了半途，恰有一个人自后面追来，不提防的把汉乔叔捽了转来。汉乔叔抬头看时，不是别人，恰是日使馆里面一个书记。汉乔叔道：‘你捽我做甚么？’书记道：‘并没甚事，不过和你谈谈罢了。’汉乔叔道：‘还谈甚么？’书记道：‘仆有一桩紧要的事情必须和阁下面说呢。’汉乔叔不得已，也就跟了他来。到了日使馆里，书记道：‘这是秘密的事情，这里讲不来话，我们且到里面去罢。’汉乔叔知道事情不好，无可设法，只得又跟了进去。到了一个极静僻的房间，问他道：‘阁下真个要抗拒么？’汉乔叔道：‘这些事么，何必定在这里讲着。无论在那一处，仆终是不说承认两个字的。’正讲着，那伊藤也进来了，就在一处坐下，问汉乔叔道：‘阁下还敢说奸贼两个字么？’汉乔叔道：‘是奸贼，总说他奸贼，不是奸贼，怎的好说他？仆是只知嫉恶若仇的，倒任便怎的都不怕。’伊藤道：‘若是贵国的皇帝要阁下降服，阁下便怎样呢？’汉乔叔道：‘就使皇上允许，仆也万不承认。’伊藤见乔叔这样的强项，就把乔叔闭在这静僻的室内，一面就自去进见皇上，说汉乔叔是一个奸贼，须听他不得。皇上道：‘无论他怎的说，朕只是一个主意。’那时大臣都重新进来，有的说首相被戕，有的说并没被戕，不过留在日使馆里罢了，议论纷纷，莫衷一是。那日人因汉乔叔已闭幽室，声色越发厉恶，说能从的就好永保富贵，不能从的都要定他死刑了。各大臣没了法，只得一一承认。”

梭晋比道：“难道除了汉乔叔以外，就没一个有气节的么？”定芳道：“有是有的。外部大臣朴齐纯，才学优裕，算是朝廷的魁首，到了这时也没了法，只得随了众人，承认了他。”梭晋比道：“弟久别祖国，消息竟一些儿都不知，那朴齐纯既然做了外部，这颜予休又做什么？”定芳道：“颜予休调到吏部去了。”梭晋比道：“怪是怪不得他的，毕竟时驱势迫，无可奈何，只得如此。若是始终不承认，只有一死以报国家，否则兵力又敌不他来，那里拗得他过呢？”定芳道：“这朴齐纯后来是照着阁下说的做去。”梭晋比道：“既然死了，当时不应降服，既然降服，怎的还会死呢？”定芳道：“当时朴齐纯议毕，走了出来，到宫门外，众人都骂他做奸贼。到了十二月六日，朴为着一事到宫内去，守兵都要把枪击死他，他就逃到日本使馆里，向日使说道：‘仆今得了卖国贼的恶名，都是贵国赐给我的，现在也不要苟活了。’说罢，就拔刀自刺。”梭晋比道：“可儿，可儿！”正说着，外面忽有一人进来。不知来者何人，且待下文说明。

第十九回　托言保护日相宣猷　密使侦知韩王逊位

话说王定芳和梭晋比二人正在谈话的时候，忽然有一人进来，王定芳抬头看时，原来就是李宗说。王定芳道：“李君怎的知道弟在这儿？”李宗说道：“弟并不知道，不过见门首写着“梭寓”二字，问诸邻舍，说就是晋比兄。久慕德音，特来谒见，望梭君勿以唐突见责。”王定芳就替二人介绍。

一同坐下说道：“王君这几天消息又不好呢？”梭晋比道：“什么不好？”宗说道：“梭君没有看见今天的报纸么？”晋比道：“没有。”宗说道：“今天报纸说日本要提出什么合并案来呢。”定芳道：“这事可是实的么？”宗说道：“实不实虽不晓得，只这日政府恰已有这个议论，恐将来要成了事实哩。”梭晋比道：“他事且慢提着，刚才王君说的事还没完哩。”定芳道：“只是对不起李君，请暂时坐着。”李宗说道：“讲的什么事？难道弟就聆教不来么？”定芳道：“讲的不过是本党的痛史，阁下知道的，还听什么呢？”当时宗说听了这话，就拿了一本日文的《韩史》，躺到榻子上去看。

这里定芳就接续说道：“当时新订条约，既已承认，日人就谕令我们的外部大臣把国玺进呈，说条约既成，势不能不用国玺。那里知道这掌玺官异常的强项，说这玺奉了朝旨，那里可以轻授？伊藤没了法，只得着个专人向掌玺官处，把国玺夺了过去。双方签过字，才把汉乔叔放了出来。那时合城人民，个个忿怒，群聚鼓噪。当有政界的巨公和起先归隐的卿相，约莫有二三百人，都向宫廷要求宣告反对新约，并把缔约的各大臣处以死刑。皇上没有允许，他们坚执不去。日本的宪兵看这情形，恐怕闹了乱子，忙把为首的几个人捕捉了去。汉城人民越发愤恨，竟把城里城外的店铺都罢起市来，足足罢了三数天。皇上当下了一道诏旨，说国事虽急，前途的希望，未必全然没有的。一面由日人把叩阍的人，拘捕的拘捕，驱逐的驱逐，众人方才散了开去。就中有姓闵的，名唤泳焕，知国事再没挽回的机会，就引刀自裁了。”

梭晋比道：“起先承平无事的时候，当然是上下酣嬉，没有把韩国中兴起来。现在到了这般田地，还有什么希望呢？”定芳道：“后来还要不好哩！自此以后，政府里的大臣才知道反对日人，一个个的咬牙切齿起来，就是皇上也竭力反对。偏是那些奸民结了一个团体，叫做一进会，天天煽惑愚民，说皇上怎样的不好。偌大的一座昌德宫，说是远东荒淫的地方。到后来还说皇上怀着歹意，要着人去刺伊藤博文。因此伊藤时时防备着，约束皇上非常的严酷，把宫内的守兵一概撤去，派日本的巡警来替代他们。至侍卫内监，早已驱逐得干干净净，那往来宫内的人，拿着护照才好出入。这时皇上静悄悄的住在宫中，举目无亲，好生悲切。那一夜月明如昼，银河似洗，皇上一个人坐在寝殿，那时秋风飒飒，庭前的树叶都受着风力，乌鸦似的一阵一阵向地上乱飞，不免抚今思昔，触动了旧情，想这儿地方从前如何的热闹，如何的繁华，到了现在，竟弄到这样的寂寞，这样的凄凉，十年以来，沧桑顿变，只这殿前的老树，倒照例每年落些残叶，和从前并没两样，想到这里，眼眶就流出泪来。回头看时，只有两个宫女在那里打盹，再没有什么人伴着，心中越发悲伤。想天时尚早，一时也不能成寐，就命宫女端上酒来，浇浇胸中的磈礧[块垒]，彷佛吴国的孙皓月下独酌，愁中寻乐哩。那时皇上擎着玻璃杯，向天问道：‘天呀！你放出这月亮的光明来，分明是个圆满无缺的意思，怎的弄得大地的山河破碎零落，难道还算是个圆满么？既然算不来圆满了，怎的又摆出团圆的样儿来？难道不知这里有个愁人么？唉！想是我们的韩国还有个好日子呀！但是到了这个情状，那里还恢复得来？若是恢复转来，那就是老天怜悯朕的意思呢！’一面说着，一面连饮了几杯，已是醺然醉去。宫女们忙扶了进去，睡在床上。但皇上的意思，还狠命要把韩国的主权回复转来，所以到了次日，暗中召了赫尔巴达进来，对他说道：‘一千九百五年十一月的条约，朕当时并没承认，实是几个部臣的不好，但各国那里知道这个情节？朕想把这层的意思告诉了海牙平和会里，那海牙平和会自然向各国声明原由，或者各国都遣使到韩国来，责令日本交还主权，那就好了。但这个事情，非有卿同去不可。’赫尔道：‘臣前次为着日人凌侮韩人奉命赴美，美政府置之不问，恐怕这会子去，也得了这个效果，不是白走了一躺[趟]么？’皇上道：‘无论有效没效，你只管前去就是，若是没效，也只好听之天命了。'赫尔奉了命，就和三个密使到海牙平和会去。果然海牙平和会里竟把这事丢在脑后，连提议都没有允许，这密使不得已就回了转来，奏报皇上，皇上也只得叹息一回罢了。那知这事虽做得秘密，日人恰早已知道，当把旧内阁解散，从新组织一个新内阁，这新内阁里面的人才，大概都是些一进会的会员。那时这般会员入了内阁，不免都沾沾自喜，交相庆贺，说我们不是入一进会，那里能够给统监瞧得上？不给统监瞧得上，那里入得来内阁呢？"

梭晋比道："统监又是那一个呢？"定芳道："就是伊藤博文。"梭晋比道："伊藤本来是一个专使，怎的说是统监？"定芳道："从新条约订定以后，他们就有了监督统治的权柄，日政府就给他做个统监了。那一进会里的会员，多半是统监的奴隶，就是这位首相李完用，也不免染了阿谀的丑态。当时内阁既已成立，那些阁员就盛设筵宴，凡是一进会员，都去赴宴的。正在酒酣耳热的时候，忽有人传说：伊藤统监传各部大臣诣统监府听宣诏敕。这些部员听了这话，都面面相觑，不知又出了甚么事情，连话都说不出来，停了好一会，方才散了筵席，一同到统监府去。即见统监府的门首，站着好多的宪兵，向内望去，里面也有许多的日兵，排着长队，站在两旁，阁员进去，都在下面站着。当下就见统监手中拿着诏敕，宣读道：'我韩建国数千年，历圣相承，国治民安。传至朕身，德不足以敷四海，政不足以协邻邦，致乱党四起，朝局纷更，财政窘急，人民怨怼，上不足以对祖宗，下又不足以莅黎庶，实朕一人之过。今太子已冠，克绍基业，谨逊位于太子，朕自为太上皇，此实应时度势，不得已之举，尔臣民咸宜知悉。'云云。阁臣听了，才知道就是皇上逊位的事情。"

梭晋比道："这事难道阁臣是预知的么？"定芳道："不但预知的，而且各大臣都与谋哩。自新内阁组织以后，那些大臣天天在统监府里面会议，一切计画都由统监作主的。那一天，各大臣又在统监府里面会议。伊藤说道：'本统监现已草定了四条新约要和韩皇订立，各位可呈给韩皇看去。'各大臣道：'条约如何？'统监就提了出来，其中说道：'一、韩政府制定法令及行政上重要处分，均须先经统监承认；二、韩国任免高等官吏，须得统监之同意方能施行；三、韩政府须任用统监所荐日人为韩国官吏；四、韩政府非得统监之同意，不得聘他国人为韩国官吏。'统监读毕就说道：'不知各大臣以为如何？'有的说道：'这条约精密完全，足见统监的妙策。'有的说道：'这条约若皇上承认了，日韩的睦谊越发坚固，真是我们韩国的幸福了。'你一句，我一句，几几乎没一个不赞统监的好，没一个不说条约的妙。那时统监欢喜得非常，把一双眼睛笑得没缝的一般，那两道燕尾须，不住的用手捻着，对各大臣说道：'自古道，君明臣良，社稷之祉。如今像各位的人，都是一时俊义，并深明世界的大局，真可算是社稷之臣了。只是韩皇深宫幽居，不晓外面的事情，所以常常有些儿刚愎自用。即如一千九百五年的条约，本统监不过要保全远东的和平，并没什么坏意，他恰偏不承认，后来全靠着几个大臣，略略懂得些事务，才答应了。今番这个新约，本统监不过要督促贵国政治进步的意思，不知韩皇又要讲了些什么反对话呢？'各大臣道：'臣等那里算得来社稷之臣，不过靠着统监的宏福，滥竽了内阁一席地，从今以后只有竭尽心力，报答统监了。至于皇上一方面，就是他要反对众议，只消臣等再三劝导，他再也不会拗执的。'统监道：'那就好了，将来这个条约得能成立，贵国和敝国都增进无穷幸福，全是诸位的功劳，本统监那里敢不重重图报呢？'

"谈了一会，各大臣就都辞了出来，当在内阁开个会议，都说用全力运动皇上，议毕之后，就由首相李完用进见皇上，把条约奏章一齐呈上。皇上看了，说道：'这条约分明是个卖国的契约，怎么可以承认？'李完用道：'时已至此，陛下就使坚执，毕竟也没用了，不如就允许了他罢。'皇上怒道：'你们难道不是大韩的臣民么？你吃的俸禄，住的土地，难道不是大韩的国产么？你要把这条约承认了，你那里见得百姓的面，那里对得祖宗住？简直是个卖国贼，良心还有一些儿么？朕便任他怎样来，抵死不承认的。'说罢就把奏折和条约掷到地上，回转身来，就往里面走去。

"那李完用好没意思，受了一场的辱骂，不觉得面红耳赤，垂头丧气的走了出来，叹了一口气道：'唉！谁还甘做人家的臣子呢！'到了公事厅中，坐在一把椅子上，声息也没有一些，只管在那处发气，气得面成白色，半晌不会讲话。不多时，各大臣已纷纷到来，一齐问着这事可有眉目？李完用道：'别要说罢，老夫受了亏了。'众人问什么受亏？李完用道：'那零落的皇帝，还摆着架子呢。'就把刚才的事说了一遍。各大臣都说：'这也没有什么难，他在我们处要摆着架子，只怕见了统监，还该发了抖哩。我们就报告了统监，给统监自己去罢。'李完用道：'也只得如此办法了。'

"说了一会，就急急的跑到统监府里，把以上的各情一五一十的说个详尽。统监道：'不料庸懦的君主，倒会说强项的话来，待本统监去见他，不知他又怎说？'说罢，就向皇宫走来，进见皇上。统监道：'外臣定了四条新约，原为促进贵国政治地步，不知陛下如何？'皇上道：'这条约未免侵碍敝国统治之权，无论如何，朕决不承认。'统监道：'各大臣都已承认，陛下何苦独异？'皇上道：'各大臣行各大臣的事，朕行朕的事。国家大事，父子不能一心，何况君臣？明末的时候，郑芝龙降服清国，郑成功偏要反对他，二人各不相强，都是照着自己的意思做去，只须问着自己的良心罢了。'统监道：'陛下虽然这么说，但国家的前途也须留意着，贵国毕竟没什么预备着。'皇上道：'这样也是亡，那样也是亡。舍不得的，不过一个朕的性命，但既已如此，也就顾不得了。'统监见说不进去，也就走了出来，另想别法。

"不意阅时既久，这个条约竟一传二，二传三传了开去。那时本党恰早已知道了，几个党员听了这事，益觉怒不可遏。忙由一位申希珍先生发了好许多传单，召集全体的党员，在培方学校里开了一个全体大会，当时到者足有三四千人。听了这事，一个个的摩拳擦掌，要拼个命。申先生道：'本党的人员，可算是踊跃的了，只是经费一项，实在支绌得狠，便怎的好呢？'那时党员都说：国要亡了，我们还要什么财产呢？就都助到本党来罢。说毕，这个一百元，那个一千元，不到一刻，本党的经费足足有了好几万，忙由申希珍先生分头置备军械。到了次日，率领了几千人员，一齐向汉城进发。日人并未防备，把那些宪兵和巡警等，都打得个个逃三走四，本党就到了统监府的门首，要求取消新约，不准提出。那统监恰乖巧得狠，忙出来说道：'本统监也知道这些条约未免太越权限，现已预备取消。但日韩两国敦睦交谊，不可不另定协约，诸君都是一时俊杰，就举几个代表共同商酌，省得彼此有偏重的地方。'当时朴君等听了这话，倒说不差，就要和申、李诸君走了进去。倒是李君和弟有些疑虑，一时不及赞同，他二人恰早已进去了，那知不出弟等所料。统监说另订协约，不过是延宕时候的计策，他一面已通知司令官集合兵队，前来剿捕。不一会，果有司令官率了好多日兵飞也似的赶来。我军见情势不佳，就急急的打将过去。那日军恰架设大炮，合力轰击，我党缘没有炮火，竟伤了多人，不多一时，本党的人员见势力不敌，都纷纷逃逸。李君和弟也只得逃去。申、朴二人早被日人缚住，到了次日，竟受了死刑了。"

梭晋比听了这话，骤然跃起，说道："真的么？"定芳道："有什么不真？他二人死了，那统监又召了各部的大臣开个会议，说'乱党早已平靖，只是韩皇不肯承认，怎的好呢？'有一人说道：'依臣的意见，既然皇上这样的为难，不如迫着皇上……'说到这里，又顿住了。统监道：'怎么又不说了？'那人只是红着脸，说不出来。统监道：'只管说罢，只要本统监赞同的，无论什么，保管你没有甚么处分。'又有一人说道：'他说的话，我早已知道了。'统监道：'既然你知道的，你就替他代说罢。'这人道：'他说是要皇上逊位罢了。'统监道：'着着着！怎的想得出这样的妙法？我瞧着太子痴戆没用，若是向他要求，保管是肯承认的。今已想了这法，再也没有别的法了。'议毕，各大臣就来觐见皇上，要求逊位，皇上起先不允，后来被各大臣逼迫不过，就暂时立皇太子做个新位，自己称了太皇帝，使权力和从前的一般。一面冀掩日人的耳目，不知日人的耳目那里掩得来？到了七月十八那一天，各大臣又开个御前会议，说定要皇上降了一道明明白白的谕旨，才好给百姓们知道是已经逊位。皇上没了法，只得颁了一道诏敕，说明逊位的原由。”

刚巧这谕旨一下，那日韩间就发生一种事情出来。这事情不知如何，且待下文说明。

第二十回　登皇极新主受牢笼　起义师国民罹惨劫

话说自皇上逊位，日人又发生事情出来，不是别的事情，就是那四条的新约。原来皇上逊位的第二日，新皇就登了极。这新皇恰懦弱得不堪，胆略又小得狠，当登极的时候，肢体不住的震颤，颜色非常的惨淡，当有两个大臣左右扶持着。

第一桩的仪注就是剃发。起先内阁奏请，新皇不肯允许，不一会，内阁大臣进了一袭军服，劝新皇改去旧装，说以后凡是良辰佳节，必须穿这军服。这军服就是元帅的标帜，要配着平顶的军帽才可合式，但要戴平顶的军帽，一定要把发髻剃去才好。新皇没法，只得依从了他，当时下了一道谕旨，饬全国的韩民都剃去发髻。自此以后，凡是臣工要求，再没有不允许的事情。到了践位后第七日，这四条的新约又提了出来，新皇起先原不肯承认，经各大臣的迫促，才得应允，双方都签过字，这统治的权柄，蓦地间就让与日本。

“两年里的事情，到了这里，算是个大结束了。但弟的意思，无论国事如何，总须尽我们的天职。古人诗道：‘春蚕到死丝方尽，猎[蜡]炬成灰泪始干。’我们同志虽然多半杀戮，若是召集旧众，尚可一战，况现在民心未宁，揭竿起事的天天不断，我们和他合做一气，尽力攻击，或者还有个转机呢！”

梭晋比道：“国家多半是亡了，不过乱也是亡，不乱也是亡。我们也该为着国家死个节，无故而死不如拼个死战。弟此来早已把生命丢在脑后了。”当时李宗说踱了过来，说道：“既如此，我们须从第一步做起。”梭晋比道：“什么叫做第一步？”李宗说道：“我国虽说是个亡，其实还不是全亡，就使全亡，也不是全无恢复的希望。天下惟政治腐败，官吏贪黩，永没有再兴的时候，否则竭力图治，终有自强的一日。但现在若猝然起兵，统监见吾民可畏，将来像我们的官吏，一定概从摈弃；那阿谀谄媚的小人，就布满了朝端，这是永没有自立的时候了。不如先上书到伊藤统监处，劝他严惩奸官，登用良臣。他若是听了我们的话，我们就处处监督他们做去，若是不听，我们就做第二步的事情，不知二位以为如何？”

梭晋比和王定芳也赞同此说，就由梭晋比起了草。二人看时，恰写道：“公常以日韩交谊之诚挚宣告天下，孰知日人所至之处，韩人种种利益，被夺殆尽。韩人之生计绝，而日人亦将踵之而失败矣。吾人敢信韩国既败，日断不能独存。今为公计，不欲挽救贵国免致沦灭则已，苟其欲之则当奏请吾皇，查明奸贼，从严惩处，而后韩民悦服，外人嘉许。倘能忠告韩官，力行新政，广设学校，任用贤能，将见中日韩三国鼎立亚东，天下各国交相推许，岂不甚幸？万一计不出此，徒以蹂躏韩人利权为事，窃恐韩、日二邦难免同归于尽。公勿自傲，以为秦国无人，当知吾等乡民已决计毁坏尔铁道，焚毁尔租界，杀戮尔官吏。时机一至，当檄南北同志同时起义，必尽力驱逐日本商民而后已。贵国兵队虽精，枪械虽利，然吾同胞有二千万之众，欲于一时屠戮净尽，决非易易。吾人今已定计，首先攻击侨韩日人，一俟悉数驱除，吾人即当请求欧美列强，保护吾国之自立。兹特于未起事之前，预为忠告，幸勿河汉斯言。”云云。

定芳和忠说看毕，说道：“辞意梗直，殊不失我辈资格。”忙加了封，着人投去。二人谈了一会，方辞了出来，各回家中。不料俟之数日，毫没动静，那政府里的事情越发紊乱，统监的约束越发严厉，梭晋比等就发起义师来。

那一天，即在梭晋比家中聚会。梭晋比道：“这里不是聚谈的地方，我们不如一面发了传单，召集旧党，一面就在城外的废园里暂时做个机关，部署一切，不知可好？”二人赞同，当由王定芳在汉城置办些什物，并暗中备了好多的粮食。到了次日，就一同往废园走去，把废园里的蔓草荆棘删除得干干净净，破旧的房间都修葺完全，豫备做个久长的机关。外面又搭了许多的棚屋，给军士等住卧。一切布置完备，各党众已纷纷到来，约有一千余人。当下定了一个名义，叫做光复军，举了一个军长，系梭晋比当选，王定芳充了军需长，李宗说充了参谋长，此外又有秘书总务等职，兹不具述。

当下梭晋比将党中经费，仔细揭算，还剩了二万余元，约可抵几个月的开销。就拟了一篇文告，另外招募些新兵，只要体格强壮，不论如何出身。这文告一出，不多几日，那投募的新兵纷至沓来，足足添了二千多名。好在这里地方，山隩水曲，神鬼不知，尽好布置大事，一面教练新兵军事，一面又向乡间的富户，劝募些粮饷。

过了一月，已是事事舒齐，单待发动，就由梭晋比督了数千人马向汉城进发。日人闻警，忙调集兵队，豫备抵御。光复军先有四五百的精骑，都是雄壮大汉，横冲直撞，冲了过去。那日兵后面，连珠枪不住的放来，梭晋比做个号令，要叫众军士向后面围去，围住敌兵，就去夺他的军械。不意新兵不谙阵法，东一队，西一队，竟弄得漫无纪律，被日人赶将上来，杀的杀，戮的戮，死得不少。这里兵士忙放枪过去，日兵也伤去几名。

梭晋比见情势不佳，就做个排队的号令，军士兀自没看见，只管乱打过去，恰被日人轰了一炮，又死去四五十人，忙回转头来，往后就跑。日兵狠命的追来，到了半途，刚要追着，那山腰中恰又奔出一队人来，原来东部各省，南自釜山，北至汉城，相率揭竿起事，就中如韩国旧军将校和散勇猎人都凑在一起组织义军。那些人又善在山巅传信，一遇失败就有人来接应。平时恰把山谷中做个根据的地方，见日兵追来，就出来袭击。日兵被两面夹攻，见势不敌，忙冲阵出走，逃到汉城。这里两军会合，再向汉城追去。

日兵坚守城门，见义军又至，又开大炮，恰伤了多人。义师只管冲了上去，和日兵狠命搏击，又死去三四百人，统共伤去七八百名的兵士，义军没法，只得逃避，伏在山谷深处。那日兵恰从后面打来，见义兵均已逃走，就把乡村的平民屠戮一尽。义军大愤，豫备整顿军械，次日再战。两军就约定地点时候，各回营中。

到了深夜的时候，梭晋比正在检点军械，突有兵士进报，说有敌人前来袭击，梭晋比忙发了一个号令，督促各兵士前去抵当，那知仓卒之间，备防不及，日兵早已到了逼近的地方，义军胡乱打去，被日兵大炮击死好多兵士。那时营中大乱，前后都被日兵围住，一无逃路。梭晋比、李宗说、王定芳等一一受缚，日兵才回了转来，把三人一齐杀死。义军的一腔热血，至此又成泡影。

那废园的旁边，恰有一个妇人，呜呜咽咽的哭个不了。正哭得悲伤的时候，恰又来了一队军马，看着废园左右弄得零零落落，墙壁屋宇都焚毁殆尽，已是惊骇，又见了妇人在那处啼哭，越觉纳罕。

当有一人上前问道："你哭甚么？"妇人道："你们是不是义军？"那人道："正是。"那妇人就向义军不住的叩头，说道："求你们报个大仇，好出一口气呢！妾就是麦利华，丈夫梭晋比被日人杀死了。"那人听着，知就是梭晋比的夫人，忙替他打点车马，劝他回去暂勿悲伤，一面又来攻击日人。

无如韩人虽是义勇可嘉，毕竟军械破旧，不合实用，那里抵得他过？不多几天，也就杀伤净尽。只留着一个首领，叫做安重根，看着同胞惨劫，心中未免悲切，自己的同志又都死伤大半，再要起事，狠非容易，只合自刎死节，尽了国民义务，但须要做个惊天动地的事情，才值得一死。

那一天恰在汽车站中闲逛，突见一个人坐着一乘藤制的肩舆，定睛看时，年在六十以外，穿着一身洋装，须发已是灰白，原来就是伊藤博文。他看个仔细，就急急的赶了上去，从袋中掏出一柄手枪，没人看见的时候，装好了子弹，向伊藤对面放了过去。泼刺一声，那伊藤向后就倒，不一会血流如注，一时车站里外都哗噪起来，个个前来察看。那巡警早已看见安重根了，当把警笛一吹，来了好多的巡士，将安重根七手八脚捕捉起来。安重根恰植立不动，凭他捆缚。

歇了一时，那安重根已到了警署，再由警署解送审厅，定刑正法，自不消说。单说自此以后，刺客的暗杀案，日有所闻，但终究无济于事。日人待遇韩国，也就慢慢苛刻起来。

到了一千九百零十年，日本的皇帝，为着伊藤已死，就任陆军大臣寺内正毅做个统监，命宪兵司令官陆军少将石明元治郎，做个韩国的警务总长。那一天，寺内亲向韩国总理大臣表示日本政府的意见，提出日韩合并案来。李完用原自善于逢迎，那里还敢抵抗，接了寺内合并案以后就奏陈韩皇。韩皇诏开内阁会议，当时阁议虽然不能一致，那李完用素来能操纵韩廷上下，他主张合并恰又甚力，和统监会议好几次，终究没有一个敢发异议的。李完用当将合并的原由奏呈韩皇，韩皇没了法，只得忍气吞声的许他。

到了二十二日，双方就缔结了条约，其约文说道：(一)韩国皇帝陛下将韩国全部之统治权，完全让与日本国皇帝陛下；(二)日本国皇帝陛下承受前条所记之让与，且全然承认合并韩国于日本帝国；(三)日本国皇帝陛下对于韩国皇帝陛下、大皇帝陛下、皇太子殿下并其后妃及后裔，使各称其位置，享有相当之尊称、威严及名誉，且为保全之故，约供给充裕之岁费；(四)日本国皇帝陛下对于前条以外之韩国皇族及其后裔，使各享有相当之名誉及其待遇，且为维持之故，约给与相当之资金；(五)日本国皇帝陛下对于有功勋之韩人，应与相当之表彰者，授荣爵且给恩金；(六)日本国政府以合并之结果，全然担任韩国之施政，对于遵守法规之韩国人身体财产，与以十分之保护，且图增进其福利；(七)日本国政府对于诚意忠实、尊重新制度之韩人，且有相当之资格者，依事情登用为韩国之帝国官吏。

自此约发表，韩国已完全亡于日本。日本就废去统监，改置总督，封李坧做个昌德宫王，李熙做德寿宫的李大王。

当时就有日皇一道诏书云："朕欲宏天壤无穷之丕基，备国家非常之礼数，册封韩国皇帝为王，称昌德宫李王，使后嗣世袭此隆锡，以奉其宗祀。皇太子及将来之世嗣为王世子，大皇帝为大王，称德寿宫李大王，其各俪匹为王妃、王世子妃、大王妃，皆待以皇族之礼，特用殿下之敬称。至世家率循之道，朕当别定礼制，俾李家子孙奕叶赖之，增绥福履，永享休祉。特宣示有众，以昭殊典。"

那时韩皇也有一道最后的诏书，系那年八月二十九日宣布的，其文曰："朕以菲德，承艰难之业，临御以来，关于维新政令，孜孜以图，用力未尝不至。然以积弱为痼，疲惫已极，卒无挽回之望。昼夜忧虑，亦不得善后之策，至兹支离益甚。因思既不能自善终局，不若托大任于人，俾得以完全之方法，奏革新之鸿功。朕用瞿然自顾，确然自断。兹将韩国之统治权，让与亲信畏仰之邻国大日本国皇帝陛下，以外固东洋之平和，内保疲惫之生民，惟尔大小臣民，深察国势与时宜，无须烦扰，各安其业，服从日本帝国之文明新政，享受幸福。朕今日之出此举，非忘尔有众，实出于救活尔有众之意旨，尔有众其克体朕意。”云云。

在下讲到这里，已把一部亡国史讲得完完全全，想诸君也早已听得明明白白。但是在下讲这部历史，原不是和诸君消个闲，是要把这部亡国史里面的苦楚给大众知道了，才好晓得国家是万万亡不得的。国家若是亡了，无论皇帝百姓，都世世要吃了多少苦哩！

大凡一个国家，有好多桩的弊端，都要受灭亡的祸灾。第一桩就是骄奢淫逸。当国家承平无事的时候，朝野上下都以为万世太平，把“国家”两个字丢在脑后，自己一味贪着快乐，把国民的脂膏拿来做他快乐的费用。如韩王李熙造了一个万寿园，穷极华美，于国家并没好处，专为着自己行乐的地步，恰向民间加了什么婚嫁税，每年不消说要需许多的修理费了。我们中国前清的时候，那西太后也费了许多的金钱，造了一个颐和园，里面的繁华，凡是到过的人，都晓得是奢侈的了不得。到了后来，果受了拳匪之祸，那里能够太太平平享福过去呢？

第二桩就是因循玩愒。凡是一桩事情，若是好的，就该速速去办，若是不好，就该速速革除。那韩国政府恰一天挨过一天，无论好的歹的，终是因循过去，这叫做顽皮性质，这种顽皮性质，比之骄奢淫逸，虽是好一些，但是有害国家，仍没有两样。为什么呢？当世界交通的时候，一个国家若不是猛进，一定就是退步，这因循玩愒恰恰是退步的好方法。外国人一见你们这样的怠惰，他就寻了进来，说这样有碍他们的商民，那样有碍他们的商民，就替你代办起来。待你去抵制他时，他已是坚执不允，再要抵抗，他就把哀的美敦书送了过来，你若和他交战，武备又没整顿，只好答应了他。今天答应，明天答应，那国就亡了。看看韩国的情形，不是这样的么？

第三桩就是官吏贪黩。把百姓的金钱办百姓的事情，这是世界的公例。乃不良的官吏向百姓搜罗了好多的经费，开办一桩事情，这事情还没有办成，那经费已经没有了。这经费到那里去呢？原来都被这贪黩的官吏一层一层的剥削了去，到后竟没有多少，就把要办的事情搁在一处。他日再办一桩事情，又是如此，不但白费了许多的经费，而且失去百姓的信用。就使有个极精干的人材出来，真要办理一桩善政，那百姓再也不肯拿出钱来。就此国政永远腐败，外人寻间进来，又要夺了权柄去了，你道可惜不可惜呢？

第四桩就是同侪排挤。那韩国中如朴永汉、梭晋比等，都是一时的豪杰，国中不可多得的。当时若与以重任给他做了下去，韩国或者也不至如此。乃任职没有几天，一般的小人就嫉忌起来，这个说他坏，那个说他坏，自然他不能过去，就此远避，就使有别的贤人，也决不肯再来尝试了。到那时，岂不是政府都剩了几个宵小，还了得么？

所以这四桩，有了一桩就好亡国。那韩国竟然是件件都有，怎的不亡呢？诸君试一看着，我们中国政府和百姓的情形，早已是和韩国差不多了。现在的外患也一天紧似一天了，再不回头转来，简直要和韩国做个哥哥弟弟了。在下的讲了这部历史，诸位快把这事迹到各处去宣讲宣讲，总要我们国民都晓得亡国的真实苦痛，速速奋发起来，才不负鄙人的一腔热血呢！

亡国影下卷终

（原载于《亡国影》，国华书局，1915 年）

1920—1936年

英雄复仇记

杨尘因

序

余读新小说二十年，眼花撩[缭]乱，但见小说名称之上，头衔种种，迄不知“小说”二字究当作何能[解]，其界说中究含有何种意义。及受杨尘因先生所著《英雄复仇记》一稿，读之，而后始寤小说之初，实为羽翼正史而作，且为历史界所专有之一种名目也。所以名之曰“小”者，以别乎“大”事记言之，而仍对于“大”事言之也。盖历史记大事但纪大要，小说记大事，则当叙其详而琐琐分析言之，以使天下人皆得动魄惊心，知所鉴戒焉。历观宋元以来所流传不敝之旧小说，如《三国》《水浒》《说岳》种种，无不本斯意义而作。今先生此著，痛哭陈词，字字有血，庶几得小说之本旨，而足为国人备鉴戒者欤！其详叙高丽亡国之惨，无一事非吾中华国民前车之鉴。试观彼爱国运动之失败，何莫如吾国志士之现状？彼官僚之卖国，何莫非吾国党派中之暗幕？彼人民之义愤，何莫如吾国四万万人之心里？措词在彼，而着眼在此。吾国民其苟有浏览小说之暇晷者，万不可不先观此《英雄复仇记》。

民国十八年　吴下王大错识

序

余读《英雄复仇记》，不禁废书长叹曰：世界上亡国之惨剧，果若是欤？或疑其为著者伤时之心过激，故作斯说，以警阅者之见闻。若是则负著者之苦心，其见识亦至微鲜。要知世界之惨剧，莫胜于亡国；人民受亡国之痛苦，尤莫胜于三韩。朱[未]三十年，事迹昭著；志士之血，至今犹温。斯为世界人目所共睹。著者以簪花之妙笔，和泪而书。回首河山，吾其知必兴无限之感慨，又奚得已哉！然而吾又为阅者进一解：三韩之亡，盖吾国之前鉴耳。苟吾人读是卷书，而能自觉焉，则奋力自振，犹未之晚。不幸而言中，则三韩即我国未来之影矣！国不患亡，而患亡国如三韩者。他如波斯、印度、安南等国，咸亡于三韩之前。迨此番欧战告终，彼咸跃然欲树之帜，而三韩之志士一再奔走呼号，求占欧会一席地而不可得，故其亡国之痛苦，尤甚于波斯、印度、安南者也。世界新潮日益澎湃，凡欲立于世界争雄长者，莫不以行动自由，为处身之初级。今三韩人士，果克行动自由乎？故其亡国之痛苦，尤甚于古今万国者也。悲夫！三韩之亡，亡于日本，固三韩之民气懦弱，亦日本专制之特虐迫使之也。今日本又将以对三韩之手腕，日益加诸我躬，我人可自觉乎？此《英雄复仇记》之所以作，阅者毋作等闲说部观焉可也。

中华民国十八年元旦　长沙张冥飞叙

序

年来尘市说部，汗牛充栋，求其有关于世道人心者，几如凤毛麟角。若求关于家国存亡、人民痛苦者，尤觉罕见。余嗜说部如命，然拈毫不能作一字。逐年以来，坊间新刊之说部，不下万千百种。余因于损失金钱，荒掷岁月，亦屡年矣，而克恰意者綦鲜。独观《英雄复仇记》一书，不禁拍案叫绝曰：斯足以为说部光矣！是卷以村谈巷议之笔，写亡国破家之惨，淋漓隽致，栩栩若生，岂仅关于世道人心者！余深愿后来之作说部者，应熟读斯卷而加注意也。余尤愿读者不可负著者之苦心，尤应加意。凡以读黑幕说部之眼光，不可以读是卷；以读言情说部之眼光，不可以读是卷；以读神怪荒诞说部之眼光，不可以读是卷。读是卷者，应先具一片爱国至诚心，然后展卷而读，庶不负作者之苦心。即读是书者，果具一片爱国之热忱，而莫能会著者之意，固不足言能读是书。即使能会其意，而不能兴弦外之感，谋分内之强，亦不足言能读是书。若是衡之，著是类书者固难得，而能读是卷书者亦难得。噫！莽莽神州，能读是书者有几人哉？然而余深愿吾人多读是书也。

中华民国十八年一月十三日　淮南张海渔序

序

《英雄复仇记》何由而作耶？为一般醉生梦死不知爱国者而作也。作者可能警人自觉爱国乎？吾知其必不尽能，然而作者之天职尽矣。全卷都十万言，其间直写权奸之误国，懦主之殃民，终而英雄崛起草莽，一洗国耻而不果，卒以身殉，其弦[苌弘]碧血，色惨千年。乱世为英雄发现之际，吾益信矣。当彼之时，苟无懦主坐于朝，奚至为一般权奸所舞弄，以致大局不可收拾？夫人必自侮，而后人侮之；物必自腐，而后虫生之。旨哉斯言！噫，内乱频仍，即是引导外侮之媒介，又岂仅三韩已哉！惟知其不仅于三韩，故著此书，以为前车之鉴。世之如李熙者有人，世之如李完用辈者有人，世之如安重根者亦必有人，斯在阅者之感想何如耳。吾知阅者之感想，必不乐一国政朝中，有如李熙、李完用辈；不幸而竟有李熙、李完用辈，又将何如？安得什佰千万之安重根，甘殉身一洗国耻？虽然安重根千古奇侠也，世界不必尽如此人，即人人成以安重根之心为心，虽有什佰千万之李熙、李完用等，亦奚足为祸？悲夫！我中华民国，今不患有李熙、李完用之流，而患无安重根之继起者。爰是国事蜩螗，乱流澎湃，此《英雄复仇记》之所由而作也。

中华民国十八年一月三日　淮北杨尘因序

第一回　感往事志士捐躯　创新猷英雄遂愿

亚细亚洲东南，突出半岛，东滨沧海，西临黄海，北枕鸭绿江。其位置自东经一百二十五度五分，至一百三十五度五十分，横起于北纬三十三度四十六分，尽四十三度二分，地面约八万方里，人口约二千万众。山川明秀，土地膏腴，乃古代文化之邦、敦朴之域。不料一转眼之间，那四千三百余年的大好河山，无端受狂风骤雨摧折，将偌大个庄严灿烂之区，顿时扫得如一片焦土。登白头山[①]之巅，遥望日本之九洲东南，忽见一片乌浓浓黑雾，冉冉自对马岛横飞而来。那海面的风潮，顺着这一团黑雾，蓦地波翻涛涌，直向汉京狂奔怒吼，卷一时飞沙走石，鹤唳猿啼。那汉京内外，自天子以至于庶人，莫不吓得魂飞魄丧，兔突狼奔。直到大难过去，那乌浓浓的黑雾也散了，莽萧萧的恶风也息了，怒汹汹的狂涛骇浪也平了，天末透出一线残阳，反映着汉城的城影，东处如一段颓垣，西处如一段破壁，好像大劫之后的废垒一般，那还有什么赫赫巍峨气象？

再看那荒野之间，一片惨绿的秋草，挂着一星星残露，闪灼在斜阳之里，好似一缕一缕的血痕。那林梢栖着三五点失群的小鸟，时向道傍垒垒的白骨哀啼。老者死于沟壑，壮者散于四方。那林梢屋角之间，炊烟早冷，就有几个丧家的饿犬，蜷伏在那短墙矮屋之下，奄奄将死。时或有几个人影儿，也都是耸肩曲背的，倏隐倏现，一个个都皱着眉头，含着一包眼泪。倒是那宫殿之中，光

① 今中方所称长白山。——本书编者注

彩灼灼，城廓之下，气象森森，五光十色，虽然绕得人眼花，要晓得那旗帜上的符号，早将八卦模型，改换做一丸赤日了。街市中橐橐踏来，都是木屐儿的痕迹；那纱巾芒履的古衣冠，早匿身深窟中如死囚，怎敢在街市上自由行动咧？极目河山，共洒新亭之泪；漫天风雨，同招故国之魂。人世间最凄惨的景况，没有过胜这等的形状了。

此时幸州城外有一所矮屋，绳桓[枢]瓮牖，檐高不盈七尺，双扉紧闭。适当夕阳西沉，黄昏月上，从那窗隙之中，隐约射出一线灯光，恍见那屋里四壁空空，席地铺了两条破草席，中央安置一张矮脚桌儿，桌上只设了一盏油灯，一把缺嘴儿的红土茶壶，还有一对拳大的茶盅，那茶盅里面，各盛着半盏冷茶，被那如豆的灯光，照在茶盅里面，鲜滴滴泛赤紫色。那案头对坐着两人，一人年约五旬，须眉十分清秀，乃是朝鲜旧式的打扮；一人年约三旬，气宇轩岸，体格魁梧，乃是中国满式的打扮，只脑后缺少一条辫儿。

二人默坐了良久，那长者，忽长叹了一口怨气道："嗐，黄公警先生，你可知这幸州是个何等的所在，我权永昌是何等人的子孙么？想我朝鲜，自檀君立国，授神人天符之器，垂享四千三百余年。不料遭此浩劫，丧于侏儒之手。如今囚在这一椽矮屋之中，言语不能高声，行动不能自主，枯对着一盏残灯，听四壁啾啾的虫声诉苦。一饮一酌，都要受他等干涉，使我生不能安身，死不能瞑目，有家不能归，有产不能守，有妻孥儿女、伯叔兄弟不能团聚。眼见白头山之麓，已是他等的牧牛场；天池之畔，已是他等的饮马地；汉京之宫殿，已似他等公共游戏的俱乐部。我二千万的伯叔兄弟为牛为马，已是供给他等鞭挞，供给他等驱使。遍行八万方里，都是咱们的祖产祖业，如今都被他人侵占，那有尺寸之地，能任咱们行动自由呢。可怜我这八万里的大好河山，二千万的文秀人士，无时无刻不在凄风苦雨之中，对着那绿毵毵的草木、碧滔滔的波浪，都含得有许多愁痕怨色。那枝头的小鸟，野外的飞鸿，也都惨凄凄的向着天公叫苦。就是那半天的空气，都阴沉沉没有一线鲜明。加着那如狼似虎的军官警士，时刻来检查行动，闹得人梦寐之中，都是忘魂失魄。嗳！到今天我才晓得亡国人的痛苦，乃是人世间第一种的痛苦咧。我才晓得人世间的事，莫如亡国，尤莫如我朝鲜亡国最凄惨！我何不幸，生在朝鲜！我更何不幸，生在朝鲜做亡国人！尤何不幸，天使我文化敦朴的古国，沦亡在亘亘岛民之下，供给那岛民为奴为隶，为牛为马，为罪犯为死囚！似这等的岁月，如何能挨得过去咧？"说着，那泪珠儿扑簇簇[簌簌]的向怀里滚个不住，衬在那灯光之下，一点一滴洒到茶盅里面，越显得惨红可怜，也分辨不清是泪是血。接着又说道："回想我高祖大破倭兵，筑大捷碑在这山城之北，一时名满三韩，功垂百世。谁知今日那屹然巍巍的大捷碑，已被蓬蒿蔓草长埋。我高祖权慄的碧血丹心，早化做一坏[抔]黄土，白骨磷磷。他那一缕幽魂，怎知道后世子孙惨遭亡国之痛咧?”说罢，呜呜咽咽，哭得险些出声。

当时黄公警对着这般凄凉景况，听他这一番伤感的言语，也禁不住鼻头儿一酸，洒了几点眼泪。正想开口去慰劝他，忽听门外橐橐的一阵木屐声，权永昌赶忙将那盏灯光吹熄，伸手捺着黄公警嘴唇，俏[悄]声连说道："来了，来了，咱们睡着罢。"说时，二人倒身躺下。

黑黯之中，也看不清白，只觉权永昌的四肢瑟瑟作抖。悄悄向窗外听去，只听那木屐声、革履声，纷纷的走来走去。时或有人说道："似这等亡国奴，必须将他杀得鸡犬不留，方能免除后患。"又有人说道："你这个政策大差。杀尽亡国奴，算得什么本领？如今他的国权，已在我天皇掌握之中；土地、财产、生命、文学，哪一种不受咱们天皇的支配？虽然他那二千万人民，要晓得手脚都被咱们捆绑住了，不能练兵，不能行政，不能创实业，不能兴教育，不能结党聚会，并铁制的刀儿铲儿，都不许他购用，还不如行尸走肉吗？咱们何必杀尽他，使他们死得快乐咧？何必不将他等当做牛马，牺牲他等汗血，给咱们筑金山银窟咧？你们要晓得，东亚的膏沃之地甚广，他国如朴齐纯、李完用这等卖国的人材甚多。我天皇的谋略远大，不过借着他这块土地做过兵的路径，何必不在他等身上加几点恩泽?"又有人说道："无论如何，他们这国里的童子长得狠俊，咱们总得捉几个来耍一耍。"又有人说道："小姑娘们也生长得狠美。"又有许多人说道："你们别说罢，可恨他等这些亡国奴，死在头上还不自觉。昨天咱们去捉小伙子小姑娘，他们还上前来救护。他就不明白亡国的人民，应该要受别人耍弄的，这不是自寻死路吗？所以咱们气恼不过，都将他等活埋了。"又有人问道："咦，这里还有一所房屋，咱们何不去检查一回，或者可寻找些须财帛。"又有人拦着道："这等破落户，黑洞洞都没有一线灯光，想是人已跑尽了。咱们还是去喝几杯太阳啤酒，品一品敷岛烟罢。"你言我语，纷纷向前走去，渐次寂静无声。

权永昌的惊魂始定，翻身坐起，复将那一盏油灯燃着，瞅了黄公警两眼。比时黄公警也坐起身来，因听着窗外那一番话语，禁不住发现了一种切肤之痛，双锁眉头，默默不语。半晌，权永昌方说道："适才那一番言语，你可听着吗?"黄公警便将脑袋点了两点，喉管里也回答不出来，先时要想劝慰权永昌的话儿，此时一字也说不出来了。权永昌接着又叹道："物必自腐，而后虫生。想我大韩，若不出了朴齐纯、李完用等甘心卖国的奸佞，我们一般人民，又何至受这等痛苦。黄先生你可听着么，东亚的幅员甚广，他等野心，还不止在三韩咧。”这句话猛将黄公謇提醒，不觉脸皮上红了一阵，仿佛耳听权永昌所说的痛苦，目睹权永昌所受的痛苦，都似自己身临其境一般，心坎里一阵酸痛，那泪珠儿如雨般洒下来，嚅嚅的说道：“权先生你也不必如此伤感，似这等愁惨的天日，恐我国人民，也将要身受了。你们这国里，只有朴齐纯、李完用等五贼七贼，已将这如饰似绣的河山白白卖干净。如我国峨冠厚履的卿士大夫，具朴齐纯之才，行李完用之事者，不知凡几。嗐，你何必伤心，我也快与你为伍了！”说时，呜咽已不能接续。权永昌忽地站起身，拍案狂笑道：“你也明白么？你也明白那些卖国求荣的官吏，是不顾全人民的么？如此这救国救民，救自己的生命财产，那种种责任，不必仰仗他们指挥保护，快些自作主张罢。果然你们四万万国民，人人能够自强，个个能够自觉，不遭我大韩之劫。我今虽是一个亡国人，他时也含着眼泪，向你们爱国诸君，也要大呼万岁了。”说罢满脸顿换了一副欣悦的神采，取出腰间一根尺来长烟斗，抽了几口。二人又谈了许多闲话。

眼见寒月当窗，万籁沉寂，权永昌便拖着黄公謇出门道：“今夜月色甚好，横竖这时咱俩也不能安眠，不如出去，对着这一片月光，吐一吐咱们的不平怨气罢。”黄公謇也狠乐意。二人携手出了矮屋，见无边草木被月光照得冷悄悄的可怜，越发显得沉沉如睡。

二人信步徘徊，不觉走了有一二里之远，忽见道傍一座〖碑〗，巍然高插在草深之处，约略三丈有余。权永昌指着说道：“这就是征败倭兵的大捷碑，如今已长埋在蓬蒿蔓草之里了。”二人又走到碑侧，摩抚了一回。只见苔痕斑驳，字迹模糊，早分辨不清直画。黄公謇正向那碑碣上瞅得发怔，猛听砰然一声，好似天崩地裂。黄公謇大骇，掉脸一看，哪里还有权永昌的影儿？忙着也不知向那方寻找才是，只好低着脑袋出神。半晌，只听那碑碣之侧，有人气喘吁吁，黄公謇顺着那喘声寻去，见权永昌斜躺在碑侧。借着月光看去，他那头脸衣襟等处，已渲得鲜血淋漓。忙着将他扶起来，脸色业已灰白，牙关紧闭，不能作声了。又过了片刻，权永昌挣着说了两个“好”字，便将腰儿一挺，腿儿一伸，呜呼向极乐世界里去了。比时黄公謇急得手足无措，独身站在那夜深荒野之中，守着这一个才死的尸骸，也不知怎样才好。要想脱身避去，却有失朋友之义，最后想着孤守这一个尸骸，也非善策，不如向最近的村庄里面，邀集几个乡邻，再作计较罢。于是将附近的乡邻邀了几个人，便把他与权永昌如何的感慨，权永昌如何邀他出来赏月，如何与他摹抚碑文，如何捐躯殉国仔细说了一遍。那许多乡邻，平日就知权永昌是一个苦心爱国的志士，早就想以身殉国的，如今听黄公謇这番话，都深信不疑。只可怜在强邻威挟之下，那敢再研究什么殡葬的礼仪，大众都趁着天色未明，就将这一个捐躯殉国的志士掩埋在大捷碑畔。彼此吞声暗洒了几点酸心泪，各自回去安寝。

次日，黄公警再到那大捷碑畔追悼故人。只见新土一抔，血痕狼藉，加增了一种凄凉景况。黄公警凭吊一回，仍回到那间矮屋。不多几日，又向汉京游历了一番，也无心留恋，便由安东县乘南满铁路火车归国，复又绕道奔往北京。在关外风尘中，沿途见的那许多风景，仿佛都似在朝鲜游览的相同。转眼再看北京城里，冠盖纷纷，都是醉生梦死在那里寻乐。不因不由的一腔怨愤，加增许多说不出来的烦恼。当时奔出京城，寻觅了一处幽静的所在，就将那三韩亡国的惨状一一笔写出来，准备给那将亡未亡的国民，做一个前车之鉴。从此黄公警跳出字里行间，接叙三韩亡国的惨状了。

且说日本国明治初年，那西京市中出了一个阴谋神手、野心魔王。此人姓伊藤，名儿叫做博文。自幼读书时节，就蓄了一个纵横万里、任我指挥的志向。平时在乡党之中，目空一切，常常的向着邻舍朋友，发一切议论。他说人生在世，手刃匹夫，力驱猛兽，都算不得是英雄好汉，必须名振全球，夺取万人之产，那才算得是英雄好汉咧。一时乡党中都笑他大言不惭。谁知他这一番议论，虽有人笑他是大言不惭，却也有人称奇道异，暗暗钦佩他有将相之才。因此一传十，十传百，渐渐将“伊藤博文”四字，居然广布到东京市里。

活该伊藤博文的时运亨通，不久这种消息传进了宫阙。比时天皇正在日夜焦思想扩张他日本国的殖民地，又想派人往欧美各国调查政治，急急想谋维新，准备统一亚洲，做一洲之主。后因满朝文武多非维新之才，因而求才益急。忽听西京出了一个伊藤博文，有这等浩大的志向，暗忖这必定是一个治国安邦之器。当日坐朝的时节，就询问列班的文武将相。谁知那些衣锦食肥的大臣，按日除朝拜而外，早在家里偎红拥绿的寻乐，那还关心到草莽中有什么英雄奇士咧？所以被天皇问得目瞪口呆，半晌不能够回奏。幸而那内阁有个尚书，叫做木户，出班奏道：“陛下若问伊藤博文的为人，臣等也只耳闻其善。倒是臣有个密友，名唤麦田春，他与伊藤博文交谊最厚，待臣退朝后，仔细询问一番，再来复奏。”天皇大喜道：“如此你快些回去。麦田春既是伊藤博文的好友，必也是一个良材，将来我也得要重用的。”言罢，各自退朝。

木户忙着去寻找麦田春，将天皇求才若渴，殷殷垂问伊藤博文的话儿细述了一番。麦田春听说，自不待言，也给伊藤博文暗喜。便将他平日的为人，称赞了一回，无非是擎天驾海之材，换斗移星之手。这且不去说他。次日，天皇临朝。木户就将麦田春的话儿，一一奏复。喜得天皇说道：“如这等奇材，如何使他淹没在草野咧？方今治国需才，须赶快邀他前来要紧，朕想就命麦田春前去迎贤如何？”木户奏道：“陛下爱才如命，麦田春焉敢不即刻奉旨登程？”天皇大悦，当时备了一份厚礼，又办了一份求贤的聘书，就命木户转派麦田春〖做〗去聘请贤才的御史。

麦田春奉命之后，那敢怠慢，当日登程。时值暮春天气，莺花乱飞，他也无心去赏玩道傍的红桃绿柳、野草闲花。一路上晓行夜宿，不多日已到了西京。奔到伊藤博文的庄院门首，只见数椽矮屋，蛤瓦如鳞，门前围绕着一片木栅，古苍入画，栅傍栽着十来木苍松虬柏，看来却十分雅隽。阶下站着一个十六七岁的下女，手掂着一把竹帚扫落花。一眼瞥见道傍走来一个人，乃是麦田春。他也知道麦田春与他主人是莫逆的好友，便不先去通报，就领着麦田春，一同进了大门。

此时伊藤博文正在书屋里午梦，忽被下女惊醒，见接踵随着进房的一个人，是他好友麦田春。二人相见已罢，共叙离衷，那一番亲热，真有说不出来的快乐。渐次麦田春就将来意表明，伊藤博文益发欣喜，当时收了聘书赠礼，又慨论些天下大势。麦田春就在他的庄院里休息一天。

次日二人便束装就道，赶到东京。谁知这时天皇已向着木户询问过几次了。这日麦田春率领伊藤博文来见木户，木户喜道："哎呀，怎耽搁这许多时日，可把天皇陛下盼望坏了。"忙着请了几个文武卿士给伊藤博文洗尘。

第二天清晨，木户就带领伊藤博文晋见天皇。天皇一见他气宇昂然，十分欢喜，当时询问了些治国的政策。伊藤博文便大展厥能，翻起如锋似剑的利舌，侃侃奏对道："草莽小臣，本不敢言天下事，既承陛下垂爱，不敢不略献刍荛。想我日本国，地仅三岛，偏于海隅，若不设法急谋开展，改故鼎新，终不能与世界万国争雄长。况弱肉强食，万古不易之训。故小臣日伏于草茅之间，栗栗为惧。小臣鄙见，方今日渐文明，决非闭关自守者，所能巩固国基，富强国本，莫如派一二识时之俊，周游欧美各国，调查宪政。倘若获得一二利国之法，应随时一一改良，不患无雄跨亚洲左右清韩之日。"天皇大喜道："卿见正与朕同，这确是富国的根本。不如就劳贤卿辛苦一趟罢。"伊藤博文忙稽首谢恩，退朝待命。当晚天皇就下了一道特旨，一时哄动全国人民，没有不称赞伊藤博文是一个特出的奇士，没有不希望漫游归国后，将一个日本国，改造做世界第一等的强国。试观他等人民的爱国心，如何坚厚。回望神州，怎不将人愧死咧！欲知伊藤博文归国后，怎么维新，且听下回分解。

第二回　麦田春秘密外交　云在霄奋勇驱敌

话说伊藤博文受了天皇的特命，第一步就飞渡大西洋，在美国勾留了一年，然后又在英国住了四五年，接次俄国、法国、意国、奥国，遨游一度。转瞬已越十年，便将各国的政治、军旅、工商、教育、风俗等学术满载而归。朝拜天皇，就将他目睹耳闻的复奏了一遍，并历说日本国若求维新，非从根本上维新不可。天皇听他奏的有条有理，即时就特授他总枢之职，宰治一切新政。

不多几年，果然国里的各种制度顿觉刷新，那人民爱国的思想日渐膨胀，什么政治、军旅、工商、教育，也渐渐向文明界里进步。于是那鲸吞蚕食的野心，渐渐就想打高丽国的主意了。一时驻日的法领事札林、美领事安泥氏突见伊藤博文归国做了大宰相，他俩都很觉奇异。后见日本的政治日渐维新，那一种骄姿厉气，却很有雄跨亚洲之势。他俩瞅着这般举动，便秘密电报本国政府。法美两国政府里骤接了这个密电，都吃了一惊，各忖：若任他如此猖狂，那亚洲的权利将来必落在他的掌握之中，咱们怎能够放弃呢？便迭召阁议，筹画进行方法。最后还是美政府议决了一条妙策，密派些耶稣教徒，送往高丽，以传教为名，借此开化高丽的民智，使高丽国民自觉维新强国，不受日本人所欺，那来日的权利，就不能被日本占有。这传教自由，日本人不能如何干涉的。主意打定，他两国都秘密进行，且不细表。

再说当我国满清同治初年，高丽国王晏驾，殿前没有太子嗣位。后经各大臣公议，便将太院君李罡[昰]应的儿子李熙嗣立。其时李熙年才七岁，那能够执掌政事咧。于是又推李昰应监国，做了摄政王。比时做大丞相的，就是那贪赃枉法的金宏集。自金宏集握得大权之后，就将他的衣带中那些狐群狗党，那郑秉夏、朴永[泳]孝、金玉钧[均]等，全行任了当道的要职。列位试想，如这等牛鬼蛇神执政，怎能谋什么国利民福咧，自然是狐假虎威，横征暴敛了。加着李昰应本是一个无用的庸人，一旦做了摄政王，也不知是如何的荣幸。在他的心理中想着，业已做了摄政王，总算得是一人之下，万人之上，应当朝夕躲在深宫院内里，偎红拥翠，从脂粉丛里寻快乐，那还顾得什么河清海晏、国泰民安咧？金宏集率领那一班爪牙，也就因为摄政王这般昏庸，大胆的为所欲为，把全国人民都囚得奄奄待毙，毫无一丝儿生气。国之将亡，必有妖孽。这也是高丽人民，应遭亡国之惨，方产出这许多魔星乱国的。

闲言不叙。一天早朝，忽有一个黄门官赴前奏道："启奏万岁，现有新自美法两国来了一班耶稣教士，约有五百名之多，同在宫门外候旨，要求在国内传教。"李昰应猛听这一番情节，便大吃一惊道："这便如何是好？听说外国的教士，都是些取心挖眼之徒，倘若任他胡为，咱们国里的童男童女，岂不被他搜尽吗！这事万万不可承认的。"正要下旨拒绝，御案前忽传出一个大员，乃是兵部尚书云在霄，奏道："传教乃是法美两国的好意，我主万不可以拒绝，损失外交。那些挖眼取心的谣传，都是愚民误会，实在没有此等事的。"李昰应道："他等既然是好意，与咱们有什么好处咧？”云在霄奏道：“那耶稣传教，乃是上帝的一片慈心，想拯救人民的痛苦，无非劝人行善，劝人自强。所以欧美各国的民智益高，民气益壮，最初都是仗着这些教士开化的。方今日本也变法维新，力求猛进。我国若不趁此机会，使人民沾染些须欧美的文化，日谋自强，将来必受日本人挟制。如我国人民能趁此机会，人人扫除旧习，个个获得新智，从此巩固国基，何惧那侏儒小国咧？”李昰应听他说得很有理，便命他传旨准行。云在霄奉了圣命下殿，就与那两国的教士接洽，随时赞诵了一番。又招呼各处地方官吏，时加照应。

似水流光，约过数载，那高丽十三道地方教士业已布满了。消息传到日本国，那首先禀这个消息的，乃是日本九州的一个商人，名儿叫做吉隆。这日伊藤博文正在相府里研究那并吞朝鲜的政策，忽门丁报道，外边有一个商人求见，并说有紧要的消息报告。伊藤博文听说，就知这其中必有原故，忙着招呼传见。见门丁去不多时，引着一个商人进房，吉隆便行了一个磕头大礼，站立一旁。伊藤博文便问他报告的原故，吉隆禀道：“只因前几年小人在欧美各国贸易，见那些耶稣教士，纷纷东渡而来。听说都想在东方占一部份势力，要破坏我国的侵袭主义。今年小人又在仁川贸易，果见许多教士在那里传教，想一定是不利我国的。故特趋前报告。”伊藤博文听说，也不动声色，便将脑袋点了两点道：“你倒很有爱国的思想，做国民的应当如此留心。此后如这等消息须时时来报告，我必有重赏。”复又取了十五元金币赏给吉隆，吉隆坚辞不受，伊藤博文笑道：“那报告乃是你们人民对于国家应尽的义务，这金钱乃是国家对于你们人民应奖的权利，可以不必推辞罢。”吉隆这才领谢辞去。

当时伊藤博文进宫，与天皇密谋那图韩政策。筹划妥帖，便回到府里，密遣他的亲信家奴伊禄专请麦田春进府。直待麦田春奉召前来，彼此相见已毕，伊藤博文便将他领到一间密室里，各自坐定。也不待麦田春询问，便说道：“麦田兄，你可知法美两国，密派许多教士，散布在三韩传教么？”麦田春道：“我也曾略有所闻。但是这等举动，与我国进行的政策很不利的。”伊藤博文道：“谁不是这般焦虑呢！如今抵制方法，必须要釜底抽薪，从他们内部里运动，破败他等信教的行动，然后再从外交上着手，使他内无实力，外无援助，不怕他不为我所有的。听说李昰应乃是个昏乱庸夫，不知什么叫做国事；金宏集等都是贪婪之辈，不管子孙痛苦。咱们若用金钱去利用他，包管他拼命的给咱们做走狗。只可恨的，就是那兵部尚书云在霄，不易运动。好在大权掌在金宏集手里，总可有钳制他的方法。我想你与那金宏集是相识的，不如借着友谊探望的话儿，去调查他们的现状。今上已备了一份厚礼，由你送给金宏集，若能寻找一个机会，在那传教里面挑起一种风潮，咱们就越发的好进行了。”麦田春听说，默忖了一回道：“我看总得借一桩事故前去正大些，不然反惹着他们在朝的文武注意，越发不易进行。”伊藤博文听他说得很不错，思忖了片刻，忽地笑道：“今上正想派使前去修订商约，你何不借着这桩事儿前去咧？”麦田春道：“果能如此，就分外的好进行了。”伊藤博文当时进宫，请了一道圣命，交给麦田春携去。不多几日，那阴谋派的先锋官出了国门，直向高丽国奔去。

披星带露，破浪乘风，不多几日，就到了汉京。首先寻了一个安身的旅邸，忙着就到相府里，专谒金宏集。其时金宏集正闲坐在办事室里纳闷，因为他这几天事事被云在霄攻击得很不遂心，怀着一肚皮闷气，无处发泄。忽见家丁金顺进前禀道：“今有日本国钦使麦田春特来求见。”金宏集猛听说麦田春访他，暗忖这乃是我多年不见的好友，如今他奉了圣命前来，必定又有什么好消息，这真难得的紧。接着说了两声“快请，快请”，已站起迎将出来。金顺忙抢先一步，引着麦田春进府，他俩都走到阶下，遇着了，携手登堂，那一种相亲相爱的神情，真是一笔写他不尽。

二人进房坐定，又寒暄了几句，各叙睽别后的离情，渐渐谈到政事。麦田春便将那奉命特来要求修订商约的事儿说了一遍，金宏集便将双眉皱着道：“这事头绪纷烦，恐怕不是一朝一夕所能商榷的。”麦田春道：“修订商约，乃彼此互有利益，并非独利于敝国的条件。”说时，便招呼他随身来的两个仆人进房，捧上四色礼物。麦田春忙指着道：“这是敝国天皇特赠的薄礼，也不过是咱们两国亲善外交上联络感情而已。”金宏集瞥见看去，只见辉煌灿烂，堆积盈案，乃是最上品的军服一袭，佩刀两柄，明珠五十粒，金章一枚。看得心里翕翕的乱跳，若似捉拿不住的样儿，连称了两个“谢”字。复又提到商约的事儿，道：“修订商约，我是极端赞成，无奈敝国大院君不识时务，加着兵部尚书云在霄竭力的破坏日韩亲善，也不知他是何心肝，因此恐怕这桩事儿难得措手。只是贵国天皇圣意殷殷，老兄又不远千里而来，下官只好明日上朝碰他一碰，若说成败，却不敢预定的。”麦田春笑道：“老兄总理百揆，简在帝心，还怕不言必有中吗？”二人又谈了许多闲话，才分手而散。

次日午后，麦田春又到相府里探听消息，金宏集便将脑袋摇了几摇，半晌方说道：“摄政王却也很情愿的，不料又被那个云在霄三言两语的破坏了。”麦田春听了这番话，忙问道：“这云在霄究竟是个何等人，如何这般利害咧？”金宏集道：“若说他的威风确实不小，慢说别的，就说他最近主张的一桩事，已是惊天动地。不知他如何与美法两国联络得感情很厚，竭力主张什么传教自由，如今那两国的教士纷纷前来，已将敝国十三道地方布满了。”麦田春骤听他说，暗忖正是破坏他们信教好机会，便不待他说完，忙抢着说道："哎呀，那些丧国的教徒果真流布到你们国界里么？那些人都是些不法之辈，快些驱逐他出境要紧，倘若你们贵国之民被他迷惑住了，那才是受累无穷呢！"金宏集听他说得这般利害，也就暗吃一惊，忙问他的为害原故。麦田春道："他们这些不法之徒，名是传教，劝别人尊重道德，实则挂了一个上帝牌儿，说神道鬼，煽惑人心。你不曾听说那英国大皇帝也曾受他们驱逐的么，那法国大臣也曾遭他们残杀的么。那两国曾经了这两次风潮，生灵涂炭，险些把一个国家送掉了。若论他们的宗旨，乃是专心破坏国家，反对官吏的。贵国如今沾染了这种邪气，若不设法除去，此非国家之幸，亦非文武百僚之幸也。"金宏集大骇道："那邪教居然有这等利害吗？最初他等入都，要求传教的时节，敝国摄政王曾说他有取心挖眼的邪术，那时云在霄力辩，他说都是愚民之谣。"麦田春道："阁下何不出班反对咧？"金宏集道："我因为他们挖心取眼的，乃是对着小孩儿们的妖术，对着咱们身为大臣者，没有什么利害，所以就不去管他。如今既有切肤之痛，我一定要挺身反对的。"麦田春见他已堕入术中，越发怂恿道："是呀，似这等乱国的妖魔，应当驱逐出国境。云在霄尊权擅政，狠可将他调作外用，使他不能干预朝政。如此贵国方能富强。我与阁下的私交，真算得亲如手足；就论公义，咱们两国乃同洲同种，唇齿相关，应当彼此相亲，彼此相爱，方算得是正理。若贵国现在不亲近邻，反求远友，已是不祥之兆，况加着这些妖党作乱咧。我看不早为设法，贵国人民不能安乐还是小事，恐怕阁下等安富尊荣的幸福，也不能享受长久呢。为今之计，一面驱逐教士出境，一面迁调云在霄他往，一面咱们修订商约，彼此实行亲善，并力外防，国家享受的利益，且不必说，就是敝国政府里，对于阁下，也可以特别优待，按年津贴三五千元的奖金。你若不肯相信，我真可与你订生死合同。"金宏集听他这番议论，越发惊喜，后来听说他还有额外的利益，便等不及他说到"合同"两个字，就连连说道："是的是的，我准拼着老命去反对，决不使他等自由。"二人谈到天近黄昏，方各散去。

金宏集便在相府里，筹划了一夜，次日早朝，可巧云在霄未曾到班，金宏集便将昨日与麦田春计议的事儿一一上奏了。那利害之中，复又加上几分，说得李昰应心旌摇摇，便问道："这又如何是好呢？"金宏集奏道："我主若要富国强民，必须赶紧驱逐各方教士出我国境；若想实行驱逐教士，必先调云在霄出京外用，方不至有阻碍。"他的狐群狗党如郑秉夏、朴泳孝、金玉均等，都一时出班相助。李昰应见大众都是如此上奏，便说道："我也很不情愿云在霄在朝供职。既然如此，我准如卿等所奏就是了。"大众又碰头连称了几声"圣明有道"，方才退朝。

未隔三日，果然颁了一道圣旨，命兵部尚书云在霄镇守平壤。云在霄奉了这道特旨，早知是遭小人嫉妒的，无奈圣意难抗，只好谢恩出京，绝口再不谈朝内的政事。直待云在霄出了都门，李昰应又特下一道圣旨，令全国的人民，群起驱逐教士。倘能打杀一个教士者，奖银五两；倘有隐藏教士者，应与教士同等，格杀勿论。可怜那些头脑不清的小民，谁不爱的是金钱，怕的是杀戮？自这道圣旨颁发后，哄动全国，一时那些好动的人民，也不分青红皂白，就肆意搜教，将那许多传教的教士，闹得如丧家之犬，失群之鸿，各都纷纷的归国。那高丽地面上，已没有教士的足迹了。李昰应得了各方报告，越发心喜，时与金宏集的雄谋大略，毕竟不差。金宏集也自觉得计。从此李昰应执政，益发倚重金宏集了。

这日李昰应将金宏集特召进宫，计较那修订商约的办法。忽接了法美两国哀的美敦书，质问那无故残杀教士的原因，限二十四小时答复，不然就大兴问罪之师。李昰应骤然接了这般凶耗，好似半天空响了一个霹雳，将他吓得三魂飞散了二魂半，忙向金宏集道："这、这怎么了咧？"金宏集一见这事业已闹糟，自己也有些害怕。要晓得奸佞做事，向来不知什么叫做自觉，什么叫做自悔，低垂着脑袋，默忖了良久，忽想到云在霄身上。暗道："眼见这一场事是免不了的，不如将这一盆祸水泼在云在霄顶上。若战胜，我也居一半保荐之功；若战不胜，这乃是云在霄之罪，与我毫不相干。"打定主意，便奏道："我主圣鉴，事已如此，这场战争，是万不能免的。臣以为与其对他说理，不如对他用兵。今云在霄镇守平壤，曾统带有十万雄兵，足可备战。不如调他把守仁川，再从黄海道调闵泳骏把守华阳。倘他两国兴问罪之师，必经此两条道路而进，那时高架大炮猛攻，还怕他们的问罪之师，不沉埋海底，化为鱼鳖吗？"李昰应默忖道："只好再试一试罢。"忙颁了两道特旨，一道飞调云在霄移节仁川，一道飞调闵泳骏移节华阳，说明要与法美两国交战的原故。

云、闵二人同时接了特旨，各自长叹道："这又是奸臣误国，好好的外交，偏要驱逐教士，惹是撩非，将来必要闹得不可收拾呢！"复想道，如今既是战衅已开，咱们又不得不舍身护国了。于是顷刻就下了动员令，双方都遵旨移节，星夜赶到仁川、华阳两处，沿着海岸扎下大营，复又筑了炮台数十座。直待法美两国的兵舰，刚要进港的时节，他等也顾不得与敌军说理，就将那惊天动地直向前攻。比时敌军的军旅，都不深悉战线上的形势，蓦地被他这一场恶攻猛击，早已乱了手脚，不知如何对付。所以不多几时，便被云在霄、闵泳骏等打得水流花谢，丢盔卸甲而逃。迷信家必说这是天助成功，实在乃是云在霄、闵泳骏等一腔爱国的勇气拼命战胜的。

奏凯表章打到汉京，李昰应一见大喜，便传谕嘉奖了一番，顿时就升任云在霄充十三道提督，命闵泳骏不必班师，就镇守华阳的海岸。金宏集虽得些须保荐之奖，心坎里终是闷闷不乐。这是什么缘故呢？因为保荐云在霄乃是想陷害云在霄的，如今未曾被他害得，反而加官晋爵，教他的心里如何不闷？然而阴谋人行事，不到破败决裂，没有已时，想他必再接再厉，别有一番破坏的作为。欲知后事如何，且听下回分解。

第三回　金相贪婪订商约　闵后献策夺国权

话说麦田春自与金宏集秘密交涉之后，那修订商约虽然未得最后的结果，但是那破坏传教的阴谋，总算达到目的。未久那调遣云在霄外用的圣旨已颁，未久又通谕全国驱逐教士。他见各事已办得心满意足，便辞别金宏集归国缴命。天皇见他办事有功，便升擢他做外务部侍郎，麦田春那一番欢喜，自不待言。

那知不多日法美两国派兵攻打高丽，伊藤博文便向天皇奏道："高丽的外交，业已开了战衅，料想他万难战胜的，我国军事上也应早为筹备，倘到口的肥脂被别人夺去，那就狠难下手了。"天皇听说，急命海军部作军事的筹备，兵工厂日夜赶造器械。又隔许久，探听法美两国业已战败，天皇得了这个消息，便召集满朝文武，特开御前会议。当时也有主张缓攻，也有主张急取，也有主张还是秘密破坏他国内的政事，闹得天皇不能决定。还是伊藤博文挺身奏道："各大臣这三种主张皆有至理，何妨合并进行？若论此番战事，高丽取胜，并非实力上的关系，想是一股奋勇之气，侥幸成功。天下事决无不从学术上战胜而能得持久者，臣恐高丽之祸近在眉睫。日久法美两国必须卷土重来，雪此奇辱的。此时我国乘虚而入，借此调查他国海线上的形势。如其有可攻之隙，咱们不妨寻一些小事进攻，直夺他全国的大柄；如其果有实力，咱们就说是巡海，也可借此示威。那派人秘密扰乱他的朝政，也不妨分道进行的。"天皇道："此计却是很妙，只恐大清国未必肯让咱们长驱进行，不加干涉罢？"伊藤博文笑道："他能自保全疆土，已不容易，那有余力保护属国。臣恐他酣然大睡，还未曾醒咧。"天皇听他说得狠有理，便密派一艘头号军舰、二千名海军、五百名陆战队，又派最勇于奋斗的大山崖［岩］统率军舰，乘风破浪，飞也似的直向华阳湾奔来。

此时镇守华阳湾的闵泳骏，日夜在军港上逡巡，惟恐法美两国战败的海军卷土重来，乘虚报复，故日夜寝食不安，只拿着一只千里镜向海面上瞭望。这日活该有事，闵泳骏正在瞭望时节，隐隐见海面水平线上，透出一点黑迹，愈逼愈近，原来是一艘军舰，鼓浪前来。闵泳骏误认做敌军前来复战的，当即下令开炮。只听霹雳一声，火光闪处，那炮弹已越舰而过，将海水打得喷起，远望如白练般飞腾散落，再从烟水迷漫之际，遥见那军舰上的旗帜，乃是一丸赤日，分外的忿火中烧，怒骂道："彼小鬼也想来欺人。我国受他之害，已擢发难数，我既开了一炮，也只好将错就错，打他一个片甲不归。无论如何，现在军事戒严的所在，他不应该派军舰前来，必定是不怀好意的。"便命炮手接续攻击。谁知第二炮仍是扑空，急得闵泳骏亲自去发火。

记者再说大山岩受了天皇密命，浩荡进行。初量区区高丽人，决不敢突然反抗，所以未曾戒备，直待受了那第一炮攻击才下令还攻。谁知他才准备发火，那第三炮的炮弹已盖顶奔来，哗啦一声，正击中船头，炸了一个大窟窿，足有方丈大小。大山岩见势不妙，便拨军舰，飞奔回国，去再筹报复的进行了。

接说天皇自派大山岩去后，日日盼望捷音。这天又是群臣聚议的时节，黄门官进前奏道："大山岩求见。"天皇听说大山岩归国，忙命进见。大山岩见了天皇，就将那被攻事儿源源上奏。天皇听了，圣颜大怒，当时就要兴问罪之师。伊藤博文道："我主不必动怒。杀鸡焉用牛刀，臣自有方法处治他的，劳师动众，反觉不仁。"天皇便询问他的方法，伊藤博文奏道："听说法美两国派专使与大清国交涉，大清国的政府一概推开不闻问，想是他已牺牲这个属国，咱们又何必不承认高丽是独立国呢？一切事咱们正好与高丽直接交涉了。想那修订商约的要求，至今还是悬案吗？不如乘着这次风潮，再密约金宏集，与他政府里严重交涉。倘若他能可，咱们之得亦可偿失。只要占了他们的商权，一切进行就越发容易了。倘若他不如我愿，再兴兵问罪也不迟。臣想只要使重金贿赂金宏集，此事万无不成的。"天皇道："这也是一个办法。"便命麦田春携带三千两银子秘密前去。伊藤博文又奏道："还须加派一个熟习高丽景况约[的]人同行。"天皇问他这是什么原故。伊藤博文奏道："倘若交涉办好，就可任他充高丽国的领事，一切进行的事件，岂不更易进行么？"天皇大喜。当即派了花房随麦田春同行。二人奉命，那敢少缓？忙着束装就道，做那第二次的使臣去了。

接说闵泳骏将大山岩击退，私心庆喜道："这总算吐了我一口不平之气。"遂急报进京。李昰应一见大骇，便自言自语的说道："怎么又惹出一国的风潮咧？现今法美两国的战事，尚不知如何了结，再加上这日本国的交涉，就是将国亡了，也不够赔他们损失的。"说时皱着眉头，短叹长吁不已。此时金宏集正站在御案之侧，得了这个消息，他的心理却与李昰应不同。他不以为忧，反以为喜，暗忖道："我这才能够给日本国了。"所以他乐的原故，乃是自庆每年津贴的三千元，从此可以按年支取了。彼此各怀异想，发了半晌怔，李昰应方询问道："眼见又惹出一件外交，怎么外交上掣肘的事儿，都对着咱们国里发现咧。这又如何是好？这又如何是好？"金宏集道："我主圣意，还是主战还是主和咧？"李昰应摇头道："哎呀，前番虽然打了一个胜仗，如今我的心里还发慌。我生平最怕听的是战争字样，何能再说主战？还是和的好些。"金宏集奏道："既然要和，却有一个最好的机会。"李昰应惊喜道："愿和也有好机会吗？"金宏集奏道："就是前次那修订商约的条件，不是至今还是个悬案吗？臣看这次风潮，日本国必定特派专使来交涉的，咱们就将这种条件许他实行，量他也没有别的话说了。"李昰应道："只求他没有别的话说，我无事不可以允许。今全权就交给你，等他专使前来，你直接与他交涉就是了。"金宏集听他这番话，越发乐得心痒难挠，叩辞出宫去了。

不多几日，麦田春果然领着花房投府求见。金宏集见麦田春前来，好像接财神似的，迭迭的说"请"。彼此相见后，麦田春又给花房介绍了一会。各自坐定，金宏集便满脸堆看笑容道："流光似流水，一转眼之间，咱们又相聚一处了。但是我的私心，却很愿常常劳兄枉顾的。"麦田春笑道："我也很愿与阁下常常的聚会在一处，但是将来必达这个目的才好。"二人又谦叙了一回，金宏集忽说道："前番闵泳骏的举动实是出于误会，今上至今犹抱歉忱。无奈闵泳骏也是一个贵族，且有重兵在握，不便急急的处始[治]他，将来总得设法降罪的。"麦田春大笑道："说到误会，也可以不必了。好在咱们两国都是抱切实亲善主义的，将来国土都可以牺牲，这牺牲一两艘军舰，算不得什么事。敝国虽小，如这等军舰，却也很足供贵国大炮攻击几年。这件交涉，可以作为悬案罢。"复又说道："倒是那修订商约的要求，如何办理呢？"说时，便携出三千元奉上，道："这是前次允许的津贴费，敝国是尊重信用的。"说着两眼觑定了金宏集，伸手拈着那两撇八字胡须，嘻嘻的冷笑。金宏集忙接着说道："那商约的事，敝国摄政王是极端赞成的。如今没有别的蹉[磋]商，只待贵专使前来起草画押。"麦田春笑道："足下却很豪爽的。"随手向衣袋掏着道，"草约业已有一个稿儿，未知可能合用否？"说着，双手献上。金宏集忙接着向腰里一塞道："这些须小事，有什么合用不合用，何必去研究呢，咱们明天就同到御前画押罢。"麦田春诺诺称了两个"是"字。金宏集问道："花先生此次枉顾，可是别有外交么？"花房还未及回答，麦田春便代他说道："倘若通商约订下，必须特设一个专使，敝主因花房兄很熟习情状，将来这一缺，就是命他充任的。"金宏集道："哦，原来花先生因此而来的。将来咱们够在一团，格外好办事了。"大众说得笑逐颜开。金宏集又挽留他俩晚膳，直到夜静才散。

次日散朝之后，金宏集便领着麦田春、花房二使晋谒摄政王，就在御案之前，忙着就画了那通商条约的押。就是画押之后，若问他君臣，究竟这条约里面写的是些什么，恐怕他们君臣也说不出来半个字，那利害的关系，格外不必提了。

商约签定，麦田春便携约归国。花房就任了驻韩的领事，开端着手就在仁川、元山泽开了两个大商埠。最初还是在商业范围里经营，渐次就扩张殖民地，渐次就在行政上着手了。当时在朝约[的]士大夫，有几个正直君子，忽听大院君、金宏集二人已与日本国密订了商约，大众愤不顾生，便上殿诤谏。李昰应便轻言淡语说道："外交应守秘密，朝廷自有主张，尔等各守其职，不得越权预闻。"这番话说得大众忍气吞声，只好在暗地里挥泪。

由此金宏集见李昰应十分回护他的行动，越加猖狂，肆意作恶了。可怜一般苦百姓，无辜受其荼毒，真是呼天不应，呼地不灵。大众只好自怨不幸生在韩国，他那晓世界上与他相同的苦百姓还不少呢。

转眼又度过数年，李熙已经二十岁，便选了闵泳翊的妹子为皇后。这一位娘娘，可算得是贤淑万能，有谋有断，真是高丽的女中之圣。自进宫伴驾之后，见朝内朝外的政事被摄政王闹得一塌糊涂，若不励精图治，眼见就要沦亡。她便日夜愁虑，暗中就命她胞兄闵泳翊在朝内外密结许多文武大臣，准备夺回国权，给他丈夫李熙执掌。八面筹谋妥贴了，这日李熙进宫，又见闵娘娘粉颈低垂，翠眉不展，便询问道："爱卿贵为天子之妇，尚有何事多愁，终日眉头双蹙咧？"闵娘娘强作笑颜道："臣妾得侍圣躬，可算得极世间的无上幸福了。但是国权仍执掌在他人之手，我主只戴虚衔。听说现在朝政被几个权奸闹得异常紊乱，贤者退避山林，恶者高居朝市，真是牛马含怨，鸡犬为愁。若常此任他等胡为，将来闹得国亡家破，我主尚睡在梦中呢！"这番话将李熙提醒，他便皱着眉头道："朕也知常此终非善策，况朕处于虚君的地位，好似待罪之囚，动辄反遭他等白眼，我也早想临朝，无奈权奸当道，恐怕不易甘心退还我的朝政。"闵娘娘奏道："我主不必自懦，臣妾已命闵泳翊联合文武百官，对待奸党。他等如金宏集虽有几个爪牙参与政事，然他的势力，只在外交一方面活动，幸喜坐拥众兵如云在霄、闵泳骏等，皆不受他等利用，实力的反对，若辈毫无把握。臣妾之见，我主可向[在]朝参之际索回国政。若摄政王及金宏集等知机退避，我主再以虚荣笼络着他等；若他等果不识时务，那时群臣中自有与他等反抗的。我主不必多虑，快计进行要紧。"李熙大喜道："爱卿真是朕的股肱之臣了。"闵娘娘又将朝内朝外布置停当，一日临朝，李熙便向在朝各大臣宣谕道："摄政王代行国权已十几载，午夜筹谋国事，心血俱枯。今已年老，急须修养，朕不忍心再令其劳瘁。朕因爱惜摄政王起见，此后一切国事，朕亲临政，尔等宜各凛遵。”接着就下了一道圣谕，颁布全国。于是群臣班中抢先走出来几个大臣，如闵泳翊、金炳之、朴定晨、李完用、李允用、赵丙稷等，俯伏丹墀，庆祝万岁。

李昰应骤然听李熙这番宣谕，好似半空中打了一个霹雳，正中他的脑顶门。明知是他的媳妇阴谋，又不便当众宣白，包着一肚皮酸水。正想借父子的名义去抗旨，回头瞪了金宏集两眼，见金宏集如噤口寒蝉，一声也不敢发响，他便冷了半截，只好碰头谢恩，随班庆祝万岁。金宏集自不待言，也将平日献给李昰应的笑脸儿，转而向着李熙了。

退朝之后，李昰应蜜[密]召金宏集埋怨道："你也是身为大臣，位居首相，如何不领班反抗咧。"金宏集笑道："王爷也太不知机了。新帝骤然临政，必是闵氏从中做鬼。试看新帝宣谕才罢，闵泳翊等就出班庆祝万岁，可见他们是早有筹备。我们军旅中又无可靠的实力，仅恃外交的手腕，如何能反抗内政咧？"李昰应道："白白的让了他不成吗？这一口冤气，实在令我难得下去。"金宏集道："王爷不必心急，少待时日，相机而起，总有报复的机会。"李昰应见大势业已如此，也只好自解自叹道："这就要倚靠你了。"

再说闵氏当道，那一班新人物，拥戴李熙登基，闵后加冕，通谕全国，大赦囚徒，真是家家弦诵，户户赓歌，一霎时却有国泰民安之象。接着就封金炳之任总理大臣，朴定晨任内务部大臣，李完用任外务部大臣，李允用任兵部大臣，赵丙稷任法部大臣。闵泳翊因与闵后有兄妹之嫌，故暂且封任内阁侍郎。再如李昰应，便封为兴宣君，一条冷板凳就将他囚在深宫内院，使他不能干预政事。次如金宏集等，自不必说，是比较平民多一个虚衔，终日躲在家里吃饭困觉。

试想李昰应平日的威武，俨如九五之尊，如今从第一把金交椅，跌到冷板凳上，他如何受得惯这等凄凉咧？于是朝思暮想，总想革他儿子的命，仍恢复他的原状，便天天与金宏集密谋，加着金宏集的官禄心志也不比李昰应少弱，所以他俩都谈得合式。密谋日久，总想不出一条妙策。

这日李昰应又召金宏集前去密谋。李昰应道："我并非还与儿子争竞权利，实在这一碗冷饭再也吃不下去了！我如今主意业已拿定，宁使玉碎，不图瓦全，闹他个玉石俱焚，大家同坐这一条冷板凳，我也是称心的。"金宏集道："王爷既然如此慷慨，倒有一个方法可行。"李昰应急问道："什么方法？快说，快说罢！"金宏集道："还是在外交上设法去破坏他。"李昰应道："岂不是又要惹外国人兴问罪之师吗？"金宏集道："如今咱们自己没有势力破坏国政，只好借重外交。"李昰应默忖了片刻道："只要能泄我这一口愤气，无论什么事，都可牺牲。你说罢。”金宏集道：“臣有一个亲戚，现任飞虎营总兵，名儿唤做牛全忠。他统带的兵士，虽不能够打仗，捣乱却很有余。不如密派他攻打日本领事府。”李昰应道：“此事与日本领事什么相干咧？”金宏集道：“这乃是起衅之由。若牛全忠将花房打死，岂不又惹出外人的交涉么？那时日本自然要派人前来问罪的。莫看云在霄、闵泳骏那等威武，都是乌合之众，不能与日本兵战争，自然又得要求和。那时不但日本人要说新帝临政不如王爷，就是全国也都要积怨于新帝，称颂王爷，再设法联络群僚反抗圣命，不怕新帝不退位的。”李昰应道：“方法却想得很好，恐怕国权上又要损失些利益。但是我也顾全不得许多了，你赶快调他前来实行捣乱罢。功成之后，我自有重赏的。”

金宏集便叩辞出府，赶忙寻着牛全忠，将这番计划向他说了。牛全忠一听大喜道：“这乃是咱们本分的事，兄弟即刻就齐备人马前去攻击。”金宏集道：“事儿也不急在一时，咱们还是见了王爷再举动罢。”二人商量已定，次日金宏集便领着牛全忠晋谒李昰应。他三人又密议了一回，牛全忠就叩辞出府，当晚将步[部]下将士传集演武厅，然后说了许多杀仇灭敌的许多正大光明话儿，将那密议的事一字不提，说得人人切齿，个个竖眉，恨不能立时三刻即将日本领事府焚毁，杀得他鸡犬不留，方消心头之恨。这也是他们的一腔爱国热血结构而成的，却也不能说他等不是。不过他等未将条理分清，全是被别人利用，以致闹得不可收拾，反将大局败坏。嗐，可见得爱国的人，也应从公理上爱国，不能从私愿中利用爱国的。欲知后事如何，且听下回分解。

第四回　分党派昧心祸国　闹风潮拼命求荣

话说牛全忠向着全营将士，痛说日本人如何的逞强，如何的行霸，平日虐待韩人如牛如马等话，听得大众磨[摩]拳擦掌，恨不能立刻捉住日本人，拼一个你死我活，方足消恨。牛全忠见军心已被他扇动，接着就下了一道攻打日使馆的动员令。大众忽奉这个动员令，正遂心头之愿，谁不争先恐后的一拥上前？于是点齐全军人马，摇旅[旗]呐喊，飞奔日本领事馆进攻。直待到了日使馆门首，也不分青红皂白拥进大门，什么门窗槅扇，都被他们打得零落纷飞，就是墙里面的砖块儿、屋角上的瓦片儿，也被他们翻弄得粉碎。那保护日使馆的兵卒人等，先时未曾得获消息，临时戒备，如何能够咧？所以那些日本人，遇着这许多韩兵，直扑上前，慢说无战斗之能，就是招架的力量，也早失却了。那少强的见势不妙，都抱头鼠窜逃避；力弱的早在乱刀之下，闹得头破胸穿，血花飞溅。还有分尸碎骨，狼籍[藉]在地面上，也不知其数。至于那府里的陈设器具，自不待言，是一毁罄尽了。最可怜还有几个本国人，西服打扮，正在日使馆里办什么商业上的外交，也被那许多乱兵将他冤冤枉枉，送在阴曹地府里去了。

此时日使花房总算不该受这番惊骇，他正在金宏集府里飞觞觅醉。忽听阍人报告飞虎营攻打日使馆，他也不知原故，只吓得瑟瑟作抖，恨不能哀求金宏集救命，那里还敢开怀畅饮咧！其实金宏集请他过府饮酒，就有卖功的用意了。迨听了阍人报告，又见花房那般惊慌，便转脸道："这又不知是那个不懂外交亲善的人捣乱，将来这个交涉，又不知是怎样的收场呢。嗐，看事容易做事难！如我当道的时节，就办了这许多外交，真不知费了多少心血。这就是新帝的丰功懋绩。"说着又冷笑了一回，复见花房也不去理会他，便转脸笑道："大使不必害怕，他们都是乌合之众，不能闹成大事的。请暂住敝寓一宵，明日准保护大使脱险。"花房听他这番话，方敢放心坐下。

当夜金宏集照应花房，越发的殷勤小意。次日清晨派人四方打听，才知那捣乱的风潮业已平息。可巧那日有英国商船过埠东渡，花房便换了一套韩服，乘英国商船逃回日本国去了。花房逃回日本国，未及朝见天皇，首先就晋谒伊藤博文，将那飞虎营无故攻打领事馆的事儿详细报告了一遍。伊藤博文便拈胡须笑道："这桩事却是个很好的机会。不过我国那些侨民，很受痛苦的，但他等总算是开国的功民，将来国家的权利，自可重重追奖他。倒是你绝受虚惊。"花房忙接说道："只求国家有利，其他都算不得什么。"伊藤博文笑道："阁下的眼光却很长远，这也是应该如此的。"复又引着花房朝见天皇，伊藤博文代他转奏了一遍。天皇怒道："这是他有意挑衅，此次万不能放松他。"伊藤博文奏道："这正是我国的进行机会，臣等怎敢放松！"当时就保荐井上馨任外交特使，附带要求的条件：第一，须赔偿损失五十万元；第二，此后领事馆须由日本国自由派兵保护；第三，须发给侨民死后的赡养费；第四，须派专员赔礼。复又保荐陆军大将大山岩统兵助威。天皇询问道："此次何不再派麦田春前去咧？"伊藤博文奏道："此次外交，却与前不同，这必须严重交涉。麦田春手腕只能阴谋，却不能强硬，因而此次交涉，非他所能。"天皇听他说得不错，便一一如奏施行。

此时中国大清朝特派驻日的领事黎庶昌，骤然得了这个消息，不觉大吃一惊，暗忖这事与我大清国狠有莫大的关系。想伊藤博文自秉政以来，野心狠大，曾有并合亚洲的主义。高丽乃是咱们的属国，他竟敢眇[藐]视咱们，直接与高丽交涉，这就是目中没有我大清朝。咱们若不趁此派兵平高丽的内乱，将来高丽非我所有，这东北一带边疆恐怕要受他蹂躏的。想到这里，越发着慌，便将这种种利害密报清廷。

那时北洋大臣李鸿章，可巧在丁忧期内，北洋大臣的职务暂由直隶总督张树声代理，兼理外交内政，一切事务，清帝都与张树声商量。一日清帝接了黎庶昌的密奏本章，当即传召张树声进宫，筹划这番交涉。张树声奏道："黎使所奏甚是。彼伊藤博文居心叵测，臣亦深以为忧。趁其大兵未伐，不如密派海军提督丁汝昌，偕同马建忠，统兵先平高丽内乱，借此示威，也可使他自觉。"清帝颇以为然，当即密使丁汝昌、马建忠二将统兵五千名，驾驶铁甲舰两艘，直向渤海口出发，行抵汉京。

那时日兵尚未运到，丁汝昌、马建忠便向八方打听起衅之由，方知乃是李昰应争权攘政，金宏集等阴谋祸国，牛全忠率队助奸。于是勒令李熙废去李昰应王位，建[逮]捕金宏集全家正法，然后通缉牛全忠。不料牛全忠自那日捣乱后，就奔到金宏集府里，想去邀功求赏。那晓得这时的金宏集，却非求他捣乱时的金宏集了，深藏在府中，给他一个闭门大吉。牛全忠一见大事不妙，转身看飞虎营的兵卒，业已东流西散，不能收束，他便实行那三十六着第一着政策，暗自溜到美国去了。此时丁汝昌通缉，那里有他的影儿咧？于是捉了一百七十名附逆，枭首示众，总算将大乱敉平，归国复命。

谁知丁汝昌去不多日，井上馨又与大山岩统兵前来问罪。可怜李熙本是一个懦弱无能之辈，如今一再经此风潮，早吓得不知如何是好。闵后办事虽很英敏，然对于这等纠缠的外交，却也没有了主意，暗忖一国之风潮，已经受不住，若再加一国的交涉，越发为难了。因而井上馨前来交涉，他也不敢向清廷呼救，只好允许赔偿他损失经费五十万元，允许他自由在领事馆附近驻兵，又允许专使赔罪。交涉停当，无奈那赔款一时无出，于是外务部大臣李完用，再四与井上馨商量，作为借款另立条约，息金以三分计算，指奎山作为抵押品。高丽的土地权，从此就渐入日本人的掌握中了。井上馨、大山岩二使心满意足，接着就另派竹节太郎[竹添进一郎]任驻韩领事，又分留三千兵驻扎汉京，这才班师归国。不多几日，李熙果派金玉均任赔罪的专使，直向东京而去。

接说韩国受了这番外交上的激刺，那些人民虽然痛刺入骨，无奈各人的力量太薄，都是敢怒而不敢言。如那一朝人王地主李熙，那平日就不知什么叫做焦虑的，依然是浑浑噩噩，混着再说。倒是闵后受了这一番苦痛，终日愁闷，不展眉头。这日她实在忍耐不住，便向李熙启奏道："此次外交失败，我主可知乃是韩国莫大的辱点么？"李熙道："事过境迁，何必再去说他咧。"闵后奏道："此番若再不图治，将来国家的损失，恐还不止于此的。"李熙不耐烦道："朕也不明白，什么叫做图治，爱卿你就代朕施行罢。"闵后见事儿说不明白，也就不再接奏，果然奉命代理行政。不久就兴办教育，各道设立学校。又因保守治安，创设警察，将飞虎营改做陆军筹备处，火药局改做工程局，接次什么审判厅、咨议院、蚕桑局、官银行等等，继续进行。一时朝市中哄传，都赞闵后是女中豪杰，那朝市中各种政事，也就焕然一新了。

暂且慢言，再说那赔罪专使的行动。若说“专使”两字，本是最荣幸的头衔，但是充任了赔罪的专使，那一种羞辱，再也没有比较他强胜了。幸而是金玉均充任，他本是金宏集一流人物，早就不知什么叫做羞耻，一路上遭人的白眼，受人的冷气。若是少知羞耻的人，对着这般景况，早就奋身跳入黄海，怎还有面目去见天皇呢？金玉均非但没有这种感想，并且受命之后，反欣欣自荣，自以为做了君王的代表，比较摄政只低一级，将来归国献功，那总理百揆的大宰相，还不是操在掌握之中吗？再说他还有一种隐情，总想秘密联络日本的外交家，暗给金宏集报仇雪忿咧。

于是他到了东京，晋谒天皇，行罢了赔罪的大礼，就在驿馆里安息了几天，瞻仰异国的风光，早就将故土忘怀了。长天短日，就在伊藤博文、井上馨等左右联络感情。若论伊藤、井上两人的气焰，此时对着赔罪的使臣，本可置之不顾，不屑下交，只因未来的利益很多，也就落得与他亲熟亲热。闲话的时候，就劝他归国效法日本，力求维新，又劝他独立自主，与中国脱离附属的关系，并且劝他实行与日本亲善，日本可以随时辅助他的金钱军火以及兵队等项。金玉均见他这般优待，喜出望外，暗忖金宏集死后的怨气，我可以替代他报复定了。接着又与伊藤博文密约了许多条件，方束装归国。

直待回到汉京，见闵后的一番新政，已渐次成立。此时清廷因知李熙与日本国私订条约，又派陆军提督吴长庆，率同委员袁世凯，统带三千人马常驻汉京。闵后深明大义，又竭力与清廷联络。金玉均归国一看，朝政大变，不由得暗自吃惊，大失所望。但是那一种奸谋，总不甘心放弃，便结合他旧有的私党朴泳孝、郑秉夏、赵义渊、禹范善、李东鸿、李万来、李臣孝、权荣镇等，组合了一个亲日团体。同时闵后的一班臣僚，平日倾向清廷的，如闵泳翊、闵泳骏、冠[寇]儒臣，亲王李应佐、李应藩等，也组合了一个亲清的团体。一方面恃仗外交，一方恃仗皇后；一方面借着日兵示威，一方面借着清兵助势；一方面在朝，一方面在野；一方面明做，一方面暗行。这两党成立之后，可怜一个高丽国，就从此多事了。

这日，金玉均正在私邸里筹他等亲日派的进行方法，忽见阍人递上一简，乃是日本领事官竹添进一郎寄来的。拆阅一回，乃是竹节太郎邀他去，有秘密的外交商议。金玉均如奉了丹诏纶音，怎敢怠慢，忙着换了一套礼服，直向领事馆里走去。与竹节太郎相见之后，各自入座，竹添进一郎便问道：“你们进行的计划如何咧？”金玉均皱着眉头道：“计划是早已周备，无奈时机太不顺手。”

竹添进一郎笑道："英雄造时事，何尝管什么顺手不顺手咧？闵氏当道，献媚清廷，不图独立自强，紊乱国政，此害不除，终非你等之福。眼见吴长庆等，屯拥重兵，大有监国之意。昨天敝国伊藤相曾密简询问，并嘱我派兵援助，如足下等再不进行，敝国却要自由行动了。"金玉均道："果然大使能派兵援助，咱们是决计进行。先杀闵氏兄弟，然后逼新帝废后，驱逐清兵。"竹添进一郎大喜道："就是这等办法。你快去要约同志，我即刻就下动员令。"金玉均忙辞竹添进一郎出府，便与朴泳孝等集合密议了一会，然后会合日兵三千众，直往皇宫奔去。一时哄动全城，又不知闹出什么祸事，于是妻啼子哭，大众如丧家之犬一般。也有关门闭户的，也有东逃西窜的，闹得风雨满城。

再说金玉均等会合日兵，直扑到皇宫，恰好闵泳翊、闵泳骏散朝出宫，冤家路儿窄，正碰了一个满怀，早被金玉均瞅着，大声连嚷"杀贼"，可怜他兄弟二人，瞥眼之间就死在乱刀之下。风声传到宫里，吓得李熙早已三魂荡荡七魄悠悠，出离了躯壳，呆坐在一旁，眼泪如串珠般直洒。闵后虽听说他的手足都丧在乱刀之下，此时也顾不得伤感，也吓得坐在一旁发怔。幸喜亲王李应藩处事敏捷，突闻此等凶耗，也不进宫去护驾，一直飞奔到吴长庆辕门，颁[搬]兵求救。好个吴长庆军门，不少怠慢，奋勇当先，点齐了全军人马，拔队进攻。迨到了皇宫前面，见金玉均等正率领日兵攻击宫门，十分紧急的时候，吴长庆便下令开火，一时就与日兵交战起来。硝烟弹雨之中，两军乱战了半日，日兵渐不能支，竹添进一郎便率领残军直向仁川海岸败去。吴长庆的大军，把他逐出汉京，眼见他等东逃西散，也就不再穷追，拔队进城。

那时皇宫左右，战后余腥，一堆一堆的白骨磷磷，一团一团的赤血片片，真使人惨不忍睹。吴长庆忙着收拾了战后的惨劫，一面安民平市，一面飞奏清廷，一面派人逮捕金玉均的家属正法。八方搜捕，可巧把个作乱的正凶金玉均脱网了。原来清日两军交战的时节，金玉均正率领几个同志已进了宫门，直向后宫去谋害闵后。谁知宫外传来消息，说日兵已被吴长庆打得大败而逃。金玉均大骇，忙调转身儿，也不敢再与闵后去作对，就从侧门溜出宫外，先一步就向海岸逃去。到了仁川海岸，再看他同谋的志士早已不见一个影儿，也不知是被乱兵冲散或是杀害，也不知是畏罪先逃。举目见烟水茫茫，海天寥阔，忽良心里面发了一线光明，不因不由，洒了几点眼泪道："我乃是钟鸣鼎食之家，何必闹得这般痛苦咧！倾家破产，无家可归，想这时我的慈母娇妻弱子，业已上了断头台，做刀下鬼了。嗐，我就是千刀万剐，也是咎由自取的。但是我那个慈母娇妻弱子，何故这般血酸魂痛咧！我如今已是无国无家一个游萍，就活在世间上，又有什么乐趣。我如今才知道世间上最痛楚的莫如我，我如今才知道世间上痛楚的事，都是自己去寻找的，我如今又何必再向痛楚里寻找去呢？”想着，忽见那大海之中，滔滔翻起来的浪花，幻出许多冤魂厉鬼，奔向他索命。那风卷云涌的涛声，都向着他呼“国贼”，逼得金玉均分外恐惧，便将牙龈咬定，奋身就想钻入龙宫，去做那龟丞相鳖大夫。

正要投水的时节，忽身后一人捉住他的手腕道：“金大人，你害得我好寻呀！”金玉均骤觉有人捉住他的手腕，大吃一惊，急转身来一看，原来是日使馆里的一个翻译官，叫做松井，他才放心喘了一口气。松井问道：“金大人，你在这海岸上闲逛些什么？”金玉均便将脑袋摇了几摇道：“嗐，事儿闹到这般地位，我也没有的说了。如今似我这等人，无国无家，无权无势，还活着做什么咧。不瞒你说罢，你快些不必拦阻我，我是不愿活在世间上的人了。”松井大笑道：“金大人你这句话说得大错。天下事不可以成败论英雄，只要有一个人，还怕把不着权势吗？若说家国，分外没有关系了。天下之大，何处不能存身，何处不能做事呢？若有国家拘束着，还不能自由咧。我看金大人，这正是你做事的机会。”金玉均听他说得很离奇，转脸问道：“这是一句什么话？”松井道：“往日大人还有一个家属累着，如今脱然无累，越发能够做事。再说敝国这一次交涉，必定不肯罢休的，你何妨到敝国走一趟，咱们那伊藤丞相款待人是宽厚的，如大人前去，还不奉为上宾吗？你还愁没有报复的日子吗？”金玉均听他这番解说，心坎里渐渐有几分活动了，那想奔往水晶宫的心事，转而又想进伊藤博文的相府。默忖了片刻道：“闹得这般破败决裂，总有些难为情罢！”松井道：“这算得什么事！现在你就是死了，也是白死的，谁说你是为国尽忠、为子尽孝的？就是说你为国尽忠、为子尽孝，那也不过是书呆子的作为，与你的实权实利，又有什么利益咧。”金玉均忽地被这句话提醒，顿时转过笑脸道：“果真伊藤丞相好客，我只好跟着你去走一遭罢。”说毕便随着松井寻了一个避静所在，周身换了日本人的妆饰，直待东渡商船入港，二人就连袂而去。

行抵东京，先去寻访了竹添进一郎，然后晋谒伊藤博文。此时伊藤博文见了金玉均，果然十分的优待，并用一番极柔媚的话儿，劝慰金玉均道：“足下也不必焦虑，大丈夫百折不磨，何患无复仇的时候。如今可在我国休息几年，一切的事，我总给你设法，包管你总有吐气的日子。”金玉均千谢万谢才辞出相府。不多几日，伊藤博文就将他安插在一个所在，每月津贴他二百元，还赏他两个唇红齿白的下女。金玉均从此就沉醉在温柔乡，不知天日，无形中就占得亡国奴的优先权了。欲知后事如何，且听下回分解。

第五回　龙虎岭父子脱险　仁义村兄弟出亡

话说竹添进一郎被吴长庆打得丢盔卸甲而逃，拖带着些残兵败将，奔回东京，就在天皇御案前哭诉了一场。天皇见事儿业已失败，除继续兴师之外，别无他法挽回，便好言安慰了竹节太郎一番，然后密召伊藤博文进宫，筹划兴师问罪的事。伊藤博文忙奏道："此次交涉狠难，清将吴长庆奋勇过人，不可轻视。倘若此次再失败，非但关系外交，恐我国还要蒙不可思议的大辱。以臣之见，不如含忍几时，养精蓄锐，俟他国有可乘之隙，一鼓而攻，受那最后之采，那享受的权利分外加厚咧！"天皇道："那赔偿损失的经费，也可牺牲么？"伊藤博文奏道："想要谋日后的大权，不得不牺牲眼前的微利。"天皇道："领事一席如何呢？"伊藤博文奏道："竹添进一郎当然不能继续就职，可派井上馨去代理职权，将此次的交涉不必提及。我国若不提出条件，臣量彼必不敢向我为难。只是闵后主政，实与我国进行大有妨碍，将来必先除此大害，方可进行。"天皇默忖道："如卿所奏，再设法进行罢。"当时下了一道圣旨，特任井上馨驻韩大使，对于那战争上的事，果然一字不提。

再说李熙与闵后二人，无端受了这一场惊吓，对着吴长庆这番战功，自然是铭心刻骨的感激。然转脸望着日本国，又不觉各捏冷汗，都想这番交涉的条件，不知又要损失了几千万呢。待井上馨就职的时节，将那战争交涉的事儿一字不提，彼此都喜出望外，还存了一种妄念，道：想必他是畏难而止，那晓得伊藤博文是志在远大呢。于是闵后抖擞精神，益发大胆襄理国政。那亲清派的文武群僚，也都昂然自得；那亲日派的蛇神牛鬼，那里再敢出头？就是城市中的人民，也都默默的颂太平万岁了。

国事蜩螗，多说恐阅者读之，闷闷不乐，今从一村一邑，夹叙高丽社会的景况。

距离汉京约廿余里，有一村庄，名为安家镇。镇内有一位老先生，名唤安悦生，乃是个读书君子，苦守一生，不好多事的。娶妻张氏，就是那云在霄的表妹。夫妇都有四十余岁，膝下只有一个儿子，取名重根，真是生得头角峥嵘，气宇英隽。老夫妇爱惜这一团活宝，好似连城之璧、不夜之珠，这也是人之恒情，不必细说。那安悦生见这两次兵燹之后，时时的暗自挥泪，总说是韩国不长，要丧在一般权奸之手。每想挺身直谏，无奈自己是一介平民，不能够参与政事。然他那一颗爱国心，真没有一时半刻安逸，长天短日的淌眼泪。有时张氏劝他，他便叹道："你晓得什么！我们这一个韩国，眼见是快要送给别人了。嗐，世间最苦的是小百姓。想那一国的好河山好物产，都是那国小百姓们公共所有的，忽被几个少数的奸人，霸占在手里，已使咱们有苦无处诉了。如今他等还想将这个国土送给外人，兑换他等自己的利益，咱们小百姓睡在大梦之中，已做了他们的礼物。害得咱们有嘴不敢说，有手不敢动，白白的快要给别人做牛做马。夫人你想一想罢，世间上最苦的动物，还有比咱们更狠的么?”张氏劝道:“听说闵后襄理朝政，狠英明的。你也不必这般焦虑，我看‘亡国’两个字，一时还说不到的。”安悦生便将脸色沉着道:“亡国不亡国，乃是咱们小百姓各人的责任，何必靠着闵后？现在咱们小百姓，都不明白自己振作，只靠着闵后一人，就是闵后万能，也不易撑持这个大厦的。况且闵后越肯忠心护国，越遭奸人之忌，我看他个人的生命，还恐不能保全长久呢。”张氏又劝道:“你我夫妇已四五十岁的人，打量这等熬煎日子，也过不长久的，我劝你还是不必多愁罢。”安悦生不悦道:“你这说的是什么话？就是咱们死去，难道咱们的儿孙就不是韩国的百姓么?”

其时安重根已九岁，正从房外走进来，骤见他父母都皱着眉头，他便笑嘻嘻的，一头栽到他父亲怀里道:“阿爷阿妈，又是什么事？做出这个样儿，叫我看着怪难受的。”安悦生道:“你们小孩子懂得什么?”安重根道:“阿爷不要这般说。儿子如何不懂得咧？不过儿子还未到那个时候，儿子若是长大成人，自然有法儿处治他们的。”安悦生听说大喜道:“你晓得什么？可说来给我听听。”安重根道:“我只要自己明白就是了，何必挂在嘴巴上常说咧！这些事说来也是无益的，我只晓得将相本无种，男儿当自强。我将来做事的时候，问心不欺天地鬼神，还怕什么为难的事儿办不到，何必的发愁!”又叫道:“好阿爷好阿妈，你老还是放宽了心，休养休养罢。”安悦生顿时笑展眉头道:“好！好！如今我有了你这个儿子，我不愁了，我不愁了。嗐，我惟愿你将来果真这般去做人，我更惟愿我们韩国的小百姓个个都是你这等的思想，我俩夫妇就是死了，也是笑得合不拢嘴的。”说罢，又抚摸着安重根的脸儿狂笑了一阵。老夫妇二人，顿释愁怀。

不觉又过了几天，那汉京内外谣言四起。有的说日本国又调来大军，想并吞韩国;有的说吴军门被清朝大皇帝调回去了;又有人说，那亲日党还要寻着闵后捣乱咧。风风雨雨，闹得鸡犬不宁。安悦生便与张氏商量道:“是非之地，不可久居。眼看这人心惶惶，必定还要遭大劫，咱们不如投奔云在霄表兄，暂避几天风浪。好歹他的手下，还有许多兵将，咱们虽不说去保国，总能够保身的。”张氏也然其说。便将家中一切粗笨器具交给家丁安祥掌管，复又将细软行囊收拾停当，携带家丁安富、儿子安重根，一直奔往平壤，投奔云在霄去了。

车马风尘，那有闲心去赏道傍的桃红柳绿。晓行夜宿，业已行了三天，这日走到龙虎岭之下。张氏带着安重根坐在车上前行，安悦生跨马随后，安富挑着一担行李，紧随在马侧。此时安悦生骑在马上，见迎面山势巍峨，那一带松林，乌浓浓的含烟结雾，兜着一林的北风，瑟瑟如吼，加着赤日已被游云所蔽，黄沙障天，那一团杀气，真使人对着不寒而栗。安悦生忙勒住马头，向身旁的车夫马卒说道："前面道路很险，恐有歹人暗藏着剪路，大家要小心些进行。"大众还未答应一个"是"字，忽听松林内砰然一声，冒出一股白烟。安悦生忙说道："不好不好。"正要勒转马头，向回路走去，那松林内早拥出十来个莽汉，身条虽不高大，形像却很凶恶，也有长枪，也有短刀，也有木棒，各人掂在手里，同围着安悦生等道："搜搜搜！快些献上来，饶你等一条性命！"这时那些车夫马卒，以及张氏、安富等，业已吓得脸如土色，两脚早不能随着自己主张，那里还敢答话！安悦生也知这时没有理说了，便捺着性儿道："我们是行路的人，那里有什么财帛咧。"为首一人道："你们都不是好人，若不给你尝尝滋味儿，你等是不知道利害的。"说时一棒扫来，将安悦生打跌在马下。这一傍怒恼了安重根，一撅劣站起身，埋头碰过去道："你们这些小鬼，也敢在这里逞强吗？"那些莽汉，忽见这一个小孩儿说出这两句大胆话，大众都将安悦生扔在一旁，笑捉住安重根两臂道："你这个小孩子，敢有这大的胆量。你可知咱们都是些什么人？"安重根依然挺身骂道："你们都是些不知自爱的强盗。"那强盗伙中，忽出来一人道："原来你这个小孩子看错人了。老实对你说罢，咱们都是大日本的军国民。"安重根不待他说完，早气得两眼发直道："你们大日本的军国民，就是这般的行动？"那莽汉笑道："此乃是军人的天职。这算得什么？将来你们的国土，还要双手捧着送给咱们呢。"安重根听着，越发愤怒。正要与他拼命，忽听路旁山峡中，奔出一枝人马，足有一二十人，大嚷着奔来。为首一个少年，乃是武装打扮，头扎一顶黑纱巾，足蹬一双战履，短衣窄袖，慓悍绝伦，手端一只鸟枪，身跨一匹赤骝马，后拥二十余人，直奔前来。张氏一见身陷在贼围，安悦生已躺在马下，吁吁喘气，其余的人都吓得如陈死人，忽又添了强人奔来，暗自叫苦道："这一定是没有活命了。"复又听那少年嚷道："什么强人，胆敢在这里剪路？"不觉喜出望外，已知是救星来了，忙拼命的大喊救命。那少年率领人众奔来，这一群东洋强盗也知大事不妙，忙扔了安重根，就与那少年等战斗起来。按这群强盗，本是竹添进一郎麾下，在宫门前打败下来的残兵，怎是那班少年英雄的对手？所谓惊弓之鸟、漏网之鱼，未战早就有几分害怕，因而交手不久，被那些少年英雄打得落花流水，腿快的抱着脑袋逃走了，那短命的都死在枪棒之下。

大战安靖，天近黄昏。那少年忙近前来，询问安悦生的原故。这时安悦生已恢复原状，领着家属人等，叩谢那少年，又将他避难遇贼的原委，略叙了一遍。接着又叩问那少年姓氏。原来那少年姓候[侯]名弼，表字元首，自幼父母双亡，只有一个胞兄，单名一个佐字，外号元良。兄弟二人，自幼读书习剑，真是文有安邦之才，武有定国之艺。胸罗锦绣，生不逢辰。也因恨宵小争权，不愿问世，就隐居这龙虎岭左境仁义村里，务农为业。闲间就召集远近的村民练武，时常在龙虎岭前后打猎，以游戏为名，实则是提倡尚武精神，为保护地方而组。这日也是安悦生等活该遇着救星，当他等急难之时，正是侯弼整队野猎之际，因而巧遇着了。侯弼听了安悦生这番话，分外气得心痛，转悔不该放走那几个腿快的。回头招呼众村民，将那些打死的尸骸，掩埋在松林之内。复又向安悦生等说道："寒舍距此不远，不如且到寒舍宽住几天，再向前去罢。"安悦生见天色将晚，左右又无村店，也就不与他客气，道："这就越发的心感莫铭了。"

大众遂同向仁义村奔去。进了侯家的村院，安悦生又与侯氏兄弟，重行了相见大礼，然后又将避难遇贼逢救等事，向着侯佐复叙一遍，重行谢礼，方各自归坐。那侯佐却也是一个豪爽人，生平最爱济人之困、解人之围的，加着安悦生又是一个读书君子，故彼此一谈就情投意合了。这一夜他三人直谈到夜色苍茫，隔邻鸡唱，方各就枕。次日清晨，安悦生就想告辞登程，侯氏兄弟都有些依依不舍。可巧天也有情，刮了一夜的东北风，直到天明的时节，即萧萧瑟瑟，下了一把留客雨。安悦生此时虽然急想就道，恨不能一翅飞到云在霄营里才好。无奈侯氏兄弟殷殷的挽留，加着漫天下了这一把留客雨，也就不便坚却，不觉又歇下，彼此的友情，谈得益密。说来可也奇怪，侯氏兄弟都爱上了安重根，盘桓了五天，真是无时无刻不将安重根的模样儿深印在脑壳里，仿佛安重根一言一笑一举一动，莫不都有奇男子大丈夫的气概。安重根却也古怪，他虽然是一个小孩儿，但是他这时心里忖想着，自他眼光里所见的人，只有侯氏兄弟尚有做人的模样，若要他说出如何的好处，他也说不出来。因而他自觉一身之外，除了亲生的父母，只有侯氏兄弟二人。此时不但侯氏兄弟离不了安重根，就是安重根，也好像不愿离侯氏兄弟的。

又过了两天，安悦生偕领眷属，告辞登程。侯氏兄弟苦留不住，只好特派四个乡人护送前去。临行的时节，侯氏兄弟又送了安悦生许多乡礼，安悦生也不便推辞，只好留下。分袂的时节，各人都洒了几点别离泪。安重根忽从项下解了那所佩的一个玉如意，赠给侯氏兄弟道："此非敬礼，乃因两位叔叔爱待之隆，特留此作为后会的纪念，并希望两位叔叔，从此杀贼立功，处处如意。然而此物虽微，乃是小侄贴身之物，谨赠叔叔，也可表白小侄推崇之诚了。"侯佐道："这如何能受？"安悦生听他的儿子这番话，也自觉高兴起来，忙插说道："两位叔叔若是不纳，这就是不爱我家重根了。”侯弼忙说道：“既是老侄这一番好意，咱们也不必推辞。”复从怀里掬出一把利刃，宝气生寒，灼灼夺目，还赠安重根道：“这也是我兄弟常佩之器，还赠老侄作一个纪念罢。”安悦生与张氏二人正想推辞，安重根一把将利刃拿在手里，跳着笑道：“我有这一把利刃，就好杀东洋小鬼了。”说罢，也不道谢，就将利刃向腰里一塞，得意非常。安悦生夫妇因爱子心切，见他的动作很古怪，也就不去拦阻。

他分别之后，不多几日，就赶到平壤，与云在霄见面，那一番亲热的景况，不再赘言。次日打发那四个乡人回仁义村，又重重的送了一份谢礼。从此云在霄就留安悦生教授他兄弟云在岫的文学，安悦生也顺代[带]自课他的安重根，倒也不十分寂寞。

再说那竹添进一郎所统辖的那许多残兵，自被吴长庆打得东逃西散，兔走乌飞，死的血肉横飞，那活的也险些要做了饿莩，因此就有许多残兵做了绿林中的好汉啦。如龙虎岭下那一伙强盗，也就是这其中所变的。那日藏在松林里面，远远见着安悦生等车儿马儿的，直奔前来，都喜这几只肥羊，已是咱们的口中食了。谁知他正在耀武扬威时节，突然来了那不做美的侯弼，与他恶战一场，打得落花流水。此时逃走了五人，当那天近黄昏时候，各向松林里一攒[钻]，逃出了罗网。直待侯弼邀着安悦生去后，浪静风平，他等复又团聚在一处，就在松林里面开了一个露天会议。为首的二人说道：“这一群小崽子，倒很利害的。想不到他们韩国人还有这样的少年，我们却不可善让他。若是这等善让他，他等的威风更足，我们又何必来谋他国土咧。”次席说道：“这事还须赶快打主意，不然他等报告官府，说咱们拦路打劫，那时就很难分辨了。”三席说道：“主意却很好想的，只是这为首的小崽子是谁，咱们也得打听了他的姓名才好交涉。”五席道：“我曾看见了一眼，他是仁义村的首户，叫做侯弼，他还有一个胞兄侯佐，听说恨[狠]有钱的。”四席说道：“有钱就更好打主意了，就说他是啸聚山林，窝藏贼盗。咱们都是行路的商人，钱财行囊货物，被他抢去不算，还杀死同行七人。还怕那些外交官吏，不定他一个死罪，赔偿咱们几十万元。”各人听说大喜，同声赞道：“此计最妙！此计最妙！咱们就是这样进行罢！”那为首的又说道：“我看还要调查确实才好。”四席说道：“这些儿小事，何必调查？就是冤死他几个人，也算不得什么大事。”为首的说道：“我并非调查他冤枉不冤枉，乃是调查仁义村里有无侯氏兄弟二人，侯氏兄弟可是有钱的富户。咱们究竟在这里不多日，倘若闹错了，岂不是一个大笑话么？”大众听他说得有理，也就赞成他这条议案道：“好在早迟他等总死在咱们手里，也不急在这两天，还是调查一回妥贴些。”议罢，各自寻了一个古庙中安身去了。

又隔了几天，调查清白，于是一同奔到黄海道交涉局里。那里任交涉局长的，叫做任忠，他乃是朴泳孝的外甥，纯粹一个亲日派。平日见金宏集、金玉均所谋的事失败，他还窃笑二金的手腕太差，自恨官卑职小，不能当权，不然他就早做张松第二了。一日他接了那五个日本兵的报告，暗庆这乃是我指日高升的机会，当即派了两个公差，叫做刘兴、陈泰，星夜赶到仁义村，逮捕侯氏兄弟。这时侯氏兄弟刚送罢安氏一家去后，各自正咀嚼那别离的滋味，那知道大祸快要临身咧！阅者看到此处，必定要抛书长叹道："天下事，好人真做不得！"侯氏兄弟若不路见不平，做这一场好人，何至于加上啸聚山林、窝藏贼盗的头衔，眼见就要生命不保咧！要晓得侯氏兄弟若不遭这番折磨，必不肯高飞远走。来日的英雄豪杰，又不能大聚会了，实则暗中还有人保护他呢。欲知后事如何，且听下回分解。

第六回　破奸计直劝良朋　设逆谋巧赚表弟

话说那交涉局长任忠得了这五个乱兵报告，一见是大日本国的交涉，他心坎里早闹得半惊半喜。若问他惊的什么缘故，喜的又是什么缘故咧，这其中却非一言所能说得透澈。要晓得他惊的缘故，是因为又惹着日本人的交涉，将来国家人民又不知要受许多的损失，复又想到"亲日派"三个字，接着又想到朴泳孝，不觉暗喜道："这不是我加官晋爵的好机会吗？我何不趁此结交几个外国人，实行我平日的主义？什么国家，什么人民，我又何必管那些闲事？"想到这里，眉头一皱，计上心来，便满脸堆着笑容道："诸位先生，不必着急，请暂在敝局小住几天，下官深知贵国人民不是无赖之辈，这必定是敝国的人民不法，下官就去缉拿严办！下官就去缉拿严办！"那五个日本浪人见任忠百般孝顺，便进前一步说道："这等事，不是'严办'两个字，能够马糊了结的。可知咱们来你等国里行商，并非是来图谋利益的，乃是来给你等维持市面、开通风气的。如今你们不知感谢，反加残害，已是不顾邦交，咱们也没有什么法律上的谈判。好在咱们的生命也损失不少，金钱也损失不少，你若能有相当的赔偿，咱们或可从感情上了结。不然，咱们只好回国诉诸武力了。若说贵国的法律，实在不敢相信的。"任忠听他这番话都是笑里藏刀，越发的惊怕，连连的称说道："是是是，且请诸位先生休息几天，一切事，没有不可遵命的。下官乃是朴泳孝外甥，一向都是很钦仰贵国的，将来下官的前程，还希望贵国政府里提拔，怎敢不尽心竭力，给诸位先生办事咧？"那五个日本浪人听他说乃一个亲日派，大众也就改换了面目，同声说道："既然是一家人，这交涉就好办了。就是咱们的希望圆满，你也可以少得些须利益的，请你快些办理罢。"

任忠听说大喜，忙收拾了一间特别招待室，将那五个浪人安置妥贴。当即派了刘兴、陈泰，率领八名差役，直奔仁义村，去逮捕侯氏兄弟。

事有凑巧，那交涉局里有一位管理文件的先生，姓黄，名唤伯雄，为人忠直多谋，也是一个志士。他与侯氏兄弟乃是总角之交，自幼就在一处玩耍，结拜为异姓兄弟。长成之后，彼此的行为意见都相合，因而交情越觉浓厚。这日那几个浪人，与任忠交涉之际，他以为又惹出什么日本人的交涉，他便暗匿在窗下窃听。忽听到侯氏兄弟啸聚山林、窝藏盗贼等话，暗吃一惊道："侯氏兄弟都是爱国好友的义士，他俩与我都是肝胆之交，怎说他是绿林赤眉之辈咧！"复又听说要逮捕他兄弟二人，接着又说了许多卖国求荣的话，黄伯雄益发暗急道："这必是他俩又有什么事儿，得罪小鬼了。咱们情如手足，却不能看着他吃苦的。"想到这里，也顾不得接听他等密谋，赶忙回到自己房里，将一切文件检点清楚，备了匹赤骆马，飞奔到仁义村。

这时侯氏兄弟，正在遥念着安氏父子，一瞥眼忽见黄伯雄已站在他俩面前，忙着起身让坐道："老大哥你怎得闲来逛逛的？哎呀，你何不早来几天，咱俩新结交一个小朋友，真算得咱们韩国的一个奇士，咱们兄弟真自愧不如。"黄伯雄一倒身，就坐在窗前那张矮榻上，也不听他俩说什么奇士能人，便低着脑袋，喘了一会气，突然问道："我且问你等，这几天你俩管些什么闲事吗？"侯氏兄弟骤然听他这般询问，彼此相觑，发了半晌怔。侯佐道："咱们兄弟俩天天坐在家里闲磕牙，并打猎也隔了许多天不去了，那里还管得什么闲事呢？"黄伯雄便将脑袋摇着道："我不相信，你俩再想一会罢。"侯弼道："就说安氏父子的事儿，也隔了许多天，打死几个小鬼，算得什么？"黄伯雄忽地立起身来问道："究竟因为什么事儿？快说快说！"侯氏兄弟听他询问的很急，已明白惹出祸事来了。侯弼便将前番的事儿细说了一遍。黄伯雄又问道："那些强盗小鬼，可全体打死了么？"侯弼道："奋斗时间，那能分辨得清白？只是杀贼的时间，仿佛他伙中有十多个人，后来事平，掩埋贼尸，却只有七人，大约漏网了四五个人也说不定。"黄伯雄一撅劣跳将起来，躲[跺]脚说道："一些儿也不错，就坏在漏网的这几个强盗。"接着就将他在窗下所听的话儿约略说了一遍，恼得侯氏兄弟气冲牛斗。侯佐便说道："事儿已闹得这个地步，料想就是害怕也怕不了的，我等生长这等国家，早就不准备善终了，何必等他来逮捕。咱们不如点齐庄丁，也还有四五百人，先将他等贼窠捣毁，杀了卖国奴与那几个小鬼强盗，然后再与他等政府里算账，就是大家拼死了，也死得冠冕。"侯弼拍手赞道："哥哥这话说得极是，事不宜迟，咱们就是这般做去。"急忙站起身，就要出庄下动员令。黄伯雄忙拦住道："事儿不是这般办的，并非我破坏你俩的义举。你等若是这般做去，必定有损无益。”侯氏兄弟同说道：“这等的世界，那能顾得什么损益厉害么？”黄伯雄忙道：“话却不是这般说的。但凡一个人为国捐躯，必先将对于国家的利害看透了，然后方可下手。自己的利害，当然不必来计较的，如今那些小鬼，一再向咱们政府里寻事，尚恐没有好机会，如今你俩因这些儿小事，与他们争斗眼前的胜利，自然他等不是你等对手，但是最后解决，他们不与咱们说话，又向政府里办交涉，可怜政府里又没有实力抵抗，免不了又是割地求和，这不是有损无益吗？”侯氏兄弟听他这般说，那一腔奋气，已平了一半下去。侯佐道：“如你所说，怎么办咧？”黄伯雄道：“若如我之见，两弟暂忍一时忿气，先避这番风波。大丈夫志在远谋，只要我心不死，总有强国的时机，可不必急在这一时片刻。”侯氏兄弟听他这番话，半晌各洒了几点英雄泪道：“不幸生在这个时候，也只好暂忍一时疼痛了。”黄伯雄又催促道：“两弟这次避祸，准备向那处藏身呢？”侯佐又想了一会道：“我有一个表叔，姓李，单名一个正字，现任平壤提法司，也是一个正直之臣。他与十三道提督云在霄友谊甚厚，安氏父子又在那里安身，我想兄弟二人去投奔表叔，或者还能够设法救国。”黄伯雄连连点头道：“此举甚好。赶忙收拾动身罢，恐怕那两个公差就要来的。”侯氏兄弟被他逼得无奈，只好检点行囊，将家中一切琐碎托付邻舍照管，然后又将他俩避祸的原因与同村的父老兄弟说了一遍，大众又代他不平了一会儿，方洒泪辞别而去。

接着黄伯雄也赶回交涉局里去了。直待次日清晨，刘兴、陈泰领着八名差役奔到仁义村，忽见侯氏的寓所业已双扉紧闭，阒寂无人，便寻问左右邻舍，方知他兄弟二人早在云在霄的麾下当差。实则侯氏兄弟尚在风尘中急急的奔走，邻舍那番应答的话，却是黄伯雄谆谆嘱咐的。彼差役那里晓得这个中秘密咧？刘兴、陈泰二差见左邻右舍都是这般说，也就不再加疑，率领那八个伙计扫兴而返。任忠见刘、陈二人复命，当时就想调兵去抄剿仁义村。复听说侯氏兄弟都在云在霄麾下，也就倒抽了一口冷气，暗忖日本人虽然不是好惹的，云在霄却也不是好惹的，只好捺住火头，一面去敷衍那几个浪人，一面将这桩案子虚悬着，不结而结。就是那几个浪人，本是想借故生风，敲一笔小小竹杠，填一填眼前的饥荒。后来见任忠十分优待，他衣食居住都很适意，虽仇人未曾捕到案，他等也落得虚悬着，多过几天快活日子，所以他等也不急急的追人了。

再说那时驻韩的日本领事乃是井上馨。那井上馨阴谋的手腕，虽然不及伊藤博文，却也没有第二人比较他强的。他这时默睹韩国的政治日渐隆盛，益非李熙的能力，乃是闵后暗助维持的。他便暗自思忖，若不设法谋害了闵后，日本的势力在韩国必无发展的地位。加着驻韩的清朝提督吴长庆又是一员能战的虎将，也算得是日本进行的障碍物。左思右想，便密奏天皇，请派委员设法将清朝拢住，一面他再设法陷害闵后。天皇接了这道奏本，当即密召伊大[藤]博文计议。伊藤博文奏道："釜底抽薪，臣早有此意，无奈使臣的人才很难物色。既然时势如此，也不能再缓，臣愿密往中国一行，见机而进，决能设法拢住他的。"天皇大喜道："若能得卿一行，这交涉越发好办了。"

伊藤博文谢恩出宫。未隔三日，就奉命往中国而去。怒涛狂浪之中，不多几日，就到了天津商埠。此时李鸿章业已开复出山，仍任北洋大臣之职。伊藤博文晋谒李鸿章，又将什么维持东亚和平，什么中日亲善的热米汤一盏一盏向李鸿章嘴巴里直灌，灌得李二先生头昏目眩，自己拿不住主张。渐次谈到韩国，他就引证韩国迭次内乱，如何不能够自治，如何不能够自强，说得天花乱坠，最后就要求日清两国互相派兵援助，彼此立定条约，各自遵守，各自维持。李鸿章听他说得很有条理，便马马糊糊，与他定了一个互相维持的条约，早就将那高丽乃中国附属国，附属国不应受他国保护的事儿忘怀了。其时清帝本不知这其中的利害，一任大丞相画了十字，就算将这附属国的利权白白的送去了一半。所以甲午战后，国人多埋怨李二先生，这也是他有自取之道咧。

那伊藤博文得了这一个条约，心满意足，归国后就此放开手段，拼命的图韩。接说井上馨得了中日条约的消息，越发大胆进行，当日就大开筵宴，将满城的亲日派都请到了，借说是联络感情，就在领事府里畅饮了一夕。直待酒阑人散的时候，井上馨便向朴泳孝、郑秉夏二人使了一个眼色，朴、郑二人也知他有密事商量，便退后一步。井上馨将诸位宾客送过之后，复将朴、郑二人引到一间议事室里。各自入座，井上馨便咳嗽了两声，将肩头耸了两耸，嘻嘻笑道："今挽留二位大人，并无特别的原故，还是因贵国政治上的关系。你想这几年迭遭内乱，若是政治上略有条理，何至如此咧？敝国的侨民商业，屡次无故的遭殃，真因彼此都是唇齿之邦，不忍心调兵前来交涉的。若是欧美各国，早就调兵打得你们国里，血肉横飞，还不知你等属于何国咧。嗐，这些外交上的事，倒也算不得什么，但是贵国的内政常此紊乱，终非良策。你们贵国的大皇帝，却是一个有道明君，无奈皇后太好自用了，牝鸡司晨，乃不祥之兆。我看贵国紊乱，就是害在闵后一人身上。若论两兄的宏才，真能够文可安邦，武可定国，若在敝国，早列于五爵之首，怎能让你闲处在草野间咧！并非我说一句不平的话，这全害在闵后一人手里。这与两位大人的得失，却很有限，但是关系一国的盛衰隆替，却很不小的。两位大人纵不为个人官禄计，也应当为国家存亡计，想个方法，除了这一大害才是。"朴泳孝、郑秉夏二人听他这一番挑拨，真是感激得五体投地，伏在地席上碰了几个头，连声说道："这真是金玉之言，晚生等真心感不尽了。”井上馨便拈着两撇八字胡儿笑道：“我这个人是很尊崇友谊，彼此相交情厚，什么利害事儿，我是都肯直说的，并且还能量力帮助。”朴郑二人听说，越发的钦心。朴泳孝接着叹了一声长气道：“晚生何尝不知为害，扰乱国政。慢说国事紊乱，应当早除这害物，就是二金失败之仇，我等不能扬眉吐气之恨，也想早一时将他害死，方算得遂心。”郑秉夏道：“我也是这样的暗想，无奈大权都掌在他们的私党手里，捆得咱们手无缚鸡之力，怎能进行咧？”井上馨狂笑道：“谋事在人。如这等事，也用不着千军万马长枪大戟的攻击他，就是荆轲、聂政之流，豫让、专诸之辈，匹夫之勇，就能够死他的。”郑秉夏道：“法儿却是想得很妙。如这等人，一时又向何处寻找咧？”井上馨笑道：“重赏之下，必有勇夫。你若能舍得花钱，自然有人舍得拼命的。”这一句话，猛将朴泳孝提醒，一撅劣站起身说道：“我有一个人，这个人是千妥万妥的。妙！妙！我就是这个办法！我就是这个办法！”说时将两手直搓，眉毛眼珠儿都笑的生彩。井上馨与郑秉夏二人见他这般发狂，已知他心坎里早想定了一个刺客。但是这个刺客毕竟是谁，他俩都还夹在闷葫芦里，不能明白，于是四只眼珠儿觑定他发了一回狂。井上馨忍耐不住，便询问道：“你究竟有个什么办法咧？”朴泳孝又伸头向左右瞅了几眼，见屋内只有他三人，复又悄声说道：“我有一个表弟，叫做霍建修，现在宫门充头等武卫之职。我这桩事，若是托他去办理，岂不是百发百中吗？”井上馨又问道：“如今可时常往来，一向可是同志咧？”朴泳孝道：“往来是自他进宫之后就很疏淡了。若说到行为上，他虽不是同志，却也不反对咱们宗旨的。”井上馨将脑袋摇着道：“不妥，不妥！如今这个年头，父子兄弟尚有异心，亲戚那能说靠得住咧？如他所站的这等地位，确是再好也没有了。我看办这些事，不必用什么感情去笼络，简直公事公办，用金钱去做大炮，没有轰不动他心的。”郑秉夏道：“这话说得不错。咱们既然办大事，也不惜这几个金钱，还是与你们令亲说明白妥当些。”朴泳孝便将眉头一皱，尚未开口，井上馨已明白他的心事，忙说道：“你尽管大胆去商量。若金钱不能凑手，我拼命也得给你设法，并非我有野心，实在咱们朋友的关系，这时若不帮忙，还到什么时候帮忙呢？”朴泳孝忙展开眉头大喜道：“果能蒙你老人家金钱上帮助，这事就不怕不成了。”谈着说着，业已夜阑，朴、郑二人方告辞返寓。

次日清晨，朴泳孝忙奔到霍建修私邸。可巧这日正请了一天病假，躺在家里休息，忽然门丁报道：“朴表老爷来了。”霍建修顿吃一惊，暗忖朴泳孝他与我虽是表兄弟，但是许久不通往来的，听说他业已入了亲日党，这早来访我，必定有鬼谋。正想招呼门丁挡驾，忽见门帘儿一闪，他那可憎的老表兄业已闯进房门。霍建修满肚皮不乐意，只好改了一个笑容，勉强去敷衍他，便迎着彼此入了座。朴泳孝道："老弟，咱俩好久不见了。我总想时常来看看你，并非我的事忙，实在恐怕你的事多，没有闲暇。好在我又是闲着，平常最不会势利的，想老弟也可以原谅。"霍建修笑道："老大哥你这句话可真说外了，我乃是你的表弟，应当我时时到尊府请安才是道理，怎能说见怪老大哥呢？"二人又虚套了一会，渐渐谈到国事上。霍建修早知他是一个亲日派，便不好在他的面前夸奖闵后的贤能，当时改换了一种口气，长叹了一声道："嗐，如今国事不谈也罢，闹得不男不女的，也不知是一套什么把戏。还是老大哥有先见之明，不问朝事，倒也享受得些须山林的真正乐趣。如小弟天天做一条看门狗，眼见许多不平正的事，若直说又没有那说话的资格，若是不说，实在心坎里闷得有些难受。似这等说不出来的苦味儿，还不知尝到那一天才出头咧！我若不是被妻孥儿女许多官亲官眷拖累着，我早就甩开穷忙，奔回家吃老米饭去了。"霍建修洋洋洒洒，发了这一篇大议论，一半虽是随嘴敷衍他老表儿，一半却也是他自己的牢骚话。因为跟着新帝辛苦了几年，与他同时的朋友都直上青云，心满意足，只有他还是一个把门大将军，所以心坎里总有抱屈，不因不由的就发泄出来。但是听到朴泳孝的耳朵眼里，就简直当他是一种肺腑之言，听着也不知怎样的快活，暗忖我何不趁此打动他，不难攒[钻]进我的圈套。欲知朴泳孝如何去打动他，且听下回分解。

第七回　卖国奴谋杀闵后　昧心贼舞弄韩王

话说朴泳孝听了霍建修那番话，顿时跳起来笑道："老弟，你可是说的真心话么？"霍建修见他骤然跳起来，业已吃了一惊，复又听他问了这句没头没尾的话，越发闹得不清白，便接着说道："咦，老大哥，你这句话问得真稀奇，我几时说过假话的？我生来就是一条直肠子，不知什么叫做假话，难道对着老大哥说话，还要改换我的本性么？"朴泳孝笑道："你果然有这一团真意，我敢向你夸句嘴，管保你立时就能够升官发财。"霍建修听说"升官发财"四个字，也就将最初厌恶他的念头忘坏[怀]了，不觉眼底一清，精神顿振，好像周身也不疲倦，笑着说道："我早就算就老大哥多日不来，忽地今天光临，必定有什么喜信见示的，果然小弟能够升官发财，真是生当衔环，死当结草，就感谢老大哥不尽了。"复问道："不知是什么事儿，可能够告知一二么？"朴泳孝见他急急的询问原故，已知他的心有些儿活动了，但是心里总不敢直说出来，恐怕临时变卦，反弄巧成拙。于是左思右想，疑难了半晌，突然询问道："老弟，我先请问你一两个困难问题。譬如咱们这个国家已亡了，你持如何的态度咧？"霍建修想了片刻道："这国家也不是我一个人的私产，果真大家都情愿亡国，我又何必不情愿咧。"

朴泳孝道："譬如别人杀了咱们的大皇帝或是皇后，你又持如何态度咧？"霍建修道："国家都能够情愿亡，这皇帝皇后又有什么不情愿牺牲？"朴泳孝忽将两眼觑定霍建修道："譬如别人使金钱买你做刺客，你便如何咧？"霍建修忽听这句话，脸色顿时变作灰白色，半晌方说道："这个么，也要量代价的厚薄。"朴泳孝顿时将脸色沉下来，一把封着霍建修的领口，冷笑了两声道："好得很，好得很，这该被我探听着了。咱们到皇宫里说理去，看你有多大的威风。"说时拖着霍建修就走，霍建修被他这一吓，心坎里倒有些忐忑不安，便哭丧着脸儿说道："这不过是一句顽笑话，老大哥你就是这样的保举我么？就是将我问了罪，你又有什么好处？若说升官发财，用不着我给你做垫子，你们亲日派的势力很大，将来还怕没有官做，没有财发吗？"朴泳孝这才止住脚步儿，很很[狠狠]的说道："你若求我，不与你为难，但是我有一种交换，须要求你助我一臂。"霍建修道："你快些说罢，我总是能够遵命的。"朴泳孝便将眉头竖起道："就是要你去做刺客。"霍建修顿吃一惊道："那有这一桩事儿？你少要闹玩笑罢。"朴泳孝道："谁与你闹玩笑，你若情愿，咱们就设法进行，那升官发财等事儿，管保你如愿；你若不情愿，我也不能勉强你。"说时又去封霍建修的领口道："咱们还是到宫里去说理罢。"霍建修实在被他闹得无法道："你何必这般性急咧？倒底是一桩什么事儿，刺杀的是谁，手续上应当如何的进行，咱们也得研究研究。怎能不分青红皂白，就这般进行咧？"朴泳孝道："这些还是第二步的计划，如今第一步须解决你肯与不肯的问题。"霍建修听说，又默忖了许久，方决然说道："无论什么事，我都可办。只是我办了这桩事儿，乃是牺牲一切去冒险的，倘若事儿失败了，应如何设法养我的家？事儿侥幸成功了，应如何的奖酬？我只求比较做看门狗胜些，我就是牺牲了性命也是情愿的。"朴泳孝大喜道："这都容易办理。倘若事败，我筹十万元给你养家；若是成功，必加谢你一个爵位。你可情愿么？"霍建修想了片刻道："这就没有问题了。但是未进行之先，须双方立一个合同，还要请你筹二万元的安家费。并非我不相信你老大哥，这也是手续上关系。"朴泳孝又想道："筹二万元的安家费，却不甚难。只是这合同的手续，我看可以从缓。"霍建修正明白他的心理，忙说道："你莫要不放心，我决不拿你这个合同去邀功的。你真不相信，我也有一个合同给你。再不然打了合同之后，就将家眷交给你。这该可以放心罢？"朴泳孝一想这个办法却狠好。那时天色业已过午，朴泳孝便站起身来说道："横竖总不是今天的事，咱们明天再会罢。"说着，反身就告辞要走，霍建修一把拉住道："究竟是谁，究竟是谁？这时该可以说明了。"朴泳孝佯作不解道："不瞒你说，这也不是我的事，我这时尚不知是谁咧，好在明天咱们总得见面的，这桩事无论如何，我决不再寻找第二个人的。”霍建修见他不愿说出来，也就不便追问。打量这桩事儿，与闵后总有些关系，他也决寻不着第二个人。二人这才散去。

朴泳孝别了霍建修，也顾不得回寓，忙邀了郑秉夏一直去访井上馨。朴泳孝便将运动霍建修的事仔细说了一遍，又加了许多艰难困苦的话儿横插在事里说出来，仿佛是替代井上馨做事的。最后说到办法，朴泳孝便说道：“他的欲望甚大，他想此事若失败了，他若保全不了生命，必须筹给他养家费二十万，若是成功也得酬他廿万元，还要赏给他一个爵位。眼前做事，就要先支给他五万元，方能够进行。”井上馨便将眉头一皱道：“要求却算不得过分。只是你们贵国皇后的身价，恐怕值不了这许多罢？”郑秉夏忙说道：“我也很觉他的欲望太奢，不过是这等大事，却也很不易办的。一劳永逸，就是这等要求，也只好将就他些儿。”井上馨半晌不作声，又问道：“可与他立订契约咧？”朴泳孝道：“这是当然的手续。”井上馨忙问道：“咱们这方面是谁人咧？”朴泳孝道：“这事特来请示的。”井上馨道：“我看这等事不必牵上外交，由你们两人画押就得了。你俩请放心，我无有不暗助的。”朴泳孝又询问道：“这一笔经费如何？”井上馨又想了半晌方说道：“我代你们借一万元罢。”朴泳孝大失所望，便与郑秉夏二人发了一会怔，彼此都啧啧的说道：“这怎么办？这怎么办？”井上馨见他俩那般形状，实在难看，慢慢的问道：“难道你俩一个大钱也筹不着吗？”朴、郑二人同说道：“咱俩出了宦途，赋闲这许久，不做官那得有钱呢？若是有钱，咱们早就进行了。”井上馨叹了一口长气道：“嗐，可见得官是不可不做的。中国人说，不怕一日无钱，就怕一日无权，这句话说得真不错。闲话也不必多说了，目前的进行费，我担任借给你们罢。后来的事，你们要自己打主意的。”朴泳孝还要接说下去，郑秉夏忙向他使了一个眼色，朴泳孝这才不作声。二人辞了井上馨，一同前去进行。走出领事府大门，朴泳孝便摇着脑袋道：“小鬼办事真利害，明明他承认我经济上可以任意活动的，如今他居然不认话了。”郑秉夏埋怨道：“你就是这般不伶巧，如今弄着一个是一个，何必思前想后的空打算？将来大事成功，有的是金钱，咱们也不必去求他。”朴泳孝道：“倘若失败了咧？”郑秉夏道：“两条腿是活的，什么地方跑不了？”朴泳孝被他说得闭口无言。当晚二人就与霍建修订了刺杀闵后的合同，各自秘密的进行。

一日霍建修奔到朴泳孝的寓所里，慌慌张张的说道：“事儿已有了一个好机会，就在这几天可以成功，你快些秘密的运动军队前来助威，倘若我的事败，也好逃一条性命出来。”朴泳孝连连应允，忙着四方奔走。这也是活该闵后遭劫，汉京城里，自吴长庆一战之后，加着闵氏兄弟同时殉难，御前的军队寥若晨星，就有些须，也不过虚张声势，摆一摆样子好看的。可巧那统辖兵权的金大昌，虽然挂了一个后党的招牌，实则还是一个亲日派，日常不断与朴泳孝等往来。此时朴泳孝忽然想着金大昌，当时就设法运动他去助威。似那等两头蛇，只要有重重的金钱去运动他，没有不指挥如意的。所以不劳什么唇舌之力，金大昌已死心塌地的帮助他了。

皓月一轮，空悬天表，维时正是中秋时候，桂子飘香，槐花吐艳。那韩宫深院之中，百花献瑞，寒露瀼瀼，晚风习习。那金阙玉阶之下，一阵一阵的秋蛰，叫得凄凄戚戚，好像预先哀悼闵后似的。绿草平铺，娇嫩欲滴，直似一幅织锦氍毹。

闵后夜来无事，便领着四个宫娥徘徊在草茵之上赏月。两眼觑定那一丸冷月道："这月儿圆得真可爱，若能长悬在天空，不遭云遮雾掩，千载团圆，那就分外有趣了。可惜它一月能得几回圆，日常还遭云雾遮掩，可见'幸福'两个字万难圆满。人间天上，都是相同的了。"他正在呆想的时候，忽听阶下一阵秋蛩声唧唧的，叫得人不耐听，仿佛千条万缕的愁绪被它牵动，兜上心来。一时又想到国事，一时又想到家事。一时又想到君王懦弱，不能扫尽妖魔；一时又想到时事艰难，不能刷新政治。那种种的思潮，直从他的脑海里灌去，都觉没有什么快意的事儿，顿时将那一所大好园林，都变做凄凉惨淡的景况。想着走着，不觉已踱过花阴，迎面只见有十数株松柏，路旁还有一方石井，苔痕砌满了井栏，斓斑可爱。

闵后正靠在一堆假山石畔，忽见松林内一闪跳出十来个大汉，都是赳赳武夫的形状，直扑闵后而来。闵后心知不妙，忙转身回走，谁知早被那些大汉捉住了两臂，失却行动自由。再说那四个宫娥，也被那些大汉擒住了两个，所逃去的，便飞报到后宫去了。

此时闵后以及两个宫娥，被那十来个大汉捉住，早吓得魂飞天外，战兢兢的一个字也说不出来，白睁着六只秋波似的媚眼儿，只见那十来个大汉将他等两臂反剪，横竖捆着有许多麻绳。还是闵后的胆力少壮些，此时业已视死如归，料想是求活不得了，便大声向众人说道："我这时也不多说了，倒底我因甚中仇于你等？你等究竟是什么人？因为什么事儿这般恨我？望你等简单告知我几句，我就是死了，也还死得个明白。果然是我的差错，我死后的幽魂也好忏悔的。"那群大汉都垂头不语，仍是恶狠狠的结绳头儿。忽大众之中，闪出一个少年，周身乃是武卫的打扮。闵后一眼瞥见，原来就是霍建修。闵后大异道："我待你并不薄，你如何这般报答我呢？你就有什么艰难，也应当向我直说，何必施这等手段！你扪心想一想，怎能够进宫供职的？嗐，我待你的恩惠，你就一概抹煞了吗？"霍建修猛听闵后这番话，良心顿觉发现，脸色一红，就想解放了闵后。复又想道，擒虎容易放虎难，我若将他放了，一面有生命之忧，一面还得不着偌大的权利。想到“权利”的两个字，那良心又不见了。便将牙龈咬紧，脑袋一偏道：“从前许多的旧话，可不必说罢。我也不是好意害你的，这也是无可如何，你也不必怪我，只怪你与亲日派太反对的原故。如今就是你自觉转来，也来不及啦，还是请皇后早早升天，臣今报厚待之恩，不加刀斧就是了。”说罢，也不由闵妃分辨，便叫了一个“下”字，只听嘈咚咕咚咕咚三声，那许多大汉就将闵后及两个宫娥塞进了古井。于是薛涛、银瓶、张丽华诸人，不能专美于前，而闵后及那两个宫娥，已向大罗天上飞去。虽然不能享受那皇室的荣华，却也不受那亡国的痛苦了。

霍建修率领他的亲信爪牙，将闵后等结果之后，依然不慌不忙的混出宫门。那两个逃走了的宫娥，奔到李熙的御案前面，哭奏了一番，吓得李熙只将眉头皱起，连连的说道：“这怎么好！这怎么好！”他也不派人去救闵后，也不派人去捉捕凶人，呆呆的只管发怔。还是两个宫娥奏道：“娘娘现在万急之际，我主应当派人去救护要紧。”李熙便将眉头展开笑道：“娘娘还未死么？你等何不早说咧？”当时派了四十名御前的武卫奔到御花园里，八方的搜捡了一会。慢说没见有一个凶人，并闵后及两个宫娥的影儿也没曾见着。迨搜到那松林之下，古井之侧，忽见宫人们所插载的钗钿散掷在地面上，大众由此猜疑娘娘与两个宫娥必定死在井里。于是有那奋勇的武卫，攀着一条麻绳下井打淘，半晌果然得了三个尸身，早已冷得澈骨。一时宫里闹得人倒马翻，纷纷的八方捉拿凶犯。那里晓得凶犯还混在他们伙子里做好人咧？混闹了半晌，看看夜色已深，只好将闵后的尸身扛进了正宫，一面准备办理丧事，一面传召满朝的文武百官，追究那谋杀皇后的凶犯。

一时满城风雨，没有人不说是宫里出了妖魔。就是那些文武百官知道其中原故的，都暗自笑得肚皮疼；那不知其中原故的，也是狐疑不解，彼此都秃着嘴巴发怔。召见了一会，直到天色大明，依然没有一个结果。班中只有一个老臣寇儒臣，他乃是闵后的党羽，忠心爱国，真是在韩国朝政之下数一数二的，当时也在召见之列，班中见群臣都默默无言，心坎里老大不乐意，暗忖道：“亲日派的奸党，可不去论他，他一向是卖国求荣，反对闵后的。但是平时受闵后雨露之恩的群臣，这时也不敢出头说话么？唏，人情淡薄，也太难堪了。”复又想闵后死得离奇，这必定是亲日派买通宫里的奸细陷害他的。想到这里，就想出班参劾那些亲日派的群臣。忽地灵机一动，暗忖道：“哎呀，我险些又将事儿冒失了。我如今是孤掌难鸣，空拳莫敌，只有一个侄儿，虽是个中将，并未掌什么兵权。倘若我做了众矢之的，白白把老命送掉，于事无济，岂不又做了一个冤鬼吗？还是回家从长计议的好。”想到这里，也就将嘴巴秃住了。

散朝回去时，已赤日当空。他也顾不得什么吃喝，忙将他的侄儿寇本良叫到房里，便悄声说道：“如今闵后业已被人谋死了，早晚朝政不定有什么大变故。我给你一封密书，你赶快奔到平壤云叔叔辕门，请他赶快的拨兵护驾要紧。”寇本良道：“侄儿几时动身咧？”寇儒臣道：“即刻就要登程！”说时就拈笔写了一封颁兵求救的密书，交给了寇本良。说也古怪，寇儒臣有一个儿子，叫做寇本峰，年纪才一十八岁，平日与本良兄弟二人十分的友爱，真是形影都不肯远离一步。如今听说他哥哥要到云叔叔那里去，他也不明白因为什么事儿，拼死拼活要拖着同去。寇儒臣一再的阻拦，他总不相信。寇儒臣复想到汉京的市面，打量是不能够平安的，让他去避两天风浪也好，也就不十分的拘禁他。于是寇本峰欢天喜地的，跟着他的哥哥本良一同去了。一路上那敢少停，真似人不扎眼，马不停蹄，飞也似的奔去。因而记者的笔头儿也追赶不上，只好将他暂且不提。

再说霍建修的那一番作恶景况。当霍建修率领八个亲信的爪牙进宫的时节，朴泳孝、郑秉夏二人业已暗藏在宫门霍建修的休息室里，准备大事失败后，他等好去调兵。不多一会，只见霍建修横眉竖眼的，笑嘻嘻的奔进房，一口气吁吁的喘个不住。刚才坐下身，朴泳孝忙道：“如何？”霍建修点着脑袋道：“妥贴了。”朴泳孝道：“可要去调兵助威么？”霍建修忙拦阻道：“我做得狠干净的，还是不露形迹的好。”朴、郑二人忙向霍建修拱着手道：“恭喜恭喜！”忽听后宫一片喧嚷，霍建修已知这事发动了，忙催朴、郑二人出宫道：“你们赶忙去罢，有事咱们明天再计较，我还要进去混混咧。”朴、郑二人那敢怠慢，趁着乱声之中溜出了宫门。接着李熙下了一道密旨，选了四十名武卫进宫捉拿凶犯。这时霍建修也混在里面，胡闹了一回。然后传召文武百官，他也混在其内。那时见文武百官都默默无言，始终不曾说出什么道理，只有老臣寇儒臣站在一旁，怒目横瞋，仿佛要给闵后报仇雪忿的模样。虽然见他也没有什么动作，但是见他那一番形状，很觉不好看的，由此就将他记在心坎里。散朝之后，他就奔到朴泳孝处，密议他等亲日派的进行办法。欲知后事如何，且听下回分解。

第八回　冤外冤惨杀老臣　计中计残害大将

话说霍建修见大功业已告成，那无边的风浪，眼前总算是平静了，次晚就抽了一刻的闲空，就奔到朴泳孝的寓所里，一则是想算那笔酬功的账，一则也想密谋那接续进行的办法。朴泳孝见霍建修来访他，当时迎到一间秘密室里，彼此落了座，朴泳孝忙问道：“昨晚召见群臣，可讨论得什么办法呢？”霍建修笑道："谁也不敢说一句话。我看这也是他们见机，如今大树已倒，寒鸦失荫，他们自然顺着风头，俯首归降，当真谁不晓得保全性命吗？"朴泳孝也笑道："将来未必能遂他等心愿罢！似这等东西两面倒的奴才，终久总要使他尝尝滋味，方晓得咱们的利害。"霍建修听说，禁不住脸上飞霞，半晌，方说道："人非圣贤，谁能无过？日后真是他们能热心给咱们办事，又何必计较前非呢？"此时朴泳孝也自觉话儿说唐突了，赶忙掉转说道："那不过是防备他等变心的办法。"

二人又默坐了片刻，朴泳孝也不提那酬金的事，霍建修实在忍耐不住道："老大哥那一笔经费如何办法咧？"朴泳孝佯作不懂道："还有什么经费？前次不是过了手么？"霍建修听说大异，暗忖道："咦，过河拆桥的本领真不差。"想着便从鼻孔里哼了两声道："我却也不是一个好孩子，有条约的交涉，总好办的，大不了我再牺牲一条生命，也算不得什么！"朴泳孝冷笑道："眼见就是要升官的，这几个钱也值得拼命吗？"霍建修道："咱们为的是什么？我又与闵后有甚仇恨？做官又为的是什么呢？眼见这等乱世，还不知闹到什么样儿，后来的事多得紧，我幸喜没曾说出来，咱们再走着看罢。"说时脸色沉下来，翻身就要告辞，复又自言自语道："我狠赞成他们举动的。"朴泳孝猛听这句话，顿时满脸堆着笑容道："老兄弟咱俩闹顽笑的，你当真动气吗？"说时，就在怀里掏出一张八万元的日本银行支票给霍建修，道，"谁敢少得你一个咧。"霍建修一见那张支票，两只眼珠儿睩睩的转了两回，早将那一肚皮的穷气转下去了，忙接了那张支票，将收讫的手续完结清楚。二人复归原座。朴泳孝道："那一个爵位，却不能一时半刻给你的。"霍建修也笑道："这乃是大权在手的事儿，谁来这时逼你？"二人说说笑笑，朴泳孝复又询问道："究竟那些后党的人，如今失去了长城之靠，未必能如此甘心罢？"霍建修道："别人却没有什么动静，只有那老贼寇儒臣，他在群臣班中竖眉瞪眼的，狠流露些不平的形色。我看这个老不死的，必定要来破坏咱们的大事。"朴泳孝听说"寇儒臣"三字，顿时将两眼瞪着道："这个老东西还不死吗？他就是不与咱们为难，我也得想个法儿杀他才好，给金玉均那一班烈士雪愤咧。"霍建修道："不错，金玉均那一伙同志都是他监斩的。听说他狠反对亲日派，咱们若不趁着这个机会，设法将他除了，终久是咱们之害。"朴泳孝忽又皱着眉头道："难！难！他有一个侄儿，叫做本良，也是一个军人，听说他的能力不小。他还有一个儿子，叫做本峰，也是一条好汉。咱们若将这个老贼害死，那两个小汉子岂不要来报仇？"霍建修笑道："这一次要害他，还不是害得他灭门绝户，鸡犬不留？本良他虽然是一个军人，如今也没有兵权掌在手里，怕他怎的！"朴泳孝忽又说道："哎呀，险些又将事儿做差错了，那老贼他与云在霄的私交甚厚。云在霄如今拥兵十万，坐镇平壤，倘若恼了云在霄，如何抵挡得住呢？我看这桩事儿，须得特别想个妙法方妥。”

霍建修听说，狂笑了一阵。正待接说下去，忽听门外一阵木屐声，接着一个人问道：“朴先生可睡了吗？”朴泳孝一听那人的声音，知道是井上馨来访，他忙截断了话头，迎出房门道：“还没有睡呢，还没有睡呢。”便将井上馨迎进房，朴泳孝复又给霍建修介绍了，彼此行了一个握手礼，都虚套了一番你钦我慕的客气话。井上馨复又夸奖道：“霍先生你真算得是一个大英雄、大豪杰，贵国若能多出几个如先生这般勇义的人，何怕不能够强国咧？”霍建修听得越发高兴。又谈了许多闲话，井上馨便问朴泳孝说道：“如今霍先生也不是外人，咱们不妨再计划一两桩进行的事。贵国的大害，业已除了，然以我的眼光看去，汉京内外并未驻多兵，就是闵后的几个私党，现在已失了护庇，打量不能兴波鼓浪，眼前的政局，是没有什么大变的。何不趁着这个好机会进前一步，将政治上的大权夺在手里，将来一切的事，就易如反掌了。”朴泳孝大喜道：“晚生正在与霍表弟磋商，总想不出一个好方法，大人可能赐教一二咧？”井上馨笑道：“这时也没有别的方法，驱逐余孽，夺回政权，是最要紧的。但是驱逐余孽，那些能说不能做的卿士大夫，还不十分障碍，只要咱们的势力膨胀，不怕他不俯首归降。倒是那些提督大将军，拥兵自卫，却狠不容易敷衍的。类如云在霄拥兵十万，又是后党的强健份子，若不想一个法儿将他推倒了，将来为害怕还比较闵后强得多咧。”朴泳孝忙答道：“咱们正在这里计较，只可惜想不出一个好法儿。”复又将寇儒臣那一番的景况，又向井上馨说了一遍，井上馨道：“这正是一个好机会，我看最好想个法儿将他等一网打尽。这桩事还得快快的设法，不然恐怕他们掉转头来，那就有力也无处使了。”说得朴、霍二人都暗自佩服。稍停，朴泳孝说道：“这番若再用暗杀的政策，恐怕不易得手。”井上馨笑道：“何必用暗杀？我看最好在‘倾陷’两个字上做文章，是最妙的。譬如这次闵后被害，朝野人士都知是被人谋杀的，但是他们并不知凶犯是谁，何妨就在这个上面耍些儿手腕呢？”这句话猛将霍建修提醒，当即抢着说道：“我却有一个绝妙主意了。如今主子不是要急急的逮捕凶犯吗？咱们何妨捏造一封假信，作云在霄给寇儒臣的口气，就说云在霄暗约寇儒臣刺杀闵后，然后云在霄领兵反攻汉京，威迫今上退位，云在霄接登大宝，寇儒臣任国务大臣，还要杀尽李氏等话。写得有条有理的，迨今上朝见的时节，就由大哥叩阍上奏，还怕那云、寇二贼不杀得灭门绝户吗？”井、朴二人听说，同声大喜道：“此计妙极！此计妙极！赶快的照此去做罢。”霍建修当时就起了一个信稿儿，朴泳孝就招呼他的一个亲信书记抄写齐备，彼此又研究上朝那一番应对的话儿。夜色已阑，井霍二人才告辞去了。

次日清晨，李熙临朝，文武百官都围在御案前面，参议闵后办丧的事务，并研究那逮捕凶犯的法儿。忽见霍建修趋前跪奏道:“今有朴泳孝叩阍,说有紧急的要事须面奏万岁。”李熙听说,默想了一会道:“什么朴泳孝?朕就没曾听说过这个名儿。”霍建修奏道:“草野之臣,许久未曾朝拜的。”李熙道:“既然他有要事叩阍,召他上殿。”霍建修奉旨,将朴泳孝带领上殿。大礼参罢,朴泳孝便将那一封假信献上御案道:“臣该万死,只因这一封书信,关系狠大,故敢冒昧叩阍。”奏罢,又碰了几个头,跪在案侧。李熙将那一封假信看了一遍,龙颜大怒,便问道:“朴泳孝,你是从那里得来的?”朴泳孝奏道:“臣昨晚自外归寓,路过寇儒臣后院,偶拾得一封开口的书信,回寓拆开一看,方知有绝大的关系,故敢冒死上奏,伏乞圣裁。”李熙道:“原来你是一个爱国忠臣。”转脸向左右看去,可巧寇儒臣这一次未曾列班,李熙益发动怒道:“哦,怪不得这个老贼不来朝参,乃是藏在家里做这等鬼事。”当时派了四十名御前武卫,随同朴泳孝逮捕寇儒臣就地正法。朴泳孝复又碰头奏道:“寇儒臣有一儿一侄,皆是善战多谋之将,若不除去,恐有后患。”李熙道:“无论什么子侄,全家问斩就是了。”朴泳孝碰头谢恩,带领四十名武卫,一溜烟就奔到寇儒臣的住宅。大众都是弓上弦,刀出鞘,威风凛凛,杀气昂昂,就将寇儒臣的前后门围得如铁桶一般,早截断了出入的路径。此时寇儒臣盥沐已毕,正在他那间办公室里,还痴心妄想,要给闵后报仇,那里晓得“莫须有”三字埋冤,已惹了灭门之祸咧!

闲话不说,且说寇儒臣坐在案前,独自默默的发怔,暗忖他的侄儿两个这时想已到了平壤,云在霄若得了这个凶耗,必定怒发冲冠,要调齐人马前来,扫尽妖氛,救我主子急难的。那时将一般亲日派枭首示众,一切丧辱国体的条约恢复转来,白头山下,高树一面八卦旗,合我等二千万人民,欢呼“大韩万岁”!我想闵后他虽遭惨死,也死在九泉是含笑的。想到这里,不觉眉飞色舞,好像许多人都围在一处,欢呼“大韩万岁”的样儿。忽见那两个门丁寇珍、寇宝慌慌张张的奔进来,吁吁喘着道:“禀告老爷,大大大事不不好了!”寇儒臣吃惊道:“什么事呢?”寇珍道:“今有朴泳孝带领四十名御前武卫,将前后门紧紧的围住,他说老爷是谋害闵后的正凶,如今已奉圣命,要全家问斩。”

寇儒臣听说大惊,正待发言的时候,那些如狼似虎的御前武卫直扑进来,已将寇儒臣两臂反剪。再看朴泳孝圆睁着两只鼠眼,高撅着两撇虾须,洋洋得意道:“寇大人,事儿既闹到这步地位,只怪你当初不该那般胡闹,如今追悔也来不及了。”寇儒臣一见朴泳孝,就知这桩事儿,是中了亲日派的奸计,越发的忿怒道:“原来是你这个狗子来拿我,好好的大韩国,就亡在你等卖国奴手里。如今将闵后害死,还要将我等谋害。”朴泳孝不待他说完,便冷笑道:“你等将死的囚犯,还敢在钦命大臣的面前弄嘴么?顺我者昌,逆我者亡,如今你就是顺我，我也用不着你等！老奴还敢这等的逞强吗？”复又吩咐左右道：“押了走！”这一声吩咐，大众就将寇儒臣横拖竖拽直向法场飞奔而走。朴泳孝又带领许多武卫，在他的前厅后院搜掠了一番。那些金银财宝，被朴泳孝搜得颗粒俱无，自不必说，就是那些鸡儿狗儿，也被他等闹得魂飞魄散。不多一会，寇儒臣的全眷二十三人，已被他逮捕了二十一口，一同拖到法场。慢说身受痛苦如寇儒臣的那些妻孥婢仆，都闹得呼天不灵，吁地不应，就是那沿街争看热闹的老少男女，都是一个一个愁着眉头，暗代寇儒臣叫屈道：“寇大人他乃是一个热心爱国的大大忠臣，如何也遭这等惨劫？可见世界上的好人，真做不得。难道说世界上的好人，都是要遭惨劫的么？怨不得世界上做好人的少，做歹人的多咧！”又有人替代慨叹道：“如那爱民爱国的皇后，尚且无故被害，似这等忠心赤胆的老臣，自然也容留不住的。”这个如此的想，那个如彼的想，都给寇儒臣不平，但是都闷在心坎里，不敢作响一声。那片愁云惨雾，团团把个汉京笼住，也不知何等的凄凉！如寇儒臣身处其中，尚不知若何的苦恼！

那知寇儒臣进了法场，一眼瞥见他的妻孥婢仆都被绑在左右，便仰天狂笑了一阵，连声说了两个“好”字，接着又说了两声“干净”。其中就有他的夫人白氏，低头挂了两行眼泪，淡淡的叹了一口气，忽被寇儒臣瞅着，大怒道：“生死人人都有一定的，这算什么！难得这般热闹，咱们还死在自己人的手里，还不值得吗？生在这等时节，活着的人那如死着的人快乐呢？”说时又狂笑了一阵。朴泳孝见他这般形状，便嘻嘻的冷笑道：“寇大人你可记得监斩金玉均那许多烈士吗？还是那般威武，还是这般威武咧！”寇儒臣笑道：“那时有那时的威武，这时有这时的威武。只愿你将来的收场，能如我这等干净，就算是万幸的了！”朴泳孝笑道：“你死在眼前，还不自悔吗？”寇儒臣道：“我无事可悔，我的身躯虽死，我的灵魂却不死。我虽看不着你等收场，你却有追想我的日子咧！”说时又狂笑了一阵。朴泳孝听他说得实在讨厌：“你到临死还不自觉悟，真算得是一副铁骨头。”寇儒臣道：“这才算得是男儿的价值咧！”朴泳孝也不去理会他，吩咐绑上断头台。不多一会，都魂飞碧天，血飞黄壤，死在鬼头刀之下。在这一刹那时，少有一点儿人心的，没有不皱着眉头，替代寇氏全家呼冤叫屈，就是那执刑的刽子手恐怕也都有几分不乐意。个中只有朴泳孝一人，见寇儒臣这等下场，真喜得心花怒发。若问朴泳孝与寇儒臣有多大的冤仇，也不过是政治上的关系，他想争权夺利而已。嗐！因为这“权利”两个字，就不知什么叫做公理，什么叫做大义，可见那争权夺利的人，早就没有心肝了。

闲言少说。那朴泳孝狐驾[假]虎威将寇儒臣全家杀了，检验尸身，总寻不着本良、本峰兄弟二人，心坎里暗惊道：“怎地将这两个小畜生放走了呢？”又想他等必定又奔到云在霄处去了，一不做，二不休，我何不请主子派人调云在霄全眷携同寇氏兄弟进京，给他个迅雷不及掩耳的手段，一网打尽，岂不痛快吗！主意打定，当即进宫缴旨。

再说李熙一时听朴泳孝播弄，下了那条问斩的特旨，过后想到寇儒臣平日的为人，反觉有些儿懊悔。但是特旨业已颁下，又收回不了，独自萦思，心里老大的过不去。忽见侍卫奏道："朴泳孝进宫缴命。"李熙越发不耐烦道："知道了。"侍卫又奏道："他说还有要事奏闻。"李熙道："真讨厌得紧，他陷害朕一个老臣，还不足么？召他进来。"侍卫奉命出去，不多时领着朴泳孝进宫，行了君臣大礼，朴泳孝也不待李熙动问，便奏道："臣启奏我主，寇儒臣全家业已伏诛，惟有其子本峰、其侄本良，此二人多智足谋，素不安分，想已逃往云在霄处，颁兵谋叛，我主应当筹一完善方法除之，以杜乱国之患。"李熙不耐烦道："寇儒臣为人忠诚，朕所深知。此番谋叛弑后之案，未必无小人陷害。今他全家已死，总算是将他惩办了，只留他一儿一侄，何必再与他计较？朕看让这两个小孩子逃一条生路罢。"朴泳孝听了这番话，倒抽了一口冷气，暗忖道："这必定又有什么奸党，从中下了烂药。"复将牙龈咬定道："事到这个地步，我也顾不得什么君臣了。"又奏道："事有实据，谁敢陷害老臣？方今既然如此，若放这两个小贼逃生，倘向云在霄处颁兵谋叛，那时又将如何处置？"李熙笑道："这是尔等多虑，云在霄谋叛的事儿，朕却不敢相信，尔等少要多事罢。"朴泳孝见话不投机，顿时不敢进谏，忽又想道："我若退后一步，此时岂不坐实是我等诬良么？"想到这里，便将他的金钟罩捧出来道："臣非与寇、云二氏有深仇重恨，不过因国家大局起见。如今外交上事事掣肘，东邻西舍都是虎视眈眈，惟恐我国无事。倘若云在霄那时有谋叛的行为，我主御前，既无重兵能平内乱，又无重兵抵御外侮，外交上进兵保护侨民，叛贼又进兵侵夺国政，我主将何以自处？万家奔散，九庙震惊，亡国之惨，瞬息可见，那时虽想拔他一根毛，恐怕都不容易。并非臣迷信日本人，彼日本人却有这等魄力，将来他必得用武力迫杀云在霄的。倘若日后因云在霄一家，外交上再赔偿数十万金，终不能挽救云在霄的生命，云在霄他时再反戈谋叛，我主又将如何？"说时脸色已沉将下来。李熙听说"日本人"三字，顿时大恐，暗忖果然如他所说，将来的事就越发难办了。复又叹着想道："我因救国之故，只好照他所说的办去。"当时派霍建修带领四十名武卫，捧一道密旨，特调云在霄偕同全家及寇氏兄弟一同进京，共商国事。一面派了八个大臣，办理闵后的丧事，分道进行。那一般[班]亲日派的卖国奴，自然都扬眉吐气，都觉这一次可以打尽了反对党的人物。但是云在霄拥兵在外，究竟能否攒[钻]他的圈套儿，尚不敢必。且听下回分解。

第九回　霍武卫弄巧反拙　云将军仗义锄奸

话说安悦生老夫妇二人领着他的爱子安重根寄居云在霄府里，朝兴暮宿，不觉已三度月圆，终日与云在霄纬武经文，谈得却不十分寂寞。

一日天近黄昏，云在霄公事已毕，正在书屋里与安悦生闲谈，忽见门官进房禀报道："辕外有两个少年，自称冠[寇]姓，从汉京赶来，还说有什么紧要大事，须面禀大人。"云在霄骤听这句话，顿吃一惊，已知大事不妙，忙问道："可知他俩叫什么名儿？"门官禀道："他说是兄弟二人，兄名寇本良，弟名寇本峰。"云在霄又默忖了片刻，便向安悦生说道："想必是寇儒臣的子侄辈来了，我倒要询问汉京的景况，究竟糟成个什么样儿。"说着便向门官接说一个"请"字，忙起身走出书房，直向会客厅走去。

不多一刻，那门官便将寇本良、寇本峰引将进来，彼此相见，原来就是寇儒臣的一子一侄。三人坐定，寇本良就将闵后被害的事细说了一遍，然后又将他叔父寇儒臣，想颁兵杀贼的话儿接次也说了一遍。云在霄听罢，顿时就要下令发兵，忽听帐前一阵喧嚷，暗忖难道又来了什么祸事吗？复向寇氏兄弟说道："尊大人的苦心，我已明白了。二位贤侄远道而来，就在我署里休息休息，咱们再作计较罢。"话刚说了，忽见门官又慌慌张张进来禀道："辕外又来了一个什么姓霍的名儿叫做建修，带领许多御前武卫。他说奉了皇上圣命，特调大人星夜进京，商量什么机密大事，现在辕外立候大人接旨。"云在霄尚未开口，恰好寇氏兄弟都在座，寇本良忽听霍建修来了，也就料定他的来意不善，汉京又不知出了什么变故，就是他的叔父寇儒臣，还不知处的是什么景况，想必一定是害多福少了。于是不待云在霄作声，忙接说道："霍建修他就是陷害闵后的元凶。这番前来，必定又是设的什么鬼谋奸计，此人阴险异常，今来定不怀好意。"云在霄听他这番话，便冷笑道："原来陷害闵后的就是他吗？我正想寻访这一个'大英雄'领教领教他的本领，他居然敢大胆来我这里做鬼，这就免得我再去寻他了。"便下令传齐了左右侍从，武装接旨。

一时那些护兵卫士，忙着冠盔披甲，排列在辕门内外，大家都是弓上弦，刀出鞘，威风凛凛，杀气昂昂。云在霄还未出辕接旨的时节，已将霍建修吓得暗捏了一把冷汗。但是势成骑虎，要想调转马头，也不能够了，只好硬着头皮，冒险去碰他一碰。等候了许久，云在霄方衣冠齐楚的出辕接旨。霍建修就在马上宣读了圣谕，便将那煌煌圣旨交给过了。霍建修也不下马，就在马上拱了两拱手道："本使有王命在身，不敢进辕拜见，今上盼大人进京甚急，就请大人起程罢。"此时云在霄业已行罢大礼，站起身来了，猛听他这番言语，又见他这般抗不为礼的模样，便将脸色沉下来道："今上圣旨已交过，你这时已没有钦使的资格，如何说你是王命在身？我这平壤却不是汉京，不能由你等这些卖国贼自由进出的。"接着又冷笑了两声。霍建修见来势不好，便忍了一口气，掉转笑脸儿说道："大人不可误会，出口骂人，下官身侍今上左右，并未参与政事。我国今有圣主当朝，群贤辅政，八方安靖，四海不波，谁敢卖国咧！就是此次调大人进京，乃是圣意，想计划筹边防外侮的。"云在霄不待他说完，大喝道："将在外，君命有所不受，圣意岂奈我何？"霍建修仍自不觉，也冷笑了两声道："下官是奉君命而来，去与不去，并不与下官相干，大人何必向着下官动怒咧！自己不受君命，反骂别人卖国，这乃是大人的公理，下官也不敢久停了。"便在马上行了一个拱手礼，掉转马头，就想跳出这个是非圈子。谁知云在霄早已准备，今见霍建修反身想逃，便大喝道："拿下来！"一声喝出，那左右的武卫一拥上前，将那许多御前武卫团团围住，将那如狼似虎的御前武卫，都困得有力无处使，早就失却了战斗力。再说那皇皇钦使，被那些丘八老爷七手八脚，早将他拖下马来，吓得脸皮上的颜色红一块，青一块，但是他那一张利嘴还不让人，连声说道："好好好，咱们总有说理的地方。咱们总有说理的地方！"云在霄也不理会他，便招呼左右反剪他两臂，捆绑起来，然后蜂拥似的将他拥进辕门。

云在霄便升了虎帐，将霍建修捺跪在阶下，一声呵喝，把个皇皇钦使三魂已吓走了二个半。这时霍建修匐匍案前，也不似从前那般形状了，脸皮已变成灰白色，下须瑟瑟价发料[抖]道："大大大人息怒，下下下官实实不不不明白犯罪的原原原故。"云在霄便将惊堂一拍道："你到这个地位还不实说么？我也久仰你的大名了，那不给你尝些儿滋味，你是不晓得我的利害！"转脸向左右说道："抬大刑伺候！"说时退，来时快，早有四个竖眉瞪眼的武夫扛上来一盆烈火，那火内还煅了一条赤灼灼的铁练儿，好像金龙一般，那股凶气，瞅着真有些刺目。此时霍建修越发的心慌，连连向着案上碰头道："下官实在不明白原故，请大人说明罢。果然小人有应得之罪，就是死在大人的虎帐之下也是甘心的。"云在霄冷笑道："你想死么？我这平壤地方，乃是一块干净的土地，决不容你这几点臭污染的。老实对你说罢，闵后何仇于你？就是你那一点荣禄，也是闵后所赐，满朝文武，谁不知晓咧！如今你不以为德，反以为仇，送闵后性命的仇人就是你，你到底是个什么心肝、什么思想咧？"霍建修听说，仍是连连碰头道："冤枉呀，冤枉呀！闵后娘娘他待我有天高地厚之恩，纷[粉]身碎骨都难报答。下官心非草木，怎能这般昧心咧？不瞒大人所说，如今下官既到了这个地步，也不得不直说隐衷了。闵后斗遭惨死，实被一班亲日党的狗子所害。现今乱臣当道，奸贼掌权，就是今上也无法对待。下官久想代闵后雪恨，无奈孤掌难鸣，空拳莫敌，就有报恩之心，也没有问罪之力。所以再四思量，密请今上降一道圣谕，特召大人星夜进京，并无别的原故，就是想共商杀贼的办法，给闵后报仇。”云在霄佯笑道：“如你这般说话，我倒狠冤屈你了。”霍建修碰头道：“不敢说大人冤屈，下官实在是一个好人。”说时就将腰儿伸直，要想站起身来。云在霄复将脸色沉着道：“倘若有人作证说你是一个坏人，这又怎办咧？”霍建修听说，顿吃了一惊，暗忖道：“有什么人敢来做证，难道说寇家那两个小子业已先我跑来了么？”默默的暗忖，禁不住又有些儿作慌，便随嘴应道：“这个……”云在霄便将虎眉竖起，拍案大喝道：“快讲！”霍建修依然低下脑袋呵着腰道：“下官的仇人很多，那是不足为证的。”云在霄冷笑道：“你既然是一个好人，还结下什么仇怨咧？我想你若不见着对证，打量也是不肯实说的。”掉脸向左右说道：“请寇家二位少爷出堂。”霍建修猛听“寇家二位少爷”六个字，好像当头打了一个霹雳，这一惊非同小可，赶忙拦阻道：“寇氏兄弟也是误会的。实在他的全家，都死在亲日党手里，与下官并不相干。”这句话在霍建修嘴里说出来，不过是想自白的意思，他那知寇儒臣全家被难的消息？非但云在霄不知，并寇家兄弟二人也尚未曾晓得。如今他说将出来，不但不能够自白，反自加了一重罪过。这也是天网恢恢，可见贼人心虚，那心术上的好恶，是勉强不来。

闲话少说。再说那寇氏兄弟二人见云在霄出帐接旨，彼此都暗忖道：“霍建修这个狗子前来，必定又与那些奸党定了什么鬼计，或者与咱们的身上，有什么关系。”复听云在霄升帐，他俩就藏在帐后，窃听霍建修的口供。直听到云在霄要他俩出帐做证，各自暗喜道：“这时正好除奸了。”刚要准备出帐，忽听说全家遭难，这一惊也顾不得什么礼节，兄弟二人，直扑到帐下，争着去揪霍建修的领口，大声嚷道：“你这个狗子，居然敢害了我一家吗！”说时两泪如散珠般纷纷而落，恨不能一口将霍建修活吞下肚。霍建修这时也无置啄[喙]的余地。云在霄忙招呼左右将他三人解开，后向寇氏兄弟说道：“二位世兄也不必这般悲愤，尊府既然遭难，这也是一场大数，好在元凶尚未漏网，待我详加审问，自然可以给尊府报仇的。”寇氏兄弟忙倒身下拜，同声说道：“一切都仰仗老伯大人做主，小侄等心乱如发，此时也不能自决了。”说时起身就要告辞，奔回汉京去收尸捡[殓]骨。云在霄忙拦阻道：“在理我却不能挽留你等，论势我却不能放你二人先行。你要晓得现在的汉京，就是今上也处在危险的地位。尊府遭此大难，必定是老大人忠直不屈的原因，祸及全家，这关系必定是很大的。斩草除根，恐两位世兄都不能免祸。方今汉京，乃是他们奸贼的势力范围，果然前去，不异自投罗网。留此有用之身，将来不难为国效力，为父母报仇，何必眼见着前去送死呢？再说尊大人的尸骸，此时想业已收殓，就算此时到京，恐也晚了。”寇本峰大哭道：“此时也顾不得生死了。”寇本良也接着哭说道：“家难不能顾，怎能叫侄等为人咧？”云在霄忙说道：“两位世兄不可误会，我并非挽留两位世兄不使返京。似这等妖魔当道，我也得领兵去护国的，我想两位与其单行，不如与我同行，我也是急要进京的。”寇氏兄弟听他这番言语，也不便再说，只好含着一胞[泡]眼泪，默站在案傍。云在霄又向霍建修说道：“如今人证俱在，你们那些狗党又害了他们全家，打量你这次前来，必定又是想在我身上打主意，看来你们这番计划却打错了，还有别的话说么？如再不直吐真言，我一定是用重刑拷问的。”

此时那一盆烈火与那一条赤红的红练儿，已扛到他的面前，那些左右的差役，都磨[摩]拳擦掌，跃跃欲试。霍建修一见这般形状，转又懊悔不该将寇家被害的事，轻说出来，如今抵赖，也来不及了。打量这一条性命是活不长久的，与其零碎去受痛苦，不如早些吃他一刀。主意打定，便向云在霄说道：“你们既然晓得了，我也没有别的话说。只是这桩事儿却不是我的元凶，这一道圣谕也不是我假造的。”接着就将与朴泳孝、郑秉夏等密谋陷害闵后、寇儒臣全家等事大概说了一遍，接着又说了几声“该死”。云在霄冷笑道：“这番做作，真亏你们想得出来！可惜残害，还是替代外人帮忙，就是你们本身的富贵，也未必能容你们长久享受，这也太不合算了。”便命左右武卫将霍建修钉了镣械。一面将那许多御前武卫传到帐下，又将霍建修欺君弑后、卖国求荣的罪状向着大众又宣布了一番。大众这才如梦初醒，一个个都咬牙切齿，指着霍建修痛骂卖国贼，骂得霍建修真是无地可容，只好低着脑袋，吞声忍气。还有那性情激烈的人，拔刀就想取霍建修的五脏，云在霄忙拦阻道：“我这平壤地方，却没有他的葬身之地，还是将他押进汉京，留一个活证，好杀尽那些卖国贼，给闵后、寇大人报仇。”大众同声赞了一个“好”字，各自就在云在霄的行辕里，休息下来，准备兴师去讨那些卖国贼。当晚云在霄就命安悦生做了两件通告：一面在清日两国的外交上，表明他兴师是平内乱的原故；一面通告全国，宣布朴泳孝等卖国党的罪状，然后又将一切琐碎事务对着安悦生交代了一番。

次日清晨，云在霄就披挂整齐，带领寇氏兄弟以及他麾下诸将士，亲率大军，押着囚徒霍建修，一路人不歇足，马不停蹄，直向汉京进行。如他那堂堂正正的军旅，到底是与乌合之众不同，沿途所过的地方，真是秋毫无犯，鸡犬不惊。那时大清国驻兵统帅吴长庆得着这个消息，平日又深知云在霄是一个好人，当然不去干涉他的内政，就是那井上馨平日最好寻事的，这时也不好从中再起交涉。

途中无话，一直赶到汉京。云在霄也不说二话，当即派兵，将朴泳孝、郑秉夏、赵义渊、禹范善、李东鸿、李东范、李成孝、权荣重等那一群奸党的住宅团团围住，然后又换了冠带，押着霍建修上朝。那许多御前武卫，也随着上朝缴旨，此时一同参见国王。云在霄便将闵后埋冤的故事细细奏了一遍。可巧这时也正是李熙怀想闵后的时际，无奈他因权奸当道，无力发泄这一口怨气。今听云在霄这般上奏，越发的心里悲伤，半晌，方皱着眉头说道："朕也深知他死得很苦的，但是他业已死了，这桩事叫朕又怎么办咧？"云在霄不悦，复又直言奏道："我主乃一国之君，自有近贤远奸之权，赏罚分明，早应诛尽那一群奸党，为闵后伸冤，为韩国除害才是。"李熙发愁道："哎呀，朕何尝不想这般办法，无奈外国人的势力太大，倘若闹出外交，又要割地求和赔款了事，这不是又惹出烦恼么？"云在霄听说，禁不住奸[肝]气上冲，忙奏道："倘若军心因此变乱，又将如何？"李熙摇头道："我也是没有办法。"云在霄又奏道："民心暴动咧？"李熙点头道："这却可以用武力挟制他人的。"云在霄这时实在忍耐不住了，便大哭奏道："我主果然这般行政，这韩国的国权何不双手捧着送给别人执掌，还干净些咧！"奏罢，放声大哭起来。李熙被迫得忙了手脚，也就掉下几点没奈何的泪珠儿，连连说道："你何必如此，你何必如此咧！你若这般大哭，越发使朕没有主张了。事已闹到这个地步，从前的事，朕也明白是自己错办了。但是这以后的事，我实在没有主张。爱卿你乃是朕的倚赖重臣，朕也很相信你是忠心耿耿，一切事你就代朕主张罢。只求不闹出外交上的事来，那就是万幸了。"云在霄见李熙这般胆怯，也知是再说不清的，打量这番要想救国，要想杀贼，要想替代贤后良朋复仇，不代他作主，是万办不到的，便忍住哭声，碰头谢恩道："蒙我主圣爱，小臣敢不捐躯护国？方今国家存亡危急之时，臣早不知什么外交内政，臣只知拼命杀贼，救国除奸，就是家亡身死，只要死后见得我朝先皇先圣、烈[列]祖烈[列]宗，就问心无愧了。"李熙听奏，只是摇头叮咛道："外交上总得要谨慎小心，外交上总得要谨慎小心！"云在霄也不去理会，叩辞出朝。当即下了一道命令，严拿奸党，复又将朴泳孝等全眷，无论大小男女，逮捕得一个不遗，同绑到午朝，并那死囚霍建修一同正法。当时满城的小民，大家都扶老携幼，争着前来看热闹。没有不赞扬云大人，是一个敢作敢为的大忠臣；没有不指着朴泳孝等，骂他们是狗彘不食之物。欢腾万姓，德颂八方。那自命神算的井上馨，见韩国的民气不衰，也就不敢挺身干涉，只好暗暗的叫苦了。

再说云在霄将那群奸党斩杀干净，凡在闵后未死之时，满朝所用的群臣，全都复了旧职，然后又邀同文武群僚，携带着诸贼的首级直奔到闵后、闵泳翊、寇儒臣等陵墓前，祭奠了一番。那一种凄凉景况，自不待说，是悲惨的了。事毕复又入朝，李熙也改变了先时的模样，将群臣又加了一番封奖，又赏了寇氏兄弟各人一个官织[职]。于是那汉京城里的草木森林，都觉得欣欣向荣，顿添了许多的生气。云在霄将大事办清，忙着要率师回驻平壤，复想到寇氏兄弟二人，虽然都得了一个官织[职]，无奈年纪皆小，不能因官废学，再看他的家里，业已是蛛网尘封，无人可靠，便想将他二人依然带到平壤，与安重根、云在岫二人一同求学，将来若有出头的时候，总算提拔了两个俊才，并且对着死去的故人，也算是问心无愧了。想到这里，便将他的用意，直向寇氏兄弟说了一番。寇氏兄弟自然是感激涕零，那有不愿的道理，于是一同仍旧回到平壤。欲知后事如何，且待下回分解。

第十回　热心人结党兴师　卖国贼献策借债

话说天下太平，做书的人只好搁笔。这句话，并非做书人起心不良，惯好捣乱，乃因物不平则鸣，这是天然公理。果然事事皆平，物物皆平，写出来又有什么趣味咧？又有什么关系咧？还有一句最简单的譬语，如寻常人起居日食，若天天总叫他过的是家常日子，他虽然不操心、不劳力，总觉得没有什么滋味；若是要他朝东暮西，忙个不住，他虽然吃辛受苦，反觉这其中的滋味深长。所以寻常谈话的时节，如若叙到家常，其中并不加什么艰难困苦的事，别人听着，大半就要思困；若说到东家狐狸西家鬼，包管人人听了都抖擞精神。这也是一般普通人的心理。因而做书人，也就不能从平处落笔了。

且将闲话丢开。再说高丽全罗道境内，有一读书不能得志的少年，姓金名唤有声。家产虽不算得豪富，却也可称为小康，父母双亡，独撑门户。平日手不释卷，专在文学上做工夫，目空一切，仿佛天下事，没有一桩遂他意的。但是范文正以天下事为己任的话儿，却被他读熟了，时常抱着书本儿，总说些什么忧国忧氏[民]。社会上一般普通人民都叫他“狂生”，他也就以狂生自况，平时就将他的钱财任意挥霍，长天短日价坐在一间酒楼上，开怀畅饮。他结交朋友，也不择人，虽不似孟尝君门前朱履三千，但是那些鸡鸣狗盗之徒，他却也可与若等呼兄唤弟。有时也有那快嘴的人，劝他不必这般滥用，他便狂笑道：“你们晓得什么！金钱乃身外之物，算不得是宝贵东西，一旦国亡家破，无物不送给别人，独与他有什么恋爱咧？还是趁着这时我自己用了好些。”大众听他这番话似疯似癫，也就不去劝他，落得与他裹吃裹喝。

伙中他有两个好友，一人叫做钱群，一人叫做尧厚，乃是他生平最相信的。可也古怪，这两个人的性格都与他相似，就是金钱没有他丰裕。就有人说他俩乃是金有声的门客，有时他们也抢着花钱。俗语说得好：“人以类聚，物以群分。”这两句却很有至理的。一日他三人又坐在一所酒楼上开怀畅饮，那酒楼的名儿，用得却很古雅，叫做“醁瓯”两字，本地人说这两字就是金有声代他想的，因此那酒楼上的座位，也就与众不同。

这日他三人畅饮，业已入了醉乡，金有声也就失了常态，端杯的时节忽将两眼一瞪，向着钱、尧二人说道：“二位老兄，咱三人总算得是相交莫逆，但是两兄可知我究竟是个什么人，我这人与韩国有什么关系，与世界有什么关系咧？”这句话顿将钱、尧二人问住，半晌不能作声。金有声便狂笑说道：“想不到两兄与我相共了许多年，还算不得是我的朋友，从今后我就难得有知我的朋友了。”说时，赤留赤留的，仿佛要哭将起来。钱群听他这番话，便忙劝道：“金兄你少吃一杯酒罢，怎说出这些话儿，莫不是醉了么？”金有声听钱群说他醉了，越发的作恼，抡起一个碗口大的拳头，扑着钱群打去道：“你才是吃醉咧，这是什么时候？你还不醒么？我今天非打死你们这伙醉鬼不散场的！”说时抡起那个拳头，死活要扑着钱群打。尧厚见势不佳，恐怕闹出事来，便起来托住金有声手腕道：“这是钱兄醉了，何必去打那个醉鬼，岂不污了你的手腕儿？好好好，金兄你是丝毫没有醉的，咱们吃酒，咱们吃酒。”金有声听说也就将手掌放下，转过笑脸儿说道：“我可是没醉么？”又问道，“我可是真没醉么？”尧厚自然顺着他说去。金有声又狂笑了一阵道：“你这才是我的好朋友，你这才是知我的最好最好朋友。”接着又饮了一会儿酒，钱群实在撑持不住，便伏在桌面上昏昏价睡去。金有声仍是大杯大盏般畅饮，半晌又指着钱群骂道：“这个醉汉，真是朽木不可雕也，生在这危急存亡的时代，不能自立图强，尚在这里酣然大睡，岂不是一个废人么？嗳！不可与谋，不可与谋！”转脸又向尧厚说道：“你既然是知我的好朋友，今天我也不妨将我的心事与你谈谈。你可知咱们生存在社会上，究竟是一个什么人？”尧厚想了片刻，方接应道：“咱们乃是国民一份子。”金有声便长叹了一口气道：“不说是国民一份子，咱们还能够多吃几杯，说到国民一份子，简直要将咱们羞死。请你仔细想一会，现在咱们这个国家是一个什么国家？咱们这个社会，是一个什么社会？再说咱们这些人民，又是这什么人民？若在眼前的现状看起来，全国上下，捣乱得神鬼不安，事、人都要被外国人干涉，咱们的君王是不敢说话，官吏非但不敢说话，并且帮着外国人，破坏自己的大局。难道咱们这一般平民，也都是聋子哑子，听着他们将我等送进火坑吗？我等也就甘心将自己的生命送给他们替代牺牲么？我等就不想救国，并救咱们的生命么？所以我提了国民一份子的话儿，心坎里真如刀刺的一般，所以我就不愿再提这几个字儿。”说罢又接着叹了几声长气，不禁洒下几点伤时的泪儿，也不再倾杯倒盏了。尧厚接着说道：“你这番话，说得固然不错，但是天下最艰难的事，没有无办法的。咱们既知国事紊乱，也得想一个法儿挽救才好。

似这等空发牢骚，实在没有什么利益。”金有声猛听他这般说，顿时转过脸色大笑道：“我何常不想组织一个民意机关，为国家谋须些实在利益呢？无奈那有许多同志帮助进行？”这时钱群也有些酒醒了，便从旁岔说道：“事在人为，就是咱们三个人，首先发起组织一个民意机关，似这等救国救民的事，自然有那些热心人来与咱们表同情的。”金有声大喜道：“如此咱们就商量一个名儿罢。”尧厚道：“我想咱们是重在实行，名儿不必激烈，反惹那些官吏注意。”钱群道：“最好是在‘学’字上着想，依旧是能动人的。”金有声忖思了一会道：“如此就叫做兴东会罢。”尧、钱二人都同声赞好。

当时在那所酒楼上接着开了一个谈话会，尧、钱二人就公举金有声起草，做那些缘起简章，钱群担任了外交，尧厚担任了财政，一时那“兴东会”就算成立了。

他三人正闹得高兴之际，忽见左厢桌前站起来一个人笑道：“你们这般大胆，难道说都是想造反么？”金有声等猛听有人说出这等话来，这一惊非同小可，都也站起身来，掉头一看，原来不是外人，乃是多时不见面的老友黄伯雄。大家这一相见，反惊为喜，于是合拢坐在一处，更杯换盏，又大饮起来。金有声笑道：“伯雄兄你也太恶作剧了，兀的不将人吓煞！如何咱们没瞅着你呢？你又因何跳到这里来的？”黄伯雄便叹了一口气道：“我也是因为朋友的事而来的。”接着就将在仁义村如何搭救侯氏弟兄，那侯氏兄弟如何仗义，如何奋勇，如何是两条好汉，如何因他俩避祸逃出黄海道，然后大病在剑水驿，直待他的病好了，才奔到平壤，在李正身傍当了一个普通科长，现在李正升做全罗道的按察使，所以他跟着来的，这番话约略说了一遍，大家这才明白，然后各自又说了一番近况，以及这兴东会的用意。黄伯雄本是一个爱国的热心人，怎得不表同意呢？于是他四人谈到日近黄昏方各自散去。

从此那兴东会就创办起来。可也古怪，自这兴东会发现之后，那入会的会员异常发达，加着金有声平日又是好交游，那交友的信用，在社会上是很浩大，如今他办了一个兴东会，自然他那一般朋友，也都和作一团。就是寻常仰慕他为人的人，也都纷纷奔来入会。虽然金有声的人缘固好，但是这兴东会的宗旨若不纯正，那些入会的会员也未必如此踊跃。可见爱国心乃是人人都有的。现在抱厌世观的人，动辄都骂人没有爱国心，这可将一般小百姓冤枉煞了。

闲话少说。自那兴东会发现之后，那韩国的一般官吏，虽然奉行故事，照例派几个侦探爪子，打听他们的行动。最后打听得兴东会乃是一班书呆子结合研究学术的团体，也就不十分注意了。由此大家放心大胆的你往我来，团体的势力一天比一天浩大。渐渐那些受官吏压迫的人，也渐渐进入这兴东会，数月之中，居然积聚了好儿万众。

此风吹过东洋大海，那日本首相伊藤博文得了这个消息，当即命他的亲信家人伊禄将金玉均请进相府，就将那兴东会的消息向他仔细说了一遍。金玉均骤听不禁大喜，转又皱着眉头，长叹了一口怨气，再也不作声。伊藤博文顿时诧异道："这乃是一桩最好的事，你如何发闷咧？"金玉均方说道："事儿我也知是狠好的，但是对于我的身上，并没有什么利益。"伊藤博文哈哈大笑道："你可把事儿看得大错了！你可知他们兴东会的宗旨，是因为什么创办的，我业已切实调查明白，他们并不是研究学术的团体，乃是借着研究学术为名，暗地乃是反对当道的一般官吏，并且他们的志向还想推翻政府，改造国家咧。我想这个团体发现，正是你归国做事的好机会，你何不更改一个名姓，乔装归国，钻进了他们的伙子里，正好借他们的势力做事。好在贵国当道这一般官吏，也是与你反对的，不借着这个民字的团体前去反对，那还有别的力量与他抵抗？"金玉均道："下官也曾想到这一着，只恐他们反对官吏的宗旨，不能与我们相同。"伊藤博文笑道："你未免太小心了，这时初入他们伙里，不必研究他们的宗旨，无论他们这个什么举动，总给他一个拍掌赞成，直到自己在里面占了势力，再放手做事不迟。"金玉均又问道："倘若那时他们不受我的利用如何？"伊藤博文笑道："只要你有金钱，人心没有买不转的。我大胆说一句不怕见怪的话，贵国人心若真是金钱都买不转来，那大局也不至糟到这个地步了。即或那时伙中都反对你的行为，你也可以自己联合一部分势力从中捣乱的。还亏你自命是一个政治大家，总想在官场里活动，怎么这些儿政客的手腕都没有？我看你还是赶紧归国的好，失了机会，很不容易再寻的。只要你是热心去办事，经济上有什么不足，我可一力担承，你尽管放心，咱们都是自家人，将来的账总好算的。"金玉均一听大喜，当时就改名儿叫做王振，那敢怠慢，次日就辞别伊藤博文归国去了。

再说黄伯雄与金有声等创办兴东会，他四人又结拜了生死之交。眼见那些入会的人，一天比一天踊跃，那泰仁、古埠两县人民，已有十分之八入了兴东会。黄伯雄见这声势浩大，那顾得再到衙门里办公？于是将那衙门里事儿辞去，专心办理会务。但是偌大一个团体，那有这大的会场容载得下咧？于是就在泰仁县地方，将那座完山占着了。这时大众见自己的势力已可与官吏抵抗了，也都将态度一变，便公举金有声做完山的督统，又举尧厚、钱群、黄伯雄三人做分部的首领，接着招兵买马，聚车囤粮，俨然就是宋三郎在梁山泊的气概。那泰仁、古埠县里两个芝麻大的官儿，只求来给他们把守山门还不能够，那敢与他们为难咧！因而他们霸占一方，真似得了一部份的小天下。

这日金有声与那三个分部首领同在中军帐里议事，忽有小校进帐报道："外面有一个东洋式汉子求见，他自己报名叫做王振，说有要事须面见督统。"金有声当时就命传见。不多一会，那小校引进来一个东洋式的汉子。金有声见他仪表非凡，暗自就十分高兴。王振行罢大礼，金有声又给他介绍，见了三个分部首领，王振这才侧身入座。金有声复问他的来意，王振便大展其三寸不烂之舌，痛骂当道官吏如何误国如何殃民，国民如何的受痛苦，政治如何的不改良，险些自己说下眼泪来。就是三国中那黄盖所献的苦肉计，也没有他这舌尖说得动人。一时金有声等都被他说得眉飞色舞，惊为奇才，自不消说，就挽留他在山上补了一个首领。当晚大家给新首领那一番热闹，自不必说。

光阴迅速，不觉又过了一旬。王振暗地就在完山上面仔细调查众会友的学识成[程]度。原来都是些有口无心的好汉，大半都是凑在一处，抱热闹主义的。只有金有声等四人却真是热心爱国，但是他们的心虽热，智却不精。王振他自量本领乃在他等之上，只费些须唇舌工夫，不难将他等牢笼住，于是放心大胆展开他的手腕舞弄起来。不多几日，金有声等居然被他说得心动了。

一日，金有声又集合四个首领在中军帐里会议，王振挺身说道："按本会的宗旨，乃是救国诛奸，卫民除害的。现在完山器械是很充实的，人马是很强健的，大可实行起义，何必徒作空谈咧！"金有声道："王兄之见，诚哉不错，我们也久想吊民伐罪，但是用兵之道，首贵粮饷富裕，方可直行无忌。想我们虽然在此大举，占霸一方，究非草寇可比，又不能剪路劫财，这一种行军的用项，又从何处筹办？所以迟迟不能进行的，就是这个原故。"钱、尧二人也接着说道："咱们若不是这个原故，那能退到今天咧！"王振佯笑了一阵道："原来因为这些儿小事哟！现成有的是外债，咱们何必不去借用咧？那政府里就能借外债来挟制咱们人民，难道说咱们人民就不能借些儿外债推倒政府？"金有声道："话虽说得不差，只是我们现在的地位，哪里有借外债的信用咧？再说又有那个外国热心家肯花钱帮助咱们除内患咧？"王振道："话却不可这般说，如今外国的慈善家，对于咱们国事热心的人很多。即如日本人，他对于咱们国事就很热心，很想拿出许多钱来帮助帮助，只要咱们去求他，总是有求必应的。不说别人，就是我王振也敢代表办这个外交。"黄伯雄从旁摇头道："恐怕他们却不怀好意罢。前次几番的交涉，咱们政府赔偿几十万，这个亏吃得真不小，那能再与他交结？"王振顿时脸色一红，许久方说道："他那是对于政府的行为，然他对于咱们国民决不能如此的。再说那些事实在不能怨外人，还是怪咱们的官吏办理不善，自己不能治国，还要请什么清兵保卫。那时若不是清兵胡闹了一团糟，何至于赔偿出去几十万？我想那时大权若掌在咱们手里，包管太平无事。现在咱们人民借外债，怎能与那时官吏比较啊？”黄伯雄被他说得闭口无言，心坎里也暗自佩服他，这一番话，说得很有道理。金有声忙说道：“既然他们不存歹意，咱们也何必不借水行舟？如今咱们就小试一回，特委你去办理。倘若将来真有利益，一定要重重酬劳你的。”王振暗自心喜，佯说道：“为国捐躯，死而无憾，这是我们国民应尽的义务，何必说酬谢呢！”大众复又计议了一番，遂表决暂借外款五十万，以二十万购办他的军火。

王振奉命之后，那敢怠慢，次日就告辞下山。要知他与伊藤博文早就定了密约，经济上任他活动的。待到东京，那费得吹灰之力，就将那借款五十万顺带回山。金有声等见他有这般能耐，越发将他看得如天神一般。当时也不说二话，准备出师。金有声正要颁发动员令，尧厚忽上前阻拦道：“如今财政军械上固然是充足了，但是军事上也得计划一个进行取胜的方法。”金有声听他这番话，也就停住了动员令不发，道：“依你的意见如何呢？”尧厚道：“我想汉京乃是一个帝王都，必有重兵屯扎，如咱们这许多人，若在山头上，自然是无人能敌，若与那些王者之师相抗，似较力量太薄。”钱群不待他说完，顿时不悦道：“你莫要长他人的志气，灭自己的威风！照你这般说，难道就永久停止不进取么？”尧厚也就笑着道：“钱兄不必性急，听我慢慢的说来。”要知尧厚又献出什么计策，且听下回分解。

第十一回　小令尹带印避祸　大将军颁兵遭殃

话说尧厚打断了钱群的话头，不慌不忙的说道：“我并非是长他人的志气，灭自己的威风，也不是反对兴师伐罪。欲善其事，必利其器，总得想个万全方法，预料可以战必胜，攻必克。古人说的好，‘运筹帷幄之中，决胜千里之外’，这也是咱们用兵的人应该如此。”钱群笑道：“这乃是老生常谈，谁也能够说几句。”尧厚接说道：“你莫要断章取义，我的本意尚未发表出来咧。”黄伯雄道：“你不必慢慢做文章，快些切实说几句罢。”尧厚方说道：“我的意思，必须在那些官僚派之中预先安插一个暗线，那时咱们在外边进攻，他在里面内应，这事就越发容易了。”金有声听他说罢，便点了两点脑袋道：“这话却是说得不错。但是那些官吏，早知咱们是去打翻他的饭碗，与咱们的仇恨，真是不共戴天，怎肯帮着咱们去坏自己的事咧？”尧厚摇头道：“我看是不尽然，不尽然。想现在的那些官吏，所以那般蝇营狗苟的，为着什么，无非为的是一个‘钱’字。只要有钱给他，包管他的祖宗牌子也肯卖给人，那里有见钱不要去顾团体的事咧！果然他们明白团体要紧，也就可以明白国家要紧了。”黄伯雄忙说道：“尧兄这番话极有道理，我却是很佩服的，这桩事却也实在是一条妙计。”这时钱群见他说得很有理，也就不再作声。金有声便皱着眉头道："法儿我也知道是狠好的，但是什样的去寻找人咧？似这等事，乃是秘密行动，又不能明来明去的。再说咱们向来与那些官僚派没有什么来往，也不知道他们的势力，谁人有的，谁人没有的，谁人能受咱们指挥，谁不能受咱们指挥。茫茫宦海，又向哪里去摸针咧？"这时王振挺身说道："重赏之下，必有勇夫。只要督统舍得花钱，办一份厚礼，我却有一个好友，可以重托的。"金有声又道："既然想办国家大事，怎能够说怕花钱咧？我要你寻得着妥当内应，无论许多用项，咱们都能够承认，你快些说罢。"王振不慌不忙，就将李完用说出来。金有声骤然听说是李完用，默忖了一会，方说道："这个人恐怕靠不住罢。听说这个人的性格，是狠阴险的，他最初本是亲日派，后来因为闵后的势力扩大，他又跳将过去，做了反对亲日派的人。如今闵后的势力倾倒，听说他又进了亲日派。这等朝三暮四的人，还是不与他亲近的好，再说那一班亲日派的官僚，究竟没有一个好货。"王振听说，顿时脸色红了一阵，半晌冷笑道："咱们本来是用他做鬼事，并不是用他做人事的，又不是想他天长地久般共事。真到将来大事规定，用他不用他，大权还在咱们手里，今与他去研究仁义礼智，岂不是多管闲事吗？再说日本人，却不能说他尽是坏人。果真咱们极端反对他，又何必求他经济上帮助，这岂不是咱们也都成了不是好货吗？"说罢，大笑了一阵。金有声听他这般说，也明白自己的话儿说大意了，连连说道："不错不错！你快些去写信罢，我再去准备厚礼。事不宜迟，咱们救国要紧。"说罢，各自散去。王振暗自欣喜，当时写了一封密书报告伊藤博文，然后聚精会神写了一封运动内应书。金有声又拿出两万元，办了一份厚礼，次日就派了四个亲信的家丁，星夜直向汉京而去。

不多几日，那送书人带了李完用的复信，回到完山。金有声接着复信，大众拆开，合观了一回，果然如他们所请，并且还骂了一阵官僚。金有声一见大喜，当时就升了中军帐，发了两个命令，点齐人马，分作两路，一路进攻泰仁，一路直取古埠。人皆横眉瞪眼，马都扬鬃亮蹄，摇旗呐喊般飞奔下山，分道而去。

再说泰仁县知县于澄本来的胆量极小，寻常在衙署里闲逛，尚怕风吹树叶儿打头，若使他听着起兵打仗的话儿，他也不知吓得怎样才好。这日正在衙署里办公，忽见差役慌慌张张禀道："老爷大事不好了！"于澄猛听"大事不好"四个字，业已吓得瑟瑟作抖道："什什什么么事事咧？"那些差役禀道："现在北城完山的山主金有声，倡兴什么兴东会，招集许多人马，前来攻打县城，老爷须得早些准备要紧。"于澄越发吓得脸色发灰道："这时我我手无无无寸寸铁，教教我怎怎么办办啊？唉，我我只只知他他他们办办什什什么学会，那那晓得他他们是是造造造反咧！"说时那头上的汗珠如绿豆般大小滚流个不停。接着又进来几次报告的差役禀道:“老爷快些打主意罢！现在金有声业已兵临城下,再要这般不打主意,还怕有性命之患咧!”于澄急得两手搔头道:“这这这这这这这这这……”“这”字才说了十来个,猛的灵机一动,翻身就进了后堂,嘴巴里还说道:“我有主意了了了！我有主意了了了!”众差役见于澄忽地神色安静进了后堂,暗忖这个老爷必定想着什么退兵之计了。

谁知大众等候了许久,也不见于澄出来,加着那些狗腿差如飞雨般前来报警,闹得大众也没有了主意。大众这时也忍耐不住,一同拥进后堂,八方寻找,那里有于澄的影儿?再看箱笼之中,那些细软珍贵的物件都一掳而空,再看印信也没有了。接着进后院一看,那两扇后门大开,这才知道于澄早已由后门溜之乎也。

大众这一气转身回到后堂,便将于澄所不能带去的物件瓜分干净,纷纷的嚷道:“想不到这个老爷的腿,比咱们跑的还快些！横竖他那些东西,都是在小百姓身上挖取的,咱们落得瓜分了,享受享受。”其中又有人说道:“你们莫要分得高兴,金有声的大兵进城,咱们的性命尚且不敢说保得住,要这些东西做什么?”又有人笑道:“你这句话说错了,咱们也不是老爷,又不是大人,况且并不与他们争权夺利,走遍天下咱们仍是伺候人的差役,无论他什么人来,咱们都对着他开欢迎大会,那里有什么性命之忧咧?”大众猛地被此人提醒,于是放着胆量,将那些七零八碎的物件分卷得寸草不留。然后大众结了一个团体,忙着去迎接金有声。那满城的小百姓此时听说县太老爷业已逃走了,众差役又准备迎接什么新大人,他们那敢反抗呢?只求那些进城的新大人不掳掠他们的财产,伤害他们的性命,他们就是感恩不尽,自然人人都不敢高响一声的。因此金有声率领人马长驱直入,真算得是不折一矢,不伤一兵,太平无事似的,就将那座泰仁县城占住了。

且不说金有声占了泰仁县,分兵进取的事。再说于澄自从在泰仁县衙署里,携儿带女,逃出火坑,一路夹在人丛里混出了泰仁县城,一路直奔全州而去。比时全州有一个督统,名儿叫做洪肇勋,他手下统带有三千兵,镇守全州,本来就是防备这些捣乱派的。但是他自统兵之后总没有见过干戈,所以听说“打仗”二字,心里就有些寒栗。这日听说泰仁县知县求见,他暗忖这必定又是送些什么礼物来了,赶忙传见。

他二人相见之后,洪肇勋忽见于澄神色惊荒[慌],心想这一定有特别事故。后听泰仁县城已被金有声占去了,顿时双眉紧皱道:“这事怎么办咧咧咧?怎么办咧咧咧?”接说道:“我并非怕去打仗,实在好好的过着太平日子,何必又动干戈呢?”话刚说完,忽门官又进帐禀道:“古埠县知县徐尊求见。”洪肇勋骤听便一惊道:“他来又做什么事呀?”当即传了进帐。原来那徐尊与于澄乃是害的一种病,同是一个弃官逃走的大老爷。相见之后,也是说了一番金有声占霸县城的话儿。洪肇勋忽听他仍是说的这番话,脸上虽然勉强镇定着,不露惊慌之色,但是心坎里业已劈突劈突的发跳,暗忖他当真有多大的能为吗?哎呀,果真他们这打仗的本领高强,我倒狠难进退的。心里虽然这般想,脸上又不愿失去了他的大将军威风。可恼于澄、徐尊二人好像催命鬼一般,逼着他发兵去打仗,逼得洪肇勋无奈,只好挺着肚皮,下了一个紧急动员令,点起三千人马,准备出发去讨金有声,实在他的居心是不想出发的。

接说金有声出兵之后,总算得是旗开得胜,马到成功,得了泰仁、古埠两县,就将大兵会合在一处,准备直捣黄龙府,向汉京进取。一日,正在军事计划时候,忽见小卒报道:“全州督统洪肇勋已帅领三千人马,将要来克复泰仁、古埠了。”金有声得了这个传报,便与黄伯雄等计定准备与洪肇勋开仗。当时即派王振做先锋官,攻打头阵,又令黄伯雄打接应,后又命钱群看守老营,金有声便带着尧厚包围敌人。各事吩咐已毕,那洪肇勋已统带大兵浩浩荡荡而来。金有声便领着尧厚一同迎上前去,两军遥对,直待都看着两军的旗帜,洪肇勋便下令发火炮,炮声震地,火光接天,于是冲锋对战起来。那烟雾迷漫之中,也不知谁是英雄谁是好汉,自清晨酣战到午正,眼见金有声的人马死伤很多,渐渐抵当不住。这时金有声大惊,顿时乱了手脚。正在为难之际,忽听左右枪声震耳,烟雾中隐隐闪出旗号,原来是黄伯雄、王振两路人马合攻前来。金有声一见救兵来了,复又抖擞精神,镇住了阵脚。这一场恶战,可就将洪肇勋的人马打得丢盔卸甲,兔走乌飞。洪肇勋见势不妙,也顾不得大队人马,勒转马头就跑,一口气逃出战线,远远只见自己的军队都打得马倒人翻,分散四野,那敌军如风催云卷般直扑前来。洪肇勋见大势已去,不能挽回了,他也就不敢再回全州,一直向汉京奔去,再打颁兵复仇的主意了。按下不提。

且说金有声见洪肇勋大队人马被他打得死的死伤的伤,已算得是全军覆没,也就不再穷追了,会齐各路的人马,打着得胜鼓,唱着得胜歌,一直进了全州,安营扎寨。这时他又抢夺了许多枪械,收伏了许多降兵,那势力越发强健了,便大排筵宴,杀猪宰牛,全军庆贺。那一番热闹,不待记者深谈,也可预料它是无可伦比的了。

庆贺已罢,金有声又会齐四个头领,特开军事会议,筹划那直捣黄龙的计策。这时黄伯雄起身说道:“我看如今筹划直捣黄龙的事,还是第二步问题。想那洪肇勋平日尚算得是善战的大将,这番被咱们打得丢盔卸甲,虽然逃去,必不甘心,我想他必定奔往汉京颁兵去了,一旦他再率领大军前来,咱们也得想个抵御的方法才好。"金有声笑道："乌合之众，没有什么利害的！"黄伯雄道："我看还是不可小量他的好。"金有声便问道："依你如何办理咧？"黄伯雄道："我的意思，也没有别的打算，难得咱们出手总算是狠顺遂的，'人强粮足'这四字，咱们总算得是有把握了。只是咱们弟兄之间懂得军事的人狠少，我想再添一两个军事上的同志，岂不势力越发加厚了吗？"金有声等大喜道："这不但防备洪肇勋，就是进攻汉京也是用得着的。你可有相信的人么？请你就举荐几个罢。"黄伯雄便道："说来这两个人也都是草莽英雄，当初在仁义村，路打不平，救了安氏父子的侯氏兄弟，老兄叫做侯佐，老弟叫做侯弼，其算得是文武全才。"王振忙岔嘴说道："可是打死了日本人，险些闹出外交的那两个姓侯的么？"黄伯雄忙点头道："是的，是的，就是他们哥儿俩。"王振便将眉头一皱道："他哥儿俩年纪太轻，脾气太暴，未必能够做大事罢。"金有声忙道："这两个好汉，我是早就闻名了，如何说他不能做大事呢？"复向黄伯雄道："你赶快写信去请他，他现在什么地方呢？"王振见金有声这般殷勤，也不敢再接着说下去了。黄伯雄便说道："他哥儿俩现在平壤云在霄那里做事。"金有声益喜道："云在霄也是一个好人，狠有本领的。他哥儿俩既然在云大人部下，必定能为不小，快些飞信去请他俩来罢。"王振实在忍耐不住，便在鼻孔里哼了两声道："他们都是想做官的人，还肯来入咱们的伙子里做乱党么？"金有声那里晓得他是有意反对的，便忙接着说道："这些事咱们不可臆断，还是将他俩请来再说罢。"王振也不好再作声。大众又闲谈了一会，看看天色已晚，进行各事只得暂时停顿下来。黄伯雄便回到自己卧房里，去写请侯氏兄弟的书信。不多一会，那书已写就，金有声又派了两个亲信的家丁赍书发去，按下不表。

再说洪肇勋一马奔出战线，人不喘气，马不停蹄，一直奔到汉京。见了李熙就碰头大哭，把那兴东会的情形一一略说了大概。李熙一听大惊，闹得也没有主意了，当时将兵部尚书李完用立传上殿。按这时云在霄业已领兵回驻平壤，所有一切兵事概归李完用调遣。这也是他们亲日派暗中要的手段，此时也不暇详细说他。接说李熙见李完用上殿，便将洪肇勋颁兵平乱的事儿说了一遍，又将兴东会如何作乱的事也说了一遍，命李完用赶快派兵给洪肇勋去平乱杀贼。李完用听了李熙一番言语，心坎里早已明白，暗笑这正是我将来升宫[官]发财的好机会，如何来给你们这些糊涂东西帮忙咧！当时勉强称了两个"是"字，下殿就派了许多老弱残兵给洪肇勋领去打仗。可怜这个洪大将军死在眼前，尚不自觉，带领了这许多老弱残兵一直向全州奔去。

沿路好像赶牛的一般，慢腾腾价走去。直到战线上，人人都累得死了半截，那里还能够打仗呢？勉强上阵，真是十人就有八人送死。连次打了两仗，又打得瓦解冰消。急得洪肇勋没有主意，只在乱兵中闯来闯去，不消一个小时，就被一个送命的流弹穿胸而过，就将他送到森罗殿上去了。接着，全罗道的地方也被金有声占去。由此，兴东会的势力越发广大。

这消息飞报到汉京，李熙听了只急得连连叹气，李完用站在一旁暗自庆贺，也不作声。半晌，急了亲王李应藩，忙转身禀道："眼见这事闹大了，若不趁早设法扑灭，将来还不知是如何变幻呢！"李熙皱着眉头道："兵力不能抵御，这也是没有法儿的。"李应藩奏道："现有清兵，咱们何不求救呢？"李熙正待开口，李完用忙抢着奏道："清兵也是外表好看，没有什么能力。况且自己国乱，力不能平，转求外人来平内乱，这是吴三桂的行为，恐怕要贻笑万邦罢。"李应藩顿时不悦道："清朝与我国，本是有唇齿的关系，那能算得外邦？与其去求日本，不如去求清朝。再说这等大乱，若不设法扑灭，难道还是坐视国亡吗？你不主张借兵，你可能担圣驾不惊的责任么？"李完用被李应藩抢白了一阵，见他又是一个亲王，又不敢与他强辨[辩]，便低着脑袋，再也不作一声。李熙见他的叔父既然说得这般强硬，也就不作别议，便接着说道："我只求平安，亲王怎说怎办就是了，朕是没有不允许的。"李应藩便谢恩，各自退朝。

李完用包着一肚皮闷气回到私邱[邸]，就将李应藩的意思秘密报告了金玉均。再说李应藩下朝之后，当时就去拜访吴长庆，将兴东会作乱、迭次失败、洪肇勋阵亡以及韩王想要平乱的话儿一一叙述个大略。吴长庆得了这个消息，忙回答道："这是敝国应当帮忙的。再说敝国在贵国经营各种事业的侨民，也不在少数，敝国既不能为贵国平乱，就是保护自己的侨民，也是应该的。"一口就允许了。待李应藩去后，便电奏了清帝。这时清帝就将这桩事儿交给国务大臣办理。此时国务大臣李鸿章也不敢怠慢，就派海军提督丁汝昌先带两艘军舰赶往仁川保护侨民，又派直隶提督叶志超、太原镇总兵聂士成带领步兵三千人、大炮二十尊一同向高丽进发，准备与那些兴东会的人马决一胜负。晓行夜宿，不觉闹了许多天，方将人马带进了韩境。这一场战事，是胜是败，如何的作战，且待下回分解。

第十二回　劝良友侯氏入伙　骂汉奸王振失机

话说侯佐、侯弼兄弟二人自从仁义村避祸之后暗自奔到平壤，去投奔李正，谁知李正因他俩都有外交上的嫌疑，不敢十分重用，后来因他升任全罗道，便双手将这两个火团儿送到云在霄部下。在李正乃是敷衍的政策，谁知侯氏兄弟反得着出头的机会了。那时云在霄见侯氏兄弟仪表非凡，就知他俩都不是凡辈，将来狠有作为的。可巧安氏父子也在云在霄的公署里，彼此相见，那一番亲爱，真是描写不尽。最高兴的，就是安重根，他本来与侯氏兄弟就异常要好，今一旦见面，回想到别后的相思，也不知向那一句说起了，只喜得在侯氏身旁转来转去，一句话也说不出来了。最后还是安悦生又将仁义村遇难，蒙侯氏兄弟解围的话重向云在霄细述了一遍。云在霄这才明白安氏父子夫妇遇救的人就是这两个少年，于是越发尊敬侯氏兄弟。因他俩年纪皆在少年，便就将他兄弟二人当作自己的子侄看待，那午餐夜宿的起居琐事，且略不提。

光阴迅速，侯氏兄弟在云在霄左右不觉已过了十一年。一日，侯氏兄弟二人正在慨叹国家大事，忽门官进房禀道："门外有两个下书人求见，说书信须得面呈。"侯佐想道："这又是谁人派来的呢？"侯弼道："不管他是谁人派来的，传他进来再说罢。"当时门官将那两个下书人引着进房，那下书人见了侯氏兄弟，便将黄伯雄的书信呈上。侯氏兄弟一同拆了，略看两遍，便大吃一惊，想要当时翻脸，又碍着黄伯雄的情面，不便作声，要想如他所请，实在与大局上狠有些为难。他兄弟二人踌躇了一会，方向下书人同声说道："你俩先出去休息休息，有事再派人来传唤罢。"

那两个下书人告辞出房，侯佐便将舌尖儿一伸道："哎呀，这个乱子，险些闹得不能下台，这事怎么办咧？"侯弼道："若论那兴东会的宗旨，却是狠正大的，我却狠赞成他们那般举动。"侯佐道："恐怕是被日本人利用，那就不成话了。听说他们这番举动，一切金钱军火都是仰仗日本人接济，还听说有一个隐姓埋名的亲日派首领，在伙子大权独揽。似这等行为，何异将自己的国家双手捧着送给外人咧！我看这桩事儿，还是不去理会他们的好。"侯弼便将眉头一皱道："黄伯雄的为人，却是一个狠有肝胆好汉。再说金有声、尧厚、钱群三人，我也曾听说，都是热心爱国的好汉。咱们就不与他共事，能将他这三个人说醒同来，给国家做些儿实益的事业，就将那个捣乱的团体解散了。一则咱们对于黄伯雄，总算得是报恩知己；一则咱们对于国家，总算是介绍了几个人材；就是咱们对于金有声等，也总算聊尽些须友谊。这岂不是一举三得么？"侯佐又想了片刻道："这话你都说得不错，但是云在霄他待咱们兄弟，真如自家子侄一般，咱们既然在他们部下做事，又如何能办这等事儿？再说这等事，是非亲往全州不可。若云在霄见疑咱们兄弟，反说咱们兄弟私通草寇，就是咱们到了全州，一旦言语不和，金有声反疑咱们是汉奸，岂不双方都不落一个好字么？"侯弼笑道："大哥你这句话说得大差。咱们兄弟办事，只求良心上对得住天地鬼神，对得住国家人民就结了，性命丢了也算不得什么要紧，何必管那些飞[蜚]长流短的是非？再说大丈夫做事，是不能思前想后的，天下事也决没有八方圆满的。我想这桩事，咱们先禀报云大人，咱们兄弟二人的意见也不妨说明。倘若云在霄与咱们同意，咱们就如法进行，否则咱们回一封信给黄伯雄，在个人的感情上劝他设法脱离关系就是了。”侯佐又想了片刻道：“只有这样的办法妥当些。”

二人便拿着黄伯雄的书信，一同见了云在霄，又将他俩的私意报告了一遍。云在霄听罢大喜道：“这正是爱国爱民的大政策，我是很相信你们贤昆仲的。但是前途风浪很高，你俩这番去，须得要逐步小心要紧。虽然为国捐躯乃是一种成仁的事业，只是自己捣乱，想这有用之身牺牲了，却可惜的。事不宜迟，你俩打定主意就快些去罢。”侯佐又说道：“倘若这事能够如愿，如金有声等，大人可能代奏免罪，量材任用呢？”云在霄道：“这事我一力担任，你们放手去做，如有什么为难的事，我总可与你俩商量办法的。”侯氏兄弟听云在霄这番慷慨好义的话，心坎里越发愉快，便同声说道：“只要大人能给我们兄弟做主，就是舍身拼命，我们兄弟也不辞劳瘁，去走一遭，只凭这三寸不烂之舌，必定要将金有声等说转来几个的。”云在霄连连点头道：“好极好极，这也是关系国家大体的事，不宜迟缓，你们赶快去罢。”

侯氏兄弟遂辞别了云在霄，回到自己房内，彼此又商量了一回办法，方将那两个下书人唤进来，随手给了他十两银子道：“你俩先赶回去，咱们也不写回信，随后就到，有话那时再当面谈罢。”那两个下书人辞谢登程，他兄弟二人也就接着放马扬鞭，直向全州奔去。那一路上花明柳暗，燕语莺啼，不必细表。

一日赶到全州，此时那下书人先到了一步，将侯氏兄弟前来的话儿报告了一遍。金有声等自然欢喜非凡，预先就在全州郊外准备了接官厅。约计侯氏兄弟快到的时候，金有声便带领黄伯雄、尧厚、钱群三个首领，一同接出郊外，军中只留下王振一人看守老营。立待侯氏兄弟到了，大家相见已罢，黄伯雄又从中介绍了一回，方各自回营。当晚杯酒言欢，大家都说得情投意合。

不觉又过了三天，金有声便将他的心事向侯氏说了一遍，黄伯雄也从旁敲了几锤边槌鼓，怂恿侯氏兄弟入伙。侯氏兄弟默忖了半晌，侯佐方说道：“这桩事儿，承列位厚情，我兄弟二人的私心，实在感激的了不得。但是这救国问题很重大，我们不能不先加研究这一种性质，究竟与咱们国家，有何等的利害关系，然后还要研究进行方法。对于外交上，第一要小心谨慎，莫要惹起外人进兵干涉。那时不但不能谋国利民强的幸福，反要招一番误国殃民的大罪，可就不是咱们爱国爱民的人所应做的事了。”金有声忙说道：“咱们正因为这些事儿没有主见，所以特请贤昆仲到此，赐示方针。总总咱们的宗旨，是在推倒一切贪官污吏，扶助我皇治国，使百姓大家都享受自由的幸福。咱们就是牺牲了性命，也是甘心情愿的。”侯弼忙抢先说道：“如兄这般计划，我兄弟真是佩服得很，但是将那般贪官污吏推倒了，兄等可以代行职务么？”黄伯雄不待金有声答复，接着说道：“咱们骂别人是贪官污吏，如何能将他们推倒，咱们就上台，这不是变做咱们与他等竞争权利吗？”侯佐也说道：“既然兄等不是与他们竞争权利，可曾物色着一般替代他们的人才咧？”

金有声等一时都回答不出来，各自面面相觑。又久，王振便岔嘴说道：“那都是后来的事，真到了那个地步，自然就有一般治国安民的人才发现。这事如何能够预筹？”侯弼冷笑了两声，正要与他争辨，侯佐便向他的兄弟暗暗使了一个眼色，后又淡淡说了两句道：“破坏的事固然要紧，建设的事，也是要紧的。这且不去说他了，请问现在发兵，是如何的计划咧？”尧厚说道：“现在全州业已占领，自然第一步是攻取汉京。”侯弼问道：“军队编制如今是些什么人？兵士有几年成绩？军事上的知识如何？”钱群道：“若论现在的军队，乃是一般旧有的同志与各方投降的散兵合组而成的。‘成绩’两字是说不到，至于军学知识，以我的眼光窥察，恐未必能够说懂得。不过一团义气，结得尚坚固罢了。”侯佐又问道：“那财政、器械咧？”金有声听他这般问，顿时发了一会怔，后又向左右瞅了两眼，方说道：“横竖这里也没有外人，我就实对你说罢。如我等赤手空拳做事，又不能去做绿林英雄、赤眉豪杰，在苦百姓的身上打主意，只好特别想了一个方法，由王振兄介绍，现在日本的资本家手里借了三十万金，军械也是从日本赊欠来的。”说罢，侯氏兄弟二人同向王振瞅了两眼，王振赶快接着说道：“这乃是小弟个人私交，并没有国际上交涉，并且他们都是热心朋友，也不取丝毫利息的。”侯佐、侯弼都冷笑了两声，许久侯佐方说道：“诸君的志向，我兄弟二人是极佩服的，但是这其中有许多组织法，我兄弟却有些不敢赞同。并且对于这番举动，我兄弟还有几种疑问，未知可能研究么？”大众同声说道：“特请二兄就是要求指教的，如有什么高见，务请发表，我等无不遵从的。”

侯氏兄弟听他等说了这番话，后又暗察他等颜色，大都很表示诚恳，只有王振的形容，仿佛有几分勉强的意味。侯佐也不去理会他，便向大众说道：“列位的宗旨，是在救国救民，因为救国救民，方要驱逐那些害国殃民的贪官污吏了。但是古今的官吏，不能说他尽是些害国殃民的东西，倘若有几个贤官良吏，咱们又如何对待他咧？”金有声忙道：“那是咱们尊敬的好人，还要请他给国家办大事咧。”侯佐忙道：“如此诸位是反对贪官污吏，不是反对一概的官吏了。再说诸君乃是反对一般狐群狗友的官吏误国殃民，不是反对今上皇帝，想谋什么民主政治的。”尧厚道：“如今人民的知识太薄弱，还说不到民主问题咧。”侯佐道：“是呀，我也很赞成这一句话。只是那些贪官污吏，究竟在人民之中，还是占得最少的数目，我们很可以设法用别种办法，驱逐他等，何必因为这几个少数坏东西，大动刀兵，而使庶民蒙兵燹之灾、流难之苦咧?”王振忙说道:“这也是迫不得已的行动，因为没有别法驱逐他们才如此办理的。”侯弼便从旁笑道:“天下就没有无办法的事，将来咱们详细研究，自然能想得出善策来。”王振便摇着脑袋说道:“我个人的意思，如今想要驱逐这一般贪官污吏，非用武力不可。”侯佐正待开口，侯弼便将脸色沉下来道:“就说是用武力解决，试问现在所有人马，可能称为正式军队? 人人正于军事上又没有经验，又没有计划，又没有普通常识，全恃着一团义气，积合成群的，一旦受了几须波浪，那团意气消沉，顿时就可以冰消瓦解。并且这等没有常识的人，最容易受外感，倘若自溃，诸君还有杀身之祸，若使他等常常的风餐露宿，冲锋对敌，那是万难保险的。”王振也就将脸色沉着道:“老兄这句话可说得太过分罢! 你若说他们没有军事上的学术知识，这句话我却不敢与你争辨[辩];若说他等不能打仗，未免是专制的言论。试问这次攻泰仁、夺古埠、得全州，战退洪肇勋的健旅，势如破竹一般，这不是他等的战功，难道还是洪肇勋等拍手欢迎的吗?”钱群忙说道:“是呀，这都是他们血战得来的。”

侯弼听罢，便扑嗤一笑道:“洪肇勋的兵士，你们将他当作雄兵健旅看待，这也是你们的眼光太浅。若论他的那些人马，真如纸扎一般，大风一吹，就要睡倒的，那能算得是军旅咧? 倘若调了平壤的兵来，包管你们就抵挡不住了。”黄伯雄道:“云在霄的部下，乃是仁义之师，决不肯来与咱们为难的。”侯佐道:“这句话我却不敢担保。若论诸位的宗旨咧，老云他不但不反对，并且还可与诸位表同情;若是诸位领兵真捣黄龙，那时天子蒙尘、九庙震惊之际，老云未必不调兵与诸君战场相见罢。听说如今亲王李应藩，已向清使吴长庆借兵平乱，吴长庆当即奏请清庭，清庭业已准奏，特派海军提督丁汝昌先调两只军舰驻泊仁川，又派直隶提督叶志超、太原镇总兵聂士成带领数千人马、大炮数十尊前来帮助。似这等战事，诸君可有把握，操必胜之权咧?”

大众得了这个消息，彼此都吃一惊，半晌不能回答。又久，金有声方问道:“这事可是真确么?”侯佐道:“我们又何必借重外人的势力来吓自己咧?”此时怒恼了王振，便将两道虎眉倒竖，一双鼠眼圆睁，站起身来，拍案大骂道:“你们这两个臭小子，必定是云在霄的侦探，有意来惑乱军心么? 你可知本部的军法利害? 本首领最恨的就是汉奸，如今落在咱们手里，是没有活着回去的。什么清兵不清兵，我们兄弟伙子的力量，纵然抵挡不住，难道说不能去借日本兵吗?”这句话刚才说完，侯氏兄弟二人都同声狂笑了一阵。侯弼道:“王君这句话，真是说得不错，但不知指的是谁人? 如说咱们兄弟二人是汉奸，咱们乃是给云在霄做汉奸。云在霄的为人，究竟是好是坏，究竟他是韩国人。如王君介绍借日本人的金钱，赊日本人的器械，还要去向日本人借兵，试问那些日本人的眼光，谁不想吞没我们韩国？如前番几次的外交，咱们受日本人的闷气，难道还不痛苦吗？日本人对于韩国的野心，难道还不明白吗？你说借款赊械，乃是你个人的私交上感情，将来没有国际交涉，可知以前那些狐群狗党的亲日派，入手之初，谁不说是个人私交上感情，没有国际上交涉，直到后来闹得不可收拾？那一桩事了结，不是国际上污点，小百姓们吃亏？你说他借钱不要利息，可晓得他借钱目的是想在土地上分肥，自然是不要你这区区微利。唉，世界上没有强权压住公理，可以亡国灭种的，只有借外债、赊军火可以亡国灭种的！如今还想借他们的兵，来杀自己人，这乃是引狼入室，自速其亡。我看你的误国殃民罪过，比那些贪官污吏还要加重的多咧！如今你不明白，自己已是一个汉奸嫌疑犯，还想反咬别人，真是可笑得紧。”说罢，又哈哈狂笑了一阵。

侯佐见他的兄弟业已翻脸直骂出来了，他那一股无名火，也就不因不由从脑顶门直冲出来道：“这番话已被舍弟说完了。但是我也有一番意见，要在诸君面前表白一番，诸君相信与否，这是我们兄弟二人所不敢要求的。诸君须知我们兄弟二人今日既单骑独马特奔前来，就不准备活着回去的。今从极简单上表白，诸君的宗旨，非但我兄弟二人表同情，就是云大人也称赞诸君是爱国义士。如诸君的行动，以武力驱逐权奸，伤生害命，这是我兄弟二人不敢赞同的。若说借日本人的金钱、器械、势力来与自家人为难，这是我兄弟二人根本反对的举动。话也说完了，如今杀也在诸位，剐也在诸位，汉奸不汉奸，将来总有水落石出的时候，公理上自然可以明白的！”

说罢，二人都将双目紧闭，再也不作一声。此时气得王振两眼发直，脸色白里泛灰，恨不能立刻将侯氏兄弟碎尸万段，方消得心头之恨。那金有声、尧厚、钱群三人，听侯氏兄弟二人所说的，都是很知大体的，虽然听着刺耳，实在可以清心。想要糊理[里]糊涂将他兄弟二人处于死地，实在公理上很有些说不过去的。要想将就再去敷衍他，又恐王振坐在一旁吃飞醋。各自默坐，只管不住的叹气。座侧还有一个人最难堪的，就是黄伯雄。接侯氏兄弟前来，本是黄伯雄介绍，夸奖他俩如何多才，如何多艺，而今彼此话不投机，已起冲突，将他一人夹在其中。两方面皆是至好的朋友，皆是问心无他、只知爱国的好朋友，从中要他判断曲直，真不知向那一方面说起，垂头丧气，坐在一旁，只得哎唷哎唷、哎唷哎唷的叹气，心坎里早暗埋怨自己做事太卤莽，对于朋友，不应如此热心。最后还是金有声从中落台道：“侯家二兄，今日风尘劳碌，想是很疲倦，有什么妙策，咱们明天再计较罢。”说罢，各人都站起身来，回到自己房里，侯氏兄弟便跟着黄伯雄去了。欲知后事如何，且待下回分解。

第十三回　三寸舌劝走英雄　一窝蜂变成强盗

话说侯氏兄弟与王振言语不合，彼此争得脸红耳赤，都有骑虎不能下背之势。金有声、尧厚、钱群三人虽然左右为难，尚不觉十分难受。只有黄伯雄的心里，好如刀刺的一般，他因侯氏兄弟乃是他介绍来的，如今闹到这番地位，也不知怎样才好。幸亏金有声从旁将话头岔开了，各人方才散步[去]。

当晚侯氏兄弟都宿在黄伯雄房里，直待夜深人静的时候，黄伯雄便悄悄的埋怨道："你俩这番来，究竟为的是什么？何必这般与他们争论咧？常言说的好听，'合则留，不合则去'，你只管你自己的事罢了，何必给别人论什么短长呢？"侯弼道："老哥你这句话说得大错！我兄弟这一次来到这里，就是很想做大事的，并且赞成你们诸位的主义。这不但是咱们哥儿俩的意思，就云大人的意思也是如此。自从到了此地，与金、钱、尧三君接谈了几天，很觉他们的热心毅力都比我兄弟高强。再说他们的才识，真是狠能做大事的，我兄弟二人也狠愿与他等亲近。只是那一个王振，明明是亲日派的小鬼，利用他等捣乱。这不但与国家前途有莫大关系，就是与他三人做事处世的前途，也很有莫大的关系。我们因为爱他等品学心术，不忍使他受那小鬼利用，所以不能不揭穿那小鬼的黑幕，可使他三人早些自觉回头，为国为民做些儿实在的事业。论友谊，我们才算对得住他等三君咧！"黄伯雄道："唉，我看你哥儿俩混到今天，怎么还说的古话？如今的人心业已大变了，你们虽然如此说，他等未必能如此相信的。"侯佐道："相信不相信，那是他们的主权。但我等若见到不说，这就是我等不重朋友之义了。"这番话刚才说罢，忽听窗外一阵脚声，接着有三个大汉冲进房门，倒身就向侯氏兄弟二人行了一个特礼，吓得侯氏兄弟忙乱了手脚，也不知怎么才好，都站起身来，迭迭还礼。彼此迎面仔细的一看，原来进房来的三条大汉，乃是金有声、钱群、尧厚三人。

再说金有声等自与侯氏兄弟谈论之后，见侯氏兄弟被黄伯雄邀到自己房里去，复又与王振接谈了一会。此时王振的态度，迥异从前形状，趾高气扬，大有万山皆小、惟我独尊的气慨[概]。那言语之间，自然大骂侯氏兄弟是汉奸乱党卖国贼。金有声等听他那一番议论，仿佛理由都不十分充足，但是他三人的心坎里，对于侯氏兄弟，却也不敢相信他是两个好人。

直待月满中庭时候，王振也不在左右，金有声便向钱群、尧厚道："两位贤弟，方才侯氏兄弟与王振争辨[辩]的事儿，究竟是谁人有理咧？"尧厚说道："若以我个人的评论，自然是侯氏兄弟的理长。无论如何，他兄弟二人总算得爱国的一份子。如借外人的钱债，赊外人的器械，一旦打了败仗，还想去借外国兵帮助，这等举动，也实在很像引狼入室、自残同类的意思。起初我也不十分赞成，不过因为一时的金钱所困，不得不借重这一着棋子，助我一臂，如今被他俩提醒了，越发觉这桩事儿是狠危险的。我看这桩事儿，咱们须得打点一个主意，与那些日本人的关系脱离了才好。”钱群道：“这话还须研究。日本人殷殷想与咱们联络，一定不存好心，想谋取最后的利益，这句话，我却很相信的。王振他拼命拉日本人进来，甘心媚外，不是一个好人，这句话，我也是很相信的。但是侯氏兄弟发出这一番议论，他乃是从衙门里出来的人，究竟有无政治上作用，现在人心很难测，我却不敢十分相信他俩都是好人。”金有声便皱着眉头道：“如此，这桩事怎么办法咧？”钱群又进一步说道：“倘若他哥儿心怀叵测，受了一般吃饭的官僚密命，特来破坏咱们的团体，咱们岂不因他俩这一番空谈，耽误了大事么？”尧厚忙说道：“我看他俩那一番气度，必不至于给别人做小鬼的，况且他俩这次前来，并非是自己寻找上门，乃是咱们请他来的。”钱群只管摇着脑袋，表示他不敢相信的意思，闹得金有声适居其中，也拿不定主意，半晌忽说道：“那日本人联络咱们，居心不良的事，两弟都看得很透澈。我也很觉日本人这般热心，不是一种良善举动。再说王振那因为这些儿做鬼的功劳，如今态度顿变，大有喧宾夺主的气概，似这等事，咱们可以不必去研究，也实在没有研究的价值。现在咱们急须研究的，就是侯氏兄弟究竟他俩是好人还是歹人，咱们如何的处置他俩，这应当早些解决才好定咱们的进行方针。”钱、尧二人见他发了这一个大问题，彼此都鼓着嘴巴不答一字。又久，还是金有声说道：“我却想了一个法儿，此时业已夜静了，想侯氏兄弟与黄伯雄乃是患难之交，今一旦相见，自然是剪烛细谈，倾吐肺腑的，对于咱们的事，必定有一种议论。咱们何妨去密探一回，倘若他俩也是前来做鬼的，咱们就老实不客气，并黄伯雄伙在一处，给他个军法从事；倘若他们别有一番苦心，咱们再打主意与他俩交给[结]，也就不至于冤煞好人了。”尧、钱二人听了这番话，都觉得很有理，于是一同悄步走到黄伯雄住室的窗前，平息静听。果然他三人都说的是那些话，各人都仔细听去，谁知大众都越听越发心动，越听越发心感。就是钱群他不甚相信侯氏兄弟的人，如今也动了真情，甘心折服。最后听侯佐说道：“但我等若见到不说，这就是我等不重朋友之义了。”大众的心里都又感又愧，金有声这时实在忍耐不住，便悄声说道：“如这两个好朋友，咱们还要猜疑他是歹人，可又向何处去寻觅好朋友咧！两位贤弟，你等这时可还有研究么？”钱群、尧厚同声道：“这时还有研究，除非是王振一流的小鬼了。”接着三人闯了进房，倒身就拜，吓得侯氏兄弟手脚无措，前事业已叙过了。

再说金有声与大众坐定，突口便说道：“日间两兄的意见，甚是高明得紧，我等鲁莽做事，一时计划不周全，若非两兄直言训诫，我等空费一片至诚爱国心，反坐个误国的祸首了。”这番话听得黄伯雄也有些不懂，侯佐正待回说，金有声忙止住道：“老哥也不必再说，两兄的苦心，我等业已明白了。”接着，就将他三人那一番举动又说了一遍。侯氏兄弟与黄伯雄三人，这才明白。大众接着又谈了一阵，尧厚便说道：“已往的话，咱们可不必再去研究了。倒是将来的事，咱们究竟是如何打算？我个人现在确实没有了主意，还是请两位侯兄给咱们想一个完善方法。只要能表示咱们兄弟是真心爱国，就是牺牲了性命，也心甘情愿的。”侯佐忙道：“你这话，也说得太重了。”钱群不待他说完，忙抢着说道：“这并不是尧兄谦词，实因咱们自听训诫之后，一时心急，没有丝毫主张，所谓迷路之人，很盼望路旁人指导的。”黄伯雄道：“大家既然同心，彼此都知道黑白真伪，也可不必说那些训诫的客气话，有什么意见，彼此老老实实研究一个妥当办法就是了。闹客气，反而不能利事实，还是将一切空套的名词蠲免了罢。”大众都拍掌，连说了几个赞成，侯弼接说道：“我看诸兄既然安国爱民，出诸肺腑的诚意，何不择人而事，从正路上去谋改造方法，那时对于国家说话，也可有几分信用。就是政府人民，双方对于诸兄，也就不敢小视了。并且那时去谋改造，都是从和平方法入手，农不废耕，廛不废市，庶民又不遭兵燹之灾、流离之苦，岂不比以武力去谋改造好得多么！”金有声忙说道：“不瞒两位老兄说，择人而事的宗旨，我等早有此心，并非澎涨自己的势力，想做大将军、大元帅。就是此时总算占得一部分势力，果然有那爱国爱民的大好老，我等也很愿牺牲这一部分，依傍他做事，就是执鞭之役，我们也很愿往的。但是寻找不着这一个人，教咱们又如何去依傍咧？”侯佐忙说道：“这个问题尚不难解决，倒是王振这个人，应想个什么方法，使他离开才好。”金有声皱着眉头，半晌回答不出一字。尧厚也摇着脑袋道：“这个人倒真不易撇开他。若说向着他下逐客令，他自然就要说这一宗外债是他经手借的，军械又是他经手赊的，别样不说，只要求了清他经手未完的事，一时没有办法了。”侯弼道：“这有什么为难？糊里糊涂将他杀了，岂不除了一个误国殃民的小鬼吗？”金有声连连摇手道：“哎呀，这桩事却万做不得，因为他一身本领，就在那一张外交的老虎皮上。伤他一个人的性命，本算不得什么绝大的事，但是惹出日本人的外交，岂不又给国民加增了一桩害事吗？”侯佐又问道：“这军中兄弟伙子，与诸兄的感情何如？究竟可有十分实力？”金有声叹了一口长气道：“再也不要提起了。我如今受了这番经验，才知我国所以不能够富强，动辄受强邻外侮，并非坏在别样事故，就是坏在人心太鬼祟了。那军人的心，若比较平常人心尤坏。就是咱们军中这些弟兄伙子，若问他们的军事学，恐怕一百人之中没有一两个人回答出来；若问他们的奸淫虏[掳]掠，恐怕人人都能考专科博士。幸而我们兄弟都严禁这些举动，所以他等眼前尚不敢放肆。但是他们普通心理，看着钱眼都红了。况且他们只要打了一个胜仗，也不知有多大的能耐，如我们做指挥的，尚不敢自视太贵，他们弟兄伙子，对于丘八太爷的牌调儿，都摆得十足，仿佛都是神圣不可侵犯似的。如这等军人，真是乱国有余，治国不可。我就是想直捣汉京的时节，也很想渐渐将他等解散，再训练能守军纪的新兵。无奈王振那一个小鬼，放手遍洒金钱，拼命的联络他等，这一般见钱心跳的丘八太爷，那能受得人这般笼络，于是日久时长，就投入他的势力范围。所以对于咱们的事业，大概都是膜[漠]不相关，那有什么感情可言、实力可恃咧！但是他等对于王振，却日渐亲密，这乃是平日王振对于他等金钱、法律，种种都不认真取缔的原故。”侯佐忙说道："这就是他包藏祸心的手腕。”金有声忙应声道："我这时也明白了。只是对于王振的问题，实在不易解决。”侯氏兄弟听了这番话，也给他踌躇了半晌，还是尧厚从旁说道："我看这个问题也不难解决。真是咱们有路可走，能偿咱们救国救民的素志，何妨牺牲了这个团体，让他去称霸称王？他也狠心愿。将来他若能够自觉，就可以自行解散，若仍迷而不悟，那时荼毒生灵，乃是他的罪过。眼前咱们总算跳出火坑，不使人民涂炭了。”

大众听他这番话，都诺诺连声赞道："好极！好极！咱们只好这等下场，若再长久拖延下去，还不定是怎样的结局咧！”黄伯雄又说道："王振的问题是解决了，但是咱们又向那条道路上走去呀？”说时便与金、尧、钱三人，八只眼珠儿，只瞅在侯氏兄弟身上。侯弼也不待他老兄开口，便忙着说道："云在霄他是热心爱国的好人，并不是贪财利己的猾吏，并且他爱才如命，诸兄如在他的部下做事，不怕不能够如愿遂心。”金有声大喜道："云在霄的为人，咱们都是很崇拜他的，他果能容纳咱们吗？”侯佐便拍胸说道："这都包在咱们兄弟身上，决不令诸兄屈才的！”侯弼又抢着说道："我今说一句老实话罢，老云他也很称赞诸兄的。我兄弟这一次前来，乃已禀明了老云。临行的时节，曾殷殷向咱们兄弟叮咛，总说须劝诸兄往他那里做事，就是有什么风浪，他都能替代抵挡的。”大众听他兄弟二人又说了这番话，彼此益发感激云在霄的情义，由此再也不打别的主意了。接着大众又商量些脱身办法，不觉天色大明，各自方才归房安寝。

转眼又过两天，王振此时尚不知他等密谋脱身的计划，还时时刻刻去催促金有声下动员令。金有声总是用好言去敷衍他，按兵不动，一再支吾。王振的心里也渐渐猜疑他等有什么变故，于是暗自思寻，虽然料定是侯氏兄弟做鬼，但不知他等究竟是如何变动，对他是如何处治，总揣度不出真相。

一日，他实在闷得不耐烦，比时红日初升，夜露仍湿之际，便披衣下了卧榻，心坎里暗自思忖道："无论如何，我今天是要用强迫手段，逼着他下动员令，他果再与我支吾，我决计自由行动，先杀了侯氏兄弟与黄伯雄，然后再与金有声等说话，不怕他们不死在我掌握之中。"打定了这个主意，于是密召他的爪牙，又将他的主意在军中散布了一回，无非是骂金有声拥兵私利，不顾大公等话。果然全军之中有一班弟兄伙子被他轰动，很想反戈自乱，推倒金有声再作道理。王振得了这个消息，越发有所恃而不恐了。于是带领十来个亲信爪牙，先扑到黄伯雄房里。迎脸看去，乃是一间空屋，那有什么侯氏兄弟的影儿，并黄伯雄也不见了。王振一见大惊道："咦，这是什么原故？难道我那个团体里的份子，也出了汉奸么？不然这间房里，如何空空的，无一件存在咧？"又呆怔了半晌，最后想道："眼见这桩事儿已泄露消息了，我今若不制人，人必转身制我。一不做，二不休，我就趁此与他等做一个对头。现在实力全掌在我手里，量他也没有绝大抵抗力的。"于是带领他的那些狐群狗党，直向金有声的房里扑进去。谁知刚才跨进房门，王振便大吃一惊，原来金有声也不见了。接着寻找钱群、尧厚，都没有一个影儿。王振当时发了一会怔，便向大众说道："这必是侯氏那两个小鬼，又用什么功名利禄的虚荣将他等骗走了。"复又叹了一口气道："走得也好！走得也好！似这等不能患难相共的人，就是同处在一处，也没有什么利益的。"说罢两眼向着左右，只管出神。

当时那伙中有一个最聪明最伶俐的人，平日王振很宠爱他的，名儿叫做殷保禄。此时殷保禄见王振这般情状，早就明白他的心理，便趁势逢迎道："金有声等，我早就料定他们都是卖嘴的郎中，没有好药。如今他等不辞而去，总算是他等见机，免得全军暴动，使他难得下台。如今他等既去，常言说得好听，蛇无头不行，这督统一席，是不可一刻片时能够缺席。"后又向着大众说道："咱们就公举王首领升任罢。"那左右大众，本来就是王振的爪牙，早就想拥戴王振坐了正位，他等都是开国功臣，也好高升一步了。如今听殷保禄提出这一条议案，自然不必多商议，一体拍掌通过了。王振此时真喜出望外，心痒难挠，那口中还假意谦逊道："我的才识谫陋，如何能负这大的重任咧？"大家也不由他谦逊，一同就将他推入了正座，然后又晓谕全军，接着就宣布金有声等罪状，说得狗彘不如，这也是例行公事。

于是王振半推半就坐上了正位，那第一步政策，自然是封功赏爵了。如那一般狐群狗党，凡是拥举他做督统的元勋，都一概酬赠了个首领。全军里弟兄伙子，也全体记功一次。杀猪宰牛，直开了三天酒肉大会。横竖在外国人手里借来的钱，好像不十分吃力，落得逍遥自在。胡混了几天，大庆已罢，王振就要颁布动员令，直取汉京。不料刚开军事秘密会议，那新任首领殷保禄偕同两个首领袁中、马宾都极力请从缓颁布，一[异]口同声都说兵士太劳，应当容许他等休息数月，这才是督统爱兵之道。王振见他们几个首领都是这般主张，料想违抗他等也不能够的，他就将那动员令暂缓颁布了，朝夕与几个首领酒地花天，倒也觉得十分的快乐。阅者诸君可知，殷保禄等要求缓颁动员令，果真是爱惜兵士么？咳！他等那里有这团好意？早将他等属下的弟兄伙子秘密领到小路之旁、孤村之里，实验那奸淫掳掠的本领去了。那远近一带的居民，受他等灾害，真是呼天无救，吁地不灵，只好忍声饮恨，远避它方去了。欲知后事如何，且听下回分解。

第十四回　借乱事乘虚谋利　失战机忍辱议和

话说日本首相伊藤博文自将金玉均说归韩国，老大的放心不下。他因金玉均那第一次失败，闹得一团糟，所以这次对于他的信用就不能十分坚固。无如兴东会发现，乃是乱韩的一个绝大机会。当时左右除却金玉均，又没有第二人可以委托的，于是就劝他回国，办这一桩捣乱的事。但是既委托之后，心坎里又有些放不下来，便常常密派他左右亲信的人暗探韩国兴东会的举动。

一日，伊藤博文正在相府里着棋，忽一密探进前报道："韩国兴东会业已发动，先占泰仁、古埠二县，撵走了县令徐尊、于澄，如今又将全罗道占领，洪肇勋阵亡，官兵迭次打败，早晚兴东会就下动员令，直捣汉京。听说高丽亲王李应藩已奏请借用清兵，代平内乱。"伊藤博文骤听这番紧急报告，当时乱了棋局，问道："这事可打听实在么？"那人禀道："千真万真，小人不敢妄报的。"伊藤博文便笑了两声，当时起身换了礼服，去参见天皇，那时就将密探报告的情状一一转奏，天皇听他奏了这番事，还不明白他的用意，便问道："他那国里内乱，又未向我国借兵求救，咱们如何无端插入咧？"伊藤博文奏道："此时乃强权战胜公理的时代，可不必与他在'理'字上说话。清国与他国是近邻，然我们日本国亦与他相隔不远，唇齿痛痒相关，都是很亲密的。如今清国既然派兵代他国平内乱，主子也应派兵代他平内乱的。乘此长驱直入，非但可以鲸吞三韩，并且还可以蚕食清国呢。这乃是千载一时的好机会，主子万不可失过的。"天皇被他这番话提醒，当即派陆军大将山孙[县]有朋带领三千人马，又拖了三十尊大炮，直向高丽进发。按下不提。

再说清将叶志超、聂士成领了人马，直入韩境。一路上人不离蹬，马不停蹄，那日赶到全罗地界，扎了大营，架了大炮，接着就派人密探敌军，准备开火攻击。那时，兴东会里密探也纷纷飞报王振。王振本是一个惊弓之鸟、漏网之鱼，猛听了这番报告，早吓得忙了手脚，还是殷保禄从旁说道："督统何必忧虑？

想那洪肇勋何等利害，一战也使他丢盔卸甲而逃，再战就使他魄散魂飞而死。想那叶志超、聂士成的威武，不过与洪肇勋相等，何足惧哉！”王振连连摇头道：“那可比较不得的。”袁中又说道：“日本人他不是将清国人与我们韩国人一样的看待么，如何清国的兵，就比咱们韩国的兵利害咧？”王振道：“话不是这样说的，日本人作同等看待，他是别有一种眼光，咱们用兵却不能拿他做比例的。我看他等来势汹汹，咱们还是退一步让他，不开仗乃是最幸的事。”马宾顿时不悦道：“督统何必这般胆小，即使咱们战斗力不能与他相抗，凭着督统这大的面子，向日本国特调几万人马来，吓也要将他等吓跑了。”王振仍是摇头道：“远水那能救得近火？我看总是危险得很。”说着，只管叹气不已，心坎里很悔不该做这个督统，如今要想缩头也来不及了。后又暗骂伊藤博文害人不浅。独自低垂着脑袋，只管五思六想。半晌，袁中道：“势逼至此，就是怕也怕不了事的，咱们就是退一步让他，他未必不进一步追赶。要死也是应该的，还是与他拼一拼合算些。”说时，也不待王振下动员令，便偕同马宾、殷保禄等出了中军帐，点齐人马，直向前敌迎上去。

此时清军早就备战停当，忽见远远扑来了一枝人马，知是敌军前来讨战，忙吊起开花大炮，迭次轰了两响。远远见那一枝人马打得四奔八窜，血肉横飞。接着又轰了几响，只见迎面的烟雾漫天，再也看不见敌军的影子。可怜这一班爱国志士，都被这几响大炮轰进了枉死城，只余鲜血淋漓、白骨暴露而已。叶志超、聂士成等见前敌已没有动静，就知已被大炮轰散了，顿时下令穷追。不到三四小时，就将那煌煌兴东会打得片瓦无存。督统王振也打跑了，头领袁中、马宾也打死了，殷保禄打得没有下落。昙花一现，顿时闹得雾散云消，惹得全罗道住家的小百姓反复连遭了几次兵劫，白送了许多财产生命，吞声忍气的叫苦罢了。

不说战后余腥，接说那日本陆军大将山县有朋，带领三千人马，三十尊大炮，赶入韩国地境。满想赶在清军之先，扫平韩国内乱，就可即止清军，不准入韩境一步，任他等随意横行，遂偿私愿。那里晓得他等刚入韩境，清军已将兴东会扫平，驻扎金罗道一带，安然无事了。山县有朋一见这般情状，早气得发昏，但是情理上，只可怨自己来退[迟]，却不能怨别人不应该早到。所以这一腔愤气，只好闷在心里，再打别的主意。当时就将他所带领的军队驻扎全罗道前面，与清军相隔不过二三十里之遥。静驻了几天，山县有朋忽想出一条妙策。当时就发了一道密令，命他那全军中大小将士，如此如此的照令实行。那全军的兵士，奉了山县有朋的命令，大众都手舞足蹈，色动眉飞，就在街市之中，有意的捣乱，直闹得那些居民都寝食不安、起居不定，当时向官厅衙门里叫冤。那些官吏照例见了外国兵士，好像见了森罗殿上活阎王一般，那里敢代这些小百姓伸冤泄愤咧？因而那些日本兵，半奉公令，半图己利，越发的猖狂。日久时长，一般小百姓实在忍受不住，也就不向官吏面前呼冤，大众邀约成群，拼命与那些日本兵抵抗。愤激之中，一时伤了日本几个小卒，从此就闹出外交来了。山县有朋得了这个消息，顿时飞奏天皇。

不多几日，伊藤博文就命外交部大臣向韩国政府提出严重质问，那时驻韩领事井上馨亲谒韩皇李熙，就说道："贵国内乱纷纭，自兴东会发现之后，闹得鸡犬不宁，人民涂炭，眼见就要大乱。我国天皇有好生之德，特派大将山县有朋统领大兵前来替代贵国扫平内乱。今贵国人民不以为德，反以为仇，举动野蛮，太无文明的知识。这休怪我国天皇用强硬手段对待。似贵国这等腐败的政治，若不经我国天皇代行改革的职权，是永久不能太平的。"这番话说得李熙两眼发直，半晌回答不出话来，脸色只管红一阵青一阵，闪灼不定。又久，还是亲王李应藩说道："敝国小民无知，实属罪当万死，请贵国天皇仍须念邻国的邦交，宽贷过去。一切损失，由敝国政府偿还就是了。"井上馨笑道："一次再次，总说是偿还损失，可知我国的国民，乃是最有价值的国民，不似你们那些不值半文钱的国民，你们拿什么代价能赔偿得起呢？如今明白说了罢，这次的要求，并不是赔偿问题，乃是替代行政的问题。贵国承认也是如此，不承认也是如此，这时也没有别种的问题研究了！"说罢便转身告辞而去。

那李熙率领文武群臣，同在殿中听他那一番大言欺人的话，真闹得哭也不是，笑也不是。眼见他下殿走去，不见了影儿，方敢君臣会合计议。彼此讨论了半晌，始终想不出一条妙策。最后还是李应藩奏道："想日本天皇，他如此挟迫我主，就是想倚仗武力，灭亡我国。我主如今若是与他抵抗，武力实在敌不过他；若是遵从他的条件，那就是将一切国权送与他等执掌，恐永远地球上就没有韩国的旗帜了。"李熙忙道："朕何尝不知他等乃是有心灭亡我国的，但是现在要急想条救亡之策，究竟应如何办法咧？"文武群臣那时都不敢奏对，李应藩后又奏道："此时只有请御驾亲临清领事府，求他援助，或者还能够救亡。不然，只好束手待毙。"

李熙听了这番话，本不愿亲自去求人的，无奈国家存亡关系太大，也不便安富尊荣，专做一个快乐皇帝，当即传旨伺候。不多一会，李熙便亲自拜访清使。那时，清使业已换了袁世凯，忽听韩皇御驾亲临，就知韩国的政治上必发生了绝大变故，忙着将李熙迎接进府。谈话之间，李熙就将井上馨的话仔细说了一遍。袁世凯听了，也有些代他不平，忙说道："陛下暂请回宫，此事我自有道理，不难解决的。"李熙听说，顿时心安了一半，接着又叮咛嘱咐了一回方才辞去。

再说袁世凯待送李熙去后，顿时就去拜访井上馨，可巧这时山县有朋也在领事府里。三人坐定，渐渐谈到兴东会作乱的事，接着又向井上馨说了许多好话，最后就向山县有朋说道：“高丽的内乱，现在已经敝国的陆军将他扫平了，贵使可以乘此撤兵归国，免得那一般无知识的小民又生误会。今兄弟特来要求，想两位大人都是很表同情的。”山县有朋便将脸色沉下来道：“兄弟是完全军人，只知服从命令，不敢妄谈政治。”说罢，就将脸儿掉转过去。井上馨接着冷笑了两声道：“贵使难道忘却当初天津条约的时候么？那时曾双方约定，高丽如有乱事，我两国互相派兵征剿。今高丽兴东会作乱，贵国既然派兵代平内乱，敝国也应派兵入境的。贵使既劝我国撤兵，免使人民误会，贵使如何不先自撤兵呢？再说敝国现与高丽又发生了特别交涉。”袁世凯佯作不知，忙惊问道：“又发生什么交涉？”井上馨道：“想敝国派兵前来，代等扫平内乱，这乃是一种好意，并未蓄得有歹心。他们那般野蛮人民，不知好歹，反聚众成群，殴打敝国的兵士，劫掠敝国的财产，此时兵士也死伤了不少，财产也损失了不少，推原其故，皆是该国的内政不良。敝国天皇现已向韩国提出严重条件，并不要他赔偿损失，准备实行替代他改革内政。这也是希望他等将来文明、将来富强的用意。”袁世凯哈哈大笑道：“如此举动，这乃是并吞他们国权国政。今贵天皇尚说希望他等将来文明、将来富强，这也未免太客气了。但是这其中尚有一个问题，二君可知高丽本是大清国的属国么？”说时便将脸色沉下来，摆出很不高兴的模样。井上馨冷笑道：“这个问题，我们却不敢承认。果然高丽是贵国的属国，何以他们国里的内治紊乱，贵国政府诸大臣都置之不管呢？如今我国天皇热心好义，派兵来给他改革内政，足下又挺身出来干涉，这不是有意要破坏天津约法么？”他三人说到这里，彼此的脸色都不好看。袁世凯一见势成骑虎，恐怕闹得不能够下台，便勉强掉转一个笑容道：“好在这等重大问题，不是三言两语可以解决的，咱们再计较罢。”说时，起身告辞。出了日本领事府，兜着一肚皮闷气，回到自己使馆里，就将方才那一番情状飞奏清帝。

这时光绪在位。甲午之年，大宰相李鸿章，对于外交上也是很有手腕的。此时袁世凯飞奏到京，光绪爷一见，龙颜大怒，就将这番情节，通谕满朝文武群僚，并要大众共想对待的方法。大众听有这番举动，真是人人气得瞪眼，个个恼得竖眉，异口同声的骂道：“这等幺魔小丑，居然也敢跳梁！他如今侮辱高丽，就是侮辱中国。我朝乃仁义之邦，不可听他这等蹂躏，我主应急发大兵驱逐这一般幺魔于三岛之外，方可展我大国的威严。”光绪爷见群臣的公意都是主战，后向李鸿章问道：“你看如何啊？”李鸿章碰头奏道：“彼国人鬼计多端，不可小视。我主兴兵征伐，似宜慎重为佳。”光绪爷尚未张口，群臣都同声奏道：“此时若不示威，给他一个教训，将来他还不知如何的轻举妄动咧！”光绪爷见大众都主张征讨，也就不愿和平了事。那时，李鸿章见大众与他的政见不同，也不便十分阻挠，但是心坎里总觉此举有些不妥，然亦无可如何。次日朝参的时节，光绪爷就命左宝贵、卫汝贵二人统兵六万，直向高丽进发，又命丁汝昌率领军舰十二艘把守黄海，然后通牒各国，准备与日本国以武力相见。这个通牒发表之后，全国震惊，从此东亚风云，又闹出一场血战了。

接说光绪爷分派六万人马直进高丽，那统兵大将就是左宝贵、卫汝贵、聂士成三人，各人统带二万人马，直进到高丽平安道，就在牙山之下扎驻了大营，准备进攻山县有朋。第一步的计划，就想将日本兵驱逐出境。谁知山县有朋也早有准备，他自在使馆里与袁世凯三言两语说翻了，就知大事不好，当即也飞奏天皇。此时天皇得了这个消息，心里倒有些着焦，接着清国的哀的美敦书业已颁发，也知这桩事儿不可收拾了。伊藤博文忙奏道：“我主不必惊恐，清国的军队，表面虽很像威严，实力上确[却]很薄弱，没有什么强大的战斗力。只要用重兵与敌，一战就可以杀得大败而逃。”天皇道：“事儿还是慎重的好。”伊藤博文奏道：“臣却有把握。”天皇道：“事到今日，不战也不得下台。一切全权，就委托你去指挥罢。”

伊藤博文奉旨之后，当即就调齐三十万人马，分作三队，第一队派东乡平八郎率领，第二队派山县有朋率领，第三队派伊东祐亨带领，先往高丽进发，后又令大山岩统带铁甲军舰二十舰直扑黄海，攻击丁汝昌。那双方的海陆军上了火线，于是硝烟弹雨，虎斗龙争，恶战起来。

一瞬之间，两国交战足有一年余，眼见老将宋庆、叶志超都相继战死，吴长庆也病故了，左宝贵阵亡，卫汝贵打得不知下落，海军也彼[被]打沉没了三艘军舰，丁汝昌仰药身亡，清国的兵士渐渐支持不住，退入奉天地界。接着日本的海陆军直逼前进，那九连城、金川镇、凤凰城、大连湾、盖州，都被日本军队占领了。那时若再接战下去，恐怕还有天子蒙尘之祸。光绪爷与文武群臣都急得手足无措，就是辨[办]外交的老手李鸿章，此时也急得摇头，想不出一条妙策。

事有凑巧，此时中日交战的时节，德美两国各派了一员大臣从旁观战。那德大臣叫做苏林哥儿[尔]，美大臣叫做福世德。他俩观战的时际，见中国屡打败仗，眼看着支持不住，福世德便向苏林哥尔说道：“眼见中国的兵力是支持不住了，长此再战，中国真有不可收拾的现状。虽然他们交战，本不与我等相干，但是日本人近来的态度大变，战势汹汹，野心勃勃，很有睥睨世界惟我自强的气概。但是此等人不能使他圆满得意，若是使他圆满得意，将来咱们若实行那远东政策，也是要受他牵制的。不如咱们两国乘此机会，做一个和事老人，息了双方的战争，也总算是一桩慈善的举动，你看如何咧?”苏林哥尔拍手赞成。当时彼此都将说和的主意各报自己的政府，那美、德政府也很以他俩的主意为是，立刻就委任他俩做调和的大使。福、苏二人各奉了政府的任命，便向中日两国政府提出调和的意见来。当时日本天皇与伊藤博文都不情愿说和，无奈美德两国的声势，非中国可比，都是欧美洲称雄称霸的，因而他等先蓄了几分畏惧心，也就不敢十分抗拒。

再说清国正打得焦头烂额，难得有美德两国大使出来调停，自然是唯唯听命了。这时一局残棋难得收拾，李鸿章才出来含羞忍气，去向日本说和。千言万语，又经福世德、苏林哥尔二人从旁协助，最后议定条件：第一就是应许高丽为独主国，第二就是赔偿兵费四百兆，第三就是割让彭[澎]湖、辽东、台湾为日本属地，第四就是准他在重庆、沙市、苏州、杭州开通商埠。磋商已定，双方就在马关扦[签]字立约，然后双方才下停战令。这乃是清国对于外交上第一次失败的大污点。可怜这一次战争，清国耗了无数的金钱，损失了无数的人命，战斗时际担了许多惊恐，议和时际受了许多侮辱，最后的结果还降列世界上第三等国，反将日本国跳到第一等国的地位上。自然此时日本人都顾盼自雄，这也是中国那些不争气的军人，将他制成这般鬼样。记者也是一个中国人，故对于这桩事，不愿仔细的深说。然一般爱国之士，不待我说，也都早引为痛心的事了。要知此时韩国的内政，究竟是何等景况，且听下回分解。

第十五回　安重根含忿求学　云在霄爱国丧身

话说那年中日交战的时节，兴东会已打得落花流水、兔走鸟飞了。此时金有声、钱群、尧厚、黄伯雄等，都随同侯氏兄弟直奔平壤而去。追到云在霄的辕下，云在霄便用好话重重的安慰他等一回，真是推己待人，礼贤下士。金有声等见云在霄十分优待，也就感激铭心、肝胆涂地了。加着侯氏兄弟、安氏父子都是好义勇为的志士，朝夕团聚一处说古谈今、讲文习武，倒也很觉快乐。只是大家心里还有一种疚心之痛，一时不能摆脱的，就是那中日交战的事，人人都闹得忧心如焚。

这日，云在霄将金有声、钱群、尧厚、黄伯雄、侯氏兄弟、安氏父子，以及他的属僚等足有二十余人，召集在他的办公室里，开了一个谈话会。首先，云在霄就向着大众发言道：“嗳，若说这番中日交战的事，乃是我们韩国人民最痛心的事。果然我们韩国的政治不紊乱，教育能普及，人民能知爱国，官吏不贪钱财，军务可以自强，事业可以发达，财政因此就不至于恐慌。由此君臣人等，以及王侯将相卿士大夫，人人都向着‘爱国’两个字上做事，人人都实心拼命的爱国，何至迭次受外人欺侮，惹出许多闲是闲非？自己不能争一口气，与日本人拼命，还要借重清兵，把别人引到自己家里来打仗。如这等形状，可真把咱们统兵的大将羞死！这等举动，那里还有什么国体咧？再转一句说，并非咱们自己轻减罪过，如今上这般懦弱，权奸当道，任意横行，国民不能疗[聊]生，自然是群起捣乱。似这等时局，咱们当军人的，不愿出去趁火打劫，已是天地良心，那里还有能力与外国人奋斗咧？但是这一句话，国民总不能原谅咱们的。常言说得好听，‘养兵千日，用兵一时’，这是国家危存的关系，咱们不能挺身杀贼，怎样对得住国民咧？”大众听他这般说，便同声说道：“大帅不必忧虑，我们看现在这个时局，打量是没有好结果。咱们动了固然是死多活少，就是不动，也是死多活少。与其束手待擒，不如与日本人作最后的决斗。也不遵守什么政府的命令，也不顾全什么亲善的外交，就以救国救民的问题，与他决一死战，就是死在战场上，也是很甘心的。”云在霄便摇着脑袋道：“这话还得仔细研究。若在理论上说咧，这等举动实在是狠圆满的；若在事实上说，这等举动，总须要慎重进行。须知现在打仗，并不是全赖武力，是要有学术指挥的。再说器械罢，乃是军务上的要品，大概战事上胜败，多半都在器械上取决。试问我们这些军队之中，有多少新式的枪械呢？打仗总得有几分把握，若徒手白白的去送死，那就失着了。”安悦生忙说道：“依我的愚见，现在清兵业已入境，日兵也如狂涛猛浪般涌来，打量这一场恶战，是不能免的。果然清兵胜了，我们就趁着这个空儿里拼命去求自治。”侯氏兄弟又问道：“倘若日兵胜了咧？”安悦生道：“这个……”安重根见他父亲一时回答不出来，坐在一旁，实在闷得不耐烦，便抢先说道：“这也没有什么要紧的事，大家准备做亡国奴就是了。”大众听他骤然说出这句话，好像是负气的样儿，一个个都向他翻白眼。安悦生忙掉头喝叱道：“你是个年纪轻轻的小孩子，乱说些什么！”云在霄忙笑道：“你莫要吓他，我看他这一句话，说得很有用意，想他的心中一定另有什么打算。”又掉脸向安重根问道：“你有什么方法，快说出来，咱们好大家来计较计较。我晓得你的年纪虽小，志向倒是很大的，一定有什么主意，快些说罢。”

安重根听了云在霄这番话，也就不理会他父亲，便向云在霄说道：“靠着别人帮忙，本就不是善策。此时中日交战，清兵战胜，固然是比日兵战胜好些，根本上就是我们自误了。若是我们不知自误，还要借着别人的兵力，作长城之靠，那还是与自寻死路一般的痛苦。若说我们自己挺身御敌，兵力又嫌太单，器械又嫌太弱，实在是打不过人。但是我们也不能因为打不过人就闭着眼缩着手，听着人家宰割的。我今天想了一个最容易实行的主意。”大家听他说有什么很容易实行的主意，各人的心里都很觉异怪，于是都两眼圆睁觑定他，要想听他说出什么好主意。安重根也自觉这时很惹大众注意的，便亮了两声嗓子道："我看这时也不必说救国，也不必说救民，就是国体真亡了，民族果灭了，我们都可不必热心去干着急。倒是咱们现在对着自己的地位，却要想个方法使他安身，就是寻一条死路，也要使他死得干净快乐。嗳，那些豫让、聂政、荆轲等，难道不是人么？想我们韩国要想杀贼洗耻，并不少什么强兵健将，就是缺少几个豫让、聂政、荆轲之流。果然我们韩国的国民、大众都可做豫让、荆轲、聂政，就将这国政完全送给了外国人，也不难将他恢复转来的。无奈大众都舍不得这一条命，何必再热心，说什么救国救民咧？"侯佐听罢，忙说道："老弟你这句话，说得却很痛快，倒也是一个绝好的主意。但是这等事，只能各人凭着良心自由去行动的。"安重根忙抢着说道："国家业已紊乱到这等地步，大家再不拿出良心来办事，当真等着去做亡国奴吗？"大众见他这般激昂，也就不与他辨[辩]论。虽然大众都觉他这一番话事实上难得通行，然他这一腔忠毅之义，人人都暗自佩服他的。云在霄接着夸奖道："想不到你这小小年纪，还有这高的思想。"掉脸向安悦生笑道："老大哥，这才算得是你的好儿子咧！"说着讲着，不觉已天近黄昏，方各散去。

不多几日，清兵大败的消息传到了。接着又得了李鸿章与伊藤博文马关议和的消息，伊藤博文又统领大兵，实行干涉韩国内政的消息，雪片价飞来。云在霄见大事不妙，又将他部下许多人召集在一处密议。这时云在霄淌了两点眼泪道："国事闹到如此地步，不必细说，已是亡定了的。大清国调来那许多雄兵，尚被这日兵打得冰消瓦解，如我这部下几个人，那能与他去抵抗咧？徒伤人命，与事无济，此等事我是很不忍心做的。我想不必等待敌人用武力前来干涉，我们预先解散，弃甲归农，真到了雪恨的时机，再群起杀贼。只要大众的人心不死，不怕此仇不能报复。但是诸位皆在英年，志气远大，我是老了，也未必有为。将来这番大事业，还倚赖诸君努力。如此这大好光阴，是不可荒废的，我想诸君何不向欧美各国游学几年，采取些世界上真正富强的学术，准备将来为国报仇，为民雪愤。要晓得楚不亡三户，只要咱们自己的良心上时时不忘却'国家'两字，总有死灰复燃的时日，诸君以为如何咧？"大众听元帅已是这般，也不便再说别的话，彼此面面相觑，半晌都回答不出来。最后还是黄伯雄说道："老帅既有这一番好意，我等焉能不感激遵守的，但是……"云在霄不待他接说下去，忙抢说道："经费我早筹备了十万金，若有不敷的时候，只要我云在霄在生一日，总得拼命与诸君筹备接济的。"大众听说，越发感谢，都打定主意，暂忍一口怨气，出洋求学。此时只有安悦生的心里益加难受。他暗忖，若不令他的儿子随着大众出洋求学，眼见这破碎山河，真没有插足的余地。况且他那个儿子，志气很高，是与众不同，若由着他的主意，冒险冲锋，去杀国贼，无奈英雄无用武之地。他的儿子年纪又小，也并非做这等事业的时候。若令他远道长征，别亲求学，心坎里总觉有些舍不得，禁不住两道眉儿就双皱起来。安重根在这时也明白他父亲的心事，便掉脸向他的父亲说道："你老人家也不必发愁。论理呢，父母都有这大年纪，儿子是不能远离，但是儿子的一生事业很大，不能不暂违侍养，还得求你老人家原谅些儿。"安悦生被他说得无话可答，只好忍着眼泪，点了两点脑袋道："只要你一心去求学，想做将来救国的英雄，我也不能拦阻你的。只是你的性情太暴燥，千万不可求学未成之前就要着急去报仇雪恨，那就辜负云大帅期望你的一片美意了。虽然救国的事大，侍亲的事小，但是男儿做事，也不可任意孟浪的。"云在霄听了这番话，也就从旁说道："这话说得真不错。安先生就算代我说的一篇临别的赠言，我很愿诸君都不忘却安先生这一番才好。"大众接着称了几个"是"字这才散去。

又过了几天，云在霄先将那十万银子汇到美国银行里，准备他们到纽约之后随时支用，复又给他们每人一千两银子的路费。当时自愿去美国求学的寇本良、寇本峰、岳公泰、金有声、黄伯雄、钱群、尧厚、侯佐、侯弼、孙子奇、王慎之、萧鉴、赵适中、陈圣恩、云在岫、云在峰、安重根等十七人。云在霄复又想道，一切事情虽然办好，只是尚缺一件学部的公文。我们虽觉韩国业已亡了，但是表面上还有一个天子在位，究竟算不得是正式的亡国，既然未曾正式亡国，那外交上的官样文章是不可缺少的。想到这里，复又将那十七个志士挽留了几天，当即备了一道公文，将那十七人的姓氏列成一表，报到学部。

此时学部大臣李完用，也是一员亲日派的大将，平日见着这一般志士，都是狠头痛的，如今听说他等要出洋求学，中了下怀，暗喜道："这一般祸害，总算是很识时务的，不等我设法处治他们，他们也就知道自行躲避，这倒是他们自觉的好事。"当即批准，各人又给了一个例行护照，各自分领到手。这才定日登程，那些离情别绪，一笔也写他不尽。谁知这时，草野之中也有几个爱国英雄，与他等不谋而合。那几个英雄是谁呢？记者这时也不必将他等写出来，好待将来他等做事的时候，再细细的表扬了。

不说安重根等十七人奋志求学那种种苦况，再说伊藤博文，自与清国大宰相李鸿章马关订约之后班师回朝，这时日本天皇真将他当做神圣般看待，那一番殷勤安慰，自不必说，是特开异典了。转瞬又隔了十来天。这一日，伊藤博文正闲坐在相府里，与一个棋会里的朋友敲枰，日本天皇忽地密召他进宫，计划对韩的大事。伊藤博文骤然得了这消息，暗自也吃了一惊，私忖道："当真老李他还敢卷土重来么?”心坎里只管狐疑不定,草草收了残局,应召进宫。天皇也未升殿,就在一间御室之中传伊藤博文入室。行罢大礼,方入了座,天皇便笑着说道:“韩国的事,总算赖你的大功,百战百胜,将他擒在掌握之中,永远为我国的属国。你可晓得他们最近的举动么?”伊藤博文听了这句话,越发的惊异,半晌方问道:“又有什么举动?可是清兵不能甘心订约,放弃韩国的权利,他又卷土重来么?”天皇笑道:“清兵算得什么要紧,他那敢再来交战呀!方才我接到李完用的密书,他说云在霄的部下,那一群勇于爱国的少年,都纷纷向欧美各国去求学,听说是准备造就人才,将来报仇雪恨。我想这几个少年,倒比清兵利害得多,倘若他们毕业归国,那时世界的知识,都被他们明白了,欧美各国的学术,也被他们得着了,再进一步说罢,就是欧美各国外交上的感情,也被他们联络好了,借着众力来与我国为难,那倒是一个劲敌,并且与朕的统一东亚大主义很有妨碍。所以我得了这个报告,很觉得疚心,特寻你来,总得想一个方法,抢先下手才好。”伊藤博文听说,也就皱着双眉,久后方说道:“马关条约只是要求韩国脱离了清国的关系,永远独立,并没有要求一定由我国保护的条文。如今就要将韩国灭了,一时万难做到。必定强勉进行,那两个调停国一定要前来干涉。眼前又要与调停国动刀兵,这不是自寻苦恼么?”天皇道:“朕也深知这其中困难,不过势逼处此,不能不积极的进行。我想再运动他们执政的大臣,来与我们联络。我们再特设一个最高级的外交官,常驻在汉京,表面上就说我们因邻国之谊,敦促他们维新,内里就是监督他们行政上的举动。只要束缚住他们的行动自由,将来一切的事都好下手。朕想这等进行,只要他们行政官不起来反对,就是调停国也不得出来多事的。”伊藤博文忽被天皇提醒,便大喜奏道:“我主所见极是,一定是这等办法。臣以为那最高明的外交官,也不必再想什么新样的名称,就可定名叫做‘总监’,取其总理监督的意思,就可以实行干涉他国的内政。虽韩王之尊,也只好徒拥虚名,做一个傀儡皇帝。倒是这个总监,须得有深谋远虑之才、纬武经文之识,方能够任职呢。”天皇笑道:“这却没有第二人,将来还得要你去维持的。”阅者要明白,伊藤博文满嘴里说得天花乱坠,他正是想坐这一把椅子,将来好独当一面为王为霸。他也明知天皇是注意于他的,有意说得这般艰难。果然天皇出口就要他前去,表面上虽不能将那无限快乐形诸颜色,那心坎里早已痒得有手难挠了。接着谦让了两句,就默认下了。然后君臣二人又密议了许多进行方法,伊藤博文方叩辞出宫。

光阴迅速,不觉又过了一月有余。秘密之中,伊藤博文已与李完用等几个亲日党接洽好了,方由天皇正式宣布。特颁了一道圣谕通布全国,钦授大宰相伊藤博文任韩国总监。这一道圣谕颁布出来，轰动全国人民，无论男女老少，没有不晓得伊藤做了高丽国的大皇帝。也有称赞能耐的，也有颂扬他本领的，街谈巷议，没有不是喜笑颜开。再说韩国的那一般人民，得了这个消息，自然是悲愤交集，一个个摩拳擦掌，又想起义兴师。无奈那个不知死活的韩王，受了李完用那一群亲日派的卖国贼愚弄，反觉伊藤博文若能前来做总监，韩国一定可以富强，不但不加拒抗，反希望他早日前来就职，好减轻他许多烦恼。于是通告全国，外交各事，自有政府主持，此后无论男女老幼，不准忘[妄]谈国事，倘有不遵，则以乱党叛逆议处，格杀勿论。这一道通谕发布了，吓得那些小百姓都守口如瓶，再也不敢乱说，只各人含着一包眼泪，仰天长叹罢了。

此时怒恼了云在霄，不由分说，就做了一道本章，请李熙逮杀权奸，抵抗伊藤博文入国。说来真要活活把人气煞，那李熙接了一道奏本，便哈哈狂笑了一阵道:“这个老儿，也实在太不识时务了。想日本国兵强将勇，那般利害，就是大清国那许多兵马，都被他打得马倒人翻。如我们小小的高丽，那有什么武力，敢与大日本国抵抗？再说你既然这般爱国，何不首先自平内乱咧！既然自己无力能平内乱，去请邻国相助，这也是应当的事。况伊藤博文这次特来就总监职守，乃是代我国改良政治，力求维新，并没有什么反意。倘若辜负别人一片好心，再惹出外交上战事，那时可真要亡国了。”李熙就照这个意思，亲自批了一段，接着又大骂了几句，说他是惑乱人心，意在叛国。云在霄奉了这一道批谕，真气得呼冤无路，叫苦无门。顿时又上了一道表章，自请解除兵柄。李熙就立时批了一个“准”字。这一道批谕下来，那全军将士都愤懑不平，当时就要兴师，为国除害。还是云在霄从中解劝，好容易才将全军将士解散了。这是云在霄一再的受苦受气，最后还成一个气膈病，解职不满一月，就瞑目遁入了幽界，向闵后诉冤去了。此时李完用听说云在霄气嗝[膈]而死，好像拔去了一个眼中钉，也不知怎样快乐才好，于是放心大胆在李熙左右日进谗言，把满朝文武大官，少有些儿爱国心的人一体驱逐干净。唉！这虽是李完用等作奸，然李熙昏聩糊涂，却也不能自辞其咎的。欲知后事如何，且听下回分解。

第十六回　丧国权损失外交　清债务监理财政

话说云在霄一愤而死之后，李完用那一伙亲日派的卖国贼都放开胆量，朝夕在李熙左右，颠倒是非，排斥异己的同僚。不多几日，那满朝文武官都换了那一伙亲日派。各事布置妥当，李完用复又密报了伊藤博文，将他一切进行的事务略说了一个大概，最末还写了许多精疲力倦、舌敝唇焦等话儿。原来伊藤博文当与日本天皇初议特设总监的事时，就曾密约李完用，要他在李熙左右代他弥缝,并且要他将许多障碍随时驱逐干净。待他就职之后,自然有一种绝大的酬劳。李完用奉了这一道密谕,真如奉了丹诏纶音,怎敢怠慢咧?加着那书末又有“绝大酬劳”四个字,越发看得他心痒难挠,暗忖:“伊藤博文他现在总算是日本国的一个伟大人物,就是明治天皇,还要倚仗他调和鼎鼐,定国安邦。将来这个老英雄,还不知要做出多大的事业咧!如今他要我帮他做事,这正是将我当做一个人才,况且他还有绝大的酬劳。这个机会,别人要寻觅也寻觅不着,我怎能够放弃这等权利咧!”于是拼命给伊藤博文做打先锋的走狗,满想那开国功臣的簿儿上,还不是我居首席么!那里还记念什么国家人民及已往的祖宗、未来的子孙咧?

当伊藤博文在日本东京,刚要起程的时候,李完用得了这个消息,时时就领着几个亲信的同党跑到海岸边迎接。好容易将伊藤博文迎接到了,大众欢天喜地,暗自都抱了无穷的希望,以为伊藤博文这第一次登台,开幕不是先演一出大赐福么!这一日,伊藤博文到了汉京,与李完用等相见之后,开口就灌了李完用等许多米汤,夸奖他们许多忠君爱国的话,顿时将李完用等笼络着,也说不出来是怎样的快乐。

次日又去谒见李熙,那时伊藤博文就换了一种态度,色正词严的说道:“敝国天皇,今命我特来贵国任总监一职,并无别样的野心,请皇上不必误会。想我两国,迭受清国鱼目,年日很深,彼此都有唇齿相关的痛苦,若不力求自新,改良政治,将来世界之上就恐没有我两国立脚的余地了。回想最近这十数年,贵国政治上迭起风朝[潮],自相争斗,可算得是没有一年安静,屡次牵涉敝国外交,累敝国损失了许多的人命财产。敝国从未正式与贵国交涉,皆因是唇齿之邦,不忍以干戈相见,失了两国感情。不料皇上听信谗言,不以为德,反以为仇,嫉视敝国侨民,如同仇寇,最后兴东会作乱,依旧是敝国派兵平定的。那清兵虽然蜂拥前来,何能替代皇上安邦定国?恐怕人民的财产,更加受他的蹂躏咧!”李熙不待他说完,忙抢着说道:“这这这是误误会,这这是误误会,朕也很知贵贵国天皇对于敝敝国一一切政治,是很热心维持的。那都是朕一一时不明,妄信那几个乱臣谗谏,朕现在也自知失礼,还请贵国天皇,千万不可介怀。如今贵大丞相特来任敝国总监,朕今代表全国人民,极端欢迎的。将来一切政治,还须请大丞相热心维持,不可再执前见,漠视不顾,那就是敝国人民的万幸了。”伊藤博文听说,也就佯笑了两声说道:“已往的事,我也不过代表天皇重述一遍,既然想敦促我两国的感情,自是不深究的。如今皇上圣明,敝国天皇也很想与贵国重联旧好,所以派我前来,正是不忍漠视贵国政治紊乱,协助维新的。此后总监对于皇上,并没有别的要求,只求在贵国各行政机关里面,任用敝国一人作为高等顾问，那一切腐败的政治，就不怕不容易维新了。再说贵国政治，既是这等腐败，还须仰仗外国人维持，那外交上种种事务，也可不必去联络，方免贻笑大方，惹出许多风浪。我看可将派驻各国外交大臣全行调回，就是各邦在贵国所驻的领事，也可以请他们政府里调回国去。一切外交上事务，自有总监替代维持，那交际上种种经济，不须贵国政府筹备分文，都由敝国完全担任。贵国每年省了这一大宗外交经费，招兵练将，十年之后，岂不也是一个富强的大国吗？”李熙一听大喜，暗自忖道：“世界上那有这样的好人，甘愿牺牲金钱特来帮助我国行政，鼓吹我国一切维新！似这等好人，咱们再疑他有什么野心，可真把好人冤煞了。唉！可见前番那些奸党，反对与日本亲善，那都是些误国之徒。”想到这里，便满脸堆着笑容道：“大丞相既然这等热心，朕今代表全国人民，也不知如何的心感。现在只求敝国能够富强，那行政上的事，没有什么为难，总可听贵国天皇主裁的。不过是拜领厚情，将来还不知是怎样的报答才好呢。”伊藤博文佯笑道：“我两国乃唇齿之邦，胜败兴亡，都有密切关系，这也是我们应尽的义务，何必说什么报酬咧！”彼此又闲谈了一回，伊藤博文方辞退，回到领事衙门。这时因他来得仓促，未曾特筑总监府，就在领事衙门暂做个临时办公所在。

再说李熙自伊藤博文下殿之后，复又召集满朝文武群僚，特开了一个御前会议。李熙就将伊藤博文所要求的条件，与他自己感激日本人的那一番私意，向着大众说了个一字不遗，最后还征求群臣之意见。那时文武百僚之中，最有势力的人就是李完用、赵丙稷、朴定阳、伊[尹]用求等，这几个人，都是亲日派的魁首，平日已得了日本奴隶的优先权，恨不能早将三韩地土双手捧着，送给日本人才好。如今听韩皇这般论调，怎不拍烂了手掌，连呼“我主圣明”“我皇睿智”呢？再说那些没有势力名分细小的群僚，虽然其中未必不深明这事利害的，但是平日承仰李完用等鼻息，方混得一官半职，不受饥寒，如今那敢挺身上前，与他的衣食父母反对？所以大家不因不由，顺嘴都是说赞成的字样。李熙见满朝文武群僚没有一人破坏这个政策，心里越发自信不差。接着就将那各外交大使次第调归，又请各国将驻韩领事各调回国。他那通告上的措乱[辞]，果然将伊藤博文的语意一一写上去了。各国见他这一篇通书，都暗笑他自寻死路。于是世界各国的公论，都道李熙他求亡国，我们何必替代他争辨[辩]，便各将驻韩大使调回，也不将他当做一国看待了。

此时只有清国看着痛心，恨不能立刻威迫着李熙收回成命。无奈刚与日本人打了一个大败仗，又不敢挺身再进，只好吞声忍气，敢怒而不敢言罢了。那伊藤博文见李熙已自投了他的阱陷之中，那一番高兴，自不必说。当时就奏请天皇拨款，建筑了一座总监府，规模宏大，真是不让王宫。星夜修造，不多时日，居然汉京城里蓦地又突起一座未来帝王的宫殿了。伊藤博文迁进总监府之后，那一番威武，真是直越公侯之分，实施君王之权，且不必细述。他正式授了总监职守，当即派野军正雄任韩国兵部顾问官，伊[加]藤增雄任韩国内宫、农工、学三部顾问官，三岛奇峰任韩国法部顾问官，贺田种太郎任韩国财政局顾问官，币原担[坦]任韩国学部参与官，丸山重俊任警察顾问官，又将韩国各处人民的诉讼事件，全行夺归日本领事官替代判断。一句话说结了罢，就算将韩国种种紧要政事一手夺来，大权独揽。那时韩王李熙，总算实行做了木偶皇帝，终日领着文武百僚，吃饭困觉，没有丝毫事做，倒也落得一个安闲自在。不过那韩国种种权利，从此也就不能让他们自然享受了。记者也不忍深说，默想这几年来，那日本人对待我们中国人，又何尝不是用对待韩国的那一番手续咧！

闲言少说，那伊藤博文自做了韩国的总监，转眼已过了一年有余。各方行政机关里面，他已将自己的人安置停妥，他便暗忖道："这时若不下手进行，还待何日咧？"左思右想，忽地想到了几笔旧账，正好借此节外生枝。当时李完用也升任了韩国大丞相，他因为这时任的荣典，全是从引狼入室上面得来的，所以他对于伊藤博文，总算是感恩知己，对于一切行政事务，异常巴结，没有不以总监之命是听的。

这日李完用正在相府里批阅文件，忽门丁禀报总监拜访。李完用忙将文件丢开，迎接出去与伊藤博文相见。各施了一个常礼，携手同进客堂，彼此入座。李完用暗窥伊藤博文的神色，好像不似往日和蔼，不觉心里就突突跳将起来，捏着一把冷汗忖道："难道说又有什么掣肘的交涉吗？"正待询问，伊藤博文佯笑了两声道："老夫来到贵国，业已一载有余了，对于贵国各种政事上改造，真是忙得力倦神疲。"李完用忙答谢道："敝国皇上也曾时尝[常]说道，真是感激铭心，莫可言喻。"伊藤博文佯笑道："这等客气话，也不必向着老夫说了，横竖是我自己的事，千难万难，也不能够推诿的。今天老夫特来拜访，倒有一桩最要紧的事儿要与你交涉，说来可也不难，谅你也不能推诿。"说时，脸色渐渐沉下来。李完用听他这番言语，见他这般形状，越发惊慌，两眼觑定了伊藤博文，再也不敢高声询问。伊藤博文有意摆出那不死不活的架子，低垂着脑袋，搭郎[拉]着眼皮，又寻思一回，自言自语道："这并不能怨我们追索太紧，只怪你们的财政太紊乱了。"李完用听了，仍是摸不着头脑。又久，伊藤博文方说道："这并不是新发生的交涉，乃是前次你们无故攻打我国的领事府，还要杀害我国的领事官，那一笔赔款五十万；还有金玉均图谋变法向我国借兵那一案，前后亏空我国军饷十三万，每月乃规定三分利息，曾订有约章，如今已有十年，本利合算，恰好共计三百万两。现在军糈紧急，我国天皇特地密谕老夫向你们政府里清此两宗旧账，彼此早日了清，免得日久别生轇轕。我想这些须小事，也不必去谒见你们主子，所以老夫特来与你商量。大概三日之限，未免太促，如今限你十天，快些与我筹备罢。”说罢，仍将两张眼皮儿搭拉着，捻着了一根自来火，便大抽起敷岛烟来。

李完用骤然听他这般说，好似半空中猛击了一个霹雳，怔了半晌，方说道：“哎呀，敝国财政困难，谅已久在总监洞鉴之中，如今限期十日，今晚生筹备三百五十万金巨款，就是点石成金也来不及，总得请你老人家原谅几分才好。”伊藤博文顿时沉下脸色道：“这乃是国际交涉，如何能够原谅呢？你们财政困难，那是你们没有清里[理]本领的原故，埋怨不得外人，也不能因你们财政困难，就要求不还外债。若是你们国家的财政，千秋万世都困难，然则这两笔外债，就没有归还的希望么？”李完用正待要回答他，伊藤博文又说道：“老实对你说罢，正因你们财政紊乱，在国际交涉之中，没有确实信用，所以才来与你算账。果然你们财政上一切都有秩序，不现恐慌状况，我们也可以少缓时日。如今你还拿这句话来推辞，真是太不懂得外交了。”李完用央求都[道]：“总监不必动怒，晚生实因一时性急，择言不慎，该死该死。敝国财政紊乱，此时也不敢自讳。但是既然紊乱，自现恐慌，如今处在这恐慌时候，骤然筹三百五十万巨款，实在是无法可施。”伊藤博文冷笑道：“须到什么时候财政才不恐慌呢？”说时，两眼觑定李完用，异常凶恶。李完用道：“这个……”还未接说下去，伊藤博文接说道：“什么这个那个这个，你们国里的财政，我敢代你们判断一句：从今以后，就没有不恐慌的希望了。如今老夫也懒得与你多说闲话，十日之内，若能偿还此账，那是彼此都落得一个干净结果，免得伤了感情；若是不能，还有两种条件可以替代的。”

李完用忽听说有替代条件，不觉大喜，忙问道：“什么替代条件，请你老人家快快吩咐，只求不伤我两国的感情，总可以遵命的。”伊藤博文道：“果然你能遵约，我也只好拼着一副老脸皮去向天皇求缓了。第一，你们若能将京畿这一带地方让给我们，这三百五十万夙债就可作为买地金，彼此都没有什么找欠，你们可能遵约么？”李完用听说，又将双眉皱起道：“哎呀，这桩事晚生却不敢专主的。若是别的地方，总能够设法办理，无奈这京畿道乃是汉京咽喉大道、首都之地，似不相宜卖与外邦。不怕你老人家见怪，只好再研究第二条罢。”伊藤博文冷笑道：“大丞相也知爱地土，我恐怕你业已觉悟迟了。第二条谅你们也是办不到的，但是我也不能不说出来。完结我要求的手续，就是将你们全国财政权都由我国监理，什么出入收支各款，都不与你们相干，你们也不必过问。果能如此允许，那两宗借款或者可以少缓的。”

李完用又听他这一条要求，也是想亡韩国的条件。左思右想，真没有一条路儿能够下脚的。独自怔了许久，忽想到李熙身上，便向伊藤博文说道：“总监要求条件，并非晚生不愿遵从，现因国权并非操在晚生手里，财政、土地等关系，也是很重大的，晚生还得转奏敝国皇帝方能够定夺咧。”伊藤博文笑道：“你们那个皇帝，算得什么东西！你就是与他商量，还不是你做主么？我今天大胆向你说一句罢，如你们这等国家，横竖是闹不好的，与其这样奄奄的自己困死，何不早些让给别人调治，或者还有转死回生的时候。若靠着你们那个宝贝大皇帝，永远就没有兴隆的希望了。”说时，那声音渐渐低将下去道：“这财政上事，你落得替我老夫经理，一则在你的任上，我决计要求天皇不再索还外债；二则果然我清理得有利益，除了国家不说，就是你个人的分上，我也得给你弄几个的。人生百年，为的是什么？亏你还是一个聪明人，对着这桩事儿，如何这般呆笨咧？”这一番忽将李完用提醒，暗忖他这番话，倒也说得真不错。什么叫做忠君？什么叫做爱国？看来都是白费精神，给别人做走狗，与自己真没有丝毫的关系，何不占在这个地位上放开手捞他几个现钱。就是将来亡了国，我就迁移到外国去，还怕没有高大洋房居住吗？想到这里，不觉又转了利己的念头，复向伊藤博文说道：“这第二条，晚生是极端赞成的，料想今上未必不赞成，但是手续上也须让知道才是。你老人家的事，晚生无不拼命帮忙，将来晚生还有许多事，须得你老人家帮助呢。”伊藤博文笑道：“只要有利无损，没有办不到的事。”说时便起身道，“我可也不多坐了，这桩事很要紧的，你赶快去办罢。”说毕，便告辞去了。

接说李完用送伊藤博文出了相府，那时已是下午三点钟时候，他也不暇接办别的公事，忙着换了礼服，晋谒韩皇。与李熙相见之后，就将伊藤博文索债的事儿，从头至尾转奏了一遍。李熙一听，吓得两眼发直，便向李完用说道：“你可有什么主意，使咱们不还这两宗巨款才好？”李完用听说，又不敢将自己的私意直说出来，便说道：“小臣正因无法抵御才特来请训的。”李熙急得双眉紧蹙，两手频搓道：“这是从那里说起！这是从那里说起！京畿道乃是我汉京的出路，怎能自断咽喉，塞了出路呢？这是万万办不到的。那财政也是养命之源，若是交给外人经管，那岂不是求速死么？朕意他两条要求，皆不能承认的。”李完用又奏道：“如此，他限定十日之内要求还他三百五十万旧债，可能偿还呢？”李熙道：“这个，眼前那有这些银钱呀？”李完用道：“既然没有钱还他，恐怕就得要承认他那要求的。”李熙道：“请他少缓十年如何呢？”李完用道：“臣已要求至再，他一天也不肯少缓，那能说到十年咧？”李熙听了这番话，越发没有主意了，嘴巴里只管打哆嗄[嗦]，回答不出一个字。究竟这桩事儿，如何解决，且待下回分解。

第十七回　韩王片言害万民　倭商一枪伤二命

话说李熙与李完用君臣二人，研究那外债交涉，左思右想，总没有一个完善方法。又久，李熙便说道：“那五十万金既然是我们政府里承认下来的，自然由我们政府偿还。那三百万金外债，乃是金玉均那一伙乱党经手，也不知他们借来做什么用途，难道也要咱们政府里偿还吗？”李完用笑道：“我主圣鉴，固然不差。但是如今日本人他只认我国政府说话，那肯再向我国分别这些细账呢？”李熙便将脸色沉下来道：“无论如何，这一笔账，我们是万不能承认的。岂有此理！那伊藤老儿，他欺人未免也太甚了！”说时，气得两眼圆睁，吁吁价作喘。李完用见李熙动了真气，也就不再作声。半晌，迨李熙的气头平下了，李完用便跪在御案前面，碰头奏道：“臣该万死，我主且请息怒。打量这一番交涉，也算不什么艰难，无奈臣自知才拙，不能办理，实在有负圣心。况最近臣因力拙多劳，百疾俱发，惟请我主特开天恩，赐臣归里休养疾病，臣感荷天开[恩]，生死不没的。”说时，又碰了几个头，接着眼泪如串珠般纷纷直洒下来。李熙见他这等形状，心坎里又转有些恐慌了，忙双手去址[扯]李完用的衣襟道：“有话起来好说，你何必如此咧？”

李完用见李熙已中了他的苦肉计，益发撒娇道：“我主若不开放天恩，准臣归里，臣就死在御案之下，也是不起来的。”李熙发急道：“这乃是外交上的事，怎么又牵到内务呢？就是有什么困难的问题，总好商量办理，就是寡人将话说错了，并未正式与日本人交涉，也可挽回得转来，你何必顿萌退志，这不是明明见交涉难办，撤身他往么？”李完用听了这番话，也知自己已有了进才[谗]之路，便顺势谢了一个恩，站起身来奏道：“并非是臣知难而退，实因这个交涉的结果，万难办得公平。如金玉均那一项借款，臣已向伊藤博文再四争辨，他总说韩人借款办韩国的事，不论事的是非成败，应当由韩国政府偿还的。最后臣拟与他决裂，趁此断绝国交，一吐不平之气。无奈断绝国交之后，必定是要大动干戈，我国武力，又如何能与他抵御呢？就是再去请求清兵，甲午之战，前车可鉴，岂不又是节外生枝么？再说即便他承认那三百万外债不归国还，但是这五十万外债，他即时就要偿还，这也是他口边应有的话。如今我国库府已空，仓廪不实，财政异常困难，就是这五十万借款，一时也难得偿还的。不能偿还，他自然要求实行那两种条件，一件是阻塞我主的门路，一件侵夺我国的财源，论理皆不能够承认。无奈柔软对待，他不与我撕缠；强硬对待，我又不能与他抵敌。最后恐怕还得如他的要求。那时国民能原谅的，自然说臣等行政当道，都是不得已而为之。倘若不能原谅的，还骂臣等欺君卖国，似这等大罪，小臣怎敢担得下咧？”

李熙听他这话，说的也很有理，踌躇了许久，便说道：“依你的意思，如何对待呀？”李完用道：“臣正因毫无主见方特请训的。”李熙又想了许久，便叹了一口长气道：“嗳，横竖这个国事也办不好了，朕也不耐烦呕这许多闷气。果然他真逼迫得紧，就允许他监理财政就是了。”李完用忙奏对道：“这乃是我主的明鉴。监理财政究竟比较变卖京畿道强得多了。宁可金钱上受些约束，免得受人家讥消卖国啦。”李熙连连点头道：“寡人也是这样的打算，你赶快去办理罢。”李完用心满意足，叩辞出宫，急忙就奔到总监府里密报喜信。见了伊藤博文，就将他与李熙奏对的一番景况，如何李熙反对那三百万外债，如何他与李熙力争，如何他动怒，如何李熙又掉头来将就他说得天花乱坠，将自己的功劳抬得很高。伊藤博文听着，真暗自笑得肚皮痛，但是表面上又不能不恭维他几句，无非是深明大义、识时知机的话儿，记者也不耐烦细说了。

不多几日，伊藤博文就正式将韩国的财政权争夺到手。暗中只谢了李完用十万元，早将他哄得欢天喜地。只可怜那一般苦百姓，自韩国的财政权掌在伊藤博文手里之后，他们就越发困穷了。这又是什么原故咧？阅者诸君要明白，那伊藤博文争夺韩国的财政权，并不是单纯对着政府监视的性质，乃是实行财政一切事务的性质，只要关于金钱的事儿，他都能够任意加减。所以执行之后，不多时日，他就将民间的各种赋税直行加了几倍，又将社会上一切有利益的事，都渐渐换了他们日本人去经营，劳力苦心不能赚钱的事，仍迫逼韩人去做。每年他横征暴敛的金钱，也不归入韩国的国库。就是韩主李熙要想办什么学校，创什么教育，向他取些儿经费，都万分艰难。转眼过了三年，他对于财政上收入支出也没有丝毫。有时李熙也派人去询问他，可笑那伊藤博文说得实在好听，他说：“本总监自有权衡，要你们查问做甚？这几年我因替代你们改良政治，业已代垫经费数百万金。你们放心，自然有算账日子的。再说那三百五十万的外债，如今加利照算，也不知有几多万了，你们也应当明白些。”这番话顶得李熙敢怒而不敢言，只好静处深宫，暗自流泪。

寂寞隋宫雨，凄凉汉苑花。那韩王李熙朝夕困在深宫里面，除却吃饭困觉之外，不能行动自由，那生人乐趣，也就渐渐消磨干净了。就是那满朝的文武群臣，只有李完用、赵丙稷、朴定阳、尹用求等，得了些金钱上的利益，其余那群无名小卒，也都捆得焦头烂额了。最可怜的，就是前说的那些小百姓，吃菜，菜捐是加重的，渴[喝]水，水捐也是加重的，什么鸡鱼鸭狗牛马猪羊，都有很大的捐税，渐渐就困得生活为艰。再说他们平日的事业，少可寻找几文的事，又被日本人一手夺去。那贫苦之家，少壮之子，或者还能够充当苦力，可怜那文秀之家，力弱之士，手不能提，肩不能担，渐次都变做俄[饿]莩了。嗐，照这般景况，何尝不比亡国还痛苦咧！至于社会上的细事，那韩国人受日本人总总虐待，真是一枝秃笔也写他不清。

今且说汉京城东关外有一家居户，兄弟三人，最长的叫做周忠，次的叫做周孝，最幼的叫周义。兄弟三个，都是商人，后因各种捐税加重，市面上买卖也清淡，就将一个小杂货店儿停了，甘愿闲在家里，胡混过去。但是他那一个小店停歇，那一间门面的市房也就闲空下来了。这时周孝想道："我们兄弟三人都闲守在家里，坐吃山空，却也不是长久的计策。"便向他大哥、三弟商量道："横竖这一间门面是闲空着，何不将他租赁出去，每月得些儿租钱，不无小补。"周忠、周义都觉周孝这句话说得很有道理，便随时写了一个召租条儿，贴在门板上面。可也奇怪，这召租条儿，没曾贴了两天，就有一个日本人叫做吉田，前来租赁他的房子，开一个药铺。此时周忠就有些不愿意，他说道："日本人乃是我们的仇寇，租给千万人是不能租给他的。"这句话虽然不曾对着吉田说出来，但是已用韩国的土语向他两个兄弟说了。周孝忙说道："我看这桩事儿，咱们还是将就下来罢，想我国大皇帝也不能够驱逐伊藤老儿，靠着咱们几个小百姓抵制，岂不是以蝼蚁之力去撼泰山么？兄弟的意见，眼前生活要紧，不如租赁给他，总可混他几个钱，添补着买些儿柴米，也是好的。"

周义本来是狠年幼的，也不明白什么国家的利害，只说房子能租出赁去，可以换得几多钱一月的进项，他就觉得这话说得好听，便从旁接说道："二哥说得很有理，大哥何必这般拘泥？若照你这样的热心爱国，恐怕人人都爱得饿死了，也是没有益处的。"周忠见他两个兄弟都是这般说法，也就不再坚持。适时就与吉田定交，说明每月房租洋三十元，必须先付后住。吉田却也爽快，随手挖出三十元，交给周忠，说定三日后就得要搬来开市。吉田去后，周义便向着周忠笑道："还是二哥的计策高妙，若依照你的性儿，三个小钱也混不到手用。"周忠也不回答他。

光阴似箭，转眼已到了第三天。吉田果然搬了许多瓦罐儿、钱匣儿、玻璃瓶儿来，上上下下，将那一间门面撑满了。又忙了两天，才正式开张。周家兄弟因为已结宾主之谊，也就送了他四色例礼。从此你来我往，总算处得很和睦，渐渐就将那国际上的恶感忘却了。一日，周忠忽然得了一个儿子，生长的模样狠有趣，四五天之上，那小孩儿嘴巴上忽然起了一个疙瘩，眼见那小孩儿就失了神态。周忠因为平日与吉田相处得恨[很]好，便向他买了些儿药料，给他的小孩儿调治。那吉田倒也热心热意，忙着给那小孩子诊治了一回，随即就给他配了些儿药料。当时周忠就要给他的医费，吉田决意不受，反说道："我们医家乃是以慈悲为本，这些须小事，那能说到金钱？况你我乃有宾主之谊，更外不必再说了。"周忠见他的心意很诚，也就不便辜负他的好意了。由是彼此感情渐次就浓厚起来。不多几日，那小孩儿依旧没曾治好，仍是一命呜呼，长辞他父母去了。幸而生长只有十多天，尚未满月，所以周忠也不十分的悲感。

这且不表，再说那吉田，自从开了这一个药铺，生意却狠发达，天天忙得都笑逐颜开。

不觉又过了四个月，周忠见他的生意虽好，只是对于他的房钱，却一字不提，心里却异常的不乐意。这日周忠闲踱到他的铺儿里面，有意无意之间就开口说道："吉田先生，现在我有一笔急款，目下必须偿还人家，我想在先生手下借我百数十元，解这回眼前的围困，我却是感激不尽的。"吉田听他说罢，又将脑袋瓜儿扬起来，两眼望着屋梁道："周兄，借钱倒是很容易的事，只是那手续上、条件上，咱们总得要研究研究才好咧。"周忠听他这番话，不觉吃了一惊，暗忖道："我乃是说了一句客气话，他怎么就认真了？岂是他将'房租'两字忘却了么？"转又想道："或者他是与我调笑的，我不免也与他戏要几句。"便问道："请问先生什么叫做手续，什么叫做条件咧。"吉田便正色说道："你们这些穷汉子，真太没有常识了。金钱那能是容易借给人的？你若借钱，必须先要写一张借约，还要两个切确的保证人，将那抵押品运来，先由资本家审查那抵押品的价值，可能保得住借款本利，然后在总监衙门里存了案，这就叫做手续。借款利息，每月言明几分，须从资本家先行扣除几月预付，若到期不还借款，那抵押品就为资本家所有，这就叫做条件。你真要借钱，目下可不必与我说空话，先将这种种手续、条件办妥，咱们再商量罢。"说毕，将两眼一闭，早就妆[装]出那大肚罗汉样儿。

周忠听他这番话，仿佛不是调笑的，不由的脑顶门上就冒出一股穷火，便将两眼一瞪说道："吉田先生，你们[是]闹顽笑还是说真话咧？"吉田道："借钱的事，乃是将本求利，谁与你闹什么顽笑呀！"周忠益发冒火道："我拿房钱作抵押品如何呢？"吉田便将两眼一翻道："谁欠你的房屋！谁欠你的房屋！"周忠道："哎呀，吉田你可是吃醉酒了吗？想你开张之后，已在我的房子里住了四个多月。只算初进门时付了我三十元，此后就没见过你一个钱的影儿。当时双方说明每月三十元房金，必须先付后住。如今你欠我三个多月的房钱，你的生意又做得发达，我今问你借百数十元，乃是一句客气话，难道你欠我的房钱就不应该还给我么?”吉田听他这般说,也就将两眉竖起,勃然大怒道:“咦,你这个人说话,好不懂事! 我这个生意,做得这般发达,你放开两眼看清白,可是欠你房钱的人呀? 今天你无故想来骗诈,倒是一个什么用意? 姓周的你既然不仁在先,我可就要不义在后了。前次你那小孩子的医药费,理应给我二百元,照我们大日本的利息计算,是加二的扣利,如今四个月,应当给我三百六十元。限你五天偿还,若是逾期不缴,莫怪我就要到总监衙门里追欠去了!”周忠听他这一番蛮话,越发气得发昏,暗想这真正暗无天日咧,怎么我向〖他〗讨钱,反讨出这大的重债来了! 此时也不顾得什么外交,就与他三言两语嘴斗起来。

穷人的事,是越吵越动火。一往一来,分辨不到十来句,二人就动起拳头,扭作一团,就打了一个十八滚。四方邻舍都纷纷前来解劝,那里劝解得开? 这一天活该有事,周孝、周义兄弟二人正从街市上回家,刚走到自家门首,忽见左邻右舍围作一团,好像看什么热闹。他兄弟二人,都是年轻力壮的汉子,各人都有两臂蛮力,一见这般景况,不由分说,都挤到人丛里来。抬头一看,原来是他的老兄与吉田二人撕打,眼见他的老兄臂力不敌,就要被吉田打倒了。他俩那能待分别什么青红皂白,抡起四只拳头,甩开大步,同声喝道:“谁敢打我的哥哥,我倒来数一数你的骨头!”说时直扑上前,就来扭吉田的衣领。吉田这时眼珠儿也打红了,忽然扑上来两个猛虎似的汉子,心知是寡不敌众,眉头一皱,巧计顿生,暗想这时已打得不能解决,先下手为强,后下手遭殃,我何不打倒他两个再说咧。想定主意,忙从腰里拔出来一只白郎林,拍拍[啪啪]两声,只听随着那枪声咕咚咕咚,在那火光之下,一片白烟之中,又呼噜一声,那些看热闹的人都连滚带扒[爬]的散开了。烟雾迷漫之里,已有两个人斜倒在门前,“哎唷哎唷”呻声不止。吉田定睛一看,乃是周孝、周义兄弟二人,不由得一喜道:“看你等可能再逞凶赌狠么!”转眼忽想到“人命”两字,复又惊吓起来,暗忖道:“哎唷,打死两条人命,不是好耍的。”想到这里,越发害怕,奋力一掌,将周忠推了一个饿虎扑食,跌在街前,他掉头不顾,直向后街奔去。这里周忠站起身,正想再去扭吉田,那里还有吉田的影儿? 低头一看,忽见他两个兄弟斜躺在门旁,胸前鲜血淋漓,瞪着眼珠儿,只有出气,没有进气。周忠顿时大哭道:“哎呀,你们两个是几时来的,怎闹得这个样儿咧?”接连喊了几声,也不见他俩答应,周忠分外惊慌道,“哎唷,不能了,你俩就是这样的死了么!”

那四邻听见哭声,都知祸事业已闯出来了,谁也不敢出头,这时只有几个十一二岁的小孩儿拥在门前看热闹。那时周忠的婆子白氏、周孝的婆子李氏,也都哭到门前。周孝早已一命呜呼,魂飞魄散;周义喘了半晌气,长哼了一声,将牙龈咬紧,两腿一伸,也随着他二哥去了。他一家男女,都哭得天地为愁,鬼神叹气，足足闹了半天。四邻中有那年纪长大的人，见这桩事儿闹得不能够下台，不得已都硬着头皮儿前来劝周忠收殓两弟。伙中又有那不平之人，力劝周忠控诉吉田。又有那胆小的人，从中拦阻道："吉田他是一个日本人，如今日本人的势力是很大的，想我国大皇帝还要听他那总监的指挥，你如今告他打伤二命，岂不是向老虎嘴里拔牙么？我看还是省事的好些。"又有一伙人说道："我看这桩事，若不与他闹个你黑我白，将来日本人越发将我们不当做人类了。这桩事就是周老大他不敢出头，我们也应当维持公论，给他一个利害才是道理呢。"那些胆量小的人，听了这一番话，渐渐都溜走了。就是这般主张的人，见大众只有听着溜走的，没有听着赞成的，他也就不敢接说下去。倒是李氏听了这一番话，急想替她死鬼丈夫伸冤，便哭着说道："什么日本人，什么日本鬼，害得我一家人这等模样，他就是一个老虎，我也要去与他碰一碰的！"说罢，站起身来就走，周忠一把拦阻道："弟妹你不必这等性急，我也是不肯放松他的。总得将两个兄弟死尸安顿好了，再与他拼命也不迟。"大众见周忠这般说，也就伙在堆里劝阻李氏，李氏听他等说得很有理，只好止住哭声，将两个尸骸搬进屋里，安顿好了，这才准备去控诉吉田。欲知这场讼事的结果，且待下回分解。

第十八回　闹是非人亡家破　贪酒色虎斗狼争

话说周中将他两弟尸骸安顿停妥，便求人做了一个状子，就奔到外交部衙门喊冤。那时外交部大臣赵丙稷，本来是一个亲日派的走狗，时今见了这个状子，乃是与日本人人命交涉的事，便将眉头一皱，向周忠说道："你恐怕认错人罢，日本人那能是这等野蛮咧！"周忠急得又将那经过的情形复诉了一遍，赵丙稷见这桩事虚掩不下，便将状子收下来道："听你这般说，一定是日本人闯的祸了，但是本部堂还不能深信你一面之辞，状子现暂存案，待我调查明白，再定期提讯罢。"说毕，站起身来，气冲冲说了"退堂"两个字，转身就下了公案。周忠仍高叫道："大人明鉴，小的两个兄弟的尸骸尚停在家里，专候大人验看咧。"赵丙稷大怒道："是否真假，日本人尚未调查明白，谁来给你验尸？还不回去赶快的收殓。"便将惊木一拍，转身退堂，任你再哀求苦告，他也是不理的了。周忠告了一肚皮愤气，回来与他弟媳李氏说了个明白，只好将两个尸骸收殓起来，听候外交部大臣传讯。谁知直候了十多天，那里有什么传讯的消息？实在候得不耐烦，前去催讯了两次，无奈侯门似海，任你什么急风暴雨，他总是给你个不见不闻，闹得周忠无法，也只好忍气吞声，就将这一桩人命重案虚掩下去了。

再说吉田自那天逃避走了，就躲在一个卖鸡蛋饼的店里，再也不敢出头露面。后来听说周忠在外交部里告他，未曾告准，又将两弟的尸骸收殓了，他益发胆壮起来，便灌了两瓶白菊花酒，醉醺醺大摇大摆回到自己店里，仍想去开张营业。可巧碰着李氏从后堂出来，一见了吉田，不由得眼珠里火星直冒，伸手去抓吉田拼命。吉田这时却不是前次那般蛮野了，便伸手抓了一个饭碗，打碎了几块，就在自己脸皮上摸了几模[摸]，摸得满脸鲜血淋漓。接着又把那些药厨[橱]里瓶儿罐儿打得粉碎，然后才一把扭着李氏的手腕，愤愤的说道："好，好！你们欺负外国人，就是这等样儿么?"这时周忠夫妇也奔出来，自然是帮助李氏，打了他一阵乱拳。吉田就趁势向地下一躺，大喊救命。那四邻的人见周忠前次控告，没曾闹出什么黑白，就知这桩事儿，是很不容易讨好的。如今又听见喊救命，大众都吓得躲避也来不及，谁敢出头去寻惹是非咧！

事有凑巧，忽有三个日本人打从他门前经过，听那店堂里面有人呼喊救命，忙着进店一看，原来那喊救命的，也是一个日本人，不由得愤火填胸，一齐拥上前道："你们如何这等大胆，光天化日之下也敢谋财害命么!"说时也不分什么男女，那三个日本人就封住他妯娌伯婶三人的衣领，直向街前拖道："这里也不是说理的地方，咱们到总监衙门里去再说。"此时吉田也哼声叹气的站起身儿，紧随在身后，一同直向总监衙门奔去。这时周忠心坎里已知上了他的圈套，自悔不该那般卤莽的。但是事已临头，悔已无益，只好硬着头皮儿前去闯他一闯。横竖莫打死人，总不能要我偿命，我那两个兄弟冤枉死了，我也正好趁此机会给他俩伸冤的。于是放大了胆儿，与他们一同奔到总监衙门，传达投报进府。

不多一刻，伊藤博文便派了一个执法官代讯。公堂之上，那里还有周氏夫妇妯娌说诉的时间？只听吉田与那不知姓氏的三个日本人哇啦哇啦说得不曾住嘴。直待他等说罢，那问官也不分皂白，便向周忠将两眼一瞪道："周忠这就是你等不是了，欠他的药账，至今不还分文半钞，还要一家男女群起打得他头破血流，砸碎他许多器具货品，须值三千多金，还损失他的营业，这是什么理由咧?"周忠听审官说了这一番话，简直将这一重冤案，说得他罪该万死了，忙分辨[辩]道："哎呀，大人呀，这可冤煞小的了。"接着就将他俩的交涉又说了一遍，白氏、李氏也在一旁呼冤叫屈。那审官冷笑着说道："真亏你强辩得出来！如今吉田说你无故逞凶，殴打房客，乃有这过路的三人做证；你说他将你两个兄弟打死，谁敢前来做证呢？吉田他告你亏欠他的药账，说有底账可查；你说他亏空你的房钱，又可有底账呢？再说你两个兄弟，被他既然两枪打死，何以不当时控告他？自己收殓尸骸，显系你控告不确。他如今控告你们野蛮，你看他头上的血迹尚未干，店里的器具货品都毁坏，这件件都是你一家男女行凶的铁证，你还强辩些什么？我也明白了，你们这些不知大体的奸民，只知欺侮异邦人，恨不能将天下大权，霸占在你等手里才好。如今又欺侮到我们日本人头上，如今若不辨[办]你一个黑白，你还不知日本人的利害咧！”此时周忠急得连连分辨[辩]，那审官再也不理会他一声，只管低着脑袋，做他的判文。直待判文做好，便当堂宣布道：“周忠全眷无故逞凶，打伤吉田，应代偿医养费二百元；毁坏一切器具货品，以及营业上损失，应赔偿二千元；前欠吉田医药费三百六十元，亦应如数偿还。限期一月，如不缴纳，即将该屋房产抵偿伤者。周忠信手逞凶，殊属藐视法律，姑念初次犯律，从轻惩办，监禁一年。如再不改过自新，重惩不贷。”

宣布之后，就勒逼周忠签字。周忠那里肯从，他一家三人拼死拼活，始终呼叫冤枉。不料将审官怒恼了，吩咐左右扛了两箱洋油，直向他三人鼻孔里灌去，灌得他等五脏六腑都翻筋斗，实在熬他不过。周忠便向白氏、李氏说道：“这也是我们生长的时候太不好了，我那两个兄弟，总算他该死，我们这些儿房产，譬如一场天火烧了的。事闹到这个地步，料想也没有我们伸冤的所在了，早也是如此，晚也是如此，有我这一个人在，将来总可领着你们过日子的。”说时就将字签了，又向白氏、李氏道：“你们赶快回家去，将两个兄弟安葬好，就看定一间房儿，搬出去住，不必等到一月之后，再受别人的闲气了。”白氏、李氏见周忠业已画了押签了字，已知这事是争不转来的，也就呜呜咽咽，不再作声。直看周忠进了监狱，他妯娌二人方回到家里料理丧事，这且不提。

再说那吉田在日本国并不是什么医学博士硕士，他乃是一个真正的浪人，只学会做几颗仁丹，配两粒薄荷锭，封几袋牙粉，就到韩国充大医士。实在他的居心，本是想借着这一块招牌，混些儿意外利益的。谁知他在这四个月之中居然发了这一笔大财，在他那吃萝卜干儿饭的浪人眼里，看着这几千元的房产，真不知快乐得怎样才好，于是一切行动，越发的放纵起来了。三朋四友，结党成群，就在街市上横冲直撞。可怜那一般韩国的小百姓，因为周家的命案闹得家破人亡，谁怎敢再与他等厮混？见鬼神而远之，只要看见他等影儿，大家都躲避过去了。吉田见韩民都向他这般惧怕，越发猖狂了，就是那帮他骗人的三个日本人，此时也结成莫逆的好友，那汉京城里，什么料理店、活动写真馆、歌舞妓馆，无日没有不见他等的。

这日吉田邀了两个好友，一人名叫松井，一人名叫三崎太郎，都是好顽好笑的浪人，一同从千叶馆料理店酒醉出来。走到汉京北城御书坊，忽见前面一家门首，婷婷玉立着两个小姑娘，虽未曾抹粉涂脂，却也生长得眉俊目俏。这两个女子年纪都在十五六岁左右，天赋他一种憨态，越发的爱人。二人闲站在门前，数天空的星斗，那里晓得暗中有人注意他俩的姿首咧！此时是松井先瞅着的，顿时就向吉田、三崎太郎递了一个眼色。吉田赶忙抢前几步，就在那两个女子周身上下约略打量了一回。谁知这一回打量，又是引祸之媒。那吉田不知不觉就将周身三百六十骨节都软化了，要想举步前行，那两条腿儿，如棉似絮，再也撑持不起来，嘴里不住嘻嘻的笑。再说三崎太郎与松井二人，虽不似吉田这般色狂，却也是心摇摇如悬旌，行动不能自主，见吉田这般如痴如傻，也就落得在身后打边捶鼓儿，上去调笑几句，疗饥解渴。吉田也因有他二人随在后面，胆量就分外壮强，不由分说，悄步走到那两个女子身后，就伸出手指，在那年纪稍小的女子腮边掠了一下，笑道："你这个妹妹，站在这里候谁咧？可是候着我么？"说时，又伸手去挽那年长的女子手腕。那两个女子本是无心站在门前闲散的，忽腮边伸出一只手指头，便大吃一惊。急掉脸看去，只见三个醉汉歪歪倒倒，走近他的身旁，做出许多鬼相，吓得那两个女子"哎呀"一声，一同奔进大门。吉田见他俩躲避，那里甘心松放，接脚跟着进门。松井、三崎太郎二人见吉田业已做了开路神，落得紧随在身后，做两架马后炮，也不放松半步，好像那第一步滋味，恐怕被吉田先占去的样儿。

再说那两个女子奔进大门，刚一转身，正想去关闭那两扇板门，吉田业已跨进门槛，恰好那年纪少[稍]大的女子，与吉田撞了一个满怀，吉田趁势就将双手一抱，搂紧了那女子纤腰，一副猪肝色脸皮，镶在那粉团团的颊上，随意行了两个接吻礼。这时松井、三崎二人看得眼珠里冒火，嘴角边流漩[涎]，也就抢先一步，同将那年幼的女子拖住，都做出那饿虎扑食的样儿，吓得那两个女子哇啦哭将起来，大喊"救命！"，一时惊动了他家里的人。从后堂出来一个妇人，年纪约在三十左右，虽然是过景的黄花，那姿色却还有几分风韵。出堂见那两个女子这般形状，顿时也吓得周身瑟瑟作抖。尚未待他发声，早被那几个醉汉瞅着了。三崎太郎忙丢了那个年幼的女子，向松井笑道："这一个嫩货，我让给你罢。"后又指着那妇人道："这个老货也还长得美貌，我看若要实用起来，还比你们那两个滋味肥厚些咧。"说时就直扑到妇人面前。那妇人见事不妙，赶忙躲避。那里躲避得开？一眨眼之间，已被三崎搂在怀里。这时他三人虽未闹得月缺花残，然早已吓得魂消魄散了。争嚷之际，那四邻的居民都纷纷赶来，这才将吉田等冲散。

原来那两个女子，乃是姑侄二人。年纪稍长的是姑，名叫申瑛，年纪稍小的是侄，名叫申玉侬。申瑛的父母早就过世了，只靠他的兄嫂度日。他哥哥名叫申国忠，平日在云在霄部下当了一个队兵。自云在霄死后，他见国事闹得真不成个样儿，也就不愿再谋国事，闲住在家里，抱了一个厌世主义，准备胡混一生，落得个眼前清净。他的妻子吕氏，就是前述的那个妇人，膝下无子，只有这玉依一个女儿，夫妇都宠爱得如掌上明珠，平日也不知怎样娇养才好，所以把个女儿娇养得如同粉捏似的，秀媚爱人。这日申国忠闲在家里怪觉心闷，便随步出门去，寻找他的旧友白大生。刚走到白家门首，忽听他家堂里面一阵哭嚷，申国忠顿吃一惊，赶忙奔进大门，只见白大生的妹子跪在他母亲面前嚎啕大哭，白大生站在一旁，也气得摩拳擦掌，只管哼声叹气。申国忠赶忙抢前一步，挽着白大生手腕问道："又啕些什么闲气呢？"白大生转脸见是他的好友来了，便摇摆了两下脑袋，将申国忠央到客房里。二人入座，白大生就将他的妹婿周忠如何遭吉田欺辱，如何迭丧二弟，如何闹得家破人亡，从头至尾仔细说了一遍。听得申国忠拍案大怒道："我们韩国尚未亡，韩人尚未灭，怎地就受他这等痛苦咧！"白大生接着洒了几点眼泪道："老兄，我劝你不必虚要门面。你说韩国没亡，韩人没灭，别人可早将我们灭了亡了。国家大事，我们今上大皇帝尚没有方法自己安排，还要招一个仇人进来做总监，如我们这些小百姓，还不是生死宰割，都听着别人自由么！嗐，这不过是一场开幕戏，将来还不知要演些什么惨剧咧！"申国忠道："你们就准备这等下台吗？"白大生道："人也死过了，财也破过了，押产的字也签过了，打人的罪也定过了。强权之下，何求不得？若不这等下台，也是没有方法的。"申国忠便长叹一声道："嗐，这事是临在你们的头上，生怕招风播浪，若是临在我申国忠的头上，我决计拼着一条命不要，也得与他争一个长短。人生百年，早晚总得要死的，这一条性命，算得什么咧！"白大生被他说得不作声，只管将脑袋直摆。

转眼日向西沉，黄昏灯上，申国忠便辞别白大生回家。一人在街市上闲逛，暗自忖道："我正因家里太闷，方出来散散心的，那知反闹出一肚皮闷气回去咧！"接着又想了一会国事，又想了一会家事，又替代周忠不平，想了一会朋友的事。归家的时候，业已钟鸣九点了。刚才进门，忽见玉依迎面就扑到他的怀里，喊了一声"爹呀！"，大哭起来。接着他的妹子申瑛、妻子李[吕]氏也哭起来，一时哭得天昏地暗，把个申国忠哭到五里雾中，不知为的是什么事，忙询问道："怎的怎的，有话好好的说，这等哭像个什么样儿咧！"吕氏道："若不是左右邻居、伯伯叔叔们前来，越发不像个样儿咧？"说时他三人分外哭得利害，申国忠一听，顿时大怒，暗忖道："又是那一群小鬼来欺辱我么？"便发急道："哭也哭不了事的，还不快快说个明白，就有天大的祸事，也得说一个明白方好办的。"大众这才忍住哭声，他妹子申瑛方呜呜咽咽，将那三个醉汉调戏他等事儿一一说了一个大概。申国忠这时已气得发抖，忙问道："你们可知道那三个强盗，还是什么人咧？"吕氏接着说道："当那个时候，性命也顾不周全，吓都要被他等吓死，那还能够去问他等名姓？"玉依接着说道："我倒约略看了他的两眼，好像不是咱们高丽的，身干儿矮矮的，脑袋瓜儿小小的，脚底下都拖着两块木板儿，脸皮赤红，满嘴巴酒臭，可没将我吓死了。”说时又大哭起来。申国忠听到这几句话，忽觉眼前一花，只听“咕咚”一声，那申国忠业已晕倒在地下。吕氏等见申国忠晕倒，益发忙了手脚，喊的喊，叫的叫，哭着[作]一团。左右邻人也被他等这番乱闹，闹到申国忠家里，把那间厅堂挤得真没有托足之地。你呼我唤，好容易才将申国忠喊醒转来。大众也都明白，因为那三个醉汉的事，你言我语，大众乱劝了一番，申国忠总是低垂着脑袋，一声不响，直到入夜，大众见申国忠业已安然无事，也就纷纷散去了。

要知申国忠心里的愤气，果真是和平么？嗐，这不过是表面上做得好看，心坎里早如刀攮的一般，痛苦得说不出口。直待大众走尽，他一人在自己房里打磨旋，也不与他的妻女、妹子说话，独自只管嘻吁[唏嘘]，频频的流泪。

再说吉田等借酒发疯，被那一伙邻人轰散了，都回到松井家里。那松井乃是个卖鸡蛋饼儿的，小小门面一间，与三崎太郎打伙营业。他三人席地坐定，彼此的酒意，也都醒了八分，于是煮了一壶热茶，松井捧出一盘鸡蛋饼儿，三人就闲谈那申家三个妇女，这个称赞那小的有沉鱼落雁之容，那个称赞那大的有闭月羞花之貌，彼此谈得脸红耳赤。吉田便说道：“实不相瞒，我的魂魄已被那个小东西勾去了。若说我们日本名古屋，总算是出产美人之区，如今我看了那个小东西，仿佛什么天仙月姊，都没有他那般标致的。我今天若不与他亲一亲，这长的子夜一定是挨不过去。好朋友，咱们还是一道儿去看看，夜深人静，更外容易下手。打量他家是没有男子汉，咱们一人搂抱一个，还怕不快乐死么！”松井摇头道：“这总是一桩危险的事，还是不必去罢。”吉田不悦道：“这有什么危险，我一枪打死两人，还混来几千元家产，就是他家有男子汉，咱们有三人同行，也是不怕得的。”三崎太郎心里也有些想去，便说道：“说来也没有什么危险，男女交合的事儿，咱们日本的法律上也算不得什么大事。况且对着这一般亡国奴，何必与他谈法律，强占过来就是了。”松井见他二人同意，自己心坎里也有些作痒，于是三人又抖擞精神，前去寻乐。若问这事如何结果，且待下回分解。

第十九回　伤人命冤中叫苦　办交涉节外生枝

话说吉田与松井、三崎等准备冒险去做偷香贼，沿途就趁着星光，冒着露水，高一脚，低一脚，三人摸到申家门首。吉田醉眼朦胧，从黑暗之中恍见那门侧一棵树影儿，玉立婷婷，好像是申玉依的模样，便不顾性命，抢步上前，一把搂定那棵大树，迭口连声的呼道：“摩司美，摩司美，可真将我想坏了。”刚说到

"了"字，定睛一看，原来抱的是一棵大树。这时松井、三崎都追上前来，一眨眼见吉田抱着一棵大树叫"摩司美"，都知他业已是色迷心窍，同声笑道："这算个什么样儿，你也未免太性急了。"吉田见自己抱着一棵大树，已觉自己太荒唐，忽地又被松井、三崎等调笑了这两句，越发又羞又恼，那探色的胆量，不觉又增长了几分。转身举起那碗口大的拳头，就在申家大门上咚咚擂了一阵乱拳。

说来也是活该有事。此时申国忠正在房里摇来摆去打磨旋，默想那报仇泄忿的方法，忽听一阵打门声，打得十分紧急，申国忠听着便吃了一惊，暗忖深更半夜，又有什么紧急事咧！后又想到日本人的身上，便忖道："当真他们的贼心不死，又来寻闹么？哼！想那群野蛮小鬼，可是办得到的。"顺手便撅了一根木杠儿，也不作声，俏[悄]步走到门侧，只听门外嘻嘻哈哈的一阵狂笑，抢着又纷纷嚷道："你去寻我那个小的，我是不要那个老的。"又有人说道："那老的还老得不讨厌，我还说生姜是老的辣。如这些事儿，货越老滋味越好咧！你看那两个年纪小的，他们晓得些什么！"又有人说道："老的也好，小的也好，横竖今晚时候很早的，咱们随便着轮流尝些儿滋味，也可得的。"说着，嘻嘻哈哈，又狂笑了一阵。门里听得申国忠忿火中烧，恨不能立时将那门外的狂奴一一送到阿鼻地狱里去，方可消怒。转又想道，门外人声嘈杂，又怕寡不敌众。想到这里，转将牙龈咬紧道："事到这等地步，我也顾不得什么利害了。"一言不发，便将门闩一拔，将身向门后闪避，只见一个醉汉歪步儿跨进大门，正待要与开门的人说笑，申国忠藏在门后，瞅得清清白白的，当头就给那为首的少年一棒，那少年顿时"哎呀"一声，栽倒门侧。申国忠正想赶上前去，再给他个右传之二[八]章，忽见接着又进来两个矮汉子。申国忠明知他们是同伙而来的，正待举棒迎将上去，不防那第二个矮汉子，那手一扬，只见火光闪处，啪得一声，申国忠的头脑一昏，也倒身躺下。要想这两个躺倒的汉子再哼一声，除非是投胎转世了。阅者可知那被申国忠一棒打倒的，究竟是谁呢？那就是陡发横财，杀人闯祸的吉田。这也是他恶贯满盈，转眼就死在申国忠棒下。

再说松井、三崎二人，见申家大门一开，门后飞出来一棒，将吉田打倒，就知这事不妙。三崎顺手就在衣袋里掏出来护身的白郎林，恍眼见迎面摸来个黑汉，其势汹汹，举棒就打。他也不分青红皂白，扬起白郎林对准申国忠就是一下，恰好打了他个脑花迸裂。这时松井、三崎二人，见转眼之间，已伤了两条人命，顿时那一副色胆，渐渐的缩小了。转又想到自己身上，暗忖我们原想来这里寻快乐，如今已站在是非窝里，闹出了两条性命，虽然我们都没有杀人的凭据，但是嫌疑犯的烦恼，也免不了跟着受罪的。猛的想到"受罪"两个字，不觉有些害怕起来。什么千娇百媚的念头，早从根本上打消干净，那两条穷腿，不因不由就向门外渐次退着。好容易退出大门！转脸八方瞅去，只觉万籁无声，很远只见一条白线似的大道，没有一星星活动的影儿。他俩这才放心，甩开两条腿，不稍停留，埋头飞奔到自己家里，才安心适意，向梦里寻找美人去了。

不谈他俩梦里的春痕。再说吕氏在吉田等打门时节，他虽然业已解衣就枕了，但是他午间受了那一番蹂躏，惊魂尚未安定，加着那一腔怨气，片刻却不能消化的，不过见他的丈夫那般形状，不忍再在他左右唠叨，只好在枕边向着床公床母诉冤道苦去了。迨听着有人打门，那一阵乱拳，异常凶猛，心中也吃了一惊。正待起身询问他的丈夫，此时申国忠业已掂了一条木棍迎将出去。吕氏见来势这般不平，打量是凶多吉少，也就披衣下榻，靠着房门框儿，呆候了许久，并不见有什么动静。又久只听见拍达[啪哒]一声，好像是枪响，心里越发的惊慌，更想出房查问一个明白。无奈那两条腿，如同铜浇铁铸的一般，再也莫想他动半步，周身忽觉打了一个寒禁，瑟瑟发抖，喉管里不住的倒抽冷气。半晌，方将申瑛、申玉依姑侄二人喊到房里，就将他心里的事儿，约略说了几句。大众也都吓得发怔，但是三人同在一处，究竟比较一人的胆量大些，又筹商了许久，仍不见申国忠进来，于是三人也顾不得害怕，打亮了灯火，一同迎出堂外，直走到外堂阶下。只见两扇头门大开，阴风惨惨，直向堂前吹来，却没有一个人影儿。吕氏旋走旋说道："这真有些奇怪，难道他又被什么党会约去议事么？唉！自己家务，都闹得不可收拾，还爱些什么国呢！"说声未已，猛觉脚边有一个很大的东西，绊了他一下。吕氏忙低头看去，谁知不看还可，这一眼看了去，便哇呀一声，向后栽倒，那手里擎的灯火，已扔到一二丈外。申瑛姑侄二人，见吕氏陡然晕倒在地，也都吓得不知所从，便发开嗓音，大呼救命。

四方邻舍都在梦中被他等惊醒了，就有那胆量大些的人翻身下榻，开了自己大门，奔到申家院子里。只见两个小姑娘，两眼角上都挂着泪珠儿，拼命的大喊救命，业已喊得脸色如灰。这时四方邻舍，相续而来的人，足有六七十个。首先将他姑侄二人劝住，再向四方寻看，谁知刚一低头，只见有三个人斜躺在门侧，细看乃是两男一女，那两个男子早已打得脑花迸裂，声息全无，只有一个妇人躺在地下喘气。大众忙将吕氏救醒，然后再看那两个男尸，一个乃是申国忠，大众不须细辨，都看出来了。还有一个男尸，身长不满五尺，周身乃是日本人的打扮，一时都分辨不清是谁。就有那眼力利害的说道："这不是日间来他家蛮闹的那个醉汉么？"有的说："我看很像害周忠倾家破产的那个小鬼呢。"又有一两个年纪稍长的从中说道："这都不是急须研究的问题。如今既成了一桩人命相关的大事，我们应当询问这两人死的原故。眼看这桩事，又要惹出外交来了，怎么偏偏总是在日本人的头上出祸咧!”说时，都将双眉紧皱，转脸去询问吕氏的原由。这时吕氏他姑嫂母女三人，都知申国忠被那个日本人打死了，正哭作一团，闹得天昏地暗，好容易众邻人才将他等劝止，住了哭声，争着去询问吕氏的原由。吕氏便将经过的事，呜呜咽咽说了一遍。大众仍是不能明白，又向尸旁寻找了一回，只寻出一根木棍儿，又哭起来说道：“这是我家大爷他拖着防身的，可怜没曾打着人，反将自己的命送掉了。我的天呀！我的天呀！我的苦儿呀!”又诉说了一阵。那些邻人接着又劝止了他的哭声，研究这人命的道理。就有那年长的说道：“这木棍乃是申兄防身的，可见这个日本人，乃是他打死了的。但是他这一条性命，又被谁人打死的咧?”又有人争辩道：“我看日本人的心肝是很毒的，一定他见申兄拖了这根木棍出来，两人言语不合，那日本人就顺手夺过木棍，将申兄打死了。”又有人摇头道：“我看不然，如这般说，那日本人又是怎样死的咧?”吕氏从旁听着他等争辩，便哭着说道：“我家丈夫是不会打死人的，这一定是那个日本人，将我家丈夫打死了。我丈夫死得好苦呀，还靠着诸位叔叔伯伯们给他伸冤咧!”说罢就领着申瑛姑侄二人，倒身跪拜下去，大众被他缠得也不敢再加研究。

直到天色大明，大众就举了四个邻人代表奔到巡察总厅里报案。那时厅长金炳之，也是一个亲日派的好汉，当时接了那个报告书，便将眉头一皱道：“怎么又与日本人捣乱咧？这总是你们这些小百姓太不安分了。”顿时就将四个代表看管起来，又向总监衙门里查了那日本人的姓名，这才明白是个药店里的主人，名唤吉田。然后又将吕氏等传到案，约略询问了几句，便将脸色沉下来，冷笑了两声道：“天下事那有这等的冤枉，自己拖着棍儿防身，反被别人打死的道理？你也不必巧辩，这一定你等一家大小，狼狈为奸，图财害命，将一个日本人谋死的。这何必反口噬人，你可知道本厅长的刑法利害？还不快快实招，免得皮肤受苦。”吕氏等听他这般判断，都吓得魂飞天外，也不知怎样的分辩，只急得连声呼冤叫屈。金炳之见吕氏等都是些弱不禁风的妇女们，越发做出那老虎般形状，厉声厉色的大喝道：“抬大刑！抬大刑!”左右那些狼驾[狐假]虎威的狗爪子们，一声呵喝，早将些火练、火砖、藤条、夹棍、神仙架都搬上堂来。吕氏一见都是他的对头，暗忖既然到了这个地方，料想也没有活着回去的道理，死也要死得明白，方对得住我那个死鬼丈夫，何必受他的苦刑咧！主意打定，反觉得心里快乐一阵，并没有些须惧怕，便抗声向堂上说道：“事儿冤枉不冤枉，我不必向你说了！我这时也明白，就是向你说也是无益的。我如今也没有别的恨事，就是我的丈夫，无论他冤枉不冤枉，总算死得很痛快，料想他这时心里，比较我安乐得多。唉，我只恨当初出世的时节，何不投做日本人！

你无非要我一死，好办你那顺手的外交，如今我就牺牲一命，成全你的荣幸罢！”后又冷笑了两声，转身就向阶下一颗石柱儿上栽去，左右差役忙向前去拦救，已来不及了。可怜这个贤烈妇人，顿时闹得脑浆四溅，血花乱飞，那一缕冤魂早寻找他的丈夫去了。

此时金炳之见吕氏当堂碰死，也知这事闹坏了，加着申瑛、申玉侬两个女子，见吕氏这般形状，也顾不得什么惧怕，便在案下乱滚，嚎啕大哭起来。金炳之虽然是一个多年做官的老吏，到此也有些着慌，双眉一皱，计上心头，当时向左右大喝道：“这个有神经病的疯妇，如何领她上堂？还不快些将他的尸首拖下去成[盛]殓！”又向申瑛姑侄二人说道：“本厅长好意成全他，他竟敢咆哮公堂，藐视官长，虽死也不受人怜恤的。如今这个人命重案，本厅不审也明白了，想一定吕氏夫妇同谋，不然吕氏何以畏刑而死咧？姑念尔等乃是年幼女子，不忍再加重刑，今从轻惩办，监禁十年。”说时，就命几个差役将他姑侄二人前拖后拥，直向大狱里送去。可怜他俩都是弱质姗姗的女子，那里挣得脱身？就是想觅一条死路，也不能够啦。

不说申瑛姑侄二人被那些恶狼猛虎，在云天雾地之中，将他等拥进大狱里，是如何的状况。再说那四个邻人代表，无故被金炳之看管起来，大众都不知身犯的是什么罪，只好大众坐在一团，你埋怨我倒楣，我埋怨他晦气。半晌又进来几个差役，将他四人带领到堂上。那时吕氏等已结果了，大众见吕氏等都不在堂上，各自暗异道：“咦，难道这一场官事都打到咱们邻人身上么？”正在怀疑之际，金炳之便陡睁如铃似镜的圆眼，向那四人说道：“如今申吕氏等业已招供，那日本人乃是他等同谋而死的，本厅已将他等照法定罪了。你等身处邻近，不能排难解纷，如今反帮助凶人多事，正是平日为人也非善类，本厅若不惩办，不足以儆刁风。尔等四人应各罚金二百两，作为收殓那日本人的经费；如不甘心认罚，各人应办监禁四年。”那四个邻人还要分辩，金炳之大怒道：“本厅业已判决了，你等服判也是如此，不服判也是如此！”大众这时暗忖道：“好人不与官斗，好鸡不与狗斗，我们何必吃他的眼前亏。若是申国忠夫妇果真同谋杀人，我们这一次报告，却也是被他等卖了。”于是这个自认破财，那个自认消灾，每人遵示认罚。

这一场公案，眼前总算得是结局了。那日本人的尸骸，便由他同国人领去收殓，申氏夫妇由他的家族领去收殓。金炳之将各种手续料理清白，自觉这一桩事儿办得倒很圆满。他当即就进了总监府，见了伊藤博文，他就将这桩事儿仔细报告了一遍，然后又将他自己判断的结果，接着说了个五光十彩。在他的用意，原是想在总监面前邀功，他自觉这桩事儿，总算狠帮助日本人的，论功就是赏他一个大勋位也应得的，谁知惹火烧身，反将交涉闹大了。那伊藤博文听金炳之这一番报告，便将眼皮儿低垂着，老大的不作声。半晌，方冷笑了两声道：“偏偏这才过了几天，又出了人命的交涉，可见你们韩国人仇视我们日本人太过分了。这些儿八百两银子，就能了结一件人命的重案，厅长先生，你也太将我们日本人的性命看得不值价了。并非我今天有意为难，若照贵国这等法律，将来就是我这个堂堂总监，一旦若被人陷害，也是几百两银子可以了事的吗？哼，我自有办法。”说罢，依旧将两眼一闭，再也不作声。可笑那金炳之本是想来邀功的，猛的听了这一番话，好像半空打了一个霹雳，顿时将三魂打飞了二魂半，两眼直视着伊藤博文呆呆的发怔。相待足有三十分钟，伊藤博文方说道：“你回去办公罢，这桩事我晓得了。”金炳之听着这两句，也不知他是好意歹意，又不敢与他分辩一个青红皂白，只好捏着一把冷汗，退出了总监府，暗忖道：“人生宁可做强国的狗，万不可做弱国的官。日本人实在真难伺候，料想我这个厅长的命运，也快到尽头了。”一路想着，回到警察衙门里，也不作什么加官晋爵的希望，垂头丧气，准备着交卸差务。

不多几日，果然李熙下了一道特旨，将金炳之革职，另委了一个日本人，叫做中村正雄，前来接事。那金炳之虽然见了伊藤博文之后，就料定这一个饭碗儿是捧不长久的，但是他最后的希望，总想在接事的新官手里，混他些须交代费。谁知接他手的，乃是一个日本人，顿时就将这一种妄想打消，再也不敢高声说半个不字，便将一切事务交代过去。但是他的心里，总有些儿不平，暗忖这巡警厅长也总算得是我们韩国的法官，如何委给了一个日本人来充任职务咧？我虽然办事不善，究竟还是一个本国人，无论这事儿的好歹，总算是利权没曾外溢。如今一切事，都托付与外国人，我看不但这个警察厅长牺牲了，就是这大韩国的人民土地，牺牲的日子也快了。独自空发一阵牢骚，也就将这桩事儿放下。

再说那中村正雄，如何做了韩国的警察厅长。这乃是伊藤博文小题大做，他想侵夺韩国的警察权，以及地方裁判权，正在无法生事，可巧金炳之前来报告这一种人命案件，正好给他做个导火线。伊藤博文得了这个消息，于是与李完用合拢在一处，一个吹箫，一个拍板，就在李熙左右半吓半诈，便将韩国的警察权、地方裁判权完全夺在手里。中村正雄就是因此才做了灭韩的先锋官。当时中村正雄做了警察厅长之后，将那满城的高等巡士完全换了日本人。列位请掩卷默想一回，那些日本人，自从进了韩国境界，如那吉田、松井、三崎等，平日在行政界里并无丝毫势力，尚且任意横行，如今他们都有这大的威风，怎么不为所欲为，闹得个落花流水咧！可怜社会上骤然添了这一群猛兽，那些奸淫掳掠的事儿，一天总得见十数起，谁也不敢呼冤，谁也不敢叫屈，真是闹得鸡犬不宁，神鬼也哭。要知后事如何，且听下回分解。

第二十回　安重根报仇询［殉］命　李完用卖国求荣

话说中村正雄做了韩国的警察厅长，一时闹得民怨沸腾。虽然有一个吃饭不敢做事的大皇帝，高坐在金銮殿上，但是一般小百姓的心目中，早觉有荆棘铜驼之感了。这时，那美洲留学的志士，如安重根等，业已相继归国。满想各拼擎天的能力，归来同挽狂澜，谁知这破碎河山，早舞弄在日本人的掌上。这一番痛恨，真不知怎样去处治这个总监才好。于是大众也不进汉京，就在仁川择了一处僻静所在，秘密开了一个救国谈话会。当时议论纷纭，也有主张以武力对待的，也有主张向邻邦呼吁的，也有主张鼓吹民气，同组国民军，先行讨伐卖国贼的。你言我语，各执一词。最后安重根说道："救国的方法，决不是这等筹划的，果然诸兄若是这般的举动，就想救国，我个人的意见，自己甘愿做亡国奴，只好自己去谋单独行动，却不敢与诸君表同情了。"大众听他这一番话，彼此都互相诧异，瞠目对视。金有声道："这不过是计划的聚会，若说办法，须得诸位研究一个完善的。"安重根不待他说毕，便将两眼一瞪道："这是什么事业？现在是什么时候？咱们平日所抱的是什么志愿？男儿汉做事，只好对得住自己，不欺天地鬼神，就可以埋头去做，成败那里是我们做事的人所能够预决的么？"侯佐道："你的主见，应当如何进行咧？"安重根道："我的意见，先须求自己的决心，自量可能舍得这一条性命。这等主意打定了，再解决那救国问题。我今再进一步说罢，如今已到了生死关头，靠着团体做事，我却是丝毫没有这个希望，还是在自己身上打主意，尚靠得住些。"

大众听他这一番话，依然没有个办法。大众也都不去理会他，依然研究他们的进行方法，半晌方研究出一个头绪来。侯佐、侯弼、黄伯雄、岳公泰四人，担任办一个报馆，专心的鼓吹民气；金有声、钱群、尧厚、寇本良、寇本峰、云在岫、陈圣恩七人，担任组织国民军；王慎之、云在峰、孙子奇、萧鉴、赵适中五人，担任各方筹款与联络同志那些事务。还有那在美国相识的同志，李树森、李范允、金洪畴、李纬钟、高云、周庄、姜树坚、吴佐车、曹存、李俊、姜述伯、陈圣嘏等十二人，担任一切奔走联络的事。大众定了计划，只余安重根一个人闲着。云在岫看着有些过不去，便向他说道："安大哥你倒［到］底担任一个什么职务呢？"安重根便将鼻孔儿哼了两声，冷笑道："这又不是做官，什么职务不职务？我只晓得你们做你们的事，我做我的事就是啦。"云在峰忙问道："你究竟做的什么事儿，好在这里也没有外客，何妨宣布一二？若真到了为难的时候，咱们也可以帮助你些。”安重根便将两眼一瞪道：“我个人做事，也不劳诸位帮助，这乃是我个人的行动，也没有宣布的必要，你也不必要求。我向来个人做事，绝对不愿向第二人宣布的。”大众见他这般严守秘密，加着他平日为人做事，很有许多举动与人不同，也就不敢再向他穷追苦问，但是大众都很相信他不是一个汉奸。

闲话少说。大众便分道进行时，隔不多日，果然各方的成绩都很可观。这时不但城市中那商人都觉要想过太平日子，非从根本上革命；就是田野间那些愚夫愚妇，也都知道亡国的痛苦，恨不能一时片刻将伊藤博文逐出汉京，恢复韩国的民权才好。再进一步说，就是那些官僚，曾经受过伊藤博文闷气的人，这时也主张人民革命，并且很情愿捐出些钱米来，暗中助他们起义的。若照这般看去，韩国的民气都是很可复生。谁知社会上的人类不齐，好人固多，坏人却也不少。不知如何，他等这许多计划，早有人报到伊藤博文的耳边去了。伊藤博文得了这个消息，当时就去谒见李熙，他说这次美国的留学〖生〗归国，大多都有捣乱的行为，如不趁早一网打尽，恐怕野火出头，安危关系大局，就是大皇帝也未必能安于位的。李熙骤听这话，顿时大吃一惊，暗忖果然这事真确，我的地位固然不能保守，就是性命也在呼吸之间，此等乱萌，确是不能让他增长的。当时就特颁了一道通谕，遍告各道各县，如有妄谈国事者，格杀勿论。这道通谕颁下，伊藤博文接着也发了一道通谕，勒令居户商家一切人等，不许三人以上的聚会，不许开办报纸，不许藏用铁器，凡居家日用之器，全用竹木代铁，收检后若一经查出，概以谋乱论死。这两道催命符道[通]布之后，各处地方官那敢少懈，大家都如狼似虎的搜索起来。可怜乡间老百姓，也不知死了多少，那森罗殿上，却添了无量数的冤魂。那时侯佐等所创办的报纸，只好无形消灭；金有声等所组织的国民军，也都不能正式集合，只好静坐待时。又隔几日，王慎之等五人与李树森等十二人，渐次都被官家逮捕，宣布死刑了。一瞬之间，那韩国的民气，又奄奄垂死。可怜那全国人民遭了这一场打击，那社会上直闹得如槁木死灰，说不尽的一种凄凉景况。都被那卖国贼李完用，密与伊藤博文狼狈为奸，方演出这一场恶剧。这时韩国上下人等，只有伊藤博文与那些新任韩国各要政的日本官吏，并李完用等十来个卖国党，笑展眉头，喜藏心府，其余人等，谁不是泪眼愁眉，现出那坐以待毙的形状。伤心惨目至此，也算是到尽头的路了。

闲话少说。一日伊藤博文闲在总监衙门里打棋谱，心里觉百无聊赖，便将李完用、赵丙稷、朴定阳、尹用求四人请到，特制了几色美味的菜，又备了一樽白菊花酒，接着将野军正雄、加藤增雄、三岛奇峰、贺田种太郎、币原坦、丸山重俊、中村正雄等邀到，大家杯酒联欢。座中伊藤博文便问[向]大众说道：“今日咱们这一场聚会，真可算得最愉快的聚会。虽然杯酒联欢，却也是很不容易结合在一处的。”说时便高举起一盏白菊花酒道，“我今这一杯酒，乃是代表天皇的圣意，对于已往的事，是给诸君贺功；对于未来的事，是预祝诸君受爵。我狠希望诸君的大勋业，将来都百倍胜我伊藤博文。那时各人仍聚会在一处，杯酒联欢，如今日这等盛会，那就越发愉快了。”说罢，将满杯白菊花酒一饮而尽。大众也都站起来，各人陪饮了一杯，依旧入座。伊藤博文复又长叹道：“话儿虽是这般说，如我偌大年纪，乃是风烛草霜，真到诸君立奇功创大业的时节，我伊藤博文的骨头，还不知在土里朽坏得若何模样咧！如今日这等聚会，你我等能多聚一次，就算得是多一次的愉快了。”说罢，又“噫吁”了两声，不禁洒了几点老泪。大众也都因此闷闷不乐。李完用见这一场欢喜，蓦地变了一种凄凉的景况，便从旁解慰道：“老总吉人天相，福寿而康，天降斯人，是为苍生造无量的幸福，来日必转耄而童的。”大众接着也恭颂了许多吉祥康泰的话儿，彼此这才展了眉头，仍旧嬉笑起来。直迨酒散之后，伊藤便向大众宣布道：“昨日奉天皇的密谕，须得向南满一带调查防务，这等事关系狠大，须我自己一行。但是此地的各种政务也狠吃紧，如今烦诸君偏劳，万不可放松一步，因为此地的人类太杂，若是放松一步，并定有非常的变动，那时诸君苦辛这许多年，就因之全功尽弃了。”大众连称了几个“是”字。赵丙稷复又询问道：“老总准备几时动身？”伊藤博文道：“就在这三五日内。你们也不必声张，大家办事要紧，迟则半年，早则三月，咱们还是要相见的。”大众也就不接说下去，各人告辞四散。

虽然伊藤博文他不许那一般狐群狗党声张，但是那些狐群狗党平日都以欢迎欢送为能事的，那能够不乘着这个机会，再灌他一盏米汤呢？于是第二天，就闹得风雨满城，社会上无论男女老少，没有不知伊藤博文要去降伏大清国。

那日伊藤博文动身的时节，真是街巷之间无尺寸余地，都被欢送的人占满了。那一场热闹，恐怕就是韩国大皇帝李熙出行，也没有这般威武的。伊藤博文见了这般盛会，心坎里也暗自欣喜道：“就是南面王又何荣于我咧！”当时只率领随员四人、护卫八人，登轮而去。沿途那许多风景，不去细说。然这时伊藤博文心目中，只怀想什么亚细亚大主义，什么大清国的总监的滋味，那里还有心去领略什么山灵水秀咧。所以记者也不枉费笔墨，在他的心目中描写风景，就是勉强写他几句，也是毫无滋味的。这日轮泊哈尔滨，伊藤博文便领着他的随员护卫等一同登岸。这时我国的哈尔滨，业已属于俄罗斯的租界了，那街市上一切布置，全都变成俄国式。除却少数的商人，长拖着辫儿，在街市上摇来摆去，其外简直就是俄罗斯的势力范围。伊藤博文一见那些广场大道、高阁崇楼、往来百商，天天都是云集潮涌，心坎里越发艳羡，口角上越发流涎，暗忖道："我若做了大亚细亚的总监，坐享这些山川人物的厚利，那还不知是怎样的愉快咧！"

说时伊藤博文到了哈尔滨，心想只住两三日就往奉天，再进山海关，直抵燕京，秘密调查清国的政治。无奈自到哈尔滨，那哈尔滨的行政官吏，都因为他是中日交战之间一个最大的人物，怎好不加意的招待咧！加着曾在哈尔滨那些营业的日商，听说伊藤博文道过哈尔滨，谁不想攀辕挽辙，一亲颜色为荣幸咧！于是杯酒之间，转瞬又过了十几日，方乘坐火车直向奉天前进。临行的那日，虽然没有在汉京动身的时节热闹，但是各种恭送他的官吏，究竟比较寻常迎送诚敬得多。再说那八方来看热闹的人，仍旧如云翻浪拥，呜呜汽笛连声，如唱阳关叠曲。伊藤博文辞别了送行的各官吏，刚一转身，忽见一个少年，从他的身旁一溜过去。伊藤博文的眼光一花，顿觉心潮向上直涌，转眼之际，猛听"啪啪啪"连响了六七声。一时车站前面沙飞尘卷，那左右的人众，陡然呼声鼎沸，如狂涛怒浪一般，闹得天翻地覆。当时那些负地方维持责任的官厅，忙遣所带的警士兵卒极力排解，方算将那无边的声浪镇定。再向车站前面看去，那轰轰烈烈的大总监，业已倒在地面上，胸前鲜血斑斓，那一缕幽魂，早飞向西天去了。

一时当道的官吏大惊，忙下了特别戒严令，一面将伊藤博文的遗骸扛舁到休息所里，一面八方逮捕刺客。想那人海迷漫之中，又没有一个拘限的范围，各人都不知向什么地方着手。说来可也古怪，大众正在纷忙之际，忽在人丛里面发现出一种最怪的声音，大呼了几声"韩国万岁！"。那些警士兵卒，陡然听着这一种声浪，顿时直扑前进。原来是一个韩国的少年，乃是西洋打扮，手里拿着一只白郎林，指天划地的呼"韩国万岁！"。众兵卒拥上前去，将他两臂倒剪起来，直涌前进。那少年笑道："你们何必这般利害？我若是想逃走的，早就不知飞奔到那方去了。正因这桩事儿关系狠大，并且连带得有国际交涉，大丈夫做事，不愿累人，所以我站在这里，乃是专候你们的。"大众听他这一番话，说得正大光明，决不是寻常刺客的口吻，也就不敢以拿寻常罪犯的手段去对待他，便将他拥到哈尔滨俄国民政长案前。

那时俄国民政长名唤毕鲁尔尼斯，一见刺客被捕到案，也就转忧为喜。转眼一看，见是一个韩国少年，心坎里就明白了几分，向那少年问道："你叫什么名字？因甚要刺杀总监咧？"那少年便将两眼一翻道："我叫安重根，伊藤博文与我乃是国仇，我想谋杀他，也不是一朝一夕了。如今自汉京暗随到此地，也不知费了许多心血，今天才算报了大仇，尽了我国民的天职。我的话对你也只能说到这里，至于别的话，你也不必问我，我也没有别的向你说的。”毕鲁尔尼斯又问道：“你们同伙还有多少人呢？”安重根不耐烦道：“大丈夫做事，何必要第二人帮忙呢！”毕鲁尔尼斯见他狠抗直，也不便接问下去，当时将他看管起来，忙着飞电报告俄国政府，转又分电日本、高丽两国。接着由那四个随员，将伊藤博文的遗骸厚殓起来，专候日本、高丽两国的消息。

再说李熙与李完用等接了这个电报，大吃一惊，各人都痛恨安重根，恨不能立时将他千刀万剐。当时就派朴定阳去迎接伊藤博文的灵柩，并要提安重根归国正法。朴定阳刚才奉旨前去，日本天皇就派了一个新总监寺内正毅，直到汉京见了李熙。首先并不问及安重根一言，就将李熙挟住道：“伊藤博文大丞相为你们韩国政治煞费苦心，你等如何派遣刺客谋他的生命呢？”这一句真冤得李熙不知怎样回答他才好，顿时大哭起来，连连的只管叫屈，始终不能答复一个字。最后还是寺内正毅说道：“无论如何，总是你们国里的政治不良，我们却也有别的计划，如今也不必与你谈话，将来再与你们大宰相交涉就是了。”说罢便告辞出宫。李熙也知此事闹得不可收拾，当时传召李完用等，谁知李完用等这一群亲日派早被寺内正毅笼络住了，大家都准备去做日本的贰臣，谁也不来应召，急得李熙枯禁深宫，生死存亡，却不敢自决。

不多几日，那伊藤博文的灵柩与安重根的囚车，都相继到了汉京，哄动汉京的小民，莫不向着安重根的囚车大呼万岁。这时寺内正毅虽以兵力压制，也塞不住众民之口，还有寇本良、寇本峰、侯佐、侯弼那一班同志，也混在人丛之中，暗向安重根挥泪，大家这才明白安重根乃是一个奇男子。说也奇怪，安悦生夫妇得了这个消息，当然悲痛得不堪言状了，谁知这二老得了这个消息，反异常的快乐，彼此都互相自庆道：“有儿如此，方算的是有儿咧！我二老虽然后死，也可瞑目了！”大家都觉他俩的言语很古怪。要知他俩果真是快乐么，这也是伤心到了极地，方如此的。

闲话少说，安重根到了汉京，不多几日，就由寺内正毅会同李完用等开特别法庭审问。可怜那人世间所未曾见的苦刑，一一都施用过了，闹得安重根死去活来，身无片肉。他还是抱定“国仇”两个字，终始不拖累第二人。寺内正毅实在无法，才将他定案。

临刑的那一日，安重根自监狱里绑出来，真是骨瘦如柴，只有奄奄一息的呼吸气。到了法场，抬头只向李完用等冷笑了两声，瞑目待死。枪声之下，烈士魂飞，碧血千年，长埋黄土。安重根虽然牺牲一命，那韩国却增加了无限的光荣，一时世界的言论，没有不传颂安重根千秋万岁的，虽然他这一身之荣，仍不能洗尽全国之辱。寺内正毅自将安重根处死之后，便将伊藤博文的棺柩送回东京，然后复与李完用等商量处治韩国的方法。直到明治四十三年八月二十九日由日本总监韩国，寺内正毅与韩国总理大臣李完用在总督府里订下条约，废除韩国国号，凡韩国一切政事，概归日本政府执掌。封李熙为昌德公，永远不许干预政事。发布之后，从此韩国就算是亡了。

那韩国亡后，日本人管束韩人如何的痛苦，韩人中如寇本良、寇本峰、侯佐、侯弼之流如何集合革命，如何一再密谋一再失败，韩太子如何出奔，贵族妇女如何忍受日本人的虐待，韩人如何痛哭于国际联盟会中要求独立，那其间种种苦况，真是写来令人惨不忍睹。记者待稍暇的时候再接述于续编。但是记者写到这里，也不得不再续几句余波，希望阅者注意。外交多侮，我国也在荆棘之中，回首三韩，前车可鉴，韩国幸而出了一个安重根，不幸而出了一个李完用。然则我们看了这一部书，须在这两个人的身上着想：诸君是想做安重根咧，还是想做李完用咧？请仔细思量，就可明白做书人的苦〖心〗了。

（原载于《英雄复仇记》，上海益新书局，1920 年）

朝鲜遗恨

沈桑红
蓝剑青　评

序

作小说难么？不难。既说不难，何以出名的所谓小说大家，只有寥寥可数的几位？我道要知做小说表面上似乎不难，实骨子里却很难咧。但是难可难在什么地方，难在作者的见识少，经历浅，不能走万里路，不曾读万卷书，有时候虽有很好的资料，因为作者不会运笔，结果把好好的一篇小说，弄得牛头不对马嘴。

我友沈君桑红，他曾走过万里路。比得好些，好似孔老二先生的周游列国；比得坏一些，说他是闯过关东，走过关西的老江湖，也何独不可。现在因为他不肯把真名印出，读者如果以为本书不是名小说家的作品，故而把他忽略过去，那么这种观念就错了。因为读小说只看是否名家的小说而决定看不看的，这种读者，可以算是不会看小说的读者。至于本书的作者是否名家，或是非名家，现在我们且不去管他，因为作者作这书的动机，是在日人侵占我们东北之后，要知日人从前灭亡朝鲜的种种狠毒计划，和现在的亟亟谋我，好似同出一辙，韩人的亡国奴滋味，当得差不多至矣尽矣了。唇亡齿寒，兔死狐悲，我们大中华民族，到了这种生死关头，如果还不及早振作起来，那么朝鲜就是我们中国的前车。所以凡我国人，应该人手一篇，以资借镜。阅此书后而不流泪叹息者，此人之血，必冷之久矣。是以我人看了此书，应该立刻发奋自励励人，同心同力，亟谋抵制之策，方然不负作者的动机了。

在下又承本书的发行人郁君之托，嘱为加评校正，因固辞不获，所以不得不胡乱大胆落笔。佛头着粪之讥，自知在所难免，还乞读者和著者诸多原谅。

中华民国二十一年五月五日　大埔蓝剑青序于沪报馆编辑室

第一回 骇奇俗疑读山海经 披遗编重增沧桑感

话说中国的东北方面，日本的西面，其间却有个半岛，突出在黄海与日本海的当中，这便是地理上有名的朝鲜半岛。在这半岛上，有个二千多年的古国，就是历史上有名的朝鲜国。

那朝鲜国的起根发源，还是远在中国殷朝末年。那时有个殷朝皇帝宗亲，名叫箕子，因避殷朝帝王暴乱，来至这半岛上居住，后来爱着此处清静幽绝，索性建立邦家，才有了朝鲜国。所以朝鲜国立国之后，历朝都归顺中国，远的且不去说他，单就将前清甲午以前二三十年，李鸿章办理朝鲜王交涉，这时的外交函件，若取出来看时，便知道那时的中国，是何等的威风，处何等的地位。

谁知道弄到后来，朝鲜竟会罹亡国的惨祸，这真是那里想得到呢？现在若是查那最新地图，仔仔细细从日本海外面留心找去，什么地方还有朝鲜国的旧时政府，什么地方还有朝鲜国的旧时言语，什么地方还有朝鲜国的旧时文字，什么地方还有朝鲜国的旧时宗教，什么地方还有朝鲜国的旧时典章，什么地方还有朝鲜国的旧时文物，什么地方还有朝鲜国的旧时衣冠，什么地方还有朝鲜国的旧时制度？但只见鸭绿江的水，仍是滔滔东去，但只见白头山的雪，仍是点点下滴，但只见金刚山的风景，仍与当年一般，却不料地图上早已变了颜色，历史上早已换了名称。朝鲜人自己对于亡国惨祸，心里是怎么的感想，我们且不去管他，只是我们的大中国，向来和朝鲜有了这么的几千年交情，又有同种远亲的关系，眼睁睁地看着朝鲜亡国，未免也要落下一点伤心之泪。

朝鲜的亡国惨祸，说来也有来源。原来在中国的汉献帝年间，那时朝鲜曾经分为三国，一国叫高〔句〕骊［丽］，一国叫百济，一国叫新罗，三韩的名目，也是从这时叫起来的。这三国又分为三派，高丽是与中国和好，新罗却去和日本交好，百济介在中间，与中国、日本都很和气。这般的直到唐朝以后，高丽、百济、新罗三国忽然合并了一国，大家一心的臣服中国。一直到明朝万历年间，日本忽然来和中国争夺朝鲜，因此酿成兵戎相见，狠狠的打了一仗，日本却没讨得一些便宜。

明朝社稷覆没之后，满洲人乘势入关，居然做了中国的皇帝。在清朝初叶之时，确乎声势显赫，朝鲜国自然依旧的臣服，这时候的日本，还在考究自己国里的文教，没有再问国外之事的心肠，于是朝鲜反而安安逸逸的过了三百多年又太平又快活的日子。到了清朝中叶的时候，朝鲜还是把国门紧紧闭着，不与别国通往来，国内的事，仍是件件照着五六百年前规矩，不曾有些变更。就是衣服制度，也还是和戏台上伶人所穿的戏衣相同，猛然间见了，倒有些像做过中国洪宪八十三日皇帝袁世凯所定的祭天礼服，不过朝鲜人多戴一顶马鬣的帽子而已，然而在帽子里面又结了一束头发，这又好像在前清末年时，一班奉旨出洋考察法政的大臣，在头上盘了一条辫结一般，这么的奇形怪状，自然叫人看了有些诧异。

虽说朝鲜平日不与别国通往来，但是天下的事，越是平淡的，倒反没人顾问，越是特别的，却便越惹起人家的注意。凭你朝鲜国将国门关得紧，总免不了有心人的留意侦探。况且在二十世纪中的时代，世界各国那一个不讲求维新，不讲求力行新法？那一国的人民，不想争求上进？偏是朝鲜蕞尔小国，竟会与众不同，一般好奇的人，少不得要千方百计探明其中的原故。朝鲜国的命运，大家都将他作一件猜疑的事看，可是谁也不能断定他是吉是凶。凡是到亚洲来游历的政客，大多数脑海内记着东方有这么一个奇怪的朝鲜国，定要设法进去，看看他闭门自守的情形。据一般到过朝鲜国里面的人说，觉得汉城仁川等处，那里的风土人情、衣冠制度，实在特别奇怪。本来朝鲜已是无形中成了世界的一个又秘密而又神秘的国家，再加着进去过的人，加上那四个字的评语，便更引起别人的注意。于是朝鲜一来因注意的人太多，二来因世界大势驱迫，三来到底不能拒绝他人走进他们国中去，因此国门无形中渐渐的关不牢了，国里的内容，也给人家看穿。原来朝鲜国的表面，虽说风俗古朴，然而在政治家的目光看去，却说“腐败偷懒”四字。当时有个政治家著了一篇朝鲜考察记，说朝鲜国因为政府腐败，所以横征暴敛，贿赂公行，以致一举一动到处都是弊端。因为人民偷懒，所以事事靠托别人，样样守着旧制，直到现在，仍旧把长烟管看作宝贝，君子髻死守着不肯剪掉，社会上常常演出怪状；还有因人民善于偷懒，弄得有田不能耕种，实业不能发达，这就是朝鲜后来罹亡国惨祸的大病根。

讲到朝鲜人民的本性，倒是一个老实的本色，并没有什么大奸大恶，也不是和生番野夷一般，全然不懂道理。朝鲜国的男子，多是驯善好学，可以做人群忠友义伴；朝鲜国的女子，多是能守贞操，偶然有淫荡不守妇道的女子，给人家发觉了，便引为非常的奇耻大辱。社会上一般生活，虽说不见十分宽裕，但是在朝鲜国内，乞丐却不多见，倘使朝鲜没有腐败偷懒的毛病，再好好的有别国来教导一下，何尝不可以做个有势力的一等大国呢？无奈朝鲜国先是自己改革不掉病根，又是没人教导，终至弄到亡国。正是：

屋漏更遭连夜雨，破船又遇顶头风。

欲知朝鲜亡国原由，且看下回分解。

评：做长篇小说，最难的是什么？就是开头。从前往往有很多著作家，把全篇的情节、格局、穿插、衬托，都把腹稿打好了，可是提起笔来，恰好似掮起了一副千钧重担，不知怎样落笔写第一个字才好。本书所叙述的，是朝鲜亡国的历史，但是要知道朝鲜怎样会被日本灭亡，则一定先要知道朝鲜隔开着日本有多少距离，这是地理上所必要先行交待的。本书的开场，就是这样叙述的。

殷朝的箕子，因避帝王暴乱，才立了这朝鲜国。想不到数千年后，竟会亡于日本，这是恐怕箕子在当时立国之时所万万没有想到的。不要说殷朝的箕子想不到，就是后来满清皇帝，恐怕也想不到吧。所以天下之事，往往竟会出人意料之外。总而言之，朝鲜之亡，无论如何，我们中国应当也要负多少的责任咧。

朝鲜国向来是抱闭关主义的，可是世界趋势日渐维新，致一般好奇的外国人，都要来一探他的秘密。后来纸老虎一戳穿，就罹了亡国之祸，但是他们唯一的祸根，却就是"腐败偷懒"四字。反观现在我们中国的情形是如何呢？偷懒虽还说不到，可是腐败却似乎比了朝鲜，尤过之而无不及。目下日人正在亟亟谋我，如果我们再不万众一心的向前去防御它，恐怕做朝鲜第二之日，就在眼前了。同胞们，速醒吧！

第二回　大院君摄政结私党　景福宫择日兴大工

话说朝鲜亡国的祸根，原已种了几百年之久，并不是一旦间猝然发出来的，这祸根就是上回书说的"腐败偷懒"四字。

如今再说亡国的引线，论到朝鲜亡国的引线，第一个须应该轮到大院君，这是读过历史的看官们，大概都知道的。那大院君姓李名昰应，是朝鲜国王李熙的生身父亲。大院君的为人，有一桩极不好的毛病，就是欢喜播弄事端，他自己心中又是没有什么主张，却又很爱夸耀自己的聪明，只管卖弄能耐，全不管事情的大体，性子又是十分残酷，性质更是骄傲，习性偏是欢喜懒惰，从来所做各事，不肯认错的，遇事便猜神疑鬼。李熙登基做朝鲜国王的时候，那时候李熙才只一十三岁，等到李熙十八岁的一年，封李昰应为大院君，摄理朝政。李昰应做了大院君之后，名分上虽是李熙做国王，实际上却是大院君李昰应专政擅权，朝里的文武官员，不论职位大小，个个都是大院君李昰应的私人。那时正是中国清朝同治三年，中国和外国订了通商条约，开了五处通商口岸，日本向来是不肯落人之后，也跟着开辟了三处市场，中国的国境内顿时似乎热闹了不少，世界的大势，也从此一天一天的改变。向以秘密著名的朝鲜国，再也不能闭关自守，欧洲各国争着都设法踏足进去，那戴着宗教面目的教士，便是变相政治侦探队。最先踏进朝鲜国的，是法国天主教的教徒，几乎朝鲜全国上下，无处不见天主教教徒的踪迹，天主教的势力，在那时最为宏大，随后日本、俄国、美国、英国、德国各国教士，也络续前往，后来索性遣派使臣，订立条约，却是日本首先开端。当时日本遣派使臣来到朝鲜，见了国王李熙，提出订立条约的要求，大院君李昰应第一个不赞成，一面在国王李熙面前说了日本许多坏话，一面暗地派出许多心腹的人在外放造谣言，劈头就说外国人来了之后，便却要服从他们的邪教。大院君李昰应的本意，想煽惑民间起来反对，谁知国王李熙，心中早已打定主意，偏不听从大院君李昰应的话，自和外国遣派来的使臣订立条约。大院君李昰应结果弄得一场没趣，仗着自己是国王李熙的生身亲父，背地里竟说李熙年少，做事毕竟还脱不了孩子气。这句话渐渐的由人传到国王李熙耳朵里，国王李熙也有些不自在起来，因李昰应是自己的生身父亲，不好怎样的去难为他，但是觉着自己虽然做朝鲜国的国王，却宛如做了一个傀儡，从此李熙和李昰应父子之间，无形中隐隐存了芥蒂。恰巧朝臣中又有国王派和大院君派之分，两派的人又在从中播弄，说长道短，越发的弄得李熙和李昰应成了水火不相融了。大院君李昰应在第一次摄政时，所行的政策，是一意拒绝外国人，而且自不量力，常想逞志用兵，很想同别国开一次战。却全不想别国的炮火，是何等利害，别国的战术，是何等考究，他仍是想着一刀一枪和几杆后镗火枪，兵士再穿着一件厚棉衣，就是世界纵横无敌的常胜军了，若是在城门楼上，或是在山岭山巅上，架着一尊旧式的红衣大炮，便能守得境地和铁桶相似了，无论什么军队，休想攻得进来呢。尤其是大院君李昰应摄政时的朝鲜内政，糟得不可言状，内政有二桩大弊，便是赋税和贵族。赋税由各地官吏包揽，官吏包揽赋税，须用钱向政府买来，然后再从百姓身上收回买来的本钱，于是百姓便遭了说不出的晦气。朝鲜的制度，贵族和寒门分别得很严，连衣服都有分别的标帜，贵族有贵族穿的衣服，百姓不许胡乱穿着的；贵族有许多的专利，做官的一途，更属贵族独占的，寒门的人民，想个出身，是很难很难。全国上下，弄成暗无天日。大院君李昰应后来也有些明白起来，居然发一个狠，把全国的赋税清理一下，不管是贵族，不管是平民，一概照例征收赋税；接着又发了一个狠，再把官场整理一下，遇事居然亲自查点，不论官职大小，一般的不放他含糊过去。

经大院君李昰应发了这二次狠，那时朝鲜国便小小的有些改变了。本来朝鲜人的帽子，帽沿是阔阔的，后来帽沿改变得狭窄些了；本来朝鲜人的衣服，袖口是宽博宏大的，后来衣服的袖口，改变的小了一些；本来朝鲜人穿的鞋子，黑色的，只有贵族可穿，后来平民也可以穿了。就在表面上看，大院君李昰应很有整顿的精神，与从前大不相同，然而大院君李昰应发这二次狠，另有他的用意，也许还是他的奸计，想在这当中，显出自己的本领，夸耀自己的能干，好叫朝中官吏都来归服自己的一派，叫平民们感激他的恩德。他的政权，便能稳稳当当的执掌，不会再发生什么问题。果然这个法子很灵，朝鲜国的朝野上下，又多了许多大院君李昰应的党翼。大院君李昰应见这个计划有了效验，心中十分欢喜。

自古道：富贵思宫室之美。大院君李昰应自然跳不出这圈子的，便想造一座精美宫殿，以便纳福安居。只要大院君李昰应有这个意思，稍稍露些口风出去，顿时就有一班附翼的人争先趋奉不迭，立刻择日大兴土木，修筑宫苑。单是一座景福宫，足足的前后修了五年，方得完工。其余尚有许多的宫殿，一时也说不尽许多。这宫殿都是靠山起屋，高楼峻阁，虽不能比前清的颐和园，但是一切式样工程，皆照着中国古时宫殿而造，雕刻髹漆，精美非常。宫外围起一带高墙，一宫便占地数亩，宫内有湖有台，有回廊，有转屋。工程完毕之后，一算用了许多钱，然而大院君李昰应却不曾破钞一文，都是附翼他的一班人，想些希奇新鲜的名目，刮了百姓的钱，来替大院君李昰应做门面。据说当时因为大院君李昰应修造宫殿，特地临时增出了许多赋税。有二种名目，最是可笑，一种叫做什么结头钱，一种叫做什么愿纳钱。那结头钱便是人民带上了辫结便须纳税，愿纳钱是人民自己愿意所纳的税，因此弄得朝鲜人民大半妻离子散，家破人亡。大院君李昰应虽有闻见，只因是他自己的事，只得装着不闻不见了。好在也没有人敢当面去质问他，后来他自己觉得再也不能不说一句门面话，便说依照朝鲜国的历朝成规，宫苑现在是不能不修的，照气数上讲，若不修宫苑，怕要与国王有些不利，做百姓的略略化[花]些小钱，是为君王造福，也是极应该的事，这几句话，把君王的大题目，做了大帽子压将下去。朝鲜国向来又是极相信迷信的，谁能够再说一个不字呢，只苦了百姓们，刮得叫苦连天，人心无形中愤恨起来，愁苦悲痛的冤声，全国到处可闻，国内便种下了扰乱的祸根。偏是无巧不成书，不早不迟的，正在这时，突然又钻出一个人来，与大院君李昰应来做对头。这人是谁呢？就是朝鲜国历史上有名的美人闵妃。那闵妃是闵太后的侄女，朝鲜国王李熙的嫡配。至于闵妃如何会做朝鲜国王李熙的嫡配呢，其中另有一段情形，须要略略的写些，看官们看了方可明白。正是：

腐败偷懒种祸根，而今懊悔已不能。

欲知闵妃如何会配给国王李熙，且看下回分解。

评：四书上说，国家将兴，必有祯祥，国家将亡，必有妖孽。朝鲜国将亡的时候，就出了一个大院君李昰应。他的性情，就是喜欢夸大和播弄是非，当他摄理朝政时，植党营私，无所不为，后来中日开战，他的心内，一刻儿又想附从中国，一刻儿又想联络日本。这样反复无常的小人，叫他挑这么一副摄理国家大事的重担，请问如何能胜任呢？所以我说大院君李昰应是亡朝鲜国的第一个大妖孽。

天主教徒借了传教的假面具，实行窥探他国的秘密，说他是变相的"政治侦探队"，的是确论。不独从前朝鲜国内无处不见天主教徒的踪迹，就是现在我们中国的内地各小市镇之上，也无处没有高高矗起的天主教堂咧，可见天主教的流传之广，教徒之多。而且传教教士之不畏艰难，以大无畏之精神，到处传教，他们的勇敢和毅力，实在令人钦佩。

赋税为国家之命脉，所以做百姓的人，本来是应该缴纳的，不过征收的时候，应该先体察百姓们的担负是否胜任，才后方能征收。如果政府执政诸公，一味要想括了民脂民膏来肥自己的腰包，横征暴敛，不管小民的死活，或由官吏包揽了，穷凶极恶的叫小百姓们担负，那么弄得小民异常怨恨，恐怕国家亡起来也要快些咧。

阶级观念，世界各帝国至今尚还没有打破，我们中国现在虽然已经讲平等了，可是暗中的阶级观念，也仍未打破。富贵思宫室之美，不要说大院君李昰应难逃此关，比他更自爱之辈尚且难免，所以这倒不能怪他咧。

第三回　承继统李熙拥皇图　扣军饷饥民烧使馆

却说朝鲜国王李熙的为人，性情原本懦弱，不能振作精神，又因年纪太轻，登了王位之后，遇事疑惑不定，缺少断才，往往不明是非，轻听人言，左右宠幸的多是奸诈小人，国家大事，置之不问。

论到朝鲜皇室的统系，原是轮不到李熙来身登王位。李熙本是宗藩支子，那时候大院君李昰应穷得可怜，穷得没念头可想，却转出一条异想天开的念头。恰巧朝鲜国的前王，不曾有太子生下，王位无嗣，正要找个承继的人。大院君李昰应得了这个信息，就托了许多宫里妃嫔和太监，求他们竭力在前王面前，替自己儿子李熙游说。又不知在那里借到了一笔钱，暗地里着实运动一番，才算如愿以偿。李熙竟入嗣大统，等到前王晏驾，李熙就容容易易登了大位。大院君李昰应又托人在闵太妃面前使了手脚，第二年[①]便封了大院君，摄理朝政。闵太妃原说这是一时权宜之计，将来国王年纪大了，国事朝政便不须

① 李熙 13 岁登基，18 岁时李昰应被封为大院君，并非第二年，但原文如此，故保留。

人代理了，不料那李昰应正了大院君的位，专权独行，国王李熙也有些制他不住。

闵太妃看着样子不对，心内便另打主意。想着自己这个侄女，年纪和国王李熙同庚，容貌却甚是美丽，性情脾气，恰和国王李熙大不相同，确是女中的出色人才，不如把这侄女配给国王李熙，不怕国王李熙，将来不俯首听命，更不怕〔不〕难对付大院君了。当下闵太妃暗暗先定了这主意，也不和人说知，借故将这侄女唤进宫内，就留着住下，不放出宫去，慢慢的叫他留心朝政国事。一面吩咐几个心腹的人，在国王李熙面前常常提起闵太妃这个侄女，生得怎样的美丽，怎样的贤惠。国王李熙原本是好色的人，禁不得这班人的从旁怂恿，终日价在耳畔絮刮，那得不怦然心动？闵太妃又在有意无意间常使闵妃和国王李熙见面，闵妃早受了闵太妃的指导，不见国王李熙的面便罢，见了面时，便使出全身本领、万分精神，益发把个国王李熙，弄得有些意马心猿了，再也打熬不住。

有一天乘着向闵太妃说话的机会，见侍立的宫人不多，而且都是心腹，便突向闵太妃跪下，求闵太妃允许将这侄女许配自己。闵太妃正中下怀，一口的答应，国土李熙方才欢欢喜喜的站起来。闵太妃也算大功告成，然而闵太妃尚怕多搁日子，大院君李昰应又来从中作梗，事情或有变卦之虞，就急急的吩咐钦天监大臣，在最近数日内选择了一个黄道吉日，宣告国王大婚。大院君李昰应猜不透闵太妃心事，倒也没有什么话，这就是闵妃做国王李熙嫡配的大略原因。

且说闵妃和国王李熙结婚之后，慢慢的施展手段，把一个堂堂朝鲜国王李熙管得服服帖帖。国王李熙因闵妃生得美貌，心中非常的爱他，渐渐儿由爱生惧，竟至不敢违拗闵妃的话。起初闵妃还只是专擅宫闱的事，一切都由他摆布，久而久之，慢慢的干预朝政，再慢慢儿引进私人。等到闵妃生下了太子，那时已是势力澎涨，朝堂上闵妃的私人，也已有了不少。大院君李昰应这时虽然觉着有些势头不好，要想法抵制，可惜来不及了。这风声早有人传进宫去，闵妃闻知之后，觉得先下手为强，慢下手遭殃，就怂恿国王李熙亲政。这句话正是对症发药，一拳打在国王李熙心坎中。国王李熙正苦着遇事受大院君李昰应的压制，因苦自己没有势力，不敢和大院君李昰应翻脸，这番禁不得闵妃一怂恿，顿时鼓足勇气，立时听从闵妃之主意。

过了几天，闵妃将外边朝堂上一班自己引进的私人臣子都摆布好了，国王李熙登时一道旨意下来，将大院君李昰应上了一个尊奉的尊号，面上虽然优养大院君李昰应，暗中就是摘除大权，不许再预朝政。一面又是一道旨意，将闵星河平空提升了首相。这闵星河是闵妃的兄弟，闵星河升任了首相，朝政一切实权，都由大院君李昰应手中移转到闵星河身上。闵星河接着又举行清党，凡是朝中官员，不论官职大小，只要是大院君李昰应一派的，就登时免了职，把自己一派的人来填补。不上几天功夫，朝堂上便换了一番气象，成了清一色的闵派，大院君李昰应的一派人，自然一个都不见了。大院君李昰应宛如平空闻了青天霹雳，遭个措手不及，却也没法反对国王亲政，只好怏怏地下台，肚内不免添了怨望：想我这个老头儿费了许多精神力气，挣成这个地盘，如今让给小孩子受用，一口气如何肯消呢？但是政权既削，有力没处使，只得暂且忍住，等候机会再说。

这样的一年一年过去，直到前清光绪八年，大院君李昰应的机会来了。这年朝鲜大旱，赤地遍全国，田中一些收成都没有，甚至赋税也没处收，弄得官吏的俸给也发放不出，上下困窘，真是一言难尽。正在这困难时候，朝鲜的全国百姓，忽地传出一个谣言道：这是上天垂象，有意来罚朝鲜国的，因不该允许外国人进来。原来在这年五月，朝鲜正和美国签订通商条约，因为百姓少见世面，便传出这种带有迷信性的谣言来。大院君李昰应的一班党徒，自大院君李昰应失势后，树倒猢狲散，早把国王李熙恨得牙痒痒地，也钻头觅缝般寻首相闵星河的事。

这个谣言一起，大院君李昰应的一班党徒，竭力从中播弄，画蛇添足般加些言语上去，说这次的天灾，确是君相不得人，所以上天垂象示儆。这时恰巧有一个神武营督练总兵官很不识进退，在这种危迫情形之下，仍然克扣部队的军饷，一班禁卫兵全体不服，便蠢然思动。大院君李昰应的党徒闻知信息，赶着去煽惑一下，于是就在六月十七日这一天，禁卫兵登时叛变，各地的军队，闻风响应，饥民从而附和，大院君李昰应的一班党徒，却躲在背后主持。第一个口号是扫除君侧小人，第二个口号是拥护大院君李昰应复职。一时声势浩大，国王李熙急得手足无措，首相闵星河也想不出个平乱办法。闵妃在宫中得信，就叫国王李熙赶紧向中国告急，请兵求援。国王李熙依了闵妃的话，修下了告急本章，差了一个心腹的大臣，飞向中国来请援借兵。谁知这个心腹大臣刚动身，变兵饥民竟把朝鲜的京城围住。七月二十三日这一天，京城失守，变兵饥民分两路而进，变兵直扑宫门，饥民却专去杀日本人，连一座日本使馆都被饥民放火烧掉。凡是闵派的官员，更是抓着便杀。日本人有几个在混乱中逃得性命的，溜到仁川，由仁川坐渔船回国，向天皇去哭诉。大院君李昰应见烧了日本使馆，知道事情闹大，慌忙出来弹压，那里还弹压得住？气得大院君李昰应双脚乱跳，也没法可想。这一路变兵，将宫门围得水泄不通，口口声声只要闵妃出来，国王李熙吓得抖做了一团，那闵妃却就想出了一条脱身妙计来。正是：

世事如棋高一着，英豪毕竟女中多。

欲知闵妃如何脱身逃得性命，且看下回分解。

评：一个人如果缺少了断才，遇事踌躇不决，不能毅然审定是非，却也是一个人的短处。朝鲜国王李熙，就是坏在遇事疑惑不定，缺乏判断，不明是非，轻信人言，性情又异常懦弱，起先吃了大院君李昰应的苦，后来又听了闵妃之话，和大院君作对起来，你争权，我夺利，结果弄得同归于尽。所以我说看了此书，可以作一般争权夺利的大政客的当头棒。

闵太妃见大院君李昰应摄政后，专权独行，炙手可热，势力之大，罕与伦比。闵太妃看他样子不对，把她的侄女唤进宫来，使国王李熙先和她似有意似无意的厮混着，才后又施了那欲擒故纵的法子，毕竟把国王李熙给闵妃收服得服服帖帖，所以闵太妃倒不失是一个有先见之明的有心人咧。

语云：一朝权在手，便把令来行。请看闵妃怂恿着国王李熙亲自理政后，便把自己兄弟闵昰河升为首相，接着又举行清党，把大院君李昰应的私人一概免了职，成功了闵派清一色。朝堂上的气象虽换，奈大院君的一口怨气，却更加厉害了，不过势力方面，有所不逮，所以只好待时而动。

到了国家多事之秋，什么兵灾啊，水灾啊，旱灾啊，自然而然会踵接而至。朝鲜那年有了旱灾，赤地千里，收成全无，又加谣言四起，闹得举国上下，惶惶不可终日。更加无知的氓民，附会其说，上天有象，有意罚我朝鲜，于是大院君李昰应静极思动的机会来了，恰又碰着神武营督练总兵官克扣军饷，登时哗变起来，闹得京城失守，吓得国王手足无措。这起头引线的人，却又要怪着这大院君李昰应的[这]老妖孽了。变兵一烧日使馆，就牵动了日本派兵到朝鲜来的动机，我国庚子一役，和此举仿佛，结果只割地赔款，还算幸事，否则恐怕也早被各国瓜分完了，现在那里还有我们中国存立在世界上的地位啊！

第四回　桃僵李代宫女轻生　积虑处心日皇降旨

话说闵妃在变兵围住宫门忙乱时，取出一樽上品鸩毒粉，斟了一杯茶，将药粉在茶内混和了，叫过一名与自己面貌相仿佛的宫女，逼着她当面将毒茶喝了下去。可怜这个宫女，喝了这杯毒茶，不到一刻工夫，登时呜呼哀哉。闵妃才叫心腹的宫监，将宫女的尸身，从宫楼上掷将出去，一面叫道："闵妃服毒自杀了！"外面的变兵，没有认识闵妃面目的，又见这宫女穿了妃子的衣服，认做闵妃真的服毒自杀，生时因恨闵妃不过，就把尸身来出气一番，一阵乱刀，早将宫女的尸身斩成肉泥，更没有什么真假可以分别了。

闵妃自己换了起码宫女的服装，一面叫开了宫门。变兵见宫门开了，直拥进来找国王李熙，闵妃跟着一个心腹的宫监，乘乱混出宫去。国王李熙也混在人丛中逃出宫来。谁知刚出宫门，恰被变兵认出，发声呐喊，立时生擒活捉，押回宫中，在一间小屋中幽禁起来，即时去请了大院君李昰应进宫。大院君李昰应进宫之后，先去见了闵太妃，说了不是的话。闵太妃只有流泪的份儿，那里还有什么说话？变兵在外面又把首相闵星河的府第放火烧个精光，闵星河也被杀死乱兵之中。

大院君李昰应正想仍把国王李熙来做傀儡，自己重行摄政。谁知中国接到朝鲜告急本章，立时派了二个提督，火速带兵前来接应。这二个提督，一个是北洋水师提督丁汝昌，一个是北洋新军陆路提督吴长庆，共带了四千部队、四艘兵舰，飞一般和朝鲜差去的使臣赶来。赶到朝鲜，才知来迟一步，已闹得沸反盈天了。躲在民间的闵妃，闻得中国救兵到了，便投到营中来哭诉。吴、丁两提督一齐大怒，立刻升帐发令，派兵捕捉变兵。只四五天光景，早将乱事平定，杀了一百多名为首的乱徒，将国王李熙放出来复位，闵妃由吴、丁两提督亲送进宫。因首相闵星河已死，便任命闵泳翊继任首相。闵泳翊也是闵妃的兄弟，朝政的大权，仍归闵派执掌，只剩下一个大院君李昰应，空自高兴了几天，仍是弄成一个光杆。

到了八月，乱事已平定，那日本的兵方才来到。你道日本兵为何来得这样迟，其中有个原由：当时的日本，不比现在的日本，朝鲜逃归的日民，虽向他们的天皇哭诉，天皇也觉得自己百姓吃了大亏，非兴师讨韩，替百姓出气不可。无奈第一件事，是国里很穷，这一笔军饷，没处可以筹措，所以很踌躇不决。日本的百姓，闻得日本在朝鲜的使馆被烧，民气倒非常激昂，因天皇没处筹措军饷，致不能出兵，百姓便大家齐了心，有钱的出钱助饷，没钱的投身应征义勇兵，好容易拼拼凑凑，方才舒齐。天皇降旨派一个武官名叫端本佐的，带着八百名军士，率了三艘小兵舰，向朝鲜而来。及至到了朝鲜，恰是无事可做。端木佐明知来迟，给中国抢了头筹，但是一想带了这许多兵丁，难道是白白的来逛一下朝鲜么？况且这次出兵既属不易，空手回去，尤难交待。看中国的军队，虽比自己带来的多，端木佐却不放在心上；中国的吴、丁两提督，也不把端木佐放在眼里。端木佐一半儿羞，一半儿恼。恰巧大院君李昰应因中国吴、丁两提督不曾有好面目待他，便私下来和端木佐殷勤，诉说自己不是变乱人物，也曾用力平乱，因力量不够，不曾平定，中国的军队，只来凑个现成功劳。这端木佐得了大院君李昰应这句话，登时有了计较，就提出四条条件，要朝鲜国王李熙承认，倘有一条不依，就立刻开火。朝鲜国王李熙没头没脑接了这个火辣辣的要求，不知如何是好，还是闵妃有主见，叫国王李熙和中国的丁、吴两提督商量。国王李熙依了闵妃的话，请了吴长庆、丁汝昌两个提督进宫商议。原来这四条条件：第一条，此次叛乱的犯人，由朝鲜国按法治罪；第二条，朝鲜国赔偿日本使馆被焚及出兵损失费，共计洋五十万元；第三条，朝鲜国派遣使臣，到日本向日本天皇谢罪；第四条，日本在朝鲜国的公使馆，此后许驻防兵队，自行保护。

吴、丁两个提督，到底是个武官，不知道政治的大势，见了这四条条件，以为是没甚紧要的，反劝朝鲜国王李熙道："多一事不如少一事，好在日本人的条件不甚利害，就依了他罢，省得重起干戈。"国王李熙一想这句话不错，便在条约上签字承诺。这就是《济物浦条约》。条约签好之后，端木佐便带着原来的八百名兵丁、三艘小兵舰，唱着凯旋歌回国，朝鲜国王李熙派了首相闵泳翊跟着同去，向日本天皇谢罪。

吴、丁两提督在朝鲜宫中出来，忽然想着这日本人提出来的条约，不要又是大院君李昰应在那里弄鬼。回到营中，差人去打探时，果然探得大院君李昰应常常在端木佐那边走动，这越发无疑是他弄鬼了。吴长庆顿时咆哮大怒道："这个老不死的老贼，上次不曾难为了他，放了他的便宜，这次须给些利害给他瞧。"依着吴长庆的性子，立刻就要掌号齐队，把大院君李昰应活活抓来。反是丁汝昌劝住了，说大院君李昰应是朝鲜摄过政事的摄政王，又是朝鲜国王李熙的生身亲父，若齐了大队去把他抓来，恐朝鲜的百姓不服，那时反而不美。吴长庆仔细一想，丁提督的话不错，才休了齐队抓人的念头。丁汝昌又想出一个主意，由吴长庆、丁汝昌二人出面，送了一个请帖给大院君李昰应。这时正是中秋前后，借庆赏中秋为名，邀大院君李昰应到营中赴宴。

大院君李昰应接了这个请帖，一来不疑有他，二来不敢不去。吴长庆早派了一名随营听调副将，备好本章，丁汝昌调了一艘兵舰，升火相候。大院君李昰应到了，吴长庆就一声令下，也不由分说，登时由这副将带了五十名兵士押着大院君李昰应来到兵舰上，立时开驶，竟把大院君李昰应送到中国来了。

再说日本欲谋夺朝鲜，积虑处心，暗地里早已着手经营，无奈朝鲜人没有眼光，竟看不出来。就在这《济物浦条约》之前，那时日本正是将军掌权时代，遇到与朝鲜交涉，将军府的幕府总是委了一个名叫马守宗的去办。日本明治天皇登位，这年是中国前清同治七年，朝鲜大院君李昰应摄政的第四年，在这一年上，日本对朝鲜已改变政见方针了。有一天明治天皇特在便殿召见马守宗，垂询对朝鲜交涉的计策。马守宗因常办朝鲜交涉，朝鲜人的性情，他早摸熟，这回明治天皇召见垂询，自然据实奏上。君臣二人在便殿议论了许多时候方才议毕。次日一道御旨降下，派马守宗任专使，前往朝鲜，劝朝鲜国王维新。接着又有一道密旨，只要朝鲜国王肯依从日本明治天皇的话，实行维新，便算大事成功，朝鲜和别国的关系，千万不要去过问。马守宗心内自然明白，当下领了日本天皇的玺书，径往朝鲜而来。到了朝鲜，这时因大院君李昰应摄政，马守宗先去谒见。大院君李昰应素来主张拒绝外国人到朝鲜来的，维新的第一条，就是订通商条约，是大院君李昰应最不赞成的事，所以如何肯依呢？马守宗却另有手腕，渐渐的花言巧语，说得大院君李昰应心思活动了，又答应倘然朝鲜维新之后，和日本订成了通商条约，日本另外再有好处给他。大院君李昰应吃了马守宗这一服药，方一口答应，替他把日本玺书进呈上去。马守宗以为大事稳稳成功，谁知日本国玺书呈递上去时，却在玺书上出了一桩毛病，弄得马守宗前功尽弃，仍然空着一双手回日本去。原来日本因讨好朝鲜国王起见，凡是玺书上写朝鲜国王的地方，都改写朝鲜皇帝。谁知这一下马屁，偏拍在马脚上，朝鲜的几位大臣都很不以为然，便说日本国的玺书有意挑拨朝鲜与中国不和，朝鲜向来臣服中国的，那能可以僭称皇帝？这事倘被中国的大清同治皇帝知道，岂不要大大的见怪。这议论居然很有力量，日本专使马守宗只得如入宝山空手而回，垂头丧气的回去，朝见明治天皇复旨称罪。正是：

派使遣臣商条约，称皇道帝露马脚。

欲知明治天皇是否见怪专使马守宗，且阅下回分解。

评：变兵围城，闵妃用了李代桃僵之计，叫一个面貌和自己相仿佛的宫女代饮毒茶不算外，还要从宫楼上掷出去给变兵斩成肉泥。可怜那无辜的宫女，请问：死得是否值得？

日本何以能成为强国，他们就是能上下一心，戮力对外，百姓们均富爱国之心，有钱的出钱，有力的出力，民众的团结精神异常坚固，所以奋斗了数十年，竟一跃而为世界上的一等强国，回顾我们中国怎样，对之真要自己愧死咧。

日本国提出的四条条件，吴长庆和丁汝昌因不知政治的大势，所以力劝朝鲜国王李熙多一事不如少一事，贸然依允，省得再起干戈，重见兵祸。不知吴、丁两人是否也很怕死，借庆赏中秋为名，把李昰应骗到船上，马上押送到中国来，吴、丁两人用这种手段对人，似乎很不冠冕堂皇。

第五回　草梁馆借词频拒使　江华湾忽兴问罪师

却说明治天皇一些都不怪马守宗，次年又派了一个专使，是外务省署理大录官佐田伯茅，仍到朝鲜来请国王维新，订通商条约。佐田伯茅到了朝鲜，住在专待外宾的草梁馆中，费了一个多月的时光，又费了许多气力，依旧济不得什么事。虽然这次的玺书不曾再写朝鲜皇帝，然而终因为上次写了朝鲜皇帝的根，免不了朝鲜人的疑心，佐田伯茅做了第二个马守宗，也是空手回国。佐田伯茅的为人却有火气，回国之后，一肚皮气没处发，于是逢人便说朝鲜国王待慢使臣，太无礼貌。这么的好好和他说，是没有用的，除了用兵要盟之外，再无别法呢。无奈明治天皇肚内自己早有主意，不肯轻信别人的话改变。又过了几时，仍旧再派使臣到朝鲜，然而派到朝鲜的使臣，都是学了马守宗和佐田伯茅二人的样，没有结果回来。自前清同治七年到十二年，在这六年之中，日本派到朝鲜上维新书的使臣，总共不下三十余人，朝鲜那座专待外宾的草梁馆，几乎做了日本使臣的外室。末了朝鲜人见日本使臣越来越勤，觉着有些讨厌，索性不去理会了。后来的几个日本使臣，讨了没趣回去，益发在国内嚷得利害，要明治天皇立时出兵。几个政客为了此事，也分做二派：一派是主张马上用兵，这一派是西乡隆盛和副岛种臣二人为首领；一派是主张俟有机会再行出兵，这一派是大久保利〖通〗和大限重信二人为首领。这朝鲜问题那时在日本国内，确是闹得乌烟瘴气，不可收拾，只是明治天皇不肯听两派的话，独自屹立不动。

又过了二年，是前清光绪元年，不知如何，大限重信和大久保利通二人，居然说动了明治天皇的心。于是便要找出兵的机会，由明治天皇下了一道密旨，着海军省派了一只不大不小的兵舰，从日本海向西驶去，驶近朝鲜海岸相近，细细地一五一十测量海道。兵舰未曾开出之前，日本海军省故意透个消息出去，让朝鲜知道。朝鲜国王不知就里，忽地听得日本派了兵舰出来，认做日本有意来威吓的，想我们也会显些威给日本看，免得被日本看得一文不值。登时朝鲜国王李熙也降了一道旨下来，吩咐沿海各守臣留心日本兵舰行踪，倘然有日本兵舰发见，须立刻撵出去。沿海各守臣接着了旨意，自然是钦此钦遵。那只日本兵舰一路测量过来，这天驶到江华湾口的永宗岛。永宗岛上，原有一座永宗炮台。永宗炮台的台长，自接了朝鲜国王李熙的御旨，早吩咐守值的台兵，留心海口外的日本兵舰。

这日守值的台兵，瞧见海口外忽有一艘兵舰驶来，忙用望远镜仔细看时，舰尾后挂着白地红日的日本国旗，这不是日本兵舰是什么？守值兵士好似得了宝贝，忙去报与台长知道。台长得报，也是欢喜得如同天上掉下明珠来一般，急急的登台瞭望，亲自用望远镜看过，确是日本兵舰不错。台长马上传令，吩咐将台上正中一座镇台过山大炮卸去炮衣，旋转炮口，向日本兵舰瞄准了。

叵耐这艘日本兵舰，好似预知永宗炮台要开炮的一般，舰身只是左右游移不定，炮手费了九牛二虎之力，好容易总算瞄准了准头。一面台上就升起红旗，一面就开炮，轰天价的一声响，但见远远一股浓烟在海面上往上直冒，一片海心波涛也轩然而起。炮台上的台兵，只道这一炮定把那艘日本兵舰打沉了，大家都十分欢喜。那知等到烟消波平时，再仔细一看，不料这艘日本兵舰仍是好好的在那儿，那一炮只打坏了日本兵舰上的一只小舢舨。炮台上的兵士，见了未免有些奇怪，这个开炮的炮手暗想，我准头瞄得很准，怎样会打不沉这日本的兵舰呢？台长正要传命，再放第二炮，说时迟那时快，只见日本兵舰的前桅顶上，高高的扬起一面红旗，炮台上台兵看得清楚，大家齐嚷道："日本兵舰也要开炮打我们了。"台长忙着传令开第二炮，炮手来不迭的重行瞄准了准头，正在大家手忙脚乱时，忽然海面上一道亮光，雪亮的照射过来，永宗炮台上的台长和台兵，大家都没看见过大世面，猛然间吃[让]这一道亮光照得面面相觑。就在这班人目瞪口呆时，随着就轰然一声，宛如青天里起个霹雳，在轰声未绝声里，炮台上早已瓦飞石走，炮垒陷落了一大方。台兵只恨爹娘少生着两只脚，赶紧向后转身就跑，台长走得慢了一步，便被飞起来的瓦石在额角上着了一下，不曾磕破头皮，还算大幸。接着日本兵舰又开了二三炮，轰得炮台和营房变成一片烟雾。炮台上那尊过山大炮，没有人大胆再敢上去还击日本兵舰一炮。日本兵舰开过炮之后，见炮台上不曾开炮还击，便长鸣了几声汽笛，就一路驶过去了。炮台上的台兵，好容易渐渐再聚集拢来，一看海口外没有了日本兵舰的踪迹，那台长方始放心，重新掌起集队军号，把台兵集齐了，点一点名，幸喜不曾伤得一人。台长一面修缮好被日本兵舰开炮打坏的炮垒营房，一面修起一角紧急报捷文书，倒填了日期，先用二百里加紧，飞报警信进京，然后再跟着报告开炮击走日本兵舰，最后又报告日本兵舰开炮还击，炮台略有损失，请求拨款修理炮垒营房，末后又保举了几个开炮有功的员弁。

朝里连接了永宗岛永宗炮台台长这三封表章。这时朝中既是闵派主政，闵星河好生欢喜，自然转奏国王李熙。国王李熙心上也觉高兴，当下即降谕旨，将永宗岛永宗炮台的台长夸奖一番，一面准他所奏，拨款修理炮垒营房，又格外的添了赏银，犒劳出力的台兵，开炮有功的员弁也依奏升格。这件事闹得朝鲜全国皆知，都觉着是武功赫耀，大将威风哩。

且说日本兵舰在永宗岛开炮和永宗炮台打过之后，舰长早有海军省大臣面授的机宜，当下也不再测量，马上驶回日本。舰长即向海军省递了紧急报告，海军省大臣接着这个报告，怎敢怠慢，立刻进宫面奏明治天皇。不一时宫里传出御旨，传外务省大臣、陆军中将黑田清隆、议官井上馨三人立时进宫，面见明治天皇。这三个大臣接着这道旨下，不知为的何事，怀着鬼胎，先后赶进宫去，直等到半夜里，才一齐出宫。次日，明治天皇御殿上也不和首相商议，便降旨下来着海军省派遣兵舰六艘，着陆军中将黑田清隆为全权大臣，着议官井上馨为全权副大臣，前往朝鲜，诘问永宗炮台无故开炮，轰击日本兵舰，轻侮日本的罪，并将昨夜在宫中拟定的条件带去，务要胁逼朝鲜一一依从。黑田清隆和井上馨受命下来，海军省的六艘兵舰早已升火待发，只候二个专使一到，马上开船，直向永宗岛而来。到了永宗岛，就在岛内江华湾中抛锚下碇。这位永宗岛永宗炮台台长，上次吃了一艘日本兵舰一道电光的苦头，这次见日本兵舰竟来了六艘，吓得魂灵出窍，急切间没得办法，更不敢再行先行开炮。谁知日本兵舰在江华湾下碇之后，更不和永宗炮台台长说话，单用全权大臣出面的照会送到炮台中，着他转到朝里去。永宗炮台台长接着全权大臣的照会，宛如接着了阎王的请帖，暗想这次我完了，又不能不转呈，赶紧加急五百里，飞一般送入朝中。这照会一到，急得朝鲜国的君臣，一齐慌了手脚。正是：

虽想无事闭门坐，竟会祸从天上来。

欲知朝鲜国怎样对付日本，且看下回分解。

评：朝鲜乃中国之属国，所以没有称皇帝之资格，日人偏欲恭维他，在玺书上称为朝鲜皇帝，马屁拍在马脚上，给朝鲜的几位大臣几句话，就把专使马守宗哄走了，可是日人的心终归未死，到后来三翻四复，仍给他达到目的，可见日人的处心积虑及大无畏之精神，实在令人叹服。

假测量而寻衅，永宗炮台的台长，竟会堕入他们的鬼计，忙自开起大炮来，可又打不着日舰，及日舰回击过来，便把营房炮垒，轰得瓦飞石走。可笑那不知羞耻的台长，还敢倒填了日期，飞奏国王，谎报把日舰击走，并保举了很多开炮有功的员弁。碰着那国王李熙，也会糊里糊涂的不加调查，信以为真，准他所请，马上拨款修理营房炮垒，犒赏出力台兵。闹得全国人民，面上似乎都很光荣，谁知此事给永宗炮台的台长一谎报，朝鲜国的大祸已经临头了。

日本兵舰开炮还击了几下，便长鸣了几声汽笛而驶得无影无踪，要知这种计划，早已由海军省的军机大臣面授过机宜，所以他们能够按步就班，从容不逼的进行着。可见日人之谋人诡计，均有精密的步骤，使人捉摸不定，容容易易中了他们的奸计，自己还不知不觉。

日舰二次驶入江华湾，大兴问罪之师，永宗炮台的台长接着了全权大臣的照会，当时的窘态，虽请了几十个名画师，恐怕都描摹不出他的形态于万一罢。

第六回　闵星河舰上订条约　开化党暗中启争端

话说朝鲜自从永宗岛永宗炮台击走日本兵舰之后，只认做并无下文了。谁知这日首相闵星河陡的接了永宗炮台台长转来的照会，才知这次之事，闯下了大祸，慌忙袖了这封照会，进宫求见。好在他是闵妃的兄弟，宫中出入惯的，较别的大臣便利不少。朝鲜国王李熙正在宫里，和闵妃寻快乐，却不道来了这封大煞风景的照会，把朝鲜国王李熙的一天快乐，化作了一天忧愁。闵妃虽属能干，急切间也没有主意，三人竟半晌都说不出话来。后来仍由闵妃先开口道："这时日本只来了一封照会，要我们答复，江华湾中虽有六艘日本兵舰在着，想来不会马上就开炮的。这时候我们三个人，急也急不出主意，且等明日早朝与朝中众大臣商议了再说。"国王李熙一想，也只有依闵妃的话。闵星河将这封照会留在宫中，自己退了出去。

这夜国王李熙也不曾好好儿入睡，在枕边只求闵妃替他划策。闵妃道："这没有多说话的，一件是日本打过来的照会上所提的条约，只要一一依从了，日本自然会卷旗退兵；一件是不依日本打过来的照会上所提的条件，和日本开一次战，且等打了胜负出来再说。我国打胜了日本，自然万事全休；若是我国竟被日本打败了，那时再依从照会上所提的条约，但是比不和日本开仗，就依从照会上所提的条约强硬得许多了。"国王李熙听了，一时心上也决不下如何是好，闵妃道："那么看明天早朝朝中众大臣是怎样的主意。"

国王李熙挨到天明，忙忙的坐出朝来，登时开了一个御前会议。凡是有资格够在国王面前说话的大臣都参与会议，自然各人有各人的主见。闵星河昨日在宫中见闵妃仍旧决不定主意，今日御前会议，虽是他的职位最尊，但是不敢说一句话。议了半天，仍议不出头绪。国王李熙见了这个模样，只有叹气的份儿。闵星河自己不敢说话，闵派的一班人，便主张不必轻易用兵，成了主和一派。大院君李昰应这时虽不执掌政柄，然而遇到这种天大的祸事，名义上不得不请教他，所以这个御前会议也请他加入。一听大家都是主和，大院君李昰应素来坚守排外主义的，便一力的主张开战，和日本打一次仗再说。上次永宗岛永宗炮台的大炮能够打走日本兵舰，这次岂有打不走的道理？闵星河听了，只是皱眉头。议到后来，大院君李昰应的主战，几乎可以打倒闵派的主和。无奈却是没有人敢领头向日本开战，于是大院君李昰应的主战宣告失败。一场御前会议，也不曾议出结果来，就草草的散了。

不想第二日日本全权大臣的照会，又有一封来了。国王李熙上朝时再开御前会议，不料仍是议不出结果，回宫叫闵妃决主意。闵妃因御前会议不能议出结果，便劝国王李熙主和。国王李熙依了闵妃的话。次日早朝，正要开口说话，谁知首相闵星河又把日本全权大臣的照会呈了上来。接着大院君李昰应也到朝，还是一力主张开战，把国王李熙逼得开不出口。又过了一日，到了第四日，除了日本全权大臣又是一封照会之外，又多了一道永宗岛永宗炮台台长的告急文章，说日本水兵已经登岸了。国王李熙见时机已经危急，就硬硬头皮，批了“主和”两字。大院君李昰应得着信息，料想争也无益，只索罢了，背后却说国王李熙太不中用，经日本人这样一吓就吓出尿来。

那日本全权大臣黑田清隆和副大臣井上馨知道国王李熙肯主和，自然说不尽的欢喜。朝鲜国派了首相闵星河为和议大臣，到江华湾日本兵舰上，与日本二全权大臣来议和。日本这次提出十二款条件，第一条便是朝鲜为自主之邦，与日本有平等之权。闵星河虽是首相，却不知这一条的利害所在，反认做是日本尊重朝鲜。条约签定之后，六艘日本兵舰、二个日本全权大臣，就一齐回国。这年正是前清光绪二年，是朝鲜和别国自订条约的第一张条约，叫做《江华湾条约》。日本在同治七年至光绪二年，费了九年的心力，才到手这张《江华湾条约》。那时候国际法是怎样，“自主平等”四个字的意义在国际法上是怎样解释，不但朝鲜国上下君臣人等不曾知道，就是中国清廷当权的大员，也不知道到底是怎样的释义。朝鲜自日本退兵之后，都说日本算了糊涂账，风雷火炮般兴师前来，只订了一张白纸黑字的条约便卷旗自退，岂不是糊涂透顶吗？

那时中国正闹荒年，自己料理内政已甚觉困难，却无暇来顾问朝鲜的事。日本兵舰到江华湾胁逼订约，清廷的军机大臣，虽然也有报告接着，但是都认做不是件大事，糊里糊涂的一搁，就搁过一边。后来《江华湾条约》订成，日本退兵，几个军机大臣闻得《江华湾条约》内容，不外是开商港、辟租界、设立日本官等的几条，又是中国常常和别国订惯的，不足为奇。再说《江华湾条约》第一条，朝鲜为自主之邦，与日本有平等之权。这一条清廷的几个军机大臣，更有一番妙论，说朝鲜是中国的属国，日本自愿和他讲平等，这是尊重朝鲜，也就是尊重中国，从此之后，日本也自居为中国的属国了。然而那里想得到将来朝鲜半岛翻起掀天波浪，演出惨恶风云，朝鲜竟致亡国，都是这张《江华湾条约》伏下的种子呢！

且说《江华湾条约》订成之后，日本自然依照条约行事，派遣一个使臣驻在朝鲜。第二年为了一件教士的案件，朝鲜和法国起了交涉，日本驻在朝鲜的领事就从中调停，少不得订了一张《法韩条约》。约文中有“大清上国”字样，日本却出来不依。那时中国忽然也出来和朝鲜说话，与日本辩论，说朝鲜是中国的属国，一面又说朝鲜是自主之国，日本接着了这奇妙文章，也就含糊按下，然而留了一个笑柄。

过了几年，美国、德国、英国先后都和朝鲜订了条约，这几张条约，是中国驻在朝鲜的使臣马建忠、丁汝昌等会同各国使臣在朝鲜签订的。条约的内容，和日本派兵要挟的自是不同，日本就疑心生暗鬼，心中有些大不舒服，恰巧撞着大院君李昰应的党徒扰乱，日本得了机会，勉强出了一次兵，又订了一张《济物浦条约》，就是上回书中所说的。

单说《济物浦条约》订成之后，日本人到朝鲜的便一天多一天。到朝鲜来的目的，都是调查物品，考察社会，暗地里准备他日殖民办法。朝鲜那里猜得透，只道日本人跑到朝鲜来玩玩而已。这时朝鲜人也有到日本去的，到日本去的目的，是寻快乐，所以到日本去的朝鲜人，都是那般达官贵人，只见日本街道清洁，住在那里时，官员招待周到，下女服伺殷勤，真是有生以来不曾享过的福，心上着实有些羡慕。回转朝鲜时，逢人便说在日本如何舒服，尤其是下女服伺殷勤一语，很能打入年轻的心坎中去。日本招待朝鲜人，又是因人而施手段，年轻的朝鲜人一到日本去时，先把"嫖玩"两字去引诱。因此年轻的朝鲜人一到日本之后，就觉着日本如天堂般好，朝鲜如地狱般苦，后来凡是曾在日本留过学的朝鲜人，年轻的居然成了一种党派，专门依着日本政治，要改革朝鲜。这班留学生抱了这个主见，回国来时，自然与朝里的一班贵族老臣意见大不相同，这一种党派叫"日本党"，又叫"开化党"。那党中有几个有名人物，后书中多少与他〚们〛有些关系，如今先把这几个人名提一提，如徐光范、徐载弼、朴泳存、朴泳教[孝]、金玉均、洪英植等。还有一班人，因这开化党要改革朝鲜，特地也结个党来反对，这党叫"中国党"，又叫"守旧党"，这个党的主见，一看他党名的标题就可以明白，不必细细的再说了。闵台镐、赵宁夏这二个人，却是守旧党的重要人物。

开化党与守旧党主见既不相同，争斗自然甚烈。但是两党的势力，因这时中国在朝鲜还有势力，清廷派在朝鲜的使臣，专一治军事的有提督吴长庆，总理交涉通商事宜的有同知袁世凯，外交顾问有德人马灵脱夫，办理海关的有英人马兰杜，差不多朝鲜全国重要政权，都在中国几个使臣手里。朝鲜官员凡是热心功名的，个个都来附和，中国党的人物，自然也在其内，有了这座靠山，开化党自然势力不敌中国党。

光绪十年，中国在马江打了一次败仗，"开化党"便有些瞧中国不起。就在这年的秋季，日本驻朝鲜公使竹天[添]进一郎，忽然回国去了一次，约摸过了一个月光景，才重返朝鲜。过了几天，竹添进一郎专诚去谒见朝鲜首相闵泳翊，说日本为顾念朝鲜邦交起见，知道朝鲜现在正在改革行政，需费浩紧，因此日本明治天皇情愿把《济物浦条约》内所订的赔款，退还四十万，请首相转告国王。闵泳翊也不知日本葫芦里卖什么药，只因朝鲜正在没钱的时候，平空有这四十万元进来，倒是出于意料之外。等竹添进一郎前脚出门，闵泳翊后脚就进宫，奏闻国王李熙。有钱进门，国王李熙也没有不要之理。闵妃虽料知日本这笔钱送来，必有另外用意，但是一时猜不透，也是枉然。不上十日，果然由竹添进一郎将四十万元送过来。这么一来，开化党和中国党越发暗斗得起劲了。正是：

主见纷歧丧利权，无耻党人如水乳。

欲知两党暗斗到怎样的地步，且阅下回分解。

评：日本只来了一封照会，非但把永宗炮台的台长吓得面无人色，连国王李熙正和闵妃在宫中寻快乐的兴致，也化作一天忧愁，于此可见国王李熙的生性懦弱，只知声色，不知国事。综观历史上的亡国君王，差不多都难逃此例，所以我说朝鲜之亡，一半虽亡于老妖孽大院君李昰应身上，一半也亡于昏王李熙之手。

再观历史上所有妃后弄权之朝，如商纣王之与妲己，周幽王之与褒姒，唐明皇之与杨贵妃等，非但妃后之性命，即连君王之性命，差不多也都同归于尽。近一些的，如清朝出了一个慈禧太后，极尽奢侈之能事，把练海军、造军舰的国帑，拿来大造其颐和园，庚子年八国联军攻我北京，满清一朝即受根本摇动之影响。所以满清之亡，说是亡于西太后之手，亦何不可。朝鲜国王自纳了闵妃，也事事由她参政，结果弄成了闵党清一色，但是前后也都没有好结果，可见妃后参政的危险，较之奸臣弄权，其害尤烈。

国内有了党派，于是你争权，我夺利，你要望东，我要走西，政见一不合，国内就此多事矣。

日本费了九年的心血，方才和朝鲜订了一张《江华湾条约》，便卷旗息鼓而去，不知他们诡计的，必误为是日本算了糊涂账走了，谁知好戏文还有很多在后面咧。

留学生到日本去，先研究身心娱乐，不知其他，这是留学生中之败类，大家应该鸣鼓而攻之。

第七回　刺闵相客兵哗宫外　轰地雷党人走海滨

这时正值朝鲜试办邮政，新邮政局就在这年秋季落成。因是第一次，那开局典礼，便异常郑重，各国驻在朝鲜的使臣，都有请柬，请他们参预落成典礼。到了开局这一天，朝鲜满朝文武显贵，自然个个都到，各国驻在朝鲜的使臣，也都到齐。单单一个日本驻在朝鲜的公使竹添进一郎，不曾前来，据说是患病不能出外。当时大家都不关心，以为没甚紧要的。行过开局礼后，因备有酒宴，大家便让座入席。酒至半酣，忽从外面喘吁吁的跑进一个人来，直走到首相闵泳翊身旁，在耳边不知说些什么话。闵泳翊突然变了颜色，呆了半晌，方悄悄的向那人说了两句话，那人面有难色。座上许多人见了这副光景，都觉有些奇怪，却又不便动问。只见闵泳翊似乎不得已的样儿，匆匆立起身离席，也不向座上宾客告辞一声，跟着那人出外去了。座上许多人见了益发诧异。不到十分钟，猛听得局外一片喧哗声，宛如海啸一般，局内这班宾客，大家都吃了一惊，争着到窗前观看究竟。只见离局不远，约摸一箭路不上，火焰熊熊，红光直起。局前局后，不知那里来的人，聚集了许许多多，万头攒动，纷扰非常。局内这班宾主，见了这个情形，知道事有奇变，都没有心思吃酒，各自找着了带来的护卫，争先逃了出去。英国公使由几个使馆卫队保卫着，从人丛中逃了出来。走不上多路，却看见首相闵泳翊被十几个人围住，用刀乱刺，身上鲜血直流。那动手的几个人，都有些像留学日本的朝鲜武备学生。英国公使逃命要紧，又因自己卫队不多，料想是救不得的，就一直走了。

这事一经传出，好似大炮点着了药线。中国驻在朝鲜的使臣袁世凯、吴兆有、张光第等三人，这天也在邮政新局参预开局典礼，当下也急急逃去，知道内中定有特别原因。袁世凯刚逃回自己营内，便接着英国公使送来的信，说在路上看见首相闵泳翊被人杀死。袁世凯知事情闹大了，赶忙下令，命军士准备一切，候令出发，一面即行派人出去探访。单说日本驻朝鲜公使竹添进一郎，这天虽推说有病，不曾出去，其实正在暗地里调兵遣将，安排一切。火头一起，开化党的朴泳孝、洪英植二人，立刻飞奔入宫，闯到里面，寻见了国王李熙，便哭着说大清兵在外作乱，放火抢掠，首相闵泳翊已被杀死，宫门外乱兵声势浩大。国王李熙一听，吓得呆了，闵妃急切中也乱了主意。朴泳孝又哭告道："现在情势危急万分，除了请日本公使带兵进宫卫护外，实无办法了。"国王李熙和闵妃一提"日使"二字，心中终觉有些不安，不肯随便答应。闵妃定了一定神道："还是先将袁世凯请来，求他出去弹压。"朴泳孝、洪英植知道此事若非强逼，万难成功。洪英植接口道："大清兵变了，他们的官长如何弹压得住？而且首相闵泳翊已被杀死，这仇更是不能不报的。"朴泳孝不由国王李熙再行分说，立逼着草了"日使入卫"四字，印了一颗小玺。由洪英植持了这张国王李熙亲笔的条子，飞一般前往日本使馆。日本公使竹添进一郎得着这个证据，立刻将预备好的一中队兵士，吩咐马上随本人进宫。不到一时，已到宫内。中国党方面，也有得着消息的人，闵台镐、赵宁夏、李渊、尹泰骏四人，先后赶进来。谁知已经来迟一步，宫门口早布满了日本兵士，除了开化党党人之外，谁也不许入内。闵台镐第一个到，仗着闵妃是他的妹妹，硬要进宫，恰巧金玉均在宫门里面望见，对宫门口日本兵士说了几句话，日本兵士就朝闵台镐砰砰开了二枪，一枪打在胸前，一枪打在头上，闵台镐登时一命呜呼。赵宁夏、李渊二人随后也到，看见闵台镐横尸宫门之外，血流满地，好不惨烈。赵宁夏、李渊一齐大怒，拼着性命不要，齐来抢日本兵士的枪。日本兵士老实不客气，一枪一个，将二人也结果了性命。尹泰骏到得最退，见势头不好，想转身回去，正撞着朴泳孝，朴泳孝就从怀中摸出手枪，迎头一枪，尹泰骏躲避不及，一枪打个正着，便跟着闵台镐、赵宁夏、李渊三人一路去了。

这时宫门内的兵权政柄，尽被开化党党人自行夺取。日本公使竹天进一郎入宫之后，且不和国王李熙见面，先与一般开化党的党人开了会议。带兵入卫的日本公使竹天进一郎，反做了会议的主席。金玉均提议道："这次我们一不做二不休，务须将中国党连底推翻。只是中国党所恃的，就是中国军队，要制伏中国军队，必须有国王李熙的御旨，然后方能动手。目前最紧要的事，应先把国土李熙安顿起来再说别的。"朴泳孝道："中国军队不过人多些，其实兵士的能力，也没有什么大不了。"日本公使竹添进一郎道："我们使馆中的卫队，虽然只有三百人，却都是一可当十，枪械子弹，粮食用品，也可支持三个月。事情倘然紧急，我可以调卫队来相助。"金玉均道："如今宫里只管安置防卫，国王李熙的行动，也总须格外留心，免得坏我们的事。"日本公使竹添进一郎道："你们倘能设法将国王李熙送到仁川，我便有法送他到日本去。"金玉均对左右看了一看，吩咐尽行退了出去。室内只有他们几个开化党重要人物和一个日本公使竹添进一郎，在那里秘密会议。等到秘密会议散了，日本公使竹添进一郎，即将使馆卫队，尽数调入宫来。不多一时，朝鲜宫门前后，除了日本兵士之外，还有开化党的军队，一一都设防置伏，又在宫门口出入要道上埋设了地雷。

朴泳孝、洪英植二人，领了一班朝鲜留日武备学生，拥到景福宫来。国王李熙见来势汹涌，又是老大吃了一惊，眼中眼泪直流。闵妃看势头不好，避到后宫去了。洪英植挺身向前开口道："外面大清兵实在闹得不成样了，国王在宫，恐有不便，还是出去躲上一躲。臣已预备了许多日本兵，不愁没人保护，不愁走不出去，请国王速速更衣。"国王李熙自幼儿安富尊荣，征歌逐舞，过惯安乐快活日子，哪里见过这种威吓，哪里曾经过这种委屈，索性掩面大哭起来。朴泳教见这般光景，深恐延迟误事，反而着急道："事情已是紧急到这种田地，国王须自己有个决断，学这种儿女的哭哭啼啼样儿，又济何事。”洪英植也恐多延时光，清兵到来，那时要费手脚，便连连顿足道：“事情不是啼哭可以了的，也不是空口白话可以办的，你们侧着耳朵听听，外面已经动手开火了。”国王李熙听了这句话，一面哭一面留心细听，果然隐隐有枪炮之声，约摸是在敦化门外，遂弄得越发没有主意。金玉均知道这事不强做不成，便吩咐跟来的人将带来的白色衣服取出来，拿到国王李熙面前道：“愿王恕臣无状，现在外面枪炮之声已渐渐逼近宫门，宫内是万万再留不得了，再延迟时，恐怕走都走不出了。这件衣服，吾王速速穿了起来，暂避他人的耳目，臣等自有万全之策。”国王李熙听了这话，心里格外悲伤，知道不能不依。这时恰巧太子从外面哭着跑进来，国王李熙一把拉住了，索性抱着又大哭起来。这时宫门外枪炮之声又近了许多，越发听得清楚。开化党人明知清兵已到，心内也格外着急，于是不由国王李熙分说，强逼着换了这套白色衣服，大家一窝蜂簇拥着，便要逼驾出宫。国王李熙一手拉着太子，只顾哭着，那里肯走。

闵妃躲在后宫，闻知这个消息，要想出来阻挡，却苦没有帮手，孤伶伶的一个女人，料想也阻挡不住。于是急中生智，急出一条计来，忙吩咐一个心腹宫监，赶快换了服色，混在开化党人队中，看他们把国王送到什么地方去。这宫监领了闵妃的命，急急的去依计行事。外面朴泳孝、洪英植、金玉均等一班人，簇拥着国王李熙正要出宫，宫门已给中国军队攻破，清兵如潮水般涌进宫来。朴泳孝、洪英植、金玉均见事情逼紧，吩咐手下人小心守住了国王李熙，自己忙忙的冲了出来，指挥日兵和清兵作战。清兵出了全队，一齐有四千多人，提督吴长庆亲自一马当先，统率部队。宫内的日兵，只有三百余人，那里抵挡得住。宫门攻破之后，提督吴长庆立马宫门口，指挥部卒闯将进去，日兵和开化党人兀自抵死不退，弹飞石走，屋震瓦鸣，喊呐之声，远近皆闻。日兵和开化党人如何敌得住？清兵逼将过来，杀到院山坡下，把景福宫围得铁桶相似。猛然间一声怪响，宛如半天里起了一个霹雳，又如天崩地陷一般，霎时浓烟密布，清兵却轰死了不少。就在这浓烟里，闯出一大队人马，直杀出宫门去了。提督吴长庆在宫门外听得这一声响得厉害，知道里面有地雷爆发，又怕外面也有埋着，传令暂且后退。这一大队日兵和开化党人，乘着这个时机，就拼命的闯过去。提督吴长庆还想追上拦住，却被袁世凯劝住道：“穷寇莫追，我们且寻朝鲜国王的下落要紧。”正是：

今番斩草不除根，明年春时必再发。

欲知朝鲜国王李熙的下落如何，且看下回分解。

评：要人装病，也可以说是我国现时代的一种时髦风气，凡事有什么办不了了，或是带着一些神秘的色彩在内，那么一装了病，非但可以延缓空气，而且还能趁此机会在暗中活动一切。本回书中说日本驻朝鲜的公使竹添进一郎，偏在新邮政局举行落成典礼那天，忽然装起病来，不和其他各国公使一同前来参预，当时大家还不知他已在暗中准备了一切，调兵遣将，指使了留学日本的朝鲜武备学生，却把首相闵泳翊用乱刀刺死在血泊之中了。可见日人的诡谋，他们在事前没有一件，不先准备好了，方才按着步骤做的，竹添进一郎的装病，也就是一个例。

语云"物必自腐而后虫生之，人必自侮而后人伐之"，可说旨哉斯言。朝鲜国内，因为分了二个党派，一是日本党，一是中国党，大家你争我夺，纠纷不已，日人就借此以利用，结果中国党的重要人物闵台镐、赵宁夏、李渊、尹泰骏四人，就牺牲了性命。

我们观平剧观到那出逍遥津曹操逼宫，眼见汉献帝给曹操和华歆二人逼得走投无路的时候，我们在台下看戏的观众，谁不把那戏台上的人物恨得牙痒痒地，最好跳到台上去，把那假曹操、假华歆一刀一个，方出我们胸中之恨。现在我们观到这回书中，眼见那开化党党人金玉均，逼着叫朝鲜国王李熙穿着那带来的白色衣服，逼他出宫，接着那太子，又从外面哭着进来，国王李熙，一把拉住了，抱着痛哭的情形。请问此情化景，与平剧中的逍遥津，有什么两样？我看到这里，险乎流下泪来。唉，真是亡国之君的不幸啊。

第八回　大院君登朝摄国政　各公使联袂谒韩王

话说袁世凯从新邮政局出了变故，接着英国公使的信，知道朝鲜首相闵泳翊被杀，袁世凯料知定是开化党人和日本人串通一气闹的把戏。后来果然不出所料，差去探听的人回来报道："日公使进宫之后，将使馆卫队尽行调到宫中，现在宫门口都是日本兵把守，除了开化党党人之外，谁也不许进出。闵台镐、赵宁夏、李渊、尹泰骏，都被日兵在宫门外杀死，尸身也没人去收。"袁世凯听了大怒，提督吴长庆跳将起来道："日本公使馆只有三百名卫队，济得什么事？我们马上传令出队，包管不上二个钟头，就可以将他们赶个干净。"袁世凯道："吴提督的话不错，且救国王李熙要紧。"

吴长庆一个将令传下去，吩咐预备战队。这时中国驻在朝鲜只有四千余名兵丁，此次却如数出去。大队人马来攻宫门，排枪如雨点般往上打，三百名日本公使馆卫队，如何再守得住宫门？中国军队只开了十几排枪，早把宫门攻开。想不到杀到院山坡下，围住了景福宫，竟遇着了地雷，伤了一百多名兵士。

开化党人和日本公使馆卫队及日本公使竹添进一郎，趁此得以突围逃走。当下依着提督吴长庆就要追上去，袁世凯拦住道：“穷寇莫追，且进宫寻国王李熙下落要紧。”

当下袁世凯、吴长庆、张光第、吴兆有四人，一齐到了宫里，叫人分头去寻国王李熙。找遍了全宫，那里有国王李熙的踪迹，倒把闵妃寻了来。闵妃哭着将开化党党人如何威逼国王李熙，如何国王李熙带了太子被他们簇拥出去告诉了一番。提督吴长庆听了顿足道：“不好了，方才突围而去的一队人马中，定有国王李熙在内。”袁世凯道：“事不宜迟，赶紧派队去追。”吴兆有、张光第二人自告奋勇，愿领兵去搜寻。提督吴长庆马上拨了一千名军士，吴兆有、张光第每人各领五百名，立刻分头出去，满城搜寻。袁世凯又和吴长庆道：“我们自己辛苦些，也去走一遭，寻得国王李熙下落，大家都好安心，兄弟在营中候信。”吴长庆道：“袁同知说得是。”便也亲自领着部队出去搜寻。袁世凯把宫里诸事，略略安顿一下，又留下些军队守住宫门，自己方回大营。

这时朝鲜京城，已是满城鼎沸，知道国王李熙失踪，百姓们乱成一片，大家把日本人恨入骨髓。吴兆有、张光第领着军士分头访问搜寻，只寻不着国王李熙的踪迹，问问百姓们，都说不曾见过。吴、张二人，各自着急。再说提督吴长庆一路寻将过来，在十字街头和张光第、吴兆有二人碰在一处，大家勒住马，正没理会处，只见一个人向提督吴长庆马前跪下哭道：“启禀吴提督，国王李熙被几个朝鲜留日武备学生禁在关帝庙里，望吴提督速去。”吴长庆道：“你是何人，怎么知道的？”那人道：“我是内宫监洪启勋，奉闵妃娘娘懿旨，扮做平民模样，暗地跟着他们，所以知道。”吴长庆闻了，忙吩咐洪启勋带路，大队人马直向北门关帝庙而来。

到得庙前，但见关帝庙庙门紧闭。吴长庆吩咐只管打门进去，一声令下，军士们四下散开来，将关帝庙团团围住，发一声喊，早将庙门打破。冲将进去看时，里面静悄悄并无一人。洪启勋道：“定是他们将国王李熙藏过了，请吴提督传令搜寻。”吴长庆叫军士四下里仔细搜查，果然不多一会，一个千总领着人在后殿一间密室里寻着了国王李熙，还有太子也在一起，尚有三个开化党党人一同在内。当下这千总叫军士守住密室门口，先将三个开化党人绑了押到前殿，来见提督吴长庆。吴长庆急急赶到后殿密室，一见果是国王李熙，大喜道：“如今好了。”一面差人去请袁同知来，一面叫人预备些食物，给国王李熙和太子二人吃。又查见了庙祝被开化党党人在后园杀死。

不一时袁世凯来了，见了国王李熙，就请国王李熙先到清营暂住，择日再行回宫。这时国王李熙感激清兵救助，就依了袁世凯的话。袁世凯又差人先到宫里报知闵妃，说国王李熙寻着了，顺便取了衣服来，与国王李熙更换。提督吴长庆问袁世凯这三个开化党党人怎样处置，袁世凯想了一想道：“这事却问不得，问了反而难于处置，又惹出许多麻烦，不如糊里糊涂杀了再说。”吴长庆就叫刚才这个千总，将三个开化党党人拖到庙外，一刀一个杀了，方才排齐队伍，将朝鲜国王李熙拥护到清营中。择了个黄道吉日，仍由袁世凯、吴长庆二人领队将国王李熙送回宫中。袁世凯前后忙了几日，才把这场大事办好。

国王李熙回宫之后，念着袁世凯的好处，和闵妃商量另外在宫中收拾了一间屋子，请袁世凯进来居住。袁世凯起初不肯，禁不得国王李熙再三相请，便也允诺了。袁世凯住到宫里之后，晨夕和国王李熙谈论些国事，处理机务。国王李熙遇事也和袁世凯商量，请教怎样办理。袁世凯在朝鲜的声势，一时煊赫了许多。朝鲜的满朝文武、大小官职，那一个不来捧袁世凯？耳有听听袁世凯，目有视视袁世凯，口有道道袁世凯，个个争先恐后来奉承使命。后来日本伊藤博文做朝鲜总监，也不过如此威风。不料袁世凯正在一团热腾腾高兴时候，忽然平空来了一下当头棒，把他一团高兴敲个干净。这却不是袁世凯不及后来的日本伊藤博文，其中却另有个原因呢。

单说日本驻在朝鲜的公使竹添进一郎和一班开化党党人，乘着地雷爆发，在浓烟中拼命闯将过去，杀出宫门，又幸得袁世凯劝住了提督吴长庆不要追，才逃得性命，回到公使馆。卫队也陆续逃回，点了点人数，却死亡了二百多人。金玉均、朴泳教、洪英植，大家都顿足叹息道：“好好的一场事，又被清兵占了上风去，我们这番却吃了大亏哩。”竹添进一郎想了半晌道：“你们且不要急，候着机会，徐图再举。这时外面风头很紧，且都不要出去。倘然在外面撞着了清兵营里的官员，给他们抓了去，那是自去送死的。我们死了二百多个卫队，自然要叫朝鲜国王来料理的。”开化党党人依了竹添进一郎的话，大家躲在日本公使馆内，所以清营里虽在悬赏缉拿，也没处可拿哩。竹添进一郎亲自将这事前后起源，细细的做了秘密报告，寄到日本外务省去。外务省大臣接着了，转奏明治天皇。

不多几时，日本外务省就发出二封照会：一封是给中国的，说朝鲜这次扰乱，全是清营生事；一封是给朝鲜的，说此次扰乱，日本公使馆受了很大的损失，要朝鲜国王赔偿损失。又特地派了一个专使，到朝鲜来办理交涉。中国接了日本外务省照会，一班军机大臣未免有些抱怨袁世凯，不该把这事揽在中国头上。入奏上去，添了几句话。降旨下来，派吴大澂、续昌二人，前往朝鲜查办。交涉的结果，朝鲜又赔偿了日本损失费，再派大臣道歉谢罪，这事才含糊了结。袁世凯正在高兴头上，遭了这盆冷水浇背，心内很不自在。又因朝旨命他回国一次，袁世凯一肚皮抑郁没处发泄，路过天津，便到直隶总督衙门禀见。这时直隶总督是李鸿章，还兼着北洋大臣。袁世凯见了李鸿章，将[讲]朝鲜内政棼乱，祸机四伏，外而敌国，内而党徒，都时时乘机寻隙，中国治理朝鲜，此时急宜变更政策。李鸿章听了，只当是袁世凯因这回事很受了些委屈，所以大发牢骚，只敷衍了些门面话，便算了事。袁世凯到京之后，很受了些军机大臣们的抱怨，幸而圣眷还好，不曾再有什么处分，降旨下来，只申斥了一顿，着仍回朝鲜出使大臣原任。袁世凯郁郁而来，郁郁而去。

到了第二年三月，日本忽又重翻旧案，和中国交涉道：上次朝鲜乱事，清兵曾炮轰日本公使馆，派了伊藤博文和西乡从道二人，做了交涉的正副专使，到中国来交涉。清廷便派了李鸿章、吴大澂二人办理，就在天津谈判。李鸿章的北洋大臣和直隶总督的架子搭的很不错，会议场就在直隶总督行辕里。开会议时，辕门外排列了不少的军队，十分的威武。会议结果，订了一张条约，这条约只有三条条件：第一条，朝鲜驻兵，两国皆应撤退；第二条，朝鲜练兵，两国都不派教练官；第三条，朝鲜若有乱事，两国皆不派兵平乱，如遇必要之时，两国须互相知照。这条就叫《天津条约》。从《天津条约》的表面上看来，似乎是很公平，义务权利，都没一些偏重。然而朝鲜本是中国的属国，如今属国有事，中国竟不能管理，岂非是大笑话么！自此之后，一连四五年间，中国、朝鲜、日本三国之间，倒也无什么大事发生。

且说朝鲜国王李熙，忽然想着大院君李昰应自被提督吴长庆送往中国，留居在天津，虽没有什么不便的地方，但是自己终究是大院君李昰应亲生的儿子，生身亲父有了这一把年纪，羁留异国，心上有些不忍。二来朝鲜国体上，似乎也不十分体面。所以这事却不和闵妃商量，在进呈贡物之时，另附了一张恳切的呈表，求释放大院君李昰应回国。再备了些珍贵宝物，孝敬了西太后身边的总管太监李莲英。果然李莲英虽是太监，却很有点道理。西太后听了李莲英的话，降旨着李昰应归国。

大院君李昰应回到朝鲜，因离国日久，一时也不想活动。闵妃知道大院君李昰应释放了回来，倒又多着了一桩心事，少不得自己事事留心，免得再闹出上次这般乱子来。谁知朝鲜国王李熙，实在是个昏聩糊涂的东西，万事只知靠着中国使臣袁世凯。闵派一班人物，虽然掌着朝鲜政柄，然而也都是捧着袁世凯，借势横征暴敛，卖官鬻缺，弄得朝无数月之饷，野无隔宿之粮，一时咨嗟怨叹之声，遍地皆是。大院君李昰应看在眼里，知道这是机会来了，先设法和袁世凯接近，然后再在袁世凯之前献些殷勤，渐渐的在袁世凯面前说国王李熙的坏话。这时袁世凯因居住在宫里，与国王李熙相处得日子久了，也知道国王李熙实是难捧上台的人物，不由见风使舵，便和大院君李昰应商量补救办法。因此开了几次秘密会议，决定大致办法：以政治不进步为名，请国王李熙自行退位，另立李竣镕为朝鲜国王，由大院君李昰应再摄朝政。专等朝中几个重要大臣疏通明白，便要实行。不料事机不密，这废君立君的消息，却被闵妃探得。闵妃这一气非同小可，因关着袁世凯也在其内，倒不能随便发作。

有一天有几个闵氏兄弟，上朝退了出来，路上撞着了大院君李昰应。那几个人故意装做惶惧失措的样子，让大院君李昰应过去，又和旁人低声说道："大院君李昰应不日就要重摄朝鲜国政，我们敢不敬畏么！"此话一出，不上几日，传播得远近皆知。大院君李昰应出入之间，便有人在他的身后指点说话。袁世凯知道事情泄露，叫人示意大院君李昰应，把原议计划，暂时中止，不要在此时造次进行。大院君李昰应一片热辣辣的希望，登时变做泡影，觉着专靠袁世凯一人总不济事，谋为摄政王的心思，如何肯轻易放弃。于是想从百姓身上入手，无奈百姓都不相信他。大院君李昰应正在无法可想之时，这个消息给开化党党人知道，认做是好机会来了。由金玉均偷偷的去见了几次大院君李昰应的面，二个人在密室里不知谈些什么。过了几天，金玉均独自离了朝鲜，竟向日本而去。

说也奇怪，自从金玉均到日本去了之后，大院君李昰应似乎非常高兴。又过了几时，朝鲜忽然多了许多许多的日本兵，都是整队而来，声势汹汹。朝鲜人见了，举国上下，都惊惶不定。闵妃也觉事情有些不妙，想和袁世凯商议个对付办法，偏是袁世凯在这时候生起病来，不住在宫内，在清营中服药调理。闵妃只得自己一心提防，一连三四日，倒也无甚动静。七月二十二日这一天，朝鲜又新到了一批日本兵。这日夜间，是个黑夜，天上没有月色，半夜时候，有一小队日本兵，在黑暗里，人衔枚，马摘铃，飞一般疾走，直到宫门口。领队的军官一声令下，兵士都从怀中摸出绳梯，丢上墙头，抓着直上，一转眼间，已开了宫门。随后又有一队日本兵，泼风般赶到，如浪涌潮翻，直向宫中而去，守门的官兵那里拦挡得住。日兵闯入宫中，寻着了国王李熙，不由分说，推推拥拥，竟把他囚了起来。宫外有日兵看守，谁也不许进去。那日兵里面有开化党党人混着在内，不多一时，宫里传出朝鲜国王李熙的旨来，请大院君李昰应重摄朝政。这道谕旨传出来，竟没有人敢说声一个不字。大院君李昰应也就马上入宫，却不去见国王李熙的面，只在殿上视事，一面差人到宫里去搜寻闵妃。不料闵妃早已乘混乱时，带了心腹内监，逃出宫外去了。不多几时，朝鲜国王李熙被囚，大院君李昰应重摄朝政的消息，各国驻在朝鲜的公使都知道了。大家听了这个出于意料之外的变故，一个一个先后进宫，探视被囚的朝鲜国王李熙。可怜国王李熙，身体生得矮小，素来又少精神，这时囚在小屋中，哭得满面是泪。见了各国公使，作揖打躬，苦苦的哀求他们救他一条性命。正是：

天作孽时犹可违，自作孽是不可活。

欲知朝鲜国王李熙的性命如何，且看下回分解。

评：日军占据了朝鲜的皇宫，非但叫士兵们把守宫门，还要在院山坡、景福宫等处埋下了地雷，以防意外。后来清兵把宫门攻开，正要杀得日军片甲不留的时候，他们就把预伏的地雷一轰，借此突围而出。不过恐怕那座景福宫，也要遭一下鱼池之殃罢。当老妖孽李昰应大兴土木，建黄这景福宫时，劳民伤财，万民抱怨，想不到仍为地雷所轰毁，将来如再修葺起来，一定又是小百姓们的晦气。

日本公使竹添进一郎，率了开化党人及使馆卫队狼狈退出宫门之时，满清提督吴长庆，本拟追上杀他一阵，偏会碰着袁世凯说了一声穷寇莫追，就种下了朝鲜亡国的遗恨。语曰“一言伤邦”，其斯之谓乎？

李昰应幽禁在天津，朝鲜国王李熙又会念起生身亲父之情，买通了清朝的太监李莲英，在慈禧太后前说了好话，竟把他发放回国。往时听人说李莲英的如何擅权，如何得宠，观此益信矣。一太监而能有此权力，实出人意料之外。

谚云：纵虎容易缚虎难。请看大院君李昰应自从恢复自由之后，他的摄政欲又旺了起来，只管了自己的权利，连国王给人侮辱囚禁也都置之脑后。我真恨西太后之轻信人言而给他自由了，才闹出这乱子啊！

第九回　便私图记名开国会　悬新禁有意拂舆情

话说各国公使见朝鲜国王李熙这般可怜，大家少不得安慰了几句，就出宫去了。国王李熙满望各国公使替他出头说话，谁知抑强扶弱、仗义执言这种事情，在外交史上，实在少见得很。那日本公使竹添进一郎何等的人物，不等各国公使来质问，早已先向众人声明道：“日本这次出兵，全是迫于公义，并无丝毫贪图权利，拓张疆土，自私自利的思想在内。”德国公使听了这个声明便有些不大满意，马上质问日本公使道：“既是日本这次出兵，全是迫于公义，并无丝毫贪图权利、拓展疆土、自私自利的思想在内，那么为什么将朝鲜国王李熙囚禁在宫内？”竹添进一郎想不到会碰德国公使这个顶[钉]子，倒有些回答不出，就叫开化党党人通知大院君李昰应，速将国王李熙释放。一面勉强答复德国公使道：“朝鲜国王李熙并不是日兵将他囚禁的。因为当时宫内很乱，怕一时分不清皂白，反而闹出大乱子来，所以特地请朝鲜国王李熙暂时避一避。日本又为郑重护卫起见，还特地派着兵士在宫外守卫呢。”德国公使接着了这个奇妙的答复，倒觉得有些好笑，又听得朝鲜国王李熙已经释放了，便懒得多管闲事，也就按下不提了。

且说袁世凯正在清营养病，猛然闻得日本出兵，拥护大院君李昰应重摄朝政，不由大怒道：“大院君李昰应这个老贼，我叫他等着机会，慢慢儿再干，谁知道他竟等不及，会串通了日本，自去干了出来。往后这个老贼，若再落在我的手里，我定不饶他了！”有人将袁世凯这几句话传给大院君李昰应听了，未免有些担心。然而从此之后，日本仗着曾出兵拥护大院君李昰应重摄政的力，渐渐儿要干涉朝鲜内政。但是终因尚有中国使臣袁世凯在着，大院君李昰应还不敢十分听从日本公使竹添进一郎的话。闵妃因这次日兵入宫，袁世凯不肯出头说话，知道自己的靠山有些摇动，心上也着实担忧。幸得日本不知存着什么念头，一连四五年间，竟无声无臭，便宜了朝鲜国王李熙，过了四五年的快活日子。

这一年是前清光绪十五年，朝鲜忽然大旱，国内闹着无米可食的大恐慌，于是下令禁止米粮出口。不料这一来又给日本找着了寻事的机会，马上提出抗议，说日本商人在朝鲜境内营米粮生意的，因这禁米粮出口之令，损失不少，都要朝鲜赔偿。朝鲜吃怕日本的亏，国王李熙如何敢不依。大院君李昰应益发说不出话，连忙将禁米粮出口的令取消，又将禁米粮出口的官员改革，再三和日本商议，商量赔偿的数目。一连议了几年，竟议决不下，直议到光绪十九年方才议定，由朝鲜赔偿日本禁米粮出口所受的损失十一万元，日本方才罢手。朝鲜人又吃了这一次亏，当时就恼了一个朝鲜义士，这人姓洪名钟宇，见开化党党人这般的替日本为虎作伥，便立志要刺杀一个开化党党中的重要人物，也叫开化党知道中国党的厉害。洪钟宇存了这条心肠，便暗地里留心机会，好乘机下手。果然不多几时，洪钟宇知道开化党重要人物金玉均有事和日本外务省接洽，因须避着他人的耳目，特地绕道上海而行。洪钟宇知道了详细，急急的赶到上海，再一打探时，恰巧金玉均正在上海等候日本外务省的信息，住在日本人开的一家东和旅馆里。洪钟宇怀了一柄毒药刀，半夜里撬开东和旅馆的大门摸进去，寻着了金玉均的房间，推开房门进去，金玉均正在梦中，洪钟宇一刀将他结果了性命，神不知鬼不觉的逃走了。次日东和旅馆才知出了血案。这个消息传到朝鲜，朝鲜国王李熙登时将洪钟宇授了一个官职，一面又下令戮金玉均的尸。上海的一班日人，却替金玉均发丧，并知道金玉均是被洪钟宇所刺。查知洪钟宇有个故人，名叫李逸植，正居住在东京，借个事故将李逸植捉了去，重重治罪，也算给金玉均报仇。这么一来，朝鲜百姓益发觉得日本人是万分可恶。

光绪二十年三月，朝鲜金罗道古埠县忽然有一种党徒，自称“东学党”，对人说党里的人都能够呼雷成阵，撒米成兵，不怕日人的大炮。堂皇的张起二面大旗，一面写的“讨日忠清”，一面写的“保国攘夷”，专门的和日本人作对。那时朝鲜人都把日本人恨入骨髓，竟然一呼百应，东学党的声势便十分浩大。朝鲜国王李熙派招讨使洪启勋带兵进剿，在日山地方和东学党开战，谁知招讨使洪启勋竟打了一个大败仗，带去的几千兵士，几乎全军覆没。败报到京，朝鲜国王李熙急得了不得，只得请中国使臣袁世凯进宫商量。这时袁世凯因大院君李昰应重摄朝政，不便再住在宫中，仍搬回清兵大营。起初袁世凯不肯答应出主意，国王李熙再三哀恳，袁世凯方才勉强答应，向清廷告急请兵。袁世凯告急的折子去后，清廷便派了扬威、操江、平远三只兵船，又派提督叶志超、总兵聂士成领了大军，星夜赶到朝鲜。一面照着《天津条约》，行文知照日本。不料日本接了中国的通知，竟不认朝鲜为中国的属国，亦立时派了七只兵船，抢在中国前面先开到仁川。兵船一到仁川，马上由特派来的公使大岛圭介，领着五百陆战队、二门大炮，急急的赶到朝鲜京城。袁世凯见这般情形，便据《天津条约》向特派日本公使大岛[鸟]圭介力争。大鸟圭介却不来答复。日本兵反而源源的越来越多，不到几日，朝鲜京城中到处都有日本兵踪迹。这时提督叶志超、总兵聂士成带着兵到了，袁世凯忙请叶提督、聂总兵严戒兵士，不许轻易开火，免得日本说衅由中国自开。日本兵见中国兵只是紧守大营，于是便去占据要塞。后来索性梭巡朝鲜京城的街道，守住城门，在城楼上架起大炮，大有立刻开火的光景。甚至朝鲜人走在路上撞着日兵，都须被日兵一一检查过后方许放行。

朝鲜举国上下本来见着这许多日兵，已是惶惑不定，如今又见日兵这般举动，更加起了恐慌。朝鲜国王李熙益发急得寝食不安，闵妃见了这般光景，心知非仍去请教袁世凯不可，叫国王李熙用条苦肉计，把袁世凯请进宫来。国王李熙哭着向袁世凯求计，闵妃在旁边也说了许多好话。袁世凯见了，心上便有些不忍，索性慨然道：“朝鲜是中国的属国，朝鲜有乱，中国理应派兵援助，这次日本明明是师出无名。倘朝鲜自能据理力争，这交涉就不难办理呢。”国王李熙依了袁世凯的主意，马上行文诘问日本特派专使大鸟圭介。那知大鸟圭介甚是刁钻，接着了这个诘问，却不说日本出兵的理由，单把朝鲜来文中“属国”两字抓住了，反诘问朝鲜道：“现在朝鲜的地位，究竟是中国的属国呢，还是独立之国呢？”朝鲜国王李熙接着了这个反诘问，倒有些摸不着头脑。想想袁世凯的言语，对于属国和独立国这一层，不曾出过主意。还想再去问袁世凯，实在怕见他的面。不知如何，见了袁世凯，终觉凛凛的有些心上不安。勉强挨过了三天，想寻句回答的话，尚没有想出来。那日本特派专使大鸟圭介，早已等得有些不耐烦，便行文来催促答复。朝鲜国王李熙没奈何，就糊里糊涂答复道："朝鲜是独立之国。"大鸟圭介接着这个答复回文，见朝鲜自认是独立之国，这正是求之不得的，立时又行文来道："朝鲜既是独立之国，现在必须改革政治，日本为顾念日韩两国邦交，提出政纲五条，请朝鲜立即实行。"朝鲜国王李熙接了这个行文，才知"朝鲜是独立之国"这句话，又闯下大祸。欲想和日本挺硬，却苦这次中国来的军队，大营偏偏扎在汉江对面，中间隔着一条汉江，似乎并不肯毅然前进的意思。日本兵倒都在城内，只要说声不依，便马上就可动手开火，反吃他的眼前亏。若是依了日本，朝鲜到底是中国的属国，中国见怪起来，如何是好？国王李熙急了几天，倒会在急中急出一个智来，特地派人将日本特派专使大鸟圭介请到宫中，对大鸟圭介说道："贵公使所提出的条件，自可从长计议。但是用兵威逼，一来与朝鲜国体有关，二来朝鲜人民也有些疑惑。贵使若能推诚相见，请先行撤兵，再行开议。"国王李熙以为这几句话，既不得罪日本，又不妨碍中国，确是延宕的妙策，也是外交手腕的一种，必定有八九分可以济事。那大鸟圭介是何等样人物，怎肯依朝鲜国王李熙的话先行撤兵，然后开议？大鸟圭介的回答更是奇妙，他道："日本并不曾用兵威逼朝鲜，因恐中国用武力来干涉朝鲜的自由。"说了这几句奇妙的话，便不多说，径自走了。回去之后，却又行文来催逼道："朝鲜既为独立之国，所有以前与中国订立的条约，有不合于独立性质的，应立即废除。"朝鲜国王李熙接着这封来文，觉得格外万分为难，不知怎样回答才能两面顾全，自然更是踌躇不下。大鸟圭介料知这事非再进一步，表示威风出来，决不会成功的。当下叫带来的几个随员，设法买通了宫里内监，乘着一个冷不防，竟带兵直入宫内，把那座景福宫团团围住，逼着朝鲜国王李熙立时答应。

清营袁世凯接着日兵入宫的信，知道大事[势]已去，忙领着在朝鲜京城内的军队连夜便行，退过汉江，和大营并在一处；一面急急的飞奏入朝，请旨定夺。朝鲜国王李熙经这一逼，也不由他不答应。大鸟圭介只等朝鲜国王李熙答应了日本所提条件，便照着预定计划，一件一件的做起来。名义上仍把李熙做朝鲜国王，叫他权当傀儡，大鸟圭介在后主持，把惯叫做滑头的大院君李昰应，依然尊他摄政王。第一步先借着朝鲜国王李熙名义，降下一道旨，将在朝鲜的中国人大加驱逐。第二步又用朝鲜国王李熙名义，通告各国驻在朝鲜的公使，说朝鲜立志维新，决意改革政治。一面又提出许多条件，逼着朝鲜国王李熙一一承认。这时除了开化党之外，又有一班号称急进党的，趁着机会都来假献殷勤，向大鸟圭介上条陈。大鸟圭介也乐得做着[这]顺水人情，拣着可用的条陈都采用了。这班急进党人便觉十二分的高兴。大鸟圭介将从前朝鲜的政治成规一例改革，全行废止，一切尽照日本政治成规，另行换一个新局面，居然立国会，改官制，分设八大部。那八大部是内务部、外务部、军务部、法务部、农务部、工务部、商务部、学务部。又设立议政府，统辖一切。所有从前在朝的闵派官员，不论官职大小，尽行淘汰，叫开化党党人金玉均之弟金宏集，做了总理大臣。其余八大部官长和一切重要职官，尽是开化党党人。次要的职官，才轮及急进党党人。在朝鲜的日本人，凡有人向大鸟圭介处说项一声，就立刻聘任顾问。朝鲜京城一处，单是日本人任顾问的，多至二百余人。

在形式上看来，朝鲜真有些像锐意维新，改革政治，其实内幕里还是和从前一样。议政府虽已设立，那八大部的官长，都是少年后进，起初倒也每日开会，议得十分热闹，过了几日，大家觉着每日开会，未免议得有些讨厌，便改为隔几日开一次，议到后来，因为议无可议，开会时大家聚拢来，闲谈一阵，便算议过事了，宣告散会。有几个开化党党人，实在有些闲得慌了，将日本维新时宪法，枝枝节节的抄了下来，在开会时提出来，议了一阵，就算是宪法议定了。又学着学校里速成科办法，把日本维新时印成的政治老文章抄袭下来，不管事实可以做到，不能够做到，只管在会议上提出来，也只管议决通过。于是今日下一号令，明天布一章制，也不管前后自相矛盾，只由着性子乱干，弄得朝鲜百姓，啧啧的都有烦言。金宏集知道了，便说维新本不是平常的容易事，这班庸人那里知道党中道理，尽可不必去理睬他们。有几个负气的，索性主张进行变本加厉，立即发布号令道："朝廷力行新政，一切风俗习惯，概应从事改良，所有长管烟袋、宽阔衣服，及头顶盘髻等，为不文明习惯，应予限一月，一体禁革，倘有不遵即以违反论令论罪。"这个布告张贴出去后，朝鲜人民更是对着头痛起来，恰巧这时中国的大军也来了。正是：

充耳竟甘今古骂，横胸漫喜甲兵坚。

欲知中国军队到后，是否和日本开战，且看下回分解。

评：朝鲜国王李熙被囚之后，满望各国公使来者替他说几句公道话，谁知抑强扶弱，仗义执言的死冤家，谁也不肯做。我们瞧到这里，禁不住兴起了兔死狐悲，物伤其类的感慨。请看近来日人亟亟谋我东北各省，我国际抱定了不抵抗及镇静主义，丧失我国土，不计也；侮辱我人民，不计也；抢掠我金钱，不计也。一切的一切，均任他为所欲为，我政府执政诸公之唯一愿望，就是乞怜于国际联盟会，那里又想得到国联的组织，却是变相的列国瓜分弱小民族的总机关。所以任你怎样的去乞怜哀求，他们总是用狰狞可怕的假面具来对付你。所以得着的结果，丧失的国土，仍不能收复；受辱的人民，仍不能雪耻；掠去的金钱，仍在他们囊橐之中，而且还有鲸吞我们全国的野心。请想这种情形，和朝鲜国王李熙因被禁而乞怜于驻朝鲜各国公使说句公道话，有何分别？

大院君李昰应重摄朝政，日本因仗着出兵拥护他的缘故，所以渐渐儿地要干涉朝鲜内政。平心而论，这倒也不能只怪日本的野心勃勃，应怪老妖孽李昰应的私通外国，引狼入室，引鬼上门的不该。

朝鲜因国内大旱，所以下令禁止米粮出口，不料日人又会借此等事提出抗议，硬要赔偿损失，交涉了数年，毕竟赔了十一万元，方才罢手。可见日人之坚持手段，非常厉害，势必达到了胜利的目的，才肯死心。反观我国外交家之外交手段，对之真要愧死咧。

金玉均给洪钟宇刺死了，却把洪钟宇的友人李逸植来抵命，这种报仇的法子，可说是生面别开，也可以说是岂有此理，李逸植真死得连口眼都不闭吧。一笑。

日人三翻四复派了专使到朝鲜，要朝鲜改革政治，力行维新。又要他称为独立国，先脱离了中国的属国范围，方能提出条件，慢慢地用手段来灭亡他。可怜朝鲜国王李熙识不透日人的诡谋，竟中了这奸计，宣称独立。结果非但不能独立，且做了日本的属国，这恐怕李熙在睡梦中都没想到吧！

第十回　袁世凯督师驻平壤　李昰应遣使递密书

话说朝鲜京城自从被日兵占据之后，朝鲜国王李熙的行动已不得自由，满朝的官员，黜革的黜革，驱逐的驱逐，一切由日本特派专使大鸟圭介作主。换了一班青年学生，都是开化党党人及急进党党人，立时将官制法规，尽皆更改，又任用日本人做顾问官。实际上的一切权势，自然由日本顾问官操着。这班日本顾问官，比较旧时朝鲜的官僚，却高明了许多，所发布的条文，看来虽是不违反文明通例，只是过于急噪[躁]，几乎要把日本维新三十年的政治成绩，想在一二月中便见效果。

当时日本还不知各国对于朝鲜是怎样的主见，万事尚须顾自己门面，所以专用遮人耳目的手腕，仍将朝鲜国王李熙和大院君李昰应二人来做傀儡。别国不知内幕细情，只道日本果然是厚爱朝鲜，用了本国辛辛苦苦训练的兵队，耗费了本国许多许多从艰难中筹划得来的钱财，却用在帮助朝鲜，整理万难有效的政治，真不愧是善与人同的大国哩。偏偏朝鲜百姓最是谨愿，最能忍受苦辱，平日受贪官污吏的敲剥，尚且不则[发]一声，此番日本借着改革政治为名，强行压制，又有许多许多日兵在朝鲜京城驻扎着，那里还有人敢挺身出来，领头反对？因此内幕情形，别国一些都不知道。驻在朝鲜各国的公使，虽冷眼看得清楚明白，却因有中国在着，何苦出头多管闲事，乐得装作痴聋，并不来理会。那时日本人在朝鲜的权势，便一天大一天起来。这个大鸟圭介，更是人人见了他惧怕。大院君李昰应虽说是日本人扶起来，重叫他做摄政王，只是一些官权都没有，没有一件事能够由他作主，比较从前做摄政王时，状况自是大不相同。那大院君李昰应，又是人老心不老的人物，生平最喜欢揽权势，性子又是反复无常的。这时见自己竭力替日本人帮忙，日本人却不给他一些实在好处，于是大院君李昰应的心夜长梦多，渐渐的有些活动了。想着不如再在中国方面弄些手段，暗暗地差人打听袁世凯的消息，看有什么动静，好乘机而行。

且说袁世凯自带兵渡过汉江，和大营并在一处，一面急行飞章入奏，一面与提督叶志超、总兵聂士成，准备军马，只等朝旨到来。果然清廷接了袁世凯这个奏章，觉得日本实在太欺中国，许多朝臣都主张与日本开一次战。朝旨决如所议，派袁世凯做钦差督师大臣，除了已在朝鲜的提督叶志超、总兵聂士成之外，又派左宝贵、丰伸[升]阿、卫汝贵、马玉昆一共满汉四员大将，领了一万大队再赶到朝鲜来，在平壤驻下，高高竖起三军司命的大旗。提督叶志超、总兵聂士成保着袁世凯做了中军；左宝贵、丰升阿二人领着军马，做了左翼，镇守在平壤城北；卫汝贵领军做了右翼，在平壤城南镇守；马玉昆领军做了后卫，守住平壤城东及大同江岸一带。一时确乎声势赫赫。和日本相较，只有四五百名陆战队，真相去和天壤了。大院君李昰应探得仔细，想到底还是中国，大军云集，日本这次和中国开战，决不会战胜的。俗语说得好：识时务者为俊杰，大丈夫能屈能伸。我虽然从前吃过中国的亏，在天津受些委屈，然而事到如今，也顾不得了。倘再不向袁世凯那里做些手脚，中国战胜了日本，我的摄政王地位，就怕立刻摇动哩。大院君李昰应越想越怕，赶紧写了一封赔罪的信，差了一个心腹的人，改了打扮，吩咐他混出城去，往平壤清军大营，递给袁世凯。这封信内说的是日本如何作难，朝鲜国王李熙如何受逼，没奈何只好承认日本特派专使大鸟圭介所提的条件，也是朝鲜国君臣一时措手不及所致，不得已权与日本虚与周旋，决不敢忘中国天朝盛德。但愿大兵连发雷霆，扫荡丑夷。那时朝鲜君臣，自当于内中接应，总可事半功倍。兹恐道路传闻，或有不实，特达寸简，表白私衷。

谁知这封信送去后，一连过了几天，不见袁世凯有复书送来，连那送信之人，也不见回转。大院君李昰应怀了一肚皮鬼胎，心上忐忑不定，又闻得中国和日本已经开战。稍为开了二仗，都是中国占了上风，日本吃了败仗，大院君李昰应越发捉摸不透袁世凯对他是怎样态度。又过了几日,闻得日本援兵来了,共分四大队,一路由陆路大道前来,一路由黄州渡江而来,一路由江东县出发,一路由日本渡海。四路日本军队,约定十六日会齐,合力攻打平壤。大院君李昰应闻知日本援军将到的消息,不觉心思陡的又转变了,巴望中国战胜日本的念头便冷了大半截。又过了几日,知道中国的援军也出发了三大支人马,一路是四川提督宋庆,一路是提督刘盛休,一路是将军依克塘[唐]阿。三路人马,也有一万多人,二员汉人大将,一员满洲大将,都是久经战阵,勇字号里的人物,现在正在路上,泼风一般赶来。只要清军平壤大营再能支持三五日,这援军便可赶到。那时不怕日本兵多,腹背受敌,岂有不败之理?于是大院君李昰应伸长头颈,天天盼望开战的信息。谁知一连过了十日,开战信息,一无所闻。中国军队和日本军队,竟各自按兵不动。差去清营送信的人,仍旧不见回来。大院君李昰应是有心病的人,终日胡思乱想,放不下心肠,这一日实在熬不住了,换了衣服,悄悄的从后门溜了出来。好在大院君李昰应原是寒微出身,外面的街道、中下社会的情形,向来是很熟悉的。这次扮了一个做小买卖的人模样,在路上行走,不认识他的人,那里知道他就是摄政王大院君李昰应呢!

这时朝鲜京城之中,撞来撞去都是日本人,那里探得出什么消息?大院君李昰应信步而行,心中未免有些怏怏不乐。走到一处,只见一大队日兵吆喝而来,大院君李昰应赶紧躲过了,不料已经给一个人瞧见,这人就是日本特派专使大鸟圭介。大鸟圭介领着军队亲自巡街,想不到竟会碰见大院君李昰应。当下大鸟圭介也不去喊住大院君李昰应,自管自领着军队过去。大院君李昰应低倒头走,却不曾瞧见大岛圭介。见日本军队过去了,生怕第二次再撞着,不敢再在大街行走,抄着小路而回。大院君李昰应一面走,肚内寻思道:看光景,也探不出什么消息来,不如回宫去,慢慢再作道理。想着一路寻路回来,仍从后门而人,刚走过回廊,却听得二个宫监在屋内说话。大院君李昰应不由的立住脚,在窗下潜听他们说话。只听得一个宫监说道:“日本打了一个大胜仗,清军几乎全军覆没,你可晓得么?”那一个宫监答道:“日本打胜仗的消息,我早已知道,只是我不敢说话,怕给大院君身边的人听得,传给大院君知道那就该死了。”这一个宫监道:“这奇怪了,大院君是日本人扶起来的,难道听见日本打胜仗,他心上还不喜欢么?”那一个宫监道:“这事真有些奇怪,有人告诉我,前几天日本特派专使大鸟圭介拿住了一个奸细,是被城外日军查获的,据说是清军大营里过来的奸细。”这一个宫监道:“是清军大营里过来的奸细,那又有什么关系呢?”那一个宫监道:“这奸细虽说是清军大营里过来的,却在他身上搜出一封信来，你猜一猜，这信是何人写的。”这一个宫监道：“我猜一定是袁世凯给我们国王的。”那一个宫监摇摇头道：“不是，却是大院君写给袁世凯的，这人就是大院君的一个心腹。”

大院君李昰应听到这里，宛如一盆冷水，浃背浇下，知道事情已经坏了，也不愿再听下去，便闷沉沉的走了进去，把衣服换过。正要想差人再去探听前番送信的人的下落，一个宫监进来禀道：“日本特派专使大鸟圭介来了。”大院君李昰应听了，打了一个寒噤，还不曾说个“请”字，只听得外面革履之声，那日本特派专使大鸟圭介竟自闯将进来。大院君李昰应怀着鬼胎起身相迎，偷眼看大鸟圭介的脸色，觉着冷森森的，非常严厉。大院君李昰应一面和大鸟圭介分宾主坐定，寒暄了几句话，一面心上惊疑不定，正不知自己是凶是吉。大岛圭介忽地厉声道：“近来外面的谣言，实在太厉害，清营里袁世凯的诡计，也着实很多。摄政王，你请看，袁世凯的诡计，厉害不厉害呢？”一面说一面在衣袋中摸出一封信，递给大院君李昰应。大院君李昰应听了大鸟圭介这几句话，心上已经忐忑不宁，便战战兢兢的将这信接过来，打开看时，正是自己写给袁世凯的一封信。大院君李昰应脸上一阵红，一阵白，忽又一阵热，一阵冷，心上说不出的苦，宛如小鹿在心内乱撞，却又万万不能直认。迟疑了半晌，方忸怩答道：“这话从那里说起，真是大笑话。”大鸟圭介道：“这信自然是别人捏造的。”大院君李昰应道：“我那里写过这封信！定是清营里的袁世凯，故意捏造了来害我。”大鸟圭介朝大院君李昰应望了一望，似笑非笑，似怒非怒，现出了一种神气，慢慢的说道：“想来定是清营里袁世凯陷害摄政王的诡计。那个送书的人，本使早已按军法处治，刚才已把他杀了，摄政王你也可放心了。只是这信已经宣布，闹得通国上下皆知，信内又是摄政王你自己署名，应该怎样办法呢？”大院君李昰应嗫嚅道：“照贵使的意思，是应该怎样办法呢？”大鸟圭介道：“这个本使不能说，须得摄政王你自己斟酌，应该怎样办，就怎样的去办。”大院君李昰应吞吞吐吐道：“贵使大概是要我自己表明心迹，又不肯说出办法来，敢是因我现在所处的地位不合宜么？”大鸟圭介笑了一笑道：“这话不是本使应该说的，摄政王你自己去仔细思量。”大鸟圭介说完了这话，脸上突然又转变了颜色。大院君李昰应偷眼看时，只见大鸟圭介的脸色非常严厉，坐在那里，宛如活阎王相仿佛。大院君李昰应不觉倒抽了一口冷气，想着大鸟圭介已经意在言之外了，但是自己倒不好当面再说什么，于是二人都没有说话。彼此闷了一盏茶时，大岛圭介便告辞去了。临行还说：“摄政王早些自己斟酌，给本使一个信。”大院君李昰应送出来道：“我理会得了。”过了三天，大院君李昰应果然借个小故，自行宣告请退政权，并立时搬出宫来，仍住到孔德里自己的府里去，而且闭门谢客,虽是故旧亲友,都一概回绝不见。大鸟圭介见了,也不好再说别的话。

这时中国和日本已经接连开战了几次,中国竟占不到便宜,清廷便下令停战,一面另行和日本开议。朝鲜的事,反搁在一边了。于是日本人在朝鲜的势焰越增越高,一日一日的扩张起来。日本国中一班穷汉都忙不迭的到朝鲜来,想在朝鲜寻些头路和机会,好吃这块新鲜的天鹅肉。

单说朝鲜京城南门外大街上,有一所停车场。在这停车场左近,是一处三角形的街市,素来街市上甚为热闹。有一天午间,这街市上还在上市时候,忽然路边一家店铺中一片哭声,闹得鼎沸异常,接着又有顿足声、吵嚷声、扑刺扑刺的皮鞭打人声,喧扰得闹成一片。过路的人听了,不知店铺里为了何事,都争着拥进去观看。只见那开店的老人倒在地上,满地尽是血,一个日本人满面恶气,一脸怒容,着实狰狞可怕,执着一条皮鞭,兀自不住手雨点般向那开店的老人身上抽打。店铺中的杂物,摔满了一地。这日本人一面嘴里还操着日本话骂人。大家见了这副情状,都有些心上不安,抢着过来解劝。好不容易才将这日本人劝住了手,看那开店的老人,早已打得浑身是伤,只存一口如游丝不绝的气了。好不容易将这日本人劝走了,才将那开店的老人扶了起来。那老人慢慢的回过一口气来哭道:"天下那有这种道理?他拿了我的货物,不给钱,还说是我不肯给他,索性遇物即摔,拿出皮鞭便打。难道现在世界上竟没有道理可讲么?"众人见那老人实在可怜,便安慰了几句,又说现在日本人是不好惹的,还是忍耐些,说着大家渐渐散去。这件事一传十,十传百,百传千,千传万,传得通国皆知,各国驻在朝鲜的公使,也都知道了,都说日本人太野蛮。过了几时,日本明治天皇也会知道了,登时一道御旨,叫大鸟圭介即日回国。正是:

不须窥豹见全身,识破昭心有路人。

欲知大鸟圭介何事回国,且看下集分解。

评:大院君李昰应就坏在反复无常之上,见日人胜利了就想依附日人,见中国胜利了又想依附中国。心思的活动,可说无出其右。我真恨他的运气好,偏会碰着西太后忽发慈悲之心,把他放了回国,否则一直幽禁在天津,恐怕朝鲜之亡还不会这样之速咧。

清廷派袁世凯做了钦差督师大臣,又加着提督叶志超、总兵聂士成,还有左宝贵、丰升阿、卫汝贵、马玉昆等一共七员汉满大将,竖起了三军司命的大旗,领了一万大队人马,分做了几路进兵,浩浩荡荡,声势赫赫,想不到竟和日本的四五百名海军陆战队相拼,看起来未免有些小题大做。后来日本的援兵一到，大家总以为要开火了，又那里想得到会按兵不动呢？何怪大院君李昰应的心思要忐忑不宁，不知道要投到那一面去才好咧。

日本特派专使大鸟圭介带了兵士巡查街道，眼见大院君李昰应扮着平民模样，他却不去招呼他，这是大鸟圭介的鬼精灵处。

大院君李昰应派遣到清营袁世凯那里去递密书的心腹，给大鸟圭介捕去当奸细杀了，却用暗写法，在二个官监互相问答中补叙，这也是小说中的另外一种笔法。

大鸟圭介来见大院君李昰应，假说外面谣言很盛，袁世凯用诡计故意捏造了密书，来诬害大院君，现在把那奸细杀了，想大院君也可放心了。这几句冷嘲热哄的言语，恐怕比用了利刃刺他的心还要厉害。著者虽不怕繁琐地叙来，却已把大鸟圭介的阴险神气，已活跃于纸上矣。

本回末段夹叙朝鲜京城南门外大街上一家店铺中的哭声。骤视之虽无关亡国大事，然细味而细读之，却是著者要极力描写日人之蛮横，如那“老人倒在地上，满地是血，一个日人，狰狞可怕的执着一条皮鞭，兀自不住雨点般向那老人身上抽打……”。我们看到这里，不平之气油然而生，恨不能跳到纸上，把那日人剐了，方出我们胸中的不平咧。

第十一回　井上馨辣手办外交　朝鲜王靦颜称新帝

话说大鸟圭介自从威逼朝鲜国王李熙，承认了日本所提出的条件，又战胜了中国大兵，日本明治天皇论功行赏，将原任朝鲜公使竹添进一郎调回国去，大鸟圭介由特派专使坐升了朝鲜公使。虽然这时的大鸟圭介确实威权很盛，究竟乱事初平，朝鲜的开化党和急进党，倾轧的十分利害，在朝鲜商场中的日本人，又是骄横恶劣，暗无天日，弄得朝鲜人怨声载道，各国驻在朝鲜的公使，也都有些愤愤不平。渐渐的有些风声吹到日本外务省大臣耳朵里，明治天皇也知道了，觉着大鸟圭介既是不利于众口，不如调了回来，另换别人前去。不过继任的人物，一时很难选择，选了好久才选着了一个可以继任大鸟圭介的人，这人便是井上馨。井上馨在订《江华湾条约》的时候，曾做过一次全权副大臣，朝鲜事务，也算是个熟手的人，所以井上馨可以继任大鸟圭介。明治天皇马上降旨，将大鸟圭介调回本国，派井上馨接任朝鲜公使。井上馨到了朝鲜，大鸟圭介交待清楚，自回国去了。

井上馨接任朝鲜公使之初，便碰见一桩辣手事情。那时各国驻在朝鲜的公使，因日本人在朝鲜商场中垄断商市，自己国里的商人都受了影响，一些得不着好处。各国公使大家商议一阵，先后都提出抗议。恰巧井上馨任朝鲜公使，正撞在风头上，接了各国公使的抗议，知是犯了众怒，事情十分难办。亏得井上馨是有能干的，一面立刻去拜访各国公使，用好言安慰了他们一番，先将各国公使都稳住了，然后再用公使名义发出布告，谕戒在朝鲜的日本人，此后一律须安分守己，不得再行惹出是非来，尤其对各国在朝鲜的商人，大家俱是经商，务须平等相视。一面又明察暗访，果然查知许多日本商人有不是处，访得许多日兵有暴戾恣睢行为。井上馨也有些大怒，就详详细细写了报告书，递呈给日本外务省大臣，说在朝鲜的日商日兵，一切行动，真有些不免出乎情理之外，不但朝鲜的百姓怨愤异常，因此各国公使俱有不平意思。若是真的惹出各领事干涉，很妨碍日本在朝鲜发展的计划，宜转奏明治天皇，急颁禁令，严行制止。日本外务省大臣便据以入奏明治天皇。明治天皇闻奏，很以井上馨的话为是，立刻风火雷霆般下了一道严旨，着井上馨将在朝鲜的不法日商日兵都按法严行惩办。果然从此之后，在朝鲜的日商日兵，都畏怕着井上馨，敛迹了不少。井上馨把这辣手案件先对付过去，然后全神专注在朝鲜政治上。

有一天，井上馨带着一个通译官到宫里去见朝鲜国王李熙。这时日本公使在朝鲜，真是锋芒锐露，国王李熙见了，便会吓得手足无措。井上馨和国王李熙相见过了，先谈了几句应酬话，才提到政治上来。井上馨沉着脸色道："大院君李昰应勾通敌国，谋危朝鲜，前任公使大鸟圭介执有实据，这是罪大恶极了。"国王李熙见井上馨脸色不十分好看，提心吊胆的先应了一声道："是。"再战战兢兢的道："大院君李昰应因此已自请退政了。"井上馨鼻管里哼了一声道："这不能因他自请退政，便可含糊了事。应须再降谕旨，革除职位，万不能以亲灭义的。"国王李熙那敢分辩一句，只有连声应"是是"的份儿。井上馨又朗声道："日本天皇为顾全邦交起见，特遣本使到朝鲜来，帮助贵国改革内政。本使自到朝鲜之后，留心察看内情，现已代拟改革条件二十款，应请从速降谕施行。"井上馨一面说，一面在衣袋里摸出一卷文件，递给国王李熙。国王李熙慌忙立起身来接着，心上宛如得了一件宝贝般欢喜，连声称谢。井上馨见国王李熙事事依从，倒不好十分过于吹求，便又说了几句话辞了出去。

国王李熙无端受了这一肚皮气又没处去发泄，便独自一人在内殿上，走来走去，长吁短叹。有两个小太监十分好事，见国王李熙这般情形，便悄悄的走到后宫，一五一十报知闵妃，却不曾说日本公使井上馨进宫。闵妃听了，想着前几天有人进了一个女子与国王，国王甚是宠幸，封了嬉嫔，怎地忽然忧闷起来？敢是这嬉嫔在国王面前有了什么言语，这倒不能不防一下。马上添香敷粉，整鬓饰发，对镜仔细打扮好了，扶了二个宫女，巡转到内殿来。国王李熙正在烦闷，冷不防闵妃从殿后转出，心上吃了一惊，忙把脸色变过来。闵妃参见已毕，国王李熙便道："妃子请坐，这时恰巧闲暇，可谈谈消遣。"闵妃坐了下来，说了些不相干的话，心中暗想道，看国王的脸色，似乎有些遮遮掩掩，不能唐突动问嬉嫔这一层，不如在别方面探一探口气，便可明白了。谈了一回，闲闲的问国王李熙道："妾妃有二个侄儿和二个表兄弟，闲居无事，有朝没晚的常来缠人。倘然朝里有一官半职，能够把他们安顿一下，这都是主上的洪恩呢。"国王李熙笑道："那算得什么大事？朝里换几个官员，下一道谕旨就可以了，妃子你尽管将名单送来。"闵妃见国王李熙这般说，知道并没改变旧情，心上暗自欢喜，又坐着谈笑了一会，方辞回后宫。过了三天，果然谕旨下来，内务部、法务部、农务部、商务部四部的协办官，同时奉旨罢职，接着又是一道谕旨，升补四个新协办官，都是和闵妃有密切关系的人物。朝中诸人，知道闵妃的利害，谁敢说句话？

不料这事给日本朝鲜公使井上馨知道了。正因朝鲜国王李熙不曾把他所拟的改革条件二十条款实行，有些不甚快活，忽然又见了这种举动，不由得勃然大怒，立刻进宫，来见国王李熙，当面质问。国王李熙做梦也不曾想到，以为总是寻常误会，不料井上馨竟变了脸道："朝中新换了四部协办官，这是什么原因呢？"国王李熙见井上馨来势汹汹，自己犯有心病，便红着脸支吾道："这都是总理大臣金宏集奏请的，少停问他，就可明白原由了。"井上馨哼了一声，似笑非笑的道："原来贵国用人行政的大权，既然都是凭总理大臣一人作主，本使这次奉着天皇之命前来，却是白走一次了。上回代拟的改革条陈，更是枉费心思，就请立刻掷还。本使明日起程返国，向天皇复命哩。"井上馨说完了这几句话，立起身来便要走。国王李熙见了，吓出一身冷汗，知道他是认真了，不是空言所能搪塞下去，又恐井上馨真的去了，事情越发闹僵。只得顾不得什么体统，起身拦阻道："贵公使且请息怒，有话尽管慢慢儿商量。"井上馨装着勉强模样，重又坐了下来。国王李熙陪着笑脸道："贵公使若有高见，只管请从实指教，朕自当乐于听从的。"井上馨大声道："这一次更换四部的协办官，外面人都说是闵妃主意，殿下反说是总理大臣奏请，可见贵国对于本公使，绝无一点诚意呢。"国王李熙听了，忸怩一会，硬着头皮说道："千不是万不是，都是朕事前没有通知贵公使才弄出误会来。如今请贵公使原谅一下，朕就在这里向贵公使告罪。"说着立将起来，朝着井上馨一揖到地。井上馨身子也不抬一抬，口中却说道："既然如此，本使也不再问过去的事了。"国王李熙见井上馨转了口风，才放了心，又怕井上馨再说别的话，抢着说道："不论外面传说是真是假，从今以后，朝内一切政事，朕不许闵妃再来干涉。"井上馨笑道："殿下肯诚信求治，本公使自然竭力相助，只是殿下几时可以实行本公使所拟的改革条件呢？"国王李熙吃井上馨当面逼住了，沉吟一会道：“十二月十二日，是冬至节期，朕照例须往祭太庙，就在这日誓庙宣告，贵公使意下如何？”井上馨道：“这个任凭殿下。”又说了一回话，井上馨方辞了出去。闵妃知道了这事，着实在枕边埋怨了国王李熙一顿。只因知道自己势力敌不过井上馨，没法奈何他，也权且按下。

光阴迅速，转眼已到了十二月十二日，冬至祭祖，朝鲜国王李熙领着满朝文武官员齐到太庙上祭。因答应了井上馨，特地作了一篇誓庙词，又附带洪范十四章。国王李熙行礼奠爵已毕，赞礼官把誓庙词取将出来，高声朗诵道：

惟升国五百三年，十二月十二日，朝鲜嗣王熙，敢昭告于皇祖列圣之灵曰：

惟朕小子，粤自冲年，嗣守我祖宗丕基，迄今三十有一载。惟敬畏于天，亦惟我祖宗时式时依，屡遭多难，不荒坠厥绪。朕小子其敢曰，克享天心，亶由我祖宗眷顾骘佑。惟皇我祖，肇造我王家，佑启我后人，历有五百三年，逮朕之世，时运丕变，人文开畅，友邦谋忠，廷议协同，惟自主独立，乃厥巩固我国家。朕小子曷敢不奉若大时，以保我祖宗遗业，曷敢不奋发淬励，以增光我前人。烈继自今，毋他邦是恃，恢国步于隆昌，造民生之福祉，以巩固自主独立之基，每念厥道，毋泥于旧，毋狃于嬉，惠迪我祖宗宏谟，监察宇内形势，厘革内政，矫厥积弊。朕小子兹以洪范十四条，誓告我祖宗在天之灵，仰借祖宗之遗烈，克底于绩，罔或敢违，惟明灵降鉴。

赞礼官读毕了誓庙词，又朗声读那十四条洪范道：

(一)割断附依清国虑念，确建自主独立基础。

(二)制定王室典范，以昭大位继承，暨宗亲分义。

(三)大君主御正殿视事，政务亲询各大臣裁决，后嫔宗戚，不容干预。

(四)王室事务，与国务政事，须即分离，毋相混合。

(五)议政府及各衙门职务权限，明行制定。

(六)人民出税，皆有法令规定，不得妄加名目，滥行征收。

(七)租税课征，及经费支出，皆由度支衙门管辖。

(八)王室费用，率先减节，以为各衙门及地方官员模范。

(九)王室费用，及各官吏费用，预定一年额算，确立财政基础。

(十)地方官制，亟行改定，以限制地方官吏职权。

(十一)国中聪俊子弟，广行派遣，以传习外国学术技艺。

(十二)教育将官，本征兵法，确定军制基础。

(十三)民讼刑法，严明制定，不可滥行监禁惩罚，以保全人民生命及财产。

(十四)用人不拘门第,求士偏[遍]及朝野,以广人才登庸。

这篇誓庙词文章,很是堂皇可观,那十四条洪范,也都切中当时朝鲜利弊。虽是郑重其事般告庙宣誓,可惜并不曾真个依着办去。井上馨在日本是第一流政治名家,他那里有真心思整顿朝鲜政治?最注意的是洪范第一条,割断附依清国虑念,确建自主独立基础,至于誓庙之后,是否实行洪范的条件,又那里在井上馨心上呢?这时中日战事刚了,《马关条约》甫告定妥,朝鲜国王李熙眼见日本处处占着上风,日本又来亲近朝鲜,他竟认为朝鲜国运转变,所以才会如此呢。誓庙过后,接着满朝文武官员由几个元老领衔,连上几次奏折,除了鬲丽辉煌的大文章之外,后面却说朝鲜如今国运隆昌,政治休明,邻邦赞助,是千载一时的良机。劝国王李熙乘此时机,改为帝制。国王李熙见了这几个奏折,正暗合自己心意,自是十分高兴。退朝下来,袖着这几道奏折,到后宫来和闵妃商量。闵妃正在午睡,国王李熙进来时,跟着的二个小太监要赶前一步,去通报驾到。国王李熙挥手叫小太监出去,二个小太监甚是知趣,便溜了出来。国王李熙走到里面,将一班妃嫔太监们挥手示意,叫他们一齐退出,独自一人,蹑手蹑足,轻轻走到闵妃榻前,一面伸手去撩锦帷,一面心内暗想道,这幅绝妙的海棠春睡图,不知怎样的耐人观看呢。不料锦帷还没有撩起,帷内却嗤的一笑,国王李熙冷不防倒吃了一惊,只见锦帷中跳出一个云鬟半偏,花冠不整的美人来。国王李熙定睛看时,正是闵妃,不觉也笑了。闵妃向国王李熙行下礼去道:“贱妾孟浪,有忤上旨,罪该万死!”国王李熙见了闵妃这种妩媚神情的色相之后,愈发令人心醉,便笑着道:“妃子何罪?是朕的不是,扰醒了妃子的好梦。”说着挽了闵妃的手,在榻傍椅上叠股坐了。闵妃一眼瞧见国王李熙袖里笼着奏折,不觉脸沉了一沉,立时又转换了一副笑脸道:“敢是朝中又有什么参案,不知与贱妾可有关系么?”国王李熙摇头道:“不是参案,却是一桩大事,正要来和妃子商量呢。”说着取出袖笼里的奏折,递与闵妃。又说道:“这折子上说得很是冠冕堂皇,妃子你仔细看了,只说赞成不赞成便了。”闵妃接过奏折,一声不响先看了一遍,才微笑道:“这事须得与日本公使井上馨商量为是。”国王李熙道:“妃子说得是,然而我们自己也须先行斟酌一番,才是道理。”闵妃道:“既是国人的公意,又是吾王福德所感,贱妾安敢有异词呢?只是日本公使井上馨处必须要弄得妥当些,不然怕又有枝节生出来。”国王李熙点头道:“妃子高见甚是,且想得很是周到。”当下与闵妃鬼混了一阵,午后重再出殿。差了一个法部大臣,特地到日本公使馆,征求日本公使井上馨对于改称帝制的意见。

井上馨因朝鲜改称帝制,与日本的权利并无妨碍之处,自然顺风推舟,并不难为，一口应允。国王李熙得着这个信，知大事成功，不胜欢喜。过了几日，居然谕旨下来，准元老所奏，改称帝制，王称皇帝，妃称皇后，太妃称皇太后，太上王称太上皇帝，满朝文武百官，尽皆加官进爵，赏赐有加，倒真的有些像太平气象。闵妃居然变了皇后，掌昭阳正宫。日本公使乘着这个时机，保举一个开化党党人，这人姓朴名容汉，是前朝鲜国王的女婿，曾经出力帮助大院君李昰应复职摄政，大院君李昰应失败，朴容汉因在朝鲜站立不住，便逃往日本。这回日本公使井上馨要想利用朴容汉，特地保举出来，国王李熙见是井上馨保举的人，如何敢说个不字，更不敢有所怠慢。这时总理大臣改成首相，忙将首相金宏集另调他职，把首相位置给了朴容汉。谁知朴容汉接任首相之后，便做出了一番惊天动地的大事来。正是：

弗以人才拘一格，独凭孤愤辟群非。

欲知朴容汉做出什么事来，且看下回分解。

评：我真不知道，何以国内有了党派，就要大家倾轧起来。你想消灭我，我想消灭你，弄得不好，甚而两败俱伤。好比鹬蚌相争一般，反被渔翁容容易易得了利益而去。试观朝鲜国内的开化党和急进党的互相倾轧，而且双方暗斗得甚为厉害，结果朝鲜亡了国之后，虽想不再倾轧，不再暗斗，恐怕这时国内的大权，掌在日本人手内，由你团结了实力，消除了纠纷，那里还能得到一些自由呢？

回观我国近来党与派的倾轧，也暗斗得异常厉害。不知他们各党派的领袖大人物，所居何种心肝？将来一旦国亡家破，朝鲜的前车，就是我国目下的殷鉴。真的到了这种日子，就想懊悔要嫌太晚了。唉，我不妨就在这里高唤着请大人物们的党派之争，还是早除成见。因为国难已经临头，再不醒悟，国亡指日可待矣。日本人还有一桩很鬼精灵的手段，就是遮掩国际间的外人耳目。他们也知犯了众怒，是很难对付的，所以他们总在事前或事后，惯做稳住各国的遮掩手段，请看当时日本人在朝鲜的横凶霸道，弄得韩人怨声载道之后，掉换驻朝鲜公使啊，惩戒侨居朝鲜的日人啊，什么花样也做得出来，日人的卑鄙恶毒手段，真令人佩服。

国王李熙的懦弱无能，并少决断，上集书中早已叙述得很详细了。此番日使井上馨袖了代拟的改革条件二十款来朝见，早就应该毅然拒绝才是。想不到他竟会吓得接受了之后，真会觍颜称帝，誓庙告祖，闹得不亦乐乎。欲国不亡，其可得乎？

第十二回　飞［蜚］短流长首相被谤　临歧话别夫人伤心

且说朝鲜新任首相朴容汉虽是开化党党人，在日本留学，受日本保护，可是朴容汉的眼光，与别个开化党党人不同，很知爱国，早瞧透世界各国能够扶助朝鲜的，不是中国，更不是日本，反是远隔重洋的美国。原来朴容汉逃往日本时候，正是光绪八年，那时朝鲜国事一天紊乱一天，朴容汉伏处日本，一面在学校中研究科学，一面却入了美国的青年会，信奉耶教，受了洗礼。每逢礼拜日讲经说道，朴容汉风雨无阻，必定是虔诚往听。教会中美国人，久而久之，知道朴容汉是个不忘祖国的亡命客，又是道德高尚，且也热心宗教，不由得大家十分敬爱起来。有时常把美国革命史、革命政府成立的缘起，细细的和朴容汉谈论。于是朴容汉渐渐地起了倾向美国的意念。

这次由日本驻朝鲜公使井上馨特别保举，朴容汉容容易易的做了朝鲜首相。在井上馨以为朴容汉这番能够回国，不但祖宗坟墓保全，又是自己得了高官厚禄，照恩仇报复常情而论，想来朴容汉定与日本出力的。那知道朴容汉的意见，正是相反呢？朴容汉接任首相之后，首先注重教育，因自己受过教会中的薰陶，对于耶稣教徒也十分优待。那时恰巧有个美国新闻记者名唤克南佐治，正游历到朝鲜，闻知朝鲜新任首相和美国人感情很好。克南佐治听了，不觉有些奇怪，便用新闻记者名义，到首相私邸去谒见朴容汉。朴容汉见是美国新闻记者，就立刻接见。克南佐治谈了几句应酬话后，从容问道：“朝鲜政治，久待整理，首相自日本归国，膺此重寄，不知政治方针，是取何种态度？”朴容汉道：“美国政治休明，名闻全世界，这是朝鲜久所欣慕。鄙人在日本之时，常常与贵国人士晤谈，深知世界各国中，能讲公理，酷爱和平，有大国民风度的，只有美国。朝鲜现时大势，非从教育入手，难望根本改革。世界上最热心教育，最能以公益道德为重的人，自然是教会中人，美国与朝鲜虽是重洋远隔，然以邦交而论，朝鲜殊觉十分钦仰美国的。”克南佐治听了点点头道：“首相的识见，确知世界大势，首相所言，也切中时弊。”当下又谈论一会，克南佐治方辞了出来。

朴容汉所抱的政策，在和克南佐治闲闲的几句谈话中已流露了不少。朴容汉因是日本公使井上馨特别保举的人，一般朝鲜人，未免有些不信任，背地里给朴容汉上了一个“卖国贼”的徽号。渐渐“卖国贼”三字，弄得通国皆知。这风声传入朴容汉耳中，把朴容汉一番热心、一团高兴，一齐打个顿挫，觉得闷闷的没兴趣再问政事。有知道朴容汉为人的，多方劝解。经他们一劝，朴容汉便转念道：“我是不是卖国贼，须看我的作为如何。倘使我施行的政事，能将朝鲜从新振兴起来，我这一点报国丹心，后来自会有人知道。千秋万岁之后，总有公论的，现时的流言毁誉，我又何必介意呢？”朴容汉主意一转，果然又振起精神，照旧实心实意的努力做去。

谁知一波未平，一波又起，有一天一个日本顾问官忽地来见朴容汉，朴容汉不得不接见他。见面之后，寒暄方毕，日本顾问官就单刀直入的说道：“现时朝鲜所聘的顾问官，各国人士皆有，未免国籍太分歧，人类太混杂，每遇到议事，意见便不能一致。因此不能收相当的效果，不如一律改聘日本人，那么议事时不致有意见冲突。目前像定币制，整军伍、铁路、邮电诸事，都急待整理，况且均须借重日本人。朝鲜皇帝的意旨，我知道是无可无不可的，首相若能自定主见，这事自然一妥百妥了。日本向来对朝鲜的政治，是诚意相助，首相久居日本，总能深信无疑的。”日本顾问官一面说，一面只管把眼睛盯在朴容汉面上。朴容汉听了冷冷的道：“这事关系很大，且等议政府开会时提出会议，慢慢儿磋商。”日本顾问官不觉焦急道：“提出议政府会议，太费事，太慢了，不如请井上馨公使说一句，要爽快许多。首相受过日本的好处，怎样也和我打起官话来了呢？”朴容汉听了这话，便沉下脸色道：“国家大事，总须依着规矩办的，至于私人情谊，又是另外一个问题。万不能将国家大事与私人情谊牵混在一处，弄得公私分不清楚。”日本顾问官万不料朴容汉竟会铁面无私，便无精打彩的去了。这时在朝鲜的日本人，都知朝鲜首相是日本人栽培起来的，大家都想得些好处，甚至今日有日本人来见首相，想谋一个官职，明日又有日本人来见首相，想借些借款，首相私邸和首相官邸，日本人的踪迹川流不息，于是益发引起朝鲜人民的疑虑。大家说朴容汉决不能忠于朝鲜，定是偏向日本。朴容汉和日本人的感情，虽十分冷淡，但是在表面上却不能不顾着日本面子，虚与委蛇，一面又听了朝鲜人这般的话，心中的愤懑，自有说不出的苦了。

偏是那时候政局风潮闹得异常剧烈，那风潮中主动有力人物，却是俄国驻朝鲜公使魏尔白，魏尔白是个外交界上的好手，本在北京任俄国驻中国公使馆的书记官。光绪十年，才升任到俄国驻朝鲜公使。魏尔白到任之后，便处心积虑，想在朝鲜政治舞台之上，和日本见个高下。因在东方多年，平素有揣摩东方人性质，深知东方人的脾气，所以到了朝鲜，处处将小惠笼络朝鲜人。魏尔白的夫人，这时跟着魏尔白在任上。那魏夫人生得花容月貌，甚为妍丽，议论才调，更属高人一等，确是魏尔白外交上的一个好帮手。魏夫人因常常入宫谒见闵妃，和闵妃非常投机。

闵妃本是机警的人，又知道魏尔白在朝鲜政治舞台上活动甚力，便竭力的与魏夫人交结，渐渐把朝中机密要事，向魏夫人征求意见。魏夫人起初不肯参加意见，禁不得闵妃二次三番的请教，魏夫人装着勉强的样儿，稍为参加一些意见，却又是落落大方，绝没一些私见偏向在内。闵妃见魏夫人如此，益发佩服，有时朝鲜的机密大事，朝中执政大臣连影子都未曾见，魏尔白却早已明白，这自然是魏夫人从闵妃那里得来的消息了。所以魏尔白在这几年中，先订了俄国和朝鲜通商的条约，又订立俄国和朝鲜的边界通商条约，再将朝鲜咸镜道中兴庆地方开作通商口岸，并经营乌苏里江流域开拓，都是魏尔白仗着夫人的助力，才能办妥。中日战事既起，朝鲜的汉城，中国的北京，当有魏尔白的踪迹。中日和议告成，俄国、德国、法国三国干涉日本，归还远东，表面是三国仗义的公论，其实暗地里是魏尔白主动，也是俄国与日本暗斗开始。于是朝鲜国上上下下，都说魏尔白是个好人。日本虽是战胜中国，朝鲜人这时视日本公使没有视俄国公使重要。魏尔白趁着朝鲜人尊重他的时机，便组织一个俱乐部，定名“贞洞俱乐部”，又和法国美国籍的朝鲜顾问官与公使都联络了。就是朝鲜稍有盛名的人物，如李完用、李允用、尹致昊、徐光范、闵商镐，都拉来做贞洞俱乐部的会员。魏尔白将贞洞俱乐部做了活动的大本营，加着操纵有法，外而朝鲜的朝堂上，魏尔白的势力，无形中渐渐增长，内而朝鲜的宫闱中，魏夫人施展手腕，一切秘密消息，格外的灵通。于是开化党的党员，便受了大影响，辞职的辞职，革职的革职，日本人的势力削去不少。首相朴容汉虽是日本公使井上馨特别保举的，但是因为一切行政用人，绝没有些偏近日本臭味，魏尔白倒没有推倒的决心，倒是闵妃终因朴容汉位居首相，着实碍着自己势力发展，不能不昧着良心，想推倒才行。

闵妃咬咬牙齿，下了决心，便私下嘱咐一班心腹的人，在外面不知怎样的收罗了几百个日本工人，居然连名上书，说首相朴容汉忘恩负义，不为国家治事，专行结交匪人，营谋个人私利，居心实不可问，朝鲜若不按法惩办，殊有负日本整理朝鲜政治的好意。国王李熙接了这封请求书，觉着此事问题甚大，不是随便可以处理，心里疑信参半，踌躇不定。退朝后和闵妃商量，依着国王李熙主意，是叫人拿着原书到日本公使馆去向井上馨磋商着办。闵妃冷笑道：“这事既是日本人来告发，又要再去问日本公使，岂不是多此一举么?”国王李熙道：“依妃子的主见，是怎样处置呢?”闵妃又冷笑道：“日本人素来不好惹的，不要再去惹出别的麻烦来。”国王李熙沉吟了一会道：“妃子，这事你替我办罢。”闵妃巴不得有这旨意，立刻答应。马上召见了一个亲信大臣，入宫授了旨意。不多一会，教令已经草成，也不给国王李熙过目，就发了出去。第二日，朝鲜报纸上便宣布首相朴容汉即日解职，调简前总理大臣金宏集回首相原任。这事因为来得甚是奇突，朝鲜大小官员，都吃了一惊。只有俄国驻朝鲜公使魏尔白，事前早已知道，却一声不响。日本驻朝鲜公使井上馨事前虽也有些知道风声，因朴容汉自任首相以来，处处不肯替日本效力，井上馨便不出头说话。

朴容汉接着解职的谕旨，笑了一笑道："我早知道有这一天，如今还了我自由身子，也是一件好事。"就立刻办理移交，晚上回到私邸，一五一十告诉了夫人。朴容汉的夫人和国王李熙是堂姊弟，听了不觉大怒道："如今朝鲜上下大小的官员，那一个不是皇亲国戚，怎么偏是我们巴结不上？这是什么原由，我倒要进宫去问个明白。"朴容汉道："这些话不是现在所能说得清楚的，且快不要去提了，现在最要紧的，先给我收拾几件简单的行李，我明天交代完毕，马上就要出走。"朴夫人大惊道："噫，你走到什么地方去呢？"朴容汉道："去的地方，这时却说不定。近些的或许再到日本去，远些的我索性跑到美国去，总之我解职之后，万不能再在朝鲜境内居留片刻了。"朴夫人见朴容汉说话有些神色仓皇，便也猜知这事背后另有内幕。果然朴夫人当夜替朴容汉收拾好了几件简单的行李，朴容汉一夜不睡，在书室中写了许多信，兀自坐到天明，就匆匆的往首相官邸，和回任首相金宏集办理交代，足足忙了一日，方才将移交办完。朴容汉立刻回到私邸，急急的更换了便衣，携了一只小皮包，向着夫人道："我如今出得门去，能够踏进日本公使馆，我什么都不怕，就是去路也千稳万妥了。昨夜收拾好的行李，我到了日本公使馆，再差人来取。"朴夫人含着泪道："这样的冒险出走，不卜在路上是凶是吉，叫我怎地放心得下呢？"朴容汉道："这个我也管不得许多，夫人你是朝鲜国王的至亲骨肉，暂时留居在此，料还不防事的，我却去了。"说着别过夫人，径自从后门出外，向日本公使馆而去。朴夫人情知挽留不得，欲想进宫理论，又不知朴容汉将来的踪迹如何，一肚皮委屈，竟是没处诉说，这里权且按下不提。单说日本明治天皇，忽然觉着井上馨在朝鲜办事不力，立时降旨，召井上馨归国，另派新任公使。这新公使到了朝鲜，便又生出无数大事来。正是：

岂有庐山留面目，尽多孽海葬儿孙。

欲知新任日本驻朝鲜的公使是谁，且看下回分解。

评：朝鲜首相朴容汉，从前亡命日本的时候，虽受过日本人的保护，可是他的眼光很远大，志气很不凡，道德很高尚，又富于爱国思想，所以后来虽由日本公使井上馨特别保举他做了首相，他非但不给日本人出力，不替日人说话，而且还极力的反对日本人。像朴容汉这种人物，总可以称得起是一个富于国家观念者了，其余的开化党人，对之真要愧死咧。还有一般朝鲜百姓，因见朴容汉和日本人有着特别关系，未免背后都有些不信任他，所以上他一个卖国贼的徽号。可笑韩人的不分青红皂白，我真要替朴容汉打抱不平了。

朴容汉后来仍旧能够抱了“笑骂由他笑骂，首相我自为之”的宗旨，把一片报国丹心，奋起精神，努力做去，暂时的飞短流长，都置之脑后，我真钦佩他的刚毅果敢，勇往直前，不为流言而屈服，不为毁誉而畏缩，请问韩人中能有几人？凡人立身处世，对于公私两字，第一要分得清清楚楚，方能干得成大事业，否则公私不分，或者以公济私，以私济公，互相牵混在一处，如何还能干得成好事情呢？

本回书中同时叙述着二位夫人，一位是俄国驻朝鲜公使魏尔白夫人，一位就是朝鲜首相朴容汉夫人。魏夫人擅长交际，故魏公使得他夫人的帮助不少，著者在本回书中竭力描写魏夫人如何如何，却为第十四回书中先埋下一枝伏笔。朴夫人自以为也是皇亲国戚，而偏巴结不上，愤而欲进宫质问理由，虽说这是妇人之见，倒也未始不理由充足咧。一笑。

第十三回　争政权闵妃遭惨祸　矫朝命各使起违言

话说朝鲜首相自金宏集复任，闵妃一党的势力，又增加了不少，开化党党人的势力，几乎完全消灭。这个消息传到日本，明治天皇疑心井上馨在朝鲜办事不力，便想易人。留心相当继任井上馨的人物，拣来拣去，却拣中了一个子爵，这子爵名叫三浦梧楼，是惯行大刀阔斧手段的人物。明治天皇一连召见三浦梧楼几次，三浦梧楼也很愿意接井上馨后任，于是明治天皇降旨调井上馨返国，三浦梧楼继任日本驻朝鲜公使。这个消息很是秘密，朝鲜君臣们事前一些也不曾知道。等到三浦梧楼到了朝鲜，朝鲜君臣们才知道日本忽然将公使易人，大家暗暗称奇，想井上馨做得好好的，为何忽地调归国去。然而猜来猜去，也猜不出用意。井上馨临行去向朝鲜国王李熙辞行，顺便说道：“目前朝鲜朝野人物，论到聪明仁智，没有人及得到大君主的。从今以后，大君主可以自己执掌朝政，这是本公使临别赠言。”国王李熙不知井上馨话中有因，只唯唯应着。井上馨出宫之后，第二天便束装登程，径回日本。

那时三浦梧楼新接公使任，便有一个久在朝鲜的日本侨民，名叫冈本柳之助，乘势就大大活动起来，冈本柳之助居住朝鲜已经有二十多年光景，人家都不知他是何种职业，不是工人，更不是商人，也不是官吏，亦不是军人，大家捉摸不定他究竟是那一流的人物。冈本柳之助平日的手面十分阔绰，和他往来的都是达官贵人，朝鲜宫中冈本柳之助也有本领可以混迹出入，可见他的神通手段，实在非常广大，不是个等闲人物了。冈本柳之助和大院君李昰应十分要好，大院君李昰应也十分信任冈本柳之助，在井上馨返国这几天中，冈本柳之助天天到孔德里大院君李昰应私宅，不知和大院君李昰应说什么话。日本公使馆，有个参赞，名唤杉村，这时也忽然常常到孔德里大院君李昰应私宅中走动。新任公使三浦梧楼，虽知道此事，却装作不知不问的样儿。不多几时，俄国公使魏尔白得着了一个惊人的消息，传说八月二十三日寅初时候，朝鲜京城必将发生非常大变故，魏尔白料知这事又与朝鲜政治有关，便叫夫人入宫，特地通知闵妃，好留意提防。闵妃不觉斗的吃了一大惊，登时暗中设法戒备，想着京城中有五营新兵，足足有千余人光景，是日本人代为训练的，闵妃深恐日本人利用这五营新兵，便想寻个事故，将三[五]营新兵解散。

也是朝鲜合该有事，无巧不巧的在八月十九这一天，有几个新兵，不知如何，竟在街上和警察冲突，新兵越聚越多，警察寡不敌众，被新兵打死了好几个。内政部大臣也弹压不下，便据实入奏，闵妃正要寻新兵的事，这机会来得正好，立时授意各大臣趁此解放新兵。兵部大臣领了密旨，登时就下紧急命令，将统领新兵的几个统领官一齐被革官职，强迫新兵全数缴械，忙了三日，才将五营新兵如数遣散。

这么一来，朝鲜京城内愈加风声紧急，到了八月二十三日这一天，人心惶惶，似乎有大祸临头的模样。等到下午，朝鲜京城内满街都是日兵，出队巡逻，一直闹到半夜里，并不见有什么动静，百姓方始稍稍的安心。谁知到了下半夜二点钟光景，离着朝鲜京城七八里一所府第中，突然拥出一队兵士，约有五六百人左右，都是全副武装，荷枪实弹，人屏气，马摘铃，飞驰疾走，向朝鲜京城而来。为首的一员将士骑着高头骏马，左右前后，跟随了十余个军佐。原来这员为首的将士，就是久经废置、年逾八十的大院君李昰应，跟随护卫的军佐，都是年轻力壮的日本少年军官。一大队人马拥着大院君李昰应，走得甚快，不一时已到朝鲜京城的南门，城上守城的日兵都装做没有看见，不来理会。大院君李昰应见南门紧紧闭着，不由勒住马头，很有些踌躇起来，正要回头向跟随护卫的日本军官问话，只见西南角黑影里，飞一般一匹快马驰来，马上骑着一个日本军曹，直到大院君李昰应面前，便勒住马道："我们军队误会了口号，如今都在西门外散开队伍等着，时候迟了，请太上皇赶速前去。"那军曹说完了几句话，拨转马头，依然飞一般朝着原来路上黑影里驰去。大院君李昰应也登时发了个紧急号令，勒转马头，仍由大院君李昰应在前领队，一队人马，靠着城墙，兜到西门而来。这时朝鲜京城的西门，竟是城门大开，大院君李昰应领着人马，刚到西门，那四散伏着的日兵，立时聚集拢来。大院君李昰应在马上鞭梢一挥，大队人马就拥着他直进西门，守城日兵一些也不拦阻。约摸四点钟光景，已到朝鲜京城的光化门外。这时守门的朝鲜兵士，正在睡兴方浓，朦胧里被枪声惊醒，那里能够战？光化门便被日兵攻破。守门的朝鲜兵士，走得快的，逃得性命，走得慢的，都被日兵杀了。大院君李昰应领着日兵闯入宫来，不料忽由宫内撞出一个人来，这人是皇宫守卫队队长，姓洪名启勋。

当年大院君李昰应第一次带兵入宫，这时洪启勋还是一个轿夫，在混乱中保了闵妃，逃出宫去，将闵妃领到忠清道长湖院自己家中躲了好几日，后来中国陆路提督吴长庆领兵平定乱事，闵妃方才回宫。闵妃回宫之后，便十二分宠幸洪启勋，登时将他加官升职，做过一任招讨使，带兵剿东学党，在日前山打了一个大败仗，幸有闵妃从中帮忙，不曾有罪，反调任皇宫守卫队队长，在宫中为闵妃第一个心腹人。这夜洪启勋正在宫值班，听得大院君李昰应又会带兵入宫，洪启勋怒从心头起，拿了一支手枪，直撞出来，正和大院君李昰应撞个正着。洪启勋不问三七二十一，迎面朝着大院君李昰应就是一枪，也是大院君李昰应命不该绝，这一枪竟没有打中，那日兵的枪弹，却像雨点般向洪启勋身上飞来。可怜洪启勋单身一人，济得什么事，登时身中数十弹，倒地而死。

光化门已破，大院君李昰应指挥大队人马直扑大化宫。宫内国王李熙和闵妃，早已吓得没处可奔，国王李熙避入坤宁宫。闵妃想学上一次法儿，赶忙换了一身宫女衣服，乘混乱里混出宫去。谁知道这时天色既明，日兵打破了大化宫宫门，大院君李昰应到此虽有些不好意思，也顾不得许多，便径入坤宁宫，来寻国王李熙。相见之后，倒是仍行父子家人相见礼，关闭了坤宁宫宫门，不知他们二人在里面说些什么话。那班进宫的日兵，乘机在宫内搜掠，各处乱闯，遇箱便翻，逢箧便倒，闹得一班宫娥妃嫔，都是披头散发，急急奔避，满宫但闻哭声震天。日兵又在各处搜寻闵妃，却那里寻得着？有个日本军曹，在大化宫门前，忽然瞥见一个宫女，遮遮掩掩的想混出去，那军曹赶过去拔出佩刀，向宫女便刺，一连几刀，宫女血流遍体，倒地不动。那军曹斗然心上动了一动，俯下身去，在血泊里细认宫女面貌，认了一会，却认出这宫女正是闵妃改装的。那军曹大喜，叫过几个日兵，吩咐守住这尸身，自已寻了一匹快马，飞一般向日本公使馆而去。不多一会功夫，仍是飞一般回来，在宫门外下马，急急的召集一小队日兵，吩咐去取茅柴、火油、棉花，须臾取至，那军曹又吩咐日兵将闵妃尸身用棉花裹了，浇上火油，再将茅柴堆在上面，点了一个火，登时烧将起来，烈焰飞腾，臭气四布，直烧了二个钟头，可怜闵妃一个如花似玉的美人儿，竟自烧成灰尘，随风吹散，连一根骨儿都没有留剩。

大院君李昰应闻知闵妃已死，心上好不欢喜，国王李熙听得这个消息，一股伤心酸泪，禁不住放声大哭。大院君李昰应便派了一个年老的戴将军，伴着国王李熙，在偏殿内一间小室中暂且居住。等到八点钟，那位日本新任驻朝鲜公使三浦梧楼子爵，带着一大队日兵闯入朝鲜皇宫，与大院君李昰应会面，随即由三浦梧楼发令，宫内外各门皆命日兵守住。这时各国驻朝鲜公使都得了信，先后也赶到了，朝鲜文武官员，大家拥在朝堂上，正不知如何是好，只见一个宣传官从宫内出来，拿了三道教令，就在朝堂上当众宣读道：

朕临御三十二年，治化未能内治，正宫闵氏，每引亲党，蔽朕之聪明，剥人民，紊朝政，卖官鬻爵，种种贪虐，地方盗贼，因之四起，宗社濒危，朕甚恶焉。惟因朕之不明，知之而不罚，虽然，亦顾忌其党誉，前曾思所以遏抑之。去年二月，告于宗庙，后嫔宗戚，不许干涉国政。誓告后，深冀闵氏之悔悟，讵闵氏旧恶不悛，仍密引群小辈，离朕之同姓，阻止国务大臣之进见，今又矫旨解散军队，激起事变，离朕以避其身，复蹈壬午之故辙。是于正宫之爵德不称，其罪恶贯盈，不得已效朕家故事，将闵氏废为庶人。

宣传官读完第一道教令，朝鲜满朝文武大小官员，大家都有些摸不着头脑，又见朝内尽是日本人势力，更是做声不得，那宣传官取出第二道教令，又当众宣读道：

朕念王世子之诚孝，废妃闵氏，特赐嫔号。

宣传官读完第二道教令，取出第三道教令，一般的当众宣读道：

今后，凡百政令，皆先由内阁大臣议定，请朕裁可，然后施行，所有内阁臣僚，当依宫内府所定之官制，各自恪守，不得越违。

这道教令却是诰诫百官的，宣传官读完三道教令，仍自回进宫去，各官知道这问题闹得大了，不是一时可能解决的，便也各自散朝，朝鲜京城内也登时闹得乌烟瘴气，街谈巷议，说的都是谈论宫中乱事。

有一位度支部大臣，姓沈名相薰，这日退朝回来，实在受不住这一肚皮气，便草了一篇辞职文，叫人去贴在度支部衙门口，自己便更换了寻常百姓衣服，悄悄的走得不知去向了。京城内满街尽是贴满了大院君李昰应的榜示及独立议所的告示，京城警察所奉了朝旨，派警察四面捉拿党人。几个这时有名的党人，首先撞在风头上遭殃的，是沈万里和李启康二人，捉到警察厅中，严刑拷打，接着又捉了李道澈、林最深、安网寿、李戴纯四人，再捉了沈怀玉、侯天忠、林善祥、柯如乔四人，闹得满城风雨，几乎家家查抄，户户搜索，不知冤枉了多少安分守己的良民。英、俄、美、德、法诸国驻在朝鲜的访员，见了这般情形，均拍发急电向本国报馆报告，于是英国兵舰就驶入济物浦，俄国海军兵士和美国陆军将校，都在仁川登陆，陆续的向朝鲜京城而来，越发闹得像马上就有大战一般了。

单说这日各国驻在朝鲜的公使，在朝堂上见了这般情形，国王李熙只住在偏殿一间小室里，除了戴老将军相伴之外，只有太子跟着，各公使见了，都觉得有些凄惨。问问闵妃的下落，又问不出来，国王李熙又碍着戴老将军在旁，如何敢直说？各公使心上各不自然，不约而同的去质问日本公使三浦梧楼，三浦梧楼也说不出原委，只得随口敷衍。俄国公使魏尔白第一个发起，在贞洞俱乐部和各国公使开了一个会议，魏尔白在会议席上首先发言道："朝鲜国王李熙在宫中，是无形的被人监禁着，还不知他将来的性命如何，朝堂上却偏有这许多教令发出来，要改革朝政，请问这是那国人肯相信呢？"英国公使道："这不用说了，是大院君李昰应这老儿的遮掩手段。"美国公使道："大院君李昰应这老儿，本来和闵妃有仇，大家势不两立。这次事变，闵妃踪迹不见，不用说自然是大院君李昰应这老儿主动的了，据别人所说，日兵进城闯宫之时，大院君李昰应这老儿还在前面领队呢。"魏尔白摇头笑道："这是表面的文章，大院君李昰应这老儿既是八十多岁的人了，还有几许精神，还有多少日子活在世上？暗地里自然有人在后面牵丝吊影，这老儿不过给人家做幌子，我们须要留心暗地里主动的人，仔细的对付他呢。"各国公使一齐笑道："方才日本公使三浦梧楼子爵说话含含糊糊，怕不是他在暗地里弄鬼吗！"魏尔白点点头道："正是此人。"各国公使大家沉吟一会道："现在朝鲜国王李熙不但起居饮食不得自由，而且一举一动、一言一语都很涉危险，我们做了一国的公使大臣，却也不能不管一下的了。"当下各国公使便会议了几次，议出了一个办法，这一下很关朝鲜兴亡气运。正是：

十年薪胆同仇史，四海讴歌国父恩。

欲知各国公使怎样的举动，且看下回分解。

评：日本派往驻朝鲜的公使，出一桩事，掉换一下，横掉竖换，掉来换去，掉到本回书中，却换来了一个子爵，名唤三浦梧楼。著者在他的姓氏之下，接着就描写他是惯行大刀阔斧手段的人物，我人未阅下文之先，见了这"大刀阔斧"四字，已经要汗毛孔站起班来了。我知可怜的朝鲜人民，不幸碰着这么一个日本公使，也好说是倒足了几千年的霉了。一笑。

日本公使井上馨被调回国，临行向朝鲜国王李熙辞行的时候，他的临别赠言，却是目前朝鲜朝野人物，论到聪明仁智，没有人及得到大君主的，从今以后，大君主可以自己执掌朝政云云。临别而赠这种言语，可知他是别有用意，但是昏瞶如李熙，哪里识得破井上馨的言外余音呢？再退一步说，井上馨到了临行，尚未忘却自己当时出使朝鲜的唯一责任，如井上馨者，可谓始终为其祖国尽力矣。

隐居了好久的老妖孽大院君李昰应，又要静极思动了。老妖孽未出来之前，先来上一个不是工人，更不是商人，也不是官吏，亦不是军人的日本侨民冈本柳之助，说他每天到孔德里去。孔德里是什么地方？阅过本书的，谁都知道是大院君李昰应的私宅。自冈本柳之助一走动了之后，就引起了朝鲜京城发生非常大变故，先由俄国公使魏尔白得了此惊人消息，更从魏夫人传进宫去，再由闵妃授意各大臣，趁新兵肇事的时候下令解散，日本乘此机会出队巡逻，到了下半夜，大院君李昰应突然领兵出发，前拥后护，骑着高头骏马，浩浩荡荡，先把光化门攻破，闯进大化宫，吓得国王李熙避入坤宁宫，闵妃仍想化装宫女而逃，偏偏碰着日本兵不问情由，拔刀就刺，一位才貌出众、机警过人的王妃，就此呜呼哀哉。归根结蒂，闵妃之死，可说是死于老妖孽大院君之手。

第十四回　运巧言广岛宣奇判　设密计囚王脱樊笼

话说俄国驻朝鲜公使魏尔白，邀集各国驻朝鲜公使，在贞洞俱乐部一连会议了几次，各国公使都不甚赞成日本驻朝鲜公使三浦梧楼子爵，在暗中主动朝鲜政变。各公使便互相约定，向朝鲜提出抗议。于是第一个是俄国公使魏尔白，首先致书朝鲜政府，说朝鲜国王李熙正是年轻力强，自可亲理国事，大院君李昰应历来早有嫌疑，这次又带兵直犯宫禁，如此心存叵测的人，岂可执掌政柄？若不早日将政权归还给国王李熙，俄国为公理仗义而起，就要兴师问罪，倘朝鲜政府再不觉悟，那么俄国舰队立刻就要驶入济物浦了。大院君李昰应接了这个抗议，高兴打去了一半，正要想回答，不料各公使的抗议，随后雪片般递来，都是反对大院君李昰应执政，并且提出条件：一、朝鲜政府须立即声明此次政变上进大院君李昰应执政尊号，并非出于朝鲜国王李熙本意；二、闵妃在乱中遭害，须严刑拿办凶手；三、乱后追废闵妃，究竟何人意旨，须立即明白宣布。大院君李昰应登时慌了手脚，明知各国公使的抗议，言外之意，隐隐指着日本，无奈自己先做了十手所指，十目所视的目的物，急急差人去请冈本柳之助来商量办法。冈本柳之助笑着道："太上皇不须着急，我自去安排。"果然不多几日，日本明治天皇派了外务省政务局长小村寿太郎，横滨裁判所检事正安藤谦介二人，领了一个陆军中佐、一个陆军少佐，又带着二十名宪兵，到朝鲜来调查这番政变的真相。

小村寿太郎和安藤谦介，到了朝鲜才只三日，明治天皇又下谕旨，将原任日本驻朝鲜公使三浦梧楼子爵，日本公使馆书记官杉村着各撤职回国。日本驻朝鲜公使着小村寿太郎代理，着安藤谦介暂驻朝鲜，严行纠察日本在朝鲜的侨民。这一个炸雷般举动，表面确是狠引人动听，各国公使见日本使了那掩饰外人耳目的手段，大家便互相磋商，要想个办法，和日本决一高下。俄公使魏尔白更其全神贯注。这一天魏尔白一人正在画室中秘密筹划，忽地魏夫人笑嘻嘻的进来，推推魏尔白道："你想出了主意没有？"魏尔白见他夫人手里拿着一封信，便反问道："你来献什么主意么？"魏夫人笑道："我主意却没有，这里有一封信，你看了之后，或者可以在里面寻些主意。"魏尔白从他夫人手中接过那封信，展开来看时，只见上面写着道：

甲午六月以后，日人霸理朝鲜内政，朝鲜廷臣之声势赫奕者，尽为附和日本之人，且各部顾问官，以日本人承充居多，钱谷、甲兵、赋税诸重任，无不由其稽察。朝鲜国王之政柄权限，几皆尽失，无异尸位而已。乙未闰五月间，日本驻朝鲜公使井上馨氏，忽启奏朝鲜国王曰："历观朝鲜国人物，无如大君主之聪明仁智者，请大君主自亲国政，外臣告归本国矣。"王不疑其他，喜而从之。八月二十三日之夜，朝鲜乱人禹范善、李斗璜等十余人，忽令旧时日本教师所训练之新兵及队长，率其部下练兵五百人，夤夜直犯宫门，日兵则紧随其后。既入宫中，禹、李率逆党四五人，及日本兵士等，拔剑上殿，王与妃罔知所措。妃走避后殿，更衣欲出宫，为逆徒获于宫门，以刃刺之死，复火焚其尸，始扬言曰："妃出走矣。"时总理大臣金宏集、内务部署理大臣俞吉浛[濬]，度支部大臣鱼允中、外部大臣金允植，皆为行弑国母之谋主，而聚敛肥己，专掌国权，威福自专，挟制君王。国母惨薨，时经三朔，无下葬之礼，无发丧之意，恃日本人为泰山之倚，阿谀谄媚，无所不至，遂致国竟无君，盗贼烽起，都门之外，白昼人民不敢独行，士农工商，无不咨嗟太息，然仍敢怒而不敢言。欧美各国人士之在朝鲜者，亦莫不对之扼腕，然又皆以为实乃邻国之内政，相顾爱莫能助。爰有忠义之士十余人，不胜其愤，志欲扫除逆党，保护孱王，先密告于王，禀受令旨，遂于十月十日之夜，督率都外卫队亲兵九百人入宫。不意盘踞宫中之逆徒，先有准备，外兵甫入，枪炮齐起怒发，血肉狼藉，势不能支，顷刻散尽，倡首诸人，先后被擒，从容就义，其能越海逃生者，只数人而已。然逆贼与日本人，反宣言曰："逆徒犯宫。"是则真忠逆相反矣，孰忠孰逆，愿天下人取而证之。而英、法、德、美、俄诸国之驻朝鲜公使，可为公平之言者，呜呼，朝鲜危急迫毫，至斯而极，若使欧美各国，仍不代谋保护相助之道，则朝鲜与朝鲜国王，皆如朝露矣。

魏尔白看完笑道：“这是朝鲜义民的通告书。”魏夫人道：“你对这朝鲜义民的通告书，是怎样的意见呢?”魏尔白道：“那是自然表同情的。这一次政变，完全是日本人在幕后主动，然而对付日本的方法，却不能大意，须细细的想个好方法才是。”魏夫人道：“主使这次朝鲜政变乱事的日木人，撤职回国之后，闻是押在广岛裁判所，已经提起公诉，想来审判的结果，总有下落可闻。”魏尔白笑道：“日本人惯做遮掩他人耳目的手段，广岛审判的结果，我料定不会有什么公平之道的。”魏夫人道：“现在日本派了横滨裁判所检事正安藤谦介，在朝鲜监视日本侨民，想来日本人再不会像从前这般的了。”魏尔白道：“那也不能说是日本的真意，昨日我曾经得着非正式的消息，据外面传说，广岛审判是已经判决了，被告一概释放，宣告无罪，三浦梧楼仍旧恢复子爵原位呢。”

魏夫人正要回答，却见仆人送进报纸来，魏夫人接了过来，翻开来看了看，便递给魏尔白道：“果然广岛审判是宣判了，这里载的是广岛判词。”魏尔白接过来道：“哦，这是《远东月报》，向来很注重日本消息。”魏尔白当下细细的看下去，一会儿点点头道：“叙述事实，倒也是不错的。”等到将广岛判词全文看完了，魏尔白冷笑道：“日本人真是什么都做得出来的，这种判词，可算是开千古未有之奇闻。一国驻外使臣，作了乱事主谋，害及国母，囚禁国王，是何等情节重大的事件，偏偏轻轻巧巧用了‘事无佐证’四个字，便一概不问，将案注销。辩护书更是笑话了，反说三浦梧楼有功无过，不但是替朝鲜消除后患，并且是为世界维持和平呢。”魏夫人听了，半晌不响，才慢慢的说道：“日本既是这样，我们似乎是不能坐视不问了。”魏尔白道：“自从政变乱事起后，我已筹划了几次办法，何奈国王李熙被幽禁在宫内，一些儿都不能作主。而且一班官员一大半是和日本人一鼻孔出气的，如何好和他们去商量呢?”魏夫人道：“朝鲜的人民，倒有许多义士，肯挺身出来的，可惜都不曾成事，我们又没法去帮助他们。”魏尔白道：“此番政变乱事，是从宫中发作出来的，我们还须仍在宫中下手为是。上次甲申年的政变乱事，中国能够平定，能够胜利，这是最好的榜样，我们可以效学的。”魏夫人道：“宫中情形，我很是熟悉。闵妃在日，我差不多每天进宫出宫，总在三五次以上，守门的禁卫兵及太监妃嫔等，也都知道我和闵妃的交情，从来不曾盘诘过一次。可是现在闵妃已死，局面大变，宫内差不多尽是日本人的势力，自政变乱事起后，直到现在，我还没有进宫去过一次，不知宫内的情形是怎样的了。”魏尔白迟疑了一会道：“那么你姑且进宫去一次，看看宫里现在的情形是怎样，和宫里认识的妃嫔谈一下，到处随机应变，或者可以得着消息。”魏夫人道：“这个使得，我今天就想进宫的法子去。”魏尔白道：“我闻得伴着国王李熙的这个戴老将军，是向来最会‘种树’出名的，我很想在他身上做个入手的线索。你宫里出来之后，我若有把握时，便可慢慢的在外面想办法了。”当下魏尔白夫妻计议定当，各自分头前去行事。

再说朝鲜国王李熙，自在宫内被囚禁以后，宫内一班妃嫔，经日兵搜杀了一次，个个吓得心惊胆寒，欲想避出宫去，守住宫门的日兵，稽查严密，休想走得。后来三浦梧楼撤调回国，小村寿太郎接任，知道闵妃烧死，宫中想来不会再有什么变故发生，因此宫门口把守的日兵，盘诘便松了许多，宫内这班妃嫔，才得可以偶然进出一二次。那魏夫人在外面找着几个从宫内出来的相熟妃嫔，和他们商量好了，自己换了朝鲜妃嫔打扮，跟他们混进宫去，守门的日兵，只道是宫内妃嫔出入，谁知当中混着一个俄国公使的夫人呢。魏夫人进出了几次，在宫内施展手腕，运动了许多人，探知朝鲜国王李熙囚禁的这间小室，日兵防守得异常严密，除了各国公使之外，无论何人都不许进去和国王李熙见面，虽是朝鲜的贵族，朝鲜的大臣，也不能会见，只有伴着的这个戴将军，可以在这间小室中进进出出。就是外面有人送衣服与饮食进来，也由守门的日兵仔细的查验过了，才许递进去。美国公使怕日本人再在暗中下毒手，特地派了一个美国著名的医生，和几个美国慈善会的教士，帮着检查食物。这一天忽然外面有人送进一小箱水果，还附着一封信，守门的日兵，问知是俄国公使魏尔白送进来的，便不敢拦阻，交给戴将军拿了进去。戴将军拿到里面，笑嘻嘻道："俄国公使魏尔白送了一小箱水果进来，主上且吃一只解解闷。"国王李熙对着这一小箱水果，呆呆地出了半晌神，才泪汪汪道："妃子啊，你死得好苦！"戴将军究竟是年纪大了，不曾听清国王李熙所说的话，也没有去插嘴劝解，又把一封信给递了上去。国王李熙接过信，拭拭眼泪，拆开来看，看完了，脸上似乎变了颜色。戴将军立在旁边问道："这信是俄国公使魏尔白写的吗？信上说些什么话呢？"国王李熙望戴将军面上看了看，就将信递给戴将军道："你自己去看，这事叫朕怎样定主意？"戴将军接过信来，看了一遍，也脸上转变了颜色。后来还是戴将军先开口道："主上的意思，是去呢还是不去呢？"国王李熙惨然道："去是何曾不想去？只是我堂堂的男子，竟如此这般的出去，未免脸上搁不下。"戴将军道："事到如今，那里还管得这许多？主上且忍受一次罢。"这一夜二人在小室内商量了一夜，到了第二日下午，便突然发生一桩惊人奇事。正是：

土崩鱼烂宜无幸，玉碎瓦全岂是恩。

欲知朝鲜国王李熙第二日是如何光景，且看下回分解。

评：各国驻朝鲜的公使，见闵妃忽遭惨祸，国王李熙被幽禁在偏殿一间小屋子里，除了太子跟着他之外，只有一个年老无能的戴老将军相伴着，不但起居饮食不能自由，连一举一动都有人注意。俄国公使魏尔白肯出来这样毅然决然的，邀集其他各国公使在贞洞俱乐部一连议会了几次，都觉得日本公使三浦梧楼子爵的鬼鬼祟祟行为，最是可疑。谚云："若欲人不知，除非己莫为。"所以大凡一人做事，应该光明磊落，大大方方，摊得开，卷得笼，方能深得人心，否则定会触犯众怒，使人群起而攻。可是日人的刁钻恶毒，早为世界各国所深知，当其蓄心谋亡朝鲜之时，虽有俄公使等出而仗义执言，结果，朝鲜仍亡其手。再观日人目下谋我之亟，九一八之占我东北，一二八之侵我淞沪，国联虽洞烛其奸，然其惯使遮掩手段，朦[蒙]蔽远在海外之各国人士，结果如何，吾人深夜思之，不敢深涉遐想。而我国当局，争权夺利，依然如故，将来国亡之后，不知当今之大人物们，是否能够列于亡国奴之例外耶？我真不知他们所居何心。

朝鲜义民的通告书，简洁扼要，一字一泪，一句一血，读之令人回肠荡气。不要说俄国公使深表同情，只怕就是其他各国人士见了，也要均表同情，而徒叹爱莫能助。

主使这次朝鲜政变的三浦梧楼，被日皇雷厉风行般的调回本国去后，大家以为最低限度，总要惩戒一番。想不到广岛裁判所判决下来，非但三浦梧楼宣告无罪，而且仍居子爵原位。就是判词之上，也只轻轻用了"事无佐证"四字而完了。这种判词，称他开千古未有之奇闻，真是确切不移。还有辩护书上，反说三浦梧楼出使朝鲜，是有功无过，不但是替朝鲜消除后患，并且为世界维持和平，用这种话来辩护，可说他是苦块昏迷，语无伦次了。一笑。

魏尔白夫人想来对于宫中情形，非常熟悉，著者要这样叙述就是作为囚王脱离樊笼的张本，读者勿被他瞒过。

第十五回　金宏集惨入枉死城　朝鲜王连颁罪己诏

话说朝鲜国王李熙与戴将军二人，在小室内商量了一夜。戴将军再三劝说国王李熙暂时受些委曲，先离开这里的龙潭虎穴，然后再作计较。国王李熙除了依戴将军之话外，也没别法可想，只得委委曲曲的照着俄国公使魏尔白来书行事。本来朝鲜的风气，与众不同，国王办理国家大事，多半在半夜时分方才着手，到了天色明亮，百姓们起床治事，国王却去上床安寝，因此守住宫门的日兵，黑夜里防范得十分严紧，白日中反不十分严紧。

这日十二月三十日，正是大除夕，上午九十点钟模样，宫内出来了一辆绣幔香车，车到宫门，日兵拦住了查看，只见车内坐的是一个半老徐娘和一个年轻少女，车后跟着一个年老的太监，说是一个老王的妃子，要出宫去，日兵便不多问，就放车辆出宫。那车辆出了宫门，驰得飞一般的快，一路上抹角转湾的时候，便有人在那里暗打招呼，指点路途，随后也跟上许多便衣的人，都像是兵士模样的，不多一会，车抵俄国公使馆门口，车方停住。俄国公使魏尔白夫人早在公使馆门外相候，见车辆停住，魏夫人赶紧上前，亲手揭开绣幔，将那车上的半老徐娘和少女，扶下车来，那半老徐娘一手拉了少女，一手把衣袖遮住脸面，魏夫人在前引导，那半老徐娘和少女跟在后面，径入俄国使馆，这辆车才转到后面车房去了。

就在这日下午，朝鲜一班大臣都在朝堂上等候国王李熙起身。不料宫内突然传出消息，说国王李熙和太子，同着相伴的戴将军，三个人一齐失踪了。这消息宛如半空中打了一个霹雳，大家都大惊失色，想宫门守得铁桶相似，三个人竟会生了翼飞出去。日本公使小村寿太郎得到这个信息，也吃惊不小。这时凡是朝鲜国王亲信的大臣，已接着国王的谕旨，赶到俄国使馆，急急的忙查文卷，拟教令。不一时，许多教令先后雪片般从俄国使馆中发出来，于是大家才晓得国王李熙是在俄国使馆中了。各国公使也都到俄国公使馆来，与国王李熙见面，国王李熙一一接见，日本公使小村寿太郎表面上说不出话来，心内一百二十四个不自在，只得也到俄国使馆来见朝鲜国王李熙的面。国王李熙见了小村寿太郎，也不多说话，小村寿太郎情知没趣，只好怏怏的走了，明知俄国公使魏尔白暗地里在那里帮助，况是有组织的举动，有准备的预备，料想一时也敌不过的，不如回去慢慢的再想计较。

国王李熙等日本公使小村寿太郎走了之后，随即发出搜捕叛党的谕旨，一班向来拥护大院君李昰应的官员，这时除了三十六着走为上着之外，便没有别的妙策。然而这时几个有名人物，那里还想走得及？早被一班义民，生擒活捉住了。单说内务大臣俞吉濬，在朝堂上得着了国王李熙入俄国公使馆消息，他知道事情不妙，急急的回转私邸，不料半路上撞着义民，围将拢来，不问根由，将俞吉濬拥着便走。俞吉濬吓得脸如土色，却又没法可逃，也是他命不该绝，走不上二条街，斜刺里涌出一队日兵，举着枪，枪上都上了刺刀，向义民直冲过来，义民手无寸铁，如何抵挡得住？日兵冲散了义民，挟着俞吉濬便走，义民再聚集拢来，随后追时，已经被日兵挟着俞吉濬跑进日本公使馆里去了。义民们上了这一次当，怕日兵再来抢劫犯人，大家一商议，捉住了犯人，与其被日兵抢劫去，不如当场捉住就杀。大家都说这主意不错，决定捉住就杀，免得再被日兵拦劫抢去。内阁总理金宏集，也在朝鲜国王谕旨捉拿之内的，义民拥到内阁总理私邸，闯进邸去，金宏集因走避不及，便被义民拖拽出来，刚拖出邸门，万刀齐下,生生地剁成肉泥。又有一班义民,却来寻农工商部大臣郑秉夏,在农工商部衙门中寻到了郑秉夏,拥了出来,即在大堂上,也是一阵乱刀,斩成肉酱。总之,附和大院君李昰应得党徒,杀却了不少。交旨的时候,国王李熙恨得牙痒痒地,正要亲自审讯,忽听得这班叛臣,都被义民在路上杀了,不由得大奇起来。追问根由,才知怕日兵在路拦劫抢去,才这样大胆办了,国王李熙只得冷笑几声,重又下了谕旨,将尸弃市示众。这种官吏,生前卖官鬻缺,受贿纳赂,苛税扰民,朝鲜人民,早已人人痛恨,个个切齿,当时因他们势焰滔天,人民不敢把他们怎样,现在犯罪被杀,又有国王谕旨,于是朝鲜人民的一口宿仇冤气,尽行出在死人身上,过路的人在尸身上践踏他一脚,也算出了一口气,也有人拾了石子瓦片向尸身抛掷,更有在尸身上割了一片肉,生生的吞下肚去,真所谓生啖其肉了。

接着国王李熙又下罪己诏,这诏读过朝鲜历史的人,都说真是个蔼然仁者之言。那罪己诏之文曰:

> 藐躬谅德,累然臣民之上,抚衷弥自恧矣,而复崇信奸宄,屏黜贤才,用人显乖其方,浸酿骨肉相残之祸,俯仰十年以内,无日不在艰难困厄之中。且吾朝开国至今,五百有余岁,非无祖宗功德,何致似此险象,迭起环生,闾阎日间凋残,社稷时虞阢陧,每一念及,曷胜汗颜,此皆由于孤之狃于偏私,自矜予智,驯至小人竞进,灾祸纷乘,推本穷源,惟孤之罪。今秋忠臣起义,志在锄奸,俾吾国去旧更新,蒸蒸日上,不料逆徒用事,矫传旨令,反肆诛责,自余小民,亦多负屈衔冤,无可伸说,孤岂敢忘省灾肆赦之谊,而靳仁施。今将默冀挽回,振坠绪而臻隆轨,用是普降恩典,除一千八百九十四年七月及九十五年十月间,倡乱元恶,必予骈诛外,其余官民人等,干犯一切罪名,咸赦除之,教下之日,所司官吏,即释令宁家,以冀怨气胥平,神人和洽。至于公私律令,一依前法办理,其前下截髻之令,并非出自孤意,且此事又无关系,何至强拂民欲,激成变端?其缘此而纠众抗官者,应知孤之苦衷,毋再多事。至于遣兵剿洗一节,更非孤之所忍,逆党毒痛全国,害虐蒸民,其罪屈指难穷,其恶擢发难数,要知行伍中人,亦孤赤子,无故使与民斗,彼此必互有挫败,堆尸成阜,流血盈川,孤啮指痛心,匪伊朝夕,且通商务农诸业,类皆畏兵祸,而共停止,死亡饿莩,日有所闻,尤属上干天和,下剥元气。命下之日,其前派将士,星夜回都,揭竿民众,各归安业,所有截髻之事,各随民便,毫无勉强,衣服冠履,亦皆任便服用,民间者于此外尚有苦难,尔各部大臣,其各加意抚绥整饬,无任一夫失所。

恩诰所至，咸使闻知。

建阳元年二月十一日，内部大臣兼内阁总理拟教

在罪己诏以后，各种教令接二连三发下，或是蠲赋，或是赦罪，或是劝兵士，表面上确实闹得十分热闹，但究竟因朝鲜国王李熙居住在俄国驻朝鲜的公使馆中，朝鲜全国人民的人心，总是惶惶不宁，兼之国王李熙，是庸懦无能的人，在俄国公使馆中，闵党和日本党的挟制，虽是全然消灭，然而也是不能毅然决然的自行处置一切政事。在国王李熙的本意，冒险逃避出宫，原想免去苦难，预备自行处置一切政务，不料到了俄国公使馆中，去了金宏集等一班奸党，却又来了金柄之、朴宗扬等一班权恶，日本人不来无理取闹，那俄国人的横肆要挟，便做了日本人的替身。朝鲜国王李熙在俄国公使馆中居住了一月，朝鲜的政局又变做像从前一般的傀儡牵丝。于是朝鲜国王李熙再度黑屋沉沉的岁月，重尝忧谗畏谤，朝夕不能自保的滋味，真是哭笑不得呢。正是：

民气未死终有救，一息尚存事可为。

欲知朝鲜国王以后的岁月怎样，且看下回分解。

评：平剧中有出戏叫做《黄金台》，是演战国时齐有湣王者，日事酒色，宠爱邹妃，不理朝政，太子田发[法]章谏之，王不察，命寺人伊立搜杀之。太子得信，星夜潜逃，为田单所获。单令太子改装为女，方免一死。后乐毅率师伐齐，湣王出避不及，为人所弑，太子乃返国即位。我人看了上面这一段故事，再拿韩王李熙乔扮半老徐娘，设计逃出樊笼的事来两相一比较，虽曰田法章和李熙大家都是贵族，一般地都因有难而乔装改扮，结果齐太子仍能位登大极，而韩王却终为亡国之君。我不禁欲大呼：齐太子何幸，韩王何这样的不幸！

义民的剁杀叛臣，阅之令人称快。捉一个，杀一个，捉两个，杀一双，可惜没有把所有卖官鬻缺，受贿纳赂，苛税扰民的贪官污吏杀完，否则朝鲜之亡，恐怕没有如此之速。

韩王所下的罪己之诏，确可称为蔼然仁者之言。罪己诏之后，接着又是蠲赋，赦罪，劝兵士等种种教令，表面上虽闹得十分热闹，不过似乎也下得太迟了一些，否则庶几有豸咧。

第十六回　自由党主张开民智　一进会颠倒覆宗邦

再说那时有个姓徐名相雨的，此人曾受过日本和美国二国的教育，向来对于改良政治，教育社会，很抱着热烈心肠。这时徐相雨恰巧回到朝鲜，见朝鲜

的政治、教育、社会，都是这般的不良，徐相雨慨然引为己任，纠集了几个道同志合的人，组织了一个党，定名自由党，想从根本上着手，好好的给朝鲜做一番事业，改良现时政治教育社会的不良。第一步，第一件事就想从办报入手。在朝鲜的历史上，新闻事业那时还没有正式的机关，徐相雨的办报，却可算是破天荒的大事业。向来朝鲜地方行政的文告，朝中各部院的禁令，十三道三百四十一郡的贸易物价、地方记事，在朝在野的各党举动，都是由人口头传说代为传布。这种传布的势力，远在报纸之上，往往有非常的变故，在口头传说中传布开去，很容易以讹传讹，传到后来，竟致弄假成真，几乎使人没法收拾。那班专门口头传说的人，也是朝鲜独有的特产，原来就是一般只知负重行远的脚夫，脚夫本来没有什么程度，没有什么学识，只知苟且自度光阴。

脚夫有个总汇机关，远在一千五百年以前早已成立，名叫挑驳公司，那挑驳公司也就是朝鲜口头传说新闻的总机关。徐相雨认定这是社会上一种大坏物，所以亟亟的第一步第一件事，就急要办报，抵制挑驳公司的脚夫，免得他们口头传说，以讹传讹的弄出事来。徐相雨竭力进行，不多几时，报便出版，定名《朝鲜新闻》，每隔日出一张，内容除了朝鲜文字之外，还有英文论说。出版以后，行销甚畅，于是徐相雨又出了一张韩文日报，从前挑驳公司的脚夫口头传说的新闻，没有人再去相信他们，自然受了大影响。挑驳公司的脚夫，一旦失了这种势力，如何便肯干休，居然自树一帜，成了一个党会，定名贩夫党，党员多半是挑驳公司的脚夫，和下流社会中一班人物。那贩夫党因和朝鲜一般腐败官僚，略略有些通声气，所以也有些小小势力，况且朝鲜的习惯，贵族官僚最为下流社会中人所重视，因此一班向来不士不农不商不工的游民，见贩夫党有这一点小小势力，纷纷的投身入党。这许多蠢蠢无知的人，他们投身入贩夫党的宗旨，不外是想争权夺利，或是借着在党的名目，接近这班与党通声气的腐败官僚，谋个升官发财的机会，眼光很短，只看到今日明日，再远些不过看到一年半载而已，什么改良政治，什么提倡教育，什么刷新社会，什么改革风俗，这种题目名词，不但他们不愿意听，而且他们做梦也不会知道的，自然和徐相雨的自由党，便格格的不相入。

然而在那时大势所趋，朝鲜的人民吃了旧官僚和腐败政治的亏，已经不少，一时也说不尽所受的许多痛苦，毕竟有些智识的人，都是表同情于徐相雨的自由党。投身自由党的人，渐渐的也一天多一天。每逢自由党开会，党员到的很多，大家演说，却是提倡兴学办报，提倡发展实业，上书行事，请实行平民政治。这行动，最为旧官僚所忌，面子上虽然含糊敷衍着，心中自然十分恼恨，暗地里千方百计寻自由党的事，一面也利用贩夫党壮壮自己的威势。后来到底是被旧官僚借个事故，把徐相雨捉来下狱，立刻下令解散自由党，又去查抄自由党的总机关，抄着自由党的名册，按图索骥，将自由党的党员尽行捕捉。依着旧官僚的主见，简直不问三七二十一，将捕获的自由党党员，一概俱处极刑。可是这时朝鲜全国人民，非常信仰自由党，一闻自由党解散，自由党党员被捕，徐相雨下狱，登时汉城人民，聚集了数千人，拥在朝门外，齐齐跪在地下，不管阴晴，不论昼夜，大家放声大哭，替自由党求情，不俟允准，不肯起来，足足的闹了半个月，闹得朝鲜大小官吏无法可想，只得释放自由党党员，赦了徐相雨的罪，朝门外的人民才尽行散去。

贩夫党见了这般情形，已知自由党深得民心，不好再仗官僚的势力，便开一次会议，秘密议决一个对付自由党的办法。从此贩夫党的党员，便不时和自由党的党员寻事，常常一句话不投机，就动手打将起来。警察见是两党的党员相打，不知道谁强谁弱，不敢干涉，又知自由党和贩夫党都有相当的势力，更不敢行使职权，阻拦捕捉。这么闹了几次，闹得汉城人民个个关门闭户，家家胆战心惊。朝鲜国王李熙是个素没有分晓的人，也不知道自由党和贩夫党谁是谁非，益发不知道应当如何处置。等到后来，实在两党闹得太厉害了，方才勉强派了二个心腹的大臣，用了朝鲜国王的名义，出来替自由党与贩夫党和解，自由党和贩夫党争闹的风潮，面子才算暂时平静，暗中的争斗，仍没有根本解决。

正在此时，日本与俄国因朝鲜的问题协商了三天，却彼此不曾磋商出什么头绪来。日本在朝鲜境内积极的预备军事，俄国也跟着在朝鲜境内，准备战争。朝鲜的人民和官吏，眼睁睁看着日本与俄国，将在朝鲜动武，朝鲜将被两国作战场，竟没有人站出来说话，一直挨到前清光绪卅年，日俄大战便演成事实。日本是来得乖谲，不等到正式开战，朝鲜的京城，早被日军完全占领，逼着朝鲜国王李熙，订了日本与朝鲜国防同盟条约六条。这时俄国公使魏尔白已经下旗归国，朝鲜国王李熙孤无援助，除了依从日本之外，实无他法可想。日韩国防同盟条约，在表面上看来，似乎是日本的谋臣策士，巧计经营，其实内幕还是朝鲜人自己做就的。那时朝鲜赫赫有名的亡命日本的日本党党人宋秉畯，便引导日军到朝鲜来的。宋秉畯亡命日本，在日本居住了十几年，畏罪不敢回国，现在趁了日俄开战的机会，仗着日本人的保护，引导日军入朝鲜，才得回国。宋秉畯回到朝鲜之后，一面想着日本人的好处，便异想天开，尽着几个月的时间，在朝鲜团聚了与自己一般宗旨的人，结了一个会社，取名“一进会”。一进会成立之后，日本人在朝鲜的势力，又添厚了许多。后来批评朝鲜历史的人说，当时宋秉畯的一进会，实在是制造朝鲜亡国奴的总机关。正是：

毕竟谁牵傀儡身，百万黄金拥斯人。

欲知一进会成立之后，做出什么事来，且看下回分解。

评：新闻事业，向为各国所注重，因为他是民众的喉舌、舆论的先锋，所以新闻一经在报上刊载，瞬息可以不胫而走，传播于全世界。徐相雨因见朝鲜政治、教育、社会的不良，要想从根本上改革一下，第一步就以办报入手。徐相雨可算是簇新的一个新人物，他的眼光也很远大，看透了要改革朝鲜的内政，新闻事业的发展和宣传，确有很大的关系，可惜偏碰着那朝鲜独有的特产挑驳公司，弄得大家格格不相入。徐相雨的结果，是被旧官僚所忌，被捕而下诸图圄，饱尝了铁窗风味。可见办报之难，只过来人方道得出，不是办过报的门外汉，却连做梦也想不到办报是还有这种说不出、话不出的苦衷咧！试观现在我国的新闻事业如何，表面上似乎有言论出版的自由，考之实际，适得其反，岂不令人兴叹？

第十七回　求援助约章成废纸　携御书专使迫孱王

话说日本与俄国因争夺朝鲜，以致失和开战。这次战争的目的物，两国自然首先注意朝鲜的京城汉城。日本因有宋秉畯的引导，捷足先得，占了汉城，还逼着朝鲜国王李熙，日本先占了一个小小的上风。开战以后，俄国著名的黑海舰队，给订了日韩国防同盟的条约，驻在朝鲜的俄国公使魏尔白，只得下旗归国，日本海军轰毁了一艘旗舰，日本又占了上风。于是在朝鲜的日本人，本来被俄国人压下去了不少的气焰，顿时又重振起来，恢复旧时的势力。那时美国总统罗斯福，他是欢喜和平的人物，便出面给日本与俄国调和，日本与俄国却不过美国的面子，居然由美国总统罗期福把和议说成，日本和俄国都派了专使，在美国潘芝毛司地方订定媾和条约。这日俄媾和条件的第二条，写的是：

俄罗斯帝国政府，承认日本帝国政府在朝鲜国有政事及经济上卓绝之利益，日本帝国政府于朝鲜国认为必要时，得实行其指导保护及监督之措置，俄罗斯帝国政府不阻碍干涉之。

这日俄媾和条约订成之后，朝鲜国的命运，又从俄国人手里，完全转送再到日本人手中，世界各国，也没人出来说句公话。从此日本对待朝鲜国的手段，又是一变，日本明治天皇派了林权助做日本驻朝鲜公使。林权助是著名的外交能手。有一天林权助去谒见朝鲜国王李熙，谈到日本与朝鲜两国的感情问题，林权助特地和颜悦色的说道："日本政府素来尊重朝鲜国的自由，常常希望朝鲜国王室能够自立威权，只因俄国在朝鲜的举动，有许多很不利于朝鲜的，所以才有上次日本和俄国开战的事。换一句话说，日本和俄国开战，完全为的是朝鲜，幸而日本兵到功成，俄国从此不敢再在朝鲜生妄想，日本帮助朝鲜修明政治的机会，从今可以一天近似一天了。只要有益于朝鲜的事，请陛下尽管见委，本公使莫不尽心办理。”朝鲜国王李熙听了林权助这番言语，只当今番真的是日本人的好意，免不了说些谦逊感激的话。过了几时，日本明治天皇又特派伊藤博文到朝鲜来慰问。伊藤博文见了朝鲜国王李熙，再三申明日本提携朝鲜的好意，一面又传着日本明治天皇的令旨，不许侨居在朝鲜的日本人仗势生事。果然所有在朝鲜的日本侨民，经了这次的诰诫，都仰承日本明治天皇的意旨，对朝鲜人，不论士农工商各界，一改从前横蛮骄纵的举动。朝鲜人本是识见短浅的，那里看得破日本的用意，反说朝鲜的国运，到今才得变好了，日本人今番真个是十分好心呢。

朝鲜国王李熙因日本明治天皇特派了伊藤博文到朝鲜来慰问，不能不遣使到日本去答礼，遴派了近支王室宗亲李址镕亲赴日本东京，谒见日本明治天皇。日本接待李址镕，异常隆渥，接着日本皇太子亲到朝鲜游巡，朝鲜自然照礼优加接待，于是日本朝鲜二国的专使，在这个月中，竟是往来不绝。久而久之，日本国内，忽然起了反响，日本人民都纷纷议论不绝，说日本政府的外交力量，太薄弱了，有的说日本政府对朝鲜的方针，进行错误，甚至激烈的人，说日本政府是受贿卖国的了，日本明治天皇表面上也无话说。

不料又过了二月，陡然平地便起风波。这风波的起因，是一个私人的牵涉，弄到后来，就成了名震世界的长森案。事实是这样的，有一侨居在朝鲜的日本人，名叫长森藤吉，不知如何，忽然想仗着自己是日本人，起了垄断朝鲜全国垦荒事业的念头，特地撰了一张异想天开的契约，估量有日本政府的威势，日本驻在朝鲜公使的强横压迫，预料朝鲜国王决不敢说声不字。那契约的内容，最注意的是第一条至第四条，写的是：

第一条　在朝鲜全国境地内，无论官业民业，凡是未曾开垦的土地，都归日本人长森藤吉开垦。

第二条　在开垦的土地上，一切牧畜渔猎等事业，日本人长森藤吉有全权管理，可以办理使用。

第三条　开垦开办五年内，日本人长森藤吉不纳租税，俟办有效验之后才酌量完纳。

第四条　开垦从完全开办时起算，五十年满期，期满之后，日本人长森藤吉有续借权。

这种开垦契约，单在这四条上看来，便可算是侵夺土地的计划，那开垦的计划，表面上虽是长森藤吉，暗中实在又是日本政府主持。朝鲜国的君臣，得了这几个难问题，自然没法对付，开了十几次国务会议，一些[直]不曾议出什么方法来，议到后来，索性差不多要答应长森藤吉的要求了。不料朝鲜人民稍有热血的，听了这个风声，个个疾首痛心，由朴箕阳、李宗说二人领头，奔走呼号，竭力反对朝鲜应允长森藤吉开垦荒地，接着汉城中的绅士，由李乾夏、宗演领头，尽力赞助朴箕阳、李宗说二人的进行。那朝鲜的大臣中，这时倒也有几个识得大势的人，像宫内省尚礼院、中枢院都在暗中和朴箕阳、李宗说、李乾夏、宗演等四人，一鼻孔出气，于是鼓吹的鼓吹，演说的演说，反对长森藤吉在朝鲜开垦荒田的檄文，更是雪片般发出，风驰电走，布满了朝鲜十三道河山以内。那檄文领衔的，自然是朴箕阳、李宗说、李乾夏、宗演等四人，痛哭流涕的文章，倒也不少，内中有几句警句道：

朝鲜地形，全国山多野少，国境环海三千里，山泽居三分之二，凡此山泽，皆荒芜之所。今乃一举而割国土三分之二，予诸外人。天下可骇之事，孰有过于此者？

那檄文中说到日本方面，写的是：

日本号称扶我朝鲜独立，证我朝鲜领土之保全，愤俄罗斯国之侵略，至动其日本全国师团之兵，与俄罗斯开战，以为我朝鲜之争，其以信义自暴于东亚，非一日也，今以义始，而以利终，名实相悖，情伪互炫。初以为此殆不过一二日本商民起私利之见耳，在日本政府之老成谋国者，未必弁髦信义，至于此极。若竟束手听从，则割肉饲虎，肉有尽时，而虎无厌期，是诚不忍见朝鲜祖宗之疆土日蹙，不忍与卖国之贼同立于朝鲜境内也。

朝鲜国王李熙见朝鲜人民这般的热心，这般的反对长森藤吉开垦荒田，所持的理由，又是十分严正，因此对日本的提议，不免迟疑顾忌起来，不敢冒昧承认批准。同时汉城内外，平安南北道、咸镜道各处，排日风潮声浪愈唱愈高，几乎朝鲜全国，都有排日的呼声。那鼓吹演说的大本营，是几处学堂，如培方学堂、汉语学堂，差不多天天开会演说，主张鼓荡民气。又有许多党会，都因着长森藤吉的事新组织成立的，如一心会、兴国协会、独立协会、农矿会社，刚只成立，便有千余的会员。那农矿会社的举动，更是惹人注目。会社中的几个有名会员，如朴阳圭、金相焕、李道宰等都是朝鲜人素来钦佩的。农矿会社的宗旨，是要募集一千万元的资本基金，自己办理朝鲜垦荒事业，釜底抽薪，抵制长森藤吉的垄断政策。

朝鲜人自从徐相雨办过报纸后，也有人踵起继办，这时在汉城朝鲜人所办的报纸，有《皇新新闻》《朝鲜帝国新闻》，都竭力赞成农矿会社的方针。于是长森藤吉的计划大受打击，日本国的人民都批评政府这次政策错误了。一来长森藤吉不是日本的有名人物；二来偌大的朝鲜全国境地，长森藤吉一人那里担任得起这般的重任；三来收服朝鲜，须应在政治根本上着手，枝枝节节的从一私人办起，于日本的体面，也不甚好看。日本明治天皇这次竟忽然从谏如流，果然立时改变态度，马上谕令将长森藤吉的事冷淡不提，一面又特派了原口上驹做全权司令官，带了日本军事警察赶到朝鲜，雷厉风行，处置朝鲜全国事宜。

原口一到朝鲜，先将一切会党会社概行勒令解散；朝鲜境内朝鲜人所办的报纸，都须由日本特派的检查员检查过原稿方许印行出版；集众演说，更是悬为厉禁，当时把几个会党首领如元世性、吉泳洙、姜锡镐一概捉来监禁。朝鲜人经着这么的一个大压迫，那里还有敢出头的人呢？这时却有一个会党，原口不但不禁止，还格外的加以保护，不但不干涉，还格外的加以赞助，这会党就是宋秉畯的一进会。本来一进会是专助日本人的，日本在朝鲜欲办的事，日本自己还不曾去办，一进会早已先承意旨，办得妥妥当当。

那朝鲜国王李熙，自己虽几次吃过日本的大亏大苦，他的见解，偏是与人大不相同。他说："日本从前对朝鲜所说的话，日本对俄罗斯帝国政府所说的话，三番五次，那一次不郑重的说，扶助朝鲜独立，那一番不郑重的说，扶助朝鲜自立？那尊重朝鲜国权的话，尤其是日本常常提说不绝的，单讲约据文书，已堆得比人还高，难道这许多的证凭物据，日本就可以一笔抹煞的么？况且日本和中国开战，日本和俄罗斯国开战，都是为了朝鲜独立自立而起，日本破费了几百兆的战费，牺牲了几万的生命，帮朝鲜的忙，却没有贪图朝鲜国权的意思，这是日本自己说了好几次的。世界各国，也很相信日本这话，就是现在朝鲜自己没有能力，难道世界各国都不会出来主持公道么？"朝鲜国王李熙心里已抱着这般特别与众不同的心理，无论朝鲜人民如何的大声疾呼，朝鲜国事闹得糟不可言，他一些儿不在心上，直等原口领了日本军事警察到朝鲜，轻轻的将朝鲜人民一切的自由，扫荡净尽，国王李熙才知日本又是靠不住，这时方心上着急，一着急便想着了美国。

有一天国王李熙特地召美国顾问官哈尔帕达进宫，见面之后，劈头第一句就问哈尔帕达道："美国政府对于朝鲜政治，向来很留心，很热心，这次日本又在朝鲜这么的无理取闹，不知可有什么对付的方法、维持的计策么？"哈尔帕达想了想笑道："一千八百八十二年，美国和朝鲜所订的条约，条约内有别国倘来欺凌朝鲜，美国必出头调停的这么一条。照顾问的意见，主张从这条的条约上着手，不知使得否？须陛下自己决定一下。”国王李熙道：“这个办法，确是甚好，可是须烦卿家返国一次。”哈尔帕达道：“这个，顾问官愿去。”国王李熙道：“事不宜退，马上预备国书，三日内必须动身。”哈尔帕达答应了，国王李熙就备好了国书，由哈尔帕达前往美国，从此朝鲜国王李熙专望着美国的回音，一心一意巴望美国出头说话，将在朝鲜的日本人驱逐出境。

谁知美国顾问官哈尔帕达前脚才离朝鲜，日本后脚早将改革朝鲜内政案提了出来，什么监督朝鲜的财政，什么推荐日本顾问官，什么日本与朝鲜币制同盟，什么日本与朝鲜军器同盟，什么撤退公使，什么整肃朝鲜宫禁，一件一件，一条一条，尽都是制朝鲜死命的条约，迫着叫朝鲜国王李熙承认。那时朝鲜的君臣虽是昏庸，但是到此地步，觉得双手将祖宗基业拱手让与日本，也有些不能甘心，欲想与日本开战，无奈国内力量不足，兵队粮饷都无所出，只有巴望美国快些出头说话，尚有一线生路的希望。那知好容易等到哈尔帕达从美国回来，才知道哈尔帕达在美国也撞了一鼻子灰，最是讲求公理的美国，最是抑强扶弱的美国，从前又曾和朝鲜订有专约，这时的结果，所订的条约，竟成虚文，变了一张废纸。日本专使伊藤博文，更是瞧透朝鲜在国际上的帮手，一天少似一天，日本在外的虚声，一天盛似一天，于是认定远东和平，须日本和朝鲜两国亲善，将这个大题目硬逼着朝鲜国王李熙承认那日本所提出的改革朝鲜内政案。正是：

十年傀儡谁牵线，百劫虫沙合感恩。

欲知朝鲜国王李熙是否就肯承认，且看下回分解。

评：日俄之役，也是近代史上震动全球的大战争，和我国也不无有些关系，现在看了这部《朝鲜遗恨》，大家又可以更明了当时日本所以要和俄国开战，目的完全是争夺朝鲜啊。

日人的诡计多端，可推世上人类中的首屈一指，明明日政府要想侵夺朝鲜的垦荒之权，他们却偏不直截了当的由政府出面，而促使一个侨居朝鲜的日人长森藤吉来出面计划一切。那张异想天开的开垦契约，虽只寥寥四条，却把朝鲜全国境地内的一切牧畜渔猎等等的权利，都让日人管理去了。天下可骇之事，真是孰有再甚于此者。

第十八回　争叩阍故臣多殉国　因游历志士巧歼仇

话说日本向朝鲜提出内政案，表面上虽是改革朝鲜内政，其实就是改朝鲜为保护国。那时日本在朝鲜的公使，林权助已撤调回国，派了荻原代理公使。荻原是日本外交界中著名的辣手人物，日本的提案刚到朝鲜，日本公使荻原第一个就进宫去见国王李熙，劝依从日本的提案，却不曾得手，等到美国的希望断绝。

荻原有一天带了几名日本警察、一个公使馆的书记官，气昂昂的直入宫禁。那时朝鲜国王李熙正召集满朝文武大臣，在朝堂上商议对付日本的方针，有朝鲜的外部大臣、议政府参政大臣、度支部大臣、内务部大臣、农商部大臣、陆军大臣、参谋大臣，尚有许多将校在着。荻原一到，大家好似都怕日本公使般的，登时满堂静悄悄的，不闻人声。日本公使荻原开口便道："这个月内，朝鲜人的举动，越发的十分不成体统，幸得日本在朝鲜的司令官伊藤博文办事得力，不曾闹出事来，又是明治天皇的好意，总有改革朝鲜内政案提出，这也无非因朝鲜全国治安起见。为什么朝鲜只是苦苦的拒绝，不肯爽爽快快的答应？难道日本除了条约之外，再没有别的方法对付朝鲜么？"荻原说时，怒容满面，不住的向朝堂上的文武各大臣看着，那一班在朝堂上的文武各大臣，都是面面相觑，连大气都不敢喘，有的竟面色也变了惨白，有的却垂头丧气。日本公使荻原看着，肚内暗暗只是好笑，略停一会，又朗声说道："日本政府的意思，完全是替朝鲜打算，只要朝鲜国王将这张条约签了字，承认了日本的提案，朝鲜国内，从此不会再有什么乱事发生，日本与朝鲜两国的国交，也不会再生隔阂，远东和平，从此便能保持永久。"荻原一面说，一面微微的笑。朝堂上许多的文武大臣听了这一番话，一个一个好似受了十二分的委屈，呜咽流涕，只有哭的份儿，没有出头说话的人。日本公使荻原将这样光景看在眼里，心里越发不耐烦，陡然冷笑了两声，脸色沉将下来，拍拍朝鲜国王李熙的龙案道："好歹你们总须给我一个下落，怎地大伙儿只是哭个不休，又有什么用处呢？"朝鲜国王李熙本已伤心到了极点，不住的只是流泪，又见各大臣始终不敢出头说话，这时又见日本公使荻原愈逼愈紧，不由心肠一横，揩拭干了眼泪，壮起胆子道："日本横说竖说，说来说去，终是要朝鲜承认提案，签订条约，千秋万世的罪人，硬要搁在我们君臣头上。其实爽爽快快些，倒不如将朝鲜做了日本的郡县，由日本派了官吏前来治理，省得再订约签字，多费手续呢。"日本公使荻原不防朝鲜国王李熙，竟会横了心肠说几句话，碰了一个钉子，一时反无话可答，只得装着一脸不高兴样子，鼻管里哼了两声，怒冲冲走了出去。国王李熙见日本公使荻原去了，又和各大臣商议了许多时候，叵耐只是商议不出办法，只好无精打彩，散朝入宫。

从此之后，朝鲜国王李熙怕日本公使荻原再到朝堂相逼，索性深处寝宫，轻易不坐朝与大臣相见，有事召大臣到寝宫中去商议。伊藤博文见朝鲜国王李熙躲着不坐朝，每日遣调日兵一大队，在朝鲜王宫前后排队操演，呐喊连天，声震远近，深处寝宫的朝鲜国王李熙听了，不觉得更是胆战心惊，好像日兵立刻就要开战，更想起当年闵妃惨死情形，益发的格外寒心。

过了几天，伊藤博文有些不耐烦了，这一日带了日本军事警察、日本宪兵直道入朝鲜王宫，要请国王李熙相见。国王李熙不肯出来和伊藤博文见面，伊藤博文竟吩咐带来的日本军事警察和日本宪兵，守住前后宫门，自己直入寝宫，硬逼国王李熙出来说话。国王李熙逼得没法，叫太监传话出来请伊藤博文出宫上殿，与各大臣商议。伊藤博文得了国王李熙这一句话，便有了题目，立刻退到外面朝堂上，矫传朝鲜国王李熙的旨，召集朝臣会议。等到朝臣齐集，伊藤博文带来的日本军事警察和日本宪兵将朝堂围得铁桶相似，伊藤博文提出的条件，朝鲜各大臣稍有辩论，那日本军事警察和日本宪兵就呐喊震天，吓得朝鲜各大臣尽是面容失色，议了许多时候还不曾议决，朝鲜各大臣除了“死不承认”四字之外，实无别法可想。议到傍晚时分，忽然有一个大臣，不知如何，忽然转变论调，当着大众说道：“朝鲜和日本的交涉，那一次不是朝鲜完完全全敬遵台命才得了结？这次朝鲜和日本的交涉，我们拼着性命，苦苦的争持，到头来又有什么好处呢？还是忍一口气，省得我们这几个人先吃日本的眼前亏。”各大臣听了此话，大家面面相觑，没敢作声。那时朝鲜的首相是汉叔乔，闻言气得浑身发抖，面色一时白，一时青，半天转不过颜色来。那个大臣还要开口再说话，汉叔乔气上加气，再也忍不住，也不管一切利害，跳起身来，指着那个转变议论的大臣骂道：“你是那里来的卖国奸贼，胆敢这般的胡言乱语？本大臣定须入宫，面奏国王，偌大的问题，看你这个卖国的奸贼，有几个脑袋可以担当得起呢！”汉叔乔一面骂，一面走，气冲冲的下殿，满朝文武大臣，都不敢阻拦解劝。

汉叔乔刚走到殿门，便有个日本公使馆的书记官急急的赶过来，一把拖住了汉叔乔，后面跟上二个日本宪兵，不由分说，前拥后推，将汉叔乔拥进殿旁一间小室中。伊藤博文随后缓缓的踱了进去，向汉叔乔百般解说，劝汉叔乔不要固执不依，这时汉叔乔早将生死付诸度外，任凭伊藤博文如何说法，只装不曾听见。伊藤博文劝解了多时，见汉叔乔只是不理不睬，便发怒道：“倘然朝鲜国王李熙叫你降服日本，难道你也有话说么？”汉叔乔昂然道：“虽国王有这个旨意，我也决不服，情愿违旨砍脑袋的。”伊藤博文听了，掉头便走，那小屋的门窗就一齐关闭，从此朝鲜首相汉叔乔的下落，再也没有消息可闻，可怜一个赤胆忠心的大忠臣，竟是这般死法。

那时朝堂上许多大臣，不走也不是，要想走时也走不出去，尤其是没了首相，益发蛇无头而不行。伊藤博文回到殿上，对着各大臣道："何人再敢反对日本，首相汉叔乔就是一个好榜样。"朝鲜各大臣听了，虽不发言，脸上都现出惊惧之色，肚内生怕自己性命也照样的不保。伊藤博文又换了一副笑脸道："倘能依从日本，荣华富贵，由我担保，不然我也不便明说。此中利害，你们自去思量。"这几句像训话般的话，说得朝鲜各大臣，更不得主意，大家不约而同，齐望着一个人，这人姓朴名齐纯，朴齐纯的学问品行，素为众人推服。这时各大臣的意思，倘然朴齐纯的口才，能说退日本人，那是最好，倘然朴齐纯说不退，看朴齐纯是怎样的意思，大家照样办理。谁知朴齐纯这么的一个善言能辩的人才，到此地步，也开不得口，一句话都说不上来。伊藤博文是何等人物，瞧着光景，知事有九分可成，慢慢站起来说道："诸位大臣都是朝鲜的重要人物，如有意见，不妨尽量发表，倘诸位大臣没有话说，就算是默认了。"伊藤博文说完了话，站着不动，向殿上朝鲜各大臣看着。约摸过了十分钟光景，朴齐纯只是眼中流泪，朝鲜各大臣也都含泪无言。伊藤博文又开口道："既是诸位大臣都默认了，就此可以散会。"立时由伊藤博文宣告会议终结，朝鲜承认日本提出改革内政案，围住朝堂的军事警察和日本宪兵登时撤退，伊藤博文即时派了日本公使的书记官，到朝鲜外务部衙门，取了外务部的印来签押。朝鲜外务部衙门的掌印官，抵死不肯交出印来，日本公使荻原又派了三十多名日本宪兵前去强行搜夺，才将朝鲜外务部的印取得来，一面逼着朝鲜国王李熙与朝鲜各大臣连夜拟就露布的教令，立时发出，约章上的朝鲜外务部的印，因朝鲜各大臣没人肯盖，日本公使荻原，索性自己拿来盖了。这件事自始至终，朝鲜国王李熙做了泥塑木雕的偶像，并不曾开口说一句话。从此日本在朝鲜将新定的新约，一件一件实行起来，朝鲜人民虽奈何不得日本人，却将这次参预会议的几个朝鲜大臣，均恨入骨髓，一口毒气，都出在他们身上。

朴齐纯因向来最有名望，被朝鲜人民更是指骂得十分厉害，朴齐纯的一出一入，朝鲜人民见了，便跟在他后面，高声呼叫卖国贼，朴齐纯气得说不出话。有一天朴齐纯实在再也受不住朝鲜人民的气，暗暗怀了一把雪亮的尖刺刀，直奔日本公使馆，见了荻原的面，朴齐纯气呼呼道："都是你们日本人，害得我顶了卖国贼的名望，罢了，我和你同死同休，省得朝鲜人民再叫我卖国贼。"说着，一把拉住日本公使荻原，抽出尖刺刀，劈面便刺，幸得日本公使馆中人多，忙赶来拉开，日本公使荻原已吓出了一身冷汗。朴齐纯见刺不着日本公使荻原，便回手举起刀来，向自己头上便刺，登时血流如注，昏倒在地。日本公使荻原念着朴齐纯是个好人，不把刚才刺自己的事恨他，急急叫人将朴齐纯抬送到医院去，幸得伤势不甚重要，医了一个月光景，便也痊愈了。这件事过后，伊藤博文觉得对朴齐纯有些不好意思，授意日本公使荻原叫他向朝鲜国王李熙说了，将朝鲜首相一缺给了朴齐纯，才算安顿了事。

朴齐纯做了朝鲜首相，外面越发评论他是个真正的卖国贼。朝鲜一班故旧老臣，闻知朝鲜国王李熙竟承认日本这次的条约，觉得这是朝鲜国存亡的大问题，一个一个的不约而同都入京来面见国王李熙，一共约有二三百人，扶杖上殿，长跪不起，痛哭流涕的奏请废除朝鲜和日本新订的新约，将订约在场的各部大臣，尽行论罪，概处死刑。国王李熙见这班多是朝中的老臣，近十几年来，不曾轻易入朝，心中十分感动，但是实际上自己被日本人压住了，做不得主意，对着这许多一片丹心，以死卫国的故旧老臣，只有流涕相对，没话可说，也不敢显然的说几句安慰的话。这班故旧老臣，见国王这般的没用，大伙儿都动了气，一齐跪着不肯起身。日本宪兵闻知朝堂上有这件事，竟齐了队伍，上殿来捉拿这班故旧老臣。汉城人民听了这个消息，立时全城罢市，几乎闹出大风潮。朝鲜国王李熙再三和日本宪兵军官求情，日本宪兵方悻悻的退去。这班故旧老臣，知道国王李熙真的左右为难，只得暂且退出朝来，然而卫国丹忱，仍是一片热忱，大家聚集一处，共同谋商对付日本的方法。日本军事警察和日本宪兵，那里容得这班故旧老臣，在汉城中存身？干涉驱逐，无所不为。于是这班故旧老臣，有的义愤填胸，受不住恶气，索性自寻短见，一死殉国；有的要留身以供国用的，便散逃他乡，招兵募勇，思与日本决死一战；有的知道朝鲜不能存身，便逃到别处，候有机会，再与朝鲜报仇。

单说日本将朝鲜承认的新约宣布之后，到了次年二月，便在汉城设立朝鲜统监府。日本明治天皇特派伊藤博文做第一任的朝鲜统监。从此朝鲜的宫禁出入、朝鲜的官吏进退，都须请命统监，得了伊藤博文的承诺，方可行动更易，朝鲜国王李熙的一举一动，都有日本人从旁监视。一面又依照日本的官制，设立朝鲜新内阁，内阁总理大臣由伊藤博文另派了一个一进会的会员李完用充任。朝鲜新内阁的一切责任，归统监府担负，新内阁的行动，听从统监府的指挥。日本又借着关于朝鲜全国生机问题大题目，特地办了一个日本拓殖会社，组织了一个朝鲜中央银行，轻轻的将朝鲜的全国金融尽揽在手中。

这么的匆匆过了五年，伊藤博文觉得自己治理朝鲜，已经心满意足，便请假回国，想另和俄国开始商议远东大陆问题，先和俄国外交界有名人物，约定在哈尔滨会面相见，自己借着游历为名，向哈尔滨而来。正是：

沧桑忍拾劫余灰，合取神州葬酒杯。

欲知伊藤博文到了哈尔滨之后，又生何事，且看下回分解。

评：朝鲜首相汉叔乔的忠心耿耿，和誓不承认伊藤博文所提出的条件，实在令人非常的钦仰。他又说如果国王有旨叫我降服日本，我也决不服从，情愿违旨砍脑袋。谚云："乱世出忠臣。"汉叔乔岂真乱世之忠臣耶！不知我国的一班靦颜媚日的汉奸们对之，面孔放到那里去？

朴齐纯的口才，向来善言能辩的，谁知给伊藤博文一逼，就变做噤若寒蝉，开不出口来。岂朴齐纯与日本人早有接洽么，抑惊得不敢开口么？恨不得叫朴齐纯有以语我来。

朝鲜人民之恨朴齐纯，可说是意料中事，高呼他是卖国贼，也是应该的。推源祸始，都是他自己畏缩不言所致咧。

第十九回　担虚名合邦成永痛　拾余烬峻岭吊孤忠

话说伊藤博文在朝鲜做了五年朝鲜统监大臣，表面虽然没有什么可记的事业，但是暗中却有一件很惹人悲痛的事，就是威逼朝鲜国王李熙退位。

这一节事说来很长，原来日本自从在朝鲜实行保护条约之后，朝鲜的许多志士百计图谋，想废除朝鲜和日本所订的新约，无奈那里做得到。朝鲜议政参赞大臣李尚节，因自己没法可想，又不忍眼看朝鲜被日本这般蹂躏，便在午门外钟楼前，一头在石碑上撞死。正一品朝鲜元老院大臣赵秉世，年老之人，看着气愤异常，便在家中服毒，自寻短见而死。朝鲜农工商部协办大臣，陆军参将立映连，因力争朝鲜承认日本新约，痛哭上书，被日本宪兵捉去，在宪兵司令部中严刑拷打，弄得体无完肤，死于酷刑之下。朝鲜正一品元老大臣闵泳焕，因朝鲜国王李熙承认日本新约，特地叩阍力谏，却不曾见效，闵泳焕气得不堪，回到家中，写了二封遗书，一封给朝鲜人民，一封给中国驻在朝鲜的公使曾广钰，然后在家中设起香案，望着朝鲜王宫叩了几个头，竟是一痛而绝。闵泳焕之母已是八十多岁了，闵泳焕死后，自然抚尸大恸，哭了半天，回转房内，也仰药而死。这些人都是朝鲜著名人物，死得又是很动人听闻，后世才略略的传扬，其余尚有许多不少因殉难死的人和湮没不闻的，不知道还有多少呢，因此更加激动了不少朝鲜爱国好男儿的热血。

等到光绪三十三年七月间，世界各国在海牙开和平会议，忽然有三个朝鲜人，一个姓李名相高[卨]，一个姓李名隽[儁]，一个姓李名玮钟，也在海牙出现，递书和平会，要求准朝鲜参加列会。又过了几天，欧美各国，同时都接着朝鲜人民的文电，详诉朝鲜国王李熙怎样受日本的苦，日本对待朝鲜怎样不合国际公理。这个青天霹雳，倒是出于日本意料之外的，但是日本的势力，那里摇得动。后来李相卨、李儁、李玮钟三个人，逃的逃，死的死。海牙和平会中，朝鲜仍是不许加入，不准参列，毫无结果，反而挑动了日本的怒气。朝鲜国王李熙闻知此事，知道不妙，忙派了亲信大臣，连夜特地到统监府求见朝鲜统监大臣伊藤博文，再三的诉说这事是几个不肯安分守己的朝鲜人，自己擅自去办的，朝鲜国王李熙自始至终一些儿都不曾晓得。伊藤博文也不曾有什么话，自此朝鲜国王李熙因为不得要领，登时又戴上了一顶愁帽子，正不知此事怎样结局呢。朝鲜大臣向来倚靠统监府势力的，这时大家都在伊藤博文面前献殷勤，探听伊藤博文对待朝鲜国王的消息，伊藤博文却也一概不说什么话。闹过了几天，有几个鬼精灵的朝鲜大臣，已猜知了伊藤博文的心事，便逢迎意旨，大家联合起来，在开御前会议的时候，请朝鲜国王李熙，根究查问海牙和平会密使案件，国王李熙怀着一肚皮心事，如何道得出来，只是默默无言，御前会议便无结果而散。那几个朝鲜大臣散了御前会议，却自去开内阁会议，在内阁会议席上竟议决联名上书，奏请朝鲜国王李熙退位，表示避免海牙和平会密使的嫌疑，以谢日本。李熙接了这个奏章，不禁勃然大怒，欲想发作，碍着朝鲜统监大臣伊藤博文的面子，又发作不来，将闷气闷在自己肚内。这般你猜我忌，又过了十几日，日本明治天皇又派了特使林董到朝鲜来，朝鲜国王李熙闻之，越发觉得栗栗危惧。

有一天，朝鲜统监大臣伊藤博文带了几十名日本宪兵径入朝鲜王宫，也不用传达，直闯国王李熙的寝宫。国王李熙见伊藤博文这般的来势汹汹，便知不是善事，不等伊藤博文开口，先自含泪强笑道："海牙和平会密使这事，孤实在是不知底细。"伊藤博文暴雷般大怒道："海牙和平会的密使，是陛下秘密派遣的使臣，世界各国，谁人不知？陛下却还要口口声声说没有这事，叫人如何肯相信呢！"朝鲜国王李熙战战兢兢的立着，只是索索的抖个不住，脸上颜色，白得比白纸还白，伊藤博文一些也不怜惜，一些也不理会，自管的接下去说道："陛下这般的胡闹，那里像朝鲜的国王，怎样能够再承统朝鲜先王的基业？还是请陛下早些儿自作打算，莫叫本统监大臣在中间为难，就是日本与朝鲜两国的邦交上，也不用本统监大臣多讲，陛下自己想也早已明白。"朝鲜国王李熙听了，掩面痛哭，哭了一会，抽抽噎噎的说道："那么孤就立刻退政让位。"伊藤博文冷冷的道："这件事本统监大臣不便说话，陛下自己去想罢。"伊藤博文说完这几句话，回身带了随来的日本宪兵，竟扬长出宫去。

朝鲜国王李熙足足的哭了半天，不曾住声，好容易由妃嫔宫监们再三劝解，才勉强收泪。朝鲜各大臣这时都知道了，大家齐集朝堂，听宫内的信息，候到半夜里子初时候，宫内方传出朝鲜国王李熙的旨，即日让位与王太子。朝堂上这许多大臣得了这个旨意，都不曾有些惊慌，按着品级职位的大小，一个一个画起押来，全然不觉有些留难。谁知有个宫内大臣，竟会拒绝画押，这宫内大臣就是当年做过朝鲜首相的朴容汉。自从朝鲜人当他是日本党党人，便逃避在日本东京，因闻知海牙和平会密使的事发作，朴容汉猜着朝鲜国王李熙必有一番劫难，立刻匆匆赶回朝鲜，求见朝鲜统监大臣伊藤博文，请伊藤博文派他做个朝鲜的宫内大臣，伊藤博文想着从前朝鲜人当他是日本党党人，便慨然应允。此番在紧要时间，朴容汉自然现出色相来，实施宫内大臣的职权，一面在朝堂上拒绝随班画押，一面严谨防守宫门，吩咐守宫门的朝鲜兵士，不论何人，不许轻易出入，朴容汉自己直入寝宫，奏明朝鲜国王李熙，死死的守住传国玺绶，不可放手。可惜这时大势已去，仗朴容汉一人却也无济于事，伊藤博文得报，登时又亲带日兵到来，立时攻打宫门，朴容汉见势头不敌，只得仍然逃避出宫，奔往他处去了。朝鲜传国玺绶，李熙到底也保守不住。

单说朝鲜新皇接位以后，那新皇年幼愚骙，一事不知，又常见日本人威迫太上皇，受了种种痛苦，生怕一个不小心得罪了日本，自己的性命不保，日本人说的话，那敢有些违拗？朝中文武官员，这时全是日本人的心腹，那赫赫有名的一进会，更是兴高彩烈，借着新皇登基的好名目，大开庆祝会，遍请朝鲜各界有名人物。不料在开庆祝会这一天，一个都不曾来，幸得一进会的会员众多，也不在意。伊藤博文眼看着朝鲜新皇接了位，朝鲜的新内阁亦改组就绪，所订六条新条约都已实行，朝鲜旧有兵队，尽行遣散得一个不留，觉得朝鲜的事情，已经千妥万稳，可以不必自己再费精神，便请假回国。到了日本，就辞去朝鲜统监大臣的职务，预备和俄罗斯商议远东大陆问题，先约定了俄国外交界几个要人，在哈尔滨会见。

伊藤博文借着游历为名，向哈尔滨而来。谁知伊藤博文在哈尔滨车站下车的时候，那月台上正站着许多迎接的人，就在人丛里跳出一个少年，摸出手枪，对着伊藤博文一连砰砰的开了七八枪，枪声响如联珠，枪枪都打中伊着[藤]博文要害，伊藤博文就在枪声中倒地，登时一命呜呼。月台上立时大乱起来，在车站月台上的日本警察，连忙赶过来捉拿凶手。只听得人群中有一少年，大喊："朝鲜国万岁！朝鲜国万岁！"日本警察拥将过去，那少年也不抵抗，容容易易的给日本警察捉住。

后来审问，才知这人是朝鲜人，姓安名重根，又名应七。这就是安重根刺伊藤博文一件大案。据安重根当时的供词所说，受过美国的教育，是个耶稣教的信徒，平生抱着使朝鲜完全独立的宗旨，却遇着伊藤博文来做朝鲜统监大臣，一次二次的只是威迫朝鲜国王李熙，将朝鲜的兵权、政权、财政权、用人权、土地权，尽行强抢过去，又威迫朝鲜国王李熙让位，激动了安重根爱国的热烈心肠，便在朝鲜暗中召集了许多同志，组织了光复军，狠狠的和日本军队开过几次战，无奈因军械不够，又无接济，安重根单身远走，想另寻机会。冤家狭路相逢，恰巧在哈尔滨车站逢着伊藤博文，就在月台上下手。这时日本人很想在安重根身上，究问出些同党和机关，好一网打尽，安重根却说行刺伊藤博文，是替朝鲜复仇，不是个人的私冤，并没有第二个同党的人，况且自己是光复军的中将，又是光复军的参谋长，做了这事，原该一人承当，如何好将祸事牵连到别人身上去，现在朝鲜的仇人既死，我的事业也完。日人再三的追问，只是问不出什么来，也只得将安重根一人处了死刑，算了结这件大案。

就在这事发生了的十余天后，朝鲜著名一进会的主要人物宋秉畯，忽然到日本游历，在东京留居了许多日子。不知他做些什么手脚，那朝鲜国王和朝鲜统监府突然接着一封日本朝鲜二国合邦的请愿书，署名的有三十万朝鲜人民，领衔的是朝鲜一进会会长李容九。朝鲜统监府接着这封请愿书，自然非常合意的欢迎，但是表面上不能不做作一番，将请愿书压搁了几天，便批示出来，不赞成日本和朝鲜二国合邦。朝鲜国王是依朝鲜统监府的旨意，朝鲜统监府批了不赞成在前，朝鲜国王自然也跟着批了不赞成在后。于是朝鲜一进会的一班会员，便分布朝鲜十三道，到处游说，竭力提创日本与朝鲜二国合邦，说倘然达到朝鲜和日本二国合邦的目的，现在日本人所享的福利，朝鲜人就立时也可享到，朝鲜全国人民，就登时成为一等国〖民〗。朝鲜国民经着这般的一番传布游说，朝鲜十三道都起了日本和朝鲜二国合邦的声浪，倒是日本人反而静悄悄的，不说一句话，没有一个提起日本和朝鲜二国合邦的问题。那朝鲜的一进会重要人物，这时在日本东京似乎很是十分忙碌。那时日本明治天皇特派了寺内正毅做朝鲜统监正大臣，山县伊三郎做朝鲜统监副大臣。朝鲜在那正副二统监大臣到任之时，首相李完用趁着这个机会，瞒着朝鲜人民的耳目，在朝鲜统监府中偷偷的商量停当，决定了日本和朝鲜二国合邦条约的内容。那条约共是八条，写的是：

> 日本帝国皇帝陛下及朝鲜帝国皇帝陛下，欲顾两国间之特殊亲密关系，增进相互之幸福，永久确保东亚之和平。为达此目的，确信不如举朝鲜帝国全国合并于日本帝国，爰两国间决议，缔结并合条约。为此日本帝国皇帝陛下命朝鲜统监大臣子爵寺内正毅，朝鲜帝国皇帝陛下命朝鲜内阁总理大臣李完用为全权委员，会同协议后，协定左之诸条。
>
> 第一条　朝鲜皇帝陛下将关于朝鲜帝国全部一切之统治权，完全永

久让与日本帝国皇帝陛下。

第二条　日本帝国皇帝陛下受诺各条件所揭之让与，且承诺将朝鲜帝国全然合并于日本帝国。

第三条　日本帝国皇帝陛下对于朝鲜帝国皇帝陛下、朝鲜帝国太皇帝陛下，并其后妃及后裔，各各应于其地位，而享有相当之尊称，相当之威严，相当之名誉，且供给以充分保持之岁费。

第四条　日本帝国皇帝陛下对于前条以外之朝鲜帝国贵族及其后裔，使各各享有相当之名誉，相当之待遇，且供给以维持之必要资金。

第五条　日本帝国皇帝陛下对于有勋功之朝鲜帝国人民，认为宜特别表彰者，授以荣爵，且给以恩金。

第六条　日本帝国政府因前记并合之结果，全然担负朝鲜帝国之施政，及朝鲜帝国人民遵守该地所施行之法规者，其身体及财产，充分保护之，且图增进其福利。

第七条　日本帝国政府对于朝鲜帝国人民之诚意忠实，以尊重新制度，而有相当之资格者，在事情所得许可之界限内，可登庸之，使为在朝鲜帝国境内之朝鲜帝国官吏。

第八条　本条约经日本帝国皇帝陛下，及朝鲜帝国皇帝陛下之裁可，自公布之日施行之。

自从日本与朝鲜合并条约订成，朝鲜的主权，朝鲜的国民，朝鲜的政府，朝鲜的皇室，便成了历史上供给后人凭吊兴亡的资料，那几千年承承继继的朝鲜古国，无异宣布受了死刑。殷朝皇室箕子的香火，简直自此之后烟沉雾灭。虽有许多朝鲜志士义民抱着一腔热血，亟亟谋恢复故国，在忠清南道、庆尚北道、全罗北道、咸钟[镜]南道诸处，抛弃家财，拼掷生命，揭竿起义，一心要和日本奋力搏战，倒也不少，可惜都不曾成事。后来游历朝鲜的游人，走过高山峻岭，古驿荒村，觉着那烧剩的劫灰余火，和那人民的义魂忠魂，在风清月白，夜阑人静之时，好似一一陈列在眼前。正是：

白雾黄烟惨浑圆，长松不见鹤高眠。

欲知朝鲜与日本订了合并条约之后，尚有何事，且看下回分解。

评：朝鲜的故老旧臣，见伊藤博文威逼国王李熙退兵[位]之后，他们虽会百计图谋，想废除和日本所订的新约，不过他们一无势力，二无兵力，三无财力，只尚空谈的废除，毫无实力去和日本人抵抗，结果当然还是只有尽忠的一条死路。可是话又要说回来了，无论如何，这般老朽虽未达到废除新约，平心而论，总比较毫无心肝的李完用的觍颜事日，胜之多矣。

世界各国在海牙开和平会议，忽有朝鲜志士李相卨、李儁、李玮钟三人出现，要求允准朝鲜参加列会，不要说这事出于日本的意料之外，恐怕世界各国，也定想不到半空里有这么一个霹雳出现。可惜那时世界列强的假面具还没有戴上，所以到底这三个姓李的，仍不出逃的逃，死的死，毫无结果。倘然换了现在，国际联盟会已经成立多时了，朝鲜国内如有大胆的志士再去要求朝鲜独立，不知日本将用何种托词耶！

安重根之刺死伊藤博文于哈尔滨车站，一连枪声七八响，把伊藤博文的要害打中了之后，安重根在人丛中大呼“朝鲜国万岁”而不逃。我人读到这一段书，莫不精神为之一振。安重根的从容赴义，大家都要敬叹不止罢！后来日当局问他口供，安重根回说是替朝鲜报仇，方把伊藤博文刺死，不肯招出同党，他的人格和志气，令人佩服得五体投地。

第二十回　受册封降王增隐痛　感境遇遗孽述哀词

话说日本与朝鲜合并条约订成之后，朝鲜统监正大臣寺内正毅，就立时电奏日本明治天皇，只等日本明治天皇电谕到来，便好依旨办理。朝鲜内阁总理大臣李完用，外表上装着没事人的样子，其实内心他早知道不久朝鲜就有大变化发生了。这时李完用有个内亲，不知如何给他知道这事的详细，这内亲倒是个热心肚肠的人，特地从故乡赶到汉城来见李完用，见面之后，便劝李完用速速辞退朝鲜内阁总理大臣的职务，免得将来被朝鲜人民落个万世的骂名，不料李完用竟是爽爽快快的回答道：“将来朝鲜人民恨我痛骂我，这不是一年半载的事，我就是立刻下台辞职，卖国贼的名声，也是已经免不掉的了，眼睁睁被朝鲜人民欺侮，一句话都不能说出口，不如仗着日本人的势力，快活一天再说一天。”这个内亲听了李完用这么说，气得捧着肚子回去。

日本明治天皇得着朝鲜统监大臣寺内正毅的电奏日本与朝鲜合并条约订成，立时便开临时内阁会议，接着又开临时机密会议，这种单独利益条件，原是日本人苦心经营一二十年的结果，如今一旦成功，那有不通过的道理？便是朝鲜内阁总理大臣李完用担心到二十四分，生怕日本明治天皇不肯答应日本与朝鲜合并，自己的荣华富贵，便没有指望了，因此每天到朝鲜统监府邸，探问日本明治天皇电谕的消息，直等明治天皇电谕到来，允准所请，李完用心上重沉沉的一块石头才放落了。日本与朝鲜合并条约公布的日期，由朝鲜统监大臣寺内正毅与朝鲜内阁总理大臣李完用商议决定，择于八月二十五日施行。朝鲜各大臣，免不得虚应故事，也开了几次会议，将李完用拟就的日本与朝鲜合并的条约，提出来朗声读了一遍。

朝鲜各大臣列席会议的，照例举了一次手，便算通过完事。朝鲜国王做梦都不会想到有这件事，会议散场，朝鲜内阁总理大臣李完用携了通过的议案进宫去详细向朝鲜国王奏明，朝鲜国王除了哭泣之外，再无话说。李完用假意劝慰几句，随即出宫，一脚到朝鲜统监府，向朝鲜统监大臣寺内正毅，报告朝鲜内阁会议已经通过，朝鲜统监大臣寺内正毅也无话说。不知如何，李完用忽地又想着了一个主意，特地陪着笑脸道："日本与朝鲜合并的条约全文，朝鲜内阁会议已经通过，朝鲜国王的朝旨也允准了，一切没有别的问题了，只是公布的日期，似乎尚须商量一下。"朝鲜统监大臣寺内正毅瞪起眼睛道："有什么事呢？难道来不及预备么？"李完用赶紧陪着笑脸道："不是的，只因朝鲜的新王登基，是四年前的本月二十日，据着现在所定的公布日本与朝鲜合并新约的日期，相差不多几天，请统监大臣顾念朝鲜的面子，且挨过了这几天，然后再正式办理新条约。"朝鲜统监大臣寺内正毅听到这里，倒笑起来道："原来是朝鲜新皇登基的四周〖年〗纪念，这可以通融办理的，本大臣的意思，不如由你回去，再开一次朝鲜内阁会议，大家商量一下，简直开一次朝鲜新皇登基四周〖年〗纪念大会，大家热闹一番，岂不是格外有趣呢？"李完用方才放心道："这事就照着统监大臣的意旨去办，朝鲜内阁会议似乎可以不必开的，万事由我担任，料定也没有人敢大胆违反统监大臣意旨。但是在日本明治天皇方面，须请统监大臣善言些。"朝鲜统监大臣寺内正毅道："这个有本大臣在看，不会有事的。"李完用便欢欢喜喜的辞了出去，自去安排朝鲜新皇登基四周〖年〗纪念大会的事。

到了正日，请朝鲜国王出来登殿受贺，国王仍戴了平天顶冠，穿了大元帅的军服，从宫殿里战战兢兢的出来，左右随着两个亲信的大臣。朝堂上由内阁总理李完用领班，率领文武百官分班朝贺。朝贺已毕，便是一进会会长李容九和宋秉畯，领着一进会全体会员也登殿朝贺。最后是朝鲜皇室勋旧老臣，照着朝鲜国的庆典礼节，也一一亲来朝见称贺。朝鲜统监正大臣寺内正毅、朝鲜统监副大臣山县伊三郎、日本驻朝鲜公使荻原，领了日本顾问官，日本将校，日本公使馆的参赞和书记官，也都来凑热闹。朝鲜全国大小衙门，尽行张灯挂彩，足足热闹了一天。

那朝鲜新皇登基四周〖年〗纪念会过后，日本与朝鲜二国合并条约公布日期已到，日本明治天皇颁下紧急敕令，立时废除朝鲜原有的国号，撤消朝鲜统监大臣，改任朝鲜总督和民政长，朝鲜统监正大臣寺内正毅任朝鲜第一任的总督，朝鲜统监副大臣山县伊三郎任朝鲜第一任的民政长。寺内正毅接了敕令，马上用朝鲜总督名义宣布朝鲜全国戒严，禁止开会集议，日本军队都全副武装出巡，霎时间汉城中阴风惨惨，杀气腾腾，十分的怕人，街上不见有朝鲜人来往，家家户户静悄悄的关门闭户。那一进会在日本与朝鲜二国合并运动中很出过一番力，谁知日本与朝鲜二国合并成功，日本人却把一进会抛在脑后。一进会会长李容九动了大气，所以日本与朝鲜二国合并条约宣布的这一天，朝鲜新总督府中独不见李容九的踪迹出入，因为李容九推说有病，跑到介川去躲着不来，等到事过之后，李容九又有些懊悔，才回汉城，来见朝鲜总督寺内正毅。谁知寺内正毅早不把这事放在心上，却对着李容九发表治理朝鲜的新政策。李容九听说朝鲜全国境内不许有一个会堂存在，一时摸不着头脑，后来又经着朝鲜总督寺内正毅几句连吓带骗的话，李容九才知道一进会非解散不可。过了三四天，果然一进会自行宣布解散，可怜宋秉畯费尽心机创立的一进会，李容九做了一进会的会长，也和日本在暗地里出过许多气力，竟是这般结果，宋秉畯和李容九的懊丧，不可言喻。约摸又过了十日，日本册封朝鲜国王的专使到了，那专使名叫稻叶，到了汉城，定了日期，由朝鲜总督寺内正毅通知了朝鲜国王，准在昌德宫仁政殿受封。

到了这日，朝鲜总督寺内正毅穿了陆军大将的礼服，领了日本将校，朝鲜民政长山县伊三郎穿了文官大礼服，领了顾问官，陪着册封专使稻叶，坐了马车，直进宫去。朝鲜国王带了亲近官员，由仁政门步行出来，迎接日本册封的专使。朝鲜国王虽是依然穿着大元帅制服，然而与册封专使稻叶相见，却平等礼节，到了仁政殿上，朝鲜国王更不敢坐上宝座去，稻叶开读日本明治天皇册封朝鲜国王的敕书，却是封朝鲜帝国皇帝李坧为昌德宫李王，皇后封为皇妃，皇太子封为王世子，朝鲜帝国太皇帝李熙封为德寿宫李王，太皇后封为太皇妃，太王、李王、王世子俱皆加恩仍留陛下尊称，公爵、公妃仍得享受皇族礼节。朝鲜国王便献上朝鲜国玺，稻叶收受了，那班侍从的朝鲜大臣见了这般情景，想起当年临朝称皇帝的旧事，早忍不住满眼热泪，溜出去到朝鲜太庙门前，痛哭一场，也有几个竟撞死在太庙门前。

册封过后，朝鲜的言语文字，先被日本人干涉。初等小学，尽行废去汉文和朝鲜文字，改授日本文字，教科书的材料，须由日本人审定，朝鲜人除了说日本话之外，不准说别国的话。无论什么书籍出版，不准记载朝鲜的事情，更不准有独立自主字样，不准记载近国史。那时朝鲜人民虽有起义抗争，到后来终敌不过日本，朝鲜参政院大臣沈相薰，朝鲜元老院从二品大臣李南珪，朝鲜定山郡儒生李式，朝鲜结成郡儒生柳濬根，朝鲜善山郡农夫康相元，朝鲜洪州农夫林润植、李容理，朝鲜新义州义士闵宗植，朝鲜义兵团参谋申铉斗、申相斗，朝鲜义兵秘书郎文奭㷜、申辅均，都曾揭竿而起。初起事时，忠清道一路声势最盛，江原道一路也有几万人马，日本军队吃了不知多少次数的败仗。闵宗植、申铉斗、申相斗、李式材干谋略，各有所长，闵宗植攻破洪州，和日本苦战几月，日兵重破洪州，闵宗植领了兵士，在洪州城内巷战了一日一夜才败出城去。残败人马，又去攻破赤裳山城，守在赤裳山城一年，到底因无人接济，赤裳山城又在万山丛中，终被日兵攻破，闵宗植力战阵亡。李式编的是儒生队，柳溶[濬]根做了儒生队队长，人数虽不多，大家都是拼命相斗，日兵调了大队人马才得战胜。总之不少的无名英雄，因欲替朝鲜挣一口气，热血洒遍了京畿道、忠清北道、忠清南道、全罗北道、全罗南道、庆尚南道、庆尚北道、黄海道、平安南道、平安北道、江原道、咸镜南道、咸镜北道，争奈挽不过来，空掷性命，只留做后来青史凭吊，给人看了叹息而已。

这一部书的资料，在前两年著者正在从上海航海到大连去，同船中遇着了一个朝鲜人，不知如何，船到大连，那个朝鲜人忽然被日兵水上警察注意起来，严密搜查他的行李，那个朝鲜人似乎早有预备，在船未曾到大连以前，先将一本日记偷偷的塞在船上隐僻之处。日本水上警察虽不曾在那个朝鲜人的行李中搜出什么东西来，但始终认为可疑，就带了同[回]去。后来被著者在船上隐僻处拾得了这本日记，保藏至今，觉得湮没了，很是可惜，于是破费了几天功夫，写成了这二十回的《朝鲜遗恨》。写到朝鲜国亡受封，实在再也写不下去了，只得不了而了，算是本书的终局。正是：大好河山，尽落夷手；版图变色，谁为戎首？

评：朝鲜和日本签订合并条约的时候，我真不知道内阁总理大臣李完用做了全权委员，难道连协议的八条协定条约，是否丧权，是否辱国，以后朝鲜的政权是否还操诸于朝鲜国王之手，朝鲜的国民是否要沦于亡国奴之地位，朝鲜的后裔，是否变做万劫不复，永无翻身之日，难道他这样一个位高于一切的全权代表，果连这么一些知识都没有，竟提得起那枝笔来签字么？现在朝鲜灭亡以来，也已三十余年，不知日本所许李完用的荣华富贵在那里，高官厚禄在那里。恐怕李完用如现在还活在世上，身受了这种亡国的滋味，他也一定要懊悔当日的举手签订这种亡国条约咧。

在下评这书评到这里，却同时发生了一番感慨之事，就是一二八沪战发生后，目下中日双方也在开停战会议，日方的各种无理要求层层逼来。我很希望我国的外交代表，在签订停战条约之时，应该再三的郑重考虑，万不要以为这是一举手之劳，无关国是前途。若不慎之于前，必定悔之于后也。

本书末段叙述很多朝鲜人民，于国亡之后，都想起义抗争，还有不少的无名英雄，热血洒遍了朝鲜国境。大家起来，要想替朝鲜争一口气，结果都是空掷生命，挽不过来，只令后人凭吊及叹息而已。本书的终局，却以不了而了，也可谓天长地久有时尽，遗恨绵绵无绝期了。

（原载于《朝鲜遗恨》，上海沪报馆，1932 年）